Fahrendorf · Mennemeyer
Die Haftung des Rechtsanwalts
10. Auflage

Die Haftung des Rechtsanwalts

Haftungsrecht · Haftungsbeschränkungen · Haftpflichtversicherung

Ein Praxishandbuch

Begründet von

Dr. Franz Josef Rinsche †
Rechtsanwalt und Notar in Hamm
(1.–6. Auflage)

Unter Mitwirkung von

Prof. Dr. Michael Terbille †
Rechtsanwalt und Notar in Hamm
(7. Auflage)

10., völlig neu bearbeitete und erweiterte Auflage

Bearbeitet von

Dr. Klaus Fahrendorf
Vorsitzender Richter am OLG Hamm a.D.

Dr. Siegfried Mennemeyer
Rechtsanwalt bei dem Bundesgerichtshof in Karlsruhe

Carl Heymanns Verlag 2021

Zitiervorschlag: *Bearbeiter*, in: Fahrendorf/Mennemeyer, Haftung des RA, Kap. x Rn. y

Bibliografische Information der Deutschen Nationalbibliothek

Die Deutsche Nationalbibliothek verzeichnet diese Publikation in der Deutschen Nationalbibliografie; detaillierte bibliografische Daten sind im Internet über http://dnb.d-nb.de abrufbar.

ISBN 978-3-452-29529-3

www.wolterskluwer.de

Umschlagkonzeption: Martina Busch, Grafikdesign, Homburg Kirrberg
Satz: NewGen Knowledge Work (P) Ltd., Chennai
Druck und Weiterverarbeitung: Wydawnictwo Diecezjalne i Drukarnia w Sandomierzu, Sandomierz, Polen

Gedruckt auf säurefreiem, alterungsbeständigem und chlorfreiem Papier.

Vorwort

Die Neuauflage bringt den Leser wieder auf den aktuellen Stand der einschlägigen Rechtsvorschriften, des Schrifttums und – vor allem – der das Anwaltshaftungsrecht sowie das Berufshaftpflichtrecht prägenden höchstrichterlichen und obergerichtlichen Rechtsprechung. Hierfür steht die Expertise der Autoren. So behandeln ein spezialisiert mit der Rechtsprechung des Bundesgerichtshofs befasster und mit einer Vielzahl von Fällen vor dem IV. und dem IX. Zivilsenat des BGH betrauter Rechtsanwalt und ein Richter mit jahrzehntelanger Erfahrung in Regresssachen in einem Spezialsenat für Anwaltshaftungssachen am Oberlandesgericht umfassend, systematisch vertieft und gleichwohl praxisbezogen das Anwaltsregressrecht.

Neben allgemeinen Regressfragen widmet sich das Werk in einem besonderen Kapitel den speziellen Haftungsrisiken im Bereich der verschiedenen Fachanwaltschaften Agrarrecht, Arbeitsrecht, Bank- und Kapitalmarktrecht, Bau- und Architektenrecht, Erbrecht, Familienrecht, Gewerblicher Rechtsschutz, Handels- und Gesellschaftsrecht, Insolvenzrecht, Medizinrecht, Miet- und Wohnungseigentumsrecht, Patentrecht, Steuerrecht, Strafrecht, Transport- und Speditionsrecht, Verkehrsrecht, Versicherungsrecht sowie Verwaltungsrecht. Daneben sind die Darlegungen zur allgemeinen Haftung und zur Haftpflichtversicherung grundlegend und umfassend überarbeitet und um Rechtsfragen zum elektronischen Rechtsverkehr, um Wiedereinsetzungsprobleme sowie um Regressgefahren in verschiedensten Sachbereichen erweitert worden.

Die Covid-19-Pandemie hat eine Reihe von für die anwaltliche Praxis und damit auch für eine anwaltliche Haftpflicht relevante Fragestellungen aufgeworfen, die aktuell in dieser Neuauflage behandelt werden, beispielsweise zu etwaigen Entschuldigungsgründen in Fällen anwaltlicher Verhinderung, in Bezug auf strafrechtliche Mandate, aber auch für den Zivilprozess mit Einschluss des Prozesskostenhilferechts. Im Kapitel 2 zu den anwaltlichen Pflichten ist insbesondere der Abschnitt zur Pflicht zur Vermeidung von Interessenkollisionen unter Auswertung der neuesten höchstrichterlichen Rechtsprechung sowohl des IX. Zivilsenats wie auch des Anwaltssenats und des IV. Strafsenats des BGH aktualisiert worden. Interessante aktuelle Fragen zur Kausalität und Zurechnung, die sich im Rahmen der ersten Verurteilung eines Anwalts im Zusammenhang mit der steuerrechtlichen Beratung zu den sog. Cum-Ex-Geschäften ergaben, werden genauso abgehandelt wie die Frage, ob es wirklich bei einem Unterlassen einer Zwangsvollstreckung lediglich um die Beurteilung einer Pflichtwidrigkeit nach dem Beweismaß des § 286 ZPO oder – entgegen dem IX. Zivilsenat – nicht erst um die Kausalität und die haftungsrechtliche Zurechnung und damit um § 287 ZPO geht. Das Kapitel 7 zur Regressverjährung konzentriert sich nun schwerpunktmäßig auf das neue allgemeine Verjährungsrecht, da es kaum noch zu Fallkonstellationen kommt, in denen über das Übergangsrecht die aufgehobene alte berufspezifische Verjährungsvorschrift des § 51b BRAO anzuwenden sein könnte.

Die Rechtsprechung wird an entscheidenden Stellen vielfach wörtlich wiedergegeben und zwar genau dort im laufenden Text, wo der Benutzer ihn benötigt, um sich durch den authentischen Text ein eigenes Urteil zu bilden. Wenn gerade auch die höchstrichterliche Rechtsprechung entscheidende Bedeutung hat, so wird (auch) sie dort, wo es geboten ist, kritisch beleuchtet und hinterfragt. Rechtsprechung und Gesetzgebung sind bis November 2020 eingearbeitet.

Um das Auffinden der Entscheidungen zu Recherchezwecken zu erleichtern, erfolgen die Urteils- und Beschlusszitate nunmehr zunehmend anhand von Datum und Aktenzeichen der Entscheidung, wobei – dem heutigen Standard entsprechend – größtenteils die von der *juris*-Datenbank verwendeten Randnummern angegeben werden.

Die Neuauflage wird auf www.wolterskluwer-online.de auch online verfügbar sein. Dieser Zugang ermöglicht eine bequeme Recherche im Werk und den jederzeitigen Zugriff auf die verlinkten Entscheidungen.

Die Erstellung der Neuauflage wäre nicht ohne die tatkräftige Unterstützung engagierter Mitstreiterinnen und Mitstreiter umzusetzen gewesen. Deshalb ist an dieser Stelle Doreen Schäbel, Jasmin Steck, Christian auf der Heiden, Dr. Steffen Bauer, Fritz Finke, Dr. Christoph Hugemann, Dr. Christoph Hülsmann, Dr. Jan-Dirk Rausch und Udo Reichenbacher herzlich zu danken.

Die Bearbeiter hoffen, mit dieser Neubearbeitung der Rechtspraxis wieder ein aktuelles und voll taugliches Hilfsmittel an die Hand zu geben, mit dem die für Haftungsfälle (oder auch deren Vermeidung) anstehenden Fragen richtig und deutlich erfasst sowie möglichst zuverlässig beurteilt werden können.

Bochum und Karlsruhe im Januar 2021

Klaus Fahrendorf

Siegfried Mennemeyer

Im Einzelnen haben bearbeitet

Kapitel 1	Dr. Siegfried Mennemeyer
Kapitel 2	Dr. Klaus Fahrendorf
Kapitel 3	Dr. Klaus Fahrendorf
Kapitel 4	Dr. Klaus Fahrendorf
Kapitel 5	Dr. Siegfried Mennemeyer
Kapitel 6	Dr. Siegfried Mennemeyer
Kapitel 7	Dr. Klaus Fahrendorf
Kapitel 8	Dr. Klaus Fahrendorf Dr. Siegfried Mennemeyer
Kapitel 9	Dr. Klaus Fahrendorf Dr. Siegfried Mennemeyer
Kapitel 10	Dr. Siegfried Mennemeyer
Kapitel 11[1]	Dr. Siegfried Mennemeyer

1 Unter Mitwirkung von Dr. Christoph Hugemann – FA für Versicherungsrecht.

Inhaltsübersicht

Inhaltsverzeichnis

Abkürzungsverzeichnis

a.A.	andere(r) Ansicht
a.a.O.	am angegebenen Ort
abl.	ablehnend
ABl.	Amtsblatt
ABl.EG	Amtsblatt der Europäischen Gemeinschaften
abgedr.	abgedruckt
Abs.	Absatz
Abschn.	Abschnitt
AbzG	Gesetz betreffend die Abzahlungsgeschäfte
AcP	Archiv für die civilistische Praxis
ADHGB	Allg. Deutsches Handelsgesetzbuch von 1861
ÄndG	Änderungsgesetz
ÄndVO	Änderungsverordnung
a.E.	am Ende
a.F.	alte Fassung
AFG	Arbeitsförderungsgesetz
AfP	Archiv für Presserecht (Zeitschrift)
AG	Amtsgericht; Aktiengesellschaft; Die Aktiengesellschaft – Zeitschrift für das gesamte Aktienwesen, für deutsches, europäisches und internationales Kapitalmarktrecht
AGB	Allgemeine Geschäftsbedingung(en)
AGBG	Gesetz zur Regelung des Rechts der Allgemeinen Geschäftsbedingungen
AGBGB	Ausführungsgesetz zum BGB (Bundesländer)
AGH	Anwaltgerichtshof
AGS	Anwaltsgebühren spezial (Zeitschrift)
AHB	Allgemeine Versicherungsbedingungen f. d. Haftpflichtversicherung
AktG	Aktiengesetz
allg.	allgemein(e)
allg.M.	allgemeine Meinung
Alt.	Alternative
a.M.	andere(r) Meinung
AMG	Arzneimittelgesetz
amtl. Begr.	amtliche Begründung
AN	Arbeitnehmer
and.	anders
Änd.	Änderung
ÄndG	Gesetz zur Änderung (von)
AnfG	Anfechtungsgesetz
Anh.	Anhang
Anl.	Anlage
Anm.	Anmerkung(en)
AnwBl	Anwaltsblatt
ARB	Allgemeine Bedingungen für die Rechtsschutzversicherung
ArbG	Arbeitsgericht
ArbGG	Arbeitsgerichtsgesetz
ArbR	Arbeitsrecht
ArbRdG	Das Arbeitsrecht der Gegenwart (Zeitschrift)
arg.	argumentum
Art(t).	Artikel (Plural)
AsylVerfG	Asylverfahrensgesetz
ArztR	Arztrecht (Zeitschrift)
AT	Allgemeiner Teil
AuA	Arbeit und Arbeitsrecht (Zeitschrift)

Aufl.	Auflage
AuR	Arbeit und Recht
ausf.	ausführlich
AVB	Allgemeine Versicherungsbedingungen
AVB-A	Allgemeine Versicherungsbedingungen für die Vermögensschaden-Haftpflichtversicherung von Rechtsanwälten und Patentanwälten
AVB-N	Allgemeine Versicherungsbedingungen für die Vermögensschaden-Haftpflichtversicherung von Notaren
Az.	Aktenzeichen
BABl	Bundesarbeitsblatt
BAFin	Bundesanstalt für Finanzdienstleistungsaufsicht
BAG	Bundesarbeitsgericht
BAGE	Sammlung der Entscheidungen des BAG
BAnz	Bundesanzeiger
BauR	Baurecht – Zeitschrift für das gesamte öffentliche und zivile Baurecht
BAV	Bundesaufsichtsamt für Versicherungswesen
BayObLG	Bayrisches Oberstes Landesgericht
BayObLGZ	Sammlung des BayObLG in Zivilsachen
BB	Der Betriebsberater (Zeitschrift)
BBR-RA	Besondere Bedingungen und Risikobeschreibung für Rechtsanwälte und Patentanwälte
Bd.	Band
BeamtVG	Gesetz über die Versorgung der Beamten und Richter in Bund und Ländern
Begr.	Begründung
BegrRegE	Begründung Regierungsentwurf
Beil.	Beilage
Bek.	Bekanntmachung
Bem.	Bemerkung
ber.	berichtigt
BerHG	Beratungshilfegesetz
Beschl.	Beschluss
betr.	betrifft; betreffend
BertrVG	Betriebsverfassungsgesetz
BerzG	Bundeserziehungsgeldgesetz
BerzGG	Gesetz zum Erziehungsgeld und zur Elternzeit
BeurkG	Beurkundungsgesetz
BFH	Bundesfinanzhof
BFHE	Sammlung der Entscheidungen des BFH
BGB	Bürgerliches Gesetzbuch
BGBl	Bundesgesetzblatt
BGH	Bundesgerichtshof
BGHR	Sammlung der BGH-Rechtsprechung in Zivil- und Strafsachen
BGH-Report	Schnelldienst zur Zivilrechtsprechung des Bundesgerichtshofs
BGHSt	Sammlung der Entscheidungen des BGH in Strafsachen
BGHZ	Sammlung der Entscheidungen des BGH in Zivilsachen
BK	Berliner Kommentar
BMJ	Bundesminister der Justiz
BNotK	Bundesnotarkammer
BNotO	Bundesnotarordnung
BORA	Berufsordnung der Rechtsanwälte
BR	Bundesrat
BRAGO	Bundesrechtsanwaltsgebührenordnung
BRAK	Bundesrechtsanwaltskammer
BRAK-Mitt.	Mitteilungen der Bundesrechtsanwaltskammer

BRAO	Bundesrechtsanwaltsordnung
BR-Drs.	Bundesratsdrucksache
BReg	Bundesregierung
BSG	Bundessozialgericht
BSGE	Sammlung der Entscheidungen des BSG
BStBl.	Bundessteuerblatt
BT	Bundestag, Besonderer Teil
BT-Drs.	Bundestagsdrucksache (auch: BT-Drucks.)
BVerfG	Bundesverfassungsgericht (auch: BVG)
BVerfGE	Sammlung der Entscheidungen des BVerfG
BVerfGG	Gesetz über das Bundesverfassungsgericht
BVerwG	Bundesverwaltungsgericht
BVerwGE	Sammlung der Entscheidungen des BVerwG
BWNotZ	Zeitschrift für das Notariat in Baden-Württemberg
bzw.	beziehungsweise
CCBE	Berufsregeln der Rechtsanwälte der Europäischen Union
cic	culpa in contrahendo
DAI	Deutsches Anwaltsinstitut
DAV	Deutscher Anwaltsverein
DB	Der Betrieb – Wochenschrift für Betriebswirtschaft, Steuerrecht, Wirtschaftsrecht, Arbeitsrecht
Der Konzern	Der Konzern – Zeitschrift für Gesellschaftsrecht, Steuerrecht, Bilanzrecht und Rechnungslegung der verbundenen Unternehmen
ders.	derselbe
d.h.	das heißt
dies.	dieselbe(n)
Diss.	Dissertation
DJ	Deutsche Justiz
DJT	Deutscher Juristentag
DM	Deutsche Mark
DNotI	Deutsches Notarinstitut
DNotI-Report	Informationsdienst des Deutschen Notarinstituts
DNotZ	Deutsche Notar-Zeitschrift
DONot	Dienstordnung für Notare
DRiG	Deutsches Richtergesetz
DRiZ	Deutsche Richterzeitung
DRpflZ	Deutsche Rechtspfleger-Zeitschrift
Drs.	Drucksache (auch: Drucks.)
DStR	Deutsches Steuerrecht (Zeitschrift)
DVBl	Deutsches Verwaltungsblatt (Zeitschrift)
DVO	Durchführungsverordnung (auch: DV)
E	Entwurf
EG	Europäische Gemeinschaften; Einführungsgesetz
EGAktG	Einführungsgesetz zum Aktiengesetz
EGBGB	Einführungsgesetz zum Bürgerlichen Gesetzbuch
EGGVG	Einführungsgesetz zum Gerichtsverfassungsgesetz
EGH	Ehrengerichtshof der Rechtsanwaltschaft
EGHGB	Einführungsgesetz zum Handelsgesetzbuch
EGInsO	Einführungsgesetz zur Insolvenzordnung
EGMR	Entscheidungen d. Europ. Gerichtshofs für Menschenrechte
EGV	EG-Vertrag
EGZPO	Einführungsgesetz zur Zivilprozessordnung

EheG	Ehegesetz
Einf.	Einführung
Einl.	Einleitung
e.K.	eingetragener Kaufmann
EMRK	Europ. Konvention z. Schutze d. Menschenrechte u. Grundfreiheiten
Erl.	Erläuterung; Erlass
EU	Europäische Union
EuGH	Gerichtshof der Europäischen Gemeinschaften
EuGHE	Entscheidungssammlung des EuGH
EuGHMR	Europäischer Gerichtshof für Menschenrechte
EuGVÜ	Übereinkommen über die gerichtliche Zuständigkeit und die Vollstreckung gerichtlicher Entscheidungen in Zivil- und Handelssachen
EuGVVO	Verordnung (EG) Nr. 44/2001 des Rates über die gerichtliche Zuständigkeit und Anerkennung und Vollstreckung von Entscheidungen in Zivil- und Handelssachen
EUR	Euro
EuRAG	Gesetz über die Tätigkeit europäischer Rechtsanwälte in Deutschland
EUV	Vertrag über die Europäische Union
EuZW	Europäische Zeitschrift für Wirtschaftsrecht
e.V.	eingetragener Verein
EWiR	Entscheidungen zum Wirtschaftsrecht
EWIV	Europäische Wirtschaftliche Interessenvereinigung
EzA	Entscheidungssammlung zum Arbeitsrecht
f. (ff.)	folgende, fortfolgende
FamRZ	Zeitschrift für das gesamte Familienrecht
FAO	Fachanwaltsordnung
FG	Finanzgericht
FGG	Gesetz über die Angelegenheiten der freiwilligen Gerichtsbarkeit
FGPrax	Praxis der freiwilligen Gerichtsbarkeit (Zeitschrift)
Fn.	Fußnote
FPR	Familie, Partnerschaft, Recht (Zeitschrift)
FS	Festschrift
FuR	Familie und Recht (Zeitschrift)
G.	Gesetz
GBl.	Gesetzblatt
GbR	Gesellschaft bürgerlichen Rechts
GenG	Gesetz betreffend die Erwerbs- und Wirtschaftsgenossenschaften
ggfs.	gegebenenfalls
GG	Grundgesetz
GI aktuell	Informationen für wirtschaftsprüfende, rechts- und steuerberatende Berufe
GKG	Gerichtskostengesetz
GmbH	Gesellschaft mit beschränkter Haftung
GmbHG	Gesetz betreffend die Gesellschaften mit beschränkter Haftung
GmbHR	GmbH-Rundschau (Zeitschrift)
GMBl	Gemeinsames Ministerialblatt
GmS	Gemeinsamer Senat
Gms-OGB	Gemeinsamer Senat der obersten Gerichtshöfe des Bundes
GO	Gemeindeordnung; Geschäftsordnung
GoA	Geschäftsführung ohne Auftrag
GrS	Großer Senat
GrSSt	Großer Senat für Strafsachen des BGH
GrSZ	Großer Senat für Zivilsachen des BGH
GS	Gedächtnisschrift

GVBl	Gesetz- und Verordnungsblatt
GVG	Gerichtsverfassungsgesetz
h.A.	herrschende Ansicht
HansOLG	Hanseatisches Oberlandesgericht
Hdb.	Handbuch
HFR	Höchstrichterliche Finanzrechtsprechung
HGB	Handelsgesetzbuch
Hinw.	Hinweis(e)
h.L.	herrschende Lehre
h.M.	herrschende Meinung
HPflG	Haftpflichtgesetz
HR	Handelsregister
HRR	Höchstrichterliche Rechtsprechung
Hrsg.	Herausgeber
Hs.	Halbsatz
IBR	Immobilien- & Baurecht (Zeitschrift)
i.c.	in concreto; in casu
i.d.Bek.	in der Bekanntmachung
i.d.F.	in der Fassung
i.d.R.	in der Regel
i.E.	im Ergebnis
i.e.S.	im engeren Sinne
InsO	Insolvenzordnung
i.S.d.	im Sinne des
i.S.v.	im Sinne von
i.V.m.	in Verbindung mit
i.W.	in Worten
i.w.S.	im weiteren Sinne
i.Zw.	im Zweifel
JA	Juristische Arbeitsblätter (Zeitschrift)
JAG	Juristenausbildungsgesetz
JAO	Juristenausbildungsordnung
JBl	Justizblatt
JGG	Jugendgerichtsgesetz
JR	Juristische Rundschau (Zeitschrift)
JuMoG	Justizmodernisierungsgesetz
Jura	Juristische Ausbildung (Zeitschrift)
JurBüro	Das Juristische Büro (Zeitschrift)
JuS	Juristische Schulung (Zeitschrift)
JW	Juristische Wochenschrift (Zeitschrift)
JZ	Juristenzeitung (Zeitschrift)
Kap.	Kapitel
KfH	Kammer für Handelssachen
Kfz	Kraftfahrzeug
KG	Kammergericht; Kommanditgesellschaft
KGaA	Kommanditgesellschaft auf Aktien
KGR	Kammergerichts-Report (Zeitschrift)
KK	Karlsruher Kommentar; Kölner Kommentar
KO	Konkursordnung
Komm.	Kommentar
KostO	Kostenordnung

krit.	kritisch
KTS	Zeitschrift für Insolvenzrecht
KSchG	Kündigungsschutzgesetz
KV	Kostenverzeichnis
LAG	Lastenausgleichsgesetz; Landesarbeitsgericht
LAGE	Sammlung der Entscheidungen der Landesarbeitsgerichte
LBG	Landesbeamtengesetz
LFZG	Lohnfortzahlungsgesetz
LG	Landgericht
LK	Leipziger Kommentar
LS	Leitsatz
LSG	Landessozialgericht
m.Anm.	mit Anmerkung
m.a.W.	mit anderen Worten
MDR	Monatsschrift für Deutsches Recht (Zeitschrift)
m.E.	meines Erachtens
MedR	Medizinrecht (Zeitschrift)
MünchKomm	Münchener Kommentar
MuSchG	Mutterschutzgesetz
m.w.N.	mit weiteren Nachweisen
NA-Beschl.	Nichtannahme-Beschluss
n.F.	neue Fassung
NJ	Neue Justiz (Zeitschrift)
NJOZ	Neue Juristische Online-Zeitschrift
NJW	Neue Juristische Wochenschrift (Zeitschrift)
NJW-RR	NJW Rechtsprechungsreport Zivilrecht (Zeitschrift)
NotBZ	Zeitschrift für die notarielle Beratungs- u. Beurkundungspraxis
Nr.	Nummer
n.rkr.	nicht rechtskräftig
NRW	Nordrhein-Westfalen
NStZ	Neue Zeitschrift für Strafrecht
NVersZ	Neue Zeitschrift für Versicherung und Recht
NWB	Neue Wirtschafts-Briefe (Zeitschrift)
NZA	Neue Zeitschrift für Arbeitsrecht
NZFam	Neue Zeitschrift für Familienrecht
NZG	Neue Zeitschrift für Gesellschaftsrecht
NZI	Neue Zeitschrift für Insolvenzrecht
NZV	Neue Zeitschrift für Verkehrsrecht
OGH	Oberster Gerichtshof (Österreich)
OHG	Offene Handelsgesellschaft
OLG	Oberlandesgericht
OLGR	OLG-Report
OLG-Report	Schnelldienst zur obergerichtlichen Rechtsprechung in Zivilsachen
OLGSt	Entscheidungen der Oberlandesgerichte in Strafsachen
OLGZ	Entscheidungen der Oberlandesgerichte in Zivilsachen
OVG	Oberverwaltungsgericht
OWiG	Gesetz über Ordnungswidrigkeiten
PartGG	Partnerschaftsgesellschaftsgesetz
PatanwO	Patentanwaltsordnung
PflVG	Pflichtversicherungsgesetz

PKH	Prozesskostenhilfe
pVV	positive Vertragsverletzung
PWW	Prütting/Wegen/Weinreich BGB Kommentar
RADG	Rechtsanwaltsdienstleistungsgesetz
RBerG	Rechtsberatungsgesetz
RdA	Recht der Arbeit (Zeitschrift)
RdErl	Runderlaß
RDG	Rechtsdienstleistungsgesetz
RegE	Regierungsentwurf
RG	Reichsgericht
RGBl	Reichsgesetzblatt
RGRK	Reichsgerichtsräte-Kommentar BGB
RGZ	Sammlung der Entscheidungen des Reichsgerichts in Zivilsachen
rkr.	rechtskräftig
RL	Richtlinie
RMBl	Reichsministerialblatt
RPfleger	Der Rechtspfleger (Zeitschrift)
RPflG	Rechtspflegergesetz
RR	Rechtsprechungsreport
Rs.	Rechtssache
r+s	Recht und Schaden (Zeitschrift)
RVG	Gesetz über die Vergütung der Rechtsanwältinnen und Rechtsanwälte
RVO	Reichsversicherungsordnung
S.	Satz; Seite
SchuldRÄndG	Schuldrechtsänderungsgesetz
SchwbG	Schwerbehindertengesetz
SE	Europäische Aktiengesellschaft
SGB	Sozialgesetzbuch
StBerG	Steuerberatergesetz
StGB	Strafgesetzbuch
StPO	Strafprozessordnung
StrEG	Strafentschädigungsgesetz
st. Rspr.	ständige Rechtsprechung
StV	Strafverteidiger (Zeitschrift)
TVG	Tarifvertragsgesetz
UmwG	Umwandlungsgesetz
UmwStG	Umwandlungsteuergesetz
UrhG	Urheberrechtsgesetz
Urt.	Urteil
u.U.	unter Umständen
UWG	Gesetz gegen den unlauteren Wettbewerb
v.	vom
VAG	Versicherungsaufsichtsgesetz
VersG	Versammlungsgesetz
VersR	Versicherungsrecht (Zeitschrift)
vgl.	vergleiche
VIA	Verbraucherinsolvenz aktuell (Zeitschrift)
VO	Verordnung
VOB	Vergabe- und Vertragsordnung für Bauleistungen
VOB/B	Allgemeine Vertragsbedingungen für die Ausführung von Bauleistungen
VOBl	Verordnungsblatt

VOL	Verdingungsordnung für Leistungen
Vorb.	Vorbemerkung
VuR	Verbraucher und Recht (Zeitschrift)
VVG	Gesetz über den Versicherungsvertrag
WiB	Wirtschaftsrechtliche Beratung (Zeitschrift)
wistra	Zeitschrift f. Wirtschaft, Steuer, Strafrecht
WM	Wertpapiermitteilungen (Zeitschrift)
WpHG	Wertpapierhandelsgesetz
WPO	Wirtschaftsprüferordnung
ZAP	Zeitschrift für die Anwaltspraxis
ZAP-Ost	Ausgabe der ZAP für das Recht der neuen Bundesländer
z.B.	zum Beispiel
ZErb	Zeitschrift für die Steuer- und Erbrechtspraxis
ZEV	Zeitschrift für Erbrecht und Vermögensnachfolge
ZfA	Zeitschrift für Arbeitsrecht
ZfBR	Zeitschrift für deutsches und internationales Bau- und Vergaberecht
ZfS	Zeitschrift für Schadensrecht
ZGR	Zeitschrift für Unternehmens- und Gesellschaftsrecht
ZHR	Zeitschrift für das gesamte Handels- und Wirtschaftsrecht
Ziff.	Ziffer
ZInsO	Zeitschrift für das gesamte Insolvenzrecht
ZIP	Zeitschrift für Wirtschaftsrecht
ZKM	Zeitschrift für Konfliktmanagement
ZMR	Zeitschrift für Miet- und Raumrecht
ZNotP	Zeitschrift für die Notarpraxis
ZPO	Zivilprozessordnung
ZVG	Gesetz über die Zwangsversteigerung und Zwangsverwaltung
ZVglRWiss	Zeitschrift für Vergleichende Rechtswissenschaft
ZZP	Zeitschrift für Zivilprozess

Literaturverzeichnis

Adam, Roman	Die Kausalität der fehlerhaften Rechtswahrnehmung durch Anwälte und Steuerberater für den eingetretenen Schaden, VersR 2001, 809
ders.	Die Haftung des Insolvenzverwalters, VersR 2012, 1226
Ahrens, Claus	Die Struktur des unternehmensbezogenen Geschäfts, JA 1997, 895
Allgaier, Edwin	Zur Anwendbarkeit des Prima-facie-Beweises beim bestrittenen Zugang oder Nichtzugang einer Briefsendung, VersR 1992, 1070
Altmeppen, Holger	Anmerkung zu: BGH, Urt. v. 06.05.1999 – IX ZR 250/98 – (Unzulässigkeit der Berufung des abgewiesenen Klägers bei Klageänderung), ZIP 1999, 1071
ders.	Haftung der Gesellschafter einer Personengesellschaft für Delikte, NJW 1996, 1017
Anders/Gehle	Das Recht der freien Dienste, 2001 (Reprint 2015)
Anderson/Probst	Mediation und Prozessfinanzierung – eine sinnvolle Kombination?, AnwBl 2014, 310
Anwaltkommentar Schuldrecht	Dauner-Lieb/Heidel/Lepa (Hrsg.), Schuldrecht – Erläuterungen der Neuregelungen zum Verjährungsrecht, Schuldrecht, Schadensersatzrecht und Mietrecht, 2002
Anwaltshandbuch Versicherungsrecht	Terbille/Höra (Hrsg.), Münchener Anwaltshandbuch Versicherungsrecht, 4. Auflage, 2017
Arnau, Karl	Aktuelle Kapitalisierungstabellen, VersR 2001, 953
Arndt/Lerch/Sandkühler	Bundesnotarordnung, 8. Auflage, 2016
Arnold/Dötsch	Persönliche Haftung für Altschulden beim Eintritt in eine GbR, DStR 2003, 1398
Ascheid/Preis/Schmidt	Kündigungsrecht, 5. Auflage 2017
Assies/Beule/Heise/Strube	Handbuch des Fachanwalts Bank- und Kapitalmarktrecht, 5. Auflage, 2019
Auf der Heiden, Christian	Prozessrecht in Zeiten der Corona-Pandemie, NJW 2020, 1023
Ballerstedt, Kurt	Zur Haftung für culpa in contrahendo bei Geschäftsabschluß durch Stellvertreter, AcP 151 (1950/51), 501
Bamberger/Roth	Kommentar zum Bürgerlichen Gesetzbuch, 4. Auflage, 2019 f.
Bandisch, Günther	Zur Verantwortung des Verteidigers bei der Gestaltung einer Absprache, AnwBl 2002, 44
Bartholome, Fridolin	Die Entwicklung des Wohnungseigentumsrechts 2018, NJW 2019, 213
Barton, Stephan	Schadensersatzpflicht des Verteidigers bei fehlerhafter Revisionsbegründung, StV 1991, 322
ders.	Anmerkung zu OLG Nürnberg StV 1997, 481, StV 1998, 606
ders.	Verteidigerfehler und deren Korrektur, StraFo 2015, 315
Bauer, Günter	Rechtsentwicklung bei den Allgemeinen Bedingungen für die Rechtsschutzversicherung bis Anfang 2002, NJW 2002, 1542
ders.	Rechtsentwicklung bei den Allgemeinen Bedingungen für die Rechtsschutzversicherung bis Anfang 2011, NJW 2011, 1415
ders.	Entwicklung bei den Allgemeinen Bedingungen für die Rechtsschutzversicherung bis Anfang 2015, NJW 2015, 1651
ders.	Entwicklung bei den Allgemeinen Bedingungen für die Rechtsschutzversicherung bis Anfang 2016, NJW 2016, 1511

Baumann, Horst	Rechtsnatur und Haftungsverfassung der Gesellschaft bürgerlichen Rechts im Spannungsfeld zwischen Grundrechtsgewährleistung und Zivilrechtsdogmatik, (zugl. Anmerkung zu: BGH, Urt. v. 28.01.2000 – II ZR 331/00 –), JZ 2001, 895
Baumbach/Hopt	Handelsgesetzbuch, 39. Auflage, 2020
Baumbach/Lauterbach/Albers/Hartmann	Zivilprozessordnung, 76. Auflage, 2018
Baumert, Andreas J.	Rechtsdienstleistungen durch einen Rechtsanwalt als Erfüllungsgehilfen nach dem RDG im Umbruch, NJ 2015, 89
Baumgärtel, Gottfried	Beweislastpraxis im Privatrecht: die Schwierigkeiten der Beweislastverteilung und die Möglichkeiten ihrer Überwindung, 1996
Baumgärtel/Laumen/Prütting (Hrsg.)	Handbuch der Beweislast, 4. Auflage 2018
Baur, Fritz	Hypothetische Inzidentprozesse, Festschrift für Larenz, 1973, 1063
Bayer, Walter	Kein Schutz des Haftpflichtversicherers vor nachteiliger Prozeßführung durch den Versicherungsnehmer?, NVersZ 1998, 9
Beckmann/Matusche-Beckmann (Hrsg.)	Versicherungsrechts-Handbuch, 3. Auflage, 2015
BeckOGK	Gsell/Krüger/Lorenz/Reymann (Gesamthrsg.), beck-online. GROSSKOMMENTAR, Stand: 01.09.2020
BeckOK Arbeitsrecht	Rolfs/Giesen/Kreikebohm/Udsching, 57. Edition, Stand: 01.09.2020
BeckOK BGB	Hau/Poseck (Hrsg.), 55. Edition, Stand: 01.08.2020
BeckOK BRAO	Römermann, Volker (Hrsg.), 9. Edition, Stand: 01.05.2019
BeckOK Kostenrecht	Dörndorfer/Neie/Wendtland/Gerlach (Hrsg.), 31. Edition, Stand: 01.09.2020
BeckOK StPO	Graf (Hrsg.), 37. Edition, 01.07.2020
BeckOK ZPO	Vorwerk/Wolf (Hrsg.), 38. Edition, 01.09.2020
Beck'sches Formularbuch, Bürgerliches, Handels- und Gesellschaftsrecht	Hoffmann-Becking, Michael/Gebele, Alexander (Hrsg.), 13. Auflage, 2019
Beck'sches Handbuch der Personengesellschaften	5. Auflage, 2020 (zitiert: Beck PersGes-HB/Bearbeiter)
Beck'sches Notarhandbuch	Heckschen, Heribert/Herrler, Sebastian/Münch, Christof (Hrsg.), 7. Auflage, 2019
Beck'sches Prozessformularbuch	14. Auflage, 2019
Beck'sches Rechtsanwalts-Handbuch	11. Auflage 2016 (zitiert: Beck Rechtsanwaltshandbuch/Bearbeiter)
Benesch, Birgit	Der Güterichter nach § 36 V FamFG – Erfahrungen und Möglichkeiten im familiengerichtlichen Verfahren, NZFam 2015, 807
Bernau, Falk	Die Rechtsprechung des BGH zur Wiedereinsetzung in den vorigen Stand, NJW 2016, 1999
ders.	Die Rechtsprechung des BGH zur Wiedereinsetzung in den vorigen Stand, NJW 2017, 2001
Beuthien/Hieke	Anmerkung zu BGH JZ 2001, 254, JZ 2001, 257
Biallaß, Isabelle Desiree	Der Umgang mit dem elektronischen Empfangsbekenntnis, NJW 2019, 3495
Bick/Esskandari	Erweiterter Versicherungsschutz für Sozietäten durch neues Deckungskonzept der Berufshaftpflichtversicherung, NJW 2011, 3191

Bischof, Hans Helmut	Anwaltliche Zweckmäßigkeitserwägungen bei Mehrfachklagen und Streitwert – Vergleichsstreitwert, AnwBl 2003, 100
Bischof/Jungbauer/Bräuer/Hellstab/Klipstein/Klüsener/Kerber	RVG Kommentar, 8. Auflage, 2018
BK	Berliner Kommentar zum VVG – Kommentar zum deutschen und österreichischen VVG –, hrsg. von H. Honsell, 2012
Blattner, Jessica	Risikomanagement durch Haftungsvereinbarungen im Anwaltsvertrag, AnwBl 2013, 300
Bloching/Kettinger	Verfahrensgrundsätze im Zivilprozess – Nun endlich das Comeback der außerordentlichen Beschwerde?, NJW 2005, 860
Bömelburg, Regina	Die einstweilige Anordnung in Unterhaltssachen i. S. des § 231 I FamFG, FF 2011, 355
Boergen, Rüdiger	Die vertragliche Haftung des Rechtsanwalts, 1968
Börstinghaus, Ulf	Die aktuelle Rechtsprechung des BGH zum Mietrecht, NZM 2019, 225
Boldt, Antje	Die Kündigung des Bauvertrags aus wichtigem Grund durch den Auftraggeber nach neuem Recht, NZBau 2002, 655
Borgmann, Brigitte	Haftungsfragen, AnwBl 1999, 283
dies.	Die Rechtsprechung des BGH zum Anwaltshaftungsrecht in der Zeit von Mitte 1991 bis Mitte 2000, NJW 2000, 2953
dies.	Anmerkung zu BGH, Urteil vom 28.9.2000, BRAK-Mitt. 2001, 17
dies.	Die Rechtsprechung des BGH zum Anwaltshaftungsrecht in der Zeit von Mitte 2000 bis Mitte 2002, NJW 2002, 2145
dies.	Anmerkung zu BGH FamRZ 2003, 838, FamRZ 2003, 844
dies.	Die Rechtsprechung des BGH zum Anwaltshaftungsrecht in der Zeit von Mitte 2002 bis 2004, NJW 2005, 22
dies.	Die Rechtsprechung des BGH zum Anwaltshaftungsrecht von Juli 2011 bis Juli 2012, NJW 2012, 3217
dies.	Die Rechtsprechung des BGH zum Anwaltshaftungsrecht von Mitte 2015 bis Mitte 2016, NJW 2016, 3412
dies.	Die Rechtsprechung des BGH zum Anwaltshaftungsrecht von Mitte 2016 bis Mitte 2017, NJW 2017, 3344
dies.	Die Rechtsprechung des BGH zum Anwaltshaftungsrecht von Mitte 2018 bis Mitte 2019, NJW 2019, 3557
dies.	Die Rechtsprechung des BGH zum Anwaltshaftungsrecht, NJW 2020, 3567
dies.	Anmerkung zu: BGH, Urt. v. 09.01.2020 – IX ZR 61/19 – (Anwaltshaftung – Hinweispflicht auf steuerrechtlichen Beratungsbedarf), NJW 2020, 1139
Borgmann/Haug	Anwaltshaftung, 3. Auflage, 1995
Borgmann/Jungk/Schwaiger	Anwaltshaftung, 6. Auflage, 2020
Born, Manfred	Die Rechtsprechung des BGH zur Wiedereinsetzung in den vorigen Stand, NJW 2007, 2088
Born, Winfried	Lohnt es sich, verrückt zu werden? – Neue Entwicklungen beim psychischen Folgeschaden, OLG-Rep. 2003, K5
Bösch/Lobschat	Haftungsfalle Mediation? – Vertraulichkeitsschutz als Herausforderung für den Anwalt, SchiedsVZ 2014, 190
Böttcher, Jens	Die Kündigung eines Werkvertrages aus wichtigem Grund nach dem Schuldrechtsmodernisierungsgesetz, ZfBR 2003, 213

Braun, Johann	Zur schadensersatzrechtlichen Problematik des hypothetischen Inzidentprozesses bei Regreßklagen gegen den Anwalt, ZZP 96, (1983), 89
ders.	Anmerkung zu BGH JZ 1997, 257, JZ 1997, 259
Bräuer, Jacqueline	Prozesskosten als Haftungsquelle, AnwBl 2006, 61
dies.	Vertragliche Haftungsbeschränkung, AnwBl 2007, 450
Braune, Jeannie	Die Ausschlussfrist des § 12 Abs. 3 VVG – Rechtsunfrieden ohne Ende? Zur Verfassungs- und Europarechtsmäßigkeit einer rechtspolitisch umstrittenen Vorschrift, VuR 2000, 47
Braunschneider, Hartmut	JuMoG – Fristenregelung zur Wiedereinsetzung bei der Berufungsbegründung, MDR 2004, 1045
Brieske, Rembert	Die Berufshaftpflichtversicherung, AnwBl 1995, 227
Brosch/Sandkühler	Haftungsfragen rund um das beA, NJW-Beilage 2016, 94
Brox/Walker	Besonderes Schuldrecht, 44. Auflage, 2020
Bruck/Möller	VVG – Versicherungsvertragsgesetz, Großkommentar. Hrsg. von Horst Baumann/Roland Michael Beckmann/Katharina Johannsen/Ralf Johannsen, 9. Auflage, 2008
Bruck/Möller/Sieg	Kommentar zum Versicherungsvertragsgesetz und zu den Allgemeinen Versicherungsbedingungen unter Einschluss des Versicherungsvermittlerrechts. Begründet von Ernst Bruck. Hrsg. von Hans Möller/Karl Sieg/Ralf Johannsen, 8. Auflage, 1961
Bruns, Jan	Die vertragliche Haftung des Rechtsanwalts gegenüber dem Mandanten nach neuer Rechtslage, VersR 2002, 524
ders.	Der »Schutzzweck der Sekundärhaftung« des Rechtsanwalts – kenntnisunabhängiger Wegfall der sekundären Hinweispflicht, NJW 2003, 1498
Bruns, Patrick	Zugang einer textgebundenen Willenserklärung unter Abwesenden, NJW 2019, 3618
Budde, Andrea	Chancen der Mediation in anwaltlichen Geschäftsfeldern, ZAP 2000, Fach 23, S. 479
Büdenbender, Ulrich	Der Werkvertrag, JuS 2001, 625
Budewig/Gehrlein	Haftpflichtrecht nach der Reform, 2002
Bungert, Hartwin	Sitzanknüpfung für Rechtsfähigkeit von Gesellschaften gilt auch nicht mehr im Verhältnis zu den USA. Anmerkung zu BGH, v. 29.01.2003 – VIII ZR 155/02 –, DB 2003, 1043
Burghart, Axel	Anwaltshaftung beim Abschluss eines Abfindungsvergleichs, NZV 2005, 441
Burmann/Heß	Das Verfahren vor dem Güterichter im Haftungs- und Verkehrsrecht, NJW-Spezial 2013, 329
Burmann/Heß/Stahl	Das neue VVG im Straßenverkehrsrecht, 2. Auflage, 2010
Buschbell/Höke	Münchener Anwaltshandbuch Straßenverkehrsrecht, 5. Auflage, 2020
Calliess/Ruffert	EUV/AEUV, Kommentar, 5. Auflage, 2016
Canaris, Carl-Wilhelm	JZ 1965, 475
ders.	Anmerkung zur Entscheidung des BGH vom 7.6.1984 (= BGH-Z 91, 324), NJW 1984, 2281
ders.	Schutzwirkungen zugunsten Dritter bei »Gegenläufigkeit« der Interessen. Zugleich eine Besprechung der Entscheidung des BGH vom 10.11.1994 – III ZR 50/94 – = JZ 1995, 306, JZ 1995, 441
ders.	Die Übertragung des Regelungsmodells der §§ 125–130 HGB auf die Gesellschaft bürgerlichen Rechts als unzulässige Rechtsfortbildung contra legem, ZGR 2004, 69

Chab, Bertin	Anmerkung zu BGH, Urt. v. 08.11.2001 – IX ZR 64/01 – (Beratung beim Abfindungsvergleich), BRAK-Mitt. 2002, 22
ders.	Anmerkung zu BGH, Beschl. v. 30.10.2001 – VI ZB 43/01 – (Büroorganisation bei Eintragung der Berufungsbegründungsfrist), BRAK-Mitt. 2002, 25
ders.	Anmerkung zu BGH, Urt. v. 06.12.2001 – IX ZR 124/00 – (Kausalität und Beweislast bei Falschberatung), BRAK-Mitt. 2002, 65
ders.	Anmerkung zu OLG Düsseldorf, Urt. v. 06.07.2001 – 24 U 211/00 – (Hinweispflichten auf Prozessrisiken nach Widerruf der Deckungszusage durch den Rechtsschutzversicherer), BRAK-Mitt. 2002, 65
ders.	Anmerkung zu: BGH, Urt. v. 07.02.2002 – IX ZR 209/00 – (Pflicht zur Sachverhaltsaufklärung), BRAK-Mitt. 2002, 116
ders.	Anmerkung zu BGH, Urt. v. 12.12.2002 – IX ZR 99/02 – (Der Sekundäranspruch bei § 51b BRAO), BRAK-Mitt. 2003, 59
ders.	Anmerkung zu BGH, Beschl. v. 18.12.2002 – IX ZR 365/99 – (Zurechnungszusammenhang bei unzureichender Belehrung), BRAK-Mitt. 2003, 60
ders.	Anmerkung zu BGH, Beschl. v. 20.02.2003 – V ZB 60/02 – (Fristwahrung per Telefax), BRAK-Mitt. 2003, 122
ders.	Pflichten und Haftung des Anwalts: PKH nach der ZPO-Reform, BRAK-Mitt. 2003, 163
ders.	Haftpflichtfragen: Anwalt und Rechtsschutzversicherung, AnwBl 2003, 652
ders.	Ansprüche gegen Anwälte aus Treuhand, AnwBl 2004, 440
ders.	Neue Regressprobleme im strafrechtlichen Mandat, AnwBl 2005, 497
ders.	Vertragliche Haftungsbeschränkungen – Fluch oder Segen?, AnwBl 2006, 205
ders.	Der Schadenfall in der Anwaltshaftung nach der VVG-Reform, AnwBl 2008, 63
ders.	Anmerkung zu OLG Frankfurt, Urt. v. 30.04.2008 – 4 U 176/07 – (Schutzbereich des Anwaltsvertrages), BRAK-Mitt. 2008, 159
ders.	Anwaltshaftung in der arbeitsrechtlichen Praxis – ein Erfahrungsbericht, AnwBl 2009, 139
ders.	Warnung vor der Warnpflicht – Tipps zur Anwaltspraxis, AnwBl 2011, 392
ders.	Haftungsfalle Sozietät – und wie Anwälte die Fallen enttarnen können, Wichtige Tipps aus der Praxis für die Praxis zur Gefahrenvermeidung, AnwBl 2014, 137
Chab, Bertin/Grams, Holger/Jungk, Antje	Pflichten und Haftung des Anwalts, BRAK-Mitt. 2002, 116; 2002, 211, 265; 2003, 211; 2004, 159
Clasen, Jens D.	Berichtigungsmöglichkeiten bei fehlerhafter Auswahl der Beklagten, NJW 2007, 2887
Clausnitzer, Martin	ZAP 1989, Fach 23, S. 9
Coen, Christoph	Der negative Basiszinssatz nach § 247 BGB, NJW 2012, 3329
Commandeur/Brocker	Aktuelle Entwicklungen im Insolvenzrecht, NZG 2019, 895
Commandeur/Hübler	Aktuelle Entwicklungen im Insolvenzrecht, NZG 2020, 514
Commandeur/Römer	Aktuelle Entwicklungen im Insolvenzrecht, NZG 2020, 133
Commandeur/Utsch	Aktuelle Entwicklungen im Insolvenzrecht, NZG 2019, 102

Cordes, Malte	Anmerkung zu BGH, Urt. v. 26.11.2019 – 2 StR 588/18 – (Untreuevorwurf gegen Rechtsanwälte – »Missmanagement« von Fremdgeldern), NJW 2020, 1691
Dahns, Christian	Die Abtretung anwaltlicher Honorarforderungen an Berufskollegen, NJW-Spezial 2004, 45
ders.	Umstrittenes Verbot der Werbung um ein konkretes Einzelmandat, NJW-Spezial 2004, 141
ders.	Pflicht des Anwalts zur Kenntnis der Rechtsprechung, NJW-Spezial 2005, 189
ders.	Die englische LLP als Rechtsform für die anwaltliche Berufsausübung, NJW-Spezial 2005, 333
ders.	Die Handakten, NJW-Spezial 2008, 414
ders.	Ein Blick zurück – Wichtige Entscheidungen des Jahres 2019, NJW-Spezial 2020, 62
Dallwig, Florian	Der Anwaltsregress des Rechtsschutzversicherers, r+s 2020, 181
Danckelmann	Anmerkung zu BGH NJW 1960, 283, NJW 1960, 283
Dauner-Lieb, Barbara	Ein neues Fundament für die BGB-Gesellschaft, DStR 2001, 356
Dauner-Lieb/Heidel/Lepa/Ring (Hrsg.)	Anwaltskommentar Schuldrecht, 2002
Dauner-Lieb/Langen (Hrsg.)	Anwaltkommentar BGB, Band 2, Schuldrecht, Teilband 1, 3. Auflage, 2016
Dauner-Lieb/Konzen/ K. Schmidt (Hrsg.)	Das neue Schuldrecht in der Praxis, 2003
Deckenbrock, Christian	Tätigkeitsverbote bei nicht anwaltlicher Vorbefassung, AnwBl 2009, 16
ders.	Anmerkung zu BGH, Urt. v. 21.11.2018 – 4 StR 15/18 – (Parteiverrat in Verwaltungsstreitsache), NJW 2019, 318
ders.	Anmerkung zu BGH, Urt. v. 16.07.2020 – IX ZR 298/19 – (Schadensersatzanspruch wegen vertragswidrigen Verhaltens des Rechtsanwalts), NJW 2020, 2540
Deubner, Karl G.	Aktuelles Zivilprozessrecht, JuS 2003, 892
Deutsch, Erwin	Schmerzensgeld und Genugtuung, JuS 1969, 197
ders.	Anmerkung zu BGH NJW 1987, 1479
ders.	Allgemeines Haftungsrecht, 2. Auflage, 1996
ders.	Versicherungsvertragsrecht, 7. Auflage, 2015
Deutsch/Ahrens	Deliktsrecht, 6. Auflage, 2014
Diller, Martin	AVB-RSW – Berufshaftpflichtversicherung der Rechtsanwälte, 2. Auflage, 2017
Diller, Martin/Beck, Charlotte	Neuregelung der Verjährung für Anwaltshaftung: Der Irrgarten der Übergangsregelungen, ZIP 2005, 976
Doms, Thomas	Die Zinsbescheinigung – eine Regreßfalle?, NJW 1999, 2649
Donath/Mehle	Anwaltliche Pflichten nach dem Geldwäschebekämpfungsergänzungsgesetz, NJW 2009, 650
Dräger, Thomas	Isolierte Drittwiderklage – Sinn und Unsinn von prozesstaktischen Abtretungen, MDR 2008, 1373
Düwell, Franz Josef	Auswirkungen der Corona-Pandemie auf Verfahrensfristen im arbeitsgerichtlichen Urteilsverfahren, NZA-RR 2020, 225
Ebenroth/Boujong/Joost/Strohn	Handelsgesetzbuch, Band 1, §§ 1–342e, 4. Auflage, 2020
Ebel, Friedrich	Zur Abtretbarkeit von Befreiungsansprüchen, JR 1981, 485

Eberl-Borges, Christina	Vertragliche Haftungstatbestände im Rahmen des § 830 Abs. 1 S. 2 BGB. Anmerkung zu BGH, Urt. v. 16.01.2001 – X ZR 69/99 –, NJW 2002, 949
Eckebrecht, Marc	Vertrag mit Schutzwirkung für Dritte – Die Auswirkungen der Schuldrechtsreform, MDR 2002, 425
Eckert, Michael	Blick ins Arbeitsrecht, DStR 2016, 2712
ders.	Blick ins Arbeitsrecht, DStR 2020, 508
Edenfeld, Stefan	Anwaltshaftung – Beratungspflichten beim Vergleich, MDR 2001, 972
Eidenmüller, Horst/Prause, Matthias	Die europäische Mediationsrichtlinie – Perspektiven für eine gesetzliche Regelung der Mediation in Deutschland, NJW 2008, 2737
Ehrmann/Streyl	Praxis des elektronischen Rechtsverkehrs und Formwahrung bei der Mietvertragskündigung, NZM 2019, 873
Emmerich/Habersack	Aktien- und GmbH-Konzernrecht, Kommentar, 9. Auflage, 2019
Engelmann, Klaus	Die Gemeinschaftspraxis im Vertragsarztrecht, ZMGR 2004, 3
Engels, Curt	Den Anwalt nicht ins Messer laufen lassen, AnwBl 2008, 720
Erman, BGB	Harm Peter Westermann (Hrsg.), Bürgerliches Gesetzbuch, Handkommentar, 16. Auflage, 2020
Ernst/Zimmermann	Zivilrechtswissenschaft und Schuldrechtsreform, 2001
Esser, Christina	Haftungsbeschränkungsvereinbarungen in Anwaltsverträgen, MDR 2015, 741
Esser/Schmidt	Schuldrecht I, AT, 8. Auflage, 2000
Etzkorn/Kremer	Das Widerrufsrecht bei anwaltlicher Beratung via E-Mail und Internet, 2008
Eylman, Horst	Reglementierung der Werbung in der Berufsordnung – sinnvoll, überflüssig oder unzulässig?, AnwBl 1996, 481
Eylmann/Vaasen	Bundesnotarordnung, Beurkundungsgesetz, 5. Auflage, 2020
Fahrendorf, Klaus	Vertragliche Anwaltspflichten – überspanntes Haftungsrisiko?, NJW 2006, 1911
Feist, Helmut	Zur Voraussetzungsidentität in der Haftpflichtversicherung, VersR 1978, 27
Fellner, Christoph	Die aktuelle Rechtsprechung zur Wiedereinsetzung in den vorigen Stand, MDR 2007, 71
Felsch, Joachim	Neuregelung von Obliegenheiten und Gefahrerhöhung, r+s 2007, 485
Fetzer, Udo P.	Stellung des Geschädigten in der Vertrauensschadenversicherung der Notarkammern; zugleich Anmerkung zu: BGH, Urt. v. 27.05.1998 – IV ZR 166/97 – und BGH, Urt. v. 30.09.1998 – IV ZR 323/97 –, VersR 1999, 793
Fischer, Detlev	Der Mitverschuldenseinwand in der Haftung der steuerlichen Berater, DB 2010, 2600
ders.	Die Rechtsprechung des BGH zur Rechtsberaterhaftung in den Jahren 2012 bis 2013, VersR 2014, 777
ders.	Die neue Rechtsprechung des Bundesgerichtshofs zur zivilrechtlichen Haftung der Rechtsanwälte und steuerlichen Berater, WM 2019, Sonderbeilage Nr. 1, 3–44
Fischer, Frank O.	Selbständiges Beweisverfahren – Zuständigkeits- und Verweisungsfragen, MDR 2001, 608
G. Fischer/Vill/D. Fischer/Pape/Chab	Handbuch der Anwaltshaftung – unter Einbeziehung von Steuerberatern und Wirtschaftsprüfern, 5. Auflage, 2019 (zitiert *Bearbeiter*, in: G. Fischer/Vill/D. Fischer/Pape/Chab)
Fischer, Gero	Zum Kausalitätsnachweis in der Anwaltshaftung, Festschrift für Walter Odersky, 1996, S. 1023

ders.	Tendenzen der Rechtsprechung des BGH zum Anwaltshaftungsrecht, NJW 1999, 2993
ders.	Tendenzen der Rechtsprechung des BGH zum Anwaltshaftungsrecht, AnwBl 1993, 597
ders.	Aktuelle Rechtsprechung des Bundesgerichtshofs zur Anwaltshaftung, AnwBl 2009, 178
ders.	Haftungsrisiken für Insolvenzverwalter bei unterlassener Inanspruchnahme gewerblicher Prozessfinanzierung, NZI 2014, 241
Floeth, Michael	Bruchteilsgemeinschaft von Eheleuten an Lebensversicherung, FamRZ 2009, 780
Fölsch, Peter	ZPO – Änderungen durch das 1. Justizmodernisierungsgesetz 2004, MDR 2004, 1029
Francken, Johannes Peter	Erste Praxiserfahrungen mit dem nicht entscheidungsbefugten Güterichter gemäß § 54 VI ArbGG, NZA 2015, 641
Franzen, Martin	Die Rechtsprechung des Europäischen Gerichtshofs im Arbeitsrecht im Jahr 2014 und im ersten Halbjahr 2015, EuZA 2015, 445
ders.	Die Rechtsprechung des Europäischen Gerichtshofs im Arbeitsrecht im Jahr 2018, EuZA 2019, 143
Fridlaender	Kommentar zur Rechtsanwaltsordnung, 3. Auflage, 1930
Friedmann, Jörg	Anwaltspflichten und Präjudizien, 2003
Friedrich, Fabian M.	Regelungsgegenstände der Mediationsvereinbarung, MDR 2004, 481
Frieser/Sarres/Stückemann/ Tschichoflos	Handbuch des Fachanwalts Erbrecht, 7. Auflage, 2019
Fritz/Pielsticker	Handbuch zum Mediationsgesetz, 2. Auflage, 2018
Fritz/Schroeder	Der Güterichter als Konfliktmanager im staatlichen Gerichtssystem, NJW 2014, 1910
Füssenich, Bert	Die Entwicklung des Steuerrechts im ersten Halbjahr 2019, NJW 2019, 2509
ders.	Die Entwicklung des Steuerrechts im zweiten Halbjahr 2019, NJW 2020, 589
Furmans, Stefanie	Haftungsbegrenzung in der gemischten Sozietät und AGB-Kontrolle, NJW 2007, 1400.
Ganter, Gerhard	Wiedereinsetzung in den vorigen Stand wegen Versäumung der Berufungsbegründungsfrist ohne Nachholung der Berufungsbegründung?, NJW 1994, 164
ders.	Der Ersatz eines entgangenen »rechtswidrigen« Vorteils in der Berufshaftung rechtlicher und steuerlicher Berater, NJW 1996, 1310
ders.	Die Rechtsprechung des Bundesgerichtshofs zur Notarhaftung seit 1996, WM 2000, 641
ders.	Die Rechtsprechung des IX. Zivilsenats des Bundesgerichtshofs zur Anwaltshaftung, WM 2001, Sonderbeilage Nr. 6, S. 1 (zitiert: *Ganter,* S.)
ders.	Die jüngste Rechtsprechung des BGH zum Notarhaftungsrecht, ZNotP 2006, 42
ders.	Aktuelle Rechtsprechung des Bundesgerichtshofs zur Anwaltshaftung, AnwBl 2008, 94
ders.	Die Third Party Legal Opinion und das Verbot der Vertretung widerstreitender Interessen – eine »Tretmine« in der Anwaltspraxis, NJW 2014, 1771
ders.	Die Rechtsprechung des BGH zum Insolvenzrecht im Jahr 2019, NZI 2020, 295

Ganter/Hertel/Wöstmann	Handbuch der Notarhaftung, 4. Auflage, 2018
Gaul, Rudolf E.	Zum Abschluss des Versicherungsvertrags, VersR 2007, 21
Gehrlein, Markus	Selbständiges Beweisverfahren im Arzthaftungsprozess, ZMGR 2004, 187
ders.	Erste Erfahrungen mit der reformierten ZPO – Erstinstanzliches Verfahren und Berufung, MDR 2003, 421
ders.	Die Rechtsprechung des IX. Zivilsenats des BGH zur Steuerberaterhaftung in den Jahren 2018 und 2019, DStR 2020, 305
ders.	Zivilprozessrecht in Zeiten des Corona-Virus, JurBüro 2020, 171
Geiß/Greiner	Arzthaftpflichtrecht, 7. Auflage, 2014
Gerlach, Jürgen von	Die prozessuale Behandlung von Schmerzensgeldansprüchen, VersR 2000, 525
Gernhuber, J.	Die fiduziarische Treuhand, JuS 1988, 355
Gerold/Schmidt/von Eicken/Madert	Bundesgebührenordnung für Rechtsanwälte, 15. Auflage, 2004
Gerold/Schmidt/Müller-Rabe/Mayer/Burhoff	Rechtsanwaltsvergütungsgesetz, 24. Auflage, 2019
Gladys, Paul-Franz	Sozienklausel reloaded – § 12 AVB-RSW in der neuen Haftungsverfassung der Sozietät, DStR 2013, 723
ders.	Klärende Hinweise zur Berufshaftpflichtversicherung der Partnerschaft gemäß § 8 Abs. 4 PartGG durch das APAReG, DStR 2016, 628
Gladys/Riechert	Neuer Versicherungsschutz für Gesamthand und Gesamthänder bei Schäden aus beruflicher Tätigkeit, DStR 2011, 880 und 936
Gössl	Anmerkung zu BGH, Urt. v. 28.01.2020 – VIII ZR 57/19 – (Diesel-Skandal – Subsidiarität der Nichtzulassungsbeschwerde), NJW 2020, 1743
Götting/Nordemann	UWG, 3. Auflage, 2016
Gornig, Gilbert	Probleme der Niederlassungsfreiheit und Dienstleistungsfreiheit für Rechtsanwälte in der Europäischen Gemeinschaft, NJW 1989, 1120
Gottwald/Adolphsen	Zur Prozeßführung des Versicherers bei gestellten Verkehrsunfällen (zugl. Anm. zu BGH, Urt. v. 09.03.1993 – VI ZR 248/92 –), NZV 1995, 129
Götze/Paul/Mütze	Anwaltsberatungshandbuch, 4. Auflage, 2002
Graba, Hans-Ulrich	Anmerkung zu BGH, Urt. v. 16.03.2016 – XII ZR 148/14 – Zur Kompensation des Anspruchs auf Betreuungsunterhalt durch den Anspruch auf Familienunterhalt, NZFam 2016, 462
Gräfe/Brügge	Vermögensschaden-Haftpflichtversicherung, Die Berufshaftpflichtversicherung für Rechtsanwälte, Steuerberater, Wirtschaftsprüfer und Notare, 2. Auflage, 2013
Graf/Johannes	Die Fortführung des selbstständigen Arzthaftungsbeweisverfahrens nach Klageerhebung, VersR 2019, 1054
Grams, Holger	Möglichkeiten der Haftungsbeschränkung für Rechtsanwälte (2 Teil), AnwBl 2001, 292
ders.	Anmerkung zu: BVerfG, Beschl. v. 12.08.2002 – 1 BvR 399/02 – (Zur Haftung von Anwälten für Fehler des Gerichts), BRAK-Mitt. 2003, 226
ders.	Anmerkung zu LG Hamburg, Urt. v. 11.05.2004 – 321 O 433/03 – (Pflichten und Haftung des Anwalts), BRAK-Mitt. 2004, 217
ders.	Anmerkung zu: BGH, Urt. v. 19.09.2019 – IX ZR 22/17 – (Anwaltshaftung bei Verzögerung der Zwangsvollstreckung), NJW 2020, 845
Gran, Andreas	Die Rechtsprechung zum Transportrecht im Jahr 2015, NJW 2016, 998
ders.	Die Rechtsprechung zum Transportrecht im Jahr 2016, NJW 2017, 996
ders.	Die Rechtsprechung zum Transportrecht im Jahr 2017, NJW 2018, 991

ders.	Die Rechtsprechung zum Transportrecht im Jahr 2018, NJW 2019, 975
ders.	Die Rechtsprechung zum Transportrecht im Jahr 2019, NJW 2020, 966
Gräve/Salten	Neues Firmenrecht – Die Parteibezeichnung der Einzelkaufleute im Zivilprozess, MDR 2003, 1097
Greger, Reinhard	Zweifelsfragen und erste Entscheidungen zur neuen ZPO, NJW 2002, 3049
ders.	Unter falscher Flagge – Zum Fehlgebrauch des Mediationsbegriffs und seinen Folgen, ZKM 2015, 172
Greger/Unberath/Steffek	Recht der alternativen Konfliktlösung, 2. Auflage, 2016
Greger/Weber	Das neue Güterichterverfahren – Arbeitshilfe für Richter, Rechtsanwälte und Gerichtsverwaltung, Sonderheft zu MDR Heft 18/2012
Greissinger, Georg	Beratungshilfe, Prozeßkostenhilfe und anwaltliche Aufklärungspflicht, AnwBl 1982, 288
ders.	Beratungshilfe – eine Zwischenbilanz, NJW 1985, 1671
Grobys/von Steinau-Steinrück	§ 1a KSchG – Die wichtigsten Anwendungsfragen, NJW-Spezial 2004, 225
Gross, Norbert	Keine PKH mit Berufungsbegründung im Entwurf, AnwBl 2008, 639
Grote, Joachim/Schneider, Christian	VVG 2008: Das neue Versicherungsvertragsrecht, BB 2007, 2689
Grunewald, Barbara	Die Haftung des Anwalts für fehlerhafte Beratung des Mandanten nach neuem Recht, AnwBl 2002, 258
dies.	Gesellschaftsrecht, 11. Auflage, 2020
dies.	Die Entwicklung des anwaltlichen Berufsrechts im Jahr 2016, NJW 2016, 3694
Günther, Tim	Haftungsfallen rund ums beA, NJW 2020, 1785
Habersack/Schürnbrand	Die Haftung des eintretenden Gesellschafters für Altverbindlichkeiten der Gesellschaft bürgerlichen Rechts – BGH NJW 2003, 1803, JuS 2003, 739
Haft/Schlieffen	Handbuch Mediation, 3. Auflage, 2016
Hagen, Horst	Bindungswirkung in der Vertrauensschadenversicherung? – Zugleich ein Beitrag zur Dogmatik der Haftpflichtversicherung, DNotZ 2000, 809
Halm/Engelbrecht/Krahe	Handbuch des Fachanwalts Versicherungsrecht, 6. Auflage, 2018
HK-BGB	Schulze/Dörner/Ebert/Hoeren/Kemper/Saenger/Scheuch/Schreiber/Schulte-Nölke/Staudinger/Wiese, Bürgerliches Gesetzbuch, 10. Auflage, 2019
Hansens, Heinz	Die Rechtsprechung zum Anwaltshaftpflichtrecht im Jahre 1991, NJW 1992, 1353
Harbauer, Walter	Rechtsschutzversicherung: Kommentar zu den Allgemeinen Bedingungen für die Rechtsschutzversicherung (ARB 75 und ARB 94/2000), 9. Auflage, 2018
Harte-Bavendamm/Henning-Bodewig	Gesetz gegen den unlauteren Wettbewerb (UWG), 4. Auflage, 2016
Hartmann, Peter	Zivilprozess 2001/2002: Hunderte wichtiger Änderungen, NJW 2001, 2577
ders.	Hinweispflicht des Anwalts bezüglich Wertgebühren, NJW 2004, 2484
Hartmann/Toussaint	Kostenrecht, 50. Auflage, 2020
Hartstang, Gerhard	Anwaltsrecht, 1991
ders.	Anwaltshaftung – Teil des Anwaltsrecht, BRAK-Mitt. 1992, 73
Hartung, Wolfgang	Mandatsvertrag – Das Einzelmandat in der Anwaltssozietät, MDR 2002, 1224
ders.	Die neue Aufklärungspflicht des Rechtsanwalts nach § 49b Abs. 5 BRAO – auch ein vergütungsrechtliches Problem?, MDR 2004, 1092

Hartung/Scharmer	Berufs- und Fachanwaltsordnung, Europäische Berufsregeln-CCBE, BRAO (§§ 43–59m), Kommentar, 7. Auflage, 2020
Hartung/Weberstaedt	Die Beteiligung von Rechtsanwälten an Prozessfinanzierern, AnwBl 2015, 840
Hasenkamp, Annabel	Anmerkung zu BGH, Versäumnisurt. v. 07.04.2003 – II ZR 56/02 – (Haftung neu eintretender BGB-Gesellschafter für vor Eintritt begründete Gesellschafterschulden), DB 2003, 1164, 1166
dies.	Anmerkung zu BGH, Urt. v. 07.04.2003 – II ZR 56/02 – (Haftung für Altverbindlichkeiten bei Eintritt in eine Gesellschaft bürgerlichen Rechts), DNotZ 2003, 768
Haug/Zimmermann	Die Amtshaftung des Notars, 4. Auflage, 2018
Heilbock/Geißler	Rechtsprechung zum Cum-Ex-Skandal – Rechtsanwaltshaftung, GWR 2019, 211
Heinemann, Jörg	Neubestimmung der prozessualen Schriftform, 2002
ders.	Die Haftung des Rechtsanwalts bei Zusammentreffen von Anwaltsfehlern und Fehlentscheidungen des Gerichts, Festgabe für Max Vollkommer zum 75. Geburtstag, S. 427
Henkel, Wolfram	Elemente der Mediation im arbeitsgerichtlichen Verfahren, dargestellt am Modell des Kündigungsschutzprozesses, NZA 2000, 929
Henssler, Martin	Das anwaltliche Berufsgeheimnis, NJW 1994, 1817
ders.	Der Gesetzentwurf zur Regelung der Rechtsanwalts-GmbH, ZIP 1997, 1481
ders.	Das Verbot der Vertretung widerstreitender Interessen, NJW 2001, 1521
ders	Mediation und Rechtsberatung, NJW 2003, 241
ders.	Anwaltliche Berufspflichten bei grenzüberschreitender Tätigkeit, NJW 2009, 1556
ders.	Die LLP – die bessere Alternative zur PartG mbB?, NJW 2014, 1761
Henssler/Deckenbrock	Der (Teil-)Vergütungsanspruch des Rechtsanwalts im Falle vorzeitiger Mandatsbeendigung im Normgefüge des § 628 BGB, NJW 2005, 1
Henssler/Koch	Mediation in der Anwaltspraxis, 2. Auflage, 2004
Henssler/Mansel	Die Limited Liability Partnership als Organisationsform anwaltlicher Berufsausübung, NJW 2007, 1393
Henssler/Martin	Keine Öffnung für Anwaltskonzerne, NJW 2017, 1644
Henssler/Prütting	Bundesrechtsanwaltsordnung, 5. Auflage, 2019
Henssler/Schwackenberg	Der Rechtsanwalt als Mediator, MDR 1997, 409
Henssler/Strohn	Gesellschaftsrecht: GesR, BGB, HGB, PartGG, GmbHG, AktG, GenG, UmwG, InsO, AnfG, IntGesR, 4. Auflage, 2019
Henssler/Trottmann	Berufsrechtliche Besonderheiten bei der interprofessionellen Partnerschaftsgesellschaft mit beschränkter Berufshaftung, NZG 2017, 241
Henzler, Roland	Theorie und Praxis der vorläufigen Deckungszusage, 1997
Herberger, Marie	Die Kumulation und Kombination von unechter Eventualklage und Teilklage im Zivilprozess, NJOZ 2020, 1089
Hess, Gangolf	»Ordnungsgemäße Vollziehung« als Fehlerquelle, jurisPR-WettbR 10/2015, Anm. 5
Heß, Rainer	Das Schmerzensgeld, zfs 2001, 532
ders.	Das (Teil-)Schmerzensgeld, NJW-Spezial 2004, 63
Heß/Burmann	Die Quote bei grob fahrlässiger Obliegenheitsverletzung, NZV 2009, 7
dies.	Die aktuellen Entwicklungen im Straßenverkehrsrecht, NJW 2016, 3072 und 2015, 3074

dies.	Die aktuellen Entwicklungen im Straßenverkehrsrecht, NJW 2019, 3036 und 1119
Heussen/Hamm	Beck'sches Rechtsanwalts-Handbuch, 11. Auflage, 2016
Hirte, Heribert	Berufshaftung – Ein Beitrag zur Entwicklung eines einheitlichen Haftungsmodells für Dienstleistungen, 1996
ders.	Die Entwicklung des Unternehmens- und Gesellschaftsrechts im Jahr 2018, NJW 2019, 1187
ders.	Interessenkollision – ein aktueller Dauerbrenner, NJW 2019, 2265, 2266
Hirtz, Bernd	Anmerkung zu BGH, Urt. v. 16.04.2008 – VIII ZR 230/07 – AnwBl 2014, 137
Hk-VVG	Rüffer/Halbach/Schimikowski (Hrsg.), Versicherungsvertragsgesetz, Kommentar, 4. Auflage, 2019
Hk-ZPO	Saenger, Handkommentar zur ZPO, 8. Auflage, 2019
Hölscheidt/König	Fallstricke bei der Haftungsbeschränkung durch AAB bei Zusammenarbeit von Wirtschaftsprüfern und Steuerberatern mit Rechtsanwälten, WPK Magazin 2016, 42
Höra, Knut	Materielle und prozessuale Klippen in der Berufsunfähigkeit und Krankenversicherung, r+s 2008, 89
Hoeren/Sieber/Holznagel	Handbuch Multimedia-Recht, Rechtsfragen des elektronischen Geschäftsverkehrs, 53. Auflage, 2020
Hommerich/Kilian	Stundensätze der deutschen Anwaltschaft, NJW 2009, 1569
Honsell, Heinrich	Die Funktion des Schmerzensgeldes, VersR 1974, 205
Horn, C.-H.	Ehegattenzuwendungen im Pflichtteilsergänzungsrecht, NJW 2020, 1124–1125
Horndasch, Klaus-Peter	Fehlerquellen und Haftungsfallen im familienrechtlichen Mandat, FuR 2007, 241 (Teil 1), 291 (Teil 2), 352 (Teil 3)
Hübner, Ulrich	Die Berufshaftung – ein zumutbares Berufsrisiko?, NJW 1989, 5
Hülbach, Henning	Anmerkung zu: BGH, Urt. v. 14.2.2019 – IX ZR 181/17 – (Anwaltshaftung bei verspätet erhobener Kündigungsschutzklage), ArbRB 2019, 109
Hülsmann, Christoph	Drittes Bürokratieentlastungsgesetz – vorgesehene Änderungen des StBerG, NWB 44/2019, 3237
Hümmerich, Klaus	Aufhebungs- und Abwicklungsvertrag in einem sich wandelnden Arbeitsrecht, NJW 2004, 2921
Isele, Walter	Kommentar zur BRAO, 1976
Jaeger, Lothar	Kapitalisierungstabellen, VersR 2016, 1164
Jaeger, Renate	Rechtsanwälte als Organ der Rechtspflege – Notwendig oder überflüssig? Bürde oder Schutz?, NJW 2004, 1
Jaeger/Luckey	Schmerzensgeld, 10. Auflage, 2019
Jahn, Matthias	Schadensersatzpflicht eines Pflichtverteidigers, StV 2000, 431
Jarass/Pieroth	Grundgesetz für die Bundesrepublik Deutschland, Kommentar, 16. Auflage, 2020
Jauernig, Othmar (Hrsg.)	Bürgerliches Gesetzbuch, Kommentar, 17. Auflage, 2018
Jawansky, Martin	Aktuelle Entwicklungen im Berufs- und Gesellschaftsrecht der Anwaltschaft. Abschied vom Verbot der Sternsozietät, hin zur AG und zum Konzern, DB 2002, 2699
Jessnitzer/Blumberg	Bundesrechtsanwaltsordnung, 9. Auflage, 2000
Jungk, Antje	Haftpflichtfragen, AnwBl 1997, 36; AnwBl 1998, 152; AnwBl 1998, 272

dies.	Pflichten und Haftung des Anwalts, BRAK-Mitt. 1999, 115; 2003, 120, 165, 222
dies.	Haftpflichtfragen: Der Anwalt im Grenzbereich anwaltlicher Tätigkeit, AnwBl 2004, 117
dies.	Aktuelle Tendenzen im Anwaltshaftungsrecht, AnwBl 2004, 374
dies.	Haftung des Rechtsanwalts im Zusammenhang mit Vergleichsabschlüssen, AnwBl 2007, 532
dies.	Das anwaltliche »Dauermandat«, AnwBl 2009, 221
dies.	Wiedereinsetzung in Prozesskosten- und Verfahrenskostenhilfe-Mandaten, NJW 2013, 667
dies.	beA – langsam wird's ernst!, AnwBl 2020, 102
Jungk/Chab/Grams	Pflichten und Haftung des Anwalts, Brak-Mitt. 2009, 168
Juretzek, Peter	Anmerkung zu: OLG Düsseldorf, Urt. v. 17.09.2019 – I-24 U 211/18 – (Teilvergütungsanspruch nach Mandatskündigung setzt bei Erfolgshonorar Erfolgseintritt und Mitursächlichkeit voraus), DStR 2020, 136
jurisPK-BGB	juris Praxiskommentar BGB, 7. Auflage, 2014, Band 2, Schuldrecht
Just, Hubert	Umfang der Rechtskraft eines Versäumnisurteils gegen den Berufungskläger, NJW 2003, 2289
Kähler, Lorenz	Recht oder Rechtsprechung als Maßstab für die Anwaltshaftung?, JuS 2002, 146 und 746
Kaltenbach, Sven	Das Beschleunigungsgebot in Haftsachen während der COVID 19-Pandemie, COVuR 2020, 230
ders.	Anmerkung zu OLG Hamburg, Urt. v. 08.05.2020 – 2 Ws 62/20 (Terminierung der Hauptverhandlung), COVuR 2020, 326
Kamps/Alvermann	Außen- und Scheinsozietäten von Rechtsanwälten. Haftungsfragen, Berufsrecht und Steuerrisiken, NJW 2001, 2121
Karlsruher Kommentar	Rolf Hannich (Hrsg.), Karlsruher Kommentar zur Strafprozessordnung und zum Gerichtsverfassungsgesetz mit Einführungsgesetz, 8. Auflage, 2019
Keim, Christopher	Haftungsfallen bei Pflichtteilsstrafklauseln – Pflicht des Rechtsanwalts zum »taktischen Foul«?, NJW 2007, 974
ders.	Unterschätzte Risiken bei lenkenden Erbausschlagungen werthaltiger Nachlässe! – Beispiele aus der Rechtsprechung, ZEV 2020, 393, 400
Kemper, Ralf	Die Neuregelung der Mängelansprüche in § 13 VOB/B 2002. Kurze Darstellung der erfolgten und versäumten Änderungen und ihre praktischen Konsequenzen, BauR 2002, 161
Kempter/Kopp	Hinweise zur Gestaltung der Satzung einer Rechtsanwalts-AG, NJW 2001, 777
Kern/Kreutzfeld	Arbeitsrechtliche Abwicklungsverträge am Ende?, NJW 2004, 3081
Kilian, Matthias	Anmerkung zu BGH, Urt. v. 17.10.2003 – V ZR 429/02 – (Vergleich unter Umgehung des Gegenanwalts), MDR 2004, 118
ders.	Anwaltsgeschichte: Der Schutz vor beruflichen Haftungsrisiken, AnwBl 2014, 991
ders.	Die Nutzung von Haftungsbegrenzungsvereinbarungen: Rahmen und Hindernisse, AnwBl 2015, 224
ders.	Anmerkung zu LG München, Urt. v. 14.01.2015 – 30 O 27783/13 – Zu den Voraussetzungen eines Schadensersatzanspruchs gegenüber Rechtsanwalt wegen mangelhafter Beratung zu italienischem Recht, ZEV 2016, 155
Kilian/Esser	Haftungskonzentrationsvereinbarungen, DStR 2017, 564

Kleine-Cosack, Michael	Berufs- und Fachanwaltsordnung für Rechtsanwälte. Satzungsförmiges Berufsrecht in Ergänzung der BRAO, NJW 1997, 1257
ders.	Bundesrechtsanwaltsordnung, 8. Auflage, 2020
ders.	Verteidigung mehrerer Beschuldigter durch eine Sozietät, AnwBl 1998, 417
Kleutgens, Ingo	Die Sekundärhaftung des Rechtsanwalts: Wege aus einem verjährungsrechtlichen Dilemma, 1995
Klose, Bernhard	Der gesetzliche Verzugszins und der negative Basiszinssatz, NJ 2014, 13
Kloth, Andreas	Private Unfallversicherung, 2. Auflage, 2014
Klute, Nikolai	Die aktuellen Entwicklungen im Lauterkeitsrecht, NJW 2012, 3409
Knappmann, Ulrich	Quotenregelung im VVG 2008 – Ansätze für eine praktische Handhabung, ZAP, Fach 10, 361
Knauer/Wolf	Zivilprozessuale und strafprozessuale Änderungen durch das Erste Justizmodernisierungsgesetz – Teil 1: Änderungen der ZPO, NJW 2004, 2857
Kniffka/Koeble/Jurgeleit/Sacher	Kompendium des Baurechts, Privates Baurecht und Bauprozess, 5. Auflage, 2020
Knöfel, Oliver L.	Anwaltshaftung und Verfassungsrecht, AnwBl 2004, 76
ders.	Sozienhaftung für Altschulden aus dem Betrieb der eingebrachten Einzelkanzlei!, AnwBl 2006, 373
Koch, Christine Maria	Die Insolvenz des selbstständigen Rechtsanwalts, 2009
Koch, Raphael	Anforderungen an die Postausgangskontrolle im Rahmen der Wiedereinsetzung in den vorigen Stand, NJW 2014, 2391
Kohlhaas, Stephan	Elektronische Anwaltspflichten, NJW, Heft 29/2007, S. XXIV
Köhler, Helmut	Arbeitsleistungen als »Aufwendungen«?, JZ 1985, 359
Koller/Kindler/Roth/Drüen	HGB-Kommentar, 9. Auflage, 2019
Köllner, Ralf	Die Haftung des Strafverteidigers, ZAP, Fach 23, S. 303
König, Stefan	Das Geständnis im postmodernen, konsensualen Strafprozess, NJW 2012, 1915
KR	Gemeinschaftskommentar zum Kündigungsschutzgesetz und zu sonstigen kündigungsschutzrechtlichen Vorschriften, 12. Auflage, 2019 (zitiert: KR/Bearbeiter)
Kramer, Wolfgang	ZPO-Reform – Prozesskostenhilfe und Berufungsfristen nach neuem Recht, MDR 2003, 434
Krämer, Achim	Prozessuale Besonderheiten des Haftpflicht- und Versicherungsprozesses, r+s 2001, 177
Krause, Daniel M.	Die zivilrechtliche Haftung des Strafverteidigers, NStZ 2000, 225
Krekeler, Wilhelm	Strafrechtliche, berufsrechtliche und haftungsrechtliche Probleme bei interprofessioneller Zusammenarbeit, Kammerreport Hamm 4/2004, 5
Kreuter-Lange, Andrea	Die Vertretung nicht geschäftsfähiger Personen im Schadenfall – Auszahlung größerer Summen durch den Anwalt an die Eltern, DAR 2019, 185
Kroiß, Ludwig	Das neue Nachlassverfahrensrecht, ZErb 2008, 300
Kroiß/Horn/Solomon	Nachfolgerecht, Nomoskommentar, 2. Auflage, 2019
Krüger, Elmar	Das unbekannte Risiko des zivilrechtlichen Vergleichs: Die steuerrechtlichen Folgen, NJW 2015, 203
Kuhn/Trappe	15 Jahre Prozessfinanzierung im Erbrecht, ZEV 2013, 246
Küppersbusch/Höher	Ersatzansprüche bei Personenschäden, 13. Auflage, 2020

Lamminger/Ulrich/Schmieder	Überschießende Signaturerfordernisse bei elektronischem Rechtsverkehr und elektronischer Aktenführung, NJW 2016, 3274
Lang, Herbert	Der Abfindungsvergleich beim Personenschaden, VersR 2005, 894
Lang, Volker	Die Beweislastverteilung im Falle der Verletzung von Aufklärungs- und Beratungspflichten bei Wertpapierleistungen, WM 2000, 450
Lang, Rolf	Anwaltliche Beratungsfehler auf dem Gebiet des Erbrechts, AnwBl 1983, 166
ders.	Haftpflichtfragen, AnwBl 1984, 45
Lange, Frank-Holger	Die Beweislast im Anwaltshaftungsprozeß, 2002
Lange, Hans-Dieter	Bestreiten mit Nichtwissen, NJW 1990, 3233
Lange, Oliver	Die vorvertragliche Anzeigepflicht nach der VVG-Reform, r+s 2008, 56
Langheid, Theo	Auf dem Weg zu einem neuen Versicherungsvertragsrecht, NJW 2006, 3317
ders.	Die Reform des Versicherungsvertragsgesetzes, NJW 2007, 3665
ders.	Tücken in den §§ 100 ff. VVG-RegE, VersR 2007, 865
Langheid/Rixecker	VVG, 6. Auflage, 2019
Larenz, Karl,	Lehrbuch des Schuldrechts, Bd. II, Halbband 1, Bes. Teil, 13. Auflage, 1986
Lauda, Rudolf	Tür zur weiten Welt – Erfahrungen der RAK Frankfurt, Anwalt 12/2003, 8
Laufs, Adolf	Nicht der Arzt allein muss bereit sein, das Notwendige zu tun, NJW 2000, 1757
Laumen, Hans-Willi	Die »Beweiserleichterung bis zur Beweislastumkehr« – Ein beweisrechtliches Phänomen, NJW 2002, 3739
Laws, Jutta	Aktuelle Rechtsprechung zu den Grenzen Anwaltlicher Beratungspflicht, MDR 2007, 1169
Leibner, Wolfgang	Haftungsrechtliche Rahmenbedingungen für die Tätigkeit als Mediator, NJW 2002, 3521
Lenhard/Kazemi	Cyberkriminalität und Cyberschutz für Rechtsanwälte und Mandanten, 2016
Lenkeit, Olaf	BauR 2002 (Sonderheft 1a), 196
Lepa, Manfred	Die Verjährung im Deliktsrecht, VersR 1986, 301
Lieder/Hoffmann	Rechtstatsachen-Update zur PartG mbB, NZG 2016, 287
Lindner, Thomas	Haftung bei Mandaten mit Auslandsbezug, AnwBl 2003, 169; 227
Littbarski, Sigurd	Kommentar – Allgemeine Versicherungsbedingungen für die Haftpflichtversicherung (AHB), 2001
Looschelders, Dirk	Schuldrecht, Allgemeiner Teil, 18. Auflage, 2020
Lorenz/Riehm	Lehrbuch zum neuen Schuldrecht, 2002
Löwe/Rosenberg	Die Strafprozessordnung und das Gerichtsverfassungsgesetz, Großkommentar, 27. Auflage, Zweiter Band, 2017 (zitiert: LR-Bearbeiter)
Lutter/Hommelhoff	GmbHG, Kommentar, 20. Auflage, 2020
Lux, Jochen	Generelle Haftungsprivilegierung von Sozien?, NJW 2003, 2806
Mäsch, Gerald	Eine Wende in der Rechtsprechung des BGH zur Anwaltshaftung, NJW 2001, 1547
Mansel, Heinz-Peter	Die Neuregelung des Verjährungsrechts, NJW 2002, 89
ders.	Neues Verjährungsrecht und Anwaltsvertrag – Vorteile für den Rechtsanwalt, NJW 2002, 418
Mansel/Budzikiewicz	Das neue Verjährungsrecht, 2002
dies.	Verjährungsanpassungsgesetz: Neue Verjährungsfristen, insbesondere für die Anwaltshaftung und im Gesellschaftsrecht, NJW 2005, 321

Mantz, Reto	Konkretisierung des Rechts auf prozessuale Waffengleichheit durch das BVerfG, NJW 2020, 2007 ff.
Markworth	Anmerkung zu: BGH, Urt. v. 12.9.2019 – IX ZR 190/18 – (Mithaftung einzelner Partner in einer anwaltlichen Partnerschaftsgesellschaft), NJW 2019, 3520
Marlow/Spuhl	Das neue VVG kompakt – ein Handbuch für die Rechtspraxis, 4. Auflage, 2010
Masuch, Andreas	Musterhafte Widerrufsbelehrung des Bundesjustizministeriums?, NJW 2002, 2931
May, Henning	Rezension des Beschlusses vom 29.11.2012 des LG Erfurt – 3 O 1542/09, VIA 2013, 29
May, Andreas	Der Mediationsanwalt – Plädoyer für eine neue Rolle des Anwalts als Mediationsberater, NZBau 2014, 334
Mayer/Kroiß	Rechtsanwaltsvergütungsgesetz mit Streitwertkommentar und Tabellen, Handkommentar, 7. Auflage, 2018
Medicus, Dieter	Schuldrecht I, AT, 21. Auflage, 2015
ders.	Schuldrecht II, BT, 18. Auflage, 2018
ders.	Das Bundesverfassungsgericht und die Anwaltshaftung, AnwBl 2004, 257
Medicus/Petersen	Bürgerliches Recht, 27. Auflage, 2019
Meixner/Steinbeck	Allgemeines Versicherungsvertragsrecht, 2. Auflage, 2011
Mennemeyer/Dreymüller	Verzögerungen der Arbeitnehmeranhörung bei der Verdachtskündigung, NZA 2005, 382
Merkner, Andreas	Interprofessionelle Zusammenarbeit von Wirtschaftsprüfern, Steuerberatern und Rechtsanwälten in der GmbH. Die Gretchenfrage nach den Mehrheitserfordernissen und der Vertretung, AnwBl 2004, 529
Mes, Peter	Beck'sches Prozessformularbuch, 14. Auflage, 2019
Meßling, Miriam	Prozesskostenhilfe in der Corona-Krise, NJW 2020, 2005 f.
Meyer, Dieter	Die wichtigsten Änderungen durch das 2. KostRMoG im Bereich GKG und FamGKG, JurBüro 2013, 526
Meyer-Goßner/Schmitt	Strafprozessordnung, 63. Auflage, 2020
Michel/von der Seipen	Der Schriftsatz des Anwalts im Zivilprozess, 6. Auflage, 2004
Möller, Mirko	Die aktuellen Entwicklungen im Lauterkeitsrecht, NJW 2020, 1635 ff.; NJW 2019, 3356 ff., 1645 ff.; NJW 2018, 3351 ff., 1579 ff.
Mohr, Paul Günther	Verschwiegenheitspflicht der LebensVU im privaten Rechtsverkehr, VersR 1953, 7
Mohrbutter, Harro	UN-Kaufrecht für die Bundesrepublik Deutschland, ZAP 1991, Fach 3, 69
Müller, Egon	Aus der Rechtsprechung zum Recht der Strafverteidigung – 2002 –, NStZ-RR 2003, 129
Müller, Gerda	Die Rechtsprechung des BGH zur Wiedereinsetzung in den vorigen Stand, NJW 2000, 322
Müller, Henning	Die Container-Signatur zur Wahrung der Schriftform, NJW 2013, 3758
ders.	Der elektronische Rechtsverkehr in der Rechtsanwendung – heute und morgen, NZS 2015, 896
Müller, Klaus	Schadensersatzpflicht verbundener Anwälte, NJW 1969, 903, 905
Müller, Lothar A.	Schutzpflichten im Bürgerlichen Recht, JuS 1998, 894
Müller-Teckhof, Alexander	Gesetz zur Förderung des elektronischen Rechtsverkehrs mit den Gerichten – Harmonisierung der Formerfordernisse mit Möglichkeiten moderner Kommunikation, MMR 2014, 95

MünchKommBGB	Säcker/Rixecker/Oetker/Limperg (Hrsg.), Münchener Kommentar zum Bürgerlichen Gesetzbuch, 8. Auflage, 2018–2020
MünchKommHGB	Schmidt, Karsten (Hrsg.), Münchener Kommentar zum Handelsgesetzbuch, 4. Auflage, 2016
MünchKommVVG	Langheid/Wandt (Hrsg.), Münchener Kommentar zum Versicherungsvertragsgesetz: VVG, 2. Auflage, 2017
MünchKommZPO	Gerhard Lüke/Peter Wax (Hrsg.), Münchener Kommentar zur Zivilprozessordnung, 5. Auflage, 2016
Muscheler, Karlheinz	Anmerkung zu BGH, Urt. v. 13.11.2019 – IV ZR 317/17 – (Verjährung von Pflichtteilsergänzungsansprüchen trotz späterer postmortaler Vaterschaftsfeststellung), ZEV 2020, 106
Musielak/Voit, ZPO	H.-J. Musielak/Wolfgang Voit (Hrsg.), Kommentar zur Zivilprozessordnung, 17. Auflage, 2020
Nassall, Wendt	Wenn das Wörtchen »kann« nicht wär', NJW 2020, 1939
Neuhaus, Kai-Jochen	Die vorvertragliche Anzeigepflichtverletzung im neuen VVG, r+s 2008, 45
Neuhofer, Anton	Honoraranspruch im Regressfall, AnwBl 2004, 583
ders.	Wer trägt die Rechtsmittelkosten nach anwaltlicher Pflichtverletzung?, AnwBl 2006, 577
Neuenhahn, Hans-Uwe/Neuenhahn, Stefan	Die Begleitung des Mandanten durch den Rechtsanwalt in der Mediation, NJW 2005, 1244
Nerlich/Römermann, InsO	Nerlich/Römermann (Hrsg.), Loseblatt-Kommentar zur InsO, 41. Auflage, 2020
Niederleithinger, Ernst	Das neue VVG – Erläuterungen, Texte, Synopse, 2007
Niepmann/Seiler	Die Rechtsprechung zur Höhe des Unterhalts, 14. Auflage, 2019
Nugel, Michael	Die Anzeigepflicht des Versicherungsnehmers im Hinblick auf gefahrerhebliche Umstände nach der VVG-Reform, MDR 2009, 186
ders.	Die Quotenbildung bei einer Leistungskürzung nach dem neuen VVG – eine Übersicht zu den aktuellen Streitständen, Sonderbeilage, MDR 2007, 23
Odersky, Walter	Die Berufshaftung – ein zumutbares Berufsrisiko? – Zum Dialog zwischen Rechtsprechung und Rechtswissenschaft, NJW 1989, 1
Offermann-Burckart, Susanne	Die Rolle des Anwalts in einem auf Einvernehmen ausgerichteten Verfahren, FPR 2010, 431
dies.	Vorsicht Falle! – Anwaltshaftung beim Abschluss von Vergleichen, FPR 2012, 550
dies.	Anwaltliches Gesellschaftsrecht – Bürogemeinschaft, Kooperation, EWIV, AnwBl 2013, 858
dies.	Die neue Zulassung als Syndikusanwalt und ihre rechtlichen Folgen, AnwBl 2016, 125
Ortloff, Karsten-Michael	Mediation – Regelungsbedarf?, NJW 2008, 2544
Ory/Weth	Schriftstücke und elektronische Dokumente im Zivilprozess – Von der Papierform zur elektronischen Form, NJW-Beilage 2016, 96
Ostermeier, Peter	Die Erstattung vorprozessualer Anwaltskosten im Arbeitsrecht, NJW 2008, 551
Ostler, Fritz	Anmerkung zu BGH AnwBl 1965, 118, AnwBl 1965, 120
Otte, Gerhard	Schadensersatz nach § 823 I BGB wegen Verletzung der »Forderungszuständigkeit«?, JZ 1969, 253
Palandt, Otto	Kommentar zum Bürgerlichen Gesetzbuch, 79. Auflage, 2020
Pauge/Offenloch	Arzthaftungsrecht, 14. Auflage, 2018

Pelz, Franz Joseph	Entwicklungstendenzen des Arzthaftungsrechts, DRiZ 1998, 473
Peperkorn, Jürgen-D.	Gebühren, Gebührenaufklärung und Verjährung beim Scheidungsfolgenvergleich, AnwBl 1995, 304
Perleberg-Kölbel, Renate	Verschärfte Anwaltshaftung bei unterlassener Hinweispflicht zur Einholung steuerrechtlichen Rats, FuR 2020, 142
Pfeil, Sigrun	Angriff auf den Ehevertrag im Ehescheidungsverfahren, NZFam 2020, 660
Piekenbrock, Andreas	Die Verjährung von Pflichtteilsergänzungsansprüchen im Lichte der Verfassung, NJW 2020, 371 ff.
Plagemann/Schafhausen	Das Freie-Mitarbeiter-Verhältnis, ZAP 1992, Fach 11, S. 153
Pletter, Andrej	Anmerkung zu: LG Hamburg, Urt. v. 15.04.2019 – 331 S 65/17 – (Zulässigkeit des Wechsels von fiktiver auf konkrete Abrechnung auch nach rechtskräftigem Urteil), NZV 2020, 151
Plewka, Harald	Die Entwicklung des Steuerrechts im ersten Halbjahr 2018, NJW 2018, 2526
Pluskat, Sorika	Die Ausgestaltung der Rechtsanwaltsaktiengesellschaft, AnwBl 2003, 131
Pohlmann, Petra	Beweislast für das Verschulden des Versicherungsnehmers bei Obliegenheitsverletzungen, VersR 2008, 437
Poguntke/von Villiez	Digitale Dokumente und elektronischer Rechtsverkehr im Arbeitsrecht, NZA 2019, 1097
Ponschab, Reiner	Gerichtsnahe Mediation I – Ende der Dobermann-Kultur?, Anwalt 1–2/2004, 16
Posegga, Volker	Die Haftung der Mitglieder einer freiberuflichen Sozietät, DStR 2013, 611
Prechtel, Günter	Zulässigkeit der Abtretung anwaltlicher Honorarforderungen an Rechtsanwälte angesichts § 49b IV BRAO, NJW 1997, 1813
Primozic, Frank R.	Anwaltliche Streitwertgestaltung in der Berufungsinstanz, NJW 2020, 1272
Prinz, Matthias	Der juristische Supermann als Maßstab, VersR 1986, 317
Prölss/Martin	Versicherungsvertragsgesetz, 30. Auflage, 2018
Prütting, Hanns	Güterichter, Mediator und Streitmittler, MDR 2016, 965
Prütting/Wegen/Weinreich	BGB-Kommentar, 15. Auflage, 2020 (zitiert: PWW/Bearbeiter, BGB)
Quaas/Zuck/Clemens	Medizinrecht, 4. Auflage, 2018
Rahlmemeyer/Sommer	Das Haftungsrisiko von Scheinpartnern, VersR 2008, 180
Rädler, Peter	Vorsicht: Subsidiarität!, NJW 2020, 1726
Raiser, Gottfried	Die Haftung des deutschen Rechtsanwalts bei grenzüberschreitender Tätigkeit, NJW 1991, 2049
Rathjen, Peter	Abnahme und Sicherheitsleistung beim Bauvertrag, BauR 2002, 242
Rauscher, Thomas	COVID-19-Pandemie und Zivilprozess, COVuR 2020, 2
Rehborn, Martin	Selbständiges Beweisverfahren im Arzthaftungsrecht? MDR 1998, 16
ders.	Aktuelle Entwicklungen im Arzthaftungsrecht, MDR 2002, 1281
Reiff, Peter	Zivilprozessuale Probleme der Haftpflichtversicherung insbesondere bei gestellten Verkehrsunfällen. Zugleich Anmerkung zum Urteil des OLG Nürnberg = VersR 89, 34, VersR 1990, 113
ders.	Die neuen berufsrechtlichen Bestimmungen über Haftungsbeschränkungen durch AGB. Modell für die Zukunft oder Auslaufmodell? AnwBl 1997, 4
ders.	Die Haftung des Versicherers für Versicherungsvermittler (Teil 2), r + s 1998, 134

ders.	Anmerkung zu: BGH, Urt. v. 07.04.2003 – II ZR 56/02 – (Persönliche Haftung des neu in einer GbR eintretenden Gesellschafters auch für schon bestehende Verbindlichkeiten), VersR 2003, 773
Rein, Andreas	Anwaltshaftung bei unterlassener Internetrecherche zu Insolvenzverfahren, NJW-Spezial 2013, 661
Remmert, Andreas	Die aktuelle Rechtsprechung des Anwaltssenats beim Bundesgerichtshof, AnwBl 2020, 96
Reusch, Peter	Die vorvertraglichen Anzeigepflichten im neuen VVG 2008, VersR 2007, 1313
Reuter/Lindner-Figura,	Die Entwicklung des Gewerberaummietrechts 2019, NJW 2020, 1039; NJW 2019, 1041 ff.; NJW 2018, 1060 ff.; NJW 2017, 1071 ff.; NJW 2015, 1059 ff.
RGRK	Das Bürgerliche Gesetzbuch mit besonderer Berücksichtigung der Rechtsprechung des Reichsgerichts und des Bundesgerichtshofs, Kommentar, Band II, 4. Teil, 12. Auflage, 1978
Rinsche, Franz-Josef	Anwaltliche Haftung wegen Versäumung materiell-rechtlicher Fristen, AnwBl 1985, 618
ders.	Soll der Anwalt der Empfehlung des Gerichts zur Antragsstellung nachkommen?, AnwBl 1994, 216
ders.	Die Haftung des Rechtsanwalts und des Notars, 6. Auflage, 1998
ders.	Prozesstaktik, 4. Auflage, 1999
Rinsche/Schlüter	Anwaltstätigkeit im internationalen Bereich, ZAP 1992, Fach 23, 115
Rixecker, Roland	VVG 2008 – Eine Einführung, ZfS 2007, 15 und 369
Römer, Wolfgang	Zu ausgewählten Problemen der VVG-Reform nach dem Referentenentwurf vom 13. März 2006 (Teil 1), VersR 2006, 740
Rohwetter, Kim	Die Rechtsprechung des BGH zur Wiedereinsetzung in den vorigen Stand, NJW 2020, 2010
Römermann, Volker	Neues im Recht der Partnerschaftsgesellschaft, NZG 1998, 675
ders.	Die Anwalts-AG, ZAP 2000, 425 (Fach 23, S. 461–478)
ders.	Noch viele Fragen offen – Mediation und Berufsrecht, Anwalt 1–2/2003, 8
Römermann/Hartung	Anwaltliches Berufsrecht, 3. Auflage, 2018
Rönnau/Faust/Fehling	Durchblick: Kausalität und objektive Zurechnung, JuS 2004, 112
Rosenberg, Leo	Die Beweislast, 5. Auflage, 1981
Roth, Wolfgang	Pflichtteilsergänzung des selbst beschenkten Pflichtteilsberechtigten, NJW-Spezial 2020, 103
Rüffer/Halbach/Schimikowski	Versicherungsvertragsgesetz, 4. Auflage, 2019
Rüther, Bernd	Schriftformklausel und Ausschluss der Agentenvollmacht nach § 43 Nr. 2 VVG – Anspruch und Wirklichkeit, NVersZ 2001, 241
Sagmeister, Holger	Anmerkung zu: OLG Hamm, Beschl. v. 28.6.2018 – II-11-WF 112/18 – (Zur Genehmigungsfreiheit der lenkenden Ausschlagung einer Erbschaft nach § 1643 Abs. 2 Satz 2 BGB), MitBayNot 2019, 366
Sassenbach, Holger	Sind Haftungsrecht und Berufsrecht (un)vereinbar?, AnwBl 2009, 447
Scharpf, Christian	Vertragsgestaltung im Zivilrecht: Die Wahl des sichersten Weges bei der Vertragsgestaltung, JuS 2002, 878
Schaub, Günter	Arbeitsrechts-Handbuch, 18. Auflage, 2019 (zitiert: Schaub/Bearbeiter, ArbR-Hdb.)
Schenkel, Harald	Berufungsrecht – Erklärungspflicht des Prozessgegners über unzulässiges neues Vorbringen?, MDR 2004, 121

Scherer, Stephan — Haftungsrisiken im Erbrecht – Beratungsfehler nach dem Erbfall, NJW 2011, 3498

Schimikowski, Peter — Einbeziehung von Allgemeinen Versicherungsbedingungen in den Vertrag, r+s 2007, 309

Schimmel/Buhlmann — Fehlerquellen im Umgang mit dem neuen Schuldrecht, 2002

Schippel/Bracker — Bundesnotarordnung: BNotO, Kommentar, 9. Auflage, 2011

Schirmer, Helmut — Die Obliegenheiten in der Rechtsschutzversicherung (Teil 2), r+s 1999, 45, 50

Schlechtriem/Schmidt-Kessel — Schuldrecht AT, 6. Auflage, 2005

Schlee, Heinz — Haftungsgefahren, AnwBl 1984, 604; 1985, 143; 1986, 31

ders. — Rechtsanwaltspflichten bei Mandatsbeendigung, AnwBl 1990, 205, 206

ders. — Die Haftung des Rechtsanwalts gegenüber Nichtmandanten, AnwBl 1993, 118

Schlosser, Peter — Anwaltsrechtliches Verbot der Vertretung widerstreitender Interessen, NJW 2002, 1376

Schlüter/Knippenkötter — Die Haftung des Notars, 2004

Schmalzl, Max — Berufshaftpflichtversicherung des Architekten und Bauunternehmers, 1989

Schmeel, Günter — § 649 BGB: Anrechnung ersparter Aufwendungen – Abschied von der Bequemlichkeit, MDR 1997, 109

Schmidt, Eike — Schockschäden Dritter und adäquate Kausalität, MDR 1971, 538

Schmidt, Karsten — Offene Stellvertretung, JuS 1987, 425

ders. — Die BGB-Außengesellschaft: recht- und parteifähig. Anmerkung zu: BGH, Urt. v. 29.01.2001 – II ZR 331/00, NJW 2001, 993

ders. — Gesellschaftsrecht, 4. Auflage, 2002

ders. — Die Gesellschafterhaftung bei der Gesellschaft bürgerlichen Rechts als gesetzliches Schuldverhältnis. Zum Stand der Rechtsfortbildung nach den BGH-Urteilen vom 24.02.2003 und vom 07.04.2003 (zugleich Anmerkung zu BGH, Urt. v. 24.02.2003 und Anmerkung zu BGH, Urt. v. 07.04.2003), NJW 2003, 1897

ders. — Die Sozietät als Sonderform der BGB-Gesellschaft, NJW 2005, 2801

Schmidt, Rolf — Schuldrecht, Besonderer Teil II, Gesetzliche Schuldverhältnisse, 13. Auflage, 2019

Schmücker, Alexander — Haftung des Rechtsanwalts bei unterlassenem Restschuldbefreiungsantrag, jurisPR-InsR 21/2013, Anm. 6

Schnabl, Daniel — Juristische Online-Datenbanken im Lichte der Anwaltshaftung, NJW 2007, 3025

Schneider, Egon — Problemfälle aus der Prozesstaktik »Anwaltliche Belehrung«, MDR 1988, 282

ders. — Die missglückte ZPO-Reform, NJW 2001, 3756

Schnorbus, York — Entwicklung und aktuelle Probleme der Arbeitnehmerhaftung, MDR 1994, 961

Scholz, Franz — Kommentar zum GmbH-Gesetz, 12. Auflage, 2018

Schönke/Schröder — Strafgesetzbuch, 30. Auflage, 2019

Schulte-Nölke/Flohr — Formularbuch Vertragsrecht, 3. Auflage, 2010

Schultz, Michael — Der Zeitpunkt der Schadensentstehung bei Fehlern von Anwälten und Steuerberatern, VersR 1994, 142

ders. — Rechtsmittelbegründungsfrist und Prozesskostenhilfe, NJW 2004, 2329

Schumacher, Jörg — Rechtsanwaltsaktiengesellschaft. Neue Berufsausübungsrechtsformen für die Anwaltschaft, AnwBl 1998, 364

Schumacher, Antje	Das Versicherungsjunktim bei der anwaltlichen Partnerschaftsgesellschaft mit beschränkter Berufshaftung, VersR 2016, 964
dies.	Zur materiellen Reichweite des partiellen Haftungsausschlusses bei der rechtsanwaltlichen Partnerschaftsgesellschaft mit beschränkter Berufshaftung (§ 8 IV 1 PartGG), NZG 2015, 379
Schumann/Geißinger	Bundesgebührenordnung für Rechtsanwälte, Kommentar, 2. Auflage, 1974
Schumann/Kramer	Die Berufung in Zivilsachen, 8. Auflage, 2015
Schuschke/Walker/Kessen/Thole	Vollstreckung und vorläufiger Rechtsschutz, Kommentar, 7. Auflage, 2020
Schwab, Martin	Grundfälle zu culpa in contrahendo, Sachwalterhaftung und Vertrag mit Schutzwirkung für Dritte nach neuem Schuldrecht, JuS 2002, 773, 872
Siebert, Holger	Die Entwicklung des Erbrechts im zweiten Halbjahr 2019, NJW 2020, 1190 ff.
Seltmann, Holm G.	Die Beteiligung mehrerer Anwälte an einem Haftpflichtfall, VersR 1974, 97
Seyfarth, Sebastian	Haftung des Anwalts für Fehler des Gerichts, AnwBl 2009, 48
Siebert, Wolfgang	Verwirkung und Unzulässigkeit der Rechtsausübung, 1934
Siede, Walther	Anspruch eines verbeamteten Ehegatten auf Abschluss einer Saldierungsvereinbarung zum Versorgungsausgleich, FamRB 2020, 57
Sieg, Karl	Ausstrahlungen der Haftpflichtversicherung, 1952
Sieg, Oliver	Internationale Anwaltshaftung, 1996
ders.	Die Haftung des Rechtsanwalts bei der Anwendung ausländischen Rechts (Fach 23, 239), ZAP 1996, 1249
ders.	Haftung des Rechtsanwalts bei der Zusammenarbeit mit ausländischen Anwälten (Fach 23, S. 341), ZAP 1998, 191
ders.	Die Internationalisierung deutscher Anwaltssozietäten, Anwalts-Report, 2000, 4
ders.	Risikomanagement in der anwaltlichen Praxis, (Fach 23, 535), ZAP 2001, 611
ders.	Auswirkungen der neuen Rechtsprechung zur BGB-Gesellschaft auf die persönliche Haftung der Mitglieder von Rechtsanwalts-, Steuerberater- und Wirtschaftsprüfersozietäten, WM 2002, 1432
Siegmund	Anmerkung zu LG Mannheim, Urt. v. 17.01.2020 – 1 S 71/19 – (Keine Pflicht zur Nutzung des beA bei technischer Störung des Faxgeräts des Gerichts)
Sienz, Christian	Die Neuregelungen im Werkvertragsrecht nach dem Schuldrechtsmodernisierungsgesetz, BauR 2002, 181
Slobodenjuk, Dimitri	Vertragliche Anwaltspflichten – überspanntes Rechtsprechung?, NJW 2006, 113
Soergel, H.	Bürgerliches Gesetzbuch, 13. Auflage, 2000 ff.
Sohn, Peter	Der Vergleich in Bausachen, BauR 2014, 1699
Späte, Bernd	AHB-Kommentar, 1993
Späte/Schimikowski	Haftpflichtversicherung, Kommentar zu den AHB und weiteren Haftpflichtversicherungsbedingungen, 2. Auflage, 2015
Späth, Wolfgang	Nochmals: Der Zeitpunkt der Schadensentstehung bei Fehlern von Anwälten und Steuerberatern – Einige ergänzende Bemerkungen zu dem Aufsatz von Schultz VersR 1994, 142, VersR 1994, 790
ders.	Probleme der wissentlichen Pflichtverletzung in der Berufshaftpflichtversicherung nach § 4 Nr. 6 AVB-WB, VersR 2007, 825
Stackmann, Nikolaus	Aktuelle Rechtsprechung zum Kapitalanlagerecht, NJW 2020, 196 ff.

Stahl, Kerstin	Quotenbildung nach dem VVG in der Kraftfahrtversicherung, NZV 2009, 265
Stahlhacke/Preis/Vossen	Kündigung und Kündigungsschutz im Arbeitsverhältnis, 11. Auflage, 2015
Staudinger	Kommentar zum Bürgerlichen Gesetzbuch, Erstes Buch, Allgemeiner Teil, §§ 164–240, Neubearbeitung 2017; Zweites Buch, Recht der Schuldverhältnisse, Einl. §§ 241 ff., §§ 241–243, Neubearbeitung 2017; §§ 249–254, Neubearbeitung 2017; §§ 255–304, Neubearbeitung 2017; §§ 315–345, Neubearbeitung 2017; §§ 613a-619a, Neubearbeitung 2017; Vorbem. zu §§ 620 ff.; §§ 620–630, Neubearbeitung 2017; §§ 652–661a, Neubearbeitung 2017; Fünftes Buch, Erbrecht, §§ 2265–2338a, Neubearbeitung 2020
Staudinger/Halm/Wendt	Versicherungsrecht Kommentar, 2. Auflage, 2017
Stein, Thomas	Haftungsfallen im neuen Familienrecht, FamFR 2010, 313
Stein/Jonas	Zivilprozessordnung, 23. Auflage, 2020
Steinacker, Gisbert	Aspekte der Haftung des Patentanwalts für Fehler bei der Beratung in Patentsachen, GRUR 2001, 1011
Steiner, Anton	Zwangsversteigerung und Zwangsverwaltung, 9. Auflage, 1984
Stelkens/Bonk/Sachs/Kallerhoff	Verwaltungsverfahrensgesetz: VwVfG, 9. Auflage, 2018
Stodolkowitz, Heinz Dieter	Beweislast und Beweiserleichterungen bei der Schadensursächlichkeit von Aufklärungspflichtverletzungen, VersR 1994, 11
Stöber, Michael	Der Anspruch des Mandanten auf Herausgabe und Vorlage der Handakte, ZAP 2006, Fach 23, 689
Stöber	ZVG, 22. Auflage, 2019
Sturmberg, Georg	Die Beweissicherung in der anwaltlichen Praxis, letzte Aktualisierung: 27.08.2015
Süß	Anmerkung zu: LG Magdeburg, Beschl. v. 28.03.2019 – 1 S 39/19 – (Zu den Vertragsverhältnissen bei durchgangsärztlichen Behandlungen), MedR 2020, 41
Terbille, Michael	Haftpflichtversicherung und Haftung von Anwälten und Notaren, MDR 1999, 1426
ders.	Zur Zulässigkeit von Bedingungsanpassungsklauseln in Versicherungsverträgen, MDR 1999, 935
ders.	Das Alles-oder-Nichts-Prinzip im Versicherungsrecht, dargestellt anhand der Regelung der §§ 6, 23 ff. und 61 VVG, r+s 2001, 1
ders.	Die Schmerzensgeldteilklage – anwaltliche Pflicht oder risikobehaftet?, VersR 2005, 37
Terbille/Höra (Hrsg.)	Münchener Anwaltshandbuch Versicherungsrecht, 4. Auflage, 2017
Teumer, Jörg	Der Vergütungsanspruch als Schaden bei der Schlechterfüllung von Dienstverträgen, VersR 2009, 333
Therstappen, Kirstin	Mediationsgesetz: Kein Freibrief für Anwälte beim Vergleichsabschluss, AnwBl 2013, 288
Thomas/Putzo	Zivilprozessordnung, 41. Auflage, 2020
Thora, Cornelius Maria	Die Streitverkündung – vielschichtig und haftungsträchtig, NJW 2019, 3624
Tietgens, Jens	Anwaltliche Beratungs-, Aufklärungs- und Auskunftspflichten in der Rechtsschutzversicherung, r+s 2005, 489
Toussaint, Guido	Form- und Fristwahrung durch Telefax im Zivilprozess, NJW 2015, 3207
ders.	Fristversäumnis wegen Erkrankung des Rechtsanwalts, NJW 2014, 200
Treber, Jürgen	Neuerungen durch das Anhörungsrügengesetz, NJW 2005, 97

Udsching, Peter	Haftungsrisiken bei der Durchführung des Versorgungsausgleichs, NJW 1978, 295
ders.	Unbeschränkte Gesellschafterhaftung in der Gesellschaft bürgerlichen Rechts. Anmerkung zu: BGH, Urt. v. 27.09.1999 – II ZR 371/98 –, ZGR 2000, 339
ders.	Die Haftungsverfassung der BGB-Gesellschaft, ZIP 2003, 1113
Ullmann, Eike	Garantiert der mit einer Abmahnung mandatierte Rechtsanwalt den Schutz der Interessen des Gegners?, jurisPR-WettbR 8/2016, Anm. 2
Ullrich, Kristin	Außergerichtliche Kontakte zwischen Anwalt und Zeugen im Zivilprozess, NJW 2014, 1341
Ulmer/Brandner/Hensen	AGB-Recht. Kommentar, 12. Auflage, 2016
Unberath, Hannes	Die Leistungsfreiheit des Versicherers – Auswirkungen der Neuregelung auf die Kraftfahrtversicherung, NZV 2008, 537
Valerius, Markus	Die Auswirkungen einer Kündigung des Werkvertrages gemäß § 648a Abs. 5 Satz 1, § 643 Satz 1 BGB auf Rechte wegen neuer Mängel, BauR 2005, 23
van Bühren, Hubert W.	Interessenkonflikte bei der Vertretung mehrerer Unfallbeteiligter, Kammerforum, RA-Kammer Köln 2004, 172
van Bühren, Hubert W. (Hrsg.)	Handbuch Versicherungsrecht, 7. Auflage, 2017
van Bühren, Martin	Die Berufshaftpflicht der Rechtsanwälte, Diss. 2003
van Bühren/van Bühren	Haftung und Haftpflichtversicherung der rechtsberatenden Berufe, r+s 2004, 89, 90
Viefhues, Wolfram	Schuldnerverzug und Anwaltshaftung, FPR 2013, 541
Voit, Wolfgang	Berufshaftpflichtversicherung, Anmerkung zu: LG München I, Urt. v. 4.3.1987 – 29 O 17579/86, VersR 1988, 902
ders.	Die außerordentliche Kündigung des Werkvertrages durch den Besteller, BauR 2002, 1776
Vollkommer, Max	Anmerkung zu OLG Saarbrücken NJW 1970, 434, in: NJW 1970, 1051
ders.	Formenstrenge und prozessuale Billigkeit, 1973
ders.	Anwaltshaftungsrecht, 1989
Vollkommer/Greger/Heinemann	Anwaltshaftungsrecht, 4. Auflage, 2014
Völtz, Jürgen	§ 49b BRAO – Eine vergessene Reform?, BRAK-Mitt. 2004, 103
Voges, Lars	Die Umsatzsteuerpflicht bei der Abmahnung, GRUR- Prax 2020, 254
von Gerlach, Jürgen	Die prozessuale Behandlung von Schmerzensgeldansprüchen, VersR 2000, 525
von Lewinski, Kai	Anwaltliches Berufsrecht und Mandatsvertrag, JuS 2004, 396
von Pentz, Vera	Die Rechtsprechung des BGH zur Wiedereinsetzung in den vorigen Stand, NJW 2003, 858
von Westphalen/Thüsing (Hrsg.)	Vertragsrecht und AGB-Klauselwerke, 45. Auflage, 2020
von Westphalen	ZEP 95, 547
ders.	Möglichkeiten der Beschränkung und Konzentration der Haftung für Rechtsanwälte, WiB 1997, 1217
ders.	AGB-Recht im Jahr 2008, NJW 2009, 2355
Vorwerk, Volkert	Corona/Covid-19 – Wiedereinsetzung oder Unterbrechung?, NJW 2020, 1196

Wagner, Gerhard	Alternative Streitbeilegung und Verjährung, NJW 2001, 182
ders.	Das Zweite Schadensersatzrechtsänderungsgesetz, NJW 2002, 2049
Waltermann, Raimund	Forderungsübergang auf Sozialleistungsträger, NJW 1996, 1644
Wandt/Ganster	Zur Harmonisierung von Versicherungsbeginn und Prämienfälligkeit durch AVB im Rahmen des VVG 2008, VersR 2007, 1034
Weber, Martin	Die Entwicklung des Kapitalmarktrechts 2019/2020, NJW 2020, 968
Weber/Dospil/Hanhörster	Mandatspraxis Neues Schuldrecht, 2002
Wehrberger, Simone	Haftpflichtrisiken aus dem Bereich der erbrechtlichen Beratung, AnwBl 1998, 338
Weidner, Ulrich/Schuster, Hartmut	Quotelung von Entschädigungsleistungen bei grober Fahrlässigkeit des VN in der Sachversicherung nach neuem VVG, r + s 2007, 363
Weinbeer, Alexander	Die Insolvenzverwalterhaftung gemäß §§ 60 ff. InsO, AnwBl 2004, 48
ders.	Anwälte unter Beschuss – Rechtsschutzversicherer lassen Anwälte haften, AnwBl 2020, 26
Weingärtner, Helmut	Notarrecht, 9. Auflage, 2009
Weise, Stefan	Vorkasse gegen Bürgschaft, NJW-Spezial 2004, 69–70
Weisemann, Ulrich	Sorgfaltspflichten des Rechtsanwalts bei Kündigungsschutz und Lohnsicherung der Arbeitnehmer, AnwBl 1984, 174
ders.	Verzug, verfallen – Regreß?, AnwBl 1990, 534
Wellenhofer, Marina	Haftung im Familienrecht, FPR 2012, 529
Weller/Kienle	Anerkennung – Postulationsfähigkeit – Haftung (Teil II), DStR 2005, 1102
Wenzel, Joachim	Das neue zivilprozessuale Revisionszulassungsrecht in der Bewährung, NJW 2002, 3353
Werner/Pastor	Der Bauprozess, 17. Auflage, 2020
Wertenbruch, Johannes	Die Parteifähigkeit der GbR – die Änderungen für die Gerichts- und Vollstreckungspraxis, NJW 2002, 324
ders.	Die Innenhaftung bei der Partnerschaftsgesellschaft mbB, NZG 2013, 1006
Westermann, Harm Peter	Erste Folgerungen aus der Anerkennung der Rechtsfähigkeit der BGB-Gesellschaft (Anmerkung zu: BGH, Urt. v. 29.01.2001 – II ZR 331/00 –), NZG 2001, 289
ders.	Anmerkung zu BGH, Urt. v. 07.04.2003 – II ZR 56/02 – (Persönliche Haftung des neu eintretenden GbR-Gesellschafters für Altverbindlichkeiten der Gesellschaft (»Neu-Anwalt«)), EWiR 2003, 513
Weyland	Bundesrechtsanwaltsordnung, Kommentar, 10. Auflage, 2020
Willemsen/Annuß	Kündigungsschutz nach der Reform, NJW 2004, 177
Willingmann, Armin	Verjährungsrecht im Diskussionsentwurf eines Schuldrechtsmodernisierungsgesetzes, VUR 2001, 107
Windau, Benedikt	Pflicht zur aktiven beA-Nutzung »durch die Hintertür«?, ZFam 2020, 71
Winter, Gerrit	Das Abtretungsverbot in der Berufshaftpflichtversicherung, r + s 2001, 133
Winter, Thomas	Die Nichtzulassungsbeschwerde – ein Scheinrechtsmittel, NJW 2016, 922
Wolf, Lutz-Christian	Notarhaftung: Die sogenannte Vertrauensschadensversicherung und der Vertrauensschadensfonds der Notarkammern, VersR 1993, 272
Wolf/Ungeheuer	Vertragsrechtliche Probleme des Franchising, BB 1994, 1027
Wölk, Jonas	Möglichkeiten der Haftungsbeschränkung des Rechtsanwalts, AnwBl 2003, 328

Wollweber, Markus u.a. (Bearb.)	Formularbuch Recht und Steuern, Gesellschaftsverträge – Sonstige Verträge, Besteuerungsverfahren – Rechtsmittelverfahren, Steuerstrafverfahren, 9. Auflage, 2020
Wussow, Werner	Unfallhaftpflichtrecht, 16. Auflage, 2014
Zacharias, Franzjosef	Haftungsfallen beim Eintritt in eine Anwaltssozietät, AnwBl 2003, 679
Zapf	Die Haftung von Rechts- und Steuerberatern im Zusammenhang mit Cum/Ex-Geschäften, BB 2019, 1182
Zimmer, Maximilian	Störungen beim Erb- und Pflichtteilsvertrag, NJW 2017, 513
Zimmermann, Christian	Verdrängt die PartG mbB Haftungsvereinbarungen?, NJW 2014, 1142
ders.	Haftungsbeschränkung statt Versicherung? – Zur Reichweite von § 51a BRAO, NJW 2005, 177
Zimmermann, Stefan	Neue Versicherungsbedingungen für die Notarhaftpflichtversicherung, DNotZ 1983, 11
Zimmermann, Walter	Zur Frage einer Wiedereinsetzung in den vorigen Stand nach der Entscheidung über die Prozesskostenhilfe, FamRZ 2008, 1521
Zirnbauer, Ulrich	Haftungsgefahren beim arbeitsgerichtlichen Mandat, FA 1998, 40
Zöller, Richard	Zivilprozessordnung, 33. Auflage, 2020
Zöllner, Wolfgang	Rechtssubjektivität und Personengesellschaften?, in: Festschrift für Gernhuber 1993, 563
ders.	Rechtsfähigkeit der BGB-Gesellschaft: ein Sachverstands- oder Kommunikationsproblem, in: Festschrift für Kraft 1998, 701
Zuck, Rüdiger	Die Europäische wirtschaftliche Interessenvereinigung als Instrument anwaltlicher Zusammenarbeit, NJW 1990, 954
Zugehör, Horst	Die Verjährung in der Berufshaftung der Rechtsanwälte, NJW 1995, Beilage zu Heft 21
ders.	Die Haftung des Anwaltsnotars als Treuhänder, ZNotP 1997, 42
ders.	Berufliche »Dritthaftung« – insbesondere der Rechtsanwälte, Steuerberater, Wirtschaftsprüfer und Notare – in der deutschen Rechtsprechung, NJW 2000, 1601
ders.	Anwaltsverschulden, Gerichtsfehler und Anwaltshaftung, NJW 2003, 3225
ders.	Beraterhaftung nach der Schuldrechtsreform, 2002
ders.	Die neue Rechtsprechung des Bundesgerichtshofs zur zivilrechtlichen Haftung der Rechtsanwälte und steuerlichen Berater, Sonderbeilage Nr. 3/2006 zu Heft Nr. 50–52 der WM
ders.	Grundsätze des neuen Verjährungsrechts für die Haftung der Rechtsanwälte, Steuerberater und Wirtschaftsprüfer, ZAP 2007, 1337–1360 (ZAP 23/2007, Fach 23, 739–761)
ders.	Die neue Rechtsprechung des Bundesgerichtshofs zur zivilrechtlichen Haftung der Rechtsanwälte und steuerlichen Berater, WM 2010, Sonderbeilage 1, Seite 1–39
Zundel, Frank	Die Entwicklung des Arbeitsrechts im Jahr 2015, NJW 2016, 132
ders.	Die Entwicklung des Arbeitsrechts im Jahre 2019, NJW 2020, 284
Zwiehoff, Gabriele	Haftung des Strafverteidigers?, StV 1999, 555

Kapitel 1 Rechtsgrundlagen der anwaltlichen Haftung

Übersicht

1 Die Haftung des Rechtsanwalts ist – anders als diejenige des Notars[1] – vom Gesetzgeber nicht einheitlich geregelt worden. Abgesehen von einigen eher deklaratorischen Hinweisen in der BRAO[2] findet sich weder in der Bundesrechtsanwaltsordnung noch in sonstigen Gesetzen eine spezielle Norm, welche die Voraussetzungen der anwaltlichen Haftung bestimmt[3]. Die Haftung ergibt sich vielmehr aus unterschiedlichen Normen. Sie hat jedoch inzwischen durch die Rechtsprechung eine konkrete Ausprägung erfahren.

2 Überwiegend geht es um Schadensersatzpflichten gegenüber dem Mandanten. Auch kommt eine Haftung des Anwalts gegenüber Dritten in Betracht[4].

A. Die Haftung gegenüber dem Mandanten

3 Haftungsgrundlage für einen Schadensersatzanspruch des Mandanten gegen den Anwalt ist regelmäßig das zwischen diesen Beteiligten begründete Vertragsverhältnis. Daneben kommen auch außervertragliche Haftungsgrundlagen in Betracht[5].

I. Der Anwaltsvertrag

4 Das Vertragsverhältnis wird als Mandat bezeichnet. Es begründet für den Anwalt erhebliche Haupt- und Nebenpflichten.

1. Rechtsnatur

5 Hauptaufgabe des Anwalts ist die Rechtsberatung und zwar gleichermaßen im gerichtlichen und außergerichtlichen Bereich[6]. Rechtsberatungsleistungen können im Rahmen von

1 § 19 BNotO.
2 §§ 44 S. 2, 51 Abs. 2 BRAO.
3 Die Berufsordnung (BORA) i.d.F. vom 1.7.2015 – https://research.wolterskluwer-online.de – sowie die Fachanwaltsordnung (FAO) i.d.F. vom 1.3.2016 – https://research.wolterskluwer-online.de – enthalten ebenfalls keine Regelung über Schadensersatzansprüche gegen den Anwalt.
4 Vgl. die Ausführungen unter Rdn. 341 ff.
5 Vgl. die Ausführungen unter Rdn. 287 ff.
6 AGB-Klauselwerke/*Kilian,* Rechtsanwälte, Rn. 5.

Geschäftsbesorgungsverträgen und/oder gesonderten gerichtlichen Beiordnungen erbracht werden. Daneben gibt es auch Absprachen, die nicht auf die Erbringung von Rechtsberatung gerichtet sind.

a) Echter oder unechter Rechtsberatungsvertrag

Das Spektrum anwaltlicher Tätigkeit hat sich verändert. Einerseits haben die Zusammenschlüsse von Rechtsanwälten, Steuerberatern und Wirtschaftsprüfern zu einer Überschneidung der entsprechenden Berufsfelder bei umfassenden Mandaten geführt; andererseits hat auch der wachsende Konkurrenzdruck bewirkt, dass sich Rechtsanwälte heute auch in Sachgebieten betätigen, die jenseits des originären Berufsfeldes liegen[7]. Diese Veränderungen können Auswirkungen in Bezug auf die berufsrechtliche Zulässigkeit solcher Tätigkeiten und die Vergütungsansprüche sowie in Bezug auf die Haftung, die Verjährung und den Versicherungsschutz haben. In der Sache geht es bei der Abgrenzung zwischen einem echten und einem unechten Rechtsberatungsvertrag letztlich um die **Unterscheidung zwischen anwaltlicher und berufsfremder Tätigkeit**[8]. 6

aa) Echter Rechtsberatungsvertrag

Ein **echter Rechtsberatungsvertrag** liegt stets dann vor, wenn der Anwalt die berufstypische Pflicht zu rechtlichem Beistand im Sinne des § 3 Abs. 1 BRAO übernimmt. Er kann selbst dann anzunehmen sein, wenn der Anwalt zwar primär berufsuntypische Aufgaben durch den Vertrag übernimmt, diese aber in einem engen inneren Zusammenhang mit der rechtlichen Beistandspflicht stehen und auch Rechtsfragen aufwerfen können[9]. Etwas anderes gilt nur dann, wenn die Rechtsberatung und -vertretung völlig in den Hintergrund tritt und keinerlei Relevanz besitzt[10]. So hat auch der BFH entschieden, dass ein Rechtsanwalt, der mittels seiner Büroorganisation vollautomatisiertes Mengeninkasso in Form des massenhaften Versendens standardisierter Mahnschreiben betreibt, ein rein kaufmännisches Inkasso ausübt; er erbringt eine kaufmännische Dienstleistung, die als solche nach ihrer Art nicht das für eine selbständige Arbeit charakteristische Merkmal einer persönlichen Arbeitsleistung erfüllt[11]. Die Tätigkeit des Rechtsanwalts erhält ihr Gepräge durch die ihm gemäß § 3 Abs. 1 BRAO obliegende Aufgabe, **der berufene unabhängige Vertreter und Berater in allen Rechtsangelegenheiten** zu sein. Deshalb ist im Zweifel anzunehmen, dass derjenige, der die Dienste eines Rechtsanwalts in Anspruch nimmt, ihn auch in dieser Eigenschaft beauftragt[12]. Diese Auslegungsregel greift nur dann nicht, wenn es dem Auftraggeber nicht um die Leistung rechtlichen Beistands geht[13]. 7

Selbst wenn die Gesamtwürdigung aller Umstände des Einzelfalles die Feststellung nicht gestattet, dass ein Anwaltsvertrag vorliegt, ist **im Zweifel** anzunehmen, dass derjenige, der die Dienste eines 8

---

7 So bereits zu Recht *Jungk,* AnwBl 2004, 117 und nunmehr grundlegend BVerfG, Beschl. v. 12.1.2016 – 1 BvL 6/13 – zur Zulässigkeit von Partnerschaftsgesellschaften von Rechtsanwälten mit Ärzten und Apothekern.

8 Gegen Borgmann/*Jungk*/Schwaiger, Anwaltshaftung, § 16, Rn. 6, Fn. 26 soll die Unterscheidung zwischen »echtem« und »unechtem« Rechtsberatungsvertrag gerade die Abgrenzung zwischen anwaltlicher und berufsfremder Tätigkeit verdeutlichen.

9 BGH, Urt. v. 5.4.1976 – III ZR 79/74 – juris, Rn. 19, 23 f.; OLG Düsseldorf, Urt. v. 2.5.2007 – I-24 U 26/05 – juris, Rn. 18; OLG Koblenz, Urt. v. 19.12.2002 – 5 U 1392/01 – juris, Rn. 43 f. sowie Staudinger/*Arnold* (2016) Vorbemerkungen zu §§ 652 ff., Rn. 55 ff.

10 BGH, Urt. v. 2.4.2020 – IX ZR 135/19 – juris, Rn. 39, v. 2.7.1998 – IX ZR 63/97 – juris, Rn. 15 sowie v. 8.7.1999 – IX ZR 338/97 – juris, Rn. 23 ff. Vgl. auch die Ausführungen unter Rdn. 10.

11 BFH, Beschl. v. 20.8.2012 – III B 246/11 – juris, Rn. 17. Zur zunehmend problematischen Tätigkeit von nach § 10 Abs. 1 S. 1 Nr. 1 RDG registrierten Inkassodienstleistern vgl. das Grundsatzurteil des BGH v. 27.11.2019 – VIII ZR 285/18 – juris (vorgesehen für BGHZ).

12 BGH, Urt. v. 17.4.1980 – III ZR 73/79 – juris, Rn. 6 ff.; und v. 5.4.1976 – III ZR 79/74 – juris, Rn. 17; *Rinkler/Pape,* in: G. Fischer/Vill/D. Fischer/Pape/Chab, § 1, Rn. 164; Feuerich/Weyland/*Schwärzer,* BRAO, § 44, Rn. 14.

13 BGH, Urt. v. 17.4.1980 – III ZR 73/79 – juris, Rn. 6.

Rechtsanwalts in Anspruch nimmt, ihn auch in dieser Eigenschaft beauftragt, weil er erwartet, dass der Rechtsanwalt bei seiner Tätigkeit jedenfalls auch die rechtlichen Interessen des Auftraggebers wahrnehmen wird[14]. Ein **Anwaltsvertrag** ist deshalb z.B. auch bei einer Anlageberatung zu bejahen, wenn sie im Zusammenhang mit steuerlicher Beratung steht[15]. Gleiches gilt für Makler- und Vertragsvermittlungstätigkeiten[16] eines Anwalts, bei denen es dem Auftraggeber nicht nur um die Vermittlung geht[17], auch wenn die Tätigkeit als Versicherungsmakler[18] oder als Grundstücksmakler grundsätzlich mit dem Anwaltsberuf unvereinbar ist und die Gefahr einer Interessenkollision im Sinne des § 7 Nr. 8 BRAO nahe liegt[19]. Auch einen – vom BGH als Handelsvertretervertrag (§ 84 HGB) eingestuften[20] – Vertrag, mit dem eine Anwaltsgesellschaft ihrem Auftraggeber unterschriftsreife Verträge zu dessen möglichst kostengünstiger Belieferung zu vermitteln hatte, gleichzeitig aber auch zur rechtlichen Beratung und Vertretung (§ 3 Abs. 1 BRAO) verpflichtet war, wird man als echten Anwaltsvertrag ansehen können[21]. Ein Anwaltsvertrag ist des Weiteren zu bejahen, wenn es bei einer Vermögensverwaltung hinsichtlich eines abzuwickelnden Nachlasses auch um gegen die Erben erhobene Pflichtteils- und Pflichtteilsergänzungsansprüche sowie Steuerforderungen geht[22]. In diesem Zusammenhang ist darauf abzustellen, ob der Rechtsanwalt bei der Anlageberatung seinen juristischen Sachverstand einsetzen sollte[23]. Ist mit der Vermögensverwaltung eine rechtliche Beratung und eine Vertretung gegenüber Behörden verbunden, ist der Vertrag gleichfalls als Anwaltsvertrag zu charakterisieren[24]. Auch ein mit einem Anwalt geschlossener Treuhandvertrag ist als Anwaltsvertrag zu charakterisieren, sofern dem Anwalt als Treuhandgesellschafter einer Publikumsgesellschaft gleichzeitig die Aufgabe zufällt, Kapitalanleger in Bezug auf die mit der Kapitalbeteiligung und deren Verwaltung auftretenden Rechtsfragen zu beraten[25]. Eine treuhänderische Vermögensverwaltung kann sowohl im Rahmen als auch jenseits rechtlicher Beratung erfolgen[26].

9 Diese Rechtsprechung gilt auch für den Anwalt, der als **Mehrfachberufler** tätig ist. Für Rechtsanwälte, die auch Steuerberater und/oder Wirtschaftsprüfer sind, ist gleichfalls die Frage nach dem Schwerpunkt der Vertragspflichten zu stellen, sofern der Parteiwille nicht eindeutig feststellbar ist[27]. Ist also der Rechtsanwalt zugleich Steuerberater, ist der Vertrag über eine Steuerberatung regelmäßig als Steuerberatervertrag zu charakterisieren[28]. Steuerberatende Tätigkeit gehört zum Berufsbild des Rechtsanwalts ebenso wie zu demjenigen des Wirtschaftsprüfers. Ein Anwalt, der nicht zugleich Steuerberater ist, übt anwaltliche Tätigkeit aus, wenn er steuerberatend tätig ist, weil der Rechtsanwalt nach § 3 Abs. 1 BRAO der berufene Berater und Vertreter in allen Rechtsangelegenheiten ist[29]. Erst recht kommt ein Anwaltsvertrag mit einem Anwalt zustande, der Fachanwalt für Steuerrecht ist und die steuerberatende Tätigkeit ausübt[30]. **Erforderlich ist** deshalb stets **eine konkrete Analyse des Mandatsverhältnisses zu der Frage, welche Bedeutung die Rechtsberatung im Rahmen des Auftrages hat**[31].

---

14 BGH, Urt. v. 10.6.1985 – III ZR 73/84 – juris, Rn. 17.
15 BGH, Urt. v. 27.1.1994 – IX ZR 195/93 – juris, Rn. 11 ff.
16 Zum makelnden Rechtsanwalt vgl. *Fischer*, NJW 2016, 3220.
17 BGH, Urt. v. 10.6.1985 – III ZR 73/84 – juris, Rn. 16 ff.
18 BGH, Beschl. v. 18.10.1999 – AnwZ (B) 97/98 – juris, Rn. 7 ff.
19 *Fischer*, NJW 2016, 3220, 3221; *Jungk*, AnwBl 2004, 117.
20 BGH, Urt. v. 12.5.2016 – IX ZR 241/14 – juris, Rn. 16.
21 Vgl. *D. Fischer*, WM Sonderbeil. Nr. 1 zu Heft 14/2019, S. 4.
22 BGH, Urt. v. 8.7.1999 – IX ZR 338/97 – juris, Rn. 23 ff.
23 OLG Koblenz, Urt. v. 19.12.2002 – 5 U 1392/01 – juris, Rn. 45 ff., 70.
24 BGH, Urt. v. 8.7.1999 – IX ZR 338/97 – juris, Rn. 27.
25 BGH, Urt. v. 9.11.1992 – II ZR 141/91 – juris, Rn. 7.
26 *Jungk*, AnwBl 2004, 117, 118.
27 BGH, Urt. v. 19.11.1987 – VII ZR 39/87 – juris, Rn. 13.
28 BGH, Urt. v. 27.1.1994 – IX ZR 195/93 – juris, Rn. 17.
29 BGH, Urt. v. 27.1.1994 – IX ZR 195/93 – juris, Rn. 14; und v. 22.10.1987 – IX ZR 175/86 – juris, Rn. 37.
30 BGH, Urt. v. 27.1.1994 – IX ZR 195/93 – juris, Rn. 14.
31 BGH, Urt. v. 27.1.1994 – IX ZR 195/93 – juris, Rn. 12.

Der Vertrag zwischen dem anwaltlichen **Mediator** und den Konfliktparteien ist regelmäßig als mehrseitiger Anwaltsdienstvertrag im Sinne von § 611 Abs. 1, § 675 Abs. 1 BGB zu verstehen, so dass der Mediator nach anwaltsrechtlichen Grundsätzen haften kann[32].

Für einen Rechtsanwalt, der **mehrere Berufe** ausübt, gelten einheitlich die Anforderungen des »insgesamt strengeren Berufsrechts«[33].

bb) Unechter Rechtsberatungsvertrag

Ein **unechter Rechtsberatungsvertrag** ist **dann anzunehmen, wenn** die **Rechtsberatung und Rechtsvertretung völlig in den Hintergrund tritt** und deswegen keinerlei Relevanz besitzt[34] bzw. als unwesentlich erscheint[35]. Ergibt sich bei der Prüfung dieser Fragestellung ein unechter Rechtsberatungsvertrag, richtet sich die **Haftung nach dem jeweiligen Vertragstyp**, also zum Beispiel bei einem Maklervertrag nach den §§ 652 ff. BGB. Ein solcher unechter Rechtsberatungsvertrag mit reinen anwaltsfremden Tätigkeiten ist für die Tätigkeit der Anlageberatung[36], der Vermögensverwaltung[37] sowie für Buchführung und Buchprüfung[38] ebenso angenommen worden wie auch für Treuhandtätigkeit[39] ohne Rechtsberatung[40] und auch für die Tätigkeit eines Anwalts als reiner Grundstücksmakler[41]. 10

b) Dienst- oder Werkvertrag

Das Handeln des Rechtsanwalts für seinen Mandanten kann **dienstvertraglich-tätigkeitsbezogen** oder **werkvertraglich-erfolgsbezogen** ausgerichtet sein[42], wobei der Geschäftsbesorgung durch den Anwalt **regelmäßig** ein **Dienstvertrag** im Sinne des § 611 BGB zugrunde liegt[43]. Der Rechtsanwalt leistet in freier Berufsausübung Dienste höherer Art, deren Ausübung ihm aufgrund seiner juristischen Ausbildung, Erfahrung sowie aufgrund eines aus beruflichem und persönlichem Ansehen resultierenden Vertrauensverhältnisses durch den Mandanten übertragen wird[44]. Ebenso wie der Arzt mit der Übernahme der Behandlung nicht für die Gesundung des Patienten einzustehen hat, schuldet auch der Anwalt regelmäßig keinen bestimmten Erfolg seiner Tätigkeit. Inhalt seiner Leistungspflicht ist vielmehr ein unabhängiges Tätigwerden im Mandanteninteresse[45]. Das gilt insbesondere dann, wenn der Anwalt eine Rechtsberatung, eine Prozessführung oder die Besorgung einer sonstigen Rechtsangelegenheit übernimmt. 11

Im Rahmen der Vermutungen der §§ 612 Abs. 1 und 632 Abs. 1 BGB kann der Mandant nicht erwarten, dass der Anwalt unentgeltlich tätig wird[46]. 12

---

32 BGH, Urt. v. 21.9.2017 – IX ZR 34/17 – juris, Rn. 18; vgl. auch die Ausführungen in Kap. 8 Rdn. 238 ff.

33 Vgl. *Gladys*, DStR 2016, 628, 629; zur Geltung des strengeren Berufsrechts bei interprofessionellen Berufsausübungsgemeinschaften vgl. auch Rdn. 165.

34 BGH, Urt. v. 2.4.2020 – IX ZR 135/19 – juris, Rn. 39.

35 BGH, Urt. v. 8.7.1999 – IX ZR 338/97 – juris, Rn. 23 und v. 2.7.1998 – IX ZR 63/97 – juris, Rn. 15 m.w.N.

36 BGH, Urt. v. 17.4.1980 – III ZR 73/79 – juris, Rn. 8 ff.

37 BGH, Urt. v. 22.12.1966 – VII ZR 195/64 – juris, LS 1, Rn. 23 ff.

38 BGH, Urt. v. 9.4.1970 – VII ZR 146/68 – juris, Rn. 16 ff.

39 Für Ansprüche gegen Anwälte aus Treuhandabrechnung vgl. *Knab,* AnwBl 2004, 440 ff.; vgl. ansonsten Rdn. 377 ff.

40 BGH, Urt. v. 1.12.1994 – III ZR 93/93 – juris, Rn. 31.

41 BGH, Urt. v. 31.10.1991 – IX ZR 303/90 – juris, Rn. 11.

42 Staudinger/*Martinek/Omlor*, (2017) BGB, § 675, Rn. B 165 m.w.N.

43 BGH, Beschl. v. 24.9.2015 – IX ZR 266/14 – juris, Rn. 10, Urt. v. 25.10.2001 – IX ZR 19/99 – juris, Rn. 10 sowie v. 16.11.1995 – IX ZR 148/94 – juris, Rn. 14.

44 *Hartstang*, Anwaltsrecht, S. 422.

45 AGB-Klauselwerke/*Kilian,* Rechtsanwälte, Rn. 5.

46 Eine erfolgreiche Vergütungsklage erfordert indes gem. § 611 Abs. 1 Hs. 2 oder § 631 Abs. 1 Hs. 2 BGB, jeweils i.V.m. § 8 Abs. 1 und § 10 RVG, vor allem ausreichende Darlegungen zum Abschluss des Anwaltsvertrages sowie zu der Tätigkeit, die von dem geltend gemachten Tatbestand des RVG-Vergütungsverzeichnisses

13 Nur **ausnahmsweise** kann auch ein **Werkvertrag** Gegenstand der Vereinbarung sein, nämlich dann, wenn der Vertrag den Rechtsanwalt nicht nur zu einer bestimmten Tätigkeit, sondern zur Herbeiführung eines bestimmten Erfolges verpflichtet[47]. Es genügt für die Annahme eines Geschäftsbesorgungsvertrages mit Werkvertragscharakter aber nicht, wenn der Anwalt im Rahmen des Gesamtauftrages Einzelleistungen schuldet, die auf ein bestimmtes Ergebnis gerichtet sind[48]. Die anwaltliche Tätigkeit ist aber zulässigerweise auf die Herbeiführung eines Erfolges gerichtet, wenn der Vertrag auf das Schaffen eines geistigen Werkes gerichtet ist, also z.B. eine Gutachtenerstattung zum Gegenstand hat[49], etwa in Form eines »Legal Due Diligence Report«[50] oder wenn ein Vertrag neuem oder ausländischem[51] Recht angepasst werden soll, bzw. wenn der Anwaltsvertrag auf die Erstellung eines Vertragsentwurfes gerichtet ist. Der Anwaltsvertrag ist gewöhnlich auch dann als Werkvertrag einzuordnen, wenn der Anwalt es übernimmt, Rechtsauskunft über eine konkrete Frage zu erteilen[52]. Erklärt ein Rechtsanwalt gegenüber seinem späteren Auftraggeber, dass er für den Fall, dass ihm das Mandat zum Führen von Vertragsverhandlungen erteilt wurde, den Eintritt des erstrebten Verhandlungserfolges garantiere, kann darin nicht ohne Weiteres ein haftungsbegründendes **Garantieversprechen** des Rechtsanwaltes für den Fall des Scheiterns der Verhandlungen gesehen werden[53].

Nur im Ausnahmefall kann die Auslegung ergeben, dass ein Rechtanwalt für den Eintritt eines Erfolges eine Garantie übernehmen will, mit der Folge, dass ihn dann eine verschuldensunabhängige Schadensersatzhaftung trifft[54].

14 Die **Unterscheidung zwischen anwaltlichem Dienst- oder Werkvertrag** ist in mehrfacher Hinsicht von Bedeutung. Beim Werkvertrag stehen dem Besteller, anders als beim Dienstvertrag zunächst verschuldensunabhängige Mängelansprüche zu. In erster Linie ist der Rechtsanwalt in diesen Fällen gemäß § 635 Abs. 1 BGB zur Nacherfüllung, also zur Nachbesserung oder Neuherstellung seines Werkes verpflichtet, solange die Mängelbeseitigung nicht unmöglich oder nicht mit unverhältnismäßigem Aufwand verbunden ist. Auch kann der Mandant bei einem Werkvertrag den Anwalt aus der Mängelbeseitigung ausschließen und gemäß den §§ 634 Nr. 2, 637 Abs. 1 BGB sich selbst um die Mängelbeseitigung kümmern und die Kosten dafür vom Anwalt verlangen, wenn das hergestellte Werk mangelhaft ist, sofern dem Anwalt gemäß § 637 Abs. 1 BGB eine angemessene Frist zur Nacherfüllung bestimmt wurde und diese erfolglos abgelaufen ist.

15 Andererseits gibt es seit der Schuldrechtsreform im Werkvertragsrecht keine spezifischen Vorschriften über Schadensersatzansprüche mehr, so dass für anwaltliche Werkverträge ebenso wie für anwaltliche Dienstverträge die allgemeinen **Regelungen des Leistungsstörungsrechts gemäß den §§ 280 Abs. 1, 281 BGB** gelten. Danach muss der Rechtsanwalt auch beim Werkvertrag Schadenersatz aus der Verspätung gemäß den §§ 280 Abs. 2, 286 BGB oder der Mangelhaftigkeit des geschuldeten Werkes gemäß den §§ 280 Abs. 1, 281 Abs. 1 BGB leisten, wenn er nicht beweisen kann, dass er die Pflichtverletzung nicht zu vertreten hat. Dabei umfasst der Schaden aus Werkmängeln auch etwaige Folgeschäden[55].

---

erfasst wird, sowie zur Fälligkeit und zur Berechnung des eingeklagten Anspruchs; vgl. OLG Brandenburg, Urt. v. 26.2.2020 – 11 U 102/17 – juris, Rn. 3.

47 BGH, Urt. v. 7.3.2019 – IX ZR 221/18 – juris, Rn. 7 mit Hinweis auf BGH, Urt. v. 20.10.1964 – VI ZR 101/63 – juris, Rn. 18; AGB-Klauselwerke/*Kilian,* Rechtsanwälte, Rn. 6.

48 Vgl. OLG Düsseldorf, Urt. v. 30.10.2007 – I-23 U 199/06 – juris, LS 6, Rn. 87 f.

49 BGH, Urt. v. 7.3.2019 – IX ZR 221/18 – juris, Rn. 7 und v. 20.10.1964 – VI ZR 101/63 – juris, Rn. 18 unter Hinweis auf RGZ 88, 223, 226 und RG JW 1936, 2861 sowie BGH, Urt. v. 14.6.2012 – IX ZR 145/11 – juris, Rn. 9 ff. und v. 7.12.2017 – IX ZR 25/17 – juris, Rn. 19 für einen Steuerberater.

50 KG Berlin, Urt. v. 17.9.2013 – 7 U 160/12 – juris, Rn. 21.

51 RG-JW 1914, 642 Nr. 4.

52 BGH, Urt. v. 7.3.2019 – IX ZR 221/18 – juris, Rn. 7; vgl. ebenso OLG Düsseldorf, Urt. v. 11.6.1992 – 18 U 161/90 – juris, Leitsatz 1 und v. 30.10.2007 – I-23 U 199/06 – juris, Rn. 88.

53 OLG Frankfurt, Urt. v. 14.2.2007 – 19 U 175/06 – juris, LS 1.

54 BeckOGK/*Teichmann*, BGB, § 675, Rn. 837.

55 Medicus/*Lorenz*, Schuldrecht II, BT, Rn. 768.

Die **Vergütung beim** anwaltlichen **Werkvertrag** ist gemäß § 641 Abs. 1 BGB regelmäßig bei der Abnahme des Werkes zu entrichten oder gemäß § 646 BGB nach seiner Vollendung. Der Anwalt kann die Abnahme, sofern das Werk im Wesentlichen vertragsgerecht ist, gemäß § 640 Abs. 1 BGB vom Mandanten verlangen[56]. Gemäß § 649 BGB kann der Mandant den Werkvertrag jederzeit kündigen. Der Anwalt ist jedoch dann berechtigt, die vereinbarte Vergütung zu verlangen. Er muss sich nur das anrechnen lassen, was er infolge der Aufhebung des Vertrages an Aufwendungen erspart oder durch anderweitige Verwendung seiner Arbeitskraft erwirbt oder zu erwerben böswillig unterlässt[57]. Diese Rechtsfolge gilt nach dem Rechtsgedanken des § 314 BGB nur bei einer Kündigung durch den Mandanten aus wichtigem Grund nicht. 16

Auch in Bezug auf den Beginn der Verjährung kann der Rechtscharakter des Anwaltsvertrags gegebenenfalls Bedeutung erlangen. Die Beendigung des anwaltlichen Werkvertrages tritt gemäß § 640 Abs. 1 BGB mit der Abnahme oder mit der Abnahmefähigkeit des Werkes ein, solange die Sonderkonstellation des § 641 Abs. 2 BGB nicht vorliegt[58]. 17

c) Geschäftsbesorgungsvertrag

Der echte Rechtsberatungsvertrag ist als entgeltlicher Geschäftsbesorgungsvertrag im Sinne des § 675 BGB **zu charakterisieren**[59]; denn der Anwalt verpflichtet sich gegenüber seinem Mandanten durch den Vertrag, eine selbständige Tätigkeit wirtschaftlicher Art in Wahrnehmung der Vermögensinteressen des Mandanten auszuführen[60]. Kennzeichnend für die Rechtsbeziehung zwischen dem Mandanten und dem Rechtsanwalt ist, dass dem Rechtsanwalt als Geschäftsbesorger ein Handlungs- und Entscheidungsfreiraum verbleibt[61]. Gemäß § 1 Abs. 1 BORA übt der Rechtsanwalt seinen Beruf frei, selbstbestimmend und unreglementiert aus, soweit Gesetz oder Berufsordnung ihn nicht anders verpflichten. Die Freiheitsrechte des Rechtsanwalts gewährleisten die Teilhabe des Bürgers am Recht. Seine Tätigkeit dient der Verwirklichung des Rechtsstaats, § 1 Abs. 2 BORA. Andererseits steht die Selbständigkeit des Rechtsanwalts stets in einem gewissen Spannungsverhältnis zu einer teilweise vorhandenen Weisungsbindung, die jedoch grundsätzlich an der geschäftsbesorgenden Selbständigkeit des Anwalts nichts ändert[62]. Die Geschäftsbesorgung muss im Einzelfall nicht stets begrifflich mit exakten Grenzen umschrieben werden, da § 675 BGB 18

56 BGH, Urt. v. 27.2.1996 – X ZR 3/94 – juris, LS 1 sowie Rn. 5 ff.

57 BGH, Urt. v. 21.12.1995 – VII ZR 198/94 – juris, Rn. 13 ff.; *Schmeel*, MDR 1997, 109.

58 Das Verjährungsrecht hat sich geändert: vgl. dazu die Ausführungen in Kap. 7 Rdn. 1 ff.

59 OLG Brandenburg, Urt. v. 26.2.2020 – 11 U 102/17 – juris, Rn. 3 sowie BeckOGK/*Teichmann*, BGB, § 675, Rn. 834.

60 Zur Geschäftsbesorgungsformel der Rechtsprechung BGH, Urt. v. 25.4.1966 – VII ZR 120/65 – juris, Rn. 29, sowie zu den einzelnen charakteristischen Merkmalen der Geschäftsbesorgung vgl. Staudinger/*Martinek/Omlor*, (2017) BGB, § 675, Rn. A 9 ff.

61 Staudinger/*Martinek/Omlor*, (2017) BGB, § 675, Rn. A 11.

62 Die Grundsätze der Geschäftsbesorgung sind aber wegen des Fehlens der Selbstständigkeit nicht auf Geschäftsbesorger anzuwenden, die aus Arbeitsverhältnissen heraus tätig werden. Demgegenüber neigt die arbeitsrechtliche Rechtsprechung dazu, die in § 675 BGB genannten Bestimmungen immer dann entsprechend anzuwenden, wenn sie nach der Art der jeweils geschuldeten Besorgung zu angemessenen Ergebnissen führt, BAG, Beschl. v. 10.11.1961 – GS 1/60 – juris, Rn. 36 ff. Außerdem muss die Geschäftsbesorgung ihrer Art nach dem Bereich des Wirtschaftslebens im weiteren Sinne zugerechnet werden können, vgl. Staudinger/*Martinek/Omlor*, (2017) BGB, § 675, Rn. A 16. Des Weiteren muss die Geschäftsbesorgung einen nicht nur mittelbaren Bezug zum Vermögen des Geschäftsherrn aufweisen und zumindest schwerpunktmäßig fremdnützig sein. In BGH, Urt. v. 25.4.1966 – VII ZR 120/65 – juris, Rn. 29 wird insoweit gefordert, es müsse sich um einen Aufgabenbereich handeln, für den der Geschäftsherr ursprünglich selbst Sorge zu tragen hatte. Diese Rechtsprechung bedarf der Überprüfung. Für die Fremdnützigkeit kommt es nicht auf eine ursprüngliche Obliegenheit des Geschäftsherrn an. Vielmehr reicht eine neue, erstmalig durch den Geschäftsbesorgungsvertrag wahrgenommene Tätigkeit aus, so auch Staudinger/*Martinek/Omlor*, (2017) BGB, § 675, Rn. A 20.

auch einer entsprechenden Anwendung auf Verträge nicht entgegensteht, die nicht als Geschäftsbesorgungsverträge charakterisiert werden können[63].

19 **Rechtsfolge der Anwendung des § 675 BGB** ist die analoge Anwendung der §§ 663, 665 bis 670, 672 bis 674 BGB und, sofern dem Verpflichteten das Recht zusteht, den Vertrag ohne Einhaltung einer Kündigungsfrist zu kündigen, auch des § 671 Abs. 2 BGB. Damit ist der Anwalt, der sich durch sein Praxisschild öffentlich zur Besorgung von Geschäften erbietet, gemäß § 663 BGB dann, wenn er einen Auftrag nicht annimmt, verpflichtet, dem Auftraggeber die Ablehnung unverzüglich anzuzeigen. Diese Norm hat durch § 44 BRAO eine weitere konkrete Ausprägung erfahren. § 44 BRAO gebietet dem Anwalt, der beruflich gefordert wird und den Auftrag nicht annehmen möchte, die Ablehnung unverzüglich zu erklären. Den Rechtsanwalt trifft deshalb die Pflicht, den Mandanten über die Mandatsannahme bzw. -ablehnung nicht im Ungewissen zu belassen[64]. Verletzt der Anwalt die Erklärungspflicht, hat er dem Rechtsuchenden nach § 44 S. 2 BRAO den Schaden zu ersetzen, der aus einer schuldhaften Verzögerung dieser Erklärung entsteht[65].

20 Gemäß § 665 BGB ist der Beauftragte berechtigt, von den Weisungen des Mandanten abzuweichen, wenn er den Umständen nach annehmen darf, dass dieser bei Kenntnis der Sachlage die Abweichung billigen würde. Er hat aber dem Mandanten vor der Abweichung eine Anzeige zu machen und dessen Entschließung abzuwarten, sofern nicht mit dem Aufschub Gefahren verbunden sind. Des Weiteren ergibt sich aus § 675 BGB, dass den Anwalt gemäß § 666 BGB die **Pflicht zur Benachrichtigung**, zur **Auskunftserteilung und zur Rechenschaftslegung** nach Ausführung des Auftrages gegenüber dem Mandanten trifft. Außerdem ist der Anwalt entsprechend § 667 BGB seinem Auftraggeber gegenüber zur Herausgabe dessen verpflichtet, was er zur Ausführung des Auftrages erhalten und aus der Geschäftsbesorgung erlangt hat.

21 § 670 BGB ist durch das RVG[66] einer besonderen Regelung zugeführt worden. § 672 S. 1 BGB regelt, dass der Auftrag im Zweifel nicht durch den **Tod**[67] **oder** durch den Eintritt der **Geschäftsunfähigkeit des Mandanten endet**. Ob der Tod des Vollmachtgebers zum Erlöschen einer unter Lebenden erteilten Vollmacht führt oder ob die Vollmacht über den Tod hinaus gelten soll, ist dabei durch Auslegung zu ermitteln. Erlischt hingegen entgegen der Auslegungsregel der Auftrag aus besonderen Gründen, hat der Rechtsanwalt, wenn mit dem Aufschub Gefahren verbunden sind, die Besorgung des übertragenen Geschäfts fortzusetzen, bis der Erbe oder der gesetzliche Vertreter des Mandanten anderweitig Fürsorge treffen kann; insoweit gilt der Auftrag nach § 672 S. 2 BGB als fortbestehend. Andererseits erlischt der Auftrag entsprechend § 673 BGB im Zweifel durch den **Tod des** beauftragten **Anwalts**. Dieser Grundsatz gilt jedoch dann nicht, wenn einer Anwaltssozietät das Mandat erteilt wurde, sofern einer der Sozien verstirbt. Erlischt der Auftrag, weil er einem einzelnen Anwalt erteilt war, hat der Erbe des Rechtsanwalts dem Auftraggeber den Tod unverzüglich anzuzeigen.

22 Gemäß § 674 BGB gilt der Auftrag zugunsten des beauftragten Anwalts, wenn er in anderer Weise als durch Widerruf erlischt, gleichwohl als fortbestehend, bis der Rechtsanwalt von dem Erlöschen Kenntnis erlangt oder das Erlöschen kennen muss. Abgesehen von den gesetzlichen Beiordnungsfällen, in denen das Gericht die Beiordnung nur bei wichtigen Gründen aufhebt, kann auch der Rechtsanwalt das Vertragsverhältnis ohne Einhaltung einer Kündigungsfrist kündigen, so dass auch § 671 Abs. 2 BGB entsprechende Anwendung findet. Deshalb darf der Anwalt grundsätzlich nur in der Art kündigen, dass der Auftraggeber für die Besorgung des Geschäfts anderweitig Fürsorge treffen kann, es sei denn, dass ein wichtiger Grund für die unzeitige Kündigung vorliegt. Liegt der Geschäftsbesorgung ein Dienstvertrag zugrunde, richten sich die Vertragskündigung und ihre Rechtsfolgen regelmäßig nach den §§ 627, 628 BGB[68]. Für anwaltliche Dienstverträge gilt

---

63 Vgl. BeckOGK/*Teichmann*, BGB, § 675, Rn. 7 ff.
64 BGH, Urt. v. 19.4.1967 – VIII ZR 46/65 – juris, Rn. 12; Henssler/Prütting/*Kilian*, BRAO, § 44, Rn. 3.
65 *Dahns*, NJW-Spezial 2007, 333 ff.
66 Teil 7 VV RVG – Auslagen.
67 Zu den anwaltlichen Pflichten und Rechten beim Tod des Mandanten vgl. *Knodel*, MDR 2006, 121 ff.
68 Vgl. ausführlich Rdn. 233 ff. und 236 ff.

in diesem Zusammenhang § 627 BGB als lex specialis. Kündigt der Rechtsanwalt ohne solchen Grund zur Unzeit, so hat er dem Auftraggeber den daraus entstehenden Schaden zu ersetzen, § 627 Abs. 2 S. 2 BGB. § 627 BGB gewährt auch für den Anwaltsvertrag grundsätzlich eine gegenüber § 626 BGB erleichterte Kündigungsmöglichkeit[69]. Das Recht zur ordentlichen Kündigung ergibt sich aus § 621 BGB.

d) Gerichtliche Beiordnung

Gemäß § 48 Abs. 1 BRAO muss der Rechtsanwalt im gerichtlichen Verfahren die Vertretung einer Partei oder die Beistandschaft übernehmen, wenn er 23
- der Partei aufgrund des § 121 ZPO (wegen Bewilligung von Prozesskostenhilfe[70]), des § 4a Abs. 2 InsO oder auf Grund anderer gesetzlicher Vorschriften (z.B. § 78 FamFG) zur vorläufig unentgeltlichen Wahrnehmung ihrer Rechte,
- der Partei aufgrund der §§ 78b, 78c ZPO oder
- dem Antragsgegner auf Grund des § 138 FamFG als Beistand

beigeordnet ist.

Gemäß § 48 Abs. 2 BRAO kann der Rechtsanwalt beantragen, die Beiordnung aufzuheben, wenn hierfür wichtige Gründe vorliegen. Wichtige Gründe sind gegeben, wenn der Rechtsanwalt in Ausübung der Beiordnung gegen die Tätigkeitsverbote des § 43a Abs. 4 BRAO sowie der §§ 45 bis 47 BRAO verstoßen müsste. Die Beiordnung kann auch aufgehoben werden, wenn die Voraussetzungen des § 124 ZPO vorliegen. Weitere Ausübungsgründe sind eine schwere Erkrankung des Anwalts, nicht mehr behebbare Störungen des Vertrauensverhältnisses zwischen Rechtsanwalt und Mandant[71] sowie unabhängig vom Verschulden, eine Mandatskündigung durch den Mandanten. Die Kündigung hat zur Folge, dass der Rechtsanwalt die Partei nicht mehr vertreten darf[72]. 24

Gemäß § 49 Abs. 1 BRAO muss der Rechtsanwalt eine **Verteidigung oder Beistandsleistung** übernehmen, wenn er nach den Vorschriften der Strafprozessordnung oder des Gesetzes über Ordnungswidrigkeiten zum Verteidiger oder nach den Vorschriften des Gesetzes über die internationale Rechtshilfe in Strafsachen oder des IStGH-Gesetzes als Beistand bestellt ist. 25

Des Weiteren verpflichtet § 49a Abs. 1 BRAO den Rechtsanwalt, die im BerHG vorgesehene **Beratungshilfe** zu übernehmen[73]. Gemäß § 49a Abs. 2 BRAO ist der Rechtsanwalt verpflichtet, bei Einrichtungen der Rechtsanwaltschaft für die Beratung von Rechtsuchenden mit geringerem Einkommen mitzuwirken. Der Rechtsanwalt hat bei entsprechenden Anhaltspunkten auf die Möglichkeit der Beantragung von Beratungs- und Prozesskostenhilfe hinzuweisen (§ 16 BORA)[74]. 26

Die Beiordnung selbst begründet noch keinen Vertrag oder ein Rechtsverhältnis zwischen dem Anwalt und der Partei, die selbst entscheiden darf, ob sie den beigeordneten Rechtsanwalt erhalten und behalten will[75]. Die Partei muss den beigeordneten Anwalt noch beauftragen und bevollmächtigen[76], wobei ein Anwaltsvertrag spätestens dadurch zustande kommt, dass der Anwalt im Einverständnis mit der Partei tätig wird[77]. Gleichwohl treffen den Anwalt bereits von dem Zeitpunkt an, da er Kenntnis vom Beiordnungsbeschluss erhält, gewisse Fürsorgepflichten. 27

---

69 BGH, Urt. v. 23.2.1995 – IX ZR 29/94 – juris, Rn. 66.
70 Vgl. hierzu ausführlich Kap. 8 Rdn. 363 ff.
71 BGH, Beschl. v. 31.10.1991 – XII ZR 212/90 – juris, Rn. 1.
72 Henssler/Prütting/*Henssler*, BRAO, § 48, Rn. 20.
73 Dazu von *Lewinski*, JuS 2004, 396 ff. sowie ausführlich Kap. 8 Rdn. 37 ff.
74 OLG Hamm, Urt. v. 30.4.2015 – 28 U 88/14 – juris, Rn. 58.
75 BGH, Urt. v. 1.3.1973 – III ZR 188/71 – juris, Rn. 8; BeckOGK/*Teichmann*, BGB, § 675, Rn. 892.
76 Vgl. BFH, Beschl. v. 30.3.2011 – X B 12/10 – juris, Rn. 10.
77 BGH, Urt. v. 23.9.2004 – IX ZR 137/03 – juris, Rn. 30.

▶ Beispiel:

28 Der Anwalt hat auf die Notwendigkeit, ihn zu beauftragen, ebenso hinzuweisen wie auf gebotene Maßnahmen zur Fristwahrnehmung.

29 Die Intensität der Belehrungspflicht wird durch die Belehrungsbedürftigkeit der Partei bestimmt[78].

30 **Während es für das Zustandekommen eines Anwaltsvertrages** bei der Beiordnung gemäß §§ 121, 77b und c ZPO, § 4a Abs. 2 InsO sowie § 138 FamFG **eines Auftrags** durch die Partei bedarf[79] und auch in den Fällen der Beratungshilfe ein Anwaltsvertrag gesondert geschlossen werden muss, erfolgt die Tätigkeit nach einer Bestellung zum Pflichtverteidiger im Strafverfahren aufgrund eines öffentlich-rechtlichen Pflichtverhältnisses des Rechtsanwalts[80].

2. Abschluss[81] des Vertrages

31 Für das Zustandekommen des Vertrages zwischen einem Mandanten und einem Rechtsanwalt gelten die §§ 145 ff. BGB. Weder der Antrag noch dessen Annahme bedürfen deshalb einer besonderen Form. Der Vertragsabschluss setzt nur eine **Willenseinigung** der Vertragsparteien voraus[82]. Für die Willensübereinstimmung erforderlich ist, dass der wesentliche Inhalt des Vertrages zumindest nach den §§ 133, 157, 315 ff. BGB bestimmbar ist. An die Annahme des konkludenten Antrages des Mandanten auf Abschluss eines Anwaltsvertrages werden erhöhte Anforderungen gestellt[83].

32 Die Annahme eines Mandats steht grundsätzlich im Ermessen des Rechtsanwalts, da es mit Ausnahme der gesetzlichen Pflichtmandate[84] einen Kontrahierungszwang mit Rücksicht auf das zwischen Anwalt und Mandant erforderliche Vertrauensverhältnis nicht gibt[85]. § 44 BRAO gebietet dem Anwalt für den Fall, dass er ein Mandat nicht annehmen möchte, **die unverzügliche Ablehnung des Auftrages.** Für die rechtzeitige und ordnungsgemäße Absendung der Ablehnungserklärung trägt der Anwalt die Beweislast[86]. Ansonsten ist derjenige darlegungs- und beweispflichtig, dessen Prozessbegehr den Vertragsabschluss voraussetzt[87].

Aus § 275 FamFG folgt, dass der Betroffene in Betreuungssachen einen Rechtsanwalt auch dann wirksam mit der anwaltlichen Vertretung beauftragen kann, wenn nach materiellem Recht der Anwaltsvertrag wegen Fehlens der Geschäftsfähigkeit oder Anordnung eines Einwilligungsvorbehalts nicht wirksam geschlossen werden könnte[88].

Weitere Besonderheiten gelten, wenn es sich bei einem Anwaltsvertrag um einen Verbrauchervertrag handelt bzw. wenn allgemeine Geschäftsbedingungen eine Rolle spielen[89].

a) Maßgebende Faktoren

33 Man kann sich des Eindrucks nicht erwehren, dass sich die Rechtsprechung bei der Würdigung, ob ein Anwaltsvertrag zustande gekommen ist, mitunter von der Frage leiten lässt, ob es um den Gebührenanspruch des Rechtsanwalts oder um seine Haftung geht, und bei der Haftungsfrage eher

---

78 Eine Checkliste Beratungspflichten findet sich bei *Enders* in: Heussen/Hamm, Beck'sches Rechtsanwalts-Handbuch, § 15, Rn. 163.
79 Siehe oben Rdn. 27.
80 Vgl. Henssler/Prütting/*Henssler*, BRAO, § 49, Rn. 3 und BeckOGK/*Teichmann*, BGB, § 675, Rn. 892.
81 Zum Umfang eines erteilten Mandats vgl. Kap. 2 Rdn. 2 ff.
82 Zum Rechtsfolgewillen vgl. BGH, Urt. v. 24.5.1993 – II ZR 73/92 – juris, Rn. 6.
83 BGH, Urt. v. 21.3.1991 – IX ZR 186/90 – juris, Rn. 11 ff.
84 Vgl. etwa §§ 78, 121 ZPO; § 138 FamFG; § 6 BerHG; § 11a ArbGG sowie § 141 StPO; vgl. oben Rdn. 23.
85 *Van Bühren/van Bühren,* r+s 2004, 89, 90.
86 Henssler/Prütting/*Kilian*, BRAO, § 44, Rn. 14.
87 Vgl. dazu Rdn. 62 ff.
88 OLG Koblenz, Urt. v. 13.2.2014 – 6 U 747/13 – juris, Rn. 11.
89 Vgl. dazu Rdn. 50 ff.

geneigt ist, einen Vertragsabschluss zu bejahen. Dieser Betrachtungsweise muss die Zustimmung versagt bleiben. **Maßgebend ist** vielmehr für beide Aspekte **eine Gesamtwürdigung aller für den Vertragsabschluss maßgebenden Umstände**. Ein Anwaltsvertrag kann allerdings auch konkludent geschlossen werden, wenn das Verhalten des anderen Teils von dem Rechtsanwalt bei Anwendung der im Verkehr erforderlichen Sorgfalt nach Treu und Glauben als eine auf den Abschluss eines entsprechenden Vertrags gerichtete Willenserklärung aufzufassen war und sein nachfolgendes Verhalten als Annahme des Auftrags gedeutet werden durfte. Dabei sind im Interesse der Rechtssicherheit strenge Anforderungen an einen Vertragsschluss durch schlüssiges Verhalten zu stellen[90]. Das tatsächliche Verhalten selbst muss so deutlich sein, dass es auf den ihm zugeschriebenen rechtlichen Erklärungsgehalt hin aus der Sicht des Empfängers unter Berücksichtigung der §§ 133, 157 BGB gewürdigt werden kann[91]. So liegt etwa ein konkludenter Vertragsabschluss vor, wenn der Rechtsanwalt vom Mandanten nach bestimmten Rechtsproblemen befragt wird und dazu die gewünschten Auskünfte erteilt[92]. Dabei können auch telefonische Mitteilungen einen Auskunftsvertrag begründen[93].

34 Für einen Vertragsabschluss ist allerdings nicht allein maßgebend, ob der Mandant ein rechtliches Problem hatte, das anwaltlicher Lösung bedurfte. Maßgebend allein ist auch nicht, ob der Rechtsanwalt ein Konzept zur Lösung dieses Problems zu präsentieren vermag. Auch wenn das Vertrauen des Mandanten bzw. die Überzeugungskraft des anwaltlichen Konzeptes für die Auftragserteilung häufig ausschlaggebend sein wird, ist letztlich **für den Vertragsabschluss primär von Bedeutung, dass der Mandant seine Bereitschaft zum Ausdruck bringt, das Rechtsproblem durch den Rechtsanwalt lösen zu lassen.**

35 Sofern ein Verhalten einer Vertragspartei eindeutig und zweifelsfrei als eine auf den Abschluss eines Anwaltsvertrages gerichtete Willenserklärung aufzufassen ist, führt die Gesamtwürdigung selbst dann zur Annahme einer entsprechenden Willenserklärung, wenn es am Erklärungsbewusstsein des Beteiligten fehlt. Die Rechtswirkungen einer solchen Willenserklärung lassen sich nur im Wege der Anfechtung unter den Voraussetzungen der §§ 119, 121, 143 BGB beseitigen.

Auch der Rechtsanwalt kann im konkreten Fall das Angebot auf Abschluss des Vertrages abgeben.

▶ Beispiel:

36 Wird der Anwalt gefragt, ob er sich eine rechtliche Lösung eines Problems vorstellen kann und erstellt er sodann ein Schreiben mit dem Vorschlag, dieses an den Gegner zu versenden, beinhaltet die Übersendung dieses Schreibens das Angebot auf Abschluss eines Anwaltsvertrages. In der Verwendung dieses Schreibens durch den Mandanten liegt sodann die Annahme dieses Angebotes.

37 Die Aushändigung einer vom Mandanten unterzeichneten Vollmachtsurkunde an den Anwalt ist auch als auf den Vertragsabschluss gerichtete Willenserklärung des Rechtsuchenden zu werten[94]. Selbst wenn die Vollmacht primär die Vertretungsbefugnis des Anwalts nach außen regelt, stellt die Unterzeichnung der **Vollmachtsurkunde** durch den Mandanten **ein gewichtiges Indiz** dafür dar, dass zu diesem Zeitpunkt konkludent auch der Anwaltsvertrag geschlossen wurde; denn der Mandant bringt mit der Erteilung der Vollmacht zum Ausdruck, dass er durch den Anwalt vertreten werden möchte. Ein noch gewichtigeres Indiz für den Abschluss des Anwaltsvertrages stellt die Unterzeichnung von Mandatsbedingungen durch den Mandanten dar. Ein Angebot auf Abschluss eines Anwaltsvertrages liegt allerdings allein durch die Übersendung des **Vollmachtformulars** dann

90 BGH, Urt. v. 14.2.2019 – IX ZR 203/18 – juris, Rn. 9; OLG Hamm, Urt. v. 30.6.2015 – 28 U 124/14 – juris, Rn. 109 f.

91 OLG Frankfurt, Urt. v. 28.2.2013 – 16 U 139/12 – juris, Rn. 35.

92 Vgl. BGH, Urt. v. 17.3.1988 – IX ZR 43/87 – juris, Rn. 26.

93 Vgl. BGH, Urt. v. 18.12.2008 – IX ZR 12/05 – juris, Rn. 7 ff. zum telefonischen Abschluss eines Auskunftsvertrages mit einem Steuerberater.

94 RG JW 1910, 332.

nicht vor, wenn das Tätigwerden des Anwalts vom Vorliegen einer **Deckungszusage** des Rechtsschutzversicherers abhängig gemacht und diese Zusage letztlich nicht erteilt wurde[95].

b) Abgrenzung zu unverbindlichen Anfragen

38 Schwierig ist mitunter die **Abgrenzung zu unverbindlichen Anfragen** des Mandanten. Insbesondere Anfragen von Mandanten aus dem Freundes- und Bekanntenkreis des Rechtsanwalts bedürfen dieser Überprüfung[96]. Gleiches gilt für die Anfrage eines Mandanten bei einem zufälligen Zusammentreffen im gesellschaftlichen Bereich und auch auf die Anfrage eines Mandanten, von dem der Rechtsanwalt weiß oder wissen muss, dass er der Ansicht ist, ihm zuvor einen nicht unerheblichen Gefallen getan zu haben.

39 Der Überprüfung eventuell fehlenden Erklärungsbewusstseins der handelnden Person bedarf es insoweit jedenfalls primär nicht, da auch bei fehlendem Rechtsbindungs- und Geschäftswillen eine Willenserklärung anzunehmen ist, wenn die handelnde Person bei Anwendung der im Verkehr erforderlichen Sorgfalt hätte erkennen und vermeiden können, dass ihr Handeln nach Treu und Glauben und der Verkehrssitte als Willenserklärung aufgefasst werden durfte und die andere Partei sie auch tatsächlich so verstanden hat[97].

▶ Beispiel:

40 Ein konkludent geschlossener Anwaltsvertrag ist deshalb für den Fall anzunehmen, dass der Rechtsanwalt, nachdem ihm eine Blankovollmacht übersandt worden war, eine Klageschrift einreicht, ein Wiedereinsetzungsgesuch stellt und mit der Mandantin zum Termin erscheint[98].

41 Ein wirksamer Anwaltsvertrag setzt voraus, dass die **getroffene Abrede nicht als bloße Gefälligkeitshandlung**[99] zu charakterisieren ist[100]. Bei reinen Gefälligkeitshandlungen fehlt es an der rechtsgeschäftlichen Verpflichtung zur Ausführung der Gefälligkeit. Für die Abgrenzung stellt der Rechtsbindungswille kein sicheres Unterscheidungsmerkmal dar, weil – wie oben aufgezeigt wurde – im Einzelfall ein Verhalten einer Partei auch dann als rechtsgeschäftliche Willenserklärung gewertet werden kann, wenn ihr der Rechtsbindungswille fehlt[101]. Fraglich kann deshalb insoweit nur sein, ob die andere Vertragspartei unter den gegebenen Umständen nach Treu und Glauben mit Rücksicht auf die Verkehrssitte auf einen Rechtsbindungswillen ihres Partners schließen musste[102].

42 Die Unentgeltlichkeit der getroffenen Vereinbarung ist zwar Voraussetzung für die Gefälligkeitshandlung; da aber auch unentgeltliche Vertragspflichten vereinbart werden können, wird das reine Gefälligkeitsverhältnis vornehmlich durch die Frage geprägt, ob es seinen Geltungsgrund vornehmlich im außerrechtlichen Bereich hat, wie bei Freundschaft, Nachbarschaft oder gesellschaftlichem Kontakt.

95 BGH, Urt. v. 14.2.2019 – IX ZR 203/18 – juris, Leitsatz 2.

96 Vgl. Palandt/*Ellenberger*, BGB, Einf. vor § 116, Rn. 4 sowie Borgmann/*Jungk*/Schwaiger, Anwaltshaftung, § 12, Rn. 58.

97 BGH, Urt. v. 7.6.1984 – IX ZR 66/83 – juris, Rn. 18 ff. mit kritischer Anmerkung von *Canaris,* NJW 1984, 2281 f.

98 OLG Jena, Urt. v. 1.7.2009 – 8 U 680/08 – Beck RS 2012, 01265; bestätigt durch BGH, Beschl. v. 20.12.2011 – IX ZR 148/09 – juris, Rn. 2.

99 Für einen Anwaltsvertrag sprechen die Faktoren: Anbahnung im Büro, Auftraggeber ist ein Fremder oder langjähriger Mandant, Gegenstand der Anfrage ist Rechtsberatung, Gebührenrechnung wurde erstellt. Dagegen spricht: Anbahnung erfolgt bei zufälligem Treffen, Auftraggeber ist ein Freund oder guter Bekannter oder eine Gegenpartei, Gegenstand des Erstgesprächs sind Umstände tatsächlicher Art, ein Honorar wird nicht verlangt.

100 Zur Gefälligkeitshandlung vgl. Vollkommer/Greger/*Heinemann*, Anwaltshaftungsrecht, § 2, Rn. 2.

101 Die Vertragspartei, deren Verhalten so beurteilt wurde, hat nur unter den Voraussetzungen der §§ 119, 121, 143 BGB das Recht, ihre Erklärung anzufechten.

102 BGH, Urt. v. 22.6.1956 – I ZR 198/54 – juris, Rn. 14 ff.

Beispiel:

Wird ein Anwalt bei einer privaten Veranstaltung beiläufig von einem Bekannten nach einem bestimmten Rechtsproblem befragt und erteilt er die gewünschte Auskunft in Anbetracht dieses gesellschaftlichen Kontaktes, kann im Zweifel nicht von einem anwaltlichen Mandat ausgegangen werden, mit der Folge, dass der Anwalt einerseits keine Gebühren fordern kann, andererseits aber auch für eine falsche Auskunft nicht haftbar ist. 43

Gleichwohl schließt auch persönliche Freundschaft den konkludenten Abschluss eines Anwaltsvertrages keineswegs aus. Das gilt insbesondere dann, wenn der um Auskunft bittende Freund erkennbar großen Wert auf die Klärung der für ihn wichtigen Rechtsfrage legt[103]. Es ist deshalb auch in diesem Zusammenhang eine **Gesamtwürdigung sämtlicher Umstände** vorzunehmen. Selbst wenn für den Vertragspartner erkennbar ist, dass der Fragende davon ausgeht, der Anwalt werde für seine Auskunft keine Gebühren berechnen, kann sich aus den Umständen im Einzelfall ergeben, dass der Anwalt für die Richtigkeit seiner Angaben einzustehen hat. 44

Beispiel:

A und B haben bei einem von X verursachten Verkehrsunfall Schäden erlitten. Da die Beweislage schwierig ist und der Ausgang des Schadenersatzprozesses deshalb zweifelhaft erscheint, erhebt nur der rechtsschutzversicherte A durch seinen Rechtsanwalt Klage gegen X. B erklärt dem Anwalt, er wolle aus Kostengründen zunächst den Prozess des A abwarten, er bitte aber darum, dass der Anwalt ihn »auf dem Laufenden« halte, damit er bei einem für A positiven Prozessausgang dann selbst mit Hilfe des Anwalts klagen könne. Der Anwalt sagt dies zu, vergisst aber später, B über den gewonnenen Prozess des A zu informieren. Die Forderungen des B gegen X verjähren deshalb. 45

In einer solchen Konstellation kann der dem Rechtsanwalt erteilte Auftrag nicht als bloße Gefälligkeit charakterisiert werden. Der Einwand des Anwalts, aus der Unentgeltlichkeit seiner Tätigkeit habe er nur auf eine unverbindliche Auskunftserteilung schließen können, ist deshalb unerheblich[104]. Dem Rechtsanwalt ist in einer solchen Situation deshalb zu raten, möglichst schriftlich klarzustellen, dass er insoweit kein Mandat übernimmt und deshalb auch keine Fristenkontrolle vornimmt. Auch aus einem unentgeltlichen und uneigennützigen Handeln des Anwalts kann dann nicht auf ein reines Gefälligkeitsverhältnis geschlossen werden, wenn sich der Ratsuchende erkennbar auf die Aussage verlässt und diese für ihn von erheblicher Bedeutung ist[105]. 46

Die Richtigkeit dieser Erkenntnis wird auch durch § 675 Abs. 2 BGB nicht in Frage gestellt; denn die Haftung für einen Rat, eine Auskunft und eine Empfehlung kann sich aus einem speziell auf die Beratung oder die Auskunftserteilung gerichteten Vertrag ergeben[106]. Gegen eine reine Gefälligkeitshandlung spricht es, wenn der Rechtsanwalt selbst ein rechtliches oder wirtschaftliches Interesse an der dem Ratsuchenden gegebenen Auskunft hat[107]. 47

Zu Recht werden an die **Annahme eines** konkludenten **Verkehrsanwaltsvertrages** erhöhte Anforderungen gestellt. 48

Beispiel:

Nimmt eine Partei die mehrfachen schriftlichen und mündlichen Informationen des Berufungsanwaltes über ihren Prozessbevollmächtigten des ersten Rechtszuges hin und gibt sie auch während des Berufungsverfahrens im Wesentlichen eigene Erklärungen zur Sache nur über den 49

---

103 BGH, Urt. v. 16.11.1989 – IX ZR 190/88 – juris, Rn. 18 m.w.N.

104 OLG Hamm, Urt. v. 30.12.1990 – 28 U 107/90 –; der BGH hat die Revision in diesem Rechtsstreit nicht angenommen. Vgl. aber auch BGH, Urt. v. 13.3.1997 – IX ZR 81/96 – juris, Rn. 12 ff.

105 Vgl. BGH, Urt. v. 17.5.1971 – VII ZR 146/69 – juris, Rn. 20.

106 Staudinger/*Martinek/Omlor*, (2017) BGB, § 675, Rn. C 9 f.

107 BGH, Urt. v. 22.6.1956 – I ZR 198/54 – juris, Rn. 15; *Rinkler/Pape,* in: G. Fischer/Vill/D. Fischer/Pape/Chab, § 1, Rn. 28.

erstinstanzlichen Prozessbevollmächtigten ab, dann muss zu dessen Gunsten vom Abschluss eines Verkehrsanwaltsvertrages[108] ausgegangen werden.

c) Verbraucherschutz

50 Häufig ist der Anwaltsvertrag als Verbrauchervertrag zu charakterisieren, nach der Legaldefinition des § 310 Abs. 3 BGB also ein Vertrag zwischen einem Unternehmer und einem Verbraucher, mit der Folge der Anwendung des § 310 Abs. 3 BGB sowie der §§ 312 ff. BGB. Der **Mandant ist Verbraucher, wenn er den Anwaltsvertrag zu einem Zweck abschließt, der weder seiner gewerblichen noch seiner selbständigen beruflichen Tätigkeit zugerechnet werden kann** (§ 13 BGB). Demgegenüber ist der **Anwalt stets Unternehmer** im Sinne des § 14 Abs. 1 BGB, da er bei Abschluss des Anwaltsvertrages regelmäßig in Ausübung seiner selbständigen beruflichen Tätigkeit handelt.

aa) Allgemeine Geschäftsbedingungen

51 Werden in einen Anwaltsvertrag vorformulierte Vertragsbedingungen einbezogen, sind diese Allgemeine Geschäftsbedingungen im Sinne des § 305 Abs. 1 S. 1, 2 BGB, sofern sie nicht im Einzelnen ausgehandelt werden. Beim Verbrauchervertrag gelten die AGB als vom Anwalt gestellt, es sei denn, sie wären durch den Verbraucher in den Vertrag eingeführt worden. Außerdem finden die §§ 305c Abs. 2 BGB sowie die §§ 306, 307 bis 309 BGB und Art. 29a EGBGB auf vorformulierte Vertragsbedingungen auch dann Anwendung, wenn diese zur einmaligen Verwendung bestimmt sind und soweit der Verbraucher aufgrund der Vorformulierung auf ihren Inhalt keinen Einfluss nehmen konnte. Des Weiteren sind bei der Beurteilung einer unangemessenen Benachteiligung nach § 307 Abs. 1 und 2 BGB auch die den Vertragsschluss begleitenden Umstände zu berücksichtigen.

52 Vereinbarungen über die Haftungsbeschränkung oder vorformulierte Honorarscheine[109] sowie **vorformulierte Vereinbarungen** über einen Kostenvorschuss **sind regelmäßig** Vertragsbedingungen und damit **allgemeine Geschäftsbedingungen** im Sinne des § 305 BGB. Gleiches gilt für formularmäßige Honorarvereinbarungen bzw. für damit verbundene Nebenabreden, z.B. über die Entstehung und die Fälligkeit der Anwaltsvergütung. Vertragsbedingungen sind sämtliche Regelungen, durch die die vertraglichen Beziehungen zwischen Verwender und Kunden gestaltet werden[110], ungeachtet der Frage, ob sie Nebenabreden oder Hauptleistungspflichten regeln[111]. Gleichgültig ist insoweit gem. § 305 Abs. 1 S. 2 BGB auch, ob die Bestimmungen einen äußerlich gesonderten Bestandteil des Vertrages bilden oder in die Vertragsurkunde selbst aufgenommen werden, welchen Umfang sie haben, in welcher Schriftart sie verfasst sind und welche Form der Vertrag hat. Allgemeine Geschäftsbedingungen liegen nur insoweit nicht vor, als die Vertragsbedingungen zwischen den Parteien im Einzelnen ausgehandelt werden.

53 Ein **Aushandeln vorformulierter Vertragsbedingungen** erfordert mehr als ein Verhandeln und setzt voraus, dass der Verwender zunächst den in seinen Allgemeinen Geschäftsbedingungen enthaltenen gesetzesfremden Kerngehalt, also die den wesentlichen Inhalt der gesetzlichen Regelung ändernden oder ergänzenden Bestimmungen, inhaltlich ernsthaft zur Disposition stellt und dem Verhandlungspartner Gestaltungsfreiheit zur Wahrung eigener Interessen einräumt mit zumindest der realen Möglichkeit, die inhaltliche Ausgestaltung der Vertragsbedingungen zu beeinflussen. Er muss sich also deutlich und ernsthaft zur gewünschten Änderung einzelner Klauseln bereit erklären[112]. Durch das Aushandeln einzelner Bestimmungen des Klauselwerkes verlieren die übrigen Bestimmungen ihren AGB-Charakter nicht[113].

108 Siehe auch Rdn. 196.
109 Vgl. dazu Vollkommer/Greger/*Heinemann*, Anwaltshaftungsrecht, § 1, Rn. 15.
110 Vgl. BGH, Urt. v. 13.2.2020 – IX ZR 140/19 – juris, Rn. 11 ff.
111 OLG Hamm, Urt. v. 8.6.1989 – 18 U 186/88 – NJW-RR 1990, 567.
112 BGH, Urt. v. 20.3.2014 – VII ZR 248/13 – juris, Rn. 27 m.w.N.
113 OLG Düsseldorf, Urt. v. 19.6.1996 – 9 U 250/95 – juris, Rn. 17.

Bei einem mündlichen Vertragsabschluss hat der Anwalt während des Gespräches ausdrücklich auf seine AGB hinzuweisen[114] oder diese unterschreiben zu lassen. Im Übrigen gelten die Einbeziehungsvoraussetzungen des § 305 Abs. 2 BGB. 54

bb) Außerhalb von Geschäftsräumen geschlossene Verträge

In Zeiten zunehmenden Konkurrenzdruckes und dadurch bedingter verstärkter Dienstleistungsorientierung kommt es durchaus vor, dass der **Rechtsanwalt den Mandanten zu Hause oder am Arbeitsplatz aufsucht**. Wenn erst in dieser Situation der Anwaltsvertrag mit einem Verbraucher abgeschlossen wird, ist § 312b BGB einschlägig. Auf die vorherige Bestellung durch den Mandanten, die früher ein sog. Haustürgeschäft ausgeschlossen hat, kommt es nicht mehr an. Entscheidend ist, dass der Vertragsabschluss oder die vorbereitende Handlung an einem Ort stattgefunden hat, der kein Geschäftsraum des Unternehmers ist (§ 312 Abs. 1 S. 1 Nr. 1 und 2 BGB). 55

Den Anwalt treffen dann **weitreichende vorvertragliche Informationspflichten** (§ 312d Abs. 1 BGB i.V.m. Art. 246a § 1 EGBGB) und dem Verbraucher steht ein Widerrufsrecht (§§ 312g, 355 BGB) zu, über welches der Rechtsanwalt den Verbraucher formgerecht zu belehren hat, um die 14-tägige Widerrufsfrist in Gang zu setzen. Das Widerrufsrecht erlischt sonst erst zwölf Monate und 14 Tage nach Vertragsschluss (§ 355 Abs. 3 S. 2 BGB).

Gemäß § 356 Abs. 4 BGB erlischt das **Widerrufsrecht** bei einem Vertrag zur Erbringung von Dienstleistungen, wenn der Unternehmer die Dienstleistung vollständig erbracht hat und mit der Ausführung der Dienstleistung erst begonnen hat, nachdem der Verbraucher dazu seine ausdrückliche Zustimmung gegeben und gleichzeitig seine Kenntnis davon bestätigt hat, dass er sein Widerrufsrecht bei vollständiger Vertragserfüllung durch den Unternehmer verliert. Bei einem außerhalb von Geschäftsräumen geschlossenen Vertrag muss die Zustimmung des Verbrauchers auf einem dauerhaften Datenträger übermittelt werden. Da ein Zuwarten von zwei Wochen ab Vertragsschluss bei der Erbringung von Beratungsleistungen oder einzuleitenden Maßnahmen zur Fristwahrung regelmäßig nicht in Betracht kommen dürfte, ist der Anwalt gehalten, den gesetzlichen Anforderungen durch entsprechende Organisation Rechnung zu tragen. Andernfalls drohen neben wettbewerbsrechtlichen Maßnahmen wie Abmahnungen oder Unterlassungsklagen massive wirtschaftliche Einbußen. Der Verbraucher schuldet nach einem Widerruf nämlich nur dann Wertersatz für die bis zum Widerruf erbrachte Leistung, wenn der Verbraucher von dem Unternehmer ausdrücklich verlangt hat, dass dieser mit der Leistung vor Ablauf der Widerrufsfrist beginnt und die weiteren Voraussetzungen des § 357 Abs. 8 S. 2 und 3 BGB erfüllt sind. Beim Fehlen dieser Voraussetzungen kann der Mandant zudem bereits geleistete Zahlungen vom Anwalt zurückfordern, da ein Rechtsgrund für das Behaltendürfen mangels eines Anspruchs auf Wertersatz nicht besteht und ein Rückgriff auf die Rücktrittsregelungen nach der Neuregelung ausscheidet (vgl. § 361 Abs. 1 BGB). Der Anwalt läuft damit bei nicht ordnungsgemäßer Widerrufsbelehrung Gefahr, dass der Mandant noch bis ein Jahr und 14 Tage nach Vertragsschluss den Widerruf erklärt, mit der Folge, dass dem Anwalt keine Vergütung zusteht bzw. diese zurückgewährt werden muss[115]. 56

cc) Fernabsatzvertrag

Anwaltsverträge sind Verträge über die entgeltliche Erbringung einer Dienstleistung im Sinne von §§ 312 Abs. 1, 312c Abs. 1 BGB und können als solche **den Regeln über Fernabsatzverträge unterworfen sein**[116]. Den Anwalt treffen dann **erweiterte Informationspflichten** (§ 312d BGB); dem Mandanten wiederum steht ein **Widerrufsrecht** (§§ 312g Abs. 1, 355 BGB) zu. 57

114 Vgl. LG Düsseldorf, Urt. v. 25.7.2003 – 22 S 3/02 – juris, Rn. 2 ff.

115 *Rinkler/Pape*, in: G. Fischer/Vill/D. Fischer/Pape/Chab, § 1, Rn. 44.

116 So BGH, Urt. v. 19.11.2020 – IX ZR 133/19 – juris, Rn. 9; vgl. ebenso bereits BGH, Urt. v. 23.11.2017 – IX ZR 204/16 – juris, Rn. 11 zum inhaltsgleichen § 312b Abs. 1 S. 1 BGB a.F.

58 Nach § 312c Abs. 1 BGB sind **Fernabsatzverträge Verträge, bei denen** der **Unternehmer** oder eine in seinem Namen oder Auftrag handelnde Person und der **Verbraucher** für die Vertragsverhandlungen und den Vertragsschluss **ausschließlich Fernkommunikationsmittel** verwenden, es sei denn, dass der Vertragsschluss nicht **im Rahmen eines für den Fernabsatz organisierten Vertriebs- oder Dienstleistungssystems** erfolgt[117].

Fernkommunikationsmittel nach § 312c Abs. 2 BGB sind alle Kommunikationsmittel, die zur Anbahnung oder zum Abschluss eines Vertrags eingesetzt werden können, ohne dass die Vertragsparteien gleichzeitig körperlich anwesend sind, wie Briefe, Kataloge, Telefonanrufe, Telekopien, E-Mails, über den Mobilfunkdienst versendete Nachrichten (SMS) sowie Rundfunk und Telemedien. Der Gesetzgeber hat die Definition bewusst offen für neuere Entwicklungen gehalten. Erfasst sind von daher etwa auch **Online-Dienste** wie Facebook, WhatsApp, Skype usw[118].

59 Ein Vertragsschluss unter **ausschließlicher** Verwendung derartiger Fernkommunikationsmittel verlangt, dass während des gesamten Zeitraums zwischen Anbahnung und Abschluss des Vertrages kein persönlicher Kontakt zwischen den Vertragsparteien bestanden hat[119]. Denn der Verbraucher soll nur dann geschützt werden, wenn er sich vor Abschluss des Vertrags wenigstens durchgängig in einer Situation befand, in der typischerweise die Gefahren bestehen, vor denen der Gesetzgeber ihn schützen will[120]. Sofern dem **Vertragsabschluss** daher ein **unmittelbarer Kontakt in Form gleichzeitiger körperlicher Anwesenheit von Anwalt und Mandant** zugrundeliegt, **scheidet eine Anwendbarkeit des Fernabsatzrechts** zugunsten des Mandanten **aus**[121]. Kommt der Anwaltsvertrag indes ausschließlich durch Verwendung von Fernkommunikationsmitteln zustande, scheitert eine Anwendung des Fernabsatzrechts nicht daran, dass die Durchführung des so zustande gekommenen Anwaltsvertrags in der weiteren Folge nicht auf elektronischem Wege erfolgt[122].

Wird ein **Vertrag unter ausschließlicher Verwendung von Fernkommunikationsmitteln** im Sinne des § 312c Abs. 1 BGB geschlossen, wird **widerleglich vermutet, dass es sich um einen Fernabsatzvertrag handelt**. Dies wird durch die **Formulierung »es sei denn«** in § 312c Abs. 1 BGB zum Ausdruck gebracht. Es obliegt daher dem Anwalt, in derartigen Fällen darzulegen und zu beweisen, dass der **Vertragsschluss nicht im Rahmen eines für den Fernabsatz organisierten Vertriebs- und Dienstleistungssystems erfolgt ist**[123]. Ist ein Anwaltsvertrag unter ausschließlicher Verwendung von Fernkommunikationsmitteln geschlossen worden, steht der Anwendbarkeit des Fernabsatzrechts nicht entgegen, dass der Mandant den Anwaltsvertrag – was möglich ist – durch schlüssiges Verhalten angenommen hat[124].

60 Ein **für den Fernabsatz organisiertes Vertriebs- oder Dienstleistungssystem** liegt vor, wenn der Anwalt in seinem Betrieb die **personellen, sachlichen und organisatorischen Voraussetzungen geschaffen hat, die notwendig sind, regelmäßig Geschäfte im Fernabsatz zu bewältigen.**[125] Bei einem Rechtsanwalt

---

117 Ausführlich *D. Fischer*, WM Sonderbeil. Nr. 1 zu Heft 14/2019, S. 6 und 7.

118 Vgl. BeckOK/*Martens*, BGB, § 312c, Rn. 10.

119 BGH, Urt. v. 19.11.2020 – IX ZR 133/19 – juris, Rn. 10: in diesem Fall hatten die Parteien bis zum Abschluss der Honorarvereinbarung nur telefonisch und durch E-Mails miteinander in Kontakt gestanden; vgl. auch BeckOGK/*Busch*, BGB, § 312c, Rn. 16 ff.

120 Vgl. BGH, Urt. v. 19.11.2020 – IX ZR 133/19 – juris, Rn. 15.

121 *Etzkorn/Kremer*, K&R 2008, 273, 274.

122 BGH, Urt. v. 19.11.2020 – IX ZR 133/19 – juris, Rn. 14; vgl. auch BGH, Urt. v. 23.11.2017 – IX ZR 204/16 – juris, Rn. 22 und v. 7.7.2016 – I ZR 30/15 – juris, Rn. 53.

123 Vgl. BGH, Urt. v. 19.11.2020 – IX ZR 133/19 – juris, Rn. 12 u. 17: Dabei muss der Anwalt in erster Linie darlegen und beweisen, dass die für ein auf den Fernabsatz ausgerichtetes Vertriebs- oder Dienstleistungssystem sprechenden Indizien in seinem Fall keinen Rückschluss darauf zulassen, dass seine Rechtsanwaltskanzlei darauf eingerichtet ist, Verträge im Rahmen eines solchen Systems zu bewältigen; er kann auch darlegen und beweisen, dass er kein solches System eingerichtet hat und die ausschließliche Verwendung von Fernkommunikationsmitteln bei Vertragsverhandlungen und -schluss nur zufällig erfolgte, etwa aus besonderen Gründen des Einzelfalls; vgl. ebenso BGH, Urt. v. 23.11.2017 – IX ZR 204/16 – juris, Rn. 17.

124 BGH, Urt. v. 23.11.2017 – IX ZR 204/16 – juris, Rn. 15.

125 BT-Drucks. 14/2658, 30 sowie BGH, Urt. v. 7.7.2016 – I ZR 30/15 – juris, Rn. 51 und Urt. v. 23.11.2017 – IX ZR 204/16 – juris, Rn. 19 m.w.N.

ist dies etwa der Fall, wenn er seine Kanzlei so organisiert hat, dass gerade für die von ihm **erstrebten Mandate** typischerweise weder für die **Vertragsverhandlungen** noch für den **Abschluss des Mandatsvertrags** eine gleichzeitige, persönliche Anwesenheit von Mandant und Anwalt erforderlich ist **und** der Anwalt eine Mandatserteilung unter ausschließlicher Verwendung von Fernkommunikationsmitteln **im Außenverhältnis gegenüber Dritten aktiv bewirbt**[126]. Das dürfte unproblematisch für die **»echte« Online-Rechtsberatung, eine »Anwalts-Hotline« oder eine »virtuelle Kanzlei«** zutreffen[127].

Unter welchen konkreten **Voraussetzungen** im Einzelnen bei einem Anwaltsvertrag der Abschluss im Rahmen eines für den Fernabsatz organisierten Vertriebs- oder Dienstleistungssystems erfolgt, ist allerdings noch nicht abschließend geklärt[128]. Es genügt jedenfalls nicht, wenn der Anwalt auf seiner Homepage lediglich Informationen (etwa über seine Dienstleistungen und seine Kontaktdaten) zur Verfügung stellt[129]. Ebenso wenig kann bei einem Rechtsanwalt ein für den Fernabsatz organisiertes Vertriebs- oder Dienstleistungssystem bejaht werden, wenn dieser **lediglich die technischen Möglichkeiten** zum Abschluss eines Anwaltsvertrags im Fernabsatz, etwa einen Briefkasten, elektronische Postfächer und/oder Telefon- und Faxanschlüsse **vorhält**, die auch sonst zur Bewältigung des Betriebs einer Anwaltskanzlei erforderlich sind[130].

Nach Auffassung des BGH sprechen aber insbesondere die folgenden **Indizien** dafür, dass ein Rechtsanwalt gezielt Fernkommunikationsmittel zum regelmäßigen Abschluss von Anwaltsverträgen einsetzt und seine Rechtsanwaltskanzlei darauf eingerichtet hat, eine Vielzahl von Mandanten unter ausschließlicher Verwendung von Fernkommunikationsmitteln zu gewinnen: die **Spezialisierung** auf ein bestimmtes Rechtsgebiet, die **überregionale Tätigkeit** sowie – von »erheblicher Bedeutung« – der eigene **Auftritt des Anwalts im Internet**[131]. Auch die **planmäßige Werbung** eines Rechtsanwalts mit dem Angebot eines Vertragsschlusses unter ausschließlicher Verwendung von Fernkommunikationsmitteln spricht für eine Fernabsatzorganisation[132].

Ist beispielsweise ein auf ein begrenztes Rechtsgebiet spezialisierter Rechtsanwalt deutschlandweit tätig, vertritt er Mandanten aus allen Bundesländern und erhält er bis zu 200 Neuanfragen für Mandate pro Monat aus ganz Deutschland, kann dies bei einer **über die Homepage erfolgenden deutschlandweiten Werbung** im Zusammenhang mit dem Inhalt seines Internetauftritts für ein für den Fernabsatz organisiertes Vertriebs- und Dienstleistungssystem sprechen[133].

dd) Verträge im elektronischen Rechtsverkehr

Zusätzlichen Pflichten unterliegt der Anwalt im elektronischen Rechtsverkehr. Wenn die Voraussetzungen von § 312i Abs. 1 BGB erfüllt sind, sich mithin der Anwalt zum Zwecke des Abschlusses eines Vertrages über die Erbringung von Dienstleistungen der Telemedien bedient, muss er **Sicherungsmaßnahmen** ergreifen (§ 312i Abs. 1 S. 1 Nr. 1, 3 und 4 BGB). Darüber hinaus treffen ihn gegenüber dem Verbrauchermandanten weitere **Informationspflichten** (§ 312j BGB). Dies gilt vor allem für eine Online-Kanzlei, bei welcher der Vertragsschluss durch das Ausfüllen eines Auftragsformulars erfolgt[134]. Ansonsten kommen Anwaltsverträge – auch wenn sie per E-Mail 61

126 BGH, Urt. v. 19.11.2020 – IX ZR 133/19 – juris, Rn. 14.

127 So auch Vollkommer/Greger/*Heinemann*, Anwaltshaftungsrecht, § 3, Rn. 11; *Ernst*, NJW 2014, 817, 820; *Axmann/Degen*, NJW 2006, 1457, 1461.

128 BGH, Urt. v. 19.11.2020 – IX ZR 133/19 – juris, Rn. 16.

129 Vgl. Erwägungsgrund 20 der Richtlinie 2011/83/EU des Europäischen Parlamentes und des Rates vom 25. Oktober 2011 über die Rechte der Verbraucher, zur Abänderung der Richtlinie 93/13/EWG des Rates und der Richtlinie 1999/44/EG des Europäischen Parlamentes und des Rates sowie zur Aufhebung der Richtlinie 85/577/EWG des Rates und der Richtlinie 97/7/EG des Europäischen Parlamentes und des Rates; BT-Drucks. 17/12637, S. 50.

130 BGH, Urt. v. 19.11.2020 – IX ZR 133/19 – juris, Rn. 19 und v. 23.11.2017 – IX ZR 204/16 – juris, Rn. 19.

131 BGH, Urt. v. 19.11.2020 – IX ZR 133/19 – juris, Rn. 19.

132 BGH, Urt. v. 19.11.2020 – IX ZR 133/19 – juris, Rn. 19.

133 BGH, Urt. v. 19.11.2020 – IX ZR 133/19 – juris, Rn. 19.

134 *Rinkler/Pape,* in: G. Fischer/Vill/D. Fischer/Pape/Chab, § 1, Rn. 46; *Heinemann*, NZFam 2015, 438, 440.

geschlossen werden – regelmäßig ausschließlich durch individuelle Kommunikation zustande, so dass die Ausschlüsse des § 312i Abs. 2 S. 1 BGB bzw. § 312j Abs. 5 S. 1 BGB greifen.

d) Darlegungs- und Beweislast

62 Nach dem das Zivilrecht prägenden **Günstigkeitsprinzip** hat diejenige Partei den Vertragsabschluss zu beweisen, deren Prozessbegehr den Vertragsabschluss voraussetzt[135]. Wird in einem Prozess die Erteilung des Mandats streitig, muss das rechtsgeschäftliche Handeln der Beteiligten in tatsächlicher Hinsicht so dargelegt werden, dass sich das Zustandekommen des anspruchsbegründenden Vertrages rechtlich prüfen lässt. Bei konkludentem Verhalten eines Vertragsteils muss nicht nur das diesem überantwortete Erklärungsergebnis bei Angebot oder Annahme behauptet werden. Vielmehr muss das tatsächliche Verhalten dieses Vertragsbeteiligten so deutlich dargelegt werden, dass dessen rechtlicher Erklärungsinhalt aus der Sicht des Empfängers unter Berücksichtigung der §§ 133, 157 BGB gewürdigt werden kann[136]. Es müssen also entweder Worte, die eine zuverlässige Wiedergabe der Erklärung enthalten oder Handlungen dargelegt bzw. bewiesen werden, die nach den Regeln der Auslegung die Schlussfolgerung eines Vertragsabschlusses gestatten[137]. Bietet der Gegenvortrag aber Anlass zur weiteren Substantiierung, ist dem nachzukommen und insbesondere auch ausreichend Beweis anzubieten[138]. Diese Rechtsprechung entspricht dem Prinzip, dass jeder Sachvortrag einer Partei im Rahmen des Beibringungsgrundsatzes dann der Ergänzung bedarf, wenn er infolge der Einlassung des Gegners unklar wird und damit den Schluss auf die Entstehung des geltend gemachten Rechts nicht mehr zulässt[139]. Demgegenüber ist ein Fehler des Willens nach Maßgabe der §§ 116 bis 124 BGB ein Hinderungsgrund für die Rechtswirksamkeit der Willenserklärung, der zur Beweislast des Gegners steht[140].

63 Stellt der Anwalt in Bezug auf den ursprünglich erteilten Auftrag die Reichweite des Mandats bzw. das Vorliegen eines unbeschränkten Mandats in Abrede, hat der Mandant ein weitergehendes Mandat zu beweisen[141]. Einen Erfahrungssatz, dass der Mandant regelmäßig ein umfassendes Mandat erteilt, gibt es nämlich nicht[142]. Der nicht fachkundige Mandant weiß in der Regel allerdings gar nicht, wie eine Angelegenheit umfassend in seinem Interesse geregelt werden kann, und begibt sich gerade deswegen in die Beratung eines Fachmannes. Deshalb trifft den Anwalt zunächst einmal die grundlegende Pflicht, das Rechtschutzziel des Auftraggebers sorgfältig abzuklären[143] und ihm die Schritte zu empfehlen, die auf dem sichersten Weg zu dem erstrebten Ziel führen können. Insoweit hat der Anwalt den Auftraggeber so umfassend zu belehren, dass dieser eine eigenverantwortliche Entscheidung zu treffen vermag[144].

Ist zunächst ein unbeschränkter Auftrag erteilt worden, muss der Rechtsanwalt beweisen, dass der Auftrag nachträglich inhaltlich eingeschränkt worden ist[145]. Gleiches gilt, wenn eine ursprünglich erteilte Weisung nachträglich abgeändert wird[146].

Eine derartige Beweisverteilung muss auch bei einvernehmlich vereinbarten Mandatsübernahmen Platz greifen, denen eine vom Mandanten akzeptierte Absprache zwischen übernehmendem und

135 Vgl. dazu *Rosenberg*, Die Beweislast, S. 252 f.
136 BGH, Urt. v. 17.7.2003 – IX ZR 250/02 – juris, Rn. 7.
137 *Rosenberg*, Die Beweislast, S. 253.
138 Thüringer OLG, Beschl. v. 31.1.2012 – 4 W 5/12 – juris, Rn. 23.
139 BGH, Urt. v. 17.7.2003 – IX ZR 250/02 – juris, Rn. 7 m.w.N.
140 *Rosenberg*, Die Beweislast, S. 253.
141 BGH, Urt. v. 13.3.1997 – IX ZR 81/96 – juris, Rn. 12 ff.; OLG Koblenz, Beschl. v. 20.1.2014 – 5 U 1591/13 – juris, Rn. 17 ff.
142 Vgl. BGH, Urt. v. 16.12.2008 – IX ZR 47/07 – juris, Rn. 7; *Zugehör*, DStR 2010, 2595.
143 BGH, Urt. v. 7.2.2002 – IX ZR 209/00 – juris, Rn. 11; vgl. Kap. 2 Rdn. 74.
144 OLG Hamm, Urt. v. 8.11.2007 – 28 U 100/07 – juris, Rn. 5 m.w.N.; vgl. auch Kap. 2 Rdn. 161.
145 BGH, Urt. v. 16.12.2008 – IX ZR 47/07 – juris, Rn. 8; OLG Celle, Urt. v. 21.5.2008 – 3 U 49/08 – juris, Rn. 37.
146 BGH, Urt. v. 10.2.1994 – IX ZR 109/93 – juris, Rn. 40.

abgebendem Anwalt zugrunde liegt. Auch hier muss gelten, dass der das Mandat übernehmende Anwalt eine mit der einvernehmlichen Übernahme einhergehende Einschränkung des Mandats beweisen muss. Anders liegen die Dinge indes dann, wenn der Mandant das ursprüngliche Auftragsverhältnis kündigt und sich selbst einen neuen Anwalt sucht.

3. Vertragsinhalt

Der **Inhalt des Anwaltsvertrags ergibt sich aus der konkret getroffenen Vereinbarung.** Da der Ver- 64
tragsinhalt die Leistungs- und Sorgfaltsstandards bestimmt, muss der Wille der Vertragsbeteiligten gemäß den §§ 133, 157 BGB durch Auslegung ermittelt werden. Zu berücksichtigen sind dabei die **Vorgaben der Berufsordnungen.**

Gemäß § 1 Abs. 3 BORA hat der Rechtsanwalt als unabhängiger Berater und Vertreter in allen 65
Rechtsangelegenheiten seine Mandanten vor Rechtsverlusten zu schützen, rechtsgestaltend, konfliktvermeidend und streitschlichtend zu begleiten, vor Fehlentscheidungen durch Gerichte und Behörden zu bewahren und gegen verfassungswidrige Beeinträchtigungen und staatliche Machtüberschreitung zu sichern[147]. Mithin setzt die Wahrnehmung anwaltlicher Aufgaben den unabhängigen, verschwiegenen und nur den Interessen des eigenen Mandanten verpflichteten Rechtsanwalt voraus. Der Mandant, welcher dem Anwalt die Schließung eines Anwaltsvertrages anträgt, darf folglich von diesem Leitbild eines Rechtsanwalts ausgehen[148]. Nimmt der Anwalt das Mandat an, erklärt er damit seine Bereitschaft, fortan die Interessen des Mandanten ohne Rücksicht auf die Interessen Dritter umfassend zu vertreten. Für konkurrierende Interessen Dritter gilt insoweit nichts anderes als für die gegenläufigen Interessen des Gegners des Mandanten[149].

Diese generelle Aufgabenstellung wird regelmäßig **durch das jeweilige Mandat begrenzt**; denn der Rechtsanwalt hat seinen Mandanten nur im Rahmen des ihm erteilten Mandats vor Rechtsverlusten zu schützen. Vor Fehlentscheidung durch Gericht und Behörden kann der Anwalt den Mandanten nicht sicher bewahren. Er kann dem Mandanten auf der Basis des geschlossenen Anwaltsvertrages nur raten, wenn die Fehlentscheidung trotz vorherigen Ansprechens des Problems in Schreiben oder Schriftsätzen nicht verhindert werden konnte, mögliche Rechtsbehelfe bzw. Rechtsmittel einzulegen. Gleiches gilt bei verfassungswidrigen Beeinträchtigungen und staatlicher Machtüberschreitung. Auch hier ist der Mandant derjenige, der die Entscheidung fällt, ob sich das erteilte Mandat auch auf dagegen gerichtete Abwehrmöglichkeiten erstreckt.

Im Rahmen des ihm erteilten Mandats hat der Rechtsanwalt den Mandanten gemäß § 11 Abs. 1 66
BORA **über alle für den Fortgang der Sache wesentlichen Vorgänge und Maßnahmen unverzüglich zu unterrichten.** Ihm ist insbesondere von allen wesentlichen erhaltenen oder versandten Schriftstücken Kenntnis zu geben. Gemäß § 11 Abs. 2 BORA sind Anfragen des Mandanten unverzüglich zu beantworten. Damit obliegt es dem Anwalt im Rahmen des Mandats zu prüfen, ob ein für den Fortgang der Sache wesentlicher Vorgang vorliegt oder eine wesentliche Maßnahme geboten ist. Über solche Vorgänge muss die Benachrichtigung unverzüglich i.S.d. § 121 Abs. 1 S. 1 BGB erfolgen, sobald der Rechtsanwalt Kenntnis erlangt hat[150]. Eine unverzügliche Beantwortung der Anfrage eines Mandanten kann nur erfolgen, wenn der Rechtsanwalt seinen aus § 5 BORA resultierenden Organisationspflichten entsprochen hat. Gemäß § 5 BORA ist der Rechtsanwalt verpflichtet, die für seine Berufsausübung erforderlichen sachlichen, personellen und organisatorischen Voraussetzungen zu schaffen und zu wahren.

Eine Verpflichtung zur fachlichen Beantwortung einer Anfrage besteht natürlich für den Anwalt 67
nur im Rahmen des ihm übertragenen Mandats. **Fragen, die inhaltlich jenseits des Mandats liegen,**

147 In diesem Sinne grundlegend BVerfG, Beschl. v. 14.7.1987 – 1 BvR 537/81, 1 BvR 195/87 – juris, Rn. 55.
148 BGH, Urt. v. 7.9.2017 – IX ZR 71/16 – juris, Rn. 17.
149 BGH, Urt. v. 7.9.2017 – IX ZR 71/16 – juris, Rn. 17.
150 Henssler/Prütting/*Prütting*, BRAO, § 11 BORA, Rn. 4.

braucht der Rechtsanwalt nicht von der Sache her zu beantworten[151]. Für diesen Bereich wird man nur eine aus dem Mandat resultierende Nebenpflicht annehmen können, dass der Rechtsanwalt dem Mandanten zeitnah auf die Anfrage hin zu erklären hat, dass diese Frage durch die bisherige Mandatserteilung nicht gedeckt ist. Will der Anwalt nur eingeschränkt für den Mandanten tätig werden, hat er dies vor Abschluss des Vertrages klarzustellen[152]. Der Mandant kann dann selbst entscheiden, ob er dies – etwa in der Erwartung besonderer Kompetenz des Anwalts oder einer besseren Verhandlungsposition gegenüber dem Gegner – hinnehmen oder ob er einen anderen, ausschließlich seinen – des Mandanten – eigenen Interessen verpflichteten Anwalt beauftragen will. Gleiches gilt, wenn sich nachträglich Interessenkonflikte abzeichnen, die nur ein eingeschränktes Tätigwerden des Anwalts erlauben[153].

68 Generell wird man bei Verstößen gegen Vorschriften der BORA feststellen müssen, dass dort regelmäßig die Rechtsfolgen im Sinne des § 134 BGB nicht angeordnet werden. Bei der Beurteilung von Sinn und Zweck des jeweils verletzten Verbotes wird außerdem Berücksichtigung finden müssen, dass sich die entsprechenden Gebote und Verbote regelmäßig nur an einen der Beteiligten richten und dass der zur Regelung von Standesfragen berufene Satzungsgeber im Hinblick auf seine beschränkte Legitimation zur Rechtssetzung im Zweifel nicht den Willen hat, mit den ordnungspolitischen Normen der BORA auch zivilrechtliche Folgen zu bewirken[154].

69 Gemäß Ziff. 3.1.2 der CCBE hat der Rechtsanwalt seinen Mandanten unverzüglich, gewissenhaft und sorgfältig zu beraten und zu vertreten. Dabei besteht eine persönliche Verantwortlichkeit für die Ausübung des erteilten Mandats.

70 Der Disposition der Vertragsparteien unterliegt es des Weiteren, in zulässigem Umfang Vereinbarungen über das Honorar und über Haftungsbeschränkungen[155] zu treffen.

71 Häufig stellen vom Anwalt vorformulierte Mandatsbedingungen, die der Mandant unterzeichnet, den einzigen schriftlichen Teil des Anwaltsvertrages dar. Bedeutsame Mandate, die nicht nur im Führen eines Prozesses bestehen, sollten aber aus Gründen der Rechtsklarheit regelmäßig insgesamt schriftlich fixiert werden.

72 Bei einer **Zusammenarbeit mehrerer Rechtsanwälte in Bezug auf ein Mandat** ergibt sich häufig die Frage, welchen Inhalt der jeweilige Anwaltsvertrag hat. Grundsätzlich gilt bei der Zusammenarbeit, dass zwischen dem Mandanten und jedem einzelnen beauftragten Rechtsanwalt ein eigenständiges Mandatsverhältnis zustande kommt. Keiner der Anwälte ist Erfüllungsgehilfe des anderen im Sinne des § 278 BGB[156]. Die Pflichten des jeweiligen Anwalts sind dabei nicht notwendig deckungsgleich. Sie können sich jedoch überschneiden. Diese Abgrenzungsnotwendigkeit ergibt sich häufig bei einer Zusammenarbeit von Anwälten in einem Prozess, der über mehrere Instanzen geführt wird. Die Aufgabenverteilung zwischen Prozess- und Verkehrsanwälten richtet sich nach

---

151 Auch bei einem gegenständlich beschränkten Mandat kann der Rechtsanwalt allerdings zu Hinweisen und Warnungen außerhalb des eigentlichen Vertragsgegenstandes verpflichtet sein. Solche Warn- und Hinweispflichten knüpfen an das Informations- und Wissensgefälle zwischen dem Anwalt und seinem Mandanten an. Sie folgen aus § 242 BGB und sollen verhindern, dass das Ziel des Beratungsvertrages trotz der für sich genommen vertragsgemäßen Beraterleistung verfehlt wird. Voraussetzung derartiger Pflichten ist, dass die dem Mandanten drohenden Gefahren dem Anwalt bekannt oder für ihn offenkundig sind oder sich ihm bei ordnungsgemäßer Bearbeitung des Mandats aufdrängen; Voraussetzung ist weiter, dass der Anwalt Grund zu der Annahme hat, dass sein Auftraggeber sich der Gefahren nicht bewusst ist; vgl. BGH, Urt. v. 21.6.2018 – IX ZR 80/17 – juris, Rn. 12. Vgl. auch die Ausführungen in Kap. 2 Rdn. 265 ff.

152 Vgl. ausführlich zu den Fragen des beschränkten Mandats die Ausführungen in Kap. 2 Rdn. 5.

153 BGH, Urt. v. 7.9.2017 – IX ZR 71/16 – juris, Rn. 17.

154 So zu Recht *Kilian,* MDR 2004, 119 in einer Anm. zu BGH, Urt. v. 17.10.2003 – V ZR 429/02 – MDR 2004, 117 f.

155 Vgl. dazu die Ausführungen in Kap. 8 Rdn. 184 ff.

156 BGH, Urt. v. 17.12.1987 – IX ZR 41/86 – juris, Rn. 33.

der Absprache mit dem Mandanten[157]. Übernimmt ein Prozessanwalt die Schriftsätze des Verkehrsanwalts ungeprüft und ergibt sich aus diesen eine Pflichtwidrigkeit, haftet der Prozessanwalt dafür voll umfänglich[158]. Andererseits darf der zunächst tätige Anwalt erst nach Bestätigung der Übernahme durch den in der nächsten Instanz tätigen Anwalt die eigene Fristnotierung löschen[159]. Aus Beweisgründen empfiehlt es sich, den Umfang des Mandats sowohl in Abstimmung mit dem Kollegen als auch mit dem Mandanten schriftlich zu vereinbaren[160].

4. Tätigkeitsbeschränkungen und Wirksamkeitsgrenzen

Zu beachten sind die Tätigkeitsverbote[161] und Wirksamkeitsgrenzen. 73

a) Tätigkeitsbeschränkungen

Ein Verstoß gegen die Tätigkeitsverbote aus §§ 43a Abs. 4, 45 Abs. 1, 46c Abs. 2 sowie § 47 Abs. 1 BRAO führt zur Nichtigkeit des Anwaltsvertrages. 73a

aa) § 43a Abs. 4 BRAO

Zu den Grundpflichten des Rechtsanwalts gehört es nach **§ 43a Abs. 4 BRAO, keine widerstreitenden Interessen zu vertreten.** Auf der Grundlage der Ermächtigung des § 59b Abs. 2 Nr. 1 Buchst. e BRAO konkretisiert § 3 Abs. 1 S. 1 BORA dieses Verbot dahingehend, dass der Rechtsanwalt nicht tätig werden darf, wenn er eine andere Partei in derselben Rechtssache im widerstreitenden Interesse bereits beraten oder vertreten hat oder mit dieser Rechtssache in sonstiger Weise im Sinne der §§ 45, 46 BRAO beruflich befasst war. Grundlage der Regelung des § 43a Abs. 4 BRAO sind das Vertrauensverhältnis zum Mandanten, die Wahrung der Unabhängigkeit des Rechtsanwalts und die im Interesse der Rechtspflege gebotene Gradlinigkeit der anwaltlichen Berufsausübung[162]. 74

Das Verbot widerstreitende Interessen zu vertreten gilt nach § 3 Abs. 2 S. 1 BORA auch für alle mit dem Anwalt in derselben Berufsausübungs- oder Bürogemeinschaft gleich welcher Rechts- oder Organisationsform verbundenen Rechtsanwälte. § 3 Abs. 2 S. 1 BORA gilt nur dann nicht, wenn sich im Einzelfall die betroffenen Mandanten in den widerstreitenden Mandaten nach umfassender Information mit der Vertretung **ausdrücklich einverstanden** erklärt haben und Belange der Rechtspflege nicht entgegenstehen. Nach § 3 Abs. 3 BORA gelten die Absätze 1 und 2 auch für den Fall, dass der Rechtsanwalt von einer Berufsausübungs- oder Bürogemeinschaft zu einer anderen Berufsausübungs- oder Bürogemeinschaft wechselt. Wer erkennt, dass er entgegen § 3 Abs. 1 bis 3 BORA tätig ist, hat unverzüglich seinen Mandanten davon zu unterrichten und alle Mandate in derselben Rechtssache zu beenden.

Das Tätigkeitsverbot des § 43a Abs. 4 BRAO erfordert nach anerkannter Rechtsprechung eine dem Einzelfall gerecht werdende Einzelabwägung aller Belange unter besonderer Berücksichtigung der konkreten Mandanteninteressen. Dabei sind die **Interessen**, welche der Anwalt im Rahmen des ihm erteilten Auftrags zu vertreten hat, **objektiv zu bestimmen**[163]. Was den Interessen des Mandanten und damit zugleich der Rechtspflege dient, kann nicht ohne Rücksicht auf die konkrete Einschätzung der hiervon betroffenen Mandanten abstrakt und verbindlich von Rechtsanwaltskammern oder Gerichten festgelegt werden[164]. Das Anknüpfen an einen möglichen, tatsächlich aber nicht

157 So zu Recht *Braun,* NJW 2004, S. XXVI, Heft 30.

158 BGH, Urt. v. 29.11.2001 – IX ZR 389/98 – juris, Rn. 8 ff.

159 BGH, Beschl. v. 19.6.2001 – VI ZB 22/01 – juris, Rn. 7.

160 *Braun,* NJW 2004, S. XXVI, Heft 30.

161 Vgl. dazu vor allem Henssler/*Henssler* bzw. *Kilian,* BRAO, § 43a, Rn. 168 ff. u. § 45, Rn. 12 ff.

162 BT-Drucks. 12/4993 S. 27; vgl. auch BGH, Urt. v. 2.4.2020 – IX ZR 135/19 – juris, Rn. 42 sowie v. 12.5.2016 – IX ZR 241/14 – juris, Rn. 6.

163 BGH, Urt. v. 2.4.2020 – IX ZR 135/19 – juris, Rn. 42 sowie v. 23.4.2012 – AnwZ (Brfg) 35/11 – juris, Rn. 10.

164 BGH, Urt. v. 2.4.2020 – IX ZR 135/19 – juris, Rn. 42.

bestehenden (latenten) Interessenkonflikt würde gegen das Übermaßverbot verstoßen und wäre verfassungsrechtlich unzulässig[165]. Maßgeblich ist zudem, ob der in den anzuwendenden Rechtsvorschriften typisierte Interessenkonflikt **im konkreten Fall tatsächlich auftritt**[166].

So besteht beispielsweise in **Verkehrsunfallsachen auf Geschädigtenseite** ein Interessengegensatz jedenfalls dann, wenn das Mandat nicht auf die Abwehr des Anspruchs im gemeinsamen Interesse der Gesamtschuldner beschränkt ist bzw. wenn mehrere Geschädigte vertreten werden, von denen einer dem anderen, neben dem in Anspruch genommenen Schädiger, gesamtschuldnerisch haften kann[167]. Wird auf der anderen Seite ein Rechtsanwalt für seinen Mandanten, welcher Alleinaktionär einer Schweizer Aktiengesellschaft ist, als Organ dieser Gesellschaft nur zu dem Zweck tätig, eine Vereinbarung mit einem Vertragspartner auszuhandeln, wird der Rechtsanwalt allein in Ausübung einer anwaltlichen Tätigkeit tätig[168]. Daraus, dass der Anwalt in der ihm angetragenen gesellschaftsrechtlichen Angelegenheit als Vorsitzender des Verwaltungsrats nicht nur gegenüber der Gesellschaft und den Aktionären sondern auch gegenüber Gläubigem der Gesellschaft Verantwortung zu tragen hat, ergeben sich keine widerstreitender Interessen, wenn die Gläubiger im konkreten Fall keine von den Interessen der Gesellschaft und ihres Alleinaktionärs abweichenden Interessen haben[169].

Eine Vertretung widerstreitender Interessen im Sinne von § 43a Abs. 4 BRAO setzt voraus, dass der Rechtsanwalt im **(Kern-)Bereich der rechtsbesorgenden anwaltlichen Berufsausübung** tätig wird[170]. Der zwischen einem Rechtsanwalt und einer Emittentin geschlossene Treuhandvertrag ist kein anwaltlicher Beratungsvertrag und daher nicht dem Kernbereich anwaltlicher Berufsausübung zuzuordnen[171].

Ein Verstoß gegen § 43a Abs. 4 BRAO führt nach der Rechtsprechung des Bundesgerichtshofs zur **Nichtigkeit des Anwaltsvertrages**[172], mit der Folge, dass Vergütungsansprüche des Rechtsanwalts auch dann nicht begründet werden, wenn sich die Beratung nicht im Nachhinein als wertlos erweist und gebührenpflichtig von einem anderen Anwalt wiederholt werden muss[173]. Indes kommt bei einem nach § 134 BGB nichtigen Anwaltsvertrag ein Anspruch auf Wertersatz nach §§ 812 Abs. 1 Satz 1, 818 Abs. 2 BGB in Betracht. Die Höhe des Anspruchs richtet sich nach der üblichen, vom Vertragspartner ersparten Vergütung. Dem Wertersatzanspruch kann aber die Regelung des § 817 Satz 2 BGB entgegenstehen. Die Anwendung dieser Bestimmung setzt voraus, dass der Leistende vorsätzlich gegen ein gesetzliches Verbot verstoßen hat. Dem steht es gleich, wenn er sich der Einsicht in das Verbotswidrige seines Handelns leichtfertig verschlossen hat[174].

Ein Verstoß des Rechtsanwalts gegen das Verbot des § 43a Abs. 4 BRAO berührt allerdings nicht die Wirksamkeit der ihm erteilten Prozessvollmacht und der von ihm namens der Partei vorgenommenen Prozesshandlungen[175].

bb) Versagung der Berufstätigkeit nach § 45 BRAO

75 Gemäß § 45 Abs. 1 BRAO darf der Rechtsanwalt nicht tätig werden, wenn er

---

165 BGH, Urt. v. 2.4.2020 – IX ZR 135/19 – juris, Rn. 42 sowie v. 23.4.2012– AnwZ (Brfg) 35/11 – juris, Rn. 14.

166 BGH, Urt. v. 23.4.2012 – AnwZ (Brfg) 35/11 – juris, Rn. 14; BAG, Beschl. v. 25.8.2004 – 7 ABR 60/03 – juris, Rn. 15; vgl. auch *Ganter*, NJW 2014, 1771, 1774 f.

167 BGH, Urt. v. 10.1.2019 – IX ZR 89/18 – juris, Leitsatz 2a; LG Saarbrücken, Urt. v. 16.1.2015 – 13 S 124/14 – juris, Rn. 16.

168 BGH, Urt. v. 2.4.2020 – IX ZR 135/19 – juris, Rn. 42.

169 BGH, Urt. v. 2.4.2020 – IX ZR 135/19 – juris, Rn. 43.

170 BGH, Urt. v. 17.9.2020 – III ZR 283/18 – juris, Rn. 15 ff.

171 BGH, Urt. v. 17.9.2020 – III ZR 283/18 – juris, Rn. 18 ff.

172 BGH, Urt. v. 2.4.2020 – IX ZR 135/19 – juris, Rn. 31.

173 BGH, Urt. v. 12.5.2016 – IX ZR 241/14 – juris, Rn. 11.

174 BGH, Urt. v. 2.4.2020 –135/19 – juris, Rn. 31 sowie v. 10.1.2019 – IX ZR 89/18 – juris, Rn. 28.

175 BGH, Urt. v. 14.5.2009 – IX ZR 60/08 – juris, Rn. 8 ff.

- in derselben Rechtssache als Richter, Schiedsrichter, Staatsanwalt, Angehöriger des öffentlichen Dienstes, Notar, Notarvertreter oder Notariatsverwalter bereits tätig geworden ist (§ 45 **Abs. 1 Nr. 1** BRAO);
- als Notar, Notarvertreter oder Notariatsverwalter eine Urkunde aufgenommen hat und deren Rechtsbestand oder Auslegung streitig ist oder die Vollstreckung aus ihr betrieben wird (§ 45 **Abs. 1 Nr. 2** BRAO);
- gegen den Träger des von ihm verwalteten Vermögens vorgehen soll in Angelegenheiten, mit denen er als Insolvenzverwalter, Nachlassverwalter, Testamentsvollstrecker, Betreuer oder in ähnlicher Funktion bereits befasst war (§ 45 **Abs. 1 Nr. 3** BRAO);
- in derselben Angelegenheit außerhalb seiner Anwaltstätigkeit oder einer sonstigen Tätigkeit im Sinne des § 59a Abs. 1 S. 1 BRAO bereits beruflich tätig war, sofern die berufliche Tätigkeit nicht bereits beendet ist (§ 45 **Abs. 1 Nr. 4** BRAO).

Die Regelungen in § 45 Abs. 1 BRAO bezwecken den **Schutz des Vertrauens in eine Unabhängigkeit der anwaltlichen Berufsausübung.** Hintergrund dieser Tätigkeitsverbote ist die Vermeidung der Gefahr, anwaltliche Berufspflichten zu verletzen oder in die Situation einer möglichen Verletzung zu gelangen, indem der Rechtsanwalt im Rahmen seines Zweitberufes Bindungen und Weisungen unterliegt, die auf dieselbe Angelegenheit, die er als Rechtsanwalt bearbeitet, durchschlagen können und seine Unabhängigkeit gefährden[176]. 76

Der **Begriff derselben Rechtssache** umfasst jede rechtliche Angelegenheit, die bei natürlicher Betrachtungsweise auf ein innerlich zusammengehöriges, einheitliches Lebensverhältnis zurückzuführen ist, wobei die Einheitlichkeit nicht durch längeren Zeitablauf aufgehoben wird und auch ein Wechsel der im Übrigen beteiligten Personen unerheblich ist[177]. Maßgeblich für den Begriff derselben Rechtssache ist der sachlich-rechtliche Inhalt der anvertrauten Interessen[178], also das anvertraute materielle Rechtsverhältnis. Es kommt darauf an, ob die neue Sache noch zu dem ursprünglich dem Rechtsanwalt anvertrauten materiellen Rechtsverhältnis gehört. Dieselbe Angelegenheit ist nicht nur gegeben, wenn es sich um ein und dasselbe Verfahren handelt; sie liegt auch vor, wenn in Verfahren verschiedener Art und verschiedener Zielrichtung ein und derselbe Sachverhalt von rechtlicher Bedeutung sein kann[179].

Ob ein Rechtsanwalt im Sinne von § 45 Abs. 1 Nr. 4 BRAO **außerhalb seiner Anwaltstätigkeit** beruflich tätig war, ist insbesondere deshalb von entscheidender Bedeutung, weil eine anwaltliche Vorbefassung das Verbot, widerstreitende Interessen zu vertreten (§ 43a Abs. 4 BRAO), auslöst, welches allerdings einen **konkreten** Interessenskonflikt verlangt, während in den Fällen des § 45 BRAO ein **abstrakt-typisierter** Interessenskonflikt ausreicht; zudem muss bei § 45 Abs. 1 Nr. 4 BRAO die Nebentätigkeit noch andauern[180].

Auch ein Verstoß gegen § 45 Abs. 1 Nr. 1 BRAO führt zur Nichtigkeit des Anwaltsvertrages[181].

▶ Beispiel:

Beurkundet ein Notar zunächst einen notariellen Vertrag über den Verkauf von zwei Wohnungseigentumsrechten und ist er sodann im Rahmen der notariellen Betreuungstätigkeit gemäß den §§ 24 ff. BNotO damit befasst, die zur Wirksamkeit des Vertrages erforderlichen Genehmigungen einzuholen, dann handelt es sich zweifelsfrei um dieselbe Rechtsangelegenheit, wenn 77

176 BGH, Urt. v. 2.4.2020 – IX ZR 135/19 – juris, Rn. 34.
177 Feuerich/Weyland/*Träger*, BRAO, § 45, Rn. 7.
178 BGH, Urt. v. 23.4. 2012 – AnwZ (Brfg) 35/11 – juris, Rn. 7 f.
179 BGH, Urt. v. 2.4.2020 – IX ZR 135/19 – juris, Rn. 34.
180 BGH, Urt. v. 2.4.2020 – IX ZR 135/19 – juris, Rn. 39 mit Hinweis auf *Bormann/Strauß*, in: Gaier/Wolf/Göcken, Anwaltliches Berufsrecht, § 45 BRAO, Rn. 37; a.A.: *Kleine-Cosack*, BRAO, § 45, Rn. 25, nach welchem diese Regelung verfassungskonform auf die Verhinderung echter Interessenkonflikte zu beschränken ist.
181 BGH, Urt. v. 21.10.2010 – IX ZR 48/10 – juris, Rn. 16.

die nach § 12 Abs. 3 S. 1 WEG erforderliche Zustimmung des Verwalters gerichtlich geltend gemacht werden muss[182].

78 Außerdem ist es dem Rechtsanwalt gemäß § 45 Abs. 2 BRAO untersagt, in Angelegenheiten,
- mit denen er bereits als Rechtsanwalt gegen den Träger des zu verwaltenden Vermögens befasst war, als Insolvenzverwalter, Nachlassverwalter, Testamentsvollstrecker, Betreuer oder in ähnlicher Funktion tätig zu werden (§ 45 **Abs. 2 Nr. 1** BRAO);
- mit denen er bereits als Rechtsanwalt befasst war, außerhalb seiner Anwaltstätigkeit oder seiner sonstigen Tätigkeit im Sinne des § 59a Abs. 1 S. 1 BRAO beruflich tätig zu werden (§ 45 **Abs. 2 Nr. 2** BRAO).

Die Regelung des § 45 Abs. 2 Nr. 2 BRAO bildet das ergänzende Gegenstück zur Regelung des § 45 Abs. 1 Nr. 4 BRAO und wiederholt dessen Tätigkeitsverbot in umgekehrter Reihenfolge[183].

Bei der Frage, ob der Rechtsanwalt im Sinne des § 45 Abs. 2 Nr. 2 BRAO in derselben Angelegenheit tätig wird, ist unter Berücksichtigung der Tragweite der Berufsausübungsfreiheit eine restriktive Auslegung geboten[184].

Die Verbote in § 45 Abs. 1 und 2 gelten gemäß § 45 Abs. 3 BRAO **auch für** die mit dem Rechtsanwalt **in Sozietät oder in sonstiger Weise zur gemeinschaftlichen Berufsausübung verbundenen** oder verbunden gewesenen **Rechtsanwälte** und Angehörige anderer Berufe, insoweit einer von diesen im Sinne der Absätze 1 und 2 mit der Angelegenheit befasst war. Auf die Wirksamkeit der Beurkundung hat die Missachtung des Verbotes des § 3 Abs. 1 S. 1 Nr. 4 BeurkG keinen Einfluss. Für den Notar als Beurkundungsperson begründet sie hingegen eine unbedingte Amtspflicht[185].

79 Die umstrittene Frage, ob eine Mandatsannahme unter **Verletzung des § 45 Abs. 1 Nr. 1 BRAO** nach § 134 BGB **zur Nichtigkeit des Anwaltsvertrages** führt, hat der Bundesgerichtshof zwischenzeitlich bejaht[186]. Der Mandant bleibt in diesen Fällen nicht schutzlos, sondern kann, wenn der Anwalt ihm im Rahmen des nichtigen Vertrages Schaden zugefügt hat, nach § 311 Abs. 2 Nr. 1 BGB Ersatz dieses Schadens verlangen[187]. Auch bleiben die Rechtshandlungen des Anwalts in solchen Fällen wirksam[188].

cc) Verbote für Syndikusrechtsanwälte

80 In Reaktion auf eine Entscheidung des Bundessozialgerichts im Frühjahr 2014[189] wurde der **Status der Syndikusrechtsanwälte** durch das am 1.1.2016 in Kraft getretene Gesetz zur Neuordnung des Rechts der Syndikusanwälte und zur Änderung der Finanzgerichtsordnung[190] grundlegend neu geregelt[191]. Aufgrund der Verweisung in § 46c Abs. 1 BRAO gelten die Vorschriften über Rechtsanwälte und damit die Grundpflichten und Tätigkeitsverbote aus §§ 43a, 45 BRAO und § 3 BORA uneingeschränkt auch für Syndikusrechtsanwälte (diese sind legaldefiniert in § 46 Abs. 2 S. 1 BRAO)[192]. Weitere **Tätigkeitsverbote** finden sich im neu geschaffenen § 46c Abs. 2 BRAO. Gemäß § 46c Abs. 2 S. 1 BRAO dürfen Syndikusrechtsanwälte ihren Arbeitgeber nicht vertreten

182 OLG Hamm, Beschl. v. 17.6.2004 – 15 W 225/04 – juris, Rn. 14.
183 BGH, Urt. v. 2.4.2020 – IX ZR 135/19 – juris, Rn. 33.
184 BGH, Urt. v. 17.9.2020 – III ZR 283/18 – juris, Rn. 51.
185 BGH, Urt. v. 25.5.1984 – V ZR 13/83 – juris, Rn. 14; OLG Celle, Beschl. v. 13.9.2001 – Not 10/01 – juris, Rn. 10 ff.
186 BGH, Urt. v. 21.10.2010 – IX ZR 48/10 – juris, Rn. 16.
187 BGH, Urt. v. 12.5.2016 – IX ZR 241/14 – juris, Rn. 13.
188 BGH, Urt. v. 14.5.2009 – IX ZR 60/08 – juris, Rn. 8 f. m.w.N.
189 BSG, Urt. v. 3.4.2014 – B 5 RE 3/14 R – juris.
190 BGBl I 2015, S. 2517.
191 Vgl. *Offermann-Burckart*, NJW 2016, 113 ff.
192 Vgl. hierzu *Dietzel/Gauting/Malzahn*, BRAK-Mitt. 2016, 154 und zur Rechtsprechung des Anwaltssenats beim Bundesgerichtshof zu Syndikusfällen, *Remmert*, AnwBl 2020, 96 ff.

- vor Landgerichten, Oberlandesgerichten und dem Bundesgerichtshof in zivilrechtlichen Verfahren und Verfahren der freiwilligen Gerichtsbarkeit, sofern **Anwaltszwang besteht** und
- vor den in § 11 Abs. 4 S. 1 des Arbeitsgerichtsgesetzes genannten Gerichten, es sei denn, der Arbeitgeber ist ein vertretungsbefugter Bevollmächtigter im Sinne des § 11 Abs. 4 S. 2 des Arbeitsgerichtsgesetzes[193].

Außerdem dürfen Syndikusrechtsanwälte in Straf- oder Bußgeldverfahren, die sich gegen ihren Arbeitgeber oder dessen Mitarbeiter richten, nicht als deren Vertreter oder Verteidiger tätig werden (§ 46c Abs. 2 S. 2 BRAO); dies gilt, wenn Gegenstand des Straf- oder Bußgeldverfahrens ein unternehmensbezogener Tatvorwurf ist, auch in Bezug auf eine Tätigkeit als Rechtsanwalt im Sinne des § 4 BRAO.

Im Umkehrschluss ergibt sich aus § 46c Abs. 1 S. 1 BRAO, dass die Vertretung des Arbeitgebers 81
durch Syndikusrechtsanwälte in **verwaltungs-, finanz- und sozialgerichtlichen Verfahren** nunmehr uneingeschränkt zulässig ist. Einer Differenzierung zwischen Verfahren mit und ohne Anwaltszwang bedarf es in diesen Verfahren nicht, da die Gefahr eines Ungleichgewichts im Gegensatz zu zivil- und arbeitsgerichtlichen Verfahren sowie zu Verfahren der freiwilligen Gerichtsbarkeit nicht besteht. In den letztgenannten Verfahren soll ein Ungleichgewicht, welches sich daraus ergeben kann, dass eine Einzelperson oder kleine und mittlere Unternehmen ohne eigene Rechtsabteilung einen Rechtsanwalt nach RVG (Unterschreitungsverbot) bezahlen müssten, während große Unternehmen sich durch den eigenen Syndikus vertreten lassen und so ihr Kostenrisiko verringern könnten, durch das Vertretungsverbot in Verfahren mit Anwaltszwang verhindert werden. Dagegen können sich Behörden und juristische Personen des öffentlichen Rechts in verwaltungs-, finanz- und sozialgerichtlichen Verfahren, in denen Anwaltszwang besteht, durch eigene Beschäftigte mit Befähigung zum Richteramt vertreten lassen, so dass die Gefahr eines Ungleichgewichts zwischen den Prozessparteien nicht besteht[194].

Im Blick auf das mit den Tätigkeitsverboten in § 46c Abs. 1 S. 1 BRAO verfolgte Ziel der Verhin- 82
derung eines Ungleichgewichts der Prozessparteien fehlt in den genannten Verfahren die **Postulationsfähigkeit** des Syndikusanwalts. Andernfalls würde die Vorschrift ins Leere laufen. Allein die bisherigen Folgen eines Verstoßes gegen § 46 BRAO a.F., die Nichtigkeit des Geschäftsbesorgungsvertrags[195], welche Vergütungs-[196] und auch eventuelle Kostenerstattungsansprüche[197] entfallen lässt, würde ein Ungleichgewicht nämlich nicht verhindern[198].

Allerdings dürfen nunmehr Syndikusrechtsanwälte, die zugleich eine **weitere Berufstätigkeit als Rechtsanwalt** nach § 4 BRAO oder § 46 Abs. 1 BRAO ausüben, in dieser Stellung ihren Arbeitgeber außer in Straf- und Bußgeldverfahren (§ 46c Abs. 2 S. 2 BRAO) uneingeschränkt forensisch vertreten. Der Gesetzgeber hält dies für verfassungsrechtlich geboten[199]. Die Befugnis zur forensischen Tätigkeit gilt wegen des Fehlens des in § 45 Abs. 1 **Nr. 4** und Abs. 2 Nr. 1 BRAO enthaltenen Tatbestandsmerkmals »außerhalb seiner Anwaltstätigkeit« auch dann, wenn der Rechtsanwalt mit der Angelegenheit schon als Syndikusanwalt befasst war[200].

dd) Tätigkeitsverbot für Rechtsanwälte im öffentlichen Dienst

Gemäß § 47 Abs. 1 S. 1 BRAO dürfen Rechtsanwälte, die als **Richter oder Beamte** verwendet 83
werden, ohne auf Lebenszeit ernannt zu sein, die in das Dienstverhältnis eines Soldaten auf Zeit

193 Allgemein zur Stellung von Syndikusrechtsanwälten im arbeitsgerichtlichen Verfahren, *Pulz*, NZA 2018, 14 ff.

194 BT-Drs. 18/5201, S. 21.

195 BGH, Urt. v. 25.2.1999 – IX ZR 384/97 – juris, Rn. 33.

196 BGH, Urt. v. 12.5.2016 – IX ZR 241/14 – juris, Rn. 11 und v. 21.10.2010 – IX ZR 48/10 – juris, Rn. 16 ff.

197 OLG Stuttgart, Beschl. v. 26.1.1999 – 8 W 488/97 – juris, Rn. 9 ff.

198 Anders BeckOK ZPO/*Piekenbrock*, § 78, Rn. 14b.

199 BT-Drs. 18/5201, S. 21.

200 *Offermann-Burckart*, NJW 2016, 113, 117 f.

berufen werden oder die vorübergehend als Angestellte im öffentlichen Dienst tätig sind, ihren Beruf als Rechtsanwalt nicht ausüben, es sei denn, dass sie die ihnen übertragenen Aufgaben ehrenamtlich wahrnehmen. Gemäß § 47 Abs. 2 BRAO kann die Rechtsanwaltskammer einem Rechtsanwalt, der ein öffentliches Amt bekleidet, ohne in das Beamtenverhältnis berufen zu sein und der nach den für das Amt maßgebenden Vorschriften den Beruf als Rechtsanwalt nicht selbst ausüben darf, auf Antrag des Rechtsanwalts einen Vertreter bestellen.

84 Für die Zuordnung eines **Anstellungsverhältnisses zum öffentlichen Dienst** ist allein die Anstellung bei einer juristischen Person des öffentlichen Rechts maßgebend, nicht hingegen die Art der Tätigkeit. Erforderlich ist die Eingliederung in die Organisation eines öffentlich-rechtlichen Dienstherrn[201]. Die Tätigkeit kann auch nicht öffentlich-rechtlicher Natur sein. Eine Gefährdung der Interessen der Rechtspflege ist dann zu bejahen, wenn sie nicht so fern liegt, dass sie ohne Bedenken außer Betracht gelassen werden kann[202].

85 Von Rechtsanwälten im öffentlichen Dienst **unter Verstoß gegen § 47 Abs. 1 BRAO geschlossene Verträge sind gleichfalls** nach § 134 BGB **rechtsunwirksam.** Gleichwohl werden die prozessualen Handlungen von dieser Rechtsfolge in ihrer Wirksamkeit hier nicht berührt[203].

86 Gerichte oder Behörden sind jedoch gemäß § 156 Abs. 2 BRAO gehalten, einen Rechtsanwalt zurückzuweisen, der entgegen einem Berufs- oder Vertretungsverbot vor ihnen auftritt.

ee) Geldwäschegesetz

87 Rechtsanwälte unterliegen den Verpflichtungen des Geldwäschegesetzes (GwG) insoweit, als sie in Ausübung ihres Berufs eines der in § 2 Abs. 1 Nr. 10 GwG enumerativ aufgezählten Kataloggeschäfte durchführen oder an einem solchen mitwirken[204]. Sofern kein Tatbestand eines derartigen Kataloggeschäfts erfüllt ist, unterfallen sie nicht den Verpflichtungen des GwG[205]. Anderes kann indes für den mehrfachqualifizierten Rechtsanwalt gelten, wenn dieser im Rahmen eines Mandats nicht nur ausschließlich solche Tätigkeiten erbringt, die anwaltliche Vorbehaltsaufgaben darstellen[206].

b) Sonstige Wirksamkeitsgrenzen

88 Im Folgenden werden Verstöße gegen § 49b BRAO sowie § 12 BORA behandelt.

aa) Verstoß gegen die Vergütungsvorschrift des § 49b BRAO

89 Gemäß § 49b Abs. 1 BRAO ist es unzulässig, geringere Gebühren und Auslagen zu vereinbaren oder zu fordern, als das RVG vorsieht, soweit dieses nichts anderes bestimmt. Nach § 49b Abs. 2 BRAO sind Vereinbarungen, durch die eine Vergütung oder ihre Höhe vom Ausgang der Sache oder vom Erfolg der anwaltlichen Tätigkeit abhängig gemacht wird oder nach denen der Rechtsanwalt einen Teil des erstrittenen Betrages als Honorar erhält (**Erfolgshonorar**), unzulässig, soweit das RVG[207] nichts anderes bestimmt. Das Bundesverfassungsgericht[208] hatte § 49b Abs. 2 BRAO in der Fassung vom 2.9.1994[209] insoweit für verfassungswidrig erklärt, als die Vorschrift keine Ausnahme für den Fall zuließ, dass der Rechtsanwalt mit der Vereinbarung einer erfolgsbasierten Vergütung besonderen Umständen in der Person des Auftraggebers Rechnung trägt, die diesen sonst

201 BGH, Beschl. v. 18.12.1967 – AnwZ (B) 8/67 – juris, Rn. 10.
202 BGH, Beschl. v. 13.4.1992 – AnwZ (B) 6/92 – juris, Rn. 7.
203 Feuerich/Weyland/*Schwärzer*, BRAO, § 47, Rn. 38.
204 *Frank*, NJOZ 2018, 1481 (1482).
205 *Schubert*, NJOZ 2018, 41 (42) sowie 81 (85 f.).
206 *Frank*, NJOZ 2018, 1481 (1483).
207 Vgl. § 4a Abs. 1 RVG.
208 BVerfG, Beschl. v. 12.12.2006 – 1 BvR 2576/04 – juris, Rn. 57 ff.
209 BGBl I, S. 2278.

davon abhielten, seine Rechte zu verfolgen. Insoweit bestimmt nunmehr § 4a RVG, dass ein Erfolgshonorar nur für den **Einzelfall** und nur dann vereinbart werden darf, wenn der Auftraggeber aufgrund seiner **wirtschaftlichen Verhältnisse** bei verständiger Betrachtung ohne die Vereinbarung eines Erfolgshonorars von der Rechtsverfolgung abgehalten würde. In einem gerichtlichen Verfahren darf dabei für den Fall des Misserfolgs vereinbart werden, dass keine oder eine geringere als die gesetzliche Vergütung zu zahlen ist, wenn für den Erfolgsfall ein angemessener Zuschlag auf die gesetzliche Vergütung vereinbart wird.

Aufgrund der Vorschrift des § 49b Abs. 2 BRAO sind Vereinbarungen weiterhin unzulässig[210], die 90
entgegen § 4a RVG eine Vergütung oder ihre Höhe vom Ausgang der Sache oder vom Erfolg der anwaltlichen Tätigkeit abhängig machen oder nach denen der Rechtsanwalt einen Teil des erstrittenen Betrages als Honorar erhält (**quota litis**). Mit diesem Verbot soll verhindert werden, dass der Rechtsanwalt den Ausgang eines Mandats zu seiner eigenen »wirtschaftlichen« Angelegenheit macht[211].

Gemäß § 49b Abs. 3 BRAO sind die Abgabe und die Entgegennahme eines Teils der Gebühren oder sonstiger Vorteile für die Vermittlung von Aufträgen, gleichviel, ob im Verhältnis zu einem Rechtsanwalt oder Dritten gleich welcher Art, unzulässig. Zulässig ist es jedoch gem. § 49b Abs. 3 S. 2 BRAO, eine über den Rahmen der Nummer 3400 der Anlage 1 des RVG hinausgehende Tätigkeit eines anderen Rechtsanwalts angemessen zu honorieren. Die Honorierung der Leistungen hat der Verantwortlichkeit sowie dem Haftungsrisiko der beteiligten Rechtsanwälte und den sonstigen Umständen Rechnung zu tragen. Eine solche Vereinbarung darf jedoch nicht zur Voraussetzung einer Mandatserteilung gemacht werden.

Sind die Voraussetzungen für den Abschluss einer erfolgsabhängigen Vergütungsvereinbarung nach 91
§ 4a Abs. 1 RVG nicht gegeben oder fehlen die nach § 4a Abs. 2 RVG erforderlichen Angaben, ist die **Erfolgshonorarvereinbarung nicht nichtig, sondern** die vertraglich vereinbarte Vergütung – auch im Erfolgsfall – **auf die gesetzliche Gebühr beschränkt**[212]. Für den Fall, dass die gesetzliche Gebühr höher ist, kann nur die vereinbarte Vergütung verlangt werden[213]. Damit kann der Rechtsanwalt nur den jeweils niedrigsten Betrag fordern und trägt allein das Risiko eines Verstoßes gegen §§ 3a, 4a RVG[214]. Einer zusätzlichen Anwendung der Grundsätze von Treu und Glauben bedarf es nicht[215]. Hat der Auftraggeber bereits Zahlungen erbracht, kann dieser die Leistungen gem. § 4b S. 2 RVG nach Bereicherungsrecht zurückverlangen, und zwar auch dann, wenn er freiwillig und vorbehaltlos geleistet hat. Eine Verletzung der sich aus § 4a Abs. 2 RVG ergebenden Aufklärungspflichten kann außerdem erhebliche strafrechtliche Konsequenzen nach sich ziehen und zu einer Verurteilung wegen Betruges durch Unterlassen führen[216].

Vereinbarungen, mit denen die gesetzlichen Regelungen in §§ 49b, 4a BRAO umgangen werden sollen, können nichtig sein[217].

Die Beschränkungen für die Vereinbarung eines Erfolgshonorars beziehen sich nicht nur auf die 92
forensische Tätigkeit des Rechtsanwalts. Sie gelten auch für die außergerichtliche Beratung und

210 BGH, Urt. v. 23.4.2009 – IX ZR 167/07 – juris, Rn. 15 ff.

211 Vgl. BT-Drs. 12/4993, S. 31.

212 Etwas anderes soll jedoch für eine Vereinbarung des Rechtsanwalts mit einem Vermittler von Klienten bzw. Prozessfinanzierer für die Klienten gelten, wonach von dem Vermittler/Prozessfinanzierer vereinnahmte Erfolgshonorare teilweise an den Rechtsanwalt weitergereicht werden sollen, und der Rechtsanwalt dieses Geld zusätzlich zu den von seinen Klienten ihm gegenüber geschuldeten gesetzlichen Gebühren erhält. In diesem Fall soll § 134 BGB nicht von § 4b RVG verdrängt werden; OLG München, Beschl. v. 31.10.2019 – 23 U 940/19 – juris, Rn. 26 ff.

213 BGH, Urt. v. 5.6.2014 – IX ZR 137/12 – juris, Rn. 14 ff. unter Aufgabe der bisherigen Rechtsprechung.

214 *Geissler*, jurisPR-BGHZivilR 17/2014 Anm. 1.

215 BGH, Urt. v. 5.6.2014 – IX ZR 137/12 – juris, Rn. 26.

216 BGH, Urt. v. 25.9.2014 – 4 StR 586/13 – juris, Rn. 18 ff.

217 OLG München, Urt. v. 10.5.2012 – 23 U 4635/11 – juris, Rn. 12 ff. zu einem Prozessfinanzierungsvertrag sowie OLG Frankfurt, Urt. v. 13.4.2011 – 17 U 250/10 – juris, Rn. 19 ff. zum Forderungskauf.

Interessenwahrnehmung[218]. Bei den Gründen, die für die grundsätzliche Wirksamkeit des Verbots sprechen, ist nicht zwischen dem **außergerichtlichen und gerichtlichen** Bereich zu unterscheiden. Die Unabhängigkeit des Rechtsanwalts muss hier wie dort gewahrt werden, wenn es darum geht, das Vertrauen auf eine objektive Beratung zu gewährleisten.

bb) Verbot der Umgehung des Gegenanwalts

93 Gemäß § 12 Abs. 1 BORA darf der Rechtsanwalt **nicht ohne Einwilligung** des Rechtanwalts eines anderen Beteiligten mit diesem Beteiligten **unmittelbar Verbindung aufnehmen oder verhandeln**. Gemäß § 12 Abs. 2 BORA gilt dieses Verbot nicht bei Gefahr im Verzuge. Der Rechtsanwalt des anderen Beteiligten ist jedoch unverzüglich zu unterrichten; von schriftlichen Mitteilungen ist ihm eine Abschrift unverzüglich zu übersenden.

94 Ein Verstoß gegen das in § 12 Abs. 1 BORA bestimmte Verbot führt **nicht** zur **Nichtigkeit** eines verbotswidrig zustande gekommenen Vertrages und zwar weder nach § 134 BGB noch ohne weitere Umstände zur Nichtigkeit gemäß § 138 Abs. 1 BGB[219]. Auch hier ist zu berücksichtigen, dass § 134 BGB die Rechtsfolge der Nichtigkeit davon abhängig macht, dass sich aus dem Gesetz nichts anderes ergibt. Fehlt eine verbotseigene Rechtsfolgenregelung, sind Sinn und Zweck des verletzten Verbots entscheidend[220]. Die normbezogene Abwägung der Frage, ob die durch das Rechtsgeschäft getroffene Regelung hinzunehmen bzw. bestehen zu lassen ist, rechtfertigt hier die vorbezeichnete Entscheidung. § 12 Abs. 1 BORA verbietet keinen bestimmten Inhalt eines Rechtsgeschäfts, sondern wendet sich gegen die Art und Weise des Abschlusses des Rechtsgeschäfts. Bereits das spricht gegen die Nichtigkeit[221]. § 12 BORA bezweckt den Schutz des anwaltlich vertretenen gegnerischen Mandanten und dient damit dem Gemeinwohlinteresse an der Funktionsfähigkeit einer geordneten Rechtspflege[222]. Diese Zwecke gebieten es nicht, ein unter Verstoß gegen das in § 12 Abs. 1 BORA bestimmte Verbot zustande gekommenes Rechtsgeschäft als nichtig zu erachten.

II. Partner des Anwaltsvertrages (Aktiv- und Passivlegitimation)

95 Im Rahmen der Prüfung der Haftungsfrage ist jeweils die Aktiv- sowie die Passivlegitimation zu klären.

1. Aktivlegitimation

96 Grundsätzlich ist der gegenüber dem Rechtsanwalt Handelnde der Vertragspartner des Anwalts bzw. der Anwaltsgesellschaft. Wird dem Anwalt nicht deutlich gemacht, dass der Handelnde für einen anderen tätig ist, darf er davon ausgehen, dass der **Handelnde selbst** sein **Vertragspartner** ist; denn der Mangel des Willens, im eigenen Namen zu handeln, kommt gemäß § 164 Abs. 2 BGB nicht in Betracht, wenn der Wille, in fremdem Namen zu handeln, nicht erkennbar hervortritt. Der Anwalt wird auf diese Weise in seinem berechtigten Vertrauen darauf geschützt, dass der Handelnde auch sein Vertragspartner ist[223].

97 Im Übrigen kommt der Vertrag des Anwalts bzw. der Anwaltsgesellschaft dann, wenn der Gesprächspartner im Namen eines Dritten und innerhalb einer ihm entsprechend zustehenden Vertretungsmacht auftritt, gem. § 164 Abs. 1 BGB mit dem **Vertretenen** zustande. Voraussetzung ist, dass die Willenserklärung im Namen des Vertretenen abgegeben wird[224], ohne dass der Name des

218 BGH, Urt. v. 23.4.2009 – IX ZR 167/07 – juris, Rn. 22.
219 BGH, Urt. v. 17.10.2003 – V ZR 429/02 – juris, Rn. 18 ff.
220 BGH, Urt. v. 14.12.1999 – X ZR 34/98 – juris, Rn. 16.
221 Erman/*Arnold*, BGB, § 134, Rn. 17.
222 BVerfG, Beschl. v. 12.7.2001 – 1 BvR 2272/00 – juris, Rn. 11.
223 Vgl. dazu grundsätzlich BGH, Urt. v. 15.5.1991 – VIII ZR 212/90 – juris, Rn. 22. Eine Anfechtung wegen Willensmangels ist nach § 164 Abs. 2 BGB im Interesse der Verkehrssicherheit ausgeschlossen, vgl. BGH, Urt. v. 1.4.1992 – VIII ZR 97/91 – juris, Rn. 17; differenzierend *Neuner*, AcP 193, 112 ff.
224 *K. Schmidt*, JuS 1987, 425 ff.

Vertretenen genannt werden muss. Ausreichend ist, dass die Person des Vertretenen bestimmt wird oder bestimmbar ist[225].

a) Unternehmensbezogenes Geschäft für den Mandanten

Bei unternehmensbezogenen Geschäften ist die auf den Vertragsabschluss gerichtete Erklärung der Person, die mit dem Anwalt bzw. der Anwaltsgesellschaft in Kontakt tritt, dergestalt zu verstehen, dass **Vertragspartner des Anwalts bzw. der Anwaltsgesellschaft das Unternehmen** selbst wird. Das gilt selbst dann, wenn der Anwalt unrichtige Vorstellungen über das Unternehmen hat[226]. Der Handelnde haftet deshalb nur dann über § 179 BGB, wenn er entweder keine Vollmacht besitzt, für den Unternehmensträger zu handeln oder wenn ein Unternehmensträger nicht existiert[227]. 98

Hat eine BGB-Gesellschaft einem Anwalt das Mandat erteilt, so kann der Anwalt seine eigenen Gebühren nach § 11 RVG nicht gegen die Gesellschafter persönlich festsetzen lassen; denn das Festsetzungsverfahren betrifft den Auftraggeber des Rechtsanwalts[228]. 99

b) Zweifelsfälle

In Einzelfällen kann es durchaus zweifelhaft erscheinen, wer als Mandant in vertragliche Beziehung zum Anwalt bzw. zur Anwaltsgesellschaft getreten ist. 100

▶ Beispiel[229]:

Der Anwalt vertritt einen Gesellschafter bei der Wahrnehmung seiner Rechte innerhalb einer Gesellschafterversammlung. Namens seines Mandanten schlägt er vor, den Gesellschaftsvertrag neu zu fassen. Der Geschäftsführer und die übrigen Gesellschafter gehen auf diesen Vorschlag ein. Sie bitten den Anwalt, die erforderlichen Arbeiten zu übernehmen. In weiteren Sitzungen erteilt der Anwalt seine Ratschläge und erarbeitet schließlich den Vertragsentwurf. Das OLG Hamm hat einen konkludenten Vertragsabschluss zwischen dem Anwalt und der Gesellschaft angenommen. 101

Der Rechtsanwalt kann auch mehrere Mandanten vertreten, etwa mehrere Gläubiger oder mehrere Schuldner. Stets ist durch Auslegung zu ermitteln, für wen gehandelt wurde[230]. 102

Von der Frage, wer auf Seiten des Mandanten Partner eines Anwaltsvertrages geworden ist, müssen Konstellationen unterschieden werden, in denen es darum geht, ob ein bestimmter Dritter in den Schutzbereich des Anwaltsvertrages einbezogen ist[231].

aa) Vertragskonstellation bei Rechtsschutzversicherung des Mandanten

Unterhält der Mandant eine Rechtsschutzversicherung, führt diese auch dann nicht dazu, dass der Anwalt in dieses Vertragsverhältnis einbezogen wird, wenn die Rechtsschutzversicherung für das Mandat deckungspflichtig ist und der Anwalt sich verpflichtet, die Deckungszusage einzuholen[232]. Im Regelfall entfaltet die Deckungszusage Schutzwirkung lediglich gegenüber dem Versicherungsnehmer, nicht aber gegenüber dessen Anwalt[233]. **Der Rechtsanwalt erhält** auch **keinen direkten Anspruch gegen die Rechtsschutzversicherung.** Zwar ist die Erteilung der Deckungszusage gem. 103

225 BGH, Urt. v. 18.9.1997 – III ZR 226/96 – juris, Rn. 14 ff.
226 BGH, Urt. v. 18.5.1998 – II ZR 355/95 – juris, Rn. 7.
227 BGH, Urt. v. 7.5.1984 – II ZR276/83 – juris, Rn. 8.
228 OLG Koblenz, Beschl. v. 13.1.2003 – 14 W 23/03 – juris, Rn. 2 f.
229 OLG Hamm, Urt. v. 11.7.1991 – 28 U 124/90 – n.v.
230 BGH, Urt. v. 18.9.1997 – III ZR 226/96 – juris, Rn. 17.
231 Vgl. Rdn. 352 ff. sowie exemplarisch BGH, Urt. v. 21.7.2016 – IX ZR 252/15 – juris, Rn. 17 ff.
232 Zum Thema »Anwalt und Rechtsschutzversicherung« vgl. *van Bühren,* r+s 2016, 53 ff.
233 OLG Köln, Urt. v. 23.5.2019 – 24 U 123/18 – juris, Rn. 50; OLG Koblenz, Urt. v. 16.2.2011 – 1 U 358/10 – juris, Rn. 40.

§ 17 Abs. 2 ARB 2010 als deklaratorisches Schuldanerkenntnis zu werten[234]. Dieses Anerkenntnis entfaltet Rechtswirkungen, auch wenn es wegen der vom Anwalt geführten Korrespondenz diesem zugeht, nur gegenüber dem Mandanten. Dieses Anerkenntnis präkludiert den Versicherer mit sämtlichen Einwendungen, die er zum Zeitpunkt der Abgabe erheben konnte und zumindest aufgrund der ihm vorliegenden Darstellung des Sachverhaltes hätte kennen müssen, sofern das Anerkenntnis nicht mit einem konkreten Vorbehalt versehen wird[235]. Bezahlt die Rechtsschutzversicherung dem Rechtsanwalt nicht die von ihm berechneten Gebühren, wird eine Gerichtsentscheidung erforderlich, entweder über das Kostenfestsetzungsverfahren gem. § 11 RVG oder über eine Gebührenklage. Der Mandant kann seinen gegen die Rechtsschutzversicherung gerichteten Freistellungsanspruch gem. § 17 Abs. 8 ARB 2010 nur mit schriftlichem Einverständnis des Versicherers an den Anwalt abtreten. Der Versicherungsnehmer kann die Übernahme der Kosten verlangen, sobald er nachweist, dass er zu deren Zahlung verpflichtet ist oder diese Verpflichtung bereits erfüllt hat (§ 5 Abs. 2 a) ARB 2010). Voraussetzung ist mithin, dass der Ausgleich des Kostenanspruchs gegen den Versicherungsnehmer seinerseits fällig ist[236]. Zahlt der Mandant die Prozesskosten, für die er Freistellung vom Versicherer verlangen kann, wandelt sich der Freistellungsanspruch in einen Zahlungsanspruch gegen den Versicherer, der nach den allgemeinen Regeln pfändbar ist[237].

104 Teilt der Mandant mit, dass er eine Rechtsschutzversicherung abgeschlossen hat und fordert er den Anwalt auf, eine Deckungszusage der Rechtsschutzversicherung einzuholen, ist **zu prüfen, ob** der **Anwaltsvertrag nur unter** der **Bedingung geschlossen werden soll, dass die Rechtsschutzversicherung die Kostenübernahme zusagt**. In solchen Fällen ist dem Rechtsanwalt zu empfehlen, dem Mandanten aus Gründen der Klarstellung mitzuteilen, dass das Mandat zunächst nicht übernommen, sondern vorab nur die Frage der Kostenübernahme mit der Rechtsschutzversicherung geklärt wird[238]. Das kommt dann nicht in Betracht, wenn dringender anwaltlicher Handlungsbedarf besteht. In diesen Fällen muss auch der Anwalt nicht davon ausgehen, dass ihm das Mandat nur unter der Bedingung der Kostenübernahme durch die Rechtsschutzversicherung erteilt wurde, weil es eben auch primär im Interesse des Mandanten liegt, dass der Anwalt aufgrund des mit ihm geschlossenen Vertrages bereits vor der Deckungszusage anwaltliche Arbeit leistet.

105 Der Anwalt, der im Auftrag seines Mandanten bei dessen Rechtsschutzversicherung Deckungsschutz beantragt und die Zahlung von Kostenvorschüssen fordert, ist gegenüber dem Versicherer verpflichtet, diesem Auskunft über die Kosten des Verfahrens und eine eventuelle Kostenerstattungspflicht Dritter zu erteilen[239]. **Von einer völlig aussichtslosen Klage oder Berufung ist abzuraten.** In einem derart eindeutigen Fall ist der Anwalt auch gehalten, sich gegen eine Anfrage beim Rechtsschutzversicherer nach Deckungsschutz auszusprechen, weil sich die Auslösung von Prozesskosten dann nicht als erforderlich im Sinne von § 125 VVG darstellt.[240]

106 **Hat der Rechtsanwalt die Korrespondenz** für seinen Mandanten **mit** dessen **Rechtsschutzversicherung übernommen** und gibt er damit auch die notwendigen Erklärungen zum Versicherungsfall ab, **wird er** gegenüber der Versicherungsgesellschaft **Wissenserklärungsvertreter** des Mandanten, mit der Folge, dass eine Obliegenheitsverletzung des Rechtsanwalts zu Lasten des Versicherungsnehmers, also des Mandanten, geht[241].

234 BGH, Urt. v. 16.7.2014 – IV ZR 88/13 – juris, Rn. 21 m.w.N.

235 Prölss/Martin/*Armbruster*, VVG, § 17 ARB 2010, Rn. 10.

236 Terbille/Höra/*Bultmann*, Anwaltshandbuch Versicherungsrecht, § 27, Rn. 517.

237 OLG Hamm, Beschl. v. 29.6.1983 – 14 W 85/83 – DB 1984, 1345; Prölss/Martin/*Armbruster*, VVG, § 17 ARB 2010, Rn. 57.

238 Terbille/Höra/*Bultmann*, Anwaltshandbuch Versicherungsrecht, § 27, Rn. 588.

239 OLG Düsseldorf, Urt. v. 15.1.1980 – 4 U 48/79 – VersR 1980, 231.

240 OLG Hamm, Urt. v. 23.8.2016 – 28 U 57/15 – juris, Rn. 17 f.; OLG Hamburg, Urt. v. 27.9.2018 – 1 U 2/18 – juris, Rn. 35; OLG Nürnberg, Beschl. v. 14.1.2019 – 13 U 916/17 – juris, Rn. 10 ff. sowie Rdn. 106.

241 *Van Bühren*, r+s 2016, 53, 57 m.w.N.

Erhebt der Rechtsanwalt eine unschlüssige Klage, so steht dem auf Ersatz der Prozesskosten gerichteten Schadensersatzanspruch des Mandanten nicht entgegen, dass sein Rechtsschutzversicherer die Kosten übernommen hat. Allerdings kann der Mandant nicht aus eigenem Recht vorgehen, da eine Schadensersatzforderung des Mandanten auf Erstattung von Prozesskosten, die der Versicherer an den Anwalt geleistet hat, im Falle fehlerhafter Prozessführung gem. § 17 Abs. 9 ARB 2010 bereits mit ihrer Entstehung auf den Rechtsschutzversicherer übergeht[242]. Gefährdet der Anwalt des Versicherten durch **unzureichende Informationen gegenüber dem Rechtsschutzversicherer** die Erteilung der Deckungszusage, so muss er das Risiko des Deckungsprozesses tragen. Er haftet dem Mandanten aus Schlechterfüllung des Mandatsvertrages auf Freistellung von den Kostenansprüchen der Gegenseite und des Gerichts, allerdings nur Zug um Zug gegen Abtretung der möglichen Ansprüche gegen die Rechtsschutzversicherung auf Übernahme der Kosten[243]. 107

Liegt eine **Deckungszusage** vor, **ohne** dass diese Deckungszusage etwa durch **falsche Angaben** erlangt worden wäre, greift der Anscheinsbeweis zugunsten des Mandanten, bei vollständiger Risikobelehrung den Prozess nicht geführt zu haben, grundsätzlich nicht ein. In einem solchen Fall kann vielmehr angenommen werden, dass ein vernünftig handelnder Mandant das Wagnis einer nur wenig erfolgversprechenden Prozessführung eingegangen wäre, da er selbst im Falle des Prozessverlustes wegen der Eintrittspflicht des Rechtsschutzversicherers – abgesehen von einer Selbstbeteiligung – letztlich nicht mit Kosten belastet wird[244]. Anderes kann aber dann gelten, wenn der Rechtsanwalt es unterlässt, von einer von vornherein aussichtslosen Rechtsverfolgung abzuraten. In diesem Fall ist der Anwalt auch gehalten, sich gegen eine Anfrage beim Rechtsschutzversicherer nach Deckungsschutz auszusprechen, weil sich die Auslösung von Prozesskosten dann als nicht erforderlich i.S.v. § 125 VVG darstellt[245].

In der Regel erfolgt die Beauftragung des Anwaltes auch bei Bestehen einer Rechtsschutzversicherung **durch den Mandanten** als Versicherungsnehmer. Selbst wenn in den Fällen des § 17 Abs. 4 ARB 2010 eine Beauftragung des Anwalts durch den Versicherer erfolgt, wird dadurch **keine Rechtsbeziehung zwischen dem Rechtsanwalt und dem Rechtsschutzversicherer** begründet, weil die Beauftragung im Namen des Versicherungsnehmers, also des Mandanten, erfolgt[246]. 108

Ansonsten werden die Pflichten des Rechtsanwalts aus dem Mandatsverhältnis durch eine bestehende Rechtsschutzversicherung oder die Erteilung einer Deckungszusage zugunsten des Versicherungsnehmers nicht modifiziert[247]. 109

bb) Vertragskonstellation bei haftpflichtversicherten Mandanten

Kommt es zu einem Haftpflichtprozess des Mandanten, hat dieser als Versicherungsnehmer dem Versicherer die Prozessführung gem. Ziff. 5.2 Abs. 2 AHB 2016 (§ 5 Ziff. 4 AHB a.F.) zu überlassen. Der in Anspruch genommene Versicherungsnehmer darf deshalb keinen Anwalt ohne Zustimmung des Versicherers beauftragen. Darauf hat der Anwalt hinzuweisen. Gem. Ziff. 5.2 Abs. 1 AHB 2016 (vgl. § 5 Ziff. 7 AHB a.F.: »gilt« als bevollmächtigt) ist der Versicherer bevollmächtigt, 110

242 Vgl. OLG Koblenz, Urt. v. 16.2.2006 – 5 U 271/05 – juris, Rn. 13 f. (zum gleichlautenden § 20 Abs. 2 ARB 75) sowie OLG Hamm, Urt. v. 23.8.2016 – 28 U 57/15 – juris, Rn. 4 ff. Allgemein zum Anwaltsregress des Rechtsschutzversicherers *Dallwig*, r+s 2020, 181 sowie *Weinbeer*, AnwBl 2020, 26 ff.

243 OLG Köln, Urt. v. 22.3.2004 – 16 U 55/03 – juris, LS u. Rn. 6 m. Anm. *Grams,* BRAK-Mitt. 2005, 18 f.

244 OLG Köln, Urt. v. 23.5.2019 – 24 U 122, 123 und 124/18 – jeweils juris, Rn. 38.

245 OLG Köln, Urt. v. 23.5.2019 – 24 U 122, 123 und 124/18 – jeweils juris, Rn. 38; OLG Düsseldorf, Urt. v. 3.6.2013 – 9 U 147/12 – juris, Rn. 25; OLG Hamm, Urt. v. 18.2.2016 – 28 U 73/15 – juris, Rn. 77 f.; OLG Hamburg, Urt. v. 27.9.2018 – 1 U 2/18 – juris, Rn. 35 sowie v. 7.2.2020 – 9 U 202/19 – Beck RS 2020, 16998; OLG Nürnberg, Beschl. v. 14.1.2019 – 13 U 916/17 – juris, Rn. 10 ff. vgl. auch OLG Jena, Urt. v. 5.7.2019 – 4 U 359/18 – juris, Rn. 119 ff. und 133 ff.

246 Vgl. BGH, Urt. v. 24.1.1978 – VI ZR 220/76 – juris, Rn. 9 f. sowie *van Bühren/van Bühren,* r+s 2004, 89, 90.

247 *Dallwig,* r+s 2020, 181 ff. auch allgemein zum Anwaltsregress des Rechtsschutzversicherers.

alle zur Beilegung oder Abwehr des Anspruchs ihm zweckmäßig erscheinenden Erklärungen im Namen des Versicherungsnehmers abzugeben. Partei des Haftpflichtprozesses ist grundsätzlich nur der auf Haftung in Anspruch genommene Versicherungsnehmer des Haftpflichtversicherungsvertrages. Die Regelung des § 115 VVG eröffnet dem Gegner jedoch die **Möglichkeit einer unmittelbaren Inanspruchnahme des Versicherers**, wenn

- eine Pflichtversicherung nach dem PflVG besteht (§ 115 Abs. 1 S. 1 Nr. 1 VVG),
- das Insolvenzverfahren über das Vermögen des Versicherungsnehmers eröffnet ist (§ 115 Abs. 1 S. 1 Nr. 2 Alt. 1 VVG),
- die Eröffnung des Insolvenzverfahrens mangels Masse abgelehnt wurde (§ 115 Abs. 1 S. 1 Nr. 2 Alt. 2 VVG),
- ein vorläufiger Insolvenzverwalter bestellt wurde (§ 115 Abs. 1 S. 1 Nr. 2 Alt. 3 VVG) oder
- der Aufenthalt des Versicherungsnehmers unbekannt ist (§ 115 Abs. 1 S. 1 Nr. 3 VVG).

Der Versicherer führt den Rechtsstreit im Namen des Versicherungsnehmers auf eigene Kosten (Ziff. 5.2 Abs. 2 S. 2 AHB 2016). Der haftpflichtige Versicherungsnehmer ist nach dem Haftpflichtversicherungsvertrag verpflichtet, dem vom Versicherer bestimmten Anwalt eine Prozessvollmacht zur Vertretung im Prozess zu erteilen und ihm diejenigen Aufklärungen zu geben, die für die sachgerechte Prozessvertretung notwendig sind (Ziff. 25.5 AHB 2016). Aus Ziff. 5.2 Abs. 2 AHB 2016 folgt, dass der Versicherer namens und in Vollmacht des Versicherungsnehmers Prozessvollmacht erteilen darf[248]. Es bedarf keiner gesonderten Vollmacht durch den Versicherungsnehmer[249].

Ob ein Rechtsanwalt einen haftpflichtigen Versicherten in dessen Auftrag oder im Auftrag des Haftpflichtversicherers vertritt, hängt von den Umständen des Falles ab. Allein die Befugnis und die Verpflichtung des Versicherers, dem Versicherten durch Bestellung eines Rechtsanwalts Rechtsschutz zu gewähren, macht ihn nicht zum Vertragspartner des Rechtsanwalts[250].

Aufgrund eines dem Anwalt erteilten Auftrags schuldet der Haftpflichtversicherer gemäß Ziff. 5.2 Abs. 2 S. 2 AHB 2016 (§ 3 Abs. 3 Ziff. 3 AHB a.F.) diesem **die Gebühren**[251]. Der Versicherer kann dem Anwalt bei der Gebührenabrechnung auch nicht entgegenhalten, dass er die Prozesskosten bei einem Überschreiten der Deckungssumme nur anteilig zu tragen habe. Die in Ziff. 6.6 AHB 2016 (§ 3 Abs. 3 Ziff. 1 AHB a.F.) vereinbarte Anteilsregelung gilt nämlich nur im Verhältnis zwischen dem Versicherer und dem Versicherungsnehmer, nicht aber gegenüber dem vom Versicherer bestellten Anwalt[252]. Obwohl der Versicherungsnehmer Prozesspartei ist, dieser dem Anwalt eine Vollmacht erteilt und der Haftpflichtversicherer im Bereich jenseits der Pflichtversicherung auch nur Streithelfer im Sinne des § 66 ZPO werden kann, also nur der Versicherungsnehmer den Sachvortrag bestimmen kann[253], ist von einem rechtswirksamen **Mandatsverhältnis zwischen dem Versicherer und dem Anwalt** auszugehen[254], wobei es sich um einen echten Vertrag zugunsten des Versicherungsnehmers als Drittem handelt[255]. Aus diesem Vertragsverhältnis mit Schutzwirkungen zugunsten des Versicherungsnehmers entstehen für den Anwalt deshalb auch Pflichten gegenüber der von ihm vertretenen Prozesspartei, also dem beklagten Versicherungsnehmer. Insbesondere hat der Versicherer und damit auch der von diesem beauftragte Rechtsanwalt in dieser Konstellation bei seinem Recht zur Prozessführung die Interessen des Versicherungsnehmers – notfalls sogar unter Zurückstellung der eigenen Interessen – zu wahren[256]. Wenn der Versicherer den Anwalt namens

248 Prölss/Martin/*Lücke,* VVG, Ziff. 5 AHB, Rn. 24; Terbille/Höre/*Kummer,* Münchener Anwaltshandbuch Versicherungsrecht, § 12, Rn. 175.

249 Vgl. OLG Koblenz, Beschl. v. 20.3.2012 – 5 U 76/12 – juris, Rn. 21 ff.

250 BGH, Urt. v. 10.1.2019 – IX ZR 89/18 – juris, Rn. 16.

251 Vgl. LG Hamburg, Beschl. v. 8.3.1955 – 6 O 273/54 – VersR 1955, 365.

252 *Schmalzl,* Berufshaftpflichtversicherung, Rn. 169.

253 OLG Hamm, Urt. v. 29.4.1996 – 6 U 187/95 – juris, Rn. 5.

254 Wie hier *Späte,* AHB, § 5, Rn. 42; *Littbarski,* AHB, § 5, Rn. 81.

255 Vgl. unten Rdn. 352 ff.

256 BGH, Urt. v. 30.9.1992 – IV ZR 314/91 – VersR 1992, 1504, 1505; Prölss/Martin/*Lücke,* VVG, Ziff. 5 AHB, Rn. 22; *Littbarski,* AHB, § 5, Rn. 86.

und in Vollmacht des Versicherungsnehmers beauftragt, wird auch ein normaler Anwaltsvertrag zwischen dem Versicherungsnehmer und dem vom Versicherer bestellten Anwalt geschlossen, wobei der Versicherer alleiniger Kostenschuldner wird[257].

Des Weiteren trifft die Prozesspartei, für die der Versicherer den Prozess führt, also den haftpflicht- 111
versicherten Beklagten, gem. § 138 Abs. 2 ZPO die Verpflichtung, sich über die vom Prozessgegner behaupteten Tatsachen zu erklären. Prozessparteien haben gem. § 138 Abs. 1 ZPO ihre Erklärungen über tatsächliche Umstände vollständig und der Wahrheit gemäß abzugeben. Die Wahrheitspflicht bezieht sich also auf das Behaupten und Bestreiten tatsächlicher Umstände. Den Anwalt trifft dieselbe Pflicht wie die von ihm vertretene Prozesspartei[258]. Da in aller Regel nur die Prozesspartei und nicht der Versicherer Kenntnis über den tatsächlichen, für den Prozess maßgeblichen Sachverhalt hat, muss der Rechtsanwalt diesbezüglich erheblichen Sachvortrag des beklagten Versicherungsnehmers verwerten[259].

Etwaige Ansprüche des Mandanten gegen den Anwalt wegen fehlerhafter Prozessführung gehen 112
nach Maßgabe des § 86 Abs. 1 VVG auf den Haftpflichtversicherer über, soweit dieser dem Versicherungsnehmer den Schaden ersetzt und eine sachliche und zeitliche Kongruenz zwischen der Versicherungsleistung und dem Schadensersatz besteht[260].

2. Passivlegitimation

Wer auf **Anwaltsseite Vertragspartner** wird und damit passivlegitimiert ist, hängt im Rahmen der 113
getroffenen Absprachen insbesondere auch von der Rechtsform des anwaltlichen Vertragspartners sowie von weiteren Besonderheiten ab.

a) Allgemeines

Ist der für den Vertragsabschluss angesprochene **Rechtsanwalt Mitglied einer Sozietät, ist im** 114
Zweifel davon auszugehen, dass die Anwaltssozietät beauftragt wird[261]. Sowohl auf Seiten des Auftraggebers als auch auf Seiten des Rechtsanwalts ist grundsätzlich von dem Willen auszugehen, das Mandatsverhältnis mit der Sozietät zu begründen[262]. Das gilt auch, wenn zwischen den Anwälten keine echte, sondern nur eine Scheinsozietät[263] besteht[264], wobei sich das einer Anwaltssozietät erteilte Mandat im Zweifel auch auf später (scheinbar) eintretende Sozietätsmitglieder bezieht[265].

Diese Erkenntnis entsprach bereits bisher grundsätzlich der Rechtsprechung[266]. Erst recht muss von 115
einem Abschluss des Vertrages mit der Sozietät ausgegangen werden, wenn man sich die Rechtsformen der Anwaltssozietäten vergegenwärtigt. Die Partnerschaftsgesellschaft besitzt gem. § 7 Abs. 2

---

257 Prölss/Martin/*Lücke*, VVG, Ziff. 5 AHB, Rn. 32.

258 Baumbach/Lauterbauch/Albers/Hartmann/*Hartmann*, ZPO, § 138, Rn. 8.

259 Eine Ausnahme gibt es hier nur für den Fall vorsätzlich sittenwidriger Schädigung durch den beklagten Versicherungsnehmer im Sinne einer treuwidrigen Irreleitung durch Fehlinformationen, vgl. dazu Erman/*Wilhelmi*, BGB, § 826, Rn. 38.

260 Vgl. BGH, Urt. v. 30.9.1957 – III ZR 76/56 – juris, Rn. 12 ff.; vgl. zum Begriff der Kongruenz Rüffer/Halbach/Schimikowski/*Muschner*, VVG, § 86, Rn. 31 ff.

261 So auch BeckOK BGB/*Baumgärtner*, § 613, Rn. 5; *Markworth*, NJW 2015, 2152, 2154; *Hartung*, MDR 2002, 1224, 1225.

262 BGH, Urt. v. 5.11.1993 – V ZR 1/93 – juris, Rn. 5 zur Rechtslage vor Anerkennung der Rechtsfähigkeit der BGB-Gesellschaft; so auch Vollkommer/Greger/*Heinemann*, Anwaltshaftungsrecht, § 4, Rn. 13 m.w.N.

263 Zur Scheinsozietät vgl. unten Rdn. 187 ff.; vgl. auch *Kamps/Alvermann*, NJW 2001, 2121 f.

264 So ausdrücklich BGH, Beschl. v. 13.11.2002 – XII ZB 104/01 – juris, Rn. 7; OLG Frankfurt, Urt. v. 16.3.2000 – 16 U 69/99 – juris, Rn. 37 ff.

265 OLG Saarbrücken, Urt. v. 22.12.2005 – 8 U 92/05 – juris, Rn. 19.

266 In BGH, Urt. v. 4.2.1988 – IX ZR 20/87 – juris, Rn. 9 heißt es dazu: »Wer bei einer bereits bestehenden Anwaltssozietät einen der Sozien beauftragt, schließt den Anwaltsvertrag nicht nur mit diesem

PartGG in Verbindung mit § 124 HGB Rechtsfähigkeit[267]. Gleiches gilt für die Anwalts-GmbH[268] und für die Anwalts-AG. Nach dem Grundsatzurteil des II. Zivilsenats vom 29.1.2001 sind auch BGB-Gesellschaften, die als Außengesellschaften im Rechtsverkehr auftreten, in vollem Umfang rechts- und parteifähig[269], also auch die Anwalts-GbR[270]. Zu dieser Erkenntnis ist die Rechtsprechung nun im Wege der Rechtsfortbildung gelangt, weil die entgegenstehende traditionelle Auffassung, die ausschließlich die einzelnen Gesellschafter als Zuordnungssubjekte der die Gesellschaft betreffenden Rechte und Pflichten ansah[271], konzeptionelle Schwächen aufwies und ein für die Praxis bedeutsamer Vorzug einer nach außen bestehenden Rechtssubjektivität der GbR darin besteht, dass ein Wechsel im Mitgliederbestand keinen Einfluss auf den Fortbestand von mit der Gesellschaft bestehenden Rechtsverhältnissen hat. Hinzu kommt, dass die neue Rechtsansicht eher in der Lage ist, identitätswahrende Umwandlungen von Gesellschaften bürgerlichen Rechts in andere Rechtsformen und aus anderen Rechtsformen zu erklären[272]. **Weil** also **die Anwaltssozietät immer eine eigene Rechtspersönlichkeit hat, muss** erst recht **davon ausgegangen werden, dass der Auftraggeber den Anwaltsvertrag regelmäßig mit der Sozietät als solcher schließt.** Im gewerblichen Bereich wird es als selbstverständlich angesehen, dass ein Vertrag mit der Gesellschaft als solcher zustande kommt, wenn sich jemand zum Vertragsabschluss entschließt, weil er die Arbeit eines Bediensteten dieser Gesellschaft als überzeugend ansieht. Ein Unterschied zum gewerblichen Bereich besteht zweifellos darin, dass die Anwälte häufig nicht Angestellte, sondern Gesellschafter der Sozietät sind. Aber auch dieser Gesichtspunkt rechtfertigt keine andere Sichtweise; denn man wird im gesamten Dienstleistungsbereich davon ausgehen müssen, dass der Auftraggeber einen Vertrag mit der Gesellschaft auch dann schließen möchte, wenn er den Kontakt zu dem Unternehmen wegen eines spezialisierten Gesellschafters sucht. Es besteht keine Veranlassung, die zu Willenserklärungen bei unternehmensbezogenen Geschäften[273] entwickelten Grundsätze nicht auch auf Anwaltsgesellschaften zu übertragen[274], so dass angenommen werden muss, dass der erklärte Wille beider Vertragsparteien im Zweifel dahin geht, dass die Organisation und nicht der für diese Handelnde Vertragspartner werden soll. Voraussetzung ist nur, dass das Unternehmen bzw. die Organisation im Zeitpunkt des Vertragsschlusses besteht und der Organisationsbezug hinreichend deutlich wird. Letzteres ist eine Frage der Auslegung. Dabei kann sich der Organisationsbezug sowohl aus dem Vertragszweck als auch aus sonstigen Umständen ergeben[275].

116 Auch der Mandant, der einen Einzelanwalt wegen seiner Spezialkenntnisse zum Beispiel als **Fachanwalt** mit einer bestimmten Aufgabe betraut, wird regelmäßig den Anwaltsvertrag mit der Sozietät schließen wollen, in der dieser Spezialist tätig ist, zumal diese Willensrichtung des Kunden – aus dem gewerblichen Bereich bekannt – als typisch angesehen werden muss[276]. Auch dann, wenn der Mandant Kenntnis von der Existenz eines Spezialisten erlangt hat, der in einer bestimmten Gesellschaft arbeitet und er die Leistung von diesem Spezialisten erbracht haben möchte, muss davon ausgegangen werden, dass der Mandant den dazu erforderlichen Vertrag regelmäßig mit der

---

Rechtsanwalt ab, sondern mit allen der Sozietät angehörenden Anwälten«. In dieser Entscheidung wurde nur deshalb auf die der Sozietät angehörenden Anwälte und nicht auf die Sozietät selbst abgestellt, weil nach damaliger Rechtsprechung die Rechts- und Parteifähigkeit der GbR noch nicht bejaht wurde.

267 Hartung/Scharmer/*v. Wedel*, BRAO, Vor § 59c, Rn. 35.

268 Zu § 13 Abs. 1 GmbHG vgl. Lutter/Hommelhoff/*Bayer*, GmbHG, Rn. 2.

269 BGH, Urt. v. 29.1.2001 – II ZR 331/00 – juris, Rn. 5 ff.

270 Zu Recht wird in diesem Zusammenhang für das Vorliegen einer Außengesellschaft nicht auf kaufmännisches oder gewerbliches Auftreten abgestellt, so dass sämtliche Freiberufler-Sozietäten als Außengesellschaften zu charakterisieren sind, so zu Recht Erman/*H.P. Westermann*, BGB, vor § 705, Rn. 27.

271 Vgl. dazu *Zöllner*, FS für Gernhuber 1993, 563 ff.; *ders.*, in FS für Kraft 1998, 701 ff.

272 BGH, Urt. v. 29.1.2001 – II ZR 331/00 – juris, Rn. 8 ff.

273 Vgl. *Ahrens,* JA 1997, 895 ff.

274 Vgl. *Markworth,* NJW 2015, 2152, 2154 f.

275 Erman/*Maier-Reimer*, BGB, § 164, Rn. 7.

276 So auch Vollkommer/Greger/*Heinemann*, Anwaltshaftungsrecht, § 4, Rn. 16. Das ist von der Rechtsprechung des BGH für interdisziplinäre Arztpraxen vor der Schaffung der neuen Rechtsprechung zur

Anwaltsfirma schließen möchte[277]. Gleiches müsste selbst dann gelten, wenn ausnahmsweise in einer Anwaltskanzlei nur Fachanwälte unterschiedlicher Fachrichtungen tätig sind.

Ist dem Mitglied einer Rechtsanwaltssozietät das Mandat von einem Anwaltskollegen nur deshalb erteilt worden, weil diesem als seinem Freund die **persönliche Beziehung** zu einem Verfahrensbeteiligten bekannt war, und hat der mandatierte Anwalt sämtliche Schriftsätze an das Gericht selbst unterschrieben und auch den Gerichtstermin persönlich wahrgenommen, können derartige Umstände im Einzelfall allerdings ausnahmsweise belegen, dass dem Rechtsanwalt abweichend von den allgemeinen Grundsätzen ein **Einzelmandat** erteilt worden ist[278]. 117

Der **Vertragsabschluss mit der Sozietät muss auch für überörtliche Sozietäten angenommen werden.** Auch hier entspricht es der Interessenlage des Mandanten, mit der Sozietät und nicht nur mit den an einem bestimmten Ort tätigen Rechtsanwälten einen Vertrag abzuschließen[279]. Auch wenn ein Mandant nur ein sehr spezifisches Rechtsproblem gelöst haben möchte, für das die Sozietät einen Fachanwalt hat, muss gleichwohl angenommen werden, dass der Mandant regelmäßig bereit ist, den Vertrag mit der Gesamtsozietät zu schließen. Das muss selbst für den Fall angenommen werden, dass der Mandant nur den einen Anwalt aus der Sozietät kennt und ihm besonderes Vertrauen entgegen bringt; denn es handelt sich hier vom Inhalt des Auftrages her eindeutig um ein Geschäft, das in den von der Sozietät abgedeckten Sachbereich fällt und damit um ein unternehmensbezogenes Geschäft. 118

Streitig ist, ob dieses Prinzip auch für den **Vertragsabschluss mit internationalen Sozietäten** gilt[280]. Bei einem derartigen Vertragsabschluss[281] kommt es nicht darauf an, ob ausländische Anwälte aufgrund von § 10 Abs. 1 Nr. 3 RDG, in Deutschland Mandanten nach deutschem Recht beraten. Maßgebend ist nur, ob der Wille der Mandanten darauf gerichtet ist, den Vertrag mit der Organisation zu schließen, die sowohl im In- als auch im Ausland Anwaltsbüros unterhält. Viele Mandanten werden gerade aufgrund der Internationalität und des damit verbundenen Bekanntheitsgrades gewillt sein, mit dieser Gesellschaft einen Vertrag zu schließen. Es werden nur selten Mandanten bestrebt sein, nur mit den in Deutschland tätigen Anwälten einen Vertrag zu schließen. Das gilt erst recht für Kanzleien, die ihren nationalen Sitz nicht nur in einer deutschen Stadt haben; denn zu diesen weiteren deutschen Büros unterhält der Mandant dann regelmäßig auch keine Beziehung, so dass es inkonsequent erscheint anzunehmen, dass der Mandant ein Interesse daran haben sollte, jedenfalls mit allen in Deutschland für diese Kanzlei tätigen Anwälten einen Vertrag zu schließen. Im Ergebnis erscheint es deshalb konsequent, das Interesse des Mandanten dahingehend zu würdigen, dass der **Vertragsabschluss mit der internationalen Gesellschaft** erfolgen soll. 119

Bei Sozietäten unterschiedlicher Berufsangehöriger (sog. **interprofessionelle bzw. gemischte Sozietät**)[282] entsprach es vor der Anerkennung der Rechtsfähigkeit der BGB-Gesellschaft der Rechtsprechung des Bundesgerichtshofs, dass der Vertrag im Zweifel nur mit denjenigen Sozien zustande kommt, die auf dem zu bearbeitenden Rechtsgebiet tätig werden dürfen[283]. Maßgeblich hierfür war der Gesichtspunkt, dass Art. 1 § 1 RBerG[284] Nichtanwälten eine reine Besorgung fremder 120

Rechtsfähigkeit der Freiberufler GbR deshalb anders gesehen worden, weil es sich in dieser Konstellation regelmäßig nicht um eine Gemeinschaftspraxis, sondern um eine Praxisgemeinschaft handelt und die Ärzte gegenüber den Krankenkassen einzeln abrechnen.

277 So bereits *Kornblum*, BB 1973, 218, 224 f.; *Müller*, NJW 1969, 903, 905.

278 Brandenburgisches OLG, Urt. v. 8.11.2005 – 6 U 42/05 – juris, LS.

279 So auch Vollkommer/Greger/*Heinemann*, Anwaltshaftungsrecht, § 4, Rn. 17.

280 Dafür Vollkommer/Greger/*Heinemann*, Anwaltshaftungsrecht, § 4, Rn. 18; so jetzt auch *Rinkler/Pape*, in: G. Fischer/Vill/D. Fischer/Pape/Chab, § 1, Rn. 409; *Knöfel*, BRAK-Mitt. 2006, 156, 162 f. vertritt die Auffassung, dass sich Rechte und Pflichten eines internationalen Anwaltsvertrages entscheidend aus den individuell ausgehandelten Mandatsbedingungen ergeben.

281 Zur Haftung vgl. Rdn. 119, 182 ff.

282 Dazu *Singer*, AnwBl 2016, 788.

283 BGH, Urt. v. 17.2.2000 – IX ZR 50/98 – juris, Rn. 22 m.w.N.

284 Das RBerG ist am 30.6.2008 außer Kraft getreten; an seiner Stelle gilt mit Wirkung zum 1.7.2008 das RDG (BGBl I, S. 2840, 2846).

Rechtsangelegenheiten verbot. Bei einer Verpflichtung von Wirtschaftsprüfern oder Steuerberatern zu einer diesen nicht gestatteten Rechtsbesorgung war der Vertrag nichtig[285]. Deshalb wurde bei gemischten Sozietäten davon ausgegangen, dass ein Vertrag, der zwischen dem Auftraggeber und einem Sozietätsmitglied geschlossen wurde, in der Regel dahin auszulegen war, dass nur diejenigen Mitglieder der Sozietät die Vertragserfüllung übernehmen sollten, die berufsrechtlich und fachlich dazu befugt waren[286]. Nach Anerkennung der Rechtsfähigkeit der BGB-Gesellschaft wurde – auch von hiesiger Seite – argumentiert, dass ein Festhalten an dieser Rechtsprechung nicht sachgerecht erscheint. Dies war aber durchaus umstritten[287]. Der Bundesgerichtshof hat den Streit unter Aufgabe seiner bisherigen Rechtsprechung inzwischen im Sinne der überwiegenden Ansicht im Schrifttum dahin entschieden, dass in einer gemischten Sozietät nunmehr **auch diejenigen Sozien haften, die in eigener Person die vertraglich geschuldete Beratung nicht vornehmen dürfen**[288]. Da nach Anerkennung der Rechtsfähigkeit der GbR und Aufgabe der Doppelverpflichtungslehre die Sozietät selbst Partei eines Anwaltsvertrages sein kann und dies auch dann gilt, wenn dieser neben Rechtsanwälten auch Sozien anderer Berufsgruppen angehören, ist die Beschränkung der Haftung auf diejenigen Sozien, die in eigener Person berufsrechtlich zur Bearbeitung des Mandats befugt sind, überholt[289].

Maßgebend ist, dass eine interprofessionelle Sozietät regelmäßig gerade wegen deren Ausrichtung und deren Größe eingeschaltet wird. Es kann dabei nicht davon ausgegangen werden, dass der Anwaltsvertrag dann, wenn es um ein zivil- oder strafrechtlich orientiertes Mandat geht, nur mit bestimmten Rechtsanwälten der Gesellschaft und nicht mit der Gesellschaft als solcher geschlossen werden soll. Auch ein Patient, der nur ein spezifisches medizinisches Problem hat und deshalb etwa gezielt Rat bei einem Internisten sucht, wählt häufig eine interprofessionelle Arztpraxis gerade deshalb, weil ein solcher Zusammenschluss eine beachtliche Werbewirksamkeit hat, ohne dass unterstellt werden kann, dass der Patient seinen Vertrag nur mit dem Internisten und nicht mit der nach außen auftretenden interprofessionellen Gesellschaft schließen möchte.

121 Der Bundesgerichtshof hat allerdings eine **rückwirkende Haftung** von berufsfremden Sozietätsmitgliedern aus Gründen des Vertrauensschutzes abgelehnt, wenn der Vertrag vor Erlass der Grundsatzentscheidung vom 29.1.2001[290] über die Anerkennung der Rechtsfähigkeit einer Gesellschaft bürgerlichen Rechts geschlossen wurde[291]. Ansonsten hat der BGH ausgesprochen, dass ein durch die frühere Beratung ausgelöster **Folgeauftrag** auch weiterhin nur mit dem berufsrechtlich zur Rechtsberatung befugten Gesellschafter und nicht mit der Sozietät zustande kommt, sofern nicht erkennbar zum Ausdruck gebracht wird, dass dieser nunmehr namens der Sozietät handelt[292]. Dies gilt allerdings auch umgekehrt. War bereits das zeitlich nahe vorausgehende Vorläufermandat bei gleichen berufsrechtlichen Beschränkungen der Sozietät erteilt, ist dies im Zweifel auch für das Folgemandat anzunehmen[293].

122 Hinsichtlich der **interprofessionellen Sozietät** ist noch darauf hinzuweisen, dass das **Bundesverfassungsgericht** auf den Vorlagebeschluss des Bundesgerichtshofs vom 14.5.2013 – II ZB 7/11 – § 59a Abs. 1 S. 1 BRAO als mit Art. 12 Abs. 1 GG unvereinbar und nichtig erklärt hat, soweit Rechtsanwälten untersagt wird, sich mit **Ärzten** und **Apothekern** zur Ausübung ihrer Berufe zu

285 Denn Art. 1 § 1 RBerG war ein Verbotsgesetz im Sinne von § 134 BGB (BGH, Urt. v. 30.9.1999 – IX ZR 139/98 – juris, Rn. 10).
286 BGH, Urt. v. 17.2.2000 – IX ZR 50/98 – juris, Rn. 22 m.w.N.
287 Vgl. hierzu die Ausführungen der 8. Auflage.
288 Grundlegend BGH, Urt. v. 10.5.2012 – IX ZR 125/10 – juris, Rn. 69 ff.; vgl. auch *Deckenbrock*, AnwBl 2012, 723 ff.
289 BGH, Urt. v. 10.5.2012 – IX ZR 125/10 – juris, Rn. 71.
290 BGH, Urt. v. 29.1.2001 – II ZR 331/00 – juris, Rn. 8 ff.
291 BGH, Urt. v. 10.5.2012 – IX ZR 125/10 – juris, Rn. 71 und v. 26.6.2008 – IX ZR 145/05 – juris, Rn. 10 m.w.N.
292 BGH, Urt. v. 5.2.2009 – IX ZR 18/07 – juris, Rn. 12 f.
293 BGH, Urt. v. 9.12.2010 – IX ZR 44/10 – juris, Rn. 16.

einer Partnerschaftsgesellschaft zusammenzuschließen[294]. Dagegen verstößt es nicht gegen Art. 12 Abs. 1 GG, dass **Mediatoren** und **Berufsbetreuer** nicht bei den sozietätsfähigen Berufen in § 59a Abs. 1 S. 1 BRAO aufgezählt sind[295]. Vor dem Hintergrund, dass das Bundesverfassungsgericht die die Mehrheitserfordernisse im anwaltlichen Berufsrecht betreffenden §§ 59e Abs. 2 S. 1, 59f Abs. 1 sowie §§ 52e Abs. 2 S. 1, 52f Abs. 1 PAO bereits im Jahr 2014 ebenfalls für verfassungswidrig erklärt hat[296], bedarf das anwaltliche Gesellschaftsrecht einer grundlegenden Überarbeitung[297].

Bei unechten Rechtsberatungsverträgen[298] kann hingegen nicht von vornherein davon ausgegangen werden, dass die gesamte Sozietät beauftragt werden soll, eben weil hier nicht die für diese Sozietät typische anwaltliche Tätigkeit im Vordergrund steht. Bei isolierter Anlageberatung oder reiner Verwahrungstätigkeit wird deshalb davon ausgegangen werden können, dass nur der angesprochene Anwalt beauftragt wird. Gleiches gilt für Tätigkeiten des Anwalts als Makler[299], Vermittler, Wirtschaftsberater oder Treuhänder[300]. 123

Auch jenseits dieses Bereiches kann **im Einzelfall ein Einzelmandat** gegeben sein, **wenn die Gesamtumstände ausnahmsweise eine entsprechende Würdigung rechtfertigen**[301]. Diese Ausnahmegestaltung des Mandatsvertrages bedarf einer eindeutigen und klaren Individualvereinbarung[302]. 124

In diesem Zusammenhang kann eine Prozessvollmacht, die einem Einzelanwalt trotz Bestehens einer Sozietät erteilt worden ist, in grundsätzlich geeigneten Fällen **indizielle Bedeutung** haben, auch wenn die Vollmacht den Zweck verfolgt, die Beauftragung des Anwalts zu bestätigen. Andererseits begründet die Erteilung einer Vollmacht für die Sozietät eine Vermutung für die Beauftragung derselben[303]. Tritt der Wille des Anwalts, nur im eigenen Namen zu handeln, nicht erkennbar hervor, ist der möglicherweise fehlende Wille des Anwalts, im Namen der Sozietät zu handeln, unbeachtlich[304]. Von indizieller Bedeutung ist insoweit auch, in welcher Form der Anwalt das Mandat geführt hat, ob er den Schriftwechsel in »Ich-Form« oder in der »Wir-Form« geführt hat oder ob er nach dem Briefkopf allein auftritt oder nicht. Von indizieller Bedeutung kann auch sein, wie der Anwalt das Mandat abgerechnet hat bzw. wie die Honorareinnahmen gebucht wurden, nämlich auf das Konto der Sozietät oder auf ein Einzelkonto des Anwalts[305]; denn ein damit steuerrechtlich verfolgtes Ziel lässt sich stets nur unter der Voraussetzung erreichen, dass dieser Buchung eine ihr zivilrechtlich entsprechende Vertragskonstellation zugrunde liegt. In Sozietätsverträgen wird im Übrigen den Gesellschaftern häufig untersagt, Einzelmandate entgegenzunehmen. Das Einzelmandat bedarf aus den oben genannten Gründen einer ausdrücklichen und klaren Absprache[306]. 125

Wird ein Sozius als **Notanwalt, Pflichtverteidiger** oder in einem **Prozesskostenhilfeverfahren beigeordnet**, ist damit jedoch noch keine eindeutige Aussage über die Frage getroffen, ob der entsprechende Vertrag nicht doch mit der Sozietät geschlossen wird, in deren Rahmen dieser Anwalt eben eine solche Tätigkeit anbietet. Die Beiordnung eines Anwalts in diesem Sinne ersetzt die für den 126

---

294 BVerfG, Beschl. v. 12.1.2016 – 1 BvL 6/13 – juris, Rn. 43 ff.; Entscheidungsbesprechung von *Römermann,* NJW 2016, 682 ff.
295 BGH, Urt. v. 29.1.2018 – AnwZ (Brfg) 32/17 – juris, Rn. 13 ff.
296 BVerfG, Beschl. v. 14.1.2014 – 1 BvR 2998/11, 1 BvR 236/12 – juris, Rn. 61 ff.
297 Vgl. hierzu bereits *Henssler/Deckenbrock*, AnwBl 2016, 211, 214 ff. sowie *Kilian*, AnwBl 2016, 217 ff.; vgl. hierzu auch jüngst *Dahns*, NJW-Spezial 2020, 766 ff.
298 Insoweit wird auf die Ausführungen unter Rdn. 10 Bezug genommen.
299 Zum makelnden Rechtsanwalt ausführlich *Fischer*, NJW 2016, 3220 ff.
300 Vgl. OLG Celle, Urt. v. 5.7.2006 – 3 U 57/06 – juris, Rn. 24 ff. und unten Kap. 8 Rdn. 538.
301 So ausdrücklich BGH, Beschl. v. 13.11.2002 – XII ZB 104/01 – juris, Rn. 7.
302 Henssler/Prütting/*Henssler*, BRAO, § 59a, Rn. 53; OLG Koblenz, Urt. v. 18.2.1997 – 3 U 286/96 – juris, Rn. 10, 15.
303 So auch Vollkommer/Greger/*Heinemann*, Anwaltshaftungsrecht, § 4, Rn. 13.
304 Henssler/Prütting/*Henssler*, BRAO, § 59a, Rn. 53.
305 So auch *Hartung*, MDR 2002, 1224, 1225.
306 Henssler/Prütting/*Henssler*, BRAO, § 59a, Rn. 43 sowie *ders.*, MDR 2002, 1224 und OLG Koblenz, Urt. v. 18.2.1997 – 3 U 286/96 – juris, Rn. 15.

Abschluss des Anwaltsvertrages erforderliche Beauftragung nicht[307]. Gerade deshalb kann auch in diesen Fällen nicht ohne Weiteres von der Erteilung eines Einzelmandates ausgegangen werden. Das gilt für den Bereich der **Beiordnung im Prozesskostenhilfeverfahren** erst recht, wenn das Mandat bereits vor der Bewilligung der Prozesskostenhilfe erteilt wurde[308]. Gleichwohl geht jenseits dieser Fallkonstellation die herrschende Meinung in Rechtsprechung und Schrifttum in diesen Fällen von einer **Einzelbeauftragung** aus[309]. Da die Beiordnung selbst einen Vertragsabschluss mit dem Anwalt nicht ersetzt, ist in diesem Zusammenhang ohne Bedeutung, ob die Gerichte auch Sozietäten gem. § 121 Abs. 1 ZPO beiordnen können[310]. Erst recht ist davon auszugehen, dass der Anwaltsvertrag nicht nur mit dem vom Gericht beigeordneten Rechtsanwalt, sondern mit allen Mitgliedern der Sozietät geschlossen wird, wenn sich die Sozietät nach der Beiordnung selbst bei Gericht bestellt[311]. Vor dem Hintergrund, dass sich bei Beiordnung nur eines Sozius bei gleichzeitiger Beauftragung der Sozietät Probleme hinsichtlich der Sperrwirkung des § 122 Abs. 1 Nr. 3 ZPO in Bezug auf den Honoraranspruch der Sozietät ergeben können[312], besteht eine Verpflichtung des das Mandat akquirierenden Rechtsanwalts, auf einen Gleichlauf von Anwaltsmandat und Anwaltsbeiordnung hinzuwirken. Es liegt ein Verschulden bei Vertragsschluss mit der Folge des Verlustes des Honoraranspruchs vor, wenn der für die Sozietät handelnde Rechtsanwalt vor Übernahme des Mandats nicht die Folgen einer Beauftragung der Sozietät einerseits bzw. nur eines beigeordneten Mitglieds oder Angestellten der Sozietät andererseits erläutert[313].

127 In einer **Strafsache** können sich gemäß § 137 Abs. 1 S. 2 StPO gleichzeitig nur maximal drei Rechtsanwälte zu Verteidigern bestellen. Aus den vorgenannten Gründen stellt aber auch diese gesetzliche Vorgabe keinen Grund für die Annahme dar, strafrechtliche Mandate würden jeweils deshalb nur maximal drei Anwälten einer Kanzlei erteilt[314]. Beauftragt jemand eine Sozietät mit mehr als drei Rechtsanwälten, ohne auf die Vertretung durch bestimmte Anwälte zu bestehen, ist die Vollmacht rechtswirksam und begründet die Verteidigerposition für jeden der Sozietät angehörenden Rechtsanwalt, der sich gegenüber dem Gericht im Namen der Sozietät bestellt. Verteidiger im Sinne von § 59a Abs. 1 BRAO, § 137 Abs. 1 StPO ist der im konkreten Fall handelnde Rechtsanwalt, auch wenn er nicht im eigenen Namen, sondern im Namen der Anwaltssozietät auftritt und handelt[315].

128 Fraglich ist, ob ein zunächst einem Einzelanwalt erteiltes Mandat dann auf die Sozietät übergeht, wenn sich der Anwalt mit anderen Anwälten **zu einer Sozietät zusammenschließt**. Nach der Rechtsprechung des Bundesgerichtshofes erstrecken sich bei der Gründung einer Anwaltssozietät die bereits vorher den einzelnen Anwälten erteilten Einzelmandate nicht ohne Weiteres auf die übrigen Mitglieder der Sozietät. Vielmehr bedarf es einer zumindest stillschweigenden Einbeziehung der Sozien in das bisherige Einzelmandat[316]. Das Erfordernis einer vertraglichen Einbeziehung des neu hinzutretenden Sozius in das Mandatsverhältnis ist nach dieser Rechtsprechung darin begründet,

---

307 Vgl. oben Rdn. 30.

308 OLG Köln, Beschl. v. 8.3.1993 – 19 W 5/93 – juris, Rn. 7 sowie Vollkommer/Greger/*Heinemann*, Anwaltshaftungsrecht, § 4, Rn. 14.

309 BGH, Beschl. v. 7.5.1991 – XII ZB 18/91 – juris, Rn. 6; Borgmann/*Jungk*/Schwaiger, Anwaltshaftung, § 12, Rn. 43; Vollkommer/Greger/*Heinemann*, Anwaltshaftungsrecht, § 4, Rn. 14.

310 BGH, Beschl. v. 17.9.2008 – IV ZR 343/07 – juris, Rn. 1 ff. für die Beiordnung einer GbR; OLG Nürnberg, Beschl. v. 14.1.2013 – 10 WF 1449/12 – juris, Rn. 6 ff. für die interprofessionelle Rechtsanwalts mbH; LAG Sachsen-Anhalt, Beschl. v. 22.2.2010 – 2 Ta 12/10 – juris, Rn. 14 ff. für die Rechtsanwalts-AG; a.A. LSG Baden-Württemberg, Beschl. v. 2.9.2009 – L 8 U 5402/08 – juris, Rn. 2 ff. sowie Sächsisches LSG, Beschl. v. 22.4.2013 – L 3 AS 1310/12 B PKH – juris, Rn. 26, und v. 24.4.2012 – 3 AS 569/10 B PKH – juris, Rn. 4 ff.

311 OLG Köln, Beschl. v. 8.3.1993 – 19 W 5/93 – juris, Rn. 7 sowie *Hartung*, MDR 2002, 1224, 1225.

312 Vgl. BGH, Beschl. v. 28.9.2006 – IX ZR 218/05 – juris, Rn. 6.

313 BGH, Urt. v. 15.7.2010 – IX ZR 227/09 – juris, Rn. 8 ff.

314 Wie hier auch *Hartung*, MDR 2002, 1224.

315 LG Bonn, Beschl. v. 2.11.2001 – 37 Qs 62/01 – AnwBl 2004, 727.

316 BGH, Urt. v. 22.1.2004 – IX ZR 65/01 – juris, Rn. 5; dazu kritisch *K. Schmidt*, NJW 2005, 2801, 2807 f. und *Knöfel*, AnwBl 2006, 373, 377.

dass bei Auftragserteilung weder der Mandant noch der Anwalt den Willen hat, das Auftragsverhältnis mit (allen) Mitgliedern der noch gar nicht bestehenden Sozietät abzuschließen, und ein entsprechender Wille der Vertragsschließenden auch bei der späteren Gründung der Sozietät nicht vorliegen kann. Wird das Mandat unter dem Briefkopf der Sozietät fortgeführt, ist allerdings von diesem Zeitpunkt an von einem **Übergang des Mandats auf die Sozietät** auszugehen, sofern der Mandant diesem Übergang nicht widerspricht.

Schließt sich ein Rechtsanwalt mit einem bisher als Einzelanwalt tätigen anderen Rechtsanwalt 129 zur gemeinsamen Berufsausübung in einer Sozietät in der Form einer Gesellschaft bürgerlichen Rechts zusammen, so haftet er nach der Rechtsprechung[317] nicht entsprechend § 28 Abs. 1 S. 1 i.V.m. § 128 S. 1 HGB für die im Betrieb des bisherigen Einzelanwalts begründeten Verbindlichkeiten. Demgegenüber soll der in die Kanzlei eines bisherigen Einzelanwaltes eintretende Einzelanwalt im Rahmen der dadurch begründeten Sozietät allerdings für den Mietzins als sogenannte Altverbindlichkeit gegenüber dem Vermieter auch dann gemäß § 28 HGB in analoger Anwendung haften, wenn er nicht zugleich in den bestehenden Mietvertrag als weitere Mietvertragspartei eingetreten ist[318].

Der einem **Anwaltsnotar** erteilte Auftrag wird nur diesem erteilt, auch wenn der Anwaltsnotar Mit- 130 glied einer Sozietät ist. Rechtssuchende treten dem Anwaltsnotar nicht als Vertragspartner, sondern aufgrund eines öffentlich-rechtlichen Verhältnisses als Verfahrensbeteiligte gegenüber[319]. Eine vertragliche Haftung des Anwaltsnotars scheidet damit von vornherein aus[320].

Denkbar ist die Konstellation, dass sich mehrere Anwaltsnotare eine Aufgabe teilen. In einem sol- 131 chen Fall wird eine gesamtschuldnerische Haftung dieser Notare begründet[321]. Sofern in der Sozietät dann z.B. auch noch eine steuerrechtliche Vorfrage für den notariellen Auftrag geklärt werden muss, sind zwei Konstellationen denkbar: Es wird zunächst der Sozietät der Auftrag zur Klärung der steuerlichen Vorfrage erteilt. Dann würde für die nachfolgende notarielle Tätigkeit bereits ein Beurkundungsverbot gem. § 3 Abs. 1 S. 1 Nr. 7 BeurkG bestehen. Andererseits ist es möglich, dass der Anwaltsnotar die steuerrechtliche Frage durch ein anderes Mitglied der Sozietät im Rahmen der Erfüllung der ihm angetragenen Amtspflichten vorab klären lässt. Auch dann wird kein Vertrag mit der Sozietät zustande kommen und es werden Amtspflichten nur in der Person des Notars begründet.

Die Erteilung eines Einzelmandates an ein Sozietätsmitglied bringt Nachteile für den Mandanten 132 mit sich, denn er verzichtet für den Regressfall auf die Haftung sämtlicher Sozien und der Sozietät selbst[322].

Eine **Belehrungsverpflichtung** des Anwalts, der Sozietätsmitglied ist, über die mit der Erteilung des 133 Einzelmandats verbundenen haftungsrechtlichen Nachteile kann nicht bejaht werden; denn dem Mandanten sind diese Folgen, sofern er an die Haftung denkt, von ihrer Struktur her ohne Weiteres ersichtlich, weil sie sich in keiner Weise von sonstigen Vertragsabschlüssen mit Einzelpersonen oder entsprechenden Firmen unterscheiden[323].

---

317 BGH, Urt. v. 22.1.2004 – IX ZR 65/01 – juris, Rn. 7 ff.

318 OLG Sachsen-Anhalt, Urt. v. 17.1.2006 – 9 U 86/05 – juris, Rn. 4 sowie unten Rdn. 136 ff.; dazu *Dötsch,* ZMR 2007, 117 ff.

319 BGH, Urt. v. 17.2.1994 – IX ZR 158/93 – juris, Rn. 11.

320 Arndt/Lerch/Sandkühler/*Sandkühler*, BNotO, § 19, Rn. 2.

321 *Schlüter/Knippenkötter*, Die Haftung des Notars, Rn. 22 m.w.N.

322 Dieses Argument wird jedoch den Willen der Mandanten bei Vertragsabschluss nur selten beeinflussen, da an Regresssituationen bei Mandatserteilung regelmäßig nicht gedacht, sondern dem Anwalt Vertrauen entgegengebracht wird.

323 Demgegenüber rät *Hartung* in MDR 2002, 1224, 1227, dazu, den Mandanten vor Abschluss des Mandatsvertrages über die haftungsrechtlichen Nachteile zu unterrichten.

134 Zweifelhaft ist, ob die in § 43a Abs. 2 S. 1 BRAO normierte **Pflicht zur Verschwiegenheit** bei der Erteilung eines Einzelmandats auch für die übrigen Mitglieder dieser Sozietät gilt. Gemäß § 43a Abs. 2 S. 4 bis 6 BRAO hat der Rechtsanwalt jedoch die von ihm beschäftigten Personen und alle sonstigen Personen, die bei seiner beruflichen Tätigkeit mitwirken, ausdrücklich zur Verschwiegenheit zu verpflichten und auf die Einhaltung der Verschwiegenheitspflicht hinzuwirken. Man wird davon ausgehen müssen, dass sich diese Verpflichtung nach ihrer ratio legis auch auf die anderen Sozien bezieht, die durch ihre Tätigkeit in der Kanzlei Kenntnisse von bzw. aus dem Mandat erlangen[324]. Fraglich ist des Weiteren, ob durch die Erteilung von Einzelmandaten die Verbote der Vertretung widerstreitender Interessen bzw. die Tätigkeitsverbote wegen Vorbefassung weitgehend ausgeschaltet werden. § 3 Abs. 2 BORA erstreckt das in § 43a Abs. 4 BRAO geregelte Verbot der Vertretung widerstreitender Interessen nicht nur auf alle Mitglieder einer Sozietät, sondern auch auf Bürogemeinschaften, so dass angenommen werden muss, dass dieses Verbot auch bei der Erteilung eines Einzelmandats in der Sozietät gilt[325]. Gleiches muss auch für die Tätigkeitsverbote wegen Vorbefassung nach den §§ 45, 46 BRAO bzw. § 3 Abs. 1 und 2 BORA gelten; denn einerseits wird jeweils in Absatz 3 der §§ 45 und 46 BRAO ausdrücklich bestimmt, dass sich die Tätigkeitsverbote wegen Vorbefassung auch auf mit dem Rechtsanwalt in Sozietät oder sonstiger Weise zur gemeinschaftlichen Berufsausübung verbundene oder verbunden gewesene Rechtsanwälte erstrecken. Andererseits erstreckt § 3 Abs. 2 BORA diese Verbote ausdrücklich auch auf Bürogemeinschaften, so dass dann auch bei der Erteilung eines Einzelmandats in der Sozietät nichts anderes gelten kann[326].

b) Rechtsformen der anwaltlichen Zusammenarbeit

135 Das anwaltliche **Berufsrecht befindet sich im Umbruch**. Die bestehenden Normen haben sich häufig als zu eng erwiesen. Es hat daher immer wieder Versuche gegeben, andere bestehende Rechtsformen, wie Kapitalgesellschaften, inländische wie ausländische, zu nutzen. Die Suche beruhte dabei vornehmlich auch auf dem **Ziel der Haftungsbegrenzung über die Wahl der Gesellschaftsform**. Diesem Bestreben hat der Gesetzgeber zwischenzeitlich Rechnung getragen durch die Partnerschaftsgesellschaft mit beschränkter Berufshaftung. Die nachfolgenden Ausführungen geben einen Überblick über die von Anwälten zunehmend auch in Zusammenarbeit mit anderen Berufen verwandten Formen. Die Übersicht widmet sich den Fragen nach der Haftung und den berufsrechtlichen Grenzen der Zusammenarbeit.

aa) Inländische Rechtsformen

136 Es kann zwischen **Sozietäten und Bürogemeinschaften** unterschieden werden, wobei sich die Sozietät als organisierter Zusammenschluss zu gemeinsamer Berufsausübung durch gemeinsame Entgegennahme von Aufträgen und Entgelt bei gesamtschuldnerischer Haftung definieren lässt[327]. Demgegenüber betreibt der **Einzelanwalt** seine Anwaltspraxis allein. Schließt sich ein als Einzelanwalt tätiger Rechtsanwalt mit einem bisher ebenfalls als Einzelanwalt tätigen anderen Rechtsanwalt zur gemeinsamen Berufsausübung in einer Sozietät in der Form einer Gesellschaft bürgerlichen Rechts zusammen, so haftet er nicht entsprechend § 28 Abs. 1 S. 1 i.V.m. § 128 S. 1 HGB für im Betrieb des bisherigen Einzelanwalts begangene Pflichtverletzungen[328].

---

324 So auch Henssler/Prütting/*Henssler*, BRAO, § 43a, Rn. 85.

325 So auch *Hartung*, MDR 2002, 1224, 1226.

326 So auch *Hartung*, MDR 2002, 1224, 1226.

327 Henssler/Prütting/*Henssler*, BRAO, § 59a, Rn. 19.

328 BGH, Urt. v. 22.1.2004 – IX ZR 65/01 – juris, Rn. 7 ff.; wohl aber eventuell bei Betreiben der neuen Sozietät in den Mieträumen eines der bisherigen Einzelanwälte für Altverbindlichkeiten gegenüber dem Vermieter; vgl. OLG Sachsen-Anhalt, Urt. v. 17.1.2006 – 9 U 86/05 – juris, Rn. 4.

aaa) Bürogemeinschaft

Eine Bürogemeinschaft ist als Zusammenschluss mehrerer Rechtsanwälte zu charakterisieren, die aus wirtschaftlichen Gründen zur gemeinsamen Nutzung bestimmter Büroeinrichtungen erfolgt. Sie wird ausdrücklich in § 59a Abs. 3 BRAO als zulässige Kooperationsform benannt. Eine Bürogemeinschaft liegt vor, **wenn Rechtsanwälte ein gemeinsames Büro betreiben und entsprechend vertraglicher Abreden auch die Kosten für die Führung des Büros angemessen teilen, die Aufträge aber nicht gemeinsam entgegennehmen und demgemäß auch nicht gesamtschuldnerisch haften.** Dabei kann der Umfang gemeinsamer Nutzung sehr unterschiedlich sein. Solange die an dieser Gemeinschaft beteiligten Rechtsanwälte die Bürogemeinschaft auch auf Briefkopf und Kanzleischild hinreichend deutlich machen, handelt es sich nur um eine **Innen**gesellschaft bürgerlichen Rechts[329]. Da sich die neue Rechtsprechung zur Rechtsfähigkeit der Gesellschaft bürgerlichen Rechts ausdrücklich auf Außengesellschaften beschränkt[330], treten die einzelnen Mitglieder der Bürogemeinschaft rechtlich selbständig auf, solange sie die vorgenannten Prämissen wahren[331]. Da sich die Partner der Bürogemeinschaft ihre berufliche Selbständigkeit erhalten, ist die Bürogemeinschaft eine bloße Betriebsgemeinschaft oder Organisationsgemeinschaft[332]. Da folglich die Honorarforderung auch nur dem Rechtsanwalt zusteht, mit dem der Anwaltsvertrag geschlossen wurde, haftet dem Mandanten dann auch nur dieser Anwalt[333]. Eine Haftung für Ansprüche eines Gläubigers aus der beruflichen Tätigkeit eines Teilhabers an der Bürogemeinschaft besteht deshalb regelmäßig für die übrigen Teilhaber nicht. Anderes gilt nur für die Verwaltung der gemeinsamen Gegenstände der Bürogemeinschaft als Bruchteilsgemeinschaft im Sinne der §§ 741 ff. BGB[334]. 137

Die **Tätigkeitsverbote** der §§ 45, 46 BRAO gelten **auch für die Bürogemeinschaft.** 138

Es besteht die Gefahr, dass die Mitglieder einer Bürogemeinschaft in eine gesamtschuldnerische Haftung geraten, wenn der Charakter der Bürogemeinschaft zum Beispiel auf dem Briefkopf oder in etwaigen Vertragsunterlagen nicht hinreichend deutlich gemacht wird[335]. So lässt die Bezeichnung »Anwaltsgemeinschaft« nach ihrer Bezeichnung im Unterschied zur Anwaltskanzlei oder Kanzleigemeinschaft nicht auf eine bloße Bürogemeinschaft schließen, bei der die Rechtsanwälte nur ein gemeinsames Büro betreiben[336]. **Haftungsrechtlich kann eine Bürogemeinschaft dann als Scheinsozietät anzusehen sein, wenn sie nach außen wie eine Sozietät auftritt**, also etwa durch einen gemeinsamen Briefkopf oder gemeinsame Praxisschilder[337]. 139

bbb) BGB-Gesellschaft

Die Anwaltssozietät ist eine Gesellschaft bürgerlichen Rechts, sofern die Rechtsanwälte nicht ausdrücklich eine andere Rechtsform gewählt haben[338]. Die BGB-Gesellschaft verlangt den zumindest konkludenten **Abschluss eines Gesellschaftsvertrages.** Das Spektrum der BGB-Gesellschaften ist in Bezug auf die Unterschiedlichkeit der Zusammenschlüsse groß. Diese Skala reicht von der Gesellschaft, in der jeder Gesellschafter in jeder Hinsicht gleichberechtigt ist, über alle denkbaren Zwischenstufen bis hin zu einem Vertrag, der die berufliche Zusammenarbeit auf eine haftungsrechtliche Scheinsozietät beschränkt, in der alle Gesellschafter bis auf einen im Innenverhältnis als Angestellte arbeiten[339]. 140

329 So zu Recht *Rinkler/Pape,* in: G. Fischer/Vill/D. Fischer/Pape/Chab, § 1, Rn. 386.

330 BGH, Urt. v. 17.5.2011 – II ZR 285/09 – juris, Rn. 11.

331 So auch Vollkommer/Greger/*Heinemann*, Anwaltshaftungsrecht, § 4, Rn. 4.

332 Henssler/Prütting/*Henssler*, BRAO, § 59a, Rn. 123.

333 So auch *Rinkler/Pape,* in: G. Fischer/Vill/D. Fischer/Pape/Chab, § 1, Rn. 387; Vollkommer/Greger/*Heinemann*, Anwaltshaftungsrecht, § 4, Rn. 4.

334 *Krekeler,* Kammerreport Hamm 4/2004, S. 5, 7.

335 Henssler/Prütting/*Henssler*, BRAO, § 59a, Rn. 126.

336 OLG Hamm, Urt. v. 2.3.2006 – 28 U 135/05 – juris, Rn. 8.

337 Vgl. dazu nachfolgend Rdn. 190 ff. und insbesondere Rdn. 192 f.

338 BGH, Urt. v. 10.5.2012 – IX ZR 125/10 – juris, Rn. 14.

339 Henssler/Prütting/*Henssler*, BRAO, § 59a, Rn. 21.

141 Sozietätsfähig sind nach § 59 Abs. 2 S. 1 BRAO Rechtsanwälte, Anwaltsnotare, Patentanwälte, Kammerrechtsbeistände, Steuerberater, Steuerbevollmächtigte, Wirtschaftsprüfer und vereidigte Buchprüfer[340], aber nunmehr auch Ärzte und Apotheker[341]. Nicht sozietätsfähig sind dagegen Mediatoren und Berufsbetreuer[342]. Ein Rechtsanwalt darf seinen Beruf nicht gemeinschaftlich mit einem Hochschullehrer ausüben. Dies gilt auch dann, wenn der Hochschullehrer als sog. »Of Counsel«[343] (externer Berater) auftritt.[344] Der Anwaltsnotar ist nur in Bezug auf seine anwaltliche Berufsausübung sozietätsfähig, § 59a Abs. 1 S. 3 BRAO. Nicht sozietätsfähig ist der Nur-Notar[345].

142 **Grundsätzlich** sieht das Gesetz eine **Gesamtvertretung** und eine **Gesamtgeschäftsführungsbefugnis** vor.

143 Gemäß § 723 Abs. 1 S. 1 BGB kann die Sozietät, sofern sie wie üblich auf unbestimmte Zeit gegründet wurde, jederzeit von einem Gesellschafter ohne besonderen Grund gekündigt werden. Regelmäßig darf dieses **Kündigungsrecht** gemäß § 723 Abs. 3 BGB weder beschränkt noch ausgeschlossen werden. Gleichwohl ist die Vereinbarung von Kündigungsfristen gemäß § 723 Abs. 1 S. 6 BGB möglich, solange der Gesellschafter durch diese nicht zu lange an die Gesellschaft gebunden wird[346]. Gemäß § 736 BGB ist es zulässig, das Ausscheiden des kündigenden Gesellschafters zu vereinbaren, solange die geschuldete Abfindung und die Frist zum Ausscheiden angemessen sind[347].

144 Jederzeit kann im Übrigen die **Auflösung der Gesellschaft** beschlossen werden, und zwar – sofern nichts anderes vereinbart wurde – durch einstimmigen Beschluss. Außerdem kann gemäß § 725 Abs. 1 BGB der Gläubiger eines Gesellschafters die Gesellschaft fristlos kündigen, sofern er den Gesellschaftsanteil nach den §§ 859, 857 ZPO gepfändet hat und der Titel nicht lediglich vorläufig vollstreckbar ist. Auch durch den Tod eines Gesellschafters wird gemäß § 727 Abs. 1 BGB die BGB-Gesellschaft aufgelöst, sofern der Gesellschaftsvertrag nichts anderes bestimmt. Außerdem wird gemäß § 728 BGB die Gesellschaft durch die Eröffnung eines Insolvenzverfahrens über das Vermögen eines Gesellschafters aufgelöst[348]. Mit der Auflösung ändert sich der Gesellschaftszweck dergestalt, dass die Gesellschaft von diesem Zeitpunkt an nur noch auf die Auseinandersetzung des Gesamtvermögens ausgerichtet ist; es entsteht folglich gemäß § 730 Abs. 1 BGB sodann eine Abwicklungsgesellschaft. Dabei sind die Gesellschafter aufgrund ihrer Treuepflicht verpflichtet, bei der Abwicklung mitzuwirken. Die Beendigung der Gesellschaft tritt mit vollständiger Verteilung des Gesellschaftsvermögens ein[349].

145 **Anwaltssozietäten** werden als Außengesellschaften geführt. Sie **sind** deshalb **rechtsfähig**[350]. Die BGB-Außengesellschaft kann deshalb nicht nur Eigentümerin beweglicher und unbeweglicher Sachen sein[351], sondern auch Gläubigerin und Schuldnerin. Außerdem ist sie markenrechtsfähig im Sinne von § 7 Nr. 3 MarkenG[352] und deliktsfähig. Über § 31 BGB erfolgt eine Zurechnung des Organverschuldens zu Lasten der Gesellschaft[353]. Die Gesellschafterhaftung erfolgt analog §§ 128 ff. HGB. Die Haftung ist eine gesetzliche, und zwar ungeachtet der Frage, ob die Gesellschaftsschuld

340 AGH-Baden-Württemberg, Urt. v. 18.3.1995 – AGH 1/95 (III) – juris, Rn. 24.
341 BVerfG, Beschl. v. 12.1.2016 – 1 BvL 6/13 – juris, Rn. 43 ff.; vgl. oben Rdn. 122.
342 BGH, Urt. v. 29.1.2018 – AnwZ (Brfg) 32/17 – juris, Rn. 13 ff.
343 Zur Rechtsscheinhaftung vgl. Rdn. 193.
344 BGH, Beschl. v. 22.7.2020 – AnwZ (Brfg) 3/20 – juris, Rn. 13.
345 Henssler/Prütting/*Henssler*, BRAO, § 59a, Rn. 35.
346 *Grunewald*, Gesellschaftsrecht, § 1, Rn. 183.
347 Vgl. dazu: *Grunewald*, Gesellschaftsrecht, § 1, Rn. 184.
348 Vgl. BAG, Urt. v. 5.3.1987 – 2 AZR 623/85 – juris, Rn. 54 f.; zur Gesellschafterhaftung im Falle der Insolvenz von Anwaltssozietäten vgl. *Wischemeyer/Honisch*, NJW 2014, 881 ff.
349 MünchKommBGB/*Schäfer*, § 730, Rn. 38.
350 BGH, Urt. v. 21.7.2016 – IX ZR 57/15 – juris, Rn. 13.
351 BGH, Beschl. v. 4.11.1991 – II ZB 10/91 – juris, Rn. 7.
352 BPatG, Beschl. v. 12.6.2007 – 27 W (pat) 40/05 – juris, Rn. 22; *K. Schmidt*, NJW, 2001, 998; a.A. noch BGH, Urt. v. 24.2.2000 – I ZR 168/97 – juris, Rn. 42.
353 BGH, Urt. v. 3.5.2007 – IX ZR 218/05 – juris, Rn. 9 ff.

auf einem Rechtsgeschäft beruht oder gesetzlichen Ursprungs ist[354]. Inzwischen ist auch höchstrichterlich geklärt, dass die Gesellschaft bürgerlichen Rechts grundbuchfähig ist[355].

Tritt ein neuer Gesellschafter in die Gesellschaft ein, ergibt sich seine persönliche Haftung grundsätzlich aus einer analogen Anwendung des § 130 HGB[356]. Nicht endgültig[357] entschieden ist bisher die Frage der persönlichen Haftung beim Eintritt in eine Anwaltssozietät für Verbindlichkeiten aus beruflichen Haftungsfällen dieser Gesellschaft[358]. Die Auswirkungen dieser Rechtsfrage sind erheblich. Der in eine Sozietät Eintretende wird gegebenenfalls existenzbedrohenden Ansprüchen ausgesetzt. Er besitzt, wenn er bei Unterzeichnung des Vertrages noch nicht Anwalt ist, sogar regelmäßig noch keinen Versicherungsschutz. 146

Die Haftung der **Anwaltsgesellschaft** bürgerlichen Rechts selbst beschränkt sich auf das **Gesellschaftsvermögen. Daneben** haften aber **auch** die **Gesellschafter persönlich** und insbesondere auch die Sozien des fehlerhaft handelnden Rechtsanwalts. Dies folgt als Konsequenz aus der Anerkennung der beschränkten Rechtsfähigkeit der Gesellschaft bürgerlichen Rechts[359] aufgrund der akzessorischen Verknüpfung zwischen Gesellschafts- und Gesellschafterhaftung **analog §§ 128 f. HGB**[360]. Die Haftung wird nicht durch Vereinbarungen mit dem einzelnen Gläubiger begründet; sie kann nur durch Abreden mit dem einzelnen Gläubiger analog § 128 S. 2 HGB ausgeschlossen werden. § 128 HGB ist Ausdruck des Grundsatzes, dass die **Gesellschafter** einer unternehmerisch tätigen Gesellschaft **unbeschränkt haften**, sofern sie sich nicht besonderer, mit gesetzlichen Vorkehrungen für den Gläubigerschutz ausgestatteter Rechtsformen für die Haftungsbeschränkungen bedienen[361]. Die Haftung ist eine gesetzliche, gleichgültig ob die Gesellschaftsschuld auf einem Rechtsgeschäft oder auf Gesetz beruht[362]. 147

Die Anwaltssozietät in der Form einer **GbR ist** deshalb **auch passiv legitimiert**. Da jedoch die Gesellschafter für die Gesellschaftsschulden wie bei der OHG persönlich haften[363] muss dazu geraten werden, neben der Gesellschaft auch alle Gesellschafter persönlich zu verklagen, auch wenn § 736 ZPO dieses Vorgehen nicht gebietet, weil ein gegen die Gesamtheit der gesamthänderisch verbundenen Gesellschafter als Partei ergangenes Urteil als ein Urteil »gegen alle Gesellschafter« im Sinne 148

354 BGH, Urt. v. 29.1.2001 – II ZR 331/00 – juris, Rn. 39.

355 BGH, Beschl. v. 4.12.2008 – V ZB 74/08 – juris, Rn. 8 ff.

356 *K. Schmidt*, Gesellschaftsrecht, § 60 III 2d. Abweichende Vereinbarungen mit Gläubigern sind grundsätzlich ebenso zulässig wie abweichende Vereinbarungen im Innenverhältnis unter den Gesellschaftern, vgl. Koller/*Kindler*/Roth/Drüen, HGB, § 130, Rn. 2.

357 Ausdrücklich offen gelassen in BGH, Urt. v. 7.4.2003 – II ZR 56/02 – juris, Rn. 19. Dafür OLG Hamm, Urt. v. 20.12.2001 – 23 U 49/01 – juris, Rn. 24 ff.; dagegen OLG Düsseldorf, Urt. v. 20.12.2001 – 23 U 49/01 – juris, Rn. 24 ff.

358 In Ansehung der Grundsatzentscheidung des IX. Zivilsenats vom 10.5.2012 – XI ZR 125/10 –, in welcher einer analogen Anwendung des § 8 Abs. 2 PartGG auf Sozietäten in der Rechtsform einer GbR eine Absage erteilt wurde (juris, Rn. 74), ist nunmehr von einer Haftung des neuen Gesellschafters auch für berufshaftrechtliche Verbindlichkeiten auszugehen, vgl. *Posegga*, DStR 2013, 547, 549; BeckOK BGB/*Fischer*, § 675, Rn. 8 m.w.N.; OLG Hamm, Urt. v. 22.11.2001 – 28 U 16/01 – juris, Rn. 37 ff.; LG Frankenthal, Urt. v. 21.7.2004 – 2 S 75/04 – juris, Rn. 3 ff.; LG Hamburg, Urt. v. 11.5.2004 – 321 O 433/03 – juris, Rn. 63; a.A. OLG Düsseldorf, Urt. v. 20.12.2001 – 23 U 49/01 – juris, Rn. 26 ff.; *Grams*, BRAK-Mitt. 2004, 217 sowie *Canaris*, ZGR 2004, 69, der angesichts der bedeutsamen Unterschiede zwischen der GbR und der OHG überhaupt eine Analogie der §§ 128 ff. HGB hinsichtlich der GbR verneint. Vgl. zu dieser Problematik auch *Zacharias*, AnwBl 2003, 679 sowie des Weiteren *Hasenkamp*, DB 2003, 1164, 1166 und DNotZ 2003, 764, 768; *Westermann*, EwiR 2003, 513; *Arnold/Dötsch*, DStR 2003, 1398; *Reiff*, VersR 2003, 773; *K. Schmidt*, NJW 2003, 1897.

359 BGH, Urt. v. 29.1.2001 – II ZR 331/00 – juris, Rn. 39.

360 Palandt/*Sprau*, BGB, § 714, Rn. 12 ff.

361 *K. Schmidt*, Gesellschaftsrecht, § 60 III, S. 1791.

362 BGH, Urt. v. 29.1.2001 – II ZR 331/00 – juris, Rn. 39 m. Anm. *Wilhelm*, NJW 2001, 1056 = JZ 2001, 655 ff. m. Anm. *Wiedemann*, JZ 2001, 661 ff.

363 *Baer*, NJW 2000, 1139.

des § 736 ZPO zu werten ist. Die Vorschrift verlangt also weder vom Wortlaut noch von ihrem Zweck her ein Urteil gegen jeden einzelnen Gesellschafter[364].

149 Übernimmt ein in Anspruch genommener Gesellschafter die Schuld, steht ihm gegen die Gesellschaft gemäß § 713 BGB ein **Ausgleichsanspruch** zu. Nach Erfüllung des Anspruchs kann der Gesellschafter gemäß § 670 BGB Ersatz seiner Aufwendungen verlangen, solange er nicht selbst eine Pflicht verletzt oder eine unerlaubte Handlung begangen hat und deshalb auf Schadensersatz in Anspruch genommen wird. Im Innenverhältnis kann der in Anspruch genommene Gesellschafter auch von den übrigen Gesellschaftern nach § 426 Abs. 1 S. 1 BGB einen anteiligen Ausgleich der Verpflichtung verlangen, solange ihm nicht selbst das den Anspruch begründende Verhalten vorzuwerfen ist.

150 Nach § 736 Abs. 2 BGB sind die für Personenhandelsgesellschaften geltenden Regelungen über die **Begrenzung der Nachhaftung** auch auf die GbR anzuwenden. Gemäß § 160 Abs. 1 S. 1 HGB haftet ein Gesellschafter, wenn er aus der Gesellschaft ausscheidet, für ihre bis dahin begründeten Verbindlichkeiten, sofern sie vor Ablauf von fünf Jahren nach dem Ausscheiden fällig geworden sind und daraus Ansprüche gegen ihn in einer in § 197 Abs. 1 Nr. 3 bis 5 BGB bezeichneten Art festgestellt sind oder eine gerichtliche oder behördliche Vollstreckungshandlung vorgenommen oder beantragt wurde. Die persönliche Haftung wegen einer eigenen unerlaubten Handlung oder aus Beitritten zu Verbindlichkeiten der Gesellschaft oder aus Anerkenntnissen des Gesellschafters im Sinne des § 780 BGB werden von § 160 HGB nicht erfasst[365]. § 160 Abs. 1 S. 1 HGB betrifft damit nur Ansprüche aus der persönlichen Haftung gemäß den §§ 128 ff. HGB für Gesellschaftsverbindlichkeiten[366]. Wird die Forderung eines Mandanten erst **nach Ablauf** der Fünfjahresfrist fällig, so ist die Haftung des ausgeschiedenen Gesellschafters von vornherein ausgeschlossen[367]. Wird die Verbindlichkeit dagegen **vor Ablauf** der Fünfjahresfrist fällig, tritt die Enthaftung mit Ablauf der Frist ein[368].

151 **Maßgebend für die Fristbemessung ist der Zeitpunkt, in dem der Mandant vom Ausscheiden des Anwalts Kenntnis erhält**[369]. Es kann deshalb dem Anwalt nur angeraten werden, sein Ausscheiden aus der Gesellschaft durch ein Rundschreiben bekannt zu machen. Wird ein Anspruch kurz vor Ablauf der Enthaftungsfrist fällig, wird eine Klage auf künftige Leistung als zulässig erachtet[370].

ccc) Partnerschaftsgesellschaft mit und ohne beschränkte Berufshaftung

152 Der folgende Abschnitt beschäftigt sich mit der Partnerschaftsgesellschaft, wobei auf die Variante der Partnerschaftsgesellschaft mit beschränkter Berufshaftung gesondert eingegangen wird.

(a) Allgemeines

153 Die Partnerschaftsgesellschaft ist als eine der OHG angenäherte Gesellschaftsform zu charakterisieren. Sie ist damit **keine juristische Person**, dieser jedoch insoweit gleichgestellt, als sie einen Namen[371] und unter diesem Namen eigene Rechte[372] hat und klagen sowie verklagt werden kann[373].

---

364 BGH, Urt. v. 29.1.2001 – II ZR 331/00 – juris, Rn. 23 ff.
365 Koller/*Kindler*/Roth/Drüen, HGB, § 160, Rn. 4 a.E.; Ebenroth/Boujong/Joost/Strohn/*Hillmann,* HGB, Bd. 1, § 160, Rn. 7; a.A. Baumbach/Hopt/*Roth*, HGB, § 160, Rn. 2 in Bezug auf deliktische Ansprüche.
366 Baumbach/Hopt/*Roth*, HGB, § 160, Rn. 2.
367 *Lieb,* GmbHR 1992, 561, 564; Ebenroth/Boujong/Joost/Strohn/*Hillmann*, HGB, Bd. 1, § 160, Rn. 11.
368 Für die Kriterien dazu vgl. *K. Schmidt,* DB 1990, 3757, 3759.
369 BGH, Urt. v. 24.9.2007 – II ZR 284/05 – juris, Rn. 13 ff.; MünchKommBGB/*Schäfer*, § 736, Rn. 27; Ebenroth/Boujong/Joost/Strohn/*Hillmann*, HGB, Bd. 1, § 160, Rn. 9.
370 Ebenroth/Boujong/Joost/Strohn/*Hillmann*, HGB, Bd. 1, § 160, Rn. 11.
371 Gem. §§ 2, 11 PartGG.
372 Gem. § 7 Abs. 2 PartGG in Verbindung mit § 124 Abs. 1 HGB.
373 Beck PersGes-HB/*Lochmann,* § 20, Rn. 31.

Die Gesellschaftsform steht Freiberuflern exklusiv zur Verfügung[374]. Der Partnerschaftsgesellschaftsvertrag bedarf der **Schriftform**[375] im Sinne des § 126 BGB. Die Gesellschaft ist zur Eintragung in das Partnerschaftsregister[376] anzumelden, wobei der Gesellschaftsvertrag dem Registergericht für die Eintragung in das Partnerschaftsregister allerdings nicht vorgelegt werden muss[377]. Der Partnerschaftsvertrag muss ansonsten aber Regelungen zumindest über den Namen der Gesellschaft, ihren Sitz, Name und Vorname jedes Partners, den in der Gesellschaft ausgeübten Beruf jedes Partners, den Wohnort des Partners sowie den Gegenstand der Partnerschaftsgesellschaft aufweisen[378]. Die Partner dürfen grundsätzlich keiner Weisung anderer Partner unterliegen. Die Vertretung der Partnerschaftsgesellschaft erfolgt wie bei offenen Handelsgesellschaften[379]. Folglich besteht **von Gesetzes wegen Einzelvertretungsmacht**. Vertraglich kann auch eine Gesamtvertretung vereinbart werden. Die Vertreter erbringen ihre Leistungen grundsätzlich eigenverantwortlich.

§ 8 PartGG regelt die persönliche Haftung der Partner als Gesamtschuldner für alle Verbindlichkeiten der Partnerschaftsgesellschaft im Wege der akzessorischen Haftung, also neben dem Vermögen der Partnerschaftsgesellschaft. Deshalb ist auch § 129 HGB analog anwendbar.[380] Durch **§ 8 Abs. 2 PartGG** wird der vorbezeichnete Haftungsgrundsatz auf einzelne Partner der Gesellschaft beschränkt; **nur der Sachbearbeiter haftet persönlich neben der Partnerschaftsgesellschaft für Bearbeitungsfehler**. Sind mehrere Partner mit der Sache befasst, haften sie gesamtschuldnerisch. Die Haftung ist lediglich an das Merkmal der Befassung gebunden. **Befassung** bedeutet, dass der Partner den Auftrag selbst bearbeitet oder seine Bearbeitung überwacht hat oder dies nach der internen Zuständigkeitsverteilung hätte tun müssen. Eine Verletzungshandlung, die zu dem konkreten Berufsausübungsfehler geführt hat, ist nicht erforderlich. Mithin kann die Beraterhaftung des § 8 Abs. 2 PartGG als **verschuldensunabhängige Handelndenhaftung** verstanden werden, die auch solche an der Bearbeitung beteiligte Partner trifft, die selbst nicht fehlerhaft gehandelt haben[381]. Die Handelndenhaftung gilt nicht für Bearbeitungsbeiträge von untergeordneter Bedeutung[382]. 154

Die Vorschrift des § 8 Abs. 2 PartGG soll den Angehörigen der Partnerschaftsgesellschaft Rechts- und Planungssicherheit vermitteln; sie soll das individuelle Haftungsrisiko kalkulierbar machen[383]. Aufgrund dieser Zielsetzung ist der **Anwendungsbereich der Norm weit zu fassen**, so dass zu Ansprüchen wegen Bearbeitungsfehlern nicht nur die Schadensersatzansprüche aus Pflichtverletzungen von Geschäftsbesorgungs-, Dienst- und Werkverträgen von der Partnerschaftsgesellschaft nach den §§ 31 analog, 278 BGB zu tragen sind, sondern **auch Ansprüche aus deliktischem Verhalten**, für das die Partnerschaftsgesellschaft analog § 31 BGB bzw. gemäß § 831 BGB haftet[384]. Die Partner können, wenn im Schadensfall das Vermögen des handelnden Partners und das Gesellschaftsvermögen nicht ausreichen, entscheiden, ob sie den Restbetrag zahlen oder ob sie die Eröffnung des Insolvenzverfahrens über das Partnerschaftsvermögen beantragen[385]. Damit bietet die Partnerschaftsgesellschaft gegenüber der Gesellschaft bürgerlichen Rechts deutliche haftungsrechtliche Vorteile[386]. Die Regelung des § 8 Abs. 2 PartGG schließt auch die Haftung eines Partners aus, 155

374 Gem. § 1 Abs. 1 S. 1 PartGG.
375 Gem. § 3 Abs. 1 PartGG.
376 Gem. § 4 Abs. 1 S. 1 PartGG in Verbindung mit § 108 Abs. 1 HGB.
377 Der Vertrag kann damit auch sensible Regelungen über das Ausscheiden von Gesellschaftern oder über an diese zu zahlende Abfindungen enthalten, ohne dass die Gefahr besteht, dass der Inhalt dieses Vertrages der Öffentlichkeit zugänglich ist.
378 Gem. § 3 Abs. 2 PartGG.
379 Gem. § 7 Abs. 3 PartGG in Verbindung mit §§ 125 Abs. 1 S. 2 und 4, 126, 127 HGB.
380 Beck PersGes-HB/*Lochmann,* § 20 Rn. 93.
381 BGH, Urt. v. 19.11.2009 – IX ZR 12/09 – juris, Rn. 17.
382 So § 8 Abs. 2 Hs. 2 PartGG; dazu Henssler/Strohn/*Hirtz,* Gesellschaftsrecht, PartGG § 8, Rn. 21.
383 *Krekeler,* Kammerreport Hamm 4/2004, 5, 9.
384 Henssler/Strohn/*Hirtz,* Gesellschaftsrecht, PartGG § 8, Rn. 23.
385 *Rinkler/Pape,* in: G. Fischer/Vill/D. Fischer/Pape/Chab, § 1, Rn. 441.
386 So zu Recht auch *van Bühren/van Bühren,* r+s 2004, 89, 92.

der sich mit dem Auftrag hätte befassen müssen, dieses aber nicht tat und stattdessen ein anderer Partner tätig wurde[387].

156 In diesem Zusammenhang kann sich die Frage der Haftung des **Scheinpartners**[388] stellen. Dieser haftet nach allgemeinen Rechtsscheingrundsätzen wie ein »echter« Partner und er kann sich, wenn er mit der Sache nicht befasst war, auf die Haftungskonzentration des § 8 Abs. 2 PartGG berufen[389]. Umgekehrt folgt daraus allerdings nicht, dass, wenn nur der Scheinpartner mit der Bearbeitung befasst war, sich alle eingetragenen Partner der Haftung entziehen können. Neben dem Scheinpartner wird der Partner haften, welcher nach der internen Zuständigkeitsverteilung hätte handeln müssen. Besteht keine Regelung zur Zuständigkeit bleibt es bei der Haftung aller Partner[390].

157 **Vertragspartner** des Auftraggebers **ist regelmäßig die Partnerschaftsgesellschaft** selbst[391].

Die **Umwandlung einer GbR** in eine Partnerschaftsgesellschaft unterliegt nicht dem Umwandlungsgesetz. Sie kann jederzeit erfolgen. Die Rechtswirkungen der Partnerschaftsgesellschaft beginnen jedoch erst mit Eintragung der Gesellschaft im Partnerschaftsregister.

158 Für vor seinem Eintritt begründete Verbindlichkeiten haftet ein **neu eintretender Partner** gemäß § 8 Abs. 1 S. 2 PartGG i.V.m. § 130 HGB. Das gilt auch für Verbindlichkeiten, die sich aus fehlerhafter Berufsausübung ergeben. Der neu eintretende Partner, der sich nach seinem Eintritt mit einer bereits laufenden Sache befasst, haftet demnach auch für vor seinem Eintritt in die Partnerschaft begangene berufliche Fehler eines anderen mit dem Auftrag befassten Partners, selbst wenn er diese nicht mehr korrigieren kann[392]. Die Haftung eines **ausscheidenden Partners** entspricht derjenigen des aus einer GbR ausscheidenden Rechtsanwalts[393].

(b) Partnerschaftsgesellschaft mit beschränkter Berufshaftung

159 Durch das am 19. Juli 2013 in Kraft getretene Gesetz zur Einführung einer Partnerschaftsgesellschaft mit beschränkter Berufshaftung und zur Änderung des Berufsrechts der Rechtsanwälte, Patentanwälte, Steuerberater und Wirtschaftsprüfer[394] ist **keine neue Gesellschaftsform**, sondern eine **Rechtsformvariante** geschaffen worden[395], die eine deutsche Alternative zur Limited Liability Partnership (LLP) nach englischem Recht bieten soll[396]. Maßgebende Vorschrift dafür ist § 8 Abs. 4 PartGG[397]. Für Partnerschaften, die von dieser Option keinen Gebrauch machen, verbleibt es bei der Haftungskonzentration nach § 8 Abs. 2 PartGG.

---

387 OLG Hamm, Urt. v. 14.2.2010 – 28 U 151/09 – juris, Rn. 72 ff.; *Römermann,* NZG 1998, 675, 676; *Grunewald*, Gesellschaftsrecht, § 5, Rn. 10.

388 Vgl. hierzu *Hartung*, BRAK-Mitt. 2014, 179 sowie *Sommer/Treptow/Friemel,* NZG 2012, 1249.

389 Borgmann/*Jungk*/Schwaiger, Anwaltshaftung, § 37, Rn. 42.

390 *Rinkler/Pape,* in: G. Fischer/Vill/D. Fischer/Pape/Chab, § 1, Rn. 445.

391 Wie hier *Rinkler/Pape,* in: G. Fischer/Vill/D. Fischer/Pape/Chab, § 1, Rn. 430; Vollkommer/Greger/*Heinemann*, Anwaltshaftungsrecht, § 4, Rn. 25.

392 BGH, Urt. v. 19.11.2009 – IX ZR 12/09 – juris, Rn. 16, 18 f.

393 Siehe dazu die Ausführungen unter Rdn. 151 f.

394 BGBl 2013 I, S. 2386 ff.; zur rechtstatsächlichen Gesamtentwicklung der PartGmbB vgl. *Lieder/Hoffmann*, NZG 2016, 287 ff.

395 MünchKommBGB/*Schäfer*, PartGG § 8, Rn. 41; OLG Nürnberg, Beschl. v. 5.2.2014 – 12 W 351/14 – juris, Rn. 16 m.w.N.

396 BT-Drs. 17/10487, S. 1, 2, 11, 13. Zum Regierungsentwurf *Uwer/Roeding*, AnwBl 2013, 483; *Beck*, DZWir 2012, 447 ff.

397 Einen Überblick geben *Ring*, WM 2014, 237 ff.; *Leitzen*, DNotZ 2013, 596 ff.; *Kilian*, MDR 2013, 1137 ff.; *Lieder*, NotBZ 2014, 81 ff.; *ders.*, NotBZ 2014, 128 ff.; *Natterer*, AL 2014, 343 ff.; *Bachmann/Schaloske*, PHI 2013, 202 ff.; *Dahns*, NJW-Spezial 2012, 190; *ders.*, NJW-Spezial 2013, 446 f.; zur Gründung, Anmeldung und Steuerpflicht *Bauer*, BRAK-Mitt. 2013, 202 ff.; speziell zur Anwaltshaftung *Kreße*, NJ 2013, 45 ff.; vgl. auch *Meyer*, Die Partnerschaftsgesellschaft mit beschränkter Berufshaftung gemäß § 8 Abs. 4 PartGG, Trier 2016; *Suyr*, Die Partnerschaftsgesellschaft mit beschränkter Berufshaftung unter

Gemäß § 8 Abs. 4 S. 1 PartGG haftet den Gläubigern für Verbindlichkeiten der Partnerschaft aus Schäden wegen fehlerhafter Berufsausübung nur das Gesellschaftsvermögen. Die Vorschrift sieht eine Haftungsbeschränkung **nur für Verbindlichkeiten der Partnerschaft** vor[398]. Dem liegt der Lebenssachverhalt zugrunde, dass Partnerschaftsgesellschaften Auftrags- oder Mandatsverträge mit ihren Kunden abschließen und nicht die Partner selbst[399]. Wenn einzelne Partner neben ihrer Tätigkeit in der Partnerschaft Mandate oder Aufträge im eigenen Namen annehmen, so fallen hieraus resultierende Verbindlichkeiten nicht unter die Haftungsbeschränkungsregelung des § 8 Abs. 4 PartGG. Ebenso wenig erfasst die Regelung **deliktische Ansprüche,** die sich gegen den handelnden Partner unmittelbar richten[400]. § 8 Abs. 4 PartGG betrifft ferner nur Verbindlichkeiten der Gesellschaft aus Schäden wegen **fehlerhafter Berufsausübung.** Nicht erfasst von der Haftungsbeschränkung sind also alle anderen Verbindlichkeiten der Gesellschaft, insbesondere aus **Miet- oder Arbeitsverträgen**[401]. Wegen der insoweit unbeschränkten persönlichen Haftung der Partner besteht für die PartG mbB **keine Insolvenzantragspflicht** nach § 15a Abs. 1 S. 2 InsO[402]. Die Beschränkung nur auf die Verbindlichkeiten aus Berufshaftung erklärt sich aus der gesetzlichen Kompensation dieser Haftungsbeschränkung durch eine Haftpflichtversicherung[403]. Die Haftung für Verbindlichkeiten aus Arbeits-, Miet-, Leasing- und anderen schuldrechtlichen Verträgen lässt sich dagegen nicht sinnvoll durch eine Haftpflichtversicherung abdecken[404]. 160

Der **nähere Umfang des Haftungsausschlusses** lässt sich nur durch eine **typisierende Betrachtungsweise** bestimmen[405]. Nicht erfasst von der Berufsausübung im Sinne von § 8 Abs. 4 PartGG sind zunächst private und neutrale Tätigkeiten. Letztere meint insbesondere Gefälligkeitsverhältnisse, bloße Hilfsgeschäfte und Verkehrssicherungspflichten[406]. Problematisch ist die Bestimmung der Reichweite der Haftungskonzentration in den Fällen, in denen der Rechtsanwalt zugleich Tätigkeiten nachgeht, die nicht den freien Berufen zurechenbar sind und daher nach § 1 PartGG nicht von einer Partnerschaft ausgeübt werden könnten. Entscheidend ist dabei nicht der Ausschlusskatalog des § 1 Abs. 2 RVG. Ausschlaggebend ist, dass es sich um eine Tätigkeit handelt, die zum **typischen Berufsbild des Rechtsanwalts** gehört[407]. Anhaltspunkte zur Abgrenzung bietet hier die höchstrichterliche Rechtsprechung: So gehört die **Treuhandtätigkeit** zum Berufsbild eines Rechtsanwalts[408] und die **Anlageberatung** allgemein kann auch zum Gegenstand einer Rechtsberatung werden[409]. Teilweise wird in der Literatur diskutiert, dass die Haftung für **Erfüllung und Gewährleistung** nicht in den Anwendungsbereich von § 8 Abs. 4 PartGG fällt[410]. Für den Haftungsausschluss irrelevant ist jedoch, ob die Haftung aus dem **Anwaltsvertrag** folgt oder es sich um berufsbezogene **vor- bzw. nachvertragliche Ansprüche** handelt[411]. 161

Aufgrund gesetzlicher Anordnung **haftet nur die Gesellschaft mit ihrem Vermögen**[412]; die Haftungsbeschränkung erfolgt also durch Gesetz und zwar durch das PartGG selbst, nicht durch die 162

---

besonderer Berücksichtigung der Haftungsbeschränkung nach § 8 Abs. 4 PartGG und des Gläubigerschutzes, Augsburg 2016.

398 BT-Drs. 17/10487, S. 14.

399 Ebenda.

400 *Rinkler/Pape,* in: G. Fischer/Vill/D. Fischer/Pape/Chab, § 1, Rn. 450.

401 BT-Drs. 17/10487, S. 14.

402 Differenzierender aber *Klose*, GmbHR 2013, 1191 ff.

403 BT-Drs. 17/10487, S. 14.

404 Ebenda.

405 *Schumacher*, NZG 2015, 379, 383.

406 *Schumacher*, NZG 2015, 379, 380 f.

407 BGH, Urt. v. 9.11.1992 – II ZR 141/91 – juris, Rn. 8.

408 BGH, Urt. v. 9.11.1992 – II ZR 141/91 – juris, Rn. 7; zu beachten ist aber BGH, Urt. v. 20.3.2006 – II ZR 326/04 – juris, Rn. 8.

409 BGH, Urt. v. 27.1.1994 – IX ZR 195/93 – juris, Rn. 13.

410 *Schumacher*, NZG 2015, 381 m.w.N.

411 *Schumacher*, NZG 2015, 382 f. m.w.N.

412 Zur (Organ-)Innenhaftung *Wertenbruch*, NZG 2013, 1006 ff. sowie Rdn. 163; im Vergleich zur GmbH *Klitzing/Seiffert*, ZIP 2015, 2401 ff.

Berufsrechte. Die **gesamtschuldnerische Mithaftung** der Partner gemäß § 8 Abs. 1 S. 1 PartGG gilt in diesem Fall **nicht.** Da die akzessorische Haftung mit der Regelung abgeschnitten ist, haftet der einzelne Partner auch dann nicht persönlich für die Gesellschaftsschulden, wenn die vorgeschriebene Haftungssumme der Versicherung im konkreten Fall überschritten ist oder die Versicherung wegen grober Fahrlässigkeit oder wegen Vorsatz im Einzelfall nicht eintritt. Das Bestehen der vorgegebenen Versicherung ist Voraussetzung für die gesetzliche Haftungsbeschränkung, nicht die Deckung des Schadens. Es kann dann eine unmittelbare Haftung Handelnder nach allgemeinem Deliktsrecht eingreifen[413]. Eine differenzierte Betrachtung erfordert die haftungsrechtliche Beurteilung von bereits bestehenden Mandaten, sogenannten Dauermandaten[414].

163 Durch die Haftungsbeschränkung auf das Gesellschaftsvermögen im Außenverhältnis ergeben sich bei der PartG mbB verschiedene Fragen zur **Regelung des Innenverhältnisses** zwischen den Partnern. Dabei geht es zum einen um die Festlegung des Sorgfalts- und Haftungsmaßstabs im Innenverhältnis, zum anderen aber auch darum, die Haftungsbegrenzung im Außenverhältnis vor einer Aushöhlung zu bewahren, die einträte, wenn Gläubiger auf pfändbare Ansprüche gegen einzelne Partner zugreifen könnten[415]. Ob bei Fehlen einer ausdrücklichen gesellschaftsvertraglichen Regelung von einem konkludenten Haftungsausschluss für den Bereich der einfachen Fahrlässigkeit auszugehen ist, wird unterschiedlich beurteilt[416]. Von daher ist dringend anzuraten, für **einfache und grobe Fahrlässigkeit** im Innenverhältnis einen Haftungsausschluss zu vereinbaren. Dies ist möglich, da § 735 BGB dispositiv ist. Lediglich für Vorsatz kann die Haftung wegen § 276 Abs. 3 BGB nicht ausgeschlossen werden[417].

164 Voraussetzung dafür, dass nur die Gesellschaft haftet, ist zunächst, dass die Partnerschaft eine zu diesem Zweck durch Gesetzt vorgegebene **Berufshaftpflichtversicherung** unterhält[418], für welche die §§ 113 Abs. 3, 114 bis 124 VVG entsprechend gelten[419]. »**Unterhält**« bedeutet, dass diese **Versicherung abgeschlossen** worden ist und im Moment der **schädigenden Handlung Versicherungsschutz** besteht[420]. Die Spezifika für die Rechtsanwaltspartnerschaft sind in **§ 51a BRAO** geregelt. Die Berufshaftpflichtversicherung einer Partnerschaftsgesellschaft mit beschränkter Berufshaftung muss die Haftpflichtgefahren für **Vermögensschäden** decken, die sich aus der **Beratung und Vertretung in Rechtsangelegenheiten** ergeben (§ 51a Abs. 1 S. 1 BRAO). Die **Mindestversicherungssumme beträgt 2.500.000,00 EUR** für jeden Versicherungsfall (§ 51a Abs. 2 S. 1 BRAO). Die Leistungen des Versicherers für alle innerhalb eines Versicherungsjahres verursachten Schäden können auf den Betrag der Mindestversicherungssumme, vervielfacht mit der Zahl der Partner, begrenzt werden. Die Jahreshöchstleistung für alle in einem Versicherungsjahr verursachten Schäden muss sich jedoch **mindestens auf den vierfachen Betrag der Mindestversicherungssumme** belaufen (§ 51a Abs. 2 BRAO). Eine Regelung nach dem Muster des § 59j Abs. 4 BRAO, der für die Anwalts-GmbH bei Versicherungsmängeln eine Ausfallhaftung der Gesellschafter und der Geschäftsführer in Höhe des fehlenden Versicherungsschutzes anordnet, ist für die Partnerschaftsgesellschaft mit beschränkter Berufshaftung dagegen nicht erforderlich. Denn anders als bei der Anwalts-GmbH, bei der eine fehlende oder unzureichende Berufshaftpflichtversicherung nur zum Widerruf der Zulassung führt (§ 59h Abs. 3 BRAO), führt ein **Versicherungsmangel** bei der PartGmbB, die berufsrechtlich nicht zugelassen wird, sondern der Rechtsanwaltskammer lediglich anzuzeigen ist,

413 BT-Drs. 17/10487, S. 14.

414 Hierzu ausführlich *Ulmer*, AnwBl 2014, 806, 809 ff.

415 Hoffmann-Becking/Rawert/*Blaum/Scholz*, Beck'sches Formularbuch Bürgerliches, Handels- und Wirtschaftsrecht, VIII., B., 1., Rn. 26.

416 Bejahend *Wertenbruch*, NZG 2013, 1008 f.

417 Zu alledem *Korch*, NZG 2015, 1425, 1428.

418 BT-Drs. 17/10487, S. 14; zu den versicherungsrechtlichen Konsequenzen *Dallwig*, VersR 2014, 19 ff.; *Schumacher*, VersR 2016, 964 ff.

419 Hierzu im Einzelnen Prölss/Martin/*Knappmann*, VVG, § 113, Rn. 7 bis 10; § 114 Rn. 1 sowie § 124 Rn. 17.

420 BT-Drs. 17/10487, S. 14, vgl. *Schumacher*, VersR 2016, 964, 966 ff.

dazu, dass die **Haftungsbeschränkung** auf das Vermögen der Partnerschaftsgesellschaft **automatisch entfällt** und die persönliche Haftung der Partner gemäß § 8 Abs. 1, 2 PartGG eingreift. Auch ohne eine dem § 59j Abs. 4 entsprechende Haftungsregelung ist daher die persönliche Haftung der Verantwortlichen einer PartGmbB im Falle einer fehlenden oder unzureichenden Berufshaftpflichtversicherung gewährleistet[421].

Bei **interprofessionellen PartGmbB** ist der Grundsatz des strengeren Berufsrechts zu beachten[422]. 165
Dies gilt uneingeschränkt, soweit einer der Partner der PartGmbB mehrere Berufe ausübt. Für den etwa als Rechtsanwalt und Wirtschaftsprüfer qualifizierten Partner ist ein Rosinenpicken aus der BRAO und der WPO damit ausgeschlossen[423].

Ansonsten bestimmt § 51a Abs. 1 S. 1 **BRAO** für die Person des Rechtsanwalts, dass die Berufshaftpflichtversicherung einer PartGmbB die Haftpflichtgefahren für Vermögensschäden decken muss, die sich aus der **Beratung und Vertretung in Rechtsangelegenheiten** ergeben[424]. In Bezug auf interprofessionelle unter Beteiligung von Wirtschaftsprüfern oder vereidigten Buchprüfern betriebene Partnerschaftsgesellschaften hat der Gesetzgeber die Anforderungen an die im Rahmen von § 8 Abs. 4 S. 1 PartGG notwendige Berufshaftpflichtversicherung durch § 54 Abs. 1 S. 1 WPO näher konkretisiert[425].

Da die Haftungskonzentration an eine gesetzlich vorgegebene Berufshaftpflichtversicherung anknüpft, kommt die Haftungsbeschränkung nicht in Betracht, wenn eine Partnerschaft mit Berufsträgern eingegangen wird, die nicht kraft Gesetzes eine entsprechende Berufshaftpflichtversicherung unterhalten können[426]. Praktische Bedeutung erlangt dies, soweit das Bundesverfassungsgericht eine Partnerschaft von Rechtsanwälten mit Ärzten und Apothekern für zulässig erachtet hat[427].

Der **Name der Partnerschaft** muss den **Zusatz »mit beschränkter Berufshaftung«** oder die Abkür- 166
zung **»mbB«** oder eine andere allgemein verständliche Abkürzung dieser Bezeichnung enthalten, die auf die beschränkte Haftung hinweist. Für die Erfüllung dieses gesetzlichen Tatbestandsmerkmals ist die Eintragung des Namenszusatzes in das Partnerschaftsregister ausreichend. Als gesetzlich festgeschriebene allgemein verständliche Abkürzung des Zusatzes »mit beschränkter Berufshaftung« ist »mbB« aufgeführt[428]. Die Abkürzung **»mbH«**[429] besticht zwar durch allgemeine Bekanntheit, ist aber nicht ganz korrekt, weil sie zu weitgehend ist. Diese zu weitgehende Warnwirkung kann auf eine **Täuschung des Rechtsverkehrs** hinauslaufen, nämlich wenn Gläubiger anderer als auf Berufsfehlern beruhender Ansprüche – zum Beispiel Angestellte oder Vermieter – das Signal »mbH« so auffassen, dass die Haftung allgemein beschränkt ist und deshalb von einer Geltendmachung ihrer Ansprüche absehen[430]. Trotz dieser klaren Aussage schon in den Gesetzesmaterialien, wird teilweise selbst in der Rechtsprechung von einer »PartGmbH« gesprochen[431]. Wird der **Namenszusatz** von

---

421 BT-Drs. 17/10487, S. 15.

422 Dazu *Gladys*, DStR 2016, 628 ff.; *ders.*, DStR 2014, 445 ff. sowie *Henssler/Trottmann*, NZG 2017, 241 ff.

423 *Gladys*, DStR 2016, 628, 629.

424 Entsprechendes gilt nach § 51 S. 2 Steuerberater-Durchführungsverordnung (DVStB) für Haftpflichtgefahren von Steuerberatern aus deren Berufstätigkeit im Rahmen von §§ 33, 57 Abs. 3 Nr. 2 und 3 StBerG.

425 Diese Bestimmung will klarstellen, dass die Versicherung für WP und vBP die Haftpflichtgefahren für Vermögensschäden decken muss, die sich aus §§ 2 bzw. 129 WPO ergeben; zu alledem *Gladys*, DStR 2016, 628, 631 f.

426 *Rinkler/Pape,* in: G. Fischer/Vill/D. Fischer/Pape/Chab, § 1, Rn. 448; Vollkommer/Greger/*Heinemann,* Anwaltshaftungsrecht, § 22, Rn. 10b.

427 Vgl. oben Rdn. 122.

428 BT-Drs. 17/10487, S. 14.

429 Zu den berufsrechtlichen Besonderheiten und Gemeinsamkeiten der GmbH und der PartGmbB *Klitzing/Seiffert*, ZIP 2015, 2401 ff.

430 BT-Drs. 17/10487, S. 14.

431 Vgl. nur OLG Celle, Beschl. v. 4.8.2016 – 9 W 103/16 – juris, Rn. 1; LG Kleve, Beschl. v. 22.4.2016 – 3 O 67/16 – juris, Rn. 3.

der Partnerschaft **nicht** in jeder konkreten Situation **geführt** oder wird die sich daraus ergebende **Haftungsbeschränkung nicht deutlich genug zum Ausdruck gebracht,** so ist diese Situation nach den allgemeinen Regeln zu lösen, die gelten, wenn eine haftungsbeschränkte Gesellschaft im Rechtsverkehr über ihre Haftungsbeschränkung täuscht[432]. Die Frage einer Scheinpartnerhaftung stellt sich bei der PartGmbB nicht, da ohnehin nur das Gesellschaftsvermögen haftet[433].

ddd) Rechtsanwaltsgesellschaft mbH

167 § 59c BRAO normiert die berufsrechtliche Zulässigkeit anwaltlicher Berufsausübung in der Rechtsform der GmbH unter der Voraussetzung entsprechender Zulassung durch die Rechtsanwaltskammer. Die Zulassung ist gemäß § 59d BRAO zu erteilen, wenn die Gesellschaft den Erfordernissen der §§ 59c, 59e und 59f BRAO entspricht, die Gesellschaft sich nicht in Vermögensverfall befindet und der Abschluss einer Berufshaftpflichtversicherung nachgewiesen ist oder eine vorläufige Deckungszusage vorliegt. Gesellschafter einer solchen Rechtsanwaltsgesellschaft können gemäß § 59e BRAO nur Rechtsanwälte und Angehörige der in § 59a Abs. 1 S. 1, Abs. 2 genannten Berufe sein. Eine Partnerschaftsgesellschaft kann gemäß § 59e Abs. 1 S. 1 BRAO nicht Gesellschafterin einer Rechtsanwaltsgesellschaft sein.[434] Die die Mehrheitserfordernisse im anwaltlichen Berufsrecht betreffenden §§ 59e Abs. 2 S. 1, 59f Abs. 1 sowie §§ 52e Abs. 2 S. 1, 52f Abs. 1 PAO hat das Bundesverfassungsgericht als mit Art. 12 Abs. 1 GG unvereinbar und somit nichtig erklärt[435]. Die Gesellschaft wird gemäß § 35 GmbHG durch einen oder mehrere Geschäftsführer im Sinne des § 6 GmbHG vertreten. Die Geschäftsführung kann auch Angestellten übertragen werden[436]. Geschäftsführer kann gemäß § 59f Abs. 2 BRAO nur sein, wer zur Ausübung eines der in § 59e Abs. 1 S. 1 BRAO genannten Berufs berechtigt ist, wobei diese Vorschrift auf den ebenfalls verfassungswidrigen[437] – jedenfalls soweit eine gemeinsame Berufsausübung mit Ärzten und Apothekern untersagt ist – § 59a Abs. 1 BRAO sowie auf § 59a Abs. 2 verweist. Über den Antrag auf Zulassung einer Rechtsanwaltsgesellschaft entscheidet gemäß § 59g Abs. 1 i.V.m. § 33 Abs. 3 Nr. 3 BRAO die Rechtsanwaltskammer, in deren Bezirk die Gesellschaft ihren Sitz hat. Die Zulassung endet unter den in § 59h BRAO genannten Voraussetzungen. Gemäß § 59i BRAO muss die Rechtsanwaltsgesellschaft an ihrem Sitz eine Kanzlei unterhalten, in der zumindest ein geschäftsführender Rechtsanwalt verantwortlich tätig ist, für den die Kanzlei den Mittelpunkt seiner beruflichen Tätigkeit bildet. Anders als es bisher für die Gesellschaft bürgerlichen Rechts normiert ist, schreibt § 59j BRAO für die Rechtsanwaltsgesellschaft mbH eine Berufshaftpflichtversicherung mit einer Mindestversicherungssumme von 2.500.000,00 EUR für jeden Versicherungsfall vor.

168 Abgesehen von den genannten Ausnahmefällen[438] ist davon auszugehen, dass ein **Vertragsverhältnis mit der Rechtsanwaltsgesellschaft mbH** zustande kommt[439].

169 Für Forderungen der Mandanten gegen die Anwalt-GmbH haftet gem. § 13 Abs. 2 GmbHG allein die GmbH als Vertragspartnerin mit ihrem Gesellschaftsvermögen[440], nicht hingegen der einzelne Rechtsanwalt. Von diesem Grundsatz gibt es jedoch Ausnahmen, etwa dann, wenn die Vermögenssphären der Gesellschaft einerseits und der Gesellschafter andererseits nicht getrennt wurden, sich also nicht ermitteln lässt, welche Vermögensteile zur GmbH einerseits oder zum Gesellschaftervermögen andererseits gehören[441]. Anwälte haften als Geschäftsführer der GmbH unter Umständen

---

432 BT-Drs. 17/10487, S. 14.

433 *Hartung,* BRAK-Mitt. 2014, 179, 182.

434 BGH, Urt. v. 20.3.2017 – AnwZ (Brfg) 33/16 –; krit. *Henssler,* NJW 2017, 1644 ff.

435 BVerfG, Beschl. v. 14.1.2014 – 1 BvR 2998/11, 1 BvR 236/12 – juris, Rn. 61 ff.

436 Henssler/Prütting/*Henssler,* BRAO, § 59f, Rn. 13.

437 BVerfG, Beschl. v. 12.1.2016 – 1 BvL 6/13 – juris, Rn. 43 ff. sowie oben Rdn. 122.

438 Vgl. Rdn. 124 ff.

439 Wie hier *Rinkler/Pape,* in: G. Fischer/Vill/D. Fischer/Pape/Chab, § 1, Rn. 458; Vollkommer/Greger/*Heinemann,* Anwaltshaftungsrecht, § 22, Rn. 10b.

440 OLG Nürnberg, Beschl. v. 21.1.2008 – 6 U 2208/07 – juris, Rn. 3 ff.

441 Lutter/Hommelhoff/*Lutter/Hommelhoff,* GmbHG, § 13, Rn. 13.

auch der Gesellschaft gegenüber gemäß § 43 Abs. 3 GmbHG sowie unter Umständen auch gegenüber Mandanten aus den Grundsätzen des Verschuldens bei Vertragsabschluss gemäß § 311 Abs. 2 Nr. 2 und Abs. 3 BGB, sofern der geschäftsführende Anwalt Träger des Vertrauens und damit der vorvertraglichen Schutzpflichten ist und diese schuldhaft verletzt[442]. Der Gesellschafter, der seine Stellung zur Schädigung Dritter einsetzt, haftet deliktisch nach § 823 Abs. 2 BGB i.V.m. Schutzgesetzen zugunsten Dritter oder nach § 826 BGB[443]. Schließlich erfährt das Trennungsprinzip von GmbH einerseits und Gesellschaftern der GmbH andererseits eine haftungsrechtliche Ausnahme durch die Durchgriffshaftung, insbesondere in den diversen Fallgruppen der Zurechnungshaftung[444].

Der II. Zivilsenat des Bundesgerichtshofs hat ausdrücklich das bisherige Konzept einer eigenständigen Haftungsfigur, die an den Missbrauch der Rechtsform anknüpft und als Durchgriffs(außen)haftung des Gesellschafters gegenüber den Gesellschaftsgläubigern ausgestaltet, aber mit einer Subsidiaritätsklausel im Verhältnis zu den §§ 30, 31 GmbHG versehen ist, aufgegeben. Stattdessen knüpft er die Existenzvernichtungshaftung des Gesellschafters an die missbräuchliche Schädigung des im Gläubigerinteresse zweckgebundenen Gesellschaftsvermögens an und ordnet sie – in Gestalt einer schadensersatzrechtlichen Innenhaftung gegenüber der Gesellschaft – allein in § 826 BGB als eine besondere Fallgruppe der sittenwidrigen vorsätzlichen Schädigung ein.[445] Eine Haftung wegen vermeintlicher »Unterkapitalisierung« lehnt der Bundesgerichtshof daher ab[446].

Für die Rechtsanwalts-GmbH enthält § 59j Abs. 3 BRAO noch eine Sonderregelung. Danach haften im Fall, dass die Berufshaftpflichtversicherung nicht oder nicht in der vorgeschriebenen Höhe unterhalten wird, neben der Gesellschaft die Gesellschafter und Geschäftsführer persönlich in Höhe des fehlenden Versicherungsschutzes.

Für eine **interprofessionelle Zusammenarbeit** zwischen Anwälten, Steuerberatern und Wirtschafts- 170
prüfern besteht insbesondere vor dem Hintergrund der immer komplexer werdenden wirtschaftlichen und rechtlichen Beziehungen auf nationaler und internationaler Ebene ein besonderes Bedürfnis[447]. Faktisch wird jedoch die Zusammenarbeit von Rechtsanwälten, Steuerberatern und Wirtschaftsprüfern in einer interprofessionellen Gesellschaft durch die berufsgesetzlichen Vorgaben der §§ 59c ff. BRAO, §§ 49 ff. StBerG sowie der §§ 27 ff. WPO unmöglich gemacht[448]. Vor dem Hintergrund, dass das Bundesverfassungsgericht die Vorschriften zu den Mehrheitserfordernissen für verfassungswidrig erklärt hat, bedarf es insoweit einer grundlegenden Neuregelung des Berufsrechts[449].

Als Rechtsform für Anwaltsgesellschaften nicht zulässig ist die GmbH & Co. KG, weil eine Kommanditgesellschaft auf den Betrieb eines Handelsgewerbes gerichtet ist (§ 161 Abs. 1 HGB), während die Tätigkeit eines Rechtsanwalts kraft Gesetzes kein Gewerbe darstellt (§ 2 Abs. 2 BRAO)[450]. Demgegenüber steht Steuerberatern und Wirtschaftsprüfern die GmbH & Co. KG offen[451].

---

442 *K. Schmidt*, Gesellschaftsrecht, § 36 II, 5c sowie Scholz/*Uwe H. Schneider*, GmbHG, II. Band, § 43, Rn. 313 ff.; OLG Nürnberg, Beschl. v. 21.1.2008 – 6 U 2208/07 – juris, Rn. 7 ff.

443 MünchKommGmbHG/*Merkt*, § 13, Rn. 341 m.w.N.

444 Vgl. MünchKommGmbHG/*Merkt*, § 13, Rn. 343 ff.

445 BGH, Urt. v. 16.7.2007 – II ZR 3/04 – juris, Rn. 17 ff.

446 BGH, Urt. v. 28.4.2008 – II ZR 264/06 – juris, Rn. 25, 30.

447 *Merkner*, AnwBl 2004, 529, 530.

448 *Merkner*, AnwBl 2004, 544.

449 Vgl. oben Rdn. 122.

450 BGH, Urt. v. 18.7.2011 – AnwZ (Brfg) 18/10 – juris, Rn. 4 ff.; BeckOGK/*Teichmann*, BGB, § 675, Rn. 917.

451 BGH, Beschl. v. 15.7.2014 – II ZB 2/13 – juris, Rn. 7 ff.; zur Freiberufler GmbH & Co. KG *Henssler/Markworth*, NZG 2015, 1 ff.

eee) Anwalt AG

171 Auch der Zusammenschluss von Rechtsanwälten zur gemeinsamen Berufsausübung in einer Aktiengesellschaft ist grundsätzlich zulässig[452]. Die Zulässigkeit folgt aus dem in Art. 12 Abs. 1 GG normierten Recht auf freie Berufswahl, da mit Art. 12 GG vereinbare gesetzliche Regeln diese Rechtsform nicht verbieten[453].

172 Da das BRAOÄndG bewusst auf die Regelung der Zulassung der Aktiengesellschaft als Anwaltsgesellschaft verzichtet hat, liegt die für eine analoge Anwendung der §§ 59c ff. BRAO erforderliche planwidrige Regelungslücke nicht vor[454]. Die Anwalt AG bedarf deshalb, anders als die Anwalt GmbH, nicht der besonderen Zulassung[455]. Allerdings steht ihr ein Anspruch auf Zulassung zu, wobei sich die Zulassung an den Bestimmungen der §§ 59c ff. BRAO auszurichten hat, solange eine gesetzliche Normierung fehlt[456].

173 **Vertragspartner ist** auch hier wiederum **die Aktiengesellschaft** selbst[457]. Für Verbindlichkeiten der AG haftet den Gläubigern nur das Gesellschaftsvermögen (§ 1 AktG). Weil dieses Gesellschaftsvermögen auf das Grundkapital und damit auf 50.000 EUR beschränkt sein kann (§ 7 AktG), bedarf es in angemessener Berücksichtigung der Mandanteninteressen des Abschlusses einer Berufshaftpflichtversicherung. Diese sollte sich konsequenterweise am Maßstab der §§ 59j i.V.m. 51 BRAO orientieren, so wie dies auch der DAV vorschlägt[458], nachdem es der BGH offen gelassen hat[459].

174 Die Mandanten können als Vertragspartner der Anwalt AG unter Berufung auf unterschiedliche Rechtsgrundlagen auch die Inanspruchnahme der Vorstandsmitglieder anstreben[460].

bb) Rechtsformen der Europäischen Union

174a Auf dem Recht der Europäischen Union gründende Rechtsformen[461] für Anwaltsgesellschaften sind die Europäische wirtschaftliche Interessenvereinigung (EWIV) und die Societas Europaea (SE).

aaa) Anwalt-EWIV

175 Die gesetzliche Grundlage für diese Gesellschaftsform findet sich in der EWG-Verordnung 2137/85 des Rates vom 25.7.1985[462] (EWIV-VO) sowie im Gesetz zur Ausführung der EWG-Verordnung vom 14.4.1988[463] (EWIV-AG). Mitglieder einer EWIV können Rechtsanwälte, Anwaltsnotare, Patentanwälte, Steuerberater, Steuerbevollmächtigte, Wirtschaftsprüfer, vereidigte Buchprüfer sowie Sozietäten von Rechtsanwälten und Angehörigen der sozietätsfähigen Berufe sein[464]. Nach Art. 3

452 BGH, Beschl. v. 10.1.2005 – AnwZ (B) 27/03, AnwZ (B) 28/03 – juris, Rn. 39 ff. sowie *Passarge,* NJW 2005, 1835 ff.; BayObLG, Beschl. v. 27.3.2000 – 3Z BR 331/99 – juris, Rn. 9; Beck OK BGB/*Fischer,* § 675, Rn. 10; Hartung/Scharmer/*v. Wedel,* BRAO, Vor § 59c, Rn. 87; Feuerich/Weyland/*Brüggemann,* BRAO, Vor § 59c, Rn. 8 ff.; *Schumacher,* AnwBl 1998, 3654; *Henssler,* ZIP 1997, 1481, 1488; *Jawansky,* DB 2002, 2699 ff.; *Pluskat,* AnwBl 2003, 131 f.; Vollkommer/Greger/*Heinemann*, Anwaltshaftungsrecht, § 4, Rn. 32 ff.

453 BayObLG, Beschl. v. 27.3.2000 – 3Z BR 331/99 – juris, Rn. 9, 1647; Hartung/Scharmer/*v. Wedel,* BRAO, Vor § 59c, Rn. 86.

454 BGH, Beschl. v. 10.1.2005 – AnwZ (B) 27/03, AnwZ (B) 28/03 – juris, Rn. 41.

455 OLG Hamm, Beschl. v. 26.6.2006 – 15 W 213/05 – juris, Rn. 11 ff.; a.A. *Rinkler/Pape,* in: G. Fischer/Vill/D. Fischer/Pape/Chab, § 1, Rn. 465.

456 BGH, Beschl. v. 10.1.2005 – AnwZ (B) 27/03, AnwZ (B) 28/03 – juris, Rn. 46 ff.

457 Vollkommer/Greger/*Heinemann*, Anwaltshaftungsrecht, § 4, Rn. 34.

458 AnwBl 2006, 721, 730.

459 BGH, Beschl. v. 10.1.2005 – AnwZ (B) 27/03, AnwZ (B) 28/03 – juris, Rn. 53.

460 *Grunewald,* Gesellschaftsrecht, § 10, Rn. 67.

461 Ein Überblick über Europäische Gesellschaftsformen findet sich bei *Wagner,* AnwBl 2009, 409 ff.

462 Amtsblatt der EG Nr. L 199/1 vom 31.7.1985.

463 EWIV-Ausführungsgesetz, BGBl I, S. 514.

464 Henssler/Prütting/*Henssler,* BRAO, § 59a, Rn. 149; *K. Schmidt,* Gesellschaftsrecht, § 66 I 2 sowie *Zuck,* NJW 1990, 954.

Abs. 1 EWIV-VO hat die EWIV nicht den Zweck, Gewinne für sich selbst zu erzielen. Sie darf jedoch Gewinne für die Gesellschafter erzielen[465]. Als supranationale Gesellschaftsform erfordert die EWIV den Zusammenschluss von Mitgliedern, die aus mindestens zwei verschiedenen Mitgliedsstaaten der EU stammen. Sie verfolgt den Zweck, die wirtschaftliche Tätigkeit der Mitglieder zu erleichtern oder zu entwickeln sowie die Ergebnisse dieser Tätigkeit zu verbessern oder zu steigern. Sie ist damit ein Hilfsinstrument auch für die Kooperation von Freiberuflern[466]. Die Geschäfte werden von gesondert zu bestellenden Geschäftsführern geführt, die auch nicht Gesellschafter sein können. Gesellschaftskapital ist nicht erforderlich. Die Gesellschafter müssen nur in einer im Gründungsvertrag festzulegenden Weise für den Betrieb der EWIV aufkommen. Gemäß Art. 5 EWIV-VO muss der Gesellschaftsvertrag zumindest enthalten den Namen der Gesellschaft, ihren Sitz, den Unternehmensgegenstand, Angaben über die Gesellschafter und die Dauer, sofern die Vereinigung nicht für unbestimmte Zeit eingegangen wurde[467]. Die EWIV selbst kann nicht rechtsberatend tätig sein. **Durch die EWIV vermittelte Mandate gehen** deshalb **sofort auf deren Mitglieder über**[468]. Vermittelt sie einem bestimmten Mitglied ein Mandat, werden die anderen EWIV-Mitglieder aus diesem Mandat weder berechtigt noch verpflichtet[469]. Voraussetzung für das Entstehen der EWIV ist die Eintragung in das Handelsregister gem. §§ 2, 3 EWIV-AG.

Für die Verbindlichkeiten der EWIV haften die Gesellschafter unbeschränkt und gesamtschuldne- 176
risch, aber subsidiär; denn die Gläubiger müssen sich gemäß Art. 24 Abs. 2 EWIV-VO zunächst an die EWIV halten, bevor sie sich an einzelne Gesellschafter wenden können. Ein neuer Gesellschafter haftet grundsätzlich auch für die Verbindlichkeiten der Gesellschaft, sofern die Haftung nicht gemäß Art. 26 Abs. 2 EWIV-VO abbedungen und der Ausschluss in der üblichen Weise[470] bekannt gemacht wurde. Gemäß Art. 34 in Verbindung mit Art. 24 EWIV-VO haftet ein ausscheidender Gesellschafter für sämtliche Verbindlichkeiten, die während seiner Gesellschafterstellung entstanden sind.

Gemäß § 1 EWIV-AG sind auf die EWIV die für die offene Handelsgesellschaft geltenden Vor- 177
schriften anzuwenden. Gemäß Art. 2 Abs. 1 EWIV-VO ist für die Gesellschaft das innerstaatliche Recht des Staates anzuwenden, in dem die Vereinigung ihren Sitz hat[471].

bbb) SE

In Deutschland wird die Societas Europaea (SE) – oft auch als »Europäische Aktiengesellschaft«[472] 178
oder »Europäische Gesellschaft«[473] bezeichnet – kaum als Option einer Rechtsform für Anwaltsgesellschaften diskutiert, obwohl bereits in Mitgliedsstaaten der Europäischen Union Kanzleien in dieser Form gegründet worden sind[474]. Es ist davon auszugehen, dass der Zusammenschluss von Rechtsanwälten zur gemeinsamen Berufungsausübung in einer SE zulässig ist. Für die vergleichbare deutsche Aktiengesellschaft hat der Bundesgerichtshof die Zusammenarbeit bereits – trotz fehlender gesetzlicher Regelung – für zulässig erachtet[475]. Unklar ist bisher jedoch, ob die SE ebenso wie die AG, Träger des Grundrechts der Berufungsausübungsfreiheit aus Art. 12 Abs. 1 GG ist.

---

465 Beck PersGes-HB/*Bärwaldt*, § 19, Rn. 49.

466 Vgl. BGH, Urt. v. 17.12.2001 – AnwZ (B) 12/01 – juris, Rn. 10 ff., wonach es einem internationalen Kanzleiverbund gestattet ist, das Kürzel der Europäischen Wirtschaftlichen Interessenvereinigung (EWIV) dem Kanzleinamen voranzustellen.

467 *K. Schmidt*, Gesellschaftsrecht, § 66 II 1e.

468 Vgl. auch *Offermann-Burckart*, AnwBl 2013, 874.

469 Henssler/Prütting/*Henssler*, BRAO, § 59b, Rn. 154.

470 Art. 7, 8 EWIV-VO.

471 *K. Schmidt*, Gesellschaftsrecht, § 66 I 3.

472 Vgl. z.B. *Servatius*, in: Henssler/Strohn, Gesellschaftsrecht, Rn. 225.

473 Vgl. z.B. *Habersack*, in: Emmerich/Habersack, Aktien- und GmbH-Konzernrecht, Einleitung, Rn. 45.

474 So zum Beispiel die belgische Rechtsanwaltsgesellschaft Afschrift SE (vgl. *Bayer/Schmidt*, AG 2007, R192, R200).

475 BGH, Beschl. v. 10.1.2005 – AnwZ (B) 27/03, AnwZ (B) 28/03 – juris, Rn. 39; vgl. oben Rdn. 171 ff.

Angesichts der unionsrechtlichen Diskriminierungsverbote in ihrer Auslegung durch den Europäischen Gerichtshof »erschien« es dem Bundesverfassungsgericht »jedenfalls« für möglich, dass eine Gesellschaft mit beschränkter Haftung nach italienischem Recht mit Sitz in Italien Trägerin des Grundrechts auf Eigentum ist[476]. Dann muss erst recht eine Aktiengesellschaft nach europäisch-deutschem Recht mit Sitz in Deutschland Trägerin der Berufungsausübungsfreiheit sein. In der Konsequenz wären die zur (deutschen) AG als Anwaltsgesellschaft entwickelten Grundsätze entsprechend anzuwenden.

Handelsgesellschaften können im Gebiet der Europäischen Union in der Form europäischer Aktiengesellschaften (SE) unter den Voraussetzungen und in der Weise gegründet werden, die in der SE-VO vorgesehen sind[477]. Die SE besitzt Rechtspersönlichkeit[478]. Sie gilt als Aktiengesellschaft, die zum Zwecke der Anwendung des Art. 2 Abs. 1, Abs. 2 und Abs. 3 SE-VO dem Recht des Sitzmitgliedstaats unterliegt[479]. Soweit die SE-VO nicht gilt, sind auf eine SE mit Sitz im Inland und auf die an der Gründung einer SE beteiligten Gesellschaften mit Sitz im Inland die Vorschriften des SEAG anzuwenden[480]. Vorbehaltlich der Bestimmungen der SE-VO wird eine SE in jedem Mitgliedstaat wie eine Aktiengesellschaft behandelt, die nach dem Recht des Sitzstaats der SE gegründet wurde[481]. Die Haftung einer in Deutschland ansässigen SE entspricht also der einer deutschen Aktiengesellschaft.

Die SE muss ihrer Firma den Zusatz »SE« voran- oder nachstellen[482]. Nur eine SE darf ihrer Firma den Zusatz »SE« hinzufügen[483].

ccc) Sonstiges

179 Ansonsten ist zu beachten, dass die Beurteilung der Rechtsfähigkeit einer Gesellschaft nach dem Recht am Ort ihres tatsächlichen Verwaltungssitzes – wie nach früherer Rechtsprechung deutscher Gerichte –[484] für die der Europäischen Union unterfallenden Gesellschaften mit der in Art. 49 und 54 AEUV[485] garantierten Niederlassungsfreiheit nicht vereinbar ist[486]. Der Europäische Gerichtshof hat entschieden, dass das nach dieser Rechtsprechung bestehende Erfordernis, eine wirksam gegründete und nach dem Gründungsrecht fortbestehende Gesellschaft könne nach Verlegung ihres Verwaltungssitzes in die Bundesrepublik Deutschland ihre vertraglichen Rechte vor deutschen Gerichten so lange nicht durchsetzen, wie sie sich nicht nach den Regeln des deutschen Gesellschaftsrechts neu begründet habe, einer Negierung der Niederlassungsfreiheit gleichkommt[487].

▶ **Beispiel:**

180 Eine niederländische BV ist deshalb nach der Verlegung des Verwaltungssitzes in die Bundesrepublik Deutschland als vor den deutschen Gerichten aktiv und passiv parteifähig zu erachten[488].

---

476 BVerfG, Beschl. v. 19.7.2011 – 1 BvR 1916/09 – juris, Rn. 29.
477 Art. 1 Abs. 1 SE-VO.
478 Art. 1 Abs. 3 SE-VO.
479 Art. 3 Abs. 1 SE-VO.
480 § 1 SEAG.
481 Art. 10 SE-VO.
482 Art. 11 Abs. 1 SE-VO.
483 Art. 11 Abs. 2 SE-VO.
484 BGH, Urt. v. 1.7.2002 – II ZR 380/00 – juris, Rn. 5 ff. sowie EuGH-Vorlage v. 30.3.2000 – VII ZR 370/98 – juris, Rn. 22 ff.; OLG Düsseldorf, Urt. v. 10.9.1998 – 5 U 1/98 – juris, Rn. 27 ff.
485 Früher Art. 43 und Art. 48 EG-Vertrag.
486 Zu dieser Rechtsprechung vgl. EuGH, Urt. v. 5.11.2002 – C-208/00 – juris, Rn. 94 f.; BGH, Urt. v. 13.3.2003 – VII ZR 370/98 – juris, Rn. 15 ff.
487 EuGH, Urt. v. 5.11.2002 – C-208/00 – juris, Rn. 81.
488 BGH, Urt. v. 13.3.2003 – VII ZR 370/98 – juris, Rn. 13; zur Postulationsfähigkeit des als Rechtsanwalt zugelassenen Mitglieds einer englischen Limited Liability Partnership vgl. BGH, Beschl. v. 22.4.2009 – IV ZB 34/08 – juris, Rn. 6 ff. sowie *Henssler/Mansel,* NJW 2007, 1393 ff.

Die Europäische Gesellschaft kann, wenn ihre Rechtsform dem nicht entspricht, auch nicht als nach deutschem Recht anerkannte Personengesellschaft angesehen werden, weil sie damit in eine andere Gesellschaftsform mit besonderen Risiken, wie z.B. Haftungsrisiken, gedrängt würde. Eine derartige Verweisung würde sich ebenfalls als Verstoß gegen die Niederlassungsfreiheit darstellen[489]. **Eine solche Gesellschaft ist** deshalb nach deutschem internationalem Gesellschaftsrecht **hinsichtlich ihrer Rechtsfähigkeit dem Recht des Staates zu unterstellen, in dem sie gegründet wurde**. Eine Anwaltsgesellschaft, die unter dem Schutz der im EG-Vertrag garantierten Niederlassungsfreiheit steht, ist deshalb berechtigt, ihre vertraglichen Rechte in jedem Mitgliedsstaat geltend zu machen, wenn sie nach der Rechtsordnung des Staates, in dem sie gegründet wurde und in dem sie nach einer Verlegung ihres Verwaltungssitzes in einen anderen Mitgliedsstaat weiterhin ihren satzungsgemäßen Sitz hat, hinsichtlich des geltend gemachten Rechtes rechtsfähig ist[490]. Haftet die Anwaltsgesellschaft nach dem Recht des Gründungsstaates nur beschränkt, gilt diese Haftungsbeschränkung auch in Deutschland. 181

Eine von Rechtsanwälten in England ordnungsgemäß gegründete und registrierte Private Company Limited by Shares hat aufgrund von Art. 43, 48 EG-Vertrag (jetzt Art. 49 und 54 AEUV) grundsätzlich das Recht, sich im Inland niederzulassen und entsprechend ihrem Satzungszweck tätig zu werden. Auf Grund der Niederlassungsfreiheit ist diese Gesellschaft wie eine inländische Kapitalgesellschaft zu behandeln, weshalb sie die Zulassung als Rechtsanwaltsgesellschaft begehren kann, wenn sie die Anforderungen erfüllt[491]. Anwaltsgesellschaften ausländischer Rechtsformen, die in Deutschland tätig werden, sind uneingeschränkt dem deutschen Berufsrecht unterworfen[492].

cc) Internationale Rechtsformen

Der folgende Abschnitt beschäftigt sich mit Rechtsformen der Vereinigten Staaten von Amerika im Allgemeinen und der Limited Liability Partnership im Besonderen. 182

aaa) Rechtsformen der Vereinigten Staaten

Von den Regeln des deutschen internationalen Gesellschaftsrechts kann durch Staatsverträge abgewichen werden. 183

Die Vereinigten Staaten von Amerika und die Bundesrepublik Deutschland haben am 29.10.1954 einen solchen Staatsvertrag in der Form des Freundschafts-, Handels- und Schifffahrtsvertrages geschlossen. In Art. XXV Abs. 5 S. 2 dieses Vertrages heißt es: »Gesellschaften, die gemäß den Gesetzen und sonstigen Vorschriften des einen Vertragsteils in dessen Gebiet errichtet sind, gelten als Gesellschaften dieses Vertragsteils; ihr rechtlicher Status wird in dem Gebiet des anderen Vertragsteils anerkannt.« **Im Geltungsbereich dieses Abkommens ist** deshalb **in Bezug auf das Personalstatut einer Gesellschaft** nicht an das Recht ihres Verwaltungssitzes, **sondern grundsätzlich an das am Ort ihrer Gründung geltende Recht anzuknüpfen**[493]. Einer solchen Anwaltssozietät darf deshalb die Rechtspersönlichkeit nicht abgesprochen werden, die ihr nach dem Recht des Staates zusteht, in dem sie errichtet worden ist[494]. Das am Gründungsort der Gesellschaft geltende Recht ist maßgeblich nicht nur in Bezug auf die Rechts- und Parteifähigkeit der Gesellschaft, sondern auch in Bezug auf die ebenfalls nach dem Personalstatut zu entscheidende Frage einer Haftung der Gesellschafter für Gesellschaftsverbindlichkeiten[495]. Die vorstehenden Ausführungen gelten jedenfalls, sofern es

489 BGH, Urt. v. 13.3.2003 – VII ZR 370/98 – juris, Rn. 17 ff.
490 BGH, Urt. v. 13.3.2003 – VII ZR 370/98 – juris, Rn. 18.
491 AGH Berlin, Beschl. v. 5.4.2007 – I AGH 17/06 – juris, LS 1 sowie Rn. 11 ff.; vgl. dazu *Knöfel*, AnwBl 2007, 742 f. sowie *Henssler/Mansel*, NJW 2007, 1393 ff.; *Siems*, ZVglRWiss 2008, 60 ff. und *Sassenbach*, AnwBl 2007, 293, 295 f.
492 *Henssler*, NJW 2009, 950 ff., 1556 ff.
493 BGH, Urt. v. 29.1.2003 – VIII ZR 155/02 – juris, Rn. 10 f.
494 BGH, Urt. v. 29.1.2003 – VIII ZR 155/02 – juris, Rn. 13.
495 BGH, Urt. v. 23.4.2002 – XI ZR 136/01 – juris, Rn. 16.

sich um eine Gesellschaft handelt, die über tatsächliche und effektive Beziehungen, sog. »genuine links« zum Gründungsstaat verfügt und nicht sämtliche Aktivitäten ausschließlich in der Bundesrepublik Deutschland entfaltet. Dabei wird das Erfordernis eines »genuine links« nicht dahin verstanden, dass der tatsächliche Verwaltungssitz der Gesellschaft sich im Gründungsstaat befinden muss. Ausreichend ist vielmehr, dass die Gesellschaft irgendwelche geschäftlichen Aktivitäten in den USA, und nicht einmal notwendigerweise im Gründungsbundesstaat entwickelt[496].

184 Dabei hat der Tatrichter das Recht der Vereinigten Staaten von Amerika nach § 293 ZPO von Amts wegen zu ermitteln[497].

185 Die Rechtsfähigkeit einer ausländischen juristischen Gesellschaft ist grundsätzlich entsprechend der sog. **Sitztheorie** nach dem Recht des Staates zu beurteilen, in dem die juristische Person ihren Verwaltungssitz hat. Dabei kommt es nicht auf den in der Satzung genannten, sondern auf den tatsächlichen Verwaltungssitz an[498]. Das gilt auch dann, wenn eine Gesellschaft zunächst in einem anderen Staat rechtswirksam gegründet wurde und sodann ihren tatsächlichen Verwaltungssitz in die Bundesrepublik Deutschland verlegt. Eine einmal erworbene Rechtsfähigkeit setzt sich dabei nicht ohne Weiteres in Deutschland nach der Sitzverlegung fort. Maßgebend ist insoweit, ob die Gesellschaft nach dem Recht des Gründungsstaates fortbesteht und ob sie nach deutschem Recht rechtsfähig ist[499].

bbb) Limited Liability Partnership (LLP)

186 Von deutschen Anwaltsgesellschaften wird zunehmend auch die Rechtsform der LLP[500] nach britischem oder amerikanischem Recht gewählt[501]. Es bleibt abzuwarten, ob die neu geschaffene PartGmbB hier zu einem Rückgang führt.

Die LLP zeichnet sich dadurch aus, dass sie keine persönliche Haftung der Gesellschafter für die Schulden der Gesellschaft kennt. Sie ist zwar als partnership formal dem Personengesellschaftsrecht zugeordnet, tatsächlich aber eine hybride Gesellschaftsform, die durch Inkorporierung entsteht. Sie haftet als eigenständiges Rechtssubjekt selbst für berufliche Fehler und andere schadenersatzauslösende Handlungen ihrer Mitglieder[502]. Eine der deutschen PartG vergleichbare akzessorische Haftung gibt es nicht. Im englischen und US-amerikanischen Recht ergibt sich jedoch eine persönliche (deliktische) Haftung des schadensverursachenden Gesellschafters aus dem richterrechtlichen Institut der fahrlässigen Vermögenshaftung, tort of negligence[503]. Da für Dienstleistungsverträge in Deutschland regelmäßig deutsches Recht Anwendung findet[504] und dieses gerade keine generelle persönliche Haftung wegen der Inanspruchnahme persönlichen Vertrauens kennt, führt dies zu einer Haftungsdiskrepanz im Verhältnis zur PartG[505]. Eine persönliche Haftung der Gesellschafter

496 BGH, Urt. v. 5.7.2004 – II ZR 389/02 – juris, Rn. 7. Für eine nur zur Umgehung der strengeren Vorschriften des deutschen Rechts in den USA gegründete »Briefkastenfirma« vgl. OLG Düsseldorf, Urt. v. 15.12.1994 – 6 U 59/94 – juris, Rn. 35 ff.; MünchKommBGB/*Kindler*, Bd. XII Internationales Handels- und Gesellschaftsrecht, Rn. 345; a.A. *Bungert,* DB 2003, 1043.

497 BGH, Urt. v. 23.4.2002 – XI ZR 136/01 – juris, Rn. 17; vgl. Beschl. v. 30.4.2013 – VII ZB 22/12 – juris, Rn. 39.

498 BGH, Urt. v. 29.1.2003 – VIII ZR 155/02 – juris, Rn. 9 und v. 30.1.1970 – V ZR 139/68 – juris, Rn. 10.

499 BGH, Urt. v. 29.1.2003 – VIII ZR 155/02 – juris, Rn. 9.

500 Zur LLP *Henssler,* NJW 2014, 1761; *Henssler/Mansel,* NJW 2007, 1393; *Dahns,* NJW-Spezial 2005, 333; *Weller/Kienle,* DStR 2005, 1102.

501 Feuerich/Weyland/*Brüggemann,* BRAO, Vor § 59c, Rn. 20.

502 *Henssler,* NJW 2014, 1761, 1762.

503 *Henssler,* NJW 2014, 1761, 1762.

504 Art. 4 I lit. b Rom I-VO stellt auf den gewöhnlichen Aufenthalt des Dienstleisters ab; ebenso kommt es im Deliktsrecht auf den gemeinsamen gewöhnlichen Aufenthalt von Schädiger und Geschädigten an, Art. 4 II Rom II-VO.

505 *Vollkommer/Greger/Heinemann,* Anwaltshaftungsrecht, § 22, Rn. 11; *Rinkler/Pape,* in: G. Fischer/Vill/D. Fischer/Pape/Chab, § 1, Rn. 476.

der LLP kommt nur ausnahmsweise in Betracht, wenn die Voraussetzungen der Sachwalterhaftung vorliegen oder die Tatbestandsvoraussetzungen für eine deliktische Haftung in der Person des handelnden Partners vorliegen[506]. Vor dem Hintergrund, dass der eine Versicherungspflicht für Rechtsanwaltsgesellschaften vorsehende § 59j BRAO nicht, auch nicht mittelbar oder analog, für die LLP gilt[507], erscheint dies durchaus problematisch.

Die berufsrechtliche Behandlung der LLP ist ebenso wenig abschließend geklärt wie deren Postulationsfähigkeit. Allerdings hat der Bundesgerichtshof entschieden, dass wenn ein für eine LLP tätiger Rechtsanwalt in einem Schriftsatz benannt ist und er diesen auch unterschrieben hat, der Rechtsanwalt die entsprechende Prozesshandlung nicht nur im Namen seiner Gesellschaft, sondern auch im eigenen Namen vorgenommen hat[508]. Faktische Probleme hinsichtlich der Postulationsfähigkeit dürften sich damit nicht mehr ergeben.

dd) Scheinsozietäten und Scheinsozien

Eine **Scheinsozietät** ist für die Zurechnung **vertraglicher** Haftungstatbestände grundsätzlich ausreichend. Insofern rechtfertigen es die Grundsätze zur Anscheins- und Duldungsvollmacht, eine Rechtsscheinhaftung anzunehmen[509]. Nicht anders ist das Ergebnis, wenn der Scheinsozius **deliktisch** handelt; auch dann haftet die Rechtsanwaltssozietät entsprechend[510]. Die Scheinsozietät selbst kommt dagegen – mangels rechtlicher Existenz – als Anspruchsgegnerin nicht in Betracht. Auch gibt es im Gesetz keine Bestimmung, welche die während des Bestehens einer Scheinsozietät entstandenen Ansprüche, die sich nur gegen einzelne Personen oder eine bereits vorhandene Gesellschaft richten können, auf eine später gegründete Gesellschaft überleitet[511]. 187

Eine Scheinsozietät liegt vor, **wenn Rechtsanwälte, zwischen denen keine Sozietät besteht, nach außen hin** durch gemeinsames Kanzleischild, Briefbögen, Stempel etc. **den Anschein einer Sozietät erwecken**[512]. Diese Fallkonstellation kommt insbesondere in Betracht, wenn Angestellte oder freie Mitarbeiter als Gesellschafter ausgewiesen werden[513] oder das Ausscheiden von Sozien nach außen nicht mitgeteilt wird[514] bzw. wenn in einer Bürogemeinschaft oder einer Kooperation tätige Anwälte nach außen als Sozietät auftreten[515]. 188

Dem Hinweis auf eine **Kooperation** mit bestimmten anderen Berufsträgern kann auch der durchschnittliche Mandant nicht den Anschein einer Sozietät entnehmen. Auch wenn den Mandanten die Kostenstruktur der Zusammenarbeit von Anwälten regelmäßig nicht interessiert, muss es einen objektiven Rechtsscheintatbestand geben, der den Rückschluss auf eine Sozietät gestattet. Es ist also nicht maßgebend, ob der Mandant behauptet, die diesbezüglichen Angaben im Sinne einer einheitlichen Kanzlei verstanden zu haben. Entscheidend ist vielmehr, ob er die diesbezüglichen Angaben als sorgfältiger Erklärungsempfänger in diesem Sinne verstehen durfte. Auch von einem durchschnittlichen Mandanten darf erwartet werden, dass ihm der Unterschied der Begrifflichkeiten 189

506 *Rinkler/Pape,* in: G. Fischer/Vill/D. Fischer/Pape/Chab, § 1, Rn. 476.
507 Feuerich/Weyland/*Brüggemann,* BRAO, Vor § 59c, Rn. 21.
508 BGH, Beschl. v. 22.4.2009 – IV ZB 34/08 – juris, Rn. 6 ff.
509 BGH, Urt. v. 3.5.2007 – IX ZR 218/05 – juris, Rn. 20 m.w.N.
510 Zur Haftung der Rechtsanwaltssozietät für das deliktische Handeln eines Scheinsozius vgl. BGH, Urt. v. 3.5.2007 – IX ZR 218/05 – juris, Rn. 18 ff. Dazu *Ganter,* AnwBl 2008, 94, 98 f., der betont, dass der Scheinsozius schon immer für deliktisch begründete Verbindlichkeiten der Sozietät einstehen musste und dies nunmehr auch umgekehrt gilt.
511 BGH, Urt. v. 17.11.2011 – IX ZR 161/09 – juris, Rn. 23.
512 BGH, Urt. v. 24.1.1978 – VI ZR 264/76 – juris, Rn. 9; v. 12.10.2000 – WpSt (R) 1/00 – juris, Rn. 8 und v. 17.11.2011 – IX ZR 161/09 – juris, Rn. 11.
513 *Kamps/Alvermann,* NJW 2001, 2121; BGH NJW 1999, 3040.
514 BGH, Urt. v. 24.1.1991 – IX ZR 121/90 – juris, Rn. 10, 14; *Rinkler/Pape,* in: G. Fischer/Vill/D. Fischer/Pape/Chab, § 1, Rn. 422.
515 *Kamps/Alvermann,* NJW 2001, 2121, 2122.

»Anwaltskanzlei« bzw. »Kanzleigemeinschaft«[516] einerseits und »Bürogemeinschaft« bzw. »Kooperation« andererseits dergestalt bekannt ist, dass letztere nicht mit einer Sozietät gleichzusetzen sind[517].

190 In Bezug auf die Haftung für eine Scheinsozietät sind insbesondere der Briefkopf sowie das Praxisschild und auch der Internet-Auftritt sowie der Inhalt sonstiger Werbung von besonderer Bedeutung.

▶ Beispiel[518]:

191 Der Kläger nahm zwei Rechtsanwältinnen in Anspruch. Die Passivlegitimation der Beklagten zu 2) wurde streitig gestellt. Bei Begründung des Mandats des Klägers mit der Beklagten zu 1) wies das Kanzleischild beide Beklagten jeweils mit dem Zusatz »Rechtsanwältin« aus. Der Kläger unterschrieb eine Vollmacht mit dem Briefkopf der Beklagten zu 1), auf dem der Zusatz zu lesen war »in Kanzleigemeinschaft ... Rechtsanwältinnen«, ohne dass der Name der Beklagten zu 2) genannt wurde. Im weiteren Verlauf des Mandats wurde jedoch der Name der Beklagten zu 2) unter Beibehaltung des Zusatzes **»in Kanzleigemeinschaft«** in den Briefkopf aufgenommen. Später wurde dieser Zusatz durch die Formulierung »in Bürogemeinschaft« ersetzt. Kurze Zeit danach bezeichneten sich die Beklagten als »Anwaltskanzlei«.

Nach den Grundsätzen der Anscheins- und Duldungsvollmacht müssen sich die beklagten Anwältinnen am gesetzten Rechtsschein festhalten lassen.

Ein auf einem Briefbogen verwendeter Zusatz »in Kanzleigemeinschaft« macht nicht in ausreichendem Maße deutlich, dass nur eine auf die Büroorganisation beschränkte Verbindung besteht[519]. Der Begriff der »Kanzleigemeinschaft« wurde aus dem Bereich des Medizinrechts übernommen[520]. In Bezug auf den Begriff »Gemeinschaftskanzlei« muss sogar angenommen werden, dass seine Verwendung zur Annahme einer Scheinsozietät führt[521].

192 Von einem **Scheinsozius**[522] spricht man, wenn ein im Rechtsverkehr agierender Rechtsanwalt nach außen den Eindruck erweckt, Mitglied einer Anwaltssozietät zu sein, obwohl er der Sozietät tatsächlich nicht angehört[523]. Ein solcher Eindruck wird erweckt, wenn ausgeschiedene Gesellschafter, Angestellte oder freie Mitarbeiter unter Verstoß gegen §§ 8 und 10 Abs. 4 BORA **ohne klaren Hinweis auf den Status als Nichtsozius auf dem Briefkopf (weiter)geführt** werden[524]. Ein entsprechender Rechtsschein kann auch durch einen gemeinsamen Internetauftritt gesetzt werden[525]. In derartigen Fällen muss sich ein Scheinsozius an dem von ihm gesetzten Rechtsschein festhalten lassen. Dies ergibt sich aus den von der Rechtsprechung herausgebildeten Grundsätzen zur sogenannten Duldungs- und Anscheinsvollmacht[526]. Auch die Mitglieder der Sozietät müssen sich das

516 Für diesen Begriff in diesem Sinne auch OLG Köln, Urt. v. 17.12.2002 – 22 U 168/02 – juris, Rn. 28.

517 Vgl. zu diesem Problemkreis *Kamps/Alvermann*, NJW 2001, 2121 f. sowie Hartung/Scharmer/*v. Wedel*, BRAO, § 59a, Rn. 41 ff.

518 OLG Köln, Urt. v. 17.12.2002 – 22 U 168/02 – juris, Rn. 1 ff.

519 OLG Köln, Urt. v. 17.12.2002 – 22 U 168/02 – juris, Rn. 28.

520 Im Medizinrecht sind Praxisgemeinschaften Zusammenschlüsse von Ärzten, bei denen nur die äußeren Voraussetzungen der Arztpraxis vergemeinschaftet werden, z.B. Räume, Personal, Energiezufuhr usw. Eine Praxisgemeinschaft ist deshalb eine reine Organisationsgemeinschaft im Sinne von § 18 Abs. 1 MBO; vgl. *Quaas/Zuck*, Medizinrecht, § 14, Rn. 14. Demgegenüber versteht man unter Gemeinschaftspraxis die gemeinsame Ausübung ärztlicher Tätigkeit in gemeinsamen Räumen mit gemeinsamer Praxiseinrichtung, gemeinsamer Karteiführung sowie mit gemeinsamem Personal auf gemeinsame Rechnung, wobei die vertragsärztliche Gemeinschaftspraxis einheitlich und insgesamt mit der Kassenärztlichen Vereinigung abrechnet; vgl. *Engelmann*, ZGMR 2004, 3, 4; *Quaas/Zuck*, Medizinrecht, § 15, Rn. 4.

521 OLG Köln, Urt. v. 17.12.2002 – 22 U 168/02 – juris, Rn. 27 sowie *Kolhaas*, NJW 50/2004 S. XXVIII.

522 Zur Haftung eines Scheinsozius *Deckenbrock/Meyer*, ZIP 2014, 701.

523 Zu der Haftung und zur Reichweite der Versicherung beim Scheinsozius, vgl. Kap. 11 Rdn. 97.

524 Vgl. BVerfG, Beschl. v. 24.3.2009 – 1 BvR 144/09 – juris, Rn. 17 f.

525 OLG Düsseldorf, Beschl. v. 11.7.2017 – 24 W 18/17 – juris, Rn. 4.

526 BGH, Urt. v. 16.4.2008 – VIII ZR 230/07 – juris, Rn. 10. Zum Haftungsrisiko von Scheinpartnern in der Partnerschaftsgesellschaft vgl. *Rahlmeyer/Sommer*, VersR 2008, 180 ff.

Handeln des Scheinsozius zurechnen lassen, wenn der Anschein gesetzt wurde, dass dieser für die Sozietät handelt[527].

Nach ständiger Rechtsprechung[528] haften Scheinsozien wie echte Sozien nach den allgemeinen Rechtsscheingrundsätzen gesamtschuldnerisch mit allen anderen Sozien und Scheinsozien. Die Rechtsscheinhaftung von Scheinsozien dürfte dabei nicht nur die anwaltstypische – rechtsberatende oder rechtsvertretende – Tätigkeit betreffen[529]. Besonders problematisch ist dies im Zusammenhang mit **Unterschlagungen oder Veruntreuungen** durch »echte« Sozien[530]. 193

Jegliche Rechtsscheinhaftung ist ausgeschlossen, wenn der Mandant weiß, dass der in Anspruch genommene Rechtsanwalt nicht (mehr) Mitglied der Sozietät ist[531]. Hiervon ist bei ausgeschiedenen Sozien auszugehen, wenn dem Namen des früheren Partners ein klarer Ausscheidenshinweis (etwa »bis 2007«) hinzugefügt wird. Ansonsten sollten den Namen von Nichtsozien eindeutige Zusätze (etwa »angestellter Anwalt«, »freier Mitarbeiter« oder »of counsel«) hinzugesetzt werden. Es kommt für das Vorliegen eines Vertrauenstatbestandes auf den Kenntnisstand des konkreten Mandanten an, wobei wichtigstes Kriterium der Briefkopf der Kanzlei ist[532]. Die Bezeichnung »associate« dürfte nicht hinreichend deutlich machen[533], dass kein Gesellschaftsverhältnis vorliegt.

c) Prozessanwalt und Verkehrsanwalt

Nicht selten erfolgt eine gewisse Arbeitsteilung zwischen zwei Anwälten, und zwar zwischen dem Anwalt, der die Partei als Prozessbevollmächtigter vor einem bestimmten Gericht vertritt und dem Verkehrsanwalt[534], der die Informationen vom Mandanten an den Prozessanwalt weitergibt und die Korrespondenz mit diesem führt. Dieser Anwalt wird auch **Verkehrsanwalt** oder **Korrespondenzanwalt** genannt. 194

Der Mandant pflegt regelmäßig an seinem eigenen Wohnsitz einen Anwalt zu beauftragen, vielleicht seinen Hausanwalt, der von sich aus etwa im Blick auf eine besondere fachliche Spezialisierung oder auch nur wegen der Entfernung des Prozessgerichts einen anderen **(Prozess-)Anwalt** mit der Prozessführung beauftragt. Mitunter kommt es zu dieser Arbeitsteilung auch zwischen dem erstinstanzlichen Anwalt, der etwa den Prozess beim örtlichen Landgericht geführt hat und einem Anwalt, der das Berufungsverfahren beim räumlich entfernten Oberlandesgericht führt. Zwangsläufig kommt es zu dieser Arbeitsteilung in Bezug auf den beim Bundesgerichtshof zugelassenen Revisionsanwalt. 195

Nicht immer kommt bei einer entsprechenden Korrespondenztätigkeit auch ein rechtswirksamer **Verkehrsanwaltsvertrag** mit dem Mandanten zustande. Die Weiterleitung der Schriftsätze eines 196

527 OLG Köln, Urt. v. 3.4.2012 – 9 U 153/11 – juris, Rn. 30 f.

528 Vgl. nur BGH, Urt. v. 8.7.1999 – IX ZR 338/97 – juris, Rn. 11, 28 sowie OLG München, Urt. v. 12.12.2007 – 15 U 3973/07 – juris, Rn. 43.

529 So aber noch BGH, Urt. v. 16.4.2008 – VIII ZR 230/07 – juris, Rn. 10 und mit Recht ablehnend *Lux*, NJW 2008, 2309, 2311 f.; vgl. auch *Posegga*, DStR 2013, 611, 613 sowie *Hirtz*, AnwBl 2008, 636.

530 Der Bundesgerichtshof hat dieserhalb entschieden, dass die Sozienklausel in § 12 III AVB-A, derzufolge ein Ausschlussgrund in der Person eines Sozius zu Lasten aller Sozien wirkt, wirksam und auf Scheinsozien anwendbar ist, vgl. Urt. v. 21.7.2011 – IV ZR 42/10 und Urt. v. 21.7.2011 – IV ZR 43/10 – juris, jeweils Rn. 11 ff.; dazu *Chab*, AnwBl 2014, 137. »Helfen« kann dem gutgläubigen Scheinsozius deshalb nur ein Versicherungsvertrag, der das Veruntreuungsrisiko der »Altsozien« einschließt; vgl. auch Kap. 11 Rdn. 97 f. zur Sozienklausel.

531 BGH, Urt. v. 24.1.1991 – IX ZR 121/90 – juris, Rn. 19; *Ganter*, WM-Sonderbeil. Nr. 6/2001, S. 6.

532 OLG Düsseldorf, Beschl. v. 28.4.2014 – I-24 U 87/13 – juris, Rn. 12.

533 Nach Auffassung des Anwaltssenats des BGH ist davon auszugehen, dass ein nicht nur unerheblicher Teil des angesprochenen Verkehrs den englischen Begriff »associate« als Hinweis auf ein Gesellschafts-, Partnerschafts- oder Sozietätsverhältnis mit den so Bezeichneten versteht; vgl. BGH, Urt. v. 3.11.2008 – AnwSt (R) 10/08 – juris, Rn. 7 sowie Beschl. v. 18.4.2005 – AnwZ (B) 35/04 – juris, Rn. 11 ff.

534 Vgl. Vorbem 3.4, VV 3400, VV 3405 Nr. 1 des RVG.

anderen Anwalts durch den Anwalt, den der Mandant zunächst angesprochen hat, spricht **nicht** unbedingt für den **konkludenten Abschluss** eines Verkehrsanwaltsvertrages; denn der Mandant geht regelmäßig davon aus, dass dieser Anwalt ohne zusätzliche Gebührenansprüche weiterhin tätig bleibt[535]. Die Annahme des Abschlusses eines Verkehrsanwaltsvertrages ist deshalb nur gerechtfertigt, wenn das Verhalten eines Beteiligten von dem anderem bei Anwendung der im Verkehr erforderlichen Sorgfalt nach Treu und Glauben mit Rücksicht auf die Verkehrssitte **eindeutig und zweifelsfrei** als eine auf den Abschluss eines solchen Vertrages gerichtete Willenserklärung aufzufassen ist[536].

197 Bei Einschaltung eines weiteren Anwalts ist durch Auslegung zu ermitteln, ob der Hauptbevollmächtigte den **anderen Anwalt im eigenen Namen oder im Namen seines Mandanten** beauftragt hat, wobei der Hauptbevollmächtigte sich in der Regel nicht selbst verpflichten möchte. Der Rechtsanwalt ist indes selbst Auftraggeber und haftet für die Vergütung, wenn er sich eines Vertreters für eine ihm persönlich obliegende Tätigkeit bedient[537]. Die Pflicht zu ordnungsgemäßem prozessualem Handeln gegenüber dem Prozessgericht obliegt dem Prozessbevollmächtigten. Den Verkehrsanwalt trifft grundsätzlich auch **keine Verpflichtung**, den Prozessbevollmächtigten bei seiner Tätigkeit zu **überwachen**[538]. Bei Unklarheiten des ihm erteilten Auftrags hat der Prozessanwalt den Verkehrsanwalt um Klarstellung zu ersuchen; dagegen ist er grundsätzlich nicht verpflichtet, unter Umgehung des Verkehrsanwalts den Mandanten selbst um Auskunft zu bitten[539].

198 Grundsätzlich gilt das **Prinzip horizontaler Arbeitsteilung**. Sind in derselben Prozesssache ein Verkehrs- und ein Prozessanwalt engagiert, obliegt dem **Prozessanwalt die Pflicht zu ordnungsmäßigem prozessualem Handeln** gegenüber dem Prozessgericht, und zwar auch dann, wenn der Verkehrsanwalt das Abfassen der Schriftsätze übernommen hat[540]. **Aufgabe des Verkehrsanwalts** ist es demgegenüber, den **Mandanten zu beraten und die notwendigen Informationen und den Schriftverkehr zwischen diesem und dem Prozessanwalt zu vermitteln**[541]. Nur dann, wenn sich dem Verkehrsanwalt aufgrund besonderer Umstände nach dem ihm zumutbaren Wissen aufdrängen muss, dass der Prozessbevollmächtigte ihm obliegende Pflichten nicht erfüllt, muss der Verkehrsanwalt im Rahmen seiner dem Mandanten gegenüber bestehenden Beratungspflicht diesen darauf hinweisen und auf Abhilfe drängen[542].

199 **Entwirft** andererseits der **Verkehrsanwalt einen Schriftsatz für das Prozessgericht**, haftet unbeschadet der Verantwortlichkeit des Prozessbevollmächtigten auch der Verkehrsanwalt im Rahmen seines Auftrages[543]. Dadurch wird weder die Verantwortlichkeit des Prozessbevollmächtigten für den Inhalt dieses Schriftsatzes eingeschränkt, noch der Verantwortungsbereich des Verkehrsanwalts erweitert[544]. Damit haften beide Anwälte nur für Pflichtverletzungen aus ihrem eigenen Aufgabenbereich. Eine wechselseitige Zurechnung von Pflichtverletzungen über § 278 BGB hat also außer Betracht zu bleiben[545]. Andererseits sind beide Anwälte im Rahmen der Zweckgemeinschaft verpflichtet, die Interessen des Mandanten umfassend zu wahren und in der dazu erforderlichen Form zusammen zu arbeiten[546]. Durch diese Zusammenarbeit wird die anwaltliche Informationspflicht

---

535 BGH, Urt. v. 21.3.1991 – IX ZR 186/90 – juris, Rn. 7.
536 BGH, Urt. v. 21.3.1991 – IX ZR 186/90 – juris, Rn. 12.
537 Mayer/Kroiß/*Mayer*, RVG, § 1, Rn. 29.
538 Feuerich/Weyland/*Schwärzer*, BRAO, § 44, Rn. 45.
539 BGH, Urt. v. 20.7.2006 – IX ZR 47/04 – juris, LS.
540 BGH, Urt. v. 20.7.2006 – IX ZR 47/04 – juris, Rn. 10 m.w.N.
541 BGH, Urt. v. 12.11.2009 – IX ZR 152/08 – juris, Rn. 13; Vollkommer/*Greger*/Heinemann, Anwaltshaftungsrecht, § 18, Rn. 11 ff.
542 BGH, Urt. v. 14.11.1991 – IX ZR 31/91 – juris, Rn. 19.
543 BGH, Urt. v. 29.11.2001 – IX ZR 389/98 – juris, Rn. 8.
544 BGH, Urt. v. 17.12.1987 – IX ZR 41/86 – juris, LS 2.
545 BGH, Urt. v. 17.12.1987 – IX ZR 41/86 – juris, Rn. 33; *Rinkler/Pape*, in: G. Fischer/Vill/D. Fischer/Pape/Chab, § 1, Rn. 270; Vollkommer/*Greger*/Heinemann, Anwaltshaftungsrecht, § 18, Rn. 11.
546 *Hartstang*, Anwaltsrecht, S. 595.

vom Prozessanwalt auf den Verkehrsanwalt verlagert. Der Verkehrsanwalt ist vornehmlich für die Übermittlung der notwendigen Informationen und Weisungen zuständig, der Prozessanwalt ist hingegen für die Prozessführung verantwortlich[547].

Gleichwohl sind Fallkonstellationen denkbar, in denen dem Prozessanwalt nur die Funktion des **»Stempelanwalts«** zufällt[548]. In einer solchen Konstellation werden vom Verkehrsanwalt vereinbarungsgemäß auch die Schriftsätze gefertigt. Diese Besonderheit führt nicht dazu, dass der Prozessanwalt für den Inhalt der Schriftsätze nicht mehr verantwortlich ist. Sie führt jedoch für den Mandanten dazu, dass auch der Verkehrsanwalt für etwaige Pflichtverletzungen haftet, die aus der Erstellung der Schriftsätze resultieren[549]. 200

Geht es um die **Wahrung einer Rechtsmittelfrist**, treffen sowohl den Verkehrsanwalt als auch den Prozessanwalt besondere Kontrollpflichten. Dazu heißt es im Leitsatz einer BGH-Entscheidung vom 22.11.1990[550]: »Sowohl der Prozessbevollmächtigte als auch der Verkehrsanwalt der Partei, der es übernommen hat, den Berufungsanwalt zu beauftragen, haben in eigener Verantwortung geeignete und verlässliche Maßnahmen zu treffen, die eine zuverlässige Information über den Lauf der Rechtsmittelfrist gewährleisten«[551]. 201

Die Sorgfaltspflichten des einen anderen Anwalt mit der Einlegung eines Rechtsmittels beauftragenden Anwalts erschöpfen sich nicht im rechtzeitigen Absenden des Auftragsschreibens. Er muss vielmehr dafür **Sorge tragen, dass der mit der Rechtsmitteleinlegung beauftragte Anwalt den Auftrag innerhalb der laufenden Rechtsmittelfrist bestätigt**, und den rechtzeitigen Eingang dieser Bestätigung überwachen. Bleibt die Mandatsbestätigung des zweitinstanzlichen Anwalts aus, ist der erstinstanzliche Prozessbevollmächtigte verpflichtet, rechtzeitig vor Ablauf der Berufungsfrist Rückfrage zu halten. Grund dafür ist, dass er im Falle der Ablehnung des Mandats durch den zunächst beauftragten Anwalt in der Lage sein muss, den Rechtsmittelauftrag noch rechtzeitig einem

547 Das OLG Frankfurt hat dazu folgende Grundsätze aufgestellt (Urt. v. 3.7.1980 – 16 U 48/80 – MDR 1981, 51): »Der Verkehrsanwalt ist das Zwischenglied zwischen dem Prozessanwalt und seiner Partei. Seine Aufgabe ist die Aufnahme der Informationen von der Partei und die damit verbundene Beratung, die Verarbeitung der Informationen und ihrer Weiterleitung an den Prozessbevollmächtigten und ggfs. die sonstige Vermittlung einer Aussprache zwischen der Partei und dem Prozessbevollmächtigten. Dem Verkehrsanwalt obliegt damit ein Teil der Aufgaben, die üblicherweise der Prozessbevollmächtigte im Rahmen der allgemeinen Mandatswahrnehmung zu erfüllen hat. Der auswärtige Anwalt, der dem Prozessbevollmächtigten die Informationen vermittelt und ihm so einen Teil der Tätigkeit abnimmt, erfüllt also eine abgezweigte Funktion des Prozessbevollmächtigten. Dem Prozessbevollmächtigten obliegt demgegenüber allein die Wahrnehmung der Parteirechte vor Gericht, und nur für diesen Bereich trägt er wegen etwaiger Versäumnisse die Verantwortung.« Vgl. insoweit auch OLG Koblenz, Urt. v. 4.6.1992 – 5 U 1446/91 – juris, Rn. 25 ff. sowie Kap. 2 Rdn. 102.

548 Vgl. dazu OLG Hamm, Urt. v. 23.12.2014 – 27 U 4/14 – juris, Rn. 62.

549 BGH, Urt. v. 28.6.1990 – IX ZR 209/89 – juris, Rn. 35: »Die Pflicht des zum Prozessbevollmächtigten bestellten Rechtsanwalts zur sachgemäßen Prozessführung ändert sich grundsätzlich nicht dadurch, dass in die Korrespondenz zwischen ihm und dem Mandanten ein Verkehrsanwalt eingeschaltet ist … Der Prozessbevollmächtigte hat nach dem deutschen Zivilprozess (§ 81 ZPO) eine selbständige, eigenverantwortliche Stellung, die sich zugleich auf das vertragliche Innenverhältnis zu seinem Mandanten auswirkt. Insbesondere verantwortet der Prozessbevollmächtigte, nicht der Verkehrsanwalt, die einzuschlagende Prozesstaktik. Hält er die vorgeschlagene Taktik für unzweckmäßig, riskant oder gar nachteilig, so muss er seine Bedenken gegenüber demjenigen Anwalt kundtun, der den Schriftverkehr zwischen ihm und dem Mandanten vermittelt. Erst wenn auf eine solche ›Gegenvorstellung‹ hin der Verkehrsanwalt die Weisung des Mandanten übermittelt, er solle bei der ihm vorgeschlagenen Prozesstaktik bleiben, verletzt der Prozessbevollmächtigte im allgemeinen nicht seine Vertragspflichten, wenn er die Weisung befolgt.«; zur Verantwortlichkeit des Prozessanwalts für Schriftsatzmängel vgl. BGH, Urt. v. 29.11.2001 – IX ZR 389/98 – juris, Rn. 8.

550 BGH, Beschl. v. 22.11.1990 – I ZB 13/90 – juris; vgl. auch BGH, Beschl. v. 28.3.1990 – VIII ZB 7/90 – juris, Rn. 8.

551 So auch BGH, Beschl. v. 25.1.2001 – IX ZB 120/00 – juris, Rn. 9.

anderen, zur Mandatsübernahme bereiten Anwalt zu erteilen, um die Durchführung des Rechtsmittels zu gewährleisten[552].

Über ein dem Prozessanwalt zugestelltes Urteil hat dieser den Verkehrsanwalt zu informieren, und zwar in Bezug auf das Zustellungsdatum und die danach laufende Berufungsfrist, während der Verkehrsanwalt diese Informationen dem Mandanten zu übermitteln hat, damit dieser die Entscheidung über die Einlegung des Rechtsmittels treffen kann[553].

202 **Prozessanwalt und Verkehrsanwalt** haften beide für die ihnen jeweils obliegenden Aufgaben. Beide **haben selbständig für die in ihrem eigenen Verantwortungsbereich begangenen Fehler einzustehen**. Eine gesamtschuldnerische Haftung des Verkehrs- und des Prozessanwalts kommt dann in Betracht, wenn beide Ursachen für denselben Schaden gesetzt haben[554]. Das gilt auch in Fällen einer kumulativen Gesamtkausalität, also dann, wenn eine Ursache den Schaden nur im Zusammenwirken mit einer anderen Ursache gesetzt hat, es sei denn, die eine Ursache tritt nach dem Schutzzweck der Norm völlig hinter die andere zurück[555]. Im Übrigen hat die Rechtsprechung zur Gesamtschuldnerschaft im Sinne des § 421 BGB als entscheidendes Strukturmerkmal das Vorhandensein einer **Zweckgemeinschaft** entwickelt[556], die auch im Verhältnis von Verkehrsanwalt und Prozessanwalt gegeben ist[557].

203 Wenn demzufolge Prozessanwalt und Verkehrsanwalt für einen Schaden insoweit verantwortlich sind, als jeder in seinem eigenen Verantwortungsbereich eine Schadensursache für denselben Schaden pflichtwidrig und schuldhaft gesetzt hat, tritt auch eine **gesamtschuldnerische Haftung** ein[558].

▶ Beispiel:

204 Wenn der Prozessanwalt aufgrund einer falschen rechtlichen Beurteilung unrichtige Anträge stellt und der Verkehrsanwalt dem Mandanten dazu beruhigend erklärt, er habe die Antragstellung überprüft und für richtig befunden, müssen beide Anwälte als Gesamtschuldner für ihre fehlerhafte rechtliche Beurteilung gegenüber dem Mandanten einstehen[559].

205 Eine gesamtschuldnerische Haftung ist ferner möglich, wenn die Versäumung der Rechtsmittelfrist durch unzureichende Kontrollen des Verkehrsanwalts sowie des Prozessanwalts eingetreten ist oder der Prozessanwalt als »Stempelanwalt« den vom Verkehrsanwalt entworfenen fehlerhaften Schriftsatz nicht kontrolliert oder wenn der Prozessanwalt und der Verkehrsanwalt gemeinsam den Gerichtstermin wahrnehmen und beide sich pflichtwidrig verhalten[560].

Überträgt allerdings der zunächst tätige Anwalt dem beim BGH zugelassenen Prozessanwalt die Prüfung der Erfolgsaussichten einer Revision und werden diese von Letzterem bejaht, kann dem nicht beim BGH zugelassenen Anwalt nicht vorgeworfen werden, dass er dem Ratschlag des BGH-Anwalts nicht widersprochen und von der Durchführung der Revision abgeraten hat[561].

---

552 BGH, Urt. v. 19.6.2001 – VI ZB 22/01 – juris, Rn. 7.

553 BGH, Beschl. v. 2.12.1987 – IVa ZB 17/87 – juris, Rn. 7 ff. sowie v. 27.2.1986 – III ZB 34/85 – juris, Rn. 7.

554 BGH, Urt. v. 13.3.1997 – IX ZR 81/96 – juris, Rn. 21; OLG Celle, Urt. v. 21.9.2005 – 3 U 99/05 – juris, Rn. 16.

555 Vgl. BGH, Urt. v. 10.5.1990 – IX ZR 113/89 – juris, Rn. 22.

556 BGH, Urt. v. 29.6.1972 – VII ZR 190/71 – juris, Rn. 18.

557 *Hartstang*, Anwaltsrecht, S. 595.

558 BGH, Urt. v. 21.9.2017 – IX ZR 34/17 – juris, Rn. 44; vgl. auch Borgmann/*Jungk*/Schwaiger, Anwaltshaftung, § 38, Rn. 62; *Meik*, AnwBl 1989, 83, 84.

559 Zur Frage des internen Ausgleichs im Sinne des § 426 BGB ist auf das Maß der Verursachung und des Verschuldens abzustellen, vgl. BGH, Beschl. v. 19.1.2006 – IX ZR 254/03 – juris, Rn. 2; *Meik*, AnwBl 1989, 83, 85.

560 Vgl. OLG Köln, Urt. v. 3.3.1995 – 19 U 119/94 – juris, Rn. 17.

561 So für das Verhältnis zwischen dem erstinstanzlichen Anwalt und dem Berufungsanwalt BGH, Urt. v. 10.3.1988 – IX ZR 194/87 – juris, Rn. 17.

206 Gegebenenfalls kann sich auch der in Anspruch genommene Verkehrsanwalt oder der Prozessanwalt auf eine Pflichtverletzung des jeweils anderen Anwalts berufen, um seine Haftung über die **§§ 254, 278 BGB** einzuschränken. Voraussetzung für einen derartigen Einwand ist, dass der eine Anwalt gegenüber dem anderen in Bezug auf eine konkrete Pflicht Erfüllungsgehilfe des Mandanten ist. Man wird daher im Einzelfall fragen müssen, ob gerade seitens des Anwalts eine Aufgabe wahrgenommen wurde, die im Verhältnis zu dem anderen in Regress genommenen Anwalt eine Pflicht des Mandanten darstellt[562].

▶ Beispiel:

207 Der Verkehrsanwalt beauftragt den beim Oberlandesgericht tätigen Prozessanwalt mit der Durchführung des Berufungsverfahrens oder den beim BGH zugelassenen Kollegen mit der Durchführung des Nichtzulassungsbeschwerde- oder Revisionsverfahrens. Obwohl die Berufung bzw. die Revision aussichtslos erscheint, rät der in der jeweiligen Instanz tätige Prozessanwalt nicht zur Berufungsrücknahme bzw. Revisionsrücknahme, sondern verhandelt streitig zur Sache. Die Berufung bzw. die Revision werden sodann durch Urteil zurückgewiesen. Gegenüber dem Schadensersatzanspruch, den der Mandant gegen den Verkehrsanwalt geltend macht, wendet Letzterer ein, der Prozessanwalt habe einen Teil der entstandenen Kosten durch eine sinnvolle Berufungs- bzw. Revisionsrücknahme vermeiden können und das müsse sich der Mandant nach den §§ 254, 278 BGB anspruchsmindernd anrechnen lassen.

208 In Fällen dieser Art ist der **Prozessanwalt** nur dann **Erfüllungsgehilfe des** beklagten **Verkehrsanwalts**, wenn der Mandant den Prozessanwalt zumindest auch damit beauftragt hatte, einen erkannten oder für möglich gehaltenen Fehler des Verkehrsanwalts zu beheben[563].

209 Denkbar sind auch Fälle, in denen der **Verkehrsanwalt als Erfüllungsgehilfe der Partei gegenüber dem Prozessanwalt** anzusehen ist. Da der Mandant gegenüber dem Prozessanwalt grundsätzlich seiner Informationspflicht nachkommen muss, kann auch angenommen werden, dass sich der Mandant zur Erfüllung dieser Informationspflicht gegenüber dem Prozessanwalt des Verkehrsanwalts bediente. Wenn demzufolge der Verkehrsanwalt die für den Mandanten übernommene Informationspflicht nicht ordnungsgemäß erfüllt, so muss auch er als Erfüllungsgehilfe des Mandanten gegenüber dem Prozessanwalt angesehen werden mit der Folge, dass sich der Prozessanwalt gegenüber dem Schadensersatzbegehren des Mandanten auf ein Mitverschulden gemäß den §§ 254, 278 BGB berufen kann, wenn eben die fehlende Information den Schaden verursacht hat.

210 Eine Haftung als Gesamtschuldner kommt für den Verkehrsanwalt und den Prozessanwalt folglich nur dann in Betracht, wenn **beide durch eine Pflichtwidrigkeit denselben Schaden verursacht** haben **und** wenn **es dem einen gegenüber dem anderen vertraglich nicht zugleich oblag, eine Pflicht des Mandanten zu erfüllen**[564]. Das OLG Hamm[565] hat dazu geurteilt: »Grundsätzlich kann zwar, wenn mehrere Personen wegen Verletzung der ihnen gegenüber einem Geschädigten obliegenden Pflichten für einen Schaden verantwortlich sind, sich der Einzelne zu seiner Entlastung gegenüber dem Geschädigten nicht auf ein Mitverschulden oder ein überwiegendes Verschulden des anderen berufen, da er dem Geschädigten neben dem anderen insoweit gesamtschuldnerisch haftet und das etwa überwiegende Verschulden des einen im Verhältnis der Schädiger untereinander gemäß § 426 BGB zum Ausgleich zu bringen ist.«.

Diese Grundsätze gelten auch, wenn es sich bei den möglichen Schädigern um verschiedene Organe der Rechtspflege – etwa einen Rechtsanwalt und einen **Notar** – handelt. Weder darf sich der Rechtsanwalt auf die von Amts wegen bestehenden Prüfungs- und Belehrungspflichten des Notars verlassen, noch darf der Notar von der Erfüllung der ihm obliegenden Prüfungs- und

562 Vgl. auch BGH, Urt. v. 21.9.2017 – IX ZR 34/17 – juris, Rn. 44.
563 BGH, Urt. v. 18.3.1993 – IX ZR 120/92 – juris, Rn. 29 f. sowie vom 14.7.1994 – IX ZR 204/93 – juris, Rn. 35.
564 BGH, Urt. v. 21.9.2017 – IX ZR 34/17 – juris, Rn. 44.
565 OLG Hamm, Urt. v. 21.1.1982 – 28 U 158/81 – VersR 1982, 1057.

Belehrungspflichten gegenüber den anwaltlich beratenen Beteiligten absehen, solange nicht feststeht, dass diese tatsächlich umfassend informiert sind. Gleiches gilt im Verhältnis eines **Mediators** zu einem Rechtsanwalt. Auch hier kann keiner von beiden Beteiligten darauf bauen, dass die ihn treffenden Belehrungspflichten von der anderen Seite wahrgenommen werden[566].

211 Deshalb haften auch dann, wenn jemand **nacheinander mehrere Anwälte** um Rechtsauskunft oder Belehrung ersucht und von allen denselben falschen, schädlichen Ratschlag erhält, diese als Gesamtschuldner nebeneinander.

212 Die Anwendung des Grundsatzes des **§ 254 BGB** ist aber **immer dann nicht ausgeschlossen**, wenn dem Geschädigten gegenüber einem der Schädiger eine Verpflichtung zur Schadensverhütung oder Verhinderung oblag und der andere insoweit sein Erfüllungsgehilfe war.

d) Untervollmacht

213 Häufig arbeiten Anwälten auf der Grundlage von **Unterbevollmächtigungen** miteinander. Dabei bleibt der Hauptbevollmächtigte Prozessanwalt; mit der Terminswahrnehmung wird ein am Gerichtsort niedergelassener Kollege beauftragt. Regelmäßig kommt bei Unterbevollmächtigungen ein Vertrag zwischen dem Mandanten und dem unterbevollmächtigten Anwalt, jedoch kein solcher zwischen den beiden beteiligten Anwälten zustande, sofern der die Untervollmacht erteilende Hauptbevollmächtigte seinerseits im Rahmen einer ihm erteilten Vollmacht handelt. Der Unterbevollmächtigte muss sich für die Terminswahrnehmung soweit in die Sache einarbeiten, dass es ihm im Termin zur mündlichen Verhandlung möglich ist, eine qualifizierte Erörterung des Streitstoffs in rechtlicher und tatsächlicher Hinsicht zu erreichen[567].

e) Franchiseverträge

214 Inzwischen werden im Anwaltsbereich auch **Franchiseverträge** geschlossen[568]. Ein Franchisevertrag liegt vor, wenn ein Unternehmen, der Franchisegeber, einem anderen Unternehmen, dem Franchisenehmer, für dessen Betriebsführung zur Nutzung gegen Entgelt und Übernahme bestimmter Pflichten Handelswaren und bzw. oder eine Handelsmarke, Vertriebsmethoden und Erfahrungswissen sowie das Recht überlässt, Dienstleistungen zu vertreiben. Auch ist eine Überlassung von Geschäftsräumen in diesem Zusammenhang möglich, aber nicht notwendig[569]. Der Franchisevertrag ist als Dauerschuldverhältnis ausgestaltet[570]. Der Franchisenehmer, also das örtliche Büro, handelt im eigenen Namen und auf eigene Rechnung. **Die Franchisenehmer müssen dem Anschein einer Vertretung des Franchisegebers vorbeugen**, um zu verhindern, dass der Auftraggeber den Eindruck erhält, er schließe den Vertrag mit dem Franchisegeber. Die Eigenschaft als Franchisenehmer muss deshalb erkennbar gemacht werden[571]. Für den Franchisegeber kommt auch ggf. eine deliktische Haftung in Betracht[572].

III. Haftungsgrundlagen

215 Auf der Basis eines bestehenden Vertragsverhältnisses gibt es mehrere Anspruchsgrundlagen für Schadensersatzansprüche.

566 BGH, Urt. v. 21.9.2017 – IX ZR 34/17 – juris, Rn. 45.
567 *Grams,* BRAK-Mitt. 2003, 225.
568 Vgl. *Heintze*, Rechtsanwalts-Franchising, 2003.
569 Palandt/*Weidenkaff*, BGB, Einf. vor § 581, Rn. 21.
570 Den Presseveröffentlichungen zur Folge sind inzwischen bereits mehrere Franchiseketten aufgebaut worden. Sie versuchen das Vertrauen von Mandanten über den Aufbau einer starken Marke zu gewinnen. In den USA hat man mit Law Stores nicht nur gute Erfahrungen gemacht, weil ein starker Marktauftritt häufig auch große Investitionen erfordert.
571 *Wolf/Ungeheuer*, BB 1994, 1027.
572 Palandt/*Weidenkaff*, BGB, Einf. vor § 581, Rn. 27; *Bräutigam,* WM 1994, 1189.

1. Ansprüche wegen Leistungsstörungen

In den meisten Fällen wird dem Anwalt eine **Pflichtverletzung i.S.d. § 280 Abs. 1 S. 1 BGB** vorgeworfen[573], wobei ein Vertretenmüssen gemäß § 280 Abs. 1 S. 2 BGB vermutet wird[574]. Für vor dem 1.1.2002 geschlossene Rechtsberaterverträge ist noch das alte Leistungsstörungsrecht anzuwenden, auch wenn das pflichtwidrige Verhalten und der Schaden erst nach dem Stichtag eingetreten sind[575]. Seit der Schuldrechtsreform stellt § 281 Abs. 1 S. 1 BGB die Nichtleistung dem Fall gleich, dass der Anwalt die fällige Leistung nicht wie geschuldet erbringt. Für beide Fälle gibt es den Anspruch auf Schadensersatz statt der Leistung gemäß § 281 Abs. 1 S. 1 BGB[576]. Für den Fall, dass der Anwalt die geschuldete Leistung nicht vertragsgemäß erbringt, gewährt § 323 Abs. 1 BGB auch ein Rücktrittsrecht. Bezieht sich die Pflichtverletzung hingegen auf nicht leistungsbezogene Pflichten, werden also nicht mit der Primärleistung zusammenhängende Rechte, Rechtsgüter oder Interessen des Vertragspartners verletzt, wie sie § 241 Abs. 2 BGB im Auge hat, werden Schadensersatzansprüche und ein Rücktrittsrecht durch die §§ 282, 324 BGB geregelt[577]. Schadensersatz anstelle der Leistung ist gemäß § 280 Abs. 3 BGB an die zusätzliche Voraussetzung des § 282 BGB gebunden. Diese Norm erlaubt dem Gläubiger bei der Verletzung einer begleitenden Nebenpflicht im Sinne von § 241 Abs. 2 BGB, die Primärleistung zurückzuweisen und Schadensersatz zu verlangen, wenn dem Mandanten die Leistung durch den Anwalt nicht mehr zuzumuten ist. 216

Denkbar ist auch eine **Haftung** des Anwalts **wegen Verzuges** gemäß § 280 Abs. 2 i.V.m. § 286 BGB. Erbringt hingegen der Anwalt die nach dem Vertrag fällige Leistung nicht, kann der Mandant unter den Voraussetzungen des § 280 Abs. 1 BGB gemäß § 281 Abs. 1 BGB Schadensersatz statt der Leistung verlangen, wenn er dem Anwalt erfolglos eine angemessene Frist zur Leistung oder Nacherfüllung bestimmt hat. Gemäß § 281 Abs. 2 BGB ist die Fristsetzung nur entbehrlich, wenn der Schuldner die Leistung ernsthaft oder endgültig verweigert oder besondere Umstände vorliegen, die unter Abwägung der beiderseitigen Interessen die sofortige Geltendmachung des Schadensersatzanspruches rechtfertigen. Hat der Anwalt hingegen eine Teilleistung bereits bewirkt, kann der Mandant gemäß § 281 Abs. 1 S. 2 BGB Schadensersatz statt der ganzen Leistung nur verlangen, wenn er an der erbrachten Teilleistung kein Interesse hat. Hat hingegen der Anwalt die Leistung nicht wie geschuldet bewirkt, kann der Mandant gemäß § 281 Abs. 1 S. 3 BGB Schadensersatz statt der ganzen Leistung nicht verlangen, wenn die Pflichtverletzung unerheblich ist. 217

2. Besonderheiten der Haftung von Anwaltssozietäten

Die Entscheidung des BGH vom 29.1.2001[578] hat die Weichen für die rechtliche Behandlung der BGB-Gesellschaft neu gestellt. Seit dieser Entscheidung steht fest, dass die **(Außen-)GbR Rechtsfähigkeit** besitzt und im Zivilprozess aktiv und passiv parteifähig ist. Konsequenz der Anerkennung der Rechtssubjektivität der Gesellschaft im Verhältnis zu Dritten ist die analoge Anwendung der §§ 128 ff. HGB[579] für die Haftung der BGB-Gesellschaft[580]. Dementsprechend haftet auch ein in die BGB-Gesellschaft eintretender Neugesellschafter analog §§ 128 ff. HGB für früher begründete Verbindlichkeiten[581]. 218

---

573 Vgl. BGH, Urt. v. 14.7.2016 – IX ZR 291/14 – juris, Rn. 5; v. 10.3.2011 – IX ZR 82/10 – juris, Rn. 11 ff.

574 OLG Hamm, Urt. v. 30.4.2015 – 28 U 88/14 – juris, Rn. 67.

575 OLG Düsseldorf, Urt. v. 8.1.2008 – I-21 U 252/06 – juris, Rn. 13.

576 In diesem Zusammenhang wird auf die Ausführungen zu Kap. 4 Rdn. 229 ff. verwiesen, wo im Einzelnen zwischen nicht behebbaren und behebbaren Fehlern unterschieden wird, wie dies der gängigen Abgrenzung zwischen § 280 BGB und § 281 BGB entspricht, vgl. Palandt/*Grüneberg*, BGB, § 280, Rn. 18.

577 Medicus/*Lorenz*, Schuldrecht I, AT, Rn. 338.

578 BGH, Urt. v. 29.1.2001 – II ZR 331/00 – juris, Rn. 4 ff.

579 Vgl. auch Rdn. 145.

580 BGH, Urt. v. 7.4.2003 – II ZR 56/02 – juris, Rn. 8 ff.

581 Für Zeiträume vor Änderung der Rechtsprechung kann es Vertrauensschutz geben, BGH, Urt. v. 7.4.2003 – II ZR 56/02 – juris, Rn. 20 f.; dazu: *K. Schmidt*, NJW 2003, 1897 ff.

219 Die Anwaltssozietäten haften **auch deliktisch**, und zwar nicht nur die Anwaltspartnerschaft, die Anwalts-GmbH und die Anwalts-AG, sondern auch Sozietäten in der Rechtsform der Gesellschaft bürgerlichen Rechts[582]. Die Haftung der Gesellschaft für das deliktische Handeln eines Gesellschafters ergibt sich aus der Anwendung des § 31 BGB[583]. In Ermangelung einer gegenteiligen Regelung ist bei einer Anwaltssozietät jeder Sozius »verfassungsmäßig berufener Vertreter« im Sinne des § 31 BGB[584]. Dies gilt auch für einen berufsrechtlichen Zusammenschluss von Rechtsanwälten, der – ohne eine Gesellschaft zu sein – nach außen hin diesen Anschein erweckt (**Scheinsozietät**)[585]. Das in § 128 HGB zum Ausdruck kommende Haftungsprinzip trifft dabei auch auf die berufshaftungsrechtlichen Verbindlichkeiten einer Anwaltssozietät zu. Wenn im Allgemeinen ein Gesellschafter für ein fremdes Delikt einstehen muss, ist nicht einzusehen, weshalb dies bei einem anwaltlichen Sozius anders sein soll. Die Rechtsanwälte, die sich zu einer Sozietät zusammenschließen und werbend als solche auftreten, nehmen auch das Risiko auf sich, dass ein Sozius das in ihn gesetzte Vertrauen missbraucht[586].

220 Die Anwendung des § 28 Abs. 1 S. 1 HGB auf den **Zusammenschluss von** bisher als **Einzelanwälten** tätigen Rechtsanwälten zu einer Rechtsanwaltssozietät wird abgelehnt, weil ihnen nicht wie den Gesellschaftern einer offenen Handelsgesellschaft (§ 28 Abs. 2 HGB) die Möglichkeit offen steht, einer abweichenden Vereinbarung durch Eintragung in das Handelsregister Dritten gegenüber Geltung zu verleihen[587].

IV. Mandatsende

221 Die wesentlichen Pflichten des Anwalts erlöschen mit der Beendigung des Mandats. Der Zeitpunkt der Beendigung ist auch für die Frage der Verjährung[588] von Bedeutung. Auch die Vergütung des Rechtsanwalts ist vom Mandatsende abhängig; denn gem. § 8 Abs. 1 S. 1 RVG wird der Anspruch auf die Vergütung fällig, wenn der Auftrag erledigt oder die Angelegenheit beendet ist. Nach § 15 Abs. 5 S. 2 RVG gilt die weitere Tätigkeit eines Rechtsanwalts als neue Angelegenheit, wenn der frühere Auftrag seit mehr als zwei Kalenderjahren erledigt ist.

1. Erreichen des Vertragszwecks bzw. anderweitige Erledigung

222 Der Anwaltsvertrag wird durch die Erledigung des Auftrages, d.h. die Erreichung des Vertragszwecks beendet[589].

Für die Erledigung des Auftrags i.S.v. § 15 Abs. 5 S. 2 RVG ist auf die zu § 8 Abs. 1 S. 1 RVG gefundene Definition dieses Begriffs abzustellen. Danach ist ein Auftrag erledigt, wenn der Anwalt seine Verpflichtungen aus dem Anwaltsvertrag vollständig erfüllt hat. Das ist dann der Fall, wenn von ihm keine weiteren Handlungen in Erfüllung des Auftrags mehr zu erwarten sind. Die Entscheidung der Frage, wann dieser Zeitpunkt erreicht ist, hängt von den Umständen des Einzelfalls ab. Allgemeine Regeln lassen sich dazu nicht aufstellen. Dabei kommt es entscheidend darauf an, ob der Anwalt selbst seinen Auftrag als erfüllt ansieht oder nicht. Das Ziel braucht nicht erreicht zu

---

582 A.A. noch BGH, Urt. v. 30.6.1966 – VII ZR 23/65 – juris, Rn. 8 f. auf der Grundlage der heute überholten Lehre von der fehlenden Parteifähigkeit der BGB-Gesellschaft, vgl. *K. Schmidt*, Gesellschaftsrecht, § 60 II, S. 1783.

583 BGH, Urt. v. 24.2.2003 – II ZR385/99 – juris, Rn. 18 ff.

584 BGH, Urt. v. 3.5.2007 – IX ZR 218/05 – juris, Rn. 14.

585 BGH, Urt. v. 3.5.2007 – IX ZR 218/05 – juris, Rn. 19; so auch Vollkommer/*Greger/Heinemann*, Anwaltshaftungsrecht, § 8, Rn. 26.

586 BGH, Urt. v. 3.5.2007 – IX ZR 218/05 – juris, Rn. 29.

587 BGH, Urt. v. 22.1.2004 – IX ZR 65/01 – juris, Rn. 16; vgl. aber auch OLG Sachsen-Anhalt, Urt. v. 17.1.2006 – 9 U 86705 – juris, Rn. 4 ff. und oben Rdn. 129.

588 Vgl. dazu die Ausführungen unter Kap. 1 Rdn. 256 und Kap. 7 Rdn. 4 ff.

589 BGH, Urt. v. 20.6.1996 – IX ZR 106/95 – juris, Rn. 13 und v. 16.7.2015 – IX ZR 197/14 – juris, Rn. 81; Hartung/Scharmer/*Grams*, BRAO, vor § 51, Rn. 107 ff.

sein[590]. Dementsprechend ist auch denkbar, dass der Anwalt, ohne dass der Vertragszweck erreicht wäre, keine weitere Tätigkeit mehr entfalten kann, weil sich die Angelegenheit aus bestimmten Gründen objektiv erledigt hat.

Beispiel:

Der Rechtsanwalt wird beauftragt, gegen einen Erben Ansprüche durchzusetzen. Bevor diese Ansprüche geltend gemacht werden können, stellt der Erbe gem. § 317 Abs. 1 InsO den Antrag auf Eröffnung eines Nachlassinsolvenzverfahrens. 223

Die bloße faktische Beendigung des Mandats aufgrund einer Untätigkeit des Rechtsanwalts und des Auftraggebers vor Erreichung des Vertragszwecks genügt nicht für die rechtliche Beendigung des Vertragsverhältnisses[591].

Bei **Prozessvertretungen** kann nicht davon ausgegangen werden, dass das Mandat mit der eine Instanz abschließenden Entscheidung und mit der Erfüllung der sich hieran anschließenden Belehrungspflichten durch den Rechtsanwalt endet[592]. Vom Anwalt, der die erste Instanz betreut hat, kann regelmäßig eine Vertretung auch in der zweiten Instanz erwartet werden. Etwas anderes gilt nur dann, wenn der erstinstanzliche Anwalt nach den getroffenen Absprachen nicht in der Rechtmittelinstanz auftreten bzw. einen anderen Rechtsanwalt beauftragen soll. Da das Mandat ansonsten regelmäßig mit dem Ziel verknüpft ist, den Prozess zu gewinnen, kann ohne eine derartige Absprache bis zur Grenze der Revisionsinstanz eine Vertretung durch den gleichen Anwalt in den Tatsacheninstanzen erwartet werden[593]. Das Mandat endet dann mit dem **Berufungsurteil** und der Erfüllung der sich hieran anschließenden Hinweis- und Beratungspflichten[594]. 224

Selbst wenn der Anwalt den Mandanten in einer weiteren Prozessinstanz nicht mehr vor Gericht vertritt, kann das Mandat auch dann nicht als beendet angesehen werden, wenn der Rechtsanwalt auftragsgemäß die Korrespondenz für den Mandanten mit dem neuen Prozessvertreter der nächsten Instanz führen soll; in einem derartigen Fall ist ebenfalls von einem Fortbestand des ursprünglichen Mandates auszugehen[595]. 225

Hingegen ist von einer Beendigung des Mandats auszugehen, wenn der Prozessanwalt lange Zeit später nur noch im Rahmen nachvertraglicher Pflichten tätig wird, etwa wegen Kostenfragen oder bezüglich der Aktenversendung oder wegen einer sonstigen Abwicklungstätigkeit. Durch solche Erledigung von Nebensächlichkeiten lebt das ursprüngliche Mandat nicht wieder auf[596]. Es ist deshalb insoweit zwischen der eigentlichen anwaltlichen Leistung, die das Ende des Mandats bestimmt und der nur bürotechnischen Abwicklung eines Auftrags zu unterscheiden[597]. Ebenso haben Auskünfte

590 BGH, Beschl. v. 16.11.2017 – V ZB 152/16 – juris, Rn. 9.

591 OLG Düsseldorf, Urt. v. 30.10.2007 – I-23 U 199/06 – juris, Rn. 74.

592 Vgl. aber BGH, Urt. v. 21.7.2016 – IX ZR 57/15 – juris, Rn. 15.

593 Vgl. in diesem Zusammenhang auch § 81 ZPO.

594 BGH, Urt. v. 21.7.2016 – IX ZR 57/15 – juris, Rn. 15. So auch BGH, Beschl. v. 18.7.2017 – VI ZR 52/16 – juris, Rn. 12: »Das Mandat eines Prozessbevollmächtigten ist grundsätzlich nicht beendet, bevor er seinem Auftraggeber das Urteil übersandt, dessen Zustellung mitgeteilt und auf die Rechtsmittelmöglichkeiten hingewiesen hat (...). Ein Prozessbevollmächtigter muss seine Partei darüber unterrichten, ob, in welchem Zeitraum, in welcher Weise und bei welchem Gericht gegen eine Entscheidung Rechtsmittel eingelegt werden kann (...). Diese Unterrichtung erfordert eine richtige Belehrung über den Zeitpunkt des Ablaufs der Rechtsmittelfrist.«

595 Vgl. BGH, Urt. v. 27.11.1984 – VI ZR 38/83 – juris, Rn. 20; vgl. aber auch BGH, Urt. v. 21.3.1991 – IX ZR 186/90 – juris, Rn. 7, wonach nicht schon wegen der tatsächlichen Beteiligung des erstinstanzlichen Anwalts an der Korrespondenz mit dem zweitinstanzlichen Kollegen von einem Mandat als Verkehrsanwalt auszugehen ist.

596 Vgl. BGH, Beschl. v. 13.7.1984 – III ZR 137/83 – juris, Rn. 11.

597 So auch *Rinkler/Pape,* in: G. Fischer/Vill/D. Fischer/Pape/Chab, § 1, Rn. 73.

keinen Einfluss auf die Beendigung des Vertrages, die ein Anwalt erteilt, nachdem er dem Mandanten gegenüber zu erkennen gegeben hat, dass er den Vertrag als erfüllt erachtet[598].

225a Hat sich der Anwalt zu einer außergerichtlichen Beratung verpflichtet, ist der Auftrag im Allgemeinen mit der Erteilung des Rates erledigt[599]. Vergeht dann geraume Zeit, bis der Mandant in derselben Angelegenheit den Anwalt noch einmal kontaktiert, ist regelmäßig von einem neuen Mandat auszugehen[600].

226 Ist der Anwalt beauftragt, den Mandanten bei Vertragsverhandlungen zu vertreten, endet der Auftrag grundsätzlich mit der Unterzeichnung des Vertrages bzw. des Vergleiches[601]. Das erteilte Mandat kann allerdings auch den Vollzug des Vertrages umfassen[602].

227 Im Falle des Abschlusses eines Werkvertrages endet der mit dem Rechtsanwalt geschlossene Vertrag mit der Abnahme im Sinne des § 640 BGB.

▶ Beispiel[603]:

228 Ist der Anwaltsvertrag auf die Erstellung eines Vertrages gerichtet, tritt das Vertragsende mit der als Abnahme zu wertenden Unterschrift des Mandanten unter den Vertrag ein.

2. Kündigung und Widerruf

229 Der Anwaltsvertrag kann nicht nur durch Erreichen des Vertragszwecks oder durch sonstige Erledigung sein Ende finden. Möglich ist auch eine Beendigung durch **Kündigung** – sei es durch den Mandanten oder durch den Rechtsanwalt – bzw. durch **Widerruf** des Mandanten.

a) Widerruf

230 Ein Widerrufsrecht des Mandanten kommt insbesondere unter Gesichtspunkten des Verbraucherschutzes in Betracht, wenn es sich bei dem Anwaltsvertrag etwa um einen **Fernabsatzvertrag** i.S.d. § 312c Abs. 1 BGB oder um einen außerhalb von Geschäftsräumen geschlossenen Vertrag i.S.d. § 312b Abs. 1 BGB handelt[604].

b) Kündigung[605]

231 Grundsätzlich ist zwischen einer **ordentlichen** und einer **außerordentlichen Kündigung** und danach zu unterscheiden, ob und unter welchen Voraussetzungen dem **Mandanten** oder auch dem **Anwalt** ein Recht zur Kündigung zusteht. Im Bereich des Anwalts**dienst**vertrags finden vorrangig die §§ 626, 627 und 628 BGB Anwendung, die die für Dauerschuldverhältnisse[606] neu geschaffene Kündigungsmöglichkeit nach § 314 BGB verdrängen[607]. Stellt sich das Mandatsverhältnis als Anwalts**werk**vertrag[608] dar, kommen die §§ 642, 643, 645 und 648 BGB zur Geltung.

---

598 *Rinkler/Pape,* in: G. Fischer/Vill/D. Fischer/Pape/Chab, § 1, Rn. 73 m.w.N.
599 BGH, Urt. v. 7.2.2008 – IX ZR 149/04 – juris, Rn. 32; vgl. auch BGH, Urt. v. 10.10.1991 – IX ZR 38/91 – juris, Rn. 28.
600 Vgl. oben Rdn. 221.
601 BGH, Urt. v. 16.7.2015 – IX ZR 197/14 – juris, Rn. 81; *Rinkler/Pape,* in: G. Fischer/Vill/D. Fischer/Pape/Chab, § 1, Rn. 75.
602 BGH, Urt. v. 16.7.2015 – IX ZR 197/14 – juris, Rn. 82.
603 BGH, Urt. v. 16.11.1995 – IX ZR 148/94 – juris, Rn. 15.
604 Vgl. dazu ausführlich oben Rdn. 55 ff.
605 Ausführlich zum Honoraranspruch bei Kündigung unten Kap. 6 Rdn. 7.
606 Mithin auch im Bereich von § 624 BGB bei einem für länger als 5 Jahre eingegangenen Dauermandat.
607 BT-Drs. 14/6040, S. 177; Vollkommer/*Greger/Heinemann,* Anwaltshaftungsrecht, § 6, Rn. 3; *Rinkler/Pape,* in: G. Fischer/Vill/D. Fischer/Pape/Chab, § 1, Rn. 83.
608 Dazu oben Rdn. 13.

aa) Kündigung durch den Mandanten

§ 627 Abs. 1 BGB schafft im Bereich der Erbringung von Diensten höherer Art, die eine besondere Vertrauensbeziehung voraussetzen, Kündigungserleichterung. **Der Mandant kann** im Rahmen von § 627 Abs. 1 BGB einen **Anwaltsdienstvertrag**[609] **ohne weitere Voraussetzungen kündigen** und zwar sogar ohne Einhaltung einer Kündigungsfrist. Nicht erforderlich für die Kündigung eines derartigen Dienstverhältnisses ist auch das Vorliegen eines wichtigen Grundes im Sinne von § 626 Abs. 1 BGB. Denn nach § 627 Abs. 1 BGB ist bei einem Dienstverhältnis, das kein Arbeitsverhältnis im Sinne von § 622 BGB ist, dann, wenn der zur Dienstleistung Verpflichtete, ohne in einem dauernden Dienstverhältnis mit festen Bezügen[610] zu stehen, Dienste höherer Art zu leisten hat, die aufgrund besonderen Vertrauens übertragen zu werden pflegen, die Kündigung – jederzeit und außerordentlich – auch ohne die in § 626 BGB bezeichneten Voraussetzungen zulässig[611]. Die Möglichkeit der fristlosen Kündigung knüpft allein daran an, dass die besondere Vertrauensbeziehung verloren gegangen ist, ohne dass es auf die Ursache hierfür ankäme und darüber ein Beweis geführt werden müsste. Das Kündigungsrecht aus § 627 Abs. 1 BGB kann wegen § 307 Abs. 2 Nr. 1 BGB nicht durch Formularverträge abbedungen werden[612]. 232

Es ist für die Einstufung einer Leistung als Dienst höherer Art ohne Bedeutung, ob der Berufsträger sie selbst vornimmt oder ob er sie – im Rahmen seiner Berufspflichten – durch einen **Helfer** unter seiner Verantwortung vornehmen lässt. Das in § 627 Abs. 1 BGB vorausgesetzte generelle persönliche Vertrauen kann darum auch dann vorliegen, wenn es sich bei dem Dienstverpflichteten um eine **juristische Person** handelt[613].

Wird der Anwaltsvertrag nach § 627 Abs. 1 BGB gekündigt, behält der Rechtsanwalt gemäß § 628 Abs. 1 S. 1 BGB grundsätzlich seinen **Vergütungsanspruch** und zwar gem. § 15 Abs. 4 RVG in dem Umfang, in dem er Leistungen erbracht hat. Ein vereinbartes Pauschalhonorar ist ggfs. auf einen Teilbetrag herabzusetzen[614]. Dabei ist der Rechtsanwalt nicht allein deshalb zur Rückzahlung geforderter und erhaltener Vorschüsse verpflichtet, weil er pflichtwidrig keine den gesetzlichen Anforderungen genügende Rechnung erstellt und dem Mandanten mitgeteilt hat[615]. 233

Veranlasst[616] der Rechtsanwalt indes durch ein **vertragswidriges Verhalten**[617] die Kündigung des Mandanten, so steht ihm nach § 628 Abs. 1 S. 2 BGB ein Vergütungsanspruch insoweit nicht zu, als seine bisherigen Leistungen infolge der Kündigung für den Auftraggeber kein Interesse mehr haben[618].

609 Die Tätigkeit der Rechtsanwälte fällt typischerweise unter § 627 Abs. 1 BGB, BGH, Urt. v. 2.5.2019 – IX ZR 11/18 – juris, Rn. 13.

610 Vgl. BGH, Urt. v. 13.1.1993 – VIII ZR 112/92 – juris, Rn. 12.

611 BGH, Urt. v. 2.5.2019 – IX ZR 11/18 – juris, Rn. 13; KG Berlin, Urt. v. 12.10.2001 – 15 U 1625/00 – juris, Rn. 12.

612 Erman/*Belling/Riesenhuber*, BGB, § 627, Rn. 4; vgl. BGH, Urt. v. 9.6.2005 – III ZR 436/04 – juris, LS sowie Rn. 31 ff.; ebenso für Steuerberatervertrag OLG Düsseldorf, Urteil v. 2.6.2009 – I-23 U 119/08 – juris, Rn. 29 ff.

613 BGH, Urt. v. 2.5.2019 – IX ZR 11/18 – juris, Rn. 13.

614 Vgl. dazu unten Kap. 6 Rdn. 15.

615 BGH, Urt. v. 7.3.2019 – IX ZR 143/18 – juris, Rn. 12.

616 Die Kündigung des Dienstverhältnisses ist nur dann durch ein vertragswidriges Verhalten veranlasst, wenn zwischen dem vertragswidrigen Verhalten und der Kündigung ein unmittelbarer Zusammenhang besteht. Dies ist dann der Fall, wenn die Vertragsverletzung Motiv für die außerordentliche Kündigung war und sie diese adäquat kausal verursacht hat, BGH, Urt. v. 7.3.2019 – IX ZR 221/18 – juris, Rn. 12.

617 Hierfür genügt nicht jeder geringfügige Vertragsverstoß des Dienstverpflichteten. Vorarbeiten eines Anwalts etwa, welche noch zu keinem Arbeitsergebnis geführt haben, das an den Mandanten oder einen Dritten herausgegeben werden sollte, können eine Pflichtwidrigkeit nicht begründen, selbst wenn sie Fehler aufweisen, BGH, Urt. v. 7.3.2019 – IX ZR 221/18 – juris, Rn. 22 f.

618 Vgl. unten Kap. 6 Rdn. 7 und 18 ff.

234 Fehler eines Anwalts, aufgrund derer der Auftraggeber ihm das Mandat entzieht, können auch nach § 628 Abs. 2 BGB eine Ersatzpflicht für den aus der Vertragsbeendigung resultierenden **Schaden** nach sich ziehen[619]. Die Anwendung von § 628 Abs. 2 BGB setzt ein anwaltliches Fehlverhalten von der Schwere eines wichtigen Grundes nach § 626 BGB voraus[620]. Das bedeutet auch, dass die Kündigungsfrist des § 626 Abs. 2 BGB eingehalten worden sein muss[621]. § 628 Abs. 2 BGB ist bis zur Grenze des § 276 Abs. 3 BGB durch eine Individualvereinbarung abdingbar[622]. Rechtsfolge der Norm ist, dass der Mandant gemäß den §§ 249 S. 1, 252 S. 1 BGB so zu stellen ist, wie er ohne die Kündigung stünde[623].

235 Bei einem anwaltlichen **Werkvertrag** kann der Mandant gemäß § 648 BGB den Vertrag bis zur Vollendung des Werkes ebenfalls jederzeit kündigen. Kündigt er, so ist der Anwalt allerdings gemäß § 648 S. 2 BGB grundsätzlich berechtigt, die vereinbarte Vergütung zu verlangen; er muss sich jedoch dasjenige anrechnen lassen, was er infolge der Aufhebung des Vertrages an Aufwendungen erspart oder durch anderweitige Verwendung seiner Arbeitskraft erwirbt oder zu erwerben böswillig unterlässt. Art und Höhe der ersparten Aufwendungen und anderweitigen Erwerb hat der Anwalt darzulegen und zu beziffern, weil nur er in der Regel dazu in der Lage ist[624]. Sache des Mandanten ist es darzulegen und zu beweisen, dass höhere Ersparnisse erzielt, als vom Anwalt angegeben wurden[625]. Von § 648 BGB abweichende Pflichten des Mandanten können sich bei Vertragslösungen gemäß § 313 BGB ergeben, wenn die Fortsetzung des Vertrages unzumutbar ist oder gemäß § 323 BGB, wenn der Mandant wegen Pflichtverletzungen des Anwalts zurücktritt; gleiches gilt bei Mängeln des anwaltlichen Werkes gemäß § 634 BGB.

bb) Kündigung durch den Rechtsanwalt

236 Eine Kündigung des Anwaltsvertrages ist auch dem **Rechtsanwalt** nach §§ 627 Abs. 2, 628 BGB jederzeit möglich[626]; eine Kündigung zur Unzeit wird durch den in § 627 Abs. 2 S. 2 BGB vorgesehenen **Schadensersatzanspruch** des Mandanten kompensiert[627]. Eine Kündigung kann nach § 628 Abs. 1 S. 2 BGB auch zum **Wegfall** des **Vergütungsanspruch**s führen.

237 Nach § 628 Abs. 1 S. 1 BGB kann der kündigende Dienstverpflichtete grundsätzlich einen seinen bisherigen Leistungen entsprechenden Teil der Vergütung verlangen. Dies ist aber nur der Teil der Vergütung, der den bis zur Kündigung erbrachten Leistungen entspricht[628]. Wenn der Rechtsanwalt allerdings **kündigt, ohne durch ein vertragswidriges Verhalten des anderen Teils dazu veranlasst zu sein**, steht dem Rechtsanwalt gem. § 628 Abs. 1 **S. 2** BGB ein Anspruch auf die Vergütung insoweit nicht zu, als seine bisherigen Leistungen infolge einer Kündigung – sei es nach § 627 BGB oder auch § 626 BGB – für den Mandanten kein Interesse haben[629].

238 Ist die Kündigung eines Rechtsanwalts durch vertragswidriges Verhalten des Mandanten veranlasst, etwa weil dieser sich einer erkennbar angemessenen Vorschussanforderung widersetzt hat, kann dem Rechtsanwalt als **Schadensersatz** gemäß **§ 628 Abs. 2 BGB** auch der Teil der Gebühren zustehen, der bei voller Auftragsdurchführung angefallen wäre[630].

619 Vgl. unten Kap. 6 Rdn. 23 ff.
620 BGH, Urteil vom 16.7.2020 – IX ZR 298/19 – juris, Rn. 13.
621 BGH, Urteil vom 16.7.2020 – IX ZR 298/19 – juris, Rn. 13; kritisch *Deckenbrock,* NJW 2020, 2540.
622 MünchKommBGB/*Henssler*, § 628, Rn. 110.
623 Siehe unten Kap. 6 Rdn. 40.
624 So allgemein zum Werkvertragsrecht BGH, Urt. v. 14.1.1999 – VII ZR 277/97 – juris, Rn. 11 ff.
625 BGH, Urt. v. 24.3.2011 – VII ZR 110/10 – juris, Rn. 12 m.w.N.
626 BGH, Urt. v. 2.5.2019 – IX ZR 11/18 – juris, Rn. 13. Besonderheiten können in Beiordnungsfällen gelten, vgl. dazu Rdn. 23.
627 BGH, Urt. v. 4.7.2002 – IX ZR 153/01 – juris, Rn. 9.
628 BGH, Urt. v. 11.12.2003 – IX ZR 109/00 – juris, Rn. 43.
629 Ausführlich *Henssler/Deckenbrock,* NJW 2005, 1 ff. sowie unten Kap. 6 Rdn. 18 ff.
630 BGH, Urt. v. 11.12.2003 – IX ZR 109/00 – juris, Rn. 60.

Schadensersatzansprüche des Mandanten aus **§ 627 Abs. 2 BGB** können sich indes ergeben, wenn der Anwalt den Vertrag zur **Unzeit** kündigt. 239

Beispiele:

1. Eine Kündigung zur Unzeit ist anzunehmen, wenn der Anwalt das Mandat am Tage der Einspruchsfrist gegen ein Versäumnisurteil niederlegt und dadurch das Versäumnisurteil rechtskräftig werden lässt. In einer solchen Situation ist der Anwalt verpflichtet, um Schaden zu vermeiden, vor der Mandatsniederlegung Einspruch einzulegen[631]. 240
2. Gleiches gilt, wenn der mit der Wahrnehmung der Interessen einer Partei für die Berufungsinstanz betraute Anwalt das Mandat am Tage des Ablaufes der Berufungs- oder Berufungsbegründungsfrist niederlegt[632] oder wenn die Mandatsniederlegung unmittelbar vor Eintritt der Verjährung erfolgt[633].

Gemäß § 627 Abs. 2 BGB darf der Verpflichtete den anwaltlichen Dienstvertrag nur in der Art kündigen, dass sich der Dienstberechtigte die Dienste anderweitig beschaffen kann, es sei denn, dass ein wichtiger Grund für die unzeitige Kündigung vorliegt. Kündigt der Anwalt ohne solchen Grund zur Unzeit, hat er gemäß § 627 Abs. 2 S. 2 BGB dem Dienstberechtigten, also dem Mandanten, den daraus entstehenden Schaden zu ersetzen[634]. 241

Für den anwaltlichen **Werkvertrag** gelten insoweit folgende Besonderheiten: Ist bei der Herstellung des vom Anwalt versprochenen Werkes eine Handlung des Bestellers im Sinne des § 642 Abs. 1 BGB erforderlich, kann der Anwalt, wenn der Mandant durch das Unterlassen der Handlung in den Verzug der Annahme kommt, eine angemessene Entschädigung verlangen. Außerdem kann der Anwalt gemäß § 643 S. 1 BGB dem Mandanten zur Nachholung der Handlung eine angemessene Frist mit der Erklärung bestimmen, dass er den Vertrag kündigen werde, wenn die Handlung nicht bis zum Ablauf der Frist vorgenommen werde. Gemäß § 643 S. 2 BGB gilt der Vertrag als aufgehoben, wenn die Nachholung nicht bis zum Ablauf der Frist erfolgt. Rechtsfolge daraus ist, dass der Anwalt Ansprüche aus § 642 BGB auf Entschädigung für die Vertragszeit bis zur Kündigung und gemäß § 645 Abs. 1 S. 2 BGB auf Teilvergütung nebst Auslagenersatz für die bereits geleistete Arbeit hat[635]. 242

Ein Prozessanwalt kann nach § 87 Abs. 2 ZPO die Rechtsfolgen einer unzeitigen Kündigung abwenden, wenn er für den Mandanten solange weiter handelt, bis dieser für die anderweitige Wahrnehmung seiner Rechte sorgen konnte[636]. Auch bei unzeitiger Kündigung bleibt diese selbst rechtswirksam. Sie begründet nur die Schadensersatzverpflichtung aus § 627 Abs. 2 S. 2 BGB wegen Nichterfüllung des Dienstvertrages[637]. 243

Der die Kündigung zur Unzeit rechtfertigende wichtige Grund ist nicht mit demjenigen aus § 626 Abs. 1 BGB identisch, weil es hier nicht um den Fortbestand des Dienstverhältnisses geht[638]. Ausreichend ist, dass der Mandant Anlass zur Kündigung gab[639], oder dass der dienstverpflichtete Anwalt außerstande ist, die Dienste weiter zu erbringen[640]. Die unzeitige Kündigung kann auch dadurch gerechtfertigt werden, dass der dienstverpflichtete Anwalt außerstande ist, die Dienste weiter zu erbringen[641]. Die Frage, ob ein wichtiger Grund im Sinne des § 627 Abs. 2 BGB vorliegt, hängt 244

631 OLG Frankfurt, Urt. v. 18.12.1990 – 17 W 32/90 – VersR 1991, 897 f.
632 Vgl. BGH, Beschl. v. 9.10.1986 – VII ZB 6/86 – juris, Rn. 7.
633 Vollkommer/*Greger/Heinemann*, Anwaltshaftungsrecht, § 6, Rn. 6.
634 Siehe unten Kap. 6 Rdn. 31 ff.
635 Erman/*Schwenker/Rodemann*, BGB, § 643, Rn. 5.
636 Erman/*Belling/Riesenhuber*, BGB, § 627, Rn. 14.
637 BGH, Urt. v. 24.6.1987 – IVa ZR 99/86 – juris, Rn. 16.
638 *Rinkler/Pape*, in: G. Fischer/Vill/D. Fischer/Pape/Chab, § 1, Rn. 103; Erman/*Belling/Riesenhuber*, BGB, § 627, Rn. 14; MünchKommBGB/*Henssler*, § 627, Rn. 35; a.A. *Borgmann/Jungk/Grams*, Anwaltshaftung, § 15, Rn. 107.
639 Staudinger/*Preis*, BGB, § 627, Rn. 31.
640 Erman/*Belling/Riesenhuber*, BGB, § 627, Rn. 14 m.w.N.
641 Vgl. dazu LG Mannheim, Urt. v. 27.6.1973 – 6 S 173/71 – VersR 1973, 1175.

auch von der Frage ab, wie schwer es dem Mandanten fällt, sich die anwaltlichen Dienste anderweitig rechtzeitig zu beschaffen[642]. Ein vertragswidriges Verhalten des Mandanten kann auch einen solchen wichtigen Grund darstellen. Ein wichtiger Grund für die Mandatskündigung wird vor allem auch dann bejaht, wenn das Vertrauensverhältnis zwischen dem Anwalt und dem Mandanten unheilbar erschüttert ist[643].

245 Erfolgt die Kündigung durch den Anwalt aus wichtigem Grund, darf er die bis dahin verdienten bzw. gezahlten Gebühren verlangen bzw. behalten[644].

V. Vor- und nachvertragliche Pflichten

246 Es kommen auch Schadensersatzansprüche des Mandanten wegen der Verletzung vor- und nachvertraglicher Pflichten durch den Rechtsanwalt in Betracht.

1. Vorvertragliche Pflichten[645]

247 Für Schadensersatzansprüche wegen der **Verletzung vorvertraglicher Pflichten** ist § 280 Abs. 1 i.V.m. § 311 Abs. 2 oder 3 BGB anwendbar. § 311 Abs. 2 Nr. 2 stellt den Grundtatbestand dar. Nach dieser Norm entsteht ein Schuldverhältnis mit Pflichten nach § 241 Abs. 2 BGB auch durch die Anbahnung eines Vertrages, bei welcher der eine im Hinblick auf eine etwaige rechtsgeschäftliche Beziehung dem anderen Teil die Möglichkeit zur Einwirkung auf seine Rechte, Rechtsgüter und Interessen gewährt oder ihm diese anvertraut. Verlangt wird deshalb insoweit ein geschäftlicher Kontakt. Die Voraussetzungen dieses Tatbestandes sind gegeben, wenn der Anwalt und der Mandant bereits in rechtsgeschäftliche Kontakte eingetreten sind, die zwar noch nicht das Stadium von Vertragsverhandlungen im Sinne von § 311 Abs. 2 Nr. 1 BGB erreicht haben, die aber doch vor dem Hintergrund eines möglichen Vertragsschlusses stattfinden[646]. Dieser Tatbestand umfasst deshalb einerseits Gespräche im Vorfeld, aber auch z.B. die Einladung eines Mandanten zu einer Werbeveranstaltung des Rechtsanwalts. Geregelt werden durch die Norm insoweit die Fälle, in denen ein an Vertragsverhandlungen Beteiligter nicht an einem durch § 823 Abs. 1 BGB geschützten Rechtsgut verletzt wird, sondern an seinem Vermögen. Soweit seinerzeit die Grundsätze des Verschuldens bei Vertragsschluss auch dazu benutzt wurden, als unbillig empfundene Härten des Deliktsrechts z.B. in Bezug auf die damalige kurze Verjährung des § 852 BGB a.F. auszugleichen, muss hervorgehoben werden, dass dieser Unterschied durch das neue Verjährungsrecht beseitigt worden ist; denn gemäß den § 199 Abs. 2 und 3 BGB kommt es auf den Rechtsgrund des Ersatzanspruches nicht an[647]. Demgegenüber regelt § 311 Abs. 2 Nr. 1 BGB, dass ein Schuldverhältnis mit solchen Pflichten auch durch die Aufnahme von Vertragsverhandlungen entstehen kann. Der damit geregelte Sachverhalt ist nur als Konkretisierung der Vertragsanbahnung im Sinne des § 311 Abs. 2 Nr. 2 BGB zu verstehen. Während die Aufnahme von Vertragsverhandlungen die Situation eines bereits konkretisierten vorvertraglichen Kontaktes beschreibt, umfasst die Anbahnung des Vertrages auch Fälle, in denen ein Vertragsschluss zwar als möglich erscheint, in denen es aber zu konkreten Verhandlungen gar nicht gekommen war[648].

248 Mit dem Begriff »ähnliche geschäftliche Kontakte« hat der Gesetzgeber in § 311 Abs. 2 Nr. 3 BGB die Fälle erfasst, in denen noch keine Vertragsanbahnung erfolgt ist, gleichwohl aber eine Eröffnung eines im weitesten Sinne rechtsgeschäftlichen Verkehrs bereits gegeben ist[649]. In diesen Bereich

642 So im Ergebnis auch Vollkommer/*Greger/Heinemann*, Anwaltshaftungsrecht, § 6, Rn. 7.
643 Vgl. AG Papenburg, Urt. v. 10.6.1988 – 2 C 769/87 – AnwBl 1989, 47.
644 Vgl. auch oben Rdn. 237.
645 Vgl. auch Kap. 2 Rdn. 324 ff.
646 Erman/*Kindl*, BGB, § 311, Rn. 21.
647 Medicus/*Lorenz*, Schuldrecht I, AT, Rn. 532.
648 *Lorenz/Riehm*, Lehrbuch zum neuen Schuldrecht, Rn. 368; Erman/*Kindl*, BGB, § 311, Rn. 20 und 21.
649 *Lorenz/Riehm*, Lehrbuch zum neuen Schuldrecht, Rn. 369.

des § 311 Abs. 2 BGB fallen auch die Fälle, in denen es nur scheinbar zu einem Vertragsabschluss kommt, der Mandant das jedoch nicht erkennt und dadurch einen Schaden erleidet[650].

▶ Beispiele:

1. Die Vertragsparteien haben so ungeschickt miteinander bei Vertragsabschluss gefaxt, dass der Anschein eines Vertragsabschlusses entstanden war. Der Anwalt wollte jedoch mit diesem Fax-Schreiben unverzüglich die Ablehnung des Mandats erklären. Dieser Wille war jedoch nur bei sehr genauem Hinsehen erkennbar. Der Mandant erlitt sodann einen Schaden dadurch, dass er das Mandat nicht anderweitig vor Verjährungseintritt erteilt hat[651]. 249
2. Ein Anwalt lehnt ein ihm angetragenes Mandat alsbald ab, erteilt jedoch dazu die unrichtige Auskunft, es habe die Beauftragung eines anderen Anwalts nicht unverzüglich zu erfolgen, da in nächster Zeit noch keine Verjährung von Ansprüchen drohe. In diesem Fall haftet der Rechtsanwalt für den nach dieser falschen Angabe erwachsenen Schaden gleichfalls aus § 311 Abs. 2 BGB.

Einen Sonderfall der Haftung aus Verschulden bei Vertragsschluss regelt § 44 BRAO. Wie bereits 250
ausgeführt wurde, hat der Rechtsanwalt, der ein ihm angetragenes **Mandat nicht annehmen** will, die **Ablehnung unverzüglich** zu **erklären**. Unterlässt er das, haftet er gemäß § 44 S. 2 BRAO für den Schaden, der aus einer schuldhaften Verzögerung dieser Erklärung entsteht. Ein solcher Schadensersatzanspruch kommt z.B. in Betracht, wenn wegen der Untätigkeit des Anwalts eine Verjährungsfrist zum Nachteil der auftraggebenden Partei abläuft. Diese Sonderregelung erweist sich in Anbetracht des § 311 Abs. 2 BGB als überflüssig.

Ist ein Anwalt **bei Annahme** eines außergerichtlichen Mandats von Anfang an **nicht bereit**, den Man- 251
danten auch **gerichtlich gegenüber dem Gegner zu vertreten**, so hat er dies ungefragt zu offenbaren. Dies gilt insbesondere in Fallkonstellationen, in denen eine Anwaltssozietät häufig von dem Gegner der Partei, die ihr ein neues Mandat anträgt, beauftragt wird und von daher keine Bereitschaft besteht, offen in einem Rechtsstreit gegen den Gegner aufzutreten. Besteht ein derartiger Vorbehalt, so muss bei Mandatsannahme auch dann auf diesen Umstand hingewiesen werden, wenn ein tatsächlicher oder rechtlicher Zusammenhang mit den vom Gegner erteilten Aufträgen nicht besteht[652].

§ 49b Abs. 5 BRAO[653] verpflichtet den Anwalt in Fällen, in denen sich die zu erhebenden **Ge-** 252
bühren nach dem Gegenstandswert richten (§ 2 Abs. 1 RVG), den Mandanten vor Übernahme des Auftrags hierauf hinzuweisen. Unterlässt er schuldhaft einen derart gebotenen Hinweis ist er dem Mandanten zum Ersatz des hierdurch verursachten Schadens verpflichtet[654]. Verletzt der Anwalt seine Belehrungspflicht aus § 49b Abs. 5 BRAO, verlangt § 287 Abs. 1 ZPO nicht, dass der Mandant einen bestimmten anderen Anwalt namentlich bezeichnet und behauptet, dass dieser hypothetisch bereit gewesen wäre, das Mandat nach günstigeren als den gesetzlichen Bedingungen abzurechnen. Das käme einem vom Gesetz nicht geforderten Vollbeweis nahe. Für die richterliche Überzeugungsbildung am Maßstab des § 287 Abs. 1 ZPO genügt insoweit eine deutlich überwiegende, auf gesicherter Grundlage beruhende Wahrscheinlichkeit[655].

Der Geschädigte einer schuldhaften Pflichtverletzung bei Vertragsverhandlungen hat Anspruch auf 253
Ersatz des **Vertrauensschadens** (§ 280 Abs. 1, § 311 Abs. 2 BGB). Er ist so zu stellen, wie er bei Offenbarung der für seinen Vertragsschluss maßgeblichen Umstände gestanden hätte[656].

---

650 Medicus/*Lorenz*, Schuldrecht I, AT, Rn. 535.
651 In Anlehnung an RGZ 104, 265.
652 BGH, Urt. v. 8.11.2007 – IX ZR 5/06 – juris, Rn. 14.
653 Mit Wirkung vom 1.7.2004 durch das Kostenrechtsmodernisierungsgesetz vom 5.5.2004 (BGBl I, S. 718) eingefügt.
654 BGH, Urt. v. 24.5.2007 – IX ZR 89/06 – juris, Rn. 17 f.; OLG Hamm, Urt. v. 16.6.2009 – 28 U 1/09 – juris, Rn. 30.
655 OLG Hamm, Urt. v. 16.6.2009 – 28 U 1/09 – juris, Rn. 35.
656 BGH, Urt. v. 8.11.2007 – IX ZR 5/06 – juris, Rn. 16 und v. 19.5.2006 – V ZR 264/05 – juris, Rn. 21 m.w.N.

2. Nachvertragliche Pflichten

254 Wie aus jedem anderen Vertrag können sich auch aus dem Anwaltsvertrag noch nachvertragliche Pflichten ergeben, nämlich einerseits **Hinweis-** und andererseits auch noch **Handlungspflichten**. Darüber hinaus hat der Rechtsanwalt auch nach Vertragsabschluss noch in erheblichem Maße **standesrechtliche Pflichten** zu wahren.

a) Grundsätze

255 **Mit der Vertragsbeendigung entfallen die Pflichten des beauftragten Anwalts bzw. der Gesellschaft nicht stets in vollem Umfang.** Zwar entbindet das Vertragsende den Rechtsanwalt von seiner Verpflichtung, die zuvor vertraglich übernommene Angelegenheit auch nur zu einem provisorischen Ende zu führen[657]. Auch darf der Auftraggeber nicht erwarten, bei Mandatsende über die Sach- und Rechtslage umfassend unterrichtet zu werden. Des Weiteren ist der Rechtsanwalt nicht verpflichtet, dem bisherigen Mandanten Ratschläge für die künftige Sachbehandlung zu erteilen, wenn ihm der Auftrag zu einem Zeitpunkt entzogen wird, in dem keine Nachteile durch alsbaldigen Fristablauf drohen[658]. Andererseits kann der Rechtsanwalt unter besonderen Umständen auch bei Vertragsende verpflichtet sein, die übernommene Angelegenheit des Mandanten wenigstens so abzuschließen, dass dieser infolge der Beendigung keine Schäden erleidet, die für den Rechtskundigen erkennbar und vermeidbar sind. Deshalb besteht für den Anwalt die Verpflichtung, über laufende prozessuale Fristen zu belehren, deren Versäumung schadensbegründend sein kann[659].

▶ Beispiele:

256 1. Nimmt der Anwalt nach Kündigung des Mandats die Zustellung eines Versäumnisurteils entgegen, trifft ihn die Pflicht, die frühere Partei über die Zustellung in Kenntnis zu setzen. Mit der Kündigung des Auftrages entfiel die prozessuale Verpflichtung, Zustellungen für den Mandanten entgegenzunehmen[660]. Wenn der Anwalt aber gleichwohl die Zustellung des Versäumnisurteils bestätigte, musste er den früheren Mandanten darüber informieren. Gleichzeitig traf den Anwalt die Pflicht, den früheren Mandanten über die mit dem Versäumnisurteil verbundene Frist zu belehren[661].
2. Ebenso muss der Anwalt, der eine Partei im Berufungsrechtszug ohne Beteiligung eines Korrespondenzkollegen vertritt, wenn im Verlauf des Berufungsverfahrens von der Partei eine Sicherheit zur Abwehr der Zwangsvollstreckung durch Bankbürgschaft dem Gegner übergeben wurde, die Partei darüber beraten und belehren, auf welchem Weg sie die geleistete Sicherheit zurückerhalten kann, wenn das Rechtsmittel zum Erfolg geführt werden konnte[662].
3. Auch muss der Anwalt bei Mandatsende jedenfalls dann auf die konkrete Gefahr eines baldigen Verjährungseintritts hinweisen, wenn er diese Situation zuvor durch Untätigkeit mit verursacht hat, sofern dem Auftraggeber aus der Beendigung der anwaltlichen Tätigkeit erkennbar ein Schaden zu entstehen droht, weil er sich mangels Kenntnis der Rechtslage der Gefahr nicht voll bewusst ist[663]. Dies gilt insbesondere auch wenn Streitverkündungen ausgesprochen sind und wegen § 204 Abs. 1 Nr. 6, Abs. 2 S. 1 BGB nach Ablauf von 6 Monaten ab Rechtskraft der erwirkten Entscheidung Verjährung droht.

---

657 BGH, Urt. v. 28.11.1996 – IX ZR 39/96 – juris, Rn. 17.
658 BGH, Urt. v. 24.10.1996 – IX ZR 4/96 – juris, Rn. 8.
659 BGH, Urt. v. 28.11.1996 – IX ZR 39/96 – juris, Rn. 16.
660 BGH, Urt. v. 7.7.1959 – VIII ZR 111/58 – juris, Rn. 10; Beschl. v. 5.2.1965 – V ZB 12/64 – juris, Rn. 7; vgl. auch BGH, Beschl. v. 11.6.2008 – XII ZB 184/07 – juris, Rn. 13 zur Zustellung eines Prozesskostenhilfebeschlusses.
661 BGH, Beschl. v. 6.10.2011 – IX ZR 21/09 – juris, Rn. 3 ff. sowie Urt. v. 14.12.1979 – V ZR 146/78 – juris, Rn. 12.
662 BGH, Urt. v. 22.3.1990 – IX ZR 128/89 – juris, Rn. 14.
663 BGH, Urt. v. 28.11.1996 – IX ZR 39/96 – juris, LS sowie Rn. 17, 21.

Der Rechtsanwalt ist z.B. bei Mandatsbeendigung auch verpflichtet, darauf hinzuweisen, dass eine zur Zeit laufende **Rechtsmittelfrist** zu einem bestimmten Zeitpunkt abläuft und nur gewahrt wird, wenn die erforderlichen Maßnahmen getroffen werden. 257

Gegebenenfalls wird auch der Hinweis geschuldet, dass die erforderliche Prozesshandlung rechtswirksam nur durch einen anderen Anwalt vorgenommen werden kann[664]. 258

Mitunter treffen den Anwalt nach Beendigung des Mandats sogar auch noch Handlungspflichten[665]. 259

▶ Beispiele:

1. Hat ein Rechtsanwalt von seinem Mandanten sämtliche diesem zur Verfügung stehenden Unterlagen über eine Kaufpreisforderung erhalten, um die Forderung gerichtlich durchzusetzen, verletzt er nachvertragliche Pflichten aus dem Anwaltsvertrag, wenn er, obwohl die Verjährung droht, nach Beendigung des Mandats weder diese Unterlagen an den Mandanten zurückgibt, noch ihn anderweitig auf die drohende Verjährung hinweist. Das gilt auch dann, wenn dem Anwalt wegen seines Gebührenanspruches ein Zurückbehaltungsrecht an den Handakten zusteht[666]. 260
2. Ebenso kann der Anwalt verpflichtet sein, auch nach Beendigung des Mandats noch sofort notwendige prozessuale Maßnahmen zu treffen, wie einen Rechtsbehelf oder ein Rechtsmittel selbst einzulegen oder den Antrag auf Verlängerung der Berufungsbegründungsfrist zu stellen. Solche weiteren Handlungen sind erforderlich, wenn zu erwarten ist, dass der Auftraggeber diese Handlungen in der bis zum Fristablauf noch zur Verfügung stehenden Zeit nicht zu erledigen vermag. Andererseits darf der Anwalt darauf vertrauen, dass die notwendigen Maßnahmen anderweitig getroffen werden, sofern der Mandant nach der Mandatsbeendigung oder bereits vorher einen anderen Rechtsanwalt eingeschaltet hat. In einer solchen Fallkonstellation muss der Anwalt auch auf den Ablauf der Verjährung hinweisen, wenn dieser bei Einschaltung des neuen Anwalts unmittelbar bevorsteht[667].
3. In gleicher Weise kann der Anwalt gehalten sein, den Mandanten darauf hinzuweisen, dass eine Berufung gegen das klageabweisende Urteil im Vorprozess angesichts der rechtsfehlerhaften Auslegung von Versicherungsbedingungen durch das Erstgericht gute Aussichten auf Erfolg hätte. Eine solche Belehrungspflicht besteht jedenfalls bei ohne weiteres erkennbarer Divergenz zur höchstrichterlichen Rechtsprechung und in den Fällen, in denen der Fehler des Urteils darauf beruht, dass der Rechtsanwalt nicht sachgerecht gearbeitet, das unrichtige Urteil also mitverschuldet hat[668].

Solche vor- und nachvertraglichen Nebenpflichten ergeben sich nicht nur für den Rechtsanwalt bzw. seine Gesellschaft, sondern gegebenenfalls auch für den Mandanten[669]. Verletzt der Auftraggeber des Anwalts eine solche ihn treffende Pflicht, muss er sich dieses Verhalten gemäß § 254 BGB in einem gegen den Anwalt bzw. seine Gesellschaft geführten Regressprozess entgegen halten lassen[670]. 261

b) Einstandspflicht für Erfüllungsgehilfen

Der Anwalt haftet auch gemäß **§ 278 BGB** für das Handeln der Personen, deren er sich zur Erfüllung seiner Verbindlichkeiten bedient. § 278 BGB setzt das Bestehen eines Schuldverhältnisses oder einer entsprechenden Sonderverbindung voraus und erfordert, dass dem Schuldner – was beim 262

664 So zu Recht *Schlee,* AnwBl 1990, 205, 206.
665 BGH, Urt. v. 28.11.1996 – IX ZR 39/96 – juris, Rn. 16; vgl. zur nachvertraglichen Informationspflicht eines Steuerberaters OLG Koblenz, Urt. v. 8.8.2005 – 12 U 267/04 – juris, Rn. 39 ff.
666 BGH, Urt. v. 11.10.1983 – VI ZR 95/82 – juris, LS sowie Rn. 26.
667 BGH, Urt. v. 1.2.1990 – IX ZR 82/89 – juris, Rn. 22 ff., 26.
668 BGH, Urt. v. 13.10.2016 – IX ZR 214/15 – juris, Rn. 25.
669 Vgl. OLG Hamm, Urt. v. 21.1.1983 – 28 U 158/81 – VersR 1982, 1057, 1058.
670 Vgl. dazu die Ausführungen in Kap. 5 Rdn. 7 ff.

Anwaltsvertrag regelmäßig der Fall ist – die Erfüllung der Verbindlichkeit selbst obliegt[671]. Sämtliche Mitarbeiter des Anwalts sind deshalb ebenso wie der Bürovorsteher Erfüllungsgehilfen des Rechtsanwalts[672]. Ein vorvertragliches Vertrauensverhältnis, das die Grundlage für eine Haftung aus § 311 Abs. 2 BGB bildet, reicht hier ebenso aus wie ein Vertrag mit Schutzwirkung für Dritte[673]. Auch für Gefälligkeitsverhältnisse wird die Anwendung des § 278 BGB befürwortet; jedoch ist in Bezug auf die Annahme eines vertragsähnlichen Vertrauensverhältnisses Zurückhaltung geboten[674]. Weisungsgebunden wie der Verrichtungsgehilfe braucht der Erfüllungsgehilfe nicht zu sein[675], so dass auch ein zur Erfüllung eingeschalteter Rechtsanwalt oder ein juristisch ausgebildeter freier Mitarbeiter[676] die Haftung des Vertragspartners des Mandanten aus § 278 BGB begründen kann[677].

263 Andererseits ist der **Verkehrsanwalt** regelmäßig **weder Erfüllungsgehilfe des Mandanten im Verhältnis zum Berufungsanwalt**[678]**, noch Erfüllungsgehilfe des Hauptbevollmächtigten**. Verkehrs- und Prozessanwalt haben grundsätzlich mit dem gemeinsamen Mandanten selbständige Vertragsverhältnisse mit jeweils eigenen Aufgabenbereichen[679].

264 Zweifelhaft ist die Zurechnung des Verschuldens bei nacheinander tätigen Rechtsanwälten zu Lasten des Mandanten[680] bei Regressansprüchen gegen den Anwalt. Zwar kann den Mandanten nach Eintritt eines schädigenden Ereignisses die Obliegenheit treffen, einen Schaden gemäß § 254 Abs. 2 S. 1 BGB abzuwenden oder zu mindern. Dabei findet § 278 BGB gemäß § 254 Abs. 2 S. 2 BGB entsprechende Anwendung. Wenn der geschädigte Auftraggeber sich des zweiten Anwalts bedient, um eine im eigenen Interesse gebotene Obliegenheit zur Abwendung oder Minderung seines Schadens zu erfüllen, kann dem geschädigten Mandanten das Verschulden des zweiten Anwalts als Mitverschulden zugerechnet werden.

265 Die Zurechnung über § 278 BGB setzt voraus, dass das den Schaden verursachende **Verhalten des Gehilfen in einem ursächlichen bzw. inneren sachlichen Zusammenhang mit der Erfüllung der Pflichten steht**, die dem Anwalt aufgrund des mit dem Mandanten bestehenden Schuldverhältnisses obliegen. Besteht ein unmittelbarer sachlicher Zusammenhang zwischen dem schuldhaften Verhalten des Erfüllungsgehilfen und den Aufgaben, die ihm in Hinblick auf die Vertragserfüllung vom Anwalt zugewiesen waren, hat der Anwalt selbst für strafbares Verhalten seiner Hilfspersonen zu haften, und zwar selbst dann, wenn diese seinen Weisungen oder Interessen vorsätzlich zuwider handeln, um eigene Vorteile zu erzielen[681].

▶ Beispiel[682]:

266 Unterschlagung durch den Bürovorsteher eines Rechtsanwalts.

---

671 BGH, Urt. v. 3.3.2016 – IX ZR 119/15 – juris, Rn. 19 f.; vgl. auch BGH, Urt. v. 23.11.1995 – IX ZR 213/94 – juris, Rn. 13 ff. zur Haftung des Notars für das Verschulden von Hilfspersonen.

672 Zum Bürovorsteher vgl. RGZ 101, 248 sowie BGH, Urt. v. 20.10.1964 – VI ZR 115/63 – VersR 1965, 43.

673 BGH, Urt. v. 20.6.1952 – V ZR 34/51 – juris, Rn. 20 f., 26; *Medicus/Petersen*, Bürgerliches Recht, Rn. 800.

674 Erman/*Westermann*, BGB, § 278, Rn. 4.

675 BGH, Urt. v. 8.2.1974 – V ZR 21/72 – juris, Rn. 21 und v. 24.11.1995 – V 5 ZR 40/94 – juris, Rn. 13.

676 Vgl. BGH, Beschl. v. 9.6.2004 – VIII ZR 86/04 – juris, Rn. 8.

677 Zur Tätigkeit eines Rechtsanwalts als Erfüllungsgehilfe nach dem RDG vgl. *Baumert*, NJ 2015, 89 ff.

678 RGZ 140, 1.

679 Zum Verhältnis Verkehrsanwalt – Prozessanwalt vgl. oben Rdn. 194 ff.

680 Dazu unten Kap. 5 Rdn. 42 ff.

681 BGH, Urt. v. 19.7.2001 – IX ZR 62/00 – juris, Rn. 10 m.w.N.

682 RGZ 101, 248.

Da die Hauptpflicht des Anwaltsvertrags darauf gerichtet ist, dem Rechtsanwalt zur Verwahrung überlassene Gegenstände nicht zu unterschlagen, ist dem Rechtsanwalt die Pflichtverletzung seines Büroverwalters über § 278 BGB zuzurechnen[683]. 267

Weil der Begriff »Verbindlichkeit« die gesamte Verpflichtung des Schuldners umfasst, schaden dem Vertragspartner des Mandanten auch **Pflichtverletzungen eines Erfüllungsgehilfen** in Bezug auf Nebenleistungs-[684] und Obhutspflichten[685]. 268

Die Frage, bis zu welcher Grenze die vertragliche Schutzpflicht ausgedehnt und dem Anwalt bzw. seiner Gesellschaft damit das Risiko deren Verletzung durch Hilfspersonen aufgebürdet wird, ist bisher nicht hinreichend geklärt[686]. Rechtsdogmatisch spricht vieles dafür, ein **Handeln »bei Erfüllung« für sämtliche Schädigungen zu bejahen, die dem Gehilfen durch die übertragene Tätigkeit erheblich erleichtert worden sind**[687]. Andererseits hat der Anwalt ein eigenmächtiges Verhalten seines Gehilfen dann nicht zu verantworten, wenn dessen Verfehlung sich von dem ihm übertragenen Aufgabenbereich so weit entfernt, dass aus der Sicht eines Außenstehenden ein innerer Zusammenhang zwischen dem Handeln der Hilfsperson und dem allgemeinen Rahmen der ihr übertragenen Aufgaben nicht mehr zu erkennen ist[688]. 269

Den Maßstab für das Verschulden des Erfüllungsgehilfen gibt die Person des Anwalts. Er haftet, wenn das Verhalten, sofern er selbst gehandelt hätte, als schuldhaft zu bezeichnen wäre[689]. Der von der Haftung für Fahrlässigkeit befreite Anwalt haftet nicht für fahrlässige Pflichtverletzungen seines Erfüllungsgehilfen[690]. 270

§ 278 BGB gilt auch für Verträge mit Schutzwirkung für Dritte[691]. 271

Nach allgemeinen Grundsätzen haftet der Erfüllungsgehilfe dem Vertragspartner seines Geschäftsherrn nicht unmittelbar. Das gilt auch dann, wenn der Vertragspartner den Erfüllungsgehilfen mit ausgewählt hat oder sich ausdrücklich mit dem Einsatz eines bestimmten Erfüllungsgehilfen einverstanden erklärt hat[692]. Allerdings kommt eine **Eigenhaftung des Erfüllungsgehilfen** dann in Betracht, wenn dieser gemäß § 311 Abs. 3 S. 2 BGB besonderes persönliches Vertrauen in Anspruch genommen hat oder ein eigenes wirtschaftliches Interesse am Zustandekommen des Vertrages hat und gleichsam in eigener Sache tätig wird[693]. Ein bloß mittelbares Interesse des Erfüllungsgehilfen, z.B. in Form von Provisionen ist aber nicht ausreichend; das eigene wirtschaftliche Interesse muss so stark sein, dass es demjenigen des Geschäftsherrn entspricht[694]. 272

Nicht § 278 BGB, sondern § 664 Abs. 1 S. 2 BGB steht in Rede, wenn etwa einem inländischen Patentanwalt erlaubt ist, den ihm erteilten Auftrag im Wege der Substitution an einen ausländischen Anwaltskollegen weiterzugeben[695]. Im Rahmen erlaubter **Substitution** richtet sich die Haftung nicht nach § 278 BGB. Der Anwalt hat im Falle der erlaubten Substitution vielmehr nach § 664 Abs. 1 S. 2 BGB nur ein ihm bei der Übertragung zur Last fallendes Verschulden zu vertreten. 273

683 Vgl. zur Erfüllungsgehilfenhaftung bei Vorsatztaten MünchKommBGB/*Grundmann*, § 278, Rn. 48.
684 BGH, Urt. v. 3.7.1985 – VIII ZR 102/84 – juris, Rn. 25.
685 Erman/*Westermann*, BGB, § 278, Rn. 22.
686 Erman/*Westermann*, BGB, § 278, Rn. 40 und 41.
687 *Medicus/Lorenz*, Schuldrecht I, AT, Rn. 382.
688 BGH, Urt. v. 14.2.1989 – VI ZR 121/88 – juris, Rn. 23.
689 Vgl. BGH, Urt. v. 15.12.1959 – VI ZR 222/58 – juris, Rn. 20; *Esser/E. Schmidt*, Schuldrecht I, AT, § 27 I 3c; Medicus/*Lorenz*, Schuldrecht I, AT, Rn. 383.
690 So Erman/*Westermann*, BGB, § 278, Rn. 42 für den Fall leichter Fahrlässigkeit.
691 Vgl. BGH, Urt. v. 28.6.1985 – V ZR 111/84 – juris, Rn. 17; *Medicus/Petersen*, Bürgerliches Recht, Rn. 800.
692 BGH, Urt. v. 7.12.2017 – IX ZR 45/16 – juris, Rn. 16.
693 BGH, Urt. v. 13.12.2005 – KZR 12/04 – juris, Rn. 15; vgl. auch Urt. v. 29.1.1997 – VIII ZR 356/95 – juris, Rn. 8.
694 OLG Düsseldorf, Urt. v. 6.10.2015 – I-21 U 70/15 – juris, Rn. 45 m.w.N.
695 LG Leipzig, Urt. v. 12.10.2006 – 5 O 4444/04 – MittdtschPatAnw 2007, 84 f.

c) Standesrechtliche Pflichten

274 Die nachvertragliche Pflichtenstellung des Anwalts erhält ihr Gepräge durch gesetzlich normierte standesrechtliche Pflichten.

275 Die in § 43a Abs. 2 BRAO normierte anwaltliche **Schweigepflicht** besteht auch nach der Mandatsbeendigung fort, wie in § 2 Abs. 2 BORA ausdrücklich hervorgehoben wird[696]. Außerdem trifft den Anwalt spätestens mit der Beendigung des Mandats gegenüber dem Mandanten und/oder gegenüber dem Gebührenschuldner die **Verpflichtung, Honorarvorschüsse und Fremdgelder unverzüglich abzurechnen.** § 43a Abs. 5 Satz 2 BRAO ist allerdings kein Schutzgesetz i.S.d. § 823 Abs. 2 BGB zugunsten des Rechtsschutzversicherers[697]. Auch ist der Anwalt gemäß § 43a Abs. 5 S. 2 BRAO verpflichtet, Fremdgelder unverzüglich an den Empfangsberechtigten weiterzuleiten oder auf ein Anderkonto einzuzahlen. Zu verwalten sind Fremdgelder auf Anderkonten deshalb, wie auch durch § 4 Abs. 2 BORA bestätigt wird, solange die Weiterleitung an den Berechtigten nicht möglich ist. Behält der Anwalt Fremdgelder, obwohl er sie gemäß § 4 Abs. 2 S. 1 BORA an den Berechtigten weiterleiten könnte, auf einem Kanzleikonto, handelt er seiner berufsrechtlichen Verpflichtung zuwider. Eine **Aufrechnung** mit eigenen Honoraransprüchen kann dieses Handeln ggf. rechtfertigen[698].

276 Der Rechtsanwalt muss **Handakten** gemäß **§ 50 Abs. 1 S. 2 BRAO** für die Dauer von sechs Jahren **aufbewahren**[699]. Die Frist beginnt mit Ablauf des Kalenderjahres, in dem der Auftrag beendet wurde (**§ 50 Abs. 1 S. 3 BRAO**). Diese Aufbewahrungsfrist reicht zeitlich deutlich weiter als die für Dokumente i.S.v. § 50 Abs. 2 S. 1 BRAO (vgl. hierzu nachfolgend Rdn. 277). Dabei ist die Abgrenzung insoweit durchaus noch unklar[700]. Auch nach Ablauf der Sechsjahresfrist darf der Anwalt im Übrigen vermögenswerte Unterlagen, Vollstreckungstitel und Urkunden, die nicht nur historische Bedeutung haben sowie Unterlagen, die ein Dritter ihm überließ, nicht vernichten[701].

277 **§ 50 Abs. 2 S. 1 BRAO** bestimmt, dass der Rechtsanwalt seinem Auftraggeber **Dokumente**, die er aus Anlass seiner beruflichen Tätigkeit von dem Auftraggeber oder für ihn erhalten hat, auf Verlangen **herauszugeben** hat. Diese Verpflichtung erlischt jedoch vor Beendigung des auch insoweit geltenden Sechjahreszeitraums (vgl. § 50 Abs. 2 S. 2 BRAO) gemäß **§ 50 Abs. 2 S. 3 BRAO**, wenn der Rechtsanwalt den Auftraggeber aufgefordert hat, die Handakten in Empfang zu nehmen und der Auftraggeber dieser Aufforderung binnen sechs Monaten nach Zugang nicht nachgekommen ist. Die Sechsmonatsfrist gilt nur innerhalb der Sechsjahresfrist[702].

Entsprechend ordnet **§ 667 BGB** an, dass der Beauftragte verpflichtet ist, dem Auftraggeber alles, was er zur Ausführung des Auftrags erhält und was er aus der Geschäftsbesorgung erlangt, herauszugeben. Dabei fallen die **Unterlagen**, die dem Berater **von seinem Auftraggeber ausgehändigt** worden sind, unter die erste Alternative und der **Schriftverkehr**, den der Anwalt **für seinen Auftraggeber geführt** hat, unter die zweite Alternative des § 667 BGB. Aus der Geschäftsbesorgung erlangt ist daher insbesondere der gesamte drittgerichtete Schriftverkehr, den der Rechtsanwalt für den Auftraggeber erhalten und geführt hat, also sowohl die dem Rechtsanwalt zugegangenen Schriftstücke als auch Kopien eigener Schreiben des Rechtsanwalts. Die herauszugebenden Unterlagen umfassen auch Notizen über Besprechungen, die der Berater im Rahmen der Besorgung des Geschäfts geführt hat[703]. Ein Rechtsanwalt ist mithin grundsätzlich verpflichtet, seinem Mandanten auf Verlangen die **gesamte Handakte** herauszugeben[704]. Soweit der Anwalt die Herausgabe mit Rücksicht auf

---

696 Hinsichtlich der Grenzen der Verschwiegenheitspflicht wird auf die Ausführungen von Henssler/Prütting/*Henssler*, BRAO, § 43a, Rn. 88 ff. verwiesen.

697 BGH, Urt. v. 23.7.2019 – VI ZR 307/18 – juris, Rn. 11.

698 Zur Aufrechnung und den diesbezüglichen standesrechtlichen Einschränkungen vgl. unten Kap. 6 Rdn. 59 ff.

699 Vgl. allgemein *Dahns*, NJW-Spezial 2008, 414 ff.; *Stöber*, ZAP Fach 23, 689 f.

700 Vgl. nur Henssler/Prütting/*Offermann-Burckart*, BRAO, § 50, Rn. 71 ff.

701 Henssler/Prütting/*Offermann-Burckart*, BRAO, § 50, Rn. 112.

702 Henssler/Prütting/*Offermann-Burckart*, BRAO, § 50, Rn. 64.

703 *Gehrlein*, DStR 2020, 305 (311).

704 BGH, Urt. v. 17.5.2018 – IX ZR 243/17 – juris, Rn. 12 ff.

Geheimhaltungsinteressen sonstiger Mandanten verweigert, hat er dies unter Angabe näherer Tatsachen nachvollziehbar darzulegen[705].

Der **Anspruch** des Mandanten **auf Herausgabe der Handakten unterliegt der dreijährigen Verjährung gemäß § 195 BGB**. Die berufsrechtlichen Bestimmungen über die Länge der Aufbewahrungsfrist haben keinen Einfluss auf den Lauf der Verjährung[706].

§ 17 S. 1 und 2 BORA bestimmen, dass derjenige, der die Herausgabe der Handakten verweigert, einem berechtigten Interesse des Mandanten auf Herausgabe dadurch Rechnung tragen kann, dass er ihm Kopien überlässt, es sei denn, das berechtigte Interesse richtet sich gerade auf die Herausgabe der Originale. In diesem Fall darf der Rechtsanwalt anbieten, die Originale an einen von dem Mandanten zu beauftragenden Rechtsanwalt zu treuen Händen herauszugeben, wenn damit dem berechtigten Interesse des Mandanten Rechnung getragen wird. In diesem Zusammenhang hat der Anwalt auch die Grenzen des in § 50 Abs. 3 BRAO normierten **Zurückbehaltungsrechtes in Bezug auf die Handakten** zu beachten, um eine Schadensersatzpflicht zu vermeiden[707]. Nach § 50 Abs. 3 **S. 1** BRAO kann der Rechtsanwalt seinem Auftraggeber die Herausgabe der Dokumente so lange verweigern, bis er wegen der ihm vom Auftraggeber geschuldeten Gebühren und Auslagen befriedigt ist. § 50 Abs. 3 **S. 2** BRAO verpflichtet den Rechtsanwalt allerdings trotz rückständiger Gebühren zur Herausgabe, soweit das Vorenthalten nach den Umständen unangemessen wäre. 278

Besonderheiten können gelten, wenn für einen in Vermögensverfall geratenen Rechtsanwalt ein **Abwickler** bestellt wird. Insofern kommt es nicht selten zu einem angespannten **Konkurrenzverhältnis zwischen Insolvenzverwalter und Abwickler**[708]. 279

Grundsätzlich gilt, dass der **Abwickler** das **Eigentum an den Handakten** des früheren Rechtsanwalts **übertragen** kann. Der Abwickler, der nur Mandate des ehemaligen Rechtsanwalts in eigener Person weiterführt, aber nicht in allgemeine Verträge und Eigentumsrechte des ehemaligen Rechtsanwalts einrückt, ist – ebenso wie ein allgemeiner Vertreter – gemäß §§ 53 Abs. 10 S. 1, 55 Abs. 3 S. 1 BRAO in der Lage, namens des früheren Rechtsanwalts im bürgerlich-rechtlichen Sinne über Kanzleigegenstände und folglich auch über Handakten zu verfügen[709].

Es ist umstritten, ob ein **Vollstreckungstitel** eines Mandanten überhaupt einem **Zurückbehaltungsrecht** des Rechtsanwalts unterliegt. Die herrschende Meinung bejaht dies und begründet dies überzeugend damit, dass auch die im Wege einer Vollstreckung für den Mandanten vereinnahmten Gelder einbehalten werden dürfen und diese Rechtslage für Titel ebenfalls gelten müsse[710]. Dabei ist aber die **Wertung von § 4 Abs. 3 BORA** zu **beachten,** wonach ein Anwalt eigene Forderungen nur insoweit nicht mit Geldern verrechnen darf, als diese zweckgebunden zur Auszahlung an andere als den Mandanten bestimmt sind. Daraus folgt, dass beispielsweise an einem Unterhaltstitel kein Zurückbehaltungsrecht besteht[711]. 280

Wenngleich den Rechtsanwalt nach der neueren Rechtsprechung des BGH auch keine Berufspflicht mehr trifft, an Zustellungen von Anwalt zu Anwalt mitzuwirken[712], wirft ein etwaiges Fehlverhalten in diesem Bereich zahlreiche verfahrens-, haftungs- und strafrechtliche Folgefragen auf[713]. 281

---

705 BGH, Urt. v. 17.5.2018 – IX ZR 243/17 – juris, Rn. 14 ff.
706 BGH, Urt. v. 15.10.2020 – IX ZR 243/19 – juris, Rn. 13 und 18.
707 Vgl. dazu Henssler/Prütting/*Offermann-Burckart*, BRAO, § 50, Rn. 102 und Kap. 6 Rdn. 49 ff.
708 *Dahns*, NJW-Spezial 2020, 62.
709 BGH, Urt. v. 7.2.2019 – IX ZR 5/18 – juris, Rn. 12 ff.; dazu *Gehrlein*, DStR 2020, 305 (312).
710 OLG Jena, Beschl. v. 13.12.2018 – 4 W 392/18 – juris, Rn. 18.
711 OLG Jena, Beschl. v. 13.12.2018 – 4 W 392/18 – juris, Rn. 18.
712 BGH, Urt. v. 26.10.2015 – AnwSt (R) 4/15 – juris, Rn. 6.
713 Dazu *Kalaitzis*, NJW 2016, 1542 ff.

VI. Außervertragliche Haftungsgrundlagen

282 Eine Haftung des Rechtsanwalts kommt auch in Betracht bei der Ausübung amtlicher oder amtsähnlicher Tätigkeiten sowie aufgrund der außervertraglichen Haftungsbestimmungen des BGB.

1. Amtliche oder amtsähnliche Tätigkeiten

283 Bei der Ausübung amtlicher Tätigkeiten durch einen Rechtsanwalt richtet sich die Haftung nach speziellen gesetzlichen Vorschriften.

284 Nach § 60 Abs. 1 S. 1 InsO ist der **Insolvenzverwalter** – und zwar über § 21 Abs. 2 Nr. 1 InsO auch der vorläufige – allen Beteiligten zum Schadenersatz verpflichtet, wenn er schuldhaft die ihm nach diesem Gesetz obliegenden insolvenzspezifischen Pflichten verletzt[714]. Gem. § 60 Abs. 1 S. 2 InsO hat der Anwalt in dieser Funktion für ein Handeln mit der Sorgfalt eines ordentlichen und gewissenhaften Verwalters einzustehen. Soweit der Verwalter zur Erfüllung der ihm obliegenden Pflichten Angestellte des Schuldners im Rahmen ihrer bisherigen Tätigkeit einsetzen muss und diese Angestellten nicht offensichtlich ungeeignet sind, bestimmt § 60 Abs. 2 InsO, dass der Verwalter ein Verschulden dieser Personen nicht gemäß § 278 des Bürgerlichen Gesetzbuchs zu vertreten hat, sondern nur für deren Überwachung[715] und für Entscheidungen von besonderer Bedeutung verantwortlich ist. Gem. § 61 S. 1 InsO hat der Verwalter indes für die Begründung von Masseverbindlichkeiten einzustehen, die aus der Insolvenzmasse nicht vollständig erfüllt werden können[716]. Dies gilt gem. § 61 S. 2 InsO nicht, wenn der Verwalter bei der Begründung der Verbindlichkeiten nicht erkennen konnte, dass die Masse voraussichtlich zur Erfüllung nicht ausreichen würde[717]. § 61 InsO gewährt einen Anspruch auf das negative Interesse[718]. Wird eine Pflichtverletzung für die Zeit bei Vertragsabschluss behauptet, muss der Insolvenzverwalter darlegen, dass seiner Beurteilung eine Prognose zugrunde lag, die sowohl die aktuelle plausible Liquiditätsrechnung als auch eine realistische Einschätzung der noch offenen Forderungen und der künftigen Geschäftsentwicklung umfasste. Er kann sich nur entlasten, wenn er beweist, dass von einer objektiv zur Erfüllung der Verbindlichkeit ausreichenden Masse auszugehen war oder dass für ihn nicht erkennbar war, dass diese nicht ausreichend sein würde. Die Verjährung der Ansprüche gegen den Insolvenzverwalter richtet sich nach § 62 InsO und ist damit im Grundsatz an § 852 BGB a.F. ausgerichtet. Etwaige Ansprüche verjähren aber spätestens in drei Jahren nach Aufhebung oder rechtskräftiger Einstellung des Insolvenzverfahrens[719].

285 Ebenso knüpft § 71 S. 1 InsO in Bezug auf die **Mitglieder des Gläubigerausschusses** für deren Haftung gegenüber absonderungsberechtigten Gläubigern und den Insolvenzgläubigern an die ihnen nach der Insolvenzordnung obliegenden Pflichten an. Eine ähnliche Regelung findet sich zum Beispiel in § 154 ZVG für den **Zwangsverwalter**.

286 Auch der Vertragsinhalt für die amtlichen Tätigkeiten des Rechtsanwalts als **Vormund, Betreuer, Pfleger, Testamentsvollstrecker und Nachlassverwalter** ergibt sich jedenfalls primär aus den im Bürgerlichen Gesetzbuch statuierten Pflichten. Anspruchsgrundlage für die **Haftung des Vormunds** ist § 1833 BGB. Die Norm fordert eine Pflichtverletzung, die sich sowohl aus den allgemeinen Vorschriften des Vormundschaftsrechts als auch aus einer konkreten, nicht beachteten Anordnung des Familiengerichtes ergeben kann[720]. Maßgebend ist die Sorgfalt der Lebenskreise, denen der Vormund angehört. Nimmt er anwaltliche Aufgaben wahr, erfolgt eine Haftung nach Anwaltsrecht[721].

714 Vgl. insoweit die einschlägigen Kommentierungen zu § 60 InsO.

715 Der Insolvenzverwalter kann jedoch aus Auswahl-, Organisations- und Überwachungsverschulden haften, vgl. OLG Hamm, Urt. v. 20.6.2006 – 27 U 22/06 – juris, Rn. 11.

716 Dies gilt allerdings nur bezogen auf primäre Erfüllungsansprüche und nicht auf Sekundaransprüche, vgl. BGH, Beschl. v. 25.9.2008 – IX ZR 235/07 – juris, Rn. 5.

717 Zur Entlastungsmöglichkeit vgl. BGH, Urt. v. 17.12.2004 – IX ZR 185/03 – juris, Rn. 16.

718 BGH, Urt. v. 25.1.2007 – IX ZR 216/05 – juris, Rn. 14.

719 Vgl. zur Insolvenzverwalterhaftung *Adam*, VersR 2012, 1226 sowie *Weinbeer*, AnwBl 2004, 48 f.

720 Vgl. Palandt/*Götz*, BGB, § 1833, Rn. 4.

721 *Jungk*, AnwBl 2004, 118.

Die Vergütung erfolgt nach Maßgabe des § 1836 BGB. Gemäß § 1901 Abs. 1 BGB hat der **Betreuer** alle Tätigkeiten auszuüben, die erforderlich sind, um die Angelegenheiten des Betreuten nach Maßgabe der nachfolgenden Normen des BGB zu besorgen. Für den aus einer **Pflegschaft** resultierenden Pflichtenumfang verweist § 1915 BGB auf die für die Vormundschaft geltenden Vorschriften. Grundlage für einen Anspruch gegen einen **Testamentsvollstrecker** ist § 2219 BGB. Der Testamentsvollstrecker ist Treuhänder und Inhaber eines privaten Amtes[722], das gemäß § 2202 BGB mit dem Zeitpunkt beginnt, in dem der Testamentsvollstrecker das Amt annimmt. Die Ernennung erfolgt gemäß § 2200 Abs. 1 BGB durch das Nachlassgericht. Seine Pflichten ergeben sich aus den §§ 2203 ff. BGB. Als Testamentsvollstrecker ist der Anwalt nicht verpflichtet, den sichersten Weg zu gehen[723]. Die Pflichten des Nachlassverwalters ergeben sich aus § 1985 BGB. Auch dieser ist amtlich bestelltes Organ. Vergütung, Haftung und Verjährung richten sich in Bezug auf Testamentsvollstrecker und Nachlassverwalter dann nach den anwaltsrechtlichen Grundsätzen, wenn Aufgaben wahrgenommen werden, mit denen ein Laie typischerweise einen Rechtsanwalt beauftragen würde[724].

2. Außervertragliche Haftungsgrundlagen im BGB

Der folgende Abschnitt beschäftigt sich mit der Haftung des Rechtsanwalts aus GoA und Bereicherungsrecht sowie mit möglichen Ansprüchen aus unerlaubter Handlung. 287

a) Geschäftsführung ohne Auftrag

Jenseits der bereits erörterten Ansprüche aus Verschulden bei Vertragsschluss im Sinne des § 311 BGB kommt als außervertragliche **Anspruchsgrundlage** eines Schadensersatzanspruches des Mandanten **gegen den Anwalt** zunächst **§ 678 BGB** für den Fall in Betracht, dass der Anwalt erkannt hat oder erkennen musste, dass seine Geschäftsführung ohne Auftrag mit dem wirklichen oder mutmaßlichen Willen des Geschäftsherrn im Widerspruch steht. Die Schuldlosigkeit der Fehleinschätzung des Interesses des Geschäftsherrn und des mutmaßlichen Willens bewirkt aber, dass der Anwalt nicht nach § 678 BGB Schadensersatz schuldet[725]. Führt der Anwalt demgegenüber sogar ein fremdes Geschäft wider besseren Wissens als eigenes, also im Sinne einer nicht angemaßten Eigengeschäftsführung, kann der Mandant Schadensersatz gemäß den §§ 687 Abs. 2, 678 BGB verlangen. Wenn der Anwalt ein Geschäft für eine Person besorgt, ohne von dieser beauftragt oder dieser gegenüber dazu berechtigt zu sein, hat er gemäß § 677 BGB das Geschäft so zu führen, wie das Interesse des Geschäftsherrn mit Rücksicht auf dessen wirklichen oder mutmaßlichen Willen es erfordert. **Entspricht der Anwalt** bei der Geschäftsführung ohne Auftrag schuldhaft entgegen § 677 BGB **der Pflicht nicht, das Geschäft gemäß dem Interesse und dem** wirklichen oder mutmaßlichen **Willen des Geschäftsführers zu führen, entstehen gegen ihn Schadensersatzansprüche gemäß § 280 Abs. 1 BGB.** Bezweckt die Geschäftsführung durch den Anwalt die Abwendung einer dem Geschäftsherrn drohenden dringenden Gefahr, hat er gemäß § 680 BGB nur Vorsatz und grobe Fahrlässigkeit zu vertreten. 288

Die Grundsätze der Geschäftsführung ohne Auftrag gelten insbesondere in den Fällen, in denen Rechtsanwälte **beigeordnet** werden, also z.B. in den Fällen der Prozesskostenhilfebewilligung oder der Beiordnung als Notanwalt bzw. als Pflichtverteidiger, solange nicht gleichzeitig auf der zivilrechtlichen Ebene ein Vertrag geschlossen wurde; denn für ein Mandatsverhältnis bedarf es in diesen Situationen über die Beiordnung hinaus eines Vertragsabschlusses[726]. Handelt der Anwalt, obwohl er vom fehlenden Vertragsabschluss Kenntnis hat, allein infolge der Beiordnung für den 289

722 BGH, Urt. v. 9.10.1957 – IV ZR 217/57 – NJW 1957, 1916.
723 BGH, Urt. v. 3.12.1986 – IVa ZR 90/85 – juris, Rn. 9 ff.
724 *Jungk*, AnwBl 2004, 118.
725 *Medicus/Petersen*, Bürgerliches Recht, Rn. 424.
726 Vgl. dazu *Rinkler/Pape*, in: G. Fischer/Vill/D. Fischer/Pape/Chab, § 1, Rn. 243 und oben Rdn. 27 ff.

Betroffenen, gelangen die Grundsätze der Geschäftsführung ohne Auftrag zur Anwendung. Gleiches gilt für den Fall nichtiger Anwaltsverträge[727].

290 Wie der Beauftragte muss auch der Geschäftsführer der berechtigten Geschäftsführung ohne Auftrag das aus der Geschäftsführung Erlangte gemäß § 681 S. 2 BGB i.V.m. § 667 BGB zurückgeben[728]. Gegebenenfalls trifft den Anwalt insoweit sogar auch eine Verzinsungspflicht gemäß § 681 S. 2 BGB i.V.m. § 668 BGB. Es muss jedoch zwischen der Ausführung des Geschäfts und dem Erlangten ein innerer Zusammenhang bestehen. Unter diesen Voraussetzungen ist dann auch sogar ein etwaiger Gewinn herauszugeben[729]. Neben dem Herausgabeanspruch des Geschäftsherrn besteht kein Bereicherungsanspruch, da die berechtigte Geschäftsführung ohne Auftrag einen Rechtsgrund im Sinne des § 812 BGB darstellt[730]. Andererseits steht dem Anwalt gegen den Geschäftsherrn gemäß den §§ 683, 670 BGB ein Anspruch auf Ersatz der Aufwendungen zu, die er für erforderlich halten durfte. Bei einer Notgeschäftsführung wird für das Urteil über die Erforderlichkeit § 680 BGB analog anzuwenden sein[731]. Dabei sind Aufwendungen aber regelmäßig nur die willentlich erbrachten Vermögensopfer und nicht Schäden als unfreiwillig erlittene Nachteile. Anderes gilt nur für Schäden, in denen sich das typische Risiko der übernommenen Tätigkeit durch eine tätigkeitsspezifische gesteigerte Gefahr verwirklicht hat[732]. Der Aufwendungsersatzanspruch des Anwalts umfasst auch seine aufgewendete Arbeitskraft, sofern die ausgeführte Tätigkeit im beruflichen Bereich des Anwalts lag[733]. Allerdings kommt ein Vergütungsanspruch bei Nichtigkeit des Anwaltsvertrages gemäß § 134 BGB auch nach den Grundsätzen der Geschäftsführung ohne Auftrag nicht in Betracht; denn war die Tätigkeit des Anwalts gesetzwidrig, durfte er sie auch nicht den Umständen nach für erforderlich halten[734].

b) § 812 BGB

291 Aus nichtigen Anwaltsverträgen können sich auch **Bereicherungsansprüche** im Sinne der §§ 812 ff. BGB für den Mandanten ergeben. Erlangt der Anwalt trotz nichtigen Vertrages etwas durch Leistung des Mandanten oder in sonstiger Weise auf dessen Kosten, ist er wegen des Fehlens des rechtlichen Grundes gemäß § 812 Abs. 1 S. 1 BGB zur Herausgabe verpflichtet. Rückforderungsansprüche des Mandanten, die sich auf geleistete Zahlungen beziehen, sind jedoch häufig gemäß § 817 S. 2 BGB ausgeschlossen. Die Norm ist bereits dann anwendbar, wenn die Parteien die Umstände kennen, aus denen sich der Gesetzesverstoß im Sinne des § 134 BGB oder die Sittenwidrigkeit im Sinne des § 138 BGB ergibt[735].

292 Hat der Mandant Zahlungen auf eine gegen §§ 3a, 4a RVG verstoßende Erfolgshonorarvereinbarung geleistet, steht ihm ein Rückzahlungsanspruch nach Bereicherungsrecht zu (§ 4b S. 2 RVG)[736].

727 Vgl. zu diesem Grundsatz BGH, Urt. v. 28.10.1992 – VIII ZR 210/91 – juris, Rn. 14. Für den Fall, dass die Rechtsunwirksamkeit des Anwaltsvertrages aus § 134 BGB resultiert, wird dem Anwalt zu Recht ein Vergütungsanspruch aus Geschäftsführung ohne Auftrag mit der Begründung versagt, dass er diese Tätigkeit den Umständen nach nicht für erforderlich hätte halten dürfen, vgl. BGH, Urt. v. 17.2.2000 – IX ZR 50/98 – juris, Rn. 28.

728 Vgl. Kap. 8 Rdn. 515.

729 OLG Hamburg, Urt. v. 12.3.1982 – 1 U 135/81 – MDR 1982, 670.

730 Palandt/*Sprau,* Einf. vor § 812, Rn. 7.

731 BGH, Urt. v. 17.2.1972 – II ZR 46/70 – DB 1972, 721; *Medicus/Petersen*, Bürgerliches Recht, Rn. 427.

732 BGH, Urt. v. 4.5.1993 – VI ZR 283/92 – juris, Rn. 15; *Medicus/Petersen*, Bürgerliches Recht, Rn. 428.

733 Vgl. BGH, Urt. v. 15.12.1975 – II ZR 54/74 – juris, Rn. 13 ff.; *Medicus/Petersen*, Bürgerliches Recht, Rn. 430; *Köhler,* JZ 1985, 359 ff.

734 BGH, Urt. v. 10.1.2019 – IX ZR 89/18 – juris, Rn. 27.

735 BGH, Urt. v. 5.10.1993 – XI ZR 200/92 – juris, Rn. 17 m.w.N.

736 Vgl. dazu Rdn. 91.

c) § 823 BGB

Als Anspruchsgrundlage gegen den Rechtsanwalt kommt auch unter den entsprechenden Voraussetzungen eine **Haftung aus unerlaubter Handlung** gemäß § 823 BGB in Betracht. 293

aa) § 823 Abs. 1 BGB

Für den Anspruch aus § 823 Abs. 1 BGB ist die Verletzung eines der dort genannten Schutz- bzw. Rechtsgüter erforderlich. 294

Gemäß § 823 Abs. 1 BGB ist derjenige, der schuldhaft das Leben, den Körper, die Gesundheit, die Freiheit, das Eigentum oder ein sonstiges Recht eines anderen widerrechtlich verletzt, dem eine Eigentumsähnlichkeit beizumessen ist,[737] dem anderen zum Ersatz des daraus entstehenden Schadens verpflichtet. 295

▶ Beispiel:

Die Zwangsvollstreckung in schuldnerfremde Gegenstände stellt grundsätzlich eine Eigentumsverletzung im Sinne des § 823 Abs. 1 BGB dar und vermag eine deliktische Haftung desjenigen zu begründen, der sie betreibt[738]. Das gilt auch, wenn das beeinträchtigte Recht des Dritten in einem Sicherungseigentum besteht[739]; denn das Sicherungseigentum ist echtes Eigentum[740]. 296

Eines dieser Rechtsgüter muss durch ein bestimmtes Verhalten des in Anspruch Genommenen verletzt werden und diese Verletzung ihm zuzurechnen sein. Dabei kann das Rechtsgut durch ein unerlaubtes Handeln ebenso wie durch ein pflichtwidriges Unterlassen verletzt werden. Als Handlung ist ein menschliches Verhalten anzusehen, das der Bewusstseinskontrolle und Willenslenkung unterliegt und somit beherrschbar ist[741]. 297

Auch mittelbare Eigentumsverletzungen begründen den Anspruch aus § 823 Abs. 1 BGB[742]. 298

Ein **Unterlassen** ist dann tatbestandsmäßig, wenn eine Erfolgsabwendungspflicht besteht[743]. Welche Tätigkeit in der konkreten Situation zu fordern ist, hängt von den Umständen des Einzelfalles ab. Handlungspflichten können sich aus Vertrag, Gesetz, pflichtwidrigem Vorverhalten und aus Verkehrssicherungspflichten ergeben[744]. 299

Das Vermögen als Ganzes ist kein sonstiges Recht[745]. Vermögensschäden sollen über § 823 Abs. 1 BGB nur ersetzt werden, wenn sie die Folge der Verletzung eines Rechtsguts oder Rechtes bzw. eines Schutzgesetzes sind oder wenn Vorsatz im Sinne des § 826 BGB gegeben ist. 300

▶ Beispiel:

Der BGH hat zur Schadensersatzklage eines Dritten gegen einen Anwalt Folgendes ausgeführt: Die nur fahrlässige Verursachung eines Vermögensschadens führt weder nach § 826 BGB noch unter dem Gesichtspunkt eines strafbaren Betruges oder einer Untreue (§ 823 Abs. 2 BGB i.V.m. §§ 263, 266 StGB) zu einer Schadensersatzverpflichtung. Auch wenn eine grob fahrlässige, gewissenlose Verletzung von Berufspflichten unter Umständen den Vorwurf der Sittenwidrigkeit begründen kann … bleibt daneben gemäß § 826 BGB das zusätzliche Erfordernis der 301

---

737 Grundlegend RGZ 57, 353, 356. Vgl. auch Brox/*Walker*, Besonderes Schuldrecht, § 45, Rn. 9.
738 BGH, Urt. v. 8.12.1976 – VIII ZR 108/75 – juris, Rn. 20 ff. und v. 7.3.1972 – VI ZR 158/70 – juris, Rn. 10 ff., 17.
739 BGH, Urt. v. 25.2.1987 – VIII ZR 47/86 – juris, Rn. 25.
740 BGH, Urt. v. 12.5.1992 – VI ZR 257/91 – juris, Rn. 12.
741 BGH, Urt. v. 12.2.1963 – VI ZR 70/62 – juris, Rn. 12; OLG Köln, Urt. v. 27.1.1994 – 1 U 52793 – juris, Rn. 5.
742 BGH, Urt. v. 4.2.1964 – VI ZR 25/63 – juris, Rn. 7.
743 BeckOGK/*Spindler*, BGB, § 823, Rn. 74.
744 *Schmidt*, Schuldrecht, Besonderer Teil II, Rn. 685.
745 BGH, Urt. v. 4.2.1964 – VI ZR 25/63 – juris, Rn. 11.

vorsätzlichen Schädigung bestehen. Das bedeutet, dass der die Auskunft Erteilende wenigstens mit der Möglichkeit eines Schadenseintritts bei einem anderen gerechnet und diesen billigend in Kauf genommen haben muss[746].

Auch Forderungen gehören nicht zu den sonstigen Rechten. Auch bedarf es bei Eingriffen Dritter in die Forderungszuständigkeit für einen ausreichenden Gläubigerschutz der Anwendung des § 823 BGB regelmäßig nicht[747].

302 Zu den sonstigen Rechten im Sinne des § 823 Abs. 1 BGB zählen zunächst alle dinglichen Rechte, also Hypotheken, Grund- und Rentenschulden, Reallasten, Erbbaurechte, dingliche Vorkaufsrechte, Dienstbarkeiten an Grundstücken sowie Pfandrechte an beweglichen Sachen und Rechten[748]. Auch Patent-, Urheber- und Gebrauchsmusterrechte sowie Marken fallen unter diese Norm. Gleiches gilt für Mitgliedschaftsrechte wie Gesellschaftsanteile oder Aktien[749] oder auch die Mitgliedschaft in einem Verein[750]. Auch der rechtmäßige Besitz[751] und auch Anwartschaftsrechte zählen ebenso wie das Recht am eingerichteten und ausgeübten Gewerbebetrieb[752] und auch das allgemeine Persönlichkeitsrecht[753] dazu.

▶ Beispiel:

303 Es kann ein nicht begründeter Insolvenzantrag das Recht auf den eingerichteten und ausgeübten Gewerbebetrieb verletzen[754].

304 In Bezug auf das **Recht am eingerichteten und ausgeübten Gewerbebetrieb** wird es allerdings nur in Ausnahmefällen eine Haftung des Rechtsanwalts bzw. seiner Gesellschaft geben, da dieser Tatbestand eine unmittelbare Beeinträchtigung des Gewerbebetriebes erfordert[755].

In diesem Zusammenhang hat der BGH – in einem im Schrifttum allerdings mit massiver Kritik[756] überzogenen Urteil – entschieden, dass den vom Schutzrechtsinhaber im Hinblick auf eine Schutzrechtsverwarnung eingeschalteten Rechtsanwalt gegenüber dem später Verwarnten eine Garantenpflicht dahingehend trifft, den Schutzrechtsinhaber nicht in einer die Rechtslage unzutreffend einschätzenden Weise über die Berechtigung der Schutzrechtsverwarnung zu beraten. Erklärt der Rechtsanwalt eine Schutzrechtsverwarnung für rechtlich unbedenklich und entscheidet sich der Schutzrechtsinhaber infolgedessen, einen vermeintlichen Verletzer zu verwarnen, beruht der Eingriff in den eingerichteten und ausgeübten Gewerbebetrieb eines Dritten auf einer zumindest fahrlässigen Verkennung der Rechtslage durch den Rechtsanwalt, wenn die Sach- und Rechtslage zum Zeitpunkt der Beratung Anlass gab, eine Verletzung des Schutzrechts zu verneinen oder jedenfalls für zweifelhaft zu halten. Hat der Rechtsanwalt den Schutzrechtsinhaber hingegen bei unklarer Rechtslage auf alle wesentlichen Gesichtspunkte hingewiesen, die für oder gegen eine Verletzung des Schutzrechts sprechen, und entscheidet sich der Schutzrechtsinhaber trotz der aufgezeigten Bedenken dazu, die Verwarnung auszusprechen, kommt eine Haftung des Rechtsanwalts wegen unberechtigter Schutzrechtsverwarnung nach § 823 Abs. 1 BGB regelmäßig nicht in Betracht[757].

---

746 BGH, Urt. v. 17.5.1990 – IX ZR 85/89 – juris, Rn. 18.
747 *Otte*, JZ 1969, 253 ff.; *Medicus/Petersen*, Bürgerliches Recht, Rn. 610.
748 Brox/*Walker*, Besonderes Schuldrecht, § 45, Rn. 10.
749 BGH, Urt. v. 12.3.1990 – II ZR 179/89 – juris, Rn. 20.
750 BGH, Urt. v. 12.3.1990 – II ZR 179/89 – juris, Rn. 20 sowie dazu *Deutsch*, VersR 1991, 837 ff.
751 BGH, Urt. v. 4.11.1997 – VI ZR 348/96 – juris, Rn. 24 ff. sowie *Medicus/Petersen*, Bürgerliches Recht, Rn. 607.
752 RGZ 58, 24, 3.
753 BGH, Urt. v. 25.5.1954 – I ZR 211/53 – juris, Rn. 18 ff.
754 Vgl. BGH, Urt. v. 3.10.1961 – VI ZR 242/60 – juris, Rn. 8, 12.
755 BGH, Urt. v. 13.3.1979 – VI ZR 117/77 – juris, Rn. 26.
756 Vgl. nur *D. Fischer*, WM Sonderbeil. Nr. 1 zu Heft 14/2019, S. 4; *Chab*, AnwBl 2016, 514.
757 BGH, Urt. v. 1.12.2015 – X ZR 170/12 – juris, Rn. 20 ff.

Auch das aus Art. 1 Abs. 1 und Art. 2 Abs. 1 GG abgeleitete **allgemeine Persönlichkeitsrecht** ist ein sonstiges Recht im Sinne des § 823 BGB[758]. Es ist als umfassendes Recht auf Achtung und Entfaltung der Persönlichkeit zu charakterisieren und umfasst deshalb auch die Befugnis, sich gegen herabsetzende, falsche und unerbetene öffentliche Darstellungen sowie auch gegen unerbetene heimliche Wahrnehmungen der Person zu erwehren[759]. Da das allgemeine Persönlichkeitsrecht als Rahmenrecht konzipiert ist, muss die Rechtswidrigkeit positiv, nämlich mit Hilfe einer umfassenden Interessen- und Güterabwägung festgestellt werden[760]. Es ist zu prüfen, ob die fragliche Maßnahme in den unantastbaren Kernbereich des allgemeinen Persönlichkeitsrechts eingreift oder dem Bereich des privaten Lebens zuzuordnen ist, bei dem Eingriffe unter bestimmten Voraussetzungen zulässig sind[761]. 305

bb) § 823 Abs. 2 BGB

§ 823 Abs. 2 BGB begründet die Schadensersatzpflicht der Person, die rechtswidrig und schuldhaft gegen ein den Schutz eines anderen bezweckenden Gesetzes verstößt und dadurch dem anderen einen Schaden zufügt. Ratio legis dieser Haftungsnorm ist vor allem das Erfassen der Fälle, in denen die Voraussetzungen des § 823 Abs. 1 BGB nicht gegeben sind, sondern nur das Vermögen eines anderen dadurch geschädigt wird, dass ein Schutzgesetz verletzt wurde. **Schutzgesetz** in diesem Sinne **ist jede materielle Rechtsnorm**[762], also jedes Gesetz im formellen Sinne sowie auch Rechtsverordnungen, Satzungen und Gewohnheitsrecht, **sofern der Schutz eines anderen durch das Gesetz bezweckt wird.** Nach ständiger Rechtsprechung des BGH ist eine Norm Schutzgesetz im Sinne des § 823 Abs. 2 BGB, wenn sie zumindest auch dazu dienen soll, den **Einzelnen** oder **einzelne Personenkreise** gegen die Verletzung eines bestimmten Rechtsguts zu schützen. Dafür kommt es nicht auf die Wirkung, sondern auf Inhalt und Zweck sowie darauf an, ob der Gesetzgeber bei Erlass des Gesetzes gerade einen Rechtsschutz, wie er wegen der behaupteten Verletzung in Anspruch genommen wird, zugunsten von Einzelpersonen oder bestimmten Personenkreisen gewollt oder doch mitgewollt hat. Es genügt, dass die Norm auch das in Frage stehende Interesse des Einzelnen schützen soll, mag sie auch in erster Linie das **Interesse der Allgemeinheit** im Auge haben. Andererseits soll der Anwendungsbereich von Schutzgesetzen nicht ausufern. Deshalb reicht es nicht aus, dass der Individualschutz durch Befolgung der Norm als ihr Reflex objektiv erreicht werden kann; er muss vielmehr im Aufgabenbereich der Norm liegen. Zudem muss die Schaffung eines individuellen Schadensersatzanspruchs sinnvoll und im Lichte des haftungsrechtlichen Gesamtsystems tragbar erscheinen, wobei in umfassender Würdigung des gesamten Regelungszusammenhangs, in den die Norm gestellt ist, zu prüfen ist, ob es in der Tendenz des Gesetzgebers liegen konnte, an die Verletzung des geschützten Interesses die deliktische Einstandspflicht des dagegen Verstoßenden mit allen damit zugunsten des Geschädigten gegebenen Beweiserleichterungen zu knüpfen[763]. 306

Der Verstoß gegen das Schutzgesetz muss adäquat kausal einen Schaden verursacht haben. Der Anspruch muss in persönlicher und sachlicher Hinsicht vom Schutzbereich der durch den Anspruchsgegner verletzten Norm umfasst sein[764]. Ist das Schutzgesetz eine strafrechtliche Norm, müssen der objektive sowie der subjektive Tatbestand der Strafnorm, die Rechtswidrigkeit und die Schuld geprüft werden. So kann die Forderung unstreitig nicht geschuldeter Vermögensvorteile für die unstreitig geschuldete Räumung und Herausgabe eines Mietobjekts eine Erpressung des Vermieters durch den Mieter sowie eine vorsätzliche sittenwidrige Schädigung begründen. Das Verfassen eines Anwaltsschreibens, in dem die unberechtigte Forderung erhoben wird, kann als Beteiligung des

---

758 BGH, Urt. v. 14.5.2002 – VI ZR 220/01 – juris, Rn. 8 ff.

759 BVerfG, Urt. v. 15.12.1999 – 1 BvR 653/96 – juris, Rn. 64 ff.

760 Vgl. dazu Erman/*Wilhelmi*, BGB, § 823, Rn. 48.

761 Zu den dazu entwickelten Kriterien vgl. BVerfG, Beschl. v. 25.8.2000 – 1 BvR 2707/95 – juris, Rn. 10 ff. sowie Urt. v. 15.12.1999 – 1 BvR 653/96 – juris, Rn. 64 ff.

762 Vgl. Art. 2 EGBGB.

763 BGH, Urt. v. 13.3.2018 – II ZR 158/16 – juris, Rn. 14.

764 *Schmidt*, Schuldrecht, Besonderer Teil II, Rn. 764.

Rechtsanwalts an dieser Handlung mit der Folge der Mithaftung aus § 823 Abs. 2 StGB i.V.m. § 253 StGB sowie §§ 826[765], 830 BGB führen[766].

307 Es kommen als Haftungsgrundlage auch die Tatbestände der Beleidigung, der Verleumdung oder der üblen Nachrede in Betracht. Nicht selten fühlt sich vor allem der Prozessgegner durch persönliche Angriffe in anwaltlichen Schriftsätzen beleidigt und verleumdet. Hier ist aber der Rechtfertigungsgrund der Wahrnehmung berechtigter Interessen (vgl. auch § 193 StGB) von besonderer Bedeutung[767]; denn – wie bereits oben ausgeführt wurde – können auch persönliche Angriffe gegen den Prozessgegner sachlich gerechtfertigt sein. Dem Prozessvertreter einer Partei steht gegen den Vertreter der Gegenpartei kein Anspruch auf Schmerzensgeld nach § 823 Abs. 2 BGB i.V.m. § 186 StGB i.V.m. Art. 1, 2 Abs. 1 GG zu, wenn dieser ihn im Rahmen eines (Miet-)Rechtsstreits indirekt als Lügner und Betrüger darstellt, indem er schriftsätzlich und in der Anspruchsbegründung wahrheitswidrig behauptet, er habe gegenüber dem Mandanten wissentlich eine falsche Rechtsansicht vertreten[768].

Auch ein Verstoß gegen das **Wahrheitsgebot** gemäß § 43a Abs. 3 S. 2 BRAO kann grundsätzlich Ansprüche Dritter gemäß § 823 Abs. 2 begründen[769].

308 Gegenüber Nichtmandanten wird eine Haftung wegen Untreue im Sinne des § 266 StGB nur selten in Betracht kommen, weil Dritten gegenüber die Untreue regelmäßig nur denkbar ist, wenn der Anwalt treuhänderische Pflichten übernommen hat[770].

309 Denkbar ist im Einzelfall auch eine Haftung des Anwalts aus § 823 Abs. 2 BGB i.V.m. § 230 StGB wegen fahrlässiger Körperverletzung. Eine Verletzung des Körpers bzw. der Gesundheit liegt bei jedem äußeren Eingriff in die körperliche Unversehrtheit bzw. bei einer Störung der inneren Lebensvorgänge vor[771]. Hier stehen zunächst die Fälle in Rede, die der Bürohaftpflichtversicherung unterfallen, also z.B. eine Körperverletzung eines Mandanten infolge eines zu glatten Bodens im Büro.

cc) Rechtswidrigkeit

310 Das Verhalten muss gerade im Hinblick auf den verursachten bzw. nicht abgewendeten Erfolg rechtswidrig sein. Die Verletzung der Norm durch Unterlassung setzt voraus, dass den Betreffenden eine spezifische Rechtspflicht zur Abwendung des Erfolges trifft.

311 Die Indikation der Rechtswidrigkeit durch die Verwirklichung des Tatbestandes beschränkt sich im Rahmen des § 823 Abs. 1 BGB auf die direkte Verletzung eines der klassischen Rechtsgüter, nicht hingegen auf

- Unterlassungen,
- mittelbare Verletzungen, bei denen die Verletzung erst eine entferntere Folge darstellt,
- das Recht am eingerichteten und ausgeübten Gewerbebetrieb sowie
- das allgemeine Persönlichkeitsrecht[772].

312 Sofern die Rechtswidrigkeit nicht indiziert ist, kann sie sich nur aus einer Pflichtverletzung ergeben[773].

765 Zur vorsätzlichen sittenwidrigen Schädigung vgl. unten Rdn. 328 ff.
766 OLG Frankfurt, Urt. v. 10.6.2015 – 2 U 201/14 – juris, Rn. 6 ff.
767 Vgl. BVerfG, Beschl. v. 29.6.2016 – 1 BvR 2646/15 – juris, Rn. 12 ff., BGH, Urt. v. 24.11.1970 – VI ZR 70/69 – juris, Rn. 27 ff.; OLG Köln, Urt. v. 20.2.1979 – 1 Ss 69/79 – NJW 1979, 1723.
768 LG Hildesheim, Urt. v. 4.6.2004 – 7 S 72/04 – NJW-RR 2004, 1418 ff.; vgl. auch Rdn. 314 f.
769 BGH, Urt. v. 10.1.2013 – I ZR 190/11 – juris, Rn. 31.
770 Vgl. BGH, Urt. v. 17.5.1990 – IX ZR 85/89 – juris, Rn. 15 ff.
771 Brox/*Walker*, Besonderes Schuldrecht, § 45, Rn. 3; *Schmidt*, Schuldrecht, Besonderer Teil II, Rn. 597.
772 Vgl. dazu Medicus/*Lorenz*, Schuldrecht II, BT, Rn. 1243.
773 Medicus/*Lorenz*, Schuldrecht II, BT, Rn. 1243.

Auch in Bezug auf das elterliche Sorgerecht[774], das Namensrecht[775] und das Urheberrecht[776] indiziert nach der herrschenden Lehre vom Erfolgsunrecht[777] die Verwirklichung des Tatbestandes die Rechtswidrigkeit. Die Rechtswidrigkeit ist in Fällen dieser Art nur zu verneinen, wenn ein **Rechtfertigungsgrund** gegeben ist. Dieser kann nicht nur in einem Handeln aus Notwehr gemäß § 227 BGB, dem Defensivnotstand gemäß § 228 BGB, dem Aggressivnotstand im Sinne des § 904 BGB, der Selbsthilfe gemäß den §§ 229, 230 BGB, sondern vor allem auch in berechtigter Geschäftsführung ohne Auftrag gemäß den §§ 677, 683 S. 1 BGB sowie in der Wahrnehmung berechtigter Interessen gemäß § 193 StGB bestehen[778]. 313

Auch persönliche Angriffe gegen den Prozessgegner können im Einzelfall prozessual gerechtfertigt sein. Die anwaltliche Berufsausübung unterliegt grundsätzlich der freien und unreglementierten Selbstbestimmung des einzelnen Anwalts[779]. Da anwaltliche Tätigkeit von dem in Wort und Schrift ausgefochtenen »Kampf ums Recht« geprägt wird, sind dem Anwalt in entsprechender Situation auch starke, eindringliche Ausdrücke und Schlagworte sowie eine Urteilsschelte und Kritik an Prozessbeteiligten erlaubt[780]. Soweit es um interessenwahrende Angriffe gegen den Prozessgegner geht, ist dem Anwalt deshalb ein gewisser Freiraum einzuräumen, desgleichen auch ein Recht auf Irrtum[781]. In welchem Maße dem Anwalt der Freiraum im Einzelfall zusteht, ist nach den konkreten Umständen des Einzelfalles zu bewerten. Der Freiraum wird jedoch nur dann als überschritten angesehen werden können, wenn das Vorgehen des Anwalts auch bei großzügiger Betrachtungsweise zur Wahrung der Interessen des Mandanten als nicht mehr sachgerecht zu beurteilen ist. § 43a Abs. 3 S. 2 BRAO bezeichnet insbesondere ein Verhalten als unsachlich, bei dem es sich um die bewusste Verbreitung von Unwahrheiten oder herabsetzende Äußerungen handelt, zu denen andere Beteiligte oder der Verfahrensablauf keinen Anlass gegeben haben. Herabsetzende Äußerungen in anwaltlichen Schriftsätzen sind dann zu beanstanden, wenn sie mit der Sache nichts zu tun haben bzw. nicht durch die Wahrnehmung berechtigter Interessen gedeckt sind[782]. Eine als sachgerecht und rechtmäßig einzustufende Äußerung vermag keine Haftung aus unerlaubter Handlung zu begründen. Gleiches gilt, wenn der Rechtsanwalt nur den Sachvortrag seiner Partei wiedergibt. 314

▶ Beispiel[783]:

Das Bundesverfassungsgericht hat insoweit ausgeführt: »Ein Rechtsanwalt, der sich im Auftrag eines Mandanten äußert, wird nicht als Privatperson, sondern in seiner Funktion als Rechtsanwalt und Vertreter seines Mandanten tätig. Er macht sich nicht den Sachverhalt, den ihm sein Mandant schildert, als persönliche Behauptung zu eigen. Er stellt auch keine eigene Behauptung auf, wenn er sich zum Beweis auf Urkunden beruft. Zieht ein Gericht den Rechtsanwalt privat für Äußerungen zur Verantwortung, die er in gehöriger Form im Namen eines Mandanten abgibt, unterbindet es die ordnungsgemäße Interessenvertretung und damit einen wesentlichen Teil anwaltlicher Berufsausübung«. 315

Eine anwaltliche Haftung wegen vorsätzlicher unerlaubter Handlung gegenüber dem Prozessgegner kann sich unter Umständen aus der Verletzung der anwaltlichen Schweigepflicht ergeben[784], 316

774 BGH, Urt. v. 24.4.1990 – VI ZR 110/89 – juris, Rn. 13 f.
775 BGH, Urt. v. 18.3.1959 – IV ZR 182/58 – juris, Rn. 22.
776 *D. Fischer*, in: G. Fischer/Vill/D. Fischer/Pape/Chab, § 15, Rn. 7, 9.
777 So die ständige Rechtsprechung, vgl. BGH, Beschl. v. 4.3.1957 – GSZ 1/56 – juris, Rn. 15 ff. sowie BGH, Urt. v. 12.7.1996 – V ZR 280/94 – juris, Rn. 18 m.w.N.
778 Vgl. oben Rdn. 307.
779 BVerfG, Beschl. v. 8.3.1983 – 1 BvR 1078/80 – juris, Rn. 46.
780 So auch Henssler/Prütting/*Henssler*, BRAO, § 43a, Rn. 128 unter Hinweis auf die vorbezeichnete Rechtsprechung des Bundesverfassungsgerichts.
781 Vgl. BGH, Urt. v. 25.3.2003 – VI ZR 175/02 – juris, Rn. 19 f.
782 BVerfG, Beschl. v. 12.3.1990 – 1 BvR 816/86 – juris, Rn. 18 f.
783 BVerfG, Beschl. v. 27.6.1996 – 1 BvR 1398/94 – juris, Rn. 11.
784 Vgl. OLG Hamm, Beschl. v. 20.5.1985 – 28 W 17/85 –.

nämlich dann, wenn der Anwalt ehrenrührige Tatsachen über den Prozessgegner verbreitet, die ihm z.B. aus einem Ehescheidungsverfahren bekannt geworden sind.

dd) Kausalität

317 Der Anspruchsteller hat für den Anspruch aus § 823 BGB auch den Ursachenzusammenhang zwischen dem Verhalten des Anwalts und dem geltend gemachten Schaden darzulegen und zu beweisen, und zwar die **haftungsbegründende Kausalität** gemäß § 286 ZPO mit dem für das praktische Leben brauchbaren Grad von Gewissheit, der Zweifeln Schweigen gebietet, ohne diese indes auch theoretisch vollständig auszuschließen[785] sowie die **haftungsausfüllende Kausalität**, also den Zusammenhang zwischen der rechtswidrigen und schuldhaften ersten Rechtsgutverletzung und dem geltend gemachten weiteren Schaden gemäß § 287 ZPO[786] mit einer deutlich überwiegenden, auf gesicherter Grundlage beruhenden Wahrscheinlichkeit[787]. Bei typischen Geschehensabläufen kann der Beweis des ersten Anscheins dem Anspruchsteller die Beweislast für beide Teile der Kausalität erleichtern[788].

ee) Haftungsbegründende Kausalität[789]

318 Für die Rechtsgutverletzung muss das schädigende Verhalten zunächst **condicio sine qua non** sein. Dabei ist ein Unterlassen in diesem Sinne ursächlich, wenn die Rechtsgutsverletzung bei pflichtgemäßem Verhalten mit an Sicherheit grenzender Wahrscheinlichkeit entfiele. Außerdem muss die Rechtsgutsverletzung adäquat kausal verursacht worden sein. Daran fehlt es, wenn die vom Schädiger gesetzte Bedingung nur unter besonders eigenartigen, ganz unwahrscheinlichen und nach dem regelmäßigen Verlauf der Dinge außer Betracht zu lassenden Umständen zur Herbeiführung der Rechtsgutsverletzung geeignet war[790]. Auch wenn die **Adäquanztheorie** mitunter zu weit greift[791], wird sie gleichwohl von der Rechtsprechung als eines von mehreren Zurechnungskriterien beibehalten[792]. Deshalb muss aber außerdem auch der **Schutzzweck der Norm** gewahrt sein, weil das Gesetz den Rechtsgütern und deren Trägern keinen absoluten Schutz, sondern nur Schutz vor bestimmten Arten von Beeinträchtigungen gewähren will[793]. Dabei sind die Adäquanztheorie und der Schutzzweck der Norm sowohl bei der haftungsbegründenden als auch bei der haftungsausfüllenden Kausalität zu prüfen[794].

▶ Beispiele:

319 1. Erleidet jemand aufgrund eines Presseberichtes über eine anwaltliche Pflichtverletzung und ihre Auswirkung einen Schockschaden, ist festzustellen, dass dieser außerhalb des Schutzzwecks des § 823 Abs. 1 BGB liegt, da sich insoweit nur ein allgemeines Lebensrisiko verwirklicht hatte. Dieses zu schützen ist nicht Aufgabe des Schadensrechts. Etwas anderes kann nur bei objektiver persönlicher Betroffenheit und nahen Angehörigen gelten[795].
2. Ebenso gibt es Fälle, in denen das Handeln eines Schädigers nicht unmittelbar zur Rechtsverletzung auf Seiten des Geschädigten führt, sondern nur über einen vom Schädiger nicht

785 BGH, Urt. v. 6.5.2015 – VIII ZR 161/14 – juris, Rn. 10 f.; v. 9.5.1989 – VI ZR 268/88 – juris, Rn. 10 m.w.N.
786 BGH, Urt. v. 5.11.2013 – VI ZR 527/12 – juris, Rn. 13; v. 22.9.1992 – VI ZR 293/91 – juris, Rn. 11 jeweils m.w.N.
787 BGH, Urt. v. 20.11.2001 – VI ZR 77/00 – juris, Rn. 15.
788 *Zugehör*, Beraterhaftung nach der Schuldrechtsreform, Rn. 401.
789 Dazu ausführlich unten Kap. 4 Rdn. 1 ff.
790 RGZ 133, 126; Brox/*Walker*, Besonderes Schuldrecht, § 45, Rn. 30.
791 Vgl. dazu *Schmidt*, Schuldrecht, Besonderer Teil II, Rn. 694.
792 BGH, Urt. v. 7.6.1968 – VI ZR 1/67 – juris, Rn. 39 ff.
793 BGH, Urt. v. 6.5.1999 – III ZR 89/97 – juris, Rn. 9; Deutsch/*Ahrens*, Deliktsrecht, Rn. 56; Brox/*Walker*, Besonderes Schuldrecht, § 45, Rn. 31; *Schmidt*, Schuldrecht, Besonderer Teil II, Rn. 694.
794 Brox/*Walker*, Besonderes Schuldrecht, § 45, Rn. 31.
795 So zu Recht *Schmidt*, Schuldrecht, Besonderer Teil II, Rn. 747.

gewollten Entschluss des Geschädigten oder eines Dritten. In diesen Fällen lässt das selbstschädigende Verhalten des Verletzten den haftungsrechtlichen Zurechnungszusammenhang dann nicht entfallen, wenn die Handlung des Verletzten auf einer billigenswerten Motivation beruht und seine Verletzung infolge eines gesteigerten Risikos entstanden ist, das auf der vom Schädiger zu verantwortenden Herausforderung beruht[796].

3. Strafverteidigerkosten sowie Auslagen eines Nebenklägers fallen anders als Rechtsanwaltskosten des Geschädigten im zivilrechtlichen Bereich nicht in den Schutzbereich des § 823 Abs. 1 BGB[797].

Mit dem Rechtswidrigkeitszusammenhang wird – wenngleich mit anderen Worten – auch der Schutzzweck der Norm geprüft. Der Rechtswidrigkeitszusammenhang ist gegeben, wenn sich der Schaden innerhalb des Schutzzwecks der verletzten Norm verwirklicht[798]. 320

Die Schutzzwecklehre wird auf gesetzliche Ansprüche[799], auf Ansprüche aus unerlaubter Handlung[800] und aus Gefährdungshaftung[801] ebenso angewandt wie auf Ansprüche aus Vertrag[802]. Im Rahmen einer wertenden Beurteilung ist deshalb der Schutzzweck bzw. Schutzbereich der haftungsbegründenden Norm bzw. bei Verträgen der von den Parteien gewollte Schutzzweck des Vertrages zu ermitteln. Zu ersetzen sind nur diejenigen Schäden, die in den Schutzbereich der haftungsbegründenden Norm bzw. der Vertragspflicht fallen, also aus den Gefahrenbereichen herrühren, zu deren Verhinderung die betreffende Norm erlassen bzw. zu deren Abwendung die verletzte Vertragspflicht übernommen worden ist[803]. 321

▶ **Beispiel[804]:**

Übernimmt ein Rechtsanwalt das Mandat, eine Person wegen der Verletzung der Vertragspflicht des Verkäufers zur Fertigstellung einer verkauften Eigentumswohnung zu beraten und insoweit die Interessen dieser Person wahrzunehmen, gehört es zur Pflicht des Rechtsanwalts, voraussehbare und vermeidbare Nachteile für diese Person aus dem Vertragsbruch des Verkäufers zu verhindern, die bei einer beabsichtigten Weiterveräußerung der unfertigen Wohnung entstehen könnten. In diesem Fall erstreckt sich der Schutzbereich der Vertragspflicht des Rechtsanwalts nach seinem Zweck darauf, von der Weiterveräußerung abzuraten, weil diese sowohl mit einem Rücktritt vom Vertrag des Erstverkäufers als auch mit einem gegen diesen gerichteten Schadensersatzanspruch wegen Nichterfüllung unvereinbar ist. 322

ff) Haftungsausfüllende Kausalität[805]

Während es bei der haftungsbegründenden Kausalität um die Zurechnung der Rechtsgutsverletzung zum Verhalten des Inanspruchgenommenen geht, betrifft die haftungsausfüllende Kausalität die Frage nach der Zurechnung des Schadens zur Rechtsgutsverletzung[806]. 323

796 BGH, Urt. v. 16.4.2002 – VI ZR 227/01 – juris, Rn. 13 f.; *Schmidt*, Schuldrecht, Besonderer Teil II, Rn. 700 ff.

797 BGH, Urt. v. 6.11.1979 – VI ZR 254/77 – juris, Rn. 18; v. 30.4.1986 – VIII ZR 112/85 – juris, Rn. 18, 24 und v. 17.5.1957 – VI ZR 63/56 – juris, Rn. 9; *Zugehör*, Beraterhaftung nach der Schuldrechtsreform, Rn. 402.

798 BGH, Urt. v. 14.10.1971 – VII ZR 313/69 – juris, Rn. 32 ff.; Erman/*Ebert*, BGB, vor §§ 249 bis 253, Rn. 34.

799 BGH, Urt. v. 5.10.1982 – VI ZR 31/81 – juris, Rn. 13 ff.

800 BGH, Urt. v. 27.5.1963 – III ZR 48/62 – juris, Rn. 8.

801 BGH, Urt. v. 3.7.1962 – VI ZR 184/61 – juris, Rn. 11.

802 BGH, Urt. v. 13.2.2003 – IX ZR 62/02 – juris, Rn. 8 m.w.N.

803 BGH, Urt. v. 24.6.1993 – IX ZR 84/92 – juris, Rn. 20 ff.; v. 18.3.1993 – IX ZR 120/92 – juris, Rn. 35 m.w.N.

804 BGH, Urt. v. 20.10.1994 – IX ZR 116/93 – juris, Rn. 15 ff.

805 Dazu ausführlich unten Kap. 4 Rdn. 6 ff.

806 *Schmidt*, Schuldrecht, Besonderer Teil II, Rn. 744.

gg) Schadensersatz

324 Die rechtswidrige und schuldhafte Rechtsgutsverletzung muss zu einem Schaden nach §§ 249 bis 255 BGB bzw. nach §§ 842 ff. BGB geführt haben. Maßgebend für die Beurteilung des Schadens ist der Zeitpunkt der letzten mündlichen Verhandlung der Tatsacheninstanz[807].

325 Gemäß **§ 830 BGB** haften sämtliche Täter, die an einer unerlaubten Handlung beteiligt waren, sofern sich nicht ermitteln lässt, wer den Schaden durch seine Handlung verursacht hat. Haftet ein Anwalt bereits für den vollen Schaden, ist § 830 Abs. 1 S. 2 BGB gegen andere Beteiligte nicht mehr anwendbar[808]. Ein bewusstes und gewolltes Zusammenwirken ist nicht erforderlich. Die Handlungen müssen nur im Rahmen eines tatsächlich zusammenhängenden einheitlichen Vorganges liegen[809]. Der Anstifter und der Gehilfe haften über § 830 Abs. 2 BGB. Unanwendbar ist § 830 Abs. 1 S. 2 BGB auf Schäden, die gegebenenfalls vom Geschädigten selbst geschaffen wurden[810] und für Schäden, die gegebenenfalls nicht durch ein Delikt und eine Vertragsverletzung entstanden sind[811].

326 Mehrere Verantwortliche haften gemäß **§ 840 Abs. 1 BGB** als Gesamtschuldner mit den in den §§ 421 ff. BGB geregelten Folgen.

327 In Betracht kommt auch ein Anspruch auf Unterlassung oder Widerruf ehrenrühriger Äußerungen sowohl für als auch gegen den Anwalt[812]. Solange die Partei oder ihr Rechtsanwalt nicht leichtfertig oder vorsätzlich unwahre Tatsachen behaupten, ist jedoch eine Klage gegen Äußerungen, die der Rechtsverfolgung oder -verteidigung in einem behördlichen oder gerichtlichen Verfahren dienen, unbegründet[813].

d) Vorsätzliche sittenwidrige Schädigung im Sinne des § 826 BGB

328 Eine Haftung wegen vorsätzlicher Schädigung eines Dritten ist vor allem denkbar, wenn der Anwalt in einem Zivilprozess bewusst falsch vorträgt und dadurch seinen Mandanten zu einem obsiegenden, aber unrichtigen Urteil verhilft. Hier ergibt sich die Haftungsgrundlage aus den §§ 826, 823 Abs. 2 BGB i.V.m. § 263 StGB. Einen Rechtfertigungsgrund für betrügerisches Verhalten gibt es nicht. Jedoch sind an den Nachweis einer vorsätzlichen Handlung seitens des Anwalts erhebliche Anforderungen zu stellen; denn grundsätzlich darf der Anwalt auf die Richtigkeit der Informationen seines Mandanten vertrauen[814] und braucht diese nicht auf ihren Wahrheitsgehalt zu überprüfen.

Der Tatbestand ist verwirklicht, wenn jemandem durch eine sittenwidrige Handlung in zurechenbarer Weise ein Schaden zugefügt wird. Sittenwidrig ist eine Handlung, sofern sie gegen das Anstandsgefühl aller billig und gerecht Denkenden verstößt. Dafür genügt es im Allgemeinen nicht, dass der Handelnde vertragliche Pflichten oder das Gesetz verletzt oder bei einem anderen einen Vermögensschaden hervorruft. Vielmehr muss eine **besondere Verwerflichkeit** seines Verhaltens hinzutreten, die sich aus dem verfolgten Ziel, den eingesetzten Mitteln, der zutage tretenden Gesinnung oder den eingetretenen Folgen ergeben kann[815].

807 BGH, Urt. v. 12.7.1996 – V ZR 117/95 – juris, Rn. 18.

808 BGH, Urt. v. 7.11.1978 – VI ZR 128/76 – juris, Rn. 10 ff.; Wussow/*Terbille*, Unfallhaftpflichtrecht, Kapitel 8, Rn. 15.

809 BGH, Urt. v. 15.12.1970 – VI ZR 51/70 – juris, Rn. 9.

810 BGH, Urt. v. 30.1.1973 – VI ZR 14/72 – juris, Rn. 14.

811 So zu Recht *Eberl-Borges*, NJW 2002, 949 sowie Medicus/*Lorenz*, Schuldrecht II, BT, Rn. 1427; a.A. BGH, Urt. v. 16.1.2001 – X ZR 69/99 – juris, Rn. 14 ff.

812 Vgl. für ehrenrührige Behauptungen über Rechtsanwälte BGH, Urt. v. 20.12.1983 – VI ZR 94/82 – juris, Rn. 17 ff. sowie grundsätzlich BVerfG, Beschl. v. 16.10.1998 – 1 BvR 590/96 – juris, Rn. 13 ff.

813 OLG Köln, Urt. v. 28.5.1999 – 11 U 265/98 – juris, Rn. 5 ff.; BGH, Urt. v. 10.6.1986 – VI ZR 154/85 – juris, Rn. 6 ff.

814 Vgl. BGH, Urt. v. 15.1.1985 – VI ZR 65/83 – juris, Rn. 13.

815 BGH, Urt. v. 19.11.2013 – VI ZR 336/12 – juris, Rn. 9.

Beispiele:

1. Sittenwidrigkeit ist anzunehmen, wenn der Anwalt das Vertrauensverhältnis missbraucht, um zum Nachteil des Mandanten eine Provision von einem Makler zu erlangen[816]. 329
2. Eine Beteiligung des Anwalts an einer vorsätzlichen sittenwidrigen Schädigung in Gestalt einer Erpressung kann sich aus dem Verfassen eines Anwaltsschreibens ergeben, mit welchem ein Mieter unstreitig nicht geschuldete Vermögensvorteile für eine unstreitig geschuldete Räumung und Herausgabe eines Mietobjekts vom Vermieter fordert[817].
3. Investiert ein Rechtsanwalt im Rahmen eines Geschäftsbesorgungsvertrages über die Kündigung eines Rentenversicherungsvertrags und die Verwendung des daraus resultierenden Abrechnungsbetrags als Treuhänder Kapital in ein unzulässiges Einlagengeschäft (Kapitalanlagemodell) bei einer GmbH, die nicht über eine Erlaubnis nach § 32 KWG verfügt, ist die Unterstützung eines objektiv unzulässigen Vertriebssystems sittenwidrig i.S.d. § 826 BGB, wenn der Handelnde als Funktionsträger in herausgehobener Position sich für dieses System hat einspannen lassen und es zugleich zumindest leichtfertig unterlassen hat, sich über die rechtlichen Rahmenbedingungen des Vertriebs zu vergewissern[818].
4. Im Bereich der Expertenhaftung für unrichtige (Wert-)Gutachten und Testate kommt ein Sittenverstoß bei einer besonders schwerwiegenden Verletzung der einen Experten treffenden Sorgfaltspflichten in Betracht. Als sittenwidrig ist dabei zu beurteilen, dass der Auskunfterteilende aufgrund des Expertenstatus ein besonderes Vertrauen für sich in Anspruch nimmt, selbst aber nicht im Mindesten den an einen Experten zu richtenden Maßstäben genügt. Der Sittenverstoß setzt ein leichtfertiges und gewissenloses Verhalten des Auskunftgebers voraus. Es genügt nicht ein bloßer Fehler des Gutachtens, sondern es geht darum, dass sich der Gutachter durch nachlässige Erledigung, z.B. durch nachlässige Ermittlungen oder gar durch Angaben ins Blaue hinein der Gutachtenaufgabe entledigt und dabei eine Rücksichtslosigkeit an den Tag legt, die angesichts der Bedeutung des Gutachtens für die Entscheidung Dritter als gewissenlos erscheint[819].

Typische Verhaltensweisen dieser Art sind arglistige Täuschungen, Kollusionen zum Nachteil Dritter, ein Verleiten zum Vertragsbruch, das Erteilen wesentlich falscher Auskünfte, das Ausnutzen einer formalen Rechtsstellung zur Schädigung sowie der Missbrauch einer wirtschaftlichen Machtstellung[820]. Sittenwidrig kann ein Verhalten auch wegen eines Missbrauchs eines Mandatsverhältnisses sein, in dem zum Nachteil des Auftraggebers eine Provision von einem Dritten erlangt werden soll[821] oder wegen einer Unverhältnismäßigkeit des angewandten Mittels zum erstrebten Zweck, z.B. beim Abkauf einer aktienrechtlichen Anfechtungsklage[822]. Nicht jede als unbillig erscheinende Handlung ist bereits sittenwidrig. Erforderlich ist insoweit ein moralischer Vorwurf[823]. Für die Beurteilung der Sittenwidrigkeit sind sämtliche Umstände des Einzelfalles zu würdigen[824]. Das Einleiten oder Betreiben eines Rechtsstreits, das für den Prozessgegner zu einem Schaden führt, begründet nur dann die Haftung der klagenden Partei oder des sie vertretenden Anwalts[825], wenn man die materielle Unrichtigkeit des Prozessbegehrens kennt und besondere Umstände aus der Art und Weise der Prozesseinleitung oder -durchführung hinzutreten, die das Vorgehen als sittenwidrig prägen[826]. Nach ständiger Rechtsprechung wird bei subjektiver Redlichkeit einer Partei oder eines 330

816 BGH, Urt. v. 30.5.2000 – IX ZR 121/99 – juris, LS 1 sowie Rn. 19 ff.
817 OLG Frankfurt, Urt. v. 10.6.2015 – 2 U 201/14 – juris, Rn. 6 ff.
818 BGH, Urt. v. 10.2.2015 – VI ZR 569/13 – juris, Rn. 10 ff.
819 BGH, Urt. v. 19.11.2013 – VI ZR 336/12 – juris, Rn. 10.
820 Vgl. dazu *Schmidt*, Schuldrecht, Besonderer Teil II, Rn. 773 ff.; Brox/*Walker*, Besonderes Schuldrecht, § 47, Rn. 5 ff.
821 BGH, Urt. v. 30.5.2000 – IX ZR 121/99 – juris, Rn. 19 ff.
822 BGH, Urt. v. 14.5.1992 – II ZR 299/90 – juris, Rn. 14 ff.
823 Brox/*Walker*, Besonderes Schuldrecht, § 47, Rn. 4.
824 Vgl. BGH, Urt. v. 31.1.1978 – VI ZR 32/77 – juris, Rn. 14 ff.
825 BGH, Urt. v. 13.3.1979 – VI ZR 117/77 – juris, Rn. 11 ff.
826 BGH, Urt. v. 25.3.2003 – VI ZR 175/02 – juris, LS sowie Rn. 17 ff.

Anwalts, wenn diese ein staatliches, gesetzlich eingerichtetes und geregeltes Verfahren einleiten oder betreiben, damit nicht rechtswidrig in ein geschütztes Rechtsgut des Verfahrensgegners eingriffen, auch wenn sich das Begehren als materiell-rechtlich ungerechtfertigt erweist. Der auf diese Weise geschaffene Freiraum ist geboten, solange das schadensursächliche Verhalten angesichts seiner verfahrensrechtlichen Legalität die Vermutung der Rechtmäßigkeit für sich in Anspruch nehmen kann. Selbst wenn sich ein Klagebegehren als nicht sachlich gerechtfertigt erweist und dem anderen Teil durch dieses Verfahren über dieses hinaus Nachteile erwachsen, indiziert die Verletzung eines Rechtsguts die Rechtswidrigkeit nicht, weil das schadensursächliche Verhalten angesichts seiner verfahrensrechtlichen Legalität zunächst die Vermutung der Rechtmäßigkeit für sich beanspruchen kann. Diese Vermutung greift ein, weil auch eine materiell berechtigte Einleitung und Durchführung eines gerichtlichen Verfahrens typischerweise Schäden zur Folge haben kann, die über die mit der Rechtsverfolgung angestrebte Anspruchsdurchsetzung oder Sanktion hinausgehen können und die der Gegner ersatzlos hinnehmen muss[827]. Grundsätzlich haftet der jeweilige Kläger seinem Gegner daher außerhalb der schon im Verfahrensrecht vorgesehenen Sanktionen nicht nach dem Recht der unerlaubten Handlung für die Folgen einer nur fahrlässigen Fehleinschätzung der Rechtslage[828]. Der Schutz des Prozessgegners wird in diesen Fällen regelmäßig durch das gerichtliche Verfahren nach Maßgabe seiner gesetzlichen Ausgestaltung gewährleistet[829]. Der Gegner muss also im kontradiktorischen Verfahren die Rechtsgutbeeinträchtigung hinnehmen, ohne deliktsrechtlichen Schutz zu haben, weil die Prüfung der Rechtslage im Prozess durch das Gericht erfolgt und er sich gegen eine ungerechtfertigte Inanspruchnahme selbst hinreichend wehren kann. Wo dies allerdings nicht der Fall ist, bleibt es beim uneingeschränkten Rechtsgüterschutz, den die §§ 823 Abs. 1, 826 BGB gewähren[830].

331 **Sittenwidrigkeit** kann in diesem Zusammenhang nur in eng begrenzten Ausnahmefällen angenommen werden, insbesondere dann, wenn die Partei das staatliche Verfahren zur Schädigung der Gegenpartei oder Dritter missbraucht, etwa indem sie – wie im Falle des Prozessbetruges oder des Erschleichens gerichtlicher Handlungen – das Verfahren mit unlauteren Mitteln betreibt[831]. Der Kläger ist hingegen nicht grundsätzlich verpflichtet, vor Klageerhebung sorgfältig in tatsächlicher oder rechtlicher Hinsicht die sachliche Berechtigung seines Begehrens zu prüfen oder gar seine Interessen gegen die des Beklagten abzuwägen[832]. Einem Klagewilligen kann deshalb eine über die Offensichtlichkeitskontrolle hinausgehende Rechtsprüfungspflicht in Bezug auf den Prozessgegner nicht auferlegt werden[833]. Diese Grundsätze für eine das Verfahren aktiv betreibende Partei gelten entsprechend für die Rechtsverteidigung im Rahmen eines staatlichen, gesetzlich eingerichteten und geregelten Verfahrens[834].

332 **Bedingter Vorsatz** in dem Sinne, dass die Schädigung für möglich gehalten und billigend in Kauf genommen wird, reicht aus[835]. Ein gewissenloses leichtfertiges Verhalten kann ein Indiz dafür

827 BGH, Urt. v. 11.11.2003 – VI ZR 371/02 – juris, Rn. 13.
828 BGH, Urt. v. 25.3.2003 – VI ZR 175/02 – juris, Rn. 18; v. 3.10.1961 – VI ZR 242/60 – juris, Rn. 8 ff.
829 BGH, Urt. v. 11.11.2003 – VI ZR 371/02 – juris, Rn. 13.
830 BGH, Urt. v. 11.11.2003 – VI ZR 371/02 – juris, Rn. 15 ff., v. 12.5.1992 – VI ZR 257/91 – juris, Rn. 15 ff.
831 BGH, Urt. v. 25.3.2003 – VI ZR 175/02 – juris, Rn. 22; v. 3.10.1961 – VI ZR 242/60 – juris, Rn.
832 BGH, Urt. v. 11.11.2003 – VI ZR 371/02 – juris, Rn. 14; BVerfG, Beschl. v. 25.2.1987 – 1 BvR 1086/85 – juris, Rn. 8 f.
833 BGH, Urt. v. 25.3.2003 – VI ZR 175/02 – juris, Rn. 19. Demgegenüber hat der IX. Zivilsenat des BGH im Urteil vom 26.6.2001 – IX ZR 209/98 – juris, Rn. 22 ausgeführt, es könne ein sittenwidriges Verhalten auch darin liegen, dass ein Kläger gegen den anderen Teil zumindest in grob leichtfertiger Weise ein gerichtliches Verfahren einleite und durchführe, obwohl er wisse, dass der bedingte gegnerische Kostenerstattungsanspruch ungedeckt sei. Grobe Leichtfertigkeit sei einem Kläger vorzuwerfen, wenn er ins Blaue hinein einen Rechtsstreit vom Zaune breche.
834 BGH, Urt. v. 11.11.2003 – VI ZR 371/02 – juris, Rn. 15.
835 BGH, Urt. v. 24.9.1991 – VI ZR 293/90 – juris, Rn. 24.

darstellen[836]. Bedingter Vorsatz ist zu bejahen, wenn der Schädiger das Bewusstsein hat, dass infolge seines Tuns oder Unterlassens der andere der Gefahr eines Schadens ausgesetzt wird und wenn er diesen möglichen Schaden für den Fall des Eintritts billigend in Kauf nimmt, mag er ihn auch nicht wünschen[837]. Es genügt allerdings nicht, wenn die relevanten Tatumstände lediglich objektiv erkennbar waren und der Handelnde sie hätte kennen können oder kennen müssen oder sie sich ihm sogar hätten aufdrängen müssen; in einer solchen Situation ist lediglich ein Fahrlässigkeitsvorwurf gerechtfertigt[838]. Ist bedingter Vorsatz gegeben, braucht er sich nicht auf den genauen Kausalverlauf und den Umfang des Schadens zu erstrecken; er muss jedoch die gesamten Schadensfolgen sowie die Richtung und Art des Schadens umfassen[839].

Anerkannt ist, dass eine Prozesspartei im Rahmen des § 826 BGB auch einzustehen hat, wenn sie das Prozessziel durch Aufstellung bewusst unwahrer Behauptungen erreicht. 333

VII. Schmerzensgeld nach § 253 BGB

Im Zuge der Neuregelung des § 253 BGB wurde der Anspruch auf **immateriellen Schadensersatz** von der unerlaubten Handlung gelöst. Werden der Körper, die Gesundheit, die Freiheit oder die sexuelle Selbstbestimmung verletzt, entsteht ein Anspruch auf Schmerzensgeld unabhängig davon, ob die Rechtsverletzung als Folge einer Gefährdungshaftung, einer Verschuldenshaftung oder einer Vertragsverletzung zu charakterisieren ist[840]. 334

So ist es bei einem bedeutenden, aus Gründen der Pflichtwidrigkeit verlorenen Prozess auch denkbar, dass die **Gesundheitsverletzung** durch den Mandanten **mit einer psychischen Schädigung** begründet wird. In Situationen der vorbezeichneten Art ist es nach neuem Schuldrecht nicht mehr erforderlich, auf § 823 Abs. 2 BGB i.V.m. § 230 StGB abzustellen. **Schmerzensgeld** kann nach neuem Schuldrecht **gemäß § 253 Abs. 2 BGB** auch **für Vertragsverletzungen** verlangt werden.

► Beispiel[841]:

Der Mieter eines Hauses, welches durch fahrlässiges Verhalten eines seiner Kinder abgebrannt ist, ersucht einen Rechtsanwalt wegen der Eintrittspflicht einer bestehenden Privathaftversicherung um Rechtsauskunft. Der Rechtsanwalt erklärt, wenn sich erweise, dass der Mieter oder sein Kindermädchen den Brand grob fahrlässig mit verursacht hätten, müsse die private Haftpflichtversicherung hierfür nicht einstehen. Der Mieter gerät durch diese Falschauskunft und ohne Versicherungsschutz durch die drohende Inanspruchnahme des eingetretenen Brandschadens von 600.000,00 EUR in Dauerpanik. Wegen der durch die Falschauskunft ausgelösten posttraumatischen Belastungsstörungen nimmt er den Rechtsanwalt auf Schmerzensgeld in Anspruch. 335

Obgleich die erteilte Auskunft unrichtig war, weil nach § 103 VVG für die Haftpflichtversicherung der subjektive Risikoausschluss nur für vorsätzliches und widerrechtliches Handeln des Versicherungsnehmers gilt, steht dem Mieter kein Schmerzensgeldanspruch nach Maßgabe von § 253 Abs. 2 BGB zu. Im Rahmen der vertraglichen Anwaltshaftung kommt ein Schmerzensgeldanspruch aus § 253 Abs. 2 BGB nur dann in Betracht, wenn der Schutz der in dieser Bestimmung genannten Rechtsgüter des Mandanten in den Bereich der vom Anwalt übernommenen Pflichten fällt. Insoweit ist für den Regelfall davon auszugehen, dass ein Anwaltsauftrag nicht auf die Wahrnehmung oder Förderung eines Interesses zur Wahrung der Körperintegrität oder Gesundheit gerichtet ist und durch Beratungsfehler verursachte Gesundheitsschäden deshalb keinen Schmerzensgeldanspruch des Mandanten begründen können. Letztlich schließt diese Auffassung an die alte zu § 847 336

836 BGH, Urt. v. 13.2.1992 – III ZR 28/90 – juris, Rn. 42; v. 24.9.1991 – VI ZR 293/90 – juris, Rn. 25 und v. 17.9.1985 – VI ZR 73/84 – juris, Rn. 14.
837 BGH, Urt. v. 24.4.2001 – VI ZR 36/00 – juris, Rn. 21.
838 BGH, Urt. v. 28.6.2016 – VI ZR 536/15 – juris, Rn. 25.
839 BGH, Urt. v. 11.11.2003 – VI ZR 371/02 – juris, Rn. 26 m.w.N.
840 Erman/*Ebert*, BGB, § 253, Rn. 12.
841 BGH, Urt. v. 9.7.2009 – IX ZR 88/08 – juris, Rn. 1 ff.

BGB ergangene Rechtsprechung an, nach der Gesundheitsschädigungen von Mandanten infolge anwaltlicher Fehler bei der Rechtsberatung und Rechtsvertretung außerhalb des **Schutzzwecks** der Anwaltshaftung liegen und deshalb keinen Schmerzensgeldanspruch auslösen können[842].

▶ Beispiel[843]:

337 Ein Strafverteidiger versäumt – trotz entsprechenden Auftrags des angeklagten Mandanten – einen Antrag auf Verlegung des Termins zur Hauptverhandlung zu stellen. Er unterlässt es auch den Mandanten über das Risiko einer Verhaftung bei Versäumung des Termins aufzuklären. Der Mandant gerät daraufhin in Untersuchungshaft.

338 Im vorstehenden Beispiel führt das Fehlverhalten des Rechtsanwalts gleichermaßen über § 823 Abs. 1 BGB aber auch wegen Vertragsverletzung zu einem Schmerzensgeldanspruch nach § 253 Abs. 2 BGB wegen der erlittenen Freiheitsentziehung. Gleiches wird zu gelten haben, falls infolge eines Fehlers des Anwalts eine beantragte Haftverschonung versagt wird bzw. wenn bei Unterbringungsmaßnahmen und sonstigen auf Freiheitsentziehung gerichteten Verfahren einem Mandanten aufgrund von Anwaltsfehlern immaterielle Nachteile entstehen[844].

339 Grundsätzlich hat der Schädiger für **Folgeschäden** selbst bei einer psychischen Anfälligkeit des Verletzten oder dessen neurotischer Fehlverarbeitung einzustehen[845]. Nur wenn der Anlass als Bagatelle[846] oder als reine Rentenneurose[847] zu würdigen ist mit der Folge, dass die psychische Reaktion schlechterdings unverständlich ist, liegt eine unangemessene Erlebnisverarbeitung mit der Folge vor, dass diese Schädigung nicht mehr zugerechnet werden kann. Für Mandanten aus anwaltlicher Pflichtverletzung resultierende psychische Schäden sind jedoch einer besonderen rechtsdogmatischen Kontrolle zu unterziehen, so wie es bisher bereits für die sog. Schockschäden geschah[848]. Einerseits genügt nicht jede psychogene Reaktion. Es müssen vielmehr gewichtige psychopathologische Ausfälle von einiger Dauer eingetreten sein, die nach Art und Schwere über die Belastungen hinausgehen, die bei einem gravierenden Ereignis regelmäßig auftreten[849]. Außerdem muss die geltend gemachte psychogene Folge in adäquater Relation zu dem in Rede stehenden Anlass stehen, also verständlich und nachvollziehbar sein[850], damit eine Verletzung des Körpers oder der Gesundheit angenommen werden kann.

842 OLG Hamm, Beschl. v. 20.6.2000 – 28 W 43/00 – juris, Rn. 25 ff., NJW-RR 2001, 1142, 1143; OLG Braunschweig, Urt. v. 2.11.2000 – 2 U 13/00 – juris, Rn. 4 ff. m. Anm. *Borgmann*, BRAK-Mitt. 2001, 290.

843 KG, Urt. v. 17.1.2005 – 12 U 302/03 – juris, Rn. 1 ff.

844 BGH, Urt. v. 9.7.2009 – IX ZR 88/08 – juris, Rn. 15.

845 BGH, Urt. v. 16.11.1999 – VI ZR 257/98 – juris, Rn. 9 ff., NJW 2000, 862.

846 BGH, Urt. v. 30.4.1996 – VI ZR 55/95 – juris, Rn. 21.

847 Eine Renten- oder Begehrensneurose liegt vor, wenn der Geschädigte die Situation im neurotischen Streben nach Versorgung und Sicherheit zum Anlass nimmt, den Schwierigkeiten und Belastungen des Erwerbslebens auszuweichen. Wenn die psychische Störung ihr Gepräge durch die Begehrensvorstellung nach einer Lebenssicherung oder die Ausnutzung einer vermeintlichen Rechtsposition erhält und deutlich im Vordergrund steht, kann der erforderliche Zurechnungszusammenhang mit dem Unfallereignis nicht mehr angenommen werden, vgl. BGH, Urt. v. 10.7.2012 – VI ZR 127/11 – juris, Rn. 10 ff. m.w.N.; denn in diesen Fällen bildet das Schadensereignis nur noch den Kristallisationspunkt für die Begehrensneurose, der seinem Wesen nach auswechselbar ist, BGH, Urt. v. 8.5.1979 – VI ZR 58/78 – juris, Rn. 15; Budewig/Gehrlein/*Gehrlein*, Haftpflichtrecht nach der Reform, S. 284.

848 Vgl. dazu näher *Deutsch*, JuS 1969, 197 ff.; *Schmidt*, MDR 1971, 538; *Medicus/Petersen*, Bürgerliches Recht, Rn. 834; Erman/*Ebert*, BGB, vor §§ 249 bis 253, Rn. 51.

849 So bereits zu den Grenzen haftpflichtiger Schockschäden, BGH, Urt. v. 5.2.1985 – VI ZR 198/83 – juris, Rn. 17 ff.; Erman/*Ebert*, BGB, vor §§ 249 bis 253, Rn. 52.

850 So zum Schockschaden bereits BGH, Urt. v. 5.2.1985 – VI ZR 198/83 – juris, Rn. 16 ff. und v. 11.5.1971 – VI ZR 78/70 – juris, Rn. 7 ff. Vgl. zu diesem Problemkreis auch die Ausführungen in Kap. 11 Rdn. 69 ff.

Solche Gesundheitsbeeinträchtigungen sind bei Verträgen mit Schutzwirkungen für Dritte sogar auch in Bezug auf vom Vertragsschutz umfasste Dritte denkbar, sofern die aus dem Prozess resultierende psychische Belastung zu einer Krankheit geführt hat und der Schutzzweck des Vertrages diesen Schaden umfasst. In allen anderen Fällen sind solche Folgen dem allgemeinen Lebensrisiko des Dritten zuzuordnen[851]. 340

B. Die Haftung gegenüber Dritten

I. Verträge zugunsten Dritter

Beim echten Vertrag zugunsten Dritter erwirbt der Dritte gemäß § 328 Abs. 1 BGB den Anspruch unmittelbar gegen den Versprechenden, ohne dass eigenes Handeln von ihm oder auch nur die Kenntnis vom Erwerb erforderlich sind. **Es muss vertraglich vereinbart werden, dass dem Dritten das Recht zustehen soll.** Möglich ist auch die Vereinbarung, dass dem Gläubiger das Recht vorbehalten bleibt, den Dritten zu bestimmen oder die getroffene Bestimmung zu ändern[852]. Fehlt eine ausdrückliche diesbezügliche Vereinbarung, kann gemäß § 328 Abs. 2 BGB auch eine Vertragsauslegung zum Vertrag zugunsten Dritter führen, und zwar vor allem im Hinblick auf den vereinbarten Vertragszweck[853]. Ebenso brauchen dem Schuldner die begünstigten Personen im Zeitpunkt des Vertragsschlusses nicht bekannt zu sein. Vielmehr genügt es, wenn die **begünstigten Dritten** nachträglich bestimmbar sind[854]. 341

Abzugrenzen sind die Fälle, in denen der Dritte selbst Vertragspartner sein soll und beim Vertragsabschluss nur durch eine andere Person vertreten wird. Diese Problematik ergibt sich insbesondere beim Auftreten von Eltern für ihre Kinder nicht selten[855]. Ein Vertrag zugunsten Dritter liegt in dieser Konstellation nur vor, wenn der Handelnde im eigenen Namen auftritt. Da gemäß § 164 Abs. 2 BGB der Mangel des Willens, im eigenen Namen zu handeln, nicht in Betracht kommt, wenn der Wille, im fremden Namen zu handeln, nicht erkennbar hervortritt, muss in Zweifelsfällen dieser Art vom Vertrag zugunsten Dritter ausgegangen werden[856]. 342

▶ Beispiele:

1. Überträgt ein Schuldner einem Rechtsanwalt Vermögen zur Befriedigung von Gläubigern, kann ein Treuhandvertrag zu deren Gunsten vorliegen[857]. 343
2. Zugunsten eines Kapitalanlegers kann ein Treuhandvertrag abgeschlossen sein, wenn ein Rechtsanwalt als Treuhänder beauftragt wurde, Sicherheiten zu prüfen[858] oder die Mittelverwendung zu überwachen[859]. Um einen echten Vertrag zugunsten Dritter, nämlich der (künftigen) Gesellschafter handelt es sich bei einem Vertrag über die Mittelverwendungskontrolle zwischen einem Rechtsanwalt oder Wirtschaftsprüfer und der Gesellschaft[860].
3. Erteilt ein Anwalt einem Dritten eine Auskunft, kommt ein Vertrag zugunsten Dritter nur in Betracht, wenn die Auskunftserteilung unmittelbar im Auftrag des Auftraggebers erfolgt, nicht jedoch bereits dann, wenn der Rechtsanwalt nur zur Förderung des Mandats mit dem Gegner Kontakt aufnimmt und diesem eine Empfehlung ausspricht[861].

---

851 Vgl. BGH NJW 1984, 1405 sowie Erman/*Wilhelmi*, BGB, § 823, Rn. 20.

852 Erman/*Westermann*, BGB, § 328, Rn. 4.

853 RGZ 103, 269; BGH, Urt. v. 29.11.1974 – V ZR 73/73 – juris, Rn 11.

854 BGH, Urt. v. 5.3.2015 – IX ZR 133/14 – juris, Rn. 40.

855 Medicus/*Lorenz*, Schuldrecht I, AT, Rn. 849.

856 Medicus/*Lorenz*, Schuldrecht I, AT, Rn. 849.

857 BGH, Urt. v. 12.10.1989 – IX ZR 184/88 – juris, Rn. 11 f. und v. 10.2.1971 – VIII ZR 182/69 – juris, Rn. 6.

858 OLG Karlsruhe, Urt. v. 5.3.1997 – 13 U 167/95 – WM 1997, 1476 f.

859 BGH, Urt. v. 14.4.1986 – II ZR 132/85 – WM 1986, 904 f.

860 BGH, Urt. v. 21.3.2013 – III ZR 260/11 – juris, Rn. 19 f. und v. 19.11.2009 – III ZR 108/08 – juris, Rn. 18 ff.

861 Vollkommer/*Greger/Heinemann*, Anwaltshaftungsrecht, § 5, Rn. 14; a.A. *Boergen*, Die vertragliche Haftung des Rechtsanwalts, S. 18.

4. Erteilt ein Anleger einem betrügerischen Unternehmen Aufträge zur Vermittlung und Besorgung von Börsenspekulationsgeschäften, in deren Prospekt über die zu vermittelnden Geldanlagen es unter dem Stichwort »Kapitaltransfer« heißt: »Grundsätzlich sind Ihre Zahlungen über ein Rechtsanwalts-Anderkonto bzw. Treuhandkonto zu leiten. Das geschieht ... zu Ihrer Sicherheit«, ist die Vereinbarung zwischen der Gesellschaft und dem Anwalt über die Abwicklung der Einzahlungen als Vertrag zugunsten der Anleger im Sinne des § 328 BGB zu werten[862].

344 Zur Prüfung der Frage nach einem Vertrag zugunsten Dritter ist auch eine ergänzende Vertragsauslegung in Betracht zu ziehen[863].

345 **Zu unterscheiden ist zwischen echten und unechten Verträgen zugunsten Dritter**[864]. Gemäß § 328 Abs. 1 BGB kann eine Leistung an einen Dritten durch Vertrag mit der Wirkung bedungen werden, dass der Dritte unmittelbar das Recht erhält, die Leistung zu fordern. Dann liegt ein echter, den Dritten zur Leistung berechtigender Vertrag vor. Wird hingegen der Rechtsanwalt nur ermächtigt, mit schuldbefreiender Wirkung an den Dritten zu leisten, ohne dass diesem ein eigenes Forderungsrecht zustehen soll, ist der Vertrag als unechter, ermächtigender Vertrag zugunsten Dritter zu charakterisieren. Bei solchen unechten Verträgen zugunsten Dritter steht nur dem Mandanten bei anwaltlicher Pflichtverletzung ein Schadensersatzanspruch zu, sofern er durch die Schlechtleistung in seinem Vermögen geschädigt wurde[865]. Demgegenüber kommen bei echten Verträgen zugunsten Dritter Schadensersatzansprüche sowohl des Dritten als auch des Mandanten gegen den Rechtsanwalt in Betracht. Wegen eines ihm erwachsenen Schadens hat der Dritte einen direkten Schadensersatzanspruch gegen den Rechtsanwalt. Hält sich der Dritte hingegen wegen des ihm entstandenen Schadens aufgrund seiner eigenen Rechtsbeziehung an den Auftraggeber des Rechtsanwalts, steht diesem ein etwaiger Schadensersatzanspruch aufgrund seiner eigenen Vertragsbeziehungen zum Rechtsanwalt gegen diesen zu[866].

346 Eine **Erfüllungsübernahme** beinhaltet im Zweifel gemäß § 329 BGB keinen echten Vertrag zugunsten Dritter. Erklärt sich ein Dritter bereit, die Kosten eines Mandats zu übernehmen, liegt darin auch nicht ohne Weiteres die Beauftragung des Rechtsanwalts im eigenen Namen[867].

347 **Leistungsstörungen in der Sphäre des Versprechensempfängers** können den Dritten, wenn der Versprechende entsprechend reagiert, um sein Recht bringen. So entfällt die Drittberechtigung z.B., wenn der Versprechende zu Recht den Rücktritt vom Vertrag erklärt; denn gemäß § 334 BGB kann der versprechende Rechtsanwalt dem Dritten Einwendungen aus dem Vertrag, also aus seinem Deckungsverhältnis zum Versprechensempfänger entgegenhalten, also z.B. einen Rücktritt, ein Zurückbehaltungsrecht nach § 273 BGB[868] sowie die Rechtsbehelfe aus den §§ 320 ff. BGB wegen Störung der Gegenleistung des Gläubigers und auch die Einrede der Verjährung sowie den Wegfall der Geschäftsgrundlage[869]. Ebenso kann der Anwalt dem Dritten entgegenhalten, seine Haftung sei gemäß § 52 BRAO beschränkt worden[870]. Andererseits kann der Anwalt, sofern er eine Forderung gegenüber dem Versprechensempfänger hat, mit dieser nicht gegen den Anspruch des Dritten auf Leistung aufrechnen[871].

348 Der Dritte muss sich auch **mitwirkendes Verschulden im Sinne des § 254 BGB** entgegen halten lassen[872].

---

862 BGH, Urt. v. 13.5.2004 – III ZR 368/03 – juris, Rn. 22.
863 Erman/*Westermann*, BGB, § 328, Rn. 10.
864 Vgl. *Schlechtriem*, Schuldrecht, AT, Rn. 715.
865 Vollkommer/Greger/*Heinemann*, Anwaltshaftungsrecht, § 5, Rn. 9.
866 Vollkommer/Greger/*Heinemann*, Anwaltshaftungsrecht, § 5, Rn. 10.
867 OLG Düsseldorf, Urt. v. 11.3.2008 – I-24 U 98/07 – juris, LS 1 sowie Rn. 11.
868 BGH, Urt. v. 9.11.1979 – V ZR 226/77 – juris, Rn. 11.
869 BGH, Urt. v. 9.4.1970 – KZR 7/69 – juris, Rn. 36 f.
870 Vgl. Urt. v. 26.11.1986 – IVa ZR 86/85 – juris, Rn. 37.
871 BGH, Urt. v. 27.2.1961 – II ZR 60/59 – juris, Rn. 11; *D. Fischer*, in: G. Fischer/Vill/D. Fischer/Pape/Chab, § 9, Rn. 22.
872 BGH, Urt. v. 7.11.1960 – VII ZR 148/59 – juris, Rn. 16 f.; Erman/*Westermann*, BGB, § 328, Rn. 9.

Auch wenn Schuldverhältnisse hinsichtlich ihrer Hauptleistungspflichten grundsätzlich auf die Vertragsparteien beschränkt sind und deshalb die Rechte wegen der Nichterfüllung des Vertrages aus den §§ 325, 326 BGB dem Versprechensempfänger zustehen[873], stehen dem Dritten jedenfalls die Ansprüche aus den §§ 280, 281, 283 und 286 BGB zu[874]. Die Beweislast für den Erwerb eines eigenen Rechts im Sinne des § 328 BGB trägt der Dritte[875]. 349

Sofern ein Rechtsschutzversicherer einem Anwalt ein Mandat erteilt, erfolgt diese Mandatserteilung gemäß § 17 Abs. 4 ARB 2010 (§ 17 Abs. 2 ARB 94/2000) namens und im Auftrag des Versicherungsnehmers. Eine Rechtsbeziehung zwischen dem Anwalt und dem Versicherer wird dadurch nicht begründet[876]. 350

Andererseits hat im Kfz-Haftpflichtprozess der Versicherungsnehmer dem Versicherer gemäß A.1.1.4 i.V.m. E.2.4 AKB 2008 (§ 7 Abs. 2 (5) AKB 2007) die Führung des Rechtsstreits zu überlassen. Dazu gehört auch die Befugnis, den Prozessanwalt auszuwählen und zu bestellen, und zwar einerseits für den Versicherer, der gemäß § 115 Abs. 1 S. 1 Nr. 1 VVG i.V.m. § 1 PflVersG in diesem Bereich direkt verklagt werden kann und andererseits auch für den Versicherungsnehmer. Bei Interessenkollisionen[877] müssen der Kfz-Versicherer und der Versicherungsnehmer getrennt anwaltlich vertreten werden. **Erteilt der Versicherer gemäß A.1.1.4 i.V.m. E.2.4 AKB 2008 (§ 7 Abs. 2 (5) AKB 2007) dem Anwalt einen Vertretungsauftrag, kommt ein echter Vertrag zugunsten Dritter zwischen dem Versicherer und dem Anwalt zustande[878]. Gleiches gilt für einen vom Versicherer beauftragten Anwalt im Bereich der allgemeinen Haftpflichtversicherung gemäß Ziff. 5.2 AHB 2016 (§ 5 Nr. 4 AHB a.F.).** Kostenschuldner ist aufgrund des mit dem Versicherungsnehmer geschlossenen Vertrages allein der Versicherer[879]. 351

II. Verträge mit Schutzwirkung zugunsten Dritter

Neben dem gesetzlich geregelten Vertrag zugunsten Dritter (§ 328 BGB), bei dem ein Dritter unmittelbar das Recht erwirbt, die Leistung zu fordern, hat die Rechtsprechung den Vertrag mit Schutzwirkung zugunsten Dritter herausgebildet, bei dem der Anspruch auf die geschuldete Hauptleistung allein dem Gläubiger zusteht, der Dritte jedoch in der Weise in die vertraglichen Sorgfalts- und Obhutspflichten, aber auch Hauptleistungspflichten, einbezogen ist, dass er bei deren Verletzung vertragliche Schadensersatzansprüche geltend machen kann[880]. Die Relevanz von Verträgen mit Schutzwirkung zugunsten Dritter hat im Anwaltsregressrecht deutlich zugenommen[881]. 352

Da der Vertrag mit Schutzwirkung zugunsten Dritter zu einem eigenen Ersatzanspruch des Dritten gegen den Schuldner führt, liquidiert also der Dritte seinen eigenen Schaden. Es wird folglich die vertragliche Anspruchsgrundlage beim Vertrag mit Schutzwirkung zugunsten Dritter zum Schaden gezogen; denn es klagt der Geschädigte aus fremdem Vertrag[882]. Demgegenüber wird bei der **Drittschadensliquidation** der Schaden zur Anspruchsgrundlage gezogen. Dort klagt also nicht der 353

873 *Gottwald*, JZ 1985, 576; Palandt/*Grüneberg*, BGB, § 328, Rn. 6; a.A. Soergel/*Hadding*, BGB, § 328, Rn. 42 ff.

874 Vgl. OLG Köln, Urt. v. 18.9.1996 – 26 U 4/96 – juris, Rn. 3 ff. noch zum alten Leistungsstörungsrecht; *Zugehör*, Beraterhaftung nach der Schuldrechtsreform, Rn. 332; ähnlich Erman/*Westermann*, BGB, § 328, Rn. 8.

875 Erman/*Westermann*, BGB, § 328, Rn. 19.

876 Dazu oben Rdn. 103 ff.

877 Vgl. dazu Terbille/Höra/*Rümenapp*, Münchener Anwaltshandbuch Versicherungsrecht, § 13, Rn. 141 f.

878 MünchKommBGB/*Gottwald*, § 328, Rn. 39; Vollkommer/Greger/*Heinemann*, Anwaltshaftungsrecht, § 5, Rn. 12.

879 So auch Prölss/Martin/*Lücke*, VVG, Ziff. 5 AHB, Rn. 32; vgl. auch oben Rdn. 110.

880 St. Rspr.; vgl. nur BGH, Urt. v. 14.6.2012 – IX ZR 145/11 – juris, Rn. 13 und v. 17.11.2016 – III ZR 139/14 – juris, Rn. 15.

881 So auch Dauner-Lieb/Konzen/K. Schmidt/*Haferkamp*, Das neue Schuldrecht in der Praxis, S. 171; Staudinger/*Klumpp*, BGB, § 328, Rn. 157; *Eckebrecht*, MDR 2001, 428.

882 Medicus/*Lorenz*, Schuldrecht I, AT, Rn. 864.

Nichtgeschädigte. Deshalb ist der **Vertrag mit Schutzwirkung zugunsten Dritter vorrangig vor der Drittschadensliquidation zu prüfen**; denn greift der Vertrag mit Schutzwirkung zugunsten Dritter als Anspruchsgrundlage, hat der Dritte einen eigenen Anspruch[883].

354 Die Herausbildung des Vertrages mit Schutzwirkung für Dritte in der Rechtsprechung des RG und des BGH beruht auf **ergänzender Vertragsauslegung**[884] und knüpft damit an den hypothetischen Willen der Parteien an, der gemäß § 157 BGB **unter Berücksichtigung von Treu und Glauben** zu erforschen ist. Sie ist dem Umstand geschuldet, dass die Erfüllung vertraglicher Leistungspflichten zu einem gesteigerten sozialen Kontakt der Vertragsparteien und dementsprechend zu einer größeren Einwirkungsmöglichkeit auf die Rechtsgüter des Vertragspartners und gegebenenfalls mit diesem verbundener Dritter führt und das Deliktsrecht – insbesondere wegen der Exkulpationsregelung bei der Gehilfenhaftung nach § 831 Abs. 1 S. 2 BGB und des Fehlens eines umfassenden Vermögensschutzes – den geschädigten Dritten nicht immer zureichend absichert. Im Hinblick darauf kann es geboten sein, dem Dritten auch eine vertragliche Anspruchsgrundlage zuzubilligen, die ihm die Kompensation des in Ausführung des Vertragsverhältnisses bei ihm eingetretenen Schadens ermöglicht. Damit ist zwangsläufig eine Ausweitung des Haftungsrisikos des Schuldners verbunden, der außer für Schäden seines Vertragspartners auch für Schäden des in den Schutzbereich des Vertrages einbezogenen Dritten haftet. Um diese Haftung für den Schuldner nicht unkalkulierbar auszudehnen, sind **an die Einbeziehung von Dritten in den vertraglichen Schutz allerdings strenge Anforderungen zu stellen**[885].

In den Gesetzesmaterialien findet der Vertrag mit Schutzwirkung für Dritte keine weitere Erwähnung[886]. Nur die **Expertenhaftung**[887] wurde durch die Schuldrechtsreform gemäß § 311 Abs. 3 S. 2 BGB aus diesem Konzept ausgegliedert und der **Sachwalterhaftung aus c.i.c.** angenähert, weil diese Fallgruppe in die Rechtsdogmatik des Vertrages mit Schutzwirkung zugunsten Dritter nicht befriedigend integriert werden konnte[888]. **Die Ausgliederung dieser Fallgruppe rechtfertigt es, im Übrigen an der vertraglichen Basis dieser Haftungsgrundlage festzuhalten**[889].

355 Drittschutz darf nicht jedem gewährt werden, der durch die mangelnde Erfüllung eines Vertrages beeinträchtigt wird[890].

1. Voraussetzungen dieses Anspruches

356 Die Voraussetzungen der Haftung ergeben sich wie folgt:

883 BGH, Urt. v. 4.12.1997 – IX ZR 41/97 – juris, Rn. 9; MünchKommBGB/*Gottwald*, § 328, Rn. 191; *Ries*, JA 1982, 453, 458; *Zugehör*, Beraterhaftung nach der Schuldrechtsreform, Rn. 348.

884 BGH, Urt. v. 7.12.2017 – IX ZR 25/17 – juris, Rn. 28; v. 17.11.2016 – III ZR 139/14 – juris, Rn. 15 und v. 18.2.2016 – IX ZR 191/13 – juris, Rn. 21.

885 BGH, Urt. v. 17.11.2016 – III ZR 139/14 – juris, Rn. 15.

886 Vgl. Regierungsentwurf S. 375; BT-Drs. 14/7052, 157 sowie 190.

887 Vgl. zum konkludenten Auskunftsvertrag BGH, Urt. v. 23.1.1985 – IVa ZR 66/83 – juris, Rn. 23 ff.; v. 13.2.1992 – III ZR 28/90 – juris, Rn. 21 ff. und v. 7.7.1998 – XI ZR 375/97 – juris, Rn. 13 ff.; zu einem mit einem Experten geschlossenen Vertrag als Vertrag mit Schutzwirkung zugunsten Dritter vgl. BGH, Urt. v. 14.6.2012 – IX ZR 145/11 – juris, Rn. 16 f. und v. 10.11.1994 – III ZR 50/94 – juris, Rn. 10 ff. sowie zu beiden Anspruchsgrundlagen BGH, Urt. v. 19.3.1986 – IVa ZR 127/84 – juris, Rn. 11 ff.; vgl. auch BeckOGK/*Herresthal*, BGB, § 311, Rn. 503 ff.

888 Dauner-Lieb/Konzen/K. Schmidt/*Haferkamp*, Das neue Schuldrecht in der Praxis, S. 171 ff., 181.

889 So zu Recht auch *Haferkamp*, Das neue Schuldrecht in der Praxis, S. 171 ff., 181; *Schimmel/Buhlmann*, Fehlerquellen im Umgang mit dem neuen Schuldrecht, S. 42; a.A. *Eckebrecht*, MDR 2002, 425 ff.; *M. Schwab*, JuS 2002, 773, 872, 876.

890 Medicus/*Lorenz*, Schuldrecht I, AT, Rn. 864.

a) Leistungsnähe

357 Der Dritte muss den Gefahren einer Leistungsstörung bzw. einer Schutzpflichtverletzung ebenso intensiv ausgesetzt sein, wie der Gläubiger selbst. Er muss sich also im Gefahrenbereich des Vertrages bzw. in Leistungsnähe befinden[891]. Das Kriterium der **Leistungsnähe** muss von der Hauptleistungspflicht abgekoppelt werden, und zwar selbst dann, wenn die Nähe des Dritten zu jener Pflicht grundsätzlich zu bejahen wäre. § 311 Abs. 3 S. 1 BGB spricht im Zusammenhang mit der Einbeziehung Dritter in das Schuldverhältnis nur von Pflichten nach § 241 Abs. 2 BGB, also von nicht leistungsbezogenen Pflichten. Die zum Schaden führende Verletzung der Hauptleistungspflicht ist deshalb für den Ersatzanspruch nicht erheblich. Maßgeblich ist vielmehr, dass der Dritte der Verletzung von Rücksichtspflichten aus § 241 Abs. 2 BGB ebenso ausgesetzt ist wie der Vertragspartner selbst. **Die Leistungspflicht ist** deshalb **auf Rücksichtspflichten zu beziehen**[892]. **Voraussetzung** für die Einbeziehung Dritter **ist deshalb die Gewährung und die Inanspruchnahme von Vertrauen**[893]. Der Kreis der in den Schutzbereich des Vertrages einbezogenen Dritten wird danach bestimmt, ob sich vertragliche Schutzpflichten des Schuldners nach Inhalt und Zweck des Vertrages nicht nur auf den Vertragspartner beschränken, sondern, für den Schuldner erkennbar, eben solche Dritte einschließen, denen der Gläubiger seinerseits Schutz und Fürsorge schuldet. Das ist insbesondere dann der Fall, wenn zwischen dem Gläubiger und dem Dritten eine Rechtsbeziehung mit personenrechtlichem Einschlag, nämlich ein familienrechtliches, arbeitsrechtliches oder mietvertragliches Verhältnis besteht[894]. Nicht das Verhältnis zwischen Gläubiger und Schuldner, sondern das Innenverhältnis zwischen dem Gläubiger und dem Dritten führt zur Einbeziehung in die Schutzwirkung des Vertrages[895].

▶ Beispiel:

358 Ist Gegenstand eines Beratungsvertrages mit dem Erblasser die Vermögensübertragung auf die Erben, entfaltet der Beratungsvertrag auch Schutzwirkung für die Erben[896].

359 Auf der anderen Seite entfaltet ein Anwaltsdienstvertrag mit einem scheidungswilligen Ehegatten keine Schutzwirkung zugunsten des künftigen Ehepartners des Mandanten. Es fehlt dem Vertrag insoweit an der notwendigen Leistungsnähe[897]. In gleicher Weise ist auch der Arbeitnehmer eines Betriebes nicht in den Schutzbereich eines Vertrages eingebunden, mit dem der Betriebsrat einen Rechtsanwalt mandatiert hat, Interessenausgleichs- und Sozialplanverhandlungen mit dem Arbeitgeber zu führen[898]. Die für die Annahme eines Vertrags mit Schutzwirkung zugunsten Dritter erforderliche Leistungsnähe entsteht bei einem Anwaltsvertrag nicht bereits dann, wenn sich für den Rechtsanwalt Anhaltspunkte für eigene Ansprüche von dem Mandanten nahestehenden Dritten aus demselben Rechtsgrund und gegen denselben Anspruchsgegner ergeben[899].

360 Voraussetzung für die Leistungsnähe ist somit stets, dass der Dritte als Schutzpflichtiger **bestimmungsgemäß** mit der unzureichend erbrachten vertraglichen Leistung in Berührung und durch sie

---

891 BGH, Urt. v. 17.11.2016 – III ZR 139/14 – juris, Rn. 17, v. 18.2.2016 – IX ZR 191/13 – juris, Rn. 21 und v. 13.10.2011 – IX ZR 193/10 – juris, Rn. 6 m.w.N.; *Medicus/Petersen*, Bürgerliches Recht, Rn. 844; *Medicus/Lorenz*, Schuldrecht I, AT, Rn. 819.

892 *Schwab*, JuS 2002, 872, 875.

893 *Canaris*, JZ 1965, 475, 476; *Schwab*, JuS 2002, 872, 875; *Ballerstedt*, AcP 151 (1950/51), 501, 507; *Müller*, JuS 1998, 894, 896.

894 BGH, Urt. v. 28.4.1952 – III ZR 118/51 – juris, Rn. 21 und v. 26.6.2001 – X ZR 231/99 – juris, Rn. 16.

895 BGH, Urt. v. 26.11.1968 – VI ZR 212/66 – juris, Rn. 16 und v. 26.6.2001 – X ZR 231/99 – juris, Rn. 16.

896 Vgl. dazu BGH, Urt. v. 13.6.1995 – IX ZR 121/94 – juris, Rn. 13 ff.; vgl. auch die weiteren Beispiele BeckOK BGB/*Janoschek*, § 328, Rn. 63.

897 OLG Düsseldorf, Urt. v. 22.2.2007 – I-24 U 133/06 – juris, Rn. 2 f.

898 BAG, Urt. v. 24.8.2006 – 8 AZR 414/05 – juris, Rn. 19 ff.

899 BGH, Urt. v. 9.7.2020 – IX ZR 289/19 – juris, Rn. 10 ff.

zu Schaden gekommen ist[900].Das erforderliche Näheverhältnis liegt nur vor, wenn die Leistung des Rechtsanwalts bestimmte Rechtsgüter eines Dritten nach der objektiven Interessenlage im Einzelfall mit Rücksicht auf den Vertragszweck bestimmungsgemäß und typischerweise beeinträchtigen kann[901].

b) Interesse am Schutz des Dritten

361 Zu dieser Voraussetzung der Leistungsnähe muss ein schutzwürdiges **Interesse des Gläubigers an der Einbeziehung des Dritten** in den vertraglichen Schutzbereich hinzutreten[902]. Dabei ist es eine Frage der Auslegung – und insoweit vom Tatrichter zu entscheiden –, ob ein bestimmter Dritter im Einzelfall in den Schutzbereich eines Vertrages einbezogen ist[903]. Den Ausgangspunkt bilden hier Fallgestaltungen, in denen das »Wohl und Wehe« eines Dritten einem der beiden Vertragspartner anvertraut ist. Diese zunächst überwiegend **Personenschäden** betreffende Rechtsprechung bezieht Dritte in den Schutzbereich eines Vertrages dann ein, wenn sich die vertraglichen Schutzpflichten des Schuldners nach Inhalt und Zweck des Vertrages nicht nur auf seinen Vertragspartner beschränken, sondern – für den Schuldner erkennbar – auch solche Dritte einschließen, denen der Gläubiger aufgrund einer Rechtsbeziehung mit personenrechtlichem Einschlag, wie etwa ein familienrechtliches oder ein miet-, dienst- oder arbeitsvertragliches Verhältnis, seinerseits Schutz und Fürsorge schuldet[904]. Allerdings können die Vertragsparteien auch dann, wenn einer von ihnen Wohl und Wehe eines Dritten anvertraut ist, wirksam vereinbaren, dass dieser Dritte nicht in den Schutzbereich des Vertrages eingebunden werden soll. Ebenso kann im umgekehrten Fall, wenn es den Vertragspartnern nicht um das Wohl und Wehe eines Dritten geht oder gehen muss, dieser Dritte ausdrücklich oder stillschweigend in den Vertrag einbezogen werden. Auf dieser Linie hat sich eine Berufshaftung – oder auch Expertenhaftung[905] – für Rechtsanwälte, Sachverständige, Steuerberater und Wirtschaftsprüfer herausgebildet. Es handelt sich um **bestimmte Berufsgruppen, die über eine besondere vom Staat anerkannte Sachkunde verfügen** und deren Vertragsleistungen von vornherein erkennbar zum Gebrauch gegenüber einem Dritten bestimmt sind und nach dem Willen des Auftragsgebers mit einer entsprechenden Beweiskraft ausgestattet sein sollen, etwa bei einer Bilanz oder einem Sachverständigengutachten, die nicht nur für das Innenverhältnis zwischen Auftraggeber und Berater bestimmt sind[906]. Dass ein Gutachten Auswirkungen auf die wirtschaftliche Lage eines Dritten hat, reicht als objektives Kriterium für eine drittschützende Wirkung eines Beratervertrages allerdings nicht aus, wenn zwischen dem Berater und dem Auftraggeber ausdrücklich vereinbart wurde, dass der Dritte nicht in den Schutzbereich des Vertrages eingebunden werden soll[907].

362 Der Bundesgerichtshof hat im Rahmen der Mappus-Entscheidung[908] die Voraussetzungen für einen Vertrag mit Schutzwirkung zugunsten Dritter in der Beraterhaftung zusammengefasst und zwei Fallgruppen unterschieden. Dabei ist für die erste Fallgruppe kennzeichnend, dass die vom Berater zu erbringende Leistung nach objektivem Empfängerhorizont auch dazu bestimmt ist, dass ein Dritter die Beratungsleistung als Grundlage für Dispositionen über sein eigenes Vermögen verwenden oder auf ihrer Grundlage dem Dritten ein Vermögensvorteil zugewendet werden soll. In

900 BGH, Urt. v. 10.12.2015 – IX ZR 56/15 – juris, Rn. 26 und v. 7.12.2006 – IX ZR 37/04 – juris, Rn. 13.
901 BGH, Urt. v. 9.7.2020 – IX ZR 289/19 – juris, Rn. 15.
902 BGH, Urt. v. 10.12.2015 – IX ZR 56/15 – juris, Rn. 26, v. 18.2.2016 – IX ZR 191/13 – juris, Rn. 21 und v. 21.7.2016 – IX ZR 252/15 – juris, Rn. 19.
903 BGH, Urt. v. 7.12.2017 – IX ZR 25/17 – juris, Rn. 24.
904 St. Rspr., vgl. schon RG, Urt. v. 5.10.1917 – III 145/17 – RGZ 91, 21, 24; ebenso BGH, Urt. v. 17.11.2016 – III ZR 139/14 – juris, Rn. 16 und v. 9.7.2020 – IX ZR 289/19 – juris, Rn. 18.
905 BGH, Urt. v. 17.11.2016 – III ZR 139/14 – juris, Rn. 16.
906 BGH, Urt. v. 14.6.2012 – IX ZR 145/11 – juris, Rn. 15 f.
907 Vgl. OLG Koblenz, Urt. v. 23.1.2013 – 5 U 819/12 – juris, Rn. 10 ff. zur (fehlenden) Einbeziehung der Gesellschafter als Dritter in einen Vertrag zwischen einem Berater und einer GmbH über die Umgestaltung gesellschaftlicher Beteiligungen.
908 BGH, Urt. v. 21.7.2016 – IX ZR 252/15 – juris.

der anderen Fallgruppe ist die Leistung des Anwalts nach objektivem Empfängerhorizont auch dafür bestimmt, dass der Dritte konkrete Handlungsgebote, die ihn persönlich treffen, einhalten und so eine persönliche Haftung vermeiden kann. Dies ist etwa der Fall bei einem Gutachten zur Insolvenzreife einer GmbH, welches drittschützende Wirkung für den Geschäftsführer insoweit entfaltet, als er wegen Verstoßes gegen die Insolvenzantragspflicht aus § 823 Abs. 2 BGB; § 15a Abs. 1 InsO oder aus § 64 S. 1 und 2 GmbHG persönlich haftet[909]. Schutzwirkung zugunsten des Vertreters des Mandanten entfaltet ein Beratungsvertrag indes nur, wenn es um die Außenhaftung des Vertreters gegenüber Außenstehenden geht. Im allgemeinen keine Schutzwirkung zugunsten des Vertreters für dessen Vermögenseinbußen hat ein Beratungsvertrag, soweit Gegenstand des Anwaltsvertrags die Beratung für Entscheidungen des Mandanten ist und für den Vertreter die Gefahr besteht, auf der der Grundlage der Beratung seinerseits seine gegenüber dem Mandanten bestehenden Pflichten zu verletzen[910]. Die Gefahr einer Binnenhaftung des Vertreters begründet regelmäßig kein Näheverhältnis, das zu einer Schutzwirkung zugunsten des den Mandanten vertretenden Dritten führen könnte und es fehlt diesbezüglich auch an einem Einbeziehungsinteresse des Mandanten[911].

Der Vertrag zwischen Rechtsanwalt und Mandant dient im Allgemeinen nicht dem Schutz des Ver- 363
tragsgegners des Mandanten. Ein solcher Schutz wäre mit der Gegenläufigkeit der Interessen von Auftraggeber und anderem Teil nicht vereinbar[912]. Der rechtliche Berater soll die Interessen seiner Partei wahrnehmen. Er kann nicht gleichzeitig die Pflicht haben, auf die Belange der Gegenseite Rücksicht zu nehmen und auch deren Interessen wahrzunehmen (§ 43a Abs. 4 BRAO)[913].

Beim Vertrauen Dritter auf eine berufliche Auskunft soll der Dritte allerdings sogar auch dann geschützt werden, wenn seine Interessen denen des Gläubigers gegenläufig sind, denn wer bei einer sachkundigen Person ein Gutachten bestellt, um davon gegenüber einem Dritten Gebrauch zu machen, ist daran interessiert, dass die Ausarbeitung die entsprechende Beweiskraft besitzt. Dies ist nur gewährleistet, wenn der Verfasser sie objektiv nach bestem Wissen und Gewissen erstellt und auch gegenüber dem Dritten dafür einsteht[914]. Zu diesem Bereich gehört auch die **Third Party Legal Opinion**, d.h. ein Gutachten, das eine Verhandlungsseite im Laufe von Vertragsverhandlungen von ihrem potenziellen Geschäftspartner verlangt, um einzelne Rechtsfragen des beabsichtigten Geschäfts zu klären, und das vom Rechtsanwalt des angesprochenen Geschäftspartners erstattet wird[915]. Diese Rechtsprechung kann für echte Rechtsberaterverträge indes keine Geltung beanspruchen; denn der Rechtsanwalt darf gemäß den §§ 356 StGB, 43a Abs. 4, 59b Abs. 2 Nr. 1e BRAO sowie § 3 BORA widerstreitende Interessen nicht wahrnehmen[916]. Seit der Schuldrechtsreform empfiehlt es sich ohnehin, diese Fälle dem Verschulden bei Vertragsschluss gemäß § 311 Abs. 3 BGB zu überantworten[917]. Die Rechtsprechung hält gleichwohl an dem Weg über das Rechtsinstitut des Vertrags mit Schutzwirkung zugunsten Dritter fest[918].

909 BGH, Urt. v. 21.7.2016 – IX ZR 252/15 – juris, Rn. 20 ff. sowie Urt. v. 14.6.2012 – IX ZR 145/11 – juris, Rn. 21 ff.

910 BGH, Urt. v. 21.7.2016 – IX ZR 252/15 – juris, Rn. 24, 29.

911 BGH, Urt. v. 21.7.2016 – IX ZR 252/15 – juris, Rn. 28, 30 ff.

912 BGH, Beschl. v. 21.9.2017 – IX ZR 12/17 – juris, Rn. 2; BGH, Urt. v. 23.4.2009 – IX ZR 167/07 – juris, Rn. 42.

913 Vgl. dazu auch Rdn. 74.

914 BGH, Urt. v. 24.4.2014 – III ZR 156/13 – juris, Rn. 13.

915 Dazu eingehend *Ganter*, NJW 2014, 1771 ff., der sich insbesondere mit dem Spannungsfeld zum Verbot widerstreitender Interessen beschäftigt, wobei von einer Harmonisierung der Interessen ausgegangen werden soll, weil der Auftraggeber durch die Beauftragung eines – unabhängigen – Expertengutachtens, welches Grundlage des beabsichtigten Geschäfts sein soll, zu erkennen gibt, dass er sich dessen Ergebnis, etwa als Verkäufer, zu Eigen macht.

916 So auch *Zugehör*, Beraterhaftung nach der Schuldrechtsreform, Rn. 345.

917 So bereits *Canaris*, JZ 1995, 441 und Medicus/*Lorenz*, Schuldrecht I, AT, Rn. 871.

918 Vgl. MünchKommBGB/*Emmerich*, § 311, Rn. 198 und die dortigen Nachweise.

c) Erkennbarkeit

364 **Leistungsnähe und** das **Gläubigerinteresse am Schutz des Dritten müssen** des Weiteren dem **Schuldner bei Vertragsabschluss erkennbar gewesen sein**, damit die Haftung auf den sachlich gebotenen Umfang beschränkt wird[919]. Damit muss der Dritte bestimmungsgemäßen Kontakt zur Vertragssphäre haben[920], auch wenn Name und Anzahl dieser dritten Personen nicht bekannt gewesen zu sein brauchen[921]. Für die Erkennbarkeit genügt es deshalb, dass der Rechtsanwalt den geschützten Personenkreis nach allgemeinen Merkmalen zu bestimmen vermag. Der Schaden aus der Pflichtverletzung muss deshalb für den Rechtsanwalt erkennbar den Dritten drohen[922].

▶ Beispiele:

365
1. Wird der Anwalt beauftragt, Rechtsfragen für einen Versicherungsvertrag zu klären, der als Versicherung für fremde Rechnung im Sinne des § 43 VVG (entspricht § 74 VVG a.F.) zu charakterisieren ist, wird der versicherte Dritte in den Schutzbereich des Anwaltsvertrages einbezogen. Gleiches gilt für anwaltliche Beratung in Bezug auf Versorgungsverträge, sofern diese auch Leistungsverpflichtungen in Bezug auf Angehörige beinhalten[923].
2. Enthält eine Scheidungsvereinbarung die Verpflichtung der Gegenseite, bestimmte Vermögenswerte gemeinsamen Kindern zukommen zu lassen, haftet der Anwalt aus dem mit ihm geschlossenen Vertrag den nicht beteiligten Kindern auf Schadensersatz, wenn die Vereinbarung infolge anwaltlicher Pflichtverletzung nicht durchsetzbar ist[924].
3. Beauftragt ein Erblasser einen Anwalt, ein Testament zu erstellen, in dem eine bestimmte Person als Alleinerbe eingesetzt werden soll, haftet der Anwalt dieser Person, wenn sie im Ergebnis doch nur zu einem Bruchteil Erbin wird, weil es infolge schuldhafter Pflichtverletzung des Anwalts zur Errichtung des beabsichtigten Testamentes nicht mehr gekommen ist[925]. Gleiches kann sich aus dem Auftrag zur Überprüfung eines Testamentsentwurfes ergeben[926].
4. Ebenso liegt die Erhebung einer Vaterschaftsanfechtungsklage im Interesse der übrigen Kinder, da sich deren Erbquote dadurch entsprechend verändert[927]. Gleiches gilt für das Interesse der Kinder an der rechtzeitigen Zustellung des Scheidungsantrages wegen der Rechtswirkungen des § 2077 Abs. 1 S. 2 BGB[928].
5. Auch hat ein Vertrag, durch den ein Rechtsanwalt von einer GmbH beauftragt wird, die für eine Kapitalerhöhung erforderlichen Erklärungen und Beurkundungen vorzubereiten, Schutzwirkungen zugunsten der an der Kapitalerhöhung teilnehmenden Altgesellschafter, soweit es um die mit einer verdeckten Sacheinlage verbundenen Risiken geht und der Beitritt der neuen Gesellschafter sowie die zu diesem Zweck vorgesehene Kapitalerhöhung unter Beteiligung der Altgesellschafter in untrennbarem Zusammenhang stehen[929].
6. Bei einem Beratungsvertrag mit einer Gesellschaft, die zu einer Unternehmensgruppe gehört, können auch die verbundenen Gesellschaften in den Schutzbereich des Vertrages einbezogen sein[930].

---

919 BGH, Urt. v. 18.2.2016 – IX ZR 191/13 – juris, Rn. 21.
920 BGH, Urt. v. 7.11.1984 – VIII ZR 182/83 – juris, Rn. 11; Erman/*Westermann*, BGB, § 328, Rn. 15.
921 BGH, Urt. v. 2.11.1983 – IVa ZR 20/82 – juris, Rn. 12.
922 Vgl. Medicus/*Lorenz*, Schuldrecht I, AT, Rn. 872.
923 BGH, Urt. v. 1.10.1987 – IX ZR 117/86 – juris, Rn. 21 ff.
924 BGH, Urt. v. 11.1.1977 – VI ZR 261/75 – juris, Rn. 14 ff.
925 BGH, Urt. v. 6.7.1965 – VI ZR 47/64 – juris, Rn. 16 ff.; v. 13.7.1994 – IV ZR 294/93 – juris, Rn. 21 ff.
926 BGH, Urt. v. 13.6.1995 – IX ZR 121/94 – juris, Rn. 13.
927 OLG Hamm, Urt. v. 19.9.1985 – 28 U 228/84 – juris, Rn. 2.
928 BGH, Urt. v. 13.7.1994 – IV ZR 294/93 – juris, Rn. 21 ff.
929 BGH, Urt. v. 2.12.1999 – IX ZR 415/98 – juris, Rn. 11.
930 OLG Düsseldorf, Urt. v. 10.7.2014 – I-2 U 78/13 – juris, Rn. 60 ff.

d) *Schutzbedürftigkeit des Dritten*

Weitere Voraussetzung ist die **Schutzbedürftigkeit des Dritten**. An dieser fehlt es, wenn der Dritte bereits aus einem anderen Rechtsgrund eigene Vertragsansprüche besitzt[931]. Für eine Einbeziehung Dritter in einen Anwaltsvertrag besteht deshalb kein Bedürfnis, wenn der geschädigte Dritte seinerseits eigene vertragliche Ansprüche desselben Inhalts hat, wie diejenigen, die er auf dem Weg über die Einbeziehung in den Schutzbereich des Anwaltsvertrages durchsetzen will[932]. Dies kann aber nicht gelten, wenn der in den Vertrag einbezogene Dritte wegen des verfahrensgegenständlichen Sachverhalts nur über einen **inhaltsgleichen sekundären Schadensersatzanspruch** verfügt. In diesem Fall kommt nur eine gesamtschuldnerische Haftung der aus mehreren Verträgen mit Schutzwirkung verantwortlichen Anspruchsgegner entsprechend der Haftung mehrerer Schädiger als Gesamtschuldner in Betracht. Ein Verweis des geschützten Dritten auf den jeweils anderen Schädiger, der gleichstufig haftet, scheidet aus, weil andernfalls der Vertrag mit Schutzwirkung zugunsten Dritter in einer derartigen Konstellation trotz Vorliegens der Voraussetzungen im Übrigen leerliefe[933]. 366

Vertragliche Schadensersatzansprüche zugunsten von nicht am Vertragsverhältnis beteiligten Dritten beruhen auf dem Rechtsgedanken, denjenigen Personen, die vertragslos, aber bestimmungsgemäß mit der unzureichend erbrachten vertraglichen Leistung in Berührung und durch sie zu Schaden gekommen sind, einen vertraglichen Anspruch nicht zu versagen, der dem Vertragspartner des Schädigers ohne Weiteres zusteht. Dazu besteht jedoch nach Treu und Glauben gemäß § 242 BGB weder Raum noch Bedürfnis, wenn die geschädigte Partei ihrerseits eigene vertragliche Ansprüche desselben Inhalts hat wie diejenigen, die sie auf dem Weg über die Einbeziehung in den Schutzbereich eines zwischen anderen Personen geschlossenen Vertrages erhalten würde. Es würde auch gegen das von der höchstrichterlichen Rechtsprechung stets hervorgehobene Anliegen verstoßen, eine uferlose Ausdehnung des Kreises der in den Schutzbereich einbezogenen Personen zu vermeiden[934], in einem solchen Falle Ansprüche aus dem Gesichtspunkt des Vertrages mit Schutzwirkung zugunsten Dritter zu gewähren[935]. 367

Auf der anderen Seite ist es für die Schutzbedürftigkeit des Dritten rechtlich **unerheblich, ob** dessen Ansprüche **mangels finanzieller Leistungsfähigkeit** des Verpflichteten möglicherweise von Anfang an **nicht durchsetzbar** waren[936]. Denn das von der Rechtsprechung entwickelte Rechtsinstitut des Vertrages mit Schutzwirkung zu Gunsten Dritter bezweckt nicht die Absicherung des Risikos, dass die vertraglich verpflichtete Person zum Ersatz des Schadens finanziell nicht in der Lage ist[937].

Wenn es um die Erteilung von Auskünften geht, konkurriert mit der Anspruchsgrundlage des Vertrages mit Schutzwirkung zugunsten Dritter ein Anspruch aus einem **stillschweigend abgeschlossenen Auskunftsvertrag**[938]. 368

931 BGH, Urt. v. 13.10.2011 – IX ZR 193/10 – juris, Rn. 6 und v. 10.12.2015 – IX ZR 56/15 – juris, Rn. 26 jeweils m.w.N.

932 BGH, Urt. v. 7.12.2017 – IX ZR 45/16 – juris, Rn. 12.

933 BGH, Urt. v. 7.12.2017 – IX ZR 25/17 – juris, Rn. 28.

934 BGH, Urt. v. 10.12.2015 – IX ZR 56/15 – juris, Rn. 26; v. 2.7.1996 – X ZR 104/94 – juris, Rn. 18 und v. 15.2.1978 – VIII ZR 47/77 – juris, Rn. 11.

935 BGH, Urt. v. 22.7.2004 – IX ZR 132/03 – juris, Rn. 20.

936 BGH, Urt. v. 22.7.2004 – IX ZR 132/03 – juris, Rn. 19 ff.: Keine Haftung des Strafverteidigers aus einem Vertrag mit Schutzwirkung zugunsten Dritter gegenüber einem kautionsleistenden Dritten. Ebenso BGH, Urt. v. 7.12.2017 – IX ZR 45/16 – juris, Rn. 12.

937 BGH, Urt. v. 22.7.2004 – IX ZR 132/03 – juris, Rn. 21.

938 Erman/*Westermann*, BGB, § 328, Rn. 20a. Vgl. dazu auch die Ausführungen unter Rdn. 404 ff.

▶ Beispiel[939]:

369 Wird ein gegen den Mandanten eines Rechtsanwalts erlassener Haftbefehl unter der Voraussetzung außer Vollzug gesetzt, dass der Beschuldigte selbst eine Barkaution leistet, und ist ein Dritter bereit, ihm diesen Betrag zur Verfügung zu stellen, werden vertragliche Beziehungen zwischen dem Dritten und dem Rechtsanwalt des Beschuldigten nicht schon dadurch begründet, dass er mit ihm die technische Abwicklung des Zahlungsvorganges über ein Anderkonto des Rechtsanwalts vereinbart. Belehrt der Rechtsanwalt den Beschuldigten nicht über die Möglichkeit, den Anspruch auf Rückzahlung der Kaution durch Abtretung an den Geldgeber vor Pfändungen von Gläubigern des Beschuldigten zu schützen, kann dem Geldgeber daraus kein Schadensersatzanspruch gegen den Rechtsanwalt aus einem Vertrag mit Schutzwirkung zugunsten Dritter erwachsen. Erteilt aber der Rechtsanwalt des Beschuldigten dem Dritten auf Nachfrage eine rechtlich unzureichende Auskunft über die für ihn mit der Bereitstellung der Kaution verbundenen Risiken, haftet er dem Dritten aus der Verletzung einer ihm gegenüber begründeten vertraglichen Pflicht, wenn durch die Beantwortung der vom Dritten gestellten Frage mit dem Dritten ein Auskunftsvertrag zustande gekommen ist.

370 Der stillschweigende Abschluss eines Auskunftsvertrages zwischen dem Geber und dem Empfänger einer Auskunft und damit einer vertraglichen Haftung des Auskunftsgebers für die Richtigkeit seiner Auskunft ist regelmäßig anzunehmen, wenn die Auskunft für den Empfänger erkennbar von erheblicher Bedeutung ist und er sie zur Grundlage wesentlicher Entschlüsse machen will. Das gilt vor allem in Fällen, in denen der Auskunftsgeber für die Erteilung der Auskunft besonders sachkundig oder ein eigenes wirtschaftliches Interesse bei ihm vorhanden ist[940]. Diese Indizien sind im Rahmen der Beurteilung sämtlicher Umstände des Einzelfalles zu gewichten. Für den stillschweigenden Abschluss eines Auskunftsvertrages ist entscheidend, ob die Gesamtumstände unter Berücksichtigung der Verkehrsauffassung und des Verkehrsbedürfnisses den Rückschluss zulassen, dass beide Teile nach dem objektiven Inhalt ihrer Erklärungen die Auskunft zum Gegenstand vertraglicher Rechte und Pflichten gemacht haben[941].

371 **Fälle dieser Art fallen nach neuem Schuldrecht unter § 311 Abs. 2 Nr. 3 BGB**, so dass der Rückgriff auf einen stillschweigend abgeschlossenen Auskunftsvertrag entbehrlich geworden ist[942]. Wenn dem Dritten über § 311 Abs. 2 Nr. 3 BGB ein Anspruch gewährt wird, besteht auch keine Schutzbedürftigkeit des Dritten, ihn in den Schutzbereich eines anderweitig vom Anwalt geschlossenen Vertrages einzubeziehen.

2. Sonstige erhebliche Fakten

372 **Hinsichtlich der Art des Schadens gilt keine Beschränkung**[943]. Insbesondere ist auch der Ersatz reiner Vermögensschäden möglich[944]. Im Bereich der Kausalität ist nicht nur die Adäquanz, sondern auch die Schutzzwecklehre zu prüfen; denn eine Pflichtverletzung führt nur zum Ersatz solcher Schäden, deren Vermeidung diese verletzte Pflicht bezweckt[945].

---

939 BGH, Urt. v. 22.7.2004 – IX ZR 132/03 – juris, Rn. 19 ff.; vgl. auch BGH, Urt. v. 12.10.2006 – IX ZR 108/03 – juris, Rn. 7 ff.

940 BGH, Urt. v. 29.10.1952 – II ZR 283/51 – juris, Rn. 7; v. 22.3.1979 – VII ZR 259/77 – juris, Rn. 21 und v. 17.10.1989 – XI ZR 39/89 – juris, Rn. 12.

941 BGH, Urt. v. 13.2.1992 – III ZR 28/90 – juris, Rn. 30.

942 BeckOK BGB/*Gehrlein*, § 311, Rn. 52; MünchKommBGB/*Emmerich*, § 311, Rn. 198; Erman/*Kindl*, BGB, § 311, Rn. 22.

943 Erman/*Westermann*, BGB, § 328, Rn. 16.

944 Erman/*Westermann*, BGB, § 328, Rn. 16.

945 Vgl. dazu die Ausführungen unter Rdn. 318 ff. und Kap. 4 Rdn. 73 ff.

Beispiel:

Gibt ein in Aussicht gestellter Steuervorteil zwar Veranlassung für die Beteiligung an einer Gesellschaft, führt aber der wirtschaftliche Niedergang der Gesellschaft dann später zu einem Verlust des Beteiligungskapitals, kann der Kapitalverlust dem Berater nicht zugerechnet werden[946]. 373

Der Rechtsanwalt kann sich auch gegenüber dem Dritten entsprechend § 334 BGB **auf Einwendungen aus dem Vertrag berufen.** Das gilt einerseits für vertraglich vereinbarte Haftungsbeschränkungen, andererseits aber auch für die Verjährungsregelungen[947]. 374

Der Schädiger kann dem Dritten ggf. auch ein Mitverschulden ebenso wie das Mitverschulden des eigentlichen Vertragsgläubigers entgegen halten[948]. 375

Verpflichtet sich der Anwalt zur **Erstellung eines Gutachtens**, ist eine Haftungsgefahr besonders groß, weil dann die analoge Anwendung des § 334 BGB mit Rücksicht auf den Vertragszweck regelmäßig stillschweigend abgedungen wird[949]. Vor einer Dritthaftung kann sich jedoch der Anwalt in diesen Fällen dadurch schützen, dass er klarstellt, dass seine Erkenntnisse nur dem internen Gebrauch des Auftraggebers zu dienen bestimmt sind oder dass die Erkenntnisse in bestimmten Punkten auf ungeprüften Angaben des Auftraggebers beruhen, für die keine Gewähr übernommen wird[950]. Die Vereinbarung einer vorformulierten Regelung, dass die Weitergabe beruflicher Äußerungen der schriftlichen Zustimmung bedarf, entspricht der Intention der BGH-Rechtsprechung in Bezug auf die Begründung und die Begrenzung des Drittschutzes. Es ist Sache der Vertragsparteien zu bestimmen, gegenüber welchen Personen eine Schutzpflicht begründet werden soll. Solche Regelungen müssen jedoch die Fälle aus ihrem Bereich ausklammern, in denen sich bereits aus dem Auftragsinhalt die Einwilligung zur Weitergabe an einen bestimmten Dritten ergibt. 376

III. Treuhandverhältnisse[951]

Eine Haftung des Anwalts gegenüber Dritten, u.a. auch gegenüber dem Gegner des Mandanten, kann sich auch aus der Begründung eines Treuhandverhältnisses ergeben[952]. Allerdings darf der Rechtsanwalt – nunmehr normiert in § 3 Abs. 1 S. 2 BORA – in einem laufenden Mandat keine Vermögenswerte von dem Mandanten und/oder dem Anspruchsgegner zum Zwecke der treuhänderischen Verwaltung oder Verwahrung für beide Parteien entgegennehmen[953]. 377

Für den Inhalt von Treuhandverträgen gibt es keine **Typizität**[954]. Der Inhalt des Vertrages wird durch die Rechtsbeziehung der Beteiligten bestimmt[955]. 378

Der Treuhandvertrag kann als Teil des anwaltlichen Geschäftsbesorgungsvertrages und damit als echter Rechtsberatervertrag zu charakterisieren sein. Hat die Treuhandtätigkeit jedoch keine Rechtsberatung zum Inhalt, ist der Vertrag als unechter Rechtsberatervertrag zu charakterisieren[956]. 379

Dem Treuhänder wird bei der **echten Treuhand** das Treugut zu eigenem Recht übertragen. Bei der **Ermächtigungstreuhand** bleibt demgegenüber der Treugeber Inhaber der Rechte bzw. Eigentümer der Gegenstände, die zum Treugut gehören; der Treuhänder wird nur ermächtigt, im eigenen 380

946 BGH, Urt. v. 13.2.2003 – IX ZR 62/02 – juris, Rn. 8.
947 Vgl. dazu oben Rdn. 347.
948 BGH, Urt. v. 14.6.2012 – IX ZR 145/11 – juris, Rn. 35 m.w.N.; *Schlechtriem*, Schuldrecht, AT, Rn. 759.
949 BGH, Urt. v. 10.11.1994 – III ZR 50/94 – juris, Rn. 24 ff.; v. 13.11.1997 – X ZR 144/94 – juris, Rn. 18.
950 BGH, Urt. v. 13.11.1997 – X ZR 144/94 – juris, Rn. 18.
951 Vgl. zu Treuhandtätigkeiten auch Kap. 8 Rdn. 500 ff. sowie zum Versicherungsschutz Kap. 11 Rdn. 52.
952 Allgemein *Müller*, AnwBl 2007, 787 ff.
953 Vgl. hierzu *Baumert*, NJ 2014, 320 ff. sowie *Kähler/Neumann*, NJW 2016, 1121 ff.; zur doppelnützigen Treuhand auch *Riggert/Baumert*, NZI 2012, 785 ff.
954 *Gernhuber*, JuS 1988, 355; Palandt/*Bassenge*, BGB, § 903, Rn. 36.
955 BGH, Urt. v. 5.5.1969 – VII ZR 79/67 – WM 1969, 935.
956 BGH, Urt. v. 1.12.1994 – III ZR 93/93 – juris, Rn. 31.

Namen über das Treugut zu verfügen. Auch bei der **Vollmachtstreuhand** bleibt der Treugeber Vollrechtsinhaber. Dem Treuhänder wird nur eine im Innenverhältnis treuhänderisch gebundene Vollmacht zur Verfügung über das Treugut eingeräumt[957].

381 In Bezug auf den wirtschaftlichen Zweck des Treuhandverhältnisses ist zwischen Verwaltungstreuhand und Sicherungstreuhand zu unterscheiden. Die **Verwaltungstreuhand** dient regelmäßig den Zwecken des Treugebers, erfolgt also für den Treuhänder uneigennützig, auch wenn sie ihm vergütet wird.

▶ Beispiel:

382 Die Einrichtung eines Anderkontos eines Rechtsanwalts oder eines Notars[958]. Eine Vereinbarung, in der sich der Rechtsanwalt einer Gesellschaft verpflichtet, den von einem Gesellschafter an die Gesellschaft zu zahlenden Geldbetrag auf seinem Anderkonto zu verwahren und erst dann an die Gesellschaft weiterzuleiten, wenn die von dem Gesellschafter geforderten Bedingungen vorliegen, andernfalls der Betrag zurückzuzahlen ist, ist als Treuhandvereinbarung zwischen dem Rechtsanwalt und dem Gesellschafter auszulegen[959].

383 Demgegenüber liegt die **Sicherungstreuhand** im Interesse des Treuhänders[960].

384 Als **Strohmann** ist derjenige zu bezeichnen, der als echter Treuhänder einen Gegenstand erwirbt oder veräußert; er handelt nach Weisungen des Treugebers. Die Treuhänderschaft soll jedoch geheim bleiben. Aus den abgeschlossenen Geschäften wird der Strohmann allein berechtigt und verpflichtet[961].

385 Treuhandgeschäfte fallen regelmäßig nicht unter § 117 Abs. 1 BGB, da der Rechtserfolg ernsthaft gewollt ist. Beim Strohmanngeschäft ist von einem Scheingeschäft nur auszugehen, wenn der Strohmann die sich aus dem Geschäft ergebenden Pflichten im Außenverhältnis nicht übernehmen will und der Vertragspartner davon Kenntnis hat[962]. Eine Formbedürftigkeit der Treuhandabrede kann sich aus ihrem Inhalt ergeben[963].

---

957 Zur Kategorisierung der Treuhandverhältnisse vgl. Erman/*Maier-Reimer*, BGB, vor § 164, Rn. 16.

958 OLG Hamm, Beschl. v. 23.5.1995 – 15 W 167/95 – juris, Rn. 42 f.

959 OLG München, Urt. v. 30.11.2011 – 15 U 23/5711 – juris, Rn. 21 ff. bestätigt durch BGH, Beschl. v. 24.5.2012 – IX ZR 212/11 – juris, Rn. 3 ff., in welchem ausgeführt wird, dass ein Rechtsanwalt, der auf einem Anderkonto Geld erhält, welches von einem Dritten in Erfüllung einer getroffenen Vereinbarung geleistet wird, schon wegen des Verbots der Vertretung widerstreitender Interessen in aller Regel allein als Vertreter seines Auftraggebers handelt; jedoch ist eine zusätzliche vertragliche Verpflichtung des Rechtsanwalts in Betracht zu ziehen, wenn sich aus den getroffenen Abreden oder besonderen Umständen etwas anderes ergibt, etwa einem Sicherungsbedürfnis des Zahlenden durch den Abschluss einer Treuhandvereinbarung mit dem Anwalt genügt werden soll.

960 Bei Begründung einer Sicherungstreuhand besteht im Falle der Insolvenz des Treugebers für den Treuhänder nur ein Absonderungsrecht, RGZ 145, 193. Bei Einzelvollstreckung gegen den Treugeber steht dem Sicherungstreuhänder die Klage aus § 771 ZPO zu, BGH, Urt. v. 13.5.1981 – VIII ZR 117/80 – juris, Rn. 15.

961 BGH, Urt. v. 22.10.1981 – III ZR 149/80 – juris, Rn. 18.

962 BGH, Urt. v. 22.9.2016 – III ZR 427/15 – juris, Rn. 13; v. 6.7.1993 – XI ZR 201/92 – juris, Rn. 9 ff.; v. 29.10.1996 – XI ZR 319/95 – juris, Rn. 11 ff.; BAG, Urt. v. 22.9.1992 – 9 AZR 385/91 – juris, Rn. 13 ff.: Handelsvertretervertrag mit einer Schülerin, deren Vater die Vertretertätigkeit vereinbarungsgemäß allein ausüben soll. Der gesetzliche Vertreter ist selbst Kaufmann, wenn er das Handelsgeschäft für Rechnung des Minderjährigen im eigenen Namen führt. Voraussetzung dafür ist ein Treuhandvertrag mit dem Kind, den nur ein Pfleger für das Kind nach den §§ 181, 1629 Abs. 2, 1795 Abs. 2, 1909 BGB schließen kann und den das Vormundschaftsgericht nach den §§ 1822 Nr. 3, 1915 Abs. 1 BGB genehmigen muss, vgl. dazu Ebenroth/Boujong/Joost/Strohn/*Kindler*, HGB, § 1, Rn. 80.

963 Das ergibt sich für die Übertragungstreuhand an einem GmbH-Anteil bereits aus § 15 GmbHG, gilt aber auch für die Vereinbarungstreuhand, BGH, Urt. v. 22.9.2016 – III ZR 427/15 – juris, Rn. 14 m.w.N. Ebenso ist die für die Übertragung von Anteilen etwa erforderliche Zustimmung der Mitgesellschafter nicht nur bei der Übertragungstreuhand erforderlich, sondern auch bei der Vereinbarungstreuhand, vgl. *K. Schmidt*, Gesellschaftsrecht, § 61 III 2.

Im gesellschaftsrechtlichen Bereich ist der Treuhänder Träger der Mitgliedschaft, also Gesellschafter[964]. Gegen einen Missbrauch der Treuhand im Außenverhältnis ist der Treugeber nach Maßgabe der §§ 138, 823 Abs. 2 (i.V.m. § 266 StGB), § 826 BGB geschützt[965]. Gleiches gilt für die Fälle evidenten Machtmissbrauchs[966]. 386

Typische Fallgestaltungen, in denen Treuhandverträge geschlossen werden, ergeben sich aus den Zielen, 387
- einer Sicherung von Zug-um-Zug-Leistungen oder
- der Abwicklung von Verträgen bzw. Vergleichen[967],
- der Abwicklung von fremd finanzierten Verträgen[968],
- der Hinterlegung von Geld oder Wertpapieren beim Anwalt als private Sicherheit zur Durchführung oder Abwendung der Zwangsvollstreckung[969],
- von Erb- und Vermögensauseinandersetzungen oder Sanierungsvorhaben[970] bzw. der Ausführung von Liquidationsvergleichen[971] oder
- der Durchführung oder Betreuung von Kapitalanlagen, und zwar auch in der Form von Bauherrenmodellen[972].

Ein Treuhandverhältnis erfordert stets zumindest einen konkludent abgeschlossenen Vertrag, und zwar entweder mit dem Mandanten oder aber mit einem Dritten. Treuhandverträge gehören dabei zum typischen Berufsbild einer Rechtsanwaltssozietät. Wurde ein Rechtsanwalt als Treuhänder gerade wegen seiner Mitgliedschaft in einer erfolgreichen und angesehenen Rechtsanwaltskanzlei herangezogen und sollte die Vergütung als Einnahme der Sozietät zukommen, so ist der Treuhandauftrag als Auftrag an die Sozietät anzusehen mit der Folge, dass die übrigen Sozien für pflichtwidrige Vertragsverletzungen des die Treuhand ausübenden Gesellschafters mithaften[973]. Aus besonderen Umständen kann sich aber ergeben, dass nicht der Sozietät, sondern nur dem Treuhänder ein Einzelmandat im Sinne der höchstrichterlichen Rechtsprechung erteilt wird[974]. 388

► Beispiele:

1. Wenn der Anwalt für seinen Mandanten bestimmte Beträge von dessen Gegner in Empfang nimmt, wird damit nicht ohne Weiteres ein Treuhandverhältnis zu diesem Gegner begründet. Ein Treuhandverhältnis kann in einem solchen Fall nur angenommen werden, wenn der Geldgeber dem Anwalt zu erkennen gibt, dass er ihn nicht lediglich als Vertreter oder Boten des Mandanten ansieht, sondern als Treuhänder mit der Wahrnehmung seiner eigenen Interessen betraut[975]. 389
2. Bei Abschluss eines Prozessvergleiches verpflichtet sich der Beklagte zur Zahlung des Kaufpreises für einen Pkw. Er will den Kaufpreis aber erst zahlen, wenn er den Kraftfahrzeugbrief erhält. Um die Abwicklung der Zug-um-Zug-Leistungen zu regeln, wird vereinbart, dass der Kläger den Kraftfahrzeugbrief dem Prozessbevollmächtigten des Beklagten aushändigt und

964 BGH, Urt. v. 19.9.1988 – II ZR 255/87 – juris, Rn. 23 ff.
965 BGH, Urt. v. 4.4.1968 – II ZR 26/67 – juris, Rn. 16 und v. 4.11.1976 – II ZR 50/75 – juris, Rn. 29 ff.
966 *K. Schmidt*, Gesellschaftsrecht, § 61 III 3.
967 BGH, Urt. v. 12.10.1989 – IX ZR 184/88 – juris, Rn. 11 ff.
968 BGH, Urt. v. 6.6.2002 – III ZR 206/01 – juris, Rn. 12 ff.
969 OLG Hamm, Urt. v. 9.5.1986 – 28 U 182/84 – AnwBl 1987, 42.
970 BGH, Urt. v. 12.10.1989 – IX ZR 184/88 – juris, Rn. 11 ff.
971 BGH, Urt. v. 26.5.1994 – IX ZR 39/93 – juris, Rn. 55.
972 BGH, Urt. v. 1.12.1994 – III ZR 93/93 – juris, Rn. 11 ff.; v. 9.11.1992 – II ZR 141/91 – juris, Rn. 5 ff.
973 OLG Frankfurt, Urt. v. 26.1.2006 – 2 U 58/05 – juris, Rn. 57 ff.; bestätigt durch BGH, Beschl. v. 5.7.2007 – IX ZR 257/06 – juris, Rn. 2 ff., in welchem der BGH ausführt, dass bei einer Treuhandtätigkeit, die nicht mit einer Rechtsberatung im Zusammenhang steht, zwar die Annahme eines Einzelmandats nahe liegt, es letztlich aber auf die Umstände des jeweiligen Falles ankommt.
974 BGH, Beschl. v. 12.10.2006 – IX ZR 69/03 – juris, Rn. 3 mit Hinweis auf BGH, Urt. v. 8.7.1999 – IX ZR 338/97 – juris.
975 BGH, Beschl. v. 24.5.2012 – IX ZR 212/11 – juris, Rn. 3.

dieser den Brief erst an seinen Mandanten weitergibt, wenn dieser bezahlt hat. Der Anwalt des Beklagten gibt den Kraftfahrzeugbrief jedoch bereits vorher an den Mandanten weiter. Eine Zahlung vom Beklagten ist später nicht mehr zu erlangen. Hier hat der Anwalt des Beklagten mit dem Prozessgegner einen Treuhandvertrag geschlossen, aus dem er für die vereinbarungswidrige Weitergabe des Kraftfahrzeugbriefes haftet[976].

3. Ein Rechtsanwalt lässt sich vom Gegner seines Mandanten eine bestimmte Geldsumme mit dem Versprechen auszahlen, über diese in bestimmter Weise zu verfügen. Auch hier haftet er, sofern er das Versprechen nicht einhält.
4. Verpflichtet sich der Anwalt treuhänderisch, auf seinem Konto einzuzahlende Gelder an eine bestimmte Person weiterzuleiten, stehen dieser Person keine Ansprüche gegen den Anwalt zu, wenn wider Erwarten auf dem Anwaltskonto keine Zahlungen eingehen[977].
5. Verpflichtet sich der Anwalt gegenüber dem Mandanten, für diesen Forderungen einzuziehen, wird damit nicht automatisch ein Treuhandverhältnis in Bezug auf diese Fremdgelder begründet. Ein Treuhandverhältnis kommt allerdings zustande, wenn der Rechtsanwalt mit der Verwaltung der eingehenden Gelder beauftragt wird[978].
6. Nicht selten werden über Sicherheitsleistungen im Sinne des § 108 ZPO Vereinbarungen getroffen, dass die Hinterlegung nicht bei der amtlichen Hinterlegungsstelle (vgl. die Hinterlegungsgesetze der Länder), sondern bei einem der Anwälte erfolgt. In diesem Fall wird einerseits ein Treuhandverhältnis zwischen der hinterlegenden Partei und dem Anwalt begründet, bei dem die Sicherheitsleistung hinterlegt wird. Andererseits wird das Treuhandverhältnis des Anwalts, bei dem hinterlegt wird, auch zur gegnerischen Partei mit der Folge begründet, dass die Rückgewähr der Sicherheitsleistung an die hinterlegende Partei auch der Zustimmung der Gegenpartei bedarf[979]. Eigenmächtig darf der Anwalt in diesen Fällen im Zweifel über die Rückgewähr nicht entscheiden[980]. Eine vereinbarungs- bzw. bestimmungswidrige Verwendung des Treuguts durch den Treuhänder ist als Pflichtverletzung im Sinne des § 280 BGB zu werten[981].
7. Ein Treuhandverhältnis kann auch als Vertag mit Schutzwirkung zugunsten Dritter ausgestaltet sein. Wird ein Rechtsanwalt in Bezug auf Einzahlungen von Anlegern für Börsenspekulationsgeschäfte als Treuhänder dergestalt eingeschaltet, dass es in dem Prospekt der Gesellschaft über die von ihr zu vermittelnden Geldanlagen unter dem Stichwort »Kapitaltransfer« heißt: »Grundsätzlich sind Ihre Zahlungen über ein Rechtsanwalts-Anderkonto bzw. Treuhandkonto zu leiten. Das geschieht … zu Ihrer Sicherheit!«, ist der Treuhandauftrag des Anwalts nicht nur darauf gerichtet, die Gelder ordnungsgemäß an den Broker weiter zu leiten, sondern auch darauf, dafür zu sorgen, dass rücklaufende Gelder gerade nicht an die Börsenspekulationsgesellschaft, sondern an den Rechtsanwalt auf sein Anderkonto überwiesen werden[982].
8. Kein Treuhandverhältnis wird indes angenommen, wenn ein Verteidiger von dritter Seite eine für seinen Mandanten bestimmte Kaution entgegennimmt, ohne dass der Anwalt das Geld für den Einzahler verwalten, sondern es alsbald entsprechend der ihm von seinem Mandanten erteilten Weisung weiterleiten soll[983]. Entsprechendes gilt auch im Falle einer Hinterlegung, bei der der Anwalt das Geld ebenfalls nicht für den Dritteinzahler verwalten, sondern es alsbald der hierfür bestimmten Stelle – Hinterlegungsstelle des Finanzamts – zukommen lassen soll[984].

---

976 Vgl. BGH, Urt. v. 10.3.1988 – III ZR 195/86 – juris, Rn. 2 ff.; vgl. auch OLG Düsseldorf, Urt. v. 14.11.1996 – 5 U 71/96 – NJW 1997, 529 ff.

977 BGH, Urt. v. 17.5.1990 – IX ZR 85/89 – juris, Rn. 14.

978 Brandenburgisches OLG, Urt. v. 8.7.2014 – 6 U 196/12 – juris, Rn. 112 f.

979 So auch Vollkommer/*Greger/Heinemann*, Anwaltshaftungsrecht, § 5, Rn. 33.

980 OLG Hamm, Urt. v. 9.5.1986 – 28 U 182/84 – AnwBl 1987, 42, 43 f.

981 Vgl. BGH, Urt. v. 10.3.1988 – III ZR 195/86 – juris, Rn. 2 ff.; Vollkommer/*Greger/Heinemann*, Anwaltshaftungsrecht, § 5, Rn. 30.

982 BGH, Urt. v. 13.5.2004 – III ZR 368/03 – juris, Rn. 22 ff.

983 BGH, Urt. v. 22.7.2004 – IX ZR 132/03 – juris, LS 1.

984 BGH, Urt. v. 12.10.2006 – IX ZR 108/03 – juris, Rn. 9 ff.; der Anwalt muss allerdings die Zweckbestimmung für das Geld beachten, insoweit kommt ein allgemeiner nicht mit Rechtsberatung verbundener Auftrag des Dritten in Betracht, BGH, Urt. v. 8.1.2009 – IX ZR 229/07 – juris, Rn. 12 ff.

9. Haftbar kann ein Rechtsanwalt auch dann sein, wenn er als Treuhänder aufgrund eines Geschäftsbesorgungsvertrages Kapital in einem unzulässigen Einlagengeschäft anlegt. Nach der Rechtsprechung des BGH besteht bei einem Geschäftsbesorgungsvertrag – auch wenn der Geschäftsbesorger lediglich mit der Abwicklung eines Geschäfts betraut ist und mit dem Geschäftsherrn nicht in persönlichen Kontakt tritt – eine Pflicht zur Offenlegung von Kenntnissen insbesondere dann, wenn der eine Teil einen erkennbaren Wissensvorsprung über Umstände hat, die den Vertragszweck vereiteln können und daher für den anderen Teil von wesentlicher Bedeutung sind. Eine Pflichtverletzung kommt etwa dann in Betracht, wenn der Beklagte von der fehlenden Absicherung des Einlagengeschäfts gewusst hat. Ausnahmsweise steht sogar die bloße Erkennbarkeit von aufklärungspflichtigen Tatsachen der positiven Kenntnis gleich, wenn sich diese dem Vertragspartner nach den Umständen des Einzelfalls aufdrängen mussten und er die Augen davor verschlossen hat. Eine derart grobe Pflichtverletzung kommt zumindest in solchen Bereichen in Betracht, für die der Vertragspartner aufgrund seiner beruflichen Tätigkeit eigene Kompetenz beansprucht[985].

Fremdgelder hat der Anwalt gemäß § 43a Abs. 5 S. 2 BRAO bzw. gemäß § 4 Abs. 1 und 2 BORA **390**
auf ein Anderkonto einzuzahlen, sofern
- diese nicht vereinbarungsgemäß unverzüglich an den Empfangsberechtigten weitergeleitet werden bzw.
- dieserhalb nicht etwas anderes in Textform vereinbart wurde.

Die nach § 4 Abs. 2 S. 5 BORA nur in Textform zugelassene anderweitige Vereinbarung mit dem **391**
Mandanten bezieht sich auf sämtliche in § 4 Abs. 2 BORA genannten Regelungen. Da der Mandant die Pflichtverletzung nachzuweisen hat, ist dieser darlegungs- und beweispflichtig, sofern der Anwalt eine solche anderweitige Vereinbarung behauptet.

Gemäß § 4 Abs. 3 BORA darf der Anwalt eigene Forderungen nicht mit Geldern verrechnen, die **392**
zweckgebunden zur Auszahlung an andere als den Mandanten bestimmt sind. Im Rahmen eines Treuhandverhältnisses darf der Rechtsanwalt gegen den Herausgabeanspruch des Mandanten (Treugebers) nicht mit Gegenforderungen aufrechnen, die ihren Grund nicht in dem Treuhandvertrag haben. Der Rechtsanwalt ist jedoch grundsätzlich nicht gehindert, sich durch Aufrechnung mit Honoraransprüchen aus nicht zweckgebundenen Fremdgeldern zu befriedigen. Dies gilt selbst dann, wenn die Honoraransprüche nicht gerade den Auftrag betreffen, der zum Geldeingang geführt hat[986]. Soweit die Zweckbindung gemäß § 851 Abs. 1 ZPO i.V.m. § 399 BGB zur Unpfändbarkeit führt, erfolgt der **Aufrechnungsausschluss** bereits aus § 394 BGB[987]. Der Anwalt darf auch Geldbeträge, die er zur Einzahlung von Gerichtskosten erhalten hat, nicht zur Tilgung eigener Honorarforderungen verwenden[988]. Ein Aufrechnungsrecht steht dem Rechtsanwalt nur mit einer Gegenforderung zu, die im engen wirtschaftlichen Zusammenhang zu dem Herausgabeanspruch aus dem Treuhandverhältnis steht[989].

IV. Haftung aus Verschulden bei Vertragsverhandlungen

Der Eintritt in Vertragsverhandlungen begründet für die Beteiligten erhöhte Sorgfaltspflichten. **393**
Nach § 311 Abs. 3 BGB entsteht ein gesetzliches Schuldverhältnis mit Pflichten im Sinne des § 241 Abs. 2 BGB, so etwa durch
- die Aufnahme von Vertragsverhandlungen,
- die Anbahnung eines Vertrages mit der Möglichkeit zur Einwirkung auf Rechte, Rechtsgüter oder Interessen des Partners oder
- ähnliche geschäftliche Kontakte.

985 BGH, Urt. v. 10.2.2015 – VI ZR 569/13 – juris, Rn. 21 f.
986 BGH, Urt. v. 12.9.2002 – IX ZR 66/01 – juris, Rn. 27; OLG Düsseldorf, Beschl. v. 31.10.2011 – I-24 U 87/11 – juris, Rn. 6.
987 Dazu ausführlich Kap. 6 Rdn. 72 ff.
988 BGH, Urt. v. 29.9.1954 – II ZR 292/53 – BGHZ 14, 342, 347.
989 Vgl. auch Kap. 6 Rdn. 75.

394 Der Tatbestand des § 311 Abs. 2 Nr. 1 BGB lässt grundsätzlich auch Vorgespräche ausreichen, sofern Interesse am Vertragsabschluss besteht[990]. Diese Auslegung wird durch den Tatbestand des § 311 Abs. 1 Nr. 2 BGB bestätigt, der bestimmt, dass die erhöhten Sorgfaltspflichten bereits ab dem Zeitpunkt anzunehmen sind, in dem die Parteien vor dem Hintergrund eines möglichen Vertragsschlusses in rechtsgeschäftliche Kontakte eintreten. Demgegenüber fallen unter § 311 Abs. 2 Nr. 3 BGB geschäftliche Kontakte, die nicht auf den Vertragsabschluss abzielen, also z.B. Gefälligkeitsverhältnisse.

395 Da es sich hier um ein Schuldverhältnis ohne primäre Leistungspflichten handelt, geht es vor allem um Schutz-, Obhuts-, Informations- und Aufklärungspflichten sowie die Pflicht zu loyalem Verhalten[991]. Unter dem Gesichtspunkt der **Verkehrssicherungspflicht** ist der Anwalt gehalten, seine Kanzleiräume so einzurichten und zu unterhalten, dass sich seine Mandanten keine Körper- oder Gesundheitsschäden zuziehen[992]. Bei unzureichender Verkehrssicherung kann deshalb im Verletzungsfalle die Zuerkennung eines Schmerzensgeldes in Frage kommen, ohne dass es einer unerlaubten Handlung bedarf.

396 § 311 Abs. 3 BGB bestimmt, dass ein **Schuldverhältnis** mit Pflichten im Sinne des § 241 Abs. 2 BGB **auch zu Personen** entstehen kann, **die nicht selbst Vertragspartei werden sollen**. Ein solches Schuldverhältnis entsteht insbesondere gemäß § 311 Abs. 3 S. 2 BGB, wenn der Dritte in besonderem Maße Vertrauen für sich in Anspruch nimmt und dadurch die Vertragsverhandlungen oder den Vertragsschluss selbst beeinflusst. Diese Voraussetzungen liegen vor, wenn der Dritte dem anderen Teil eine zusätzliche, gerade von ihm persönlich ausgehende Gewähr für die Seriosität und die Erfüllung des Geschäfts oder für die Richtigkeit und Vollständigkeit der Erklärungen geboten hat, die für den Willensentschluss des anderen Teils bedeutsam waren oder wenn er dem anderen Teil in zurechenbarer Weise den Eindruck vermittelt, er werde persönlich mit seiner Sachkunde die ordnungsgemäße Abwicklung des Geschäfts selbst dann gewährleisten, wenn der andere Teil dem Geschäftsherrn nicht oder nur wenig vertraue bzw. sein Verhandlungsvertrauen sich als nicht gerechtfertigt erweisen werde[993]. Persönliche Haftung trifft den von einer Partei zu Vertragsverhandlungen hinzugezogenen Rechtsanwalt für die bei dieser Gelegenheit abgegebenen Parteierklärungen nicht. Die Annahme, ein Rechtsanwalt sei allein aufgrund des von ihm ausgeübten Berufes eine Vertrauensperson, die für die Erklärungen der von ihr beratenen Partei unter allen Umständen gerade stehen wolle, findet im geltenden Recht keine Stütze[994]. Bringt der Anwalt bei den Vertragsverhandlungen jedoch zum Ausdruck, dass er dem Verhandlungsgegner eine zusätzliche, von ihm persönlich ausgehende Gewähr für die Richtigkeit einer Behauptung oder Rechtsfolge bietet, so kommt – auch bei falschen Zusicherungen – seine Haftung aus culpa in contrahendo in Betracht[995].

▶ Beispiel:

397 Wenn der Anwalt bei Verhandlungen über einen Kaufvertrag als Vertreter des Käufers dem Verkäufer irrtümlich versichert, er habe sich persönlich davon überzeugt, dass sein Mandant über liquide Mittel zur Zahlung des verlangten Kaufpreises verfüge, kommt eine Haftung aus c.i.c. in Betracht. Ebenso ist eine Haftung aus Verschulden bei Vertragsschluss möglich, wenn der Anwalt dem Verhandlungspartner verbindlich aber fehlerhaft zusichert, es sei zu seinen Gunsten eine bestimmte Rechtslage gegeben, sofern im Vertrauen auf diese Zusicherung vermögensschädigende Dispositionen getroffen werden[996].

---

990 BeckOK BGB/*Sutschet*, § 311, Rn. 47.
991 Erman/*Kindl*, BGB, § 311, Rn. 23.
992 BGH, Urt. v. 9.7.2009 – IX ZR 88/08 – juris, Rn. 6.
993 Vgl. BGH, Urt. v. 29.1.1992 – VIII ZR 80/91 – juris, Rn. 13.
994 BGH, Urt. v. 11.7.1988 – II ZR 232/87 – juris, Rn. 8.
995 BGH, Urt. v. 11.7.1988 – II ZR 232/87 – juris, Rn. 9; v. 17.5.1990 – IX ZR 85/89 – juris, Rn. 16 f.
996 BGH, Urt. v. 11.7.1988 – II ZR 232/87 – juris, Rn. 9; v. 17.5.1990 – IX ZR 85/89 – juris, Rn. 17.

Das unmittelbare wirtschaftliche Eigeninteresse wird nicht durch ein nur mittelbares Interesse begründet[997]. 398

Für die Anwaltshaftung aus culpa in contrahendo ist die in § 44 S. 1 BRAO normierte Pflicht von Bedeutung, dem Mandanten unverzüglich mitzuteilen, dass er ein Mandat nicht annehmen will. Gemäß § 44 S. 2 BRAO ist der Anwalt dem Mandanten zum Ersatz des Schadens verpflichtet, der aus einer schuldhaften Verzögerung der Auftragsablehnung entsteht. 399

Anspruchsgrundlage ist § 280 Abs. 1 BGB i.V.m. § 311 Abs. 2, 3 BGB. Der Anspruch ist grundsätzlich auf den Ersatz des negativen Interesses beschränkt[998]. Er ist auf das positive Interesse gerichtet, wenn bei pflichtgemäßem Verhalten ein Vertrag zustande gekommen wäre[999]. 400

V. Haftung für Auskünfte

Auch ohne Abschluss eines Auskunftsvertrags[1000] kommt eine Haftung des Anwalts für fehlerhafte Auskünfte selbst gegenüber Dritten in Betracht. 401

► Beispiel[1001]:

Erteilt der Rechtsanwalt dem Arbeitgeber seines Mandanten im Zusammenhang mit einem Abfindungsvergleich nach betriebsbedingter Kündigung unrichtige Rechtsauskünfte, so kann er sich wegen Verletzung eines Auskunftsvertrages schadensersatzpflichtig machen, wenn er dem Arbeitgeber zuvor schon bei der Vorbereitung der Kündigung behilflich war. 402

Zur anwaltlichen Haftung für falsche Auskünfte sind mannigfache Versuche einer rechtsdogmatischen Begründung unternommen worden[1002]. 403

Nach der Rechtsprechung des BGH ist der konkludente Abschluss eines Auskunftsvertrages zwischen Auskunftsgeber und Empfänger der Auskunft und damit eine vertragliche Haftung des Auskunftsgebers für die Richtigkeit seiner Auskunft regelmäßig dann anzunehmen, wenn 404

- die Auskunft für den Empfänger von erheblicher Bedeutung ist und er sie zur Grundlage wesentlicher Entschlüsse machen will,
- diese Umstände für den Auskunftsgeber erkennbar sind und
- die Gesamtumstände unter Berücksichtigung der Verkehrsauffassung und des Verkehrsbedürfnisses den Rückschluss zulassen, dass beide Beteiligte nach dem objektiven Inhalt ihrer Erklärungen die Auskunft zum Gegenstand vertraglicher Rechte und Pflichten gemacht haben[1003].

Ein stillschweigend geschlossener Auskunftsvertrag scheidet aber aus, wenn nicht angenommen werden kann, dass der Rechtsanwalt gegenüber dem Vertragsgegner des Mandanten für die Richtigkeit der von seiner Seite bei den Vertragsverhandlungen – etwa auf dem Gebiet des Steuerrechts – abgegebenen Erklärungen einstehen wollte[1004].

In diesem Zusammenhang können auch folgende weitere Umstände für diese Beurteilung maßgebend sein, 405

---

997 BGH, Urt. v. 17.6.1991 – II ZR 171/90 – juris, Rn. 13.

998 OLG Dresden, Beschl. v. 27.7.2012 – 5 U 68/12 – juris, Rn. 14. Das negative Interesse wird nicht stets durch das positive begrenzt, BGH, Urt. v. 25.5.1977 – VIII ZR 186/75 – juris, Rn. 16 sowie Medicus/*Lorenz*, Schuldrecht I, AT, Rn. 712.

999 BGH, Urt. v. 5.6.2012 – X ZR 161/11 – juris, Rn. 13; OLG Köln, Beschl. v. 21.7.2014 – 11 U 10/14 – juris, Rn. 14; OLG Koblenz, Urt. v. 6.2.2014 – 1 U 906/13 – juris, Rn. 18; MünchKommBGB/*Emmerich*, § 311, Rn. 201; sowie *Looschelders*, Schuldrecht Allgemeiner Teil, Rn. 152.

1000 Vgl. exemplarisch zu einem durch telefonische Mitteilungen eines Steuerberaters zustande gekommenen Auskunftsvertrag BGH, Urt. v. 18.12.2008 – IX ZR 12/05 – juris, Rn. 10 ff.

1001 OLG Düsseldorf, Urt. v. 21.3.2006 – I-24 U 141/05 – juris, Rn. 29 ff.

1002 *Hartstang*, Anwaltsrecht, S. 566.

1003 BGH, Urt. v. 18.12.2008 – IX ZR 12/05 – juris, Rn. 10 f. m.w.N.

1004 BGH, Beschl. v. 21.9.2017 – IX ZR 12/17 – juris, Rn. 3.

- ein eigenes wirtschaftliches Interesse des Auskunftsgebers am Geschäftsabschluss[1005]
- ein persönliches Engagement in der Form von Zusicherungen nach Art einer Garantieübernahme[1006]
- das Versprechen eigener Nachprüfung der Angaben des Geschäftspartners des Auskunftsempfängers[1007]
- die Hinzuziehung des Auskunftsgebers zu Vertragsverhandlungen auf Verlangen des Auskunftsempfängers[1008]
- die Einbeziehung in solche Verhandlungen als unabhängige neutrale Person[1009] sowie eine bereits anderweitig bestehende Vertragsbeziehung zwischen Auskunftsgeber und Auskunftsempfänger[1010].

406 Durch derartige zusätzliche Erfordernisse soll verhindert werden, dass die Vertragshaftung in unangemessener Weise ausgeweitet wird[1011]. Ausnahmsweise wird man auch dann eine Haftung bejahen müssen, wenn kein Verpflichtungswille erkennbar geworden ist[1012].

407 **Durch § 311 Abs. 2 Nr. 3 BGB erübrigt**[1013] **sich** nun **die** rechtsdogmatische Bemühung der **Konstruktion eines konkludenten Auskunftsvertrages, da Sachverhalte dieser Art als Schuldverhältnis im Sinne des § 311 Abs. 2 Nr. 3 BGB zu werten sind**[1014]. Diese Norm regelt Sachverhalte, in denen geschäftliche Kontakte bestehen, die nicht auf den Abschluss eines Vertrages abzielen[1015].

408 Auch bei Verhandlungen, die nicht auf den Abschluss eines Vertrages zielen, kann es treuwidrig erscheinen, dass der Anwalt das Vertrauen missbraucht, das seinem Stand entgegengebracht wird. Ebenso wie bei der Führung von Vertragsverhandlungen wird man aber auch bei einer anderweitigen Vertretung des Mandanten grundsätzlich davon auszugehen haben, dass der Anwalt der einseitige Interessenvertreter seiner Partei ist, so dass Dritte in aller Regel keinen Vertrauensschutz bezüglich der Richtigkeit anwaltlicher Auskünfte in Anspruch nehmen können. Die Haftung eines Auskunftsgebers gegenüber Dritten reicht regelmäßig nicht weiter, als der Auskunftsgeber nach dem Wortlaut seiner Auskunft die Verantwortung für deren Richtigkeit übernommen hat[1016].

409 Von § 311 Abs. 2 Nr. 3 BGB nicht erfasst werden Auskünfte oder Gutachten, die Dritten gegenüber Verwendung finden[1017].

VI. Prospekthaftung

410 **Haftungsrisiken** können sich im Zusammenhang mit Prospekthaftungsfragen einerseits aus einer **fehlerhaften Vertretung von geschädigten Anlegern** ergeben[1018].

411 Auf der anderen Seite kommt auch eine Vertrauenshaftung des Rechtsanwalts für Auskünfte im Rahmen einer eigenen Prospekthaftung in Betracht.

1005 BGH, Urt. v. 13.2.1992 – III ZR 28/90 – juris, Rn. 30.
1006 BGH, Urt. v. 29.10.1952 – II ZR 283/51 – juris, Rn. 11.
1007 BGH, Urt. v. 13.2.1992 – III ZR 28/90 – juris, Rn. 30.
1008 BGH, Urt. v. 25.10.1966 – VI ZR 8/65 – VersR 1967, 65, 66.
1009 BGH, Urt. v. 18.1.1972 – VI ZR 184/70 – juris, Rn. 24 f.
1010 BGH, Urt. v. 14.11.1968 – VII ZR 51/67 – WM 1969, 36, 37.
1011 BGH, Urt. v. 13.2.1992 – III ZR 28/90 – juris, Rn. 30.
1012 So bereits *Rinsche*, 7. Auflage, Rn. I 55.
1013 Dazu kritisch Borgmann/*Jungk*/Schwaiger, Anwaltshaftung, § 32, Rn. 5, Fn. 23 und 37.
1014 BeckOK BGB/*Gehrlein*, § 311, Rn. 52; MünchKommBGB/*Emmerich*, § 311, Rn. 198.
1015 *Canaris,* JZ 2001, 499, 520; Erman/*Kindl*, BGB, § 311, Rn. 22. Vgl. dazu auch die Ausführungen zu Rdn. 371 ff.
1016 BGH, Urt. v. 17.5.1990 – IX ZR 85/89 – juris, Rn. 9 ff.
1017 BeckOGK/*Herresthal,* BGB, § 311, Rn. 296. Siehe dazu die Ausführungen unter Rdn. 377.
1018 Dazu *Simon-Widmann,* AnwBl 2008, 709 f.

▶ Beispiel[1019]:

Wird ein Anwalt bei der Fertigung eines Prospektes tätig, mit dem um gesellschaftsrechtliche Beteiligungen an sog. Publikumsgesellschaften geworben wird und macht er seine Mitwirkung durch seine namentliche Benennung im Prospekt deutlich, schafft er damit einen besonderen Vertrauenstatbestand. Er haftet daher persönlich, wenn diese Angaben nicht richtig waren.

Rechtsgrundlage für diese Haftung bildet nun § 311 Abs. 3 S. 2 BGB, sofern der Anwalt durch ein solches Handeln in besonderem Maße Vertrauen für sich in Anspruch nimmt[1020]. Ein besonderes persönliches Vertrauen kann nur angenommen werden, wenn der Anspruchsgegner eine über das normale Verhandlungsvertrauen hinausgehende persönliche Gewähr für die Seriosität und ordnungsgemäße Erfüllung des Vertrags übernommen hat. Anknüpfungspunkt der Prospekthaftung im weiteren Sinne ist nicht die Verantwortlichkeit für einen fehlerhaften Prospekt, sondern eine selbständige Aufklärungspflicht als Vertragspartner oder Sachwalter auf Grund persönlich in Anspruch genommenen – nicht nur typisierten – besonderen Vertrauens, zu deren Erfüllung sich die Person des Prospekts bedient[1021]. Nicht ausreichend ist also etwa lediglich die Mitgliedschaft eines Anwalts im Beirat einer im Prospekt genannten Gesellschaft[1022] oder seine Benennung im Prospekt als Treuhänder zur Überwachung der Verfügungen über die Anlegerkonten[1023]. Prospektverantwortlich ist der Rechtsberater, wenn er aufgrund seiner besonderen beruflichen und wirtschaftlichen Stellung oder Sachkunde eine »Garantenstellung« einnimmt und durch seine erkennbare Mitwirkung an dem Prospekt nach außen hin einen besonderen – zusätzlichen – Vertrauenstatbestand schafft, indem er mit seiner Zustimmung als fachlich versiert im Prospekt aufgeführt wird und darin Erklärungen abgibt[1024]. Die Kausalität des Prospektfehlers für die Anlageentscheidung wird vermutet[1025]. Für die Kausalität wird nicht verlangt, dass gerade eine im Prospekt verschwiegene Gefahr zum Scheitern des Projekts geführt hat[1026]. Gegenüber Anlegern, mit denen der Rechtsanwalt in keiner vertraglichen Beziehung steht, haftet er für die Richtigkeit und Vollständigkeit des Prospektes nur in Bezug auf ihm zuzurechnende Angaben[1027]. Der Geschädigte kann verlangen, so gestellt zu werden, als hätte er die nachteilige Anlageentscheidung nicht getroffen[1028]; deshalb kann der Anleger Befreiung vom nachteiligen Anlagevertrag und Ersatz seiner Aufwendungen fordern[1029]. Ebenso kann der Geschädigte Ersatz eines Minderwertes verlangen[1030]. 412

Nach § 826 BGB kann der Prospektveranwortliche haften, wenn er Anlageinteressenten durch eine bewusste Täuschung zur Beteiligung bewegt, etwa dadurch, dass er einen ihm bekannten Umstand bewusst verschweigt, um unter Ausnutzung der Unkenntnis der Anlageinteressenten möglichst viele Beitritte zu erreichen[1031].

1019 BGH, Urt. v. 21.11.1983 – II ZR 27/83 – juris, Rn. 22 ff.; Borgmann/*Jungk*/Schwaiger, Anwaltshaftung, § 32, Rn. 22.
1020 Erman/*Kindl*, BGB, § 311, Rn. 98.
1021 BGH, Urt. v. 17.9.2020 – III ZR 283/18 – juris, Rn. 38.
1022 BGH, Urt. v. 6.10.1980 – II ZR 60/80 – juris, Rn. 36 ff.
1023 BGH, Urt. v. 1.12.1994 – III ZR 93/93 – juris, Rn. 8; vgl. BeckOGK/*Herresthal*, BGB, § 311, Rn. 595 ff.
1024 BGH, Urt. v. 17.11.2011 – III ZR 103/10 – juris, Rn. 19 m.w.N.; vgl. BeckOGK/*Herresthal*, BGB, § 311, Rn. 600.
1025 BGH, Urt. v. 29.5.2000 – II ZR 280/98 – juris, Rn. 20.
1026 BGH, Urt. v. 5.7.1993 – II ZR 194/92 – juris, Rn. 7 ff.
1027 BGH, Urt. v. 21.11.1983 – II ZR 27/83 – juris, Rn. 23.
1028 BGH, Urt. v. 8.2.1996 – IX ZR 215/94 – juris, Rn. 31; v. 5.7.1993 – II ZR 194/92 – juris, Rn. 6.
1029 BGH, Urt. v. 26.9.1991 – VII ZR 376/89 – juris, Rn. 40 ff.
1030 BGH, Urt. v. 27.9.1988 – XI ZR 4/88 – juris, Rn. 19.
1031 BGH, Urt. v. 28.6.2016 – VI ZR 536/15 – juris, Rn. 17.

413 Allgemein ist zwischen **Prospekthaftung im engeren Sinne** und **Prospekthaftung im weiteren Sinne** zu trennen[1032]. Von Prospekthaftung im weiteren Sinne spricht man, wenn der Rechtsanwalt nicht lediglich durch ein Prospekt vermitteltes typisiertes Vertrauen, sondern ein darüber hinausgehendes persönliches Vertrauen in Anspruch nimmt[1033]. Die **Verjährung** der Ersatzansprüche der Anleger richtet sich nach den allgemeinen Vorschriften den §§ 195 und 199 BGB[1034]. Die vormals seit der Schuldrechtsreform streitige Frage, welche Verjährung für bürgerlichrechtliche Prospekthaftungsansprüche gilt, stellt sich seit der Abschaffung der beraterfreundlichen Sondervorschriften zum 1.6.2012 (vgl. insbesondere § 46 BörsG a.F., § 13 VerkProspG a.F., nach denen die Verjährungsfrist lediglich ein Jahr betrug) nur noch für Altfälle.

Richtiger Ansicht nach gelten grundsätzlich die allgemeinen Verjährungsregeln der §§ 195, 199 BGB auch in Übergangsfällen (Art. 229 § 6 EGBGB)[1035].

In gleicher Weise verjährt ein Schadensersatzanspruch aus Prospekthaftung im engeren Sinne wegen einer werkvertraglich geprägten Beteiligung an einem Bauherrenmodell oder einer Immobilienanlage gemäß den §§ 195, 199 BGB[1036].

1032 Dazu *Reinelt,* NJW 2009, 1 ff.; zur Neubestimmung der bürgerlich-rechtlichen Prospekthaftung durch das Kapitalanlagegesetzbuch (KAGB) und zum Konkurrenzverhältnis zum VermAnlG vgl. BeckOGK/*Herresthal*, BGB, § 311, Rn. 581 ff. und 666 ff.

1033 Vollkommer/Greger/*Heinemann*, Anwaltshaftungsrecht, § 5, Rn. 39.

1034 MünchKommBGB/*Emmerich*, § 311, Rn. 157; *D. Fischer*, in: G. Fischer/Vill/D. Fischer/Pape/Chab, § 14, Rn. 32.

1035 *Reinelt,* NJW 2009, 1, 7; *Lux*, NJW 2003, 2966 f.; a.A. *Assmann/Wagner,* NJW 2005, 3173; Palandt/*Grüneberg*, BGB, § 311, Rn. 72

1036 Palandt/*Grüneberg*, BGB, § 311, Rn. 72.

Kapitel 2 Die Verletzung anwaltlicher Pflichten als Voraussetzung der Haftung

Übersicht

A. Hauptleistungspflichten aus dem Anwaltsvertrag (§ 241 Abs. 1 BGB)

1 Die für die vertragliche Haftung des Anwalts interessierenden Anwaltspflichten fußen, wie bereits erwähnt[1], weniger auf dem Gesetzesmaterial als vielmehr auf den von der Rechtsprechung entwickelten Grundsätzen. Hiernach ergeben sich vor allem die folgenden Anwaltspflichten:

I. Pflicht zur umfassenden Beratung und Interessenwahrnehmung in Rechtsangelegenheiten

1. Die Bedeutung von Mandatsinhalt und -umfang

2 Der Rechtsanwalt ist nach § 3 BRAO der berufene unabhängige Berater und Vertreter in allen Rechtsangelegenheiten. Damit ist der Rahmen für den **Inhalt** eines Anwaltsmandats umrissen.

3 Da die Art und Richtung der vom Anwalt zu erfüllenden Aufgaben, also der Umfang seiner Vertragspflichten im konkreten Fall, sich nach dem erteilten Mandat und den Umständen des einzelnen Falles richten[2], ist eine Klärung des **Umfangs** des Anwaltsmandats wichtig. Sie darf nicht – wie

1 Vgl. oben Kap. 1 Rdn. 1 ff.

2 BGH, Urt. v. 21.6.2018 – IX ZR 80/17 – juris, Rn. 8; v. 1.3.2007, BGHZ 171, 261, Rn. 10 (jeweils für Rechtsanwälte); NJW-RR 1990, 1241 = WM 1990, 1917; NJW 1996, 2648 = WM 1996, 1824, 1825 = VersR 1996, 1499, 1501, vgl. auch BGHZ 128, 358 = NJW 1995, 958 und NJW 1995, 2842 (jeweils für Steuerberater).

zuweilen in der Praxis zu beobachten – übersprungen und eine Pflichtverletzung des Anwalts unter bloß pauschalem Hinweis auf eine umfassende Rechtsbetreuungspflicht festgestellt werden. Vorgänge, die dem Anwalt nämlich bloß »bei Gelegenheit des Mandats« bekannt geworden sind, jedoch in keiner inneren Beziehung zu der ihm übertragenen Aufgabe stehen, braucht er nicht daraufhin zu untersuchen, ob sie Veranlassung zu einem Rat oder Hinweis an den Mandanten geben[3]. Dies gilt nicht nur für Steuerberater, sondern ebenso für Rechtsanwälte[4].

Meistens ist das Anwaltsmandat **umfassend erteilt**, bezieht sich also uneingeschränkt auf die gesamte 4
dem Anwalt präsentierte Rechtsangelegenheit des Auftraggebers[5]. Der BGH formuliert dies so:

> »Nach fester Rechtsprechung des BGH ist der Anwalt, soweit sein Auftraggeber nicht unzweideutig zu erkennen gibt, dass er des Rates nur in einer bestimmten Richtung bedarf, zur allgemeinen, umfassenden und möglichst erschöpfenden Belehrung des Auftraggebers verpflichtet.«[6]

Fälle beschränkter Mandate bilden beispielsweise die Beauftragung eines Anwalts für bestimmte Ver- 5
fahrensabschnitte oder -teile oder für einen einzelnen Tätigkeitsbereich.

▶ Beispiel:

Die Einschaltung eines erstinstanzlichen Prozessbevollmächtigten, eines Berufungs- oder Revisionsanwalts, eines Verkehrsanwalts (vgl. VB 3.4, VV 3400, VV 3405 Nr. 1 des RVG).

Auch können beschränkte Mandate vorliegen, weil der Rechtsanwalt nur in einer bestimmten Richtung tätig werden soll.

▶ Beispiel:

Abwehr von Gewährleistungsansprüchen, die ein Erwerber einer Eigentumswohnung gegen den Bauträger geltend macht.

Oder der Rechtsanwalt wird beauftragt, nur in einer bestimmten Art und Weise tätig zu werden.

▶ Beispiele:

- Der Mandant gibt eindeutig zu erkennen, dass er die fachliche Hilfe des Anwalts nur dahingehend benötigt, dass dieser einen bereits mündlich ausgehandelten Vertrag lediglich in eine geeignete juristische Form bringt und dies schriftlich fixiert[7].
- Der Anwalt erhält einen Auftrag, Klage zu erheben, wobei ihm dabei seitens des Mandanten erklärt wird, die Frage der Verjährung brauche nicht geprüft zu werden, dies sei bereits durch einen Kollegen geschehen[8].
- Der Anwalt wird nur beauftragt, eine höhere Abfindung aus einem Sozialplan durchzusetzen (also nicht – auch – ein Kündigungsschutzverfahren einzuleiten)[9].

Kein Fall eines **nur beschränkten Anwaltsauftrages** ist hingegen im folgenden Fall gegeben. 6

3 BGHZ 128, 358 = NJW 1995, 958; NJW 1995, 2842; NJW 1997, 2168, 2169 = WM 1997, 1392, 1394; *G. Fischer*, NJW 1999, 2993.
4 *G. Fischer*, NJW 1999, 2993.
5 Vgl. *Zugehör*, Beraterhaftung, Rn. 37.
6 BGH NJW 1988, 563, 566; ebenso BGH NJW 1992, 1159, 1160; st. Rspr. vgl. BGHZ 171, 261 = NJW 2007, 2485, 2486 = WM 2007, 1183; OLG Hamm, Urt. v. 4.3.2008 – 28 U 94/07, Beck RS 2008, 04399 m.w.N.
7 BGH NJW 1996, 2929, 2931 = WM 1996, 1832, 1834 = VersR 1997, 187, 189.
8 BGH NJW 1997, 2168, 2169 = WM 1997, 1392, 1393.
9 *Vill*, in: G. Fischer/Vill/D. Fischer/Pape/Chab, § 2, Rn. 17 unter Hinweis auf BGH, Beschl. v. 11.3.1998 – IX ZR 32/97, WKRS 1998, 18212.

▶ Beispiel[10]:

Ein Mandant kommt zum Anwalt, beklagt die Verletzung der Pflicht eines Verkäufers einer Eigentumswohnung und erklärt, er wolle unverzüglich vom Kaufvertrag zurücktreten und er wolle die Wohnung, wenn möglich, sofort weiterverkaufen.

Der BGH hat hier zu Recht als Vertragsinhalt nicht etwa Hilfe zu einem vom Mandanten gewünschten Vertragsrücktritt angenommen, sondern Beratung über seine Rechtsstellung bei der angestrebten Vertragsabwicklung unter besonderer Berücksichtigung auch und gerade der Möglichkeit der Geltendmachung von Schadensersatz wegen Nichterfüllung. Nach dem seit dem 1.1.2002 geltenden Schuldrecht stellt sich die Aufgabe für den Anwalt dahingehend, die Interessen seines Mandanten unter Berücksichtigung des § 325 BGB, der ausdrücklich das Bestehen eines Rücktrittsrechtes neben einem Schadensersatzanspruch bestimmt, optimal gemäß § 323 BGB (Rücktritt wegen nicht oder nicht vertragsgemäß erbrachter Leistung) und § 281 BGB (Schadensersatz statt der Leistung wegen nicht oder nicht wie geschuldet erbrachter Leistung) wahrzunehmen[11].

7 Der Vertragsinhalt und damit der Umfang des Mandats richtet sich nach den Vereinbarungen der Parteien (dazu näher oben Kap. 1 Rdn. 64), die bei Streit über den Mandatsumfang der Auslegung nach §§ 133, 157 bedürfen[12]. Dabei kann sich die Frage ergeben, ob ein unbeschränktes Mandat mit bestimmter **Weisung** vorliegt oder aber ein (von vorneherein) nur beschränkter Auftrag erteilt worden ist. Dann ist für die **Abgrenzung** letztlich entscheidend, ob der Rechtsanwalt davon befreit sein sollte, selbstständig zu prüfen, ob durch die vom Mandanten gewünschte Vorgehensweise diesem Nachteile drohen, oder ob von ihm erkennbar erwartet wird, auf (absehbare) Risiken und Nachteile auch insoweit hinzuweisen[13]. Eine Beschränkung eines Mandats und ihre Art, Weise, Richtung und Reichweite kann sich, wie sich bereits den obigen Beispielen teilweise entnehmen lässt, auch aus der Natur der Sache, d.h. der Eigenart des erteilten Auftrags ohne Weiteres ergeben, so etwa wenn der Mandant über seinen erstinstanzlichen Anwalt einen beim Berufungsgericht zugelassenen Anwalt beauftragen lässt, die Erfolgsaussichten einer Berufung gegen das erstinstanzliche Urteil zu prüfen; dann braucht der zweitinstanzliche Anwalt grundsätzlich auch nur zu dieser Frage Stellung zu nehmen. Es ist also nicht seine vertragliche Hauptpflicht, den Mandanten auf andere Ansprüche im Zusammenhang mit diesem Fall hinzuweisen, etwa auf einen Schadensersatzanspruch gegen den erstinstanzlichen Anwalt, weil dieser schuldhaft pflichtwidrig den Klageanspruch hat verjähren lassen. Wird der Anwalt eben nur zu einem bestimmten, klar beschränkten Aspekt um Rat gefragt, so bezieht sich seine Beratungspflicht grundsätzlich auch nur auf diese Frage. Im Einzelfall kann sich für den Anwalt allerdings als leistungsbezogene Nebenpflicht eine sog. Warnpflicht ergeben[14].

8 Der Bezug der anwaltlichen Pflichten grundsätzlich nur auf die sich aus dem Auftrag ergebenden Fragen ist nicht anders zu beurteilen bei dem **Berufungsmandat** selbst, welches, da gesonderter Prozessauftrag für eine Instanz, als Musterfall eines beschränkten Mandats anzusehen ist[15]. Dabei ist aber nicht in jedem Fall das Berufungsmandat ohne Weiteres nur auf die Beseitigung allein der Beschwer durch das anzufechtende Urteil begrenzt. Vielmehr kann der Berufungsanwalt gehalten sein, den Rechtsstreit nicht nur im Rahmen der Rechtsmittelbeschwer fortzuführen.

9 So kann zum Auftrag die Überprüfung eines zugesprochenen (Gesamt-)Schmerzensgeldes nach der in der ersten Instanz geäußerten Mindestbetragsvorstellung gehören, selbst wenn für den

---

10 BGH NJW 1995, 449, 450 = WM 1995, 398, 399 f.; vgl. auch unten Rdn. 229.

11 Vgl. dazu Palandt/*Grüneberg*, § 325, Rn. 2.

12 BGH NJW 1997, 2168 = WM 1997, 1392.

13 BGH NJW 1997, 2168, 2169 = WM 1997, 1392, 1393.

14 Ob eine derartige Warnpflicht für einen Berufungsanwalt zu bejahen sein kann, auf die Möglichkeit eines Regressanspruchs gegen den erstinstanzlichen Anwalt und die dafür geltende Verjährung hinzuweisen, hat der BGH offen gelassen: BGH NJW 1999, 2183, 2188 = WM 1999, 1330. Dazu und zu den Voraussetzungen für Warnpflichten im Einzelnen vgl. unten Rdn. 265 ff.

15 Vgl. *Vill*, in: G. Fischer/Vill/D. Fischer/Pape/Chab, § 2, Rn. 16; BGH, Urt. v. 29.4.1993 – IX ZR 101/92 – juris, Rn. 15, 16.

Mandanten bei der Berufungseinlegung die Abweisung von Ansprüchen auf Ersatz verschiedener materieller Schäden im Vordergrund steht, bei denen überhaupt auch nur die für die Zulässigkeit der Berufung erforderliche sog. formelle Beschwer des Klägers vorliegt. Ein solches **Gesamtschmerzensgeld** kann nämlich möglicherweise, von dem Mandanten nicht erkannt, dessen berechtigten Interessen an einem vollständigen Ersatz seiner immateriellen Schäden letztlich nicht voll genügen, weil die objektiv vorhersehbaren Spätfolgen und Zukunftsschäden nur mit einem »Prognosezuschlag« innerhalb der aufgrund einer Gesamtbetrachtung festgesetzten einheitlichen Entschädigung für das sich insgesamt darbietende Schadensbild[16] berücksichtigt werden können[17]. Und daraus kann sich ergeben, dass eine **offene Teilschmerzensgeldklage**, verbunden mit einem Feststellungsantrag hinsichtlich der Spätschäden, die Interessen des Verletzten besser wahrt, auch wenn dieser eigentlich den Schmerzensgeldbetrag als angemessen betrachtet[18]. Dies wiederum bedeutet für den allgemein mandatierten Berufungsanwalt, dass er auch unter diesem Gesichtspunkt das Urteil überprüfen, den Mandanten beraten und im Rahmen der prozessualen Möglichkeiten das Vorgehen abstimmen und die erforderlichen Schritte vornehmen muss. Das ist z.B. dann nötig, wenn dem Schmerzensgeldurteil eine schlechte Prognose des Sachverständigen hinsichtlich der weiteren Entwicklung der Schadensfolgen zugrunde lag, ohne dass zu der Notwendigkeit weiterer späterer Operationen, da in dem Beweisbeschluss eine entsprechende Frage fehlte, Stellung genommen worden war und auch das Urteil dazu keine Ausführungen enthielt[19], obwohl nach dem Verletzungsbild die Notwendigkeit weiterer Operationen nahe lag. Dabei ist allerdings auch zu beachten, dass bei einem Übergang von einer Gesamtschmerzensgeldklage zu einer offenen Teilschmerzensgeldklage der Beklagte mit einer Anschlussberufung mit dem Ziel der Herabsetzung des zuerkannten Schmerzensgeldes reagieren kann (§ 524 ZPO: bis zum Ablauf der dem Berufungsbeklagten gesetzten Frist zur Berufungserwiderung), wozu es ebenfalls einer Beratung und Risikoabwägung bedarf[20]. § 533 ZPO mit seiner nun zweifachen Schranke für die Zulässigkeit einer Klageänderung in 2. Instanz dürfte hingegen kein Hindernis sein. Nach § 264 ZPO ist u.a. nicht als Klageänderung nach § 263 ZPO und damit auch § 533 ZPO[21] anzusehen eine quantitative oder qualitative Ermäßigung oder Erweiterung eines Klageantrages ohne Änderung des Klagegrundes, also des der Klage zugrundeliegenden Lebenssachverhalts (§ 264 Nr. 2 ZPO). Der Übergang von einer Leistungs- zur Feststellungsklage und umgekehrt ist daher bei Identität des Streitgegenstandes jederzeit zulässig[22].

Die **Abgrenzung** zwischen einem **unbeschränkten** und einem **beschränkten** Mandat ist, wie bereits 10
beschrieben, eine Tatfrage, keine Rechtsfrage[23].

Ebenso liegt es bei der **Bestimmung des Umfangs eines beschränkten Mandats**[24]. 11

Dabei kann sich herausstellen, dass z.B. ein Prozessmandat erweitert ist oder aufgrund der Ent- 12
wicklung der Angelegenheit ein **Mandat** dahingehend **erweitert** wird, die mit dem Rechtsstreit unmittelbar zusammenhängenden rechtlichen und wirtschaftlichen Belange der Partei mit zu berücksichtigen[25].

16 Vgl. dazu z.B. Wussow/*Schmitt*, UHR, Kap. 54, Rn. 15, BGH DAR 1998, 351, 352.

17 Zu der sich daraus ergebenden Problematik für die Bemessung vgl. *v. Gerlach*, VersR 2000, 525, 530.

18 Vgl. zur Zulässigkeit einer solchen offenen Teilklage und zur Zulässigkeit einer Feststellungsklage auch hinsichtlich nicht vorhersehbarer Spätschäden: *v. Gerlach*, VersR 2000, 525, 530; *Heß*, zfs 2001, 534; *ders.*, NJW-Spezial 2004, 63 f.; *Terbille*, VersR 2005, 37 (auch zu den daraus folgenden Pflichten des Anwalts vor und bei Klageerhebung); *Wussow/Schmitt*, a.a.O., Rn. 34, 40; BGH NJW 2001, 3414, 3415 = VersR 2001, 876, 877; NJW 2004, 1243, 1244 (mit Abgrenzung zum Teilschmerzensgeld).

19 OLG Hamm, Urt. v. 18.7.2002 – 28 U 101/01.

20 OLG Hamm, Urt. v. 18.7.2002 – 28 U 101/01.

21 BGH NJW 2004, 2152, 2154 unter II 2b.

22 Vgl. BGH NJW 1992, 2296; Zöller/*Greger*, ZPO, § 256 Rn. 15c, § 263 Rn. 8 und § 264 Rn. 3b.

23 *Vill*, in: G. Fischer/Vill/D. Fischer/Pape/Chab, § 2, Rn. 26.

24 Dazu vergleiche BGH, Urt. v. 16.2.2017 – IX ZR 165/16 – juris, Rn. 12.

25 BGH NJW 1993, 2045 = WM 1993, 1508.

▶ Beispiel 1[26]:

13 Einem mit der Führung eines Finanzgerichtsprozesses beauftragten Anwalt war bekannt gegeben worden, dass der Steuerberater der Partei bereit war, die Kosten dieses Prozesses zu übernehmen.

Dadurch, so der BGH, habe der Anwalt entnehmen können, dass der Mandant den Steuerberater bei negativem Prozessausgang regresspflichtig machen wollte und sich darüber schon im Klaren war. Wenn damit auch das **(Prozess-)Mandat** ein eingeschränktes Mandat blieb, so war es indes aufgrund der besonderen Umstände dieses Falles dahingehend erweitert[27], eine mögliche Verjährung eines Regressanspruchs gegen den Steuerberater zu prüfen und, wenn diese drohte, den Mandanten über die zur Vermeidung eines solchen Nachteils erforderlichen möglichen Schritte zu belehren[28].

▶ Beispiel 2:

14 Nach vorzeitiger Kündigung eines Auftrages an einen Anwalt wird ein zweiter Anwalt mit der Fortführung betraut oder ein Berufungsmandat an einen neuen Anwalt erteilt. Dem neuen Anwalt wird bedeutet, dass dem vor ihm tätigen Kollegen Vorwürfe gemacht werden. Oder es wird zumindest der Verdacht von Pflichtverletzungen geäußert. Der nunmehr mandatierte Anwalt hat keine konkreten Anhaltspunkte dafür, dass sein Auftraggeber die Verfolgung etwaiger Regressfragen selbstverantwortlich in die Hand genommen hat und auch wegen einer möglichen Regressverjährung keiner Hilfestellung bedarf.

Hier können ebenfalls – ihrerseits selbst nur in eingeschränktem Maße oder Umfang erfolgende – Mandatserweiterungen mit der Konsequenz zusätzlicher, mit diesen Auftragserweiterungen korrespondierender vertraglicher Hauptpflichten in Betracht kommen[29].

▶ Beispiel 3:

15 Ein Rechtsanwalt wird mit der Führung eines sog. **Musterprozesses** beauftragt.

Auch in einer solchen Fallkonstellation kann eine Erweiterung des Mandats dahingehend vorliegen, eine Verjährung der übrigen Ansprüche des Klägers zu vermeiden[30]. Dies ist allerdings nicht der Fall, wenn eine solche zusätzliche Rechtsbetreuung ausdrücklich ausgeklammert wird[31] oder sich aus den Umständen ergibt, dass der Mandant sie nicht wünscht bzw. ihrer ersichtlich nicht bedarf, weil er beispielsweise einen anderen Anwalt damit beauftragt hat.

▶ Beispiel 4:

16 Ein Rechtsanwalt soll die Voraussetzungen eines vertraglichen oder gesetzlichen Rückübertragungsanspruchs einer Schenkung durch seinen Mandanten prüfen. Dabei kommt er zu dem Ergebnis, dass nur eine freiwillige Rückübertragung in Betracht kommt.

In diesem Fall hat das OLG Hamm eine Mandatserweiterung mit einer hauptvertraglichen Pflicht, auf die schenkungssteuerrechtlichen Folgen einer solchen Rückübertragung hinzuweisen, angenommen[32].

▶ Beispiel 5:

17 In der Berufungsverhandlung über ein klageabweisendes Teilurteil gibt das Berufungsgericht zu verstehen, dass es das Teilurteil als unzulässig ansieht und zwecks abschließender

26 BGH NJW 1993, 2045 = WM 1993, 1508.

27 So zutreffend: *Vill,* in: G. Fischer/Vill/D. Fischer/Pape/Chab, § 2, Rn. 27, aber widersprüchlich dazu in Rn. 177: Nebenpflicht aus beschränktem Mandat.

28 BGH NJW 1993, 2045 = WM 1993, 1508.

29 *Vill,* in: G. Fischer/Vill/D. Fischer/Pape/Chab, § 2, Rn. 30 unter Hinweis auf einen Nichtannahmebeschluss des BGH vom 25.6.1998 – IX ZR 124/97, S. 4.

30 A.a.O.

31 So in BGH NJW 1993, 1779, 1781 = WM 1993, 1376 ff. (unter II., 2.).

32 OLG Hamm vom 13.10.2005 – 28 U 105/05.

Gesamterledigung des Rechtsstreits die Widerklage »hochziehen« will. Dazu erfolgt nach interner Beratung mit der Mandantschaft eine ablehnende Stellungnahme durch den Anwalt der Klägerin, verbunden mit einem Antrag auf Schriftsatzfrist.

Auch hier ist eine konkludente Erweiterung des Mandats bejaht worden[33].

Wenn im konkreten Fall eine Mandatserweiterung jedoch tatsächlich nicht festzustellen ist, stellt 18
sich **dann** die Frage, ob sog. **Warnpflichten** des Rechtsanwalts als leistungsbezogene Nebenpflichten bestehen[34].

Eingeschränktes (prozessuales) Vorgehen bedeutet hingegen **nicht notwendigerweise** in einem 19
Umkehrschluss eine **Einschränkung der anwaltlichen Pflichten** dem Auftraggeber gegenüber. Auch hier sind die Erklärungen und Umstände bei Mandatserteilung sowie die Entwicklung des Mandats und seiner Bearbeitung genau zu beachten.

▶ Beispiel 1:

Ein Bauherr erhebt gegen einen Bauhandwerker wegen Baumängeln eine Schadensersatzklage, 20
hinsichtlich derer dem Architekten Bauplanungsfehler oder die Verletzung seiner Koordinierungspflicht bereits vorgeworfen werden oder vorgeworfen werden können.

Da hier ein zur Teilabweisung der Klage führendes, dem Kläger anzulastendes Mitverschulden in Betracht zu ziehen ist[35], ist das ein typischer Anlass für eine Streitverkündung (§§ 72–74 ZPO)[36]. Wenn die Klageerhebung auf einer zuvor erfolgten unbeschränkten Erteilung eines Anwaltsauftrages zur Verfolgung und Wahrung der Interessen des Bauherrn wegen der Mängel am Bauobjekt beruht, kann sich der Anwalt bei unterlassener Streitverkündung an den Architekten nicht etwa darauf berufen, er habe nur einen Prozessauftrag, also ein beschränktes Mandat erhalten. Denn er hatte den Mandanten von vorneherein darüber zu beraten, ob eine Mithaftung des Architekten vorliegt und ob deshalb eine Mitverantwortlichkeit des Mandanten (§§ 254, 278 BGB) im Verhältnis zum Bauhandwerker besteht oder möglicherweise in Betracht zu ziehen ist, und welche Maßnahmen zur Vermeidung von Nachteilen zu treffen bzw. zumindest im Auge zu behalten sind. Aufgrund dieses unbeschränkten Mandats bleibt er auch uneingeschränkt verpflichtet, wenn er ein bestimmtes, (zunächst) eingeschränktes Vorgehen empfiehlt und durchführt. Ist oder wird die Vornahme einer Streitverkündung erforderlich, betrifft dies hier die Erfüllung einer vertraglichen Hauptpflicht des Anwalts.

▶ Beispiel 2:

Der Anwalt wird wegen der Folgen eines Verkehrsunfalls um Rat gefragt. 21

Darin liegt die Erteilung eines unbeschränkten Mandats zur umfassenden Wahrnehmung der Interessen des Auftraggebers in dieser Angelegenheit. Erhält der Anwalt schließlich – etwa aus Kostengründen – zunächst nur den Auftrag, einen Teilbetrag einzuklagen, muss er auch dann den Mandanten wegen der weiteren Ansprüche beraten, z.B. im Hinblick auf eine drohende Verjährung[37], und diese erforderlichenfalls sichern.

Regelmäßig kommt der Mandant zum Anwalt und schildert ein bestimmtes Problem, dessen Lö- 22
sung er nicht weiß, für die er die Hilfe des Anwalts benötigt oder jedenfalls für erforderlich oder sinnvoll hält. Der Mandant weiß oder überblickt in der Regel nicht, wie eine Angelegenheit in seinem Interesse geregelt werden kann, und begibt sich gerade deswegen in die Beratung des Fachmannes. Ein Erfahrungssatz dahin, dass ein Auftraggeber seinen Anwalt umfassend beauftragen

---

33 OLG Hamm, Urt. v. 18.10.2007 – 28 U 49/07.

34 Dazu unten in Rdn. 265 ff.

35 Vgl. dazu z.B.: *Frechen,* in: Werner/Pastor, Der Bauprozess, Rn. 2933, 2936, 2939 und 2945, jeweils m.w.N.

36 Vgl. dazu näher unten Kap. 8 Rdn. 478 ff.

37 Vgl. OLG Düsseldorf VersR 1989, 850; OLG Hamm v. 12.12.1991 – 28 U 76/91; zum Umfang der anwaltlichen Beratungspflicht vgl. auch BGH NJW 1985, 1151, 1154; NJW 1985, 1897; NJW 1987, 1322.

will, ist allerdings nicht anerkannt[38]. Es ist auch grundsätzlich in Zweifel zu ziehen, ob es überhaupt ein unbeschränktes Mandat gibt. Wie schon in Kap. 1 Rdn. 63 f. ausgeführt, haben Mandate regelmäßig aus ihrer Zielsetzung resultierende Grenzen. Es geht bei Lichte besehen bei der Abgrenzung zwischen sog. unbeschränkten und sog. beschränkten Mandaten letztlich nur um Unterschiede in der Art und Weise und dem Umfang der vom Anwalt zu wahrenden Interessen und Zielsetzungen seines Mandanten, die sich, wenn Rechtsanwalt und Mandant nichts anderes ausdrücklich vereinbaren, aus der Natur der Sache oder aus den sonstigen Umständen des Einzelfalles unter Berücksichtigung der Kriterien der §§ 133, 157 BGB ergeben. Die Annahme, es liege regelmäßig ein sog. unbeschränktes Mandat vor[39], ist also nicht gerechtfertigt (so schon oben in Kap. 1 Rdn. 63 ff.). Die Aussage, in der Mehrzahl der Fälle bzw. meistens sei ein sog. unbeschränktes Mandat gegeben[40], hat keine rechtliche Relevanz.

23 Für die **Beweislast** gilt Folgendes:

24 Nach den Regeln über die Behandlung der sog. Klageleugnung hat der Mandant, wenn die Frage der Pflichtverletzung vom Umfang des erteilten Mandats abhängt, diesen zu beweisen, so etwa ein **unbeschränktes Mandat**, wenn bei einem nur beschränkten Mandat eine zum Regress führende anwaltliche Pflichtverletzung nicht vorliegt[41], z.B., wenn der Mandant einen Auftrag zur Klageerhebung behauptet, der Anwalt aber dagegen hält, er sei ausdrücklich nur zu außergerichtlichen Verhandlungen beauftragt worden[42]. Zweifel am Auftragsumfang gehen also auch hier zu Lasten des Anspruchsstellers.

25 Ebenso ist der Fall zu beurteilen, wenn die Partei behauptet, der Anwalt habe ohne Deckungszusage der Rechtsschutzversicherung einen Prozess geführt, der Anwalt sich aber darauf beruft, unbedingten Klageauftrag erhalten zu haben. Auch hier geht es um den in der Beweislast des Mandanten stehenden **Umfang des Mandats**, der über das Vorliegen einer Pflichtverletzung entscheidet. Soweit demgegenüber das OLG Düsseldorf[43] in dem Sachvortrag des Anwalts einen Ausnahmetatbestand sieht, der vom Anwalt zu beweisen sei, ist das abzulehnen[44]. Auch kann die Führung eines Prozesses nur bei Deckung der Kosten durch die Rechtsschutzversicherung nicht grundsätzlich als typisches, einem Anscheinsbeweis zugängliches Geschehen angesehen werden, da die Entscheidung über die Einleitung eines Rechtsstreits von vielen verschiedenen individuellen Momenten abhängt[45].

26 Desgleichen muss der Mandant **Absprachen oder Weisungen**, die für den Umfang des Mandats und die Feststellung anwaltlicher Pflichtverletzungen von Bedeutung sind, beweisen[46]. Umgekehrt trifft den Anwalt die Substantiierungslast dafür, dass der Mandant »unzweideutig« klar gemacht

38 BGH, Urt. v. 20.7.2006 – IX ZR 47/04 – juris, Rn. 7.

39 So *Sieg*, in: Zugehör/Fischer/Sieg/Schlee, 2. Auflage, Rn. 43.

40 *Rinkler/Pape*, in: G. Fischer/Vill/D. Fischer/Pape/Chab, § 1, Rn. 57; *Vill*, ebd., § 2, Rn. 16.

41 Vgl. BGH, Urt. v. 28.5.1991 – IX ZR 181/90 – juris, Rn. 24; v. 13.3.1997 – IX ZR 81/96 – juris, Rn. 14; v. 20.7.2006 – IX ZR 47/04 – juris, Rn. 7; v. 5.2.2015 – IX ZR 167/13 – juris, Rn. 16.

42 BGH, Urt. v. 20.7.2006 – IX ZR 47/04 – juris, Rn. 7; vgl. *Vollkommer/Greger/Heinemann*, § 25, Rn. 8.

43 OLG Düsseldorf VersR 1976, 892.

44 So auch *Borgmann/Jungk/Schwaiger*, Kap. IX, Rn. 5; ebenso bereits *Rinsche*, 6. Auflage, Rn. I 302.

45 *Borgmann/Jungk/Grams*, a.a.O.; *Rinsche*, a.a.O. Eine andere, sich im Rahmen der Kausalität stellende Frage nach dem Mandantenverhalten bei richtiger Anwaltsberatung ist die, ob aufgrund konkreter Umstände des Einzelfalls z.B. infolge richtigerweise zu erteilender bestimmter Empfehlung des Rechtsanwalts ernsthaft nur allein eine Klageerhebung nach erteilter Deckungszusage der Rechtsschutzversicherung in Betracht kam. Dazu lassen sich für den Fall des OLG Düsseldorf, a.a.O., wegen nicht näher mitgeteilten Sachverhalts keine Aussagen treffen. Zu den Grundsätzen des Anscheinsbeweises bei der Kausalität wird auf Kap. 4 Rdn. 27 ff. verwiesen.

46 *Ganter*, WM Sonderbeilage, 2001, 8; *G. Fischer*, in: G. Fischer/Vill/D. Fischer/Pape/Chab, § 4, Rn. 24; *Rinkler/Pape*, ebd., § 1, Rn. 133; *Vollkommer/Greger/Heinemann*, § 25, Rn. 18, 14; Baumgärtel/*Laumen*/Prütting § 675 BGB, Rn. 13; vgl. auch allgemein: MünchKomm/*Seiler*, § 665, Rn. 40; Palandt/*Sprau*, § 665 BGB, Rn. 7; BeckOK BGB/*Detlev Fischer*, 53. Ed. 1.2.2020, BGB § 665 Rn. 19; KG OLGZ 1973, 18, 20 = MDR 1973, 233 (weisungswidriger Vergleichsabschluss).

habe, nur zu einem bestimmten Aspekt eine Beratung und/oder Vertretung durch den Anwalt zu benötigen. Bestreitet der Anwalt also nur pauschal ein »umfassendes Mandat«, so wird man im Zweifel von der Pflicht zu einer erschöpfenden Beratung auszugehen haben[47].

Streitig ist – jedenfalls für den Regress – die Frage, ob es da ebenfalls Sache des Mandanten ist, 27
ein **weisungswidriges Verhalten** des Anwalts zu beweisen oder ob insoweit der in Anspruch genommene Anwalt nachweisen muss, der Weisung entsprechend gehandelt zu haben. Zwar ist nicht zu verkennen, dass im Rahmen des § 665 BGB unter Bezugnahme auf ein BGH-Urteil zu einem Rechtsverhältnis zwischen einem Versicherungsnehmer und Versicherungsagenten[48] allgemein vertreten wird, der Beauftragte habe die Beweislast für eine weisungsgemäße Erfüllung[49]. Indes ist der Ansicht von *G. Fischer* beizutreten, dass im Regress § 665 S. 1 BGB beweismäßig nicht zum Zuge kommt, sondern der Beweislastgrundsatz durchgreift, wonach eine Vertragsverletzung als Anspruchsvoraussetzung für den Schadensersatzanspruch von demjenigen zu beweisen ist, der Schadensersatz verlangt[50]. Zur Abgrenzung von der beweislastmäßigen Handhabung bei einem Einwand eines Rechtfertigungsgrundes wird auf Kap. 3 Rdn. 5 verwiesen.

Ebenso liegt die Beweislast für ein unbeschränktes Mandat bei dem Mandanten, wenn er mit dem 28
Einwand konfrontiert wird, die von ihm behauptete **Weisung** an den Anwalt stelle in Wahrheit eine Beschränkung des Mandats **von vorneherein** dar, vorausgesetzt natürlich es bedarf zur Klärung dieser Frage einer Feststellung streitiger (Auslegungs-)Tatsachen[51].

Anders sieht es bei **nachträglichen** Änderungen des Auftrages und später erfolgten Weisungen aus, 29
die den ursprünglichen Inhalt des Mandats nicht unwesentlich beeinflussen. Hier trägt derjenige die Beweislast, der sich auf solche späteren Veränderungen für den Pflichtenumfang beruft, bei behaupteter **Einschränkung** also der Anwalt[52].

▶ **Beispiel 1[53]:**

Einem Rechtsanwalt wird der Auftrag erteilt, die Allgemeinen Geschäftsbedingungen seiner 30
Mandantin zu überprüfen und zu überarbeiten. Wegen einer in den AGB verbliebenen Klausel, wonach die Verkäuferin keine unfrei versandten Rücksendungen annehme, wird die Auftraggeberin von einem Mitbewerber erfolgreich auf Unterlassung der Verwendung dieser Klausel in Anspruch genommen. Sie nimmt deshalb bei ihrem Anwalt Regress. Dieser wendet ein, er habe im Zuge seiner Tätigkeit der Überarbeitung des Klauselwerks diese Klausel gestrichen. Zu einem späteren Zeitpunkt habe die Mandantin jedoch auf die Klausel nicht verzichten wollen und verlangt, sie trotz aller juristischen Bedenken in den Text wieder aufzunehmen, was weisungsgemäß geschehen sei.

Das OLG Hamm hat dem beklagten Anwalt die Beweislast auferlegt. Wenn zu einem konkreten Punkt der geschuldeten Überarbeitung (»Rücksendungsklausel«) von dem Auftraggeber zu einem späteren Zeitpunkt im Verlauf des Mandats gefordert wird, der Rechtsanwalt möge diesen trotz aller

---

47 So auch OLG Hamm v. 28.11.1996 – 28 U 120/96; vgl. auch BGH NJW 1997, 2168, 2169 = WM 1997, 1392.

48 BGH, Urt. v. 25.3.1987 – IVa ZR 224/85 – juris, Rn. 21.

49 MünchKomm/*Schäfer*, § 665, Rn. 29; Palandt/*Sprau*, § 665 BGB, Rn. 7; BeckOK BGB/*Detlev Fischer*, 53. Ed. 1.2.2020, BGB § 665 Rn. 19.

50 *G. Fischer*, in: G. Fischer/Vill/D. Fischer/Pape/Chab, § 4, Rn. 24; der Sache nach ebenso: *Rinkler/Pape*, ebd., § 1, Rn. 133; *Vollkommer/Greger/Heinemann*, § 25, Rn. 18, 14; a.A. Baumgärtel/*Laumen*/Prütting § 675 BGB, Rn. 14.

51 BGH NJW 1997, 2168, 2169 = WM 1997, 1392 ff.

52 BGHZ 126, 217, 221 = NJW 1994, 3295, 3297 = WM 1994, 2113, 2117 (nachträgliche Änderung einer Weisung: statt Kaufpreisforderung durchzusetzen einen Rücktritt zu erklären); BGH WM 1994, 1114, 1118 = NJW 1994, 1472, 1474 (spätere Einschränkung des Auftragsumfangs); NJW 2006, 3496, 3497 = WM 2006, 2059 (Tz. 8); so auch *G. Fischer*, in: G. Fischer/Vill/D. Fischer/Pape/Chab, § 4, Rn. 27 f.; nun ebenfalls: *Borgmann/Jungk/Schwaiger*, Kap. IX, Rn. 15.

53 OLG Hamm vom 19.12.2007 – 28 W 47/07.

Bedenken wieder in den Text aufnehmen, so handele es sich um eine nachträgliche Weisung, die im Sinne der höchstrichterlichen Rechtsprechung den Inhalt der ursprünglichen Vertragspflicht in stärkerem Maße beeinflusse.

▶ Beispiel 2:

31 Von Bedeutung werden kann die Ausnahme von der grundsätzlichen Beweislast des Auftraggebers für Pflichtverletzungen des Rechtsanwalts auch bei dem Einwand, der Anwalt habe einen **Vergleich ohne Zustimmung/Weisung** geschlossen.

Hier wird man differenzieren müssen:

Geht es um einen Vergleich, der sich innerhalb des Auftragsziels/-umfangs bewegt, bleibt es bei der Beweislast des Mandanten. Wird indes davon stärker abgewichen und ist bereits diese inhaltliche Änderung mit dem Auftraggeber nicht abgestimmt, so hat der Rechtsanwalt, dessen Vorgehen auf der Grundlage des ihm zunächst erteilten Auftrages pflichtwidrig wäre, zu beweisen, dass nachträglich der Auftrag so verändert worden ist, dass er – wie geschehen – handeln durfte. Ist die Auftragsänderung allerdings im Einklang mit dem Mandanten erfolgt, so dürfte es Sache des Auftraggebers sein, wenn er gegen einen dahin gehenden schließlich abgeschlossenen Vergleich einwendet, dass er die erforderliche abschließende Zustimmung nicht erteilt habe, dies zu beweisen.

32 Bei einer nachträglichen **Erweiterung** eines zunächst nur beschränkten Mandats oder einer den Pflichtenkreis oder -umfang ausdehnenden neuen Weisung ist konsequenterweise der Mandant beweispflichtig, wenn er daraus eine Haftung des Anwalts herleiten will.

2. Umfassende Pflichtenanforderungen und Art. 12 GG

33 Der Pflichtenkreis des Anwalts gegenüber seinem Mandanten wird von der Rechtsprechung sehr weit gefasst. Abstrakt kann man sagen, dass der Anwalt den Mandanten **innerhalb der Grenzen seines Auftrages**, sei er unbeschränkt oder beschränkt, **umfassend beraten** muss und dessen Interessen – innerhalb der Grenzen der Gesetze und des Standesrechts – **in einer optimalen Weise** wahrzunehmen hat. Dazu verlangt die Rechtsprechung vom Anwalt – soweit zur sachgerechten Mandatsbearbeitung erforderlich – grundsätzlich ein letztlich nahezu lückenloses Wissen über die maßgeblichen Rechtsprobleme, ihre Umsetzung auf den Fall oder die zu erledigenden Vertragsgestaltungsfragen sowie die genaue Kenntnis des zugrunde liegenden Sachverhalts. Seit der ersten Auflage dieses Buches hieß es daher bei *Rinsche*: »Der pflichtgemäß arbeitende Rechtsanwalt im Sinne der Rechtsprechung muss – überspitzt formuliert – danach ein **juristischer Supermann** sein, der über ein computerhaftes Gedächtnis, ein hervorragendes Judiz sowie über höchste Intelligenz und Energie verfügt.« Diese Formulierung hat unterschiedliche Resonanz gefunden[54]. Während vornehmlich in der Anwaltschaft die Anforderungen der Rechtsprechung an die Sorgfaltspflichten des Rechtsanwalts vielfach als überspitzt und anwaltsfeindlich empfunden werden[55], wird von anderer Seite darauf hingewiesen, dass die weitgespannten Anforderungen an den Anwalt lediglich den abstrakten Pflichtenumfang definieren und daher entscheidend nur sei, welche konkreten Pflichten aus diesen allgemeinen Grundsätzen nach dem erteilten Mandat und den Umständen des Falles abzuleiten seien; Kritik müsse dort ansetzen, wo vom einzelnen Anwalt jeweils konkret mehr verlangt werde, als von ihm zu leisten erwartet werden könne[56]. Es geht in der Tat nicht an, vom Anwalt eine menschenunmögliche Leistung zu verlangen, indem man einen irreal hohen Wissensstand und einen praktisch nicht einzuhaltenden Sorgfaltsstandard voraussetzt. Der Maßstab für die zu stellenden Anforderungen muss sich vielmehr danach ausrichten, was bei realistischer

54 Zustimmend vor allem *Hartstang*, S. 539; ferner auch *Prinz*, der den hier gewählten Begriff des »juristischen Supermannes« zum Thema eines Aufsatzes (in VersR 1986, 317) gemacht hat; *E. Schneider*, NJW 2001, 3756, 3758; zur Kritik an der Rechtsprechung vgl. auch *Borgmann/Jungk/Schwaiger* Kap. IV, Rn. 3–6 und Kap. III, Rn. 80, 81 je m.w.N.; vgl. auch die Hinweise bei *Hartstang*, S. 463, 464.

55 Vgl. die Nachweise in obiger Fn.

56 *Vollkommer/Greger/Heinemann*, § 9, Rn. 6–9.

Beurteilung ein versierter und intelligenter Jurist bei größtmöglicher Aufmerksamkeit tatsächlich zu leisten imstande ist. Diese schon in den Vorauflagen enthaltene Formulierung drückt nichts anderes aus als das, was auch der Maßstab der Rechtsprechung war und ist, nämlich die Bestimmung des Maßes an objektiv geschuldeter Pflichterfüllung aufgrund des Anwaltsvertrages nicht nach einem Ideal-Anwalt, sondern nach einem **gewissenhaften und erfahrenen Durchschnittsanwalt**, und zwar konkret danach, was von einem solchen Anwalt »**lege artis**« im konkreten Fall bei der dort gegebenen Sachlage normalerweise an Umsicht und Sorgfalt erwartet werden kann[57]. Demgemäß warnt der BGH seit einer Reihe von Jahren in einigen Entscheidungen vor einer Überspannung der anwaltlichen Sorgfaltspflichten[58] und wendet sich nicht selten gegen solche Überforderungen[59]. Ob die Rechtsprechung über den dargelegten realen Maßstab hinausgegangen ist, und zwar »des öfteren«[60], soll hier nicht weiter erörtert und vertieft werden. Soweit die Entscheidung des BGH vom 8.10.1992[61] kritisiert worden ist[62], wonach einem Anwalt, der einen Vertragstext rechtlich zu überprüfen hatte, angelastet worden ist, u.a. eine OLG-Entscheidung in der WM und einen Aufsatz in der AcP bei seiner Tätigkeit nicht berücksichtigt zu haben, wird nicht bedacht, dass für den BGH leitend war der Grundsatz, dass ein Rechtsanwalt, der Aufträge aus Spezialgebieten übernimmt, zu einer entsprechenden Einarbeitung verpflichtet ist[63]. Auch daran zeigt sich die Richtigkeit des Satzes, dass für Pflichtenumfang und -kreis immer das konkrete Mandat mit den gerade daraus vom Mandanten berechtigterweise erwarteten Kenntnissen des Rechtsanwalts maßgebend ist, die er sich je nach Spezialität der Aufgabe verschaffen muss.

Gleichwohl ist der pointierte Hinweis darauf, vom Anwalt dürfe nicht verlangt werden, ein »juristischer Supermann« zu sein, in dem Sinne weiter sinnvoll, dass er helfen kann, die Sorgfaltsanforderungen an den Rechtsanwalt realistisch zu beurteilen. 34

Dies ist auch deshalb von Bedeutung, weil das **Bundesverfassungsgericht** (Kammerbeschluss vom 12.8.2002) ein Urteil des BGH[64] im Rahmen der Verfassungsbeschwerde des zum Schadensersatz verurteilten Anwalts – wenn auch in sog. obiter dicta – kritisch beleuchtet und mit Blick auf das sog. Richterprivileg bei der Amtshaftung zu dem in seinem Schutzbereich betroffenen Grundrecht des Anwalts aus Art. 12 GG ausgeführt hat, dass – ohne Thematisierung des Grundrechtsbezuges – eine **Haftung nicht zu Lasten des Anwalts verschoben werden dürfe**[65]. Die Kammer des BVerfG lässt in diesen Ausführungen aber nicht hinreichend erkennen, dass Rechtsgrundlage der Haftung des Anwalts seinem Mandanten gegenüber der mit diesem bestehende Anwaltsvertrag ist[66] und dass daraus im Verhältnis zum Anwalt auch grundrechtlich geschützte Ansprüche und Rechte des Mandanten als Ausfluss seiner allgemeinen Handlungsfreiheit und Ausdruck seiner Vertragsfreiheit (Art. 2 Abs. 1 GG) wie auch möglicherweise seines Grundrechts aus Art. 14 GG resultieren, die im Verhältnis zum Grundrecht des Art. 12 GG des Anwalts, ist dieses überhaupt in seinem Schutzbereich wirklich berührt[67], **im Wege sog. praktischer** 35

57 *Ganter*, S. 16; *G. Fischer*, in: G. Fischer/Vill/D. Fischer/Pape/Chab, § 4, Rn. 6; vgl. auch BGH NJW 2002, 1117, 1118, der i.R. einer Warnpflicht auf einen »durchschnittlichen Anwalt« abstellt.

58 Vgl. BGH NJW 1988, 706, 707 = WM 1988, 457, 458; vgl. auch BGH NJW 1991, 2079, 2080; für den Notar WM 1991, 1046, 1047; ferner OLG München NJW-RR 1991, 803.

59 BGH WM 1987, 590, 591, vgl. auch WM 1995, 1500, 1501; *Ganter*, S. 17.

60 Wie *Rinsche* in der 6. Auflage, Rn. I 73 und 74 beklagt hat.

61 BGH NJW-RR 1993, 243 ff. = WM 1993, 420 ff.

62 *Rinsche*, in der 6. Auflage, Rn. I 74 und nun wieder *Slobodenjuk*, NJW 2006, 113, 117.

63 Vgl. BGH MDR 1958, 496, 497; WM 1993, 420, 423; NJW 1995, 1419, 1420; 2001, 675, 678.

64 BGH NJW 2002, 1048 = WM 2002, 513.

65 BVerfG (2. Kammer des Ersten Senats) NJW 2002, 2937 f.

66 Dazu eingehend *Knöfel*, AnwBl 2004, 76, 78 ff.

67 Nun auch verneint durch BVerfG NJW 2009, 2945, 2946 zu BGH NJW 2009, 987 = WM 2009, 324; vorher schon für den eingeschränkten Haftungsrahmen der Rechtsprechung verneint von OLG Hamm vom 17.12.2002 – 28 U 103/01, OLG Hamm vom 19.1.2006 – 28 U 153/04 und *Zugehör*, NJW 2003, 3225, 3231 (IV., 5.).

Konkordanz[68] **abgewogen werden müssten**[69]. Auch wenn das Bundesverfassungsgericht aktuell im Kammerbeschluss vom 22.4.2009 den früheren Beschluss zum einen in seinem Aussagegehalt eingeschränkt hat dahin, dass eine Haftungsverschiebung zu Lasten des Rechtsanwalts »nicht schlechthin in jedem Fall« gerechtfertigt sei, und zum anderen ausführt, dass die zivilrechtlichen Haftungsfolgen einer Schlechterfüllung von (Anwalts-)Verträgen bereits nicht in den Schutzbereich der Berufsfreiheit fallen[70], hat die Regressrechtsprechung weiterhin gerade in Grenzfällen im Auge zu behalten, die Sorgfaltsanforderungen an den Anwalt nicht zu überdehnen[71] und zu prüfen, ob im Einzelfall des Zusammenkommens von Anwalts- und Gerichtsfehlern nicht ein Ausnahmefall vorliegt, der die Anwaltshaftung entfallen lässt bis hin zur Annahme einer Unterbrechung des Zurechnungszusammenhangs zwischen Anwaltsfehler und Schaden (dazu näher in Rdn. 58 und 69 und in Kap. 4 Rdn. 120)[72].

3. Grundpflichten des Anwalts gegenüber dem Mandanten

36 Die anwaltlichen Grundpflichten dem Mandanten gegenüber sind **bei einem echten Anwaltsvertrag**, also bei einem Vertrag, der sich auf die Leistung von Rechtsberatung und vielfach auch auf Rechtsvertretung richtet, **folgende**:

- die Pflicht zur **Informationsbeschaffung** und Aufklärung des Sachverhalts (unten Rdn. 71 ff.),
- die Pflicht zur **rechtlichen Bearbeitung** des Falles (unten Rdn. 107 ff.),
- die Pflicht zur **Belehrung über** das Ergebnis der Sach- und Rechtsprüfung unter Hinweis auf **Risiken** (unten Rdn. 161 ff.),
- die Pflicht, **Schäden** des Mandanten **zu verhüten** (unten Rdn. 256 ff.), insbesondere durch Wahl des sichersten Weges (unten Rdn. 195 ff.) und bei Weisungen des Mandanten (unten Rdn. 235 ff.).

37 Diese Grundpflichten als »Dreh- und Angelpunkte« anwaltlicher Vertragshaftung sind es auch, die in einem typischen »**Textbaustein**« aus der Rechtsprechung wie folgt beschrieben werden:

> »Nach der ständigen Rechtsprechung des BGH ist ein Rechtsanwalt kraft des Anwaltsvertrages verpflichtet, innerhalb der Grenzen auch eines beschränkten Mandats (vgl. BGH NJW 2002, 1147 ff.; VIZ 1998, 571, 572; NJW 1997, 2168, 2169; Zugehör, Handbuch der Anwaltshaftung, Rn. 509, 517) die Interessen seines Auftraggebers nach jeder Richtung und umfassend wahrzunehmen (BGH NJW-RR 2000, 791 ff.; NJW 1998, 900, 901; NJW 1988, 486, 487; NJW 1988, 1079, 1080; vgl. auch Borgmann, NJW 2000, 2953, 2955). Er hat zunächst zu klären, welches Ziel der Auftraggeber in seiner Rechtsangelegenheit verfolgt (vgl. Zugehör, Handbuch der Anwaltshaftung, Rn. 534). Der Anwalt muss dann den ihm vorgetragenen und gegebenenfalls durch Nachfragen weiter aufzuklärenden Sachverhalt dahin prüfen, ob er geeignet ist, den vom Auftraggeber erstrebten Erfolg herbeizuführen. Dem Auftraggeber hat der Anwalt danach diejenigen Schritte zu empfehlen, die zu dem erstrebten Ziel führen können. Dabei muss er den Auftraggeber vor Nachteilen bewahren, soweit solche voraussehbar und vermeidbar sind. Dazu hat der Anwalt seinem Auftraggeber den sichersten Weg vorzuschlagen und ihn über mögliche rechtliche und auch wirtschaftliche Risiken aufzuklären, damit der Auftraggeber eine sachgerechte Entscheidung treffen kann (BGH NJW 2007, 2486 = WM 2007, 1183 (Tz. 10); Zweifel und Bedenken, zu denen die Sachlage Anlass gibt, muss der Anwalt darlegen und mit seinem Auftraggeber erörtern (BGH NJW 1998, 900; NJW 1995, 449 ff.; NJW 1993, 1320; NJW 1994, 1211, 1212). Er muss seinen Auftraggeber nicht nur über das Vorhandensein, sondern auch über das ungefähre, in etwa abschätzbare Ausmaß des Risikos unterrichten, weil der Auftraggeber in der Regel nur aufgrund einer Einschätzung auch des Risikoumfangs über sein weiteres Vorgehen sachgerecht entscheiden

68 Vgl. dazu z.B. BVerfGE 93, 1, 21; ganz aktuell zur Frage der Versammlungsfreiheit in Zeiten der Corona-Pandemie: BVerfG, Einstweilige Anordnung v. 17.4.2020 – 1 BvQ 37/20 – juris, Rn. 27; *Jarass/Pieroth*, Vorb. vor Art. 1 GG, Rn. 49 m.w.N.

69 Vgl. dazu für den Bereich des Zivilrechts zuletzt: BVerfG NJW 2005, 1561, 1565 (unter II.1.a)) m.w.N.

70 BVerfG NJW 2009, 2945, 2946 zu BGH NJW 2009, 987 = WM 2009, 324; vgl. dazu auch unten Rdn. 56.

71 So auch *Medicus*, AnwBl 2004, 257, 260 (unter V.3.c)) und 262 (unter VII.2.); zu BVerfG NJW 2002, 2937 f. und BGH NJW 2002, 1048 = WM 2002, 513 mit seinen speziellen haftungsrechtlichen Fragestellungen vgl. näher unten Rdn. 48 ff.

72 Vgl. BVerfG NJW 2009, 2945, 2946, unter II. 2. b) bb); *Medicus*, AnwBl 2004, 257, 260.

kann (BGH, Urt. v. 21.6.2018 – IX ZR 80/17 – juris, Rn. 8; v. 1.3.2007 – IX ZR 261/03, BGHZ 171, 261, Rn. 10; NJW-RR 2000, 791 ff.; NJW 1996, 2648, 2649; NJW 1995, 449, 450; NJW 1992, 159; NJW 1991, 2079; NJW-RR 1990, 1241; NJW 1988, 2113; NJW 1988, 563, 566; BGHZ 89, 178, 182 = NJW 1984, 791, 793; BGHZ 97, 372, 376 = NJW 1986, 2043.«

Hinzuzusetzen ist, da der Pflichtenbereich eigentlich unübersehbar ist:

»Der konkrete Umfang der anwaltlichen Pflichten richtet sich dabei nach dem erteilten Mandat und den Umständen des einzelnen Falles.«[73]

4. Grundpflichten bei Bestehen einer Rechtsschutzversicherung

Wenngleich eigentlich selbstverständlich, ist zu betonen, dass die Grundpflichten dem Mandanten 38
gegenüber im gleichen Maße und Umfang bestehen, wenn dieser rechtsschutzversichert ist. Der Umstand, einen Kostenträger zu haben, darf den Anwalt also nicht dazu verleiten, nachlässiger zu arbeiten, zumal der Regressanspruch wegen pflichtwidrig verursachter Kostenschäden, der gemäß § 67 Abs. 1 VVG a.F. = § 86 Abs. 1 VVG n.F., § 20 Abs. 2 ARB 75, § 17 VIII ARB 94 bzw. § 17 Nr. 8 S. 1 ARB 2000 und § 17 Abs. 9 ARB 2010 auf den Rechtsschutzversicherer übergeht (vgl. schon oben Kap. 1 Rdn. 103 ff.)[74], an den Mandanten rückabgetreten werden kann oder dieser einen solchen Schaden (neben den in der Hauptsache entstandenen Schäden) aufgrund gewillkürter Prozessermächtigung geltend machen kann[75]. Die Rechtsprechung hat verschiedentlich Anlass gehabt, darauf hinzuweisen, dass an die Aufklärung über Risiken und Erfolgsaussichten eines Prozesses im Hinblick auf eine hinter dem Mandanten stehende Rechtsschutzversicherung **keine geringeren Anforderungen** zu stellen sind[76].

Eine vom Anwalt für seinen Mandanten eingeholte **Deckungszusage** des Rechtsschutzversicherers 39
entfaltet keine (Schutz-)Wirkung zugunsten des Anwalts[77]. Dieser kann sich also, wird im Regressverfahren auch oder nur ein Kostenschaden gegen ihn geltend gemacht, nicht darauf berufen, dass – was als solches durchaus zutrifft – eine Deckungszusage ein deklaratorisches Anerkenntnis der Leistungspflicht der Versicherung für den bestimmten Versicherungsfall darstellt[78]. Die Deckungszusage besagt nur, dass der Versicherte darauf vertrauen darf, von seiner Honorarverpflichtung gegenüber dem von ihm beauftragten Anwalt freigestellt zu sein[79]. Hatte der Anwalt also Belehrungspflichten dem Mandanten gegenüber verletzt, beispielsweise pflichtwidrig nicht von einer Klageerhebung und/oder Rechtsmitteleinlegung abgeraten und so den Prozesskostenschaden verursacht, kann er

---

73 BGH, Urt. v. 21.6.2018 – IX ZR 80/17 – juris, Rn. 8; v. 1.3.2007 – IX ZR 261/03, BGHZ 171, 261, Rn. 10; v. 7.10.2010 – IX ZR 191/09 – juris, Rn. 23; NJW 2007, 2486 = WM 2007, 1183 (Tz. 10); NJW 2006, 3494, 3495 = WM 2006, 2055 (Tz. 9); NJW-RR 2005, 494, 495; v. 4.6.1996 – IX ZR 51/95 – juris, Rn. 14; vgl. auch schon: Urt. v. 28.6.1990 – IX ZR 209/89 – juris, Rn. 24; NJW 1988, 1079, 1080 f.; vgl. dazu auch *Borgmann*, NJW 2006, 415, 416 m.w.N.

74 St. Rspr. des OLG Hamm, vgl. Urt. v. 9.11.1993 – 28 U 126/93; Urt. v. 14.3.1996 – 28 U 169/95; Urt. v. 24.9.1996 – 28 U 23/96; Urt. v. 9.10.2003 – 28 U 73/03, NJW-RR 2004, 213, 215; Urt. v. 23.8.2016 – 28 U 57/16 – juris, Rn. 4 ff.; OLG Köln NJW-RR 1994, 27 = VersR 1994, 813; OLG Koblenz NJW 2006, 3150, 3151 und NJW-RR 2011, 761, juris, Rn. 21 f.; OLG Düsseldorf NJW 2014, 399, juris, Rn. 17; OLG Bamberg, Urt. v. 20.11.2018 – 6 U 19/18 – juris, Rn. 25 m.w.N.; *Borgmann/Jungk/Schwaiger*, Kap. III, Rn. 72; *Harbauer*, § 20 ARB, Rn. 13; § 2 ARB, Rn. 27; *Bauer*, NJW 2011, 1415 (1416 unter IV.).

75 OLG Hamm NJW-RR 2004, 213, 215; OLG Köln NJW-RR 1994, 27 = VersR 1994, 813; Zöller/*Althammer*, Vor § 50, Rn. 49.

76 OLG Hamm vom 9.11.1993 – 28 U 126/93; Urt. v. 14.9.2004 – 28 U 158/03, NJW-RR 2005, 134, 137; OLG Koblenz NJW 2006, 3150, 3151; OLG Koblenz NJW-RR 2011, 761; OLG Düsseldorf, Urt. v. 19.12.2017 – 24 U 28/17 – juris, Rn. 32; OLG Hamburg, Urt. v. 27.9.2018 – 1 U 2/18 – juris, Rn. 29; OLG Nürnberg, Urt. v. 28.4.2020 – 8 U 3839/19 – juris, Rn. 10; vgl. speziell dazu auch unten Rdn. 182.

77 OLG Düsseldorf NJW 2014, 399, juris, Rn. 26.

78 Vgl. BGH, Urt. v. 16.7.2014 – IV ZR 88/13 – juris, Rn. 21 m.w.N.

79 BGH, a.a.O. juris, Rn. 23.

sich nicht unter Berufung auf die Deckungszusage seiner Schadensersatzpflicht entziehen[80]. Die abweichende Ansicht des 3. Zivilsenats des OLG Celle[81] teilt der nun für Regresssachen gegen Rechtsanwälte beim OLG Celle zuständige 4. Zivilsenat zu Recht nicht[82]. Es lässt sich aktuell also eine einheitliche Rechtsprechung der Oberlandesgerichte feststellen[83]. Denn der (übergegangene) Schadensersatzanspruch beruht auf dem Mandatsverhältnis zwischen Versicherungsnehmer und Rechtsanwalt, während Rechtsschutz aufgrund des Rechtsschutzversicherungsvertrages zwischen Versicherungsnehmer und Rechtsschutzversicherung gewährt wird[84]. Das OLG Düsseldorf weist dabei zutreffend darauf hin, dass der Anwalt den Mandanten (und Versicherungsnehmer) nicht nur über die Erfolglosigkeit der Klage, sondern auch darüber aufklären muss, dass dafür kein Rechtsschutz beansprucht werden kann und sogar eine Kündigung durch die Rechtsschutzversicherung riskiert wird, weil eine aussichtslose Rechtsverfolgung nicht erforderlich im Sinne des § 125 VVG ist[85]. Damit sind auch jeglichen Einwänden gegen die Bejahung der Kausalität der durch die Klageerhebung entstandenen Gerichts- und Anwaltskosten der Boden entzogen[86].

40 Zu den sich in diesem Zusammenhang stellenden Kausalitätsfragen wird auf Kap. 4 Rdn. 18 und 39 verwiesen.

5. Keine eigenständige Pflicht zur Wirtschaftsberatung

41 Schon in dem oben zitierten »Textbaustein« ist davon die Rede, dass der Anwalt nicht nur über rechtliche, sondern auch über wirtschaftliche Risiken aufzuklären hat. Dies bedarf der Erläuterung, um der gelegentlich in Regressprozessen zu beobachtenden Gefahr von Fehlverständnissen über die Rolle des Anwalts bei der Wahrnehmung wirtschaftlicher Belange seines Auftraggebers sofort im Ansatz zu begegnen.

Zwar dient die rechtliche Beratung und Vertretung eines Mandanten in der Regel der Verfolgung und Erreichung seiner wirtschaftlichen Ziele und der Vermeidung nicht nur rechtlicher, sondern auch wirtschaftlicher Nachteile. Daher ist der Rechtsanwalt innerhalb seines Mandats verpflichtet, die konkreten Möglichkeiten sowie Risiken in rechtlicher Beziehung[87] wie in wirtschaftlicher Hinsicht

80 OLG Koblenz NJW-RR 2011, 761, juris, Rn. 40 ff.; OLG Hamm, Urt. v. 23.8.2016 – 28 U 57/15 – juris, Rn. 41–43; OLG Düsseldorf, Urt. v. 19.12.2017 – 24 U 28/17 – juris, Rn. 32; OLG Bamberg, Urt. v. 20.11.2018 – 6 U 19/18 – juris, Rn. 37 m.w.N.; OLG Dresden, Urt.v. 10.10.2018 – 13 U 750/18 – juris, Rn. 9; OLG Nürnberg, Urt. v. 28.4.2020 – 8 U 3839/19 – juris, Rn. 7 ff.; OLG Köln, Urt. v. 3.3.2020 – 9 U 77/19 – juris, Rn. 44 f.; OLG Hamburg, Urt. v. 7.2.2020 – 9 U 202/19 – juris, Rn. 18. Das scheinen *Borgmann/Jungk/Schwaiger,* Kap. III, Rn. 72 zu verkennen, wenn sie die Problematik durch einen Sprung hin zu einer (fehlenden) Kausalität meinen bewältigen zu können. Dabei verkennen sie indes, dass es hier nicht, wie im davon abzugrenzenden Fall OLG Jena, Urt. v. 5.7.2019 – 4 U 359/18 – juris, Rn. 83 f. angenommen wurde, um eine (noch) als pflichtgemäß einzuordnende Belehrung durch den Anwalt durch Hinweis auf geringe Erfolgsaussichten der Rechtsverfolgung geht, die den Mandanten bei entsprechender Kostendeckung zu einer Klage bewegt, die er ohne Kostendeckung nicht angestrengt hätte (vgl. dazu in Kap. 4 Rdn. 39 a.E.), sondern dass vielmehr Grundlage der mittlerweile einheitlichen obergerichtlichen Rechtsprechung eine festzustellende Pflichtverletzung des Anwalts im Verhältnis zu seinem Mandanten ist, wovon das Rechtsverhältnis aufgrund des Rechtsschutzversicherungsvertrages zwischen Versicherungsnehmer und Rechtsschutzversicherung zu trennen ist; vgl. dazu auch *Bauer,* NJW 2011, 1415 (1416, unter IV.).

81 OLG Celle, Beschl. v. 5.7.2010 – 3 U 83/10 –, juris, Rn. 9 f.

82 OLG Celle, Beschl. v. 19.9.2018 – 4 U 104/18 – juris, Rn. 5.

83 Unzutreffend ist daher die im Rahmen eines Beschwerdeverfahrens über ein Akteneinsichtsgesuch einer Rechtsschutzversicherung zwecks Prüfung eines Regressanspruchs gegen einen früheren Verfahrensbevollmächtigten ihres Versicherungsnehmers geäußerte Beurteilung des 15. Zivilsenats des OLG Hamm im Beschluss v. 21.1.2020 – 15 VA 35/19 – juris, Rn. 14, dass in der obergerichtlichen Rechtsprechung »derzeit keine klare Linie« zu erkennen sei.

84 *Bauer,* NJW 2011, 1415 (1416, unter IV.); OLG Nürnberg, Urt. v. 28.4.2020 – 8 U 3839/19 – juris, Rn. 12 f.

85 OLG Düsseldorf, Urt. v. 19.12.2017 – 24 U 28/17 – juris, Rn. 34.

86 Vgl. dazu auch in Fußnote 77.

87 BGH WM 1990, 1917, 1920.

aufzuzeigen[88], d.h. den Mandanten **auch über konkrete wirtschaftliche Gefahren** einer von ihm beabsichtigten Vorgehensweise und die erforderlichen Vorsichtsmaßnahmen aufzuklären[89]. Der Mandant ist so in die Lage zu versetzen, eigenverantwortlich darüber zu entscheiden, wie er seine Interessen in rechtlicher und wirtschaftlicher Hinsicht zur Geltung bringen will[90], allgemeiner formuliert: seine Interessen sachgerecht wahrnehmen kann[91]. Wirtschaftliche Erwägungen, Motivationen und Hintergründe sind **auf diese Weise** im Rahmen der Schadensverhütungspflicht in Ausnahmefällen zu beachten und umzusetzen[92], wobei sich der konkrete Umfang auch dieser anwaltlichen Pflicht nach dem erteilten Mandat und den Umständen des einzelnen Falles richtet[93]. Da der Auftraggeber imstande sein muss, seine Interessen und Risiken, wie zum Beispiel erhebliche Steuerrisiken, die seine Entscheidung als vernünftiger Mandant möglicherweise beeinflussen, selbst abzuwägen, dürfen derartige Risiken und Problematiken von dem verantwortlichen Berater nicht verschwiegen werden, falls der Mandant über diese Umstände nicht bereits unterrichtet ist[94]. Zu Recht stellt daher das OLG Düsseldorf fest:

> »Eine Beratung, die bestehende Risiken verschweigt, ist folglich stets fehlerhaft, und zwar auch dann, wenn der Rechtsanwalt diese Risiken berechtigterweise für vertretbar erachten durfte.«[95]

Gleichwohl umfasst bei einem echten Anwaltsvertrag mit Rechtsbeistandspflicht, von dem hier die Rede ist, die in Bezug auf den Auftragsgegenstand geschuldete Rechtsbetreuung grundsätzlich nicht etwa auch eine Betreuung wegen außerrechtlicher Ziele, insbesondere nicht die Wahrnehmung wirtschaftlicher Interessen[96]. Der Rechtsanwalt ist, wenn nicht im Einzelfall eine andere Vereinbarung besteht, **kein Wirtschaftsberater** seines Mandanten[97], weshalb er diesem auch nicht etwa auf unternehmerischem Gebiet Ratschläge erteilen muss[98]. 42

Dem steht auch die Entscheidung des BGH vom 29.4.1993[99] nicht entgegen[100]. Vielmehr ist dort nur ausgedrückt, dass – wie bereits oben ausgeführt – die Rechtsbetreuung (auch) die wirtschaftlichen Interessen des Mandanten wahren soll, was im konkreten Fall die Verhinderung des drohenden Eintritts der Verjährung von Regressansprüchen gegen einen Steuerberater erforderte. 43

▶ Beispiel[101]:

Eine sog. Ein-Mann-GmbH fiel in Konkurs. Es wurde eine Auffang-GmbH gegründet, die an der Übernahme des Inventars und des Warenlagers interessiert war, was beides jedoch von dem Konkursverwalter versteigert werden sollte. Der Ehefrau des alten Gesellschafters, die (Allein-)Gesellschafterin der neuen GmbH war, gelang es, die dringend benötigten Mobilien vom Konkursverwalter freihändig zu erwerben. Der Kaufpreis war 6 Wochen später fällig. Da der Kaufpreis aus liquiden Mitteln nicht vollständig aufgebracht werden konnte, aber eine zu Sicherungszwecken 44

---

88 Vgl. BGHZ 126, 217 ff. = NJW 1994, 3295, 3297 = WM 1994, 2113 f.; NJW 1995, 449, 450 = WM 1995, 398; NJW 1998, 900, 901 = WM 1998, 776.

89 BGH NJW 1993, 1325, 1326 = WM 1993, 1197, 1199; NJW 1998, 900, 901 = WM 1998, 776, 778; *Ganter*, S. 10.

90 BGH, Urt. v. 9.7.2009 – IX ZR 88/08 – juris, Rn. 9 m.w.N.; v. 15.1.2009 – IX ZR 166/07 – juris – Rn. 10 m.w.N.; BGH NJW 1993, 1325, 1326 = WM 1993, 1197, 1199.

91 BGH, Urt. v. 12.9.2017 – IX ZR 34/17 – juris, Rn. 33 unter Bezugnahme auf BGH, Urt. v. 23.2.2012 – IX ZR 92/08 – juris, Rn. 11.

92 *Vill*, in: G. Fischer/Vill/D. Fischer/Pape/Chab, § 2, Rn. 110 und Rn. 321; zur Schadensverhütungspflicht vgl. unten Kap. 2 Rdn. 256 ff.

93 *Fahrendorf*, NJW 2006, 1911, 1914.

94 Vgl. BGH, Urt. v. 20.10.2005 – IX ZR 127/04 – juris, Rn. 13; v. 8.12.2005 – IX ZR 188/04 – IX ZR 188/04; OLG Düsseldorf, Urt. v. 12. 3. 2018 – 9 U 179/16 – juris, Rn. 57 – 59.

95 OLG Düsseldorf, a.a.O., Rn. 59.

96 BGH, Beschl. v. 19.7.2012 – IX ZR 178/11 – juris, Rn. 6; Beschl. v. 19.6.2008 – IX ZR 18/07 – juris, Rn. 7; vgl. auch Beschl. v. 21.9.2006 – IX ZR 137/05 – juris, Rn. 4.

97 *Vill*, in: G. Fischer/Vill/D. Fischer/Pape/Chab, § 2, Rn. 108.

98 BGH, a.a.O.

99 BGH NJW 1993, 2045 = WM 1993, 1508; vgl. zu diesem Urteil bereits oben Rdn. 12.

100 Vgl. *Vill*, in: G. Fischer/Vill/D. Fischer/Pape/Chab, § 2, Rn. 109.

101 OLG Hamm vom 22.1.2002 – 28 U 33/01.

an eine Bank abgetretene Kapitallebensversicherung des Ehemannes vorhanden war, deren Sicherungszweck nach Ansicht des Ehemannes entfallen, jedenfalls aber für den sog. Erlebensfall offenbar auch aus der Sicht der Bank als Sicherungsmittel zweifelhaft geworden war, erteilte der Ehemann dem beklagten Anwalt ein Mandat dahingehend, ihn darüber zu beraten, ob und wie er schnellstmöglich die Lebensversicherung zu Geld machen könne, um den Kaufpreis für die vom Konkursverwalter erworbenen Mobilien fristgerecht entrichten zu können. Auf die mit einer Kündigung der Lebensversicherung als solcher verbundenen wirtschaftlichen Nachteile machte der Anwalt aufmerksam. Dem Anwalt gelang es sodann, im Verhandlungswege zu erreichen, dass die Bank bereit war, zugunsten des Klägers auf die Hälfte der Lebensversicherungssumme zu verzichten und einer Kündigung der Lebensversicherung zuzustimmen. Das ausgezahlte Geld diente wie beabsichtigt der Bezahlung des restlichen Kaufpreises an den Konkursverwalter. Obgleich also die wirtschaftlichen Ziele des Mandanten erreicht waren, wurde der Anwalt auf Schadensersatz in Anspruch genommen, weil andere Möglichkeiten der Finanzierung des restlichen Kaufpreises bestanden hätten und so der wirtschaftliche Nachteil der Kündigung der Lebensversicherung, die ihm auch für den Erlebensfall zugestanden hätte, vermieden worden wäre.

Das OLG Hamm hat diese Regressklage abgewiesen. Eine umfassende Belehrung durch den Beklagten dahingehend, dass – wie der Senat im Einzelnen ausgeführt hat – der Bank noch Todesfallansprüche aus der Lebensversicherung, möglicherweise aber auch noch Erlebensfallansprüche zustünden, hätte an der Entscheidung des Klägers, die Lebensversicherung zu »versilbern«, nichts geändert, um sein wirtschaftliches Ziel zu erreichen, nämlich die Mobilien vom Konkursverwalter zu erwerben und dadurch gleichzeitig aufgrund Verhinderung einer Versteigerung einen Imageverlust für die bereits gegründete Auffanggesellschaft zu vermeiden und diese erfolgreich fortführen zu können. Ob zum damaligen Zeitpunkt tatsächlich ausreichend anderweitige Finanzierungsmöglichkeiten bestanden, betraf in erster Linie wirtschaftliche bzw. kaufmännische Überlegungen, die der Inanspruchnahme des Beklagten als Rechtsanwalt vorgeschaltet bzw. vorgelagert waren und zu denen der Beklagte als Anwalt nicht konsultiert wurde. Auch hätten sich solche Überlegungen je nach dem Ergebnis der Rechtsberatung oder je nach dem Zwischenergebnis der Verhandlungen mit der Bank möglicherweise im Rahmen wirtschaftlicher Alternativüberlegungen wieder stellen können. Von der dem Beklagten auftragsgemäß geschuldeten Rechtsberatung und -vertretung wurden sie indes weder in dem einen wie in dem anderen Fall erfasst[102].

6. Der umfassende Pflichtenkreis und der rechtskundige Mandant

45 Der Anwalt kann sich bei fehlerhafter oder unterbliebener Belehrung grundsätzlich nicht damit entlasten, der Auftraggeber sei geschäftlich erfahren oder gar **rechtskundig** und habe deswegen keiner besonderen Belehrung bedurft. Grundsätzlich hat der Rechtsanwalt vielmehr von der **Belehrungsbedürftigkeit** des Mandanten auszugehen[103], auch wenn dieser Jurist ist[104]. Regelmäßig kommt insoweit auch der Einwand des Mitverschuldens nicht in Betracht[105]. Desgleichen kann der Anwalt nicht einwenden, es habe seiner umfassenden Belehrung nicht bedurft, weil im Anschluss an die Beratung noch ein **Notar** tätig geworden sei, der etwaige Fehler hätte erkennen müssen[106].

---

102 OLG Hamm, a.a.O.

103 Vgl. BGH NJW 1992, 1159, 1160; NJW 2001, 517, 518 = WM 2001, 98, 99; *Ganter*, S. 10; *Vill*, in: G. Fischer/Vill/D. Fischer/Pape/Chab, § 2, Rn. 98; vgl. auch unten Rdn. 187.

104 BGH, Urt. v. 10.5.2012 – IX ZR 125/10 – juris, Rn. 20 m.w.N.; v. 26.10.2000 – IX ZR 289/99 – juris, Rn. 15; vgl. auch Urt. v. 6.2.2014 – IX ZR 245/12 – juris, Rn. 17.

105 Vgl. BGH NJW 1993, 2045 = WM 1993, 1508; NJW 1992, 820; NJW 1990, 2882, 2884; vgl. auch unten Kap. 5 Rdn. 7 ff.

106 Vgl. BGH NJW 1990, 2882, 2883 = WM 1990, 1710, 1712 = VersR 1990, 899, 901; zur Frage, inwieweit sich der Anwalt auf die Tätigkeit eines anderen Anwalts verlassen kann, vgl. Kap. 1 Rdn. 196, 206–209 und Kap. 8 Rdn. 297 (Prozess- und Verkehrsanwalt); Kap. 1 Rdn. 400 (Einschränkung des Auftrags); zur Selbstständigkeit der Mandate vgl. BGH NJW 1993, 1779, 1781 = WM 1993, 1376, 1378; zu §§ 254, 278 BGB vgl. unten Kap. 5 Rdn. 42 ff. und ferner BGH NJW 1994, 2822 = WM 1994, 2162; NJW 1997, 2168 = WM 1997, 1392; NJW 2002, 1117, 1121 = WM 2002, 505 ff.; vgl. auch NJW-RR 2001, 201, 204 = WM 2001, 1591 ff. (Steuerberater).

Eine Belehrung kann allenfalls dann entbehrlich sein, wenn der Anwalt erkennt, dass der Mandant die Risiken des Geschäfts oder der beabsichtigten rechtlichen Gestaltung kennt und diese auch bei einer Belehrung auf sich nehmen würde[107]. Insoweit hängt der Umfang der anwaltlichen Beratungspflicht auch vom Bildungs- und Wissensstand des Mandanten ab[108]. 46

Ist streitig, ob im Einzelfall eine Belehrung nicht erforderlich war, weil der Mandant mit der Rechtslage und den zu beachtenden Risiken vertraut war, geht dies zu Lasten des Rechtsanwalts[109]. **Fehlende Belehrungsbedürftigkeit** des Mandanten ist ein Ausnahmefall, den der **Anwalt beweisen** muss[110]. 47

7. Anwaltspflichten und Fehler des Gerichts

Ebenso wenig darf sich der Anwalt nach höchstrichterlicher Regressrechtsprechung darauf verlassen, dass ein mit dem Fall befasstes Gericht ohnehin richtig entscheiden werde und daher sein umfassend angelegter Pflichtenkreis dadurch eingeschränkt sei, dass die Verantwortung für die **richtige Rechtsanwendung** den Gerichten zugewiesen sei, welche auch in dem der sog. Amtsmaxime nicht unterliegenden Zivilprozess nach § 139 ZPO (erst recht in der seit dem 1.1.2002 geltenden Fassung) zu weitgehenden Hinweisen so früh wie möglich und dies auch noch unter Dokumentationszwang verpflichtet seien. 48

Vielmehr nimmt der BGH in ständiger Rechtsprechung eine Verpflichtung des Anwalts an, im Prozess 49

> »den Versuch zu unternehmen, das Gericht davon zu überzeugen, dass und warum seine Auffassung richtig ist … **Fehler des Gerichts** muss er erforderlichenfalls **zu verhindern** suchen.«[111]

> »Daher muss der Rechtsanwalt alles – einschließlich Rechtsausführungen – vorbringen, was die Entscheidung günstig beeinflussen kann.«[112]

> »Der Rechtsanwalt ist vertraglich verpflichtet, einer gerichtlichen Fehlentscheidung entgegen zu wirken.«[113]

Und ergänzt dazu:

> »Dies entspricht auch dem Selbstverständnis der Anwaltschaft (§ 1 Abs. 3 BORA).«[114]

Weiter heißt es beim BGH:

> »Der mit der Prozessführung betraute Rechtsanwalt ist seinem Mandanten gegenüber verpflichtet, dafür einzutreten, daß die zugunsten des Mandanten sprechenden tatsächlichen wie auch rechtlichen Gesichtspunkte so umfassend wie möglich ermittelt und bei der Entscheidung des Gerichts berücksichtigt werden.

---

107 BGH NJW 1993, 1320, 1322; NJW 1977, 2073, 2074 = LM § 328 BGB Nr. 53; vgl. auch BGH NJW 1992, 1159, 1160; VersR 1987, 178.

108 Vgl. dazu unten Rdn. 187.

109 *G. Fischer*, in: G. Fischer/Vill/D. Fischer/Pape/Chab, § 4, Rn. 26; *Ganter*, S. 10.

110 BGH NJW 2001, 517, 518 = WM 2001, 98, 99; *G. Fischer*, in: G. Fischer/Vill/D. Fischer/Pape/Chab, § 4, Rn. 26; *Zugehör*, Beraterhaftung, Rn. 56; *Ganter*, S. 17; vgl. auch unten Rdn. 355.

111 BGH NJW-RR 1990, 1241, 1242 = WM 1990, 1917, 1919 = VersR 1991, 422 ff.; NJW 1994, 1211, 1213; NJW 1988, 486, 487 = WM 1988, 342; NJW 2006, 3494, 3495 = WM 2006, 2055 (Tz. 9); Urt. v. 15.11.2007 – IX ZR 44/04, BGHZ 174, 205 Rn. 15; v. 18.12.2008 – IX ZR 179/07 – juris, Rn. 8; v. 7.10.2010 – IX ZR 191/09 – juris, Rn. 9; v. 10.12.2015 – IX ZR 272/14 – juris, Rn. 8; so auch BVerfG NJW 2003, 2520, 2521 in Bezug auf den Rechtsanwalt als Organ der Rechtspflege und seine Aufgaben für das Gemeinwohl in Gestalt der Rechtspflege; OLG Hamm vom 20.10.2005 – 28 U 55/05; vgl. auch unten Rdn. 59 ff.; vgl. ferner *Odersky*, NJW 1989, 1, 3.

112 BGH, Urt. v. 13.10.2016 – IX ZR 214/15 – juris, Rn. 23; v. 10.12.2015 – IX ZR 272/14 – juris, Rn. 8 unter Bezugnahme auf BGH, Urt. v. 25.6.1974 – VI ZR 18/73, NJW 1974, 1865, 1866.

113 BGH, Urt. v. 13.10.2016 – IX ZR 214/15 – juris, Rn. 23 unter Bezugnahme auf BGH, Urt. v. 2.4.1998 – IX ZR 107/97 – juris, Rn. 28, 33.

114 BGH, Urt. v. 18.12.2008 – IX ZR 179/07 – juris, Rn. 8; v. 10.12.2015 – IX ZR 272/14 – juris, Rn. 7.

Zwar weist das Gesetz die Entscheidung und damit die rechtliche Beurteilung des Streitfalles dem Gericht zu; dieses trägt für sein Urteil die volle Verantwortung. Es widerspräche jedoch der rechtlichen und tatsächlichen Stellung der Prozessbevollmächtigten in den Tatsacheninstanzen, würde man ihre Aufgabe allein in der Beibringung des Tatsachenmaterials sehen (Senat, NJW 1988, 3013 (3016) = LM § 249 (Bb) BGB Nr. 46). Der Möglichkeit, **auf die rechtliche Beurteilung des Gerichts Einfluß zu nehmen**, entspricht im Verhältnis zum Mandanten die Pflicht, diese Möglichkeit zu nutzen.«[115]

50 Soweit sich der BGH allerdings zu der Formulierung hat hinreißen lassen, dass der Rechtsanwalt der Verpflichtung, »das Rechtsdickicht zu lichten«, nicht wegen der dem Gericht obliegenden Rechtsprüfung (»jura novit curia«) enthoben sei[116], setzt er freilich einen fragwürdigen Akzent in der Debatte. Denn der Rechtsanwalt ist ja nicht ein Gehilfe des Gerichts und auch kein »Pfadfinder« für dieses und muss diesem auch nicht den Weg freimachen.

51 In Konsequenz dieser Entscheidung hat nun das OLG Dresden[117] eine anwaltliche Pflichtverletzung angenommen, weil der Anwalt, der vorgerichtlich eine Anfechtung und den Rücktritt von einem Franchisevertrag für die Franchisenehmerin erklärt hatte, in dem durch alle Instanzen erfolglos gebliebenen Prozesskostenhilfeverfahren, in dem die Nichtigkeit des Franchisevertrages geltend gemacht und die Antragsbegründung »im Wesentlichen auf die Anfechtung wegen arglistiger Täuschung« gestützt wurde[118], es versäumt habe, die Klageforderung auch auf den Gesichtspunkt des (begründeten und rechtzeitig konkludent mit dem vorgerichtlichen Anwaltsschreiben erfolgten) Widerrufs gemäß §§ 510, 355 BGB zu stützen und so den gerichtlichen Fehler erst ermöglicht bzw. nicht verhindert habe[119]. Da das vorgerichtliche Schreiben dem Gericht im Vorverfahren doch höchstwahrscheinlich vorgelegen haben wird und für jeden Richter eigentlich völlig klar sein müsste, dass ein Kläger/Antragssteller im Zweifel sein Begehren auf alle in Betracht kommenden für ihn günstigen Gesichtspunkte stützen will, bereitet die im Regressverfahren vertretene Ansicht einer grundsätzlichen Haftung »für die Folgen eines gerichtlichen Fehlers«[120] gewisse »Bauchschmerzen«. Hier stellt sich durchaus die Frage, ob nicht ein nachgelagerter, den haftungsrechtlichen Zurechnungszusammenhang unterbrechender Fehlgriff des Gerichts im Vorprozess vorlag. Zu dieser Problematik in solchen Fallgestaltungen wird verwiesen auf die Rdn. 69 und Kap. 4 Rdn. 122–125. Dass eine Regresshaftung letztlich verneint wurde, weil die Franchisegeberin in Vermögensverfall geraten war, war für den Regressbeklagten dann Glück im Unglück.

52 Diese Pflichten bestehen auch in Verfahren, in denen der Amtsermitlungsgrundsatz gilt oder in denen bestimmte Umstände durch das Gericht **von Amts wegen** zu berücksichtigen sind, die Entscheidung des Gerichts also nicht von dem Vorbringen und den Anträgen der Parteien abhängig ist. Auch hier muss der Anwalt auf die Berücksichtigung der für seinen Mandanten günstigen Umstände und rechtlichen Gesichtspunkte möglichst umfassend hinwirken[121].

▶ Beispiel 1[122]:

53 In einem baurechtlichen Gewährleistungsfall hatte der Anwalt sich nicht darauf eingestellt, dass die lediglich »isolierte« Vereinbarung der Gewährleistungsvorschriften der VOB/B zwar richtigerweise gegen § 11 Nr. 10 f. AGBG verstieß, also die fünfjährige Frist des § 538 BGB a.F. galt, sich jedoch zur damaligen Zeit diese Erkenntnis noch nicht bis zu einer erst kurz darauf ergangenen Entscheidung des BGH allgemein bei den Oberlandesgerichten durchgesetzt hatte.

115 BGH NJW 1996, 2648, 2650 = WM 1996, 1824, 1827 = VersR 1996, 1499, 1501; bekräftigt in NJW 2009, 986 = WM 2009, 324 (Tz. 8) und Urt. v. 10.12.2015 – IX ZR 272/14 – juris, Rn. 8; vgl. auch OLG Köln VersR 1995, 1313 ff.

116 BGH, Urt. v. 10.12.2015 – IX ZR 272/14 – juris, Rn. 8 unter Bezugnahme auf *Vill*, in: G. Fischer/Vill/D. Fischer/Rinkler/Chab, 4. Auflage, § 2, Rn. 54.

117 OLG Dresden, Beschl. v. 3.2.2020 – 4 W 918/19 – juris.

118 A.a.O., Rn. 1.

119 A.a.O., Rn. 8.

120 A.a.O.

121 BGH, Urt. v. 7.10.2010 – IX ZR 191/09 – juris, Rn. 9.

122 BGH NJW 1993, 734 = WM 1993, 382.

Dies wurde dem Rechtsanwalt vom BGH berechtigterweise vorgehalten. Wenn der Ablauf der zweijährigen Frist des § 13 Nr. 4 VOB/B trotz der geänderten Rechtslage für den Verlust des Gewährleistungsprozesses ursächlich geworden sei, müsse die Pflichtverletzung des Anwalts darin gesehen werden, dass er die Ansprüche nicht »sicherheitshalber« vor Ablauf der Zwei-Jahres-Frist geltend gemacht habe. Nach den (dargestellten) Umständen habe es die anwaltliche Sorgfalt geboten, kein Risiko einzugehen und die Ansprüche tunlichst vor Ablauf der kürzeren Frist geltend zu machen[123]. Für diese Beurteilung war der Grundsatz maßgebend, dass der Rechtsanwalt bei ungeklärter Rechtslage auch in Betracht ziehen und sich darauf einstellen muss, dass die zur Entscheidung berufene Stelle sich der für den Mandanten ungünstigeren Beurteilung der Rechtslage anschließt[124]. **Nicht nur erkannten** Fehlern und Versäumnissen[125], **sondern auch voraussehbaren Fehlern** des Gerichts (oder einer Behörde) muss er also **entgegenwirken**[126].

▶ Beispiel 2[127]:

Ein Anwalt hatte bei der Protokollierung eines Unterhaltsvergleichs eine fehlerhafte Formulierung nicht erkannt. In einem nachfolgenden Verfahren über eine Abänderungsklage wegen Wechsels der Steuerklasse, in dem das Familiengericht rechtsirrig § 323 Abs. 1 bis 3 ZPO anstatt das materielle Recht heranziehen wollte und das auch tat, blieb der Anwalt auch insoweit untätig. Schließlich versäumte er eine Belehrung über die Unrichtigkeit dieser Entscheidung und die richtige Rechtsmittelmöglichkeit. 54

Auch in den im vorliegenden Zusammenhang interessierenden Bereichen einer Haftung des Anwalts bei Fehlern des Gerichts hat der BGH vom Anwalt zu verantwortende Fehler bejaht. Der **Vergleichswortlaut** hätte möglichst eindeutig formuliert werden müssen. Der **Rechtsfehler des Gerichts im Abänderungsprozess** habe sich durch dem Urteil vorausgehende drei Beschlüsse abgezeichnet; Aufgabe des Anwalts sei es daher gewesen, den Familienrichter auf die seit langem gefestigte, dem Standpunkt des Richters entgegenstehende Rechtsprechung des BGH hinzuweisen.

▶ Beispiel 3[128]:

Der Kläger, damals griechischer Staatsangehöriger, ging 1962 vor einem griechisch-orthodoxen Geistlichen in H. die Ehe mit einer Griechin ein. Die Ermächtigung dieses Geistlichen gem. § 15a EheG a.F. zeigte die griechische Regierung dem deutschen Auswärtigen Amt erst im Jahre 1964 an. 1989 trennte sich der Kläger, inzwischen Arzt und nur deutscher Staatsangehöriger, von der Frau. Er beauftragte den jetzt verklagten Rechtsanwalt mit der Interessenwahrnehmung ihr gegenüber. Der Beklagte erwirkte für den Kläger in Deutschland 1992 ein Scheidungsurteil, mit dem zugleich der Versorgungsausgleich angeordnet wurde; im selben Termin vereinbarten die Geschiedenen Unterhaltszahlungen des Klägers an die Frau, die unterdessen neben der griechischen auch die deutsche Staatsangehörigkeit besaß. Später wurde erkannt, dass die Eheschließung im Jahre 1962 nicht mit § 15a EheG a.F. im Einklang stand. 55

Der BGH hat den Anwalt in Bezug auf Unterhalts- und Versorgungsausgleichsleistungen für schadensersatzpflichtig gehalten. Aufgrund der nach dem maßgeblichen deutschen Recht unwirksamen

123 BGH NJW 1993, 734, 735 = WM 1993, 382 ff.

124 Vgl. dazu schon: BGH NJW 1988, 679 = LM § 278 BGB Nr. 104; NJW-RR 1990, 1241, 1242 f. = WM 1990, 1917, 1919 = VersR 1991, 422 ff.; NJW-RR 2006, 1070 = WM 2006, 1304 (Tz. 9; Steuerberater); zu diesen und ähnlichen Ausprägungen des Grundsatzes des sichersten Weges vgl. auch unten Rdn. 195 f.

125 Wie z.B. in BGH NJW 1988, 3013 = WM 1988, 987, 990: in einem Beweisbeschluss wird die richtigerweise nicht beweisbelastete Partei mit der Vorschusspflicht belegt, der Anwalt muss dann auf eine Änderung des Beweisbeschlusses hinwirken, aber gleichzeitig zur Schadensverhütung den Mandanten vorsorglich zur Einzahlung veranlassen; weiteres Beispiel in BGH v. 17.9.2009 – IX ZR 74/08 – juris, Rn. 12.

126 BGH NJW 2006, 3494, 3495 = WM 2006, 2055 (Tz. 9); Urt. v. 17.9.2009 – IX ZR 74/08 – juris, Rn. 10.

127 BGH NJW 2002, 1048, 1049 = WM 2002, 513, 515.

128 BGH NJW-RR 2003, 850 = MDR 2003, 742.

Ehe hätte der Beklagte bei seiner Beauftragung im Mai 1991 dem Kläger raten müssen, jedenfalls vorrangig auf Feststellung des Nichtbestehens einer Ehe gem. § 638 ZPO a.F. (§ 632 ZPO) – statt auf deren Scheidung – zu klagen, weil dies die für den Kl. günstigste Lösung gewesen wäre. Denn der im Interesse des Kl. tätige Beklagte habe vor allen anderen die Aufgabe gehabt, die seinem Mandanten günstigste Klage zu erheben. Mit der **Wahl der Klageart** habe er den entscheidenden Einfluss auf die weitere rechtliche Gestaltung ausgeübt, weil der deutsche Zivilprozess der Parteiherrschaft unterliege. Zwar hätte das **Familiengericht** die ihm vorgegebene Ehescheidungsklage abweisen müssen, weil eine gar nicht bestehende Ehe nicht geschieden werden könne. Dieser mitwirkende Fehler des Gerichts verdränge aber nicht denjenigen des Rechtsanwalts. Der vertragswidrig fehlgestaltete Prozess habe erst die Gefahrenlage geschaffen, in welcher sich der Fehler des Gerichts (Ehescheidungsurteil mit der Anordnung des Versorgungsausgleichs) habe auswirken können[129].

▶ Beispiel 4[130]:

56 Die verklagte Anwaltssozietät erhielt ein Mandat zur Vertretung einer Hauseigentümerin in einem bereits in die Berufungsinstanz gelangten Rechtsstreit mit Wohnungsmietern, die durch das Amtsgericht zur Zahlung von Nebenkosten wegen jahrelang widerspruchsloser Zahlungen der Umlage verurteilt worden waren. Die Anwälte versäumten es in der Berufungserwiderung und in der mündlichen Verhandlung vor der Berufungskammer, auf eine Entscheidung des BGH NJW-RR 2000, 1463 = NZM 2000, 961 zu konkludenten Vereinbarungen über die Umlegung von Nebenkosten durch jahrelange Übung zu verweisen, so dass das Landgericht, welches auf ältere landgerichtliche Rechtsprechung hinwies, das amtsgerichtliche Urteil zum Nachteil der Vermieterin abänderte.

Der BGH hat – in Anwendung des oben in Rdn. 49 dargestellten Grundsatzes – eine anwaltliche Pflichtverletzung bejaht, zumal die einschlägige aktuelle Entscheidung des BGH in einem gängigen Kommentar zum BGB (Palandt) nachgewiesen worden sei[131]. Die Pflichten entfielen nicht deshalb, weil das Gericht zur umfassenden Rechtsprüfung verpflichtet gewesen sei. Der Satz »Jura novit curia« betreffe das Verhältnis der juristisch nicht gebildeten Naturalpartei zum Gericht[132].

Das BVerfG hat die dagegen gerichtete Verfassungsbeschwerde nicht zur Entscheidung angenommen[133].

Dieses Urteil des BGH setzt die bisherige Linie zu Pflichtverletzung und ebenso zum Zurechnungszusammenhang trotz ebenfalls vorliegenden Gerichtsfehlers (dazu vgl. unten Kap. 4 Rdn. 118 ff.) konsequent fort. Insofern ist die Kritik von *Vollkommer/Greger/Heinemann*[134] unbegründet. Problematisch ist die Entscheidung aber insofern, als sie möglicherweise nicht hinreichend beachtet hat, dass die in dem zum Regress führenden Vorprozess nicht eingeführte Entscheidung des damals zuständigen XII. Zivilsenats des BGH aufgrund besonderer Umstände des damaligen Einzelfalles bei beiden Mietvertragsparteien einen erkennbaren Vertragsänderungswillen annehmen konnte, es aber grundsätzlich nicht ausreichte und nicht ausreicht, dass der Mieter Betriebskostenabrechnungen unter Einbeziehung bisher nicht vereinbarter Betriebskosten lediglich nicht beanstandet hatte[135].

▶ Beispiel 5[136]:

57 Der beklagte Rechtsanwalt vertrat den Kläger in einem Berufungsverfahren vor dem Oberlandesgericht. Die damalige Beklagte erwiderte mit nach § 282 Abs. 2 ZPO verspäteten Schriftsätzen unmittelbar vor den Osterfeiertagen. Ostermontag war der 28.3. Verhandlungstermin

129 BGH NJW-RR 2003, 850, 853 f. = MDR 2003, 742 ff.
130 BGH NJW 2009, 987 = WM 2009, 324.
131 BGH NJW 2009, 987 = WM 2009, 324 (Tz. 12).
132 BGH NJW 2009, 987 = WM 2009, 324 (Tz. 14).
133 BVerfG, Beschl. v. 22.4.2009 – 1 BvR 386/09 – juris; vgl. dazu näher oben in Rdn. 35.
134 *Vollkommer/Greger/Heinemann*, Kap. 19, Rn. 58.
135 Vgl. so ausdrücklich: BGH NJW 2008, 283, 284 (Tz. 18 und 19).
136 BGH, Urt. v. 11.4.2013 – IX ZR 94/10 – juris.

war auf den 1. April 2005 anberaumt worden. Am Tag davor rief die Berichterstatterin des Berufungssenats den Beklagten an und teilte ihm mit, das Rechtsmittel des Klägers habe nach Vorberatung des Senats aufgrund des Vortrags der seinerzeitigen Beklagten in den genannten Schriftsätzen keine Aussicht auf Erfolg. Eine Terminsverlegung lehnte das Oberlandesgericht ab. Der Beklagte nahm Rücksprache mit dem Kläger, den er auf das Kostenrisiko und die fehlende Zeit zur Überprüfung des von der beklagten Sparkasse vorgelegten Zahlenmaterials sowie die Auffassung des Oberlandesgerichts hinwies. Der Kläger erteilte daraufhin sein Einverständnis mit der Rücknahme der Berufung.

Der BGH hat hier eine Pflichtverletzung des Anwalts bejaht. Unter Bezugnahme auf seine in Beispiel 4 (oben Rdn. 56) dargestellte Entscheidung vom 18.12.2008 sah er den Berufungsanwalt in der Pflicht, eine vom Gericht im Verlauf der Instanz vertretene Rechtsansicht im Interesse seines Mandanten zu überprüfen, selbst wenn sie durch Nachweise von Rechtsprechung und Schrifttum belegt ist. Eine solche Rechtsansicht erscheine dann zwar nicht unvertretbar, könne aber trotzdem unrichtig oder überholt sein. Komme ein solcher Fehler des Gerichts in Betracht, müsse der Prozessanwalt die **Möglichkeiten der Verfahrensordnung nutzen**, um die zu Gunsten seines Mandanten sprechenden tatsächlichen und rechtlichen Gesichtspunkte so umfassend zur Geltung zu bringen, wie die Umstände es zuließen. Unterbleibe eine solche Einwirkung auf das Gericht, weil der Mandant einer Rücknahme des Rechtsmittels zustimme, so handele der Prozessanwalt nur dann pflichtmäßig, wenn er zuvor den Mandanten zutreffend über die verbleibenden Möglichkeiten aufgeklärt habe, in der Instanz oder durch ein Rechtsmittel den Prozess zu einem günstigeren Ergebnis zu kommen. Der Mandant müsse gerade in einer solchen kritischen Lage **die »wägbaren Prozessaussichten« beurteilen können**[137]. In der konkreten Situation hätte er darüber aufgeklärt müssen, dass das Berufungsgericht in der Sache nicht entscheiden durfte, ohne ihm Gelegenheit zu geben, die Verspätung des gegnerischen Schriftsatzes zu rügen und sich inhaltlich mit ihm auseinanderzusetzen. Er hätte belehrt werden müssen, dass der Termin wahrgenommen und eine Vertagung oder ein Schriftsatznachlass beantragt werden könne. Auch hätten ihm die insoweit bestehenden Rechtsschutzmöglichkeiten auseinandergesetzt werden müssen[138].

Soweit das Oberlandesgericht Hamm entschieden hat, dass sich der Anwalt bei einer 10 Jahre 58
bestehenden gesetzlichen Regelung darauf verlassen darf, dass ein Landgericht den Fall nach dieser Regelung auch richtig entscheidet[139], ist dies kein Widerspruch zu der dargestellten BGH-Rechtsprechung. Ob nämlich eine Haftung des Anwalts bei **ganz ungewöhnlich schweren Fehlgriffen** der zur Entscheidung berufenen Stelle besteht, die außerhalb jedes realitätsgerechten Vorstellungsvermögens eines durchschnittlich erfahrenen, sorgfältigen und vorsichtigen Rechtsanwalts liegen, hat der BGH bislang offen gelassen[140], jedoch nun mit der immer deutlicher werdenden Tendenz, in solchen Fällen auch bei Gerichtsfehlern eine haftungsrechtliche Zurechnung zu verneinen[141].

Die Pflicht des Anwalts, falsche Gerichtsentscheidungen zu verhindern[142], gilt also nicht ausnahms- 59
los. So war in den Urteilen vom 24.3.1988, 17.1.2002 und 18.12.2008[143] der Irrtum des Gerichts

137 BGH, a.a.O., juris, Rn. 4.

138 BGH, a.a.O., juris, Rn. 6.

139 OLG Hamm vom 17.1.1991 – 28 U 108/90.

140 BGH NJW 2008, 1309, 1311 = WM 2008, 317, 318 (Tz. 18); NJW-RR 2003, 350; NJW-RR 1990, 1241, 1242 = WM 1990, 1917, 1919 = VersR 1991, 422 ff.; vgl. für eine schiedsgerichtliche Entscheidung: RGZ 151, 259, 264 ff. Zu dieser Problematik haftungsrechtlicher Zurechnung vgl. unten Kap. 4 Rdn. 120 ff. m.w.N.

141 BGHZ 174, 210 = NJW 2008, 1309 = WM 2008, 317; NJW 2009, 987 = WM 2009, 324 und dazu BVerfG, Beschl. v. 22.4.2009 – 1 BvR 386/09 – juris, Rn. 16; BGH, Urt. v. 10.3.2011 – IX ZR 82/10 – juris, Rn. 29.

142 Vgl. dazu – auch unter Darstellung und Analyse weiterer Rechtsprechung –: *Borgmann*, NJW 2000, 2953, 2961 f.

143 BGH NJW 1988, 3013 = WM 1988, 987, 990; NJW 2002, 1048, 1049; NJW 2009, 987 = WM 2009, 324.

erkennbar und bestanden für den Anwalt einfache Möglichkeiten, die nachteiligen Entscheidungen zu verhindern.

60 Die in der Kammerentscheidung des **BVerfG** vom 12.8.2002[144] geäußerten **verfassungsrechtlichen Bedenken** an der Haftung des Anwalts wegen fehlerhafter Vergleichsformulierung und wegen unterlassener Verhinderung des Fehlers des Familiengerichts im Abänderungsverfahren, weil hier jeweils die Haftung zu Lasten des Rechtsanwalts »verschoben« werde, ohne in Rechnung zu stellen, dass dessen Grundrechte (Art. 12 GG) berührt würden, ergänzt um den Satz, Rechtsanwälten dürften durch die Gerichte nicht die Verantwortung für die richtige Rechtsanwendung überbürdet werden[145], sind nun durch die Kammerentscheidung des BVerfG vom 22.4.2009 **deutlich relativiert** worden[146] (vgl. dazu im Einzelnen bereits oben Rdn. 35).

61 Während in den nur apodiktischen Ausführungen des BVerfG in seinem älteren Beschluss die Verpflichtung des Anwalts zur sorgfältigen Vertragserfüllung als Grundlage seiner Haftung im Fall der Nicht- oder Schlechterfüllung nicht angesprochen wurde, stellt der aktuelle Beschluss zu Recht maßgeblich darauf ab und **verneint zutreffend bereits einen Eingriff in den Schutzbereich von Art. 12 GG**. Der vom BGH seiner Rechtsprechung zugrunde gelegte Satz, der Möglichkeit, auf die rechtliche Beurteilung des Gerichts Einfluss zu nehmen, entspreche **im Verhältnis zum Mandanten** die Pflicht, diese Möglichkeit zu nutzen, findet zudem für den Bereich des Zivilprozesses eine Bestätigung beispielsweise in § 139 Abs. 5 ZPO. Darin ist bei richtigem Verständnis nicht etwa nur eine prozessuale Verpflichtung des Gerichts, sondern auch ein dementsprechendes Antragsrecht der Partei geregelt[147]. Dieses Recht wahrzunehmen, ist Aufgabe des von der Partei mit ihrer Interessenverfolgung beauftragten Anwalts, also dessen **vertraglich geschuldete Pflicht** zur Schadensverhütung, die eine normative Stütze in **§ 3 Abs. 3 BORA** findet[148].

62 Soweit der frühere Beschluss des BVerfG von einer (unstatthaften) Verschiebung der Haftung auf den Anwalt spricht, ist dies in dieser Allgemeinheit verfehlt. Der neue Beschluss des BVerfG verweist deshalb darauf, dass im Einzelfall eine Unterbrechung des Zurechnungszusammenhangs durch das Hinzutreten eines Fehlers des Gerichts zu erwägen sein könne und die Hinweise des alten Beschlusses in diesem Zusammenhang zu sehen seien und zwar so, dass nicht schlechthin in jedem Fall eine Haftungsverschiebung zu Lasten des Rechtsanwalts gerechtfertigt sei.

63 Aber auch dabei geht es richtigerweise nicht um eine Haftungsverschiebung. Die für den Gesetzgeber wohlbegründet maßgeblichen, ganz speziellen Erwägungen für die Aufnahme des sog. Richterprivilegs in die sonst bestehende Amtshaftung kann grundsätzlich keine Rechtfertigung geben, einen vertraglichen Schadensersatzanspruch gegen einen anderen Schuldner abzuerkennen, diesen also zu Lasten des Geschädigten deshalb aus der Haftung zu entlassen, weil ein Dritter aus nur in dessen Rechtsbeziehung zum Geschädigten liegenden besonderen Gründen nicht haftet. Eine derartige Haftungsentlassung ist dem Zivilrecht grundsätzlich fremd[149]. Es wird also keine Haftung verschoben, wie *Jaeger* wiederholt[150]. Vielmehr geht es schlicht darum, im Einzelfall festzustellen, ob und bejahendenfalls welche Grundrechte in ihrem Schutzbereich betroffen sind und gegebenenfalls unter Abwägung der berührten Grundrechte der Betroffenen die Frage zu beantworten, unter welchen Voraussetzungen der zur Interessenwahrnehmung und Schadensverhütung mandatierte Rechtsanwalt für Nachteile einzustehen hat, die dadurch eintreten, dass auch ein Gericht durch Fehler zum Schadenseintritt beigetragen hat[151].

144 BVerfG NJW 2002, 2937 f. zu BGH NJW 2002, 1048.

145 Auch weiterhin so *Jaeger*, NJW 2004, 1, 5 f.

146 BVerfG, Beschl. v. 22.4.2009 – 1 BvR 386/09, Beck RS 2009, 34064 zu BGH NJW 2009, 987; vgl. auch *Vill*, in: G. Fischer/Vill/D. Fischer/Pape/Chab, § 2, Rn. 237.

147 Vgl. etwa *Stadler*, in: Musielak/*Voit*, § 139 ZPO, Rn. 29.

148 Vgl. BGH NJW 2006, 3494, 3495 = WM 2006, 2055 (Tz. 9); WM 2008, 317, 318 (Tz. 15).

149 Zur vom BGH (NJW-RR 2003, 850, 854 = MDR 2003, 742, 743) hierzu nun vertretenen Behandlung als Fall eines gestörten Gesamtschuldnerausgleichs und zur Kritik daran vgl. unten Kap. 4 Rdn. 128 ff.

150 *Jaeger*, NJW 2004, 1, 5 f.

151 Vgl. dazu für den Bereich des Zivilrechts BVerfG NJW 2005, 1561, 1565 (unter II.1.a)).

Dazu gilt:

Seine Verpflichtung, mit geeigneten Rechtsausführungen gerichtliche Fehler, die dem Mandanten nachteilig sind, zu verhindern, namentlich solche, die auf Problemen beruhen, die der Anwalt erst durch eine Pflichtverletzung geschaffen hat oder bei vertragsgemäßem Verhalten hätte vermeiden müssen[152], entfällt nicht wegen der dem Gericht obliegenden Rechtsprüfung[153]. Der Grundsatz »**jura novit curia**« vermag den anwaltlichen Pflichtenumfang nur insoweit zu berühren, als der Rechtsanwalt sich zu Selbstverständlichkeiten nicht ausbreiten muss. Er kann auch grundsätzlich davon ausgehen, dass das Gericht einer allseits bekannten gefestigten Rechtsprechung folgen wird und nicht überraschend (und ohne rechtzeitigen und im Zivilprozess auch dokumentierten Hinweis) davon abweicht. Allgemeiner gehalten kann man sagen: Mit Anlegung von rechtlichen Maßstäben und mit der Zugrundelegung von Rechtsansichten, auf die ein gewissenhafter Jurist nicht oder nur sehr fernliegend kommen würde, braucht der Rechtsanwalt nicht zu rechnen; darauf muss er sich nicht sozusagen prophylaktisch einrichten und dem nicht ohne Anlass entgegenwirken. Er muss also nicht etwa »schlafende Hunde wecken«, von denen sein Mandant gebissen werden könnte. 64

Er ist allerdings verpflichtet, dann mit allen ihm zu Gebote stehenden Mitteln zu reagieren, wenn er erkennt oder es für ihn bei pflichtgemäßer Sorgfalt erkennbar ist, dass das Gericht für seine Entscheidung von für seine Mandantschaft nachteiligen Rechtsansichten ausgeht oder möglicherweise ausgehen will, die fehlerhaft oder zumindest angreifbar sind. 65

Gleiches gilt naturgemäß auch, wenn das Gericht im Begriffe ist, Fehler bei der Erfassung des Sach- und Streitstandes und den für die Urteilsbildung zu treffenden **tatsächlichen Feststellungen** zu begehen. Fehlerverhütung in diesem Bereich ist **im Zivilprozess** in erster Instanz umso wichtiger geworden, als nach § 529 Abs. 1 Nr. 1 bzw. Nr. 2 i.V. mit § 531 ZPO das Berufungsgericht grundsätzlich an die Feststellungen des Erstrichters gebunden ist. 66

Dieses Verständnis von der Rolle eines ordnungsgemäß arbeitenden Prozessanwalts prägt, wie die forensische Praxis zeigt, trotz zu verzeichnender und durch das neue Zivilprozessrecht sich teilweise auch verstärkender »Hinweismentalität«, die grundsätzliche Einstellung und das Prozessverhalten der Anwaltschaft. Der Anwalt ist eben nicht bloß ein »Schreiber« für den im Umgang mit Behörden und Gerichten unerfahrenen Bürger. Er ist nach § 3 BRAO der unabhängige Berater und Vertreter seines Auftraggebers in dessen Rechtsangelegenheiten und nach § 1 BRAO Organ der Rechtspflege. So sieht er sich und so wird er auch in Anspruch genommen. 67

Es ist, das sei abschließend zum älteren Beschluss des BVerfG vom 12.8.2002 angemerkt, auch nicht überzeugend, den Rechtsanwalt in jenem konkreten Fall zwar deshalb für haftpflichtig anzusehen, weil er gegen das fehlerhafte Familiengerichtsurteil nicht die Berufung angeraten hat, ihn also m.a.W. für verpflichtet zu halten, dafür Sorge zu tragen, dass »das Kind aus dem Brunnen geholt werde«, nicht aber eine Pflichtwidrigkeit darin zu sehen, nicht verhindert zu haben, dass »das Kind hineinfällt«, obgleich der Anwalt »dabeigestanden und gesehen hat, was geschieht«. Warum sollte im Bereich eines Prozessmandats die **anwaltliche Grundpflicht zur möglichst sicheren Interessenwahrnehmung und zur Schadensverhütung** suspendiert sein? 68

Andererseits lässt der BGH Anwälte grundsätzlich für Schäden ihrer Mandanten aus gerichtlichen Fehlentscheidungen haften, *»sofern diese maßgeblich auf den Problemen beruhen, deren Auftreten der Anwalt durch sachgerechtes Arbeiten gerade hätte vermeiden müssen«*[154]. 69

---

152 BGH, Urt. v. 2.4.1998 – I-IX ZR 107/97 – juris, Rn. 33; v. 15.11.2007 – IX ZR 44/04 – BGHZ 174, 205 Rn. 15; v. 10.12.2015 – IX ZR 272/14 – juris, Rn. 8.

153 BGH, Urt. v. 10.12.2015, a.a.O.

154 BGH NJW 1998, 2048, 2050 = WM 1998, 1542, 1545; vgl. auch schon: NJW 1996, 48, 51 = WM 1996, 35, 40; NJW 1996, 2648, 2650 = WM 1996, 1824, 1827; NJW 1997, 250, 253 = WM 1997, 72, 77; vgl. auch NJW 2002, 1048, 1049 = WM 2002, 513, 515.

»Erweist sich die Unterlassung der beschriebenen Maßnahmen auch nach neuer Verhandlung als eine vom Beklagten zu verantwortende Vertragsverletzung, sind ihm deren Folgen selbst dann zuzurechnen, wenn die Klageabweisung im Vorprozess zugleich auf einer unrichtigen gerichtlichen Auslegung der Abtretungen beruht; denn einen solchen Fehler hätte der Anwalt gerade durch vertragsgerechtes Arbeiten – Einholung und Vorlage der Prozessführungsermächtigungen – verhindern müssen.«[155]

Hiermit wird, wie auch im Urteil vom 17.1.2002[156] und im Beschluss des BVerfG vom 12.8.2002[157], nicht die Pflichtwidrigkeit, sondern **der haftungsrechtliche Zurechnungszusammenhang** (vgl. dazu im Einzelnen unten Kap. 4 Rdn. 94 ff.) angesprochen, ob also ein Anwalt auch für solche Folgen pflichtwidrigen Verhaltens etwa durch missverständliche Vergleichsformulierungen (vgl. unten Kap. 4 Rdn. 119 ff.) oder durch fehlerhafte Antragstellung[158] oder fehlgestaltete Prozessführung[159] einzustehen hat, die letztlich erst dadurch entstehen, weil im Anschluss an das Anwaltsversagen in einem nachfolgenden Verfahren Gerichte Fehler begehen. Insoweit wird die Regressrechtsprechung aufgrund des BVerfG-Beschlusses neu darüber nachzudenken haben, ob in solchen Fallgestaltungen, in denen als fehlerfreies Gerichtsverhalten eine Beweisaufnahme zu der Parteibehauptung angestanden hätte, man sei sich über ein bestimmtes Verständnis des Vergleichsinhalts einig gewesen, ein Verstoß gegen die Pflicht zur Beweisaufnahme nicht so gravierend ist, dass er den Zurechnungszusammenhang unterbricht (dazu im Einzelnen unten Kap. 4 Rdn. 120 ff.). Dies sollte bejaht werden (vgl. im Einzelnen – auch zur Weiterentwicklung der Rechtsprechung – unten Kap. 4 Rdn. 120, 128 ff.).

70 Der jetzige Stand der regressrechtlichen Behandlung von Anwaltsfehlern und Fehlern eines Gerichts lässt sich aus der folgenden **Zusammenfassung** ersehen:

1. Nahe liegenden Irrtümern des Gerichts muss der Anwalt vorbeugen und sie möglichst vermeiden.
2. Erkannten oder voraussehbaren Fehlern des Gerichts muss der Anwalt entgegentreten und sie zu verhindern versuchen. Er darf nicht zuwarten, bis sie geschehen und zu Schäden führen.
3. Ist mit einem Fehler nicht konkret zu rechnen, liegt eine Pflichtverletzung nicht vor[160].
4. Wenn Fehler des Gerichts nicht zu verhindern waren, muss eine Beratung zu den Möglichkeiten der Fehlerbeseitigung, etwa durch Einlegung einer Berufung, einer Revision oder Nichtzulassungsbeschwerde erfolgen, dies jedenfalls unzweifelhaft dann, wenn der Rechtsanwalt durch sein Prozessverhalten zur fehlerhaften Gerichtsentscheidung beigetragen hat.
5. Wenn ein Anwaltsfehler beispielsweise durch unvollständige oder missverständliche Vergleichsformulierung in einem späteren Gerichtsverfahren dazu beiträgt oder gar erst möglich macht, dass das Gericht seinen Fehler begehen und den Schaden auslösen kann, m.a.W. ohne den früheren Anwaltsfehler dies nicht hätte geschehen können, besteht grundsätzlich ein haftungsrechtlicher Zusammenhang zur anwaltlichen Pflichtverletzung (Einzelheiten dazu unten in Kap. 4 Rdn. 120 ff.).
6. In Einzelfällen wird ausnahmsweise ein schutzwürdiges Vertrauen auf eine fehlerhafte Rechtsauffassung von Gerichten anerkannt, weshalb es dann regelmäßig zu einer Wiedereinsetzung gemäß § 233 ZPO kommt. Dazu wird auf die ausführliche Darstellung in Kap. 3 Rdn. 11 f. verwiesen.

II. Informationspflicht

1. Wechselwirkung von Informationsbeschaffungspflicht des Anwalts und Informationsverschaffungspflicht des Mandanten

71 Der Anwaltsvertrag begründet eine wechselseitige Pflicht zur Information, nämlich:

155 BGH NJW 2000, 3560, 3561 = WM 2000, 2437, 2439.
156 BGH NJW 2002, 1048, 1049 = WM 2002, 513, 515.
157 BVerfG NJW 2002, 2937, 2938 unter 2., b), aa).
158 Wie in BGH NJW 1998, 2048 ff. = WM 1998, 1542 ff.
159 Wie beispielsweise in BGH NJW-RR 2003, 850 = MDR 2003, 742.
160 BGH NJW-RR 2005, 1654, 1655 = WM 2005, 1813 (unter III. 1. b); Steuerberater).

- **die Pflicht des Anwalts**, sich über den entscheidungserheblichen Sachverhalt zu informieren, da er grundsätzlich nur dann überhaupt in der Lage ist, seiner (weiteren) Grundpflicht nachzukommen, den Mandanten umfassend und zutreffend sachgerecht zu beraten[161],
- **die Pflicht des Mandanten**, den Anwalt nach bestem Wissen über den ihm bekannten Sachverhalt in Kenntnis zu setzen[162].

Der Anwalt muss sich also die zur Aufklärung des Sachverhalts notwendigen Informationen beschaffen; der Mandant muss diese dem Anwalt verschaffen. Diese Pflichten stehen **in einem Wechselwirkungsverhältnis** zueinander[163].

Darüber hinausgehend – auch wieder in einem Wechselwirkungsverhältnis stehend – ist der Rechtsanwalt gehalten, den Mandanten **über die Entwicklung des Mandats** auf dem Laufenden zu halten, beispielsweise durch zeitnahes Übersenden von Schreiben oder Schriftsätzen, Beschlüssen, Verfügungen, Gutachten oder Stellungnahmen etc., je nach Sach- und Rechtslage verbunden mit eigenen Hinweisen und Sachverhaltsaufklärungsfragen[164]. 72

Da nur der Anwalt als Rechtskundiger letztlich maßgeblich und verantwortlich beurteilen kann, welche **Tatsachen** für die anstehenden Rechtsfragen von Bedeutung sind, muss er **erforderlichenfalls** den Mandanten **entsprechend befragen**, es sei denn die Bedeutsamkeit der Tatsachen ist für den Mandanten ohne Weiteres ersichtlich[165]. Der Mandant muss seinerseits nach besten Kräften zur Klärung des Sachverhalts beitragen, d.h. wahrheitsgemäß und vollständig alles an Umständen tatsächlicher Art mitteilen, was nach seinen Kenntnissen und seinem Verständnis für den Anwalt zur Durchführung des Mandats von Bedeutung sein könnte bzw. aufgrund der Fragen des Anwalts für diesen erkennbar für bedeutsam erachtet wird[166]. Es ist eine Frage des Einzelfalls, ob sich der Mandant auf eine mündliche Informationserteilung beschränken darf oder zu einer ergänzenden schriftlichen Unterrichtung seines Anwalts verpflichtet ist[167]. Während der gesamten Dauer des Mandats muss er den Anwalt »auf dem Laufenden halten«, d.h. Änderungen des als relevant in Betracht kommenden Sachverhalts mitteilen, und Fehler oder Missverständnisse des Rechtsanwalts bei der Aufnahme, Wiedergabe oder tatsächlichen Verwertung von Sachverhaltsinformationen korrigieren[168]. Verletzt der Anwalt seine Informationspflicht, so haftet er für den daraus erwachsenen Schaden. Die Verletzung der Informationspflicht durch den Mandanten kann, da sie in dem Bereich seiner eigenen Verantwortung wurzelt, zu einem Mitverschulden führen[169] (vgl. Kap. 5 Rdn. 13). 73

161 Vgl. *Ganter*, S. 8; BGH NJW 1996, 2929, 2932 = WM 1996, 1832, 1834 = VersR 1997, 187, 189; WM 2000, 189, 190 = NJW 2000, 730, 731; vgl. auch: G. *Fischer*, NJW 1999, 2993, 2994; *Vill*, in: G. Fischer/Vill/D. Fischer/Pape/Chab, § 2, Rn. 34; *Vollkommer/Greger/Heinemann*, § 10, Rn. 3 ff.; *Borgmann/Jungk/Schwaiger*, Kap. IV, Rn. 16 ff.

162 Vgl. BGH NJW 1996, 2929, 2932 = WM 1996, 1832, 1835 = VersR 1997, 187, 189; WM 1997, 1392, 1395; *Vill*, in: G. Fischer/Vill/D. Fischer/Pape/Chab, § 2, Rn. 40; *Vollkommer/Greger/Heinemann*, § 10, Rn. 2; *Borgmann/Jungk/Grams*, Kap. IV, Rn. 9 f.

163 BGH NJW 1982, 437 = VersR 1982, 143. Dazu, dass auch die (nur zu verlangende) mandatsbezogene Rechtskenntnis mit der Informationspflicht des Mandanten in einer Wechselwirkung steht, siehe BGH NJW 2006, 501, 502 = WM 2005, 2197 und unten Rdn. 81.

164 OLG Hamm, Urt. v. 27.5.2008 – 28 U 144/07.

165 BGH, Urt. v. 14.2.2019 – IX ZR 181/17 – juris, Rn. 9; NJW 2006, 501, 502 = WM 2005, 2197; NJW-RR 2006, 923, 925 = WM 2006, 927 (Tz. 22).

166 Vgl. *Borgmann/Jungk/Schwaiger*, Kap. IV, Rn. 10; *Borgmann*, NJW 2000, 2953, 2957; BGH NJW 1996, 2929, 2932 = WM 1996, 1832, 1835 = VersR 1997, 187, 189; BGH NJW 1997, 2238, 2239.

167 BGH, Beschl. v. 15.10.2009 – IX ZR 232/08 – juris, Rn. 4.

168 Vgl. im Einzelnen *Vollkommer/Greger/Heinemann*, § 10, Rn. 2 m.w.N.

169 BGH WM 1994, 1805, 1807; NJW 1996, 2929, 2931 = WM 1996, 1832, 1835 = VersR 1997, 187, 189; NJW 1999, 1391, 1392 = WM 1999, 647, 649; OLG Hamm VersR 1988, 192, 193; vgl. auch *Ganter*, S. 23.

2. Möglichst präzise Klärung des maßgeblichen Sachverhalts und der Ziele durch genaue Befragung

74 Die grundlegende Pflicht des Anwalts, schon zu Beginn des Mandats zunächst den Sachverhalt **so** weit wie möglich **präzise** zu **klären**[170], beinhaltet **auch** die möglichst genaue und umfassende Klärung und richtige Erfassung **des Zieles oder der Zielvorstellungen** des Mandanten und deren Vereinbarkeit mit dem vorgetragenen Sachverhalt, d.h. ob der Sachverhalt geeignet ist, den von dem Mandanten angestrebten Erfolg überhaupt herbeizuführen[171]. Der Rechtsanwalt darf sich also nicht mit einer passiven Anhörung des Mandanten und gegebenenfalls einigen pauschalen Fragen begnügen[172]. Vielmehr muss er klar, unmissverständlich, den Verständnismöglichkeiten, der Geschäftserfahrung und dem Bildungsgrad des Mandanten entsprechend, mit dem genügenden Nachdruck gezielt **hinterfragen** und »nachhaken«.[173] Dabei sind die Gesprächsführung, die Strukturierung (Welche relevanten Tatsachen schildert der Mandant? Welche Ziele verfolgt er? Oder: Welche Ziele kommen in Betracht?) und die Fragestellung wichtig[174]. Gegebenenfalls ist dem Mandanten genau zu erklären, auf welche **Einzelheiten** des Sachverhalts es ankommt, damit er zuverlässig antworten kann[175]. Im Einzelfall kann der Anwalt sogar gehalten sein, im Interesse seines Mandanten von diesem **ergänzende schriftliche Angaben** zu verlangen, so z.B. wenn er etwa in einer Punktesache andernfalls keine schlüssige Klagebegründung erstellen kann und der Mandant zu einer umfassenden mündlichen Informationserteilung nicht in der Lage ist[176].

75 Dazu der BGH in seiner Entscheidung vom 2.4.1998 zu einem Regress aus einem **familienrechtlichen Mandat:**

> »Es gehört zu den grundlegenden Pflichten eines Anwalts, **zu Beginn eines Mandats** zunächst den Sachverhalt möglichst genau zu klären, den er beurteilen soll. Dabei darf er allerdings den tatsächlichen Angaben des Mandanten vertrauen, braucht also keine eigenen Nachforschungen anzustellen, solange er deren Unrichtigkeit nicht kennt oder kennen muß. Erscheint nach den Umständen für eine zutreffende rechtliche Einordnung die Kenntnis weiterer Tatsachen erforderlich und ist deren rechtliche Bedeutsamkeit für den Mandanten nicht ohne Weiteres ersichtlich, darf sich der Anwalt nicht mit dem begnügen, was sein Auftraggeber berichtet, sondern hat sich durch zusätzliche Fragen um eine ergänzende Aufklärung zu bemühen (BGH, NJW 1985, 1154 [1155] = LM § 675 BGB Nr. 109, BGH, NJW 1994, 1472 [1474] = LM H. 7–1994 § 675 BGB Nr. 200, BGH, NJW 1994, 2293 = LM H. 1–1994 § 675 BGB Nr. 204). Hier war es schon deshalb erforderlich, diesen Sachverhalt möglichst genau aufzuklären, weil die Beklagte wissen mußte, ob einer gewöhnlichen Leistungsklage die Rechtskraft einer gerichtlichen Entscheidung entgegenstand.
>
> Die Beklagte durfte nicht davon ausgehen, der nicht rechtskundigen Klägerin sei der Unterschied zwischen einer gewöhnlichen Unterhaltsklage und einer Abänderungsklage bekannt oder sie wisse wenigstens über die rechtliche Wirkung früherer gerichtlicher Titel Bescheid. Schon deshalb, weil die Klägerin den Vergleich vom 30.4.1986 als ›letztes Urteil‹ bezeichnet hatte, ergab sich für die Beklagten ein deutlicher Hinweis, daß die Mandantin möglicherweise für die rechtliche Beurteilung wesentliche Punkte nicht erwähnt hatte.«[177]

76 Ähnliche Grundsätze hat der BGH **für die allgemeine anwaltliche Beratung** schon sehr früh aufgestellt und mit folgenden Worten dargelegt:

> »Die Pflicht des Rechtsanwalts zur vollständigen Beratung setzt voraus, daß er zunächst durch Befragen seines Auftraggebers die Punkte klärt, auf die es für die rechtliche Beurteilung ankommen kann und dabei auch die in der Sache liegenden Zweifel, die er als Rechtskundiger erkennen kann und muß, während sie auch einem geschäftsgewandten Rechtskundigen verborgen bleiben können, bedenkt und erörtert. Wo

---

170 BGH NJW-RR 2006, 923, 925 = WM 2006, 927 (Tz. 22).
171 BGH NJW 2000, 730, 731 = WM 2000, 189, 190; *Ganter*, S. 9.
172 OLG Hamm, v. 26.2.1998 – 28 U 154/97.
173 Vgl. BGH NJW 1994, 1472, 1474; OLG Hamm v. 26.2.1998 – 28 U 154/97.
174 Vgl. *Götze/Paul/Mütze*, Anwaltsberatungshandbuch, 2002, S. 9.
175 Vgl. BGH NJW 1994, 1472 betr. Buchwert und Verkehrswert eines Gesellschaftsanteils; BGH NJW 2000, 730.
176 BGH, Beschl. v. 15.10.2009 – IX ZR 232/08 – juris, Rn. 4.
177 BGH NJW 1998, 2048, 2049 f. = WM 1998, 1542, 1544.

solche Zweifel bestehen können, darf der Rechtsanwalt sich nicht mit der rechtlichen Würdigung des ihm Vorgetragenen begnügen, sondern muß sich bemühen, durch Befragen des Rechtssuchenden ein **möglichst vollständiges und objektives Bild der Sachlage** zu gewinnen. Er muß dabei **durch richtige Fragen** an seinen Auftraggeber die tatsächlichen Grundlagen ans Licht bringen, d.h. die Informationen, die er für eine richtige und umfassende Beratung braucht, schaffen und ergänzen.«[178]

Für den **Prozessanwalt** hat der BGH diese Pflichten wie folgt umrissen: 77

»Das Berufungsgericht hat es zutreffend als Aufgabe des prozessbevollmächtigten Rechtsanwalts bezeichnet, sich die für das Prozessziel – im Vorprozess die Klageabweisung – notwendige Information vom Auftraggeber zu beschaffen. Ohne Kenntnis und Klärung des Sachverhalts sowie der damit zusammenhängenden tatsächlichen Einzelheiten ist eine den Anforderungen der Verfahrensvorschriften genügende Prozessführung und damit auch eine gewissenhafte Wahrnehmung der Interessen des Auftraggebers nicht möglich. Bei lückenhaften oder oberflächlichen Informationen muß der Rechtsanwalt daher **auf ihre Vervollständigung dringen** und notfalls den Auftraggeber auch über prozessrechtliche Nachteile unterrichten, die sich aus einer Verletzung der allgemeinen Prozessförderungspflicht einer Partei erfahrungsgemäß ergeben können.«[179]

Genau befragen muss der Anwalt den Mandanten nicht nur zu den Punkten, die für die Beurteilung der Rechtsfragen und Ziele wie zur Abklärung der Zielvorstellungen und deren Realisierbarkeit von Bedeutung sein können, sondern auch zu allen weiteren Einzelheiten, die für die Wahrnehmung der Interessen des Mandanten wesentlich sind. Wenn etwa in einem Zivilprozess ein Schadensersatzanspruch einzuklagen ist, darf der Anwalt sich nicht mit der pauschalen Angabe des Mandanten über die Höhe seines Schadens begnügen, sondern er muss alle Einzelheiten klären, um eine **ausreichende Substantiierung** aller Schadenspositionen im Sinne eines schlüssigen Klagevortrages vornehmen zu können[180]. Er muss ferner den Mandanten **nach allen** in Betracht kommenden **Beweismitteln** befragen, um diese im Schriftsatz benennen zu können[181]. Dabei empfehlen sich Fragen, die sicherstellen, dass der Mandant auch tatsächlich alle in Betracht kommenden Beweismittel benennt und nicht etwa eigene Familienangehörige oder irgendwelche schriftlichen Unterlagen als von vorneherein »formell« ungeeignet ausklammert[182]. 78

Dies gilt auch, wenn es aufgrund gerichtlicher Hinweise nötig wird, zur Klagebegründung oder -verteidigung weitere Tatsachen vorzutragen und/oder Beweise anzutreten, wie allgemein sich die Pflichten zur Informationsbeschaffung und (weiteren) Sachverhaltsaufklärung **der »dynamischen Entwicklung«**[183] **eines Mandats** entsprechend entwickeln können. 79

Dabei sind aber auch die **Grenzen der Sachverhaltsaufklärung** zu beachten. Nicht bemühen muss sich der Rechtsanwalt um die Aufklärung solcher Vorgänge, die in keiner tatsächlichen oder rechtlichen Beziehung zu dem Sachverhalt stehen, aus dem der Mandant Ansprüche herleiten will[184]. 80

3. In den Grenzen des Mandats

Allerdings sind im Bereich der Sachverhaltsaufklärungspflicht wie bei den sonstigen Grundpflichten des Anwalts **die Grenzen** zu beachten, die Auftragsgegenstand und Mandatsumfang ziehen. 81

Dazu der BGH im Urteil vom 7.2.2002:

»Was danach im Einzelfall geboten ist, hängt von den gesamten Umständen, insbesondere dem, was der Mandant begehrt, sowie dem Inhalt des erteilten Mandats ab (BGH, WM 1990, 1917 [1918]; NJW 1996,

---

178 BGH NJW 1961, 601, 602 (Hervorhebung des Verfassers); vgl. auch Urt. v. 13.6.2013 – IX ZR 155/11 – juris, Rn. 8 m.w.N.; vgl. auch schon oben Rdn. 73.

179 BGH NJW 1982, 437 = VersR 1982, 143 (Hervorhebungen des Verfassers).

180 Vgl. BGH, Urt. v. 13.6.2013 – IX ZR 155/11 – juris, Rn. 10; OLG Hamm, Urt. v. 26.2.1998 – 28 U 154/97 – n.v.; vgl. auch unten Kap. 8 Rdn. 324.

181 OLG Hamm, v. 26.2.1998 – 28 U 154/97; vgl. auch unten Kap. 8 Rdn. 326.

182 Vgl. *Götze/Paul/Mütze*, Anwaltsberatungshandbuch, 2002, S. 9, Rn. 27, 28.

183 Vgl. OLG Hamm, Urt. v. 24.2.2000 – 28 U 41/99.

184 BGH NJW 2002, 1413 = WM 2002, 1076; NJW 2006, 501, 502 = WM 2005, 2197.

2648 [2649] = LM H. 10/1996 § 675 BGB Nr. 231). Der Rechtsanwalt hat sich nur mit den tatsächlichen Angaben zu befassen, die zur pflichtgemäßen Erledigung des ihm übertragenen Auftrags zu beachten sind. Er braucht sich grundsätzlich nicht um die Aufklärung von Vorgängen zu bemühen, die weder nach den vom Auftraggeber erteilten Informationen noch aus Rechtsgründen in einer inneren Beziehung zu dem Sachverhalt stehen, aus dem der Mandant einen Anspruch gegen seinen Vertragspartner herleiten will (vgl. BGHZ 128, 358 [361 f] = NJW 1995, 958 = LM H. 6/1995 § 675 BGB Nr. 214; BGH, NJW 1997, 2168 [2169] = LM H. 9/1997 § 157 [A] BGB Nr. 37).«[185]

Die von dem Anwalt nur erwartete, d.h. von ihm lediglich verlangte mandatsbezogene Rechtskenntnis (dazu unten Rdn. 112 m.w.N.), steht so mit der Informationspflicht des Mandanten in **Wechselwirkung**[186]. Liefert der von dem Auftraggeber mitgeteilte Sachverhalt also keine Anhaltspunkte beispielsweise für rechtshindernde Einwendungen zugunsten des Mandanten, braucht der Anwalt den Sachverhalt daraufhin nicht zu erforschen[187].

4. Keine allgemeine Ermittlungspflicht des Anwalts

82 Ist somit – in diesen Grenzen – klar, dass der Anwalt versuchen muss, sich in optimaler Weise durch Befragen des Mandanten zu informieren, so stellt sich die Frage, ob er auch verpflichtet ist, selbst Erkundigungen zum Sachverhalt einzuholen. Eine **allgemeine Ermittlungspflicht ist abzulehnen**. Sie widerspräche dem Berufsbild des Rechtsanwalts als Organ der Rechtspflege. Der Rechtsanwalt ist weder Privatdetektiv noch Inhaber einer Auskunftei. Es genügt somit **grundsätzlich**, wenn der Anwalt den Mandanten befragt und die nach seiner Meinung notwendigen Auskünfte durch den Mandanten beschaffen lässt. Der Rechtsanwalt muss weder vorweg Beweise erheben noch eine »Vorermittlung« anstellen. Er braucht also weder Zeugen anzuhören noch Sachverständige zu befragen noch eine Augenscheinseinnahme durchzuführen. Umgekehrt ist es dem Anwalt allerdings auch nicht grundsätzlich verwehrt, sich auf diese Weise selbst einen Eindruck von den tatsächlichen Verhältnissen zu verschaffen, zumal sich dies als durchaus zweckmäßig erweisen kann.

Eine andere Frage ist, ob der Anwalt zu einem Hinweis auf die Einholung eines Privatgutachtens verpflichtet ist. Dies kann nach den Umständen des Einzelfalles geboten sein[188].

5. Ausnahmsweise Bestehen einer Pflicht zur eigenen Ermittlung des Sachverhalts

83 Ist der Anwalt somit in aller Regel nur verpflichtet, sich die notwendigen Informationen vom Mandanten zu beschaffen, so ist er nach der Rechtsprechung **in Ausnahmefällen** allerdings gehalten, den **Sachverhalt selbst zu ermitteln**. Eine solche Pflicht zur eigenen Aufklärung kann nur dann bejaht werden, wenn der Rechtsanwalt allein, z.B. nach § 406a StPO für den Verletzten, oder jedenfalls besser und leichter als der Mandant bestimmte Unterlagen beschaffen oder Einsicht nehmen kann.

Dazu hat der BGH folgende Grundsätze aufgestellt:

»Die Beklagten traf allerdings nicht die Pflicht, sich selbst den Schaden anzusehen oder, wie der Kläger im Berufungsverfahren einmal gemeint hat, ihren Bürovorsteher zu diesem Zwecke zum Haus des Klägers zu schicken. Eine wichtige Pflicht des Anwalts ist es zwar, den Sachverhalt genau zu klären. Die Pflicht zur persönlichen Ermittlung beschränkt sich jedoch im Allgemeinen auf die Beiziehung und Lektüre von Korrespondenzen (OLG Düsseldorf, NJW 1971, 1614), Gerichtsakten oder sonstiger schriftlicher Unterlagen, gegebenenfalls noch auf die Inaugenscheinnahme sonstiger Beweisstücke, die ihm in seiner Kanzlei vorgelegt werden können.«[189]

Der BGH beschränkt danach also die Pflicht zu eigenen Ermittlungen **im Wesentlichen** auf solche Handlungen, die der Anwalt **von seiner Kanzlei** aus vornehmen kann.

---

185 BGH NJW 2002, 1413 = WM 2002, 1076, 1077.
186 BGH NJW 2006, 501, 502 = WM 2005, 2197.
187 BGH NJW 2006, 501, 502 = WM 2005, 2197.
188 Vgl. BGH, Urt. v. 13.6.2013 – IX ZR 155/11 – juris, Rn. 10.
189 BGH NJW 1981, 2741 = VersR 1981, 982, 984.

Dies ist bei zur verlässlichen Klärung des Sachverhalts erforderlichen Ermittlungen des Rechtsanwalts durch die Einsicht von Gerichts- oder Verwaltungsakten[190] grundsätzlich ebenfalls möglich. **Erforderlichenfalls** muss der Anwalt **aber auch** Akteneinsicht **vor Ort** vornehmen, wie er auch gehalten sein kann, Grundbuch und andere öffentliche Register wie etwa das Handels- oder Melderegister **einzusehen**[191]. Insoweit greift der Grundsatz ein, dass er sich unter Vornahme der ihm zumutbaren Bemühungen die notwendigen Informationen verschaffen muss[192]. 84

Unter Umständen muss der Anwalt über die Einsicht beispielsweise in das Grundbuch hinausgehend »ermittelnd« tätig werden, z. B. dann, wenn Urkunden Anlass zu weiteren Nachforschungen etwa wegen der Möglichkeit des Bestehens einer nicht aus dem Grundbuch ersichtlichen altrechtlichen, nach Art. 184, 187 EGBGB fortgeltenden Dienstbarkeit geben[193]. 85

Kommt es zu einer **Übernahme der Prozessvertretung in einem bereits laufenden Verfahren**, darf sich der Anwalt nicht auf die bloße Information seines neuen Mandanten zum Verfahrensstand verlassen, sondern ist gehalten, sich über die aktuelle Prozesssituation zuverlässige Information durch Anfrage an das Gericht oder die (unverzügliche) Akteneinsicht zu beschaffen[194]. 86

Recht weitgehend hat der BGH[195] einen Anwalt bei einem **arbeitsrechtlichen Mandat** für verpflichtet gehalten, durch Nachfrage bei dem gegnerischen Arbeitgeber zu ermitteln, ob im Rahmen einer Betriebsvereinbarung oder aufgrund betrieblicher Übung ein (Rahmen-) **Tarifvertrag** angewendet wurde, weil auf diese Weise darin üblicherweise enthaltene Ausschlussfristen auf den Arbeitsvertrag Anwendung finden konnten und dadurch der vom Anwalt mit zu sichernde Lohnanspruch wegen Fristablaufs verloren gehen konnte (vgl. dazu und zu den Pflichten des Anwalts in solchen arbeitsrechtlichen Mandaten im Einzelnen in Kap. 9 Rdn. 10). 87

6. Vertrauen auf Vollständigkeit und Richtigkeit

Grundsätzlich darf sich der Anwalt auf die **Vollständigkeit** der tatsächlichen Informationen seines Auftraggebers verlassen, insbesondere solcher, welche die berufliche Tätigkeit des Mandanten betreffen[196]. Sind jedoch Anhaltspunkte für eine Oberflächlichkeit oder Lückenhaftigkeit gegeben, muss der Anwalt sich um Korrektur und Ergänzung bemühen[197]. 88

Auf die **Richtigkeit** tatsächlicher Angaben darf er grundsätzlich vertrauen[198], jedenfalls so lange er die Unrichtigkeit der Angaben weder kennt noch erkennen muss. Gewinnt der Rechtsanwalt allerdings den sicheren Eindruck, dass sein Mandant ihn beschwindelt, wird er das Mandat sinnvollerweise niederlegen, und zwar sowohl wegen des fehlenden Vertrauensverhältnisses als auch 89

---

190 Vgl. dazu BGH NJW 1994, 2293, 2294 = WM 1994, 1805, 1806 (wegen der Zustellung eines Urteils); NJW 1998, 2048, 2050 = WM 1998, 1542 (wegen der Geltendmachung weiterer Unterhaltsansprüche).

191 Vgl. OLG Düsseldorf NJW-RR 1989, 927, 928; *Vill*, in: G. Fischer/Vill/D. Fischer/Pape/Chab, § 2, Rn. 48; *Borgmann/Jungk/Schwaiger*, Kap. IV, Rn. 24; *Vollkommer/Greger/Heinemann*, § 10, Rn. 29.

192 BGH NZV 2002, 268; *Borgmann*, NJW 2002, 2145, 2147.

193 OLG Bamberg, Schlussurt. v. 14.7.2010 – 3 U 186/09 – Beck RS 2011, 19195; BGH, Beschl. v. 30.6.2011 – IX ZR 139/10 – juris, Rn. 2; *Borgmann/Jungk/Schwaiger*, a.a.O.

194 Vgl. (jeweils zur Ermittlung des Zustellungsdatums eines Urteils): BGH NJW 1994, 2293, 2294 = WM 1994, 1805, 1806; NJW-RR 1995, 825, 826; NJW-RR 1998, 786; vgl. auch *Vollkommer/Greger/Heinemann*, § 10, Rn. 29; vgl. auch unten Rdn. 88, 93 f. und in Kap. 8 Rdn. 339.

195 BGH NJW 1983, 1665 f. = ZIP 1983, 996, 997; im Ergebnis folgend: *Vollkommer/Greger/Heinemann*, § 10, Rn. 31; ablehnend ein Teil der Literatur; vgl. Kap. 9 Rdn. 9.

196 BGH NJW 2006, 501, 502 = WM 2005, 2197, 2199.

197 BGH NJW 1982, 437; WM 1997, 1392, 1394; NJW 1998, 2048, 2049 f.; NJW 2006, 501, 502 = WM 2005, 2197, 2199; NJW-RR 2006, 923, 925 = WM 2006, 927 (Tz. 22); OLG Hamm vom 26.2.1998 – 28 U 154/97.

198 BGH, Urt. v. 14.2.2019 – IX ZR 181/17 – juris, Rn. 9; vgl. auch BGH NJW 1985, 1154 = VersR 1985, 363; NJW 1991, 2839, 2841; NJW 1996, 2929, 2931; NJW 1998, 2048, 2049; NJW 2000, 730 = WM 2000, 189, 190; NJW-RR 2006, 923, 925 = WM 2006, 927 (Tz. 22); OLG Hamm v. 13.3.1984 – 28 U 4/84.

wegen der etwaigen Gefahr, sich einer Beihilfe zum Betrug gegenüber dem Prozessgegner schuldig zu machen[199].

7. Behandlung mitgeteilter Rechtstatsachen

90 Der Vertrauensgrundsatz (vgl. oben Rdn. 88 f.) gilt indes nicht für die Mitteilung sog. **Rechtstatsachen**, bei der Verwendung von Rechtsbegriffen oder rechtlichen Wertungen und Schlussfolgerungen, wie etwa:

- Angaben über die Zustellung eines Urteils[200],
- Angaben über den Zugang eines Kündigungsschreibens[201],
- der Angabe, ein Bau sei abgenommen[202],
- jemand sei Vertragspartner, Berechtigter, Verpflichteter, Eigentümer, Verfügungsberechtigter, Inhaber einer Grundschuld etc.,
- in einer bestimmten Weise oder einem bestimmten Umfang vertraglich oder sonst verpflichtet zu sein[203],
- es sei ein Betriebsübergang[204] oder Gesellschaftswechsel erfolgt,
- es sei eine Kündigung eines Arbeitsverhältnisses erfolgt[205],
- Grundbuch, Handelsregister, Verträge wiesen einen bestimmten Inhalt aus u.ä. mehr.

91 Solche Angaben, zumal eines regelmäßig nicht rechtskundigen Mandanten, können keinen Anspruch auf Richtigkeit oder Zuverlässigkeit erheben. Bei derartigen Angaben muss der Anwalt sich stets dessen bewusst sein, dass der Mandant einem Irrtum unterliegen kann. Deshalb ist der Anwalt als Rechtsberater gefordert und hat eine eigenständige Prüfung vorzunehmen. Er muss erkennen, dass und wie weit er es nicht mit schlichten Tatsachen zu tun hat.

In einem zweiten Schritt muss er den Sinngehalt der rechtlich gefärbten Angaben und dafür *»die zugrunde liegenden, für die rechtliche Prüfung bedeutsamen Umstände und Vorgänge klären, indem er seinen Mandanten befragt und von diesem einschlägige Unterlagen erbittet; läßt dies keine zuverlässige Klärung erwarten, können weitere zumutbare Ermittlungen erforderlich sein«*[206]. Ziel dieser anwaltlichen Tätigkeit ist die Ermittlung der echten Tatsachen als Bestandteile des Sachverhalts und die Klärung, ob und wieweit die mit ihnen verknüpften oder vermengten rechtlichen Einordnungen zutreffend sind oder nicht[207].

▶ Beispiel 1[208]:

92 Ein Rechtsanwalt hatte den Geschäftsführer einer GmbH zu beraten, gegen die ein Arbeitnehmer Kündigungsschutzklage erhoben hatte. Das Kündigungsschutzgesetz war nicht anwendbar, wenn der Arbeitgeber nur einen Kleinbetrieb mit fünf oder weniger Arbeitnehmern unterhielt (§ 23 Abs. 1 S. 2, 3 KSchG a.F.). Dabei waren die zu ihrer Berufsausbildung Beschäftigten und solche Arbeitnehmer, deren regelmäßige Arbeitszeit wöchentlich zehn Stunden oder monatlich 45 Stunden nicht überstieg, nicht mitzurechnen, ebenso wenig der mitarbeitende Geschäftsführer einer GmbH.

---

199 Ebenso *Hartstang*, S. 455; *Vollkommer/Greger/Heinemann*, § 10, Rn. 2 Fn. 4; vgl. auch unten Kap. 8 Rdn. 334 m.w.N.
200 BGH NJW 1994, 2293 = WM 1994, 1805, 1806.
201 BGH, Urt. v. 14.2.2019 – ZR 181/17 – juris, Rn. 11.
202 OLG Düsseldorf NJW-RR 1989, 927, 928.
203 Vgl. BGH NJW 1985, 1154.
204 Vgl. *Vill*, in: G. Fischer/Vill/D. Fischer/Pape/Chab, § 2, Rn. 43.
205 Mögliche Regressfalle: Nichteinhaltung der gemäß § 623 BGB seit 1.5.2000 verlangten Schriftform.
206 BGH NJW 1996, 2929, 2931 = WM 1996, 1832 ff. m.w.N.; vgl. auch BGH, Urt. v. 14.2.2019 – IX ZR 181/17 – juris, Rn. 9 m.w.N.
207 Vgl. auch BGH, Urt. v. 14.2.2019 – IX ZR 181/17, a.a.O.
208 Instruktives Beispiel von *Ganter*, S. 8, entschieden von BGH NJW 2000, 730 = WM 2000, 189.

Ohne Erläuterung dieser Umstände durfte der Rechtsanwalt die Erklärung des Geschäftsführers, die GmbH habe »zehn Arbeitnehmer«, nicht ungeprüft übernehmen.

▶ Beispiel 2:

Während eines Unterlassungsrechtsstreits wegen Markenverletzung teilt der Beklagte seinem Prozessanwalt mit, er habe einen außergerichtlichen Vergleich über eine Lizenz geschlossen, durch den der Prozess erledigt sei.

Hier durfte der Anwalt sich nicht auf diese Mitteilung eines juristischen Laien verlassen und einfach abrechnen. Er hatte vielmehr zu prüfen, ob der Vergleich wirksam und (in welcher Weise) zur Prozessbeendigung geeignet war, und die dafür erforderlichen Unterlagen anzufordern.

▶ Beispiel 3[209]:

Der Ehemann der Klägerin suchte Anfang Januar 2012 den beklagten Anwalt auf und legte ihm eine außerordentliche Kündigung des Arbeitsverhältnisses seiner Ehefrau mit Schreiben vom 22.12.2011 mit der Erklärung vor, dieses sei der Klägerin am 23.12.2011 zugestellt worden. Er beauftragte den Beklagten namens seiner Ehefrau damit, die Kündigungsschutzklage zu erheben. Nachdem der Beklagte eine Deckungszusage der Rechtsschutzversicherung eingeholt hatte, reichte er am 13.1.2012 Klage beim Arbeitsgericht ein. Die Klage wurde schließlich mit der Begründung abgewiesen, die nach dem Kündigungsschutzgesetz bestehende Klagefrist von drei Wochen sei – ausgehend von einem Zugang des Kündigungsschreibens am 22.12.2011 – bereits am 12.1.2012 und damit vor Einreichung der Klage abgelaufen. Die Berufung der Klägerin hatte keinen Erfolg. Nunmehr verlangte die Klägerin vom Anwalt wegen der verspäteten Einreichung der Kündigungsschutzklage im Wege des Schadensersatzes die Erstattung von Verdienstausfall.

Das Regressgericht war der Ansicht, der Beklagte habe sich auf die Angabe des Ehemannes der Klägerin, dass die Kündigung am 23.12.2011 zugestellt worden sei, als Tatsachenangabe verlassen dürfen. Der Umstand, dass ein Schreiben bereits am Tag vor der Entnahme aus dem Briefkasten zugegangen sein könne, könne auch bei juristisch nicht vorgebildeten Mandanten als bekannt vorausgesetzt werden und habe den Beklagten nicht zu Nachfragen veranlassen müssen.

Diese Ausführungen hielten der rechtlichen Nachprüfung durch den BGH zu Recht nicht stand[210]. Der Beklagte hätte die Einreichung der Klage nur dann bis zum 13.1.2012 aufschieben dürfen, wenn gesichert gewesen wäre, dass die Kündigung nicht vor dem 23.12.2011 zugegangen war. Ohne weitere Nachfragen habe er hiervon aber nicht ausgehen dürfen. Denn Angaben des Mandanten über den Zugang einer Kündigung beträfen – nicht anders als Angaben über die Zustellung eines Urteils – eine so genannte Rechtstatsache Der im Gesetz verwendete Begriff des Zugangs werde rechtlich bestimmt. Danach sei es so, dass nur dann, wenn eine Erklärung den Briefkasten des Empfängers zu einer Tageszeit erreiche, zu der nach den Gepflogenheiten des Verkehrs eine Entnahme durch den Adressaten nicht mehr erwartet werden könne, die Willenserklärung nicht mehr an diesem Tag, sondern erst zu einem späteren Zeitpunkt zugegangen sei[211]. Vor diesem Hintergrund habe der Beklagte die Mitteilung, das Kündigungsschreiben sei am 23.12. zugestellt worden, nicht ohne Weiteres seinem Vorgehen zugrunde legen dürfen. Das vom Ehemann der Klägerin vorgelegte Kündigungsschreiben datierte vom 22.12.2011 und war mit der Aufschrift »per Boten« versehen. Danach kam in Betracht, dass das Schreiben bereits am 22.12.2011 durch einen Boten zu einer Tageszeit in den Briefkasten der Klägerin eingeworfen worden war, als mit einer Entnahme noch am selben Tag hatte gerechnet werden können. Eine solche Möglichkeit konnte der Beklagte auch nicht aufgrund der Äußerung des Ehemannes der Klägerin ausschließen.

---

209 BGH, Urt. v. 14.2.2019 – IX ZR 181/17 – juris.

210 BGH, a.a.O., Rn. 7 ff.

211 Zu der dem entsprechenden Rechtsprechung auch des Bundesarbeitsgerichts vgl. im Einzelnen BAG, Urt. v. 22.8.2019 – 2 AZR 111/19 – juris, Rn. 12 ff.; gegen diese gefestigte Rechtsprechung *Bruns*, NJW 2019, 3618 ff.

8. Behandlung schriftlicher Unterlagen

93 In jedem Fall muss der Anwalt die verfügbaren **schriftlichen Unterlagen** zur Kenntnis nehmen und genau studieren, wenn er sich keiner Pflichtverletzung schuldig machen will (vgl. dazu schon das Beispiel 2 in Rdn. 92).

Das zeigt folgendes Zitat aus einer Entscheidung des BGH:

»Der Beklagte (Rechtsanwalt) hat ... spätestens als Prozessbevollmächtigter der Gemeinschuldnerin im ersten Rechtszug des Feststellungsprozesses seine anwaltliche Aufklärungspflicht dadurch verletzt, daß er im Zusammenhang mit der Prüfung der Frage, ob bereits ein Vertrag mit der Wohnungsbaugesellschaft zustande gekommen war, nicht genau geklärt hat, wie die Ausschreibungsunterlagen aussahen, wie die Gemeinschuldnerin diese ausgefüllt und welche Schriftstücke sie der Wohnungsbaugesellschaft übersandt hat bzw. welche Unterlagen Gegenstand der Besprechung im Dezember 1970 gewesen sind; denn ein sogenannter Einheitspreisvertrag, von dessen Vorliegen die Wohnungsbaugesellschaft ausging, war nur zustande gekommen, wenn die Einheitspreise für die einzelnen Positionen der Ausschreibung Gegenstand der Vertragsverhandlungen waren. Da es somit für seine rechtliche Beurteilung auf diese Einzelheiten des Angebots ankam, mußte sie der Beklagte durch Befragen seiner Mandantin klären, soweit sie ihm diese nicht bereits ungefragt mitgeteilt hatte.«[212]

94 Besonderes Augenmerk ist zu richten auf die Vertragsunterlagen[213], den Schriftwechsel/die Korrespondenz sowie sonstige einschlägige Unterlagen und Belege[214].

▶ Beispiel[215]:

95 In einem Vermittlungsvertrag heißt es im Vertragstext, dass die A-GmbH für den Fall erfolgreicher Vermittlung einer städtischen Aufstellungsberechtigung für Altkleidercontainer eine bestimmte Vermittlungsprovision zahlen soll. Die schriftliche Vereinbarung beginnt mit den Worten: »Zwischen A und B wird folgende Vereinbarung geschlossen:« A und B sind jeweils die alleinigen Gesellschafter und Geschäftsführer ihrer GmbHs, der A-GmbH und der B-GmbH. Dem weiteren Wortlaut der Vereinbarung, die von A und B jeweils ohne Vertretungszusatz unterschrieben wurde, lässt sich entnehmen, dass die Provision an B zu leisten sei und dass A eine a-Konto-Vorauszahlung zu leisten habe. A wird von B wegen der Provision verklagt. Er bestätigt, im Mandantengespräch mit seinem Anwalt, den Vertrag geschlossen zu haben.

Weil in der Vermittlungsvereinbarung die Zahlungspflicht des A abweichend davon geregelt worden war, dass die A-GmbH Inhaberin der Aufstellberechtigung werden sollte, hat das OLG angenommen, dass mit Rücksicht auf das Gebot des relativ sichersten Weges der Mandant ergänzend hätte befragt werden müssen, ob es nicht dem wirklichen Willen der Vertragsschließenden entsprach, dass die A-GmbH Provisionsschuldnerin sein sollte. Denn ein übereinstimmender Wille der Vertragsparteien bei Vertragsschluss sei selbst dann maßgeblich, wenn er im Vertragstext keinen oder nur einen unvollkommenen Ausdruck gefunden habe.[216]

9. Erforschung von Beweismitteln und Beweissicherung

96 Zur Informationspflicht des Rechtsanwalts gehört es auch, den Mandanten sorgfältig nach etwa zur Verfügung stehenden **Beweismitteln** zu befragen[217], also z.B. zu erforschen, welche schriftlichen Vertragsunterlagen zur Verfügung stehen und welche Personen entscheidungserhebliche Umstände oder Vorgänge wahrgenommen haben, also als Zeugen benannt werden können. So ist in einer älteren Entscheidung des BGH[218] einem Prozessanwalt vorgeworfen worden, nach einem

212 BGH VersR 1983, 34 = WM 1982, 1313 f.
213 Vgl. BGH NJW 1985, 1154, 1155.
214 Vgl. BGH NJW 1981, 2741, 2743.
215 OLG Hamm, Urt. v. 15.11.2011 – I-28 U 73/11 – juris.
216 OLG Hamm, a.a.O., juris, Rn. 51, 52.
217 Vgl. OLG Hamm Urt. v. 26.2.1998 – 28 U 154/97; vgl. auch schon oben Rdn. 78.
218 BGH VersR 1961, 467, 469.

negativen Beweisergebnis in erster Instanz und daraufhin auch für die zweite Instanz verweigertem Armenrecht den Mandanten nicht den Weg gewiesen zu haben, bei Hausbewohnern eines Wohnblocks persönlich nachzufragen, ob diese zu der entscheidungserheblichen Frage einer Verkehrssicherungspflichtverletzung etwas bekunden konnten. Ein solcher Hinweis des Anwalts war im fraglichen Fall nach allen Umständen in der Tat naheliegend. Nach einer anderen Entscheidung des BGH[219] trifft den Prozessanwalt im Zivilprozess jedenfalls *»eine besondere Mitverantwortung für die Herbeischaffung der Beweismittel«*. Wie das OLG Köln[220] dem Grundsatz entsprechend zutreffend ausgeführt hat, braucht der Anwalt aber nicht nach weiteren Beweismitteln zu forschen, wenn ihm der Mandant schon zwei Zeugen zu einem bestimmten Sachvortrag benannt hat. Denn insoweit durfte der Anwalt auf die Vollständigkeit der gegebenen Informationen vertrauen (zu den Pflichten im Zusammenhang mit der prozessual korrekten Angabe von Beweismitteln vgl. weiter in Kap. 8 Rdn. 326, 327, 328).

Eine **eigene Kontaktaufnahme** zu in Frage kommenden Zeugen kann vom Anwalt aber nur in Aus- 97
nahmefallgestaltungen verlangt werden, beispielsweise, weil dies dem Mandanten nicht möglich ist oder dieser damit überfordert wäre, dies so zu tun, dass der Anwalt dies für die weitere Interessenvertretung brauchbar verwerten kann[221]. Wegen der Gefahr der Beeinflussung sollte insgesamt nur zurückhaltend von einer Befragung von Zeugen Gebrauch gemacht werden, wobei auch bedacht werden sollte, dass allein der Umstand der Kontaktaufnahme und erst recht der Befragung von Zeugen schon den nachteiligen Anschein der Zeugenbeeinflussung erwecken und damit eine Zeugenaussage im Prozess entwerten kann. Dieses Risiko hat der Anwalt daher sorgfältig mit dem Nutzen abzuwägen, den eine Kontaktaufnahme mit einem Zeugen bringen könnte[222]. Der Anwalt hat den Mandanten auf dieses Risiko und die Abwägungsgesichtspunkte hinzuweisen[223] und je nach Einzelfall diese Belehrung in einen Rat umzumünzen.

Den in Bezug auf die erforderlichen Informationen **säumigen Mandanten** muss der Rechtsanwalt 98
rechtzeitig und unmissverständlich auf die Folgen eines verspäteten Vorbringens **hinweisen**[224]. Erhält der Anwalt von seinem Mandanten trotz Aufforderung keine **Unterlagen** vorgelegt oder keine **Zeugen** benannt, so berechtigt ihn dies nicht dazu, ohne Rücksprache untätig zu bleiben. Er muss vielmehr darauf hinweisen, dass ihm Unterlagen oder die erforderlichen Angaben für einen Zeugenbeweisantritt beispielsweise für die Prüfung der Erfolgsaussichten einer Klage fehlen und der Eintritt der Verjährung droht[225].

Schon im Stadium von Informationsbeschaffung und Klärung der tatsächlichen Grundlagen der 99
vom Mandanten verfolgten Rechtsschutz- oder Rechtsverteidigungsziele muss u.U. der Anwalt auch für eine **Beweissicherung** Sorge tragen (vgl. auch unten Rdn. 227)[226].

---

219 BGH NJW 1988, 3013, 3016 = WM 1988, 987, 993.

220 OLG Köln NJW 1986, 725 ff.

221 Darüberhinausgehend generell eine anwaltliche Pflicht verneinend: *Vollkommer/Greger/Heinemann*, § 10, Rn. 10.

222 *Ullrich*, NJW 2014, 1341, 1346.

223 Vgl. *Vollkommer/Greger/Heinemann*, § 10, Rn. 10.

224 BGH NJW 1982, 437; OLG Brandenburg, Urt. v. 11.2.2014 – 10 U 1/12 – juris, Rn. 50; vgl. ferner *Vill*, in: G. Fischer/Vill/D. Fischer/Pape/Chab, § 2, Rn. 231 zu gerichtlichen Auflagen.

225 OLG Brandenburg, a.a.O.

226 Vgl. BGH NJW 1993, 2676, 2677 f. = WM 1993, 1967 (Veräußerung von durch einen Wassereinbruch beschädigten Modeartikeln); BGH NJW 1995, 521, 522 f. = WM 1995, 719; OLG Hamm, zit. in: AnwBl 1972, 359 unter 3 (jeweils zur Sicherstellung eines rechtzeitigen und formgerechten Widerrufs eines Prozessvergleichs in beweisbarer Form).

10. Persönliche Pflicht des Anwalts

100 Der Anwalt darf die Prüfung der schriftlichen Unterlagen nicht etwa seinem Bürovorsteher oder seiner Anwaltsgehilfin überlassen[227]. Überhaupt trifft die Informationspflicht den Anwalt **persönlich**, wie der BGH mit folgenden Worten klargestellt hat:

> »Ein Anwalt muß grundsätzlich sowohl die Anhörung und Befragung der Mandanten als auch die eigentliche juristische Beratungstätigkeit persönlich ausüben und darf dies nicht dem Bürovorsteher überlassen. Begnügt er sich mit der Mandatsannahme oder Rechtsberatung durch den Bürovorsteher, dann geschieht dies auf sein eigenes Risiko.«[228]

101 Dagegen steht es dem Rechtsanwalt frei, einen angestellten Anwalt, einen amtlich bestellten Vertreter, einen freien Mitarbeiter oder Assessor, gegebenenfalls auch einen Rechtsreferendar, mit der Befragung des Mandanten zu beauftragen[229]. Für deren Fehler bei der Aufklärung haftet er aber gegenüber dem Mandanten nach § 278 BGB (näher in Kap. 3 Rdn. 25 ff.)[230]. Dies gilt entsprechend auch für die sonstigen Ermittlungstätigkeiten[231].

11. Informationspflicht bei Einschaltung eines Verkehrsanwalts

102 Eingeschränkt ist die Informationspflicht des Prozessanwalts, wenn dieser mit einem anderen Anwalt, dem sog. **Verkehrsanwalt**, korrespondiert und von diesem die Informationen des Mandanten weitergegeben werden. Hier ist es grundsätzlich in erster Linie Sache des Verkehrsanwalts (auch Korrespondenzanwalt genannt), die notwendigen Gespräche zur Aufklärung des Sachverhalts mit dem Mandanten zu führen und die erhaltenen Informationen an den Prozessanwalt weiterzugeben, insbesondere dann, wenn er die Schriftsätze zu entwerfen hat[232] (vgl. auch oben Rdn. 199). Daher ist der Prozessanwalt grundsätzlich nicht verpflichtet, (zusätzliche) Informationen von der Partei direkt einzuholen[233]. Es ist allerdings denkbar, dass prozessordnungsgemäßes Verhalten es zur Schadensverhütung erforderlich macht, dass der Prozessanwalt sich unmittelbar bei der Partei informiert, so z.B. wenn es nötig und möglich ist, in einem Verhandlungstermin unverzüglich unmittelbar durch Sachvortrag zu reagieren.

12. Stellenwert der Informationspflicht

103 Nach den Erfahrungen der Regresspraxis, wie sie sich beispielsweise bei dem 28. Zivilsenat des OLG Hamm zeigen, liegt im Bereich der Informationspflicht eine **beträchtliche Fehlerquelle**. Hier wird vielfach zu oberflächlich gearbeitet und es werden – nicht immer nur im Drange der Geschäfte – **häufig** die dem Anwalt im Einzelnen obliegenden Pflichten zur hinreichenden Klärung des maßgeblichen Sachverhalts **verletzt**. Erfahrungsgemäß vermengen viele Mandanten reine Tatsachen mit (laienhaften) rechtlichen Einschätzungen, Annahmen und Schlussfolgerungen. Darauf sollten die Anwälte genauer achten und allgemein auch darauf, dass nicht erst bei der persönlichen Befragung ihrer Parteien durch die Gerichte wesentliche Teile des Sachverhalts geklärt werden. Dies ist umso mehr zu betonen, als nun auch das BVerfG[234] darauf hinweist, dass die (Prozess-)Anwälte *»Verantwortung hinsichtlich des unterbreiteten Sachverhalts«* tragen.

---

227 Vgl. *Vollkommer/Greger/Heinemann*, § 10, Rn. 7; *Hartstang*, S. 457.

228 BGH NJW 1981, 2741, 2743 = VersR 1981, 984.

229 A.A. bei Rechtsreferendaren *Borgmann/Jungk/Schwaiger*, Kap. IV, Rn. 17; *Vollkommer/Greger/Heinemann*, § 10, Rn. 7.

230 Vgl. zur Zurechnung nach § 278 bei solchen Hilfspersonen des Anwalts allgemein: BGH WM 1990, 815, 818 = NJW-RR 1990, 459; *Ganter*, S. 7.

231 Vgl. zur (analogen) Heranziehung des § 278 BGB bei einem Notar, der sich zur Einsichtnahme in das Grundbuch Hilfspersonen bedient hat: BGHZ 131, 200, 205 = NJW 1996, 464.

232 Vgl. OLG Düsseldorf NJWE-VHR 1997, 58; 1998, 234, 235; OLG Frankfurt MDR 1981, 51; *Rinkler/Pape*, in: G. Fischer/Vill/D. Fischer/Pape/Chab, § 1, Rn. 268; vgl. auch OLG Koblenz VersR 1993, 747, 748.

233 OLG Frankfurt, MDR 1981, 51; *Borgmann/Jungk/Schwaiger*, Kap. IV, Rn. 17.

234 BVerfG NJW 2002, 2937 f.

13. Anscheinsbeweis für Erteilung weiterer Informationen

Der Mandant kann sich auf einen **Anscheinsbeweis** dafür berufen, dass er die Aufforderung durch seinen Anwalt, ihm weitere Informationen zu erteilen oder Unterlagen zur Verfügung zu stellen, erfüllt hätte[235]. Es ist nämlich ein nach allgemeiner Lebenserfahrung typisches Verhalten, dass der Mandant der Bitte um Informationen nachkommt, um seinem Rechtsanwalt eine umfassende Belehrung und Beratung zu ermöglichen, wenn der Mandant die entsprechenden Kenntnisse selbst hat oder sie sich jedenfalls rechtzeitig unschwer hätte besorgen können und/oder die angeforderten Unterlagen verfügbar hatte[236]. 104

Dazu der BGH:

»Steht fest, daß der Anwalt seine vertraglichen Beratungs- und Belehrungspflichten verletzt hat, kann die Frage, ob er dem Mandanten die gerichtliche Durchsetzung seiner Ansprüche hätte empfehlen müssen, nicht ohne Weiteres auf der Basis der ihm damals tatsächlich erteilten Information beurteilt werden. Vielmehr ist zu fragen, ob der Auftraggeber bei pflichtgemäßem Verhalten des Anwalts sich veranlaßt gesehen hätte, die bisherigen Angaben zu erweitern oder zu ergänzen. Dabei gilt zugunsten des Mandanten die Vermutung, er hätte sich beratungsgemäß verhalten (BGH, NJW 1983, 1665 (1666) = LM § 276 (Ci) BGB Nr. 39; BGH, VersR 1985, 83, 85). Folglich ist grundsätzlich davon auszugehen, daß er dem Anwalt alle ihm damals bekannten Tatsachen, die ihm nach der gebotenen Belehrung über Voraussetzungen, Umfang und Durchsetzbarkeit seiner Rechte bei vernünftiger Betrachtung aus der Laiensphäre bedeutsam erscheinen mußten, mitgeteilt hätte.«[237]

Und weiter der BGH:

»Wenn es danach zu den Pflichten des Beklagten gehörte, den Kläger darin zu beraten, welche Ansprüche ihm für die Veräußerung seines Geschäftsanteils zustanden, wird das Berufungsgericht zu beachten haben, daß zugunsten des Mandanten grundsätzlich die Vermutung gilt, er hätte dem Anwalt rechtzeitig die notwendigen Informationen erteilt, wenn dieser seine Beratungs- und Aufklärungspflichten sachgerecht wahrgenommen hätte (Senat, NJW 1992, 240 = LM H. 5/1992 § 675 BGB Nr. 172). Dabei handelt es sich um einen Anwendungsfall des Anscheinsbeweises, so daß die Grundsätze des Senatsurteils vom 30.9.1993 (NJW 1993, 3259 = LM H. 1/1994 § 249 (Ba) BGB Nr. 33, zur Veröffentlichung in BGHZ bestimmt) zur Anwendung kommen. Dieses Urteil wird das Berufungsgericht auch zu beachten haben, wenn es um die Frage geht, welches Ergebnis der Kläger in den Verhandlungen mit seinen Mitgesellschaftern erzielt hätte, wenn er vom Beklagten umfassend über die Rechtslage ins Bild gesetzt worden wäre. Dabei ist für die hypothetische Situation, mit der das reale Ergebnis verglichen werden muß, von einer in allen Teilen korrekten Pflichterfüllung des Beklagten auszugehen.«[238]

Ob für die Anwendung des Beweises des ersten Anscheins im Bereich der Information es immer der hypothetischen Zugrundelegung einer Aufklärung des Mandanten darüber bedarf, *weshalb* es auf diese Fragen ankomme[239], ist zu bezweifeln. Es kann im Einzelfall auch ausreichen, dass dem Mandanten hinreichend deutlich ein Aufklärungsbedürfnis für bestimmte Tatsachen(-ergänzungen) oder die Notwendigkeit der Vorlage konkret bezeichneter oder umrissener Unterlagen durch seinen Anwalt ohne weitere rechtliche Erläuterungen aufgezeigt worden wäre, um nach der Lebenserfahrung typischerweise zu der Vermutung zu gelangen, dass der Mandant sich dem Verlangen entsprechend verhalten hätte. 105

---

235 BGH NJW 1992, 240, 241 = WM 1991, 1993, 1994; NJW 1994, 1472, 1475 = WM 1994, 1114, 1118; NJW 1996, 2929, 2932 = WM 1996, 1832, 1835 = VersR 1997, 187, 189; NJW 1998, 2048, 2050 = WM 1998, 1542, 1544; NJW 2000, 730 f. = WM 2000, 189.

236 Diese Beweisfrage wird bereits im Abschnitt über die Pflichten des Anwalts mit abgehandelt, obwohl es hierbei schon um die Kausalität geht. So wird es für den Anwalt in der Praxis gleich an dieser Stelle deutlich, welch große Haftungsrelevanz die Verletzung anwaltlicher Informationspflicht besitzt. Vgl. aber auch in Kap. 4 Rdn. 26 ff.

237 BGH NJW 1992, 240, 241 = WM 1991, 1993, 1994.

238 BGH NJW 1994, 1472, 1475 = WM 1994, 1114, 1118.

239 So aber offenbar: *Ganter*, S. 20 zu Fn. 223.

106 Für die **Erschütterung des Anscheinsbeweises** muss der Anwalt Tatsachen beweisen, die für ein atypisches Verhalten des Mandanten sprechen[240], etwa dahingehend, der Mandant habe ihm in Kenntnis ihrer Bedeutung Unterlagen bewusst vorenthalten[241].

III. Rechtliche Bearbeitung

107 Neben der sorgfältigen Klärung des zugrundeliegenden Sachverhalts ist es in erster Linie Aufgabe des Rechtsanwalts, für seinen Mandanten die **Rechtslage zu prüfen und festzustellen**[242] und danach unter Beachtung des Gebots der Fristenkontrolle[243] die erforderlichen **rechtlichen Maßnahmen zu empfehlen** bzw. einzuleiten, damit den Interessen des Mandanten optimal gedient wird. Das gilt für jedes Mandat, sei es ein Prozessmandat, ein Auftrag zur außergerichtlichen Interessenwahrnehmung oder zur Vertrags- oder sonstigen Rechtsgestaltung[244].

108 So darf der Anwalt für unzulässige und unbegründete Anträge schon gar nicht um Prozesskostenhilfe nachsuchen. Eine fehlerhafte Bewilligung durch das Gericht lässt nicht etwa – rückblickend – das Prozesskostenhilfegesuch als pflichtgemäß erscheinen. Die Bewilligung der Prozesskostenhilfe, welche nicht mehr als eine nur summarische Prüfung einer gewissen Erfolgswahrscheinlichkeit erfordert, entbindet den Prozessbevollmächtigten also nicht von der eigenverantwortlichen Prüfung der Rechtslage[245].

109 Ist somit der Anwalt verpflichtet, durch Einsatz aller zur Verfügung stehenden Rechtsmaßnahmen das bestmögliche Ergebnis für seinen Mandanten zu erzielen, setzt das zunächst die Klärung voraus, ob das vom Mandanten angestrebte **Ziel** oder seine Zielvorstellungen mit dem festgestellten Sachverhalt vereinbar sind, der beabsichtigte Erfolg also überhaupt **erreichbar** ist[246]. Dabei muss – ähnlich wie bei der Kausalitätsprüfung (dazu Kap. 4 Rdn. 20, 43) – bei Handlungsalternativen ein Vergleich angestellt werden zwischen deren jeweiligen Rechtsfolgen und den Handlungszielen des Mandanten[247].

110 Auch wenn der Rechtsanwalt als Voraussetzung seiner Zulassung zur Anwaltschaft die Große Juristische Staatsprüfung absolviert und die Befähigung zum Richteramt erworben hat, hat er damit noch keineswegs alles getan, um dem Vorwurf der Pflichtverletzung in Bezug auf mangelnde Rechtskenntnisse stets entgehen zu können. Abgesehen davon, dass gemäß § 43a Abs. 6 BRAO der Rechtsanwalt berufsrechtlich allgemein verpflichtet ist, sich fortzubilden, sind die vom Rechtsanwalt zu erwartenden **Rechtskenntnisse** stets **bezogen auf das jeweilige Mandat** zu bestimmen[248].

111 An die Erfüllung dieser Pflichten stellt die Rechtsprechung **hohe Anforderungen**. Vom Anwalt wird erwartet, dass er angenommene Aufträge mit dem dafür erforderlichem Wissen ausführt, welches er sich – soweit nicht vorhanden – unter Sammlung und Sichtung des einschlägigen Materials

---

240 Vgl. nur: BGH NJW 1996, 2929, 2932 = WM 1996, 1832, 1835 = VersR 1997, 187, 189.

241 BGH NJW 1996, 2929, 2932 = WM 1996, 1832, 1835 = VersR 1997, 187, 189; weitere Beispiele für atypisch handelnde und daher nicht geschützte Mandanten bei *Borgmann*, NJW 2000, 2953, 2958 zu Fn. 101 und 102 (dort zu einem Nichtannahmebeschluss des BGH zu einem Urteil des OLG Hamm vom 17.3.1992 – 28 U 150/91).

242 Vgl. *Vill*, in: G. Fischer/Vill/D. Fischer/Pape/Chab, § 2, Rn. 52.

243 Vgl. BGH NJW 1992, 820 = WM 1992, 739, 740; *Ganter*, S. 9; *Vill*, in: G. Fischer/Vill/D. Fischer/Pape/Chab, § 2, Rn. 162.

244 *Vill*, in: G. Fischer/Vill/D. Fischer/Pape/Chab, § 2, Rn. 53; *Ganter*, S. 9.

245 BGH NJW 1993, 734 = WM 1993, 382, 384; vgl. auch *Ganter*, S. 9; zu sonstigen Einzelproblemen vgl. in Kap. 8 Rdn. 363

246 Dazu vgl. schon oben im Rahmen der Sachverhaltsaufklärungspflicht bezüglich etwa erforderlicher Klärung bei der Festlegung des Ziels: Kap. 2 Rdn. 74; vgl. weiter: BGH NJW 1996, 2929, 2932 = WM 1996, 1832, 1835 = VersR 1997, 187, 189; BGH NJW 2000, 730, 731 = WM 2000, 189, 190; *Ganter*, S. 9; *Zugehör*, Beraterhaftung, Rn. 50.

247 BGHZ 171, 261 = NJW 2007, 2485, 2487 = WM 2007, 1183 (Tz. 20).

248 BGH NJW 2006, 501, 502 = WM 2005, 2197; NJW 2004, 3487 = WM 2005, 896 (Steuerberater).

ungesäumt hinzuerwerben muss[249]. Dies ist gerade heutzutage nicht immer einfach und mit eindeutigem Ergebnis möglich[250]. In vielen Bereichen, namentlich auch im Bereich des – weit gefassten – Verbraucherschutzes sind zahlreiche und zum Teil tiefgreifende Gesetzesänderungen (mit ihren Übergangsregelungen) zu beachten, zu verstehen und richtig anzuwenden sowie europäische Richtlinien (z.B. im Rahmen sog. richtlinienkonformer Auslegung) zu berücksichtigen.

1. Kenntnis deutscher Rechtsnormen, insbesondere der Gesetze

Der Rechtsanwalt muss über diejenigen Rechtskenntnisse verfügen, die für die ordnungsgemäße Be- 112
arbeitung seines jeweiligen Mandats erforderlich sind[251]. Wegen der mithin nur mandatsbezogen erforderlichen Rechtskenntnisse wird – entgegen der Ansicht von Rinsche bis zur 6. Auflage[252] – nicht etwa allgemein eine im Wesentlichen lückenlose Gesetzeskenntnis des pflichtgemäß handelnden Anwalts vorausgesetzt[253]. Ein derartiger, sozusagen »leichter Hand« zu verwertender Wissensstand wäre illusorisch; solchen Anforderungen könnte niemand gerecht werden[254]. Wenn es in einer älteren Entscheidung des OLG Hamm[255] heißt: »Gesetzeskenntnis, zumindest des BGB bis ins Detail wird in der Rechtsprechung vom Anwalt fast ausnahmslos gefordert«, ist das eindeutig zu weitgehend; eine solche Aussage entspricht nicht dem aktuellen Stand der Regressrechtsprechung[256], wenngleich die Anforderungen der ständigen Rechtsprechung an die Kenntnisse und Fähigkeiten des Rechtsanwalts hoch sind[257]. Nicht verlangt wird aber eine Beherrschung der gesamten Gesetzesmaterie. Nötig sind – wie bereits ausgeführt – lediglich mandatsbezogene Rechtskenntnisse, die der Anwalt sich auch gerade erst erworben haben kann (vgl. oben Rdn. 111 m.w.N.). Dazu aktuell der BGH[258]:

> »Die vom Anwalt zu verlangenden mandatsbezogenen Kenntnisse kann und wird sich der Anwalt jedoch nur hinsichtlich des Gegenstands des Mandats verschaffen. Kenntnisse, die für die Beratung nicht erforderlich sind, die für den Mandanten aber gleichwohl nützlich sein könnten, braucht der Anwalt nicht zu haben; er ist auch nicht verpflichtet, sie aus Anlass des Mandates zu erwerben.«

Die **einschlägigen** Rechtsgrundlagen **muss** der Anwalt aber auch **ermitteln**. Dabei geht es aller- 113
dings nicht nur um die Kenntnis des BGB, sondern je nach den Umständen des Einzelfalles, d.h. soweit für die Bearbeitung des Mandats erforderlich, auch die Kenntnis anderer deutscher Gesetze, und zwar **einschließlich neuer oder geänderter Gesetze** oder neuer Vorschriften unter Beachtung etwaiger Übergangsvorschriften[259], von Rechtsverordnungen[260] sowie der Gesetze auf speziellen Gebieten[261], **z.B.** infolge des Beitritts der neuen Länder zur Bundesrepublik[262], auf dem Gebiet des Steuerrechts, soweit sich die Mandatspflichten auch darauf beziehen[263] oder im Bereich des

249 BGH NJW 2006, 501, 502 = WM 2005, 2197; NJW 2004, 3487 = WM 2005, 896 (Steuerberater).

250 Das erfordert dann, die Belehrung und das weitere Vorgehen am Grundsatz des sichersten Weges auszurichten; dazu vgl. im Einzelnen unten Rdn. 195 ff.

251 BGH, Urt. v. 21.6.2018 – IX ZR 80/17 – juris, Rn. 17.

252 *Rinsche*, 6. Auflage, Rn. I 99.

253 So nun auch ausdrücklich BGH NJW 2006, 501, 502 = WM 2005, 2197 und BGH, Urt. v. 21.6.2018 – IX ZR 80/17 – juris, Rn. 17.

254 BGH, Urt. v. 21.6.2018, a.a.O.

255 VersR 1981, 936.

256 Ablehnend auch: *Vill*, in: G. Fischer/Vill/D. Fischer/Pape/Chab, § 2, Rn. 57.

257 Wie BGH, Urt. v. 21.6.2018, a.a.O. durchaus betont.

258 BGH, Urt. v. 21.6.2018 – IX ZR 80/17 – juris, Rn. 18.

259 BGH NJW 2004, 3487 = WM 2005, 896 (Steuerberater); *Vill*, in: G. Fischer/Vill/D. Fischer/Pape/Chab, § 2, Rn. 62.

260 BGH NJW 2006, 501, 502 = WM 2005, 2197.

261 BGH NJW 2006, 501, 502 = WM 2005, 2197; BGHZ 27, 126 = MDR 1958, 496, 497.

262 Vgl. BGH VIZ 1996, 654 = DtZ 1996, 313 = MDR 1997, 98; BGH NJW 2001, 673, 674 f. = VIZ 2001, 225 = WM 2000, 1814, 1815; vgl. dazu auch *Borgmann*, NJW 2000, 2953, 2958; *dies.*, NJW 2002, 2145, 2147; *Ganter*, S. 9; *Vill*, in: G. Fischer/Vill/D. Fischer/Pape/Chab, § 2, Rn. 65.

263 BGH NJW 1982, 1866 = VersR 1982, 753: *»Nach § 3 I BRAO ist der Rechtsanwalt der berufene unabhängige Berater und Vertreter in allen Rechtsangelegenheiten; das gesetzliche Berufsbild des Anwalts schließt also auch die steuerrechtliche Beratung ein. § 3 Nr. 2 StBerG stellt klar, daß Rechtsanwälte zur geschäftsmäßigen*

Europarechts[264]. Dabei kann der Rechtsanwalt **auch schon** gehalten sein, wenn in der Tages- oder Fachpresse über **Vorschläge zu einer Gesetzesänderung** berichtet wird, die im Falle ihrer Verwirklichung das von dem Mandanten erstrebte Ziel unter Umständen vereiteln oder beeinträchtigen kann, sich aus allgemein zugänglichen Quellen über den näheren Inhalt und den Verfahrensstand solcher Überlegungen zu unterrichten. Welche Anforderungen hierzu im Einzelnen zu stellen sind, hängt wesentlich von den Umständen des Einzelfalles ab[265]. Dabei gelten ähnliche Pflichtenmaßstäbe wie bei erkennbar bevorstehender Änderung einer höchstrichterlichen Rechtsprechung[266].

114 Vor allem im Bereich des Steuerrechts kann unter Umständen die **Kenntnis von festen Verwaltungsübungen** gefordert sein, was nach der Entscheidung des BGH vom 28.9.1995[267] schon dann der Fall sein kann, wenn eine solche für den Mandatsgegenstand relevante Handhabung in der (Fach-)Öffentlichkeit diskutiert wird. Leitsatz 1 lautet:

> »Ist eine feste Verwaltungsübung der zuständigen Finanzbehörden einem steuerlichen Berater bekannt oder muß er sie kennen, handelt er pflichtwidrig, wenn er sie bei seinen steuerlichen Empfehlungen und Belehrungen nicht berücksichtigt. Dies gilt auch dann, wenn er diese Übung persönlich für rechtswidrig hält und dies objektiv zutrifft.« In den Gründen heißt es weiter: »Sich nach einer ihm unbekannten Verwaltungsübung zu erkundigen, kann der steuerliche Berater dann verpflichtet sein, wenn die Behörde über den noch zu stellenden Antrag nach ihrem Ermessen zu entscheiden hat. Denn insoweit kommt eine Ermessensbindung durch ständige – rechtmäßige – Verwaltungsübung in Betracht [Nachweise], die der steuerliche Berater nicht außer acht lassen darf, wenn er seiner Pflicht zur umfassenden Beratung genügen will. Kann der für den Mandanten zu stellende Antrag nur Erfolg haben, wenn die Behörde den Rahmen ihres Ermessens überschreitet, ist der Berater jedoch zu einer Erkundigung grundsätzlich nicht verpflichtet … Ein steuerlicher Berater muß eine derartige gefestigte Praxis aber dann kennen, sich zumindest danach erkundigen, wenn es konkrete Anhaltspunkte dafür gibt.«

Zusammengefasst gilt also:

115 Der Anwalt muss sich die für die sachgerechte Mandatsbearbeitung notwendige Gesetzeskenntnis **verschaffen**, insbesondere auch auf speziellen Gebieten oder in Sonderbereichen[268], neben den oben bereits angesprochenen Bereichen noch beispielsweise zu Fragen des Sozialversicherungsrechts[269], des Versorgungsausgleichs im Scheidungsverfahren[270], des Rechtsmittelsystems der ZPO

Hilfeleistung in Steuersachen befugt sind.« Zur (grds. nur eingeschränkten) Pflicht des Anwalts zur steuerlichen Beratung vgl. unten Rdn. 158.

264 BGH NJW 1998, 1860; vgl. dazu auch *Borgmann*, NJW 2000, 2953, 2958 in Fn. 105; *Borgmann/Jungk/Grams*, Kap. IV, Rn. 47; *Vill*, in: G. Fischer/Vill/D. Fischer/Pape/Chab, § 2, Rn. 76; *Rinsche/Schlüter*, ZAP (1992), Fach 23, S. 116 f.; vgl. weiter unten Rdn. 119 ff., 129.

265 Vgl. BGH NJW 2004, 3487 = WM 2005, 896; dazu *Raebel*, DStR 2004, 1673, 1674 f. (In erkennbaren Gefahrenlagen für eine belastende Steuergesetzänderung sei dem Berater nicht, wie allgemein nach Rechtsprechungsänderungen, grundsätzlich eine mehrwöchige Reaktionszeit zuzubilligen.); BGH, Beschl. v. 29.3.2007 – IX ZR 102/06, Beck RS 2007, 07912 (mit deutlich einschränkender Formulierung); NJW-RR 2006, 273 = WM 2005, 2345 (jeweils Steuerberaterhaftung); OLG Hamm vom 8.7.2004 – 28 U 71/03 (Gesetzesänderung im Steuerrecht »parallel« zu einer anwaltlichen Vertragsberatung einschließlich steuerrechtlicher Beratung, konkret: Neuregelung des § 50c Abs. 11 EStG zur Schließung eines »Steuerschlupflochs«).

266 BGH NJW 2004, 3487 = WM 2005, 896; OLG Hamm vom 8.7.2004 – 28 U 71/03; zur Entwicklung oder Änderung einer höchstrichterlichen Rechtsprechung vgl. BGH NJW 1993, 3323, 3325 = VersR 1994, 99, 101 = WM 1993, 2129, 2130 f.; NJW 2001, 675, 678 (auch zu dem zuzubilligenden »realistischen Toleranzrahmen«); vgl. auch unten Rdn. 134.

267 BGH NJW 1995, 3248 = WM 1995, 2075, 2076.

268 BGH NJW 2006, 501, 502 = WM 2005, 2197; BGHZ 27, 126 = MDR 1958, 496.

269 Vgl. BGH NJW-RR 1990, 459 (Auftrag zur Beratung und für den Entwurf von Verträgen für die Beschäftigung von freien Mitarbeitern, was die Beachtung der sozialversicherungsrechtlichen Abgrenzungsmerkmale von selbstständiger und unselbstständiger Tätigkeit erforderte).

270 Vgl. *Udsching*, NJW 1978, 295.

in Kindschaftssachen[271], des arbeitsrechtlichen Kündigungsschutzprozesses[272] oder der Voraussetzungen für rückwirkende Bewilligung von Kindergeld trotz Fehlens gültiger Aufenthaltsberechtigung aufgrund völkervertraglicher Bindung[273].

Zur Beschaffung der mandatsbezogenen Rechtskenntnisse muss dem Anwalt ein der Sachlage **angemessener Zeitraum** zugebilligt werden[274]. Es hängt also ganz von den Umständen des Einzelfalles, dabei auch insbesondere von der Eilbedürftigkeit und der Entwicklung des Mandats ab, ob und bejahendenfalls welche Zeitspanne als »**realistischer Toleranzrahmen**«[275] dem Anwalt jeweils einzuräumen ist. Wenn der Mandant infolge noch bestehender Rechtsunkenntnis des Anwalts einen Nachteil erleidet, fehlt es an einer Pflichtverletzung, wenn der Toleranzzeitraum noch nicht abgelaufen war[276] oder unvorhersehbar und ohne Möglichkeit der Vorbereitung **ad hoc** eine Auskunft zu geben oder eine Entscheidung zu treffen war; in einem solchen Fall wird man beim Anwalt nur diejenigen Kenntnisse voraussetzen dürfen, die vernünftigerweise von einem erfahrenen und gewissenhaften, die allgemein anerkannten Maßstäbe der Berufsausübung einhaltenden Anwalt erwartet werden können[277]. Allerdings muss der Anwalt gegebenenfalls klarstellen, dass er infolge der besonderen Situation unvorbereitet und ohne Möglichkeiten weiterer Absicherung oder Vertiefung gezwungenermaßen aus dem Stand heraus beraten oder handeln muss, wobei je nach Sachlage ein ergänzender Risikohinweis an den Mandanten nötig sein kann, damit dieser in der Lage ist, eigenverantwortlich eine sachgerechte Weisung an den Anwalt zu erteilen. 116

Dagegen würde es eine unvertretbare Überspannung der Anforderungen an den Anwalt darstellen und mit dem Prinzip der (nur) mandatsbezogen erforderlichen Rechtskenntnisse und des Bestehens anwaltlicher Pflichten nur in den Grenzen des Mandats[278] kollidieren, wenn der Anwalt sich grundsätzlich auch – selbst ohne Aneignung von Detailwissen – in über den »Auftragskern« hinausgehende **Randgebiete** zu nur am Rande interessierenden Rechtsfragen einarbeiten und sich auch dazu Kenntnis der in Frage kommenden rechtlichen Bestimmungen verschaffen müsste[279]. Soweit erkennbar hat die Rechtsprechung für diesen Bereich, in dem nebenvertragliche Warnpflichten in Betracht kommen (dazu unten Rdn. 265 ff.), ein solches Postulat, dem auch Abgrenzungsprobleme entgegenstehen, nicht aufgestellt. 117

Auch unter Berücksichtigung der dargestellten Einschränkungen hinsichtlich der erwarteten Rechtskenntnisse ist zu raten, dass der Anwalt mit einer normalen Beratungs- und Prozesspraxis die Übernahme von Mandaten **ablehnt**, die eine ihm völlig **fremde Materie** betreffen und bezüglich der er keinerlei Erfahrungen hat. Bei derartigen Mandaten auf »Neuland« entsteht nicht nur ein unverhältnismäßiger Arbeitsaufwand, sondern erfahrungsgemäß werden hier häufig Fehler begangen, die zu einem abschließenden Regress des Mandanten führen können[280]. 118

271 OLG Hamm NJW-RR 1997, 635.

272 Vgl. BGH NJW 1983, 1665 = VersR 1983, 659; *Weisemann*, AnwBl 1984, 174; vgl. auch Kap. 8 Rdn. 17 ff.

273 OLG Hamm, Beschl. v. 4.11.2002 – 28 W 82/02.

274 So bereits RGZ 115, 185, 187.

275 *Vollkommer/Greger/Heinemann*, § 11, Rn. 42; *Vill*, in: G. Fischer/Vill/D. Fischer/Pape/Chab, § 2, Rn. 63 und Rn. 81; BGH NJW 2001, 675, 678 = VIZ 2001, 225 = WM 2000, 1814, 1815 betr. die Ermittlung und Prüfung einschlägiger Rechtsprechung und evtl. auch der Literatur bei in Entwicklung begriffenem Rechtsgebiet.

276 Vgl. auch *Vill*, in: G. Fischer/Vill/D. Fischer/Pape/Chab, § 2, Rn. 81, der allerdings einschränkend und damit unscharf nur *»i.d.R. schon eine Pflichtverletzung, zumindest ein Verschulden«* verneinen will; offen formuliert in BGH NJW 2001, 675, 678 = VIZ 2001, 225 = WM 2000, 1814, 1815.

277 Zu den allgemeinen Anforderungen an den objektive Sorgfaltsmaßstab des Anwalts, vgl. *G. Fischer*, in: G. Fischer/Vill/D. Fischer/Pape/Chab, § 4, Rn. 6.

278 Vgl. oben Rdn. 37 und Rdn. 81; jeweils mit weiteren Nachweisen.

279 A.A.: *Borgmann/Jungk/Schwaiger*, Kap. IV, Rn. 36 und Kap. III, Rn. 83 f.

280 Zustimmend *Hartstang*, S. 466.

2. Kenntnis ausländischen Rechts

119 Mandate mit Auslandsbezug (dazu Kap. 8 Rdn. 25), wie sie aufgrund immer stärkerer wirtschaftlicher und damit auch rechtlicher Verflechtungen an Zahl und Bedeutung zunehmen, bergen für den Anwalt, dessen juristische Ausbildung die **einzelstaatlichen Rechtsnormen** anderer Staaten üblicherweise nicht umfasst, besondere Haftungsrisiken, die in vielen Fällen durch Sprachbarrieren noch verschärft werden können. Hinzukommen können Schwierigkeiten des rechten Verständnisses einer aus zum Teil völlig anderen Rechtstraditionen heraus entwickelten fremden, umfangreichen und komplizierten Gesetzesmaterie anderer Länder.

Derartiges ausländisches Recht kann beispielsweise bedeutsam werden als Kollisionsrecht im Rahmen des Internationalen Privatrechts (Art. 3 Abs. 1 – Art. 38 EGBGB bzw. Art. 3 Abs. 2 EGBGB i.V. mit entsprechenden Staatsverträgen), über das der Anwalt sich nach den bereits oben in Rdn. 107 ff. dargestellten Grundsätzen Kenntnis verschaffen muss[281].

120 Wenn der Anwalt die mühselige, regressträchtige Ermittlung und richtige sowie vollständige Erfassung ausländischen Rechts vermeiden will, ist es ratsam, den Mandanten darauf hinzuweisen, dass er die fremde Gesetzesmaterie nicht beherrsche und deshalb empfehle, den Rat eines Fachkundigen, etwa eines Anwalts des betreffenden Landes oder eines Hochschullehrers für internationales Recht einzuholen (vgl. Kap. 8 Rdn. 28)[282]. Verlässt sich der Anwalt hingegen hier auf sein eigenes »Judiz«, kann er böse Überraschungen erleben.

▶ Beispiel:

Der Anwalt vertritt die Interessen eines türkischen Gastarbeiters, der anlässlich seines Heimaturlaubs im damaligen Jugoslawien einen schweren Unfall erlitten hat. Nach langer Prozessdauer wird die Klage abgewiesen, weil die Ansprüche nach dem anwendbaren jugoslawischen Recht verjährt sind.

Hier ist der Anwalt schadensersatzpflichtig geworden, weil er die Verjährungsregeln des jugoslawischen Rechts nicht beachtet hatte[283].

Zur Anwendung kommt ausländisches Recht häufig außerdem dann, wenn es um Ehestreitigkeiten unter ausländischen Ehepartnern vor deutschen Gerichten geht[284]. Auch hier sollte der Anwalt nach Möglichkeit fachkundige Hilfe in Anspruch nehmen[285].

121 Ratsam kann es daher sein, den Mandatsumfang – so frühzeitig wie möglich – zu beschränken, d.h. die Prüfung und Beratung zum ausländischen Recht also auszuklammern[286]. In jedem Fall ist es für den Anwalt empfehlenswert, wenn der Mandant den ausländischen Anwalt selbstständig mandatiert, so dass eine Haftungszurechnung über § 278 BGB nicht erfolgen kann[287].

---

281 *Vill*, in: G. Fischer/Vill/D. Fischer/Pape/Chab, § 2, Rn. 71.

282 Vgl. *Rinsche/Schlüter*, ZAP (1992), Fach 23, S. 116 f.; *Hartstang*, S. 466; *Vollkommer/Greger/Heinemann*, § 11, Rn. 16; *Borgmann/Jungk/Schwaiger*, Kap. IV, Rn. 45; *Vill*, in: G. Fischer/Vill/D. Fischer/Pape/Chab, § 2, Rn. 72.

283 Vgl. *Riederer von Paar*, AnwBl 1991, 496, 497; zum sog. Tatortprinzip vgl. auch BGH NJW 1992, 3091.

284 Vgl. §§ 14 ff. EGBGB; OLG Hamm NJW-RR 1993, 1155; NJW 1991, 3101; OLG Oldenburg NJW 1991, 1430.

285 Vgl. Kap. 8 Rdn. 28 f.

286 So auch: *Borgmann/Jungk/Schwaiger*, Kap. IV, Rn. 45; *Kilian*, ZEV 2016, 155 f. (Anmerkung zu LG München I, Urt. v. 14.1.2015 – 30 O 27783/13 – juris).

287 *Borgmann/Jungk/Schwaiger*, Kap. IV, Rn. 45; *Vill*, in: G. Fischer/Vill/D. Fischer/Pape/Chab, § 2, Rn. 73; zur Frage, ob bei direkter Beauftragung durch den deutschen Anwalt selbst § 278 BGB ebenfalls nicht anwendbar ist und der deutsche Anwalt auch analog § 664 Abs. 1 S. 2 BGB für ein Verschulden des ausländischen Anwalts nicht haftet, vgl. im Einzelnen und m.w.N. *Rinkler/Pape*, in: G. Fischer/Vill/D. Fischer/Pape/Chab, § 1, Rn. 360 ff. und in Kap. 3 Rdn. 32, 34 und Kap. 8 Rdn. 29.

Zur Wahrung seiner eigenen Interessen sollte der Anwalt, der auf diese Weise vorgeht und den Vertrag mit dem ausländischen Anwalt nur vermittelt, auf die Neufassung des § 29b BORA achten und demgemäß den ausländischen Kollegen darauf hinweisen, dass er weder eigene Verbindlichkeiten noch eine eigene Haftung für das Honorar übernimmt[288]. 122

Ist oder wird das Mandat nicht beschränkt, stellt sich die Frage, ob der Anwalt sich die zur Erfüllung des Mandats erforderlichen Kenntnisse des ausländischen Rechts zu verschaffen hat. Dies hat der BGH in einer schon etwas älteren Entscheidung dem Grundsatz nach bejaht[289]. Er hat des Weiteren ausgeführt, dass es eine Frage der Auslegung (des Umfangs) des Mandats ist, ob diese Verpflichtung eingeschränkt ist. Im konkreten Fall hat er eine solche Einschränkung bejaht. Der deutsche Anwalt habe sich auf die Vorarbeiten seines portugiesischen Kollegen, der vor seiner Mandatierung am Zustandekommen eines Vertrages beteiligt war, verlassen dürfen. Er habe davon ausgehen dürfen, dass jener sein Heimatrecht kenne und nach diesem Recht einen seiner Natur nach alltäglichen Vertrag fehlerfrei entworfen habe.[290] 123

Borgmann/Jungk/Schwaiger ist zuzustimmen, dass diese Einschränkung des Urteils nicht berechtigt ist, also auch in einem »nicht alltäglichem Fall« der deutsche Anwalt sich grundsätzlich auf die Arbeit seines Kollegen verlassen kann[291]. 124

In einem Urteil des OLG Bamberg heißt es mithin zu Recht allgemein formuliert:

> »Der neben einem ausländischen Prozessbevollmächtigten bestellte inländische Verkehrsanwalt ist nicht verpflichtet, die Verjährungsvorschriften des ausländischen Rechts zu prüfen und den Mandanten auf drohende Verjährung hinzuweisen. Der Beklagte war bei Erteilung des Mandats zwar im Prinzip nicht von der Verpflichtung befreit, sich die für die Ausführung des ihm erteilten Auftrags erforderlichen Kenntnisse ausländischen Rechts zu verschaffen (BGH NJW 1972/1044 = MDR 1972/592). Durch die – im Namen und mit Willen des Klägers erteilte – Bevollmächtigung des Anwalts in der Schweiz entfiel diese Verpflichtung jedoch. Der Beklagte durfte und konnte sich darauf verlassen, daß der beauftragte Prozessbevollmächtigte seinen Pflichtenkreis vollständig und mit der erforderlichen Sorgfalt übernehmen und das anzuwendende Schweizer Recht kennen und beachten würde.«[292]

Auch nach Ansicht des OLG Hamm ist ein Rechtsanwalt, der einen Auftrag übernimmt, bei dessen Erledigung ausländisches Recht zur Anwendung kommen kann, dazu verpflichtet, den Mandanten entweder darauf hinzuweisen, dass er die ausländische Rechtsmaterie nicht beherrsche und deswegen der Rat eines Fachmannes eingeholt werden müsse, oder sich selbst die erforderlichen Kenntnisse zu verschaffen[293]. Da nach der Rechtsprechung des BGH im Prozess auch eine Mitwirkungspflicht des Anwalts bei der Beibringung der Erkenntnisquellen des ausländischen Rechts bestehe, müsse der Anwalt sich eine Kenntnis darüber im Rahmen des Zumutbaren verschaffen. Daher ist der Anwalt, der den Auftrag erhalten hatte, die Vaterschaft eines während der Ehe mit der Kindesmutter geborenen Kindes anzufechten, und dabei die nach dem gemäß Art. 19 und Art. 14 Abs. 1 EGBGB anzuwendenden italienischen Recht maßgebliche Frist versäumte, zum Schadensersatz verurteilt worden. Denn im Haftungsprozess war nachgewiesen worden, dass das Kind tatsächlich nicht von dem Mandanten abstammte und er daher zu Unrecht Unterhalt zahlen musste. 125

Den Rahmen des Zumutbaren für die Beschaffung und Bewertung ausländischer Rechts- und Rechtserkenntnisquellen hat das LG München I unlängst allerdings auf die ausländischen Gesetze 126

---

288 Vgl. Vill, in: G. Fischer/Vill/D. Fischer/Pape/Chab, § 2, Rn. 73; zu §§ 29a und 29b BORA vgl. auch Kap. 8 Rdn. 27.

289 BGH NJW 1972, 1044 (VI. ZS); so auch: *Borgmann/Jungk/Schwaiger*, Kap. IV., Rn. 45; *Vill*, in: G. Fischer/Vill/D. Fischer/Pape/Chab, § 2, Rn. 69.

290 BGH NJW 1972, 1044 (VI. ZS).

291 *Borgmann/Jungk/Schwaiger*, Kap. IV, Rn. 45.

292 OLG Bamberg MDR 1989, 542 f.; der BGH hat die Bewilligung von Prozesskostenhilfe für die Durchführung einer Revision durch den Kläger mangels hinreichender Erfolgsaussicht abgelehnt, BGH NJW 1972, 1044 (VI. ZS), S. 543.

293 OLG Hamm, Urt. v. 14.3.1995 – 28 U 104/94 – juris, Rn. 9.

sowie Rechtsprechung eingeschränkt und ist – auf dieser Basis konsequent – zur Verneinung der Haftung des deutschen Rechtsanwalts gelangt, der in einem Rechtsstreit mit italienischem Erbrecht eine Rechtsfrage falsch beurteilt hatte, die im Prozess erst mit Hilfe eines renommierten Sachverständigen und mehrerer Gutachten und ergänzender Stellungnahmen aus einer speziellen Auslegung von Kommentarliteratur und schwieriger Klärung der richtigen Übersetzung italienischer Rechtsbegriffe ins deutsche Recht hatte geklärt werden können[294].

Diese Entscheidung ist kritisch zu sehen[295]. Es ist nämlich zu fragen, ob der deutsche Anwalt, anstatt sich diesen Rechtsstreit gänzlich zuzutrauen, nicht rechtzeitig sein Mandat oder seine weitere Tätigkeit hätte einschränken und auf die Zuhilfenahme eines Experten für die anstehende komplexe Rechtsfrage hätte verweisen müssen (vgl. dazu unten Rdn. 128 und 129).

127 Der Richter, der bei seiner Entscheidung ausländisches Recht zu berücksichtigen hat, ist nicht verpflichtet, sich hierin einzuarbeiten. Er kann vielmehr z.B. ein Sachverständigengutachten über Fragen des ausländischen Rechts einholen[296], und er tut dies in der Praxis auch regelmäßig. Die Parteien müssen ihn jedoch nach Kräften unterstützen, vor allem, wenn sie sich selbst ohne besondere Schwierigkeiten Zugang zu den maßgeblichen Rechtsvorschriften verschaffen können[297]. In allerdings seltenen Ausnahmefällen soll das Gericht gar zum Nachteil einer Partei, die es an der erforderlichen Mitwirkung, um Zugang zu den von ihr selbst angeführten Rechtsquellen zu finden, fehlen lässt, davon ausgehen dürfen, dass durchgreifend neue Erkenntnisse nicht zu gewinnen seien[298]. Wenn auch durch diese Rechtsprechung die Parteien prozessrechtlich verpflichtet werden, ist damit nicht schon abschließend für jede Fallgestaltung die Frage beantwortet, ob der einzelne Anwalt kraft seines Anwaltsvertrages seinem Mandanten gegenüber verpflichtet ist, das Auslandsrecht zu beachten und sich die erforderlichen Kenntnisse zu verschaffen.

Dazu wird man **zu unterscheiden** haben:

128 (1) Nimmt der Rechtsanwalt ein **Mandat** an, welches erkennbar die Beherrschung von ausländischer Rechtsmaterie verlangt, und macht der Anwalt hinsichtlich des Umfangs seiner Tätigkeit **keinen Vorbehalt**[299], so ist er genauso wie dann, wenn er gegenüber dem Mandanten vorgibt, Auskunft und Rat auch über ein ausländisches Recht geben zu können, das er in Wahrheit aber nicht oder nicht richtig beherrscht, für eine **Falschauskunft** haftbar. Gleiches gilt, wenn der Anwalt im Bewusstsein möglicher Anwendbarkeit ausländischen Rechts tätig wird[300] oder sich für ihn diese Möglichkeit bei pflichtgemäßer Betrachtung hätte ergeben müssen. Soweit allerdings ein ausländischer Anwalt schon Teil- oder Vorarbeiten geleistet hat, darf der deutsche Anwalt sich darauf grundsätzlich verlassen (vgl. oben Rdn. 122, 123)[301].

129 (2) Ergibt sich aber **erst im Laufe des Mandats**, ohne dass der Anwalt schon bei Mandatsannahme dies bei pflichtgemäßer Bearbeitung hätte erkennen müssen, dass (auch) ausländische Normen relevant sind oder werden, und macht der Rechtsanwalt deutlich, dass er **insoweit nun** nicht tätig werden will, so ist er dazu auch **nicht verpflichtet**. Es wäre eine Überspannung der Anforderungen an den deutschen Anwalt, wenn ihm zugemutet würde, sich quasi »zwangsweise« darin einzuarbeiten,

294 LG München I, Urt. v. 14.1.2015 – 30 O 27783/13 – juris, Rn. 31 f.
295 Ihr zustimmend allerdings *Kilian,* ZEV 2016, 155 f.
296 § 293 ZPO; vgl. BGH WM 1997, 1245, 1246; NJW 1991, 1419; Zöller/*Geimer*, § 293 ZPO, Rn. 21.
297 BGH NJW 1964, 2012; Zöller/*Geimer*, § 293 ZPO Rn. 16.
298 BGH NJW 1976, 1581, 1583; Zöller/*Geimer*, § 293 ZPO Rn. 16.
299 Eine dahingehende ausdrückliche Mandatsbegrenzung nach Erörterung im Wege individueller Vereinbarung wird daher empfohlen, *Kilian,* ZEV 2016, 155 f. (Anmerkung zu LG München I – 30 O 27783/13 – juris).
300 So auch *Vollkommer/Greger/Heinemann*, § 11, Rn. 16 m.w.N.
301 So auch *Rinkler/Pape*, in: G. Fischer/Vill/D. Fischer/Pape/Chab, § 1, Rn. 376. Die von *Rinkler/Pape,* in: G. Fischer/Vill/D. Fischer/Pape/Chab, § 1, Rn. 375 aufgestellte Forderung, der deutsche Anwalt müsse das vom ausländischen Anwalt vorgelegte Ergebnis auf Plausibilität überprüfen, ist aber gefährlich wie letztlich zu unbestimmt.

was ohnehin vielfach erhebliche Sprachschwierigkeiten bereiten kann[302], und für jegliche Fehler einstehen zu müssen. Auch die Gerichte, die sich – dieser anwaltlichen Situation vergleichbar – bei Rechtsstreitigkeiten mit Auslandberührung (sind sie international zuständig), der Entscheidung nicht entziehen können, müssen sich eine Kenntnis des erheblichen ausländischen Rechts nicht etwa persönlich erarbeiten, sondern können (und müssen) sich sachgerechter, insbesondere sachverständiger Hilfen bedienen[303]. Der Anwalt muss also in einer solchen Fallgestaltung nur darauf hinweisen, dass der Mandant sich eines anderen Experten (mit entsprechender Kostenfolge) bedienen sollte, und er muss ihm dabei nötigenfalls behilflich sein.

(3) **Etwas anderes** gilt jedoch für Gesetze, die **internationale Gültigkeit** haben und die durch den deutschen Gesetzgeber als **innerstaatliches Recht** ratifiziert worden sind. 130

In deutsches Recht umgesetzte Gesetze sind z.B. solche des Einheitsprivatrechts (= materielles Einheitsrecht, einheitliches Sachrecht), wie das am 1.1.1991 in Kraft getretene UN-Kaufrecht (**CISG**)[304] und die Regelung über den Beförderungsvertrag im internationalen Straßengüterverkehr (**CMR**)[305].

Auch kollisionsrechtliche Normen in den verschiedenen **Haager Abkommen**[306] auf dem Gebiet des Familienrechts sind als deutsches, nicht als ausländisches Recht anzuwenden[307].

Dies gilt ebenso für Anerkennungs- und Vollstreckungsabkommen im Bereich des Internationalen Zivilprozessrechts, insbesondere für das **EuGVÜ**[308].

Dass die allgemeinen Regeln des Völkerrechts nach Art. 25 GG unmittelbar geltendes innerstaatliches Recht sind, dürfte für die tägliche Arbeit des Anwalts von untergeordneter Bedeutung sein.

Anders ist es bei dem **Europarecht**, das in Gestalt von Verordnungen unmittelbare Geltung in den Mitgliedsstaaten hat. Wenn demgegenüber Richtlinien zur »Angleichung der Rechts- und Verwaltungsvorschriften« (Art. 100a Abs. 1, Art. 100 Abs. 1, Art. 189 Abs. 3 EGV) erst der Umsetzung durch die Mitgliedsstaaten bedürfen, so ist für den Anwalt jedoch zu beachten, ob und inwieweit bereits vorher eine »richtlinienkonforme Auslegung« des deutschen Rechts zu erfolgen hat oder jedenfalls ernsthaft in Betracht zu ziehen ist[309]. So ist ein Rechtsanwalt in Anspruch genommen worden, weil er in seiner Beratung nicht bedacht hatte, dass eine nach § 29 EGHGB geltende Übergangsvorschrift zu § 92c HGB a.F. einer europäischen Richtlinie (sog. Handelsvertreterrichtlinie) widersprechen könnte, was der BGH inzwischen bejaht hat[310].

Zu all diesen und vergleichbaren Vorschriften muss sich der deutsche Anwalt also den mandatsbezogen erforderlichen Wissensstand verschaffen. 131

---

302 Vgl. *Rinsche/Schlüter*, ZAP (1992), Fach 23, S. 116 f.

303 Zustimmend: *Vollkommer/Greger/Heinemann*, § 11, Rn. 16.

304 Vgl. dazu *Mohrbutter*, ZAP 1991, F: 3, S. 69; *Rinsche/Schlüter*, 6. Auflage, Rn. I 99.

305 Vgl. *Rinsche/Schlüter*, ZAP (1992), Fach 23, S. 116 f.; *Raiser*, NJW 1991, 2049, 2051.

306 Vgl. dazu Palandt/*Thorn*, Anhänge zu Art. 18 und zu Art. 24 EGBGB. Das Haager Eheschließungsabkommen v. 12.6.1902 ist allerdings mit Wirkung vom 1.6.2019 gekündigt worden. Das neue Haager Abkommen vom 14.3.1978, welches an die Stelle des alten Abkommens treten soll, ist für Deutschland nicht in Kraft, Palandt/*Thorn*, Anhang zu Art. 13 EGBGB, Rn. 2–5.

307 *Vill*, in: G. Fischer/Vill/D. Fischer/Pape/Chab, § 2, Rn. 76.

308 OLG Koblenz NJW 1989, 2699; zustimmend auch: *Borgmann/Jungk/Schwaiger*, Kap. IV, Rn. 47.

309 Vgl. dazu z.B. BGH NJW 1998, 2208, 2210 = ZIP 1998, 1084 ff. (»Testpreis-Angebot«).

310 BGH NJW 1998, 1860 und Nichtannahmebeschluss vom 17.11.1999 auf nochmalige Revision (VIII ZR 315/98).

3. Kenntnis der höchstrichterlichen Rechtsprechung

132 Zur sorgfältigen rechtlichen Bearbeitung eines Auftrags genügt nicht nur die Kenntnis der Gesetze, sondern gefordert wird vom Anwalt dazu auch die Kenntnis der **aktuellen,** einschlägigen[311] höchstrichterlichen Rechtsprechung[312].

Dazu heißt es im Urteil des BGH vom 21.9.2000:

> »Der Rechtsanwalt hat seine Tätigkeit für den Mandanten in **erster Linie an der höchstrichterlichen Rechtsprechung auszurichten;** denn diese hat richtungweisende Bedeutung für Entwicklung und Anwendung des Rechts (BGH, NJW 1993, 3323 [3324] = LM H. 2/1994 § 675 BGB Nr. 194). Der Anwalt muss sich deshalb über die Entwicklung der höchstrichterlichen Rechtsprechung nicht nur anhand der amtlichen Sammlungen, sondern auch der einschlägigen Fachzeitschriften unterrichten (BGHZ 85, 252 [259 ff] = NJW 1983, 820 = LM § 68 ZPO Nr. 7; BGH, NJW 1958, 825).«[313]

Nur diejenige Rechtsprechung kann mithin als bekannt vorausgesetzt werden, die auch veröffentlicht worden ist, und zwar in der **amtlichen Entscheidungssammlung** eines der oberen Gerichte, das im fraglichen Rechtszweig zuständig ist, oder **in wenigstens eine**r einschlägigen **allgemeinen Fachzeitschrift**[314]. Dabei würde man die anwaltlichen Sorgfaltspflichten überspannen, wenn man stets verlangte, dass der Anwalt sich mit den gesamten Entscheidungsgründen zu befassen hat[315].

Soweit es in der Entscheidung des BGH vom 23.9.2010 heißt, der rechtliche Berater habe sich über solche grundlegenden Entscheidungen »fortlaufend zu unterrichten«[316], kann dem so nicht ohne Weiteres zugestimmt werden (vgl. Rdn. 135).

133 Soweit sich der Rechtsanwalt **sog. Berater-Zeitschriften** bedient, kann ihn dies letztlich bei der entscheidenden »Feinarbeit« im konkreten Fall, zu der häufig die genaue und umfassende Lektüre der einschlägigen Gerichtsentscheidung in »Originalfassung« gehört, nicht entlasten, wohl aber für die Erlangung und Aktualisierung des Überblicks über verschiedene Rechtsgebiete der Praxis und das Verständnis der Relevanz der Entscheidung und der angesprochenen Probleme hilfreich sein.

134 Zur Kenntnisverschaffung ist dem Rechtsanwalt eine angemessene Zeitspanne einzuräumen, ihm also auch hierfür ein »**realistischer Toleranzrahmen**« zuzubilligen[317]. Vom Anwalt kann dabei nur erwartet werden, dass er sich in die höchstrichterliche Rechtsprechung einarbeitet, die im unmittelbaren Zusammenhang mit dem zu bearbeitenden Mandat steht.

135 Nicht verlangt wird, dass der Anwalt insgesamt über ein präsentes Wissen verfügt, aus dem heraus er den Mandanten »aus dem Stand« heraus belehren könnte[318]. Anders ist das bei »Standardwissen«

---

311 BGH, Urt. v. 21.6.2018 – IX ZR 80/17 – juris, Rn. 17; v. 17.3.2016 – IX ZR 142/14 – juris, Rn. 9; v. 6.11.2008 – IX ZR 140/07 – juris, Rn. 9; v. 28.9.2000 – IX ZR 6/99 – juris, Rn. 34.

312 Das sind nicht nur die Entscheidungen der oberen Bundesgerichte, sondern auch die des BVerfG (vgl. § 31 BVerfGG) und des EuGH; vgl. weiter Rdn. 136 m.w.N.

313 BGH, Urt. v. 21.9.2000 – IX ZR 127/99 – juris, Rn. 49 (Hervorhebungen des Verfassers); Urt. v. 23.9.2010 – IX ZR 26/09 – juris, Rn. 17 und Rn. 21; zur grundlegenden Bedeutung höchstrichterlicher Rechtsprechung vgl. auch BGH NJW 2001, 146, 148 (unter bb) = WM 2000, 2439 ff.

314 So auch BGH, Urt. v. 23.9.2010 – IX ZR 26/09 – juris, Rn. 24; vgl. auch OLG Düsseldorf VersR 1980, 359, wobei eine in dieser Entscheidung etwa ausgedrückte Rechtsansicht, der Anwalt müsse eine unverzüglich durch Lektüre in einer allgemeinen Zeitschrift zu erlangende Kenntnis auch der tragenden Entscheidungsgründe »fortan … berücksichtigen«, also entsprechendes Wissen allgemein speichern, abzulehnen ist. Dazu vgl. auch bereits oben Rdn. 112 ff.; vgl. ferner unten Rdn. 104.

315 *Dahns*, NJW-Spezial 2005, 189; vgl. auch *G. Fischer*, AnwBl 1993, 597.

316 BGH, Urt. v. 23.9.2010 – IX ZR 26/09 – juris, Rn. 22.

317 BGH, Urt. v. 6.11.2008 – IX ZR 140/07 – juris, Rn. 9 a. E.; v. 21.9.2000 – IX ZR 127/99 – juris, Rn. 49; *Vollkommer/Greger/Heinemann*, § 11, Rn. 28; *Vill*, in: G. Fischer/Vill/D. Fischer/Pape/Chab, § 2, Rn. 81; *Ganter*, S. 9; vgl. auch BGH NJW 1979, 877 = VersR 1979, 232; vgl. ferner schon oben Rdn. 115.

318 *Vollkommer/Greger/Heinemann*, § 11, Rn. 43.

eines gewissenhaften durchschnittlichen Rechtsanwalts. Dazu wird man hinzurechnen müssen die zumindest überblickmäßige, d.h. im Wesentlichen leitsatzmäßige[319] Kenntnis vom Vorhandensein grundlegender höchstrichterlicher Entscheidungen in den Kerngebieten allgemeiner Prozess- und Beratungspraxis und in sonstigen Standardtätigkeitsgebieten des jeweiligen Anwalts. Mit diesen Einschränkungen kann man dem BGH, der eine fortlaufende Pflicht des Anwalts, sich über grundlegende Entscheidungen zu informieren, annimmt[320], zustimmen können.

Der Anwalt hat sich an der zum Zeitpunkt seiner Inanspruchnahme maßgeblichen, also an der aktuellen höchstrichterlichen Rechtsprechung zu orientieren und seine Beratung an dieser auszurichten[321]. Auf den **Fortbestand** einer höchstrichterlichen Rechtsprechung darf der Rechtsanwalt insbesondere in den Fällen gefestigter Rechtsprechung **grundsätzlich vertrauen**[322], aber: 136

> »Der Anwalt darf sich auf ihre Fortdauer nicht blind verlassen. So hat er die Auswirkungen neuer Gesetze auf eine zu dem alten Rechtszustand ergangene Judikatur zu erwägen. Auch hat er Hinweise eines obersten Gerichts auf die Möglichkeit einer künftigen Änderung seiner Rechtsprechung zu berücksichtigen. Ferner hat er nach Möglichkeit neue Entwicklungen in Rechtsprechung und Rechtswissenschaft, namentlich das Entstehen neuer Rechtsfiguren zu verfolgen und im Rahmen des ihm Zumutbaren deren mögliche Auswirkungen auf eine ältere Rechtsprechung im Bereich der jeweiligen Problemfelder zu bedenken ... Grundsätzlich wird darauf abzustellen sein, mit welchem Grad an Deutlichkeit (Evidenz) eine neue Rechtsentwicklung in eine bestimmte Richtung weist und eine neue Antwort auf eine bisher anders entschiedene Frage nahelegt. Ferner wird ins Gewicht fallen, mit welchem Aufwand – auch an Kosten – der neuen Rechtsentwicklung im Interesse des Mandanten Rechnung getragen werden kann. Insbesondere wird zu bedenken sein, ob der Anwalt bei einer Berücksichtigung der neuen Rechtsentwicklung sich für den Fall, daß die bisherige Rechtsprechung nicht geändert wird, dem Vorwurf aussetzen kann, diese Rechtsprechung nicht beachtet und deshalb einen Schaden seines Mandanten verursacht zu haben.«[323]

Diese Grundsätze sind zum Teil zu weitgehend[324]. Dem Anwalt mit einer Normalpraxis – bei einem Revisionsanwalt mag das im Einzelfall anders sein[325] – kann bei der Bearbeitung eines Einzelfalles schwerlich zugemutet werden, in derartiger Weise für neue Entwicklungen in Rechtsprechung und Rechtswissenschaft mit eigener Haftpflicht einzustehen, indem ihm – auf eigenes Risiko – praktisch eine Rechtsprechungsprognose abverlangt wird. Aus den Ausführungen des BGH wird auch deutlich, dass dem Anwalt zudem ein Regress deshalb drohen kann, wenn er sich nicht darauf einrichtet, dass die Rechtsprechung trotz erkennbarer Änderungstendenzen keine Korrektur vornimmt. Wie sich der Anwalt aus dieser Zwickmühle befreien können soll, wird nicht gesagt. Soll etwa der Anwalt beispielsweise dafür einstehen müssen, wenn er sich vor der grundlegend neuen Entscheidung des BGH vom 29.1.2001[326] zur nun anzuerkennenden Rechts- und Parteifähigkeit der Gesellschaft bürgerlichen Rechts noch an der überkommenen höchstrichterlichen Rechtsprechung orientiert hatte (und mit ihm die Instanz- und Obergerichte)? Diese Frage ist richtigerweise – auch im Lichte der Entscheidung des BVerfG vom 12.8.2002[327] – zu verneinen[328]. 137

319 In diesem Sinne auch: *Vollkommer/Greger/Heinemann*, § 11, Rn. 30, 31.

320 BGH, Urt. v. 23.9.2010 – IX ZR 26/09 – juris, Rn. 22.

321 BGH NJW 2009, 1593, 1594 = WM 2009, 90 (Tz. 9, 10); NJW-RR 1992, 1110, 1112; NJW 1993, 2045, 2046 = WM 1993, 1508; NJW 1993, 2799, 2800 = WM 1993, 1677; vgl. auch, darauf Bezug nehmend, BGH NJW 2001, 146, 148 = WM 2000, 2439.

322 BGH, Urt. v. 30.9.1993 – IX ZR 211/92 – juris, Rn. 18; v. 25.9.2014 – IX ZR 199/13 – juris, Rn. 11.

323 BGH, a.a.O., juris, Rn. 19; folgend – unter Betonung der entscheidenden Bedeutung der besonderen Umstände des Einzelfalles – BGH, Urt. v. 6.11.2008 – IX ZR 140/07 – BGHZ 178, 258, Rn. 9, 10; v. 23.9.2010 – IX ZR 26/09 – juris, Rn. 17; v. 25.9.2014 – IX ZR 199/13 – juris, Rn. 12; vgl. auch unten Rdn. 233.

324 Dem BGH folgend aber *Ganter*, S. 9.

325 *Vill*, in: G. Fischer/Vill/D. Fischer/Pape/Chab, § 2, Rn. 82.

326 BGHZ 146, 341 = NJW 2001, 1056 = ZIP 2001, 330 = NZG 2001, 311 = VersR 2001, 510.

327 BVerfG NJW 2002, 2937 f.

328 Ablehnend auch: *Vill*, in: G. Fischer/Vill/D. Fischer/Pape/Chab, § 2, Rn. 82.

138 Nur dann, wenn sich eine **Änderung** der Rechtsprechung aufgrund eindeutiger Umstände **aufdrängt**, darf der Rechtsanwalt nicht mehr auf die bisherige Praxis vertrauen[329]. Eine quasi herabstufende Differenzierung nach dem Grad an Deutlichkeit, wie der BGH sie sich offen halten will (vgl. oben Rdn. 136), überzeugt nicht.

139 Fehlt zu einer für die Mandatsbearbeitung bedeutsamen Frage noch eine höchstrichterliche Rechtsprechung, soll der Rechtsanwalt verpflichtet sein, die »**Tendenz**« der Entwicklung einer solchen Rechtsprechung festzustellen[330]. Im Falle einer sich insoweit nach eindeutigen Anhaltspunkten aufdrängenden klaren Prognose[331] hat der sorgfältig arbeitende Rechtsanwalt diese zu treffen und sein Vorgehen daran auszurichten[332]. Dafür ist allerdings Voraussetzung, dass (auch) in der höchstrichterlichen Rechtsprechung hierfür eindeutige Umstände als Prognosegrundlage vorliegen. Soweit lediglich instanz- oder obergerichtliche Rechtsprechung und Literatur vorhanden sind, kann der Anwalt nur für verpflichtet angesehen werden, diese auszuwerten und zur Grundlage seiner Beratung zu machen[333] und die höchstrichterliche Rechtsprechung unter Zuhilfenahme einer Fachzeitschrift zu beobachten[334]. Fehlt es an höchstrichterlicher Judikatur zu einer für die Mandatsbearbeitung wesentlichen Frage, wird der Anwalt als verpflichtet anzusehen sein, sich zusätzlich durch Einsichtnahme in die üblichen Erläuterungsbücher zu orientieren[335]. Auf eine zu entsprechender höchstrichterlicher Rechtsprechung führende »Entwicklungslinie« schließen zu müssen, darf selbst bei »Evidenz« vom Anwalt nicht gefordert werden[336]. Denn hellseherische Qualitäten können ihm nicht abverlangt werden.

140 Zur Frage der Kenntnisnahme von in **juristischen Spezialzeitschriften** veröffentlichter höchstrichterlicher Rechtsprechung hat der BGH[337] einmal ausgeführt, dass ein Rechtsanwalt mit einer allgemeinen Beratungs- und Prozesspraxis die für den Bereich des Ehe- und Familienrechts erheblich bedeutsame FamRZ grundsätzlich nicht alsbald nach Erscheinen auswerten müsse. Diese Entscheidung entspricht aber unter zwei Aspekten nicht mehr der aktuellen Regressrechtsprechung des BGH. Einmal ist die Pflicht zur Kenntnisnahme höchstrichterlicher Rechtsprechung – wie bereits mehrfach ausgeführt – als rein mandatsbezogene Verschaffungspflicht zu verstehen. Zum anderen hat **bei einem ersichtlich in der Entwicklung begriffenen Rechtsgebiet** ein Anwalt, der eine Angelegenheit aus diesem Bereich zu bearbeiten hat, *»auch Spezialzeitschriften in angemessener Zeit durchzusehen.«*[338] Der schon mehrfach genannte »realistische Toleranzrahmen« zur Kenntniserlangung gilt also auch hier.

▶ Beispiel[339]:

In einem Bescheid vom 23. Juni 2000 war dem Antragsteller die Bewilligung von Kindergeld wegen des Fehlens einer gültigen Aufenthaltserlaubnis oder Aufenthaltsberechtigung versagt worden. Die Antragsgegnerin, die der Antragsteller als Rechtsanwältin mit der Einlegung eines Einspruchs gegen diesen Bescheid beauftragt hatte, nahm den Einspruch am 25. Oktober 2000

---

329 *Zugehör*, Beraterhaftung, Rn. 52.

330 BGH NJW-RR 1993, 243, 245 = WM 1993, 420, 423; zur Hinweispflicht bei erkennbarer Entwicklung der Gesetzgebung vgl. BGH NJW 2004, 3487 = WM 2005, 896 und NJW-RR 2006, 273 = WM 2005, 2345 (jeweils Steuerberaterhaftung) und oben Rdn. 112.

331 Wie in BGH NJW-RR 1993, 243, 245 = WM 1993, 420, 423; zustimmend auch: *Borgmann/Jungk/Schwaiger*, Kap. IV, Rn. 53.

332 So auch *Vill*, in: G. Fischer/Vill/D. Fischer/Pape/Chab, § 2, Rn. 82.

333 Mit dieser Einschränkung ist *Ganter*, S. 9 zuzustimmen.

334 OLG Hamm, Beschl. v. 4.11.2002 – 28 W 82/02.

335 Darauf darf er sich allerdings nicht beschränken. Sollte *D. Fischer*, WM 2019, Sonderbeilage Nr. 1, S. 9 dahingehend zu verstehen sein, wäre dem nicht zu folgen.

336 A.A. *Vill*, in: G. Fischer/Vill/D. Fischer/Pape/Chab, § 2, Rn. 83.

337 BGH (IV. ZS) NJW 1979, 877 = VersR 1979, 232, 233.

338 BGH, Urt. v. 21.9.2000 – IX ZR 127/99 – juris, Rn. 49; v. 23.9.2010 – IX ZR 26/09 – juris, Rn. 17; v. 25.9.2014 – IX ZR 199/13 – juris, Rn. 12.

339 OLG Hamm, Beschl. v. 4.11.2002 – 28 W 82/02.

zurück, nachdem sie den Antragsteller unterrichtet hatte, dass es für die Bewilligung von Kindergeld an der erforderlichen Aufenthaltserlaubnis oder Aufenthaltsberechtigung fehle. Im April 2000 hatte das Bundessozialgericht allerdings seine frühere ständige Rechtsprechung aufgegeben und entschieden, dass aufgrund einer völkervertraglichen Bindung, die der entgegenstehenden Bestimmung des – früher maßgeblichen – Bundeskindergeldgesetzes vorgehe, Angehörige des früheren Jugoslawien oder dessen Rechtsnachfolgestaaten, Anspruch auf die Zahlung von Kindergeld haben, wenn sie in Deutschland einer Beschäftigung nachgehen. Der Antragsteller hat vorgetragen, die Entscheidung des Bundessozialgerichts sei, abgesehen von einer Pressemitteilung der Behörde am 13. April 2000, mindestens in der Fachzeitschrift »Informationsbrief Ausländerrecht«, der führenden Fachzeitschrift auf dem Gebiet des Ausländerrechts, in der Juli/August-Ausgabe 2000 veröffentlicht worden.

In den Gründen führt das OLG Hamm dazu aus:

»Die Betreuungspflicht umfasst die Pflicht zur sorgfältigen und fachkundigen Prüfung der Rechtslage (BGH NJW 1996, 2929 [2931]; NJW 1993, 1320 [1322]). Dazu muss der Rechtsanwalt die Entscheidungen in amtlichen Sammlungen der obersten Bundesgerichte ebenso wie in – wenigstens – einer allgemeinen Fachzeitschrift berücksichtigen (BGH NJW 2001, 675 [678]). Hat der Rechtsanwalt, wie im vorliegenden Fall, einen Auftrag aus einem Spezialgebiet übernommen, ist er zu einer entsprechenden Einarbeitung verpflichtet (BGH a.a.O.). Dazu gehört es auch, dass Spezialzeitschriften in angemessener Zeit durchgesehen werden.

Diesem Gebot hat die Antragsgegnerin nach summarischer Prüfung der Sach- und Rechtslage nicht entsprochen. Der Einwand, dass die Änderung der bis dahin festen Rechtsprechung des Bundessozialgerichts zur Bewilligung von in Deutschland lebenden und beschäftigten Angehörigen aus dem früheren Jugoslawien und dessen Rechtsnachfolgestaaten erst ein halbes Jahr vor Rücknahme des Einspruchs erfolgt war, entlastet die Antragsgegnerin nicht ... Ihr hätte es zur sorgfältigen und fachkundigen Prüfung der Rechtslage oblegen, sich in das Rechtsgebiet näher einzuarbeiten. Daran war sie auch nicht wegen eines bevorstehenden Fristablaufs oder einer anderweitigen zeitlichen Begrenzung gehindert. Bei Studium der zu der Thematik ergangenen Entscheidungen und Abhandlungen im Schrifttum wäre die Antragsgegnerin darauf aufmerksam geworden, dass in der untergerichtlichen Rechtsprechung der Finanzgerichte zu der parallelen Problematik der Bewilligung von Kindergeld nach der Bestimmung des § 62 Abs. 2 EStG unterschiedliche Auffassungen vertreten und in der Literatur kommentiert wurden. Dies hätte für die Antragsgegnerin wiederum Veranlassung sein müssen, die Entwicklung der Rechtsprechung des Bundessozialgerichts unter Zuhilfenahme einer Fachzeitschrift zu beobachten. Für diese Bewertung ist von besonderer Bedeutung, dass für die Rücknahme des im Oktober 2000 noch nicht beschiedenen Einspruchs keine besondere Veranlassung bestand und auch das Interesse des Antragstellers, unnötige Verfahrenskosten zu vermeiden, eine solche Handlung nicht gebot. Denn das Einspruchsverfahren war gebührenfrei. Der Vergütungsanspruch der Antragsgegnerin war bereits mit ihrer Beauftragung zur Einlegung eines Einspruchs entstanden.«

4. Kenntnis der Rechtsprechung anderer Gerichte

Die – mandatsbezogene – Kenntnis der **veröffentlichten** Rechtsprechung der Instanzgerichte, beispielsweise der Oberlandesgerichte und u.U. auch der Land- und Amtsgerichte, braucht der Rechtsanwalt nur ausnahmsweise zu haben. 141

Hier sind **zwei Fallgestaltungen** anerkannt:

(1) Existiert zum Mandatsgegenstand **(noch) keine** Rechtsprechung des zuständigen obersten Bundesgerichts oder befindet sich das betreffende Rechtsgebiet ersichtlich in Entwicklung und ist (weitere) **höchstrichterliche Rechtsprechung** zu erwarten, dann muss ein Anwalt, der eine Angelegenheit aus diesem Bereich zu bearbeiten hat, u.a. die veröffentlichte Instanzrechtsprechung heranziehen und die in angemessener Zeit von ihm durchzusehenden Spezialzeitschriften auf diese hin überprüfen[340]. 142

340 BGH NJW 2001, 675, 678 = VIZ 2001, 225 = WM 2000, 1814, 1815; *Ganter*, S. 9; vgl. auch schon: BGH VersR 1971, 1119, 1122; vgl. auch *Borgmann/Jungk/Schwaiger*, Kap. IV, Rn. 52.

143 (2) Die zweite Fallkonstellation knüpft an eine **letztinstanzliche Zuständigkeit** an. Soweit Untergerichte in letzter Instanz entscheiden, kann die Kenntnis von Besonderheiten ihrer maßgeblichen Rechtsprechung erforderlich sein, und zwar bei Uneinheitlichkeit innerhalb dieser Gerichte derjenigen des örtlich und sachlich letztinstanzlich entscheidenden Gerichts[341]. Derartige letztinstanzliche Entscheidungskompetenzen sind jedoch durch die ZPO-Reform seit dem 1.1.2002 erheblich eingeschränkt worden. Letztinstanzliche Entscheidungskompetenzen behalten die Berufungsgerichte im einstweiligen Rechtsschutz (§ 545 Abs. 2 ZPO a.F. und § 542 Abs. 2 ZPO und § 70 Abs. 4 FamG)[342]. Da nun für die Berufungskammern der Landgerichte das neue Revisionsrecht gilt, sich über diesen also nicht mehr wie früher der »blaue Himmel« befindet, ist die Entscheidung des KG[343], welches einen Rechtsanwalt für haftpflichtig angesehen hat, der eine spezielle Rechtsprechung der Mietkammern des LG Berlin (gegen sonstige Rechtsprechung und die Literatur) nicht beachtet hatte, in dieser Hinsicht obsolet. Unter dem Gesichtspunkt der Wahl des sichersten Weges[344] muss der Anwalt sich allerdings bei strengeren Anforderungen an Rechtsverfolgung oder Rechtsverteidigung durch ein Instanzgericht ohnehin, soweit möglich, daran orientieren. Dies kann allerdings nur unter der Voraussetzung gelten, dass er entweder eine solche Rechtsprechung kennt oder es an veröffentlichter einschlägiger höchstrichterlicher Rechtsprechung noch fehlt (Fallgruppe [1] oben, Rdn. 142).

144 (3) Soweit der BGH in seiner Entscheidung vom 8.10.1992[345] für die anwaltlichen Beurteilungspflichten bei der Erstellung eines Vertrages über den Eintritt in eine Bierbezugsverpflichtung ausgeführt hat, dass die Anwendung des Abzahlungsgesetzes auf die vertragliche Übernahme von Getränkebezugsverpflichtungen auch der bis Ende 1986 veröffentlichten Rechtsprechung von Oberlandesgerichten in der WM, der WRP und der NJW-RR zu entnehmen gewesen sei und die beklagten Anwälte sich über diese Rechtsprechung hätten unterrichten können und müssen, fällt dies in die erste Fallgruppe. Eine aktuelle und »genau passende« BGH-Entscheidung lag nämlich (noch) nicht vor. Ein **generelles Postulat** der Überprüfung sämtlicher Fachzeitschriften auf einschlägige Instanzrechtsprechung lässt sich auch diesem BGH-Urteil **nicht** entnehmen[346].

5. Kenntnis der Rechtsliteratur

145 Verhältnismäßig wenige Entscheidungen lasten dem in Regress genommenen Anwalt eine mangelnde Kenntnis der Rechtsliteratur an. So richtet das Urteil des BGH vom 9.11.1982[347] einen Vorwurf an den beklagten Anwalt, dass er bei Studium der gängigen ZPO-Kommentare und der von diesen angeführten BGH-Entscheidung nicht eine Streitverkündungswirkung in dem von ihm angenommenen Sinne hätte annehmen dürfen. Zur Hinzuziehung von **Kommentaren** finden sich zwei ebenfalls ältere Urteile des OLG Hamm. Es hat in einem Fall eine anwaltliche Pflichtverletzung bejaht, weil das übersehene Problem *»sogar im Palandt«* zu finden gewesen sei[348], während es in einem anderen Fall verlangt hat, dass der Anwalt auch noch andere Kommentare als den *Palandt* einsehe[349]. In einer Entscheidung des OLG Schleswig wird dem Anwalt ebenfalls vorgehalten, einen *»Blick in die Kommentierung bei Palandt, dem gängigen und gebräuchlichsten, handlichen Erläuterungswerk,«* unterlassen zu haben, der ihn zu besserer Einsicht hätte gelangen lassen. *»Dort hätte er den Hinweis auf die höchstrichterliche Rechtsprechung ... gefunden. Es entlastet ihn auch nicht, daß die Ansicht in der Literatur teilweise nicht unbestritten ist.«*[350]

341 Vgl. *Vollkommer/Greger/Heinemann*, § 11, Rn. 38.
342 Vgl. *Vollkommer/Greger/Heinemann*, § 11, Rn. 36.
343 KG MDR 1983, 178 f.
344 Vgl. unten Rdn. 195 ff. und Rdn. 208.
345 BGH NJW-RR 1993, 243, 245 = WM 1993, 420 ff., vgl. dazu schon oben Rdn. 139.
346 Anders *Rinsche*, 6. Auflage, Rn. I 117.
347 BGHZ 85, 252, 259 ff. = NJW 1983, 820, 822.
348 OLG Hamm, Urt. v. 18.2.1987 – 28 U 64/87.
349 OLG Hamm vom 16.1.1986 – 28 U 162/85.
350 OLG Schleswig NJW 1988, 569.

Das Studium von (neuesten!) Kommentaren und anderen Gesetzeserläuterungen ist nicht nur gängige, da **am wenigsten zeitraubende Möglichkeit**, sich einen Ein- und Durchblick in die anstehenden Probleme und einen Zugriff auf einschlägige höchstrichterliche Rechtsprechung zu verschaffen, sie wird auch »im Zeitalter der juristischen Datenbanken«[351] **unerlässliches Arbeitsmittel bleiben**[352]. 146

Eine grundsätzliche Pflicht zu ihrer Benutzung hat der BGH aber nicht statuiert. Das ist richtig. Gibt es für die einschlägige Problematik veröffentlichte höchstrichterliche Rechtsprechung, ist der Weg zu ihrer Kenntnisnahme und die Wahl der Hilfsmittel[353], etwa auch von Fachbüchern (neuester Auflage) dem Anwalt überlassen. Gibt es eine höchstrichterliche Rechtsprechung (noch) nicht oder ist ihr Fortbestand fraglich geworden, muss der Anwalt ohnehin auch die Literatur hinzuziehen[354], wobei i.d.R. die Kommentare oder Handbücher den ersten Einstieg bilden können. Ansonsten sind Literaturmeinungen für die Mandatspraxis nicht von maßgebender Bedeutung; sie können dem Mandanten in den meisten Fällen nicht weiterhelfen, aber durchaus eine Grundlage für die eigene richtige Beurteilung bilden. 147

Soweit die Kenntnis von Literaturansichten erforderlich wird[355], ist der Anwalt auch gehalten, sich anhand des verfügbaren Materials selbst eine Meinung zu bilden. Bei der Beratung des Mandanten hat er sich aber grundsätzlich an der **herrschenden Meinung** zu orientieren. Etwas anderes gilt, wenn der Mandant (nach entsprechender Risikoberatung) gewillt oder bereit ist, das Risiko eines »Musterprozesses« gegen die herrschende Meinung auf sich zu nehmen[356]. Nach Ansicht des BGH darf der Anwalt nicht darauf vertrauen, er werde mit seiner Rechtsauffassung das Gericht überzeugen, *»selbst wenn sie in einem angesehenen Kommentar vertreten wird, aber von der Mehrheitsmeinung abweicht«*[357]. 148

Ist die Rechtslage umstritten und noch nicht höchstrichterlich geklärt, hat der Anwalt die für seine Mandantschaft ungünstigste und für die Verfolgung von dessen Interessen gefährlichste Meinung zu Grunde zu legen, also **vorausschauend den relativ sichersten Weg** zu wählen[358].

351 *Vill,* in: G. Fischer/Vill/D. Fischer/Pape/Chab, § 2, Rn. 85.

352 So zu Recht *Vill,* a.a.O.

353 Den Charakter der Kommentare als solche Hilfsmittel zu Recht betonend: *Vollkommer/Greger/Heinemann*, § 11, Rn. 47 und 49.

354 BGH, Urt. v. 17.3.2016 – IX ZR 142/14 – juris, Rn. 9; *Ganter*, S. 9; *Zugehör*, Beraterhaftung, Rn. 53; *Vill,* in: G. Fischer/Vill/D. Fischer/Pape/Chab, § 2, Rn. 85; vgl. auch: BGH NJW 2001, 675, 678 = VIZ 2001, 225 = WM 2000, 1814, 1815 betr. die Durchsicht von Spezialzeitschriften und dazu oben Rdn. 140.

355 Dies war für den in BGH NJW-RR 1993, 243, 245 = WM 1993, 420, 423 (vgl. dazu schon oben Rdn. 139) verklagten Anwalt wegen noch nicht existierender höchstrichterlicher Rechtsprechung auch zur Frage der Zulässigkeit einer nachträglichen Widerrufsbelehrung nach §§ 1c, 1a II, 1b II AbzG der Fall. Die von *Rinsche*, 6. Auflage, Rn. I 119 sowie in ZAP 1997, F. 23, S. 250 geäußerte Kritik an der Ansicht des BGH, der Anwalt habe hierzu die Hinweise in Kommentaren und einem Aufsatz in einer Spezialzeitschrift berücksichtigen und ein dementsprechendes Vorgehen veranlassen müssen, ist daher nicht berechtigt.

356 Vgl. BGH NJW 1974, 1865, 1866; vgl. auch *Borgmann/Jungk/Schwaiger*, Kap. IV, Rn. 71, *Vollkommer/Greger/Heinemann*, § 11, Rn. 51; *Vill,* in: G. Fischer/Vill/D. Fischer/Pape/Chab, § 2, Rn. 90; *Ganter*, S. 9. Da in solchen Fällen zu erwarten ist, dass der gesamte Instanzenzug bis zum obersten Bundesgericht zu durchlaufen ist, kann es je nach Einzelfall auch geboten sein, über Kostenumfang und Kostenrisiko zu belehren, dazu vgl. Kap. 8 Rdn. 215.

357 BGH NJW 1974, 1865, 1866; vgl. auch *Borgmann/Jungk/Schwaiger*, Kap. IV, Rn. 68. Auch hier ist der Anwalt aber nach dem Grundsatz des sichersten Weges verpflichtet, soweit möglich z.B. *»durch hilfsweise Vornahmen von Prozesshandlungen der Rechtsansicht des Gerichts Rechnung zu tragen, um für seinen Mandanten den größtmöglichen Vorteil im Prozess zu erreichen.«*

358 BGH, Urt. v. 24.9.2015 – IX ZR 206/14 – juris, Rn. 16.

Ungewöhnliche Fallgestaltungen, die weder Gegenstand einer höchstrichterlichen oder instanzgerichtlichen Rechtsprechung waren noch in einem der gängigen Kommentare oder Lehrbücher behandelt werden, hat der Anwalt auf der Grundlage eigener, juristisch begründeter Überlegungen zu bearbeiten. Soweit sich dabei mehrere Lösungsmöglichkeiten vertreten lassen, kann es dem Anwalt grundsätzlich nicht angelastet werden, wenn er sich nicht für die vom Gericht für richtig gehaltene Alternative entschieden hat[359]. Zu beachten hat der Anwalt aber auch hier, dass er grundsätzlich den für seinen Mandanten relativ sichersten Weg zu wählen hat[360].

6. Sonstige Kenntnisse

149 Vom Anwalt ist außer unter den oben dargestellten Voraussetzungen mandatsbezogen zu verschaffender Kenntnis der Gesetze und sonstiger Rechtsnormen, der veröffentlichten Rechtsprechung und der Rechtsliteratur auch noch ein weiterer Wissensstand gefordert, soweit dies zur Wahrung der Interessen des Mandanten notwendig ist und von einem gewissenhaft arbeitenden Anwalt erwartet werden darf.

150 So muss der Anwalt etwa bei der Bearbeitung individualarbeitsrechtlicher Mandate an die Relevanz von **(Rahmen-)Tarifverträgen** z.B. wegen in diesen enthaltener Ausschlussfristen etwa für die Geltendmachung von Lohnansprüchen denken und sich daher Kenntnis der einschlägigen (Rahmen-) Tarifverträge (vgl. dazu schon oben Rdn. 87)[361] und ihrer Geltung oder Einschlägigkeit[362] im konkreten Fall verschaffen[363]. Auch über mandats- und beratungsbezogen wichtige Klauseln in **Versicherungsbedingungen** muss sich der Anwalt informieren[364] und diese beachten, so beispielsweise die AKB, AHB, AUB[365].

151 Dies gilt auch für die **Rechtsschutzversicherungsbedingungen (ARB)**, die früher in § 2 Abs. 3a ARB 75 (der bis zum 30.9.1994 gültigen Fassung) und seither in § 5 Abs. 3b) der ARB 94, ARB 2000 und nun in ARB 2000/2009 regeln, dass der Versicherer Kosten nicht trägt, *»die im Zusammenhang mit einer einverständlichen Erledigung entstanden sind, soweit sie nicht dem Verhältnis des vom Versicherungsnehmer angestrebten Ergebnisses zum erzielten Ergebnis entsprechen, es sei denn, dass eine hiervon abweichende Kostenverteilung gesetzlich vorgeschrieben ist«*[366]. Schließt der Anwalt für einen rechtsschutzversicherten Mandanten einen **Vergleich** ab, ohne wegen der Kostenverteilung die o.g. Versicherungsbedingungen zu beachten, akzeptiert er also einfach eine von der Obsiegens- und Unterliegensquote abweichende Kostenregelung oder vereinbart er gar keine Kostenregelung mit der Folge, dass § 98 ZPO greift[367], kann er sich schadensersatzpflichtig machen, wenn und soweit der Rechtsschutzversicherer die Kosten seines Mandanten nicht vollständig nach der Vergleichsregelung oder nach § 98 ZPO übernimmt. Der Anwalt muss also den Mandanten zumindest über die versicherungsrechtliche Lage[368] und das daraus resultierende

---

359 BGH, Urt. v. 17.3.2016 – IX ZR 142/14 – juris, Rn. 12, wo auf fehlendes Verschulden abgestellt wird. Das aber erscheint zweifelhaft; m.E. liegt bereits keine Pflichtwidrigkeit vor; so auch *D. Fischer*, WM 2019, Sonderbeilage Nr. 1, S. 9.

360 Vgl. BGH, Urt. v. 24.9.2015 – IX ZR 206/14 – juris, Rn. 16.

361 Vgl. BGH NJW 1983, 1665 = ZIP 1983, 996, 997; vgl. auch *Vollkommer/Greger/Heinemann*, § 11, Rn. 30.

362 An der es in BGH, Urt. v. 6.12.2001 – IX ZR 124/00 – juris, Rn. 9 fehlte, was der Anwalt übersehen hatte.

363 So auch *Vollkommer/Greger/Heinemann*, § 11, Rn. 55.

364 *Vill*, in: G. Fischer/Vill/D. Fischer/Pape/Chab, § 2, Rn. 58 m.w.N.

365 Vgl. *Vollkommer/Greger/Heinemann*, § 11, Rn. 54 und Fn. 177.

366 In der früheren Fassung (§ 2 Abs. 3a) hieß es noch: *»Kosten, die aufgrund einer gütlichen Erledigung, insbesondere eines Vergleiches, nicht dem Verhältnis des Obsiegens zum Unterliegen entsprechen oder deren Übernahme durch den Versicherungsnehmer nach der Rechtslage nicht erforderlich ist ...«*.

367 So in BGH NJW 2006, 1281, 1283 (Tz. 21).

368 Zu § 2 Abs. 3a ARB 75 vgl. BGH VersR 1977, 809; BGH VersR 1982, 391; BGH NJW 2006, 1281, 1283 (Tz. 20, 21); OLG Hamm NJW-RR 1999, 1403 = VersR 1999, 1403; LG Stuttgart NJW-RR 1999, 1635; vgl. auch OLG Saarbrücken NJW-RR 1996, 320; zu § 5 Abs. 3b ARB 94/2000 vgl. LG Hagen NJW-RR 2008, 478.

Kostenrisiko[369] informieren und, wenn eine andere Kostenregelung am Widerstand des Gegners scheitert, insgesamt den Mandanten zum Vergleichsabschluss mit seinem Gesamtinhalt beraten und ihm so die Grundlage für eine abschließend abwägende Entscheidung über den Vergleichsabschluss verschaffen.

Bei einem **Mehrvergleich** musste er bis zur Neufassung der ARB in 2008 beachten, ob die Rechtsschutzversicherung nach den dazu aufgestellten Grundsätzen des BGH zur Auslegung der ARB auch solche Kosten einschließt, die durch die Einbeziehung weiterer Streitgegenstände entstanden sind, was der Fall ist, soweit diese mit dem eigentlichen Gegenstand des Streites in rechtlichem Zusammenhang stehen und der Versicherer auch für diese grundsätzlich Rechtsschutz zu gewähren hätte[370]. In Reaktion auf dieses BGH-Urteil zum Mehrvergleich sind die ARB § 5 Abs. 3 b geändert worden und vor allem ist im neu eingefügten Abs. 3 h jetzt ausdrücklich geregelt, dass Kosten im Rahmen einer einverständlichen Regelung für Forderungen, die selbst nicht streitig waren, oder Kosten, die auf den nicht versicherten Teil von Schadensfällen entfallen, vom Versicherer nicht zu tragen sind. Allerdings gilt anderes für die bereits vor der einverständlichen Regelung angefallenen Gebühren.[371] 152

In vielen Fällen wird er auch (mit Zustimmung des Gegners) die Kostenregelung dem Gericht nach **§ 91a ZPO** überlassen können[372]; eine Kostenverteilung nach den Erfolgsaussichten und nach billigem Ermessen ist für den Fall übereinstimmender Erledigungserklärung gesetzlich in § 91a ZPO vorgeschrieben, wenn und soweit nicht wegen Fehlens einer Kostenvereinbarung die Kostenaufhebung nach § 98 ZPO eingreift. Allerdings ist auch damit nicht in jedem Falle die Gefahr gebannt, dass die Rechtsschutzversicherung nur einen Teil der dem Versicherungsnehmer auferlegten Kosten übernehmen will. Wenn jedoch im Vergleich beispielsweise an Stelle »großen Schadensersatzes« zum Ausgleich sämtlicher Ansprüche »kleiner Schadensersatz« (ohne zusätzliche Abstriche) geregelt wird, ist es bei der Kostenregelung mit den ARB vereinbar und damit für den Rechtsschutzversicherer bindend, im Einzelfall die gesamten Kosten dem Schuldner aufzuerlegen[373]. Denn bei der Vergleichsregelung braucht der mangelhafte Gegenstand nicht mehr zurückgegeben zu werden[374]. Zudem scheidet eine genaue Anwendung von § 2 Abs. 3a ARB 75 oder § 5 Abs. 3b ARB 94 und ARB 2000/2009 aus, wenn in den Vergleich zusätzlich Sachverhalte einbezogen werden, die einer zahlenmäßigen Quotenermittlung entgegenstehen[375]. 153

Nach der nach Wortlaut, Sinn und Zweck der Ausschlussklausel des § 5 Abs. 3b ARB 94 aus der maßgeblichen Sicht eines durchschnittlichen Versicherungsnehmers ohne versicherungsrechtliche Spezialkenntnisse bei verständiger Würdigung, aufmerksamer Durchsicht und Berücksichtigung des erkennbaren Sinnzusammenhangs im Einzelnen begründeten Auffassung des Versicherungssenats des OLG Hamm, der zugestimmt wird, ist darüber hinaus der Rechtsschutzversicherer an einen Beschluss nach § 91a ZPO **generell gebunden**, und zwar auch dann, wenn nach einem Vergleich in der Hauptsache ohne Kostenregelung der Parteien die gerichtliche Entscheidung nach § 91a ZPO nicht der Quote des Obsiegens und Unterliegens entspricht[376]. 154

---

369 Zu weiteren Kostenfragen bei rechtsschutzversicherten Mandanten und dazu bestehenden Anwaltspflichten vgl. noch Kap. 8 Rdn. 204 ff.

370 BGH NJW 2006, 513 = VersR 2005, 1725.

371 *Bauer,* in: Harbauer, ARB 2000 § 5, Rn. 286.

372 OLG Karlsruhe VersR 1984, 839; *Harbauer*, ARB, 7. Auflage, § 2 ARB 75, Rn. 167, S. 218 und *Bauer,* in: Harbauer, ARB 2000, Rn. 200.

373 Vgl. LG Mönchengladbach VersR 2001, 1280 = ZfS 2001, 562 = NVersZ 2002, 139; zustimmend *Bauer*, NJW 2002, 1542, 1546; vgl. auch bereits BGH NJW 1982, 1103, 1104 = VersR 1982, 391.

374 Dazu vgl. BGH NJW 1982, 1103, 1104 = VersR 1982, 391 bei einer Erfüllungsklage und vergleichsweiser Regelung eines Schadensersatzes statt der Leistung.

375 LG Stuttgart, NJW-RR 1999, 1635.

376 OLG Hamm NJW-RR 2005, 331; zustimmend *Bauer,* in: Harbauer, ARB 2000, Rn. 200.

7. Besondere Kenntnisse (Fachanwalt)

155 Nach § 2 der Fachanwaltsordnung (FAO) in der Fassung vom 1.1.2020, zuletzt geändert durch Beschluss der Satzungsversammlung vom 6.5.2019[377] sind neben besonderen praktischen Erfahrungen (zu den Anforderungen insoweit vgl. § 5 FAO und zum Nachweis § 6 Abs. 3 und § 7 FAO) besondere theoretische Kenntnisse in den jeweiligen Bereichen, wie in §§ 8 ff. FAO geregelt, erforderlich. Das Maß dessen, was üblicherweise durch die berufliche Ausbildung und praktische Erfahrung im Beruf vermittelt wird, muss erheblich überstiegen werden, § 2 Abs. 2 FAO. Wenn auch Normen des Standesrechts (allein) nicht herangezogen werden können, um die von einem Rechtsanwalt zu beachtenden Sorgfaltsstandards zu konkretisieren[378], so ist die Führung einer Fachanwaltsbezeichnung doch die nach außen kundgegebene »Garantie«[379] von Spezialkenntnissen auf dem jeweiligen Rechtsgebiet. Damit wird regelmäßig bei Auftragserteilung auf dem ausgewiesenen Gebiet der Mandant dies im Vertrauen auf eine besondere Qualifikation des Fachanwalts auf seinem Spezialgebiet tun, und dieser weiß, dass er als ein solcher Spezialist mandatiert wird. Damit ist Vertragsinhalt die Erbringung einer anwaltlichen Dienstleistung als ein derartig spezialisierter Anwalt.

156 Nach in der Literatur vertretener Ansicht hat der Fachanwalt seine Leistung nach einem erheblich über den Sorgfaltsanforderungen an einen Allgemeinanwalt liegenden Pflichtenmaßstab zu erbringen[380]. Richtig ist jedenfalls, dass Fachanwälte in dem ausgewiesenen Spezialbereich aufgrund konkludenter vertraglicher Regelung die Sorgfalt eines durchschnittlichen Fachanwalts schulden[381], also nicht etwa nach einem Idealmaßstab[382], so dass – allgemein gesprochen – eine Pflichtwidrigkeit eher zu bejahen sein kann, als bei einem Anwalt mit allgemeiner Beratungs- und Prozesspraxis. Dass der Sorgfaltsmaßstab bei überdurchschnittlichen individuellen Fähigkeiten strenger sein kann, entspricht dem auch sonst gängigen Rechtsverständnis[383].

Indes wird zu differenzieren sein[384].

157 Wenn einem Anwalt ein **Auftrag direkt auf einem der** in der Fachanwaltsordnung genannten **Spezialgebiete** erteilt wird, ist es in der Haftpflichtpraxis letztlich irrelevant, ob der Anwalt ein darin ausgewiesener Fachanwalt ist oder nicht. Denn auch ein Allgemeinanwalt schuldet für die – von ihm sich für eine korrekte Beratung zu verschaffenden – Rechtskenntnisse den für die ordnungsgemäße Erfüllung erforderlichen »Standard«, der sich im Ergebnis, – da eben nicht ein Idealmaßstab anzulegen ist –, haftungsrechtlich nicht von dem für einen Fachanwalt unterscheidet[385]. Denn der Auftraggeber geht mangels entgegenstehender Vertragserklärungen zu Recht davon aus, dass jeder Anwalt in der Lage ist, einen von ihm vorbehaltlos angenommen Auftrag ordnungsgemäß

---

377 BRAK-Mitt. 2019, 245 f.

378 *Rinkler/Pape*, in: G. Fischer/Vill/D. Fischer/Pape/Chab, § 1, Rn. 357; a.A. *Friedmann*, Anwaltspflichten und Präjudizien, 2003, S. 128 ff.

379 *Vollkommer/Greger/Heinemann*, § 17, Rn. 14.

380 *Vollkommer/Greger/Heinemann*, § 17, Rn. 14; *Borgmann/Jungk/Schwaiger*, Kap. V., Rn. 46, die eine berechtigte Erwartung des rechtssuchenden Mandanten auch dann annehmen wollen, wenn der Rechtsanwalt sich als Spezialist bezeichnet. Vgl. allgemein dazu, dass bei Verträgen der Sorgfaltsmaßstab durch vertragliche Abreden verstärkt werden kann, z.B.: Palandt/*Grüneberg*, § 276, Rn. 15 unter Hinweis auf RGZ 119, 397, 399.

381 *Borgmann/Jungk/Schwaiger*, Kap. V., Rn. 46.

382 Vgl. allgemein dazu: *G. Fischer*, in: G. Fischer/Vill/D. Fischer/Pape/Chab, § 4, Rn. 6.

383 Vgl. BGH NJW 1987, 1479 (Arzthaftung) m. zust. Anm. *Deutsch* = JZ 1987, 877 m. Anm. *Giesen*; vgl. auch z.B. Erman/*R. Battes*, (9. Auflage), § 276 BGB, Rn. 21; Soergel/*Wolf*, § 276, Rn. 77.

384 So nun auch *Vollkommer/Greger/Heinemann*, § 17, Rn. 14 (wenngleich im Rahmen des Verschuldens und nicht wie geboten zur Pflichtwidrigkeit); *G. Fischer*, in: G. Fischer/Vill/D. Fischer/Pape/Chab, § 4, Rn. 41.

385 Ebenso *Vollkommer/Greger/Heinemann*, § 17, Rn. 14; *Borgmann/Jungk/Schwaiger*, Kap. V., Rn. 46 halten diese haftungsrechtliche Gleichstellung für »bedenkenswert«; a.A. *Friedmann*, Anwaltspflichten und Präjudizien, 2003, S. 124 ff.

zu erfüllen. Ein Allgemeinanwalt wird daher zur Vermeidung eines Regresses sehr genau zu bedenken haben, ob und wieweit er ihm angetragene Mandate annimmt, für deren ordnungsgemäße Bearbeitung Spezialkenntnisse und -erfahrungen erforderlich sind. Werden diese Pflichten nicht eingehalten, würde es in einem Urteil bezüglich eines Fachanwalts dann wohl nur heißen, dass dieser diese Pflichten hätte erkennen und ihnen nachkommen müssen, »zumal er Fachanwalt ist«. Oder es wird nur schlicht und einfach mitgeteilt, dass es sich bei dem beklagten Anwalt um einen Fachanwalt handelt[386].

Anders ist es zu beurteilen, wenn sich bei einem auf »Standardgebieten« erteilten Mandat **auch Fra- 158
gen auf Spezialgebieten** ergeben, wenn es z.B. darum geht, welche steuerrechtlichen Auswirkungen ins Auge gefasste vertragliche Regelungen und Handhabungen haben können[387]. Von einem Allgemeinanwalt, der also nicht zugleich Steuerberater oder Fachanwalt für Steuerrecht ist, wird man mithin grundsätzlich nicht ungefragt eine **steuerrechtliche Beratung** verlangen können[388]. Demgegenüber kann der Mandant aber von einem Rechtsanwalt, der zugleich Fachanwalt für Steuerrecht ist, im Rahmen des Anwaltsdienstvertrages (§§ 675, 611 BGB) eine auch steuerrechtlich zuverlässige Bearbeitung erwarten[389].

8. Benutzung juristischer Online – Datenbanken

Juristische Datenbanken werden, in verschiedenen Ausgestaltungen immer mehr durchkonzipiert, 159
den Rechtsanwälten nun **auch in elektronischer Form** angeboten, beispielsweise »Juris-online«, »beck-online«, »Anwaltdirekt«, »ZR-Report.de«, »legios«, »wolterskluwer-online.de«. Zu ihrer Benutzung ist der Rechtsanwalt grundsätzlich nicht verpflichtet, und zwar regelmäßig auch dann nicht, wenn ein Rechtsgebiet ersichtlich in der Entwicklung begriffen ist[390]. Aus einem Beschluss des BGH vom 11.1.2007[391] zu einem fehlenden Beweisantritt für die behauptete Verfügbarkeit einer Entscheidung bei juris-online wird man Gegenteiliges nicht entnehmen können[392]. So hat der BGH in späteren Urteilen die Frage offengelassen, ob bei einer fortschreitenden, einen einfachen, raschen und kostengünstigen Zugriff gestattenden Informationstechnologie in Zukunft strengere Anforderungen an die Kenntnis höchstrichterlicher Entscheidungen zu stellen seien[393], bzw. hat den Umstand, dass eine Datenbank-Recherche zu dem im fraglichen Fall entscheidungsrelevanten Themenkreis sehr schnell über einen Verweis auf eine Spezialzeitschrift zu weiteren Erkenntnissen in einem in Entwicklung befindlichen steuerlichen Rechtsgebiet geführt hätte, nicht zum Nachteil des Rechtsberaters verwendet[394].

Auch heutzutage kann sich der Rechtsanwalt also zur Erlangung der jeweils erforderlichen Rechtskenntnisse grundsätzlich weiterhin der herkömmlichen Methoden bedienen. Allenfalls dann, wenn er von einer bestimmten Entscheidung erfährt, die in einer fristgebundenen oder sonst eilbedürftigen Angelegenheit relevant ist, bzw. weiß, dass eine solche Entscheidung ansteht und möglicherweise bereits erlassen worden ist, mag er, gibt es in der gebotenen Eile keine anderen Möglichkeiten zur

386 Wie beispielsweise in BGH NJW 2000, 730, 731 = WM 2000, 189, 190.

387 So auch *Vollkommer/Greger/Heinemann*, § 11, Rn. 14; ähnlich *Kleutgens*, S. 28.

388 *Vill*, in: G. Fischer/Vill/D. Fischer/Pape/Chab, § 2, Rn. 300, 301; *Vollkommer/Greger/Heinemann*, § 17, Rn. 14 a. E. und § 28, Rn. 107; bedenklich daher: LG Köln NJW 1981, 351; a.A. *Hübner*, NJW 1989, 5, 7.

389 Vgl. BGH NJW 1996, 842, 845 = WM 1996, 542, 547.

390 *Schnabl*, NJW 2007, 3025, 3028 f.; *Vollkommer/Greger/Heinemann*, Kap. 11, Rn. 19; *Vill*, in: G. Fischer/Vill/D. Fischer/Pape/Chab, § 2, Rn. 86; a.A. wohl *Lange*, DB 2003, 869, 871.

391 BGH, Beschl. v. 11.1.2007 – IX ZR 55/03 – juris, Rn. 4.

392 *Schnabl*, NJW 2007, 3025, 3028 f., 3030; a.A. *Kohlhaas*, NJW H. 29/2007, S. XXIV. Sollte der BGH hier wirklich von einer Verpflichtung des Anwalts zu einer Recherche in der juris-Datenbank ausgegangen sein, wäre dies auch deshalb abzulehnen, weil doch nun wirklich nicht die Benutzung etwa jeder Datenbank oder zumindest (auch) der juris-Datenbank abverlangt werden darf.

393 BGH, Urt. v. 23.9.2010 – IX ZR 26/09 – juris, Rn. 26 a.E.

394 BGH, Urt. v. 25.9.2014 – IX ZR 199/13 – juris, Rn. 16.

Kenntnisnahme der (gesamten) Entscheidung, zur gezielten Abfrage bei einer geeigneten Online-Datenbank verpflichtet sein[395].

160 Ansonsten ist er regressrechtlich nicht gehalten, auf solche Methoden der »Erkenntnisgewinnung« zurückzugreifen, weil ihm die Rechtsprechung zeitlich einen realistischen Toleranzrahmen zubilligt (vgl. schon Rdn. 134 m.w.N.) und zubilligen muss[396] und weil er auf die sachgerechte, auf die Bedürfnisse der Rechtspraxis zugeschnittene Auswahl bei der (alsbaldigen) Veröffentlichung von Gerichtsentscheidungen durch die Fachredaktionen vertrauen darf[397]. Es besteht grundsätzlich auch keine Verpflichtung, eine Zeitschrift einzusehen, die Entscheidungen besonders schnell veröffentlicht oder sogar auf der Homepage des Gerichts nachzuforschen[398]. Soweit der Standpunkt vertreten wird, auf solche Zeitschriften, die neuere Entscheidungen erst mit erheblichen Verzögerungen veröffentlichten, dürfe sich der Anwalt trotz des Toleranzrahmens für die Informationsbeschaffung alleine nicht verlassen[399], kann dem nicht gefolgt werden. Welche der allgemeinen Fachzeitschriften sollen das sein? Wo beginnt die Erheblichkeit der Verzögerung für die Printprodukte? Soll der Anwalt auch das noch selbst auf eigenes Haftungsrisiko beurteilen müssen?

Soweit sich in immer stärkerem Maß in der Rechtspraxis Online-Angebote durchsetzen, werden sich je nach Struktur und Organisation der Anwaltskanzleien die Anwälte auch ihrer in verbreitetem Maße bedienen[400]. Das ist, wenn und soweit Angebotsinhalt, Zugriffsmöglichkeiten und die erforderliche Aktualität mindestens dem Standard herkömmlicher Arbeitsmittel (Kommentare, Fachbücher, Zeitschriften) entsprechen, oder diese zusätzlich konsultiert werden, nicht zu beanstanden. Die Art und Weise der Kenntnisverschaffung ist also auch insoweit einem »Regresszugriff« entzogen Vorausgesetzt ist dabei, dass sich das in Anspruch genommene Online-Angebot auch auf das in Rede stehende Rechtsgebiet erstreckt, die mandatsbezogen erforderlichen Recherchen ermöglicht und die Möglichkeiten dieses Systems auch richtig und sachgerecht eingesetzt werden. Nicht entschuldigen können wird sich ein Anwalt damit, er habe nichts herausgefunden, was er nachweislich hätte recherchieren können[401].

IV. Rechtsbelehrung, Risikobelehrung und Beratung

1. Zweck der Belehrung

161 Die die Sachverhaltsaufklärung und die rechtliche Bearbeitung begleitende und deren Ergebnisse dem Mandanten gegenüber umsetzende Belehrung über Rechtslage, Erfolgsaussichten, Risiken und – je nach den Umständen – auch über Kosten bezweckt, dem Mandanten die Basis für die letztlich von ihm zu treffende Entscheidung über ein (weiteres) Vorgehen oder u.U. auch über eine Beendigung der Angelegenheit zu geben. Anwaltliche Tätigkeit hat sich jederzeit an dieser »**Maxime**«[402] auszurichten. Danach bestimmen sich Inhalt (unten 2.), Art und Weise (unten 3.) und Erforderlichkeit (unten 4.) von Belehrung und Beratung. Diese sollen, wie in Rdn. 41 im Einzelnen ausgeführt, dem Mandanten eine **sachgerechte und eigenverantwortliche Entscheidung** ermöglichen.

---

395 Ähnlich auch *Vollkommer/Greger/Heinemann*, § 11, Rn. 28; *Vill*, in: G. Fischer/Vill/D. Fischer/Pape/Chab, § 2, Rn. 86.

396 So auch *Kohlhaas*, NJW H 29/2007, S. XXIV.

397 Vgl. insoweit *Schnabl* ebd., S. 3028 f. Soweit er (S. 3027) kritisch anmerkt, es gehe – im Gegensatz zur hier vertretenen Ansicht – nicht nur um die Art und Weise der Kenntnisverschaffung, hat er übersehen, dass es doch so ist, wenn man den »realistischen Toleranzrahmen« zur Kenntnisnahme und den »Relevanzfilter« beibehält; vgl. auch *Dahns*, NJW-Spezial 2005, 189.

398 *Vollkommer/Greger/Heinemann*, § 11, Rn. 28 m.w.N.

399 *Vill*, in: G. Fischer/Vill/D. Fischer/Pape/Chab, § 2, Rn. 86.

400 Was u.U. dann zu regressrechtlich relevanten Anforderungen, diese Möglichkeiten zu nutzen, führen kann, vgl. *Schnabl*, NJW 2007, 3025, 3028, 3026 ff.

401 So auch *Schnabl*, NJW 2007, 3025, 3028, 3029.

402 *Borgmann*, NJW 2000, 2953, 2958.

Dazu heißt es im Urteil des BGH vom 30.11.1999:

»[Denn] der Mandant – und nicht sein anwaltlicher Vertreter – soll aufgrund der Beratung entscheiden und entscheiden können, ob er ein Recht geltend machen, ob und mit welchem Inhalt er rechtsgeschäftliche Erklärungen abgeben oder Verträge eingehen will (vgl. auch Rinsche, Die Haftung des Rechtsanwalts und des Notars, 6. Aufl. [1998], Rdnr. I 477). Das entspricht für die Vertretung durch einen Rechtsanwalt der gefestigten Rechtsprechung des BGH; für die Vertretung durch einen Patentanwalt gilt insoweit nichts anderes.«[403]

2. Inhalt der Belehrung

a) *Unterrichtung über das Ergebnis der rechtlichen Bearbeitung und Risikobelehrung*

Zur Erfüllung der o.g. Maxime muss der Rechtsanwalt seinen Auftraggeber nach Klärung des Sachverhalts zunächst über das Ergebnis eventuell zusätzlicher Sachverhaltsermittlungen und der rechtlichen Prüfung unterrichten[404], ihn grundsätzlich **umfassend und möglichst erschöpfend** rechtlich belehren[405], über mögliche Risiken aufklären[406] und ihm die daraus zu ziehenden Konsequenzen nennen[407]. So hat der BGH[408] zu Recht einem Anwalt, der mit der Vorbereitung einer Kapitalerhöhung einer GmbH betraut worden war, vorgehalten: 162

»Der Beklagte wusste aus seiner Mitwirkung bei den Vorgesprächen ..., dass ... eine Kapitalerhöhung im ›Schütt-aus-hol-zurück‹-Verfahren durchgeführt werden sollte. Darüber, dass in einem solchen Vorgang eine verdeckte Sacheinlage zu sehen war, bestand ... kein Zweifel. Vor dem Hintergrund dieser Rechtslage ... war dieser verpflichtet, auf die **Gefahren, die mit dem beabsichtigten Vorgehen verbunden waren, hinzuweisen** ... Gerade darin, dass, wie der Beklagte wusste, die sich daraus ergebenden Verbindlichkeiten durch Verrechnung mit den gleichzeitig beschlossenen Gewinnauszahlungsansprüchen getilgt werden sollten, auf diese Weise aber nicht zum Erlöschen gebracht werden konnten, bestand das Risiko, über das der Beklagte die Beteiligten hätte aufklären müssen. Wenn ihm das nicht bewusst war, dann beruht das auf einer Verletzung der von ihm zu erwartenden Sorgfaltspflicht; als rechtlicher Berater, der bei der Vorbereitung der Kapitalerhöhung hinzugezogen wurde, hätte er sich über die Rechtslage informieren müssen.«

Allerdings benötigt, wie der BGH nun richtig betont, der Mandant, insbesondere wenn er juristischer Laie ist, **nicht unbedingt eine vollständige rechtliche Analyse**, sondern allein die Hinweise, die ihm im Hinblick auf die aktuelle Situation und sein konkretes Anliegen die notwendige Entscheidungsgrundlage liefern. Inhalt und Umfang der vom Rechtsanwalt zu leistenden Aufklärung haben sich dabei immer nach den für ihn erkennbaren Interessen des Mandanten zu richten und muss daher nur die Hinweise enthalten, die dem Mandanten die für seine Entscheidung notwendigen Informationen liefern[409]. Seiner Hinweispflicht genügt der Anwalt dabei nur, wenn er eine 163

403 BGH NJW-RR 2000, 791 = BB 2000, 536; vgl. auch BGH NJW-RR 2008, 1235, 1236 = WM 2008, 1560 (Tz. 15); BGHZ 171, 261 = NJW 2007, 2485, 2486 = WM 2007, 1183 (Tz. 10); NJW-RR 2007, 857, 859 = WM 2007, 564, 566 (Tz. 19); NJW-RR 2006, 273 = WM 2005, 2345, 2346 (Tz. 13); NJW-RR 2004, 1210 = WM 2004, 472; NJW 2002, 292 = WM 2001, 2455 (Abfindungsvergleich); vgl. vorher schon: BGH NJW-RR 1999, 641, 642 = WM 1999, 645, 646; NJW 1996, 2648, 2649 = WM 1996, 1824; NJW 1995, 449, 450 = WM 1995, 398; NJW 1992, 1159, 1160 = VersR 1992, 827; vgl. auch: *Ganter*, S. 9 und 10; *Vill*, in: G. Fischer/Vill/D. Fischer/Pape/Chab, § 2, Rn. 97.

404 Vgl. *Vill*, in: G. Fischer/Vill/D. Fischer/Pape/Chab, § 2, Rn. 93.

405 Vgl. dazu schon weiter oben Rdn. 33, 37; ferner: BGH NJW 1993, 1320, 1322 = WM 1993, 610; NJW 1994, 1211, 1212 = WM 1994, 948, 949; NJW 1995, 449, 450 = WM 1995, 398, 399; NJW 1996, 2648, 2649 = WM 1996, 1824, 1825 = VersR 1996, 1499, 1501; NJW 1997, 2168 = WM 1997, 1392, 1393; NJW 2000, 1944 = WM 2000, 1353, 1354; BGH, Urt. v. 21.6.2018 – IX ZR 80/17 – juris, Rn. 8; vgl. auch *Ganter*, S. 9.

406 BGH, Urt. v. 21.6.2018 – IX ZR 80/17 – juris, Rn. 8; v. 1.3.2007 – IX ZR 261/03 – juris, Rn. 9.

407 Vgl. *Vill*, in: G. Fischer/Vill/D. Fischer/Pape/Chab, § 2, Rn. 93.

408 BGH NJW 2000, 725, 726 = WM 2000, 199 = ZIP 2000, 72 = GmbHR 2000, 131.

409 BGH, Urt. v. 1.3.2007 – IX ZR 261/03 – BGHZ 171, 261, Rn. 10, 11; v. 9.6.2011 – IX ZR 75/10 – juris, Rn. 12.

unmissverständliche Belehrung erteilt[410]. Die notwendige Vorstellung von den Handlungsmöglichkeiten und deren Vor- und Nachteilen muss dem Mandanten annähernd zutreffend vermittelt werden[411].

▶ Beispiel[412]:

Die Klägerin erstand ein Hausgrundstück. Der Grundstückskaufvertrag enthielt eine Vollstreckungsunterwerfung hinsichtlich des Kaufpreises und etwaiger ab 1.10.2010 anfallender Verzugszinsen in Höhe von fünf Prozent über dem Basiszinssatz sowie einen Gewährleistungsausschluss. Die Klägerin und ihr Ehemann erhielten bereits vor dem Übergabetermin vom 1.10.2010 die Schlüssel für das Objekt, um Fassaden- und Malerarbeiten in Auftrag geben zu können. Am 23.9.2010 stellten sie fest, dass im Heizungskeller an zwei Wänden sowie an der Kellerdecke massiv Feuchtigkeit und Schimmel vorhanden waren. Dieses Schadensbild war bei der vor Vertragsabschluss durchgeführten Besichtigung nicht erkennbar gewesen; seinerzeit waren die Kellerräume frisch gestrichen. Der Ehemann der Klägerin suchte am 24.9.2010 den beklagten Anwalt auf, um eine juristische Beratung zur Frage des weiteren Vorgehens zu erhalten. Dem Beklagten wurde dabei verdeutlicht, dass der alsbald zu zahlende Kaufpreis finanziert war und dass man sich von den Verkäufern »betuppt« fühlte, weil man davon ausging, dass der Feuchtigkeitsschaden im Keller bereits länger vorhanden war und eigens überstrichen wurde. Der Beklagte belehrte die Klägerin und ihren Ehemann über die verschiedenen in Betracht kommenden Gewährleistungsansprüche (Minderung, Schadensersatz, Rücktritt) und erklärte, weil die Klägerin nicht länger am Kaufvertrag festhalten wollte, schließlich den Rücktritt vom Kaufvertrag. Eine Vollstreckungsgegenklage blieb erfolglos. Die Klägerin musste zudem Verzugszinsen auf den Kaufpreis in nicht unerheblicher Höhe leisten. Auf deren Ersatz richtete sich die Regressklage gegen den Anwalt, die aber auch erfolglos blieb.

Das OLG Hamm hielt den Vorwurf, der Anwalt habe der Klägerin keine genügende Unterstützung geboten, um eine eigenverantwortliche Entscheidung darüber treffen zu können, ob der am 4.10.2010 gewünschte Rücktritt vom Kaufvertrag tatsächlich diejenige Variante war, die ihrem Anliegen am besten entsprach, für berechtigt. Die Klägerin und ihr Ehemann wurden nämlich vom Beklagten weder am 24.9. noch am 4.10.2010 darüber belehrt, dass die wirksame Ausübung des Rücktritts den Beweis der Arglist voraussetzte und dass – falls das nicht gelingt – ab dem 1.10.2010 Verzugszinsen auf den gesamten dann fälligen Kaufpreis von 143.000 Euro zu zahlen waren[413]. Gleichwohl scheiterte die Regressklage, weil der Senat nicht mit überwiegender Wahrscheinlichkeit feststellen konnte, dass die Klägerin und ihr Ehemann sich in der damaligen Beratungssituation tatsächlich für die von ihnen in der Berufungsinstanz vorgebrachte Variante »vollständige Kaufpreiszahlung unter Vorbehalt der Rückforderung« entschieden hätten. Vielmehr erschien es mindestens ebenso gut möglich, dass seinerzeit auch bei Betonung weiterer Risiken gleichwohl die Variante »Rücktritt« gewählt worden wäre[414].

164 Beabsichtigt der Mandant eine Vertragsgestaltung zur Vermeidung eines gesetzlichen Verbots, muss der Rechtsanwalt ihn über die Rechtslage informieren, die gegen die Realisierung des Vorhabens sprechenden Gründe erläutern und **über die bei Verstoß gegen das gesetzliche Verbot drohenden Risiken belehren**[415]. Dies gilt selbst dann, wenn seinem Auftraggeber das gesetzliche Verbot als solches bekannt ist[416]. Es entspricht nämlich der Lebenserfahrung, dass rechtliche Laien es vielfach Rechtskundigen zutrauen, durch geeignete Rechtsgestaltung einem gesetzlichen Verbot wirksam auszuweichen. Ein Rechtsgeschäft, das gegen ein gesetzliches Verbot verstößt, ist auch nur

410 BGH, Urt. v. 21.9.2017 – IX ZR 34/17 – juris, Rn. 33.
411 BGH NJW 2008, 2041 = WM 2008, 946 (Tz. 13).
412 OLG Hamm, Urt. v. 30.5.2017 – 28 U 125/16 – juris.
413 OLG Hamm, a.a.O., Rn. 57 ff.
414 A.a.O., Rn. 69 ff.
415 BGH NJW 1992, 1159, 1160.
416 BGH NJW 1992, 1159, 1160.

grundsätzlich, nicht aber ausnahmslos nichtig (§ 134 BGB). Nichtigkeit tritt ein, wenn Sinn und Zweck des Verbotsgesetzes es erfordern. Ein Verstoß gegen bloße Ordnungsvorschriften reicht dafür nicht aus[417].

165 Die vorgenannten Anforderungen für das anwaltliche Handeln bestehen **allgemein bei beabsichtigten rechtlich bedenklichen Maßnahmen**. Erhält daher ein Rechtsanwalt vom Vorstand einer erkennbar zahlungsunfähigen oder überschuldeten juristischen Person den Auftrag, mit den Gläubigern einen außergerichtlichen Vergleich anzustreben, hat er die verantwortlichen Personen über die Pflicht, einen Antrag auf Eröffnung des Insolvenzverfahrens zu stellen, sowie über das Verbot, Zahlungen zu leisten, zu belehren, da diese Rechtslage ersichtlich in Widerspruch zum Auftrag steht[418].

166 Nun sind aber fehlerfreie Auskünfte über Rechtsfragen und die aus der Prüfung einer Sach- und Rechtslage zu ziehenden Schlüsse nicht immer im Sinne einer Eindeutigkeit möglich. So können berechtigte **Zweifel tatsächlicher Art** bestehen, wenn es nämlich ungewiss ist, zu welchem Ergebnis eine erforderliche Beweisaufnahme und die anschließende Beweiswürdigung durch das Gericht führen werden.

167 Die Zweifel können aber auch aus einer **unsicheren Rechtslage** erwachsen. Zu groß ist manchmal die Vielfalt der Rechtsmeinungen, zu komplex, zu wenig geklärt die richtige Rechtsanwendung gerade bei und infolge von neuen gesetzlichen Regelungen, oder aus sonstigen Gründen zu hoch die rechtliche Unsicherheit, um eine quasi mathematische Genauigkeit bei der Beurteilung der Rechtslage durch den Anwalt erwarten zu können. So können Urteile in nicht von vorneherein klar zu bestimmender Weise etwa durch den Einwand von Rechtsmissbrauch oder eines sonstigen Verstoßes gegen Treu und Glauben beeinflusst werden. Höchstrichterliche Rechtsprechung kann geändert werden. So hat z.B. der BGH in jüngster Vergangenheit eine Rechtsfähigkeit der BGB-Gesellschaft anerkannt[419] und damit eine jahrzehntelang bestehende höchstrichterliche Rechtsprechung geändert. Unsicherheiten können sich des Weiteren ergeben, wenn es um die Auslegung von Willenserklärungen, insbesondere von Verträgen und Testamenten geht, die im Wesentlichen der tatrichterlichen Würdigung unterliegen und nicht selten mehrere vertretbare Auslegungsmöglichkeiten bieten. Auch die Auslegung von unbestimmten Rechtsbegriffen in Normen z.B. des Steuerrechts kann offen sein und zu nicht behebbaren Beurteilungsunschärfen führen[420].

168 Ist also die Sach- oder Rechtslage unklar, muss der Rechtsanwalt dies gegenüber dem Mandanten **offen legen** und diesen **sorgfältig darüber unterrichten**, welche Gesichtspunkte für die eine und welche für die andere Interpretation sprechen und welche Rechtsfolgen sich daraus jeweils ergeben[421]. Das gilt auch, wenn der Anwalt sich eine eigene Rechtsüberzeugung gebildet hat[422].

169 In allen Fällen, in denen eine eindeutige Auskunft nicht möglich ist, ist der Mandant über bestehende Risiken **deutlich** aufzuklären[423] (sog. **Risikobelehrung**) und vor der Annahme zu warnen, sein Fall sei so eindeutig gestaltet, dass ein eventuell darüber zu führender Prozess *»jetzt schon gewonnen«* sei. Auf die Zweifelhaftigkeit einer mit erheblichen Risiken verbundenen Rechtslage ist er hinzuweisen[424]. Dies gilt nicht nur bei der Prognose über den Ausgang eines Prozesses, sondern allgemein für Rechtsauskünfte und Beratungen. Diese Anforderungen an den Inhalt anwaltlicher (Risiko-)Belehrung werden in der Rechtsprechung mit der immer wieder zu findenden Formel

417 BGH NJW 1992, 1159, 1160.
418 BGH NJW 2001, 517, 518 = WM 2001, 98, 99.
419 BGHZ 146, 341 = NJW 2001, 1056 = ZIP 2001, 330 = NZG 2001, 311 = VersR 2001, 510.
420 Vgl. BGH NJW-RR 2006, 273, 274 = WM 2005, 2345 (Tz. 14).
421 BGH, Urt. v. 30.11.1999 – X ZR 129/96 – juris, Rn. 15 in Anlehnung an *Rinsche*, 6. Auflage, Rn. I 123; OLG Köln, Urt. v. 28.10.2014 – I-19 U 21/14 – juris, Rn. 31; vgl. auch BGH, Urt. v. 20.10.2005 – IX ZR 127/04 – juris, Rn. 13, 14, 23.
422 OLG Köln, a.a.O.
423 Vgl. auch *Vill*, in: G. Fischer/Vill/D. Fischer/Pape/Chab, § 2, Rn. 102.
424 BGH VersR 1983, 34 = WM 1982, 1313 f.; NJW 2007, 2486 = WM 2007, 1183 (Tz. 9).

ausgedrückt: »Zweifel und Bedenken, zu denen die Sach- und Rechtslage (berechtigten!) Anlass gibt, hat der Anwalt dem Auftraggeber darzulegen und mit diesem zu erörtern.«[425] Kann ein rechtlicher Gesichtspunkt für die Entscheidung eines vernünftigen Auftraggebers von Belang sein, seine Entscheidung also beeinflussen können, ist er ihm vom Anwalt zu benennen und darf keinesfalls verschwiegen werden[426]. Bestehende Risiken darf der Anwalt keineswegs verschweigen, selbst wenn er sie für vertretbar erachten durfte[427]. Ist der Mandant über solche Umstände bereits anderweitig unterrichtet, bedarf es allerdings darüber grundsätzlich keiner weiteren Unterrichtung[428].

170 Ist die Rechtslage unklar oder gestattet sie verschiedene Vorgehensweisen, muss sich die Belehrung auf die Verhaltensalternativen und ihre Folgen unter Darstellung und Gewichtung ihrer Vor- und Nachteile erstrecken[429]. Ist unter mehreren rechtlich möglichen **Alternativen** die eine deutlich vorteilhafter als die andere, hat der Anwalt darauf hinzuweisen und eine entsprechende Empfehlung zu erteilen[430].

171 Der Rechtsanwalt muss seinen Auftraggeber nicht nur über das Vorhandensein von Risiken in rechtlicher Beziehung wie in wirtschaftlicher Hinsicht (dazu oben Rdn. 41 m.w.N.), sondern auch über das ungefähre, in etwa abschätzbare Ausmaß der Risikolage unterrichten und dies mit ihm durchsprechen, weil der Mandant in der Regel nur aufgrund einer Einschätzung auch des Risikoumfangs über sein weiteres Vorgehen sachgerecht entscheiden kann[431]. **Nicht** etwa ist es dem Anwalt gestattet, nachdem er für sich selbst zu einer vertretbaren Meinung gelangt ist, auch wenn er diese für richtig und erfolgsversprechend hält, dem Mandanten **nur das Ergebnis** unter Verschweigen der (berechtigten) Zweifel und Bedenken zu unterbreiten[432]. Der Anwalt darf also keineswegs eine eindeutige Rechtsauskunft oder eine klare Prognose über den Ausgang eines Prozesses geben, wenn in Wirklichkeit Zweifel angebracht sind[433].

172 Mit einem **Vorbehalt** dahingehend, es sei **noch eine** (intensivere) **Überprüfung erforderlich**, kann sich der Rechtsanwalt der Verantwortlichkeit für schädigende Auswirkungen einer dem Mandanten erteilten unrichtigen Auskunft nur dann entziehen, *»wenn der Vorbehalt aus der maßgeblichen Sicht des Mandanten dahin verstanden werden muss, die zuvor erteilte Auskunft solle gerade auch in den Punkten, in denen sie unrichtig ist, nur vorläufig sein.«*[434] Der Rechtsanwalt darf also niemals den Eindruck erwecken, er habe eine umfassende oder jedenfalls abschließende Prüfung vorgenommen, wenn dies in Wirklichkeit nicht der Fall ist. Deshalb hat der BGH zu Recht einen Berufungsanwalt für haftpflichtig gehalten, der die Einlegung einer Nichtzulassungsbeschwerde als aussichtslos hingestellt hat, obwohl er deren Erfolgsaussichten nicht sorgfältig geprüft hatte[435], wobei der BGH zutreffend verdeutlicht, dass es ohne besonderen Auftrag nicht mehr zu dem Mandat eines

---

425 BGH NJW 1961, 601, 602; NJW 1985, 264, 265 = VersR 1985, 42; vgl. auch BGH NJW 2000, 725, 726 = WM 2000, 199 = ZIP 2000, 72 = GmbHR 2000, 131; *Ganter*, S. 9; vgl. auch unten Rdn. 176 ff.

426 BGH, Urt. v. 8.12.2005 – IX ZR 188/04 – juris, Rn. 7 unter Bezugnahme auf BGH, Urt. v. 20.10.2005 – IX ZR 127/04 – juris, Rn. 13; OLG Düsseldorf, Urt. v. 12.3.2018 – 9 U 179/16 – juris, Rn. 57, 59.

427 OLG Düsseldorf, a.a.O., Rn. 59.

428 BGH, a.a.O.

429 Vgl. *Ganter*, S. 9; BGHZ 171, 261 = NJW 2007, 2485, 2486 = WM 2007, 1183 (Tz. 20).

430 BGHZ 171, 261 = NJW 2007, 2485, 2486 = WM 2007, 1183 (Tz. 10).

431 BGHZ 89, 178, 182 = NJW 1984, 791, 792 f. = VersR 1984, 283; BGHZ 97, 372, 376 = NJW 1986, 2043; NJW 1988, 563, 566; NJW 1988, 2113; NJW 1992, 1159, 1160; NJW 1993, 1320, 1322 = WM 1993, 610, 613 f.; NJW 1994, 1211, 1212 = WM 1994, 848; NJW 1995, 449, 450 = WM 1995, 398; NJW-RR 2000, 791, 792 (Patentanwalt); Urt. v. 10.5.2012 – IX ZR 125/10 – juris, Rn. 22; vgl. auch *Vill*, in: G. Fischer/Vill/D. Fischer/Pape/Chab, § 2, Rn. 102; *Ganter*, S. 9.

432 Vgl. *Ganter*, S. 9, 10, der dazu auf BGH NJW 1992, 1159 = WM 1992, 742, 743 und NJW-RR 2000, 791 verweist.

433 So schon *Rinsche* in der Vorauflage, Rn. I 122; vgl. auch unten Rdn. 177.

434 BGH NJW-RR 2003, 1064, 1066 = WM 2003, 1138, 1140.

435 BGH NJW 2003, 2022, 2023 = WM 2003, 1146, 1148.

Berufungsanwalts gehört, die materiellen Gründe des Berufungsurteils einer eingehenden Prüfung auf ihre Richtigkeit zu unterziehen[436].

Soweit der BGH darüber hinausgehend ausführt, dass nach Art und Umfang des Mandats eine **eingeschränkte Belehrung** ausreichend sein könne, etwa bei besonderer Eilbedürftigkeit oder bei einem Aufwand, der außer Verhältnis zum Streitgegenstand stehe[437], kann ihm, abgesehen davon, dass er in dem konkret entschiedenen »Ferkel-Fall«[438] wie auch im »Verjährungs-Fall«[439] diesen Ansatz nirgends weiter verfolgt hat[440], in dieser Allgemeinheit nicht gefolgt werden. Bei besonderer Eilbedürftigkeit mag man sich Situationen vorstellen, die als Umstände des einzelnen Mandats eine eingeschränkte Belehrung erlauben, weil billigerweise nicht mehr verlangt werden kann. Indes ist eine Formel vom »Aufwand, der außer Verhältnis zum Streitgegenstand stehe«, nicht nur sprachlich, sondern auch inhaltlich derart unbestimmt, dass sie letztlich mehr Fragen für die Rechtspraxis aufwirft als zur Klärung beiträgt. Diese Formel ist auch gefährlich. Denn sie weicht den Grundsatz der Pflicht des Anwalts zur umfassenden und richtigen Interessenwahrnehmung in nicht zu berechnender Weise auf. Wie von *Laws*[441] zutreffend angemerkt, kann entgegen der Interpretation von *Römermann*[442] diese Aussage des BGH richtigerweise nicht als mögliche Gleichsetzung von Streitgegenstand mit Streitwert gedeutet werden. Die Folgen wären verheerend. Auch ist nicht vorstellbar, dass der BGH in seinem in die amtliche Sammlung aufgenommenen Urteil v. 1.3.2007 Streitgegenstand schreibt und Streitwert meint. 173

Wenn *Ganter*[443] dazu ausführt, der fragliche Satz sei nicht so zu verstehen, dass bei geringem Streitwert und entsprechend niedriger Anwaltsvergütung der Anwalt geringeren Aufwand oder gar weniger sorgfältige Arbeit leisten dürfe, sondern vielmehr so zu interpretieren, dass **in Bagatellfällen** eine knappe, aber inhaltlich zutreffende Belehrung genüge, so kann auch dieser Interpretationshinweis nicht zufrieden stellen. Denn soll etwa mit steigendem Streitwert (und Anwaltshonorar) die Länge bzw. Ausführlichkeit der Belehrung steigen bzw. umgekehrt in sog. Bagatellfällen (nach welchen Kriterien eigentlich?) sinken dürfen? Inhaltlich zutreffend ist inhaltlich zutreffend! Da gibt es doch eigentlich nichts dazwischen. Zudem stellt sich die Frage: Soll bei Bagatellfällen (Erneut: Was stellt der BGH sich darunter vor? Wo soll die Grenze liegen?) nun etwa das Kriterium aufgegeben werden, dass eine Belehrung nicht nur richtig, sondern grundsätzlich auch umfassend zu sein hat?[444] Der BGH täte also gut daran, die für die Entscheidung im »Ferkel-Fall« gänzlich unnötige Bemerkung vollständig zu kassieren. 174

Im Urteil vom 9.6.2011 wird eine ins Einzelne gehende rechtliche Analyse über den Zeitpunkt des Verjährungseintritts angesichts der **komplexen Rechtslage** und der schwierigen rechtlichen Zusammenhänge bei der Bestimmung des Zeitpunkts des Eintritts der Verjährung gegenüber dem Mandanten als nicht geboten angesehen und daraus eine eingeschränkte Belehrungspflicht in Bezug auf das unmittelbar drohende Verjährungsrisiko hergeleitet, der der beklagte Anwalt durch den Hinweis, »sofort« Klage erheben zu müssen, genügt habe[445]. Wieso allerdings eine Nennung des Zeitpunkts, bis zu dem unter Beachtung des Grundsatzes des sichersten Weges spätestens Klage hätte erhoben werden müssen, die Gefahr in sich getragen hätte, »den Mandanten zu überfordern und ihm so den Blick auf die für die Entscheidung wichtigen Gesichtspunkte zu verstellen«[446], legt 175

436 BGH NJW 2003, 2022, 2023 = WM 2003, 1146, 1148, vgl. hierzu näher Kap. 8 Rdn. 347.
437 BGH, Urt. v. 1.3.2007 – IX ZR 261/03, BGHZ 171, 261, juris, Rn. 11; v. 9.6.2011 – IX ZR 75/10 – juris, Rn. 12.
438 BGH, Urt. v. 1.3.2007, a.a.O.
439 BGH, Urt. v. 9.6.2011, a.a.O.
440 Vgl. zu dieser Kritik *Laws*, MDR 2007, 1169, 1170.
441 MDR 2007, 1169, 1170.
442 NJW 2007, 2489, 2490.
443 AnwBl 2008, 94, 95.
444 Vgl. dazu oben Rdn. 37, 162 m.w.N.
445 BGH, Urt. v. 9.6.2011, a.a.O.
446 BGH, a.a.O.

der Senat nicht dar. Sie ist auch nicht erkennbar. Der Grundsatz, dass gegenüber dem Mandanten nicht eine ins Einzelne gehende rechtliche Analyse »über den Zeitpunkt des Verjährungseintritts« erforderlich ist[447], wäre auch dann gewahrt worden, aber der Mandant hätte unmissverständlich eine klare »Deadline« mitgeteilt erhalten, an der nichts herumzudeuteln gewesen wäre. Überlegungen zur Interpretation dazu, was noch als »sofortige Klageerhebung« anzusehen war[448], hätten sich erübrigt. Der Entscheidung kann daher nicht zugestimmt werden.

b) Prognosen, insbesondere eines Prozesses

176 Die mit der Erhebung einer Klage verbundenen Risiken muss der Rechtsanwalt nicht nur benennen, sondern auch deren ungefähres Ausmaß abschätzen[449]. Auch der Mandant, der durch alle Instanzen gehen will, muss über die Risiken der Führung oder Fortführung des Prozesses aufgeklärt werden[450].

177 Es gibt Fälle, in denen die Erfolgsaussichten eines Prozesses dermaßen zweifelhaft sind, dass die Erhebung der Klage einem Lotteriespiel gleicht. Wenn in einem solchen Fall der Anwalt zum Prozess rät und lediglich erklärt, bei jedem Prozess sei ein Risiko nun einmal nicht auszuschließen, so hat er damit seiner Pflicht zur Warnung vor den gegebenen Risiken nicht hinreichend genügt[451].

Der BGH hat dazu folgenden Leitsatz aufgestellt:

> »Ist für den beratenden Rechtsanwalt erkennbar, daß ein zu erwartender **Rechtsstreit** nahezu sicher oder jedenfalls mit sehr hoher Wahrscheinlichkeit für seinen Mandanten **verlorengehen wird,** so genügt er seiner Beratungspflicht in der Regel nicht schon durch den Hinweis, daß ein Risiko bestehe und der Ausgang des Rechtsstreites offen sei; er muß vielmehr von sich aus deutlicher zum hohen Grad des Risikos und zur Wahrscheinlichkeit eines Prozessverlustes Stellung nehmen.«[452]

In einem weiteren Urteil des BGH heißt es:

> »Ist eine Klage praktisch aussichtslos, so muss der Anwalt von der Klageerhebung **abraten**. Wünscht der Mandant dennoch die Klage, muss der Anwalt das Prozessrisiko **klar herausstellen.**«[453]

Diese Grundsätze gelten auch für den Rechtsmittelanwalt[454].

Wenn der BGH hier eine Auskunft des Anwalts zum »Grad« des Risikos und der Wahrscheinlichkeit des Prozesserfolges bzw. des Erfolgs eines Rechtsmittels verlangt, so stellt er damit sehr weitgehende Anforderungen. Tatsächlich erwartet jedoch die Mandantschaft vielfach eine Prognose über den Ausgang eines Rechtsstreits, mit der die Erfolgsaussichten prozentual eingeschätzt werden sollen. Ebenso wie eine hundertprozentige Aussage über den Ausgang eines Prozesses nicht möglich ist, kann natürlich nicht mit mathematischer Genauigkeit die Wahrscheinlichkeit des Prozessausgangs in Prozentzahlen angegeben werden, etwa in dem Sinne, dass der zu führende Prozess »mit einer Sicherheit von 85 % gewonnen werden wird«.

---

447 BGH, a.a.O., juris, Rn. 15.

448 Vgl. dazu BGH, a.a.O.

449 BGH, Urt. v. 8.12.1983 – I ZR 183/81, BGHZ 89, 178, 182; v. 10.5.2012 – IX ZR 125/10 – juris, Rn. 22; Beschl. v. 9.10.2014 – IX ZR 144/13 – juris, Rn. 2.

450 BGH, Beschl. v. 22.9.2011 – IX ZR 19/09 – juris, Rn. 3.

451 Vgl. so schon OLG Hamm v. 29.9.1981 – 28 U 104/81.

452 BGHZ 89, 178, 182 = NJW 1984, 791 = VersR 1984, 283; NJW 1988, 2113; NJW 1997, 2168, 2169 = WM 1997, 1392 f.; vgl. auch BGHZ 97, 372, 376 = NJW 1986, 2043, 2044.

453 BGH, Urt. v. 17.4.1986 – IX ZR 200/85, BGHZ 97, 372, 376; v. 10.5.2012 – IX ZR 125/10 – juris, Rn. 22 m.w.N.; Beschl. v. 9.10.2014 – IX ZR 144/13 – juris, Rn. 2 m.w.N. (Hervorhebungen des Verfassers); ebenso OLG Hamm, Urt. v. 23.8.2016 – 28 U 57/15 – juris, Rn. 17; OLG Celle, Beschl. v. 19.9.2018 – 4 U 104/18 – juris, Rn. 4; OLG Düsseldorf, Urt. v. 19.12.2017 – 24 U 28/17 – juris, Rn. 4, 30; OLG Nürnberg, Urt. v. 28.4.2020 – 8 U 3839/19 – juris, Rn. 6 f.; vgl. zur Prozessberatung ferner Kap. 8 Rdn. 293 f.

454 BGH, Urt. v. 26.9.2013 – IX ZR 51/13 – juris, Rn. 11; Beschl. v. 9.10.2014, a.a.O.

Trotz dieser Schwierigkeiten ist vom Anwalt zu verlangen, dass er bei Vorliegen wirklich schwerer **Risiken** diese auch entsprechend **verdeutlicht**, etwa in dem Sinne, dass der Prozess mit überwiegender Wahrscheinlichkeit verloren gehen werde und das Kostenrisiko allenfalls insoweit vertretbar sei, als man auf den Abschluss eines Vergleichs hoffen könne. Auch muss er bei aussichtsloser Lage von der Klage oder einem Rechtsmittel[455] abraten, so beispielsweise bei eindeutiger Verjährung[456], aber nicht bei einer Abhängigkeit des Prozesserfolges von einer nur schwer zu prognostizierenden Auslegung durch das Gericht[457]. 178

Wenn umgekehrt ein **Prozess sehr gute Erfolgschancen** hat, so wird es genügen, dass der Anwalt seine Auffassung kundtut, dazu aber gleichzeitig erklärt, dass eine Erfolgsgarantie bei keinem Prozess gegeben werden könne, zumal auch ein richterlicher Irrtum niemals auszuschließen sei. 179

Wenn die Aussichten einer Klage, eines Rechtsmittels oder Rechtsbehelfs eindeutig positiv sind, darf der Anwalt nicht abraten.[458]

Steht ein Prozess nach Meinung des Anwalts »**auf Messers Schneide**«, so wird er auch diese Auffassung in irgendeiner Weise verdeutlichen müssen, etwa in dem Sinne, dass er die Aussichten, den Prozess zu gewinnen, nur mit etwa 50 % angeben könne. 180

Unterlässt der Rechtsanwalt die von ihm nach der jeweiligen Sach- und Rechtslage geschuldete Belehrung, kann er wegen der dadurch entstandenen Kosten auf Schadensersatz haften[459]. Weist der Mandant den Anwalt nach ordnungsgemäßer Risikobelehrung oder gar korrektem Abraten aber zur Klageerhebung oder Rechtsmitteleinlegung an, darf der Anwalt dieser Weisung grundsätzlich ohne Pflichtenverstoß nachkommen[460]. Dabei ist zu beachten, dass er **bei unsicheren oder aussichtslosen Rechtsstreitigkeiten** vor allem auch wegen der mit einem Prozessverlust regelmäßig verbundenen Kostenbelastung (§§ 91 ff. ZPO) zur Risikobelehrung verpflichtet ist[461] und sich daher **Hinweise auch** und vielfach gerade **auf die Kostenrisiken** als Folgen von Prozessführung oder Rechtsmitteleinlegung zu beziehen haben[462]. 181

c) Keine geringeren Anforderungen bei Bestehen einer Rechtsschutzversicherung

Wie die Rechtsprechung zu Recht ausgeführt hat, sind an die Aufklärung über Risiken und Erfolgsaussichten eines Prozesses nicht etwa im Hinblick auf eine hinter dem Mandanten stehende Rechtsschutzversicherung geringere Anforderungen zu stellen (vgl. oben Rdn. 38). Dies gilt **auch** für eine im Einzelfall bestehende Pflicht, von der Durchführung eines Prozesses oder von der Einlegung eines Rechtsmittels **abzuraten**[463]. 182

---

455 Vgl. zur Beratung und Belehrung über die Einlegung von Rechtsmitteln: *Vollkommer/Greger/Heinemann*, § 12, Rn. 25 f.

456 Vgl. BGH NJW 1993, 734, 735 unter II., 4. b) = WM 1993, 382, 383; vgl. auch BGH NJW 2001, 3543, 3544; *Borgmann*, NJW 2002, 2145, 2148.

457 *Ganter*, S. 12 unter d).

458 OLG Saarbrücken, Urt. v. 10.12.1996 – 4 U 361/96 – juris, Rn. 15.

459 Vgl. BGH NJW 1998, 1488, 1491 = WM 1998, 779, 782; vgl. auch *Ganter*, S. 12; *Vill*, in: G. Fischer/Vill/D. Fischer/Pape/Chab, § 2, Rn. 104 und Rn. 192.

460 Vgl. BGHZ 97, 372, 376 = NJW 1986, 2043.

461 Vgl. *Vill*, in: G. Fischer/Vill/D. Fischer/Pape/Chab, § 2, Rn. 192; vgl. auch im Einzelnen Kap. 8 Rdn. 294 ff. m.w.N.

462 Vgl. *Ganter*, S. 12; zur Belehrungspflicht über die Folgen und Vor- und Nachteile je nach gewählter Handlungsalternative vgl. bereits oben Rdn. 169; zur Kostenberatung und Kostenbeschränkung vgl. im Einzelnen Kap. 8 Rdn. 184 ff. und Kap. 9 Rdn. 34; vgl. auch OLG Düsseldorf NJW-RR 2002, 64, 66 = OLG-Rep. 2002, 102, 104 für die Situation bei Widerruf einer Deckungszusage.

463 OLG Hamm, Urt. v. 9.11.1993 – 28 U 126/93 –; v. 14.9.2004 – 28 U 158/03 –, NJW-RR 2005, 134, 137; v. 23.8.2016 – 28 U 57/15 – juris, Rn. 17; OLG Koblenz NJW 2006, 3150, 3151; OLG Nürnberg, Urt. v. 28.4.2020 – 8 U 3839/19 – juris, Rn. 10; vgl. auch schon oben Rdn. 38 und Rdn. 177 jeweils m.w.N.

d) Keine geringeren Anforderungen bei Beauftragung weiterer Anwälte oder Untersuchung der Rechtsfragen in einem anderen Mandatsverhältnis

183 Wie der BGH noch einmal betont hat, werden die Anforderungen an die anwaltliche Pflichterfüllung nicht dadurch geringer, dass noch ein weiterer Rechtsanwalt mit derselben Angelegenheit betraut worden ist[464].

Ebenso wenig wird die Prüfungspflicht dadurch eingeschränkt, dass der Rechtsanwalt die zu klärenden Rechtsfragen schon im Rahmen eines ihm zuvor anderweitig erteilten Mandats untersucht hatte[465].

e) Keine geringeren Anforderungen bei Beteiligung eines Notars oder eines Mediators

184 Diese Grundsätze gelten auch, wenn es sich bei den möglichen Schädigern um verschiedene Organe der Rechtspflege, wie (andere) Rechtsanwälte oder einen Notar, handeln sollte. Weder darf sich der von seinem Auftraggeber ja zur Verfolgung (nur) von dessen Interessen mandatierte Rechtsanwalt auf die von Amts wegen bestehenden Prüfungs- und Belehrungspflichten eines beteiligten Notars verlassen, noch darf der Notar von der Erfüllung der ihm obliegenden Prüfungs- und Belehrungspflichten gegenüber den anwaltlich beratenen Beteiligten absehen, solange nicht feststeht, dass diese tatsächlich umfassend informiert sind[466]. Dies gilt gleichermaßen im Verhältnis eines Mediators zu einem Rechtsanwalt der an der Mediation beteiligten Partei. Auch hier kann keiner von beiden Beteiligten darauf vertrauen, dass die ihn treffenden Belehrungspflichten von der anderen Seite wahrgenommen werden[467].

3. Art und Weise der Belehrung

185 Allgemein anerkannt ist, dass die Belehrung des Mandanten **nicht besonders nachdrücklich oder eindringlich** sein muss[468], »weil sachgerechte Entscheidungen für den Grad des Einwirkens auf den Mandanten, den erteilten Rat anzunehmen und ihm auch zu folgen, nicht möglich sind«[469], oder kürzer gesagt, es »hierfür keinen objektiven Maßstab gibt«[470]. Mehr als eine **konkrete, klare, sachliche und nüchterne, deutliche und verständliche Belehrung** braucht der Anwalt nicht vorzunehmen. Verschließt sich der Mandant einem solchermaßen »sachgerecht und verständlich dargestellten Rat«[471], muss der Rechtsanwalt diesen nicht intensivieren[472] oder einen Rat ständig wiederholen[473]. Vorausgesetzt ist dabei, dass der Anwalt davon ausgehen darf, sein Mandant habe die Belehrung auch in ausreichendem Maße verstanden. Es ist dann Sache des Mandanten, ob er sich einem anwaltlichen Rat anschließt oder nicht oder welche Entscheidung er nach einer Risikobelehrung des Anwalts trifft. Gibt es allerdings Verständigungsprobleme zwischen Anwalt und Mandant, muss der Anwalt »nachhaken«[474]. Denkbar ist auch, dass er die Angelegenheit erneut zu erörtern hat, wenn dafür besonderer Anlass besteht[475].

---

464 BGH, Urt. v. 10.5.2012 – IX ZR 125/10 – juris, Rn. 19 m.w.N.

465 BGH, a.a.O.; kritisch *Borgmann*, NJW 2012, 3217 (3219).

466 BGH, Urt. v. 21.9.2017 – IX ZR 34/17 – juris, Rn. 45 unter Bezugnahme auf BGH, Urt. v. 18.3.1993 – IX ZR 120/92, NJW 1993, 1779, 1781.

467 BGH, a.a.O.

468 BGH NJW 1987, 1322, 1323 = WM 1987, 590; BGHZ 126, 217, 220 = NJW 1994, 3295, 3297 = WM 1994, 2113; Urt. v. 14.7.2016 – IX ZR 291/14 – juris, Rn. 12 (jeweils für Rechtsanwälte); NJW 1995, 2842, 2843 = WM 1995, 1500, 1502; NJW 1996, 2571, 2572 = WM 1996, 1841 f.; NJW-RR 2006, 195, 196 (jeweils für Steuerberater).

469 BGH NJW 1987, 1322, 1323 = WM 1987, 590.

470 BGH NJW 1995, 2842, 2843 = WM 1995, 1500, 1502.

471 BGH, Urt. v. 9.6.1994 – IX ZR 125/93 – juris, Rn. 39.

472 *Ganter*, S. 10.

473 Vgl. BGH, Urt. v. 4.6.1996 – IX ZR 246/95 – juris, Rn. 20 (Steuerberater mit einem Dauermandat); WM 2001, 741, 743 (Steuerberater).

474 *Borgmann*, NJW 2002, 2145, 2147.

475 Vgl. *G. Fischer*, NJW 1999, 2994, 2995.

Soweit in der Rechtsprechung in diesem Zusammenhang gelegentlich von eindringlicher Belehrung gesprochen wird[476], ist dieser Begriff als Synonym für eine klare, deutliche und verständliche bzw. eindeutige und **unmissverständliche Belehrung** zu verstehen[477]. Um wegen der begrifflich nicht eindeutigen Abgrenzung Missverständnisse nicht aufkommen zu lassen und deutlich zu machen, dass es nicht darum geht, dass der Anwalt seinem Mandanten seine Ratschläge in geradezu dramatischer Weise »einhämmern« müsste, wird lediglich betont, dass eine besondere Nachdrücklichkeit oder Eindringlichkeit nicht geschuldet wird (vgl. oben Rdn. 185 m.w.N.). Dies entspricht auch seit langem der ständigen Rechtsprechung des 28. Zivilsenats des OLG Hamm[478]. Wenn in jüngerer Zeit der BGH von »**schonungsloser Aufklärung**« (über die Folgen verdeckter Sacheinlagen bei Kapitalerhöhung einer GmbH) gesprochen hat[479], ist damit auch nichts anderes ausgedrückt[480]. 186

Es kann also im Ergebnis niemals darauf ankommen, ob der Anwalt eindringlich genug, sondern nur darauf, ob er **verständlich und deutlich genug** belehrt hat.

4. Erforderlichkeit von Belehrung und Beratung (sog. Belehrungsbedürftigkeit)

Ungeachtet dessen, dass die Belehrungspflicht des Anwalts auch gegenüber einem Volljuristen[481] oder einem geschäftlich Erfahrenen[482] besteht, ist sie nur in dem Umfange gegeben, wie überhaupt eine **Belehrungsbedürftigkeit** vorliegt. Grundsätzlich hat der Rechtsanwalt allgemein von einer Belehrungsbedürftigkeit seines Mandanten auszugehen[483]. Diese besteht nur dann nicht, wenn der Mandant erkennbar mit den gegebenen Rechtsproblemen oder der Relevanz und den möglichen Auswirkungen tatsächlicher Unsicherheiten in zuverlässiger Weise hinreichend vertraut ist und diese Risiken des Geschäfts oder der beabsichtigten rechtlichen Gestaltung oder Vorgehensweise auch bei einer Belehrung auf sich nehmen würde[484]. Insoweit kann der Umfang der Beratungs- und Belehrungspflichten und die sprachliche und begriffliche Art der Beratung auch vom Bildungs- und Wissensstand des Mandanten abhängen[485]. 187

476 Vgl. BGHZ 97, 372, 376 = NJW 1986, 2043, 2044; OLG Hamm VersR 1988, 192, 193; OLG Schleswig NJW-RR 2004, 417, 420 (»dringend darauf hinwirken müssen«).

477 Vgl. BGHZ 97, 372, 376 = NJW 1986, 2043, 2044; OLG Hamm VersR 1988, 192, 193; OLG Schleswig NJW-RR 2004, 417, 420; zur erforderlichen Unmissverständlichkeit schon in Bezug auf den geschuldeten Inhalt der anwaltlichen Belehrung siehe in Rdn. 163 und BGH, Urt. v. 21.9.2017 – IX ZR 34/17 – juris, Rn. 33.

478 Vgl. OLG Hamm, VersR 1988, 192, 193; wenn im Urteil vom 16.4.1991 – 28 U 226/90 – dem Anwalt vorgeworfen worden ist, nicht eindringlich genug auf die Aussichtslosigkeit einer Klage hingewiesen zu haben, so war damit letztlich nur gemeint, dass der Anwalt von der Klage eindeutig und unmissverständlich hätte abraten müssen. Die von *Rinsche* noch in der von ihm betreuten 6. Vorauflage geäußerte Kritik (Rn. I 75) war und ist daher im Ergebnis nicht berechtigt.

479 BGH NJW 2000, 725, 726 = WM 2000, 199 = ZIP 2000, 72 = GmbHR 2000, 131.

480 Soweit *Borgmann* (NJW 2000, 2953, 2959) darin offenbar eine Verschärfung der Anforderungen erblicken will, könnte einer solchen Interpretation nicht zugestimmt werden, da *»eine schonungslose Aufklärung über die … nicht zu übersehende Rechtslage«* vom BGH deshalb gefordert worden ist, weil *»die Beratungspraxis in dem Bestreben, den ›Bedürfnissen‹ der betreuten Wirtschaftskreise entgegenzukommen, allzu sorglos Ausweichstrategien aufgezeigt und die damit verbundenen Gefahren nicht ernst genommen«* hatte.«

481 BGH, Urt. v. 10.5.2012 – IX ZR 125/10 – juris, Rn. 20 m.w.N.; v. 26.10.2000 – IX ZR 289/99 – juris, Rn. 15; vgl. auch Urt. v. 6.2.2014 – IX ZR 245/12 – juris, Rn. 17; vgl. auch NJW 2000, 1263, 1265 = WM 2000, 959, 961 (betr. die sog. Sekundärbelehrung über die mögliche eigene Regresspflicht des Anwalts); vgl. auch schon weiter oben Rdn. 45.

482 BGH, Beschl. v. 21.9.2006 – IX ZR 137/05 – juris, Rn. 3; Urt. v. 26.10.2000 – IX ZR 289/99 – juris, Rn. 15.

483 BGH NJW 1992, 1159, 1160; 2001, 517, 518 = WM 2001, 98, 99; *Ganter*, S. 10; *Vill*, in: G. Fischer/Vill/D. Fischer/Pape/Chab, § 2, Rn. 98.

484 Vgl. BGH NJW 1977, 2073, 2074; BGH NJW 1987, 326, 327 = WM 1986, 1500, 1501 = VersR 1987, 178; BGH NJW 1992, 1159, 1160 = VersR 1992, 827; NJW 1993, 1320, 1322 = WM 1993, 610, 614; NJW 2001, 517, 518 = WM 2001, 98 ff.

485 Vgl. *Borgmann/Jungk/Schwaiger*, Kap. IV, Rn. 84 und oben Rdn. 46 m.w.N.

Recht häufig wird in Regressprozessen fehlende Belehrungsbedürftigkeit eingewandt, jedoch durchweg ohne Erfolg.

5. Dokumentation?

188 In Haftungsprozessen ist es häufig streitig, ob der Anwalt seinem Mandanten pflichtgemäß die tatsächlich oder rechtlich bestehenden Unsicherheiten mitgeteilt hat und ihn auf das bestehende Risiko, z.B. hinsichtlich der Kostenlast eines Prozesses, hingewiesen hat. Aus diesem Grunde empfiehlt es sich für jeden Anwalt, erteilte Risikohinweise aktenkundig zu machen. Wenn dieser Hinweis auf die bestehenden Risiken im Rahmen eines Beratungsgesprächs erfolgt ist, so sollte darüber zumindest ein Aktenvermerk angelegt, besser aber noch anschließend ein Schreiben an den Mandanten versandt werden, in welchem unter Bezugnahme auf das Beratungsgespräch die hierbei im Einzelnen besprochenen Aspekte, insbesondere unter Berücksichtigung der erörterten Risikofaktoren noch einmal hervorgehoben werden. Dadurch, dass die entsprechenden anwaltlichen Warnungen **schriftlich festgehalten** werden, können sich Unklarheiten in einem Haftungsprozess vermeiden lassen, insbesondere dann, wenn der Anwalt selbst nach Jahren aus dem Gedächtnis nicht mehr genau angeben kann, was er dem Mandanten im Einzelnen bezüglich des bestehenden Risikos gesagt und wie dieser darauf reagiert hat (zur Beweislast unten Rdn. 334 ff., insbesondere Rdn. 342 ff.).

189 Ungeachtet der Zweckmäßigkeit, bestimmte Belehrungen aktenkundig festzuhalten, besteht hier aber keine eigentliche oder, wie auch formuliert wird, **keine selbstständige** und allgemeine **Dokumentationspflicht** des Anwalts[486].

> »Schadensersatzpflichtig macht gegebenenfalls nur die nicht ordnungsgemäße Bearbeitung des übertragenen Mandats, nicht die unterbliebene oder den Sachverhalt verschleiernde Dokumentation. Diese kann allenfalls zu Beweisnachteilen führen. Soweit es für den Rechtsanwalt geboten erscheint, sich schriftliche Aufzeichnungen zu machen – sei es, um zu den getroffenen Feststellungen oder Maßnahmen später substantiiert vortragen zu können, sei es zur Unterstützung des Gedächtnisses –, ist dies keine ›Dokumentation‹ in dem vorstehend erörterten Sinne; es gehört vielmehr selbst zur ordnungsgemäßen Bearbeitung des Mandats.«[487]

6. Beratung?

190 Über die Unterrichtung über das Ergebnis der Sach- und Rechtsprüfung und die Belehrung über die Risiken und ihr in etwa abschätzbares Ausmaß hinaus kann es geboten sein, dem Mandanten bestimmte Ratschläge für das weitere Verhalten zu erteilen (vgl. Rdn. 169 a.E.). Diese können ganz unterschiedlicher Natur und verschieden ausgestaltet sein.

191 Es kann sein, dass von der (weiteren) Verfolgung des vom Mandanten angestrebten Zieles **ganz abgeraten** werden muss[488], etwa von der gerichtlichen Geltendmachung eines eindeutig verjährten Anspruchs[489].

Möglicherweise ist der richtige Vorschlag der, zunächst **zuzuwarten** und je nach der weiteren Entwicklung dieser entsprechende Entscheidungen sodann zu treffen[490].

---

486 BGH NJW 1992, 1695, 1696 = WM 1992, 701, 703; bestätigt in NJW 2008, 371, 372 = WM 2007, 2351 (Tz. 13, 14); Urt. v. 11.10.2007 – IX ZR 105/06 – juris, Rn. 14; ebenso *Vollkommer/Greger/Heinemann*, § 15, Rn. 15 und § 25, Rn. 31.

487 BGH NJW 1992, 1695, 1696 = WM 1992, 701, 703; vgl. zu Letzterem auch: BGH NJW 1988, 200, 203 (dort verneinend); zur im Rahmen der Mandatsbearbeitung erforderlich werdenden Beweissicherung vgl. oben Rdn. 99 m.w.N.

488 An einer solchen Pflicht ändert das Bestehen einer Rechtsschutzversicherung nichts, vgl. schon oben Rdn. 182 und Rdn. 38 jeweils m.w.N.

489 Vgl. OLG Celle NJOZ 2006, 4455.

490 So kann eine unsichere Klage ohne Rechtsnachteile zurückgestellt werden, wenn Verjährung noch lange nicht droht, vgl. *Borgmann*, NJW 2002, 2145, 2147 unter Hinweis auf Nichtannahmebeschluss des BGH vom 7.12.2000 – IX ZR 423/99; zur sich dann für den Anwalt allerdings ergebenden Pflicht zur Fristenkontrolle vgl. Kap. 8 Rdn. 634 und 614.

Richtig kann es auch sein, dem Mandanten ein **bestimmtes Vorgehen oder Unterlassen anzuraten**, zum Beispiel **zu empfehlen:** 192

- umgehend eine Beweissicherung vorzunehmen[491],
- für eine Verjährungshemmung, einen Neubeginn der Verjährung oder für eine Sicherung vor drohendem Verjährungseintritt auf andere Weise zu sorgen[492] (vgl. auch Kap. 8 Rdn. 614 ff.),
- einen Vergleich zu schließen, einen unter Widerruf geschlossenen Vergleich zu widerrufen,
- einstweiligen Rechtsschutz in Anspruch zu nehmen,
- ein Rechtsmittel einzulegen,
- eine Streitverkündung vorzunehmen,
- einen Insolvenzantrag zu stellen,
- eine Anfechtung zu erklären,

um nur einige der vielgestaltigen Beratungssituationen (dazu im Einzelnen bei den »Regressgefahren in speziellen Sachbereichen«, Kap. 8 Rdn. 1 ff.) zu nennen.

Ist unter mehreren rechtlich möglichen Alternativen die eine deutlich vorteilhafter als die andere, hat der Anwalt unter Hinweis darauf eine entsprechende Empfehlung zu geben[493].

Es kann aber auch sein, dass weder abzuraten noch zuzuraten ist, es also bei der **Risikobelehrung** zu verbleiben hat, so z.B. wenn die Verjährung eines Anspruchs bei Klageerhebung nicht eindeutig zu beurteilen ist, etwa weil Hemmungstatbestände von einer beweismäßigen Abklärung abhängen[494]. 193

Schließlich besteht die Möglichkeit, dass es **verschiedene geeignete Vorgehensweisen** und Verhaltensalternativen für den Mandanten gibt. Dann steht zur Entscheidung an, wie weiter zu verfahren, welcher Weg also einzuschlagen ist. Dies ist dann der Anwendungsbereich des zentralen Gebots des sichersten Weges (sogleich unter Rdn. 195). 194

V. Wahl des sichersten Weges

1. Der relativ sicherste und gefahrloseste Weg Grundsatz der Weisungsgebundenheit und Risikobelehrungspflicht des Anwalts

Gerade deswegen, weil bei der Besorgung von Rechtsangelegenheiten häufig unübersehbare Risiken gegeben sind, verlangt die Rechtsprechung vom Anwalt, dass er bei der Wahrnehmung der Interessen seines Mandanten den sichersten Weg wählt, um den erstrebten Erfolg zu erreichen. 195

Nach schon seit langem ständiger Rechtsprechung des BGH und vorher bereits des RG[495] zum Gebot **des sichersten Weges**[496]

491 Vgl. BGH NJW 1993, 2676, 2677 f. = WM 1993, 1967; vgl. dazu auch schon oben Rdn. 99 m.w.N.

492 Zur Verpflichtung, darauf zu achten, ob dem Mandanten wegen Verjährung ein Rechtsverlust droht und dem durch geeignete Maßnahmen entgegenzuwirken vgl. BGH, Urt. v. 9.6.2011 – IX ZR 75/10 – juris, Rn. 12; NJW-RR 2006, 275, 277 = WM 2006, 592 (Tz. 21); NJW 2002, 1117, 1119 = WM 2002, 505; NJW-RR 2000, 1658, 1660 = WM 2000, 1600; NJW 1997, 1302 = WM 1997, 321; Urt. v. 18.3.1993 – IX ZR 120/92 – juris, Rn. 13; NJW 1993, 1779, 1780 = WM 1993, 1376 f.; vgl. auch: NJW 1988, 1079 (1082) = LM § 278 BGB Nr. 104; BGH NJW 1992, 820 = LM H. 6/1992 § 254 (A) BGB Nr. 36; BGH, LM § 675 BGB Nr. 4 = VersR 1971, 1119 (1121), st. Rspr.

493 BGH NJW 2007, 2486 = WM 2007, 1183 (Tz. 10); vgl. schon Rdn. 169.

494 Vgl. *Jungk* zu OLG Celle NJOZ 2006, 4455 in BRAK-Mitt. 2006, 75.

495 RGZ 151, 259, 264.

496 Vgl. BGH VersR 1960, 932, 933; VersR 1961, 134; VersR 1963, 387, 388 (jeweils III. ZS); NJW 1974, 1865, 1866 (VI. ZS); zur st. Rspr. des nunmehr zuständigen IX. Zivilsenats vgl. u.a.: NJW-RR 1986, 1281 = WM 1986, 199; NJW 1988, 486, 487 = WM 1988, 342; NJW 1988, 1079, 1080 = WM 1988, 382, 385; NJW-RR 1990, 1241, 1242; NJW 1992, 1159, 1160; NJW 1992, 1695, 1996 = WM 1992, 701, 703; NJW 1993, 1320, 1322 = WM 1993, 610, 614; NJW 1994, 1211, 1212 = WM 1994, 948, 949; NJW 1995, 449, 450 = WM 1995, 398; NJW 1995, 2551, 2552 = WM 1995, 1504; NJW 1996, 2648, 2649 = WM 1996, 1824, 1825 = VersR 1996, 1499, 1501; vgl. auch: NJW 1999, 1391 = WM 1999, 647, 648; NJW 2000, 3560, 3561; NJW 2001, 675, 678 = WM 2000, 2431; Urt. v. 29.6.2006 – IX

»muss der Rechtsanwalt sein Verhalten so einrichten, dass er Schädigungen seines Auftraggebers, mag deren Möglichkeit auch nur von einem Rechtskundigen vorausgesehen werden können, vermeidet. Er hat, wenn mehrere Maßnahmen in Betracht kommen, diejenige zu treffen, welche die sicherste und gefahrloseste ist, und, wenn **mehrere Wege möglich** sind, um den erstrebten Erfolg zu erreichen, **den** zu wählen, auf dem dieser am **sichersten** erreichbar ist. Gibt die rechtliche Beurteilung zu ernstlich begründeten Zweifeln Anlass, so muss er auch in Betracht ziehen, dass sich die zur Entscheidung berufene Stelle der seinem Auftraggeber ungünstigeren Beurteilung der Rechtslage anschließt. Im Prozess ist er verpflichtet, den Versuch zu unternehmen, das Gericht davon zu überzeugen, dass und warum seine Auffassung richtig ist.«[497]

Ist die Rechtslage umstritten und noch nicht höchstrichterlich geklärt, muss der Anwalt für seinen Mandanten den relativ sichersten Weg wählen. Angesichts einer solchermaßen offenen Rechtslage muss der Anwalt grundsätzlich damit rechnen, dass sich die erkennenden Gerichte der für seine Mandantschaft ungünstigsten Ansicht anschließen[498].

Auch das BVerfG erkennt den Grundsatz des sichersten Weges an:

»[28] Die Annahme, dass es bei zweifelhafter Rechtslage geboten sein kann, einen Rechtsbehelf vorsorglich einzulegen, ist verfassungsrechtlich unbedenklich, selbst wenn dies zu der Notwendigkeit führen kann, zwei Rechtsbehelfe parallel anhängig zu machen. Bei zweifelhafter Rechtslage muss der Anwalt so handeln, wie es bei einer für seinen Mandanten ungünstigen Entscheidung zur Wahrung seiner Belange erforderlich ist (BVerfG [3. Kammer des Zweiten Senats], NJW 2003, 575; BGH, NJW 1991, 2709).

[29] Voraussetzung ist dabei allerdings, dass der Anwalt die Rechtslage überhaupt für zweifelhaft halten musste, dass er hier also gehalten war, ernsthaft in Betracht zu ziehen, dass ein fachgerichtlicher Rechtsbehelf eröffnet sein könnte.«[499]

196 Dieser sicherste Weg ist nicht etwa im Sinne von »absolut sicher« zu verstehen. Vielmehr bedeutet die Forderung der Rechtsprechung nach der Wahl des sichersten Weges, dass **vermeidbare Risiken ausgeschlossen** werden müssen, also der Weg vorzuschlagen ist, auf dem sich nach den konkreten Umständen das Ziel des Auftrags mit größter Sicherheit erreichen lässt. Es geht demnach um den »**relativ sichersten und gefahrlosesten Weg**«[500]. Dies dürfte mittlerweile Allgemeingut sein[501].

197 Anerkannt ist in der Rechtsprechung auch folgende Ergänzung bzw. Auswirkung dieses Grundsatzes:

»Will [der Anwalt] einen **weniger sicheren Weg** beschreiten, muss er zumindest seinen Auftraggeber zuvor über die insoweit bestehenden Gefahren belehren und ein weiteres Verhalten von dessen Entscheidung abhängig machen.«[502]

ZR 76/04 – juris, Rn. 9, 11; v. 1.3.2007 – IX ZR 261/03 – BGHZ 171, 261, 263 f. = juris, Rn. 9; v. 9.6.2011 – IX ZR 75/10 – juris, Rn. 14; v. 10.5.2012 – IX ZR 125/10 – BGHZ 193, 193 = juris, Rn. 22; v. 13.6.2013 – IX ZR 155/11 – juris, Rn. 8; v. 24.9.2015 – IX ZR 206/14 – juris, Rn. 16.

497 BGH, Urt. v. 17.12.1987 – IX ZR 41/86 – juris, Rn. 19; vgl. ganz ähnlich schon in BGH NJW 1988, 486, 487 = WM 1988, 342 und NJW 1974, 1865, 1866; vgl. auch BGH NJW 1988, 3013, 3015 = WM 1988, 987, 991; ferner NJW-RR 1990, 1241 = WM 1990, 1917, 1919; Urt. v. 29.6.2006 – IX ZR 76/04 – juris, Rn. 9.

498 BGH, Urt. 24.9.2015 – IX ZR 206/14 – juris, LS 2 und Rn. 16.

499 BVerfG NJW 2008, 2167, 2168.

500 Vgl. auch *Ganter*, S. 10; Vollkommer/Greger/Heinemann, § 13, Rn. 2; *Vill*, in: G. Fischer/Vill/D. Fischer/Pape/Chab, § 2, Rn. 116.

501 Die Kritik von *Borgmann/Jungk/Schwaiger*, Kap. IV, Rn. 131 f. wegen der Wahl des Superlativs von »sicher« ist müßig, da in Verständnis und sachlicher Handhabung allgemein keine Unterschiede bestehen, so zu Recht schon: *Vollkommer/Greger/Heinemann*, § 13, Rn. 9. Verfehlt ist auch die Folgerung, die *Slobodenjuk*, NJW 2006, 113, 116 f. aus dem Superlativ (»sicherster«) ziehen will, dass damit nämlich im Gegensatz zum objektiv-typisierten Maßstab des § 276 BGB für Anwälte höchste Sorgfaltsanforderungen gälten, die zu einer grundsätzlichen Garantiehaftung führten; zur Zurückweisung dieser Kritik im Einzelnen vgl. *Fahrendorf*, NJW 2006, 1911, 1913.

502 BGH, Urt. v. 10.3.2011 – IX ZR 82/10 – juris, Rn. 11 m.w.N.; vgl. auch BGH NJW 1974, 1865, 1866; zum weniger sicheren Weg vgl. auch unten Rdn. 234.

Im Ergebnis lässt sich festhalten: Der Anwalt muss nicht jedem Risiko aus dem Wege gehen[503]. 198
Dies ist naturgemäß vielfach auch gar nicht möglich. So mutet beispielsweise der Anwalt, der zur **Führung eines Zivilprozesses** rät, seinem Mandanten, wie dieser wissen muss, die Übernahme eines gewissen Risikos zu, weil niemals ganz auszuschließen ist, dass der Prozess verloren gehen könnte[504].

2. Sicherheit und Zweckmäßigkeit?

Ebenso besteht, wenn jemand einen Rechtsanwalt beauftragt, einen den Mandanten begünstigen- 199
den Schenkungsvertrag zu entwerfen und der Anwalt auf das Erfordernis notarieller Beurkundung (§ 518 Abs. 1 S. 1 BGB) hinweist, ein solches »immanentes« Risiko, dass es sich der Schenkungsversprechende aufgrund der Belehrungen des Notars »doch noch anders überlegt«. Scheidet nun im konkreten Fall eine schlichte und im normalen Alltag auch vielfach praktizierte »Handschenkung« mit der Heilungswirkung nach § 518 Abs. 2 BGB aus, kann es sich, sieht der Mandant in der Einhaltung des Formerfordernisses eine zu große Gefahr für die Realisierung seines Vorhabens (Erhalt der Schenkung), als zweckmäßig erweisen, einen privatschriftlichen Schenkungsvertrag zu schließen, durch den der Mandant zwar rechtlich nichts in die Hand bekommt, aber die Hoffnung haben kann, der Schenkungsversprechende werde die Schenkung später auch tatsächlich vollziehen. Hier kann also ausnahmsweise, obwohl rechtlich eine sicherere und gefahrlose Möglichkeit zur Zweckerreichung eigentlich gegeben ist, der Mandant sich aus nachvollziehbaren Gründen für den rechtlich unsicheren Weg entscheiden. Wenn sich der Anwalt deshalb in einer solchen Fallkonstellation, obgleich für den Vertragsjuristen die Grundanforderung besteht, einen rechtsbeständigen Vertrag bzw. rechtsbeständige Vertragsklauseln zu schaffen[505], derartigen Zweckmäßigkeitserwägungen nicht verschließt, stellt dies keine Pflichtverletzung dar[506]. Dies gilt aber nur unter der Voraussetzung, dass der Rechtsanwalt den Auftraggeber zuvor über das große Risiko einer unterlassenen notariellen Beurkundung klar und deutlich belehrt, dem Mandanten also eine umfassende Risikoabschätzung ermöglicht hatte. Dass der BGH[507] dies in jenem Fall indes mit so nicht nachvollziehbaren Erwägungen[508] für nicht erforderlich angesehen hat, ist abzulehnen[509]. Denn – wie bereits in Rdn. 197 aufgezeigt – der Rechtsanwalt muss, will er einen weniger sicheren Weg gehen, seinen Mandanten vorher zumindest über die insoweit bestehenden Gefahren belehren (vgl. auch unten Rdn. 234 m.w.N.).

Einen anderen Fall, in dem derartige **tatsächliche Zweckmäßigkeitserwägungen** eine Rolle spiel- 200
ten, behandelt das Urteil vom 17.3.1988[510], in dem es um die Frage ging, ob ein unwirksames Grundstücksverkaufsangebot in der Hoffnung auf die Heilungswirkung des § 313 S. 2 BGB angenommen werden sollte. In den Entscheidungsgründen heißt es:

> »Der Beklagte (der Rechtsanwalt) war … gehalten, zunächst auf die zutage liegende Unwirksamkeit des Kaufangebots hinzuweisen und klarzustellen, daß die Annahme des Übernahmeangebots … nichts an dieser Rechtslage ändere, die Klägerin also keinen Anspruch auf Auflassung der … Grundstücke habe und ohne neue wirksam beurkundete Vereinbarungen … auch nicht erlangen könne. Außerdem mußte der Beklagte die Klägerin darüber belehren, daß nur dann, wenn aufgrund der Annahme des Übernahmeangebots die … Grundstückseigentümer die … Grundstücke an die Kl. auflassen würden und diese als Eigentümerin im Grundbuch eingetragen würde, die Vereinbarung … nach § 313 S. 2 BGB nachträglich als wirksam angesehen werden könnte. In diesem Zusammenhang mag es die Pflicht des Beklagten gewesen sein, darauf

503 Vgl. auch: *Vollkommer/Greger/Heinemann*, § 13, Rn. 4.
504 Vgl. auch: *Vollkommer/Greger/Heinemann*, § 13, Rn. 4.
505 Vgl. *Scharpf*, JuS 2002, 878, 880.
506 BGH VersR 1975, 540, 541 = AnwBl 1975, 359; ablehnend: *Vollkommer/Greger/Heinemann*, § 13, Rn. 5–7; die Bedenken als verständlich bezeichnend, aber wegen des Hintergrundes und des Ergebnisses befürwortend: *Borgmann/Jungk/Grams*, Kap. IV, Rn. 139.
507 BGH VersR 1975, 540, 541 = AnwBl 1975, 359.
508 So auch *Vollkommer/Greger/Heinemann*, § 13, Rn. 6, Fn. 15.
509 Ebenso *Vollkommer/Greger/Heinemann*, § 13, Rn. 7.
510 BGH NJW 1988, 2880.

hinzuweisen, daß die Klägerin bloßgestellt wäre, wenn das in ihrer Annahmeerklärung liegende Manöver, das auf die Aufrechterhaltung eines erheblichen Irrtums, wenn nicht auf eine Täuschung der Erben abzielte, durchschaut und damit die Verhandlungsposition der Klägerin geschwächt würde. Auf die Gefahr der Entdeckung mußte der Beklagte auf jeden Fall aufmerksam machen. Die Entscheidung, ob innerhalb von zwei Monaten nach dem Tode des Verpächters die Annahme des Übernahmeangebots notariell beurkundet werden solle, durfte der Beklagte dann dem Vorstand der Klägerin überlassen.«[511]

Vollkommer/Greger/Heinemann[512] ist zuzustimmen, dass der Anwalt aber nicht etwa zur Annahme des formunwirksamen Angebots als eines »an eine Täuschung grenzenden Weges«[513] hätte zuraten dürfen.

Auch im Urteil vom 10.6.1980[514] ging es aufgrund einer sich während der Mandatsbearbeitung neu ergebenden tatsächlichen Situation um die Beurteilung, ob es wirtschaftlich vorteilhafter war, statt ursprünglich verfolgter Vertragserfüllung den Weg einer Vertragsauflösung zu gehen und um dabei anzustellende Zweckmäßigkeitserwägungen tatsächlicher Natur[515].

201 Im Ergebnis wird daher, obwohl der BGH in diesen älteren Entscheidungen gelegentlich solche Zweckmäßigkeitserwägungen in einen Zusammenhang zum sichersten Weg setzt, zur Vermeidung von Missverständnissen und um der begrifflichen Klarheit wegen nun auch in diesem Buch der Gesichtspunkt der Zweckmäßigkeit nicht mehr als mit dem Begriff des sichersten Weges zusammengehörig[516] und sich auf diesen beziehend verwendet[517].

3. Sicherheit durch sog. Hilfs- und Vorsorgemaßnahmen

202 In diesem Sinne – zur Sicherstellung des Auftragszieles auf dem sichersten Weg – ist es als »**Hilfs- und Vorsorgemaßnahme**«[518] **beispielsweise** zweckmäßig, wenn ein Rechtsanwalt (hilfsweise) auch rechtlich eigentlich unhaltbare Hinweise (oder Auflagen) eines Gerichts beachtet, damit er *»vermeidbare Nachteile für seine Auftraggeber auch vermeidet«*[519] oder indem er bei (ernsthaft) zweifelhafter Rechtslage vorsorglich einen Rechtsbehelf sogar parallel zu einem anderen einlegt[520]. Dies gilt auch für **gerichtliche Anordnungen**, durch die eine Beweiserhebung von der Einzahlung eines Kostenvorschusses durch den Mandanten und nicht, wie vom Anwalt für richtig gehalten, vom Prozessgegner abhängig gemacht wird[521].

203 Ebenso gehört hierhin der nicht seltene Fall, dass nach der Beurteilung des Rechtsanwalts eine Forderung seines Mandanten noch nicht zu verjähren droht, aber auch ein früherer Verjährungseintritt z.B. wegen kürzerer Verjährungsfrist oder eher einsetzenden Fristbeginns einzukalkulieren ist[522]. Bei ungeklärter Rechtslage hat sich der Rechtsanwalt nämlich **auf die** für seinen Mandanten

511 BGH NJW 1988, 2881.

512 *Vollkommer/Greger/Heinemann*, § 13, Rn. 3, Fn. 10.

513 *Vollkommer/Greger/Heinemann*, a.a.O.

514 BGH VersR 1980, 925, 926.

515 Vgl. dazu auch BGH VersR 1983, 562, 563.

516 Vgl. so aber noch Leitsatz 1 in BGH VersR 1983, 562.

517 Gegen eine Verquickung des Begriffs des sichersten Weges mit Zweckmäßigkeitserwägungen zu Recht auch: *Vollkommer/Greger/Heinemann*, § 13, Rn. 8; *Borgmann/Jungk/Schwaiger*, Kap. IV, Rn. 142; in den BGH-Entscheidungen taucht der Begriff der Zweckmäßigkeit auch seit langem nicht mehr auf.

518 *Vill*, in: G. Fischer/Vill/D. Fischer/Pape/Chab, § 2, Rn. 121.

519 BGH NJW 1974, 1865, 1866; der Hinweis auf diese Entscheidung in BGH VersR 1975, 540, 541 = AnwBl 1975, 359 ist daher nicht korrekt, da es in diesem Urteil um die andersgeartete Zweckmäßigkeit unter Außerachtlassung jeglicher rechtlicher Sicherheit ging, wohingegen in jener Entscheidung auf die prozessual und damit in einem rechtlichen Rahmen möglichst günstig zu wahrenden Mandanteninteressen abgestellt worden ist.

520 BVerfG NJW 2008, 2167, 2168 (Tz. 28, 29).

521 BGH NJW 1988, 3013, 3015 = WM 1988, 987, 990 f.; zur Pflicht des Anwalts auch voraussehbaren Fehlern des Gerichts entgegenzuwirken vgl. oben Rdn. 53 m.w.N.

522 Vgl. BGH NJW 1981, 2741, 2742; Urt. v. 5.11.1992 – IX ZR 12/92 – juris, Rn. 21; v. 17.6.1993 – IX ZR 206/92 – juris, Rn. 19; NJW 2001, 675, 678 = WM 2000, 2431 = VIZ 2000, 225; NJW-RR 2006,

nachteiligere Auffassung einzustellen[523]. Bei Regressansprüchen gegen Anwälte, Steuerberater und ähnliche Berufe muss mithin unter der Geltung des zum 15.12.2004 aufgehobenen § 51b BRAO schon die Primärverjährung unterbrochen werden. Der Anwalt darf sich nicht darauf verlassen, dass ein sog. Sekundäranspruch entstanden ist[524].

Wenn ein zur Verfolgung der Mandatsziele abzuschließendes Rechtsgeschäft möglicherweise, 204
z.B. weil es sich um einen gemischten oder zusammengesetzten Vertrag handelt[525], der **notariellen Beurkundung** bedarf, so ist diese anzuraten[526].

Sind für ein Rechtsgeschäft, auf das sich Beratungspflichten des Anwalts beziehen oder erstrecken, 205
möglicherweise **Verbraucherschutzvorschriften** (vgl. §§ 355–360, 477, 482 ff., 491–498 BGB; EGBGB Art. 242, §§ 1 und 2, Art. 246, §§ 1–3, Art. 248; §§ 4–11 BGB-InfoV) einschlägig, hat der Rechtsanwalt diese zu beachten, und zwar nicht nur, wenn sein Mandant (möglicherweise) Verbraucher im Rechtssinne (§ 13 BGB) ist[527], sondern auch, wenn der Anwalt den Unternehmer (§ 14 BGB) vertritt, soweit diesem z.B. durch Nichtverwendung einer den jeweiligen Anforderungen genügenden Widerrufsbelehrung Nachteile entstehen können[528].

4. Nur rechtlich einwandfreie Handlungsalternativen

Mag es auch in vereinzelten Ausnahmefällen ratsam oder vertretbar sein, einen rechtlich keine 206
Sicherheit bietenden Weg einzuschlagen[529], so darf umgekehrt aber nicht etwa ein Rechtsanwalt, da »zweckmäßig«, verpflichtet werden, unlautere oder gar anrüchige Methoden zur Erreichung des von seinem Mandanten erstrebten Zieles zu wählen. Das Gebot des sichersten Weges bezieht sich vielmehr **nur** auf **rechtlich einwandfreie Maßnahmen**[530]. Demgemäß besteht keine Anwaltspflicht, wesentlichen Tatsachenvortrag zurückzuhalten oder bewusst zu verschweigen, um auf diese Weise das von dem Mandanten erstrebte Ziel zu erreichen, falls dem Gericht oder dem Prozessgegner dies nicht auffällt. Dies gilt nicht nur, soweit auf diese Weise eine bestimmte Sachentscheidung erreicht werden soll, sondern auch, soweit damit – wie beispielsweise zur Erreichung einer Wiedereinsetzung in den vorigen Stand – prozessuale Nachteile vermieden werden sollen[531]. Solches und ähnliches an Täuschung grenzendes Verhalten erweist sich übrigens auch für die Partei zumeist nicht als vorteilhaft[532]. Eine interessante – vom BGH allerdings nicht behandelte – Frage stellt sich, wenn ein Anwalt infolge seiner Klagebegründung dem Rechtsschutzversicherer die Möglichkeit gibt, seine Deckungszusage wegen einer bisher unbekannten vorvertraglichen Streitursache zu widerrufen[533]. Denn offenbar war der Vortrag der Klagebegründung ja zutreffend. Muss ein Anwalt also

---

275, 277 = WM 2006, 592 (Tz. 21); NJW-RR 2008, 1235, 1236 = WM 2008, 1560, 1561 (Tz. 17); Urt. v. 9.6.2011 – IX ZR 75/10 – juris, Rn. 14.

523 Vgl. BGH NJW 2006, 3494, 3495 = WM 2006, 2055 (Tz. 9); NJW 1993, 734, 735 = WM 1993, 382, 384; NJW 1993, 2797, 2798 = WM 1993, 1798, 1799; NJW 1988, 1079, 1080; NJW 1981, 2741, 2742; NJW 1974, 1865, 1866; VersR 1963, 359, 360; VersR 1967, 704, 705; vgl. auch *Vill*, in: G. Fischer/Vill/D. Fischer/Pape/Chab, § 2, Rn. 122 und 229.

524 BGH NJW 1993, 2045, 2046 = WM 1993, 1508 f.; vgl. auch NJW 1996, 48, 49, 51 = WM 1996, 35, 36, 40 = VersR 1996, 190 ff.

525 Vgl. Palandt/*Grüneberg*, § 311b BGB, Rn. 32 ff.

526 Vgl. BGH NJW 1993, 3323, 3324 f. = WM 1993, 2129 ff., betr. die bis zu BGHZ 83, 399 = NJW 1982, 1639 für die Aufhebung von Grundstückskaufverträgen bei begründetem Anwartschaftsrecht unklare Rechtslage.

527 Dazu vgl. BGH NJW-RR 1993, 243, 244 f. = WM 1993, 420, 423.

528 Vgl. dazu schon *Masuch*, NJW 2002, 2931 f. zur ursprünglichen BGB-InfoV.

529 Vgl. BGH VersR 1975, 540, 541 = AnwBl 1975, 359 und dazu oben Rdn. 192.

530 *Vill*, in: G. Fischer/Vill/D. Fischer/Pape/Chab, § 2, Rn. 115; *Ganter*, S. 10; *Vollkommer/Greger/Heinemann*, § 13, Rn. 3.

531 BGH VersR 1983, 562, 563; *Vollkommer/Greger/Heinemann*, § 13, Rn. 3; vgl. auch unten Rdn. 245 und Kap. 8 Rdn. 324 ff.

532 Vgl. BGH NJW 1988, 2880, 2881; *Rinsche*, Prozesstaktik, Rn. 107; oben Rdn. 193.

533 Vgl. BGH, Versäumnisurt. v. 10.5.2012 – IX ZR 143/11 – juris, Rn. 10.

Sachvortrag zurückhalten oder gar unterdrücken, um die Deckungszusage, die aufgrund einer Anfrage ohne diesen Hinweis erfolgt war, nicht zu gefährden? Das wäre trotz der Schadensverhütungspflicht des Anwalts (vgl. dazu unten Rdn. 256 ff.) unter normativen Gesichtspunkten zumindest bedenklich. Allerdings erlaubt der nur knapp mitgeteilte Sachverhalt in der Entscheidung hierzu keine abschließende Bewertung. Wären bereits bei Einholung der Deckungszusage durch den Anwalt schuldhaft »verschleiernde« oder unvollständige Angaben gemacht worden, würde der Anwalt nach Widerruf der Deckungszusage grundsätzlich regresspflichtig sein (vgl. Kap. 8 Rdn. 213 ff.).

5. Beispiele für die Anwendung des sichersten Weges

207 Das Gebot des sichersten Weges wird vielfach verletzt. Das lässt sich schon aus der Vielzahl der dazu veröffentlichten BGH-Entscheidungen entnehmen. Häufig ist in den Regressprozessen zu beobachten, dass die verklagten Anwälte auch dann nicht erkennen, dass eine Pflichtverletzung »bereits« wegen Verstoßes gegen den Grundsatz des sichersten Weges zu bejahen ist. Die folgenden **weiteren Beispiele** sollen daher den Blick für die große Bedeutung des »sichersten Weges« schärfen und die dazu geltenden Beurteilungskriterien der Rechtsprechung deutlich machen:

a) Vertretung eines Beklagten

208 Bei der **Vertretung eines** Mandanten als **Beklagten** in einem Zivilprozess darf der Anwalt nicht im Vertrauen darauf, die gegnerische Klage sei ohnehin unschlüssig, wesentliche Einwendungen unterlassen. Das Gebot des sichersten Weges verlangt vielmehr, dass auf unschlüssiges Vorbringen der Gegenseite auch hingewiesen wird[534], dass ergänzend der wesentliche Sachverhalt nach Darstellung des Beklagten vorgetragen, alle Beweismittel benannt und sämtliche in Betracht kommenden rechtlichen Einwendungen gestaffelt gebracht werden, etwa die Einrede des nichterfüllten Vertrages oder auch die der Verjährung[535]. Denn gibt die rechtliche Beurteilung zu ernstlich begründeten Zweifeln Anlass, so muss der Rechtsanwalt auch in Betracht ziehen, dass sich die zur Entscheidung berufene Stelle der für seinen Auftraggeber ungünstigeren Beurteilung der Rechtslage anschließt[536] (vgl. schon Rdn. 53 und Rdn. 195, jeweils m.w.N.).

209 In einem Rechtsstreit wegen Räumung von Wohnraum darf sich der Rechtsanwalt des Beklagten nicht darauf verlassen, dass das Gericht die Bewilligung einer Räumungsfrist nach § 721 Abs. 1 ZPO von Amts wegen zu prüfen hat. Vielmehr muss er nach dem Grundsatz des sichersten Weges selbst einen **Antrag auf Räumungsfrist nach § 721 Abs. 1 ZPO** stellen und begründen[537].

210 Wird ein als Erbe klageweise wegen Nachlassverbindlichkeiten in Anspruch genommener Mandant vertreten und kann nicht sicher ausgeschlossen werden, dass der Nachlass zur Deckung des erhobenen Anspruchs nicht ausreicht, muss der **Vorbehalt beschränkter Erbenhaftung** geltend gemacht werden[538]. Wenn der Mandant sich als Erbe in einem Prozessvergleich zu einer Leistung verpflichten will, muss der Rechtsanwalt ihn grundsätzlich auch dann über die Aufnahme des Vorbehalts der beschränkten Erbenhaftung belehren, wenn der Titel sich gleichzeitig gegen einen als Gesamtschuldner haftenden Streitgenossen richtet, jener im Innenverhältnis die Verbindlichkeit allein tragen soll und der Mandant ihn als zahlungsfähig und -bereit bezeichnet; § 780 Abs. 1 ZPO ist nämlich auf den Prozessvergleich entsprechend anzuwenden[539].

---

534 BGH NJW 1996, 2648, 2650 (zu Leitsatz 2) = WM 1996, 1824 ff. = VersR 1996, 1499, 1501; *G. Fischer*, NJW 1999, 2993, 2995.

535 Vgl. OLG Hamm vom 8.11.1984 – 28 U 133/83; OLG Düsseldorf VersR 1989, 46; vgl. auch: Zöller/*Heßler*, § 531, Rn. 31 und 32.

536 BGH, Urt. v. 28.6.1990 – IX ZR 209/89 – juris, Rn. 25, 27 und 28; NJW 1988, 679.

537 OLG Hamm, Urt. v. 25.10.1994 – 28 U 40/94 –, NJW-RR 1994, 526; zu Kausalität und Schaden vgl. Kap. 4 Rdn. 209.

538 Vgl. BGH NJW 1991, 2839; NJW 1992, 2694 = WM 1992, 2020, 2021; NJW 2002, 1414, 1416 = WM 2002, 1078 ff.; *Vollkommer/Greger/Heinemann*, § 28, Rn. 27; vgl. auch Kap. 9 Rdn. 143a f.

539 BGH NJW 1991, 2839.

»Das Berufungsgericht sieht in der Unterlassung des Vorbehalts eine schuldhafte Pflichtwidrigkeit des Anwalts. … Da dieser gehalten gewesen sei, den sichersten Weg zur Wahrung der Interessen seiner Mandanten zu wählen, hätte er auch für die im Zeitpunkt des Vergleichs lediglich theoretisch denkbare Möglichkeit einer Inanspruchnahme die rechtlich möglichen Sicherungsvorkehrungen treffen müssen. … Diese Ausführungen halten der rechtlichen Nachprüfung stand.

Kraft des Anwaltsvertrages … muß er [der Rechtsanwalt] … die zur Verfügung stehenden Möglichkeiten zur Sicherung der Interessen seines Auftraggebers mit den ihnen gegebenenfalls anhaftenden Vorteilen und Risiken aufzeigen.

Der Rechtsanwalt hat den Mandanten, der als Erbe wegen Nachlassverbindlichkeiten in Anspruch genommen wird, über Bedeutung und Wirkung einer Haftungsbeschränkung sowie die Möglichkeiten zu ihrer Realisierung zu belehren. Auf diese Weise muß er rechtzeitig abklären, ob in einen Titel gegen den Erben der erforderliche Vorbehalt aufgenommen werden soll. Dabei entspricht es in aller Regel dem wohlverstandenen Interesse seiner Partei, den Vorbehalt infolge der erheblichen damit verbundenen rechtlichen Vorteile jedenfalls vorsorglich anzubringen.«[540]

Bei einer Berufung darf die **Berufungsbegründung** auch nach neuem Berufungsrecht nicht ledig- 211
lich erstinstanzlichen Sachvortrag wiederholen. Nach § 520 Abs. 3 ZPO (und § 519 Abs. 3 Nr. 2 ZPO a.F.) muss der Berufungskläger vielmehr eine fallbezogene Begründung liefern, die erkennen lässt, in welchen Punkten tatsächlicher oder rechtlicher Art das angefochtene Urteil nach seiner Ansicht unrichtig ist und aus welchen Gründen er die in erster Instanz vorgenommene rechtliche oder tatsächliche Würdigung beanstandet (st. Rspr.)[541].

Deshalb heißt es im Urteil des BGH vom 29.11.2001:

»Zumindest nach dem Gebot des sichersten Wegs, das auch für das anwaltliche Prozessverhalten gilt (vgl. etwa BGH, NJW 2000, 730 = LM H. 4/2000 § 675 BGB Nr. 269 = WM 2000, 189 [191]), hätte der Beklagte hier in seinen Entwurf der Berufungsbegründung aufnehmen müssen, aus welchen Gründen das angefochtene Urteil die schuldbefreiende Wirkung der Leistung des jetzigen Kl. zu Unrecht verneint habe.«[542]

Besteht die Möglichkeit, einen Kündigungsschutzprozess zu gewinnen, weil der **Kleinbetriebsein-** 212
wand (§ 23 KSchG) eingreifen könnte, so muss nach der gebotenen Aufklärung und Erläuterung dieser nach dem Gebot des sichersten Weges in den Kündigungsschutzprozess eingeführt werden, um den Mandanten vor einem voraussehbaren und vermeidbaren Prozessverlust zu bewahren[543].

b) Vertretung eines Klägers

Vorsorge ist auch bei der **Vertretung des Klägers** zu treffen[544]. So darf auch hier möglicherweise ent- 213
scheidungserheblicher Sachverhalt nicht zurückgehalten werden, ohne den Mandanten nicht zumindest auf die damit verbundenen Risiken (vgl. §§ 529 Abs. 1 Ziff. 2, 531 Abs. 2 ZPO) hinzuweisen[545]. Auch zu einer als solche bereits für unbegründet gehaltenen Verjährungseinrede entspricht es einer Interessenwahrnehmung auf sicherste Weise, beispielsweise in Betracht kommende Hemmungstatbestände (§ 204 BGB), Ablaufhemmung (§ 210 oder § 211 BGB) oder einen der beiden Fälle des an die Stelle der früheren Verjährungsunterbrechung getretenen Neubeginns der Verjährung (§ 212 Abs. 1 BGB) hilfsweise der Verjährungseinrede sofort ebenfalls entgegenzuhalten[546].

540 BGH NJW 1991, 2839, 2840.
541 Vgl. dazu m.w.N. Zöller/*Heßler*, § 520 ZPO, Rn. 35.
542 BGH NJW 2002, 1417 = WM 2002, 650.
543 BGH NJW 2000, 730, 732 = WM 2000, 189 ff.; vgl. auch Kap. 9 Rn. 37.
544 Vgl. dazu schon oben Rdn. 8 zum Feststellungsantrag (auch) wegen nicht vorhersehbarer Spätschäden eines Unfallverletzten.
545 Vgl. BGH, Urt. v. 28.6.1990 – IX ZR 209/89 – juris, Rn. 27 ff.; v. 13.6.2013 – IX ZR 155/11 – juris, Rn. 8; ferner Kap. 8 Rdn. 321 und 322.
546 Dazu vgl. auch Kap. 8 Rdn. 276 und 618. Zur Pflicht des Rechtsanwalts, Ansprüche vor Verjährung auch nach dem Gebot des sichersten Weges zu schützen vgl. unten Rdn. 234 und Kap. 8 Rdn. 614, 616, 637.

214 Stellt sich für den Klägeranwalt beispielsweise durch einen deutlichen Hinweis des gegnerischen Anwalts heraus, dass die Klage auf Feststellung der Ungültigkeit eines Beschlusses der Wohnungseigentümer nicht innerhalb der Frist des § 46 Abs. 1 Hs. 2 WEG beim Gericht eingegangen ist, erfordert der Grundsatz des relativ sichersten Weges angesichts der in der Literatur nicht einheitlich beantworteten und höchstrichterlich nicht entschiedenen Frage, ob die Wiedereinsetzung in die versäumte Klagebegründungsfrist innerhalb der Zwei-Wochen-Frist des § 234 Abs. 1 S. 1 ZPO oder aber in der Monatsfrist des § 234 Abs. 1 S. 2 ZPO beantragt werden muss, den Wiedereinsetzungsantrag innerhalb der Zwei-Wochen-Frist des § 234 Abs. 1 S. 1 ZPO zu stellen[547].

215 In einer Reihe von Prozessen bestreitet der Beklagte die **Aktivlegitimation** des Klägers, weil nicht dieser, sondern allenfalls ein Dritter Forderungsinhaber sei. Dann sollte nach Möglichkeit unverzüglich eine Abtretungserklärung nebst Annahme (die zuweilen vergessen wird) veranlasst und Gericht und Gegner vorgelegt werden. Damit kann nicht nur dem Kostenrisiko, sondern auch der möglicherweise drohenden Verjährungsgefahr begegnet werden[548]. Klagt ein Zedent die von ihm abgetretene Forderung ein, und zwar – nach Offenlegung der Abtretung – mit dem Antrag auf Zahlung an den Zessionar, so erfordert der Grundsatz des sichersten Weges, dass sich der Anwalt die für die gewillkürte Prozessführungsbefugnis erforderliche, vom Rechtsinhaber erteilte Prozessführungsbefugnis, wenn sie nicht auf andere Weise zu beweisen ist, von dem Abtretungsgläubiger schriftlich bestätigen lässt und in den Prozess einführt[549]. Nicht außeracht lassen darf der Anwalt auch den Umstand, dass nach der ständigen Rechtsprechung des BGH der Prozessführende ein eigenes schutzwürdiges Interesse an dieser Art der Prozessführung haben muss. Zu den Einzelheiten wird Bezug genommen auf Kap. 8 Rdn. 9.

216 »Wird der Rechtsanwalt beauftragt, Klage zur Durchsetzung von **Unterhaltsansprüchen** zu erheben, muss er im Hinblick auf § 323 ZPO zu klären versuchen, ob in der Vergangenheit schon ein Vollstreckungstitel ergangen ist, wenn der Unterhalt nicht ersichtlich erstmals tituliert werden soll.[550]... Ist zwischen den Parteien nämlich ein Urteil ergangen, das den Schuldner zu künftig wiederkehrenden Leistungen verpflichtet hat, kann eine Erhöhung des Anspruchs aufgrund nachträglich eingetretener Gründe nur im Wege einer **Abänderungsklage** durchgesetzt werden (§ 323 I, II ZPO). Entsprechendes gilt, wenn die Parteien einen Prozessvergleich über die erhobenen Forderungen geschlossen haben (§ 323 IV ZPO).[551] ... Da die Beklagte verpflichtet war, den für ihre Auftraggeber sichersten Weg zur Durchsetzung der geltend gemachten Ansprüche zu wählen, durfte sie sich nicht darauf verlassen, eine gewöhnliche Zahlungsklage könne gegebenenfalls in eine Abänderungsklage umgedeutet werden. Sie hatte daher selbst für die **sachgerechte Antragstellung** zu sorgen.«[552]

217 Bei einer zumindest ernsthaft in Betracht kommenden **Unzumutbarkeit sofortiger** (vollständiger) **Verhandlung zum Beweisergebnis** gemäß § 285 ZPO, beispielsweise bei nur mündlich im Termin erstatteten Sachverständigengutachten zu schwierigen Fragen etwa im Rahmen eines Arzthaftungsprozesses[553] oder zu komplexen technischen Fragen etwa zu Brandschutz oder Feuerwehrtechnik[554], ist es zur Wahrnehmung der Interessen des Mandanten am sichersten und gefahrlosesten, einen **Antrag auf Schriftsatzfrist** unter Hinweis auf die Wahrung rechtlichen Gehörs zu stellen, und zwar in beweisbarer Form, also zu Protokoll oder in vergleichbar dokumentierter Weise (Aufnahme in einen Berichterstattervermerk)[555]. Grundsätzlich verletzt allerdings die Ablehnung einer Schriftsatzfrist

547 BGH, Urt. v. 24.9.2015 – IX ZR 206/14 – juris, Rn. 16.

548 Vgl. OLG Hamm vom 11.2.1999 – 28 U 120/98; *Rinsche*, Prozesstaktik, Rn. 17; BGH NJW 2004, 1043, 1044 = WM 2003, 2278 ff.; vgl. auch Kap. 8 Rdn. 6 f. m.w.N.

549 BGH NJW 2000, 3560, 3561 = WM 2000, 2437, 2439; vgl. auch Kap. 8 Rdn. 9.

550 BGH NJW 1998, 2048 (Leitsatz 1) = WM 1998, 1542.

551 BGH NJW 1998, 2049.

552 BGH NJW 1998, 2050; vgl. auch Kap. 8 Rdn. 300 und 307.

553 BGH, Beschl. v. 28.7.2011 – VII ZR 184/09 – juris, Rn. 6, m.w.N.; NJW 1984, 1823 = VersR 1984, 661; NJW 1988, 2302; Zöller/*Greger*, § 285 ZPO, Rn. 2.

554 Vgl. BGH, Urt. v. 14.6.2018 – III ZR 54/17 – juris, Rn. 26 f.; vgl. auch Kap. 8 Rdn. 285 mit wörtlichem Zitat aus diesem Urteil.

555 Zu weiteren Fällen anwaltlichen Verhaltens in der mündlichen Verhandlung vgl. Kap. 8 Rdn. 285.

für einen beweiswürdigenden Schriftsatz nicht das Recht auf rechtliches Gehör[556]. Im Einzelfall kann dieses Grundrecht aber berührt und deshalb ein Tätigwerden zu dessen Wahrung zugunsten seines Auftraggebers für den Anwalt in der oben beschriebenen Art und Weise auch über die genannte Fallgestaltung hinaus geboten sein, etwa wenn der gerichtlich bestellte Sachverständige in einem mündlich erstatteten Gutachten überraschend zu wesentlich abweichenden Feststellungen und Schlussfolgerungen gegenüber einem zum Prozessvortrag und zur entscheidenden Klagegrundlage gemachten und eigentlich überzeugenden Privatgutachten gelangt[557]. Die Einlegung eines Rechtsmittels ist demgegenüber eine unsicherere Möglichkeit. Damit den Schaden in Form des nachteiligen Urteils zu beseitigen, ist besonders dann, wenn lediglich eine Nichtzulassungsbeschwerde (§ 544 ZPO) in Betracht kommt, nur sehr schwer möglich. Die Verletzung eines Verfahrensgrundrechts kann zwar unter den Zulassungsgrund des § 543 Abs. 2 Nr. 2 Alt. 2 ZPO fallen, jedoch nur dann durchgreifen, wenn über den Einzelfall hinaus allgemeine Interessen berührt werden[558], also bei »symptomatischer« Bedeutung[559]. Auch hier geht es – wie bereits oben Rdn. 48 ff. allgemein ausgeführt – nicht um eine (nicht zulässige) Haftungsverlagerung vom Gericht auf den Anwalt.

Allerdings lässt die Rechtsprechung des BGH seit 2010 zunehmend sog. **Gehörsrügen** (Verstoß 218
gegen Art. 103 Abs. 1 GG) bei prozessualen Versäumnissen in den Vorinstanzen, namentlich in der Berufungsinstanz[560], in Verfahren, die der ZPO unterliegen, durch eine sehr weitgehende Heranziehung des ursprünglich verfassungsprozessualen **Grundsatzes der Subsidiarität** zu Lasten von Beschwerdeführern in dritter Instanz (Nichtzulassungsbeschwerde, § 544 Abs. 1 ZPO) nicht zu[561]. Danach besteht eine prozessuale Obliegenheit der Parteien, durch sämtliche – auch rein faktische – Möglichkeiten zur (Gegen-)Äußerung, d.h. auch außerhalb einer vom Gericht ausdrücklich eingeräumten Gelegenheit zur Stellungnahme, eine gerichtliche Selbstkorrektur innerhalb derselben Instanz zu erreichen zu versuchen, soll eine Gehörsrüge in dritter Instanz möglich sein[562]. Diese Würdigung entspricht – so der BGH in ständiger Rechtsprechung – dem in **§ 295 ZPO** zum Ausdruck kommenden Rechtsgedanken[563]. Dabei wird sogar auf einen solchen allgemeinen Grundsatz der Subsidiarität abgehoben, obwohl – wie *Rädler* zutreffend bemerkt – schon § 531 Abs. 2 Nr. 1 ZPO bei der im Streitfall gegebenen Hinweiserteilung in erster Instanz neue Angriffsmittel ausschloss[564].

Jedenfalls scheiden taktische Manöver, Stellungnahmen zu unvollständigen oder unrichtigen Hin- 219
weisen des Tatrichters in die nächste Instanz hinauszuschieben, bei hinreichender anwaltlicher Sorgfalt mithin aus[565]. Vielmehr verlangt der Grundsatz anwaltlicher Vorsicht und Einschlagung des relativ sichersten Weges vom Anwalt, alle sich bietenden Möglichkeiten zu nutzen, um Missverständnissen oder Fehlverständnissen des Gerichts in tatsächlicher und rechtlicher Hinsicht in der jeweiligen Instanz entgegenzutreten[566]. Es wird von einer anwaltlich vertretenen Partei nicht nur verlangt, ihren Tatsachenvortrag erneut zu wiederholen. Sie ist vielmehr gehalten, der rechtsfehlerhaften Einschätzung des Berufungsgerichts mit rechtlichen Ausführungen entgegenzutreten[567].

556 BGH NJW 1991, 1547.
557 Vgl. dazu den Sachverhalt in: OLG Hamm, Urt. v. 12.12.2002 – 28 U 51/02.
558 BGH NJW 2002, 2957.
559 *Wenzel*, NJW 2002, 3353, 3356.
560 Zum Berufungsmandat vgl. dazu in Kap. 8, Rdn. 40 ff.
561 Dazu im Einzelnen m.w.N. *Rädler*, NJW 2020, 1726 ff. m.w.N. zur Rechtsprechung.
562 BGH, Urt. v. 14.6.2018 – III ZR 54/17 – juris, Rn. 37 m.w.N.; Beschl. v. 28.3.2019 – IX ZR 147/18 – juris, Rn. 3 ff., m.w.N.; *Rädler*, a.a.O., S. 1728.
563 BGH, jeweils a.a.O.
564 *Rädler*, a.a.O.
565 Dazu auch Kap. 8 Rdn. 330–332.
566 *Rädler*, a.a.O.
567 So ausdrücklich BGH, Beschl. v. 28.1.2020 – VIII ZR 57/19 – juris, Rn. 17.

220 Nach **§ 279 Abs. 3 ZPO** hat das Gericht im Anschluss an eine Beweisaufnahme nicht nur erneut den Sach- und Streitstand, sondern außerdem, soweit bereits möglich, das Ergebnis der Beweisaufnahme mit den Parteien zu erörtern. Auch hier ist der Anwalt gefordert, die für seinen Mandanten sprechenden Gesichtspunkte zur Geltung zu bringen. Dies dürfte ferner gebieten, wenn zur ordnungsgemäßen Auftragserfüllung erforderlich, unter Hinweis auf § 279 Abs. 3 ZPO für eine derartige Erörterung, in der die wesentlichen Aspekte der Beweiswürdigung diskutiert werden[568], durch das Gericht Sorge zu tragen[569].

221 Eine Verletzung des Gebots des sichersten Weges hat der BGH[570] auch in einem Fall angenommen, in dem der Mandant, für den **Kündigungsschutzklage** erhoben wurde, auf Befragen des Anwalts erklärt hatte, vor der dem Anwalt übergebenen schriftlichen Kündigung habe es keine weitere Kündigungserklärung gegeben, so dass die Kündigungsschutzklage auch nur gegen die schriftliche Kündigung gerichtet wurde. Der Arbeitgeber erhob dann im Laufe des Prozesses den Einwand, er habe bereits zuvor eine Kündigung erklärt, die er unter Beweis stellte, was vom LAG auch als erheblich angesehen wurde. Die Drei-Wochen-Frist des § 4 S. 1 KSchG war verstrichen. Da es in den Unterlagen des Mandanten einen vom Anwalt auch bemerkten und mit dem Mandanten erörterten Hinweis auf eine 3 Tage zuvor mündlich ausgesprochene Kündigung gab, hat es der BGH als (schuldhaft) pflichtwidrig betrachtet, dass der Anwalt die Kündigungsschutzklage nur gegen die zweite Kündigung richtete, obwohl er Anhaltspunkte dafür hatte, dass dem Mandanten möglicherweise zuvor schon einmal gekündigt worden war. Der Anwalt habe sich nicht darauf verlassen dürfen, dass eine mündlich ausgesprochene Kündigung und die schriftliche Kündigung insgesamt nur eine einzige Kündigung darstellten. Unter dem Gesichtspunkt des »sichersten Weges« habe die Anwaltspflicht bestanden, sich nicht blindlings auf die Angaben des Klägers zu verlassen, ihm sei eine Kündigung zwar in Aussicht gestellt, aber noch nicht ausgesprochen worden.

Dazu heißt es in den Entscheidungsgründen weiter:

> »Mußte sich der Beklagte auf das Vorliegen von zwei Kündigungserklärungen einrichten, durfte er sich auch nicht darauf verlassen, daß das angerufene ArbG davon ausgehen werde, die gegen die schriftliche Kündigung vom 29.9.1994 gerichtete Klage umfasse zugleich eine drei Tage zuvor mündlich ausgesprochene Kündigung. Nach der ständigen Rechtsprechung des BAG gilt für Kündigungsschutzklagen nach § 4 KSchG die Theorie des ›**punktuellen Streitgegenstands**‹. Streitgegenstand ist grundsätzlich nur die Auflösung des Arbeitsverhältnisses gerade durch die angegriffene Kündigung und zu dem in ihr vorgesehenen Termin (BAGE 57, 231 [238 ff]; BAG, NJW 1994, 2780 [2781 f]; NJW 1998, 698). Zwar soll nach der Rechtsprechung der Arbeitsgerichte der Kündigungsschutz des Arbeitnehmers nach Möglichkeit nicht an formalen Gründen scheitern (BAG, NJW 1994, 1084 [1086] [unter 2b cc]; NZA 1995, 417). Wenn der Beklagte das Gespräch vom 26.9.1994 in der Klageschrift wenigstens erwähnt und zu verstehen gegeben hätte, daß der Kl. diesem nur die Ankündigung der Vertragsbeendigung, aber noch keine Kündigung entnommen habe, hätte möglicherweise die Annahme nahegelegen, daß er sich nicht nur gegen die Kündigung vom 29.9.1994 zur Wehr setzen wollte, sondern auch gegen eine am 26.9.1994 ausgesprochene Kündigung (vgl. Diller, NJW 1998, 663 [665]). Die Klageschrift erwähnte jedoch das Gespräch vom 26.9.1994 mit keinem Wort. Innerhalb der **Drei-Wochen-Frist des § 4 S. 1 KSchG** wurde der Vortrag auch nicht ergänzt.«[571]

Wenn diese Entscheidung insoweit nicht mehr aktuell ist, als nunmehr nach § 623 BGB (in Kraft getreten am 1.5.2000) die Kündigung zu ihrer Wirksamkeit der Schriftform bedarf, so können sich auch nach neuem Rechtszustand Fallkonstellationen ergeben, in denen nach dem Prinzip vom

568 Vgl. *Gehrlein*, MDR 2003, 423.

569 Ob man bezüglich Umfang und Inhalt der gerichtlichen Erörterung wirklich so weit gehen kann, wie dies *Greger*, NJW 2002, 3050; *ders.* in: Zöller/*Greger*, § 279, Rn. 5 vertritt, erscheint aber zweifelhaft und ist in dieser Allgemeinheit abzulehnen. Nach BGH, Urt. v. 15.4.2016 – V ZR 42/15 – juris, Rn. 33 muss eine Mitteilung einer vorläufigen Beweiswürdigung zu Recht nur erfolgen, wenn dies zur Vermeidung einer nach Art. 103 Abs. 1 GG unzulässigen Überraschungsentscheidung geboten ist; kritisch dennoch weiterhin *Greger*, MDR 2016, 1057 ff. und in: Zöller/*Greger*, a.a.O.

570 BGH NJW 1999, 1391 = WM 1999, 647 = VersR 1999, 1417 = AnwBl 1999, 350.

571 BGH NJW 1999, 1392.

sichersten Weg und der BAG-Rechtsprechung zum sog. punktuellen Streitgegenstand der Anwalt gehalten ist, alle möglicherweise als eigenständig in Betracht kommenden Kündigungen innerhalb der Drei-Wochen-Frist des § 4 S. 1 KSchG als Gegenstand der Kündigungsschutzklage in den Prozess einzuführen. *G. Fischer*[572] und *Borgmann*[573] ist aber beizupflichten, dass unter dem Gesichtspunkt des sichersten Weges die Pflichtverletzung des Anwalts nicht darin lag, der Angabe seines Mandanten vertraut zu haben, sondern darin, sich nicht rechtzeitig und sachgerecht auf den nach den erkennbaren Umständen naheliegenden Einwand des Arbeitgebers im Prozess eingerichtet und die fristgerechte Klage auf beide Kündigungen erstreckt zu haben[574].

c) Prozessvergleich

Geht es um die für den forensischen Bereich äußerst wichtige Frage nach dem »Ob« und »Wie« eines **Prozessvergleichs**, ist der Grundsatz des sichersten Weges nur eingeschränkt betroffen[575]. Soweit ersichtlich wird hier dieser Grundsatz vom BGH nicht angeführt[576]. Dies ist auch zutreffend. Steht nämlich die Entscheidung über einen Vergleichsschluss an, bedeutet das eine Entscheidung darüber, ob man das erstrebte Ziel teilweise aufgibt oder ändert, dafür aber in Gestalt des Vergleichs eine »Sicherheit« erhält im Sinne einer – meistens abschließenden – Regelung, bei der man nun »weiß, woran man ist«, oder aber ob man das ursprüngliche Ziel in streitiger Auseinandersetzung mit dem Gegner weiterverfolgt. Es stellt sich also m.a.W. nicht die Frage, auf welchem Weg das (eine) Ziel erreicht werden soll. Vielmehr geht es, so könnte man vielleicht sagen, um die sich aufgrund von Veränderung und Entwicklung des Mandatsgegenstandes[577] ergebende Entscheidung eines »**Zielkonflikts**«. Wer als Anwalt seinem Mandanten rät, einen gerichtlichen Vergleichsvorschlag abzulehnen, weil er von einem rechtskräftigen Urteil zutreffend ein besseres Ergebnis erwartet, geht, wenn für den Mandanten im Ergebnis die rechtlichen Gesichtspunkte entscheidend sind, mit der Vergleichsablehnung zwar nicht den sichersten Weg, handelt aber gleichwohl, hat er seinen Mandanten eingehend über Inhalt und Rechtsfolgen des Vergleichs sowie über die Rechtslage und die Risiken bei Fortsetzung des Prozesses beraten, pflichtgemäß[578]. Genauso kann es umgekehrt in Ordnung oder sogar geboten sein, wenn nach umfassender und richtiger Risikobelehrung und Beratung die Entscheidung für die Annahme eines Vergleichs fällt[579]. 222

d) Außer- und vorgerichtliche Beratung

Aus der **Beratungspraxis** seien noch folgende Beispiele über die bereits oben (Rdn. 196 f. m.w.N.) im Rahmen von »Hilfs- und Vorsorgemaßnahmen« genannten vorsorglicher notarieller Beurkundung und Orientierung an der in Betracht zu ziehenden kürzesten Verjährungsfrist hinaus aufgeführt: 223

---

572 NJW 1999, 2993, 2994.

573 NJW 2000, 2953, 2950.

574 Vgl. auch *Vill*, in: G. Fischer/Vill/D. Fischer/Pape/Chab, § 2, Rn. 118; zu weiteren Fällen Kap. 8 Rdn. 16 ff.

575 Ohne Einschränkung bejahen eine Geltung des Grundsatzes des sichersten Weges indes *Edenfeld*, MDR 2001, 972; *Schlee*, AnwBl 1993, 341. Ob *G. Fischer*, NJW 1999, 2993, 2995 auch dieser Ansicht ist, ist nicht sicher, denn er referiert die Aufgaben des Rechtsanwalts im Zusammenhang mit einem Vergleich zwar im Abschnitt »Gebot des sichersten Weges«, macht aber inhaltlich hierzu keine Aussage. *Vollkommer/Greger/Heinemann*, § 13, Rn. 11 beziehen nun zutreffend den Grundsatz des sichersten Weges nur noch auf die zweifelsfreie Abfassung eines Vergleichstextes und die Beachtung von Förmlichkeiten.

576 Mit Ausnahme der vereinzelt gebliebenen Entscheidung BGH VersR 1961, 467, 470.

577 Vgl. dazu *Vill*, in: G. Fischer/Vill/D. Fischer/Pape/Chab, § 2, Rn. 132 f., der dort auch konsequent und zutreffend die Beratung bei einem Vergleich aufführt.

578 Vgl. BGH NJW 1993, 1325 = WM 1993, 1197; NJW 1994, 2085 = WM 1994, 1340; vgl. auch *G. Fischer*, NJW 1999, 2993, 2995; zu den Anwaltspflichten bei einem Vergleich vgl. im Einzelnen Kap. 8 Rdn. 570 ff.

579 Zu den vielen Einzelfragen, z.B. ob und unter welchen Umständen der Anwalt zu einem Vergleich zuraten darf oder nur ohne eigene Empfehlung beraten darf, vgl. Kap. 8 Rdn. 586.

224 **Verträge** sind so zu gestalten, dass Auslegungszweifel über den rechtsgeschäftlichen Willen der Parteien möglichst nicht entstehen und so Rechtsstreitigkeiten vermieden werden, welche das Interesse des Mandanten am Bestand des Vertrages gefährden können[580]. Die rechtlich möglichen Lösungsalternativen, mit denen der Mandant sein Anliegen verwirklichen kann, sind aufzuzeigen, ihre jeweiligen Vor- und Nachteile zu erläutern, damit eine eigene, selbstständige Entscheidung unter Abwägung aller Umstände erfolgen und so der Weg, der den Vertragszweck am sichersten erreicht, gewählt werden kann[581].

225 Bei Verträgen wie auch allgemein im Bereich der Rechtsgestaltung gehört die richtige **juristische Wortwahl**, die Missverständnisse und Fehldeutungen gar nicht erst aufkommen lässt, z.B. »Kündigung« anstatt »Rücktritt«, in den Anwendungsbereich des Gebots des sichersten Weges[582]. Denn *»Aufgabe des Rechtsanwalts, der mit einer Rechtsgestaltung beauftragt ist, ist es, schon durch die Wortwahl seiner Erklärung Klarheit zu schaffen. Der Laie als Auftraggeber schaltet den Fachberater u.a. deswegen ein, damit dieser das erwünschte rechtliche Ergebnis möglichst auch erreicht … Auslegung setzt erst ein, wenn der Wortlaut einer Erklärung zu Zweifeln überhaupt Anlaß gibt; dazu darf es der Rechtsanwalt regelmäßig gar nicht kommen lassen.«*[583]

226 Beabsichtigen die Gründungsgesellschafter einer GmbH innerhalb des Firmennamens Namensbestandteile einer Einzelfirma zu verwenden, so hat der beratende Rechtsanwalt, wenn sich für ihn bei pflichtgemäßem Handeln Anhaltspunkte dafür ergeben, dass nicht nur die Fortführung der Firma sondern auch die Fortführung des Handelsgeschäfts selbst und damit sämtliche Voraussetzungen für eine Haftung der GmbH nach **§ 25 Abs. 1 HGB** gegeben sein können, unter Beachtung des Grundsatzes des sichersten Weges darauf hinzuweisen. Er muss dann darauf hinwirken, von den Abwehrmöglichkeiten des § 25 Abs. 2 HGB rechtzeitig Gebrauch zu machen oder – falls dies nicht möglich sein sollte – auf eine Fortführung des entscheidenden Firmenzusatzes zu verzichten[584].

227 Nicht nur dann, wenn eine Zugangsvereitelung einer empfangsbedürftigen Willenserklärung zu befürchten ist[585], sondern wenn es überhaupt auf den **nachweisbaren Zugang** – beispielsweise einer Erklärung zur Wahrung der Frist des § 16 Nr. 2 II VOB/B oder etwa einer Frist zur Kündigung[586] – ankommt, kann es geboten sein, eine Zustellung gemäß § 132 BGB i.V.m. den durch das ZustRGes vom 25.6.2001 zum 1.7.2002 grundlegend umgestalteten Vorschriften der ZPO[587] oder eine zustellungsartige anderweitige beweiskräftige Übermittlung vorzunehmen[588], wobei auch ein Bote eingeschaltet werden oder eine schriftliche oder telefonische Eingangsbestätigung genügen kann[589]. Auch bei einem (weisungsgemäßen) Widerruf eines Prozessvergleichs, bei dem der Rechtsanwalt dafür zu sorgen hat, dass dies beweisbar form- und fristgerecht bei der richtigen Stelle geschieht, kann eine derartige Eingangsbestätigung genügen[590]. Eine Beweissicherung durch den

580 *Scharpf*, JuS 2002, 878, 880.

581 *Scharpf*, JuS 2002, 881 mit im Einzelnen dargestellten drei Beispielen zu einem Erbvertrag unter Eheleuten, einem Ehevertrag und einem Grundstückskaufvertrag auf S. 882, 883.

582 Vgl. BGH NJW 1996, 2648, 2650 = WM 1996, 1824, 1826 = VersR 1996, 1499, 1501.

583 BGH NJW 1996, 2648, 2650; vgl. auch für die Formulierung eines Prozessvergleichs: BGH NJW 2002, 1048, 1049 und dazu auch BVerfG NJW 2002, 2937 f. und oben Rdn. 53.

584 OLG Schleswig NJW-RR 2004, 417.

585 Dazu vgl. OLG Nürnberg NJW-RR 1991, 414.

586 Dazu vgl. OLG Hamm vom 14.10.2003 – 28 U 47/03.

587 Vgl. dazu *Hartmann*, NJW 2001, 2577.

588 Vgl. BGH NJW 1995, 521, 522 f. = WM 1995, 719 ff. (Widerruf eines Vergleichs); OLG Hamm vom 14.10.2003 – 28 U 47/03 (Kündigung zur Verhinderung des Eingreifens einer Verlängerungsklausel in einem Mietvertrag); *Vill*, in: G. Fischer/Vill/D. Fischer/Pape/Chab, § 2, Rn. 118; *Vollkommer/Greger/Heinemann*, § 28, Rn. 156.

589 BGH NJW 1995, 521, 522, vgl. noch näher Kap. 8 Rdn. 768 ff.

590 Vgl. BGH NJW 1995, 521, 523 = WM 1995, 719; OLG Hamm, zit. in: AnwBl 1972, 359 unter 3.; vgl. schon oben Rdn. 99 m.w.N.

Rechtsanwalt ist auch geboten, wenn er Erklärungen, Bescheide, Urteile etc. als Parteivertreter für den Mandanten entgegennimmt, die Fristen auslösen[591].

228 Nimmt der Rechtsanwalt für seinen Mandanten, was nicht selten geschieht, **einseitige Rechtsgeschäfte** vor, z.B. eine Kündigung, muss er § 174 BGB beachten. Zum sichersten Weg in diesen Fällen heißt es im Leitsatz 1 des BGH-Urteils vom 10.2.1994: *»Nimmt der Rechtsanwalt für seinen Auftraggeber ein einseitiges Rechtsgeschäft vor, ohne die Vollmachtsurkunde im Original vorzulegen, handelt er pflichtwidrig, wenn er mit der Möglichkeit rechnen muß, daß dem Mandanten im Streitfall nicht unerhebliche Rechtsnachteile entstehen, weil er nicht zu beweisen vermag, den Gegner vorher von der Bevollmächtigung seines Anwalts in Kenntnis gesetzt zu haben.«*[592]

229 Soweit nach dem Urteil des BGH vom 20.10.1994[593] der beklagte Anwalt die Kläger, welche an der erworbenen, aber nur unfertig hergestellten Eigentumswohnung kein Interesse mehr hatten, weil diese nicht wie vorgesehen vermietet werden konnte, über ihre Rechtsstellung bei der angestrebten **Abwicklung des Kaufvertrages** dahingehend zu beraten hatte, nicht einen Vertragsrücktritt zu erklären, sondern Schadensersatz wegen Nichterfüllung zu verlangen, § 636 Abs. 1 S. 2 BGB i.V.m. §§ 326 Abs. 1, 325 Abs. 1 S. 2, 280 Abs. 2 BGB a.F., ist dies durch die Schuldrechtsreform, bei der § 636 BGB (verspätete Herstellung) im allgemeinen Leistungsstörungsrecht aufgegangen ist[594], überholt. Zu den nunmehr in einer vergleichbaren Situation für den Anwalt anzustellenden Überlegungen wird auf Rdn. 6 verwiesen.

230 Unter der Geltung des alten Schuldrechts war § 326 BGB a.F. immer eine »regressträchtige« Vorschrift auch noch deshalb, weil vielfältige Fehler zur erforderlichen Nachfristsetzung unter Ablehnungsandrohung begangen wurden[595]. So wurden beispielsweise nach einem Auszug eines Mieters für den Vermieter Schadensersatzansprüche geltend gemacht, weil dieser Schönheitsreparaturen unterlassen oder die Mietsache nach Umbaumaßnahmen nicht wieder in den ursprünglichen Zustand zurückversetzt hatte, ohne dass zuvor eine **Nachfrist mit Ablehnungsandrohung** ausgesprochen worden war[596]. Ein Anwalt darf sich nicht darauf verlassen, dass z.B. wegen einer im Auszug zu erblickenden Erfüllungsverweigerung des Schuldners die Nachfristsetzung mit Ablehnungsandrohung entbehrlich sein könnte. Vielmehr ist er verpflichtet, auch in solchen Fällen den sichersten Weg zu gehen, d.h. die Anspruchsvoraussetzungen (bei § 326 BGB a.F. Verzug, Nachfristsetzung mit Ablehnungsandrohung) streng und nachweisbar vorzubereiten, um einen Streit, unter welchen Voraussetzungen sich eine solche Fristsetzung erübrigt, erst gar nicht aufkommen zu lassen[597]. Dies ist für § 281 BGB und § 323 BGB, in denen die Voraussetzungen für den Rücktritt und für den Schadensersatz statt der Leistung inhaltlich angeglichen und aufeinander abgestimmt worden sind (erfolgloses Bestimmen einer angemessenen **Frist zur Leistung oder Nacherfüllung**), nicht anders. Auch hierzu kann das Gebot des sichersten Weges bedeuten, nicht gemäß §§ 281 Abs. 2, 323 Abs. 2 BGB auf eine Entbehrlichkeit der Fristbestimmung zu setzen.

231 Auch bei **erbrechtlichen Beratungen** (dazu im Einzelnen Kap. 9 Rdn. 177 ff.) kann der Grundsatz des sichersten Weges zum Tragen kommen, so beispielsweise, wenn wegen einer Schenkung des Erblassers ein **Pflichtteilsergänzungsanspruch** nach § 2325 BGB gegen den Erben in Betracht zu ziehen, nach der Sach- und Rechtslage eine Beschränkung der Haftung des Erben aus § 2325 BGB durch § 1990 BGB (Dürftigkeitseinrede) aber nicht auszuschließen ist und in diesem Fall eine subsidiäre Haftung des Beschenkten aus § 2329 BGB eingreifen kann. Dazu hat das OLG Hamm

591 Vgl. BGH NJW 1992, 1695, 1696 = WM 1992, 701, 703.

592 NJW 1994, 1472 = WM 1994, 1114.

593 NJW 1995, 449, 450 = WM 1995, 398, 399 f.

594 Vgl. Palandt/*Sprau*, Ergänzungsband zur 61. Auflage, Vor § 633 BGB, Rn. 1 (Synopse, die ab der 62. Auflage nicht mehr abgedruckt ist).

595 Vgl. dazu nun auch BGH NJW 2006, 3494 = WM 2006, 2055 (Schadensersatz wegen nicht fristgerecht erstellter Eigentumswohnung).

596 Vgl. z.B. OLG Hamm vom 12.3.1998 – 28 U 108/97.

597 Vgl. OLG Hamm vom 12.3.1998 – 28 U 108/97.

entschieden[598], dass der Anwalt nach dem Gebot des sichersten Weges dafür Sorge zu tragen gehabt hätte, dass während der Klärung der Haftung der Erbin der Anspruch gegen den Beschenkten zum einen nicht verjähren konnte (§ 2332 Abs. 2 BGB: 3 Jahre vom Eintritt des Erbfalls an, und zwar unabhängig von Kenntniserlangung vom Eintritt des Erbfalls und von der beeinträchtigenden Verfügung, worauf § 2332 Abs. 1 BGB beim Pflichtteil- und Pflichtteilsergänzungsanspruch gegen den Erben abstellt), und zum anderen in einem Rechtsstreit gegen diesen dessen Haftung nicht etwa mit Erwägungen abgelehnt wurde, denen die Gerichte im Rechtsstreit gegen die Erbin nicht gefolgt waren. Als probates und einfaches Mittel verwies das OLG auf den Weg einer Klage gegen den Erben mit einer **Streitverkündung** an den Beschenkten gemäß §§ 72, 73 ZPO, die nicht nur nach § 209 Abs. 2 Nr. 4 BGB a.F. eine Unterbrechung der Verjährung (nach neuem Schuldrecht gemäß § 204 Abs. 1 Nr. 6 BGB eine Verjährungshemmung) bewirkt, sondern auch die Interventionswirkung gemäß §§ 74, 68 ZPO herbeigeführt hätte.

232 Ein weiteres anschauliches Beispiel für die sich bei erbrechtlicher **Beratung eines Erblassers** stellenden Probleme findet sich im Urteil des BGH vom 13.6.1995[599]. Dort sollte ein Erblasser bei Abfassung seines Testaments zu allen auftretenden Fragen umfassend beraten werden. Der Erblasser wollte Kommanditanteile an zwei Gesellschaften seinen Erben insgesamt erhalten, wobei die Schwierigkeit bestand, dass nach den gesellschaftsvertraglichen Nachfolgeklauseln gegenüber Erben, die keine Mitgesellschafter oder Abkömmlinge des Verstorbenen waren, die übrigen Gesellschafter beschließen konnten, dass jene als Gesellschafter gegen eine Abfindung zum bilanziell errechneten Verkehrswert – ohne Berücksichtigung des Firmenwerts – auszuscheiden hatten. Nach dem Grundsatz des sichersten Weges hätte der Rechtsanwalt dem Erblasser eine Regelung vorschlagen müssen, welche die Einziehung der hälftigen Kommanditanteile von vornherein ausschloss, was im konkreten Fall, wie vom BGH dargelegt, auch möglich war[600], wohingegen nach der vom Anwalt vorgeschlagenen und praktizierten Lösung die gesellschaftsvertragliche Nachfolgeklausel mit entsprechenden Vermögensverlusten zum Zuge gekommen war.

6. Sicherster Weg mit wirtschaftlichen Nachteilen

233 Der sicherste Weg kann, was der pflichtgemäß handelnde Anwalt bedenken und worüber er den Mandanten gegebenenfalls belehren muss, **wirtschaftliche Nachteile** haben, insbesondere zusätzliche Kosten verursachen, beispielsweise durch notarielle Beurkundung[601]. Soweit *Vill*[602] dazu auf das BGH-Urteil vom 18.9.1997[603] verweist, belegt indes diese Entscheidung keinen Anwendungsfall des Gebots des sichersten Weges, sondern befasst sich mit der Frage, ob und unter welchen Voraussetzungen ein Rechtsanwalt verpflichtet ist, auf Entstehen, Höhe und u.U. Vermeidung von Kosten infolge seiner Inanspruchnahme hinzuweisen[604]. Ein Anwendungsfall findet sich aber im BGH-Urteil vom 30.9.1993[605], wo ein Anwalt es versäumt hatte, in Vorwegnahme einer Änderung der höchstrichterlichen Rechtsprechung eine notarielle Beurkundung zu veranlassen[606].

598 OLG Hamm vom 23.10.2001 – 28 U 200/00.
599 BGH NJW 1995, 2551 = WM 1995, 1504.
600 BGH NJW 1995, 2551, 2552.
601 *Vill*, in: G. Fischer/Vill/D. Fischer/Pape/Chab, § 2, Rn. 128; *Borgmann*, NJW 2000, 2953, 2960.
602 *Vill*, in: G. Fischer/Vill/D. Fischer/Pape/Chab, § 2, Rn. 128.
603 BGH NJW 1998, 136, 137 = WM 1998, 140, 141.
604 Zu diesen Fragen von Kostenberatung und Kostenbeschränkung vgl. Kap. 8 Rdn. 184 ff.
605 BGH NJW 1993, 3323 = VersR 1994, 99 = WM 1993, 2129.
606 Zu dieser Entscheidung, auf die *Borgmann*, NJW 2000, 2953, 2960 zutreffend hinweist, vgl. auch schon oben Rdn. 136 f.

7. Der weniger sichere Weg

Wie bereits oben (Rdn. 197) dargelegt, darf der Rechtsanwalt seinem Mandanten einen weniger sicheren Weg nicht anraten, ohne die damit verbundenen höheren Risiken aufzuzeigen[607]. Fälle derartiger **Risikoerhöhungen** sind beispielsweise gegeben, wenn eine Teilklage erhoben oder ein »Musterprozess« gegen einen von mehreren Schuldnern geführt werden soll. In beiden Fallgestaltungen besteht die Risikosteigerung darin, dass die Verjährung im Übrigen nicht gehemmt wird (§ 204 Abs. 1 Nr. 1 BGB), nach der Rechtslage bis zum 31.12.2001 nicht unterbrochen wurde (§ 209 BGB a.F.)[608] und der übrige Anspruchsteil oder die Ansprüche gegen die restlichen Schuldner leicht »aus dem Blick geraten« können[609]. Diese Gefahr ist insbesondere dann gegeben, wenn Ansprüche Bedeutung erst bei negativem Ausgang des zunächst eingeleiteten Rechtsstreits erlangen, weil der mutmaßliche Zeitpunkt nicht sicher abschätzbar ist[610]. Daher ist der Rechtsanwalt verpflichtet, nicht nur umfassend, richtig und deutlich zu belehren und risikoerhöhend nur mit nach einer solchen Belehrung erteilter Zustimmung des Mandanten vorzugehen, sondern auch *»vor der Verjährung von ohne Weiteres erkennbaren Ansprüchen gegen Dritte«*[611] wie auch vor Verjährung nicht eingeklagter Teile eines Anspruchs *»zu schützen«*[612], sobald die Gefahr besteht, dass diese Anspruchsteile oder Ansprüche der Aufmerksamkeit (mehr und mehr) entgehen. Hier kann sich u.a. die Streitverkündung als sachgerecht anbieten[613]. 234

VI. Befolgung der Weisungen des Mandanten

1. Grundsatz der Weisungsgebundenheit und Risikobelehrungspflicht des Anwalts

Der Anwalt hat Weisungen seines Mandanten grundsätzlich zu befolgen (§§ 675 Abs. 1, 665 BGB), selbst wenn dies für den Mandanten nachteilig ist oder sein kann[614]. Weicht er von einer Weisung des Mandanten einfach ab, liegt darin eine Pflichtverletzung, die ihn gemäß § 280 BGB zum Schadensersatz verpflichten kann[615]. Befolgt er eine Weisung, entfällt bei drohenden oder gar gewissen Nachteilen eine Pflichtverletzung nur, wenn der Mandant *»vor Befolgung einer derartigen Weisung eingehend über die damit verbundenen Risiken«*[616] belehrt wurde[617] und ihm andere weniger nachteilige oder nicht so riskante Wege zur Erreichung des Auftragsziels aufgezeigt wurden[618]. 235

---

607 BGH, Urt. v. 10.3.2011 – IX ZR 82/10 – juris, Rn. 11 m.w.N.; BGH NJW-RR 1990, 1241, 1243 = WM 1990, 1917 = VersR 1991, 422 (Zurückstellen von Vortrag zur Höhe); NJW 1991, 2280, 2282 f. = WM 1991, 1427, 1429 (kostenträchtige sinnlose Verzögerungsmaßnahmen durch mehrfache Klagen vor unzuständigen Gerichten); *Vill*, in: G. Fischer/Vill/D. Fischer/Pape/Chab, § 2, Rn. 106; *Ganter*, S. 10.

608 Zum Übergangsrecht vgl. Art. 229 EGBGB § 6.

609 BGH NJW 2002, 1117, 1118 f. = WM 2002, 505, 507.

610 BGH NJW 2002, 1117, 1118 f.; NJW 1993, 1779, 1780 = WM 1993, 1376.

611 BGH NJW 2002, 1117, 1119 = WM 2002, 505, 507.

612 BGH NJW 2002, 1117, 1119.

613 BGH NJW 2002, 1117, 1119; vgl. auch Kap. 8 Rdn. 478 ff.

614 BGH NJW 1985, 42, 43 = VersR 1984, 658, 659 = WM 1984, 1024, 1025; NJW 1997, 2168, 2169 = WM 1997, 1392, 1393 f.; BGH, Urt. v. 25.9.2014 – IX ZR 199/13 – juris, Rn. 19; v. 9.11.2017 – IX ZR 270/16 – juris, Rn. 11; *Vill*, in: G. Fischer/Vill/D. Fischer/Pape/Chab, § 2, Rn. 347; *Ganter*, S. 12; *Vollkommer/Greger/Heinemann*, § 14, Rn. 1 ff.; *Borgmann/Jungk/Schwaiger*, Kap. IV, Rn. 143, 145.

615 BGH, Urt. v. 9.11.2017 – IX ZR 270/16 – juris, Rn. 11; v. 25.9.2014 – IX ZR 199/13 – juris, Rn. 19.

616 BGH NJW 1985, 42, 43 = VersR 1984, 658, 659 = WM 1984, 1024, 1026.

617 BGH NJW 1997, 2168, 2169 = WM 1997, 1392, 1394; NJW 1998, 1486 = WM 1998, 301, 303 (Steuerberater); NJW-RR 1992, 1110, 1115 (Steuerberater); NJW-RR 1990, 1241, 1243 = WM 1990, 1917, 1920 = VersR 1991, 422; NJW 1985, 42, 43 = VersR 1984, 658, 659 = WM 1984, 1024, 1025; VersR 1985, 83, 84; VersR 1974, 488, 489; *Ganter*, S. 12; *Vill*, in: G. Fischer/Vill/D. Fischer/Pape/Chab, § 2, Rn. 135, 352.

618 BGH VersR 1985, 83, 84 m.w.N.; *Ganter*, S. 12; *Vill*, in: G. Fischer/Vill/D. Fischer/Pape/Chab, § 2, Rn. 352.

Beharrt der Mandant aber trotz einer solchen Belehrung auf seiner (unvernünftigen) Weisung, so *»verstößt der Anwalt mit deren Befolgung gem. §§ 675, 665 BGB nicht gegen seine Vertragspflichten.«*[619]

2. Pflichten bei der Befolgung von Weisungen

236 Dazu heißt es im BGH-Urteil vom 13.3.1997:

> »Eine ... Weisung seines Auftraggebers hat der Rechtsanwalt grundsätzlich zu befolgen (§§ 665, 675 BGB). Dies darf aber **nicht blindlings geschehen**. Vielmehr muß der Anwalt selbständig prüfen, ob dem Auftraggeber bei Ausführung einer Weisung Nachteile drohen; ist dies der Fall, so hat der Anwalt den Mandanten darauf hinzuweisen und seine Antwort abzuwarten.«[620]

237 Bei allen Weisungen, deren Befolgung für den Mandanten schädlich sein kann, muss sich ein Rechtsanwalt über die **Ernsthaftigkeit und Endgültigkeit der Weisung** vergewissern[621]. Wird eine Weisung nur unklar, unverständlich, missverständlich oder in Verkennung der zuvor dargelegten tatsächlichen Verhältnisse oder der bereits erläuterten rechtlichen Situation erteilt, ist es Aufgabe des Anwalts, zunächst einmal, *»den Sinn der erteilten Weisung (zu) ermitteln, um damit dem Mandanten nicht durch äußerlich zwar dem Auftrag entsprechende, zur Erreichung des von dem Auftraggeber erstrebten rechtlichen Erfolges aber nicht gebotene Schritte Schaden zuzufügen.«*[622] Auch kann sich aus Art, Weise oder Inhalt der Weisung ein klärungsbedürftiger Widerspruch zum vorausgegangenen Stand der anwaltlichen Belehrung und Risikoberatung und deren Erörterung mit dem Mandanten ergeben, der dem Anwalt Anlass gibt, darauf hinzuweisen.

238 **Grundsätzlich** ist eine **Wiederholung** bereits vorgenommener Belehrungen aber **nicht erforderlich**[623]. Dies gilt etwa auch, wenn der Anwalt dem Mandanten deutlich zur Erhebung einer Klage rät, der Mandant aber diesen Rat, was seine freie Entscheidung ist, nicht befolgen will und den Anwalt anweist, die vorbereitete Klageschrift nicht einzureichen. Entsprechendes gilt, wenn der Anwalt die Einlegung einer Berufung, den Abschluss eines Vergleichs oder auch die Anfechtung eines Vertrages oder sonstige Maßnahmen empfiehlt, der Mandant dieser Empfehlung aber nicht folgen will. Ist ein solcher trotz ausreichender Belehrung getroffener Entschluss des Mandanten riskant oder nachteilig, so darf der Anwalt dem ohne Verstoß gegen seine Mandatspflichten genauso entsprechen wie in umgekehrten Situationen, wenn der Mandant beispielsweise, nachdem der Rechtsanwalt von einer Klageerhebung, da praktisch aussichtslos, unter klarer Herausstellung des Prozessrisikos abgeraten hat, gleichwohl auf einer Klageerhebung besteht[624].

239 Auch wenn bisher – soweit ersichtlich – noch nicht Gegenstand veröffentlichter höchstrichterlicher oder obergerichtlicher Entscheidungen, wird man vom Anwalt verlangen müssen, Weisungen **unverzüglich umzusetzen**. Dies entspricht der ihm laufend auferlegten Schadensverhütungspflicht (zu dieser Grundpflicht unten Rdn. 256 ff.).

---

619 BGH NJW-RR 1990, 1241, 1243 = WM 1990, 1917, 1920 = VersR 1991, 422 ff.; vgl. ferner BGH NJW 1991, 2280, 2282 = WM 1991, 1427, 1429; vgl. auch Kap. 3 Rdn. 3 f. m.w.N. (auch mit Abgrenzung zur Rechtswidrigkeit).

620 BGH, Urt. v. 13.3.1997 – IX ZR 81/96 – juris, Rn. 13 (Hervorhebung des Verfassers); Urt. v. 10.5.2012 – IX ZR 125/10 – juris, Rn. 18.

621 BGH NJW 1985, 42, 43 = VersR 1984, 658, 659 = WM 1984, 1024, 1026.

622 BGH VersR 1985, 83, 84 (Hervorhebung des Verfassers); so auch schon: BGH WM 1977, 369, 370 f. = VersR 1977, 421, 422 = MDR 1977, 476; und aktuell auch: BGH, Urt. v. 9.11.2017 – IX ZR 270/16 – juris, Rn. 11; *Vollkommer/Greger/Heinemann*, § 14, Rn. 5.

623 So schon zutreffend: *Vollkommer/Greger/Heinemann*, § 14, Rn. 6; vgl. auch: BGH NJW 1996, 2571 = WM 1996, 1841 (Steuerberater mit einem Dauermandat) und oben Rdn. 184.

624 Vgl. BGHZ 97, 372, 376 = NJW 1986, 2043, 2044; NJW-RR 1990, 1241, 1243 = VersR 1991, 422; VersR 1974, 488, 489.

3. Weisungsgegenstände

Da der Mandant nicht nur die Gebühren des Anwalts zu bezahlen und auch das Kostenrisiko der vom Anwalt empfohlenen Maßnahmen wie auch deren Erfolgsrisiko trägt, unterliegt es in erster Linie der Dispositionsbefugnis des Mandanten, solche und ähnliche **grundlegende Bestimmungen und Weichenstellungen** vorzunehmen, an denen sich das Anwaltsverhalten zu orientieren hat[625]. Geht es allerdings allein um ureigene anwaltliche Aufgaben im Bereich der Rechtsprüfung, -beratung und -vertretung (Oberbegriff: Rechtsbetreuung), ist dies in der Regel dem Zugriff durch eine Weisung verschlossen[626]. Hier können bei der Rechtsvertretung im Einzelfall **Abgrenzungsprobleme** auftreten dazu, was der Anwalt in eigener Verantwortung ohne zuvor eingeholte Zustimmung/Weisung selbstständig vornehmen oder unterlassen darf und in welchen Fällen er zu einer Abstimmung mit seinem Mandanten verpflichtet ist. 240

Der BGH hat in einem Urteil vom 10.6.1980 dazu folgende **Grundsätze** aufgestellt: 241

»In der Regel darf allerdings der Anwalt, wenn ihm keine besonderen Weisungen bei der Verfolgung eines bestimmten Auftrages erteilt sind, den Auftrag aus eigener Entschließung erledigen. Er muß nur darauf achten, daß dabei Nachteile für den Auftraggeber vermieden werden, soweit sie voraussehbar und vermeidbar sind. Er ist dann berechtigt und sogar verpflichtet, so vorzugehen wie es ihm aufgrund der erhaltenen Informationen und seiner sonstigen Kenntnisse als sachgerecht erscheinen muß. Der ihm insoweit verbleibende Spielraum ist aufgrund seiner Sachkenntnis und Erfahrung sogar nicht einmal eng zu ziehen. Den Entschluss über das Vorgehen im Einzelnen bei Ausführung eines bestimmten Auftrages kann nämlich in vielen Fällen der Mandant nicht allein fassen; er muß oft notgedrungen dem Anwalt gewisse »freie Hand« lassen. Dieser kann sogar im Einzelfall verpflichtet sein, gegen frühere ausdrückliche Weisungen des Mandanten zu handeln, nämlich dann, wenn es in einer neuen Situation objektiv dem Interesse der Partei entspricht.

Der Anwalt muß aber u.a. dann, wenn es für ihn erkennbar wird, daß ein anderes als das mit dem Mandanten abgesprochene Ziel (etwa wie hier: Vertragsauflösung statt Vertragserfüllung) für diesen vorteilhafter, aber auch nicht risikolos sein kann, die neue Situation, soweit ihm dies möglich und zumutbar ist, mit seinem Mandanten besprechen. Er hat ihn dann umfassend aufzuklären, zu beraten und zu belehren und darf grundsätzlich nur nach erfolgter Absprache weitere Schritte einleiten.«[627]

Vill[628] ist zuzustimmen, dass diese Ausführungen einen Anwalt aber nicht verleiten sollten, zu glauben, er könne im Zweifel ohne **Rücksprache und Abklärung** mit seinem Auftraggeber vorgehen. Vielmehr sollte der Anwalt im Zweifel genau umgekehrt verfahren, wenn seine Pflichten zur Interessenwahrnehmung und Schadensverhütung dies erlauben, also nicht nur von ihm als Rechtsberater allein zu verantwortende Entscheidungen anstehen oder wegen besonderer Eilbedürftigkeit oder aus anderen zeitlichen Gründen eine Entscheidung des Mandanten nicht herbeigeführt werden kann[629]. Soweit es hier um **wesentliche Fragen** geht, wird der Anwalt jedenfalls bemüht sein müssen, zunächst eine Absprache mit seiner Partei herbeizuführen und deren Weisung einzuholen[630]. Denn es ist letztlich der Auftraggeber, der eigenverantwortlich die wesentlichen Entscheidungen zu treffen hat. 242

► Beispiele:

– Es ist z.B. dringend zu raten, dass ein Anwalt ohne Einwilligung seiner Partei keinen Vergleich mit der Gegenseite schließt. Der eigenmächtige Vergleichsabschluss stellt nämlich in der Regel eine Pflichtwidrigkeit dar[631]. Auch dann, wenn etwa das Prozessgericht auf Abschluss eines 243

625 BGH, Urt. v. 15.11.2007 – IX ZR 44/04, BGHZ 174, 205, Rn. 8; v. 25.9.2014 – IX ZR 199/13 – juris, Rn. 19.

626 BGH VersR 1980, 925, 926; *Vill*, in: G. Fischer/Vill/D. Fischer/Pape/Chab, § 2, Rn. 354.

627 BGH VersR 1980, 925, 926.

628 A.a.O.

629 In einer solchen Zwangslage befand sich der Anwalt im Fall BGH, Beschl. v. 8.11.2007 – IX ZR 130/05 – juris, was ihn entlastete (a.a.O. Rn. 2 f.).

630 So auch *Vill*, in: G. Fischer/Vill/D. Fischer/Pape/Chab, § 2, Rn. 354.

631 BGH NJW 2002, 292 = WM 2001, 2455; vgl. auch schon: BGH VersR 1961, 467, 468 = LM Nr. 28 zu § 675; NJW 1994, 2085, 2086 = WM 1994, 1340, 1341; Sachverhalt von OLG Hamm (28 U 13/98)

Prozessvergleichs drängt, sollte der Anwalt auf seinen abwesenden Mandanten Rücksicht nehmen und zumindest einen **Widerrufsvorbehalt** durchsetzen, um innerhalb der vereinbarten Widerrufsfrist die Zustimmung des Mandanten einholen zu können[632].
- In gleicher Weise darf der Rechtsanwalt für den Regelfall[633] ohne Zustimmung der Partei kein **Rechtsmittel** einlegen[634] oder zurücknehmen[635].
- **Ähnliche grundlegende Entscheidungen**, wie z.B. Klageerhebung, Aufnahme einer Klageverteidigung, Aufgabe eines Rechts oder Verzicht auf Forderungen, Anerkenntnis von Forderungen, Abgabe von Gestaltungserklärungen, Abschluss, Aufhebung oder Abänderung von Verträgen, Durchführung oder Verzicht auf Vollstreckung u.ä., liegen ebenfalls **grundsätzlich »in letzter Instanz« bei dem Mandanten**[636].

244 **Wie** diese Grundentscheidungen und Weisungen des Mandanten **umgesetzt** werden, diesen also zur optimalen Wirkung verholfen wird, ist dann **wieder Sache des Anwalts**, der dies unverzüglich zu tun hat und dabei z.B. auch für die Wahl des richtigen Rechtsbehelfs, der richtigen Erklärung, der juristisch korrekten und für eine unter Beachtung von Weisung und Mandanteninteresse grundsätzlich möglichst eindeutigen juristischen Formulierung verantwortlich ist[637].

4. Ausnahmen vom Grundsatz der Weisungsgebundenheit

245 Durch die grundsätzliche Weisungsgebundenheit des Rechtsanwalts kann es zu **Konfliktlagen** kommen. Eine solche kann sich beispielsweise daraus ergeben, dass der Rechtsanwalt Weisungen seines Mandanten nur zu beachten hat, *»soweit sie sich im Rahmen des gesetzlich Zulässigen halten«*[638]. So muss der Anwalt auf Weisung des Mandanten z.B. nicht einen bewusst wahrheitswidrigen Prozessvortrag bringen[639], zumal er sich damit zugleich einer Beihilfe zum (versuchten) Prozessbetrug schuldig machen könnte. Unverbindlich sind nicht nur **rechtswidrige und sittenwidrige Weisungen**, sondern auch solche, die ein **unlauteres Verhalten** abverlangen wollen[640].

246 Aber auch dann, wenn die vom Mandanten verlangte Tätigkeit nicht schlechthin rechtswidrig, sittenwidrig oder unredlich ist, wird man dem Anwalt das Recht zugestehen müssen, Weisungen abzulehnen, die auf eine **unseriöse Maßnahme** hinzielen. So kann der Anwalt, ohne gegen seine Pflichten zu verstoßen, sich ohne Weiteres weigern, den Wunsch des Mandanten auf eine »aggressive« Prozessführung zu erfüllen, etwa wenn der Mandant verlangt, dass ein entscheidungsunerheblicher Sachverhalt vorgetragen wird, der nur der Verunglimpfung des Gegners (und somit vielleicht auch der Verärgerung des Gerichts) dienen kann, und wodurch er gegen § 43a Abs. 3 BRAO verstoßen würde.

NJW-RR 1999, 935 = VersR 1999, 935; *Vill*, in: G. Fischer/Vill/D. Fischer/Pape/Chab, § 2, Rn. 287; *Borgmann/Jungk/Schwaiger*, Kap. IV Rn. 122.

632 Vgl. *Vill*, a.a.O.

633 Anders ist es i.d.R. im Ausnahmefall der »Flucht in die Säumnis«, vgl. BGH NJW 2002, 290, 291 = WM 2001, 2453 ff. Dazu vgl. näher Kap. 8 Rdn. 640.

634 BGH VersR 1958, 526, 527.

635 BGH VersR 1961, 467, 468 = LM Nr. 28 zu § 675 BGB.

636 BGH, Urt. v. 25.9.2014 – IX ZR 199/13 – juris, Rn. 19.

637 Vgl. BGH NJW 1996, 2648, 2649 f. = WM 1996, 1824 = VersR 1996, 1499, 1501; vgl. zum insoweit »einschlägigen« Gebot des sichersten Weges bereits oben Rdn. 224, 225.

638 BGH VersR 1961, 467, 468 = LM Nr. 28 zu § 675 BGB.

639 Vgl. BGH NJW 1991, 2280, 2282 = WM 1991, 1427, 1429, wobei der BGH offen gelassen hat, ob der Anwalt durch ein solches Vorgehen seine anwaltlichen Berufspflichten (§§ 43, 45 Nr. 1 BRAO a.F.) verletzt, denn diese Berufspflichten (vgl. dazu nun deutlich § 43a Abs. 3 BRAO) dienten nicht dem Schutz desjenigen Mandanten, der trotz Belehrung den Rechtsanwalt beauftragt habe, einen Prozess auf unlautere Mittel oder sogar wahrheitswidrige Behauptungen zu stützen.

640 Vgl. OLG Karlsruhe VersR 1995, 537, 538; *Borgmann/Jungk/Schwaiger*, Kap. IV, Rn. 148; *Vill*, in: G. Fischer/Vill/D. Fischer/Pape/Chab, § 2, Rn. 350; vgl. auch oben Rdn. 206 und Kap. 8 Rdn. 315 und 334.

Desgleichen braucht der Anwalt die Weisung des Mandanten zur Durchführung **von vorneherein aussichtsloser und unsinniger** Maßnahmen nicht zu befolgen, etwa die Weisung, eine völlig aussichtslose Klage zu erheben, eine unzulässige Revision einzulegen[641] oder wider besseres Wissen eine erfolglos bleiben müssende Berufung zu begründen[642]. Etwas anderes kann nur dann gelten, wenn im Einzelfall ihm das Mandat mit der Maßgabe erteilt wurde, die begehrte Rechtsverfolgung ungeachtet des Ergebnisses einer Rechtsprüfung des Anwalts auf jeden Fall durchzuführen[643]. Wie der BGH zutreffend in griffigen Worten einmal ausgedrückt hat, braucht der Anwalt sich nicht *»zu dem willenlosen Werkzeug seiner Partei zu machen«*[644]. Es wäre auch weder mit seiner Stellung als unabhängiges Organ der Rechtspflege vereinbar noch ihm mit Rücksicht auf sein Ansehen zumutbar, wenn der Anwalt solchermaßen verfehlten Weisungen seines Mandanten nachkommen und beispielsweise eine Klage oder ein Rechtsmittel mit Erwägungen begründen müsste, die verfahrensrechtlich unerheblich sind oder materiell-rechtlich erkennbar nicht durchgreifen können. Sinnvollerweise sollte der Anwalt schon im Interesse seiner Würde und seines Ansehens, wie auch als unabhängiges Organ der Rechtspflege (§ 1 BRAO), ein Mandat niederlegen, wenn der Mandant sich allen Ratschlägen widersetzt und von seinem Ansinnen keinen Abstand nehmen will. Dies kann dem Anwalt nicht als Pflichtverletzung angelastet werden[645] und führt nicht zu einem Verlust seines Vergütungsanspruchs, weil in einem solchen Fall die Mandatskündigung durch ein vertragswidriges Verhalten des Mandanten veranlasst wurde[646]. Dass es ebenfalls keine Pflichtverletzung dem Mandanten gegenüber darstellt, wenn der Anwalt in solchen Fällen bei einem Beharren des Mandanten auf seiner Weisung trotz ordnungsgemäßer Belehrung dem Verlangen nachkommt, ist bereits oben Rdn. 235 und Rdn. 238 dargelegt worden[647].

Ebenso wenig handelt der Anwalt pflichtwidrig, der dem Auftrag eines Vertreters eines Forderungs- 247
berechtigten, eine titulierte Forderung einzuziehen und an einen Dritten auszuzahlen, nachkommt. Er darf einer solchen Weisung folgen, wenn nicht offenkundig ein Missbrauch der Vollmacht vorliegt. Ob der Vertreter im Innenverhältnis gebunden war, muss der Anwalt nicht prüfen, wenn nicht ein durch massive Verdachtsmomente zutage getretender evidenter Missbrauch der Vertretungsmacht für ihn ersichtlich war[648].

5. Abweichung von Weisungen

Maßgebend für die Beurteilung dieser Frage ist **§ 665 BGB** (i.V. mit § 675 Abs. 1 BGB). Die Fas- 248
sung dieser Vorschrift ist nicht gelungen[649]. Betrachtet man zunächst **Satz 1** der Norm, könnte der Anwalt als Auftragnehmer, ohne gegen seine vertraglichen Pflichten zu verstoßen, generell von Weisungen abweichen, wenn er nach den Umständen des Einzelfalles annehmen darf, dies entspreche dem mutmaßlichen Willen des Auftraggebers oder liege – bei nicht feststellbaren mutmaßlichem Willen des Mandanten – in dessen Interesse. Nach **Satz 2** ist vor der Abweichung dem Auftraggeber

641 Wollte man eine Pflichtverletzung bejahen, wäre damit jedenfalls kein Schaden verursacht worden, so dass schon deswegen eine anwaltliche Haftung nicht in Betracht kommt. Denn wäre der Anwalt, wie verlangt, tätig geworden, wäre in der Hauptsache für die Partei nichts gewonnen und diese sogar noch mit (weiteren) Kosten belastet worden.

642 BGH, Urt. v. 16.2.2017 – IX ZR 165/16 – juris, Rn. 17, 19, 21; v. 26.9.2013 – IX ZR 51/13 – juris, Rn. 13.

643 BGH, Urt. v. 16.2.2017 – IX ZR 165/16 – juris, Rn. 17.

644 BGH MDR 1958, 496, 497.

645 OLG Karlsruhe, VersR 1995, 537, 538; vgl. auch *Vollkommer/Greger/Heinemann*, § 14, Rn. 9; *Borgmann/Jungk/Schwaiger*, Kap. IV, Rn. 148, 149; *Vill*, in: G. Fischer/Vill/D. Fischer/Pape/Chab, § 2, Rn. 353.

646 BGH, Urt. v. 16.2.2017 – IX ZR 165/16 – juris, Rn. 16 ff.

647 Vgl. auch *Vill*, a.a.O.; BGH NJW 2005, 1935 = WM 2005, 950 hat nun offengelassen, ob bei einem ohnehin unabwendbaren Misserfolg einer Klage der Anwalt bei einem besonderen Interesse seines Auftraggebers an einem Zeitgewinn um diesen kämpfen muss, da es jedenfalls an einem Schaden im Rechtssinne fehle, dazu vgl. auch Kap. 4 Rdn. 164.

648 BGH, Urt. v. 11.5.2017 – IX ZR 238/15 – juris, Rn. 20, 21.

649 So zu Recht z.B. MünchKomm/*Seiler*, § 665 Rn. 1.

allerdings dazu Anzeige zu machen und dessen Entschließung abzuwarten, wenn nicht mit dem Aufschub Gefahr verbunden ist. Diese Entschließung bestimmt dann – als neue Weisung oder als Bestätigung der ursprünglichen Weisung – das vom Anwalt vorzunehmende Verhalten, während im Gefahrfall (§ 665 S. 2, 2. Hs. BGB) die Frage mutmaßlicher Billigung des Auftraggebers von Bedeutung bleibt[650].

249 Wollte man die Regelung in § 665 S. 1 BGB getrennt von § 665 S. 2 BGB anwenden, ihr also eine eigenständige Bedeutung auch für die Situationen geben, in denen eigentlich gefahrlos zunächst abgewartet, eine Anzeige an den Auftraggeber gemacht und auf dessen Entscheidung gewartet werden könnte, würde § 665 S. 2 BGB einer Bedeutung beraubt, da ein Verstoß gegen die Anzeige- und Wartepflicht letztlich nicht sanktioniert wäre; der Anwalt könnte einwenden, dass sein Verhalten nach § 665 S. 1 BGB gerechtfertigt war.

250 Daher sind **die beiden Sätze des § 665 BGB** bei richtigem Verständnis des Regelungsgehalts der Gesamtnorm nicht als zwei gesonderte, alternativ mögliche Ausnahmetatbestände, sondern **in einem Sinnzusammenhang** zu lesen und **so zu verstehen**, dass der Auftragnehmer grundsätzlich nicht von den Weisungen des Auftraggebers abgehen darf. Wenn er in Anbetracht veränderter Sach- und/oder Rechtslage oder neuer, veränderter Beurteilung der Sach- und/oder Rechtslage ein anderes als das vom Auftraggeber vorgeschriebene Handeln für notwendig hält, muss er dies ihm mitteilen und neue Weisungen abwarten. Nur wenn durch die damit verbundene zeitliche Verzögerung eine Gefahr droht, darf er selbstständig handeln in Orientierung an einer mutmaßlichen Billigung des Auftraggebers[651]. Eine solche Gefahr ist im Zivilprozess regelmäßig zu verneinen[652].

251 Dass der Auftragnehmer nach Anzeige und Abwarten einer angemessenen Frist gemäß § 147 Abs. 2 BGB analog im Allgemeinen soll abweichen dürfen[653], überzeugt nicht. Liegt ein Gefahrfall nicht vor, kann zunächst weiter abgewartet werden. Deshalb kann auch der Literaturansicht[654] nicht zugestimmt werden, die ein Weisungsabweichungsrecht nach Ablauf einer angemessenen bzw. für den Auftragnehmer zumutbaren Zeit (§ 242 BGB) annehmen will[655]. Vielmehr besteht die Wartepflicht, bis es zu einer Entschließung des Auftraggebers kommt oder eine Situation entsteht, in der von einer Gefahr im Verzug gesprochen werden kann[656]. Der Gefahr, für eine ungewisse Dauer mit Vertragspflichten belastet zu sein, kann der Beauftragte durchaus entgehen. Ihr kann der Anwalt in derartigen Fällen, in denen der Mandant in keiner Weise reagiert oder eine Entscheidung grundlos hinauszögert und in denen der Anwalt auch nicht nach den häufig gegebenen Umständen des Einzelfalls sicher von einem Einverständnis des Auftraggebers mit der vorgeschlagenen Abweichung ausgehen darf[657], durch Niederlegung des Mandats begegnen[658]. Dies ist besser, als nach gewisser Zeit von früherer Weisung abzuweichen, dadurch vielfach Streit hervorzurufen und Regressforderungen abwehren zu müssen.

252 Der Anwalt ist also **gut beraten**, von Weisungen **nur abzuweichen, wenn** er entweder – ggf. nach Anzeige – dafür »grünes Licht« erhalten hat oder wenn ohne Gefahr für den Mandanten kein

650 Für diese Fallkonstellation vgl. BGH WM 1977, 369, 370 f. = VersR 1977, 421, 423 = MDR 1977, 476.

651 BGH, Urt. v. 7.10.1976 – III ZR 110/74 – juris, Rn. 28; v. 25.9.2014 – IX ZR 199/13 – juris, Rn. 19; v. 9.11.2017 – IX ZR 270/16 – juris, Rn. 11; *Vill*, in: G. Fischer/Vill/D. Fischer/Pape/Chab, § 2, Rn. 349; *Vollkommer/Greger/Heinemann*, § 14, Rn. 11.

652 BGH VersR 1961, 467, 468 = LM Nr. 28 zu § 675 BGB (eigenmächtige Berufungsrücknahme in einem Prozessvergleich ohne Rückfrage); Palandt/*Sprau*, § 665, Rn. 6; *Vollkommer/Greger/Heinemann*, § 14, Rn. 11.

653 Vgl. Palandt/*Sprau*, § 665, Rn. 6; Jauernig/*Mansel*, § 665, Rn. 4.

654 Jauernig/*Mansel* Rn. 4; NK-BGB/*Schwab* Rn. 8; Palandt/*Sprau* Rn. 6; BeckOGK/*Fischinger*, HGB, § 384 Rn. 30; Soergel/*Beuthien*, § 665, Rn. 11.

655 Vgl. auch MünchKomm/*Schäfer*, § 665, Rn. 19.

656 Staudinger/*Martinek/Omlor*, § 665, Rn. 12.

657 Vgl. dazu Staudinger/*Martinek/Omlor*, § 665, Rn. 12 a.E.

658 Das Verhalten des Mandanten als eine Kündigung durch diesen anzusehen, wie Staudinger/*Martinek/Omlor*, § 665, Rn. 22 für möglich halten, dürfte allerdings sehr gewagt sein.

Aufschub (mehr) möglich ist, letzteres aber auch nur dann, wenn er annehmen darf, dass sein abweichendes Vorgehen gebilligt wird[659].

Dies gilt umso mehr, als er im Streitfall **zu beweisen** hat, dass eine Abweichung von Weisungen gemäß §§ 665, 675 Abs. 1 BGB gerechtfertigt war[660], was u.U. nicht ganz leicht ist und Zweifelsfragen aufwerfen kann. Demgegenüber trifft die dem Anwalt auferlegte Beweislast für nachträgliche Änderungen einer Weisung, denen er Folge habe leisten müssen und dies getan habe[661], nicht so schwer, da er sich hierzu in der Regel verhältnismäßig leicht absichern kann, etwa durch schriftliche Bestätigung der neuen Weisung, ggf. in Verbindung mit der Übersendung eines Besprechungsvermerks. 253

Ob schließlich § 665 BGB nicht nur ein Recht, sondern über seinen Wortlaut hinaus auch eine **Pflicht zur Abweichung** statuiert, wenn der Auftragnehmer bei pflichtgemäßem Verhalten feststellt, die Weisung nicht unverändert durchführen zu dürfen, wird man Sinn und Zweck dieser Vorschrift nicht entnehmen können[662]. Vielmehr ist es Ausfluss der dem Anwalt als Auftragnehmer vertraglich geschuldeten Grundpflichten, insbesondere der Pflicht, vermeidbare Schäden des Mandanten zu vermeiden, dass auch in solchen Situationen dieser Schadensverhütungspflicht nachgekommen wird, indem nicht einfach die ursprüngliche Weisung unverändert ausgeführt wird. Wie nach dieser Grundentscheidung zur Schadensverhütung[663] weiter zu verfahren ist, richtet sich dann nach den in § 665 BGB normierten Verhaltensanforderungen. 254

6. Zusammenfassung

Aus all dem ergibt sich zusammenfassend schlagwortartig: Der Anwalt ist also **weder der Vormund noch der Sklave seines Mandanten**[664]. 255

VII. Schadensverhütungspflicht

Die allgemeine Pflicht zur umfassenden Interessenwahrnehmung (oben in Abschnitt I. beschrieben) wird ergänzt durch die vertragliche Grundpflicht zur Schadensverhütung. Bei der Verfolgung des Mandatsziels und zu dessen Erreichung muss der Anwalt seinen Auftraggeber **vor voraussehbaren und vermeidbaren Nachteilen bewahren**[665]. 256

Nachteile können dem Mandanten dadurch entstehen, dass das von ihm angestrebte Ziel nicht oder nur teilweise erreicht wird. Sie können aber auch darin liegen, dass ein kostenmäßig höherer Aufwand betrieben werden muss. Schließlich können mit der Wahl eines bestimmten Weges, mit der Befolgung bestimmter Weisungen, aufgrund unzureichender Sachverhaltsklärung, unzutreffender Rechtsprüfung, beispielsweise durch Nichtbeachtung einschlägiger Vorschriften, oder fehlerhafter 257

659 Dazu vgl. BGH WM 1977, 369, 370 f. = VersR 1977, 421, 423 = MDR 1977, 476.

660 RGZ 90, 129, 131, 135; RG HRR 1931, Nr. 405; KG OLGZ 1973, 18, 20 = MDR 1973, 233; vgl. auch: *Vill*, in: G. Fischer/Vill/D. Fischer/Pape/Chab, § 2, Rn. 349.

661 BGHZ 126, 217, 221 = NJW 1994, 3295, 3297 = WM 1994, 2113, 2118.

662 A.A. MünchKomm/*Schäfer*, § 665, Rn. 22.

663 Vgl. dazu, zum allgemeinen Auftragsrecht auf § 241 Abs. 2 BGB abstellend, z.B. BeckOGK/*Riesenhuber*, 1.2.2020, BGB § 665 Rn. 81 f. m.w.N.

664 Ebenso *Vollkommer/Greger/Heinemann*, § 14, Rn. 14.

665 Vgl. oben den »Textbaustein«, Rdn. 37; BGH NJW 1974, 1865, 1866; VersR 1975, 425; NJW 1988, 3013 = WM 1988, 987, 990; BGH NJW 1988, 1079, 1081; NJW 1992, 820; NJW 1992, 1159 = WM 1992, 742, 743 f.; NJW 1993, 1779; NJW 1993, 2797 = WM 1993, 1798, 1799; NJW 1994, 1472, 1473 = WM 1994, 1114, 1116; NJW 1996, 48, 49, 51 = WM 1996, 35, 40 = VersR 1996, 190 ff.; NJW 1996, 2929, 2931 = WM 1996, 1832, 1834 = VersR 1997, 187, 189; NJW 1996, 2648, 2649 f. = WM 1996, 1824; NJW-RR 2000, 1658, 1660 = WM 2000, 1600, 1604; NJW 2004, 1521, 1522 = WM 2004, 2217; BGH, Urt. v. 17.3.2016 – IX ZR 142/14 – juris, Rn. 9; v. 7.9.2017 – IX ZR 71/16 – juris, Rn. 11; v. 21.6.2018 – IX ZR 80/17 – juris, Rn. 8; vgl. auch *Vill*, in: G. Fischer/Vill/D. Fischer/Pape/Chab, § 2, Rn. 129; *Ganter*, S. 10.

Rechtsberatung für den Mandanten Schäden verbunden sein. In allen diesen Fällen geht es also darum, dass solche Schäden, soweit voraussehbar und vermeidbar, durch anwaltliche Befragung, Ermittlung, Prüfung, Beratung nebst (Risiko-)Belehrung und erforderlichenfalls durch entsprechende Umsetzungshandlungen auch zu vermeiden sind, weil anderenfalls die Pflicht zur Wahrnehmung der Belange des Auftraggebers nach jeder Richtung nicht erfüllt und das Ziel nicht oder nicht ungeschmälert erreicht werden könnte. Gleichwohl kann man bei genauer Betrachtung nicht einfach sagen, dass die erst in den letzten Jahren als eine Grundpflicht gesondert hervorgehobene Pflicht zur Schadensverhütung nur die Pflicht zur umfassenden Interessenwahrnehmung sozusagen spiegelverkehrt wiedergibt. Denn beispielsweise bei der Pflicht, Fehler des Gerichts zu verhindern, bei dem Gebot zur Wahl des sichersten Weges wie auch bei der Pflicht zur Belehrung des Mandanten bei und vor nachteiligen Weisungen würde mit der Pflicht zur Interessenwahrnehmung die in Rede stehende besondere Pflichtenanforderung nicht vollständig zutreffend erfasst, die dahin geht, schon im Ansatz zu verhindern, dass aufgrund später sonst nicht mehr eigenständig beherrschbarer Einwirkungen eigentlich (noch) bestehende Realisierungsmöglichkeiten zur Durchsetzung der Mandanteninteressen vereitelt oder geschmälert werden.

258 Die Pflicht zur Schadensverhütung ist demgemäß bereits bei den verschiedenen anderen Grundpflichten mehrfach angesprochen worden. Dies entspricht dem besonderen Charakter dieser Pflicht als einer die »Kardinalpflicht«[666] zur umfassenden Interessenwahrnehmung **»flankierenden«**[667] **Grundpflicht**, welche alle übrigen Grundpflichten **»überlagert«**[668], insbesondere das Gebot, den sichersten Weg zu gehen, **»prägt«**[669].

259 Relevant wird die Schadensverhütungspflicht **beispielsweise** in folgenden Fallgestaltungen:
- bei der **Sachverhaltsaufklärung** und -ermittlung in Bezug auf sog. Rechtstatsachen und rechtliche Wertungen[670], bei einem Prozessmandat auf Unterhaltsabänderung in Bezug auf frühere Unterhaltstitel (§ 323 ZPO)[671], in Bezug auf im Stadium der Sachverhaltsklärung bereits erforderliche **Beweissicherungen**[672] oder trotz Einschaltung eines Verkehrsanwalts für einen Prozessanwalt bei erforderlicher sofortiger **Prozessreaktion** (vgl. oben Rdn. 96, 102);
- bei der Warnung vor Gefahren oder direkt eintretenden Nachteilen aufgrund von grundsätzlich bindenden **Weisungen** des Mandanten an den Anwalt[673] (vgl. oben Rdn. 235, 236 m.w.N.);
- bei der Leistung einer **Kaution**, sei es als Verteidiger des kautionspflichtigen Beschuldigten, sei es als Rechtsberater des für die Gestellung der Kaution durch den Beschuldigten darlehensgebenden Dritten, durch Hinweis darauf, dass eine Sicherung durch Abtretung des Rückzahlungsanspruchs gegen die Hinterlegungsstelle geboten ist, wenn eine Pfändung dieses Anspruchs zu befürchten ist[674];
- bei der Verhinderung von Rechtsverlusten durch **Verjährung** (vgl. dazu oben Rdn. 192 und Kap. 8 Rdn. 614 ff.) oder dem Ablauf von **Ausschlussfristen** wie z.B. § 12 Abs. 3 VVG[675], § 13 Abs. 1 S. 2 StrEG[676] oder §§ 121, 124 BGB[677], wobei hier die Pflicht zur Schadensverhütung nach dem Gebot des sichersten Weges verlangen kann, von der für den Mandanten

666 *Vollkommer/Greger/Heinemann*, § 9, Rn. 5.
667 *Ganter*, S. 10.
668 *Vill*, in: G. Fischer/Vill/D. Fischer/Pape/Chab, § 2, Rn. 129.
669 *Vill*, a.a.O.
670 Vgl. BGH NJW 1996, 2929, 2931 = WM 1996, 1832, 1834 = VersR 1997, 187, 189.
671 Vgl. BGH NJW 1998, 2048, 2049 f. = WM 1998, 1542, 1545.
672 Vgl. BGH NJW 1992, 1695, 1996 = WM 1992, 701, 703 f. (Zugang eines Steuerbescheids), dazu schon oben: Rdn. 227; BGH NJW 1993, 2676, 2677 f. = WM 1993, 1967 (Veräußerung von durch einen Wassereinbruch beschädigten Modeartikeln).
673 Vgl. auch: *Vill*, in: G. Fischer/Vill/D. Fischer/Pape/Chab, § 2, Rn. 135; *Ganter*, S. 11.
674 BGH, Urt. v. 22.7.2004 – IX ZR 132/03 – Rn. 14; v. 17.3.2016 – IX ZR 303/14 – juris, Rn. 23.
675 Vgl. OLG Hamm vom 19.12.2002 – 28 U 98/02.
676 Vgl. BGH, Beschl. v. 29.3.2018 – III ZB 135/17 – juris, 14 ff.
677 Vgl. Beispiele für weitere Ausschlussfristen des BGB bei Palandt/*Ellenberger*, Überblick vor § 194, Rn. 13.

ungünstigsten Frist bzw. dem nachteiligsten Fristablauf auszugehen[678] (dazu vgl. bereits oben Rdn. 203);

- durch unmissverständliche Einlegung des nach Art und Form **richtigen Rechtsbehelfs oder Rechtsmittels**[679];
- durch vorsorgliches Einlegen eines (**zusätzlichen**) **Rechtsbehelfs**, wenn dies bei zweifelhafter Rechtslage geboten ist[680] (vgl. schon oben Rdn. 195, 202);
- bei dem Entgegenwirken von **Fehlern des Gerichts**[681] (vgl. Rdn. 48 ff.), z.B. bei fehlerhaften gerichtlichen Hinweisen[682] oder Auflagen bzw. Anordnungen[683];
- bei einer **Vergleichsberatung** (vgl. Kap. 8 Rdn. 570 ff.);
- bei dem Beachten eines **Versicherungsschutzes** des Mandanten[684], wobei jedoch Inhalt und Umfang des Mandats zu beachten sind, so dass je nach Einzelfall hier auch nur eine Nebenpflicht zur Warnung vor Nachteilen außerhalb des eigentlichen Mandatsgegenstandes in Betracht kommen kann und nicht die hier allein angesprochene Grundpflicht der Schadensverhütung[685];
- bei der Verwaltung eines ungeteilten Nachlasses einer Erbengemeinschaft (§ 2032 Abs. 1 BGB) aufgrund Anwaltsvertrages mit Rechtsbetreuungspflicht, wenn eine **Auszahlung** von Mitteln des gemeinschaftlichen Nachlasses an nur einen der Miterben ohne Sicherstellung gemeinschaftlicher Verwaltung des Nachlasses (§ 2038 BGB) und ordnungsmäßiger Auseinandersetzung des Nachlassvermögens zwischen den Miterben (§ 2042 BGB) erfolgt[686];
- bei konkreten **wirtschaftlichen Gefahren** einer vom Mandanten beabsichtigten Vorgehensweise kann der Anwalt verpflichtet sein, darauf und auf erforderliche Vorsichtsmaßnahmen hinzuweisen und diese vorzunehmen[687] (vgl. schon oben Rdn. 41 und die dortigen Nachweise sowie Rdn. 170);
- besteht bei einer Steuerstraftat des Mandanten die Möglichkeit, durch eine rechtzeitige Selbstanzeige gemäß § 371 AO Strafffreiheit zu erreichen, muss der Berater den Mandanten darauf

---

678 Vgl. BGH NJW 1981, 2741, 2742; Urt. v. 5.11.1992 – IX ZR 12/92 – juris, Rn. 21; v. 17.6.1993 – IX ZR 206/92 – juris, Rn. 19; NJW 1993, 2045, 2046 = WM 1993, 1508 f.; NJW-RR 2000, 1658, 1660 = WM 2000, 1600, 1604; NJW 2001, 675, 678 = WM 2000, 2431 = VIZ 2000, 225; NJW 2004, 1521; NJW-RR 2006, 275, 277 = WM 2006, 592 (Tz. 21); NJW-RR 2008, 1560, 1562 = WM 2008, 1560, 1561 (Tz. 17); Urt. v. 9.6.2011 – IX ZR 75/10 – juris, Rn. 14; vgl. auch NJW 1996, 48, 49, 51 = WM 1996, 35, 36, 40 = VersR 1996, 190 ff.

679 Vgl. OLG Hamm vom 13.3.2007 – 28 U 26/06 (Einlegung einer Beschwerde gegen – wegen Änderung der VwGO nicht existierende – Nichtzulassungsentscheidung des Verwaltungsgerichts statt Antrag auf Zulassung der Berufung gemäß § 124a Abs. 4 VwGO beim OVG).

680 BVerfG NJW 2008, 2167, 2168 (Tz. 28, 29).

681 Dazu allgemein: BGH, Urt. v. 7.10.2010 – IX ZR 191/09 – juris, Rn. 9; BGH NJW 2006, 3494, 3495 = WM 2006, 2055 (Tz. 9); WM 2008, 317, 318 (Tz. 15).

682 Vgl. BGH NJW 1974, 1865, 1866.

683 Vgl. BGH NJW 1988, 3013 = WM 1988, 987, 990; vgl. allgemein und zu weiteren Haftungskonstellationen im Bereich »Anwaltspflichten und Fehler des Gerichts« oben Rdn. 48 ff.; vgl. auch: *Vill*, in: G. Fischer/Vill/D. Fischer/Pape/Chab, § 2, Rn. 129, 130, 135; *Ganter*, S. 10, 11.

684 Vgl. BGH VersR 1971, 1119, 1120; 1985, 83, 84; OLG Düsseldorf VersR 1885, 92 (jeweils eine Haftpflichtversicherung betreffend); vgl. auch: *Borgmann/Jungk/Schwaiger*, Kap. IV, Rn. 127 ff.; *Vollkommer/Greger/Heinemann*, § 12, Rn. 34; *Vill*, in: G. Fischer/Vill/D. Fischer/Pape/Chab, § 2, Rn. 135.

685 Vgl. *Ganter*, S. 12 m.w.N.; vgl. auch OLG Hamm, Urt. v. 5.3.2002 – 28 U 121/01 zur Verletzung von Pflichten im Rahmen eines zusätzlichen Auftrages zur Einholung einer verbindlichen Deckungszusage einer Rechtsschutzversicherung: Fragen einer Rechtsschutzversicherungsdeckung betreffen nicht eine Grundpflicht im Mandat über die Hauptsache. Dort können sie nur im Rahmen einer Einzelpflicht zur Kostenberatung und -beschränkung, und zwar als leistungsbezogene Nebenpflicht (§ 241 Abs. 1 BGB) haftungsrechtliche Relevanz haben; dazu vgl. im Einzelnen Kap 8 Rdn. 184, 204 ff. Soweit *Vill*, in: G. Fischer/Vill/D. Fischer/Pape/Chab, § 2, Rn. 135, Fn. 625 auch solche Fälle betreffend eine Rechtsschutzversicherung unter die Schadensverhütungspflicht fassen will, ist dem nicht zu folgen.

686 Vgl. BGH NJW 1999, 3040, 3043 = WM 1999, 1846, 1849 = VersR 2000, 598 ff.; vgl. auch: *Ganter*, S. 12.

687 Vgl. auch *Zugehör*, Beraterhaftung, Rn. 66; *Ganter*, S. 10 unter d).

hinweisen und ihn dazu aufklären, wenn eine solche Strafbarkeit nach den dem Berater vorliegenden und erkennbaren Umständen zumindest ernsthaft in Betracht zu ziehen ist[688]. Versäumt er es, auftragsgemäß diese **steuerrechtliche Selbstanzeige** rechtzeitig in die Wege zu leiten und zu stellen, kann er sich ebenfalls regresspflichtig machen[689]. Zu den sich zum zurechenbaren Schaden stellenden Fragen wird verwiesen auf Kap. 4 Rdn. 223;

– bei einem durch einen Fehler des Rechtsanwalts zu verantwortenden drohenden finanziellen Nachteil kann es die Schadensverhütungspflicht gebieten, im Rahmen eines bestehenden Auftrages einen solchen Schaden durch zumutbare **honorarfreie Zusatzleistungen** zu verhindern[690].

260 **Kein** Fall einer Grundpflicht zur Schadensverhütung als Teil der Hauptleistungspflichten aus dem Anwaltsvertrag ist gegeben, wenn ein Schaden aus vom Anwalt zu verantwortenden Gründen bereits eingetreten ist, etwa durch eine nachteilige Gerichts- oder Behördenentscheidung. Hier kann es nur noch um **Schadensbeseitigung** gehen, rechtlich eingeordnet also um Schadensersatz und die Bestimmung seiner Art und Weise nach §§ 249 ff. BGB. Dazu heißt es im Urteil des BGH vom 21.9.2000:

> »Ist der Schaden bereits aus vom Rechtsanwalt zu verantwortenden Gründen eingetreten, besteht jedoch berechtigte Aussicht, ihn durch einen **Zweitprozess** zu beseitigen oder zu verringern, hat der Anwalt aufgrund der ihn gem. § 249 BGB treffenden Ersatzpflicht seinem Mandanten die dafür erforderlichen Aufwendungen zur Verfügung zu stellen, sofern er ihn nicht auf andere Weise schadlos stellt. Führt der Anwalt in einem solchen Fall den Zweitprozess, handelt er auf eigenes Risiko; denn der geschädigte Auftraggeber ist ihm gegenüber nicht verpflichtet, sich auf einen weiteren Rechtsstreit zur Schadensminderung oder -beseitigung einzulassen.«[691]

In Fortführung dieser Rechtsprechung hat der BGH im Urteil vom 6.10.2005 ausgeführt:

> »Wenn nach Schadenseintritt der Rechtsanwalt für den Mandanten sogar einen Zweitprozess auf eigenes Risiko und eigene Kosten führen muss, hat er, falls der Mandant wegen der anwaltlichen Pflichtverletzung in erster Instanz unterlegen und der Schaden somit bereits vor Beendigung eines Prozesses eingetreten ist, **auch** das Kostenrisiko **für eine weitere Instanz** zu tragen.«[692]

Zum Umfang und den Grenzen einer solchen Schadensersatzpflicht gilt – wie auch zur eigentlichen Schadensverhütungspflicht –:

> »Nach der Regel des § 249 BGB wird … in erster Linie die Wiederherstellung des ursprünglichen Zustands und nicht Geldersatz geschuldet. … Der erforderliche Aufwand hängt von den Umständen des Einzelfalles ab, kann sich nur auf nach Treu und Glauben (§ 242 BGB) zumutbare Leistungen erstrecken und ist durch den Verhältnismäßigkeitsgrundsatz (Rechtsgedanke des § 251 Abs. 2 BGB) nach oben begrenzt.«[693]

261 Diese Grundsätze sind auch gültig, wenn ernsthafte Aussicht besteht, die Korrektur einer von ihm (mit-)verursachten ungünstigen Entscheidung in einem **Rechtsbehelfs- oder Rechtsmittelverfahren**

688 OLG Frankfurt, Urt. v. 1.6.2017 – 17 U 151/16 – juris, Rn. 47.

689 OLG Nürnberg, Endurt. v. 24.2.2017 – 5 U 1687/16 – juris, Rn. 4, 6; vgl. auch OLG Frankfurt, a.a.O.

690 BGH NJW 1994, 1472, 1473 = WM 1994, 1114, 1116; NJW-RR 2003, 1064, 1066 = WM 2003, 1138, 1140 (Steuerberater); NJW 2006, 288 f. = WM 2006, 105 f. (Tz. 10); vgl. auch Kap. 4 Rdn. 225 ff.

691 NJW 2000, 3560, 3562 = WM 2000, 2437, 2439 (Hervorhebung des Verfassers); so schon: *G. Fischer*, in: G. Fischer/Vill/D. Fischer/Pape/Chab, § 5, Rn. 144.

692 NJW 2006, 288 f. = WM 2006, 105 f. (Tz. 10; Hervorhebung des Verfassers). Der Rechtsanwalt kann daher grundsätzlich auch nicht den Mitverschuldenseinwand erheben, wenn er auf entsprechende Aufforderung des Mandanten hin die Erklärung nicht abgibt, den Mandanten von den für die zweite Instanz anfallenden Kosten für den Fall freizustellen, dass aufgrund seines in erster Instanz gemachten Fehlers auch die zweite Instanz erfolglos bleibt, und der Mandant ein Rechtsmittel nicht einlegt. Anders kann es allenfalls zu beurteilen sein, wenn für den Mandanten klar zu Tage liegt, dass das Rechtsmittel Erfolg haben würde und er gleichwohl davon keinen Gebrauch macht. BGH NJW 2006, 288 f. = WM 2006, 105 f. (Tz 13); vgl. auch *Neuhofer*, AnwBl 2006, 577 ff.

693 BGH NJW 1994, 1472, 1473 = WM 1994, 1114, 1116; so auch schon: *G. Fischer*, in: G. Fischer/Vill/D. Fischer/Pape/Chab, § 5, Rn. 144.

zu erreichen[694]. Der Anwalt ist dann verpflichtet, auch über ein auf die Vorinstanz beschränktes Mandat hinaus nicht nur auf die Möglichkeiten einer Rechtsmitteleinlegung und die einzuhaltende Frist hinzuweisen, sondern **zusätzlich über die Erfolgsaussichten zu belehren**[695]. Dies wiederum gilt entsprechend, wenn die ernsthafte Möglichkeit erkennbar ist, eine nachteilige Entscheidung oder ihre nachteiligen Folgen durch einen Zweitprozess ganz oder teilweise zu beseitigen, wie auch umgekehrt bei Korrekturmöglichkeiten innerhalb des Instanzenzuges der Anwalt nicht bei der Belehrung über die Erfolgsaussichten stehen bleiben darf[696], d.h. erforderlichenfalls auch die dafür nötigen Geldmittel zur Verfügung stellen muss[697].

Nicht nur im Bereich der anwaltlichen Schadensverhütungspflicht[698], aber besonders dort sind **Veränderungen und Entwicklungen des Mandatsgegenstandes** während seiner Bearbeitung vom Anwalt aufmerksam zu beobachten und sind, ihnen angepasst, vermeidbare Schädigungen des Mandanten auch zu verhindern[699]. Eine solche veränderte Situation, häufig aufgrund einer gewissen Entwicklung der Mandatsangelegenheit, findet sich z.B. typischerweise bei der Frage, ob der Abschluss eines Vergleichs zu empfehlen oder von ihm abzuraten ist (vgl. dazu schon oben Rdn. 222) oder nach fehlerhaftem Anwaltsverhalten bei der Mandatsbearbeitung (vgl. oben Rdn. 260). 262

Zur anwaltsvertraglichen Pflicht der Schadensverhütung gehört auch »sowohl die **zügige Bearbeitung** der Angelegenheit als auch die **fortlaufende Unterrichtung** des Mandanten über den Fortgang der Sache.«[700] Normativ leitet sich die auch ohne Aufforderung bestehende Benachrichtigungspflicht aus §§ 675 Abs. 1, 666 Hs. 1 BGB her. In § 11 Abs. 1 BORA ist zusätzlich berufsrechtlich für die Unterrichtung wie auch für die Beantwortung von Mandantenanfragen Unverzüglichkeit verlangt. 263

Relevant wird schuldhaft pflichtwidrige Zögerlichkeit in der Regel durch Nichtbeachtung von verfahrensrechtlichen oder materiellrechtlichen Fristen (dazu vgl. näher Kap. 8 Rdn. 99 ff. und 177) und im Rahmen von Vollstreckungsaufträgen (dazu vgl. näher Kap. 8 Rdn. 672)[701]. 264

B. Sonstige Pflichten (§§ 241 Abs. 1, 311 Abs. 2, 241 Abs. 2 BGB)

I. Warn- und Hinweispflichten

1. Während des Mandats

Grundsätzlich muss der Anwalt Interessen seines Auftraggebers nur innerhalb der Grenzen des Mandats wahrnehmen (vgl. oben Rdn. 3 und Rdn. 37). **Gefahren** können dem Mandanten aber auch **außerhalb des eigentlichen Auftragsgegenstandes** drohen. Bei unmittelbar mit diesem zusammenhängenden rechtlichen und wirtschaftlichen Belangen kann es sein, dass sich das Mandat auf deren Wahrnehmung und Schadensverhinderung insoweit erweitert[702]. Vielfach wird eine solche Mandatserweiterung indes nicht festzustellen sein. 265

694 Vgl. BGH NJW 2002, 1048, 1049 = WM 2002, 513, 515; *G. Fischer*, a.a.O.

695 BGH NJW 2002, 1048, 1049; insoweit zustimmend auch BVerfG NJW 2002, 2937, 2938.

696 Vgl. auch BGH NJW 2002, 1048, 1049 = WM 2002, 513, 515.

697 Vgl. BGH wie zu Rdn. 259 a.E.; zur Pflicht, zusätzliche Leistungen zu erbringen, vgl. auch Kap. 4 Rdn. 225 ff.

698 Für den Bereich der Sachverhaltsaufklärung vgl. oben Rdn. 79.

699 Vgl. schon BGH VersR 1980, 925, 926 und dazu oben Rdn. 193 a.E. und Rdn. 241; *Vill*, in: G. Fischer/Vill/D. Fischer/Pape/Chab, § 2, Rn. 132–135; vgl. auch OLG Hamm, Urt. v. 24.2.2000 – 28 U 41/99.

700 OLG Hamm vom 10.7.1986 – 28 U 20/86, wo diese Pflichten allgemeiner aus der Pflicht zur interessengerechten Wahrnehmung des Mandats hergeleitet worden sind. Zu dem Verhältnis dieser allgemeinen Pflicht zur Schadensverhütungspflicht vgl. oben Rdn. 256, 258.

701 Vgl. auch *Vill*, in: G. Fischer/Vill/D. Fischer/Pape/Chab, § 2, Rn. 271; OLG Köln NJW-RR 1986, 222, 223 = VersR 1986, 300.

702 Vgl. BGH NJW 1993, 2045, 2046 = WM 1993, 1508 und oben Rdn. 12 ff.

266 Der Anwalt muss zwar das Umfeld seines Auftragsgegenstandes nicht nach schutzwerten Interessen absuchen[703]. Bemerkt der Anwalt aber dort Gefahren für seinen Auftraggeber oder sind sie für ihn offenkundig, d.h. für einen durchschnittlichen Berater auf den ersten Blick ersichtlich[704] bzw. sich bei ordnungsgemäßer Bearbeitung aufdrängend[705], ist er nach ständiger Rechtsprechung des BGH verpflichtet, vor solchen Gefahren zu warnen, falls er Grund zu der Annahme hat, dass sich der Mandant ihrer nicht bewusst ist[706], diesem also möglicherweise unbekannt sind[707]. Gemäß § 242 BGB erstreckt sich die Pflicht des Anwalts zur Schadensverhütung als vertragliche Nebenpflicht insbesondere auf solche Gefahren, welche Interessen des Auftraggebers betreffen, die mit dem (beschränkten) Auftragsgegenstand in einem engen Zusammenhang stehen[708]. Diese, als leistungsbezogene Nebenpflicht einzuordnende Anwaltspflicht, die nach ihrem Zweck unmittelbar der ordnungsgemäßen Erfüllung des Schuldverhältnisses dient[709] und die Hauptleistungspflichten ergänzt[710] oder auch als eine Schutzpflicht in Bezug z.B. auf das Vermögen des Mandanten[711] zum Zuge kommen kann, hat nicht nur besondere, enge Voraussetzungen (**Kenntnis oder Offenkundigkeit**), sie ist auch inhaltlich wesentlich weniger weitgehend als die umfassenden vertraglichen Hauptleistungspflichten, indem dem Anwalt **nur** eine **Warnpflicht** auferlegt wird[712], zu deren Erfüllung es ausreichen kann, den ersichtlich »gutgläubigen« Mandanten durch Hinweise problembewusst zu machen[713].

▶ Beispiel 1:[714]

267 »Ein Anwalt, der beauftragt worden ist, wegen einer bestimmten Vermögensposition Restitutionsansprüche auf der Grundlage von §§ 3 ff. des Gesetzes zur Regelung offener Vermögensfragen zu prüfen, [muss] den Mandanten vor der drohenden Verfristung von Restitutionsansprüchen

---

703 *Vill*, in: G. Fischer/Vill/D. Fischer/Pape/Chab, § 2, Rn. 19.

704 BGH, Urt. v. 24.1.2019 – IX ZR 233/17 – juris, Rn. 28; v. 21.6.2018 – IX ZR 80/17 – juris, Rn. 15; v. 18.12.2008 – IX ZR 12/05 – juris, Rn. 14; Beschl. v. 18.3.2010 – IX ZR 192/08 – juris, Rn. 2.

705 BGH, Urt. v. 24.1.2019 – IX ZR 233/17 – juris, Rn. 28; v. 21.6.2018 – IX ZR 80/17 – juris, Rn. 15; v. 29.11.2001 – IX ZR 278/00 – juris, Rn. 19.

706 Für Rechtsanwälte: BGH, Urt. v. 29.4.1993 – IX ZR 101/92 – juris, Rn. 16; NJW 1997, 2168, 2169 = WM 1997, 1392, 1394; WM 1998, 2246, 2248 = VIZ 1998, 571, 572 = NJW 1998, 3050 (LSe); BGH NJW 1999, 2183, 2188 = WM 1999, 1330 ff.; für Steuerberater: BGHZ 128, 358, 361 f. = NJW 1995, 958 = WM 1995, 721; NJW 1995, 2842 = WM 1995, 1500, 1501; NJW-RR 2001, 201, 202 =WM 2000, 1591, 1593 = NJW 2001, 1141 (LSe); NJW 2001, 3477, 3478 = WM 2001, 1868, 1869; NJW 2002, 1117, 1118 = WM 2002, 505, 506; NJW-RR 2003, 1035, 1036 = WM 2003, 1621 ff. (Übertragung dieser erweiterten Warnpflicht – konkret: über nichtsteuerliche Risiken einer Anlage – auch auf die (vor-)vertragliche Haftung für steuerliche Hinweise eines Rechtsberaters zu Anlagevorhaben); NJW 2006, 3064 (Rn. 21); BGH, Urt. v. 29.9.2011 – IX ZR 184/08 – juris, Rn. 6; v. 7.12.2017 – IX ZR 25/17 – juris, Rn. 16 (Steuerberater); v. 21.6.2018 – IX ZR 80/17 – juris, Rn. 12; v. 24.1.2019 – IX ZR 233/17 – juris, Rn. 28; v. 9.1.2020 – IX ZR 61/19 – juris, Rn. 14; für die Notarhaftung ähnlich BGH NJW 2003, 1940 = WM 2003, 932.

707 BGH, Urt. v. 8.5.2008 – IX ZR 211/07 – juris, Rn. 11; Beschl. v. 23.9.2010 – IX ZR 215/09 – juris, Rn. 5.

708 BGH WM 1998, 2246, 2248 = VIZ 1998, 571, 572 = NJW 1998, 3050 (LS); Urt. v. 29.9.2011 – IX ZR 184/08 – juris, Rn. 6; Beschl. v. 7.5.2013 – IX ZR 55/10 – juris, Rn. 2; Urt. v. 21.6.2018 – IX ZR 80/17 – juris, Rn. 12.

709 So schon *Zugehör*, Beraterhaftung, Rn. 148.

710 Vgl. Palandt/*Grüneberg*, § 241, Rn. 5; vgl. auch MünchKomm/*Bachmann*, § 241, Rn. 95, 108, der hier von »leistungssichernden« Nebenpflichten spricht; Hk-BGB/*Schulze*, § 241, Rn. 4.

711 Vgl. MünchKomm/*Bachmann*, § 241, Rn. 114, 116; Hk-BGB/*Schulze*, § 241, Rn. 5.

712 Das wirkt sich auch dahin aus, dass unter der Geltung des alten Verjährungsrechts nach § 51b BRAO die Warnpflichten eines neuen Anwalts eine sog. Sekundärhaftung des früheren Anwalts nicht ersetzen konnten, vgl. BGH NJW 1999, 2183, 2188 = WM 1999, 1330 ff.; NJW 2000, 1263, 1265 = WM 2000, 959, 961; NJW 2006, 2635, 2636 = WM 2006, 1450 (Tz. 11); vgl. auch Kap. 7 Rdn. 212.

713 BGH NJW 2006, 2635, 2636 = WM 2006, 1450 (Tz. 11).

714 LS von BGH WM 1998, 2246, 2248 = VIZ 1998, 571, 572 = NJW 1998, 3050 (LS).

wegen anderer Vermögenspositionen, von denen der Anwalt während der Bearbeitung des Mandats erfährt, warnen, wenn er Grund zu der Annahme hat, dass sich der Mandant dieser Gefahr nicht bewusst ist.«

Beispiel 2[715]:

Der späteren Regressklägerin wurde die von ihr beantragte Erwerbsunfähigkeitsrente von der Rentenversicherung nicht bewilligt. Sie beauftragte deshalb den beklagten Rechtsanwalt, diese Rentenbewilligung zu erreichen. Daraufhin wurde ihr eine Rente wegen (nur) teilweiser Erwerbsunfähigkeit bewilligt. Dem Bescheid war eine Belehrung beigefügt, dass die Klägerin bei ihrem Arbeitgeber Weiterbeschäftigung in Teilzeit beantragen könne. Der Anwalt übergab ihr den Bescheid mit dem Hinweis, die Rückseite vom Arbeitgeber ausfüllen zu lassen. Einen Hinweis darauf, dass das für das Arbeitsverhältnis der Klägerin maßgebliche Tarifrecht des öffentlichen Dienstes anwendbar war, wonach sie Weiterbeschäftigung in Teilzeit beantragen konnte, für einen erforderlichen dahingehenden schriftlichen Antrag aber eine tarifvertragliche Frist von 14 Tagen zu beachten war, erteilte der Rechtsanwalt ihr allerdings nicht. Da die Klägerin die Frist versäumte, bekam sie den angebotenen Teilzeitarbeitsplatz nicht, woraufhin sie den Beklagten in Regress nahm.

Die Regressklage blieb erfolglos. Der BGH führte aus, dass dann wenn wie im Streitfall Gegenstand des Mandats nicht das Arbeitsverhältnis des Mandanten sei, der Anwalt nicht auch arbeitsrechtliche Bestimmungen, Tarifverträge und die höchstrichterliche Judikatur zu einem rechtzeitigen schriftlichen Weiterbeschäftigungsantrag zur Kenntnis zu nehmen habe und auf ihre Relevanz für das übernommene Mandat hin untersuchen müsse[716]. Das tarifvertragliche Erfordernis einer für den Antrag einzuhaltenden Frist gehöre auch nicht etwa zum juristischen Allgemeinwissen jeden Anwalts[717]. Mit anderen Worten: Die Gefahr für die Mandantin, dass ihr Arbeitsverhältnis endete oder zum Ruhen gebracht wurde, wenn sie nicht rechtzeitig einen schriftlichen Weiterbeschäftigungsantrag stellte, habe sich für einen durchschnittlichen Berater hier nicht auf den ersten Blick aufdrängen müssen. Kenntnisse, die für die Bearbeitung des konkreten Mandatsgegenstandes nicht erforderlich seien, brauche der Anwalt nicht zu haben und müsse diese auch nicht aus Anlass des Mandats erwerben, selbst wenn sie für den Mandanten nützlich sein könnten[718].

Bei ordnungsgemäßer Bearbeitung des rentenversicherungsrechtlichen Mandats habe sich (auch) deshalb nicht die außerhalb des Mandats liegende drohende Gefahr für das Arbeitsverhältnis der Klägerin aufdrängen müssen[719].

Die sich gegen diese Erwägungen richtende Kritik in der Literatur[720] trägt schon im Ansatz nicht.

Beispiel 3[721]:

Die Klägerin hatte mit ihrem Ehemann eine notariell beurkundete Trennungs- und Scheidungsfolgenvereinbarung getroffen. Danach verpflichtete sie sich, an ihren Ehemann zur Abgeltung des Zugewinnausgleichs u.a. ein Mietshaus zu übereignen. Bei Abschluss der Vereinbarung wurde die Klägerin, die Eigentümerin eines weiteren Mietshauses ist, von dem Beklagten anwaltlich beraten. Nach Umsetzung der Vereinbarung wurde gegen die Klägerin wegen eines von ihr aus der Übertragung des Mietshauses erzielten Veräußerungsgewinns eine sog. Spekulationssteuer erhoben, die sie hätte vermeiden können, wenn sie das andere ihr gehörende Mietshaus, für das die Spekulationsfrist bereits abgelaufen war, ihrem Ehemann übereignet hätte.

---

715 BGH, Urt. v. 21.6.2018 – IX ZR 80/17 – juris.
716 BGH, Urt. v. 21.6.2018 – IX ZR 80/17 – juris, Rn. 18.
717 BGH, a.a.O., Rn. 19.
718 BGH, a.a.O., Rn. 18.
719 BGH, a.a.O., Rn. 16.
720 *Markworth*, NJW 2018, 2478; *Borgmann*, NJW 2018, 3493, 3495.
721 BGH, Urt. v. 9.1.2020 – IX ZR 61/19 – juris.

Der BGH hat in diesem Fall eines dem Beklagten als Allgemeinanwalt erteilten, auf die zivilrechtliche Beratung der Klägerin bei Abschluss der Scheidungsfolgenvereinbarung beschränkten Mandats eine Verletzung der nebenvertraglichen Hinweis- und Warnpflicht bejaht, weil sich die Gefahr einer der Klägerin nicht bewussten steuerlichen Belastung bei ordnungsgemäßer Bearbeitung des Mandats habe aufdrängen müssen[722]. Grundsätzlich umfasse das einem Allgemeinanwalt erteilte Mandat nicht die Beratung und Belehrung in Steuersachen, weil Mandanten zwischen einer anwaltlichen Beratung in Steuersachen und einer solchen auf anderen Rechtsgebieten unterschieden. Deswegen könnten von einem Allgemeinanwalt keine Spezialkenntnisse auf dem Gebiet des Steuerrechts verlangt werden. Allerdings müsse der Rechtsanwalt bei ordnungsgemäßer Bearbeitung eines familienrechtlichen Mandats **typischerweise**[723] auftretende steuerlich bedeutsame Fragestellungen erkennen und, wenn er die Beratung nicht selbst übernehme, den Mandanten insoweit zur Klärung an einen Steuerberater verweisen[724].

Auf den ersten Blick könnte das unterschiedliche Ergebnis in diesen beiden BGH-Fällen der Beispiele 2 und 3 irritieren. Sicherlich ist die Grenzziehung bei der Bestimmung einer Warnpflicht auch durchaus schwierig, weil die Unterschiede der Fallgestaltungen als nicht sehr groß erscheinen[725]. Indes ist vorliegend der entscheidende Unterschied darin zu sehen, dass im Beispielsfall 3 im familienrechtlichen Schrifttum einschließlich der einschlägigen Kommentarliteratur zum Zeitpunkt der Beratung schon geraume Zeit vor der hier erfolgten Eigentumsübertragung darauf hingewiesen worden war, dass die Leistung von Grundbesitz an Erfüllungs statt für Zugewinnausgleichsansprüche steuerlich eine steuerpflichtige entgeltliche Veräußerung im Sinne der §§ 22 Nr. 2, 23 EStG sein kann. Im Beispielsfall 2 hingegen fehlte eine solche im Schrifttum, in der Kommentarliteratur oder der Rechtsprechung zum sozialversicherungsrechtlichen Rentenrecht angesprochene und daher für den Anwalt sich aufdrängende Typizität der der dortigen Mandantin zum Verhängnis gewordenen arbeitsrechtlich zu beurteilenden tarifvertraglichen Ausschlussfrist. Beide Entscheidungen des BGH gehen also in Ordnung.

▶ Beispiel 4:

Ein Anwalt machte geltend, er sei von einem Pflichtteilsberechtigten nur beauftragt, schließlich auch klageweise von dem Erben nach § 2314 BGB Auskunft zu verlangen. Auch innerhalb eines solchermaßen eingeschränkten Mandats hätte er indes vor der Gefahr der Verjährung des Zahlungsanspruchs warnen müssen[726].

268 Ist der Mandant hinsichtlich der Gefahr anderweitig fachkundig zu beraten, besteht hinsichtlich etwaiger Fehlleistungen des anderen Beraters eine Warnpflicht indes nur eingeschränkt.

Dazu hat der BGH ausgeführt:

> »Beauftragt jemand, der sich laufend von einem Steuerberater beraten lässt, für ein bestimmtes Vorhaben einen Spezialisten mit der Erarbeitung eines steuerlichen Konzepts, ist … nicht ohne Weiteres davon auszugehen, dass der allgemeine Steuerberater das Konzept des Spezialisten eigenverantwortlich zu prüfen und den Mandanten über die Vorzüge und Nachteile zu beraten hat. Ebenso wenig hat er die Ausführung dieses Konzepts zu überwachen. Er muss den Mandanten vor der Verwirklichung des Konzepts nur warnen, wenn er erkennt, dass dieses an einem Mangel leidet, der für den Mandanten eine Gefahrenlage begründet, und annehmen muss, dass der Mandant diese Gefahr nicht kennt.«[727]

> »Diese Grundsätze gelten auch dann, wenn das Mandat des anderen Berufsträgers beendet ist oder es sich von vornherein nicht auf den Umstand erstreckt, der die Warnpflicht auslösen kann, der Mandant

722 BGH, Urt. v. 9.1.2020 – IX ZR 61/19 – juris, Rn. 15.
723 Hervorhebung durch den Verfasser.
724 BGH, a.a.O., Rn. 16 m.w.N.
725 Vgl. *Borgmann*, NJW 2020, 1141: »Die Grenze ist schmal«.
726 BGH, Urt. v. 24.1.2019 – IX ZR 233/17 – juris, Rn. 28, 29.
727 BGH NJW-RR 2001, 201, 202 = WM 2000, 1591, 1593 = NJW 2001, 1141 (LSe); vgl. auch NJW 2001, 3478 = WM 2001, 1868, 1869; NJW-RR 2005, 1511, 1512.

gegenüber dem ersten Steuerberater jedoch den gegenteiligen Eindruck erweckt hat. Dann darf sich der erste Steuerberater darauf verlassen, der Mandant werde in der entscheidenden Frage sachkundig anderweitig beraten.«[728]

Andererseits kann es auch in solchen oder ähnlichen Konstellationen dazu kommen, dass eine Warnhinweispflicht bejaht werden muss.

▶ Beispiel:

Der beklagte Steuerberater erhielt die eingeschränkte Aufgabe, durch die Entwicklung eines entsprechenden Konzepts einen Weg aufzuzeigen, auf dem der Gewinn einer GmbH auf einen Dritten übertragen werden konnte, ohne damit die steuerlichen Folgen einer Gewinnausschüttung an den Gesellschafter auszulösen. Als das von ihm entwickelte Konzept von den langjährigen »eigenen« Steuerberatern des Alleingesellschafters umgesetzt werden sollte, erfährt der Beklagte von Anhaltspunkten dafür, die die für ihn als Steuergestaltungsspezialist erkennbare Gefahr des Verlustes der angestrebten Vorteile des sog. Schachtelprivilegs begründen mussten, auf die und auf die Möglichkeiten zu ihrer Vermeidung er aber nicht hinwies.

Das kreidete der BGH ihm an. Zwar gelte die Pflicht des Steuerberaters, seinen Mandanten auch vor außerhalb seines Auftrags liegenden steuerlichen Fehlentscheidungen zu warnen, wenn sie ihm bekannt oder für einen durchschnittlichen Berater auf den ersten Blick ersichtlich sind, nur eingeschränkt, wenn der Mandant hinsichtlich dieser Frage anderweitig fachkundig beraten sei. Der Steuerberater müsse den Mandanten aber vor etwaigen Fehlleistungen des anderen Beraters dann warnen, wenn er diese erkennt oder erkennen kann und zugleich annehmen muss, dass der Mandant die Gefahr möglicherweise nicht bemerkt[729].

Diese aus der Rechtsprechung des BGH ersichtlichen Grundsätze sind gleichermaßen auf Rechtsan- 269
wälte übertragbar.

Wenn es in der Entscheidung vom 4.5.2000 heißt, dass gewarnt werden müsse »nur« bei Kenntnis einer Gefahrenlage[730], ist damit aber ersichtlich nicht etwa eine Einschränkung der Voraussetzungen für eine Warnpflicht gemeint[731]. Auch bei Offenkundigkeit, d.h. für den Fall, dass die dem Mandanten drohenden Gefahren »auf den ersten Blick ersichtlich«[732] sind, sich mithin für den Berater »bei ordnungsgemäßer Beratung aufdrängen«, also »auf der Hand liegen«[733], haftet der Berater richtigerweise weiterhin, wenn er sich dieser Erkenntnis verschließt oder diese nicht mit einem warnenden Hinweis an den Mandanten weitergibt[734].

– Gegenstand einer nebenvertraglichen Warnpflicht können auch Ansprüche des Mandanten 270
gegen Dritte sein, welche zu verjähren drohen, wobei diese Gefahr besonders »heimtückisch« ist in den Fällen, in denen solche Ansprüche als Regressansprüche nicht selbstständig, sondern bei ungünstigem Ausgang eines Rechtstreits in Betracht kommen, mit dessen Führung der Anwalt nur betraut ist[735].

---

728 BGH, Urt. v. 21.7.2005 – IX ZR 6/02 – juris, Rn. 15.

729 BGH, Urt. v. 7.12.2017 – IX ZR 25/17 – juris, Rn. 17 unter Bezugnahme auf BGH, Urt. v. 21.7.2005 – IX ZR 6/02 – juris, Rn. 14.

730 BGH NJW-RR 2001, 201, 202 = WM 2000, 1591, 1593.

731 Vgl. schon die stillschweigende Korrektur in BGH NJW 2001, 3477, 3478 = WM 2001, 1868 f.; vgl. auch die aktuelle Entscheidung BGH, Urt. v. 21.6.2018 – IX ZR 80/17 – juris, Rn. 12 und Rn. 15.

732 BGHZ 128, 358, 361 f. = NJW 1995, 958 = WM 1995, 721.

733 BGH NJW-RR 2008, 1594, 1595 = WM 2008, 1563 (Tz. 15); NJW 2002, 1117, 1118; NJW 1993, 2045, 2046 = WM 1993, 1508.

734 So, ohne dies zu thematisieren, auch *Zugehör*, Beraterhaftung, Rn. 40.

735 Dazu vgl. BGH NJW-RR 2008, 1235, 1236 = WM 2008, 1560 (Tz. 16); NJW-RR 2008, 1594, 1595 = WM 2008, 1563 (Tz. 15); NJW 2006, 2635, 2636 = WM 2006, 1450 (Tz. 10); NJW 2002, 1117, 1118 = WM 2002, 505, 506; NJW 1993, 2045, 2046 = WM 1993, 1508; Urt. v. 13.3.2008 – IX ZR 136/07 – juris, Rn. 16; v. 23.9.2004 – IX ZR 421/00 – juris, Rn. 6, 7; Beschl. v. 23.9.2010 – IX ZR 215/09 – juris, Rn. 5; v. 7.7.2011 – IX ZR 161/09 – juris, Rn. 5; v. 7.5.2013 – IX ZR 55/10 – juris, Rn. 2;

Für diese durchaus häufige Konstellation hat der BGH treffend ausgeführt:

»Die Verpflichtung des Rechtsanwalts, den Mandanten vor der **Verjährung von ohne Weiteres erkennbaren Ansprüchen gegen Dritte** zu schützen, setzt nicht erst kurz vor Ablauf der Verjährungsfrist ein. Vielmehr sind Vorkehrungen dagegen, dass es nicht zur Verjährung kommt, erforderlich, sobald infolge des dem Anwalt erteilten Auftrags oder der von ihm gewählten Vorgehensweise die Gefahr besteht, dass der Anspruch gegen den Dritten aus dem Blick gerät. Dieses Risiko muss ein sorgfältiger Rechtsanwalt **besonders** bei Ansprüchen beachten, die **erst bei ungünstigem Ausgang der aktuell geführten rechtlichen Auseinandersetzung** Bedeutung gewinnen. Dort ist regelmäßig nicht absehbar, zu welchem Zeitpunkt Ansprüche gegen den Dritten eventuell gerichtlich geltend gemacht werden müssen (vgl. BGH, NJW 1993, 1779 [1780] = LM H. 9/1993 § 675 BGB Nr. 186). In solchen Fällen gehört es grundsätzlich zu den Aufgaben des rechtlichen Beraters, dem Mandanten die Streitverkündung (§ 72 ZPO) oder eine andere verjährungsunterbrechende Maßnahme anzuraten, wenn die Verjährungsfrist des Anspruchs gegen den Dritten möglicherweise bereits in Lauf gesetzt ist (vgl. BGH, NJW 1993, 2045 = LM H. 1/1994 § 675 BGB Nr. 189).«[736]

»Die auch sonst bestehende Pflicht des Rechtsanwalts, auf eine Regressmöglichkeit hinzuweisen, [erfährt] durch die Beschränkung des Mandats auf eine Prozessführung keine Einschränkung.«[737]

Ist ein Rechtsanwalt damit beauftragt, einen Mandanten im Bußgeldverfahren wegen unzulässiger Arbeitnehmerüberlassung zu verteidigen, ist er hingegen nicht verpflichtet, den Mandanten darauf hinzuweisen, dass mögliche Regressansprüche gegen einen vorher tätigen Kollegen, der das Konzept für die Geschäftstätigkeit entwickelt hatte, zu verjähren drohen[738]. Das erfüllt, wie der BGH zu Recht angenommen hat, nicht die »sehr engen« Voraussetzungen für eine Hinweispflicht außerhalb des eigentlichen Auftrags.

Offen gelassen hat der BGH das Bestehen einer nebenvertraglichen **Warnpflicht eines für einen höheren Rechtszug bestellten Prozessbevollmächtigten**, wenn sich diesem aufdrängen muss, dass der erstinstanzliche Anwalt einen Fehler begangen hat, der für den Fall des Prozessverlustes diesen schadensersatzpflichtig machen kann[739]. Auch bei einem auf ein Wiedereinsetzungsverfahren beschränkten Mandat konnte der BGH eine Warnpflicht bezüglich eines Regressanspruchs gegen früher tätige Anwälte dahinstehen lassen[740]. Wenn allerdings mit der (Weiter-)Bearbeitung eines Mandats zusammenhängende Regressansprüche gegen vorher tätige Anwälte und die Gefahr ihrer Verjährung ohne Weiteres erkennbar sind, ist kein überzeugender Grund ersichtlich, hier eine Nebenpflicht zum warnenden Hinweis zu verneinen, mit Ausnahme allerdings von Fallgestaltungen, in denen verwickelte Sachverhalte oder komplexe Rechtsfragen zu beurteilen sind, die sich einem Zugriff »nebenher« entziehen. Einschränkungen nach der Schutzzwecklehre[741], wie sie letztlich dem weiter oben dargestellten Beschluss des BGH vom 21.1.2005[742] zugrunde liegen dürften[743], sind jedenfalls hier nicht möglich.

---

vgl. auch BGH NJW-RR 2006, 275, 277 = WM 2006, 592 (Tz. 21; beschränktes Mandat zur Teilklage); *Vill*, in: G. Fischer/Vill/D. Fischer/Pape/Chab, § 2, Rn. 20, 27, 177.

736 BGH, Urt. v. 29.11.2001 – IX ZR 278/00 – juris, Rn. 21 (Hervorhebung des Verfassers); vgl. auch BGH, Urt. v. 8.5.2008 – IX ZR 211/07 – juris, Rn. 11; Beschl. v. 23.9.2010 – IX ZR 215/09 – juris, Rn. 5.

737 BGH, Urt. v. 7.5.2015 – IX ZR 186/14 – juris, Rn. 10 unter Bezugnahme auf Urt. v. 29.4.1993 – IX ZR 101/92, WM 1993, 1508.

738 BGH, Nichtannahmebeschluss vom 21.1.2005 – IX ZR 186/01, mitgeteilt von *Chab*, BRAK-Mitt. 2005, 72.

739 BGH NJW 1999, 2188 = WM 1999, 1330, 1335 f.; vgl. zu dieser Entscheidung im Zusammenhang mit der sog. Sekundärhaftung Kap. 7 Rdn. 212.

740 BGH NJW 2000, 1263, 1265 = WM 2000, 959, 961; auch dazu vgl. Kap. 7 Rdn. 212.

741 Dazu vgl. Kap. 4 Rdn. 72 ff.

742 BGH, Nichtannahmebeschluss vom 21.1.2005 – IX ZR 186/01, mitgeteilt von *Chab*, BRAK-Mitt. 2005, 72.

743 Vgl. zur Begrenzung der Haftung nach dem Schutzzweckzusammenhang im Bereich der (Straf-)Verteidigung Kap. 4 Rdn. 91 und Kap. 9 Rdn. 288.

Kommt der Anwalt seiner Warnpflicht nach, wird sich vielfach, spätestens durch entsprechendes Nachfragen des Mandanten, ob und was denn nun aufgrund der Warnung zu unternehmen sei, eine **Mandatserweiterung** ergeben, aufgrund der der Anwalt dann gehalten ist, die zur Verjährungsunterbrechung erforderlichen Schritte, wie etwa eine Streitverkündung rechtzeitig (Gebot der Unverzüglichkeit (vgl. dazu oben Rdn. 264 und Rdn. 239)) vorzunehmen[744] (vgl. schon oben Rdn. 10 ff.). 271

Sind allerdings solche Ansprüche gegen Dritte oder überhaupt die für eine nebenvertragliche Warnpflicht in Betracht kommenden weiteren Gegenstände anwaltlichen Tätigwerdens aus dem erteilten Mandat **ausdrücklich ausgeklammert**, kann der Anwalt auch nicht über eine Nebenpflichtverletzung in die Haftung genommen werden[745]. 272

2. Bei und nach Beendigung des Mandats

Warn- und Hinweispflichten können **auch als nachvertragliche Pflichten** bestehen[746]. Die Verletzung solcher nachvertraglichen Pflichten als Ausdruck der dem Anwalt zukommenden Schadensverhütungspflicht[747] waren bis zur Schuldrechtsreform als Fälle der pVV anerkannt[748] und fallen nun unter § 280 Abs. 1 BGB[749]. Auch nach der eigentlichen Vertragsabwicklung bestehen im Rahmen des Zumutbaren unter dem Gesichtspunkt von Treu und Glauben gewisse »nachvertragliche« Handlungs- oder Unterlassungspflichten, damit dem Vertragspartner nicht unverhältnismäßige, mit der vorhergegangenen Vertragserfüllung zusammenhängende Schäden entstehen. Dazu zählt insbesondere das Verbot, dem Gläubiger die durch Vertrag gewährten Vorteile wieder zu entziehen oder wesentlich zu schmälern, und die Pflicht, alles zu unterlassen, was den Vertragszweck gefährden oder vereiteln könnte[750]. Ob solche Pflichten unter § 241 Abs. 1 BGB, § 241 Abs. 2 BGB oder letztlich immer noch unter § 242 BGB dogmatisch einzuordnen sind[751], ist für die Praxis gänzlich unerheblich. 273

Diese nachvertraglichen Pflichten umfassen wegen der Auftragsbeendigung bei und nach Mandatsende grundsätzlich zwar keine umfassende materiell-rechtliche Beratung mehr[752]. Verlangt wird aber unter bestimmten Voraussetzungen ausnahmsweise ein (Warn-)Hinweis über konkret drohende Gefahren[753]. 274

Dazu führt der BGH im Urteil vom 28.11.1996 grundlegend aus: 275

---

744 BGH NJW 1993, 2045, 2046 = WM 1993, 1508, 1509; vgl. auch *Vill*, in: G. Fischer/Vill/D. Fischer/Pape/Chab, § 2, Rn. 220; *Ganter*, S. 11 unter 2. a); zur Streitverkündung vgl. auch Kap. 8 Rdn. 488.

745 Vgl. BGH NJW 1993, 1779, 1781 = WM 1993, 1376 ff.; BGH WM 1998, 2246, 2248 = VIZ 1998, 571, 572 unter II 2. e); *Vill*, in: G. Fischer/Vill/D. Fischer/Pape/Chab, § 2, Rn. 177.

746 Vgl. BGH, Urt. v. 7.12.2017 – IX ZR 25/17 – juris, Rn. 16 unter Bezugnahme auf BGH NJW-RR 1990, 141, 142 = WM 1990, 815, 816.

747 *Vollkommer/Greger/Heinemann*, § 6, Rn. 14; zur Schadensverhütungspflicht allgemein vgl. oben Rdn. 256 ff.

748 BGHZ 92, 251, 258 f. (Architekt).

749 Vgl. nur Palandt/*Grüneberg*, § 280, Rn. 7.

750 BGH, Urt. v. 7.12.2017 – IX ZR 25/17 – juris, Rn. 16; BGH NJW-RR 1990, 141, 142 = WM 1990, 815, 816 m.w.N.; vgl. auch: BGH (IX. ZS) NJW-RR 1990, 459, 460 = WM 1990, 815, 818.

751 Dazu vgl. schon oben Rdn. 266. Nach Ansicht des Verfassers ist mit MünchKommBGB/*Bachmann*, § 241, Rn. 47 zu konstatieren, dass infolge der Schuldrechtsreform durch § 241 Abs. 2 »die zuvor gewählte Krücke, Nebenpflichten bei § 242 zu verorten (und zu erläutern), … damit hinfällig geworden [ist]«.

752 BGH VersR 1958, 127 f.; NJW 1997, 254 = WM 1997, 77, 78; NJW 1997, 1302 = WM 1997, 321, 322 (jeweils Rechtsanwalt); NJW 2001, 1644, 1645 = WM 2001, 739 ff. = MDR 2001, 539 (Steuerberater).

753 BGH NJW 1984, 431, 432; NJW 1990, 2128, 2129; NJW 1993, 1779, 1780 = WM 1993, 1376, 1377; NJW 1997, 1302 = WM 1997, 331, 332; NJW 2001, 1644, 1645 = WM 2001, 739 ff. = MDR 2001, 539; vgl. auch: *Ganter*, S. 16; vgl. ebenfalls noch BGH NJW-RR 1990, 459, 460 = WM 1990, 814, 815 betr. die sog. Sekundärhaftung.

»Mit der Vertragsbeendigung entfallen die Pflichten des Beauftragten nicht stets in vollem Umfange. Insbesondere kann der Rechtsanwalt unter besonderen Umständen auch bei Vertragsende gehalten sein, die übernommene Angelegenheit des Mandanten wenigstens so abzuschließen, daß dieser infolge der Beendigung keine dem Rechtskundigen erkennbaren und vermeidbaren Schäden erleidet (vgl. Vollkommer, AnwaltshaftungsR, Rdnrn. 82, 222). Zum einen muß der Rechtsanwalt unter Umständen seinen Auftraggeber weiterhin über **laufende prozessuale Fristen** belehren, deren Versäumung für diesen nachteilige Folgen haben kann (vgl. BGH, NJW 1980, 999 = LM § 233 (K) ZPO Nr. 3 = VersR 1980, 383 (384); NJW 1980, 998 (999) = LM § 198 ZPO Nr. 19 m.w. Nachw.; VersR 1988, 835 (836)), und **gegebenenfalls** darüber, daß **nur ein anderer Rechtsanwalt** die nötige Prozesshandlung rechtswirksam vornehmen kann (Schlee, AnwBl 1990, 205 [206] m.w. Nachw.).

Zum anderen kommt unter besonderen Voraussetzungen auch eine Pflicht zur Belehrung des – früheren – Auftraggebers über materiellrechtliche Fragen in Betracht (vgl. Borgmann/Haug, Anwaltshaftung, 3. Aufl., § 15 Rdnr. 109; Rinsche, Haftpflichtfragen, AnwBl 1972, 155 m.w. Nachw.). Zwar entbindet das Vertragsende den Rechtsanwalt von seiner Pflicht, die zuvor vertraglich übernommene Angelegenheit auch nur zu einem provisorischen Ende zu führen. Der Auftraggeber darf ferner nicht etwa beanspruchen, über die Sach- und Rechtslage bei Mandatsende umfassend unterrichtet zu werden (vgl. BGH, VersR 1958, 127; vgl. auch Senat, NJW 1997, 254). Ist dem Rechtsanwalt aber erkennbar, daß dem Mandanten gerade aus der Beendigung der anwaltlichen Tätigkeit ein **Schaden droht, weil er sich** mangels Kenntnis **der Rechtslage der Gefahren nicht bewußt** ist, so muß der Rechtsanwalt nach Treu und Glauben (§ 242 BGB) auf diese Gefahr **jedenfalls dann hinweisen, wenn er sie erkennbar mitverursacht hat.**«[754]

276 Im Urteil vom 23.11.1995 betont der BGH:

»Ist die Angelegenheit, wie bei Einsprüchen gegen Steuerbescheide, offensichtlich fristgebunden, so hat der Rechtsanwalt möglichst so **beschleunigt** zu antworten, daß die laufende Frist nicht in vermeidbarer Weise versäumt wird, und hierbei auf den drohenden Fristablauf hinzuweisen.«[755]

277 Und in der Entscheidung vom 18.1.2001 heißt es:

»Der Auftraggeber hat zwar keinen Anspruch darauf, bei Mandatsende umfassend über die Sach- und Rechtslage sowie die sich daraus ergebende zweckmäßige künftige Sachbehandlung unterrichtet zu werden (BGH, NJW 1997, 254 = LM H. 2/1997 § 675 BGB Nr. 233 = WM 1997, 77 [78]; NJW 1997, 1302 = LM H. 4/1997 § 675 BGB Nr. 235 = WM 1997, 321 [322], jew. für einen Fall der Anwaltshaftung). Der Steuerberater muss aber, ebenso wie der Rechtsanwalt, auf eine ihm erkennbare Gefahr, die dem Auftraggeber bei Beendigung des Mandats insbesondere durch den mit einem Rechtsverlust verbundenen Ablauf einer Frist droht, jedenfalls dann hinweisen, wenn er die Gefahr selbst mitverursacht hat (BGH, WM 1997, 321). Dem steht der hier gegebene Fall gleich, dass der Mandant für den Berater erkennbar **aufgrund von** dessen **früherem Verhalten darauf vertraut**, dass dieser das Erforderliche von sich aus veranlassen werde ... Unter diesen besonderen Umständen war die Beklagte verpflichtet, spätestens bei Beendigung des Mandats die Kl. darauf aufmerksam zu machen, dass der Antrag noch nicht beim Finanzamt eingereicht war, und sie **außerdem darüber** zu unterrichten, **bis wann** der Antrag gestellt werden musste.«[756]

278 Um **drohende Verjährung** ging es im Urteil vom 11.10.1983:

»Damit ist davon auszugehen, daß die Klägerin, nachdem sie den Beklagten die Vertretung entzogen hatte, über keine Unterlagen mehr verfügte, aus denen sie oder der nunmehr von ihr beauftragte Rechtsanwalt den Verjährungsablauf überprüfen konnte. In einem solchen Fall handeln Anwälte pflichtwidrig, wenn sie – obwohl eine Verjährung droht – nach Kündigung des Mandates aus Gebührenerwägungen die Handakten zurückhalten, ihren seitherigen Mandanten aber auch nicht anderweitig auf die drohende Verjährung hinweisen.«[757]

279 Einen Warnhinweis auf drohende Verjährung hat **auch** der Anwalt seinem Mandanten zu erteilen, der durch die Erhebung lediglich einer **Teilklage oder** nur eines »**Musterprozesses**« gegen einen von vielen Schuldnern seine Pflicht, Vorkehrungen gegen den Eintritt der Verjährung der nicht

754 NJW 1997, 1302 = WM 1997, 331, 332 (Hervorhebungen des Verfassers).
755 BGH NJW 1996, 842 = WM 1996, 542 (Hervorhebung des Verfassers).
756 BGH NJW 2001, 1644, 1645 = WM 2001, 739 ff. = MDR 2001, 539 (Hervorhebungen des Verfassers).
757 BGH NJW 1984, 431, 432.

eingeklagten Anspruchsteile oder Ansprüche verletzt hat, wenn vor Ablauf der Verjährungsfrist das Mandat beendet wird[758].

»Ein Anwalt, der ... dieser Pflicht zu vorbeugenden Maßnahmen nicht gerecht geworden ist, wird sich ... in der Regel nicht darauf berufen können, daß das Mandat vor Eintritt der Verjährung beendet worden ist und daß danach eine Unterbrechung der Verjährung noch möglich gewesen wäre (aber eben nicht stattgefunden hat). Im vorliegenden Fall konnten die Beklagten bei Mandatsbeendigung nicht erwarten, daß die ›Musterprozesse‹ vor Eintritt der Verjährung – also binnen dreier Monate – abgeschlossen sein würden. Da die Beklagten bisher nichts unternommen hatten, um die nicht rechtshängig gemachten Ansprüche vor einer Verjährung zu sichern, hätten sie **jedenfalls jetzt** – bei Beendigung der Mandate – ... auf den drohenden Eintritt der Verjährung **hinweisen müssen.**«[759]

Gerade bei beschränkten Mandaten, z.B. bei einem bloßen Prozessauftrag etwa als Berufungsanwalt, ist der Anwalt gut beraten, nicht einfach bei erfolgreichem Abschluss der Instanz abzurechnen und die Unterlagen dem erstinstanzlichen Kollegen zurückzureichen. Er sollte vielmehr sorgfältig prüfen, ob nicht noch weitere Maßnahmen zur Verhinderung von Schäden des Mandanten erforderlich sind, etwa wegen der **Rückforderung einer Prozessbürgschaft**. 280

Dazu der BGH:

»Welche der in § 37 BRAGO aufgeführten Tätigkeiten der Rechtsanwalt ohne besonderen Auftrag vorzunehmen hat, bedarf hier keiner Entscheidung. Jedenfalls gehört es zu den Pflichten eines Berufungsanwalts, der für seinen Mandanten ohne Beteiligung eines Korrespondenzanwalts eine einstweilige Einstellung der Zwangsvollstreckung gegen Sicherheitsleistung erwirkt und die Sicherheit dem Gegner übermittelt hat, sich um die Rückgabe der Sicherheit zu kümmern, nachdem sein Mandant mit der Berufung ganz oder im Wesentlichen obsiegt hat. In diesen Fällen muß der Berufungsanwalt seinem Mandanten zur Klage auf Rückgabe der Sicherheit raten, falls der Gegner diese nicht freiwillig herausgibt. Der Anwalt kann sich seiner Pflichten nicht dadurch entledigen, daß er die Handakten an den Prozessbevollmächtigten erster Instanz, der im Berufungsverfahren nicht als Korrespondenzanwalt beteiligt und mit der Sache nicht mehr befaßt war, mit der Bemerkung zurückschickt, die Sache abgeschlossen zu haben.«[760]

Auch dann, wenn in einem laufenden Rechtsstreit ein Mandat niedergelegt wird, was zugleich eine Kündigung des Anwaltsvertrages enthält[761], bestehen für den Anwalt, dessen **Vollmacht** gegenüber dem Gericht aufgrund des nach § 78 Abs. 1 ZPO bestehenden Anwaltszwanges gemäß § 87 Abs. 1 ZPO **fortwirkt**, nachvertragliche Sorgfaltspflichten, so insbesondere die Pflicht, den Mandanten über eine an den Anwalt erfolgte Zustellung unverzüglich zu unterrichten und ihn in dem erforderlichen Umfang über einen drohenden Ablauf von Fristen zu belehren[762]. Wird dies schuldhaft unterlassen, ist dieses Verschulden des Anwalts der Partei zwar nach § 85 Abs. 2 ZPO nicht zuzurechnen, wenn der Anwaltsvertrag – wie im geschilderten Fall – im Innenverhältnis gekündigt worden war. Das für § 85 Abs. 2 ZPO maßgebende Vertrauensverhältnis zwischen Mandanten und Anwalt existierte infolge der Kündigung nicht mehr. Dass wegen des Interesses des Gegners und des Gerichts an ungestörter Fortführung und Abwicklung des Prozesses § 87 Abs. 1 ZPO den Anwalt bis zur Bestellung anderer Anwälte noch als Zustellungsbevollmächtigten ansieht, kann die betroffene Partei nicht benachteiligen. Dieser muss also die Möglichkeit gegeben sein, bei einer auf schuldhaftem Verhalten ihres bisherigen Prozessbevollmächtigten beruhenden Fristversäumnis Wiedereinsetzung in den vorigen Stand zu erlangen[763]. Dies gilt naturgemäß nicht, wenn der 281

---

758 Vgl. dazu schon oben Rdn. 234.

759 BGH NJW 1993, 1779, 1780 = WM 1993, 1376, 1377.

760 BGH NJW 1990, 2128, 2129 = WM 1990, 1161, 1162; vgl. auch *Ganter*, S. 14.

761 Vgl. z.B. *Rinkler/Pape*, in: G. Fischer/Vill/D. Fischer/Pape/Chab, § 1, Rn. 80.

762 BGH NJW 1980, 999; VersR 1988, 835, 836; NJW 2008, 2713, 2714 (Tz. 13) – jeweils zu §§ 233, 85 Abs. 2 ZPO; BGH, Beschl. v. 6.10.2011 – IX ZR 21/09 – juris, Rn. 3; OLG Hamm vom 29.8.2002 – 28 W 180/01; *Rinkler/Pape*, in: G. Fischer/Vill/D. Fischer/Pape/Chab, § 1, Rn. 241; *Borgmann/Jungk/Schwaiger*, Kap. III, Rn. 116; *Vollkommer/Greger/Heinemann*, § 6, Rn. 14 und 20; vgl. auch Kap. 8 Rdn. 339.

763 Vgl. BGH, Beschl. v. 11.6.2008 – XII ZB 184/07 – juris, Rn. 13 f. m.w.N.

angefochtene Beschluss unanfechtbar ist, weil in einem solchen Fall eine Rechtsmittelfrist, in die eine Wiedereinsetzung erfolgen soll, nicht existiert[764]. Gleichwohl kann, sollte grundsätzlich wegen Versäumung einer Rechtsmittelfrist Wiedereinsetzung verlangt werden können, es zu einem Regress kommen. Wenn nämlich in Verkennung der Rechtslage eine solche Wiedereinsetzung verweigert wird, ist dies dem (früheren) Anwalt zuzurechnen; eine sog. Unterbrechung des Zurechnungszusammenhanges ist nicht gegeben[765]. Allerdings liegt ein der Partei gemäß §§ 254, 278 BGB zuzurechnendes Mitverschulden vor, wenn ihre neuen Anwälte – wie konkret geschehen – den Fehler des Gerichts nicht verhindert oder im Beschwerdeweg haben korrigieren lassen[766].

282 Eine Pflicht zum Tätigwerden begründet § 87 Abs. 2 ZPO allerdings grundsätzlich nicht[767]. Ein eigenes prozessuales Handeln kann aber ausnahmsweise geboten[768] oder zweckmäßig sein, etwa, um ein Haftungsrisiko wegen einer Kündigung des Mandats durch den Anwalt zur Unzeit (§ 627 Abs. 2 BGB) zu vermeiden[769].

283 Wie schon aus den Rechtsprechungszitaten deutlich geworden ist, kann sich der Anwalt, wenn der Mandant nach der Mandatsbeendigung (oder sogar vorher) bereits einen anderen Anwalt eingeschaltet hat, nicht einfach im Allgemeinen darauf verlassen, der neu beauftragte Anwalt werde die notwendigen Maßnahmen treffen. Soweit im Bereich der sog. Sekundärhaftung unter Geltung noch des alten Verjährungsrechts eine Pflicht zur Sekundärbelehrung bei Vertretung des Mandanten (auch) gerade wegen des Regressanspruchs durch einen anderen Rechtsanwalt aufgrund wertender Betrachtung verneint wurde[770], lässt sich daraus für die hier zu beurteilende Frage des Bestehens nachvertraglicher Warnpflichten herleiten: der »alte« Anwalt ist **nur dann von Warnhinweisen befreit, wenn** der Mandant durch die Beauftragung eines »neuen« Anwalts auch wirklich hinreichend in der den Gegenstand sonst eines nachvertraglichen Warnhinweises bildenden Beziehung **sachlich und zeitlich geschützt** ist.

So führt der BGH im Urteil vom 18.3.1993 aus:

> »Im vorliegenden Fall konnten die Beklagten bei Mandatsbeendigung nicht erwarten, dass die ›Musterprozesse‹ vor Eintritt der Verjährung – also binnen dreier Monate – abgeschlossen sein würden. Da die Beklagten bisher nichts unternommen hatten, um die nicht rechtshängig gemachten Ansprüche vor einer Verjährung zu sichern, hätten sie jedenfalls jetzt – bei Beendigung der Mandate – die Streithelfer, falls diese die Mandate der Beklagten in vollem Umfang fortführten, andernfalls die Kläger auf den drohenden Eintritt der Verjährung hinweisen müssen.«[771]

Die bloße Einschaltung anderer Anwälte reichte in diesem Fall also nicht zur »Entlastung« der früheren Anwälte.

Anders wurde dies beurteilt, wenn – wie vom Berufungsgericht festgestellt – nach Beendigung des Mandats die weitere Sachbearbeitung durch einen anderen Rechtsanwalt erfolgte und der Eintritt der Verjährung erst in ungefähr vier Monaten nach der Mandatsbeendigung drohte. In einer solchen Fallkonstellation hat der BGH eine nachvertragliche Pflichtverletzung verneint. Der erste Anwalt habe davon ausgehen dürfen, dass die Mandantin keiner Belehrung mehr durch ihn bedürfe[772].

---

764 So im Fall von BGH, Beschl. v. 1.2.2018 – I ZB 73/17 – juris, Rn. 9, 11.

765 Vgl. dazu zuletzt BGH NJW 2002, 1117, 1120 = WM 2002, 505, 508.

766 Auch dazu vgl. OLG Hamm vom 29.8.2002 – 28 W 180/01; ferner BGH NJW 2002, 1117, 1120 = WM 2002, 505, 508; zur Unterbrechung des Zurechnungszusammenhangs vgl. näher Kap. 4 Rdn. 119 ff., zum Mitverschulden neuer Anwälte vgl. Kap. 5 Rdn. 43 ff.

767 BGHZ 43, 135, 137; *Rinkler/Pape*, in: G. Fischer/Vill/D. Fischer/Pape/Chab, § 1, Rn. 240; *Vollkommer/Greger/Heinemann*, § 6, Rn. 19.

768 Vgl. dazu *Borgmann/Jungk/Schwaiger*, Kap. III, Rn. 117 mit kritischem Hinweis auf OLG Hamm VersR 1985, 972 (jedoch Fehlzitat).

769 Vgl. oben Kap. 1 Rdn. 239 ff.; *Vollkommer/Greger/Heinemann*, § 6, Rn. 19; *Borgmann/Jungk/Schwaiger*, Kap. III, Rn. 118.

770 Vgl. dazu zuletzt BGH NJW 2003, 822 = WM 2003, 928.

771 BGH NJW 1993, 1779, 1780 = WM 1993, 1376, 1377.

772 BGH, Beschl. v. 30.9.2010 – IX ZR 78/08 – juris, Rn. 2.

Nachvertragliche Nebenpflichten können nicht nur den Anwalt, sondern **auch den Mandanten** treffen[773], was aber für den Einwand des Mitverschuldens durch den in Regress genommenen Anwalt keine eigenständige Bedeutung hat. Denn die Anwendung von § 254 Abs. 2 S. 1 BGB setzt (ebenso wie die von § 254 Abs. 1 BGB) keinen Verstoß gegen eine besondere Rechtspflicht voraus[774]. 284

II. Auskunftspflicht

Nach §§ 675 Abs. 1, 666, 2. Hs. BGB hat der Rechtsanwalt **während der Dauer des Mandats** (nur) auf Verlangen über den Stand des Geschäfts Auskunft zu geben. Dies ist eine selbstständig einklagbare »Nebenleistungspflicht«[775] oder »selbstständige Nebenpflicht«[776] nach § 241 Abs. 1 BGB. Da der Anwalt nach §§ 675 Abs. 1, 666, 1. Hs. BGB auch ohne Verlangen zur fortlaufenden Unterrichtung des Mandanten verpflichtet ist (vgl. oben Rdn. 263), wird das Auskunftsrecht relevant schlicht durch entsprechendes Begehren des Mandanten. Dazu sind durch den Rechtsanwalt gemäß § 259 Abs. 1 BGB auch **Belege**, soweit üblich und vorhanden, vorzulegen, und zwar grundsätzlich uneingeschränkt, d.h. nicht etwa nur im Rahmen der Herausgabepflicht nach § 667 BGB, und es besteht dementsprechend ein Anspruch auf **Einsicht in die Handakten**[777]. Ausgenommen davon sind jedoch *»solche Unterlagen, die nicht lediglich über das Tun im Rahmen der Vertragserfüllung Aufschluß geben, sondern persönliche Eindrücke, die der Anwalt in den betreffenden Gesprächen gewonnen hat, wiedergeben. Aufzeichnungen des Anwalts über derartige persönliche Eindrücke sind oft nützlich; sie sind im Zweifel jedoch nicht für die Einsicht durch den Mandanten bestimmt, und eine solche wäre dem Anwalt auch nicht zumutbar. Ein Anwalt … braucht daher nicht auch derartige Aufzeichnungen offenzulegen. Darüber hinaus wird dem Anwalt bei der Ausführung des Mandats ein gewisser Freiraum zuzuerkennen sein, vertrauliche ›Hintergrundinformationen‹ zu sammeln, die er auch und gerade im wohlverstandenen Interesse seines Mandanten sowie im Interesse der Rechtspflege diesem gegenüber verschweigen darf.«*[778] Das Einsichtnahmerecht nach § 810 BGB tritt hinter den Ansprüchen aus § 666 BGB regelmäßig zurück[779]. 285

Für eine Haftung des Anwalts spielen Auskunfts- und Einsichtnahmeansprüche indes keine direkte Rolle. Indirekte Bedeutung kann ihre Nichterfüllung – als zusätzliche Pflichtverletzung – aber unter dem Gesichtspunkt einer **Beweisvereitelung** erhalten (näher Kap. 4 Rdn. 53 ff.)[780].

III. Rechenschaftspflicht

Rechenschaft abzulegen hat der Anwalt **nach der Ausführung des Auftrags**, §§ 675 Abs. 1, 666, 3. Hs. BGB, und zwar nur auf Verlangen, welches auch auf Erfüllung dieser Nebenleistungspflicht klageweise verfolgt werden kann[781]. Über § 259 BGB hinaus muss der Mandant über die Einzelheiten der Mandatsausführung in verkehrsüblicher Weise informiert und ihm die notwendige Übersicht über das besorgte Geschäft verschafft werden, und zwar hier ebenfalls, soweit eine Pflicht zur Herausgabe nach § 667 BGB nicht besteht (vgl. näher Kap. 8 Rdn. 518 m.w.N.). Belege sind, 286

773 Vgl. OLG Hamm VersR 1982, 1057, 1058.

774 BGHZ 4, 174; vgl. auch: Palandt/*Grüneberg*, § 254, Rn. 36.

775 So MünchKomm/*Bachmann*, § 241, Rn. 29, 31.

776 So Hk-BGB/*Schulze*, § 241, Rn. 4 a.E.

777 BGHZ 109, 260, 266 = NJW 1990, 510, 511 = WM 1990, 121, 124; *Vill*, in: G. Fischer/Vill/D. Fischer/Pape/Chab, § 2, Rn. 401; vgl. auch *Borgmann/Jungk/Schwaiger*, Kap. IV, Rn. 170.

778 BGH NJW 1993, 1779, 1780; vgl. auch BGHZ 85, 327, 335 = NJW 1983, 328.

779 Vgl. im Einzelnen: *Vill*, in: G. Fischer/Vill/D. Fischer/Pape/Chab, § 2, Rn. 402.

780 Vgl. BGH NJW 2002, 825, 827 = WM 2001, 2450 (für die vertragswidrig verweigerte Rückgabe von Unterlagen durch einen Steuerberater); vgl. auch *Borgmann*, NJW 2002, 2145, 2149; so schon *Rinsche*, 6. Auflage, I Rn. 308; *Vollkommer/Greger/Heinemann*, § 15, Rn. 18, § 25, Rn. 31; *Borgmann/Jungk/Schwaiger*, Kap. IV, Rn. 168; OLG Köln MDR 1968, 674; VersR 1980, 362.

781 MünchKomm/*Bachmann*, § 241, Rn. 30; Hk-BGB/*Schulze*, § 241, Rn. 4 a.E.

soweit üblich und vorhanden, beizufügen[782]. Nichterfüllung kann auch hier beweismäßig im Rahmen eines Regressanspruchs von Bedeutung sein (vgl. oben Rdn. 285).

287 Die Verjährung von Auskunfts- und Rechenschaftsansprüchen nach §§ 675 Abs. 1, 666, 667 BGB richtet sich nach den Regelverjährungsvorschriften, also nach § 195 BGB a.F.[783] und, soweit das neue Verjährungsrecht anzuwenden ist, nach §§ 195, 199 Abs. 1 und 4 BGB (vgl. dazu auch und näher unten Rdn. 304).

IV. Herausgabepflicht

1. der Handakte

288 Nach §§ 675 Abs. 1, 667 BGB ist der Anwalt verpflichtet, seinem Auftraggeber alles herauszugeben, was er zur Ausführung des Auftrags erhalten, wie auch das, was er aus der Geschäftsbesorgung erlangt hat[784]. In Verbindung mit § 50 BRAO[785] fallen darunter die in den Handakten befindlichen Unterlagen[786], z.B. eine von dem Mandanten übergebene Vertragsurkunde, ein für den Mandanten erwirkter Vollstreckungstitel[787] oder Dateien[788]. Grundsätzlich herauszugeben sind auch Notizen über Besprechungen, die der Anwalt im Rahmen der Besorgung des Geschäfts geführt hat[789]. Indes bestehen bezüglich einzelner Teile der Handakte, die nach § 50 Abs. 1 S. 2, 3 BRAO nunmehr[790] grundsätzlich 6 Jahre, gerechnet ab Ablauf des Jahres, in dem der Auftrag beendet wurde, aufbewahrt werden muss, **Einschränkungen**:

Unterlagen vertraulicher, persönlicher Natur zum Beispiel über die in den Gesprächen gewonnenen persönlichen Eindrücke oder die von ihm gesammelten vertraulichen »Hintergrundinformationen«, die nicht für die Kenntnisnahme durch den Mandanten qua Einsicht bestimmt sind, darf der Rechtsanwalt bei sich behalten (vgl. schon oben Rdn. 285)[791].

Zudem können im Einzelfall auch mal ausnahmsweise Verschwiegenheitspflichten wegen zu berücksichtigender persönlicher Geheimhaltungsinteressen von dritten Personen, sei es von anderen Mandanten des Anwalts oder von sonstigen involvierten Personen, dem Herausgabeanspruch solcher Teile der Handakten entgegengehalten werden[792]. Zu beachten ist hier, dass der Anwalt, der sich auf Verschwiegenheitspflichten beruft, nach der Rechtsprechung des BGH unumgänglich nähere Tatsachen dergestalt liefern muss, dass (notfalls vom Gericht) wie bei einem Zeugen, der

---

782 BGHZ 109, 260, 266 = NJW 1990, 510, 511 = WM 1990, 121, 124; OLG Hamm vom 6.7.2000 – 28 U 107/99, NJW-RR 2001, 1504, 1505 (anwaltliche Rechnungslegungspflicht über ein Treuhandkonto); OLG Hamm vom 20.7.2004 – 28 W 36/04 (Rechnungslegungspflicht eines nach § 161 BRAO bestellten Vertreters); MünchKommBGB/*Schäfer*, § 666, Rn. 32.

783 Vgl. BGHZ 33, 373, 379 = NJW 1961, 602; BGH NJW 1985, 384 f.; BGHZ 108, 393, 399 = NJW 1990, 180; 181 (jeweils zum Pflichtteilsrecht).

784 Zu den Eigentumsverhältnissen und ihre jeweilige Begründung vgl. BGH, Urt. v. 7.2.2019 – IX ZR 5/18 – juris, Rn. 17 m.w.N.

785 Dazu vgl. BGH, Urt. v. 15.10.2020 – IX ZR 243/19 – juris, Rn. 11.

786 BGHZ 109, 260 = NJW 1990, 510 = WM 1990, 121, 124.

787 Vgl. *Jessnitzer/Blumberg*, § 50 BRAO, Rn. 11; vgl. auch § 17 BORA.

788 Es sei denn, es handelte sich dabei schon um vertraglich geschuldete Arbeitsergebnisse des rechtlichen Beraters; dazu vgl. im Einzelnen BGH WM 2004, 2216 = DStR 2004, 1397 = MDR 2004, 967, 968 (Steuerberater).

789 BGH, Urt. v. 17.5.2018 – IX ZR 243/17 – juris, Rn. 12 a.E. unter Bezugnahme auf BGHZ 109, 260, 265 = NJW 1990, 510, 511 = WM 1990, 121, 124.

790 Gesetz zur Neuregelung des Schutzes von Geheimnissen bei der Mitwirkung Dritter an der Berufsausübung schweigepflichtiger Personen, BGBl. I 2017, S. 3618.

791 Vgl. dazu im Einzelnen BGHZ 109, 260, 266 = NJW 1990, 510, 511 = WM 1990, 121, 124; WM 2004, 2216 = DStR 2004, 1397 = MDR 2004, 967, 968; BGH, Urt. v. 17.5.2018 – IX ZR 243/17 – juris, Rn. 15; zum Eigentum des Anwalts an solchen Aktenbestandteilen vgl. BGH, Urt. v. 7.2.2019 – IX ZR 5/18 – juris, Rn. 15.

792 BGH, Urt. v. 17.5.2018 – IX ZR 243/17 – juris, Rn. 16 und 17.

ein Zeugnisverweigerungsrecht für sich in Anspruch nimmt (vgl. § 386 Abs. 1, § 383 Abs. 1 Nr. 6 ZPO), eine Beurteilung über die Stichhaltigkeit des Weigerungsgrundes möglich ist, auch wenn in geeigneten Sachverhalten von der anerkannten Befugnis Gebrauch gemacht wurde, eine anonymisierte Darstellung abzugeben[793]. Zudem ist nach Möglichkeit für die angeführten Tatsachen Beweis anzubieten[794].

Ebenso müssen nicht herausgegeben werden der Briefwechsel zwischen dem Rechtsanwalt und seinem Auftraggeber und die Schriftstücke, die dieser bereits in Urschrift oder Abschrift erhalten hat, § 50 Abs. 4, 2. Hs. BRAO, § 362 BGB[795].

Die Handakte dient der Aufsicht, § 50 Abs. 1 BRAO. Aus Gründen des Datenschutzes soll die Akte 289
nach Ablauf 6-Jahres-Frist regelmäßig dann aber auch vernichtet werden[796].

Eine ungerechtfertigte Verweigerung der Herausgabe der Handakte stellt auch eine Berufspflicht- 290
verletzung dar[797].

Beruft der Anwalt sich darauf, herausgabepflichtige Unterlagen ganz oder teilweise dem Mandanten 291
bereits (wieder) überlassen zu haben, ist er dafür beweisbelastet (Einwand der Erfüllung)[798], wobei er gegenüber einem Herausgabeverlangen seiner Darlegungslast nicht genügt, wenn er sich lediglich ganz allgemein darauf beruft, dem Mandanten »alle zu beanspruchenden Schriftstücke« übergeben zu haben[799]. In einem Haftpflichtprozess kann es, soweit Teile der Handakte nicht herausgegeben werden, deren Herausgabe geschuldet ist, **beweismäßig** zu Lasten des auf Regress in Anspruch genommenen Anwalts gehen (im Einzelnen vgl. Kap. 4 Rdn. 53 ff.)[800].

Fällig wird der Herausgabeanspruch bezüglich der dem Anwalt übergebenen Unterlagen (1. Alt. 292
des § 667 BGB) regelmäßig mit der Ausführung des einzelnen Auftrags oder spätestens mit der Beendigung des Mandats[801], hinsichtlich des drittgerichteten Schriftverkehrs und der sonst aus der Mandatsbearbeitung erlangten Unterlagen und Belege etc. (§ 667, 2. Alt. BGB) je nach den Umständen des Einzelfalles häufiger auch schon mal früher[802], etwa, wenn sie für die weitere Auftragsdurchführung nicht mehr benötigt werden oder ihrer Natur oder Zweckbestimmung nach für den Mandanten direkt bestimmt sind. Berufsrechtlich bestimmt dazu § 4 Abs. 2 S. 1 BORA, dass Vermögenswerte, insbesondere Wertpapiere und andere geldwerte Urkunden, grundsätzlich unverzüglich an den Berechtigten weiterzuleiten sind, hier also an den Mandanten.

Die Verjährung des Herausgabeanspruchs richtet sich nach den allgemeinen Vorschriften der 293
§§ 195, 199 BGB. Ist der Herausgabeanspruch fällig geworden, beginnt die Verjährungsfrist unabhängig von einem Herausgabeverlangen zu laufen. § 695 S. 2 BGB ist nicht entsprechend anwendbar[803]. Die auch nach der Neufassung berufsrechtlich zu verstehenden Bestimmungen des § 50 BRAO zur Aufbewahrungspflicht und Aufbewahrungsfristen beeinflussen, wie der BGH aktuell entschieden hat, den Lauf der Verjährungsfrist ebenfalls nicht[804].

793 BGH, a.a.O., Rn. 19.
794 BGH, a.a.O.
795 BGH NJW 1990, 510, 511; vgl. auch OLG Köln OLG Report 1998, 152, 153.
796 *Grunewald*, NJW 2017, 3627, 3628 unter Bezugnahme auf BT-Drs. 18/9521, 115.
797 BGH, Urt. v. 27.2.2014 – AnwZ (Brfg) 5/14 – juris, Rn. 13.
798 OLG Köln OLG Report 1998, 152, 153; vgl. auch BGHZ 109, 260, 266 = BGH NJW 1990, 510, 511 unter 2. b).
799 OLG Köln OLG Report 1998, 152, 153.
800 Vgl. BGH NJW 2002, 825, 827 = WM 2001, 2450.
801 BGHZ 109, 260, 264 = NJW 1990, 510; vgl. auch BGH, Urt. v. 7.2.2019 – IX ZR 5/18 – juris, Rn. 17, 29 für den Abwickler einer Rechtsanwaltskanzlei.
802 Vgl. im Einzelnen Soergel/*Beuthien*, 12. Auflage, § 667, Rn. 19–21.
803 BGH, Urt. v. 15.10.2020 – IX ZR 243/19 – juris, Rn. 17.
804 BGH, a.a.O., Rn. 18 ff.

294 Sind die Gebühren und Auslagen des Rechtsanwalts nicht beglichen, kann dieser nach § 50 Abs. 3 BRAO die **Herausgabe der Handakten** (i. S. der gesetzlichen Definition des § 50 Abs. 4 BRAO) bis zu deren Begleichung **verweigern**, soweit dies nicht nach den Umständen unangemessen wäre (§ 50 Abs. 3 S. 2 BRAO), wobei er im Einzelfall auch die »Ersatzmöglichkeiten« des § 17 BORA wählen kann, um so den widerstreitenden Interessen zu genügen. Das Zurückbehaltungsrecht nach **§ 50 Abs. 3 BRAO** ist ein Sonderrecht des Rechtsanwalts, das weiter geht als das allgemeine Zurückbehaltungsrecht nach § 273 BGB, indem es dem Rechtsanwalt gestattet, sofern das nicht ausnahmsweise zu einer besonders schweren Beeinträchtigung des Auftraggebers führt, auch dessen Geschäftsunterlagen als Druckmittel zur Begleichung seiner Honoraransprüche zu verwenden. Der damit verbundene weitgehende Eingriff in die Geschäftstätigkeit des Mandanten erfordert jedoch zum Ausgleich insofern eine enge Auslegung dahin, dass das Zurückbehaltungsrecht nach § 50 Abs. 3 BRAO in der Regel nur wegen der Forderungen anzuerkennen ist, die sich aus der konkreten Angelegenheit ergeben, auf die sich die zurückbehaltene Handakte bezieht[805]. Dass in § 50 Abs. 4 BRAO formuliert ist: »aus Anlass seiner beruflichen Tätigkeit« steht dieser engen Betrachtung des Anwendungsbereichs des § 50 Abs. 3 BRAO nicht entgegen[806]. Soweit es um von Mandanten sofort benötigte Unterlagen zur Führung ihrer Geschäfte, wie etwa Vollstreckungstitel[807] oder auch andere Geschäftspapiere im Einzelfall[808] geht, ist wegen der Natur des Schuldverhältnisses auch das allgemeine Zurückbehaltungsrecht nach **§ 273 BGB** nicht gegeben[809]. Gleiches wäre beispielsweise anzunehmen, wenn sich in den Unterlagen ein für die weitere Verfolgung von Ansprüchen des früheren Mandanten wichtiges Beweisstück befindet und Verjährung droht[810].

2. von Honorarvorschüssen und sonstigen Mandantengeldern

295 Der Anwalt kann gem. § 9 RVG einen angemessenen **Vorschuss** für bereits entstandene und voraussichtlich noch entstehende Gebühren und Auslagen fordern[811]. Gemäß § 675 Abs. 1, § 666 BGB ist er zur Rechenschaftslegung über die erhaltenen Vorschüsse verpflichtet[812]. Das entspricht seiner ihm nach § 23 BORA obliegenden Berufspflicht.

Nach Erledigung des Auftrags oder Beendigung der Angelegenheit (§ 8 Abs. 1 S. 1 RVG), beispielsweise durch Kündigung, müssen unmittelbar danach die erhaltenen Vorschüsse gemäß § 9 RVG abgerechnet werden. Dies ist eine vertragliche, aus §§ 675, 666 BGB folgende Pflicht des Rechtsanwalts[813]. Dieser Anspruch besteht nur, soweit der Vorschuss nicht verbraucht wurde, also ein Vergütungsanspruch nicht entstanden und fällig geworden ist. Auf die Mitteilung einer vom Anwalt unterzeichneten Berechnung kommt es in diesem Zusammenhang nicht an. Denn diese ist nach § 10 Satz 1 RVG lediglich Voraussetzung für das Einfordern einer Vergütung, also der aktiven Geltendmachung eines Vergütungsanspruchs[814].

---

805 BGH NJW 1997, 2944, 2945 f. = WM 1997, 2087, 2090; vgl. auch Nichtannahmebeschluss vom 9.9.1997 – IX ZR 202/96 – zum Urteil des OLG Hamm vom 11.7.1996 – 28 U 170/95; vgl. auch im Einzelnen Weyland/*Träger*, § 50 BRAO, Rn. 21.

806 BGH NJW 1997, 2944, 2945 f. = WM 1997, 2087, 2090.

807 Wie in BGH NJW 1997, 2944, 2945 f. = WM 1997, 2087, 2090; Nichtannahmebeschluss vom 9.9.1997 – IX ZR 202/96.

808 Wie in BGH NJW 1997, 2944, 2945 f. = WM 1997, 2087, 2090.

809 BGH NJW 1997, 2944, 2945 f. = WM 1997, 2087, 2090; Nichtannahmebeschluss v. 9.9.1997 – IX ZR 202/96 –, nicht veröffentlicht.

810 *Vill*, in: G. Fischer/Vill/D. Fischer/Pape/Chab, § 2, Rn. 397 a.E.

811 BGH, Beschl. v. 18.6.2018 – AnwZ (Brfg) 61/17 – juris, Rn. 6 unter Bezugnahme auf BGH, Urt. v. 8.5.2014 – IX ZR 219/13, WM 2014, 1082 Rn. 10.

812 BGH, a.a.O.

813 BGH, Urt. v. 7.3.2019 – IX ZR 143/18 – juris, Rn. 11; BGH, Beschl. v. 18.6.2018 – AnwZ (Brfg) 61/17 – juris, Rn. 6; Urt. v. 14.12.2017 – IX ZR 243/16 – juris, Rn. 11.

814 Vgl. BGH, Urt. v. 7.3.2019 – IX ZR 143/18 – juris, Rn. 13.

Bei den **sonstigen Mandantengeldern** geht es entweder um Gelder, die der Mandant dem Rechtsanwalt anvertraut, damit dieser sie an Dritte wie Gerichte, Behörden, andere Amtsträger, Treuhänder oder Gegner weiterleitet, oder aber der Rechtsanwalt hat Zahlungen Dritter für seinen Mandanten entgegengenommen. 296

Solchermaßen ihm anvertraute fremde Vermögenswerte hat der Rechtsanwalt nach **§ 43a Abs. 5 BRAO** mit der *»erforderlichen Sorgfalt«* zu behandeln und als fremde Gelder *»unverzüglich an den Empfangsberechtigten weiterzuleiten oder auf ein Anderkonto einzuzahlen«*. Diese Pflichten werden in **§ 4 Abs. 2 BORA** dahin spezifiziert, dass die unverzügliche Weiterleitung gegenüber der Verwaltung auf einem Anderkonto vorrangig ist, wenn und soweit nicht etwas anderes vereinbart ist.

Auch in Bezug auf solche Fremdgelder seines Mandanten ist der Rechtsanwalt nicht nur zur Auskunft und Rechenschaft nach §§ 675 Abs. 1, 666 BGB, sondern auch zur Herausgabe gemäß §§ 675 Abs. 1, 667 BGB verpflichtet[815]. Befindet sich das dem Mandanten zustehende Geld auf einem (Sonder-)Konto, so könnte in erster Linie an einen Anspruch auf Abtretung des in dem Kontoguthaben verkörperten Anspruchs des Anwalts gegen das Kreditinstitut zu denken sein[816]. Dies schließt jedoch nicht die Geltendmachung eines dem erlangten Geldbetrag und Kontoguthaben entsprechenden **Zahlungsanspruchs gegen den Anwalt** als Kontoinhaber aus[817]. 297

Vertrat der Anwalt einen Mandanten, der mit Kostendeckung durch eine **Rechtsschutzversicherung** obsiegte, und erhielt der Anwalt die von dem Prozessgegner zu erstattenden Kosten von diesem auf sein Konto eingezahlt, so muss der Anwalt beachten, dass er diese Kosten an den Rechtsschutzversicherer weiterleitet. Denn auf diesen ist gemäß § 86 Abs. 1 S. 1 VVG der Kostenerstattungsanspruch übergegangen[818]. Hierbei handelt es sich um einen gesetzlichen Anspruchsübergang im Sinne der §§ 412 ff. BGB[819]. Nicht etwa darf an den Mandanten ausgekehrt werden. 298

Tut er dies dennoch und erleidet der Rechtsschutzversicherer durch verspäteten Erhalt des ihm zustehenden Geldes einen Zinsschaden, kann er, wenn kein Verzug begründet wurde, auch über § 43a Abs. 5 S. 2 BRAO i.V.m. § 823 Abs. 2 BGB keinen Schadensersatzanspruch gegen den Anwalt geltend machen. **§ 43a Abs. 5 S. 2 BRAO** dient nicht auch dem individuellen Schutz des Rechtsschutzversicherers. Mit diesem verbindet den Rechtsanwalt weder ein Vertrag noch sonst ein besonderes Vertrauensverhältnis[820].

Allerdings steht dem Rechtsschutzversicherer, der einen Prozess vorfinanziert hat, zur Ermittlung eines möglichen Herausgabeanspruchs ein **Auskunftsanspruch** aus § 666 BGB gegen den durch seinen Versicherungsnehmer beauftragten Rechtsanwalt zu. Soweit es die Abrechnung des Mandats betrifft, ist von einer konkludenten Entbindung des Rechtsanwalts von der Verschwiegenheitsverpflichtung durch den rechtsschutzversicherten Mandanten auszugehen[821].

Die **Fälligkeit** eines Anspruchs aus § 667 BGB richtet sich in erster Linie nach den getroffenen Vereinbarungen; sonst nach den Umständen des Einzelfalls (§ 271 Abs. 1 Alt. 2 BGB). Das, was der Beauftragte zur Ausführung des Auftrags erhalten hat, wird in der Regel zur Herausgabe nach § 667 1. Alt. BGB erst dann fällig, wenn der Zweck entweder erreicht oder aber endgültig verfehlt worden ist[822]. Das aus der Geschäftsführung Erlangte – insbesondere das für den Auftraggeber eingezogene Geld – kann gemäß § 667 2. Alt. BGB demgegenüber schon dann herauszugeben sein, wenn der 299

815 BGH NJW 1971, 559, 560; NJW 1995, 1425, 1426 = WM 1995, 1064 f.

816 Vgl. BGHZ 71, 380, 382 = NJW 1978, 1807; NJW 1995, 1425, 1426 = WM 1995, 1064 f.

817 BGH NJW 1995, 1425, 1426 = WM 1995, 1064 f.; vgl. so auch – ohne Weiteres –: BGH NJW 1971, 559, 560.

818 BGH, Urt. v. 23.7.2019 – VI ZR 307/18 – juris, Rn. 8 m.w.N.; v. 13.2.2020 – IX ZR 90/19 – juris, Rn. 10.

819 BGH, Urt. v. 13.2.2020, a.a.O., Rn. 10.

820 BGH, Urt. v. 23.7.2019, a.a.O., Rn. 18 f.

821 BGH, Urt. v. 13.2.2020, a.a.O., Rn. 9 ff.

822 BGH NZI 2005, 681 = WM 2005, 1956.

Beauftragte etwas erlangt hat, was herauszugeben ist. Letztlich sind auch hier die Umstände des Einzelfalls maßgebend[823].

300 Vielfach wird dem auf Geld gerichteten Herausgabeanspruch eine Aufrechnung des Anwalts mit Gegenforderungen, zumeist aufgrund von Honorar- und Auslagenerstattungsansprüchen, entgegengesetzt. Eine solche **Aufrechnung**, die hier nicht an fehlender Gleichartigkeit scheitert[824], kann, auch wenn ein Treuhandverhältnis wie bei der bloßen Entgegennahme und Weiterleitung von Fremdgeldern nicht begründet wird[825], an § 242 BGB scheitern.

Dazu führt der BGH im Urteil vom 23.2.1995 aus:

> »Nach ständiger Rechtsprechung ist die Aufrechnung über die gesetzlich und vertraglich ausdrücklich geregelten Fälle hinaus ausgeschlossen, sofern der besondere Inhalt des zwischen den Parteien begründeten Schuldverhältnisses, die Natur der Rechtsbeziehungen oder der Zweck der geschuldeten Leistung eine Erfüllung im Wege der Aufrechnung als mit Treu und Glauben unvereinbar erscheinen lassen. Insbesondere Treuhänder und Geschäftsführer dürfen gegen den Anspruch auf Herausgabe des Erlangten nicht beliebig aufrechnen (vgl. BGHZ 14, 342 (347) = NJW 1954, 1722 = LM § 387 BGB Nr. 13a; BGHZ 54, 244 (247) = NJW 1970, 2019 = LM § 387 BGB Nr. 47; BGH, NJW 1993, 2041 = LM H. 7/1993 § 242 (Cd) BGB Nr. 330 = WM 1993, 1106 (1108); NJW 1994, 2885 = LM H. 1/1995 § 139 BGB Nr. 82 = WM 1994, 1711 (1712)). Gleichwohl ist ein Rechtsanwalt grundsätzlich nicht gehindert, sich durch Aufrechnung mit Honoraransprüchen aus **nicht zweckgebundenen Fremdgeldern** zu befriedigen, auch wenn die Vergütungsansprüche – wie im Streitfall – nicht gerade den Auftrag betreffen, der zu dem Geldeingang geführt hat.«[826]

Eine solche Aufrechnung ist nach Ansicht des BGH[827] auch möglich in Bezug auf zur Geschäftsbesorgung erhaltene Gelder, wenn und weil deren **Zweckbindung nur bis zur Erreichung oder bis zum Fortfall des Auftragszwecks** bestanden hat. Der Anspruch auf Herausgabe (§§ 675 Abs. 1, 667 BGB) ist dann im Gegensatz zu den empfangenen Geldern selbst nicht mehr gebunden.

301 Gegen **zweckgebunden überlassene Fremdgelder** ist – für die Dauer ihrer Bindung (s.o.) – eine Aufrechnung hingegen grundsätzlich allenfalls mit solchen Gegenforderungen gestattet, deren Erfüllung demselben Zweck dient[828], die ihren Grund also in dem Auftrag und den damit verbundenen Aufwendungen haben[829]. Auch berufsrechtlich nach **§ 4 Abs. 3 BORA** darf der Rechtsanwalt eigene Forderungen nicht mit Geldern verrechnen, die ihm von seinem Mandanten zweckgebunden zur Zahlung an Dritte überlassen worden sind. Da ein wirtschaftlicher Forderungsverzicht nicht zugemutet werden kann, kann aber im Ausnahmefall einer Vermögenslosigkeit des Auftraggebers

823 BGH a.a.O.

824 Vgl. BGH NJW 2005, 3709, 3710 = WM 2005, 2194 (zu einem Geldherausgabeanspruch nach § 667 2. Alt. BGB, der bei der Aufrechnung wie eine normale Geldschuld zu behandeln ist); bei Geldeinzug nicht über ein Treuhandkonto so auch *D. Fischer*, in: G. Fischer/Vill/D. Fischer/Pape/Chab, § 2, Rn. 538 a.E.

825 Vgl. BGHZ 71, 380, 383 = NJW 1978, 1807, 1808; BGH NJW 1971, 559, 560 = WM 1971, 220, 221; BGHZ 113, 90, 93 f. = NJW 1991, 839, 841; NJW 2003, 140, 142; *D. Fischer*, in: G. Fischer/Vill/D. Fischer/Pape/Chab, § 12, Rn. 22.

826 BGH NJW 1995, 1425, 1426 = WM 1995, 1064 f. (Hervorhebung des Verfassers); vgl. BGHZ 71, 380, 383 = NJW 1978, 1807; so auch BGH NJW 2003, 140, 142 = WM 2003, 92, 94 f., BGH NJW 2005, 2927, 2929 und NJW 2007, 2640, Rn. 8.

827 BGH NJW 2005, 2927, 2929; anders lag es im Fall BGH NZI 2005, 681, 682 f. = WM 2005, 1956, in dem einem Abwickler einer Kanzlei eine Aufrechnung versagt wurde, weil die eingezogenen Gelder den früheren Mandanten des Schuldners zustanden.

828 BGHZ 113, 90, 93 f. = NJW 1991, 839, 841 (bezüglich beigetriebener Unterhaltsleistungen einer gem. § 1629 Abs. 3 BGB titulierten Unterhaltsforderung eines Kindes, für den ein Elternteil als Prozessstandschafter gehandelt hatte, wobei der BGH hier letztlich offen gelassen hat, ob die fortdauernde Zweckgebundenheit der Aufrechnung entgegenstand); *D. Fischer*, in: G. Fischer/Vill/D. Fischer/Pape/Chab, § 2, Rn. 539; *Vill*, ebd. § 2, Rn. 387.

829 Zuletzt: BGH NJW 2003, 140, 142 = WM 2003, 92, 94 f.; für die Treuhand vgl. Kap. 8 Rdn. 522.

(beispielsweise »dokumentiert« durch Abgabe einer eidesstattlichen Versicherung) ein Aufrechnungsverbot entfallen[830].

Macht der Anwalt geltend, das Fremdgeld sei nicht mehr vorhanden, ist es allein seine Sache, die auftragsgemäße Verwendung des überlassenen Geldes darzulegen und **zu beweisen**. Wenn er es weisungswidrig ausgezahlt hat und das Geld nicht mehr bei ihm vorhanden ist, vermag ihn das nicht zu entlasten und den Herausgabeanspruch nach **§§ 675 Abs. 1, 667 1. Alt. BGB** nicht zu Fall bringen[831]. Zahlungspflichten sind grundsätzlich Geldwertschulden mit unbegrenzter Einstandspflicht[832]. Allerdings soll es sich bei der Geldherausgabepflicht nach **§ 667 2. Alt. BGB** um keine gewöhnliche Geld(wert)schuld handeln und diese daher anders als die gewöhnliche Geldwertschuld unmöglich werden können[833]. Der Auftragnehmer wird nur als Durchgangsstelle für eine zu seinen Händen geleistete, aber für Rechnung des Auftraggebers entgegengenommene Zahlung angesehen, die er ohne Inanspruchnahme seines eigenen Vermögens lediglich weiterzuleiten hat. Die Gefahr, dass der Leistungsgegenstand beim Beauftragten ohne dessen Verschulden untergeht, trifft daher den Auftraggeber. Allein bei von ihm zu vertretenden Pflichtverletzungen haftet der Anwalt, also bei zu vertretender Unmöglichkeit nach neuem Schuldrecht gemäß §§ 283, 280 BGB (die §§ 280, 325 BGB a.F. ersetzt haben) auf Schadensersatz statt der Leistung[834]. Ist ein erlangter Geldbetrag aber **ohne Verschulden** gemäß §§ 275, 276, 278 BGB aus dem Bar- oder Buchvermögen des Anwalts endgültig ausgeschieden[835], ist der Anwalt frei geworden, nach § 281 BGB a.F. bzw. § 285 BGB jedoch zur Herausgabe des durch die Verwendung der empfangenen Geldmittel Erlangten verpflichtet, das beispielsweise in der Befreiung von einer Verbindlichkeit liegen kann[836]. 302

Unter Berücksichtigung der betroffenen Interessen kann eine unterschiedliche Behandlung der 1. und 2. Alt. des § 667 BGB bei weisungswidriger Verwendung des Fremdgeldes allerdings schwerlich überzeugen. Der 2. Zivilsenat des BGH hat daher zu Recht der Sache nach die zur 1. Alt. bestehende Rechtsprechung: »Herausgabeanspruch auch dann, wenn die erlangten Geldmittel nicht zu dem vorgesehenen Zweck verwendet wurden, wobei der Beauftragte die bestimmungsgemäße Verwendung zu beweisen hat,« auch auf den Anspruch nach § 667 2. Alt. angewandt[837]. Und der 3. Zivilsenat verweist ebenfalls für eine Haftung des Beauftragten nach § 667 BGB bei

830 BGH NJW 2003, 140, 142 = WM 2003, 92, 94 f.; vgl. auch NJW 1995, 1425, 1426 = WM 1995, 1064 f.; vgl. auch Kap. 8 Rdn. 522.

831 BGH, Urt. v. 8.1.2009 – IX ZR 229/07 – juris, Rn. 19; OLG Hamm, Urt. v. 9.7.2002 – 28 U 141/01 (rechtskräftig durch Nichtannahmebeschluss des BGH vom 23.10.2003 – IX ZR 174/02 – juris, Rn. 2; BGH, Urt. v. 4.10.2001 – III ZR 290/00 – juris, Rn. 7; v. 30.10.2003 – III ZR 344/02 – juris, Rn. 15; BGH NJW 1997, 2106, 2108 = WM 1997, 1058 ff.; NJW 1997, 47, 48 = MDR 1997, 164; NJW-RR 1991, 575 f.; NJW-RR 1990, 131; NJW-RR 1987, 963; NJW 1983, 626, 627; KG NJW-RR 1996, 427 = WM 1995, 2182.

832 Vgl. BGH NJW 1989, 1278.

833 BGH NJW 2006, 986, 987 (Tz. 10) = WM 2006, 371; vgl. auch BGH NJW 2003, 743, 744 f. = WM 2003, 1430 ff. (nicht abschließend entschieden); NJW 2002, 2316, 2317 (ebenso noch offengelassen); BGHZ 143, 373, 378 ff. = NJW 2000, 1496, 1497 f. = WM 2000, 834 ff. = JZ 2001, 257 f. (ebenfalls letztlich dahinstehen gelassen); mit Anm. *Beuthien* und *Hieke*, JZ 2001, 257 f.; (X. Zivilsenat) NJW 2003, 743, 744 f. (auch nicht abschließend entschieden); vgl. zum besonderen Charakter der Geldwertschuld nach § 667 2. Alt. BGB im Einzelnen: BGH NJW 2005, 3709 = WM 2005, 2194; Soergel/*Beuthien*, § 667, Rn. 18; vgl. dazu ebenfalls Palandt/*Sprau*, § 667 BGB, Rn. 7; vgl. auch Kap. 8 Rdn. 515.

834 BGH NJW 2006, 986, 987 (Tz. 10) = WM 2006, 371 m.w.N. auch zur Gegenmeinung; vgl. auch Palandt/*Grüneberg*, § 283, Rn. 2 und 6; vgl. auch § 275, Rn. 2; BGH NJW 2003, 743, 744 f. = WM 2003, 1430 ff.

835 BGH NJW 2006, 986, 987 = WM 2006, 371 (Tz. 10) erwähnt dazu eine Bankinsolvenz oder einen Diebstahl.

836 BGH NJW 2000, 1496, 1497 f. = WM 2000, 834 ff. = JZ 2001, 257 f.; *Beuthien* und *Hieke*, JZ 2001, 257 f.

837 BGH NZG 2003, 215; vgl. dazu auch Kap. 8 Rdn. 515.

zweckwidriger Verwendung des Geldes auf seine Rechtsprechung zu § 667 1. Alt. BGB und auf die o.g. Entscheidung des 2. Zivilsenats[838].

303 Bei einer vertragswidrigen Beeinträchtigung des Fremdvermögens durch Veruntreuung von Mandantengeldern ändert es nichts an einem daraus herrührenden vertraglichen Anspruch, dass eine solche Vertragsverletzung zugleich eine **unerlaubte Handlung** und Straftat sein kann (§ 823 Abs. 2 BGB i.V. mit §§ 246, 263, 266 StGB, § 826 BGB)[839].

304 Der Anspruch aus § 667 BGB gegen den Anwalt unterlag nicht der kurzen **Verjährung** der bis zum 14.12.2004 geltenden Sonderregelung des § 51b BRAO, sondern verjährt nach der Regelverjährung, mithin gem. § 195 BGB a.F. erst nach 30 Jahren[840] und nach neuem Verjährungsrecht gemäß § 195 BGB in drei Jahren, beginnend mit dem Schluss des Jahres, in dem der Mandant von den anspruchsbegründenden Umständen und der Person des Schuldners Kenntnis erlangt hat oder ohne grobe Fahrlässigkeit hätte erlangen müssen (§ 199 Abs. 1 BGB). Nach § 199 Abs. 4 BGB tritt bei anderen Ansprüchen als Schadensersatzansprüchen (für die § 199 Abs. 3 BGB eingreift) Verjährung ohne Rücksicht auf Kenntnis oder grob fahrlässige Unkenntnis in 10 Jahren von ihrer Entstehung an berechnet ein. Den Übergang zum neuen Verjährungsrecht regelt Art. 229 EGBGB § 6 für die am 1.1.2002 bestehenden, aber noch nicht verjährten Ansprüche. Da für § 667 BGB die Verjährungsfrist nach neuem Recht kürzer ist als nach altem Recht, ist Abs. 4 der Überleitungsvorschrift maßgeblich[841].

V. Verschwiegenheitspflicht

305 Berufsrechtliche Grundlage für diese Anwaltspflicht ist **§ 43a Abs. 2 BRAO**. Danach bezieht sich die Pflicht zur Verschwiegenheit auf alles, was dem Anwalt bei der Ausübung des Berufs bekannt geworden ist, jedoch mit Ausnahme der Tatsachen, die offenkundig sind oder ihrer Bedeutung nach keiner Geheimhaltung bedürfen. **§ 2 Abs. 2 BORA** konkretisiert u.a., dass die Verschwiegenheit auch nach Mandatsbeendigung zu wahren ist. In **§ 2 Abs. 3 BORA** werden die Ausnahmetatbestände aufgeführt.

306 Zivil- und haftungsrechtlich ergibt sich die Verschwiegenheitspflicht unmittelbar aus dem Anwaltsvertrag[842], und zwar aufgrund des besonderen Treue- und Vertrauensverhältnisses[843] und vielfach wegen der Schadensverhütungspflicht des Anwalts. Daraus ist bereits zu ersehen, dass die unberechtigte Offenbarung geheimzuhaltender Tatsachen eine zum Regress führende Verletzung einer vertraglichen **Nebenpflicht** darstellt, die in der Regel als »leistungsbezogene« oder »leistungssichernde« Nebenpflicht dem § 241 Abs. 1 BGB unterfällt. Neben einer dadurch ausgelösten Vertragshaftung aus § 280 Abs. 1 BGB kann, da die Verletzung einer Verschwiegenheitspflicht auch strafrechtlich sanktioniert wird (§§ 203–205 StGB), zudem eine **deliktische Haftung** nach § 823 Abs. 2 BGB i.V.m. § 203 Abs. Nr. 3 StGB bestehen[844].

---

838 BGH NJW 2006, 986, 987 = WM 2006, 371 (Tz. 10).

839 BGH NJW 1999, 3040, 3042 = WM 1999, 1846 ff.; BGH, Beschl. v. 30.10.2003 – 3 StR 276/03 – juris, Rn. 2; KG, Urt. v. 23.3.2007 – (4) 1 Ss 186/05 (94/05) – juris, Rn. 6.

840 RGZ 96, 53, 55; BGH, Nichtannahmebeschluss vom 16.1.1997 – IX ZR 340/95, BGHR BRAO § 51 a.F. – Geltungsbereich 2; Nichtannahmebeschluss vom 13.4.2000 – IX ZR 171/98; Urt. v. 30.5.2000 – IX ZR 121/99 – juris, Rn. 36; *Borgmann*, NJW 2002, 2145, 2151; vgl. auch Soergel/*Beuthien*, § 667, Rn. 25 m.w.N.

841 Vgl. dazu im Einzelnen Palandt/*Grüneberg*, EGBGB 229 § 6, Rn. 6, zuletzt in der 78. Auflage von 2019 abgedruckt.

842 *Henssler*, NJW 1994, 1817, 1818; *Vill*, in: G. Fischer/Vill/D. Fischer/Pape/Chab, § 2, Rn. 339; *Vollkommer/Greger/Heinemann*, § 15, Rn. 3.

843 *Borgmann/Jungk/Schwaiger*, Kap. IV, Rn. 172; *Vollkommer/Greger/Heinemann*, § 15, Rn. 3.

844 BGH, Urt. v. 17.5.2018 – IX ZR 243/17 – juris, Rn. 16.

§ 203 Abs. 3 StGB bestimmt neu[845], dass die Weitergabe von Geheimnissen im Rahmen eines »Non-Legal-Outsourcing« an derartige »sonstige mitwirkende Personen« gestattet ist. Allerdings macht sich der Rechtsanwalt nach § 203 Abs. 4 Nr. 1 StGB strafbar, wenn er nicht seinerseits die entsprechenden Personen zur Geheimhaltung verpflichtet hat und diese Personen nun das Geheimnis offenbaren. In einem solchen Fall muss er auch mit einer zivilrechtlichen Haftung rechnen (vgl. Rdn. 306). 307

Über die für alle Berufsgeheimnisträger geltenden Anforderungen des § 203 StGB hinausgehend, verlangt der ebenfalls neue **§ 43e Abs. 1 BRAO** für die Einbindung externer Dienstleister einen Vertrag in Textform, der inhaltlich mindestens drei Anforderungen genügen muss. Er muss eine Belehrung über die strafrechtlichen Folgen einer Verletzung der Verpflichtung des Dienstleisters zur Verschwiegenheit enthalten. Weiterhin ist zu vereinbaren, dass der Dienstleister nur insoweit Kenntnis von fremden Geheimnissen nimmt, wie dies zur Vertragserfüllung erforderlich ist. Außerdem ist festzulegen, ob der Dienstleister selbst weitere Personen (als Sub-Dienstleister) zur Vertragserfüllung heranziehen darf, wobei dem Dienstleister dann durch den Rechtsanwalt aufzuerlegen ist, dass die weiteren Sub-Dienstleister auch wieder zur Verschwiegenheit verpflichtet werden. 308

Darüber hinaus ist der Dienstleister durch den Rechtsanwalt sorgfältig auszuwählen sowie die Zusammenarbeit zu beenden, wenn die Einhaltung der vertraglich zwingend zu vereinbarenden Vorgaben nicht gewährleistet ist, **§ 43e Abs. 2 BRAO**.

Außerdem dürfen gemäß **§ 43e Abs. 4 BRAO** ausländische Dienstanbieter grundsätzlich nur dann beauftragt werden, wenn ein mit dem Inland vergleichbares gesetzliches Schutzniveau für die Geheimnisse der Mandanten gewährleistet ist[846].

Auch in all diesen Anforderungen des § 43e BRAO steckt zivilrechtliches Haftungspotential, auf das der Rechtsanwalt sorgfältig achten sollte.

Die **Pflicht zur Verschwiegenheit entfällt** bei Einwilligung des Geheimnisträgers[847], die der Anwalt im eigenen Interesse nachweisbar einholen sollte[848], aber auch, soweit die eigenen berechtigten Interessen sonst nicht sachgerecht durchgesetzt oder verteidigt werden können, in einem gegen den Anwalt eingeleiteten Straf- oder Ehrengerichtsverfahren[849], bei einer gegen den Mandanten geführten Gebührenklage oder in einem vom Auftraggeber eingeleiteten Haftpflichtprozess[850]. 309

Ob **allein der Insolvenzverwalter** oder Vertreter einer sich in Insolvenz befindlichen juristischen Person einen zuvor für die Gesellschaft tätigen und als Zeugen zu vernehmenden Berufsgeheimnisträger (z.B. Rechtsanwalt, Steuerberater, Wirtschaftsprüfer) von seiner Verschwiegenheitspflicht (beispielsweise) in einem gegen ehemalige Geschäftsführer bzw. sonstige vertretungsberechtigte Personen geführten Strafverfahren entbinden kann oder eine kumulative Entbindungserklärung auch der aktuellen Geschäftsführer bzw. des derzeit vertretungsberechtigten Vorstandes vorliegen muss, ist in der strafgerichtlichen Rechtsprechung und der strafrechtlichen Literatur umstritten[851]. 310

845 Eingefügt durch das Gesetz zur Neuregelung des Schutzes von Geheimnissen bei der Mitwirkung Dritter an der Berufsausübung schweigepflichtiger Personen, BGBl. I 2017, S. 3618.

846 Zu diesen gesetzlichen Neuregelungen in § 43e BRAO vgl. *Cornelius*, NJW 2017, 3751, 3752.

847 Vgl. *Vill*, in: G. Fischer/Vill/D. Fischer/Pape/Chab, § 2, Rn. 362; *Vollkommer/Greger/Heinemann*, § 15, Rn. 5; *Borgmann/Jungk/Schwaiger*, Kap. IV, Rn. 181; *Hartung/Nerlich*, § 4 BerufsO, Rn. 23.

848 *Borgmann/Jungk/Schwaiger*, Kap. IV, Rn. 181.

849 Vgl. *Vollkommer/Greger/Heinemann*, § 15, Rn. 5; *Borgmann/Jungk/Schwaiger*, Kap. IV, Rn. 184 f.; *Hartung*, § 2 BORA, Rn. 45 f.

850 Vgl. *Vollkommer/Greger/Heinemann*, § 15, Rn. 5; *Borgmann/Jungk/Schwaiger*, Kap. IV, Rn. 184 f.; *Vill*, in: G. Fischer/Vill/D. Fischer/Pape/Chab, § 2, Rn. 363; *Hartung*, § 2 BORA, Rn. 32, 33.

851 Zum Meinungsstand vgl. OLG Hamm, Beschl. v. 17.8.2017 – 4 Ws 130/17 – juris, Rn. 26 m.w.N.; zum eigenen Standunkt des OLG, dass nur die Entbindung durch den Insolvenzverwalter genüge: a.a.O., Rn. 29 f.; ebenso *Borgmann/Jungk/Schwaiger*, Kap. IV, Rn. 181.

Ist jedoch im Einzelfall ein sog. Doppelmandat oder mehrdimensionales Mandat des Berufsgeheimnisträgers, zum einen mit der Gesellschaft selbst, zum anderen mit dem Geschäftsführer bzw. mit einer sonst für die Gesellschaft vertretungsberechtigten Person gegeben, ist es ungeachtet der durch diese Mandatierungen bestehenden oder entstehenden Interessenkollisionen erforderlich, dass die Schweigepflichtsentbindung **kumulativ durch den früheren Organwalter und den Insolvenzverwalter** erfolgt, wenn beide Beratungsverhältnisse untrennbar miteinander vermengt wurden[852].

Um sich selbst vor Schadenersatzansprüchen und Straftaten zu schützen, kann es sinnvoll sein, wenn der lediglich von einer Seite, beispielsweise nur vom Insolvenzverwalter, von der Schweigepflicht entbundene Berufsgeheimnisträger sich durch einen entsprechenden Gerichtsbeschluss, dass er aussagen muss und aussagen darf, absichert[853].

311 Auch nach dem **Geldwäschegesetz (GwG)** vom 23.6.2017[854] kann der Rechtsanwalt im Einzelfall verpflichtet sein, den Mandanten und die für diesen auftretenden Personen zu identifizieren sowie eine Meldung zu einem Geldwäsche- oder Terrorismussachverhalt an die Zentralstelle für Finanztransaktionsuntersuchungen zu machen. Da Rechtsanwälte im Gegensatz zu Wirtschaftsprüfern und Steuerberatern allerdings nur bei Kataloggeschäften, wie sie in § 2 Abs. 1 Nr. 10 GwG aufgelistet sind, dem GwG unterworfen sind und sie nach § 43 Abs. 2 GwG nicht zur Meldung verpflichtet sind, wenn sich der Sachverhalt auf Informationen bezieht, die sie im Rahmen eines der Schweigepflicht unterliegenden Mandatsverhältnisses erhalten haben, besteht die Meldepflicht dann nur, wenn der Verpflichtete nicht nur den Verdacht hat, sondern weiß, dass der Vertragspartner das Mandatsverhältnis für Zwecke einer Geldwäsche, einer Terrorismusfinanzierung oder einer anderen Straftat genutzt hat oder nutzt[855]. Bei allen sonstigen anwaltlichen Tätigkeiten außerhalb des Katalogs von § 2 Abs. 1 Nr. 10 GwG findet das GwG keine Anwendung[856].

VI. Pflicht zur Vermeidung von Interessenkollisionen

312 Das Verbot, widerstreitende Interessen wahrzunehmen, ist in **§ 43a Abs. 4 BRAO** berufsrechtlich geregelt, ergänzt durch **§ 3 BORA**[857]. Nach **§ 356 StGB** macht sich ein Rechtsanwalt, der bei den ihm in dieser Eigenschaft anvertrauten Angelegenheiten in derselben Rechtssache beiden Parteien durch Rat oder Beistand pflichtwidrig dient, wegen Parteiverrats strafbar[858]. **§§ 45, 46 BRAO** verbieten in den näher genannten Fällen dem Rechtsanwalt die Übernahme eines Mandats (**Abschlussverbot**); § 3 Abs. 4 BORA schreibt die unverzügliche Unterrichtung des Mandanten und die Beendigung aller Mandate in derselben Rechtssache (**Beendigungsgebot**) vor, sobald der Anwalt einen Verstoß gegen ein Tätigkeitsverbot erkennt[859]. Ein Verstoß beispielsweise gegen § 43a Abs. 4 BRAO berührt aber nicht die Wirksamkeit der Prozessvollmacht und der vom Anwalt namens der Partei vorgenommenen Prozesshandlungen[860].

---

852 OLG Hamm, a.a.O., Rn. 31; *Borgmann/Jungk/Schwaiger*, a.a.O.; zur Glaubhaftmachung einer solchen Doppelmandatierung vgl. OLG Hamm, a.a.O., Rn. 35, 36; OLG Hamm, Beschl. v. 26.4.2018 – 4 Ws 56/18 – juris.

853 Vgl. dazu *Köllner/Mück*, NZI 2018, 341 ff.

854 BGBl. I 2017, S. 1822.

855 Zur Umsetzung geldwäscherechtlicher Vorgaben durch mehrfachqualifizierte Berufsträger vgl. *Frank*, NJOZ 2018, 1481.

856 *Frank*, a.a.O., S. 1482; *Dahns*, NJW-Spezial 2018, 126; vgl. auch *Klugmann*, NJW 2017, 2888.

857 Vgl. dazu Weyland/*Träger* § 43a, Rn. 54 ff.; *Vill*, in: G. Fischer/Vill/D. Fischer/Pape/Chab, § 2, Rn. 370; *Deckenbrock*, AnwBl 2009, 16 ff.; vgl. auch OLG Hamburg NJW-RR 2002, 61 = NJW 2002, 974 (LS). § 3 Abs. 2 BRAO ist für in derselben Berufsausübungs- oder Bürogemeinschaft verbundene Rechtsanwälte aufgrund des Beschlusses des BVerfG NJW 2003, 2520, 2522 f. zum 1.7.2006 geändert worden und inzidenter gebilligt worden durch BVerfG NJW 2006, 2469. Ausführlich zur Neuregelung: *Hirtz*, NJW 2019, 2265, 2266 ff. (auch zu § 3 Abs. 3 BRAO).

858 Dazu vgl. BGH NJW 2008, 2723 (mehrere Tatbeteiligte als Parteien »derselben Rechtssache«).

859 Vgl. *Deckenbrock*, AnwBl 2009, 16 ff.; *Borgmann*, NJW 2019, 3557; vgl. auch: *Vollkommer/Greger/Heinemann*, § 3, Rn. 17.

860 BGH, Urt. v. 14.5.2009 – IX ZR 60/08 – juris, Rn. 9, 12.

Da die Tätigkeitsverbote des **§ 45 Abs. 1 Nr. 4 BRAO** und des **§ 45 Abs. 2 Nr. 2 BRAO**, der das ergänzende Gegenstück zu § 45 Abs. 1 Nr. 4 BRAO bildet, auf »konkurrierende« Tätigkeiten in derselben Angelegenheit »außerhalb seiner Anwaltstätigkeit« abstellen, wird hier die früher insbesondere zum aufgehobenen § 51b BRAO relevante Rechtsprechung zur Bestimmung eines sog. echten Anwaltsvertrages[861] bedeutsam. Demgemäß hat sie der BGH jüngst im Rahmen der anwaltlichen Tätigkeitsverbote herangezogen[862] und als Leitsatz formuliert: 313

> »Wird ein Rechtsanwalt für seinen Mandanten, welcher Alleinaktionär einer Schweizer Aktiengesellschaft ist, als Organ dieser Gesellschaft nur zu dem Zweck tätig, eine Vereinbarung mit einem Vertragspartner auszuhandeln, wird er allein in Ausübung seiner anwaltlichen Tätigkeit tätig.«

Genauso wie im Rahmen des § 356 StGB eine Einwilligung des Mandanten keinen Rechtfertigungsgrund bilden kann[863], besteht für die Tätigkeitsverbote nach §§ 43a Abs. 4, 45, 46 BRAO, 3 BORA grundsätzlich keine Möglichkeit, durch ein Handeln mit Einwilligung des Mandanten diese zu beseitigen[864], es sei denn die Einwilligung hebt den Interessengegensatz und damit die Pflichtwidrigkeit auf[865], was indes eine – häufig schwer zu entscheidende – Tatfrage ist[866]. Nachdem in der Literatur die Forderung erhoben worden war, der autonomen Entscheidung des Mandanten zumindest in Teilbereichen einen höheren Stellenwert als bisher einzuräumen[867] und es bei disponiblem Streitstoff, also insbesondere in bürgerlich-rechtlichen Vermögensangelegenheiten, Sache der Parteien sei, die Grenzen festzulegen, innerhalb derer der Anwalt ihre Interessen wahrnehmen dürfe[868], hält nunmehr auch das BVerfG es bei der Bestimmung der Gemeinwohlgründe für eine Berufsausübungseinschränkung i. S. des Art. 12 Abs. 1 GG für beachtlich, ob die beteiligten Parteien mit der Übernahme oder Fortführung eines Mandats einverstanden sind[869]. Es besteht im Grundsatz Einigkeit, dass den subjektiven Vorstellungen der Mandanten entscheidende Bedeutung zukommt[870]. Nach mittlerweile fast einhelliger Meinung in Rechtsprechung und Literatur ist also **entscheidend, ob** die Mandanten eines Rechtsanwalts das gemeinsame Mandat so eingegrenzt haben, dass etwaige **Interessengegensätze ausgespart** sind[871]. 314

Mit dem 4. Strafsenat des BGH in seinem Beschluss vom 21.11.2018 ist zu konstatieren, dass in der Rechtsprechung des BGH Einigkeit darüber besteht, dass sich die dem Anwalt anvertrauten Interessen nach dem Inhalt des diesem erteilten Auftrags beurteilen, der maßgeblich vom Willen des Mandanten gestaltet wird. In Streitigkeiten, bei denen die verfolgten Anliegen ausschließlich der Dispositionsbefugnis der Beteiligten unterliegen, kommt es für die Interessenbestimmung deshalb entscheidend auf die subjektive Zielsetzung der Partei an. Ohne Bedeutung ist demgegenüber die Einschätzung des Anwalts darüber, was aus seiner Sicht von den Parteibelangen vernünftigerweise

861 Vgl. dazu in der 9. Auflage in den Rn. 1232 – 1234.
862 BGH, Urt. v. 2.4.2020 – IX ZR 135/19 – juris, Rn. 39.
863 Vgl. BGHSt 4, 84; 5, 287; 17, 306; 18, 198.
864 BGH, Urt. v. 12.5.2016 – IX ZR 241/14 – juris, Rn. 12; v. 23.4.2012 – AnwZ (Brfg) 35/11 – juris, Rn. 10; OLG Karlsruhe NJW 2001, 3197, 3198; *Borgmann/Jungk/Schwaiger*, Kap. III, Rn. 55.
865 *Vill*, in: G. Fischer/Vill/D. Fischer/Pape/Chab, § 2, Rn. 378.
866 *Henssler*, in: Henssler/Prütting, Bundesrechtsanwaltsordnung, § 43a, Rn. 157; vgl. (bejahend für einen Auftrag, einen Vertrag mit einem im Wesentlichen von den Parteien vereinbarten Inhalt zu entwerfen) BGH NJW 1996, 2929, 2931 = WM 1996, 1832 ff.
867 *Henssler*, NJW 2001, 1521, 1529; zustimmend *Schlosser*, NJW 2002, 1376, 1378 f.; *Henssler*, in: Henssler/Prütting, Bundesrechtsanwaltsordnung, § 43a, Rn. 156.
868 *Henssler*, in: Henssler/Prütting, Bundesrechtsanwaltsordnung, § 43a, Rn. 157.
869 BVerfG, Beschl. v. 3.7.2003 – 1 BvR 238/01, BVerfGE 108, 150–169 (unter 3. a) bb) und unter cc)); vgl. auch darauf aufbauend BGH, Urt. v. 23.10.2003 – IX ZR 270/02 – juris, Rn. 34; Beschl. v. 4.2.2010 – IX ZR 190/07 – juris, Rn. 4 und nun Beschl. v. 9.2.2012 – IX ZR 46/09 – juris, Rn. 4; vgl. auch BVerfG, Nichtannahmebeschl. v. 20.6.2006 – 1 BvR 594/06 – juris, Rn. 14 bis 16.
870 BGH, Beschl. v. 4.2.2010 – IX ZR 190/07 – juris, Rn. 4.
871 BGH, Beschl. v. 9.2.2012 – IX ZR 46/09 – juris, Rn. 4.

vertretbar oder bestenfalls erreichbar erscheint. Anderenfalls nämlich dürfte sich der Anwalt, statt Interessenvertreter und der Sachwalter seines Mandanten zu sein, »zu dessen Richter aufwerfen«[872].

315 Die Kritik in der Urteilsanmerkung von *Deckenbrock*[873] geht fehl. Der 4. Strafsenat hat keine Kehrtwende und erst recht – entgegen der Meinung von *Deckenbrock* und offenbar auch von *Hirtz*[874] – keine erneute Kehrtwende in der Rechtsprechung des BGH vollzogen. Nicht nur der für die Anwaltshaftung zuständige IX. Zivilsenat des BGH hat den subjektiven Vorstellungen des Mandanten entscheidende Bedeutung beigemessen[875]. Auch der Anwaltssenat hatte in seinem eher restriktiveren Ansatz[876] letztlich doch ausgeführt[877], dass das, was den Interessen des Mandanten und damit zugleich der Rechtspflege dient, nicht ohne Rücksicht auf die konkrete Einschätzung des hiervon betroffenen Mandanten abstrakt und verbindlich festgelegt werden kann[878].

316 Dies wird nun auch deutlich und mit ergänzendem Bezug auf die verfassungsrechtliche Seite vom IX. Zivilsenat durch sein Urteil vom 2.4.2020 herausgestellt. Der BGH führt aus:

> »Über das individuelle Mandatsverhältnis hinaus ist die Rechtspflege allgemein auf die Gradlinigkeit der anwaltlichen Berufsausübung angewiesen (BGH, Urteil vom 12. Mai 2016 – IX ZR 241/14, NJW 2016, 2561 Rn. 6). Dabei sind die Interessen, welche der Anwalt im Rahmen des ihm erteilten Auftrags zu vertreten hat, objektiv zu bestimmen (BGH, Urteil vom 23. April 2012 – AnwZ (Brfg) 35/11, NJW 2012, 3039 Rn. 10). Ob widerstreitende Interessen bestehen und vertreten werden, kann indessen nicht ohne Blick auf die konkreten Umstände des Falles beurteilt werden. Maßgeblich ist, ob der in den anzuwendenden Rechtsvorschriften typisierte Interessenkonflikt im konkreten Fall tatsächlich auftritt. Was den Interessen des Mandanten und damit zugleich der Rechtspflege dient, kann nicht ohne Rücksicht auf die konkrete Einschätzung der hiervon betroffenen Mandanten abstrakt und verbindlich von Rechtsanwaltskammern oder Gerichten festgelegt werden. Die Vorschrift des § 43a Abs. 4 BRAO schränkt das Grundrecht der freien Berufsausübung der Rechtsanwälte nach Art. 12 Abs. 1 GG ein. Ihre Auslegung hat sich daran zu orientieren, dass jeder Eingriff in die Berufsausübungsfreiheit durch hinreichende Gründe des Gemeinwohls gerechtfertigt sein muss und nicht weitergehen darf, als die rechtfertigenden Gemeinwohlbelange es erfordern. Eingriffszweck und Eingriffsintensität müssen zudem in einem angemessenen Verhältnis stehen; denn die Gerichte sind, wenn sie Einschränkungen der grundsätzlich freien Berufsausübung für geboten erachten, an dieselben Maßstäbe gebunden, die nach Art. 12 Abs. 1 GG den Gestaltungsspielraum des Gesetzgebers einschränken. Im Interesse der Rechtspflege sowie eindeutiger und gradliniger Rechtsbesorgung verlangt § 43a Abs. 4 BRAO lediglich, dass im konkreten Fall die Vertretung widerstreitender Interessen vermieden wird. Das Anknüpfen an einen möglichen, tatsächlich aber nicht bestehenden (latenten) Interessenkonflikt verstößt gegen das Übermaßverbot und ist verfassungsrechtlich unzulässig (BGH, Urteil vom 23. April 2012, aaO Rn. 14).«[879]

Damit dürfte und sollte sich eine weitere Diskussion erübrigen.

317 Ein Anwaltsvertrag, der gegen §§ 45, 46 BRAO verstößt, ist regelmäßig gemäß **§ 134 BGB** nichtig[880]. Dies ist gleichermaßen bei einem Verstoß gegen § 43a Abs. 4 BRAO der Fall, wie es nun gefestigte Rechtsprechung des BGH ist[881]. Hierfür genügt die objektive Tatbestandserfüllung der

872 BGH, Beschl. v. 21.11.2018 – 4 StR 15/18 – juris, Rn. 15 unter Bezugnahme auf BGHSt 7, 17, 21 = NJW 1955, 150.

873 *Deckenbrock*, NJW 2019, 318 f.

874 *Hirtz*, NJW 2019, 2265.

875 Vgl. BGH, Beschl. v. 4.2.2010 – IX ZR 190/07 – juris, Rn. 4.

876 BGH, Urt. v. 23.4.2012 – AnwZ (Brfg) 35/11 – juris, Rn. 10.

877 BGH, a.a.O., Rn. 14.

878 *Vill*, in: G. Fischer/Vill/D. Fischer/Pape/Chab, § 2, Rn. 370.

879 BGH, Urt. v. 2.4.2020 – IX ZR 135/19 – juris, Rn. 42.

880 BGH, Urt. v. 21.10.2010 – IX ZR 48/10 – juris, Rn. 16 m.w.N. (zu § 45 Abs. 1 Nr. 1 BRAO); v. 25.2.1999 – IX ZR 384/97, BGHZ 141, 69, 79 (zu § 46 Abs. 2 Nr. 1 BRAO); zu den gebührenrechtlichen Konsequenzen einer Nichtigkeit vgl. BGH, a.a.O.; BGH NJW 2000, 1560, 1562 = WM 2000, 1342 ff.; NJW 2001, 1569, 1571; NJW-RR 2006, 1071, 1073 (Tz. 25. f); NJW 2008, 3069, 3070 = WM 2008, 1609 (Tz. 24–27); KG NJW 2008, 1458, 1459; *Mennemeyer*, oben Kap. 1 Rdn. 79.

881 BGH, Urt. v. 10.1.2019 – IX ZR 89/18 – juris, Rn. 24; v. 12.5.2016 – IX ZR 241/14 – juris, Rn. 7 ff.; ebenso BGH, Urt. v. 7.9.2017 – IX ZR 71/16 – juris, Rn. 18; offen gelassen noch von BGH NJW 2004,

Verbotsnorm; Verschulden ist nicht erforderlich. Es kommt deshalb nicht darauf an, ob dem Anwalt zum Zeitpunkt der Übernahme des Mandats die Verbotswidrigkeit seines Handelns bewusst war[882]. Ein Verstoß des Rechtsanwalts gegen die Pflicht zur Vermeidung von Interessenkollisionen (§ 43a Abs. 4 BRAO) führt aber grundsätzlich weder zu einer rückwirkenden Nichtigkeit noch zum Verlust solcher Honoraransprüche, die schon vor der Pflichtverletzung des Rechtsanwalts entstanden sind, es sei denn die frühere Tätigkeit des Anwalts ist für den Auftraggeber wertlos[883]. Auch bleibt die Wirksamkeit der Prozessvollmacht genauso wie die der Prozesshandlungen unberührt[884].

Widerstreitende Interessen liegen allerdings nicht schon dann vor, wenn der Rechtsanwalt sich 318
gegenüber mehreren Mandanten verpflichtet, Forderungen gegen ein und demselben Schuldner durchzusetzen und insbesondere die Zwangsvollstreckung gegen diesen zu betreiben[885]. Denn die Vertretung mehrerer Mandanten ist zulässig, wenn das Mandat auf die **Wahrnehmung gleichgerichteter Interessen** der Mandanten begrenzt ist[886]. Dies kann beispielsweise der Fall sein, wenn mehrere Gesamtschuldner in Anspruch genommen werden und ihr gemeinsames Interesse im konkreten Verfahren ausschließlich auf die Abwehr des Anspruchs gerichtet ist[887]. Die Mandatsverträge verpflichten den Anwalt nur, für jeden einzelnen Mandanten das bestmögliche Ergebnis zu erzielen. Sind die Pflichten aus den einzelnen Verträgen grundsätzlich miteinander zu vereinbaren, ist eine im Einzelfall erfolgende Bevorzugung des einen vor dem anderen Mandanten, zum Beispiel, indem er Anträge bevorzugt oder nachrangig stellt, eine Pflichtverletzung gegenüber dem dadurch geschädigten Auftraggeber, die grundsätzlich zum Schadensersatz verpflichtet. Aber diese Möglichkeit bedeutet noch keine Nichtigkeit des Anwaltsvertrages nach § 43a Abs. 4 BRAO[888]. Die Vertretung mehrerer Mandanten ist dem Rechtsanwalt nur verboten, wenn dabei nach den konkreten Umständen des Falles ein Interessenkonflikt tatsächlich auftritt; eine bloße (latente) Möglichkeit, dass später unterschiedliche Interessen der verschiedenen Mandanten zutage treten, reicht nicht aus, ihm jegliches Tätigwerden zu verbieten[889].

Nimmt ein Rechtsanwalt einen Auftrag entgegen dem Verbot, widerstreitende Interessen zu vertre- 319
ten, an, ist durch eine Nichtigkeit des Anwaltsvertrages ein Anspruch auf Ersatz eines pflichtwidrig hervorgerufenen Schadens des Mandanten nicht etwa ausgeschlossen. Zwar hat der BGH bislang offengelassen bzw. noch nicht definitiv entschieden, ob bei einer Verletzung des § 356 StGB ein deliktischer **Schadensersatzanspruch** nach § 823 Abs. 2 BGB besteht[890]. Da er dies mittlerweile für einen Verstoß gegen die Verschwiegenheitspflicht nach § 43a Abs. 2 BRAO, strafrechtlich sanktioniert in § 203 Abs. Nr. 3 StGB, bejaht hat[891], dürfte eine Bejahung bei § 43a Abs. 4 BRAO, § 356 StGB naheliegen.

Nach neuem Schuldrecht greifen an Stelle der positiven Vertragsverletzung über § 241 Abs. 1 BGB die §§ 280, 281 BGB ein (vgl. dazu schon oben Rdn. 272) und werden die bisher über c.i.c.

1169, 1171 (unter 4. b) aa)); BGH, Urt. v. 23.4.2009 – IX ZR 167/07 – juris, Rn. 31; v. 19.9.2013 – IX ZR 322/12 – juris, Rn. 7; vgl. auch *Mennemeyer,* oben Kap. 1 Rdn. 72.

882 BGH, Urt. 10.1.2019 – IX ZR 89/18 – juris, Rn. 24 unter Bezugnahme auf BGH, Urt. v. 25.3.1993 – IX ZR 192/92, BGHZ 122, 115, 122 m.w.N.

883 BGH, Urt. v. 23.4.2009 – IX ZR 167/07 – juris, Rn. 31 ff.

884 BGH, Urt. v. 14.5.2009 – IX ZR 60/08 – juris, Rn. 9, 12; vgl. schon oben Rdn. 308 m.w.N.

885 BGH, Urt. v. 7.9.2017 – IX ZR 71/16 – juris, Rn. 18.

886 BGH, Urt. v. 10.1.2019 – IX ZR 89/18 – juris, Rn. 21 unter Bezugnahme auf BGH, Beschl. v. 4.2.2010 – IX ZR 190/07 – juris, Rn. 4.

887 BGH, a.a.O. unter Bezugnahme auf BGH, Beschl. v. 2.5.2007 – XII ZB 156/06 – juris, Rn. 19.

888 BGH, Urt. v. 7.9.2017 – IX ZR 71/16 – juris, Rn. 18.

889 BGH, Urt. v. 10.1.2019, a.a.O. unter Bezugnahme auf BGH, Urt. v. 23.4.2012 – AnwZ (Brfg) 35/11 – juris, Rn. 14.

890 Vgl. BGH NJW 1992, 436, 438 = VersR 1992, 762 ff.; vgl. auch NJW 1996, 2929, 2931 = WM 1996, 1832 ff.

891 BGH, Urt. v. 17.5.2018 – IX ZR 243/17 – juris, Rn. 16; vgl. dazu oben Rdn. 306.

erfassten Schadensersatzansprüche von § 241 Abs. 2 i.V.m. § 311 Abs. 2 Nr. 1 und § 280 BGB[892] gesetzlich geregelt, so dass der Mandant trotz Nichtigkeit nicht schutzlos bleibt. Die Beurteilung des Ob und Wie der Pflichtverletzungen hat nach Maßgabe des nichtigen Vertrages zu erfolgen[893]. Hat der Anwalt seinem Mandanten im Rahmen des nichtigen Vertrages einen Schaden zugefügt, kann der Mandant nach § 311 Abs. 2 Nr. 1 BGB von ihm Ersatz des Schadens verlangen[894].

VII. Pflicht zur unverzüglichen Mitteilung der Ablehnung eines Auftrags

320 Nach **§ 44 BRAO**, einem gesetzlich geregelten Sonderfall einer Anwaltshaftung für Verschulden bei Vertragsschluss (c.i.c.)[895], hat der Rechtsanwalt, der als solcher (also gemäß § 3 Abs. 1 BRAO) in Anspruch genommen wird und den Auftrag nicht annehmen will, die Ablehnung unverzüglich zu erklären (S. 1), anderenfalls er den aus einer schuldhaften Verzögerung dieser Erklärung entstehenden Schaden zu ersetzen hat (S. 2). Diese Sonderregelung kommt in der Praxis kaum zum Tragen. Gleichwohl sollte der um Annahme eines Anwaltsauftrages angegangene Rechtsanwalt durch entsprechende Büroorganisation für eine kurzfristige Vorlage eingehender Aufträge und Besprechung mit dem Ratsuchenden Sorge tragen, was auch eine Vertretung bei nicht nur kurzfristiger Verhinderung einschließen muss. Nur so kann überprüft werden, ob eine sofortige Bearbeitung nötig ist, was zu tun eine persönlich vom Anwalt zu erfüllende Pflicht ist[896]. Kann der Anwalt aus dem Auftrag ohne aufwendige und zeitraubende Prüfung der Rechtslage, also ohne Weiteres erkennen, dass Fristablauf droht, muss er sofort handeln[897]. Allerdings muss er wegen eines neuen Auftrags nicht alle anderen Berufsgeschäfte zurückstellen[898].

321 Seiner Pflicht zur Erklärung der Ablehnung des Auftrags genügt der Rechtsanwalt, wenn er die Mitteilung der Mandatsablehnung rechtzeitig und ordnungsgemäß absendet, auch wenn der Zugang nicht beweisbar ist[899]; ein einfacher Brief genügt[900].

322 Auch **außerhalb des § 44 BRAO** kommt eine Haftung des Rechtsanwalts wegen Verschuldens vor Vertragsschluss in Betracht, z.B., wenn er das ihm angetragene Mandat zwar unverzüglich ablehnt, dazu aber die unrichtige Auskunft erteilt, mit der Beauftragung eines anderen Anwalts habe es keine Eile, da in nächster Zeit noch keine Verjährung von Ansprüchen drohe.

323 Ein Fall vorvertraglicher Haftung liegt auch vor, wenn ein Anwalt eine – allerdings nur ausnahmsweise bestehende[901] – Pflicht, ungefragt auf durch seine beabsichtigte Inanspruchnahme entstehenden **Gebühren** und Kosten infolge des Mandats **hinzuweisen**, verletzt oder vor Übernahme des Auftrags entgegen § 49b Abs. 5 BRAO nicht darauf hinweist, wenn sich seine Gebühren nach dem **Gegenstandswert** richten[902].

324 Vorvertragliche Fürsorge-, Belehrungs- und Betreuungspflichten gegenüber der Partei mit der Folge entsprechender Haftung bei Pflichtverletzungen gemäß c.i.c. (nach neuem Schuldrecht gemäß

892 Vgl. *Vill*, in: G. Fischer/Vill/D. Fischer/Pape/Chab, § 2, Rn. 378; *Borgmann/Jungk/Schwaiger*, Kap. III, Rn. 55.

893 Vgl. BGH NJW 1997, 47, 48 = MDR 1997, 164 (für eine nach § 138 Abs. 1 BGB nichtige Treuhandabrede bezüglich Vermittlung einer Adoption zum Zwecke der Verschaffung eines Adelstitels durch einen Anwalt).

894 BGH, Urt. v. 12.5.2016 – IX ZR 241/14 – juris, Rn. 13.

895 BGHZ 47, 320, 323 = NJW 1967, 1567 f.

896 Vgl. BGH NJW 1974, 861 (zu §§ 232, 233 ZPO); *Borgmann/Jungk/Schwaiger*, Kap. III, Rn. 74.

897 Vgl. z.B. *Borgmann/Jungk/Schwaiger*, Kap. III, Rn. 74.

898 Vgl. z.B. *Eylmann*, in: Henssler/Prütting, § 44 BRAO, Rn. 7.

899 *Borgmann/Jungk/Schwaiger*, Kap. III, Rn. 76 unter Hinweis auf BGH NJW 1964, 1176; OLG Hamm VersR 1975, 246; 1976, 1032; 1980, 1072.

900 *Borgmann/Jungk/Schwaiger*, Kap. III, Rn. 76.

901 BGH NJW 1998, 136, 137 = WM 1998, 140 ff.; NJW 1998, 3486, 3487 = WM 1998, 2243, 2245.

902 Zur Kostenberatung und -beschränkung vgl. im Einzelnen – auch zu § 49b Abs. 5 BRAO (in Kraft getreten am 1.7.2004) – Kap. 8 Rdn. 184 ff.

§§ 311 Abs. 2, 241 Abs. 2, 280 BGB) entstehen auch in den Fällen **gerichtlicher Beiordnung** (§§ 48, 49 BRAO) und im Rahmen der vom Anwalt nach § 49a BRAO zu übernehmenden **Beratungshilfe** nach dem Beratungshilfegesetz (vgl. dazu ergänzend Kap. 8 Rdn. 37 ff.). So ersetzt die Beiordnung nicht den Anwaltsvertrag[903]. Die öffentlich-rechtliche Beiordnung lässt den zivilrechtlichen Mandatsvertrag unberührt[904]. Gleichwohl hat der Anwalt, sollte der Anwaltsvertrag noch nicht abgeschlossen worden sein, auch schon vorher, soweit nötig und möglich, Schaden von seiner (rechtsunkundigen) Partei abzuwenden[905]. So muss er auf die gebührenrechtlichen Folgen bei einer Mandatserteilung an eine Sozietät und einer Beiordnung nur des Mitglieds (oder Angestellten) der Sozietät im Wege der Prozesskostenhilfe, wie es bis zur Grundsatzentscheidung des BGH vom 17.9.2008[906] der gängigen Praxis der Gerichte entsprach, hinweisen. Denn nach § 122 Abs. 1 Nr. 3 ZPO ist die Partei vor Ansprüchen auf Vergütung des beigeordneten Anwalts geschützt[907]. Bei schuldhafter Verletzung (so auch nach neuem Schuldrecht: §§ 280 Abs. 1, 276 BGB) der oben genannten vorvertraglichen Pflichten, insbesondere zur Fristenwahrung[908], ist der Anwalt zum Schadensersatz verpflichtet[909]. Dies gilt gleichermaßen im Rahmen der nach § 49a Abs. 1 S. 2 BRAO nur im Einzelfall aus wichtigem Grund ablehnbaren Beratungshilfe[910].

VIII. Pflicht zum Hinweis auf Mandatsbeziehungen zum Gegner der Partei

Vertritt ein Rechtsanwalt oder ein anderes Mitglied seiner Sozietät den Gegner der Person, welche 325
ihm ein neues Mandat anträgt, häufig in Rechtsangelegenheiten, so ist er verpflichtet, diesen Umstand offen zu legen, und zwar unabhängig davon, ob ein tatsächlicher oder rechtlicher Zusammenhang zu dem neuen Mandat besteht[911]. Darin liegt, wie *G. Fischer* in Ergänzung des Urteils im Einzelnen dargelegt hat[912], keine Verletzung einer anwaltlichen Schweigepflicht. Diese **Hinweispflicht** geht **über § 43a BRAO** und § 3 BORA (dazu vgl. oben Rdn. 312 ff.) und auch über schon früher entschiedene Rechtsprechung **hinaus**, dass der Anwalt offenbaren muss, wenn er während des Mandatsverhältnisses in einer anderen Sache einen Dritten gegen den Mandanten vertritt[913]. Der neue Mandant kann, verletzt der Anwalt diese Hinweispflichten, gemäß §§ 280 Abs. 1, 311 Abs. 2 BGB Ersatz seines Vertrauensschadens etwa in Form gezahlter Gebühren beanspruchen[914]. Wenn der BGH auch den Begriff »häufig« nicht erläutert, so dürfte er zur hinreichenden Abgrenzung geeignet sein: »häufig« ist nicht zwingend »ständig« oder »regelmäßig« und jedenfalls mehr als »einmal« oder nur »gelegentlich« oder »vereinzelt«[915].

---

903 Vgl. *Zugehör*, Beilage zu Heft 21/1995 der NJW, S. 7, m.w.N.

904 BGH, Urt. v. 15.7.2010 – IX ZR 227/09 – juris, Rn. 6 m.w.N.

905 Vgl. BGHZ 30, 226, 230 = NJW 1959, 1732, 1733; BGHZ 60, 255, 258 f. = NJW 1973, 757, 758; RGZ 115, 60, 62 f. = JW 1927, 989 gegen RGZ 94, 342, 347; *Borgmann/Jungk/Schwaiger*, Kap. III, Rn. 42, 43; *Vollkommer/Greger/Heinemann*, § 3, Rn. 23; *Rinkler/Pape*, in: G. Fischer/Vill/D. Fischer/Pape/Chab, § 1, Rn. 197; Weyland/*Nöker*, § 48 BRAO, Rn. 6.

906 BGH, Urt. v. 17.9.2008 – IV ZR 343/07 – juris, Rn. 1 ff.

907 Zum Ganzen: BGH, Urt. v. 15.7.2010 – IX ZR 227/09 – juris, Rn. 9.

908 *Borgmann/Jungk/Schwaiger*, Kap. III, Rn. 42.

909 Vgl. BGHZ 30, 226, 230 = NJW 1959, 1732, 1733; *Rinkler/Pape*, in: G. Fischer/Vill/D. Fischer/Pape/Chab, § 1, Rn. 199; *Borgmann/Jungk/Schwaiger*, Kap. III, Rn. 42, 46; *Vollkommer/Greger/Heinemann*, § 3, Rn. 23; Weyland/*Nöker*, § 48 BRAO, Rn. 6.

910 *Borgmann/Jungk/Schwaiger*, Kap. III, Rn. 49; *Rinkler/Pape*, in: G. Fischer/Vill/D. Fischer/Pape/Chab, § 1, Rn. 200; vgl. auch Kap. 8 Rdn. 39.

911 BGH, Urt. v. 8.11.2007 – IX ZR 5/06, BGHZ 174, 186 Rn. 10 ff.; vgl. auch Urt. v. 19.9.2013 – IX ZR 322/12 – juris, Rn. 11.

912 AnwBl 2009, 178, 179 f.

913 BGH NJW 1985, 41.

914 BGHZ 174, 186 = NJW 2008, 1307, 1308 = WM 2008, 56 (Tz. 16 ff.).

915 *G. Fischer*, AnwBl 2009, 178 benutzt allerdings die Begriffe »häufig«, »oft« und »ständig« nebeneinander, ohne jedoch eine Erläuterung oder Abgrenzung vornehmen zu wollen, so dass daraus nichts hergeleitet werden kann.

IX. Pflicht zum Hinweis auch von konkurrierenden Interessen Dritter

326 Jeder Mandant darf grundsätzlich davon ausgehen, dass sich »sein« Anwalt entsprechend dem gesetzlichen Leitbild für ihn als unabhängiger und verschwiegener Interessenvertreter einsetzt, d.h. fortan die Interessen des Auftraggebers ohne Rücksicht auf die Interessen Dritter umfassend vertritt. Für konkurrierende Interessen Dritter gilt insoweit nichts anderes als für die gegenläufigen Interessen des Gegners des Mandanten[916]. Dazu heißt es beim BGH weiter:

> »Will der Anwalt nur eingeschränkt für den Mandanten tätig werden, hat er dies vor Abschluss des Vertrages klarzustellen. Der Mandant kann dann selbst entscheiden, ob er dies – etwa in der Erwartung besonderer Kompetenz des Anwalts oder einer besseren Verhandlungsposition gegenüber dem Gegner – hinnehmen oder ob er einen anderen, ausschließlich seinen – des Mandanten – eigenen Interessen verpflichteten Anwalt beauftragen will. Gleiches gilt, wenn sich nachträglich Interessenkonflikte abzeichnen, die nur ein eingeschränktes Tätigwerden des Anwalts erlauben.«[917]

X. Pflichten bei gemeinsamer Beratung scheidungswilliger Eheleute

327 In einer ähnlichen Lage wie der Mandant, dessen Anwalt selbst oder andere Mitglieder aus dessen Sozietät einen Dritten gegen den Mandanten in einer anderen Sache oder den Dritten häufig in anderen Rechtsangelegenheiten vertreten (dazu oben in Rdn. 321), befinden sich auch scheidungswillige Eheleute, die einen Rechtsanwalt zu einer gemeinsamen Beratung aufsuchen. Zu den den Anwalt treffenden Hinweispflichten hat der BGH ausgeführt:

> »Die Klägerin hätte den Beklagten und seine Ehefrau vor der gemeinsamen Beratung darauf hinweisen müssen, dass ein Anwalt im Grundsatz nur einen von ihnen beraten kann, dass sie bei einer gemeinsamen Beratung nicht mehr die Interessen einer Partei einseitig vertreten darf, sondern sie die Eheleute nur unter Ausgleich der gegenseitigen Interessen beraten kann, und dass sie jedenfalls dann, wenn die gemeinsame Beratung nicht zu einer Scheidungsfolgenvereinbarung führt und widerstreitende Interessen der Eheleute unüberwindbar aufscheinen, das Mandat gegenüber beiden Eheleuten niederlegen muss mit der Folge, dass beide Eheleute neue Anwälte beauftragen müssen, so dass ihnen Kosten nicht nur für einen, sondern für drei Anwälte entstehen. Weiter hätte sie die Eheleute darüber belehren müssen, dass sie möglicherweise auch dann, wenn die Eheleute eine Scheidungsfolgenvereinbarung treffen, einen der Eheleute im Scheidungsverfahren zur Stellung des Scheidungsantrags nicht vertreten kann, die Eheleute danach auch im Fall der einvernehmlichen Scheidung die Kosten für zwei Anwälte tragen müssen, weil diese Frage richterlich noch nicht geklärt ist…«[918]

Werden diese Hinweise unterlassen, kann ein Schaden in Höhe der Gebührenforderung des Anwalts entstehen, so dass auch dann, wenn man den Anwaltsvertrag nicht wegen Verstoßes gegen das Verbot, widerstreitende Interessen zu vertreten (§ 43a Abs. 4 BRAO, § 3 Abs. 1 BORA) nach § 134 BGB für unwirksam hält, im Ergebnis eine Vergütung nicht erfolgreich verlangt werden kann.[919]

C. Die Feststellung der Verletzung von Pflichten

I. Beurteilungsmaßstab

328 Die Beurteilung, ob ein Verhalten eines Anwalts seine vertraglichen Pflichten verletzt, hat unter Zugrundelegung des Vertragsinhalts und der gesamten Umstände des jeweiligen Einzelfalles zu erfolgen, wobei nicht ein Idealmaßstab angelegt werden darf, sondern zu fragen ist, was von einem gewissenhaften und sorgfältig arbeitenden durchschnittlichen Anwalt erwartet und verlangt werden darf. Dies ist bereits mehrfach betont worden (beispielsweise oben Rdn. 314, 315). Bei dieser objektiven Betrachtung ist ein **»ex post«-Maßstab** anzulegen[920].

916 BGH, Urt. v. 7.9.2017 – IX ZR 71/16 – juris, Rn. 17 m.w.N.
917 BGH, a.a.O.
918 BGH, Urt. v. 19.9.2013 – IX ZR 322/12 – juris, Rn. 10.
919 BGH, a.a.O.
920 *Borgmann/Jungk/Schwaiger*, Kap. V. Rn. 29; *G. Fischer*, in: G. Fischer/Vill/D. Fischer/Pape/Chab, § 4, Rn. 7; vgl. auch Kap. 3 Rdn. 9 und 14.

Auch wenn der Anwaltsvertrag nichtig ist[921], hat die Beurteilung der Pflichtverletzungen nach Maßgabe des nichtigen Vertrages zu erfolgen[922].

II. Möglichkeit pflichtgemäßen Verhaltens

Die Feststellung einer Pflichtverletzung setzt begriffsnotwendig voraus, **dass** unter Beachtung der für den jeweiligen Einzelfall an die Pflichtenerfüllung nach Inhalt und Umfang des jeweiligen Mandats oder nach dem eingeschränkten Pflichtenmaßstab und Pflichtenkatalog von Nebenpflichten, vorvertraglichen oder nachvertraglichen Pflichten zu stellenden Anforderungen, »ex post« betrachtet, für den in Anspruch genommenen Anwalt **mindestens eine** nicht nur theoretische **Alternative für pflichtgemäßes Verhalten bestand.** Bei einem Unterlassensvorwurf muss also die tatsächliche Möglichkeit bestanden haben, durch »positives« Tun, und bei einem Vorwurf fehlerhaften »positiven Handelns« durch schlichtes Unterlassen der schädigenden Handlung oder durch eine andere Handlung den konkret anstehenden Pflichten zu genügen. 329

Erforderlich ist **nur, dass** der Anwalt sich pflichtgemäß anders als geschehen hätte verhalten können; eine genauere Feststellung und Festlegung auf eine bestimmte oder mehrere Verhaltensalternativen für einen sorgfältig arbeitenden Rechtsanwalt in der betreffenden Berufssituation ist auf der Ebene der Pflichtverletzung nicht vorzunehmen. Dies fällt vielmehr in den Bereich der haftungsausfüllenden **Kausalität**, wo in einem ersten Schritt die Frage beantwortet werden muss, **wie** pflichtgemäßes Verhalten denn konkret wahrscheinlich ausgesehen hätte, um in den sich daran anschließenden weiteren Kausalitätsschritten fallbezogen präzise weiterprüfen zu können (dazu im Einzelnen unten Kap. 4 Rdn. 15 ff.). 330

Vielfach kann es durchaus sinnvoll sein, im Zusammenhang zu prüfen und festzustellen, was der Anwalt im Einzelnen an alternativen Verhaltensmöglichkeiten richtigerweise hätte wählen müssen und können. Dabei darf aber nicht unbeachtet bleiben, dass bei einem Fehlen irgendeiner faktischen Möglichkeit korrekten Anwaltsverhaltens schon kein Pflichtverletzungsvorwurf erhoben werden kann. 331

Wichtig ist die Erkenntnis, es hier, d.h. bei der Untersuchung des Vorliegens mindestens einer Verhaltensalternative für den Anwalt, noch mit der Feststellung anwaltlicher Pflichtverletzung zu tun zu haben, auch für die Anwendung des richtigen Beweismaßstabes (dazu sofort unten Rdn. 334). 332

D. Beweisfragen zur Pflichtverletzung

I. Umfang des Mandats

Soweit für die Beurteilung einer Pflichtwidrigkeit die Bestimmung eines streitigen Umfangs des Mandats erforderlich ist, wird für die sich dazu stellenden Beweisfragen 333

- Vorliegen eines unbeschränkten oder eines von vorneherein beschränkten Mandats?
- Nachträgliche Einschränkung oder Erweiterung eines Auftrags?
- Erteilung von Weisungen bei oder nach Auftragserteilung und ihre Befolgung?

auf Rdn. 24 ff. verwiesen.

921 Dazu vgl. beispielsweise oben Rdn. 314, 315.

922 Vgl. BGH NJW 1997, 47, 48 = MDR 1997, 164 (für eine nach § 138 Abs. 1 BGB nichtige Treuhandabrede bezüglich Vermittlung einer Adoption zum Zwecke der Verschaffung eines Adelstitels durch einen Anwalt).

II. Anwaltliche Pflichtverletzung

1. Grundsätze

334 Die Darlegungs- und Beweislast dafür, dass der Rechtsanwalt seine Pflichten verletzt hat, trägt nach feststehender Rechtsprechung **der Mandant** als der Geschädigte[923]. Daran ändert sich nichts, wenn der Rechtsanwalt negative Feststellungsklage erhebt[924]. Diese Beweislastverteilung gilt nicht nur für die noch nach den Grundsätzen der positiven Vertragsverletzung zu beurteilenden Haftungsfälle, sondern auch für die nach neuem Schuldrecht zu entscheidenden Regresse nach §§ 280 Abs. 1 und 3, 281, 282 BGB oder § 311 Abs. 2 und 3 i.V.m. § 241 Abs. 2 BGB[925]. Auch für die tatsächlichen Umstände, aus denen Warn- und Hinweispflichten des Rechtsanwalts über das ihm erteilte Mandat hinaus folgen (vgl. oben Rdn. 265 ff.), ist der Mandant darlegungs- und beweispflichtig, da es sich dabei um haftungsbegründende Umstände handelt[926]. Das **Beweismaß** richtet sich nach **§ 286 ZPO**, da es um den *»Ablauf des Geschehens, das den konkreten Haftungsgrund bildet«*[927], geht[928]. Den Mandanten trifft auch die Beweislast dafür, dass der Rechtsanwalt, wenn sich die Gebühren nach dem Gegenstandswert richten (§ 2 Abs. 1 RVG), seine Pflicht aus § 49b Abs. 5 BRAO, den Mandanten vor Übernahme des Auftrags hierauf hinweisen, verletzt hat[929].

335 In einer Reihe von Fällen der Praxis hat der Mandant keine Beweisprobleme, so insbesondere bei »äußerlich festzumachenden« Versäumnissen oder Fehlhandlungen des Anwalts[930].

336 Anders sieht es aus, wenn der **Streit** der Parteien, wie durchaus häufig, darum geht, was intern zwischen Anwalt und Mandant insbesondere während eines **Beratungsgesprächs** erörtert worden ist. Dazu ist wie auch in sonstigen Berufshaftungssachen regelmäßig, jedenfalls aber in Ermangelung anderer Beweismittel, insbesondere bei sog. Vier-Augen-Gesprächen der Regressparteien eine **Anhörung beider Parteien** entweder auf der Grundlage des § 141 ZPO oder des § 448 ZPO vorzunehmen[931]. Wenn aus tatsächlichen Gründen (im Streitfall wegen zwischenzeitlich eingetretener Verhandlungsunfähigkeit) nur eine Partei gemäß § 141 ZPO angehört werden kann, führt (auch) das Gebot der Waffengleichheit[932] nicht dazu, dass auf die Anhörung dieser Partei zu verzichten ist[933].

---

923 Vgl. allgemein für die positive Vertragsverletzung: BGHZ 28, 251, 253; 48, 310, 312; BGH NJW 1993, 3073, 3076 = WM 1993, 1735 ff.; und speziell für die Anwalts- und Steuerberaterhaftung z.B.: BGH NJW 1985, 264, 265 m.w.N.; NJW 1987, 1322, 1323 = ZIP 1987, 581, 582; NJW-RR 1987, 869, 871; NJW 1996, 2571 = WM 1996, 1841 f. (unter Aufgabe von BGH NJW 1986, 2570 = WM 1986, 486, 487, wo noch fälschlich § 363 BGB zu Lasten des Mandanten angewendet worden war); NJW 1998, 136, 137 = WM 1998, 140, 142; NJW 1999, 2437 = WM 1999, 1328, 1329; Baumgärtel/*Laumen*/Prütting, § 675 BGB, Rn. 26 ff.; *G. Fischer*, in: G. Fischer/Vill/D. Fischer/Pape/Chab, § 4, Rn. 13; *Ganter*, S. 17; *Vollkommer/Greger/Heinemann*, § 25, Rn. 11; *Borgmann/Jungk/Schwaiger*, Kap. IX, Rn. 8.

924 BGH NJW 1992, 436, 438 = WM 1992, 276, 279, unter III, 2., b); vgl. auch *G. Fischer*, in: G. Fischer/Vill/D. Fischer/Pape/Chab, § 4, Rn. 29; *Ganter*, S. 17.

925 Vgl. nur Palandt/*Grüneberg*, § 280, Rn. 34, 35 m.w.N., § 281, Rn. 53; *Zugehör*, Beraterhaftung, Rn. 142–144, 175, 181.

926 BGH, Urt. v. 21.6.2018 – IX ZR 80/17 – juris, Rn. 14.

927 BGH NJW 1993, 3073, 3076 = WM 1993, 1735 ff.

928 *G. Fischer*, in: G. Fischer/Vill/D. Fischer/Pape/Chab, § 2, Rn. 13; *Ganter*, S. 17.

929 BGH NJW 2008, 371, 372 = WM 2007, 2351; vgl. zu § 49b Abs. 5 BRAO näher in Kap. 8 Rdn. 185 und 186.

930 Vgl. dazu die Beispiele bei *Borgmann/Jungk/Schwaiger*, Kap. IX, Rn. 9 und *Vollkommer/Greger/Heinemann*, § 25, Rn. 12.

931 BGH, Urt. v. 7.3.2019 – IX ZR 221/18 – juris, Rn. 35; v. 9.6.2011 – IX ZR 75/10 – juris, Rn. 19; vgl. auch Beschl. v. 6.10.2011 – IX ZR 49/11 – juris, Rn. 5; vgl. allgemein zur Frage der Beweiswürdigung nach § 286 ZPO in Bezug auf eine Parteianhörung nach § 141 ZPO und zur Pflicht zur Wiederholung nicht nur bei einer Parteivernehmung, sondern auch bei einer Parteianhörung in erster Instanz durch das Berufungsgericht, will dieses der erstinstanzlichen Beweiswürdigung nicht folgen: BGH, Beschl. v. 27.9.2017 – XII ZR 48/17 – juris, Rn. 12 m.w.N.

932 Zu diesem zivilprozessualen Grundsatz vgl. auch unten Rdn. 349.

933 BGH, Beschl. v. 27.9.2017 – XII ZR 48/17 – juris, Rn. 13.

Vielfach sind aber auch dann die streitigen Tatfragen nicht aufzuklären, so dass es bei einem »non liquet« verbleibt. Aus diesem Grunde ist die Frage der **Beweislast** im Haftpflichtprozess des Anwalts nicht selten entscheidend für den Ausgang des Rechtsstreits. 337

2. Schriftliche Stellungnahme und mündliche Richtigstellung

Wenn etwa der Mandant behauptet, der Anwalt habe ihm einen falschen Rat erteilt, vom Anwalt aber eine richtige Beratung behauptet wird, so wird der Mandant wegen der ihm obliegenden Beweislast für die von ihm behauptete falsche Beratung den Haftpflichtprozess verlieren[934]. Dies kann dem Mandanten sogar auch dann passieren, wenn sich aus einem Schriftstück des Anwalts eine fehlerhafte Beratung ergibt oder ein Vorgehen des Anwalts sich als pflichtwidrig darstellt. So hatte in dem vom BGH am 16.10.1984 entschiedenen Fall[935] der Anwalt eine fehlerhafte, da unvollständige schriftliche Stellungnahme zum Prozessrisiko der Partei erteilt, ohne seine Beurteilung als nur vorläufig und/oder nicht vollständig zu bezeichnen. Im Regressprozess stellte der Anwalt aber die Behauptung auf, er habe unmittelbar nach der schriftlichen Stellungnahme der Partei die Sach- und Rechtslage korrekt insgesamt zutreffend und vollständig erläutert. 338

Dazu der BGH:

> »Entgegen der Auffassung des Berufungsgerichts ändert sich an der Beweislast der Klägerin auch nichts dadurch, daß die Beklagten eine zur Unterrichtung ... über das Prozessrisiko nicht ausreichende schriftliche Stellungnahme verfaßt und ... ausgehändigt haben, ohne im Schriftstück selbst sie als unvollständig zu bezeichnen oder sich eine spätere Ergänzung oder Einschränkung vorzubehalten. Daraus kann nicht ... gefolgert werden, daß die Beklagten ›zunächst ihre Aufklärungspflichten verletzt hatten‹. Es mag dahinstehen, ob Beweiserleichterungen (etwa ein Anscheinsbeweis) in Betracht kommen können, wenn feststeht, daß ein Anwalt zumindest zunächst seinen Mandanten in unzureichender Weise schriftlich belehrt hat und er im Haftpflichtprozess dann behauptet, später habe er mündlich alles wieder richtig gestellt. Soll die ergänzende Aufklärung jedoch **in unmittelbarem zeitlichem Zusammenhang** mit einer noch unvollständigen schriftlichen Belehrung abgegeben sein, so kann sich an den allgemein geltenden Beweislastgrundsätzen nichts ändern. Andernfalls müssten sich Anwälte gezwungen sehen, die unvollständige schriftliche Stellungnahme wieder zurückzuverlangen, oder sich von ihren Gesprächspartnern eine Bestätigung über die ergänzende Belehrung ausstellen zu lassen, was das Vertrauensverhältnis ebenso belasten würde wie eine generelle Beweislastumkehr.«[936]

Ob ein Anwalt mit der Behauptung einer nicht in einem solchen unmittelbaren zeitlichen Zusammenhang mit seiner dokumentierten Pflichtverletzung stehenden, den Fehler korrigierenden mündlichen Belehrung ein für ihn günstiges Beweislasturteil erreichen kann, ist vom BGH also offen gelassen worden. Dass hier grundsätzlich keine Umkehr der Beweislast eintritt, ist schon deshalb anzunehmen, weil es keine allgemeine Dokumentationspflicht für den Anwalt gibt[937]. 339

In solchen Fällen wird die vom BGH bereits angedeutete Anwendung der Grundsätze über einen gegen den Anwalt sprechenden Anscheinsbeweis zwar zu erwägen sein[938]. Allerdings wird man **letztlich keinen »typischen Geschehensablauf«** dahingehend annehmen können, dass schriftliche wegen Unvollständigkeit oder aus inhaltlichen Gründen fehlerhafte anwaltliche Belehrungen oder Hinweise, wenn nicht unmittelbar zeitlich danach mündlich korrigiert, später nur schriftlich 340

934 Vgl. BGH NJW 1988, 706; NJW 1985, 264, 265; *Heinemann,* NJW 1990, 2345, 2346.

935 BGH NJW 1985, 264.

936 BGH NJW 1985, 265 (Hervorhebung des Verfassers); vgl. auch BGH NJW-RR 2001, 1351, 1352 = WM 2001, 741, 742/743 (Steuerberater).

937 *Vollkommer/Greger/Heinemann,* § 25, Rn. 31; mit anderer Begründung so auch *G. Fischer,* in: G. Fischer/Vill/D. Fischer/Pape/Chab, § 4, Rn. 17.

938 Den *G. Fischer,* a.a.O. offenbar bejahen will (»liegt es nahe«); ebenso Baumgärtel/*Laumen*/Prütting, § 675, Rn. 27; wie hier aber *Borgmann/Jungk/Schwaiger,* Kap. IX, Rn. 10.

richtiggestellt werden. Zudem ist kaum hinreichend präzise bestimmbar, wo die Zäsur zwischen erheblichem und nicht mehr erheblichem Anwaltsvortrag zur mündlichen Belehrung genau liegen soll, was nur Unsicherheit und Unschärfen in die Beurteilung derartiger Regressfälle bringt. Die fehlerhafte schriftliche Stellungnahme selbst begründet keinerlei Anschein. Sie beweist, und zwar im Sinne eines Vollbeweises, dass der Anwalt zu diesem Zeitpunkt fehlerhaft gehandelt hat[939], wobei der Anwalt die Existenz und den Inhalt dieser Urkunde regelmäßig gar nicht in Abrede wird stellen können. Damit geht es – entgegen *G. Fischer*[940] – auch nicht um ein dem jeweiligen Schriftstück zu entnehmendes Indiz für anwaltliches Fehlverhalten.

341 Ob allein der Umstand, dass die fehlerbehaftete Stellungnahme dem Mandanten schriftlich vorliegt und in ihrer dokumentierten Vertrauenswirkung durch spätere, bloß mündliche Korrekturen nicht hinreichend aufgehoben wird und so weiterhin Anlass für Fehlentscheidungen des Mandanten sein kann, für eine **Beweiserleichterung oder gar Beweislastumkehr** zugunsten des Mandanten ausreicht, ist zweifelhaft, wäre aber m.E. der einzig tragbare und »ehrliche« Begründungsansatz, wenn man eine Beweisbelastung des Mandanten in solchen Fällen für korrekturbedürftig halten wollte. Indes ist dies bei Abwägung der beiderseits betroffenen Interessen von Anwalt und Mandant **zu verneinen**[941], zumal anderenfalls quasi »durch die Hintertür« die vom BGH zu Recht verneinte selbstständige Dokumentationspflicht[942] eingeführt würde.

3. Gestufte Darlegungs- und Beweislast

a) Grundsätze

342 Letztlich wird also richtigerweise auch in derartigen Fallkonstellationen ein – sonst von der Rechtsprechung ebenfalls als ausreichend angesehener – Schutz des beweisbelasteten Mandanten vor Behauptungen des Anwalts zur ordnungsgemäßen Erfüllung seiner Pflichten durch Anwendung einer **gestuften Darlegungs- und Beweislast** erfolgen. Auf diese Weise trägt die ständige Rechtsprechung des BGH den bei bestrittener Pflichtverletzung für den Mandanten bestehenden Beweisschwierigkeiten Rechnung, die insbesondere beim Nachweis von negativen Tatsachen, wie etwa dem Unterbleiben einer Belehrung aber auch bei einer nicht erfolgten Sachverhaltsaufklärung, vorliegen[943].

343 Der Anwalt darf sich danach beispielsweise **nicht darauf beschränken**,
- eine Pflichtverletzung schlicht zu bestreiten
- oder nur pauschal, d.h. ganz allgemein zu behaupten, er habe den Mandanten ausreichend über die Sach- und Rechtslage unterrichtet
- und/oder die richtigen Hinweise und/oder Ratschläge erteilt
- und/oder den Mandanten hinreichend um die nötigen Sachverhaltsinformationen gebeten.

344 Dabei sind selbstverständlich schon nach allgemeinen Regeln nur solche Einlassungen beachtlich, die – ihre Richtigkeit unterstellt – eine Pflichtwidrigkeit ausräumen, m.a.W. also ergeben, dass der Anwalt sich pflichtgemäß verhalten hat. Aber das allein reicht nicht. Vielmehr muss die Behauptung ordnungsgemäßer Belehrung und Beratung **substantiiert** sein. Der Anwalt muss im Rahmen seiner sekundären Darlegungslast

---

939 Auch sonst wird von der Rechtsprechung eine Vermutung für die Fortdauer eines einmal eingetretenen tatsächlichen Zustandes (etwa eines Irrtums infolge arglistiger Täuschung nach § 123 BGB) abgelehnt, vgl. BGH NJW 2004, 1167, 1168.

940 *G. Fischer*, in: G. Fischer/Vill/D. Fischer/Pape/Chab, § 4, Rn. 17.

941 A.A. *G. Fischer*, a.a.O.

942 Zur allgemeinen Verneinung einer selbstständigen Dokumentationspflicht vgl. BGH NJW 1992, 1695, 1696 = WM 1992, 701, 703; ebenso *Vollkommer/Greger/Heinemann*, § 15, Rn. 15 und § 25, Rn. 31; *Vill*, in: G. Fischer/Vill/D. Fischer/Pape/Chab, § 2, Rn. 101; vgl. auch oben Rdn. 189.

943 Vgl. BGH, Urt. v. 7.3.2019 – IX ZR 221/18 – juris, Rn. 31; v. 11.10.2017 – IX ZR 105/06 – juris, Rn. 12.

»den Gang der Besprechung im Einzelnen schildern, insbesondere konkrete Angaben darüber machen, welche Belehrungen und Ratschläge er erteilt und wie darauf der Mandant reagiert hat.«[944]

Ergänzend dazu heißt es im Urteil vom 28.5.1991:

»Die Obliegenheit, eine solche Beratung inhaltlich näher darzutun, überfordert den Beklagten entgegen dessen Auffassung nicht. Von ihm wird **nicht** verlangt, daß er das Gespräch **nach Ort und Zeit genau** einordnet, sondern nur die Erläuterung daß, unter welchen Umständen und sinngemäß wie er den Kläger … unterrichtet hat.«[945]

Im Urteil vom 4.6.1996 wird betont:

»Der Bekl. braucht **nicht** den Ablauf des Gesprächs **in allen Einzelheiten** darzustellen … Es genügt, wenn der Berater im Prozeß die wesentlichen Punkte des Gesprächs in einer Weise darstellt, die erkennen läßt, daß er den ihm obliegenden Aufklärungs- und Hinweispflichten gerecht geworden ist[946].«

Zusammengefasst bedeutet dies, dass der Anwalt im Rahmen seiner **sekundären Darlegungslast** 345
zunächst Zeit, Umstände, Art und Inhalt der behaupteten Belehrung und den Verlauf des Beratungsgesprächs, insbesondere auch die Reaktionen des Mandanten auf Belehrungen, Ratschläge, Fragen und die wesentlichen Punkte des Gesprächs in einer Weise konkret darzustellen hat, die erkennen lässt, dass er den ihm obliegenden Aufklärungs- und Hinweispflichten gerecht geworden ist. **Nicht** aber muss der Ablauf des Gesprächs **in allen Einzelheiten** dargestellt werden oder über seinen erheblichen, also die geforderte Pflichterfüllung hinreichend ergebenden Vortrag hinaus eine bestreitende Befassung mit den klägerischen Behauptungen erfolgen[947]. Sonst wäre er vielfach schon in Anbetracht der seither vergangenen Zeit überfordert und müsste den Vorgang in unmittelbarem zeitlichem Anschluss schriftlich festhalten, was seine Arbeit im Hinblick auf die Vielzahl der von ihm wahrzunehmenden Aufgaben jedoch unzumutbar erschweren würde und häufig auch dem aus der Beauftragung entstandenen Vertrauensverhältnis zum Mandanten widerspräche[948]. Erst eine solchermaßen substantiierte Behauptung hat der Mandant auszuräumen[949]. Dies gilt auch, wenn streitig ist, ob überhaupt ein Beratungsgespräch stattgefunden hat[950].

Der Anwendungsbereich dieser Grundsätze zur gestuften oder modifizierten Darlegungs- und Be- 346
weislast ist **abzugrenzen** von der Behandlung des Einwands, aufgrund nachträglich erteilter Weisung des Mandanten nicht pflichtwidrig gehandelt zu haben (vgl. Rdn. 29 ff., 235 und Kap. 3 Rdn. 3). Wenn kein streitiger Sachverhalt zum pflichtverletzenden Verhalten selbst vorliegt (z.B. nicht gestritten wird über eine korrekte Vergleichsberatung), wenn es m.a.W. also nur um den Einwand geht, das als fehlerhaft gerügte Verhalten (z.B. den Abschluss eines nachteiligen Vergleichs) gezeigt zu haben, weil der Mandant dies trotz ordnungsgemäßer Belehrung so gewollt habe (§§ 675 Abs. 1, 665 BGB), stellt sich keine Frage nach einer Modifizierung oder Abstufung der Darlegungslast zugunsten des Mandanten, soweit den Rechtsanwalt die Beweislast trifft, weil eine nicht unwesentliche nachträgliche Auftragsänderung oder Weisung vorliegt (vgl. Rdn. 29 ff.).

944 BGH, Urt. v. 5.2.1987 – IX ZR 65/86 – juris, Rn. 17 (Hervorhebung des Verfassers); v. 9.6.1994 – IX ZR 125/93, BGHZ 126, 217, 225; v. 22.7.2004 – IX ZR 132/03 – juris, Rn. 15; v. 23.11.2006 – IX ZR 21/03 – juris, Rn. 12; v. 1.3.2007 – IX ZR 261/03, BGHZ 171, 261, Rn. 12; v. 26.6.2008 – IX ZR 145/05 – juris, Rn. 20; v. 9.6.2011 – IX ZR 75/10 – juris, Rn. 10; vgl. auch Urt. v. 10.5.2012 – IX ZR 125/10 – juris, Rn. 23.

945 BGH NJW 1991, 2280, 2283 = WM 1991, 1427, 1429 (Hervorhebung des Verfassers).

946 BGH NJW 1996, 2571 = WM 1996, 1841 f.

947 Vgl. BGH, Urt. v. 14.7.2016 – IX ZR 291/14 – juris, Rn. 15.

948 Vgl. BGH NJW 1996, 2571 = WM 1996, 1841 f.

949 Vgl. noch BGH NJW 2000, 730, 732 = WM 2000, 189 ff.; NJW-RR 1999, 641, 642 = WM 1999, 645 f.; NJW 1996, 2571, 2572 = WM 1996, 1841, 1842; NJW 1995, 2842, 2843 = WM 1995, 1500, 1501; BGHZ 126, 217, 225 = NJW 1994, 3295, 3299 = WM 1994, 2113, 2118; NJW 1993, 1139, 1140 = WM 1993, 510, 512.

950 BGH NJW 1996, 2571 = WM 1996, 1841 f.

b) Keine Beweislastumkehr

347 Eine **Beweislastumkehr** aufgrund fehlender oder mangelhafter Dokumentation wird von der Rechtsprechung **abgelehnt**, weil dem Anwalt keine selbstständige Dokumentationspflicht auferlegt ist[951]. Demgegenüber hat das Oberlandesgericht Köln[952] ausgeführt, dass der Anwalt beweispflichtig sei, wenn er die Behauptung aufstelle, der Mandant habe ihm in Abweichung von seinem früheren Sachvortrag eine entscheidende Änderung des Sachverhalts mitgeteilt, die schriftlich nicht festgehalten worden sei; anderenfalls werde der Mandant »in eine ausweglose Lage gedrängt«. Diese Entscheidung ist weiterhin sowohl von der Begründung wie vom Ergebnis her abzulehnen. Es ist hier nämlich nicht eine nachträgliche Änderung des Auftragsumfangs erfolgt wie beispielsweise bei einer nachträglichen neuen Weisung, für die der Anwalt die Beweislast trägt[953]. Vielmehr geht es lediglich um die erfahrungsgemäß nicht gerade seltene Tatsache, dass im Laufe des Mandats dem Anwalt durch seinen Mandanten ein völlig neuer tatsächlicher Gesichtspunkt mitgeteilt und damit der frühere Vortrag verändert wird. Dass sich der letztlich entscheidungserhebliche, d.h. »richtige« Sachverhalt erst nach und nach erschließt, liefert keinen innerlich gerechtfertigten Grund, insoweit von den allgemeinen Beweislastregeln abzuweichen, wonach für Auftragsumfang und Pflichtverletzungen der Auftraggeber beweispflichtig ist[954]. Die Beweisprobleme aufgrund vielfach nicht dokumentierten Inhalts und Umfangs der Sachverhaltsinformationen sind grundsätzlich nicht abhängig vom Zeitpunkt ihrer Erteilung oder von dem Umstand einer Korrektur.

348 Kommt der Anwalt seiner Darlegungslast nicht oder nicht ausreichend nach, gilt die Darstellung des Mandanten gemäß § 138 Abs. 3 ZPO als zugestanden[955]. Ist der Rechtsanwalt zu ausreichendem Vortrag nicht in der Lage, weil er keine Aufzeichnungen oder sonstige schriftliche Unterlagen hat, aus denen er den wesentlichen Inhalt des Beratungsgesprächs entnehmen kann, geht dies beweisrechtlich zu seinen Lasten. Daher wird hier die Empfehlung wiederholt, über solche Gespräche Aktenvermerke zu fertigen oder besser noch sie in ein Schreiben an den Mandanten aufzunehmen (so schon oben Rdn. 188).

c) Zur Kritik

349 Die frühere **Kritik an dieser Rechtsprechung**[956], die als Argument vorbrachte, nach § 242 BGB könne Substantiierung von einer Prozesspartei nur im Rahmen des tatsächlich Möglichen verlangt werden und mit den Anforderungen des BGH werde zudem gerade ein Anwalt benachteiligt, der sich streng an die Wahrheitspflicht halte und nur das vortrage, was Gegenstand seiner konkreten Erinnerung sei, war **nur bedingt richtig**. Wenn die Rechtsprechung in Abwägung der betroffenen Interessen von Anwalt und Mandant eine selbstständige Dokumentationspflicht des Anwalts verneint, um eine effektive Arbeit des Anwalts und eine vertrauensvolle Zusammenarbeit mit seinem Auftraggeber nicht zu verhindern, gleichzeitig es aber grundsätzlich bei der vollen Beweislast des Mandanten für eine Pflichtverletzung des Anwalts belässt, ist für den sich durch ein Regressverlangen ergebenden Konflikt, soll die Möglichkeit der Haftung eines Anwalts nicht vielfach nur »auf dem Papier stehen«, ein Korrektiv zu schaffen. Die gestufte Darlegungslast entspricht dabei allgemein anerkannten und geeigneten Grundsätzen in Fällen, in denen ein Anspruchssteller einen negativen Beweis führen muss[957]. Auf diese Weise wird dem prozessualen **Grundsatz der Waffengleichheit** genügt[958]. Dies ist der sachlich gebotene und methodisch treffende Ausgleich für die

951 BGH NJW 1992, 1695, 1696 = WM 1992, 701, 703; vgl. auch schon Rdn. 189.
952 OLG Köln VersR 1996, 194.
953 Vgl. oben Rdn. 29 m.w.N.
954 So auch *G. Fischer*, in: G. Fischer/Vill/D. Fischer/Pape/Chab, § 4, Rn. 28.
955 Vgl. BGH NJW 1996, 2571 = WM 1996, 1841 f.
956 Vgl. *Rinsche*, 6. Auflage, Rn. I 301; *Hartstang*, S. 564.
957 Vgl. z.B. Baumgärtel/*Laumen*/Prütting, Band 1, Kap. 20, Rn. 12 und Rn. 17 ff.
958 Zutreffend *G. Fischer*, in: G. Fischer/Vill/D. Fischer/Pape/Chab, § 2, Rn. 21; vgl. zu diesem Gebot auch BGH, Beschl. v. 24.3.2011 – BGHZ 189, 56, Rn. 11; Urt. v. 8.7.2010 – III ZR 249/09 – juris, Rn. 16; EGMR NJW 1995, 1413; BVerfG NJW 2001, 2531, wo auf den Anspruch auf rechtliches Gehör vor

Beweislastverteilung, der auch verfassungsrechtlich nicht zu beanstanden ist. Es bleibt dem Anwalt schließlich unbenommen, zu wichtigen Besprechungen einen Aktenvermerk zu erstellen oder, noch besser die wesentlichen Punkte in einem Schreiben an den Mandanten festzuhalten. Das ist zudem ein Mittel der Eigenkontrolle.

Eine andere Frage ist aber, ob überhaupt und wenn ja, unter welchen Voraussetzungen einem Anwalt erlaubt sein soll, einzuwenden, er könne sich an den konkreten Vorgang zwar nicht mehr erinnern, habe in derartigen Situationen aber **immer einen bestimmten Rat** erteilt und könne daher auch nur annehmen, im konkreten Fall diesen speziellen Rat gegeben zu haben. **350**

Dazu wird man richtigerweise keinen pauschal verneinenden oder bejahenden Standpunkt vertreten können[959]. Vielmehr dürfte es u.U. zuzulassen sein, wenn der Anwalt, an der oben im Einzelnen dargestellten Rechtsprechung orientiert, substantiiert vorträgt, wie seine Beratung immer ausgesehen, welche Ratschläge er dabei jeweils erteilt und wie die Mandantschaft reagiert habe. Damit aber nicht genug. Er muss auch dartun können, dass und ggf. weshalb es sich bei den von ihm erinnerten Fällen um »Standardsituationen« mit hinreichender Vergleichbarkeit zur konkret in Rede stehenden handelt. Und schließlich wird von ihm dargelegt werden müssen, warum er sich an jene erinnert, nicht jedoch an die Beratung und Belehrung des Regressklägers im konkreten Fall[960]. Anderenfalls wird er sich mit dem berechtigten Verdacht konfrontiert sehen, dass er ohne hinreichende tatsächliche Grundlage bloße und deshalb unbeachtliche Vermutungen äußert. Auch ein Vortrag, es handele sich um eine immer wiederkehrende Beratungssituation für diesen Anwalt, etwa wegen Spezialisierung auf bestimmte Bereiche, z.B. Mietrecht oder arbeitsrechtliches Kündigungsschutzrecht o.ä., genügt allein noch nicht[961].

Gericht und das mit ihm im Zusammenhang stehende Recht auf Gewährleistung eines wirkungsvollen Rechtsschutzes, Art. 103 Abs. 1 GG abgestellt worden ist (wie ebenfalls im Nichtannahmebeschl. v. 27.2.2008 – 1 BvR 2588/06 – juris, Rn. 16) und auf den ebenfalls gerügten Verstoß gegen den Grundsatz der Waffengleichheit nicht mehr einzugehen war, aus dem die vier, die Entscheidung in BVerfGE 52, 145 ff. = NJW 1979, 1925 ff. tragenden Richter für den »Zivilprozess mit seiner von der jeweiligen Beweislage und den geltenden Beweisregeln abhängigen Verteilung des Risikos am Verfahrensausgang keine verfassungsrechtlichen Konsequenzen« hatten herleiten wollen; dieser »Mehrheit« der Richter des BVerfG bezüglich der verfassungsrechtlichen Kontrolle an den Tag gelegten Zurückhaltung mit der h. Lit. zustimmend: Baumgärtel/*Laumen*/Prütting, Band 1, Kap. 9, Rn. 89 f., m.w.N.; BGH NJW 1999, 363, 364; vgl. auch Zöller/*G. Vollkommer*, Einl., Rn. 27 m.w.N.; zum Grundsatz der prozessualen Waffengleichheit als grundrechtsgleichem Recht im Allgemeinen und insbesondere zur besonderen Ausprägung als Anspruch auf rechtliches Gehör vgl. ergänzend BVerfG, Kammerbeschl. v. 30.9.2018 – 1 BvR 1783/17 – juris, Rn. 13 ff. und Beschl. v. 3.6.2020 – 1 BvR 1246/20 – juris, Rn. 16 m. Anm. *Mantz*, NJW 2020, 2007 ff.

959 Generell befürwortend: *Rinsche*, 6. Auflage, Rn. I 300; vorsichtig mit hohen Anforderungen an die Substantiierungspflicht nach dem Prinzip der Waffengleichheit im Einzelfall bejahend: *G. Fischer*, in: G. Fischer/Vill/D. Fischer/Pape/Chab, § 4 Rn. 23; verneinend »nach dieser Rechtsprechung«: *Vollkommer/Greger/Heinemann*, § 25, Rn. 17.

960 Solche Voraussetzungen waren in dem Notarhaftpflichtfall gegeben, den das OLG Hamm mit Urteil vom 3.11.1995 – 11 U 53/95 zutreffend zugunsten des Notars entschieden hat. Dieser hatte gegenüber dem Vorwurf pflichtwidriger Unterlassung der in § 17 Abs. 1 BeurkG vorgeschriebenen Rechtsbelehrung bei Beurkundung eines Erbvertrages (§§ 2278, 2289 BGB) durch fehlende Aufklärung des Vorliegens einer früheren Verfügung von Todes wegen, etwa eines bindenden gemeinschaftlichen Testaments (vgl. § 2271 Abs. 1 S. 2, Abs. 2 BGB), zu dem annähernd 20 Jahre (!) zurückliegenden Beurkundungsvorgang vorgetragen, er könne sich an diesen nicht mehr konkret erinnern, frage bei Beurkundung eines Erbvertrages die Vertragsbeteiligten aber immer nach früheren Verfügungen von Todes wegen. Bei solchen speziellen Fallgestaltungen kann man in der Tat weitergehende Anforderungen an den Prozessvortrag nicht stellen. Bleibt die Sachdarstellung, in vergleichbaren Fällen stets die erforderliche Sachaufklärung zu betreiben und die ggf. notwendige Belehrung zu erteilen, unwiderlegt, reicht das Bestreiten der Pflichtverletzung aus.

961 Bedenklich daher OLG Karlsruhe AnwBl 1979, 64, 65, welches zur Substantiierung einen Vortrag hat ausreichen lassen, wie der Anwalt üblicherweise gegenüber dem Mandanten bei Eingang eines Urteils verfahren ist.

d) Anwendung der Grundsätze zur gestuften Darlegungs- und Beweislast auch beim gestaffelten Regress?

351 Mit der Bezeichnung **gestaffelter Regress** ist die Haftungssituation gemeint, bei der ein zweiter Anwalt bei der Verfolgung eines Regressanspruchs gegen den ersten Anwalt seinerseits schuldhaft pflichtwidrig bewirkt haben soll, dass der Regressanspruch nicht realisiert werden kann. Typischer Fall ist das Verjährenlassen einer Mandantenforderung.

Hier kann sich in der neuen Regressauseinandersetzung das Problem ergeben, wie sich der nun in Anspruch genommene Anwalt zu dem Vorwurf des Regressklägers in Bezug auf den ersten Anwalt zu erklären hat. Dies betrifft aber systematisch die Ebene der **Kausalität**, nämlich die Frage, ob der Kläger durch das pflichtwidrige Verhalten des neuen Anwalts einen Regressanspruch gegen den vorher beauftragten Anwalt verloren hat, was nur in Betracht kommen kann, wenn dieser pflichtwidrig gehandelt hatte. Zur weiteren Behandlung dieses Problems wird daher verwiesen auf Kap. 4 Rdn. 58.

e) Streit über Zugang eines Belehrungsschreibens

352 Die Beweislast für ein Unterlassen gebotener Anwaltsbelehrung trifft den Mandanten auch dann, wenn der Rechtsanwalt substantiiert vorträgt, seinen Belehrungspflichten durch ein an den Mandanten abgeschicktes Schreiben nachgekommen zu sein, dessen **Zugang** der Mandant bestreitet[962].

Dazu hat das OLG Hamm ausgeführt:

> »Zu einem **substantiierten Vorbringen des Anwalts** gehört es, das Datum und den Inhalt des Schreibens sowie die Absendung desselben darzutun. Mit dem Absendungsvorgang werden im Regelfall Büroangestellte des Anwalts beschäftigt sein, also Personen, die der Anwalt im Rahmen seiner Substantiierungspflichten auf Verlangen des Mandanten benennen muss und diesem dann für seine Behauptung der nicht erfolgten Belehrung als Zeugen zur Verfügung stehen. Auch können hinsichtlich des Zugangs, der notwendig im Bereich des Mandanten oder seines Beauftragten stattfindet, Zeugen zur Verfügung stehen, die für den unter Berücksichtigung üblicher Postlaufzeiten in Betracht kommenden Zeitraum bestätigen können, dass das Schriftstück den Empfänger nicht erreicht hat. Die Beweislage des Mandanten kann demgegenüber bei einer mündlichen Belehrung deutlich schlechter sein. So finden persönliche Gespräche zwischen dem Anwalt und seinem Auftraggeber – nicht zuletzt im Hinblick auf die gebotene Vertraulichkeit – häufig unter der Abwesenheit potentieller Zeugen statt. Zumindest nicht besser wird die Beweissituation für den Mandanten im Durchschnitt sein, wenn der Anwalt substantiiert darlegt, die Belehrung im Verlaufe eines Telefongesprächs vorgenommen zu haben, bei dem üblicherweise Dritte nicht zuhören.«[963]

353 In der Regel ist es nicht pflichtwidrig, wenn der Anwalt solche Schreiben **mit einfachem Brief** an den Mandanten schickt. Das ergibt sich aus den gleichen Gründen, die gegen eine allgemeine, d.h. selbstständige Dokumentationspflicht sprechen. Müsste der Anwalt bestrebt sein, sich im Hinblick auf mögliche Regressprozesse eine beweiskräftige Unterlage zu verschaffen, etwa durch »förmliche Zustellung«, würde dies die tägliche Arbeitseffektivität beeinträchtigen und die grundsätzlich vorhandene Vertrauensbeziehung zum Mandanten gefährden[964]. Gegen die in der täglichen Praxis grundsätzlich bewährte Verschickung durch einfachen Brief bestehen auch keine anderen durchgreifenden Gesichtspunkte. Im Gegenteil entspricht es der gefestigten Rechtsprechung des BGH, dass Mitteilungen des Anwalts über den Inhalt einer gerichtlichen Entscheidung sowie über Rechtsmittelmöglichkeiten durch einfachen Brief erfolgen dürfen und nur in besonders gelagerten Ausnahmefällen eine Verpflichtung zur Nachfrage besteht, etwa wenn der Anwalt den Verlust seiner Mitteilung befürchten musste oder wenn ihm der Standpunkt seines Mandanten, unter allen Umständen ein Rechtsmittel einlegen und durchführen zu wollen, aus bestimmten Umständen

---

962 OLG Hamm, Urt. v. 9.3.1999 – 28 U 14/98 (für eine sog. Sekundärbelehrung); vom 18.12.2001 – 28 U 59/01; vom 25.4.2006 – 28 U 27/06; OLG Bremen, Urt. v. 25.5.2009 – 3 U 31/08 – juris, Rn. 24; vgl. auch OLG Karlsruhe AnwBl 1979, 64.

963 OLG Hamm, Urt. v. 9.3.1999 – 28 U 14/98 – juris, Rn. 13 (für eine sog. Sekundärbelehrung) (Hervorhebung des Verfassers); so auch OLG Bremen, a.a.O., juris, Rn. 25.

964 OLG Hamm, a.a.O.

bekannt war[965]. Auch bei der Ablehnung eines angetragenen Auftrages gemäß § 44 BRAO, § 663 BGB muss der Ablehnende nicht beweisen, dass die Ablehnungsanzeige dem Auftraggeber zugegangen ist (s. oben Rdn. 317 m.w.N.)[966].

f) Kein »umgekehrter« Anscheinsbeweis

Einen gewissermaßen **»umgekehrten« Anscheinsbeweis**, vom Untätigbleiben des Mandanten auf ein Unterlassen geschuldeter anwaltlicher Belehrung zu schließen, wird man **nicht anerkennen können**. 354

So hat das OLG Hamm entschieden und ausgeführt:

> »Die für den Bereich der haftungsausfüllenden Kausalität entwickelte Vermutung aufgrund ersten Anscheins kann nicht im Wege des Umkehrschlusses auch auf den strengeren Anforderungen des § 286 ZPO unterliegenden Nachweis der haftungsbegründenden Pflichtverletzung dadurch übertragen werden, dass nunmehr von einem tatsächlich unvernünftigen Verhalten des Mandanten auf eine tatsächlich von dem Anwalt unterlassene Beratung und Belehrung rückgeschlossen wird. Zwar ist beim Anscheinsbeweis grundsätzlich sowohl der Schluss von einer bestimmten Ursache auf eine bestimmte Wirkung, als auch umgekehrt der Schluss von einer bestimmten Wirkung auf eine bestimmte Ursache erlaubt (vgl. Palandt/Heinrichs, 60. Aufl., BGB vor § 249 Rn. 163), wenn die Kausalverknüpfung nach der Lebenserfahrung auf einem typischen, von den Besonderheiten des Einzelfalles unabhängigen Geschehensablauf beruht (vgl. BGHZ 100, 214 [216]). Mag nach der Lebenserfahrung im Allgemeinen auch eine deutlich überwiegende Wahrscheinlichkeit für ein beratungsgemäßes Verhalten des Mandanten sprechen, so ist aber im Einzelfall ein unvernünftiges Verhalten keineswegs so unwahrscheinlich, dass es ohne beachtliche Zweifel nur auf einer falschen Beratung des Anwaltes beruhen kann. Es muss deshalb bei dem Grundsatz verbleiben, dass die reale Verknüpfung einer individuellen Beratung und Belehrung eines Anwaltes mit der individuellen Reaktion des Mandanten nicht auf dem Wege des Anscheinsbeweises erfolgen kann.«[967]

g) Beweislast für fehlende Belehrungsbedürftigkeit

Ist das Unterlassen (hinreichender) Belehrung unstreitig oder bewiesen, und verteidigt sich der Rechtsanwalt damit, der Mandant habe die Rechtslage (wie auch die daraus zu ziehenden Konsequenzen) gekannt, so dass es nicht erforderlich gewesen sei, ihn zu beraten und zu belehren, trifft insoweit den Anwalt die Darlegungs- und Beweislast. **Fehlende Belehrungsbedürftigkeit** des Mandanten ist ein Ausnahmefall, den der **Anwalt beweisen** muss[968]. 355

---

965 BGH, Beschl. v. 29.6.2006 – IX ZR 176/04 – juris, Rn. 2; NJW 2002, 1115, 1116 = WM 2002, 816; NJW 2002, 290 = WM 2001, 2453, 2454; NJW 1997, 1311, 1312 = VersR 1997, 598; VersR 1992, 898, 899; vgl. auch NJW 1958, 2015, 2016 = VersR 1958, 789; VersR 1963, 435, 436 = MDR 1963, 407, 408; VersR 1985, 90; VersR 1986, 36; VersR 1986, 966, 967; vgl. ferner Kap. 8 Rdn. 351.

966 Vgl. OLG Hamm, Urt. v. 9.3.1999 – 28 U 14/98 (für eine sog. Sekundärbelehrung); im Ansatz anders Staudinger/*Martinek/Omlor*, Neubearbeitung 2017, § 663 BGB, Rn. 11, die auf ein Zugangserfordernis materiell-rechtlich verzichten wollen und deshalb einen Beweis nur der (sorgfältigen) Absendung verlangen; zu § 44 BRAO: *Borgmann/Jungk/Schwaiger*, Kap. III, Rn. 76.

967 OLG Hamm vom 6.2.2001 – 28 U 175/00; vgl. dazu, dass für individuelle Verhaltensweisen bei sich tatsächlich ereignenden Vorgängen grundsätzlich eine typisierende Betrachtung ausgeschlossen ist: BGHZ 104, 256 = NJW 1988, 2040; BGH NJW-RR 2000, 569, 572 = ZIP 2000, 289 ff. sowie die Nachweise in BGH NJW 1993, 3259, 3260 zu d.; vgl. auch *G. Fischer*, in: G. Fischer/Vill/D. Fischer/Pape/Chab, § 5, Rn. 18; *G. Fischer*, in: FS für Walter Odersky, S. 1023, 1030 (»mag einleuchten«), jeweils m.w.N. auch zur Gegenansicht im Schrifttum.

968 BGH NJW 2001, 517, 518 = WM 2001, 98, 99; *G. Fischer*, in: G. Fischer/Vill/D. Fischer/Pape/Chab, § 4, Rn. 26; *Ganter*, S. 17; vgl. auch für die Notarhaftung wegen Verstoßes gegen § 17 BeurkG: BGH DNotZ 1997, 62 ff. = VersR 1996, 1543 = NJW 1996, 2038; vgl. im Übrigen schon Rn. 413.

E. Sonderfälle: Rechtsberatung oder Rechtsbesorgung (Rechtsdienstleistungen) durch Rechtsbeistände/registrierte Personen nach dem RDG oder durch Gewerkschaften oder sonstige Vereinigungen

356 Rechtsberatung und/oder Rechtsbesorgung (Rechtsdienstleistungen) erfolgen in zulässiger Weise geschäftsmäßig nicht nur durch Rechtsanwälte.

I. Rechtsbeistände

357 Hier gibt es einmal – in immer geringer werdender Anzahl – die sog. Kammerrechtsbeistände, also Rechtsbeistände mit der nach ganz früherem Recht[969] uneingeschränkt erteilten Vollerlaubnis oder der Erlaubnis unter Ausnahme lediglich des Sozial- oder Sozialversicherungsrechts, die gemäß **§ 209 BRAO** auf Antrag in die für den Ort ihrer Niederlassung zuständige Rechtsanwaltskammer aufgenommen worden sind. Zu deren Rechtsstellung nach dem Inkrafttreten des Rechtsdienstleistungsgesetzes (RDG) zum 1.7.2008 wird auf §§ 1 Abs. 2 und 4, § 3 Abs. 1 und § 6 Einführungsgesetz zum Rechtsdienstleistungsgesetz (RDGEG) verwiesen. Wenn auch in § 209 Abs. 1 S. 3 BRAO der Erste Teil der BRAO mit den §§ 1–3 BRAO nicht in Bezug genommen wird, ergibt sich aus dem historisch gewachsenen Berufsbild des Rechtsbeistands, dass dieser, insoweit einem unabhängigen Organ der Rechtspflege zumindest vergleichbar, freier und unabhängiger, sowie eigenverantwortlich handelnder Berater und Vertreter mit genügender Sachkunde für die Bearbeitung auch schwieriger Rechtsangelegenheiten ist[970]. Dann aber müssen für ihn schon deshalb die gleichen Sorgfaltsanforderungen gelten wie für einen Rechtsanwalt[971].

Der BGH hat in einem Urteil vom 8.6.1971 zwar teilweise geringere Anforderungen gestellt[972]. In einer späteren Entscheidung hat der BGH diese Frage sodann ausdrücklich offen gelassen[973], ist dann in einer weiteren Entscheidung wie selbstverständlich von einer uneingeschränkten Belehrungspflicht ausgegangen[974] und hat nun durch Urteil vom 17.11.2005[975] ausgeführt, dass ein Rechtsbeistand – ob Mitglied der Rechtsanwaltskammer oder nicht – im Verhältnis zum Auftraggeber **die gleichen Berufspflichten** hat wie ein Rechtsanwalt. Dies ist richtig. Der Mandant verlässt sich nämlich auch bei dem Rechtsbeistand unabhängig von seiner Kammerzugehörigkeit auf eine umfassend richtige Rechtsbetreuung, so dass letzterer, wenn er nicht seinerseits »Vorbehalte« macht und den Mandanten an einen Rechtsanwalt verweist, in vollem Umfang für die Fehlerhaftigkeit seiner Tätigkeit einzustehen hat.

358 Dies gilt, da diese Argumente hier genauso zutreffen, auch für die nach § 10 RDG registrierten Inkassodienstleistenden, Rentenberater und Rechtsdienstleistenden in einem ausländischem Recht (vgl. auch § 1 Abs. 3 S. 1 RDGEG) für ihre rechtsdienstleistende Tätigkeit in dem jeweiligen Sachgebiet, in dem sie eine besondere Sachkunde (§ 11 RDG) aufzuweisen haben (§§ 12, 13 RDG).

359 Wie der VIII. Zivilsenat des BGH jüngst herausgearbeitet hat, ist der Begriff der **Rechtsdienstleistung in Gestalt der Inkassodienstleistung** (Forderungseinziehung) gemäß § 2 Abs. 2 S. 1 RDG, die ein im Rechtsdienstleistungsregister eingetragener Inkassodienstleister nach § 10 Abs. 1 S. 1 Nr. 1 RDG erbringen darf, nicht in einem zu engen Sinne zu verstehen, sondern eher großzügig zu beurteilen[976]. Von einer Nichtigkeit nach § 134 BGB der zwischen dem Inkassodienstleister und

969 Abgeschafft durch das Fünfte Gesetz zur Änderung der Bundesgebührenordnung für Rechtsanwälte vom 18.8.1980, BGBl I, S. 1503.

970 BGHZ 83, 350, 354 f. = NJW 1982, 1880, 1881.

971 So zu Recht Palandt/*Grüneberg*, § 280 BGB, Rn. 75 a.E.

972 BGH VersR 1971, 866 = BB 1971, 981.

973 BGH NJW 1981, 1553.

974 BGH NJW-RR 1987, 869, 870 = WM 1987, 725, 727; vgl. auch NJW 1993, 1139, 1140 = WM 1993, 510, 511 (Steuerberater mit Erlaubnis zur Rechtsberatung auf dem Gebiet des Gesellschaftsrechts).

975 BGH NJW-RR 2006, 275, 277 = WM 2006, 592 (Tz. 21).

976 BGH, Urt. v. 27.11. 2019 – VIII ZR 285/18 – juris, Rn. 141.

dessen Auftraggeber getroffenen Inkassovereinbarung einschließlich einer in diesem Zusammenhang erfolgten Forderungsabtretung wegen Überschreitens seiner Inkassodienstleistungsbefugnis und eines darin liegenden Verstoßes gegen § 3 RDG ist insbesondere dann regelmäßig auszugehen, wenn der registrierte Inkassodienstleister Tätigkeiten vornimmt, die von vornherein nicht auf eine Forderungseinziehung im Sinne des § 2 Abs. 2 S. 1 RDG, sondern etwa auf die Abwehr von Ansprüchen gerichtet sind oder eine über den erforderlichen Zusammenhang mit der Forderungseinziehung hinausgehende Rechtsberatung zum Gegenstand haben oder wenn das »Geschäftsmodell« des Inkassodienstleisters zu einer Kollision mit den Interessen seines Auftraggebers führt[977]. Zum für zulässig gehaltenen, da in den Grenzen der Inkassodienstleistungsbefugnis betriebenen Geschäftsmodell mit einem »Mietpreisrechner« (Legal Tech), wird auf Kap. 8 Rdn. 356 verwiesen.

II. Gewerkschaften, sonstige berufsständische oder berufsstandsähnliche Vereinigungen

Gewerkschaften oder sonstige berufsständische oder auf ähnlicher Grundlage gebildete Vereini- 360
gungen i. S. des § 7 RDG bieten ihren Mitgliedern im Rahmen ihrer satzungsmäßigen Aufgabenbereiche nun nach § 7 RDG (früher nach Art. 1 § 7 RBerG) vielfach sog. Rechtsschutz[978]. An die Sorgfalt in der Erledigung solcher Aufträge sind grundsätzlich **keine geringeren Anforderungen** zu stellen als bei einem Rechtsanwalt[979]. Geschuldet ist also auch hier »*bestmögliche* Unterstützung« und »*umfassende*« Besorgung der Angelegenheit[980]. Daran hat sich durch das RDG nichts geändert. § 7 Abs. 2 RDG verlangt vielmehr ausdrücklich, dass eine Person mit der Befähigung zum Richteramt die Rechtsdienstleistung erbringt oder die Rechtsdienstleistung jedenfalls unter seiner Anleitung (deren Anforderungen im entsprechend anwendbar erklärten § 6 Abs. 2 S. 2 RDG geregelt sind) erfolgt.

977 BGH, a.a.O., Rn. 90 f., 96.

978 Zur Erlaubnisfreiheit schon nach früherem Rechtszustand vgl. BGHZ 83, 210 = NJW 1982, 1882; vgl. auch OVG Münster NJW 1967, 1340, 1341.

979 BGH NJW 2002, 1115, 1117 = WM 2002, 816 ff.; NJW 1981, 1553; NJW 1980, 1743 f.; fallbezogen im Einzelnen in einer Kündigungsschutzangelegenheit: BGH NJW 1985, 44; OLG Düsseldorf DB 1987, 1837.

980 BGH NJW 1980, 1743, 1744.

Kapitel 3 Rechtswidrigkeit und Verschulden

Übersicht

A. Rechtswidrigkeit

I. Indizwirkung der Pflichtwidrigkeit

1 In gerichtlichen Entscheidungen über eine Haftpflicht von Rechtsanwälten finden sich regelmäßig keine Ausführungen dazu, dass die als pflichtwidrig beanstandete Handlung oder Unterlassung auch rechtswidrig sei. Dies findet seine »normative« Erklärung darin, dass die Feststellung der Pflichtwidrigkeit, d.h. des Verstoßes gegen Vertragspflichten, die Rechtswidrigkeit **indiziert**[1]. Damit ist Pflichtwidrigkeit nicht gleichbedeutend mit Rechtswidrigkeit[2], was sich bereits daraus als zutreffend erschließt, dass trotz Pflichtverletzung eine Rechtswidrigkeit entfällt, wenn ein Rechtfertigungsgrund vorliegt[3].

2 Da die Indizwirkung vom Vertragsverstoß des Anwalts ausgeht und dieser in aller Regel nicht für einen bestimmten Erfolg einzustehen hat, ist im Bereich vertraglicher Anwaltshaftung die sog. Lehre vom Verhaltensunrecht maßgebend[4]. Dies wird man auch für den Bereich anwaltlicher Berufstätigkeit vertreten müssen, in dem ausnahmsweise der Geschäftsbesorgungsvertrag nicht auf eine dienst- sondern werkvertraglich zu beurteilende Leistung gerichtet ist, wie etwa bei (bloßen) Gutachtenaufträgen (vgl. oben Kap. 1 Rdn. 13), denn hier schuldet der Anwalt zwar einen Erfolg (§§ 675 Abs. 1, 631 Abs. 2 BGB), z.B. die Erstellung eines Rechtsgutachtens, im Sinne eines »durch Dienstleistung herbeizuführenden Erfolges«; darin »verkörpert« sich aber lediglich, ist das Gutachten fehlerhaft, eine Vertragspflichtverletzung, deren Vorliegen grundsätzlich unabhängig von der Einordnung des Anwaltsvertrages als Dienst- oder Werkvertrag festzustellen ist[5] und die ein fehlerhaftes Tun oder eine vertragswidrige Unterlassung zum Gegenstand hat. Aber auch dann, wenn man hier auf den »Erfolg« als Bezugspunkt der Rechtswidrigkeitsbeurteilung abstellt, ändert sich in der praktischen Handhabung und an den Ergebnissen nichts; dann indiziert die Fehlerhaftigkeit beispielsweise des

1 Vgl. *G. Fischer*, in: G. Fischer/Vill/D. Fischer/Pape/Chab, § 4, Rn. 8; *Zugehör*, Beraterhaftung, Rn. 83.

2 So nun auch *Vollkommer/Greger/Heinemann*, § 16, Rn. 1 und wohl auch *Borgmann/Jungk/Schwaiger*, Kap. V, Rn. 38 – 40: »Die Rechtswidrigkeit ist ihr Spiegelbild«.

3 Vgl. *G. Fischer*, a.a.O.; *Zugehör*, a.a.O.; so auch *Vollkommer/Greger/Heinemann*, § 16, Rn. 1; vgl. auch *Borgmann/Jungk/Schwaiger*, Kap. V, Rn. 37.

4 So auch *G. Fischer*, a.a.O.; *Vollkommer/Greger/Heinemann*, § 16, Rn. 1 *Borgmann/Jungk/Schwaiger*, Kap. V, Rn. 21.

5 Vgl. insoweit auch BGH NJW 1996, 2929, 2931 = WM 1996, 1832, 1834; *Vill*, in: G. Fischer/Vill/D. Fischer/Rinkler/Chab, § 2, Rn. 3; *Zugehör*, Beraterhaftung, Rn. 11.

Gutachtens die Rechtswidrigkeit, was letztlich nur belegt, dass der Streit um Handlungs- oder Erfolgsunrecht im Bereich des Vertragsrechts weitgehend theoretischer Natur ist.

II. Behandlung einer Weisung oder Einwilligung

Eine Weisung/Einwilligung des zuvor umfassend und richtig über die daraus drohenden Folgen/ 3
Nachteile belehrten Mandanten lässt bei einem an sich sonst als vertrags- und daher pflichtwidrig einzustufenden Verhalten nicht erst die Rechtswidrigkeit entfallen. Der Rechtsanwalt hat durch seine Beratung und Belehrung von vorneherein pflichtgemäß gehandelt. Sein davon abweichendes anschließendes Verhalten kann den Vertrag nicht verletzen, da der Anwalt durch die ihm erteilte Weisung seines ausreichend belehrten Mandanten grundsätzlich gebunden ist (vgl. § 665 BGB; vgl. Kap. 2 Rdn. 172, 236, jeweils m.w.N.)[6]. Aber auch dann, wenn der Rechtsanwalt ausnahmsweise wegen rechtswidriger oder unlauterer Ziele seines Mandanten die entsprechende Weisung nicht befolgen muss (vgl. im Einzelnen Kap. 2 Rdn. 245 f. m.w.N.), handelt er, wenn er ihr nach umfassender und zutreffender Belehrung nachkommt, nicht vertragswidrig, so dass auch in diesem Fall eine Pflichtverletzung, die zu einer Haftung der eigenen Partei gegenüber führen könnte, nicht vorliegt (vgl. schon Kap. 2 Rdn. 246)[7].

Anders sieht es aus, wenn der Mandant erst nachträglich ein auftragswidriges Verhalten seines An- 4
walts billigt. Diese **Genehmigung** stellt einen echten **Rechtfertigungsgrund** dar; der Mandant darf wie auch bei nachträglichen Änderungen von Inhalt oder Umfang des Mandats frei disponieren[8]. Rechtfertigungsgrund kann ferner beispielsweise der Bruch der Verschwiegenheitspflicht sein, wenn den Anwalt nach § 138 StGB eine Anzeigepflicht für die entsprechenden »Kapitaldelikte« trifft[9], wobei auch dann, wenn strafrechtlich über § 139 Abs. 3 S. 2 StGB eine Anzeigepflicht entfällt, zivilrechtlich die Anzeige von Vorhaben oder Durchführung der Tat gerechtfertigt ist. Auch die in § 203 Abs. 3 S. 2 StGB nun auch geregelte Offenbarungsbefugnis gegenüber externen Hilfspersonen, die z.B. im Rahmen von Cloud-Computing, Outsourcing von Daten, Fernwartung usw. eine immer größere Bedeutung erlangt, stellt einen Rechtfertigungsgrund dar[10].

III. Beweislast

Während bei einer bereits die Pflichtwidrigkeit nehmenden Weisung oder vorherigen Zustimmung 5
(= Einwilligung) nach den bereits dargestellten Beweislastgrundsätzen (Kap 2 Rdn. 333 f.) die Beweislast grundsätzlich beim Mandanten liegt, ist ein Rechtfertigungsgrund wie beispielsweise eine spätere Genehmigung nach allgemeinen Grundsätzen als Ausnahmetatbestand von demjenigen zu beweisen, der sich darauf beruft[11], also vom Anwalt[12]. Dies harmoniert auch mit der ebenfalls den Anwalt treffenden Beweislast auf der Ebene der Pflichtwidrigkeit, wenn er sein Verhalten als vertragsgemäß einwendet, weil es nach seiner Behauptung einer erst nachträglich erteilten Weisung entspreche (dazu Kap. 2 Rdn. 29 m.w.N.).

---

6 Zur bereits fehlenden Pflichtwidrigkeit vgl. insbesondere BGH NJW-RR 1990, 1241, 1243 = WM 1990, 1917, 1920 = VersR 1991, 422 ff.; NJW 1991, 2280, 2282 = WM 1991, 1427, 1429; vgl. auch *G. Fischer*, in: G. Fischer/Vill/D. Fischer/Pape/Chab, § 2, Rn. 9; letztlich so auch *Vollkommer/Greger/Heinemann*, § 16, Rn. 2; nun auch *Borgmann/Jungk/Schwaiger*, Kap. V, Rn. 37, Fn. 108.

7 BGH NJW 1991, 2280, 2282 f. = WM 1991, 1427, 1429; vgl. auch *G. Fischer*, in: G. Fischer/Vill/D. Fischer/Rinkler/Chab, § 4, Rn. 9.

8 OLG Hamm vom 4.11.1999 – 28 U 65/99; *G. Fischer*, in: G. Fischer/Vill/D. Fischer/Pape/Chab, § 4, Rn. 9, 25.

9 Dazu vgl. im Einzelnen: *Eisele*, in: Schönke/Schröder, 30. Auflage, § 203 StGB, Rn. 43.

10 Dazu ebenfalls im Einzelnen: *Eisele*, in: Schönke/Schröder, 30. Auflage, § 203 StGB, Rn. 46 ff.

11 Grundlegend BGHZ (GrZS) 24, 21, 27 f.; BGHZ 39, 103, 108; Palandt/*Sprau*, § 823, Rn. 80.

12 So auch *G. Fischer*, in: G. Fischer/Vill/D. Fischer/Pape/Chab, § 4, Rn. 25; vgl. auch OLG Hamm vom 4.11.1999 – 28 U 65/99.

B. Verschulden

I. Erscheinungsformen und Maßstab

6 Wenn in Gerichtsentscheidungen zuweilen zu einem Verschulden des haftpflichtigen Anwalts überhaupt nichts gesagt und in den meisten Entscheidungen lediglich allgemein ausgeführt wird, der Anwalt habe schuldhaft gehandelt, so ist doch auch nach den Schadensersatznormen des neuen Schuldrechts (vgl. § 280 Abs. 1 S. 2 BGB n.F.) **Verschulden erforderlich**[13]. Eine vorsätzliche Pflichtverletzung, also eine solche mit Wissen und Wollen des rechtswidrigen Erfolges im Bewusstsein der Rechtswidrigkeit[14] wird in der Praxis der Anwaltshaftung nur selten in Erwägung gezogen[15]. Die weitaus meisten anwaltlichen Pflichtverletzungen beruhen auf der fahrlässigen Nichtbeachtung von Pflichten gegenüber dem Mandanten. Fahrlässigkeit liegt vor bei Vorhersehbarkeit und Vermeidbarkeit des Haftungstatbestandes, hier also der Vertragswidrigkeit (= Pflichtwidrigkeit) des Verhaltens und der Möglichkeit eines dadurch entstehenden Schadens.

7 Nach § 276 Abs. 2 BGB n.F. (= § 276 Abs. 1, 2 BGB a.F.) handelt fahrlässig, wer die im Verkehr erforderliche Sorgfalt außer Acht lässt. Es gilt hier anders als im Strafrecht ein **objektivierter Fahrlässigkeitsmaßstab.** Hierbei ist auf das Maß an Fähigkeiten, Umsicht und Sorgfalt abzustellen, das von den Angehörigen der betreffenden Berufsgruppe bei der Erledigung des entsprechenden Geschäfts typischerweise verlangt werden kann[16]. Da schon bei der Prüfung der Pflichtwidrigkeit auf die nach dem Inhalt des Vertrages, den jeweiligen Umständen des Einzelfalles und den daraus herzuleitenden berechtigten Erwartungen des Auftraggebers objektiv gebotene Sorgfalt eines gewissenhaft und sorgfältig handelnden Anwalts abgestellt wird (vgl. im Einzelnen Kap. 2 Rdn. 33 und 156), bedarf das Vorliegen eines Verschuldens in der Regel keiner weiteren Begründung[17]. Das objektiv fehlerhafte Verhalten spricht für das Verschulden; es ist Sache des beklagten Rechtsanwalts nachzuweisen, dass er die Pflichtverletzung nicht zu vertreten hat[18]. Handelt der Rechtsberater seinen vertraglichen Pflichten zuwider, ist dies grundsätzlich schuldhaft, denn seine Vertragspflichten muss er kennen[19]. Sind im Einzelfall besondere Ausführungen zum Verschulden nötig, geht es mithin konsequenterweise um die Frage, ob besondere Umstände des Einzelfalles den Schuldvorwurf entfallen lassen (dazu sogleich unten).

II. Keine Entschuldigung durch Entscheidung eines Kollegialgerichts

8 Der im Bereich der Amtshaftung von Beamten und der Notarhaftung geltende, wenn auch dort bereits umstrittene und ohnehin nur allenfalls eingeschränkt geltende Grundsatz, dass unter bestimmten Voraussetzungen ein Verschulden nicht angenommen werden kann, wenn ein Kollegialgericht – unrichtig – den Standpunkt des in Anspruch Genommenen ebenfalls vertreten, sein Verhalten also als pflichtgerecht, d.h. objektiv

---

13 Die Übernahme einer Garantie, aus der sich eine schuldunabhängige Einstandspflicht ergeben *kann*, aber nicht muss (Palandt/*Grüneberg*, § 276, Rn. 29), oder etwa gar die Übernahme eines Beschaffungsrisikos steht im Bereich der Anwaltshaftung regelmäßig nicht zur Debatte.

14 BGH, Urt. 12.5.1992 – VI ZR 257/91 –, BGHZ 118, 208 unter II. 5.; v. 16.5.2017 – VI ZR 266/16 – juris, Rn. 16; Palandt/*Grüneberg*, § 276, Rn. 10, 11.

15 So auch *G. Fischer*, in: G. Fischer/Vill/D. Fischer/Pape/Chab, § 4, Rn. 30.

16 BGH NJW 2003, 2022, 2024 = WM 2003, 1146, 1148.

17 Auch nicht bei einem Fachanwalt, bei dem es ebenfalls um die Bestimmung seines Pflichtenkreises und -umfangs auf der Ebene der Pflichtwidrigkeit, d.h. der Feststellung eines Vertragsverstoßes geht (dazu Kap. 2 Rdn. 156); so auch *G. Fischer*, in: G. Fischer/Vill/D. Fischer/Pape/Chab, § 4, Rn. 41. Erfolgt eine ausdrückliche Begründung eines Verschuldens, stellt sie wie bei der Feststellung der Pflichtverletzung auf »einen mit verkehrsüblicher Sorgfalt arbeitenden Rechtsanwalt« ab, vgl. BGH NJW 2002, 1117, 1119 unter e) und S. 1118 unter b) zur Pflichtverletzung.

18 BGH, Urt. v. 13.6.2013 – IX ZR 155/11 – juris, Rn. 13 m.w.N.; vgl. näher unten Rdn. 35 f.

19 BGH, Urt. v. 25.9.2014 – IX ZR 199/13 – juris, Rn. 21 (Steuerberater).

rechtmäßig beurteilt hat[20], gilt für die Anwaltshaftung als vertragliche Haftung schon im Ansatz nicht[21].

III. Entschuldigung durch Fehler anderer?

Da die **Beurteilung der Fahrlässigkeit** »**ex ante**«, also vom Zeitpunkt der Pflichtverletzung aus, zu erfolgen hat[22], kann es sein, dass in bestimmten Situationen ein objektiv »ex post« betrachtet[23] fehlerhaftes Anwaltsverhalten durch das Verhalten Dritter entschuldigt ist. 9

1. Fehler von Gerichten

Als derartige Entschuldigungsgründe kommen in Betracht Fehler von Gerichten, die den Anwalt 10 entweder »auf die falsche Fährte gelockt« oder ein Vertrauen in eine bestimmte Verfahrensweise oder einen bestimmten Verfahrensablauf geweckt oder ihn gar zu einem bestimmten Verhalten »genötigt« haben. Allerdings hat der Anwalt nach ständiger Rechtsprechung des BGH aufgrund seiner dem Mandanten gegenüber als dessen Interessenvertreter bestehenden Vertragspflichten zur optimalen Durchsetzung von dessen Zielen die anstehenden Fragen selbstständig zu beurteilen und ist daher grundsätzlich verpflichtet, Fehler des Gerichts zu verhindern und falschen Hinweisen und beabsichtigten Maßnahmen entgegenzutreten (vgl. im Einzelnen Kap. 2 Rdn. 48 ff. m.w.N. und Kap. 2 Rdn. 259). Daher ist oder wird er durch gleiche oder ähnliche Fehler von Gerichten grundsätzlich auch nicht entschuldigt.

Eine **Entschuldigung** ist also **nur in** eng begrenzten **Ausnahmefällen** möglich: 11

- So darf ein Rechtsanwalt sich auf die Rechtsmittelbelehrung etwa eines Fachsenats beim Oberlandesgericht verlassen[24]. Dafür ist das m.E. ausschlaggebende Argument das bei dem Anwalt hervorgerufene Vertrauen.
- Auf eine gesetzlich vorgeschriebene Rechtsbehelfsbelehrung (vgl. § 39 FamFG, § 232 ZPO) darf er jedenfalls bei offenkundig inhaltlich falscher Belehrung nicht vertrauen (Kap. 8 Rdn. 342)[25]. Da es zu den Pflichten eines mit der Vertretung im erstinstanzlichen Verfahren beauftragten Rechtsanwalts gehört, seinen Mandanten zutreffend über die formellen Voraussetzungen des gegebenen Rechtsmittels zu belehren und erst danach sein Auftrag endet (siehe Kap. 8 Rdn. 341), kann es ihn nicht entlasten, wenn das Gericht des ersten Rechtszuges entgegen seiner gesetzlichen Verpflichtung überhaupt keine oder nur eine unvollständige Rechtsbehelfsbelehrung erteilt[26].

---

20 Vgl. dazu im Einzelnen *Sandkühler*, in: Arndt/Lerch/Sandkühler, § 19 BNotO, Rn. 115 ff.; ausdrücklich offen gelassen in BGH NJW 2001, 70, 72 = WM 2000, 2443, 2446 unter Hinweis auf Kritik und Ablehnung in der Literatur; kritisch *Ganter*, DNotZ 1998, 851, 861; vgl. auch *Ganter*, ZNotP 2006, 42, 46; dagegen *Hertel*, in: Eylmann/Vaasen, BNotO, § 23 Fn. 139; *Terbille*, MDR 1999, 1426, 1429.

21 BGHZ 85, 252, 261 = NJW 1983, 820, 822; BGH NJW-RR 1986, 1281, 1282 = WM 1986, 199, 202 f. (unter 4.); NJW 1994, 1211, 1213 = WM 1994, 948, 950 f.; BGH, Urt. v. 27.3.2003 – IX ZR 399/99 – juris, Rn. 30; v. 11.4.2013 – IX ZR 94/10 – juris, Rn. 5; OLG Celle NJOZ 2006, 4455, 4457 f.; vgl. auch *G. Fischer*, in: G. Fischer/Vill/D. Fischer/Pape/Chab, § 4, Rn. 43; *Zugehör*, Beraterhaftung, Rn. 89; *Ganter*, S. 17; *Borgmann/Jungk/Schwaiger*, Kap. V, Rn. 51, 52; *Vollkommer/Greger/Heinemann*, § 17, Rn. 32, allerdings mit einem nicht überzeugenden einschränkenden Hinweis in Rn. 33, eine »gleichgerichtete« Kollegialentscheidung komme vielfach als Indiz für fehlendes Verschulden in Frage; a.A. *Scheffler*, NJW 1960, 265 ff.

22 BGHZ 80, 186, 193 = NJW 1981, 1603, 1604; *Vollkommer/Greger/Heinemann*, § 17, Rn. 3 m.w.N.; *Borgmann/Jungk/Schwaiger*, Kap. V, Rn. 43; *G. Fischer*, in: G. Fischer/Vill/D. Fischer/Pape/Chab, § 4, Rn. 33.

23 Zu dieser für die Beurteilung des Vorliegens eines Pflichtenverstoßes maßgebenden Sicht vgl. Kap. 2 Rdn. 323 und Kap. 3 Rdn. 14 je m.w.N.

24 BGH NJW 1993, 3206 = WM 1993, 2229, 2230; NJW-RR 2004, 408 = WM 2003, 2478, 2479 (unerheblich, ob die Belehrung durch den Richter, den Rechtspfleger oder auf andere Weise, etwa durch Übersendung eines Formblattes durch die Geschäftsstelle erfolgt).

25 Vgl. BGH, Beschl. v. 18.12.2013 – XII ZB 38/13 – juris, Rn. 20 (zur Wiedereinsetzung).

26 Vgl. BGH, Beschl. v. 13.6.2012 – XII ZB 592/11 – juris, Rn. 8 (zur Wiedereinsetzung).

- Bei undurchsichtiger Rechtslage kann das Befolgen eines Rats durch den Vorsitzenden des Gerichts zur Rücknahme des Rechtsmittels, weil es (angeblich) unzulässig sei, entschuldigt sein[27].
- Ein Verschulden des Prozessbevollmächtigten fehlt, wenn ihm nach Einlegung der Berufung bei dem irrigerweise für zuständig gehaltenen Landgericht der erbetene richterliche Hinweis erteilt wird, die Kammer halte sich für zuständig, und er deshalb davon absieht, die noch geräumig offene Frist für die Einlegung der Berufung bei dem zuständigen Oberlandesgericht zu nutzen[28]. Auch hier ist das mit richterlicher Amtsautorität geschaffene Vertrauen der entscheidende Punkt.
- Auf eine telefonische Mitteilung des Vorsitzenden über eine gewährte Fristverlängerung darf sich der Anwalt mit entschuldigender Wirkung ebenfalls verlassen[29]. Er ist auch bei missverständlicher Fristverlängerung entschuldigt[30].
- Wird eine Zustellung auf richterliche Anordnung wiederholt, weil der Zustellungsempfänger versehentlich die für die Gegenpartei bestimmte Urteilsausfertigung erhalten hatte, kann der Prozessbevollmächtigte des Zustellungsempfängers davon ausgehen, dass erst die zweite Zustellung die Rechtsmittelfrist in Gang gesetzt hat[31].
- Wenn der Anwalt bei unsicherer Rechtslage »ohne nähere Prüfung einer unrichtigen Ansicht« gefolgt ist, die von einem Oberlandesgericht und den gängigen Handkommentaren vertreten wurde, die erst aufgrund eines später veröffentlichten Beschlusses des BGH revidiert wurde, kann ihn kein Verschuldensvorwurf treffen[32].
- Nicht schuldhaft ist es, wenn der Rechtsanwalt nach sorgfältiger Prüfung zu einer objektiv unrichtigen Rechtsansicht über die Anwendung einer neuen Vorschrift gelangt, deren Auslegung zweifelhaft sein kann und durch höchstrichterliche Rechtsprechung noch nicht klargestellt ist[33].
- Schließt sich der Rechtsanwalt in einer bis dahin höchstrichterlich noch nicht entschiedenen Frage mit vertretbaren Erwägungen einer Auffassung im Schrifttum oder in einem erstinstanzlichen Urteil an, so ist, wenn sich diese Auffassung nicht durchsetzen kann, der Anwalt entschuldigt[34]. (In einer solchen Fallkonstellation dürfte allerdings schon eine objektive Pflichtverletzung mindestens zweifelhaft sein.)
- Wird der Anwalt erst in einer mündlichen Verhandlung namentlich eines letztinstanzlich entscheidenden Gerichts mit einer für seine Partei nachteiligen Auffassung und einem darauf aufbauenden Vergleichsvorschlag des Gerichts konfrontiert, kann dies im Einzelfall nach einem der Entscheidung des BGH vom 2.4.1998[35] vorausgehenden Nichtannahmebeschluss vom 4.12.1997 hinsichtlich des Berufungsanwalts vor dem Familiensenat den Anwalt entschuldigen[36].

---

27 BGH VersR 1959, 638, 641 f.; NJW 1981, 576, 577.

28 BGH NJW-RR 1989, 825.

29 BGHZ 93, 300, 305 = NJW 1985, 1558, 1559.

30 BGH NJW 1999, 1036 = VersR 1999, 1304.

31 BGH VersR 1987, 258.

32 BGH NJW 1985, 495 = VersR 1984, 1193, 1194; OLG Hamm, Urt. v. 29.11.2012 – 28 U 188/11 – juris, Rn. 85; OLG Köln, Urt. v. 28.10.2014 – 19 U 21/14 – juris, Rn. 31.

33 BGH NJW 2001, 70, 72 = WM 2000, 2443, 2446 (Verneinung einer Haftung eines Notars, der einen »Geschäftsbesorgungsvertrag« beurkundete und das Erfordernis einer Erlaubnis für den »Geschäftsbesorger« verkannte).

34 BGH VersR 1980, 193, 194; vgl. auch BGH NJW 1960, 283 (Bejahung einer Hemmung der Verjährung nach § 203 Abs. 2 BGB a.F.), mit kritischer Anm. von *Danckelmann*, BGH NJW 2001, 70, 72 = WM 2000, 2443, 2446.

35 BGH NJW 1998, 2048 = WM 1998, 1542 ff.

36 So *G. Fischer*, in: G. Fischer/Vill/D. Fischer/Pape/Chab, § 4, Rn. 48; in NJW 1999, 2993, 2995 führt er hingegen aus, der Senat habe in dem Abschluss des Vergleichs kein pflichtwidriges Verhalten gesehen und begründet dies mit den teilweisen Vorteilen des Vergleichs gegenüber den prozessualen Risiken bei rein rechtlich betrachtet gebotenen prozessualen Reaktionen auf die Gerichtsauffassung wie hilfsweisem Abänderungsantrag, Vertagungsantrag und hilfsweisem Antrag auf Schriftsatzfrist. Dass der Anwalt hier aber all dies versucht und damit der bereits von *Rinsche*, 6. Auflage, Rn. I 157 und AnwBl 1994, 216 ff. betonten Pflicht, auch gegenüber dem letztinstanzlich entscheidenden Gericht dessen Hinweise selbstständig zu prüfen, nachgekommen ist, das Gericht dennoch klar und deutlich signalisiert hat, sofort »durchentscheiden« zu wollen, ist aber nicht ersichtlich. *Ganter*, S. 17 schildert den Fall daher richtigerweise ebenfalls im Abschnitt »Verschulden«.

- Eine Entschuldigung hat der BGH in dem gerade genannten Fall auch bejaht, soweit der Berufungsanwalt bei der Vorbereitung der Berufungsbegründung gegen das die Zahlungsklage teilweise abweisende Urteil des Familiengerichts objektiv pflichtwidrig die Unzulässigkeit der gewöhnlichen Leistungsklage und die Notwendigkeit einer Abänderungsklage nicht erkannt hatte. Dies von sich aus erstmals zu problematisieren habe für den zweitinstanzlichen Anwalt in Anbetracht der vorausgegangenen Behandlung der Sache besonders ferngelegen; weder Gegner noch das erstinstanzliche Gericht hätten die Zahlungsklage prozessrechtlich beanstandet[37]. Diese Beurteilung ist bedenklich. Hat hier wirklich ein schutzwürdiges Vertrauen des Berufungsanwalts vorgelegen? Wenn man zu Recht sagt, der Anwalt habe die Sache selbstständig durchdenken, das sich in den Akten befindliche frühere Unterhaltsurteil[38] im Rahmen dieser Prüfung bemerken und daraus die richtigen Schlüsse für die richtige Klage ziehen müssen, kann die Entlastung auf der Verschuldensebene nicht überzeugen. Ob etwas »nur« fern lag oder, worauf offenbar der BGH abgestellt hat, »besonders fern lag«[39], ist zuverlässig und berechenbar kaum abzugrenzen.
- Die Unkenntnis oder das Übersehen einer nicht mehr zweifelhaften prozessualen Rechtslage begründet indes gegen den mit der Sache befassten Rechtsanwalt den Vorwurf des Verschuldens[40].

Dass sich die meisten der hier zitierten Entscheidungen auf die Beurteilung von Wiedereinsetzungsanträgen beziehen (§ 233 i.V.m. § 85 ZPO), ist insofern belanglos, als das dort zu beurteilende Verschulden an der Fristversäumung anerkanntermaßen nach dem Fahrlässigkeitsmaßstab des Bürgerlichen Rechts zu beurteilen ist, wie dies auch für die Versäumung eines Termins nach § 337 S. 1 ZPO gilt[41]. 12

2. Fehler von Dritten

Auf die Beurteilung von für die Mandatsbearbeitung wesentlichen Fragen durch Dritte, insbesondere des Gegners, darf ein Anwalt **sich nicht verlassen.** Der BGH hat mit Urteil vom 8.11.2001 deshalb ein Verschulden eines eine Haftpflichtangelegenheit für einen Unfallgeschädigten bearbeitenden Rechtsanwalts mit folgenden Worten bejaht: *»Der Rechtsirrtum der Beklagten war schon deshalb schuldhaft, weil sie die anstehenden Rechtsfragen weder eigenverantwortlich noch gar mit der gebührenden Sorgfalt geprüft haben. Sie haben sich vielmehr insoweit auf die gegnerische Haftpflichtversicherung verlassen.«*[42] 13

IV. Hinderungsgründe für die Erbringung der geschuldeten Anwaltsleistung

In Einzelfällen mit situationsbezogenen Besonderheiten entfällt der Schuldvorwurf, so bei unvorhergesehenen, durch andere Maßnahmen nicht zu verhindernden oder rechtzeitig wieder auszugleichenden Ereignissen wie **plötzliche Erkrankung, Unfall** oder **besondere seelische Belastungen**[43]. In diesen Fallgestaltungen fehlt es nicht etwa bereits an einer Pflichtverletzung. Zwar hat der Anwalt berechtigt auf einen normalen Geschehensablauf vertrauen können, bei dem er die beabsichtigten und erforderlichen Handlungen zur Erfüllung seines Auftrages vollständig hätte erbringen können und hat insoweit das getan, was von ihm zur ordnungsgemäßen Mandatsbearbeitung verlangt wird. Da jedoch die Beurteilung der **Pflichtverletzung »ex post«** erfolgt (Kap. 2 Rdn. 328 und Kap. 3 14

37 Darstellung nach *G. Fischer*, NJW 1999, 2993, 2995.
38 Vgl. *G. Fischer*, a.a.O.
39 Vgl. *G. Fischer*, a.a.O.
40 BGH VersR 1978, 1169 (betr. Rechtsmittelzuständigkeit in einer Kindschaftssache nach § 640 Abs. 2 Nr. 1 ZPO a.F.).
41 BGH NJW 1999, 724 = VersR 2000, 121 (Regressfall wegen Versäumnisurteils infolge straßenverkehrsbedingter Säumnis des Anwalts); *G. Fischer*, in: G. Fischer/Vill/D. Fischer/Pape/Chab, § 4, Rn. 34.
42 BGH NJW 2002, 292, 293 f.
43 Vgl. *Vollkommer/Greger/Heinemann*, § 17, Rn. 21–26; *Borgmann/Jungk/Schwaiger*, Kap. V, Rn. 48; *G. Fischer*, in: G. Fischer/Vill/D. Fischer/Pape/Chab, § 4, Rn. 35–42; *Zugehör*, Beraterhaftung, Rn. 89; *Ganter*, S. 17.

Rdn. 9)[44], wirkt sich auf dieser Ebene aus, dass objektiv etwas fehlt an der Pflichterfüllung. Nach der »**ex ante**«**-Betrachtung auf der Verschuldensebene** (oben Rdn. 9, m.w.N.) hat der Anwalt indes mit der verkehrsüblichen Sorgfalt gearbeitet und wird deshalb hier entlastet.

1. Plötzliche Krankheit, besondere seelische Belastungen, Pandemien

15 Grundsätzlich wird hier vom Anwalt verlangt, für den Fall seiner Verhinderung an der rechtzeitigen und korrekten Erfüllung seiner Pflichten beizeiten durch entsprechende Organisation Vorsorge zu treffen, insbesondere durch Bestellung eines geeigneten Vertreters, der speziell für die Erledigung von Fristsachen vom Büropersonal erreicht werden kann, wobei es dazu auch entsprechender Handlungsanweisungen an das Personal bedarf[45]. Die Pflicht, für einen Vertreter zu sorgen, besteht jedenfalls dann, wenn es sich nicht um eine plötzlich auftretende, nicht vorhersehbare Erkrankung des Anwalts handelt, sondern wenn der Gesundheitszustand derart ist, dass mit wiederholt auftretenden Krankheitsfolgen zu rechnen ist, die den Anwalt außerstande setzen, seinen Berufspflichten in dem erforderlichen Umfang nachkommen zu können[46]. Nicht immer ist es möglich, dass der plötzlich und unvorhersehbar an seiner Berufsausübung gehinderte Anwalt durch Einschaltung des Vertreters oder durch Benachrichtigung des Personals eine Pflichtverletzung verhindern kann. In solchen Fällen ist **verschiedentlich** von der Rechtsprechung eine **Entschuldigung bejaht** worden[47]. Denn **bei unvorhergesehener Erkrankung** muss der Anwalt nur das unternehmen, was ihm dann möglich und zumutbar ist[48], etwa um dem Gericht rechtzeitig seine Verhinderung und den Grund dafür in ausreichender Weise und auf schnellstmöglichem Weg anzuzeigen[49].

16 Die vom Rechtsanwalt nach der Rechtsprechung des BGH zu treffenden **allgemeinen Vorkehrungen** sollen gewährleisten, dass die zur Wahrung von Fristen erforderlichen Handlungen auch dann unternommen werden, wenn der Anwalt unvorhergesehen ausfällt. Deshalb muss er seinem Personal die notwendigen allgemeinen Anweisungen für einen solchen Fall geben. Ist er als Einzelanwalt ohne eigenes Personal tätig, muss er ihm zumutbare Vorkehrungen für einen Verhinderungsfall

---

44 *Borgmann/Jungk/Schwaiger*, Kap. V, Rn. 29; *G. Fischer*, in: G. Fischer/Vill/D. Fischer/Pape/Chab, § 4, Rn. 7; *Zugehör*, Beraterhaftung, Rn. 82.

45 BGH VersR 1982, 802 (Pflicht bejaht auch für den Fall plötzlicher Krankheit); ähnlich VersR 1981, 850; ferner: VersR 1987, 785, 786 (diabetesbedingtes Unwohlsein/starker Überzuckerungszustand, durch den der Anwalt überrascht wurde); VersR 1990, 1026 (»Das Fehlen geeigneter Vorsorgemaßnahmen wirkt sich auf die Fristversäumung … dann nicht aus, wenn für den Rechtsanwalt wegen einer plötzlichen schweren Erkrankung die Unterrichtung eines etwaigen Vertreters unzumutbar ist.«); VersR 1994, 1207, 1208 (Organisationsverschulden darin, dass der Anwalt keine Vorsorge getroffen hat für den Fall, dass er unerwartet ausfällt); NJW 1996, 1540, 1541; NJW 2008, 3571, 3572 (Tz. 9); *Vollkommer/Greger/Heinemann*, § 17, Rn. 23; *Hansens*, NJW 1992, 1353, 1358; *G. Fischer*, in: G. Fischer/Vill/D. Fischer/Pape/Chab, § 4, Rn. 35.

46 BGH NJW 2006, 2412; NJW 1996, 1540, 1541; VersR 1991, 1270.

47 Vgl. BGH VersR 1967, 476; VersR 1973, 317 (»Von einem Rechtsanwalt ist nicht unter allen Umständen zu verlangen, dass er im Hinblick auf die Wahrung laufender Fristen rechtzeitig Vorsorge für den Fall plötzlich eintretender Arbeitsunfähigkeit trifft (hier: schwere Erkrankung am letzten Tage der Berufungsfrist als unabwendbares Ereignis«); NJW 1975, 593; VersR 1987, 785, 786 (vgl. schon Fn. 41); VersR 1990, 1026 (vgl. schon Fn. 41); vgl. auch NJW 1992, 1898, 1899 (jeweils zu Erkrankungen); VersR 1981, 839; VersR 1984, 988; VersR 1985, 47; VersR 1985, 888; NJW-RR 1994, 957 (zu besonderen seelischen/psychischen Belastungen insbesondere Bewusstseinsstörungen durch Ausnahmesituationen); zu letzteren vgl. auch *Vollkommer/Greger/Heinemann*, § 17, Rn. 24; vgl. auch insgesamt *G. Fischer*, in: G. Fischer/Vill/D. Fischer/Pape/Chab, § 4, Rn. 36–38; schließlich vgl. Kap. 8 Rdn. 138.

48 BGH NJW 2008, 3571, 3572 (Tz. 9) m.w.N.; BGH, Beschl. v. 28.5.2020 – IX ZB 8/18 – juris, Rn. 10 unter Bezugnahme auf BGH, Beschl. v. 27.9.2016 – XI ZB 12/14 – juris, Rn. 9; v. 18.1.2018 – V ZB 113/17, V ZB 114/17, juris, Rn. 9; v. 8.8.2019 – VII ZB 35/17 – juris, Rn. 12; *Gehrlein*, JurBüro 2020, 171, 173.

49 BGH NJW 2009, 687, 688 (Tz. 11–13).

treffen, zum Beispiel durch Absprache mit einem vertretungsbereiten Kollegen[50]. Konkrete Maßnahmen muss der Rechtsanwalt erst dann ergreifen, wenn er den Ausfall vorhersehen kann. Diese Grundsätze gelten, worauf der BGH ausdrücklich hinweist, auch, wenn der Rechtsanwalt die Frist zur Einlegung oder Begründung eines Rechtsmittels bis zum letzten Tag ausschöpft[51].

»Allgemeine Vorkehrungen und konkrete Maßnahmen sollen im Verhinderungsfall ineinandergreifen. Wird ein Einzelanwalt unvorhergesehen krank, müssen allgemeine Vorkehrungen dafür getroffen sein, dass die dem erkrankten Rechtsanwalt konkret noch möglichen und zumutbaren Maßnahmen fristwahrende Wirkung entfalten können. Deshalb wird es regelmäßig ein Verschulden des Rechtsanwalts begründen, wenn er aufgrund seiner Erkrankung nicht mehr in der Lage ist, einen vertretungsbereiten Kollegen zu suchen oder die Suche aufgrund der Kürze der nur noch zur Verfügung stehenden Zeit erfolglos ist (vgl. BGH, Beschluss vom 19. Februar 2019, aaO Rn. 8). Anders liegt der Fall, wenn sich die im Grundsatz hinreichenden allgemeinen Vorkehrungen im konkreten Fall unvorhersehbar als nicht ausreichend erweisen, etwa deshalb, weil der im Allgemeinen zur Vertretung bereite Kollege selbst verhindert ist.

Auf die allgemeinen Vorkehrungen kommt es nicht an, wenn die dem unvorhersehbar erkrankten Rechtsanwalt konkret noch möglichen und zumutbaren Maßnahmen die Versäumung der Frist auch im Falle sorgfaltsgemäß getroffener allgemeiner Vorkehrungen nicht verhindert hätten (vgl. BGH, Beschluss vom 8. August 2019, aaO Rn. 16). Dies kann anzunehmen sein, wenn die Vornahme der fristwahrenden Handlung durch einen Vertreter unmöglich oder unzumutbar ist und eine Verlängerung der Frist – etwa mangels Einwilligung des Gegners – nicht in Betracht kommt.«[52]

Ebenso kann eine unverschuldete Fehleinschätzung der krankheitsbedingten Einschränkung seiner Leistungsfähigkeit zur Wiedereinsetzung[53] und damit auch im Rahmen des Regresses zur Entschuldigung führen. Auch für den Fall der Reduzierung seines Personals durch Krankheit oder Urlaub muss der Anwalt allerdings durch seine Organisation eine ausreichende Fristenkontrolle sicherstellen[54]. Er muss allgemein dafür Sorge tragen, dass ihm das Verfahren nicht entgleitet und Fristen nicht außer Kontrolle geraten[55]. 17

Wegen der sich seit dem Frühjahr 2020 auch in Deutschland ausgebreiteten **Covid-19-Pandemie** ist darauf hinzuweisen, dass von dem Anwalt regelmäßig zu verlangen sein wird, durch Einsatz einer Vertretung Fristen wahren zu können, da sich eine Coronainfektion vielfach langsam entwickelt[56]. Es empfiehlt sich sogar, in Zeiten solcher Pandemien von der Möglichkeit Gebrauch zu machen, von vorneherein für alle möglicherweise eintretenden Verhinderungsfälle während eines Kalenderjahres einen Vertreter zu bestellen[57]. Denn er kann nicht sicher sein, dass jedenfalls dann, wenn nach den Verlautbarungen der zuständigen Behörden von einer Pandemie oder auf den Ort des Kanzleisitzes beschränkten Epidemie auszugehen ist oder wegen eines sog. Hotspots der Pandemie es dort zu Beschränkungen kommt, es als seine Verpflichtung angesehen wird, dafür rechtzeitig Vorkehrungen für eine Vertretung getroffen zu haben[58]. 18

Kommt es wegen Infektionen mit dem **Corona-Virus** zu Erkrankungen des Personals, erhöhen sich die Sorgfaltspflichten des Anwalts[59]. Nach gefestigter Rechtsprechung verlangt die Sorgfaltspflicht des Rechtsanwalts in Fristensachen zuverlässige Vorkehrungen, um den rechtzeitigen Ausgang fristwahrender Schriftsätze sicherzustellen. Sämtliche organisatorischen Maßnahmen müssen 19

50 BGH, Beschl. v. 28.5.2020 – IX ZB 8/18 – juris, Rn. 10 unter Bezugnahme auf BGH, Beschl. v. 19.2.2019 – VI ZB 43/18 – juris, Rn. 7; v. 8.8.2019 – VII ZB 35/17 – juris, Rn. 12.
51 BGH, Beschl. v. 28.5.2020, a.a.O. unter Bezugnahme auf BGH, Beschl. v. 8.8.2019, a.a.O., Rn. 13.
52 BGH, Beschl. v. 28.5.2020, a.a.O., Rn. 11 f.
53 BGH NJW-RR 1999, 938 = MDR 1999, 1029 (erstmalig auftretende Konzentrationsstörungen).
54 BGH NJW 1999, 3783 = MDR 1999, 1411; vgl. auch BGH NJW-RR 1999, 1664 (Erkrankung des Büropersonals erhöht die Sorgfaltspflicht des Rechtsanwalts).
55 *G. Müller*, NJW 2000, 322, 333.
56 *Gehrlein*, JurBüro 2020, a.a.O.
57 *Auf der Heiden*, NJW 2020, 1023, 1025.
58 So *Kazele*, in: Prütting/Gehrlein, § 233 ZPO, Rn. 39.
59 *Gehrlein*, JurBüro 2020, a.a.O., S. 174.

deshalb so beschaffen sein, dass auch bei unerwarteten Störungen des Geschäftsablaufs, etwa durch Überlastung oder Erkrankung der zuständigen Angestellten, durch Verzögerungen der anwaltlichen Bearbeitung oder durch ähnliche Umstände, bei Anlegung eines äußersten Sorgfaltsmaßstabs die Einhaltung der anstehenden Frist gewährleistet ist[60]. Auch hier muss der Anwalt mithin rechtzeitig Vorsorge treffen, um trotz eines Infektionsgeschehens Fristen wahren zu können.

20 Eine Geisteskrankheit, die Schuldunfähigkeit bewirkt, schließt das Verschulden stets aus[61]. Vorübergehende Störung der Geistestätigkeit kommt theoretisch auch als Entschuldigungsgrund in Betracht. Ob sich ein Anwalt in der Praxis auf einen solchen Einwand berufen würde, erscheint allerdings zweifelhaft, da er dann möglicherweise befürchten müsste, die Zulassung zur Anwaltschaft zu verlieren[62].

21 Insgesamt spielen all diese Entschuldigungsgründe, wie im Übrigen auch die nachfolgend erörterten der plötzlich im Straßenverkehr auftretenden Ereignisse, im Haftungsrecht der Anwälte eine allenfalls marginale Rolle. Denn sie sind regelmäßig Gegenstand eines Wiedereinsetzungsverfahrens (§ 233 ZPO) oder sind vor Erlass eines Versäumnisurteils (vgl. § 337 ZPO) oder im Rahmen einer Berufung oder Revision gegen ein zweites Versäumnisurteil (§§ 345, 514 Abs. 2, 565 ZPO) zu prüfen[63]. Werden sie dort anerkannt, stellt sich die Frage eines Regresses regelmäßig nicht mehr[64]. Wird dort eine Entschuldigung verneint, wird in der Regel im Regressverfahren ein Entschuldigungsgrund schon gar nicht mehr vorgetragen[65].

2. Plötzlicher Unfall, Verkehrsstau oder Autopanne

22 Auch solche Ereignisse etwa auf dem Weg zu einem Termin[66] oder zu einem Nachtbriefkasten[67], mit denen im Einzelfall nicht zu rechnen war, können den an seiner Pflichterfüllung dadurch gehinderten Anwalt entschuldigen, vorausgesetzt allerdings auch hier, dass er keine Möglichkeit mehr besaß, den Schaden zu verhindern[68], beispielsweise durch Mitteilungen über ein Mobiltelefon[69]. Nicht entschuldigt ist nach der Rechtsprechung der Anwalt, der sich auf seine Uhr verlassen hat, ohne zu bemerken, dass diese inzwischen stehen geblieben war oder nachging[70].

---

60 BGH, Beschl. v. 27.1.2015 – II ZB 23/13 – juris, Rn. 8 m.w.N.
61 BGH NJW 1987, 440.
62 Vgl. dazu §§ 14, 16 Abs. 3 BRAO.
63 Zu letzterem vgl. BGH, Urt. v. 3.11.2005 – I ZR 53/05 – juris, Rn. 11 ff. und Urt. v. 24.9.2015 – IX ZR 207/14 – juris, Rn. 6.
64 Ersatzpflichtiger Schaden kann hier regelmäßig nur in etwaigen Mehrkosten liegen.
65 Vgl. allerdings anders in BGH NJW 1993, 1323 = WM 1993, 1194, 1195.
66 BGH NJW 1999, 724 = VersR 2000, 121; vgl. auch OLG Hamm vom 19.3.2002 – 28 U 144/01. Dass der Anwalt aufgrund einer am Morgen eines Terminstages plötzlich eingetretenen Erkrankung nur in der Lage gewesen sei, sein eigenes Büro zu benachrichtigen, dass er nicht erscheinen könne, hat das OLG im Regressverfahren genauso wenig gelten lassen wie es das Berufungsgericht auf die gegen das 2. Versäumnisurteil eingelegte Berufung hin getan hatte. Wer nach eigenen Angaben durch die Krankheit – wegen der er sich auch nicht etwa in ärztliche Behandlung begeben hatte – nicht gehindert gewesen sei, sein Büro über sein Nichterscheinen in der Kanzlei zu informieren, hätte auch bei der Geschäftsstelle des Landgerichts anrufen und so das Gericht von seiner Verhinderung unterrichten oder auch seine Kanzlei anweisen können, unverzüglich eine entsprechende Information des Gerichtes vorzunehmen. Vgl. zu ähnlichen Überlegungen bei plötzlicher Krankheit unmittelbar vor einer Fahrt zu einem Gerichtstermin: BGH NJW 2006, 448.
67 BGH VersR 1988, 249 (LS); NJW 1989, 2393; NJW 1998, 2677, 2678.
68 Vgl. BGH NJW 1979, 166.
69 Was der Anwalt in dem Fall BGH NJW 1999, 724, 725 = VersR 2000, 121 auch tat; dass das Gericht dies nicht beachtete, wurde vom BGH zu Recht als Verletzung rechtlichen Gehörs gewertet.
70 BGH VersR 1978, 1168; VersR 1985, 477; zustimmend *G. Fischer*, in: G. Fischer/Vill/D. Fischer/Pape/Chab, § 4, Rn. 42; grundsätzlich ablehnend *Vollkommer/Greger/Heinemann*, § 17, Rn. 25, Fn. 62 mit zutreffender Argumentation.

3. Überlastung, mangelnde Kenntnisse oder fehlende Erfahrung

Überlastung kann einen Anwalt **nicht entschuldigen**[71]. Grundsätzlich lässt sich durch entsprechende allgemeine oder besondere Einzelfallmaßnahmen vermeiden, dass dadurch ein Mandant geschädigt wird. Notfalls dürfen Mandate nicht angenommen oder müssen, soweit ohne Schaden für den Mandanten möglich, vorzeitig beendet werden. Bei plötzlicher, unvorhersehbarer und unvermeidbarer Zuspitzung der Belastungssituation beispielsweise durch Kulminierung schwierigster Fristsachen mag im Einzelfall an eine Entschuldigung gedacht werden können. Indes wird auch dann der Anwalt ausräumen müssen, wieso er die Arbeit wirklich nicht durch rechtzeitig eingeleitete Maßnahmen hat »entzerren« oder die Belastung durch Verteilung auf Vertreter oder durch beizeiten erwirkte Fristverlängerungen hat entschärfen können, so dass ordnungsgemäße Bearbeitung möglich gewesen wäre. Eine solche Entlastung wird ihm kaum gelingen. 23

Auf **mangelnde Kenntnisse oder fehlende Erfahrung** kann ein Anwalt sich entschuldigend genauso wenig berufen wie darauf, **Berufsanfänger** gewesen zu sein[72]. 24

V. Zurechnung des Verschuldens von Hilfspersonen

1. In Erfüllung einer Verbindlichkeit?

Die vertragliche Haftung des Anwalts besteht nur bei eigenem Verschulden des Anwalts seiner echten Sozien oder der Scheinsozien (dazu vgl. Kap. 1 Rdn. 114, 115 m.w.N.)[73] oder bei Verschulden von Erfüllungsgehilfen (§§ 276, 278 BGB)[74]. Demgemäß haftet der Rechtsanwalt nach **§ 278 BGB** uneingeschränkt für freie Mitarbeiter und angestellte Rechtsanwälte, die nicht Scheinsozien sind[75], aber auch für Büropersonal nebst Hilfskräften[76], **wenn und soweit** diese Personen, wie von § 278 BGB verlangt, **in Erfüllung einer dem Anwalt obliegenden Verpflichtung** als dessen Hilfspersonen in dessen Pflichtenkreis tätig geworden sind, d.h. also in einem inneren, sachlichen Zusammenhang mit den ihnen in Bezug auf die Vertragserfüllung gegenüber dem Auftraggeber zugewiesenen Aufgaben[77]. Für ein Verschulden der von ihm eingeschalteten Hilfskräfte haftet er gem. § 278 BGB auch dann, wenn sie mit Zustimmung des Mandanten hinzugezogen werden[78]. 25

Der Erfüllungsgehilfe selbst haftet nach allgemeinen Grundsätzen dem Vertragspartner seines Geschäftsherrn nicht unmittelbar. Das gilt, wie der BGH in einer speziellen Fallkonstellation Anlass hatte auszuführen, auch dann, wenn der Vertragspartner den Erfüllungsgehilfen mit ausgewählt 26

---

71 BGH NJW 1996, 997 = VersR 1996, 734; VGH München NJW 1998, 1507; vgl. auch *G. Müller*, NJW 2000, 322, 333.

72 BGH NJW 2003, 2022, 2024 = WM 2003, 1146, 1148.

73 Vgl. auch *Vollkommer/Greger/Heinemann*, § 18, Rn. 6, § 4, Rn. 7 und Rn. 24.

74 Damit liegt es genau umgekehrt wie im Recht der Wiedereinsetzung, wo nach st. Rspr. ein Verschulden Dritter, insbesondere des Büropersonals des Rechtsanwalts oder anderer Hilfspersonen die Wiedereinsetzung nicht hindert, weil sie keine Vertreter i.S.d. § 85 Abs. 2 ZPO sind, so auch ein nicht unterbevollmächtigter, nur mit vorbereitender oder unselbstständiger Tätigkeit beauftragter juristischer Mitarbeiter, BGH NJW-RR 1992, 1019, 1020; NJW 2004, 2901.

75 BGH NJW-RR 1990, 459, 460 = WM 1990, 815, 817 (früherer Rechtsanwalt als freier Mitarbeiter); NJW 1993, 1323, 1324 = WM 1993, 1194, 1195 (angestellter Rechtsanwalt); NJW-RR 2005, 494, 495 (angestellter Rechtsanwalt); *Vollkommer/Greger/Heinemann*, § 18, Rn. 24; *Rinkler*, in: G. Fischer/Vill/D. Fischer/Rinkler/Chab, § 1, Rn. 307.

76 Vgl. BGH VersR 1958, 191; NJW 1981, 2741, 2742 (Bürovorsteher); VersR 1965, 43 (Anwaltsgehilfe); NJW 1961, 601 f. (Rechtsreferendar); *Vollkommer/Greger/Heinemann*, § 18, Rn. 28; *Vill*, in: G. Fischer/Vill/D. Fischer/Pape/Chab, § 2, Rn. 409.

77 Vgl. BGHZ 114, 263, 270 = NJW 1991, 2556, 2557 m.w.N.; BGH NJW 1993, 1704, 1705; NJW 2001, 3190, 3191.

78 BGH NJW-RR 1990, 459, 460 = WM 1990, 815, 817; *Rinkler/Pape*, in: G. Fischer/Vill/D. Fischer/Pape/Chab, § 1, Rn. 309; unklar *Borgmann/Jungk/Schwaiger*, Kap. VII, Rn. 69.

oder sich – wie in jenem Streitfall – ausdrücklich mit dem Einsatz eines bestimmten Erfüllungsgehilfen einverstanden erklärt hatte[79].

2. Büro- und Hilfspersonal

27 Soweit der Anwalt allerdings **Bürokräfte** Aufgaben erledigen lässt, die in den **höchstpersönlichen Pflichtenkreis** des Anwalts fallen, wie insbesondere die Mandatsannahme, die Klärung des Sachverhalts, die ggf. gezielte Befragung und Bewertung hierzu, die Rechtsberatung und Belehrung und die Vertretung des Mandanten nach außen, ist **§ 278 BGB unanwendbar**[80]. Steht also die jeweilige Einzelmaßnahme nicht mehr im sachlichen Zusammenhang zu dem generell und durch den Mandantenauftrag spezifizierten Aufgabenbereich unterstützender Tätigkeit für den Anwalt, scheidet eine Verschuldenszurechnung aus[81]. Im Grenzbereich der Aufgabengebiete darf der Mandant aber darauf vertrauen, dass beispielsweise zur Entgegennahme von Telefongesprächen befugte Kanzleiangestellte der erstinstanzlichen Prozessbevollmächtigten einen telefonisch erteilten Berufungsauftrag zur Ausführung weitergeben[82].

28 Soweit § 278 BGB im Einzelfall ausscheidet, kommt allerdings vielfach eine Haftung des **Anwalts wegen eigenen Verschuldens** nach **§ 276 BGB** in Betracht[83]. So darf er Aufgaben aus dem Bereich der höchstpersönlichen Vertragserfüllung nicht seinem Büropersonal übertragen, überlassen[84], dulden, dass diese ihm »abgenommen« werden oder nur den Eindruck erwecken, dass das Personal für diese Aufgaben bevollmächtigt sei[85]. Auch muss er seinen Bürobetrieb entsprechend organisieren, dazu klare Anweisungen erteilen und deren Einhaltung überwachen[86].

3. Bestellter Vertreter bei Verhinderung

29 Für ein Verschulden eines nur vorübergehend vom Anwalt selbst oder durch die Justizverwaltung nach § 53 Abs. 2 BRAO oder allgemein von der Justizverwaltung nach § 53 Abs. 3 BRAO bestellten **Vertreters bei Abwesenheit oder sonstiger Verhinderung** des beauftragten Anwalts hat letzterer **nach § 278 BGB einzustehen**[87]. Denn zwischen dem auf diese Weise eingeschalteten Vertreter und dem Mandanten kommt kein Vertragsverhältnis zustande. Mandatsträger bleibt der vertretene Rechtsanwalt, in dessen Namen der Vertreter regelmäßig auch nach außen nur auftritt[88]. Tritt der bestellte Vertreter im Namen des Mandanten auf, dürfte das allein noch nicht den nach § 278 BGB erforderlichen inneren sachlichen Zusammenhang mit der ihm zugewiesenen Aufgabe, die vom vertretenen Rechtsanwalt geschuldeten Vertragspflichten seinen Auftraggebern gegenüber zu erfüllen, unterbrechen. Abgrenzungsprobleme können sich bei der haftungsrechtlichen Beurteilung der Zurechnung schuldhaft fehlerhaften Verhaltens von zu Vertretern bestellten Sozien oder Partnern des verhinderten Rechtsanwalts stellen. Tritt ein solcher Rechtsanwalt nicht als amtlich bestellter

79 BGH, Urt. v. 7.12.2017 – IX ZR 45/16 – juris, Rn. 16.

80 BGH NJW 1981, 2741, 2743; *Borgmann/Jungk/Schwaiger*, Kap. VII, Rn. 74; *Vollkommer/Greger/Heinemann*, § 18, Rn. 28; *Vill*, in: G. Fischer/Vill/D. Fischer/Pape/Chab, § 2, Rn. 413.

81 *Vollkommer/Greger/Heinemann*, § 18, Rn. 28; RG JW 1906, 332.

82 BGH NJW 1981, 2815 (Wiedereinsetzung); *Borgmann/Jungk/Schwaiger*, Kap. VII, Rn. 74.

83 Vgl. allgemein bei höchstpersönlichen Schuldnerpflichten Palandt/*Grüneberg*, § 278 BGB, Rn. 26; für die Anwaltshaftung vgl.: *Vollkommer/Greger/Heinemann*, § 18, Rn. 28; *Borgmann/Jungk/Schwaiger*, Kap. VII, Rn. 75; *Vill*, in: G. Fischer/Vill/D. Fischer/Pape/Chab, § 2, Rn. 413.

84 BGH NJW 1981, 2741, 2743.

85 *Borgmann/Jungk/Schwaiger*, Kap. VII, Rn. 76.

86 *Vollkommer/Greger/Heinemann*, § 18, Rn. 28 (fehlende Personalkontrolle); *Borgmann/Jungk/Schwaiger*, Kap. VII, Rn. 75–77; *Vill*, a.a.O.

87 RGZ 163, 377, 379; *Borgmann/Jungk/Schwaiger*, Kap. VII, Rn. 71; *Vollkommer/Greger/Heinemann*, § 18, Rn. 25, 26; *Rinkler/Pape*, in: G. Fischer/Vill/D. Fischer/Pape/Chab, § 1, Rn. 318; vgl. auch *Grams*, BRAK-Mitt. 2003, 11.

88 RGZ 163, 377, 379; *Borgmann/Jungk/Grams*, Kap. VII, Rn. 71; *Vollkommer/Greger/Heinemann*, § 18, Rn. 25, 26; *Rinkler*, a.a.O.; vgl. auch *Grams*, BRAK-Mitt. 2003, 11.

Vertreter auf, richtet sich die Zurechnung seines Verschuldens nach den in Kap. 1 Rdn. 114, 115 und in Kap. 3 Rdn. 25 dargestellten Grundsätzen; die Bestellung als Vertreter nach § 53 BRAO wirkt sich nicht aus, es bedarf nicht erst des »Umwegs« über den verhinderten Rechtsanwalt der Sozietät oder Partnerschaft.

4. Unterbevollmächtigter

Die Behandlung der Zurechnung schuldhaft pflichtwidrigen Verhaltens von Unterbevollmächtigten ist in vielerlei Hinsicht schon seit Zeiten des Reichsgerichts streitig, und zwar ausgehend davon, dass in § 675 Abs. 1 BGB in der Aufzählung der entsprechend anwendbaren Auftragsvorschriften § 664 BGB fehlt. 30

Zur genauen Erfassung und richtigen Einordnung auch der praktischen Relevanz ist zunächst die Erkenntnis wichtig, dass **der unterbevollmächtigte Anwalt** nicht **Vertreter** des ihn beauftragenden Hauptbevollmächtigten ist, sondern – vertreten durch diesen – Vollmacht **des Mandanten** erhalten hat und zu diesem in ein vertragliches Geschäftsbesorgungsverhältnis (regelmäßig dienstrechtlicher Natur) mit einem allerdings nur eingeschränkten Pflichtenkreis tritt[89]. Ob allgemein ein Unterbevollmächtigter Vertreter des Geschäftsherrn und nicht des Hauptbevollmächtigten ist[90], bedarf keiner Entscheidung. Üblicher anwaltlicher Praxis entspricht es nämlich, eine Untervollmacht nicht im eigenen, sondern im Namen des Mandanten zu erteilen[91]; so wird es auch vom Bevollmächtigten berechtigterweise im Zweifelsfall aufzufassen sein (§§ 133, 157 BGB). Für die Erteilung einer Untervollmacht zur mündlichen Verhandlung durch einen nicht postulationsfähigen Rechtsanwalt an einen postulationsfähigen Rechtsanwalt nach § 81 ZPO hat der BGH eine derartige Auslegung jedenfalls vorgenommen[92]. Die strikt fallbezogene Begründung, es sei gerade darum gegangen, dass der die Vollmacht erteilende Anwalt wegen mangelnder eigener Postulationsfähigkeit nicht verhandeln konnte[93], steht der Berücksichtigung üblicher anwaltlicher Praxis und einer dieser allgemein folgenden Auslegung nicht entgegen. 31

Steht damit der Unterbevollmächtigte einzig und allein in Vertragsbeziehung zur Partei, kann er nicht Erfüllungsgehilfe des Hauptbevollmächtigten sein. **§ 278 BGB greift** (ebenso wie im direkten Verhältnis von Verkehrs- und Prozessanwalt[94]) **nicht ein**[95]. Ob dann, wenn eine solche Beauftragung und Bevollmächtigung eines weiteren Anwalts erfolgt, weil rein sachliche Gründe im Interesse des Mandanten eine auf bestimmte Aufgaben begrenzte Übertragung anwaltlicher Dienste gebieten und eine Gestattung des Mandanten hierfür vorliegt[96], darin eine Substitution im Sinne des § 664 Abs. 1 S. 2 BGB zu sehen ist[97], oder ob nach §§ 675 Abs. 1, 613 i.V.m. §§ 414, 415 BGB der Unterbevollmächtigte im Wege befreiender Schuldübernahme in die Pflichten des 32

89 *Borgmann/Jungk/Schwaiger*, Kap. VII, Rn. 60; *Vollkommer/Greger/Heinemann*, § 18, Rn. 9; auch bereits *Rinsche*, so zuletzt in der 6. Auflage, Rn. I 186; *Seltmann*, VersR 1974, 97, 98; *Rinkler/Pape*, in: G. Fischer/Vill/D. Fischer/Pape/Chab, § 1, Rn. 294.

90 So etwa Palandt/*Ellenberger*, § 167, Rn. 12 m.w.N.; differenzierend aber BGHZ 32, 250, 253 f.

91 Vgl. *Borgmann/Jungk/Schwaiger*, Kap. VII, Rn. 60; *Vollkommer/Greger/Heinemann*, § 18, Rn. 9; *Rinsche*, so zuletzt in der 6. Auflage, Rn. I 186; hingegen ist das Argument von *Seltmann*, VersR 1974, 97, 98, der Rechtsanwalt sei Organ der Rechtspflege (§ 1 BRAO) und könne deshalb nicht (bloß) Erfüllungsgehilfe sein, nicht stichhaltig, wie die Ausführungen Kap. 3 Rdn. 29 zum bestellten Vertreter zeigen.

92 BGH NJW-RR 2003, 51 = WM 2003, 798 f.; vgl. auch NJW 2006, 2334, 2335 (Erteilung einer Instanzvollmacht für einen Bevollmächtigten in der nächsthöheren Instanz).

93 BGH NJW-RR 2003, 51.

94 Zu Konstellationen, die zur Anwendung der §§ 254, 278 BGB führen können, vgl. Kap. 1 Rdn. 206 f.

95 Vgl. die Nachweise oben in Fn. 78 und 80; ferner: *Grams*, BRAK-Mitt. 2003, 11.

96 Dazu vgl. *Borgmann/Jungk/Schwaiger*, Kap. VII, Rn. 57 i.V.m. Rn. 61; *Vollkommer/Greger/Heinemann*, § 18, Rn. 2–4.

97 Was nach RGZ 78, 310, 312 nur bei vollständiger, nicht jedoch bei teilweiser Abgabe der Pflichten möglich sein soll.

Hauptbevollmächtigten teilweise eintritt[98] oder im Grunde nichts anderes vorliegt als eine Mandatsbeschränkung und gleichzeitige Beauftragung eines Dritten[99], ist dafür unerheblich.

33 **Anders** ist die Rechtslage, **wenn** der beauftragende Rechtsanwalt **unberechtigt**, insbesondere ohne dass ihm die Beauftragung des Unterbevollmächtigten gestattet war, tätig geworden ist. Dann hat er als Vertreter ohne Vertretungsmacht gehandelt; ein Vertragsverhältnis zwischen dem Mandanten und dem Unterbevollmächtigten ist nicht zustande gekommen (und zwar endgültig, wenn auch eine Genehmigung versagt worden ist, §§ 177, 180 S. 2 BGB). Damit ist weder im Wege einer Substitution noch im Wege befreiender Schuldübernahme eine Pflichtenübertragung auf den »Unterbevollmächtigten« erfolgt. Der »Hauptbevollmächtigte« bedient sich deshalb so des »Unterbevollmächtigten« zur Erfüllung der bei ihm, dem »Hauptbevollmächtigten«, bestehen gebliebenen Pflichten gegenüber dem Mandanten; der Unterbevollmächtigte handelt in Erfüllung dieser Pflichten. **§ 278 BGB greift ein** und führt zur Zurechnung eines Verschuldens des »Unterbevollmächtigten« zu Lasten des vom Mandanten allein beauftragten »Hauptbevollmächtigten«[100]. Dass eine Rechtsbeziehung zwischen den Anwälten nur nach § 179 BGB besteht, ist dafür nicht von Bedeutung. Die Art der zwischen dem Schuldner und seinen Hilfspersonen rechtlichen Beziehung ist genauso gleichgültig[101] wie der Umstand, ob ein Weisungsrecht besteht oder nicht[102]. Es reicht sogar eine rein tatsächliche Zusammenarbeit[103]. Erst recht sind die Voraussetzungen des § 278 BGB gegeben, wenn der den Kollegen unterbevollmächtigende Anwalt auf ein fehlendes Einverständnis des Mandanten hingewiesen hat[104]. Allerdings liegt, und zwar unabhängig davon, ob über das fehlende Einverständnis informiert wird oder nicht[105], in der Regel auch bereits ein eigenes Verschulden des unterbevollmächtigenden Anwalts vor, indem er unberechtigt einen Kollegen einschaltet. Da regelmäßig eine pflichtwidrig erteilte Untervollmacht einen durch fehlerhaftes Verhalten des »Unterbevollmächtigten« entstandenen Schaden nicht nur adäquat kausal hervorgerufen haben, sondern dies auch dem »Hauptbevollmächtigten« zurechenbar sein wird, ergibt sich dann bereits aus eigenem Verschulden (§ 276 BGB) eine Haftung[106].

34 Sind somit die Voraussetzungen für ein Eingreifen des § 278 BGB bei einem Verschulden des Unterbevollmächtigten geklärt, stellt sich die Frage nach einer analogen Anwendung des § 664 Abs. 1 S. 2 BGB praxisrelevant nur noch dahin, ob der Anwalt, der mit Einverständnis seines Mandanten einen Teil der eigentlich sämtlich von ihm zu leistenden anwaltlichen Dienste auf einen anderen Anwalt überträgt, »wenigstens« für ein **Verschulden bei der Übertragung** haftet. Diese Frage ist bei genauem Besehen schnell und einfach dahin zu beantworten, dass für ein solches Übertragungsverschulden gehaftet wird, wobei Fälle schuldhaft fehlerhafter Auswahl und Übertragung, z.B. der Vertretung in einem auswärtigen Termin, in der Praxis kaum vorkommen dürften[107]. Schon das Reichsgericht hat in seiner ersten Entscheidung zur Frage der analogen Heranziehung des § 664 Abs. 1 S. 2 BGB[108] hervorgehoben, dass die »Ausführung des Auftrags«

---

98 Vgl. so RGZ 161, 68, 71.

99 *Borgmann/Jungk/Schwaiger*, Kap. VII, Rn. 56; *Vollkommer/Greger/Heinemann*, § 18, Rn. 2.

100 *Vollkommer/Greger/Heinemann*, § 18, Rn. 10; *Borgmann/Jungk/Schwaiger*, Kap. VII, Rn. 61; *Rinkler/Pape*, in: G. Fischer/Vill/D. Fischer/Pape/Chab, § 1, Rn. 301.

101 BGHZ 13, 111, 113 f. = NJW 1954, 1193; 50, 32, 35 = NJW 1968, 1569; vgl. auch Palandt/*Grüneberg*, § 278 BGB, Rn. 7.

102 BGH NJW 1984, 1748, 1749 = WM 1984, 364, 365; BGHZ 24, 325, 329 = NJW 1957, 1187.

103 BGH NJW 1985, 914, 915; NJW 1984, 1748, 1749 = WM 1984, 364, 365; Palandt/*Grüneberg*, § 278 BGB, Rn. 7.

104 A.A. noch *Rinsche*, 6. Auflage, Rn. I 190.

105 Vgl. bereits *Rinsche*, 6. Auflage, Rn. I 189, 190.

106 Vgl. dazu auch *Medicus*, 19. Auflage, Bürgerliches Recht, Rn. 802.

107 Vgl. bereits *Rinsche*, 6. Auflage, Rn. 191 i.V.m. Rn. I 185; zustimmend *Vollkommer/Greger/Heinemann*, § 18, Rn. 5, Fn. 6; a.A. (aber abzulehnen) *Seltmann*, VersR 1974, 97, 99.

108 RGZ 78, 310, 312.

(sog. Substitution) im Sinne des § 664 Abs. 1 S. 2 BGB auch dann gegeben sei, wenn der Beauftragte mit dem Dritten im eigenen Namen kontrahiere. Dass ein Beauftragter, dessen Vertrag beendet sei, für das Versehen seines Nachfolgers nicht hafte, sei eine Selbstverständlichkeit, die der Hervorhebung im Gesetz nicht bedurft hätte. Auch bezogen auf ein Einstehenmüssen für ein bei der Übertragung auftretendes Verschulden ergibt sich eine solche Verpflichtung **schon aus allgemeinen Rechtsgrundsätzen und den Pflichten** aus einem Vertrag[109], insbesondere **aus einem Anwaltsvertrag**, so dass es letztlich einer Anwendung des § 664 Abs. 1 S. 2 BGB im Wege einer Gesetzesanalogie nicht einmal bedarf. M.a.W. handelt es sich nach diesem Verständnis, zieht man § 664 Abs. 1 S. 2 BGB auch für den entgeltlichen Geschäftsbesorgungsvertrag heran, der Sache nach letztlich um eine Rechtsanalogie. Und nicht einmal dieser bedarf es, wenn man bereits dem Anwaltsvertrag entnimmt, dass der zur Einschaltung eines Unterbevollmächtigten berechtigte Rechtsanwalt die Verpflichtung hat, jenen sorgfältig auszuwählen sowie ihn richtig »einzuweisen« und zu instruieren, also bei der »Übertragung der Geschäftsbesorgung« die Sorgfalt eines ordentlich und gewissenhaft arbeitenden Rechtsanwalts walten zu lassen. Da § 675 Abs. 1 BGB dispositiv ist, sind zulässigerweise getroffene vertragliche Vereinbarungen den Normen des Auftragsrechts gegenüber vorrangig[110]. Dazu zählen m.E. auch der sich aus der Natur des jeweiligen Vertragsverhältnisses und nach allgemeinen Rechtsgrundsätzen durch Auslegung (§§ 133, 157 BGB) ergebende Inhalt der den Vertragsparteien obliegenden Vertragspflichten und hier eben auch derjenigen **bei befugter Substitution**. Eine Analogie ist deshalb nicht erforderlich. Das nach der h.M.[111] interessengerechte Ergebnis wird auch ohne sie erreicht[112]. Dass der Hauptbevollmächtigte für ein Übertragungsverschulden nicht soll haften müssen, wird auch von der Mindermeinung, die sich an einer Anwendung des § 664 BGB durch das Fehlen eines Verweises in § 675 BGB gehindert sieht[113], nicht ausgedrückt.

VI. Beweislast

Nach anfänglichem Schwanken vertritt der BGH für die **nach bisherigem Schuldrecht** maßgeb- 35
liche Anspruchsgrundlage der positiven Vertragsverletzung in Einklang mit der für dieses Rechtsinstitut allgemein in **Analogie zu § 282 BGB a.F.** entwickelten Beweislastverteilung auch für die Anwaltshaftung die Ansicht, dass, wenn die Pflichtverletzung feststeht, der Anwalt die Darlegungs- und Beweislast dafür hat, dass er die Pflichtverletzung nicht zu vertreten hat[114].

---

109 Vgl. dazu eingehend Erman/*Ehmann*, § 664, Rn. 2–4, 9 unter Verweis auf die Protokolle 2293 = Mugdan II, 994; vgl. auch Staudinger/*Martinek/Omlor*, § 675, Rn. A 53.

110 Vgl. Palandt/*Sprau*, § 675, Rn. 7.

111 RGZ 78, 310, 313; BGH LM § 664, Nr. 1 = NJW 1952, 257 (LSe), wenn auch in sich unklar; § 664 Abs. 1 S. 2 BGB, allerdings ohne jegliche Problematisierung, bei Übertragung als eigene selbstständige Aufgabe auf einen früheren Rechtsanwalt als freien Mitarbeiter grundsätzlich bejahend und nur aus tatsächlichen Gründen eine Substitution verneinend: BGH NJW-RR 1990, 459, 460 = WM 1990, 815, 817; Palandt/*Sprau*, § 664 BGB, Rn. 1; Soergel/*Beuthien*, § 664 BGB, Rn. 14; Staudinger/*Martinek/Omlor*, § 664, Rn. 12 f.; *Borgmann/Jungk/Schwaiger*, Kap. VII, Rn. 59.

112 *Vollkommer/Greger/Heinemann*, § 18, Rn. 2; *Rinkler/Pape*, in: G. Fischer/Vill/D. Fischer/Pape/Chab, § 1, Rn. 296; vgl. *ders.* auch § 1, Rn. 371 zur Frage der Einschaltung von ausländischen Anwälten durch den beauftragten deutschen Anwalt; letztlich auch *Borgmann/Jungk/Schwaiger*, Kap. VII, Rn. 59; vgl. auch RGRK/*Steffen*, § 664, Rn. 12, wonach, soweit nicht § 613 BGB bei Geschäftsbesorgung mit Dienstvertragscharakter gilt, auf den einzelnen Vertrag und/oder die allgemeinen Grundsätze abzustellen sei.

113 RGZ 161, 68, 71; Palandt/*Grüneberg*, § 278 BGB, Rn. 10; Soergel/*Wolf*, § 278 BGB, Rn. 35; RGRK/*Steffen*, § 664, Rn. 12 und § 675, Rn. 26; MünchKommBGB/*Grundmann*, § 278, Rn. 28 (der nur die »Beschränkung der Schuldnerpflicht allein auf die Leistungsverschaffung (Auswahlverschulden)« bei entgeltlichen Verträgen nicht ohne deutlichen Hinweis für akzeptabel hält).

114 Vgl. nur BGH, Urt. v. 13.6.2013 – IX ZR 155/11 – juris, Rn. 13 m.w.N.

36 An dieser Darlegungs- und Beweislast hat sich durch **das neue Schuldrecht** sachlich nichts geändert. Das Nichtvertretenmüssen der Verletzung einer Pflicht aus einem Schuldverhältnis ist nach der Fassung des **§ 280 Abs. 1 S. 2 BGB** ein Einwendungstatbestand. Für ihn ist mithin der Anwalt als Schuldner darlegungs- und beweispflichtig[115]. § 280 Abs. 1 S. 2 BGB macht somit die nach altem Recht für die Unmöglichkeit (§ 282 BGB a.F.) und den Verzug (§ 285 BGB a.F.) geltende Regelung zu einem für alle Pflichtverletzungen geltenden Rechtsprinzip[116], welches durch entsprechende Verweisungen auf § 280 Abs. 1 BGB in den §§ 281 Abs. 1 S. 1, 282, 283 Abs. 1 S. 1 BGB auch im Anwendungsbereich dieser Vorschriften gilt[117].

---

115 BGH, Urt. v. 7.12.2006 – IX ZR 37/04 – juris, Rn. 20; v. 13.6.2013 – IX ZR 155/11 – juris, Rn. 13.
116 Palandt/*Grüneberg*, § 280, Rn. 34.
117 Vgl. zu §§ 281 und 282 BGB: *Zugehör*, Beraterhaftung, Rn. 175, 181.

Kapitel 4 Ursachen- und Zurechnungszusammenhang, Schaden

Übersicht

A. Kausalität

I. Haftungsbegründende Kausalität

1. Vermögensschäden

1 Ausführungen dazu, dass ein Verhalten eines Anwalts haftungsbegründend kausal geworden sei, sind in Regressurteilen kaum zu finden. Dies hat seine einfache Erklärung darin, dass mit der Feststellung, dass ein bestimmtes Anwaltsverhalten eine Pflichtverletzung darstellt, der Haftungsgrund bejaht ist und damit auch die dazu gehörende sog. haftungsbegründende Kausalität. Die haftungsbegründende Kausalität betrifft nämlich den **Ursachenzusammenhang zwischen** dem **Verhalten**

des Schädigers **und** der festgestellten **Pflichtverletzung** und damit die den Ersatzanspruch auslösende Kausalkette[1]. Anders als bei einer unerlaubten Handlung gemäß § 823 Abs. 1 BGB muss und kann hier nicht zur Haftungsbegründung ein Rechtsgut oder absolutes Recht verletzt werden[2]. Der durch ein Verhalten bewirkte »Ersterfolg«[3] ist im Bereich vertraglicher Schadensersatzhaftung die Pflichtverletzung, wie sie im neuen Schuldrecht zum zentralen Punkt einer Schadensersatzhaftung gemacht worden ist.

2 In diesem Zusammenhang wird in der neueren Literatur zur Anwaltshaftung zusätzlich darauf abgestellt, dass der Mandant durch die anwaltliche Pflichtverletzung **so betroffen** sein muss, **dass er möglicherweise** in seinen durch die verletzte Vertragspflicht geschützten Vermögensinteressen **geschädigt** ist[4]. Damit wird die Rechtsprechung zur Vertragshaftung allgemein[5], wie sie bereits auf die Notarhaftung übertragen worden ist[6], konsequent auch auf die Anwaltshaftung angewandt. Dies wäre, wenn man allein materiellrechtlich auf die Anspruchsvoraussetzungen des Schadensersatzanspruchs abstellt, nicht geboten. Denn liegt ein Schaden überhaupt nicht vor, ist also das »Ob« eines Schadens zu verneinen, dann ist deshalb ein Schadensersatzanspruch zu versagen, und zwar ohne in irgendeiner Weise genötigt zu sein, etwa die anderen Haftungsvoraussetzungen zu prüfen[7]. Die Entscheidung, das »Ob« eines Schadens nicht »vollständig« dem Haftungsgrund zuzuordnen, **beruht** aber **auf beweisrechtlichen Gründen**. Während nach § 286 ZPO der Richter im Wege der sog. freien Beweiswürdigung zu einer Überzeugung vom Vorliegen des Haftungsgrundes gelangen, also eine an Sicherheit grenzende Wahrscheinlichkeit bejahen muss, »welche Zweifeln Schweigen gebietet, ohne sie völlig auszuschließen«[8], sind die Anforderungen an das Beweismaß (und damit auch an die Darlegungslast) nach § 287 ZPO, der ausdrücklich sich auch auf das »Ob« einer Schadensentstehung bezieht, geringer; eine deutlich überwiegende, auf gesicherter Grundlage beruhende Wahrscheinlichkeit genügt nach st. Rspr. des BGH bereits (vgl. Kap. 4 Rdn. 11, 12 m.w.N.).

3 So heißt es im Urteil des BGH vom 28.4.1982:

> »Kommt eine der Parteien ihren Verpflichtungen aus dem Vertrage vorwerfbar nicht nach, dann verstößt sie hierdurch gegen die von ihr übernommene Verpflichtung. Sie macht sich, sofern aus dem Verstoß der anderen Partei ein Schaden erwächst, dieser ersatzpflichtig. Geschütztes Rechtsgut ist hier das der übernommenen Pflicht entsprechende, vertraglich geschützte Interesse des Vertragspartners. Als Voraussetzung eines Schadensersatzanspruches ist der Verstoß gegen die vertraglich vereinbarte Pflicht, durch den der Vertragspartner betroffen worden ist, nach § 286 ZPO zu beweisen (BGH, VersR 1975, 540 (541) m. w. Nachw.). Ob und in welcher Höhe aus dem bewiesenen Verstoß des einen Vertragspartners dem davon betroffenen anderen Vertragspartner ein Schaden erwachsen ist, ist gem. § 287 I ZPO zu entscheiden (BGH, WM 1969, 832 (834); VersR 1978, 281 (283)). Bei vertraglicher wie bei deliktischer Haftung bedarf es der Gegenüberstellung der tatsächlichen Lage des Anspruchstellers und seiner gedachten Situation ohne das beeinträchtigende Verhalten des Inanspruchgenommenen. Ein Schaden, der aus der Verletzung eines allgemein geschützten Rechtsguts folgt, unterscheidet sich insoweit grundsätzlich nicht von einem Schaden, der auf der Verletzung eines nur im Verhältnis der Parteien zueinander als Anspruch bestehenden und geschützten Rechtsguts beruht.
>
> Der Betrieb des Haftungsgrundes, der nach § 286 ZPO zu beweisen ist, erstreckt sich demgemäß bei einem Schadensersatzanspruch wegen einer Vertragsverletzung bis zu der Feststellung, der Vertragspartner sei von dem Verstoß so betroffen worden, daß nachteilige Folgen für ihn eintreten können. Danach beginnt der Bereich des § 287 ZPO. Ob und welche nachteilige Folgen durch diesen Verstoß entstanden sind, unterliegt der nach dieser Bestimmung erleichterten Beweisführung.«

1 *Vollkommer/Greger/Heinemann*, § 19, Rn. 3.
2 Zur haftungsbegründenden Kausalität durch Rechtsgutverletzung vgl. Palandt/*Grüneberg*, Vor § 249, Rn. 24.
3 Palandt/*Grüneberg*, Vor § 249, Rn. 128.
4 BGH, Urt. v. 20.3.2008 – IX ZR 236/06 – juris, Rn. 13; vgl. auch *Borgmann*, NJW 2010, 1924 (1929).
5 Grundlegend BGH NJW 1983, 998, 999 = VersR 1982, 756 f.; ferner: NJW 1989, 2687, 2688 = ZIP 1989, 986, 988; NJW 1993, 3073, 3076 = WM 1993, 1735, 1738.
6 BGH NJW-RR 1996, 781.
7 Vgl. dazu *Medicus*, 19. Auflage, Rn. 815.
8 BGHZ 53, 245, 256 = NJW 1970, 946; vgl. Zöller/*Greger*, § 286 ZPO, Rn. 19 m.w.N.

Und weiter:

»Der Schaden kann regelmäßig nur dadurch erfaßt werden, daß die tatsächliche Lage des Geschädigten mit derjenigen verglichen wird, in der er sich ohne das Tun oder Unterlassen des Schädigers befinden würde (BGHZ 27, 181 (183, 184) = NJW 1958, 1085; BGHZ 40, 345 (347) = NJW 1964, 542). Allein die tatsächliche Lage ist genauer Feststellung zugänglich. Die Situation, bei der das schädigende Ereignis außer Betracht gelassen wird, ist im Wege gedanklicher Fortführung derjenigen Umstände zu ermitteln, die vor Eintritt des dem Schädiger vorgeworfenen Ereignisses bestanden. Deshalb sind in aller Regel hypothetische Erwägungen erforderlich, um den notwendigen Vergleich vornehmen zu können. Dies gilt namentlich, sofern das dem Schädiger vorgeworfene Verhalten im Verstoß gegen eine Unterlassungspflicht oder im Nichtbefolgen einer Handlungspflicht besteht. Der tatsächlich nicht eingetretene, nur gedachte Verlauf ist damit im Umfang der erforderlichen Hypothese dem exakten Beweis nicht zugänglich. Diese in der Definition des Schadensbegriffs begründete Beweisnot des Geschädigten soll jedoch nicht zum Vorteil des Schädigers ausschlagen. Auch aus diesem Grund bestimmt § 287 I ZPO, daß das Gericht nach freier Überzeugung unter Würdigung aller Umstände darüber zu entscheiden hat, ob ein Schaden entstanden und wie hoch dieser ist.«[9]

2. Nichtvermögensschäden

Durch Art. 2 Nr. 2 des **2. SchadÄndG** vom 19.7.2002 (BGBl I, S. 2674), in Kraft getreten am 4
1.8.2002, ist mit **§ 253 Abs. 2 BGB n.F.** allerdings ein einheitlicher und übergreifender, von der Art des Haftungsgrundes unabhängiger Schmerzensgeldanspruch geschaffen worden. Auch im Bereich vertraglicher Schadensersatzhaftung besteht jetzt, d.h. wenn das schädigende Ereignis nach dem 31.7.2002 eingetreten ist[10], bei Verletzung der in § 253 Abs. 2 BGB n.F. genannten Rechtsgüter (also nicht bei bloßer Eigentums- oder Vermögensverletzung) ein zusätzlicher Schmerzensgeldanspruch (im Einzelnen Kap. 1 Rdn. 334). Insoweit ist zur Bejahung haftungsbegründender Kausalität – wie zu § 823 Abs. 1 BGB – die Feststellung einer unter § 253 Abs. 2 BGB n.F. fallenden **Rechtsgutverletzung** erforderlich. Wenn auch Schadensersatzklagen wegen Verletzung von Körper, Gesundheit, Freiheit (oder gar der sexuellen Selbstbestimmung) gegenüber Rechtsanwälten im Rahmen ihrer Berufsausübung wenig bekannt sind[11], können sie nun, da eine unerlaubte Handlung nicht mehr vorliegen muss[12], die Rechtsprechung in Einzelfällen beschäftigen[13].

3. Beweislast und Beweismaß

Wie schon weiter oben zur Pflichtverletzung (Kap. 2 Rdn. 334 m.w.N.) und zur haftungsbegrün- 5
denden Kausalität bei Vermögensschaden (oben Rdn. 2) dargestellt, hat die Beweislast für den Haftungsgrund der Anspruchssteller. **Der Mandant** hat die haftungsbegründende Kausalität (bei Nichtvermögensschäden unter Beachtung der Ausführungen oben unter 2. (Rdn. 4) zu beweisen, und zwar **gemäß § 286 ZPO**[14]. Wegen der Anforderungen an die richterliche Überzeugungsbildung wird auf Rdn. 11 verwiesen.

---

9 BGH NJW 1983, 998, 999 = VersR 1982, 756 f.

10 EGBGB 229, § 8 I.

11 Vgl. aber OLG Hamm, Beschl. v. 20.6.2000 – 28 W 43/00, NJW-RR 2001, 1142 (chinesischer Asylbewerber, bei dem der Anwalt die Klagefrist nach § 74 Abs. 1 AsylVfG versäumt hatte); zu möglichen Ersatzansprüchen wegen Freiheitsentziehung vgl. Kap. 9 Rdn. 290.

12 Anders noch in OLG Hamm, Beschl. v. 20.6.2000 – 28 W 43/00, NJW-RR 2001, 1143.

13 Zu weiteren Fragen, wie die nach einem adäquaten Zusammenhang, dem erforderlichen Pflichtwidrigkeits- oder Schutzzweckzusammenhang zwischen vertraglicher Pflichtverletzung und Rechtsgutverletzung vgl. Kap. 1 Rdn. 334 ff. und unten Rdn. 69 ff., 89, 92, 228.

14 *G. Fischer*, in: G. Fischer/Vill/D. Fischer/Pape/Chab, § 5, Rn. 5 und § 4, Rn. 13; *Zugehör*, Beraterhaftung, Rn. 97; *Ganter*, S. 19; vgl. auch die Rechtsprechungsnachweise in Fn. 5 und 6.

II. Haftungsausfüllende Kausalität

1. Logische oder natürliche Ursächlichkeit

6 Es geht hier – wie im Übrigen auch bei der haftungsbegründenden Kausalität – um einen ursächlichen Zusammenhang im logischen oder natürlichen Sinne, und zwar bei der haftungsausfüllenden Kausalität um einen solchen zwischen Haftungsgrund (Pflichtverletzung) und Schaden, für dessen Feststellung ein **hypothetischer Geschehensablauf** zu »ermitteln« ist, nämlich der, wie er **bei vertragsgerechtem Verhalten** des Anwalts eingetreten wäre[15]. Zu fragen ist also, wie der Mandant bei pflichtgemäßem Anwaltsverhalten gestanden hätte[16].

7 Beschränkt sich die Pflichtverletzung auf ein **positives Tun** (Beispiele: Klageerhebung, Schuldanerkenntnis, Vergleichsabschluss gegen den Willen des Mandanten), kommt es (nur) darauf an, welchen Verlauf die Dinge bei pflichtgemäßem Unterlassen dieser Handlung genommen hätten. Das ist die klassische Frage nach der »conditio sine qua non«-Formel, wonach nur das zu beanstandende Handeln weggedacht, nicht aber andere Umstände hinzugedacht werden dürfen[17].

8 In den weitaus meisten Fällen ist dem Anwalt aber vorzuwerfen, eine **pflichtgemäße Handlung unterlassen** zu haben, so beispielsweise die Klage nicht oder nicht rechtzeitig erhoben, einen Vergleich nicht widerrufen, eine Willenserklärung nicht oder nicht fristgemäß abgegeben und insbesondere im Rahmen der Rechtsbelehrung und Rechtsberatung erforderliche Hinweise oder Ratschläge nicht erteilt zu haben. In den Fällen pflichtwidrigen Unterlassens ist zu untersuchen, wie die Dinge sich entwickelt hätten, wenn die versäumte Handlung vorgenommen worden wäre[18], m.a.W. ob die Vornahme der gebotenen Handlung den Schaden verhindert hätte.

2. Beweislast und Beweisnorm

9 Auch die haftungsausfüllende Kausalität fällt als Teil der Anspruchsvoraussetzungen nach allgemeinen Regeln **grundsätzlich** in die **Darlegungs- und Beweislast des Mandanten**[19]. Dies wird von vielen Regressklägern besonders dann als misslich empfunden, wenn ihr früherer Anwalt nun im Regressprozess einen anderen Standpunkt einnimmt als für den Kläger während des Mandats, etwa in einem Vorprozess. Im Vorprozess war der Anwalt aber selbst nicht Partei. Es ist ihm daher

---

15 Vgl. insbesondere *G. Fischer*, in: G. Fischer/Vill/D. Fischer/Pape/Chab, § 5, Rn. 4; *Ganter*, S. 19; *Zugehör*, Beraterhaftung, Rn. 99.

16 Vgl. BGH NJW 2000, 1572, 1573 = WM 2000, 966 ff.; NJW 2000, 1263, 1266 = WM 2000, 959, 962; NJW 1990, 2882, 2883; NJW 1988, 2880, 2881 unter 2.c); *Borgmann*, NJW 2000, 2953, 2962; *Zugehör*, Beraterhaftung, Rn. 99.

17 Dazu vgl. BGHZ 96, 157, 170–172 = NJW 1986, 576, 579 (Notarhaftung); NJW 1995, 126, 127 = WM 1994, 2127.

18 BGH, Urt. v. 25.9.2014 – IX ZR 199/13 – juris, Rn. 23 (Steuerberater); BGH NJW 2003, 295, 296 = WM 2002, 2325, 2326; NJW 2002, 1421, 1422 = MDR 2002, 695, 696; NJW 2002, 593, 594 = WM 2002, 510, 511; NJW 2000, 1572, 1573 = WM 2000, 966 ff.; NJW 2000, 1263, 1266 = WM 2000, 959, 962; NJW 1995, 449, 451 = WM 1995, 398, 401; NJW 1990, 2128, 2129; NJW-RR 1990, 462, 463 f. (Notarhaftung); BGHZ 96, 352, 354 = NJW 1986, 1047.

19 Grundlegend das Urteil BGHZ 123, 311, 313 = NJW 1993, 3259, 3260 = WM 1994, 78, 79 = VersR 1994, 189, 190, in dem der BGH frühere Rechtsprechung, in der dem rechtlichen Berater, der die ihm obliegenden Hinweis- und Aufklärungspflichten verletzt hatte, der volle Beweis dafür auferlegt worden war, wie sich der Mandant bei vertragsgerechter Leistung entschieden hätte (vgl. BGH, ZIP 1981, 1213, 1215; WM 1985, 319; NJW 1990, 827, 828 = LM § 657 BGB Nr. 152; NJW 1990, 2127, 2128), aufgegeben hat und insoweit seitdem in gefestigter Rechtsprechung weitgehend die Grundsätze des sog. Anscheinsbeweises anwendet; dazu näher unten Rdn. 26 ff.; vgl. weiter zur grundsätzlichen Beweislast des Mandanten: BGH NJW 1988, 200, 203; NJW 1992, 2694, 2695 = WM 1992, 2020, 2022 m.w.N.; BGHZ 126, 217, 221 = NJW 1994, 3295, 3297 f. = WM 1994, 2113 ff.; NJW 1998, 1860, 1863; NJW 2000, 1572, 1573 = WM 2000, 966, 968; zur Ausnahme von dieser Beweislastverteilung vgl. BGH NJW 2005, 3071 = WM 2005, 2103 (zu LS 3) und Rdn. 138 f.

unbenommen, im eigenen Haftungsprozess einen anderen Standpunkt einzunehmen[20]. Dabei gelten auch für den Anwalt die allgemeinen Grundsätze zur **Substantiierungslast.**

▶ Beispiel:

Kann der Mandant Schadensersatz verlangen, weil ihn der Anwalt zu einem Scheidungsfolgenvergleich falsch beraten hat und ihm dadurch u.a. in Bezug auf die Hausratsverteilung Schaden zugefügt worden sei, kann der Anwalt jedenfalls dann nicht sämtliche Einzelpositionen bloß pauschal bestreiten, wenn ihm infolge der prozessrechtlichen Vertretung im familiengerichtlichen Verfahren umfassende Einblicke in die Vermögensverhältnisse des Klägers verschafft worden waren, die es ihm ermöglichen, Aussagen zum Wert des Hausrats zu treffen[21].

Geht es um die Beurteilung der Frage, wie bei pflichtgemäßem Verhalten des Anwalts ein (hypothetischer) Vorprozess (richtigerweise) ausgegangen wäre, gelten die **Beweislastregeln des Vorprozesses** auch im Regressprozess (vgl. im Einzelnen Rdn. 199 m.w.N.)[22]. 10

Die **Beweisführung** wird nach **§ 287 ZPO** erleichtert (vgl. auch schon oben Rdn. 2)[23]. Soweit es um den eigentlichen Eintritt des Schadens und um dessen Höhe geht, kann und muss sich das Gericht mit einer deutlich überwiegenden Wahrscheinlichkeit begnügen[24]. Anders als zum Haftungsgrund, wo der Richter nach § 286 ZPO im Wege der sog. freien Beweiswürdigung zu einer Überzeugung vom Vorliegen der diesen ausfüllenden Umstände gelangen, also eine an Sicherheit grenzende Wahrscheinlichkeit bejahen muss, ist das Beweismaß nach § 287 ZPO geringer. **Eine deutlich überwiegende, auf gesicherter Grundlage beruhende Wahrscheinlichkeit genügt bereits**[25]. Des herabgesetzten Beweismaßes sollte sich der Regressrichter stets bewusst sein und in seinen Urteilsausführungen erkennen lassen, dass er es angewandt hat. 11

Die **Grenzen des Aufklärungsermessens** darf er aber nicht überschreiten. § 287 Abs. 1 S. 2 ZPO rechtfertigt es nicht, *»in einer für die Streitentscheidung zentralen Frage auf die nach Sachlage unerlässlichen Erkenntnisse zu verzichten…«*[26] So dürfen grundsätzlich Zeugen zu ihrem hypothetischen Verhalten nicht unvernommen[27] oder ein Sachverständiger nicht ungehört bleiben[28]. Der Beweisantritt zu einer Haupttatsache darf auch im Rahmen von § 287 Abs. 1 S. 2 ZPO nicht auf Grund der Würdigung von Indiztatsachen übergangen werden[29]. 12

---

20 BGH, Urt. v. 20.7.2006 – IX ZR 47/04 – juris, Rn. 18.

21 BGH, Urt. v. 11.3.2010 – IX ZR 104/08 – juris, Rn. 17.

22 Vgl. nur: BGH NJW 2002, 593, 594 = WM 2002, 510, 512.

23 BGH, Urt. v. 24.9.2015 – IX ZR 206/14 – juris, Rn. 18; v. 25.9.2014 – IX ZR 199/13 – juris, Rn. 26 (Steuerberater); v. 10.3.2011 – IX ZR 82/10 – juris, Rn. 19; BGH NJW 2008, 2647, 2648 = WM 2008, 1042 (Tz. 20); NJW 2000, 509, 510 = WM 2000, 197, 198; NJW 2000, 1263, 1266 = WM 2000, 959, 962; NJW 2000, 1572, 1573 = WM 2000, 966, 968; NJW 2000, 2814, 2815 = WM 2000, 1351, 1352; NJW-RR 1996, 781 = WM 1996, 1333 (Notarhaftung); WM 1996, 1333 f.; NJW 1996, 3343, 3344 = WM 1996, 2074, 2076 (Notarhaftung); NJW 1992, 2694, 2695 = WM 1992, 2020, 2022; a.A. Zöller/*Greger*, § 287 ZPO, Rn. 3 m.w.N.; zur Beweiserleichterung bei Beweisvereitelung durch den Anwalt vgl. unten Rdn. 53–56.

24 BGH NJW-RR 1996, 781 = WM 1996, 1333 (Notarhaftung).

25 BGH NJW-RR 1992, 997 = WM 1992, 1155, 1156; BGH NJW 1993, 734 = WM 1993, 382; NJW 2000, 2814, 2815 = WM 2000, 1351, 1352; NJW 2004, 444, 445; NJW 2008, 2647, 2648 = WM 2008, 1042 (Tz. 20); BGH, Urt. v. 5.2.2009 – IX ZR 6/06 – juris, Rn. 14; vgl. im Übrigen die Nachweise in Fn. 27.

26 BGH, Beschl. v. 30.9.2010 – IX ZR 136/08 – juris, Rn. 7.

27 BGH, Beschl. 7.12.2006 – IX ZR 173/03 – juris, Rn. 10.

28 BGH, Urt. v. 18.1.2007 – IX ZR 196/04 – juris, Rn. 12.

29 BGH, Beschl. v. 30.9.2010 – IX ZR 136/08 – juris, Rn. 7; Urt. v. 19.3.2002 – XI ZR 183/01 – juris, Rn. 22.

13 Zugleich **erleichtert** § 287 ZPO dem Geschädigten **auch die Darlegung**. Die Klage darf daher nicht wegen eines lückenhaften Vortrages zum Schaden abgewiesen werden, solange dafür greifbare Anhaltspunkte vorhanden sind[30].

Andererseits reicht es, wenn dem **Anwalt** das **Unterlassen** erfolgversprechender Maßnahmen vorgeworfen wird, nicht aus, lediglich den dem Anwalt erteilten Auftrag vorzutragen und sich auf die Beanstandung zu beschränken, dass der erstrebte Erfolg nicht erreicht worden sei. Denn es darf nicht dem Gericht zugeschoben werden, Wege zu suchen, auf denen dieses Ziel hätte erreicht werden können, um sodann dem Anwalt vorzuwerfen, diese Wege nicht beschritten zu haben. Die Regressklage ist hinreichend bestimmt erst dann, wenn der Kläger von sich aus vorträgt, welche (seiner Meinung nach) erfolgversprechende Maßnahme der Anwalt versäumt hat, bzw. bei mehreren Alternativen, soweit diese sich gegenseitig ausschließen oder zu unterschiedlichen Schäden geführt haben sollen, diese als Haupt- und Hilfsvorbringen zu staffeln[31].

Geht es um ein **Verhalten des Mandanten**, dürfen an dessen Darlegung zwar keine übertriebenen Anforderungen gestellt werden, denn es geht dabei nicht um ein reales, sondern um ein bloß gedachtes, also hypothetisches Geschehen[32]. Trägt der Mandant eine Mehrzahl von objektiv gleich vernünftigen Möglichkeiten vor, wie er sich verhalten hätte, wenn er richtig beraten worden wäre, so trifft ihn aber grundsätzlich die Verpflichtung, den Weg darzulegen, für den er sich konkret entschieden hätte[33].

Geht es um die richtige Entscheidung eines **Inzidentprozesses**, müssen zumindest **konkrete Anhaltspunkte** vorgetragen werden, die den Schluss zulassen, dass der Vorprozess ohne das dem Anwalt vorgeworfene Versäumnis für den Mandanten günstiger ausgegangen wäre[34]. Allgemein gilt: Eine Schätzung kann nur unterlassen werden, wenn jeglicher konkrete Anhaltspunkt fehlt[35].

14 **Verfahrensrechtlich** zu beachten ist, dass auch, soweit es um den Bereich der haftungsausfüllenden Kausalität geht, der Erlass eines **Grundurteils** nach § 304 Abs. 1 ZPO möglich ist. Zum Grund der Haftung gehört auch die haftungsausfüllende Kausalität. Dies gilt auch im Anwaltshaftungsprozess. Das hat der Bundesgerichtshof bereits durch Urteil vom 13.5.1980 entschieden[36]. Jedenfalls dann, wenn der Anwalt Pflichten bei der außergerichtlichen oder gerichtlichen Durchsetzung eines Anspruchs verletzt hat, gehört beispielsweise die Frage, ob jener Anspruch überhaupt bestand, zu dem, was für den Erlass eines Grundurteils feststehen muss[37]. Zu beachten ist natürlich aber auch, dass ein Grundurteil nur ergehen darf, wenn nicht nur alle den Anspruchsgrund betreffenden Fragen geklärt sind, sondern auch nach dem Sach- und Streitstand zumindest wahrscheinlich ist, dass der Anspruch in irgendeiner Höhe besteht[38].

---

30 BGH, Urt. 5.11.1992 – IX ZR 12/92 – juris, Rn. 10; NJW 1993, 734 = WM 1993, 382; BGH, NJW-RR 1992, 202 = WM 1992, 36, 37; NJW 1992, 2694, 2695 = WM 1992, 2020, 2022; NJW 2000, 509, 510 = WM 2000, 197, 198; NJW 2000, 1572, 1573 = WM 2000, 966, 968; NJW 2004, 1521, 1522 = WM 2004, 2217; NJW 2005, 3275, 3277 = WM 2005, 2110; v. 23.11.2006 – IX ZR 21/03 – juris, Rn. 21.

31 Zum Ganzen BGH, Urt. v. 17.3.2016 – IX ZR 142/14 – juris, Rn. 19.

32 BGH NJW 2000, 509, 510 = WM 2000, 197, 198.

33 BGH NJW 2008, 2647 = WM 2008, 1042 (Tz. 12); NJW-RR 2006, 923, 926 = WM 2006, 927 (Tz. 29); NJW 2005, 3275 = WM 2005, 2110, 2111; Beck RS 2005, 13020; NJW 2000, 2814 = WM 2000, 1351; BGHZ 123, 311, 319 = NJW 1993, 3259.

34 BGH NJW 2009, 1422, 1423 (Tz. 8).

35 BGH NJW-RR 1992, 202 = WM 1992, 36, 37.

36 BGH, Urt. v. 13.5.1980 – VI ZR 276/78 – juris, Rn. 11; vgl. auch OLG Hamm, Urt. v. 10.5.2012 – I-28 U 166/11 – juris, Rn. 48 m.w.N.

37 BGH, a.a.O., juris, Rn. 12; Beschl. v. 17.9.2015 – IX ZR 263/13 – juris, Rn. 10.

38 BGH, Urt. v. 24.3.2011 – IX ZR 197/09 – juris, Rn. 26 m.w.N.

3. Das pflichtgemäße Anwaltsverhalten

Da zu fragen ist, wie der Mandant bei pflichtgemäßem Anwaltsverhalten gestanden hätte (vgl. oben Rdn. 6), ist der **1. Schritt** die möglichst präzise Bestimmung, **wie sich der Anwalt** in der betreffenden Situation und unter Beachtung von Umfang und Grenzen des Mandats richtigerweise **hätte verhalten müssen**. 15

Das ist **vielfach** keine große Frage, sondern ergibt sich **als Kehrseite** aus der Feststellung der Pflichten und ihrer Verletzung. So ist beispielsweise bei Fristversäumungen die bei der Aufklärung des weiteren hypothetischen Tatsachenablaufs pflichtgemäße Handlung des Anwalts die Wahrung der Frist durch rechtzeitige Klageerhebung, Anspruchsanmeldung, Einlegung des entsprechenden Rechtsmittels oder Rechtsbehelfs, Abgabe einer Willenserklärung etc. 16

Es kann aber auch komplizierter liegen. 17

▶ Beispiel 1:

Pflichtverletzungen im Rahmen einer Vergleichsberatung.

Hier kann die Feststellung, dass der Anwalt verfehlt gehandelt hat, regelmäßig leicht getroffen werden. Hingegen kann vielmals die Frage, **wie** denn nun die **Vergleichsberatung** unter Beachtung des von der Rechtsprechung zutreffend in bestimmtem Umfang dem Anwalt eingeräumten Ermessensspielraums – hypothetisch betrachtet – hätte aussehen müssen oder dürfen, ungleich schwerer zu beantworten sein: Hätte der Anwalt den Vergleich empfehlen oder von ihm abraten müssen? Oder durfte er nur über Vor- und Nachteile sowie Risiken bei/durch Nichtabschluss oder Abschluss des Vergleichs belehren, ohne zu der vom Mandanten zu treffenden Entscheidung über Zustimmung oder Ablehnung bestimmte Ratschläge zu erteilen? Was hatte er zu Überprüfungsmöglichkeiten hinsichtlich einer sonst ergehenden nachteiligen Gerichtsentscheidung zu informieren und über Chancen und Risiken eines möglichen Rechtsmittels zu belehren?

▶ Beispiel 2[39]:

Beratung eines rechtsschutzversicherten Auftraggebers, dessen (weitere) Rechtsverfolgung wenig oder gar keine Aussicht auf Erfolg hat.

In solchen Fallgestaltungen kann von der Frage, ob nur geringe Erfolgsaussichten bestehen oder solche überhaupt zu verneinen sind, abhängen, ob der Rechtsanwalt nur über die schlechten Aussichten zu belehren oder von einem (weiteren) Vorgehen abzuraten hat.

Von der genauen Bestimmung des hypothetischen pflichtgemäßen Anwaltsverhaltens kann die **weitere Prüfung** und Feststellung des Kausalverlaufs abhängen: 18

▶ Beispiel 1:

Die oben angeführte Vergleichsberatung.

Die auf dieser Stufe der Kausalitätsprüfung zu beantwortenden nächsten Fragen sind nämlich folgende: Wie hätte der Mandant sich hypothetisch verhalten bei Zuraten zum Vergleich, bei Abraten vom Vergleich, bei »offener« Beratung und Risikobelehrung, bei nur in eine bestimmte Richtung tendenziell empfehlender oder abratender Beratung?[40]

▶ Beispiel 2:

Die oben (Rdn. 17) behandelte Beratung eines rechtsschutzversicherten Mandanten.

---

39 Vgl. dazu schon Kap. 2 Rdn. 38 und 179.

40 Zur Vergleichsberatung und den dabei vorliegenden Haftungsrisiken, vgl. näher Kap. 8 Rdn. 570 ff.

Der richtig über nur geringe Erfolgsaussichten belehrte Mandant kann von einer Klageerhebung oder Berufungseinlegung trotz Kostendeckung nun absehen[41] oder aber das gerichtliche Verfahren (weiter) betreiben[42]. Hatte der Anwalt wegen Erfolglosigkeit von einer (weiteren) Rechtsverfolgung abzuraten, greift grundsätzlich schon die Anscheinsvermutung eines beratungsgemäßen Verhaltens des Mandanten (vgl. dazu Rdn. 26 ff.) ein[43].

19 Erfahrungsgemäß wird in der Praxis aber häufig schon bei dem 1. Schritt vor den weiteren Kausalitätsüberlegungen zu nachlässig und nur oberflächlich gearbeitet. Die **Wichtigkeit** der ganz präzisen Erfassung und Bestimmung **dieses Ausgangspunktes** kann daher nicht genug betont werden (vgl. auch Rdn. 13).

4. Das hypothetische Verhalten des Mandanten

20 Nicht in allen Regressfällen, aber in den weitaus meisten Fällen geht es um Vorwürfe an den Anwalt, seinen Beratungs- und Belehrungspflichten oder Warnpflichten nicht hinreichend nachgekommen zu sein. Dann ist **der 2. Kausalitätsschritt** die Untersuchung, **wie der Mandant sich bei vertragsgerechter Beratung, Belehrung oder Warnung verhalten hätte**[44]. Auch hierbei geht es um die Klärung eines hypothetischen Tatsachenverlaufs, so dass, worauf hinzuweisen der BGH Anlass hatte, es nicht etwa darauf ankommen kann, ob der Mandant dem tatsächlichen, pflichtwidrigen Rat des Anwalts gefolgt ist oder aus eigenem Antrieb gehandelt hat[45].

21 Liegt eine Pflichtverletzung des Anwalts allein in einem Verstoß gegen Weisungen des Mandanten, ohne vor dem abweichenden Verhalten gemäß § 665 S. 2 BGB Rücksprache mit dem Mandanten genommen zu haben, ist als Anspruchsvoraussetzung der Kausalität zu prüfen, ob der Mandant, wäre er befragt worden, eine andere Weisung erteilt hätte[46].

22 In allen diesen Fallkonstellationen ist die Frage, wie sich der Mandant bei pflichtgemäßem anwaltlichen Vorgehen verhalten hätte, anhand von Indizien und eventuellen Vermutungen nach der Lebenserfahrung zu beantworten.

Dabei müssen die **Handlungsalternativen** untersucht werden, die sich dem Mandanten **bei pflichtgemäßer Beratung** gestellt hätten. Hierzu müssen deren jeweilige Rechtsfolgen miteinander und mit den Handlungszielen des Mandanten verglichen werden. Nur wenn danach der Mandant durch ein anderes Verhalten seinen Zielvorstellungen nähergekommen wäre als auf dem tatsächlich eingeschlagenen Weg, kann eine entsprechende Kausalitätsannahme getroffen werden[47]. Ein späteres Verhalten des Regressklägers kann für die Einschätzung, wie er sich ohne die anwaltliche Pflichtverletzung damals verhalten hätte, indizielle Bedeutung haben[48]. Trägt der Mandant eine Mehrzahl von objektiv gleich vernünftigen Möglichkeiten für sein Verhalten vor, so muss er grundsätzlich die Alternative darlegen, für die er sich konkret entschieden hätte[49]. Dies ist nur dann entbehrlich,

41 So in OLG Hamm vom 9.11.1993 – 28 U 126/93.

42 So in OLG Hamm NJW-RR 2005, 134, 137; OLG Düsseldorf OLG-Rep. 2002, 102, 104; vgl. auch Rdn. 39, letztes Beispiel.

43 OLG Düsseldorf NJW 2014, 399, juris, Rn. 25; vgl. auch OLG Koblenz NJW 2006, 3150, 3151, juris, Rn. 20.

44 Dazu vgl. schon die obigen Beispiele Rdn. 18.

45 BGH NJW 2002, 593, 594 = WM 2002, 510 f.

46 BGH, Urt. v. 25.9.2014 – IX ZR 199/13 – juris, Rn. 23.

47 BGH NJW-RR 2005, 784 = WM 2005, 1615, 1616; NJW 2005, 3275, 3276 = WM 2005, 2110, 2111; NJW-RR 2006, 1645, 1646 = WM 2006, 1736, 1737 (Tz. 9); NJW 2007, 2485 = WM 2007, 1183 (Tz. 20); zu dem für eine pflichtgemäße Beratung vorzunehmenden Vergleich der Handlungsalternativen vgl. Kap. 2 Rdn. 109.

48 BGH NJW-RR 2005, 784 = WM 2005, 1615, 1616.

49 BGH, Beschl. v. 18.7.2019 – IX ZR 276/17 – juris, Rn. 12; BGH NJW 2008, 2647 = WM 2008, 1042 (Tz. 12); NJW-RR 2006, 923, 926 = WM 2006, 927 (Tz. 30); NJW 2005, 3275 = WM 2005, 2110, 2111; Beck RS 2005, 13020; NJW 2000, 2814 = WM 2000, 1351; NJW 2000, 509, 510 = WM 2000, 197 (unter 2. a); BGHZ 123, 311, 319 = NJW 1993, 3259; vgl. auch schon oben Rdn. 16.

wenn die Schadenswahrscheinlichkeit für alle in Betracht zu ziehenden Kausalabläufe – nicht notwendig in gleicher Weise – bejaht werden kann[50]. **Maßgeblich** ist **bei allem** die im Zeitpunkt der Beratung **bestehende Interessenlage**[51].

▶ Beispiel[52]:

23 Die Klägerin prüfte Anfang 2011 den Erwerb einer Beteiligung an der irischen A, die über weitere zwischengeschaltete Gesellschaften Investitionen eines US-amerikanischen Pensionsfonds in deutsche Dividendentitel finanzieren sollte. Eine besondere Bedeutung für den projektierten Gewinn kam dabei der Frage der Erstattung der deutschen Kapitalertragsteuer zu.

Die Klägerin beauftragte den beklagten Rechtsanwalt mit einer gutachterlichen Stellungnahme, die jedenfalls die Frage des Anspruchs des US-amerikanischen Pensionsfonds auf Erstattung der Kapitalertragsteuer umfassen sollte. In seiner Stellungnahme äußerte sich der Beklagte zur Steuerpflicht der Dividenden in Deutschland wie folgt:

»Wie unter Pkt. I. dargestellt, kommt es für die Investition aus Sicht des Investors entscheidend darauf an, ob der US-amerikanische Pensionsfonds die auf die deutschen Dividenden einbehaltene Kapitalertragsteuer zzgl. Solidaritätszuschlag (insgesamt 26,375%) wiedererstattet bekommt. Dies ist im Ergebnis zu bejahen. Nach Art. 10 Abs. 3 Buchst. b Doppelbesteuerungsabkommen USA/Deutschland dürfen Dividenden, die ein US-amerikanischer Pensionsfonds von deutschen Kapitalgesellschaften bezieht, keiner deutschen Besteuerung unterworfen werden. Deutschland steht also insoweit kein Besteuerungsrecht zu.«

Das OLG Düsseldorf hat zu Recht eine anwaltliche Pflichtverletzung durch Erstellung eines solchen Gutachtens angenommen. Dem Beklagten als namhaften Experten auf dem Gebiet derartiger Cum/Ex-Steuermodelle seien die Geschäftsgestaltungen unter Einbeziehung US-amerikanischer Pensionsfonds und die daraus resultierende Gefahr bekannt gewesen, dass ein Erstattungsanspruch gegen den Steuerfiskus nach dem Doppelbesteuerungsabkommen am fehlenden Nachweis der (zweiten) Abführung der Kapitalertragssteuer scheitern konnte. Darauf hätte er hinweisen müssen, was er jedoch nicht getan habe[53]. Ebenfalls zutreffend hat es die Schadenskausalität wie folgt festgestellt:

»Der Senat hat keine Zweifel daran, dass die D bei einer pflichtgemäßen Beratung die Beteiligung nicht erworben hätte.

Bereits aus Seite 2 dieser Stellungnahme ergibt sich, dass die »Deals ... angabegemäß« nur durchgeführt werden sollten, wenn im Vorfeld feststand, dass unter Berücksichtigung aller Kosten ein Gewinn verbleiben würde. In Abschnitt II. der Stellungnahme heißt es weiter, für die Investition komme es aus der Sicht des Investors entscheidend darauf an, ob der US-amerikanische Pensionsfonds die auf die deutschen Dividenden einbehaltene Kapitalertragsteuer zuzüglich Solidaritätszuschlag wieder erstattet bekomme. Geschehe dies nicht, entstehe – so die Ausführungen in Abschnitt I. – ein Verlust, der sich bis auf die Ebene der Anleger auswirke und im Extremfall zum Verlust des investierten Anlegerkapitals führen könne. **Der Gutachtenauftrag betraf damit erklärtermaßen eine zentrale Frage, von der der Erfolg und die Sinnhaftigkeit der gesamten Investition abhingen.** Es liegt auf der Hand, dass das Ergebnis des Gutachtens damit von entscheidender Bedeutung für die anstehende Investitionsentscheidung war, bei der es um Millionenbeträge von »X2« ging. Das gilt selbst dann, wenn eine Vorentscheidung bereits gefallen war und das Gutachten nur noch der weiteren Absicherung diente. Andernfalls wäre der Gutachtenauftrag nutzlos gewesen. Zudem hat der Beklagte seine abweichende Darstellung, die Investitionsentscheidung sei bereits vor Erstellung des Gutachtens getroffen worden, auf Seite 4 seines erstinstanzlichen Schriftsatzes vom 15. September 2016 (Bl. 168 GA) mit der Behauptung verbunden, das Gutachten sei letztlich nur eingefordert worden, um

---

50 BGH, Beschl. v. 18.7.2019 – IX ZR 276/17 – juris, Rn. 12; BGH, Urt. v. 19.1.2006 – IX ZR 232/01 – juris, Rn. 29; *G. Fischer* in: G. Fischer/Vill/D. Fischer/Pape/Chab, § 5, Rn. 8.

51 BGH NJW-RR 2007, 569, 571 = WM 2007, 419 (Tz. 26).

52 OLG Düsseldorf, Urt. v. 12.3.2018 – 9 U 179/16 – juris.

53 OLG Düsseldorf, Urt. v. 12.3.2018 – 9 U 179/16 – juris, Rn. 56 bis 64.

Mandanten zur Investition in einen Genussschein der Klägerin zu motivieren. Selbst dann wäre das Ergebnis der gutachterlichen Stellungnahme für die Anlageentscheidung aber kausal gewesen, denn **mit einem Gutachten, das die bestehenden Risiken aufgezeigt hätte, hätten verständigerweise keine Anleger geworben werden können.**«[54]

Der BGH hat die Nichtzulassungsbeschwerde – offensichtlich ohne Begründung – zurückgewiesen[55].

Die gegen die Entscheidung des OLG Düsseldorf erhobenen Einwendungen von *Zapf*[56]greifen nicht durch. Dass die Beteiligten die entsprechenden Geschäfte im Zusammenhang mit den damals massenhaft getätigten Cum/Ex-Geschäften nicht fernliegend dennoch durchgeführt hätten oder bestehende Risiken ohnehin bereits bekannt gewesen seien und daher,– um es mit meinen Worten zugespitzt zu formulieren –, auf eine Risikoabwägung eines (Glücks-)Spielers abzustellen sei, kann die Argumentation des OLG Düssseldorf nicht ausräumen, weil die Sinnhaftigkeit der Gutachtenerstattung durch den Beklagten dabei ausgeblendet wird. Gänzlich verfehlt ist der Einwand von *Zapf*, es fehlten hinreichende Hinweise für die Annahme, dass der Beratungsfehler für den Erwerb der Anlagebeteiligung ausschlaggebend gewesen sei. Kausalität heißt nicht, dass eine Pflichtverletzung die ausschlaggebende Ursache darstellen muss. Dazu verweise ich auf Rdn. 64.

24 Bedurfte der Mandant der **Mitwirkung von Dritten** für eine oder mehrere von ihm beabsichtigte Verhaltensweisen, so muss er dessen Bereitschaft dazu im damaligen maßgeblichen Zeitpunkt darlegen und beweisen, ohne insoweit auf einen Anscheinsbeweis zurückgreifen zu können[57].

25 Liegt die anwaltliche Pflichtverletzung nur in der **Abweichung** von einer **Weisung** des Mandanten, **ohne** bei diesem vorher **Rückfrage** gehalten zu haben, ist zu fragen, ob eine Änderung der Weisung der grundlegenden Zielvorstellung, die der Mandant mit seinem Vorgehen beabsichtigte, gedient hätte oder aus seiner Sicht dieser entgegengestanden hätte, was bei entsprechenden Umständen den Beweis des ersten Anscheins begründen kann, dass er der Anregung zur Änderung der Weisung nicht gefolgt wäre[58].

a) Vermutung beratungsgemäßen Verhaltens

26 Die Rechtsprechung hat zunächst zum Kauf- und Werkvertragsrecht den Grundsatz entwickelt, dass bei der Verletzung von Aufklärungspflichten, die dazu bestimmt sind, dem Partner eine sachgerechte Entscheidung über den Abschluss bestimmter Geschäfte zu ermöglichen, das Risiko der Unaufklärbarkeit der Frage, wie der andere Teil gehandelt hätte, wenn er pflichtgemäß ins Bild gesetzt worden wäre, den Aufklärungspflichtigen trifft[59]. Diese Beweislastregel hat sie in der Folgezeit auch bei anderen Vertragstypen angewendet[60] und daran festgehalten[61]. Auch bei der Anwaltshaftung hat der BGH die sog. Vermutung des beratungsgemäßen Verhaltens zunächst als Rechtsvermutung

---

54 OLG Düsseldorf, a.a.O., Rn. 75, 77; Hervorhebungen durch den Verfasser.
55 BGH, Beschl. v. 16.5.2019 – IX ZR 86/18.
56 *Zapf*, BB 2019, 1182, 1186.
57 BGH, Urt. v. 16.7.2015 – IX ZR 197/14 – juris, Rn. 28; zum hypothetischen Verhalten Dritter vgl. weiter unten Rdn. 44 ff.
58 BGH, Urt. Urt. v. 25.9.2014 – IX ZR 199/13 – juris, Rn. 27.
59 BGHZ 61, 118, 122 = NJW 1973, 1688; BGHZ 64, 46, 51 = NJW 1975, 824.
60 Vgl. BGHZ 72, 92, 106 = NJW 1978, 2145; BGHZ 89, 95, 103 = NJW 1984, 658; BGH NJW 1980, 2186, 2187; NJW 1984, 1688, 1689; NJW 1990, 2461, 2463.
61 Vgl. BGHZ 124, 151, 159 f. = NJW 1994, 512, 514 = WM 1994, 149 (ausdrückliche Abgrenzung des XI. Zivilsenats gegen BGHZ 123, 311 = NJW 1993, 3259 = WM 1994, 78 = VersR 1994, 189, 190 (IX. Zivilsenat) bei einem Terminsoptionsgeschäft); NJW-RR 2000, 998, 999 = NJW 2000, 250 (LS) = WM 2000, 426 ff. (Kapitalanlagevermittlung); zum »bunten Bild« der Rechtsprechung zur beweisrechtlichen Behandlung von Aufklärungspflichtverletzungen vgl. auch *Stodolkowitz*, VersR 1994, 11.

angesehen und dem Anwalt die volle Beweislast dafür aufgebürdet, dass sich der Mandant im Einzelfall nicht beratungsgemäß verhalten hätte[62].

Davon ist die Rechtsprechung für den Bereich der Rechtsanwalts- und Steuerberaterhaftung indes zu Recht abgerückt und kommt in nun gefestigter Rechtsprechung auf andere Weise und mit teilweise anderer Verteilung der Risiken zu angemessenen Lösungen[63]. Den sich naturgemäß in vielen Fällen stellenden Beweisschwierigkeiten im Rahmen des Ursachenzusammenhangs, die auch bei der Anwendung des § 287 ZPO verbleiben, begegnet die Rechtsprechung seit dem Grundsatzurteil vom 30.9.1993[64] mit der Heranziehung der Grundsätze einer **tatsächlichen Vermutung (sog. Anscheinsbeweis)** dafür, dass der Mandant sich **beratungsgemäß verhalten** hätte, **wenn** nach der Lebenserfahrung bei vertragsgemäßer Leistung des Beraters im Hinblick auf die Interessenlage oder andere objektive Umstände aus der Sicht eines vernünftig urteilenden Menschen **eindeutig ein bestimmtes Verhalten nahe gelegen hätte**[65]. Es dürfen also nicht mehrere Handlungsalternativen ernsthaft offen gestanden haben, die sämtlich mit Vor- und Nachteilen verbunden, somit zu gewichten und abzuwägen waren[66], sondern es muss ein bestimmter Ursachenzusammenhang zwischen der Pflichtverletzung des Beraters und einem bestimmten Verhalten seines Mandanten typischerweise gegeben gewesen sein[67]. Dazu betont der BGH, dass der Anscheinsbeweis hier als Ausnahme zu dem allgemeinen Grundsatz, dass es keinen Anscheinsbeweis für individuelle Verhaltensweisen von Menschen in bestimmten Lebenslagen gebe, mit gutem Grund **nur mit Vorsicht angewendet** wird, nämlich lediglich in klar und eindeutig liegenden Ausgangslagen[68]. 27

Andererseits soll ein Vermutungstatbestand im Sinne eines Anscheinsbeweises, wenn er einschlägig ist, auch fehlenden **Sachvortrag** des Regressklägers **ersetzen** können[69]. 28

Die Beweiserleichterungen für den Ursachenzusammenhang zwischen Pflichtverletzung und Schaden nach den Grundsätzen des Anscheinsbeweises in Fällen der Rechtsanwalts- und Steuerberaterhaftung gelten nach der Rechtsprechung des BGH auch für **vorvertragliche Pflichtverletzungen**.[70] 29

Unanwendbar sind die Regeln des Anscheinsbeweises, wenn beispielsweise unter wirtschaftlichen Gesichtspunkten unterschiedliche Schritte in Betracht kommen und dem Auftraggeber lediglich 30

---

62 Vgl. BGH ZIP 1981, 1213, 1215; WM 1985, 319 = VersR 1985, 265; NJW 1990, 827, 828; NJW 1990, 2127, 2128.

63 Vgl. *Borgmann/Jungk/Schwaiger*, Kap. IX, Rn. 26.

64 BGHZ 123, 311, 313 = NJW 1993, 3259, 3260 = WM 1994, 78, 79 = VersR 1994, 189, 190; vgl. schon oben Fn. 19 zu Rdn. 9; und vorher bereits *Rinsche* stets und zuletzt in der 6. Auflage, Rn. I 309; zustimmend *Borgmann/Jungk/Schwaiger*, Kap. IX, Rn. 26; Baumgärtel/*Laumen*/Prütting, § 675 BGB, Rn. 39 f., m.w.N.; vgl. auch Palandt/*Grüneberg*, § 280, Rn. 39 m.w.N.

65 Seit BGHZ 123, 311, 313 = NJW 1993, 3259, 3260 = WM 1994, 78, 79 = VersR 1994, 189, 190 st. Rspr. für den Bereich der Rechtsanwalts- und Steuerberaterhaftung, zuletzt: BGH, Urt. v. 7.12.2017 – IX ZR 25/17 – juris, Rn. 31 (Steuerberater); v. 17.3.2016 – IX ZR 142/14 – juris, Rn. 14; v. 16.7.2015 – IX ZR 197/14 – juris, Rn. 25; v. 10.5.2012 – IX ZR 125/10, juris, Rn. 36; v. 5.2.2009 – IX ZR 6/06 – juris, Rn. 9; vgl. auch BGH NJW 2008, 2647 = WM 2008, 1042 (Tz. 12); NJW 2008, 2041 = WM 2008, 946, 947 (Tz. 20); NJW 2004, 444, 445 = WM 2004, 475 ff. (Steuerberaterhaftung); NJW-RR 2004, 1210, 1212 = WM 2004, 472, 473 f. (ebenfalls Steuerberaterhaftung); NJW-RR 2003, 1569, 1571 (Notarhaftung); NJW-RR 2003, 1212, 1213 = WM 2003, 1628 ff. = MDR 2003, 928, 929; NJW 2002, 1117, 1120; NJW 2002, 593, 594 = WM 2002, 510, 511; vgl. vorher auch noch: BGH NJW-RR 2001, 1351 = WM 2001, 741, 743 f. (zur Steuerberaterhaftung); NJW 2000, 2814, 2815 (Steuerberaterhaftung); NJW-RR 1999, 641, 642 = WM 1999, 645, 646; NJW 1998, 900, 901 f. = WM 1998, 776; NJW 1998, 2048 = WM 1998, 1542; NJW 1998, 749, 750 = WM 1998, 297; NJW 1998, 1486, 1487 = WM 1998, 301, 303; NJW 1996, 312, 314 = WM 1996, 71; NJW 1995, 449, 451 = WM 1995, 398, 401.

66 BGH NJW 2008, 440, 441 = WM 2008, 41 (Tz. 14); NJW-RR 2003, 1569; NJW-RR 2001, 204.

67 BGH, Urt. v. 13.12.2018 – IX ZR 216/17 – juris, Rn. 27; v. 16.7.2015 – IX ZR 197/14 – juris, Rn. 25.

68 BGH NJW 2009, 1591, 1592 = WM 2009, 715 (Tz. 13).

69 BGH, Urt. v. 17.3.2016 – IX ZR 142/14 – juris, Rn. 13.

70 BGH, Urt. v. 13.12.2018 – IX ZR 216/17 – juris, Rn. 27 unter Bezugnahme auf BGHZ 174, 186 = NJW 2008, 1309, Rn. 19.

die Informationen und Hinweise zu geben waren, die dieser für eine sachgerechte Entscheidung benötigte[71]. Bestehen alternative Handlungsmöglichkeiten im höchstpersönlichen Lebensbereich, die nicht nur von wirtschaftlichen Überlegungen, sondern von ganz individuell geprägten Erwägungen beeinflusst werden – beispielsweise eine möglicherweise das Verwandtschaftsverhältnis belastende Klage im Familienkreis – ist der Anscheinsbeweis grundsätzlich ebenfalls nicht anwendbar[72]. Genauso scheidet ein Anscheinsbeweis aus, wenn der Mandant schon einmal einen richtigen Rat des Anwalts nicht befolgt hat[73].

31 Der Vermutung beratungsgerechten Verhaltens steht **indes nicht entgegen**, wenn der Mandant selbst oder sein Vertretungsorgan selbst Jurist oder gar Rechtsanwalt ist. Dazu hat der BGH zutreffend ausgeführt, dass ein Mandant, der selbst Jurist ist, einem rechtlich zutreffenden Hinweis seines Rechtsanwalts auf einen Gesichtspunkt, den er selbst übersehen hat, im eigenen Interesse regelmäßig ebenso folgen wird wie ein juristischer Laie, der wegen fehlender Rechtskenntnis keine eigenständige Prüfung der Rechtslage vorgenommen hat[74]. Ebenso gibt es keinen Grund für eine Einschränkung der Anscheinsgrundsätze, wenn das Mandat einer Sozietät durch einen ihrer Sozien erteilt worden ist, der dabei (als Geschäftsführer) für eine Gesellschaft gehandelt hat[75].

32 Damit bleibt es, abweichend von der Rechtsprechung in anderen Bereichen wie beispielsweise in Anlagefällen[76], **im Bereich der Anwalts- und Steuerberaterhaftung** bei der Beweislast des Mandanten[77], dem jedoch unter den genannten Voraussetzungen in klar und eindeutig liegenden Ausgangslagen[78], die eine Anscheinsvermutung rechtfertigen, Beweiserleichterungen zugutekommen (dazu Rdn. 11 f.). Nach der Rechtsprechung des für die Anwalts- und Steuerberaterhaftung allein zuständigen IX. Zivilsenats, der sich mit der abweichenden Ansicht des für die Kapitalanlagefälle zuständigen XI. Zivilsenats, der bei feststehender Aufklärungspflichtverletzung eine Beweislastumkehr zu Lasten des Anlageberaters vornimmt, abschließend auseinandergesetzt hat[79], führen **nur die Grundsätze des Anscheinsbeweises** zu einer angemessenen Risikoverteilung zwischen rechtlichen Berater und Mandanten[80]. Daher wird man auch dem vom OLG Düsseldorf erwogenen Gedanken, es spreche einiges dafür, die zur Anlageberatung ergangene Rechtsprechung aufgrund der gleichgerichteten Interessenlage jedenfalls insoweit auf die anwaltliche Beratung zu übertragen, als diese gezielt auf die rechtliche Prüfung einer beabsichtigten Anlageentscheidung gerichtet sei[81], eine Absage erteilen müssen.

33 Grundsätze des Anscheinsbeweises für beratungsgemäßes Verhalten können anwendbar sein auch bei Entscheidungen mit weitreichenden gesellschaftsrechtlichen Veränderungen. Die Entscheidung einer **juristischen Person** ist grundsätzlich nicht anders zu beurteilen als die einer natürlichen Person. Denn maßgeblich kommt es ja auf die Entscheidungsträger an[82].

---

71 BGH, Urt. v. 16.7.2015 – IX ZR 197/14 – juris, Rn. 26 (Rechtsanwalt); v. 18.12.2008 – IX ZR 12/05 – juris, Rn. 18 m.w.N. (Steuerberater); vgl. auch Urt. v. 13.12.2018 – IX ZR 216/17 – juris, Rn. 27.

72 BGH, Urt. v. 18.5.2006 – IX ZR 53/05 – juris, Rn. 15; Beschl. v. 24.5.2012 – IX ZR 152/10 – juris, Rn. 2.

73 BGH, Urt. v. 7.2.2008 – IX ZR 149/04 – juris, Rn. 20 m.w.N.

74 BGH, Urt. v. 10.5.2012 – IX ZR 125/10 – juris, Rn. 40.

75 BGH, a.a.O., juris, Rn. 43.

76 Dazu vgl. BGH, Urt. v. 8.5.2012 – XI ZR 262/10, BGHZ 193, 159, Rn. 28, 29.

77 BGH, Beschl. v. 15.5.2014 – IX ZR 267/12 – juris, Rn. 2 ff.; Urt. v. 16.7.2015 – IX ZR 197/14 – juris, Rn. 23; Beschl. v. 15.9.2016 – IX ZR 67/14 – juris, Rn. 1; BGH, Urt. v. 6.12.2018 – IX ZR 176/16 – juris, Rn. 23, 24 (Steuerberater).

78 BGH NJW 2009, 1591, 1592 = WM 2009, 715 (Tz. 13).

79 BGH, Beschl. v. 15.5.2014 – IX ZR 267/12 – juris, Rn. 2 ff.; Urt. v. 16.7.2015 – IX ZR 197/14 – juris, Rn. 23.

80 Vgl. *Gehrlein*, VersR 2016, 353, 358.

81 OLG Düsseldorf, Urt. v. 12.3.2018 – 9 U 179/16 – juris, Rn. 76.

Die Heranziehung des Anscheinsbeweises **beschränkt sich – richtigerweise – nicht nur auf den Fall, dass** der Anwalt eine **eindeutige Empfehlung** in einer bestimmten Richtung **schuldete**[83]. Auch wenn er unter entsprechender Erläuterung von Risiken und Nachteilen noch andere Alternativen aufzeigen durfte oder gar nur die Rechtslage mit verschiedenen Handlungsmöglichkeiten erläutern musste, kann der Anscheinsbeweis eingreifen, nämlich dann, wenn auch danach aus damaliger Sicht nur eine einzige Disposition des Mandanten vernünftigerweise in Betracht gekommen wäre[84]. In der Regel wird es allerdings bei bloß geschuldeter Erläuterung der Rechtslage bzw. »offener« Risikobelehrung und mehreren Handlungsmöglichkeiten so sein, dass nicht nur eine allein sachgerecht ist. Wie in dem dem Urteil des BGH vom 30.9.1993[85] zugrundeliegenden Fall kann es aber durchaus so sein, dass einerseits vom rechtlichen Berater eine bestimmte Empfehlung nicht geschuldet wird, andererseits aber für den Mandanten vernünftigerweise in seiner Situation sich nur eine Verhaltensvariante oder Vorgehensweise in einer Art und Weise anbietet, dass nach der Lebenserfahrung typischerweise diese auch als letztlich allein naheliegend gewählt worden wäre. Eine solche Handhabung des Anscheinsbeweises erlaubt es dem Regressrichter auch, die nicht selten nur sehr schwer zu beantwortende Frage, ob der Anwalt beispielsweise bei einer Vergleichsberatung zu einer bestimmten Empfehlung verpflichtet war, letztlich offen zu lassen, wenn jedenfalls bei zutreffender Erläuterung der Rechtslage und der Risiken, Nachteile und Vorteile bei Abschluss oder Nichtabschluss des Vergleichs vom Standpunkt eines vernünftigen Betrachters in der Situation des Mandanten sich lediglich eine Entscheidung für diesen als sachgerecht erweist. Anders ist es aber, wenn – nach richtiger Beratung – verschiedene vertretbare Dispositionen mit unterschiedlichen Folgen möglich gewesen wären. Dann gilt: 34

> »Besteht ... nicht nur eine einzige verständige Entschlußmöglichkeit – beispielsweise die anzuzeigende Gefahr zu meiden –, sondern stehen mehrere Handlungsweisen als naheliegend offen und bergen sämtliche von ihnen gewisse Risiken oder Nachteile in sich, die zu gewichten und gegenüber den Vorteilen abzuwägen sind, so gibt es keinen Anscheinsbeweis.«[86]

Durch die Entscheidung vom 23.11.2006[87] hat der BGH klargestellt, dass es für das Eingreifen des Anscheinsbeweises allein darauf ankommt, dass für den Mandanten bei vertragsgerechter Information nur eine sinnvolle Entscheidung verblieb. Teilweise anderweitige Formulierungen in Entscheidungen[88] nach dem Grundsatzurteil vom 30.9.1993[89] sind von *G. Fischer* bereits als lediglich missverständlich bezeichnet worden[90].

82 BGH, Beschl. v. 21.6.2007 – IX ZR 123/05, mitgeteilt von *Ganter*, AnwBl 2008, 94, 97.

83 So nun ausdrücklich auch BGH NJW-RR 2007, 569, 571 = WM 2007, 419 (Tz. 23).

84 BGHZ 123, 311, 318 = NJW 1993, 3259, 3260 = WM 1994, 78, 79 = VersR 1994, 189, 190 (zu LS 3); BGHZ 126, 217, 224 = NJW 1994, 3295; BGH NJW-RR 2007, 569, 571 = WM 2007, 419 (Tz. 23); *G. Fischer*, in: Festschrift für Walter Odersky, 1996, 1023, 1031 m.w.N.; *G. Fischer*, in: G. Fischer/Vill/D. Fischer/Pape/Chab, § 5, Rn. 25; *G. Fischer*, NJW 1999, 2993, 2996; vgl. auch BGH NJW 1992, 1159, 1160 = VersR 1992, 827; der Sache nach so auch BGH NJW 2002, 292, 294 = WM 2001, 2455 ff. (unter 3. b); ebenso NJW-RR 2003, 1212, 1213 = WM 2003, 1628 ff. (in MDR 2003, 928, 929 nicht ganz deutlich erkennbar); zustimmend auch Baumgärtel/*Laumen*/Prütting, § 675 BGB, Rn. 40; *Borgmann/Jungk/Schwaiger*, Kap. IX, Rn. 25; a.A. *Lauda*, LM BGB § 249 (Ba) Nr. 33.

85 BGHZ 123, 311, 313 = NJW 1993, 3259, 3260 = WM 1994, 78, 79 = VersR 1994, 189, 190.

86 BGH NJW 1992, 3237, 3241 = WM 1992, 1662, 1667; so auch BGHZ 123, 311, 313 = NJW 1993, 3259, 3260 = WM 1994, 78, 79 = VersR 1994, 189, 190; und zuletzt NJW-RR 2008, 1594 = WM 2008, 1563 (Tz. 23); NJW 2008, 2647 = WM 2008, 1042, 1043 (Tz. 12); NJW-RR 2008, 1235, 1236 = WM 2008, 1560 (Tz. 19).

87 BGH NJW-RR 2007, 569, 571 = WM 2007, 419 (Tz. 23); der Sache nach auch schon so BGH NJW-RR 2006, 923, 925 (Tz. 26).

88 Vgl. etwa BGH NJW 2002, 593, 594 = WM 2002, 510, 511.

89 BGHZ 123, 311, 313 = NJW 1993, 3259, 3260 = WM 1994, 78, 79 = VersR 1994, 189, 190.

90 *G. Fischer* in: G. Fischer/Vill/D. Fischer/Pape/Chab, § 5, Fn. 49 zu Rn. 25.

35 Nicht nur bei Beratungspflichtverletzungen, **auch bei anderen Pflichtverletzungen** kann ein Anscheinsbeweis zugunsten des Mandanten eingreifen, falls nach der Lebenserfahrung das pflichtgemäße Verhalten des Anwalts ein bestimmtes Verhalten des Mandanten nach sich gezogen hätte[91].

36 Um ein im Rahmen der haftungsausfüllenden Kausalität zu untersuchendes gedachtes Mandantenverhalten geht es auch bei der Frage, ob bei sachgerechter Wahrnehmung der Beratungs- und Aufklärungspflichten des Anwalts sein Mandant ihm – anders als tatsächlich geschehen – die **notwendigen Informationen** vollständig und rechtzeitig **erteilt** hätte. Auch hier greift eine Vermutung ein, nämlich die, der Mandant hätte dem Anwalt rechtzeitig die notwendigen Informationen erteilt, wenn dieser seine Beratungs- und Aufklärungspflichten sachgerecht wahrgenommen hätte (vgl. näher Kap. 2 Rdn. 104 m.w.N.)[92]. Dabei handelt es sich in konsequenter Fortführung des BGH-Urteils vom 30.9.1993[93] auch um einen Anwendungsfall des Anscheinsbeweises[94].

37 Bei **mehreren Pflichtverletzungen** des Anwalts etwa im Bereich seiner Informationspflicht und im Bereich seiner Pflichten zur Rechtsberatung und -belehrung, wie dies vielfach kumulativ geschehen wird (die unvollständige oder sonst fehlerhafte Erfassung der Rechtslage und darauf aufbauende Belehrung und Beratung zieht eine unzureichende Sachverhaltsaufklärung nach sich oder die nur pauschale Sachverhaltsaufbereitung bedingt eine verengte Rechtsbeurteilung), kann der Anscheinsbeweis also in zweifacher Weise eingreifen.

▶ Beispiel[95]:

Der Anwalt hat in einer Ehesache die von ihm vertretene Ehefrau pflichtwidrig nicht auf geltend zu machende Zugewinnausgleichs- und Hausratsteilungsansprüche hingewiesen. Desgleichen hat er seine Informationspflicht verletzt, indem er die Mandantin zu diesem Komplex nicht hinreichend befragt hat.

Die Mandantin hätte die bei richtigem Vorgehen ausdrücklich erfragte (oder sonst von ihr nun als wichtig erkannte) Information (ggfs. nebst Unterlagen) erteilt (vgl. Kap. 2 Rdn. 104 m.w.N.) und wäre sodann auch dem erforderlichen Rat zur gerichtlichen Geltendmachung der Ansprüche gefolgt.

b) Grober Anwaltsfehler

38 Anders als etwa im Arzthaftungsrecht[96] und in diesem vergleichbaren Fällen einer groben Verletzung sonstiger Berufs- oder Organisationspflichten, sofern diese, ähnlich wie beim Arztberuf, dem Schutz von Leben und Gesundheit anderer dienen[97], **belässt es** die Rechtsprechung im Anwaltshaftungsrecht selbst bei groben Vertragsverletzungen des Anwalts, jedenfalls bei echten Anwaltsverträgen mit einer Rechtsbeistandspflicht (§ 3 Abs. 1 BRAO)[98], **bei der Beweislast des Mandanten**, kehrt

---

91 BGHZ 126, 217, 223 f. = NJW 1994, 3295, 3298 = WM 1994, 2113 (unterlassene Klageerhebung im Urkundsprozess); NJW 2000, 1263, 1265 = WM 2000, 959, 961 (unterlassener Hinweis auf einen möglichen Regressanspruch gegen sich und dessen Verjährung = sog. Sekundärhaftung nach früherem Verjährungsrecht gemäß § 51b BRAO); vgl. auch schon BGHZ 129, 386, 392 f. = NJW 1995, 2108, 2109 (für die sekundäre Steuerberaterhaftung); BGH, Urt. v. 12.12.2002 – IX ZR 99/02 (zur Sekundärhaftung); vgl. auch *G. Fischer*, in: G. Fischer/Vill/D. Fischer/Pape/Chab, § 5, Rn. 27; *G. Fischer*, NJW 1999, 2993, 2996; *Ganter*, S. 20.

92 So schon BGH NJW 1992, 240, 241 = VersR 1992, 51, 52.

93 BGHZ 123, 311 = NJW 1993, 3259 = WM 1994, 78 = VersR 1994, 189.

94 BGH NJW 1994, 1472, 1475 = WM 1994, 1114, 1118; NJW 1996, 2929, 2932 = WM 1996, 1832, 1835; NJW 1998, 2048, 2050 = WM 1998, 1542, 1544; NJW 2000, 730, 732 f. = WM 2000, 189; vgl. auch *G. Fischer*, in: G. Fischer/Vill/D. Fischer/Pape/Chab, § 5, Rn. 27; *G. Fischer*, NJW 1999, 2993, 2996; *Ganter*, S. 20; vgl. schon ausführlich Kap. 2 Rdn. 104–106.

95 BGH NJW 1992, 240, 241 = VersR 1992, 51.

96 St.Rspr.; vgl. auch § 630h Abs. 5 BGB.

97 Vgl. dazu im Einzelnen BGH, Urt. v. 11.5.2017 – III ZR 92/16 – juris, Rn. 24–28.

98 Vgl. zu dieser Einschränkung *G. Fischer*, in: G. Fischer/Vill/D. Fischer/Pape/Chab, § 5, Rn. 12.

die Beweislast also nicht um[99]. Die Beweisschwierigkeiten des Mandanten, der zudem regelmäßig nur vermögensrechtliche Nachteile erlitten habe, seien mit denen eines ärztlichen Patienten nicht hinreichend vergleichbar; oftmals gehe es im Anwaltsregress um Tatsachen, zu deren Klärung der Auftraggeber mindestens genauso gut beitragen könne wie der in Anspruch genommene Anwalt.

Dieser Rechtsprechung ist beizupflichten; es besteht kein von vorneherein gegebenes strukturelles Ungleichgewicht, so dass auch nicht aus Gründen etwa der Waffengleichheit im Prozess (vgl. dazu schon Kap. 2 Rdn. 349) eine Beweislastumkehr vonnöten wäre[100]. Auch bei groben Anwaltsfehlern kann dem Mandanten beweismäßig ein Anscheinsbeweis unter den oben zu a) genannten Voraussetzungen helfen[101].

c) Erschütterung des Anscheinsbeweises

Die (tatsächliche) Vermutung eines bestimmten Verhaltens des Mandanten kann der Anwalt entkräften, den Anscheinsbeweis also erschüttern. Dazu muss er die **ernsthafte Möglichkeit** eines anderen Kausalverlaufs infolge **atypischen Verhaltens** des Mandanten darlegen und die von ihm dafür angeführten Tatsachen, soweit sie wie regelmäßig streitig sind, **beweisen**[102]. Es müssen (danach) *»Umstände aus seiner Sphäre [Anm. des Verf.: d.h. der des Mandanten] feststehen, die darauf hindeuten, er hätte im konkreten Fall eine andere als die der Vermutung entsprechende Entscheidung getroffen. Beweist der rechtliche Berater solche Tatsachen, die einen atypischen Kausalverlauf möglich erscheinen lassen, ist es dem Mandanten zumutbar, nunmehr selbst den Beweis zu führen, wie er bei sachgerechter Aufklärung oder Beratung reagiert hätte.«*[103] Dies ist wieder der volle, aber weiterhin durch § 287 ZPO erleichterte Beweis einer bestimmten Reaktion bei vertragsgerechtem Anwaltsverhalten. Er ist – nach erschütterter Anscheinsvermutung beratungsgemäßen Verhaltens – naturgemäß nicht leicht zu erbringen und gelingt selten. 39

▶ Beispiele:

- Ist dem Anwalt eine schuldhafte Pflichtverletzung dahingehend anzulasten, dass er seiner Informationspflicht nicht nachgekommen ist und von dem Mandanten keine **Aufklärung über Tatsachen**, welche für eine ordnungsgemäße Mandatserfüllung notwendig sind, und keine Vorlage von Unterlagen, die erkennbar vorhanden sein müssen, erbeten hat, reicht es zur Erschütterung des Anscheins, bei entsprechendem Nachfragen die Information nebst Unterlagen erhalten zu haben, aus, wenn der Anwalt behauptet und beweist, ihm seien die Unterlagen bewusst vorenthalten worden, deren Bedeutung und Wirkung der Mandant auch gekannt habe, weil sie ihm von anderer (fachkundiger) Seite und sogar mehrfach erläutert worden seien, und er versucht habe, die sich daraus für sein Vorhaben ergebenden nachteiligen Folgen zu umgehen[104].
- Wenn der auf Schadensersatz in Anspruch genommene Anwalt beweist, dass der Mandant auch in anderen Fällen sinnvolle Ratschläge nicht befolgt hat, vielleicht weil er zu ängstlich oder auch querulatorisch ist, kann nicht von einem Anscheinsbeweis zugunsten des Mandanten ausgegangen werden[105]. Noch allgemeiner gilt: Dem Mandanten, der einen **richtigen**

---

99 BGH, Urt. v. 9.6.1994 – IX ZR 125/93, BGHZ 126, 217, 223 f.; BGH NJW 1997, 1008, 1011 = WM 1997, 335, 339; Beschl. v. 13.12.2012 – IX ZR 107/12 – juris, Rn. 1.

100 So auch *G. Fischer*, a.a.O.

101 BGHZ 126, 217, 223 f. = NJW 1994, 3295, 3298 = WM 1994, 2113.

102 BGHZ 123, 311, 313 = NJW 1993, 3259, 3260 = WM 1994, 78, 79 = VersR 1994, 189, 190; BGH NJW 1996, 2929, 2932 = WM 1996, 1832, 1835; NJW 1998, 1486, 1487 = WM 1998, 301, 303; Urt. v. 10.5.2012 – IX ZR 125/10 – juris, Rn. 36; *G. Fischer*, in: G. Fischer/Vill/D. Fischer/Pape/Chab, § 5, Rn. 23; *G. Fischer*, NJW 1999, 2993, 2996; *Zugehör*, Beraterhaftung, Rn. 103, 104 mit verschiedenen Beispielen.

103 BGHZ 123, 311, 313 = NJW 1993, 3259, 3260 = WM 1994, 78, 79 = VersR 1994, 189, 190.

104 BGH NJW 1996, 2929, 2932 = WM 1996, 1832, 1835.

105 *Vollkommer/Greger/Heinemann*, § 25, Rn. 21; Baumgärtel/*Laumen*/Prütting, § 675, Rn. 42.

Vorschlag des Anwalts ablehnt, kommt im Haftungsprozess die Vermutung beratungsgemäßen Verhaltens nicht zugute[106]. Es verbleibt dann also bei der vollen Beweislast des Mandanten gemäß § 287 ZPO für die (haftungsausfüllende) Kausalität.

- Entsprechendes muss gelten, wenn ein **streitsüchtiger Mandant** trotz vielfacher Warnungen eine Reihe von aussichtslosen Prozessen angestrengt hat und sich in einem speziellen Fall darauf beruft, dass er über die geringen Erfolgschancen dieser Klage nicht hinreichend belehrt worden sei und bei richtiger Belehrung nicht geklagt hätte[107].
- Es existiert keine allgemeine Lebenserfahrung, dass **Familienangehörige** in eigenen wirtschaftlichen Angelegenheiten regelmäßig unvernünftig handeln. Demgemäß gilt die Vermutung beratungsgerechten Verhaltens auch bei Verträgen zwischen Familienangehörigen und ist erst erschüttert, wenn tatsächliche Umstände festgestellt sind, die ernsthaft möglich machen, dass man sich bei der Vereinbarung etwa einer konkret nachteiligen Klausel wesentlich auch von verwandtschaftlicher Rücksichtnahme hat leiten lassen[108].
- Hat die **Rechtsschutzversicherung** eine **Deckungszusage** für einen Prozess erteilt, ohne dass die Deckungszusage etwa durch falsche Angaben erlangt worden ist, so greift ein Anscheinsbeweis, den Prozess nicht geführt zu haben, wenn er sonst bei einem kostenempfindlichen Mandanten zu bejahen wäre, weil diesem das Prozessrisiko zu hoch wäre, nicht ein[109]. Denn auch für einen vernünftig handelnden Mandanten würde bei Vorliegen einer Deckungszusage der Rechtsschutzversicherung das Wagnis einer nur gering oder wenig Erfolg versprechenden Prozessführung als eine solche Chance erscheinen, dass er sie ergreift[110].

d) Prozessuale Handhabung des § 287 ZPO

40 Geht es darum, welche hypothetische Entscheidung der Regresskläger bei vertragsgerechtem Verhalten seines rechtlichen Beraters getroffen hätte, soll es nach den Worten des BGH nahe liegen, ihn dazu gemäß § 287 Abs. 1 S. 3 ZPO als Partei zu vernehmen (**sog. Schätzungsvernehmung**), weil es um eine innere, in seiner Person liegende Tatsache gehe[111].
Hierzu ist anzumerken:

41 (1) Ersichtlich kann der BGH hiermit nicht Fälle gemeint haben, in denen die Vermutung beratungsgemäßen Verhaltens eingreift und dem beklagten Anwalt eine Erschütterung dieses Anscheinsbeweises nicht gelungen ist. Nur wenn (wieder) der volle, aber weiterhin durch § 287 ZPO erleichterte Beweis eines bestimmten Verhaltens bei pflichtgemäßem Verhalten des Anwalts zu führen ist (vgl. dazu oben Rdn. 39), stellt sich die Frage nach einer sog. Schätzungsvernehmung des Beweisführers.

42 (2) Das Ob und der Umfang der Beweisaufnahme stehen dabei gemäß § 287 Abs. 1 S. 2 ZPO im Ermessen des Gerichts[112]. Wird nach (umfassender) persönlicher Anhörung des Klägers gemäß § 141 ZPO einer förmlichen Parteivernehmung voraussichtlich ein über die Anhörung

---

106 BGHZ 171, 261 = NJW 2007, 2485, 2489 = WM 2007, 1183 (Tz. 44); NJW 2008, 2041, 2042 = WM 2008, 946 (Tz. 20).

107 Ebenso: Baumgärtel/*Laumen*/Prütting, § 675, Rn. 42; zu weiteren Fallgestaltungen einer Anscheinserschütterung vgl. *G. Fischer*, in: G. Fischer/Vill/D. Fischer/Pape/Chab, § 5, Rn. 24; *Zugehör*, Beraterhaftung, Rn. 104.

108 BGH NJW 1996, 3009, 3010 = WM 1996, 2071.

109 KG NJW 2014, 397, juris, Rn. 11; OLG Jena, Urt. v. 31.01.2020 – 9 U 845/18 – juris, Rn. 113.

110 Vgl. OLG Hamm, Urt. v. 14.9.2004 – 28 U 158/03, NJW-RR 2005, 134, 137; OLG Jena, a.a.O.; vgl. auch OLG Düsseldorf NJW-RR 2002, 64, 65 = OLG-Rep. 2002, 102, 104; zur Pflichtverletzung vgl. oben Rdn. 17 und Kap. 2 Rdn. 38 und 152.

111 BGH NJW-RR 2004, 1210, 1212 = WM 2004, 472, 474 (unter IV); NJW 2005, 3275, 3277 = WM 2005, 2110; Urt. v. 6.6.2013 – IX ZR 204/12 – juris, Rn. 17; v. 16.4.2015 – IX ZR 195/14 – juris, Rn. 20; vgl. auch NJW-RR 2007, 500, 501 = WM 2007, 569 (Tz. 10).

112 Vgl. BGH NJW-RR 2004, 1210, 1212 (LS 3).

hinausgehender Überzeugungswert nicht zukommen, sollte das Regressgericht nicht genötigt sein, auch noch die Parteivernehmung durchzuführen[113].

(3) Wenn das Gericht sich nicht mit der Parteianhörung begnügt, sondern (auch) eine Parteivernehmung nach § 287 Abs. 1 S. 2 und S. 3 ZPO durchführt, weil die Klagepartei ihre eigene Vernehmung angeboten oder das Gericht von sich aus diese von Amts wegen veranlasst hat[114], darf das nicht dazu verleiten, die dabei heute bekundete mutmaßliche Reaktion in der maßgeblichen damaligen Entscheidungssituation unbesehen als bewiesen anzusehen. Vielmehr muss eine **Gesamtwürdigung aller Umstände des Einzelfalles** vorgenommen werden. Dabei ist vielfach entscheidend, welches Verhalten damals aus objektiver Sicht vernünftig oder aus anderen besonderen Gründen zu jenem Zeitpunkt naheliegend war, was nicht in erster Linie danach beurteilt werden kann, was die betreffende Person später als wahrscheinliche Reaktion auf ein hypothetisches Ereignis schildert (vgl. schon näher Kap. 3 Rdn. 12 m.w.N.; zur ähnlich gelagerten Frage hypothetischen Verhaltens von Dritten vgl. Rdn. 51 m.w.N.). 43

5. Hypothetisches Verhalten Dritter

In vielen Fällen kommt es für die Feststellung einer Kausalität anwaltlichen Fehlverhaltens (auch) auf die wahrscheinliche Reaktion Dritter an. Dies ist dann **vielfach der 3. Kausalitätsschritt**. Dieser Dritte kann der Verhandlungs- oder Vertragspartner des Mandanten sein, um dessen hypothetisches Verhalten bezüglich einer bestimmten Vertragsklausel oder Willenserklärung es beispielsweise gehen kann. Es kann der Arbeitnehmer und dessen anzunehmende Reaktion, z.B. auf eine nach dem ultima-ratio-Prinzip zunächst zu erklärende Änderungskündigung, sein oder der Arbeitgeber bezüglich einer Entscheidung über einen Abfindungsvergleich, der laut Behauptung des (früheren) Arbeitnehmers als Regresskläger zustande gekommen sein soll, wenn der Anwalt richtig gehandelt hätte. Dritter kann auch eine Versicherung sein, z.B. die Haftpflichtversicherung eines von dem Mandanten in Anspruch genommenen Schädigers oder die eigene Haftpflichtversicherung, wird der Mandant von einem anderen auf Schadensersatz in Anspruch genommen. Auch die eigene Rechtsschutzversicherung kommt als Dritte in Betracht, wenn eine beabsichtigte Rechtsverfolgung oder -verteidigung von ihrer Deckungszusage abhängt[115]. 44

a) Kein Anscheinsbeweis

Bei solchen Dritten kann naturgemäß eine Anscheinsvermutung beratungsgerechten Verhaltens nicht gegeben sein; ihnen gegenüber bestehen keine vertraglichen Rechtsberatungspflichten des Anwalts. Dies gilt grundsätzlich auch im Verhältnis zur Rechtsschutzversicherung (vgl. Kap. 1 Rdn. 108). Es stellt sich aber gleichwohl die Frage, ob nicht nach allgemeinen Grundsätzen ein Anscheinsbeweis als Beweiserleichterung zugunsten des Mandanten eingreifen kann, wenn nach der Interessenlage oder anderen objektiven Umständen aus der Sicht eines vernünftig urteilenden Dritten eindeutig eine bestimmte tatsächliche Reaktion nahe gelegen hätte. 45

Für den Bereich der Anwaltshaftung hat sich der BGH dazu, wenn auch noch unter der Geltung der alten Rechtsprechung zur vollen Beweislastumkehr durch die Vermutung beratungsgerechten Verhaltens, geäußert in dem Urteil vom 1.10.1987: 46

> »Wie sich ein Verhandlungspartner verhält, wenn ihm ein schriftlicher Vertragsentwurf vorgelegt wird, der zu seinen Lasten vom bisherigen Verhandlungsergebnis, so wie er es zutreffend verstanden hat, abweicht, entzieht sich einer typisierenden Beurteilung. Die Feststellung eines typischen Geschehensablaufs

113 Vgl. OLG Hamm vom 8.7.2004 – 28 U 71/03; vgl. zu § 448 ZPO Zöller/*Greger*, § 448 ZPO, Rn. 4a; *G. Fischer* in: G. Fischer/Vill/D. Fischer/Pape/Chab, § 5, Rn. 8 (»kann ... auch durch Vernehmung des Klägers als Partei ... geklärt werden«); a.A. *Gehrlein*, ZZP 110 [1997], 474 f. Sollte BGH NJW-RR 2007, 500, 501 = WM 2007, 569 (Tz. 10 a.E.) anders zu verstehen sein, d.h. als Hinweis auf ein unbedingtes Erfordernis (formeller) Beweiserhebung, wäre dies abzulehnen.

114 BGH, Urt. v. 25.9.2014 – IX ZR 199/13 – juris, Rn. 24 und 25 m.w.N. (Steuerberater).

115 Vgl. OLG Hamm, Urt. v. 18.7.2002 – 28 U 101/01.

ist insoweit nicht möglich. Deshalb greift nicht einmal ein Beweis des ersten Anscheins für den Ursachenzusammenhang ein. ... Die Anwaltspflicht, einen Vertragsentwurf entsprechend den Wünschen des Mandanten eindeutig zu formulieren, hat entgegen der Auffassung des Berufungsgerichts nicht den Zweck, dem Mandanten im Anwaltshaftungsprozess das Beweisrisiko dafür abzunehmen, ob sich der Verhandlungspartner auf die vom Mandanten zwar gewünschte, aber vom bisherigen Verhandlungsergebnis abweichende Vertragsregelung eingelassen hätte. Der Zweck der Pflicht zur eindeutigen Formulierung kann vielmehr nur darin gesehen werden, für den Fall des Vertragsschlusses die Rechte und Pflichten der Vertragspartner im Interesse des Mandanten unzweideutig festzulegen und dadurch dem Streit und Beweisschwierigkeiten bezüglich des Vertragsinhalts vorzubeugen. Dieser Schutzzweck der verletzten Anwaltspflicht berührt die hier zu beurteilende Beweislastfrage nicht. ... Die Entscheidung der Arbeitgeberin des Kl. zu 1, einem zwar eindeutig in dessen Sinne formulierten, aber vom bisherigen Verhandlungsergebnis abweichenden Vertragsentwurf zuzustimmen oder ihn abzulehnen, gehört nicht zum Gefahren- und Verantwortungsbereich der Beklagten. Die Beweislage ist insoweit für die Kläger nicht schwieriger als für die Beklagten.«[116]

47 Im Urteil vom 15.1.1998 führt der BGH in einem Notarhaftpflichtfall unter Bezugnahme auf das Urteil vom 1.10.1987 aus:

»Das Berufungsgericht hat – ausgehend von der Annahme, die Beklagte hätte den Klägern raten müssen, sich ein Pfandrecht auf den abgetretenen Anspruch bestellen zu lassen – den Ursachenzusammenhang wie folgt begründet: Hätte die Beklagte zur ›Rückverpfändung, geraten‹ wären die Erstzessionarin, die durch eine Pfandrechtsbestellung nicht über Gebühr belastet worden wäre, und die Kläger diesem Rat gefolgt. Insofern sei diesen der Beweis des ersten Anscheins zuzubilligen. ... Dies trifft jedoch nicht zu. Der Anscheinsbeweis setzt objektive Umstände voraus, die nach der Lebenserfahrung bei zutreffender Belehrung eine bestimmte Entschließung des so Belehrten mit Wahrscheinlichkeit hätten erwarten lassen. Die Anwendung des Anscheinsbeweises scheidet aber im Allgemeinen aus, wenn es darum geht, ob ein Vertragspartner, also ein Dritter, sich auf eine bestimmte, ihn belastende Vertragsgestaltung eingelassen hätte.«[117]

48 Ohne sich mit der Frage nach der Möglichkeit eines Anscheinsbeweises zu befassen, wird in den nachfolgenden zum Themenkreis hypothetischen Verhaltens Dritter im maßgeblichen damaligen Zeitpunkt veröffentlichten Urteilen des BGH auf die Darlegungs- und Beweislast des Mandanten hingewiesen[118], womit der in den früheren Urteilen enthaltene Verweis auf die Beweiserleichterung des § 287 ZPO[119] ergänzt wird. Im aktuellen Urteil vom 9. 1. 2020 ist hinzugefügt, dass hier die Vermutung beratungsgerechten Verhaltens keine Anwendung findet[120]. Ist für eine vom Regresskläger behauptete Vorgehensweise die Mitwirkung eines Dritten erforderlich, muss der Mandant dessen Bereitschaft im damaligen maßgeblichen Zeitpunkt also darlegen und beweisen, ohne irgendwelche Erfahrungssätze bemühen zu können[121].

49 Das OLG Hamm hat ebenfalls **Anscheinsbeweisgrundsätze nicht** angewandt, sondern allein auf **§ 287 ZPO** eine Überzeugung von einem bestimmten Verhalten der früheren Prozessgegnerin der Klägerin gestützt[122].

50 Mit *Ganter*[123] ist **dieser Rechtsprechung zu folgen**. Die Anerkennung eines Anscheinsbeweises des beratungsgerechten Verhaltens ist als eine beweisrechtliche »Modifikation« gegenüber der vorher geltenden zu Recht als zu streng, nicht flexibel genug und nicht interessengerecht empfundenen vollen Beweislastumkehr zu Lasten des rechtlichen Beraters erfolgt. Schon dabei musste sich der IX. Zivilsenat des BGH auch mit der Rechtsprechung des BGH auseinandersetzen, wonach es grundsätzlich keinen Anscheinsbeweis für individuelle Verhaltensweisen in bestimmten

116 BGH NJW 1988, 200, 203.
117 BGH WM 1998, 783, 785 = VIZ 1998, 281, 283.
118 BGH, Beschl. v. 18.7.2019 – IX ZR 276/17 – juris, Rn. 12; Urt. v. 16.7.2015 – IX ZR 197/14 – juris, Rn. 28; v. 19.1.2006 – IX ZR 232/01 – juris, Rn. 30.
119 BGH, Urt. 3.12.1999 – IX ZR 332/98 – juris, Rn. 13 (Rechtsanwalt); v. 30.3.2000 – IX ZR 53/99 – juris, Rn. 9 f. (Steuerberater).
120 BGH, Urt. v. 9.1.2020 – IX ZR 61/19 – juris, Rn. 25.
121 BGH, a.a.O., Rn. 24.
122 OLG Hamm, Urt. v. 18.7.2002 – 28 U 101/01.
123 *Ganter*, S. 20.

Lebenssituationen gibt[124]. Da es aber gerade zu den typischen Aufgaben des rechtlichen Beraters gehört, durch eine Empfehlung oder eine sachliche Information die notwendige Grundlage für eine persönliche Entscheidung des Auftraggebers zu liefern, ist die Anwendung der Grundsätze über den sog. Anscheinsbeweis zu Recht als Ausnahme von der allerdings streitigen Regel anerkannt worden. Für ein Verhalten Dritter ist eine hinreichende Grundlage zur Anerkennung einer weiteren Ausnahme nicht vorhanden. Es ist auch interessengerecht, es bei der durch § 287 ZPO erleichterten vollen Beweislast des Mandanten zu belassen und den Anwalt nicht mit der Darlegungs- und Beweislast für eine ernsthafte Möglichkeit eines anderen Drittverhaltens zu belasten. Wie der Dritte sich mit deutlich überwiegender, auf gesicherter Grundlage beruhender Wahrscheinlichkeit verhalten hätte, muss der Mandant nach § 287 ZPO ohnehin beweisen; ist dieser Beweis schon dadurch zu erbringen, dass sich ein hinreichend als geradezu typisiert erscheinendes Reaktionsmuster ergibt, bietet auch § 287 ZPO nach den Erfahrungen der Regresspraxis für den Kläger kein Problem. Damit konzentriert sich die Frage nach der sach- und interessengerechten Beweislastverteilung unter Beachtung der verfassungsrechtlich relevanten Grundsätze des »rechtlichen Gehörs« und des »effektiven Rechtsschutzes« sowie auch des »Grundsatzes der Waffengleichheit im Prozess« (dazu vgl. schon oben Rdn. 38) darauf, ob der Anwalt schon durch – hinreichend zu substantiierende – Behauptungen eines für den Mandanten ungünstigen Drittverhaltens diesen zur Widerlegung zwingen kann, oder ob der Anwalt gezwungen sein soll, seinerseits mindestens den Beweis der ernsthaften Möglichkeit eines solchen für den Mandanten nachteiligen Verhaltens des Dritten zu führen. Da Mandant und Anwalt grundsätzlich »gleich weit weg« von der »Sphäre« des Dritten entfernt sind, also die Beweislage insoweit für den Mandanten nicht schwieriger ist als für den Rechtsanwalt[125], ist es nicht berechtigt noch gar gefordert, dem Anspruch stellenden Mandanten eine zusätzliche Beweiserleichterung zu verschaffen.

b) Die richtige Anwendung des § 287 ZPO

Für die nach dem Beweismaßstab des § 287 ZPO zu treffende Feststellung, wie ein Dritter gehandelt hätte, ist die sich hypothetisch damals ergebende Situation und vor allem die damalige Interessenlage für den Dritten maßgeblich, also nicht in erster Linie die Beurteilung etwa aufgrund seines späteren Verhaltens oder von Äußerungen, die auf den tatsächlichen Gegebenheiten aufgrund des Anwaltsfehlers, wie er sich z.B. in einem Vertragstext niedergeschlagen hat, beruhen[126]. Der Dritte ist auch in der Regel überfordert, aus seiner heutigen Sicht der Dinge die Frage nach seiner wahrscheinlichen Reaktion auf ein hypothetisches Ereignis verlässlich zu beantworten, so dass deshalb **entscheidend** zu berücksichtigen ist, **welches Verhalten damals aus objektiver Sicht vernünftig gewesen wäre.** Dies *»kann nicht in erster Linie danach beurteilt werden, was die für sie handelnden Personen später, insbesondere auch in der Beweisaufnahme erklärt haben«.*[127] 51

Damit ist also der Regressrichter nicht etwa frei, benannte Zeugen unvernommen oder andere nach § 287 ZPO auszuschöpfende Beweismittel unbeachtet zu lassen und durch »freie« Interessenbewertung zu ersetzen[128]. Er ist nur gehalten, bei seiner Beweiswürdigung das entscheidende Kriterium zu berücksichtigen und nicht etwa vordergründig einer heutigen Zeugenaussage »blind« zu folgen.

---

124 Vgl. BGHZ 123, 311, 313 = NJW 1993, 3259, 3260 = WM 1994, 78, 79 = VersR 1994, 189, 190; NJW-RR 2000, 569, 572; NJW 2004, 1740, 1741; NJW 2004, 2668, 2671 (unter IV.).

125 Vgl. so auch einer der Gründe in BGH NJW 1988, 200, 203.

126 BGH NJW 2000, 509, 510 = WM 2000, 197, 198; NJW 2000, 2814, 2815 = WM 2000, 1351 (Steuerberater); NJW-RR 2006, 923, 926 (Tz. 30).

127 Vgl. BGH NJW-RR 2003, 1212, 1213 = WM 2003, 1628 ff. = MDR 2003, 928, 929; NJW 2000, 2814, 2815 = WM 2000, 1351, 1352 (Hervorhebung durch Verf.); NJW-RR 2006, 923, 926 = WM 2006, 927 (Tz. 30); dem BGH folgend OLG Hamm, Urt. v. 18.7.2002 – 28 U 101/01; zum hypothetischen Verhalten des Regressklägers vgl. oben Rdn. 43.

128 Vgl. dazu BGH NJW-RR 2007, 500, 501 = WM 2007, 569 (Tz. 10); Beck RS 2007, 04070 (Urt. v. 18.1.2007 – IX ZR 196/04).

6. Hypothetisches Verhalten von Behörden und Gerichten?

52 Kommt es für die Ermittlung des hypothetischen Verlaufs der Dinge und der sich ergebenden Vermögenslage im Vergleich zur tatsächlichen Lage, wie sie sich aufgrund des anwaltlichen Fehlers darstellt, darauf an, welches Ergebnis ein hypothetisches behördliches oder gerichtliches Verfahren gehabt hätte oder wie ein derartiges tatsächlich stattgefundenes Verfahren hypothetisch geendet hätte, wäre der anwaltliche Fehler unterblieben, so wäre es eigentlich auf der Ebene der logischen oder natürlichen Kausalitätsbetrachtung nur folgerichtig, nun im Wege eines 4. Kausalitätsschrittes zu fragen, wie das tatsächliche Verfahren hypothetisch oder ein hypothetisches Verfahren bei den zuständigen Behörden oder Gerichten konkret ausgegangen wäre. Nach ständiger Rechtsprechung kommt es indes darauf gerade nicht an. Der Regressrichter hat vielmehr selbst in eigener Zuständigkeit zu prüfen und zu entscheiden, **wie** solche Verfahren **richtigerweise hätten entschieden werden müssen**. Dies entspringt der Geltung des normativen Schadensbegriffes und der Bindung von Behörden und Gerichten an Recht und Gesetz. Die schadensersatzrechtliche Behandlung von **Inzidentverfahren** wird daher im späteren Abschnitt über den Schaden (unten Rdn. 188 ff.) dargestellt und erläutert.

7. Beweislastumkehr durch Beweisvereitelung?

53 Verletzt der Anwalt seine vertraglichen Pflichten und **gibt** er zusätzlich dem Mandanten **entgegen einer** dazu bestehenden **weiteren Verpflichtung**[129] von diesem erhaltene **Unterlagen nicht heraus**, kann dies nach dem Urteil des BGH vom 27.9.2001[130], wenn dadurch dem Regresskläger die Darlegung eines kausalen und zurechenbaren Schadens erschwert wird, **zunächst** dazu führen, dass **an die Substantiierung** des Klagevortrags in diesem Punkt **geringere Anforderungen** als im Regelfall zu stellen sind[131]. Dabei ist allerdings vorauszusetzen, dass ein Zurückbehaltungsrecht an den Unterlagen[132] nicht geltend gemacht worden ist oder bei Erhebung der Einrede jedenfalls nicht besteht.

54 Nach § 273 BGB wird ein Zurückbehaltungsrecht in solchen Fällen auch ohne Weiteres ausscheiden, denn soweit es um von dem Mandanten sofort benötigte Unterlagen zur Führung seiner Geschäfte, wie etwa Vollstreckungstitel oder auch andere Geschäftspapiere im Einzelfall geht, ist schon »wegen der Natur des Schuldverhältnisses« das allgemeine Zurückbehaltungsrecht nach **§ 273 BGB** nicht gegeben[133]. Das kann nicht anders sein, wenn der Mandant die Unterlagen benötigt, um einen Schadensersatzanspruch gegen den Anwalt wegen fehlerhafter Sachbehandlung durchzusetzen. Der Regressanspruch leitet sich nämlich aus der Schlechterfüllung vertraglich geschuldeter Anwaltspflichten her, denen kein Zurückbehaltungsrecht entgegenstand[134].

55 Nach **§ 50 Abs. 3 BRAO** als Sonderrecht, das weiter geht als das allgemeine Zurückbehaltungsrecht nach § 273 BGB, könnte allerdings u.U. ein Recht zur Zurückbehaltung herzuleiten sein. Nach dieser Sondernorm ist es dem Rechtsanwalt nämlich gestattet, was nach der allgemeinen Regel des § 273 BGB dem Auftragnehmer nicht erlaubt ist: Er darf, soweit das nicht ausnahmsweise »nach den Umständen unangemessen ist« (§ 50 Abs. 3 S. 2 BRAO), also nicht »zu einer besonders schweren Beeinträchtigung des Auftraggebers führt«[135], auch dessen Geschäftsunterlagen als Druckmittel zur Begleichung seiner Honoraransprüche verwenden, allerdings in aller Regel nur wegen der Forderungen, die sich aus der konkreten Angelegenheit ergeben, auf die sich die zurückbehaltene Handakte bezieht[136]. Liegt aber ein schlüssiger und, soweit erforderlich, unter Beweis gestellter

129 Zu dieser Herausgabepflicht vgl. im Einzelnen Kap. 2 Rdn. 288 ff.
130 BGH NJW 2002, 825 = WM 2001, 2450.
131 BGH NJW 2002, 825, LS 1 und dazu S. 826.
132 Vgl. dazu näher Kap. 2 Rdn. 294.
133 Vgl. BGH NJW 1997, 2944, 2945 f. = WM 1997, 2087, 2090 und Kap. 2 Rdn. 294.
134 Vgl. zum Ausschluss des Zurückbehaltungsrechts in solchen Fällen BGH WM 1975, 425; Staudinger/*Bittner/Kolbe* (2019) BGB § 273, Rn. 102.
135 BGH NJW 1997, 2944, 2945 = WM 1997, 2087, 2090.
136 BGH NJW 1997, 2944, 2945.

Vortrag zum Bestehen eines Schadensersatzanspruchs gegen den Anwalt vor, wird man ein Zurückbehaltungsrecht auch aus § 50 Abs. 3 BRAO gemäß S. 2 dieser Vorschrift wegen Unangemessenheit, d.h. »besonders schwerer Beeinträchtigung des Auftraggebers« zu verneinen haben. Dies gilt insbesondere dann, wenn die Honorarforderung des Rechtsanwalts Teil des reklamierten Schadens ist, also, wäre sie bereits erfüllt, als Schadensposten Teil der Klageforderung wäre. Dann auf jeden Fall kann der Anwalt die Verfolgung des Regressanspruchs gegen sich nicht berechtigt behindern, indem er vorweg Begleichung seines Honorars verlangt, über dessen Berechtigung/Behaltendürfen gerade gestritten wird. Hat der Mandant nicht freiwillig gezahlt und bereits Regressklage erhoben, ist das besondere Druckmittel des § 50 Abs. 3 BRAO wirkungslos geblieben. In der Praxis wird deshalb, hält der Anwalt an seiner Forderung fest, regelmäßig Widerklage erhoben. Dies ist auch zumutbar, weil dann in einem Prozess alle Fragen erledigt werden und der Anwalt ohnehin, sollte er den Regressanspruch erfolgreich abwehren können, bei weiterer Zahlungsverweigerung regelmäßig Honorarklage erheben müsste, um zu seinem Geld zu kommen.

Die materiellrechtliche Beurteilung über das Nichtbestehen eines Zurückbehaltungsrechts ist wegen § 422 ZPO auch in einem Regressprozess, in dem der Mandant einen Antrag nach § 421 ZPO auf Vorlage der bei dem Anwalt befindlichen (Geschäfts-) Unterlagen stellen kann, maßgebend. Über die bei Nichterfüllung der Urkundenvorlage prozessualen Folgen der §§ 426 ff. ZPO hinaus, die dem Mandanten hier nicht weiter helfen, greift dann beweisrechtlich bei einer Herausgabeverweigerung durch den Anwalt, sofern ihm ein Zurückbehaltungsrecht nicht zusteht, der aus § 444 ZPO über dessen Wortlaut hinaus entwickelte allgemeine Grundsatz einer **Beweiserleichterung bei schuldhafter Beweisvereitelung** ein, wozu der BGH in seinem Urteil vom 27.9.2001 folgenden Leitsatz aufgestellt hat: 56

»Gelingt dem Kläger in einem solchen Fall trotz eines den Umständen nach ausreichenden Sachvortrags der von ihm gem. § 287 ZPO zu führende Beweis nicht und beruht dies möglicherweise darauf, dass ihm die vom rechtlichen Berater vorenthaltenen Unterlagen fehlen, geht die Unmöglichkeit der Tatsachenaufklärung zu Lasten des Beraters.«[137]

Dazu führt der BGH treffend als Begründung an:

»Wer entgegen einer ihm obliegenden Rechtspflicht dem Gegner die Benutzung von zur Beweisführung benötigten Unterlagen schuldhaft unmöglich macht, darf im Rechtsstreit aus einem solchen Verhalten keine beweisrechtlichen Vorteile ziehen. ... Lässt sich nicht ausschließen, dass die Kl. bei ordnungsgemäßer Rückgabe der Geschäftsunterlagen mit ihrer Hilfe den Beweis hätte führen können, dass ihr der Kredit gewährt worden wäre, so geht die Ungewissheit über diesen Punkt zu Lasten des Beklagten, der ihr den Beweis durch Verletzung einer vertraglichen Schutzpflicht unmöglich gemacht hat. Nur auf diese Weise wird vermieden, dass der Beklagte im Prozess allein deshalb eine günstigere Rechtsstellung erlangt, weil er der ersten Pflichtverletzung ... eine weitere (die Unterlassung der Rückgabe der Geschäftsunterlagen) hinzugefügt hat. Der Beklagte wird dadurch nicht unangemessen belastet. **Die Beweiserleichterung greift erst ein, wenn** der Geschädigte – wie im Streitfall der Kl. – seinerseits hinreichend substanziiert die für die Schadensentstehung maßgeblichen, aus seinem Wahrnehmungs- und Einwirkungsbereich herrührenden Tatsachen vorgetragen und unter Beweis gestellt hat, dem Tatrichter also eine umfassende Würdigung aller Umstände des Einzelfalls ermöglicht und dieser die danach gebotene Beweisaufnahme durchgeführt hat.«[138]

Wenn der IX. Zivilsenat des BGH auch am Beginn seiner Ausführungen zur beweisrechtlichen Behandlung die Rechtsprechung des BGH nennt, wonach in Fällen unmöglich gemachter Beweisführung »Beweiserleichterungen bis hin zur Beweislastumkehr« in Betracht kommen[139], verbleibt er zutreffend **im Rahmen der** richterlichen **Beweiswürdigung** darüber, ob der vereitelte Beweis als 57

137 BGH NJW 2002, 825 = WM 2001, 2450 (LS 2).

138 BGH NJW 2002, 825, S. 827 (Hervorhebung des Verfassers); zustimmend auch *Borgmann*, NJW 2002, 2145, 2149, *Zugehör*, Beraterhaftung, Rn. 100; *Vollkommer/Greger/Heinemann*, § 15, Rn. 18 und § 25, Rn. 31; vgl. auch schon *Rinsche*, 6. Auflage, I Rn. 308; *Borgmann/Jungk/Schwaiger*, Kap. IV, Rn. 170; OLG Köln MDR 1968, 674; VersR 1980, 362; dazu vgl. auch bereits Kap. 2 Rdn. 291.

139 Zu dieser Rechtsprechung kritisch bis ablehnend große Teile der Literatur, vgl. dazu *Laumen*, NJW 2002, 3739 ff. (ohne die BGH-Entscheidung vom 27.9.2001 dabei zu verwerten oder zu würdigen).

geführt anzusehen ist, kehrt also nicht etwa die Beweislast im Sinne der objektiven Beweislast (sog. Feststellungslast) um. Gemeint ist vielmehr die subjektive Beweislast (sog. Beweisführungslast), dass nämlich nun der Anwalt Beweis antreten muss, will er eine Beweiswürdigung zu seinen Lasten verhindern[140].

8. Anwendung der Grundsätze zur gestuften Darlegungs- und Beweislast beim gestaffelten Regress?

58 Wie bereits in Kap. 2 Rdn. 351 angesprochen, kann sich im Regressprozess gegen einen Rechtsanwalt, der seinerseits den Verlust von Regressansprüchen gegen einen anderen Anwalt verursacht haben soll, die Frage stellen, ob nun **der neue Anwalt** analog zu den in Kap. 2 Rdn. 342 ff. dargestellten Grundsätzen der Rechtsprechung substantiiert darlegen muss, dass und wie der alte Anwalt seinen Vertragspflichten dem Mandanten gegenüber nachgekommen ist. Rein faktisch wird dies keine Frage sein, wenn sich der erste Anwalt bereits dazu geäußert hat. Dann wird der neue Anwalt dies übernehmen und nun sich damit verteidigen[141]. Kann aber auch dann, wenn der erste Anwalt zur eigenen Mandatsbearbeitung nichts gesagt hat, etwa weil der zweite Anwalt es gänzlich unterlassen hat, Regressansprüche bei ihm anzumelden oder wenigstens zur Stellungnahme aufzufordern, dem nun in Anspruch genommenen Anwalt substantiierter Sachvortrag auferlegt werden?

59 Die ständige Rechtsprechung, wonach allgemein an die Substantiierungslast der darlegungspflichtigen Partei keine überzogenen Anforderungen gestellt werden dürfen und dabei auch zu berücksichtigen ist, welche Angaben einer Partei zumutbar und möglich sind[142], dürfte hier nicht immer weiter helfen. Zwar können danach, falls kein Einblick in die maßgeblichen Geschehensabläufe besteht und die Darlegung und die Beweisführung deshalb erschwert ist, auch nur vermutete Tatsachen behauptet und unter Beweis gestellt werden. Zu einem unzulässigen Ausforschungsbeweis wird der Beweisantrag unter solchen Umständen erst, wenn die Partei ohne greifbare Anhaltspunkte für das Vorliegen eines bestimmten Sachverhalts willkürlich und rechtsmissbräuchlich Behauptungen »aufs Geratewohl« oder »ins Blaue hinein« aufstellt[143].

60 Nach hier vertretener Ansicht wird man sich richtigerweise grundsätzlich an **§ 138 Abs. 4 ZPO** zu orientieren haben. Danach kann eine Prozesspartei sich zu Tatsachen, die nicht Gegenstand eigener Wahrnehmung sind oder eigene Handlungen betreffen, sogar zulässigerweise mit bloßem Nichtwissen erklären. Ein Ausnahmefall der Zurechnung fremden Wissens oder von Vorgängen im eigenen Geschäfts- oder Verantwortungsbereich mit korrespondierenden oder im Einzelfall darüber hinausgehenden zumutbaren Erkundigungspflichten[144] liegt hier nicht vor. Zwar ist nicht zu verkennen, dass das Fehlen eines qualifizierten Bestreitens mit substantiiertem Gegenvortrag dem Mandanten in einem ersten Regressprozess unmittelbar zum Erfolg hätte verhelfen können. Indes ist es ihm nun grundsätzlich möglich, für seine Sachdarstellung **den ersten Anwalt als Zeugen** zu benennen, der unter der Wahrheitspflicht »Farbe bekennen muss«. Bestätigt der Zeuge die Darstellung des Klägers nicht, wird sich der Beklagte dessen Aussage zu eigen machen, was sogar schon als stillschweigend geschehen anzunehmen ist[145].

61 Allenfalls dann, wenn der Zeuge sich nicht mehr erinnern kann und der Kläger deshalb verlieren müsste, obwohl er bei gleicher Erklärung des Zeugen als früherer Partei den Prozess nach den Grundsätzen zur gestuften Darlegungslast richtigerweise gewonnen hätte, wird sich die Frage

---

140 Eine solche Handhabung hält auch *Laumen*, NJW 2002, 3739 ff., insbesondere S. 3745 f., für gerechtfertigt.

141 Dass er das nun zur eigenen Verteidigung tun darf, hat auch der BGH ausgesprochen, vgl. BGH NJW 2006, 3496, 3498 = WM 2006, 2059 (Tz. 18) und oben Rdn. 14.

142 Vgl. BGH, Urt. v. 11.3.2010 – IX ZR 104/08 – juris, Rn. 16 m.w.N.

143 Vgl. nur BGH NJW 2007, 2043, 2044 = WM 2007, 1383 (Tz. 15).

144 Vgl. BGH, Urt. v. 23.7.2019 – VI ZR 337/18 – juris, Rn. 9 ff. m.w.N.; BGH NJW-RR 2002, 612, 613; Zöller/*Greger* § 138, Rn. 15, 16

145 Vgl. BGH NJW 2006, 63, 65 (unter j); NJW 2001, 2177, 2178; NJW 1991, 1541, 1542.

stellen, ob dann nicht eine Beweislastumkehr stattfinden sollte, die sich an die Grundsätze des BGH zur Beweisvereitelung bei Nichtherausgabe von Handakten anlehnen könnte[146]. Das pflichtwidrige Verhalten des zweiten Anwalts führt hier letztlich zu einer Prozesssituation, die der einer »Erklärungsvereitelung« ähnelt, also einer Situation, die durch fehlende Sicherung von Informationsmitteln bzw. durch Preisgabe potentieller Beweismittel gekennzeichnet ist und die deshalb der **Beweisvereitelung gleichgestellt** werden kann[147]. Aus der Sicht des Mandanten wäre sonst eine nicht gerechtfertigte Schlechterstellung gegeben, nur weil zum Fehlverhalten des einen Anwalts das des danach beauftragten Anwalts hinzugekommen ist, ohne dass der Auftraggeber eine faire Chance bekommen hätte, seinen Schaden ausgeglichen zu erhalten. Eine ähnlich zu beurteilende Fallkonstellation könnte sich bei einem Versterben des ersten Anwalts ergeben, der bei vertragsgemäßen Vorgehen gegen ihn zu seinen Lebzeiten sich zu den Vorwürfen gegen ihn noch hätte äußern müssen und können.

Das OLG Hamm hat all diese Fragen in einem Fall, in dem die Beklagten eine Pflichtverletzung des 62
alten Anwalts lediglich mit Nichtwissen bestritten hatten, offen lassen können[148].

Der **BGH** hat sich **indes** ohne weitere Problematisierung oder Auseinandersetzung mit den sich 63
hier stellenden Fragen auf den Standpunkt gestellt, die Grundsätze zur gestuften oder qualifizierten Darlegungslast des Regressbeklagten gälten uneingeschränkt auch dann, wenn ein Rechtsnachfolger des steuerlichen (oder rechtlichen) Beraters in Anspruch genommen wird[149]. Die Rechtsprechung, wonach ein Bestreiten mit Nichtwissen zulässig sei, wenn die Partei alle Erkenntnisquellen über einen in ihrem Bereich liegenden Vorgang ohne Erfolg ausgeschöpft habe[150], beziehe sich nicht auf den Sonderfall des Bestreitens einer negativen Tatsache[151].

Danach dürfte nach Ansicht des BGH für den gestaffelten Regress wahrscheinlich nichts anderes gelten.

III. Gesamt- und Doppelkausalität

Im Rahmen der Äquivalenztheorie ist nicht maßgeblich, inwieweit noch andere Schadensursachen 64
gegeben sind. Es genügt vielmehr, dass das pflichtwidrige anwaltliche Verhalten den Schaden mitverursacht hat, der Anwalt also nur eine von mehreren Bedingungen im Sinne der »conditio sine qua non«-Formel für den Schaden gesetzt hat. Eine Mitursächlichkeit, sei es auch nur als »Auslöser« neben erheblichen anderen Umständen, steht der Alleinursächlichkeit haftungsrechtlich in vollem Umfang gleich[152].

Für Anwaltsfehler ist es bezeichnend, dass sie vielfach für sich allein den Schaden noch nicht her- 65
vorrufen, sondern andere Umstände hinzutreten müssen, wie z.B. eine den Fehler sich zunutze machende Reaktion des Partners oder Gegners der Partei, notarielle, behördliche oder gerichtliche Fehler oder Pflichtverletzungen anderer, von der Partei vorher oder später eingeschalteter Anwaltskollegen. In diesen und vergleichbaren Fällen bedarf es also mehrerer Verursachungsbeiträge, damit ein Schaden entstehen kann[153]. Daher spricht man hier von **Gesamtkausalität** oder auch kumulativer Kausalität: jeder der Verursachungsbeiträge ist (mit)ursächlich. Die Bejahung einer logischen oder natürlichen Kausalität besagt aber noch nicht, dass der Anwalt trotz des Beitrags anderer auch

146 BGH NJW 2002, 825 = WM 2001, 2450; vgl. oben Rdn. 53, 56 f.
147 Vgl. zur Gleichstellung von »Erklärungsvereitelung« mit der Beweisvereitelung: *Lange*, NJW 1990, 3233, 3239 (unter IV. 1. b); Zöller/*Greger*, § 138, Rn. 14 a.E.; a.A. *Dölling*, NJW 2013, 3125.
148 OLG Hamm vom 25.9.2008 – 28 U 45/08.
149 BGH, Beschl. v. 10.2.2011 – IX ZR 45/08 – juris, Rn. 2 unter Verweis auf Urt. v. 20.10.2005 – IX ZR 127/04 – juris, Rn. 23.
150 BGH, Urt. v. 10.10.1994 – II ZR 95/93 – juris, Rn. 20; v. 19.4.2002 – I ZR 238/98 – juris, Rn. 28.
151 BGH, Beschl. v. 10.2.2011 – IX ZR 45/08 – juris, Rn. 2.
152 BGH NJW 2000, 3423, 3424 m.w.N. (Arzthaftung); NJW 1990, 2882, 2883 f. = WM 1990, 1710, 1711 m.w.N. (Anwaltshaftung bei hinzukommendem späteren Notarfehler).
153 *Vollkommer/Greger/Heinemann*, § 19, Rn. 21.

(voll) haftet. Dies entscheidet sich als erstes[154] maßgeblich auf der Ebene der (wertenden) Zurechnung (vgl. dazu Rdn. 69 ff.)[155].

66 Bei der sog. **Doppelkausalität**, bei der zwei Ereignisse einen Schaden herbeiführen, von denen jedes auch allein den Schaden verursacht hätte, versagt zwar die »conditio sine qua non«-Formel, denn jedes Ereignis lässt sich wegdenken, ohne dass der Schaden entfällt. Hier erfolgt anerkanntermaßen jedoch eine normative Korrektur dahin, dass jedes Ereignis im Rechtssinne kausal ist[156]. Demgemäß haften, wenn die Pflichtverletzungen verschiedenen Personen zuzurechnen sind, alle für den Schaden. Fallen sie demselben Anwalt zur Last, kann der Anspruch auf jede der beiden Pflichtverletzungen gestützt werden[157]. Im Bereich der Anwaltshaftung ist diese Sonderform der Kausalität bislang in zwei veröffentlichten Entscheidungen relevant geworden. Im Urteil vom 17.3.1988[158] hat der BGH das Berufungsgericht korrigiert und ein nach versäumter notarieller Beurkundung fehlerhaftes Anwaltsverhalten für den Schaden zutreffend nicht für (doppel-)ursächlich gehalten, denn dieses Ereignis konnte nicht in gleichzeitigem Zusammenwirken mit dem Unterlassen der notariellen Beurkundung den Schaden herbeiführen[159]. Im Urteil vom 16.7.2015[160] ist die Doppelkausalität für einen Regressanspruch auf Erstattung von Rechtsverfolgungskosten bei einem zweifach fehlerhaften Handeln eines Anwalts einmal als Scheinsozius im Rahmen einer Vertragsgestaltung und nachfolgend im auf die unwirksame Vertragsbestimmung gestützten verlorenen Prozess, für den er als Einzelanwalt mandatiert wurde, bejaht worden.

IV. Rechtmäßiges Alternativverhalten?

67 Sehr häufig liest man in Schriftsätzen aus Regressverfahren, es werde der Einwand des rechtmäßigen Alternativverhaltens geltend gemacht, obwohl eigentlich schon seit »Anerkennung« des rechtmäßigen Alternativverhaltens auch durch die Rechtsprechung immer wieder darauf hingewiesen wird, dass sein Anwendungsbereich sehr begrenzt und seine praktische Bedeutung äußerst gering ist. Der Verdacht des Lesers solcher Schriftsätze, es nicht mit dieser besonderen Rechtsfigur zu tun zu haben, bestätigt sich sofort, wenn er lesen muss, die Haftung des Anwalts entfalle, weil der Mandant doch auch nicht besser gestanden hätte, wenn der Anwalt die unterlassene Handlung pflichtgemäß vorgenommen oder eine ihm vorgeworfene Handlung pflichtgemäß unterlassen hätte[161]. Damit ist nur die im Rahmen der logischen oder natürlichen Kausalität zwingend vorzunehmende Beurteilung des hypothetischen Verlaufs der Dinge bei gedachtem pflichtgemäßem Verhalten an Stelle des pflichtwidrigen Verhaltens angesprochen (vgl. Rdn. 6–8)[162].

Der Einwand des rechtmäßigen Alternativverhaltens besteht aber darin, dass der von dem Schädiger verursachte Schaden ebenfalls eingetreten wäre, wenn der Schädiger eine von der verletzten Pflicht verschiedene, **selbstständige andere (Vertrags-) Pflicht** ordnungsgemäß erfüllt hätte[163]. Er betrifft

---

154 Ein weiterer »Filter« kann dann noch § 254 BGB (Mitverschulden des Mandanten und seiner Erfüllungsgehilfen (§ 278 BGB)) sein.

155 *G. Fischer*, in: G. Fischer/Vill/D. Fischer/Pape/Chab, § 5, Rn. 38.

156 St. Rechtsprechung seit BGH VersR 1971, 818, 819 vgl. BGH NJW 2004, 2526, 2528 = WM 2005, 189; NJW 2006, 2557, 2559 = WM 2006, 1211.

157 BGH, Urt. v. 16.7.2015 – IX ZR 197/14 – juris, Rn. 97.

158 BGH NJW 1988, 2880, 2882.

159 Vgl. auch *G. Fischer*, in: G. Fischer/Vill/D. Fischer/Pape/Chab, § 5, Rn. 38; *Zugehör*, Beraterhaftung, Rn. 108.

160 BGH, Urt. v. 16.7.2015 – IX ZR 197/14 – juris, Rn. 97.

161 Vgl. dazu auch *Ganter*, S. 22 unter Hinweis auf BGH NJW-RR 1992, 2694, 2695 = WM 1992, 2020, 2022.

162 BGH VersR 1985, 146, 147; vgl. auch *Vollkommer/Greger/Heinemann*, § 19, Rn. 25 ff.

163 BGHZ 96, 157, 172 = NJW 1986, 576, 579 = WM 1986, 46, 50; NJW 1986, 246, 247; NJW-RR 1988, 1367, 1368 = WM 1988, 1451, 1456; NJW 1992, 2694, 2695 = WM 1992, 2020, 2022; NJW 1996, 311, 312 = WM 1996, 217 ff.; NJW-RR 1997, 562, 563 f. = WM 1997, 325, 327; NJW 2003, 295, 296 = WM 2002, 2325, 2326.

also eine der Bejahung der logischen oder natürlichen Kausalität nachfolgende Frage, inwieweit einem Schadensverursacher die Folgen seines pflichtwidrigen Verhaltens bei wertender Betrachtung billigerweise zugerechnet werden können (vgl. dazu näher Rdn. 144 ff.)[164], wobei der **Schutzzweck der** jeweils verletzten **Norm** darüber entscheidet, ob und inwieweit der Einwand im Einzelfall erheblich ist[165].

Eine solche Verteidigungskonstellation dürfte sich **für einen Rechtsanwalt nur äußerst selten** ergeben. Aus der Rechtsprechung des OLG Hamm wie auch aus der des BGH sind Entscheidungen dazu jedenfalls nicht bekannt[166]. »Besonders klug« ist aus Sicht eines in Regress genommenen Anwalts ein missverständlicher Gebrauch des Begriffs des rechtmäßigen Alternativverhaltens ohnehin nicht, weil die Folge sein könnte, dass ein so »auf einen falschen Weg gelockter« Richter dann dem beklagten Anwalt die **Beweislast** auferlegt, was für das richtig verstandene rechtmäßige Alternativverhalten auch zutreffend wäre[167], in diesem Fall aber zu einem schädlichen Fehler des Gerichts bei der Urteilsfindung führen könnte. 68

B. Zurechnung

I. Adäquate Schadenszurechnung

Im Zivilrecht gilt als heute absolut h.M. die sog. **Adäquanztheorie**. Mit ihr sollen »billigerweise« nicht haftungsrelevant erscheinende Ursachen »herausgefiltert« werden[168]. Danach sind dem Schädiger diejenigen Schadensfolgen nicht zuzurechnen, die nur aufgrund einer außergewöhnlichen Ursachenkette, die unter den gegebenen Umständen also außerhalb aller Wahrscheinlichkeit lag, entstanden sind. 69

Der BGH formuliert dies so:

> »Ein adäquater Zusammenhang besteht, wenn eine Tatsache im Allgemeinen und nicht nur unter besonders eigenartigen, ganz unwahrscheinlichen und nach dem regelmäßigen Verlauf der Dinge außer Betracht zu lassenden Umständen zur Herbeiführung eines Erfolges geeignet war.«[169]

> »Eine abstrakt vorhersehbare Folge ist als adaequat zu beurteilen, wenn dem Schädiger aufgrund der ihn treffenden Sorgfaltspflichten zuzumuten ist, gegen ihren Eintritt Vorsorge zu treffen.«[170]

▶ Beispiel[171]:

Die Klägerin beauftragte den beklagten Rechtsanwalt damit, für sie eine Selbstanzeige gegenüber dem Finanzamt vorzubereiten. Der Inhalt der Selbstanzeige wurde von der Klägerin mit dem Beklagten abgestimmt. Zwischen den Parteien war weiter vereinbart, dass die Selbstanzeige bis zu einer Freigabe durch die Klägerin nicht herausgehen sollte. Aufgrund eines Kanzleiversehens wurde die von dem Beklagten fertigstellte Selbstanzeige ohne Ermächtigung seitens der Klägerin an das Finanzamt versandt. 70

164 BGH NJW 2003, 295, 296; vgl. auch NJW 2006, 2767, 2769 = WM 2006, 1742 (Tz. 22).
165 BGHZ 96, 157, 172 = NJW 1986, 576, 579 = WM 1986, 46, 50 (zu LS 2).
166 Vgl. Beispiele, z.T. aus dem Notarbereich übertragen, unten Rdn. 147–149 m.w.N.
167 BGH, Urt. v. 7.12.2012 – VI ZR 63/11 – juris, Rn. 14; v. 15.3.2005 – VI ZR 313/03 – juris, Rn. 21; BGH NJW 2002, 888, 890; BGHZ 120, 281, 287 = NJW 1993, 520, 521 f. = WM 1993, 299, 301; BGH NJW 1992, 2694, 2695 = WM 1992, 2020, 2022; NJW 1991, 166, 167; *G. Fischer*, in: G. Fischer/Vill/D. Fischer/Pape/Chab, § 5, Rn. 84 und Fn. 165; *Ganter*, S. 22; dazu auch unten Rdn. 151.
168 Grundlegend BGHZ 3, 261; vgl. auch BGHZ 79, 259, 261 = NJW 1981, 983.
169 BGH NJW-RR 1990, 204; so auch BGH, Urt. v. 9.11.2017 – IX ZR 270/16 – juris, Rn. 21 m.w.N.; vgl. auch NJW 1990, 2882, 2883 = WM 1990, 1710, 1711; NJW 1986, 1329, 1331 = WM 1985, 666, 668 (Notarhaftung).
170 BGH, Urt. v. 9.11.2017 – IX ZR 270/16 – juris, Rn. 21 m.w.N.
171 BGH a.a.O., Rn. 2.

Dazu der BGH:

»Ein Rechtsanwalt ist gehalten, mithilfe seiner Büroorganisation geeignete Vorkehrungen dagegen zu treffen, dass ein Schriftsatz ohne seinen Willen herausgegeben wird (vgl. BGH, Urteil vom 6. Juni 2002 – III ZR 206/01, WM 2002, 1440 f; vom 14. November 2013 – IX ZR 215/12, WM 2014, 854 Rn. 19). Da dies wegen der vielfältigen Möglichkeiten eines Büroversehens nach aller Lebenserfahrung nicht stets vermieden werden kann, stellt die irrtümliche Versendung einer Selbstanzeige eine adäquate Folge dar. Ferner liegt auf der Hand, dass die Selbstanzeige eines Steuerpflichtigen entsprechend ihrem Zweck im Allgemeinen geeignet ist, eine ihrem Inhalt entsprechende Steuerbelastung zu begründen.«[172]

Zur Vermeidung von falschen Schlussfolgerungen dahingehend, dass etwa die Klägerin mit ihrer auf den Ersatz der von ihr nachträglich gezahlten Steuern etc. gerichteten Regressklage damit Erfolg gehabt hat, sei schon an dieser Stelle darauf hingewiesen, dass einem solchen Erfolg die Grundsätze zum normativen Schaden entgegenstanden. Auch die Revision der Klägerin blieb deshalb zu Recht ohne Erfolg[173].

71 Wenn etwa der Anwalt die Prozessniederlage in einem unbedeutenden Zivilprozess schuldhaft verursacht hat, haftet er nicht dafür, dass der (leicht erregbare) Mandant aus Ärger über den verlorenen Prozess schweren gesundheitlichen Schaden erleidet; denn eine derartige Folge muss jedenfalls bei einem Bagatellprozess als absolut unwahrscheinlich angesehen werden. Wenn auch zu beachten ist, dass nach der neueren Rechtsprechung des BGH in allgemeinen Haftpflichtfällen eine Schadensersatzpflicht grundsätzlich auch bei einer offensichtlich unangemessenen Erlebnisverarbeitung bestehen soll[174], so entfällt eine Ersatzpflicht aber auch danach u.a. dann, wenn das Schadensereignis ganz geringfügig ist (Bagatelle) und die psychische oder psychosomatische Reaktion im konkreten Fall wegen des Missverhältnisses zum Anlass schlechterdings nicht mehr verständlich erscheint[175]. Anders wäre es zu beurteilen, wenn beispielsweise in einem »Existenzprozess« des Mandanten dieser aufgrund eines unverzeihlichen Fehlers seines Anwalts endgültig unterliegt und etwa einen Herzinfarkt erleidet. Dann würde eine Pflicht zum Ersatz daraus resultierender materieller und immaterieller (§ 253 Abs. 2 BGB n.F.) Schäden an fehlender Adäquanz nicht scheitern.

72 Es können, wie das letzte Beispiel zeigt, also durchaus **auch seltene Folgen** für eine Ersatzpflicht in Betracht kommen, vorausgesetzt allerdings, sie stehen **in einem inneren, also nicht nur zufälligen äußeren Zusammenhang** mit der Pflichtwidrigkeit[176]. Damit wird aber der Bereich der Adäquanz als einer Wahrscheinlichkeitsbetrachtung verlassen und eine wertende Beurteilung vorgenommen, wie sie der sog. Schutzzwecklehre entspricht[177], wobei im genannten Beispielsfall im Ergebnis jedoch der Schutzzweckzusammenhang zu verneinen ist (dazu im Einzelnen unten Rdn. 89 (Stichwort: Schmerzensgeldklagen)). Da es für die Beurteilung der Adäquanz nach der Rechtsprechung auf die objektiv nachträgliche Prognose eines mit allem Erfahrungswissen ausgestatteten optimalen Betrachters zur Zeit des Schadenseintritts ankommt, sowie auch auf die dem Verursacher noch

---

172 BGH, a.a.O., Rn. 21.

173 Vgl. BGH, a.a.O., Rn. 22 ff.

174 BGHZ 132, 341; 137, 142; NJW 2000, 862; OLG Hamm NZV 2002, 37, 171.

175 BGHZ 132, 341; 137, 142; NJW 2000, 862; OLG Hamm DAR 2001, 360; vgl. auch Palandt/*Grüneberg*, Vor § 249, Rn. 38; vgl. ferner *Born*, OLG-Rep. 2003, K 5 ff.; Kap. 1 Rdn. 334 ff.

176 Vgl. BGH WM 1988, 382, 392, insoweit nicht abgedruckt in NJW 1988, 1079, 1083; NJW-RR 1988, 731; BGHZ 106, 313, 316 f. = NJW 1989, 2127 f.; NJW 1990, 2882, 2884 = WM 1990, 1710, 1712; NJW 2002, 1117, 1120 = WM 2002, 505, 508 f. (unter (3); vgl. auch schon BGHZ 58, 162, 165 f. = NJW 1972, 904, 905 f.; zum Verhältnis von Adäquanzlehre und Schutzzwecklehre als selbstständig und nebeneinander zu prüfenden »Zurechnungsfiltern« vgl. näher unten Rdn. 73.

177 Unklar, da »doppelgleisig« argumentierend: BGH WM 1988, 382, 392; allgemein von »wertender Betrachtung« sprechend BGHZ 58, 162, 165 f. = NJW 1972, 904, 905 f.; deutlich dann aber: NJW-RR 1988, 731; BGHZ 106, 313, 316 f. = NJW 1989, 2127 f.; NJW 1990, 2882, 2884 = WM 1990, 1710, 1712; wieder ohne dogmatische Einordnung: NJW 2002, 1117, 1120 = WM 2002, 505, 508 f. (unter (3); vgl. hierzu sogleich unten Rdn. 73.

darüber hinaus bekannten Umstände[178], **kann** die Adäquanztheorie nach der Rechtsprechung letztlich **nur die äußersten Grenzen des Zurechnungsbereichs markieren**[179].

II. Schutzbereich der verletzten Vertragspflicht

1. Verhältnis zur Adäquanztheorie

In Ergänzung zur Adäquanztheorie, d.h. **neben dieser** wenden die Rechtsprechung und h.M. die Lehre vom Schutzbereich der Norm (zunächst im Deliktsrecht) und des Vertrages, genauer: der verletzten Vertragspflicht, seit langem an, um insgesamt zu einer angemessenen Einschränkung haftungsrechtlicher Zurechnung zu kommen[180]. 73

Beide Zurechnungskriterien sind einerseits auf verschiedene Weise zur Haftungsbegrenzung geeignet, können sich dabei auch überschneiden und werden in vielen Fällen zu demselben haftungsbegrenzenden Ergebnis führen[181]. Es kann aber auch sein, dass Adäquanzlehre und Schutzzwecklehre zu unterschiedlichen Ergebnissen gelangen. Dann wirkt sich die **Selbstständigkeit beider Zurechnungslehren** dahin aus, dass in vielen Fällen eine wertende Betrachtung nach der Schutzzwecklehre zur Verneinung der Haftung führt, obwohl die eingetretene Schadensfolge nicht außerhalb jeder Wahrscheinlichkeit liegt. Nach dem Schutzzweck der jeweiligen Haftungsnorm oder verletzten Vertragspflicht kann es aber unter Umständen zur Bejahung einer Ersatzpflicht auch für einen unwahrscheinlichen, d.h. inadäquaten Schaden kommen, die Haftung also weiter gehen als nach der Adäquanzlehre[182]. Allerdings wird man umso weniger annehmen können, dass die verletzte Norm oder Vertragspflicht den geltend gemachten Schaden vermeiden will, je unwahrscheinlicher dieser Schadenseintritt war[183]. Insoweit besteht also im Ergebnis eine weitgehende **Überschneidung** beider Zurechnungsansätze.

2. Inhalt der Schutzzwecklehre bei vertraglicher Anwaltshaftung

Nach der vom BGH grundsätzlich für Schadensersatzansprüche aller Art anerkannten Schutzzwecklehre besteht eine Schadensersatzpflicht nur, *»wenn der geltend gemachte* **Schaden nach Art und Entstehungsweise**[184] *unter den Schutzzweck der verletzten Norm oder Pflicht fällt«*[185]. Durch Aufstellung von gesetzlichen oder vertraglichen Verhaltensnormen sollen nämlich nicht undifferenziert beliebige Schäden, sondern nur ganz bestimmte Schäden verhütet werden[186]. Auch im 74

178 Vgl. BGHZ 3, 266; VersR 1972, 69; BGH WM 1988, 382, 392; vgl. auch Palandt/*Grüneberg*, Vor § 249, Rn. 27.

179 Vgl. Palandt/*Grüneberg*, Vor § 249, Rn. 27, 28.

180 Vgl. BGHZ 116, 209, 212 ff. = NJW 1992, 555, 556 = WM 1992, 133; BGH NJW 1992, 1381, 1382 = VersR 1992, 498, 499; NJW 1995, 449, 451 = WM 1995, 398, 402 = VersR 1995, 212, 215; NJW 1997, 250, 253 = WM 1997, 72, 77 = VersR 1997, 358, 360; NJW 1997, 2946, 2947 = WM 1997, 2085 = VersR 1997, 1489; NJW 2001, 962, 963 = WM 2001, 297, 298; NJW 2001, 2714, 2715; NJW-RR 2003, 1035, 1036 = WM 2003, 1621 ff.; *Vollkommer/Greger/Heinemann*, § 19, Rn. 10; aus der Kommentarliteratur z.B. Palandt/*Grüneberg*, Vor § 249 BGB, Rn. 28 ff.; Jauernig/*Teichmann*, Vor §§ 249–253 BGB, Rn. 34; Staudinger/*Schiemann* (2017), § 249 BGB, Rn. 19, 27; MünchKomm/*Oetker*, § 249 BGB, Rn. 113, 119.

181 Erman/*Ebert*, Vor §§ 249–253, Rn. 36.

182 BGH NJW 1982, 572, 573 (Beurkundungsfehler des Notars und anschließendes Fehlurteil eines OLG, welches die Heilungsvoraussetzungen verkannte); *Vollkommer/Greger/Heinemann*, § 19, Rn. 10; Palandt/*Grüneberg*, Vor § 249 BGB, Rn. 28; Jauernig/*Teichmann*, Vor §§ 249–253 BGB, Rn. 34; Staudinger/*Schiemann*, § 249 BGB, Rn. 19; MünchKomm/*Oetker*, § 249 BGB, Rn. 113. Daher wird in der Literatur auch vom Vorrang der Schutzzwecklehre gesprochen, vgl. nur *Rönnau/Faust/Fehling*, JuS 2004, 113, 117 m.w.N.

183 MünchKomm/*Oetker*, § 249 BGB, Rn. 117, m.w.N.

184 Hervorhebung des Verfassers.

185 BGH NJW 2002, 2459, 2460.

186 MünchKomm/*Oetker*, § 249 BGB, Rn. 120.

Vertragsrecht ist daher heute überwiegend anerkannt, dass die Ersatzpflicht davon abhängt, ob die verletzte Vertragspflicht gerade den eingetretenen Schaden verhindern sollte[187].

75 Der Rechtsanwalt hat daher nur für solche dem Mandanten entstandenen Nachteile einzustehen, zu deren Abwendung er die verletzte Vertragspflicht übernommen hat; die Schadensfolgen müssen »nach Art und Entstehungsweise **aus dem Bereich der Gefahren**« stammen, **die der Anwalt zu verhindern hatte**[188]. Dafür ist auch das **Ziel** maßgebend, welches der Mandant mit seinem Auftrag aus der Sicht des Anwalts verfolgt hat, also **Inhalt und Zweck der geschuldeten Tätigkeit**[189], d.h. u.a. danach, welche »voraussehbaren und vermeidbaren Nachteile« durch Beratung und Interessenwahrnehmung zu verhindern waren[190], und zwar objektiv aus Inhalt und Zweck der vom Anwalt geschuldeten Tätigkeit bestimmt, unabhängig davon, ob der Mandant sie angesprochen hat[191].

76 Es muss also ein **innerer Zusammenhang** zwischen dem Verhalten des Anwalts als Schädiger, mithin der durch den Anwaltsfehler geschaffenen Gefahrenlage für den Mandanten, und dem eingetretenen Schaden bestehen; eine bloß zufällige äußerliche Verbindung genügt nicht (vgl. schon Rdn. 72, ferner unten Rdn. 110, 111 und 125)[192].

3. Anwendungsbeispiele des Schutzzweckzusammenhangs

77 Die Rechtsprechung hat sich in einer Reihe von Fällen mit dem maßgeblich nach dem zu beachtenden Ziel und Zweck der übernommenen Pflichten zu bestimmenden Schutzzweckzusammenhang zu befassen gehabt.

▶ Beispiele:

78 – Beschränkt sich die Beratungs- oder Aufklärungspflicht des Anwalts auf einen bestimmten, für das Vorhaben des Mandanten bedeutsamen **Einzelpunkt**, ist der Anwalt bei einer Verletzung seiner (eingeschränkten) Pflicht nur für die Schäden ersatzpflichtig, die in diesem Einzelpunkt auftreten[193].

---

187 BGH NJW 1990, 2057, 2058 = WM 1990, 808, 809; NJW 2002, 2459, 2460; BGH NJW 2009, 3025, 3026 f.; MünchKomm/*Oetker*, § 249 BGB, Rn. 123; vgl. aber auch § 249 BGB, Rn. 125, wo betont wird, die Nichtersatzfähigkeit von Nachteilen müsse die Ausnahme bleiben.

188 BGH NJW 2002, 2459, 2460; NJW 1997, 2946, 2947 = WM 1997, 2085, 2086 = VersR 1997, 1489; NJW 1996, 48, 51 = WM 1996, 35, 40 = VersR 1996, 190, 191; NJW 1995, 449, 451 = WM 1995, 398, 402 = VersR 1995, 212, 215; NJW 1993, 2779, 2799 = WM 1993, 1798, 1800 f.; NJW 1993, 1779, 1781 = WM 1993, 1376, 1379; NJW 1990, 2057, 2058 = WM 1990, 808, 809 (Steuerberater); *G. Fischer*, in: G. Fischer/Vill/D. Fischer/Pape/Chab, § 5, Rn. 68; *Zugehör*, Beraterhaftung, Rn. 121; *Ganter*, S. 21.

189 BGH NJW 1997, 2946, 2947 = WM 1997, 2085, 2086 = VersR 1997, 1489; vgl. auch der Sache nach ebenso BGH NJW 2000, 69, 70 = WM 1999, 2360, 2362 (Haftung des Steuerberaters für schädliche Folgen fehlerhafter steuerrechtlicher Beratung, unberührt von einer Nichtigkeit gem. § 134 BGB i.V. mit Art. 1 § 1 RBerG a.F.); ebenso BGH NJW 2002, 2459, 2460 (Abstellen auf den typischen Sinn und Zweck eines Treuhandvertrages unabhängig davon, ob er einem Notar oder einem Rechtsanwalt erteilt wird).

190 BGH NJW 1995, 449, 451 = WM 1995, 398, 402 = VersR 1995, 212, 215.

191 BGH NJW 1997, 2946, 2947 = WM 1997, 2085, 2086 = VersR 1997, 1489.

192 Vgl. auch BGHZ 27, 137, 140 = NJW 1958, 1041, 1042; BGHZ 30, 154, 156 f. = NJW 1959, 1631; BGHZ 37, 311, 315 = NJW 1962, 1676, 1677; BGH NJW 1968, 2287, 2288; BGHZ 57, 137, 142 = NJW 1972, 36 (jeweils zum Deliktsrecht und zur Gefährdungshaftung); NJW 1990, 909, 910 = WM 1989, 1799 (Schadensersatzanspruch aus §§ 989, 990 BGB i.V. mit § 21 ScheckG); NJW 1986, 1329, 1331 = WM 1985, 666, 668 (Notarhaftung).

193 BGHZ 116, 209, 212 = NJW 1992, 555, 556 = WM 1992, 133 (Anlageberatung); vgl. auch NJW 2001, 962, 963 = WM 2001, 297, 298 (grundsätzlich nicht eingeschränkte Aufklärungspflicht einer Bank bei einer Anlageentscheidung und uneingeschränkter Schutzzweck); NJW-RR 2003, 1035, 1036 = WM 2003, 1621 ff. (steuerliche Beratung eines Anlageinteressenten); vgl. auch *G. Fischer*, in: G. Fischer/Vill/D. Fischer/Pape/Chab, § 5, Rn. 70 f.; *Zugehör*, Beraterhaftung, Rn. 121.

- Eine ähnliche Einschränkung der anwaltlichen Haftung durch einen nur begrenzten Schutzzweck kann sich ergeben, wenn der Anwalt lediglich im Rahmen einer Auseinandersetzung mit einem von mehreren Gläubigern seines Mandanten tätig werden soll und dabei einen Fehler begeht, der zu einer höheren Zahlungspflicht gegenüber dem einen Gläubiger führt. Glaubt der Mandant nun aufgrund eines dem Anwalt nicht zuzurechnenden Rechtsirrtums, er müsse dem Nachforderungsverlangen der anderen Gläubiger auch nachkommen, wirkt sich die **Beschränkung des Mandats** dahin aus, dass der Anwalt für diese Folge seines Fehlers wegen insoweit fehlenden Schutzzweckszusammenhangs nicht einzustehen hat[194]. 79
- Ein **Treuhänder von Gesellschaftsanteilen** wendet sich an einen Rechtsanwalt mit der Bitte um Beratung, weil die Treugeber dringend benötigte Mittel für die Gesellschaft nicht zu leisten bereit seien. Der Anwalt berät ihn fehlerhaft dahin, der Treuhandvertrag sei unwirksam und sein Mandant deshalb auch wirtschaftlich alleiniger Inhaber der Anteile. Inhalt und Zweck der Beratung ergeben, dass der Mandant auch vor den wirtschaftlichen Nachteilen zu bewahren gewesen wäre, die daraus entstanden sind, dass dieser nun selbst einen Kredit aufgenommen hat oder für fremden Kredit eine persönliche Bürgschaft eingegangen ist[195]. 80
- Verletzt ein Anwalt bei geschuldeter steuerlicher Beratung zum Erwerb eines Hausgrundstücks als **Vermögensanlage** seine Beratungspflicht, stellten sich aber gleichwohl alle erstrebten Steuervorteile ein, kann er vom Mandanten nicht deshalb auf Ersatz in Anspruch genommen werden, weil die Vermögensanlage aus anderen Gründen nicht rentabel ist. Dieser Anspruch ist selbst dann nicht begründet, wenn bei vertragsgerechter steuerlicher Beratung damals das Haus nicht erworben worden wäre. Denn auf wirtschaftliche Nachteile außerhalb des steuerlichen Bereichs erstreckte sich der Schutzzweck der übernommenen Beratungspflichten nicht[196]. 81
- Geht es bei einer **steuerlichen Beratung** nicht nur um die Vermeidung einer hohen Steuerlast, sondern erkennbar auch um den Schutz des Interesses an der Vermeidung aller bei wirtschaftlicher Betrachtungsweise nicht sinnvoll erscheinender Verzögerungen, hat der Berater auch für diejenigen Schäden einzustehen, die durch die steuerliche Abklärung eines Gestaltungsvorschlags entstanden sind, der kaum eine Aussicht auf eine Billigung durch das Finanzamt hatte[197]. 82
- Schließt der Anwalt einen **Widerrufsvergleich**, den sein Mandant hätte widerrufen lassen, wenn er pflichtgemäß über seinen genauen Inhalt aufgeklärt worden wäre, hätte der Prozessgegner einem Vergleich mit dem Inhalt, den der Mandant akzeptiert hätte, jedoch nicht zugestimmt, so kann der Regressanspruch, ausgerichtet an der streitigen Fortführung des Prozesses, nicht unter dem Gesichtspunkt des Schutzzwecks der verletzten Anwaltspflicht auf die Differenz zu der Vermögenslage beschränkt werden, die der Mandant – nicht aber die Gegenpartei – vergleichsweise akzeptiert hätte[198]. Die Pflicht des Anwalts zur umfassenden Beratung hat nämlich auch den Zweck, den Auftraggeber davor zu bewahren, auf Grund einer Fehlvorstellung auf die Fortführung des Prozesses und die damit zu wahrende Rechtsposition zu verzichten[199]. 83
- Eine Beschränkung des ersatzfähigen Schadens auf den Umfang des Erfolgs, den der Mandant im Vergleichswege erzielen wollte, kann aber in Betracht kommen, wenn der Mandant, weil er das von seinem Anwalt zutreffend dargestellte Prozessrisiko scheut, einen Vergleich schließen möchte und hierbei aufgrund einer unzureichenden Belehrung über dessen Inhalt rechtliche oder tatsächliche Positionen aufgibt, über die der Prozessgegner noch verhandlungsbereit war. 84

194 BGH NJW 1997, 250, 253 = WM 1997, 72, 77 = VersR 1997, 358, 360 (erbrechtliche Auseinandersetzung).
195 BGH NJW 1997, 2946, 2947 = WM 1997, 2085, 2086 = VersR 1997, 1489.
196 BGH NJW 1990, 2057, 2058 = WM 1990, 808, 809; vgl. zu eingeschränktem Schutzzweck bei nur beschränkt geschuldeter Anlageberatung auch: BGHZ 116, 209, 212 = NJW 1992, 555, 556 = WM 1992, 133; NJW-RR 2003, 1035, 1036 = WM 2003, 1621 ff.
197 BGH NJW-RR 2007, 857, 859 f. = WM 2007, 564, 566 (Tz. 22, 25).
198 BGH NJW 2009, 1589, 1590 = WM 2009, 51 (Tz. 8 ff.).
199 BGH NJW 2009, 1589, 1590.

In einem solchen Fall ist es Aufgabe des Anwalts, die Ziele seines Mandanten zu ermitteln und sie gegenüber dem gesprächsbereiten Gegner durchzusetzen. Dem Mandanten kann nicht deshalb, weil durch Verschulden seines Rechtsanwalts im Vergleichswege nicht noch mehr Zugeständnisse des Prozessgegners erzielt worden sind, als Schadensersatz dasjenige zugesprochen werden, was er durch ein voll obsiegendes Urteil erhalten hätte[200].

85 – Vom Schutzzweck steuerlicher Beratung wird auch umfasst, den Mandanten vor solchen Nachteilen zu bewahren, die durch Überschreitung des zulässigen Rahmens zur Ausschöpfung von Steuervorteilen entstehen können, etwa durch steuerstrafrechtliche Verfolgung und **Verhängung eines Bußgeldes**, wenn der Mandant zwar leichtfertig gehandelt hat, wie § 378 Abs. 1 AO voraussetzt, nicht aber vorsätzlich gegen die Steuergesetze verstoßen hat[201].

86 – Ein Rechtsanwalt, der auftragsgemäß eine Forderung des Auftraggebers erfolgreich geltend macht, haftet nicht dafür, dass er nicht für eine **Abtretung der Forderung** gesorgt und so nicht verhindert hat, dass Gläubiger den Anspruch des Mandanten pfänden[202].

87 – Gibt der Rechtsanwalt auf Befragen die voraussichtlichen Kosten einer zutreffend nach der Rechtslage als unsicher eingeschätzten gerichtlichen Auseinandersetzung unzutreffend deutlich zu niedrig an und entschließt sich der Mandant zum Prozess, den er verliert, so kann er als Schadensersatz von seinem Anwalt nicht nur den Mehrbetrag der Kosten verlangen, den der Anwalt nicht genannt hatte, sondern den gesamten **Kostenschaden**[203]. Die Beratung über das Kostenrisiko als solche war zwar zutreffend; der Mandant wusste, dass er verlieren konnte und dann die Kosten zu tragen hatte. Er wurde auch nur in einen Irrtum über den zahlenmäßigen Umfang des ihm drohenden Kostenschadens versetzt. Gleichwohl ist der Schluss auf einen nur teilweise zu ersetzenden Kostenschaden nur vordergründig richtig. Der Anwalt hatte nämlich den richtigen Betrag der zu erwartenden Gesamtkosten deshalb zu nennen, um den Mandanten in die Lage zu versetzen, eigenverantwortlich in voller Kenntnis der Risiken zu entscheiden, ob er dieses Risiko eingehen, sich also überhaupt auf den Rechtsstreit einlassen wolle. Nach Inhalt und Zweck der geschuldeten (Kosten-) Beratung war der Mandant also auch vor der Gefahr zu bewahren, den Prozess zu beginnen[204]. Wäre es bei richtiger Beratung zu einem Prozess nicht gekommen, haftet der Rechtsanwalt voll[205].

88 – Hat ein Rechtsanwalt pflichtwidrig die Frist für eine gerichtliche Anfechtung der Vaterschaft versäumt (früher Jahresfrist nach § 1600h BGB, jetzt 2 Jahre gemäß § 1600b BGB) und führt der Mandant daraufhin einen Regressprozess, in dem durch ein Blutgruppengutachten die Vaterschaft erwiesen wird, was der Mandant akzeptiert, fehlt es für die aufgrund des gegenüber dem Regelstreitwert des Anfechtungsprozesses von nur 2000 EUR (früher 4000 DM) nach § 12 Abs. 2 S. 3 GKG i.V. mit § 640 Abs. 2 Nr. 2 ZPO weitaus höheren Streitwertes entstandenen Mehrkosten an einem haftungsrechtlichen Zurechnungszusammenhang. Der Schutzzweck der vom Anwalt verletzten Pflicht zur rechtzeitigen Klageerhebung umfasst nicht die **Mehrkosten** im zu Recht in der Hauptsache **verlorenen Regressprozess**, welche vielmehr zum allgemeinen Lebensrisiko des Regressklägers und nicht mehr zu den durch das Mandat zur gerichtlichen Vaterschaftsanfechtung zu wahrenden Vermögensinteressen gehören[206]. Auch Mehrkosten eines Anwaltshaftungsprozesses aufgrund weiterer und teurerer Erkenntnismittel sind von der Partei zu tragen, die diesen Prozess verliert[207].

89 – **Schmerzensgeld**klagen nach **§ 847 BGB a.F.** gegen Anwälte wegen Gesundheitsschädigungen von Mandanten sind von der Rechtsprechung abgewiesen worden, weil solche

200 BGH NJW 2009, 1589, 1590, Tz. 11.
201 BGH NJW 1997, 518, 519 = WM 1997, 328, 330.
202 BGH, Beschl. v. 6.12.2001 – IX ZR 352/00, n.v., zitiert nach *Zugehör*, Beraterhaftung, Rn. 122, Fn. 174.
203 A.A. OLG Karlsruhe NJW 1990, 2132 = VersR 1991, 1004; *Borgmann/Jungk/Schwaiger*, Kap. V, Rn. 42 mit Zusatz in Fn. 232, dass dies im Einzelfall zweifelhaft sei.
204 Zutreffend *G. Fischer*, in: G. Fischer/Vill/D. Fischer/Pape/Chab, § 5, Rn. 73 zu (4).
205 So auch *G. Fischer*, a.a.O.
206 OLG Hamm, Beschl. v. 4.11.1999 – 28 U 147/99.
207 OLG Hamm, Beschl. v. 4.11.1999 – 28 U 147/99.

nichtvermögensrechtlichen Folgen anwaltlicher Fehler bei der Rechtsberatung und Rechtsvertretung außerhalb des Schutzzwecks der Anwaltshaftung liegen[208]. Daran hat sich durch **§ 253 Abs. 2 BGB**[209] letztlich nichts geändert. Im Regelfall ist ein Anwaltsauftrag nämlich nicht auf die Wahrnehmung oder Förderung eines Interesses zur Wahrung von Körperintegrität, Gesundheit, Freiheit oder gar sexueller Selbstbestimmung des Mandanten gerichtet. Um einen immateriellen Schaden aus der Verletzung dieser Rechtsgüter ersetzt zu verlangen, bedarf es auch weiterhin der Feststellung, dass dieses Interesse nach dem Vertragszweck geschützt ist[210]. Wenn auch in Einzelfällen, wie bereits gezeigt (Rdn. 71), unter dem Gesichtspunkt psychischer oder psychosomatischer Folgeschäden Adäquanz und grundsätzliche Ersatzfähigkeit nach allgemeinen Grundsätzen des Schadensersatzrechts nicht von vorneherein verneint werden können, **fehlt es** im Bereich der Anwaltshaftung für die Verletzung von Hauptleistungs- und Nebenleistungspflichten (§ 241 Abs. 1 BGB n.F.) regelmäßig **am erforderlichen Schutzzweck** der verletzten Pflichten[211]. Anders ist es mit einer Pflicht zum Ersatz immateriellen Schadens infolge Verletzung der o.g. Rechtsgüter im Bereich von Schutzpflichten, wie sie in § 241 Abs. 2 BGB n.F. normiert sind, bei denen kein prinzipieller Unterschied zu derartigen Pflichten im Rahmen anderer Vertragsverhältnisse oder gar außerhalb eines schon bestehenden Vertragsverhältnisses vorliegt[212]. Dabei geht es nicht um die Bestimmung und Abgrenzung des Schutzzwecks von Leistungspflichten, sondern um eine bei Verletzung der in § 253 Abs. 2 BGB aufgezählten Rechtsgüter ohnehin regelmäßig vorliegende unerlaubte Handlung[213], beispielsweise durch unzureichende Verkehrssicherung der Räumlichkeiten des Anwalts[214].

– Verschuldet der Anwalt die Prozessniederlage des Mandanten, indem er eine Kaufpreisforderung verjähren lässt, und wäre der Prozess nach dem vorgetragenen Sachverhalt sonst zugunsten des Mandanten zu entscheiden gewesen, so ist eine Schadensersatzpflicht des Anwalts abzulehnen, wenn sich erheblich später herausgestellt hat, dass der Mandant den Vertragsschluss durch eine arglistige Täuschung in Betrugsabsicht herbeigeführt hat[215]. Vom Schutzbereich der verletzten Vertragspflicht, die geltend gemachte Forderung vor dem Eintritt einer Verjährung zu bewahren, wird nur die Durchsetzung einer berechtigten Forderung erfasst. Dass der Schutzzweck **nur vor ungerechtfertigten Nachteilen bewahren** soll[216], also nur die Durchsetzung berechtigter Positionen umfasst, folgt aus dem allgemeinen Grundsatz des Schadensrechts, wonach der Verlust oder die Vorenthaltung einer tatsächlichen oder rechtlichen Position, auf die nach der Rechtsordnung kein Anspruch besteht, nicht ersatzfähig ist[217]. 90

---

208 OLG Hamm, Beschl. v. 20.6.2000 – 28 W 43/00, NJW-RR 2001, 1142; OLG Braunschweig vom 2.11.2000 – 2 U 13/00 und BGH vom 15.3.2001 – IX ZA 27/00, zit. nach *G. Fischer,* in: G. Fischer/Vill/D. Fischer/Pape/Chab, § 5, Fn. 124 zu Rn. 68.

209 Zu § 253 Abs. 2 BGB vgl. auch oben Rdn. 4 und 72.

210 Vgl. *G. Fischer*, in: G. Fischer/Vill/D. Fischer/Pape/Chab, § 5, Rn. 68 und Rn. 145 f.; vgl. dazu auch *Wagner*, NJW 2002, 2049, 2055 und den dort in Fn. 60 wiedergegebenen Formulierungsvorschlag von *Hohloch*.

211 So nun auch OLG Frankfurt am Main, Beck RS 2008, 11064 = VersR 2008, 1396, das bei einem Anwaltsvertrag, der allein auf die Wahrung von Vermögensinteressen gerichtet war, geltend gemachte Gesundheitsschäden durch psychische Belastung infolge fehlerhafter Informationen und Hinweise dem allgemeinen Lebensrisiko zugeordnet hat; Vorinstanz zu BGH, Urt. v. 9.7.2009 – IX ZR 88/08 – juris, Rn. 13 ff.

212 BGH, a.a.O.

213 Vgl. *Wagner* NJW 2002, 2049, 2055.

214 BGH, a.a.O., juris, Rn. 16; vgl. auch *Zugehör*, Beraterhaftung, Rn. 150.

215 Beispiel nach *Rinsche*, 6. Auflage, Rn. I 235.

216 Vgl. dazu auch BGH NJW 1991, 2280, 2282 (fehlender Schutzzweck der §§ 43, 45 Nr. 1 BRAO in Bezug auf den Schutz desjenigen Mandanten, der trotz Belehrung den Rechtsanwalt beauftragt hat, einen Prozess auf unlautere Mittel oder sogar wahrheitswidrige Behauptungen zu stützen).

217 OLG Hamm vom 4.11.1999 – 28 U 147/99; vgl. BGH NJW 1987, 3255, 3256; BGH NJW-RR 1989, 530, 531; BGHZ 124, 86, 95 = NJW 1994, 453, 455 = WM 1994, 166, 169; BGHZ 125, 27, 34 = NJW 1994, 858, 860; NJW 1995, 3248, 3249 = WM 1995, 2075; NJW 2001, 673, 674 = WM 2000, 1814, 1816; zu diesem normativen Schadensbegriff vgl. unten Rdn. 159.

91 – Einen Zurechnungszusammenhang wegen fehlenden Schutzzwecks der nach dem Inhalt und Zweck des Anwaltsauftrags geschuldeten Anwaltsleistungen hat das OLG Hamm[218] im folgenden Fall verneint: Der Anwalt hatte den **Auftrag zur Verteidigung**. Sein Mandant wurde von der großen Strafkammer wegen schwerer Brandstiftung seines Hauses und wegen versuchten Betruges zu einer Gesamtfreiheitsstrafe von zwei Jahren und neun Monaten verurteilt; die Revision blieb erfolglos. Dem Anwalt wurde nun vorgeworfen, er habe pflichtwidrig Ermittlungen und vor allem Beweisanträge mit dem Ziel eines neuen Brandgutachtens unterlassen, welches zu einer Entlastung des angeklagten Mandanten geführt hätte. Als Schadensersatz wurde u.a. eine Freistellung von Regressansprüchen der Brandversicherung wegen Verwirkung des Versicherungsschutzes verlangt. Dazu berief sich die Brandversicherung auf § 9 Nr. 1a VGB 88, wonach mit dem rechtskräftigen Strafurteil im Verhältnis zur Brandversicherung als Wohngebäudeversicherer eine vorsätzliche Brandstiftung des Versicherungsnehmers als bewiesen galt. Das OLG hat eine Schutzzweckbegrenzung angenommen. Die **Durchsetzung oder Abwehr zivilrechtlicher Ansprüche** im Verhältnis zur Brandversicherung gehörten nicht zum Strafverteidigermandat; sie wiesen zu dem Pflichtenkreis, den Mandanten ordnungsgemäß und fachgerecht zu verteidigen, d.h. in dem Strafverfahren alles geltend zu machen, was dem Mandanten nach sachlichem Recht und nach Verfahrensrecht günstig ist[219], nicht mehr den erforderlichen inneren Zusammenhang auf. Da die fraglichen Versicherungsbedingungen ausnahmsweise dazu führten, dass der Mandant – anders als bei sonstigen zivilrechtlichen Ansprüchen aus und im Zusammenhang mit dem Brandereignis, hinsichtlich derer nach § 14 Abs. 2 Nr. 1 EGZPO das Strafurteil keine Bindungswirkung oder Vorgreiflichkeit besitzt – einen unabänderlichen zivilrechtlichen Nachteil erlitt, dürfte die Schlussfolgerung berechtigt sein, es hier wertungsmäßig mit einer nur zufälligen Verknüpfung zu tun zu haben[220].

92 – Im obigen Fall[221] verlangte der Mandant auch noch für die mit seiner Inhaftierung verbundenen Nachteile ein Schmerzensgeld. Zu dem damals noch geltenden § 847 BGB, der **Schmerzensgeld** allein bei einer unerlaubten Handlung vorsah, hat das OLG Hamm zu der geltend gemachten Verletzung der Freiheit als Rechtsgut des § 823 Abs. 1 BGB durch Unterlassen von Beweisanträgen und deshalb angeblich zu Unrecht erfolgter **strafgerichtlicher Verurteilung** ausgeführt, dass eine Rechtspflicht des Anwalts zum Handeln gerade dazu bestanden haben müsse, einen Schaden, wie den eingetretenen, zu verhindern. Ob die Vertragspflicht eines Strafverteidigers dazu führe, dass der Anwalt im Rahmen allgemeiner Rechtspflichten eine Garantenstellung für die Freiheit seines Mandanten übernehme, ist dann offengelassen worden, weil ein pflichtwidriges, schadenskausales Unterlassen des Anwalts nicht festzustellen war[222]. Zu § 253 Abs. 2 BGB n.F. ist ein Zurechnungszusammenhang nach der Schutzzwecklehre und die Ersatzfähigkeit immateriellen Schadens infolge **Freiheitsentziehung** grundsätzlich zu bejahen. Dies ist auch Rechtsprechung des BGH[223]. Zu den sich hier stellenden Problemfragen im zivilrechtlichen Regressverfahren wegen der Besonderheiten der Wahrheitsfindung in einer strafgerichtlichen Hauptverhandlung und des Charakters strafgerichtlicher Verurteilung als Akt richterlichen Ermessens und der dazu geführten Diskussion wird verwiesen auf das Stichwort »Strafrechtliche Mandate« in Kap. 9 (Rdn. 290).

218 OLG Hamm, Beschl. v. 13.3.2001 – 28 W 112/00.
219 BGH NJW 1964, 2402 = AnwBl 1965, 118 ff.; vgl. auch *Vill*, in: G. Fischer/Vill/D. Fischer/Pape/Chab, § 2, Rn. 56.
220 OLG Hamm, Beschl. v. 13.3.2001 – 28 W 112/00; vgl. auch Kap. 9 Rdn. 288.
221 OLG Hamm, Beschl. v. 13.3.2001 – 28 W 112/00.
222 Ein Schmerzensgeld nach § 847 BGB a.F. zuerkannt hat KG NJW 2005, 1284 f., allerdings ohne jegliche Erörterung der Problematik eines Schutzzweckzusammenhangs. Nach BGH, Urt. v. 9.7.2009 – IX ZR 88/08 – juris, Rn. 15 kann in solchen und ähnlichen Fällen ein Schutzzweckzusammenhang in Betracht kommen.
223 BGH, a.a.O.

4. Vorliegen eines Schutzzweckzusammenhangs bei Dritteingriffen

Bei der Behandlung haftungsrechtlicher Zurechnung von Schäden bei in den Geschehensablauf eingreifenden Handlungen des Geschädigten selbst, von Dritten oder Behörden und Gerichten wird der nach der Schutzzwecklehre erforderliche innere sachliche Zusammenhang **weitgehend bejaht**, und zwar auch bei gerichtlichen Fehlern (siehe Rdn. 94 ff.). 93

▶ Beispiel[224]:

Ist es im Einzelfall zweifelhaft, welche **Verjährungsfrist** für den durchzusetzenden Anspruch des Mandanten gilt (oder wann die Verjährungsfrist genau abläuft), ist der Rechtsanwalt nach dem **Prinzip des sichersten Weges** gehalten, die ungünstigste Variante zugrunde zu legen (vgl. Kap. 2 Rdn. 203). Diese Pflicht, den Anspruch nach dem nach den Umständen sichersten Weg verjährungsunterbrechend (bzw. nach neuem Verjährungsrecht verjährungshemmend gemäß § 204 BGB) geltend zu machen, soll den Mandanten auch davor schützen, in eine rechtlich oder tatsächlich zweifelhafte Beurteilungssituation zu geraten darüber, ob die von seinem Gegner erhobene Verjährungseinrede begründet ist oder nicht. Sieht er sich deshalb außerstande, der Verjährungseinrede erfolgreich entgegenzutreten und erleidet er dadurch einen Schaden, hat ihn der Anwalt auch dann zu ersetzen, wenn die **Verjährungseinrede zu Unrecht erhoben** ist.

III. Unterbrechung des Zurechnungszusammenhangs

Im Bereich der Anwaltshaftung wird, da vielfach dem Anwaltsfehler für den Schaden kausale Handlungen des Mandanten, von Dritten und/oder von Gerichten nachfolgen, also ein willentliches Eingreifen in den Geschehensablauf durch andere vorliegt, nahezu immer daraus seitens des in Regress genommenen Anwalts vorgebracht, seine Haftung entfalle wegen Unterbrechung des Zurechnungszusammenhangs (oder vielfach immer noch irreführend formuliert: Unterbrechung des Kausalzusammenhangs). Erfahrungsgemäß ist indes eine **Unterbrechung** des Zurechnungszusammenhangs **regelmäßig zu verneinen**[225]. 94

Bleibt der Zurechnungszusammenhang erhalten, kann im Einzelfall in Betracht zu ziehen sein, dass den Mandanten ein Mitverschulden wegen eines eigenen oder fremden Schadensbeitrages treffen kann[226]. 95

1. Eigene Handlungen des Mandanten

Ein Zurechnungszusammenhang **fehlt,** 96

> »**wenn** der Geschädigte in ungewöhnlicher und unsachgemäßer Weise in den Geschehensablauf eingreift und eine weitere Ursache auslöst, die den Schaden erst endgültig herbeiführt«[227].

> »Ein eigener selbstständiger Willensakt des Mandanten löst die Zurechnung [also] nur dann auf, wenn es sich dabei um ein **nicht vertretbares, völlig unsachgemäßes Verhalten** handelt.«[228]

Umgekehrt formuliert: Der Zurechnungszusammenhang entfällt nicht bei Entschließungen und Handlungen des Mandanten, die nicht ungewöhnlich oder gänzlich unangemessen[229], also als vernünftig oder zumindest vertretbar zu bewerten, d.h. in der betreffenden Situation, in die der Mandant durch den Anwalt gebracht worden ist, jedenfalls verständlich sind.

224 BGH NJW 1993, 2797, 2799 = WM 1993, 1798, 1801; vgl. zur Begründung schon Rdn. 75.
225 BGH, Beschl. v. 22.10.2009 – IX ZR 237/06 – juris, Rn. 6.
226 *D. Fischer*, WM 2019, Sonderbeilage Nr. 1, S. 20; *ders.*, DB 2017, 2465.
227 BGH, Urt. v. 10.10.1996 – IX ZR 294/95 – juris, Rn. 50; v. 13.10.2016 – IX ZR 149/15 – juris, Rn. 11; vgl. auch bereits BGH NJW-RR 1990, 204; NJW 1994, 2822, 2823 = WM 1994, 2162, 2163.
228 BGH, Urt. v. 13.10.2016 – IX ZR 149/15 – juris, Rn. 11; v. 29.11.2001 – IX ZR 278/00 – juris, Rn. 37.
229 Vgl. *G. Fischer*, in: G. Fischer/Vill/D. Fischer/Pape/Chab, § 5, Rn. 48, 49.

Bei der Beurteilung der Bedeutung von Entschließungen und Handlungen des Mandanten geht es um **eigene selbstständige Willensakte** eines Geschädigten. Daher ist, wie namentlich früher formuliert wurde, eine sog. »psychisch vermittelte Kausalität« zu beurteilen, wozu sich, ausgehend von den sog. Verfolgungsfällen, die Grundsätze der »Herausforderungsrechtsprechung« als Ausdruck eines allgemein geltenden, auf rechtlichen Wertungen beruhenden Zurechnungsverständnisses[230] herausgebildet haben[231]. Davon ausgehend wird auch für Zweit- oder Folgehandlungen des Mandanten formuliert, dass der Zurechnungszusammenhang durch diese **nicht unterbrochen** wird, **wenn** das Vorgehen des Mandanten durch das haftungsbegründende Verhalten **herausgefordert** wurde **oder** dafür ein **rechtfertigender Anlass** vorlag und die Reaktion auch nicht als ungewöhnlich oder gänzlich unangemessen anzusehen ist[232].

97 Eine Schadenszurechnung kann **auch gegeben** sein, **wenn das Mandat beendet** worden ist, **bevor der Schaden eintrat**. Dazu hat der BGH im Urteil vom 29.11.2001 (in Abgrenzung zu einem Urteil vom 8.7.1993[233]) Folgendes ausgeführt:

> »Entgegen der Meinung des OLG ist es für die Haftungsfrage nicht wesentlich, ob der dem Beklagten vom Kläger erteilte Auftrag noch bestand, als die Verjährung eintrat. Die haftungsmäßige Verknüpfung zwischen der anwaltlichen Pflichtverletzung und dem eingetretenen Schaden vollzieht sich dann, wenn der rechtliche Berater **Ansprüche des Mandanten hat verjähren lassen**, in gleicher Weise wie bei anderen durch pflichtwidriges Handeln oder Unterlassen ausgelösten Nachteilen des Auftraggebers. War der Anwalt verpflichtet, den Kl. auf die Gefahren der Verjährung hinzuweisen, und ist wegen des von ihm zu vertretenden Versäumnisses der Anspruch gegen den Dritten nicht mehr durchsetzbar, so ist in der Regel der Zurechnungszusammenhang zwischen Pflichtverletzung und Schaden zu bejahen.
>
> Der Zurechnungszusammenhang ist nicht dadurch unterbrochen worden, dass der Kl. vor Ablauf der Verjährungsfrist einen anderen Anwalt mit der Wahrung seiner Interessen, hier speziell der Prüfung von Schadensersatzansprüchen gegen den Beklagten, beauftragt hat.
>
> Ein eigener **selbstständiger Willensakt**[234] des Mandanten löst die Zurechnung nur dann auf, wenn es sich dabei um ein nicht vertretbares, völlig unsachgemäßes Verhalten handelt [Belege]. Die Beauftragung eines anderen Anwalts, weil der Mandant meint, Erstattungsansprüche gegen den ursprünglichen Berater zu haben, kann in der Regel nicht als ungewöhnliche, völlig unangemessene Entschließung gewertet werden … Hat der Anwalt eine zu einem bestimmten Zeitpunkt des Auftragsverhältnisses gebotene Maßnahme unterlassen, ist ihm diese Vertragsverletzung grundsätzlich auch dann zuzurechnen, wenn der Vertrag endet, bevor der Schaden eintritt … **Selbst wenn ihm … mit Beendigung des Auftrags die Möglichkeit genommen wird, Versäumtes nachzuholen**, ändert das nichts an seiner einmal begründeten Verantwortlichkeit.«[235]

98 Wird der Mandant, der dem ersten Berater einen Beratungsfehler anlastet, bei Mandatsübernahme durch einen neuen Berater zwar beraten, aber nicht ausreichend belehrt und beruht die

---

230 BGH NJW 2002, 2232, 2333.

231 Vgl. BGHZ 57, 25, 28 ff.; 63, 189, 191 ff.; 132, 164; BGH VersR 1978, 183, 184; 540, 541; NJW 1995, 126, 127 = WM 1994, 2127, 451; BGH NJW 2002, 2232, 2333; BGH, Urt. v. 13.10.2016 – IX ZR 149/15 – juris, Rn. 11 m.w.N.; Palandt/*Grüneberg*, Vor § 249, Rn. 41, 43, 46 m.w.N.; vgl. auch *Vollkommer/Greger/Heinemann*, § 19, Rn. 17.

232 BGH NJW-RR 1990, 1241, 1244 = WM 1990, 1917, 1922; NJW 1990, 2882, 2883 = WM 1990, 1710, 1711; NJW 1993, 1139, 1141 = WM 1993, 510, 513; NJW 1993, 1320, 1323 = WM 1993, 610, 615; NJW 1993, 1587, 1589 = WM 1993, 1189, 1190 ff.; NJW 1993, 2797, 2799 = WM 1993, 1798, 1800; NJW 1995, 449, 451 = WM 1995, 398, 401 f.; NJW 1997, 250, 253 = WM 1997, 72, 76 = VersR 1997, 358, 360; NJW 1999, 2183, 2187 = WM 1999, 1330, 1335; NJW-RR 2001, 204, 206; NJW 2004, 69, 70 = WM 2004, 430–432 = MDR 2004, 332 (Notarhaftung); NJW-RR 2007, 741, 743; BGH, Urt. v. 14.6.2012 – IX ZR 145/11, BGHZ 193, 297 Rn. 44; v. 8.9.2016 – IX ZR 255/13 – juris, Rn. 24; v. 13.10.2016 – IX ZR 149/15 – juris, Rn. 11; vgl. auch zuvor schon NJW 1986, 1329, 1331 = WM 1985, 666, 668; NJW 1988, 1143, 1145; NJW 1988, 1262, 1263 (jeweils Notarhaftung).

233 NJW 1993, 2676.

234 Hervorhebung des Verfassers.

235 NJW 2002, 1117, 1120 = WM 2002, 505, 508 f.; vgl. auch Beschl. v. 26.1.2012 – IX ZR 54/09 – juris, Rn. 3; BGH NJW-RR 2005, 1146, 1147 = WM 2005, 1812.

Fruchtlosigkeit des erteilten ungenügenden neuen Hinweises auf der nachwirkenden Pflichtwidrigkeit des ersten Beraters, dessen Unbedenklichkeitserklärung er weiterhin vertraut, hat der Mandant nicht in unvertretbarer Weise oder aus völlig unsachgemäßen Gründen in den Geschehensablauf eingegriffen; der Zurechnungszusammenhang bleibt gewahrt[236].

Einen Wegfall des Zurechnungszusammenhangs bejaht hat der BGH jedoch, wenn der im Vorprozess klagende Mandant dem ihm durch einen neuen Anwalt zutreffend und eindeutig erteilten Rat, die eigene Berufung gegen ein erstinstanzliches Teilurteil zurückzunehmen, um einen weitergehenderen Prozessverlust wegen einer vom Prozessgegner jetzt neu erhobener und gegenüber in 1. Instanz erfolgter Klageerhöhungen auch begründeten Verjährungseinrede und einer darauf gestützten Anschlussberufung zu vermeiden, **ohne nachvollziehbare Gründe nicht folgte** und so die durch die Pflichtverletzung seines ersten Anwalts drohenden wirtschaftlichen Nachteile unvertretbar nicht abwendete[237]. 99

Ist einem Berater vorzuwerfen, zur Insolvenzreife einer GmbH unzutreffend beraten zu haben, so dass er der Gesellschaft wegen der Folgen der dadurch bedingten verspäteten Insolvenzantragstellung grundsätzlich ersatzpflichtig ist, soweit dadurch die Überschuldung vertieft worden ist, kann der Zurechnungszusammenhang im Einzelfall fehlen, sofern die Verluste nicht auf der Fortsetzung der üblichen Geschäftstätigkeit, sondern auf der Eingehung wirtschaftlich nicht vertretbarer Risiken beruhen und dadurch der Bereich adäquater Schadensverursachung verlassen wurde, weil die Bereitschaft, unternehmerische Risiken einzugehen, in unverantwortlicher Weise überspannt wurde oder das Verhalten des Geschäftsleiters aus anderen Gründen deutlich[238] unvertretbar war. 100

In einem Notarhaftungsfall hat der BGH zutreffend eine »Herausforderung« für ein Berufungsverfahren im Vorprozess verneint, nachdem durch Aussage des beurkundenden Notars vor dem Landgericht die streitige Frage der Vertragsinterpretation zu Ungunsten des Regressklägers geklärt war[239]. 101

Sehr häufig stellt sich die Frage nach einem den Zurechnungszusammenhang unterbrechenden Verhalten des Mandanten, wenn die rechtliche Auseinandersetzung, bei der der in Regress genommene Anwalt Fehler begangen hat, in einem späteren Stadium durch einen **Vergleich** beendet wird. Die Rechtsprechung sieht solche Vergleiche in der Regel als vernünftige oder zumindest vertretbare Reaktion an[240]. Denn der Vergleich soll meistens gerade auch die Unsicherheit beseitigen, die der Anwalt durch sein pflichtwidriges Verhalten geschaffen hat. Dann besteht nicht sehr viel Aussicht für den Anwalt, den Vergleichsabschluss als unvertretbare und nicht mehr gerechtfertigte Verhaltensweise hinstellen zu können. 102

▶ Beispiel[241]:

Nach einem Verstoß des Anwalts gegen den Grundsatz des sichersten Weges durch die Nichtvornahme verjährungsunterbrechender Maßnahmen schließt sein Mandant später auf Anraten

---

236 BGH, Urt. v. 23.2.2012 – IX ZR 92/08 – juris, Rn. 13.

237 BGH NJW 1994, 2822, 2823 = WM 1994, 2162, 2164. Dieser Beurteilung ist auch nach dem reformierten Prozessrecht zu folgen, da eine erstmals in zweiter Instanz erhobene Verjährungseinrede richtigerweise nicht durch § 531 Abs. 2 ZPO präkludiert ist, wenn der zugrunde liegende Sachverhalt unstreitig ist, BGH (GSZ) NJW 2008, 3434 = WM 2008, 1708.

238 BGH, Urt. v. 6.6.2013 – IX ZR 204/12 – juris, Rn. 24.

239 BGH NJW 2004, 69, 70 = WM 2004, 430–432 = MDR 2004, 332.

240 Vgl. BGH, Urt. v. 3.12.1992 – IX ZR 61/92 – juris, Rn. 28 f.; v. 17.6.1993 – IX ZR 206/92 – juris, Rn. 28; NJW 1994, 1472, 1473 = WM 1994, 1114 ff.; NJW 1998, 2048, 2050 = WM 1998, 1542, 1545; NJW 1999, 1391, 1392 = WM 1999, 647, 649 = VersR 1999, 1417; NJW-RR 2003, 850, 855 = MDR 2003, 742, 744; Beschl. v. 22.10.2009 – IX ZR 237/06 – juris, Rn. 6; v. 19.4.2012 – IX ZR 99/10 – juris, Rn. 3; v. 8.9.2016 – IX ZR 255/13 – juris, Rn. 24 (Steuerberater); v. 21.9.2017 – IX ZR 34/17 – juris, Rn. 41; OLG Hamm, Urt. v. 9.10.2003 – 28 U 73/03, OLG-Rep. 2004, 33, 35 f. = NJW-RR 2004, 213, 215. f.; *Borgmann*, NJW 2000, 2953, 2964.

241 BGH, Urt. v. 17.6.1993 – IX ZR 206/92 – juris, Rn. 27 f.

des Gerichts einen Vergleich, da alle Beteiligten mit dem Gericht vom Eintritt einer Verjährung ausgingen.

Der BGH hat dieses Nachgeben als durch den Anwalt »herausgefordert« angesehen und dafür als unerheblich betrachtet, ob nun wirklich Verjährung (nach § 558 BGB) eingetreten war oder nicht.

103 Erfahrungsgemäß versucht vielfach der Gegner die ungünstiger gewordene Lage für sich auszunutzen; gibt der Mandant nach, um eine (weitere) gerichtliche Auseinandersetzung mit zweifelhaftem Ergebnis zu vermeiden, wird man ihm das meistens nicht vorwerfen können[242].

▶ Beispiel[243]:

Der Anwalt rät dem Mandanten infolge eines Rechtsirrtums dazu, einen Pachtvertrag mit einem Vorkaufsrecht für das verpachtete Grundstück privatschriftlich zu schließen. Nach Kenntnis von der Formunwirksamkeit des Vertrages[244] verweigert der Vertragspartner die Erfüllung. Um den Vertrag zu retten, verpflichtet sich der Mandant in einem nunmehr notariell beurkundeten Vertrag gegenüber dem Verkäufer zu weiteren Leistungen. Diese zusätzlichen Aufwendungen verlangt er vom Anwalt als Schadensersatz.

Hier erweist sich der Schaden als adäquat verursachte Folge der Pflichtwidrigkeit; die Reaktion des Mandanten war nicht »ungewöhnlich«.

104 Zudem muss vielfach berücksichtigt werden, dass der geschädigte Mandant bei seiner Entschließung für oder gegen einen Vergleich auch darauf bedacht sein muss, den Schaden zu mindern, um nicht dem Vorwurf eines Verstoßes gegen § 254 Abs. 2 BGB ausgesetzt zu sein[245]. Allerdings muss der Mandant, wenn auch ein Interesse an einer raschen Streitbeendigung berücksichtigt werden kann[246], die Erfolgsaussichten im Falle einer gerichtlichen Entscheidung beachten und darf sich nicht zu Leistungen verpflichten, für die ein vertretbarer Anlass nicht besteht[247].

105 Dem von einem Anwaltsfehler betroffenen Mandanten wird aber **gewöhnlich nicht zugemutet**, vor einer vergleichsweisen Erledigung **nochmals anwaltlichen Rat einzuholen**, so etwa nicht, wenn er aufgrund der von dem Anwalt verursachten Ungewissheit über seine Rechtsstellung wie im obigen Beispiel Zugeständnisse macht, zu denen er rechtlich nicht verpflichtet ist, um sein erstrebtes Ziel wirtschaftlich zu erreichen. Das gilt erst recht, wenn diese Lösung vorher vom Anwalt selbst schon einmal angeregt worden war und Alternativlösungen nicht aufgezeigt worden waren[248]. Konsultiert der Mandant einen neuen Anwalt, so sind dadurch entstehende **Mehrkosten** indes **regelmäßig als Schadensposition anzuerkennen**, weil gewöhnlich die Einholung anwaltlichen Rats oder die Inanspruchnahme anwaltlichen Beistands in der aufgrund des fehlerhaften Verhaltens des früheren Anwalts entstandenen Situation erforderlich, mindestens aber vertretbar ist[249].

---

242 Vgl. BGH VersR 1980, 649, 650; NJW 1993, 1139, 1141 = WM 1993, 510, 513; NJW 1993, 1320, 1323 = WM 1993, 610, 615; NJW 1993, 2797, 2799 = WM 1993, 1798, 1800; NJW 1995, 449, 451 = WM 1995, 398, 401 f.; NJW 1999, 2183, 2187 = WM 1999, 1330, 1335; NJW-RR 2003, 850, 855 = MDR 2003, 742, 744; BGH, Urt. v. 8.9.2016 – IX ZR 255/13 – juris, Rn. 25 (Vergleich); v. 13. 10. 2016 – IX ZR 214/15 – juris, Rn. 36 (Anerkenntnis); vgl. auch *G. Fischer*, in: G. Fischer/Vill/D. Fischer/Pape/Chab, § 5, Rn. 47–49; *Zugehör*, Beraterhaftung, Rn. 114; *Ganter*, S. 20.

243 Vgl. BGH NJW 1980, 649, 650 (Notarhaftung).

244 Zur Formunwirksamkeit vgl. Palandt/*Grüneberg*, § 311b BGB, Rn. 11 m.w.N.

245 Vgl. beispielsweise BGH NJW 1999, 1391, 1392 = WM 1999, 647, 649 = VersR 1999, 1417; OLG Hamm, Urt. v. 9.10.2003 – 28 U 73/03, OLG-Rep. 2004, 33, 35 f.; *Ganter*, S. 21.

246 BGH NJW 1989, 99, 100 (Amtshaftung).

247 Vgl. BGH NJW 1993, 1587, 1589 = WM 1993, 1189, 1190; NJW 1997, 250, 253 = WM 1997, 72, 76 f. = VersR 1997, 358, 360; NJW 1999, 2183, 2187 = WM 1999, 1330, 1335; OLG Hamm, Urt. v. 9.10.2003 – 28 U 73/03, OLG-Rep. 2004, 33, 35 f.; vgl. auch *G. Fischer*, in: G. Fischer/Vill/D. Fischer/Pape/Chab, § 5, Rn. 49; *Zugehör*, Beraterhaftung, Rn. 114; *Ganter*, S. 20.

248 BGH NJW 1994, 1472, 1473 = WM 1994, 1114 ff.; vgl. auch *Borgmann*, NJW 2000, 2953, 2964.

249 Vgl. z.B. BGH VersR 1980, 649, 650; NJW 2002, 1117, 1120 = WM 2002, 505, 508 f.

Die an dieser Rechtsprechung teilweise geäußerte Kritik[250], vor einer nachteiligen Gerichtsentscheidung habe sich das durch den Anwaltsfehler geschaffene Risiko noch nicht verwirklicht und daher könne der durch einen Vergleich vor einer solchen Entscheidung hervorgerufene Schaden des Mandanten dem Anwalt nicht zugerechnet werden, verengt in unzutreffender Weise den Blickwinkel. Der Anwaltsfehler schafft nämlich auch eine Situation der Unsicherheit für den Mandanten, in der dieser die Risiken weiterer streitiger Auseinandersetzung und dabei bestehender Wahrscheinlichkeit oder Möglichkeit vollständigen Unterliegens mit den Risiken und Folgen einer gütlichen Regelung vergleichen muss, wobei er, infolge des Anwaltsfehlers meistens verständlich, häufig vorsichtiger agiert, um nicht eine völlige Niederlage zu erleiden. Mit der Entscheidung für einen **Vergleich realisiert sich** mithin **ebenfalls die** vom **pflichtwidrig** handelnden Anwalt **geschaffene Risikolage**, soweit der Vergleichsabschluss nach den bereits dargestellten Kriterien eine zumindest noch vertretbare Reaktion darstellt[251]. Auch die Kritik von *Grams*[252], der im Umkehrschluss aus § 254 BGB bei Abschluss des Vergleichs gegen den Willen des in Anspruch genommenen Anwalts eine definitive Feststellung der Kausalität des Schadens (»also dass der Vergleich günstiger war als die hypothetische gerichtliche Entscheidung«) für erforderlich hält, ist daher unberechtigt. 106

Verpflichtet sich allerdings der Mandant vergleichsweise zu Leistungen, auf die sein Gegner keinen Anspruch hat, und war der Mandant vor Vergleichsabschluss darüber anderweitig informiert, so geht eine solche Schadenserweiterung haftungsrechtlich nicht mehr zu Lasten des Anwalts[253]. 107

Der Mandant kommt nicht selten in die Situation, nach Anwaltsfehlern, die sich in nachteiligen Behörden- oder Gerichtsentscheidungen niederschlagen und zu einer Mandatsbeendigung führen, nun – oftmals nach Konsultation eines neuen Anwalts – entscheiden zu müssen, ob und bejahendenfalls was noch gegen solche Entscheidungen unternommen werden kann. Wie schon zur Entscheidungssituation bei einem späteren Vergleich oben (Rdn. 102 ff.) ausgeführt worden ist, steht der Mandant häufig vor der Schwierigkeit, einerseits nicht den Schaden durch **Kosten für erfolglose Rechtsbehelfe oder Rechtsmittel** zu vergrößern, andererseits aber auch seiner Pflicht zur Schadensminderung, soweit möglich und erforderlich, nachkommen zu müssen. Auch hier ist für die Schadenszurechnung maßgebend, ob ein rechtfertigender Anlass für kostenauslösende Maßnahmen vorlag, m.a.W. diese noch durch das Verhalten des früheren Anwalts »**herausgefordert**« waren und als noch verständliche und vertretbare Reaktionen zu bewerten sind[254]. Adäquat verursachte Rechtsverfolgungskosten, die aus Sicht des Schadensersatzgläubigers zur Wahrnehmung und Durchsetzung seiner Rechte erforderlich und zweckmäßig waren, sind demgemäß zu ersetzen, beispielsweise auch Gutachterkosten. Dazu können selbst die Kosten eines objektiv unberechtigten Rechtsstreits gehören, falls der Geschädigte ihn vernünftigerweise für erforderlich halten durfte, um den Schaden abzuwenden oder gering zu halten[255]. Im Zweifel wird man solche Versuche und durch sie verursachte (weitere) Kostenschäden hinzunehmen haben, es sei denn, man muss sie von vornherein klar und eindeutig als zum Scheitern verurteilt einstufen. Auch noch »nach einem Strohhalm zu greifen«, wird man dann also nicht als völlig unsachgemäßes Verhalten einordnen können. Ob dies anders zu beurteilen ist, wenn der Anwalt in einem Stadium, wo er noch Einfluss auf die Entscheidung des Mandanten hat nehmen können, von der Führung des Prozesses oder seiner Fortsetzung durch Rechtsmitteleinlegung abgeraten hatte, ist vom BGH offen gelassen worden[256]. 108

250 *Borgmann*, AnwBl 1999, 283, 284; *Jungk*, BRAK-Mitt. 1999, 115, 116.

251 OLG Hamm, Urt. v. 9.10.2003 – 28 U 73/03, OLG-Rep. 2004, 33, 36 = NJW-RR 2004, 213, 216; vgl. auch *Ganter*, S. 20, der allerdings mehr auf die vom Regressgericht zu treffende Prognoseentscheidung abstellt, während m.E. der Schwerpunkt darin liegt, dass der Mandant gezwungen worden ist, u.a. eine solche Prognose anzustellen.

252 BRAK-Mitt. 2004, 111, 112.

253 BGH NJW 1997, 250, 253 = WM 1997, 72, 76 f. = VersR 1997, 358, 360.

254 Vgl. BGH NJW 1999, 2183, 2187 = WM 1999, 1330.

255 BGH, Urt. v. 9.1.2020 – IX ZR 61/19 – juris, Rn. 22 m.w.N.

256 BGH NJW 1999, 2183, 2187.

2. Handlungen Dritter

109 Handlungen von Dritten, durch die erst ein Schaden entsteht, sind für die sog. Unterbrechung des Zurechnungszusammenhangs grundsätzlich nach denselben Kriterien wie für die Handlungen des Mandanten zu beurteilen. Es sind aber gewisse **Besonderheiten** zu beachten.

110 In Ergänzung und Abgrenzung zu der sog. Herausforderungsrechtsprechung im Bereich der Deliktshaftung hat der BGH ausgeführt, dass es für freie Willensentschließungen eines Dritten auf eine Rechtfertigung nie ankommen könne, um die haftungsrechtliche Zurechnung zu beurteilen[257]. Dementsprechend ist vom BGH auch für die (vertragliche) Anwaltshaftung anerkannt:

> »Beim Eingreifen eines Dritten kommt es – anders als bei Maßnahmen des Geschädigten selbst – **nicht darauf an, ob sich der Außenstehende** durch das Verhalten des Erstschädigers zu seinem Willensentschluß **herausgefordert**[258] fühlen durfte.«[259]

Da es also auf einen rechtfertigenden Anlass nicht ankommt, berührt es den Zurechnungszusammenhang nicht, wenn ein durch einen Anwaltsfehler begünstigter Dritter den ihm zu Unrecht zugefallenen Vorteil bewusst zum Schaden des Mandanten ausnutzt[260] oder sich in der Wahl von Rechtsbehelfen gegen den Mandanten »vergreift« und dadurch dem Mandanten nicht ersetzte Kosten verursacht[261].

Nur gänzlich ungewöhnliche, d.h. schlechterdings unverständliche **Beeinflussungen des Geschehensablaufs**, für die die Pflichtverletzung des Anwalts nur einen äußeren Anlass gegeben hat, **unterbrechen die Zurechnung** des erst dadurch endgültig bewirkten Schadens zur schädigenden Ersthandlung[262].

111 Nicht selten ist der in den Geschehensablauf durch eigene Handlungen eingreifende Dritte ebenfalls ein von dem Mandanten **neu beauftragter Rechtsanwalt**. Empfiehlt dieser beispielsweise in seiner Zweitberatung eine Klageerhebung gegen einen Schuldner, so ist der dadurch ausgelöste Kostenschaden dem vor ihm tätigen Kollegen, der lediglich vorgerichtlich in der Angelegenheit tätig war, indem er z.B. eine Darlehenskündigung ausgesprochen hatte, haftungsrechtlich nicht zuzurechnen, da die spätere Klageempfehlung in die eigene Verantwortung des zweitberatenden Anwalts fällt[263].

112 Unterläuft einem neu beauftragten Anwalt jedoch der gleiche Fehler wie bereits dem ersten Rechtsanwalt, lässt dies die Haftung des ersten Anwalts grundsätzlich nicht entfallen[264], und zwar auch

---

257 BGHZ 58, 162, 166 = NJW 1972, 904, 905 f.; BGHZ 59, 139, 144 = NJW 1972, 1943, 1945; NJW 1979, 712, 713.

258 Hervorhebungen des Verfassers.

259 BGH NJW 1990, 2882, 2884 = WM 1990, 1710, 1712 unter Bezugnahme auf BGH NJW 1979, 712, 713; vgl. auch *Zugehör*, Beraterhaftung, Rn. 115.

260 BGH, Urt. v. 10.3.2011 – IX ZR 82/10 – juris, Rn. 26; v. 16.11.1989 – IX ZR 190/88 – juris, Rn. 13 (Notarhaftung); *Ganter*, S. 21.

261 Vgl. BGH NJW 1998, 2830, 2832 (Notarhaftung).

262 BGH, Urt. v. 24.1.2019 – IX ZR 233/17 – juris, Rn. 32, 33; v. 21.9.2017 – IX ZR 34/17 – juris, Rn. 37; v. 8.9.2016 – IX ZR 255/13 – juris, Rn. 20 (Steuerberater); v. 10.3.2011 – IX ZR 82/10 – juris, Rn. 26; NJW 2006, 2557, 2559 = WM 2006, 1211 (Tz. 18); NJW-RR 2003, 850, 855 = MDR 2003, 742, 744; NJW 2002, 1117, 1120 = WM 2002, 505, 508 f. (unter (3)); NJW 1998, 2830, 2832 (Notar); *G. Fischer*, in: G. Fischer/Vill/D. Fischer/Pape/Chab, § 5, Rn. 51; *Zugehör*, Beraterhaftung, Rn. 115; *Ganter*, S. 21; vgl. auch bereits oben Rdn. 76, m.w.N. zu dieser (ergänzenden) wertenden Betrachtung nach dem Schutzzweck.

263 BGH NJW 2009, 1597 = WM 2009, 669 (Tz. 3, 15).

264 BGH NJW-RR 2005, 1146, 1147 = WM 2005, 812 (unter 3. b); NJW-RR 2003, 850, 855 = MDR 2003, 742, 744; NJW 1993, 1779, 1780 = WM 1993, 1376, 1378; vgl. auch BGH, Urt. v. 24.1.2019 – IX ZR 233/17 – juris, Rn. 33; vgl. zu dem hier relevanten Gesichtspunkt der Schaffung einer gesteigerten Gefahrenlage: BGH, Urt. v. 17.12.2013 – VI ZR 211/12 – juris, Rn. 55 m.w.N.; Palandt/*Grüneberg*, Vor § 249 BGB, Rn. 48.

dann nicht, wenn der neue Anwalt mit der Prüfung von Regressansprüchen gegen den ersten Anwalt betraut worden ist[265]. Dazu heißt es in der Entscheidung des BGH vom 29.11.2001[266]:

> »Ein Fehler des neu zugezogenen Anwalts unterbricht den Zurechnungszusammenhang grundsätzlich nicht. Etwas anderes gilt lediglich dort, wo der zweite Anwalt eine Entschließung trifft, die schlechterdings unverständlich, **also gemessen an sachgerechter Berufsausübung sachfremd und nicht nachvollziehbar** erscheint **oder** den Geschehensablauf so verändert, dass der Schaden bei wertender Betrachtungsweise **in keinem inneren Zusammenhang**[267] zu der vom beklagten Rechtsanwalt zu vertretenden Vertragsverletzung steht.«[268]

▶ Beispiel[269]:

Sowohl der erste Anwalt wie auch der nach Mandatsniederlegung neu beauftragte Anwalt beurteilten die Frage, ob der klagende Mandant die Werkleistung wirksam abgenommen hatte, falsch. Nach Stattgabe der Klage durch das Landgericht erfolgte ein Hinweis des Berichterstatters des Berufungsgerichts zur Frage der Abnahme, den der zweite Anwalt nicht zum Anlass nahm, der streitentscheidenden Rechtsfrage einer wirksamen Abnahme durch Gebrauch des herzustellenden Werks anhand der höchstrichterlichen Rechtsprechung nachzugehen. 113

Dieses Verhalten hat der BGH als nicht nachvollziehbar angesehen und daher einen Ausnahmefall einer Unterbrechung des Zurechnungszusammenhangs angenommen.

Eine Unterbrechung des Zurechnungszusammenhangs ist ebenfalls mit gleichliegenden Erwägungen verneint worden für den Fall, dass **ein Notar** den vorangegangenen Anwaltsfehler entgegen seinen Amtspflichten nicht erkennt und den fehlerhaften Vertragsentwurf beurkundet[270]. Auf die von Amts wegen bestehenden Prüfungs- und Belehrungspflichten des Notars nach §§ 17 f. BeurkG, §§ 14 Abs. 1 S. 1, 24 Abs. 1 S. 1 BNotO darf sich der von seinem Mandanten hinzugezogene Rechtsanwalt nicht verlassen. Das schädigende Erstverhalten des Anwalts bildet auch nicht nur einen äußeren Anlass für ein völlig ungewöhnliches und sachwidriges Eingreifen des Notars als Drittem, welches den Schaden erst endgültig herbeigeführt hat. Denn der Notar hat zwar die ihm obliegenden Prüfungs- und Belehrungspflichten grundsätzlich auch gegenüber dem anwaltlich beratenden Beteiligten zu erfüllen, solange nicht feststeht, dass dieser tatsächlich umfassend informiert ist, kann sich aber gegenüber Rechtskundigen oder rechtskundig Beratenen unter Umständen kürzer fassen. Erst recht kann die erweiterte Betreuungspflicht des Notars davon beeinflusst werden, dass ein Beteiligter anwaltlich vertreten ist, weil dann die Annahme einer gerade diesem Beteiligten drohenden Gefahr – als Voraussetzung für eine besondere Belehrungsbedürftigkeit – fern liegt. Jedenfalls kommt dem Notar eine die Mitverantwortung des Rechtsanwalts ausschließende erhöhte Gewährleistungspflicht nicht zu[271]. Eine gesamtschuldnerische Haftung kommt hier allerdings zumeist nicht in Betracht, da der Notar grundsätzlich nur subsidiär haftet (§ 19 Abs. 1 S. 2 BNotO). 114

Das OLG Hamm[272] hat im folgenden Fall den Zurechnungszusammenhang ebenfalls als nicht unterbrochen angesehen: Der in Anspruch genommene Anwalt hatte im laufenden Vorprozess das Mandat niedergelegt; ein neuer Anwalt hatte sich nicht bestellt, so dass ein Versäumnisurteil gegen die Mandantin erging, welches dem Anwalt zugestellt wurde (§ 87 Abs. 1 ZPO). Der Anwalt versäumte es nun, die Partei davon und von der Einspruchsfrist rechtzeitig zu benachrichtigen. Später von ihr neu beauftragte Anwälte blieben mit Einspruch und Wiedereinsetzungsgesuch erfolglos, 115

265 BGH NJW 2002, 1117, 1121 = WM 2002, 505, 508 f.

266 BGH, Urt. v. 29.11.2001 – IX ZR 278/00 – juris, Rn. 39; Beschl. v. 26.1.2012 – IX ZR 54/09 – juris, Rn. 3; Urt. v. 21.9.2017 – IX ZR 34/17 – juris, Rn. 37; v. 24.1.2019 – IX ZR 233/17 – juris, Rn. 33; vgl. auch schon Urt. v. 18.3.1993 – IX ZR 120/92 – juris, Rn. 22.

267 Hervorhebung des Verfassers.

268 So auch BGH, Urt. v. 24.1.2019 – IX ZR 233/17 – juris, Rn. 32 f.

269 BGH, Beschl. v. 26.1.2012 – IX ZR 54/09 – juris, Rn. 3.

270 BGH NJW 1990, 2882, 2884 = WM 1990, 1710, 1712 = VersR 1990, 899 ff.; vgl. zu einer ähnlichen Konstellation auch BGH NJW 2006, 2557, 2559 = WM 2006, 1211 (Tz. 19).

271 BGH NJW 1990, 2882, 2884 = WM 1990, 1710, 1712 = VersR 1990, 899 ff.

272 OLG Hamm, Urt. v. 29.8.2002 – 28 W 180/01.

weil das Gericht rechtsfehlerhaft[273] der Partei das Verschulden ihres früheren Anwalts gemäß § 85 Abs. 2 ZPO zurechnete. Eine Beschwerde gemäß §§ 238 Abs. 2, 341 Abs. 2 S. 2 ZPO a.F. unterblieb. Das OLG hat den Fehler der neu hinzugezogenen Anwälte dem schädigenden Verhalten des ersten Anwalts zugerechnet, weil dieser für die Klägerin eine gesteigerte Gefahrenlage geschaffen habe, die Ausgangspunkt für das Fehlverhalten auch der weiteren Beteiligten wurde, welches seinerseits weder schlechterdings unverständlich sei noch etwa nur in einem lediglich äußeren Zusammenhang zu der Vertragsverletzung des ersten Anwalts stehe[274].

116 Allgemein kann man sagen, dass ein Fehler des zweiten Anwalts dem ersten dann zurechenbar ist, wenn dessen Einschaltung – etwa für eine weitere Instanz – durch seinen vorhergehenden Fehler beeinflusst war[275], und sei es nur dadurch, dass ihm gerade bei komplexer Materie und/oder nur noch beschränkt zur Verfügung stehender Zeit für Prüfung und Tätigwerden der gleiche Fehler oder weitere unterlaufen konnten[276].

117 All dies zeigt, dass entgegen der Meinung vieler auf Schadensersatz in Anspruch genommener Anwälte **regelmäßig Fehler später hinzugezogener Kollegen oder eines Notars** für die eigene Haftung **irrelevant** sind und im Allgemeinen nur zur gesamtschuldnerischen Haftung führen[277]. Insbesondere kommt es auch nicht darauf an, ob einzelne Ursachen wesentlicher sind als andere[278]. Erkennt ein Anwalt, dem infolge Beendigung des Mandats ein eigenes Tätigwerden nicht mehr möglich ist, einen Fehler, kann er sich, wenn eine Schadensverhinderung oder -minderung noch möglich ist, vor einer Schadensersatzpflicht schützen, indem er den früheren Mandanten oder den neu hinzugezogenen Anwalt auf den Fehler und die Maßnahmen zur Fehlerbeseitigung oder -verringerung hinweist[279].

3. Fehler des Gerichts

118 Die infolge der Kammerentscheidung des BVerfG vom 12.8.2002[280] zeitweilig aktuelle Thematik »Anwaltspflichten und Fehler des Gerichts«[281] wird in Kap. 2 Rdn. 48 ff., (vgl. auch Kap. 2 Rdn. 33 und Kap. 2 Rdn. 259), behandelt. Darauf wird Bezug genommen.

119 Versäumnisse des Gerichts schließen die Verantwortung des Anwalts für seine eigenen Fehler grundsätzlich nicht aus[282]. Grundsätzlich besteht mithin ein haftungsrechtlicher Zurechnungszusammenhang, d.h. eine Haftung des Anwalts für Schäden seines Mandanten aus gerichtlichen Fehlentscheidungen, *»sofern diese maßgeblich auf den Problemen beruhen, deren Auftreten der Anwalt durch sachgerechtes Arbeiten gerade hätte vermeiden müssen.«*[283]

---

273 Vgl. dazu BGH VersR 1985, 1185, 1186; BGH, Beschl. v. 19.9.2007 – VIII ZB 44/07 – juris, Rn. 12; v. 11.6.2008 – XII ZB 184/07 – juris, Rn. 13.

274 Allerdings ist der Regressklägerin ein Mitverschulden gemäß §§ 254 Abs. 1, 278 S. 1 BGB angelastet worden, da die neuen Anwälte einen Fehler des früheren Anwalts beheben sollten; vgl. zu einem weiteren Fall, in dem Zurechnungsunterbrechung durch Hinnahme einer gerichtlichen Entscheidung durch später hinzugezogene Anwälte verneint worden ist: OLG Hamm vom 11.2.1999 – 28 U 153/98, NJW-RR 2000, 1008, 1011; zum Mitverschulden in solchen Konstellationen vgl. dort, in BGH NJW 2002, 1117, 1121 = WM 2002, 505, 508 f. und Kap. 5 Rdn. 43.

275 *Borgmann/Jungk/Schwaiger*, Kap. V, Rn. 88.

276 Vgl. BGH NJW 2002, 1117, 1120 = WM 2002, 505, 508 f. (unter (2)); unausgesprochen so auch schon BGH NJW 1993, 1779, 1780 = WM 1993, 1376, 1378.

277 Vgl. BGH, Urt. v. 24.1.2019 – IX ZR 233/17 – juris, Rn. 32; v. 8.9.2016 – IX ZR 255/13 – juris, Rn. 21 (Steuerberater).

278 Vgl. BGH NJW 1990, 2882, 2883 = WM 1990, 1710, 1712.

279 BGH, Urt. v. 21.9.2017 – IX ZR 34/17 – juris, Rn. 31; v. 1.3.2007 – IX ZR 261/03 – juris, Rn. 45; *G. Fischer*, in: G. Fischer/Vill/D. Fischer/Pape/Chab, § 5, Rn. 53.

280 BVerfG NJW 2002, 2937 f.

281 Vgl. BGH, Urt. v. 18.12.2008 – IX ZR 179/07 – juris und dazu BVerfG NJW 2009, 2945, 2946.

282 BGH, Urt. v. 13.10.2016 – IX ZR 214/15 – juris, Rn. 35.

283 BGH NJW 1998, 2048, 2050 = WM 1998, 1542, 1545 (Hervorhebung des Verfassers); so auch BGH, Urt. v. 21.9.2017 – IX ZR 34/17 – juris, Rn. 40; v. 13.10.2016 – IX ZR 214/15 – juris, Rn. 35;

Dementsprechend heißt es z.B.:

»Erweist sich die Unterlassung der beschriebenen Maßnahmen … als eine vom Beklagten zu verantwortende Vertragsverletzung, sind ihm deren Folgen selbst dann zuzurechnen, wenn die Klageabweisung im Vorprozess zugleich auf einer unrichtigen gerichtlichen Auslegung der Abtretungen beruht; denn einen solchen Fehler hätte der Anwalt gerade durch vertragsgerechtes Arbeiten – Einholung und Vorlage der Prozessführungsermächtigungen – verhindern müssen.«[284]

»Insbesondere entfällt der Zurechnungszusammenhang nicht, wenn der Anwalt ein Fehlverständnis des Gerichts nicht beseitigt, obwohl ihm dies leicht möglich gewesen wäre (BGH, Urteil vom 17. September 2009 – IX ZR 74/08, WM 2009, 2138 Rn. 18), **oder** wenn die Fehlentscheidung maßgeblich auf Problemen beruht, deren Auftreten der Anwalt durch sachgemäßes Arbeiten gerade hätte vermeiden sollen (BGH, Urteil vom 15. November 2007 – IX ZR 44/04, BGHZ 174, 205 Rn. 15).«[285]

Der Anwalt hat also auch für solche Folgen pflichtwidrigen Verhaltens einzustehen, die letztlich erst dadurch entstehen, dass zum Anwaltsversagen Gerichtsfehler hinzukommen, wenn durch den anwaltlichen Fehler **zusätzliche tatsächliche oder rechtliche Schwierigkeiten hervorgerufen** worden sind und diese sich auf die ergangene Entscheidung ausgewirkt haben[286].

▶ Beispiele:

- missverständliche Vergleichsformulierungen[287],
- fehlerhafte Antragstellung[288],
- Wahl einer falschen Klageart[289],
- fehlerhafte Bezeichnung einer für den Mandanten abgegebenen Willenserklärung[290],
- Versäumung einer Verjährungsunterbrechung (nach neuem Recht: Verjährungshemmung) nach Pfändung und Überweisung eines Schadensersatzanspruchs[291],
- nicht hinreichend substantiierter Prozessvortrag[292],
- Versäumung eines rechtzeitigen Hinweises im Prozess auf die für die Auslegung von Allgemeinen Versicherungsbedingungen nach ständiger Rechtsprechung geltenden rechtlichen Maßstäbe[293],
- unterlassene Feststellungen durch Anwaltsmediatorin zu einem familienrechtlichen Versorgungsausgleichsanspruch[294].

Andersherum: Wenn ohne den gerichtlichen Fehler kein Schaden entstanden wäre, kann eine Fehlentscheidung eines Gerichts, zu der der Anwalt durch eine Pflichtverletzung nicht **in irgendeiner Weise beigetragen** hat, dem Anwalt nicht zugerechnet werden. Waren durch pflichtgerechtes Anwaltsverhalten das fehlerhafte gerichtliche Vorgehen oder die falsche Gerichtsentscheidung nicht zu vermeiden, haftet der Anwalt für seinen Fehler mangels Zurechnungszusammenhangs nicht; es fehlt dann an dem nach dem Schutzzweck der Vertragspflichten erforderlichen inneren Zusammenhang von Anwaltsfehler und Gerichtsfehler[295]. Daraus folgt auch, dass ein durch einen gerichtlichen

v. 15.11.2007 – IX ZR 44/04 – juris, Rn. 15; vgl. auch schon: NJW 1996, 48, 51 = WM 1996, 35, 40; NJW 1996, 2648, 2650 = WM 1996, 1824, 1827; NJW 1997, 250, 253 = WM 1997, 72, 77 = VersR 1997, 358, 360; vgl. auch NJW 2002, 1048, 1049 = WM 2002, 513, 515 und NJW-RR 2003, 850, 853 f. = MDR 2003, 742, 743.

284 BGH NJW 2000, 3560, 3561 = WM 2000, 2437, 2438.

285 BGH, Urt. v. 13.10.2016 – IX ZR 214/15 – juris, Rn. 35 (Hervorhebung des Verfassers).

286 So zuletzt: BGH, Urt. v. 21.9.2017 – IX ZR 34/17 – juris, Rn. 40.

287 BGH NJW 2002, 1048, 1049 = WM 2002, 513, 515.

288 BGH NJW 1998, 2048 ff. = WM 1998, 1542, 1545.

289 BGH NJW-RR 2003, 850, 853 f. = MDR 2003, 742, 743.

290 BGH NJW 1996, 2648, 2650 = WM 1996, 1824, 1826 (Rücktritt statt Kündigung).

291 BGH NJW 1996, 48 ff. = WM 1996, 35 ff.

292 BGH NJW-RR 1990, 1241, 1244 = VersR 1991, 422.

293 BGH, Urt. v. 13.10.2016 – IX ZR 214/15 – juris, Rn. 22 und 33.

294 BGH, Urt. 21.9.2017 – IX ZR 34/17 – juris, Rn. 24 f.

295 BGH NJW 1997, 250, 253 = WM 1997, 72, 77 = VersR 1997, 358, 360; BGH, Urt. v. 15.11.2007 – IX ZR 44/04 – juris, Rn. 19; *G. Fischer*, in: G. Fischer/Vill/D. Fischer/Pape/Chab, § 5, Rn. 63; *Ganter*, S. 21.

Fehler hervorgerufener Schaden des Mandanten dem Anwalt nicht mehr zugerechnet werden kann, wenn dieser sein zunächst vertragswidrig fehlerhaftes Verhalten so **rechtzeitig korrigiert** und seine Fehler sämtlichst so behoben hat, dass für das Gericht keine erhöhten Schwierigkeiten mehr bestanden, den Streitfall richtig zu entscheiden[296].

120 Wie weiter oben bereits in Kap. 2 Rdn. 58 angesprochen, hat der BGH bislang weiterhin offen gelassen, ob eine Haftung des Anwalts **bei ganz ungewöhnlich schweren Fehlgriffen** der zur Entscheidung berufenen Stelle, die außerhalb jedes realitätsgerechten Vorstellungsvermögens eines durchschnittlich erfahrenen, sorgfältigen und vorsichtigen Rechtsanwalts liegen, entfällt[297]. Seinen aktuellsten Urteilen zu dieser Problematik[298] lässt sich jedoch eine immer deutlicher werdende dahingehende Tendenz entnehmen, zumal er nun seinen Ansatz zum Entfallen einer Haftung des Anwalts bei gänzlich überwiegendem Schadensbeitrag des Gerichts ohne Erwähnung einer Störung eines Gesamtschuldnerausgleichs einfach als Unterbrechung des Zurechnungszusammenhangs einordnet. Die eingangs aufgeworfene Frage ist richtigerweise zu bejahen (vgl. schon Kap. 2 Rdn. 69)[299].

121 Dementsprechend ist die Entscheidung des OLG Hamm[300] zutreffend, dass sich der Anwalt bei einer 10 Jahre bestehenden gesetzlichen Regelung darauf verlassen darf, dass ein Landgericht den Fall nach dieser Regelung auch richtig entscheidet. Hier wie auch in anderen Fällen[301] **fehlt** es allerdings **schon** an einer **anwaltlichen Pflichtverletzung**. Denn hat der Anwalt zu dem Irrtum des Gerichts in keiner Weise beigetragen und konnte er ihn auch nicht erkennen, so handelt er nicht pflichtwidrig (vgl. im Einzelnen bereits Kap. 2 Rdn. 48 ff.).

122 Die Problematik der haftungsrechtlichen Zurechnung stellt sich **einmal bei Fehlern** des Anwalts, **durch die er das Gericht »ansteckt«**[302], beispielsweise durch die Wahl einer falschen Klageart[303]. Dann allerdings fällt es schwer, die Zurechnung zu verneinen, weil letztlich das zusammentreffende Fehlverhalten von Anwalt und Gericht qualitativ im Wesentlichen gleich zu bewerten ist. Nach der Adäquanztheorie wäre die Zurechnung nur zu verneinen, wenn sich sagen lässt, dass es gänzlich außerhalb jeder gewöhnlichen Erfahrung liegt, dass ein Gericht sich zu einem solchen Fehler »verführen« lässt.

123 Der dem BGH-Urteil vom 17.1.2002[304] und der Kammerentscheidung des **BVerfG** vom 12.8.2002[305] zugrundeliegende Fall ist insoweit anders, als der erste **Fehler des Anwalts** dem Prozess, in dem das Gericht Fehler beging, **vorgelagert** war. Der Anwalt hatte zunächst eine fehlerhafte

---

296 BGH, Urt. v. 15.11.1987 – IX ZR 86/86 – juris, Rn. 46 (mit etwas irreführendem Leitsatz, der den entscheidenden Punkt der »Eigenkorrektur« des Anwalts nicht herausstellt); v. 15.11.2007 – IX ZR 44/04 – juris, Rn. 17; v. 13.10.2016 – IX ZR 214/15 – juris, Rn. 35 m.w.N.; vgl. auch *G. Fischer*, in: G. Fischer/Vill/D. Fischer/Pape/Chab, § 5, Rn. 62; *Ganter*, S. 21.

297 BGHZ 174, 205 = NJW 2008, 1309, 1311 = WM 2008, 317, 318 (Tz. 18); NJW-RR 2003, 350; NJW-RR 1990, 1241, 1242; vgl. für eine schiedsgerichtliche Entscheidung: RGZ 151, 259, 264 ff.

298 BGH, Urt. v. 15.11.2007 – IX ZR 44/04 – juris, Rn. 18; v. 18.12.2008 – IX ZR 179/07 – juris, Rn. 22 und dazu BVerfG, Nichtannahmebeschl. v. 22.4.2009 – 1 BvR 386/09 – juris, Rn. 15 ff.; BGH, Urt. v. 10.3.2011 – IX ZR 82/10 – juris, Rn. 29; vgl. auch *G. Fischer*, in: G. Fischer/Vill/D. Fischer/Pape/Chab, § 5, Rn. 61.

299 So auch *Sandkühler*, in: Arndt/Lerch/Sandkühler, § 19 BNotO, Rn. 148; *Zugehör*, NJW 2003, 3225, 3229 f. mit Vorschlägen zur Bejahung solcher in das allgemeine Prozessrisiko einer Partei fallenden Ausnahmefälle; *Medicus*, AnwBl 2004, 257, 259 f. und 262; nun auch *G. Fischer* in: G. Fischer/Vill/D. Fischer/Pape/Chab, § 5, Rn. 61.

300 OLG Hamm v. 17.1.1991 – 28 U 108/90; vgl. dazu schon in Kap. 2 Rdn. 58.

301 Vgl. KG NJW 1990, 844; OLG München AnwBl 1977, 249; OLG Oldenburg VersR 1981, 340; *Borgmann/Jungk/Schwaiger*, Kap. V., Rn. 78, m.w.N.

302 *Ganter*, S. 21.

303 Wie in BGH NJW-RR 2003, 850, 853 f. = MDR 2003, 742, 743.

304 BGH NJW 2002, 1048, 1049 = WM 2002, 513, 515.

305 BVerfG NJW 2002, 2937 f.

Formulierung eines Unterhaltsvergleichs vor dem Familiengericht nicht verhindert. Die Vergleichsparteien waren sich aber bei Vergleichsabschluss in Bezug auf die fragliche Passage darüber einig, dass bei dem infolge der Scheidung eintretenden Wechsel der Steuerklasse des Klägers unabhängig von dem Ausmaß der dadurch bewirkten Minderung des Nettoeinkommens die Unterhaltsleistungen auf der Grundlage der dann bestehenden Verhältnisse insgesamt neu berechnet werden sollten. Ferner bestand Einigkeit, dass der Kläger sich bis dahin mit den zu hohen Unterhaltszahlungen abfinden wollte. Der in einem neuen Rechtsstreit, gerichtet auf Abänderung der Unterhaltsvereinbarung nach Wechsel der Steuerklasse des Ehemannes, befasste Familienrichter legte indes die Vereinbarung anders aus, indem er meinte, es sei eine wesentliche Änderung erforderlich. Er ging dann zudem über die vom Anwalt benannten Zeugen fehlerhaft hinweg, die das übereinstimmende anders lautende Verständnis der Eheleute vom Vergleichsinhalt bestätigen sollten[306].

Hier hätte nicht nur auf die Pflicht des Anwalts, eine solche Auslegungsmöglichkeit des schrift- 124
lichen Vergleichstextes durch sorgfältige Formulierung zu verhindern, abgestellt werden dürfen, sondern auch bedacht werden sollen, ob nicht der Verstoß des Familienrichters gegen den einhellig und in gefestigter, ständiger Rechtsprechung anerkannten Grundsatz, wonach ein übereinstimmender Vertragswille jeglicher (anderer) Auslegung vorgeht[307], so eklatant und das **Unterlassen der** dazu erforderlichen **Beweisaufnahme** so gravierend ist, dass – wie bei eingreifendem Handeln sonstiger Dritter in einen Geschehensablauf – dies den Bereich des dem Anwalt Zurechenbaren verlassen hat (vgl. dazu schon Kap. 2 Rdn. 69)[308]. Richtigerweise ist dies als ein solcher zur Unterbrechung des Zurechnungszusammenhangs führender **schwerer Fehlgriff** einzuordnen[309].

Dem entspricht es, wenn der BGH in seinem Urteil vom 20.3.2008 ausführt:

> »Gerichtliche Beweiserhebungsdefizite fallen den anwaltlichen Verfahrensbevollmächtigten nicht zur Last, falls sie schlüssiges Vorbringen mit zulässigen Beweisanträgen unterlegt hatten.«[310]

Die Erkenntnis, es bei dem Unterlassen der Beweisaufnahme mit einem »reinen« Gerichtsfehler 125
zu tun zu haben, der in dem zweiten Prozess offenbar von dem Anwalt nicht verhindert werden konnte, ist im Rahmen der Zurechnungsprüfung nach der **Schutzzwecklehre**[311] also für durchgreifend zu erachten[312]. Der Anwaltsfehler bei Vergleichsabschluss hat sich zwar vorhersehbar und vermeidbar dahin ausgewirkt, dass der Vergleichstext zum Nachteil des Mandanten verstanden werden konnte. Bei wertender Betrachtung **fehlt** jedoch ein **innerer Zusammenhang** zu der eklatant fehlerhaften Missachtung des ordnungsgemäß vorgetragenen und unter Beweis gestellten übereinstimmenden anderweitigen Vergleichsverständnisses der Parteien durch das Gericht. Dieser gerichtliche Fehler beruhte nicht maßgeblich auf Problemen, deren Auftreten der Anwalt durch sachgerechtes Arbeiten gerade hätte vermeiden müssen[313]. Die klare und unmissverständliche vertragliche Formulierung des tatsächlich Gewollten soll sicherlich eine anderweitige, naturgemäß mit Unwägbarkeiten behaftete Ermittlung des tatsächlich Gewollten unnötig machen und das Risiko abweichender »Feststellungen« von vorneherein ausschließen. Dass aber ein Gericht unter Verletzung eines einhellig und in gefestigter Rechtsprechung anerkannten Rechtsgrundsatzes gar nicht

306 Teil II. 1. a) der Gründe, BVerfG NJW 2002, 2937 f.

307 Vgl. nur Palandt/*Ellenberger* § 133 BGB, Rn. 8 m.w.N.

308 Vgl. auch *Vollkommer/Greger/Heinemann*, § 19, Rn. 56 und 54, vgl. ferner Rn. 59 (zu BGH NJW 1988, 3013 = WM 1988, 987: missverständlicher Beweisbeschluss).

309 So auch *Vollkommer/Greger/Heinemann*, § 19, Rn. 56; wenn auch vorsichtig formuliert, ebenso: *Zugehör*, NJW 2003, 3225, 3230 mit weiteren Beispielsfällen; nun auch *G. Fischer* in: G. Fischer/Vill/D. Fischer/Pape/Chab, § 5, Rn. 61.

310 BGH, Urt. v. 20.3.2008 – IX ZR 236/06 – juris, Rn. 19.

311 Für die Anwendung der Schutzzwecklehre auch: *Vollkommer/Greger/Heinemann*, § 19, Rn. 53.

312 A.A. offenbar *Medicus*, AnwBl 2004, 257, 260 in Fn. 23.

313 Vgl. zu dieser »Zurechnungsformel« BGH NJW 2008, 1309, 1311 = WM 2008, 317, 318 (Tz. 12 und 18); NJW 1997, 250, 253 = WM 1997, 72, 77 = VersR 1997, 358, 360; NJW 1996, 48, 51 = WM 1996, 35, 40 = VersR 1996, 190, 191.

erst in eine solche Beweisaufnahme »einsteigt«, fällt, falls rechtzeitig erkennbar, in den Schutzbereich der Sorgfaltspflichten des Prozessmandats in diesem zweiten Prozess, ansonsten nur in den allein von dem Gericht zu verantwortenden Aufgabenbereich der Rechtsfindung und damit in den **Bereich des allgemeinen Lebensrisikos** in der Form hier des allgemeinen Prozessrisikos des Geschädigten[314]. **Insoweit** ist der vertragliche Anspruch des Mandanten gegen seinen Anwalt und seine auch grundrechtlich geschützte Position daraus (vgl. schon Kap. 2 Rdn. 35) **begrenzt** durch die auch verfassungsrechtlich gebotene Zuweisung von allein in die Verantwortlichkeit und Überprüfung der Gerichte gestellten Bereichen der Rechtsfindung, wie dies in der Kammerentscheidung des BVerfG vom 12.8.2002[315] offenbar allgemein angedeutet werden soll. Das Gericht ist für die Beachtung der ihm im öffentlichen Interesse obliegenden Verpflichtung, nach den Regeln der Verfahrensvorschriften möglichst zu einer richtigen Entscheidung zu gelangen, unabhängig von der Leistung des Anwalts verantwortlich. Der gerichtliche Aufgabenbereich der Rechtsfindung muss in die im Rahmen der Zurechnung gebotene wertende Betrachtungsweise einbezogen werden[316]. Für die **Verneinung des Zurechnungszusammenhangs**[317] in dieser Fallkonstellation lässt sich auch der Gedanke anführen, dass umso weniger angenommen werden kann, dass die verletzte Norm oder Vertragspflicht auch diesen Schaden vermeiden will, je unwahrscheinlicher dieser Schadenseintritt ist[318].

126 Der Gedanke, die Verletzung von dem Gericht **vorbehaltenen, tragenden Prozesspflichten** aus der Zurechnung zu Lasten des Anwalts herauszunehmen, ist in dieser Allgemeinheit abzulehnen. Damit stünden über die bei der Ausgrenzung inadäquater oder nach dem Schutzzweck der verletzten Anwaltspflicht zu beantwortenden (Abgrenzungs-)Fragen weitere Wertungsfragen an, die sich kaum überzeugend lösen lassen. Letztlich ist nämlich jeder zum Schaden des Mandanten beitragende, diesen doch gerade erst endgültig herbeiführende Fehler des Gerichts ein Verstoß gegen seine gerade ihm zugewiesene tragende Pflicht zur zutreffenden Rechtsfindung. Das aber steht einer haftungsrechtlichen **Zurechnung** des Urteilsschadens an den Anwalt gerade – **grundsätzlich** jedenfalls – nicht entgegen, **soweit sich** in der gerichtlichen Fehlentscheidung **(nur) das allgemeine Prozessrisiko verwirklicht**, wie es der Fall ist, wenn der Anwalt in diesem Prozess zwar pflichtwidrig gehandelt hat, das Gericht aber bei korrektem Vorgehen gleichwohl richtig hätte entscheiden können und müssen[319].

127 Dieser Grundsatz greift jedoch nicht ein, wenn der Fehler des Anwalts bei lebensnaher Betrachtung schlechthin ungeeignet war, etwa bei pflichtwidrig unterlassenem Beweisangebot, die gerichtliche Fehlentscheidung, z.B. durch Abweisung der Klage bereits als unschlüssig, hervorzurufen. Dann entfällt der Zurechnungszusammenhang, wobei rein hypothetische Erwägungen den Zurechnungszusammenhang nicht auszuschließen vermögen, d.h. der Fehler des Gerichts des Vorprozesses muss aus der von ihm tatsächlich getroffenen Entscheidung ersichtlich sein[320].

128 In Auswirkung der Kammerentscheidung des BVerfG vom 12.8.2002[321] hat der BGH im Urteil vom 13.3.2003[322], von *Zugehör*[323] als »Wegweiser für die künftige Rechtsprechung« bezeichnet, einen (weiteren?) Ansatz zur Begrenzung der Zurechnung von Gerichtsfehlern zu Lasten des

314 In diesem Sinne auch *G. Fischer* in: G. Fischer/Vill/D. Fischer/Pape/Chab, § 5, Rn. 60 und 61.
315 BVerfG NJW 2002, 2937 f.
316 BGH NJW 2008, 1309, 1310 = WM 2008, 317, 318 (Tz. 14) m.w.N.
317 Unter welchem der Beschluss des BVerfG vom 22.4.2009 – 1 BvR 386/09, Beck RS 2009, 34064, die Hinweise des früheren Beschlusses eingeordnet sieht.
318 Vgl. MünchKomm/*Oetker*, § 249 BGB, Rn. 117, m.w.N.
319 BGH, Urt. v. 15.11.2007 – IX ZR 44/04 – BGHZ 174, 205, 210, Rn. 15; v. 18.12.2008 – IX ZR 179/07 – juris, Rn. 21; v. 10.3.2011 – IX ZR 82/10 – juris, Rn. 29; *G. Fischer* in: G. Fischer/Vill/D. Fischer/Pape/Chab, § 5, Rn. 60; *Vollkommer/Greger/Heinemann*, § 19, Rn. 56 und Rn. 60.
320 BGH NJW 2008, 1309, 1310 (Tz. 19, 20); *Heinemann*, Festgabe für Vollkommer, S. 427, 443; *Vollkommer/Greger/Heinemann*, § 19, Rn. 56.
321 BVerfG NJW 2002, 2937 f.
322 BGH NJW-RR 2003, 850, 853 f. = MDR 2003, 742, 743; zustimmend *Zugehör*, NJW 2003, 3225, 3230.
323 *Zugehör*, NJW 2003, 3225, 3230.

vertragswidrig handelnden Rechtsanwalts eingeführt[324]. Das Spruchrichterprivileg des § 839 Abs. 2 S. 1 BGB ordnet er als **Störung eines Gesamtschuldnerausgleichs** ein und will *»allenfalls«* dann, wenn der *»Schadensbeitrag des Gerichts denjenigen des anwaltlichen Parteivertreters so weit überwiegt, dass dieser daneben ganz zurücktritt« … »nach allgemeinen zivilrechtlichen Abwägungsgrundsätzen« … »auf Grund der zu § 254 BGB entwickelten Regeln«* eine anwaltliche Haftung entfallen lassen. In dem entschiedenen Fall der Erhebung einer Klage, gerichtet auf Scheidung einer nach deutschem Recht unwirksam geschlossenen Ehe, hat der BGH den Zurechnungszusammenhang nach diesen Regeln nicht als unterbrochen angesehen und dazu ausgeführt: *»Im vorliegenden Falle verantwortete zwar der Familienrichter allein das Ehescheidungsurteil mit der Anordnung des Versorgungsausgleichs. Keinesfalls in geringerem Maße hat zu dem vom Kl. erlittenen Schaden aber der vom Beklagten vertragswidrig fehlgestaltete Prozess beigetragen, der erst die Gefahrenlage schuf, in welcher sich der Fehler des Gerichts auswirken konnte. Gericht und Beklagten traf zudem derselbe Vorwurf einfacher Fahrlässigkeit.«*[325]

Ein solches Lösungsmodell eines gestörten Gesamtschuldnerausgleichs in Fällen gesetzlicher Haftungsfreistellung ist der allgemeinen Haftungsrechtsprechung nicht fremd[326]. Zu Lasten des Geschädigten durch eine Verdrängung eines Ersatzanspruchs (hier: gegen seinen Rechtsanwalt) darf die Haftungsfreistellung (hier: eines Spruchrichters gemäß § 839 Abs. 2 S. 1 BGB) demnach nur in solchen Fallgestaltungen gehen, bei denen auf Grund der in erster Linie nach dem Ausmaß der beiderseitigen Verursachung des Schadens und erst in zweiter Linie nach dem Umfang des beiderseitigen Verschuldens vorzunehmenden Abwägung der Schadensbeiträge[327] (hier: des Anwalts und des Gerichts) der Schadenseintritt in wesentlich höherem Maße durch die Verhaltensweise des von der Haftung Freigestellten (hier: des Gerichts) wahrscheinlich gemacht worden ist[328]. Damit ist nun aber auch die äußerste Grenze bezeichnet, bis zu der einer Prozesspartei der Verlust eines vertraglichen Schadensersatzanspruchs gegen ihren Anwalt zugemutet werden könnte. **129**

Bei diesem »neuen« Lösungsmodell über einen »gestörten Gesamtschuldnerausgleich« ist aber **nicht hinreichend bedacht** worden, ob ohne das gesetzliche Spruchrichterprivileg überhaupt ein Innenausgleich zwischen dem Anwalt und der für den Richter haftenden Körperschaft (vgl. Art. 34 GG) in Betracht kommen könnte, m.a.W. ob also wirklich ein Gesamtschuldverhältnis vorliegt, das durch die gesetzliche Haftungsfreistellung eines Gesamtschuldners in seinem Innenausgleich gestört ist[329]. Insoweit ist auf **§ 839 Abs. 1 S. 2 BGB** hinzuweisen, wonach bei fahrlässiger Amtspflichtverletzung eine anderweitige Ersatzmöglichkeit des Geschädigten die Amtshaftung entfallen lässt[330]. So hat der BGH in einer älteren Entscheidung[331] bei einer wegen Strafverfolgungsverjährung zu Unrecht erfolgten vorläufigen Entziehung einer Fahrerlaubnis ein Urteil in einer Rechtssache im **130**

324 Vgl. auch BGH NJW 2008, 1309, 1310 = WM 2008, 317, 318 (Tz. 18).

325 BGH NJW-RR 2003, 850, 854 = MDR 2003, 742, 743.

326 Vgl. BGH NJW 1976, 1975. Die vom BGH (NJW-RR 2003, 850, 853 f. = MDR 2003, 742, 743) gewählte Haftungszuweisung wird allerdings von *Medicus*, AnwBl 2004, 257, 260 in Frage gestellt, der entweder mit einem Teilregress gegen den Staat (§§ 426, 254 BGB analog) oder mit einer Haftungsbeschränkung auf die Quote helfen will, die bei einem Gesamtschuldnerausgleich auf den Anwalt entfiele.

327 Auf diese Grundsätze der Rechtsprechung zu § 254 BGB verweist *Zugehör*, NJW 2003, 3225, 3230 (m.w.N.) zu Recht ergänzend hin.

328 BGH NJW-RR 2003, 850, 854 = MDR 2003, 742, 743.

329 BGH NJW 2008, 1309, 1310 = WM 2008, 317, 318 (Tz. 18) beschränkt sich leider auch nur auf eine »schlanke« Beschreibung der von BGH NJW-RR 2003, 850, 853 f. = MDR 2003, 742, 743 im Ergebnis aufgestellten Voraussetzungen für ein Zurücktreten des Schadensbeitrages des Anwalts, ordnet diese Konstellation ohne Weiteres als einen der Ausnahmefälle einer Unterbrechung des Zurechnungszusammenhangs ein und sieht gar die u.a. vom *Verfasser* vertretene Auffassung der Gleichstellung von Gerichten mit sonstigen in den Geschehensablauf eingreifenden Dritten (vgl. zusammenfassend unten in Rdn. 133) als eine »Fortführung dieser Rechtsprechung« an. Dies kann nicht recht überzeugen.

330 Zustimmend *Heinemann*, Festgabe für Vollkommer, S. 427, 437 (unter 4.); *Vollkommer/Greger/Heinemann*, Kap. 19, Rn. 53.

331 BGH NJW 1964, 2402, 2404 = AnwBl 1965, 118 m. Anm. *Ostler*.

Sinne des § 839 Abs. 2 BGB verneint, die Amtshaftungsklage jedoch – als zur Zeit unbegründet – abgewiesen, weil die Möglichkeit anderweitiger Ersatzerlangung nach § 839 Abs. 1 S. 2 BGB gegeben sei, und zwar gegen den Strafverteidiger, weil dieser seine Verteidigerpflichten nicht gehörig wahrgenommen habe[332]. Das Übersehen der Strafverfolgungsverjährung durch Staatsanwaltschaft und Gericht konnte ihn also schon **wegen der subsidiären Staatshaftung** nicht entlasten[333]. Zwischen dem ersatzpflichtigen Dritten und der staatlichen Körperschaft besteht **mithin kein Gesamtschuldverhältnis**, also auch kein Rückgriffsanspruch des Dritten aus § 426 BGB[334].

Zu diskutieren wäre zwar, ob der Regressanspruch der Partei gegen ihren Anwalt möglicherweise deshalb nicht als anderweitiger Ersatzanspruch im Sinne des § 839 Abs. 1 S. 2 BGB anzusehen ist, weil sich die Partei die Vertragsleistungen des Anwalts »erkauft« hat und das nicht zu Gunsten des Staates gehen dürfe. Eine Ausgrenzung aus § 839 Abs. 1 S. 2 BGB unter diesem Gesichtspunkt ist durch die Rechtsprechung bislang aber nur anerkannt bei selbst verdienten oder erkauften gesetzlichen oder privaten Arbeitgeber- oder Versicherungsleistungen[335], die ihrer Bestimmung nach nicht mit dem Ziel gewährt wurden, endgültig Schäden aufzufangen, die ihren Grund in der unerlaubten Handlung eines außerhalb des Leistungsverhältnisses stehenden Dritten haben[336]. Eine Einbeziehung von Schadensersatzansprüchen aufgrund der Verletzung von »erkauften« Ansprüchen zur ordnungsgemäßen Erfüllung eines Rechtsanwaltsauftrags in eine Einschränkung des § 839 Abs. 1 S. 2 BGB, um auf diese Weise ein Gesamtschuldverhältnis zwischen Gericht und Anwalt herzustellen, welches durch das Spruchrichterprivileg gestört würde, ist abzulehnen. Es ist wertungsmäßig etwas anderes, ob der Geschädigte sich Ausgleichsleistungen Dritter verdient oder durch Beiträge im Rahmen einer Schadensvorsorge erkauft hat, oder ob ihm ein Dritter aufgrund der Verletzung eigener Vertragspflichten auf Schadensersatz haftet. Zudem wäre, wollte man das anders sehen, dann auch im Bereich der Haftung der Notare nach § 19 Abs. 1 BNotO kein Raum mehr für eine Anwendung des Subsidiaritätsgrundsatzes des § 19 Abs. 1 S. 2 BNotO bei anderweitigen Ersatzansprüchen gegen Angehörige der rechts- und steuerberatenden Berufe[337], eine kaum zu akzeptierende Konsequenz.

131 Ob es aus verfassungsrechtlichen Gründen erforderlich ist, auf ein (gestörtes) Gesamtschuldausgleichsverhältnis zu verweisen, erscheint weiterhin zweifelhaft, ist aber »erledigt« durch die vom Bundesverfassungsgericht akzeptierte Sicht, dass Art. 12 Abs. 1 GG der Rechtsprechung des BGH nicht entgegensteht, sondern

> »vielmehr der im Zivilrecht anerkannten gleichstufigen Haftung all derjenigen [entspricht], die für einen Schaden gleich aus welchen rechtlichen Gründen verantwortlich sind. Dass mehrere Verantwortliche einen Schaden herbeiführen, sich aber nicht alle von ihnen auf eine vertragliche oder gesetzliche Haftungserleichterung oder einen Haftungsausschluss berufen können, ist auch in anderen Fallgestaltungen des Schadensersatzrechts anzutreffen (vgl. BVerfG, NJW 2009, 2945 Rn. 16).«[338]

132 Damit ist nun geklärt, dass es (auch) verfassungsrechtlich nicht zu beanstanden ist, dass im Regelfall der Anwalt für seine Fehler haftet, auch wenn ein gerichtlicher Fehler hinzukommt. Der neue Beschluss des Bundesverfassungsgerichts vom 22.4.2009[339] lässt zudem eine deutliche Distanzierung

332 Zur Haftung von Strafverteidigern vgl. näher Kap. 9 Rdn. 261.

333 So auch *Borgmann/Jungk/Schwaiger*, Kap. IV, Rn. 34.

334 Vgl. *Sandkühler*, in: Arndt/Sandkühler/Lerch, § 19 BNotO, Rn. 197. Dies beachtet *Medicus*, AnwBl 2004, 262 (unter VII. 1.) und S. 259 f. nicht hinreichend.

335 Vgl. BGHZ 79, 26 (gesetzliche Krankenversicherung); BGHZ 79, 35 (private Krankenversicherung); BGHZ 85, 230, 233 f. (Kaskoversicherung); BGH NJW 1987, 2664, 2666 (Feuerversicherung; insoweit nicht abgedruckt in BGHZ 100, 313).

336 Vgl. BGHZ 91, 48, 54, wo deshalb Leistungen aus einer Haftpflichtversicherung als anderweitiger Ersatz angesehen wurden; vgl. auch noch BGHZ 135, 354, 366 f.

337 Vgl. zu diesen praktisch bedeutsamen anderweitigen Ersatzansprüchen z.B.: *Sandkühler*, in: Arndt/Sandkühler/Lerch, § 19 BNotO, Rn. 187–189.

338 BGH, Urt. v. 10.3.2011 – IX ZR 82/10 – juris, Rn. 30.

339 BVerfG, Nichtannahmebeschl. v. 22.4.2009 – 1 BvR 386/09 – juris, Rn. 15 ff.

gegenüber dem Beschluss vom 12.8.2002[340] erkennen[341]. Grundrechtsschutz zu Gunsten des Anwalts kann nicht auf Kosten der Grundrechte des Mandanten betrieben werden. Bei einem Urteil in einer Rechtssache zu beachtende, aber zum Schaden der Partei verletzte Amtspflichten bestehen im Regelfall gegenüber dem Mandanten als rechtssuchender Partei, nicht aber (auch) gegenüber seinem anwaltlichen Vertreter. Die Pflicht zur Korrektur des Anwaltsfehlers besteht für den Richter demgemäß ebenso allein gegenüber der Partei, nicht aber besteht eine solche Amtspflicht gegenüber dem Anwalt[342].

Nach hier vertretener Ansicht bleibt es also dabei, dass bei der Behandlung des Problemkreises 133
»Anwaltsfehler und Fehler des Gerichts« die Haftungsprivilegierung des Spruchrichters als solche für den vertraglichen Regressanspruch des Mandanten gegen seinen Rechtsanwalt »außen vor« zu bleiben hat. Der Anwalt haftet hier nicht, wie *Borgmann* und *Jaeger* fälschlich meinen[343], für Fehler des Gerichts, sondern für seinen eigenen Fehler. Also geht es um die im Lichte der Grundrechte von Anwalt und Mandant zu beantwortende zivilrechtliche Frage[344] einer Vertragshaftung unabhängig davon, dass das Gericht in seiner Verantwortlichkeit entlastet ist. Folgt man der – auch hier vertretenen – Ansicht (oben Rdn. 124), bei der Beurteilung der Unterbrechung des Zurechnungszusammenhangs Gerichte wie andere Dritte anzusehen, also bei einem völlig ungewöhnlichen und sachwidrigen Fehlgriff nur diesen als einzige, endgültige Schadensursache zu bewerten, dürfte die Problematik weitgehend entschärft sein. Zur verfassungsrechtlichen Relevanz[345] wird ergänzend Bezug genommen auf Rdn. Kap. 2 Rdn. 35.

Soweit von *Rinsche* in der 6. Auflage[346] als ein (Kausalitäts-)Problem die Frage aufgeworfen worden 134
ist, wie es zu beurteilen sei, wenn zweifelhaft sei, ob der Versuch des Anwalts erfolgreich gewesen wäre, das Gericht vor einem Irrtum zu bewahren oder davon wieder abzubringen, ist dazu richtig zu stellen, dass es auf eine solche tatsächliche Klärung eines mutmaßlichen Erfolges der anwaltlichen Bemühung bei dem konkret damals mit der Angelegenheit befassten Gericht nicht ankommt. Der **hypothetische Ausgang des Vorprozesses** (Inzidentverfahren) ist nach gefestigter Rechtsprechung des BGH vielmehr **normativ zu beurteilen**, also danach, wie der Prozess richtigerweise ausgegangen wäre (vgl. unten Rdn. 188 ff.)[347], im vorliegenden Zusammenhang mithin danach, wie die Ausgangsentscheidung hätte aussehen müssen, wenn der Anwalt pflichtgemäß gehandelt und das Gericht seinen Fehler nicht begangen hätte.

4. Beweislast

An der nach dem Beweismaßstab des § 287 ZPO zu beurteilenden **Beweislast des Mandanten** für 135
die Kausalität und Zurechnung ändert sich **auch in den Fällen sog. psychisch vermittelter Kausalität**, also den hier erörterten Fällen mitwirkenden Handelns des Mandanten, von Dritten und von Behörden und Gerichten nichts. Der Anspruchssteller trägt also die Beweislast für die tatsächlichen Voraussetzungen einer »Rechtfertigungs- bzw. Herausforderungslage« bei eigenen Willensentschließungen[348]. Nicht anders ist die Beweislast zu beurteilen bei Handlungen Dritter, bei denen es nach der Rechtsprechung auf eine Herausforderungslage nicht ankommt, sondern allein darauf, dass diese nicht gänzlich ungewöhnlich oder schlechterdings nicht nachvollziehbar sind. Ebenso muss der

340 BVerfG, Nichtannahmebeschl. v. 12.8.2002 – 1 BvR 399/02 – juris, Rn. 13 ff.

341 *G. Fischer* in: G. Fischer/Vill/D. Fischer/Pape/Chab, § 5, Rn. 66; anders offenbar *Borgmann/Jungk/Schwaiger*, Kap. V, Rn. 94.

342 Anders offenbar noch *Borgmann*, FamRZ 2003, 844, 845.

343 *Borgmann*, FamRZ 2003, 844; *Jaeger*, NJW 2004, 1, 5 f.; vgl. auch die in die Irre führende Kopfzeile bei *Jungk*, BRAK-Mitt. 2003, 120.

344 Dazu vgl. auch *Zugehör*, NJW 2003, 3225, 3231.

345 Vgl. *Zugehör*, NJW 2003, 2331.

346 *Rinsche*, 6. Auflage, Rn. I 241 und Rn. I 426.

347 Vgl. *G. Fischer*, in: G. Fischer/Vill/D. Fischer/Pape/Chab, § 5, Rn. 105 ff.

348 BGH NJW 1981, 570 = MDR 1981, 396; *Luckey*, in: Baumgärtel/Laumen/Prütting, Handbuch der Beweislast, Band 1, § 249 BGB, Rn. 16 – 18.

Mandant die Tatsachen beweisen, aus denen sich ergibt, dass behördliche oder gerichtliche Fehler durch den Anwalt hätten vermieden werden können.

IV. Die Wirkung von Reserveursachen (»hypothetische Kausalität« oder »überholende Kausalität«)

136 Während es sich bei der Beantwortung der Frage, wie der Mandant bei pflichtgemäßem Verhalten des Anwalts gestanden hätte, um die Untersuchung hypothetischen Tatsachenverlaufs im Rahmen der logischen oder natürlichen Kausalität handelt (vgl. im Einzelnen oben Rdn. 6–8), geht es hier **allein** um die **haftungsrechtliche Schadenszurechnung**[349]. Denn die Reserveursache hat sich nicht auf den bewirkten Schaden ausgewirkt; real ursächlich ist und bleibt allein die vom Schädiger tatsächlich gesetzte Bedingung. Ein Schulbeispiel: S zerstört aus Unachtsamkeit eine Scheibe, die wenig später durch eine Explosion in der Nähe zerstört worden wäre[350], oder A wäre in zwei Jahren wegen einer Krankheit dienstunfähig geworden; er wird jetzt durch S verletzt und ist sofort arbeitsunfähig[351].

Als erstes ist es also zur Vermeidung von in der Praxis immer wieder zu beobachtenden Fehlern wichtig, hypothetische Kausalitätserwägungen im Rahmen der Kausalitätsprüfung von hypothetischer Kausalität, sprich: bloßen Reserveursachen, zu unterscheiden.

137 Grundsätzlich sind nach der Rechtsprechung des BGH Reserveursachen unbeachtlich[352]. Es wird jedoch als eine **Wertungsfrage** angesehen, ob die Reserveursache beachtlich ist und zu einer Entlastung des Schädigers führt, die für verschiedene Fallgruppen durchaus unterschiedlich beantwortet wird[353]. Eine solche Ausnahme ist für die sog. **Anlagefälle** anerkannt, also für solche Fälle, in denen eine der geschädigten Person oder Sache innewohnende Schadensanlage zu dem gleichen Schaden geführt hätte[354].

▶ Beispiele:

138 – Durch einen Fehler des Anwalts sind Vertragsverhandlungen gescheitert. Gegenüber dem Schadensersatzverlangen seines Mandanten wendet der Anwalt ein, dieser sei wegen **Vermögenslosigkeit** nicht in der Lage gewesen, den beabsichtigten Vertrag zu erfüllen, so dass wegen Rücktritts des anderen Teils der Vertrag nicht zur Durchführung gelangt wäre[355]. Diese Berufung des Anwalts auf einen hypothetischen Kausalverlauf ist zu Recht als beachtlich angesehen worden[356]. In der Vermögenslosigkeit liegt eine vom Geschädigten selbst zu verantwortende[357] und daher seiner Potenz als Wirtschaftssubjekt innewohnende »Schadensanlage«.
– Bei Schädigung eines Gewerbebetriebes, der wegen **fehlender Rentabilität** sowieso hätte liquidiert werden müssen, besteht ebenfalls keine oder nur eine eingeschränkte Ersatzpflicht[358].

---

349 Einhellige Meinung, vgl. nur BGHZ 104, 355, 360 = NJW 1988, 3265, 3266; BGH NJW 2006, 2767, 2769 = WM 2006, 1742 (Tz. 22); Palandt/*Grüneberg*, Vor § 249 BGB, Rn. 55; *Vollkommer/Greger/Heinemann*, § 19, Rn. 22; *G. Fischer*, in: G. Fischer/Vill/D. Fischer/Pape/Chab, § 5, Rn. 74; *Zugehör*, Beraterhaftung, Rn. 109; *Ganter*, S. 21.

350 Vgl. *Medicus*, 19. Auflage, Rn. 848.

351 Jauernig/*Teichmann*, Vor §§ 249–253 BGB, Rn. 42.

352 BGHZ 29, 207, 215 f. = NJW 1959, 1131, 1132; BGH LM § 249 (Ba) BGB Nr. 15 = VersR 1960, 115 (117); LM § 823 (Be) BGB Nr. 15a (zu IV 2); NJW 1958, 705 = LM § 249 (Ba) BGB Nr. 12 = VersR 1958, 266, 267; NJW 1967, 551 = LM § 249 (Ba) BGB Nr. 19; BGHZ 125, 61 f. = NJW 1994, 999, 1000.

353 Vgl. BGHZ 104, 355, 360 f. = NJW 1988, 3265, 3266.

354 Allg. Meinung und st. Rspr., vgl. nur Palandt/*Grüneberg*, Vor § 249 BGB, Rn. 57 m.w.N.

355 RGZ 147, 248; vgl. auch *G. Fischer*, in: G. Fischer/Vill/D. Fischer/Pape/Chab, § 5, Rn. 78, 79; *Zugehör*, Beraterhaftung, Rn. 109.

356 Zu Recht weist *G. Fischer*, a.a.O., Rn. 79, Fn. 152 darauf hin, dass dies entgegen *Vollkommer/Greger/Heinemann*, § 19, Rn. 30 kein Fall rechtmäßigen Alternativverhaltens ist.

357 Worauf *G. Fischer*, in: G. Fischer/Vill/D. Fischer/Pape/Chab, § 5, Rn. 80 abstellt.

358 BGH LM § 249 (Ba) BGB Nr. 20.

- Bei unberechtigter Kündigung eines Handelsvertreters ist der Einwand erheblich, dieser hätte z.B. aus wirtschaftlichen Gründen von sich aus auch ohne **Kündigung** die Vertretung aufgegeben[359]. Dies gilt gleichermaßen bei einem **Arbeitnehmer**, der beispielsweise auch ohne Kündigung aus bestimmten Gründen selbst das Arbeitsverhältnis beendet hätte[360].
- Als ein Problem hypothetischer Kausalität hat der BGH[361] es zutreffend eingeordnet[362] und die Reserveursache vorbehaltlich weiterer tatrichterlicher Aufklärung für beachtlich gehalten, wenn ein Notar (nichts anderes würde für einen Rechtsanwalt gelten) pflichtwidrig und zurechenbar einen **steuerlichen Nachteil** des Mandanten verursacht, der ganz oder teilweise drei Jahre später durch eine Betriebsaufgabe ebenfalls entstanden wäre. Es geht insoweit nicht um die Schadensberechnung[363], als die spätere Betriebsaufgabe den bereits zuvor real bewirkten Steuernachteil nicht mehr hervorrufen konnte. Der später nicht mehr mögliche Eintritt eines Steuerschadens kann auch nicht etwa uminterpretiert werden in einen auszugleichenden Vorteil, weil die spätere Betriebsaufgabe keinen steuerlichen Nachteil mehr hervorgerufen hat[364].
- Hat eine Bank auf einem Anderkonto zur Finanzierung eines Kaufpreises einen Betrag zur Verfügung gestellt, der von dem treuhänderisch beauftragten rechtlichen Berater ohne Vorliegen der im **Treuhandvertrag** bestimmten Auszahlungsvoraussetzungen ausgekehrt wird, ist der Einwand des auf Regress in Anspruch genommenen Treuhänders, die Bank wäre, wenn die Auszahlungsvoraussetzungen später nicht eingetreten wären, in derselben Höhe aus einer in diesem Zusammenhang dem Verkäufer erteilten Bürgschaft in Anspruch genommen worden, beachtlich. Die rechtliche und wirtschaftliche Situation der Bank ist infolge der zusätzlich erteilten Bürgschaft bei wertender Betrachtungsweise ebenso einzuschätzen wie ein schon mit einer Schadensanlage belastetes Rechtsgut[365].
- Hat ein Rechtsanwalt durch einen **Formulierungsfehler** eine nachteilige Rechtsposition für den Mandanten verursacht und wendet der Anwalt dem Regressverlangen gegenüber ein, dass *»auch das rechtliche und wirtschaftliche Ergebnis längerer, streitiger Verhandlungen dasselbe hätte sein müssen, beruft er sich darauf, dass eine Reserve-Ursache hypothetisch später denselben Schaden herbeigeführt hätte«*[366].
- Ein Rechtsanwalt des Mieters beachtet einen in einem gewerblichen Raummietvertrag zulässig vereinbarten Aufrechnungsausschluss nicht. Dies führt zur fristlosen Kündigung durch den Vermieter und zur Räumung des Objekts. Macht der Anwalt geltend, der Vermieter hätte auch ohne die unzulässige Aufrechnung gegenüber der Mietzinsforderung eine fristlose Kündigung, gestützt auf andere Gründe, erklärt und diese hätte auch durchgegriffen, ist dem im Regressprozess nachzugehen[367].

Der Schädiger wird allerdings dann nicht entlastet, wenn eine Reserveursache einen **Ersatzanspruch gegen einen Dritten** begründet hätte, weil sonst der Geschädigte, da sich jene Haftung nicht realisiert hat, leer ausginge[368]. 139

Unberührt bleibt seine Haftung auch insoweit, als der Mandant einen Schaden unabhängig von der späteren Reserveursache erlitten hat, beispielsweise durch verfrühte Zahlung[369]. 140

359 BGH MDR 1977, 468 = LM (Ba) BGB Nr. 23.
360 Vgl. *G. Fischer*, in: G. Fischer/Vill/D. Fischer/Pape/Chab, § 5, Rn. 76.
361 BGH NJW 1985, 1329, 1332 f. = WM 1986, 666, 670.
362 So auch *Ganter*, S. 22.
363 So aber die gegenteilige Ansicht von *G. Fischer*, in: G. Fischer/Vill/D. Fischer/Pape/Chab, § 5, Rn. 80 in Fn. 156.
364 So dass deshalb der BGH (NJW 1985, 1329, 1332) zu Recht die von ihm erörterten Grundsätze über eine Vorteilsausgleichung für nicht einschlägig erachtet hat.
365 BGH NJW 1996, 3343, 3345 = WM 1996, 2074, 2077 f. (Notarhaftung); *G. Fischer*, in: G. Fischer/Vill/D. Fischer/Pape/Chab, § 5, Rn. 80.
366 BGH, Beschl. v. 7.7.1994 – IV ZR 11/94, zitiert nach: *Rinsche*, 6. Auflage, Rn. I 226.
367 OLG Hamm, Urt. v. 22.7.2004 – 28 U 175/03.
368 BGH NJW 1958, 705; NJW 1967, 551, 552.
369 *G. Fischer*, in: G. Fischer/Vill/D. Fischer/Pape/Chab, § 5, Rn. 80 a.E.

141 Bezüglich **Dauer- und Folgeschäden**, bei denen es nicht um den Ersatz eines abgeschlossenen Schadens, sondern um Nachteile geht, die sich im Laufe der Zeit entwickeln, ist richtigerweise der weitere Geschehensablauf jedenfalls dann zu berücksichtigen, wenn dieser an Umstände anknüpft, die schon zur Zeit des schädigenden Ereignisses in der Person des Geschädigten selbst lagen, so dass z.B. bei Verdienstausfallschäden oder Schadensersatzrenten, wenn der Ersatzberechtigte auch ohne das schädigende Verhalten des Schädigers zu einem bestimmten Zeitpunkt die Einkünfte, deren Ersatz er verlangt, nicht mehr erzielt hätte, für den Zeitraum danach Ersatz nicht mehr beansprucht werden kann[370].

Demgemäß kann ein Anwalt gegen einen Regressanspruch wegen fehlerhaft verursachten Verlustes einer Kündigungsschutzklage erfolgreich einwenden, der Mandant hätte die Stelle aus persönlichen Gründen ohnehin alsbald aufgeben müssen[371] oder selbst kündigen wollen[372].

142 **Kein** Fall hypothetischer Kausalität ist hingegen gegeben, wenn der auf Schadensersatz wegen eines Verlustes einer Forderung gegen einen Schuldner des Mandanten in Anspruch genommene Anwalt einwendet, die Forderung hätte gegen den Schuldner nicht durchgesetzt werden können, da jener vermögenslos oder zahlungsunfähig sei. Dies ist vielmehr, da eine auf Dauer uneinbringliche Forderung keinen Geldwert hat, eine Frage des Vorliegens eines tatsächlichen Schadens[373].

143 Der Schädiger hat die **Beweislast** dafür, dass ein an sich bestehender Schadensersatzanspruch nachträglich reduziert oder weggefallen ist[374], muss also beweisen, dass der geltend gemachte, real durch ihn bewirkte Schaden ganz oder teilweise auch auf Grund der Reserveursache eingetreten wäre[375]. Da es um haftungsausfüllende Kausalität und Zurechnung geht, ist auch hier beweiserleichternd **§ 287 ZPO** anzuwenden[376], der Anwalt muss mithin die hypothetische Geschehenskette mit dem Grad deutlich überwiegender, auf gesicherter Grundlage bestehender Wahrscheinlichkeit nachweisen.

V. Das sog. rechtmäßige Alternativverhalten

144 Das rechtmäßige Alternativverhalten ist grundsätzlich beachtlich[377]. Was es mit diesem oftmals in seiner Bedeutung überschätzten und vielfach missverstandenen Rechtsinstitut auf sich hat, ist bereits weiter oben (Rdn. 67 f.) dargelegt worden.

145 Der Einwand des rechtmäßigen Alternativverhaltens besteht darin, dass der von dem Schädiger verursachte Schaden ebenfalls eingetreten wäre, wenn der Schädiger eine von der verletzten Pflicht

---

370 BGHZ 10, 6, 9 = NJW 1953, 977; BGHZ 29, 207, 215; BGH DB 1979, 352; vgl. auch *G. Fischer*, in: G. Fischer/Vill/D. Fischer/Pape/Chab, § 5, Rn. 76; Palandt/*Grüneberg*, Vor § 249 BGB, Rn. 57, 62 m.w.N.

371 BGH MDR 1977, 468; NJW 2000, 1572, 1574 = WM 2000, 966.

372 Vgl. BGH LM § 249 (Ba) BGB Nr. 23.

373 BGH NJW 2004, 1521, 1522 = WM 2004, 2217 (unter III. 2. a)); NJW 1986, 246, 247; BGH VersR 1974, 906, 907; vgl. auch NJW 1993, 734 = WM 1993, 382; OLG Hamm vom 9.5.1995 – 28 U 47/94, NJW-RR 1996, 505, 506 unter 4. = OLG-Rep. 1995, 214; OLG Köln VersR 1988, 601 (LS); vgl. auch *G. Fischer*, in: G. Fischer/Vill/D. Fischer/Pape/Chab, § 5, Rn. 91; vgl. zur schadensrechtlichen Behandlung unten Rdn. 173 ff.

374 *Luckey*, in: Baumgärtel/Laumen/Prütting, Band 1, § 249 BGB, Rn. 22; Jauernig/*Teichmann*, Vor §§ 249–253 BGB, Rn. 46, jeweils m.w.N. zur Rechtsprechung des BGH in Arzthaftungssachen.

375 BGH, Urt. v. 9.11.2017 – IX ZR 270/16 – juris, Rn. 19; BGH NJW 2006, 2767, 2769 = WM 2006, 1742 (Tz. 25); NJW 1996, 3343, 3345 = WM 1996, 2074, 2077 f.; NJW 1983, 1053 = WM 1983, 3538; BGHZ 78, 209, 213 f. = NJW 1981, 628, 630; NJW 1967, 551, 552; MünchKomm/*Oetker*, § 249 BGB, Rn. 224; *Luckey*, in: Baumgärtel/Laumen/Prütting, Band 1, § 249 BGB, Rn. 22.

376 BGH NJW 2006, 2767, 2769 = WM 2006, 1742 (Tz. 25); MünchKomm/*Oetker*, § 249 BGB, Rn. 225; Palandt/*Grüneberg*, Vor § 249 BGB, Rn. 55, 59; *G. Fischer*, in: G. Fischer/Vill/D. Fischer/Pape/Chab, § 5, Rn. 77; *Zugehör*, Beraterhaftung, Rn. 109; Baumgärtel/*Helling*, § 249 BGB, Rn. 22.

377 BGHZ 90, 103, 111 = NJW 1984, 1397; BGHZ 96, 157, 172 = NJW 1986, 576, 579 = WM 1986, 46, 50; BGHZ 120, 281, 286 = NJW 1993, 520; NJW 2000, 661, 663 = WM 2000, 86; BGHZ 143, 362, 365 f.; BGH, Urt. v. 20.04.2017 – III ZR 470/16 – juris, Rn. 53; v. 10.7.2018 – II ZR 24/17 – juris, Rn. 49; v. 11.2.2020 – II ZR 427/18 – juris, Rn. 20; BAG NJW 1981, 2430; BAG NJW 1984, 2846; Palandt/*Grüneberg*, Vor § 249 BGB, Rn. 64 m.w.N.

verschiedene, **selbstständige andere (Vertrags-)Pflicht** ordnungsgemäß erfüllt hätte[378]. Fehlt es an einem kausalen Schadensereignis, ist für die Grundsätze des rechtmäßigen Alternativverhaltens kein Raum[379]. Sie betreffen also eine der Bejahung der logischen oder natürlichen Kausalität und einem Schadenseintritt **nachfolgende Frage**, inwieweit einem Schadensverursacher die Folgen seines pflichtwidrigen Verhaltens bei wertender Betrachtung billigerweise zugerechnet werden können[380], wobei der **Schutzzweck der** jeweils verletzten **Norm** darüber entscheidet, ob und inwieweit der Einwand im Einzelfall erheblich ist[381].

Wenn auch typologisch der Einwand des rechtmäßigen Alternativverhaltens dem Einwand der hypothetischen Kausalität nahe steht, besteht doch ein Unterschied: Es geht bei ersterem nicht darum, einen tatsächlichen Geschehensablauf mit einer latent realen (hypothetisch gebliebenen) Kausalkette wertend in Beziehung zu setzen, sondern um eine Gegenüberstellung eines rein theoretischen Verhaltens des Schädigers selbst als gerechtfertigte Schädigungsmöglichkeit mit der tatsächlichen rechtswidrigen Verletzungshandlung[382]. Eine Gemeinsamkeit ist aber wichtig und immer genau im Auge zu behalten: **Ausgangs- und Bezugspunkt** der Prüfung beider Einwände auf ihre Erheblichkeit hin hat immer **der ersetzt verlangte Schaden** zu sein. Nur ganz konkret in Bezug auf diesen ist also auch bei dem rechtmäßigen Alternativverhalten zu untersuchen, ob dieser bei Erfüllung einer selbstständigen anderen (Vertrags-)Pflicht ebenfalls entstanden wäre. 146

▶ Beispiel:

Der Anwalt begeht einen Fehler bei der rechtlichen Beurteilung und erhebt eine Klage, die er als Erfolg versprechend ansieht. Der Gegner trägt nun einen Sachverhalt vor, der alles »kippt«. Der Mandant räumt den Sachverhalt als richtig ein; der Prozess geht verloren. Der Rechtsanwalt, auf Regress in Anspruch genommen, wendet ein: »Hätte ich den Sachverhalt vollständig abgefragt, hätte der Mandant mir gleich gesagt, wie er insgesamt richtig abgelaufen ist. Ich hätte von der Klage abgeraten, die dann auch unterblieben wäre.« 147

Dieser Einwand ist unerheblich; der Mandant erhält die durch den verlorenen Prozess entstandenen Kosten (mit Ausnahme der Gebühren, die im Falle zutreffender Beratung nach § 34 RVG oder VV 2300 zum RVG als Ohnehinkosten angefallen wären[383]), ersetzt. Dieser Schaden (Mehrkosten durch Klageerhebung) wäre durch Erfüllung der Informationsbeschaffungspflicht seitens des Anwalts nicht auch entstanden, sondern gerade vermieden worden. Die Verletzung dieser Pflicht hat zudem für die fehlerhafte Bejahung der Erfolgsaussichten einer Klage sogar gerade beigetragen.

▶ Beispiel:

Der Anwalt verschuldet die Formunwirksamkeit eines Vertrages, der sich im Nachhinein als lukrativ für den Mandanten erwiesen hätte. Gegenüber der Regressforderung wendet er ein, nach dem damals bekannten Sachverhalt hätte er den Mandanten vor dem seinerzeit riskant erscheinenden Geschäft richtigerweise warnen müssen, so dass der Vertrag dann ohnehin nicht geschlossen worden wäre.[384] 148

In wertender Beurteilung nach dem Schutzzweck der Pflicht, deren Verletzung dem Anwalt vorgeworfen wird, nämlich für die (Form-)Wirksamkeit des Vertrages Sorge zu tragen, wird das Ergebnis

378 BGHZ 96, 157, 172 = NJW 1986, 576, 579 = WM 1986, 46, 50; NJW 1986, 246, 247; NJW-RR 1988, 1367, 1368 = WM 1988, 1451, 1456; NJW 1992, 2694, 2695 = WM 1992, 2020, 2022; NJW 1996, 311, 312 = WM 1996, 217 ff.; NJW-RR 1997, 562, 563 f. = WM 1997, 325, 327; NJW 2003, 295, 296 = WM 2002, 2325, 2326.

379 BGH, Beschl. v. 14.6.2012 – IX ZR 199/11 – juris, Rn. 6; v. 26.1.2012 – IX ZR 84/11 – juris, Rn. 7; v. 7.2.2012 – VI ZR 63/11 – juris, Rn. 13.

380 Zuletzt BGH NJW 2006, 2767, 2769 = WM 2006, 1742 (Tz. 22); NJW 2003, 295, 296 = WM 2002, 2325, 2326; dies verkennen wohl *Borgmann/Jungk/Schwaiger*, Kap. V, Rn. 79, 80.

381 BGH, Urt. v. 10.7.2018, a.a.O., Rn. 49 m.w.N.; BGHZ 96, 157, 172 = NJW 1986, 576, 579 = WM 1986, 46, 50 (zu LS 2); vgl. auch z.B. *Deutsch*, HaftungsR I, Rn. 188.

382 So zutreffend Jauernig/ *Teichmann*, Vor §§ 249–253 BGB, Rn. 47.

383 Vgl. *Borgmann/Jungk/Schwaiger*, Kap. V, Rn. 154.

384 Beispiel von *Rinsche*, 6. Auflage, Rn. I 236.

sein müssen, dem Anwalt den Einwand eines rein theoretischen Verhaltens, vor dem Abschluss des Geschäfts zu warnen, zu verwehren. Der Vertragsabschluss in der erforderlichen Form sollte den Mandanten nämlich gerade vor einer Unwirksamkeit des Vertrages schützen. Über diesen Schutzzweck geht die vom Anwalt eingewendete, theoretisch gebliebene Erfüllung der anderen Pflicht hinaus; eine Erfüllung dieser anderen selbstständigen Pflicht stünde sogar in einem direkten Gegensatz zu der dem Anwalt vorgeworfenen Pflichtverletzung.

▶ Beispiel:

149 Der in die Vertragsdurchführung eingeschaltete Rechtsanwalt soll bei Eintritt bestimmter Voraussetzungen eine Fälligkeitsbestätigung erteilen und damit den Fälligkeitszeitpunkt feststellen. Im Zeitpunkt der Fälligkeitsbestätigung des Anwalts lagen die – erst später eingetretenen – Fälligkeitsvoraussetzungen noch nicht vor; der Anwalt hätte allerdings ihren Eintritt zum Zeitpunkt der Bestätigung (bei Erfüllung aller seiner Pflichten) herbeiführen können. Der Mandant, der auf die Fälligkeitsbestätigung geleistet hat, verlangt vom Anwalt Ersatz des ihm durch die vorzeitige Leistung entstandenen Schadens (»Verfrühungsschaden«).[385]

In diesem Fall ist der Einwand des rechtlichen Beraters, (nur) weil er eine weitere Pflicht verletzt habe, seien die Fälligkeitsvoraussetzungen verspätet eingetreten, ebenfalls unbeachtlich[386]. Die dem rechtlichen Berater nach der Vertragsgestaltung obliegende Pflicht zur Erteilung einer Fälligkeitsbestätigung bei bestimmten Voraussetzungen diente der Sicherung des Mandanten vor verfrühter Leistung. Dieses Ziel ist zum Nachteil des Mandanten gerade verfehlt worden. Dass der rechtliche Berater die Voraussetzungen hätte herbeiführen können und müssen, ändert nichts daran, dass vorzeitig geleistet und damit der Schutzzweck der vertraglich vereinbarten Fälligkeitsbestätigung verfehlt worden ist[387].

150 Soweit ersichtlich, hat damit der Einwand rechtmäßigen Alternativverhaltens im Bereich der Notar- und Anwaltshaftung bislang keinen Erfolg gehabt.

Festzuhalten ist: Ausgangspunkt für die rechtliche Beurteilung ist der Schutzzweck der jeweiligen Haftungsnorm. Danach entscheidet sich, inwieweit einem Schadensverursacher die Folgen seines pflichtwidrigen Verhaltens **bei wertender Betrachtung billigerweise** zugerechnet werden können (s. schon oben Rdn. 145).

Die dazu in der Literatur vorgenommenen, teilweise unterschiedlichen **Differenzierungsversuche** nach abstrakten Kriterien, die sich auf die Verletzungsarten und die Verletzungserfolge (=Schäden) beziehen, vermögen letztlich allesamt nicht zu klaren und wirklich allgemein gültigen Lösungen zu führen[388]. Zwar wird man grundsätzlich sagen können, dass der Einwand rechtmäßigen Alternativverhaltens durchgreift und den Anwalt von einer Ersatzpflicht »befreit«, wenn die anwaltliche Pflicht im Einzelfall nicht dazu diente, dem Mandanten zu einem Anspruch auf Ersatz eines solchen Schadens zu verhelfen, der bei Erfüllung der anderen Anwaltspflichten rechtmäßig genauso eingetreten, mithin vom Mandanten zu tragen gewesen wäre. Indes dürfte die Argumentation von *Oetker* nicht von der Hand zu weisen sein, dass dann, wenn der Zweck der verletzten Pflicht oder

---

385 Beispiel von *Vollkommer/Greger/Heinemann*, § 19, Rn. 31 im Anschluss an BGHZ 96, 157, 158 f. = NJW 1986, 576 = WM 1986, 46 (Notarhaftungsfall, bei dem es um die Eintragung einer Vormerkung mit dem vereinbarten Rang ging)); vgl. auch bei *G. Fischer*, in: G. Fischer/Vill/D. Fischer/Pape/Chab, § 5, Rn. 82.

386 BGHZ 96, 157, 173 f. = NJW 1986, 576, 579 = WM 1986, 46, 50; *Vollkommer/Greger/Heinemann*, § 19, Rn. 33; *G. Fischer*, a.a.O.

387 BGHZ 96, 157, 137; in dem Fall BGH NJW-RR 1997, 562, 563 f. = WM 1997, 325, 327 ging es ebenfalls um einen Schadensersatzanspruch gegen einen Notar, der die Fälligkeit eines Kaufpreises zu früh bestätigt hat und dadurch einen Zinsschaden verursacht haben soll. Ein Ausschluss der Zurechenbarkeit unter dem Gesichtspunkt des rechtmäßigen Alternativverhaltens ist schon deshalb zu Recht verneint worden, weil »eine andersartige, gegenüber beiden Vertragspartnern bestehende Amtspflicht des Beklagten, die Voraussetzungen für die Kaufpreisfälligkeit selbst möglichst rasch herbeizuführen, … dem Beklagten … im Kaufvertrag der Beteiligten nicht übertragen worden« war.

388 Vgl. z. B. nur Staudinger/*Schiemann*, § 249, Rn. 105 einerseits und Jauernig/*Teichmann*, Vor §§ 249–253 BGB, Rn. 48 andererseits; vgl. auch Sandkühler, in: Arndt/Lerch/Sandkühler, § 19, Rn. 151.

Norm darin besteht, den letztlich eingetretenen Schaden zu verhindern, dies nicht bedeuten muss, dass damit das alternative rechtmäßige Verhalten, das den Schaden ebenso herbeigeführt hätte, von vorneherein unbeachtlich wäre[389].

Bei fehlerhaften oder unterlassenen Beratungen ist noch relevant, ob nicht die verletzte Vertragspflicht, wegen der der Anwalt in Regress genommen wird, **Entscheidungsspielräume** des Geschädigten sichern sollte und deshalb der Einwand rechtmäßigen Alternativverhaltens keine Erheblichkeit besitzt[390]. Jedoch dürfte bei solchen Pflichtverletzungen ohnehin kaum eine selbstständige andere Pflicht in Betracht kommen, mit deren Erfüllung der eingetretene Schaden auch rechtmäßig herbeigeführt worden wäre. Der in diesem Zusammenhang ebenfalls genannte Grundsatz, dass bei geschuldeter Sicherung besonderer Verfahrensgarantien rechtmäßiges Alternativverhalten nicht in Betracht komme[391], dürfte im Bereich der Anwaltshaftung als Vertragshaftung keinen Anwendungsbereich haben. Ebenso ist nicht recht erkennbar, wieweit eine entsprechende Anwendung des Grundsatzes aus dem Amtshaftungsrecht, dass derjenige, der dem Schutz des Betroffenen dienende grundlegende Verfahrensvorschriften verletzt, sich nicht auf rechtmäßiges Alternativverhalten berufen darf, im Anwaltshaftungsrecht weiterhelfen kann[392].

Unbeachtlich ist von vorneherein eine Verteidigung dahin, bei einem rechtmäßigen Alternativverhalten wäre der Schaden (nur) möglicherweise gleichfalls entstanden[393]. Die Berufung auf ein rechtmäßiges Alternativverhalten muss auch nach dem Schutzzweck der Norm/der verletzten Vertragspflicht beachtlich sein (siehe oben Rdn. 145 und Rdn. 150). Dies hat der Schädiger darzulegen[394], den auch nach einhelliger Auffassung die **Beweislast** dafür trifft, dass der Nachteil beim Geschädigten ebenso bei einem solchen Alternativverhalten tatsächlich entstanden wäre[395]. Konsequenterweise ist auch hier § 287 ZPO anzuwenden[396]. 151

C. Schaden und Zurechenbarkeit

I. Differenzhypothese

1. Inhalt – insbesondere Gesamtvermögensvergleich

Die anwaltliche Haftung betrifft, wie schon mehrfach angesprochen, fast immer einen **Vermögensschaden**. In Literatur und Rechtsprechung ist allgemein anerkannt, dass die nach §§ 249 ff. BGB zu beurteilende Frage, ob und in welchem Umfang ein zu ersetzender Schaden vorliegt, sich *»grundsätzlich nach einem rechnerischen Vergleich der durch das schädigende Verhalten bewirkten Vermögenslage* 152

389 MünchKomm/*Oetker*, § 249 BGB, Rn. 221.

390 Vgl. allgemein dazu: Jauernig/*Teichmann*, Vor §§ 249–253 BGB, Rn. 48; vgl. ferner Staudinger/*Medicus*, 12. Auflage, § 249 BGB, Rn. 114 (Aufklärungspflichtverletzung gegenüber einem Patienten); *Borgmann/Jungk/Schwaiger*, Kap. V, Rn. 81; a.A. Staudinger/*Schiemann*, § 249, Rn. 108.

391 Vgl. allgemein dazu: Jauernig/*Teichmann*, Vor §§ 249–253 BGB, Rn. 48; BGHZ 120, 281, 287 = NJW 1993, 520, 521 f. = WM 1993, 299, 301; vgl. ferner Staudinger/*Schiemann*, 12. Auflage, § 249 BGB, Rn. 106.

392 Wie *G. Fischer*, in: G. Fischer/Vill/D. Fischer/Pape/Chab, § 5, Rn. 83 erwägt.

393 BGH, Urt. v. 10.7.2018 – II ZR 24/17 – juris, Rn. 39 unter Bezugnahme auf BGH, Urt. v. 2.11.2016 – XII ZR 153/15 – juris, Rn. 24 und Urt. v. 20.4.2017 – III ZR 470/16 – juris, Rn. 53; BGH NJW 1959, 1316, 1317; BGHZ 120, 281, 287 = NJW 1993, 520, 522 = WM 1993, 299, 301; OLG Bamberg, Urt. v. 20.11.2018 – 6 U 19/18 – juris, Rn. 53.

394 Vgl. *Ganter*, S. 22.

395 BGH, Urt. v. 10.7.2018 – II ZR 24/17 – juris, Rn. 45; v. 20.4.2017 – III ZR 470/16 – juris, Rn. 54; v. 7.12.2012 – VI ZR 63/11 – juris, Rn. 14; v. 15.3.2005 – VI ZR 313/03 – juris, Rn. 21; BGH NJW 2002, 888, 890; BGHZ 120, 281, 287 = NJW 1993, 520, 521 f. = WM 1993, 299, 301; BGH NJW 1992, 2694, 2695 = WM 1992, 2020, 2022; NJW 1991, 166, 167; *G. Fischer*, a.a.O. Fn. 164; *Ganter*, S. 22; vgl. auch schon *Vollkommer/Greger/Heinemann*, § 19, Rn. 25.

396 Vgl. auch MünchKomm/*Oetker*, § 249 BGB, Rn. 224, 225; a. A. möglicherweise BGH, Urt. v. 10.7.2018 – II ZR 24/17 – juris, Rn. 45, der vom »sicheren Nachweis« spricht, »dass der Schaden auf jeden Fall eingetreten wäre«.

mit derjenigen, die ohne jenen Umstand eingetreten wäre«[397], richtet. Das ist die **sog. Differenzhypothese.** Danach ist *»zur Beantwortung der Frage, welchen Schaden eine Pflichtverletzung zur Folge hat, … zu prüfen, welchen Verlauf die Dinge bei pflichtgemäßem Verhalten genommen hätten und wie die Vermögenslage des Betroffenen sein würde, wenn der Pflichtenverstoß nicht begangen, sondern pflichtgemäß gehandelt worden wäre«*[398]. Diese Differenzrechnung erfasst nach der Rechtsprechung nicht nur Einzelposten, sondern beinhaltet einen **Gesamtvermögensvergleich** (Vergleich zwischen zwei »Vermögens- und Güterlagen«), bei dem alle Folgen des schädigenden Ereignisses, d.h. alle betroffenen Vermögenspositionen in die Beurteilung einzubeziehen sind[399]. Dies

> »spiegelt den Grundgedanken des Schadensersatzrechts wider, zu erreichen, daß der Geschädigte durch die Ersatzleistung nicht ärmer und nicht reicher gemacht werde.«[400]

Demgemäß ist die Darlegung eines Schadens als unschlüssig beurteilt worden, weil die Berechnung nur anhand einer von mehreren als möglich dargestellten Sachverhaltsvarianten durchgeführt wurde[401].

153 Da **alle Folgen**, d.h. alle betroffenen Vermögenspositionen, in die Beurteilung einzubeziehen sind, liegt die gegen in das vielbeachtete Urteil des OLG Düsseldorf[402] mit der Verurteilung eines Steueranwalts wegen eines Gutachtens zur steuerrechtlichen Frage der Steuererstattung bei einem sog. Cum/Ex-Modell zum Schadensersatz an einen Anleger gerichtete Beurteilung von *Zapf* falsch. Wenn *Zapf* meint, es komme schadensersatzrechtlich nur darauf an, ob sich der Wert des investierten Kapitals und der Wert der Beteiligung nicht entsprechen, ob also danach die Vermögenslage »unter dem Strich« sich schlechter darstelle als vorher[403], so übersieht er, dass sich angesichts der Gefahr, dass ein solches Beteiligungsmodell die für die Anlageentscheidung maßgebliche Steuerrückerstattung schon vom Ansatz her sowohl rechtlich wie auch tatsächlich nicht gewährleisten konnte, das Anlegen eigenen Kapitals **von vorneherein nachteilig** war, und damit der Schaden bereits mit der rechtlichen Bindung an das Beteiligungsobjekt eintrat[404]. Abgesehen davon war für das OLG Düsseldorf allein entscheidungserheblich, dass es sich von der Ursächlichkeit der gutachterlichen Stellungnahme für die Anlageentscheidung überzeugt hatte und daraus zu Recht nach dem Grundsatz der Naturalrestitution folgern konnte, dass die Klägerin verlangen konnte, so gestellt zu werden, als hätte sie die Anlage nicht getätigt[405].

154 Zur Abgrenzung des auf der 1. Stufe vorzunehmenden Gesamtvermögensvergleichs und einer auf einer zweiten Stufe relevant werdenden und erst dort zu prüfenden Vorteilsausgleichung wird verwiesen auf die Rdn. 245 f.

---

397 BGH NJW 2001, 673, 674 = WM 2000, 1814, 1816, m.w.N.; vgl. auch BGH, Urt. v. 19.5.2009 – IX ZR 43/08 – juris, Rn. 18.

398 BGHZ 86, 128, 130 ff. = NJW 1983, 444; NJW 1988, 2880, 2881 = WM 1988, 906, 907; vgl. auch BGHZ 96, 352, 354 = NJW 1986, 1047; BGH NJW-RR 1990, 629, 630 f. = VersR 1990, 529, 531; NJW-RR 1990, 1241, 1244 = WM 1990, 1917, 1922; NJW 1990, 2882, 2883; NJW 1995, 449, 451 = WM 1995, 398, 401; NJW 1996, 3009, 3010 = WM 1996, 2071, 2074; NJW 1998, 1860, 1862; NJW 2000, 2669, 2670; NJW 2001, 673, 674 = WM 2000, 1814, 1816; BGH, Urt. v. 21.9.2017 – IX ZR 34/17 – juris, Rn. 27; v. 9.11.2017 – IX ZR 270/16 – juris, Rn. 18.

399 St. Rspr.; vgl. BGH, Urt. v. 6.12.2018 – IX ZR 176/16 – juris, Rn. 38 (Steuerberater); v. 16.7.2015 – IX ZR 197/14 – juris, Rn. 32; v. 5.2.2015 – IX ZR 167/13 – juris, Rn. 7; v. 5.12.2013 – IX ZR 6/13 – juris, Rn. 10 m.w.N.

400 BGHZ 40, 345, 347; zur Abgrenzung des Gesamtvermögensvergleichs nach der Differenztheorie von der Vorteilsausgleichung vgl. unten Rdn. 245 ff.

401 Vgl. BGH, Urt. v. 16.7.2015 – IX ZR 197/14 – juris, Rn. 44.

402 OLG Düsseldorf, Urt. v. 12.3.2018 – 9 U 179/16 – juris.

403 *Zapf*, BB 2019, 1182, 1187.

404 Dazu vgl. auch *Lohmann*, in: Henssler/Gehrlein/Holzinger, Handbuch der Beraterhaftung, Kap. 2, Rn. 137 m.w.N.

405 OLG Düsseldorf, a.a.O., Rn. 77, 78; dazu vgl. auch schon BGH, Urt. v. 15.4.2010 – IX ZR 223/07 – juris, Rn. 13; v. 21.9.2017 – IX ZR 34/17 – juris, Rn. 41.

Bezugspunkt eines solchen Vermögensvergleichs ist grundsätzlich nur das Vermögen des Geschädigten, nicht dasjenige Dritter, wenn nicht ausnahmsweise die Voraussetzungen eines Vertrages zugunsten Dritter sowie mit Schutzwirkung für Dritte oder der Drittschadensliquidation vorliegen[406]. 155

Wenn und soweit Drittvermögen in den schadensrechtlichen Gesamtvermögensvergleich einbezogen wird, spricht man von einer konsolidierten Schadensbetrachtung. Wie der BGH in einer aktuellen Entscheidung[407] ausgeführt hat, reicht es für eine solchermaßen durchzuführende schadensrechtliche Gesamtbetrachtung nicht allein aus, dass der Beratungsvertrag den Berater zur Einbeziehung der Vermögensinteressen eines Dritten verpflichtet. Darüber hinaus muss der Berater sich vereinbarungsgemäß mit einem bei wirtschaftlich wertender Betrachtung einheitlichen Vermögen zu befassen haben. Wörtlich heißt es dazu in den Entscheidungsgründen:

> »Unerheblich ist, ob die Vermögenseinheit vorbesteht oder als Ergebnis der geschuldeten Beratung erst entsteht. Ob bei wirtschaftlich wertender Betrachtung ein einheitliches Vermögen vorliegt, ist eine nicht allgemeingültig zu beantwortende Frage des Einzelfalls. Das rechtliche Innenverhältnis der beteiligten Rechtsträger untereinander ist nicht entscheidend. Es kommt insbesondere nicht darauf an, ob eine rechtliche Zugriffsmöglichkeit auf das Drittvermögen besteht. Entscheidend ist vielmehr, ob die vereinbarungsgemäß zu berücksichtigenden Vermögen rein tatsächlich so miteinander verbunden sind, dass bei wirtschaftlicher Betrachtung von einem Gesamtvermögen ausgegangen werden kann.«[408]

▶ Beispiele:

- Diese Differenzbetrachtung führt dazu, dass ein Schaden infolge einer überhöhten Maklerprovision, die der Anwalt zu verantworten hat, nicht schon deshalb verneint werden kann, weil der Mandant einen höheren Kaufpreis erzielt hat als ohne Einschaltung des Maklers. Es kommt vielmehr entscheidend darauf an, wie der Mandant wirtschaftlich stünde, wenn der Anwalt korrekt gehandelt hätte[409]. 156
- Dies gilt auch dann, wenn ein Mandant aufgrund eines fehlerhaften anwaltlichen Rates durch Abschluss eines gegenseitigen Vertrages eine Vermögensdisposition getroffen hat, die er bei sachgerechter Beratung nicht vorgenommen hätte. Ein Schaden ist ihm nur entstanden, wenn die mit dem Vertrag verbundenen Verpflichtungen und sonstigen Nachteile durch die Vorteile nicht ausgeglichen werden, wenn sich also seine Vermögenslage ohne diese Disposition insgesamt günstiger gestaltet hätte[410].

2. Zeitpunkt und zeitliche Erstreckung der Differenzrechnung

Die Bemessung des Schadensersatzanspruchs in Geld richtet sich grundsätzlich nach den Wert- und Preisverhältnissen im Zeitpunkt der Erfüllung des Ersatzanspruchs. Verfahrensrechtlich ist der **Zeitpunkt der letzten mündlichen Tatsachenverhandlung** maßgeblich[411]. Dieser Grundsatz dient in erster Linie dem Schutz des Gläubigers gerade vor einer Verzögerung der Ersatzleistung des Schuldners[412]. 157
M.a.W.:

406 BGH, Urt. v. 8.9.2016 – IX ZR 255/13 – juris, Rn. 12; v. 5.2.2015 – IX ZR 167/13 – juris, Rn. 8.

407 BGH, Urt. v. 1.10.2020 – IX ZR 228/19 – juris.

408 BGH, a.a.O., Rn. 18.

409 BGH NJW 2000, 2669, 2670 = WM 2000, 1596.

410 BGH NJW 1998, 982, 983 = WM 1998, 142, 143 (auch zur Abgrenzung gegenüber einer Vorteilsausgleichung); vgl. auch NJW 1998, 302, 304 = WM 1997, 2309, 2311; vgl. zur Abgrenzung einer Vorteilsausgleichung unten Rdn. 245 ff.

411 BGHZ 99, 81, 86 = NJW 1987, 645, 646; NJW 2004, 444, 445 = WM 2004, 475, 476 f.; Urt. v. 19.1.2006 – IX ZR 232/01 – juris, Rn. 33; v. 7.2.2008 – IX ZR 149/04 – juris, Rn. 24; v. 17.3.2011 – IX ZR 162/08 – juris, Rn. 16; v. 22.2.2018 – VII ZR 46/17 – juris, Rn. 25; vgl. auch BGH NJW 1994, 314 = WM 1994, 121; NJW-RR 1990, 629, 631; BGHZ 109, 380, 392 = NJW 1990, 1038, 1041 (zur Vorteilsausgleichung).

412 BGH NJW 1994, 314 = WM 1994, 121.

»Bei der konkreten Schadensberechnung sind grundsätzlich alle adäquaten Folgen des haftungsbegründenden Umstandes bis zum Zeitpunkt der letzten mündlichen Verhandlung, dem aus prozessualen Gründen letztmöglichen Beurteilungszeitpunkt, in die Schadensberechnung einzubeziehen; nur wenn der Schuldner bereits vorher seine Ersatzpflicht erfüllt, schließt er die Zurechnung späterer Schadensfolgen aus.«[413]

Wenn so in einem Regressprozess zur Schadensbemessung auf die letzte mündliche Verhandlung abzustellen, d.h. der Umfang der Ersatzpflicht nach den in diesem Zeitpunkt bekannten Umständen zu beurteilen ist[414], ist dabei aber auch die mit Wahrscheinlichkeit noch zu erwartende **weitere Schadensentwicklung** bis zum voraussichtlichen Zeitpunkt der Ersatzleistung grundsätzlich nicht außer Acht zu lassen[415]. Allerdings ist die Frage, inwieweit das Gericht zukünftige Entwicklungen der Schadenshöhe beachten muss oder dies nur kann, im Einzelnen umstritten[416].

Der BGH hat dazu ausgeführt:

»Das Gericht braucht jedenfalls die Sachaufklärung nicht bis zur vollen Überzeugung von der endgültigen Schadenshöhe fortzusetzen. Allerdings darf es einen substantiierten Vortrag zur Entwicklung der Schadenshöhe nicht von vornherein außer Acht lassen. § 287 ZPO erfasst grundsätzlich auch die Fälle, bei denen zur Bemessung des Schadens eine Zukunftsprognose erforderlich ist.«[417]

Im Urteil vom 23.10.2003 heißt es jetzt deutlicher:

»Dabei sind künftige Entwicklungen nur zu berücksichtigen, wenn sie auf Grund der vorgetragenen Tatsachen mit einer für die Anwendung von § 287 ZPO ausreichenden Wahrscheinlichkeit beurteilt werden können.«[418]

158 Bei unübersehbarer Entwicklung ist eine **Feststellungsklage** gemäß § 256 ZPO möglich[419] und geboten. Darauf sollte der Anwalt eines Regressklägers zur Vermeidung eigenen Regresses achten. Er kann sich nicht etwa darauf verlassen, dass das Regressgericht von selbst erkennt, dass im uneingeschränkten Leistungsantrag als »minus« ein Begehren auf Feststellung der Ersatzpflicht steckt und deshalb grundsätzlich das Gericht, wenn der Erlass eines Feststellungsurteils dem Interesse des Klägers entspricht, dem in dem Leistungsbegehren enthaltenen Antrag auf Feststellung des Rechtsverhältnisses auch dann stattgeben kann, wenn dieser Antrag nicht ausdrücklich hilfsweise gestellt ist[420]. Für die Feststellungsklage ist die Wahrscheinlichkeit eines (weiteren) Schadenseintritts erforderlich, von der bei reinen Vermögensschäden, wie sie regelmäßig Gegenstand eines Anwaltsregresses sind, grundsätzlich bereits die Zulässigkeit der Feststellungsklage abhängt[421]. Dies reicht dann zum Erlass eines alle – voraussehbaren – Schäden umfassenden Feststellungsurteils aus. Für den ein Regressmandat betreuenden Anwalt **zusätzlich zu berücksichtigen** ist, dass der Haftpflichtschaden

---

413 BGHZ 133, 246, 252 f. = NJW 1996, 2652, 2654 = WM 1996, 1504, 1506; BGH NJW 2004, 444, 445 = WM 2004, 475, 476 f.; NJW-RR 2006, 923, 926 = WM 2006, 927 (Tz. 33); BGHZ 79, 249, 258 = NJW 1981, 2065, 2067.

414 BGHZ 27, 181, 188 = NJW 1958, 1085, 1086; BGHZ 133, 246, 252 f.; BGH, Urt. v. 7.2.2008 – IX ZR 149/04 – juris, Rn. 24.

415 BGH NJW 2004, 444, 445 = WM 2004, 475, 476 f.; NJW-RR 2001, 1450, 1451; BGHZ 27, 181, 188 = NJW 1958, 1085, 1086; Palandt/*Grüneberg*, Vor § 249 BGB, Rn. 127; *Vollkommer/Greger/Heinemann*, § 20, Rn. 4; *Borgmann/Jungk/Schwaiger*, Kap. V, Rn. 118; *G. Fischer*, in: G. Fischer/Vill/D. Fischer/Pape/Chab, § 5, Rn. 88.

416 Vgl. einerseits (»kann«): BGHZ 27, 181, 188 = NJW 1958, 1085, 1086; BGH NJW-RR 2001, 1450, 1451; BGH, Urt. v. 23.10.2003 – IX ZR 249/02 – juris, Rn. 23; vgl. auch BGH, Urt. v. 1.3.2011 – XI ZR 96/09 – juris, Rn. 10; MünchKomm/*Oetker*, § 249 BGB, Rn. 317; *G. Fischer*, a.a.O.; und andererseits (»muss«): Staudinger/*Schiemann*, Vor § 249 BGB, Rn. 79.

417 BGH NJW-RR 2001, 1450, 1451.

418 BGH NJW 2004, 444, 445 = WM 2004, 475, 476 f.

419 Jauernig/*Teichmann*, Vor §§ 249–253 BGB, Rn. 55.

420 BGHZ 118, 70, 81 f. = NJW 1992, 1834, 1837 m.w.N.; BGH NJW 2002, 593, 593 = WM 2002, 510, 512; Zöller/*Feskorn*, § 308 ZPO, Rn. 4.

421 BGH, Urt. v. 15.10.1992 – IX ZR 43/92 – juris, Rn. 78; st. Rspr. zuletzt: BGH, Urt. v. 10.7.2014 – IX ZR 197/12 – juris, Rn. 11 m.w.N. (Steuerberater).

insgesamt entstanden ist und bereits in dem Zeitpunkt eine **einheitliche Verjährung** beginnt, auch soweit es um zunächst nur drohende, aber nicht unvorhersehbare Folgen geht (dazu näher Kap. 7 Rdn. 71 m.w.N.)[422], sobald sich die Vermögenslage des Verletzten infolge einer bestimmten Verletzungshandlung auch nur in einem Punkt verschlechtert hat[423], so dass eine schon deswegen zulässige[424] (ergänzende oder allumfassende[425]) Feststellungsklage geboten sein kann (dazu vgl. schon Kap. 7 Rdn. 72).

Das nach § 256 Abs. 1 ZPO erforderliche rechtliche Interesse ist also nach der Rechtsprechung des BGH auch dann – also nicht etwa nur – zu bejahen, wenn ohne die Klageerhebung die Verjährung eines etwaigen (weiteren) Schadensersatzanspruchs droht[426]. Beginnt die Verjährung etwaiger Ansprüche unabhängig von einer Schadensentstehung spätestens mit der Beendigung des Mandats (§ 51b 2. Alt. BRAO a.F.), so folgt schon daraus mit Rücksicht auf die dadurch **drohende Verjährung** ein Feststellungsinteresse[427], wobei die Schadenswahrscheinlichkeit als selbstständige weitere Voraussetzung neben der Kausalität für die Begründetheit der Feststellungsklage nach Maßgabe des § 287 ZPO vorliegen muss[428]. Zu achten ist für den Antrag (und spätestens beim Urteil) auf eine bestimmte **Bezeichnung des zum Ersatz verpflichtenden Ereignisses**, damit über den Umfang der Rechtskraft keine Ungewissheit herrschen kann[429].

Von der **Rechtskraft** eines solchen Feststellungsurteils zur Schadensersatzpflicht nicht erfasst wird der Umfang des Schadens, also die Höhe des (weiteren) Anspruchs. Denn dies betrifft die haftungsausfüllende Kausalität zwischen der anwaltlichen Pflichtverletzung und einem weiteren, vom Kläger behaupteten (vermögensmäßigen) Folgeschaden[430].

II. Normativer Schaden

1. Der normative Schadensbegriff

Seit langem ist in der Rechtsprechung anerkannt, dass nur ein solcher Schaden ersatzfähig ist, 159
der auch normativen Wertungen standhält, d.h. zu ersetzen sind nur solche Nachteile, die einer **normativen Kontrolle** standhalten, die am Schutzzweck der jeweiligen Haftungsgrundlage sowie an Funktion und Ziel des Schadensersatzes (= Ausgleichsfunktion des Schadensersatzes) ausgerichtet ist[431].

---

422 BGH NJW 1993, 1320 = WM 1993, 610, 612; BGH NJW 1993, 1139 = WM 1993, 510, 513 (Steuerberaterhaftung).

423 BGH NJW 2000, 725, 728 = WM 2000, 199 ff.

424 BGH, Urt. v. 10.7.2014 – IX ZR 197/12 – juris, Rn. 11 m.w.N. zur st. Rspr.

425 Was bei noch in der Entwicklung begriffenen Sachverhalten bei nur teilweise bereits möglicher Bezifferung von der Rechtsprechung des BGH zu Recht für zulässig erachtet wird (BGH NJW 1984, 1552, 1554; NJW-RR 2006, 1070, 1071 = WM 2006, 1304 (Tz. 15)), wobei dann an der einmal zulässig erhobenen Feststellungsklage ohne Rücksicht auf die weitere Entwicklung des Schadens festgehalten werden darf (BGH NJW 1984, 1552, 1554; WM 1993, 1241; NJW-RR 2006, 1070, 1071 = WM 2006, 1304 (Tz. 15)).

426 BGH, Urt. v. 10.7.2014 – IX ZR 197/12 – juris, Rn. 11 und Rn. 12 f.; NJW 2008, 2647 = WM 2008, 1042 (Tz. 8); NJW 2003, 3629, 3632 = WM 2003, 2238; NJW 2001, 445, 447 = WM 2001, 378; NJW 2001, 3414, 3415; NJW 2000, 725 f. = WM 2000, 199; NJW 1993, 2181 = WM 1993, 1511, 1512.

427 BGH NJW 2005, 3275, 3276 = WM 2005, 2110; NJW-RR 2006, 923, 924 = WM 2006, 927, 928 (Tz. 11); NJW 2008, 2041 = WM 2008, 946 (Tz. 9).

428 Vgl. BGH NJW 2008, 2647 = WM 2008, 1042 (Tz. 10, 17, 18); NJW-RR 2006, 923, 925 = WM 2006, 927, 930 (Tz. 25, 29 f.).

429 BGH NJW 2008, 2647, 2648 = WM 2008, 1042 (Tz. 21).

430 Vgl. BGH, Urt. v. 28.6.2005 – VI ZR 108/04 – juris, Rn. 6 f. (Verdienstausfallschäden nach Verkehrsunfall).

431 BGH, Urt. v. 9.11.2017 – IX ZR 270/16 – juris, Rn. 22; BGH NJW 2001, 673, 674 = WM 2000, 1814, 1816; vgl. auch schon: BGHZ (GSZ) 98, 212, 217 f. = NJW 1987, 50, 51; NJW 1994, 2357, 2359 = WM 1994, 1420; NJW 1998, 302, 304 = WM 1997, 2309, 2311.

Kernsatz dafür ist, dass ein Kläger im Wege des Schadensersatzes nicht mehr erhalten soll als das, was er nach der materiellen Rechtslage hätte verlangen können. Der Verlust oder die Vorenthaltung einer tatsächlichen oder rechtlichen Position, auf die der Geschädigte nach der Rechtsordnung keinen Anspruch hat, stellt grundsätzlich keinen ersatzfähigen Nachteil dar[432].

Auch wenn diese Formulierungen der Rechtsprechung die Fallgestaltungen einer **Eingrenzung** von Schadensersatz betreffen, kann es nach der Rechtsprechung des BGH auch zu **Erweiterungen** des Anspruchsumfangs **oder gar zur Begründung eines Schadens** (im Rechtssinne) kommen, der nach der Differenztheorie, also bei rechnerischer Betrachtung zu verneinen war[433].

2. Vereinbarkeit von Schadensersatz mit der Rechtsordnung

160 Hier geht es um die Anwendung und Auswirkung des oben genannten Kernsatzes des normativen Schadensbegriffs. Der Frage nach dem hypothetischen Ausgang eines Rechtsstreits oder eines behördlichen Verfahrens, wäre der Anwaltsfehler nicht erfolgt, wird in einem gesonderten Abschnitt (Rdn. 188 ff.) im Einzelnen nachgegangen.

161 Ein **entgangener Steuervorteil** kann danach grundsätzlich nur dann ein Schaden im Rechtssinn sein, wenn er rechtmäßig und nicht unter Verstoß gegen ein gesetzliches Verbot oder gegen die guten Sitten hätte erlangt werden können[434]. Ein Steuernachteil ist folglich nicht ersatzfähig, wenn er nur auf einem rechtlich unzulässigen Wege vermeidbar war[435]. Ebenso scheidet ein Schaden aus, wenn das Finanzamt rechtsirrig eine fehlerhafte verbindliche Auskunft erteilt und auf ihrer Grundlage einen rechtswidrigen Steuervorteil gewährt hätte. Durch eine fiktive Entscheidung, die gerade mit diesem Inhalt nicht hätte ergehen dürfen, wird kein schutzwürdiger Besitzstand begründet, dessen Verlust einen ersatzfähigen Schaden begründet[436].

162 Allgemein sind Vorteile, welche nur durch **Verletzung der guten Sitten**[437] oder von **gesetzlichen Verboten**[438] hätten erzielt werden können, nicht zu ersetzen. Entgangener Gewinn aus verbotswidrigen Verträgen ist allerdings dann ersatzfähig, wenn das Verbotsgesetz nur die Vornahme des

---

432 St. Rspr. des BGH, BGHZ 124, 86, 95 = NJW 1994, 453, 455 = WM 1994, 166, 169 (m.w.N.); BGHZ 125, 27, 34 = NJW 1994, 858, 860; NJW 2001, 673, 674 = WM 2000, 1814, 1816; BGHZ 145, 256, 262 = NJW 2001, 146, 148 = WM 2000, 2439, 2442; NJW 2005, 1935, 1936 = WM 2005, 950; BGHZ 163, 223, 226 f. = NJW 2005, 3071, 3072 = WM 2005, 426, 428; Urt. v. 6.7.2006 – IX ZR 88/02 – juris, Rn. 8; v. 15.11.2007 – IX ZR 34/04 – juris, Rn. 21; v. 25.10.2012 – IX ZR 207/11 – juris, Rn. 28; Beschl. v. 14.6.2012 – IX ZR 199/11 – juris, Rn. 8; Urt. v. 9.11.2017 – IX ZR 270/16 – juris, Rn. 24.

433 *G. Fischer*, in: G. Fischer/Vill/D. Fischer/Pape/Chab, § 5, Rn. 89; kritisch *Borgmann*, NJW 2002, 2145, 2150; *Borgmann/Jungk/Schwaiger*, Kap. V, Rn. 106; ablehnend zur normativen Erweiterung oder Begründung des Differenzschadensbegriffes bei der Anwaltshaftung: *Vollkommer/Greger/Heinemann*, § 20, Rn. 23; aus dem allgemeinen Schadensersatzrecht vgl. zur normativen Erweiterung und Begründung z.B. nur BGHZ (GSZ) 98, 212, 217 f. = NJW 1987, 50, 51 (grundsätzliche Anerkennung des Verlustes einer bloßen Nutzungsmöglichkeit einer Sache als Vermögensschaden); BGH NJW 1987, 831, 834 (normative Überprüfung eines nach der Differenzhypothese gewonnenen Ergebnisses der Verneinung einer Vermögensdifferenz durch »frustrierte« Aufwendungen); BGH NJW 1994, 2357, 2359 = WM 1994, 1420 (Vermögensschaden im Rechtssinne durch Beeinträchtigung von tatsächlicher Verfügungsmöglichkeit über ein Bank-Giroguthaben infolge unrichtiger Belastungsbuchung); BGH NJW 2001, 3183 = WM 2001, 1515 (unrichtige Buchung auf dem Konto eines Bankkunden, die diesen in seiner wirtschaftlichen Dispositionsfreiheit beeinträchtigte); vgl. auch BGHZ (GSZ) 50, 304, 306 = NJW 1968, 1823.

434 BGH, Urt. v. 9.11.2017 – IX ZR 270/16 – juris, Rn. 26; Beschl. v. 5.7.2007 – IX ZR 230/04 – juris, Rn. 5; *Zugehör*, WM 2010, Sonderbeilage 1, Seite 21.

435 BGH, Urt. v. 9.11.2017, a.a.O.

436 BGH, a.a.O. unter Bezugnahme auf BGH, Urt. v. 15.11.2007 – IX ZR 34/04 – juris, Rn. 13 ff. und Rn. 21.

437 BGHZ 67, 119, 121 = NJW 1976, 1883, 1884.

438 BGHZ 75, 366, 368 = NJW 1980, 775, 776; BGHZ 79, 223, 231 = NJW 1981, 920, 922; NJW 1986, 1486, 1487.

gewinnbringenden Geschäfts missbilligt, nicht aber auch dessen zivilrechtliche Wirksamkeit verhindert[439], etwa weil sonst der Zweck des Gesetzes nicht erreicht werden kann[440].

Hat ein Anwalt ohne Aufklärung seines Mandanten über dieses Risiko eine Klage seines Mandanten dergestalt begründet, dass der Rechtsschutzversicherer seine **Deckungszusage** wegen einer bisher unbekannten vorvertraglichen Streitursache **widerrufen** kann und dies auch tut, so fragt sich, ob der grundsätzlich mit der Erklärung des Widerrufs entstandene Vermögensnachteil ein Schaden im normativen Sinne ist, obwohl der Vortrag in der Klagebegründung der Wahrheit entsprach[441]. Dies wird davon abhängen, ob der Anwalt schon im Stadium vor Einholung der Deckungszusage und Auslösung der Prozesskosten den Mandanten auf dieses Hindernis für eine Deckungszusage hätte aufmerksam machen müssen und ob der Mandant ohne Kostenzusage des Rechtsschutzversicherers eine Klage nicht erhoben hätte. 163

Der **Zeitgewinn** durch Hinauszögern der Erfüllung einer berechtigten Forderung, den ein unbegründetes Rechtsmittel gebracht hätte, dessen ordnungsgemäße Einlegung der Rechtsanwalt versäumt hat, ist kein Schaden im Rechtssinne[442]. Auch der **Nachteil alsbaldiger Vollstreckung**, den der Mandant dadurch erleidet, dass ein von ihm beabsichtigtes, sachlich aussichtsloses Rechtsmittel durch ein Verschulden seines Prozessbevollmächtigten versäumt, nicht ordnungsgemäß eingelegt oder zu spät begründet wurde, ist nicht ersatzfähig[443]. 164

Auch bei der Anfechtung eines Verwaltungsakts besteht kein schützenswertes Interesse an einer Verlängerung des Verfahrens um des bloßen Zeitgewinns willen. Deshalb ist ein Rechtsanwalt, der den ohnehin unabwendbaren Misserfolg seiner Prozesspartei durch einen Anwaltsfehler lediglich beschleunigt hat, nicht zum Ersatz eines »Beschleunigungsschadens« verpflichtet[444].

Einen rechtlich geschützten Vermögenswert stellt hingegen ein zugunsten des Mandanten erlangtes **Urteil als Vollstreckungstitel** dar. Kann der Mandant aufgrund anwaltlichen Fehlverhaltens die Vollstreckung nicht mit Erfolg betreiben, liegt auch dann ein Schaden im Rechtssinne vor, wenn das Urteil materiell oder prozessual unrichtig ist. Der titulierte Anspruch als solcher ist eine rechtlich geschützte Position. Dies ist nur dann ausnahmsweise anders, wenn das Erwirken oder das Gebrauchen des Titels eine sittenwidrige Schädigung nach **§ 826 BGB** darstellt, weil dann nach gefestigter Rechtsprechung die Rechtskraft durchbrochen werden kann[445]. Die Anwendung dieser Vorschrift ist jedoch auf besonders schwerwiegende Ausnahmefälle begrenzt. Es reicht grundsätzlich nicht aus, dass der Titel objektiv unrichtig ist und der daraus vollstreckende Gläubiger dies weiß. Vielmehr müssen Umstände hinzutreten, die die Ausnutzung des Titels in hohem Maße unbillig und geradezu unerträglich erscheinen lassen[446]. 165

Ist das Finanzamt gemäß § 173 Abs. 1 Nr. 1 AO nicht berechtigt, von sich aus einen **Steuerbescheid** zu Lasten des Steuerpflichtigen zu ändern, weil die Voraussetzungen des § 173 Abs. 1 Nr. 1 AO nicht erfüllt sind, hat der Anwalt indes durch Einlegung eines Einspruchs und zusätzlich durch das Versäumen einer Rücknahme des Einspruchs, nachdem das Finanzamt angekündigt hatte, den ursprünglichen Bescheid unter den vereinfachten Voraussetzungen des § 367 Abs. 2 S. 2 AO zuungunsten des Mandanten abzuändern, seine Pflichten verletzt, entfällt bei wertender (normativer) 166

439 BGHZ 75, 366, 368 = NJW 1980, 775, 776 = WM 1980, 248 ff.; vgl. auch BGH NJW 1974, 1374, 1376 f.

440 Vgl. BGH NJW 1974, 1374, 1377.

441 Zu dieser Fallgestaltung vgl. BGH, Versäumnisurt. v. 10.5.2012 – IX ZR 143/11 – juris; vgl. auch Kap. 2 Rdn. 206, Kap. 7 Rdn. 29 und Kap. 8 Rdn. 213.

442 RGZ 162, 65, 68; BGH WM 1989, 1826, 1828; BGH, Versäumnisurteil v. 16.12.2004 – IX ZR 295/00 – juris, Rn. 15.

443 BGH, Urt. v. 9.11.2017 – IX ZR 270/16 – juris, Rn. 25; v. 23.11.2006 – IX ZR 21/03 – juris, Rn. 31.

444 BGH NJW 2005, 1935 = WM 2005, 950; zur Frage der Pflichtverletzung vgl. Kap. 2 Rdn. 246 a.E.

445 BGH NJW 2000, 730, 731 = WM 2000, 189, 190; NJW 1996, 48, 49 = WM 1996, 35, 36; VersR 1982, 975, 976 f.; *G. Fischer*, in: G. Fischer/Vill/D. Fischer/Pape/Chab, § 5, Rn. 101.

446 BGH NJW 1996, 48, 49 = WM 1996, 35, 36 (m.w.N.).

Betrachtungsweise nicht die Ersatzfähigkeit des dem Mandanten entstandenen Nachteils durch die Einspruchsentscheidung[447].

167 Steht § 826 BGB nicht entgegen, kann der Titelgläubiger auch aus einem falschen Urteil dann, wenn der Titelschuldner seinerseits gegen den von ihm beauftragten Anwalt einen **Regressanspruch** hat, in diesen Anspruch **hineinpfänden**, diesen sich zur Einziehung **überweisen lassen (§§ 829, 835 ZPO)** und so seinen titulierten Anspruch durchsetzen, auch wenn er dazu behaupten muss, der Anwalt als Drittschuldner habe zu Gunsten des Gläubigers einen Fehler gemacht und diesem zu dem Titel verholfen, der ihm rechtlich eigentlich gar nicht zustehe, denn anderenfalls wäre der Mandant als Schuldner zu Recht verurteilt und hätte keinen Regressanspruch gegen seinen Anwalt[448]. Für den Anwalt des Titelgläubigers bedeutet, sofern er für eine Vollstreckung Verantwortung trägt, eine Versäumung dieser Vollstreckungsmöglichkeit trotz hinreichender Anhaltspunkte für ihre Erfolgsträchtigkeit seinerseits den Regress, wenn sich diese Realisierungschance zerschlägt und der Titel unerfüllt bleibt. Denn der titulierte Anspruch ist – wie bereits ausgeführt – ein rechtlich geschützter Vermögenswert[449].

168 An dieser Vollstreckungsmöglichkeit ändert sich auch nichts durch eine etwaige **Vermögenslosigkeit des Mandanten** als Titelschuldner[450]. Wird ein Anwalt von einer vermögenslosen Mandantin auf Schadensersatz in Anspruch genommen, etwa von einer in Liquidation befindlichen GmbH, und besteht deren Schaden in einer Verbindlichkeit gegenüber einem Dritten, wird seitens des Anwalts meistens eingewandt, dass die Mandantin ohnehin nicht zur Begleichung dieser Verbindlichkeit gezwungen werden könne und dass ihr deswegen in Wahrheit gar kein Schaden entstanden sei. Gleichwohl bejaht die höchstrichterliche Rechtsprechung hier einen Schadensersatzanspruch, der gegen den **Anwalt als Befreiungsschuldner** auf Befreiung von der Verbindlichkeit des Mandanten gerichtet ist.

Der BGH hat dazu Folgendes ausgeführt:

> »Ein Schaden liegt auch dann vor, wenn eine zusätzliche Verbindlichkeit einen vermögenslosen Schuldner trifft. Denn jede weitere Verbindlichkeit erhöht die Summe der Passiven und führt zu einer (negativen) Differenz zwischen den Vermögenslagen ohne oder mit dieser Belastung. Dieser rechnerische Schaden beschwert den Schuldner auch dann, wenn er keine Aussicht hat, aus eigener Kraft den Gläubiger zu befriedigen. Dem redlichen Schuldner kann nicht das Interesse abgesprochen werden, nicht noch einem weiteren Gläubiger etwas zu schulden. Ebenso wie der vermögende muß auch der vermögenslose Schuldner zur Erfüllung dieser Schuld von seinem Befreiungsanspruch Gebrauch machen können. … Ohne Rücksicht auf eine günstige oder ungünstige Vermögenslage der GmbH könnte die Klägerin in den Befreiungsanspruch der GmbH vollstrecken.«[451]

Letztlich wird hier durch den vom Anwalt zu leistenden Schadensersatz der Gläubiger der zu tilgenden Schuld des (vermögenslosen) Mandanten begünstigt, an den der **Freistellungsanspruch** seitens des Mandanten auch nur gemäß **§ 399 BGB abgetreten** werden kann, wodurch er sich in einen Zahlungsanspruch verwandelt[452].

---

447 OLG Hamm, Urt. v. 15.11.2011 – I-28 U 69/11 – juris, Rn. 14 f.

448 NJW 1996, 48, 49 = WM 1996, 35, 36; VersR 1982, 975, 976 f.; NJW 2000, 730, 731 = WM 2000, 189, 192; vgl. auch *Borgmann/Jungk/Schwaiger*, Kap. V, Rn. 112, 128; *G. Fischer*, in: G. Fischer/Vill/D. Fischer/Pape/Chab, § 5, Rn. 102.

449 NJW 1996, 48, 49 = WM 1996, 35, 36; VersR 1982, 975, 976 f.; *G. Fischer*, a.a.O.

450 BGH NJW 1986, 581, 583 = WM 1985, 1495 ff.

451 BGH NJW 1986, 582 f.; vgl. auch BGHZ 59, 148, 150 = NJW 1972, 1856, 1857; zustimmend *Vollkommer/Greger/Heinemann*, Kap. 20, Rn. 36; ablehnend *Borgmann/Jungk/Schwaiger*, Kap. V, Rn. 128.

452 Wie in BGH NJW 1986, 581 = WM 1985, 1495 geschehen; BGH, Urt. v. 8.11.2017 – VII ZB 9/15 – juris, Rn. 16 m.w.N.; vgl. auch BGHZ 12, 136, 141 = NJW 1954, 795; BGH NJW 1975, 687 = WM 1975, 305, 306; WM 1975, 1226, 1227; VersR 1985, 1495; NJW 1993, 2232; Palandt/*Grüneberg*, § 399 BGB, Rn. 4.

An eine solche »**Ersatzmöglichkeit**« durch Abtretung oder durch Pfändung und Überweisung zur Einziehung sollte ein Gläubiger eines vermögenslosen Schuldners auch denken, wenn er etwa mit einer unschlüssigen Klage überzogen worden ist, für die den Anwalt des Schuldners ein Regressvorwurf trifft, und es gilt, u.U. hohe Prozessgebühren noch erstattet zu erhalten, die bei dem Schuldner selbst nicht mehr zu holen sind.

Ein Schaden kann im Rechtssinne auch nicht verneint werden, wenn infolge eines Anwaltsfehlers ein für den Mandanten **günstiger Vergleich** nicht zustande kommt oder ein unter Widerrufsvorbehalt geschlossener Vergleich widerrufen wird. Dass ein solcher Vergleich über das hinausgegangen wäre, was dem Mandanten (ohne den Vergleich) rechtlich zugestanden hätte, ist unerheblich. Ein Vergleich ist eine rechtlich anerkannte Möglichkeit, durch Vertrag ein Rechtsverhältnis verbindlich zu regeln (§ 779 BGB), der im Falle eines Prozessvergleichs nach § 794 Abs. 1 Nr. 1 ZPO auch prozessbeendende Wirkung hat und grundsätzlich zur Vollstreckung berechtigt. Auch das Angebot eines Vergleichs und erst recht der widerruflich abgeschlossene Vergleich begründen daher bereits eine rechtlich anerkannte Vermögensposition, deren Verlust spiegelbildlich auch im Rechtssinne ein Schaden ist[453]. 169

▶ Beispiel[454]:

Ein Rechtsanwalt, der angesichts einer letztlich aussichtslosen Rechtsverteidigung fehlerhaft einem von ihm in einem Kündigungsschutzprozess vertretenen Arbeitgeber nicht zurät[455], einen vom Arbeitsgericht im ersten Termin vorgeschlagenen und von der klagenden Arbeitnehmerin akzeptierten (noch) moderaten Abfindungsvergleich zu schließen, muss den Differenzbetrag zu einer späteren nach Prozessverlust ungleich »teureren« Abfindungslösung als Schadensersatz leisten[456].

Eine vermögenswerte Rechtsposition kann sich für einen Mandanten auch aus **Rechtshandlungen einer Behörde** ihm gegenüber oder aus einer ständigen allgemeinen **Verwaltungsübung** und dadurch eingetretener Selbstbindung der Verwaltung ergeben, so dass eine Nichtwahrnehmung von Vorteilen daraus durch fehlerhaftes Anwaltsverhalten einen von dem Anwalt zu ersetzenden Schaden begründen kann[457]. 170

▶ Beispiele:

– Das OLG Hamm hat in folgendem Fall[458] einen Schaden auch im Rechtssinne angenommen: Ein Anwalt hatte auf einer Gesellschafterversammlung einer umgewandelten KG in Thüringen (vormals: ZBO nach DDR-Recht) einige Kommanditisten durch eine fehlerhafte Beratung veranlasst, eine **Bareinlage** zu erbringen, die durch eine kurz danach erfolgende Gesamtvollstreckung über das Vermögen der KG »verloren« ging. Ein dadurch entstandener Schaden war deshalb zweifelhaft, weil die Bareinlage an sich geschuldet war. Dennoch war der 171

453 Vgl. *G. Fischer*, in: G. Fischer/Vill/D. Fischer/Pape/Chab, § 5, Rn. 103 unter Hinweis auf BGH, Beschl. vom 28.6.1990 – IX ZR 241/89; Beschl. vom 22.10.1998 – IX ZR 180/97.

454 OLG Hamm vom 21.1.2003 – 28 U 89/02.

455 Vgl. zu einem dadurch möglichen Pflichtenverstoß bei OLG Oldenburg NJW-RR 1991, 1499.

456 Vgl. auch BGH NJW 2009, 1589, 1590 = WM 2009, 51 (Tz. 11); dazu vgl. schon oben Rdn. 84.

457 BGHZ 79, 223, 229 f. = NJW 1981, 920, 921 (geänderte Verwaltungsanordnung, aber Vertrauensschutz gemäß § 48 VwVfG); BGH NJW-RR 1992, 1110, 1112 (Vertrauenstatbestände nach §§ 172 bis 177 AO und eine verbindliche Zusage aufgrund einer Außenprüfung (§§ 204 bis 207 AO) sowie Erklärungen des Finanzamts im Rahmen der Schlussbesprechung und der Bekanntgabe des Prüfungsberichts); NJW 1993, 2799, 2802 = WM 1993, 1677 ff. (Selbstbindung der Finanzbehörden durch Verwaltungsanweisung, von der nach der Rechtsprechung des BFH nicht willkürlich in Einzelfällen abgewichen werden darf); BGH, Urt. v. 13.3.2014 – IX ZR 23/10 – juris, Rn. 24 bis 26 (Sanierungserlass als »ermessenslenkende Verwaltungsvorschrift«); *G. Fischer*, in: G. Fischer/Vill/D. Fischer/Pape/Chab, § 5, Rn. 104; kritisch *Borgmann/Jungk/Schwaiger*, Kap. V, 111; zum zweifelhaften Fall BGH NJW 1995, 3248 = WM 1995, 2075 vgl. unten Rdn. 213 a.E.

458 Urteil vom 28.10.1997 – 28 U 200/96.

Gesamtvollstreckungsverwalter nach einem gegen einen anderen Kommanditisten verlorenen Musterprozess vor dem Thüringischen OLG gegen weitere Kommanditisten nicht mehr vorgegangen und hätte nach seiner glaubhaften Aussage auch die Kläger des Regressprozesses, wenn sie ebenfalls nicht gezahlt hätten, nicht mehr in Anspruch genommen. Der Senat hat in diesem entgangenen Vorteil einen zu ersetzenden Schaden gesehen, weil ein solcher **Verzicht eines Gesamtvollstreckungsverwalters** von der Rechtsordnung zumindest dann nicht schlechterdings missbilligt wird, wenn in ihm kein offenbarer Verstoß gegen den Gesamtvollstreckungszweck liegt und er daher kein schlechthin nicht mehr zu rechtfertigendes Verhalten darstellt. Es gehe nicht um Beurteilung des hypothetischen Verlaufs eines Gerichts- oder Verwaltungsverfahrens mit gebundener Rechtsentscheidung oder mit nur in einem Sinne fehlerfrei möglicher Ermessensentscheidung[459].

172 – In einem weiteren Urteil[460] hatte sich das OLG Hamm mit dem Problem zu befassen, dass ein Anwalt in einem über rückständige Mieten und Nebenkosten geführten Rechtsstreit **ohne Not** das Bestehen eines bei einem Betriebsübergang »nicht überschriebenen« Mietvertrages seines Mandanten bestritten hatte und dadurch einen auch **erfolgreichen Räumungsprozess** des Vermieters **provozierte**. Von seinem Mandanten auf Ersatz des Räumungsschadens in Anspruch genommen, berief sich der Anwalt nunmehr darauf, die Räumung sei doch zu Recht erfolgt, der Mandant habe die Räume vertraglos und ohne Recht zum Besitz innegehalten. Damit sei diesem kein Schaden entstanden, sondern vielmehr »nur Recht geschehen«. Dem ist das OLG nicht gefolgt. Die Vertragsparteien hätten sich über Jahre faktisch vertragsgemäß verhalten. Der Kläger habe auch nicht etwa aktiv und bewusst eine Mieterstellung durch Rechtsnachfolge vorgespiegelt. Das vertragslose Inbesitzbehalten von Mieträumen als solches werde bei faktischer Erfüllung der Mieterpflichten nicht in einer Weise missbilligt, dass der rechtsgrundlose Besitzer von sich aus diesen Zustand hätte beenden oder den Eigentümer auf den vertragslosen Zustand hätte hinweisen müssen. Der Anwalt ist also zum Schadensersatz verurteilt worden.

3. Vermögensloser Gegner

173 Es stellt einen recht häufig vorkommenden Einwand in Regressprozessen dar, der Kläger des Vorprozesses habe durch den Anwaltsfehler nur einen Anspruch verloren, der wegen der Vermögenslosigkeit des Gegners ohnehin keinen Wert habe. In einem solchen Fall kann in der Tat ein Schaden entfallen[461]. Eine Verurteilung des Anwalts setzt nämlich voraus, dass der vereitelte Anspruch durchsetzbar gewesen wäre[462].

174 Wer durch einen Anwaltsfehler einen Anspruch verloren hat, muss also grundsätzlich (nach **§ 287 ZPO**) nachweisen, dass er ohne den Anwaltsfehler Leistungen erhalten hätte, d.h. die Forderung auch im Wege einer Vollstreckung erfolgreich hätte beitreiben können[463]. Wegen der **Beweislast des Mandanten** kann der Regressschuldner sich grundsätzlich darauf beschränken, den Schaden zu bestreiten. Der in Anspruch genommene Anwalt muss daher nicht generell etwa in allen Einzelheiten dartun, dass der frühere Schuldner zahlungsunfähig (gewesen) sei.

459 Zu diesen besonderen Konstellationen für die Anwendung des normativen Schadensbegriffes vgl. gleich unten Rdn. 189 ff.

460 OLG Hamm, Urt. v. 16.6.1998 – 28 U 242/97, OLG-Rep. 1998, 332.

461 Vgl. dazu, dass es sich hier um ein Schadensproblem und nicht etwa um ein Problem der (hypothetischen) Kausalität handelt, schon oben Rdn. 142.

462 BGH, Beschl. v. 24.10.2013 – IX ZR 164/11 – juris, Rn. 8; Urt. v. 1.3.2007 – IX ZR 261/03, BGHZ 171, 261 Rn. 35 ff.; v. 18.3.2004 – IX ZR 255/00 – juris, Rn. 26; v. 19.9.1985 – IX ZR 138/84 – juris, Rn. 22.

463 BGH, Urt. v. 19.9.1985 – IX ZR 138/84 – juris, Rn. 28; BGH, Urt. v. 23.4.1974 – VI ZR 188/72, VersR 1974, 906, 907; vgl. auch Urt. v. 5.11.1992 – IX ZR 12/92 – juris; OLG Hamm, Urt. v. 9.5.1995 – 28 U 47/94, NJW-RR 1996, 505, 506 (unter 4.) = OLG-Rep. 1995, 214; OLG Köln VersR 1988, 601 (LS); vgl. auch *Borgmann/Jungk/Schwaiger*, Kap. V, Rn. 129; *G. Fischer*, in: G. Fischer/Vill/D. Fischer/Pape/Chab, § 5, Rn. 91.

Dazu der BGH im Urteil vom 19.9.1985:

»Vielmehr hat seine Verteidigung schon dann Erfolg, wenn nicht von der Hand zu weisende Zweifel an der Zahlungsfähigkeit verbleiben. Es genügt daher, dass er Umstände dargelegt hat, die solche Zweifel begründen können. Mehr war von ihm nicht zu erwarten. Weitere Einzelheiten über die Vermögenslage der Firma M. und ihrer persönlich haftenden Gesellschafterin waren ihm nicht bekannt. Zu Nachforschungen war er nicht verpflichtet.«[464]

Zu der dann von dem Regresskläger zu erfüllenden Darlegungs- und Beweislast weist der BGH im Beschluss vom 8.11.2007 auf Folgendes hin:

»Trotz der Beweiserleichterungen des § 287 ZPO hat der klagende Mandant die Vermögensgegenstände zu bezeichnen, in die er gegebenenfalls hätte vollstrecken können, und zu beweisen, dass die Vollstreckung wahrscheinlich Erfolg gehabt hätte; denn anderenfalls würde er mit dem von seinem Anwalt zu leistenden Schadensersatz einen Vorteil erlangen, den er ohne dessen Fehler unter keinen Umständen erhalten hätte.«[465]

Kann der Regresskläger ein diesen Grundsätzen entsprechend hinreichendes Vorbringen des beklagten Anwalts nicht ausräumen, der Regressrichter also nach dem verringerten Beweismaß des § 287 ZPO nicht feststellen, dass die verloren gegangene Forderung hätte realisiert werden können, d.h. ist umgekehrt von der Erlangung des (entgangenen) Titels **bis in absehbare Zeit** eine **erfolgreiche Vollstreckung nicht zu erwarten**, kann eine Verurteilung des Anwalts zur Leistung von Geldersatz nicht erfolgen[466]. Der Mandant würde durch einen Leistungstitel gegen den Rechtsanwalt, hinter dem regelmäßig eine Berufshaftpflichtversicherung steht, sonst ungerechtfertigt wirtschaftlich bessergestellt, als er bei pflichtgemäßem Anwaltsverhalten gestanden hätte[467].

Allerdings ist zu beachten, dass aus einem Titel während einer Dauer von 30 Jahren vollstreckt 175
und **bei natürlichen Personen** die Möglichkeit eines zukünftigen Vermögenserwerbes grundsätzlich nicht ausgeschlossen werden kann. Wenn im Zeitpunkt der Entscheidung über einen Regressanspruch gegen den Anwalt keine konkreten Tatsachen für eine (hypothetische) Restschuldbefreiung (§§ 286 ff. InsO) des vermögenslosen Gegners des Mandanten vorliegen, ist grundsätzlich darauf abzustellen, dass aus einem Titel gegen diesen, wäre er erlangt worden, grundsätzlich 30 Jahre lang eine Vollstreckung möglich wäre, § 197 Abs. 1 Nr. 3 BGB. Aus diesem Grunde kann der Mandant dann zwar keine Zahlung, aber – prozessual am sinnvollsten im Wege eines Hilfsantrages – die **Feststellung der Ersatzpflicht** für den Fall verlangen, dass der Gegner des Vorprozesses in Zukunft pfändbares Vermögen erlangt, **wenn** also ein **irreversibler Vermögensverfall zu verneinen** ist[468], mithin die »verlorene« Forderung nicht endgültig wertlos ist. Eine solche Verfahrensweise ist nicht etwa prozessual unstatthaft, weil es um einen identischen Prozessgegenstand geht. Denn hier ist die – auch vom BGH anderweitig anerkannte – Ausnahmefallgestaltung und damit die Zulässigkeit gegeben, dass das Leistungsbegehren deswegen als (zur Zeit) unbegründet abgewiesen werden muss, weil nicht alle für die Zuerkennung erforderlichen Tatsachen (nämlich für einen Schaden) vorliegen, aber als möglich erkannt wird, dass sich diese Voraussetzungen noch in der Folgezeit verwirklichen und sich so die geltend gemachte Forderung als nachträglich begründet erweisen kann[469].

---

464 NJW 1986, 246, 247; vgl. auch OLG Düsseldorf, Urt. v. 25.4.2019 – 5 U 91/18 – juris, Rn. 41.

465 BGH, Beschl. v. 8.11.2007 – IX ZR 221/06 – juris, Rn. 2.

466 OLG Düsseldorf, a.a.O., Rn. 42; Dies entspricht auch der Rechtsprechung des OLG Hamm, vgl. die Nachweise in Fn. 426.

467 Vgl. BGH, a.a.O.

468 OLG Hamm, Urt. v. 17.10.2006 – 28 U 68/06, Beck RS 2007, 09756; 9.5.1995 – 28 U 47/94, NJW-RR 1996, 505, 506 (unter 4.) = OLG-Rep. 1995, 214; OLG Hamm vom 14.3.1989 – 28 U 236/87; zustimmend *Borgmann/Jungk/Schwaiger*, Kap. V, Rn. 129; *Vollkommer/Greger/Heinemann,* § 20, Rn. 37; vgl. auch BGH NJW 2004, 1521, 1522 = WM 2004, 2217, der sich nur gegen eine umfassende Feststellung ausgesprochen hat.

469 BGH NJW 1998, 1633 (unter II. A. 2. und 3.).

176 Wie bereits weiter oben (Rdn. 158) aufgezeigt, hängt dabei von der für eine Feststellungsklage erforderlichen hinreichenden Wahrscheinlichkeit eines Schadenseintritts bei reinen Vermögensschäden, wie sie regelmäßig Gegenstand eines Anwaltsregresses sind, grundsätzlich bereits die Zulässigkeit der Feststellungsklage ab[470]. Dazu muss aber nicht durch eine rechnerische Gegenüberstellung der hypothetischen und der tatsächlichen Gesamtvermögenslage dargelegt werden, dass zu einem bestimmten Zeitpunkt eine Vermögensdifferenz besteht. Denn die Feststellungsklage soll ja die gerichtliche Vorklärung der Ansprüche gerade dann ermöglichen, wenn der Schaden ganz oder teilweise noch nicht berechnet werden kann[471].

Auch bei noch nicht eingetretenem Schaden ist die Erhebung einer Feststellungsklage mit dem Ziel der Feststellung einer künftigen Leistungspflicht möglich[472]. Angesichts des Umstandes, dass eine Rechtseinbuße bereits eingetreten ist, besteht kein schutzwürdiges Interesse des regresspflichtigen Anwalts, die Zulässigkeit einer Feststellungsklage von der Wahrscheinlichkeit einer Schadensverwirklichung abhängig zu machen. Es muss vielmehr die – sei es auch nur entfernte – Möglichkeit eines Schadenseintritts für die Bejahung des Feststellungsinteresses ausreichen[473]. Das gemäß § 256 Abs. 1 ZPO erforderliche rechtliche Interesse bei Schadensersatzfeststellungsklagen liegt schon dann vor, wenn künftige Schadensfolgen – sei es auch nur entfernt – möglich, ihre Art, ihr Umfang und sogar ihr Eintritt aber noch ungewiss sind[474]. Soweit nach Erlass eines Feststellungsurteils die Situation einer Vermögensbesserung des früheren vermögenslosen Gegners eintreten sollte, kann der verurteilte Anwalt gegen das nunmehr gegen ihn gerichtete Leistungsbegehren seines Mandanten gegebenenfalls einwenden, dass nach Erlass des Feststellungsurteils der frühere Schuldner des Mandanten ein Insolvenzverfahren mit Restschuldbefreiung durchgeführt hat oder hätte und der Mandant mit einem Titel davon auch betroffen worden wäre.

177 Von der bisher hier erörterten Fallgestaltung (Wertlosigkeit einer Forderung des Mandanten, aus deren Verlust der Regressanspruch hergeleitet wird) ist der Fall **zu unterscheiden**, wie er dem Urteil des BGH vom 5.11.1992[475] zugrunde lag, in dem dem Anwalt vorgeworfen wurde, pflichtwidrig nicht für einen zügigen Erhalt eines Vollstreckungstitels und/oder eine Beitreibung der titulierten Forderung zu einer Zeit gesorgt zu haben, zu der Vollstreckungsversuche noch Erfolg gehabt hätten. Hierbei geht es nicht um die Verneinung eines ersatzfähigen Schadens bei Verlust einer von vorneherein wertlosen Forderung, sondern im Gegenteil um einen als solchen rechtlich nicht zweifelhaften Schaden durch einen Verlust tatsächlich vorhandener Vollstreckungsmöglichkeiten (dazu näher Kap. 8 Rdn. 672 ff.).

4. Fehlen einer Durchsetzungsabsicht bei erfolglos erstrebtem Titel

178 Wollte der Mandant den infolge Anwaltsfehlers nicht erhaltenen Titel ohnehin nicht durchsetzen, sondern erstrebte er ihn nur für andere Zwecke, entspricht diese Fallkonstellation dem Fall der Uneinbringlichkeit wegen Zahlungsunfähigkeit. Der Verlust der im Ausgangsprozess klageweise geltend gemachten Forderung stellt keinen durch den Anwaltsfehler verursachten Schaden dar[476].

---

470 St. Rspr. vgl. BGH NJW 1996, 1062, 1063 = WM 1996, 548, 549; NJW 2000, 725, 728 = WM 2000, 199 ff.; BGH, Urt. v. 25.10.2001 – IX ZR 427/98 – juris, Rn. 31; v. 24.1.2006 – XI ZR 384/03 – juris, Rn. 27; v. 8.5.2012 – XI ZR 262/10, BGHZ 193, 159 Rn. 73; v. 4.12.2014 – III ZR 51/13, BGHZ 203, 312 Rn. 12; v. 27.9.2016 – X ZR 163/12 – juris, Rn. 28; v. 26.07.2018 – I ZR 274/16 – juris, Rn. 20; vgl. auch Zöller/*Greger*, § 256 ZPO, Rn. 9.

471 BGH, Urt. v. 26.07.2018 – I ZR 274/16 – juris, Rn. 23.

472 BGHZ 100, 228, 232; *v. Gerlach,* VersR 2000, 525, 532.

473 OLG Hamm, Urt. v. 17.10.2006 – 28 U 68/06, Beck RS 2007, 09756; vom 9.5.1995 – 28 U 47/94, NJW-RR 1996, 505, 506 (unter 4.) = OLG-Rep. 1995, 214; vgl. auch BGH NJW 1991, 2707, 2708 = WM 1991, 1737, 1738; *v. Gerlach,* VersR 2000, 525, 532 (für Spätschadensfälle).

474 BGH NJW 1991, 2707, 2708 = WM 1991, 1737, 1738.

475 BGH NJW 1993, 734 = WM 1993, 382.

476 BGH NJW 2004, 1521, 1522 = WM 2004, 2217, 2219.

▶ Beispiel[477]:

Die Mandantin will das Vermögen des in Anspruch Genommenen wegen persönlicher Beziehungen nicht gefährden und daher nur gegen ihn vorgehen, falls dieser Deckungsschutz durch seinen Haftpflichtversicherer erhält.

5. Ansprüche gegen Dritte

Nicht selten wird ein Schadensersatzanspruch gegen einen Anwalt geltend gemacht, obwohl dem Mandanten auch noch ein Anspruch gegen einen Dritten zusteht, durch dessen Erfüllung seine Vermögensbeeinträchtigung ganz oder teilweise ausgeglichen würde. Dies lässt einen Schaden im Rechtssinne jedoch nicht nur dann nicht entfallen, wenn der neben dem Anwalt Haftende Gesamtschuldner ist, also eine gleichstufige Ersatzpflicht besteht, bei der es Sache der Gesamtschuldner ist, nach § 426 BGB unter sich auszumachen, wer von ihnen letztlich für den dem Gläubiger gebührenden Ausgleich aufzukommen hat, sondern grundsätzlich auch bei fehlender Gleichstufigkeit, also bei einem Nichtvorliegen eines Gesamtschuldverhältnisses[478]. Die Ausgleichsforderung gegen den Dritten kann dabei **auf verschiedenen Rechtsgründen** beruhen[479]. 179

▶ Beispiele:

– ein vertraglicher Erfüllungsanspruch als Hauptleistungsanspruch[480], 180
– ein vertraglicher Anspruch auf Ausstellung von Lieferrechnungen i.S.d. § 14 UStG gegen Dritte und ein daraus hergeleiteter Erstattungsanspruch gegen die Finanzbehörde wegen eines darauf gestützten Vorsteuerabzugs[481],
– ein Anspruch auf Abänderung wegen Fehlens oder Wegfalls der Geschäftsgrundlage etwa eines Abfindungsvergleichs[482],
– ein Zugewinnausgleichsanspruch, der infolge Unterbleibens einer Scheidungsfolgenvereinbarung über den Ausschluss von Ansprüchen auf Versorgungs- und Zugewinnausgleich anders als die vom Versorgungsausgleich betroffenen Rentenanwartschaften dem Mandanten verblieben ist[483],
– ein Ersatzanspruch gegen einen dritten Schädiger, der nicht Gesamtschuldner neben dem Anwalt ist[484],
– ein Bereicherungsanspruch gegen einen nicht in Gesamtschuldnerstellung zum hier in Anspruch Genommenen stehenden Dritten[485],
– ein Freistellungsanspruch gegen einen solchen Dritten[486],
– ein Rückgriffsanspruch gegen einen Dritten[487].

Schadensrechtlich sind solche Ansprüche des Verletzten grundsätzlich ohne Bedeutung; der Anwalt kann also den Mandanten regelmäßig nicht erfolgreich darauf verweisen, den geltend gemachten 181

477 BGH NJW 2004, 1521, 1522.
478 Vgl. schon BGH NJW 1982, 1806, 1807 = VersR 1982, 580.
479 Auch dazu schon BGH NJW 1982, 1806, 1807 = VersR 1982, 580 m.w.N. und Beispielsfällen.
480 So z.B. in BGH NJW 1987, 3201 f. (Notarhaftung wegen Verletzung eines Treuhandauftrages).
481 So in BGH NJW 1997, 1008, 1012 = WM 1997, 335, 340 (Steuerberater).
482 So in BGH NJW 1998, 749, 751 (Vergleich im Scheidungsverfahren); NJW 2002, 292, 294 (Abfindungsvergleich nach Verkehrsunfall).
483 BGH, Urt. v. 15.4.2010 – IX ZR 223/07 – juris, Rn. 29 ff.
484 So in BGH NJW 2001, 3190, 3192; NJW-RR 1997, 654, 655 = WM 1997, 1062, 1063; NJW 1994, 2357, 2359 = WM 1994, 1420 ff.; vgl. auch NJW-RR 2004, 1475, 1476 = VersR 2004, 1278.
485 Vgl. BGH WM 1996, 1681, 1683 = DtZ 1996, 313, 414 f. = VIZ 1997, 654, 656; BGHZ 120, 261, 268 = NJW 1993, 593, 594; BGH NJW 1982, 1806, 1807 = VersR 1982, 580; vgl. auch *Ganter*, S. 18.
486 Wie er in BGH NJW 1997, 2946, 2948 = WM 1997, 2085, 2087 = VersR 1997, 1489 in Betracht gezogen worden ist.
487 BGH NJW 2002, 2459, 2461 = WM 2002, 1440 ff. = BB 2002, 1446, 1448.

Schaden durch eine (teilweise) Inanspruchnahme des Dritten auszugleichen. Die »anderweitige Ersatzmöglichkeit«[488] lässt einen im Rechtssinne bestehenden Schaden allgemein unberührt. **Aus § 255 BGB ergibt sich** nämlich **als allgemein anerkannter Grundsatz des Schadensersatzrechts**[489],

> »daß der Geschädigte grundsätzlich auch dann vollen Schadensersatz verlangen kann, wenn ihm zugleich ein Anspruch gegen einen Dritten zusteht. Diese Vorschrift ist – ebenso wie die Regel des Vorteilsausgleichs – Ausdruck des schadensersatzrechtlichen Bereicherungsverbots und beruht letztlich auf dem Grundsatz von Treu und Glauben gem. § 242 BGB«[490]. »Der Geschädigte soll nicht in unangemessener Weise zu Lasten des Schädigers besser gestellt werden, als er ohne das Schadensereignis stehen würde. Das wäre ein unbilliges Ergebnis, das dem Zweck des Schadensersatzes zuwiderlaufen würde«[491].

182 Geht es um einen für den Verlust einer Sache oder eines Rechts zu leistenden Schadensersatz, greift **§ 255 BGB direkt, sonst** – wie meistens bei der Anwaltshaftung – **analog** ein[492], so dass der regresspflichtige Rechtsanwalt konsequenterweise eine **Abtretung** des dem Mandanten zustehenden Anspruchs gegen den Dritten verlangen kann[493], **sofern er und der Dritte keine Gesamtschuldner sind**[494] und der Dritte dem Schaden »näher« steht[495]. Gestützt auf diesen Anspruch kann der Anwalt ein Zurückbehaltungsrecht ausüben mit der Folge einer Zug um Zug-Verurteilung. Abtretung kann gemäß § 255 BGB bereits verlangt, ein **entsprechendes Zurückbehaltungsrecht** also auch schon dann ausgeübt werden, wenn die Möglichkeit eines solchen – hinreichend bestimmten – Anspruchs besteht[496]. Dem Regresskläger ist anzuraten, zur Vermeidung eines mit einer Kostenbelastung verbundenen Teilunterliegens ein begründetes Zurückbehaltungsrecht sofort anzuerkennen, die Abtretung Zug um Zug anzubieten und seinen Klageantrag umgehend entsprechend einzuschränken[497].

183 Unterlässt der haftpflichtige Anwalt die Geltendmachung der Einrede des Zurückbehaltungsrechts, liegt darin kein Verzicht auf die Abtretung; er kann diese also **auch nachträglich noch** eigenständig fordern[498].

184 Der BGH bejaht **jedoch nicht generell,** sondern nur grundsätzlich[499] unter entsprechender Heranziehung des Grundgedankens des § 255 BGB infolge (möglichen) Bestehens von Ausgleichsansprüchen gegen Dritte einen vom haftpflichtigen Anwalt zu ersetzenden Schaden des Mandanten im Rechtssinne. Denn nur solche durch ein Schadensereignis begründeten Vorteile sind schadensmindernd zu berücksichtigen, deren Anrechnung mit dem jeweiligen Zweck des Ersatzanspruchs übereinstimmt und den Schädiger nicht unangemessen entlastet[500]. Deshalb stellen die Entscheidungen der letzten Jahre bei einer Bejahung des § 255 BGB (analog) jeweils auf besondere Unsicherheiten,

---

488 Die hier nur bildlich und nicht etwa im Sinne des § 19 Abs. 1 S. 2 BNotO zu verstehen ist.

489 BGH NJW 2001, 3190, 3192; NJW-RR 1997, 654, 655 = WM 1997, 1062, 1063.

490 BGH NJW 1997, 1008, 1012 = WM 1997, 335, 340; Urt. v. 24.9.2009 – IX ZR 87/08 – juris, Rn. 29; v. 15.4.2010 – IX ZR 223/07 – juris, Rn. 30.

491 BGHZ 120, 261, 268 = NJW 1993, 593, 594.

492 Vgl. BGH NJW 2002, 292, 294; NJW 2001, 3190, 3192; Urt. v. 24.9.2009 – IX ZR 87/08 – juris, Rn. 29, 30; v. 15.4.2010 – IX ZR 223/07 – juris, Rn. 30.

493 Zuletzt BGH NJW 2002, 292, 294.

494 *G. Fischer*, in: G. Fischer/Vill/D. Fischer/Pape/Chab, § 5, Rn. 95; *Ganter*, S. 18.

495 *Ganter*, S. 18; vgl. auch Palandt/*Grüneberg*, § 255 BGB, Rn. 2.

496 BGH NJW 1997, 1008, 1012 = WM 1997, 335, 340; BGHZ 6, 56, 61 = NJW 1952, 869; vgl. auch BGH NJW 2002, 2459, 2461 = WM 2002, 1440 ff. = BB 2002, 1446, 1448.

497 Vgl. OLG Hamm, Urt. v. 15.12.1977 – 2 U 212/77, MDR 1978, 402 (403); zustimmend *Hensen,* NJW 1999, 395 (396).

498 BGH NJW 2001, 3190, 3192; vgl. auch *Ganter*, S. 19.

499 *G. Fischer,* in: G. Fischer/Vill/D. Fischer/Pape/Chab, § 5, Rn. 95; vgl. auch *Vollkommer/Greger/Heinemann,* § 20, Rn. 8.

500 BGH, Urt. v. 2.12.1993 – IX ZR 241/92 – juris, Rn. 10; v. 19.7.2001 – IX ZR 62/00 – juris, Rn. 17; v. 24.9.2009 – IX ZR 87/08 – juris, Rn. 27.

Unwägbarkeiten, Unzuträglichkeiten unzumutbare Erschwerungen oder Risiken für den Mandanten bezüglich der dort in Rede stehenden Ansprüche gegen Dritte ab[501].

So wird hervorgehoben, dass **185**

> »die Möglichkeit eines anderweitigen Ausgleichs ... unsicher und deswegen kein wirtschaftlich vollwertiger Vermögensgegenstand« sei[502],

dass es

> »nicht angemessen [sei], wenn der beklagte Anwalt den Mandanten darauf verweisen dürfte, zunächst einen mit einem nicht unerheblichen Risiko behafteten Prozess gegen den Dritten zu führen und erst danach den etwaigen ›Ausfall‹ gegen ihn geltend zu machen«[503],

oder:

es sei durchaus fraglich, »ob die Versicherung sich nicht doch auf die Abfindungsklausel berufen wird. Gegebenenfalls droht der Klägerin ein langwieriger Prozess mit ungewissem Ausgang. Diese von den Beklagten zu verantwortende Unsicherheit darf nicht zu Lasten der Klägerin gehen«[504],

oder:

> »Es wäre jedoch der Klägerin nicht zumutbar, zunächst ihren früheren Ehemann auf Unterhalt in Anspruch zu nehmen, um dann gegebenenfalls von den Beklagten den Differenzbetrag oder nicht vollstreckbare Beträge einziehen zu müssen. Insbesondere ist es der Klägerin nicht zumutbar, sich anstelle der ihr zustehenden, dauerhaft gesicherten Rechtsposition, die sie ohne die Pflichtverletzung der Beklagten gegen einen Rentenversicherungsträger erlangt hätte, in erster Linie auf Ansprüche gegen den früheren Ehemann als Privatperson verweisen zu lassen, zumal dieser während des Zeitraums, in dem die Rente zu zahlen ist, versterben oder zahlungsunfähig werden kann, so dass die Durchsetzung der Ansprüche in unzumutbarer Weise erschwert würde.«[505]

oder:

> »Den Interessen der Klägerin, einen schwierigen und möglicherweise langwierigen Prozess gegen ihren Ehemann zu vermeiden, wird dadurch Genüge getan, dass sie selbst diesen Prozess nicht zu führen braucht, sondern nur entsprechend § 255 BGB zur Abtretung des Anspruchs verpflichtet ist.«[506]

Ein zu ersetzender Regressschaden ist in solchen Fällen auch dann gegeben, wenn der Anspruch **186**
gegen den Dritten zwischenzeitlich **schon verjährt** sein sollte[507]. Der Regressanspruch ist insbesondere grundsätzlich nicht nach den Rechtsgedanken der §§ 242, 254 BGB zu verneinen oder zu kürzen, weil der Mandant nichts gegen den Eintritt der Verjährung der Forderung gegen den Dritten unternommen hatte, sei es durch Klageerhebung oder anderweitige Verjährungshemmung, sei es durch Vorababtretung an den Beklagten[508]. Anders wäre es, wenn der Beklagte seinen früheren Mandanten aufgefordert hätte, die Verjährung des anderweitigen Anspruchs auf seine Kosten zu unterbrechen und der frühere Mandant dem nicht nachgekommen wäre und damit gegen seine Schadensminderungspflicht aus § 254 Abs. 2 BGB verstoßen hätte[509].

Offengeblieben ist, ob eine Verpflichtung des Geschädigten bestehen könnte, den Schädiger darauf hinzuweisen, dass eine Verjährung des gegebenenfalls abzutretenden Anspruchs bevorstehe[510]. Eine

501 BGH NJW 1997, 1008, 1012 = WM 1997, 335, 340; NJW 2001, 3190, 3192; NJW 2002, 292, 294; Urt. v. 24.9.2009 – IX ZR 87/08 – juris, Rn. 28; Urt. v. 15.4.2010 – IX ZR 223/07 – juris, Rn. 31.
502 BGH NJW 1997, 1008, 1012 = WM 1997, 335, 340.
503 BGH NJW 2001, 3190, 3192.
504 BGH NJW 2002, 292, 294.
505 BGH, Urt. v. 24.9.2009 – IX ZR 87/08 – juris, Rn. 28.
506 BGH, Urt. v. 15.4.2010 – IX ZR 223/07 – juris, Rn. 31.
507 BGH, Urt. v. 15.4.2010 – IX ZR 223/07 – juris, Rn. 33 ff.
508 BGH, a.a.O., juris, Rn. 34 bis 38.
509 BGH, a.a.O., juris, Rn. 40.
510 BGH, a.a.O., juris, Rn. 39.

solche Verpflichtung grundsätzlich zu bejahen, stößt aber auf Bedenken, soweit damit die nur in krassen Ausnahmefällen anerkannte Einschränkung der »Wahlfreiheit« des Geschädigten durch das Rechtsinstitut des Rechtsmissbrauchs[511] darüber hinausgehend verschärft würde.

6. Zeit- und Arbeitsaufwand des Mandanten

187 Nach gefestigter Rechtsprechung des BGH ist der Zeitaufwand und die darin steckende Mühewaltung bei der Geltendmachung und Durchsetzung eines Schadensersatzanspruchs **grundsätzlich keine ersatzfähige Schadensposition**; sie fällt vielmehr wertungsmäßig in den eigenen Pflichtenkreis des Geschädigten. Aus der prozessrechtlichen Regelung einer Kostenerstattungspflicht, die sich auf einen Ersatz für Arbeits- und Zeitaufwand nicht erstreckt, wird eine entsprechende materiellrechtliche Begrenzung hergeleitet. Auch durch Übertragung solcher üblicherweise dem Geschädigten selbst obliegenden Aufgaben auf Dritte, beispielsweise auf eigene Angestellte, kann ihr Ersatz nicht bewerkstelligt werden[512], es sei denn, es handelte sich um Maßnahmen, die unmittelbar dazu dienten, eine vom Beklagten verursachte Eigentumsstörung zu beseitigen[513]. In der Regel darf der geschädigte Mandant zur Wahrung seiner Belange in Bezug auf einen Regressanspruch einen »neuen« Rechtsanwalt hinzuziehen und dessen Kosten erstattet verlangen[514], allerdings grundsätzlich auf die Gebühren nach dem Geschäftswert beschränkt, welcher der letztlich begründeten Schadenshöhe entspricht[515]. Aber auch bei Einschaltung eines neuen Rechtsanwalts hat er Zeit und Mühe für die Informationserteilung, Beratungsgespräche, das Zusammenstellen oder Beschaffen von Unterlagen aufzuwenden, für die er einen Ersatz nicht beanspruchen kann[516]. Der Verlust an disponibler Freizeit wird auch nach der Reform des Schadensersatzrechts als immaterieller Schaden nicht ersetzt[517]; § 253 Abs. 2 BGB erstreckt sich darauf nicht.

III. Ausgang eines (hypothetischen) Vorprozesses oder behördlichen Verfahrens

188 Ein **zentraler Bereich der Anwaltshaftung** ist die Frage nach dem Ausgang eines gerichtlichen oder behördlichen Verfahrens, welches aufgrund einer Pflichtverletzung des Anwaltes entweder nicht durchgeführt (beispielsweise wegen Versäumung von Klagefristen z.B. nach § 12 Abs. 3 VVG, nachteiligen Vergleichsabschlusses, Versäumung von Rechtsmittelfristen) oder falsch entschieden worden sein soll (etwa wegen unzureichenden Sachvortrages). Häufig ist dann zu beobachten, dass der Anwalt, der früher die Aussichten des Klagebegehrens so Erfolg versprechend eingeschätzt hatte, zur Verwunderung seines Mandanten die Argumente des früheren Prozessgegners aufgreift und nunmehr die Auffassung vertritt, dass der Vorprozess ohnehin nicht zu gewinnen oder ein günstiger Bescheid etwa der Finanzbehörde nicht zu erlangen gewesen wäre. Dies ist ihm unbenommen (vgl. schon oben Rdn. 9)[518].

Auf die **Besonderheiten bei der Beurteilung** des Ergebnisses hypothetischer behördlicher oder gerichtlicher Verfahren oder des hypothetischen Ausgangs eines tatsächlichen Verfahrens, die ihren Grund namentlich in der Geltung des normativen Schadensbegriffes und der Bindung von Behörden und Gerichten an Recht und Gesetz haben, ist bereits bei der Behandlung der Kausalität (oben Rdn. 52) hingewiesen worden.

---

511 Dazu BGH, a.a.O., Rn. 37.

512 Vgl. zu alldem BGHZ 66, 112, 115 = NJW 1976, 1256, 1257; BGHZ 75, 230, 231 = NJW 1980, 119; BGHZ 111, 168, 177 = NJW 1990, 2060, 2062; BGHZ 127, 348, 351 = NJW 1995, 446, 447; BGHZ 131, 220, 225 = NJW 1996, 921, 922; vgl. auch *Borgmann/Jungk/Schwaiger*, Kap. V, Rn. 114; *G. Fischer*, in: G. Fischer/Vill/D. Fischer/Pape/Chab, § 5, Rn. 92.

513 BGHZ 76, 216, 219 = NJW 1980, 1518, 1519.

514 Vgl. zur materiellrechtlichen Ersatzpflicht für Rechtsanwaltskosten allgemein BGHZ 127, 348, 351 = NJW 1995, 446, 447; vgl. auch – zum neuen Schuldrecht –: Rdn. 231, 238, 239.

515 BGH NJW 2005, 1112, 1113; *G. Fischer*, in: G. Fischer/Vill/D. Fischer/Pape/Chab, § 5, Rn. 94.

516 Vgl. *Borgmann/Jungk/Schwaiger*, Kap. V, Rn. 115.

517 Vgl. zur früheren Rechtslage schon *Borgmann/Jungk/Schwaiger*, Kap. V, Rn. 114.

518 BGH, Urt. v. 20.7.2006 – IX ZR 47/04 – juris, Rn. 18.

1. Vorprozess

Nach dem Kernsatz des normativen Schadensbegriffs (oben Rdn. 159) ist die erste Festlegung unproblematisch: **Nur eine** dem Mandanten infolge des Anwaltsfehlers entgangene **rechtmäßige**, d.h. dem Gesetz und Recht entsprechende **Entscheidung** kann Grundlage eines ersatzfähigen Schadens sein. Auf ein hypothetisches Fehlurteil zu seinen Gunsten, d.h. eine fiktive Entscheidung, die gerade mit diesem Inhalt nicht hätte ergehen dürfen, darf sich niemand berufen[519]. 189

Damit ist allerdings noch nicht auch bereits die Frage beantwortet, wer darüber auf welcher Basis, nach welchen Kriterien und aus welcher Sicht feststellt oder festlegt, wie diese »richtige« Entscheidung gelautet hätte oder hätte lauten müssen. Dazu gilt: 190

Nach der ständigen Rechtsprechung des BGH, der die schon vom RG begründete Linie fortgesetzt hat, hat das **Regressgericht selbstständig darüber zu entscheiden, welches Urteil nach seiner Auffassung richtigerweise hätte ergehen müssen**[520].

Auszugehen ist für diese Beurteilung von dem **Sachverhalt**, der dem Gericht bei pflichtgemäßem Verhalten des Anwalts unterbreitet worden wäre[521]. **Ob** und ggfs. welcher **Beweis** und in welchem Umfang im Vorverfahren hätte erhoben werden müssen, beurteilt ebenfalls das Regressgericht aus seiner eigenverantwortlichen Sicht; was das Gericht des Vorprozesses mutmaßlich veranlasst hätte, ist unerheblich[522]. Da es insgesamt um die Feststellung der haftungsausfüllenden Kausalität für den durch die haftungsbegründende Pflichtverletzung bewirkten Schaden geht, unterliegt die gesamte Feststellung des für den Ausgang des Vorprozesses entscheidungserheblichen Sachverhaltes der Beweisführungsnorm des **§ 287 ZPO**[523]. Die Frage, ob der Rechtsstreit bei vertragsgerechtem 191

519 BGH, Urt. v. 9.11.2017 – IX ZR 270/16 – juris, Rn. 25; v. 25.10.2012 – IX ZR 207/11 – juris, Rn. 28; v. 15.11.2007 – IX ZR 34/04 – juris, Rn. 21.

520 St. Rspr. BGHZ 36, 144, 154 f. (Amtshaftung); BGHZ 72, 328, 330 = NJW 1979, 819 m.w.N.; BGHZ 79, 223, 226 = NJW 1981, 920, 921; BGH NJW 1987, 3255, 3256; NJW 1988, 3013, 3015; NJW-RR 1990, 1241, 1244 f. = VersR 1991, 422; NJW 1993, 2799, 2801; BGHZ 124, 86, 96 = NJW 1994, 453, 455 = WM 1994, 166, 169; NJW 1994, 1211, 1213; NJW 1996, 48, 49; BGHZ 133, 110 = NJW 1996, 2501, 2502 = WM 1996, 1830 = VersR 1996, 1503, 1504; NJW 2000, 730, 732 = WM 2000, 189, 191 f.; NJW 2000, 1263, 1266 = WM 2000, 959, 962; NJW 2000, 1572, 1573 = WM 2000, 966, 968; BGHZ 145, 256, 261 f. = NJW 2001, 146, 148 = WM 2000, 2439, 2442; NJW 2001, 673, 674 = WM 2000, 1814; NJW 2002, 290, 291; NJW 2002, 1417, 1418; NJW 2005, 3071, 3072 = WM 2005, 2103 (unter II. 1); NJW-RR 2006, 1682, 1684 = WM 2006, 2057; NJW-RR 2007, 569, 572 = WM 2007, 419 (Tz. 37); Urt. v. 18.12.2008 – IX ZR 179/07 – juris, Rn. 16; Beschl. v. 27.9.2012 – IX ZR 171/10 – juris, Rn. 2; Urt. v. 25.10.2012 – IX ZR 207/11 – juris, Rn. 26–30; a.A. *Baur*, Festschrift für Larenz, 1973, 1063, 1068 f.; *J. Braun*, ZZP 96 (1983), 89, 112; *ders.*, JZ 1997, 259, 260; Staudinger/*Schiemann*, § 249 BGB, Rn. 73; *Adam*, VersR 2001, 809 ff.; zustimmend für eine wertende Einschränkung des Differenzschadensbegriffs, aber ablehnend gegenüber normativer Erweiterung: *Vollkommer/Greger/Heinemann*, § 20, Rn. 19 ff.

521 BGH NJW 1988, 3013, 3015 = WM 1988, 987, 991; WM 1989, 1826, 1828; BGHZ 133, 110, 111 f. = NJW 1996, 2501, 2502 = WM 1996, 1830 = VersR 1996, 1503, 1504; NJW 2000, 730, 732 = WM 2000, 189, 192; NJW 2000, 1263, 1266 = WM 2000, 959, 962; NJW 2000, 1572, 1573 = WM 2000, 966, 968; NJW 2001, 673, 674 = WM 2000, 1814; NJW 2002, 1417, 1418; Urt. v. 13.6.1996 – IX ZR 233/95, BGHZ 133, 110, 111 f.; v. 16.6.2005 – IX ZR 27/04, BGHZ 163, 223, 227 (unter II. 1); NJW-RR 2006, 1682, 1684 = WM 2006, 2057; NJW-RR 2007, 569, 572 = WM 2007, 419 (Tz. 37); Beschl. v. 8.6.2010 – IX ZR 216/08.

522 Vgl. BGHZ 133, 110, 112 = NJW 1996, 2501, 2502 = WM 1996, 1830 = VersR 1996, 1503, 1504; Urt. v. 16.6.2005 – IX ZR 27/04, BGHZ 163, 223, 227 f.; Beschl. v. 20.2.2014 – IX ZR 57/13 – juris, Rn. 3; *Ganter*, S. 22.

523 BGH, Urt. v. 25.10.2012 – IX ZR 207/11 – juris, Rn. 31; v. 16.6.2005 – IX ZR 27/04, BGHZ 163, 223, 227; NJW 2000, 1572, 1573 = WM 2000, 966, 968; NJW 1996, 2501, 2502 = WM 1996, 1830 = VersR 1996, 1503, 1504; NJW 1988, 3013, 3015 = WM 1988, 987, 991; NJW 1987, 3255; VersR 1985, 146, 147; soweit BGH NJW 2006, 3496, 3498 zur Frage der Verwertung von Gutachten aus einem Vorprozess § 286 Abs. 1 ZPO nennt, dürfte dies ein Versehen sein.

Verhalten günstiger ausgegangen wäre, gewinnt nämlich in der Regel allein als Voraussetzung für die Entstehung eines Schadens Bedeutung[524]. Dies gilt nach geänderter neuer Rechtsprechung des BGH **auch dann, wenn im Vorprozess** (oder dem behördlichen Verfahren) der **Amtsermittlungsgrundsatz** galt[525]. Dieser dient allein öffentlichen Interessen an der Feststellung des wahren Sachverhaltes in jenen Verfahren. Dieses öffentliche Interesse rechtfertigt es aber nicht, auch im Regressprozess die Beweisanforderungen zu erhöhen. Hier ist die Partei wie jeder andere Mandant zu behandeln, der behauptet, durch eine Pflichtverletzung des Anwaltes geschädigt worden zu sein[526]. Allein der Gegenstand des Rechtsstreits, nicht das Herkunftsgebiet bestimmt die prozessualen Regeln[527]; der Schutzcharakter der Amtsermittlungsmaxime greift daher nicht durch[528]. Dies kann dazu führen, dass nicht jeder Beweis, wie sonst nach den Regeln des Vorprozesses u.U. nötig, erhoben werden muss[529]. Für nach dem 1.9.2004 anhängig gemachte Regressprozesse können in Vorprozessen gerichtlich eingeholte Sachverständigengutachten nach **§ 411a ZPO** so verwertet werden, als wären sie im Regressrechtstreit erstattet worden[530].

192 Trotz der so dem Regressgericht nach § 287 Abs. 1 ZPO eröffneten Möglichkeit der Schadensschätzung müssen zumindest konkrete Anhaltspunkte vorgetragen werden, die den Schluss zulassen, der Vorprozess hätte ohne die anwaltliche Pflichtverletzung einen günstigeren Ausgang genommen (oben Rdn. 11)[531].

193 Nach § 287 ZPO kann z. B. davon ausgegangen werden, dass der Gegner des Vorprozesses, wenn ein ihm günstiger rechtlicher Gesichtspunkt nicht zum Zuge gekommen wäre, nach ordnungsgemäßer Beratung durch dessen Anwalt sämtliche weiteren ihm eröffneten rechtlichen und tatsächlichen Möglichkeiten zur Durchsetzung seiner Rechtsposition genutzt hätte. Das kann der nun verklagte Anwalt, der im Regressverfahren an die Stelle des damaligen Prozessgegners tritt (vgl. Nachweise zu Rdn. 199), aufgrund des normativen Schadensbegriffes, der eine »rechtliche Endergebnisbetrachtung verlangt«, geltendmachen[532].

194 Das materielle Gerechtigkeitspostulat setzt sich auch insoweit durch, dass im Regressprozess Beweismittel zu berücksichtigen sind, die im Vorprozess nicht zur Verfügung standen. Auf Beweisantrag des **beklagten** Anwalts kann etwa der Gegner des Vorprozesses im Regressverfahren als Zeuge vernommen werden[533] und steht **dem Regressbeklagten** auch jedes weitere nunmehr erst prozessrechtlich benutzbare oder **neue Beweismittel** zur Regressverteidigung zur Verfügung[534].

Dazu hat der BGH im Urteil vom 2.7.1987 grundlegend ausgeführt:

> »Der Grundsatz, daß im Anwaltshaftungsprozeß der Sachverhalt maßgeblich sei, der dem Gericht des Vorprozesses bei sachgerechter Vertretung unterbreitet und von diesem Gericht aufgeklärt worden wäre, erleidet insoweit eine Einschränkung. Bei wertender Betrachtung kann nämlich der Verlust eines Rechtsstreits **nicht als Schaden im Rechtssinne** angesehen werden, **wenn** sich im Anwaltshaftungsprozeß herausstellt,

---

524 BGHZ 133, 110, 112 = NJW 1996, 2501, 2502 = WM 1996, 1830 = VersR 1996, 1503, 1504.

525 BGHZ 133, 110, 113 f. = NJW 1996, 2501, 2502 = WM 1996, 1830 = VersR 1996, 1503, 1504; NJW 2001, 2169, 2170 (Aufgabe von BGH NJW-RR 1987, 898, 899); NJW-RR 2007, 569, 572 = WM 2007, 419 (Tz. 37).

526 Vgl. auch *G. Fischer*, in: G. Fischer/Vill/D. Fischer/Pape/Chab, § 5, Rn. 120.

527 BGHZ 133, 110 = NJW 1996, 2501, 2502 = WM 1996, 1830 = VersR 1996, 1503, 1504.

528 *Borgmann*, NJW 2000, 2953, 2965.

529 Zur praktischen Auswirkung vgl. *G. Fischer*, in: G. Fischer/Vill/D. Fischer/Pape/Chab, § 5, Rn. 121; BGH NJW 1996, 2501, 2502.

530 Vgl. BGH NJW 2006, 3496, 3498.

531 BGH NJW 2009, 1422, 1423 (Tz. 8).

532 BGH, Urt. v. 25.10.2012 – IX ZR 207/11 – juris, Rn. 30, 31.

533 BGH, Beschl. v. 6.10.2011 – IX ZR 49/11 – juris, Rn. 5.

534 BGH, Beschl. v. 8.6.2010 – IX ZR 216/08 – juris, Rn. 2; NJW 2009, 1422, 1423 (Tz 8); NJW 1987, 3255, 3256; NJW 1984, 1240; BGHZ 72, 328, 330 = NJW 1979, 819; BGHZ 30, 226, 232; *G. Fischer*, in: G. Fischer/Vill/D. Fischer/Pape/Chab, § 5, Rn. 123.

daß die unterlegene Partei **den Vorprozess materiellrechtlich zu Recht verloren**[535] hat, dieser also nach Auffassung des mit dem Anwaltshaftungsprozeß befaßten Gerichts im Ergebnis richtig entschieden worden ist. Der Umstand, daß die Partei bei sachgerechter Vertretung durch ihren Anwalt den Vorprozeß aus prozessrechtlichen Gründen gewonnen hätte, etwa **weil der Gegner** einen ihm obliegenden **Beweis** mit den im Vorprozeß zulässigen Beweismitteln **nicht hätte führen können**, rechtfertigt es nicht, der Partei im Regreßprozeß gegen ihren Prozessbevollmächtigten einen Vermögensvorteil zu verschaffen, auf den sie nach materiellem Recht im Vorprozeß keinen Anspruch hatte. Auf diesen Fall trifft die Regel nicht zu, daß ein Schaden bereits dann bejaht werden kann, wenn die Partei einen Prozess verloren hat, den sie bei sachgemäßer Vertretung gewonnen hätte ... Naheliegenden Bedenken gegen den Beweiswert der Zeugenaussage, die sich aus der Parteistellung des Zeugen im Vorprozeß ergeben können, muß der Tatrichter freilich durch eine **besonders sorgfältige Beweiserhebung und -würdigung** Rechnung tragen.«[536]

Davon ist **zu unterscheiden** die Situation, dass der **Regresskläger** nunmehr, d.h. nach einem Zeitpunkt, zu dem die hypothetische Entscheidung im Inzidentverfahren wahrscheinlich (§ 287 ZPO) ergangen wäre, **neue Beweismittel** in den Händen hat, die ihm damals nicht zur Verfügung gestanden hätten, und auf die er sich jetzt berufen will dafür, dass ihm durch die anwaltliche Pflichtverletzung eine ihm günstige Vorentscheidung entgangen sei. Dies 195

»betrifft den Zurechnungszusammenhang zwischen der anwaltlichen Pflichtverletzung und dem Verlust des Rechtsstreits, nämlich die Frage, ob der Verlust des Rechtsstreits dem Anwalt zugerechnet werden kann, wenn die von ihm vertretene Partei den Rechtsstreit auch bei pflichtgemäßem Handeln des Anwalts verloren hätte, weil sie einen ihr obliegenden Beweis mit den verfügbaren Beweismitteln nicht hätte führen können.«[537]

Dazu gilt weiterhin der Satz,

»daß niemand durch den Verlust eines Prozesses geschädigt werden kann, den er nach den ihm zur Verfügung stehenden Beweismitteln gar nicht hätte gewinnen können.«[538]

Konnte der Regresskläger z.B. seinen Klageanspruch im Vorprozess nicht beweisen, so konnte diese seine Prozesslage von seinem Anwalt etwa durch schuldhaftes Eintretenlassen der Verjährung nicht beeinträchtigt werden[539].

In seinem Urteil vom 16.6.2005 hat der BGH diese maßgeblich auf eine normativ, d.h. auf die Erzielung einer richtigen Sachentscheidung ausgerichtete Rechtsprechung weiter geführt und formuliert: 196

»Entsprechend zu beurteilen ist die Lage, wenn das Gericht bei pflichtgemäßem Verhalten des Rechtsanwalts verschiedene, jeweils verfahrensrechtlich zulässige Wege hätte wählen können und sämtliche Alternativen nicht die im Regressprozess gewonnenen Erkenntnisse (etwa durch weitere Sachverständigengutachten)[540] erbracht hätten. In diesem Falle ist der Verlust des Vorprozesses nicht der anwaltlichen Pflichtverletzung zuzurechnen. ... Dieser Schluss ist aber nur dann berechtigt, d.h. der Regressrichter darf **das objektiv Richtige nur dann außer Betracht** lassen, **wenn** diese Erkenntnis **im Vorprozess unter keinen Umständen gewonnen** werden konnte. Kann jedoch nicht ausgeschlossen werden, dass bei pflichtgemäßem Handeln des Rechtsanwalts der Mandant den Vorprozess gewonnen hätte, ist der Zurechnungszusammenhang nicht unter wertenden Gesichtspunkten zu verneinen.«[541]

535 Hervorhebungen des Verfassers.

536 BGH NJW 1987, 3255, 3256 (Hervorhebungen des Verfassers); bestätigt durch Urt. v. 16.6.2005 – IX ZR 27/04, BGHZ 163, 223 (unter II. 1, allerdings bezogen auf den Mandanten, dem man nicht die Beweismöglichkeiten beschneiden dürfe, während BGH NJW 1987, 3255, 3256 – richtigerweise – auf den beklagten Anwalt und auf sein unter Beweis gestelltes Verteidigungsvorbringen abgestellt hat, was unter II. 2. c) aa) dann zutreffend herausgearbeitet wird); Urt. v. 25.10.2012 – IX ZR 207/11 – juris, Rn. 28; vgl. auch Urt. v. 9.11.2017 – IX ZR 270/16 – juris, Rn. 25.

537 BGH NJW 1987, 3255, 3256.

538 BGH NJW 1987, 3255, 3256; VersR 1985, 146, 147; bestätigt durch Urt. v. 16.6.2005 – IX ZR 27/04, BGHZ 163, 223 (unter II. 2. c) aa).

539 BGH VersR 1985, 146, 147; Urt. v. 16.6.2005, a.a.O.

540 Einfügung des Verfassers.

541 BGH, Urt. v. 16.6.2005, a.a.O.

Zugrunde liegt diesen Ausführungen die Bewertung, der Richter des Regressprozesses dürfe neue Beweisergebnisse nicht deshalb außer Betracht lassen, weil es lediglich möglich sei, dass der Richter des Inzidentprozesses auch ohne Verfahrensfehler zu einer abschließenden Entscheidung ohne diese zusätzliche Beweiserhebung hätte kommen können[542].

197 Damit ist der normativen Betrachtung (hier: des Zurechnungszusammenhangs) ein an sich auf den ersten Blick durchaus konsequenter höchster Stellenwert zugunsten des Mandanten eingeräumt worden, weil ausschließlich dann, wenn keinesfalls der Vorprozess hätte gewonnen werden können, der Zurechnungszusammenhang entfällt. Es fragt sich allerdings, ob dies nicht zu einem Wertungswiderspruch zu § 287 ZPO führt als der für den haftungsausfüllenden Ursachen- und Zurechnungszusammenhang maßgeblichen Beweisnorm, die immerhin eine auf gesicherter Grundlage beruhende Wahrscheinlichkeitsfeststellung verlangt, will der Mandant nicht verlieren. Wenn aber der Prozessverlust – und sei es aus rein prozessualen Gründen – auch bei einwandfreiem Verhalten des Anwalts eingetreten wäre, dann ist er – auch normativ – nicht auf die anwaltliche Pflichtverletzung rückführbar und muss eine Haftung des Anwalts unabhängig von den besseren Erkenntnismöglichkeiten des Regressgerichts ausscheiden[543].

Dass der Mandant grundsätzlich auch den Zurechnungszusammenhang darzulegen und zu beweisen hat, berücksichtigt der BGH allerdings erst auf der nächsten Stufe, auf der er einen Widerspruch zu seiner allein auf den Zurechnungszusammenhang als Teil der materiell-rechtlichen Regressvoraussetzungen gerichteten Betrachtung dadurch vermeidet, dass er in Ausnahme von der Regel dem Rechtsanwalt die **Darlegungs- und Beweislast** dafür auferlegt, dass auf allen in Betracht kommenden Wegen, d.h. für das Gericht des Vorprozesses prozessual gleich gangbaren Wegen, der Schaden nicht vermeidbar gewesen wäre[544]. Die Ungewissheit, ob der Vorprozess trotz der anwaltlichen Pflichtverletzung bei allen rechtlich möglichen Verfahrensweisen zum Nachteil des Mandanten hätte ausgehen müssen, gehe zu Lasten des Rechtsanwalts[545]. Dass dies deshalb gerechtfertigt sei, weil der Anwalt sich auf hypothetische Geschehensabläufe berufe, ist ohne Überzeugungswert, da geradezu typisch für Regressfälle. Darum bleibt nur das letztlich auf einer Billigkeitsüberlegung beruhende Argument übrig, die Unaufklärbarkeit beruhe auf der von dem Anwalt zu vertretenen Pflichtwidrigkeit. Aber auch das ist nicht wirklich etwas Besonderes und müsste, denkt man das konsequent weiter, vollends zu einer Beweislastumkehr zu Lasten der Anwälte führen, was nicht hinnehmbar wäre[546]. Letztlich führt die BGH-Sicht zu einer Schadensersatzpflicht bei nur potentiell normativ begründetem Schaden. Dies ist nicht hinzunehmen.

198 Insgesamt ist **diese Entscheidung ist abzulehnen**, da sie einerseits die normative Betrachtung überdehnt und andererseits gesichert erschienene Darlegungs- und Beweislastgrundsätze zur Vermeidung eines Wertungswiderspruchs aufweichen musste, verbunden mit der Gefahr von Fehlverständnissen des dazu gehörenden Leitsatzes Nr. 3.

199 Als Gerechtigkeitskriterien bleiben die Darlegungs- und **Beweislastregeln des Vorprozesses auch im Regressprozess maßgebend.** Der in Anspruch genommene Anwalt »rutscht« quasi in die Rolle des früheren Gegners seines (früheren) Mandanten[547]. Dies beruht auf der Erwägung, dass es sich um Vorschriften des materiellen Rechts handelt und der Mandant nicht allein deshalb schlechter

542 BGH, Urt. v. 16.6.2005, a.a.O. (unter II. 2. c) bb)).

543 So auch *Gsell*, LMK 2005, 158, 582, allerdings auf fehlende Kausalität abstellend.

544 BGH, Urt. v. 16.6.2005, a.a.O. (unter II. 2. c), a.E.); der Entscheidung zustimmend *G. Fischer*, in: G. Fischer/Vill/D. Fischer/Pape/Chab, § 5 Rn. 125.

545 BGH, Urt. v. 16.6.2005, a.a.O., Leitsatz 3.

546 Auch *Gsell* LMK 2005, 158, 582 hält die Begründung des BGH für fragwürdig und zudem für erläuterungsbedürftig, ob die Beweislastverteilung nur unter der Voraussetzung gilt, dass das Regressgericht – unter Zugrundelegung der im Vorprozess geltenden Beweislastgrundsätze – die materiell-rechtliche Unrichtigkeit des Urteils festgestellt hat.

547 BGH, Urt. v. 23.11.2006 – IX ZR 21/03 – juris, Rn. 38; v. 15.11.2007 – IX ZR 232/03 – juris, Rn. 7; v. 25.10.2012 – IX ZR 207/11 – juris, Rn. 31; v. 24. 9. 2015 – IX ZR 206/14 – juris, Rn. 19.

gestellt sein darf, weil der hypothetische Sieg im Vorprozess nunmehr eine notwendige Voraussetzung für die Bejahung eines Schadens darstellt, den grundsätzlich der Kläger nachzuweisen hat[548]. Dies gilt auch, wenn der frühere Gegner einen Haftpflichtprozess nach Pfändung und Überweisung von Regressansprüchen des Mandanten gegen dessen Anwalt führt, so dass der Anwalt die Beweislast des damaligen Gegners und jetzigen Klägers zu tragen hat[549]. Aber nicht nur die dem Mandanten günstigen Beweislastregeln gelten weiter, auch die ihm ungünstigen[550].

Zu beachten ist, dass auch in Vorprozessen, in denen der sog **Amtsermittlungsgrundsatz** gilt, etwa gemäß § 76 Abs. 1 FGO, sich auch unter Anwendung des § 287 ZPO im Regressprozess (dazu oben Rdn. 191) die Situation eines non-liquet ergeben kann. Dann kommt es für die Entscheidung, wen die Folgen einer solchen Nichtaufklärbarkeit treffen, auf die objektive Beweislast (**sog. Feststellungslast**) im Vorprozess an[551]. 200

Seiner Rechtsfindung zu Grunde zu legen hat das Regressgericht die **Rechtslage** zu dem **Zeitpunkt** 201 der hypothetischen Entscheidung im Vorverfahren[552]. Diese wird maßgeblich bestimmt **auch** durch **die einschlägige höchstrichterliche Rechtsprechung**. Die von dieser herausgearbeiteten maßgeblichen Regeln und Grundsätze sollen daher nicht nur – wie vielfach schon fast selbstverständlich insbesondere in Bezug auf spezielle Gerichtsbarkeiten außerhalb der allgemeinen Zivilgerichtsbarkeit praktiziert[553] – eine tatsächliche Bindungswirkung für den Regressrichter besitzen, sondern nach neuester Rechtsprechung des BGH[554] diesem auch eine **rechtliche bindende Richtschnur** für seine Beurteilung sein. Eine Ausnahme davon besteht nur, wenn diese höchstrichterliche Rechtsprechung »zu allgemein anerkannten Rechtsgrundsätzen in Widerspruch steht, insbesondere mit der Verfassung nicht vereinbar ist«[555]. Da die Rechtslage zum damaligen Zeitpunkt maßgebend ist, ist nach Auffassung des BGH seit seinem Urteil vom 28.9.2000[556] auch die einschlägige höchstrichterliche Rechtsprechung **in ihrer damaligen Ausprägung** zugrunde zu legen[557]. Dazu werden als Argumente angeführt der normative Schadensbegriff, der eine Loslösung von der persönlichen Auffassung der im Ausgangsverfahren zuständigen, konkret handelnden Personen bedinge, die vielfach auch rechtsschöpferische Funktion höchstrichterlicher Rechtsprechung (Richterrecht), Gleichbehandlungsgründe (in Bezug auf andere Rechtsuchende in gleicher Lage zur damaligen Zeit), die Ausrichtung des objektiven Pflichtenkreises des rechtlichen Beraters an der jeweils aktuellen höchstrichterlichen Rechtsprechung, die im Ausgangsverfahren maßgebend prägende Kraft der Rechtsanwendung gewesen sei, und die besondere Kompetenz der höchstrichterlichen Fachgerichtsbarkeit[558]. Aus diesen

---

548 BGH NJW-RR 2004, 1649 = WM 2004, 2220 (Anwaltsregress wegen verjährter Architektenhaftung); NJW 2002, 593, 594 = WM 2002, 510, 512; NJW 2001, 2169, 2170 = WM 2001, 1675; NJW 2000, 730, 732 = WM 2000, 189; NJW 2000, 1572, 1573 = WM 2000, 966, 968; BGHZ 133, 110, 115 f. = NJW 1996, 2501, 2502 = WM 1996, 1830 = VersR 1996, 1503, 1504; NJW 1988, 3013, 3015.

549 BGH NJW 2000, 730, 732 = WM 2000, 189, 192; entgegen *Borgmann*, NJW 2000, 2953, 2965 ist das nicht konstruiert, sondern konsequent und richtig.

550 BGH NJW 2001, 2169, 2170 = WM 2001, 1675, 1677 (Steuerberaterhaftung).

551 OLG Hamm, Urt. v. 30.3.2009 – 28 U 161/07; zum Steuerrecht z.B. BFH NVwZ 2001, 475.

552 BGH, Urt. v. 29.9.2000 – IX ZR 6/99, BGHZ 145, 256, 261, 263; v. 27.3.2003 – IX ZR 399/99 – juris, Rn. 39; Beschl. v. 11.3.2010 – IX ZR 2/08 – juris, Rn. 10.

553 Vgl. z.B. BGH NJW 2000, 1572, 1573 f. = WM 2000, 966, 968.

554 BGHZ 145, 256, 261 f. = NJW 2001, 146, 148 = WM 2000, 2439, 2442; NJW-RR 2006, 1070, 1071 = WM 2006, 1304 (Steuerberater); Beschl. v. 5.3.2009 – IX ZR 90/06 – juris, Rn. 3; v. 27.9.2012 – IX ZR 171/10 – juris, Rn. 2.

555 BGHZ 145, 256, 261 f. = NJW 2001, 146, 148 = WM 2000, 2439, 2442; BGH NJW 1985, 2482, 2483.

556 BGH, Urt. v. 28.9.2000 – IX ZR 6/99, BGHZ 145, 256, 261 f.

557 BGH, a.a.O.; NJW-RR 2001, 1351, 1353 = WM 2001, 741, 744; Urt. v. 27.3.2003 – IX ZR 399/99 – juris, Rn. 39; Beschl. v. 4.3.2004 – IX ZR 180/02 – juris, Rn. 8; v. 11.5.2010 – IX ZR 80/07 – juris, Rn. 3.

558 Vgl. BGHZ 145, 256, 261 f. = NJW 2001, 146, 148 = WM 2000, 2439, 2442; NJW-RR 2001, 1351, 1353 = WM 2001, 741, 744; FamRZ 2004, 779 f.

Gründen sind eine spätere Änderung dieser Rechtsprechung, eine abweichende Auffassung des Regressgerichts oder eine Rechtsänderung grundsätzlich unerheblich[559].

▶ Beispiel[560]:

Die Kläger nehmen den beklagten Rechtsanwalt wegen fehlerhafter Rechtsberatung im Rahmen der Durchsetzung von Gewährleistungsansprüchen gegen den mit dem Hausbau für die Kläger betrauten Generalunternehmer mit dem Vorwurf in Anspruch, es versäumt zu haben, den Unternehmer unter Fristsetzung zur Nachbesserung aufzufordern, und überdies die auf Grundlage fiktiv veranschlagter Mängelbeseitigungskosten gestützte Schadensersatzklage erst nach Ablauf der Verjährungsfrist erhoben zu haben. Die Mandatserteilung erfolgte im Dezember 2012. Der Anwalt wehrte sich, Schadensersatz könne nur in Höhe der mängelbedingten Wertminderung verlangt werden und verwies auf das Urteil des BGH vom 22. Februar 2018, wonach der Besteller, der das Werk behält und den Mangel nicht beseitigen lässt, im Rahmen eines Schadensersatzanspruchs statt der Leistung (kleiner Schadensersatz) gegen den Unternehmer seinen Schaden nicht nach den fiktiven Mängelbeseitigungskosten bemessen kann[561].

Das OLG Zweibrücken wies darauf hin, die Berufung des Beklagten durch einstimmigen Beschluss zurückzuweisen, und führte aus[562]:

> »Zum Zeitpunkt der Mandatserteilung im Dezember 2012 (und lange danach) entsprach es auch der gefestigten Rechtsprechung des BGH, dass im Falle eines Werkmangels der Besteller seinen Schadensersatzanspruch auf Grundlage der fiktiven Mängelbeseitigungskosten – bis zur Grenze der Unverhältnismäßigkeit nach § 251 Abs. 2 Satz 1 BGB – berechnen kann (anstatt vieler BGH, Urteil vom 28. Juni 2007, VII ZR 8/06 Rn. 12). Diese Rechtsprechung hat der BGH erst mit Urteil vom 22.02.2018 (Az. VII ZR 46/17) aufgegeben. Bei ordnungsgemäßer Bearbeitung des bereits im Dezember 2012 erteilten Mandates wäre es dem Beklagten aber – selbst bei Ausschöpfung des Instanzenzuges – gelungen, noch vor der Rechtsprechungsänderung des BGH ein stattgebendes rechtskräftiges Urteil auf Grundlage der Netto-Mängelbeseitigungskosten zu erstreiten.«

Dieser in tatrichterlicher Würdigung getroffene Feststellung dürfte zuzustimmen sein. Der vom BGH für seine Rechtsprechungsänderung im Werkvertragsrecht angeführte Gesichtspunkt einer nach der früheren Rechtsprechung häufig eintretenden Überkompensation beim Besteller war zwar in mehreren Entscheidungen vor seiner Kehrtwende angesprochen worden[563], musste aber noch nicht Anlass für eine Änderung der Schadensersatzpraxis-Beratung und -Handhabung vor dem Grundsatzurteil vom 22.2.2018 sein, auch wenn der BGH in diesem Urteil meint, abschwächend von einer »Fortführung dieser Rechtsprechung«[564] sprechen zu sollen. Im Leitsatz 1 heißt es richtigerweise: »Aufgabe der bisherigen Rechtsprechung«. Auch sind keine hinreichenden Anhaltspunkte dafür ersichtlich, dass etwa in dem konkreten, dem Regressverfahren beim OLG Zweibrücken zugrundeliegenden Ausgangsprozess es bei Erhebung der werkvertraglichen Schadensersatzklage bereits zu der Änderung der höchstrichterlichen Rechtsprechung gekommen wäre, noch dass jener Prozess vor der Rechtsprechungsänderung nicht abgeschlossen worden wäre.

202 Auch dann, wenn das **Inzidentverfahren**, von dessen Ausgang die Beantwortung der Frage nach einem Schaden des Anspruchsstellers abhängt, **noch nicht abgeschlossen** ist, z.B. weil es unterbrochen ist, aber noch fortgesetzt werden kann, muss das Regressgericht selbst prüfen und in eigener Verantwortung entscheiden, wie es richtigerweise zu entscheiden wäre. Dass die Gefahr divergierender Entscheidungen bestehe, ändere daran nichts; ihr könne zum Beispiel durch eine Streitverkündung vorgebeugt werden[565]. Der beklagte Anwalt wird analog § 255 BGB für den Fall seines

---

559 BGH, Beschl. v. 11.3.2010 – IX ZR 2/08 – juris, Rn. 10; vgl. auch *Ganter*, S. 22.
560 OLG Zweibrücken, Beschl. v. 18.9.2019 – 5 U 58/19 – juris.
561 BGH, Urt. v. 22.2.2018 – VII ZR 46/17 – juris, Rn. 30 ff.
562 OLG Zweibrücken, a.a.O., Rn. 10.
563 Vgl. im Einzelnen mit Nachweisen in BGH, a.a.O., Rn. 35.
564 BGH, a.a.O., Rn. 36.
565 BGH NJW 2001, 673, 674 = WM 2000, 1814, 1816.

Unterliegens Abtretung der anderweitig noch rechtshängigen Ansprüche verlangen können (dazu vgl. Rdn. 179 ff.). Das Regressgericht darf danach also sein Verfahren nicht aussetzen, um den Abschluss des anderen Verfahrens abzuwarten[566].

Die Beurteilung des Regressgerichts ist selbst dann maßgeblich, wenn der mutmaßliche tatsächliche Ausgang des früheren Verfahrens bei pflichtgemäßem Verhalten des Rechtsanwalts feststeht[567]. 203

Der **BGH**-Rechtsprechung **ist grundsätzlich zuzustimmen**[568]. Zutreffend ist auch die Zugrundelegung der für den damaligen, maßgeblichen Zeitraum geltenden jeweils einschlägigen höchstrichterlichen Rechtsprechung unter Außerachtlassung erst später erfolgter Änderungen oder Kehrtwendungen. 204

Die Kritik[569] gegen das Urteil vom 28.9.2000[570] ist nicht begründet. Eine Wende in der Rechtsprechung des BGH zur Anwaltshaftung[571] stellt das Urteil auch nicht dar. Vielmehr ist die Erkenntnis wichtig, dass ein Mandant nicht nur nach der Differenzhypothese rechnerisch in seinem Vermögen einen Nachteil erlitten hat in dem Moment, in dem aufgrund anwaltlichen Fehlverhaltens unter Beachtung des für den fraglichen Zeitraum gültigen Rechtszustandes in der Ausprägung der damaligen höchstrichterlichen Rechtsprechung rechtskräftig seine Klage abgewiesen wurde, sondern dies auf einer rechtlichen Würdigung beruhte, die auch der des Regressgerichts seinerzeit in Orientierung an die Fachrechtsprechung entsprochen hätte. Auch im Regressverfahren war die spätere neue Rechtsprechung (des BFH) unbeachtlich. Die Problemfrage reduziert sich also allein darauf, ob eine gleichermaßen für die Fachgerichtsbarkeit wie für das Regressgericht beachtliche **Änderung einer höchstrichterlichen Rechtsprechung nach Schadenseintritt** für die Entscheidung über das Schadensersatzbegehren von Bedeutung ist oder nicht. Diese Frage hat der BGH zu Recht verneint, wobei es, wie sich aus den obigen Ausführungen ergibt, nicht um eine Begründung eines Schadens aus normativen Gründen geht, sondern nur darum, einen auch normativ begründeten Anspruch nicht nachträglich wieder normativ zu verneinen. Maßgebender Grund dafür, dies nicht zu tun, ist die **Beachtlichkeit schutzwürdigen Vertrauens in die Gleichbehandlung einschlägiger Fälle**[572]. Dies hat mit Art. 3 GG als solchem nichts zu tun, wie *Adam*[573] meint, sondern damit, dass der Mandant einen Nachteil erlitten hat dadurch, dass ihm ein (steuerrechtlicher oder sonstiger) Vorteil entgangen ist, den er im Einklang mit der im entscheidenden Zeitraum gültigen Rechtsordnung erhalten hätte, wenn sich sein Berater an der damaligen Rechtsprechung orientiert hätte. M.a.W. geht es nicht um Zufallsergebnisse, die durch die Rechtsprechung des BGH entstehen könnten, weil sich Vorprozesse verschiedener Mandanten unterschiedlich lange hinziehen könnten und so teils nach alter, teils nach geänderter neuer Rechtsprechung entschieden würden[574]. Vielmehr ist die Vergleichsbetrachtung zu richten auf einen Mandanten, bei dem das Geschehen auch zeitlich genauso abläuft wie bei dem Regresskläger und der einzige Unterschied nur in der anderen (dort fehlerfreien) Beratung durch Steuerberater oder Rechtsanwalt liegt. Bezogen auf einen solchen Mandanten als Vergleichssubjekt würde der Regresskläger, der zur Herstellung einer vergleichbaren Vermögenslage auf den Schadensersatzanspruch angewiesen ist, letztlich nur durch den Zeitablauf infolge der Notwendigkeit eines Regressverfahrens und der eigentlich nur zufällig bereits währenddessen

566 *Ganter*, S. 22.

567 BGH, Urt. v. 15.11.2007 – IX ZR 44/04 – BGHZ 174, 205, 209, Rn. 9; v. 18.12.2008 – IX ZR 179/07 – juris, Rn. 16; OLG Karlsruhe MDR 2009, 60; *Ganter*, NJW 1996, 1310, 1312; *G. Fischer*, in: G. Fischer/Vill/D. Fischer/Pape/Chab, § 5, Rn. 106; *Vollkommer/Greger/Heinemann*, § 20, Rn. 19.

568 Ebenso *Vollkommer/Greger/Heinemann*, § 20, Rn. 19, 21; ausgenommen ist die abzulehnende Entscheidung des BGH NJW 2005, 3071, 3073 = WM 2005, 2103, dazu oben in Rdn. 196–198.

569 *Adam*, VersR 2001, 809 ff.

570 BGHZ 145, 256, 261 f. = NJW 2001, 146, 148 = WM 2000, 2439, 2442.

571 Wie *Mäsch*, NJW 2001, 1547 f. meint.

572 Zu dem Kriterium fehlender Schutzwürdigkeit bereits *Vollkommer/Greger/Heinemann*, § 20, Rn. 19; vgl. auch *Ganter*, S. 23.

573 VersR 2001, 809, 814.

574 So aber *Adam*, VersR 2001, 814; vgl. auch *Kähler*, JuS 2002, 146 ff.

eintretenden Rechtsprechungsänderung um einen nach der Rechtsordnung entstandenen Anspruch gebracht[575]. Zu kritisieren ist allerdings der Hinweis auf Art. 3 GG, wie ihn der BGH unter Verweis auf eine frühere Entscheidung vom 28.9.1995[576] vornimmt[577], weil in jener Entscheidung ein Anspruch auf Gleichbehandlung aus rechtswidriger Verwaltungspraxis (zu Recht) gerade nicht generell bejaht worden ist[578].

205 Der Rechtsanwalt wird durch die Ansicht des BGH auch nicht etwa zum Garanten für den Mandanten und der mit ihm geschlossene Geschäftsbesorgungsvertrag verliert nicht seinen Dienstvertragscharakter und mutiert etwa zum Werkvertrag[579], sondern es geht nur um die **Beachtung des Schutzzwecks der Haftung als Kriterium des normativen Schadensbegriffes**[580], mithin auch nicht um eine im Widerspruch zur Risikoverteilung beim Anwaltsvertrag stehende Verlagerung des Prozessrisikos von der Partei auf den Anwalt[581]. Und dieser Schutzzweck umfasst es, dem Mandanten unter Beachtung der während der Erledigung des Mandats aktuellen höchstrichterlichen Rechtsprechung mit seinem Anliegen zum Erfolg zu verhelfen, indem ihm die richtigen Schritte angeraten werden und dieser so vor vorhersehbaren und vermeidbaren Rechtsverlusten und daraus resultierenden wirtschaftlichen Nachteilen bewahrt wird[582]. Dem BGH ist daher gegen die Kritik[583] mit ihren teils unterschiedlichen Argumenten zu folgen.

206 Auch das von *Rinsche*[584] gebildete und von *Adam*[585] zum Ausgangspunkt seiner die BGH-Rechtsprechung ablehnenden Kritik gemachte folgende Beispiel kann die schadensrechtliche Maßgeblichkeit der einschlägigen höchstrichterlichen Rechtsprechung nicht ausräumen. Das **Beispiel** lautet:

– Der Rechtsanwalt versäumt es, vor Ablauf der Verjährungsfrist für seinen Mandanten eine Forderung beim Amtsgericht einzuklagen. Die hypothetische Entscheidung wäre wegen des geringen Streitwerts nicht berufungsfähig gewesen (§ 511 Abs. 2 Nr. 1 ZPO). Der auf Schadensersatz in Anspruch genommene Anwalt wendet ein, dass der zuständige Amtsrichter entgegen der höchstrichterlichen Rechtsprechung die Klage bei rechtzeitiger Erhebung ebenfalls als in der Sache unbegründet abgewiesen und dabei eine entgegenstehende, für den Mandanten günstige und zur Begründetheit der Klage führende höchstrichterliche Rechtsprechung nicht beachtet hätte.

Die normative Beurteilung auch in einem solchen Fall, die, bezogen auf den (behaupteten mutmaßlichen) tatsächlichen Geschehensablauf, zu einer Erweiterung der Haftung führt, ist begründet dadurch, dass es nicht um eine hypothetische Willensentschließung irgendeines Dritten geht, der darin letztlich frei wäre, sondern um eine **rechtlich gebundene Entscheidung**, es mithin auch im Ausgangsverfahren nur um die Frage gegangen wäre, das Recht richtig zu »ermitteln« und danach zu entscheiden. Darum stellt sich die »conditio sine qua non«-Frage von vorneherein als eine normative Frage, so dass entgegen der Kritik von *Adam*[586] keine unabdingbare Grundlage des Schadensersatzrechts preisgegeben wird. Räumt man der höchstrichterlichen Rechtsprechung einen bindenden Charakter für die Beurteilung des Regressanspruchs ein, ist nicht nur das – durchaus

575 Dies könnte sogar verfassungsrechtliche Implikationen haben, Art. 14 GG.
576 BGH NJW 1995, 3248, 3249 f. = WM 1995, 2075, 2077 f.
577 BGHZ 145, 256, 261 f. = NJW 2001, 146, 148 = WM 2000, 2439, 2442.
578 Vgl. auch *Kähler*, JuS 2002, 746, 749.
579 So aber *Adam*, VersR 2001, 811.
580 Vgl. zutreffend *G. Fischer*, in: G. Fischer/Vill/D. Fischer/Pape/Chab, § 5, Rn. 89.
581 Wie dies aber *Vollkommer/Greger/Heinemann*, § 20, Rn. 23 einwenden; vgl. ähnlich auch *Adam*, VersR 2001, 809, 811.
582 So auch schon *Vollkommer/Greger/Heinemann*, § 20, Rn. 20.
583 Auch von *Borgmann*, BRAK-Mitt. 2001, 17; vgl. auch *dies.*, NJW 2002, 2145, 2150.
584 6. Auflage, Rn. I 224.
585 VersR 2001, 809.
586 VersR 2001, 810.

in die richtige Richtung zielende – Argument aus einigen älteren BGH-Urteilen[587] erledigt, dass angesichts des in der Regel unberechenbaren Einflusses der verschiedenartigen Erwägungsgründe es nicht ratsam und daher gänzlich zu unterlassen sei, in eine Prüfung und Aufklärung dazu einzutreten, wie das Vorgericht tatsächlich entschieden hätte, sondern es wird auch bezüglich des Regressrichters dessen **Entscheidungsbefugnis und -kompetenz »objektiviert«**, d.h. ebenfalls von dessen konkreter Person und subjektiver Rechtsfindung und -bildung losgelöst. Dadurch wird dann in möglichst objektivierter Weise erreicht, die Partei vor einem materiellen Rechtsverlust zu bewahren, was auch *Vollkommer/Greger/Heinemann*[588] als Anwaltspflicht betonen. Dies steht auch im Einklang mit den prozessrechtlichen Gegebenheiten nach der **ZPO-Reform**: Nach § 511 Abs. 2 Nr. 2 i.V. mit Abs. 4 Nr. 2 ZPO hat der erstinstanzliche Zivilrichter die Berufung zuzulassen u.a. zur Sicherung einer **einheitlichen Rechtsprechung** oder gemäß Abs. 4 Nr. 1 bei grundsätzlicher Bedeutung. Unter den gleichen Voraussetzungen ist vom Berufungsgericht die Revision zuzulassen, § 543 Abs. 1 Nr. 1 i.V. mit Abs. 2 Nr. 1 und Nr. 2 ZPO oder gemäß § 543 Abs. 1 Nr. 2 i.V. mit § 544 ZPO vom BGH als Revisionsgericht. Damit kann sich auch letztlich nicht mehr die Frage der Relevanz einer nur in bestimmten Gerichtsbezirken geltenden Spruchpraxis für die Feststellung von Pflichtverletzungen eines forensisch dort tätigen Anwalts und für die Feststellung eines normativ bestimmten Schadens stellen[589].

In all dem liegt entgegen *Mäsch*[590] keine Abkehr von dem normativen Schadensbegriff[591]; der BGH 207
hat im Gegenteil diesen in der Entscheidung vom 28.9.2000[592] ausdrücklich ohne Einschränkung »festgeschrieben« und in den danach entschiedenen reinen »Zivilrechts-Haftpflichtfällen« die Formel zum normativen Schadensbegriff uneingeschränkt genannt und angewendet[593].

Wenn es zu einer für den Ausgangsprozess ohne den Anwaltsfehler entscheidungserheblichen Fra- 208
ge eine **höchstrichterliche Rechtsprechung des zuständigen BGH-Senats in Zivilsachen** gibt, ist in Fortführung der Regressrechtsprechung des BGH auch dann – also nicht nur bei besonderen Gerichtsbarkeiten – diese für die rechtliche Beurteilung der hypothetisch zu treffenden richtigen Entscheidung des Inzidentverfahrens bindend[594]. Dafür sprechen nicht nur die Pflicht des Anwalts, sich grundsätzlich an dieser auszurichten, sondern insbesondere auch der Gesichtspunkt der Gleichbehandlung, also das Argument, dass für den Mandanten bei pflichtgemäßem Anwaltsverhalten (auch) diese Rechtsprechung gegolten hätte. Nur wenn es keine, keine klare oder keine einheitliche Rechtsprechung gibt, hat das Regressgericht, d.h. in letzter Konsequenz der IX. Zivilsenat des BGH (vgl. § 543 Abs. 1 Nr. 1 i.V. mit Abs. 2 Nr. 1 und Nr. 2, § 543 Abs. 1 Nr. 2 i.V. mit § 544 ZPO) in voller eigener Verantwortung diese Rechtsfrage zu entscheiden.

Auch soweit dem **Gericht des Ausgangsprozesses** ein **Ermessen** zustand, greift für die Kausalitäts- 209
betrachtung der Grundsatz der selbstständigen Entscheidung durch das Regressgericht über die bei unterstelltem pflichtgemäßem Verhalten des Rechtsanwalts richtige Entscheidung jenes Gerichts (vgl. oben Rdn. 190 und 206) ein.

587 Vgl. BGHZ 79, 223, 226; BGH NJW 1959, 1125, 1126; NJW 1964, 405; vgl. auch *Vollkommer/Greger/Heinemann*, § 20, Rn. 18.

588 *Vollkommer/Greger/Heinemann*, § 20, Rn. 20.

589 Vgl. dazu sonst KG MDR 1993, 178 f.

590 NJW 2001, 1547 f.; gegen *Mäsch* auch *Vollkommer/Greger/Heinemann*, § 20, Rn. 20.

591 So auch *Vollkommer/Greger/Heinemann*, Rn. 21; *G. Fischer*, in: G. Fischer/Vill/D. Fischer/Pape/Chab, § 5, Rn. 109 a.E. (»lediglich eine Präzisierung des normativen Schadensersatzbegriffs«); vgl. schon oben Rdn. 204.

592 BGHZ 145, 256, 261 f. = NJW 2001, 146, 148 = WM 2000, 2439, 2442 (unter aa)).

593 Vgl. BGH NJW 2002, 1417, 1418; NJW 2002, 290, 291, zuletzt NJW 2005, 1935 = WM 2005, 950; vgl. auch *Borgmann*, NJW 2002, 2145, 2150.

594 BGH NJW 2009, 1422 (Tz. 3); ohne weitere Problematisierung in der Sache bereits BGH NJW-RR 2003, 1212, 1213 = WM 2003, 1628 ff. = MDR 2003, 928 f.

▶ Beispiel[595]:

Eine Mieterin von Wohnraum beauftragt eine Anwältin mit ihrer Vertretung in dem aufgrund einer fristlosen Kündigung gegen sie geführten Räumungsprozess. Die Berufungskammer gab der Räumungsklage statt. Sie bestimmte keine Räumungsfrist. Die Anwältin der Mieterin hatte es versäumt, einen Räumungsfristantrag nach § 721 ZPO zu stellen und diesen entsprechend zu begründen[596].

Das OLG Hamm hat dazu ausgeführt, es komme für die nach § 287 ZPO vorzunehmende hypothetische Betrachtungsweise nicht darauf an, welche Räumungsfrist das damals konkret mit der Sache befasste Gericht mutmaßlich bewilligt hätte, sondern darauf, welche Räumungsfrist nach Auffassung des Senats den Eheleuten richtigerweise hätte bewilligt werden müssen. Zwar werde durch die Worte »... kann ... gewähren« in § 721 ZPO ausgedrückt, dass dem Gericht ein Ermessen zustehe, innerhalb dessen es die in dem konkreten Fall angemessene Räumungsfrist bestimmen könne. Gleichwohl handele es sich um eine gerichtliche Entscheidung, bei der rechtliche Grundsätze, nämlich die Abwägung der beiderseitigen Interessen von Vermieter und Mieter zugrunde zu legen seien. Zudem sei eine solche Entscheidung im Instanzenzug im Rahmen eines Berufungsverfahrens oder eines Beschwerdeverfahrens nach § 721 Abs. 6 ZPO voll überprüfbar, stelle sich also auch aus diesem Grund nicht anders dar als sonstige gerichtliche Entscheidungen. Insofern bestehe eine andere Situation als bei einer Ermessensentscheidung einer Behörde[597]. Diese Ausführungen verdienen weiterhin Zustimmung.

210 Gelegentlich kann es vorkommen, dass ein Anwalt es »**unbestritten« lässt**, dass ohne seinen Fehler ein Inzidentverfahren für den Mandanten erfolgreich beendet worden wäre. Dann stellt sich die Frage, ob das Regressgericht nicht mehr prüfen darf, wie der Inzidentprozess richtigerweise zu entscheiden gewesen wäre. Eine solche Bindung des Regressgerichts ist indes nicht möglich. Soweit Parteien des Regressprozesses – auch übereinstimmend – vortragen, das Gericht des Vorprozesses hätte konkret in bestimmter Weise entschieden, ist dies regressrechtlich unerheblich. In der eigentlichen rechtlichen Beurteilung kann ein Richter durch die Parteien schon nach allgemeinen Grundsätzen nicht gebunden werden. Allerdings ist den Parteien eine Beeinflussung letztlich auch der rechtlichen Beurteilung in der Weise möglich, dass sie, wozu sie der Dispositionsgrundsatz oder präziser: der Tatsachenbeibringungsgrundsatz befähigt, zu dem für die normative Beurteilung maßgeblichen Sachverhalt für die hypothetische Entscheidung des (hypothetischen) Vorprozesses nur in bestimmter Weise vortragen.

211 Aber auch da ist für den Regressrichter Vorsicht geboten. Wenn es nämlich bei der Schadensermittlung um den Verlauf eines »hypothetischen« Vorprozesses geht, muss gefragt werden, wie bei fehlerfreier Arbeit des Anwalts dieser Prozess richtig zu entscheiden gewesen wäre. Insoweit muss das **Gesamtverhalten des Anwalts** gewürdigt werden. Der Anwalt kann sich z.B. nicht darauf berufen, dass er auch bei rechtzeitiger Klageerhebung den Prozess für den Mandanten wegen unzureichender Substantiierung verloren hätte, wenn er bei pflichtgemäßer Befragung des Mandanten für eine ausreichende Substantiierung hätte sorgen können und müssen[598].

2. Verwaltungsverfahren

212 Die dargestellten Grundsätze der wertenden Schadensbeurteilung gelten auch für den hypothetischen Ausgang von Verwaltungsverfahren, soweit es um **rechtlich gebundene** Verwaltungsentscheidungen geht[599]. Selbst eine ständige rechtswidrige Verwaltungspraxis kann im Fall einer

---

595 OLG Hamm vom 25.10.1994 – 28 U 40/94, NJW-RR 1995, 526 f.

596 Zur darin liegenden Pflichtverletzung, trotz des gerichtlichen Fehlers die Frage der Bewilligung einer Räumungsfrist nicht zu prüfen, vgl. Kap. 2 Rdn. 209.

597 Zu Behandlung behördlicher Ermessensentscheidungen vgl. unten Rdn. 213.

598 Vgl. BGH NJW-RR 1988, 3013, 3015 = WM 1988, 987, 991.

599 BGHZ 145, 256, 261 f. = NJW 2001, 146, 147 = WM 2000, 2439, 2442; NJW-RR 2007, 569, 572 = WM 2007, 419 (Tz. 37); NJW 2008, 440, 442 = WM 2008, 41 (Tz. 16); OLG München, Urt. v. 17.5.2017 – 15 U 311/15 – juris, Rn. 95 ff.

gebundenen Entscheidung keine Schadensersatzansprüche gegenüber einem Steuerberater oder Rechtsanwalt rechtfertigen, der sich diese Praxis nicht zunutze gemacht hat[600]. Bei gebundenen Entscheidungen gibt es keine rechtlich anzuerkennende Selbstbindung einer (Steuer-)Verwaltung, wie der BFH zutreffend entschieden hat[601].

Wann nach diesen Grundsätzen zum Beispiel ein entgangener Steuervorteil oder ein Steuernachteil ein Schaden (auch) im Rechtssinne ist, ist in Rdn. 161 bereits dargestellt.

Anders ist es, wenn der Behörde ein **Ermessensspielraum** zustand bzw. zugestanden hätte. Dann 213
ist zu klären, wie das Ermessen von ihr ausgeübt worden wäre[602]. Denn der Regressrichter darf sein Ermessen nicht an die Stelle der dafür zuständigen Behörde setzen.

»Das einer Verwaltungsbehörde eingeräumte Ermessen ist nämlich dadurch gekennzeichnet, daß der Behörde hierdurch ein Spielraum zur eigenen und eigenverantwortlichen Entscheidung zur Verfügung gestellt wird, innerhalb dessen eine an öffentlichen Interessen orientierte Zweckmäßigkeitsentscheidung möglich ist. Dies kann sogar dazu führen, daß mehrere unterschiedliche, sogar gegensätzliche Verhaltensweisen in gleicher Weise rechtmäßig sein können (vgl. Erichsen/Martens, Allgemeines VerwR, 9. Aufl. (1992), § 10 Rdnr. 14). Durch das Verwaltungsgericht ist die Sachentscheidung der Behörde, sofern sie sich innerhalb der rechtlichen Schranken des ihr eingeräumten Ermessens bewegt, nicht nachprüfbar, was Ausfluß der grundgesetzlich normierten Gewaltenteilung ist und zur Folge hat, daß auch im Regreßverfahren das behördliche Ermessen nicht durch das Gericht ersetzt werden kann.«[603]

Dies ist aber wiederum anders, wenn aufgrund der Umstände des Einzelfalles eine **Ermessensreduzierung auf Null** vorliegt, mithin nur eine einzige Entscheidung in Betracht gekommen wäre; dann ist eine solche als richtigerweise hypothetisch ergangene Entscheidung auch im Regressprozess zugrunde zu legen, denn *»auch insoweit ist jedenfalls wieder davon auszugehen, dass die Behörde sich bei der Ausübung ihres Ermessens pflichtgemäß verhalten hätte.«*[604]

Eine weitere Ausnahme wird man für den Fall anzunehmen haben, dass sich die getroffene Entscheidung **nicht in dem der Verwaltung eingeräumten Ermessensbereich bewegt hätte**; in einem solchen Fall ist darauf abzustellen, wie sie richtigerweise hätte ergehen müssen. M.a.W.: Auf eine hypothetische Entscheidung, die so nicht hätte ergehen dürfen, kann sich ein Anspruchssteller zur Begründung eines ersatzfähigen Schadens auch bei in Rede stehenden Ermessensentscheidungen nicht erfolgreich berufen[605].

Wie oben (Rdn. 170) bereits ausgeführt, kann sich **allerdings** eine vermögenswerte Rechtsposition für einen Mandanten auch aus Rechtshandlungen einer Behörde ihm gegenüber oder aus einer ständigen allgemeinen Verwaltungsübung und dadurch eingetretener **Selbstbindung** der Verwaltung ergeben, so dass eine Nichtwahrnehmung von Vorteilen daraus infolge fehlerhaften Anwaltsverhaltens einen von dem Anwalt zu ersetzenden Schaden begründen kann[606].

---

600 OLG München, a.a.O.; *Borgmann/Jungk/Schwaiger*, Kap. V, Rn. 111.

601 BFH, Beschl. v. 6.9.2016 – V B 52/16 – juris, Rn. 8.

602 BGH NJW 1996, 321, 322 = WM 1996, 25 (insoweit in BGHZ 131, 95, 98 nicht abgedruckt); NJW 1995, 3248, 3249 f. = WM 1995, 2075, 2077 f.; NJW 1993, 2799, 2801 = WM 1993, 1679 f.; vgl. auch NJW 1996, 842, 843 = WM 1996, 542 ff.; NJW 2008, 440, 442 = WM 2008, 41 (Tz. 16).

603 OLG Hamm, Urt. v. 25.10.1994 – 28 U 40/94, NJW-RR 1995, 527.

604 BGH NJW 1996, 842, 843 = WM 1996, 542 ff.; vgl. auch BGH, Urt. v. 13.3.2014 – IX ZR 23/10 – juris, Rn. 24 bis 26 (Ermessensreduzierung auf Null aus einer ermessenslenkenden Verwaltungsvorschrift).

605 So auch schon *G. Fischer*, in: G. Fischer/Vill/D. Fischer/Pape/Chab, § 5, Rn. 115 in ausdrücklicher Ablehnung daher von BGHZ 79, 223, 229 ff. = NJW 1981, 920, 921, weil bei gesetzmäßigem Verfahren der Behörde keinem Antragssteller die Begünstigung durch Steuerbefreiung hätte erteilt werden dürfen; *Ganter*, S. 22; *ders.*, NJW 1996, 1310, 1314; *Sandkühler*, in: Arndt/Lerch/Sandkühler, § 19 BNotO, Rn. 140; nun auch BGH NJW 2008, 440, 442 = WM 2008, 41 (Tz. 16).

606 BGHZ 79, 223, 229 f. = NJW 1981, 920, 921 (geänderte Verwaltungsanordnung, aber Vertrauensschutz gemäß § 48 VwVfG); BGH NJW-RR 1992, 1110, 1112 (Vertrauenstatbestände nach §§ 172 bis 177 AO und eine verbindliche Zusage aufgrund einer Außenprüfung, §§ 204 bis 207 AO, sowie Erklärungen des

214 Über den Bereich einer Selbstbindung der Verwaltung und die Beachtlichkeit darauf gestützten und daher rechtlich schutzwürdigen Vertrauens geht die viel diskutierte Entscheidung des BGH vom 28.9.1995[607] hinaus, indem sie eine **ständige rechtswidrige Verwaltungspraxis** (im Bundesland Bayern entgegen bundeseinheitlichen Richtlinien zur damaligen Zonenrandförderung) als Grundlage schutzwürdigen Vertrauen in eine Gleichbehandlung einschlägiger Fälle hat genügen lassen, obgleich die verwaltungs- bzw. steuerrechtlich zu beantwortende Frage nach einem Anspruch auf Gleichbehandlung im Unrecht vom BGH als ungeklärt betrachtet und offen gelassen worden ist. Wenn aber eine rechtswidrige Verwaltungspraxis keinen Anspruch darauf begründen kann, dass auch in einem weiteren Fall rechtswidrig verfahren wird, und die Verwaltung jeden neuen Einzelfall eigentlich zum Anlass nehmen müsste, ihre gesetzwidrige Praxis aufzugeben und zu einer rechtmäßigen Handhabung überzugehen oder wieder dahin zurückzukehren, ist eine »Aufweichung« der normativen Bestimmung des Schadensbegriffes mit dem Argument, die Behörde sei aber **nicht generell änderungswillig** gewesen, rechtlich nur schwerlich vertretbar[608]. Da aber nach dem BGH-Urteil vom 28.9.2000[609] zur Bestimmung des Schadens unter normativen Gesichtspunkten maßgeblich auf die höchstrichterliche Rechtsprechung der für das Inzidentverfahren einschlägigen Gerichtsbarkeit abzustellen ist, dürfte sich das Urteil vom 28.9.1995[610] letztlich doch als im Ergebnis richtig erweisen[611]. Hinzu kommt in diesem Fall, dass nach der Rechtsprechung des Bundesfinanzhofs[612], also der auch für das Regressgericht maßgeblichen Instanz bei der Beurteilung der Rechtslage für die richtige Inzidententscheidung in dem »Zonenrandförderungsfall«, nach Treu und Glauben sogar telefonische Zusagen einer Finanzbehörde an einen Steuerzahler selbst dann bindend sind, wenn sie gesetzwidrig sind, es sei denn, der Steuerpflichtige konnte die Rechtswidrigkeit der Zusage/Auskunft offensichtlich erkennen. Fehlt es an einer offensichtlichen Rechtswidrigkeit, wird man richtigerweise ein rechtlich schutzwürdiges Vertrauen des Steuerpflichtigen nicht nur bei einer gerade ihm individuell erteilten Zusage oder Auskunft über eine bestimmte steuerliche Handhabung, sondern auch dann anzunehmen haben, wenn angesichts der tatsächlichen Handhabung der Finanzämter eine Anfrage dazu an sie überflüssig ist.

215 In seinem neueren Urteil vom 13.3.2014 hat der BGH **an dieser Rechtsprechung festgehalten**. Unterlasse ein Steuerberater pflichtwidrig einen Hinweis an seinen Mandanten auf einen Anspruch auf steuerliche Sonderbehandlung nach dem sog. Sanierungserlass, könne ein Regressanspruch bestehen, auch wenn sich dieser Erlass nachträglich als rechtswidrig erweisen sollte[613]. In der Urteilsbegründung heißt es dazu:

> »Allerdings darf grundsätzlich einem Geschädigten im Wege des Schadensersatzes nichts zugesprochen werden, was der Rechtsordnung widerspricht. Doch widerspricht eine ständige – allseits für rechtmäßig gehaltene – Verwaltungspraxis der Rechtsordnung jedenfalls dann nicht, wenn die Behörden nicht einen Vorteil gewährt haben, der nach dem Gesetz schlechterdings nicht gewährt werden durfte. Denn ein Mandant, der sich an einer **allseits für rechtmäßig gehaltenen ständigen Verwaltungspraxis** orientiert, ist genauso schutzwürdig wie derjenige, der sich auf eine feste, später jedoch aufgegebene Rechtsprechung stützen kann. In diesem Fall hat der Regressrichter bei der Prüfung der Frage, ob ein Schaden entstanden ist, die Rechtslage

---

Finanzamts im Rahmen der Schlussbesprechung und der Bekanntgabe des Prüfungsberichts); NJW 1993, 2799, 2802 = WM 1993, 1677 ff. (Selbstbindung der Finanzbehörden durch Verwaltungsanweisung, von der nach der Rechtsprechung des BFH nicht willkürlich in Einzelfällen abgewichen werden darf); BGH, Urt. v. 13.3.2014 – IX ZR 23/10 – juris, Rn. 24 bis 26 (Sanierungserlass als »ermessenslenkende Verwaltungsvorschrift«); *G. Fischer*, in: G. Fischer/Vill/D. Fischer/Pape/Chab, § 5, Rn. 104 und 117; kritisch *Borgmann/Jungk/Schwaiger*, Kap. V, Rn. 111; vgl. aber auch *Borgmann*, NJW 2000, 2953, 2965.

607 BGH NJW 1995, 3248, 3249 f. = WM 1995, 2075, 2077 f.

608 Kritisch daher zu Recht auch *G. Fischer*, in: G. Fischer/Vill/D. Fischer/Pape/Chab, § 5, Rn. 116; zustimmend indes *Ganter*, S. 23; *Borgmann*, NJW 2000, 2953, 2965.

609 BGHZ 145, 256, 261 f. = NJW 2001, 146, 147 = WM 2000, 2439, 2442.

610 BGH NJW 1995, 3248, 3249 f. = WM 1995, 2075, 2077 f.

611 Zu diesem Begründungsansatz vgl. nun auch BGH, Urt. v. 13.3.2014 – IX ZR 23/10 – juris, Rn. 32.

612 BFHE 198, 403 = BStBl II 2002, 714 = DB 2002, 1662 ff., m.w.N.

613 BGH, Urt. v. 13.3.2014 – IX ZR 23/10 – juris.

unter Einschluss der einschlägigen höchstrichterlichen Rechtsprechung zugrunde zu legen, die zum Zeitpunkt der hypothetischen Entscheidung im Ausgangsverfahren bestand (BGH, Urteil vom 28.9.2000 – IX ZR 6/99, BGHZ 145, 256, 263 f). Nichts anderes kann grundsätzlich für einen Mandanten gelten, **der im maßgeblichen Zeitpunkt auf eine ständige Verwaltungspraxis vertrauen durfte** (vgl. BGH, Urteil vom 15.1.1981, a.a.O.; vom 28.9.1995, a.a.O.; *Ganter,* NJW 1996, 1310, 1313).«[614]

3. Sonderfall: Strafverfahren

Soweit sich für die Beurteilung eines Schadens die Frage nach dem mutmaßlichen, richtigen Ausgang eines Strafverfahrens stellen sollte, wie es bislang indes in der Regresspraxis offenbar nur recht selten der Fall gewesen ist, tauchen, jedenfalls im Bereich hypothetischer strafgerichtlicher Entscheidungen aufgrund einer Hauptverhandlung, aber auch bei sonstigen strafgerichtlichen Entscheidungen, besondere Fragen auf, die ihren Grund in den verfahrensrechtlichen Eigenheiten und Beschränkungen von Sachverhaltsermittlung und Beweisrecht sowie in dem Umstand haben, dass es um Strafverhängung und Strafzumessung geht (vgl. auch schon oben Rdn. 92). Zu weiteren Einzelheiten hierzu vgl. Kap. 9 Rdn. 261 ff. 216

IV. Inhalt des Schadensersatzanspruchs

1. Art und Umfang

Wird wegen Nichteinhaltung einer Leistungspflicht (Hauptpflicht oder leistungsbezogener Nebenpflicht, § 241 Abs. 1 BGB n.F.) vertraglich auf Schadensersatz gehaftet, ist grundsätzlich das volle Erfüllungsinteresse zu ersetzen, der Gläubiger also so zu stellen, wie er stehen würde, wenn der Schuldner ordnungsgemäß erfüllt, d.h. der Anwalt sich pflichtgemäß verhalten hätte[615]. Lässt ein Anwalt z.B. eine Forderung verjähren, versäumt er materiellrechtliche oder prozessuale Fristen, schließt er einen nachteiligen Vertrag, z.B. einen ungünstigen Vergleich, ab, verklagt er einen »falschen« Schuldner etc., ist also zu fragen, **wie sich bei richtigem Verhalten des Anwalts das Vermögen des Mandanten im Vergleich zum tatsächlichen Geschehensablauf entwickelt hätte** (vgl. schon oben Rdn. 152 m.w.N.). Dabei ist zu beachten, dass ein Anwaltsvertrag regelmäßig als Geschäftsbesorgungsvertrag mit dienstvertraglichem Charakter anzusehen ist. Das gilt auch bei einem Mandat zum Führen von Vertragsverhandlungen, deren erfolgreicher Abschluss grundsätzlich nicht geschuldet wird. Mithin wird bei einem Misserfolg kein Ersatz dahin geschuldet, den Mandanten vermögensmäßig so zu stellen, wie er bei Vertragsschluss gestanden hätte. Selbst wenn der Anwalt »vollmundig« gegenüber seinem späteren Mandanten erklärt hat, dass er für den Fall, dass ihm das Mandat zum Führen von Vertragsverhandlungen erteilt werde, den Eintritt des erstrebten Verhandlungserfolgs »garantiere«, kann darin nicht zwangsläufig der Geschäftswille erkannt werden, bei einem Scheitern die Verpflichtung zur Schadloshaltung zu übernehmen[616]. 217

Geht es um **Beratungsfehler**, ist zu beachten, dass der Rechtsanwalt auch hier nicht für einen bestimmten Erfolg i. S. einer Garantie einzustehen hat und daher nicht verpflichtet ist, den Mandanten vermögensmäßig so zu stellen, als wenn der Inhalt seiner unrichtigen Beratung oder Auskunft zutreffend wäre, sondern nur so, wie er bei zutreffender Beratung oder Auskunft gestanden hätte. M.a.W. besteht insoweit lediglich eine Haftung für den **Vertrauensschaden**, der dem Mandanten entstanden ist, weil er sich auf die Richtigkeit und Vollständigkeit der Beratung oder Auskunft verlassen hat[617]. 218

---

614 BGH, a.a.O., juris, Rn. 32 (Hervorhebungen durch den Verfasser).

615 Vgl. schon oben zur Differenzhypothese, Rdn. 152 m.w.N.; vgl. auch Palandt/*Grüneberg*, Vor § 249, Rn. 16.

616 OLG Frankfurt NJW 2007, 1467.

617 BGH NJW-RR 1991, 1125, 1126 = WM 1991, 1303, 1305; NJW-RR 1995, 619, 620 = WM 1995, 941, 942; Urt. v. 6.12.2018 – IX ZR 176/16 – juris, Rn. 38 (jeweils Steuerberaterhaftung; m.w.N.); *G. Fischer*, in: G. Fischer/Vill/D. Fischer/Pape/Chab, § 5, Rn. 141; *Ganter*, S. 18; vgl. auch allgemein: BGH NJW 1998, 982, 983 = WM 1998, 142; NJW-RR 2003, 1035, 1036 = WM 2003, 1621 ff.; Palandt/*Grüneberg*, Vor § 249, Rn. 18 m.w.N.

219 Als **Vermögensschadenspositionen** kommen insbesondere in Betracht[618]:
- Verlust oder Beeinträchtigung von Rechten aller Art (vgl. dazu mit Beispielen Rdn. 223),
- zusätzliche Verbindlichkeiten,
- entgangener Gewinn (§ 252 S. 1 BGB) (dazu im Einzelnen Rdn. 258)[619],
- vergebliche oder vermehrte Aufwendungen[620],
- Verzögerungsschäden, sofern die Vermeidung entsprechender Nachteile zum Inhalt der übernommenen Vertragspflichten gehörte[621],
- Vergütungsforderung des Rechtsanwalts bei Interessewegfall (§ 628 Abs. 1 Satz 2 Fall 2 BGB) wegen eines unzutreffenden Rechtsgutachtens[622].

220 Zu den danach ersatzpflichtigen Aufwendungen gehören z. B. die **Kosten oder Mehrkosten eines Prozesses**, auch bei Prozessen, die zur Abwendung oder Verringerung eines infolge des anwaltlichen Fehlers drohenden Schadens sachgerecht und sinnvoll erscheinen durften[623], sowie auch die durch das Schadensereignis erforderlich gewordenen **vorprozessualen Rechtsverfolgungskosten**, die aus der Sicht des Geschädigten zur Wahrnehmung seiner Rechte erforderlich und zweckmäßig waren, jedenfalls in bzw. bis zur Höhe der gesetzlichen Gebühren[624]. In besonderen Fällen können auch höhere Anwaltskosten in Höhe einer angemessenen Honorarvereinbarung ersatzfähig sein, weil ein geeigneter Anwalt zu den gesetzlichen Gebühren etwa wegen der Aufwändigkeit des Rechtsstreits und eines nur geringen Streitwerts nicht hat gefunden werden können oder ein Spezialist notwendig war, der nicht zum gesetzlichen Honorar arbeitete[625].

221 Zu beachten ist, dass **(Prozess-)Kostenschäden** infolge eines wegen des Anwaltsfehlers verlorenen Prozesses oder sonst erfolgloser Rechtsverfolgung oder Rechtsverteidigung als Schadensposition **unter zwei Aspekten** in Betracht kommen[626]. Einmal kann geltend gemacht werden, dass bei ordnungsgemäßem Anwaltsverhalten ein Vorprozess oder die streitige Auseinandersetzung mit dem damaligen Gegner richtigerweise gewonnen worden wäre mit der Konsequenz, dass der Gegner die Kosten hätte tragen müssen, sei es aus prozessualen oder (auch) aus materiellrechtlichen Gründen. In einer solchen Fallkonstellation tritt der Kostenschaden in der Regel zum Schaden in der Hauptsache hinzu[627]. Es kann aber auch so sein, dass Ersatz eines (Prozess-)Kostenschadens verlangt wird mit dem Vorwurf an den Anwalt, dieser hätte den Vorprozess oder ein anderes, zusätzliche Kosten hervorrufendes Verfahren nicht einleiten oder betreiben dürfen[628]. Dann kann nur ein dadurch verursachter (Mehr-)Kostenersatz begehrt werden.

Beide Fälle sind **genau zu unterscheiden**. Ihnen liegen zwei sich widersprechende Pflichtverletzungsvorwürfe und Kausalverläufe zugrunde[629]. Der Regresskläger muss sich also »entscheiden«, wie er den Anspruch auf Ersatz von Kostenschäden begründen will. Möglich ist nach allgemeinen

618 Vgl. auch *Sandkühler*, in: Arndt/Lerch/Sandkühler, § 19 BNotO, Rn. 121.

619 Vgl. BGH NJW-RR 2008, 786 = WM 2008, 748, 750 (Tz. 19; entgangene Anlagezinsen aus der Hauptsumme); NJW 1998, 900, 902 = WM 1998, 776 ff.; NJW 1988, 200, 203; NJW 1983, 758 (Spekulationsgeschäft); vgl. auch BGH NJW 2002, 2553 f. = WM 2002, 909, 910 (entgangener Gewinn aus Spekulationsgeschäften in Aktien als Verzugsschaden).

620 Vgl. *Vollkommer/Greger/Heinemann*, § 20, Rn. 32; vgl. auch BGH NJW 2008, 1307, 1308 = WM 2008, 371 (Tz. 17).

621 BGH NJW-RR 2007, 857, 859 f. = WM 2007, 564, 566 f. (Tz. 25); vgl. auch schon Rdn. 81.

622 Vgl. BGH, Versäumnisurt. v. 16.2.2017 – IX ZR 165/16 – juris, Rn. 28 unter Bezugnahme auf BGH, Urt. v. 4.2.2010 – IX ZR 18/09 – juris, Rn. 56.

623 Vgl. BGH NJW 1985, 1152, 1154 = VersR 1985, 238.

624 BGH, Urt. v. 16.7.2015 – IX ZR 197/14 – juris, Rn. 55 m.w.N.

625 BGH, a.a.O., juris, Rn. 58 m.w.N.

626 Vgl. schon *Vollkommer/Greger/Heinemann*, § 20, Rn. 24, 32; *Borgmann/Jungk/Schwaiger*, Kap. V, Rn. 104 und Rn. 154 f.

627 Vgl. BGH, Urt. v. 4.2.2010 – IX ZR 18/09 – juris, Rn. 56; Urt. v. 24.9.2015 – IX ZR 206/14 – juris, Rn. 26.

628 Beispiel: OLG Hamm VersR 1981, 936; VersR 1984, 589 (LS).

629 Vgl. dazu OLG Bamberg, Urt. v. 20.11.2018 – 6 U 19/18 – juris, Rn. 51.

Prozessgrundsätzen auch eine Staffelung im Sinne eines Haupt- und Hilfsvorbringens. Dies ist erforderlich, will der Regresskläger beide Vorwürfe als Grundlage für den Ersatz eines Schadens überprüft wissen. Denn dabei handelt es sich um **zwei Streitgegenstände**[630]. Der jeweilige Vorwurf stützt sich nach der maßgeblichen natürlichen vom Standpunkt der Parteien ausgehenden Betrachtung auf eine »gänzlich neue tatsächliche Grundlage« und muss deshalb, wenn auch nur hilfsweise, zur Herleitung des Klagebegehrens vorgetragen und damit deutlich gemacht werden, dass (auch) insoweit »endgültige Rechtsgewissheit« erwartet wird[631].

Prozessual ist dabei weiter zu beachten, dass diese Geltendmachung tunlichst bereits in erster Instanz des Regressprozesses erfolgen sollte, um nicht an **§ 531 Abs. 2 Nr. 3 ZPO** zu scheitern. Denn wenn der Regresskläger anders als bislang nicht mehr oder nicht nur geltendmachen will, dass er den Vorprozess durch eine fehlerhafte Prozessführung des Anwalts verloren habe, sondern dieser von dem Vorprozess hätte abraten müssen, handelt es sich um ein neues Vorbringen, welches unzulässig ist, wenn es erstinstanzlich hätte erfolgen können[632]. 222

Der Schadensausgleich erfolgt grundsätzlich durch **Geldersatz**[633].

▶ Beispiele:

- Für den **Verlust eines Gesellschaftsanteils** ist regelmäßig der Wiederbeschaffungswert in Geld zu ersetzen. Etwaige künftige Erträge fließen in die Berechnung ein[634]. 223
- Empfiehlt der rechtliche Berater einem Gesellschafter zur Durchführung einer Kapitalerhöhung bei einer GmbH den verbotenen Weg einer **verdeckten Sacheinlage**, bemisst sich der Schadensersatzanspruch des Gesellschafters, falls die von ihm und der Gesellschaft im Zuge des verdeckten Geschäfts erbrachten Zahlungen bereicherungsrechtlich zu saldieren sind, nach der Höhe der von ihm noch zu erbringenden Bareinlage zuzüglich eines Wertverlusts an dem von ihm verdeckt eingebrachten Sachwert[635].
- Verschuldet der Rechtsanwalt, dass der Abschluss einer Scheidungsfolgenvereinbarung über den Ausschluss von Ansprüchen auf Versorgungs- und Zugewinnausgleich unterbleibt, so dass der vom Familiengericht vorgenommenen **Versorgungsausgleich zu Lasten des Mandanten** erfolgte, ist der in der Übertragung von Rentenanwartschaften liegende Schaden durch Zahlung desjenigen Betrages an den Versicherer auszugleichen, der erforderlich ist, um entsprechende Anwartschaften neu zu begründen[636]. Wenn allerdings nach den sozialversicherungsrechtlichen Vorschriften das Rentenkonto um die durch den anwaltlichen Beratungsfehler entgangenen Rentenanwartschaften nicht erhöht werden kann, kann lediglich im Wege eines Feststellungsurteils die Verpflichtung des Regresspflichtigen ausgesprochen werden, an den Kläger vom Zeitpunkt der Erlangung der Rentenberechtigung an fortlaufend die Beträge zu bezahlen, die erforderlich sind, um ihn so zu stellen, als wäre mit Rechtskraft des Urteils in dem Scheidungsverbund eine entsprechende Versorgungsanwartschaft begründet worden[637].

630 OLG Hamm vom 24.9.1996 – 28 U 23/96; BGH, Urt. v. 7.2.2008 – IX ZR 198/06 – juris, Rn. 34, 35; v. 13.3.2008 – IX ZR 136/07 – juris, Rn. 24; Beschl. v. 29.9.2011 – IX ZB 106/11 – juris, Rn. 13; vgl. dazu auch Kap. 7 Rdn. 180.

631 OLG Hamm vom 22.6.2004 – 28 U 8/04; zu verschiedenen Streitgegenständen im Anwaltsregress vgl. BGH NJW 1993, 3323, 3326 = WM 1993, 2129 ff.; NJW 1992, 3243, 3244 = WM 1992, 2076, 2077 f.; Nichtannahmebeschluss vom 19.11.1992 – IX ZR 221/91, zu OLG Hamm vom 4.7.1991 – 28 U 6/91; NJW 2000, 2678, 2679 (Steuerberater); NJW-RR 2000, 1521, 1522 (Steuerberater); BGH NJW-RR 2008, 1235, 1237 = WM 2008, 1560 (Tz. 4 und 24); vgl. auch: BGHZ 117, 1, 5 ff. = NJW 1992, 1172, 1173 f.; NJW 1999, 2118, 2120 = WM 1999, 1689; vgl. ferner Kap. 7 Rdn. 167.

632 OLG Hamm, Urt. v. 12.7.2012 – 28 U 77/11 – juris, Rn. 141.

633 BGH WM 1971, 1412, 1414; Palandt/*Grüneberg*, § 281 BGB, Rn. 17; § 283, Rn. 6; *Ganter*, S. 18.

634 BGH, Urt. v. 18.4.2002 – IX ZR 72/99, BGHZ 150, 319, Rn. 58 ff.

635 BGH, Urt. v. 19.5.2009 – IX ZR 43/08 – juris, Rn. 20.

636 BGH, Urt. v. 15.4.2010 – IX ZR 223/07 – juris, Rn. 7 f. (Aufgabe des Urt. v. 24.5.2007 – IX ZR 142/05 – juris, Rn. 25 f.); ebenso BGH, Urt. v. 21.9.2017 – IX ZR 34/17 – juris, Rn. 41.

637 BGH, Urt. v. 11.3.2010 – IX ZR 104/08 – juris, Rn. 25 und Rn. 32.

- Lassen sich hinsichtlich einer verhängten **Geldstrafe oder Geldbuße** wegen vorsätzlicher Steuerhinterziehung des Mandanten keine konkreten Feststellungen zur subjektiven Tatbestandsseite treffen, so kann der Steuerberater, der unrichtige Angaben bei der Steuererklärung gemacht hat, verpflichtet sein, den durch die verhängte Geldstrafe entstandenen Vermögensschaden zu ersetzen[638].
- Diese Ersatzpflicht greift nicht ein, wenn festgestellt werden kann, dass der Mandant vorsätzlich die Steuern verkürzt hat, weil er sich dann über die Rechtswidrigkeit seines Tuns im Klaren war und keiner Aufklärung bedurfte[639]. Ebenso wenig kann er bei einer solchen vorsätzlichen Steuerhinterziehung die Erträge daraus ersetzt verlangen[640], noch sind ihm weitere Nachteile zu ersetzen, die mit der versehentlichen Aufdeckung der Steuerhinterziehung durch seinen Berater verbunden sind[641].
- Davon abzugrenzen ist der Fall, dass der Berater im Rahmen eines steuerrechtlichen Mandats es auftragswidrig versäumt, rechtzeitig eine steuerrechtliche Selbstanzeige nach § 371 Abs. 1 AO zu stellen, um dem Mandanten, der sich einer Steuerhinterziehung schuldig gemacht hat, Straffreiheit zu verschaffen. Dass es sich dabei um eine von dem Mandanten notwendigerweise mit Vorsatz begangene Tat handelt, steht der Pflicht des Steuerberaters (oder Steuerrechtsanwalts) auf Ersatz der wegen der Steuerhinterziehung verhängten Geldstrafe einschließlich des Ersatzes etwaiger Verteidigerkosten nicht entgegen[642]. Es liegt auch kein Widerspruch zu der in den o.g. Entscheidungen des BGH[643] zum Ausdruck gekommenen Rechtsauffassung vor, wonach bei (vorsätzlicher) Steuerhinterziehung keine Regresspflicht besteht. Dies hat das OLG Nürnberg überzeugend wie folgt herausgearbeitet[644]:

»Diese Entscheidungen befassen sich nicht mit dem Fall eines mit der Erstellung einer Selbstanzeige nach § 371 AO beauftragten Steuerberaters.

Vielmehr betreffen die Ausführungen des Bundesgerichtshofs in den genannten Entscheidungen die Frage, ob der steuerliche Berater seinen Mandanten vor der Begehung einer vorsätzlichen Steuerstraftat zu bewahren hat; er hat diese Frage verneint und deshalb ausgesprochen, ein Mandant, der eine vorsätzliche Steuerhinterziehung begehe, könne die sein Vermögen treffenden steuerstrafrechtlichen Folgen nicht auf seinen Berater abwälzen. Hierum geht es im Streitfall nicht. Vielmehr liegt der Fall so – wie in der Entscheidung des Reichsgerichts vom 10.06.1942 ausgeführt –, dass die Beklagten der Klägerin und ihrem Ehemann »ihren Rechtsrat gerade in Kenntnis und auf der Grundlage der bereits geschehenen Steuervergehen und der dadurch an sich bestehenden Straffälligkeit zu erteilen hatten«; die bereits erfolgte Verwirklichung der steuerstrafrechtlichen Tatbestände war also gerade der Anknüpfungspunkt für die von den Beklagten übernommene Verpflichtung, im Rahmen der gesetzlichen Möglichkeiten den Mandanten Straffreiheit zu verschaffen.«

224 Bei schadenskausalen Belastungen hat der Mandant grundsätzlich einen **Freistellungsanspruch**, aber bei ernsthafter und endgültiger Leistungsverweigerung des Anwalts gemäß § 250 S. 2 BGB auch dann einen Geldersatzanspruch, ohne dass es einer Fristsetzung mit Ablehnungsandrohung nach § 250 S. 1 BGB bedarf[645], wobei der Freistellungsanspruch sich in dem Moment in einen

638 BGH, Urt. v. 15.4.2010 – IX ZR 189/09 – juris, Rn. 8–10 in Fortführung von BGH, Urt. v. 14.11.1996 – IX ZR 215/95 – juris, Rn. 13.

639 BGH, Urt. v. 9.11.2017 – IX ZR 270/16 – juris, Rn. 32.

640 BGH, a.a.O., Rn. 33.

641 BGH, a.a.O., Rn. 35.

642 OLG Nürnberg, Endurt. v. 24.2.2017 – 5 U 1687/16 – juris, Rn. 4 f.; OLG Frankfurt, Urt. v. 1.6.2017 – 17 U 151/16 – juris, Rn. 47 – 51.

643 BGH, Urt. v. 15.4.2010 – IX ZR 189/09 – juris, Rn. 8 – 10 in Fortführung von BGH, Urt. v. 14.11.1996 – IX ZR 215/95 – juris, Rn. 13.

644 OLG Nürnberg, a.a.O.

645 BGHZ 40, 345, 352 = NJW 1964, 542, 544; BGH NJW-RR 1987, 43, 44 = WM 1986, 1115; NJW 1991, 2014; NJW 1992, 2221, 2222 = WM 1992, 1074 (unter 3.); NJW 1993, 1137, 1138 = WM 1993, 703; NJW-RR 1996, 700 = WM 1996, 1282; NJW 1999, 1542 = WM 1999, 779; NJW 2007, 1809, 1811 = VersR 2007, 1539 (Tz. 20).

Geldersatzanspruch umwandelt, in welchem der Berechtigte Geldersatz fordert[646]. Wenn sich der Mandant allerdings hinsichtlich der gegen ihn erhobenen Forderung in einer streitigen, noch nicht abgeschlossenen Auseinandersetzung befindet, kann er gegen den Anwalt lediglich auf **Feststellung der** Verpflichtung zur **Freistellung** klagen. Während es nämlich der Freistellungsklage als einer Leistungsklage an der erforderlichen Bestimmtheit mangelt, wenn die Frage der Belastung mit der Verbindlichkeit, von der befreit werden soll, offen ist, spielt dieses Kriterium (wie auch die Frage der Vollstreckungsfähigkeit allgemein) bei einer Feststellung der Verpflichtung zur Freistellung keine Rolle[647]. Soweit der IX. Zivilsenat des BGH in seiner Entscheidung vom 10.12.1992[648] und der I. Zivilsenat mit Urteil vom 16.1.2006[649] auf fehlendes berechtigtes Interesse des Regressklägers, bereits jetzt von seinem Regressschuldner Zahlung zu erhalten, abstellen und eine Klage auf Feststellung der Ersatzpflicht für den richtigen Weg erklären, ist Letzterem nicht zuzustimmen. Das Fehlen eines Rechtsschutzinteresses ist als zusätzliches Argument für die Unzulässigkeit der Freistellungsklage anzuerkennen. Würde aber die Feststellung der Ersatzpflicht bei noch nicht geklärtem Eintritt eines Schadens durch Belastung mit einer Verbindlichkeit begehrt, würde genau dies auch im Wege des Feststellungsurteils gerade noch nicht ausgesprochen werden können. Ob eine Freistellungsklage in Betracht kommt, wenn der Kläger an den Dritten etwa im Wege der Vollstreckung oder zu deren Abwendung Leistungen hat erbringen müssen[650], ist zweifelhaft. Der sicherere Weg für die Regressklage ist auch dann die Feststellungsklage.

Da nach § 249 Abs. 1 BGB n.F. (früher § 249 S. 1 BGB) der Schädiger grundsätzlich den Zustand herzustellen hat, der bestehen würde, wenn der zum Ersatz verpflichtende Umstand nicht eingetreten wäre, kann der Rechtsanwalt, durch dessen Fehler ein Prozessverlust oder ein sonstiger **Nachteil droht**, verpflichtet sein, **zusätzliche honorarfreie Leistungen** zu erbringen, sofern sich dadurch der Schadenseintritt noch verhindern oder in seinem Ausmaß mildern lässt[651]. 225

Dazu heißt es im Urteil des BGH vom 10.2.1994:

> »Hat der Anwalt im Laufe der Bearbeitung des Mandats Veranlassung anzunehmen, seinen Auftraggeber bereits durch einen Fehler geschädigt zu haben, so ist er nach ständiger Rechtsprechung grundsätzlich gehalten, ihn hierauf sowie auf die kurze Verjährungsfrist des § 51 BRAO hinzuweisen. Ist infolge des Anwaltsfehlers zwar noch kein Schaden eingetreten, besteht jedoch die Gefahr, daß dem Mandanten in Zukunft ein finanzieller Nachteil erwächst, so hat der Anwalt bei Weiterbearbeitung des Mandats von sich aus alles in seinen Kräften Stehende zu tun, um seinen Auftraggeber vor Schaden zu bewahren. Dies folgt schon aus dem allgemeinen Grundsatz, daß der Rechtsanwalt seinen Mandanten im Rahmen des erhaltenen Auftrags allgemein und umfassend zu belehren sowie seine Belange in einer Weise wahrzunehmen hat, daß Nachteile für ihn möglichst vermieden werden. Ist dies nur noch durch vermehrten Aufwand – etwa eine **zusätzliche Beratung oder einen Rechtsbehelf** – möglich, den der rechtliche Berater bei sachgerechtem Handeln vermieden hätte, können daraus entstehende zusätzliche Kosten nicht zu Lasten seines Auftraggebers gehen. Nach der Regel des § 249 BGB wird ebenfalls in erster Linie die Wiederherstellung des ursprünglichen Zustands und nicht Geldersatz geschuldet. Dieser Grundsatz gilt erst recht, wenn der Schaden noch nicht eingetreten ist. Die vorrangige Aufgabe des rechtlichen Beraters besteht dann darin, durch sachgerechte Tätigkeit einen vermögensrechtlichen Nachteil, soweit möglich, zu verhindern, auch wenn dies einen erhöhten

---

646 BGH NJW-RR 1987, 43, 44 = WM 1986, 1115, 1117; WM 1965, 287, 289; vgl. auch NJW 1991, 2014 = WM 1991, 1002; NJW 1992, 2221 = WM 1992, 1074, 1076; NJW-RR 1996, 700 = WM 1996, 1282, 1283; NJW 1999, 1542 = WM 1999, 1542 = WM 1999, 779, 781; NJW 2004, 1868 f. = WM 2004, 422.

647 BGHZ 100, 228, 232 = NJW 1987, 1887; BGH NJW 1990, 1366 = WM 1990, 262, 264; NJW 1991, 634, 635; NJW 2001, 155 = MDR 2001, 105; OLG Hamm vom 14.10.2003 – 28 U 47/03, S. 23, 24; vgl. auch BGH NJW-RR 2005, 494, 498; NJW 2007, 1809, 1811 = VersR 2007, 1539 (Tz. 20 a.E.).

648 BGH NJW 1993, 1137, 1139 = WM 1993, 703, 705.

649 BGH NJW 2007, 1809, 1811 = VersR 2007, 1539 (Tz. 20).

650 Offengelassen von BGH NJW 1993, 1137, 1139 = WM 1993, 703, 705.

651 BGH NJW 1994, 1472, 1473 = WM 1994, 1114, 1116 = VersR 1994, 938; NJW 2000, 3560, 3562 = WM 2000, 2437, 2439; vgl. auch BGH NJW 2002, 1048, 1049 (unter II 1b); NJW-RR 2003, 1064, 1066 = WM 2003, 1138, 1140 (unter II. 2. c); Steuerberaterhaftung); BVerfG NJW 2002, 2937, 2938 (unter 2b) bb)); vgl. ferner Kap. 2 Rdn. 259 a.E.

Arbeitseinsatz erfordert. … Der erforderliche Aufwand hängt von den Umständen des Einzelfalles ab, kann sich nur auf nach Treu und Glauben (§ 242 BGB) **zumutbare Leistungen** erstrecken und ist durch den **Verhältnismäßigkeitsgrundsatz**[652] (Rechtsgedanke des § 251 II BGB) nach oben begrenzt.«[653]

▶ Beispiele:

226 – Als eine solche honorarfreie Zusatzleistung kommt bei Versäumung von prozessualen Fristen, für die haftungsrechtlich der Anwalt gemäß § 278 BGB (Verschulden seiner Hilfspersonen) verantwortlich ist, ein Gesuch auf Wiedereinsetzung in den vorigen Stand in Betracht (dazu Kap. 8 Rdn. 703).

– Ist eine ansonsten begründete Klage wegen eines Anwaltsfehlers abgewiesen worden, hat der regresspflichtige Anwalt das **Kostenrisiko für eine weitere Instanz zu tragen**[654]. Der Anwalt ist verpflichtet, unter Hinweis auf seine Einstandspflicht die **Übernahme der Kosten** eines etwaigen Rechtsmittel- oder Rechtsbehelfsverfahrens **anzubieten**[655]. Der Mandant darf beispielsweise die Einlegung einer Berufung von der Erklärung des Anwalts abhängig machen, dass er den Auftraggeber von den Kosten der zweiten Instanz freistelle, falls in erster Instanz pflichtwidrig unterlassener und nun ergänzend vorgebrachter Vortrag im Hinblick auf die Verspätungsvorschriften nicht zugelassen und deshalb die Berufung zurückgewiesen werde[656].

227 Ist der Schaden durch **rechtskräftigen Verlust eines Prozesses** eingetreten, kann der Rechtsanwalt ebenfalls zu zusätzlicher Tätigkeit verpflichtet sein (vgl. Kap. 2 Rdn. 260)[657] und hat das entsprechende Kostenrisiko zu tragen[658]. Dazu hat der BGH im Urteil vom 21.9.2000 ausgeführt:

»Ist der Schaden bereits aus vom Rechtsanwalt zu verantwortenden Gründen eingetreten, besteht jedoch berechtigte Aussicht, ihn durch einen **Zweitprozess** zu beseitigen oder zu verringern, hat der Anwalt auf Grund der ihn gem. § 249 BGB treffenden Ersatzpflicht seinem Mandanten die dafür erforderlichen **Aufwendungen** zur Verfügung zu stellen, sofern er ihn nicht auf andere Weise schadlos stellt. Führt der Anwalt in einem solchen Fall den Zweitprozess, handelt er **auf eigenes Risiko;** denn der geschädigte Auftraggeber ist ihm gegenüber nicht verpflichtet, sich auf einen weiteren Rechtsstreit zur Schadensminderung oder -beseitigung einzulassen. Er könnte stattdessen sofort vom Anwalt Ersatz verlangen Zug um Zug gegen Abtretung der gegen den Dritten gerichteten Ansprüche (§ 255 BGB). Sieht der Mandant – in der Regel aus Rechtsunkenntnis – davon ab, sofort den Anwalt in Anspruch zu nehmen, und lässt sich stattdessen auf einen weiteren Rechtsstreit ein, ist es nur sachgerecht, dass sein einmal entstandener Schadensersatzanspruch durch einen ungünstigen Ausgang des Zweitprozesses nicht mehr beeinträchtigt werden kann, er also nicht das Risiko einer eventuellen gerichtlichen Fehlentscheidung zu tragen hat.«[659]

Der Anwalt kann also seiner Schadensersatzpflicht nicht dadurch entgehen, dass er darauf verweist, der Schaden könne z.B. durch einen weiteren Prozess noch beseitigt werden.

228 Pflichtverletzungen eines Anwalts können in seltenen Fällen auch **Personenschäden** zur Folge haben. Insoweit sind nach neuer Gesetzeslage nicht nur materielle Schäden, sondern unter den Voraussetzungen des § 253 Abs. 2 BGB **auch immaterielle Schäden** zu ersetzen, vorausgesetzt der Schutz von Gesundheit und Freiheit des Mandanten unterfällt dem Schutzbereich der verletzten Anwaltspflicht (dazu näher bereits Rdn. 4, 70, 89, 92 und Kap. 1 Rdn. 334). Demgemäß hat das *KG* zu Recht einen Verteidiger zur Zahlung eines angemessenen Schmerzensgeldes verurteilt, der es

652 Hervorhebungen des Verfassers.

653 BGH, Urt. v. 10.2.1994 – IX ZR 109/93 – juris, Rn. 23; so auch schon *G. Fischer*, in: G. Fischer/Vill/D. Fischer/Pape/Chab, § 5, Rn. 144.

654 BGH, Urt. v. 6.10.2005 – IX ZR 111/02 – juris, Rn. 10; v. 12.5.2010 – IX ZR 11/10 – juris, Rn. 18; vgl. auch *Neuhofer*, AnwBl 2006, 577 f.; *G. Fischer*, in: G. Fischer/Vill/D. Fischer/Pape/Chab, § 5, Rn. 144 und Kap. 2 Rdn. 260.

655 BGH, Urt. v. 12.5.2010 – IX ZR 11/10 – juris, Rn. 18 (für Berufung).

656 BGH, Urt. v. 6.10.2005 – IX ZR 111/02 – juris, Rn. 10.

657 *G. Fischer*, in: G. Fischer/Vill/D. Fischer/Pape/Chab, § 5, Rn. 144.

658 BGH, Urt. v. 6.10.2005 – IX ZR 111/02 – juris, Rn. 10.

659 BGH NJW 2000, 3560, 3562 = WM 2000, 2437, 2439; vgl. auch schon Kap. 2 Rdn. 260, 261, dort auch zur zusätzlichen Belehrungspflicht.

durch pflichtwidrige Versäumnisse verschuldet hatte, dass sein Mandant in (Untersuchungs-)Haft genommen wurde[660]. Ähnliches würde gelten, wenn einem Beschuldigten infolge eines Verteidigerfehlers die beantragte Haftverschonung versagt wird[661].

2. Besonderheiten der Anspruchsgrundlagen nach neuem Schuldrecht

229 Die aufgezeigten Grundsätze zum Inhalt von in Betracht kommenden Schadensersatzansprüchen wegen Schlechterfüllung eines Anwaltsvertrages oder wegen Verletzung sog. leistungsbezogener Nebenpflichten (z.B. von Warnpflichten), wie sie schon nach früherem Schuldrecht anzuwenden waren, gelten im Rahmen des neuen Schuldrechts fort. Gewisse Besonderheiten können sich infolge der neuen allgemeinen Anspruchsgrundlagen in §§ 280 ff. BGB ergeben.

a) Nicht behebbarer Anwaltsfehler

230 Die für die Anwaltshaftung ganz typische und in der Regel vorliegende Situation ist die, dass durch einen Anwaltsfehler ein Vermögensnachteil des Mandanten verursacht wird und nach dem Inhalt des Anwalts(dienst)vertrages die Pflichtverletzung nicht mehr korrigiert, also eine fehlerfreie Leistung nicht mehr nachgeholt werden kann. Schadensersatz auf vermögensmäßigen Ausgleich des verletzten »**Integritätsinteresses**«[662] (auch »Begleitschaden« genannt[663]) kann dann gemäß **§ 280 Abs. 1 BGB** als Schadensersatz neben der Leistung verlangt werden[664]. Inhaltlich bemisst er sich **nach den gleichen Maßstäben wie früher**, wie sie oben (Rdn. 217 ff.) dargestellt worden sind[665].

231 Soweit die fehlerhafte Vertragsleistung oder die Verletzung leistungsbezogener Nebenpflichten durch eine fehlerfreie Leistung nicht mehr ersetzt werden kann, kann zusätzlich Schadensersatz statt der Leistung, mit dem (nur) **das eigentliche Erfüllungsinteresse** liquidiert werden kann[666], nach **§§ 280 Abs. 1, 283, 275 Abs. 1 BGB** verlangt werden (Fall nachträglicher Unmöglichkeit).

232 Hingegen ist der Weg über **§§ 280 Abs. 3, 281 BGB** in einem solchen Fall versperrt, da § 281 BGB nur behebbare Leistungsstörungen erfasst[667], d.h. nur auf Schäden anwendbar ist, die durch Erbringung der geschuldeten Leistung noch hätten verhindert werden können[668]. Dieser Schadensersatz statt der Leistung, der gemäß § 283 S. 2 unter den Voraussetzungen des § 281 Abs. 1 S. 2 und insbesondere S. 3 BGB (Erheblichkeit des nicht behebbaren Anwaltsfehlers) als ein solcher **statt der ganzen Leistung** (großer Schadensersatz) geltend gemacht werden kann[669], ist darauf gerichtet, den Mandanten so zu stellen, wie er konkret bei Erfüllung des (ganzen) Vertrages stehen würde[670].

233 Macht der Geschädigte diesen Anspruch geltend, muss er nach **§ 281 Abs. 5 i.V. mit § 283 S. 2 BGB** auf Verlangen des Schuldners die bereits empfangenen Vertragsleistungen zurückgewähren oder ihren Wert ersetzen bzw. eine verbleibende Bereicherung herausgeben (§ 281 Abs. 5 i.V. mit § 346 BGB)[671].

---

660 KG NJW 2005, 1284, 1285; vgl. auch BGH NJW 2009, 3025, 3026 f.

661 Vgl. *G. Fischer*, in: G. Fischer/Vill/D. Fischer/Pape/Chab, § 5, Rn. 145.

662 *Zugehör*, Beraterhaftung, Rn. 140 f.; *G. Fischer*, in: G. Fischer/Vill/D. Fischer/Pape/Chab, § 3, Rn. 8 und 3.

663 Jauernig/*Stadler*, § 280, Rn. 10.

664 Vgl. Jauernig/*Stadler*, § 280, Rn. 11 und Rn. 14; Palandt/*Grüneberg*, § 280 BGB, Rn. 32; *Zugehör*, Beraterhaftung, Rn. 141.

665 Vgl. Palandt/*Grüneberg*, § 280 BGB, Rn. 32, 18 und Vor § 249, Rn. 16.

666 Vgl. Palandt/*Grüneberg*, § 281, Rn. 3; § 280, Rn. 16.

667 *Zugehör*, Beraterhaftung, Rn. 147, 162; *G. Fischer*, in: G. Fischer/Vill/D. Fischer/Pape/Chab, § 3, Rn. 16 und 14; Palandt/*Grüneberg*, § 281 BGB, Rn. 2; § 280 BGB, Rn. 18 m.w.N.

668 Jauernig/*Stadler*, § 280, Rn. 4; § 281, Rn. 1.

669 Vgl. auch *Zugehör*, Beraterhaftung, Rn. 190; *G. Fischer*, in: G. Fischer/Vill/D. Fischer/Pape/Chab, § 3, Rn. 18 ff.

670 Vgl. Jauernig/*Stadler*, § 281, Rn. 16 ff.; Palandt/*Grüneberg*, § 281, Rn. 17 ff.

671 Vgl. *Zugehör*, Beraterhaftung, Rn. 190 a.E.; *G. Fischer*, in: G. Fischer/Vill/D. Fischer/Pape/Chab, § 3, Rn. 22.

234 Das Verlangen von Schadensersatz statt der ganzen Leistung (§ 281 BGB) ist für den Mandanten über den Anspruch nach § 280 Abs. 1 BGB hinaus von Bedeutung, wenn er schon eine Gegenleistung erbracht, also insbesondere das Honorar gezahlt oder einen Honorarvorschuss geleistet hat, und diese erstattet haben will[672]. Nach § 284 BGB kann er diese nämlich nicht ersetzt verlangen, weil es sich bei einer Gegenleistung nicht um eine Aufwendung im Hinblick auf den Vertrag, also insbesondere nicht um sog. Vertragskosten handelt[673].

235 In der Regel führt eine Schlechtleistung des Rechtsanwalts, die sogleich einen Schaden des Mandanten (oder eines mitgeschützten Dritten) bewirkt hat, nicht zu einer verbleibenden Bereicherung des Geschädigten[674]. Der Anwalt wird daher mit einem Verlangen gemäß **§ 281 Abs. 5 i.V. mit § 346 Abs. 3 BGB** regelmäßig nicht erfolgreich sein, so dass er dem Mandanten das Honorar oder den Vorschuss grundsätzlich zurück zu erstatten hat.

236 Jedoch ist zu beachten, dass der **Schadensersatz statt der (ganzen) Leistung** darauf gerichtet ist, den Gläubiger **so zu stellen, wie er gestanden hätte**, wenn der Schuldner ordnungsgemäß geleistet hätte[675]. Daraus ergibt sich, dass zu den zur Ermittlung des Schadensersatzanspruchs im Rahmen des Gesamtvermögensvergleichs (dazu oben Rdn. 152) zu berücksichtigenden Rechnungsposten[676] das **Anwaltshonorar** gehört, **soweit es der Mandant auch bei fehlerfreiem Anwaltsverhalten hätte tragen müssen**, so beispielsweise für ein Abraten von einem weiteren Vorgehen, z.B. durch Klageerhebung (sog. Abrategebühr). Es kann aber auch gut sein, dass das gesamte Honorar zu Gunsten des Anwalts anzusetzen ist, so z.B., wenn im Rahmen einer Vertragsberatung eine Geschäftsgebühr (Nr. 2300 VV zum RVG) und vielleicht eine Einigungsgebühr (Nr. 1000 VV zum RVG) angefallen sind, diese aber bei korrekter Vertragsberatung ebenfalls von der Partei selbst zu tragen gewesen wären. Dann kann dies im Rahmen des Schadensersatzes statt der (ganzen) Leistung nicht anders sein.

237 Entgegen der Ansicht von *Bruns*[677] führen die Rechtsfolgen von § 281 BGB für das Anwaltshaftungsrecht nicht zu einer Ausweitung der Haftung dahin, dass der rechtliche Berater nun etwa auf einen »rechtsfehlerhaft zugesagten tatsächlich nicht bestehenden Anspruch haftet, auch ohne dies garantiert zu haben«[678]. Wie oben bereits dargelegt, soll durch einen Schadensersatz statt der (ganzen) Leistung der Geschädigte vermögensmäßig so gestellt werden, wie er bei mangelfreier Leistung gestanden hätte. Mangelfreie Leistung bedeutet bei geschuldeter anwaltlicher Beratung richtige, d.h. dem maßgeblichen Rechtszustand und der Rechtspraxis entsprechende Beratung. Bei einer solchen Beratung wird nichts »zugesagt«[679]. Es besteht vielmehr ein Dienstvertrag oder ein Geschäftsbesorgungsvertrag mit Dienstvertragscharakter. Der **Schadensersatz** ist demnach weiterhin, und zwar auch im Rahmen des § 281 BGB, **»durch das Interesse an der Richtigkeit der Auskunft begrenzt«**[680]. Bei richtiger Beratung oder Auskunft etwa in dem von *Bruns* herangezogenen Fall[681] einer falschen Auskunft des Steuerberaters darüber, dass der Mandant für ein bestimmtes Objekt einen Umsatzsteuererstattungsanspruch habe, hätte der Mandant einen Vorsteuererstattungsausgleich

672 Vgl. auch *Vollkommer/Greger/Heinemann*, § 20, Rn. 32.

673 *Zugehör*, Beraterhaftung, Rn. 167; MünchKommBGB/*Ernst* § 284, Rn. 18; Jauernig/*Stadler*, § 284, Rn. 8 a.E.; Palandt/*Grüneberg*, § 284, Rn. 5.

674 Vgl. auch *G. Fischer*, a.a.O.

675 BGH NJW 1998, 2901, 2902; NJW 1999, 3625 = WM 1999, 2510; Palandt/*Grüneberg*, § 281, Rn. 46 i.V. mit Rn. 25 und 17; Jauernig/*Stadler*, § 281, Rn. 16.

676 Vgl. BGHZ 126, 131, 135 f. = NJW 1994, 2480 = WM 1994, 1675; BGH NJW 1999, 3625 = WM 1999, 2510; Jauernig/*Stadler*, § 281, Rn. 18.

677 VersR 2002, 524–530, unter III. 3. und IV.

678 VersR 2002, 524–530, unter III. 3.

679 So aber fälschlich *Bruns*, VersR 2002, 524–530, unter III. 3.

680 BGH NJW 1998, 982, 983 = WM 1998, 142, 143; vgl. auch BGH NJW-RR 2003, 1035, 1036 = WM 2003, 1621 ff. m.w.N. (auch zur Erweiterung der Haftung bei Verletzung von (nebenvertraglichen) Warnpflichten); vgl. auch schon oben Rdn. 217 f. m.w.N.

681 BGH NJW 1998, 982, 983.

genauso wenig erhalten, hat also insoweit keinen Schaden erlitten. Positives und negatives Interesse unterscheiden sich diesbezüglich nicht.

b) Behebbarer Anwaltsfehler

In solchen Fällen, in denen ein **behebbarer Anwaltsfehler** vorliegt, kann der Mandant bei erheblicher Pflichtverletzung des Anwalts (§ 281 Abs. 1 S. 3 BGB) unter den Voraussetzungen der §§ 280 Abs. 3, 281 Abs. 1 S. 1 BGB im Rahmen des Schadensersatzes statt der (ganzen) Leistung ihm entstehende **Mehrkosten**, die durch die Nachholung der von dem ersten Anwalt geschuldeten ordentlichen Leistung durch einen neuen Anwalt entstehen, ersetzt verlangen[682]. Dabei muss auch hier beachtet werden, dass dies nur gilt, soweit es tatsächlich auch mehr Kosten sind als die, die bei ordnungsgemäßer Erfüllung des Auftrags durch den früheren Anwalt ohnehin angefallen wären. In solchen Fällen werden aber für den Mandanten auch eine Kündigung des Mandats und § 628 Abs. 1 S. 2 und Abs. 2 BGB in Betracht kommen, wonach bei einem durch vertragswidriges Verhalten des Anwalts verursachten doppelten Anfall von Anwaltsgebühren der Anwalt seinen Gebührenanspruch verliert[683]. 238

Nicht um Mehrkosten als Schadensersatz statt der (ganzen) Leistung nach §§ 280 Abs. 3, 281 Abs. 1 BGB geht es hingegen im folgenden **Beispielsfall**: 239

▶ Beispiel:

Ein Rechtsanwalt macht eine Forderung seines Auftraggebers gegen einen Nichtschuldner geltend. Durch die anschließende Inanspruchnahme des richtigen Schuldners entstehen Mehrkosten.

Durch das fehlerhafte, erfolglose Vorgehen zunächst gegen den »falschen« Schuldner ist nämlich bereits im Vermögen des Mandanten durch die Begleichung der dadurch entstandenen Kosten oder zumindest durch die Belastung mit entsprechenden Verbindlichkeiten ein Schaden entstanden. Darauf lässt sich ein der Schadensersatzanspruch aus § 280 Abs. 1 BGB stützen, gerichtet auf Ausgleich dieses verletzten Integritätsinteresses. Bei der Nachholung der Inanspruchnahme des richtigen Schuldners geht es dann darum, durch Erfüllung des Anwaltsauftrags einen Schaden in der Hauptsache durch Realisierung der Forderung des Mandanten gegen den Dritten zu verhindern, wozu der Rechtsanwalt nach der bereits dargestellten Rechtsprechung von sich aus verpflichtet ist (Rdn. 225–227) und was durch das neue Schuldrecht nicht »abgeschafft« worden ist. Die praktische Bedeutung von § 281 BGB für die Anwaltshaftung ist daher nur gering[684].

Verzögerungsschaden als Schaden neben der Leistung, auf die weiterhin ein Anspruch besteht, kann nach **§ 280 Abs. 2, § 286 BGB** bei Vorliegen eines Verzuges des Anwalts mit seiner Leistung geltend gemacht werden. Sind die Voraussetzungen dafür nach § 281 BGB erfüllt, kann auch ein Anspruch auf Schadensersatz statt der Leistung bestehen[685]. 240

3. Vorteilsausgleichung

Durch das neue Schuldrecht sind die Grundsätze der Rechtsprechung über die Anrechnung von Vorteilen, die ein Geschädigter in adäquatem Zusammenhang mit der anwaltlichen Pflichtverletzung erhält, nicht zu ändern. 241

Hat also der Mandant nicht nur Nachteile, sondern auch Vorteile, sind diese im Rahmen der Differenzrechnung, wonach in einem Gesamtvermögensvergleich der Geschädigte ja so zu stellen ist, wie er bei pflichtgemäßem anwaltlichen Verhalten stünde, schadensmindernd regelmäßig zu berücksichtigen, wenn Nachteile und Vorteile des Geschädigten bei wertender Betrachtung in einem

682 Palandt/*Grüneberg*, § 281, Rn. 44; *G. Fischer*, in: G. Fischer/Vill/D. Fischer/Pape/Chab, § 3, Rn. 26.
683 Vgl. BGH NJW 1995, 1954 = WM 1995, 1288, 1289; NJW 1985, 41 = VersR 1984, 985; NJW 1982, 437, 438 = VersR 1982, 143, 144; WM 1977, 369, 371.
684 So auch *G. Fischer*, in: G. Fischer/Vill/D. Fischer/Pape/Chab, § 3, Rn. 15.
685 *G. Fischer*, in: G. Fischer/Vill/D. Fischer/Pape/Chab, § 3, Rn. 30.

inneren Zusammenhang zueinander stehen und dadurch gleichsam zu einer Rechnungseinheit verbunden sind[686], wobei auch hier der maßgebliche **Zeitpunkt** für die Berechnung des Schadens grundsätzlich die letzte mündliche Tatsachenverhandlung ist[687].

242 Danach erfolgt eine **Anrechnung, wenn**
- zwischen Schaden und Vorteil ein adäquater Zusammenhang besteht,
- die Anrechnung mit dem Sinn und Zweck des Schadensersatzes übereinstimmt, wonach der Geschädigte durch den Schadensersatz sich insbesondere nicht bereichern soll,
- sie dem Geschädigten unter Berücksichtigung der Interessenlage nach Treu und Glauben zumutbar ist und
- sie den Schädiger nicht in unangemessener Weise, also nicht unbillig entlastet[688].

243 Nach diesen Grundsätzen ist ein Verhalten des Geschädigten, zu dem er nicht aufgrund seiner Schadensabwendungs- und Schadensminderungspflicht (§ 254 Abs. 2 BGB) verpflichtet ist, wegen des Grundsatzes, dass überpflichtmäßige Anstrengungen des Geschädigten den Schädiger nicht entlasten sollen, weder in die Schadensberechnungsbilanz einzustellen, noch braucht der Geschädigte es sich im Wege der Vorteilsausgleichung anrechnen zu lassen[689].

244 **Zu beachten** ist nach dem Urteil des BGH vom 6.6.1997[690] noch Folgendes:

> »Die Vorteilsausgleichung erfolgt … nicht bei der Endsaldierung aller Aktiv- und Passivposten gegenüber dem Gesamtbetrag des Schadens, sondern betrifft nur den Schadensposten, ›dem der Vorteil seiner Art nach entspricht‹ …, d.h. der mit dem Vorteil ›**kongruent**‹ ist. … Es ist … zu prüfen, ob und gegebenenfalls welche **einzelnen Vorteile** sich bei wertender Betrachtung auch **bestimmten Schadenspositionen zuordnen** lassen.«[691]

245 Im Urteil vom 20.11.1997 heißt es demgemäß in **Abgrenzung**[692] zu dem nach der **Differenztheorie** vorzunehmenden Gesamtvermögensvergleich (dazu oben Rdn. 152):

> »Die Regeln der Vorteilsausgleichung gelten dann, wenn das schädigende Ereignis das Vermögen des Betroffenen durch Einwirkung auf einen bestimmten Gegenstand, durch Abfluß von Geldmitteln oder durch Belastung mit einer Verbindlichkeit geschmälert hat und es darum geht, ob dieser Beeinträchtigung ein **anderweitiger**, auf das Schadensereignis zurückzuführender Vermögensvorteil gegenübersteht. Ist dagegen zu ermitteln, ob eine Vermögensdisposition, die jemand im Vertrauen auf den Rat oder die Auskunft eines anderen getroffen hat, sich für ihn als günstig oder ungünstig erwiesen hat, so läßt sich ein etwaiger Schaden erst dann feststellen, wenn sich die Vermögenslage »unter dem Strich«, schlechter darstellt, als sie es sein würde, wenn die Maßnahme unterblieben wäre.«[693]

---

686 BGH NJW 1979, 760, 761; BGHZ 77, 151, 154 = NJW 1980, 2187, 2188; BGHZ 91, 206, 209 f. = NJW 1984, 2457, 2458; NJW 1989, 2117; BGHZ 136, 52 = NJW 1997, 2378 = WM 1997, 1671; NJW-RR 2001, 1450, 1451 = WM 2001, 2251, 2252; ein Beispielfall zur Verneinung eines solchen Zusammenhangs findet sich in Rdn. 255.

687 BGHZ 109, 380, 392 = NJW 1990, 1038, 1041; vgl. zum maßgeblichen Zeitpunkt der Schadensberechnung bereits oben Rdn. 157.

688 St. Rspr., vgl. BGH NJW 1983, 2137, 2138; NJW 1984, 977, 978; NJW 1989, 2117; BGHZ 109, 380, 392 = NJW 1990, 1038, 1041; NJW 1994, 511 = WM 1994, 219; BGHZ 136, 52, 54 = NJW 1997, 2378 = WM 1997, 1671; NJW 2001, 3190, 3192 = WM 2001, 1605; NJW-RR 2001, 1450, 1451 = WM 2001, 2251, 2252: NJW 2002, 1711, 1712 = WM 2002, 813, 815; BGH, Urt. v. 12.11.2009 – VII ZR 233/08 – juris, Rn. 9; Teilurt. v. 15.7.2010 – III ZR 336/08 – juris, Rn. 35; Urt. v. 15.1.2013 – II ZR 90/11 – juris, Rn. 26; v. 4.4.2014 – V ZR 275/12 – juris, Rn. 20; vgl. auch *Borgmann/Jungk/Schwaiger*, Kap. V, Rn. 130 ff.; *G. Fischer*, in: G. Fischer/Vill/D. Fischer/Pape/Chab, § 5, Rn. 127; *Ganter*, S. 18; *Zugehör*, Beraterhaftung, Rn. 130; *Sandkühler*, in: Arndt/Lerch/Sandkühler, § 19 BNotO, Rn. 129.

689 BGH, Urt. v. 17.3.2011 – IX ZR 162/08 – juris, Rn. 17.

690 BGHZ 136, 52 = NJW 1997, 2378 = WM 1997, 1671; bestätigt in NJW-RR 2001, 1450, 1451.

691 Hervorhebungen des Verfassers.

692 Diese Abgrenzung wird in BGH NJW-RR 2005, 1223, 1224 etwas verwischt, wird in BGH NJW-RR 2008, 786, 787 = WM 2008, 748, 749 (Tz. 17) aber aufrechterhalten.

693 BGH NJW 1998, 982, 983 = WM 1998, 142, 143.

Knapper formuliert:

> »Eine Vorteilsausgleichung kommt erst in Betracht, wenn feststeht, dass – und in welcher Höhe – ein Schaden entstanden ist.«[694]

Nunmehr versucht sich der BGH[695] in Anlehnung an *Ganter*[696] mit dem Kriterium der Unmittelbarkeit als Abgrenzungskriterium:

> »Sind Vorteile unmittelbare Folge aus dem schadensstiftenden Ereignis, so sind sie – ohne dass es eines etwaigen Vorteilsausgleichs bedürfte – unmittelbar in die Berechnung des vom Kläger darzulegenden und zu beweisenden Schadens einzubeziehen.«[697]

Deutlicher und für den Praktiker wie auch für den Rechtssuchenden zugleich griffiger und vollständiger liest es sich bei *Ganter* zusammengefasst:

> »Auf der ersten Stufe sind Vorteile relevant, die zwangsläufig – sozusagen spiegelbildlich – mit den negativen Folgen der Pflichtverletzung zusammenhängen. Demgegenüber sind solche Vorteile, die sich erst infolge eines zu dem schadenstiftenden Ereignis hinzutretenden Umstands ergeben, erst auf der zweiten Stufe zu berücksichtigen. Darauf, ob der Schaden durch unmittelbare Einwirkung auf das Vermögen des Rechtsuchenden/Mandanten oder mittelbar über eine von diesem vorgenommene Disposition ausgelöst wurde, kommt es nicht an.«[698]

Die Rechtsprechung hat die wertenden Abgrenzungskriterien letztlich in **Fallgruppen** konkretisiert[699]. 246

Als anzurechnender Vorteil kommt die **Tilgung anderweitiger Verbindlichkeiten** in Betracht, nach Ansicht des BGH beispielsweise – falls dies dem Zwecke des Schadensersatzanspruchs entspricht – bei weisungswidriger Auszahlung von einem Anderkonto[700] oder bei einem Zugriff eines Gläubigers auf eine vom Mandanten durch eine durch ein Darlehen eines Dritten ermöglichte Leistung einer Sicherheitsleistung zur Außervollzugsetzung eines gegen ihn gerichteten Haftbefehls durch Pfändung und Überweisung des Kautionsrückzahlungsanspruchs[701]. 247

Eine weitere Fallgruppe bilden **ersparte Aufwendungen.** Diese werden im Allgemeinen wegen ihres engen Zusammenhangs mit dem entstandenen Nachteil angerechnet[702]. 248

▶ Beispiele:

- Deshalb hat der BGH die Kosten eines infolge fehlerhafter Beratung eingeholten Privatgutachtens dem Regresskläger nicht zugesprochen, weil bei ordnungsgemäßer Beratung Kosten in gleicher Höhe für ein anderes Gutachten von dem Mandanten hätten aufgewendet werden müssen[703].
- Wird infolge eines Anwaltsfehlers dem Mandanten der erstrebte Zuschlag in einer Zwangsversteigerung versagt, gelingt es diesem jedoch, in einem späteren Versteigerungstermin das

694 BGH, Urt. v. 17.1.2008 – IX ZR 172/06 – juris, Rn. 17; *G. Fischer*, in: G. Fischer/Vill/D. Fischer/Pape/Chab, § 5, Rn. 127.

695 BGH, Urt. v. 6.12.2018 – IX ZR 176/16 – juris, Rn. 38.

696 *Ganter*, NJW 2012, 801, 806; ihm folgend, aber durchaus zu Recht wegen einer in einer solchen Differenzierung liegenden Rechtsunsicherheit kritisch: *Schultz*, in: Henssler/Gehrlein/Holzinger, Handbuch der Beraterhaftung, Kap. 5, Rn. 131.

697 BGH, a.a.O.

698 *Ganter*, a.a.O., S. 806; dazu vgl. auch Rdn. 154.

699 Vgl. zur Erforderlichkeit der Fallgruppenbildung BGHZ 77, 151, 154 = NJW 1980, 2187, 2188; vgl. auch Palandt/*Grüneberg*, Vor § 249 BGB, Rn. 68; Jauernig/*Teichmann*, Vor §§ 249–253 BGB, Rn. 37.

700 BGH NJW-RR 2003, 1497 f. (Notarhaftung).

701 Vgl. OLG Saarbrücken, Beschl. v. 24.4.2018 – 5 W 25/18 – juris, Rn. 8.

702 Allg. Meinung, vgl. Palandt/*Grüneberg*, Vor § 249 BGB, Rn. 93; *G. Fischer*, in: G. Fischer/Vill/D. Fischer/Pape/Chab, § 5, Rn. 129; *Ganter*, S. 18.

703 BGH NJW 1997, 250, 251 = WM 1997, 72, 73.

Grundstück mit höheren Erwerbsaufwendungen zu ersteigern, liegt der für die Vorteilsanrechnung erforderliche innere Rechnungszusammenhang vor[704].

249 Schadensbedingte **Steuervorteile** sind grundsätzlich ebenfalls anzurechnen[705]. Jedoch kann der Zweck oder der Anlass der Steuerersparnis im Einzelfall einem Vorteilsausgleich entgegenstehen, so z.B. bei der Steuervergünstigung, die § 34 Abs. 2 Nr. 2 EStG für den Schadensersatz für einen Verdienstausfall dem Geschädigten gewährt[706]. Auch bei der Verjährung von Steuerschulden[707], bei inzwischen eingetretener Steuertarifermäßigung bei verspäteter Schadensersatzleistung[708], bei rechnerischen Vorteilen, die sich aufgrund einer Tarifermäßigung nach § 34 Abs. 1, 3 EStG oder einer allgemeinen Absenkung der Steuersätze ergeben, oder bei einer milderen Besteuerung infolge einer Verschlechterung der Einkommenssituation des Geschädigten im Zeitpunkt der Ersatzleistung[709], belässt die Rechtsprechung die entsprechenden Vorteile dem Geschädigten[710]. Hingegen ist bei einem Verdienstausfallschadensersatz im Einzelfall, etwa bei einem selbstständigen Handelsvertreter, das Entfallen sonst entstandener Umsatz- und Gewerbesteuerpflichten als anrechenbarer Vorteil angesehen worden[711]. Ebenso ist es beim Vorteil einer verjährten Beitragspflicht des Arbeitgebers (Arbeitgeberanteil der Sozialversicherungsbeiträge) im Verhältnis zu dem Nachteil des in unverjährter Zeit ausgeschlossenen Abzugs des Arbeitnehmeranteils (nach § 28g S. 2–4 SGB IV) beurteilt worden[712]. Als Vorteil schadensrechtlich zu berücksichtigen ist ebenfalls die bei einem Schadensersatzanspruch für eine verjährte Werklohnforderung oder eine sonstige steuerbare Leistung des geschädigten Mandanten nicht anfallende Umsatzsteuer (vgl. § 10 Abs. 1 S. 3 UStG)[713].

Nachteile, welche der Mandant infolge einer fehlerhaften steuerlichen Beratung erleidet, werden durch eine hiermit bewirkte **Steuerersparnis eines** Angehörigen oder eines sonstigen **Dritten** nur dann ausgeglichen, wenn dessen Interessen nach dem Beratungsvertrag in die Beratung einbezogen werden sollten[714], wobei, wie der BGH nun deutlich gemacht hat, zusätzlich gefordert ist, dass sich der Berater vereinbarungsgemäß mit einem bei wirtschaftlicher Betrachtung einheitlichen Vermögen zu befassen hatte[715].

250 Schließt die Gläubigerin eines Anspruchs auf Betreuungsunterhalt aus § 1615l Abs. 2 S. 2 BGB aufgrund einer fehlerhaften Beratung durch ihren Rechtsanwalt über den Fortbestand des Anspruchs bei Eheschließung die Ehe mit einem neuen Partner, kann der Wegfall des Anspruchs auf Betreuungsunterhalt durch den Anspruch auf Familienunterhalt nach § 1360 BGB im Wege eines Vorteilsausgleichs kompensiert werden[716]. Dieser Familienunterhaltsanspruch ist sowohl adäquat

---

704 Beispiel von *G. Fischer*, in: G. Fischer/Vill/D. Fischer/Pape/Chab, § 5, Rn. 129; BGH NJW-RR 1987, 246, 247 (Amtshaftung).

705 BGHZ 53, 132 = NJW 1970, 461; BGHZ 74, 103, 113 ff. = NJW 1979, 1449, 1451 f.; BGH NJW 1980, 1788; NJW 1983, 2137; BGH NJW 1986, 245; NJW-RR 1989, 1102, 1103; BGHZ 127, 391, 397 f. = NJW 1995, 389, 391; NJW 1995, 2106, 2107; Urt. v. 18.1.2007 – IX ZR 122/04 – juris, Rn. 14; Beschl. v. 1.7.2010 – IX ZR 165/09 – juris, Rn. 4; vgl. auch *Borgmann/Jungk/Schwaiger*, Kap. V, Rn. 137; *G. Fischer*, in: G. Fischer/Vill/D. Fischer/Pape/Chab, § 5, Rn. 130 f.

706 BGHZ 74, 103, 113, 116 = NJW 1979, 1449, 1451 f.; BGH NJW 1980, 1788; NJW 1986, 245; NJW 1993, 1643.

707 BGHZ 53, 132, 134 = NJW 1970, 461, 462; BGHZ 127, 391, 397 = NJW 1995, 389, 391.

708 BGHZ 127, 391, 397 = NJW 1995, 389, 391; BGH NJW 1986, 245.

709 BGH, Urt. v. 15.7.2010 – III ZR 336/08 – juris, Rn. 52–54.

710 BGH, Urt. v. 28.1.2014 – XI ZR 495/12 – juris, Rn. 12; *G. Fischer*, in: G. Fischer/Vill/D. Fischer/Rinkler/Chab, § 5, Rn. 131.

711 BGH NJW 1987, 1814, 1815.

712 BGH NJW-RR 2005, 1223, 1224 (Steuerberater).

713 BGH NJW-RR 2006, 189, 190 = WM 2005, 2399 (Tz. 10); vgl. auch NJW 1987, 1814, 1815; NJW-RR 2007, 1066 (Tz. 13).

714 BGH, Urt. v. 5.2.2015 – IX ZR 167/13 – juris, Rn. 8 und LS.

715 BGH, Urt. v. 1.10.2020 – IX ZR 228/19 – juris, Rn. 18.

716 BGH, Urt. v. 16.3.2016 – XII ZR 148/14 – juris, Rn. 23.

kausal als auch kongruent zum Schadenseintritt[717]. Einer Anrechnung des neuen **Unterhaltsanspruchs** stehen Wertungsgesichtspunkte nicht entgegen, wie sich am Beispiel der gesetzlichen Regelung in § 1586 BGB zeigt, die auch beim Unterhalt nach § 1570 BGB zum Erlöschen des Anspruchs führt, obwohl insoweit ähnliche Unterschiede zwischen Betreuungsunterhalt und Familienunterhalt in der neuen Ehe bestehen[718].

Freigiebige **Leistungen Dritter** sind hingegen nicht anzurechnen, wenn sie, wie dies die Regel ist, nicht den Schädiger entlasten, sondern dem Geschädigten zugutekommen sollen[719]. Auch Versicherungsleistungen in der Schadens- und Summenversicherung mindern die Ersatzpflicht nicht[720]. In der Schadensversicherung scheidet der Vorteilsausgleich dabei schon darum aus, weil gemäß § 86 VVG (§ 67 VVG a.F.) der Schadensersatzanspruch insoweit auf den Versicherer übergeht[721]. Bereits deshalb fallen auch Leistungen der **Rechtsschutzversicherung**, die eine Schadensversicherung im Sinne der §§ 74 ff. VVG (= §§ 49 ff. VVG a.F.) ist, aus der Vorteilsausgleichung heraus[722]. 251

Ebenfalls keine Entlastung des Schädigers bewirken Leistungen von Sozialversicherungsträgern und andere Sozialleistungen, Leistungen eines Dienstherrn nach den Beamtengesetzen, Entgeltfortzahlungen eines Arbeitgebers, grundsätzlich auch Unterhaltsleistungen von Dritten an den Geschädigten, schließlich Leistungen eines Sicherungsgebers etwa eines Bürgen[723].

Wird ein nahezu aussichtsloser Prozess ohne die erforderliche Beratung über das Risiko begonnen und gleichwohl mit einem **Prozessvergleich** beendet, ist der dadurch erlangte Vermögensvorteil auf einen Schadensersatzanspruch wegen der Prozesskosten[724] allerdings als Vorteil anzurechnen[725]. 252

Für den Bereich der Anwaltshaftung von Relevanz ist auch der Fall der Ersteigerung eines Grundstücks unter Wert mit der Frage, ob aufgrund dieser **eigenen Handlung** eines Geschädigten eine Vorteilsanrechnung auf einen Schadensersatzanspruch gegen den Anwalt stattfindet, der sich daraus ergibt, dass der Anwalt pflichtwidrig einen Nachrang eines Grundpfandrechts seines Mandanten und dadurch den Ausfall dieses Grundpfandrechts bei der Zwangsversteigerung des belasteten Grundstücks verursacht hat. Eine Schadenskompensation durch den Grundstückserwerb unter Wert kann bei einem Privatmann nur dann bejaht werden, wenn eine Gewinnerzielung durch Nutzung oder Weiterverkauf gesichert erscheint[726]. 253

Steht dem geschädigten Mandanten ein **Ersatzanspruch gegen einen Dritten** zu, kann der haftpflichtige Rechtsanwalt den Mandanten grundsätzlich nicht darauf verweisen (vgl. bereits Rdn. 181)[727]. Denn ein solcher Ersatzanspruch dient in der Regel nicht dazu, den Schädiger zu entlasten[728]. Jedoch kann der Anwalt unter den bereits dargestellten Voraussetzungen nach § 255 BGB direkt oder analog Abtretung jenes Ersatzanspruchs verlangen (näher Rdn. 182–185). 254

---

717 BGH, a.a.O., juris, Rn. 25.
718 BGH, a.a.O., juris, Rn. 26.
719 BGHZ 21, 117; vgl. auch BGH NJW 2000, 3638, 3639; Palandt/*Grüneberg*, Vor § 249 BGB, Rn. 82.
720 Palandt/*Grüneberg*, Vor § 249 BGB, Rn. 83, 84, m.w.N.; Jauernig/*Teichmann*, Vor §§ 249–253 BGB, Rn. 37 m.w.N.
721 Palandt/*Grüneberg*, Vor § 249 BGB, Rn. 83; Jauernig/*Teichmann*, Vor §§ 249–253 BGB, Rn. 37.
722 Palandt/*Grüneberg*, Vor § 249 BGB, Rn. 83; Jauernig/*Teichmann*, Vor §§ 249–253 BGB, Rn. 37, m.w.N.; vgl. so jetzt auch *Vollkommer/Greger/Heinemann*, § 20, Rn. 38, Fn. 95.
723 Vgl. dazu im Einzelnen Palandt/*Grüneberg*, Vor § 249 BGB, Rn. 85–88 und 90 jeweils m.w.N.
724 Wegen eines solchen Regressanspruchs vgl. oben Rdn. 218 f.
725 OLG Koblenz MDR 1986, 1025; *Borgmann/Jungk/Schwaiger*, Kap. V, Rn. 133 m.w.N.; *Vollkommer/Greger/Heinemann*, § 20, Rn. 38.
726 BGH WM 1961, 449 = VersR 1961, 368; *Vollkommer/Greger/Heinemann*, § 20, Rn. 38.
727 BGH, Urt. v. 20.11.1992 – V ZR 279/91 – BGHZ 120, 261, 268 = juris, Rn. 18; v. 12.12.1996 – IX ZR 214/95 – juris, Rn. 52; v. 19.7.2001 – IX ZR 62/00 – juris, Rn. 17; v. 24.9.2009 – IX ZR 87/08 – juris, Rn. 30; *Ganter*, S. 18; *G. Fischer*, in: G. Fischer/Vill/D. Fischer/Pape/Chab, § 5, Rn. 136.
728 *G. Fischer*, a.a.O.

Außerhalb dieser Fallgruppen liegt folgender **Beispielsfall**[729]:

▶ Beispiel:

Ein Anwalt machte in einer Unterhaltssache pflichtwidrig entgegen § 323 Abs. 3 ZPO ein Unterhaltserhöhungsverlangen auch für die Vergangenheit geltend und verursachte dadurch entsprechende Prozesskosten zu Lasten seiner Mandantin. Soweit er für die Zeit nach Erhebung seiner Klage zu viel an Unterhaltserhöhung eingeklagt hatte, wurde ihm kein Vorwurf gemacht. Das Familiengericht sprach für die Zukunft weniger, aber immer noch zu viel zu. Im Regressprozess machte der Anwalt geltend, das Zuviel an Unterhaltserhöhung müsse sich die Klägerin als Vorteil auf ihren Prozesskostenschadensersatzanspruch anrechnen lassen.

255 Dem ist das OLG Hamm nicht gefolgt: Dieser Vorteil »korrespondiere« nicht mit dem Schadensereignis. Er sei vielmehr ausschließlich darauf zurückzuführen, dass das Familiengericht zum überwiegenden Teil der unzutreffenden, aber der Klägerin günstigen (dem Beklagten nicht vorgeworfenen und in die Schadensberechnung nicht mit einbezogenen) Berechnung des Erhöhungsbetrages (ab Rechtshängigkeit) gefolgt sei und fehlerhaft gerechnet habe. Ein für eine Vorteilsanrechnung erforderlicher **innerer Zusammenhang** (dazu Rdn. 241) ist daher **verneint** worden.

4. Beweisfragen

256 Den Anspruchssteller trifft die Darlegungs- und Beweislast für die Voraussetzungen des Schadens und für seine Höhe[730].

257 Auch in diesem Bereich besteht die Neigung bei manchen Regressrichtern, einen ausreichenden Vortrag »für einen konkreten Schaden« zu vermissen[731]. Das ist ein falscher Ansatz. Es ist hier nämlich **§ 287 ZPO** maßgebend, wonach **für** den **Beweis des Schadens und seiner Höhe** eine deutlich überwiegende, auf gesicherter Grundlage beruhende Wahrscheinlichkeit für die richterliche Überzeugungsbildung ausreicht[732], aber auch nötig ist[733]. § 287 ZPO erleichtert dem Geschädigten darüber hinaus die **Darlegungslast**. Deshalb darf eine Regressklage nicht wegen eines lückenhaften Vortrags zum Schaden abgewiesen werden, solange greifbare Anhaltspunkte für eine Schätzung vorhanden sind[734], und sei es wenigstens eines **Mindestschadens**[735], wobei das Gericht verpflichtet sein kann, zur Klärung einer Schätzungsgrundlage auch konkret von seinem **Fragerecht** Gebrauch zu machen[736].

258 Soweit der Geschädigte **entgangenen Gewinn** darzulegen und nachzuweisen hat, bringt ihm **§ 252 S. 2 BGB** eine zusätzliche Erleichterung. Nach dieser Vorschrift gilt als entgangen der Gewinn, welcher nach dem gewöhnlichen Lauf der Dinge oder nach den Umständen, insbesondere nach den getroffenen Anstalten und Vorkehrungen, mit Wahrscheinlichkeit erwartet werden konnte. Entscheidend ist somit eine Prognose über die künftige Entwicklung[737], nach der es nach den Umständen des Falls wahrscheinlicher ist, dass der Gewinn ohne das haftungsbegründende Ereignis erzielt worden wäre, als dass er ausgeblieben wäre[738]. Allerdings muss der Geschädigte zunächst

729 OLG Hamm vom 26.4.2001– 28 U 226/00.

730 BGHZ 129, 386, 400 = NJW 1995, 2108, 2111 a.E.; NJW-RR 2008, 786, 787 = WM 2008, 788 (Tz. 15).

731 So etwa das Berufungsgericht in BGH NJW 2002, 292 und in BGH NJW-RR 1992, 997, 998 = WM 1992, 1155, 1157.

732 BGH NJW 2002, 292, 294; BGH NJW 1993, 734 = WM 1993, 382; NJW 1992, 2694, 2695 = WM 1992, 2020, 2022; *Ganter*, S. 19.

733 Vgl. *Ganter*, S. 19; *Borgmann/Jungk/Schwaiger*, Kap. IX, Rn. 44.

734 BGH, wie Fn. 669; vgl. auch BGH NJW-RR 1992, 202, 203.

735 Vgl. BGH, Urt. v. 24.6.2009 – VIII ZR 332/07 – juris, Rn. 16; BGH NJW 2003, 358, 360; NJW-RR 2000, 1340, 1341; *G. Fischer*, in: G. Fischer/Vill/D. Fischer/Pape/Chab, § 5, Rn. 147.

736 BGH NJW 2003, 358, 360.

737 BGH NJW 2002, 292, 294; BGH NJW 1997, 937, 938.

738 BGH NJW 2002, 825, 826 = WM 2001, 2450 f.; NJW 1988, 200, 204 = WM 1987, 1520, 1524.

die für eine Schätzung entgangenen Gewinns erforderlichen **Anknüpfungstatsachen** darlegen, zum Beispiel bei der behaupteten Anlage von Kapitalbeträgen durch Vortrag und Nachweis der Anlage in einer bestimmten Art von Wertpapieren[739] und **nach § 287 ZPO** beweisen[740]. Dabei dürfen jedoch auch hier an das Vorbringen des Klägers keine zu hohen Anforderungen gestellt werden[741]. Insbesondere ist zu berücksichtigen, was ihm in Anbetracht des durch den Schädiger verursachten Geschehens billigerweise zugemutet werden kann[742], so dass, wenn der haftpflichtige Anwalt **Unterlagen** nicht herausgibt, obwohl er deren Herausgabe an den Mandanten schuldet und dieser deshalb Anknüpfungstatsachen nach § 287 ZPO nicht hinreichend darlegen und beweisen kann, ihm wegen **Beweisvereitelung** Beweiserleichterungen zugutekommen können, so dass die Unmöglichkeit der Tatsachenaufklärung zu Lasten des Beraters geht (näher oben Rdn. 53 ff.)[743].

Für das Vorliegen der tatsächlichen Voraussetzungen einer **Vorteilsausgleichung** trägt der **Schädiger**, im Haftungsprozess also der beklagte Rechtsanwalt, die **Darlegungs- und Beweislast**[744]. Der Geschädigte muss allerdings bei konkretem Sachvortrag des Gegners seinerseits ihm bekannte, z.B. steuerlich oder sozialversicherungsrechtlich bedeutsame vorteilhafte Auswirkungen näher darlegen und darf sich nicht auf ein bloßes Bestreiten oder eine unklare Darstellung beschränken, soweit diese Umstände in seiner Sphäre liegen[745]. 259

739 BGH, Urt. v. 16.7.2015 – IX ZR 197/14 – juris, Rn. 49 und LS 3.

740 BGH NJW 2002, 825, 826; BGH NJW 2002, 2553 f. = WM 2002, 909, 910; ferner BGH NJW 1998, 1633, NJW 1998, 1634; vgl. auch zu § 252 S. 2 BGB, § 287 ZPO: BGH NJW 1998, 900, 902 = WM 1998, 776 ff.

741 Zuletzt BGH NJW 2002, 2553 = WM 2002, 909, 910.

742 BGH wie in den vorangehenden beiden Fußnoten; zum Ganzen vgl. auch *G. Fischer*, in: G. Fischer/Vill/D. Fischer/Pape/Chab, § 5, Rn. 147–149; *Ganter*, S. 19.

743 BGH NJW 2002, 825, 826 = WM 2001, 2450 ff.

744 BGHZ 127, 391, 395 = NJW 1995, 389, 390; NJW 1995, 2106, 2107; NJW 1993, 1320, 1323 = WM 1993, 610, 615; NJW-RR 1991, 794, 795 = WM 1991, 814, 815; BGHZ 94, 195, 217 = NJW 1985, 1539, 1544; NJW 1979, 760, 761; vgl. auch NJW 1996, 3343, 3344 f. = WM 1996, 2074, 2076; BGH NJW 2000, 734, 736 = WM 2000, 193 ff. (jeweils Notar); vgl. auch *Luckey*, in: Baumgärtel/Laumen/Prütting, § 249 BGB, Rn. 27, m.w.N.; *G. Fischer*, in: G. Fischer/Vill/D. Fischer/Pape/Chab, § 5, Rn. 137; *Ganter*, S. 19.

745 BGH, Urt. v. 15.7.2010 – III ZR 336/08 – juris, Rn. 45; v. 31.5.2010 – II ZR 30/09 – juris, Rn. 26; BGHZ 127, 391, 395 = NJW 1995, 389, 390; NJW 1995, 2106, 2107; NJW 1987, 1814 = VersR 1987, 668, 669; NJW 1984, 2524, 2525; *Luckey*, in: Baumgärtel/Laumen/Prütting, 249 BGB, Rn. 27, m.w.N.; vgl. auch allgemein BGH NJW-RR 1991, 794, 795 = WM 1991, 814, 815.

Kapitel 5 Mitverschulden

Übersicht

A. Gesetzliche Ausgangsregelung

1 Gemäß § 254 BGB hängt die Verpflichtung zum Schadensersatz sowie der Umfang des zu leistenden Ersatzes von den Umständen des Einzelfalles und insbesondere davon ab, inwieweit der Schaden überwiegend von dem einen oder anderen Teil verursacht worden ist, wenn bei der Entstehung des Schadens **eigenes Verschulden** des Geschädigten oder dem Geschädigten – in entsprechender Anwendung des § 278 BGB – **zuzurechnendes Drittverschulden** mitgewirkt hat. Der Begriff des Verschuldens wird dabei in § 254 BGB in einem weiteren uneigentlichen Sinne gebraucht. Da die Rechtsordnung die Selbstschädigung nicht verbietet, geht es letztlich um die Verletzung einer Obliegenheit bzw. eines **Verschuldens gegen sich selbst**[1], wobei in § 254 BGB lediglich der Grundsatz von Treu und Glauben eine besondere Ausprägung erhalten hat[2].

I. Allgemeines

2 § 254 BGB ist auf sämtliche Schadensersatzansprüche aus Vertrag und Delikt und selbst aus § 945 ZPO[3] anwendbar[4]. Ein Mitverschulden kommt über § 254 Abs. 1 BGB bei der **Schadensentstehung** sowie über § 254 Abs. 2 S. 1 BGB bei der weiteren **Schadensentwicklung** und hier insbesondere bei der **Schadensabwendung und Schadensminderung** in Betracht. § 254 Abs. 2 S. 2 BGB sieht die Zurechnung von Drittverschulden vor. In der Praxis geht es regelmäßig um die – häufig zu verneinende – Frage der Zurechnung von Drittanwaltsverschulden aufgrund eines weiteren Mandatsverhältnisses[5].

3 Selbst ein erhebliches Verschulden des Anwalts schließt die Anwendbarkeit von § 254 BGB auf Seiten des Mandanten nicht aus. Eine Ausnahme gilt nur, wenn der Anwalt **vorsätzlich** gehandelt hat. In diesem Fall schmälert sich ein Regressanspruch nicht durch eine fahrlässige Mitverursachung des Schadens seitens des Mandanten. Vielmehr tritt ein fahrlässiges Mitverschulden des Mandanten im Rahmen der nach § 254 Abs. 1 BGB vorzunehmenden Abwägung regelmäßig hinter dem vorsätzlichen Verursachungsbeitrag des Anwalts zurück[6]. Dieser Grundsatz gilt indes nicht ausnahmslos. Vielmehr ist stets darauf abzustellen, ob es nach den Gegebenheiten des konkreten Einzelfalls unter dem Gesichtspunkt von Treu und Glauben gerechtfertigt ist, dass der Schaden teilweise bei dem nur fahrlässig an der Schadensentstehung mitwirkenden Geschädigten belassen wird[7]. Das wird etwa dann angenommen, wenn sich der Vorsatz des Schädigers nur auf die Pflichtverletzung

---

1 BGH, Urt. v. 6.10.2005 – IX ZR 111/02 – juris, Rn. 12 sowie Palandt/*Grüneberg*, BGB, § 254, Rn. 1.

2 BGH, Urt. v. 19.2.2015 – III ZR 90/14 – juris, Rn. 13 m.w.N.

3 BGH, Urt. v. 20.7.2006 – IX ZR 94/03 – juris, Rn. 30.

4 MünchKommBGB/*Oetker*, § 254, Rn. 19.

5 Vgl. dazu unten Rdn. 39 und 49 f.

6 Vgl. BGH, Urt. v. 19.12.2017 – VI ZR 128/16 – juris, Rn. 21; v. 23.11.2010 – VI ZR 244/09 – juris, Rn. 31 und v. 5.3.2002 – VI ZR 398/00 – juris, Rn. 25; ausführlich Staudinger/*Schiemann*, § 254, Rn. 121.

7 BGH, Urt. v. 19.12.2017 – VI ZR 128/16 – juris, Rn. 21.

und nicht auf den Schaden bezogen[8] oder der Mandant seine Schadensminderungspflicht (§ 254 Abs. 2 BGB) fahrlässig verletzt hat[9]. Dem liegt die Erwägung zugrunde, dass der Vorsatz des Schädigers nicht schlechthin zum Freibrief für jeden Leichtsinn des Geschädigten werden darf[10]. Jedoch ist gegenüber einer **vorsätzlichen sittenwidrigen Schädigung**, durch die sich der Schädiger einen rechtswidrigen Vermögensvorteil verschafft hat, selbst grobe Fahrlässigkeit des Geschädigten grundsätzlich nicht anspruchsmindernd anzurechnen[11].

II. Kausalität, Schutzzweck und Schuldfähigkeit

Ein Mitverschulden des Mandanten kann nur dann angenommen werden, wenn sein Verhalten für die Entstehung oder den Umfang des Schadens adäquat **kausal** ist. Im Rahmen von § 254 BGB kann ein Umstand nämlich nur dann berücksichtigt werden, wenn er sich ursächlich auf die Entstehung des Schadens ausgewirkt hat[12]. Durch das Verhalten des Geschädigten muss die objektive Möglichkeit eines Erfolgs von der Art des eingetretenen Schadens in nicht unerheblicher Weise erhöht worden sein[13]. 4

Ansonsten gilt für § 254 BGB, dass die Zurechnung durch den **Schutzzweck** der Norm begrenzt wird. § 254 BGB setzt voraus, dass die vom Geschädigten bzw. gem. § 254 Abs. 2 S. 2 BGB im Rahmen von § 278 BGB von einem Dritten verletzte Pflicht den Zweck hatte, den eingetretenen Regressschaden zu verhindern[14]. Der Schutzzweck – oder auch Zurechnungszusammenhang zu einem früheren, schädigenden Verhalten eines Rechtsanwalts – wird aber keinesfalls durch jeden eigenen selbständigen Willensakt des Mandanten oder ein mitschadensursächliches Pflichtverhalten von eingeschalteten Dritten unterbrochen[15]. 5

Der Mitverschuldenseinwand kann nur gegenüber einem **schuldfähigen** Mandanten erhoben werden[16]. 6

B. Eigenes Mitverschulden des Mandanten

Hat bei der Entstehung des Schadens ein **Verschulden des Beschädigten** mitgewirkt, so hängt die Verpflichtung zum Ersatz sowie der Umfang des zu leistenden Ersatzes nach § 254 Abs. 1 BGB von den Umständen, insbesondere davon ab, inwieweit der Schaden vorrangig von dem einen oder anderen Teil verursacht worden ist. 7

I. Grundlagen

Im **rein rechtlichen Bereich** ist der **Anwalt** im Verhältnis zu seinem Mandanten grundsätzlich **allein verantwortlich**, und insoweit scheidet die Annahme eines Mitverschuldens durch den Mandanten im Allgemeinen aus[17]. Nach zutreffender Rechtsprechung kann weder die Kenntnis des Mandanten um das juristische Problem noch der Umstand, dass der Mandant selbst über eine juristische Vorbildung verfügt, den Rechtsanwalt entlasten[18]. Der Mandant muss auch in dieser Situation darauf 8

8 BGH, Urt. v. 21.5.1987 – III ZR 25/86 – juris, Rn. 34 und v. 6.12.1983 – VI ZR 60/82 – juris, Rn. 24 ff.

9 Vgl. BGH, Urt. v. 4.10.1963 – VersR 1964, 94, 95; OLG Hamburg, Urt. v. 20.4.1977 – 8 U 31/76 – juris, Rn. 60 sowie Palandt/*Grüneberg*, § 254, Rn. 65.

10 BGH, Urt. v. 5.3.2002 – VI ZR 398/00 – juris, Rn. 25.

11 BGH, Urt. v. 10.11.2016 – III ZR 235/15 – juris, Rn. 42.

12 BGH, Urt. v. 3.7.2008 – I ZR 218/05 – juris, Rn. 28.

13 BGH, Urt. v. 18.6.2019 – X ZR 86/17 – juris, Rn. 31.

14 Vgl. OLG Hamm, Urt. v. 2.3.2006 – 28 U 135/05 – juris, Rn. 71.

15 Vgl. BGH, Urt. v. 21.9.2017 – IX ZR 34/17 – juris, Rn. 37 und v. 13.3.2003 – IX ZR 181/99 – juris, Rn. 65 sowie Rdn. 39 und 49 f.

16 Vgl. RGZ 108, 86, 90; eine verschuldensunabhängige Mitverantwortlichkeit kommt nur im Bereich der Gefährdungshaftung, nicht aber bei der anwaltlichen Verschuldenshaftung in Betracht.

17 BGH, Beschl. v. 23.9.2010 – IX ZR 132/08 – juris, Rn. 2 m.w.N. sowie Urt. v. 15.4.2010 – IX ZR 189/09 – juris, Rn. 14 zu einem Steuerberaterregress.

18 BGH, Urt. v. 30.11.2017 – I ZR 143/16 – juris, Rn. 20; v. 10.5.2012 – IX ZR 125/10 – juris, Rn. 20 und v. 23.9.2010 – IX ZR 26/09 – juris, Rn. 43 zu einem Steuerberatervertrag.

vertrauen können, dass der von ihm beauftragte Berater die anstehenden Fragen fehlerfrei bearbeitet, ohne dass eine Kontrolle notwendig ist[19]; er darf sich daher grundsätzlich auf eine einwandfreie Arbeit seines Rechtsanwalts verlassen[20].

9 Dem geschädigten Mandanten kann ein **Mitverschulden nicht mit der Begründung** angerechnet werden, er hätte eine **Gefahr, zu deren Vermeidung er den** fachkundigen **Berater hinzugezogen hat**, bei genügender Sorgfalt **selbst erkennen und abwenden** können[21]. Wegen des geschlossenen Anwaltsvertrages obliegt es alleine dem Anwalt, die entsprechende Rechtsfrage zu prüfen[22]. Selbst dann, wenn der Mandant mit der Arbeit seines Anwalts unzufrieden ist, dessen Fähigkeiten misstraut, ihn aber gleichwohl weiterarbeiten lässt, kann dies einen Mitverschuldensvorwurf nicht begründen[23].

Es ist auch allein Sache des Rechtsanwalts, für eine **formgerechte Honorarvereinbarung** Sorge zu tragen. Dies gilt auch dann, wenn der Mandant Volljurist ist (hier: juristische Mitarbeiter eines Rechtsamts einer Großstadt). Auch dann muss der Mandant nicht wissen und sich nicht dahingehend informieren, dass eine mündlich geschlossene Honorarabrede formunwirksam ist[24].

10 **Nur unter besonderen Umständen** kann abweichend vom Regelfall der Einwand des **Mitverschuldens** bei Beratungsfehlern eingreifen, etwa wenn der Mandant Warnungen oder ohne weiteres erkennbare Umstände, die gegen die Richtigkeit des vom Berater eingenommenen Standpunkts sprechen, nicht genügend beachtet[25]. oder den Berater nicht über eine fundierte abweichende Auskunft unterrichtet, die er von einer sachkundigen Person erhalten hat[26]. Eine Obliegenheit zur Schadensabwehr kommt auch in Betracht, wenn der Mandant von der Gefährdung seiner Interessen Kenntnis hat[27].

11 Hat der **Berater** seine **Vertragspflicht zur sachgerechten Auskunft verletzt**, kann er gegenüber dem Ersatzanspruch des geschädigten Mandanten nach Treu und Glauben (§ 242 BGB) nicht geltend machen, diesen treffe deshalb ein Mitverschulden, weil er der Auskunft vertraut und dadurch einen Mangel an Sorgfalt gezeigt habe[28].

12 Für ein **Mitverschulden** des Mandanten reicht es **nicht** aus, dass dieser einen Hinweis seines Rechtsanwalts nicht umsetzt, **wenn zum Mandat des Anwalts gerade gehört, den begangenen Fehler zu entdecken und zu vermeiden**[29].

13 Ein anrechenbares Mitverschulden des Mandanten ist insbesondere dann zu prüfen, wenn der Anwalt die **Verletzung einer Informationspflicht des Mandanten** behauptet[30]. Die Informationspflicht des Mandanten ist das Gegenstück zur Grundpflicht eines Rechtsberaters, den rechtlich maßgeblichen Sachverhalt zu klären[31]. Der Mandant hat seinen Anwalt über die tatsächlichen Umstände wahrheitsgemäß und vollständig zu unterrichten und ihm sämtliche diesbezüglichen Unterlagen zur Verfügung zu stellen[32]. Soll ein Anwalt einen Mandanten im Zusammenhang mit einem

---

19 BGH, Urt. v. 30.11.2017 – I ZR 143/16 – juris, Rn. 20.

20 BGH, Urt. v. 24.5.2005 – IX ZR 276/03 – juris, Rn. 10.

21 BGH, Urt. v. 30.11.2017 – I ZR 143/16 – juris, Rn. 20; v. 14.6.2012 – IX ZR 145/11 – juris, Rn. 37; v. 23.9.2010 – IX ZR 26/09 – juris, Rn. 43; v. 15.4.2010 – IX ZR 189/09 – juris, Rn. 14 und v. 18.12.2008 – IX ZR 12/05.

22 OLG Hamm, Urt. v. 2.3.2006 – 28 U 135/05 – juris, Rn. 69.

23 BGH, Urt. v. 24.5.2005 – IX ZR 276/03 – juris, Rn. 12 f.

24 OLG Düsseldorf, Urt. v. 12.6.2018 – 24 U 131/17 – juris, Rn. 51.

25 BGH, Beschl. v. 23.9.2010 – IX ZR 132/08 – juris, Rn. 2.

26 BGH, Urt. v. 17.3.2011 – IX ZR 162/08 – juris, Rn. 13.

27 BGH, Urt. v. 30.11.2017 – I ZR 143/16 – juris, Rn. 21.

28 BGH, Urt. v. 30.11.2017 – I ZR 143/16 – juris, Rn. 20 und v. 15.4.2010 – IX ZR 189/09 – juris, Rn. 14.

29 OLG Celle, Urt. v. 21.5.2008 – 3 U 26/08 – juris, Rn. 41 ff. zu einem Steuerberaterregress.

30 Vgl. dazu auch Kap. 2 Rdn. 71 ff. sowie Kap. 5 Rdn. 31 f.

31 BGH, Beschl. v. 21.1.2010 – IX ZB 163/08 – juris, Rn. 9; *D. Fischer,* DB 2010, 2600, 2602.

32 BGH, Urt. v. 20.6.1996 – IX ZR 106/95 – juris, Rn. 34; OLG Stuttgart, Urt. v. 30.9.2014 – 12 U 22/14 – juris, Rn. 13.

Immobilienkaufvertag beraten, kann es ein Mitverschulden des Mandanten darstellen, wenn dieser den Kaufvertrag abgeschlossen hat, ohne seinen Rechtsanwalt in die weiteren Vertragsverhandlungen einzubeziehen[33].

Auf die Richtigkeit der Angaben des Mandanten darf der Anwalt grundsätzlich vertrauen, ohne dass ihn die Notwendigkeit trifft, dazu eigene Nachforschungen anzustellen[34]. Dieser Grundsatz bezieht sich **jedoch nicht auf die Mitteilung von Rechtstatsachen und rechtliche Wertungen**. Diese hat der Anwalt durch Rückfragen in die zugrundeliegenden tatsächlichen Umstände und Vorgänge aufzulösen oder, sofern dies keine zuverlässige Klärung erwarten lässt, weitere Ermittlungen anzustellen[35]. Zur Klärung kann es ausreichen, dass der Anwalt den Mandanten gezielt befragt und auffordert, die einschlägigen Unterlagen vorzulegen[36]. Der Anwalt handelt pflichtwidrig, wenn er Anhaltspunkte dafür, dass die ihm erteilten Informationen unzureichend oder unzutreffend sind, nicht zu einer entsprechenden Nachfrage beim Mandanten nutzt[37]. Unterlässt der Anwalt eine solche gebotene Rückfrage, spricht der Anscheinsbeweis dafür, dass der Mandant die Nachfrage durch weitere Informationen bzw. die Vorlage weiterer Unterlagen erfüllt hätte[38]. 14

Im Rahmen der wechselseitigen Informationspflichten obliegt es vorrangig dem Anwalt, die zur ordnungsgemäßen Erfüllung des Auftrags notwendigen Informationen beim Mandanten zu erfragen und **bei unzureichenden oder erkennbar unzutreffenden Angaben Nachfrage** zu halten[39]. Ein Mitverschulden des Mandanten wegen einer Verletzung der ihm obliegenden Informationsverschaffungspflicht kommt immer erst dann in Betracht, wenn der Anwalt nach den maßgeblichen Umständen auf die Richtigkeit und Vollständigkeit der gemachten Angaben vertrauen konnte und der Mandant wusste oder – anders als der Anwalt – wissen musste, dass die erteilten Informationen unvollständig oder gar falsch waren. 15

Ebenso ist für die Annahme eines eigenen Mitverschuldens des Mandanten dann Anlass, wenn eine ordnungsgemäße Beratung stattgefunden hat, sich der **Mandant** aber dem **Ergebnis der Beratung verschließt** und deshalb Schaden erleidet[40]. 16

Ein Mitverschulden kann auch dann begründet sein, wenn sich das Verschulden des Mandanten gemäß § 254 Abs. 2 BGB darauf beschränkt, dass er es unterlassen hat, den Anwalt auf die **Gefahr eines ungewöhnlich hohen Schadens aufmerksam zu machen**, den der Anwalt weder kannte noch kennen musste, oder dass er es unterlassen hat, den Schaden abzuwenden oder zu mindern. Die Verletzung der Warnpflicht des § 254 Abs. 2 S. 1 Alt. 1 BGB entfällt, wenn entweder der Anwalt die Warnung nicht beachtet hätte oder Schadensminderungsmaßnahmen nicht hätte ergreifen können[41]. 17

Ansonsten setzt jedes Mitverschulden voraus, dass der Geschädigte die nach Lage der Sache im eigenen Interesse gewollte Sorgfalt außer Acht lässt, mit der ein **verständiger Mensch** handeln würde, um sich selbst vor Schaden zu bewahren[42]. Ein Mitverschulden trifft den Geschädigten nicht, wenn er bei Anwendung der im Verkehr erforderlichen Sorgfalt nicht erkennen konnte, dass sein Verhalten bei der Entstehung des Schadens mitwirkte[43]. 18

---

33 BGH, Urt. v. 7.2.2008 – IX ZR 149/04 – juris, Rn. 48.

34 BGH, Beschl. v. 21.1.2010 – IX ZB 163/08 – juris, Rn. 9.

35 BGH, Urt. v. 14.2.2019 – IX ZR 181/17 – juris, Rn. 9.

36 BGH, Urt. v. 20.6.1996 – IX ZR 106/95 – juris, Rn. 26.

37 BGH, Urt. v. 23.6.1981 – VI ZR 42/80 – juris, Rn. 19 ff., 31.

38 BGH, Urt. v. 20.6.1996 – IX ZR 106/95 – juris, Rn. 31.

39 Vgl. BGH, Urt. v. 11.2.1999 – IX ZR 14/98 – juris, Rn. 10 ff.; v. 13.3.1997 – IX ZR 81/96 – juris, Rn. 16 sowie OLG Hamm, Urt. v. 22.7.2010 – I-28 U 146/09 – juris, Rn. 56 und v. 25.3.2004 – 28 U 96/03 – juris, Rn. 76 f.

40 Schleswig-Holsteinisches OLG, Urt. v. 29.6.2006 – 11 U 46/05 – juris, Rn. 34.

41 BGH, Urt. v. 19.9.1995 – VI ZR 226/94 – juris, Rn. 18 sowie OLG Köln, Urt. v. 16.11.2011 – 16 U 39/11 – juris, Rn. 32 f.

42 BGH, Urt. v. 17.6.2014 – VI ZR 281/13 – juris, Rn. 9 m.w.N.

43 RGZ 159, 76.

II. Einzelfälle

19 Die **Überwachung materiell-rechtlicher bzw. prozessualer Fristen** fällt in den rechtlichen Bereich des Mandats. Insoweit ist es **allein Aufgabe des Anwalts**, einen Schaden zu vermeiden[44].

20 Entsprechendes gilt im Zusammenhang mit **Verjährungsfragen**, deren Prüfung und Beachtung ebenfalls zum ureigenen Aufgabenbereich eines Rechtsanwalts gehört. Grundsätzlich ist ein Mitverschulden des Mandanten auch hier abzulehnen[45]. Dies gilt selbst dann, wenn der Mandant aufgrund eigener Kenntnisse in der Lage wäre, den Fall unter Kontrolle zu halten. Aus dem Abschluss eines uneingeschränkten Anwaltsvertrages will auch ein solcher Mandant die Sicherheit schöpfen, dass jedenfalls der Anwalt »aufpassen« wird. Allerdings gibt es insoweit Einschränkungen[46]. So kann es an der Belehrungsbedürftigkeit eines rechtskundigen Mandanten fehlen, wenn dieser sich des Risikos der Verjährung bewusst ist und genau diese Frage zwischen Anwalt und Mandant erörtert worden ist[47].

21 Ein Mitverschulden des geschädigten Mandanten kommt ferner in Betracht, wenn er es in vorwerfbarer Weise versäumt hat, den entstandenen Schaden durch **Einlegung zulässiger, aussichtsreicher und zumutbarer Rechtsbehelfe oder Rechtsmittel** abzuwenden oder zu mindern. Für ein Mitverschulden ist allerdings kein Raum, wenn es Sache des Rechtsanwaltes gewesen wäre, auf etwaige Erfolgsaussichten eines Rechtsbehelfs hinzuweisen[48]. In welchem Umfang der Anwalt den Mandanten nach einem Instanzverlust über die Aussichten eines Rechtsmittels zu belehren hat, ist allerdings durch die Rechtsprechung des Bundesgerichtshofs noch nicht umfassend geklärt. Eine entsprechende **Belehrungspflicht besteht** jedenfalls **hinsichtlich der formellen Voraussetzungen des Rechtsmittels**, bei ohne Weiteres erkennbarer **Divergenz zur höchstrichterlichen Rechtsprechung** sowie in den Fällen, in denen der Fehler des Urteils auch darauf beruht, dass der **Rechtsanwalt nicht sachgerecht gearbeitet**, er das unrichtige Urteil also mitverschuldet hat[49].

Wer dagegen einen aussichtslosen Rechtsbehelf nicht einlegt, handelt seinen eigenen Interessen niemals zuwider, so dass bei einer derartigen Fallgestaltung ein Mitverschulden des Mandanten von vorneherein ausscheidet[50].

22 Der Rechtsanwalt kann dem Mandanten nicht vorwerfen, er hätte den Fehler in einem **Sachverständigengutachten** selbst erkennen müssen. Die sorgfältige Überprüfung des Beweisergebnisses obliegt dem Rechtsanwalt und nicht dem Auftraggeber[51].

23 Im Falle unvollständiger Beratung gereicht es dem Mandanten nicht zum Mitverschulden, wenn er gegen den Rat des Rechtsanwalts einen vorteilhaften **Prozessvergleich** nicht abschließt[52].

24 Hat der Auftraggeber einen Prozess in erster Instanz aufgrund unzureichenden Vortrags seines Prozessbevollmächtigten verloren, darf er, ohne sich dem Einwand des Mitverschuldens auszusetzen, die Einlegung der **Berufung** von dessen Erklärung abhängig machen, dass er den Auftraggeber von den Kosten der zweiten Instanz freistelle, falls ergänzender Vortrag im Hinblick auf die Verspätungsvorschriften nicht zugelassen und deshalb die Berufung zurückgewiesen werde. Dem liegt die Erwägung zugrunde, dass ein Rechtsanwalt, dem ein Fehler unterlaufen ist, aus welchem seinem

44 BGH, Urt. v. 19.12.1991 – IX ZR 41/91 – juris, Rn. 10 sowie Brandenburgisches OLG, Urt. v. 25.1.2012 – 4 U 25/09 – juris, Rn. 72.

45 BGH, Urt. v. 15.4.1999 – IX ZR 328/97 – juris, Rn. 39 sowie Brandenburgisches OLG, Urt. v. 17.1.2008 – 5 U 13/07 – juris, Rn. 26, 35.

46 Vgl. etwa BGH, Urt. v. 17.10.1991 – IX ZR 255/90 – juris, Rn. 25 f. für die unterlassene Einreichung einer Steuererklärung durch den Steuerberater.

47 OLG Celle, Urt. v. 14.8.2002 – 3 U 7/02 – juris, Rn. 28 f.

48 BGH, Urt. v. 13.10.2016 – IX ZR 214/15 – juris, Rn. 25.

49 BGH, Urt. v. 24.5.2007 – IX ZR 142/05 – juris, Rn. 12.

50 BGH, Urt. v. 15.4.2010 – IX ZR 189/09 – juris, Rn. 16.

51 OLG Düsseldorf, Urt. v. 20.3.2006 – I-24 U 161/05 – juris, Rn. 12.

52 OLG Düsseldorf, Urt. v. 16.12.2003 – 24 U 73/03 – juris, LS 2., Rn. 19.

Auftraggeber ein Schaden droht, zusätzliche honorarfreie Leistungen zu erbringen hat, sofern sich der Schadenseintritt nur noch auf diese Weise verhindern lässt. Ist der Schaden aus von dem Rechtsanwalt zu verantwortenden Gründen bereits eingetreten, besteht jedoch berechtigte Aussicht, ihn durch einen zweiten Prozess zu beseitigen oder zu verringern, hat der Anwalt aufgrund der ihn nach § 249 BGB treffenden Ersatzpflichten seinem Mandanten die dafür erforderlichen Mittel zur Verfügung zu stellen, sofern er ihn nicht auf andere Weise entschädigt[53].

Ein Mitverschulden fällt dem Mandanten auch dann nicht zur Last, wenn er **keinen Auftrag zur Rücknahme eines Rechtsmittels** erteilt, obwohl der Vorsitzende dies im Rahmen der mündlichen Verhandlung empfiehlt. Es ist nämlich Sache des Rechtsanwalts, den Mandanten rechtlich zu beraten mit der Folge, dass der Anwalt selbst eine entsprechende Empfehlung aussprechen muss[54]. 25

Eine zuvor bei Beginn des Prozesses fehlerhaft erteilte Information über die Höhe von Verdienstausfallschäden, die nach Beendigung des ersten Rechtszuges zu einem hohen, die Deckungssumme bereits in 1. Instanz erschöpfenden Streitwert geführt haben, begründet kein zurechenbares Mitverschulden bezüglich der infolge der Beauftragung des Berufungsanwalts entstandenen **Kosten** des zweiten Rechtszuges[55]. 26

Ein Mitverschulden eines Mandanten ist in Betracht zu ziehen, wenn dieser entgegen entsprechender Aufforderung einen **Gerichtskostenvorschuss** verspätet zahlt und dadurch ein Schaden entsteht[56]. 27

Versäumt es der Strafverteidiger – absprache- und auftragswidrig – für seinen Mandanten einen Antrag auf Verlegung des Termins zur Hauptverhandlung zu stellen und gerät der Mandant daraufhin in Haft, so ist ein Mitverschulden des Mandanten nach § 254 Abs. 1 BGB anspruchsmindernd zu berücksichtigen, wenn der Mandant es unterlassen hat, über Monate bei seinem Rechtsanwalt nach dem Stand der **Terminsverlegung** zu fragen[57]. 28

Ein Rechtsanwalt handelt fahrlässig, wenn er eine **Kündigungsschutzklage** nur gegen eine zweite Kündigung erhebt, obwohl er Anhaltspunkte dafür hat, dass dem Mandanten möglicherweise zuvor schon einmal gekündigt worden ist. Verletzt der Mandant schuldhaft seine Informationspflicht und wird das Informationsverschulden mitursächlich für den letztlich durch eine anwaltliche Fehlleistung eingetretenen Schaden, kann der Schadensersatzanspruch durch Mitverschulden gemindert sein[58]. 29

Hat ein von einer als GbR organisierten Grundstückseigentümergemeinschaft mit der Rechtsverteidigung gegen einen Gebührenbescheid beauftragter Rechtsanwalt einen Widerspruch gegen den Bescheid nur im Namen eines der Miteigentümer eingelegt, so kommt jedenfalls dann ein Schadensersatzanspruch der Mitglieder der Eigentümergemeinschaft wegen Schlechterfüllung des Anwaltsvertrages nicht in Betracht, wenn der Ausgangsbescheid rechtmäßig war oder der eingelegte Widerspruch auf **Weisung** des widerspruchsführenden Miteigentümers **zurück genommen und der Anwaltsvertrag gekündigt** wurde, so dass der Rechtsanwalt den Schadenseintritt (hier: die Gebührenpflicht) nicht mehr verhindern konnte[59]. 30

Hat der Rechtsanwalt zu den tatsächlichen Verhältnissen entgegen der Besprechung mit dem Mandanten nicht schriftsätzlich vorgetragen, obliegt es dem Mandanten im Rahmen seiner Mitwirkungspflicht, den Anwalt darauf hinzuweisen[60]. Unterlässt er dies, kann ein Schadensersatzanspruch 31

53 BGH, Urt. v. 6.10.2005 – IX ZR 111/02 – juris, Rn. 10 f.
54 BGH, Urt. v. 10.5.2012 – IX ZR 125/10 – juris, Rn. 49.
55 OLG Hamm, Urt. v. 2.3.2006 – 28 U 135/05 – juris, Rn. 68 ff.
56 BGH, Urt. v. 17.11.1994 – IX ZR 208/93 – juris, Rn. 34.
57 KG, Urt. v. 17.1.2005 – 12 U 302/03 – juris, Rn. 6.
58 BGH, Urt. v. 11.2.1999 – IX ZR 14/98 – juris, Rn. 25.
59 Brandenburgisches OLG, Urt. v. 23.9.2008 – 6 U 145/07 – juris, Rn. 20.
60 Vgl. bereits Rdn. 13.

des Mandanten wegen Mitverschuldens entfallen, wenn die **Informationspflicht** des **Mandanten** die Aufklärungspflicht des Rechtsanwalts **überwiegt**[61].

32 Hat der Mandant infolge eines dem Anwalt zuzurechnenden Fehlers ein Vergleichsangebot der Gegenseite **abgelehnt** und verliert er den Prozess, so ist ihm dadurch auch dann ein Schaden entstanden, wenn seine Deckungsklage gegen den Versicherer unbegründet war. Der Mandant kann den Anwalt jedoch nicht auf den durch die Vergleichsablehnung entstandenen Schaden in Anspruch nehmen, wenn der Mandant wusste, dass er im Versicherungsantrag **falsche Angaben gemacht hatte und die Versicherung deshalb zum Rücktritt berechtigt war. Hat der Mandant seinen Anwalt über diese Umstände nicht informiert, steht** einem Schadensersatzanspruch insoweit der Einwand überwiegenden **Mitverschuldens** gem. § 254 Abs. 1 BGB entgegen[62].

33 Gegenüber einem Regressanspruch infolge eines fehlerhaft abgeschlossenen Unterhaltsvergleichs kann ein Mitverschulden bei der Schadensentwicklung darin liegen, dass der Mandant den Schaden dadurch aufrechterhält, dass er eine ihm zu seinen Gunsten mögliche Abänderungsklage unterlässt. Folge dieses Unterlassens ist, dass der aufrechterhaltene Schaden nicht mehr durch den Beratungsfehler des Beklagten adäquat kausal verursacht ist; hier ist jedenfalls dem Mandanten ein Verschulden gegen sich selbst im Rahmen des § 254 Abs. 2 BGB anzurechnen[63].

34 Wird der **Insolvenzantrag** einer GmbH infolge einer fehlerhaften Abschlussprüfung verspätet gestellt, trifft die Gesellschaft mit Rücksicht auf ihre Selbstprüfungspflicht in der Regel ein Mitverschulden an dem dadurch bedingten Insolvenzverschleppungsschaden[64].

Unterlässt ein vom Schuldner im **Insolvenzverfahren** beauftragter Rechtsanwalt pflichtwidrig die Stellung eines **Antrags auf Restschuldbefreiung** bzw. die Stellung eines Eigenantrags nebst Restschuldbefreiungsantrags, kann er den Mandanten nicht auf die Stellung eines neuen Insolvenzantrags und Restschuldantrags verweisen, denn es ist dem Schuldner auch unter dem Gesichtspunkt der Schadensminderungspflicht nicht zuzumuten, ein weiteres Insolvenzverfahren zu durchlaufen[65].

C. Mitverschulden Dritter

35 Nach § 254 Abs. 2 S. 2 BGB findet die Vorschrift des **§ 278 BGB** entsprechende Anwendung. Dabei besteht Einigkeit, dass sich diese Verweisung nicht nur auf § 254 Abs. 2 S. 1 BGB, sondern auch auf § 254 Abs. 1 BGB bezieht[66]. Eine Zurechnung findet mithin sowohl im Rahmen der Schadensentstehung gem. § 254 Abs. 1 BGB als auch im Rahmen der Schadensabwendungs- und Schadensminderungspflicht nach § 254 Abs. 2 BGB statt.

I. In Betracht kommender Personenkreis

36 Eine Zurechnung fremden Verschuldens setzt voraus, dass der Dritte als Erfüllungsgehilfe des Mandanten eingeschaltet ist.

1. Begriff des Erfüllungsgehilfen

37 Innerhalb der Anwaltshaftung bezieht sich die Verantwortlichkeit des Mandanten für Dritte nach Maßgabe von § 278 BGB auf **Erfüllungsgehilfen**[67], deren sich der Mandant im Rahmen einer

---

61 OLG Köln, Urt. v. 22.7.2004 – 21 U 5/04 – juris, LS sowie Rn. 33.

62 Brandenburgisches OLG, Urt. v. 31.7.2008 – 5 U 217/06 – juris, Rn. 42, 54.

63 OLG Köln, Urt. v. 21.7.2004 – 26 U 8/04 – juris, LS 2.

64 BGH, Urt. v. 26.1.2017 – IX ZR 285/14 – juris, Rn. 53 und v. 6.6.2013 – IX ZR 204/12 – juris, Rn. 29.

65 OLG Düsseldorf, Urt. v. 2.8.2012 – I-24 U 110/11 – juris, Rn. 68 ff.; a.A. LG Erfurt, Urt. v. 29.11.2012 – 3 O 1542/09 – juris, Rn. 18 ff. mit abl. Anm. *Schmücker*, jurisPR-InsR 21/2013 Anm. 6, der das Durchlaufen eines weiteren Insolvenzverfahrens sowie die damit verbundenen Nebenfolgen – wie Schufa-Eintragung von dann zwei Insolvenzverfahren – ebenfalls nicht für zumutbar hält.

66 Vgl. Staudinger/*Schiemann*, BGB, § 254, Rn. 95 ff.

67 Vgl. dazu auch Kap. 5 Rdn. 31 ff.

eigenen Verbindlichkeit gegenüber dem regresspflichtigen Anwalt bedient. Erfüllungsgehilfe ist dabei nach ständiger Rechtsprechung, wer nach den tatsächlichen Gegebenheiten des Falles mit dem Willen des Schuldners bei der Erfüllung einer diesem obliegenden Verbindlichkeit als eine Hilfsperson tätig wird. Dazu gehören letztlich alle natürlichen und juristischen Personen, die der Mandant in ihm aus dem Mandatsvertrag obliegenden Pflichten gegenüber dem Rechtsanwalt einsetzt.

Im Rahmen des mithin maßgeblichen Vertragsverhältnisses zwischen Anwalt und Mandant ist der **Rechtsschutzversicherer** aber **nicht Erfüllungsgehilfe** des Mandanten[68]. Der Anwaltsvertrag einerseits und der Vertrag des Mandanten mit dem Rechtsschutzversicherer andererseits sind rechtlich selbständig, mit der Folge, dass sich ein Mandant etwaiges unsorgfältiges Verhalten des Rechtsschutzversicherers bei der Erteilung der Deckungszusage nicht zurechnen lassen muss. Dies gilt auch dann, wenn der Rechtsschutzversicherer selbst – aus übergegangenem Recht – gegen den Anwalt regressiert[69]. 38

2. Anrechnung von anwaltlichen Schadensbeiträgen

Sind an ein und demselben Schadensfall **mehrere Anwälte** beteiligt, die **jeweils verschiedene Schadensursachen in ihrem eigenen Verantwortungsbereich** gesetzt haben, so haften sie grundsätzlich als **Gesamtschuldner**. Ein Gesamtschuldner kann sich aber nicht auf ein der geschädigten Partei nach § 278 BGB anrechenbares Mitverschulden des anderen Gesamtschuldners berufen[70]. Der Mandant kann daher gemäß § 421 BGB einen der beteiligten Anwälte für den ganzen Schaden verantwortlich machen und die Klärung der einzelnen Haftungsanteile dem internen Gesamtschuldnerausgleich der beteiligten Anwälte gemäß § 426 BGB überlassen[71]. Der Mandant kann also die Leistung nach seinem Belieben von jedem der Anwälte ganz oder zu einem Teil fordern. Bis zur Bewirkung der gesamten Leistung bleiben sämtliche Anwälte gemäß § 421 S. 2 BGB zum Schadensersatz verpflichtet. 39

Etwaige **Fehler eines Zweitanwalts unterbrechen** den **Zurechnungszusammenhang regelmäßig nicht**. Fehler eines später beauftragten Anwalts schließen nämlich nicht aus, die Schadensfolge dem Erstanwalt als demjenigen zuzurechnen, der die Kausalkette in Gang gesetzt hat. Greifen weitere Personen in ein schadensträchtiges Geschehen ein, entlasten sie damit regelmäßig nicht den Erstschädiger, sondern begründen – zum Schutz des Geschädigten – allenfalls eine eigene, zusätzliche Haftung. Das Verhalten Dritter beseitigt allgemein die Schadenszurechnung im Verhältnis zu früheren Verursachern nur, sofern es als gänzlich ungewöhnliche Beeinflussung des Geschehensablaufs zu werten ist. Dementsprechend wird der von einer früheren Vertragsverletzung eines Rechtsanwalts ausgehende Zurechnungszusammenhang grundsätzlich nicht dadurch unterbrochen, dass nach dem pflichtwidrig handelnden Anwalt eine andere rechtskundige Person mit der Angelegenheit befasst worden ist, die noch in der Lage gewesen wäre, den Schadenseintritt zu verhindern, die ihr obliegende Sorgfaltspflicht jedoch nicht beachtet hat[72].

Etwas Anderes gilt lediglich dort, wo der zweite Anwalt eine Entschließung trifft, die schlechterdings unverständlich, also gemessen an sachgerechter Berufsausübung sachfremd und nicht nachvollziehbar erscheint oder den Geschehensablauf so verändert, dass der Schaden bei wertender Betrachtungsweise in keinem inneren Zusammenhang zu der vom beklagten Rechtsanwalt zu vertretenden Vertragsverletzung steht[73].

---

68 OLG Köln, Urt. v. 23.5.2019 – I-24 U 122/18 – juris, Rn. 35; OLG Hamm, Urt. v. 10.5.2012 – 28 U 166/11 – juris, Rn. 45; OLG Koblenz, Urt. v. 16.2.2006 – 5 U 271/05 – juris, Rn. 20.

69 OLG Köln, Urt. v. 23.5.2019 – I-24 U 122/18 – juris, Rn. 35; OLG Hamm, Urt. v. 10.5.2012 – 28 U 166/11 – juris, Rn. 45; OLG Koblenz, Urt. v. 16.2.2011 – 1 U 358/10 – juris, Rn. 29 ff.

70 BGH, Beschl. v. 21.10.2010 – IX ZR 50/08 – juris, Rn. 2 sowie Urt. v. 17.11.2005 – IX ZR 8/04 – juris, Rn. 23.

71 OLG Zweibrücken, Urt. v. 2.5.2006 – 2 U 6/05 – juris, Rn. 86.

72 BGH, Urt. v. 4.1.2019 – IX ZR 233/17 – juris, Rn. 32 und v. 21.9.2017 – IX ZR 34/17 – juris, Rn. 30 ff.

73 BGH, Urt. v. 4.1.2019 – IX ZR 233/17 – juris, Rn. 33.

▶ Beispiel[74]:

40 Haben z.B. einerseits der Prozessanwalt und andererseits der Verkehrsanwalt des Mandanten nebeneinander oder aber nacheinander ein erstinstanzlicher Prozessbevollmächtigter und ein Rechtsmittelanwalt oder infolge eines Mandatswechsels mehrere Anwälte nacheinander ihre Vertragspflichten gegenüber dem Mandanten schuldhaft verletzt, haften sie im Regelfall gesamtschuldnerisch.

41 Andererseits wirkt gemäß § 422 Abs. 1 BGB die Erfüllung durch einen Anwalt auch für die übrigen Rechtsanwälte. Das Gleiche gilt in Bezug auf die Leistung an Erfüllungs statt, die Hinterlegung und die Aufrechnung. Gemäß § 423 BGB wirkt ein zwischen dem Auftraggeber und einem gesamtschuldnerisch haftenden Anwalt vereinbarter Erlass auch für die übrigen Schuldner, wenn die Vertragsschließenden das ganze Schuldverhältnis mit dieser Vereinbarung aufheben wollen.

42 Der Mandant hat sich damit **grundsätzlich** ein etwaiges **Verschulden anderer Rechtsanwälte nicht als Mitverschulden** anrechnen zu lassen. Dieser Grundsatz gilt auch für Rechtsanwälte, die nacheinander für den geschädigten Mandanten tätig waren[75]. **Vertraut** der **Mandant auf** eine **fehlerfreie Vertragserfüllung** seitens eines später eingeschalteten Beraters, **muss er sich regelmäßig keinen schuldhaften Schadensbeitrag anrechnen lassen**[76].

43 Die **Anrechnung eines Mitverschuldens** kommt aber in Betracht, **wenn** sich der Mandant eines **Zweitanwalts** bedient, **um die Folgen der von dem ersten Anwalt begangenen Fehler zu beseitigen**[77] bzw. wenn es darum geht, eine **im eigenen Interesse gebotene Obliegenheit** zur Abwehr oder Minderung des Schadens, der durch den in Anspruch genommenen Erstanwalt herbeigeführt wurde, zu erfüllen[78]. Ein **gezielt zur Schadensminderung eingeschalteter weiterer Rechtsanwalt** wird als **Erfüllungsgehilfe** im Sinne des § 278 BGB tätig, mit der Folge, dass sich der Mandant in einem derartigen Fall den Schadensbeitrag dieses (zweiten) Rechtsanwalts auf seinen Schadensersatzanspruch anrechnen lassen muss[79].

▶ Beispiele:

44 1. Beauftragt ein Mandant einen Rechtsanwalt, um einen erkannten oder jedenfalls für möglich gehaltenen Fehler eines früheren Rechtsanwalts zu beheben, muss sich der Mandant im Verhältnis zu seinem ersten Anwalt einen schuldhaften Schadensbeitrag seines zweiten Anwalts als Mitverschulden zurechnen lassen[80].

45 2. Andererseits hat eine solche Anrechnung auch in dem Fall außer Betracht zu bleiben, dass der erste von nacheinander tätig gewordenen Rechtsanwälten einen schadensursächlichen Fehler begangen hat, der vom zweiten Anwalt nicht erkannt oder nicht behoben wurde; denn der Mandant darf sich auf eine sachgerechte Vertragserfüllung des zuerst tätigen Anwalts verlassen mit der Folge, dass die Anwälte, die jeweils im Rahmen ihrer selbständigen Pflichtenkreise zum Schaden des Auftraggebers beigetragen haben, diesem grundsätzlich als Gesamtschuldner haften[81]. Das ist im obigen Beispiel anders, weil dort der Auftraggeber

74 Vgl. BGH, Urt. v. 20.1.1994 – IX ZR 46/93 – juris, Rn. 16.
75 BGH, Beschl. v. 6.10.2010 – IX ZR 21/09 – juris, Rn. 8.
76 BGH, Urt. v. 8.9.2016 – IX ZR 255/13 – juris, Rn. 21.
77 BGH, Urt. v. 24.1.2019 – IX ZR 233/17 – juris, Rn. 35 sowie v. 17.11.2005 – IX ZR 8/04 – juris, Rn. 23 sowie Beschl. v. 20.12.2012 – IX ZR 72/11 – juris, Rn. 3 und v. 19.4.2012 – IX ZR 99/10 – juris, Rn. 5.
78 BGH, Urt. v. 8.9.2016 – IX ZR 255/13 – juris, Rn. 21; OLG Köln, Urt. v. 17.11.2011 – 7 U 85/11 – juris, Rn. 12; OLG Düsseldorf, Urt. v. 20.3.2006 – I-24 U 161/05 – juris, Rn. 15.
79 BGH, Urt. v. 8.9.2016 – IX ZR 255/13 – juris, Rn. 21; OLG Hamm, Urt. v. 11.2.1999 – 28 U 153/98 – juris, Rn. 58.
80 BGH, Urt. v. 17.11.2005 – IX ZR 8/04 – juris, Rn. 23 sowie Beschl. v. 19.4.2012 – IX ZR 99/10 – juris, Rn. 5.
81 BGH, Urt. v. 24.1.2019 – IX ZR 233/17 – juris, Rn. 35 sowie v. 7.4.2005 – IX ZR 132/01 – juris, Rn. 17 ff.

nicht auf eine fehlerfreie Vertragserfüllung durch den zuerst handelnden Anwalt vertraut hat. Vielmehr hat er weitere Anwälte gerade wegen der Fehlerhaftigkeit des Handelns des Erstanwalts beauftragt.

3. Trifft den Mandanten selbst aufgrund einer anderweitig erhaltenen Rechtsbelehrung die Obliegenheit, sich darum zu bemühen, Schäden infolge eines Fehlers des ersten Anwalts zu vermeiden, muss er sich ein Verschulden des zweiten Anwalts als eigenes anrechnen lassen; denn er bedient sich des zweiten Anwalts zur Erfüllung seiner Obliegenheit[82]. 46
4. Vermutet der Mandant einen anderen Fehler als denjenigen, den der Rechtsanwalt tatsächlich begangen hat, und setzt er einen zweiten Rechtsanwalt gezielt darauf an, wegen dieses vermeintlichen Fehlers Haftpflichtansprüche gegen den ersten zu prüfen, verfolgt der zweite Rechtsanwalt dann diese falsche Fährte weiter und übersieht er darüber den tatsächlichen Fehler, dessen Folgen noch vermeidbar gewesen wären, kann dem Mandanten dieses Verschulden allerdings ebenso wenig zugerechnet werden wie bei einem unspezifischen Zweitmandat. Dies gilt selbst dann, wenn der zweite Rechtsanwalt bei ordnungsgemäßer Prüfung des vermeintlichen Fehlers auf den tatsächlichen Fehler hätte stoßen müssen. Die Zurechnung des pflichtwidrigen und schuldhaften Schadensbeitrags des zweiten Rechtsanwalts als Mitverschulden kommt nur in Betracht, wenn der Mandant diesen eingeschaltet hat, um seine Obliegenheit zur Schadensminderung innerhalb seiner Mandatsbeziehung zu dem ersten Rechtsanwalt (Schädiger) zu erfüllen und die damit für ihn als Geschädigten verbundenen Gebote des eigenen Interesses wahrzunehmen[83]. Für die Zurechnung ist also stets erforderlich, dass der Geschädigte einem derartigen Gebot unterliegt. Hinsichtlich des im Beispielsfall begangenen Anwaltsfehlers bestand jedoch kein derartiges Gebot, weil der Kläger diesen Fehler nicht erkannt und nicht einmal in Betracht gezogen hat. Hinsichtlich des Fehlers, den der Kläger fälschlicherweise angenommen hat und den er durch den zweiten Rechtsanwalt hat prüfen lassen wollen, bestand ebenfalls kein Gebot des eigenen Interesses, weil der Beklagte insoweit fehlerfrei gearbeitet hatte. Aus einem vermeintlichen Fehler droht kein Schaden, und insoweit kann es auch keine Obliegenheit zur Schadensminderung geben. 47

3. Keine Anrechnung gerichtlicher Schadensbeiträge

Selbst wenn krasse gerichtliche Fehler dazu führen, dass – bei wertender Beurteilung – der Schadensbeitrag des Gerichts den des Rechtsanwalts übersteigt, ja das Verschulden des Anwalts möglicherweise hiergegen sogar völlig zurücktritt, hat der **Mandant ein Verschulden des Gerichts nie nach § 254 BGB gegenüber dem Anwalt zu vertreten.** Wenn deshalb das KG Berlin[84] ausführt, der Anwaltsfehler müsse in dem entschiedenen Fall bei wertender Betrachtung im Hinblick auf § 254 Abs. 1 BGB hinter der eigenständigen falschen Rechtsanwendung der Gerichte zurücktreten, so trägt dies nicht. Gegenüber einer Fehlleistung von Gerichten ist zu prüfen, ob der Ursachenzusammenhang zwischen einer Pflichtverletzung des Rechtsanwalts und dem Schaden unterbrochen wird. Davon ist kaum auszugehen[85]. Der Anwalt ist nach allgemeiner Auffassung nämlich verpflichtet, durch rechtliche Hinweise auf die rechtliche Beurteilung des Gerichts Einfluss zu nehmen und durch geeignete Rechtsausführungen darauf hinzuwirken, dass gerichtliche Fehler vermieden werden. Von daher gehört es zur vertraglichen Schadensverhütungspflicht des Anwalts, erkennbaren Irrtümern, Versehen und Fehlern des Gerichts zum Nachteil des Mandanten entgegenzuwirken[86]. 48

82 BGH, Urt. v. 14.7.1994 – IX ZR 204/93 – juris, LS 2 und Rn. 35.
83 BGH, Urt. v. 24.5.2005 – IX ZR 276/03 – juris, Rn. 19.
84 KG Berlin, Beschl. v. 27.8.2007 – 12 U 24/07 – juris, Rn. 52 ff.
85 Auch ansonsten ist eine Entschuldigung allenfalls in eng begrenzten Ausnahmefällen möglich; dazu oben Kap. 3 Rdn. 11.
86 BGH, Urt. v. 21.9.2017 – IX ZR 34/17 – juris, Rn. 40 und v. 10.12.2015 – IX ZR 272/14 – juris, Rn. 7; *Zugehör,* NJW 2003, 3226 m.w.N. sowie BVerfG, Nichtannahmebeschl. v. 22.4.2009 – 1 BvR 386/09 – juris, Rn. 16 ff. und v. 12.8.2002 – 1 BvR 399/02 – juris, Rn. 11 ff.

II. Zurechnungskriterien

49 Eine **Zurechnung von Drittverschulden** kommt nicht nur im Rahmen des § 254 Abs. 2 S. 1 BGB bei der weiteren Schadensentwicklung und hier insbesondere bei der Schadensabwendung und Schadensminderung, sondern nach § 254 Abs. 1 BGB auch schon bei der Schadensentstehung in Betracht. Voraussetzung ist allerdings in beiden Anwendungsbereichen von § 254 BGB, dass den Mandanten gegenüber dem Anwalt Vertragspflichten oder Obliegenheiten treffen, in die der Mandant dritte Personen zur Erfüllung eingeschaltet hat[87].
Ein dem Mandanten zurechenbares Drittverschulden bei der Schadensentstehung liegt vor, wenn der vom Mandanten zur Informationserteilung an den Anwalt eingeschaltete Dritte dem Anwalt – für diesen nicht erkennbar – unrichtige Tatsachen mitteilt.

50 **Beauftragt der Mandant** einen **zweiten Anwalt** gerade **damit, einen erkannten oder für möglich gehaltenen Fehler des zunächst tätig gewordenen Rechtsanwaltes zu beheben**, so muss er sich über § 254 Abs. 2 S. 2 BGB i.V.m. § 278 BGB einen schuldhaften **Schadensbeitrag seines zweiten Rechtsanwaltes als Mitverschulden zurechnen** lassen[88]. **Ohne** eine derart **gezielte Einschaltung zur Schadensminderung** muss sich der Mandant allerdings **grundsätzlich** ein etwaiges **Verschulden anderer Rechtsanwälte nicht als Mitverschulden** anrechnen lassen[89].

D. Abwägung, Beweislast und Verfahren

51 Die **Haftungsabwägung** nach § 254 BGB ist Sache des Tatrichters[90]. Grundsätzlich kann dessen Entscheidung über eine Haftungsverteilung im Rahmen des § 254 BGB im Revisionsverfahren nur dahingehend überprüft werden, ob alle in Betracht kommenden Umstände vollständig und richtig berücksichtigt und der Abwägung rechtlich zulässige Erwägungen zu Grunde gelegt worden sind[91]. Die Abwägung darf nicht schematisch erfolgen, sondern muss alle festgestellten Umstände des Einzelfalls berücksichtigen[92]. Dabei ist in erster Linie das Maß der Verursachung von Belang, in dem die Beteiligten zur Schadensentstehung beigetragen haben. Die unter diesem Gesichtspunkt vorzunehmende Abwägung kann zwar bei besonderen Fallgestaltungen zu dem Ergebnis führen, dass einer der Beteiligten allein für den Schaden aufkommen muss, eine vollständige Überbürdung des Schadens auf einen der Beteiligten ist aber unter dem Gesichtspunkt der Mitverursachung nur ausnahmsweise in Betracht zu ziehen[93].

52 Das Mitverschulden ist unabhängig davon, ob es sich im Einzelfall aus § 254 Abs. 1 oder aus Abs. 2 BGB ergibt, eine **von Amts wegen** zu berücksichtigende Einwendung, sofern sich die entsprechenden Tatsachen aus dem Vortrag auch nur einer Partei (nicht notwendig des Schädigers) ergeben. Von daher ist die Frage des Mitschuldens von Amts wegen auch noch in der Revisionsinstanz zu prüfen[94].

53 Steht die Haftpflicht des Rechtsanwalts fest, muss dieser die Umstände, die dem Mandanten als **Mitverschulden** vorgeworfen werden könnten, gemäß **§ 286 ZPO** beweisen[95]. Dies gilt sowohl für den Grund des Mitverschuldens als auch für dessen Gewicht. Soweit es sich um eine Obliegenheit des Mandanten zur Minderung des Schadens nach § 254 Abs. 2 BGB und ihre Verletzung handelt, geht es in der Kausalitätsfrage um den **Umfang des zu ersetzenden Schadens** und damit

87 BGH, Urt. v. 20.1.1994 – IX ZR 46/93 – juris, Rn. 17.
88 Vgl. Rdn. 43 ff.
89 Vgl. oben Rdn. 39 ff.
90 BGH, Urt. v. 28.4.2015 – VI ZR 206/14 – juris, Rn. 10.
91 BGH, Urt. v. 8.9.2016 – IX ZR 255/13 – juris, Rn. 27.
92 BGH, Urt. v. 8.9.2016 – IX ZR 255/13 – juris, Rn. 27 und v. 13.6.2012 – I ZR 87/11 – juris, Rn. 30 und 32.
93 BGH, Urt. v. 24.1.2019 – IX ZR 233/17 – juris, Rn. 21.
94 BGH, Urt. v. 24.1.2018 – XII ZR 120/16 – juris, Rn. 28; v. 15.10.2015 – IX ZR 44/15 – juris, Rn. 36 und v. 15.4.2010 – IX ZR 189/09 – juris, Rn. 13; MünchKommBGB/*Oetker*, § 254, Rn. 143.
95 BGH, Urt. v. 15.4.2010 – IX ZR 189/09 – juris, Rn. 17.

um die nach **§ 287 ZPO** festzustellende haftungsausfüllende Kausalität und nicht um den Grund der Haftung[96].

Erlässt das Gericht ein **Grundurteil** (§ 304 ZPO), muss ein etwaiges Mitverschulden in aller Regel 54
mit erledigt werden. Die Frage eines Mitverschuldens darf das Gericht allerdings dann dem Betragsverfahren überlassen, wenn feststeht, dass ein Mitverschulden nicht zu einem vollständigen Haftungsausschluss führt und somit jedenfalls ein – wenn auch geminderter – Anspruch des Geschädigten besteht[97]. Enthält das Urteil zum Mitverschulden keinen Vorbehalt, so ist ein anrechenbares Mitverschulden damit verneint. Will der Schädiger § 254 BGB angewandt sehen, so muss er gegen das Grundurteil ein Rechtsmittel einlegen[98].

96 BGH, Urt. v. 24.6.1986 – VI ZR 222/85 – juris, LS sowie Rn. 15 f.

97 BGH, Urt. v. 14.10.2010 – I ZR 212/08 – juris, Rn. 35; Palandt/*Grüneberg*, BGB, § 254, Rn. 72. Anders wegen der weitergehenden Rechtskraftwirkung im Feststellungsprozess BGH, Urt. v. 2.12.1999 – IX ZR 415/98 – juris, Rn. 15 m.w.N.

98 MünchKommBGB/*Oetker*, § 254, Rn. 146.

Kapitel 6 Honoraranspruch im Haftungsfall

Übersicht

A. Auswirkungen von Gewährleistung, Kündigung und Verwirkung auf den Honoraranspruch des Anwalts

1 Die Auswirkungen einer **Schlechtleistung** des Anwalts oder einer sonstigen **Vertragsstörung** auf den Honoraranspruch des Anwalts unterscheiden sich danach, ob der Anwaltsvertrag als Dienstvertrag oder als Werkvertrag[1] ausgestaltet ist.

I. Honoraranspruch und Gewährleistung

1. Anwaltsdienstvertrag

2 Die §§ 611 ff. BGB kennen anders als die §§ 631 ff. BGB keine Gewährleistungsrechte. Der Mandant kann den anwaltlichen Vergütungsanspruch, wenn er – wie im Regelfall[2] – aus einem Anwaltsdienstvertrag (§§ 611, 675 BGB) hergeleitet wird, nicht kraft Gesetzes wegen mangelhafter Dienstleistung kürzen oder verweigern bzw. ein für schlechte Dienste bereits gezahltes Honorar zurückverlangen[3]. Insbesondere ist eine Minderung der vereinbarten Vergütung wie im Fall des § 634 BGB bei einem Dienstvertrag ausgeschlossen[4]. Stattdessen kommen bei Schlechterfüllung eines Dienstvertrages die §§ 626, 627 und 628 BGB zur Anwendung[5].

---

1 Zur Abgrenzung siehe oben Kap. 1 Rdn. 11 ff.

2 Vgl. nur BGH, Urt. v. 28.11.2019 – IX ZR 239/18 – juris, Rn. 40 und v. 15.7.2004 – IX ZR 256/03 – juris, Rn. 7.

3 BGH, Urt. v. 24.9.2015 – IX ZR 206/14 – juris, Rn. 25; v. 4.2.2010 – IX ZR 18/09 – juris, Rn. 55 und v. 15.7.2004 – IX ZR 256/03 – juris, Rn. 7; vgl. auch OLG Düsseldorf, Urt. v. 21.9.2010 – I-24 U 30/10 – juris, Rn. 14.

4 OLG München, Urt. v. 5.6.2019 –15 U 319/18 – juris, Rn. 53 ff.

5 Ausführlich Rdn. 42 ff.

Die Geltendmachung eines Honoraranspruches kann – unabhängig vom Eingreifen der §§ 626, 627 und 628 BGB – allerdings ausgeschlossen sein, wenn dem Vergütungsbegehren des Anwalts ein inhaltsgleicher Schadensersatzanspruch des Mandanten gegenübersteht und der Anwalt deshalb das verlangte Honorar als Schadensersatz sofort wieder zurückgewähren müsste[6]. 3

▶ Beispiel:

Verliert ein Mandant aufgrund eines Anwaltsfehlers einen Prozess, lässt sich argumentieren, dass er ohne die zum Prozessverlust führende Pflichtverletzung den Prozess gewonnen und einen Kostenerstattungsanspruch gegen den Gegner gehabt hätte. Der Anwaltsfehler und der »entgangene« Kostenerstattungsanspruch führen damit, wenn der Gegner nicht insolvent ist, zu einem Schaden des Mandanten, den dieser dem Gebührenanspruch im Wege der Aufrechnung oder auch über § 242 BGB entgegenhalten kann[7]. 4

2. Anwaltswerkvertrag

Liegt ein **Anwaltswerkvertrag** vor, können bei **Schlechtleistung des Anwalts** Gewährleistungsansprüche bestehen. Ist das »Anwaltswerk« mangelhaft, kann der Honoraranspruch des Anwalts nach §§ 634 Nr. 3, 636 bzw. § 638 BGB bei **Rücktritt oder Minderung** seitens des Mandanten ganz oder teilweise entfallen. 5

Zudem kann der Mandant – nicht der Anwalt – einen Anwaltswerkvertrag nach § 648 S. 1 BGB bis zur Vollendung des Werkes frei, d.h. jederzeit ohne Grund kündigen. Als Äquivalent für dieses **freie Kündigungsrecht des Mandanten** gibt § 648 S. 2 BGB dem Anwalt im Falle einer derartigen Kündigung einen Anspruch auf die vereinbarte Vergütung, von der jedoch Ersparnisse oder ein anderweitig erlangter oder böswillig nicht erzielter Erwerb abzuziehen sind. 6

II. Honoraranspruch und Kündigung

Im Bereich des **Anwaltsdienstvertrages** wirken die §§ 626, 627 und 628 BGB auf den Vergütungsanspruch des Anwalts ein. Durch diese Vorschriften wird die für Dauerschuldverhältnisse[8] neu geschaffene Kündigungsmöglichkeit nach § 314 BGB verdrängt[9]. § 628 BGB regelt die Folgewirkungen einer außerordentlichen Kündigung aus wichtigem Grund. Wird das Dienstverhältnis nach Maßgabe des § 626 BGB oder des § 627 BGB gekündigt, kann der Anwalt gemäß § 628 Abs. 1 S. 1 BGB einen seinen bisherigen Leistungen entsprechenden Teil der Vergütung verlangen (vgl. 1.). Veranlasst der Rechtsanwalt allerdings durch ein vertragswidriges Verhalten die Kündigung des Mandanten, so steht ihm nach § 628 Abs. 1 S. 2 BGB ein Vergütungsanspruch insoweit nicht zu, als seine bisherigen Leistungen infolge der Kündigung für den Mandanten kein Interesse mehr haben (vgl. 2.). Ist die Vergütung für eine spätere Zeit im Voraus entrichtet, so hat der Anwalt gem. § 628 Abs. 1 S. 3 BGB die vorausbezahlte Vergütung, soweit er die Kündigung zu vertreten hat, nach Maßgabe des § 346 BGB oder, wenn die Kündigung wegen eines Umstands erfolgt, den der Anwalt nicht zu vertreten hat, nach den Vorschriften über die ungerechtfertigte Bereicherung zurückzuerstatten (vgl. 3.). Daneben kommen Schadensersatzansprüche nach § 627 Abs. 2 S. 2 BGB (vgl. 4.) oder § 628 Abs. 2 BGB (vgl. 5.) in Betracht. 7

---

6 BGH, Urt. v. 24.9.2015 – IX ZR 206/14 – juris, Rn. 25 f. und v. 4.2.2010 – IX ZR 18/09 – juris, Rn. 55.
7 Vgl. BGH, Urt. v. 15.7.2004 – IX ZR 256/03 – juris, LS 2.
8 Mithin auch im Bereich von § 624 BGB bei einem für länger als 5 Jahre eingegangenen Dauermandat.
9 BT-Drs. 14/6040, S. 177; Vollkommer/*Greger/Heinemann*, Anwaltshaftungsrecht, § 6, Rn. 3; *Rinkler/Pape*, in: G. Fischer/Vill/D. Fischer/Pape/Chab, § 1, Rn. 83.

1. Teilvergütungsanspruch nach § 628 Abs. 1 S. 1 BGB

8 **§ 628 Abs. 1 S. 1 BGB** greift stets ein, wenn nach dem Beginn der Dienstleistung das Dienstverhältnis aufgrund von § 626 BGB oder von § 627 BGB gekündigt wird[10]. Die Vorschrift des § 628 Abs. 1 S. 1 BGB kann durch Individualvertrag abbedungen werden[11].

a) Fristlose Kündigung aus wichtigem Grund, § 626 BGB

9 Nach **§ 626 Abs. 1 BGB** kann das Dienstverhältnis von jedem Vertragsteil aus **wichtigem Grund ohne Einhaltung** einer **Kündigungsfrist** – unter Beachtung der Ausschlussfrist nach § 626 Abs. 2 S. 1 BGB – gekündigt werden, wenn Tatsachen vorliegen, auf Grund derer dem Kündigenden unter Berücksichtigung aller Umstände des Einzelfalles und unter Abwägung der Interessen beider Vertragsteile die Fortsetzung des Dienstverhältnisses bis zum Ablauf der Kündigungsfrist oder bis zu der vereinbarten Beendigung des Dienstverhältnisses nicht zugemutet werden kann. Kündigungsrelevante Umstände, die zum Zeitpunkt der Kündigung bereits objektiv vorlagen, aber erst nachträglich bekannt wurden, können uneingeschränkt nachgeschoben werden[12]. **§ 626 BGB** ist **zwingend,** insbesondere ist § 626 Abs. 2 BGB nicht abdingbar[13]. Wegen der erleichterten Möglichkeit einer fristlosen Kündigung nach Maßgabe von § 627 BGB werden Anwaltsdienstverträge aber selten durch Kündigung nach § 626 BGB beendet.

b) Fristlose Kündigung bei Vertrauensstellung, § 627 BGB

10 Nach § 627 BGB ist bei einem Dienstverhältnis, das kein Arbeitsverhältnis im Sinne des § 622 BGB ist, die Kündigung auch ohne die in § 626 BGB bezeichnete Voraussetzung zulässig. Dafür muss der zur Dienstleistung Verpflichtete, ohne in einem dauernden Dienstverhältnis mit festen Bezügen zu stehen, **Dienste höherer Art** leisten, **die auf Grund besonderen Vertrauens übertragen** zu **werden** pflegen. Das Kündigungsrecht nach § 627 Abs. 1 BGB ist wegen § 307 BGB nicht durch Formularvertrag abdingbar[14].

11 Nach ganz einhelliger Meinung ist der **Anwaltsdienstvertrag** ein (typischer) **Dienstvertrag im Sinne des § 627 Abs. 1 BGB**, da durch den Anwalt »Dienste höherer Art« geschuldet werden, die aufgrund eines besonderen Vertrauens nicht nur in die fachlichen Kenntnisse und Fähigkeiten, sondern auch zu der Person des Anwalts übertragen werden[15].

12 Liegen die Voraussetzungen des § 627 Abs. 1 BGB vor, kann das danach eingreifende freie Kündigungsrecht des Anwalts allerdings durch **§ 627 Abs. 2 S. 1 BGB** beschränkt sein. Danach ist es dem Anwalt verwehrt, die Kündigung des Dienstvertrages **zur Unzeit** auszusprechen. Eine derartige Kündigung liegt bei einem Anwaltsvertrag vor, wenn sie zu einem Zeitpunkt erfolgt, in dem der Mandant nicht in der Lage ist, sich die notwendigen Dienste eines anderen Anwalts zu besorgen. Daher ist es dem Anwalt verwehrt, das Mandat im oder unmittelbar vor dem Termin zur mündlichen Verhandlung oder kurz vor dem Ablauf wichtiger Fristen – etwa aus Gebühreninteresse – niederzulegen[16].

---

10 Vgl. auch Kap. 1 Rdn. 232 ff.

11 MünchKommBGB/*Henssler*, § 628, Rn. 51 hält wegen § 15 Abs. 4 RVG Vereinbarungen für wirksam, nach denen der Mandant auch im Fall vorzeitiger Mandatsbeendigung nicht nur eine Teilvergütung nach § 628 Abs. 1 S. 1 BGB, sondern die volle Vergütung zahlen muss; vgl. auch BGH, Urt. v. 4.6.1970 – VII ZR 187/68b – juris, Rn. 19 ff. zu einem Steuerberatungsvertrag.

12 BGH, Urt. v. 7.3.2019 – IX ZR 221/18 – juris, Rn. 16.

13 Palandt/*Weidenkaff*, BGB, § 626, Rn. 2.

14 Vgl. MünchKommBGB/*Henssler*, § 627, Rn. 44; OLG Koblenz, Urt. v. 1.12.2005 – 6 U 951/04 – juris, Rn. 55 für einen Steuerberatervertrag und BGH, Urt. v. 11.2.2010 – IX ZR 114/09 – juris, Rn. 25 ff. für einen Steuerberatervertrag; vgl. ebenso BGH, Urt. v. 18.2.2016 – III ZR 126/15 – juris, Rn. 24.

15 BGH, Urt. v. 7.3.2019 – IX ZR 221/18 – juris, Rn. 8; v. 4.7.2002 – IX ZR 153/01 – juris, Rn. 9 und v. 16.10.1986 – III ZR 67/85 – juris, Rn. 18; Staudinger/*Preis*, BGB, § 627, Rn. 18; MünchKommBGB/*Henssler*, § 627, Rn. 23 sowie BeckOGK BGB/*Günther*, Stand: 1.5.2020, § 627, Rn. 26.

16 BGH, Urt. v. 7.2.2013 – IX ZR 138/11 – juris, Rn. 14.

Ebensowenig darf er eine solche Maßnahme zur Unzeit **androhen**. Es ist ihm daher versagt, kurz vor einem Verhandlungstermin die Fortführung des Mandats von der Zahlung eines weiteren Honorars abhängig zu machen[17].

Zur Unzeit steht dem Anwalt das Kündigungsrecht nach § 627 Abs. 1 BGB nur dann zu, wenn nach § 627 Abs. 2 S. 1 BGB für die unzeitige Kündigung ein **wichtiger Grund** besteht. Der Begriff des wichtigen Grundes in § 627 Abs. 2 S. 1 BGB ist dabei nicht mit dem in § 626 BGB identisch[18]. Ausreichend ist, dass der Mandant Anlass zur Kündigung gegeben hat[19], oder dass der dienstverpflichtete Anwalt außerstande ist, die Dienste weiter zu erbringen[20]. Derartige Gründe können somit auf objektiv äußeren Umständen sowie dem Berufsrecht beruhen oder auch in der Beziehung zwischen Anwalt und Mandanten liegen, etwa wenn der Mandant den unaufschiebbaren Kündigungswunsch des Anwalts durch Beleidigung, tätliche Angriffe oder schwere Beanstandungen auslöst[21]. Die Frage, ob ein wichtiger Grund im Sinne des § 627 Abs. 2 BGB vorliegt, hängt auch von der Frage ab, wie schwer es dem Mandanten fällt, sich die anwaltlichen Dienste anderweitig rechtzeitig zu beschaffen[22]. Das alleinige Interesse an einer Erhöhung oder Sicherung der **Vergütung** vermag dagegen keinen wichtigen Grund im Sinne dieser Bestimmung zu bilden. Der Anwalt hat sein (erweitertes) Vergütungsverlangen nicht zur Unzeit, sondern im Rahmen angemessener Fristen gegenüber seinem Mandanten zu verfolgen[23].

Eine **Kündigung zur Unzeit ohne wichtigen Grund entgegen § 627 Abs. 2 S. 1 BGB bleibt** ansonsten **wirksam**[24]. Eine derartige Kündigung löst allerdings nach § 627 Abs. 2 S. 2 BGB eine Schadensersatzverpflichtung aus[25]. 13

Wird der Anwaltsvertrag nach § 627 Abs. 1 BGB gekündigt, **ohne** dass dem Rechtsanwalt **vertragswidriges Verhalten** zur Last fällt, **behält der Rechtsanwalt** gemäß § 628 Abs. 1 S. 1 BGB grundsätzlich seinen **Vergütungsanspruch** und zwar gem. § 15 Abs. 4 RVG in dem Umfang, in dem er Leistungen erbracht hat[26]. 14

Bei vorzeitiger Beendigung des Anwaltsvertrages nach § 627 Abs. 1 BGB ist ein vereinbartes **Pauschalhonorar nach § 628 Abs. 1 S. 1 BGB auf den Teil herabzusetzen, der der bisherigen Tätigkeit des Rechtsanwalts entspricht**[27]. § 628 Abs. 1 BGB, der den Anspruchsgrund betrifft, ist dabei gegenüber § 3a Abs. 2 RVG, der sich nur auf die Höhe der Vergütung bezieht, vorrangig[28]. Eine **Herabsetzung der Vergütung nach § 3a Abs. 2 RVG** kommt erst in Betracht, wenn das nach § 628 Abs. 1 S. 1 BGB geschuldete (Teil-) Honorar unangemessen hoch ist oder wenn die Parteien ausdrücklich vereinbart haben, dass auch bei vorzeitiger Vertragsbeendigung das gesamte vereinbarte Honorar zahlbar sein soll[29]. Die Herabsetzung des vereinbarten Honorars nach Maßgabe des § 628 Abs. 1 S. 1 BGB ist nicht durch § 15 Abs. 4 RVG ausgeschlossen. § 15 Abs. 4 RVG enthält die Umsetzung des § 628 Abs. 1 S. 1 BGB in das System des Gebührenrechts. Er stellt insoweit klar, dass dem Rechtsanwalt auch bei einer vorzeitigen Beendigung seines Auftrags die bereits verdienten 15

17 BGH, Urt. v. 7.2.2013 – IX ZR 138/11 – juris, Rn. 16.

18 MünchKommBGB/*Henssler*, § 627, Rn. 62; Staudinger/*Preis*, BGB, § 627, Rn. 31; Borgmann/*Jungk*/Schwaiger, Anwaltshaftung, § 15, Rn. 107; *Rinkler/Pape*, in: G. Fischer/Vill/D. Fischer/Pape/Chab, § 1, Rn. 103.

19 Staudinger/*Preis*, BGB, § 627, Rn. 31.

20 Erman/*Belling*, BGB, § 627, Rn. 9 m.w.N.

21 BGH, Urt. v. 7.2.2013 – IX ZR 138/11 – juris, Rn. 15.

22 So im Ergebnis auch Vollkommer/Greger/*Heinemann*, Anwaltshaftungsrecht, § 6, Rn. 7.

23 BGH, Urt. v. 7.2.2013 – IX ZR 138/11 – juris, Rn. 15.

24 PWW/*Lingemann*, BGB, § 627, Rn. 2. Zu Sonderfällen, in denen eine solche Kündigung wegen eines Verstoßes gegen § 242 BGB unwirksam sein kann, vgl. MünchKommBGB/*Henssler*, § 627, Rn. 40.

25 BGH, Urt. v. 7.2.2013 – IX ZR 138/11 – juris, Rn. 14 sowie Kap. 6 Rdn. 31.

26 OLG Düsseldorf, Beschl. v. 15.7.2008 – I-24 U 224/07, 24 U 224/07 – juris, Rn. 17.

27 BGH, Urt. v. 22.5.2014 – IX ZR 147/12 – juris, Rn. 9 m.w.N.

28 BGH, Urt. v. 27.1.2005 – XI ZR 273/02 – juris, Rn. 19.

29 BGH, Urt. v. 16.10.1986 – III ZR 67/85 – juris, Rn. 25 und v. 27.2.1978 – AnwSt (R) 9/77 – juris, Rn. 13 ff.

Gebühren (Pauschgebühren) in voller Höhe verbleiben, eine Folge, die sich ohnehin auch aus § 628 Abs. 1 S. 1 BGB ergibt, da die bereits entstandenen Gebühren die Vergütung für die bisherige Leistung des Rechtsanwalts darstellen[30].

16 Ist ein **Erfolgshonorar vereinbart** und tritt der Erfolg erst nach Vertragsbeendigung ein, dann muss festgestellt werden, welchen Anteil die bis zur Kündigung entfalteten Bemühungen des Dienstverpflichteten an dem letztlich erreichten Erfolg hatten. Diese Leistungen müssen (mit-)ursächlich geworden sein, wofür der Dienstverpflichtete die Darlegungs- und Beweislast trägt[31].

c) Beweislast

17 Auch ansonsten muss der Anwalt die Voraussetzungen des Teilvergütungsanspruchs gem. § 628 Abs. 1 S. 1 BGB beweisen[32]. Der Anwalt hat also darzulegen und Beweis zu erbringen, dass und welche Dienstleistungen bis zur Kündigung erfolgt sind.

2. Herabsetzung der Teilvergütung nach § 628 Abs. 1 S. 2 BGB

18 Kündigt der Anwalt, ohne durch ein vertragswidriges Verhalten des Mandanten dazu veranlasst zu sein, oder veranlasst der Anwalt durch sein vertragswidriges Verhalten die Kündigung des Mandanten, so steht dem Rechtsanwalt nach § 628 Abs. 1 S. 2 BGB ein Vergütungsanspruch insoweit nicht zu, als seine bisherigen Leistungen infolge der Kündigung für den Auftraggeber kein Interesse mehr haben[33]. Der Untergang des Vergütungsanspruchs erfolgt ipso jure, ohne dass es einer Aufrechnung des Auftraggebers mit Gegenforderungen bedarf[34].

a) Kündigung des Rechtsanwalts

19 Wenn der **Rechtsanwalt kündigt, ohne durch ein vertragswidriges Verhalten des anderen Teils dazu veranlasst zu sein** (§ 628 Abs. 1 S. 2 Fall 1 BGB), steht dem Rechtsanwalt ein Anspruch auf die Vergütung insoweit nicht zu, als seine bisherigen Leistungen infolge einer Kündigung für den Mandanten kein Interesse haben[35]. Dies ist der Fall, wenn der Mandant die **Leistungen** des Rechtsanwalts nicht mehr wirtschaftlich verwerten kann, sie also für ihn **nutzlos geworden** sind. In dieser Situation befindet sich der Mandant regelmäßig, wenn er wegen einer von dem bisherigen Prozessbevollmächtigten veranlassten Kündigung einen anderen Prozessbevollmächtigten bestellen muss, für den die gleichen Gebühren nochmals entstehen[36]. Für den Rechtsanwalt kann dies den vollständigen Verlust des Vergütungsanspruchs zur Folge haben. Nach § 628 Abs. 1 S. 2 BGB ist auch ein bereits geleisteter Gebührenvorschuss zurückzuzahlen.

20 Für eine **Herabsetzung der Teilvergütung** nach § 628 Abs. 1 S. 2 BGB ist **kein Raum, wenn der Rechtsanwalt durch vertragswidriges Verhalten des Mandanten zur Kündigung veranlasst** worden ist, so etwa, weil der Mandant

- das Vertrauensverhältnis durch grundlose Vorwürfe und Androhung unbegründeter Regressforderungen zerstört[37],

---

30 BGH, Urt. v. 16.10.1986 – III ZR 67/85 – juris, Rn. 26 ff.

31 OLG Düsseldorf, Urt. v. 17.9.2019 – I-24 U 211/18 – juris, Rn. 61 ff. m. Anm. *Juretzek*, DStR 2020, 136.

32 PWW/*Lingemann*, BGB, § 628, Rn. 8.

33 BGH, Urt. v. 26.9.2013 – IX ZR 51/13 – juris, Rn. 9 und v. 23.4.2009 – IX ZR 167/07 – juris, Rn. 35; *Teumer*, VersR 2009, 333 ff.; MünchKommBGB/*Henssler*, § 628, Rn. 17; Gerold/Schmidt/*Mayer*, RVG, § 15, Rn. 104.

34 OLG Rostock, Beschl. v. 12.8.2008 – 1 U 157/08 – juris, Rn. 7 unter Bezugnahme auf BGH, Urt. v. 7.6.1984 – III ZR 37/83 – juris und v. 8.10.1981 – III ZR 190/79 – juris.

35 Ausführlich *Henssler/Deckenbrock*, NJW 2005, 1 ff. sowie Schleswig-Holsteinisches OLG, Urt. v. 14.12.2006 – 11 U 21/06 – juris, Rn. 13.

36 Instruktiv BGH, Urt. v. 29.9.2011 – IX ZR 170/10 – juris, Rn. 13 ff.; vgl. auch BGH, Urt. v. 21.7.2016 – IX ZR 57/15 – juris, Rn. 7.

37 BGH, Urt. v. 17.10.1996 – IX ZR 37/96 – juris, Rn. 12.

- den Gebührenvorschuss nicht gezahlt[38] oder
- sich nach einer rechtlich zutreffenden Begutachtung des Sachverhalts der daraus folgenden Empfehlung des Rechtsanwalts verschlossen hat, von der Erhebung einer aussichtslosen Klage oder von der Durchführung eines erfolglosen Rechtsmittels abzusehen. Kündigt der Revisionsanwalt nach Einlegung einer Nichtzulassungsbeschwerde deshalb das Mandat, weil er dem Rechtsmittel aufgrund einer inhaltlich zutreffenden Begutachtung keine Erfolgsaussichten beimisst und darum die von dem Mandanten gewünschte Begründung und Durchführung der Nichtzulassungsbeschwerde ablehnt, verliert er seinen Vergütungsanspruch gegen den Mandanten nicht[39].

Kündigt der Anwalt, **ohne** durch ein **vertragswidriges Verhalten des Mandanten** dazu veranlasst 21
zu sein, steht ihm ein Anspruch auf Teilvergütung nach § 628 Abs. 1 S. 1 BGB insoweit nicht zu, als seine bisherigen Leistungen infolge der Kündigung für den Mandanten kein Interesse haben[40].

Für die Einwendung des § 628 Abs. 1 S. 2 BGB trägt der **Mandant** die **Beweislast.** Der Mandant 22
muss also darlegen und beweisen, dass er die Kündigung durch den Anwalt nicht durch eigenes vertragswidriges Verhalten veranlasst hat[41].

b) Kündigung des Mandanten

§ 628 Abs. 1 S. 2 **Fall 2** BGB erfasst weiter jene Fallkonstellation, in der der **Rechtsanwalt durch** 23
vertragswidriges Verhalten die Kündigung des Mandanten veranlasst. Dies ist etwa zu bejahen, wenn der Rechtsanwalt
- auf ein Schreiben seines Mandanten mit der Bitte, er möge einen Besprechungstermin vorschlagen, untätig bleibt, obwohl dringender Anlass bestand, einen Besprechungstermin mit dem Mandanten zu vereinbaren[42];
- den dringenden Verdacht strafbarer Handlungen zum Nachteil anderer Auftraggeber begründet und dadurch schwerwiegende Zweifel an seiner beruflichen Zuverlässigkeit und Redlichkeit auslöst[43];
- das Mandat ungeachtet der Vertretung widerstreitender Interessen fortführt und den Mandanten nicht auf den bestehenden Interessenkonflikt hinweist[44].

Auf der anderen Seite können **bloße Vorarbeiten** eines Anwalts, welche noch zu keinem Arbeitsergebnis geführt haben, welches den internen Bereich der Kanzlei verlassen hat, eine die Kündigung veranlassende und zum Ausschluss seines Vergütungsanspruchs führende Pflichtwidrigkeit im Sinne von § 628 Abs. 1 Satz 2 BGB nicht begründen, selbst wenn sie Fehler aufweisen[45].

Die Vertragsverletzung muss der Grund für die außerordentliche Kündigung gewesen sein. Dies erfordert, dass die Vertragswidrigkeit Motiv für die außerordentliche Kündigung war und diese **adäquat kausal** verursacht hat. Erlangt der Kündigende also erst später Kenntnis von einer hinreichenden Vertragswidrigkeit, fehlt die Kausalität[46].

Lehnt der Rechtsanwalt aufgrund einer von ihm auftragsgemäß vorzunehmenden, inhaltlich zutreffenden Rechtsprüfung die Begründung einer Berufung ab, hat er die dadurch hervorgerufene Kündigung des Anwaltsvertrags seitens des Mandanten **nicht durch ein vertragswidriges Verhalten veranlasst.** Der inhaltlich nicht zu beanstandende Hinweis auf die fehlenden Erfolgsaussichten eines

38 BGH, Beschl. v. 31.5.1989 – VIII ZB 3/89 – juris, Rn. 30.
39 BGH, Urt. v. 16.2.2017 – IX ZR 165/16 – juris, LS und Rn. 20.
40 Schleswig-Holsteinisches OLG, Urt. v. 14.12.2006 – 11 U 21/06 – juris, Rn. 17.
41 BGH, Urt. v. 26.9.2013 – XI ZR 51/13 – juris, Rn. 9 ff. und v. 17.10.1996 – IX ZR 37/96 – juris, Rn. 13.
42 OLG Rostock, Beschl. v. 12.8.2008 – 1 U 157/08 – juris, Rn. 9 ff.
43 BGH, Urt. v. 30.3.1995 – IX ZR 182/94 – juris, Rn. 12 ff.
44 BGH, Urt. v. 7.6.1984 – III ZR 37/83 – juris, Rn. 26 ff.
45 BGH, Urt. v. 7.3.2019 – IX ZR 221/18 – juris, Rn. 23 m. Anm. *Juretzek*, DStR 2019, 1376.
46 BGH, Urt. v. 7.3.2019 – IX ZR 221/18 – juris, Rn. 12 ff.

Rechtsmittels und die daran anknüpfende Empfehlung, das Rechtsmittel zurückzunehmen, steht mit den anwaltlichen Pflichten in Einklang. Ein solcher Rat dient im Interesse des Mandanten der Kostenminderung. Darum hat der Anwalt von der **Durchführung eines erfolglosen Rechtsmittels** ebenso abzuraten wie von der **Führung eines von vornherein aussichtslosen Rechtsstreits**. Der Vergütungsanspruch des Rechtsanwalts bleibt folglich durch die Kündigung seines Mandanten unberührt[47].

24 Eine Herabsetzung der Teilvergütung nach § 628 Abs. 1 S. 2 BGB verlangt weiter, dass die bisherigen Anwaltsleistungen gerade wegen der Kündigung für den Mandanten uninteressant geworden sind. Von daher führt eine vom Mandanten auf einen Verstoß des Anwalts gegen die Pflicht zur Vermeidung von **Interessenskollisionen** gestützte fristlose Kündigung nicht zum Verlust solcher Honoraransprüche, die schon vor der Pflichtverletzung entstanden sind, wenn diese bereits erbrachten Beratungsleistungen für den Mandanten nicht ohne Interesse sind[48].

25 Ein vertragswidriges Verhalten im Sinne von § 628 Abs. 1 Satz 2, Abs. 2 BGB setzt weiter, obwohl nach dem Wortlaut ein objektiv vertragswidriges Verhalten genügen würde, **schuldhaftes Verhalten** i.S.d. §§ 276, 278 BGB voraus[49]. Es ist nicht erforderlich, dass das vertragswidrige Verhalten als schwerwiegend oder als wichtiger Grund im Sinne des § 626 Abs. 1 BGB anzusehen ist[50]. Dies bedeutet allerdings nicht, dass jeder geringfügige Vertragsverstoß des Dienstverpflichteten den Entgeltanspruch entfallen lässt[51].

c) Allgemeine Voraussetzungen

26 In beiden Fällen (vorstehend a) und b)) des § 628 Abs. 1 S. 2 BGB verliert der Dienstverpflichtete seinen Anspruch auf Vergütung nur, wenn und soweit seine bisherigen Leistungen gerade wegen der Kündigung für den anderen Teil **kein Interesse** haben, der Auftraggeber die bisherige anwaltliche Tätigkeit nicht mehr wirtschaftlich verwerten kann, sie also für ihn nutzlos geworden ist[52]. Dies ist der Fall, wenn nach Kündigung eines Mandats für den Mandanten bei der **Beauftragung eines anderen Rechtsanwalts die gleichen Gebühren nochmals entstehen**[53]. Wenn ein neuer Anwalt bestellt werden muss, um den Rechtsstreit fortführen zu können, lässt dies das Interesse des Auftraggebers an den Leistungen des bisherigen Anwalts i.S.d. § 628 Abs. 1 S. 2 BGB regelmäßig wegfallen. Die Tätigkeit des ersten Anwalts bleibt für den Mandanten auch dann nutzlos, wenn dieser ein fristgebundenes Rechtsmittel eingelegt und einzelne Prozesshandlungen vorgenommen hat. Dabei ist entscheidend, dass dem Mandanten keine andere Wahl bleibt, als einen neuen Anwalt, der noch einmal die gleichen Gebühren bekommt, zu beauftragen, will er den Rechtsstreit nicht mangels anwaltlicher Vertretung verlieren. Die fristwahrende Handlung ist dann, auch wenn sie dem Auftraggeber erhalten bleibt, wirtschaftlich nutzlos, weil er den notwendigerweise zu bestellenden zweiten Anwalt genauso zu entlohnen hat, als hätte dieser die Prozesshandlungen vorgenommen[54].

d) Unmöglichkeit

27 Im Falle der Unmöglichkeit der weiteren Mandatswahrnehmung, etwa wegen Krankheit, Tod oder Rückgabe der Zulassung kommt die entsprechende Anwendung des § 628 Abs. 1 S. 2 BGB nur in Betracht, wenn der Rechtsanwalt die Unmöglichkeit zu vertreten hat[55]. Die Rechtsfolgen im

---

47 BGH, Urt. v. 16.2.2017 – IX ZR 165/16 – juris, Rn. 19.

48 BGH, Urt. v. 23.4.2009 – IX ZR 167/07 – juris, Rn. 32.

49 BGH, Urt. v. 7.3.2019 – IX ZR 221/18 – juris, Rn. 22 und Urt. v. 26.9.2013 – IX ZR 51/13 – juris, Rn. 10 m.w.N.

50 BGH, Urt. v. 29.3.2011 – VI ZR 133/10 – juris, Rn. 14.

51 BGH, Urt. v. 7.3.2019 – IX ZR 221/18 – juris, Rn. 22.

52 BGH, Urt. v. 29.9.2011 – IX ZR 170/10 – juris, Rn. 13.

53 BGH, Urt. v. 29.9.2011 – IX ZR 170/10 – juris, Rn. 13 und v. 23.4.2009 – IX ZR 167/07 – juris, Rn. 35.

54 BGH, Urt. v. 29.9.2011 – IX ZR 170/10 – juris, Rn. 14 ff.

55 LG Heidelberg, Urt. v. 9.8.2013 – 3 O 63/10 – juris, Rn. 65; OLG Koblenz, Beschl. v. 13.6.2006 – 14 W 350/06 – juris, Rn. 3 f.; OLG Hamburg, Beschl. v. 31.1.2005 – 8 W 11/05 – juris, Rn. 4; *Onderka*, AGS

Unmöglichkeitsrecht knüpfen nämlich nicht an die Verursachung, sondern an ein Verschulden an[56]. Ein solches liegt bei Tod oder schwerer Erkrankung regelmäßig nicht vor. Bei der **Rückgabe der Zulassung** ist ein Verschulden zu verneinen, wenn die Aufgabe der Zulassung aus **achtenswerten Gründen** geschieht und dieser Umstand bei der Mandatsannahme noch nicht absehbar war[57]. Wirtschaftliche Schwierigkeiten eines Rechtsanwalts stellen regelmäßig keinen achtenswerten Grund in diesem Sinne für die Aufgabe der Zulassung dar; der Rechtsanwalt hat vielmehr seine für die Aufrechterhaltung des Kanzleibetriebs erforderliche Leistungsfähigkeit sicherzustellen[58]. Anders liegen die Dinge, wenn der Rechtsanwalt seine Anwaltstätigkeit aufgibt, um die Pflege der eigenen Mutter nach dem Versterben der bisherigen Pflegeperson zu übernehmen[59].

e) Beweislast

Das Vorliegen der Voraussetzungen des Ausnahmetatbestandes des § 628 Abs. 1 S. 2 BGB hat der Mandant darzulegen und zu beweisen[60]. Der Mandant muss daher nachweisen, dass der Anwalt ohne Veranlassung gekündigt hat, oder dem Anwalt wegen vertragswidrigen Verhaltens gekündigt wurde, und dass an den Leistungen infolge der Kündigung für ihn kein Interesse besteht[61]. Gleiches gilt für die Kausalität zwischen Vertragswidrigkeit und Kündigung. 28

3. Vorauszahlung nach § 628 Abs. 1 S. 3 BGB

Für die **Rückerstattung von Gebührenvorauszahlungen** schafft § 628 Abs. 1 S. 3 BGB eine eigene Anspruchsgrundlage. Ist die Vergütung für eine spätere Zeit im Voraus entrichtet worden, so hat der Anwalt dieses Honorar nach Maßgabe des § 346 BGB oder, wenn die Kündigung wegen eines Umstandes erfolgt, den der Anwalt nicht zu vertreten hat, nach den Vorschriften über die Herausgabe einer ungerechtfertigten Bereicherung zurückzuerstatten. Die Ausgestaltung der Rückgewährpflicht, richtet sich mithin danach, ob die Kündigung wegen eines Umstands erfolgt, den der Anwalt zu vertreten hat oder nicht. Hat der Anwalt die Kündigung zu vertreten, so muss er die vorausgezahlte Vergütung ungeachtet einer etwaigen Entreicherung zurückgewähren; hat er die Kündigung nicht zu vertreten, kann er sich gem. § 818 Abs. 3 BGB auf eine eingetretene Entreicherung berufen. 29

Im Rahmen von § 628 Abs. 1 S. 3 BGB trägt der Mandant die Beweislast für seine Vorschussleistung[62]. Der Anwalt haftet dann nach § 346 BGB. Will dieser sich darauf berufen, dass er nur nach den Grundsätzen des Bereicherungsrechts haftet, muss er beweisen, dass er die außerordentliche Kündigung nicht zu vertreten hat[63]. 30

4. Schadensersatz nach § 627 Abs. 2 S. 2 BGB

Kündigt der Anwalt ohne wichtigen Grund zur Unzeit[64], hat er gemäß § 627 Abs. 2 S. 2 BGB dem Mandanten den daraus entstehenden Schaden zu ersetzen[65]. Der Schadensersatzanspruch richtet 31

2006, 46, 47; Gerold/Schmidt/*Mayer*, RVG, § 15, Rn. 118 ff.; AnwK-RVG/*Schneider*, § 15, Rn. 262; a.A. MünchKommBGB/*Henssler*, § 628, Rn. 32.

56 *Onderka*, AGS 2006, 46, 47.

57 BGH, Beschl. v. 22.8.2012 – XII ZB 183/11 – juris, Rn. 13 und v. 12.9.2012 – IV ZB 3/12 – juris, Rn. 9 ff.; vgl. auch BGH, Urt. v. 27.5.1957 – VII ZR 286/56 – NJW 1957, 1152.

58 BGH, Beschl. v. 22.8.2012 – XII ZB 183/11 – juris, Rn. 17.

59 BGH, Beschl. v. 12.9.2012 – IV ZB 3/12 – juris, Rn. 19.

60 BGH, Urt. v. 7.3.2019 – IX ZR 221/18 – juris, Rn. 11 ff.; v. 26.9.2013 – IX ZR 51/13 – juris, Rn. 10; v. 23.4.2009 – IX ZR 167/07 – juris, Rn. 35 sowie v. 30.3.1995 – IX ZR 182/94 – juris, Rn. 11.

61 MünchKommBGB/*Henssler*, § 628, Rn. 57.

62 MünchKommBGB/*Henssler*, § 628, Rn. 58.

63 BeckOGK BGB/*Günther*, Stand: 1.5.2020, § 628, Rn. 127; MünchKommBGB/*Henssler*, § 628, Rn. 58; Staudinger/*Preis*, § 628, Rn. 63; a.A.: ErfK/*Müller-Glöge*, § 628, Rn. 53.

64 Vgl. Rdn. 12.

65 BGH, Urt. v. 7.2.2013 – IX ZR 138/11 – juris, Rn. 14.

sich auf den Ersatz des negativen Interesses, also des **Vertrauensschadens**[66]. Nicht ersatzfähig ist deshalb ein durch die Vertragsbeendigung an sich entstandener Schaden, wie etwa Mehraufwendungen für die Beauftragung eines anderen Anwalts mit der Fortführung der Sache[67].

32 Diese gesetzliche Regelung entspricht der für den anwaltlichen Geschäftsbesorgungsvertrag in den §§ 675, 671 Abs. 2 BGB getroffenen Regelung. Auch danach darf der Anwalt – abgesehen von dem Fall, dass ein wichtiger Grund für die unzeitige Kündigung vorliegt – das Vertragsverhältnis nur in der Art kündigen, dass der Mandant für die Besorgung des Geschäfts anderweitig Fürsorge treffen kann. Kündigt der Anwalt ohne einen solchen Grund zur Unzeit, hat er dem Mandanten den daraus resultierenden Schaden gemäß § 671 Abs. 2 S. 2 BGB zu ersetzen. Sowohl § 627 Abs. 2 BGB als auch § 671 Abs. 2 BGB setzen nicht voraus, dass der Mandant die anderweitigen Dienste zu denselben Bedingungen oder in derselben Art und Weise und Güte zu erlangen vermag. Vielmehr muss der Mandant nur die Möglichkeit haben, die Dienste einem anderen zu übertragen.

33 Demgegenüber ist die in Ziff. 3.1.4 der CCBE[68] getroffene Regelung deutlich schärfer; denn dort ist vorgesehen, dass der Rechtsanwalt sein Recht zur Mandatsniederlegung nur derart ausüben darf, dass der Mandant in der Lage ist, ohne Schaden den Beistand eines anderen Kollegen in Anspruch zu nehmen. Die CCBE gelten jedoch gemäß § 29 BORA nur bei grenzüberschreitender Tätigkeit im Sinne von Ziff. 1.5 der CCBE[69].

34 Ein Prozessanwalt kann nach § 87 Abs. 2 ZPO die Rechtsfolgen einer unzeitigen Kündigung abwenden, wenn er für den Mandanten solange weiter handelt, bis dieser für die anderweitige Wahrnehmung seiner Rechte sorgen konnte[70].

5. Schadensersatz nach § 628 Abs. 2 BGB

35 Wird die **Kündigung durch vertragswidriges Verhalten des anderen Teils veranlasst**, so ist dieser nach § 628 Abs. 2 BGB zum Ersatz des durch die Aufhebung des Dienstverhältnisses entstehenden Schadens verpflichtet.

36 Nach § 628 Abs. 2 BGB kann sich sowohl der Anwalt als auch der Mandant schadensersatzpflichtig machen. Voraussetzung ist stets, dass dem vertragswidrigen Verhalten des Schadensersatzpflichtigen, dem sog. »**Auflösungsverschulden**«, das **Gewicht eines wichtigen Grundes** i.S.v. § 626 Abs. 1 BGB zukommt[71].

▶ Beispiel:

37 Den Rechtsanwalt trifft an der Kündigung seines Mandanten dann, obwohl er selbst zuvor mit der **Mandatsniederlegung** gedroht hat, kein »Auflösungsverschulden«, wenn dies nicht grundlos geschah und auch sonstige Vorwürfe des Mandanten die Honorareinbuße nicht rechtfertigen[72].

---

66 ErfK/*Müller-Glöge*, § 627 BGB, Rn. 8.

67 BeckOGK BGB/*Günther*, Stand: 1.5.2020, § 627, Rn. 64; Staudinger/*Preis*, § 627, Rn. 30.

68 Berufsregeln der Rechtsanwälte der Europäischen Union geändert durch die CCBE-Vollversammlungen vom 28.11.1998, 6.12.2002 und 19.5.2006; die aktuelle Fassung ist abrufbar unter https://brak.de/fuer-anwaelte/berufsrecht/.

69 Als grenzüberschreitende Tätigkeit gilt danach jede Tätigkeit gegenüber Rechtsanwälten anderer Mitgliedsstaaten anlässlich anwaltlicher Berufsausübung sowie die berufliche Tätigkeit eines Rechtsanwalts in einem anderen Mitgliedsstaat, gleichgültig ob er dort anwesend ist oder nicht.

70 Erman/*Belling*, BGB, § 627, Rn. 9.

71 OLG Frankfurt, Urt. v. 30.4.2008 – 4 U 176/07 – juris, Rn. 18; OLG Koblenz, Urt. v. 24.2.2005 – 5 U 680/04 – juris, Rn. 19; OLG Köln, Urt. v. 19.12.2001 – 19 U 116/01 – juris, Rn. 3; KG Berlin, Urt. v. 12.10.2001 – 15 U 1625/00 – juris, Rn. 26; vgl. auch BAG, Urt. v. 22.1.2009 – 8 AZR 808/07 – juris, Rn. 32 sowie MünchKommBGB/*Henssler*, § 628, Rn. 73.

72 OLG Düsseldorf, Urt. v. 14.11.2006 – I-24 U 190/05 – juris, Rn. 4 ff.

38 Widersetzt sich der Mandant nachhaltig dem berechtigten **Vorschussverlangen** des Rechtsanwalts, kann er sich durch dieses vertragswidrige Verhalten dem Anwalt gegenüber nach § 628 Abs. 2 BGB schadensersatzpflichtig machen[73].

39 Ein Schadensersatzanspruch aus § 628 Abs. 2 BGB setzt voraus, dass unter Beachtung von § 626 Abs. 2 BGB **zwischen Kenntnis der Vertragsverletzung und Beendigungstatbestand nicht mehr als zwei Wochen** liegen[74]. Dem Mandanten steht nach einer durch ein vertragswidriges Verhalten des Rechtsanwalts veranlassten Kündigung ein Schadensersatzanspruch nur zu, wenn das vertragswidrige Verhalten des Rechtsanwalts einen wichtigen Kündigungsgrund bildet und die insoweit zu beachtende Kündigungsfrist von zwei Wochen gewahrt ist[75]. Darüber hinaus verlangt § 628 Abs. 2 BGB eine **doppelte Kausalität**. Zum einen muss ein unmittelbarer Zusammenhang zwischen dem vertragswidrigen Verhalten und der Kündigung bzw. dem Aufhebungsvertrag bestehen[76]. Zum andern muss der eingetretene Schaden gerade auf die Beendigung des Dienstverhältnisses zurückzuführen sein[77].

40 Schadensersatz aus § 628 Abs. 2 BGB ist auf das **Erfüllungsinteresse** gerichtet. Der Anspruchsberechtigte kann verlangen, nach den §§ 249 Abs. 1, 252 S. 1 BGB so gestellt zu werden, wie er ohne Beendigung des Mandatsverhältnisses stünde[78]. Ist also – wie im obigen Beispiel[79] – die Kündigung eines Rechtsanwalts durch vertragswidriges Verhalten des Mandanten veranlasst, weil sich dieser einer berechtigten Vorschussanforderung widersetzt hat, stehen dem Anwalt als Schadensersatz die Gebühren zu, die bei voller Auftragsdurchführung angefallen wären[80]. Ein Ersatzanspruch aus § 628 Abs. 2 BGB beschränkt sich jedoch maximal auf den Schaden, der bis zum Zeitpunkt der Beendigung des Vertragsverhältnisses infolge einer rechtlich möglichen ordentlichen Kündigung angefallen wäre[81]. Damit entfällt beim Anwaltsvertrag – als Dienstverhältnis höherer Art – angesichts der jederzeitigen Kündigungsmöglichkeit nach § 627 BGB regelmäßig ein ersatzfähiger Schaden. Relevanz hat der Schadensersatzanspruch des § 628 Abs. 2 BGB beim Anwaltsvertrag daher nur in Ausnahmefällen, also etwa bei wirksamer Abbedingung des Kündigungsrechts aus § 627 Abs. 1 BGB[82].

41 Außerhalb des Anwendungsbereiches von § 628 Abs. 2 BGB kommt ein Anspruch aus Auflösungsverschulden, sei es wegen positiver Vertragsverletzung, sei es wegen Wegfalls der Geschäftsgrundlage, nicht in Betracht[83]. § 628 Abs. 2 BGB ist bis zur Grenze des § 276 Abs. 3 BGB durch Individualabrede abdingbar[84].

III. Honoraranspruch und Verwirkung

42 Nach § 654 BGB ist der Anspruch auf den Maklerlohn ausgeschlossen, wenn der Makler dem Inhalt des Vertrags zuwider auch für den anderen Teil tätig geworden ist. Ein Makler, der in dieser Weise seine Pflichten verletzt und dadurch den Vertrag nicht erfüllt, soll ohne Lohn bleiben, auch wenn er dem Auftraggeber keinen Schaden zugefügt hat[85]. Das Reichsgericht hatte in dieser

73 BGH, Urt. v. 11.12.2003 – IX ZR 109/00 – juris, Rn. 60.
74 MünchKommBGB/*Henssler*, § 628, Rn. 78.
75 BGH, Urt. v. 16.7.2020 – IX ZR 298/19 – juris, Rn. 15.
76 BGH, Urt. v. 7.3.2019 – IX ZR 221/18 – juris, Rn. 14.
77 KG Berlin, Urt. v. 23.8.2004 – 12 U 218/03 – juris, Rn. 12.
78 BAG, Urt. v. 21.5.2008 – 8 AZR 623/07 – juris, Rn. 28.
79 Rdn. 37.
80 BGH, Urt. v. 11.12.2003 – IX ZR 109/00 – juris, Rn. 60.
81 OLG Koblenz, Urt. v. 1.12.2005 – 6 U 951/04 – juris, Rn. 25 ff. zu einem Steuerberatervertrag.
82 MünchKommBGB/*Henssler*, § 628, Rn. 95.
83 KG Berlin, Urt. v. 12.10.2001 – 15 U 1625/00 – juris, Rn. 34.
84 MünchKommBGB/*Henssler*, § 628, Rn. 110.
85 BGH, Urt. v. 23.4.2009 – IX ZR 167/07 – juris, Rn. 38 m.w.N.; vgl. auch BGH, Beschl. v. 6.5.2004 – IX ZB 349/02 – juris, Rn. 27 ff. für den Verlust des Vergütungsanspruchs des Insolvenz- bzw. Gesamtvollstreckungsverwalters.

Bestimmung die Ausprägung eines allgemeinen Rechtsgedankens erblickt und sie daher bei schwerwiegenden Verstößen eines Rechtsanwalts gegen seine Berufspflichten entsprechend angewandt[86]. Der Bundesgerichtshof ist dieser Ansicht nicht gefolgt[87].

43 Ein **Ausschluss der Gebührenforderung** kommt allenfalls bei Fallgestaltungen in Betracht, in denen der Rechtsanwalt über einen grob fahrlässigen Pflichtenverstoß hinaus einen nach § 356 StGB strafbaren **Parteiverrat** begangen hat[88] bzw. mit dem **Bewusstsein und** dem **Willen** gehandelt hat, pflichtwidrig **Parteien mit entgegengesetzten Interessen** beruflichen **Rat oder Beistand zu gewähren**[89].

44 Die bloß fahrlässige oder auch grob fahrlässige Verletzung anwaltlicher Pflichten erfüllt die Voraussetzungen für eine Verwirkung des Vergütungsanspruchs nicht. Allerdings führt ein Verstoß des Anwalts gegen die Pflicht zur Vermeidung von Interessenkollisionen (§ 43a Abs. 4 BRAO) zur Nichtigkeit des Anwaltsvertrages. Der verbotswidrig geschlossene Vertrag begründet auch dann keine Gebührenansprüche, wenn sich die Beratung nicht im Nachhinein als wertlos erweist und gebührenpflichtig von einem anderen Anwalt wiederholt werden muss[90].

45 Im Zusammenhang mit Interessenkonflikten können sich auch Schadensersatzansprüche ergeben. Ist ein **Anwalt bei Annahme eines außergerichtlichen Mandats** etwa von Anfang an **nicht bereit**, den **Mandanten auch gerichtlich gegenüber dem Gegner zu vertreten**, so hat er dies dem Mandanten ungefragt zu offenbaren. Wird eine Anwaltssozietät also auch häufig vom Gegner der Partei, die ihr ein neues Mandat anträgt, beauftragt und besteht deshalb keine Bereitschaft, offen in einem etwaigen Rechtsstreit gegen diesen »Gegner« aufzutreten, muss auf einen solchen inneren Vorbehalt bei der Mandatsannahme auch dann hingewiesen werden, wenn ein tatsächlicher oder rechtlicher Zusammenhang mit den vom Gegner erteilten Aufträgen nicht besteht[91]. Auch der Anwalt, der scheidungswillige Eheleute gemeinsam berät, muss die Ehepartner vor der gemeinsamen Beratung darauf hinweisen, dass er jedenfalls dann, wenn die gemeinsame Beratung nicht zu einer Scheidungsfolgenvereinbarung führt und widerstreitende Interessen der Eheleute unüberwindbar erscheinen, das Mandat gegenüber beiden Eheleuten niederlegen muss mit der Folge, dass beide neue Anwälte beauftragen müssen und letztlich Kosten für drei Anwälte entstehen. Unterbleibt ein solcher Hinweis steht dem Mandanten ein Schadensersatzanspruch in Höhe der Gebührenforderung zu[92].

IV. Gerichtsstand für Honorarforderungen

46 Nach der Rechtsprechung des BGH[93] können Gebührenforderungen von Rechtsanwälten in der Regel nicht mehr gem. § 29 ZPO am Gericht des Kanzleisitzes geltend gemacht werden. Gem. § 29 Abs. 1 ZPO ist das Gericht des Ortes zuständig, an dem die streitige Verpflichtung zu erfüllen ist. Für die Bestimmung des Leistungs- bzw. Erfüllungsortes sind § 269 Abs. 1 und 2 BGB maßgebend. **Im Zweifel ist** danach, sofern nicht gem. § 269 Abs. 2 BGB ersatzweise der Ort der gewerblichen Niederlassung entscheidet, **der** in § 269 Abs. 1 BGB genannte **Wohnsitz des jeweiligen**

86 Vgl. BGH, Urt. v. 23.4.2009 – IX ZR 167/07 – juris, Rn. 38 mit Hinweis auf RG, Urt. v. 24.4.1926 – III 208/25 – RGZ 113, 264, 269 sowie RG HRR 1935 Nr. 725.

87 BGH, Urt. v. 23.4.2009 – IX ZR 167/07 – juris, Rn. 38 sowie v. 29.4.1963 – III ZR 211/61 – juris, Rn. 22.

88 BGH, Urt. v. 12.5.2011 – III ZR 107/10 – juris, Rn. 28; OLG Zweibrücken, Urt. v. 15.7.2013 – 7 U 244/11 – juris, Rn. 162.

89 BGH, Urt. v. 23.4.2009 – IX ZR 167/07 – juris, Rn. 39.

90 BGH, Urt. v. 12.5.2016 – IX ZR 241/14 – juris, Rn. 11.

91 BGH, Urt. v. 8.11.2007 – IX ZR 5/06 – juris, Rn. 13 f.

92 BGH, Urt. v. 19.9.2013 – IX ZR 322/12 – juris, Rn. 9 f.

93 BGH, Urt. v. 4.3.2004 – IX ZR 101/03 – juris, LS sowie Rn. 5 f.; Beschl. v. 11.11.2003 – X ARZ 91/03 – juris, LS sowie Rn. 12 ff.; ebenso zum Honoraranspruch eines Steuerberaters BGH, Beschl. v. 16.11.2006 – IX ZR 206/03 – juris, Rn. 3.

Mandanten der Leistungsort für dessen vertraglich begründete **Leistungspflicht.** Etwas anderes gilt nur dann, wenn festzustellen ist, dass die Vertragsparteien einen anderen Ort der Leistungserbringung bestimmt haben oder die Umstände des Falles einen solchen Leistungsort festlegen. Diese Voraussetzungen sind nach der Rechtsprechung regelmäßig nicht gegeben. Für die heutige Zeit stelle es – so wird in den Entscheidungsgründen des vorbezeichneten BGH-Urteils ausgeführt – wenn die Anwälte ihr Honorar nicht an dem gem. § 13 ZPO bzw. § 29 Abs. 1 ZPO, § 269 Abs. 1 BGB maßgeblichen Wohnort des Schuldners geltend machen müssten, eine vom Gesetz nicht gedeckte Privilegierung der Rechtsanwälte gegenüber anderen Gläubigern von Geldforderungen dar, die mit dem Schuldnerschutz nicht in Übereinstimmung gebracht werden könne, der mit der Reform der Zuständigkeitsvorschriften durch das Gesetz vom 21.3.1974[94] habe gestärkt werden sollen[95].

Auch eine **Vereinbarung über den Erfüllungsort** unterliegt deutlichen Beschränkungen. Sie begründet **gem. § 29 Abs. 2 ZPO** die Zuständigkeit nur, wenn die Vertragsparteien Kaufleute, juristische Personen des öffentlichen Rechts oder öffentlich-rechtliche Sondervermögen sind. Beide Vertragsparteien müssen im Zeitpunkt der Vereinbarung einer dieser Gruppen angehören. 47

Die Zulässigkeit von **Gerichtsstandsklauseln** richtet sich nach § 38 ZPO. Erforderlich ist zunächst eine Willenseinigung. Durch ausdrückliche oder stillschweigende Vereinbarung von Vertragsparteien kann eine Gerichtsstandsvereinbarung nach § 38 Abs. 1 ZPO grundsätzlich nur getroffen werden, wenn die Vertragsparteien Kaufleute, juristische Personen des öffentlichen Rechts oder öffentlich-rechtliches Sondervermögen sind. Eine entsprechende Anwendung von § 38 Abs. 1 ZPO auf Rechtsanwälte, Steuerberater oder andere Angehörige freier Berufe wird von der Rechtsprechung abgelehnt[96]. Die Zuständigkeit eines Gerichtes des ersten Rechtszuges kann ferner gem. § 38 Abs. 2 ZPO vereinbart werden, wenn mindestens eine der Vertragsparteien keinen allgemeinen Gerichtsstand im Inland hat. Die Vereinbarung muss schriftlich abgeschlossen oder, wenn sie mündlich getroffen wird, schriftlich bestätigt werden. Es stellt eine Auslegungsfrage dar, ob die Gerichtsstandsvereinbarung bei dem Streit über die Wirksamkeit des übrigen Vertrages maßgeblich ist[97]. 48

B. Zurückbehaltungsrecht

Gemäß § 50 Abs. 3 S. 1 BRAO kann der Rechtsanwalt seinem Auftraggeber die **Herausgabe der Handakten**[98] verweigern, bis er wegen seiner Gebühren und Auslagen befriedigt ist. § 50 Abs. 3 S. 1 BRAO gewährt dem Anwalt ein über das allgemeine Zurückbehaltungsrecht nach § 273 Abs. 1 BGB hinausgehendes gesondertes **Zurückbehaltungsrecht**, bis er seine Gebühren und Auslagen erhalten hat[99]. Voraussetzungen für ein Zurückbehaltungsrecht nach § 273 Abs. 1 BGB sind die Fälligkeit und Einforderbarkeit der Vergütungsforderung nach § 10 Abs. 1 RVG, die Konnexität der Ansprüche und das Fehlen von Ausschlussgründen. Demgegenüber bezieht sich das Zurückbehaltungsrecht aus § 50 Abs. 3 S. 1 BRAO auch auf noch nicht fällige Ansprüche und kann grundsätzlich auch gegenüber dem neuen Parteivertreter geltend gemacht werden[100]. § 50 Abs. 3 S. 1 BRAO schließt das Zurückbehaltungsrecht nach den §§ 675, 273 Abs. 1 BGB nicht aus, geht diesem aber in seinem Anwendungsbereich vor, so dass der Rechtsanwalt das allgemeine Zurückbehaltungsrecht 49

94 BGBl I, S. 753.

95 BGH, Beschl. v. 11.11.2003 – X ARZ 91/03 – juris, Rn. 24.

96 OLG Köln, Beschl. v. 29.6.2015 – I-8 AR 39/15 – juris, Rn. 7.

97 OLG Frankfurt, Beschl. v. 18.12.1998 – 21 AR 99/98 – NJW-RR 1999, 604.

98 Vgl. allgemein *Dahns,* NJW-Spezial 2008, 414 f.; *Stöber,* ZAP 2006, Fach 23, 689 ff. Gegen den Angestellten des von ihm beauftragten Rechtsanwalts steht dem Mandanten kein Anspruch auf Herausgabe der Handakten zu, auch wenn der Angestellte selbst Rechtsanwalt ist, OLG Düsseldorf, Urt. v. 22.5.2007 – I-24 U 12/07 – juris, Rn. 25.

99 OLG München, Urt. v. 15.2.2017 – 20 U 3317/16 – juris, Rn. 10; vgl. auch Kap. 2 Rdn. 294.

100 Borgmann/*Jungk*/Schwaiger, Anwaltshaftung, § 23, Rn. 166; anders als nach § 273 Abs. 3 BGB kann das Zurückbehaltungsrecht aus § 50 Abs. 3 S. 1 BRAO auch nicht durch Sicherheitsleistung abgewehrt werden.

nur außerhalb des Bereiches des § 50 Abs. 3 BRAO geltend machen kann, also im Bereich jenseits der Handakten des Rechtsanwalts[101].

50 Ein **Recht zur Verweigerung der Herausgabe der Handakten** besteht nach § 50 Abs. 3 S. 2 BRAO **nicht, wenn** die **Vorenthaltung** der Akten oder einzelner Schriftstücke nach den Umständen **unangemessen** wäre. Der Gesetzgeber sieht schon die rücksichtslose Geltendmachung des Zurückbehaltungsrechts für geringfügige Rückstände als Verletzung der allgemeinen Berufspflicht an. Erst recht muss dann eine vollständig **unberechtigte Verweigerung** der Herausgabe der Handakten eine Berufspflichtverletzung darstellen[102].

Dabei sind Handakten gemäß § 50 Abs. 4 BRAO im Sinne der Abs. 2 und 3 dieser Bestimmung nur die Schriftstücke, die der Rechtsanwalt aus Anlass seiner beruflichen Tätigkeit von dem Auftraggeber oder für ihn erhalten hat, nicht hingegen der Briefwechsel zwischen dem Rechtsanwalt und seinem Auftraggeber oder die Schriftstücke, die dieser bereits in Urschrift oder Abschrift erhalten hat. Gemäß § 50 Abs. 5 BRAO gilt Abs. 4 der Norm entsprechend, soweit sich der Rechtsanwalt zum Führen von Handakten der elektronischen Datenverarbeitung bedient.

51 § 50 Abs. 3 S. 2 BRAO ist als Ausnahmetatbestand eng auszulegen, so dass nur eine besonders schwere Beeinträchtigung des Mandanten ausnahmsweise zum **Ausschluss des Zurückbehaltungsrechts** führt[103]. Gegen seine Berufspflichten verstößt der Rechtsanwalt bei Ausübung eines ihm objektiv nicht zustehenden Zurückbehaltungsrechts so lange nicht, wie er nicht sämtliche für die Angemessenheitsprüfung relevanten Umstände kennt bzw. bei sorgfältiger Prüfung erkennen könnte. Erfährt der Anwalt von diesen weiteren Umständen erst während der Ausübung des Zurückbehaltungsrechts, verletzt er seine Berufspflichten im Sinne des § 50 Abs. 3 S. 2 BRAO nur, sofern er dem Mandanten die Handakten weiterhin vorenthält, obwohl ihm nunmehr zumindest bewusst sein müsste, dass dieses unangemessen ist[104]. Das Zurückbehaltungsrecht nach § 50 Abs. 3 BRAO besteht in aller Regel nur wegen der Honorarforderung aus der konkreten Angelegenheit, auf die sich die zurückbehaltene Handakte bezieht[105].

52 Ob ein **Vollstreckungstitel** eines Mandanten einem Zurückbehaltungsrecht des Rechtsanwalts unterliegen kann, ist umstritten[106]. Die herrschende Meinung bejaht dies mit der Begründung, dass auch die im Wege einer Vollstreckung für den Mandanten vereinnahmten Gelder[107] einbehalten werden dürfen und diese Rechtslage für Titel ebenfalls gelten müsse[108]. Die Gegenauffassung verweist auf die Pflicht zur Herausgabe von Vermögenswerten des Mandanten nach § 43a BRAO i.V.m. § 4 BORA[109], dürfte dabei aber die Regelung in § 4 Abs. 3 BORA übersehen, wonach ein Anwalt eigene Forderungen nur insoweit nicht mit Geldern verrechnen darf, als diese zweckgebunden zur Auszahlung an andere als den Mandanten bestimmt sind. Daraus dürfte im Umkehrschluss folgen, dass eine Verrechnung mit anderen Geldern des Mandanten möglich ist und demzufolge unter diesen Voraussetzungen auch ein Titel – mit Ausnahme von Unterhaltstiteln – zurückbehalten werden darf[110].

---

101 Henssler/Prütting/*Offermann-Burckart*, BRAO, § 50, Rn. 52.

102 BGH, Urt. v. 3.11.2014 – AnwZ (Brfg) 72/13 – juris, Rn. 17.

103 BGH, Urt. v. 3.7.1997 – IX ZR 244/96 – juris, Rn. 21.

104 Henssler/Prütting/*Offermann-Burckart*, BRAO, § 50, Rn. 78.

105 So zum Zurückbehaltungsrecht nach § 50 Abs. 1 S. 1 BRAO a.F. BGH, Urt. v. 3.7.1997 – IX ZR 244/96 – juris, Rn. 21.

106 OLG Jena, Beschl. v. 13.12.2018 – 4 W 392/18 – juris, Rn. 18.

107 Dazu unten Rdn. 56.

108 Henssler/Prütting/*Offermann-Burckart*, BRAO, 14. Aufl. 2014, § 50, Rn. 60; Feuerich/Weyland/*Träger*, BRAO, 9. Aufl. 2016, § 50, Rn. 22; Hartung/Scharmer, BRAO, 6. Aufl. 2016, § 50, Rn. 105; Jessnitzer/Blumberg, BRAO, 9. Aufl. 2000, § 50, Rn. 11.

109 *Kleine-Cosack*, BRAO, 7. Aufl. 2015, § 50, Rn. 9 a.E.

110 OLG Jena, Beschl. v. 13.12.2018 – 4 W 392/18 – juris, Rn. 18.

Das Zurückbehaltungsrecht aus § 50 Abs. 3 BRAO besteht auch an den dem Anwalt vom Mandanten überlassenen **Geschäftsunterlagen**. Soweit es um Geschäftspapiere des Mandanten geht, dürfen Handakten, die eine andere Angelegenheit betreffen, auch dann nicht zurückgehalten werden, wenn es sich insgesamt um ein einheitliches Lebensverhältnis handelt[111]. Von dem Zurückbehaltungsrecht darf allgemein – dies gilt auch für § 273 BGB – kein Gebrauch gemacht werden, wenn dies für den Mandanten zu einem **unverhältnismäßigen Schaden** führen würde[112]. Hat ein Rechtsanwalt von seinem Mandanten Unterlagen über eine Kaufpreisforderung erhalten, um die Forderung gerichtlich durchzusetzen, so kann der Anwalt auch nachvertragliche Pflichten aus dem Anwaltsvertrag verletzen, wenn er, obwohl Verjährung droht, nach Beendigung des Mandats – möglicherweise unter Hinweis auf ein Zurückbehaltungsrecht – weder diese Unterlagen an den Mandanten zurückgibt, noch ihn anderweitig auf die drohende Verjährung hinweist[113]. 53

Gemäß § 17 BORA kann der Anwalt einem berechtigten Interesse des Mandanten auf Herausgabe der Handakten bei Ausübung eines Zurückbehaltungsrechts dadurch Rechnung tragen, dass er ihm Kopien überlässt[114], es sei denn, das berechtigte Interesse richtet sich gerade auf Herausgabe der Originale. In diesem Fall darf der Rechtsanwalt anbieten, die Originale an einen von dem Mandanten zu beauftragenden Rechtsanwalt zu treuen Händen herauszugeben, wenn damit dem berechtigten Interesse des Mandanten Rechnung getragen wird. Die rechtliche Relation dieser Norm zu § 50 Abs. 3 BRAO muss als schwierig bezeichnet werden; denn es ist zweifelhaft, ob § 17 BORA nur Fallkonstellationen anspricht, in denen die Vorenthaltung der Handakten oder einzelner Schriftstücke nach den Umständen im Sinne des § 50 Abs. 3 S. 2 BRAO unangemessen wäre[115]. Wenn sich § 17 BORA auch auf die Fälle der Unangemessenheit der Ausübung eines Zurückbehaltungsrechts bezöge, würde dadurch § 50 Abs. 3 S. 2 BRAO entgegen Art. 20 Abs. 3 GG inhaltlich eingeschränkt[116]. Nach dem Grundsatz gesetzeskonformer Auslegung kann sich deshalb § 17 BORA nur auf einen Bereich beziehen, in dem die Vorenthaltung der Handakten oder einzelner Schriftstücke noch nicht als unangemessen zu bezeichnen ist[117]. Die **Unangemessenheit** der Ausübung des Zurückbehaltungsrechts ist zu bejahen, wenn und soweit die Ausübung dieses Rechts ausnahmsweise zu einer besonders schweren Beeinträchtigung des Mandanten führen würde. 54

Es ist eine aus dem Anwaltsvertrag resultierende **Nebenpflicht, Handakten zu führen**[118]. Gemäß § 50 Abs. 1 BRAO muss der Rechtsanwalt durch Anlegung von Akten ein geordnetes Bild über die von ihm entfaltete Tätigkeit geben können. Die Norm bezweckt die Sicherstellung der Mindestvoraussetzung einer Verwaltungsstruktur für die anwaltliche Tätigkeit einerseits und die Schaffung eines Beweismittels für den Rechtsanwalt und seinen Mandanten andererseits. Die Regelung dient dem Schutz des Mandanten, der mit der Handakte ein Beweismittel für ein etwaiges Fehlverhalten des Anwalts erhält. Die Führung einer Handakte für unterschiedliche Verfahren stellt darum regelmäßig einen Organisationsmangel des Rechtsanwalts dar[119]. 55

Gemäß den §§ 675, 666 und 667 BGB ist der Rechtsanwalt verpflichtet, alles herauszugeben, was er zur Ausführung des Mandats erhält oder durch die Geschäftsbesorgung erlangt. Die **Herausgabepflicht** bezieht sich damit nicht auf den Schriftwechsel zwischen dem Rechtsanwalt und seinem

---

111 BGH, Urt. v. 3.7.1997 – IX ZR 244/96 – juris, Rn. 23.

112 AGH Koblenz, Beschl. v. 28.4.2005 – 1 AGH 16/04 – juris, Rn. 15 ff. für Zurückbehaltungsrecht an dem Original eines Schuldanerkenntnisses.

113 BGH, Urt. v. 11.10.1983 – VI ZR 95/82 – juris, Rn. 25 ff.

114 Ein Zurückbehaltungsrecht im Hinblick auf die Kosten für die Anfertigung von Kopien der Handakte vor ihrer Herausgabe steht dem Anwalt nicht zu, OLG Köln, Urt. v. 16.12.1996 – 12 U 141/96 – juris, Rn. 18.

115 Vgl. dazu Henssler/Prütting/*Offermann-Burckart*, BRAO, § 17 BORA, Rn. 6.

116 Vgl. zu diesem Grundsatz vom Vorrang des Gesetzes *Kleine-Cosack*, AnwBl 1998, 417, 420 sowie *Eylmann*, AnwBl 1996, 481.

117 Henssler/Prütting/*Offermann-Burckart*, BRAO, § 17 BORA, Rn. 8.

118 Henssler/Prütting/*Offermann-Burckart*, BRAO, § 50, Rn. 2.

119 BGH, Urt. v. 17.5.2018 – IX ZR 243/17 – juris, Rn. 25.

Mandanten. Zu den herauszugebenden Handakten gehören auch nicht die Schriftstücke, die der Mandant bereits in Urschrift oder in Abschrift erhalten hat.

56 Eine gesonderte berufsrechtliche Herausgabepflicht wurde in § 43a Abs. 5 S. 2 BRAO normiert. Danach sind **fremde Gelder** unverzüglich an den Empfangsberechtigten weiterzuleiten oder auf ein Anderkonto einzuzahlen. Fremde Gelder sind Gelder, die dem Anwalt entweder vom Mandanten oder von Dritten für den Mandanten jeweils entweder zur Verwahrung oder zur Weiterleitung anvertraut werden. Ergänzend bestimmt § 4 Abs. 2 BORA, dass die unverzügliche Weiterleitung gegenüber der Verwaltung auf einem Anderkonto Vorrang genießt, wenn und soweit nichts anderes vereinbart ist.

57 § 43a Abs. 5 BRAO gilt für sonstige Vermögenswerte, die der Rechtsanwalt durch seine Geschäftsbesorgung erlangt, entsprechend[120]. Auch Vollstreckungstitel gehören zu den nach § 43a Abs. 5 BRAO i.V.m. § 4 BORA herauszugebenden Urkunden[121].

58 Gemäß § 215 BGB ist die Geltendmachung eines Zurückbehaltungsrechts ebenso wie die Aufrechnung nicht ausgeschlossen, wenn der Anspruch in dem Zeitpunkt noch nicht verjährt war, in dem erstmalig die Leistung verweigert oder aufgerechnet werden konnte. Ein Zurückbehaltungsrecht, welches auf einen verjährten[122] Honoraranspruch des Anwalts gestützt wird, kann mithin auch dann ausgeübt werden, wenn die Verjährung des Honoraranspruchs noch nicht vollendet war, als der Herausgabeanspruch des Mandanten entstand. Das Zurückbehaltungsrecht muss also nicht bereits in unverjährter Zeit geltend gemacht worden sein; es reicht die Möglichkeit der Geltendmachung aus[123].

C. Aufrechnung mit Gebührenansprüchen

59 Der Geschädigte ist in einem Regressprozess so zu stellen, als sei eine fehlerfreie anwaltliche Tätigkeit erfolgt. Deshalb darf grundsätzlich der in Regress genommene Anwalt im Haftungsprozess die Aufrechnung mit Gegenansprüchen erklären. Das Recht zur Aufrechnung mit Gebührenforderungen wird in Anwaltsregressprozessen häufig übersehen. Gegenüber einem Schadensersatzanspruch des Mandanten kann der Anwalt dabei nicht nur mit den Honoraransprüchen aus dem Regressmandat, sondern auch mit Honoraransprüchen aus anderen Mandaten aufrechnen. Aber auch darüber hinaus kommen im Rahmen eines Mandats im Umfang der wechselseitig bestehenden Forderungen Aufrechnungen in Betracht.

I. Voraussetzungen der Aufrechnung

60 Erforderlich ist gemäß § 387 BGB, dass eine Aufrechnungslage besteht. Dazu müssen die Gegenseitigkeit, die Gleichartigkeit sowie die Durchsetzbarkeit der Aktivforderung und die Erfüllbarkeit der Passivforderung zu bejahen sein.

1. Gegenseitigkeit

61 Die **Gegenseitigkeit** fordert, dass Anwalt und Mandant einander Leistungen dergestalt schulden, dass jede der beiden Personen sowohl Gläubiger als auch Schuldner ist. Ein Gesamtschuldner kann nicht mit der Forderung eines anderen Gesamtschuldners aufrechnen. Andererseits kann der Gläubiger eine eigene Schuld gegenüber einem der Gesamtschuldner durch Aufrechnung tilgen. Auch kann ein Gesamtgläubiger mit Wirkung für alle aufrechnen. Gleiches gilt für den Schuldner mit einer Forderung gegen einen Gesamtgläubiger[124].

120 Feuerich/Weyland/*Träger*, BRAO, § 43a, Rn. 90.
121 Hartung/*Scharmer*, Berufs- und Fachanwaltsordnung, § 50 BRAO, Rn. 111.
122 Zur Verjährung des Honoraranspruchs des Rechtsanwalts vgl. BGH, Urt. v. 8.5.2008 – IX ZR 180/06 – juris, Rn. 12.
123 Vgl. BGH, Urt. v. 5.11.2015 – VII ZR 144/14 – juris, Rn. 10 ff.
124 BGH, Urt. v. 11.11.1970 – VIII ZR 242/68 – juris, Rn. 67.

2. Gleichartigkeit

Nach § 387 BGB müssen die einander wechselseitig gegenüberstehenden Forderungen ihrem Gegenstand nach gleichartig sein. Die **Gleichartigkeit** bezieht sich nur auf den Gegenstand der Leistungen, nicht auf deren Zweck[125]. Die Gleichartigkeit wird durch die Verkehrsanschauung bestimmt[126]. Die Forderungen müssen nicht dem gleichen Rechtsverhältnis entstammen. 62

▶ Beispiel[127]:

Der Rechtsanwalt ist grundsätzlich nicht gehindert, sich durch Aufrechnung mit Honoraransprüchen aus nicht zweckgebundenen Fremdgeldern zu befriedigen, auch wenn die Vergütungsansprüche nicht gerade den Auftrag betreffen, der zum Geldeingang geführt hat. 63

Wird dem Rechtsanwalt Geld auf sein allgemeines, nicht nur zur Anlegung von Fremdgeldern bestimmtes, Bankkonto überwiesen, so steht die Forderung auf Auszahlung des Guthabens allein dem Rechtsanwalt zu. Dem Mandanten dürfte deshalb gemäß §§ 675 Abs. 1, 667 BGB in erster Linie ein Anspruch auf Abtretung des in dem Kontoguthaben verkörperten Anspruchs des Anwalts gegen das Kreditinstitut zustehen[128]. Dies schließt jedoch nicht aus, dass der Mandant auch einen dem Kontoguthaben entsprechenden Zahlungsanspruch gegen den Anwalt als Kontoinhaber geltend machen kann. Von daher stehen sich zwei gleichwertige Zahlungsansprüche gegenüber, nämlich einmal der Honoraranspruch des Anwalts und zum anderen der Anspruch des Mandanten aus §§ 675 Abs. 1, 667 BGB, der nicht nur auf Abtretung eines seiner Forderung entsprechenden Teils des Guthabens, sondern auch auf Zahlung eines der eingegangenen Summe entsprechenden Betrages gerichtet[129] und in dieser Ausgestaltung dem Honoraranspruch des Anwalts gleichartig ist[130].

Die Gleichartigkeit wird gemäß § 391 Abs. 1 S. 1 BGB nicht durch die Verschiedenheit der Leistungs- und Ablieferungsorte der beiden Forderungen ausgeschlossen. 64

3. Durchsetzbarkeit der Aktivforderung

Die **Forderung des Aufrechnenden** – auch Gegen- oder Aktivforderung genannt – **muss** tatsächlich **bestehen**, und zwar gemäß § 390 BGB **einredefrei**. Zur Durchsetzbarkeit der Gegenforderung gehört insbesondere auch ihre Fälligkeit[131]. Ihre Erfüllung muss erzwungen werden können; unvollkommene, rechtlich nicht durchsetzbare Verbindlichkeiten können nicht aufgerechnet werden[132]. Die Aufrechnung mit aufschiebend bedingten Forderungen ist vor Eintritt der Bedingung deshalb ebenso ausgeschlossen wie die Aufrechnung mit einer gestundeten Gegenforderung[133]. 65

4. Erfüllbarkeit der Passivforderung

Außerdem muss die **Hauptforderung** gegen den Aufrechnenden **erfüllbar** sein. Maßgeblich ist dafür § 271 BGB. Gegen künftige Forderungen kann nicht aufgerechnet werden, gegen Schadensersatzforderungen also nicht vor Eintritt des Schadens[134]. Andererseits kann gegen bereits entstandene, 66

125 BGH, Urt. v. 11.4.1984 – VIII ZR 315/82 – juris, Rn. 16.
126 MünchKommBGB/*Schlüter*, § 387, Rn. 30; Staudinger/*Gursky*, BGB, § 387, Rn. 67.
127 BGH, Urt. v. 14.6.2007 – IX ZR 56/06 – juris, Rn. 8; ebenso OLG Hamm, Urt. v. 24.11.2011 – I-28 U 196/10 – juris, Rn. 42.
128 BGH, Urt. v. 23.2.1995 – IX ZR 29/94 – juris, Rn. 16 mit Hinweis auf BGH, Urt. v. 1.6.1978 – III ZR 44/77 – juris.
129 BGH, Urt. v. 16.12.1970 – VIII ZR 36/69 – juris, Rn. 10.
130 BGH, Beschl. v. 15.9.2005 – III ZR 28/05 – juris, Rn. 8.
131 BGH, Urt. v. 22.12.1995 – V ZR 52/95 – juris, Rn. 8 und 27; ebenso RG, Urt. v. 10.3.1922 – VI 541/21 – RGZ 104, 188.
132 BGH, Urt. v. 19.5.2011 – IX ZR 222/08 – juris, Rn. 6.
133 Vgl. BGH, Urt. v. 11.12.1997 – IX ZR 341/95 – juris, Rn. 57 ff.
134 BGH, Urt. v. 10.3.1988 – VII ZR 8/87 – juris, Rn. 13.

aber erst künftig fällig werdende Forderungen aufgerechnet werden[135], also gegen eine Vergütungsforderung aus einem Werkvertrag vor Abnahme oder vertraglicher Fälligkeit[136].

5. Aufrechnungserklärung

67 Die **Aufrechnungserklärung darf weder bedingt noch befristet sein**. Sie kann jedoch durchaus als Eventualaufrechnung in einem Prozess erfolgen[137].

68 **Die Aufrechnung wirkt auf den Zeitpunkt des Entstehens der Aufrechnungslage zurück** mit der Folge, dass die seit dem Entstehen der Aufrechnungslage bereits erwachsenen Zinsansprüche oder sonstige Verzugsschäden erlöschen, wenn die Aufrechnung erklärt wird.

II. Kein Aufrechnungsverbot oder -hindernis

69 Auch wenn alle vorbezeichneten Voraussetzungen vorliegen, kann nur aufgerechnet werden, sofern **kein Aufrechnungsverbot** gilt. Über die gesetzlich oder vertraglich ausdrücklich geregelten Fälle hinaus ist eine Aufrechnung ausgeschlossen, wenn das nach dem besonderen Inhalt des zwischen den Parteien begründeten Schuldverhältnisses als **stillschweigend vereinbart** angesehen werden muss oder wenn die Natur der Rechtsbeziehung oder der Zweck der geschuldeten Leistung eine Erfüllung im Wege der Aufrechnung als mit Treu und Glauben (§ 242 BGB) unvereinbar erscheinen lässt[138].

▶ Beispiel[139]:

70 Die formularmäßige Klausel in einem Anwaltsvertrag, dass jede Aufrechnung gegenüber der Honorarforderung ausgeschlossen ist, muss wegen der damit für den Mandanten verbundenen unangemessenen Benachteiligung als rechtsunwirksam erachtet werden.

71 Wenn eine Partei einen Zivilprozess infolge einer anwaltlichen Pflichtverletzung nicht gewonnen hat, ist zu berücksichtigen, dass diese Partei ohne die anwaltliche Pflichtverletzung gemäß § 91 ZPO einen Kostenerstattungsanspruch gegen die andere Partei dieses Zivilprozesses gehabt hätte. Durch die Geltendmachung des Honoraranspruches des Anwalts, der die Pflichtverletzung begangen hat, würde sich deshalb ein weiterer Schaden des Mandanten ergeben, sofern die gegnerische Partei nicht sowieso vermögenslos war, so dass der Kostenerstattungsanspruch in Bezug auf die eigenen Anwaltskosten auch nicht hätte realisiert werden können, wenn der Prozess gewonnen worden wäre. Sofern die gegnerische Prozesspartei nicht vermögenslos ist, ist der Anwalt, der die Pflichtverletzung beging, indes gemäß § 242 BGB nach Treu und Glauben gehindert, gegen den gegen ihn gerichteten Schadensersatzanspruch im Wege der Aufrechnung mit einer ihm zustehenden Honorarforderung vorzugehen und zwar nach dem Prinzip: dolo agit, qui petit, quod statim redditurus est.

72 Gegen eine Forderung aus einer vorsätzlich begangenen unerlaubten Handlung kann gemäß § 393 BGB nicht aufgerechnet werden. Ein Aufrechnungshindernis wird auch durch die in § 392 BGB erwähnte Beschlagnahme der Hauptforderung begründet, also z.B. durch eine Pfändung der Forderung vermittels eines Dritten[140]. Nach § 394 BGB kann regelmäßig auch nicht gegen unpfändbare Forderungen aufgerechnet werden. Soweit die Zweckbindung gemäß § 851 Abs. 1 ZPO i.V.m. § 399 BGB zur Unpfändbarkeit führt, erfolgt der **Aufrechnungsausschluss** bereits aus § 394 BGB[141].

---

135 BGH, Beschl. v. 26.10.2011 – XII ZR 9/10 – juris, Rn. 11.
136 BGH, Urt. v. 14.12.1983 – VIII ZR 352/82 – juris, Rn. 9.
137 BGH, Beschl. v. 5.11.2013 – VIII ZR 24/13 – juris, Rn. 11.
138 BGH, Urt. v. 23.6.2005 – IX ZR 139/04 – juris, Rn. 25.
139 BGH, Urt. v. 31.10.1985 – IX ZR 175/84 – juris, Rn. 42.
140 Medicus/*Lorenz*, Schuldrecht I, AT, § 24, Rn. 301.
141 Dazu ausführlich Rdn. 75 ff.

Die Aufrechnungsvoraussetzungen hat derjenige darzulegen und zu beweisen, der die Aufrechnung geltend macht[142]. 73

Beispiel[143]:

Für Rechtsanwälte gilt das Aufrechnungsverbot hinsichtlich eingezogener Fremdgelder, falls der zugrunde liegende Einziehungsauftrag über die bloße Einziehung hinaus ein Treuhandverhältnis begründet. 74

Nach ständiger Rechtsprechung des Bundesgerichtshofes dürfen insbesondere Treuhänder gegen den Anspruch auf Herausgabe des Erlangten nicht beliebig aufrechnen, es sei denn, die Gegenforderungen haben ihren Grund in dem Treuhandverhältnis oder dem Auftrag und den damit verbundenen Aufwendungen[144]. Diese Grundsätze finden auch für Rechtsanwälte hinsichtlich der von ihnen als Treuhänder empfangenen Fremdgelder Anwendung. Die **Aufrechnung** des Rechtsanwalts mit eigenen Vergütungsansprüchen gegen Ansprüche des Mandanten kann deshalb **unzulässig** sein. Die vorstehend beschriebenen Grundsätze greifen auch im Blick auf Gelder ein, zu denen mit dem Ziel, die Straferwartung des Mandanten zu verringern, der Mandant die Weisung erteilt hatte, die Geldbeträge auf das Konto seiner Mutter zu überweisen, damit das Geld zur Schadenswiedergutmachung ausgezahlt werden konnte[145]. Unzulässig und treuwidrig ist auch die Aufrechnung einer eigenen Honorarforderung gegen den Anspruch einer Mandantin auf Auszahlung einer Abfindungssumme aus einem Scheidungsfolgenvergleich[146]. 75

Auch wenn die Natur eines Treuhandverhältnisses es verbieten kann, gegen den Anspruch auf Herausgabe des Erlangten mit Gegenforderungen aufzurechnen, die ihren Grund nicht in dem Auftrag und den damit verbundenen Aufwendungen haben[147], gilt diese Aufrechnungsbeschränkung nicht für alle Treuhandaufträge. So hat der Bundesgerichtshof die von einem Rechtsanwalt erklärte Aufrechnung mit Gebührenforderungen gegen den Anspruch des Auftraggebers auf Herausgabe eines eingezogenen Geldbetrages nach Eröffnung eines Vergleichsverfahrens über das Vermögen des Auftraggebers nicht beanstandet, obwohl die zur Aufrechnung gestellten Vergütungsansprüche aus anderen Aufträgen herrührten[148]. In gleicher Weise ist auch eine Aufrechnung im Zusammenhang mit einem reinen Einziehungsauftrag für zulässig gehalten worden, weil ein derartiger Einziehungsauftrag kein Treuhandverhältnis begründet[149]. Eine Aufrechnung mit ursprünglich zweckgebunden erlangten Geldern kann auch zulässig werden, wenn die Zweckbindung durch Erreichung oder Fortfall des Auftragszwecks wegfällt[150]. In gleicher Weise kann ein an sich bestehendes Aufrechnungsverbot dadurch wegfallen, dass der Mandant vermögenslos wird und die eidesstattliche Versicherung abgegeben werden muss und die Aufrechterhaltung des Aufrechnungsverbots von daher wirtschaftlich auf einen Forderungsverzicht hinauslaufen würde[151]. 76

142 BGH, Urt. v. 13.1.1983 – III ZR 88/81 – juris, Rn. 21.
143 BGH, Urt. v. 12.9.2002 – IX ZR 66/01 – juris, Rn. 27.
144 BGH, Urt. v. 23.6.2005 – IX ZR 139/04 – juris, Rn. 25.
145 Brandenburgisches Oberlandesgericht, Urt. v. 5.3.2009 – 12 U 169/08 – juris, Rn. 32.
146 OLG Düsseldorf, Beschl. v. 28.7.2005 – I-24 U 45/05 – juris, Rn. 3 für den Fall einer Aufrechnung gegen den Anspruch des Mandanten auf Auszahlung eines Abfindungsbetrages aus einem im Scheidungsverfahren geschlossenen Vergleich, wenn die Abfindung dem künftigen Lebensunterhalt des Mandanten dienen soll.
147 OLG Karlsruhe, Urt. v. 11.5.2004 – 17 U 157/01 – juris, Rn. 25 mit Hinweis auf BGH, Urt. v. 24.6.1985 – III ZR 219/83 – juris; v. 29.11.1990 – IX ZR 94/90 – juris und v. 21.1.1999 – I ZR 209/96 – juris; ebenso BGH, Urt. v. 23.6.2005 – IX ZR 139/04 – juris, Rn. 25.
148 BGH, Urt. v. 1.6.1978 – III ZR 44/77 – juris, Rn. 16 ff.
149 BGH, Urt. v. 23.2.1995 – IX ZR 29/94 – juris, Rn. 15 ff.
150 BGH, Urt. v. 3.5.2005 – IX ZR 401/09 – juris, Rn. 19.
151 BGH, Urt. v. 12.9.2002 – IX ZR 66/01 – juris, Rn. 32 und v. 14.7.1994 – IX ZR 110/93 – juris, Rn. 28.

77 Ergänzend bestimmt § 4 Abs. 3 BORA, dass der Anwalt eigene Forderungen nicht mit Geldern verrechnen darf, die **zweckgebunden** zur Auszahlung an andere als den Mandanten bestimmt sind[152]. Dies gilt auch im Blick auf zweckgebundene Zahlungen des Mandanten, die z.B. zur Begleichung der Gerichtskosten erfolgen[153]. Eine solche Zweckbindung liegt jedoch nicht vor, wenn die Honoraransprüche nicht gerade den Auftrag betreffen, der zu dem Geldeingang geführt hat[154].

III. Aufrechnung in der Insolvenz

78 Grundsätzlich ist zwischen einer Insolvenz des Rechtsanwalts und der Insolvenz des Mandanten zu unterscheiden.

1. Insolvenz des Rechtsanwalts

79 Nach § 14 Abs. 2 Nr. 7 BRAO ist die Zulassung zur Rechtsanwaltschaft zu widerrufen, wenn der Rechtsanwalt in Vermögensverfall geraten ist, es sei denn, dass dadurch die Interessen der Rechtsuchenden nicht gefährdet sind[155]. Ein **Vermögensverfall** wird vermutet, wenn ein **Insolvenzverfahren über das Vermögen des Rechtsanwalts** eröffnet oder der Rechtsanwalt in das vom Insolvenzgericht oder vom Vollstreckungsgericht zu führende Verzeichnis (§ 26 Abs. 2 InsO bzw. § 882b ZPO) eingetragen ist.

80 Vergütungsansprüche des Rechtsanwalts sind grundsätzlich pfändbar; sie gehören zur Insolvenzmasse[156]. Der Neuerwerb wird gemäß § 35 Abs. 1 Alt. 2 InsO ebenfalls vom Insolvenzbeschlag erfasst[157]. Infolge des Insolvenzbeschlags verliert der Rechtsanwalt für die Dauer des Insolvenzverfahrens die Verwaltungs- und Verfügungsbefugnis, die nach § 80 Abs. 1 InsO auf den Insolvenzverwalter übergeht.

81 Kommt es vor oder im Verlauf einer Eröffnung des Insolvenzverfahrens über das Vermögen eines Anwalts nach § 55 Abs. 5 BRAO zur Bestellung eines **Kanzleiabwicklers**[158], erlangt der Abwickler der Kanzlei gegenüber dem Insolvenzverwalter im Umfang der ihm nach § 55 Abs. 2 und 3 BRAO obliegenden Aufgaben eine unabhängige Stellung[159]. Dem Abwickler obliegt es, die schwebenden Angelegenheiten abzuwickeln. Er führt die laufenden Aufträge fort; innerhalb der ersten sechs Monate ist er auch berechtigt, neue Aufträge anzunehmen. Im Rahmen dieser Aufgaben kann der Kanzleiabwickler im Verhältnis zum Mandanten und umgekehrt unter den oben[160] dargestellten Voraussetzungen aufrechnen. Der Kanzleiabwickler ist also grundsätzlich nicht gehindert, sich durch Aufrechnung mit Honoraransprüchen aus nicht zweckgebundenen Fremdgeldern zu befriedigen, auch wenn die Vergütungsansprüche nicht gerade den Auftrag betreffen, der zu dem Geldeingang geführt hat[161].

82 Der amtlich bestellte Abwickler einer Anwaltskanzlei kann nach der Judikatur mit seiner Vergütungsforderung gegen den Anspruch auf Herausgabe des aus der Abwicklung Erlangten aufrechnen,

---

152 Vgl. dazu BGH, Urt. v. 24.6.1985 – III ZR 219/83 – juris, Rn. 21 ff. und Urt. v. 14.7.1994 – IX ZR 110/93 – juris, Rn. 26.

153 Vgl. BGH, Urt. v. 20.12.1988 – IX ZR 88/88 – juris, Rn. 26 f.

154 BGH, Urt. v. 12.9.2002 – IX ZR 66/01 – juris, Rn. 27.

155 So etwa, wenn die Gläubiger einem vorgelegten Schuldenbereinigungsplan zustimmen bzw. deren Zustimmung vom Insolvenzgericht ersetzt wird (vgl. §§ 308 f. InsO); dazu BGH, Beschl. v. 31.5.2010 – AnwZ (B) 27/09 – juris, Rn. 12 m.w.N.

156 BGH, Beschl. v. 2.12.2009 – I ZB 65/09 – juris, Rn. 12 m.w.N. sowie Urt. v. 25.3.1999 – IX ZR 223/97 – juris, Rn. 35 für entsprechende Ansprüche des Steuerberaters.

157 *Koch*, Die Insolvenz des selbstständigen Rechtsanwalts, S. 99.

158 Zum Verhältnis des Insolvenzverwalters zum Kanzleiabwickler allgemein *Koch*, Die Insolvenz des selbstständigen Rechtsanwalts, S. 99, S. 266 ff.

159 OLG Köln, Beschl. v. 30.11.2006 – 6 U 220/06 – juris, Rn. 9 f.

160 Rdn. 60 ff. und 69 ff.

161 BGH, Urt. v. 23.2.1995 – IX ZR 29/94 – juris, Rn. 17.

auch wenn zwischenzeitlich das Insolvenzverfahren über das Vermögen des Anwalts eröffnet worden ist[162].

Gegenüber dem Insolvenzverwalter und von diesem geltend gemachten Ansprüchen auf Herausgabe des aus der Kanzleiabwicklung Erlangten, kann der amtlich bestellte Abwickler einer Kanzlei unter den Voraussetzungen des § 95 Abs. 1 S. 1 InsO mit einer ihm aus der Abwicklung zustehenden Vergütungsforderung aufrechnen[163]. Dies gilt aber nicht für zweckgebundene Fremdgelder. Insoweit ist der ehemalige Abwickler uneingeschränkt zur Herausgabe an den Insolvenzverwalter verpflichtet[164].

2. Insolvenz des Mandanten

Wird das Insolvenzverfahren über das Vermögen des Mandanten eröffnet, kann eine Aufrechnung 83
gegen den Anspruch des später insolvent gewordenen Mandanten z.B. auf Abführung erstrittenen Geldes vom Insolvenzverwalter angefochten werden. Nach der Rechtsprechung gilt dies auch dann, wenn die Mandatsverträge jeweils vor dem kritischen Dreimonatszeitraum zustande gekommen sind[165]. Entscheidend ist der Zeitpunkt der jeweiligen Aufrechnungslage. Die Aufrechnungslage zwischen dem Vergütungsanspruch des Rechtsanwalts und einem Anspruch des Mandanten auf Herausgabe eingezogener Gelder entsteht frühestens dann, wenn der Rechtsanwalt das Geld in Empfang genommen hat[166].

In gleicher Weise ist die Aufrechnung einer Honorarforderung gegen einen erst nach Insolvenz- 84
eröffnung begründeten Anspruch auf Herausgabe des aus einem treuhänderisch vorgenommenen Geschäft Erlangten nach § 95 InsO jedenfalls dann nicht zulässig, wenn vom Gläubiger auf Grund des Treuhandauftrages vor Insolvenzeröffnung ein Kaufvertrag mit einem Dritten zwar geschlossen worden ist, die nach diesem Vertrag vereinbarte Bedingung (hier Genehmigung) jedoch erst nach Insolvenzeröffnung eingetreten ist[167].

Der Praktiker wird frühzeitig Vorschüsse von seinen Mandanten fordern, da nach der vorzitierten 85
Entscheidung keine Gewissheit mehr besteht, mit Fremdgeldansprüchen aufrechnen zu können. Möglich ist auch die Vereinbarung einer Sicherungsabtretung der einzuklagenden Forderung oder vertragliche Aufrechnungsabreden.

Zahlungen, die auf einem von einem Rechtsanwalt als Insolvenzverwalter oder Treuhänder einge- 86
richteten Anderkonto eingehen, fallen indes weder in das Schuldnervermögen noch in die Masse, sondern stehen ausschließlich dem Anwalt zu[168].

D. Abtretung von Honorarforderungen an Berufskollegen

Dass eine ohne Zustimmung des Mandanten erfolgte Abtretung von Honoraransprüchen eines 87
Rechtsanwalts (§§ 675, 398 BGB) wegen der damit nach § 402 BGB verbundenen umfassenden Informationspflicht in der Regel wegen Verstoßes gegen § 203 Abs. 1 Nr. 3 StGB sowohl gemäß § 134 BGB als auch gemäß § 138 Abs. 1 BGB nichtig war, und zwar auch dann, wenn der Abtretungsempfänger ebenfalls Rechtsanwalt war, entsprach **vor** Inkrafttreten der Bestimmung des § 49b Abs. 4 BRAO ständiger Rechtsprechung[169]. Diese **alte Rechtsprechung**[170] ist **durch § 49b Abs. 4**

162 BGH, Urt. v. 23.6.2005 – IX ZR 139/04 – juris, Rn. 12 ff.
163 BGH, Urt. v. 23.6.2005 – IX ZR 139/04 – juris, Rn. 12.
164 BGH, Urt. v. 23.6.2005 – IX ZR 139/04 – juris, Rn. 25 ff.
165 BGH, Urt. v. 14.6.2007 – IX ZR 56/06 – juris, Rn. 10 ff.
166 BGH, Urt. v. 14.6.2007 – IX ZR 56/06 – juris, Rn. 12 f. mit Anm. *Leithaus*, NJW 2007, 2643.
167 OLG München, Urt. v. 28.12.2007 – 25 U 3043/07 – juris, Rn. 18 ff.
168 BGH, Urt. v. 7.2.2019 – IX ZR 47/18 – juris, Rn. 32 und v. 18.12.2008 – IX ZR 192/07 – juris, Rn. 9 f.
169 BGH, Urt. v. 11.11.2004 – IX ZR 240/03 – juris, Rn. 7 m.w.N.
170 Zur Abtretung von Vergütungsansprüchen von Rechtsanwälten mit Zustimmung des Schuldners in Altfällen vgl. BGH, Urt. v. 24.4.2008 – IX ZR 53/07 – juris, Rn. 8 ff.

BRAO überholt. Nach § 49b Abs. 4 S. 1 BRAO ist die **Abtretung** von Vergütungsforderungen oder die Übertragung ihrer Einziehung **an Rechtsanwälte** oder rechtsanwaltliche Berufsausübungsgemeinschaften i.S.v. § 59a BRAO **nunmehr zulässig**[171]. **Im Übrigen** sind Abtretung oder Übertragung nach § 49b Abs. 4 S. 2 BRAO **nur zulässig**, wenn eine ausdrückliche, schriftliche **Einwilligung des Mandanten** vorliegt oder die Forderung **rechtskräftig festgestellt** ist. Dies gilt auch für vor dem 18.12.2007 mit wirksamer Zustimmung des Schuldners abgetretene Vergütungsansprüche von Rechtsanwälten an Nichtanwälte[172]. Vor der Einwilligung ist der Mandant gem. § 49b Abs. 4 S. 3 BRAO über die Informationspflicht des Rechtsanwalts gegenüber dem neuen Gläubiger oder Einziehungsermächtigten aufzuklären. Tritt ein Rechtsanwalt mit wirksamer Zustimmung des Mandanten Vergütungsansprüche an einen Dritten ab, so kann er auch nur mit Einverständnis des Mandanten das Billigkeitsermessen zur Bestimmung einer Rahmengebühr an diesen delegieren[173]. In Abtretungsfällen sind ansonsten die Voraussetzungen des § 49b Abs. 4 BRAO zu beachten[174]. Die Regelung des § 49b Abs. 4 BRAO umfasst auch Vergütungsforderungen des beigeordneten Rechtsanwalts gegen die Staatskasse[175], wenn ein Abtretungsverbot für derartige Vergütungsforderungen nicht ersichtlich ist und der Abtretungsgläubiger im Falle wirksamer Abtretung berechtigt ist, die Festsetzung der Vergütung gemäß §§ 55 f. RVG gegenüber der Staatskasse zu betreiben[176]. Nach § 49b Abs. 4 S. 4 BRAO ist der neue Gläubiger oder Einziehungsermächtigte in gleicher Weise zur Verschwiegenheit verpflichtet wie der beauftragte Rechtsanwalt.

171 Grundlegend BGH, Urt. v. 1.3.2007 – IX ZR 189/05 – juris, Rn. 7 ff.

172 BGH, Urt. v. 24.4.2008 – IX ZR 53/07 – juris, Rn. 8 ff.

173 BGH, Urt. v. 4.12.2008 – IX ZR 219/07 – juris, Rn. 11.

174 Dazu OLG Düsseldorf, Beschl. v. 5.3.2009 – II-10 WF 2/09 – juris, Rn. 4 ff.

175 OLG Düsseldorf, Beschl. v. 21.8.2008 – II-10 WF 18/08 – juris, Rn. 4 ff.; OLG Hamm, Beschl. v. 29.2.2008 – 6 WF 3/08 – juris, Rn. 4 ff.

176 OLG Düsseldorf, Beschl. v. 5.3.2009 – II-10 WF 2/09 – juris, Rn. 2.

Kapitel 7 Verjährung der Haftpflichtansprüche

Übersicht

A. Einleitung

1 Das **Schuldrechtsmodernisierungsgesetz** vom 26.11.2001[1], bezüglich der Neuregelung des BGB in Kraft getreten am 1.1.2002[2], hat auch das BGB-Verjährungsrecht grundlegend umgestaltet, insbesondere durch die Anknüpfung des Beginns der regelmäßigen Verjährungsfrist von drei Jahren (§ 195 BGB) u.a. an die Kenntnis oder das Kennenmüssen der den Anspruch begründenden Umstände und der Person des Schuldners (§ 199 Abs. 1 Nr. 2 BGB). Daneben wird nach § 199 Abs. 1 Hs. 1 BGB der Beginn der Verjährung erst ab dem Ende des Jahres gerechnet, in dem die tatbestandlichen Voraussetzungen für den Verjährungsbeginn vorliegen (Ultimo-Regel statt taggenauer Verjährung).

Dadurch änderte sich an Beginn und Dauer der Verjährung von unter solche Spezialregelungen wie § 51b BRAO fallenden Schadensersatzansprüchen jedoch zunächst nichts[3]. Zu beachten waren allerdings auch für diese schon seitdem die neuen Bestimmungen über die Hemmung und den Neubeginn der Verjährung in §§ 203 ff. BGB[4].

2 Durch das **Gesetz zur Anpassung von Verjährungsvorschriften** an das Gesetz zur Modernisierung des Schuldrechts vom 9.12.2004[5], in Kraft getreten am 15.12.2004, ist aber in einem zweiten Schritt zur Vereinheitlichung des Verjährungsrechts und Umstellung auf das neue System u.a. neben § 68 StBerG auch **§ 51b BRAO ersatzlos aufgehoben** und in § 59m Abs. 2 BRAO die Verweisung auf § 51b BRAO gestrichen worden[6]. Für Rechtsanwälte gilt damit dieselbe Verjährungsregelung, die für die Amtshaftung der Notare bereits bestand (§ 19 Abs. 1 S. 3 BNotO), welche auf die Vorschriften des BGB über die Amtspflichtverletzung verweist[7]. Insgesamt gibt es so jetzt einen Gleichlauf mit vergleichbaren Fällen der Haftung für Beratungstätigkeiten, etwa bei der Unternehmensberatung[8]. Berechtigten Interessen des Anwalts daran, nicht auf unabsehbare Zeit mit einem Regress bedroht zu sein, trägt nach der Gesetzesbegründung die allgemeine Regelung in § 199 Abs. 3 BGB Rechnung, nach der Ansprüche auf Ersatz von Vermögensschäden spätestens in zehn Jahren von ihrer Entstehung an bzw. in 30 Jahren von der Pflichtverletzung an verjähren, wobei die früher endende Frist maßgebend ist[9]. Die Einschätzung in der Gesetzbegründung, dass durch die Neuregelung für die von der Rechtsprechung entwickelte **Sekundärhaftung** des Anwalts **kein Bedürfnis mehr** besteht[10], hat sich bewahrheitet, und zwar maßgeblich wegen der subjektiven Anknüpfung für den Beginn der Verjährung in § 199 Abs. 1 Nr. 2 BGB[11].

1 BGBl I, S. 3138.
2 Art. 9 des Modernisierungsgesetzes.
3 Soweit ersichtlich einhellige Meinung, vgl. z.B. *Mansel*, NJW 2002, 89, 93 und 418 ff.; *Zugehör*, Beraterhaftung, Rn. 315; *Chab*, in: G. Fischer/Vill/D. Fischer/Pape/Chab, § 7, Rn. 1; *Vollkommer/Greger/Heinemann*, § 24, Rn. 28.
4 Vgl. nur: *Chab*, in: G. Fischer/Vill/D. Fischer/Pape/Chab, § 7, Rn. 1.
5 BGBl I, S. 3214.
6 Durch das Wirtschaftsprüfungsexamens-Reformgesetz (BGBl I 2003, S. 2446) waren bereits mit Wirkung vom 1.1.2004 die vergleichbaren Sonderregelungen für die Verjährung von Ersatzansprüchen gegen Wirtschaftsprüfer (§ 51a WPO) und gegen Abschlussprüfer (§ 323 Abs. 5 HGB) ersatzlos aufgehoben worden.
7 Vgl. BT-Drucksache 436/04 zu Artikel 4, Nummer 1.
8 BT-Drucksache 436/04 zu Artikel 4, Nummer 1.
9 BT-Drucksache 436/04 zu Artikel 4, Nummer 1.
10 BT-Drucksache 436/04 zu Artikel 4, Nummer 1.
11 BGH, Beschl. v. 17.7.2008 – IX ZR 174/05 – juris, Rn. 2.

B. Übergangsrecht

I. Grundregelung

Nach **Art. 229 § 12 EGBGB** ist § 6 dieses Artikels (Überleitungsvorschrift zum Verjährungsrecht nach dem Gesetz zur Modernisierung des Schuldrechts vom 26.11.2001) entsprechend anzuwenden, soweit nicht ein anderes bestimmt ist. Dabei tritt an die Stelle des 1.1.2002 der 15.12.2004 und an die Stelle des 31.12.2001 der 14.12.2004. Seit dem 15.12.2004 gilt also für vertragliche Regressansprüche gegen Rechtsanwälte das neue Verjährungsrecht des BGB, vorbehaltlich der einzelnen Regelungen des Übergangsrechts (Art. 229 § 12 i.V.m. § 6 EGBGB). 3

II. Vor dem 15.12.2004 in Gang gesetzte Verjährungsfrist

Wenn vor dem Stichtag des Verjährungsanpassungsgesetzes der primäre Schadensersatzanspruch infolge Eintritts des (Primär-)Schadens entstanden und dadurch die Verjährungsfrist nach § 51b Fall 1 BRAO in Gang gesetzt wurde, so bleibt es bei dieser Verjährungsregelung (**Stichtagsprinzip** des Art. 229 § 12 i.V.m. § 6 Abs. 1 S. 2 Alt. 1 EGBGB)[12]. Wurde die primäre Verjährungsfrist gemäß § 51b Fall 2 BRAO durch eine Mandatsbeendigung vor dem 15.12.2004 in Lauf gesetzt, ist gemäß Art. 229, § 12 Abs. 1 Nr. 3, Art. 229 § 6 Abs. 1 S. 2 EGBGB ebenfalls die Regelung des § 51b BRAO weiter maßgeblich[13]. Das heißt für die Anwaltshaftung: Bis zum 14.12.2004 richtete und richtet sich weiterhin der **Verjährungsbeginn** nach **§ 51b BRAO** und den dazu entwickelten Grundsätzen der Rechtsprechung. Eine am Stichtag bereits angelaufene Verjährungsfrist, sei es nach § 51b Fall 1 BRAO oder sei es nach § 51b Fall 2 BRAO, wird also selbst dann **nicht rückwirkend modifiziert**, wenn nach den neuen Verjährungsregeln die Verjährungsfrist erst nach dem 14.12.2004 in Lauf gesetzt worden wäre[14]. Dies gilt **gleichermaßen für** eine am Stichtag bereits begonnene Verjährungsfrist eines zu § 51b BRAO entwickelten **Sekundäranspruchs**[15]. 4

III. Haftungstatbestände ab dem 15.12.2004

Ein nach dem Inkrafttreten des Verjährungsänderungsgesetzes entstandener Regressanspruch beurteilt sich, da die Verjährung eines solchen Regressanspruchs zu diesem Zeitpunkt noch nicht begonnen hatte, ohne Einschränkung nach den allgemeinen Verjährungsvorschriften, also nach dem für die Anwaltshaftung neuen Verjährungsrecht, und zwar auch dann, wenn das zugrunde liegende Auftragsverhältnis vor dem Stichtag begründet worden ist[16]. Da für das Entstehen eines solchen Schadensersatzanspruchs eine schuldhafte Pflichtverletzung allein nicht ausreicht, sondern ein Schaden vorliegen muss (dazu Kap. 4 Rdn. 152 ff.), hat dies zur Folge, dass dann, wenn vor dem Stichtag zwar eine Pflichtverletzung vorliegt, aber ein Schaden, beurteilt nach der zu § 51b 1. Alt. BRAO zum Schutz des Mandanten entwickelten Risiko-Schaden-Formel des BGH (vgl. zu dieser näher Rdn. 17 ff.), noch zu verneinen ist und auch das Mandat noch nicht beendet ist (§ 51b 2. Alt. BRAO), für den **Beginn und Lauf** der Verjährungsfrist grundsätzlich **das reformierte Verjährungsrecht** gilt[17]. 5

---

12 BGH, Urt. v. 13.11.2008 – IX ZR 69/07 – juris, Rn. 8; v. 16.10.2008 – IX ZR 135/07 – juris, Rn. 9; v. 17.12.2009 – IX ZR 4/08 – juris, Rn. 6; v. 12.7.2012 – IX ZR 96/10 – juris, Rn. 9; Beschl. v. 21.6.2012 – IX ZR 85/11 – juris, Rn. 2; BGH, Urt. v. 2.2.2017 – IX ZR 91/15 – juris, Rn. 9; *Mansel/Budzikiewicz*, NJW 2005, 321, 325; *Vollkommer/Greger/Heinemann*, § 24, Rn. 1.

13 BGH, Beschl. v. 26.1.2012 – IX ZR 90/09 – juris, Rn. 3; vgl. so auch *Mansel/Budzikiewicz*, NJW 2005, 321, 325; *Borgmann/Jungk/Schwaiger*, Kap. X, Rn. 5 f.

14 So auch *Mansel/Budzikiewicz*, NJW 2005, 321, 325.

15 BGH, Urt. v. 13.11.2008 – IX ZR 69/07 – juris, Rn. 8; v. 12.7.2012 – IX ZR 96/10 – juris, Rn. 9; *Mansel/Budzikiewicz*, NJW 2005, 325, 326; *Diller/Beck*, ZIP 2005, 976, 979 (unter VI.).

16 BGHZ 129, 282, 287; BGHZ 162, 30 = NJW 2005, 739, 740; NJW 2006, 44, 45; NJW-RR 2008, 459 (Tz. 12); *Mansel/Budzikiewicz*, NJW 2005, 321, 326; a.A. *Gsell*, NJW 2002, 1297, 1302 f.

17 Vgl. BGH, Urt. v. 15.12.2011 – IX ZR 85/10 – juris, Rn. 8; vgl. so auch für Steuerberater und abgestellt auf den maßgeblichen Zeitpunkt des belastenden Steuerbescheids: BGH, Urt. v. 10.12.2015 – IX ZR 56/15 – juris, Rn. 22.

IV. Spezielle Probleme bei der Sekundärhaftung

6 Bestimmt sich die Verjährung des Primäranspruchs nach § 51b BRAO, was der Fall ist, wenn der primäre Schadensersatzanspruch vor dem 15.12.2004 entstanden ist, so gilt diese Verjährungsvorschrift grundsätzlich auch für den Sekundäranspruch. Denn dieser ist lediglich ein Hilfsrecht und unselbstständiges Nebenrecht des primären Regressanspruchs[18].

Für den **Sekundäranspruch** können sich hier allerdings – vom Gesetzgeber offenbar nicht erwogene – **spezielle Probleme** bei der Ermittlung der richtigen Verjährungsregeln ergeben, die aus seiner gestreckten Entstehung als Anspruch und seiner gesondert zu bestimmenden Verjährung resultieren. Zu den Einzelheiten, zu dem Streitstand und zu der hier vertretenen Ansicht wird auf die Vorauflage, Rn. 1168 – 1173 verwiesen.

C. Rechtslage vor Inkrafttreten des Gesetzes zur Anpassung von Verjährungsvorschriften an das Gesetz zur Modernisierung des Schuldrechts

7 Die weitaus meisten Haftpflichtfälle von Anwälten betreffen Schadensersatzansprüche des Mandanten, die sich aus der Verletzung von Pflichten des Anwaltsvertrages ergeben. Vorausgesetzt es lag unter Würdigung des Einzelfalls ein sog. echter Anwaltsvertrag vor[19], richtete sich die Verjährung für vertragliche Schadensersatzansprüche gegen Rechtsanwälte und Rechtsanwaltsgesellschaften nach **§ 51b BRAO**, § 59m Abs. 2 BRAO[20]. Danach trat Verjährung ein »in drei Jahren von dem Zeitpunkt an, in dem der Anspruch entstanden ist, spätestens jedoch in drei Jahren nach der Beendigung des Auftrags«.

Verletzte ein Rechtsanwalt schuldhaft Pflichten im Rahmen eines auf den Abschluss eines (echten) Anwaltsvertrages gerichteten vorvertraglichen Schuldverhältnisses (§ 311 Abs. 2 i.V.m. § 241 Abs. 2 BGB) und verursachte dadurch einen Schaden der an ihn herangetretenen und in (schuldrechtlichen) Kontakt mit ihm getretenen Partei, so richtete sich die Verjährung des entsprechenden Schadensersatzanspruchs nach **§ 51b BRAO analog**[21]. § 51b BRAO galt gleichermaßen entsprechend für Ersatzansprüche aus dem gesetzlich geregelten Spezialfall eines Verschuldens bei Vertragsschluss[22] in § 44 S. 2 BRAO[23] und für c.i.c.-Ansprüche oder Schadensersatzansprüche nach §§ 311 Abs. 2, 241 Abs. 2, 280 BGB gegen einen beigeordneten oder mit einem Ersuchen um Beratungshilfe befassten Rechtsanwalt[24].

---

18 BGH, Urt. v. 13.11.2008 – IX ZR 69/07 – juris, Rn. 8 m.w.N.; v. 3.2.2011 – IX ZR 105/10 – juris, Rn. 9; v. 24.3.2011 – IX ZR 197/09 – juris, Rn. 11; v. 2.2.2017 – IX ZR 91/15 – juris, Rn. 9.

19 Da nach gefestigter Rechtsprechung es ausreicht, dass das Tätigwerden des Anwalts in einem engen inneren Zusammenhang mit einer Rechtsberatung steht und jedenfalls auch Rechtsfragen aufwerfen kann, und zudem der Auftraggeber eines Anwalts diesen im Zweifel auch in dieser Eigenschaft beauftragen will, konnte ein Anwaltsvertrag bejaht werden auch bei Makler- und Vermittlungstätigkeiten, bei Anlageberatungen, Vermögensverwaltungen und Treuhandtätigkeiten. Dazu wird wegen der Einzelheiten und Nachweise verwiesen auf die 9. Auflage, Rn. 1232 – 1234.

20 Für Patentanwälte und Patentanwaltsgesellschaften waren §§ 45b, 52m Abs. 2 PatAnwO, für Steuerberater, Steuerbevollmächtigte und Steuerberatungsgesellschaften §§ 68, 72 Abs. 1 StBerG und für Wirtschaftsprüfer und Wirtschaftsprüfungsgesellschaften die §§ 51a, 56 Abs. 1 WPO, § 323 Abs. 5 HGB maßgeblich; zur ersatzlosen Aufhebung vgl. oben Fn. 6.

21 Vgl. BGHZ 120, 157, 160 = NJW 1993, 199; vgl. auch vorher schon BGHZ 100, 132, 136 = NJW 1987, 3135, 3136 zu § 51a WPO.

22 BGHZ 47, 320, 323 = NJW 1967, 1567.

23 *Borgmann/Jungk/Schwaiger*, Kap. X, Rn. 3; *Vollkommer/Greger/Heinemann*, § 24, Rn. 22; vgl. zu dieser Haftung Kap. 2 Rdn. 320.

24 *Chab*, in: G. Fischer/Vill/D. Fischer/Rinkler/Chab, 4. Auflage, § 7, Rn. 65; vgl. auch (im Rahmen des Wiedereinsetzungsrechts) BGHZ 60, 255, 258 f. = NJW 1973, 757 m.w.N.; zu dieser Haftung vgl. Kap. 2 Rdn. 324.

Da die Regressverjährung nach § 51b BRAO **kenntnisunabhängig**[25] zu laufen begann und Verjährung auch dann eintreten konnte, wenn der geschädigte Mandant nicht einmal seinen Anspruch kennen konnte, beinhaltete § 51b BRAO eine sehr anwaltsfreundliche Regelung, noch dadurch zu Gunsten der Anwälte verstärkt, dass in den Fällen einer Mandatsbeendigung vor Eintritt eines (ersten) Schadens die Verjährung schon damit in Gang gesetzt wurde und im Extremfall vor Schadenseintritt ein darauf gestützter Anspruch bereits verjährt sein konnte[26]. Die fehlende Kenntnis des Gläubigers vom Bestehen eines Regressanspruchs konnte auch nicht über § 206 BGB korrigiert werden[27]. 8

Damit waren insbesondere die Grundsätze einer **sog. Sekundärhaftung** des Anwalts von besonderer Bedeutung, um einen gerechten Ausgleich erzielen zu können zwischen den Interessen des geschädigten Mandanten und des regresspflichtigen Anwalts, der davor bewahrt werden sollte, durch die Folgen berufstypischer Risiken in unübersehbarer Weise auf unangemessen lange Zeit wirtschaftlich bedroht zu werden[28]. 9

In nicht wenigen Regressprozessen griff die Verjährungseinrede nach § 51b BRAO durch, oftmals verbunden mit der Folge eines meistens noch nicht verjährten Regressanspruchs nunmehr gegen den neuen Anwalt wegen Verjährenlassens des ersten Regressanspruchs. In einer großen Anzahl der Prozesse spielte die Frage des Durchgreifens der Verjährungseinrede immerhin eine ernsthafte Rolle. 10

Damals in besonderer Weise war der Anwalt, der mit der Prüfung und Geltendmachung von Regressansprüchen gegen einen früheren Anwalt des Mandanten betraut wurde, daher gehalten, von Anfang an sein Augenmerk auf Fragen der (möglichen) Regressverjährung zu richten, diese akribisch zu prüfen und seine Beratung, seine Hinweise und sein Handeln unter Beachtung auch des Grundsatzes vom sog. sichersten Weg sehr genau danach auszurichten. Der in den Vorauflagen formulierte Hinweis gilt weiterhin und sollte (mit Ausnahme der Prüfung einer sog. Sekundärhaftung) auch dann beherzigt werden, wenn (nur) neues Verjährungsrecht in Betracht kommt:

▶ **Fragen der (möglichen) Regressverjährung:**

(Frühestmöglicher) Beginn der Regressverjährung?

Ablauf wann?

»Verlängerung« durch sog. Sekundärhaftung?

(Gesicherte) Hemmungs- oder Unterbrechungstatbestände erfüllt?

Sind sofort (übliche und bewährte) Maßnahmen zur Sicherung vor Verjährung einzuleiten?

Wenn nicht, bis spätestens wann?

Bis wann muss u.U. Klage erhoben sein?

Häufig herrschte bei Anwälten aber eine ziemliche Unkenntnis über ihr berufstypisches Verjährungsrecht, wie es durch die Rechtsprechung entwickelt worden war. Dies wirkte sich nicht nur in der bereits dargestellten Weise mal zu Gunsten, mal zu Lasten des Regressklägers aus. Vielfach resultierte daraus ein Eingreifen der sog. Sekundärhaftung des regresspflichtigen Anwalts, weil er es

25 Vgl. dazu nur BGHZ 94, 380, 385 = NJW 1985, 2250, 2252 = WM 1985, 889, 892 = VersR 1985, 860, 863 (unter 3.); BGHZ 119, 69, 71 = NJW 1992, 2766, 2767 (zu § 68 StBerG); BGH NJW 1993, 1320, 1321 = WM 1993, 610, 612; Urt. v. 21.6.2001 – IX ZR 73/00 – juris, Rn. 31; v. 25.4.2013 – IX ZR 65/12 – juris, Rn. 10; Beschl. v. 16.10.2014 – IX ZR 135/13 – juris, Rn. 3.

26 Vgl. dazu im Einzelnen *Zugehör*, NJW 1995 – Beilage zu Heft 21, S. 5.

27 Vgl. Palandt/*Ellenberger*, § 206 BGB, Rn. 6.

28 BGH NJW 1975, 1655, 1656; BGHZ 94, 380, 387 = NJW 1985, 2250, 2252 = WM 1985, 889, 892 = VersR 1985, 860, 863; NJW 1994, 1405, 1406 f. = WM 1994, 504, 505; vgl. auch BGHZ 129, 386, 390 = NJW 1995, 2108, 2109 = WM 1995, 1450 ff.; NJW 1996, 1895, 1896 = WM 1996, 1106 ff.; NJW-RR 1998, 742, 744 (jeweils für Steuerberaterhaftung).

(auch) nicht verstanden hatte, eine von ihm im Einzelfall geschuldete Sekundärbelehrung richtig auch in Bezug auf die kurze (Primär-)Verjährungsfrist gemäß § 51b BRAO zu erteilen[29].

11 All dies beleuchtet, welche **herausragende Bedeutsamkeit die berufsspezifische Verjährung** für die vertragliche oder vertragsähnliche Anwaltshaftung besaß.

Diese Bedeutung ist in den letzten Jahren **schrittweise immer mehr zurückgegangen**. Sie hat aber, wie aus einer Reihe von Entscheidungen ersichtlich, die Rechtsprechung weiterhin aktuell beschäftigt, so noch im Urteil des BGH v. 6.6.2019, in dem altes Verjährungsrecht Anwendung fand[30]. Im Urteil vom 6.12.2018 wurde auf eine vom Berufungsgericht (noch) nicht durchgeführte und nach Zurückverweisung an die Berufungsinstanz nachzuholende Prüfung verwiesen, ob nicht möglicherweise altes Verjährungsrecht eingreife[31]. Es ist nicht auszuschließen, dass es in den kommenden Jahren punktuell noch Fälle geben kann, in denen solche Prüfungen nötig werden. Das alte Verjährungsrecht wie auch das Übergangsrecht kann insbesondere in gestaffelten Regressfällen durchaus noch vereinzelt von Bedeutung werden. Gleichwohl kann nach nun ca. 16 Jahren seit Aufhebung der anwaltsspezifischen Sonderverjährungsregelung auf eine weitere detaillierte Erläuterung des alten Rechts in dieser Neuauflage verzichtet werden. Im Bedarfsfall mögen Interessierte die 9. Auflage (dort Rn. 1207 – 1423) zu Rate ziehen.

D. Aktuelle Rechtslage nach Inkrafttreten des Gesetzes zur Anpassung von Verjährungsvorschriften an das Gesetz zur Modernisierung des Schuldrechts

I. Die regelmäßige dreijährige Verjährung

1. Voraussetzungen

12 Die regelmäßige dreijährige Verjährungsfrist des § 195 BGB beginnt nach § 199 Abs. 1 BGB erst mit dem Schluss des Jahres, in dem der Anspruch entstanden ist und der Gläubiger von den den Anspruch begründenden Umständen und der Person des Schuldners Kenntnis erlangt hat oder ohne grobe Fahrlässigkeit erlangt haben müsste. Diese Jahresschlussregelung greift nicht ein, wenn die danach angelaufene Verjährung später nach §§ 203 ff. BGB gehemmt wird. Nach dem Ende der Hemmung läuft die Verjährung nach § 209 BGB vielmehr sofort weiter, die Verjährungsfrist ist also dann in konkreter Berechnung um die Hemmungszeit zu verlängern[32].

13 Im Gegensatz zum alten Verjährungsspezialrecht im damaligen § 51b BRAO ist eine **Abgrenzung von sog. echten Anwaltsverträgen zu sonstigen Auftragstätigkeiten**, mit denen ein Rechtsanwalt ohne Rechtsbeistandspflichten betraut werden kann, wie z.B. »reine« Makler- und Vertragsvermittlungstätigkeiten, Anlageberatungstätigkeiten, Vermögensverwaltungen, Buchführungen oder -prüfungen oder Treuhandtätigkeiten[33], für das nunmehr allein einschlägige allgemeine Verjährungsrecht **nicht mehr erforderlich**.

14 Auch für die Haftung als **Vormund, Pfleger, Betreuer, Nachlassverwalter, Testamentsvollstrecker, Schiedsrichter, Liquidator, als beigeordneter Anwalt** im Wege der Prozesskostenhilfe oder als Notanwalt, als Verteidiger oder Beistand nach den Vorschriften der Strafprozessordnung, des Gesetzes über Ordnungswidrigkeiten, des Gesetzes über die internationale Rechtshilfe in Strafsachen oder des IStGH-Gesetzes[34] (vgl. § 49 BRAO) und für ein Tätigwerden bei der nach dem

---

29 Vgl. zu den Anforderungen an eine solche Belehrung BGH NJW 2000, 1263, 1265 = WM 2000, 959, 961; NJW 2000, 1267 = WM 2000, 969, 970 f.; vgl. auch NJW 1987, 326, 327 = WM 1986, 1500, 1501; OLG Hamm, Urt. v. 20.11.1997 – 28 U 115/97, OLG-Rep. 1999, 296; OLG Hamm, Urt. v. 28.10.1999 – 28 U 49/99; *Ganter*, S. 26.

30 BGH, Urt. v. 6.6.2019 – IX ZR 104/18 – juris, Rn. 10 ff.

31 BGH, Urt. v. 6.12.2018 – IX ZR 176/16 – juris, Rn. 33.

32 Palandt/*Ellenberger*, § 209 BGB, Rn. 1, § 199 BGB, Rn. 41 m.w.N. zur entsprechenden Rechtsprechung zu § 201 BGB a.F.

33 Vgl. zur Abgrenzungsfrage nach altem Spezialverjährungsrecht oben in Rdn. 7.

34 = Gesetz über die Zusammenarbeit mit dem Internationalen Strafgerichtshof.

Beratungshilfegesetz vorgesehenen **Beratungshilfe** gilt unterschiedslos das allgemeine Verjährungsrecht der §§ 195, 199 BGB[35].

Die Verjährung eines Anspruchs auf Ersatz des Schadens, der aus einer Pflichtverletzung des **Insolvenzverwalters** entstanden ist, richtet sich nach § 62 S. 1 InsO seit dem 15.12.2004 ebenfalls nach den Regelungen über die regelmäßige Verjährung nach dem Bürgerlichen Gesetzbuch. In § 62 S. 2 InsO ist allerdings eine spezielle Verjährungshöchstfrist von drei Jahren ab Aufhebung oder rechtskräftiger Einstellung des Insolvenzverfahrens beibehalten worden[36]. § 62 S. 3 InsO enthält Besonderheiten zur Höchstfrist für Pflichtverletzungen, die im Rahmen einer Nachtragsverteilung (§ 203 InsO) oder einer Überwachung der Planerfüllung (§ 260 InsO) begangen wurden. 15

2. Entstehen des Regressanspruchs mit Schadenseintritt

Für das **Entstehen des Regressanspruchs** (§ 199 Abs. 1 Nr. 1 BGB) ist neben der Pflichtverletzung ein dadurch verursachter **Schaden** regelmäßig das entscheidende Tatbestandsmerkmal[37]. Denn typischerweise ist wegen nicht mehr zu korrigierender anwaltlicher Pflichtverletzung Schadensersatz zu leisten. Mithin sind § 280 Abs. 1 BGB oder §§ 280 Abs. 3, 283, 275 Abs. 1 BGB als Anspruchsgrundlagen einschlägig, die keine Nachfristsetzung erfordern (vgl. Kap. 4 Rdn. 230 ff.). Aber auch bei behebbaren Anwaltsfehlern und § 281 Abs. 1 BGB als Anspruchsgrundlage (dazu Kap. 4 Rdn. 238 ff.) kommt es richtigerweise, wenn auch umstritten, für den Verjährungsbeginn nicht auf den Ablauf einer Nachfrist und auch nicht auf den Zeitpunkt des Schadensersatzverlangens (vgl. dazu § 281 Abs. 4 BGB) an. Vielmehr beginnt die Regressverjährung auch hier schon mit dem Entstehen des Schadensersatzanspruchs[38]. 16

a) Risiko-Schaden-Formel

Für die Bestimmung des **Zeitpunkts der Entstehung des Schadens** ist auch nach neuem Recht die 1992 entwickelte »Risiko-Schaden-Formel« maßgebend[39]. 17

Während in der früheren Regressrechtsprechung im Einklang mit der sonstigen Rechtsprechung zu den Anforderungen an das Entstehen eines Schadensersatzanspruchs aus einer pVV gemäß § 198 BGB a.F.[40] es für den Verjährungsbeginn als ausreichend angesehen wurde, dass objektiv die Erhebung einer unbezifferten Feststellungsklage möglich gewesen wäre[41], haben die Entscheidungen des BGH vom 2.7.1992[42] und 9.7.1992[43] aus dem nach der alten Rechtsprechung folgenden (zu) frühen Beginn der für den – regelmäßig fachunkundigen – Mandanten damals ohnehin strengen Verjährung nach § 51b BRAO die zutreffende Konsequenz gezogen, dass eine auf einen künftigen Schaden bezogene (objektive) Möglichkeit zur Erhebung einer Feststellungsklage nicht genügt, um die Verjährungsfrist in Gang zu setzen. 18

35 Zum alten Verjährungsrecht vgl. die 9. Auflage Rn. 1226 – 1231.

36 Dazu BGH, Beschl. v. 21.6.2018 – IX ZR 171/16 – juris, Rn. 3 f.

37 Vgl. BGH, Urt. v. 15.12.2011 – IX ZR 85/10 – juris, Rn. 8.

38 So auch *Chab*, in: G. Fischer/Vill/D. Fischer/Pape/Chab, § 7, Rn. 18.

39 Vgl. BGH, Urt. v. 10.12.2015 – IX ZR 56/15 – juris, Rn. 22 (Steuerberater); vgl. zur Anerkennung und Anwendung der »Risiko-Schaden-Formel« im Schadensersatzrecht allgemein BGH, Urt. v. 16.5.2017 – XI ZR 430/16 – juris, Rn. 18; v. 18.9.2018 – II ZR 152/17 – juris, Rn. 17, 22.

40 Vgl. BGHZ 100, 228, 231 = NJW 1987, 1887, 1888 m.w.N.; Palandt/*Heinrichs*, 61. Auflage, § 198 BGB, Rn. 9 und 2, je m.w.N.

41 Vgl. BGH NJW-RR 1990, 459 = WM 1990, 815, 816; BGHZ 94, 380, 385 = NJW 1985, 2250, 2252 = WM 1985, 889, 892 = VersR 1985, 860, 863.

42 BGHZ 119, 69, 71 = NJW 1992, 2766, 2767 = WM 1992, 1738, 1739.

43 BGH NJW-RR 1993, 212, 213 (Steuerberater); NJW 1992, 2828, 2829 = WM 1992, 2023 (Rechtsanwalt und Prozessmandat, wobei zu beachten ist, dass dieses Urteil, welches für den Schadenseintritt noch auf die letzte ungünstige Gerichtsentscheidung wegen des fehlerhaften Prozessverhaltens abgestellt hat, nun seit BGH NJW-RR 1998, 742 = WM 1998, 786, 788 aufgegeben worden ist. Maßgeblich ist danach nun die erste nachteilige Gerichtsentscheidung; vgl. dazu näher unten Rdn. 63 f. m.w.N.).

19 Seitdem bestimmt die »**Risiko-Schaden-Formel**« ungeachtet des Wegfalls von § 51b BRAO den Zeitpunkt des Verjährungsbeginns. Danach reicht eine bloße Vermögensgefährdung für die Annahme eines Schadens nicht aus. Ein Schaden ist noch nicht eingetreten, solange nur das Risiko eines Vermögensnachteils besteht, bei der gebotenen **wertenden Betrachtung** allenfalls eine Vermögensgefährdung vorliegt, es also noch nicht klar ist, ob es wirklich zu einem Schaden kommt[44]. Ein Schaden tritt erst dann ein, wenn die Pflichtverletzung des Anwalts zu einer **objektiven Verschlechterung der Vermögenslage** des Betroffenen geführt hat[45]. Bei zuvor risikobehafteter Lage ist das regelmäßig erst dann der Fall, wenn sich diese »rechtlich verfestigt hat«[46].

Dazu der BGH wörtlich:

> »Die – nach dieser Vorschrift für den Verjährungsbeginn maßgebliche – Schadensentstehung ist anzunehmen, wenn der Schaden wenigstens dem Grunde nach erwachsen ist, mag seine Höhe noch nicht beziffert werden können, ferner wenn durch die Verletzungshandlung eine als Schaden anzusehende Verschlechterung der Vermögenslage eingetreten ist, **ohne daß feststehen muß, ob ein Schaden bestehen bleibt und damit endgültig wird**, oder wenn eine solche Verschlechterung der Vermögenslage oder auch ein endgültiger Teilschaden entstanden ist und mit der nicht fernliegenden Möglichkeit weiterer, noch nicht erkennbarer, adäquat verursachter Nachteile bei verständiger Würdigung zu rechnen ist.«[47]

20 Sicherlich ist die Abgrenzung zwischen objektiver Vermögensverschlechterung und dem Risiko einer solchen nicht immer leicht möglich. Der Rechtsprechung des BGH ist es jedoch weitgehend gelungen, für verschiedene Haftungs- und Schadenssituationen handhabbare Kriterien zu entwickeln und zu interessengerechten Ergebnissen zu gelangen. Die **Kritik**, die teilweise von einem »Verwirrspiel«, von »Ungereimtheiten« und sogar von »Willkür« spricht[48], ist **letztlich nicht begründet**. Entscheidend ist, dass mit der »Risiko-Schaden-Formel« ein dogmatisch und praktisch brauchbarer Weg gefunden worden ist, um im Einzelfall unter »Abgleichung« mit bereits gefestigten Einzelergebnissen zum nachvollziehbar vernünftigen Ergebnis zu gelangen und so auch zu einer gewissen Rechtsklarheit und Rechtssicherheit in der Regresspraxis beizutragen. Dass die »Risiko-Schaden-Formel« den Verjährungsbeginn hinausschiebt, ist bei neutraler Betrachtung nicht zu beklagen. Auch wird die Anwendung der »Risiko-Schaden-Formel« nicht überzogen. So wird etwa in verschiedenen typischen Fallkonstellationen klaren Anknüpfungstatsachen, verbunden mit typischem Folgegeschehen, der Vorrang zur Bestimmung des Verjährungsbeginns eingeräumt, so beispielsweise, wenn bei einem pflichtwidrigen Verjährenlassen einer Mandantenforderung die Verjährung des darauf gestützten Regressanspruchs nach § 51b Alt. 1 BRAO mit dem Ablauf der Verjährungsfrist der Mandantenforderung beginnt, also nicht erst mit der Erhebung der Verjährungseinrede oder gar erst mit einer auf der Verjährungseinrede beruhenden Gerichtsentscheidung[49].

---

44 BGHZ 119, 69, 71 = NJW 1992, 2766, 2767 = WM 1992, 1738, 1739; BGH NJW 1993, 648, 650 = WM 1993, 251, 255; NJW 1993, 2747, 2750 f. = WM 1993, 1889, 1894; NJW 1996, 661, 662 = WM 1996, 540, 541; NJW 1996, 2929, 2930 = WM 1996, 1832, 1833; NJW 2000, 1263, 1264 = WM 2000, 959, 960; NJW 2002, 1421, 1424; Urt. v. 16.7.2015 – IX ZR 197/14 – juris, Rn. 76.

45 Vgl. BGH NJW 2000, 1263, 1264 = WM 2000, 959, 960; NJW 2002, 1421, 1424; *Ganter*, S. 25.

46 BGH NJW 1993, 648, 650 (betr. die Übertragung und Anwendung der »Risiko-Schaden-Formel« auf die Notarhaftung).

47 Grundlegend: BGHZ 119, 69, 71 = NJW 1992, 2766, 2767 = WM 1992, 1738, 1739 (st. Rspr.); vgl. auch BGH NJW 1993, 1320 = WM 1993, 610, 612; WM 2001, 1677, 1679; NJW 1992, 2828, 2829 = WM 1992, 2023, 2024; NJW 1998, 1488, 1489 = WM 1998, 779, 780; NJW-RR 1998, 742, 743 = WM 1998, 786, 788; NJW 2001, 3543, 3544 = WM 2001, 1677, 1679 (insoweit nicht abgedruckt in BGHZ 148, 156); NJW 2002, 888, 890; NJW-RR 2004, 1358, 1360 = WM 2004, 2034 (Steuerberater); Urt. v. 25.4.2013 – IX ZR 65/12 – juris. Rn. 10; Urt. v. 16.7.2015 – IX ZR 197/14 – juris, Rn. 76.

48 Vgl. *Späth*, VersR 1994, 790 ff.; *Schultz*, VersR 1994, 142 ff.; *Borgmann/Jungk/Schwaiger*, Kap. X, Rn. 19.

49 Vgl. BGH NJW 1994, 2822, 2823 f. = WM 1994, 2162; Beschl. v. 14.3.1996 – IX ZR 196/95 in: BGHR BRAO § 51 a.F. – Verjährungsbeginn 3; NJW 2000, 1267 = WM 2000, 969, 970; NJW 2001, 3543, 3544 = WM 2001, 1677, 1679 (insoweit nicht abgedruckt in BGHZ 148, 156); vgl. näher Rdn. 50.

b) Beispiele

aa) aus dem Bereich Vertragsberatung und -vollzug

- Schließt der Mandant aufgrund eines **mangelhaften Entwurfs** seines Anwalts einen Vertrag, der den Vertragspartner zur **Anfechtung** wegen Irrtums und/oder arglistiger Täuschung berechtigt, entsteht dem Mandanten ein Schaden erst, wenn der Vertragspartner tatsächlich anficht[50]. 21
- Verhandeln Mietvertragsparteien über einen Baukostenzuschuss des Mieters, so entsteht bei anwaltlich **verschuldetem Einigungsmangel** der Schadensersatzanspruch des Vermieters gegen seinen Rechtsanwalt erst, wenn sich das Risiko des vertragslosen Zustandes verwirklicht, etwa weil der Mieter seine freiwillig geleisteten Zahlungen einstellt[51]. 22
- Kann der Vertragspartner des Mandanten aufgrund unzulänglichen Vertragsentwurfs aus dem so abgeschlossenen Vertrag **Gewährleistungsrechte** geltend machen (im konkreten Fall Pachtzinsminderung oder Schadensersatz, §§ 537, 538, 581 BGB a.F.), entsteht der Schaden des Mandanten erst in dem Moment, in dem der Vertragspartner solche Rechte auch tatsächlich ausübt[52]. 23
- Trägt der Rechtsanwalt schuldhaft pflichtwidrig dazu bei, dass seinem Mandanten wegen der **Verletzung arbeitsvertraglicher Nebenpflichten** nach Abmahnung gekündigt wird, tritt der Schaden mit Wirksamwerden der **Kündigung** ein, bei fristloser Kündigung also sofort mit Zugang. 24
- Besteht die Pflichtverletzung des Rechtsanwalts in einer **unklaren Vertragsgestaltung**, entsteht der Schaden nur und erst, sobald der Vertragspartner des Mandanten aus der Vertragsfassung für sich Vertragsrechte zum Nachteil des Mandanten herleitet[53]. Bei einer verdeckten Sacheinlage ist demgemäß maßgeblich der Zeitpunkt, zu dem die Gesellschaft die fortbestehende Bareinlageverpflichtung geltend macht[54]. Schäden eines Anlagevermittlers, die in einer fehlerhaften rechtlichen Prüfung der Prospekte durch einen Rechtsanwalt wurzeln sollen, entstehen mit der Inanspruchnahme des Anlagevermittlers durch die Anleger[55]. Die gleichen Grundsätze gelten bei **lückenhafter Vertragsgestaltung**[56]. 25
- Unterbreitet der Mandant einem anderen ein **Vertragsangebot**, welches infolge eines Anwaltsfehlers für den Mandanten ungünstig ist, tritt der Schaden nicht schon dann ein, wenn dieses Angebot dem anderen zugeht[57]. Richtigerweise entsteht der Schaden mit der Annahme des Angebots[58]. Dadurch nämlich wird die Rechtslage zum Nachteil des Mandanten bindend (um)gestaltet und damit zugleich seine Vermögenslage objektiv verschlechtert. *Borgmann*[59] ist daher nicht zuzustimmen, wenn sie meint, dass »mit größerer Wahrscheinlichkeit« nicht die Vertragsannahme, sondern erst die spätere Verweigerung einer weiteren rückwirkenden Erhöhung des 26

---

50 BGH, Urt. v. 16.11.1996 – IX ZR 148/94 – juris, Rn. 16 (Verkauf einer Gaststätte unter falschen Angaben); vgl. so auch für den maßgeblichen Eintritt eines Teilschadens im Rahmen der Anwendung des Grundsatzes der Schadenseinheit: BGH, Beschl. v. 1.7.2010 – IX ZR 117/09.

51 BGH NJW 2004, 1523, 1525 = WM 2004, 1789 ff.

52 BGH, Urt. v. 20.6.1996 – IX ZR 106/95 – juris, Rn. 11 (Verpachtung einer Gaststätte); vgl. auch hier entsprechend für den maßgeblichen Eintritt eines Teilschadens im Rahmen der Anwendung des Grundsatzes der Schadenseinheit: BGH, Beschl. v. 1.7.2010 – IX ZR 117/09.

53 Beschl. v. 15.11.2018 – IX ZR 60/18 – juris, Rn. 6; vgl. auch schon BGH NJW 1993, 648, 650; NJW 2000, 1498, 1499 = WM 2000, 1345; NJW-RR 2004, 1069, 1070 = WM 2004, 2026 (betreffend Notare).

54 BGH, Urt. v. 19.5.2009 – IX ZR 43/08 – juris, Rn. 28.

55 BGH, Beschl. v. 15.11.2018 – IX ZR 60/18 – juris, Rn. 6.

56 OLG Hamm, Urt. v. 10.11.2005 – 28 U 215/04 (Fehlen einer Regelung über die Übertragung von Hausanschlusskosten auf einen Grundstückserwerber).

57 BGH NJW 2002, 1421, 1424 = WM 2002, 1073, 1076 (fehlerhaftes vertragliches Angebot zur Erhöhung eines Erbbauzinses).

58 Zutreffend *Zugehör*, Beraterhaftung, Rn. 275 a.E.

59 *Borgmann*, NJW 2002, 2145, 2152.

Erbbauzinses durch die Gegenseite einen Schadenseintritt bewirkt habe. Dieses spätere Verhalten war nämlich erst dadurch möglich, dass zuvor die Erhöhung des Erbbauzinses zum Nachteil des Mandanten fehlerhaft vorgenommen worden war.

27 – Hätte im vorgenannten Fall der Mandant aufgrund des Erbbaurechtsvertrages ein einseitiges **Leistungsbestimmungsrecht** gemäß § 315 BGB gehabt und wäre dieses aufgrund des Anwaltsfehlers in nachteiliger Weise ausgeübt worden, wäre der Schaden schon zu diesem Zeitpunkt eingetreten, weil dann dadurch der Leistungsinhalt unwiderruflich konkretisiert worden wäre[60].

28 – Hat die anwaltliche Fehlberatung den Mandanten in ein **Haftungsrisiko** gegenüber einer GmbH wegen Verletzung seiner Einbringungspflicht und – davon abhängig – wegen fehlerhafter Geschäftsführung verstrickt, entsteht ein Schaden erst dann, wenn der Vertragspartner tatsächlich von seinen Rechten Gebrauch macht[61].

29 – Begründet der Rechtsanwalt eine Klage seines Mandanten dergestalt, dass der Rechtsschutzversicherer seine **Deckungszusage** wegen einer bisher unbekannten vorvertraglichen Streitursache widerrufen kann, entsteht der Schaden erst in dem Moment, in dem der Rechtsschutzversicherer tatsächlich von seinen Rechten Gebrauch macht[62].

30 – Schließt der Rechtsanwalt für seinen Mandanten pflichtwidrig einen **ungünstigen Vergleich**, ist der die Verjährungsfrist des § 51b BRAO in Lauf setzende Schaden des Mandanten mit Zustandekommen des Vergleichs gegeben[63].

31 – Ist dem Anwalt eine **ungünstige Gestaltung eines Vertrages** vorzuwerfen, liegt der Schaden aus einer Fehlberatung bereits in der rechtlichen Bindung an diese Gestaltung, wenn sie die Vermögenslage des Mandanten unabänderbar verschlechtert[64]. War der Vertrag durch Vertreter ohne Vertretungsmacht abgeschlossen worden, kann der Schaden folglich erst frühestens mit der (letzten) erforderlichen Genehmigung eintreten[65].

32 – Versäumt der Rechtsanwalt eine **Mahnung** des von seinem Mandanten beauftragten Werkunternehmers als Voraussetzung für die Geltendmachung eines Verzugsschadens (und einer Vertragsstrafe), so tritt der Schaden in dem Zeitpunkt ein, in dem durch eine pflichtgemäße Mahnung Verzug eingetreten wäre[66].

33 – Unterlässt der Rechtsanwalt pflichtwidrig die Besicherung einer Kaufpreisforderung und fällt der Mandant nach **ungesicherter Vorleistung** mit seiner Forderung aus, beginnt die Verjährungsfrist des § 51b Alt. 1 BRAO mit Kaufvertragsabschluss[67].

34 – **Verzichtet der Mandant** infolge fehlerhafter Belehrung seines Anwalts, ohne dazu verpflichtet gewesen zu sein, **auf** einen erstrangigen Teilbetrag seines **Vermieterpfandrechts** zugunsten einer Bank, die ihre für die Mietkaution zu erteilende Bürgschaft von der Sicherungsübereignung eines entsprechenden Teils des vom Mieter eingebrachten Inventars abhängig macht, so tritt der Schaden bereits durch Wirksamwerden dieser (Teil-)Verzichtserklärung ein, weil schon dadurch zum Nachteil des Mandanten die materielle Rechtslage verändert wird, ohne dass es eines weiteren Tätigwerdens der dadurch begünstigten Bank bedarf[68].

---

60 Vgl. BGH NJW 2002, 1421, 1424.

61 BGH, Urt. v. 19.1.2006 – IX ZR 232/01 – juris, Rn. 38.

62 BGH, Versäumnisurt. v. 10.5.2012 – IX ZR 143/11 – juris, Rn. 10; zu der sich hier allerdings stellenden Frage, ob in dem offenbar wahrheitsgemäßen Vortrag eine anwaltliche Pflichtverletzung gesehen werden kann, vgl. Kap. 2 Rdn. 206, und zur Frage, ob nicht jedenfalls unter normativen Gesichtspunkten ein Schaden zu verneinen gewesen wäre, vgl. Kap. 4 Rdn. 163.

63 OLG Hamm vom 30.4.1981 – 28 U 175/80, NJW 1981, 2130 (Ablauf der Vergleichswiderrufsfrist); OLG Hamm AnwBl 1990, 207; OLG Hamm, Urt. v. 27.5.1997 – 28 U 198/96, OLGR 1998, 332, 334; BGH Beck RS 2007, 04639 = BRAK-Mitt. 2007, 105 m. Anm. *Chab*.

64 BGH, Beschl. v. 19.1.2012 – IX ZR 22/09 – juris, Rn. 2.

65 BGH, Urt. v. 16.7.2015 – IX ZR 197/14 – juris, Rn. 73.

66 BGH, Beschl. v. 23.2.2012 – IX ZR 122/11 – juris, Rn. 5.

67 BGH VersR 1984, 162.

68 OLG Hamm, Urt. v. 5.2.2002 – 28 U 34/01, mitgeteilt in BRAK-Mitt. 2002, 170.

- Entfällt durch fehlerhaftes Anraten des Rechtsanwalts, einen hinterlegten Betrag freizugeben, eine zuvor in Frage kommende Aufrechnungsmöglichkeit, wird dadurch schon der Schaden begründet[69]. 35
- Ein Schaden kann auch schon mit Abschluss eines **notariellen Vorvertrages** eintreten, wenn eine damit verbundene Besitzaufgabe ihn bewirkt[70]. 36
- Erfolgt in einem engen inneren Zusammenhang mit einer rechtlichen Beratung, also im Rahmen eines Anwaltsvertrages, eine **Anlageberatung** an den Mandanten dergestalt, dass einem in wirtschaftliche Schwierigkeiten geratenen Dritten ein unkündbares **Darlehen ohne ausreichende Sicherheit** gewährt wird, ist der Mandant mit der unwiderruflichen rechtlichen Bindung und der Auszahlung des Darlehensbetrages geschädigt[71]. Etwas anderes kann allerdings gelten, wenn das Unternehmen, in welches der Beratene investiert, anfangs noch wirtschaftlich gesund ist und der Anleger vor der Vermögensverschlechterung rechtlich und tatsächlich wenigstens die Möglichkeit hat, seine Einlagen abzuziehen. Auch wenn das empfohlene Unternehmen sich zwar in gewissen wirtschaftlichen Schwierigkeiten befindet, aber die ihm obliegenden Zahlungen wenigstens im Wesentlichen noch leistet, ist die Vermögensanlageentscheidung objektiv nicht ohne Weiteres nachteilig. Dann ist der Investierende erst geschädigt, »wenn der zu befürchtende Vermögensverlust oder dessen konkrete Gefahr tatsächlich eintritt«[72]. Als Grundsatz gilt **ansonsten**, dass der Schaden des Mandanten aus der Empfehlung einer nachteiligen Vermögensanlage in der Regel schon (aber auch frühestens) **mit der rechtlichen Bindung** an das Beteiligungsobjekt entsteht[73]. Ähnlich wie bei der Empfehlung einer Kapitalanlage oder einer anteilsgebundenen Lebensversicherung[74] stellt der auf einer Aufklärungspflichtverletzung beruhende Abschluss eines für den Darlehensnehmer nachteiligen, weil seinen Zielen und Vermögensinteressen nicht entsprechenden Finanzierungs- und Tilgungsmodells aus Darlehensvertrag und Kapitallebensversicherung bereits für sich genommen einen Schaden dar und berechtigt ihn daher – unabhängig von der Entwicklung der Lebensversicherung – dazu, im Wege des Schadensersatzes die Erstattung der damit verbundenen wirtschaftlichen Nachteile zu verlangen. Der Anspruch entsteht auch hier schon mit dem Abschluss der zur Finanzierung und Tilgung empfohlenen Verträge[75]. 37
- Anders, d.h. lediglich eine risikobehaftete Lage liegt – jedenfalls nach der Rechtsprechung des III. Zivilsenats des BGH – vor, welche sich noch nicht in der Bewertung des Gesamtvermögens niederschlägt und daher einem Schadenseintritt nicht gleichsteht, wenn einem Anleger ein vertraglich eingeräumtes Recht auf **Widerruf seiner Beitrittserklärung** zu einer Kapitalgesellschaft zusteht, welches – abgesehen von der Einhaltung einer Widerrufsrist oder bestimmter Formerfordernisse – an keine weiteren Voraussetzungen gebunden ist[76]. 38

---

69 BGH NJW-RR 2006, 279, 281 = WM 2005, 1869, 1871; zum Schadenseintritt bei im Prozess verspäteter und daher zurückgewiesener (Hilf-)Aufrechnung vgl. die Grundsätze unten in Rdn. 63.

70 BGH, Nichtannahmebeschluss vom 11.9.2001 – IX ZR 34/01, mitgeteilt von *Borgmann*, NJW 2002, 2145, 2152.

71 BGH NJW 1994, 1405, 1407 = WM 1994, 504, 506.

72 BGH NJW 1994, 1405, 1407; BGHZ 83, 328, 333 f. = NJW 1982, 1866. Während *Chab*, in: G. Fischer/Vill/D. Fischer/Pape/Chab, § 7, Rn. 25, Fn. 57 wie zuvor *Zugehör*, in: Zugehör/Fischer/Sieg/Schlee, 2. Auflage, Rn. 1345, Fn. 231 einen Gegensatz in den Entscheidungen sieht, hat BGH NJW 1994, 1405, 1407 = WM 1994, 504, 506 indes die ältere Entscheidung des IV a-Senats ausdrücklich in seine Argumentation einbezogen, also die Möglichkeit eines erst später eintretenden Anlageschadens bejaht.

73 BGH, Urt. v. 21.5.2019 – II ZR 340/18 – juris, Rn. 15 – 19; Beschl. v. 26.3.2019 – XI ZR 372/18 – juris, Rn. 13; Urt. vom 8.11.2018 – III ZR 628/16 – juris, Rn. 14; vgl. Urt. v. 8.3.2005 – XI ZR 170/04 – juris, Rn. 16 – 18; vgl. ferner schon BGH NJW-RR 1991, 1125 = WM 1991, 1303, 1305 (frühester Zeitpunkt); BGHZ 119, 69, 72 = NJW 1992, 2766, 2767; NJW-RR 1994, 1210, 1211 = WM 1994, 1848, 1849; vgl. auch BGHZ 129, 386, 388 = NJW 1995, 2108 = WM 1995, 1450 (jeweils für Steuerberater); *Zugehör*, Beraterhaftung, Rn. 27.

74 Vgl. dazu BGH, Urt. 10.11.2009 – XI ZR 252/08, BGHZ 183, 112 Rn. 46; v. 11.7.2012 – IV ZR 164/11, BGHZ 194, 39 Rn. 64 und 70; v. 26.2.2013 – XI ZR 498/11, BGHZ 196, 233 Rn. 25, jeweils m.w.N.

75 BGH, Urt. v. 16.5.2017 – XI ZR 430/16 – juris, Rn. 18 f.

76 BGH, Urt. v. 8.11.2018 – III ZR 628/16 – juris, Rn. 20; a.A. BGH, Urt. v. 26.3.2019 XI ZR 372/18 – juris, Rn. 14, 15.

39 – Wiederum anders liegt es, wenn zwar eine grundsätzlich freie Widerrufbarkeit der Beitrittserklärung gegeben ist, allerdings Umstände vorliegen, aufgrund derer der Beitretende von seiner Anlageentscheidung nicht Abstand nehmen kann, ohne aus Gründen, welche sich seiner Einflussmöglichkeit entziehen, gegebenenfalls finanzielle Einbußen oder sonstige für ihn **nachteilige Folgen** hinnehmen zu müssen. In derartigen Fällen muss bereits von einer Schädigung des Vermögens des Anlegers und damit von einem Verjährungsbeginn im Zeitpunkt der Beitrittserklärung ausgegangen werden[77].

40 – Bei der Beurteilung des Verjährungsbeginns eines gegen einen **Treuhänder** in einem geschlossenen Immobilienfonds gerichteten Regressanspruchs wegen pflichtwidrig vorzeitiger Freigabe von Geldern hat der BGH die Ansicht des Berufungsgerichts nicht beanstandet, welches in der Freigabe der Gelder für den Beginn der Baumaßnahme erst eine Vermögensgefährdung sah, weil die durchaus realistische Möglichkeit bestanden habe, dass sich noch weitere Anleger gefunden hätten oder auf andere (näher dargelegte) Weise eine Überschuldung des Projekts hätte abgewendet werden können[78].

41 – Beachtet der Rechtsanwalt bei der Gründung einer GmbH **§ 25 HGB** nicht und haftet deshalb die GmbH für Altschulden, entsteht der Schaden mit der Handelsregistereintragung der GmbH (§§ 11, 13 GmbHG)[79].

42 – Wenn der Rechtsanwalt einen Mustervertrag zur **Beschäftigung freier Mitarbeiter** fehlerhaft entwirft, so dass deshalb entgegen der Vorgabe des Auftraggebers auf der Basis dieses Musters beschäftigte Mitarbeiter sozialversicherungspflichtig wurden und der Arbeitgeber mit entsprechenden Arbeitgeberanteilen belastet wurde, tritt der für den Verjährungsbeginn nach § 51b Alt. 1 BRAO maßgebliche Schaden mit der Beschäftigung des ersten freien Mitarbeiters ein[80]. Da hier – anders als in den weiter oben dargestellten Anfechtungs-, Gewährleistungsfällen und Fällen einer unklarer Vertragsgestaltung – keine weiteren Handlungen, gestützt gerade auf den im Vertrag manifestierten Anwaltsfehler, erforderlich waren, sollte auch nach der Risiko-Schaden-Formel entgegen *Zugehör*[81] der Schaden nicht erst mit dem späteren Leistungsbescheid über die Nachentrichtung solcher Arbeitgeberanteile angenommen werden.

43 – Erklärt der Mandant aufgrund fehlerhaften Rats des Rechtsanwalts eine **nicht zulässige (Teil-) Kündigung** eines (Gesellschafts-)Vertrages, verletzt also dadurch seine Pflichten aus dem (Gesellschafts-)Vertragsverhältnis gegenüber seinem Vertragspartner, ist damit noch nicht ein Schaden gegeben, sondern zunächst nur das Risiko begründet, dass die andere Seite daraus für sich Rechte gegen den Mandanten herleitet, die er ohne die Teilkündigungserklärung nicht hätte[82]. Auf eine solche unzulässige (Teil-)Kündigung kann nämlich in unterschiedlicher Weise reagiert werden und dies etwa durch Zurückweisung der Kündigung und mit dem Verlangen auf Vertragserfüllung in einer solchen Weise, dass kein Schaden für den Mandanten entsteht[83].

44 – Gehen durch eine **Vertragskündigung** hingegen – wie bei Nichteinhaltung der Voraussetzungen der §§ 4 Nr. 7, 8 Nr. 3 VOB/B infolge fehlerhafter Anwaltsberatung – Vertragsrechte wie die aus § 8 Nr. 3 II VOB/B[84] für den Mandanten in nachteiliger Weise verloren, ist der Schaden bereits mit Zugang der Kündigung eingetreten[85].

---

77 BGH, a.a.O. Rn. 23 f.

78 BGH NJW 2002, 888, 890 f.; vgl. dazu auch *Borgmann*, NJW 2002, 2145, 2152.

79 BGH NJW 1986, 581, 583 = WM 1985, 1475, 1477.

80 BGH NJW-RR 1990, 459 = WM 1990, 815, 816 (wobei nach dem Grundsatz der Schadenseinheit (dazu näher unten Rn. 1309 ff.) der Eintritt des ersten Schadens die Verjährungsfrist einheitlich auch für die weiteren Beschäftigungsfälle ausgelöst hat; insoweit a.A. *Kleutgens,* S. 152, 153).

81 *Zugehör*, NJW 1995, Beilage zu Heft 21, S. 13.

82 BGH NJW 1993, 1320, 1321 = WM 1993, 610, 612.

83 BGH NJW 1993, 1320, 1321 = WM 1993, 610, 612.

84 Die Änderungen der VOB/B in den Jahren 2002, 2006 und 2009 nunmehr »Vergabe- und Vertragsordnung für Bauleistungen«, betreffen diese Regeln nicht. Lediglich die Absatzbezeichnungen haben sich geändert, so dass man für den aktuellen Rechtszustand die betreffenden Regelungen der VOB/B so bezeichnen müsste: §§ 4 Abs. 7, 8 Abs. 3 und § 8 Abs. 3 Nr. 2 VOB/B.

85 BGH VersR 1985, 661 = WM 1985, 1038, 1040, in NJW 1985, 1151 nur teilweise abgedruckt, wobei *Zugehör*, NJW 1995, Beilage zu Heft 21, S. 13 zu Recht die Entscheidung insoweit korrigiert, dass nicht schon die Absendung, sondern der Zugang der (vorschnellen) Kündigungserklärung beim Unternehmer maßgebend ist.

- Dies ist genauso zu beurteilen, wenn ein Rechtsanwalt fehlerhaft den Weg des **Rücktritts** nach § 455 BGB a.F. gewählt und dadurch zum Nachteil seines Auftraggebers dessen Kaufpreisanspruch mit Zugang der Rücktrittserklärung beim Vorbehaltskäufer in einen Rückgewähranspruch umgewandelt hatte[86] oder wenn er durch Ausübung eines vertraglichen Rücktrittsrechts Ansprüche auf Schadensersatz gemäß § 326 BGB a.F. endgültig vereitelt hatte[87]. 45
- Stellt der anwaltlich falsch beratene Mandant den Abschluss eines wirksamen Bauauftrages in Abrede und entstehen dem Bauherrn durch anderweitige Auftragvergabe Mehrkosten, ist die Schädigung des Mandanten bereits mit der anderweitigen Auftragvergabe eingetreten[88]. Dies ist richtigerweise auch nach der Risiko-Schaden-Formel der neuen Rechtsprechung so zu beurteilen[89]. Der Zeitpunkt der **Ablehnung der Vertragserfüllung** durch den Mandanten ist zu früh angesetzt, weil da noch nicht hinreichend absehbar ist, ob überhaupt Mehrkosten erwachsen. Die Geltendmachung von Schadensersatz gegen den Mandanten durch den Bauherrn ist für den Schadenseintritt i.S. der Verjährungsvorschrift des § 51b BRAO unbeachtlich, da bereits bei und durch die Vergabe des Bauauftrages an einen Dritten das Entstehen von Mehrkosten hinreichend bestimmt absehbar und nach der Lebenserfahrung damit zu rechnen ist, dass dieser Mehraufwand vom vertragsuntreuen ersten Bauunternehmer auch ersetzt verlangt wird[90]. 46
- Ist der Werklohnanspruch eines Bauhandwerkers für mangelhafte Arbeiten verjährt, nimmt jedoch der Besteller auf anwaltlichen Rat in Kenntnis der Verjährung **Nachbesserungsarbeiten** an und wird deshalb die gegenüber dem Werklohnanspruch erhobene Verjährungseinrede als unzulässige Rechtsausübung bewertet, ist der Schaden mit Entgegennahme der Nachbesserung entstanden, da dadurch der Mandant sich der Möglichkeit begab, die Einrede nach § 222 Abs. 1 BGB a.F. = § 214 Abs. 1 BGB dem Werklohnanspruch gegenüber geltend zu machen[91]. 47
- Ein weiteres Beispiel für die Maßgeblichkeit einer materiellen Rechtsänderung für den Schadenseintritt bildet die Rückgabe einer aufgrund vereinbarten **Bürgschaftstauschs** durch den Mandanten an den Gegner zurückzugewährenden alten Bürgschaftsurkunde, in der vorgesehen war, dass die Bürgschaftsverpflichtung mit Rückgabe der Urkunde erlöschen sollte, ohne dass der Anwalt sich Zug um Zug die neue Bürgschaftsurkunde (mit der gleichen Klausel) aushändigen lässt. Das dadurch eingetretene Erlöschen des Bürgschaftsanspruchs war zugleich der die Verjährungsfrist des § 51b BRAO auslösende Schadenseintritt[92]. 48
- Kommt es infolge Anwaltsfehlers zu einer **unnötigen notariellen Beurkundung** eines Vertrages, ist der Schaden durch Notariatskosten mit der Beurkundung entstanden. Soweit der BGH[93] auf die Beurkundung und die Kostenrechnung abstellen will[94], ist dem entgegenzuhalten, dass die Gebühren des Notars nach §§ 141, 7 KostO mit der Beendigung des gebührenpflichtigen Geschäfts und die Auslagen sofort nach ihrer Entstehung fällig werden. Auch sind die Kosten eines Notars wegen ihres öffentlich-rechtlichen Charakters nach § 140 S. 2 KostO jeglicher Vereinbarung entzogen, die sich auf ihre Höhe auswirkt[95]. Der Kostenanspruch des Notars besteht schließlich unabhängig von der Kostenberechnung nach § 154 Abs. 1 KostO[96]. 49

---

86 Vgl. dazu OLG Hamm, Urt. v. 14.10.2003 – 28 U 88/03 (offen gelassen).
87 BGH NJW-RR 2006, 279, 280 = WM 2005, 1869, 1870.
88 BGH NJW 1979, 264 = VersR 1979, 155, 156.
89 So auch *Kleutgens*, S. 137. *Zugehör*, NJW 1995, Beilage zu Heft 21, S. 13, der einen Verjährungsbeginn erst mit Klageerhebung favorisiert, ist daher nicht zu folgen.
90 Damit ist eine Parallele zur Behandlung pflichtwidrigen Ablaufenlassens einer Verjährungsfrist gegeben, vgl. dazu oben Rdn. 28 und unten Rdn. 50.
91 BGH VersR 1968, 1042, 1043; *Zugehör*, NJW 1995, Beilage zu Heft 21, S. 13.
92 BGHZ 94, 380, 384 f. = NJW 1985, 2250, 2251 f. = WM 1985, 889, 892 = VersR 1985, 860, 863; *Zugehör*, NJW 1995, Beilage zu Heft 21, S. 13; *Kleutgens*, S. 136.
93 BGH NJW 1985, 2941, 2943.
94 So auch *Zugehör*, NJW 1995, Beilage zu Heft 21, S. 13.
95 *Sandkühler*, in: Arndt/Lerch/Sandkühler, § 17 BNotO, Rn. 54 ff.
96 OLG Hamm MittBayNot 2000, 59, 61; *Sandkühler*, in: Arndt/Lerch/Sandkühler, § 17 BNotO, Rn. 82.

bb) aus vorprozessualer Tätigkeit und Prozessverhalten

50 Lässt der Rechtsanwalt pflichtwidrig eine **Mandantenforderung** gegen einen Dritten **verjähren**, versäumt er also insbesondere eine rechtzeitige Hemmung der Verjährung durch Rechtsverfolgung (§ 204 BGB), ist bereits mit dem Ablauf der Verjährungsfrist der Mandantenforderung, und nicht erst mit der Erhebung der Verjährungseinrede oder gar erst mit einer auf der Verjährungseinrede beruhenden Gerichtsentscheidung der Schaden entstanden[97].

Der BGH führt dazu aus:

> »Obwohl die Verjährung nur auf Einrede berücksichtigt wird (§ 222 I BGB), ist zumindest bei streitigen Ansprüchen ein Schaden schon infolge des Ablaufs der Verjährungsfrist zu bejahen, weil nach der Lebenserfahrung damit gerechnet werden muss, dass der Schuldner zur Abwehr des erhobenen Anspruchs von der Verjährungseinrede Gebrauch machen wird.«[98]

Das gilt selbst dann, wenn gemäß § 167 ZPO eine Rückwirkung der Klagezustellung möglich ist[99]. Damit wird wegen typisierter Fallgestaltung dem Gesichtspunkt, dass eine erfolgreiche gerichtliche Durchsetzung nicht mehr möglich ist, der Vorrang gegenüber einer rein materiellrechtlichen Betrachtung eingeräumt. Dem ist zuzustimmen, weil bereits der Ablauf der Verjährungsfrist den Anspruch bei objektiver Einschätzung nicht mehr verwertbar macht und das Vermögen um diesen Anspruch deshalb wegen entscheidender Schwächung der Rechtsposition zugleich als schon wirtschaftlich verringert betrachtet wird[100].

51 Liegt die anwaltliche Pflichtverletzung in der **Versäumung einer rechtzeitigen Klageerhebung** einer Forderung, deren Verjährungsfrist gemäß § 199 Abs. 1 Hs. 1 BGB am 31.12. des Jahres endet, tritt der Regressschaden erst mit Ablauf dieses Tages, der ja noch ganz für eine rechtzeitige Klageeinreichung zur Verfügung gestanden hat, also erst am 1.1. des neuen Jahres ein. Erst an diesem Tag entsteht mithin gemäß § 199 Abs. 1 Nr. 1 BGB der Regressanspruch. Dies wiederum bedeutet, dass die dreijährige Verjährungsfrist des § 195 BGB gemäß § 199 Abs. 1 BGB erst mit dem Schluss dieses Jahres in Gang gesetzt wird[101].

52 Genauso ist das zu beurteilen, wenn der Anwalt eine **Rechtsbehelfsfrist** versäumt. Auch hier tritt der Schaden erst mit Ablauf des letzten Tages der Frist ein und wird der Regressanspruch wegen Versäumung der Frist am nächsten Tag begründet[102].

53 Bei der **Versäumung von materiellen oder prozessualen Ausschlussfristen** ist der Mandant ebenfalls in dem Moment des Fristablaufs bereits geschädigt[103]. Das gilt beispielsweise für § 12 Abs. 3 VVG[104]

97 BGH, Urt. v. 14.7.1994 – IX ZR 204/93 – juris, Rn. 21 f.; Beschl. v. 14.3.1996 – IX ZR 196/95 – juris, Rn. 2; NJW 2000, 2661, 2662 f.; NJW 2001, 3543, 3544 = WM 2001, 1677, 1679 (insoweit nicht abgedruckt in BGHZ 148, 156); Urt. v. 24.3.2011 – IX ZR 197/09 – juris, Rn. 13; v. 15.12.2011 – IX ZR 85/10 – juris, Rn. 14; v. 12.7.2012 – IX ZR 96/10 – juris, Rn. 10; vgl. auch NJW 1999, 2183, 2187 = WM 1999, 1330 ff. (unter III. 1); OLG Hamm NJW-RR 1988, 541; vgl. dazu schon oben Rdn. 28; a.A. noch *Kleutgens*, S. 132 ff.

98 BGH NJW 2001, 3543, 3544 = WM 2001, 1677, 1679 (insoweit nicht abgedruckt in BGHZ 148, 156).

99 BGH, Nichtannahmebeschluss vom 14.3.1996 – IX ZR 196/95, BGHR BRAO § 51a.F. – Verjährungsbeginn 3; *Chab*, in: G. Fischer/Vill/D. Fischer/Pape/Chab, § 7, Rn. 25 zu Fn. 51 und 52.

100 Zur erforderlichen wirtschaftlichen Beurteilung der Veränderung der Vermögenslage des Mandanten durch das schädigende Ereignis für die Entscheidung, wann der Anspruch entstanden ist, vgl. BGH NJW 1995, 2039, 2040.

101 BGH, Urt. v. 15.12.2011 – IX ZR 85/10 – juris, Rn. 14.

102 BGH, Beschl. v. 21.10.2010 – IX ZR 195/09 – juris, Rn. 13; Urt. v. 15.12.2011 – IX ZR 85/10 – juris, Rn. 13.

103 BGH NJW 2009, 685, 686 = WM 2008, 2307 (Tz. 14).

104 OLG Hamm vom 19.12.2002 – 28 U 98/02; OLG Hamm vom 20.11.1997 – 28 U 115/97, OLGR 1999, 296, 298; Revision nicht angenommen durch BGH, Beschl. v. 8.10.1998 – IX ZR 5/98; OLG Koblenz NJWE-VHR 1998, 9, 10.

oder § 1594 Abs. 2 BGB a.F.[105], für die Klagefrist des § 4 KSchG[106], für tarifvertragliche Ausschlussfristen[107], für die zweimonatige Antragsfrist für die Zahlung von Insolvenzgeld (§ 183 Abs. 1 Nr. 3 SGB III a.F., § 324 Abs. 3 S. 1 SGB III a.F.)[108], für die Klagefrist des § 74 Abs. 1 AsylVerfG[109], für die Anmeldefrist des § 10 Abs. 1 S. 2 StrEG für einen Strafentschädigungsanspruch[110] und zur Antragsfrist für die Gewährung einer Subvention in Gestalt eines direkten Leistungsanspruchs (also nicht in Form einer steuerlichen Entlastung)[111].

Soweit der BGH bei der Versäumung einer Ausschlussfrist (konkret des EStG) die Verjährungsfrist 54
für den Schadensersatzanspruch frühestens mit dem Erlass des dem Mandanten nachteiligen Steuerbescheids hat beginnen lassen[112], beruht dies allein auf **Besonderheiten des Steuerrechts**, denen der BGH in seiner Regressrechtsprechung allgemein dadurch Rechnung trägt, dass, führt eine Pflichtverletzung zu einem belastenden Steuerbescheid, der Schaden des Mandanten in der Regel erst mit Bekanntgabe dieses Bescheids eintritt, sofern nicht ein anderer Schaden als der Steuerschaden bereits früher entstanden ist[113]. Anders lag es in einem Fall der Versäumung einer steuerrechtlichen Ausschlussfrist für die Antragsveranlagung von Arbeitnehmern, die dazu geführt hatte, dass die Durchführung eines Veranlagungsverfahrens nicht mehr in Betracht kam und es einer gesonderten Entschließung der zuständigen Finanzbehörde nicht mehr bedurfte. Hier hat der BGH daher die Grundsätze angewendet, die allgemein für die Versäumung einer Einspruchs-, Klage- oder Rechtsmittelfrist durch den Berater gelten, wonach der Mandant regelmäßig bereits im Augenblick des Fristablaufs geschädigt ist[114].

Die Möglichkeit, mit Hilfe eines Wiedereinsetzungsantrags den durch die Fristversäumung ver- 55
loren gegangenen Anspruch doch noch zu verwirklichen, rechtfertigt es nicht, die Schadensentstehung auf den Zeitpunkt der Entscheidung hierüber »zu verschieben«[115]. Auch der außerordentliche Rechtsbehelf des § 5 KSchG, wonach ausnahmsweise eine verspätete Kündigungsschutzklage durch das Gericht zugelassen werden kann, steht dem Eintritt der Vermögensverschlechterung mit Ablauf der Klagefrist gemäß § 4 KSchG nicht entgegen. Er verändert nämlich nicht die durch §§ 4, 7, 13 KSchG von Gesetz wegen entstandene, den Vermögensschaden begründende Rechtslage[116]. Bei all diesen Möglichkeiten geht es nur darum, ob es bei einem Vorliegen entsprechender Voraussetzungen gelingt, den bereits rechtlich allein durch Fristablauf entstandenen Schaden wieder zu beseitigen.

Auch bei **prozessualen Fristen**, die im Verlauf eines Rechtsstreits zum Nachteil des Mandanten 56
durch den Rechtsanwalt pflichtwidrig nicht eingehalten werden, ist der Mandant jeweils bereits mit Fristablauf geschädigt.

---

105 BGH NJW-RR 2005, 261, 263.

106 OLG Hamm, Urt. v. 9.3.1999 – 28 U 14/98.

107 BGH, Urt. v. 24.3.2011 – IX ZR 197/09 – juris, Rn. 13.

108 BGH, Urt. v. 25.4.2013 – IX ZR 65/12 – juris, Rn. 13.

109 OLG Hamm, Beschl. v. 20.6.2000 – 28 W 43/00, NJW-RR 2001, 1142.

110 OLG Hamm, Urt. v. 23.3.2000 – 28 U 169/99, OLGR 2001, 129, 132 (unter Hinweis darauf, dass an diesem Schadenseintrittszeitpunkt sich dadurch nichts ändert, dass die Staatanwaltschaft im konkreten Fall nicht auf die Versäumung dieser Frist, sondern auf die ebenfalls (zu einem späteren Zeitpunkt) verstrichene verschuldens- und kenntnisunabhängige absolute Ausschlussfrist des § 12 StrEG abgestellt hat).

111 BGH WM 1996, 1108 f. = BGHR StBerG § 68 – Verjährungsbeginn 13.

112 BGH NJW 1993, 2181, 2182 = WM 1993, 1511, 1513; NJW-RR 2004, 1210, 1211 = WM 2004, 472; fortgeführt in NJW-RR 2006, 642, 643 = WM 2006, 590 (Tz. 8); v. 3.11.2011 – IX ZR 208/04 – juris, Rn. 8, 11 f.

113 Vgl. BGH, Urt. v. 10.12.2015 – IX ZR 56/15 – juris, Rn. 22; vgl. näher unten Rdn. 58.

114 BGH NJW 2009, 685, 686 = WM 2008, 2307 (Tz. 14).

115 BGH, Urt. v. 25.4.2013 – IX ZR 65/12 – juris, Rn. 14–17; Urt. v. 28.3.1996 – IX ZR 197/95 – juris, Rn. 3; OLG Hamm, Urt. v. 19.3.1998 – 28 U 207/97, MDR 1998, 1127 ff. = OLGR 1998, 195, 198 (Versäumung der Berufungsbegründungsfrist); OLG Karlsruhe MDR 1990, 336, 337 (Versäumung der Berufungsbegründungsfrist); *Zugehör*, NJW 1995, Beilage zu Heft 21, S. 14.

116 OLG Hamm, Urt. v. 9.3.1999 – 28 U 14/98.

57 Dies ist so entschieden worden für den Fall, dass die Frist zur Einlegung eines Einspruchs gegen ein (echtes) **Versäumnisurteil** verpasst wurde[117].

58 Für einen Anspruch gegen einen Steuerberater oder gegen einen in einer Steuersache tätigen Rechtsanwalt[118], der durch fehlerhafte Beratung **steuerliche Nachteile** seines Mandanten verschuldet hat, beginnt die Verjährung zwar regelmäßig mit der tatsächlichen Bekanntgabe des **belastenden Steuerbescheids** gemäß §§ 122 Abs. 1, 155 Abs. 1 S. 2 AO[119], und zwar nicht nur bei einem Leistungsbescheid, sondern auch bei einem Feststellungs-(Grundlagen-)Bescheid[120] und so auch, wenn der Mandant Säumniszuschläge (§ 240 Abs. 1 S. 1 AO) entrichten muss, erst mit der entsprechenden Bekanntgabe der Finanzbehörde[121]. Diese verjährungsrechtliche Anknüpfung an die Bekanntgabe eines Steuerbescheides gilt indes nicht ausnahmslos und unbesehen. So kann es im Einzelfall nicht gerechtfertigt sein, den Beginn der Verjährung auf den Zeitpunkt der Bekanntgabe des belastenden Bescheids hinauszuschieben, so wenn sich bei objektiver Betrachtung die Vermögenslage schon vorher verschlechtert hat, der Mandant von der steuerlichen Pflichtverletzung bereits durch seinen neuen Steuerberater Kenntnis erlangt und Kosten auslösende Maßnahmen ergreift, die ihm zur Beseitigung der Folgen der vorausgegangenen Pflichtverletzung angeraten worden sind[122]. Umgekehrt ist es, wenn das pflichtwidrige Verhalten des Steuerberaters erst nach Erlass des Steuerbescheids einsetzt und die Pflichtwidrigkeit darin liegt, dass der gebotene **Rechtsbehelf** gegen den Bescheid nicht eingelegt wird. Der Schaden entsteht hier erst in dem Augenblick, in dem der Steuerpflichtige von sich aus nicht mehr durch einen Rechtsbehelf die Abänderung des Steuerbescheids erwirken kann[123]; die eng begrenzten Abänderungsmöglichkeiten nach § 173 AO reichen nicht aus, den Eintritt des Schadens erst für den Zeitpunkt anzunehmen, von dem an auch sie nicht mehr bestehen[124]. Diese letztgenannten Grundsätze hat der BGH rechtsähnlich angewandt in einem Fall, in dem die Pflichtwidrigkeit des beklagten Anwalts allein darin lag, den Klägern nicht empfohlen zu haben, Einspruch gegen einen im Hinblick auf die bestehenden Verwaltungsvorschriften zu erwartenden Feststellungsbescheid einzulegen. Auch in einem solchen Fall entstehe der Schaden nicht schon mit der Bekanntgabe, sondern erst mit der Bestandskraft des Feststellungsbescheids[125].

59 Ähnlich ist die verjährungsrechtliche Beurteilung bei Beratungsfehlern im **sozialversicherungsrechtlichen** Bereich, sofern – anders als im Regelfall – Grund und Höhe der Beitragspflicht vom Arbeitgeber nicht leicht festgestellt werden kann. Der Lauf der Verjährung beginnt dann auch hier erst mit dem Zugang des entsprechenden **Nachforderungsbescheids** der zuständigen Behörde[126]. Ansonsten beginnt die Verjährungsfrist für den Fall der Meldung sozialversicherungspflichtiger

---

117 BGH, Urt. v. 21.9.1995 – IX ZR 228/94 – juris, Rn. 21 (Korrektur war auszuschließen; Wiedereinsetzungsgründe sind im Regressprozess nicht behauptet worden).

118 OLG Hamm, Urt. v. 4.12.2008 – 28 U 25/08.

119 BGH NJW-RR 2008, 1508 = WM 2008, 1612; Urt. v. 13.12.2007 – IX ZR 130/06 – juris, Rn. 12; NJW-RR 2006, 642, 643 = WM 2006, 590 (Tz. 8) m.w.N. auf diese st. Rspr.; OLG Hamm, Urt. v. 4.12.2008 – 28 U 25/08 – juris, Rn. 22.

120 Vgl. BGH, Urt. v. 15.11.2012 – IX ZR 184/09 – juris, Rn. 12; v. 12.11.2009 – IX ZR 218/08 – juris, Rn. 10; v. 15.7.2010 – IX ZR 180/09 – juris, Rn. 12; Versäumnisurt. v. 5.3.2009 – IX ZR 172/05 – juris, Rn. 9, 10; vgl. dort auch zu Ausnahmefallgestaltungen.

121 BGH, Versäumnisurt. v. 5.3.2009 – IX ZR 172/05 – juris, Rn. 7 und 12.

122 BGH, Urt. v. 23.4.2015 – IX ZR 176/12 – juris, Rn. 13–15; vgl. auch BGH, Urt. v. 10.12.2015 – IX ZR 56/15 – juris, Rn. 22.

123 BGH, Urt. v. 20.6.1996 – IX ZR 100/95 – juris, Rn. 10; v. 22.9.2010 – IX ZR 248/09 – juris, Rn. 3, 4; v. 23.9.2010 – IX ZR 26/09 – juris, Rn. 40; Beschl. v. 21.10.2010 – IX ZR 195/09 – juris, Rn. 10; v. 21.10.2010 – IX ZR 170/09 – juris, Rn. 11; Urt. v. 3.2.2011 – IX ZR 183/08 – juris, Rn. 10.

124 BGHZ 114, 150 (153 ff.) = NJW 1991, 2828; BGH, Urt. v. 20.6.1996 – IX ZR 100/95 – juris, Rn. 10; v. 22.9.2010 – IX ZR 248/09 – juris, Rn. 3, 4; v. 23.9.2010 – IX ZR 26/09 – juris, Rn. 40; Beschl. v. 21.10.2010 – IX ZR 195/09 – juris, Rn. 10; v. 21.10.2010 – IX ZR 170/09 – juris, Rn. 18; v. 3.2.2011 – IX ZR 183/08 – juris, Rn. 10.

125 BGH, Beschl. v. 12.1.2012 – IX ZR 143/09 – juris, Rn. 2.

126 BGH NJW-RR 2005, 1223 f.; offen gelassen noch in NJW-RR 2004, 1358 unter IV. 1b a.E.

Arbeitnehmer und der entsprechenden Abführung von Sozialversicherungsbeiträgen wie bei der vergleichbaren Selbstveranlagung zur Umsatzsteuer zu laufen schon mit der Steueranmeldung beim Finanzamt[127], spätestens mit der ersten Beitragszahlung[128]. Auf einen Steuerbescheid ist auch nicht abzustellen, wenn eine Ausschlussfrist für eine Antragsveranlagung von Arbeitnehmern versäumt worden ist; dann ist der Ablauf der Frist maßgebend[129].

Hinsichtlich der Versäumung der **Berufungsbegründungsfrist**[130] und der Frist zur **Begründung der Nichtzulassungsbeschwerde** gemäß § 72a ArbGG[131] hat der BGH eine deutliche Tendenz zum gleichen Ergebnis erkennen lassen, die Entscheidung aber offen gelassen, da auch bei der Annahme späteren Verjährungsbeginns Verjährung eingetreten war[132]. In Konsequenz der Ausführungen des BGH im Nichtannahmebeschluss vom 28.3.1996[133] und aufgrund der bei nicht fristgerecht erfolgter Begründung der Rechtsmittel zwingenden Konsequenz der Verwerfung des jeweiligen Rechtsmittels kann nicht ernstlich zweifelhaft sein, dass der Schaden wie bei der Versäumung von Verjährungs- und Ausschlussfristen auch hier bereits mit Fristablauf entstanden ist[134], zumal der BGH betont, dass die grundsätzliche Möglichkeit, einen Schadenseintritt dadurch aufzufangen, dass sich der Mandant wegen einer Fristversäumung nachträglich entschuldigen und eine Wiedereinsetzung in den vorigen Stand erreichen könnte, nichts an der Annahme des Schadenseintritts ändere[135]. So hat das OLG Celle zutreffend den Ablauf der vom Finanzgericht nach § 65 Abs. 2 FGO gesetzten Frist zur Bezeichnung des Gegenstandes des Klagebegehrens als maßgeblichen Schadenseintritt angesehen[136]. Der BGH hat mit Beschluss vom 26.1.2012 demgemäß allgemein ausgeführt, dass bei pflichtwidriger Versäumung der Einlegung eines Rechtsbehelfs der Schaden erst mit Ablauf der **Rechtsbehelfsfrist** entsteht und so den Regressschaden nach gemäß § 63 Abs. 3 S. 2, § 68 Abs. 1 S. 3 GVG versäumter **Streitwertbeschwerde** mit Ablauf der sechsmonatigen Beschwerdefrist nach Rechtskraft der Hauptsacheentscheidung angenommen[137]. 60

Erhebt der Rechtsanwalt eine (Zahlungs-)Klage fehlerhaft **gegen eine »falschen« Schuldner**, wird der Mandant geschädigt, wenn während des noch laufenden Prozesses gegen den Dritten der wahre Schuldner der zu diesem Zeitpunkt noch nicht gegen ihn verjährten Forderung in Vermögensverfall gerät[138]. 61

Unterlässt es der Rechtsanwalt entgegen dem Auftrag des Mandanten, **zügig** gegen dessen Schuldner **vorzugehen**[139], etwa bei der Erwirkung eines vollstreckbaren Titels oder bei der Zwangsvollstreckung, und ist der Schuldner nunmehr in Vermögensverfall geraten, so dass eine Zwangsvollstreckung gegen ihn nicht mehr möglich ist, ist für den Schadenseintritt richtigerweise auf den 62

127 BGH NJOZ 2005, 4032 = WM 2005, 2106, 2107.
128 BGH NJW-RR 2009, 136 = WM 2008, 1974.
129 BGH NJW 2009, 685, 686 = WM 2008, 2307 (Tz. 14); vgl. Rdn. 53.
130 BGH NJW 2000, 1267 = WM 2000, 969, 970.
131 BGH NJW 2000, 1263, 1264 = WM 2000, 959, 960.
132 Diese Tendenz ist so deutlich, dass BGH NJW 2006, 288, 289 = WM 2006, 105 sogar die beiden vorgenannten Urteile dafür zitiert, dass nach der (geänderten) Rechtsprechung ein Schaden bereits dann eingetreten ist, wenn eine ansonsten begründete Klage wegen eines Anwaltsfehlers abgewiesen wird; Rechtskraft müsse nicht eingetreten sein.
133 BGH WM 1996, 1108 f. = BGHR StBerG § 68 – Verjährungsbeginn 13.
134 Zu Recht bejahend daher: OLG Hamm vom 19.3.1998 – 28 U 207/97, MDR 1998, 1127 ff. = OLGR 1998, 195, 198; OLG Karlsruhe MDR 1990, 336, 337 (beide betr. die Versäumung der Berufungsbegründungsfrist); *Zugehör*, NJW 1995, Beilage zu Heft 21, S. 14 zu (15); *Chab*, in: G. Fischer/Vill/D. Fischer/Pape/Chab, § 7, Rn. 25; *Fischer*, NJW 1999, 2993, 2997; vgl. dazu Rdn. 52 f.
135 BGH, Urt. v. 25.4.2013 – IX ZR 65/12 – juris, Rn. 15.
136 OLG Celle Beck RS 2005, 05107.
137 BGH, Beschl. v. 26.1.2012 – IX ZR 69/11 – juris, Rn. 10; vgl. auch Beschl. v. 21.10.2010 – IX ZR 195/09 – juris, Rn. 13; Urt. v. 15.12.2011 – IX ZR 85/10 – juris, Rn. 13.
138 BGH, Versäumnisurteil vom 9.7.1992 – IX ZR 152/91, zitiert nach *Zugehör*, NJW 1995, Beilage zu Heft 21, S. 14 zu (12).
139 Vgl. zu dieser Pflicht Kap. 2 Rdn. 263.

Zeitpunkt abzustellen, in welchem der Schuldner »unpfändbar« geworden ist, d.h. in welchem eine Zwangsvollstreckung keinen Erfolg mehr haben konnte[140].

63 Begeht der Rechtsanwalt im Rahmen eines **Prozessmandats** Fehler, die die Position seines Mandanten verschlechtern, beispielsweise durch verspäteten Sachvortrag oder durch die Nichterhebung der Dürftigkeitseinrede für einen vertretenen Erben, ist nach geänderter Rechtsprechung des BGH der Schaden des Mandanten in der Regel bereits mit der **ersten** nachteiligen Gerichtsentscheidung **infolge** des Anwaltsfehlers entstanden; dass die Entscheidung in einem weiteren Rechtszug zugunsten des Mandanten noch abgeändert werden könnte, ist nicht mehr von Belang[141].

Die dafür maßgebliche Überlegung hat der BGH wie folgt dargelegt:

> »Ausschlaggebend für die **Anknüpfung an die erste nachteilige Entscheidung** ist, dass sich damit die Vermögenslage des Betroffenen objektiv spürbar verschlechtert und es unsicher ist, ob diese Vermögensverschlechterung durch eine spätere Aufhebung der Entscheidung wieder wegfällt. Wenn der Senat an anderer Stelle hinzugefügt hat, ein Steuerbescheid gebe dem Steuerpflichtigen Anlass zur Prüfung, ob ein sich daraus ergebender Steuernachteil auf einem Beratungsfehler seines Steuerberaters beruhe, so war damit nur gesagt, dass wegen dieser Prüfungsmöglichkeit der an diesen Zeitpunkt anknüpfende Verjährungsbeginn für den Mandanten nicht unzumutbar sei.«[142]

Damit beruht der Vorwurf, es sei widersprüchlich, für den Zeitpunkt des Schadenseintritts einerseits die Kenntnis des Mandanten hiervon für unbeachtlich zu erklären, andererseits aber den Zeitpunkt der ersten nachteiligen Entscheidung mit der Begründung für maßgeblich zu halten, weil diese dem Auftraggeber Anlass zur Prüfung hätte geben müssen, ob ein Beratungsfehler vorliege, auf einem Missverständnis[143]. Letztlich wirkt sich hier aus, dass die Bestimmung des Schadens nicht in einer bloß tatsächlichen Betrachtungsweise erfolgen kann, sondern einer wertenden Beurteilung bedarf, bei der für die Fallgruppe »**fehlerhaftes Prozessverhalten**« ein maßgeblicher Umstand darin liegt, dass der Mandant nicht verpflichtet ist, sich auf eine zweite Instanz einzulassen[144].

64 Zu beachten ist, dass es keinen Rechtsprechungsgrundsatz dergestalt gibt, dass sich die Vermögenslage des Mandanten nach einem anwaltlichen Fehlverhalten im Rahmen eines Prozessmandats erst mit der ersten nachteiligen Gerichtsentscheidung verschlechtert. Vielmehr besteht, worauf hinzuweisen der BGH Anlass hatte, die Möglichkeit eines früheren Verjährungsbeginns. **Spätestens** mit Erlass der ersten nachteiligen Gerichtsentscheidung beginnt demnach die Verjährungsfrist zu laufen[145].

---

140 So bereits *Rinsche*, 6. Auflage, Rn. I 263; vgl. auch *Borgmann/Jungk/Schwaiger*, Kap. X. Rn. 17; OLG Hamm vom 17.3.1988 – 28 U 203/86 (Zeitpunkt, in dem es zu spät war, noch Maßnahmen zur wirksamen Eintragung einer Zwangshypothek zu ergreifen), Revision nicht angenommen durch BGH mit Beschl. v. 21.9.1989 – IX ZR 154/88.

141 BGH NJW-RR 1998, 742 = WM 1998, 786, 787 f. (Aufgabe von NJW 1992, 2828, 2829 = WM 1992, 2023); NJW 2000, 2661, 2662 (unter III. 1.); NJW 2002, 1414, 1415 = WM 2002, 1078, 1080; NJW 2006, 288, 289 = WM 2006, 105; so bereits schon vorher: *Kleutgens*, S. 143; vgl. auch OLG Hamm vom 1.4.2003 – 28 U 46/02 (Verletzung von Pflichten eines Berufungsanwalts); OLG Hamm vom 26.1.2006 – 28 U 106/05 (Infolge Anwaltsfehlers Zurückweisung einer Aufrechnung als verspätet im Vorprozess. Zum Wegfall einer Aufrechnungsmöglichkeit als für den Verjährungsbeginn maßgeblichen Schaden vgl. auch BGH NJW-RR 2006, 279, 281 = WM 2005, 1869, 1871 und oben Rdn. 35); OLG Karlsruhe MDR 2002, 788 (Unterlassen einer Verfahrensrüge durch Revisionsanwalt beim BGH bei ansonsten form- und fristgerecht eingelegter und begründeter Revision); BGH VersR 1969, 849, 850 (ebenfalls zu einem nicht gerügten, nicht von Amts wegen zu beachtenden Verfahrensmangel); *Zugehör*, NJW 1995, Beilage zu Heft 21, S. 14 zu (16).

142 BGH NJW 2002, 1414, 1415 = WM 2002, 1078, 1080 mit Hinweisen auf NJW-RR 1998, 742 = WM 1998, 786, 787 und BGHZ 129, 386, 390 = NJW 1995, 2108 = WM 1995, 1450 (Hervorhebung des Verfassers).

143 BGH NJW 2002, 1414, 1415.

144 *Kleutgens*, S. 143.

145 BGH, Beschl. v. 14.10.2010 – IX ZR 4/10 – juris, Rn. 3.

Die **Gerichtsentscheidung**, an die der Verjährungsbeginn angeknüpft wird, muss **erlassen** (existent) und den Parteien gegenüber wirksam sein, was sich nach der jeweiligen Verfahrensordnung und der Art und Weise der Entscheidung bestimmt. So kommt es beispielsweise bei (zivilgerichtlichen) Urteilen, die im Anschluss an die mündliche Verhandlung sofort verkündet werden, nur auf diese Verkündung an, nicht aber auf den späteren Zugang des schriftlichen Urteils einschließlich Begründung oder etwa auf den Erhalt des Protokolls[146]. Denn der Schadenseintritt (und nach früherem Verjährungsrecht gemäß § 51b BRAO der Verjährungsbeginn) ist auch hier nicht an die Kenntnis des Geschädigten vom Schaden geknüpft[147]. 65

Es gibt auch ein fehlerhaftes Prozesshandeln, welches einen **Schaden** für den Mandanten **ohne Gerichtsentscheidung** bewirkt. Wegen des Abschlusses eines ungünstigen **Prozessvergleichs** kann Bezug genommen werden auf Rdn. 30. Erfolgt durch den Rechtsanwalt pflichtwidrig die **Rücknahme einer** verwaltungsgerichtlichen **Anfechtungsklage**, entsteht der Schaden für den Mandanten dadurch, dass der ihn belastende Verwaltungsakt in Bestandskraft erwächst[148]. Allgemein kann man sagen, dass durch gegen seine Vertragspflichten verstoßende Handlungen eines Rechtsanwalts, durch die behördliche Verfahren oder Rechtsstreitigkeiten beendet werden, vielfach unmittelbar der Schaden des Mandanten begründet wird. 66

Auch bei einem pflichtwidrig versäumten zusätzlichen Zahlungsantrag zur Erreichung der Revisionssumme hat das OLG Schleswig, bestätigt durch den BGH, unter der Geltung der Wertrevision den Schadenseintritt mit dem Schluss der mündlichen Verhandlung im Berufungsrechtszug angenommen[149]. 67

Kostenschäden als Folge pflichtwidriger **Erhebung aussichtsloser Klagen oder** der Einlegung ersichtlich unzulässiger oder unbegründeter Rechtsbehelfe oder **Rechtsmittel** entstehen grundsätzlich bereits mit der Einleitung des Verfahrens[150]. Besteht die Pflichtverletzung des Anwalts darin, dass er eine aussichtslose Klage erhoben hat, läuft für den Anspruch auf Ersatz des sich daraus ergebenden Kostenschadens sowie aller weiteren adäquat verursachten, zurechenbaren und voraussehbaren Nachteile eine einheitliche Verjährungsfrist[151]. Hatte er die eingeklagte Forderung pflichtwidrig verjähren lassen, so ist die Verjährung der dann gegebenen zwei unterschiedlichen materiell-rechtlichen Ersatzansprüche jeweils gesondert zu prüfen[152]. In bürgerlichen Rechtsstreitigkeiten wird die Verfahrensgebühr (KV-GKG Nr. 1100) mit der Einreichung der Klage-, Antrags-, Einspruchs- oder Rechtsmittelschrift fällig (§ 6 Abs. 1 S. 1 Nr. 1 GKG)[153]. Gemäß §§ 22, 31 GKG[154] löst schon die Einreichung der Klageschrift die Zweitschuldnerhaftung des Klägers aus[155], da dadurch die Gebühr fällig wird, § 6 Abs. 1 GKG[156]. Für die Einreichung eines 68

146 Vgl. OLG Karlsruhe MDR 2002, 788 (für ein Revisionsurteil); OLG Hamm vom 1.4.2003 – 28 U 46/02 (Berufungsurteil).

147 BGH NJW 2002, 1414, 1415 = WM 2002, 1078, 1080; OLG Hamm vom 1.4.2003 – 28 U 46/02 m.w.N.

148 OLG Hamm vom 21.11.2002 – 28 U 70/02.

149 OLG Schleswig vom 2.3.2000 – 11 U 119/98; Nichtannahmebeschluss des BGH vom 17.6.2003 – IX ZR 118/00; beide Entscheidungen mitgeteilt von *Chab*, BRAK-Mitt. 2003, 223.

150 BGH, Urt. v. 16.7.2015 – IX ZR 197/14 – juris, Rn. 35; Urt. v. 13.11.2008 – IX ZR 69/07, Beck RS 2008, 25098 (Tz. 9); NJW 1995, 2039, 2041; NJW 1998, 1488, 1491 = WM 1998, 779, 780 (zu B. I. 2.); NJW 2001, 3543, 3545 (insoweit in BGHZ 148, 156 ff. nicht abgedruckt); OLG Hamm, Urt. v. 1.12.1987 – 28 U 52/87, NJW-RR 1988, 541, 542; OLG Hamm vom 4.4.2000 – I-28 U 206/99; OLG Hamm NJW-RR 2001, 1073, 1075; OLG Hamm, Urt. v. 2.3.2006 – 28 U 135/05, Beck RS 2006, 04670 = BRAK-Mitt. 2006, 218.

151 BGH, Urt. v. 2.2.2017 – IX ZR 91/15 – juris, Rn. 11; v. 3.2.2011 – IX ZR 105/10 – juris, Rn. 10.

152 BGH, Urt. v. 2.2.2017, a.a.O., Rn. 12; näher noch unten Rdn. 81.

153 BGH, Urt. v. 2.2.2017 – IX ZR 91/15 – juris, Rn. 13.

154 In der seit dem 1.7.2004 in Kraft getretenen Fassung des Kostenrechtsmodernisierungsgesetzes, früher geregelt in §§ 49, 58 GKG.

155 BGH NJW 1998, 1488, 1491 = WM 1998, 779, 780 (zu B. I. 2.).

156 Früher § 61 GKG.

aussichtslosen Antrags auf Erlass eines Mahnbescheids gilt nichts anderes[157]. Vor Eingang des Antrags auf Erlass eines Mahnbescheids entsteht keine Gebühr und damit auch kein Schaden des Mandanten[158].

Nicht zugestimmt werden kann hier der neuerdings geäußerten Auffassung des Bundesgerichtshofs, der in einem Hinweis an das Berufungsgericht ausführt, dass aus der behaupteten fehlerhaften Beratung hinsichtlich der Klage bereits vor Eingang des Antrags bei Gericht ein erster Teilschaden in Form von Anwaltskosten entstanden sein könne. Die 1,0-Gebühr nach VV-RVG Nr. 3305, welche der Anwalt für einen Antrag auf Erlass eines Mahnbescheids erhalte, entstehe mit dem unbedingten Auftrag (vgl. jetzt Vorbemerkung 3 Abs. 1 VV-RVG), spätestens aber gemäß Vorbemerkung 3 Abs. 2 VV-RVG mit dem Betreiben des Geschäfts, hier also der Erstellung des Mahnbescheidsantrags[159]. In einem Urteil vom 3.2.2011[160] hatte er zuvor durch die Formulierung, dass »spätestens« mit der Einreichung des Antrags auf Erlass eines Mahnbescheids der Regressanspruch entstanden sei[161], sich diese Ansicht vorbehalten. Indes kann ihr nicht gefolgt werden. Die Argumentation, dass, wenn ein unbedingter Auftrag zur Stellung eines Antrags auf Erlass eines Mahnbescheids vorliege, die Verfahrensgebühr nach VV-RVG Nr. 3305 schon damit, spätestens aber mit der Erstellung des Antrags und damit ein erster (für den Verjährungsbeginn maßgeblicher[162]) Teilschaden entstanden sei, leidet daran, dass, soweit der Gebührenanspruch des eigenen Anwalts durch dessen pflichtwidriges Handeln verursacht sein sollte und nicht zumindest teilweise als »Ohnehingebühr« auch bei pflichtgemäßem Abraten von diesem Vorgehen vom Mandanten geschuldet wird (vgl. VV-RVG Nr. 3306), dies normativ keinen Schaden bedeutet. Denn einem solchen Gebührenanspruch stünde nicht nur eine Aufrechnungseinrede, sondern immanent bereits der »dolo-petit«-Einwand entgegen (vgl. zu diesem Kap. 6 Rdn. 3 und Kap. 8 Rdn. 223 m.w.N.). Die Vermögenslage des Mandanten ist daher vor Einreichung des Antrags auf Erlass eines Mahnbescheids bei Gericht nicht objektiv schlechter geworden.

Soweit weitere Kosten infolge des Prozessverlusts oder des erfolglosen Ausgangs anderer Verfahren »vorprogrammiert« sind, sind diese Kostenschäden, da der aus einem bestimmten Ereignis erwachsene Schaden als einheitliches Ganzes (vgl. näher sogleich unten Rdn. 71 ff.) aufzufassen ist, ebenfalls mit dem den ersten Teil der Kosten auslösenden Akt (der Klageeinreichung, Einreichung der Rechtsbehelfs- oder Rechtsmittelschrift) entstanden[163]. Soweit es an dieser »Vorprogrammierung« fehlt, etwa bei der abtrennbare, neue Kosten[164] produzierenden Berufungseinlegung nach Klageabweisung, ist nach hier vertretener Ansicht verjährungsrechtlich eine Trennung vorzunehmen[165].

69 Der Bundesgerichtshof sieht das allerdings anders. In der Einlegung einer Berufung wie auch in der Einlegung einer Nichtzulassungsbeschwerde liege keine einen neuen Schadensersatzanspruch auslösende Pflichtwidrigkeit. Hierin sei lediglich ein auf der ursprünglichen rechtlichen Fehleinschätzung beruhendes weiteres Versäumnis zu sehen[166].

157 BGH, Urt. v. 3.2.2011 – IX ZR 105/10 – juris, Rn. 10.

158 BGH, Urt. v. 2.2.2017 – IX ZR 91/15 – juris, Rn. 13.

159 BGH, a.a.O., juris, Rn. 15.

160 IX ZR 105/10 – juris.

161 A.a.O., juris, Rn. 10.

162 Vgl. Rdn. 78.

163 BGH NJW 1995, 2039, 2041; NJW 1998, 1488, 1491 (zu B. I. 2.); NJW 2001, 3543, 3545 = WM 2001, 1677, 1679 f. (insoweit nicht abgedruckt in BGHZ 148, 156).

164 Welche ihrerseits für diese neue Instanz wiederum »vorprogrammiert« sind.

165 Vgl. OLG Hamm NJW-RR 2001, 1073, 1075.

166 BGH, Urt. v. 10.5.2012 – IX ZR 125/10 – juris, Rn. 56; v. 3.2.2011 – IX ZR 105/10 – juris, Rn. 11; v. 13.11.2008 – IX ZR 69/07 – Rn. 9 (beide Entscheidungen im Rahmen vom damals noch geltenden § 51b BRAO bezogen auf den sog. Primäranspruch).

c) Verjährungsbeginn bei Spätfolgen

Bei unvorhersehbaren Spätschäden kann die Verjährungsfrist für Ansprüche auf Ersatz dieser Schäden erst von dem Zeitpunkt an verjähren, in dem der Geschädigte von ihnen und ihrem Verursacher Kenntnis erlangt[167]. Anders als bei § 51b BRAO (vgl. dort die 2. Alt. als Hilfsregel und dazu 9. Auflage, Rn. 1319 ff.) kann es in allen Fällen auf das Mandatsende nicht ankommen. 70

aa) Grundsatz der Schadenseinheit

Der **infolge eines bestimmten Verhaltens** (eines bestimmten Handelns oder Unterlassens) des Schädigers eingetretene Schaden ist grundsätzlich als ein einheitliches Ganzes aufzufassen. Daher läuft eine einheitliche Verjährungsfrist für alle Ansprüche auf Ersatz von adäquat verursachten, zurechenbaren und bei verständiger Würdigung **voraussehbaren Nachteilen**, sobald irgendein (Teil-) Schaden vorliegt[168]. Für einen Steuerschaden gilt nichts anderes[169]. Danach kann die Verjährung bei einem sich nach und nach entwickelnden Schaden aus ein und derselben Verletzungshandlung bereits eingetreten sein, bevor sich ein Folgenachteil einstellt[170]. 71

Schützen kann sich der Mandant dadurch, dass er neben einer Klage auf Ersatz der bereits entstandenen Schäden auf Feststellung der Ersatzpflicht für einen künftigen Schaden klagt. Das ist ihm möglich und zumutbar. Die Rechtsprechung lässt solche Feststellungsklagen bereits zu, wenn die Wahrscheinlichkeit eines auf die Verletzungshandlung zurückzuführenden Schadens substantiiert dargetan ist. Es ist im Rahmen der **Feststellungsklage** auch nicht geboten, Art, Umfang und Ausmaß des Schadens einzeln zu belegen. Erforderlich und genügend ist vielmehr ein Vortrag, aus dem sich die Kenntnis von der Vermögensbeeinträchtigung und der Verursachung in ihrer wesentlichen Gestaltung ergibt[171]. 72

Der grundsätzlichen Erstreckung einer vollendeten Verjährung auf spätere Schadensfolgen kann der Mandant nicht mit Hinweis auf die allgemeine Vertragspflicht des Anwalts, während der Weiterbearbeitung des Mandats seinen Auftraggeber möglichst vor weiteren Schäden zu bewahren und deswegen Nachteile seines Mandanten aus einer Pflichtverletzung abzuwenden oder wenigstens zu mindern, erfolgreich begegnen. Eine Vernachlässigung dieser Pflicht, einen bereits entstandenen Nachteil nicht zu beseitigen und dadurch zu vertiefen, ist nämlich keine selbstständige schadensursächliche Pflichtverletzung, die – dies wäre die Folge – die schadensauslösende Pflichtverletzung gleichsam aufheben und wegen ihrer Dauerwirkung ständig eine neue Verjährung für jeden weiteren Teilschaden beginnen lassen würde[172]. 73

---

167 Vgl. BGH NJW 2000, 861, 862; BGH NVwZ 2007, 362, 366 f. (Tz. 34).

168 BGH, Urt. v. 6.6.2019 – IX ZR 104/18 – juris, Rn. 19; Beschl. v. 15.11.2018 – IX ZR 60/18 – juris, Rn. 7; Urt. v. 23.4.2015 – IX ZR 176/12 – juris, Rn. 20; v. 24.1.2013 – IX ZR 108/12 – juris, Rn. 17; v. 24.3.2011 – IX ZR 187/09 – juris, Rn. 19; Beschl. v. 1.7.2010 – IX ZR 117/09 – juris, Rn. 2; Urt. v. 14.5.2009 – IX ZR 141/06 – juris, Rn. 27; v. 7.2.2008 – IX ZR 198/06 – juris, Rn. 31; NJW 2002, 1414, 1415 = WM 2002, 1078, 1080; v. 18.12.1997 – IX ZR 180/96 – juris, Rn. 13 mit umfassenden weiteren Nachweisen zur Rechtsprechung; NJW-RR 1998, 742, 743 = WM 1998, 786, 788 (unter II. 3.); vgl. auch BGH NJW-RR 2004, 1358, 1360 = WM 2004, 2034 (Steuerberater); NJW-RR 2006, 694, 696 (Konkursverwalter) = WM 2006, 148 (Tz. 23); OLG Hamm vom 28.2.2006 – 28 W 84/05.

169 BGH, Urt. v. 23.4.2015 – IX ZR 176/12 – juris, Rn. 20.

170 BGH NJW 1998, 1488, 1489 = WM 1998, 779, 780.

171 BGH, Urt. v. 10.7.2014 – IX ZR 197/12 – juris, Rn. 11 ff. v. 23.4.2015 – IX ZR 176/12 – juris, Rn. 21.

172 BGH, Urt. 18.12.1997 – IX ZR 180/96 – juris, Rn. 15. Wenn der BGH hier auch die Rechtsprechung zur Pflicht des Anwalts zur Erbringung zusätzlicher Leistungen von sich aus und honorarfrei (BGH NJW 1994, 1472, 1473 = WM 1994, 1114, 1116 = VersR 1994, 938) nicht zitiert, dürfte gleichwohl diese (vgl. dazu Kap. 2 Rdn. 259 und Kap. 4 Rdn. 225 m.w.N.) und nicht die zitierte Entscheidung BGHZ 129, 386 (396] = NJW 1995, 2108 richtigerweise einschlägig sein. Vgl. auch – kurz und bündig –: BGH NJW-RR 1998, 742, 743 = WM 1998, 786, 788 (unter II. 3., a.E.).

74 Der Grundsatz der Schadenseinheit greift auch ein, wenn ein abgeschlossener steuerlicher Beratungs- oder Gestaltungsfehler in mehrere nachfolgende Veranlagungszeiträume fortwirkt[173].

75 Dies gilt allgemein **ebenfalls, wenn** durch eine bestimmte Pflichtverletzung des Beraters ein **Schaden** hervorgerufen worden ist und durch eine nachfolgende weitere, durchaus eigenständige Pflichtverletzung **nur verfestigt wird**[174].

▶ Beispiel 1[175]:

Weder der Einspruch gegen einen Steuerbescheid noch die nachfolgende Anfechtungsklage werden vom Anwalt begründet.

▶ Beispiel 2[176]:

Der Kläger beauftragte den beklagten Rechtsanwalt mit der Wahrnehmung seiner Interessen in einem Scheidungs- und Versorgungsausgleichsverfahren. In der mündlichen Verhandlung vom 15.1.2001 vor dem AG wurde das Versorgungsausgleichsverfahren abgetrennt und die Ehe des Klägers geschieden. Die Anwartschaften des Klägers in der gesetzlichen Rentenversicherung überstiegen diejenigen seiner Ehefrau. Der Beklagte unterließ es, das AG auf die Versorgungsanwartschaften der Ehefrau, die diese neben einem Anspruch aus der gesetzlichen Rentenversicherung besitzt, hinzuweisen. Auskünfte zu den Versorgungsanwartschaften holte das AG nicht ein und erließ am 11.12.2001 einen Beschluss zum Versorgungsausgleich ohne Berücksichtigung der Versorgungsanwartschaften der Ehefrau. Der Beschluss wurde rechtskräftig. In der Folgezeit stellte der Beklagte für den Kläger einen Abänderungsantrag zum Versorgungsausgleich nach § 10a VAHRG, der in der Folgezeit nicht beschieden wurde. Laut Versorgungsauskunft besteht für die Ehezeit eine monatliche ausgleichspflichtige Versorgungsanwartschaft. Nach Inkrafttreten des Gesetzes zur Strukturreform des Versorgungsausgleichs (VAStrRefG) vom 3.4.2009 am 1.9.2009 und nach Ablauf der Übergangsvorschrift des § 48 Absatz 3 VersAusglG am 31.8.2010 wies das AG den Antrag mit Beschluss vom 12.12.2013 zurück; das von der geschiedenen Ehefrau erworbene Anrecht in der Beamtenversorgung fand also (weiterhin) keine Berücksichtigung. Die dagegen erhobene Beschwerde blieb ohne Erfolg.

Die Regressklage blieb ebenfalls ohne Erfolg; die vom beklagten Anwalt erhobene Verjährungseinrede, für die altes Verjährungsrecht Anwendung fand, war begründet. Der BGH hielt in seinem Urteil vom 6.6.2019 den für den Verjährungsbeginn maßgeblichen Schadenseintritt mit dem Beschluss des Amtsgerichts vom 11.12.2001 für gegeben, da sich dadurch die Vermögenslage infolge einer Pflichtverletzung des Beklagten verschlechtert habe. Er führt dann weiter aus:

> »Zwar hat das Berufungsgericht. mit Recht angenommen, dass dem Beklagten im Abänderungsverfahren eine weitere eigenständige Pflichtverletzung vorzuwerfen ist, weil er nicht auf einen rechtzeitigen Abschluss des Abänderungsverfahrens nach § 10aVAHRG vor Eintritt der Rechtsänderung am 1.9.2010 hingewirkt hat. Dadurch ist aber der Schaden, den der Kläger bereits infolge der ersten Pflichtverletzung des Bekl. im Versorgungsausgleichsverfahren erlitten hatte, nur verfestigt, nicht aber neu begründet worden. Die zweite Pflichtverletzung im Abänderungsverfahren hat die schadensursächliche Pflichtverletzung im Versorgungsausgleichsverfahren nicht gleichsam aufgehoben mit der Folge, dass die seit dem Beschluss des AG zum Versorgungsausgleich vom 11.12.2001 laufende und zwischenzeitlich verstrichene Verjährungsfrist durch eine neue Verjährungsfrist ersetzt wurde. Das im Abänderungsverfahren unberücksichtigt gebliebene Anrecht gehört zu dem Schaden des Klägers, den der Beklagte dadurch verursacht hat, dass er dem Kläger nicht empfohlen hat, gegen den Beschluss des AG zum Versorgungsausgleich vom 11.12.2001

173 BGH, Urt. v. 15.11.2012 – IX ZR 184/09 – juris, Rn. 7; Beschl. v. 21.6.2012 – IX ZR 109/09 – juris, Rn. 2; Urt. v. 18.12.1997 – IX ZR 180/96 – juris, Rn. 13 ff.; zur notwendigen Abgrenzung zur Fehlerwiederholung vgl. unten Rdn. 77.

174 BGH, Urt. v. 6.6.2019 – IX ZR 104/18 – juris, Rn. 19; Beschl. v. 1.7.2010 – IX ZR 117/09 – juris, Rn. 3.

175 BGH NJW-RR 1998, 742, 743 = WM 1998, 786, 788 (unter II. 3. a)); *Zugehör*, Beraterhaftung, Rn. 278.

176 BGH, Urt. v. 6.6.2019, a.a.O., Rn. 1–3.

Rechtsmittel einzulegen. Die (weitere) Vermögensverschlechterung infolge der Untätigkeit des Beklagten in dem Abänderungsverfahren war bei der gebotenen wertenden Betrachtung als ein adäquater Folgenachteil der Pflichtverletzung in dem Versorgungsausgleichsverfahren aufzufassen. Denn es lag nicht außerhalb aller Wahrscheinlichkeit, dass dem Fehlverhalten des Bekl. in dem Versorgungsausgleichsverfahren ein weiteres in dem Abänderungsverfahren folgte. Vielmehr legte der Umstand, dass der Bekl. bereits bis zu dem Abschluss des Versorgungsausgleichsverfahrens nicht auf eine Berücksichtigung des Anrechts der Ehefrau des Klägers gedrungen hatte, eine entsprechende Gefahr auch für das Abänderungsverfahren nahe.«[177]

Nicht anders ist eine nochmalige Auslösung **desselben** Schadens durch eine **Wiederholung** desselben schädigenden Verhaltens zu beurteilen[178] oder durch **Andauern lassen** eines schädigenden Unterlassens[179]. 76

▶ Beispiel:

Trotz auch die Vollstreckung aus einem Räumungsurteil umfassenden Auftrags unternimmt der Anwalt nichts, wodurch dem Mandanten Monat für Monat Mietausfallschäden entstehen.

Wird allerdings der **Fehler eines Steuerberaters** infolge der Periodizität von Steuererklärungen **wiederholt**, so setzt die Fehlerwiederholung jeweils eine eigene haftungsausfüllende Kausalität in Gang und erzeugt einen (weiteren) Schaden in Gestalt eines ungünstigen Steuerbescheides[180]. 77

bb) Keine Schadenseinheit bei mehreren selbstständigen Handlungen

Anders ist die verjährungsrechtliche Beurteilung, wenn sich mehrere **selbstständige** Handlungen oder Unterlassungen des Schädigers ausgewirkt haben, also nicht nur eine Wiederholung desselben schädigenden Verhaltens – nochmals – denselben Schaden auslöst[181]. Dann beginnt regelmäßig mit der Entstehung des **durch das jeweilige Verhalten** verursachten (Teil-)Schadens die Verjährung des dadurch begründeten Schadensersatzanspruchs[182], es sei denn, ein Schaden würde dadurch nur verfestigt (dazu oben Rdn. 73 m.w.N.). 78

▶ Beispiel[183]:

Der Mandant erleidet einen Schaden, der sich zusammensetzt aus Ansprüchen auf Abfindung wegen der Beendigung seines Arbeitsverhältnisses, auf Zahlung von während des Arbeitsverhältnisses verdienter Provisionen sowie auf Zahlung von Arbeitsentgelt für den Freistellungszeitraum, welche er nach seiner Auffassung gegenüber seinem früheren Arbeitgeber hätte durchsetzen können. Seine Anwältin versäumt im Hinblick auf sämtliche Ansprüche die rechtzeitige Geltendmachung (tarifvertragliche Verfallfrist).

Da es sich dabei um drei unterschiedliche Ansprüche handelt, welche zwar insgesamt aus dem früheren Arbeitsverhältnis des Klägers erwuchsen, im Übrigen jedoch rechtlich gänzlich unabhängig voneinander zu beurteilen waren, liegt eine Mehrzahl gesonderter Pflichtverletzungen vor, so dass die Verjährung des Regressanspruchs im Hinblick auf den jeweiligen Schaden jeweils einer gesondert zu bestimmenden Verjährung unterliegt[184].

---

177 BGH, a.a.O., Rn. 20.

178 BGH, Urt. v. 21.2.2002 – IX ZR 127/00 – juris, Rn. 10; v. 18.12.1997 – IX ZR 180/96 – juris, Rn. 15.

179 So auch *Chab*, in: G. Fischer/Vill/D. Fischer/Rinkler/Chab, 4. Auflage, § 7, Rn. 208 gegen BGHZ 71, 86, 93 f. = NJW 1978, 1377 zu § 852 Abs. 1 BGB a.F.

180 BGH, Urt. v. 15.11.2012 – IX ZR 184/09 – juris, Rn. 7; Beschl. v. 21.6.2012 – IX ZR 109/09 – juris, Rn. 2.

181 BGH, Urt. v. 6.6.2019 – IX ZR 104/18 – juris, Rn. 19; v. 24.3.2011 – IX ZR 197/09 – juris, Rn. 19; v. 21.2.2002 – IX ZR 127/00 – juris, Rn. 10; v. 18.12.1997 – IX ZR 180/96 – juris, Rn. 13; NJW-RR 1998, 742, 743 = WM 1998, 786, jeweils m.w.N.; vgl. so auch die Rechtsprechung zu § 852 Abs. 1 BGB a.F. und nun zu § 199 Abs. 1 BGB: BGH NJW 2008, 506, 507 = WM 2008, 89 (Tz. 16, 17).

182 BGH, Urt. v. 6.6.2019 – IX ZR 104/18 – juris, Rn. 19; BGH NJW 1993, 648, 650 = WM 1993, 251, 255; NJW-RR 1998, 742, 743 = WM 1998, 786, 788; NJW 2002, 1414, 1415 = WM 2002, 1078, 1080.

183 BGH, Urt. v. 24.3.2011 – IX ZR 197/09 – juris, Rn. 20.

184 BGH, a.a.O.

79 Eine derartige verjährungsrechtliche Trennung ist vom BGH auch mehrfach bereits praktiziert worden, wenn nach einem pflichtwidrigen **Verjährenlassen einer Mandantenforderung** gegen einen Dritten der Rechtsanwalt dies nicht sieht, daher seiner Partei nicht unter Hinweis auf diese Rechtslage von einer Klageerhebung abrät **und** durch **Einklagen der verjährten Forderung** seiner Partei einen weiteren Schaden in Gestalt der ihr auferlegten Prozesskosten zufügt[185]. Die Kosten des Rechtsstreits werden vom BGH dann nicht mehr als adäquater, zurechen- und vorhersehbarer Spätschaden aus dem ersten Fehlverhalten oder der diesem zugrunde liegenden Fehlberatung angesehen[186]. Die objektiven Voraussetzungen für den Verjährungsbeginn (§ 199 Abs. 1 Nr. 1 BGB) des (»neu begründeten«[187]) Ersatzanspruchs sind mit der Einreichung der Klage (vgl. Rdn. 68) grundsätzlich eingetreten, wobei diesbezüglich wieder der Grundsatz der Schadenseinheit eingreift (vgl. Rdn. 68, 69 m.w.N.).

80 Der in Rdn. 78, 79 dargestellten **Rechtsprechung ist zu folgen.** Dass der (spätere) Kostenschaden adäquat kausal, zurechen- und vorhersehbar auf das ursprüngliche Fehlverhalten des Anwalts zurückzuführen ist, ist nicht zu bezweifeln, ist aber nicht der entscheidende Punkt. Endet etwa das Mandat des Anwalts, nachdem er pflichtwidrig die Forderung hat verjähren lassen, und klagt nun ein neu beauftragter Anwalt – ebenfalls pflichtwidrig – die bereits verjährte Forderung ein oder legt Berufung ein, ist der erste Anwalt auch für den Kostenschaden als kausale und zurechenbare Folge seiner Pflichtverletzung haftbar; das Fehlverhalten seines Kollegen, der dem gleichen Rechtsirrtum unterlegen ist, unterbricht den Zurechnungszusammenhang nicht (vgl. oben Kap. 4 Rdn. 111). Die Verjährung des Schadensersatzanspruchs gegen den ersten Anwalt richtet sich einheitlich an dem Eintritt der Verjährung der Mandantenforderung bzw. seines Kostenschadens aus der ersten Instanz aus. Der Schadensersatzanspruch gegen den nur für den (weiteren) Kostenschaden regresspflichtigen zweiten Anwalt verjährt bei Vorliegen auch der subjektiven Voraussetzungen des § 199 Abs. 1 Nr. 2 BGB unter Beachtung der Ultimo-Regelung des § 199 Abs. 1 BGB drei Jahre nach Ablauf des Jahres der Erhebung der Klage gegen den Schuldner des Mandanten oder der Einlegung der Berufung. Wird nun aber kein neuer Anwalt eingeschaltet, begeht also der Anwalt auch die weiteren Fehler, muss der Mandant wegen der dadurch erst ausgelösten Kostenschäden ebenfalls die Chance haben, gleichermaßen drei Jahre lang einen Regressanspruch geltend machen zu können. Da der Anwalt mehrere Pflichtverletzungen begangen hat, wird er dadurch auch nicht unbillig benachteiligt.

cc) Abzulehnende Tendenzen zur Aufweichung der Grundsätze zur Schadenseinheit

81 Mit dem Grundsatz der Schadenseinheit und seiner **Abgrenzung zur verjährungsrechtlichen Trennung** befasst sich eine Entscheidung des V. Zivilsenats des BGH in einem Schrottimmobilienfall. Der Leitsatz Nr. 1 lautet:

> »Lässt sich ein Schadensersatzanspruch auf mehrere Beratungsfehler stützen, beginnt die kenntnisabhängige Verjährungsfrist für jeden Beratungsfehler gesondert zu laufen.«[188]

Hier fehlt der wichtige Zusatz, dass es sich um selbstständige Fehler handeln muss, will man verjährungsrechtlich trennen, so wie es im Rahmen von § 51b BRAO a.F. gehandhabt wurde und wie es der Rechtsprechung zu § 852 BGB a.F. entsprach, auf die sich der V. Zivilsenat in seinen Entscheidungsgründen maßgeblich stützt und hierzu ausführt:

> »Wann die Verjährungsfrist beginnt, wenn sich eine Schadensersatzklage auf mehrere, in einem sachlichen Zusammenhang stehende Verletzungshandlungen derselben Person stützen lässt, lässt sich … auf der

185 BGH NJW 1998, 1488, 1491 = WM 1998, 779 ff. (unter B. I. 2.); vgl. auch NJW-RR 1998, 742, 743 = WM 1998, 786, 788 (unter II. 3. a)); NJW 2001, 3543, 3545 = WM 2001, 1677, 1679 f. (insoweit nicht abgedruckt in BGHZ 148, 156); vgl. auch BGH, Urt. v. 2.2.2017 – IX ZR 91/15 – juris, Rn. 12; vgl. ferner unten Rdn. 176.

186 BGH NJW 1998, 1488, 1491 (unter B. I. 2.).

187 Vgl. BGH NJW-RR 1998, 742, 743 = WM 1998, 786, 788 (unter II. 3. a).

188 BGH NJW 2008, 506 = WM 2008, 89.

> Grundlage der Rechtsprechung zu § 852 BGB a.F. beantworten. Danach werden mehrere Handlungen, auch wenn sie gleichartig oder Teilakte einer natürlichen Handlungseinheit sind und auf einem einheitlichen Vorsatz des Schädigers beruhen, nicht unter dem Gesichtspunkt eines zusammenhängenden Gesamtverhaltens als Einheit betrachtet. Vielmehr stellt **jede Handlung, die eigene Schadensfolgen zeitigt** und dadurch zum Gesamtschaden beiträgt, verjährungsrechtlich eine **neue selbstständige Schädigung** dar und erzeugt daher einen neuen Ersatzanspruch mit eigenem Lauf der Verjährungsfrist.«[189]

Er fährt dann fort:

> »Nach diesen Grundsätzen bestimmt sich auch der Beginn der gem. **§ 199 I BGB** zu berechnenden Verjährung vertraglicher Schadensersatzansprüche, wenn ein Schuldner mehrere, von einander abgrenzbare offenbarungspflichtige Umstände verschwiegen hat oder ihm – wie hier – mehrere Beratungsfehler vorzuwerfen sind. Dem Gläubiger muss es in einem solchen Fall unbenommen bleiben, eine ihm bekannt gewordene Aufklärungspflichtverletzung – selbst wenn eine darauf gestützte Klage auf Rückabwicklung des Vertrags erfolgversprechend wäre – hinzunehmen, ohne Gefahr zu laufen, dass deshalb Ansprüche aus weiteren, ihm zunächst aber noch unbekannten Aufklärungspflichtverletzungen zu verjähren beginnen. Dem steht nicht entgegen, dass bereits ein Beratungsfehler ausreichen kann, um die Rückabwicklung des gesamten Vertrags zu erreichen. Denn jede Pflichtverletzung ist mit weiteren Nachteilen für das Vermögen des Gläubigers verbunden. Das rechtfertigt es, sie verjährungsrechtlich selbstständig zu behandeln. Die kenntnisabhängige regelmäßige Verjährungsfrist des § 195 BGB berechnet sich daher für jeden Beratungsfehler gesondert.«[190]

Da der BGH die Grundsätze zu § 852 BGB a.F. ausdrücklich auch für die kenntnisabhängige Verjährung vertraglicher Schadensersatzansprüche nach § 199 Abs. 2 BGB für maßgeblich erklärt, spricht das für die Annahme, dass einen Schaden nur verfestigende oder den Schaden nochmals auslösende Handlungen (oder Unterlassungen) für eine verjährungsrechtliche Trennung nicht ausreichen sollen, was auch richtig ist[191]. Andererseits höhlen seine weiteren Ausführungen, wonach der Gläubiger es in der Hand haben müsse, eine Pflichtverletzung hinzunehmen, ohne verjährungsrechtlich die Gefahr des Verlustes von Rechten aus einer anderen Pflichtverletzung eingehen zu müssen, und der lediglich als Behauptung in den Raum gestellte pauschale Satz, jede Pflichtverletzung sei mit weiteren Nachteilen für das Vermögen des Gläubigers verbunden, die bislang anerkannten Kriterien für die verjährungsrechtliche Trennung, kaum sind sie laut Obersatz für anwendbar erklärt, gleich wieder aus. Dementsprechend findet sich in der Anwendung auf den konkreten Fall keine Subsumtion zur Hervorrufung von eigenen Schadensfolgen etc[192]. Vielmehr wird ein »eigenständiger Beratungsfehler« bzw. ein »abgrenzbarer Beratungsmangel« auf ein anderes Kriterium gestützt, nämlich auf eine Grundverschiedenheit der den Fehlern zugrunde liegenden Ursachen[193]. 82

Im Urteil vom 24.3.2011 legt der III. Zivilsenat des BGH dies offen, wenn er ausführt:

> »Danach unterliegen mehrere Aufklärungs- oder Beratungsfehler, auch wenn sie nicht jeweils unterschiedliche eigenständige Schadensfolgen verursacht haben, sondern in demselben Schaden – hier: Erwerb der Kapitalanlage – münden, keiner einheitlichen, mit der Kenntnis vom ersten Fehler beginnenden Verjährung. ... Mit der in den vom Berufungsgericht angesprochenen Entscheidungen verwandten Formulierung »eigene Schadensfolgen« sind insoweit nicht (nur) unterschiedliche Schäden gemeint (dass dann, wenn verschiedene Aufklärungs- und Beratungsfehler unterschiedliche Schadensfolgen verursachen, die sich hieraus ergebenden Schadensersatzansprüche auch unterschiedlich verjähren, hätte im Übrigen, weil selbstverständlich, keiner näheren Begründung bedurft); vielmehr wird auch und gerade der Fall erfasst, dass die

---

189 BGH NJW 2008, 506, 507 = WM 2008, 89 (Tz. 16); zur verjährungsrechtlichen Behandlung von Fehlern eines Steuerberaters vgl. auch BGH, Beschl. v. 21.6.2012 – IX ZR 109/09 – juris, Rn. 2 und dazu schon Rdn. 75–77.

190 BGH NJW 2008, 506, 507 = WM 2008, 89 (Tz. 17); vgl. dem folgend BGH, Urt. v. 19.11.2009 – III ZR 169/08 – juris, Rn. 15 (»wenn mehrere, voneinander abgrenzbare Beratungsfehler vorzuwerfen sind«); v. 24.3.2011 – III ZR 81/10 – juris, Rn. 14.

191 Vgl. BGH NJW 2002, 1414, 1415 = WM 2002, 1078, 1080; vgl. auch Rdn. 75.

192 Informationspflichtverletzungen haben ohnehin, wie *Griegoleit/Miethaner*, LMK 2008, 254922 zutreffend anmerken, in aller Regel keine eigenen Schadensfolgen.

193 BGH NJW 2008, 506, 508 (Tz. 26, 27).

Pflichtverletzungen denselben Schaden verursachen, also auch weitere Beratungs- oder Aufklärungsfehler ursächlich für die Anlageentscheidung gewesen sind. … Die Verjährung beginnt danach für jeden abgrenzbaren Beratungsfehler gesondert zu laufen…«[194]

83 In einer weiteren Entscheidung des III. Zivilsenats des BGH wird zum Beginn der Verjährung von Amtshaftungsansprüchen wegen pflichtwidriger Unterlassung

»mit Rücksicht auf die Abgrenzungsschwierigkeiten sowie auf den Gedanken des Schuldnerschutzes und des Rechtsfriedens eine den Verjährungsbeginn hinausschiebende »Dauerhandlung« in derartigen Fällen ebenso abgelehnt wie ein einheitlicher Beginn der Verjährung schon mit dem ersten Rechtsverstoß des Schädigers und ist dem entgegen von mehrfachen neuen Eingriffen ähnlich wie bei der Wiederholung einer schädigenden Handlung in Fällen positiven Tuns [auszugehen][195]. Das bedeutet im Streitfall, dass für jeden durch die Verzögerung der Antragsbearbeitung eingetretenen Teil des Zinsschadens im Grundsatz ein unterschiedlicher Beginn der Verjährungsfrist und auch vor dem vom Berufungsgericht angenommenen Stichtag anzusetzen ist.«[196]

84 **Diese Aufweichungen der Grundsätze zur Schadenseinheit sind abzulehnen**[197]. Zu den im Bereich der Anwaltshaftung relevanten Fallgestaltungen und zu deren verjährungsrechtlicher Behandlung unter Berücksichtigung des Grundsatzes der Schadenseinheit, bei der die vorstehend dargestellte Rechtsprechung des V. und III. Zivilsenats des BGH bislang (richtigerweise) keine Rolle spielt, wird auf Rdn. 71 ff. verwiesen. Die Bewertung von *Jungk*[198], der BGH sei mit der Entscheidung vom 9.11.2007[199] nicht weit von der Rechtsprechung in Anwaltshaftungsfällen nach altem Recht entfernt, entpuppt sich bei näherer Urteilsanalyse als trügerisch[200].

3. Die subjektiven Voraussetzungen nach § 199 Abs. 1 Nr. 2 BGB

a) Kenntnis der anspruchsbegründenden Umstände und der Person des Ersatzpflichtigen

aa) Eigene Kenntnis

85 Hinreichende **Kenntnis von den anspruchsbegründenden Umständen und der Person des Ersatzpflichtigen** (§ 199 Abs. 1 Nr. 2 Hs. 1 BGB) hat der Verletzte nach der Rechtsprechung des BGH dann, wenn er aufgrund der ihm bekannten Tatsachen gegen eine bestimmte Person eine Schadensersatzklage, sei es auch nur eine Feststellungsklage, erheben kann, die bei verständiger Würdigung so viel Erfolgsaussicht hat, dass sie ihm zumutbar ist[201]. Die dafür notwendige Kenntnis von den den Anspruch begründenden Umständen liegt in der Regel vor, wenn der Geschädigte die **tatsächlichen** Umstände (also nicht notwendigerweise den Anspruch selbst[202]) kennt, die **von seinem Standpunkt aus**[203] eine ihn schädigende schuldhafte Pflichtverletzung zumindest so **nahe legen**, dass eine im oben genannten Sinne Erfolg versprechende Klage eingereicht werden kann[204].

---

194 BGH, Urt. v. 24.3.2011 – III ZR 81/10 – juris, Rn. 14, 15; vgl. auch *Vollkommer/Greger*, § 24, Rn. 3; Palandt/*Ellenberger*, BGB, § 199, Rn. 28.

195 Verweis auf BGH NVwZ 2007, 362, 367 (Tz. 34 ff.) sowie NJW 1978, 1377.

196 BGH NJW 2007, 830, 833 (Tz. 27).

197 So nun auch *Chab*, in: G. Fischer/Vill/D. Fischer/Pape/Chab, § 7, Rn. 37.

198 *Jungk*, BRAK-Mitt. 2008, 59.

199 BGH NJW 2008, 506 = WM 2008, 89.

200 Vgl. auch *Borgmann/Jungk/Schwaiger*, 5. Auflage, Kap. X, Rn. 4c mit dem richtigen Rat, dass es angesichts der Kontroverse innerhalb der Rechtsprechung für den Anwalt der vorerst sicherere Weg ist, den erstmöglichen Beginn der Verjährung zu berücksichtigen.

201 BGH NJW 2008, 2576, 2578 = WM 2008, 1346 (Tz. 27); NJW 2008, 506, 507 = WM 2008, 89, 91 (Tz. 15); NJW-RR 2005, 69, 70; NJW-RR 2004, 1069, 1070 m.w.N.; vgl. auch *Sandkühler*, in: Arndt/Lerch/Sandkühler, § 19 BNotO, Rn. 237.

202 Staudinger/*Peters/Jacoby* (2019), § 199, Rn. 69.

203 BGH VersR 1966, 632, 634 unter Verweis auf RGZ 142, 351 (zur Kenntnis der Person des Schuldners bei Amtspflichtverletzung).

204 Vgl. BGH NJW 1996, 117, 118 = WM 1996, 125 ff.; BGHZ 138, 247, 252 = NJW 1998, 2051, 2052; BGHZ 150, 172, 186 = NJW-RR 2002, 1793, 1797; BGHZ 170, 260, 271; NVwZ 2007, 362, 367

Es genügt also, dass er den Hergang in seinen Grundzügen kennt und für ihn **bei typisierender Betrachtung**[205] ersichtlich ist, dass der **Sachverhalt erhebliche Anhaltspunkte** für die Entstehung eines Anspruchs bietet[206]. Alleine die Kenntnis der tatsächlichen Umstände vermittelt dem Laien noch keine Kenntnis der Pflichtwidrigkeit einer Handlung. Vielmehr muss der Mandant nicht nur die wesentlichen tatsächlichen Umstände kennen, sondern auch Kenntnis von solchen Tatsachen erlangen, aus denen sich für ihn – zumal wenn er juristischer Laie ist – ergibt, dass der Rechtsberater von dem üblichen rechtlichen Vorgehen abgewichen oder Maßnahmen nicht eingeleitet hat, die aus rechtlicher Sicht zur Vermeidung eines Schadens erforderlich waren[207]. Ohne Kenntnis von Tatsachen, die aus seiner Sicht auf eine anwaltliche Pflichtverletzung hindeuten, hat er nämlich keine Veranlassung, die anwaltliche Leistung in Frage zu stellen[208]. Ähnlich wie der Patient bei der Arzthaftung[209], der Amtshaftungsgläubiger[210] oder der Anleger[211] erfordert dies also, dass das anwaltliche Verhalten **vom Mandanten als Abweichung vom** juristischen **»Standard« erkannt** wird, wobei gewissermaßen eine »Parallelwertung in der Laiensphäre« genügt[212].

Weitere **Besonderheiten** sind zu beachten, **wenn das Mandat noch nicht beendet ist.** Dazu hat der 86
BGH ausgeführt:

»Solange das Mandat noch nicht beendet ist, sind weitere Besonderheiten zu beachten. Für ein fehlerhaftes Verhalten des Anwalts ist aus der Sicht des Mandanten dann regelmäßig kein Anhalt im Sinne grob fahrlässiger Unkenntnis gegeben, wenn der in Betracht kommende Fehler im Rechtsstreit kontrovers beurteilt wird und der Anwalt gegenüber dem Mandanten oder in Ausübung des Mandats nach außen hin die Rechtsansicht vertritt, ein Fehlverhalten liege nicht vor. Der Anwaltsvertrag ist in besonderer Weise durch gegenseitiges Vertrauen geprägt (BGH, Urteil vom 23.2.1995 – XI ZR 29/94, WM 1995, 1064, 1071; vom 7.2.2013 – IX ZR 138/11, WM 2013, 942 Rn. 12). Dies gilt auch für das hier in Rede stehende zivilprozessuale Mandat (vgl. BGH, Urteil vom 7.2.2013, aaO). Die rechtliche Bearbeitung eines ihm anvertrauten Falles ist allein Sache des Anwalts. Der Mandant muss – selbst wenn er über eine juristische Vorbildung verfügt – sich darauf verlassen können, dass der beauftragte Anwalt die anstehenden Rechtsfragen fehlerfrei beantwortet und der erteilte Rechtsrat zutreffend ist (BGH, Urteil vom 24.6.1993 – IX ZR 216/92, NJW 1993, 2747, 2750). Dem Mandanten obliegt es nicht, den Anwalt zu überwachen oder dessen Rechtsansichten durch einen weiteren Rechtsberater überprüfen zu lassen (vgl. BGH, Urteil vom 24.6.1993, aaO; vom 9.12.1999 – IX ZR 129/99, NJW 2000, 1263, 1265; vom 15.4.2010 – IX ZR 189/09, WM 2010, 993 Rn. 14). Rät der Berater zur Fortsetzung des Rechtsstreits, hat der Mandant in der Regel sogar dann keine Kenntnis von der Pflichtwidrigkeit des Beraters, wenn das Gericht oder der Gegner zuvor auf eine Fristversäumung hingewiesen hat.«[213]

»Anders liegt allerdings der Fall, wenn der Mandant aus den ihm bekannten Umständen selbst den Schluss auf einen gegen den Berater gerichteten Schadensersatzanspruch gezogen hat. Mit dem Schadensersatzverlangen gibt der Mandant zu erkennen, dass er dem Berater nicht mehr (uneingeschränkt) vertraut. Im Blick

---

(Tz. 27, 30); vgl. auch BGHZ 122, 317, 325 = NJW 1993, 2303, 2305; *Sandkühler*, in: Arndt/Lerch/Sandkühler, § 19 BNotO, Rn. 238; Palandt/*Ellenberger*, § 199 BGB, Rn. 28.

205 BGH NJW-RR 2008, 1237, 1238 = WM 2008, 1077 (Tz. 8).

206 BGHZ 97, 97, 111 = NJW 1986, 2309, 2312; BGH NJW 1990, 176, 179; OLG Frankfurt NJW-RR 1996, 21; MünchKomm/*Grothe*, § 199, Rn. 28.

207 BGH, Urt. v. 6.2.2014 – IX ZR 245/12 – juris, Rn. 13 bis 15; v. 6.2.2014 – IX ZR 217/12 – juris, Rn. 9; v. 15.12.2016 – IX ZR 58/16 – juris, Rn. 11; v. 25.10.2018 – IX ZR 168/17 – juris, Rn. 9 (Steuerberater); OLG Hamm, Beschl. v. 16.10.2018 – 28 W 30/18 – juris, Rn. 13.

208 BGH, Urt. v. 6.2.2014 – IX ZR 217/12 – juris, Rn. 9.

209 Vgl. BGH NJW 1991, 2350, 2351; BGH, Urt. v. 8.11.2016 – VI ZR 594/15 – juris, Rn. 13.

210 Für den notariellen Amtshaftungsanspruch vgl. nun BGH, Urt. v. 10.10.2019 – III ZR 227/18 – juris, LS und Rn. 18, 19, wo der III. Zivilsenat nun auch auf die »Perspektive eines Laien« abstellt, nach der »das Vorgehen des Notars als irregulär und daher möglicherweise pflichtwidrig« erscheine.

211 Vgl. BGH, Urt. v. 6.2.2014, a.a.O., juris, Rn. 11, 12, 15.

212 Vgl. BGH NJW 2007, 830, 833 = WM 2007, 414 (Tz. 28); NJW 1996, 117, 118 = WM 1996, 125; NJW 1994, 3092, 3093 (unter III. 1. a.E.).

213 BGH, Urt. v. 6.2.2014 – IX ZR 245/12 – juris, Rn. 17; so auch BGH, Urt. v. 25.10.2018 – IX ZR 168/17 – juris, Rn. 9 f. (Steuerberater).

auf den Beginn der Verjährungsfrist ist der Mandant nun nicht mehr schutzwürdig. Er hat zumindest drei Jahre Zeit, den erkannten Schadensersatzanspruch durchzusetzen oder jedenfalls den Lauf der Verjährungsfrist zu hemmen. Gelingt es dem Rechtsberater, das Vertrauen des Mandanten zurückzugewinnen, führt dies weder zu einer Hemmung noch zu einem Neubeginn der Verjährungsfrist. Allerdings kann die vom Rechtsberater erhobene Einrede der Verjährung rechtsmissbräuchlich sein, wenn er seinen Mandanten davon abhält, die Verjährung rechtzeitig zu hemmen. Es gelten die vom Bundesgerichtshof hierzu entwickelten Grundsätze (vgl. BGH, Urteil vom 29. Februar 1996 – IX ZR 180/95, ZIP 1996, 791, 793; Beschluss vom 20. November 2008 – IX ZR 145/06, Beck RS 2008, 26023 Rn. 2; Urteil vom 14. November 2013 – IX ZR 215/12, WM 2014, 854 Rn. 15).«[214]

87 Damit geht der IX. Zivilsenat wegen der Besonderheiten des anwaltlichen Vertrauensverhältnisses zu Recht über die Rechtsprechung des III. Zivilsenats zur Notarhaftung hinaus, bei der dem Geschädigten die Erhebung einer Amtshaftungsklage nicht zugemutet wird, wenn und solange kein konkreter Anlass besteht, die Richtigkeit der durch einen Notar erteilten Auskunft über die Amtspflicht und deren Umfang in Zweifel zu ziehen[215]. Gegenüber seinem Anwalt kann ein Mandant hingegen grundsätzlich unbeschränkt auf dessen Aussagen und Beratungen vertrauen, auch wenn andere etwas anderes sagen[216]. Hat er aber zu erkennen gegeben, dass er seinem Anwalt nicht mehr (uneingeschränkt) vertraut, beginnt (mit dem Schluss des Jahres) grundsätzlich der Lauf der dreijährigen Verjährungsfrist[217].

88 Es ist zu begrüßen, dass der IX. Zivilsenat mithin der Rechtsprechung des III. und des XI. Zivilsenats bei der verjährungsrechtlichen Behandlung von Bereicherungsansprüchen nicht gefolgt ist und der III. Zivilsenat bei der notariellen Amtshaftung nun auch auf die »Perspektive eines Laien« abstellt, und ob danach »das Vorgehen des Notars als irregulär und daher möglicherweise pflichtwidrig« erscheint[218]. Es sind nämlich durchgreifende Einwände zu erheben, wenn für den Beginn der Verjährungsfrist bei einem Bereicherungsanspruch grundsätzlich die schlichte Kenntnis der der Vermögensverschiebung zugrunde liegenden Tatsachen ausreichen soll und darauf verwiesen wird, dass sich auch bei sonstigen gesetzlichen oder vertraglichen Ansprüchen das Vorliegen eines Anspruchs erst nach Klärung nicht immer geläufiger Rechtsfragen ergeben könne und zumindest drei Jahre zur Verfügung stünden, um den Vorgang rechtlich prüfen und sich entsprechend beraten zu lassen[219]. Diese Erwägungen lassen den entscheidenden Punkt vermissen: Ohne irgendwelche Anhaltspunkte für den juristischen Laien, dass ihm gegen einen Dritten ein Anspruch erwachsen sein kann, besteht doch keinerlei Anlass, eine Rechtsdienstleistung in Anspruch zu nehmen[220]. Der Verweis auf eine Zeit von drei Jahren Zeit ist dann reine Abstraktion.

89 Legen die Umstände nahe, dass es an einer anspruchsbegründenden Voraussetzung fehlt, ist Kenntnis i.S.d. § 199 BGB erst ab Klärung der hierfür relevanten Tatsachen gegeben[221]. Ausreichend ist es aber z.B., wenn eine Kenntnis von der Vermögensbeeinträchtigung und der Verursachung in ihrer wesentlichen Gestaltung vorhanden ist, während das Schadensbild hinsichtlich des Umfangs und Höhe der Schädigung sowie die Einzelheiten des schadensstiftenden Ereignisses und des weiteren Ursachenverlaufs nicht bekannt zu sein brauchen[222]. Es ist auch **nicht erforderlich**, dass der Geschädigte **alle Einzelumstände** kennt, die für die Beurteilung möglicherweise Bedeutung haben,

214 BGH, Urt. v. 29.10.2020 – IX ZR 10/20 – juris, Rn. 29.
215 BGH, Urt. v. 7.3.2019 – III ZR 117/18 – juris, Rn. 21.
216 BGH, Urt. v. 6.2.2014 – IX ZR 245/12 – juris, Rn. 17; v. 25.10.2018 – IX ZR 168/17 – juris, Rn. 9 f. (Steuerberater).
217 BGH, Urt. v. 29.10.2020 – IX ZR 10/20 – juris, Rn. 29.
218 BGH, Urt. v. 10.10.2019 – III ZR 227/18 – juris, LS und Rn. 18, 19.
219 BGH NJW-RR 2008, 1237, 1238 = WM 2008, 1077 (Tz. 8); ähnlich NJW 2008, 1729, 1732 (Tz. 26); grundsätzlich genauso BGH, Urt. v. 15.6.2010 – XI ZR 309/09 – juris, Rn. 12 und 17; v. 28.10.2014 – XI ZR 348/13 – juris, Rn. 35.
220 Vgl. auch PWW/*Deppenkemper*, § 199, Rn. 14.
221 Vgl. BGH, Urt. v. 22.6.1993 – VI ZR 190/92 – juris, Rn. 11, 16; MünchKomm/*Grothe*, § 199, Rn. 28.
222 BGH NJW 1993, 648, 653.

noch muss er bereits hinreichend sichere Beweismittel in der Hand haben, um einen Rechtsstreit im Wesentlichen risikolos führen zu können[223].

Ebenso grundsätzlich **nicht notwendig** ist die **zutreffende rechtliche Würdigung** der anspruchsbegründenden Tatsachen[224]. Ein **Rechtsirrtum** des Gläubigers ist demnach grundsätzlich unerheblich, soweit er nicht zur Folge hat, dass ihm die Kenntnis der anspruchsbegründenden Umstände oder der Person des Schuldners abgesprochen werden muss[225]. Bei besonders unklarer und verwickelter Rechtslage, die selbst ein rechtskundiger Dritter nicht einzuschätzen vermag, können erhebliche rechtliche Zweifel ausnahmsweise der Annahme einer Kenntnis i.S.d. § 199 Abs. 1 Nr. 2 Hs. 1 BGB entgegenstehen, weil es an der Zumutbarkeit der Klageerhebung als übergreifender Voraussetzung für den Verjährungsbeginn (vgl. dazu Rdn. 94) fehlt[226]. Erst mit der Klärung der Rechtszweifel oder des beachtlichen Rechtsirrtums beginnt in diesem Fall die Verjährung, wobei dies wegen der Ultimo-Regel (§ 199 Abs. 1 Hs. 1 BGB) praktische Bedeutung nur erlangt, wenn sich die Klärung des Anspruchs mindestens in das folgende Jahr verschiebt. 90

bb) Kenntnis eines sog. Wissensvertreters

Die Kenntnis eines sog. Wissensvertreters (§ 166 Abs. 1 BGB analog) muss sich der Geschädigte wie schon zu § 852 Abs. 1 BGB a.F. nach Treu und Glauben (§ 242 BGB) auch im Rahmen von § 199 Abs. 1 BGB zurechnen lassen. Wissensvertreter ist jeder, der nach der Arbeitsorganisation des Geschäftsherrn dazu berufen ist, im Rechtsverkehr als dessen Repräsentant bestimmte Aufgaben in eigener Verantwortung zu erledigen und die dabei anfallenden Informationen zur Kenntnis zu nehmen sowie gegebenenfalls weiter zu leiten[227]. Das ist im Bereich der Haftung des Rechtsanwalts gegeben vor allem bei der Beauftragung eines neuen Rechtsanwalts wegen des Schadensvorgangs, insbesondere zur Geltendmachung eines daraus resultierenden Regressanspruchs[228]. Eine Zurechnung kommt regelmäßig jedoch auch in Betracht, wenn der Anwalt mit der Fortführung oder Überprüfung des ersten, dem späteren Anspruchsgegner erteilten Mandats beauftragt wird, auf welchem der Schadensersatzanspruch beruht[229]. Eine Wissenszurechnung scheidet indes aus, wenn sich der betreffende Anspruch gerade gegen diejenige Person richtet, deren Wissen zugerechnet werden soll; denn in derartigen Fällen kann nicht erwartet werden, dass der Schuldner dafür sorgt, dass Ansprüche gegen ihn selbst geltend gemacht werden[230]. 91

223 BGH NJW 2008, 2576, 2578 = WM 2008, 1346 (Tz. 27) m.w.N.

224 BGH NJW 2008, 2576, 2578 = WM 2008, 1346 (Tz. 27); NJW-RR 2008, 1237, 1238 = WM 2008, 1077 (Tz. 7); NJW 1996, 117, 118 = WM 1996, 125 ff. jeweils m.w.N.; vgl. auch (für die Notarhaftung) BGH, Urt. v. 7.3.2019 – III ZR 117/18 – juris, Rn. 18.

225 BGH VersR 1963, 254; VersR 1966, 632, 634 unter Verweis auf RGZ 142, 351; MünchKomm/*Grothe*, § 199, Rn. 29.

226 BGH NJW 1994, 3162, 3164; NJW 1999, 2041, 2042 = WM 1999, 974 ff.; NJW 1999, 2183, 2186 = WM 1999, 1330, 1334; NJW-RR 2005, 1148, 1149; BGH, Urt. v. 28.10.2014 – XI ZR 348/13 – juris, Rn. 35, 44 ff.; BGH, Urt. v. 7.3.2019 – III ZR 117/18 – juris, Rn. 19 (Notarhaftung); vgl. auch Palandt/*Ellenberger*, § 199 BGB, Rn. 27; PWW/*Deppenkemper*, § 199, Rn. 13; MünchKomm/*Grothe*, § 199, Rn. 29; *Sandkühler*, in: Arndt/Lerch/Sandkühler, § 19 BNotO, Rn. 239.

227 BGH, Urt. v. 25.10.2018 – IX ZR 168/17 – juris, Rn. 13 unter Bezugnahme auf BGH, Urt. v. 24.1.1992 – V ZR 262/90, BGHZ 119, 104, 106 f.

228 BGH, a.a.O., Rn. 14; BGH NJW 1989, 2323 f.; NJW 1992, 1099; NJW 1993, 648, 652; NJW 1994, 1150; WM 2003, 975, 976.

229 BGH, Urt. v. 25.10.2018 – IX ZR 168/17 – juris, Rn. 14.

230 BGH, Urt. v. 25.10.2018 – IX ZR 168/17 – juris, Rn. 13 unter Bezugnahme auf BGH, Urt. v. 23.1.2014 – III ZR 436/12, WM 2014, 900 Rn. 20 m.w.N.

b) Grob fahrlässige Unkenntnis

aa) Eigene Unkenntnis

92 Nach § 199 Abs. 1 Nr. 2 BGB steht die **auf grober Fahrlässigkeit beruhende Unkenntnis** der Kenntnis gleich. Auch grob fahrlässige Unkenntnis von den anspruchsbegründenden Umständen und der Person des Schuldners setzt grundsätzlich keine zutreffende rechtliche Würdigung voraus[231]. Grobe Fahrlässigkeit liegt nach allgemeiner Definition vor, wenn die verkehrserforderliche Sorgfalt in besonders schwerem Maße verletzt wird, schon einfachste, ganz nahe liegende Überlegungen nicht angestellt werden und das nicht beachtet wird, was im gegebenen Fall jedem einleuchten müsste[232]. Dabei muss auch in subjektiver Hinsicht ein schweres Verschulden vorliegen[233]. Unter Beachtung dieser objektiven und subjektiven Kriterien kann ein Verjährungsbeginn trotz fehlender Kenntnis bejaht werden, wenn sich der Geschädigte die Kenntnis in zumutbarer Weise ohne nennenswerte Mühe und Kosten beschaffen kann, sich vor einer sich aufdrängenden Kenntnis missbräuchlich verschließt oder auf der Hand liegende Erkenntnismöglichkeiten nicht ausnützt[234]. Aber auch wenn die Schwelle zum rechtsmissbräuchlichen Verhalten nicht überschritten wird, bei dem letztlich das Sichberufen auf Unkenntnis als Förmelei erscheint, weil jeder andere in der Lage des Geschädigten unter denselben konkreten Umständen die Kenntnis gehabt hätte[235], kann grobe Fahrlässigkeit gegeben sein, so beispielsweise, wenn der Geschädigte einem sich aufdrängenden Verdacht nicht nachgeht[236] oder sich die erforderliche Kenntnis durch einfache Erkundigung z.B. bei dem Anwalt oder einem Dritten mühelos und ohne nennenswerten Kostenaufwand beschaffen könnte[237]. Dabei sind, da grobe Fahrlässigkeit auch subjektiv einen schweren Verstoß verlangt, die gesamten subjektiven Umstände zu würdigen, wie etwa die Persönlichkeit des Geschädigten, seine Vorbildung und Lebenserfahrung[238].

bb) Unkenntnis eines sog. Wissensvertreters

93 Ebenso geht ein missbräuchliches Sichverschließen des Wissensvertreters vor der Kenntnis, wenn er Kenntnisse grob fahrlässig nicht erlangt oder nicht verwertet, obwohl ihm dies rechtlich möglich und zumutbar wäre und ohne dass ihn die Pflicht zur Verschwiegenheit (§ 43a BRAO) daran hinderte, zu Lasten des Geschädigten[239]. Eine Zurechnung scheidet indes aus, wenn sich der betreffende Anspruch gerade gegen denjenigen richtet, dessen Sichverschließen vor der Kenntnis dem Geschädigten zugerechnet werden soll. Denn in solchen Fallkonstellationen kann ebensowenig wie bei Vorliegen der Kenntnis beim Wissensvertreter nicht erwartet werden, dass dieser dafür sorgen wird, dass Ansprüche gegen ihn selbst geltend gemacht werden können[240].

4. Zumutbarkeit einer Schadensersatzklage

94 Die **Zumutbarkeit** der Erhebung einer Schadensersatzklage (als Leistungs- oder Feststellungsklage; vgl. schon Rdn. 84 und 90) kann nicht deshalb verneint werden, weil die aussichtsreiche

231 BGH NJW-RR 2008, 1237, 1238 = WM 2008, 1077.

232 BGH, Urt. v. 8.7.2010 – III ZR 249/09 – juris, Rn. 28 m.w.N; v. 23.3.2017 – III ZR 93/16 – juris, Rn. 8 m.w.N.; v. 20.7.2017 – III ZR 296/15 – juris, Rn. 24 m.w.N.

233 BGH, a.a.O.

234 BGH, a.a.O.; vgl. auch (noch zu § 852 Abs. 2 BGB a.F.): BGH NJW 1990, 2808; NJW 1999, 423; NJW 2000, 953; NJW 2001, 1721, 1722; NJW 2002, 2787, 2788 = WM 2002, 2210; NJW 2003, 288, 289 = WM 2003, 40.

235 Vgl. dazu beispielsweise BGH NJW 2003, 288, 289 = WM 2003, 40 m.w.N.

236 Palandt/*Ellenberger*, § 199 BGB, Rn. 40.

237 Vgl. BGH, Urt. v. 8.7.2010 – III ZR 249/09 – juris, Rn. 28.

238 *Sandkühler*, in: Arndt/Lerch/Sandkühler, § 19 BNotO, Rn. 246.

239 BGH, Urt. v. 25.10.2018, a.a.O.; vgl. auch schon BGH NJW 1989, 2323 f.

240 BGH, Urt. v. 25.10.2018 – IX ZR 168/17 – juris, Rn. 13 unter Bezugnahme auf BGH, Urt. v. 23.1.2014 – III ZR 436/12, WM 2014, 900 Rn. 20 m.w.N.

Möglichkeit besteht, einen auf Schadensbeseitigung gerichteten Prozess gegen einen Dritten zu gewinnen. Die Rechtsprechung des BGH zur allgemeinen Amtshaftung nach Art. 34 GG, § 839 BGB, wonach einem Geschädigten nicht zugemutet wird, parallel zu anderen Rechtsbehelfen eine Amtshaftungsklage zu erheben, sei es auch nur zur Fristwahrung[241], ist auf die Anwaltshaftung nicht anwendbar. Mit Urteil vom 6.2.2003 hat es der BGH bereits abgelehnt, die dargestellten Grundsätze auf die Amtshaftungsklage gegen einen Notar zu erstrecken und ein unzumutbar widersprüchliches prozessuales Verhalten des Geschädigten unter solchen Umständen verneint[242]. Mit Urteil vom 29.2.1996 ist vom IX. Zivilsenat ausgesprochen worden, dass die Verjährung eines Regressanspruchs gegen den Steuerberater nicht dadurch gehindert wird, dass dieser für seinen Auftraggeber Einspruch gegen den Steuerbescheid einlegt; die Rechtsprechung des III. Zivilsenats beschränke sich auf den Bereich der Amtshaftung, der dadurch gekennzeichnet sei, dass die öffentliche Hand sowohl Gegnerin im **Primärrechtsschutzverfahren** als auch Schuldnerin von Schadensersatz sei[243]. Erst recht kann ein Mandant vor einer Regressklage gegen einen Rechtsanwalt nicht auf eine Inanspruchnahme von Primärrechtsschutz verwiesen werden. Die klageweise Inanspruchnahme eines Dritten hemmt die Verjährung des Regressanspruchs nicht, zumal in solchen Fällen eine Streitverkündung in dem Inzidentprozess zur Verfügung steht. Diese weitere Möglichkeit zur Hemmung der Verjährung ist gerade für solche Fälle geschaffen worden, in denen die Voraussetzungen einer Regresspflicht ganz oder zum Teil in einem Vorprozess festgestellt werden sollen, der über den Ablauf der für den Rückgriffsanspruch geltenden Verjährungsfrist andauern kann[244].

II. Die Höchstfristen

Für die Höchstfristen gilt die Ultimo-Regel des § 199 Abs. 1 Hs. 1 BGB nicht[245]. Sie beginnen 95 vielmehr **taggenau** und sind gemäß §§ 187 ff. BGB zu berechnen[246].

Das neue Schuldrecht enthält im Deliktsrecht keine eigenständige Verjährungsregelung mehr mit 96 Ausnahme der in § 852 S. 2 BGB für den deliktischen Bereicherungsanspruch, welche inhaltlich § 199 Abs. 2 S. 1 Ziff. 1 und 2 BGB angeglichen ist und die auch bei einer Konkurrenz zu einem vertraglichen Schadensersatzanspruch selbstständige Bedeutung behält. **§ 199 Abs. 2 BGB** gilt auch bei Ansprüchen gegen einen Rechtsanwalt, wenn dieser durch vertragswidriges und/oder deliktisches Handeln die dort aufgeführten Rechtsgüter verletzt hat. Die Verjährungsfrist beginnt hier nach ausdrücklicher gesetzlicher Anordnung nicht erst mit dem Schadenseintritt, sondern mit der die Schadensursache setzenden Pflichtverletzung bzw. der Deliktshandlung.

Da normalerweise Regressansprüche nicht auf einer Verletzung des Lebens, des Körpers, der Ge- 97 sundheit oder der Freiheit beruhen, greift für die Anwaltshaftung als Höchstfristenregelung regelmäßig **§ 199 Abs. 3 BGB** ein. Danach verjährt der Regressanspruch ohne Rücksicht auf die Kenntnis oder grob fahrlässige Unkenntnis in zehn Jahren von seiner Entstehung, also ab Eintritt des Schadens an. Längstens verjährt der Anspruch aber innerhalb von 30 Jahren nach der Pflichtverletzung, und zwar ohne Rücksicht auf seine Entstehung und die Kenntnis oder grob fahrlässige Unkenntnis, § 199 Abs. 3 Nr. 2 BGB. Maßgeblich ist nach § 199 Abs. 3 S. 2 BGB die früher endende Frist. Beides sind absolute, taggenau berechnete Höchstfristen. Sie können allerdings nach §§ 203 ff. BGB gehemmt werden oder gemäß § 212 BGB neu beginnen, so dass die Verjährung im Ergebnis erst nach Überschreiten der Höchstfristen abläuft[247].

---

241 BGHZ 122, 317, 325 f. = NJW 1993, 2303; WM 2001, 145, 146 f.

242 BGH WM 2003, 2242, 2245; bestätigt in NJW-RR 2004, 1069, 1071; a.A. unter Bezugnahme auf BGHZ 122, 317, 325 f. weiterhin *Sandkühler*, in: Arndt/Lerch/Sandkühler, § 19 BNotO, Rn. 242.

243 BGH NJW 1996, 1895, 1896 = WM 1996, 1106, 1107.

244 Vgl. BGH NJW-RR 2004, 1069, 1071.

245 BGH, Urt. v. 11.3.2010 – III ZR 178/09 – juris, Rn. 17.

246 Palandt/*Ellenberger*, § 199 BGB, Rn. 42.

247 *Chab*, in: G. Fischer/Vill/D. Fischer/Pape/Chab, § 7, Rn. 61.

III. Verjährung beim Anwaltswerkvertrag

98 Für die selten gegebenen Anwaltsverträge mit Werkvertragscharakter[248] greift für einen Schadensersatzanspruch nach § 634 Nr. 4 BGB die in der verjährungsrechtlichen Spezialvorschrift des **§ 634a BGB** hierfür geltende Verweisung des § 634a Abs. 1 Ziff. 3 BGB auf die regelmäßige Verjährungsfrist nach §§ 195, 199 BGB ein, so dass im praktischen Ergebnis kein Unterschied zum Anwaltsdienstvertrag besteht.

IV. Verjährung bei Gesamtschuld

99 Die Aufhebung des § 51b BRAO und die nunmehrige Geltung des allgemeinen Verjährungsrechts auch im Bereich der Anwaltshaftung hat für die Behandlung der Verjährungsfragen bei einer Gesamtschuld nichts geändert. Die zu § 51b BRAO bereits geltenden Grundsätze gelten mithin entsprechend für das neue allgemeine Verjährungsrecht.

1. In einer Sozietät oder Anscheinssozietät verbundene Anwälte

100 Wird ein Anwalt, der einer Sozietät oder Anscheinssozietät angehört, von einem Mandanten wegen Verletzung eines mit der (Anscheins-)Sozietät bestehenden Anwaltsvertrages persönlich auf Schadensersatz in Anspruch genommen, können sich im Einzelfall wegen der (potentiellen) Beteiligung mehrerer Schuldner verschiedene spezielle verjährungsrechtliche Problemstellungen ergeben.

101 Nach dem grundlegenden Urteil des BGH vom 29.1.2001[249], in dem nun eine Rechtsfähigkeit der (Außen-)GbR anerkannt worden ist, ist die **Gesellschafterhaftung akzessorisch** entsprechend dem Verhältnis zwischen Gesellschafts- und Gesellschafterhaftung gemäß §§ 128 f. HGB bei der OHG (vgl. Kap. 1 Rdn. 147). Danach ist, soweit der Gesellschafter für die Verbindlichkeiten der Gesellschaft auch persönlich haftet[250], der jeweilige Bestand der Gesellschaftsschuld für die persönliche Haftung des BGB-Gesellschafters maßgebend[251]. Einwendungen, die nicht in seiner Person begründet sind, kann der Gesellschafter nur insoweit geltend machen, als sie von der Gesellschaft erhoben werden können, § 129 Abs. 1 HGB analog. Wie nach gefestigter Rechtsprechung zum Recht der OHG[252] ist danach zwar eine unmittelbare Anwendung der §§ 420 ff. BGB nicht möglich, weil kein echtes Gesamtschuldverhältnis besteht. Es ist aber zu prüfen, ob unter Berücksichtigung der jeweils verschiedenartigen Interessen der Beteiligten der Rechtsgedanke der §§ 420 ff. BGB im Einzelfall zur Anwendung kommt oder nicht[253].

102 Diese Rechtsgrundsätze ergeben in **typischen Fallkonstellationen** Folgendes:

103 – Eine gerichtliche Geltendmachung **gegen die Gesellschaft** hemmt gemäß § 204 BGB die Verjährung auch gegenüber dem Gesellschafter, der bei Klageerhebung der Gesellschaft angehört (spiegelbildliche Anwendung des § 129 Abs. 1 HGB; § 8 Abs. 1 S. 2 PartGG)[254].

104 – Unterliegt die Gesellschaftsschuld wie z.B. nach rechtskräftiger Verurteilung der Gesellschaft der dreißigjährigen Verjährung nach §§ 197 Abs. 1 Nr. 3 bis 6, 201 S. 1 BGB, gilt dies auch gegenüber dem einzelnen Gesellschafter, und zwar auch und gerade nach Anerkennung der Rechts- und Parteifähigkeit der Gesellschaft bürgerlichen Rechts[255].

---

248 Für eine solche Einordnung ist erforderlich ein auf eine einmalige, in sich abgeschlossene Leistung gerichteter Einzelauftrag, vgl. BGH NJW-RR 2006, 1490 = WM 2006, 1411 (Tz. 4).

249 BGHZ 146, 341 = NJW 2001, 1056 = WM 2001, 408.

250 Dazu BGHZ 142, 315, 318 = NJW 1999, 3483.

251 BGHZ 146, 341, 358 = NJW 2001, 1056, 1061 = WM 2001, 408 (unter B.).

252 Vgl. BGHZ 39, 319, 329 = NJW 1963, 1873; BGHZ 44, 229 = NJW 1966, 499; BGHZ 47, 376, 378 ff. = NJW 1967, 2155; BGHZ 104, 76, 78 = NJW 1988, 1976 f. = WM 1988, 971 f.

253 BGHZ 146, 341, 358 f. = NJW 2001, 1056, 1061 = WM 2001, 408 (unter B.).

254 BGH, Urt. v. 11.12.1978 – II ZR 235/77, BGHZ 73, 217, 223 f.; v. 22.9.1980 – II ZR 204/79, BGHZ 78, 114, 120; v. 9.7.1998 – IX ZR 272/96, BGHZ 139, 214, 217 f. = juris, Rn. 10; v. 12.1.2010 – XI ZR 37/09 – juris, Rn. 40–43; v. 10.5.2012 – IX ZR 125/10 – juris, Rn. 76; v. 12.9.2019 – IX ZR 262/18 – juris, Rn. 34.

255 BGH, Urt. v. 12.1.2010 – XI ZR 37/09 – juris, Rn. 41, 43.

– Wenn die Verjährung gegen die Sozietät (oder Partnerschaftsgesellschaft) wegen Verhandlungen gehemmt wird, müssen sich das die einzelnen Anwälte entgegenhalten lassen, ohne dass es darauf ankommt, ob die Verhandlungen zugleich über ihre persönliche Haftung geführt werden[256]. 105

– Diese im Verhältnis zur Gesellschaft eingetretene Hemmung der Verjährung erstreckt sich allerdings nur auf diejenigen Gesellschafter, die der Gesellschaft zum Zeitpunkt der Hemmung angehören, erfasst also nicht die – gemäß § 736 Abs. 2 BGB in Verbindung mit § 160 HGB begrenzte – Nachhaftung ausgeschiedener Sozien[257]. 106

– Der bereits **rechtskräftig verurteilte Gesellschafter** kann nicht im Wege einer Vollstreckungsklage nach § 767 ZPO erfolgreich geltend machen, die Forderung des Gläubigers gegen die Gesellschaft sei nachträglich verjährt[258]. 107

– Auch nach Anerkennung der Parteifähigkeit der GbR bleibt es dem Gläubiger unbenommen, ausschließlich die Gesellschafter persönlich in Anspruch zu nehmen[259]. Wird **der Gesellschafter** für eine Gesellschaftsschuld **in Anspruch genommen**, kann er nicht einwenden, die Forderung gegen die Gesellschaft sei verjährt, wenn der Gläubiger die Verjährungsfrist gegenüber dem Gesellschafter rechtzeitig unterbrochen[260] bzw. nach neuem Recht ihren Ablauf gehemmt hat[261]. Insoweit wird also der Grundsatz der akzessorischen Haftung des Gesellschafters in Anwendung des Rechtsgedankens des § 425 BGB durchbrochen; aufgrund der rechtzeitig gegen ihn als persönlich und unmittelbar haftenden Schuldner erfolgten gerichtlichen Geltendmachung muss der Gesellschafter nämlich damit rechnen, für die Gesellschaftsschuld unabhängig davon einstehen zu müssen, ob der Gläubiger auch gegen die Gesellschaft vorgeht. Ob die Verjährungshemmung (nach altem Recht: die Verjährungsunterbrechung) infolge der gerichtlichen Geltendmachung gegenüber dem Gesellschafter gleichzeitig auch gegenüber der Gesellschaft wirkt, hat der BGH im Urteil vom 22.3.1988 erwogen, jedoch offen gelassen[262]. Im Urteil vom 29.1.2001[263] hat er für die Gesellschaft als originär Verpflichtete die entsprechende Anwendung der Gesamtschuldregeln im Verhältnis zur Gesellschafterhaftung grundsätzlich bejaht und ergänzt: Stünden den Gesellschaftern beispielsweise individuelle Einreden im Sinne des § 425 BGB gegen ihre persönliche Inanspruchnahme zu, sei es nicht gerechtfertigt, dass sich auch die Gesellschaft darauf berufen könne. 108

– **Mehrere** nach § 128 HGB **haftende Gesellschafter** sind Gesamtschuldner i.S. der §§ 421 ff. BGB. Verjährungsunterbrechung bzw. Verjährungshemmung haben mithin in ihrem Verhältnis zueinander grundsätzlich nur Einzelwirkung, § 425 Abs. 1 und Abs. 2 BGB[264]. 109

– Abweichend von diesem Grundsatz der Einzelwirkung wirken **Erklärungen und Handlungen eines Gesellschafters**, die zum **»Neubeginn der Verjährung« nach § 212 Abs. 1 Ziff. 1 BGB** führen, nach überkommenem Rechtsverständnis zu § 208 BGB a.F. (Verjährungsunterbrechung durch Anerkenntnis oder ähnliche Erklärungen oder Handlungen) auch gegenüber der Gesellschaft und den anderen Gesellschaftern. Eine solche Gesamtwirkung hat der BGH bei einer Steuerberatersozietät mit der Eigenart eines Vertrages mit einer solchen Sozietät begründet[265]. Dies ist auf eine Rechtsanwaltssozietät grundsätzlich übertragen worden, ohne auf die Entscheidung des Gesellschaftssenats vom 29.1.2001[266] einzugehen[267]. § 425 Abs. 1 BGB 110

256 BGH, Urt. v. 10.5.2012, a.a.O.
257 BGH, Urt. v. 10.5.2012, a.a.O., juris, Rn. 77 m.w.N.
258 BGH NJW 1981, 2579; vgl. auch BGHZ 104, 76 = NJW 1988, 1976, 1977 = WM 1988, 971 f.
259 BGHZ 146, 341, 357 = NJW 2001, 1056, 1060 = WM 2001, 408 ff.
260 BGHZ 104, 76, 77 ff. = NJW 1988, 1976, 1977 = WM 1988, 971 ff.
261 Vgl. Palandt/*Grüneberg*, § 425 BGB, Rn. 6; Jauernig/*Stürner*, § 425 BGB, Rn. 10.
262 BGH, Urt. v. 22.3.1988 – X ZR 64/87 – juris, Rn. 17.
263 BGHZ 146, 341, 358 f. = NJW 2001, 1056, 1061 = WM 2001, 408 (unter B.).
264 Vgl. z.B. Baumbach/Hopt/*Roth*, § 128 HGB, Rn. 21; Palandt/*Sprau*, § 714 BGB, Rn. 16 und Palandt/*Grüneberg*, § 425 BGB, Rn. 6.
265 BGH NJW-RR 1996, 313, 315 = WM 1996, 33, 34 f.
266 BGHZ 146, 341 = NJW 2001, 1056.
267 BGH NJW-RR 2006, 923, 927 = WM 2006, 927 (Tz. 39); NJW-RR 2008, 2041, 2044 = WM 2008, 946 (Tz. 43).

sieht die Abweichung von der Einzelwirkung bei Besonderheiten des Schuldverhältnisses vor, weshalb im Urteil vom 6.7.1971[268] die Haftung aller bejaht worden war, auch wenn nur der Anwalt, der die Sache bearbeitet hatte, den Schaden verschuldet hatte.

111 **Nach der hier** (schon in den Vorauflagen) **vertretenen Ansicht** ist der grundsätzlichen Verneinung einer Einzelwirkung nach § 425 BGB und der Annahme, dass jede Pflichtwidrigkeit und jede sonstige Maßnahme eines Sozius damit zugleich für und gegen jeden anderen Gesellschafter wirken[269], nun jedoch regelmäßig der Boden entzogen. Es besteht **keine Notwendigkeit und keine innere Rechtfertigung mehr für eine allgemeine Gesamtwirkung** im Verhältnis zwischen Sozietät und Sozien oder im Verhältnis der Sozien zueinander. Während jetzt z.B. das Verschulden eines Mitglieds gemäß § 278 BGB und eines (geschäftsführenden) Gesellschafters analog § 31 BGB[270] der Sozietät zugerechnet wird und jedes der Mitglieder gemäß §§ 128 f. HGB analog dafür haftet, wird eine zu einem Neubeginn der Verjährung führende Erklärung durch ein Sozietätsmitglied im Regelfall zu Lasten der Sozietät als GbR wirken, und zwar entsprechend den Regeln über die Stellvertretung[271], hier also nach § 714 i.V.m. §§ 709, 710 BGB analog, woran sich die gesetzliche akzessorische Haftung analog §§ 128 f. HGB anschließt. Gibt das einzelne Mitglied allerdings eine solche Erklärung entweder ausdrücklich oder aus den Umständen klar erkennbar nur im eigenen Namen oder (zusätzlich) nur für im Zeitpunkt der Erklärung in der Sozietät verbliebene Kollegen ab (etwa durch Verwendung eines entsprechenden Briefkopfes), so ist für diese Situation eine gemäß § 425 BGB auch nur ihn (oder die verbliebenen Kollegen) treffende Einzelwirkung in jeder Hinsicht sachgerecht.

112 Bei derartigen Beschränkungen des Verhaltens eines Sozius entfällt auch nach **Ansicht des BGH** die Gesamtwirkung[272], so dass insoweit im Ergebnis Einigkeit besteht.

113 **Nicht anders** zu beurteilen ist nach diesen Grundsätzen die Rechtslage bezüglich der Hemmungstatbestände: **Stillhalteabkommen** (pactum de non petendo) gemäß § 205 BGB (Rdn. 142 ff.), **Verhandlungen** nach § 203 BGB (Rdn. 132 ff.), **Vereinbarungen über die Hemmung der Verjährung** gemäß § 202 BGB (Rdn. 146) oder des **Verzichts auf die Einrede der Verjährung** (Rdn. 203 ff.), in denen es ebenfalls um rechtsgeschäftliche oder geschäftsähnliche Erklärungen von Mitgliedern einer (Anscheins-)Sozietät geht.

114 Warum die hier in den Rdn. 100 ff. dargestellten allgemeinen, nicht speziell bezogen auf Rechtsanwaltssozietäten entwickelten Grundsätze zur Behandlung verjährungsrechtlicher Fragen im Rahmen einer gesellschaftsrechtlich akzessorischen Haftung nicht auch auf Anwalts- oder Steuerberatersozietäten anzuwenden sein sollten, ist nicht ersichtlich. Vielmehr führen sie **zu angemessenen Ergebnissen**, die auch der besonderen Eigenart von freiberuflichen (Anwalts- oder Steuerberater-) Sozietäten hinreichend Rechnung tragen.

2. In einer Partnerschaftsgesellschaft verbundene Anwälte

115 Auch in einer Partnerschaftsgesellschaft gelten für die gesamtschuldnerische Haftung und die Verjährung die oben (Rdn. 100 ff.) aufgezeigten Grundsätze. So wirkt auch hier beispielsweise eine Hemmung der Verjährung einer Gesellschaftsschuld auch zu Lasten des Partners, der zu dieser Zeit der Gesellschaft angehörte[273]. Zu beachten ist jedoch, dass durch § 8 Abs. 2 PartGG die akzessorische Haftung der Partner beschränkt wird auf die Partner, die mit der Bearbeitung des Auftrags befasst waren (dazu vgl. Kap. 1 Rdn. 154)[274].

---

268 BGHZ 56, 355, 362 in Abweichung von BGH NJW 1963, 1301.

269 BGH NJW-RR 1996, 313, 315 = WM 1996, 33, 34 f.

270 BGH NJW 2003, 1445 = WM 2003, 830.

271 Vgl. Palandt/*Ellenberger*, § 212 BGB, Rn. 2 und Überbl. v. § 104 BGB, Rn. 7.

272 BGH NJW-RR 2006, 923, 927 = WM 2006, 927 (Tz. 39); NJW-RR 2008, 2041, 2044 = WM 2008, 946 (Tz. 43).

273 OLG Hamm, Urt. v. 14.2.2010 – 28 U 151/09 – juris, Rn. 71.

274 Dazu aktuell BGH, Urt. v. 12.9.2019 – IX ZR 190/18 – juris, Rn. 7 ff. mit Anmerkung von *Markworth* in NJW 2019, 3520.

3. Andere Fälle einer Gesamtschuldnerschaft

In anderen Fällen einer anwaltlichen Gesamtschuldnerschaft hat die Verjährung nur **Einzelwirkung gemäß § 425 Abs. 2 BGB**[275]. Denn liegt keine gesellschaftsrechtliche Verbindung vor, fehlt es also an einem Gesamtmandat, sind nur jeweils eigene Anwaltsverträge als Haftungsgrundlage gegeben, aus denen selbstständige Forderungen erwachsen[276]. Derartige Gesamtschuldverhältnisse können bei nacheinander tätigen Rechtsanwälten, beispielsweise in verschiedenen Instanzen, bei zusammenarbeitenden Rechtsanwälten, etwa bei Korrespondenzanwalt und Prozessanwalt (Kap. 1 Rdn. 202 ff.), bei nebeneinander tätigen Rechtsanwälten oder im Verhältnis eines Anwaltsmediators zu einem eine Partei vertretenden Rechtsanwalt[277] vorliegen, immer vorausgesetzt, es sind jeweils Pflichtverletzungen in Bereichen einer Pflichtenüberschneidung zu verzeichnen (vgl. auch Kap. 5 Rdn. 39). In diesen Fallkonstellationen kann keiner der Beteiligten darauf bauen, dass die ihn treffenden Belehrungs- und/oder Verhaltenspflichten von anderer Seite wahrgenommen wurden oder werden[278]. Ob bei entsprechenden Unterlassungen einzelne Ursachen für den Eintritt des Schadens wesentlicher sind als andere, ist zivilrechtlich unerheblich[279]. 116

Wegen einer klassischen **Verjährungsfalle** in Bezug auf den Verjährungsbeginn der **Ausgleichsansprüche im Innenverhältnis** von Gesamtschuldnern verweise ich auf Kap. 8 Rdn. 620 und 634. 117

V. Schadensersatzansprüche Dritter

Bei Ansprüchen Dritter gemäß § 328 BGB oder aus einem Vertrag mit Schutzwirkung zugunsten Dritter kann der in Anspruch genommene Rechtsanwalt über **§ 334 BGB** direkt oder analog die Einrede der Verjährung wie gegenüber seinem Auftraggeber erheben. 118

Bei einem Vertrag zugunsten eines Dritten gemäß § 328 BGB erhält der Dritte ein aus dem Vertrag abgespaltenes eigenes unmittelbares Forderungsrecht mit einer damit korrespondierenden Verpflichtung des Versprechenden[280]. Da dieses Recht des Dritten ausschließlich auf dem sog. Deckungsverhältnis (Vertrag zwischen Versprechendem und Versprechensempfänger) beruht und die Rechtsstellung des Versprechenden durch die Drittwirkung nicht verschlechtert werden soll, stehen dem Versprechenden nach **§ 334 BGB** Einwendungen aus dem Deckungsverhältnis, die im weitesten Sinne zu verstehen sind, auch gegenüber dem Dritten zu[281]. Auch die Einrede der Verjährung fällt darunter[282]. 119

§ 334 BGB gilt nach zutreffender h.M. **entsprechend** für die im Bereich der Anwaltshaftung praktisch bedeutsameren Verträge mit Schutzwirkung zugunsten Dritter[283]. 120

Eine stillschweigende **Abbedingung** des (dispositiven) § 334 BGB[284] zugunsten des Dritten dürfte nur eine theoretische Bedeutung besitzen. Es ist kaum denkbar, dass der Versprechende (hier also 121

275 *Ganter*, S. 24.

276 Vgl. BGH, Urt. v. 21.9.2017 – IX ZR 34/17 – juris, Rn. 44.

277 BGH, a.a.O., Rn. 45.

278 BGH, a.a.O.

279 BGH, Urt. v. 7.12.2017 – IX ZR 25/17 – juris, Rn. 30 unter Bezugnahme auf BGH, Urt. v. 10.5.1990 – IX ZR 113/89, NJW 1990, 2882, 2883 m.w.N.

280 Palandt/*Grüneberg*, Einf. v. § 328 BGB, Rn. 5.

281 Palandt/*Grüneberg*, § 334 BGB, Rn. 1, 3; vgl. auch Jauernig/*Stadler*, § 334 BGB, Rn. 1, 3.

282 Palandt/*Grüneberg*, § 334 BGB, Rn. 3; *Zugehör*, Beraterhaftung, Rn. 333, 269; *Chab*, in: G. Fischer/Vill/D. Fischer/Pape/Chab, § 7, Rn. 142.

283 Vgl. BGHZ 127, 378, 385 = NJW 1995, 392, 393 = WM 1995, 204; NJW 1998, 1059, 1061; BGH, Urt. v. 19.5.2009 – IX ZR 43/08 – juris, Rn. 10, 24 ff.; *Borgmann/Jungk/Schwaiger*, 5. Auflage, Kap. X, Rn. 20; Palandt/*Grüneberg*, § 328 BGB, Rn. 20 und § 334 BGB, Rn. 1; Jauernig/*Stadler*, § 328 BGB, Rn. 30 und § 334 BGB, Rn. 2.

284 Vgl. dazu BGHZ 127, 378, 385 = NJW 1995, 392, 393 = WM 1995, 204; Jauernig/*Stadler*, § 328 BGB, Rn. 30; Palandt/*Grüneberg*, § 334 BGB, Rn. 2; *Zugehör*, Beraterhaftung, Rn. 333.

der Anwalt) dem Dritten eine bessere Rechtsstellung verschaffen will, als sie sein Vertragspartner und Versprechensempfänger (also der Mandant) innehat.

122 Für die nach § 199 Abs. 1 Nr. 2 BGB für den Verjährungsbeginn erforderliche **Kenntnis** (oder grob fahrlässige Unkenntnis) ist auf den **Dritten** abzustellen. Genauso wie dies für § 328 BGB anerkannt ist[285], wird man das auch für den Vertrag mit Schutzwirkung zugunsten eines Dritten so zu sehen haben. Denn auch der auf diese Weise geschützte Dritte erlangt einen eigenen vertraglichen Schadensersatzanspruch[286].

VI. Drittschadensliquidation

123 Im Falle einer Drittschadensliquidation kommt es für die **Kenntnis** (oder grob fahrlässige Unkenntnis) auf die **des Anspruchsinhabers,** also nicht auf die des Dritten an, dessen Schaden liquidiert werden soll[287].

VII. Andere vertragliche Ansprüche als Schadensersatzansprüche

124 Für andere vertragliche Ansprüche gegen den Rechtsanwalt, die nicht auf Schadensersatz gerichtet sind, also Erfüllungsansprüche, Auskunfts- oder Rechenschaftsansprüche (§§ 675 Abs. 1, 666 BGB; dazu Kap. 2 Rdn. 285–287), Herausgabeansprüche (§§ 675 Abs. 1, 667 BGB) z.B. hinsichtlich zu den Handakten gehörender Unterlagen, treuhänderisch überlassener Gelder oder für den Mandanten vereinnahmter Gelder (dazu Kap. 2 Rdn. 288 ff.) oder Rückgewähransprüche wegen im Voraus gezahlter Vergütung (§§ 628 Abs. 1 S. 3, 346 BGB)[288] greift als **Höchstfristregelung § 199 Abs. 4 BGB** ein, d.h. diese Ansprüche verjähren ohne Rücksicht auf Kenntnis oder grob fahrlässige Unkenntnis in zehn Jahren von ihrer Entstehung an (dazu im Einzelnen bei der Behandlung dieser Ansprüche Kap. 2 Rdn. 287 und 304 m.w.N.).

VIII. Darlegungs- und Beweislast

125 Es gelten die allgemeinen Grundsätze[289], wonach der Anwalt als Schuldner die Voraussetzungen seiner Verjährungseinrede, also Beginn und Ablauf der gesetzlichen Verjährungsfrist darzulegen und erforderlichenfalls zu beweisen hat[290]. Danach ist es unter anderem zunächst einmal Sache des Anwalts, zum Vorliegen der subjektiven Voraussetzungen des § 199 Abs. 1 Nr. 2 BGB vorzutragen. Erst auf Grund solchen Vortrags zur Kenntnis oder grob fahrlässigen Unkenntnis auf Seiten des Mandanten oder eines selbstständig anspruchsberechtigten Dritten obliegt es dem Gläubiger, seinerseits an der Aufklärung mitzuwirken und etwa darzulegen, was er zur Ermittlung der Voraussetzungen seines Anspruchs und der Person des Schuldners unternommen hat[291].

IX. Verkürzung oder Verlängerung der Verjährungsfrist durch Vereinbarung

126 **Verjährungsvereinbarungen** nach § 202 BGB können unmittelbar die gesetzliche Verjährungsfrist verkürzen oder verlängern und zwar unter Einschluss auch der Höchstfrist. Sie können vor oder nach Beginn der Verjährungsfrist getroffen werden. Möglich sind auch mittelbar zur Verkürzung oder Verlängerung der Verjährungsfristen führende Vereinbarungen, indem ein früherer oder

285 Palandt/*Ellenberger*, § 199, Rn. 24; PWW/*Deppenkemper*, § 199, Rn. 12.
286 Vgl. Palandt/*Grüneberg*, § 328, Rn. 19; PWW/*Stürner*, Vor §§ 328–338, Rn. 12.
287 BGH NJW 1967, 930, 931; Palandt/*Ellenberger*, § 199, Rn. 24.
288 OLG Hamm vom 29.11.2005 – 28 U 204/04.
289 Vgl. z.B. Palandt/*Ellenberger*, § 199 BGB, Rn. 50 i.V. mit Übbl. Vor § 194 BGB, Rn. 24.
290 BGH, Urt. v. 25.10.2018 – IX ZR 168/17 – juris, Rn. 16; BGH NJW 2008, 2576, 2578 = WM 2008, 1346 (Tz. 25); BGHZ 171, 1, 11 = NJW 2007, 1584 (Tz. 32); NJW-RR 2003, 1574, 1576; NJW 1996, 2929, 2931 = WM 1996, 1832, 1834; vgl. auch BGH NJW 1981, 274 (LS) = WM 1980, 532, 534.
291 Vgl. BGH NJW 2008, 2576, 2579 = WM 2008, 1346 (Tz. 33) m.w.N.

späterer Verjährungsbeginn festgelegt oder Einschränkungen oder Erweiterungen der gesetzlichen Verjährungshemmungstatbestände bzw. der Gründe für einen Neubeginn geregelt werden[292].

Zwar dürften Vereinbarungen, die die Verjährung von Regressansprüchen wegen leicht oder grob fahrlässiger Pflichtverletzungen erleichtern, für Rechtsanwälte (und ihre Haftpflichtversicherungen) grundsätzlich anstrebenswert sein, um so mittelbar die Haftung einzuschränken. Weil aber der Auftraggeber mit solchen Verjährungsabreden ein hohes und für ihn kaum vollständig überschaubares Risiko übernehmen würde, ist die Rechtswirksamkeit von dahingehenden Regelungen **in Allgemeinen Geschäftsbedingungen** insbesondere bei Verbraucherverträgen (§ 310 Abs. 3 BGB) wegen der strengen Schutzvorschriften in §§ 305 ff. BGB unsicher. Die Anforderungen sind so hoch[293], dass offenbar deshalb bislang in der Rechtspraxis von solchen Regelungen kein Gebrauch gemacht wird. Jedenfalls sind Fälle dazu bislang nicht bekannt geworden. 127

Bei einer **Einzelvereinbarung** ist grundsätzlich notwendiger Bestandteil des (erforderlichen) Aushandelns, dass der Rechtsanwalt seinen Auftraggeber über Bedeutung und Tragweite einer solchen vertraglichen Regelung im Einzelnen aufklärt[294], d.h. auf die wechselseitigen Risiken des Mandats und die damit verbundenen typischen Schadensgefahren deutlich hinweist[295]. Bislang ist aus Regressprozessen zu solchen Vereinbarungen nichts publik geworden. Dies könnte darauf beruhen, dass das erforderliche Aushandeln einer Verjährungsabrede regelmäßig nicht nur zeitaufwendig, schwerfällig und umständlich ist[296], sondern auch noch eher geschäftsschädlich und dem Vertrauen in Kompetenz und Sorgfalt des gewählten Rechtsanwalts abträglich sein dürfte. 128

X. Hemmung, Ablaufhemmung, Neubeginn der Verjährung

1. Allgemeines

Die neuen Bestimmungen über Hemmung, Ablaufhemmung und Neubeginn der Verjährung in **§§ 203 ff. BGB** sind mangels abweichender Sondervorschriften auch im Bereich der Anwaltshaftung schon seit dem 1.1.2002 zu beachten. 129

Nach der Übergangsregelung in **Art. 229 § 6 Abs. 1 S. 1 EGBGB** fand die Neuregelung bereits auf die am **1.1.2002** bestehenden und noch nicht verjährten Ansprüche Anwendung, was in **S. 2 und S. 3** nach dem Stichtagsprinzip ergänzend näher geregelt ist[297]. Danach bestimmten sich Hemmung, Ablaufhemmung und Neubeginn (in der Diktion des alten Rechts: Unterbrechung) der Verjährung für den Zeitraum bis zum 31.12.2001 nach dem alten Recht, wobei im alten Recht vorgesehene Fiktionen, eine Unterbrechung sei nicht erfolgt oder erfolgt (vgl. §§ 212–216 BGB a.F.), weiter anzuwenden waren. 130

2. Hemmung der Verjährung

Hemmung der Verjährung (§§ 203–211 und § 213 BGB) kam im Bereich der Anwaltshaftung nach altem Recht (§§ 202–207 BGB a.F.) praktisch im Wesentlichen unter folgenden Aspekten in Betracht, dem des sog. Stillhalteabkommens (pactum de non petendo) und dem einer einverständlichen Prüfung oder eines Versuchs der Schadensbeseitigung oder durch Verhandlungen über einen Schadensersatz. Mit diesen Tatbeständen soll daher begonnen werden. 131

---

292 *Zugehör*, ZAP 2007, 1337, 1353 (Fach 23, 739, 755).

293 Vgl. dazu ausführlich *Zugehör*, ZAP 2007, 1354–1357; *Chab*, in. G. Fischer/Vill/D. Fischer/Pape/Chab, § 7, Rn. 125 – 152.

294 BGH NJW 2005, 2543, 2544 = WM 2005, 1373 (unter II. 2. b), bb); *Zugehör*, ZAP 2007, 1359.

295 *Zugehör*, ZAP 2007, 1359; vgl. auch *Chab*, in. G. Fischer/Vill/D. Fischer/Pape/Chab, § 7, Rn. 151.

296 *Zugehör*, ZAP 2007, 1360.

297 Dazu vgl. z.B. näher Palandt/*Ellenberger*, EGBGB 229 § 6, Rn. 7–9.

a) Hemmung und Ablaufhemmung bei Prüfung und »Nachbesserungsversuch« oder Verhandlungen über einen Schadensersatz?

132 **Nach altem Recht** hatte die Rechtsprechung eine analoge Heranziehung von § 639 Abs. 2 BGB a.F. abgelehnt[298]. Ebenso wurde eine Hemmung bei Verhandlungen analog § 852 Abs. 2 BGB a.F. **verneint**[299].

133 **Nach neuem Recht** können nun aber am 1.1.2002 noch andauernde Verhandlungen über einen Regressanspruch oder über die einen solchen Anspruch begründenden Umstände oder in noch nicht verjährter Zeit nach dem vorgenannten Stichtag neu aufgenommene derartige **Verhandlungen ab dem Stichtag** (Art. 229 EGBGB § 6 Abs. 1, S. 2) **verjährungshemmende Wirkung** haben[300]. **§ 203 BGB** hat § 852 Abs. 2 BGB a.F. zu einem allgemeinen Hemmungstatbestand erweitert und zugleich u.a. § 639 Abs. 2 BGB a.F. ersetzt[301]. § 203 gilt auch für Verjährungsregelungen in Sondervorschriften[302].

134 Zu dem **weit auszulegenden Begriff der »Verhandlungen«** und zu der durch ein klares und eindeutiges Verhalten einer Partei zum Ausdruck kommenden Verweigerung ihrer Fortsetzung, welche zum Ende der Hemmung (§ 209 BGB) führt (§ 203 S. 1 BGB), gelten die schon zu § 852 Abs. 2 BGB a.F. anerkannten Grundsätze ständiger Rechtsprechung[303]. Danach genügt jeder Meinungsaustausch über den Schadensfall zwischen dem Berechtigten und dem Verpflichteten, sofern nicht sofort und eindeutig jeder Ersatz abgelehnt wird. Verhandlungen schweben schon dann, wenn der Verpflichtete Erklärungen abgibt, die den Geschädigten zu der Annahme berechtigen, der Verpflichtete lasse sich jedenfalls auf Erörterungen über die Berechtigung von Schadensersatzansprüchen ein. So kann z. B. eine Mediation eine Verhandlung im Sinne des § 203 BGB darstellen[304].

»Der Begriff von Verhandlungen ist verwirklicht, wenn der Gläubiger klarstellt, dass er einen Anspruch geltend machen und worauf er ihn stützen will. Anschließend genügt jeder ernsthafte Meinungsaustausch über den Anspruch oder seine tatsächlichen Grundlagen, sofern der Schuldner nicht sofort und erkennbar die Leistung ablehnt. Verhandlungen schweben schon dann, wenn eine der Parteien Erklärungen abgibt, die der jeweils anderen Seite die Annahme gestatten, der Erklärende lasse sich auf Erörterungen über die Berechtigung des Anspruchs oder dessen Umfang ein (BGH, Urteil vom 15. Dezember 2016 – IX ZR 58/16, BGHZ 213, 213 Rn. 13).«[305]

»Zahlungsaufforderungen durch den Gläubiger stellen alleine … noch kein Verhandeln dar. Ebenso wenig genügt die behauptete Bitte des Beklagten, nicht in den besicherten Grundbesitz zu vollstrecken. Auch das begründet alleine noch kein Verhandeln im Sinne von § 203 BGB, weil hierin keine Aussage des Beklagten zu dem geltend gemachten Anspruch liegt. Selbst wenn der Beklagte dies mit dem Hinweis verbunden hätte (was der Kläger nicht behauptet), leistungsunfähig zu sein, liegt keine Verhandlung vor, weil dann auch insoweit kein Meinungsaustausch erfolgte (vgl. BeckOK-BGB/Spindler, 2017, § 203 Rn. 4).«[306]

---

298 Vgl. BGH NJW 1996, 1895 = WM 1996, 1106, 1107 (Steuerberaterhaftung).

299 BGH NJW 1990, 326, 327 = WM 1989, 581, 583; NJW 1996, 1895, 1897 = WM 1996, 1106, 1107 (Steuerberaterhaftung); NJW 2000, 2661, 2663 = WM 2000, 959, 960; st. Rspr. auch des 28. Zivilsenats des OLG Hamm, z.B. Urt. v. 25.8.1998 – 28 U 13/98, NJW-RR 1999, 935, 936.

300 Palandt/*Ellenberger*, 78. Auflage, EGBGB Art. 229 § 6, Rn. 7; *Chab*, in: G. Fischer/Vill/D. Fischer/Pape/Chab, § 7 Rn. 6.

301 BGH NJW 2007, 587 (Tz. 13).

302 BGH NJW-RR 2007, 1358, 1359 = WM 2007, 801 (Tz. 22); Palandt/*Ellenberger*, § 203 BGB, Rn. 1. Zur Anwendung mithin auch auf § 51b BRAO zur Zeit seiner Geltung vgl. BGH NJW-RR 2007, 1358, 1359 f. = WM 2007, 801 (Tz. 24, 25); OLG Koblenz NJW 2006, 3150, 3152; OLG Hamm, Urt. v. 14.10.2003 – 28 U 82/03.

303 Vgl. dazu m.w.N. z.B. Palandt/*Ellenberger*, § 203 BGB, Rn. 2–4; PWW/*Deppenkemper*, § 203 BGB, Rn. 2–4; MünchKomm/Grothe, § 203 BGB, Rn. 5; *Mansel*, NJW 2002, 89, 98; zu § 852 Abs. 2 BGB a.F. vgl. zuletzt noch BGH NJW 2004, 1654 m.w.N.; zu § 203 vgl. BGH NJW 2007, 587; NJW-RR 2007, 1358, 1360 = WM 2007, 801 (Tz. 32).

304 BGH, Urt. v. 24.1.2019 – IX ZR 233/17 – juris, Rn. 13 m.w.N.

305 BGH, Urt. v. 21.6.2018 – IX ZR 129/17 – juris, Rn. 10; so auch BGH, Urt. v. 24.1.2019 – IX ZR 233/17 – juris, Rn. 13.

306 BGH, Urt. v. 21.6.2018 – IX ZR 129/17 – juris, Rn. 11.

Nicht erforderlich ist also, dass eine Vergleichsbereitschaft oder eine Bereitschaft zum Entgegenkommen signalisiert wird[307]. Eine Stellungnahme des Schuldners zur Sache selbst ist ebenfalls nicht Voraussetzung für die Annahme eines »Verhandelns« über den geltend gemachten Anspruch, wenn nur der angeblich ersatzpflichtige Schädiger erkennen lässt bzw. den Eindruck erweckt, er werde die Berechtigung des Anspruchs **jedenfalls prüfen, und** die geltend gemachten Schadensersatzansprüche **nicht sofort abgelehnt**, sondern etwa in der Folgezeit – u.U. wiederholt – um Geduld gebeten wird. Schon damit lässt sich der Inanspruchgenommene auf Erörterungen über die geltend gemachten Ersatzansprüche ein und finden Verhandlungen i.S. nun von § 203 BGB statt[308], und zwar grundsätzlich **zurückzubeziehen** auf den Zeitpunkt, in dem der Gläubiger ursprünglich seinen Anspruch gegenüber dem Schuldner geltend gemacht hat, bei schriftlicher Geltendmachung also mit Zugang des Schreibens[309]. Damit können bloße **Zwischenbescheide des regresspflichtigen Anwalts** oder des geschädigten Mandanten ausreichen[310]. Das ist gerade im Bereich des Berufshaftungsrechts u.a. der Rechtsanwälte schon deshalb eine häufig wiederkehrende Situation, weil der Anwalt von sich aus keine Erklärungen in der Sache selbst, die in Richtung Anerkenntnis oder (strikte) Ablehnung gehen, abgeben darf, will er seinen Deckungsschutz nicht aufs Spiel setzen. Damit ist für die Prüfung und Entscheidung des angemeldeten Regressanspruchs der Haftpflichtversicherer berufen, so dass es als ausreichende Zwischennachricht (ohne sofortige Ablehnung jeglicher Verhandlungen oder jeglichen Ersatzes) grundsätzlich genügt, wenn der Anwalt mitteilt, die Angelegenheit seiner Haftpflichtversicherung **zur Prüfung übersandt**[311] oder die Unterlagen, Informationen etc. an seine Versicherung weiterzugeben oder gegeben zu haben und im Übrigen um Geduld bittet oder ähnliche Mitteilungen, die erkennen lassen, dass die Berechtigung des Anspruchs jedenfalls geprüft werden soll[312]. Daran fehlt es allerdings, ein Beginn von Verhandlungen kann also – jedenfalls bei einer geschäftserfahrenen Partei – nicht bejaht werden, wenn der in Anspruch genommene Anwalt in seiner Reaktion auf die Anspruchsanmeldung seines (früheren) Mandanten deutlich erkennen lässt, dass er zur Haftungsfrage weder dem Grunde noch der Höhe nach irgendwelche Erklärungen abgeben werde und die Prüfung der Sach- und Rechtslage ausschließlich durch die Haftpflichtversicherung erfolge[313].

Ebenso keine Verhandlung liegt in einer bloßen, formularmäßigen Eingangsbestätigung[314]. Auch 135
die Weiterleitung eines Anspruchsschreibens an die Haftpflichtversicherung mit dem Hinweis, keine Pflichtverletzung begangen zu haben, dürfte sich nicht als Meinungsaustausch über den geltend gemachten Anspruch darstellen[315]. Ob man die bloße Mitteilung, den Haftpflichtversicherer **zu informieren**, als Schweben von Verhandlungen i.S.d. § 203 BGB ansehen kann, ist erheblich zweifelhaft. Man wird hier grundsätzlich eine über die Erfüllung der Obliegenheit aus dem Haftpflichtversicherungsvertrag zur Meldung eines möglichen Versicherungsfalls hinausgehende Bedeutung im Sinne eines Meinungsaustauschs über den geltend gemachten Anspruch verneinen müssen. Keine

307 St. Rspr. vgl. BGH, Urt. v. 4.6.2014 – IV ZR 348/13 – juris, Rn. 17, v. 15.8.2012 – XII ZR 86/11 – Rn. 36.

308 BGH NJW-RR 1988, 730, 731 (m.w.N.); vgl. auch, allerdings mit teilweiser verkürzter Wiedergabe der Grundsätze: BGH NJW 2001, 1723; NJW-RR 2001, 1168, 1169.

309 BGH NJW-RR 2005, 1044, 1046; BGH, Beschl. v. 19.12.2013 – IX ZR 120/11 – juris, Rn. 2; Urt. v. 5.8.2014 – XI ZR 172/13 – juris, Rn. 9; OLG Hamm NJW-RR 1998, 101, 102; OLG Hamburg VersR 1991, 1263; MünchKomm/*Grothe*, § 203 BGB, Rn. 8.

310 Vgl. auch *Sandkühler*, in: Arndt/Sandkühler/Lerch, § 19 BNotO, Rn. 259; MünchKomm/*Grothe*, § 203 BGB, Rn. 5.

311 BGH NJW-RR 2007, 1358, 1360 = WM 2007, 801 (Tz. 32); Urt. v. 3.2.2011 – IX ZR 105/10 – juris, Rn. 14.

312 OLG Hamm, Urt. v. 14.10.2003 – 28 U 82/03 = Beck RS 2007, 02811; vom 20.1.2009 – 28 U 53/08.

313 BGH, Urt. v. 3.2.2011 – IX ZR 105/10 – juris, Rn. 16; vgl. auch Urt. v. 10.5.2012 – IX ZR 125/10 – juris, Rn. 64.

314 Vgl. BGH NJW-RR 1988, 730, 731; vgl. auch OLG Stuttgart VersR 1971, 1178, 1179; Palandt/*Ellenberger*, § 203 BGB, Rn. 2; PWW/*Deppenkemper*, § 203 BGB, Rn. 2.

315 So OLG Frankfurt am Main, OLG-Rep. 2005, 690, 691.

Verhandlung hat der BGH zu Recht auch in der Anfechtung eines belastenden Steuerbescheides durch den Steuerberater für sich genommen gesehen, wegen dem er auf Regress in Anspruch genommen wird[316]. Die (bloße) Bitte des Schuldners, nicht zu vollstrecken, als Reaktion auf Zahlungsaufforderungen reicht ebenfalls nicht aus[317].

136 Das **Ende der Verhandlungen** tritt ein, wenn eine Partei die Fortsetzung der Verhandlungen verweigert. Dafür ist ein klares und eindeutiges Verhalten erforderlich[318]. Zu § 852 Abs. 2 BGB a.F. war unzweifelhaft, dass auch ein »Einschlafenlassen« zum Abbruch der Verhandlungen führen konnte, und zwar zu dem Zeitpunkt, zu dem nach Treu und Glauben (§ 242 BGB) der nächste Schritt des Schuldners (oder seiner Haftpflichtversicherung) zu erwarten gewesen wäre[319] oder der Gläubiger den Zeitpunkt versäumt, zu dem eine Antwort auf die letzte Anfrage des Ersatzpflichtigen bzw. seiner Haftpflichtversicherung spätestens zu erwarten gewesen wäre[320]. Das hatte zwar zu § 203 BGB das OLG Koblenz in Zweifel gezogen[321]. Ein »Einschlafenlassen« sei nicht zwingend Ausdruck einer Verweigerung. Zu Recht ist diese Ansicht jedoch auf Ablehnung gestoßen. Der BGH hat für Recht erkannt, dass die zu § 852 Abs. 2 BGB a.F. anerkannten Grundsätze auch im Anwendungsbereich des § 203 S. 1 BGB Geltung haben[322]. Dies entspricht dem im Gesetzgebungsverfahren verlautbarten Verständnis der Norm[323].

137 Die **Zeitspanne** zu bestimmen, innerhalb derer auf die Erklärung einer Seite eine Antwort der anderen vernünftigerweise zu erwarten war, ist Sache des Tatrichters und daher revisionsrechtlich nur beschränkt nachprüfbar. Zu orientieren hat sich das tatrichterliche Ermessen am Gegenstand der Verhandlung und an der Verhandlungssituation[324]. So lautet die Formel der Rechtsprechung. Der Anwalt in Regresssachen, der dafür Sorge tragen muss, dass ein Regressanspruch nicht der Verjährung anheimfällt, wird dies also sehr genau im Auge haben und strikt darauf achten müssen, dass ihm später nicht vorgehalten werden kann, dass die Verhandlungen mit dem Gegner nicht rechtzeitig fortgesetzt worden seien. Stellt sich die Beurteilung über ein Ende von Verhandlungen und einem Ende der Verjährungshemmung als zweifelhaft oder gar grenzwertig dar, wird der Regressanwalt zur Vermeidung eigener Haftung gehalten sein, innerhalb der Ablaufhemmung des § 203 S. 2 BGB (vgl. dazu näher Rdn. 141) für eine sichere anderweitige Verjährungshemmung oder einen Neubeginn der Verjährung zu sorgen.

138 Zu der in der Literatur und in der obergerichtlichen Rechtsprechung erörterten Frage, ob und bejahendenfalls unter welchen Voraussetzungen dann, wenn über einen Anspruch **mehrfach verhandelt** wird, die dazwischen liegenden Zeiträume insgesamt als hemmend zu behandeln sind, hat der BGH klipp und klar mit Urteil vom 15.12.2016 entschieden, dass die Wiederaufnahme abgebrochener Verhandlungen nicht zu einer auf den Beginn der Verhandlungen rückwirkenden Hemmung der Verjährung führt[325]. Er hat dies wie folgt begründet:

> »Werden beidseits nicht fortgesetzte und deswegen als abgebrochen anzusehende Verhandlungen wieder aufgenommen, kommt eine rückwirkende Hemmung durch die neuen Verhandlungen auf den Zeitpunkt

316 BGH, Beschl. v. 11.3.2010 – IX ZR 68/08 – juris, Rn. 4.

317 Vgl. BGH, Urt. v. 21.6.2018 – IX ZR 129/17 – juris, Rn. 11.

318 BGH NJW-RR 2005, 1044, 1047; NJW 2004, 1654, 1655; NJW 1998, 2820 (jeweils noch zu § 852 Abs. 2 BGB a.F.).

319 BGH, Urt. v. 6.11.2008 – IX ZR 158/07 – juris, Rn. 11 unter Bezugnahme u. a. auf BGH, Urt. v. 30.10.2007 – X ZR 101/06 – juris, Rn. 24; BGH, BGH NJW-RR 2005, 1044, 1047; NJW 1986, 1337 (zu § 852 Abs. 2 BGB a.F.); Palandt/Ellenberger, § 203, Rn. 4; *Chab*, in: G. Fischer/Vill/D. Fischer/Pape/Chab, § 7, Rn. 74.

320 BGH, Urt. v. 6.3.1990 – VI ZR 44/89 – juris, Rn. 25; v. 6.11.2008 – IX ZR 158/07 – juris, Rn. 10; v. 4.6.2014 – IV ZR 348/13 – juris, Rn. 17.

321 OLG Koblenz NJW 2006, 3150, 3152.

322 BGH, Urt. v. 15.12.2016 – IX ZR 58/16 – juris, Rn. 15; v. 6.11.2008 – IX ZR 158/07 – juris, Rn. 11.

323 BGH, Urt. v. 15.12.2016, a.a.O.; v. 6.11.2008, a.a.O., Rn. 12.

324 BGH, Urt. v. 15.12.2016, a.a.O., Rn. 17.

325 BGH, a.a.O., Rn. 23 f.

der ersten Verhandlung nicht in Betracht. Für eine Rückwirkung der Hemmung unter wertenden Gesichtspunkten oder bei einem engen zeitlichen Zusammenhang besteht schon kein Bedarf, weil bei Vorliegen besonderer Umstände auch bei längeren Zeiträumen zwischen den Kontakten zwischen dem Berechtigten und dem Verpflichteten nicht von einem das Verhandlungsende bewirkenden Einschlafen auszugehen ist (vgl. BeckOGK-BGB/Meller-Hannich, 2016, § 203 Rn. 54). Im Übrigen muss die Frage, wie die Zeiträume zwischen beendeten und wiederaufgenommenen Verhandlungen verjährungsrechtlich zu bewerten sind, in beiden Fällen des Verhandlungsendes aus systematischen Gründen gleich beantwortet werden, also sowohl in dem Fall, dass Verhandlungen endgültig abgelehnt werden, als auch in dem Fall, dass sie einschlafen. Ein nachvollziehbarer Grund, eingeschlafene und ausdrücklich abgebrochene Verhandlungen bei der Bewertung ihrer Wiederaufnahme unterschiedlich zu behandeln, ist nicht ersichtlich. Der Gesetzgeber wollte eingeschlafene und abgelehnte Vergleichsverhandlungen im Rahmen des § 203 BGB gleichbehandeln. Dies ergibt sich aus dem Gesetzgebungsverfahren (vgl. BT-Drucks. 14/6857 S. 43; BGH, Urteil vom 6. November 2008 – IX ZR 158/07, NJW 2009, 1806 Rn. 12). Hat aber der Verpflichtete die Fortsetzung der Verhandlungen ausdrücklich abgelehnt, würde es ihn unzumutbar belasten, wenn die Hemmung nur deshalb zurückwirkte, weil er später wieder gesprächsbereit ist (vgl. OLG Köln, Beschluss vom 1. Juli 2013 – 5 U 44/13, nv; Staudinger/Peters/Jacoby, BGB, 2014, § 203 Rn. 12; BeckOGK-BGB/Meller-Hannich, 2016, § 203 Rn. 56). Entsprechendes gilt aber auch, wenn der Berechtigte die Verhandlungen einschlafen lässt.

Auch ist eine Rückwirkung der Hemmung mit Sinn und Zweck der Verjährungsvorschriften, innerhalb angemessener Fristen für Rechtssicherheit und Rechtsfrieden zu sorgen, nicht zu vereinbaren. Wollte man nämlich eine solche annehmen, könnte die Frage der Begründetheit des Anspruchs auf unabsehbare Zeit in der Schwebe gelassen werden, indem die Verhandlungen zunächst nicht weitergeführt und zwischendurch immer wieder aufgenommen werden (vgl. BGH, Urteil vom 6. November 2008 – IX ZR 158/07, aaO).«[326]

Zur umstrittenen Frage, ob der Gläubiger (im Regressverfahren also regelmäßig der Mandant) die Fortdauer der Verhandlung oder der Schuldner (also hier der Anwalt) ihr Ende **beweisen** muss, wird auf Rdn. 161 verwiesen. 139

Die Hemmung der Verjährung wegen schwebender Verhandlungen wird durch die Erklärung, bis zu einem bestimmten Zeitpunkt auf die Einrede der Verjährung zu verzichten (dazu unten Rdn. 203 ff.), grundsätzlich nicht berührt[327]. 140

Neu ist die in **§ 203 S. 2 BGB** geregelte **Ablaufhemmung**, wonach die Verjährung frühestens drei Monate nach dem Ende der Hemmung eintritt. Dies ist eine sehr zu begrüßende Regelung, die Zeitnot und Entscheidungsdruck nach Abbruch der Verhandlungen verhindern und damit dazu beitragen kann, dass der mit einem Regressmandat beauftragte neue Rechtsanwalt wegen Verjährenlassens der ursprünglichen Schadensersatzforderung nicht selbst regresspflichtig wird und die Partei genötigt wird, mit Hilfe eines dritten Rechtsanwalts einem Ersatz ihres Schadens mit neuen Erschwernissen »nachzujagen«. Es ist nämlich durchaus häufig zu beobachten, dass sich der geschädigte Mandant erst relativ knapp vor Ablauf der Verjährungsfrist an einen zweiten Anwalt wendet, der dann in der Regel mit dem regresspflichtigen ersten Kollegen und manchmal auch mit dessen Haftpflichtversicherer Kontakt aufnimmt, der in Verhandlungen mündet, die oft über den Ablauf der (ursprünglichen)Verjährungsfrist hinaus andauern. Die bisher »lege artis« und zudem zur Vermeidung eigener Schadensersatzpflicht erforderliche rechtzeitige alsbaldige Erwirkung eines Verzichts auf die Einrede der Verjährung (vgl. dazu unten Rdn. 203 ff.) wird sich nach neuem Recht dann vielfach erübrigen, kann aber durchaus im Einzelfall bei nicht eindeutiger Feststellung von Verhandlungen noch eine gewisse Bedeutung behalten. Auch ein Stillhalteabkommen (pactum de non petendo) ist grundsätzlich entbehrlich, wenn Hemmung eindeutig schon nach § 203 BGB eintritt[328]. Ebenso wird auch darüber hinaus insoweit ein Rückgriff auf den Einwand, die Erhebung der Verjährungseinrede stelle eine unzulässige Rechtsausübung gemäß § 242 BGB dar, 141

326 BGH, a.a.O., Rn. 23 und 24.

327 BGH NJW 2004, 1654 (zu § 852 Abs. 2 BGB a.F.); vgl. auch BGH, Urt. v. 7.5.2014 – XII ZB 141/13 – juris, Rn. 15 ff.; *Chab*, in: G. Fischer/Vill/D. Fischer/Pape/Chab, § 7, Rn. 71.

328 Palandt/*Ellenberger*, § 205 BGB, Rn. 2.

weil der Gläubiger von der rechtzeitigen Klageerhebung abgehalten worden sei (vgl. dazu unten Rdn. 212 ff.), vielfach nicht mehr notwendig oder gar möglich sein[329].

Zu beachten ist, dass nicht etwa drei Monate der Hemmungszeit schlicht hinzugerechnet werden dürfen. Vielmehr greift die Ablaufhemmungsregelung des § 203 S. 2 BGB erst und nur dann ein, wenn von der noch laufenden Verjährungsfrist weniger als drei Monate offen sind. Sie bewirkt dann, dass die Verjährung nicht vor Ablauf von drei Monaten nach dem Ende der Verhandlungen eintritt[330].

b) Stillhalteabkommen (pactum de non petendo)

142 Ein verjährungshemmendes Stillhalteabkommen nach § 205 BGB ist eine rechtsgeschäftliche **Vereinbarung**, wonach der Schuldner berechtigt sein soll, vorübergehend die Leistung zu verweigern, und der Gläubiger sich umgekehrt der Möglichkeit begibt, seine Ansprüche während dieses Zeitraums weiterzuverfolgen, also verpflichtet ist, die Geltendmachung seiner Forderung einstweilen auszusetzen[331]. Dabei muss ein bestimmter Endzeitpunkt nicht festgelegt werden. Es kann – in der Praxis wohl auch am verbreitetsten – auf ein bestimmtes, zeitlich offenes Ereignis abgestellt werden (vgl. die Beispielsfälle unten Rdn. 145). Derartige vertragliche Einigungen über eine *»rechtsverbindliche Pflicht zum Stillhalten«*[332] können **auch** »stillschweigend« **durch schlüssiges Verhalten** zustande kommen. Dafür muss aber ein äußeres Verhalten festgestellt werden, welches wirklich als Ausdruck einer solchen einvernehmlichen Entschließung ausgelegt werden kann.[333]

143 Die Mitteilung eines Anwalts an seinen Mandanten, er halte ein Gerichtsurteil für falsch und werde es schon deshalb mit der Berufung angreifen, weil sich daraus für ihn eine Haftung ergeben könne, enthält für sich allein weder dem Wortlaut noch dem erkennbaren Sinne nach die an den Mandanten gerichtete Bitte oder Anregung, mit der Geltendmachung seiner Regressforderungen so lange zuzuwarten, bis zumindest über die Berufung entschieden sei[334], und damit kein Angebot auf Abschluss eines Stillhalteabkommens[335].

Dazu führt der BGH weiter aus:

> »Dem Erblasser [= Mandanten] wurde vielmehr die Entscheidung, wie er mit dem ihm möglicherweise zustehenden Schadensersatzanspruch weiter verfuhr, offen gelassen. Der vorliegende Fall unterscheidet sich von dem am 31.3.1960[336] entschiedenen. Dort hatte der Schuldner durch die Inanspruchnahme eines Dritten versucht, den Schaden zu beseitigen, und den Gläubiger ›um Verständnis für diese unverschuldet eingetretene Veränderung in der Sach- und Rechtslage‹ sowie darum gebeten, bei der Beseitigung der Schwierigkeiten ›in fairer Weise‹ mitzuhelfen. Hier hat Rechtsanwalt B in dem Schreiben vom 29.6.1990 nicht einmal den Versuch unternommen darzutun, dass ein Zurückstellen der Auseinandersetzung über diese Ersatzansprüche den Interessen beider Seiten dienlich sei, oder in sonstiger Weise ein Entgegenkommen des Erblassers gewünscht. Dieser musste deswegen nicht auf den Gedanken kommen, er dürfe, wenn er sich mit der Einlegung der Berufung einverstanden erkläre, den Beklagten vorläufig nicht in Anspruch nehmen.«[337]

---

329 Vgl. Palandt/*Ellenberger*, Überbl. vor § 194 BGB, Rn. 16; *Mansel*, NJW 2002, 89, 98; zu § 852 Abs. 2 BGB a.F. vgl. zuletzt noch BGH NJW 2004, 1654; vgl. auch unten Rdn. 212.

330 Vgl. OLG Saarbrücken NJW-RR 2006, 163; Palandt/*Ellenberger*, § 203, Rn. 5; PWW/*Deppenkemper*, § 203, Rn. 5.

331 BGH NJW 1992, 836; NJW 1993, 1320, 1323 = WM 1993, 610, 615; NJW 1998, 2274, 2277; NJW 1999, 1022, 1023 = WM 1999, 922, 923; NJW 1999, 1101, 1103 = WM 1999, 2358, 2359; NJW 2000, 2661, 2662 = WM 2000, 1812, 1813; NJW 2001, 826 = WM 2001, 736, 737.

332 OLG Hamm vom 16.2.1989 – 28 U 233/88, AnwBl 1990, 207, 208.

333 BGH, Urt. v. 14.11.1991 – IX ZR 31/91 – juris, Rn. 14; v. 6.7.2000 – IX ZR 134/99 – juris, Rn. 14, 15; v. 15.7.2010 – IX ZR 180/09 – juris, Rn. 15.

334 BGH NJW 2000, 2661, 2662 = WM 2000, 1812, 1813.

335 Vgl. *Ganter*, S. 27.

336 BGH LM § 202 BGB Nr. 5.

337 BGH NJW 2000, 2661, 2662 = WM 2000, 1812, 1813.

Auch ein Schreiben eines Haftpflichtversicherers an den Mandanten, in dem lediglich die Absicht mitgeteilt wird, mit einer Entscheidung über die angemeldeten Ansprüche noch abzuwarten, und aus dem keine Bitte oder Anregung an den Anspruchsteller, die Weiterverfolgung seines Begehrens vorläufig zurückzustellen, herzuleiten ist, kann aufgrund seines Erklärungswertes nicht als Angebot zu einer Stundungsabrede verstanden werden[338]. 144

Bejaht hat die Rechtsprechung hingegen ein Stillhalteabkommen **in folgenden Fällen**: 145
- wenn im Einvernehmen zwischen Gläubiger und Schuldner die Auseinandersetzung über den Schadensersatzanspruch bis zur Beendigung eines Rechtsstreits zurückgestellt werden soll[339]
- oder bis zur Entscheidung einer Verwaltungs- oder Finanzbehörde[340]
- oder bis zum Abschluss von Ermittlungen oder eines Versuchs zur Schadensbeseitigung zum Beispiel durch Inanspruchnahme eines Dritten[341] oder durch Abwehr der Ansprüche Dritter[342]
- oder bis zur Erreichung »eines aussagekräftigeren Stadiums der Schadensentwicklung«[343]
- oder bis zur Entschließung des Haftpflichtversicherers[344].

Insbesondere im letztgenannten Fall wird sich indes – wie bereits ausgeführt – aufgrund der verjährungshemmenden Wirkung von Verhandlungen gemäß § 203 BGB seit dem 1.1.2002 ein Stillhalteabkommen erübrigen (vgl. oben Rdn. 141).

c) Vereinbarung über eine Hemmung der Verjährung

Im Gegensatz zu § 225 BGB a.F., der nur Vereinbarungen zur Erleichterung der Verjährung erlaubte, einen Ausschluss oder auch nur Erschwerungen der Verjährung aber grundsätzlich nicht zuließ, können nach **§ 202 Abs. 1 i.V.m. Abs. 2 BGB** auch Vereinbarungen wirksam getroffen werden, die zu einem Hinausschieben der Verjährung bis zu 30 Jahren ab dem gesetzlichen Verjährungsbeginn führen; ausgenommen ist lediglich eine im Voraus vereinbarte Erleichterung der Verjährung bei Haftung wegen Vorsatzes. Damit wird seit dem 1.1.2002 für den einen Regressfall bearbeitenden Rechtsanwalt zur Vermeidung eigenen Regresses der Hinweis[345] aktuell, dass bei einer Nichtanwendbarkeit von § 203 BGB im einzelnen Fall eine jetzt nach § 202 BGB zulässige Abrede vorzugswürdig ist, in der **ausdrücklich eine Hemmung vereinbart** wird, im Einzelfall sinnvollerweise kombiniert mit einer Ablaufhemmung[346]. Eine solche Abrede sollte der sorgfältig arbeitende Anwalt in Einhaltung des Prinzips vom sog. sichersten Weg auch dann anstreben, wenn über die Feststellung von Verhandlungen im Sinne des § 203 BGB oder deren Lauf Streit bestehen könnte. Diese Möglichkeit *»transparenter Verjährungsabreden«*, die den Bedürfnissen der Praxis entspricht[347], ersetzt dann den früher üblichen Verzicht auf die Verjährungseinrede. 146

d) Antrag auf Prozesskostenhilfe

Die Verjährung wurde **nach altem Recht** grundsätzlich gehemmt durch einen vor Ablauf der Verjährungsfrist (auch am letzten Tag der Verjährungsfrist) gestellten, ordnungsgemäß begründeten und vollständigen Antrag auf Bewilligung von Prozesskostenhilfe[348] unter Vorlage der nach § 117 147

---

338 BGH NJW 1992, 836.
339 BGH NJW 1993, 1320, 1323 = WM 1993, 610, 615; NJW 1998, 2274, 2277.
340 BGH LM BGB § 202 Nr. 3.
341 BGH LM § 202 BGB Nr. 5; OLG Hamm NJW-RR 1993, 215.
342 BGH NJW 1999, 1022, 1023 = WM 1999, 922, 923.
343 BGH NJW 1986, 1337, 1338.
344 Vgl. BGH NJW 1973, 316, 317 f.; NJW 1986, 1337, 1338.
345 Palandt/*Ellenberger*, § 205, Rn. 2.
346 Gegenstand einer Verjährungsvereinbarung können alle Regelungsfragen in §§ 194 ff. BGB sein, also insbesondere auch Hemmung und Ablaufhemmung, *Mansel*, NJW 2002, 89, 96; BeckOK BGB/*Henrich*, 54. Ed. 1.5.2020, BGB § 202 Rn. 3.
347 *Mansel*, NJW 2002, 89, 98; zu § 852 Abs. 2 BGB a.F. vgl. zuletzt noch BGH NJW 2004, 1654.
348 BGHZ 70, 235, 237 ff. = NJW 1978, 938; BGH NJW 1981, 1550.

ZPO erforderlichen Unterlagen[349], **§ 203 Abs. 2 i.V.m. Abs. 1 BGB a.F.** Nicht selten wurde hier nicht beachtet, dass diese Hemmung an eine Verhinderung der Rechtsverfolgung in den letzten sechs Monaten anknüpfte[350]. Nur der Zeitraum, für welchen die Hinderungsgründe innerhalb jener sechs Monate vorlagen, wurde nicht in die Verjährungsfrist eingerechnet (§ 205 BGB a.F.)[351]. Wenn das Gesuch vor Beginn der letzten sechs Monate der Verjährungsfrist zurückgewiesen wurde, lag daher § 203 BGB a.F. tatbestandlich überhaupt nicht vor[352].

Eine Hemmung wurde nur solange anerkannt, wie der Antragssteller die zur Verfahrensförderung erforderlichen fristgemäßen Maßnahmen traf, die in Betracht kommenden Rechtsbehelfe fristgerecht einlegte und begründete und das Beschwerdeverfahren nicht aus freien Stücken nicht weiterbetrieb[353]. Außerdem stand dem Antragssteller in Anlehnung an § 234 Abs. 1 ZPO a.F. für die Klageerhebung eine Frist von 2 Wochen zu[354], die die Rechtsprechung schließlich nach Maßgabe der Umstände des Einzelfalles auch maßvoll verlängerte[355].

148 **Nach neuem Recht**[356] ist dieser Hemmungstatbestand in **§ 204 Abs. 1 Nr. 14 BGB** ausdrücklich und gesondert geregelt mit teilweisen Abweichungen von der bis zum 31.12.2001 geltenden Rechtslage. In bewusster Abkehr von der früheren Rechtsprechung muss der Antrag weder ordnungsgemäß begründet, vollständig und von den erforderlichen Unterlagen begleitet, noch von der subjektiven Ansicht der Bedürftigkeit getragen sein, sondern lediglich bestimmten Mindestanforderungen – wie etwa Individualisierbarkeit der Parteien und ausreichende Darstellung des Sach- und Streitverhältnisses – genügen[357].

149 **Nur der erstmalige Antrag** ist zur Verjährungshemmung geeignet, seine Wiederholung auch dann nicht, wenn der erste Antrag wegen Nichterfüllung einer Voraussetzung oder Anforderung, die nun der zweite Antrag erfüllt, oder zu Unrecht erfolglos war[358]. So soll ein Missbrauch durch mehrfache Verjährungshemmung infolge wiederholter PKH-Anträge verhindert werden[359].

150 Wie bei der Klage (Hemmungstatbestand nach § 204 Abs. 1 Nr. 1 BGB) ist erforderlich, aber auch genügend eine **Individualisierung** und Bestimmung des Klagebegehrens bzw. des Streitgegenstandes (vgl. § 117 Abs. 1, S. 2 ZPO), die unterhalb der Stufe der Substantiierung liegen kann[360]. Umfasst der im Mahnbescheid geltend gemachte Betrag nicht mehrere, nicht auf einem einheitlichen Anspruch beruhende und deshalb selbständige Einzelforderungen, sondern wird ein einheitlicher Anspruch geltend gemacht, der sich aus mehreren Rechnungsposten zusammensetzt, bedarf es dazu keiner Aufschlüsselung der Rechnungsposten bereits im Mahnbescheid[361].

151 In bewusstem Gegensatz zur früheren Rechtsprechung verlangt § 204 Abs. 1 Nr. 14 BGB nur die Antragsstellung, nicht aber die ordnungsgemäße Begründung, die Erklärung nach § 117 Abs. 2

---

349 BGH NJW 1989, 1148, 1149 = WM 1989, 450, 453; NJW 1989, 3149; OLG Hamm NJW-RR 1999, 1678.

350 Dazu vgl. BGH NJW-RR 1991, 573, 574 = VersR 1991, 1262.

351 BGH NJW-RR 1991, 573, 574.

352 OLG Köln NJW 1994, 3361; vgl. auch Palandt/*Heinrichs*, 61. Auflage, § 203 BGB (a.F.), Rn. 9.

353 Vgl. BGH NJW-RR 1991, 573, 574 = VersR 1991, 1262; vgl. dazu im Einzelnen m.w.N. auch: Palandt/*Heinrichs*, 61. Auflage, § 203 BGB (a.F.), Rn. 9; MünchKomm/*Grothe*, 4. Auflage, § 204 BGB, Rn. 65.

354 BGHZ 70, 235, 239 f. = NJW 1978, 938; vgl. auch BGH NJW-RR 1991, 573, 574 = VersR 1991, 1262.

355 Offen gelassen noch in BGH NJW 1981, 1550, 1551; entschieden dann in BGH NJW-RR 1995, 770; NJW 1987, 3120; NJW 2001, 2545 = WM 2001, 1038, 1039; von OLG Frankfurt NJW 2001, 3270, 3271 nicht beachtet.

356 Zur Übergangsregelung vgl. Art. 229 EGBGB § 6 Abs. 1.

357 BGH NJW 2009, 1137, 1139 (Tz. 22 m.w.N.).

358 Palandt/*Ellenberger*, § 204, Rn. 31.

359 BGH NJW 2009, 1137, 1139 (Tz. 22, 23).

360 Palandt/*Ellenberger*, § 204, Rn. 30 und Rn. 4; zur Klage: BGH NJW 2001, 305, 307 = WM 2001, 2375 m.w.N.

361 BGH, Urt. v. 10.10.2013 – VII ZR 155/11 – juris, Rn. 16 m.w.N.

ZPO und die vollständige Vorlage der erforderlichen Unterlagen[362]. Werden diese Mindestvoraussetzungen nicht erfüllt und deshalb die Bekanntgabe des Antrags auf Bewilligung von Prozesskostenhilfe vom Gericht nicht veranlasst, hat der Antrag keine Hemmung der Verjährung ausgelöst, so dass ein weiterer, nunmehr dem Gegner bekannt gegebener Antrag als erstmaliger Antrag i.S.d. § 204 Abs. 1 Nr. 14 BGB zu behandeln ist[363]. Auch ein missbräuchlich gestellter Antrag kann nach wie vor aber keine hemmende Wirkung erreichen[364].

Die Verjährungshemmung tritt nach der Neuregelung ein durch die **Veranlassung zur Bekanntgabe** an den Schuldner, d.h. durch die aktenmäßig nachprüfbare Verfügung des Gerichts zur Übersendung an den Schuldner[365]. Grundsätzlich kommt es also nicht darauf an, ob der Antrag dem Schuldner tatsächlich bekanntgeworden ist. Ungeschriebene Voraussetzung des Hemmungstatbestandes ist allerdings, dass die gerichtliche Verfügung im Grundsatz geeignet ist, die Bekanntgabe zu bewirken. Daran fehlt es, wenn im Antrag eine unrichtige Anschrift des Schuldners angegeben ist. Unabdingbare Voraussetzung für den Eintritt der Verjährungshemmung ist daher, dass der Gläubiger die richtige ladungsfähige Anschrift des Schuldners genannt hat[366]. 152

Wird die Bekanntgabe demnächst nach der Einreichung des Antrags veranlasst, tritt die Hemmung der Verjährung **rückwirkend** bereits mit der Einreichung ein (§ 204 Abs. 1 Nr. 14, 2. Hs. BGB). Dabei dürfte die Hemmungswirkung, wie schon zu Mahnbescheid und Streitverkündung vom BGH anerkannt[367], auch dann bereits mit dem Eingang des Prozesskostenhilfeantrags eintreten, wenn der Anspruch zum Zeitpunkt der demnächst erfolgten Veranlassung zur Bekanntgabe noch nicht verjährt war. 153

Zur Auslegung und Handhabung des Begriffes »**demnächst**« in § 204 Abs. 1 Nr. 14 BGB wird auf die allgemeine Regelung zur Rückwirkung einer Zustellung in § 167 ZPO verwiesen, wozu die Rechtsprechung zu §§ 270 Abs. 3, 693 Abs. 2 ZPO a.F. fortgeführt wird. Es ist im Einzelfall zu würdigen, ob der Gläubiger alles Erforderliche und Zumutbare für eine Zustellung (in § 167 ZPO) oder die Veranlassung der Bekanntgabe (in § 204 Abs. 1 Nr. 14 BGB) getan hat und ob der Rückwirkung schützenswerte Belange des Schuldners entgegenstehen. Keine Rückwirkung findet statt, wenn der Gläubiger Verzögerungen durch gewissenhafte Vorbereitung des Antrags hätte vermeiden können, wobei allerdings geringfügige Verzögerungen von bis zu 14 Tagen außer Betracht bleiben. Während der IX. Zivilsenat des BGH die Verzögerung vom Tage des Ablaufs der Verjährungsfrist an berechnet[368], stellen der VII. Zivilsenat und ihm folgend der V. und III. Zivilsenat des BGH für die bis zu 14 Tagen hinzunehmende Verzögerung auf die Zeitspanne ab, um die sich der ohnehin erforderliche Zeitraum für die Zustellung der Klage als Folge der Nachlässigkeit des Klägers verzögert[369]. 154

Da nach diesen anerkannten Grundsätzen der Rechtsprechung das Unterlassen zumutbarer Handlungen der Partei oder ihrer Prozessbevollmächtigten, welche bei der Klage oder einem Mahnbescheid die Zustellung über einen angemessenen Zeitraum hinaus verzögern, die Rückwirkung hindert, so auch bei aus Nachlässigkeit verzögertem Einreichen von Angaben zur Prozesskostenhilfe[370], hat auch nach neuem Recht der Antragssteller, will er die Rückwirkung des Eintritts der 155

362 MünchKomm/*Grothe*, § 204, Rn. 67; BeckOK BGB/*Henrich*, 54. Ed. 1.5.2020, BGB § 204 Rn. 52; Palandt/*Ellenberger*, § 204 BGB, Rn. 29 f.; Begr. RegE, BT-Drs. 14/6040, S. 116.

363 BGH NJW 2009, 1137, 1139 (Tz. 22 m.w.N.).

364 MünchKomm/*Grothe*, § 204, Rn. 67; Palandt/*Ellenberger*, § 204 BGB, Rn. 30.

365 Vgl. BeckOK BGB/*Henrich*, 54. Ed. 1.5.2020, BGB § 204, Rn. 53 i.V.m. Rn. 28.

366 BGH, Urt. v. 10.9.2015 – IX ZR 255/14 – juris, Rn. 11.

367 Vgl. BGH, Urt. v. 6.3.2008 – III ZR 206/07 – juris, Rn. 12, 13; v. 17.12.2009 – IX ZR 4/08 – juris, Rn. 7, 9 ff.

368 BGH, Urt. v. 10.9.2015 – IX ZR 255/14 – juris, Rn. 15 m.w.N.

369 BGH, Urt. v. 10.2.2011 – VII ZR 185/07 – juris, Rn. 8; v. 10.7.2015 – V ZR 154/14 – juris, Rn. 6; v. 3.9.2015 – III ZR 66/14 – juris, Rn. 19; vgl. zu dieser Handhabung im Einzelnen Kap. 8 Rdn. 629.

370 Thomas/Putzo/*Hüßtege*, § 167 ZPO, Rn. 13; BGH MDR 1969, 132 zu § 261b Abs. 3 ZPO (= Vorgängervorschrift zu § 270 ZPO a.F.); Zöller/*Greger*, § 167 ZPO, Rn. 15 unter gg).

Verjährungshemmung erreichen, bei gerichtlichen Auflagen vor Veranlassung der Bekanntgabe an den Schuldner diese unverzüglich zu erfüllen, also beispielsweise rechtzeitig die Unterlagen nach § 117 Abs. 2 ZPO einzureichen[371]. Ein mit einem **Regressmandat** beauftragter Anwalt, der die gerichtliche Verfolgung eines gegen den ersten Anwalt gerichteten Schadensersatzanspruchs über einen Prozesskostenhilfe-Antrag wählt, sollte dies strikt beachten und zur Vermeidung unnötiger Verjährungsrisiken für eine solche Antragsstellung sorgen, die gerichtliche Auflagen und Nachfragen überflüssig macht. Er sollte auch nicht ein von vorneherein aussichtsloses Gesuch stellen, weil dieses ohne Bekanntgabe an den Schuldner zurückgewiesen werden kann und damit eine **Hemmung** nicht erreicht würde[372]. Soll die Verjährung gehemmt werden, **muss** – zur Vermeidung eigenen Regresses – **das Gericht** auf dieses Ziel hingewiesen und zu einer – vom Gericht nicht ablehnbaren – **Bekanntgabe** des Prozesskostenhilfegesuchs an die Gegenseite unabhängig von den Erfolgsaussichten **aufgefordert werden**[373].

156 Wichtig ist die Beachtung der in **§ 204 Abs. 2 BGB** für alle Hemmungstatbestände des Abs. 1 geregelten **Ablaufhemmung** für 6 Monate nach der formell rechtskräftigen Entscheidung[374], anderweitigen Beendigung des Verfahrens (§ 204 Abs. 2 S. 1 BGB) oder der letzten Verfahrenshandlung vor einem Nichtbetreiben des Verfahrens (§ 204 Abs. 2 S. 2 BGB). Einen rückwirkenden Wegfall der Verjährungshemmung (wie früher in § 215 Abs. 2 BGB a.F.) kennt das neue Verjährungsrecht nicht mehr.

157 Eine **Anhörungsrüge**, die ja erst dann erhoben werden kann, wenn ein Rechtsmittel oder ein anderer Rechtsbehelf gegen die gerügte Entscheidung nicht gegeben ist, hemmt die formelle Rechtskraft der angegriffenen Entscheidung nicht[375]. Sie ist in § 705 S. 2 und § 544 Abs. 5 S. 1 ZPO nicht aufgeführt[376]. Erst durch eine Fortsetzung der Hauptsache nach einem Erfolg der Anhörungsrüge erneuert sich mit der Fortsetzung die Hemmung einer noch laufenden Verjährungsfrist[377].

158 Wie schon in ständiger Rechtsprechung zu § 211 Abs. 2 BGB a.F. anerkannt, ist § 204 Abs. 2 S. 2 BGB nicht anzuwenden, wenn ein triftiger, für den Gegner erkennbarer Grund für die Untätigkeit des Berechtigten vorliegt[378] oder das Gericht von Amts wegen das Verfahren fördern musste, dies aber unterlassen hat[379].

159 Bei Beendigung eines Zivilprozesses durch nicht zu verkündenden Beschluss beispielsweise über eine Zurückweisung einer Nichtzulassungsbeschwerde gemäß § 544 Abs. 4 ZPO beginnt die sechsmonatige Ablaufhemmungsfrist des § 204 Abs. 2 S. 1 BGB mit dem Erlass des Beschlusses, d.h. mit dem »Heraustreten« mit Willen des Gerichts aus dessen innerem Geschäftsbetrieb, was in dem Moment der Fall ist, in dem sich das Gericht der Entscheidung entäußert, indem der Beschluss die Geschäftsstelle mit der unmittelbaren Zweckbestimmung verlassen hat, den Parteien bekannt gegeben zu werden[380].

---

371 Auch nach Bekanntgabe des Antrags an den Schuldner ist Auflagen unverzüglich zu genügen, da sonst nach § 204 Abs. 2 S. 2 BGB die Frist zur Ablaufhemmung in Lauf gesetzt werden könnte.

372 Vgl. BGH NJW 2009, 1137, 1139 (Tz. 22) m.w.N.

373 BGH, Urt. v. 24.1.2008 – IX ZR 195/06 – juris, Rn. 17.

374 BGH, Versäumnisurt. v. 10.5.2012 – IX ZR 143/11 – juris, Rn. 12; Urt. v. 15.1.2009 – I ZR 164/06 – juris, Rn. 21.

375 PWW/*Deppenkemper*, § 204, Rn. 23.

376 BGH, Versäumnisurt. v. 10.5.2012, a.a.O., juris, Rn. 13.

377 BGH, a.a.O.

378 St. Rspr.: BGH, Urt. v. 26.3.2015 – VII ZR 347/12 – juris, Rn. 13; NJW-RR 2006, 948, 950 (Tz. 17); Palandt/*Ellenberger*, § 204, Rn. 47; PWW/*Deppenkemper*, § 204, Rn. 23.

379 BGH, Beschl. v. 20.12.2012 – IX ZR 72/11 – juris, Rn. 2; NJW 2000, 132, 133; Palandt/*Ellenberger*, § 204, Rn. 47; PWW/*Deppenkemper*, § 204, Rn. 23.

380 BGH, Urt. v. 1.4.2004 – IX ZR 117/03 – juris, Rn. 8; Beschl. v. 12.7.2012 – IX ZB 270/11 – juris, Rn. 8.

e) Antrag auf Durchführung eines selbstständigen Beweisverfahrens

Nach § 204 Abs. 1 Nr. 7 BGB wird die Verjährung nun allgemein gehemmt durch die Zustellung eines Antrags auf Durchführung eines selbstständigen Beweisverfahrens. Dies kann auch im Anwaltsregress durchaus relevant werden. Denn die zum Gegenstand eines solchen Beweisverfahrens gemachten Tatsachenbehauptungen können für die Entscheidung des Haftpflichtanspruchs gegen den Anwalt von Bedeutung sein. **160**

► Beispiel:

> Ein Anwalt lässt schuldhaft pflichtwidrig werkvertragliche Gewährleistungsansprüche verjähren. Dem neu beauftragten Anwalt stellt sich die wegen des nicht zweifelsfrei zu bestimmenden Zeitpunkts der Abnahme nicht eindeutig zu beurteilende Frage, ob möglicherweise trotz Untätigkeit seines Vorgängers Verjährung doch noch nicht eingetreten ist. Gleichzeitig steht er vor der Schwierigkeit, Umfang, Gewicht und Zurechnung der Mängel nicht hinreichend sicher beurteilen zu können.

In dieser Situation kann es hilfreich und unter Umständen sogar geboten sein, ein selbstständiges Beweisverfahren nicht nur gegen den Unternehmer, sondern auch gegen den ersten Anwalt einzuleiten, um einen Regressanspruch vor der Verjährung zu schützen[381]. Auch hier ist § 204 Abs. 2 BGB (s. Rdn. 156) im Auge zu behalten, wonach die bei rechtzeitiger Einleitung des selbstständigen Beweisverfahrens nach § 204 Abs. 1 Nr. 7 BGB, § 167 ZPO eingetretene Verjährungshemmung 6 Monate nach Beendigung des Verfahrens, d.h. nach sachlicher Erledigung der Beweissicherung endet[382].

f) Darlegungs- und Beweislast

Der **Mandant**, der die vom in Anspruch genommenen Anwalt erhobene Einrede der Verjährung (deren Erhebung es weiterhin bedarf, § 214 Abs. 1 BGB, der an die Stelle von § 222 Abs. 1 BGB a.F. getreten ist) unter Berufung auf verjährungshemmende Umstände abwehren will, trägt dafür grundsätzlich die Darlegungs- und Beweislast[383]. **161**

Zu § 203 S. 1 BGB ist demgemäß unstreitig, dass der (Regress-)Gläubiger den Eintritt dieses Hemmungstatbestandes, d.h. die Aufnahme von Verhandlungen, darzulegen und erforderlichenfalls zu beweisen hat. Umstritten ist allerdings, ob der (Regress-)Schuldner, der sich auf Verjährung berufen will, das Ende des Hemmungstatbestandes, also das Ende der Verhandlungen darlegen und beweisen muss, oder ob es Sache des (Regress-)Gläubigers ist, die Fortdauer der Verhandlungen und damit das Fortbestehen der Verjährungshemmung zu beweisen, wenn der (Regress-)Schuldner deren Beendigung geltend macht. Nach einer Entscheidung des 10. Zivilsenats des BGH in einem Werkvertragsfall[384] und der wohl h.M.[385] muss der Schuldner die Verweigerung der Fortführung oder das Einschlafen vortragen und ggfs. beweisen. Ein Bestreiten der Fortdauer genügt nicht, um dem Gläubiger eine weitere Beweislast aufzuerlegen.

---

381 Nachfolgend könnte ein Gewährleistungsprozess unter Streitverkündung an den Anwalt das weitere Mittel der Wahl sein.

382 Dazu näher: BGH, Urt. v. 28.10.2010 – VII ZR 172/09 – juris, Rn. 11–14.

383 BGH, Urt. v. 15.7.2010 – IX ZR 180/09 – juris, Rn. 17 m.w.N. (allg. Meinung).

384 BGH, Urt. v. 30.10.2007 – X ZR 101/06 – juris, Rn. 21.

385 OLG Düsseldorf NJW-RR 2011, 597; OLG Schleswig BauR 2012, 815; OLG Dresden VersR 2011, 894, 896; jurisPK-BGB/*Lakkis*, § 203, Rn. 28; Staudinger/*Peters/Jacoby*, 2019, § 203, Rn. 19; *Bräuer* AnwBl 2012, 86; BeckOGK BGB-*Meller-Hannich*, § 203 Rn. 57.1.; a.A. NK-BGB/*Budzikiewicz* Rn. 60; MünchKomm/*Grothe*, Rn. 1 und *Boemke/Dörr*, NJOZ 2017, 1578, 1584, die aber immerhin einen substantiierten Vortrag des Schuldners verlangen.

3. Tatbestände der Unterbrechung nach altem Recht = Hemmung nach neuem Recht

a) Klage und Mahnbescheid

aa) Allgemeines

162 Droht ein Ablauf der Verjährung und sind die Möglichkeiten außergerichtlicher Konfliktlösung erfolglos ausgeschöpft oder wegen fehlender genügender Absicherung gegen zwischenzeitlich eintretende Verjährung nicht (mehr) gangbar, wird zumeist zur Klageerhebung oder zum Mahnbescheidsantrag gegriffen.

163 Nach **§ 209 Abs. 1 BGB a.F.** wurde durch Erhebung einer Klage u.a. auf Befriedigung oder Feststellung des Anspruchs die Verjährung unterbrochen, und zwar gemäß **§ 211 Abs. 1 BGB a.F.** grundsätzlich bis zur rechtskräftigen Entscheidung oder anderweitigen Erledigung, wobei für die Klagerücknahme eine Sonderregelung in **§ 212 BGB a.F.** bestand. Nach **§ 209 Abs. 2 Nr. 1 BGB a.F.** war die Zustellung eines Mahnbescheids im Mahnverfahren gleichgestellt. Die Wirkung der Unterbrechung bestand darin, dass nach Beendigung der Unterbrechung die volle Verjährungsfrist neu begann, **§ 217 BGB a.F.**

164 Nach neuem Recht stellen die Klageerhebung wie auch die Zustellung eines Mahnbescheids Hemmungsgründe dar, **§ 204 Abs. 1 Nr. 1 und Nr. 3 BGB.** Die Klage muss – wie schon nach altem Verjährungsrecht – vom Berechtigten[386] und wirksam erhoben werden, insbesondere den Erfordernissen des § 253 ZPO entsprechen und im Anwaltsprozess von einem postulationsfähigen Anwalt unterzeichnet sein[387]. Eine solche Klageschrift löst die Hemmung aus, gleich ob die Klage unzulässig oder unbegründet ist[388]. Wie beim Antrag auf Prozesskostenhilfe muss das Klagebegehren allerdings – unterhalb der Stufe der Substantiierung – individualisiert und der Streitgegenstand hinreichend bestimmt sein[389]. Wird eine solche Individualisierung erst im anschließenden Streitverfahren nachgeholt, wird die Verjährung durch den Mahnbescheid nicht gehemmt. Das gilt auch dann, wenn ein Mahnbescheid trotz der fehlenden Individualisierung des Anspruchs erlassen wurde[390]. **§ 204 Abs. 2 BGB** (vgl. dazu schon oben Rdn. 156) sieht – anders als das alte Recht in §§ 211–213 BGB a.F. – eine einheitliche Regelung für das Ende der nun als Hemmungsgründe ausgeformten Tatbestände u.a. der Klageerhebung und Zustellung eines Mahnbescheides vor; eine Differenzierung zwischen Klagerücknahme und Prozessurteil einerseits (dazu: § 212 BGB a.F.) und sonstigen Beendigungsgründen und Verfahrensstillstand andererseits hat sich erübrigt und fehlt daher[391].

165 Die **Rückwirkung** der Zustellung des Mahnbescheids nach § 167 ZPO auf den Zeitpunkt des Eingangs des Antrags (§ 693 Abs. 2 ZPO) setzt nicht voraus, dass die Verjährung zum Zeitpunkt der Zustellung ohne die Rückwirkung eingetreten wäre[392]. Zur Handhabung des Merkmals der demnächstigen Zustellung wird Bezug genommen auf Rdn. 154 und Kap. 8 Rdn. 627–629.

---

386 Dazu näher: BGH, Urt. v. 29.10.2009 – I ZR 191/07 – juris, Rn. 38; v. 9.12.2010 – III ZR 56/10 – juris, Rn. 10.

387 Vgl. nur Palandt/*Ellenberger*, § 204 BGB, Rn. 4 und 9, jeweils m.w.N.; PWW/*Deppenkemper*, § 204, Rn. 3, 4 m.w.N.

388 BGH, Urt. v. 24.5.2012 – IX ZR 168/11 – juris, Rn. 17; v. 8.1.2014 – XII ZR 12/13 – juris, Rn. 21; vgl. auch schon zu einer unzulässigen Klage eines Berechtigten: BGH, Urt. v. 9.12.2010 – III ZR 56/10 – juris, Rn. 13–15.

389 BGH NJW 2001, 305, 307 = WM 2001, 2375 m.w.N.; zum Mahnbescheid vgl. BGH, Urt. v. 2.2.2017 – IX ZR 91/15 – juris, Rn. 16; Urt. v. 3.12.2015 – IX ZR 11/14 – juris, Rn. 14; BGH NJW-RR 2006, 275, 276 = WM 2006, 592 (Tz. 15); NJW 2008, 3498, 3499 = WM 2008, 1935 (Tz. 7 und 11); NJW 2009, 685, 686 = WM 2008, 2307 (Tz. 19); NJW 2009, 56, 57 = WM 2009, 420 (Tz. 17 ff.); BGH, Urt. v. 2.2.2017 – IX ZR 91/15 – juris, Rn. 16; zum PKH-Antrag vgl. oben Rdn. 150.

390 BGH, Urt. v. 2.2.2017 – IX ZR 91/15 – juris, Rn. 16 unter Bezugnahme auf BGH, Urteil v. 10.7.2008 – IX ZR 160/07, WM 2008, 1935, Rn. 16; v. 21.10.2008 – XI ZR 466/07, WM 2009, 420, Rn. 20; Beschl. v. 3.12.2015 – IX ZR 11/14, ZInsO 2016, 656, Rn. 14.

391 Vgl. Palandt/*Ellenberger*, § 204 BGB, Rn. 33.

392 BGH, Urt. v. 6.3.2008 – III ZR 206/07 – juris, Rn. 12, 13.

Auch dann, wenn der Antrag gemäß § 691 Abs. 1 ZPO zurückgewiesen wurde, hemmt nach **§ 691 Abs. 2 ZPO** der Antrag auf Erlass des Mahnbescheids die Verjährung, wenn innerhalb eines Monats seit der Zustellung der Zurückweisung des Antrags Klage eingereicht und diese demnächst zugestellt wird. Das BAG hat entschieden, dass dies erst recht gilt, wenn der Antragsteller, statt ins Klageverfahren überzugehen, innerhalb dieser Frist die Mängel des Antrags behebt. Die Vorschrift des § 691 Abs. 2 ZPO ist danach **entsprechend anwendbar** auf Fälle, in denen der Mahnantrag behebbare Fehler enthält. Andernfalls stünde derjenige Antragsteller, der Antragsmängel behebt, schlechter als der Antragsteller, der stattdessen zum Klageverfahren übergeht[393]. 166

bb) Umfang der Hemmung bzw. Unterbrechung; Streitgegenstandsbestimmung

Der **Umfang** der Hemmung bzw. der Unterbrechung richtet sich nach dem durch die gerichtliche Geltendmachung zur Entscheidung gestellten **Streitgegenstand**[394]. Es ist allein Sache des Klägers, den Streitgegenstand festzulegen. Das Gericht darf sein Urteil nicht auf einen Klagegrund stützen, den der Kläger nicht geltend gemacht hat[395]. Es ist nicht berechtigt, den verlangten Geldbetrag aus einem anderen als den erhobenen prozessualen Anspruch (=Streitgegenstand) zuzusprechen[396]; es darf den Streitgegenstand nicht austauschen[397]. Ist Gegenstand der Klage eine **selbstständige bestimmte Pflichtverletzung**, läuft die Verjährungsfrist für eine einen anderen Streitgegenstand bildende weitere Pflichtverletzung ungehindert weiter. Der Grundsatz der Schadenseinheit (dazu oben Rdn. 71–75) ist dafür unerheblich[398]. Denn dieser beinhaltet zum einen lediglich eine schadens- und verjährungsrechtliche Zusammenfassung und eine einheitliche Behandlung aller, d.h. auch der später und/oder erst nach und nach eintretenden Schäden, welche auf einer Schadensursache, d.h. auf einer bestimmten Pflichtverletzung des Rechtsanwalts beruhen (siehe oben Rdn. 71). Zum anderen bestimmt sich auch in den Fällen der Schadenseinheit und der daraus folgenden einheitlichen Verjährung die Beantwortung der Frage, ob und in welchem Umfang eine erhobene Leistungsklage die Unterbrechung der Verjährung eines Anspruchs herbeiführt, allein danach, was der nach prozessualen Grundsätzen zu ermittelnde Streitgegenstand dieser Klage ist. Jede andere Betrachtungsweise führte zu einer vom BGH zu Recht abgelehnten Beeinträchtigung von Rechtssicherheit und Rechtsklarheit. Kann es noch zu künftigen, nicht überschaubaren Schäden kommen, kann und muss eine Feststellungsklage erhoben werden[399]. 167

Soweit mit einer Regressklage eine bezifferte Schadensersatzforderung als den Anspruch in vollem Umfang erfassende Klage erhoben wird, dabei jedoch weder für die Beklagtenseite noch für das Gericht erkennbar ist, dass die bezifferte Forderung den Gesamtschaden nicht abdeckt, lässt die Rechtsprechung des BGH es nach den Grundsätzen zur Behandlung einer »verdeckten Teilklage« zu, dass dem Umfang der Verjährungswirkung durch den ursprünglich bezifferten Leistungsantrag keine Grenzen gezogen werden, sondern für die Bemessung des Schadens der Zeitpunkt der letzten mündlichen Verhandlung maßgebend ist. Denn in derartigen Fällen ändert sich lediglich »Umfang und Ausprägung« des Klageanspruchs, nicht aber der Anspruchsgrund, so dass die Verjährungshemmung den Schaden insgesamt erfasst[400]. Vorausgesetzt ist dabei, dass es sich um Veränderungen im Schadensbetrag wegen zwischenzeitlicher Veränderungen handelt, die nicht schon zur Zeit der Klageerhebung feststanden und nur nicht hinreichend überschaut wurden[401].

---

393 BAG, Urt. v. 11.10.2017 – 5 AZR 694/16 – juris, Rn. 20 unter Bezugnahme auf BAG, Urt. v. 13.11.2014 – 6 AZR 869/13 – juris, Rn. 46.

394 BGH, Urt. v. 11.7.2018 – IV ZR 243/17 – juris, Rn. 36 m.w.N.; vgl. auch schon BGH NJW 1993, 2439, 2440; NJW 1996, 117, 118 = WM 1996, 125, 127; NJW 2000, 2678, 2679 = WM 2000, 1348, 1349.

395 BGH, Urt. v. 17.3.2016 – IX ZR 142/14 – juris, Rn. 17 f.

396 BGH, Urt. v. 7.12.2017 – IX ZR 45/16 – juris, Rn. 9.

397 BGH, Urt. v. 16.7.2015 – IX ZR 197/14 – juris, Rn. 34.

398 BGH NJW 2000, 2678, 2679 = WM 2000, 1348, 1349.

399 Vgl. zu allem BGH NJW 1998, 1303, 1304 = WM 1998, 1303 ff.; NJW 2000, 2678, 2679 = WM 2000, 1348, 1349.

400 BGH, Urt. v. 29.10.2020 – IX ZR 10/20 – juris, Rn. 37; v. 8.1.2014 – XII ZR 12/12 – juris, Rn. 25; v. 2.5.2002 – III ZR 135/01 – juris, Rn. 7.

401 BGH, Urt. v. 29.10.2020 – IX ZR 10/20 – juris, Rn. 38.

168 **Verschiedene Pflichtverletzungen** stellen dann jeweils einen auch verjährungsrechtlich unterschiedlich zu beurteilenden eigenständigen Streitgegenstand dar, wenn der geltend gemachte Schaden im Rahmen der haftungsbegründenden Kausalität auf einen anderen Lebenssachverhalt gestützt wird[402]. Der **Streitgegenstand** einer Klage, mit welcher ein Anspruch auf Schadensersatz wegen einer Anwaltspflichtverletzung geltend gemacht wird, wird nämlich wesentlich **durch den Vorwurf bestimmt**, welchen der klagende Mandant erhebt, **und den Schaden**, welchen die behauptete Pflichtverletzung nach Darstellung des Klägers verursacht hat[403].

169 Die Einführung neuer Tatsachen im Bereich der **haftungsausfüllenden Kausalität** ändert dagegen den Streitgegenstand grundsätzlich nicht[404].

170 Wechselt ein Kläger nur die **Art der Schadensberechnung**, ohne seinen Klageantrag zu erweitern oder diesen auf einen anderen Lebenssachverhalt zu stützen, liegt ebenfalls keine Änderung des Streitgegenstands vor[405].

171 Wichtig ist schließlich die Erkenntnis, dass es nach der Rechtsprechung für die Bestimmung des prozessualen Anspruchs allein auf den von dem Kläger **vorgetragenen Lebenssachverhalt** ankommt und nicht darauf, wie der Kläger diesen rechtlich beurteilt[406], wobei es im Allgemeinen genügt[407], dass der Anspruch als solcher identifizierbar ist[408] unabhängig davon, ob einzelne Tatsachen dieses sich nach natürlicher Anschauung ergebenden Lebenssachverhalts vorgetragen worden sind oder nicht[409]. Es muss aber für das Gericht eine **zuverlässige Grundlage für die rechtliche Beurteilung vorgetragen** werden, und der Beklagte muss mit der gebotenen Eindeutigkeit erkennen können, wie er seine Rechtsverteidigung gegen den Klageanspruch einzurichten hat[410].

Zu beachten ist daher für den Regresskläger:

> »Wirft der Mandant dem Rechtsanwalt im Ergebnis das Unterlassen einer erfolgversprechenden Maßnahme vor, reicht es nicht aus, den Auftrag vorzutragen, welchen er dem Anwalt erteilt hat, und sodann zu beanstanden, dass das erstrebte Ziel nicht erreicht worden sei. Er darf es nicht dem Gericht überlassen, Wege zu suchen, auf denen dieses Ziel hätte erreicht werden können, um sodann dem Anwalt vorzuwerfen, diese Wege nicht beschritten zu haben. Hinreichend bestimmt ist die Klage vielmehr erst dann, wenn der Kläger vorträgt, welche erfolgversprechende Maßnahme der Anwalt unterlassen hat. Kommen mehrere Wege in Betracht, kann er die Klage hierauf stützen, hat jedoch, soweit sie sich ausschließen oder zu unterschiedlichen Schäden geführt haben sollen, ein Haupt- und Hilfsverhältnis zu bilden. An diesen Vortrag ist das Gericht gebunden. Zu einer Ergänzung einer unvollständigen Klage ist es nicht verpflichtet und im Hinblick auf den Beibringungsgrundsatz, welcher den Zivilprozess beherrscht, auch nicht berechtigt, solange es an einer eindeutigen prozessualen Erklärung des Klägers fehlt (vgl. BGH, Beschluss vom 9. Juni 2011 – IX ZR 47/10, nv, Rn. 2).«[411]

---

402 BGH NJW 2000, 2678, 2679 = WM 2000, 1348, 1349; NJW 1999, 2118, 2119; NJW 1993, 3323, 3326 = WM 1993, 2129; NJW 1992, 3243, 3244.

403 BGH, Urt. v. 7.12.2017 – IX ZR 45/16 – juris, Rn. 9; v. 17.3.2016 – IX ZR 142/14 – juris, Rn. 18.

404 BGH NJW-RR 1991, 1279 f. = WM 1991, 609; NJW-RR 2006, 253, 254 (Tz. 16 f.); jedenfalls solange nicht neue Schadensarten geltend gemacht werden (BGH NJW-RR 1991, 1279), was indes im Bereich der Anwaltshaftung, in dem es regelmäßig allein um Ersatz von Vermögensschäden geht, in der Regel nicht in Betracht kommt; vgl. auch BGH NJW 1998, 1303, 1304 = WM 1998, 1303 ff.; Zöller/*Heßler*, Vor § 511 ZPO, Rn. 10; vgl. als Beispiel unten Rdn. 184.

405 BGH, Versäumnisurt. v. 18.5.2017 – VII ZR 122/14 – juris, Rn. 23 m.w.N.

406 BGH, Urt. v. 25.10.2012 – IX ZR 207/11 – juris, Rn. 24 m.w.N.

407 Aber auch erforderlich ist.

408 BGH NJW 2000, 3492, 3493.

409 BGH, Urt. v. 18.5.2017 – VII ZR 122/14 – juris, Rn. 20; v. 25.10.2012 – IX ZR 207/11 – juris, Rn. 14; BGHZ 157, 47, 50 f. = NJW 2004, 1252, 1253 = WM 2004, 350; NJW-RR 2008, 762 (Tz. 15; Architektenhaftung).

410 BGH NJW 1993, 3323, 3326 = WM 1993, 2129; vgl. auch BGH NJW-RR 2008, 762, 763 (Tz. 19).

411 BGH, Urt. v. 17.3.2016 – IX ZR 142/14 – juris, Rn. 19.

cc) Beispielsfälle

So klar und zweifelsfrei diese Grundsätze auf der einen Seite sind, so schwierig und zweifelhaft kann die Entscheidung im konkreten Einzelfall sein. Derartige Abgrenzungsschwierigkeiten finden sich in mancherlei Hinsicht auch sonst allgemein bei der Bestimmung von **Streitgegenstand** und Rechtskraft. Es kann daher hier nur versucht werden, anhand von **Beispielsfällen** aus dem Bereich der Beraterhaftung Orientierungshilfe zu leisten: 172

– Wird einem Rechtsanwalt der Vorwurf gemacht, er habe einem Verkäufer fehlerhaft geraten, einen notariell beurkundeten Grundstückskaufvertrag durch bloß schriftlichen Vertrag wieder aufzuheben, anstatt eine notarielle Beurkundung auch des Aufhebungsvertrages zu empfehlen, so bezieht sich eine (spätere) Einführung einer Pflichtverletzung, der Anwalt habe es unterlassen, alle zumutbaren verfahrensrechtliche Möglichkeiten zu ergreifen, mit denen ein Eigentumsverlust des Verkäufers hätte verhindert werden können, der dadurch eingetreten ist, dass durch Pfändung und Überweisung eines Anwartschaftsrechts des Käufers auf Erwerb des Eigentums dieser als Eigentümer im Grundbuch eingetragen wurde, auf einen anderen Streitgegenstand, stellt also eine Klageänderung dar[412]. Damit wird die Regressklage *»auf eine gänzlich neue tatsächliche Grundlage«* gestellt[413]. Dass die zur Grundlage dieses neuen Vorwurfs gemachten tatsächlichen Umstände des Eigentumsverlustes und seiner gescheiterten Verhinderung Prozessstoff sind, reicht, wie der BGH weiter ausgeführt hat, nicht aus, um die im Unterlassen hinreichender verfahrensrechtlicher Schritte liegende Pflichtverletzung zum (weiteren) Streitgegenstand zu machen. 173

> »Es fehlt insoweit an der nach § 253 II Nr. 2 ZPO erforderlichen bestimmten Angabe des Gegenstandes und des Grundes des erhobenen Anspruchs, durch den der Streitgegenstand bestimmt wird ... Dazu ist erforderlich, daß der Kl. – wenn auch nur hilfsweise – seinen Anspruch aus dem vorgetragenen Sachverhalt herleitet ... Andernfalls fehlte es für das Gericht an einer zuverlässigen Grundlage für die rechtliche Beurteilung, und der Beklagte. könnte nicht mit der gebotenen Eindeutigkeit erkennen, wie er seine Rechtsverteidigung gegen den Klageanspruch einzurichten hat. Im Streitfall diente der Vortrag zu den von den Beklagten ergriffenen verfahrensrechtlichen Maßnahmen allein zum Beleg für die Höhe des der Klägerin ihrer Auffassung nach durch das Unterbleiben der notariellen Beurkundung entstandenen weiteren Schadens. Das Vorbringen sollte lediglich dartun, daß die Maßnahmen ungeeignet waren, die in dem Formmangel liegende Schadensursache zu beseitigen und den Eigentumsverlust zu verhindern. Daß die Beklagten für diesen Verlust verantwortlich seien, weil sie nicht hinreichend versucht hätten, die Gerichte davon zu überzeugen, daß Kaufvertrag und Anwartschaftsrecht wirksam aufgehoben worden und die Pfändungen deshalb ins Leere gegangen seien, hat die Kl. weder den Beklagten vorgeworfen, noch hat sie den Klageanspruch aus einem solchen Vorwurf hergeleitet. Über ihn war deshalb nicht zu befinden.«[414]

– Die gegen einen Steuerberater allein mit dem Vorwurf erhobene Klage, er habe ein Steuervergütungsverfahren (Versuch, nachträgliche Erstattung von Mehrwertsteuer zu erhalten) nachlässig fehlerhaft geführt, unterbricht nicht die Verjährung eines Schadensersatzanspruchs, der daraus abgeleitet wird, dass der Steuerberater die steuerliche Belastung nicht schon von vorneherein in der möglichen Weise neutralisiert habe[415]. Da der für diese andere Pflichtverletzung erforderliche Vortrag in substantiierter Form erst nach Ablauf der Verjährungsfrist erfolgte und in der ursprünglichen Klageschrift eine Pflichtverletzung bei der Steuerberatung selbst nicht geltend gemacht worden war, scheiterte der Kläger insoweit an der Einrede der Verjährung. 174

– Der Vorwurf fehlerhafter Prozessführung betrifft einen anderen Streitgegenstand als der Vorwurf, nicht für eine dem Prozess vorausgegangene und seinen Gegenstand bildende ordnungsgemäße Kündigung gesorgt zu haben[416]. 175

412 BGH NJW 1993, 3323, 3326.
413 BGH NJW 1993, 3323, 3326.
414 BGH NJW 1993, 3323, 3326.
415 BGH NJW 2000, 2678, 2679 = WM 2000, 1348, 1349.
416 BGH, Beschl. v. 19.11.1992 – IX ZR 221/91 – juris, Rn. 4; Urt. v. 17.3.2016 – IX ZR 142/14 – juris, Rn. 18.

176 – Lässt der Rechtsanwalt zunächst eine Forderung seines Mandanten verjähren und klagt sodann die nun verjährte Forderung ein, sind die Kosten des aussichtslosen Rechtsstreits als Regressschaden erst durch die Klageerhebung entstanden, so dass ein Schadensersatzanspruch insoweit verjährungsrechtlich anders zu beurteilen ist als der Regressanspruch bezüglich des Forderungsverlustes selbst (im Einzelnen oben Rdn. 79 f.). Die Kosten des Rechtsstreits werden vom BGH in einer solchen Fallkonstellation nicht mehr als adäquater, zurechen- und vorhersehbarer Spätschaden aus dem ersten Fehlverhalten oder der diesem zu Grunde liegenden Fehlberatung angesehen[417]. Erforderlich ist also die hinreichend deutliche Einführung der zweiten Pflichtverletzung als weiterer Streitgegenstand. Dabei kann sich der Anwalt gerichtlicher Hilfe durch Erteilung eines Hinweises nicht sicher sein. Da die Bestimmung des Streitgegenstandes Sache des Klägers ist, hat der BGH nämlich einen Anlass für einen gerichtlichen Hinweis darauf, dass dem Kläger andere als die geltend gemachten Ansprüche zustehen könnten, zu Recht verneint[418].

177 – Der Regresskläger wirft dem Rechtsanwalt vor, einen Gewährleistungsanspruch nicht vor Verjährung bewahrt zu haben, weil er nicht für eine rechtzeitige Einzahlung des Gerichtskostenvorschusses gesorgt und so eine demnächstige Zustellung der Klage (i.S. von nun § 167 ZPO, früher § 270 Abs. 3 ZPO) versäumt habe. Lastet der Kläger, nachdem ihn das Regressgericht darauf hingewiesen hat, es sei bereits im Zeitpunkt der Einreichung der Gewährleistungsklage Verjährung eingetreten, dem Beklagten nun ein pflichtwidrig zu spätes Anhängigmachen der Klage an, so ist dies keine Klageänderung. Denn der Grundvorwurf bleibt der gleiche: »Verjährenlassen einer Mandantenforderung«. Er leitet sich auch aus demselben Lebenssachverhalt her. Es geht nur um Variationen, bedingt durch die rechtliche Weichenstellung zur Bestimmung von Beginn und Ablauf der vom Rechtsanwalt zu beachtenden Verjährungsfrist. Wie das Regressgericht diese vornimmt und darauf aufbauend die Pflichtverletzung konkret auch bestimmt, könnte dies in jedem Fall nicht nachträglich wieder in Frage gestellt werden, ohne mit der Rechtskraft zu kollidieren.

178 – Wird dem Rechtsanwalt vorgeworfen, er habe für seine Mandantin Entschädigungsansprüche für wertsteigernde Maßnahmen an einem gemieteten Wohnhaus gegenüber der früheren Eigentümerin und Vermieterin erst so spät eingeklagt, dass diese sich erfolgreich auf Verjährung habe berufen können, ist es eine Klageänderung, wenn dem Anwalt später angelastet werden soll, die vor dieser Klage eingeleitete klageweise Geltendmachung der Ansprüche gegen Grundstückserwerber, an die das Objekt nach Beendigung der Arbeiten veräußert worden war, nach Abweisung durch das Amtsgericht nicht durch Berufung weiterverfolgt zu haben[419].

179 – Es ist eine selbstständige Pflichtverletzung, bildet also einen eigenen Streitgegenstand mit eigenständigem Verjährungslauf, wenn dem Rechtsanwalt vorgeworfen wird, einen überhöhten Klage- oder Berufungsantrag gestellt und dadurch einen Prozesskostenschaden verursacht zu haben. Zu trennen davon sind weitere Vorwürfe wie etwa die, den zu bestimmten Anspruchsvoraussetzungen erforderlichen Vortrag unterlassen und eine Streitverkündung an erstinstanzlich tätige Anwälte versäumt zu haben[420].

180 – Wird der Rechtsanwalt auf Ersatz eines Prozesskostenschadens in Anspruch genommen, bezieht sich die Geltendmachung seiner Verantwortlichkeit wegen einer bei pflichtgemäßem Verhalten des Anwalts richtigerweise gewonnenen Auseinandersetzung mit dem Gegner und Erlangung eines Kostenerstattungsanspruchs gegen diesen auf einen anderen Streitgegenstand, als wenn der Vorwurf erhoben wird, der Anwalt habe den Vorprozess oder ein anderes, zusätzliche Kosten

---

417 BGH NJW 1998, 1488, 1491 = WM 1998, 779 ff. (unter B. I. 2.); vgl. auch NJW-RR 1998, 742, 743 = WM 1998, 786, 788 (unter II. 3. a)); NJW 2001, 3543, 3545 = WM 2001, 1677, 1679 f. (insoweit nicht abgedruckt in BGHZ 148, 156); vgl. auch BGH, Urt. v. 2.2.2017 – IX ZR 91/15 – juris, Rn. 11, 12; *Zugehör*, NJW 1995, Beilage zu Heft 21, S. 14 (unter 2. f)).

418 BGH NJW-RR 2008, 1508, 1511 = WM 2008, 1612, 1615 (Tz. 35).

419 BGH NJW 1992, 3243, 3244.

420 OLG Hamm vom 17.12.2002 – 28 U 103/01.

verursachendes Verfahren nicht einleiten oder betreiben, mithin die Kosten gar nicht erst auslösen dürfen[421].

- Gleiches gilt, wenn anstatt des zunächst erhobenen Vorwurfs, eine von vorneherein aussichtslose Klage erhoben zu haben, dem Beklagten nun angelastet werden soll, nach Erlass der Entscheidung des Berufungsgerichts nicht zur Einlegung der Revision geraten zu haben[422]. Alternativen, die im Widerspruch zum Hauptvorbringen stehen, können nur nach den Regeln der eventuellen Klagehäufung hilfsweise geltend gemacht werden[423]. 181
- Es ist ein anderer Streitgegenstand, wenn der Vorwurf lautet, eine unschlüssige Klage erhoben (und zum Nachteil des Mandanten Kosten produziert) zu haben, als wenn der Vorwurf erhoben wird, einem unzutreffenden Hinweis des Gerichts, eine (in Wirklichkeit schlüssige) Klage sei unschlüssig, nicht entgegengetreten zu sein. 182
- Die Rückforderung eines vereinbarten Anwaltshonorars wegen unangemessener Höhe oder wegen Sittenwidrigkeit der Honorarvereinbarung betrifft einen anderen Streitgegenstand als ein Vorwurf pflichtwidrig unzureichender Beratung über die Möglichkeiten, das Anwaltshonorar zu finanzieren, und/oder über die Höhe der gesetzlichen Gebühren nicht informiert zu haben[424]. 183
- Um die Beurteilung eines neuen Streitgegenstandes geht es aber nicht, wenn, gestützt auf eine Pflichtverletzung des Anwalts durch Versäumung der Drei-Wochen-Frist nach § 4 KSchG, die Behauptung, ein bei rechtzeitiger Kündigungsschutzklage zustande gekommener Abfindungsvergleich sei dem Mandanten entgangen, nicht bewiesen werden kann, und deshalb (hilfsweise) der Schaden daraus hergeleitet wird, dass bei pflichtgemäßem Verhalten des Anwalts die Kündigungsschutzklage erfolgreich gewesen, das Arbeitsverhältnis nicht beendet worden wäre und demgemäß Lohnansprüche aus §§ 615, 611 BGB bestanden hätten, wohingegen wegen der Fristversäumung nur Arbeitslosengeld und Arbeitslosenhilfe bezogen worden seien[425]. Das betrifft allein die haftungsausfüllende Kausalität (vgl. dazu schon oben Rdn. 169). Und insoweit gilt: 184

  > »[Das Gericht] hat unter der genannten Voraussetzung [dass die gleiche Schadensart betroffen ist] den gesamten Tatsachenvortrag darauf auszuwerten, ob er hinreichende Grundlagen für die Zuerkennung des geltend gemachten Schadens bietet, sei es auch unter einem neuen rechtlichen Blickwinkel. Daran ändert es nichts, wenn die sachlichen Voraussetzungen teilweise unterschiedlich sind ... Ergänzt die Partei selbst ihre tatsächlichen Behauptungen in dieser Hinsicht, begründet das sogar dann keinen neuen Streitgegenstand, wenn die Klage möglicherweise erst dadurch gerechtfertigt erscheinen kann.«[426]

Soweit in Ausnahmefällen noch das alte Sonderrecht zur Regressverjährung bei Rechtsanwälten (§ 51b BRAO) Anwendung finden sollte, ist zu beachten, dass eine Klage bzw. eine sonstige geeignete gerichtliche Geltendmachung eines Regressanspruchs **»automatisch« auch hinsichtlich eines Sekundäranspruchs** wegen dessen Charakters als einer Art Hilfsrecht zur Unterbrechung (nach altem Recht)[427] führt, auch wenn ein solcher Anspruch oder die diesem zugrunde liegende sekundäre Pflichtverletzung (noch) gar nicht in irgendeiner Weise »thematisiert« worden ist. 185

Anders als bei der Amtshaftung[428] ist die Inanspruchnahme von »**Primärrechtsschutz**«, d.h. das Einlegen von Rechtsmitteln oder Rechtsbehelfen gegen gerichtliche oder behördliche Entscheidungen 186

421 Vgl. BGH, Beschl. v. 29.9.2011 – IX ZB 106/11 – juris, Rn. 13; OLG Hamm vom 24.9.1996 – 28 U 23/96; vom 22.6.2004 – 28 U 8/04; BGH, Urt. v. 13.3.2008 – IX ZR 136/07 – juris, Rn. 4, 24; NJW-RR 2008, 1508 = WM 2008, 1612, 1615 (Tz. 34, 35); vgl. mit näherer Begründung dazu Rdn. Kap. 4 Rdn. 221.

422 BGH, Urt. v. 13.3.2008 – IX ZR 136/07 – juris, Rn. 24; v. 17.3.2016 – IX ZR 142/14 – juris, Rn. 18.

423 BGH, Urt. v. 17.3.2016 – IX ZR 142/14 – juris, Rn. 18.

424 Vgl. BGH, Urt. v. 10.11.2016 – IX ZR 119/14 – juris, Rn. 6; *D. Fischer*, WM 2019, Sonderbeilage Nr. 1, S. 31.

425 So im Verfahren OLG Hamm – 28 U 25/03 (beendet durch Prozessvergleich).

426 BGH NJW-RR 1991, 1279 f.; vgl. auch die w.N. oben in Rdn. 169 f.

427 Dazu BGH NJW 1996, 2797, 2798 = WM 1996, 2069, 2070 = VersR 1997, 357, 358.

428 Zu der st. Rspr. dazu vgl. BGHZ 95, 238, 242, 244 = NJW 1985, 2324 = WM 1985, 1503; BGHZ 122, 317, 323 ff. = NJW 1993, 2303 = WM 1993, 1689; BGH NJW 1995, 2778, 2779 = WM 1995, 1959, 1960.

oder Maßnahmen, die aufgrund eines Anwaltsfehlers ergangen sind, weder zu einer Verjährungsunterbrechung nach § 209 BGB a.F. geeignet gewesen[429] noch kann dadurch die Verjährung des Regressanspruchs nach § 204 Abs. 1 Nr. 1 BGB gehemmt werden. Dies ist schon deshalb nicht möglich, weil – anders als im Bereich der Amtshaftung – es nicht denkbar ist, dass der Regressschuldner identisch ist mit dem Gegner eines Primärrechtsschutzverfahrens.

b) Geltendmachung der Aufrechnung im Prozess

187 Dieser frühere Unterbrechungstatbestand (§ 209 Abs. 2 Nr. 3 BGB a.F.) ist mit unverändertem Wortlaut ein Hemmungsgrund nach **§ 204 Ziff. 5 BGB** geworden. Demgemäß muss der Mandant weiterhin, was vielfach in einem vom Anwalt eingeleiteten Honorarprozess geschieht, im Prozess die Aufrechnung (u.U. als Eventualaufrechnung) erklären[430] oder vortragen, dass er bereits außerhalb des Prozesses mit seinem Schadensersatzanspruch die Aufrechnung erklärt hat[431]. Der Höhe nach ist die Hemmung durch den Betrag der Klageforderung begrenzt[432].

188 Die Dauer der Unterbrechung war geregelt in **§ 215 Abs. 1 BGB a.F.** Nach **Art. 229 EGBGB § 6 Abs. 2** wird eine nach altem Recht mit Ablauf des 31.12.2001 noch nicht beendete Unterbrechung mit Wirkung vom 1.1.2002 umgewandelt in eine Verjährungshemmung.

189 Zu beachten ist aber noch **Art. 229 EGBGB § 6 Abs. 1 S. 3.** Trat nach dem 1.1.2002 ein Umstand ein, der gemäß **§ 215 Abs. 2 BGB a.F.** wegen nicht binnen sechs Monaten nach der Beendigung des Prozesses erhobener Leistungs- oder Feststellungsklage dazu führte, dass die Unterbrechung u.a. durch Aufrechnung nicht als erfolgt galt, so gilt diese Wirkung des alten Rechts (unbeschadet der Überleitung nach Art. 229 EGBGB § 6 Abs. 2) gemäß Art. 229 EGBGB § 6 Abs. 1 S. 3 fort[433]. Erfahrungsgemäß wurde § 215 Abs. 2 BGB a.F. häufig missachtet[434].

190 Zu der ansonsten zur Beendigung der Hemmungswirkung zu beachtenden neuen Vorschrift des **§ 204 Abs. 2 BGB** wird auf Rdn. 156 und 164 oben verwiesen.

c) Streitverkündung

191 Früher ein Unterbrechungstatbestand gemäß § 209 Abs. 2 Nr. 4 BGB a.F., führt die Streitverkündung nun **mit** ihrer **Zustellung** an den Streitverkündeten zu einer Verjährungshemmung, **§ 204 Abs. 1 Ziff. 6 BGB.**

192 Eine Streitverkündung wegen eines Anwaltsregresses erfolgt **beispielsweise**[435] in einem von einem neuen Anwalt geführten Berufungsverfahren, wenn der erste Anwalt den Prozess in 1. Instanz zum Nachteil seiner Partei vorwerfbar schlecht geführt hat. Ob in einem wegen fahrlässiger Amtspflichtverletzung gegen einen Notar geführten Schadensersatzprozess eine Streitverkündung an einen Rechtsanwalt als einem anderweitig Ersatzpflichtigen (§ 19 Abs. 1 S. 2 BNotO) zulässig ist, ist zweifelhaft. Im Verhältnis Rechtsanwalt und Notar liegt haftungsrechtlich nämlich nicht einmal ein sog. Alternativverhältnis vor, für das in Erweiterung des Wortlauts von § 72 Abs. 1 ZPO eine

---

429 BGH NJW 1996, 1895, 1896 = WM 1996, 1106, 1107 (Steuerberaterhaftung); vgl. auch *Ganter*, S. 27.

430 Bei Gebührenforderungen aus Prozessmandaten erforderlich, nachdem ein Antrag auf Festsetzung gegen die eigene Partei nach § 11 Abs. 7 RVG (früher § 19 Abs. 7 BRAGO) (nun vom Unterbrechungs- in einen Hemmungstatbestand umgewandelt) wegen nicht im Gebührenrecht wurzelnder Einwendung, wie sie der Vorwurf anwaltlicher Schlechtleistung darstellt, nach § 11 Abs. 6 RVG (früher § 19 Abs. 6 BRAGO) erfolglos war.

431 Vgl. nur Palandt/*Ellenberger*, § 204 BGB, Rn. 20; BeckOK BGB/*Henrich*, 54. Ed. 1.5.2020, BGB § 204 Rn. 3; zur Eventualaufrechnung vgl. auch noch: BGH NJW 1990, 2680, 2681.

432 Nachw. wie vorstehend.

433 OLG Hamm, Urt. v. 10.11.2005 – 28 U 215/04; vgl. auch (zur Streitverkündung) BGH NJW 2007, 2034 = WM 2007, 987 (Tz. 21 ff.).

434 Vgl. OLG Hamm vom 20.10.2005 – 28 U 55/05; vgl. auch *Zugehör*, NJW 1995, Beilage zu Heft 21, S. 20.

435 Zu weiteren Beispielsfällen vgl. Kap. 8 Rdn. 480 ff. (Stichwort »Streitverkündung«).

Streitverkündung allgemein für zulässig erachtet wird[436]. Als anderweitig haftender Dritter haftet der Rechtsanwalt vielmehr primär; die Haftung des Notars ist eine nur subsidiäre. Das OLG Hamm[437] hat deshalb eine Streitverkündung gegenüber dem Anwalt für nicht zulässig erachtet[438]. Dem ist der BGH ausdrücklich gefolgt[439].

Die Hemmungswirkung erstreckt sich **nur auf den** in der Streitverkündung **genannten Anspruch**[440]. 193

Erfolgt die Zustellung der Streitverkündung nach § 73 Abs. 1 ZPO »**demnächst**«, tritt die Hemmung gemäß § 167 ZPO bereits mit Einreichung des Streitverkündungsschriftsatzes ein[441]. 194

Nach altem Recht **entfiel** die Streitverkündungswirkung, wenn die Klage nach der Streitverkündung zurückgenommen wurde[442], weil der Rechtsstreit nach § 269 Abs. 3 S. 1 ZPO a.F. als nicht anhängig geworden anzusehen und daraus zu folgern sei, dass auch die Wirkungen der Streitverkündung entfielen, die Verjährung also nie gemäß § 209 Abs. 2 Nr. 4 BGB a.F. unterbrochen worden sei[443]. **Nach neuem Recht** fällt hingegen die Klagerücknahme als ein Fall anderweitiger Erledigung unter die Neuregelung des **§ 204 Abs. 2 BGB**[444] für alle Hemmungsgründe, so dass mit ihr lediglich die sechsmonatige Ablaufhemmung der Verjährung ex nunc in Lauf gesetzt wird[445]. 195

Zu beachten ist bei der Streitverkündung aber – wie bei der Prozessaufrechnung – zum Übergangsrecht **Art. 229 EGBGB § 6 Abs. 1 S. 3** i.V.m. **§ 215 Abs. 2 BGB a.F.**[446]. 196

d) Darlegungs- und Beweislast

Zur Darlegungs- und Beweislast gilt das oben Rdn. 161 Ausgeführte. Auch soweit es um die Anwendung noch des alten Rechts, also die Beurteilung einer Verjährungsunterbrechung geht, hat der Anspruchssteller die dafür erforderlichen Tatsachen darzutun und zu beweisen[447]. 197

4. Tatbestände des Neubeginns der Verjährung

Das Schuldrechtsmodernisierungsgesetz hat den missverständlichen und aus sich heraus nicht verständlichen Begriff der »Unterbrechung«, zu dessen Wirkung sich § 217 BGB a.F. verhielt, in **§ 212 BGB** ersetzt durch den Terminus »Neubeginn der Verjährung«. Hierunter fallen nur noch zwei Tatbestände: 198

436 Vgl. nur Zöller/*Althammer*, § 72 ZPO, Rn. 8, m.w.N.
437 OLG Hamm, Urt. v. 22.1.1985 – 28 U 88/84, MDR 1985, 588.
438 Zustimmend: Musielak/Voit/*Weth*, § 72 ZPO, Rn. 6; nun auch Zöller/*Althammer*, § 72, Rn. 8, m.w.N.; ausdrücklich offen gelassen: BGH NJW 1989, 521, 522, aber mit dem Hinweis, dass der Schutzzweck der Streitverkündung auch in diesem Fall die Bejahung einer Interventionswirkung nahe legen könnte (insoweit in BGHZ 106, 1 nicht abgedruckt); eine solche Schutzwürdigkeit bejahen: *Sandkühler*, in: Arndt/Lerch/Sandkühler, § 19 BNotO, Rn. 204 und *Wöstmann*, in: Ganter/Hertel/Wöstmann, Handbuch der Notarhaftung, 5. Auflage, Rn. 2275.
439 BGH, Urt. v. 6.12.2007 – IX ZR 143/06 – juris, Rn. 17, wobei der BGH der Ansicht ist (Rn. 18), in BGH NJW 1989, 521 habe jedenfalls auch ein Alternativverhältnis vorgelegen; Staudinger/*Peters/Jacoby* (2019), § 204 BGB, Rn. 76.
440 BGH, Urt. v. 12.11.2009 – IX ZR 152/08 – juris, Rn. 9; Palandt/*Ellenberger*, § 204 BGB, Rn. 21; BeckOK BGB/*Henrich*, 54. Ed. 1.5.2020, BGB § 204 Rn. 33.
441 BGH, Urt. v. 17.12.2009 – IX ZR 4/08 – juris, Rn. 7, 9 ff.
442 BGHZ 65, 134.
443 Vgl. BGHZ 65, 134.
444 BGH, Urt. v. 1.8.2013 – VII ZR 268/11 – juris, Rn. 32; MünchKomm/*Grothe*, § 204, Rn. 73; Staudinger/*Peters/Jacoby* (2019) § 204 BGB, Rn. 147; BeckOK BGB/*Henrich*, 54. Ed. 1.5.2020, BGB § 204 Rn. 69 und Rn. 56 unter Hinweis auf BT-Drs. 14/6040, S. 118; Palandt/*Ellenberger*, § 204, Rn. 33, 34; zu § 204 Abs. 2 BGB vgl. auch schon oben Rdn. 163.
445 Staudinger/*Peters/Jacoby* (2019) § 204 BGB, Rn. 147.
446 BGH NJW 2007, 2034 = WM 2007, 987 (Tz. 21 ff.); vgl. schon oben Rdn. 163.
447 BGH NJW 1997, 516 = WM 1997, 330, 332; *Ganter*, S. 27.

a) Anerkenntnis

199 Für eine Verjährungsunterbrechung durch Anerkenntnis nun gemäß **§ 212 Abs. 1 Nr. 1 BGB** reicht jedes – auch rein tatsächliche – Verhalten des Schuldners oder auch das seines (Prozess-)Bevollmächtigten gegenüber dem Gläubiger, aus dem sich das Bewusstsein vom Bestehen des Anspruchs – wenigstens dem Grunde nach – unzweideutig ergibt und das deswegen nach dem objektiven Empfängerhorizont[448] das Vertrauen des Gläubigers begründet, der Schuldner werde sich nach Ablauf der Verjährungsfrist nicht alsbald auf Verjährung berufen[449]. Ob eine Erklärung des Schuldners die Voraussetzungen eines verjährungsunterbrechenden Anerkenntnisses im Sinne des § 212 Abs. 1 Nr. 1 BGB erfüllt, bedarf einer umfassenden Würdigung der Umstände des jeweiligen Einzelfalls[450].

▶ Beispiel[451]:

Beantragt eine Erbin in einem gegen sie angestrengten Auskunftsrechtsstreit bis zum Schluss Klageabweisung und macht geltend, zur Auskunftserteilung aus verschiedenen Gründen jedenfalls derzeit nicht in der Lage zu sein, verweist sie zudem darauf, erst Auskunft erteilen zu können, wenn die Klägerin ihrerseits Auskünfte über in den Nachlass fallende Mieteinnahmen und ihr gewährter Zuwendungen erteile, und dass ihrer Verurteilung zur Auskunftserteilung über den Nachlass entgegenstehe, dass ihr nicht bekannt sei, welche Ansprüche dem Nachlass im Übrigen noch gegen die Klägerin und dem Ehemann der Erblasserin zustünden, und erklärt des Weiteren die Wertangaben in den Gutachten über den Wert der in den Nachlass gefallenen Grundstücksanteile für unzutreffend, lässt sich ein Anerkenntnis im Sinne des § 212 Abs. 1 Nr. 1 BGB nicht annehmen. Die Beklagte hat vielmehr gegen den Auskunftsanspruch Gegenrechte geltend gemacht und einen solchen (wenn auch nur derzeit) in Abrede gestellt. Aus ihrem Prozessverhalten ergibt sich deswegen nicht hinreichend deutlich, dass ihr bewusst war, ein Auskunftsanspruch und damit ein Pflichtteilsanspruch bestehe tatsächlich. Deswegen konnte dieses Verhalten das Vertrauen der Klägerin nicht begründen, die Erbin werde sich nicht nach Ablauf der Verjährungsfrist alsbald auf Verjährung berufen[452].

200 Schon wegen der Gefahr, durch Anerkenntniserklärungen und -handlungen nach § 5 Abs. 3 S. 2 der AVB-A oder § 154 Abs. 2 VVG seines Deckungsschutzes verlustig gehen zu können, wird die Regresspraxis mit dem Einwand eines zum Neubeginn der Verjährung führenden Anerkenntnisses selten konfrontiert. Erklärt der regresspflichtige Rechtsanwalt lediglich, er habe einen Fehler begangen und werde den Sachverhalt seiner Haftpflichtversicherung mitteilen, ist das noch nicht ein Anerkenntnis in dem geforderten Sinne[453]. Ebenso wenig genügt etwa eine Erklärung des Anwalts, er werde sich um die Angelegenheit kümmern[454]. Auch enthalten ein **Vergleichsangebot** sowie Erklärungen im Rahmen von Vergleichsgesprächen **im Regelfall kein Anerkenntnis**, denn normalerweise werden Vergleichsverhandlungen unter Aufrechterhaltung der beiderseitigen Rechtsstandpunkte geführt, so dass die dabei abgegebenen Erklärungen nach einem Scheitern der Verhandlungen keine Wirkung mehr haben[455]. Eine Auslegung, der Anspruch solle auch dann (dem Grunde nach) nicht

---

448 BGH NJW-RR 2004, 1475, 1476 = VersR 2004, 1278.

449 St. Rspr. seit BGHZ 58, 104; vgl. z.B. BGH NJW 1997, 516, 517 = WM 1997, 330, 332 m.w.N.; NJW 1999, 1101, 1103; NJW 2000, 2661, 2663; NJW 2002, 2872, 2873 = WM 2003, 930 f.; NJW-RR 2004, 1475, 1476 = VersR 2004, 1278; BGH, Urt. v. 24.1.2019 – IX ZR 233/17 – Rn. 15 m.w.N.

450 BGH, Urt. v. 24.1.2019, a.a.O. unter Hinweis auf BGH, Urt. v. 27.1.2015 – VI ZR 87/14 – juris, Rn. 7.

451 BGH, Urt. v. 24.1.2019, Rn. 17.

452 BGH, a.a.O., m.w.N. unter Aufhebung von OLG Frankfurt, Urt. v. 9.6.2017 – 8 U 233/16, NJOZ 2018, 1968.

453 OLG Hamm, Urt. v. 30.1.1990 – 28 U 234/89, MDR 1990, 547; BGH NJW 2000, 2661, 2663; vgl. auch OLG Celle, MDR 2003, 1384.

454 Vgl. OLG Koblenz MDR 1990, 50.

455 OLG Hamm VersR 1982, 806; NJW-RR 1999, 1678, 1680; BGH WM 1970, 548, 549; NJW 1999, 3332, 3334.

bestritten werden, wenn der Vergleichsabschluss scheitere, wird nur in seltenen Ausnahmen berechtigt sein, beispielsweise bei bloßem Streit über die Schadenshöhe. In solchen Fällen wird manchmal schon durch Abschlags- oder Teilzahlungen eine Anerkenntniswirkung eintreten.

b) Vollstreckungsmaßnahmen

Die Vornahme oder Beantragung einer gerichtlichen oder behördlichen Vollstreckungsmaßnahme 201 (früher in § 209 Abs. 2 Nr. 5 BGB a.F. geregelt) führt nach **§ 212 Abs. 1 Nr. 2 BGB** zu einem Neubeginn der Verjährung. Zu beachten sind § 212 Abs. 2 und 3 BGB, wonach der erneute Beginn der Verjährung unter den dort im Einzelnen geregelten Voraussetzungen als nicht eingetreten angesehen wird, also nachträglich und rückwirkend wegfallen kann.

c) Darlegungs- und Beweislast

Hier kann auf Rdn. 161 und 197 verwiesen werden. 202

5. Verzicht auf die Verjährungseinrede

a) Wirksamkeitsvoraussetzungen

Nach **§ 202 BGB** kann (mit der Einschränkung gemäß Abs. 2 bezüglich einer Höchstdauer von 203 30 Jahren) anders als nach § 225 S. 1 BGB a.F. **wirksam auch schon vor Eintritt der Verjährung** u.a. auf die Einrede der Verjährung durch (einseitiges) Rechtsgeschäft verzichtet werden[456]. Für § 242 BGB (dazu unten unter 6.) ist deshalb insoweit grundsätzlich keine Erforderlichkeit mehr gegeben[457].

b) Auslegungsgrundsätze

Nach dem BGB alter Fassung (§ 225 S. 1 BGB a.F.) konnte hingegen auf die Einrede der Verjäh- 204 rung vor Ablauf der Verjährungsfrist nicht wirksam verzichtet werden, selbst wenn die Wirkung des Verzichts erst nach Ablauf der Verjährungsfrist eintreten sollte, weil auch dies eine nicht erlaubte Umgehung des gesetzlichen Verbots einer Erschwerung der Verjährung durch Rechtsgeschäft war[458]. Lediglich nach Eintritt der Verjährung war ein Verzicht wirksam möglich[459].

Für die **Auslegung** war und ist darauf abzustellen, wie der Empfänger die Willenserklärung nach Treu und Glauben verstehen musste. Maßgeblich ist wie bei sonstigen Willenserklärungen auch hier der objektive Erklärungswert (§§ 133, 157 BGB)[460]. Selbst bei einem fehlenden Erklärungsbewusstsein (Rechtsbindungswillen, Geschäftswillen) liegt eine Willenserklärung vor, wenn der Erklärende bei Anwendung der im Verkehr erforderlichen Sorgfalt hätte erkennen und vermeiden können, dass seine Äußerung nach Treu und Glauben und der Verkehrssitte als Willenserklärung aufgefasst werden durfte, und wenn der Empfänger sie auch tatsächlich so verstanden hat[461]. Diese Kriterien gelten grundsätzlich zwar auch für schlüssiges Verhalten ohne Erklärungsbewusstsein[462]. Jedoch setzt ein stillschweigender Verzicht auf eigene Rechte einen rechtsgeschäftlichen

456 BGH, Urt. v. 18.9.2007 – XI ZR 447/06 – juris, Rn. 15 m.w.N.
457 Palandt/*Ellenberger*, Überbl. v. § 194 BGB, Rn. 16; BeckOK BGB/*Henrich*, 54. Ed. 1.5.2020, BGB § 214 Rn. 10 a. E.; MünchKomm/*Grothe*, § 202 BGB, Rn. 3.
458 Vgl. BGH NJW 1998, 902, 903 = VersR 1998, 124.
459 BGHZ 83, 382, 389 = NJW 1982, 1815 f. = WM 1982, 827; BGH NJW 1996, 661, 663 = WM 1996, 540, 542; NJW 1997, 517, 518 = WM 1997, 330, 332.
460 BGH NJW 1996, 661, 663 = WM 1996, 540, 542.
461 BGHZ 91, 324 = NJW 1984, 2279; BGHZ 109, 171, 177 = NJW 1990, 454, 456; NJW 1995, 953 = WM 1995, 563; NJW-RR 2000, 1583, 1584 = WM 2000, 1640.
462 Vgl. BGHZ 109, 171, 177 = NJW 1990, 454, 456 NJW 1995, 953 = WM 1995, 563.

Aufgabewillen voraus, der im Allgemeinen nicht zu vermuten ist[463]. An die Annahme eines konkludent erklärten Verzichts sind deshalb strenge Anforderungen zu stellen[464]. Nach ständiger Rechtsprechung des *BGH* muss insbesondere bei Erklärungen, die als Verzicht, oder in ähnlicher Weise rechtsvernichtend gewertet werden sollen, das Gebot einer interessengerechten Auslegung beachtet werden. Hierbei haben die der Erklärung zu Grunde liegenden oder sie begleitenden Umstände besondere Bedeutung, die sämtlichst berücksichtigt werden müssen[465]. Deswegen ist ein solcher Verzicht regelmäßig ausgeschlossen, wenn es sich um Rechte handelt, die dem Erklärenden unbekannt sind und mit deren Bestehen er nicht rechnet[466].

205 Ergibt sich nach der gemäß §§ 133, 157 BGB vorzunehmenden Auslegung des objektiven Erklärungswerts der Äußerung des in Anspruch genommenen Anwalts, dass dieser, nur der – befristeten – **Verlängerung einer vermeintlich noch laufenden Verjährungsfrist** zugestimmt hat, ist die Verzichtserklärung wirkungslos, wenn die Verjährungsfrist tatsächlich schon abgelaufen war[467]. In der Praxis werden Verzichtserklärungen bezüglich der Verjährungseinrede zumeist ausdrücklich mit der Einschränkung abgegeben, dass sie nur erfolgen, soweit Verjährung noch nicht eingetreten ist. Für einen darüber hinaus gehenden Verzicht besteht grundsätzlich auch kein Anlass. Wenn der Anwalt oder seine Haftpflichtversicherung vom Mandanten unter Hinweis auf einen (vermeintlich) kurz bevorstehenden Verjährungseintritt um sofortigen Verzicht auf die Einrede der Verjährung angegangen werden und diese Erklärung wunschgemäß (und letztlich auch im Interesse des Schuldners an ausreichender Prüfungsmöglichkeit) abgegeben wird, ist auch beim Fehlen eines ausdrücklichen Vorbehalts seiner Geltung nur bei tatsächlich noch nicht eingetretener Verjährung eine Auslegung nach §§ 133, 157 BGB in diesem nur eingeschränkten Sinne, also mit einem stillschweigenden Vorbehalt, regelmäßig geboten[468]. Diese Grundsätze sind auch nach neuem Recht zu beachten.

206 Solche Vereinbarungen können auch als **Vertrag zugunsten Dritter**[469] oder **als Vertrag mit Schutzwirkung für Dritte**, zum Beispiel für alle im Schutzbereich eines anwaltlichen Beratungsvertrages befindlichen Berechtigten[470] geschlossen werden.

c) Rechtsfolgen

207 Zur Bestimmung der jeweiligen **Rechtsfolgen** ist zunächst danach zu unterscheiden, ob der Verzicht nach oder vor Verjährungseintritt erfolgt.

aa) Verzicht nach Eintritt der Verjährung

208 Bei der Bestimmung der Rechtsfolgen eines **nach Verjährung** erklärten Verzichts ist zu beachten, dass ein Neubeginn der Verjährung (§ 212 Abs. 1 BGB) ausscheidet[471]. Auch nach altem Recht

---

463 BGH NJW 1997, 517, 518 = WM 1997, 330, 332; OLG Hamm vom 16.6.1998 – 28 U 237/97, MDR 1999, 388.

464 BGH NJW 1994, 379, 380 = WM 1994, 13; NJW-RR 1996, 237 = WM 1995, 1677; BGHZ 169, 232 = NJW 2007, 69, 70 (Tz. 13); OLG Hamm vom 24.1.2006 – 28 U 147/05.

465 BGH NJW 2006, 2767, 2771 = WM 2006, 1742 (Tz. 44).

466 BGH NJW 1994, 379, 380 = WM 1994, 13; NJW 1997, 516, 518 = WM 1997, 330, 332.

467 BGH NJW 1996, 661, 663 = WM 1996, 540, 542 = VersR 1996, 852, 854; BGHZ 83, 382, 390 f. = NJW 1982, 1815 f. = WM 1982, 827; OLG Hamm vom 16.6.1998 – 28 U 237/97, OLG-Rep. 1999, 17, 24 (insoweit nicht abgedruckt in MDR 1999, 388).

468 Vgl. BGH NJW 1996, 661, 663 = WM 1996, 540, 542 = VersR 1996, 852, 854; OLG Hamm vom 26.6.2003 – 28 U 28/03; vgl. auch zu einer ähnlichen Fallgestaltung OLG Hamm vom 16.6.1998 – 28 U 237/97, OLG-Rep. 1999, 17, 24 (insoweit nicht abgedruckt in MDR 1999, 388).

469 Vgl. für eine verjährungserleichternde Vereinbarung: BGH, Urt. v. 11.12.2003 – III ZR 118/03 – juris, Rn. 14.

470 Dazu OLG Düsseldorf, Urt. v. 12.3.2018 – 9 U 179/16 – juris, Rn. 87.

471 Zutreffend: MünchKomm/*Grothe*, § 202 BGB, Rn. 13.

erfolgte nicht etwa eine Unterbrechung der Verjährung. Eine neue Verjährungsfrist wie im Falle eines Anerkenntnisses nach § 212 Abs. 1 Nr. 1 BGB kann daher richtigerweise nicht in Lauf gesetzt werden. Da ein Verjährungseinredeverzicht grundsätzlich kein selbstständiges Schuldanerkenntnis (§ 781 BGB) enthält, kann es auch dadurch nicht zur Ingangsetzung einer neuen Verjährungsfrist kommen.

Die Wirkung des Verzichts wird bei einer **unbefristeten** Erklärung wegen § 202 Abs. 2 BGB regelmäßig auf einen Zeitraum von 30 Jahren beschränkt, den Grenzen des § 202 Abs. 2 BGB also, soweit sich aus der Auslegung der Erklärung nichts Abweichendes ergibt[472]. Die Verjährung ist solange gehemmt, bis der Schuldner – für den Gläubiger erkennbar – davon wieder abrückt. Im Ergebnis bedeutet dies in etwa die gleiche Handhabung wie unter der Geltung des früheren Rechtszustandes mit Hilfe des § 242 BGB[473].

Bei einem **befristeten** Verzicht, mit dem man es in der Haftpflichtpraxis in der Regel zu tun hat, beschränkt sich die Wirkung auf den bestimmten Zeitraum[474]. Was früher Auswirkung von § 242 BGB war, ist nun **direkte Wirkung** des Verzichts, dass nämlich erst nach Ablauf dieses Zeitraums die Erhebung der Einrede wieder wirksam möglich ist. Ein konkludenter Verzicht auf die Einrede der Verjährung kann allerdings nur dann bejaht werden, wenn der Schuldner wusste oder es wenigstens für möglich hielt, dass die Verjährung bereits eingetreten war[475]. Ein stillschweigender Verzicht auf eigene Rechte setzt nämlich einen rechtsgeschäftlichen Aufgabewillen voraus, der im Allgemeinen nicht zu vermuten ist[476].

bb) Verzicht vor Eintritt der Verjährung

Bei einem Verjährungseinredeverzicht **vor Eintritt der Verjährung** kann auch insoweit § 242 **209**
BGB nicht mehr die Grundlage für die Wirkungen des Verzichts bilden. Nach allgemeiner Meinung ist gerade die rechtsgeschäftliche Regelung der Verjährung nun bewusst voll der Disposition der Parteien überlassen[477]. Die Rechtsfolgen sind also unter Beachtung des Grundsatzes der Privatautonomie und der gesetzlichen Regeln über Hemmung oder Neubeginn der Verjährung zu bestimmen.

Ein Neubeginn der Verjährung, kommt richtigerweise – auch im Falle eines unbefristet und ohne Einschränkungen erklärten Verzichts – nicht in Betracht. Ein Verzicht auf die Verjährungseinrede ist auch aus der Sicht eines sorgfältigen Erklärungsempfängers mit einem Anerkenntnis nach § 212 Abs. 1 Nr. 1 BGB (als einzig denkbar ähnlichem Fall des § 212 BGB) nicht annähernd vergleichbar[478]. Durch einen Verjährungseinredeverzicht wird doch gerade lediglich zum Ausdruck gebracht, die Verjährungseinrede nicht als Verteidigungsmittel einzusetzen. Alle sonstigen Einwendungen gegen den geltend gemachten Anspruch sollen indessen – ausdrücklich oder jedenfalls konkludent – vorbehalten bleiben.

---

472 Vgl. BGH, Urt. v. 18.9.2007 – XI ZR 447/06 – juris, Rn. 16; MünchKomm/*Grothe*, § 214 BGB, Rn. 8; nun folgend Palandt/*Ellenberger*, § 202 BGB, Rn. 7; BeckOK BGB/*Henrich*, 54. Ed. 1.5.2020, BGB § 202 Rn. 7.

473 Dazu: BGH NJW 1991, 974, 975; NJW 1998, 902, 903 = VersR 1998, 124.

474 MünchKomm/*Grothe*, § 214 BGB, Rn. 8.

475 BGH NJW 1997, 517, 518 = WM 1997, 330, 332; vgl. auch BGHZ 83, 382, 389 = NJW 1982, 1815 f. = WM 1982, 827 (auch für einen ausdrücklich erklärten Verjährungseinredeverzicht); OLG Hamm vom 16.6.1998 – 28 U 237/97, OLG-Rep. 1999, 17, 24 (insoweit nicht abgedruckt in MDR 1999, 388); OLG Düsseldorf NJW-RR 2000, 836; Palandt/*Heinrichs*, 61. Auflage, § 222 BGB, Rn. 5.

476 BGH NJW 1997, 517, 518 = WM 1997, 330, 332; OLG Hamm vom 16.6.1998 – 28 U 237/97, MDR 1999, 388.

477 Vgl. nur *Mansel*, NJW 2002, 89, 96; MünchKomm/*Grothe*, § 202 BGB, Rn. 13 und § 214 BGB, Rn. 8; Soergel/*Niedenführ*, § 202 BGB, Rn. 3 und Rn. 12, 13.

478 BGH, Urt. v. 18.9.2007 – XI ZR 447/06 – juris, Rn. 16.

Dann bleibt – mangels näherer besonderer Parteiabreden i.S. einer Verjährungsvereinbarung[479] – aus dem gesetzlichen »Repertoire« als denkbare Rechtsfolge **eigentlich nur noch** die **Verjährungshemmung** im Sinne des § 209 BGB übrig. Ergibt sich diese nicht bereits durch Auslegung (§§ 133, 157 BGB), wird man sie m.E. im Wege der Rechtsanalogie zu bejahen haben, da der Gesetzgeber u.a. einen Verjährungseinredeverzicht durch (einseitiges) Rechtsgeschäft als einen der Fälle der Erschwerung einer Verjährung durch die Reform ermöglicht, aber eine spezielle Rechtsfolgenregelung zu treffen unterlassen hat. Genauso wie teilweise im Fall des nachträglichen Verzichts (s. oben Rdn. 208) ist nach hier vertretener Ansicht hier also eine planwidrige Lücke zu füllen, und zwar nach Normzweck und Interessenlage unter Heranziehung des Rechtsinstituts der Verjährungshemmung nach § 209 BGB. Dabei dauert der Hemmungszeitraum bei einem **befristeten** Verzicht für die Dauer des darin genannten Zeitraums an.

210 Ohne weitere Begründung hat der **BGH allerdings** entschieden, dass durch den Verjährungsverzicht der **Ablauf der Verjährung nicht beeinflusst**, d.h. die Verjährungsvollendung nicht hinausgeschoben werde. Folge des Verzichts sei jedoch, dass das Leistungsverweigerungsrecht des Beklagten für den vereinbarten Zeitraum ausgeschlossen (gewesen) sei. Grundsätzlich könne das Leistungsverweigerungsrecht bei einem derart befristeten Verzicht nach Ablauf der Verzichtsfrist direkt wieder geltend gemacht und damit die Leistung verweigert werden, falls der Gläubiger innerhalb der Frist seinen Anspruch nicht geltend hat[480].

d) Darlegungs- und Beweislast

211 Einen Verzicht auf die Verjährungseinrede wie auch das Vorliegen aller Voraussetzungen oder der für die direkten Wirkungen des Verzichts im jeweiligen Fall maßgebenden Umstände hat grundsätzlich der **Mandant** als Gläubiger darzulegen und erforderlichenfalls **zu beweisen**[481].

6. Unzulässige Rechtsausübung

a) Anwendungsbereich

212 Wenn auch die Regeln über einen Rechtsmissbrauch durch Erhebung einer Verjährungseinrede nach der Reform teilweise nicht mehr zum Zuge kommen (vgl. oben Rdn. 141), bleibt dennoch weiterhin ein – wenn auch eingeschränkter – Anwendungsbereich für den Arglisteinwand (§ 242 BGB). Denn nicht alle Fälle treuwidriger Erhebung einer Verjährungseinrede fallen notwendigerweise unter § 203 BGB.

b) Voraussetzungen

213 Wegen des Zwecks der Verjährungsregelung sind an den Einwand der unzulässigen Rechtsausübung anerkanntermaßen strenge Anforderungen zu stellen[482]. Er erfordert *»einen wirklich groben Verstoß gegen Treu und Glauben«*[483]. *»Bloßes Ausweichen, Ablenken oder Schweigen ... rechtfertigt das Unwerturteil einer unzulässigen Rechtsausübung nicht«*[484]. Es reicht für den Einwand der

479 Vgl. dazu *Mansel*, NJW 2002, 89, 96 unten.

480 BGH, Urt. v. 16.3.2009 – II ZR 32/08 – juris, Rn. 22 m.w.N.; v. 7.5.2014 – XII ZB 141/13 – juris, Rn. 18; v. 1.7.2014 – VI ZR 391/13 – juris, Rn. 35; v. 17.12.2015 – IX ZR 61/14 – juris, Rn. 43; OLG Hamm, Urt. v. 29.11.2012 – 28 U 188/11 – juris, Rn 124; OLG München, Urt. v. 7.12.2017 – 23 U 1683/17 – juris, Rn. 59; MünchKomm/*Grothe*, § 202 BGB, Rn. 14 und § 214 BGB, Rn. 8.

481 Vgl. auch *Chab*, in: G. Fischer/Vill/D. Fischer/Pape/Chab, 4. Auflage, § 7, Rn. 180; *Ganter*, S. 21.

482 Vgl. (jeweils zu § 51b BRAO) BGH NJW 1988, 265, 266; NJW 1988, 2245, 2247 = WM 1988, 629, 632; NJW-RR 1996, 1895, 1897 = WM 1996, 1106, 1108; NJW 2001, 3543, 3545 = WM 2001, 1677, 1679 f.; zum neuen Verjährungsrecht; BGH, Urt. v. 15.12.2017 – IX ZR 58/16 – juris, Rn. 25.

483 BGH NJW 1988, 265, 266; NJW 1988, 2245, 2247 = WM 1988, 629, 632; NJW 1996, 1895, 1897 = WM 1996, 1106.

484 BGH, Urt. v. 15.7.2010 – IX ZR 180/09 – juris, Rn. 19; NJW 1988, 2245, 2247 = WM 1988, 629, 632; vgl. auch NJW 1988, 265, 266 (m.w.N.).

unzulässigen Rechtsausübung gegenüber der Verjährungseinrede nicht aus, dass der Gläubiger (deswegen) der Meinung war, mit seiner Klage noch zuwarten zu können[485]. Auch der Vorwurf fehlerhafter Bearbeitung in der Hauptsache ist nicht ausreichend[486]. Maßgeblich für den Einwand aus § 242 BGB ist – allgemein gesagt – ob die Erhebung der Verjährungseinrede durch den Anwalt unter Berücksichtigung aller Umstände des Einzelfalles mit dem Gebot von Treu und Glauben unvereinbar ist[487].

Das kommt in Betracht, wenn der Schuldner durch sein Verhalten objektiv – sei es auch unabsichtlich – bewirkt, dass z.B. eine Klage nicht rechtzeitig erhoben wird[488], dass er nach objektiven Maßstäben den Berechtigten zu der Annahme veranlasst, sein Anspruch sei auch ohne Rechtsstreit vollständig zu befriedigen[489], oder wenn der Verpflichtete bei dem Berechtigten nach objektiven Maßstäben den Eindruck erweckt oder aufrechterhält, dessen Ansprüche nur mit sachlichen Argumenten bekämpfen zu wollen, und ihn dadurch von der rechtzeitigen Klageerhebung abhält[490]. Das Verhalten des Schuldners muss also dafür ursächlich geworden sein, dass der Gläubiger die Verjährungsfrist nicht vor dem Ablauf gehemmt oder unterbrochen hat[491].

In Anwendung dieser Grundsätze hat die Rechtsprechung im Bereich der Beraterhaftung oft **§ 242 BGB abgelehnt**, weil es an *»vertrauensbildenden Umständen«*[492] fehlte. 214

▶ Beispiele:

– Ein auf Regress in Anspruch genommener Rechtsanwalt bekundete in seinem Antwortschreiben lediglich seine Bereitschaft, die geltend gemachten Ansprüche zu prüfen. Da er aber nicht in Aussicht gestellt hatte, die Einrede der Verjährung nicht zu erheben, ist ein dahingehendes schutzwürdiges Vertrauen nicht geschaffen worden, der Kläger also weder vorsätzlich noch unbeabsichtigt von der Erhebung der Regressklage abgehalten worden[493]. 215

– Ein damals noch nicht in Anspruch genommener Steuerberater legt aufgrund der im Vertrag der Parteien eingeräumten Vertretungsbefugnis Einspruch gegen die Steuerbescheide ein, ohne den Mandanten vor der Verjährung bewogen zu haben, im Hinblick auf eine Regressforderung den Ausgang des Einspruchsverfahrens abzuwarten (vgl. BGH NJW 1985, 1151 (1152) = LM § 51 BRAO Nr. 7) und ohne in irgendeiner Weise einen Erfolg des Rechtsbehelfs zuzusichern[494]. 216

– Auf Regress in Anspruch genommene Anwälte teilen mit, ihren Berufshaftpflichtversicherer unterrichtet zu haben, und weisen darauf hin, dass die Versicherungsbedingungen ihnen eine Erklärung zur Sache verbieten. Der Zusatz, dass begründete Ansprüche an ihnen persönlich nicht scheitern werden, wie auch die weitere Mitteilung, dass sie eine Konfrontation mit einer jahrelangen Mandantin nicht wünschten, sowie Hilfestellung und Gespräche anboten, reichten dem BGH zu Recht nicht aus. 217

---

485 BGH NJW 1988, 265, 266; NJW 2001, 3543, 3545 = WM 2001, 1677, 1679 f.
486 BGH, Urt. v. 14.11.1991 – IX ZR 31/91 – juris, Rn. 15; OLG Hamm, Urt. v. 21.1.2010 – 28 U 12/09 – n. v.
487 BGH, Urt. v. 14.11.2013 – IX ZR 215/12 – juris, Rn. 15 m.w.N.
488 Vgl. BGH, Urt. v. 15.12.2016 – IX ZR 58/16 – juris, Rn. 25; v. 14.11.2013 – IX ZR 215/12 – juris, Rn. 15 m.w.N.
489 BGH NJW 1988, 265, 266; NJW 1988, 2245, 2247 = WM 1988, 629, 632; NJW-RR 1989, 215 = WM 1988, 1855, 1858; NJW 1996, 1895, 1897 = WM 1996, 1106, 1108; NJW 2001, 3543, 3545 = WM 2001, 1677, 1679 f.
490 BGH NJW-RR 1996, 1895, 1897 = WM 1996, 1106, 1108; NJW 1998, 902, 903; NJW 1999, 1101, 1103, 1104; NJW 2001, 3543, 3545 = WM 2001, 1677, 1679 f.
491 BGH NJOZ 2005, 4031, 4034 = WM 2005, 2106 m.w.N.
492 BGH NJW 1999, 1101, 1103, 1104.
493 BGH, Urt. v. 15.12.2016 – IX ZR 58/16 – juris, Rn. 25.
494 BGH NJW-RR 1996, 1895, 1897 = WM 1996, 1106, 1108.

Denn die Beklagten, so der BGH, »haben ... nicht einmal angedeutet, den geltend gemachten Anspruch anzuerkennen. Vielmehr haben sie ausdrücklich die Frage gestellt, ob Ansprüche der Klägerin ›wirklich ... verjährt sein‹ könnten. Bei der notwendigen objektiven Betrachtung konnte daraus weder der Schluss gezogen werden, die Beklagten stellten eine Befriedigung der Kläger ohne Rechtsstreit in Aussicht, noch dass die Beklagten auf die Einrede der Verjährung verzichten wollten. Das gilt erst recht für das Schreiben der Haftpflichtversicherung vom 20.3.1997, das sich in einer Eingangsbestätigung erschöpft sowie eine Antwort in Aussicht stellt. Keinem der Schreiben kann etwa entnommen werden, dass die Kl. dadurch von der rechtzeitigen Erhebung der Regressklage abgehalten werden sollte.«[495]

218 – Ein Rechtsanwalt teilt auf die Zusendung des Entwurfs einer Schadensersatzklage gegen ihn mit, er werde sich jeder Stellungnahme zu Grund und Höhe der erhobenen Ansprüche enthalten. Er gibt – ausdrücklich ohne Anerkennung einer Rechtspflicht – seine Berufshaftpflichtversicherung bekannt. Danach äußert er sich nicht mehr. Unter diesen Umständen hat der Schuldner gegenüber der anwaltlich vertretenen Klägerin nichts getan, woraus diese hätte den Schluss ziehen können, sie werde auch ohne gerichtliche Hilfe ihren Anspruch durchsetzen können. Dass er sie zunächst durch vorsätzliche Täuschung über die Nichtbearbeitung einer Verkehrsunfallsache hingehalten hatte, führte nicht zu einem weiteren Hinausschieben der Verjährung der Regressansprüche gegen ihn, weil der neu von der Klägerin beauftragte Anwalt diese in noch nicht verjährter Zeit erkannt hatte, wie die Übersendung des Klageentwurfs zeigte, und weil der Beklagte die Klägerin auch nicht in irgendeiner Weise vom Einreichen der ihm im Entwurf übersandten Klage abgehalten hat[496].

219 – Ein Rechtsanwalt belehrte im Rahmen seiner Sekundärbelehrung zur Verjährungsfrist nach dem damals noch geltenden § 51b BRAO hinsichtlich der 2. Alternative dieser Verjährungsregelung fehlerhaft. Auch ein solcher im Anschluss an Ausführungen zu einem möglicherweise bestehenden Regressanspruch erfolgter Hinweis auf die Regressverjährung machte deutlich, dass die Verjährungsfrist durch den Kläger zu beachten sei, anderenfalls eine Verteidigung mit einer Verjährungseinrede erfolge[497].

Ein Eingreifen der Arglisteinrede ist aber **zu bejahen beispielsweise** in folgenden Fallgestaltungen:

220 – Wenn ein Rechtsanwalt, von einem Bauherrn wegen Verletzung anwaltlicher Pflichten auf Schadensersatz in Anspruch genommen, daraufhin vor Ablauf der Verjährung anregt, abzuwarten, bis die Verfahren beendet worden seien, in denen er zwischenzeitlich von anderen ebenfalls von ihm parallel vertretenen Bauherren auf Schadensersatz in Anspruch genommen wurde, und der Mandant sich darauf einlässt. Denn der Auftraggeber darf in einem solchen Falle darauf vertrauen, seine Ansprüche würden, wenn nicht befriedigt, so doch nur mit sachlichen Einwendungen bekämpft werden[498].

221 – Wenn ein Rechtsanwalt nach der Mandatskündigung seine Handakten nicht rechtzeitig vor Vollendung der Verjährung an die vom Kläger neu beauftragten Rechtsanwälte herausgibt und dadurch eine nun mögliche anderweitige anwaltliche Beratung zur Regressfrage zu verhindern sucht[499].

495 BGH NJW 2001, 3543, 3545 = WM 2001, 1677, 1679.

496 BGH NJW 1988, 265, 266.

497 OLG Hamm, Urt. v. 20.11.1997 – 28 U 115/97, OLG-Rep. 1999, 296, 300 (rechtskräftig durch Nichtannahmebeschluss vom 8.10.1998 – IX ZR 5/98), wobei im konkreten Fall der Mandant auch rechtzeitig vor Ablauf der Primärverjährungsfrist wegen des Regressanspruchs andere Anwälte beauftragt hatte und wegen fehlender Schutzbedürftigkeit daher § 242 BGB auch nicht aus Gründen eines gesetzten Vertrauenstatbestandes, sich vor Ablauf der selbst genannten Frist nicht auf Verjährung zu berufen, eingreifen konnte.

498 BGH NJW 1985, 1151, 1152.

499 Vgl. BGH NJW 1988, 2245, 2247 = WM 1988, 629, 632 (wobei im konkreten Fall allerdings – ebenso wie in BGH NJW 1988, 265, 266 – die Herausgabe rechtzeitig erfolgte und § 242 BGB daher verneint wurde).

- Wenn ein steuerlicher Berater zur Vereitelung eines Regressanspruchs seinem Auftraggeber vorspiegelt, eine – bereits rechtskräftig abgewiesene – Klage gegen einen Steuerbescheid sei noch anhängig und werde erfolgreich sein[500]. 222
- Wenn ein Steuerberater durch Übersendung einer Abschrift eines auftragswidrig nicht eingelegten Einspruchs gegen einen Steuerbescheid den Anschein erweckt, der Steuerbescheid, der angefochten werden sollte, sei nicht in Bestandskraft erwachsen, und diesen Anschein durch weitere falsche oder zumindest irreführende Auskünfte verstärkt bzw. aufrechterhält[501]. 223
- Wenn ein Rechtsanwalt durch vorsätzliches Vortäuschen von bei seiner Mandatsbearbeitung getroffenen Maßnahmen, etwa zur Verhinderung eines Eintritts der Verjährung von Mandantenforderungen gegen Dritte, eine Regressklage gegen sich in nicht verjährter Zeit verhindert. 224

c) Wirkungen

Wenn der Gläubiger aus dem gesamten Verhalten des Schuldners für diesen erkennbar das Vertrauen schöpfte und auch schöpfen durfte, dass der Schuldner die Verjährungseinrede nicht erheben, sondern sich auf sachliche Einwände beschränken werde, reicht dieser Vertrauensschutz aber nur so weit und gilt nur so lange, wie die den Einwand der unzulässigen Rechtsausübung begründenden Umstände fortdauern und den Gläubiger von der rechtzeitigen Klageerhebung abhalten[502]. Der Einwand der unzulässigen Rechtsausübung entfällt also, wenn der Mandant nach Wegfall der Umstände, aus denen die unzulässige Rechtsausübung durch Erhebung einer Verjährungseinrede folgt, noch ausreichende Zeit hatte, den Eintritt der Verjährung zu verhindern[503]. 225

Wie schon zu § 242 BGB im Rahmen der Behandlung von – vor Verjährungseintritt unter der Geltung des gesetzlichen Verbots von § 225 S. 2 BGB a.F. – abgegebenen Verzichtserklärungen, verbleibt auch nach dem jetzigen Recht dem Mandanten nach Wegfall der Umstände, die eine Unzulässigkeit der Verjährungseinrede begründet haben, nur noch eine **kurze Frist** – in der Regel ca. ein Monat –, innerhalb der er seinen Regressanspruch gerichtlich geltend machen muss[504]. 226

▶ Beispiel:

Ein Steuerberater versäumt es im Jahre 2003 versehentlich, einen Einspruch, dessen Abschrift er dem Mandanten zugesandt hatte, an das Finanzamt abzusenden. In der Folgezeit hält er die Vorstellung des Mandanten, der Einspruch sei eingelegt, durch irreführende Auskünfte aufrecht und unterdrückt einen Bescheid über den Eintritt der Bestandskraft des Steuerbescheids. Erst Jahre später (im November 2010) wurde dem Mandanten lediglich mitgeteilt, dass der Einspruch damals versehentlich nicht abgesandt worden sei. Erst auf Nachfragen erfuhr er Mitte April 2011, dass der Steuerberater bereits seit langem von dem unterbliebenen Einspruch wusste. Da erst diese Information es dem Mandanten ermöglichte, das Verhalten des Steuerberaters als arglistig zu bewerten und den an sich verjährten Einspruch mit Aussicht auf Erfolg einzuklagen, begann damit die Frist zur gerichtlichen Geltendmachung des Regressanspruchs, die Mitte Mai 2011 rechtzeitig erfolgte[505].

---

500 Vgl. BGH NJW 1998, 1488, 1490 = WM 1998, 779, 781.

501 BGH, Urt. v. 14.11.2013 – IX ZR 215/12 – juris, Rn. 14 ff.

502 Vgl. BGH NJW 1999, 1101, 1104.

503 BGH NJW 1996, 1895, 1897 = WM 1996, 1106, 1108; vgl. auch *Ganter*, S. 28.

504 Vgl. BGH, Urt. v. 4.11.1997 – VI ZR 375/96 – juris, Rn. 19; v. 18.12.1997 – IX ZR 180/96 – juris, Rn. 18 m.w.N.; v. 19.4.2001 – I ZR 340/98 – juris, Rn. 37; *Zugehör*, NJW 1995, Beilage zu Heft 21, S. 21.

505 BGH, Urt. v. 14.11.2013 – IX ZR 215/12 – juris, Rn. 18, 19.

d) Darlegungs- und Beweislast

227 Die tatsächlichen Voraussetzungen des Arglisteinwands sind vom Mandanten darzulegen und zu beweisen[506].

XI. Verjährungskonkurrenz

228 Nach Aufhebung des § 51b BRAO durch das Gesetz zur Anpassung von Verjährungsvorschriften an das Gesetz zur Modernisierung des Schuldrechts stellt sich für Regressansprüche gegen einen Anwalt die Frage einer Verjährungskonkurrenz nicht mehr.

506 BGH NJW 1996, 1895, 1897 = WM 1996, 1106.

Kapitel 8 Regressgefahren in speziellen Sachbereichen (nach alphabetisch geordneten Stichworten)

Übersicht

Einleitung

1 Die nachfolgenden Stichworte greifen **typische Regresssituationen** auf, die **im Rahmen der allgemeinen Mandatsbetreuung** sowie vor allem der **Prozessführung** drohen. Für die abschließende Prüfung, ob im konkreten Fall eine zur Haftung führende anwaltliche Pflichtverletzung vorliegt, sollten dabei **immer auch die Ausführungen im systematischen Teil** über anwaltliche Pflichtverletzungen (Kapitel 2) **herangezogen** werden, zumal auch dort bereits zahlreiches Fallmaterial verwertet und aufgearbeitet ist.

Mit den in fachanwaltlich abgedeckten Spezialbereichen nach § 1 FAO typischerweise auftauchenden Regressfragen und den Möglichkeiten der Vermeidung eines Regresses befasst sich speziell das **neue Kapitel 9**, in dem gezielte Fachanwaltsbereiche gesondert behandelt werden.

Aktiv- und Passivlegitimation

2 Nicht selten scheitert in der Praxis eine zivilprozessuale Klage daran, dass das Gericht entweder die Aktivlegitimation des Klägers oder die Passivlegitimation des Beklagten verneint.

I. Aktivlegitimation

3 Wer als aktivlegitimiert zu gelten hat, also Inhaber des Anspruchs ist, ergibt sich zumeist aus einem abgeschlossenen Vertrag. Hier kann es Auslegungsschwierigkeiten geben, desgleichen aber auch tatsächliche Unklarheiten. So kann etwa der Beklagte einwenden, nicht der Kläger, sondern ein Dritter habe ihm den Auftrag erteilt, und zwar ohne dabei kenntlich zu machen, dass er mit Vollmacht und im Namen des Klägers handele.

Schon vor der Klageerhebung hat der Anwalt diese Fragen sorgfältig zu erwägen, um derartigen Einwendungen zuvorzukommen[1]. Entsprechendes gilt, wenn der Beklagte erst innerhalb des Prozesses einen solchen Einwand erhebt.

Der Anwalt hat zunächst den Sachverhalt durch entsprechende Fragen aufzuklären und die Rechtslage eingehend zu prüfen. Notfalls kann es zweckmäßig sein, den (angeblich) Bevollmächtigten, der den Auftrag persönlich erteilt hat, zu befragen, wenn dieser als Zeuge in Betracht kommt[2].

4 In taktischer Hinsicht hat der Anwalt zu überlegen, ob nicht zum Ausschluss des gegnerischen Einwandes eine **Abtretung** vorgenommen werden kann. Wenn etwa der Beklagte behauptet, nicht der Kläger, sondern dessen Ehefrau sei in Wirklichkeit Vertragspartnerin geworden, so sollte eine Abtretungserklärung durch den Anwalt veranlasst werden, wonach die Ehefrau alle etwaigen denkbaren Ansprüche aus diesem Vertrage an den Kläger abtritt. Die Ehefrau wird zumeist zu einer solchen Abtretungserklärung bereit sein. Dadurch würde also der entsprechende Einwand des Beklagten entkräftet. Zu diesem nicht nur taktischen Vorgehen wird der Anwalt raten müssen, weil er verpflichtet ist, für seine Partei stets den sichersten Weg zu gehen (vgl. Kap. 2 Rdn. 195 ff.)[3]. Das gilt umso eher, als mit der Einführung der abgetretenen Forderung in den Prozess nach altem Verjährungsrecht auch die eventuelle Verjährung derselben unterbrochen wurde (§ 209 BGB a.F.) und nach dem ab 1.1.2002 geltenden Verjährungsrecht gemäß § 204 Abs. 1 Nr. 1 BGB dadurch Verjährungshemmung eintritt, somit einer drohenden Verjährungsgefahr begegnet werden kann (vgl. schon Kap. 2 Rdn. 192 m.w.N.).

5 In welche Schwierigkeiten ein Anwalt geraten kann, wenn er diese Grundsätze nicht beherzigt, zeigt sich in folgendem

▶ Beispiel[4]:

Eine Steuerberatungs-GmbH tritt Honorarforderungen an ihren Alleingeschäftsführer ab, der danach die Hilfe eines Rechtsanwalts für die gerichtliche Verfolgung in Anspruch nimmt, infolge von Anwaltsfehlern indes ohne Erfolg. Die nachfolgende Regressklage wird von der GmbH erhoben, die ersichtlich nur eigene Schadensersatzansprüche in eigenem Namen geltend macht, weil der Beklagte nicht für eine erfolgreiche Durchsetzung dieser Honorarforderungen gegenüber der Klägerin als seiner Auftraggeberin gesorgt habe. Nachdem der Beklagte im Einzelnen eingewandt hatte, sein Auftraggeber sei allein und ausschließlich der Geschäftsführer der Klägerin in eigener Person und im eigenen Namen gewesen, berief die Klägerin sich darauf, sie habe sich vorsorglich die Schadensersatzansprüche ihres Geschäftsführers persönlich von diesem abtreten lassen. Demgegenüber folgte die Einrede der Verjährung.

---

1 Vgl. *Rinsche*, Prozesstaktik, Rn. 14 ff.

2 Zur allerdings grundsätzlich **nicht** bestehenden Ermittlungspflicht des Anwalts vgl. im Einzelnen Kap. 2 Rdn. 82 f. m.w.N.

3 Vgl. auch *Rinsche*, Prozesstaktik, Rn. 17; vgl. auch *Vollkommer/Greger/Heinemann*, § 28, Rn. 94.

4 OLG Hamm vom 11.2.1999 – 28 U 120/98.

Dies ist ein Beispiel für die Fallstricke von Abtretungen mit ihren Auswirkungen auf Aktivlegitimation und Verjährung. Die Einrede der Verjährung hatte Erfolg. Die Klage hatte keine verjährungsunterbrechende Wirkung, da die Klägerin nicht Berechtigte im Sinne des § 209 Abs. 1 BGB a.F. war; die Einlassung des Beklagten, er habe unter Hinweis auf die bereits erfolgte Abtretung für den Geschäftsführer als Zessionar die Honorarforderungen einklagen sollen, blieb unwiderlegt. Ein Fall einer Rückabtretung, bei dem die Klage des Zedenten (= Rückzessionars) vom Zeitpunkt der Rückabtretung an die Verjährung soll unterbrechen können, auch wenn die Rückabtretung erst später offengelegt wird[5], lag nicht vor: Die an den Geschäftsführer abgetretenen Forderungen waren Honorarforderungen, wohingegen es bei der Abtretung des Geschäftsführers um seine Regressforderungen ging, also andere Forderungen betroffen waren. Da die Klage aus abgetretenem Recht einen anderen Streitgegenstand betrifft als eine Klage aus eigenem Recht[6] und die Klägerin sich erst im Laufe des Rechtsstreits nach Eintritt der Regressverjährung auf abgetretenes Recht berief, hat das OLG Hamm die Klage abgewiesen.

Werden (noch) **Honoraransprüche von Anwaltssozietäten** trotz der mittlerweile anerkannten (beschränkten) Rechtsfähigkeit als BGB-Gesellschaft[7] nicht von dieser als Anspruchsinhaberin eingeklagt, sondern von den Sozietätsmitgliedern, von einem einzelnen Sozius oder einem Teil der Sozien, so ist zu beachten: 6

Während im erstgenannten Fall eine schlichte Rubrumsberichtigung hilft[8], bedarf es in den beiden weiteren Fallgestaltungen einer materiellrechtlichen Berechtigung des Klägers oder der Kläger. Diese kann in einer **Abtretung** oder einer **Einziehungsermächtigung** liegen. Wird darauf nicht geachtet, kann es leicht geschehen, dass Verjährung eintritt. Denn eine Hemmung der Verjährung durch die Klageerhebung (§ 204 Abs. 1 Nr. 1 BGB) setzt genauso wie die Unterbrechung der Verjährung nach altem Recht (§ 209 Abs. 1 BGB a.F.) voraus, dass der **Berechtigte**, d.h. der materiellrechtlich zur Klageerhebung Befugte, klagt[9]. Eine spätere Abtretung an den Kläger wirkt genauso wie eine spätere Genehmigung der Klageerhebung nicht zurück[10]. Auf diese Punkte sollte der Anwalt zumindest nach dem Grundsatz des sichersten Weges achten.

Abtretung oder mindestens Einziehungsermächtigung sind ebenfalls nötig, werden aber häufig vergessen, wenn ein **rechtsschutzversicherter Mandant** Regressansprüche einklagt und dabei – meistens auf Betreiben der Rechtsschutzversicherung – auch die **Kostenschäden** aus dem Vorprozess mit geltend macht (vgl. dazu Kap. 2 Rdn. 38). 7

Zieht ein Rechtsanwalt eine Klage aus abgetretenem Recht in Betracht, hat er darauf zu achten, ob diesem Vorhaben nicht ein **Abtretungsverbot** im Sinne des § 399 BGB entgegensteht. 8

▶ Beispiel[11]:

Der Rechtsanwalt einer Bau-GmbH schlägt dieser eine Abtretung einer streitigen Werklohnforderung an die Ehefrau des Geschäftsführers vor, in Kenntnis, aber unter unzureichender Prüfung

5 Vgl. BGH NJW 1995, 1675, 1676 = WM 1995, 988 ff.

6 Vgl. RGZ 103, 111; 120, 192; BGH, Urt. v. 21.10.2008 – XI ZR 466/07 – juris, Rn. 15 m.w.N.; v. 23.7.2008 – XII ZR 158/06 – juris, Rn. 19 und 22; NJW 2007, 2560, 2561 = WM 2007, 1241 (Tz. 17); NJW 2007, 2414, 2415 (Tz. 8); NJW 2005, 2004, 2005; NJW-RR 2006, 275, 277 = WM 2006, 592 (Tz. 15); NJW 1999, 1407 = WM 1999, 704; NJW 1996, 117, 118 = WM 1996, 125 (unter II 2c) aa); OLG Zweibrücken OLGZ 70, 174; vgl. auch BVerfG NJW 1980, 1737, 1738; Zöller/*Greger*, § 263 ZPO, Rn. 7; *Reichold*, in: Thomas/Putzo, Einl. II Rn. 32; anders bei stiller Sicherungszession, vgl. BGH, Urt. v. 21.10.2008 – XI ZR 466/07 – juris, Rn. 15; v. 23.3.1999 – VI ZR 101/98 – juris, Rn. 15.

7 Vgl. BGHZ 146, 341 = NJW 2001, 1056.

8 BGH, Urt. v. 15.1.2003 – XII ZR 300/99 – juris, Rn. 12; v. 14.9.2005 – VIII ZR 117/04 – juris, Rn. 8; Beschl. v. 8.11.2007 – IX ZR 191/06 – juris, Rn. 2.

9 BGH, Urt. v. 9.12.2010 – III ZR 56/10 – juris, Rn. 9; v. 29.10.2009 – I ZR 191/07 – juris, Rn. 38; offengelassen noch im Urt. v. 7.1.2008 – II ZR 283/06 – juris, Rn. 34.

10 BGHZ 46, 221, 229 f. = NJW 1967, 568; BGHZ 78, 1, 8 = NJW 1980, 2461; BGH NJW 2004, 1043, 1044; vgl. auch Palandt/*Ellenberger*, § 204 BGB, Rn. 11.

11 BGH, Urt. v. 29.4.2003 – IX ZR 54/02 – juris.

der Wirksamkeit eines formularmäßigen Abtretungsverbots in dem Bauvertrag, um dem Geschäftsführer der GmbH eine Zeugenstellung im Prozess zu verschaffen.

Hierdurch macht sich der Anwalt wegen der Kosten des aufgrund fehlender Aktivlegitimation verlorenen Prozesses ersatzpflichtig Dies ist unproblematisch. Für einen von der GmbH geführten Prozess soll es nach Ansicht des BGH aber auch Pflicht des Anwalts sein, über die Möglichkeit der **Abberufung des bisherigen Geschäftsführers** zu belehren, um diesem so formal eine Zeugenstellung zu verschaffen[12]. Die Bejahung einer Anwaltspflicht zum Rat zu solchen »Manövern«, welche auf Seiten erkennender Gerichte nicht selten argwöhnisch betrachtet werden (Motto: »Der oder die hat es offenbar nötig!«), und dann bei einer abschließenden tatrichterlichen Beweiswürdigung eher zum Nachteil der entsprechenden Partei ausschlagen können[13], ist erheblich bedenklich. Nach dem Grundsatz sog. freier Beweiswürdigung gemäß § 286 ZPO hat das Gericht aus dem gesamten Inhalt der Verhandlung, demnach auch aus einer Anhörung gemäß § 141 ZPO, seine Überzeugung zu gewinnen, kann also der Parteierklärung den Vorzug vor Zeugenaussagen geben[14]. Formale und eher prozesstaktische Überlegungen sollten daher nicht zu Haftungsfragen »hochstilisiert« werden[15]. Eine derartige, im konkret entschiedenen Fall letztlich sogar unnötige Ausweitung des Kreises von Anwaltspflichten sollte so schnell wie möglich wieder aufgegeben werden[16].

9 Vorsicht für den Rechtsanwalt ist auch geboten, will ein **Zedent** – nach offengelegter Zession – **auf Zahlung an sich** klagen. Sein Mandant bedarf prozessual dafür nämlich einer besonderen Prozessführungsbefugnis, die durch entsprechende Ermächtigung des Rechtsinhabers (Zessionars) bei Bestreiten im Prozess auch bewiesen werden muss. Der Grundsatz des sichersten Weges verlangt vom Anwalt daher, dass er sich diese Ermächtigung schriftlich erteilen oder bestätigen lässt und sie in den Prozess einführt[17].

10 Nicht außer Acht lassen darf der Anwalt auch den Umstand, dass nach ständiger Rechtsprechung des BGH eine **gewillkürte Prozessstandschaft** nur zulässig ist, wenn der Prozessführende vom Rechtsinhaber für diese Art der Prozessführung eine Ermächtigung erhalten hat **und** er ein eigenes schutzwürdiges Interesse an ihr hat[18].

Das schutzwürdige Eigeninteresse ist gegeben, wenn die Entscheidung Einfluss auf die eigene Rechtslage des Prozessführungsbefugten hat; es kann auch durch ein wirtschaftliches Interesse begründet werden[19]. Das Eigeninteresse muss sich auf das Recht beziehen, zu dessen Geltendmachung der Kläger ermächtigt worden ist.

Geht es um die Beeinträchtigung eines Rechts, muss das Eigeninteresse in der Beseitigung der eingetretenen Beeinträchtigung bestehen. Das ist auch für die Anerkennung eines wirtschaftlichen Eigeninteresses erforderlich und bedeutet, dass nicht jedes wirtschaftliche Eigeninteresse des Prozessstandschafters ausreichend ist. Auch dieses muss sich aus der Beziehung zu dem fremden Recht ergeben, also auf die Verwirklichung gerade dieses Rechts gerichtet sein[20].

▶ Beispiel[21]:

Macht eine Partei den Unterlassungsanspruch eines Grundstückseigentümers aus § 1004 BGB bzw. aus § 862 BGB im Wege der gewillkürten Prozessstandschaft geltend, muss sich das

---

12 BGH, a.a.O., juris, Rn. 17.

13 Vgl. Zöller/Greger, § 373 ZPO, Rn. 4.

14 Worauf der BGH, a.a.O., Rn. 19 m.w.N. (im Rahmen der vom Anwalt zu erteilenden Risikoberatung) selbst verweist.

15 Zu Sinn und Unsinn von Abtretungen vgl. auch *Dräger*, MDR 2008, 1373 f.

16 Vgl. auch *Jungk*, BRAK-Mitt. 2003, 165.

17 BGH NJW 2000, 3560, 3561 = WM 2000, 2437, 2439; vgl. auch schon Kap. 2 Rdn. 215.

18 BGH, Urt. v. 10.6.2016 – V ZR 125/15 – juris, Rn. 5 m.w.N.

19 BGH, a.a.O., m.w.N.; BGH, Urt. v. 24.8.2016 – VIII ZR 182/15 – juris, Rn. 17 m.w.N.

20 BGH, Urt. v. 10.6.2016, Rn. 10 m.w.N.

21 BGH, a.a.O.

schutzwürdige Eigeninteresse auf die Beseitigung der Beeinträchtigung des Eigentums bzw. des Besitzes an dem Grundstück beziehen.

II. Passivlegitimation

Auch die **Passivlegitimation** muss der Anwalt in materiellrechtlicher und prozessualer Hinsicht sorgfältig prüfen. 11

Vertritt er den Kläger, so muss er diese Prüfung in tatsächlicher und rechtlicher Hinsicht dazu anstellen, wer zu verklagen, wer also der »richtige« Beklagte ist[22]. Darauf, dass die Parteibezeichnung als Teil einer Prozesshandlung auslegungsfähig ist und bei einer dem Wortlaut nach unrichtigen Bezeichnung grundsätzlich diejenige Person als Partei anzusehen, die nach dem Gesamtzusammenhang der Prozesserklärung als Partei gemeint ist[23], sollte sich der Anwalt nicht verlassen. Ist zusätzlich auch nur mit der Möglichkeit zu rechnen, dass nicht der in Anspruch genommene Beklagte, sondern ein Dritter als Vertragspartner (und damit als passivlegitimiert) angesehen werden könnte, so empfiehlt es sich, dem Dritten im vorliegenden Prozess den **Streit zu verkünden**[24]. Das hat einerseits den Vorzug, dass die Wirkungen der Streitverkündung nach §§ 74, 68, 69 ZPO eintreten und führt andererseits zur Hemmung der Verjährung gemäß § 204 Abs. 1, Nr. 6 BGB (vgl. dazu unten Rdn. 478)[25]. 12

Der Rechtsanwalt, der die **Vertretung der beklagten Partei** in einem Zivilprozess übernimmt, hat unter anderem die Passivlegitimation seines Mandanten sorgfältig zu prüfen, wenn er Anlass hat, das zu hinterfragen, z.B. weil sich aus dem übereinstimmenden Willen der Vertragsparteien ein anderer Schuldner ergibt als der Beklagte[26]. 13

Kommen mehrere Passivlegitimierte als **Gesamtschuldner** in Betracht, so wird die Klage gegebenenfalls gegen alle zu richten sein. Das kann einmal im Hinblick auf spätere Zugriffsmöglichkeiten geboten sein, zum anderen aber auch wegen einer vielleicht drohenden Verjährung. Schließlich kann eine solche Maßnahme auch in Bezug auf die gegebene Beweissituation zweckmäßig erscheinen. So sollten beim Schadensersatzprozess nach einem Verkehrsunfall nicht nur der gegnerische Kfz-Halter und dessen Haftpflichtversicherung, sondern auch der Kfz-Führer verklagt werden, um die Zeugenstellung des letzteren auszuschalten. Umgekehrt ist bei der Klageerhebung gegen mehrere Beklagte zu berücksichtigen, dass den Kläger bei Abweisung der Klage auch gegen nur einen der Beklagten eine empfindliche Kostenlast treffen kann[27]. 14

Die Passivlegitimation ist häufig in **Bauprozessen** problematisch. So beruft sich ein in Anspruch genommener Architekt oftmals darauf, dass nicht ein Planungs- oder Aufsichtsfehler seinerseits vorliege, sondern ausschließlich ein vom Bauunternehmer zu vertretender Ausführungsfehler. Umgekehrt wendet der verklagte Bauunternehmer im Hinblick auf einen angeblichen Baumangel häufig ein, dass es sich in Wirklichkeit um einen Planungsfehler des Architekten handele und insoweit zumindest ein Mitverschulden nach §§ 254, 278 BGB zu berücksichtigen sei. 15

Hier kann es zweckmäßig sein, zunächst ein **selbstständiges Beweisverfahren** (§§ 485 ff. ZPO) gegen alle in Betracht kommenden Beteiligten zu führen, um die Verantwortung eines jeden durch ein Sachverständigengutachten klären zu lassen (vgl. dazu Kap. 2 Rdn. 99 und unten Rdn. 480). Bei der Klage gegen einen der Beteiligten wird dann gegebenenfalls noch die

22 Vgl. dazu und auch zu Berichtigungsmöglichkeiten bei fehlerhafter Auswahl des Beklagten *Clasen*, NJW 2007, 2887 (zugleich Besprechung von BAG NJW 2007, 2877 und BGH NJW-RR 2006, 1569).

23 BGH NJW-RR 2006, 1569, 1570.

24 Dazu vgl. als informatives Beispiel BGH NJW-RR 2005, 1585 = WM 2005, 2108 (unten als Beispiel in Rdn. 16 dargestellt); vgl. auch Rdn. 482.

25 Vgl. auch zum Grundsatz des sichersten Weges Kap. 2 Rdn. 195 ff. und zur verjährungsrechtlichen Behandlung der Streitverkündung Kap. 7 Rdn. 191 ff.

26 Vgl. OLG Hamm, Urt. v. 15.11.2011 – I-28 U 73/11 – juris, Rn. 46 ff.

27 Vgl. *Grunsky*, S. 6 ff.; *Rinsche*, Prozesstaktik, Rn. 31 ff.; unten Rdn. 16 (Beispiel 4).

Streitverkündung gegenüber dem anderen vorzunehmen sein (vgl. Rdn. 478 ff.). Unter Umständen wird es sich auch ausnahmsweise einmal empfehlen, Bauunternehmer und Architekten als Gesamtschuldner in Anspruch zu nehmen (Ausführungsfehler des Bauunternehmers und Aufsichtspflichtverletzung des Architekten), wobei auch hier jeweils das Kostenrisiko zu berücksichtigen ist[28].

16 Nachfolgend **fünf Beispiele** einer anwaltlichen Haftung im Zusammenhang mit der zu prüfenden Passivlegitimation:

▶ Beispiel 1:

Der Anwalt klagt für seinen Mandanten bei zweifelhafter Rechtslage gegen 20 verschiedene Gesellschafter einer BGB-Gesellschaft als Gesamtschuldner. Jeder der Beklagten lässt sich durch einen eigenen Prozessanwalt vertreten. Nachdem die Klage abgewiesen wird, hat der Mandant grundsätzlich jedem der 20 Gegenanwälte dessen Gebühren zu erstatten.

Hier kann der Anwalt des Klägers schadensersatzpflichtig geworden sein, wenn er seinen Mandanten nicht auf ein solches Risiko aufmerksam gemacht und nicht alle nach den Gegebenheiten des Einzelfalles wesentlichen Umstände in materiellrechtlicher, prozessualer und kostenmäßiger Hinsicht für die Entscheidung der Klageerhebung gegen wen aufgezeigt hat, und deshalb sinnvollerweise nur einer der als Gesamtschuldner haftenden Gesellschafter verklagt worden wäre, um das Kostenrisiko nicht unverhältnismäßig hoch werden zu lassen.

▶ Beispiel 2[29]:

Der Mandant bittet den Anwalt, gegen seinen Vertragspartner klageweise vorzugehen. Er legt dem Anwalt Korrespondenz vor, wonach die Gegenseite als GmbH firmiert, wenn auch ohne Angabe der Handelsregisternummer auf den Geschäftsformularen. Nachdem der Anwalt die Klage erhoben hat, stellt sich heraus, dass die GmbH mangels Eintragung ins Handelsregister nicht existent geworden ist. Die Klage wird daher mangels Parteifähigkeit der Beklagten abgewiesen.

Hier ist der Anwalt zum Schadensersatz verurteilt worden, weil er verpflichtet gewesen sei, die Existenz der GmbH durch **Einsichtnahme in das Handelsregister** zu prüfen[30]. Die Entscheidung erscheint nicht unbedenklich. Die hier geforderte Prüfungspflicht wird man nur bejahen können, wenn wirklich ernsthafte Zweifel bezüglich der Eintragung der GmbH ins Handelsregister begründet waren. Dazu dürfte ein Verstoß gegen eine der in § 35a GmbHG geforderten Angaben allein noch nicht ausreichen.

▶ Beispiel 3[31]:

Der Anwalt soll Werklohn gegen einen öffentlichen Auftraggeber gerichtlich geltend machen. Dabei benennt er als endvertretende Behörde ein Amt für Straßen- und Verkehrswesen in B. Mit dem Widerspruch gegen den Mahnbescheid teilt diese Behörde mit, dass das Amt in W. die richtige endvertretende Behörde ist. Der Anwalt beachtet dies bis zu einem viel späteren gerichtlichen Hinweis nicht. Die Beklagte beruft sich auf Verjährung.

Die Einrede der Verjährung hatte Erfolg. Die Zustellung der Anspruchsbegründung schließlich an die zuständige Behörde erfolgte nach Ablauf der Verjährungsfrist und wurde nicht mehr als »demnächst« i.S.d. § 693 Abs. 2 ZPO a.F. (§ 167 ZPO n.F.) angesehen, weil der Anwalt nicht

28 Zu den Fragen gesamtschuldnerischer Haftung der Baubeteiligten mit ihren Besonderheiten vgl. z.B. *Werner/Frechen*, in: Werner/Pastor, Rn. 2477 ff. und Rn. 2936 ff., jeweils m.w.N.

29 Vgl. LG Essen vom 3.12.1987 – 6 O 422/87.

30 Zur Zulässigkeit eines Kostenerstattungsantrags der verklagten, nicht oder nicht mehr existierenden Partei jedenfalls wegen der durch den Streit über ihre Parteifähigkeit entstandenen Kosten vgl. BGH NJW 2008, 527 und 528.

31 BGH NZBau 2004, 388 = WM 2004, 1647 f.; mit Kurzbesprechung von *Weise*, NJW-Spezial 2004, 72.

unverzüglich auf die Benennung der richtigen endvertretenden Behörde im Widerspruch reagiert hatte. Laut *Weise*[32] gehört es zu den häufigsten Anwaltsfehlern bei zivilrechtlichen Klagen gegen die **öffentliche Hand**, die falsche **Vertretungsbehörde** anzugeben, obwohl durch die Landesgesetze oder durch Verordnungen[33] die Frage der vertretungsberechtigten Behörde geregelt ist. Die prozessvertretende Behörde ist danach oft nicht identisch mit der im Rahmen der schuldrechtlichen Beziehungen handelnden oder vertretungsberechtigten Behörde oder der Dienstaufsichtsbehörde.

▶ Beispiel 4[34]:

Der Kläger war Vorstandsmitglied einer Raiffeisenbank, die in Rechtsform einer Genossenschaft betrieben wurde. Er wurde von diesem Amt auf Grund eines Verlangens des Bundesaufsichtsamts für das Kreditwesen abberufen. Dieses Abberufungsverlangen der Aufsichtsbehörde wurde im Nachhinein vom Verwaltungsgericht als rechtswidrig angesehen. Die Raiffeisenbank wurde zwischenzeitlich auf eine andere, ebenfalls in der Rechtsform einer Genossenschaft betriebene Bank verschmolzen. Das ehemalige Vorstandsmitglied klagt gegen die Genossenschaftsbank, »vertreten durch den Vorstand«, auf Zahlung seiner Dienstvergütung. Der Vorstand nahm die Vertretung der Gesellschaft vor Gericht wahr.

Der BGH hat die Klage als unzulässig angesehen. Die Zuständigkeit für die Vertretung der Genossenschaft in Rechtsstreitigkeiten mit gegenwärtigen oder ehemaligen Vorstandsmitgliedern liege (wie bei § 112 AktG) gem. § 39 Abs. 1 GenG (nach der Rechtsprechung des BGH seit BGHZ 130, 108, 110 = NJW 1995, 2559) auch schon vor der Neufassung der Norm grundsätzlich allein bei ihrem Aufsichtsrat. Dies gelte auch in den Fällen der Rechtsnachfolge auf Grund von Verschmelzungen, selbst wenn das ausgeschiedene Vorstandsmitglied dem Vorstand der übernehmenden Gesellschaft niemals angehört habe[35]. Der Vertretungsmangel ist auch nicht nach § 547 Nr. 4 ZPO geheilt worden, da der hier zur Vertretung der Genossenschaft allein berufene Aufsichtsrat die Genehmigung der bisherigen Prozessführung seitens der Geschäftsführung auf Anfrage des OLG ausdrücklich verweigert hat.

▶ Beispiel 5[36]:

G, ein Mitarbeiter der damaligen Treuhandanstalt, erteilt dem Kläger mündlich einen Auftrag für eine »Management-Analyse«. Alle in Betracht kommenden Auftraggeber lehnen später die Begleichung der Honorarrechnung ab. Eine Klage gegen einen der vermeintlichen Auftraggeber unter Streitverkündung an G bleibt erfolglos, weil letzterer für die Treuhandanstalt gehandelt habe. Die anschließende Klage gegen G als Vertreter ohne Vertretungsmacht wird wegen Verjährung abgewiesen.

Der BGH hat den Regressanspruch gegen den früheren Anwalt des Klägers dem Grunde nach bejaht: Der Beklagte hätte nämlich richtigerweise eine Klage gegen G aus **§ 179 Abs. 1 BGB** empfehlen **und** raten müssen, den als **Auftraggeber** in Betracht kommenden natürlichen und juristischen Personen **den Streit** zu **verkünden**. Wäre man so vorgegangen, wäre G gemäß § 179 Abs. 1 BGB entweder zur Erfüllung oder zum Schadensersatz verurteilt worden, weil er den ihn als Vertreter Handelnden treffenden Beweis für eine Vertretungsmacht nicht hätte erbringen können, oder aber der wirkliche Auftraggeber wäre – für diesen bindend (§§ 74, 68 ZPO) – festgestellt worden, weil G seinen Beweis für seine entsprechende Vertretungsmacht geführt hätte[37]. Dreh- und Angelpunkt

32 BGH NZBau 2004, 388 = WM 2004, 1647 f.; mit Kurzbesprechung von *Weise*, NJW-Spezial 2004, 72.
33 Vgl. z.B. Vertretungsordnung JM NW, JMBl. NRW, S. 125.
34 BGH NZG 2005, 560.
35 Vgl. auch das Beispiel 2 unten Rdn. 309.
36 BGH NJW-RR 2005, 1585 = WM 2005, 2108.
37 In diesem Fall hätte der Kläger auch die Kosten des erfolglosen Prozesses gegen G bei dem Auftraggeber liquidieren können, weil dieser durch das wahrheitswidrige Leugnen seiner Auftraggeberstellung schuldhaft vertragliche Nebenpflichten dem Kläger gegenüber verletzt hätte, BGH NJW-RR 2005, 1585 = WM 2005, 2108.

der richtigen Vorgehensweise ist also **in solchen Fällen »unklarer« Vertretung** § 179 Abs. 1 BGB und die den Vertreter treffende Beweislast für seine Vertretungsmacht.

Mit speziellen **Haftungsrisiken**, die sich **im Bereich verschiedener Fachanwaltstätigkeiten** ergeben können, befasst sich das Kapitel 9[38].

Arrest

17 Die Besonderheiten des **Arrestverfahrens** können das Haftungsrisiko des Rechtsanwalts erhöhen. Einige der insoweit praxisrelevanten Aspekte, mit denen die Gerichte bereits befasst waren, sind nachfolgend zusammengefasst. Ergänzend kann an dieser Stelle – zur Vermeidung von Wiederholungen – auf die Ausführungen zum Stichwort »Einstweilige Verfügung«[39] verwiesen werden, nachdem für das Verfahren zum Erlass einer einstweiligen Verfügung die Arrestvorschriften nach § 936 ZPO grundsätzlich entsprechend anwendbar sind. Das gilt vor allem mit Blick auf die einmonatige Vollziehungsfrist für den Arrestbefehl nach § 929 Abs. 2 ZPO[40].

18 1. Es besteht keine Pflicht des Anwalts, einen Arrestgrund **durch Befragung des Mandanten** zu ermitteln, wenn jeder Anhaltspunkt dafür fehlt, dass dieser solche nicht von sich aus offenbarte Kenntnisse besitzt[41].

19 2. Ein Rechtsanwalt haftet nur dann für den aus einer verzögerten Geltendmachung resultierenden **Forderungsausfall** seines Mandanten bezüglich einer Darlehensforderung, wenn der Mandant darlegt, dass er seine Forderung bei pflichtgemäßem Vorgehen des Rechtsanwalts hätte erfolgreich durchsetzen können. Dazu müsste er Umstände belegen, aus denen die **hinreichende Wahrscheinlichkeit** ableitbar wäre, dass mit der Beantragung eines Arrests durch den Prozessbevollmächtigten noch Vermögensgegenstände des Gegners hätten sistiert werden können[42].

20 3. Bei einem **eilbedürftigen Mandat** darf der Anwalt den Arrestantrag nicht vorwerfbar zögerlich erledigen. Dazu gehört, dass er – nach dem Grundsatz des sichersten Weges – schon in dem Arrestantrag (und nochmals gegenüber dem Gerichtsvollzieher, falls die Information im Arrestbeschluss nicht enthalten war) die **Bankverbindung** des Antragsgegners angibt, damit die Arrestierung des entsprechenden Kontos nicht unterbleibt. Darüber hinaus muss er das Arrestverfahren, und insbesondere die **Vollziehung des Arrests**, begleiten und überwachen. Hätte sich der Mandant bei rechtzeitigem Arrest noch vor Konkurseröffnung aus dem arrestierten Betrag befriedigen können, ist der Anwalt in entsprechender Höhe schadensersatzpflichtig[43].

21 4. Ferner haftet der Rechtsanwalt auf den Ersatz der – nutzlos aufgewendeten – Verfahrenskosten, wenn der von ihm eingebrachte **Arrestantrag von vornherein aussichtlos** war, weil weder ein Arrestgrund glaubhaft gemacht noch ein Arrestanspruch schlüssig dargetan war oder weil eine zu sichernde Ausgleichsforderung tatsächlich nicht bestand[44].

In einem vom OLG Düsseldorf entschiedenen Fall wurde dementsprechend ein Anspruch der Mandantin auf Ersatz des Kostenschadens gegen ihren Prozessbevollmächtigten bejaht, weil dieser hinsichtlich der umstrittenen Sicherung eines Anspruchs auf Zugewinnausgleich »defizitär beraten« hatte. Sein Arrestantrag war jedenfalls in Bezug auf den behaupteten **Arrestgrund unschlüssig** dargelegt, so dass er schon deshalb keinen Erfolg haben konnte. Damit trafen den Anwalt die unnütz aufgewendeten Verfahrenskosten[45].

38 Vgl. Kap. 9 Rdn. 1 ff.
39 Rdn. 148 ff.
40 Vgl. Rdn. 164.
41 BGH, Beschl. v. 24.3.1983 – III ZR 116/82 – juris, Rn. 19.
42 OLG Frankfurt, Beschl. v. 20.3.2012 – 4 U 154/11 – juris, Rn. 21.
43 OLG Stuttgart, Urt. v. 26.8.2008 – 12 U 146/05 – juris, Rn. 44 ff., 63, 88 ff. und 156 f.
44 OLG Zweibrücken, Urt. v. 2.5.2006 – 2 U 6/05 – juris, Rn. 145 ff.
45 OLG Düsseldorf, Urt. v. 25.1.2005 – I-24 U 43/04 – juris, Rn. 12.

5. Dem nach dem Tod eines Rechtsanwalts bestellten – ebenfalls anwaltlichen – **Kanzleiabwickler** obliegt es, sich unverzüglich, also ohne schuldhaftes Zögern, einen Überblick über die Mandate und die Kanzleiführung zu verschaffen, wozu auch die vorhandenen Geschäftskonten gehören. Stellt der Kanzleiabwickler fest, dass der verstorbene Rechtsanwalt keine Treuhand- bzw. Anderkonten, sondern nur ein **Girokonto** geführt hat, das einen **erheblichen Negativsaldo** aufweist, und ist ihm deshalb erkennbar, dass auch weiterhin Fremdgelder auf dieses einzige Konto eingehen und diese mit dem negativen Saldo verrechnet werden, hat er wiederum unverzüglich dafür zu sorgen, dass dies unterbleibt. Gegebenenfalls muss er das Konto schließen oder die **Fremdgelder durch einen Arrest sichern**. Mit solchen Sicherungsmaßnahmen darf er nicht länger als 14 Tage ab dem Zeitpunkt der Übernahme der Kanzleiabwicklung zuwarten[46]. 22

6. Geht eine Arrestpfändung ins Leere, weil der Rechtsanwalt des Gläubigers fehlerhaft den **Arrestantrag gegen den falschen Schuldner** gerichtet und die Pfändung einer dem vermeintlichen Schuldner nicht zustehenden Forderung beantragt hat, so entsteht der Schaden des Gläubigers dann, wenn ein erfolgreicher Zugriff auf die Forderung wegen der, nunmehr vorgehenden, Pfändungen anderer Gläubiger praktisch ausgeschlossen ist. Zu diesem Zeitpunkt beginnt – unabhängig vom weiteren Verlauf des Arrestverfahrens und eines durch die mehreren Pfändungen notwendig gewordenen Verteilungsverfahrens – der Lauf der Verjährungsfrist für den Regressanspruch des Gläubigers gegen seinen Anwalt[47]. 23

7. Ein Rechtsanwalt hat im Rahmen des Auftrags zur Geltendmachung von **Zugewinnausgleichsansprüchen** im Ehescheidungsverfahren zu prüfen, ob zur Vermeidung einer etwaigen Schädigung seines Mandanten eine Sicherung der Durchsetzung der künftigen Ausgleichsansprüche geboten ist und gegebenenfalls notwendige Maßnahmen zu empfehlen. Voraussetzung für das Einleiten von Sicherungsmaßnahmen ist jedoch, dass konkrete Umstände vorliegen, die eine Gefährdung der Durchsetzung des Zugewinnausgleichsanspruchs nahelegen. Ein Schadensersatzanspruch wegen der Verletzung der Pflicht zur Einleitung von Sicherungsmaßnahmen – wie etwa die Beantragung eines dinglichen Arrests – setzt aber voraus, dass **bei Kenntniserlangung** des Rechtsanwalts von Gefährdungshandlungen des Zugewinnausgleichsschuldners **noch sicherungsfähiges Vermögen vorhanden** war[48]. 24

Auslandsbezogene Mandate

Aufgrund der zunehmenden wirtschaftlichen Zusammenarbeit und Verflechtungen innerhalb der Europäischen Union (und auch außerhalb derselben) wächst für jeden Anwalt das Erfordernis, im internationalen Verkehr rechtsberatend tätig zu werden. Daneben kommt es immer häufiger vor, dass ein Auftrag von einem ausländischen Mandanten zur Führung eines Prozesses vor einem deutschen Gericht erteilt wird. Zu den **Anforderungen an den Anwalt** (auch) im Bereich ausländischer Rechtsmaterie wird auf den systematischen Teil (Kap. 2 Rdn. 119 ff.) verwiesen. 25

Zahlreiche nützliche Informationen über das **Recht der Europäischen Gemeinschaft**, die Rechtsvorschriften der einzelnen Mitgliedsstaaten (mit Ausnahme Dänemarks) und internationales Recht finden sich auf einer kostenlosen **Webseite** der Europäischen Union (http://europa.eu.int/comm/justice_home/ejn/). Dieses Informationssystem wird von der Europäischen Kommission verwaltet und in enger Zusammenarbeit mit den Mitgliedsstaaten regelmäßig aktualisiert. 26

---

46 AG Marl, Urt. v. 11.9.2014 – 24 C 492/13 – juris, Rn. 30 ff.

47 OLG Köln, Urt. v. 5.6.2002 – 11 U 123/01 – juris, Leitsatz 1; nachgehend bestätigt durch BGH, Beschl. v. 20.10.2005 – IX ZR 147/02 – juris, Rn. 6: Wenn bei Beantragung des Arrestes und der Pfändung ungewiss war, wer tatsächlich Inhaber der Konten ist – die juristische Person oder ihr Vertreter persönlich –, muss der Anwalt nach dem Grundsatz des sichersten Weges beider Ansprüche gegen die Bank arrestieren und pfänden lassen.

48 OLG Zweibrücken, Urt. v. 16.8.2013 – 2 U 1/13 – juris, Rn. 24 f. und 31 f.; vgl. hierzu auch unter »Familienrecht« in Kap. 9 Rdn. 153 ff.

27 Dem Anwalt ist die Tätigkeit auch im grenzüberschreitenden Verkehr gestattet. Er darf darüber hinaus innerhalb der EU-Staaten auch selbst tätig werden[49]. Bis zur Aufhebung von § 29 BORA im Jahr 2015 waren nach dieser inländischen berufsrechtlichen Regelung bei einer grenzüberschreitenden Tätigkeit im Sinne von Nr. 1.5. der Berufsregeln der Rechtsanwälte der Europäischen Union (CCBE)[50] diese europäischen Berufsregeln der CCBE grundsätzlich vorrangig anzuwenden. Die CCBE-Berufsregeln sind mithin nicht mehr Teil des deutschen Rechts[51]. Anstelle dieser generellen Bezugnahme sind nunmehr in den § 29a und § 29b BORA beschränkte Regelungen getroffen worden, die der deutsche Anwalt für die zwischenstaatliche Korrespondenz und die Informationspflicht in Bezug auf die Haftung des deutschen Anwalts für das Honorar, die Kosten und die Auslagen des ausländischen Anwalts zu beachten hat. Zur Wahrung seiner eigenen Interessen sollte der Anwalt, der einen Anwaltsvertrag mit dem ausländischen Anwalt nur vermittelt, auf die Neufassung des § 29b BORA achten und demgemäß den ausländischen Kollegen darauf hinweisen, dass er weder eigene Verbindlichkeiten noch eine eigene Haftung für das Honorar übernimmt[52].

28 Bei der grenzüberschreitenden Tätigkeit im EU-Bereich sind neben diesen beiden Regelungen noch zahlreiche weitere Gesetzesmaterien und Verordnungen nicht außer Acht zu lassen[53]. So ist bei Mandaten mit erbrechtlichen Bezügen in grenzüberschreitenden Fällen die **EuErbVO** vom 4.7.2012 zu beachten, wenn ein Erblasser ab dem 17.8.2015 verstorben ist. Dazu wird im Einzelnen auf Kap. 9 Rdn. 118 und 119 verwiesen.

29 Ohne detaillierte Rechtskenntnisse über das jeweils maßgebliche ausländische Recht kann aber ein deutscher Anwalt zweifellos nicht mit den Kollegen aus dem betreffenden Staat »konkurrieren«. Daher bietet sich im Allgemeinen eine **Zusammenarbeit mit ausländischen Kollegen** an. Das gilt sowohl für eine inländische Tätigkeit bei auslandsbezogenen Mandaten als auch für eine Tätigkeit im Ausland[54].

Die Zusammenarbeit mit einem ausländischen Kollegen ist in verschiedener Weise möglich. Eine ständige Zusammenarbeit ist z.B. denkbar im Rahmen einer **internationalen Anwaltssozietät** (vgl. § 59a Abs. 3 Nr. 1 BRAO) oder mit Hilfe einer bloßen **(internationalen) Bürogemeinschaft** von selbstständigen (verschiedenen nationalen oder internationalen) Anwaltssozietäten oder einzelnen Anwälten verschiedener Nationalität. Anwaltskanzleien verschiedener EU-Staaten können auch in Form einer **Europäischen wirtschaftlichen Interessenvereinigung** (EWIV) zusammenarbeiten[55]. Die EWIV ist allerdings keine Berufsausübungsgesellschaft, darf also nicht selbst freiberuflich gegenüber Dritten tätig werden, mithin selbst keine Rechtsberatung durchführen[56]. Sie soll aber die freiberufliche Tätigkeit ihrer Mitglieder durch bestimmte Hilfstätigkeiten unterstützen[57].

30 Wenn eine nur fallbezogene Zusammenarbeit mit einem ausländischen Anwalt in Betracht kommt, so sollte nach Möglichkeit ein fachlich qualifizierter Kollege mit deutschen Sprachkenntnissen ausgesucht werden, da sonst erhebliche Verständigungsschwierigkeiten erwachsen können[58].

---

49 Vgl. dazu EuGH NJW 1991, 3084; NJW 1988, 887; *Gornig*, NJW 1989, 1120; *Clausnitzer*, ZAP 1989, Fach 23; S. 9; *Rinsche/Schlüter*, ZAP 1992, Fach 23, S. 113 ff.; *Sieg*, ZAP 1996, Fach 23, S. 239 ff.

50 In der Fassung vom 20.8.2007, abgedruckt z.B. in Feuerich/*Weyland*, Teil 1, Ziff. 3.

51 Eine (akzessorische) Haftung des ausländischen Rechtsanwalts für die Honorarforderung des gemeinsamen ausländischen Mandanten nach Ziffer 5.7. der CCBE-Berufsregeln besteht bei Anwendung deutschen Rechts also nicht mehr, da nach Aufhebung des § 29 BORA die CCBE-Berufsregeln und damit auch Ziffer 5.7 der CCBE-Berufsregeln nicht mehr Teil des deutschen Rechts sind; vgl. OLG Hamburg, Urt. v. 18.5.2017 – 4 U 194/16 – juris, Rn. 73 ff.

52 Vgl. *Vill*, in: G. Fischer/Vill/D. Fischer/Pape/Chab, § 2, Rn. 73; zu §§ 29a und 29b BORA vgl. schon Kap. 2 Rdn. 122.

53 Vgl. schon *Sieg*, Internationale Anwaltshaftung, S. 33 ff.

54 Vgl. *Sieg*, Internationale Anwaltshaftung, S. 43 ff.; *Rinsche/Schlüter*, ZAP 1992, Fach 23, S. 113 ff.; Kap. 2 Rdn. 119 ff.

55 Vgl. *Sieg*, Internationale Anwaltshaftung, S. 33 ff.; *Rinsche/Schlüter*, ZAP 1992, Fach 23, S. 113 ff.; *Zuck*, NJW 1990, 954, 958; oben Rdn. 175 ff.

56 Vgl. Feuerich/*Weyland*, § 29a BRAO, Rn. 3; § 59a BRAO, Rn. 86 m.w.N.

57 Vgl. Feuerich/*Weyland*, a.a.O.

58 Vgl. *Rinsche/Schlüter*, ZAP 1992, Fach 23, S. 113 ff.

Wird ein ausländischer Anwalt eingeschaltet, so sollte der **Mandant** veranlasst werden, diesem einen **gesonderten Auftrag** zu erteilen, so dass eine Haftungszurechnung über § 278 BGB nicht erfolgen kann (vgl. schon Kap. 2 Rdn. 121)[59]. Zur Vermeidung späterer erheblicher Überraschungen[60] empfiehlt es sich dringend, Klarheit bezüglich der Vergütung zu schaffen, am besten, soweit tatsächlich und rechtlich möglich, durch eine die Interessen des Mandanten wahrende Honorarvereinbarung[61].

Wird einem auf diese Weise direkt vom Mandanten beauftragten ausländischem Rechtsanwalt ein zu einem Schaden führender Fehler vorgeworfen, kann die gerichtliche Verfolgung eines Regressanspruchs gegen diesen allerdings zu Problemen internationaler gerichtlicher Zuständigkeit führen, über die der Mandant schon vor der Erteilung des zusätzlichen Auftrags aufgeklärt werden sollte, damit er nicht einen zusätzlichen Schaden dadurch erleidet, dass es ihm später nicht möglich ist, einen Regressanspruch gegen den ausländischen Anwalt auch durchzusetzen. Wenn der Mandant den neuen Anwaltsvertrag zu einem Zweck abschließt, der nicht seiner beruflichen oder gewerblichen Tätigkeit zugerechnet werden kann, und der ausländische Anwalt seine anwaltsberufliche Tätigkeit in Deutschland ausübt oder diese auf irgendeinem Wege auf Deutschland oder auf mehrere Staaten einschließlich Deutschland ausrichtet und der Vertrag in den Bereich dieser Tätigkeit fällt (vgl. Art. 17 Abs. 1, Buchst. c EuGVVO)[62], kann nach Art. 18 Abs. 1 EuGVVO eine spätere Regressklage gegen diesen auch vor dem Wohnsitzgericht des Mandanten erhoben werden. Ansonsten ist er auf eine Rechtsverfolgung vor dem zuständigen ausländischen Gericht beschränkt.

Wenn dagegen der deutsche Anwalt den ausländischen Kollegen **nur intern** zu Rate zieht (und bezahlt), so haftet er für die Fehler des ausländischen Anwalts nach **§ 278 BGB**[63]. Der deutsche Anwalt »bedient sich« hier des ausländischen Anwalts zur Erfüllung der bei ihm verbliebenen Pflichten gegenüber dem Mandanten; der ausländische Anwalt handelt in Erfüllung dieser Pflichten.

Während bei der Beauftragung eines deutschen Kollegen kaum eine Haftung aus einem **Auswahl- oder Übertragungsverschulden** in Betracht kommt (dazu Kap. 3 Rdn. 34), kann eine solche Schadensersatzpflicht aus culpa in eligendo (zur rechtlichen Herleitung näher Kap. 3 Rdn. 34) eher gegeben sein, wenn ein ausländischer Kollege eingeschaltet wird. Das gilt jedenfalls dann, wenn in dem betreffenden Staat keine Gewähr für eine hinreichende Qualifikation aller zugelassenen Anwälte gegeben erscheint[64]. In jedem Fall der Mandatierung (auch) eines ausländischen Anwalts ist dringend anzuraten, klar und unmissverständlich Inhalt und Umfang seines Auftrages festzulegen[65]. Geschieht das in vorwerfbarer Weise nicht oder nicht hinreichend, kann dies eine Haftung wegen eigener schuldhafter Pflichtverletzung des deutschen Anwalts zur Folge haben.

Durch das Gesetz über die Tätigkeit europäischer Rechtsanwälte in Deutschland (**EuRAG**) vom 31
9.3.2000[66] sind nunmehr alle einschlägigen EU-Richtlinien in einem Gesetz ins nationale Recht transformiert worden. Das Rechtsanwaltsdienstleistungsgesetz (RADG) und das Eignungsprüfungsgesetz sind aufgehoben worden; § 206 Abs. 1 BRAO wurde als überholt gestrichen[67].

---

59 Vgl. *Borgmann/Jungk/Schwaiger*, Kap. IV, Rn. 45; *Vill*, in: G. Fischer/Vill/D. Fischer/Pape/Chab, § 2, Rn. 73; *Rinkler/Pape*, in: G. Fischer/Vill/D. Fischer/Pape/Chab, § 1, Rn. 360 ff.; vgl. zu einer solchen Fallgestaltung OLG Hamm, Urt. v. 31.5.2016 – 28 U 99/15 – juris, Rn. 15 ff.; vgl. dort auch zur internationalen Zuständigkeit der deutschen Gerichtsbarkeit nach dem LugÜ II für eine Regressklage gegen den ausländischen Anwalt, a.a.O., Rn. 56 ff.

60 Vgl. *Rinsche/Schlüter*, ZAP 1992, Fach 23, S. 113 ff.

61 Vgl. *Rinsche/Schlüter*, ZAP 1992, Fach 23, S. 113 ff.; OLG Hamm, a.a.O., Rn. 18.

62 Vgl. dazu im Einzelnen BGH, Urt. v. 9.2.2017 – IX ZR 9/16 – juris, zu den ähnlichen Vorschriften des LugÜ II, welche im Verhältnis von EU, Dänemark, Island, Norwegen und der Schweiz gelten.

63 Vgl. *Rinsche/Schlüter*, ZAP 1992, Fach 23, S. 113 ff.

64 Vgl. *Rinsche/Schlüter*, ZAP 1992, Fach 23, S. 113 ff.

65 Vgl. auch *Vollkommer/Greger/Heinemann*, § 28, Rn. 7.

66 BGBl I, S. 182 i.V.m. Berichtigung vom 21.8.2000 (BGBl I, S. 1349), zuletzt geändert durch Verordnung vom 31. 8.2015 (BGBl I, S. 1474), abgedruckt z.B. bei Feuerich/*Weyland*, BRAO, unter Ordnungsnummer 7.

67 Vgl. Weyland/*Nöker*, § 1 EuRAG, Rn. 1–3.

Für niedergelassene europäische Rechtsanwälte[68] gilt mit **§ 8 Abs. 2 EuRAG** eine spezielle Norm, die eine Absicherung des Mandanten für Haftungsfälle nach den Kriterien des § 59j BRAO (Berufshaftpflichtversicherung für eine Rechtsanwaltsgesellschaft) regelt. Danach wird die Haftung des niedergelassenen europäischen Rechtsanwalts durch die Rechtsform eines Zusammenschlusses, dem er im Herkunftsstaat angehört, nur ausgeschlossen oder beschränkt, soweit eine Berufshaftpflichtversicherung oder Garantie besteht, die den Voraussetzungen des § 59j BRAO entspricht, wobei eine nach den Vorschriften des Herkunftsstaats geschlossene gleichwertige Versicherung oder Garantie genügt (§ 8 Abs. 2 S. 2 i.V.m. § 7 EuRAG).

32 **§ 28 Abs. 1 EuRAG** ermöglicht »dienstleistenden europäischen Rechtsanwälten« (§ 25 Abs. 1 EuRAG) die Interessen ihrer Mandanten alleinverantwortlich in gerichtlichen und behördlichen Verfahren als Bevollmächtigte oder Verteidiger zu vertreten, in denen ein Anwaltszwang oder ein sonstiger Vertretungszwang besteht. Nur in solchen Verfahren nämlich, in denen der Mandant nicht selbst den Rechtsstreit führen oder sich verteidigen kann, erlaubt § 28 Abs. 1 EuRAG das Handeln des dienstleistenden europäischen Rechtsanwalts – entsprechend dem bisherigen Rechtszustand – nur im Einvernehmen mit einem (deutschen) Rechtsanwalt (**Einvernehmensanwalt**)[69], der seinerseits gemäß **§ 28 Abs. 2 EuRAG** zur Vertretung oder Verteidigung bei dem Gericht oder der Behörde befugt sein muss.

33 Nach § 29 Abs. 1 EuRAG ist das **Einvernehmen** bei der ersten Handlung gegenüber dem Gericht (oder der Behörde) **schriftlich nachzuweisen**. Wenn der Nachweis des Einvernehmens zu diesem Zeitpunkt nicht vorliegt, ist nach § 29 Abs. 3 EuRAG die Handlung, für die nach deutschem Verfahrensrecht Anwaltszwang besteht oder für die, wie beispielsweise für eine Beschwerde vor dem OVG im Verfahren des vorläufigen verwaltungsgerichtlichen Rechtschutzes, nur enumerativ aufgezählte bestimmte Personen und Organisationen postulationsfähig sind (§ 67 VwGO), unwirksam[70]. Die mit dem Einvernehmenserfordernis verbundene Einschränkung der Dienstleistungsfreiheit des (nur) dienstleistenden europäischen Rechtsanwalts, der nicht zu den hier niedergelassenen europäischen Rechtsanwälten im Sinne des § 2 EuRAG gehört, ist bei einer solchen sachgerechten Auslegung zur Wahrung einer geordneten Rechtspflege gerechtfertigt[71].

34 Die Befugnisse des Einvernehmensanwalts sind nach § 28 Abs. 2 S. 2 EuRAG eingeschränkt[72]. Er ist danach nicht verpflichtet, als weiterer Prozessbevollmächtigter oder Verteidiger neben dem Dienstleistungserbringer die Interessen des Mandanten wahrzunehmen oder auch nur diesen dahin zu überwachen, dass er seinen vertraglichen Pflichten genügt[73]. Ein Vertragsverhältnis zwischen dem Einvernehmensanwalt und dem Mandanten besteht nämlich ohne gesonderte Vereinbarung nicht (§ 28 Abs. 3 EuRAG). § 28 Abs. 2 S. 2 EuRAG ist mithin nur berufsrechtlich von Bedeutung, haftungsrechtlich indes irrelevant[74]. Auch über einen Vertrag mit Schutzwirkung zugunsten des Mandanten kann sich eine Haftpflicht des Einvernehmensanwalts nicht ergeben, und zwar schon deshalb nicht, weil der Mandant nicht schutzbedürftig ist: er besitzt eigene vertragliche

---

68 Insgesamt gab es am 1.1.2010 lediglich 350 europäische Anwälte in Deutschland, davon 111 in Frankfurt und 86 in München, vgl. Stellungnahme der Bundesrechtsanwaltskammer zur Evaluierung der Niederlassungsrichtlinie (77/249/EWG) und der Dienstleistungsrichtlinie (98/5/EG) für Rechtsanwälte von August 2011, S. 5.

69 Der ausländische Anwalt ist daher – entgegen der weiterhin vertretenen Ansicht von *Vollkommer/Greger/Heinemann*, § 28, Rn. 7 – nicht der Einvernehmensanwalt, wie sich auch aus § 28 Abs. 2 EuRAG erschließen lässt; vgl. näher Weyland/*Nöker*, § 28 EuRAG, Rn. 4 ff.

70 Vgl. dazu OVG Münster, Beschl. v. 20.1.2020 – 4 B 1263/19 – juris, Rn. 2; vgl. auch OVG Münster, Beschl. v. 19.5.2020 – 14 B 435/20 – juris, Rn. 11.

71 Dazu EuGH, Urt. v. 25.2.1988 – Rs 427/85 – juris, Rn. 23 – 25; OVG Münster, a.a.O., Rn. 4; OVG Münster, Beschl. v. 19.5.2020 – 14 B 435/20 – juris, Rn. 38.

72 Vgl. früher: § 4 Abs. 1 S. 2 RADG und dazu *Sieg*, Internationale Anwaltshaftung, S. 176 f.; *Rinkler/Pape*, in: G. Fischer/Vill/D. Fischer/Pape/Chab, § 1, Rn. 380 ff.

73 Feuerich/*Nöker*, § 28 EuRAG, Rn. 4.

74 *Rinkler/Pape*, a.a.O., Rn. 382.

Ansprüche gegen den dienstleistungserbringenden europäischen Rechtsanwalt[75]. Zudem soll die Tätigkeit nur dem Dienstleistungserbringer zugute kommen[76] und der »geordneten Rechtspflege« (vgl. § 28 Abs. 2 S. 2 EuRAG) dienen[77]. Kommt es indes zu einer rechtsgeschäftlichen Begründung eines Anwaltsvertrages zwischen Einvernehmensanwalt und Mandant, kann sich nach den Regeln einer Anwaltshaftung nach deutschem Recht (vgl. Art. 27, 28 EGBGB) eine Haftpflicht des Einvernehmensanwalts dem Mandanten gegenüber ergeben.

Übernimmt der Anwalt ein auslandsbezogenes Mandat, so sollte er in jedem Falle zuvor bei seiner 35 **Haftpflichtversicherung** anfragen, ob für diese Tätigkeit auch eine Eintrittspflicht derselben besteht[78]. Verwiesen sei in diesem Zusammenhang auf § 51 Abs. 3 Nr. 2–4 BRAO, wonach von der Versicherung die Haftung in einzelnen Fällen einer grenzüberschreitenden bzw. auslandsbezogenen Tätigkeit ausgeschlossen werden kann. Nach § 4 Nr. 1 der – im Wesentlichen bei allen Berufshaftpflichtversicherern gleichen – AVB ist von dieser Ausschlussmöglichkeit auch Gebrauch gemacht worden. Erscheint es danach zweifelhaft, ob die Eintrittspflicht der eigenen Haftpflichtversicherung gegeben ist, so sollte versucht werden, mit dieser eine Einzelfallversicherung abzuschließen[79]. Eine Abstimmung mit der eigenen Haftpflichtversicherung ist vor einer auslandsbezogenen Tätigkeit geradezu zwingend geboten[80], wobei sich dies je nach Einzelfall auch auf eine Erhöhung der Versicherungssumme beziehen sollte[81].

Beiordnung

Im systematischen Teil (oben Kap. 1 Rdn. 289) sind u.a. für die Fälle der Beiordnung eines Rechts- 36 anwalts als Notanwalt oder im Prozesskostenhilfeverfahren (vgl. § 48 BRAO) die Möglichkeiten einer vorvertraglichen Haftung beschrieben worden. Ergänzend wird auf die folgenden Stichwörter Beratungshilfe und Prozesskostenhilfe verwiesen.

Beratungshilfe

Nach **§ 49a BRAO** ist der Rechtsanwalt **verpflichtet**, die in dem Beratungshilfegesetz vorgesehene 37 Beratungshilfe zu übernehmen. Nur im Einzelfall kann er dies aus wichtigem Grund ablehnen[82].

Für den Fall, dass der Mandant offensichtlich nicht über ausreichende finanzielle Mittel verfügt, 38 besteht eine besondere **Hinweispflicht** auf die Möglichkeit der Beratungshilfe (und der Prozesskostenhilfe). Diese Verpflichtung des Anwalts war auch schon vorher von der Rechtsprechung und Literatur angenommen worden[83]. In **§ 16 Abs. 1 BORA**, der diese allgemeine zivilrechtliche Pflicht aus dem Anwaltsvertrag in das Berufsrecht überträgt[84], heißt es dazu:

> »Der Rechtsanwalt ist verpflichtet, bei begründetem Anlass auf die Möglichkeiten von Beratungs- und Prozesskostenhilfe hinzuweisen.«

Ein **begründeter Anlass** ist gegeben, wenn Umstände bekannt werden, aus denen sich die Armut des Mandanten ergibt[85], so etwa wenn der zur Zahlung eines Kostenvorschusses aufgeforderte Mandant

---

75 *Sieg*, Internationale Anwaltshaftung, S. 179.
76 *Sieg*, Internationale Anwaltshaftung, S. 180.
77 Vgl. Art. 5, zweiter Anstrich der Richtlinie vom 22.3.1977; Weyland/*Nöker*, § 28 EuRAG, Rn. 4.
78 Vgl. dazu *Riederer/von Paar*, AnwBl 1991, 496, 499; *Rinsche/Schlüter*, ZAP 1992, Fach 23, S. 113 ff.
79 Zu dieser Möglichkeit vgl. *Chab*, in: G. Fischer/Vill/D. Fischer/Pape/Chab, § 18, Rn. 53.
80 So auch *Lindner*, AnwBl 2003, 169 ff., 227, 229 f.
81 Vgl. *Lindner*, AnwBl 2003, 230.
82 Dazu vgl. im Einzelnen Weyland/*Nöker*, § 49a BRAO, Rn. 8, 12 ff.; ferner oben Kap. 1 Rdn. 289 m.w.N.
83 Vgl. OLG Düsseldorf AnwBl 1984, 444 = MDR 1984, 937; AnwBl 1987, 147; *Greißinger* in AnwBl 1982, 288 ff.; *ders.*, NJW 1985, 1671, 1674 f.; vgl. weiter: *Borgmann/Jungk/Grams*, 4. Auflage, Kap. IV, Rn. 104; *Vollkommer/Greger/Heinemann*, § 12, Rn. 30; *Schneider*, MDR 1988, 282; *Hartstang*, S. 521; Gerold/Schmidt/*Madert*, § 1, Rn. 49; § 44, Rn. 4; *Feuerich/Weyland*, Vorauflage, § 49a BRAO, Rn. 15.
84 Vgl. Weyland/*Nöker*, § 16 BORA, Rn. 1.
85 Vgl. OLG Bamberg, Urt. v. 27.11.2014 – 2 U 1/14 – juris, Rn. 39.

mitteilt, dass er Sozialhilfeempfänger sei und um Ratenzahlung bitte, oder darauf hinweist, Arbeitslosenhilfe zu beziehen und deshalb außer Stande zu sein, Unterhaltsrückstände zu begleichen, wegen der er um anwaltliche Hilfe nachsucht[86]. Liegen auf solche oder andere Weise genügende Anhaltspunkte für die Möglichkeit des Eingreifens der Voraussetzungen von Beratungshilfe (oder Prozesskostenhilfe) vor, so ist der Anwalt gehalten, auch ungefragt auf diese Möglichkeit und ihre formellen Voraussetzungen (Antrag unter Verwendung amtlichen Vordrucks) hinzuweisen[87]. Ob die persönlichen und wirtschaftlichen Verhältnisse des Rechtssuchenden für die Inanspruchnahme von Beratungshilfe (oder Prozesskostenhilfe) ausreichen, muss der Anwalt nicht selbst prüfen[88].

39 Verletzt der Anwalt diese (nicht nur berufsrechtlich begründete) Hinweispflicht (vgl. schon Rdn. 38)[89] und wird deshalb Beratungs- oder Prozesskostenhilfe nicht in Anspruch genommen, die ansonsten zu bewilligen gewesen wäre, haftet der Anwalt wegen Verschuldens bei den Vertragsverhandlungen (§ 280 Abs. 1 i.V.m. § 311 Abs. 2 BGB) oder wegen schuldhafter Verletzung von Pflichten aus dem Anwaltsvertrag (§ 280 Abs. 1 BGB). Der zu ersetzende **Schaden** liegt in der die Gebühren bei Gewährung von Beratungs- oder Prozesskostenhilfe übersteigenden Differenz zu den allgemeinen gesetzlichen (oder gar vertraglich vereinbarten) Gebühren. Dieser Mehrbetrag gebührt dem Anwalt im Ergebnis nicht. Ihm steht ein entsprechender Schadensersatzanspruch des Mandanten entgegen, mit dem aufgerechnet werden kann, oder welcher sogar den Einwand der unzulässigen Rechtsausübung (§ 242 BGB) begründet, also von vorneherein den Gebührenanspruch verkürzt (vgl. Kap. 9 Rdn. 34 und Kap. 8 Rdn. 223 m.w.N.). Geht es um nicht beantragte Prozesskostenhilfe, wird auch der »Grundbetrag« in Höhe der bei Bewilligung von Prozesskostenhilfe dem Anwalt zustehenden Gebühren vom Mandanten nicht geschuldet, soweit § 122 Abs. 1 Nr. 3 ZPO (kein Anspruch des beigeordneten Anwalts gegen die Partei) fortwirkt und der Mandant auch keine weitere, d.h. die volle Rechtsanwaltsvergütung (vgl. dazu § 124 BRAGO = § 50 RVG) aufzubringen hat.

Berufungsmandat

40 Besondere Pflichten treffen den Rechtsanwalt, dem ein Berufungsmandat übertragen wird.

41 1. Die **Berufungsfrist** beträgt gemäß § 517 Hs. 1 ZPO nicht vier Wochen, sondern einen Monat. Sie beginnt mit der ersten wirksamen Zustellung der beglaubigten Abschrift[90] des verkündeten und in vollständiger Form abgefassten und ordnungsgemäß unterschriebenen[91] Urteils an die Parteien bzw. ihre Vertreter.

---

86 So die Fallgestaltung in BVerfG (Kammer), NJW 2000, 2494.

87 OLG Hamm, Urt. v. 30.4.2015 – 28 U 88/14 – juris, Rn. 58 m.w.N.; *Ganter*, S. 12; *Vill*, in: G. Fischer/Vill/D. Fischer/Pape/Chab, § 2, Rn. 204; *Vollkommer/Greger/Heinemann*, § 12, Rn. 30; (zur Prozesskostenhilfe) *G. Fischer*, NZI 2014, 241 (244); vgl. auch BGH NJW 1998, 136, 137 = WM 1998, 140, 141 (»mag ... gehalten sein ...«).

88 OLG Düsseldorf MDR 1984, 937 (Prozesskostenhilfe); *Borgmann/Jungk/Schwaiger*, Kap. IV, Rn. 104; *Vollkommer/Greger/Heinemann*, § 12, Rn. 30.

89 Vorsichtig allerdings BGH NJW 1998, 136, 137 = WM 1998, 140, 141: »mag er zu einem Hinweis auf die Möglichkeit, Rechtsberatungs- oder Prozesskostenhilfe zu erlangen, gegenüber einem solchen Mandanten gehalten sein, der erklärtermaßen oder sonst erkennbar aufgrund seiner Einkommens- und Vermögensverhältnisse anspruchsberechtigt ist«; vgl. demgegenüber aber BVerfG, NJW 2000, 2494, welches einer Verfassungsbeschwerde wegen Nichtberücksichtigung eines auf die Verletzung einer solchen Hinweispflicht gestützten Regressanspruchs zu Recht stattgegeben hat.

90 Seit der Neufassung von § 317 Abs. 1 S. 1 ZPO zum 1. Juli 2014 durch das FeRGG werden nicht mehr Ausfertigungen eines Urteils, sondern als Regelform der Zustellung nunmehr nach § 169 Abs. 2 ZPO beglaubigte Abschriften zugestellt (vgl. BT-Drs. 17/12634, S. 30); vgl. BGH, Beschl. v. 15.2.2018 – V ZR 76/17 – juris, Rn. 4 ff.

91 Vgl. MünchKommZPO/*Musielak*, § 315, Rn. 4 sowie BGH, Urt. v. 21.1.2016 – I ZR 90/14 – juris, Rn. 10 ff.

Bei **fehlender oder unwirksamer Zustellung des erstinstanzlichen Urteils** – insoweit ist nun § 189 ZPO von Bedeutung – **beginnt die Berufungsfrist** gemäß § 517 Hs. 2 ZPO, auch das wird mitunter übersehen, **fünf Monate nach Verkündung des Urteils**, es sei denn, die Partei wäre zum Termin nicht ordnungsgemäß geladen worden und hätte auch nicht auf anderem Wege als durch Zustellung Kenntnis vom Urteil erlangt[92]. Ein erstinstanzliches Urteil unterliegt nicht allein deshalb zwingend der Aufhebung, weil es der beschwerten Partei nicht innerhalb von fünf Monaten, gerechnet von der Verkündung an, zugestellt worden ist[93]. 42

Bei der Fristberechnung sind **regionale Feiertage** zu berücksichtigen, wenn sie am Sitz des Berufungsgerichts Geltung haben[94]. Für den Ablauf einer Rechtsmittelfrist an einem nicht bundeseinheitlichen Feiertag sind die Verhältnisse an dem Ort maßgebend, an dem die Frist zu wahren ist[95]. 43

Verkannt wird nicht selten, dass ein **Berichtigungsbeschluss** nach § 319 ZPO **grundsätzlich keinen Einfluss auf** den Beginn der **Berufungsfrist** hat[96]. Eine Berichtigung des Urteils nach den §§ 319, 320 ZPO hat – ausnahmsweise – nur dann Einfluss auf Beginn und Lauf der Berufungsfrist, wenn die Entscheidung als Grundlage für die Entschließungen und das weitere Handeln der Verfahrensbeteiligten und für die Entscheidung des Rechtsmittelgerichts nicht geeignet ist. Dies ist insbesondere dann der Fall, wenn erst die Berichtigung eine Beschwer schafft oder klar erkennen lässt[97], ferner, wenn erst die Berichtigung erkennen lässt, gegen wen die Berufung zu richten ist[98] oder in den Fällen, in denen die Partei erst durch die Berichtigung Kenntnis davon erlangt, dass das Rechtsmittel ausdrücklich zugelassen ist[99]. 44

2. Die **Berufungsschrift** kann dem Berufungsgericht schriftlich in der klassischen Form, also in einem den Schriftformerfordernissen genügenden Schreiben[100] übermittelt werden, aber auch mithilfe der modernen Kommunikationsmittel[101] als elektronisches Dokument[102], aber auch als **Telefax, Computerfax** oder **E-Mail** mittels elektronischer Signatur. 45

Dokumente, die per *Telefax* übermittelt werden, unterliegen den Regeln über **schriftliche Dokumente** im Sinne von § 130 ZPO[103]. Wird ein bestimmender Schriftsatz mittels eines normalen **Telefax**gerätes übermittelt, wird die einzuhaltende Frist gewahrt, wenn der zuvor von dem Rechtsanwalt unterschriebene Schriftsatz beim Gericht am letzten Tag der Frist bis 24.00 Uhr eingegangen ist. Zu berücksichtigen ist hierbei, dass es für die Rechtzeitigkeit des Eingangs allein darauf ankommt, ob die gesendeten **Signale** noch vor Fristablauf vom Telefaxgerät des Gerichts **vollständig empfangen** (gespeichert) worden sind. Der Ausdruck durch das Gerät ist dagegen nicht maßgeblich[104]. 46

Bei Übersendung eines Schriftsatzes per **Telefax** reicht es ferner nicht aus, wenn der Rechtsanwalt lediglich überprüft, ob die im Sendebericht wiedergegebene Empfängernummer mit derjenigen übereinstimmt, die von der Bürokraft im Adressfeld des Schriftsatzes vermerkt ist, da hierdurch nicht gewährleistet wird, dass ein etwaiger Fehler bei der Ermittlung der Empfängernummer

92 Vgl. BGH, Beschl. v. 18.4.2012 – XII ZB 659/11 – juris, Rn. 7.
93 BGH, Urt. v. 9.7.2009 – IX ZR 197/08 – juris, Rn. 10.
94 Vgl. dazu unten Rdn. 62.
95 OLG Koblenz, Beschl. v. 27.6.2016 – 10 U 1263/15 – juris, Rn. 7.
96 St. Rspr.; vgl. nur BGH, Beschl. v. 27.7.2016 – XII ZB 203/15 – juris, Rn. 7.
97 BGH, Beschl. v. 27.7.2016 – XII ZB 203/15 – juris, Rn. 7.
98 BGH, Beschl. v. 17.1.1991 – VII ZB 13/90 – juris, Leitsatz 2.
99 BGH, Beschl. v. 7.2.2013 – IX ZB 85/12 – juris, Rn. 7.
100 Zu den schriftlichen Dokumenten gehören auch Telefax und Computerfax, vgl. Sächsisches OVG, Beschl. v. 9.7.2019 – 5 A 327/19 – juris, Rn. 3; vgl. ansonsten unten Rdn. 427.
101 Hierzu rechnen Telegramm und Fernschreiben heute nicht mehr, doch wären auch diese Übermittlungsformen nach wie vor zulässig.
102 Vgl. § 130a ZPO und Rdn. 429 ff.
103 BGH, Beschl. v. 4.2.2020 – X ZB 11/18 – juris, Rn. 20.
104 St. Rspr.; vgl. nur BGH, Beschl. v. 8.4.2014 – VI ZB 1/13 – juris, Rn. 14.

aufgedeckt wird. Es ist vielmehr durch entsprechende allgemeine Organisationsanweisung sicherzustellen, dass jede einzelne Sendung anhand des **Sendeberichts** auf die Richtigkeit des Adressaten und der Telefaxnummer überprüft wird und auf diesem Wege mithin auch die zutreffende Ermittlung der Empfängernummer sichergestellt wird[105].

47 Ein einfaches elektronisches Dokument (**E-Mail**) **wahrt nicht** die für bestimmende Schriftsätze vorgeschriebene **Schriftform**[106]. Nach der Rechtsprechung des Bundesgerichtshofs ist die nach § 130 ZPO erforderliche Schriftform aber gewahrt, wenn ein im Original **eigenhändig** unterzeichneter Schriftsatz in eine pdf-Datei **eingescannt** und diese nach vorheriger Rücksprache mit der Geschäftsstelle per E-Mail an das Gericht übersandt und dort ausgedruckt wird[107].

48 Für elektronische Dokumente sind die Regelungen in § 130a ZPO maßgeblich. Eine Anwendung der für Telefax-Sendungen entwickelten Grundsätze auf E-Mail-Sendungen scheidet deshalb aus[108].

Als »Option zur Schriftform«[109] wurde die **besondere elektronische Form** des § 130a ZPO durch das Gesetz zur Anpassung der Formvorschriften des Privatrechts und anderer Vorschriften an den modernen Rechtsgeschäftsverkehr vom 13. Juli 2001[110] eingeführt. Das elektronische Dokument wahrt seitdem die gesetzlich vorgeschriebene Schriftform, wenn es für die Bearbeitung durch das Gericht geeignet (§ 130a Abs. 1 S. 1 ZPO) und mit einer qualifizierten elektronischen Signatur nach dem Signaturgesetz versehen ist (§ 130a Abs. 1 S. 2 ZPO)[111]. Die Regelung, nach der die Landesregierungen für ihren Bereich durch Rechtsverordnung den Zeitpunkt bestimmen konnten, von dem an elektronische Dokumente bei den Gerichten eingereicht werden konnten sowie die für die Bearbeitung der Dokumente geeignete Form (§ 130a Abs. 2 S. 1 ZPO)[112], ist mit Wirkung zum 1.1.2018 weggefallen. Seitdem können vorbereitende Schriftsätze generell als elektronische Dokumente bei Gericht eingereicht werden, sofern sie für die Bearbeitung durch das Gericht geeignet (§ 130a Abs. 2 ZPO), qualifiziert signiert (§ 130a Abs. 3 Alt. 1 ZPO) oder signiert und auf einem sicheren Übermittlungsweg eingereicht werden (§ 130a Abs. 3 Alt. 2 ZPO)[113].

49 Die eigenhändige **Unterschrift**[114] des postulationsfähigen Rechtsanwalts setzt nach der Rechtsprechung des BGH einen die Identität des Unterzeichnenden ausreichend kennzeichnenden **Schriftzug** voraus, der individuelle und entsprechend **charakteristische Merkmale** aufweist, welche die Nachahmung erschweren. Er muss sich als **Wiedergabe eines Namens** darstellen und die Absicht einer vollen Unterschrift erkennen lassen, selbst wenn er nur flüchtig niedergelegt und von einem starken **Abschleifungsprozess** gekennzeichnet ist. Unter diesen Voraussetzungen kann selbst ein vereinfachter und **nicht lesbarer Namenszug** als Unterschrift anzuerkennen sein, wobei insbesondere von Bedeutung ist, ob der Unterzeichner auch sonst in gleicher oder ähnlicher Weise unterschreibt.

---

105 St. Rspr.; vgl. nur BGH, Beschl. v. 1.6.2016 – XII ZB 382/15 – juris, Rn. 19; vgl. dazu auch eingehend unten Rdn. 121 f.

106 BGH, Beschl. v. 4.12.2008 – IX ZB 41/08 – juris, Rn. 6.

107 BGH, Beschl. v. 4.2.2020 – X ZB 11/18 – juris, Rn. 20 und v. 18.3.2015 – XII ZB 424/14 – juris, Rn. 10.

108 BGH, Beschl. v. 4.2.2020 – X ZB 11/18 – juris, Rn. 20 und v. 8.5. 2019 – XII ZB 8/19 – juris, Rn. 14 ff.

109 So die amtliche Begründung BT-Drs. 14/4987, S. 12.

110 BGBl I, S. 1542.

111 BGH, Beschl. v. 14.10.2014 – XI ZB 13/13 – juris, Rn. 12. Die qualifizierte elektronische Signatur tritt an die Stelle der eigenhändigen Unterschrift im Sinne von § 130 Nr. 6 ZPO. Sie soll dem elektronischen Dokument insbesondere im Hinblick auf dessen »Flüchtigkeit« und sonst spurenlos mögliche Manipulierbarkeit eine dem Papierdokument vergleichbare dauerhafte Fassung verleihen (**Perpetuierungsfunktion**). Der Gesetzgeber hat sich damit für eine besonders hohe Sicherheitsstufe elektronischer Signaturen entschieden (vgl. BGH, Beschl. v. 14.1.2010 – VII ZB 112/08 – juris, Rn. 12).

112 Ab 1.1.2022 soll die Verwendung der elektronischen Form nach § 130a ZPO betreffend die Einreichung von Schriftsätzen bei Gericht für die Rechtsanwälte verbindlich werden (vgl. § 130d ZPO, der zu diesem Zeitpunkt in Kraft tritt).

113 Vgl. hierzu ausführlich Rdn. 429 ff.

114 Vgl. zur Unterschrift vor allem auch Rdn. 546 ff.

Dabei ist in Anbetracht der Variationsbreite, die selbst Unterschriften ein und derselben Person aufweisen, jedenfalls bei gesicherter Urheberschaft ein großzügiger Maßstab anzulegen[115]. Allerdings muss sich dem Schriftzug selbst oder anderen Umständen zumindest entnehmen lassen, dass die Berufungsschrift von einem im Briefkopf angegebenen – postulationsfähigen – Rechtsanwalt unterzeichnet worden ist[116]. Eine Paraphe reicht nicht aus[117], bei insofern unzureichender Unterschrift kommt aber die Wiedereinsetzung in Betracht[118].

Wird die Unterschrift lediglich mit dem **Zusatz »i.A.«** geleistet, genügt dies den Formerfordernissen des Gesetzes nicht. Der Rechtsanwalt gibt damit nämlich regelmäßig zu erkennen, dass er nicht die Verantwortung für den Inhalt des Schriftsatzes übernehmen, sondern gegenüber dem Gericht nur als Erklärungsbote auftreten will[119]. Im Gegensatz dazu bringt der **Zusatz »i.V.«** vor der Unterschrift eines postulationsfähigen Rechtsanwalts zum Ausdruck, dass der Rechtsanwalt die Verantwortung für den von ihm unterzeichneten Schriftsatz übernehmen will[120].

Nach der Rechtsprechung des BGH muss bei der Übermittlung des Schriftsatzes mit einem **normalen Faxgerät** das in Papierform vorliegende Ausgangsschriftstück **eigenhändig unterschrieben** sein[121]. Wird der Schriftsatz hingegen als Textdatei erstellt und soll diese Datei als **Computerfax** unmittelbar aus dem Computer auf das Telefaxgerät des Gerichts übermittelt werden, **reicht** es aus, wenn die **eingescannte Unterschrift** des Prozessbevollmächtigten in die Datei eingefügt wird[122]. Eine eingescannte Unterschrift des Prozessbevollmächtigten in einem bestimmenden Schriftsatz **genügt aber nicht** den Formerfordernissen des § 130 Nr. 6 ZPO, **wenn der Schriftsatz mit Hilfe eines normalen Faxgeräts und nicht unmittelbar aus dem Computer versandt wurde**[123]. Einen gänzlichen Verzicht auf eine eigenhändige Unterschrift lässt der BGH explizit nur dann zu, wenn es aus technischen Gründen notwendig ist, eine Faksimile-Unterschrift genügen zu lassen[124]. Dementsprechend erfüllt auch die aus einem **Blankoexemplar** ausgeschnittene und auf die Telefax-Vorlage eines bestimmenden Schriftsatzes **geklebte Unterschrift** des Prozessbevollmächtigten einer Partei nicht die an eine eigenhändige Unterschrift nach § 130 Nr. 6 ZPO zu stellenden Anforderungen[125].

Bei Telegrammen und Telex reicht es aus, wenn der Anwalt seinen Namen am Textende maschinenschriftlich wiedergibt[126].

Bei Rechtsmittelschriften kommt – anders als für die Unterschrift unter anderen Schriftsätzen – die Heilung eines Unterschriftsmangels durch Rügeverzicht nicht in Betracht[127]. In Betracht kommt indessen eine Wiedereinsetzung bei fehlender Unterschrift[128] oder bei Verwendung einer Paraphe[129]. 50

115 BGH, Beschl. v. 3.3.2015 – VI ZB 71/14 – juris, Rn. 8.

116 BGH, Beschl. v. 22.11.2005 – VI ZB 75/04 – juris, Rn. 7.

117 St. Rspr.; vgl. nur BGH, Beschl. v. 31.7.2013 – VIII ZB 18/13, VIII ZB 19/13 – juris, Rn. 8.

118 Vgl. BGH, Beschl. v. 3.3.2015 – VI ZB 71/14 – juris, Rn. 15: Ist eine Paraphe allgemein von den Gerichten über längere Zeit als eine in sehr verkürzter Weise geleistete Unterschrift **unbeanstandet geblieben**, darf der Rechtsanwalt darauf **vertrauen**, dass die Unterschrift den in der Rechtsprechung anerkannten Anforderungen entspricht. Will ein Gericht daher die über längere Zeit nicht beanstandete Form der Unterschrift nicht mehr hinnehmen, gebietet der verfassungsrechtliche Vertrauensschutz, über den Anspruch auf faire Verfahrensgestaltung hinaus, gegenüber dem Rechtsanwalt eine **Vorwarnung**.

119 BGH, Urt. v. 27.2.2018 – XI ZR 452/16 – juris, Rn. 16 sowie unten Rdn. 558.

120 BGH, Urt. v. 24.9.2019 – XI ZR 451/17 – juris, Rn. 9.

121 St. Rspr.; vgl. schon BGH, Beschl. v. 10.10.2006 – XI ZB 40/05 – juris, Rn. 9.

122 BGH, Beschl. v. 14.10.2014 – XI ZB 13/13 – juris, Rn. 10.

123 BGH, Beschl. v. 19.2.2020 – XII ZB 291/19 – juris, Rn. 7; v. 10.10.2006 – XI ZB 40/05 – juris, Leitsatz und vom 26.7.2012 – III ZB 70/11 – juris, Rn. 6.

124 BGH, Beschl. v. 18.3.2015 – XII ZB 424/14 – juris, Rn. 14.

125 BGH, Beschl. v. 27.8.2015 – III ZB 60/14 – juris, Rn. 11.

126 GmS-OGB, Beschl. v. 5.4.2000 – GmS-OGB 1/98 – juris, Rn. 12 f.

127 BGH, Urt. v. 25.6.1975 – VIII ZR 254/74 – juris, Leitsatz.

128 St. Rspr.; vgl. nur BGH, Beschl. v. 15.7.2014 – VI ZB 15/14 – juris, Rn. 9.

129 BGH, Beschl. v. 3.3.2015 – VI ZB 71/14 – juris, Rn. 15; vgl. schon oben Rdn. 49 f.

51 3. Die **Berufung** ist nach § 511 Abs. 2 ZPO nur **zulässig**, wenn entweder der Wert des Beschwerdegegenstandes 600 EUR übersteigt oder das Gericht des ersten Rechtszuges die Berufung im Urteil zugelassen hat. Der Berufungskläger hat den Wert nach § 511 Abs. 2 Nr. 1 ZPO glaubhaft zu machen, § 511 Abs. 3 ZPO. Eine **Beschwer** von mehr als 600 EUR muss auch bei Berufungen gegen ein zweites Versäumnisurteil (§ 514 Abs. 2 S. 2 ZPO) und bei einer gemäß § 524 ZPO eingelegten Anschlussberufung **nicht** erreicht werden.

Hat das erstinstanzliche Gericht keine Veranlassung gesehen, die **Berufung nach § 511 Abs. 4 ZPO zuzulassen**, weil es den Streitwert auf über 600 EUR festgesetzt hat und deswegen von einem entsprechenden Wert der Beschwer der unterlegenen Partei ausgegangen ist, hält aber das Berufungsgericht diesen Wert nicht für erreicht, so muss es die Entscheidung darüber nachholen, ob die Voraussetzungen für die Zulassung der Berufung nach § 511 Abs. 4 S. 1 ZPO erfüllt sind. Die unterschiedliche Bewertung der Beschwer darf nicht zu Lasten der Partei gehen[130].

52 Für **Auskunftsklagen** ist für die **Bemessung der Beschwer** bei Abweisung der Klage das Interesse des Klägers maßgeblich, das in der Regel mit einem Bruchteil des nach § 9 ZPO zu bewertenden Leistungsanspruches anzusetzen ist. Dabei werden üblicherweise 1/4 bis 1/10 veranschlagt[131]. Legt hingegen der zur Auskunftserteilung verurteilte Beklagte Berufung ein, bemisst sich der Wert der Beschwer nach dem Aufwand an Zeit und Kosten, den die Erfüllung des titulierten Anspruchs erfordert[132]. Insoweit ist grundsätzlich auf die Stundensätze zurückzugreifen, die der Auskunftspflichtige als Zeuge in einem Zivilprozess erhalten würde[133]. Auch kann ein Geheimhaltungsinteresse des Beklagten von Bedeutung sein, ebenso wie die Tatsache, dass der Beklagte auf Fremdleistungen angewiesen ist[134]. Maßgebender Zeitpunkt für die Berechnung ist der Zeitpunkt der Einlegung des Rechtsmittels[135]. In die Berechnung der Beschwer miteinzubeziehen sind weiter geltend gemachte Nebenforderungen im Sinne von § 4 Abs. 1 ZPO – also beispielsweise **Zinsen** und vorgerichtliche **Rechtsverfolgungskosten** –, soweit sie **Hauptforderungen** geworden sind. Dies ist insbesondere dann der Fall, wenn die Hauptforderung infolge einer Erledigungserklärung nicht mehr Prozessgegenstand ist[136]. Bei der Bemessung der Beschwer ist auch der zu erwartende **Kostenaufwand** zu berücksichtigen, der notwendig ist, um mit anwaltlicher Hilfe Vollstreckungsversuche aus der Verurteilung zu einer unmöglichen Leistung abzuwehren. Dabei genügt es, wenn der Beklagte im Rahmen der Verurteilung zur Auskunft zu einer nach seinem Vortrag unmöglichen Leistung verurteilt worden ist[137]. Der zu erwartende Kostenaufwand zur Abwehr von Vollstreckungsversuchen ist allerdings in dieser Konstellation nicht mit dem Aufwand zur Erteilung der Auskunft zusammenzurechnen, da die Kosten nur alternativ und nicht kumulativ entstehen können[138].

53 Dem Kläger, der bei einer **Schmerzensgeldklage** einen **Mindestbetrag** fordert und diesen vom Gericht erhält, fehlt die Beschwer für die Berufung[139]. Das gilt selbst dann, wenn das Gericht dabei zwar ein Mitverschulden des Klägers bejaht, aber gleichwohl den geforderten Mindestbetrag zuspricht[140].

---

130 BGH, Beschl. v. 21.8.2018 – VIII ZB 1/18 – juris, Rn. 13.
131 BGH, Beschl. v. 17.11.2015 – II ZB 28/14 – juris, Rn. 8.
132 BGH, Beschl. v. 1.10.2008 – IV ZB 27/07 – juris, Rn. 14.
133 BGH, Beschl. v. 28.11.2012 – XII ZB 620/11 – juris, Rn. 10.
134 BGH, Beschl. v. 5.2.2001 – II ZB 7/00 – juris, Leitsatz und Rn. 3.
135 BGH, Beschl. v. 2.6.2016 – I ZA 8/15 – juris, Rn. 11.
136 BGH, Beschl. v. 18.6.2015 – V ZR 224/14 – juris, Rn. 4.
137 BGH, Beschl. v. 13.7.2017 – I ZB 94/16 – juris, Rn. 16.
138 BGH, Beschl. v. 13.7.2017 – I ZB 94/16 – juris, Rn. 20.
139 BGH, Urt. v. 2.2.1999 – VI ZR 25/98 – juris, Rn. 16; bestätigt durch BGH, Beschl. v. 24.3.2016 – III ZR 52/15 – juris, Rn. 6.
140 BGH, Urt. v. 2.10.2001 – VI ZR 356/00 – juris, Rn. 7.

Die **Berufung** wird auch dann **unzulässig**, wenn die Klage zwar teilweise abgewiesen worden ist, jedoch kein Teil der im ersten Rechtszug nicht zugesprochenen Klageforderungen im Berufungsverfahren weiter verfolgt wird[141]. 54

Vorsicht ist deshalb beim **Wechsel des Vortrags** im Instanzenzug geboten. So kann aufgrund einer Klageänderung, die nach Erlass des erstinstanzlichen Urteils erfolgt, die Beschwer wegfallen. Denn die bloße Erweiterung oder Änderung der Klage in zweiter Instanz (§§ 520, 263 ZPO) kann nicht alleiniges Ziel des Rechtsmittels sein[142]. Die Berufung ist bei einer Klageänderung im Berufungsverfahren selbst dann unzulässig, wenn das erstinstanzliche Ziel nur hilfsweise weiter verfolgt wird[143]. 55

4. Nach der ständigen Rechtsprechung des BGH ist den Anforderungen des § 519 Abs. 2 ZPO nur genügt, wenn bei der Einlegung der Berufung aus der Berufungsschrift sowohl der **Rechtsmittelkläger** als auch der **Rechtsmittelbeklagte** erkennbar sind oder – ggfs. aus anderen im Zeitpunkt des Ablaufs der Berufungsfrist vorliegenden Unterlagen – eindeutig erkennbar werden. Sind diese Voraussetzungen nicht erfüllt, ist die Berufung unzulässig[144]. 56

Dabei gilt im Grundsatz, dass die Zulässigkeit einer Berufung nicht an **unvollständigen** oder **fehlerhaften Bezeichnungen** der Parteien des Berufungsverfahrens scheitern darf, wenn diese Mängel in Anbetracht der jeweiligen Umstände letztlich keine vernünftigen Zweifel an dem wirklich Gewollten aufkommen lassen[145]. An die eindeutige Bezeichnung des **Rechtsmittelführers** sind allerdings strenge Anforderungen zu stellen. Bei verständiger Würdigung des gesamten Vorgangs der Rechtsmitteleinlegung muss jeder Zweifel an der Person des Rechtsmittelklägers ausgeschlossen sein[146]. Demgegenüber sind an die Bezeichnung des **Rechtsmittelgegners** weniger strenge Anforderungen zu stellen. Besteht der in der Vorinstanz obsiegende Gegner aus **mehreren Streitgenossen**, richtet sich das Rechtsmittel im Zweifel gegen die gesamte angefochtene Entscheidung und somit gegen alle gegnerischen Streitgenossen, es sei denn, die Rechtsmittelschrift lässt eine Beschränkung der Anfechtung erkennen[147]. 57

Die Angabe der ladungsfähigen Anschrift des Berufungsklägers in der Berufungsschrift ist nicht Zulässigkeitsvoraussetzung der Berufung[148].

5. Ein **Urteil**, das **zum Teil kontradiktorisch** und zu einem anderen Teil als Versäumnisurteil erlassen wurde, kann in Bezug auf den Tenor, der als Versäumnisurteil zu werten ist, gemäß § 514 ZPO nicht mit der Berufung, sondern gemäß § 338 ZPO nur vermittels eines Einspruchs angegriffen werden. Die Einspruchsfrist beträgt gemäß § 339 Abs. 1 ZPO zwei Wochen. Beide Fristen sind Notfristen, die grundsätzlich mit der Zustellung zu laufen beginnen, die Berufungsfrist beginnt hingegen gemäß § 517 ZPO spätestens mit dem Ablauf von fünf Monaten nach der Verkündung zu laufen. 58

6. Die bedürftige Partei kann – anstelle der fristwahrenden Berufungseinlegung – für das Berufungsverfahren zunächst zur Kostenreduzierung auch nur **Prozesskostenhilfe** für die beabsichtigte Berufung beantragen. Dieser Weg kann sich aber für den Anwalt als gefährlich erweisen. Denn eine Partei ist nur dann bis zur Entscheidung über ihren Antrag als unverschuldet gehindert anzusehen, das Rechtsmittel wirksam einzulegen, wenn sie vernünftigerweise nicht mit der Verweigerung von Prozesskostenhilfe wegen fehlender Bedürftigkeit rechnen musste, sich für arm im Sinne der Vorschriften über die Gewährung von Prozesskostenhilfe halten und davon ausgehen durfte, die **wirtschaftlichen Voraussetzungen** für die Bewilligung von Prozesskostenhilfe **vollständig** dargetan 59

141 BGH, Urt. v. 6.5.1999 – IX ZR 250/98 – juris, Rn. 14.
142 BGH, Beschl. v. 29.9.2011 – IX ZB 106/11 – juris, Rn. 7.
143 BGH, Urt. v. 6.5.1999 – IX ZR 250/98 – juris, Rn. 25.
144 BGH, Beschl. v. 9.9.2008 – VI ZB 53/07 – juris, Rn. 5.
145 BGH, Urt. v. 19.2.2002 – VI ZR 394/00 – juris, Rn. 11.
146 BGH, Beschl. v. 11.5.2010 – VIII ZB 93/09 – juris, Rn. 10.
147 BGH, Beschl. v. 24.9.2013 – II ZR 291/11 – juris, Rn. 9.
148 BGH, Urt. v. 11.10.2005 – XI ZR 398/04 – juris, Rn. 10.

zu haben[149]. Weder der Partei noch ihrem Vertreter darf in Bezug auf die Einreichung des PKH-Gesuches ein von ihnen verschuldeter Fehler unterlaufen sein. Insbesondere hat sich die Partei zur Darlegung ihrer wirtschaftlichen Verhältnisse im Regelfall des **amtlichen Vordrucks** zu bedienen; dies gilt auch für die Rechtsmittelinstanz. Die Einreichung eines neuen Vordrucks in der Rechtsmittelinstanz ist nur dann entbehrlich, wenn auf einen in der Vorinstanz zu den Akten gereichten Vordruck Bezug genommen und zugleich unmissverständlich mitgeteilt wird, dass seitdem keine Änderungen eingetreten sind. Eine solche **Bezugnahme** genügt zudem nur dann, wenn die früher eingereichten Unterlagen ausreichten, um die Bedürftigkeit darzulegen[150]. Wird dem PKH-Gesuch eine **neue Erklärung** über die persönlichen und wirtschaftlichen Verhältnisse des Mandanten beigefügt, ist diese – was nicht selten vorkommt – aber nicht vollständig oder teilweise unzutreffend ausgefüllt, so wird keine Wiedereinsetzung in den vorigen Stand gewährt. Die vollständige und richtige Ausfüllung der Erklärung über die persönlichen und wirtschaftlichen Verhältnisse ist deshalb in diesen Fällen vom Anwalt sorgfältig zu prüfen.

Wenn die gesetzlichen Anforderungen an eine Berufungsschrift oder eine Berufungsbegründung erfüllt sind, kommt die Deutung, dass der Schriftsatz nicht als zugleich eingelegte Berufung oder Berufungsbegründung bestimmt war, nur dann in Betracht, wenn sich dies aus den Begleitumständen mit einer jeden vernünftigen Zweifel ausschließenden Deutlichkeit ergibt[151]. Eine für den Fall der Bewilligung von Prozesskostenhilfe bedingt eingelegte Berufung ist unzulässig[152].

60 Soll mit der Berufung nur ein Anspruch verfolgt werden, kann dieser – zur Vermeidung der aufgezeigten Risiken – stattdessen nach rechtzeitiger Berufungseinlegung mit der Berufungsbegründung in dem für die Erhaltung der Beschwer erforderlichen Umfang uneingeschränkt geltend gemacht und im Übrigen – wegen des weitergehenden Anspruchs – unter den Vorbehalt der Bewilligung von Prozesskostenhilfe gestellt werden.

61 7. Die **Frist für die Berufungsbegründung** beträgt gemäß § 520 Abs. 2 S. 1 ZPO **zwei Monate**. Diese Frist wird also ebenso wie die zur Berufungseinlegung **ab der Zustellung des Urteils** berechnet: Einen Monat für die Berufungseinlegung und zwei Monate für die Berufungsbegründung.

62 Kompliziert sind auch hier wiederum die Fälle, in denen das Fristende nur in dem Bundesland auf einen Feiertag fällt, in dem die Anwaltskanzlei ihren Sitz hat, nicht aber in dem Bundesland, in dem sich das Gericht befindet. Das Ende der Frist wird wegen eines Feiertags nur dann gemäß § 222 Abs. 2 ZPO hinausgeschoben, wenn der betreffende Tag an dem Ort des Gerichts, an dem das Rechtsmittel einzulegen ist, ein gesetzlicher Feiertag ist[153].

63 **Der Tag der Zustellung** ist der erste Tag der Frist. Er **bleibt** aber gemäß §§ 222 Abs. 1 ZPO, 187 Abs. 1 BGB **bei der Fristberechnung außer Betracht**.

▶ Beispiel:

Zustellung 9.8., Ende der Begründungsfrist 9.10.

64 Der Anwalt, dem die Handakten zur Anfertigung der Berufungsbegründung vorgelegt werden, hat eigenverantwortlich die Berufungsbegründungsfrist zu prüfen[154].

65 Obwohl die Berufungsbegründungsfrist keine Notfrist ist, da sie im Gesetz nicht als solche bezeichnet wird, ist die **Wiedereinsetzung** gemäß § 233 ZPO gleichwohl möglich. Der Anwalt ist

149 BGH, Beschl. v. 14.5.2013 – II ZB 22/11 – juris, Rn. 17 und v. 17.7.2013 – XII ZB 174/10 – juris, Rn. 16.
150 BGH, Beschl. v. 14.5.2013 – II ZB 22/11 – juris, Rn. 19.
151 St. Rspr.; vgl. nur BGH, Beschl. v. 17.7.2013 – XII ZB 174/10 – juris, Rn. 13.
152 BGH, Beschl. v. 14.3.2007 – XII ZB 235/05 – juris, Leitsatz 1.
153 BGH, Beschl. v. 10.1.2012 – VI ZA 27/11 – juris, Rn. 1. Auch ist der auf Heiligabend fallende Werktag nicht als Feiertag anzusehen, vgl. dazu OLG Frankfurt, Beschl. v. 17.5.2002 – 1 UF 326/01 – juris, Leitsatz 1; vgl. ansonsten auch oben Rdn. 43.
154 St. Rspr.; vgl. nur BGH, Beschl. v. 15.9.2015 – VI ZB 37/14 – juris, Rn. 7; vgl. ferner Rdn. 111.

verpflichtet, die Einhaltung seiner Anweisungen zur Berechnung einer Frist, ihrer Notierung auf den Handakten oder den Schriftstücken selbst, zur Eintragung im Fristenkalender sowie zur Bestätigung der Kalendereintragung durch einen Erledigungsvermerk zu prüfen, wenn ihm die Handakten im Zusammenhang mit einer fristgebundenen Prozesshandlung vorgelegt werden[155]. Erfüllt der Anwalt diese Kontrollpflicht nicht, liegt ein dem Mandanten gemäß § 85 Abs. 2 ZPO zuzurechnendes Verschulden vor, das der Wiedereinsetzung entgegensteht[156].

8. **Die Frist zur Berufungsbegründung kann auf Antrag** vom Vorsitzenden bis zu insgesamt einen 66
Monat **verlängert** werden, wenn der Rechtsstreit durch die Verlängerung nicht verzögert wird oder wenn der Berufungskläger erhebliche Gründe darlegt, § 520 Abs. 2 S. 3 ZPO. Vorsicht ist bei mehreren von unterschiedlichen Bevollmächtigten vertretenen Berufungsführern geboten, hier gilt eine Verlängerungsverfügung des Vorsitzenden nur für den Berufungsführer, der eine Verlängerung beantragt hat[157]. Beantragt der Prozessbevollmächtigte des Berufungsklägers, die Frist für die Berufungsbegründung »um einen Monat bis zum 22. September 2014 zu verlängern«, obgleich die Monatsfrist nach § 520 Abs. 2 S. 3 ZPO bis zum 29. September 2014 und damit länger läuft, gilt Folgendes: Verlängert der Vorsitzende auf diesen Antrag hin die Frist für die Berufungsbegründung nur bis zum 22. September 2014, so ist diese Fristverlängerungsverfügung in aller Regel nach ihrem objektivem Inhalt dahin zu verstehen, dass damit die Frist für die Berufungsbegründung – unter abschließender Verbescheidung des Fristverlängerungsantrags – lediglich bis zum 22. September 2014 verlängert und ein etwa weitergehender Antrag stillschweigend abgelehnt worden ist[158].

Der Rechtsmittelführer darf die **Verlängerung** der Frist zur Berufungsbegründung nur dann **erwarten, wenn** es sich um den **ersten Verlängerungsantrag** handelt **und** er in dem Antrag **erhebliche Gründe** für die beantragte Verlängerung **darlegt**[159]. Der Wendung, der Antrag werde »vorsorglich« gestellt, ist nicht zu entnehmen, aus welchen Gründen eine Verlängerung begehrt wird[160]. Der Anwalt muss auch **damit rechnen, dass die Fristverlängerung gegebenenfalls kürzer als beantragt ausfällt.** Da die Verlängerungsverfügung häufiger erst etliche Tage nach ihrem Erlass dem Anwalt zugeht, sollte vorsorglich das Ergebnis vorab fernmündlich erfragt und sofort notiert werden. Insoweit ist freilich zu differenzieren: Innerhalb des Laufs der **regulären Berufungsbegründungsfrist** ist ein Prozessbevollmächtigter grundsätzlich nicht verpflichtet, sich bei Gericht zu erkundigen, ob sein Antrag auf Verlängerung der Frist rechtzeitig eingegangen ist und ihm stattgegeben wird[161]. Vor dem **Ablauf der beantragten Frist** muss sich der Prozessbevollmächtigte, der eine Fristverlängerung beantragt hat, aber rechtzeitig über das wirkliche Ende der Frist – gegebenenfalls durch Rückfrage bei Gericht – Gewissheit verschaffen, wenn **keine gerichtliche Mitteilung eingeht**[162]. Auf eine fernmündlich mitgeteilte Fristverlängerung darf sich der Anwalt verlassen[163]. Der Eintrag des endgültigen Fristablaufs der verlängerten Berufungsbegründungsfrist darf erst im Fristenkalender erfolgen, wenn die beantragte Verlängerung – insbesondere im beantragten Umfang – gewährt worden ist[164]. Wird die Frist zur Begründung der Berufung um einen bestimmten Zeitraum verlängert und fällt der letzte Tag der ursprünglichen Frist auf einen Samstag, Sonntag oder allgemeinen Feiertag, so beginnt der verlängerte Teil der Frist erst mit dem Ablauf des nächstfolgenden Werktags[165].

155 St. Rspr.; vgl. nur Beschl. v. 22.10.2014 – IV ZB 13/14 – juris, Rn. 16.
156 Vgl. nur BGH, Beschl. v. 15.9.2015 – VI ZB 37/14 – juris, Rn. 6.
157 BGH, Beschl. v. 29.1.2009 – III ZB 61/08 – juris, Rn. 14.
158 BGH, Beschl. v. 8.4.2015 – VII ZB 62/14 – juris, Leitsatz.
159 St. Rspr.; vgl. nur BGH, Beschl. v. 5.6.2012 – VI ZB 16/12 – juris, Rn. 7.
160 BGH, Beschl. v. 20.8.2019 – X ZB 13/18 – juris, Rn. 12.
161 BGH, Beschl. v. 5.6.2012 – VI ZB 16/12 – juris, Rn. 10.
162 BGH, Beschl. v. 16.10.2014 – VII ZB 15/14 – juris, Rn. 12.
163 BGH, Beschl. v. 21.1.1999 – V ZB 31/98 – juris, Rn. 5.
164 St. Rspr.; vgl. nur BGH, Beschl. v. 24.11.2009 – VI ZB 69/08 – juris, Rn. 8.
165 St. Rspr.; vgl. nur BGH, Beschl. v. 10.3.2009 – VII ZB 87/08 – juris, Rn. 6.

Die Verlängerung darf auch nach Fristablauf erfolgen, sofern sie jedenfalls bis zum Ablauf der Frist beantragt worden ist; ansonsten ist die Berufung als unzulässig zu verwerfen[166]. Legt der Rechtsmittelführer trotz entsprechenden gerichtlichen Hinweises erst **nach der Bekanntgabe** der Entscheidung über die **Verwerfung** der Berufung dar, dass er rechtzeitig die Verlängerung der Begründungsfrist beantragt hat, lässt das die Rechtmäßigkeit dieser Entscheidung unberührt[167].

67 Ein zweites Mal bzw. ohne zeitliche Begrenzung darf der Vorsitzende die Frist nur verlängern, wenn und soweit der Gegner einwilligt, § 520 Abs. 2 S. 2 ZPO.

68 9. Hat eine Partei gegen ein erstinstanzliches Urteil Berufung nur zur Fristwahrung eingelegt und wird dann das Rechtsmittel innerhalb der Begründungsfrist vor der Begründung zurückgenommen, kann die Gegenpartei die Erstattung der durch ihren Antrag auf Zurückweisung der Berufung entstandenen vollen Verfahrensgebühr nicht gemäß § 91 Abs. 1 S. 1 ZPO verlangen; denn mit der voreiligen Stellung des Zurückweisungsantrags verstößt der Berufungsbeklagte gegen die ihm aufgrund des Prozessrechtsverhältnisses obliegende Verpflichtung, die Kosten möglichst niedrig zu halten. Erstattungsfähig ist allerdings die reduzierte Gebühr bei vorzeitiger Beendigung des Auftrags gemäß Nr. 3201 RVG-VV, denn die mit einem Rechtsmittel überzogene Partei kann regelmäßig nicht selbst beurteilen, was zur Rechtsverteidigung sachgerecht zu veranlassen ist. Ihr ist daher nicht zuzumuten, zunächst die weitere Entschließung der anwaltlich vertretenen Gegenseite abzuwarten[168].

69 10. Nach § 520 Abs. 3 S. 2 Nr. 2 ZPO muss die **Berufungsbegründung** die Umstände bezeichnen, aus denen sich nach Ansicht des Berufungsklägers die Rechtsverletzung und deren Erheblichkeit für die angefochtene Entscheidung ergibt; nach § 520 Abs. 3 S. 2 Nr. 3 ZPO muss sie konkrete Anhaltspunkte bezeichnen, die Zweifel an der Richtigkeit oder Vollständigkeit der Tatsachenfeststellungen in dem angefochtenen Urteil begründen und deshalb eine erneute Feststellung gebieten. Die **Berufungsbegründung** im Sinne von § 520 Abs. 3 ZPO muss eine aus sich heraus verständliche Angabe enthalten, welche bestimmten Punkte des angefochtenen Urteils der Berufungskläger bekämpft und welche **tatsächlichen oder rechtlichen Gründe** er ihnen im Einzelnen entgegensetzt. Besondere formale Anforderungen bestehen zwar nicht; auch ist es für die Zulässigkeit der Berufung ohne Bedeutung, ob die Ausführungen in sich schlüssig oder rechtlich haltbar sind. Die Berufungsbegründung muss aber auf den **konkreten Streitfall zugeschnitten** sein. Es reicht nicht aus, die Auffassung des Erstgerichts mit formularmäßigen Sätzen oder allgemeinen Redewendungen zu rügen oder lediglich auf das Vorbringen erster Instanz zu verweisen[169]. Hat das Erstgericht die Abweisung der Klage auf mehrere voneinander unabhängige, selbständig tragende rechtliche Erwägungen gestützt, muss die Berufungsbegründung in dieser Weise jede tragende Erwägung angreifen; andernfalls ist das Rechtsmittel unzulässig[170].

70 Die **Berufungsbegründung** muss gemäß § 520 Abs. 3 S. 2 ZPO enthalten:
- die Erklärung, inwieweit das Urteil angefochten wird und welche Abänderungen des Urteils beantragt werden (Nr. 1);
- die Bezeichnung der Umstände, aus denen sich die Rechtsverletzung und deren Erheblichkeit für die angefochtene Entscheidung ergibt (Nr. 2);

166 St. Rspr.; vgl. nur BGH, Urt. v. 17.1.2013 – III ZR 168/12 – juris, Rn. 11. Das gilt selbst dann, wenn die Berufungsbegründungsfrist durch – rechtswidrige – Verfügung verlängert wurde, weil der Vorsitzende nicht erkannt hatte, dass die Frist bereits abgelaufen war. Schützenswertes Vertrauen kann eine Partei hieraus nicht ableiten; vgl. BGH, Beschl. v. 19.7.2016 – II ZB 3/16 – juris, Rn. 17.

167 BGH, Beschl. v. 26.2.2020 – XII ZB 402/19 – juris, Rn. 12.

168 Vgl. zuletzt BGH, Beschl. v. 28.2.2013 – V ZB 132/12 – juris, Rn. 13.

169 St. Rspr.; vgl. nur BGH, Beschl. v. 21.7. 2020 – VI ZB 68/19 – juris, Rn. 10 und v. 10.2.2015 – VI ZB 26/14 – juris, Rn. 7.

170 St. Rspr.; vgl. nur BGH, Beschl. v. 11.2.2020 – VI ZB 54/19 – juris, Rn. 6.

- die Bezeichnung konkreter Anhaltspunkte, die Zweifel an der Richtigkeit oder Vollständigkeit der Tatsachenfeststellungen im angefochtenen Urteil begründen und deshalb eine erneute Feststellung gebieten (Nr. 3);
- die Bezeichnung der neuen Angriffs- und Verteidigungsmittel sowie der Tatsachen, aufgrund derer die neuen Angriffs- und Verteidigungsmittel nach § 531 Abs. 2 ZPO zuzulassen sind (Nr. 4).

Berufungsanträge sind gemäß § 520 Abs. 3 S. 2 Nr. 1 ZPO **hinreichend bestimmt**, wenn die innerhalb der Begründungsfrist eingereichten Schriftsätze des Berufungsklägers ihrem gesamten Inhalt nach eindeutig ergeben, in welchem Umfang und mit welchem Ziel das Urteil angefochten werden soll[171]. Das ist bereits dann der Fall, wenn die Berufungsbegründung den **Schluss auf die Weiterverfolgung des erstinstanzlichen Begehrens zulässt**[172]. Diesen Anforderungen ist Genüge getan, wenn ein in erster Instanz vollständig unterlegener Kläger in seiner Berufungsbegründung hinreichend deutlich zum Ausdruck bringt, dass er die Abweisung der Klage zwar insgesamt für unzutreffend hält, das erstinstanzliche Urteil allerdings vorläufig und unter Erweiterungsvorbehalt nur in reduzierter Höhe anfechten will. 71

Die **Berufung ist nicht deshalb unzulässig, weil ein Kläger, der in erster Instanz mehrere Klageanträge gestellt hat und vollständig unterlegen ist, in der Berufungsinstanz den Gesamtumfang der Klageforderung reduziert, ohne den noch verlangten Betrag auf die erstinstanzlich gestellten Klageanträge und die verschiedenen darin enthaltenen Positionen aufzuteilen**. Insoweit liegt ein die Zulässigkeit der Klage betreffender Mangel vor, der auch noch nach dem Ablauf der Berufungsbegründungsfrist, nämlich bis zum Schluss der letzten mündlichen Verhandlung in der Berufungsinstanz, behoben werden kann[173].

Berufungsanträge können also auch noch **nach Ablauf der Berufungsbegründungsfrist erweitert** werden, soweit sie durch die fristgerecht eingereichten Berufungsgründe gedeckt sind[174]. Auf die Möglichkeit einer derartigen späteren Berufungserweiterung muss der Anwalt – etwa bei Rechtsmitteln mit unsicherer Erfolgsaussicht – hinweisen, um einen Kostenregress zu vermeiden[175]. Eine **zulässige Erweiterung der Berufungsanträge** nach Ablauf der Berufungsbegründungsfrist **setzt** indes **voraus**, dass die in der Rechtsmittelbegründung **vorgetragenen Berufungsgründe** – unabhängig von dem zunächst angekündigten beschränkten Antrag – eine **vollumfängliche rechtliche Beurteilung des Begehrens zulassen**[176]. Insoweit genügt es den Anforderungen des § 520 Abs. 3 S. 2 Nr. 2 ZPO, wenn die Urteilsbegründung in einer gegen eine Klageabweisung gerichteten Berufungsbegründung bei Ansprüchen, die sich aus mehreren Anspruchsgrundlagen ergeben können, hinsichtlich **einer** der Anspruchsgrundlagen mit allen hierauf bezogenen, selbständig tragenden rechtlichen Erwägungen insgesamt vollständig angegriffen wird. Denn in diesem Fall stellt bereits dieser Berufungsangriff das Ergebnis des Berufungsurteils in Frage, so dass die gerügte Rechtsverletzung entscheidungserheblich ist[177].

Geht es um mehrere Streitgegenstände, muss sich die Berufungsbegründung mit jedem einzelnen Streitgegenstand befassen. Dies verlangt im Zusammenspiel zwischen § 520 Abs. 3 S. 2 Nr. 1 ZPO und § 520 Abs. 3 S. 2 Nrn. 2 bis 4 ZPO, dass etwa in Bezug auf unterschiedliche Zahlungs- und

171 BGH, Beschl. v. 19.11.2014 – XII ZB 522/14 – juris, Rn. 10.
172 BGH, Beschl. v. 5.8.2020 – VIII ZB 18/20 – juris, Rn. 11 im Anschluss an BGH, Beschl. v. 20.8.2019 – VIII ZB 29/19 – juris, Rn. 14.
173 BGH, Beschl. v. 5.8.2020 – VIII ZB 18/20 – juris, Rn. 15.
174 So zutreffend BGH, Urt. v. 6.7.2005 – XII ZR 293/12 – juris, Rn. 12.
175 Hierzu und zur Streitwertgestaltung in der Berufungsinstanz vgl. *Primozic*, NJW 2020, 1272 (1274); zur Kumulation und Kombination von unechter Eventualklage und Teilklage im Zivilprozess vgl. *Herberger*, NJOZ 2020, 1089 ff.
176 BGH, Urt. v. 6.7.2005 – XII ZR 293/02 – juris, Rn. 12.
177 BGH, Beschl. v. 5.8.2020 – VIII ZB 18/20 – juris, Rn. 16.

Feststellungsbegehren im Einzelnen ausgeführt werden muss, in welchem Umfang die jeweiligen Begehren im Rahmen eines etwaig anfänglich beschränkten Berufungsantrags angegriffen werden.

72 Mit der »**Bezeichnung der Umstände**« gemäß § 520 Abs. 3 S. 2 Nr. 2 ZPO hat der Berufungskläger – zugeschnitten auf den Streitfall – diejenigen Punkte rechtlicher Art darzulegen, die er als unzutreffend beurteilt ansieht, und dazu die Gründe anzugeben, aus denen sich die **Fehlerhaftigkeit** jener Punkte und deren **Erheblichkeit** für die angefochtene Entscheidung herleiten. Zur Darlegung der Fehlerhaftigkeit ist somit lediglich die Mitteilung der Umstände erforderlich, die das Urteil aus Sicht des Berufungsführers infrage stellen[178]. Wer etwa meint, sein Vortrag sei **in erster Instanz zu Unrecht präkludiert**[179] worden, muss das in zweiter Instanz rügen. Das erfordert zwar keine förmliche Berufungsrüge; den formellen Anforderungen des § 520 Abs. 3 Nr. 2 ZPO ist auch dann genügt, wenn nur allgemein die Voraussetzungen dargelegt werden, unter denen nach § 529 Abs. 1 Nr. 1, 2 ZPO die Bindung des Berufungsgerichts an die vom Erstgericht getroffenen Feststellungen entfällt[180]. Aber der Berufungsführer muss jedenfalls der Sache nach geltend machen, dass die Vorinstanz dem präkludierten Vorbringen hätte nachgehen müssen. Andernfalls läuft er Gefahr, dass das Berufungsgericht die Unrechtmäßigkeit der Präklusion »übersieht« und sie nach § 531 Abs. 1 ZPO fortgelten lässt[181].

Im Hinblick auf **Anforderungen von § 520 Abs. 3 S. 2 Nr. 3 ZPO** muss die Berufung, die den festgestellten Sachverhalt angreifen will, – da das Berufungsgericht an die vom Gericht des ersten Rechtszugs festgestellten Tatsachen grundsätzlich gebunden ist (§ 529 Abs. 1 Nr. 1 ZPO) – eine Begründung dahin enthalten, warum die **Bindung an die festgestellten Tatsachen ausnahmsweise nicht bestehen** soll. Konkrete Anhaltspunkte, welche hiernach die Bindung des Berufungsgerichts an die vorinstanzlichen Feststellungen entfallen lassen, können sich insbesondere aus Verfahrensfehlern ergeben, die dem Eingangsgericht bei der Feststellung des Sachverhalts unterlaufen sind[182].

73 Sofern die Berufungsbegründung gemäß § 520 Abs. 3 S. 2 Nr. 4 ZPO **neue Angriffs- oder Verteidigungsmittel** enthält, ist auch die eingehende Darstellung notwendig, dass die Voraussetzungen des § 531 Abs. 2 ZPO vorliegen[183]. Allerdings gilt dies nicht, soweit neuer Vortrag in der Berufungsinstanz **unstreitig** geblieben ist. Denn unstreitige Tatsachen, die erstmals im Berufungsrechtszug vorgetragen werden, sind stets zu berücksichtigen, und zwar selbst dann, wenn der unstreitige Vortrag im Hinblick auf Folgefragen eine **Beweisaufnahme** erfordert. Für **unstreitige Einreden** gilt nichts anderes[184].

74 **Angriffs- und Verteidigungsmittel** im Sinne des § 531 ZPO sind ansonsten alle zur Begründung des Sachantrages oder zur Verteidigung dagegen vorgebrachten tatsächlichen und rechtlichen Behauptungen, Einwendungen und Einreden, sämtliches Bestreiten und alle Beweisanträge sowie auch der Antrag einer Partei auf Anhörung eines Sachverständigen[185].

75 Die **Berücksichtigung neuer Angriffs- und Verteidigungsmittel** im Berufungsverfahren ist nur nach Maßgabe des § 531 Abs. 2 ZPO möglich. Solches Vorbringen ist deshalb nur zuzulassen, wenn es gemäß

- Abs. 2 S. 1 Nr. 1 einen **Aspekt** betrifft, **der** im ersten Rechtszug **erkennbar übersehen oder für unerheblich gehalten** worden ist oder
- Abs. 2 S. 1 Nr. 2 **infolge** eines **Verfahrensmangels** im ersten Rechtszug **nicht geltend gemacht** worden ist oder

178 BGH, Beschl. v. 10.3.2015 – VI ZB 28/14 – juris, Rn. 8.

179 Zur Präklusion im Zivilrecht sowie im Verwaltungsrecht vgl. *Baudewin/Großkurth*, NJW 2014, 1479 ff. sowie NVwZ 2018, 1674 ff. und dort auch zu den daraus erwachsenden Haftungsrisiken.

180 Grundlegend dazu BGH, Urt. v. 12.3.2004 – V ZR 257/03 – juris, Rn. 14 und 19 ff.

181 *Nassall*, NJW 2020, 1942.

182 BGH, Beschl. v. 10.3.2015 – VI ZB 28/14 – juris, Rn. 9.

183 Vgl. BGH, Beschl. v. 9.10.2014 – V ZB 225/12 – juris, Rn. 6.

184 BGH, Beschl. v. 19.1.2016 – XI ZR 200/15 – juris, Rn. 11.

185 BGH, Urt. v. 8.6.2004 – VI ZR 230/03 – juris, Rn. 26.

- Abs. 2 S. 1 Nr. 3 im ersten Rechtszug **nicht geltend gemacht** worden ist, **ohne** dass dies auf einer **Nachlässigkeit** der Partei oder ihres Prozessbevollmächtigten beruht[186].

Sorgfaltsmaßstab für die Beurteilung, ob die nicht erfolgte Geltendmachung in erster Instanz auf **Nachlässigkeit** beruht, ist die einfache Fahrlässigkeit[187]. Danach verletzt eine Partei ihre Sorgfaltspflicht, wenn sie im ersten Rechtszug entscheidungserhebliches Material nicht vorbringt, dessen Existenz und Entscheidungserheblichkeit für den Rechtsstreit sie dort **kannte** oder **hätte kennen müssen** und zu dessen Vorbringen sie dort auch imstande war[188]. Eine Verpflichtung, tatsächliche Umstände, die der Partei nicht bekannt sind, **erst zu ermitteln**, besteht dagegen grundsätzlich nicht[189]. Auch entspricht es der etablierten Rechtsprechung des BGH, dass eine Partei nicht verpflichtet ist, bereits in erster Instanz Einwendungen gegen ein Gerichtsgutachten unter Beifügung eines **Privatgutachtens** oder gestützt auf Sachverständigenrat vorzubringen[190]. 76

Wird versehentlich mit der Berufungsbegründung kein förmlicher **Antrag** gestellt, führt das nur dann nicht zur Unzulässigkeit der Berufung, wenn sich der Berufungsbegründung auch ohne ausdrückliche Formulierung und textliche Absonderung eines Berufungsantrags Umfang und Ziel der Berufung durch Auslegung hinreichend bestimmt entnehmen lassen[191]. 77

11. Gemäß § 513 ZPO können sich **Berufungsgründe nur aus den §§ 529 und 546 ZPO** ergeben. Es muss also entweder nach § 529 ZPO begründet werden, dass die zugrunde zu legenden Tatsachen eine andere Entscheidung rechtfertigen oder dass die Entscheidung auf einer Rechtsverletzung im Sinne des § 546 ZPO beruht. 78

Zweifel an der Richtigkeit oder Vollständigkeit der Feststellungen des Eingangsgerichts bestehen vor allem bei **Nichtberücksichtigung entscheidungserheblichen erstinstanzlichen Parteivorbringens.** Wichtig ist dabei, dass es insoweit in der Berufungsbegründung nicht der genauen Bezeichnung des Vorbringens und der Angabe der Fundstelle in den Schriftsätzen der Vorinstanz bedarf. Das **Berufungsgericht ist** also in Bezug auf Zweifel an der Richtigkeit oder Vollständigkeit entscheidungserheblicher Feststellungen des Eingangsgerichts **nicht daran gebunden, dass diese Umstände** in der Berufungsbegründung auch **konkret dargelegt werden**. Vielmehr kann und muss das Berufungsgericht erst recht konkrete Anhaltspunkte berücksichtigen, die ihre Grundlage im erstinstanzlichen Vorbringen der Parteien haben, auch wenn das Übergehen dieses Vortrags durch die erste Instanz vom Berufungskläger nicht zum Gegenstand der Berufung gemacht worden ist. Voraussetzung ist nur, dass überhaupt konkrete Anhaltspunkte im Sinne des § 529 Abs. 1 Nr. 1 Hs. 2 ZPO in der Berufungsbegründung bezeichnet werden[192]. 79

Von besonderer Bedeutung ist in diesem Zusammenhang, dass das Berufungsgericht an der Berücksichtigung übergangenen Vorbringens nicht deshalb gehindert ist, weil dieser Vortrag im **Tatbestand** des angefochtenen Urteils nicht erwähnt worden ist[193]. 80

Auch eine **Beweiswürdigung** im erstinstanzlichen Urteil, die den Anforderungen nicht genügt, die von der Rechtsprechung zu § 286 Abs. 1 ZPO entwickelt worden sind, **begründet** einen **Verfahrensfehler** im Sinne des § 529 ZPO, **wenn** die **Beweiswürdigung unvollständig oder in** sich **widersprüchlich ist oder gegen Denkgesetze oder Erfahrungssätze verstößt**[194]. Ein Verstoß gegen Denkgesetze liegt u.a. dann vor, wenn Umständen Indizwirkungen zuerkannt werden, die sie nicht 81

---

186 Vgl. dazu BGH, Urt. v. 19.3.2004 – V ZR 104/03 – juris, Rn. 17 ff.
187 BGH, Urt. v. 8.6.2004 – VI ZR 199/03 – juris, Rn. 25.
188 BGH, Urt. v. 19.3.2004 – V ZR 104/03 – juris, Rn. 20; ebenso MünchKommZPO/*Heßler*, § 531, Rn. 27.
189 BGH, Beschl. v. 16.6.2016 – V ZR 238/15 – juris, Rn. 8.
190 St. Rspr.; vgl. nur BGH, Beschl. v. 6.4.2016 – VII ZR 40/15 – juris, Rn. 10.
191 BGH, Beschl. v. 16.12.2009 – XII ZB 20/09 – juris, Leitsatz.
192 BGH, Urt. v. 12.3.2004 – V ZR 257/03 – juris, Rn. 20 ff.
193 BGH, Urt. v. 12.3.2004 – V ZR 257/03 – juris, Rn. 23.
194 St. Rspr.; vgl. nur BGH, Urt. v. 21.6.2016 – VI ZR 403/14 – juris, Rn. 10.

haben können oder wenn die Ambivalenz von Indiztatsachen nicht erkannt wird[195]. Noch weitergehend lautet der Grundsatz, von dem der BGH in ständiger Rechtsprechung ausgeht: Wenn sich das Berufungsgericht von der Richtigkeit der erstinstanzlichen Beweiswürdigung nicht zu überzeugen vermag, so ist es an die erstinstanzliche Beweiswürdigung, die es aufgrund konkreter Anhaltspunkte nicht für richtig hält, nicht gebunden, sondern zu einer erneuten Tatsachenfeststellung nicht nur berechtigt, sondern sogar verpflichtet[196].

82 Die Frage, ob und inwieweit das Berufungsgericht zu einer **Wiederholung der erstinstanzlichen Beweisaufnahme** verpflichtet ist, richtet sich dabei nach denselben Grundsätzen wie in der Zeit vor der Geltung des Zivilprozessreformgesetzes[197].

83 Ein Verstoß gegen § 529 Abs. 1 Nr. 1 ZPO liegt auch dann vor, wenn sich ein vom erstinstanzlichen Gericht eingeholtes **Gutachten eines Sachverständigen** nicht mit allen entscheidungserheblichen Punkten befasst. In diesem Fall hat das Berufungsgericht von Amts wegen auf eine Vervollständigung des Gutachtens hinzuwirken[198]. In Bezug auf Tatsachen, die das Gericht des ersten Rechtszuges aufgrund einer fehlerhaften Beurteilung der Rechtslage übersehen hat, ist sogar ein erstmalig in zweiter Instanz gestellter Antrag auf Anhörung des Sachverständigen gemäß den §§ 402, 397 ZPO begründet, so dass das Berufungsgericht ihm stattzugeben hat[199].

84 In Bezug auf eine nicht bekannte Zeugenanschrift oder einen unvollständigen Namen des Zeugen muss das Gericht unter den Voraussetzungen des § 356 ZPO der Partei eine Frist setzen. Unterbleibt das, liegt ein Verfahrensfehler im Sinne des § 531 Abs. 2 S. 1 Nr. 2 ZPO vor, so dass es auf eine etwaig in der Nichtermittlung durch die Parteien liegende Nachlässigkeit nicht ankommt. Für den Bereich des Familienrechts gilt § 531 Abs. 2 ZPO nicht; dort gelten ausschließlich §§ 65 Abs. 3, 115 FamFG.

85 **Präklusionen von Tatsachen- und Beweisvortrag** sind **auch** jenseits des Bereiches der Berufungsbegründung zu Lasten einer Partei **gemäß §§ 530, 296 Abs. 1, Abs. 4 ZPO möglich**, sofern das Gericht eine entsprechende Frist gemäß § 521 Abs. 2 ZPO gesetzt hat.

86 12. Bekommt jemand ein Berufungsmandat erteilt, hat er grundsätzlich, sofern der Auftrag nicht eingegrenzt wurde, das anzufechtende Urteil vollständig zu überprüfen.

87 13. Auch die **Anschlussberufung** birgt Gefahren. Gemäß § 524 Abs. 1 ZPO kann sich der Berufungsbeklagte der Berufung durch Einreichung der Berufungsanschlussschrift beim Berufungsgericht anschließen. Die Anschlussberufung ist gemäß § 524 Abs. 2 S. 2 ZPO bis zum Ablauf der dem Berufungsbeklagten gesetzten Berufungserwiderungsfrist zulässig. Die **Frist gilt** gemäß § 524 Abs. 2 S. 3 ZPO nur dann **nicht, wenn** die **Anschließung eine Verurteilung von zukünftig fällig werdenden wiederkehrenden Leistungen** i.S.d. § 323 ZPO **zum Gegenstand hat.**

88 14. Der Berufungskläger kann nach neuem Recht die Berufung auch nach streitiger Verhandlung noch bis zur Verkündung des Berufungsurteils zurücknehmen (§ 516 Abs. 1 ZPO). Gemäß § 516 Abs. 3 S. 1 ZPO hat die **Zurücknahme** den Verlust des eingelegten Rechtsmittels und die Verpflichtung zur Folge, die durch das Rechtsmittel entstandenen Kosten zu tragen. Für den Fall, dass Anschlussberufung eingelegt wurde, trägt der Berufungskläger nach der Berufungsrücknahme auch die Kosten der Anschlussberufung[200]. Anderes gilt nach der Rechtsprechung des BGH nur dann, wenn das Anschlussrechtsmittel von vornherein unzulässig war, der Anschlussrechtsmittelkläger in die Rücknahme des Rechtsmittels eingewilligt hat (vgl. § 516 Abs. 1 ZPO) oder er das unselbständige

195 BGH, Urt. v. 23.1.1997 – I ZR 29/94 – juris, Rn. 43 und v. 23.6.2010 – VIII ZR 256/09 – juris, Rn. 15.
196 BGH, Beschl. v. 23.8.2016 – VIII ZR 219/14 – juris, Rn. 23.
197 BGH, Urt. v. 12.3.2004 – V ZR 257/03 – juris, Rn. 13.
198 BGH, Urt. v. 8.6.2004 – VI ZR 230/03 – juris, Rn. 13.
199 BGH, Beschl. v. 12.12.2006 – VI ZR 276/05 – juris, Rn. 3.
200 St. Rspr.; vgl. nur BGH, Beschl. v. 26.9.2012 – IV ZR 203/11 – juris, Rn. 16.

Anschlussrechtsmittel trotz Rücknahme der Berufung eigenständig weiterführt, sodass darüber gesondert entschieden werden muss[201].

15. **Unterlässt** es der **Berufungsanwalt, auf** ein die Rechtsauffassung seines Mandanten stützendes **Urteil des Bundesgerichtshofs hinzuweisen, und verliert der Mandant deshalb den Prozess,** wird der Zurechnungszusammenhang zwischen dem Anwaltsfehler und dem dadurch entstandenen Schaden nicht deshalb unterbrochen, weil auch das Berufungsgericht die Entscheidung des Bundesgerichtshofs übersehen hat[202]. 89

16. Nach dem **Grundsatz der Subsidiarität** muss ein Beteiligter die nach Lage der Sache gegebenen prozessualen Möglichkeiten ausschöpfen, um eine Korrektur der geltend gemachten Grundrechtsverletzung zu erwirken oder eine Grundrechtsverletzung zu verhindern. Die neuere Rechtsprechung der Zivilsenate des BGH erweitert diesen Grundsatz auf die prozessuale Obliegenheit der Parteien, eine gerichtliche Selbstkorrektur innerhalb derselben Instanz zu bewirken[203]. Dies bedeutet für die forensische Tätigkeit im Berufungsverfahren, dass **Gehörsverletzungen der ersten Instanz mit der Berufungsbegründung beanstandet werden müssen.** Damit aber nicht genug: Daneben sind **auch Verletzungen von Art. 103 Abs. 1 GG durch das Berufungsgericht selbst** und hier insbesondere im Rahmen von Hinweisbeschlüssen oder gerichtlichen Verfügungen **zu beanstanden.** Ansonsten besteht die Gefahr, dass eine erstmals in dritter Instanz erhobene Gehörsrüge am Grundsatz der Subsidiarität scheitert. 90

Unklar ist bisher, ob Tatsachenvortrag in der Berufungsinstanz nur dann zu wiederholen ist, wenn das Gericht diesen Vortrag übergeht, oder auch dann, wenn das Gericht den Vortrag zwar behandelt, dabei aber ein fehlerhaftes Verständnis in tatsächlicher oder rechtlicher Hinsicht erkennen lässt. Insoweit wird teilweise zwischen vorläufigen (versehentlichen) und verfestigten (bewussten) gerichtlichen Fehlern unterschieden[204]. Trotz berechtigter Kritik[205] gegen die Ausweitungen des Subsidiaritätsprinzips in Revisions- und Nichtzulassungsbeschwerdeverfahren sollten möglichst alle prozessualen Möglichkeiten wahrgenommen werden, um einem versehentlichen Missverständnis oder einem bewussten Fehlverständnis des Gerichts in tatsächlicher und rechtlicher Hinsicht entgegenzutreten[206].

Insbesondere ist eine etwaige Unrichtigkeit tatbestandlicher Feststellungen im Berufungsurteil im **Berichtigungsverfahren nach § 320 ZPO** anzugreifen[207].

Nach § 543 Abs. 1 ZPO findet eine **Revision nur** statt, **wenn** sie das Berufungsgericht in dem Berufungsurteil oder das Revisionsgericht auf eine Beschwerde gegen die Nichtzulassung der Revision **zugelassen** hat. Eine Berufung kann ansonsten durch Urteil aber auch durch einstimmigen Beschluss nach Maßgabe von § 522 Abs. 2 ZPO[208] **als unbegründet zurückgewiesen** werden, 91

---

201 BGH, Beschl. v. 7.2.2007 – XII ZB 175/06 – juris, Rn. 8.

202 BGH, Urt. v. 18.12.2008 – IX ZR 179/07 – juris, Rn. 8 f. und 17 ff. Bei wertender Betrachtung kann es an dem für die Zurechnung der anwaltlichen Pflichtverletzung notwendigen inneren Zusammenhang fehlen, wenn der Fehler des Anwalts schlechthin ungeeignet war, die gerichtliche Fehlentscheidung hervorzurufen, vgl. BGH, Urt. v. 15.11.2007 – IX ZR 44/04 – juris, Rn. 19.

203 BGH, Beschl. v. 28.1.2020 – VIII ZR 57/19 – juris, Rn. 14 sowie vom 21.1.2020 – VI ZR 410/17 – juris, Rn. 1.

204 BGH, Urt. v. 26.9.2017 – VI ZR 81/17 – einerseits juris, Rn. 7 ff. und anderseits juris, Rn. 10 ff.

205 *Siegmann,* JZ 2017, 598 ff. sowie *Nassall,* Editorial zu NJW Heft 14/2020; vgl. auch *Gössl,* NJW 2020, 1743.

206 *Rädler,* NJW 2020, 1726 ff.

207 BGH, Urt. v. 16.5.2019 – III ZR 176/18 – juris, Rn. 17 sowie grundlegend BGH, Urt. v. 8.1.2007 – II ZR 334/04 – juris, Rn. 11.

208 Gegen den Beschluss nach § 522 Abs. 2 S. 1 ZPO steht dem Berufungsführer nach § 522 Abs. 3 ZPO das Rechtsmittel zu, welches bei einer Entscheidung durch Urteil zulässig wäre. Mit Wirkung ab dem 27.10.2011 hat der Gesetzgeber die bis dahin geregelte Unanfechtbarkeit des Zurückweisungsbeschlusses beseitigt.

wobei gegen derartige Entscheidungen das Rechtsmittel der **Nichtzulassungsbeschwerde** eröffnet ist, die jedoch nur zulässig ist, wenn der Wert der mit der Revision geltend zu machenden Beschwer 20.000,00 EUR übersteigt oder das Berufungsgericht die Berufung durch Urteil[209] als unzulässig verworfen hat.

92 17. Neben einer ordnungsgemäßen Prozessführung trifft den Berufungsanwalt im Berufungsverfahren die Pflicht mögliche Maßnahmen zur **Abwehr von Vollstreckungsmaßnahmen** – etwa durch Antrag gem. § 712 ZPO – zu veranlassen[210]. Wird ein derartiger Schutzantrag unterlassen, kann dies im weiteren Rechtsmittellauf nicht nachgeholt werden. Eine Einstellung der Zwangsvollstreckung gemäß § 719 Abs. 2 ZPO kommt insbesondere in einem sich anschließenden Revisionsverfahren nicht in Betracht, wenn der Beklagte in der Berufungsinstanz keinen Schutzantrag gemäß § 712 ZPO gestellt hat, es sei denn, dass es dem Schuldner im Berufungsverfahren aus **besonderen Gründen** nicht möglich oder nicht zumutbar war, einen Vollstreckungsschutzantrag zu stellen[211] oder wenn sich nachträglich neue Gründe ergeben haben[212]. Selbst wenn das Berufungsgericht im Rahmen seines Ausspruchs zur vorläufigen Vollstreckbarkeit rechtsfehlerhaft § 713 ZPO angewandt und (rechtsfehlerhaft) eine Abwendungsbefugnis nach § 711 ZPO nicht ausgesprochen hat, soll dies nach höchstrichterlicher – in der Rechtsprechung des BGH zwischen den Senaten allerdings kontroverser – Auffassung im weiteren Rechtsmittellauf keine nachträgliche Anordnung rechtfertigen, wenn die Beklagten es versäumt haben, im Hinblick auf die versehentlich nicht angeordnete Abwendungsbefugnis einen Antrag auf Urteilsergänzung gemäß §§ 716, 321 ZPO zu stellen[213].

93 18. In welchem Umfang der Anwalt den Mandanten nach einem Instanzverlust über die **Aussichten eines Rechtsmittels** zu belehren hat, ist durch die höchstrichterliche Rechtsprechung noch nicht umfassend geklärt[214]. Eine entsprechende Belehrungspflicht besteht aber jedenfalls hinsichtlich der **formellen Voraussetzungen** des Rechtsmittels[215], bei ohne Weiteres erkennbarer **Divergenz** zur höchstrichterlichen Rechtsprechung[216] sowie in den Fällen, in denen der Fehler des Urteils auch darauf beruht, dass der Rechtsanwalt nicht sachgerecht gearbeitet, er das unrichtige Urteil also **mitverschuldet** hat. Unter solchen Umständen erfordert es die vorausgegangene Pflichtwidrigkeit, den Mandanten konkret auf die Umstände hinzuweisen, die ein Rechtsmittel aussichtsreich erscheinen lassen[217].

Das **Einlegen einer aussichtslosen Berufung** durch einen Rechtsanwalt begründet einen Schadensersatzanspruch des Mandanten[218]. Eine Befreiung von der Schadensersatzpflicht kommt nur dann in Betracht, wenn der Rechtsanwalt den Mandanten unmissverständlich auf die Erfolglosigkeit des

---

209 Wird die Berufung durch **Beschluss nach Maßgabe von § 522 Abs. 1 S. 3 ZPO als unzulässig verworfen, findet** gegen einen derartigen Beschluss nach § 522 Abs. 1 S. 4 ZPO die **Rechtsbeschwerde** statt.

210 Vgl. BGH, Urt. v. 10.7.2003 – IX ZR 5/00 – juris, Rn. 11.

211 St. Rspr.; vgl. nur BGH, Beschl. v. 1.4.2014 – VIII ZR 1/14 – juris, Rn. 5. Eine Ausnahme gilt insbesondere dann, wenn der Schuldner darauf **vertrauen** durfte, dass vor Rechtskraft des Urteils keine Vollstreckung erfolgen werde, weil der Gläubiger dies ausdrücklich erklärt hat, vgl. BGH, Beschl. v. 13.3.2007 – VIII ZR 2/07 – juris, Rn. 4.

212 BGH, Beschl. v. 18.8.2008 – VIII ZR 215/08 – juris, Rn. 3.

213 So BGH, Urt. v. 27.2.2018 – VIII ZR 39/18 – juris, Rn. 7; anders indes BGH, Beschl. v. 29.11.2016 – VI ZR 25/16 – juris, Rn. 3 ff. und zur insoweit bestehenden Divergenz zwischen den Senaten *Toussaint*, FD-ZVR 2019, 413294.

214 So explizit BGH, Urt. v. 24.5.2007 – IX ZR 142/05 – juris, Rn. 12.

215 St. Rspr.; vgl. BGH, Urt. v. 6.7.1989 – IX ZR 75/88 – Rn. 8: Es gehört zu den Pflichten des Rechtsanwalts im Berufungsverfahren, die Festsetzung des Wertes der Beschwer durch das Berufungsgericht auf ihre Richtigkeit zu überprüfen.

216 BGH, Urt. v. 17.1.2002 – IX ZR 182/00 – juris, Rn. 11.

217 Vgl. BGH, Urt. v. 24.5.2007 – IX ZR 142/05 – juris, Leitsatz 1b: Beruht das zu Lasten des Mandanten ergangene Urteil auf einem übersehenen Schlüssigkeitsmangel der Klage, so muss der Rechtsanwalt seinen Mandanten über die hieraus folgenden Angriffsmöglichkeiten für ein Berufungsverfahren aufklären.

218 OLG Nürnberg, Urt. v. 14.1.2019 – 13 U 916/17 – juris, Rn. 10.

Rechtsmittels und die daraus drohende Kostentragungspflicht, auch bei Nutzung einer Rechtsschutzversicherung, hingewiesen hat[219].

Der Rechtsanwalt, der seine Partei durch einfachen Brief über den Inhalt einer gerichtlichen Entscheidung sowie über Rechtsmittelmöglichkeiten einschließlich der einzuhaltenden Fristen unterrichtet, braucht trotz Schweigen des Mandanten keine Nachfrage halten[220]. Nur in besonders gelagerten Ausnahmefällen ist eine Verpflichtung zur Nachfrage zu bejahen, etwa wenn der Anwalt den Verlust seiner Mitteilung befürchten muss oder wenn ihm der Standpunkt seines Mandanten, unter allen Umständen ein Rechtsmittel einlegen und durchführen zu wollen, aus bestimmten Umständen bekannt war[221]. Ohne eine derartige Ausnahmesituation reicht es aus, wenn der Rechtsanwalt seinem Mandanten das erstinstanzliche Urteil unverzüglich übersendet, ihm den Ablauf der Berufungsfrist mitteilt und den Mandanten um eine Stellungnahme bittet. In einem derartigen Fall kann sich der Mandant nach Ablauf der Berufungsfrist nicht über eine fehlende Beratung über die Erfolgsaussichten des Rechtmittels beklagen, wenn er keinen Kontakt zu seinem Rechtsanwalt aufgenommen und auch keinen anderen Anwalt aufgesucht hat[222].

Ein zur »**Prüfung der Erfolgsaussicht der Berufung**« erteiltes Mandat erfordert für die Beratung 94
über die Erfolgsaussicht eine sorgfältige Rechtsprüfung und gutachterliche Beurteilung. Dem wird ein Berufungsempfehlungsschreiben weder inhaltlich noch im Ergebnis gerecht, wenn die Rechtslage geschönt und wenig realitätsnah dargestellt, keinerlei Risikoabwägungen angestellt und die angesichts eines hohen Streitwerts beträchtlichen Kostenrisiken nicht angesprochen werden, und darüber hinaus mit dem Prozessziel des Mandanten der Rechtsstreit auch in der Berufungsinstanz ersichtlich nicht zu gewinnen war[223].

Kommt der Berufungsanwalt zu dem Ergebnis, dass die Sache **keine Aussicht auf Erfolg** hat, muss 95
er von der Durchführung des Rechtsmittels abraten bzw. dessen Rücknahme empfehlen[224]. Nach dem Grundsatz der Vermutung beratungskonformen Verhaltens kann der Rechtsanwalt bei Auftragserteilung davon ausgehen, der Mandant werde bei inhaltlich zutreffender Rechtsprüfung den sich hieraus ergebenden Empfehlungen auch folgen. Dies bedeutet, dass der Anwalt annehmen darf, er werde nicht wider bessere Überzeugung eine aussichtslose Berufung begründen müssen. Für einen Rechtsanwalt ist dies insbesondere im Hinblick auf sein Selbstverständnis als unabhängiges Organ der Rechtspflege und auf sein Ansehen in der Öffentlichkeit auch nicht zumutbar[225]. Das hat Auswirkungen auf seinen Vergütungsanspruch: Lehnt der Rechtsanwalt nämlich aufgrund der von ihm auftragsgemäß vorzunehmenden, inhaltlich zutreffenden Rechtsprüfung die Begründung einer Berufung ab, welche nach Kündigung des Mandats durch den Mandanten von einem anderen Anwalt vorgenommen wird, **verliert er nicht seinen Vergütungsanspruch**[226].

Nach gefestigter Rechtsprechung des BGH hat ein Rechtsanwalt, dem ein **Fehler unterlaufen** ist, 96
aus dem seinem Auftraggeber ein Schaden droht, zusätzliche **honorarfreie Leistungen** zu erbringen, sofern sich der Schadenseintritt nur noch auf diese Weise verhindern lässt[227]. Der Auftraggeber, der einen Prozess in erster Instanz aufgrund unzureichenden Vortrags seines Prozessbevollmächtigten verloren hat, darf daher, ohne sich dem Einwand des Mitverschuldens auszusetzen, die Einlegung der **Berufung** von dessen Erklärung abhängig machen, dass er den Auftraggeber von den Kosten

219 OLG Nürnberg, Urt. v. 14.1.2019 – 13 U 916/17 – juris, Rn. 11 f.
220 St. Rspr.; vgl. nur BGH, Urt. v. 25.10.2001 – IX ZR 19/99 – juris, Rn. 11.
221 BGH, Beschl. v. 29.6.2006 – IX ZR 176/04 – juris, Rn. 2.
222 BGH, Beschl. v. 9.3.2006 – IX ZR 113/03 – juris, Leitsatz; OLG Hamm, Urt. v. 23.8.2016 – 28 U 57/15 – juris, Rn. 2.
223 Schleswig-Holsteinisches OLG, Urt. v. 30.6.2004 – 11 U 47/03 – juris, Leitsätze 1 und 2.
224 BGH, Urt. v. 26.9.2013 – IX ZR 51/13 – juris, Rn. 11.
225 BGH, Urt. v. 26.9.2013 – IX ZR 51/13 – juris, Rn. 13.
226 BGH, Urt. v. 26.9.2013 – IX ZR 51/13 – juris, Leitsatz.
227 BGH, Urt. v. 12.5.2011 – IX ZR 11/10 – juris, Rn. 18.

der zweiten Instanz freistelle, falls ergänzender Vortrag im Hinblick auf die Verspätungsvorschriften nicht zugelassen und deshalb die Berufung zurückgewiesen werde[228].

97 Nach einem Instanzverlust muss der Rechtsanwalt den Mandanten über die **formellen Voraussetzungen** eines Rechtsmittels belehren[229], also namentlich darüber, ob, in welchem Zeitraum, in welcher Weise und bei welchem Gericht Rechtsmittel eingelegt werden können[230]. Demgegenüber gehört es **ohne besonderen Auftrag** nicht mehr zum Mandat eines Berufungsanwalts, die Richtigkeit der materiellen Gründe des Berufungsurteils einer eingehenden Prüfung zu unterziehen, Erfolg versprechende Angriffspunkte herauszuarbeiten und sie auf ihre Revisibilität hin zu untersuchen[231]. Allerdings verletzt der Berufungsanwalt die ihm obliegenden vertraglichen Pflichten, wenn er die Einlegung einer **Nichtzulassungsbeschwerde** als aussichtslos darstellt, obwohl er deren Erfolgsaussichten nicht sorgfältig geprüft hat[232].

Besonderes elektronisches Anwaltspostfach (beA)

98 S. unter »Schriftsätze« unten Rdn. 431 und unter »Unterschrift« unten Rdn. 564.

Büroorganisation[233]

99 Viele höchstrichterliche Entscheidungen, hauptsächlich im Zusammenhang mit einer nicht wahrgenommenen prozessualen Frist[234], haben einem Anwalt ein Verschulden wegen mangelhafter Büroorganisation angelastet. Wird nach dieser Rechtsprechung gemäß § 85 Abs. 2 ZPO ein der Partei wie eigenes Verschulden zuzurechnendes Verschulden des Anwalts als ihres Vertreters[235] an der Fristversäumung im Einzelfall festgestellt, haftet der Rechtsanwalt seinem Mandanten grundsätzlich für aus dieser Fristversäumung resultierende Schäden auf Ersatz. Für die Fragen der anwaltlichen Haftung interessiert insbesondere die **Organisation zur Fristenwahrung**. Neben den angesprochenen **prozessualen** sind in der täglichen Arbeit des Anwalts auch vielfältige **materiellrechtliche Fristen**[236] mit unterschiedlichen Laufzeiten und Voraussetzungen zu beachten und ihre Einhaltung auch durch taugliche Organisationsmaßnahmen zu sichern. Dabei ist für die Haftung des Anwalts allerdings die im Recht der Wiedereinsetzung wegen § 85 Abs. 2 ZPO bedeutsame Unterscheidung zwischen eigenem (Organisations-)Verschulden des Anwalts selbst und Verschulden anderer Personen, etwa seines Büropersonals, im Ergebnis nicht von Belang, soweit § 278 BGB erfüllt ist[237]. Fehlerhafte Büroorganisation kann auch dazu führen, dass – ohne Eintritt spezieller Nachteile unmittelbar aufgrund der Versäumung bestimmter Fristen – dadurch gegen das **Gebot zur zügigen Mandatsbearbeitung**[238] verstoßen wird und sich dies nachteilig auf die Vermögenslage des Mandanten auswirkt, wie z.B. bei der Bearbeitung von Vollstreckungsaufträgen. Die folgenden

---

228 BGH, Urt. v. 6.10.2005 – IX ZR 111/02 – juris, Rn. 10.

229 BGH, Urt. v. 24.5.2007 – IX ZR 142/05 – juris, Rn. 12.

230 BeckOGK/*Teichmann*, § 675 BGB, Rn. 1014; zu den denkbaren Rechtsbehelfen und Rechtsmitteln vgl. oben Rdn. 90 und 91.

231 BGH, Urt. v. 24.5.2007 – IX ZR 142/05 – juris, Rn. 12.

232 BGH, Urt. v. 27.3.2003 – IX ZR 399/99 – juris, Leitsatz.

233 Zur Wiedereinsetzung in den vorigen Stand unten Rdn. 703 ff.

234 Vgl. hierzu insbesondere die permanenten Rechtsprechungsübersichten und -kommentierungen von *Jungk/Chab/Grams* in den BRAK-Mitteilungen, jeweils unter »Fristen« sowie die jährlichen Rechtsprechungsübersichten von *Bernau* (letztmals NJW 2017, 2001 ff.) und *Rohwetter* (zuletzt NJW 2020, 2010 ff.); vgl. dazu auch unten Rdn. 179 ff.

235 St. Rspr.; vgl. nur BGH, Beschl. v. 12.5.2016 – IX ZB 75/15 – juris, Rn. 6; vgl. ferner Zöller/*Greger*, ZPO, § 233, Rn. 23.13 zu »Büropersonal und -organisation«.

236 Vgl. dazu unten Rdn. 178 und Rdn. 614 ff.

237 Dazu vgl. schon Kap. 3 Rdn. 25.

238 Dazu vgl. Kap. 2 Rdn. 263 f.

Ausführungen stellen die für die Wahrung prozessualer Fristen von der Rechtsprechung gestellten wesentlichen **Anforderungen an eine ausreichende Büroorganisation** dar[239].

100 Nach gefestigter Rechtsprechung verlangt die Sorgfaltspflicht des Rechtsanwalts **in Fristensachen** zuverlässige Vorkehrungen, um den rechtzeitigen Ausgang fristwahrender Schriftsätze sicherzustellen. Zu den Aufgaben des Rechtsanwalts gehört es deshalb, durch entsprechende Organisation seines Büros dafür zu sorgen, dass die Fristen ordnungsgemäß eingetragen und beachtet werden. Der Anwalt hat sein **Möglichstes zu tun, um Fehlerquellen auszuschließen**[240]. Der Anwalt muss durch organisatorische Maßnahmen insbesondere sicherstellen, dass die zur wirksamen **Fristenkontrolle** erforderlichen Handlungen zum frühestmöglichen Zeitpunkt, das heißt **unverzüglich und im unmittelbaren zeitlichen Zusammenhang nach Eingang eines fristrelevanten Schriftstücks**, vorgenommen werden, um so das Risiko einer Fristversäumung auf ein Mindestmaß zu reduzieren[241]. Er hat zudem für eine ausreichende **Posteingangs- und Postausgangskontrolle** zu sorgen[242]. Eine sich an diesen Maßstäben ausgerichtete Büroorganisation ist zur Vermeidung von Haftungsfällen unverzichtbar und Grundvoraussetzung dafür, bei den in § 233 ZPO genannten Fristen im Falle einer Fristversäumung mit Aussicht auf Erfolg Wiedereinsetzung in die versäumte Frist zu beantragen[243].

101 Sämtliche organisatorischen Maßnahmen müssen überdies so beschaffen sein, dass auch bei **unerwarteten Störungen** des Geschäftsablaufs, wie sie beispielsweise durch Überlastung oder Erkrankung der zuständigen Angestellten, durch Verzögerungen der anwaltlichen Bearbeitung oder ähnliche Umstände jederzeit auftreten können, die Einhaltung der zu wahrenden Frist – zumindest durch ein rechtzeitiges Fristverlängerungsgesuch – gewährleistet ist[244]. Dabei wird ein »äußerster«, also ein **äußerst strenger Sorgfaltsmaßstab** angelegt.

102 Nach ständiger Rechtsprechung des Bundesgerichtshofs darf ein Rechtsanwalt regelmäßig sein voll ausgebildetes, als zuverlässig erprobtes und sorgfältig überwachtes Personal mit der **Notierung und Überwachung von Fristen** betrauen[245]. Haben die Kanzlei des Rechtsanwalts und das Gericht, bei dem eine Frist zu wahren ist, ihren Sitz in unterschiedlichen Bundesländern, so ist der Fristablauf bei nicht bundeseinheitlich geregelten **Feiertagen** keine einfache und übliche Frist, deren Berechnung ein Rechtsanwalt Angestellten übertragen dürfte; er hat in diesem Fall vielmehr die Frist selbst zu berechnen oder die Fristberechnung seiner Angestellten zu überprüfen[246]. Der Rechtsanwalt hat durch geeignete organisatorische Maßnahmen sicherzustellen, dass die Fristen zuverlässig festgehalten und kontrolliert werden; unverzichtbar sind insoweit eindeutige Anweisungen an das Büropersonal, die Festlegung klarer Zuständigkeiten und die mindestens stichprobenartige Kontrolle des Personals[247]. Die Fristeintragung und -überwachung darf grundsätzlich nicht auf noch auszubildende Kräfte, denen die notwendige Erfahrung fehlt, übertragen werden[248].

103 Durch geeignete allgemeine organisatorische Anweisungen muss der Anwalt sicherstellen, dass ihm die Feststellung des **Beginns und** des **Endes der Fristen** in den Fällen vorbehalten bleibt, die in

239 Vgl. zur Organisation des Anwaltsbüros systematisch: Borgmann/*Jungk*/Schwaiger, Anwaltshaftung, § 38, Rn. 53 ff. sowie *Borgmann*/Jungk/Schwaiger, Anwaltshaftung, § 56, Rn. 50 ff.

240 St. Rspr.; vgl. nur BGH, Beschl. v. 27.1.2015 – II ZB 21/13 – juris, Rn. 7.

241 St. Rspr.; vgl. nur BGH, Beschl. v. 28.5.2013 – VI ZB 6/13 – juris, Rn. 9.

242 St. Rspr.; vgl. nur BGH, Beschl. v. 16.3.2020 – VI ZB 99/19 – juris, Rn. 8 ff. und v. 26.2.2015 – III ZB 55/14 – juris, Rn. 8; vgl. ferner allgemein zu den Anforderungen an die Postausgangskontrolle *Koch*, NJW 2014, 2391 ff.

243 Dazu Rdn. 724 ff.

244 St. Rspr.; vgl. nur BGH, Beschl. v. 26.9.2019 – III ZR 282/18 – juris, Rn. 9 und v. 27.1.2015 – II ZB 21/13 – juris, Rn. 7; vgl. auch Zöller/*Greger*, ZPO, § 233, Rn. 23 zu »Büropersonal und Organisation«; vgl. aber auch bei plötzlicher unvorhersehbarer Erkrankung einer allein im Büro verbliebenen Mitarbeiterin: BGH, Beschl. v. 1.4.2004 – I ZB 26/03 – juris, Rn. 7.

245 St. Rspr.; vgl. nur BGH, Beschl. v. 9.7.2014 – XII ZB 709/13 – juris, Rn. 12.

246 OLG Koblenz, Beschl. v. 27.6.2016 – 10 U 1263/15 – juris, Rn. 12.

247 St. Rspr.; vgl. BGH, Beschl. v. 11.11.2015 – XII ZB 407/12 – juris, Rn. 9.

248 BGH, Beschl. v. 22.4.2009 – IV ZB 22/08 – juris, Rn. 8; vgl. auch Rdn. 135.

seiner Praxis ungewöhnlich sind oder bei deren Berechnung Schwierigkeiten auftreten können[249]. Er hat auch Vorkehrungen dagegen zu treffen, dass sein **Büropersonal nicht eigenmächtig** im Fristenkalender eingetragene Fristen löscht, die von ihm selbst zu berechnen waren. Dies gilt insbesondere dann, wenn eine außergewöhnliche Verfahrensgestaltung Anlass zur Prüfung gibt, ob die bereits eingetragenen Fristen maßgeblich bleiben oder nicht[250].

104 Soweit der Rechtsanwalt Aufgaben des Fristenwesens seinen Angestellten überlassen darf und davon Gebrauch macht, muss er durch geeignete organisatorische Maßnahmen sicherstellen, dass die Fristen zuverlässig festgehalten und kontrolliert werden. Unverzichtbar sind insoweit **eindeutige Anweisungen** an das Büropersonal, die Festlegung **klarer Zuständigkeiten** und die mindestens **stichprobenartige Kontrolle** des Personals[251]. Wenn der Anwalt diese Tätigkeit mehreren Fachkräften überlässt, kann darin ein Organisationsverschulden liegen. Es muss dann sichergestellt sein, dass – bei einer grundsätzlichen Zulässigkeit eines Wechsels der Fristenzuständigkeit an einem Arbeitstag, der in einer Anwaltskanzlei die tägliche Arbeitszeit einer einzelnen Fachkraft durchaus überschreiten kann – zu jedem Zeitpunkt feststeht, welche Fachkraft ausschließlich für die Fristenkontrolle zuständig ist. Dadurch soll eine Überschneidung von Kompetenzen vermieden werden, weil sonst die Gefahr besteht, dass sich im Einzelfall einer auf den anderen verlässt und somit im Ergebnis keiner die Fristen kontrolliert[252].

105 In der Praxis eines Prozessanwalts, der für die fristgerechte Ausführung der ihm erteilten Prozess- und insbesondere auch Rechtsmittelaufträge Sorge zu tragen hat, gehört es zur ordnungsgemäßen Büroorganisation, durch Einsatz einer erfahrenen und ausreichend sachkundigen Bürokraft sicherzustellen, dass die **Eingangspost** daraufhin überprüft wird, ob sich darunter ein Sofortauftrag befindet oder sonst etwas unverzüglich veranlasst werden muss[253].

106 Den **Fristablauf** bei der Vorbereitung **einer fristgebundenen Prozesshandlung** hat der Prozessbevollmächtigte **selbständig zu prüfen**, weil die sorgfältige Vorbereitung der Prozesshandlung stets auch die Prüfung aller gesetzlichen Anforderungen an ihre Zulässigkeit einschließt. Diese Anwaltspflicht ist von der Fristberechnung und Fristkontrolle zu unterscheiden, die lediglich der rechtzeitigen Vorlage der Akten zum Zwecke ihrer Bearbeitung durch den Rechtsanwalt dienen[254]. Nur in Bezug hierauf kann sich der Rechtsanwalt von der routinemäßigen Fristenüberwachung entlasten[255]. Die Pflicht, den Fristablauf selbständig zu prüfen, besteht auch dann, wenn die Akte dem Prozessbevollmächtigten nach vorangegangener Fertigung eines Entwurfs der Berufungsschrift **nur zum Zwecke der Unterschrift** erneut vorgelegt wird. Denn die Bearbeitung ist erst dann abgeschlossen, wenn der fristgebundene Schriftsatz vom Rechtsanwalt unterzeichnet und zur Weiterleitung an das Gericht freigegeben worden ist[256]. Gleiches gilt, wenn eine Angestellte nach zunächst richtig berechneter und vom Anwalt überprüfter Berufungsbegründungsfrist die Akte später zur Fertigung der Berufungsbegründungsschrift mit einem von ihr eigenmächtig unrichtig korrigierten Datum des Fristablaufs vorlegt. Auch in diesem Fall ist der Rechtsanwalt nicht davon befreit, im Rahmen seiner Vorbereitung der Prozesshandlung die Einhaltung der für diese Prozesshandlung vorgeschriebenen Frist nochmals zu überprüfen[257].

107 Geht es um **Rechtsmittelfristen** oder auch um die Wahrung von **Wiedereinsetzungsfristen** nach PKH-Bewilligungen[258], muss durch organisatorische Vorkehrungen gewährleistet werden, dass der

249 BGH, Beschl. v. 9.9.2008 – VI ZB 8/08 – juris, Rn. 6.
250 BGH, Beschl. v. 20.4.2020 – VI ZB 49/19 – juris, Rn. 9.
251 BGH, Beschl. v. 11.11.2015 – XII ZB 407/12 – juris, Rn. 9.
252 BGH, Beschl. v. 17.1.2007 – XII ZB 166/05 – juris, Rn. 12 mit Anm. *Römermann,* NJW 2007, 1454 f.
253 BGH, Beschl. v. 12.12.2001 – IV ZB 11/01 – juris, Rn. 8.
254 St. Rspr.; vgl. nur BGH, Beschl. v. 13.1.2015 – VI ZB 46/14 – juris, Rn. 9.
255 BGH, Beschl. v. 13.11.1975 – III ZB 18/75 – juris, Rn. 11.
256 BGH, Beschl. v. 13.1.2015 – VI ZB 46/14 – juris, Rn. 10.
257 BGH, Beschl. v. 17.3.2004 – IV ZB 41/03 – juris, Rn. 7.
258 Vgl. hierzu Rdn. 733.

Zustellungszeitpunkt der Entscheidung und damit der Beginn der Frist in verlässlicher Weise festgehalten wird. Der Rechtsanwalt muss daher das Zustellungsdatum der gerichtlichen Entscheidung in einer jeden Zweifel ausschließenden Weise ermitteln und so zuverlässig notieren, dass die Rechtsmittelfrist gewahrt werden kann[259]. Für den **Beginn der Rechtsmittelfrist** ist nicht der Eingangsstempel maßgeblich, sondern allein das Datum, unter dem das Empfangsbekenntnis unterzeichnet worden ist. Deshalb bedarf es eines besonderen **Vermerks in den Handakten**, wann die Zustellung des Urteils erfolgt ist. Dieser kann nicht durch den Eingangsstempel des Anwaltsbüros auf dem zugestellten Urteil ersetzt werden, weil er nur den Eingang des Dokuments in der Kanzlei bestätigt, nicht jedoch die für eine Zustellung gemäß § 174 ZPO erforderliche und für den Fristbeginn maßgebliche Entgegennahme durch den Rechtsanwalt. Um zu gewährleisten, dass ein solcher Vermerk angefertigt wird und das maßgebende Datum des **Zustellungszeitpunkts** zutreffend wiedergibt, darf der Rechtsanwalt nach ständiger Rechtsprechung des Bundesgerichtshofs das **Empfangsbekenntnis** über eine Urteilszustellung nur unterzeichnen und zurückgeben, wenn sichergestellt ist, dass in den Handakten die Rechtsmittelfrist festgehalten und vermerkt ist, dass die Frist im **Fristenkalender** notiert worden ist[260].

Für den **Zeitpunkt der Zustellung** ist entscheidend, wann der Rechtsanwalt, dem zugestellt wird, 108
das Schriftstück mit dem Willen entgegengenommen hat, es als zugestellt gegen sich gelten zu lassen und dies durch die Unterzeichnung des **Empfangsbekenntnisses** beurkundet. Unerheblich ist deshalb, ob der Rechtsanwalt am Tag der Unterzeichnung des Empfangsbekenntnisses in seiner Kanzlei anwesend ist oder nicht[261]. Vom BGH wird allerdings nicht verlangt, dass das Empfangsbekenntnis erst nach vollständiger Fristensicherung in den allgemeinen Geschäftsbetrieb des Rechtsanwalts und von dort an das Gericht zurückgegeben wird. Veranlasst der Anwalt aber die Rückgabe des Empfangsbekenntnisses vor vollständiger Fristensicherung, trifft ihn eine besondere Sorgfaltspflicht, zu deren Beachtung allgemeine Weisungen an sein Personal nicht genügen[262]. Mit einer **mündlichen Anweisung** an seine Bürokraft, eine Rechtsmittelfrist einzutragen, genügt der Anwalt dieser besonderen Sorgfaltspflicht nur dann, wenn in seiner Kanzlei ausreichende organisatorische Vorkehrungen dagegen getroffen sind, dass die Anweisung nicht in Vergessenheit gerät und die konkrete Fristeintragung unterbleibt[263]. Nicht ausreichend ist es, wenn der Rechtsanwalt die Handakten mit der Verfügung zur sofortigen Wiedervorlage in den Geschäftsgang seines Büros gibt, um erst anschließend zu überprüfen, ob die Frist notiert ist[264]. Es kann also nur dringend jedem Anwalt geraten werden, die zur wirksamen Fristenkontrolle erforderlichen Handlungen allesamt zum frühestmöglichen Zeitpunkt, das heißt unverzüglich nach Eingang des betreffenden Schriftstücks und im unmittelbaren zeitlichen Zusammenhang vorzunehmen[265].

In seiner neuen Fassung verpflichtet § 174 Abs. 3 S. 4 ZPO die Rechtsanwälte dazu, einen sicheren 109
(elektronischen) Übermittlungsweg i.S.d. § 130a Abs. 4 ZPO[266] für die **Zustellung elektronischer Dokumente** zu eröffnen. Der Rechtsanwalt ist zugleich verpflichtet, sich die Kenntnisse zur Nutzung dieser technischen Einrichtungen anzueignen, damit er die über beA zugestellten Dokumente auch gem. § 31a Abs. 6 BRAO zur Kenntnis nehmen kann[267].

Bei der Zustellung von elektronischen Dokumenten gegen **Empfangsbekenntnis (EB)** ist das Empfangsbekenntnis nach § 174 Abs. 4 S. 4, 5 ZPO **in der Form eines** vom Gericht mit der Zustellung

259 St. Rspr.; vgl. BGH, Beschl. v. 16.4.1996 – VI ZR 362/95 – juris, Rn. 6 und v. 12.1.2010 – VI ZB 64/09 – juris, Rn. 9.
260 BGH, Beschl. v. 12.9.2019 – IX ZB 13/19 – juris, Rn. 13.
261 BGH, Beschl. v. 22.10.2014 – IV ZB 13/14 – juris, Leitsatz 1.
262 BGH, Beschl. v. 13.2.2003 – V ZR 422/02 – juris, Rn. 7.
263 BGH, Beschl. v. 15.5.2012 – VI ZB 27/11 – juris, Rn. 12.
264 BGH, Beschl. v. 13.2.2003 – V ZR 422/02 – juris, Leitsatz.
265 BGH, Beschl. v. 5.2.2003 – VIII ZB 115/02 – juris, Rn. 9 und v. 11.2.2014 – II ZB 5/13 – juris, Rn. 14.
266 Die Vorschrift ist gleichlautend mit § 55a Abs. 4 VwGO; § 46c Abs. 4 ArbGG; § 65a Abs. 4 SGG und § 52a Abs. 4 FGO jeweils in der ab 1. Januar 2018 geltenden Fassung; vgl. *Biallaß*, NJW 2019, 3495 ff.
267 LAG Schleswig-Holstein, Beschl. v. 19.9.2019 – 5 Ta 94/19 – juris, Rn. 17.

hierfür zur Verfügung gestellten **Datensatzes** zu übermitteln. Ein elektronisches Empfangsbekenntnis (**eEB**) kann sowohl vom Gericht als auch von zustellenden Anwaltskollegen angefordert werden. § 174 Abs. 4 S. 2 ZPO bestimmt, dass das Empfangsbekenntnis schriftlich, durch Telekopie oder als elektronisches Dokument (§ 130 a ZPO) zurückgesandt werden kann.

Da es im Zivilprozess weiterhin keine Zustellfiktion gibt, ist anlässlich der Abgabe eines EB zu prüfen, ob auch die entsprechenden Fristen ordnungsgemäß (und gleichlautend mit dem Datum auf dem eEB) notiert sind. Hierfür ist (wie bisher) zu kontrollieren, ob in den Handakten die Rechtsmittelfrist festgehalten und vermerkt ist, dass die Frist im Fristenkalender notiert worden ist. Konkret muss also auch in der elektronischen Akte auf dem fristauslösenden Posteingang (z.B. einem Urteil) ein entsprechender Vermerk angebracht werden[268].

Haftungsfalle: Im Gegensatz zur ZPO sieht das VwZG weiterhin eine Zustellfiktion vor. Nach § 5 Abs. 7 S. 2 VwZG gilt ein elektronisches Dokument am dritten Tag nach der Absendung an den vom Empfänger hierfür eröffneten Zugang als zugestellt, wenn der Behörde nicht spätestens an diesem Tag ein (elektronisches) Empfangsbekenntnis zugeht[269].

Der Gegenbeweis, dass das in einem elektronisch zurückgesandten Empfangsbekenntnis ausgewiesene Zustellungsdatum unrichtig ist, ist – ebenso wie bei einem auf dem Postweg zurückgesandten Empfangsbekenntnis – möglich. Er setzt aber voraus, dass die Beweiswirkung des Empfangsbekenntnisses zur Überzeugung des Gerichts vollständig entkräftet wird[270].

110 Die Notierung der einschlägigen **Notfristen und ihre Eintragung im Fristenkalender** muss nicht in jedem Fall auf dem Handaktenbogen selbst erfolgen. Auch die Anbringung entsprechender Vermerke **auf dem jeweiligen Schriftstück genügt** den an eine ordnungsgemäße Organisation des Fristenwesens zu stellenden Anforderungen[271]. Darüber hinaus muss die Handakte durch einen **Erledigungsvermerk** erkennen lassen, dass die Fristen in den Fristenkalender eingetragen worden sind, um so sicherzustellen, dass die Frist bei der nächsten Vorlage der Handakte vom Anwalt kontrolliert werden kann[272]. Zu einer ordnungsgemäßen Büroorganisation gehört daher eine klare Anweisung, dass stets und unter allen Umständen zuerst die Fristen im Kalender eingetragen werden müssen, bevor ein entsprechender Vermerk in der Akte eingetragen werden kann. Denn sonst besteht die Gefahr, dass der Erledigungsvermerk in der Handakte bereits vor der Eintragung in einen Kalender angebracht wird und die Gegenkontrolle versagt.

111 **Rechtsmittel-(begründungs-)fristen** und allgemein Notfristen müssen so notiert werden, dass sie sich von gewöhnlichen **Wiedervorlagefristen** deutlich abheben[273]. Werden dem Rechtsanwalt die **Handakten** im Zusammenhang mit einer fristgebundenen Prozesshandlung oder auch nur einer Besprechung mit seinem Mandanten vorgelegt, in deren Verlauf ihn der Mandant beauftragt, ein Rechtsmittel einzulegen[274], ist der Anwalt stets verpflichtet, die Einhaltung seiner Anweisungen zur Berechnung einer Frist, ihrer Notierung auf den Handakten oder den Schriftstücken selbst, zur Eintragung im Fristenkalender sowie zur Bestätigung der Kalendereintragung durch einen Erledigungsvermerk zu prüfen[275].

112 Durch die Büroorganisation muss sichergestellt sein, dass die **Arbeiten zur Wahrung einer Frist noch erledigt werden können**. Deswegen gehört nach etablierter Rechtsprechung des BGH zur ordnungsgemäßen Organisation einer Anwaltskanzlei die allgemeine Anordnung, bei

268 Vgl. zu alledem *Jungk*, AnwBl 2020, 101.
269 Vgl. VG Leipzig, Urt. v. 13.5.2019 – 7 K 2184/16.A – juris, Rn. 13 sowie *Jungk*, AnwBl 2020, 101.
270 OVG Saarland, Beschl. v. 27.9.2019 – 1 D 155/19 – juris, Rn. 9 ff.
271 BGH, Beschl. v. 26.1.2009 – II ZB 6/08 – juris, Rn. 11.
272 BGH, Beschl. v. 26.11.2013 – II ZB 13/12 – juris, Rn. 9 und v. 22.10.2014 – IV ZB 13/14 – juris, Rn. 16.
273 BGH, Beschl. v. 29.7.2004 – III ZB 27/04 – juris, Rn. 15.
274 BGH, Beschl. v. 1.12.2004 – XII ZB 164/03 – juris, Rn. 8.
275 St. Rspr.; vgl. nur BGH, Beschl. v. 22.10.2014 – IV ZB 13/14 – juris, Rn. 16.

Prozesshandlungen, deren Vornahme ihrer Art nach mehr als nur einen geringen Aufwand an Zeit und Mühe erfordert, wie dies regelmäßig bei Rechtsmittelbegründungen der Fall ist, außer dem Datum des Fristablaufs noch eine **Vorfrist** zu notieren. Die Vorfrist dient dazu, sicherzustellen, dass noch eine ausreichende Überprüfungs- und Bearbeitungszeit bis zum Ablauf der zu wahrenden Frist verbleibt[276]. Die Eintragung einer Vorfrist für die **Berufungsfrist** ist allerdings – im Gegensatz zur Berufungsbegründungsfrist – grundsätzlich nicht erforderlich[277]. Die Dauer der Vorfrist hängt von den Umständen des Einzelfalls ab, insbesondere also vom Umfang und vom Schwierigkeitsgrad der Sache, daneben auch von der Arbeitsbelastung im Anwaltsbüro sowie vom persönlichen Arbeitsstil des Rechtsanwalts. Die Vorfrist muss daher beispielsweise für die Erstellung einer Berufungsbegründung nicht notwendig eine Woche betragen, wenngleich dies auch üblicher Handhabung entsprechen mag. Unter Umständen können auch vier Tage ausreichend bemessen sein[278]. Wie die Rechtsprechung mehrfach ausgesprochen hat, darf der Rechtsanwalt bei fristgebundenen Prozesshandlungen grundsätzlich die dafür maßgebliche Frist voll ausschöpfen. Er muss daher bei Vorlegung einer als Vorfristsache gekennzeichneten Akte die **Bearbeitung** nicht bereits am Tag der Vorlage vornehmen, sondern kann dies auch erst **am nächsten Tag** tun[279]. Von der **eigenen Pflicht zur Beachtung des Fristablaufs** kann der Rechtsanwalt sich allerdings nicht durch eine allgemeine Anweisung befreien, ihn täglich an unerledigte Fristsachen zu erinnern[280]. Hat der Anwalt sich bei der ihm zur Vorfrist vorgelegten Akte davon überzeugt, dass die Endfrist im Fristenkalender eingetragen war, kann er darauf vertrauen, dass ihm die Akte spätestens am Tage des Ablaufs dieser Frist wieder vorgelegt wird[281].

Ist eine Rechtsmittelbegründungsfrist versäumt worden, nachdem die in der Handakte notierte Hauptfrist unzutreffend in den Fristenkalender übertragen worden ist, so ist bei der Prüfung, ob die unterbliebene Notierung einer **Vorfrist** die Versäumung der Frist verursacht hat, davon auszugehen, dass die Vorfrist durch eine von der (unzutreffend) eingetragenen Hauptfrist ausgehende Rückrechnung ermittelt und eingetragen worden wäre. Im Fall eines Irrtums bezüglich der Hauptfrist um einen Monat ist das in der fehlenden allgemeinen Anweisung über die Eintragung einer Vorfrist liegende Verschulden des Rechtsanwalts daher für die Versäumung der Frist nicht kausal gewesen[282].

Wird dem **Anwalt die Akte anlässlich der Vorfrist z.B.** zur Abfassung der Berufungsbegründung **113**
vorgelegt hat der Anwalt als Erstes eine **Fristenkontrolle** vorzunehmen. Diese **Kontrolle verlangt zweierlei**: Zum einen ist zu prüfen, ob die **laufende Frist noch gewahrt** ist. Da dies nur ein Teilakt für die Zulässigkeit des Rechtsmittels ist, hat sich der Rechtsanwalt zum andern aber auch zu vergewissern, dass die **Berufung zuvor rechtzeitig eingelegt** worden ist[283]. Von daher muss der Anwalt also bei jeder Bearbeitung einer Rechtsmittelbegründungsschrift **auch** überprüfen, ob die Einlegungsfrist gewahrt wurde. Prüft er dies pflichtwidrig nicht, fängt spätestens mit diesem Tag die zweiwöchige Wiedereinsetzungsfrist[284] (§ 234 Abs. 2 ZPO) an zu laufen.

Bei Erhalt der Handakten ist mithin die Wahrung aller bisherigen Fristen zu kontrollieren und darauf zu achten, dass auch künftige Fristen notiert sind. Auch wenn es sich um eine **originär anwaltliche** und nicht dem Büropersonal übertragbare Pflicht handelt, empfiehlt sich, das Büropersonal anzuweisen, sowohl bei Aktenvorlage an den Rechtsanwalt als auch vor jedem Ausgang einer Rechtsmittelbegründungsschrift noch einmal die Einhaltung der Einlegungsfrist zu überprüfen.

---

276 BGH, Beschl. v. 19.7.2011 – X ZR 16/11 – juris, Rn. 16.
277 BGH, Beschl. v. 6.12.2006 – XII ZB 99/06 – juris, Rn. 8.
278 BGH, Beschl. v. 5.10.1999 – VI ZB 22/99 – juris, Rn. 14.
279 St. Rspr.; vgl. nur BGH, Beschl. v. 31.5.2012 – V ZB 27/12 – juris, Rn. 7.
280 BGH, Beschl. v. 14.1.1997 – VI ZB 24/96 – juris, Rn. 5.
281 BGH, Beschl. v. 12.8.1997 – VI ZB 13/97 – juris, Rn. 8.
282 BGH, Beschl. v. 29.10.2019 – VI ZB 31/19 – juris, Rn. 8.
283 BGH, Beschl. v. 5.12.2013 – IX ZB 291/11 – juris, Rn. 10.
284 Dazu Rdn. 728 ff.

Wird dem Anwalt die Handakte **ohne Zusammenhang mit einer fristgebundenen Prozesshandlung** vorgelegt, muss hingegen keine Prüfung erfolgen. Von einem Anwalt kann nämlich nicht verlangt werden, den Fristablauf oder die Erledigung von Fristnotierungen stets auch dann selbst zu prüfen, wenn ihm eine Sache ohne Zusammenhang mit einer fristgebundenen Prozesshandlung vorgelegt wird oder ohne dass Anhaltspunkte für die Annahme bestehen, die zur Fristwahrung getroffenen Maßnahmen könnten versagt haben[285].

114 Weiter hat der Rechtsanwalt sein Büro so zu organisieren, dass eine wirksame **Ausgangskontrolle** besteht, durch die insbesondere das rechtzeitige Hinausgehen fristwahrender Schriftsätze zuverlässig gewährleistet wird. Insoweit wird verlangt, dass nach den Anordnungen des Anwalts eine **Frist erst dann gelöscht** oder als erledigt gekennzeichnet werden darf, wenn der fristwahrende Schriftsatz bereits **abgesandt** oder zumindest **postfertig gemacht** und die weitere Beförderung der ausgehenden Post organisatorisch zuverlässig vorbereitet worden ist[286]. Dazu sei aus einer Entscheidung des BGH vom 21.3.1990[287] wie folgt zitiert:

> »Nach gefestigter Rechtsprechung gehört es zu den Organisationserfordernissen, dass im Anwaltsbüro eine Endkontrolle stattfindet, die sicherstellt, dass fristwahrende Schriftsätze tatsächlich gefertigt und abgesandt werden. Dies geschieht üblicherweise dadurch, dass im Fristenkalender das Fristende vermerkt wird. Um den damit verfolgten Zweck zu erreichen, darf die Frist erst gelöscht werden, wenn die fragliche Maßnahme durchgeführt worden ist.«

115 **»Postfertig gemacht« als Mindestvoraussetzung** für ein zulässiges Löschen der Frist ist der fristwahrende Schriftsatz erst dann, wenn aufgrund der allgemein getroffenen Organisationsmaßnahmen mit dem Abschluss der fristwahrenden Maßnahme zuverlässig gerechnet werden kann und die Beförderung zu der Stelle, für die der Schriftsatz bestimmt ist, organisatorisch so weit vorbereitet ist, dass sie durch ein Versehen, welches die eigentliche Beförderung nicht betrifft, nicht mehr verhindert werden kann[288]. Das Einlegen in ein Postausgangsfach reicht also nur aus, wenn die Post anschließend unmittelbar dem Adressaten überbracht oder unmittelbar zum Briefkasten gebracht wird, also bürointern das Postausgangsfach die »letzte Station« darstellt; eine zusätzliche Ausgangskontrolle ist dann entbehrlich[289]. Während eine Austragung noch nicht erfolgen darf, wenn die Schriftstücke noch in Umschläge zu sortieren sind, darf die Frist bereits ausgetragen werden, wenn der Umschlag lediglich noch zu **frankieren** ist[290]. Nicht erforderlich ist, dass sich der jeweilige Auftrag, Post aus dem Postausgangsfach zu nehmen und in den Briefkasten zu werfen, stets an einen identifizierbaren Mitarbeiter richtet, da dieser Botendienst der einfachsten Art von jedermann, auch von Auszubildenden geleistet werden kann; der Anwalt darf daher auch einen vertrauenswürdig erscheinenden neuen Mitarbeiter mit einem einfachen Botengang, z.B. zum Gerichtsbriefkasten, beauftragen[291].

116 Im Rahmen der Ausgangskontrolle muss der Anwalt auch Vorkehrungen treffen, die geeignet sind, versehentliche Erledigungsvermerke im Fristenkalender zu verhindern[292]. Eine Frist darf im Fristenkalender erst gestrichen werden, wenn die fristwahrende Maßnahme durchgeführt, der Schriftsatz also abgesandt oder zumindest postfertig gemacht und die weitere Beförderung der ausgehenden Post organisatorisch zuverlässig vorbereitet ist[293]. Eine verlässliche Ausgangskontrolle setzt aber zugleich voraus, dass die **Frist nach Durchführung dieser Maßnahmen sofort – und nicht etwa erst an einem der folgenden Tage – gestrichen** wird. Die dazu notwendigen allgemeinen Anweisungen zu treffen, ist Sache des Anwalts[294].

---

285 BGH, Beschl. v. 12.12.2007 – XII ZB 69/07 – juris, Rn. 12.
286 St. Rspr.; vgl. nur BGH, Beschl. v. 28.1.2016 – III ZB 110/15 – juris, Rn. 8.
287 BGH, Beschl. v. 21.3.1990 – VIII ZB 40/89 – juris, Rn. 5.
288 BGH, Beschl. v. 12.4.2011 – VI ZB 6/10 – juris, Rn. 8.
289 St. Rspr.; vgl. nur BGH, Beschl. v. 10.2.2016 – VII ZB 36/15 – juris, Rn. 14.
290 BGH, Beschl. v. 27.5.2014 – X ZB 13/13 – juris, Rn. 7.
291 BGH, Beschl. v. 11.9.2007 – VIII ZB 114/05 – juris, Rn. 10.
292 BGH, Beschl. v. 23.1.2013 – XII ZB 559/12 – juris, Rn. 6.
293 BGH, Beschl. v. 26.2.2015 – III ZB 55/14 – juris, Rn. 8.
294 BGH, Beschl. v. 22.4.2009 – XII ZB 167/08 – juris, Leitsatz 2.

Ein Anwalt darf aber auch nicht »zu viel des Guten« tun wollen. So hat der BGH einem Berufungsanwalt ein Organisationsverschulden angelastet, in dessen Kanzlei die im Fristenkalender eingetragenen Fristen nicht bereits mit dem Ausgang der fristwahrenden Schriftsätze, sondern erst mit dem Eingang von **Eingangsbestätigungen** gelöscht wurden. Der Fristkalender ließ nämlich nicht erkennen, ob die noch nicht gestrichenen Fristen unerledigte Vorgänge auswiesen oder ob diese Fristen zwar bereits gewahrt waren, ihre Streichung aber wegen einer noch ausstehenden Empfangsbestätigung unterblieben war. Eine verlässliche Ausgangskontrolle war damit nicht gewährleistet[295]. Anders ist allerdings die Situation zu beurteilen, wenn zur Behandlung von Notfristen die Anweisung besteht, derartige Notfristen ausnahmslos und auch erst dann zu streichen, wenn eine vom Gericht bestätigte Eingangsbestätigung vorliegt. Eine derartige Sicherstellung geht nämlich noch über die Anforderungen hinaus, die nach der Rechtsprechung zu beachten sind, und wäre mithin **überobligatorisch**. Ordnet ein Rechtsanwalt gleichwohl die Einholung einer Zugangsbestätigung an, können Fehler, die ihm hierbei unterlaufen, die Versagung der Wiedereinsetzung nicht rechtfertigen[296]. 117

Die im Rahmen der Fristenkontrolle gebotene **Fristenstreichung** darf ebenfalls auf – voll ausgebildetes[297] – Büropersonal übertragen werden. Sie muss jedoch einer bestimmten Fachkraft zugewiesen sein. Ist die Fristenkontrolle nicht ausschließlich einer bestimmten Fachkraft zugewiesen, liegt darin ein Organisationsverschulden des Rechtsanwalts. Es ist aber nicht zu beanstanden, wenn die Zuständigkeit für die Fristenkontrolle – auch innerhalb eines Arbeitstages – wechselt, etwa nach Dienstschluss der zunächst zuständigen Fachkraft. Dann ist lediglich sicherzustellen, dass keine Unklarheiten – etwa durch zeitliche Überschneidung der Zuständigkeiten – darüber entstehen können, welcher Fachkraft die Fristenkontrolle zu einem gegebenen Zeitpunkt obliegt. Hierfür reicht eine formlose, aber eindeutige Übergabe des Aufgabenbereichs von der zunächst zuständigen Fachkraft auf die anschließend zu ihrer Vertretung berufene Fachkraft aus[298]. 118

Nimmt der **Anwalt** eine Fristenstreichung im Fristenkalender **selbst** vor oder veranlasst er die Löschung einer im Fristenkalender notierten Frist, ohne sich von der ordnungsgemäßen Absendung des Schriftsatzes zu überzeugen, so begründet dies ebenso ein eigenes Verschulden des Prozessbevollmächtigten wie der Umstand, dass sich dieser auf die von seiner Büroleiterin auf Nachfrage erteilte Auskunft über die angebliche Absendung des Schriftsatzes verlässt[299]. 119

Großenteils wird mit einem Postausgangsbuch gearbeitet, welches aber nicht zwingend vorgeschrieben ist. Vielfach geht man auch so vor, dass wichtige Schriftsätze an das Gericht bzw. an die Gegenseite durch einen **Boten** zugestellt werden. Auch hier ist die Löschung einer Frist im Fristenkalender gerechtfertigt, wenn der Schriftsatz rechtzeitig absendefertig gemacht und durch geeignete organisatorische Maßnahmen die weitere Beförderung zuverlässig vorbereitet ist[300]. 120

Praktisch bedeutsam sind die Organisationspflichten des Rechtsanwalts insbesondere im Zusammenhang mit der Übermittlung fristgebundener Schriftsätze[301] per **Telefax**[302]. Nach ständiger Rechtsprechung des Bundesgerichtshofs genügt der Rechtsanwalt seiner Pflicht zur wirksamen Erledigungskontrolle insoweit nur dann, wenn er seine Angestellten anweist, nach einer Übermittlung per Telefax **anhand des Sendeprotokolls zu überprüfen**, ob der Schriftsatz **vollständig** und **an das richtige Gericht** (im Sinne einer doppelten Kontrolle von richtiger Zuordnung und Wahl der Nummer) übermittelt worden ist. Die Büroorganisation muss dabei so gestaltet sein, dass erst nach 121

295 BGH, Beschl. v. 15.12.1999 – XII ZB 158/99 – juris, Rn. 6.
296 BGH, Beschl. v. 6.5.2015 – VII ZB 19/14 – juris, Rn. 14.
297 BGH, Beschl. v. 11.11.2015 – XII ZB 407/12 – juris, Rn. 9.
298 BGH, Beschl. v. 17.1.2007 – XII ZB 166/05 – juris, Rn. 12 ff.
299 BGH, Beschl. v. 11.2.2009 – IV ZB 26/08 – juris, Rn. 7.
300 BGH, Beschl. v. 24.4.2001 – XI ZB 3/01 – juris, Rn. 7.
301 Gleiches gilt auch für die Übermittlung eines wichtigen Schreibens an einen Kollegen, wie etwa einen Rechtsmittelauftrag, vgl. BGH, Beschl. v. 24.1.1996 – XII ZB 4/96 – juris, Rn. 6.
302 Vgl. hierzu ausführlich *Toussaint*, NJW 2015, 3207 ff.

Kontrolle in Bezug auf die vorerwähnten drei Aspekte die **Frist gelöscht** werden darf[303]. Ohnehin darf sich die Kontrolle des Sendeberichts grundsätzlich nicht darauf beschränken, die auf diesem ausgedruckte Faxnummer mit der zuvor aufgeschriebenen, etwa in den Schriftsatz eingefügten Faxnummer zu vergleichen, sondern der Abgleich **hat stets anhand eines zuverlässigen Verzeichnisses** oder einer anderen **geeigneten Quelle** zu erfolgen, um auch etwaige Fehler bei der Ermittlung der Faxnummer aufdecken zu können[304]. Als zuverlässige Quelle kommt auch ein in der Akte befindliches aktuelles **Schreiben des Empfangsgerichts** in Frage. Allerdings erfordert die Erledigungskontrolle auch hier, die Richtigkeit der gewählten Nummer nochmals darauf zu kontrollieren, ob sie tatsächlich einem Schreiben des Empfangsgerichts entnommen wurde[305].

122 Die Erfordernisse einer sicheren Ausgangskontrolle bei der Übermittlung durch Telefax muss der Rechtsanwalt, wenn er Bürotätigkeiten, wie etwa das Übermitteln einer Berufungsschrift **selbst** übernimmt, natürlich auch in eigener Person beachten[306]. Soweit es »erlaubt« wird, die Überprüfung des Sendeberichts durch einen Kontrollanruf (aufgrund konkreter Weisung) zu ersetzen[307], muss beachtet werden, dass bei jedem Schriftsatz mit mehr als einer Seite oder mit mindestens einer Anlage, es nicht ausreicht, sich schlicht einen Eingang telefonisch bestätigen zu lassen. Vielmehr muss gezielt auch die Vollständigkeit geklärt werden[308], weil insbesondere die fehlende Übermittlung der mit der Unterschrift versehenen Seite einer Fernkopie zur Unwirksamkeit z.B. der Berufungseinlegung führt.

123 Außerdem gehört zu einer Ausgangskontrolle eine Anordnung des Rechtsanwalts, durch die gewährleistet wird, dass die Erledigung der fristgebundenen Sachen **am Ende eines jeden Arbeitstags** anhand des Fristenkalenders von einer damit beauftragten Bürokraft nochmals selbständig überprüft wird[309]. Damit ist allerdings nur die Prüfung gemeint, **ob überhaupt ein Sendebericht** vorliegt; einer – erneuten – inhaltlichen Überprüfung des Sendeberichts bedarf es bei dieser Ausgangskontrolle hingegen nicht[310].

124 Grundsätzlich hat der Nutzer mit der Wahl einer Telefaxübertragung bei **ordnungsgemäßer Nutzung eines funktionsfähigen Sendegeräts** und der **korrekten Eingabe der Empfängernummer** das seinerseits Erforderliche zur Fristwahrung getan, wenn er so **rechtzeitig** mit der Übertragung beginnt, dass unter normalen Umständen mit deren Abschluss vor 24 Uhr zu rechnen ist. Dabei muss der Absender die Belegung des Empfangsgeräts des Gerichts in Rechnung stellen und eine gewisse **Zeitreserve** einplanen, um gegebenenfalls durch Wiederholung der Übermittlungsvorgänge einen Zugang des zu übermittelnden Schriftsatzes bis zum Fristablauf zu gewährleisten[311]. Da **Störungen im Telefaxverkehr** erfahrungsgemäß nicht selten sind, gehört es überdies zu den Sorgfaltspflichten des Rechtsanwalts, organisatorische Anweisungen für solche Situationen zu treffen. Wenn ein Störfall auch nur Anlass für Zweifel gibt, ob eine Übertragung per Fax gelungen ist, muss in der Anwaltskanzlei sichergestellt werden, dass der Übermittlungsvorgang entweder vollständig wiederholt wird oder dass der Rechtsanwalt selbst in Fristsachen über geeignete andere Maßnahmen entscheidet[312]. Zu einzelnen solcher Störfälle wird auf die unter Rdn. 138 ff. beispielhaft dargestellten Rechtsprechungsfälle verwiesen.

---

303 St. Rspr.; vgl. nur BGH, Beschl. v. 1.6.2016 – XII ZB 382/15 – juris, Rn. 19.

304 BGH, Beschl. v. 1.6.2016 – XII ZB 382/15 – juris, Rn. 19.

305 BGH, Beschl. v. 26.7.2016 – VI ZB 58/14 – juris, Rn. 8.

306 BGH, Beschl. v. 8.3.2001 – V ZB 5/01 – juris, Rn. 8 und v. 10.2.2016 – VII ZB 36/15 – juris, Rn. 9.

307 BGH, Beschl. v. 2.7.2001 – II ZB 28/00 – juris, Rn. 4.

308 BGH, Beschl. v. 8.3.2001 – V ZB 5/01 – juris, Leitsatz.

309 BGH, Beschl. v. 17.3.2020 – VI ZB 99/19 – juris, Rn. 9; vgl. auch Rdn. 131 f.

310 BGH, Beschl. v. 10.8.2016 – VII ZB 17/16 – juris, Leitsatz und Rn. 13.

311 St. Rspr.; vgl. nur BGH, Beschl. v. 12.2.2015 – V ZB 75/13 – juris, Rn. 8: Auch bei einer bloß dreiseitigen Berufungsbegründung kann angesichts der Möglichkeit, dass das Empfangsgerät belegt ist, bei einer **Zeitreserve von nur fünf Minuten** nicht davon ausgegangen werden, dass der rechtzeitige Zugang gewährleistet ist. Demgegenüber hat der VI. Zivilsenat eine Zeitreserve von 21 Minuten für ein zehnseitiges Dokument nicht beanstandet; vgl. BGH, Beschl. v. 12.4.2016 – VI ZB 7/15 – juris, Rn. 11.

312 BGH, Beschl. v. 1.4.1998 – XII ZB 26/98 – juris, Rn. 1.

Allerdings dürfen die gebotenen Sorgfaltsanforderungen an den Anwalt im Fall der Übermittlung eines fristwahrenden Telefaxes durch sorgfältig ausgewählte und zuverlässige Mitarbeiter auch nicht überspannt werden. Ein Rechtsanwalt kann nämlich die einfach zu erledigende Aufgabe der Übermittlung eines fristwahrenden Schriftsatzes per Telefax seinem geschulten und zuverlässig arbeitenden Büropersonal überlassen. Er braucht die Ausführung der erteilten Weisung auch nicht konkret zu überwachen oder zu kontrollieren[313]. 125

Für die Ausgangskontrolle des elektronischen Postfachs **beA**[314] bei fristgebundenen Schriftsätzen genügt jedenfalls nicht die Feststellung, dass die Versendung irgendeines Schriftsatzes mit dem passenden Aktenzeichen an das Gericht erfolgt ist, sondern anhand des zuvor sinnvoll vergebenen Dateinamens ist auch zu prüfen, welcher Art der Schriftsatz war[315]. 126

Der Einsatz von **Computern** ist innerhalb der Organisation eines Anwaltsbüros nicht mehr wegzudenken. Sowohl bei der Eingabe und Sicherung der für die Fristenkontrolle maßgebenden Daten wie auch bei der Ausgangskontrolle und Löschung der Fristen tauchen spezifische Fragen auf. 127

Zum erstgenannten Komplex verlangt der BGH, dass die **elektronische Kalenderführung** eines Prozessbevollmächtigten nach gefestigter höchstrichterlicher Rechtsprechung grundsätzlich keine geringere Überprüfungssicherheit bieten darf als die eines herkömmlichen Fristenkalenders. Werden die Eingaben in den EDV-Kalender nicht durch Ausgabe der eingegebenen Einzelvorgänge über den Drucker oder durch Ausgabe eines **Fehlerprotokolls** durch das Programm kontrolliert, ist darin ein anwaltliches Organisationsverschulden zu sehen. Denn bei der Eingabe der Datensätze bestehen spezifische Fehlermöglichkeiten. Die Fertigung eines Kontrollausdrucks ist erforderlich, um nicht nur Datenverarbeitungsfehler des EDV-Programms, sondern auch Eingabefehler oder -versäumnisse mit geringem Aufwand rechtzeitig zu erkennen und zu beseitigen[316]. 128

Grundsätzlich ist es **nicht notwendig**, dass der Rechtsanwalt, der ein nach seiner Kenntnis erprobtes und von einer Fachfirma erstelltes Programm für seine Fristenkontrolle verwendet, zur Sicherheit **parallel** zu dem EDV-gestützten Fristenkalender einen **schriftlichen Fristenkalender** führen müsse[317]. Ist der Zugriff auf einen ausschließlich elektronisch geführten Fristenkalender allerdings wegen eines **technischen Defekts** vorübergehend nicht störungsfrei gewährleistet, gebietet die Sorgfaltspflicht des Rechtsanwalts in Fristensachen – jedenfalls temporär – die **Umstellung auf eine manuelle Fristenkontrolle**[318]. Im Übrigen muss der Anwalt sicherstellen, dass nicht ein einfacher Tippfehler bei der Eingabe eines Datums in den elektronischen Fristenkalender allein zur Versäumung von Notfristen führen kann. Weil das Fehlerrisiko bei der Eingabe von Datumsangaben über eine Tastatur erheblich höher ist als bei der handschriftlichen Übertragung eines Datums, ist es erforderlich, dass eine zweite Person die Eintragungen der Anwaltsgehilfin in das Programm überprüft[319]. 129

Wird ein EDV-gestützter Fristenkalender unter Verzicht auf einen schriftlichen Fristenkalender geführt, muss der Rechtsanwalt durch die Organisation seines Büros gewährleisten, dass er selbst oder eine geschulte Kanzleikraft **im Störfall** unverzüglich Kontakt mit der Servicefirma des EDV-Programms aufnimmt und die Umstände, die möglichen erkennbaren Ursachen und die Folgen der 130

313 St. Rspr.; vgl. nur BGH, Beschl. v. 11.5.2016 – IV ZB 38/15 – juris, Rn. 8.

314 Vgl. unten Rdn. 429 ff.

315 BGH, Beschl. v. 17.3.2020 – VI ZB 99/19 – juris, Rn. 16 ff.

316 St. Rspr.; vgl. nur BGH, Beschl. v. 17.4.2012 – VI ZB 55/11 – juris, Rn. 8.

317 BGH, Beschl. v. 10.10.1996 – VII ZB 31/95 – juris, Rn. 10.

318 BGH, Beschl. v. 27.1.2015 – II ZB 21/13 – juris, Rn. 10 ff. Werden im Büro eines Anwalts **permanent zwei Fristenkalender geführt**, die für die Fristenkontrolle maßgeblich sind – ein elektronischer und ein manueller –, denn dann muss durch geeignete organisatorische Maßnahmen sichergestellt sein, dass die Fristen stets in beiden Kalendern eingetragen und überwacht werden. Dementsprechend darf ein Erledigungsvermerk in die Handakte erst dann aufgenommen werden, wenn die Fristen in beiden Kalendern eingetragen sind; vgl. BGH, Beschl. v. 10.3.2011 – VII ZB 37/10 – juris, Rn. 13.

319 OLG Frankfurt am Main, Beschl. v. 28.8.2008 – 9 U 50/08 – juris, Rn. 6.

Störung schildert. Er muss gegebenenfalls durch entsprechende vertragliche Vereinbarungen mit der Servicefirma für den Fall der Störung des Fristenkalenders die Voraussetzung dafür schaffen, dass diese unverzüglich die Störung behebt oder den Versuch unternimmt, vor einer Reparatur des Programms dafür zu sorgen, dass die gespeicherten Fristen ausgegeben werden[320].

131 Nach ständiger Rechtsprechung des BGH muss durch die Büroorganisation dafür Sorge getragen werden, dass die **Erledigung** fristgebundener Sachen **am Abend** eines jeden Arbeitstages anhand des Fristenkalenders **überprüft** wird[321]. Wenn also bei einer elektronischen Kalenderführung die versehentliche Kennzeichnung einer Frist als erledigt dazu führt, dass die Sache am Tage des Fristablaufs im Fristenkalender gar nicht mehr auftaucht, so dass bei einer Endkontrolle die versehentliche Löschung nicht erkannt werden kann, so genügt die Kalenderführung nicht den Anforderungen einer ordnungsgemäßen Büroorganisation[322].

132 Die allabendliche Ausgangskontrolle fristgebundener Schriftsätze mittels Abgleichs mit dem Fristenkalender dient freilich nicht allein dazu, zu überprüfen, ob sich aus den Eintragungen **noch unerledigt** gebliebene Fristsachen ergeben. Dies stellt zwar eine wichtige Funktion der Ausgangskontrolle am Ende jeden Arbeitstages dar. Darin erschöpft sich der Sinn und Zweck dieser zusätzlichen Ausgangskontrolle jedoch nicht. Vielmehr soll die erneute und abschließende Überprüfung auch dazu dienen, festzustellen, ob möglicherweise in einer **bereits als erledigt vermerkten Fristsache** die fristwahrende Handlung noch aussteht. Zu diesem Zweck sind Fristenkalender so zu führen, dass auch **eine gestrichene Frist noch erkennbar und bei der Endkontrolle überprüfbar ist**. Das ist auch bei einer elektronischen Kalenderführung erforderlich, denn sie darf keine hinter der manuellen Führung zurückbleibende Überprüfungssicherheit bieten[323].

133 Der Anwalt kann den Bürovorsteher oder auch einen zuverlässigen Angestellten **mit bestimmten Aufgaben** betrauen. Das gilt nicht nur für die Eintragung der Fristen nebst Vorfristen, Fristenkontrolle, Ausgangskontrolle und ergänzende Erledigungsüberprüfung, sondern auch für die Wiedervorlage oder für die Überprüfung herausgehender Schriftsätze hinsichtlich der geleisteten Unterschrift[324]. Da die **Unterschriftenkontrolle** – die der Rechtsanwalt zuverlässigen Bürokräften überlassen darf – gerade der Vermeidung eines erfahrungsgemäß nicht gänzlich ausschließbaren Anwaltsversehens bei der Unterschriftsleistung dient, ist bei einem Versagen dieser Kontrolle ein Rückgriff auf ein Anwaltsversehen im Zusammenhang mit der Unterzeichnung ausgeschlossen[325]. Im Rahmen der Büroorganisation sollte daher unbedingt von dieser durch die Rechtsprechung akzeptierten Möglichkeit Gebrauch gemacht werden, einem zuverlässigen Angestellten (Bürovorsteher) die Aufgabe zu übertragen, insbesondere fristwahrende Schriftsätze oder Schreiben vor dem Ausgang darauf zu kontrollieren, ob sie auch ordnungsgemäß vom Anwalt unterschrieben worden sind. Verbleibt nämlich die Aufgabe der **Unterschriftskontrolle** beim Anwalt selbst, so kann er bei fehlender Unterschrift eine Wiedereinsetzung in den vorigen Stand nicht erlangen.

134 Erforderlich ist in allen Fällen der **Delegation** von Aufgaben im Rahmen der Büroorganisation, dass die betreffenden Angestellten

- voll ausgebildet, als zuverlässig erprobt und sorgfältig überwacht sind[326],
- eindeutige Anweisungen erhalten haben[327],

---

320 BGH, Beschl. v. 10.10.1996 – VII ZB 31/95 – juris, Rn. 12.

321 St. Rspr.; vgl. nur BGH, Beschl. v. 29.10.2019 – VIII ZB 103/18 und 104/18 – juris, Rn. 13; v. 18.6.2019 – XI ZB 28/18 – juris, Rn. 12 sowie v. 13.9.2007 – III ZB 26/07 – juris, Rn. 15.

322 BGH, Beschl. v. 2.3.2000 – V ZB 1/00 – juris, Rn. 6 f.

323 BGH, Beschl. v. 4.11.2014 – VIII ZB 38/14 – juris, Rn. 10.

324 BGH, Beschl. v. 19.2.2009 – V ZB 168/08 – juris, Rn. 12.

325 BGH, Beschl. v. 15.7.2014 – VI ZB 15/14 – juris, Rn. 9.

326 St. Rspr.; vgl. nur BGH, Beschl. v. 11.11.2015 – XII ZB 407/12 – juris, Rn. 9; sind einer Rechtsanwaltsfachangestellten **in der Vergangenheit** bei der Fertigung oder Versendung fristgebundener Schriftsätze **Fehler unterlaufen**, so muss der Rechtsanwalt durch organisatorische Maßnahmen sicherstellen, dass sich solche nicht wiederholen; vgl. BGH, Beschl. v. 13.1.2016 – XII ZB 653/14 – juris, Rn. 7.

327 St. Rspr.; vgl. nur BGH, Beschl. v. 22.10.2014 – IV ZB 13/14 – juris, Rn. 13.

- mindestens stichprobenhaft kontrolliert werden[328] (bei erprobten Kräften alle zwei bis drei Monate[329], ansonsten häufiger[330], wobei seit Jahren fehlerlos arbeitende Bürokräfte nicht mehr überprüft werden müssen[331]),
- dass jeweils eine zuverlässige Bürokraft anwesend ist, um die übertragenen Aufgaben wahrzunehmen, so dass beispielsweise für den Fall des Urlaubs, der Überlastung oder der Erkrankung der zuständigen Angestellten[332] für eine geeignete Vertretung gesorgt ist; der Rechtsanwalt darf sich nicht darauf verlassen, dass die Angestellten ihre Urlaubsvertretung selbst in einwandfreier Weise regeln[333].

Die Fristeintragung und -überwachung darf grundsätzlich nicht auf **noch auszubildende Kräfte**, 135
denen die notwendige Erfahrung fehlt, übertragen werden[334]. Der Bundesgerichtshof hat bislang zwar offen gelassen, ob im Einzelfall bei **Personalmangel** eine Ausnahme von diesem Grundsatz zugelassen werden kann. Geklärt ist aber, dass gegebenenfalls in einem solchen Fall dann eine umso wirksamere Kontrolle durch den Rechtsanwalt selbst oder durch ausgebildete und erfahrene Angestellte gewährleistet sein muss, durch die sichergestellt wird, dass alle von dem Auszubildenden eingetragenen Fristen anhand der Akten auf ihre Richtigkeit überprüft werden. Sowohl **Stichproben** als auch bloße **Kontrolleinsichtnahmen** in den Fristenkalender **reichen nicht aus**. Vielmehr ist ein Vergleich der Eintragungen im Fristenkalender mit den jeweiligen Akten erforderlich[335].

Im Übrigen kann der Anwalt nicht alle Aufgaben delegieren. Durch die allgemeine Weisung, ihn 136
an unerledigte Fristsachen zu erinnern, wird der Anwalt z.B. nicht von seiner eigenen Verpflichtung befreit, eine bereits vorgelegte Fristsache zu bearbeiten und zu kontrollieren[336].

Eine konkrete **Einzelanweisung** kann den Rechtsanwalt dann nicht entlasten, wenn sie die be- 137
stehende Organisation – also die allgemeinen Organisationsanweisungen – nicht außer Kraft setzt, sondern sich darin einfügt und nur einzelne Elemente ersetzt, während andere ihre Bedeutung behalten und bestimmt sind, der Fristversäumung entgegenzuwirken, dieses infolge eines Organisationsmangels aber nicht bewirken[337]. Das gilt erst recht, wenn die Anweisung schon nicht erkennen lässt, dass von der bestehenden Büroorganisation abgewichen werden soll[338]. Betrifft die Anweisung des Rechtsanwalts einen so wichtigen Vorgang wie die Eintragung einer Rechtsmittelfrist oder Rechtsmittelbegründungsfrist und wird sie **nur mündlich erteilt**, müssen ausreichende Vorkehrungen dagegen getroffen sein oder werden, dass die Anweisung in Vergessenheit gerät und die Fristeintragung unterbleibt[339].

Zur Büroorganisation seien **beispielhaft** einige **Grundsätze** aus der nahezu unübersehbaren Recht- 138
sprechung aufgeführt:

I. Fristenwesen

BGH, Beschluss vom 20. April 2016 – XII ZB 390/15 – juris, Rn. 10: 139
Nach ständiger Rechtsprechung des Bundesgerichtshofs hat ein Rechtsanwalt durch organisatorische Vorkehrungen sicherzustellen, dass ein fristgebundener Schriftsatz rechtzeitig gefertigt wird

328 St. Rspr.; vgl. nur BGH, Beschl. v. 22.10.2014 – IV ZB 13/14 – juris, Rn. 13.
329 Vgl. BGH, Beschl. v. 22.9.1971 – V ZB 7/71 – juris, Rn. 12.
330 Vgl. BGH, Urt. v. 23.9.1977 – V ZR 39/77 – juris, Rn. 9.
331 BGH, Beschl. v. 18.2.2016 – IX ZB 30/15 – juris, Rn. 7 und v. 2.7.2020 – VII ZB 46/19 – juris, Rn. 16.
332 St. Rspr.; vgl. nur BGH, Beschl. v. 27.1.2015 – II ZB 23/13 – juris, Rn. 8.
333 BGH, Beschl. v. 17.12.1986 – IVb ZB 138/86 – juris, Rn. 6.
334 St. Rspr.; vgl. nur BGH, Beschl. v. 11.11.2015 – XII ZB 407/12 – juris, Rn. 10.
335 BGH, Beschl. v. 22.10.2014 – IV ZB 13/14 – juris, Rn. 13.
336 Vgl. schon oben Rdn. 131.
337 BGH, Beschl. v. 6.12.2007 – V ZB 91/07 – juris, Rn. 8.
338 BGH, Beschl. v. 25.6.2009 – V ZB 191/08 – juris, Rn. 9.
339 St. Rspr.; vgl. nur BGH, Beschl. v. 6.4.2016 – VII ZB 7/15 – juris, Rn. 14.

und innerhalb der laufenden **Frist** beim zuständigen Gericht eingeht. **Entschließt sich ein Rechtsanwalt, einen fristgebundenen Schriftsatz selbst bei Gericht einzureichen**, übernimmt er damit die alleinige Verantwortung für die Einhaltung der Frist. Er hat auch in diesem Fall geeignete Maßnahmen zu treffen, um einen fristgerechten Eingang des Schriftsatzes zu gewährleisten. Reicht er den Schriftsatz nicht rechtzeitig bei Gericht ein, kommt eine Wiedereinsetzung in den vorigen Stand nur in Betracht, wenn der Rechtsanwalt alle erforderlichen Schritte unternommen hat, die bei einem normalen Verlauf der Dinge mit Sicherheit dazu führen würden, dass die Frist gewahrt wird.

BGH, Beschluss vom 27. Februar 1986 – III ZB 21/85 – juris:
Der Rechtsanwalt darf sich grundsätzlich darauf verlassen, dass die von ihm in einer Fristsache erteilten Weisungen (hier: **Übermittlung eines Auftrags zur Einlegung einer Berufung**) von einer langjährig als zuverlässig erprobten und sorgfältig überwachten Büroangestellten befolgt werden.

BGH, Beschluss vom 9. September 2008 – VI ZB 8/08 – juris, Rn. 5:
Befindet sich in den Handakten des Rechtsanwalts ein Schreiben des erstinstanzlichen Prozessbevollmächtigten mit einer unzutreffenden Angabe des Ablaufs der Berufungsfrist, darf der zweitinstanzliche Prozessbevollmächtigte die **Berechnung der Berufungsfrist** seinem Büropersonal nicht ohne einen deutlichen Hinweis auf die falsche Fristberechnung zur selbständigen Erledigung überlassen.

BGH, Beschluss vom 17. Dezember 1998 – VII ZB 19/98 – juris:
Ein Rechtsanwalt genügt nicht den ihm obliegenden Sorgfaltspflichten an die Kontrolle der Berufungsbegründungsfrist, wenn er sein Büro durch Anbringen eines **Klebezettels** an den Aktendeckel anweist, die Frist einzutragen.

BGH, Beschluss vom 5. Februar 2003 – VIII ZB 115/02 – juris, Rn. 9 ff.:
Der Vorgang der Fristenberechnung und -erfassung hat nicht nur **unverzüglich** nach Eingang des maßgeblichen Schriftstücks, etwa eines Urteils, und im unmittelbaren zeitlichen Zusammenhang zu erfolgen. Er ist auch als **einheitlicher Vorgang** in der richtigen Reihenfolge (Berechnung, Notierung und Eintragung der Frist, erst dann Erledigungsvermerk) vorzunehmen, darf also nicht auseinander gerissen werden (bestätigt durch *BGH, Beschluss vom 13. Juli 2010 – VI ZB 1/10 – juris,* Rn. 6).

BGH, Beschluss vom 19. Februar 2020 – XII ZB 458/19 – juris, Rn. 12 und 15:
Zu einer ordnungsgemäßen Büroorganisation gehört dabei die klare Anweisung, dass stets und unter allen Umständen **zuerst die Fristen im Kalender eingetragen** werden müssen, bevor ein entsprechender Vermerk in der Akte eingetragen werden kann. Denn sonst besteht die Gefahr, dass der Erledigungsvermerk in der Handakte bereits vor der Eintragung in den Kalender angebracht wird und die Gegenkontrolle versagt.

BGH, Beschluss vom 12. September 2019 – IX ZB 13/19 – juris, Rn. 13 und 19:
Ein Rechtsanwalt darf das **Empfangsbekenntnis** über eine Urteilszustellung **erst unterzeichnen** und zurückgeben, **wenn in den Handakten die Rechtsmittelfrist festgehalten und vermerkt ist, dass die Frist im Fristenkalender notiert worden ist.**

Rechtsmittelbegründungsfristen müssen so notiert werden, dass sie sich von gewöhnlichen Wiedervorlagefristen deutlich abheben.

BGH, Beschluss vom 26. Januar 2009 – II ZB 6/08 – juris, Rn. 11 ff.:
Die Berufungs- und die Berufungsbegründungsfrist und ihre Eintragung im Fristenkalender müssen nicht in jedem Fall auf dem **Handaktenbogen** notiert werden. Auch die Anbringung entsprechender Vermerke auf dem jeweiligen Schriftstück genügt den an eine ordnungsgemäße Organisation des Fristenwesens zu stellenden Anforderungen.

Ein Rechtsanwalt darf sich grundsätzlich **darauf verlassen, dass eine ausgebildete und bisher zuverlässig** arbeitende Büroangestellte eine **konkrete Einzelanweisung**, auch wenn sie nur mündlich erteilt wird, befolgt und ordnungsgemäß ausführt. Betrifft jedoch die mündlich erteilte Einzelweisung die Notierung einer Berufungs- oder Berufungsbegründungsfrist, müssen in der Rechtsanwaltskanzlei ausreichende organisatorische Vorkehrungen dagegen getroffen sein, dass eine solche nur mündlich erteilte Weisung in Vergessenheit gerät und die Eintragung der Frist unterbleibt.

OLG Frankfurt, Beschluss vom 5. Mai 2008 – 1 U 293/07 – juris:
Jedenfalls bei solchen **Fristen, die in der Praxis ungewöhnlich sind oder bei deren Berechnung Schwierigkeiten auftreten können**, darf der Rechtsanwalt die Berechnung der Fristen sowie die Führung des Fristenkalenders allerdings nicht allein seinem Büropersonal überlassen, sondern muss selbst Beginn und Ende der Fristen feststellen. Das gilt etwa im Falle eines nach Ende der Berufungsfrist erlassenen Ergänzungsurteils.

BGH, Beschluss vom 28. Oktober 2008 – VI ZB 43/08 – juris:
Der Grundsatz, dass ein Rechtsanwalt nicht verpflichtet ist, die Ausführung einer **Einzelanweisung** zu kontrollieren, gilt nicht ausnahmslos. Betrifft die Anweisung die **Eintragung einer Rechtsmittelfrist** oder die Einreichung eines Antrags auf Verlängerung einer Rechtsmittelbegründungsfrist und wird sie nur mündlich erteilt, müssen in der Kanzlei ausreichende organisatorische Vorkehrungen dagegen getroffen sein, dass die Anweisung in Vergessenheit gerät und die rechtzeitige Einreichung beim zuständigen Gericht unterbleibt (bestätigt durch *BGH, Beschluss vom 20. März 2012 – VIII ZB 41/11 – juris,* Rn. 13).

BGH, Beschluss vom 3. Dezember 1985 – VI ZB 19/85 – juris:
Der Rechtsanwalt kann die ihm obliegende Überprüfung, ob eine beantragte **Verlängerung der Frist zur Berufungsbegründung** erfolgt ist, durch geeignete Anweisungen an eine sorgfältige Bürokraft übertragen.

BGH, Beschluss vom 11. November 2015 – XII ZB 407/12 – juris, Rn. 10*:*
Die **Fristeintragung und -überwachung** darf grundsätzlich **nicht auf noch auszubildende Kräfte** übertragen werden, denen die notwendige Erfahrung fehlt.

BGH, Beschluss vom 9. Juli 1987 – V ZB 1/87 – juris:
Den Rechtsanwalt trifft eine **gesteigerte Sorgfalts- und Überwachungspflicht**, wenn er einer Angestellten, die **gerade erst** ihre **Ausbildung beendet** hat, erstmals die eigenverantwortliche Berechnung und Notierung der Fristen einschließlich der Führung des Fristenkalenders überträgt.

BGH, Beschluss vom 21. September 2000 – IX ZB 67/00 – juris:
Gleiches gilt bei einer **nach mehrjähriger Berufsunterbrechung** eingestellten und sofort mit der Führung des Fristenkalenders beauftragten Anwaltsgehilfin.

BGH, Beschluss vom 8. November 1988 – VI ZB 26/88 – juris:
Für den Fall einer **Verhinderung** des mit der Fristwahrung beauftragten Angestellten müssen geeignete **organisatorische Maßnahmen für eine Vertreterbestellung** getroffen werden.

BGH, Beschluss vom 5. März 2008 – XII ZB 186/05 – juris, Rn. 12:
Mit der **Notierung und Überwachung von Fristen** darf ein Rechtsanwalt sein voll ausgebildetes und sorgfältig überwachtes Personal betrauen, soweit nicht besondere Gründe gegen deren Zuverlässigkeit sprechen. Wenn der Rechtsanwalt zugleich durch eine allgemeine **Kanzleianweisung** oder durch Einzelanweisungen sicherstellt, dass im Fristenkalender eingetragene Fristen erst gelöscht werden dürfen, nachdem die Fristsache erledigt ist, darf die mit der Fristenkontrolle betraute Rechtsanwaltsgehilfin die Frist nach Prüfung der sich aus den Handakten ergebenden Erledigung

eigenständig löschen und muss nicht zusätzlich in jedem Einzelfall die Zustimmung des zuständigen Rechtsanwalts einholen.

BGH, Beschluss vom 26. Februar 2015 – III ZB 55/14 – juris, Rn. 10 ff.:
Für die Ausräumung eines Organisationsverschuldens des Rechtsanwalts muss aber eindeutig feststehen, **welche Bürokraft** zu einem bestimmten Zeitpunkt jeweils ausschließlich für die Fristenkontrolle **zuständig** ist. Die gebotene Fristenkontrolle findet nicht statt, wenn die Fristenlöschung durch eine Bürokraft erfolgt, der weder die Akte noch eine direkte Einzelanweisung des sachbearbeitenden Rechtsanwalts vorliegt. Die bloße Mitteilung einer anderen Bürokraft, die betreffende Frist solle gelöscht werden, genügt als Grundlage für eine Fristenstreichung nicht.

BGH, Beschlüsse vom 19. März 2008 – III ZB 81/07 – juris und vom 27. März 2013 – III ZB 84/12 – juris, Rn. 7:
Der Anwalt hat im Rahmen seiner Verpflichtung zur Fristenkontrolle nicht nur das Fristende, sondern auch eine **Vorfrist zu notieren**[340] oder notieren zu lassen. Die Vorfrist soll bewirken, dass dem Rechtsanwalt durch rechtzeitige Vorlage der Akten auch für den Fall von Unregelmäßigkeiten und Zwischenfällen noch eine ausreichende Überprüfungs- und Bearbeitungszeit verbleibt. Der Anwalt hat dann Anlass zu prüfen, ob das Fristende richtig ermittelt und festgehalten ist, wenn ihm die Akten auf Vorfrist (oder sonst im Zusammenhang mit einer fristgebundenen Prozesshandlung) vorgelegt werden.

BGH, Beschluss vom 15. September 2015 – VI ZB 37/14 – juris, Rn. 7:
Die Überwachungspflicht des Rechtsanwalts, dem die **Handakten** zwecks Fertigung der Berufungsschrift vorgelegt werden, beschränkt sich dabei nicht nur auf die Prüfung, ob die **Berufungsfrist** zutreffend notiert ist, sondern erstreckt sich auch auf die ordnungsgemäße Notierung der **Berufungsbegründungsfrist**, die nach § 520 Abs. 2 S. 1 ZPO mit der Zustellung des erstinstanzlichen Urteils zu laufen beginnt und deren Ablauf daher im Zeitpunkt der Fertigung der Berufungsschrift bereits feststeht. Mit der anwaltlichen Verpflichtung, alle zumutbaren Vorkehrungen gegen Fristversäumnisse zu treffen, wäre nicht zu vereinbaren, wenn sich der Anwalt bei der im Zusammenhang mit der Aktenvorlage zwecks Fertigung der Berufungsschrift gebotenen Prüfung der Fristnotierung auf die Berufungsfrist beschränken und die Prüfung der bereits feststehenden Berufungsbegründungsfrist aussparen wollte.

BGH, Beschluss vom 18. Juni 2020 – IX ZB 17/18 – juris, Rn. 10 ff.:
Auch wenn der Rechtsanwalt die Fristen- und Ausgangskontrolle auf das Büropersonal übertragen und die allgemeine Weisung erteilt hat, ausnahmslos oder in jedem Fall auf den Fristablauf zu achten, muss er (wieder) **selbst** für die **Einhaltung der Frist Sorge tragen, wenn** ihm die **Akte im sachlichen oder zeitlichen Zusammenhang mit der fristgebundenen Prozesshandlung** – sei es in Papierform, sei es elektronisch – **vorgelegt wird.**

BGH, Beschluss vom 4. Juni 2002 – I ZB 28/01 – juris:
Hat ein Rechtsanwalt rechtzeitig vor Ablauf einer **Frist** (konkret: Berufungsbegründungsfrist) bemerkt, dass seine Sekretärin diese **falsch berechnet und notiert** hat, hat er im Rahmen seiner Sorgfaltspflicht die fehlerhafte Fristberechnung und -notierung gegenüber seiner Sekretärin ausdrücklich zu rügen, um einen möglichen Irrtum über den tatsächlichen Fristablauf auszuräumen, und ihr zudem unmissverständlich zu verdeutlichen, dass die Weisung, die Berufungsbegründung noch am gleichen Tage in den Nachtbriefkasten des OLG einzuwerfen, wegen Ablaufs der (Berufungsbegründungs-)Frist unbedingt befolgt werden muss.

---

340 Nach BGH, Beschl. v. 6.12.2006 – XII ZB 99/06 – juris, Rn. 8 ist die Eintragung einer Vorfrist für die **Berufungsfrist** indes **nicht** erforderlich.

BGH, Beschluss vom 20. April 2020 – VI ZB 49/19 – juris, Rn. 11:
Ein Rechtsanwalt bleibt auch bei solchen Fristen, die er nicht selbst zu berechnen hat, verpflichtet, durch allgemeine Anweisungen sicherzustellen, dass sein **Büropersonal nicht eigenmächtig** im Fristenkalender eingetragene **Fristen ändert oder löscht**. Dies gilt insbesondere dann, wenn eine außergewöhnliche Verfahrensgestaltung Anlass zur Prüfung gibt, ob die bereits eingetragenen Fristen maßgeblich bleiben oder nicht.

BGH, Beschluss vom 29. Oktober 2019 – VI ZB 31/19 – juris, Rn. 8:
Ist eine **Rechtsmittelbegründungsfrist** versäumt worden, nachdem die in der Handakte notierte **Hauptfrist unzutreffend in den Fristenkalender übertragen** worden ist, so ist bei der Prüfung, ob die unterbliebene Notierung einer Vorfrist die Versäumung der Frist verursacht hat, davon auszugehen, dass die Vorfrist durch eine von der (unzutreffend) eingetragenen Hauptfrist ausgehende Rückrechnung ermittelt und eingetragen worden wäre. In diesem Fall ist das in der fehlenden allgemeinen Anweisung über die Eintragung einer Vorfrist liegende Verschulden des Rechtsanwalts für die Versäumung der Frist nicht kausal gewesen.

BGH, Beschluss vom 22. April 2009 – XII ZB 167/08 – juris:
Eine Frist darf im Fristenkalender erst gestrichen werden, wenn die fristwahrende Maßnahme durchgeführt, der Schriftsatz also abgesandt oder zumindest postfertig gemacht und die weitere Beförderung der ausgehenden Post organisatorisch zuverlässig vorbereitet ist.

Eine **verlässliche Ausgangskontrolle** setzt aber zugleich voraus, dass die Frist nach Durchführung dieser Maßnahmen sofort – und nicht etwa erst an einem der folgenden Tage – gestrichen wird.

BGH, Beschlüsse vom 16. Oktober 2014 – VII ZB 15/14 – juris, Rn. 12 und vom 2. Dezember 2015 – XII ZB 211/12 – juris:
Der Anwalt hat durch geeignete Organisationsmaßnahmen sicherzustellen, dass bei ausbleibender Reaktion des Gerichts auf sein **Fristverlängerungsgesuch** noch vor Ablauf der beantragten verlängerten Frist dort Nachfrage gehalten wird, ob und in welchem Umfang dem Antrag stattgegeben wurde. Diese eigenverantwortliche Prüfungspflicht besteht auch dann, wenn durch das Gericht mit der Eingangsbestätigung für das Rechtsmittel ein **falsches Fristende** mitgeteilt worden ist. Kommt er dem nicht nach, wird die Wiedereinsetzungsfrist spätestens zu dem Zeitpunkt in Gang gesetzt, zu dem er eine klärende Antwort auf eine entsprechende Nachfrage erhalten hätte.

BGH, Beschluss vom 30. April 2020 – IX ZB 52/19 – juris, Rn. 6:
Ist ein **Rechtsstreit** gemäß § 240 ZPO **unterbrochen,** endet die Unterbrechung ipso jure mit der Aufhebung des Insolvenzverfahrens. Etwaig unterbrochene Notfristen beginnen gem. § 249 Abs. 1 ZPO von neuem zu laufen.

II. Organisation

BGH, Beschluss vom 12. Mai 2016 – IX ZB 75/15 – juris, Rn. 7, juris:
Die **Anfertigung einer Rechtsmittelschrift** gehört zu den Aufgaben, die der Rechtsanwalt seinem angestellten Büropersonal nicht übertragen darf, ohne das Arbeitsergebnis selbst sorgfältig zu **überprüfen.** Die Aufgabe darf in einem so gewichtigen Teil wie der Bezeichnung des Rechtsmittelgerichts auch gut geschultem und erfahrenem Personal eines Rechtsanwalts nicht eigenverantwortlich überlassen werden. Der Prozessbevollmächtigte einer Partei muss die Rechtsmittelschrift daher vor der Unterzeichnung auf **Vollständigkeit** (bei der Berufung: § 519 Abs. 2 ZPO), darunter auch die richtige Bezeichnung des zuständigen Rechtsmittelgerichts (§ 519 Abs. 1 ZPO), überprüfen (vgl. schon *BGH, Beschluss vom 5. Juni 2013 – XII ZB 47/10 – juris,* Rn. 11). 140

BGH, Beschluss vom 8. Juni 1982 – VI ZB 3/82 – juris:
Zur Organisationspflicht eines jeden Rechtsanwalts (auch innerhalb einer Sozietät) gehört es, durch allgemeine Anordnungen sicherzustellen, dass **neu eingehende Mandate** unverzüglich einem Anwalt (Mitglied der Sozietät) vorgelegt werden.

BGH, Beschluss vom 27. Juni 1996 – VII ZB 29/95 – juris, Rn. 9:
Wird ein **Auftrag zur** Einlegung einer **Berufung** dem zuständigen Rechtsanwalt erst nach drei Tagen vorgelegt, legt allein dies Organisationsmängel nahe, so dass ein Verschulden des Rechtsanwalts nicht ausgeräumt ist.

BGH, Beschlüsse vom 22. Juni 1995 – LwZB 1/95 – juris, Rn. 4 und vom 17. Januar 2007 – XII ZB 166/05 – juris, Rn. 19:
Werden im Anwaltsbüro unterschiedliche **Verfahren namensgleicher Parteien** geführt, so stellt das Fehlen einer Anordnung, zur Kennzeichnung eines Aktenvorgangs im Fristenkalender hier außer den Parteinamen noch einen unterscheidenden Zusatz (z.B. Aktenzeichen oder Verfahrensgegenstand) anzubringen, einen anwaltlichen Organisationsmangel dar. Es gilt hier das Gleiche wie bei mehreren Verfahren **derselben Parteien**.

BGH, Beschluss vom 14. Januar 1999 – III ZB 44/98 – juris, Rn. 4:
Es stellt einen dem Prozessbevollmächtigten anzurechnenden organisatorischen Mangel dar, wenn für **zwei Rechtsstreite einer Partei** einmal gegen die Klägerin und einmal gegen den Geschäftsführer der Klägerin dieselbe **Handakte** geführt wird, obwohl verschiedene Spruchkörper zuständig und unterschiedliche Fristen zu wahren sind (vgl. ebenso *BGH, Beschluss vom 17. Januar 2007 – XII ZB 166/05 – juris,* Rn. 17).

BGH, Beschlüsse vom 30. Oktober 2008 – III ZB 54/08 – juris, Rn. 13 und vom 16. September 2015 – V ZB 54/15 – juris, Rn. 11:
Ein Rechtsanwalt, der seiner bislang zuverlässigen Kanzleiangestellten die Weisung erteilt, in einer von ihm **bereits unterzeichneten** Berufungsschrift die **falsche Bezeichnung des Berufungsgerichts** zu korrigieren, ist grundsätzlich nicht verpflichtet, die ordnungsgemäße Ausführung der Korrektur zu überprüfen. Wenn die Anweisung allerdings nur mündlich erteilt wird, müssen ausreichende Vorkehrungen dagegen getroffen werden, dass die Erledigung nicht in Vergessenheit gerät. Hierzu genügt es, wenn der Rechtsanwalt seine **Korrekturanweisung** auf dem zu korrigierenden Schriftsatz schriftlich vermerkt hat.

BGH, Beschluss vom 21. Mai 2019 – II ZB 4/18 – juris, Rn. 13:
Bei einer **mündlich erteilten Anweisung** des Rechtsanwalts gegenüber der Büroangestellten, eine von ihm erkannte Falschbezeichnung des Berufungsgerichts zu korrigieren, muss der Anwalt entsprechende **Vorkehrungen gegen das Vergessen** der Anweisung treffen, sofern die Weisung nicht eine sofortige Erledigung beinhaltet.

BGH, Beschluss vom 11. März 2020 – XII ZB 446/19 – juris, Rn. 11:
Überträgt ein Rechtsanwalt die Notierung von Fristen einer Kanzleikraft, muss er durch geeignete organisatorische Maßnahmen oder durch konkrete Einzelanweisung sicherstellen, dass die Fristen zuverlässig festgehalten und kontrolliert werden. Bei notwendiger **Korrektur einer Rechtsmittelfrist** muss eine mündliche Einzelanweisung klar und präzise beinhalten, dass die Frist sofort und vor allen anderen Aufgaben im Fristenkalender zu korrigieren ist.

BGH, Beschluss vom 26. August 1999 – VII ZB 12/99 – juris:
Der Anwalt muss organisatorisch sicherstellen, dass die an geeignetes Büropersonal delegierte Fristenkontrolle auch dann zuverlässig vorgenommen wird, wenn das **Personal durch Krankheit und Urlaub reduziert** wird. Wiedereinsetzung in den vorigen Stand kann nicht gewährt werden, wenn der Anwalt dieser Organisationspflicht nicht nachgekommen ist und die Fristversäumung

auf Überlastung des Personals beruhen kann (bestätigt durch *BGH, Beschluss vom 13. Juli 2010 – VI ZB 1/10 – juris,* Rn. 6).

BGH, Beschluss vom 1. April 2004 – I ZB 26/03 – juris:
Es stellt (allerdings) kein Organisationsverschulden des Rechtsanwalts dar, wenn er für den Fall einer plötzlichen nicht vorhersehbaren **Erkrankung einer allein im Büro verbliebenen Mitarbeiterin** am späten Nachmittag des letzten Tages einer zu wahrenden Frist keine besondere Vertretungsregelung aufgestellt hat.

III. Ausgangskontrolle

BGH, Beschlüsse vom 31. März 2011 – III ZB 72/10 – juris, Rn. 9; vom 9. Dezember 2014 – VI ZB 42/13 – juris, Rn. 8; vom 18. Juni 2019 – XI ZB 28/18 – juris, Rn. 12 und vom 14. Januar 2020 – II ZB 7/19 – juris, Rn. 13 f.: 141

Zu den Aufgaben des Prozessbevollmächtigten gehört es, dafür Sorge zu tragen, dass ein fristgebundener Schriftsatz fristgerecht bei dem zuständigen Gericht eingeht und eine **Ausgangskontrolle** besteht, durch die gewährleistet wird, dass fristwahrende Schriftsätze auch **tatsächlich rechtzeitig hinausgehen.** Zu diesem Zweck muss er eine zuverlässige Fristenkontrolle organisieren und insbesondere einen Fristenkalender führen. Die Fristenkontrolle muss gewährleisten, dass die im Kalender vermerkten Fristen erst gestrichen werden oder ihre Erledigung sonst kenntlich gemacht wird, nachdem die fristwahrende Maßnahme durchgeführt, der Schriftsatz also gefertigt und abgesandt oder zumindest postfertig gemacht, die weitere Beförderung der ausgehenden Post also organisatorisch zuverlässig vorbereitet worden ist. Die einzelnen Schriftsätze müssen so zur Versendung fertig gemacht sein, dass damit eine sichere Vorsorge verbunden ist, dass die Beförderung nicht mehr durch ein Versehen verhindert werden kann.

Die für die Ausgangskontrolle zuständige Kanzleikraft ist anzuweisen, Fristen im Kalender grundsätzlich erst zu streichen oder als erledigt zu kennzeichnen, nachdem sie sich **anhand der Akten vergewissert hat**, dass zweifelsfrei nichts mehr zu veranlassen ist. Zu einer wirksamen Ausgangskontrolle gehört auch eine **Anordnung** des Prozessbevollmächtigten, durch die gewährleistet wird, dass die Erledigung der fristgebundenen Sachen am Abend eines jeden Arbeitstages anhand des Fristenkalenders von einer dazu beauftragten Bürokraft überprüft wird.

IV. Postverkehr

BGH, Beschluss vom 10. August 2005 – XII ZB 224/04 – juris: 142
Einen Rechtsanwalt kann ein Verschulden an der Fristversäumung treffen, wenn bei der Adressierung einer Berufungsschrift der Anschrift des Rechtsmittelgerichts **keine oder eine unzutreffende Postleitzahl** vorangestellt ist.

BGH, Beschluss vom 13. November 2002 – XII ZB 104/01 – juris:
Kann ein **Sozietätsanwalt** am Sonntag erkennen, dass der Postausgang nicht ordnungsgemäß am Freitag zur Post gebracht wurde, so ist es schuldhaft, wenn er **eigenmächtig** die Briefe – ohne eine Überprüfung auf das Vorliegen von Fristsachen vorzunehmen – sonntags in einen (offensichtlich erst montags wieder geleerten) Briefkasten wirft.

BGH, Beschluss vom 19. Juli 2007 – I ZB 100/06 – juris:
Eine Partei und ihr Prozessbevollmächtigter handeln **nicht schuldhaft**, wenn sie sich auch vor und an Feiertagen **auf die Einhaltung der von der Post angegebenen Brieflaufzeiten verlassen** und deshalb keine besonderen Vorkehrungen treffen, um den Eingang eines fristwahrenden Schriftsatzes bei Gericht zu überwachen.

BGH, Beschlüsse vom 25. Januar 1993 – II ZB 18/92 – juris und vom 18. Februar 2016 – V ZB 126/15 – juris:
Ergeben sich für einen Rechtsanwalt **Zweifel an einer ordnungsgemäßen Postbeförderung** (konkret: wegen Poststreiks), muss er durch Nachfrage den rechtzeitigen Eingang von Fristsachen klären. Allerdings kann ein Prozessbevollmächtigter bei einem auf bestimmte Gebiete des Dienstleistungsbereichs der Deutschen Post AG **beschränkten Poststreik** auf die Einhaltung der für den Normalfall geltenden Postlaufzeiten vertrauen, wenn er von der Deutschen Post AG die Auskunft erhält, dass für den geplanten Sendungsverlauf einer Postsendung streikbedingte Beeinträchtigungen nicht bekannt sind und die Postbeförderung von dem Versand- zum Empfangsort normal läuft.

BGH, Beschluss vom 27. September 2007 – IX ZB 302/04 – juris:
Die *Übertragung* **der Besorgung der ausgehenden fristgebundenen Post auf Auszubildende** ist zwar möglich, aber nur dann, wenn deren Zuverlässigkeit feststeht. Hierzu muss der Rechtsanwalt in seiner anwaltlichen Versicherung (hier: zur Begründung seines Wiedereinsetzungsantrages in die versäumte Berufungsbegründungsfrist) im Einzelnen Angaben machen. Notwendig sind Erklärungen zum Werdegang des Auszubildenden, insbesondere zur Dauer seiner Zugehörigkeit zur Kanzlei und zu seiner bisherigen Arbeitsweise. Die Unaufklärbarkeit der Ursachen des Büroversehens und der Verantwortlichkeit des Anwalts hierfür gehen zu Lasten der Partei, die fehlendes Anwaltsverschulden geltend macht.

BGH, Beschluss vom 21. September 2010 – VIII ZB 14/09 – juris:
Einer Partei ist grundsätzlich Wiedereinsetzung in den vorigen Stand zu gewähren, wenn eine geschulte und zuverlässige Kanzleikraft des Prozessbevollmächtigten einen fristwahrenden Schriftsatz versehentlich beim falschen Gericht einwirft. Bei einem **Botengang** handelt es sich um eine **einfache Tätigkeit**, mit der ein Rechtsanwalt auch einen **Auszubildenden** oder einen zuverlässigen Praktikanten betrauen darf, sofern von der beauftragten Person die Ausführung des Botengangs erwartet werden darf. Dies ist der Fall, wenn der Bote sich in der bis dahin einjährigen Tätigkeit in der Kanzlei des Prozessbevollmächtigten als zuverlässig erwiesen und fehlerfrei alle Botengänge einschließlich der Überbringung von Post zu Gerichten und Behörden ausgeführt hatte. In einem solchen Fall fehlt es an einem Organisationsverschulden des Anwalts, wenn der mit dem Einwurf des Berufungsbegründungsschriftsatzes in den Nachtbriefkasten des Landgerichts beauftragte Bote den Schriftsatz in den Briefkasten des Amtsgerichts einwirft.

BGH, Beschlüsse vom 28. April 2020 – VIII ZB 12/19 – juris, Rn. 16 ff. *und vom 10. September 2015 – III ZB 56/14 – juris:*
Ist ein **fristgebundener Schriftsatz verloren gegangen**, ist Wiedereinsetzung in den vorigen Stand bereits dann zu gewähren, wenn die Partei auf der Grundlage einer aus sich heraus verständlichen, geschlossenen Schilderung der tatsächlichen Abläufe bis zur rechtzeitigen Aufgabe zur Post glaubhaft macht, dass der Verlust mit überwiegender Wahrscheinlichkeit nicht im Verantwortungsbereich der Partei oder ihres Prozessbevollmächtigten eingetreten ist. Den **Verlust des Schriftstücks auf dem Postweg** kann die Partei regelmäßig nicht anders glaubhaft machen als durch die Glaubhaftmachung der rechtzeitigen Aufgabe zur Post.

V. Telefax und Telekopie

143 *BGH, Beschluss vom 3. Dezember 2007 – II ZB 20/07 – juris:*
Der Rechtsanwalt darf sich darauf verlassen, dass eine ausgebildete und bisher zuverlässig arbeitende Büroangestellte seiner Anweisung folgend den unterzeichneten Berufungsbegründungsschriftsatz vollständig und unverändert per **Telefax** an das Berufungsgericht versendet, auch wenn ihr der Schriftsatz ungeheftet übergeben wird bzw. zur Übermittlung per Telefax auseinandergeheftet werden muss.

BGH, Beschluss vom 14. Mai 2008 – XII ZB 34/07 – juris:
Ein Rechtsanwalt genügt seiner Pflicht zur wirksamen Ausgangskontrolle fristwahrender Schriftsätze nur dann, wenn er seine Angestellten anweist, nach einer Übermittlung per **Telefax** anhand des Sendeprotokolls zu überprüfen, ob die Übermittlung vollständig und an den richtigen Empfänger erfolgt ist. Dabei ist ein Vergleich der Anzahl der zu übermittelnden Seiten mit den laut Sendeprotokoll versandten Seiten besonders nachdrücklich anzuordnen, wenn die Vorgaben eines in der Anwaltskanzlei verwendeten **Qualitätshandbuchs** in diesem Punkt lückenhaft sind.

BGH, Beschluss vom 14.11.2019 – IX ZB 18/19 – juris, Rn. 11 und 12:
Beauftragt ein Rechtsanwalt seine Angestellte mit der Erledigung ausgehender Post, so hat er die Angestellte zugleich anzuweisen, einen **Abgleich der auf dem Sendeprotokoll ausgedruckten Faxnummer anhand einer zuverlässigen Quelle** vorzunehmen, aus der die Faxnummer des Gerichts hervorgeht, für das die Sendung bestimmt ist. Dadurch sollen nicht nur Fehler bei der Eingabe, sondern auch bei der Ermittlung der Faxnummer und ihrer Übertragung in den Schriftsatz ausgeschlossen werden. Eine Anweisung dahingehend, dass die mit der Erledigung ausgehender Post beauftragte Angestellte die Faxnummer des adressierten Gerichts vor der Versendung selbst zu ermitteln hat, ist insoweit ungeeignet, die Verwendung der richtigen Empfangsnummer sicherzustellen.

BGH, Beschluss vom 15. Januar 2019 – XI ZB 20/18 – juris, Rn. 7 und 10:
Ein Rechtsanwalt genügt seiner **Pflicht zur wirksamen Ausgangskontrolle** fristwahrender Schriftsätze nur dann, wenn er seine **Angestellten anweist, nach einer Übermittlung per Telefax anhand des Sendeprotokolls zu überprüfen**, ob der **Schriftsatz vollständig und an das richtige Gericht übermittelt** worden ist. Erst danach darf die Frist im Fristenkalender gestrichen werden. Die Kontrolle des Sendeberichts darf sich grundsätzlich nicht darauf beschränken, die auf diesem ausgedruckte Faxnummer mit der zuvor aufgeschriebenen, etwa in den Schriftsatz eingefügten Faxnummer zu vergleichen. Das Erfordernis einer **nochmaligen Überprüfung der Faxnummer entweder vor der Versendung oder mit dem Sendebericht anhand einer zuverlässigen Quelle** wird erfüllt, wenn die Kanzleikraft gesondert überprüft, ob sie nicht nur die Faxnummer als solche richtig notiert hatte, sondern auch deren **Zuordnung zu dem richtigen Gericht**.

BGH, Beschlüsse vom 9. Mai 2006 – XI ZB 45/04 – juris, Rn. 9 und vom 12. Februar 2015 – V ZB 75/13 – juris, Rn. 10:
Nicht vorhersehbare und nicht vermeidbare Störungen der EDV-Anlage stellen einen Wiedereinsetzungsgrund dar, wenn sie das rechtzeitige Erstellen oder Absenden eines Schriftsatzes verhindern. Wird im Laufe eines Arbeitstages jedoch erkennbar, dass beispielsweise die Spracherkennungssoftware beim Anfertigen von Schriftsätzen sehr fehlerhaft arbeitet, trifft den Rechtsanwalt die Pflicht, auch den Zeitaufwand für die Korrektur des fristgebundenen Schriftsatzes zu berücksichtigen, um gleichwohl dessen rechtzeitige Versendung per **Telefax** sicherzustellen.

OLG Dresden, Beschluss vom 29.Juli 2019 – 4 U 879/19 – juris, Rn. 8[341]:
Scheitert die Übermittlung eines fristgebundenen Schriftsatzes an das Gericht aus zunächst ungeklärter Ursache, hat der Rechtsanwalt technische Störungen im Empfangsbereich durch eine Rückfrage bei Gericht auszuschließen. Ist auch hiernach eine **Versendung per Telefax nicht möglich, hat der Rechtsanwalt** den Schriftsatz ggf. persönlich **aus dem besonderen elektronischen Anwaltspostfach (beA) zu versenden;** dass hierfür derzeit nur eine passive Nutzungspflicht besteht, steht einer solchen Pflicht nicht entgegen.

---

341 Ebenso LG Krefeld, Beschl. v. 10.9.2019 – 2 S 14/19 – juris, Rn. 9; a.A. LG Krefeld, Beschl. v. 17.1.2020 – 1 S 71/19 – juris, Rn. 9 ff. mit zust. Anm. *Siegmund*, NJW 2020, 941 f.; kritisch mit Recht auch *Windau*, ZFam 2020, 71 (72); *Jungk*, AnwBl 2020, 101 (102) weist zutreffend darauf hin, dass damit eine aktive Nutzungspflicht des beA »durch die Hintertür« eingeführt wird. Offen gelassen von BGH, Beschl. v. 28.4.2020 – X ZR 60/19 – juris, Rn. 14.

BGH, Beschluss vom 28. April 2020 – X ZR 60/19 – juris, Rn. 14 ff.:
Ein **Patentanwalt**, der kurz vor Ablauf der dafür maßgeblichen Frist feststellt, dass die Telefax-Übermittlung einer Berufungsbegründung in einem Patentnichtigkeitsverfahren wegen nicht von ihm zu vertretender technischer Probleme voraussichtlich scheitern wird, ist **nicht verpflichtet**, nach einem **Rechtsanwalt zu suchen, der** den **Versand** für ihn **über** das besondere elektronische Anwaltspostfach (**beA**) **vornehmen** kann.

BGH, Beschluss vom 2. August 2006 – XII ZB 84/06 – juris, Rn. 7:
Ein Rechtsanwalt, der einen fristgebundenen Schriftsatz **am letzten Tag einer Frist** per **Fax** einreichen will, muss sicherstellen, dass auf die **Faxnummer des Empfängers** ohne Schwierigkeiten zurückgegriffen werden kann.

BGH, Beschluss vom 20. August 2019 – VIII ZB 19/18 – juris, Rn. 17:
Scheitert die Übermittlung eines fristgebundenen Schriftsatzes an der **temporären Belegung oder Störung des Telefaxempfangsgeräts des Gerichts**, darf der Prozessbevollmächtigte der Partei nicht ohne Weiteres mehrere Stunden vor Ablauf des letzten Tages der Frist – vorliegend bereits gegen 20.00 Uhr – zusätzliche Übermittlungsversuche einstellen.

BGH, Beschluss vom 3. Mai 2011 – XI ZB 24/10 – juris, Rn. 9:
Es entspricht jedoch nicht den an die Sorgfalt eines Rechtsanwalts zu stellenden Anforderungen, wenn mit der Übermittlung eines 120 Seiten langen, fristgebundenen Schriftsatzes per Fax erst um 23:38 Uhr begonnen wird. Steht fest, dass die Übermittlung per **Telefax** nicht mehr rechtzeitig erfolgen kann, muss der Anwalt den Versuch unternehmen, den Schriftsatz unmittelbar zum Nachtbriefkasten des Gerichts zu bringen, auch wenn die Gefahr besteht, dass die Zeit hierfür nicht mehr ausreicht.

BGH, Beschluss vom 27. September 2018 – IX ZB 67/17 – juris, Rn. 21:
Wird ein fünfseitiger Schriftsatz kurz vor 23:58 Uhr mit Hilfe eines Telefaxgerätes an das Gericht übermittelt, der erst nach 24:00 Uhr eingeht, scheidet ein Verschulden des Prozessbevollmächtigten an der Fristwahrung nur aus, wenn er vorträgt und glaubhaft macht, dass nach seinen Erfahrungswerten bei einer üblichen Übertragungsdauer von einem Eingang vor 24:00 Uhr auszugehen war.

BGH, Beschluss vom 4. April 2007 – III ZB 108/06 – juris, Rn. 10:
Zur **Ermittlung der Faxnummer eines Gerichts** darf sich der Rechtsanwalt regelmäßig auf ein seit Jahren bewährtes EDV-Programm in der jeweils neuesten Fassung verlassen. Er muss grundsätzlich seine Bürokraft nicht anweisen, eine Abgleichung der Faxnummer mit den Angaben in Anschreiben des Gerichts oder im Telefonbuch vorzunehmen.

BGH, Beschluss vom 25. Februar 2016 – III ZB 42/15 – juris, Rn. 12:
Eine **Einzelanweisung**, die das Fehlen allgemeiner organisatorischer Regelungen zur **Ausgangskontrolle** fristgebundener Schriftsätze ausgleichen kann, setzt voraus, dass der Rechtsanwalt für einen bestimmten Fall genaue Anweisungen erteilt, die eine Fristwahrung sicherstellen. Erschöpft sich die Einzelanweisung lediglich darin, die Art und Weise, den Zeitpunkt sowie den Adressaten der Übermittlung zu bestimmen, genügt dies nicht. Anders ist es aber, wenn die Anweisung besteht, einen Schriftsatz sofort per **Telefax** zu übermitteln **und sich beim Empfänger durch einen Telefonanruf über den dortigen Eingang des vollständigen Schriftsatzes zu vergewissern**. Denn damit werden alle allgemein getroffenen Regelungen einer Ausgangskontrolle ersetzt, so dass sich etwa hier bestehende Defizite nicht mehr auswirken können.

BGH, Beschluss vom 17. März 2020 – VI ZB 99/19 – juris, Rn. 8 f.:
Eine konkrete Einzelanweisung des Rechtsanwalts an sein Büropersonal, einen fristwahrenden Schriftsatz per Telefax zu übersenden, macht die weitere **Ausgangskontrolle**, auch die zusätzliche allabendliche Kontrolle fristgebundener Sachen, nicht entbehrlich.

BGH, Beschluss vom 3. November 1998 – VI ZB 29/98 – juris:
Einen Rechtsanwalt kann ein Verschulden an der Fristversäumung treffen, wenn er trotz zahlreicher Fehlversuche, dem Berufungsgericht die Berufungsbegründung per Telefax zu übermitteln, die auf seiner Handakte notierte **Telefaxnummer** des Gerichts nicht auf ihre Richtigkeit **überprüft**.

BGH, Beschluss vom 12. März 2002 – IX ZR 220/01 – juris:
Kommt es zur Verwendung einer falschen **Faxnummer** und weist der **Sendebericht** (konkret: des OLG München) **keine Empfängerkennung** auf, so dass sich dem Sendebericht weder die Telefaxnummer noch der Name des Empfängers entnehmen lässt, kann es an einem Verschulden des Rechtsanwalts fehlen, wenn er es (nach Dienstschluss der Gerichte) dabei bewenden lässt.

BGH, Beschluss vom 1. März 2016 – VIII ZB 57/15 – juris und vom 12. April 2016 – VI ZB 7/15 – juris, Rn. 7:
Wird ein fristgebundener Schriftsatz per Telefax übermittelt, genügt es für die Ausgangskontrolle, dass ein vom Faxgerät des Absenders ausgedrucktes **Sendeprotokoll** die ordnungsgemäße Übermittlung an den Adressaten belegt und dieses vor Fristablauf zur Kenntnis genommen wird. Trägt der Sendebericht den **Vermerk »OK«**, kann es einem am Verfahren Beteiligten nicht als schuldhaftes Verhalten angelastet werden, wenn es bei dem elektronischen Übertragungsvorgang dennoch zu – nicht aus dem Sendeprotokoll ersichtlichen – Fehlern kommt. Allerdings begründet der mit einem »OK«-Vermerk versehene Sendebericht **nicht den Beweis des ersten Anscheins** für den tatsächlichen Zugang der Sendung beim Empfänger. Er belegt nur das Zustandekommen der Verbindung, nicht aber die erfolgreiche Übermittlung der Signale an das Empfangsgerät.

BGH, Beschluss vom 22. Juni 2004 – VI ZB 10/04 – juris, Rn. 5:
Erteilt ein Rechtsanwalt seiner – qualifizierten und zuverlässigen – Kanzleiangestellten am Morgen des Tages des Ablaufs der Berufungsfrist mündlich die Anweisung, die Berufungsschrift am gleichen Tage per **Telefax** an das Rechtsmittelgericht zu übermitteln, muss er, um keinen Organisationsfehler zu begehen, die klare und präzise Anweisung geben, die Berufungsbegründung umgehend, jedenfalls aber noch am Vormittag, also vor der Mittagspause, abzusenden.

BGH, Beschluss vom 16. Juli 2019 – VIII ZB 71/18 – juris, Rn. 13:
Stellt der Prozessbevollmächtigte bei der Überprüfung einer von ihm bereits unterschriebenen Berufungsschrift fest, dass sie an ein unzuständiges Gericht (hier: Landgericht) adressiert ist, genügt er seinen Sorgfaltspflichten, wenn er eine zuverlässige Bürokraft anweist, eine **neue, richtig adressierte Berufungsschrift** mit der richtigen Telefaxnummer zu erstellen und ihm zur Unterschrift vorzulegen, er diese (nunmehr richtig adressierte) Berufungsschrift unterzeichnet und der Mitarbeiterin zur Übersendung übergibt.

BGH, Beschluss vom 31. Januar 2019 – III ZB 88/18 – juris, Rn. 8 und 11:
Der Prozessbevollmächtigte einer Partei, der aufgrund einer bereits auf dem Originalschriftsatz **kaum sichtbaren (blassen) Unterschrift** damit rechnen muss, dass diese entgegen § 130 Nr. 6 ZPO möglicherweise nicht auf die **Telekopie** übertragen werden wird, handelt schuldhaft, wenn das bei Gericht eingehende und dort ausgedruckte Fax die Unterschrift nicht erkennen lässt und dadurch eine Notfrist versäumt wird.

VI. Krankheitsfälle

Im Blick auf die **Covid-19-Pandemie** und die in diesem Zusammenhang zu beachtenden behördlichen Beschränkungen (etwa Ausgangssperren) oder die konkret auftretenden schweren Erkrankungen ist die Frage aufgeworfen worden, ob diese ungewöhnliche Situation in Anwaltsprozessen dazu führt, dass der Anwalt i.S.d. § 244 Abs. 1 ZPO »unfähig wird, die Vertretung der Partei 144 fortzuführen« mit der Folge, dass eine Unterbrechung des Verfahrens eintritt[342]. Dies ist weit hergeholt und ebenso abzulehnen wie der Versuch, in Corona-Zeiten eine Unterbrechung von Verfahren mit Hilfe von § 255 ZPO zu begründen[343]. Im Falle einer coronabedingten Erkrankung von Partei oder Anwalt und einer in der Folge eintretenden Fristversäumnis wird es allein darauf ankommen, ob eine Wiedereinsetzung in Betracht kommt[344]. Insoweit gelten die allgemein von der Rechtsprechung in Krankheitsfällen entwickelten Grundsätze[345].

BGH, Beschlüsse vom 26. September 2013 – V ZB 94/13 – juris, Rn. 11 und vom 22. Oktober 2014 – XII ZB 257/14 – juris, Rn. 19:

145 Ein Rechtsanwalt, der die Frist zur Einlegung oder Begründung eines Rechtsmittels bis zum letzten Tag ausschöpft, hat wegen des damit erfahrungsgemäß verbundenen Risikos erhöhte Sorgfalt aufzuwenden, um die Einhaltung der Frist sicherzustellen. Auf einen **krankheitsbedingten Ausfall** muss er sich aber auch in diesem Fall nur durch konkrete Maßnahmen vorbereiten, wenn er einen solchen Ausfall **vorhersehen** kann. Er ist daher selbst dann, wenn er eine Frist bis zum letzten Tag ausschöpfen will, nicht gehalten, für den Fall einer **unvorhergesehenen Erkrankung** vorsorglich einen Vertreter zu bestellen.

Auch bei einer unvorhergesehenen Erkrankung muss ein Rechtsanwalt aber alle ihm dann noch **möglichen und zumutbaren Maßnahmen zur Wahrung einer Frist ergreifen**. Der krankheitsbedingte Ausfall des Rechtsanwalts am letzten Tag der Frist rechtfertigt für sich genommen deshalb eine Wiedereinsetzung noch nicht. Vielmehr fehlt es an einem dem Verfahrensbeteiligten zuzurechnenden Verschulden seines Rechtsanwalts nur dann, wenn infolge der Erkrankung **weder kurzfristig ein Vertreter eingeschaltet** noch ein **Fristverlängerungsantrag gestellt** werden konnte. Dies ist etwa der Fall, wenn der Rechtsanwalt bettlägerig und so schwer erkrankt ist, dass er einen allgemein bereitstehenden Vertreter nicht mehr verständigen kann.

BGH, Beschluss vom 21. August 2019 – XII ZB 93/19 – juris, Rn. 3:
Auch ein **sich selbst vertretender Rechtsanwalt** hat Vorkehrungen dafür zu treffen, dass im Falle seiner Erkrankung ein Vertreter die notwendigen Verfahrenshandlungen vornimmt.

BGH, Beschluss vom 8. August.2019 – VII ZB 35/17 – juris, Rn. 13:
Der **Einzelanwalt**, der am Tag des Ablaufs der Berufungsbegründungsfrist unvorhergesehen erkrankt und deshalb nicht mehr in der Lage ist, die Berufungsbegründung rechtzeitig fertigzustellen, **genügt seinen Sorgfaltspflichten** regelmäßig dann, **wenn er einen Vertreter beauftragt, der einen Fristverlängerungsantrag stellt**. Erteilt die Gegenseite in diesem Fall die zur Fristverlängerung gemäß § 520 Abs. 2 ZPO erforderliche Einwilligung nicht und wird die Frist deshalb nicht verlängert, ist dem Berufungsführer Wiedereinsetzung in den vorigen Stand gegen die Versäumung der Berufungsbegründungsfrist zu gewähren.

BGH, Beschluss vom 28. Mai 2020 – IX ZB 8/18 – juris, Rn. 13 ff.:
Erkrankt ein Rechtsanwalt **unvorhersehbar am Tag vor dem Ablauf der Berufungsbegründungsfrist**, ist er in der Regel **nicht gehalten**, einen **vertretungsbereiten Kollegen mit der Anfertigung der Berufungsbegründung zu beauftragen**.

---

342 Vgl. *Vorwerk*, NJW 2020, 1196, der meint, es erscheine möglich, § 244 ZPO in Fällen anzuwenden, in denen die Unfähigkeit des Anwalts, die Vertretung der Partei fortzuführen, auf einem Umstand beruht, der »dem Tode ähnlich« ist, den Anwalt also unangekündigt handlungsunfähig macht; ablehnend *Düwell*, NZA-RR 2020, 226 f.

343 Insoweit mit Recht ablehnend *Düwell*, NZA-RR 2020, 226; ebenso *auf der Heiden*, NJW 2020, 1025 auch zu § 247 ZPO.

344 Zu Hinderungsgründen für die Erbringung der geschuldeten Anwaltsleistung vgl. auch Kap. 3 Rdn. 15 ff.

345 So zu Recht *auf der Heiden*, NJW 2020, 1026 f.

BGH, Beschluss vom 29. Oktober 2015 – IX ZB 12/14 – juris, Rn. 7:
Leidet der Prozessbevollmächtigte an einer Krankheit, die sporadisch und plötzlich zu **akuten Erkrankungszuständen** führt, muss er im Allgemeinen damit rechnen, dass die plötzlichen Erkrankungszustände erneut auftreten können; er ist deshalb verpflichtet, Vorkehrungen zu treffen, dass im Falle seiner Erkrankung ein Vertreter die notwendigen Prozesshandlungen vornimmt.

BGH, Beschluss vom 5. März 2014 – XII ZB 736/12 – juris, Rn. 10:
War der Prozessbevollmächtigte bereits seit mehreren Tagen erkrankt, so dass er **jedenfalls wusste, dass er durch seine Erkrankung gehindert sein würde**, die Frist zur Berufungsbegründung einzuhalten, muss er konkret vortragen, warum es ihm nicht möglich gewesen sein soll, zumindest eine Fristverlängerung zu beantragen, mit der der Gegner bereits einverstanden war, oder einen Kollegen damit zu beauftragen. Allein der Vortrag, die Erkrankung habe sich im Verlauf des Fristablauftages massiv verschlimmert, reicht nicht aus.

BGH, Beschluss vom 10. Juni 2015 – IV ZB 27/14 – juris:
Die **Erkrankung einer Partei** kann eine Wiedereinsetzung in den vorigen Stand rechtfertigen. Voraussetzung hierfür ist aber, dass sie infolge der Erkrankung nicht mehr in der Lage ist, den Rat ihres Rechtsanwalts einzuholen und diesen sachgemäß zu unterrichten. Aus dem Vorbringen der Partei und dem vorgelegten ärztlichen Attest muss sich dann ergeben, dass **selbst eine telefonische Verständigung** über eine fristgerecht einzureichende Berufungsbegründung mit dem Prozessbevollmächtigten nicht möglich war.

VII. Einzelanweisung

BGH, Beschluss vom 25. Juni 2009 – V ZB 191/08 – juris: 146
Eine **Einzelanweisung**, die **nicht erkennen lässt, dass von dem üblichen Arbeitsablauf abgewichen werden soll, entlastet** den Rechtsanwalt **nicht von einer unzureichenden Büroorganisation.**

BGH, Beschluss vom 15. April 2008 – VI ZB 29/07 – juris:
Hat der Prozessbevollmächtigte seiner Büroangestellten mittels einer Aktennotiz aufgetragen, die Frist zur Begründung der Berufung mit der dazugehörenden Vorfrist im Fristenkalender zu notieren, so ist bei Nichtbefolgung dieser **Einzelanweisung** und daraus folgender Versäumung der Berufungsbegründungsfrist dem Berufungsführer Wiedereinsetzung in den vorigen Stand zu gewähren, da der Rechtsanwalt grundsätzlich darauf vertrauen darf, dass eine Büroangestellte, die sich bisher als zuverlässig erwiesen hat, eine konkrete Einzelanweisung befolgt. Er ist deshalb im Allgemeinen nicht verpflichtet, sich anschließend über die Ausführung seiner Weisung zu vergewissern.

Hat ein Rechtsanwalt das Fristenwesen in seiner Kanzlei dergestalt organisiert, dass er seiner Büroangestellten jeweils Einzelanweisungen zur Eintragung von Fristen erteilt, ist er grundsätzlich nicht verpflichtet, dafür zu sorgen, dass mit der Eintragung der Frist zur Rechtsmitteleinlegung gleichzeitig auch schon die Frist zur Rechtsmittelbegründung nebst Vorfrist im Fristenkalender eingetragen wird.

BGH, Beschluss vom 4. März 2008 – VI ZB 69/05 – juris, Rn. 12:
Wenn ein Rechtsanwalt seine Bürokraft nur mündlich anweist, eine Rechtsmittelfrist einzutragen, genügt er seiner Sorgfaltspflicht nur dann, wenn in seiner Kanzlei ausreichende organisatorische Vorkehrungen dafür getroffen sind, dass eine korrekte Fristeintragung erfolgt.

BGH, Beschlüsse vom 14. April 2015 – VIII ZB 49/14 – juris, Rn. 15 und vom 6. April 2016 – VII ZB 7/15 – juris, Rn. 15:
Wird die **Einzelanweisung** eines Rechtsanwalts **nur mündlich erteilt**, müssen ausreichende Vorkehrungen dagegen getroffen werden, dass die Erledigung nicht in Vergessenheit gerät. Hierzu genügt meist die klare und präzise Anweisung, die Erledigung »sofort« vorzunehmen. Dementsprechend

ist eine **am Vortag des Fristablaufs erteilte mündliche Einzelanweisung** des Rechtsanwalts, den Fristablauf am Folgetag zu beachten und den fristwahrenden Schriftsatz spätestens an diesem Tag an das Berufungsgericht zu faxen, nicht geeignet, allgemeine organisatorische Vorkehrungen für die Ausgangskontrolle zu ersetzen.

BGH, Beschluss vom 12. Juni 2018 – II ZB 23/17 – juris, Rn. 15:
Eine konkrete Einzelanweisung muss, wenn eine entsprechende allgemeine Anweisung nicht dargelegt ist, zur Ermöglichung einer zuverlässigen Gegenkontrolle durch den Rechtsanwalt beinhalten, dass unter allen Umständen **zuerst die Frist im Fristenkalender eingetragen** werden muss, bevor ein entsprechender Erledigungsvermerk in der Akte eingetragen oder die Frist auf sonstige Weise in der Akte notiert werden kann.

VIII. Sonstiges

147 *BGH, Beschluss vom 4. April 2007 – III ZB 107/06 – juris:*
Der **erstinstanzliche Prozessbevollmächtigte**, der einen Rechtsmittelanwalt mit der weiteren Prozessführung betraut, hat allein für die Übernahme des Mandats und die sachgerechte Unterrichtung des Berufungsanwalts zu sorgen, damit dieser das Rechtsmittel **fristgerecht** einlegen kann. Die ordnungsgemäße weitere Ausführung des Mandats liegt hingegen außerhalb seines Verantwortungsbereichs (vgl. schon *BGH, Beschluss vom 12. Dezember 2001 – IV ZB 11/01 – juris).*

BGH, Beschluss vom 13. Januar 2015 – VIII ZB 55/14 – juris, Rn. 13:
Die Tatsache, dass der Prozessbevollmächtigte die erfolgte Urteilszustellung ungeachtet der **unterlassenen Rücksendung des Empfangsbekenntnisses** zur Grundlage seines weiteren Vorgehens macht und dem Mandanten die Einlegung der Berufung empfiehlt, lässt sicher darauf schließen, dass er die Zustellung gegen sich gelten lassen will und seine Empfangsbereitschaft nicht anzweifelt.

BGH, Beschluss vom 12. November 2014 – XII ZB 289/14 – juris:
Grundsätzlich darf von dem **anwaltlich als richtig oder an Eides Statt versicherten** Vorbringen in einem Wiedereinsetzungsantrag ausgegangen werden. Das gilt aber dann nicht, wenn konkrete Anhaltspunkte es ausschließen, den geschilderten Sachverhalt mit überwiegender Wahrscheinlichkeit als zutreffend zu erachten.

BGH, Beschluss vom 28. April 2020 – VIII ZB 12/19 – juris, Rn. 26:
Wenn das Rechtsmittelgericht einer **eidesstattlichen Versicherung** im Verfahren über die Wiedereinsetzung keinen Glauben schenken will, muss es den Antragsteller in zureichender Weise darauf hinweisen, dass zur Prüfung der Zulässigkeit seines Rechtsmittels das vorgelegte Glaubhaftmachungsmittel nicht ausreicht, und ihm Gelegenheit geben, etwaige Lücken im Vorbringen zu ergänzen und/oder entsprechenden Zeugenbeweis anzutreten. Erkennbar unklare oder ergänzungsbedürftige Angaben, deren Aufklärung nach § 139 ZPO geboten ist, können dabei auch noch nach Fristablauf mit der Rechtsbeschwerde ergänzt oder erläutert werden.

Einstweilige Verfügung

148 Nicht selten unterlaufen dem unerfahrenen Anwalt Fehler, wenn es um **einstweilige Verfügungen** geht. Das Verfahren ist in den §§ 935 ff. ZPO geregelt. Gemäß § 936 ZPO finden die Vorschriften über den **Arrest**[346] (§§ 916 ff. ZPO) entsprechende Anwendung.

Zur Vermeidung typischer Haftpflichtfälle ist auf folgende Besonderheiten dieses Verfahrens hinzuweisen:

346 Zum Arrest vgl. Rdn. 17 ff.

1. **Zur Begründetheit** eines Gesuches auf Erlass einer einstweiligen Verfügung gehören **das Vorliegen eines Verfügungsanspruches und eines Verfügungsgrundes**[347]. 149

Streitig ist, ob die **Darlegungslast in Bezug auf den Verfügungsanspruch** derjenigen des Hauptsacheverfahrens entspricht oder ob der Antragsteller im einstweiligen Verfügungsverfahren auch darlegen und damit dann auch glaubhaft machen muss, dass dem Antragsgegner keine anspruchsvernichtenden oder anspruchshindernden Einreden zustehen[348] oder ob diese erweiterte Darlegungslast nur dann gilt, wenn der Antragsteller die einstweilige Verfügung im Beschlusswege ohne mündliche Verhandlung erhalten möchte[349]. Daneben wird vertreten, dass diese erweiterte Darlegungslast den Antragsteller jedenfalls insoweit trifft, als er darlegen muss, dass dem Antragsgegner keine den Einspruch beeinträchtigenden Einreden zustehen, wenn sich aus den von ihm mit der Antragsschrift eingereichten Anlagen ein Hinweis ergibt, dass der Antragsgegner solche Einreden erheben wird und wenn der Antragsteller in dieser Situation eine Verfügung ohne mündliche Verhandlung beantragt[350]. 150

Der materiellrechtliche **Verfügungsanspruch** ist Voraussetzung dafür, dass dem Antragsteller Rechtsschutz gewährt wird. Der **Verfügungsgrund** stellt hingegen die Legitimation dafür dar, dass der Antragsteller einstweiligen Rechtsschutz vor Durchführung eines Hauptsacheverfahrens erhält. Neben der Darlegung und Glaubhaftmachung des Verfügungsanspruches obliegt es dem Antragsteller, schlüssig darzulegen und glaubhaft zu machen, dass und weshalb zu besorgen ist, dass ein im Hauptsacheverfahren noch zu titulierender Anspruch nicht oder nur unter wesentlich erschwerten Umständen durchzusetzen sein wird, weil eine Veränderung des bestehenden Zustandes droht, und dass eine Sicherung dieses Anspruches gegen die drohenden Veränderungen notwendig und möglich ist[351]. Bei Geldleistungsverfügungen muss in diesem Zusammenhang dargelegt werden, dass sich der Antragsteller in einer akuten Notlage befindet, dass er also nicht über andere Einkünfte verfügt, aus denen er vorläufig seinen Lebensunterhalt bestreiten könnte[352]. 151

Der Antragsteller muss zum **Verfügungsgrund** alle Tatsachen darstellen, aus denen die vorbezeichnete Besorgnis abgeleitet werden kann. Ein Verfügungsgrund fehlt, wenn der Antragsteller die im Zeitpunkt der Antragstellung an sich zu bejahende Gefährdung selbst dadurch mit verursacht hat, dass er von einer bereits länger gegebenen Möglichkeit, das Hauptsacheverfahren einzuleiten, keinen Gebrauch gemacht hat[353]. Ansonsten ist es noch nicht dringlichkeitsschädlich, wenn der Berufungsführer die ihm durch die ZPO gewährten Berufungseinlegungs- und -begründungsfristen voll ausschöpft und damit ein prozessual zulässiges Verhalten zeigt[354]. Die für die einstweilige Verfügung erforderliche **Dringlichkeit** kann allerdings im Verlauf des Verfügungsverfahrens entfallen, wenn der Antragsteller das Verfahren nicht mit Nachdruck betreibt, was beispielsweise der Fall ist, wenn 152

347 Umstritten ist, ob der Verfügungsgrund zur Zulässigkeit oder zur Begründetheit des Gesuches gehört. Die Frage braucht jedoch nicht entschieden zu werden, vgl. *Schuschke/Walker*, Vollstreckung und Vorläufiger Rechtsschutz, Vor § 916–945b ZPO, Rn. 42 ff. sowie § 935 ZPO, Rn. 14 ff.

348 So OLG Düsseldorf, Urt. v. 5.11.1979 – 2 UF 277/79 – FamRZ 1980, 157.

349 OLG Frankfurt, Urt. v. 25.9.1990 – 5 U 109/90 – BB 1991, 96.

350 In diesem Sinne auch *Schuschke/Walker*, Vollstreckung und Vorläufiger Rechtsschutz, § 935 ZPO, Rn. 8.

351 *Schuschke/Walker*, Vollstreckung und Vorläufiger Rechtsschutz, § 935 ZPO, Rn. 14 ff.

352 Sozialhilfe nach dem SGB XII oder vergleichbare Sozialleistungen sind zu berücksichtigen, vgl. *Schuschke/Walker*, Vollstreckung und Vorläufiger Rechtsschutz, Vor § 935, Rn, 45.

353 KG, Urt. v. 9.2.2001 – 5 U 9667/00 – juris, Rn. 14.

354 OLG München, Urt. v. 30.6.2016 – 6 U 531/16 – juris, Rn. 93 ff.

er Vertagung[355] oder eine Verlängerung einer Stellungnahme- oder der Berufungsbegründungsfrist[356] beantragt.

153 2. Gemäß den §§ 936, 920 Abs. 2 ZPO hat der Antragsteller den **Verfügungsanspruch und den Verfügungsgrund glaubhaft** zu **machen**. Dafür kommen gemäß § 294 ZPO grundsätzlich alle Beweismittel in Betracht, die auch für das Hauptsacheverfahren gelten.

154 In Bezug auf Zeugenbeweis und Sachverständigengutachten ist **zu bedenken, dass das Gericht im Verfügungsverfahren** regelmäßig **keine Zeugen oder Sachverständige von Amts wegen lädt**[357]. Die für Normalprozesse üblichen Zeugenbeweisantritte oder Anträge auf Einholung eines Sachverständigengutachtens sind deshalb wertlos. Der Anwalt muss den Antragsteller veranlassen, die Zeugen oder Sachverständigen zum Termin zu stellen.

155 Üblich ist im Übrigen, eidesstattliche Versicherungen bzw. schriftliche Gutachten vorzulegen. Eine pauschale eidesstattliche Versicherung des Antragstellers, dass er den Schriftsatz gelesen habe und bestätige, dass sein Inhalt zutreffend sei, ist regelmäßig ohne Wert. Muss festgestellt werden, dass der Schriftsatz, der der eidesstattlichen Versicherung zugrunde liegt, zumindest in Details falsch ist, wird damit der Wert der eidesstattlichen Versicherung gemindert[358]. **Die eidesstattliche Versicherung sollte** deshalb in Kenntnis der Bedeutung einer eidesstattlichen Versicherung zur Vorlage bei Gericht abgegeben werden und **konkrete Tatsachen beinhalten**. Eine Tatsache ist glaubhaft gemacht, wenn aufgrund der Glaubhaftmachung im Sinne des § 287 ZPO die überwiegende Wahrscheinlichkeit besteht, dass sie zutrifft. Diese überwiegende Wahrscheinlichkeit kann aufgrund einer eidesstattlichen Versicherung gegenteiligen Inhalts, die vom Antragsgegner vorgelegt wird, entfallen.

156 Im Bereich der §§ 885 Abs. 1 S. 2, 899 Abs. 2 S. 2 BGB muss der Antragsteller den Verfügungsgrund zwar darlegen, ihn jedoch nicht glaubhaft machen.

3. Mit dem Antrag auf Erlass der einstweiligen Verfügung kann im Allgemeinen nur die Sicherung eines gefährdeten Anspruches (§ 935 ZPO) bzw. die Sicherung des Rechtsfriedens (§ 940 ZPO) verlangt werden. Die vollständige Erfüllung des Anspruchs darf hingegen nicht beantragt werden. Bei der **Sicherungsverfügung** darf der Antrag nicht auf die Erfüllung der Hauptsacheleistung abzielen, sondern nur Schritte zu deren Sicherung beinhalten, so darf beispielsweise beim Antrag auf Herausgabe des Gegenstandes nicht die Herausgabe an den Gläubiger, sondern nur die Herausgabe an einen Sequester zur vorläufigen Verwahrung beantragt werden. Eine Ausnahme gilt für die sog. Leistungs- oder Befriedigungsverfügung. Diese kommt auch wegen einer Geldforderung in Betracht.

157 4. Bei der häufig kurzfristigen Terminierung zur mündlichen Verhandlung muss zwar die **Ladungsfrist** des § 217 ZPO grundsätzlich gewahrt werden, die **Einlassungsfrist** des § 274 Abs. 3 ZPO braucht jedoch nicht eingehalten zu werden, weil diese einem effektiven vorläufigen Rechtsschutz entgegensteht[359]. Im einstweiligen Verfügungsverfahren können deshalb Schriftsätze auch noch im Termin zur mündlichen Verhandlung überreicht werden, ohne dass deshalb die Verspätungsrüge erhoben werden kann. Ein Schriftsatznachlass kommt auch in diesen Fällen nicht in Betracht[360].

355 OLG Hamm, Urt. v. 15.3.2011 – I-4 U 200/10 – juris, Rn, 15 und 19.
356 OLG Celle, Beschl. v. 17.9.2015 – 13 U 72/15 – juris, Rn. 6 f.
357 OLG Zweibrücken, Urt. v. 21.5.2015 – 4 U 145/14 – juris, Rn. 55.
358 *Schuschke/Walker*, Vollstreckung und Vorläufiger Rechtsschutz, § 935 ZPO, Rn. 11.
359 MünchKommZPO/*Stackmann*, § 217, Rn. 2 und 4; LG Hamburg, Urt. v. 2.8.2005 – 312 O 479/05 – juris, Rn. 11.
360 Götting/Nordemann/*Kaiser*, UWG, § 12, Rn 207; OLG Hamburg, Beschl. v. 5.1.2009 – 5 U 194/07 – juris, Rn. 11.

Es muss also jede Partei mit **Überraschungen im Termin** rechnen und sich darauf einstellen, auf solche sofort reagieren zu können.

5. Im **Bereich des Familienrechts** kommen **nur noch einstweilige Anordnungen** nach §§ 49 ff. FamFG in Betracht, die nicht mehr auf bestimmte Regelungsgegenstände beschränkt sind. Die §§ 246 ff. FamFG enthalten für einstweilige Anordnungen in Unterhaltssachen besondere Regelungen, wobei die §§ 247, 248 FamFG die einstweiligen Verfügungen nach dem früheren § 1615o BGB vor der Geburt eines Kindes und bei Feststellung der Vaterschaft ersetzen. Auch wenn hier nicht wie in dem früheren § 1615o Abs. 3 BGB ausdrücklich auf die Glaubhaftmachung der Gefährdung des Anspruchs verzichtet wird, ergibt sich aus der gesetzlichen Systematik, dass der Antragsteller den Verfügungsgrund nicht glaubhaft zu machen hat[361]. 158

6. Mit einer **Schutzschrift** bezweckt der potentielle Antragsgegner eines von ihm selbst erwarteten Eilverfahrens, dem Gericht durch eine vorsorgliche Stellungnahme die Einwendungen gegen den erwarteten Antrag rechtzeitig bekannt zu machen. Seit dem 01. Januar 2016 hat die Schutzschrift in den §§ 945a, 945b ZPO eine gesetzliche Grundlage[362]. 159

7. Gemäß § 937 Abs. 1 ZPO ist für den Erlass einstweiliger Verfügungen **grundsätzlich** das **Gericht der Hauptsache zuständig.** Gemäß § 943 Abs. 1 ZPO ist Gericht der Hauptsache das Gericht des ersten Rechtszuges. Wenn die Sache in der Berufungsinstanz anhängig ist, ist das Berufungsgericht zuständig. Wenn es um eine belegene Sache geht, kann in dringenden Fällen das Amtsgericht, in dessen Bezirk sich der Streitgegenstand befindet, gemäß § 942 Abs. 1 ZPO angerufen werden. Ein dringender Fall setzt mehr als die allgemeine Dringlichkeit voraus, die im Rahmen des Verfügungsgrundes stets gegeben sein muss[363]. 160

8. Zu beachten sind vor allem auch **die unterschiedlichen Rechtsbehelfe bzw. Rechtsmittel** in Verfügungsverfahren. 161

a) Entscheidet das angerufene Gericht ohne mündliche Verhandlung, ergeht die Entscheidung gemäß §§ 936, 922 Abs. 1 S. 1 ZPO durch **Beschluss.** Wurde die einstweilige Verfügung ohne mündliche Verhandlung erlassen, steht dem Antragsgegner gemäß den §§ 936, 924 Abs. 1 ZPO ein **Widerspruchsrecht** zu. Findet vor Erlass der einstweiligen Verfügung eine mündliche Verhandlung statt, entscheidet das Gericht durch **Urteil.** In diesem Fall ist hiergegen die **Berufung** zulässig, sofern die Voraussetzungen des § 511 ZPO vorliegen. Bei Zurückweisung des Antrags steht dem Antragsteller die **sofortige Beschwerde** gemäß § 567 Abs. 1 Nr. 2 ZPO zu. Gegen einen nach § 522 Abs. 2 ZPO gefassten Beschluss des Berufungsgerichts ist kein Rechtsmittel zum Bundesgerichtshof eröffnet. Wegen des durch § 542 Abs. 2 S. 1 ZPO begrenzten Instanzenzuges ist in einem Verfahren auf Erlass einer einstweiligen Verfügung weder eine Rechtsbeschwerde noch eine Nichtzulassungsbeschwerde statthaft[364]. Entsprechend findet auch gegen Beschwerdeentscheidungen im Verfahren über den Erlass einer einstweiligen Anordnung nach § 70 Abs. 4 FamFG keine Rechtsbeschwerde statt[365]. 162

b) Wurde die einstweilige Verfügung vom **Amtsgericht der belegenen Sache** erlassen, gehen die Regelungen des § 942 Abs. 1, Abs. 2 S. 2 ZPO vor. Das Amtsgericht der belegenen Sache entscheidet stets durch Beschluss, § 942 Abs. 4 ZPO. Gegen einen zurückweisenden Beschluss steht dem Antragsteller die **sofortige Beschwerde** gemäß § 567 Abs. 1 Nr. 2 ZPO zu. Gegen den Beschluss, durch den eine einstweilige Verfügung erlassen wurde, kann vom Antragsgegner gemäß § 924 Abs. 1 ZPO **Widerspruch** erhoben werden. Der Antragsgegner hat die Gründe darzulegen, auf die er die Aufhebung der einstweiligen Verfügung stützen will, § 924 Abs. 2 S. 1 BGB. 163

---

361 *Bömelburg,* FF 2011, 355, 359: § 51 FamFG gilt bei diesen Sonderregelungen nur eingeschränkt.
362 Vgl. *Schuschke/Walker,* Vollstreckung und Vorläufiger Rechtsschutz, § 937 ZPO, Rn. 21.
363 *Schuschke/Walker,* Vollstreckung und Vorläufiger Rechtsschutz, § 942 ZPO, Rn. 4 ff.
364 BGH, Beschl. v. 10.12.2015 – III ZR 317/15 – juris, Rn. 2 und v. 21.5.2015 – I ZR 120/14 – juris, Rn. 1.
365 BGH, Beschl. v. 30.10.2013 – V ZB 9/13 – juris, Rn. 4 ff.

Bei Erlass der einstweiligen Verfügung des Amtsgerichts der belegenen Sache hat das Gericht dem Antragsteller im Falle des § 942 Abs. 1 ZPO von Amts wegen und im Falle des § 942 Abs. 2 ZPO auf Antrag des Gegners eine Frist für die Einleitung des **Rechtfertigungsverfahrens** vor dem Gericht der Hauptsache zu setzen, um eine möglichst schnelle Überprüfung der einstweiligen Verfügung durch das eigentlich zuständige Hauptsachegericht zu erreichen. Das Rechtfertigungsverfahren tritt an die Stelle des sonst möglichen Widerspruchsverfahrens. Im Rechtfertigungsverfahren erfolgt keine Selbstüberprüfung durch das Amtsgericht. Vielmehr terminiert das Gericht der Hauptsache zur mündlichen Verhandlung unter Ladung beider Parteien. Es entscheidet durch Endurteil. Wird das Rechtfertigungsverfahren nicht innerhalb der nach § 942 Abs. 1 ZPO gesetzten Frist eingeleitet, muss das Amtsgericht die einstweilige Verfügung auf Antrag des Schuldners aufheben[366]. Dem Antragsteller wird gegen die Aufhebung die sofortige Beschwerde analog § 934 Abs. 4 ZPO eingeräumt. Gegen eine Zurückverweisung des Aufhebungsantrags kann sich der Antragsgegner mit der sofortigen Beschwerde nach § 567 ZPO wenden.

164 9. Es ist **darauf zu achten**, dass die einstweilige Verfügung nach §§ 936, 929 Abs. 2 ZPO **innerhalb eines Monats vollzogen werden muss**. Wird mit der einstweiligen Verfügung ein Gebot oder Verbot ausgesprochen, erfolgt die Vollziehung durch Zustellung der einstweiligen Verfügung. Nach herrschender Meinung kann eine wirksame Vollziehung **nur durch Zustellung im Parteibetrieb** erfolgen. Allein durch die Amtszustellung wird die einstweilige Verfügung noch nicht vollzogen[367]. Der Anwalt des Antragstellers muss also unbedingt für die fristgerechte Zustellung im Parteibetrieb Sorge tragen.

Darüber, ob zur **Vollziehung einer einstweiligen Urteilsverfügung** die Parteizustellung einer einfachen **Urteilsabschrift** an den Schuldner(vertreter) ausreicht **oder** die Zustellung der **Ausfertigung** des Urteils geboten ist, besteht **Streit**[368]. Als sicherster Weg empfiehlt sich eine sorgfältige Durchführung und Überwachung der korrekten Vollziehung nach den jeweils »geltenden« obergerichtlichen (im Zweifel strengsten) Regeln und im Zweifel also die Zustellung einer Ausfertigung oder zumindest einer gerichtsseitig beglaubigten Abschrift der (Urteils-)Verfügung[369].

Die Parteizustellung ist insbesondere auch dann erforderlich, wenn im Berufungsverfahren die im Widerspruchsverfahren aufgehobene ursprüngliche einstweilige Verfügung durch Urteil bestätigt wird. Erst recht gilt dies, wenn die durch Urteil des Berufungsgerichts erlassene einstweilige Verfügung mit der ursprünglich erlassenen und vollzogenen einstweiligen Verfügung inhaltlich nicht vollständig deckungsgleich ist[370]. Das Unterlassen der Vollziehung bedeutet einen veränderten Umstand im Sinne des § 927 ZPO, der zur **Aufhebung** der einstweiligen Verfügung führt und im Berufungsverfahren geltend gemacht werden kann[371].

Für **auf Unterlassung oder Duldung gerichtete einstweilige Verfügungen** reicht die Parteizustellung aus, falls der Titel bereits die Zwangsmittelandrohung enthält und der Antragsgegner die einstweilige Verfügung befolgt. Bei Zuwiderhandlungen muss die Verhängung eines Ordnungsmittels beantragt werden. Bei einstweiligen **Verfügungen auf Vornahme von Handlungen** oder auf Sicherstellung von Sachen, muss neben der Parteizustellung ein Antrag nach den §§ 887, 888 ZPO bzw. ein Vollstreckungsauftrag gemäß §§ 883 bis 885 ZPO erfolgen, falls der Gegner untätig bleibt, und zwar wiederum binnen Monatsfrist. Einstweilige Verfügungen mit Gestaltungswirkungen und

---

366 *Schuschke/Walker*, Vollstreckung und Vorläufiger Rechtsschutz, § 942 ZPO, Rn. 17.

367 BGH, Urt. v. 22.10.1992 – IX ZR 36/92 – juris, Rn. 23 ff. sowie exemplarisch OLG München, Urt. v. 9.6.2016 – 23 U 1389/16 – juris, Rn. 17 ff.

368 OLG Düsseldorf, Urt. v. 21.4.2015 – 20 U 181/14 – juris, Rn. 57 für Notwendigkeit der Zustellung einer Urteilsausfertigung, a.A. OLG München, Urt. v. 16.2.2013 – 15 U 2848/12 – juris, Rn. 13: Zustellung einer einfachen Abschrift reicht, vgl. auch OLG München, Urt. v. 9.6.2016 – 23 U 1389/16 – juris, Rn. 19.

369 *Hess*, jurisPR-WettbR 10/2015 Anm. 5.

370 Brandenburgisches OLG, Urt. v. 12.7.2006 – 4 U 91/06 – juris, Rn. 21.

371 OLG Düsseldorf, Urt. v. 19.1.2006 – I-2 U 89/05 – juris, Rn. 32 f.

auf Abgabe einer Willenserklärung gerichtete einstweilige Verfügungen werden gleichfalls durch Parteizustellung vollzogen[372]. Bei einer auf Eintragung im Register oder Grundbuch gerichteten einstweiligen Verfügung sind Parteizustellung und Eintragungsantrag des Gläubigers erforderlich. Für einstweilige Verfügungen, die auf Eintragung in das Grundbuch gerichtet sind, ist nach den §§ 936, 932 Abs. 3, 929 Abs. 3 S. 2 ZPO **binnen einer Woche seit dem Eintragungsantrag die Zustellung** an den Gegner vorzunehmen.

Hat die einstweilige Verfügung Zahlungsverpflichtungen zum Inhalt, sind die Zustellung im Parteibetrieb sowie die Einleitung einer Vollziehungsmaßnahme durch entsprechenden Antrag beim zuständigen Vollstreckungsorgan erforderlich. Bei einer Vollziehung vor Zustellung ist § 929 Abs. 3 ZPO zu beachten: Die Zustellung an den Gegner bzw. seinen Prozessbevollmächtigten muss innerhalb einer Woche nach der Vollziehung und vor Ablauf der Monatsfrist erfolgen. Wird die Vollziehungsfrist für eine erste Rate durch Parteizustellung und Vollstreckungseinleitung versäumt, ist streitig, ob die einstweilige Verfügung hinsichtlich der später fällig werdenden Raten noch rechtswirksam vollzogen werden kann[373]. 165

10. Der Anwalt hat mit seinem Mandanten, sofern dieser der Antragsgegner ist, zu erörtern, dass das Gericht auf Antrag des Antragsgegners dem Antragsteller eine **Frist** setzen kann, **binnen welcher** der **Antragsteller Klage zur Hauptsache erheben muss.** Unterlässt der Antragsteller nach Fristsetzung diese Klage zur Hauptsache, ist nicht nur die ergangene einstweilige Verfügung aufzuheben, sondern der Verfügungskläger muss gemäß § 945 ZPO auch Schadensersatz leisten. 166

Aus diesem Grunde sollte ein Anwalt den Antrag auf Erlass der einstweiligen Verfügung nicht stellen, wenn zu befürchten ist, dass die im Hauptverfahren zu führenden Beweise kaum erbracht werden können. Auch dies ist mit dem Mandanten zu erörtern.

11. Mit dem Mandanten, für den eine einstweilige Verfügung beantragt werden soll, sind auch die **Konsequenzen im Sinne des § 945 ZPO** zu erörtern. Nach dieser Norm ist die Partei, welche die Anordnung einer einstweiligen Verfügung erwirkt hat, verpflichtet, dem Gegner den Schaden zu ersetzen, der ihm aus der Vollziehung der angeordneten Maßregel oder dadurch entsteht, dass er Sicherheit leistet, um die Vollziehung abzuwenden oder die Aufhebung der Maßregel zu erwirken, wenn sich die Anordnung einer einstweiligen Verfügung als von Anfang an ungerechtfertigt erweist oder die angeordnete Maßregel aufgrund des § 926 Abs. 2 ZPO oder des § 942 Abs. 3 ZPO aufgehoben wird. 167

Auf der anderen Seite ist der Rechtsanwalt nach Zustellung einer einstweiligen Verfügung gegen seinen Auftraggeber dann nicht zu dem Hinweis verpflichtet, dass durch die unaufgeforderte Abgabe einer Abschlusserklärung möglicherweise eine sonst eintretende **Kostenbelastung** vermieden werden kann, solange er dem Kostengesichtspunkt bei den Entscheidungen seines Auftraggebers nur untergeordnete Bedeutung beimessen darf[374].

Erweist sich eine **Unterlassungsverfügung** als von Anfang an ungerechtfertigt, reicht es aus, dass der die Ersatzpflichtigkeit des Verfügungsklägers auslösende Vollstreckungsdruck bei Verwirklichung des haftungsbegründenden Tatbestandes besteht; unerheblich ist, dass sich der Schaden erst später konkretisiert[375]. Der Einwand des Verfügungsklägers, der in dem Verlust einer laufenden Erwerbsmöglichkeit liegende Schaden hätte sich auch ohne Unterlassungsverfügung verwirklicht, kann eine **Reserveursache** darstellen, welche die Zurechnung des Schadens betrifft und vom Verfügungskläger zu beweisen ist; insoweit gilt der Beweismaßstab des § 287 ZPO[376]. Der notwendige 168

372 Musielak/*Huber*, ZPO, § 936, Rn. 5.
373 Vgl. *Schuschke/Walker*, Vollstreckung und Vorläufiger Rechtsschutz, § 929 ZPO, Rn. 33 sowie OLG Karlsruhe, Urt. v. 2.10.1991 – 2 A UF 169/91 – juris, Rn. 17 ff.
374 BGH, Urt. v. 8.12.2005 – IX ZR 188/04 – juris, Rn. 6, 10 und 15.
375 BGH, Urt. v. 20.7.2006 – IX ZR 94/03 – juris, Rn. 12.
376 Vgl. BGH, Urt. v. 13.10.2016 – IX ZR 149/15 – juris, Rn. 15 sowie Urt. v. 20.7.2006 – IX ZR 94/03 – juris, Rn. 22 und 25 f.

Zurechnungszusammenhang kann fehlen, wenn der Geschädigte selbst in völlig ungewöhnlicher oder unsachgemäßer Weise in den schadensträchtigen Geschehensablauf eingreift und eine weitere Ursache setzt, die den Schaden endgültig herbeiführt[377].

169 Es entspricht der ständigen Rechtsprechung des Bundesgerichtshofs, dass sich der nach § 945 ZPO in Anspruch genommene Schuldner auf ein **Mitverschulden** des Gläubigers nach § 254 Abs. 1 BGB berufen kann, weil diese Vorschrift auch anzuwenden ist, wenn eine Ersatzpflicht ohne Rücksicht auf Verschulden gesetzlich angeordnet ist[378]. Dieses mitwirkende Verschulden kann vor allem darin bestehen, dass der Gegner im Arrest- oder Verfügungsverfahren dem Antragsteller durch sein schuldhaftes Verhalten zur Ausbringung des Arrestes oder der Verfügung Anlass gegeben hat. Allerdings trifft den Verfügungsbeklagten nicht deshalb ein Mitverschulden an dem Vollziehungsschaden, weil die rechtliche Zulässigkeit des die einstweilige Verfügung auslösenden Verhaltens bei Erwirken der einstweiligen Verfügung rechtlich noch nicht geklärt war (hier: Beteiligung eines Rechtsanwalts an einer Anwalts-Hotline)[379].

170 Der Schadensersatzanspruch aus § 945 ZPO umfasst grundsätzlich den durch die Vollziehung der einstweiligen Verfügung adäquat kausal verursachten, unmittelbaren oder mittelbaren Schaden einschließlich des infolge des Vollzugs von Verbotsverfügungen entgangenen Gewinns des Schuldners[380].

171 Kommen im Zusammenhang mit der Rückabwicklung eines unter Eigentumsvorbehalt geschlossenen Kaufvertrages **verschiedene** rechtliche **Handlungsalternativen** und u.a. auch eine im Ergebnis erfolglos gebliebene einstweilige Verfügung auf Rückgabe der Kaufsache in Betracht, kann nach Art und Umfang des Mandats eine eingeschränkte Belehrung ausreichend sein, etwa bei besonderer Eilbedürftigkeit oder bei einem Aufwand, der außer Verhältnis zum Streitgegenstand steht[381]. Insoweit reicht es aus, wenn auf die Risiken und Nachteile des begehrten Antrags auf Erlass einer einstweiligen Verfügung hingewiesen wird, indem drei wesentliche Gesichtspunkte genannt werden, die gegen ein solches Vorgehen sprechen: Vorwegnahme der Hauptsache, fehlender Verfügungsgrund und Beseitigung der Kaufpreisforderung.

172 12. Schließlich hat der Anwalt zu bedenken, dass durch den Antrag auf Erlass einer einstweiligen Verfügung die **Verjährung** des Anspruches nicht unterbrochen wird. Die Verjährung wird aber seit der Schuldrechtsreform gemäß § 204 Abs. 1 Nr. 9 BGB durch die Zustellung eines Antrages auf Erlass einer einstweiligen Verfügung gehemmt[382]. Die Hemmung tritt auch ein, wenn der Antrag unbegründet oder unzulässig ist, sofern er zumindest den wesentlichen Erfordernissen der §§ 935 ff. ZPO entspricht. Die Hemmung beginnt mit der durch § 167 ZPO bewirkten Rückwirkung mit der Zustellung des Antrags. Wenn der Antrag nicht zugestellt wird, tritt die Hemmung ab Einreichung jedenfalls dann ein, wenn die einstweilige Verfügung dem Schuldner zugestellt wird und zwar innerhalb eines Monats ab Verkündung oder Zustellung an den Gläubiger.

173 13. Beratungsfehler können nicht nur bei der Vorbereitung und Durchsetzung eigener Verfügungsanträge des Mandanten, sondern auch im Zusammenhang mit dem **Mandanten drohenden Verfügungsanträgen** zur Haftung führen. Kommt es etwa in Folge einer fehlerhaft vorgenommenen Markenrecherche zu einer einstweiligen Verfügung, kann der mit der **Markenrecherche** beauftragte Rechtsanwalt nicht einwenden, der Mandant habe doch durch die dem Verfügungsantrag vorangegangene Abmahnung Kenntnis von der Unvollständigkeit der durchgeführten Recherche erhalten und es fehle deshalb an der Kausalität der Beratungspflichtverletzung[383]. Denkbar ist allerdings,

377 BGH, Urt. v. 13.10.2016 – IX ZR 149/15 – juris, Rn. 11.

378 BGH, Urt. v. 13.10.2016 – IX ZR 149/15 – juris, Rn. 25.

379 BGH, Urt. v. 20.7.2006 – IX ZR 94/03 – juris, Rn. 33 ff.

380 BGH, Urt. v. 13.10.2016 – IX ZR 149/15 – juris, Rn. 9.

381 BGH, Urt. v. 1.3.2007 – IX ZR 261/13 – juris, Rn. 11.

382 Ebenso wie im Falle eines Prozesskostenhilfeantrags tritt keine Verjährungshemmung ein, wenn das Gericht die Bekanntgabe an den Gegner nicht veranlasst, vgl. BGH, Urt. v. 24.1.2008 – IX ZR 195/06 – juris, Rn. 7; dazu BVerfG, Nichtannahmebeschl. v. 19.7.2010 – 1 BvR 1873/09 – juris, Rn. 10 ff.

383 BGH, Urt. v. 14.10.2010 – I ZR 212/08 – juris, Rn. 28.

dass der Mandant sich ein Verschulden des von ihm zur Abwehr der Abmahnung eingeschalteten Zweitanwalts anrechnen lassen muss[384].

Elektronische Signatur

S. unter »Unterschrift« unten Rdn. 546 ff. 174

Fremdgelder

S. unter »Treuhandtätigkeiten« unten Rdn. 500 ff. 175

Fristenkalender

S. unter »Büroorganisation« oben Rdn. 99 ff. 176

Fristenkontrolle

S. unter »Büroorganisation« oben Rdn. 99 ff. 177

Fristen, materiellrechtliche

S. unter »Verjährungsfragen« unten Rdn. 614 ff. 178

Fristen, prozessuale

Ebenso wichtig wie die Wahrung der materiellen Fristen ist für den Anwalt die Einhaltung der prozessualen Fristen, insbesondere der Rechtsmittelfristen. Eine gute Aufstellung der Fristen im ordentlichen Zivilprozessverfahren (auch der Fristenart) findet sich im Kommentar von *Zöller*[385]. 179

Unter dem Stichwort »**Büroorganisation**« sind bereits oben Rdn. 99 ff. die wesentlichen Anforderungen der Rechtsprechung dargestellt, denen der Rechtsanwalt insbesondere durch die Organisation seines Büros und der Arbeitsabläufe genügen muss, damit nicht ihm und damit seiner Partei nach § 85 Abs. 2 ZPO ein Verschulden an einer Fristversäumung angelastet werden kann. 180

Eine Versäumung der Berufungsbegründungsfrist bei offener Berufungsfrist kann nach neuem Recht nicht mehr vorkommen, da beide Fristen nun mit der Zustellung des vollständigen Urteils oder spätestens fünf Monate nach der Verkündung zu laufen beginnen, §§ 517, 520 Abs. 2 S. 1 ZPO[386]. Beide Fristen sind aber weiter voneinander unabhängig. Auch wenn die **Berufung verspätet** eingelegt wird, läuft die Begründungsfrist normal, d.h. regelmäßig beginnend mit der Urteilszustellung. Durch ein Gesuch um Wiedereinsetzung in die Berufungsfrist und durch die Gerichtsentscheidung darüber wird der **Ablauf der Begründungsfrist nicht berührt**[387], ebenso nicht durch eine Verwerfung der Berufung nach § 522 Abs. 1 ZPO[388]. Der Anwalt muss, wenn er es nicht vorzieht, die Berufung trotz offenen Wiedereinsetzungsverfahrens zur Einhaltung der Berufungsfrist fristgemäß zu begründen, sonst nur (rechtzeitig) für eine Verlängerung unter den engen Möglichkeiten des § 520 Abs. 2 S. 2 und S. 3 ZPO Sorge tragen. Versäumt der Prozessbevollmächtigte das, so wird eine Wiedereinsetzung in den vorigen Stand wegen der Versäumung der Berufungsbegründungsfrist nicht gewährt werden können (vgl. unten Rdn. 393, m.w.N. für den Fall der mit einem PKH-Gesuch zugleich eingelegten Berufung). 181

---

384 BGH, Urt. v. 14.10.2010 – I ZR 212/08 – juris, Rn. 35 f.

385 Zöller/*Feskorn*, Vor § 214 ZPO, Rn. 3 – 7.

386 Vgl. Zöller/*Heßler*, § 520, Rn. 13.

387 Zöller/*Heßler*, § 520, Rn. 14; Musielak/Voit/*Ball*, § 520, Rn. 4; zum früheren Recht: BGH NJW 1998, 1155.

388 Zöller/*Heßler*, § 520, Rn. 14; Musielak/Voit/*Ball*, § 520, Rn. 4; zum früheren Recht: BGH VersR 1978, 841.

182 Die Frist für die **sofortige Beschwerde**, deren Zulässigkeitsvoraussetzungen in § 567 ZPO geregelt sind, beträgt nach § 569 ZPO grundsätzlich zwei Wochen (Notfrist), beginnend mit der Zustellung der Entscheidung, spätestens mit dem Ablauf von fünf Monaten nach der Verkündung des Beschlusses, aber nur soweit keine andere Frist bestimmt ist. Diese Ausnahme bezieht sich auf die auf einen Monat verlängerte Beschwerdefrist im PKH-Verfahren, § 127 Abs. 2 S. 3 und § 127 Abs. 3 S. 3 ZPO.

183 Nach dem **JuMoG** ist seit dem 1.9.2004 gemäß **§ 234 Abs. 1 S. 2 ZPO** die Frist für die Wiedereinsetzung auf einen Monat verlängert worden, wenn die Partei verhindert ist, die Frist zur Begründung der Berufung, der Revision, der Nichtzulassungsbeschwerde, der Rechtsbeschwerde oder der Beschwerde nach §§ 621e, 629a Abs. 2 ZPO einzuhalten.

Kostenberatung, Kostenbeschränkung

184 Eine generelle Verpflichtung des Anwalts, den Mandanten über das **Entstehen von Kosten** zu belehren, besteht nicht[389], da generell klar ist, dass ein Rechtsanwalt, dessen gesetzlichen Gebühren allgemein zu erfahren sind, grundsätzlich nicht kostenlos arbeitet und bei Verlust eines Rechtsstreites die Kosten der Gegenseite regelmäßig zu tragen sind[390].

Bei einem völlig geschäftsunerfahrenen oder **unbedarften Mandanten** mag dies im Einzelfall einmal anders sein. Liegen Anhaltspunkte für eine derartige Belehrungsbedürftigkeit vor, müssen entsprechende Hinweise erfolgen, um jegliche Missverständnisse von vorneherein auszuschalten und einen Regress, gerichtet auf Ersatz von Kostenschäden, zu vermeiden (dazu schon Kap. 2 Rdn. 323)[391].

185 Seit dem 1.7.2004 ist im Zusammenhang mit dem neuen Rechtsanwaltsvergütungsgesetz (RVG) in **§ 49b BRAO** ein **Absatz 5** eingefügt worden, wonach der Rechtsanwalt, wenn sich die zu erhebenden Gebühren nach dem Gegenstandswert richten (§ 2 Abs. 1 RVG), er hierauf vor Übernahme des Auftrags hinzuweisen hat.

186 Für die Rechtspraxis ist durch nunmehr gefestigte Rechtsprechung des BGH grundsätzlich geklärt, dass diese **besondere Hinweispflicht** wegen ihres Zwecks, dem Mandanten vor Auftragserteilung Gelegenheit zu geben, sich über hierfür anfallende Kosten zu informieren, einen Schadensersatzanspruch wegen vorvertraglicher Pflichtverletzung gemäß §§ 311 Abs. 2, 280 Abs. 1 BGB begründen kann, also nicht nur berufsrechtliche Relevanz hat[392]. Zu beachten ist dabei allerdings sehr genau, dass diese neu normierte **Hinweispflicht nur** beinhaltet, dass dem Mandanten die **allgemeine Information** zu geben ist, dass die Gebühren nach dem Gegenstandswert abgerechnet werden. Der Mandant, der, auf eine Verletzung von § 49b Abs. 5 BRAO gestützt, Schadensersatz begehrt, muss deshalb vortragen und gegebenenfalls unter Beweis stellen, wie er auf **eine solche** allgemeine Information reagiert hätte[393] und wie dies zu welchem Kostenschaden bei ihm geführt hat[394]. Dazu gehört regelmäßig als erstes, dass er den Hinweis zum Anlass einer Nachfrage an den Anwalt gemacht hätte, um sich über auf ihn zukommende Gebühren des Anwalts zu informieren. Denn die

389 BGH, Urt. v. 7.3.2019 – IX ZR 221/18 – juris, Rn. 30; BGH NJW 2007, 2332, 2333 = WM 2007, 1390 (Tz. 9); NJOZ 2006, 1416, 1417 = AnwBl 2006, 214; NJW 1998, 3486, 3487 = WM 1998, 2243, 2245; NJW 1998, 136, 137 = WM 1998, 140, 141; NJW 1969, 932, 933 f.; RGZ 118, 365, 367; OLG Hamm vom 4.4.2000 – I-28 U 206/99, NJW-RR 2001, 1073, 1074; OLG Hamm, Urt. v. 2.3.2006 – 28 U 135/05, Beck RS 2006, 04670 = BRAK-Mitt. 2006, 218; OLG Oldenburg VersR 1991, 1004; *Borgmann/Jungk/Schwaiger*, Kap. IV, Rn. 101.

390 Vgl. BGH, Urt. v. 7.3.2019, a.a.O.; BGH NJW 2007, 2332, 2333 = WM 2007, 1390 (Tz. 9); *Vill*, in: G. Fischer/Vill/D. Fischer/Pape/Chab, § 2, Rn. 193; *Borgmann/Jungk/Schwaiger*, Kap. IV, Rn. 99; vgl. auch *Vollkommer/Greger/Heinemann*, § 12, Rn. 27.

391 Vgl. auch *Vollkommer/Greger/Heinemann*, § 12, Rn. 27, 57.

392 BGH NJW 2007, 2332, 2334 = WM 2007, 1390 (Tz. 17–19); NJW 2008, 371, 372 = WM 2007, 2351 (Tz. 6, 7); BGH, Urt. v. 7.3.2019 – IX ZR 221/18 – juris, Rn. 27.

393 BGH, Urt. v. 24.5.2007 – IX ZR 89/06 – juris, Rn. 21; vgl. auch BGH, Urt. v. 7.3.2019, a.a.O., Rn. 27.

394 Vgl. BGH NJW 2008, 371, 372 = WM 2007, 2351 (Tz. 11 ff.).

allgemeine Bemerkung: »Meine Gebühren richten sich nach dem Gegenstandswert«, besagt für die meisten Mandanten zunächst einmal nichts. Dass ein solches Gespräch geführt wird, ist auch die Vorstellung des Gesetzgebers mit dem Ziel, dem Mandanten darauf aufbauend die Möglichkeit zu geben, nach seinem Interesse den Auftrag zu beschränken, von ihm abzusehen oder eine Gebührenvereinbarung anzustreben[395].

Ein (künftiger) Mandant mit geschäftlicher Erfahrung ist grundsätzlich in gleicher Weise zu belehren. Dies gilt wie bei den sonstigen Hinweispflichten des Anwalts (vgl. Kap. 2 Rdn. 187) regelmäßig auch hier selbst gegenüber einem (künftigen) Mandanten mit juristischer Vor und Ausbildung[396]. 187

Wie auch bei der Verletzung anderer vorvertraglicher Hinweispflichten[397] sind für § 49b Abs. 5 BRAO die Regeln anzuwenden, die die Rechtsprechung für Beratungspflichtverletzungen entwickelt hat. Das bedeutet beispielsweise für die Pflichtverletzung die Geltung der Regeln über die sog. gestufte **Darlegungs- und Beweislast**[398] (dazu Kap. 2 Rdn. 342 ff.) und die Verneinung einer Dokumentationspflicht dazu Kap. 2 Rdn. 189), für die haftungsausfüllende Kausalität und den Schaden die Anwendung des § 287 ZPO[399]. Trotz dieser Erleichterung der Darlegung und des Beweises dürfte ein Kausalitäts- und Schadensnachweis für einen Nichtbelehrungsschaden grundsätzlich nur schwer zu führen sein. 188

Gelungen ist dieser Nachweis einem auf gesetzliches Honorar in Anspruch genommenen Mandanten in einem Fall, in dem das OLG Hamm festgestellt hat, dass der Auftraggeber mit überwiegender Wahrscheinlichkeit (§ 287 Abs. 1 ZPO) einen anderen gleich gut qualifizierten Anwalt gefunden hätte, der mit ihm – anders als der konkret beauftragte Anwalt – eine »schlichte« Stundenhonorarvereinbarung zu dem gleichen Stundensatz wie vom klagenden Rechtsanwalt angeboten (allerdings bei diesem kombiniert mit einer Klausel, wonach bei höheren gesetzlichen Gebühren diese berechnet würden) geschlossen und so seine Leistungen um ein Vielfaches günstiger erbracht hätte. Dabei hat das OLG Hamm in diesem Fall es nicht für erforderlich gehalten, dass ein bestimmter anderer Rechtsanwalt namentlich bezeichnet wird, weil dies einem von § 287 Abs. 1 ZPO nicht gefordertem Vollbeweis nahe käme. Denn bei dem konkret in Rede stehenden Stundensatz von 250 € in einer gewerblichen außergerichtlichen Beratungsangelegenheit sei auch nach den Ergebnissen empirischer Erhebungen[400] in der fraglichen Angelegenheit ein vergleichbarer Rechtsanwalt ohne Weiteres zu finden gewesen und wäre vom Beklagten, wie dieser einleuchtend erklärt habe, zu diesem festen Stundensatz auch mandatiert worden[401]. 189

In **§ 12a Abs. 1 S. 2 ArbGG** ist eine weitere Ausnahme geregelt. Danach muss der Rechtsanwalt vor Abschluss der Vereinbarung über die (Prozess-)Vertretung im Arbeitsgerichtsprozess (Urteilsverfahren) seinen Mandanten darauf hinweisen, dass die Anwaltskosten erster Instanz auch bei obsiegendem Urteil nicht vom unterliegenden Gegner zu erstatten sind. Ein Verstoß gegen diese vorvertragliche Pflicht kann ebenfalls zu einem Schadensersatzanspruch gemäß §§ 311 Abs. 2, 280 Abs. 1 BGB führen[402]. Diese Belehrungspflicht entfällt auch bei Gewährung von Prozesskostenhilfe nicht, da von der Partei unter Umständen Zahlungen geleistet werden müssen, weil sich ihre 190

395 Vgl. BGH, Urt. v. 24.5.2007 – IX ZR 89/06 – juris, Rn. 21; NJW 2008, 371, 372 = WM 2007, 2351 (Tz. 7).

396 OLG Hamm, Urt. v. 6.12.2007 – 28 U 58/07 – juris, Rn. 10; v. 16.6.2009 – 28 U 1/09 – juris, Rn. 32; v. 11.10.2012 – 28 U 88/11 – juris, Rn. 56.

397 Dazu vgl. BGH NJW 2008, 1307, 1308 f. = WM 2008, 371 (Tz. 19).

398 Vgl. BGH, Urt. v. 7.3.2019 – IX ZR 221/18 – juris, Rn. 28.

399 OLG Hamburg MDR 2007, 1288.

400 *Hommerich/Kilian/Jackmuth/Wolf*, BRAK-Mitt. 2006, 253, 256; *Hommerich/Kilian*, NJW 2009, 1569, 1570.

401 OLG Hamm, Urt. v. 16.6.2009 – 28 U 1/09 – juris, Rn. 34–36.

402 BGH NJW 2007, 2332, 2334 = WM 2007, 1390 (Tz. 19); zu den Voraussetzungen eines darauf gestützten Regressanspruchs und die Möglichkeiten seiner Geltendmachung vgl. Kap. 9 Rdn. 31.

wirtschaftlichen Verhältnisse innerhalb der Vierjahresfrist des § 120a Abs. 1 S. 3 ZPO verbessert haben[403].

191 Im Regelfall braucht der Anwalt den Mandanten nicht zu befragen, ob dieser überhaupt zur Tragung der Kosten in der Lage ist[404]. Verfügt der Mandant nicht über ausreichende finanzielle Mittel, besteht aber eine besondere Hinweispflicht auf die Möglichkeit der **Beratungshilfe** und **Prozesskostenhilfe**, wenn der Mandant beengte finanzielle Verhältnisse mitteilt oder diese sonst erkennbar sind oder werden, also »bei begründetem Anlass« (vgl. § 16 Abs. 1 BORA; dazu bereits im Einzelnen oben Rdn. 38). Geht es um die Führung eines Rechtsstreits, sei es als Kläger, sei es als Beklagter, kann im Einzelfall, wenn konkrete Anhaltspunkte dafür bestehen, dass der Mandant den in den Ausfüllhinweisen zum PKH-Vordruck enthaltenen Hinweis nicht zur Kenntnis genommen oder nicht bzw. falsch verstanden hat, eine anwaltliche Belehrung dahingehend nötig sein, dass eine Bewilligung von Prozesskostenhilfe nicht beinhaltet, von jeglichem Kostenrisiko befreit zu sein, m.a.W. also bei einem Unterliegen die Kosten des Gegners zu erstatten sind (§ 123 ZPO).

192 Auch über die **Höhe seiner Gebühren** schuldet der Rechtsanwalt ungefragt grundsätzlich keine Aufklärung[405]. Ausnahmsweise kann sich aus besonderen Umständen des Einzelfalls nach Treu und Glauben aber die Verpflichtung zu einer Belehrung über die voraussichtliche Höhe ergeben, auch wenn der Mandant nicht danach gefragt hat. Diese hängt maßgeblich davon ab, ob der Rechtsanwalt nach den Umständen des Einzelfalles ein entsprechendes Informationsbedürfnis des Mandanten erkennen konnte und musste[406]. In die erforderliche Gesamtwürdigung für die Feststellung einer Aufklärungspflicht des Anwalts sind der Schwierigkeitsgrad und Umfang der anwaltlichen Aufgabe, ein ungewöhnlich hoher Gegenstandswert und sich daraus ergebende hohe Gebühren, die das vom Mandanten erstrebte Ziel wirtschaftlich sinnlos machen können[407], die Bedeutung der Angelegenheit für den Mandanten sowie dessen Vermögensverhältnisse und Erfahrung im Umgang mit Rechtsanwälten einzubeziehen[408]. Eine Belehrungspflicht ist aber nicht schon allein dann anzunehmen, wenn die Gebühren infolge der von der Partei erkannten wirtschaftlichen Bedeutung, die ihr Begehren entweder von Anfang an hat oder im Laufe des Rechtsstreits gewinnt, einen namhaften Betrag erreichen. Eine Aufklärung ist jedoch geboten, wenn – und sei es ungewollt – der Eindruck erweckt worden ist, dass es ohne Rücksicht auf den wahren wirtschaftlichen Wert des Begehrens bei dem zu Beginn des Verfahrens unter formalen Gesichtspunkten weit geringer festgelegten Wert – auch nach Klagerweiterung – bleibe[409].

▶ Beispiel 1[410]:

In einer Vertragsangelegenheit mit einem Gegenstandswert von 45 Mio. DM soll der Anwalt erst eingeschaltet worden sein, nachdem der maßgebliche Kaufvertrag von der Treuhandanstalt im Wesentlichen entworfen war und sich die Mitwirkung des Anwalts nur auf die Entgegennahme von Schriftstücken und die Abstimmung von Terminen beschränkt haben soll.

403 LAG Rheinland-Pfalz, Beschl. v. 4.3.2011 – 10 Ta 33/11 – juris, Rn. 13.
404 Vgl. OLG Köln VersR 1986, 725; *Hartstang*, S. 521.
405 BGH NJW 2007, 2332, 2333 = WM 2007, 1390 (Tz. 9); NJOZ 2006, 1416, 1417 = AnwBl 2006, 214.
406 BGH NJW 1985, 2642, 2643; NJW 1998, 3486, 3487 = WM 1998, 2243, 2245; NJOZ 2006, 1416, 1417 = AnwBl 2006, 214; NJW 2007, 2332, 2333 = WM 2007, 1390 (Tz. 10); KG NJOZ 2004, 738.
407 Dazu BGH, Urt. v. 7.3.2019 – IX ZR 221/18 – juris, Rn. 30.
408 BGH NJW 2007, 2332, 2333 = WM 2007, 1390 (Tz. 10); NJOZ 2006, 1416, 1417 = AnwBl 2006, 214; NJW 1998, 3486, 3487 = WM 1998, 2243, 2245; *Ganter*, S. 12; *Vill*, in: G. Fischer/Vill/D. Fischer/Pape/Chab, § 2, Rn. 198; vgl. auch BGH NJW 1998, 136, 137 = WM 1998, 140, 141; BGHZ 77, 27, 32 = NJW 1980, 2128, 2130; NJW 1969, 932, 933; OLG Hamm vom 4.4.2000 – I-28 U 206/99, NJW-RR 2001, 1073, 1074; OLG Hamm vom 29.1.2002 – 28 U 117/01; OLG Koblenz MDR 1986, 1037; OLG Köln AnwBl 1987, 547.
409 BGH, Beschl. v. 20.11.2008 – IX ZR 34/06 – juris, Rn. 2; vgl. auch Anm. von *Jungk*, BRAK-Mitt. 2009, 19.
410 BGH NJW 1998, 3486, 3487 = WM 1998, 2243, 2245.

Für diese Fallkonstellation wäre eine Hinweispflicht auf die unverhältnismäßig hohen Anwaltsgebühren zu bejahen. Anders wäre es jedoch, wenn der Anwalt das umfangreiche Vertragswerk (zeitaufwendig) mit vorbereitet und verhandelt hätte[411].

Erweckt der Rechtsanwalt den Eindruck, **weitere Gebühren** als die bisher entstandenen oder abgerechneten Gebühren fielen durch seine (weitere) Tätigkeit nicht an, oder kann und muss der Rechtsanwalt zumindest erkennen, dass sein Mandant aufgrund der Umstände nicht unverständig davon ausgeht, gebührenmäßig nicht (mehr) belastet zu werden, ist der Rechtsanwalt gehalten, darüber aufzuklären, dass zusätzliche Kosten zu Lasten des Mandanten anfallen, um dem Mandanten so die Möglichkeit zu geben, sich über ein (weiteres) Tätigwerden des Anwalts klar zu werden[412]. **193**

Befragt der Mandant den Anwalt von sich aus nach den voraussichtlich entstehenden Kosten, so ist dieser zu einer entsprechenden Auskunft verpflichtet[413]. Ist für den Rechtsanwalt erkennbar, dass der potenzielle Auftraggeber Wert darauf legt, vor Abschluss eines rechtsverbindlichen Anwaltsvertrages über die Höhe der voraussichtlichen Kosten informiert zu werden, muss der Rechtsanwalt vor Übernahme des Mandats dem potenziellen Auftraggeber die gewünschte Auskunft über die Höhe des Honorars erteilen, sei es als Kostenvoranschlag, sei es in anderer Form. Er darf die erforderliche Auskunftserteilung nicht auf einen Zeitpunkt nach Vertragsschluss verschieben, weil er damit den Zweck der gewünschten Auskunft vereiteln würde[414]. Die voraussichtlich entstehenden Kosten sind zumindest in etwa mitzuteilen[415]. Dazu im Einzelnen der BGH: **194**

> »Der gebotene Inhalt der Aufklärung hängt von den Umständen des jeweiligen Einzelfalles ab. Entscheidend für das Maß der Unterrichtung ist jedoch stets die für den Anwalt erkennbare Erkenntnis und Interessenlage des Auftraggebers. Hierbei kommt der praktischen Brauchbarkeit der Belehrung besonderes Gewicht zu. Der Anwalt muss die tatsächliche Höhe der zu erwartenden Gebühren angeben, damit der Auftraggeber seine weiteren Maßnahmen danach einrichten kann. Deshalb gehört hierzu grundsätzlich nicht nur die Angabe der zahlenmäßigen Gesamthöhe der Gebühren, sondern in der Regel auch ein Hinweis darauf, welche Gebühren voraussichtlich entstehen werden.«[416]

▶ Beispiel 2[417]:

Der Präsident einer in den USA ansässigen AG fragt nach der Gebührenhöhe für eine außergerichtliche Tätigkeit (Regelung von Meinungsverschiedenheiten über einen Importeurvertrag) an und erhält zur Antwort, dass Gebühren der Anwaltssozietät von insgesamt bis zu 1 % des für die AG auf dem Spiel stehenden wirtschaftlichen Interesses erwachsen könnten.

Diese Auskunft hat der BGH nicht ausreichen lassen. Die insgesamt in Betracht kommenden Gebühren seien zwar im Ergebnis nicht zu niedrig angegeben worden, die Auskunft sei aber so ungenau gewesen, dass der Mandant die Höhe der zu erwartenden Gebühren nicht annähernd sicher habe überblicken können. Denn der Mandant habe nicht davon ausgehen können, dass für die

---

411 BGH, a.a.O.

412 Vgl. OLG Schleswig MDR 2003, 120 = BRAK-Mitt. 2003, 11 m. Anm. *Jungk*; OLG Düsseldorf NJW 2000, 1650; OLG Koblenz AnwBl 1988, 64; OLG Köln VersR 1998, 1282 (LS). Bestehen im konkreten Fall allerdings Zweifel, ob die Partei die möglichen Folgen ihres Handelns (Hinnahme beispielsweise von Verkehrsanwaltstätigkeiten ihres Anwalts) übersieht, was an sich den Schluss auf eine Willenserklärung zum Abschluss eines (Verkehrsanwalts-)Vertrages zulässt, geht dies zu Lasten des Anwalts, der sich für seinen zusätzlichen Gebührenanspruch auf das Zustandekommen des Verkehrsanwaltsvertrages beruft (BGH NJW 1991, 2084, 2085; OLG Koblenz NJW-RR 1993, 695, 696). Es fehlt dann bereits der Vertrag als Grundlage des gesetzlichen Gebührenanspruchs.

413 Vgl. BGH NJW 1998, 3486, 3487 = WM 1998, 2243, 2245; NJW 1998, 136, 137 = WM 1998, 140, 141; BGHZ 77, 27 = NJW 1980, 2128; OLG Oldenburg VersR 1991, 1004; *Hartstang*, S. 520; *Vollkommer/Greger/Heinemann*, § 12, Rn. 27; *Ganter*, S. 12.

414 BGH, Beschl. v. 3.11.2011 – IX ZR 49/09 – juris, Rn. 3.

415 *Vollkommer/Greger/Heinemann*, § 12, Rn. 27.

416 BGH NJW 1980, 2128, 2130.

417 BGH NJW 1980, 2128, 2130.

Gebührenrechnung sein Interesse am Fortbestand des Importeurvertrages mit dem 12½ fachen Jahresgewinn (also 250 Mio. DM) der Firma eingeschätzt würde, wie bei der abschließenden Gebührenrechnung geschehen. Da der Gegenstandswert weder damals sicher festgestanden noch jetzt in einer allein zulässigen Weise bemessen worden sei und zudem der Präsident der AG an eine gänzlich andere Berechnung in den USA gedacht haben möge, hätten auf sein Befragen hin die Vorstellungen der Anwälte zum Gegenstandswert und damit auch der Gebühren mindestens der Größenordnung nach mitgeteilt werden müssen. Soweit *Borgmann/Jungk/Schwaiger*[418] dieses Urteil kritisch sehen und keine Verallgemeinerung für zulässig halten, ist dem entgegenzuhalten, dass sehr wohl allgemeine Grundsätze aufgestellt worden sind, die auch durchaus, und zwar nicht nur bei einer **ausländischen Partei** zutreffen. Zudem ist maßgeblicher Ausgangspunkt der Entscheidung, dass die konkrete Unterrichtung über die voraussichtlichen Anwaltsgebühren mit der Angabe »bis zu« eine erhebliche Unschärfe hatte, die wiederum bei dem Mandanten die Hoffnung oder Erwartung wecken konnte, die Gebühren letztlich entscheidend unter dieser Obergrenze halten zu können.

195 Soll ein Rechtsanwalt beide Ehegatten in einer Scheidungsangelegenheit **gemeinsam beraten**, hat er u.a. auch zur Kostenfrage zu beraten. Denn wenn eine Scheidungsfolgenvereinbarung mit seiner Hilfe scheitert, hat er das Mandat niederzulegen. Widerstreitende Interessen darf er nicht vertreten (§ 43a Abs. 4 BRAO und dazu Kap. 2 Rdn. 317). Beide Ehegatten müssten dann jeweils neue Anwälte beauftragen mit der Folge, dass neue Kosten entstehen und die Kosten für den ersten Anwalt eine zusätzliche Kostenbelastung darstellen, die bei einer sofort erfolgten Mandatierung von Anwälten jeder Partei für sich hätten vermieden werden können. Darüber hat der Anwalt mithin vor Annahme des Mandats beide Ehegatten zu belehren[419]. Dass auch dann, wenn es zu einer Scheidungsfolgenvereinbarung nach gemeinsamer Beratung kommt, es in einem einvernehmlichen Scheidungsverfahren möglicherweise zu Kosten durch die Beauftragung weiterer Anwälte für die Stellung des Scheidungsantrages kommen könne und auch darüber (vor Annahme des gemeinsamen Mandats) aufzuklären sei[420], leuchtet allerdings nicht ein. Denn die Stellung des Scheidungsantrages soll vereinbarungsgemäß genauso wie die Scheidungsfolgenvereinbarung selbst im Einvernehmen der scheidungswilligen Eheleute erfolgen.

196 Nachdem durch die Grundsatzentscheidung des BGH vom 17.9.2008[421] geklärt ist, dass nicht nur einzelne Anwälte, sondern auch Anwaltssozietäten im Wege der **Prozesskostenhilfe** beigeordnet werden können, dürfte es kaum noch zu Konstellationen kommen, in denen ein Sozietätsanwalt oder ein bei der Sozietät angestellter Anwalt vor Übernahme des Mandats auf die gebührenrechtlichen Folgen einer Beauftragung der Sozietät oder andererseits nur des Sozietätsmitglieds oder des angestellten Anwalts andererseits, das schließlich im Wege der Prozesskostenhilfe beigeordnet werden soll, hinzuweisen hat[422]. Denn seitdem sind keine Gründe ersichtlich, es zu einem Auseinanderfallen von Beiordnung und Mandat und damit zu einer möglichen Umgehung des § 122 Abs. 1 Ziff. 3 ZPO kommen zu lassen. Sollte gleichwohl nicht auf einen Gleichlauf von Anwaltsmandat und Anwaltsbeiordnung geachtet werden, wäre dies eine anwaltliche Pflichtverletzung vorvertraglicher oder vertraglicher Art, die zum Schadensersatz verpflichtete und dazu führte, dass gemäß § 242 BGB keine Ansprüche aus § 122 Abs. 1 Ziff. 3 ZPO gegen den Mandanten erhoben werden könnten[423].

197 Eine im Einzelfall erforderliche Kostenaufklärung ist **sorgfältig, eindeutig, umfassend und richtig** vorzunehmen.

418 *Borgmann/Jungk/Schwaiger*, Kap. IV, Rn. 101.
419 Vgl. BGH, v. 19.9.2013 – IX ZR 322/12 – juris, Rn. 10 ff.
420 BGH, a.a.O., Rn. 10; *Vill*, in: G. Fischer/Vill/D. Fischer/Pape/Chab, § 2, Rn. 199.
421 BGH, Urt. v. 17.9.2008 – IV ZR 343/07 – juris.
422 Dazu noch BGH, Urt. v. 15.7.2010 – IX ZR 227/09 – juris, Rn. 9.
423 BGH, a.a.O., Rn. 12 f.; *Vollkommer/Greger/Heinemann*, § 2, Rn. 22; *Vill*, in: G. Fischer/Vill/D. Fischer/Pape/Chab, § 2, Rn. 201.

Nennt ein Anwalt seinem Mandanten zur voraussichtlichen Höhe seiner Vergütung **zu niedrige Gebühren**, kann er später ohne einen rechtzeitigen Hinweis keine höhere Vergütung verlangen, § 242 BGB (Verbot widersprüchlichen Verhaltens)[424]. Auch kann eine unrichtige Belehrung eines Auftraggebers über die Höhe und Entstehung von Kosten, ist dem Mandanten dadurch ein Schaden entstanden, eine Schadensersatzpflicht des Anwalts zur Folge haben[425], so dass er jedenfalls gegen einen Gebührenanspruch des Rechtsanwalts ganz oder teilweise aufrechnen kann[426]. 198

Dabei kann im Einzelfall Ergebnis der Prüfung der Kausalität sein, dass bei umfassender Unterrichtung über die Höhe der Gebühren der Abschluss einer Honorarvereinbarung in dem von § 3 BRAGO vorgegebenen Rahmen erfolgt wäre[427].

Gibt der Rechtsanwalt auf Befragen die voraussichtlichen Kosten einer zutreffend nach der Rechtslage als unsicher eingeschätzten gerichtlichen Auseinandersetzung unzutreffend deutlich zu niedrig an und entschließt sich der Mandant zum Prozess, den er verliert, so kann er als Schadensersatz von seinem Anwalt nicht nur den Mehrbetrag der Kosten verlangen, den der Anwalt nicht genannt hatte, sondern den gesamten **Kostenschaden**[428]. Zur Begründung im Einzelnen wird auf Kap. 4 Rdn. 87 verwiesen.

Wird der Rechtsanwalt mit dem Entwurf eines Vertrages betraut, der **notarieller Beurkundung** bedarf, so ist der Mandant nicht nur darauf, sondern auch auf den Umstand hinzuweisen, dass durch die notarielle Beurkundung **zusätzliche Kosten** entstehen. Denn er kann nicht ohne Weiteres voraussetzen, dass sein Auftraggeber das weiß. Dieser muss in die Lage versetzt werden, selbst sachgerecht die Entscheidung zu treffen, ob er die »gezielte«, d.h. einseitig an seinen Interessen ausgerichtete Betreuung durch einen Anwalt zusätzlich zu einem notariellen Vertragsentwurf und der unparteiischen notariellen Betreuung wünscht[429]. Nicht aber muss der Anwalt einen Rat erteilen, gleich einen Notar aufzusuchen, um die Rechtsanwaltsgebühren zu sparen[430]. Ob eine weitergehende Verpflichtung besteht, wenn ein Rechtsanwalt mit einem Notar in einer gemeinsamen Praxis verbunden ist[431], hat der BGH[432] offengelassen. 199

Entstehen durch die Mandatsannahme im Ergebnis **zusätzliche Kosten**, welche durch die Beauftragung gleich eines anderen Rechtsanwalts hätten vermieden werden können, begründet das eine vorvertragliche Hinweispflicht, deren Verletzung gemäß §§ 311 Abs. 2, 280 Abs. 1 BGB zum Ersatz des Vertrauensschadens nach den Regeln, wie sie für vertragliche Beratungspflichtverletzungen gelten, verpflichtet[433]. 200

▶ **Beispiel 2[434]:**

Ein Rechtsanwalt ist aus Rücksicht gegenüber dem Gegner, von dem die Sozietät häufig Mandate erhält, von vorneherein nicht bereit, den neuen Mandanten erforderlichenfalls auch vor Gericht zu vertreten.

---

424 Vgl. BGH NJW 1955, 1921, 1923; WM 1976, 1136, 1137; NJW 1980, 2128, 2130; NJW 1980, 2407, 2408; OLG Hamm, Beschl. v. 11.8.1992 – 28 W 47/91; Urt. v. 31.3.2011 – I-28 U 63/10 – juris, Rn. 81 m.w.N.; OLG Karlsruhe NJW 1990, 2132, 2133; *Vollkommer/Greger/Heinemann*, § 12, Rn. 27.

425 BGH NJW 1980, 2128, 2130; OLG Hamm vom 11.8.1992 – 28 W 47/91; *Schumann/Geißinger*, Einl., Rn. 24.

426 BGH, Beschl. v. 26.1.2012 – IX ZR 69/11 – juris, Rn. 8; *Vill*, in: G. Fischer/Vill/D. Fischer/Pape/Chab, § 2, Rn. 207.

427 Vgl. BGH NJW 1980, 2128, 2130.

428 *G. Fischer*, in: G. Fischer/Vill/D. Fischer/Pape/Chab, § 5, Rn. 73 zu (4); a.A. OLG Karlsruhe NJW 1990, 2132 = VersR 1991, 1004; *Borgmann/Jungk/Schwaiger*, Kap. V, Rn. 58 mit Zusatz in Fn. 250, dass dies im Einzelfall zweifelhaft sei.

429 BGH, Urt. v. 7.3.2019 – IX ZR 221/18 – juris, Rn. 30.

430 BGH NJW 1998, 136, 137 = WM 1998, 140, 141; *Ganter*, S. 12; *Peperkorn*, AnwBl 1995, 304, 305.

431 Vgl. dazu LG Duisburg DNotZ 1974, 565 f. m. zust. Anm. *Petersen*.

432 BGH NJW 1998, 136, 137.

433 BGH NJW 2008, 1307, 1308 f. = WM 2008, 371 (Tz. 14, 19).

434 BGH NJW 2008, 1307 = WM 2008, 371.

Er muss diesen Vorbehalt offen legen, damit der Mandant entscheiden kann, ob er den Auftrag unter diesen Umständen erteilen will. Auch muss der Mandant die ihm bei Auftragserteilung infolge später u.U. notwendig werdender Beauftragung eines anderen Anwalts entstehenden Mehrkosten in seine Entscheidung einbeziehen können. Das setzt notwendigerweise voraus, dass diese potentiellen Mehrkosten[435] durch entsprechenden Hinweis verdeutlicht worden sind.

201 Der Rechtsanwalt ist nicht verpflichtet, nach Zustellung einer einstweiligen Verfügung im gewerblichen Rechtsschutz seinen Auftraggeber darauf hinzuweisen, dass durch die unaufgeforderte Abgabe einer sog. Abschlusserklärung ein sonst entstehender **Kostenerstattungsanspruch des Gegners** für dessen Gebührenaufwand für sein Abschlussschreiben vermieden werden kann, solange er dem Kostengesichtspunkt bei der Entscheidung seines Auftraggebers rechtlich und wirtschaftlich nur untergeordnete Bedeutung beimessen darf. Das ist der Fall, solange der Entschluss, kein Rechtsmittel gegen die Entscheidung einzulegen und auch keinen Antrag auf Klageerhebung nach § 926 ZPO zu stellen, noch nicht gefasst ist[436].

202 Beauftragt der Anwalt einen **ausländischen Kollegen** mit der Wahrnehmung der Interessen seines Mandanten, sollte er wegen der in anderen Ländern manchmal unübersichtlichen Gebührenregelungen in jedem Fall vorab die Honorarfrage für den Mandanten mit dem ausländischen Anwalt klären, am besten, soweit tatsächlich und rechtlich möglich, durch eine die Interessen des Mandanten wahrende Honorarvereinbarung (siehe oben Rdn. 30).

203 Kommt die Eintrittspflicht einer **Haftpflichtversicherung** für den Mandanten in Betracht, z.B. als Beklagter einer Schadensersatzklage nach einem Unfall, so ist der Versicherungsschutz aufzuklären (vgl. schon Kap. 2 Rdn. 259)[437]. Unter dem Gesichtspunkt der Kostenberatung und Kostenbeschränkung ist das von Belang etwa wegen § 3 Abschnitt II, Ziff. 3 und 4 AHB.

204 Umstritten ist, ob der Anwalt den Mandanten von sich aus nach dem **Bestehen einer Rechtsschutzversicherung** zu befragen hat.

205 Wird das Mandat von einer geschäftserfahrenen Partei oder über einen Korrespondenzanwalt erteilt, so kann der Anwalt berechtigt annehmen, dass diese auf eine bestehende Rechtsschutzversicherung von sich aus hinweisen würden, so dass keine besondere Fragepflicht besteht[438]. Aber nicht nur in derartigen Fallgestaltungen, sondern auch generell gilt: Ebenso wie der Anwalt grundsätzlich nicht verpflichtet ist, den ratsuchenden Mandanten ungefragt über den Anfall und die Höhe der bei Durchführung des Mandates entstehenden Kosten aufzuklären und zu belehren, trifft ihn nach der hier weiterhin vertretenen Ansicht **keine generelle Verpflichtung**, sich bei Übernahme des Mandates nach dem etwaigen Bestehen einer Rechtsschutzversicherung zu erkundigen. Es fällt vielmehr grundsätzlich in den eigenverantwortlich und unschwer wahrzunehmenden Obliegenheitsbereich des Mandanten, der das Bestehen einer von ihm abgeschlossenen Rechtsschutzversicherung kennt, den Anwalt über eine solche Tatsache wie auch bei sonstigen bei der Bearbeitung des Mandates ersichtlich zu beachtenden Umstände zu informieren[439]. Der Anwalt muss auch abgeschlossene Altakten nicht auf das Bestehen einer Rechtsschutzversicherung hin überprüfen[440].

---

435 Vgl. zu diesen im Einzelnen BGH NJW 2008, 1307, 1308 f. = WM 2008, 371 (Tz. 14).

436 BGH NJW-RR 2006, 557, 558 = WM 2006, 1216 (Tz. 9–11).

437 Vgl. BGH VersR 1971, 1119, 1120; 1985, 83, 84; OLG Düsseldorf VersR 1885, 92; vgl. auch: *Borgmann/Jungk/Schwaiger*, Kap. IV, Rn. 127 ff.; *Vollkommer/Greger/Heinemann*, § 12, Rn. 34; *Vill*, in: G. Fischer/Vill/D. Fischer/Pape/Chab, § 2, Rn. 135.

438 So schon *Rinsche*, 6. Auflage, Rn. I 420.

439 OLG Hamm vom 29.1.2002 – 28 U 117/01; *Borgmann/Jungk/Schwaiger*, Kap. IV, Rn. 127 ff.; *Bräuer*, AnwBl 2006, 61; *Weinbeer*, Die größten Haftungsrisiken d. Anwalts, § 2, Rn. 867; unklar noch *Rinsche*, 6. Auflage, Rn. I 420, der eine »vorsorgliche« Nachfrage bei einer geschäftsunerfahrenen Partei empfiehlt; a.A. *Vollkommer/Greger/Heinemann*, § 12, Rn. 34; nun auch *Vill*, in: G. Fischer/Vill/D. Fischer/Pape/Chab, § 2, Rn. 205. Entgegen *Vill*, a.a.O. in Fn. 837 hat sich die Ansicht in *Borgmann/Jungk/Schwaiger*, Kap. IV, Rn. 130 gegenüber der Vorauflage (auch jetzt in der 6. Auflage) nicht geändert.

440 OLG Celle OLG-Rep. 2007, 388–392 (Tz. 22).

Die gegenteilige Ansicht[441] vermag nicht zu überzeugen. Es mag zwar sein, dass der Mandant bei der Beurteilung des Deckungsumfanges einer Rechtsschutzversicherung und der zur Erreichung einer konkreten Deckung notwendigen Maßnahmen überfordert sein kann und deshalb belehrungsbedürftig ist, während der Anwalt ohne Überforderung nachfragen und die erheblichen Punkte abklären kann. Die Frage nach einer solchen Belehrungsbedürftigkeit des Mandanten und seiner dadurch geforderten rechtlichen Beratung stellt sich für einen Anwalt jedoch grundsätzlich erst dann, wenn er aufgrund einer vorangegangenen Sachinformation einen Anlass für eine dahingehende Prüfung hat. Im Rahmen des Wechselspiels zwischen Informationspflicht des Mandanten und Informationsbeschaffungspflicht des Anwaltes ist aber anerkannt, dass der Mandant grundsätzlich verpflichtet ist, den Anwalt zunächst von sich aus zu informieren. Die Pflicht des Anwalts, sich durch gezieltes (Nach-)Fragen (weitere) Informationen zu beschaffen, setzt erst dann ein, wenn Anlass besteht, an der Vollständigkeit und Richtigkeit der Angaben des Mandanten zu zweifeln (siehe Kap. 2 Rdn. 71 ff.). Da das Bestehen einer Rechtsschutzversicherung auch inzwischen nicht allgemein selbstverständlich ist[442], kann und muss aber nicht generell angenommen werden, dass der Auftraggeber es bloß vergessen hat, diese zu erwähnen, oder aus möglicherweise unzutreffenden Gründen glaubt, diese greife in der konkreten Angelegenheit nicht ein. Anders mag es vielleicht in Verkehrsunfallsachen sein, weil in diesem Bereich häufig Rechtsschutz besteht. Schließlich ändert der Umstand, dass der Rechtsanwalt unschwer immer von sich aus nachfragen könnte, nichts an der aufgezeigten grundsätzlichen Aufgabenverteilung und den daraus folgenden Risikoverantwortlichkeiten. Soweit Rechtsanwälte häufig schon im Eigeninteresse nach dem Bestehen einer Rechtsschutzversicherung fragen, deren Deckungszusage die Gebührenansprüche des Anwaltes absichert, lässt sich allein aus einer solchen tatsächlichen Übung im Regelfall ebenfalls keine Rechtspflicht gerade auch im Interesse und zum Schutz des Mandanten herleiten[443]. 206

Anders ist es allerdings, wenn dem Anwalt aus früheren Mandaten oder auf andere Weise das **Bestehen** einer Rechtsschutzversicherung **bekannt** ist[444]. Der Anwalt kann dann verpflichtet sein, den Eintritt der Versicherung auch im konkreten Fall abzuklären. Ohne Kostenzusage darf er grundsätzlich keine Klage erheben, denn der Nehmer einer Rechtsschutzversicherung wird regelmäßig die Kosten einer rechtlichen Auseinandersetzung nicht aus eigener Tasche bezahlen wollen[445]. Obacht geben muss der Anwalt, dass nicht durch eine – u.U. verzögerlich erfolgende – Korrespondenz mit dem Rechtschutzversicherer Verjährung eintritt, bevor die Klage eingereicht werden kann[446]. Er muss in einer solchen Situation, aber auch ansonsten, wenn die Deckungspflicht zu verneinen, zweifelhaft oder noch offen ist, nach entsprechender Belehrung sich je nach Fallgestaltung einen unbedingten Klageauftrag erteilen lassen[447] oder von einer gerichtlichen Verfolgung oder Verteidigung gegen eine Klage abraten. Das Letztere hätte der Anwalt im Fall, der dem Urteil des OLG Celle vom 19.3.2008[448] zugrunde lag, unter Kostengesichtspunkten auch tun müssen, soweit er Zukunftsschäden einklagte, so dass unabhängig von den Chancen des Prozesses der vom Mandanten wegen fehlender Kostendeckung durch seine Rechtsschutzversicherung vom Anwalt ersetzt verlangte 207

441 *Vollkommer/Greger/Heinemann*, § 12, Rn. 34; *Vill*, in: G. Fischer/Vill/D. Fischer/Pape/Chab, § 2, Rn. 205.

442 Vgl. *Chab*, BRAK-Mitt. 2003, 9.

443 So auch schon OLG Hamm vom 29.1.2002 – 28 U 117/01.

444 So auch die Fallgestaltung in der Entscheidung des OLG Nürnberg NJW-RR 1989, 1370.

445 Vgl. OLG Düsseldorf Beck RS 2008, 19428; OLG Düsseldorf NJW 2000, 1650; *Vill*, in: G. Fischer/Vill/D. Fischer/Pape/Chab, § 2, Rn. 205.

446 OLG Köln NJW-RR 1994, 955, 956 = VersR 1994, 813; *Bräuer*, AnwBl 2006, 62.

447 Vgl. OLG Düsseldorf NJW 2000, 1650; OLG Nürnberg NJW-RR 1989, 1370; OLG Düsseldorf VersR 1976, 892; *Vill*, in: G. Fischer/Vill/D. Fischer/Pape/Chab, § 2, Rn. 205; *Borgmann/Jungk/Schwaiger*, Kap. IV, Rn. 130; *Chab*, BRAK-Mitt. 2003, 10; vgl. aber auch OLG Oldenburg VersR 1991, 1004 für einen Auftrag einer geschäftserfahrenen Partei, der sofortiges Handeln in der Sache gebot.

448 OLG Celle NJOZ 2009, 2856 = OLGRep. 2008, 438 = BRAK-Mitt. 2009, 17 f. mit ablehnender Anm. von *Chab*.

Kostenschaden unter Berücksichtigung des Grundsatzes der Schadenseinheit entgegen der Ansicht des OLG Celle bereits im Zeitpunkt der unnötig erweiterten Klageerhebung entstanden war[449].

208 Anders kann die regressrechtliche Beurteilung auch sein, wenn z.B. die Entscheidung ansteht, wegen drohender Verjährung einen Titel gegen einen **vermögenslosen Schuldner** zu erwirken. In einer solchen Entscheidungssituation wird ein kostenempfindlicher Mandant zögern, auf voraussichtlich tatsächlich zumindest z.T. letztlich eigene Kosten[450] gerichtlich vorzugehen, und zwar umso mehr, je schlechter die Aussichten sind, nach vernünftiger Beurteilung mit dem Vollstreckungstitel innerhalb der 30-jährigen Verjährungsfrist des § 197 Abs. 1 Nr. 3 BGB »etwas anfangen zu können«. Hier kann es ein wichtiger Gesichtspunkt sein – wenn die Realisierungschancen nicht definitiv gänzlich ausgeschlossen sind –, ob nicht ein »Kostenträger« vorhanden ist, so dass ein dahingehender Hinweis bzw. eine Frage des Anwalts nach Bestehen einer Rechtsschutzversicherung so nahe liegen kann, dass ein Untätigbleiben als Pflichtverletzung zu werten ist.

209 Auf eine von seinem Auftraggeber **vorgelegte Deckungszusage** darf der Anwalt grundsätzlich vertrauen, also auch davon ausgehen, dass der Rechtsschutzversicherer den Gerichtskostenvorschuss nach Weitergabe der Kostenanforderung des Gerichts begleichen wird, dessen rechtzeitige Zahlung der Anwalt allerdings zu überwachen hat[451].

210 Nach dem zum 1.7.2008 in Kraft getretenen § 3a RVG bedarf eine **Vergütungsvereinbarung** mit einem Anwalt der **Textform**, § 3a Abs. 1 S. 1 RVG. Nach § 3a Abs. 1 S. 2 Hs. 2 RVG muss sie zudem von anderen Vereinbarungen mit Ausnahme der Auftragserteilung selbst deutlich abgesetzt sein und darf nicht in der Vollmacht enthalten sein.

211 Die Regelung in **§ 3a Abs. 1 S. 3 RVG**, wonach die Vereinbarung einen Hinweis darauf zu enthalten hat, dass die gegnerische Partei, ein Verfahrensbeteiligter oder die Staatskasse im Falle der Kostenerstattung regelmäßig nicht mehr als die gesetzliche Vergütung erstatten muss, begründet zum Schutz der Rechtsuchenden eine **Hinweispflicht** darauf, dass sie eine höhere als die gesetzliche Vergütung grundsätzlich selbst zu tragen haben[452]. Eine darüberhinausgehende Hinweispflicht besteht angesichts des die formellen Anforderungen an eine mit einem Rechtsanwalt geschlossenen Vergütungsvereinbarung umfassend geregelten § 3a Abs. 1 RVG nicht (mehr)[453].

212 Jedoch entbindet das nach der Rechtsprechung des BGH nicht von der Prüfung, ob nicht jedenfalls wegen des spätestens durch die Aufnahme von Verhandlungen über den Abschluss einer Vergütungsvereinbarung begründeten Schuldverhältnisses eine vorvertragliche Pflichtverletzung zu einem Schadensersatzanspruch nach § 280 Abs. 1 BGB führen kann[454]. Einen Rechtsanwalt, der ein Wahlmandat begründen will, treffen nämlich in vielfältiger Weise vorvertragliche Sorgfaltspflichten[455]. Entscheidend für das Maß der Unterrichtung ist stets die für den Anwalt erkennbare Erkenntnis und Interessenlage des Auftraggebers. Der rechtssuchende Vertragsinteressent muss nach Lage des Falles ausreichend informiert sein, um über sein weiteres Vorgehen sachgerecht entscheiden zu können[456].

Demgemäß galt schon in früheren Jahren vor Inkrafttreten von § 3a RVG: Ist der Rechtsanwalt zur Übernahme eines eventuellen künftigen Prozessmandats nur bei Abschluss einer

---

449 Zutreffend *Chab*, Anm. zu OLG Celle NJOZ 2009, 2856 = OLGRep. 2008, 438 = BRAK-Mitt. 2009, 17 f.; vgl. auch OLG Hamm, Urt. v. 2.3.2006 – 28 U 135/05, Beck RS 2006, 04670 = BRAK-Mitt. 2006, 218; ferner Kap. 7 Rdn. 68.

450 Auch wenn einer Zweitschuldnerhaftung nach § 31 GKG wegen bewilligter Prozesskostenhilfe für den Gegner nach § 31 Abs. 3 GKG entfallen sollte, bleibt das Ausfallrisiko wegen der eigenen Anwaltskosten.

451 OLG Hamm vom 20.11.2007 – 28 U 11/07.

452 BT-Drucks. 16/8384, S. 9 f.

453 BGH, Urt. v. 13.12.2018 – IX ZR 216/17 – juris, Rn. 8, 9.

454 BGH, a.a.O., Rn. 13, 14.

455 Vgl. im Einzelnen mit zahlreichen Beispielsfällen: BGH, a.a.O., Rn. 18.

456 BGH, a.a.O., Rn. 19.

Honorarvereinbarung bereit, muss er eine erkennbar nicht vermögende Partei schon vor Erteilung eines außergerichtlichen Mandats darauf hinweisen. Diese Verpflichtung beinhaltet den Hinweis, dass das deutlich über den gesetzlichen Gebühren und Auslagen liegende zu vereinbarende Honorar in jedem Fall von der Partei selbst zu tragen ist, weil es weder von der Rechtsschutzversicherung übernommen wird noch im Falle des Obsiegens vom Gegner zu erstatten ist[457].

Ähnliche Pflichten treffen grundsätzlich in gleicher Weise den Pflichtverteidiger. Um sachgerecht darüber entscheiden zu können, ob der Beschuldigte eine Honorarvereinbarung mit dem für ihn bereits auf Antrag oder von Amts wegen bestellten Pflichtverteidiger abschließt, muss er die maßgeblichen Umstände kennen. Hierzu rechnet nicht nur die Aufklärung darüber, dass die Zahlungspflicht die gesetzlichen Gebühren übersteigt und dass die Staatskasse im Falle der Kostenerstattung regelmäßig nicht mehr als die gesetzliche Vergütung erstatten muss. Sachgerecht kann der Beschuldigte nur entscheiden, wenn er weiß, dass der Pflichtverteidiger auch ohne den Abschluss der Honorarvereinbarung zur Verteidigung verpflichtet ist[458]. Nach allgemeinen Regeln, die auf die vorvertraglichen Pflichtverletzungen anzuwenden sind[459], muss der Kläger dartun und gegebenenfalls beweisen, wie er sich bei vollständiger Aufklärung verhalten hätte. Sein ersatzfähiger Schaden kann dann darin liegen, dass er mehr als die gesetzlichen Gebühren gezahlt hat[460].

Eine Verpflichtung zum Ersatz von Kostenschäden kann sich ferner ergeben, wenn der Rechtsanwalt, der mit der **Einholung einer Deckungszusage** beauftragt ist, hierbei Pflichten verletzt[461], z.B. durch »verschleiernde« Angaben zum Anspruchssteller in der »Hauptsache« und zur Erstreckung des Versicherungsschutzes auch auf diesen[462] oder durch fehlenden Hinweis auf die besondere Eilbedürftigkeit im Hinblick auf eine Pflicht zur unverzüglichen Einzahlung des Gerichtskostenvorschusses, um eine Zustellung demnächst i.S.d. § 167 ZPO zu erreichen[463]. Der Anwalt ist im Rahmen eines solchen Auftrags nämlich Repräsentant des Mandanten bei der Erfüllung von dessen Obliegenheiten dem Rechtsschutzversicherer gegenüber[464]. 213

Haftungsgefahren können auch aus der Erschöpfung oder der **Überschreitung der Deckungssumme** resultieren, die namentlich bei älteren Rechtsschutzversicherungsverträgen teilweise nicht sehr hoch sind (50.000 bzw. 100.000 DM). Bei höheren Streitwerten, wie sie beispielsweise in Unfallhaftpflicht- oder Arzthaftungssachen schnell erreicht werden können, und/oder kostenaufwendigen Beweisaufnahmen kann so vor Abschluss des Instanzenzuges die Kostendeckung verbraucht sein und unbemerkt die Partei mit Kosten belastet werden, die sie möglicherweise überfordern. 214

Daher ist der Anwalt, der es **übernimmt, eine Kostendeckung einzuholen**, im Rahmen dieses Auftrages verpflichtet, sich die Versicherungsbedingungen geben zu lassen, auf deren Einhaltung zu achten[465] und den Mandanten über die Konsequenzen etwaiger Nichtbeachtung zu belehren[466]. Für eine solche Belehrung ist jedoch richtigerweise ein besonderer Anlass erforderlich; nicht etwa kann der Anwalt verpflichtet sein, den Mandanten über sämtliche Einschränkungen des 215

457 OLG Stuttgart OLG-Rep. 2003, 34.
458 BGH, a.a.O., Rn. 20.
459 BGH, a.a.O., Rn. 27.
460 BGH, a.a.O., Rn. 27, 28.
461 OLG Köln NJW-RR 2004, 1573; OLG Köln NJW-RR 1994, 955, 956 = VersR 1994, 813; *Bräuer*, AnwBl 2006, 62.
462 Vgl. OLG Hamm, Urt. v. 5.3.2002 – 28 U 121/01; dazu auch schon Kap. 2 Fußnote 685 zu Rdn. 259 und unten Rdn. 217.
463 Vgl. OLG Hamm, Urt. v. 10.5.2012 – I-28 U 166/11 – juris, Rn. 27–29.
464 *Bräuer*, AnwBl 2006, 61 f.; *Obarowski*, in: Beckmann/Matusche-Beckmann, Versicherungsrechts-Handbuch, 3. Auflage, § 37, Rn. 608; vgl. auch OLG Köln NJW-RR 1994, 955, 956 = VersR 1994, 813.
465 BGH VersR 1985, 83.
466 OLG Hamm, Urt. v. 2.3.2006 – 28 U 135/05, Beck RS 2006, 04670 = BRAK-Mitt. 2006, 218; *Vollkommer/Greger/Heinemann*, § 12, Rn. 35.

Versicherungsschutzes nach den ARB vorsorglich aufzuklären und die Reichweite der Deckungszusage zu überprüfen und ihm zu erläutern[467]. Der Deckungssumme ist jedenfalls dann Beachtung zu widmen, wenn ihre Höhe in Anbetracht der im Einzelfall in Rede stehenden Rechtsverfolgung oder Rechtsverteidigung zumindest begründete Zweifel an einem Enderfolg der Partei ohne von ihr selbst zusätzlich aufzubringenden Kostenaufwand aufkommen lassen müssen. In solchen Fällen muss eine entsprechende Beratung erfolgen. Dem kann der Anwalt nicht berechtigterweise entgegenhalten, dass das Deckungsvolumen für die von ihm zu verantwortende Instanz gereicht hätte[468]. Denn bei einer solchen Argumentation wird außer Acht gelassen, dass das Durchlaufen der Instanzen nicht von einer Partei allein steuerbar ist. Der kostenmäßig ungünstigste Fall wäre eine volle Ausnutzung aller Rechtsmittelmöglichkeiten durch den Gegner wegen jeweils diesen beschwerender Urteile und endgültiger Prozessverlust des Mandanten in letzter Instanz nach Überschreitung der Deckungssumme. Allerdings kann die bloß allgemeine Gefahr eines derartigen Prozessablaufs keine dahingehende Beratungspflicht auslösen.

216 Hat der Anwalt **nicht selbst um Deckungsschutz nachgesucht**, weil ihm ein Mandat durch einen Kollegen übermittelt wurde, der bereits eine Deckungszusage eingeholt hatte, so darf der neu mandatierte Anwalt davon ausgehen, dass die Interessen des Auftraggebers im Rahmen des Versicherungsvertragsverhältnisses, soweit überhaupt erforderlich, bereits wahrgenommen worden sind. Er braucht deshalb keine Prüfung der Werthaltigkeit einer Deckungszusage wegen drohender Erschöpfung der Versicherungssumme vorzunehmen[469]. Ob zur Entlastung des neuen Anwalts auch darauf abgestellt werden kann, er habe davon ausgehen dürfen, der Rechtsschutzversicherer hätte infolge geschäftsplanmäßiger Erklärung der Rechtsschutzversicherer[470], für die allerdings die Rechtsgrundlage bei nach dem 30. Juli 1994 abgeschlossenen Verträgen entfallen ist, weil nicht mehr Bestandteil des genehmigten Geschäftsplanes (§ 5 Abs. 3 VAG n.F.)[471], oder zumindest aus § 242 BGB dem ersten Anwalt von einer drohenden Überschreitung der Deckungssumme bei Gebrauch der (weiteren) Deckungszusage Mitteilung machen müssen[472], ist nicht zweifelsfrei[473], aber zu bejahen[474].

217 Übernimmt es hingegen der **neue Anwalt**, sich **selbst** um eine **Deckungszusage** z.B. für die Berufungsinstanz zu kümmern und hat er bei Übernahme des Berufungsauftrages nur eine Zusage der Versicherung für die erste Instanz mit dem allgemeinen Zusatz in den Händen, dass Deckung im Rahmen der Versicherungsbedingungen gewährt werde[475], stellt sich die Frage, ob er davon ausgehen darf, dass der erstinstanzliche Anwalt den Deckungsumfang und daraus resultierende Kostenrisiken für die Partei bereits abgeklärt hat, und daher selbst nicht mehr in dieser Richtung tätig werden zu müssen.

Stellt man zur Beantwortung dieser Frage darauf ab, ob Anhaltspunkte für die Annahme eines begründeten Anlasses für eine solche Klärung und Beratung in erster Instanz vorliegen, müsste mangels Kenntnis des Berufungsanwalts von einer Beschränkung der Deckungssumme, die Antwort »Nein« lauten. Andererseits könnte darauf abgestellt werden, dass vom Berufungsanwalt, wenn ihm durch den erstinstanzlichen Anwalt nur die Deckungszusage für die erste Instanz vorgelegt wird,

467 OLG Hamm vom 3.4.2000 – 28 U 206/99, NJW-RR 2001, 1073; OLG Hamm vom 2.3.2006 – 28 U 135/05, Beck RS 2006, 04670 = BRAK-Mitt. 2006, 218; vgl. auch LG Berlin ZfS 1994, 462, 463; zustimmend Harbauer/*Schneider*, § 5 ARB 2010, Rn. 261.

468 OLG Hamm vom 2.3.2006 – 28 U 135/05, Beck RS 2006, 04670.

469 OLG Hamm vom 3.4.2000 – I-28 U 206/99, NJW-RR 2001, 1073, 1074 (Berufungsmandat).

470 Vgl. Harbauer/*Schneider*, ARB, § 5 ARB 2010, Rn. 269; *Harbauer*, ARB, 6. Auflage, Anm. 263 zu § 2 ARB 75; *Prölls/Martin,* Versicherungsvertragsgesetz, 26. Auflage, Anm. 35 zu § 2 ARB 75; ferner: OLG Hamm vom 3.4.2000 – I-28 U 206/99, NJW-RR 2001, 1073, 1074.

471 Harbauer/*Schneider*, a.a.O.

472 OLG Hamm vom 3.4.2000 – I-28 U 206/99, NJW-RR 2001, 1073, 1074.

473 Vgl. im Einzelnen *Bauer*, NJW 2002, 1542, 1543 f.

474 Harbauer/*Schneider*, a.a.O.; *Armbrüster,* in: Prölss/Martin ARB 2010 § 5 Rn. 78.

475 So der Fall in OLG Hamm – 28 U 122/01.

für seine darauf aufbauende, bloß ergänzende Tätigkeit allgemein nicht erwartet wird, die grundsätzlich vor Einleitung eines gerichtlichen Verfahrens vorzunehmende Prüfung des Eingreifens eines Kostenträgers erneut vollständig vorzunehmen, wenn dafür keine besondere Notwendigkeit besteht oder er ausdrücklich auch darum gebeten wird. Lässt man hingegen maßgebend sein, dass der Berufungsanwalt die Rechtsschutzanfrage für das Berufungsverfahren nun einmal selbst übernommen hat und sieht ihn als verpflichtet an, den versicherungsrechtlich dafür relevanten Sachverhalt zu sichten und zu prüfen (Versicherungsschein), wäre deshalb bei dabei erkennbarer nur niedriger Versicherungssumme ein Warnhinweis[476] an den Mandanten zu erteilen, wenn begründete Zweifel daran vorliegen, das Berufungsverfahren ohne Kostennachteile für die Partei durchführen zu können. Das OLG Hamm brauchte wegen Beendigung des Regressrechtsstreits durch Prozessvergleich diese Frage letztlich nicht zu entscheiden[477]. Im Rahmen kostspieliger Prozesse tut der Anwalt aber immer gut daran, auch an die begrenzten Versicherungssummen bei Rechtsschutzversicherungen zu denken[478].

Bei einem **Vergleich** hat der Rechtsanwalt bei der Vertretung eines **rechtsschutzversicherten** Man- 218
danten auf eine dem Verhältnis von Obsiegen und Unterliegen entsprechende **Kostenverteilung** zu achten, um seinen Mandanten vor Nachteilen aus einer Nichtbeachtung von § 2 Abs. 3 lit. a ARB 75 oder § 5 Abs. 3 lit. b ARB 95 und ARB 2010 zu bewahren (im Einzelnen dazu Kap. 2 Rdn. 151 m.w.N.)[479].

Bei Vertretung einer Partei im Wege der **Prozesskostenhilfe** gilt grundsätzlich das Gleiche, weil 219
sonst die bedürftige Partei einem nicht von der Prozesskostenhilfe gedeckten Erstattungsanspruch ausgesetzt sein kann. Das auf sicherste Weise zu vermeiden, ist der durch die Neufassung in § 31 Abs. 4 GKG eröffnete Weg, einen **Prozessvergleich** aufgrund eines Vorschlags des Gerichts auch in Bezug auf die Kostenverteilung mit der ausdrücklichen Feststellung, dass die Kostenregelung der sonst zu erwartenden Kostenentscheidung entspricht, abzuschließen (dazu vgl. auch Rdn. 398).

Zweifelhaft erscheint, inwieweit der Anwalt verpflichtet ist, den Mandanten auf den »**kostengün-** 220
stigsten« Weg aufmerksam zu machen[480].

Grundsätzlich muss davon ausgegangen werden, dass der Anwalt berechtigt und verpflichtet ist, die gesetzlich vorgesehenen Gebühren von seinem Mandanten zu verlangen. Demzufolge kann er auch nicht gehalten sein, von sich aus dem Mandanten zu empfehlen, zur **Kostenersparnis** zunächst nur einen Teilbetrag der streitigen Summe einzuklagen. Zu einer derartigen Überlegung oder gar Empfehlung kann der Anwalt allenfalls verpflichtet sein, wenn nur sehr geringe Erfolgsaussichten für einen Prozess mit sonst hohem Streitwert und damit hohem Kostenrisiko gegeben sind[481]. Dabei ist allerdings zu bedenken, dass der Gegner gerade auch in einer solchen Fallkonstellation mit einer kostspieligen Widerklage, gerichtet auf Feststellung des Nichtbestehens eines Anspruchs des Klägers, insgesamt kontern kann und dann die Begrenzung des Kostenrisikos nicht funktioniert. Dass der Anwalt, wünscht der Mandant eine **Teilklage**, nicht von vorneherein über die Möglichkeit einer kostspieligen Widerklage zu unterrichten habe, wie *Jungk*[482] meint, da dies zwar nicht auszuschließen, aber ebenso wenig kalkulierbar vorauszusehen sei, ist nicht überzeugend. Vielmehr ist es Aufgabe des Anwalts, Fehlvorstellungen oder objektiv unsichere Erwartungen des Mandanten, hier über eine Risiko- und Kostenbegrenzung, zu korrigieren, um dem Mandanten eine eigenverantwortliche Entscheidung über ein klageweises Vorgehen und seine Art und Weise auf einer

476 Warnpflicht hier als leistungsbezogene Nebenpflicht des (Hilfs-)Auftrages zur Einholung der Deckungszusage für das Berufungsverfahren. Vgl. allgemein zur Warnpflicht Kap. 2 Rdn. 265 ff., 259.

477 OLG Hamm, a.a.O.

478 So auch der Rat von *Chab*, BRAK-Mitt. 2003, 10.

479 Vgl. auch *Chab*, BRAK-Mitt. 2003, 10.

480 Vgl. dazu OLG Düsseldorf AnwBl 1987, 197; OLG Köln NJW 1986, 725, 726; AG Düsseldorf AnwBl 1986, 353.

481 *Borgmann/Jungk/Schwaiger*, Kap. IV, Rn. 103.

482 In: *Borgmann/Jungk/Schwaiger*, Kap. IV, Rn. 102 unter Verweis auf KG JW 1933, 1667.

zutreffenden Prognosegrundlage zu ermöglichen. Die (Risiko-)Unterrichtung des Mandanten von der Wahrscheinlichkeit der Erhebung der Widerklage und dem Verhältnis von deren Streitwert zum ursprünglichen Streitwert abhängig zu machen, wie *Jungk*[483] nun ergänzt, vermag ebenfalls nicht zu überzeugen. Diese Aspekte sind lediglich Teilinhalte der in jedem Fall vorzunehmenden Unterrichtung über (mögliche oder wahrscheinliche) Konsequenzen in kostenmäßiger Hinsicht, wenn man sich zu einer bloßen Teilklage entschließen will.

221 Die Frage nach einem kostengünstigen Vorgehen kann in einem **Spannungsverhältnis** zur Pflicht des Anwalts stehen, den relativ **sichersten Weg** einzuschlagen[484]. Dies zeigt sich gerade am Beispiel einer Teilklage. Wird nämlich nur ein Teilbetrag eingeklagt, so hat der Anwalt bezüglich der vorerst nicht eingeklagten Beträge vor allem die Frage der Verjährung zu prüfen und im Auge zu behalten, damit sich dieses zusätzlich geschaffene Risiko nicht zum Nachteil der Partei verwirklicht (vgl. schon Kap. 2 Rdn. 234)[485]. Ein u.U. folgenschwerer Irrtum wäre es, wenn der Anwalt nach Erhebung einer negativen Feststellungswiderklage glaubt, damit sei die Verjährung nun insgesamt gehemmt. Denn nach ständiger Rechtsprechung und h.M. kommt weder der Erhebung einer negativen Feststellungsklage noch der Verteidigung gegen sie eine verjährungshemmende (früher: verjährungsunterbrechende) Wirkung zu[486]. Also kann es, allgemein gesehen, eine Pflicht des Anwalts, einen kostengünstigeren Weg anzuraten, grundsätzlich nur geben, wenn es zwei gleich sichere Varianten gibt, von denen die eine ersichtlich kostengünstiger ist[487].

222 Eine Verjährungsproblematik stellt sich nicht, wenn ein erstinstanzlich unterlegener Berufungskläger, wurde die Berufung unbeschränkt eingelegt, seine **Berufungsanträge** zunächst auf einen Teil des ursprünglich eingeklagten Betrags **beschränkt**. Die dadurch eintretende Hemmung der Rechtskraft (§ 705 S. 2 ZPO) erstreckt sich grundsätzlich auch dann auf das gesamte Urteil, wenn die Berufungsbegründung einen beschränkten Antrag enthält. Allein aus dem Umstand, dass dieser Antrag hinter der Beschwer zurückbleibt, lässt sich kein teilweiser Rechtsmittelverzicht entnehmen[488]. Der von den zunächst gestellten Anträgen nicht umfasste Anspruchsteil bleibt mithin streitbefangen und ist somit nicht aktuell verjährungsbedroht. Denn die durch die Klageerhebung bewirkte Verjährungshemmung (§ 204 Abs. 1 Nr. 1 BGB) endet erst sechs Monate nach der rechtskräftigen Entscheidung oder anderweitigen Verfahrensbeendigung (§ 204 Abs. 2 S. 1 BGB)[489]. Dem Berufungskläger verbleibt demgemäß die Option, bis zum Schluss der mündlichen Berufungsverhandlung seine Anträge bis zur Höhe seines erstinstanzlichen Klagebetrags zu **erweitern**, wenn er – etwa aufgrund eines gerichtlichen Hinweises – annehmen darf, dass seine Berufung aussichtsreich ist. Allerdings ist eine solche nachträgliche Erweiterung nur in dem durch die fristgemäß eingereichte Berufungsbegründung gesteckten Rahmen möglich[490]. In solchen Fall- und Prozesskonstellationen kann es daher aufgrund der ständigen Rechtsprechung des BGH zu diesen Grundsätzen eine vom Anwalt zu erwägende Möglichkeit kostenschonender Rechtsmittelverfolgung sein, seine Berufungsanträge höhenmäßig (zunächst) zu beschränken.

Jedoch fällt es schwer, eine dahingehende Anwaltspflicht zu postulieren. Allzu leicht kann ein solches prozessuales Vorgehen scheitern. Denn es ist nur dann ein sicherer erfolgsversprechender Weg, wenn im Einzelfall zweifelsfrei festgestellt werden kann, dass die vorbehaltene Antragserweiterung den Berufungsumfang, d.h. die Berufungsbegründung und den zur Überprüfung durch das Berufungsgericht gestellten Streitgegenstand im Rahmen der erstinstanzlichen Beschwer nicht

483 A.a.O.

484 *Borgmann/Jungk/Schwaiger*, Kap. IV, Rn. 103.

485 Zum prozesstaktischen Vorgehen bei einer Teilklage vgl. *Rinsche*, Prozesstaktik, Rn. 280.

486 BGH NJW 1994, 3107, 3108 m.w.N.; BGH, Urt. v. 15.8.2012 – XII ZR 86/11 – juris, Rn. 27.

487 So auch – ohne Einschränkung – *Vollkommer/Greger/Heinemann*, § 12, Rn. 31.

488 BGH, Urt. v. 28.9.2000 – IX ZR 6/99 – juris, Rn. 11 m.w.N.

489 Vgl. *Primozic*, NJW 2020, 1272, 1273.

490 BGH, Beschl. v. 21.2.2019 – IX ZR 190/18 – juris, Rn. 2; v. 1.6.2017 – III ZB 77/16 – juris, Rn. 9; v. 1.4.2015 – XII ZB 503/14 – juris, Rn. 20; v. 27.3.2012 – VI ZB 74/11 – juris, Rn. 8; Urt. v. 21. 9.2017 – I ZR 29/13 – juris, Rn. 15; v. 14.5.2009 – I ZR 98/06 – juris, Rn. 16.

überschreitet[491]. Anderenfalls wäre die Berufung hinsichtlich des erweiterten Teils unzulässig[492]. Ein pauschaler Verweis auf das erstinstanzliche Vorbringen in der Berufungsbegründung würde nicht helfen, da er keinen ausreichenden Berufungsangriff darstellt[493], mithin eine Erweiterung des Berufungsantrags auch nach Ablauf der Frist zur Begründung der Berufung nicht ermöglichen würde[494].

Auch bei **Nebenforderungen** ist eine erst nachträgliche Antragsstellung bzw. -erweiterung nach Ablauf der Berufungsbegründungsfrist nicht ohne weiteres möglich[495]. Denn grundsätzlich bilden sie selbständige Ansprüche, welche demgemäß separat angegriffen werden müssen, es sei denn ihr Erfolg ist zwingend mit dem der Hauptforderung verknüpft, so etwa, wenn nach erstinstanzlicher vollständiger Klageabweisung in der Hauptsache bei einem Erfolg des Hauptanspruchs in der 2. Instanz die Begründung für die Abweisung der Nebenforderung (insgesamt) nicht mehr tragfähig ist.

Angesichts der Unsicherheiten zur Bestimmung des Streitgegenstandes und der Ermittlung seiner klaren Abgrenzung in mancherlei Fällen, wird daher aus guten, zumindest aus vertretbaren Gründen in der Praxis offenbar nicht sehr häufig von diesen grundsätzlich bestehenden Möglichkeiten der Kostenbegrenzung Gebrauch gemacht[496].

Vermeidbare Mehrkosten zu Lasten des Mandanten können beispielsweise dadurch hervorgerufen werden, dass der Anwalt Zusammengehörendes trennt und auf diese Weise wegen der Degression der Gebührentabelle zum RVG (früher BRAGO) bei getrennter Abrechnung insgesamt mehr erhält, als wenn die Werte der einzelnen Gegenstände seiner Tätigkeit nach § 22 Abs. 1 RVG (früher § 7 Abs. 2 BRAGO) zusammengerechnet werden. Dazu hat der BGH im Urteil vom 11.12.2003[497] nun für einen Fall, in dem wegen einer Häufung von Restitutionsbegehren mehrere Verfahren nach dem VermG anstanden, ausgeführt: *»Einem Rechtsanwalt ist es jedenfalls nicht erlaubt, einseitig und ohne hinreichenden Sachgrund anstehende Verfahren zu vereinzeln, statt sie nach ihrer objektiven Zusammengehörigkeit als eine Angelegenheit zu behandeln, bei der die Gegenstandswerte zusammenzurechnen sind.«* Dies sei jedenfalls pflichtwidrig und deshalb könne der Rechtsanwalt *»die Mehrkosten nicht fordern, weil er sie als Schadensersatz dem Auftraggeber sogleich wieder zu erstatten hätte«.*[498] Sei sowohl eine getrennte als auch eine gehäufte Verfahrensführung ernsthaft in Betracht zu ziehen, müsse der Rechtsanwalt das Für und Wider des Vorgehens unter Einbeziehung der Kostenfolge dem Auftraggeber darlegen und seine Entscheidung herbeiführen[499]. Dies gilt entsprechend bei Überlegungen aus prozesstaktischen Gründen eine Vertragsklage auf eine nicht am Vertrag beteiligte Person zu erstrecken[500]. 223

Dem erfahrenen Anwalt bieten sich viele Möglichkeiten, die Kosten des Mandanten möglichst niedrig zu halten. Gleichwohl kann der Anwalt nicht verpflichtet sein, alle nur denkbaren 224

491 BGH, Beschl. v. 21.2.2019 – IX ZR 190/18 – juris, Rn. 2 und 5.
492 Vgl. BGH, Urt. v. 14.5.2009 – I ZR 98/06 – juris, Rn. 16.
493 BGH, Beschl. v. 27.1.2015 – VI ZB 40/14 – juris, Rn. 7; v. 22.5.2014 – IX ZB 46/12 – juris, Rn. 7; v. 16.10.2007 – VIII ZB 26/07 – juris, Rn. 7.
494 Zum Ganzen: OLG Hamm, Urt. v. 5.3.2020 – 13 U 326/18 – juris, Rn. 36.
495 Dazu im Einzelnen: OLG Hamm, a.a.O., Rn. 40 ff. m.w.N.
496 Vgl. *Primozic*, NJW 2020, 1272, 1274, und mit Beispielen zu den »Fallstricken« S. 1272 f.
497 BGH NJW 2004, 1043 = WM 2004, 1792.
498 BGH NJW 2004, 1045 unter II. 1.; bestätigt in NJW 2005, 2927, 2928; OLG Hamm, Urt. v. 18.10.2007 – 28 U 49/07 – juris, Rn. 57; vgl. auch BGH NJW-RR 2008, 656, 657 (Tz. 15) und BGH, Urt. v. 15.7.2010 – IX ZR 227/09 – juris, Rn. 13; zu der Beachtlichkeit eines Regressanspruchs gegenüber einem Honoraranspruch über diese dolo petit-Einrede nach § 242 BGB, also ohne Erfordernis zur Geltendmachung einer Aufrechnung, vgl. ergänzend und näher Kap. 9 Rdn. 34 m.w.N. und Kap. 6 Rdn. 3.
499 Leitsatz 2; vgl. auch OLG Hamburg AnwBl 2003, 114, 115 m. krit. Besprechung *Bischof*, Hamburg AnwBl 2003, 100, 102.
500 Vgl. OLG Köln MDR 2005, 168.

prozesstaktischen Maßnahmen zugunsten des Mandanten (und zum eigenen Nachteil) wahrzunehmen. Auf der anderen Seite ist aber der Anwalt gehalten, **unnütze Kosten** zu vermeiden[501].

▶ Beispiel 3:

225 Es besteht eine Forderung gegen zwei Gesamtschuldner.

Hier darf der Anwalt nicht zur »Steigerung« seiner Gebühren zwei selbstständige Prozesse gegen beide Gesamtschuldner (mit doppeltem Kostenrisiko) führen.

▶ Beispiel 4:

226 Der Anwalt klagt für seinen Mandanten bei zweifelhafter Rechtslage gegen 20 verschiedene Gesellschafter einer BGB-Gesellschaft als Gesamtschuldner. Jeder der Beklagten lässt sich durch einen eigenen Prozessanwalt vertreten. Nachdem die Klage abgewiesen wird, hat der Mandant grundsätzlich jedem der 20 Gegenanwälte dessen Gebühren zu erstatten.

Wie dazu schon oben Rdn. 16 ausgeführt, kann es fehlerhaft sein, unnötigerweise eine Klage gegen mehrere Gesamtschuldner zu erheben, wenn dadurch das Prozesskostenrisiko erheblich gesteigert wird und nicht sonstige Gründe dieses Vorgehen rechtfertigen.

▶ Beispiel 5[502]:

227 Der Kläger nahm mehrere Beklagte, darunter einen Rechtsanwalt als Beklagten zu 5 und eine Gesellschaft mit beschränkter Haftung als Beklagte zu 1, deren Alleingesellschafter und Geschäftsführer der Beklagte zu 5 ist, auf Schadensersatz in Anspruch. Nachdem in erster Instanz zunächst der Beklagte zu 5 als Prozessbevollmächtigter für sich und die Beklagte zu 1 aufgetreten war, ließ er später durch die in seiner Kanzlei tätige Rechtsanwältin M mitteilen, dass er nunmehr ausschließlich von dieser vertreten wird. Er selbst trat weiterhin für die Beklagten zu 1 und 5 auf, wobei er eine Untervollmacht von Rechtsanwältin M vorlegte. Klage und Berufung blieben erfolglos. Die Beklagten zu 1 und 5 beantragten jeweils die Festsetzung von Kosten in voller Höhe.

Dies blieb ohne Erfolg. Nach der Rechtsprechung des BGH kann zwar die Erstattungsfähigkeit der Kosten eines (jeweils) eigenen Rechtsanwalts nur in besonderen atypischen Konstellationen verneint werden[503]. Wenn nach den Umständen des Einzelfalls allerdings wie im Streitfall feststeht, dass für die Beauftragung eines eigenen Rechtsanwalts durch einen Streitgenossen kein sachlicher Grund besteht und sie mithin rechtsmissbräuchlich ist, sind die dadurch verursachten Kosten nicht notwendig im Sinne von § 91 Abs. 1 ZPO und damit nicht erstattungsfähig[504]. So kann einem beklagten Rechtsanwalt, der zugleich Gesellschafter und Geschäftsführer einer mitbeklagten Gesellschaft mit beschränkter Haftung ist und diese vertritt, sich selbst aber (ausschließlich) durch eine in seiner Kanzlei tätige Rechtsanwältin vertreten lässt, der begründete Vorwurf gemacht werden, ohne durchgreifende sachliche Gründe entgegen dem Grundsatz, dass eine Sozietät die Vergütung gemäß § 6 RVG nur einmal verdient, einen Kostenerstattungsanspruch zu Lasten des Regressklägers verdoppeln zu wollen, was als Verstoß gegen die für jede Partei bestehende Pflicht, nach Treu und Glauben die Kosten ihrer Prozessführung niedrig zu halten[505], nicht hinnehmbar ist[506].

Beauftragen also Streitgenossen ohne sachlichen Grund jeweils einen eigenen Rechtsanwalt mit der Prozessvertretung, ist der Erstattungsanspruch jedes einzelnen Streitgenossen auf die anteiligen Kosten beschränkt, die er nach dem Innenverhältnis bei der Beauftragung eines gemeinsamen

501 Vgl. OLG Hamm AnwBl 1987, 331 (mit z.T. aber zu weitgehender Argumentation); *Borgmann/Jungk/Schwaiger*, Kap. IV, Rn. 100 und Rn. 102; vgl. auch schon RG JW 1919, 446.
502 BGH, Beschl. v. 19.9.2017 – VI ZB 72/16 – juris.
503 BGH, a.a.O., Rn. 12 m.w.N.
504 BGH, a.a.O., Rn. 13.
505 BGH, a.a.O., Rn. 13 m.w.N.
506 BGH, a.a.O., Rn. 16.

Rechtsanwalts aufzuwenden gehabt hätte. Dementsprechend sind die Beklagten zu 1) und 5) im Verhältnis zu den Klägern so zu behandeln, als wenn sie nur einen gemeinsamen Anwalt beauftragt hätten[507].

Aus der Pflicht zur umfassenden Wahrnehmung der Interessen des Mandanten (siehe Kap. 2 Rdn. 5 ff.) kann zwar die generelle Pflicht des Anwalts hergeleitet werden, vermeidbare Kostennachteile des Mandanten abzuwehren. Hier darf aber **kein zu strenger Maßstab** angelegt werden. 228

▶ Beispiel 6[508]:

Nach einem Verkehrsunfall werden der Halter und Fahrer wie auch seine Ehefrau als Beifahrerin geschädigt. Beide wollen gegen den Schädiger und dessen Haftpflichtversicherung klagen. 229

Hier wird eine separate Klageerhebung, um den jeweiligen Ehepartner im anderen Prozess als Zeugen zur Verfügung stehen zu haben, kaum zu vertreten sein. Die einheitliche Klageerhebung als Streitgenossen gemäß § 60 ZPO ist deutlich kostengünstiger. Der bloß formale Unterschied der Stellung als Partei oder als Zeuge in dem einen oder anderen Rechtsstreit begründet keine grundlegenden Unterschiede zum Beweiswert der jeweiligen Angaben der Eheleute. Ist die eine Partei rechtsschutzversichert und die andere mitversichert, sollte das Vorgehen nicht anders sein. Das OLG Hamm hat zu Recht eine Eintrittspflicht der Rechtsschutzversicherung für separate Klagen aus den genannten Gründen verneint[509].

▶ Beispiel 7[510]:

Ein Unfallgeschädigter will gegen drei Unfallversicherer vorgehen, die Versicherungsschutz abgelehnt und eine Klagefrist nach § 12 Abs. 3 VVG in Lauf gesetzt haben. 230

Hier ist, soll das Kostenrisiko gemindert werden, daran zu denken, zwei der Unfallversicherer auf die Wirkungen der Klagefristsetzung verzichten zu lassen und nur gegen einen Versicherer Klage zu erheben. Dies ist allerdings gegenüber einer sofortigen Klageerhebung gegen alle drei Versicherungen der weniger sichere Weg, dessen Risiken im Einzelfall abgewogen werden müssen. Ist der Geschädigte rechtsschutzversichert, wird er gute Aussichten für eine Deckung in Bezug auf eine Klage gegen alle drei haben. Denn das OLG Köln[511] hat darauf erkannt, dass die Obliegenheit nach § 15 ARB 75, unnötige Kosten zu vermeiden, nur darauf gerichtet ist, Handlungen zu unterlassen, nicht aber darauf, bestimmte Handlungen, wie etwa hier Verhandlungen mit dem Ziel eines Verzichts auf die Wirkungen der Klagefristsetzung vorzunehmen.

▶ Beispiel 8:

In der letzten mündlichen Verhandlung zweiter Instanz rät das Gericht dem Anwalt (bei Abwesenheit der Partei) zur Rücknahme der Berufung, da dieser keinerlei Erfolgschancen zuzubilligen seien. Ein Rechtsmittel gegen die zu erwartende negative Entscheidung ist nicht mehr möglich. Gleichwohl stellt der Anwalt die Berufungsanträge und bittet um eine Entscheidung. Im Plädoyer trägt er noch einmal seinen eigenen abweichenden Rechtsstandpunkt vor. Nach verlorenem Prozess verlangt der zwischenzeitlich unterrichtete Mandant vom Anwalt die Kosten ersetzt, die bei einer Berufungsrücknahme vermieden worden wären. 231

Hier kann ein Schadensersatzanspruch gegen den Anwalt allenfalls dann bejaht werden, wenn wirklich richtigerweise keinerlei Chance für ein obsiegendes Urteil mehr gegeben erschien. Einerseits ist zu berücksichtigen, dass die Rechtsprechung dem Anwalt die Pflicht auferlegt, das Gericht von der Richtigkeit seiner Rechtsauffassung nach Möglichkeit zu überzeugen (vgl. dazu oben Kap. 2

---

507 So schon OLG Hamm, Beschl. v. 26.8.2016 – 25 W 23/16 – juris, Rn. 17.

508 OLG Hamm r + s 2002, 21 = NVersZ 2001, 370.

509 OLG Hamm r + s 2002, 21; zustimmend *Bauer*, NJW 2002, 1547.

510 Vgl. OLG Köln r + s 2001, 152 = ZfS 2001, 180.

511 OLG Köln r + s 2001, 152; zustimmend *Bauer*, NJW 2002, 1548.

Rdn. 49 ff.)[512]. Andererseits läuft der Anwalt bei einer Berufungsrücknahme ohne Einwilligung seiner Partei vielleicht auch Gefahr, dass ihm der Mandant Regress mit der Begründung androht, der Rechtsstreit hätte bei entsprechendem »Einsatz« gewonnen werden müssen[513].

▶ Beispiel 9[514]:

232 Ein Rechtsanwalt beantragt für seinen Mandanten, in der vagen Hoffnung, auf angebliche Forderungen des Schuldners gegen ausländische Schuldner zugreifen zu können, einen Mahnbescheid, obwohl gegen den Schuldner bereits ein Antrag auf Eröffnung des Insolvenzverfahrens gestellt ist.

Hier hat der BGH[515] den Anwalt für die entstandenen Kosten für ersatzpflichtig gehalten. Es liege auf der Hand, dass durch eine solche Maßnahme **lediglich unnötige Kosten** verursacht würden. Selbst bei wider Erwarten rechtzeitig zu erreichendem Vollstreckungstitel und noch unwahrscheinlicherer erfolgreicher Vollstreckung hätte mit einer den Voraussetzungen nach offensichtlich gegebenen Konkursanfechtung (§ 30 Nr. 2 KO) nach Konkurseröffnung gerechnet werden müssen[516]. Der Anwalt hätte daher abraten müssen, jetzt noch Kosten zu investieren[517].

▶ Beispiel 10[518]:

233 Mit einer einstweiligen Verfügung sollte eine Veräußerung von Geschäftsanteilen an einer GmbH verhindert werden. Die Antragsstellerin besaß an einem Teil der Anteile eine Erwerbsoption. Der Antrag auf Erlass einer einstweiligen Verfügung wurde indes nicht ausdrücklich dementsprechend eingeschränkt, sondern so gefasst, dass die damit befassten Gerichte ihn dahin auffassten, er umfasse auch die optionsfreien Geschäftsanteile. Demgemäß wurde der Streitwert (gravierend) höher festgesetzt, was zum Nachteil der Antragsstellerin zu entsprechend höheren Kosten führte.

Das OLG Hamm hat den Anwalt für den Mehrkostenschaden infolge des **überschießenden Antrags** für verantwortlich gehalten, weil er es verabsäumt hat, die Formulierung des Antrags in eindeutige Übereinstimmung mit dem Inhalt des geltend gemachten Verfügungsanspruchs zu bringen und so eine für den Mandanten ungünstige Auslegung der zur Entscheidung berufenen Gerichte zu verhindern.

▶ Beispiel 11:

234 Es wird Schadensersatz wegen Schlechterfüllung anwaltlicher Vertragspflichten verlangt. Nach ergebnisloser Korrespondenz geht die Auseinandersetzung in einen Prozess über. Mit der Klage wird zusätzlich gesondert Ersatz der Geschäftsgebühr nach Nr. 2300 VV RVG verlangt. Der Beklagte hält entgegen, diese zusätzliche Gebühr nicht ersetzen zu müssen, weil sie durch Erteilung sofort eines (unbedingten) Klageauftrages hätte verhindert werden können.

Diese Ansicht steht zwar grundsätzlich in Einklang mit einer Entscheidung des 24. Zivilsenats des OLG Hamm in einer Bausache[519], die jedoch die jedenfalls bei der Regulierung von Unfallschäden

512 Vgl. BGH NJW-RR 1990, 1241, 1242; OLG Köln NJW-RR 1995, 1401, 1402 (bei Empfehlung zur Klagerücknahme durch das erstinstanzliche Gericht).

513 Zu den Pflichten des Anwalts, wenn das Berufungsgericht zur Rücknahme der Berufung rät, vgl. OLG Köln NJW 1989, 1159; *Vill*, in: G. Fischer/Vill/D. Fischer/Pape/Chab, § 2, Rn. 247; vgl. ferner *Rinsche*, 6. Auflage, Rn. I 398, wonach die Berufungsrücknahme auf Empfehlung des Gerichts auch pflichtwidrig sein kann; vgl. aber auch Kap. 3 Rdn. 11 m.w.N.

514 BGH WM 2004, 481 = Beck RS 2004, 01963.

515 BGH WM 2004, 481, 482 f.

516 Die Einschränkung des die Einzelzwangsvollstreckung beherrschenden Prioritätsprinzips durch das System der insolvenzrechtlichen Anfechtungsregeln ist durch § 131 InsO zeitlich deutlich nach vorne verlagert worden, vgl. dazu BGH NJW 2004, 1444 = WM 2004, 517 ff. und unten Rdn. 682.

517 BGH WM 2004, 481, 483 = Beck RS 2004, 01963.

518 OLG Hamm, Urt. v. 29.9.2005 – 28 U 212/04.

519 OLG Hamm NJW-RR 2006, 242.

anerkannte Vermutung außer Acht lässt, dass einem Anwalt in der Regel zunächst nur ein Auftrag zur vor- bzw. außergerichtlichen Realisierung der Ansprüche seines Mandanten erteilt wird[520]. Ein Rechtsanwalt kann nur dann gehalten sein, sich alsbald einen unbedingten Klageauftrag erteilen zu lassen und dadurch den Anfall der Geschäftsgebühr zu vermeiden, wenn hinreichende konkrete Anhaltspunkte dafür bestehen, dass ein außergerichtliches Vorgehen keine Erfolgsaussicht hat[521]. Dieser Grundsatz kann auch außerhalb des Bereichs der Unfallregulierung Anwendung finden[522].

▶ Beispiel 12[523]:

Der Anwalt erhält von einem in der JVA einsitzenden Mandanten den Auftrag, diesen gegen eine an den Mandanten unter Anordnung des schriftlichen Vorverfahrens zugestellte Klage zu verteidigen. Der Anwalt zeigt dem Gericht fristgerecht die Verteidigungsabsicht an und kündigt an, innerhalb der weiterhin gesetzten Frist auf die Klage zu erwidern. Mit rechtzeitig innerhalb der Erwiderungsfrist eingereichtem Schriftsatz erkennt er sodann die Forderung an und beantragt, die Kosten des Verfahrens dem Kläger aufzuerlegen, da der Beklagte vorgerichtlich nicht zur Zahlung aufgefordert worden ist. 235

Der BGH hat hier die Auffassung der Vorinstanzen bestätigt, dass ein sofortiges **Anerkenntnis i. S. von § 93 ZPO** abgegeben worden ist und der vielfach vertretenen gegenteiligen Auffassung, ein »sofortiges« Anerkenntnis i.S.d. § 93 ZPO könne bei Anordnung des schriftlichen Vorverfahrens nur bis zum Ablauf der Notfrist des § 276 Abs. 1 S. 1 ZPO erfolgen, eine Absage erteilt. Die Billigkeitsentscheidung nach § 93 ZPO kann in der Tat nicht davon abhängen, ob ein Anerkenntnis in der Frist zur Abgabe der Verteidigungserklärung oder in der anschließenden Frist zur Klageerwiderung (§ 276 Abs. 1 S. 2 ZPO) abgegeben wird. Bis zum Ablauf der Klageerwiderungsfrist sind, sofern die Verteidigungserklärung keinen Sachantrag ankündigt oder das Klagevorbringen bestreitet, in der Regel weder Maßnahmen des Gerichts noch des Klägers veranlasst. Dies und der weitere Umstand, dass es dem Beklagten nicht zuzumuten ist, einen Anspruch anzuerkennen, den er nicht in einem hinreichend lang bemessenen Zeitraum prüfen konnte, eröffnet, sofern noch kein Bestreiten der Klageforderung wie im Streitfall erfolgt ist, den Anwendungsbereich des § 93 ZPO auch beim Anerkenntnis erst innerhalb der Frist zur Klagerwiderung[524].

Daraus ergibt sich als Rat für die anwaltliche Praxis, es grundsätzlich zunächst bei einer formalisierten und zur Vermeidung eines Versäumnisurteils (§ 331 Abs. 3 ZPO) erforderlichen Anzeige der Verteidigungsbereitschaft nebst der Mitteilung, fristgerecht zur Klage vortragen zu wollen, zu belassen und nicht voreilig die Klageforderung zu bestreiten.

▶ Beispiel 13[525]:

Es wird Klage erhoben auf Rückgewähr von Grundschulden. Die beklagte Bank erhebt Widerklage auf Duldung der Zwangsvollstreckung aus diesen Grundschulden. Das Gericht addiert den Streitwert von Klage und Widerklage und führt dazu aus, dass die Klage auf Rückgewähr der Grundschulden und die widerklagend beantragte Duldung der Zwangsvollstreckung aus diesen Grundschulden auf unterschiedliche Willenserklärungen gerichtet seien. Der Anwalt des Klägers 236

520 BGH NJW 1968, 2334; OLG Stuttgart NJW-RR 2006, 1318, 1319 zu 4.; vgl. auch OLG Celle Beck RS 2007, 18037.

521 OLG Hamm (6. ZS) Beck RS 2008, 18576, wo darauf verwiesen wird, dass letztlich auch in dem vom 24. Zivilsenat entschiedenen Fall dies die Situation aufgrund der eindeutig ablehnenden Haltung des Gegners der Fall gewesen sei.

522 Offengelassen von BGH NJW 1968, 2334, 2335, der aber auch zu Recht darauf hinweist, es handele sich im Wesentlichen um eine Frage des jeweiligen Falles; ohne Einschränkung in der Sache letztlich so auch OLG Celle Beck RS 2007, 18037.

523 BGH NJW 2006, 2490; vgl. auch NJW-Spezial 2006, 403 f.

524 BGH NJW 2006, 2490, 2492 (Tz. 22).

525 OLG Hamm, Urt. v. 31.3.2011 – 28 U 63/10 – juris.

nimmt diese Wertaddierung hin und legt keine Streitwertbeschwerde ein. In dem späteren Regressprozess gegen ihn wird u.a. geltend gemacht, dass damit zu hohe Kosten angefallen seien.

Das OLG Hamm hat hier eine für einen Kostenschaden ursächliche Pflichtverletzung des Anwalts angenommen. Die Streitwerte von **Klage und Widerklage** seien nämlich insoweit nicht zu addieren gewesen, weil sie denselben Gegenstand betrafen (§ 45 Abs. 1 S. 1, 3 GKG). Die Ansprüche auf Rückabtretung einerseits und Duldung der Zwangsvollstreckung andererseits hätten sich zwar auf »unterschiedliche Willenserklärungen«, wie das Landgericht bei der Streitwertfestsetzung im Vorprozess angenommen hatte, gerichtet. Das aber sei nicht maßgeblich. Entscheidend sei nach gefestigter Rechtsprechung, ob die Ansprüche einander ausschließen und damit notwendigerweise die Zuerkennung des einen Anspruchs mit der Aberkennung des anderen verbunden sei[526]. Dem Duldungsanspruch des Grundpfandgläubigers stehe es entgegen, wenn der Grundpfandgläubiger das Grundpfandrecht, wie im vorliegenden Fall vom Kläger im Vorprozess geltend gemacht, wegen Befriedigung der Darlehensforderungen an den Grundstückseigentümer zurückgewähren müsse. Die Bank hatte hingegen geltend gemacht, dass noch grundschuldgesicherte Darlehensansprüche bestünden. Der Anspruch auf Rückgewähr der Grundschulden einerseits und der Anspruch auf Duldung der Zwangsvollstreckung andererseits, weil laut Bank grundschuldgesicherte Darlehensansprüche noch bestanden, schlössen sich somit aus, weil sie nicht nebeneinander bestehen könnten. Wirtschaftlich sei der Streit um den Bestand der Sicherheit und darum, wem die Sicherheit zustehe, geführt worden, so dass ihr Wert nur einmal habe angesetzt werden dürfen[527].

237 Nach Meinung des OLG Düsseldorf ist der Anwalt in **Familiensachen** zur Kostenersparnis gehalten, das in § 623 ZPO vorgesehene Verbundverfahren einzuleiten[528].

Mediation

238 Eine Haftung eines Rechtsanwalts kann sich im Rahmen eines Mediationsverfahrens zum einen ergeben aus einer Tätigkeit als Mediator selbst (unter I.), zum anderen aber auch aus der Vertretung einer sich an diesem Verfahren beteiligenden Konfliktpartei oder auch nur aus deren begleitender oder vor einer Abschlussvereinbarung erfolgter Beratung (dazu unter II.).

I. Die Haftung eines Mediators

239 1. Die **Haftung eines Mediators** ist gesetzlich nicht speziell geregelt, richtet sich also nach den allgemeinen Vorschriften. In der Praxis wird es in der Regel um Pflichtverletzungen bei Abschluss des Mediatorvertrages (Verschulden bei den Vertragsverhandlungen, §§ 311 Abs. 2, 241 Abs. 2, 280 BGB)[529] und vor allem um solche während des Mediationsverfahrens gehen (§§ 280, 281 BGB)[530], aber auch nach Beendigung, z.B. durch Verstoß gegen die Verschwiegenheitspflicht nach § 4 MediationsG (§ 280 Abs. 1 BGB)[531].

240 Bei dem **Mediatorvertrag**, den die Konfliktparteien mit einem anwaltlichen Mediator abschließen, handelt es sich um einen mehrseitigen Anwaltsvertrag[532], so dass der Anwaltsmediator nach anwaltsrechtlichen Grundsätzen haften kann[533], wobei die Besonderheiten dieser anwaltlichen Schlichtungstätigkeit zu berücksichtigen sind[534].

526 OLG Hamm, a.a.O., juris, Rn. 125.
527 OLG Hamm, a.a.O., juris, Rn. 126 m.w.N.
528 Vgl. OLG Düsseldorf AnwBl 1987, 197; vgl. auch AG Düsseldorf AnwBl 1986, 353.
529 Vgl. *Jost,* in: Haft/Schlieffen, § 29, Rn. 2.
530 Dazu näher: *Jost,* in: Haft/Schlieffen, § 29, Rn. 5 ff.
531 Dazu vgl. *Hartmann,* in: Haft/Schlieffen, § 28, Rn. 58; vgl. auch *Jost,* a.a.O., Rn. 19 f.
532 BGH, Urt. 21.9.2017 – IX ZR 34/17 – juris, Rn. 18; vgl. schon OLG Hamm, Urt. v. 20.10.1998 – 28 U 79/97, MDR 1999, 836; *Vollkommer/Greger/Heinemann,* § 2, Rn. 9 m.w.N.
533 BGH, a.a.O.
534 BGH, a.a.O., Rn. 20.

Die Pflichten eines Anwaltsmediators ergeben sich zunächst aus dem Mediatorvertrag selbst und der darin ausdrücklich geregelten oder herzuleitenden Ausgestaltung der Mediation als solcher. Ferner hat der Anwalt als Mediator zur Vermeidung einer Haftung[535] berufsrechtliche Regelungen mit haftungsbegründendem Charakter, wie z.B. § 44 S. 2 BRAO, oder haftungsrechtlich einschlägigem Inhalt zu beachten, wie beispielsweise § 43a Abs. 2 BRAO (Pflicht zur Verschwiegenheit). 241

Schließlich ist die Beachtung der **Regelungen des Mediationsgesetzes**[536] gefordert[537], wie Unabhängigkeit und Neutralität (§ 1 Abs. 2, Abs. 3 S. 1 und § 3 Abs. 1 MediationsG), Offenlegung von Umständen, die seine Unabhängigkeit und Neutralität in Frage stellen können (§ 3 Abs. 1 MediationsG), Tätigkeitsbeschränkungen (vgl. § 3 Abs. 2 bis 4 MediationsG), Verschwiegenheitspflicht (§ 4 MediationsG), und Aus- und Fortbildung (§ 5 MediationsG). 242

Die Haftung des Anwaltsmediators beurteilt sich nach diesen – nunmehr nach den Erfordernissen und Besonderheiten der Mediation als eines vertraulichen und strukturierten Verfahrens, bei dem die Parteien mithilfe eines oder mehrerer Mediatoren freiwillig und eigenverantwortlich eine einvernehmliche Beilegung ihres Konflikts anstreben (§ 1 Abs. 1 MediationsG) und bei der der Mediator gemäß § 2 Abs. 3 S. 1 MediationsG **allen Parteien gleichermaßen verpflichtet** ist (Grundsatz der Allparteilichkeit), – normierten Pflichtenanforderungen, ergänzt durch die Grundsätze der **Anwaltshaftung**[538] unter Berücksichtigung der Besonderheiten dieser speziellen anwaltlichen Tätigkeit. Der Mediator vertritt also keine Partei. Ein Verstoß gegen das Verbot der Vertretung widerstreitender Interessen (§ 43a Abs. 4 BRAO) liegt nicht vor[539]. Seine Tätigkeit als Mediator ist anwaltliche Tätigkeit (§ 18 BORA)[540]. Als Mediator hat der Anwalt die Belehrungen, Hinweise und Warnungen zum Beispiel über drohende Rechtsverluste zu erteilen, wie sie in der konkreten Situation einem Anwalt obliegen, und zwar grundsätzlich in gleichem Maße gegenüber allen Beteiligten[541]. 243

Als Mediator bezeichnen darf er sich nach § 7a BORA allerdings nur, wenn er die Voraussetzungen nach § 5 Abs. 1 MediationsG im Hinblick auf Aus- und Fortbildung, theoretische Kenntnisse und praktische Erfahrungen erfüllt. Gemäß der Ermächtigung nach § 6 MediationsG ist am 21.8.2016 eine »Verordnung über die Aus- und Fortbildung von zertifizierten Mediatoren« (ZMediatAusbV) erlassen worden, die seit dem 1.9.2017 in Kraft ist. 244

Aufgrund seiner vorausgesetzten **Unabhängigkeit und Neutralität**[542] muss ein Anwalt, der als Mediator tätig werden soll, u.U. auf die eine Konfliktpartei durch die Einleitung des Mediationsverfahrens bei Zurückstellung streitiger Verfahren treffenden Nachteile für den Fall des Scheiterns der Mediation hinweisen, wie sie z.B. durch Nichtwahrung von Ausschlussfristen entstehen können, etwa nach § 4 KSchG[543] oder nach einschlägigen Tarifverträgen oder durch Ablauf von Verjährungsfristen, wobei das deutsche Verjährungsrecht mit dem Hemmungstatbestand schwebender Verhandlungen, ergänzt durch eine dreimonatige Ablaufhemmung (§ 203 BGB) grundsätzlich mediationsfreundlich ist, aber Probleme bereiten kann bei der Bestimmung des Zeitpunkts, ab dem die Verhandlungen schweben[544]. Eine solche Hinweispflicht kann auch während des Mediationsverfahrens entstehen, wenn der Anwaltsmediator es nicht mit einer anwaltlich vertretenen Partei zu tun hat. 245

---

535 Vgl. auch § 18 BORA als berufsrechtliche Regel.

536 In Kraft getreten am 26.7.2012.

537 So auch *Vill*, in: G. Fischer/Vill/D. Fischer/Pape/Chab, § 2, Rn. 3; *Fritz/Pielsticker*, § 2 MediationsG, Rn. 65.

538 So auch *Vollkommer/Greger/Heinemann*, § 2, Rn. 9; *Rinkler/Pape*, in: G. Fischer/Vill/D. Fischer/Pape/Chab, § 1, Rn. 183; vgl. auch schon: *Leibner*, NJW 2002, 3521; *Römermann*, Anwalt 2003, 8, 9.

539 BGH, a.a.O.

540 *G. Mähler/H. G. Mähler*, in: Heussen/Hamm, Beck'sches Rechtsanwalts-Handbuch, § 48, Rn. 86.

541 BGH, a.a.O., Rn. 22.

542 Vgl. dazu schon: OLG Hamm, Urt. v. 20.10.1998 – 28 U 79/97, MDR 1999, 836; Schlussbericht des BRAK-Ausschusses, Mediation, BRAK-Mitt. 1996, 187.

543 Vgl. Henssler/Koch-*Brieske*, Mediation, § 9, Rn. 19; *Prütting*, in: Haft/Schlieffen, § 33, Rn. 47.

544 *Eidenmüller/Prause*, NJW 2008, 2737, 2741.

Er hat zu gewährleisten, dass die Parteien in angemessener und fairer Weise in die Mediation eingebunden sind (§ 2 Abs. 3 S. 2 MediationsG). Getrennte Gespräche mit den Parteien und die Zuziehung Dritter kann er dabei jeweils nur im allseitigen Einverständnis erwägen[545]. Wenn ein Mediator durch bewusste Bevorzugung einer Seite oder auch durch unbeabsichtigte, auf Unachtsamkeit beruhende Ungleichbehandlungen gegen seine Neutralitätspflicht verstößt, kann er wegen Verstoßes gegen Mindeststandards haftpflichtig werden[546]. Zwischen den Parteien bestehende Asymmetrien im Rahmen der Kommunikation durch unterschiedliche Unterstützung auszugleichen, verletzt die Allparteilichkeit somit nicht, sondern ist geradezu geboten (vgl. § 2 Abs. 3 S. 2 MediationsG)[547].

Spätestens im Falle einer Einigung der Konfliktparteien muss er die Parteien, die ohne fachliche Beratung an der Mediation teilnehmen, je nach Komplexität des Konflikts auf die Möglichkeit hinweisen, die Vereinbarung bei Bedarf durch externe Berater überprüfen zu lassen (§ 2 Abs. 6 S. 2 MediationsG)[548], so z.B. bei rechtlich, steuerlich oder wirtschaftlich erheblich bedeutsamen Regelungen[549]. Zur eigenen Absicherung sollte eine Dokumentation des Hinweises erfolgen[550]. Denn das Unterlassen eines gebotenen Hinweises ist eine Pflichtverletzung, die, wenn ein dadurch verursachter Schaden einer Partei festgestellt werden kann, zum Schadensersatz nach § 280 Abs. 1 BGB verpflichtet[551].

246 Auch den ihm von beiden Parteien unterbreiteten **Sachverhalt** hat der Anwalt als Mediator grundsätzlich neutral zu würdigen, ohne – wie ein einseitiger Interessenvertreter – einen von den Parteien ausdrücklich nicht mitgeteilten, einer Seite möglicherweise günstigen Sachverhalt erst zu erforschen[552]. Ob etwas anderes dann gilt, wenn eine der Konfliktparteien für den Mediator ersichtlich nicht in der Lage ist, den relevanten Sachverhalt vorzutragen, konnte das OLG Hamm in der bereits mehrfach zitierten Entscheidung ebenso offenlassen wie die Beurteilung der Mediatorpflichten, wenn Anlass besteht, von einer Unvollständigkeit eines Sachvortrages und darauf beruhender unterlassener Geltendmachung von (Gegen-)Rechten auszugehen[553]. Richtigerweise wird in solchen Konstellationen der Mediator sachverhaltsaufklärend tätig werden müssen, um eine gleichgewichtige, den Interessen beider Seiten gleichermaßen gerecht werdende, gemeinsam getragene Konfliktlösung zu ermöglichen. Nur so dürfte er seiner Rolle als »**allparteilicher Dritter**«, d.h. als mehr als bloß unparteilicher, nämlich in seiner Neutralität allen Parteien gleichermaßen verpflichteter Person (**§ 2 Abs. 3 S. 1 MediationsG**), gerecht werden[554].

247 Schon in dieser Phase der Informationsbeschaffung müssen unter Umständen **rechtliche Hinweise** erfolgen, um alle rechtserheblichen Tatsachen zur Verfügung zu haben, die für die Entwicklung einer Konfliktlösung und Entscheidung der Konfliktparteien über eine Abschlussvereinbarung von Bedeutung sein können[555].

545 *Prütting*, in: Prütting/Gehrlein, ZPO Kommentar, § 2 MediationsG, Rn. 3.

546 Vgl. Klowait/*Gläßer*, § 2 Mediationsgesetz, Rn. 33, 34.

547 MünchKommZPO/*Ulrici*, Anhang 1 zu § 278a: Mediationsgesetz, Rn. 25 und Rn. 43.

548 Vgl. MünchKommZPO/*Ulrici*, Anhang 1 zu § 278a: Mediationsgesetz, Rn. 43 und Rn. 52.

549 *Vollkommer/Greger/Heinemann*, § 28, Rn. 74.

550 *Vollkommer/Greger/Heinemann*, a.a.O.

551 *Vollkommer/Greger/Heinemann*, a.a.O.

552 OLG Hamm, Urt. v. 20.10.1998 – 28 U 79/97, MDR 1999, 836.

553 OLG Hamm, Urt. v. 20.10.1998 – 28 U 79/97, insoweit in MDR 1999, 836 nicht abgedruckt. Die Kritik, beispielsweise von *Prütting*, in: Haft/Schlieffen, 2. Auflage, § 46, Rn. 45 geht daher letztlich fehl. Im konkreten Fall bestand angesichts der Gesamtumstände kein Anlass zu vermuten, dass der Auftraggeber eines Bauvertrages die im Streit stehende zweite Rate wegen möglicher Mängel verweigerte, weil er zuvor die Überweisung bereits veranlasst hatte und erst nachdem die Überweisung wegen der Auflösung des Kontos fehlgeschlagen war, die erneute Überweisung ablehnte.

554 So auch BGH, Urt. v. 21.9.2017 – IX ZR 34/17 – juris, Rn. 22.

555 Vgl. *Friedrichsmeier/Hammann*, in: Haft/Schlieffen, § 48, Rn. 38; vgl. auch schon allgemein dazu oben Rdn. 243.

Als Mediator schuldet der Anwalt die **sachkundige Verhandlungsführung** (vgl. § 5 Abs. 1 S. 1, S. 2 Nr. 2 MediationsG) durch die Mediation (vgl. § 1 Abs. 2, § 2 Abs. 3 S. 2 und 3, Abs. 6 S. 1 und 2 MediationsG). 248

Nach § 2 Abs. 3 S. 2 MediationsG »**gewährleistet**« er, »*dass die Parteien in angemessener und fairer Weise in die Mediation eingebunden sind*«. Da der Begriff der Gewährleistung dem Dienstvertragsrecht, unter das die Tätigkeit des Mediators fällt, fremd ist, dennoch hier verwendet wird, lässt sich folgern, dass hiermit eine fast an eine Erfolgshaftung grenzende Verpflichtung des Mediators gegenüber den Parteien gemeint ist, m. a. W. unter Zugrundelegung eines objektiven Maßstabes eines sorgfältigen Mediators[556] eine Einhaltung der Verfahrensregeln durch sich selbst und die Parteien in ausgewogener Art und Weise geschuldet wird[557]. Verfügt der Mediator nicht über die dafür erforderlichen Kenntnisse und Fähigkeiten oder lässt er ihre Anwendung im Einzelfall vermissen, und genügt so diesen objektiven Sorgfaltsanforderungen nicht, kann er sich grundsätzlich schadensersatzpflichtig machen[558]. Schwierig dürfte allerdings der grundsätzlich der Partei obliegende Nachweis eines kausal darauf zurückzuführenden Schadens sein, bei dem man an ein Scheitern der Mediation oder an eine der Partei infolge ihrer nicht ausgeglichenen Unterlegenheit im Mediationsverfahren nachteiligen Abschlussvereinbarung denken kann. In beiden Fällen liegt die nächste Schwierigkeit darin, dass im Rahmen des notwendigen Gesamtvermögensvergleichs der Nachweis geführt werden muss, dass es ohne das pflichtwidrige Verhalten des Mediators mit Wahrscheinlichkeit (§ 287 ZPO) zu einer vermögensmäßig günstigeren Lösung oder Streitentscheidung gekommen wäre.

Ist eine »**eigenverantwortliche Kommunikation**« der Partei(en) nicht zu erwarten, kann der Mediator die Mediation beenden (§ 2 Abs. 5 S. 2 MediationsG). Er muss dies u.U. sogar, um nicht möglicherweise in die Haftung genommen werden zu können, z.B. infolge Kosten- und sonstiger Schäden infolge Fortsetzung einer nach pflichtgemäßem Ermessen als nicht (mehr) erfolgsversprechend einzustufenden Mediation[559].

Beauftragen Konfliktparteien einen Rechtsanwalt als Mediator, erwarten sie zu Recht, dass dieser als Rechtskundiger auch als Mediator im Rahmen seines Anwaltsberufes und der dafür geltenden berufsrechtlichen Regeln und haftungsrechtlichen Sorgfaltsstandards handelt, d.h. nur rechtlich wirksame Lösungsvorschläge unter Erfassung der regelungsbedürftigen **rechtlichen Gesichtspunkte** und der von den Konfliktparteien eingebrachten Gesichtspunkte oder Fragen erarbeiten lässt[560]. Nach § 5 Abs. 1 S. 2 Nr. 4 MediationsG hat der Mediator Kenntnisse über das Recht der Mediation sowie über die Rolle des Rechts in der Mediation zu haben. Ein wichtiges »Fairnesskriterium« in der Mediation ist regelmäßig das Recht[561]. Auf dem Gebiet der Wirtschaftsmediation soll das Recht eine Schlüsselrolle einnehmen[562]. Der Anwalt als Mediator hat also, soweit mit der allen Parteien gleichermaßen gegenüber bestehenden Neutralität vereinbar (vgl. §§ 1 Abs. 2 und 2 Abs. 3 S. 1 MediationsG), beide Seiten über ihre jeweiligen Rechte und Pflichten umfassend zu informieren, ohne Rücksicht darauf, ob dies die Einigung letztlich erschwert oder nicht[563], soweit sich nicht nach dem Inhalt des Mediatorvertrages und beispielsweise aufgrund einer umfassenden Vertretung der Konfliktparteien durch »eigene« Anwälte ausnahmsweise etwas anderes zu seiner Rolle als Mediator 249

556 Vgl. dazu auch Klowait/*Gläßer*, § 2 Mediationsgesetz, Rn. 33; Greger/*Unberath*/Steffek, § 2 MediationsG, Rn. 86.
557 Vgl. *Fritz/Pielsticker*, § 2 MediationsG, Rn. 90 ff.
558 Vgl. auch *Fritz/Pielsticker*, § 2 MediationsG, Rn. 90.
559 Vgl. *Fritz/Pielsticker*, § 2 MediationsG, Rn. 124.
560 Vgl. schon oben Rdn. 243; vgl. auch *Friedrichsmeier/Hamman*, in: Haft/Schlieffen, § 48, Rn. 37–42, und 49; *Leibner*, NJW 2002, 3522; vgl. auch OLG Rostock, NJW-RR 2002, 642, 644.
561 *Henkel*, NZA 2000, 929, 931.
562 *Henssler*, NJW 2003, 241, 243.
563 OLG Hamm, Urt. v. 20.10.1998 – 28 U 79/97, MDR 1999, 836 unter Bezugnahme auf den Schlussbericht des BRAK-Ausschusses, Mediation, BRAK-Mitt. 1996, 187.

ergibt[564]. Die Thematisierung von solchen rechtlichen Aspekten ist dem Konfliktbearbeitungsprozess im Rahmen einer Mediation förderlich, wenn und soweit sie der Aufklärung der Parteien über rechtliche Möglichkeiten, Risiken und Grenzen und damit der bewussten Verantwortungsübernahme für den Mediationsprozess und letztlich dem Mediationsergebnis dient[565]. Eine solche »**Rechtsaufklärung**« unterscheidet sich wesentlich von einem parteilichen Rechtsrat[566]. Mediation ist auf die Entwicklung einer eigenständigen Konfliktlösung ausgerichtet, aber dies eben auch in Kenntnis der Rechtsnormen[567]. In der interessenorientierten Mediation hat das Recht deshalb primär die Rolle, die Selbstverantwortung im Willensbildungsprozess und in der Ergebnisfindung zu **unterstützen** – es ist aber nicht die (alleinige) Basis, auf der entschieden wird[568]. Das Recht soll laut Gesetzesentwurfsbegründung zwar »als ein wesentlicher Orientierungspunkt für mögliche Konfliktlösungen erörtert werden« können, »eine konkrete rechtliche Beratung über die dem Konflikt zugrundeliegenden Rechtsfragen« soll jedoch nicht erfolgen dürfen[569]. Zentrale Kriterien für eine gute Regelung bleiben die Interessen und Bedürfnisse der Parteien. Zwingendes Recht muss dabei ja ohnehin berücksichtigt werden. Das dispositive Recht und seine Gerechtigkeitsmaßstäbe hat seine zu beachtende interessengerechte Bedeutung als Hinweis auf und als Beurteilungsmaßstab für Einigungsoptionen[570].

Nicht überzeugen kann deshalb ein Urteil des Amtsgerichts Lübeck[571], wonach es nicht darauf ankommen soll, dass die Unterhaltsberechnung, die ein Anwaltsmediator in einem Schreiben im Anschluss an die Mediationssitzung unter Darlegung seiner Rechtsauffassung den (offenbar damals nicht anwaltlich vertretenen) Parteien gemacht hatte, unrichtig sei oder nicht.

250 Mit Grundsatzentscheidung vom 21.9.2017[572] hat der BGH hingegen in einem Streitfall, in dem die Tätigkeit der beklagten, als Rechtsanwältin zugelassenen Mediatorin darauf gerichtet sein sollte, mit den Parteien eine einvernehmliche Auseinandersetzung der vermögensrechtlichen Folgen ihrer gescheiterten Ehe zu entwickeln, ausgeführt, dass die Beklagte zu diesem Zweck sachverhaltsaufklärend hätte tätig werden müssen, um unter Einbeziehung der von den Konfliktparteien eingebrachten rechtlichen Gesichtspunkte und Fragen eine gleichgewichtige, den Interessen beider Seiten gerecht werdende einvernehmliche Konfliktlösung zu ermöglichen. Eine Haftung der Anwaltsmediatorin hat der BGH folgerichtig angenommen, weil diese entgegen ihrem Auftrag die tatsächlichen Grundlagen für etwaige Versorgungsausgleichsansprüche nicht ermittelt hatte und weil sie angesichts des in Aussicht genommenen Scheidungstermins der Eheleute weder diese noch die für ihre Vertretung eingesetzten Rechtsanwälte vor Anrufung des Familiengerichts dieses Fehlen von Feststellungen zu Versorgungsanwartschaften und einem etwaigen Versorgungsausgleich mitgeteilt hatte, was einem zu Protokoll erklärten wechselseitigen Verzicht auf die Durchführung des Versorgungsausgleichs, wie er indes tatsächlich erfolgte, entgegengestanden hätte[573].

251 Die dagegen in der Literatur geäußerte Kritik[574], dass die Entscheidung höchst problematisch sei, weil das fehlerhafte Verhalten der Anwältin nichts mit der Tätigkeit eines Mediators zu tun habe,

564 Anders *Vollkommer/Greger/Heinemann,* § 28, Rn. 74, die umgekehrt der Auffassung sind, der anwaltliche Mediator habe sich einer rechtlichen Bewertung zu enthalten, sofern eine solche nicht mit den Parteien vereinbart sei.

565 Klowait/*Gläßer,* § 2 Mediationsgesetz, Rn. 266.

566 *G. Mähler/H. G. Mähler,* in: Heussen/Hamm, Beck'sches Rechtsanwalts-Handbuch, § 48, Rn. 91.

567 *G. Mähler/H. G. Mähler,* a.a.O.

568 Klowait/*Gläßer,* § 2 Mediationsgesetz, Rn. 266.

569 Begründung des Entwurfs des Mediationsförderungsgesetzes, BT-Drs. 17/5335, S. 10.

570 Kloweit/*Gläßler,* a.a.O.

571 AG Lübeck, NJW 2007, 3789 (Tz. 39, 40).

572 BGH, Urt. v. 21.9.2017 – IX ZR 34/17 – juris; gegen eine Einordnung als Leitentscheidung zur Mediationshaftung wendet sich *Heinemann,* FamRB 2017, 470 f., weil die haftungsbegründende Pflichtverletzung der verklagten Mediatorin nicht zum typischen Tätigkeitsbild eines Mediators gehöre.

573 BGH, a.a.O., Rn. 22–25; zustimmend *Henssler/Gohmert,* EWiR 2018, 239 f.

574 Vgl. beispielsweise *Prütting,* ZAP 2018, 2203, 2208; *ders.* in: Prütting/Gehrlein, ZPO Kommentar, § 2 MediationsG, Rn. 4 m.w.N.; *Heinemann,* a.a.O.

geht fehl. Zum einen ist es für eine Regresshaftung aus § 280 Abs. 1 BGB gänzlich unerheblich, in welches »Kästchen« das als fehlerhaft zu bewertende Unterlassen vertragsrechtlich eingeordnet wird. Zum anderen hatte die Beklagte im Streitfall nicht nur deshalb ihren vertraglichen Pflichten nicht genügt, weil sie die tatsächlichen Grundlagen für den Versorgungsausgleich nicht ermittelt hatte, sondern – letztlich entscheidend – auch dadurch, dass sie über das Fehlen dieser Unterlagen nicht informiert hatte, was (leider) durch den Senat nicht mit gesondertem Obersatz unmissverständlich hervorgehoben wurde.

Die Beurteilung der Frage, ob einem Mediator eine Pflichtverletzung zur Last zu legen ist, hängt 252 laut BGH von dem konkreten Inhalt des mit dem Anwaltsmediator abgeschlossenen Vertrags ab[575]. Das kann grundsätzlich als allgemeine Feststellung nicht in Zweifel gezogen werden. Daher sind Ratschläge, der anwaltliche Mediator solle keine individuelle Rechtsberatung übernehmen, er solle diese vertraglich sogar ausdrücklich ausschließen[576] und im Rahmen der Mediation hierauf auch faktisch unter Verweis auf eine jeweils individuelle Mandatierung eines Drittanwalts verzichten[577], gut verständlich. Indes werden sich dann nicht nur die Mediationsparteien die Frage stellen, wieso sie gerade einen Anwalt oder eine Anwältin mit der Mediationsaufgabe betrauen sollen. Denn dabei kann und sollte auf ein grundsätzlich »einheitliches Pflichtenprogramm für die Rechtsanwaltschaft«[578] vertraut werden dürfen. Auch sollte man nicht aus den Augen verlieren, dass der BGH ausdrücklich – und dies im Einklang mit dem Urteil des OLG Hamm aus 1998 und der anwaltsregressrechtlichen Kommentarliteratur – den Vertrag zwischen dem anwaltlichen Mediator und den Konfliktparteien regelmäßig als mehrseitigen Anwaltsdienstvertrag im Sinne von § 611 Abs. 1, § 675 Abs. 1 BGB versteht, so dass deshalb der Mediator nach anwaltsrechtlichen Grundsätzen haften kann[579]. Darauf ist schon oben in Rdn. 241 mit den daraus konsequenterweise folgenden Pflichten, deren Verletzungen allesamt zu einer Regresshaftung führen können, hingewiesen worden. Ob das durch vertragliche Einschränkungen konterkariert werden kann, ist – zumal bei formularvertraglichen Klauseln – erheblich in Zweifel zu ziehen.

Abgesehen von alldem hat jeder Mediator die Parteien ohnehin vor Gefahren zu warnen[580], dies 253 zumindest dann, wenn sie für den Mediator erkennbar sind und er nicht davon ausgehen darf, dass die Parteien anderweitig (z.B. durch ihre eigenen Anwälte) hierüber ins Bild gesetzt wurden oder werden. Spätestens an diesem Punkt würde es »durchschlagen«, dass der Mediator Rechtsanwalt ist und daher rechtliche Gefahren erkennen musste.

Zur Vermeidung von Allparteilichkeitsproblemen findet sich eine sehr sachgerechte Empfehlung in 254 der Literatur, dass sich der Mediator nämlich **nicht selbst inhaltlich** in Rechtsgesprächen mit den Parteien oder ihren Beratern **positioniert**, sondern stattdessen ein Rechtsgespräch der Parteien oder ihrer Anwälte moderiert, indem er durch aktives Zuhören und Paraphrasieren die wesentlichen rechtlichen Gesichtspunkte aufgreift, allgemein verständlich wiedergibt und gegebenenfalls auch visualisiert[581]. Dabei sollten durch den anwaltlichen Mediator seinerseits, soweit nicht ohnehin schon durch das Wechselspiel von Ansicht und Gegenansicht hinreichend deutlich gemacht, die Subjektivität von Parteibeurteilungen und die Unsicherheiten rechtlicher Urteile und Prognosen möglichst transparent gemacht werden[582].

Soweit (namentlich) der Anwaltsmediator die rechtliche Beratung einer Partei durch ihren An- 255 walt insbesondere zur ins Auge gefassten Abschlussvereinbarung als in hohem Maße unzureichend

575 BGH, a.a.O., Rn. 22.

576 *Ehlers-Hofherr*, NJW 2017, 3446, 3447; ebenso *Deckenbrock/Markworth*, ZAP 2018, S. 57, 69, 70; *Heinemann*, a.a.O.; *Baumann*, SchiedsVZ 2018, 173 ff.

577 *Deckenbrock/Markworth*, ZAP 2018, a.a.O.

578 Vgl. *Henssler/Gohmert*, a.a.O.

579 BGH, a.a.O., Rn. 18.

580 So auch *Prütting*, ZAP 2018, 2203, 2208.

581 Klowait/*Gläßer*, § 2 Mediationsgesetz, Rn. 271.

582 Klowait/*Gläßer*, a.a.O., Rn. 272.

erkennt, stellt sich die (Haftungs-)Frage, ob und wenn ja in welcher Art und Weise und in welchem Umfang er sich »korrigierend einmischen« darf, soll oder gar muss[583]. Nach hier vertretener Ansicht hat der Mediator, wenn er nicht selbst durch vorausgegangenes Moderieren etc. diese fehlerhafte Würdigung verursacht hat, sich **einer korrigierenden Einmischung zu enthalten**[584]. Für die Fehlbeurteilung wäre allein der verantwortliche Anwalt der Partei von dieser haftbar zu machen.

256 **Anders** ist es für Mediatoren zu beurteilen, die an der Abfassung der Abschlussvereinbarung rechtsdienstleistend mitwirken, wenn und soweit es um die **formelle und materielle Wirksamkeit** der Abschlussvereinbarung geht[585].

257 Wesentliche Bedingung für den Erfolg einer Mediation ist die **Wahrung der Vertraulichkeit** des Verfahrens[586]. Das Verfahren ist grundsätzlich nicht öffentlich (vgl. § 2 Abs. 4 MediationsG). Der Mediator ist (genauso wie die in die Durchführung des Mediationsverfahrens eingebundenen Personen) grundsätzlich zur **Verschwiegenheit** verpflichtet (§ 4 Abs. 1 MediationsG), was ein Zeugnisverweigerungsrecht nach § 383 Abs. 1 Nr. 6 ZPO begründet[587] und ihn nach § 4 Abs. 1 MediationsG zu dessen Ausübung zwingt[588]. Zu empfehlen ist eine Parteivereinbarung (Beweismittelvertrag) dahin, dass der (Anwalts-)Mediator nicht als Zeuge benannt werden darf[589]. Dazu und zur Frage des Bruchs der Vertraulichkeit durch die Parteien z.B. durch Verwertung im Mediationsverfahrens erlangter gegnerischer Geschäftsgeheimnisse etc. und der erforderlichen Abwehrmaßnahmen durch den eine Partei vertretenden oder beratenden Anwalt wird ergänzend auf Rdn. 270 verwiesen.

258 Die im systematischen Teil (Kapitel 2) als Teil der Schadensverhütungspflicht Kap. 2 Rdn. 263 bereits dargestellte Pflicht zur **zügigen Bearbeitung** hat auch der Anwaltsmediator. Er hat also, auch wenn das MediationsG anders als das Verbraucherstreitbeilegungsgesetz[590] (z.B. in § 20 VSBG) keine Einzelvorschriften zur Beschleunigung des Verfahrens enthält, pflichtgemäß dafür Sorge zu tragen, dass die Parteien mit seiner Hilfe zügig zu einer eigenverantwortlichen Konfliktlösung gelangen können und durch Fristenablauf oder den Zeitverlust nicht einen in den Verantwortungsbereich des Mediators fallenden Nachteil erleiden[591].

259 Einen Erfolg der Mediation schuldet der Mediator nicht[592]. Allein an ein **Scheitern der Mediation** kann also für einen Schadensersatzanspruch nicht angeknüpft werden. Nur wenn der Mediator Verhaltens- oder Hinweispflichten im Rahmen des Mediationsverfahrens verletzt hat (dazu Rdn. 239 ff.) und bei pflichtgemäßem Verhalten eine Lösung des Konflikts der Medianden zustande gekommen wäre, welche gegenüber dem stattdessen vorliegenden (einverständlichen oder streitigen) Ergebnis der Auseinandersetzung vermögensmäßig günstiger gewesen wäre, kann die entsprechende Konfliktpartei grundsätzlich Ersatz beanspruchen[593].

583 Dazu *Fritz/Pielsticker*, § 2 MediationsG, Rn. 142; Klowait/*Gläßer*, § 2 Mediationsgesetz, Rn. 292.

584 A.A. *Pielsticker*, a.a.O.; einschränkend: Klowait/*Gläßer*, a.a.O.: vorsichtige Sensibilisierung der Partei, vornehmlich durch Einzelgespräch in Abwesenheit des Beraters (extrem bedenklich!).

585 Klowait/*Gläßer*, § 2 Mediationsgesetz, Rn. 320.

586 MünchKommZPO/*Ulrici*, Anhang 1 zu § 278a: Mediationsgesetz, Rn. 44; vgl. auch MünchKommZPO/*Prütting*, § 278, Rn. 40.

587 *Bösch/Lobschat*, SchiedsVZ 2014, 190 (191); MünchKommZPO/*Ulrici*, Anhang 1 zu § 278a: Mediationsgesetz, Rn. 32; *G. Mähler/H. G. Mähler*, in: Heussen/Hamm, Beck'sches Rechtsanwalts-Handbuch, § 48, Rn. 86.

588 *G. Mähler/H. G. Mähler*, a.a.O.; *Hartmann*, in: Haft/Schlieffen, § 28, Rn. 19 a.E.

589 *G. Mähler/H. G. Mähler*, a.a.O.

590 In Kraft getreten am 1.4.2016.

591 Vgl. *Jost*, in: Haft/Schlieffen, § 29, Rn. 11 und 26; zum Risiko der Verjährung während der Mediation vgl. in Bezug auf das alte Verjährungsrecht *Wagner*, NJW 2001, 183, 187; zu den Möglichkeiten der Verhinderung eines Verjährungseintritts nach neuem Recht vgl. Kap. 7 Rdn. 12 ff.

592 *Vollkommer/Greger/Heinemann*, § 2, Rn. 9 und § 28, Rn. 74; *Budde*, ZAP 2000, Fach 23, 479, 695, 703.

593 *Budde*, ZAP 2000, Fach 23, 479, 695, 703.

260 Der Anwalt unterliegt als Mediator mithin nicht unerheblichen Haftungsrisiken. Die Mediation ist als Teil anwaltlicher Tätigkeit in der **Berufshaftpflichtversicherung** (§ 51 BRAO) nach einem Beschluss der maßgeblichen Haftpflichtversicherer aus November 1996 ein mitversichertes Risiko. Eine gesonderte Mitteilung an den Versicherer über die Tätigkeit als Mediator dürfte deshalb ab 1.12.1996 nicht mehr erforderlich sein[594], auch wenn gleichwohl von anwaltlicher Seite noch empfohlen wurde[595], sich von der Versicherung ausdrücklich bestätigen zu lassen, dass der Versicherungsvertrag auch für die Mediation gilt.

261 Für die **Regressverjährung** gilt für die Dauer seiner Gültigkeit und Anwendbarkeit laut Übergangsrecht (dazu im Einzelnen Kap. 7 Rdn. 4 ff.) § 51b BRAO (siehe schon Kap. 7 Rdn. 7 ff.)[596], ansonsten allgemeines Verjährungsrecht (dazu im Einzelnen Kap. 7 Rdn. 12 ff.). Die Mediation ist als originär anwaltliche Tätigkeit aufzufassen[597], die in den anwaltlichen Tätigkeitsbereich nach § 3 Abs. 1 BRAO fällt[598], wie sich auch aus den berufsrechtlichen Regelungen in § 18 und § 7a BORA ersehen lässt. Demgemäß ist weiter oben (Rdn. 240) von einem mehrseitigen Anwaltsvertrag gesprochen worden, den die Konfliktparteien mit dem Anwalt schließen, wenn sie ihn mit der Mediation beauftragen. Da ein Anwaltsvertrag bereits dann zu bejahen ist, wenn der Auftrag auch auf Rechtsberatung gerichtet ist und auch rechtliche Fragen aufwerfen kann, die nicht unwesentlich sind, ist dieser Rechtscharakter eines Mediatorvertrages mit einem Rechtsanwalt nach dem weiten Begriff des sog. echten Anwaltsvertrages[599] gegeben, wenn die Erwartung erkennbar ist, »dass der Rechtsanwalt bei seiner Tätigkeit auch die rechtlichen Interessen des Auftraggebers wahrnehmen werde.«[600] Nur dann, wenn die Rechtsberatung und -vertretung völlig in den Hintergrund tritt und deswegen als unwesentlich erscheint, gilt nach der Rechtsprechung des BGH etwas anderes[601]. Dies wird im Regelfall bei der Beauftragung gerade eines Anwalts als Mediator nicht der Fall sein, zumal die Konfliktparteien dann häufig nicht zusätzlich einen »eigenen« Anwalt mandatiert haben werden. Daraus folgt, dass regelmäßig § 51b BRAO unter Beachtung seiner ersatzlosen Streichung zum 15.12.2004 und der Übergangsregelung in Art. 229 § 12 i.V.m. § 6 EGBGB in Altfällen direkt anwendbar ist. Ergibt sich im Einzelfall ausnahmsweise eine andere Einordnung des Mediatorvertrages, ist § 51b BRAO aber auch maßgeblich, und zwar dann aufgrund analoger Anwendung[602]. Soweit § 51b BRRAO nicht mehr (direkt oder entsprechend) anzuwenden ist, gelten die allgemeinen Verjährungsregeln, §§ 195, 199 BGB.

II. Die Haftung eines anwaltlichen Vertreters oder Beraters einer am Mediationsverfahren beteiligten Partei

262 Geht es um die haftungsrechtliche Beurteilung des Verhaltens eines **als Vertreter oder Berater** nur einer Konfliktpartei mandatierten Rechtsanwalts, ergeben sich zunächst keine wesentlichen Unterschiede zu sonstiger anwaltlicher Tätigkeit als einseitiger Interessenvertretung gemäß § 3 Abs. BRAGO i.V.m. § 1 Abs. 3 BORA.

---

594 *G. Mähler/H. G. Mähler,* in: Heussen/Hamm, Beck'sches Rechtsanwalts-Handbuch, § 48, Rn. 99.

595 *Römermann,* Anwalt 2003, 9; *Mähler/Mähler,* in: Haft/Schlieffen, Handbuch Mediation, 2. Auflage, § 34, Rn. 81; *Fritz/Pielsticker,* § 2 MediationsG, Rn. 67; ebenso schon *Henssler/Schwackenberg,* MDR 1997, 409, 410.

596 So auch *Chab,* in: G. Fischer/Vill/D. Fischer/Rinkler/Chab, 4. Auflage, § 7, Rn. 33.

597 *Henssler/Schwackenberg,* MDR 1997, 409, 410; Schlussbericht des BRAK-Ausschusses, Mediation, BRAK-Mitt. 1996, 186.

598 Vgl. *Brüggemann,* in: Weyland, § 18 BORA, Rn. 1; *Vollkommer/Greger/Heinemann,* § 2, Rn. 9; *G. Mähler/H. G. Mähler,* in: Heussen/Hamm, Beck'sches Rechtsanwalts-Handbuch, § 48, Rn. 99.

599 Vgl. *Zugehör,* Beraterhaftung, Rn. 6; ferner oben Kap. 1 Rdn. 7 f.

600 BGH NJW 1998, 3486 = WM 1998, 2243, 2244; NJW 1999, 3040, 3042 = WM 1999, 1846, 1848; vgl. auch BGH NJW 1985, 2642; NJW 1980, 1855, 1856; WM 1977, 551, 552; WM 1976, 1135, 1136.

601 NJW 1998, 3486; vgl. zum Ganzen auch Kap. 7 Fußnote 19 zu Rdn. 7 m.w.N.

602 *Henssler/Schwackenberg,* MDR 1997, 409, 410; *Vollkommer/Greger/Heinemann,* § 24, Rn. 20; *Römermann,* Anwalt 2003, 9.

263 So ist beim Abschluss der **Mediationsvereinbarung**[603] für den aktuellen Konflikt oder auch für künftige Streitigkeiten aus einem Grundverhältnis von dem Anwalt als Parteivertreter Rechtsbetreuung gefordert, so z.B. in Bezug auf notwendige oder zumindest sachgerechte »flankierende Regelungen«, wie etwa zur Verjährung, zum Klageverzicht und zur Vertraulichkeit[604]. Insbesondere zur **Wahrung des Vertrauensschutzes im Mediationsverfahren** wird in der Literatur gefordert, dass der Anwalt für eine lückenlose Gestaltung der Mediationsvereinbarung durch Ausschließung entsprechenden Sachvortrages und Benennung von Zeugen (auch des Mediators[605]) zu sorgen habe, damit der Gegner solche Informationen, die er im Rahmen des Mediationsverfahrens erlangt, nicht zum Nachteil der eigenen Partei in ein anschließendes (Schieds-)Gerichtsverfahren einbringen kann[606]. Dem ist schon wegen des dafür zu Recht angeführten Grundsatzes des sichersten Weges zuzustimmen. Zu beachten sind allerdings die Grenzen durch zwingendes Recht, zu denen z.B. der in einzelnen Verfahren geltende Untersuchungsgrundsatz und die allg. Zeugenpflicht gehören[607]. So fehlt es im Strafprozess an einem Zeugnisverweigerungsrecht nach § 53 StPO oder § 53a StPO. Es verbleibt dort mithin bei der gesetzlichen Aussagepflicht der Mediatoren und ihrer Hilfspersonen[608].

264 **Im Mediationsverfahren** nach § 1 Abs. 1 MediationsG, sei es als außergerichtliches, sei es als »gerichtsnahes« aufgrund gerichtlichen Vorschlags nach § 278a Abs. 1 ZPO[609] unter gerichtlich angeordnetem gleichzeitigen Ruhen des bereits eingeleiteten Prozesses (vgl. § 278a Abs. 2 ZPO), sollen zum Zwecke eigenverantwortlicher und einvernehmlicher Konfliktlösung die »wirklichen Interessen« der Parteien hervortreten und in »möglichst kreativen Lösungen« zur Geltung kommen[610]. Zwar kann die Mediation auch Rechtsinformationen beinhalten und sich auf Rechtsverhältnisse beziehen sowie Regelungsmöglichkeiten zur Diskussion stellen, sie überlässt jedoch den Konfliktparteien die Gestaltung ihrer Rechtsverhältnisse eigenverantwortlich[611]. Zur Mediation gehört mithin mehr als nur das rechtsorientierte Verhandeln, also Verhandeln über rechtliche Interessen[612]. Das macht die Rolle eines Anwalts als Parteivertreter oder -berater, der seine Partei im Mediationsverfahren sachkundig und ohne sich regresspflichtig zu machen, »**begleiten**«[613] soll, durchaus schwierig. Einerseits soll er (siehe § 1 Abs. 3 BORA) die Partei vor Rechtsverlusten schützen und andererseits soll er einen von seiner Partei gewünschten Erfolg des Mediationsverfahrens nicht konterkarieren[614]. Sich in diesem möglichen Zwiespalt richtig zu verhalten, wird, so die sachgerechte Empfehlung in der Literatur[615], sicherlich dadurch erleichtert und gefördert, wenn der Anwalt, auch wenn er hier nicht selbst als Mediator tätig ist (es auch nicht sein kann, vgl. § 3 Abs. 2 MediationsG), als Mediator ausgebildet ist. Für einen reinen Prozessanwalt ist die Wahrnehmung nur beratender und begleitender Funktion schwierig, wenn er nicht schon einmal an einer Mediation oder einer Güterichterverhandlung mit Mediationscharakter (vgl. § 278 Abs. 5 ZPO) teilgenommen hat[616]. Denn nun sollen die beteiligten Parteien selber artikulieren und verstehen, worum es

603 Zu deren Charakter vgl. oben Rdn. 240.

604 Dazu im Einzelnen vgl. *Friedrich*, MDR 2004, 481 ff.; *Neuenhahn/Neuenhahn*, NJW 2005, 1244 (1246).

605 Vgl. dazu oben in Rdn. 257.

606 *Bösch/Lobschat*, SchiedsVZ 2014, 190 (192); Zöller/*Greger*, § 278 ZPO, Rn. 30a; vgl. auch MünchKommZPO/*Ulrici*, Anhang 1 zu § 278a: MediationsG, Rn. 44; *Hartmann,* in: Haft/Schlieffen, § 28, Rn. 33 ff.

607 MünchKommZPO/*Ulrici*, Anhang 1 zu § 278a: MediationsG, Rn. 44 und Rn. 32.

608 BGH, Urt. v. 29.1.2018 – AnwZ (Brfg) 32/17 – juris, Rn. 27 ff.

609 Vgl. für den Bereich der freiwilligen Gerichtsbarkeit und in Familiensachen (außer bei Ehesachen und Familienstreitsachen, § 113 Abs. 1 S. 2 FamFG) § 36a FamFG und für die Arbeitsgerichtsbarkeit § 54a Abs. 1 S. 1 ArbGG.

610 Vgl. *Ponschab*, Anwalt 2004, 16.

611 Gesetzesbegründung zu § 2 Abs. 3 Nr. 4 RDG.

612 *May*, NZBau 2014, 334 (335).

613 Zu dieser Begriffswahl vgl. *May*, a.a.O., S. 336 in Fn. 13; vgl. auch *Prütting*, MDR 2016, 965 (967).

614 *Offermann-Burckart,* FPR 2010, 431 (433).

615 *May*, NZBau 2014, 334 (335).

616 *Benesch,* NZFam 2015, 807 (810).

ihnen eigentlich geht, was also ihre hinter dem konkreten Streitgegenstand im Raume stehenden wirklichen Interessen und Bedürfnisse sind. Sie sollen wieder selbst Verantwortung übernehmen für das, was sie als Lösung aushandeln wollen und Anwälte nur zur Sicherheit haben[617].

Trotz all dieser Gesichtspunkte und möglicher Bewertungskonflikte für den Anwalt ist es letztlich dennoch klar zu benennen, **was er an pflichtgerechter Anwaltsleistung schuldet:**

Wenn die Konfliktpartei ihren Anwalt weiter beteiligt oder etwa nun erst zu Rate zieht, ergibt sich – 265
erfolgt keine ausdrückliche Einschränkung oder Eingrenzung des Auftrages –, aus der Natur des Anwaltsvertrages, dass **Rechtsbetreuung oder Rechtsberatung** geschuldet wird. Sonst könnte oder würde irgendein Dritter zur Konsultation herangezogen werden und nicht gerade ein Rechtsanwalt. Diese Anwaltsleistung ist zu erbringen in einem für die umfassende Wahrung der jeweiligen Parteiinteressen erforderlichen Maße, seiner Art und Weise sowie dem Zeitpunkt nach angepasst an die Situation und den Ablauf des Mediationsverfahrens mit seinen zusätzlichen, einer Suche nach einer gemeinsamen Lösung dienlichen Elementen. Gibt es u.U. einen Zwiespalt zwischen dem von der Partei in Erwägung gezogenen Lösungsmodell mit einer isoliert nur an rechtlichen Kriterien orientierten Erfolgsbewertung, hat der Anwalt dies, ähnlich wie er es bei einer sonstigen Vergleichsberatung schuldet und gewohnt sein wird, klar und deutlich aufzuzeigen.

Unter Umständen muss der Anwalt im Mediationsverfahren, in dem er sich grundsätzlich völlig zu- 266
rückhalten muss, aber auch aus eigener Initiative durch den Vorschlag geeigneter Maßnahmen »rechtzeitig die **Notbremse ziehen**«[618], etwa, wenn die Mediation gänzlich gegen seinen Mandanten läuft, dieser dem anderen Medianden erheblich unterlegen ist, das Verfahren sich doch nicht als mediationsgeeignet erweist, auf Vereinbarungen hinausläuft, die rechtlich nicht haltbar sind[619] oder die Gefahr der Verletzung, Umgehung oder Unwirksamkeit vereinbarten Vertraulichkeitsschutzes besteht[620].

Entscheidende Zeitpunkte für die Rechtsbetreuung ergeben sich einzelfallbezogen. Es können die 267
Momente sein, in denen es um den Beginn, die Fortsetzung oder den Abbruch des Mediationsverfahrens oder um das Akzeptieren oder die Ablehnung des sog. **Abschlussvertrages** geht[621]. So wird der Anwalt, der während der Mediation selbst zunächst in den Hintergrund tritt, wieder aktiv insbesondere bei der rechtlichen Bewertung der von den Parteien mit Hilfe des Mediators entwickelten Lösungsoptionen und deren Vergleich mit anderen Handlungsalternativen, insbesondere der (Fort-)Führung eines Prozesses. Im Falle der Einigung trifft ihn die Aufgabe, die Abschlussvereinbarung zu prüfen und rechtlich einwandfrei mit zu formulieren[622]. Die hierbei zu beachtenden **Pflichtenanforderungen** entsprechen im Wesentlichen denen, die in der Rechtsprechung für den Abschluss von Vergleichen aufgestellt werden[623]. Es wird daher auf die Ausführungen und Nachweise unter dem Stichwort »Vergleich« (Rdn. 570 ff.) verwiesen.

Diese Grundsätze sind nicht nur, aber in besonderem Maße maßgeblich, wenn der **Mediator** 268
Nichtjurist ist, was nach **§ 2 Abs. 3 RDG** möglich ist, weil die Mediation nicht als Rechtsdienstleistung anzusehen ist, sofern die Tätigkeit nicht durch rechtliche Regelungsvorschläge in die Gespräche der Beteiligten eingreift.

Darauf zu achten hat der Anwalt, dass bei einem »schlichten« Mediationsverfahren für eine Verjäh- 269
rungshemmung nicht § 204 Abs. 1 Nr. 4 BGB mit einer Ablaufhemmung von 6 Monaten (§ 204 Abs. 2 BGB) gilt, sondern § 203 BGB mit einer Ablaufhemmung von frühestens 3 Monaten nach dem Ende der Hemmung (§ 203 S. 2 BGB)[624]. Eine Mediation stellt also eine Verhandlung im

617 *Benesch,* a.a.O.
618 *Offermann-Burckart,* FPR 2010, 431 (435).
619 *Offermann-Burckart,* a.a.O.
620 Dazu *Bösch/Lobschat,* SchiedsVZ 2014, 190 (193).
621 Vgl. *Neuenhahn/Neuenhahn,* NJW 2005, 1244 (1246 f.).
622 Vgl. *Neuenhahn/Neuenhahn,* ebd., S. 1247; *Offermann-Burckart,* FPR 2010, 431 (435 f.).
623 Die Anforderungen gut zusammengefasst von *Offermann-Burckart,* FPR 2010, 431 (435).
624 Vgl. *Therstappen,* AnwBl 2013, 288 (290).

Sinne des § 203 BGB dar, wenn der Gläubiger, wovon im Regelfall auszugehen ist, einen Anspruch geltend macht und darlegt oder zumindest klarstellt, worauf er ihn stützen will, und wenn der Schuldner nicht jeden Anspruch sofort und eindeutig ablehnt[625].

270 Die oben dargestellten Grundsätze, an denen sich der Anwalt zu orientieren hat, gelten auch im Rahmen eines **Güterichterverfahren nach § 278 Abs. 5 ZPO**, also eines Verfahrens, in dem der sog. Güterichter[626] als nicht entscheidungsbefugter Richter alle Methoden der Konfliktbewältigung einschließlich der Mediation einsetzen kann[627] und im Verfahren vor dem sog. **Streitmittler nach dem VBSG**. In diesen Verfahren stellen sich die Beratungssituationen für den Anwalt sehr ähnlich dar wie in der »klassischen« Situation der Verhandlungen über einen Prozessvergleich.

Wählt der Güterichter für sein Verfahren den Weg der Mediation, kommt der Sicherung der **Vertraulichkeit der Güteverhandlung** im Hinblick auf die Parteien große Bedeutung zu. Der Güterichter selbst ist schon nach § 46 DRiG zur Verschwiegenheit der Vorgänge in der nicht öffentlichen Güteverhandlung (vgl. § 169 GVG) verpflichtet. Er hat daher auch ein Zeugnisverweigerungsrecht nach § 383 Abs. 1 Nr. 6 ZPO[628]. Die Wahrung der Vertraulichkeit durch die Parteien, z.B. bei Scheitern des Güteversuchs und Fortsetzung des Prozesses vor dem erkennenden Gericht, kann dagegen nur durch einen (Prozess-)Vertrag erreicht werden (dazu schon oben Rdn. 263)[629]. Der sicherste Weg für den Anwalt ist es, solche Regelungen möglichst umfassend zu treffen. Der Grundsatz des sichersten Weges verlangt von ihm auch, selbst rechtzeitig vor Beginn der inhaltlichen Güteverhandlung initiativ zu werden und nicht etwa auf einen Hinweis des Güterichters[630] zu setzen.

Auch der **Streitmittler** nach § 6 VSBG ist zur Verschwiegenheit verpflichtet (§ 22 VSBG i.V.m. § 4 S. 3 MediationsG). Das Verfahren wird vertraulich und nicht öffentlich geführt so auch in einer nach § 17 Abs. 2 VSBG erfolgenden mündlichen Erörterung[631]. Gerade für einen Unternehmer, der sich wegen der Vertraulichkeit ohne Bedenken soll öffnen können und keine Informationen soll zurückhalten müssen, ist die Sicherung der Vertraulichkeit (auch bei einem Scheitern der Streitbeilegung) u.U. von eminenter Bedeutung. Daher sollte auch hier der ihn vertretene Anwalt durch entsprechende Vereinbarung (siehe oben) für den notwendigen Vertrauensschutz Sorge tragen.

271 In einem **gerichtlichen Verfahren einer Mediation** (nach § 9 MediationsG nur noch bis zum 1. August 2013 durchführbar gewesen) oder nun im Rahmen eines Güteversuchs nach **§ 278 Abs. 5 ZPO**, bei dem der besonders zu bestellende Güterichter, wie ihm das Gesetz erlaubt, die Methode der Mediation einsetzt, hat der Anwalt zu beachten, dass auch dann allein der Umstand, dass eine als Mediation ausgestaltete Güteverhandlung stattfindet, kein Vertrauen darauf begründet, dass entgegen den gesetzlichen Regelungen die Berufungsbegründungsfrist nicht abläuft, auch wenn er gebeten worden ist, während des Güteverfahrens die Berufung nicht zu begründen[632]. Dies gilt jedenfalls dann, wenn das Gericht in dem Hinweis hinreichend deutlich gemacht hat, dass es bei der Regelung des § 520 Abs. 2 ZPO verbleibt[633].

---

625 Vgl. BGH, Urt. v. 24.1.2019 – IX ZR 233/17 – juris, Rn. 13.

626 Zu dessen recht verstandener Rolle vgl. *Greger,* ZKM 2015, 172 (174); zustimmend *Prütting,* MDR 2016, 965 (966); zu den daraus folgenden Konsequenzen vgl. *Prütting,* a.a.O., S. 967 und MünchKommZPO/*Prütting,* § 278, Rn. 33 – 35 und 37 gegen *Francken,* NZA 2015, 641 (643).

627 Vgl. *Vollkommer/Greger/Heinemann,* § 28, Rn. 75, Rn. 53a und 53c; ebenso im Grundsatz *Ripke,* in: Haft/v. Schlieffen, 2. Auflage, § 7, Rn. 33, dann aber dort und in Rn. 34 ff. wieder »verschwimmend«, wenn eine positive Haltung und Vertrautsein mit dem Verfahren der Mediation sowie Unterordnung unter die Verständnislösung der Mediation angemahnt werden; *Ripke* (a.a.O.) kritisierend daher zu Recht auch *Offermann-Burckart,* FPR 2010, 431 (433 f.).

628 MünchKommZPO/*Prütting,* § 278, Rn. 40; Zöller/*Greger,* § 278 ZPO, Rn. 30.

629 MünchKommZPO/*Prütting* und Zöller/*Greger,* jeweils a.a.O.

630 Dazu MünchKommZPO/*Prütting,* a.a.O.

631 Vgl. MünchKommZPO/*Ulrici,* Anhang 2 zu § 278a Verbraucherstreitbeilegungsgesetz, Rn. 60.

632 BGH NJW 2009, 1149 (Tz. 14).

633 BGH NJW 2009, 1149 (Tz. 14, 15).

Mündliche Verhandlung

Manchmal entscheidet sich das Schicksal eines Zivilprozesses in der mündlichen Verhandlung. Zwar muss zu diesem Zeitpunkt in aller Regel der Sachvortrag beider Seiten erschöpfend in den Schriftsätzen dargelegt worden sein (vgl. §§ 129 Abs. 1, 132, 282 Abs. 2 ZPO). In der mündlichen Verhandlung können sich aber neue überraschende Aspekte ergeben, insbesondere auch im Hinblick auf die rechtliche Beurteilung des Falles. Hier kommt es darauf an, dass der Anwalt den Richtern mit der erforderlichen Überzeugungskraft den vorliegenden Sachverhalt und die Rechtsargumente vortragen kann. Der pflichtgemäß handelnde Richter wird trotz sorgfältiger Terminsvorbereitung gegenüber den Argumenten des Anwalts in der mündlichen Verhandlung auch aufgeschlossen sein und sich hier gegebenenfalls noch umstimmen lassen. Nach Meinung des BGH[634] ist der Richter nicht nur verpflichtet, die Argumente des Anwalts zur Kenntnis zu nehmen, sondern auch gehalten, sie in seine Erwägungen einzubeziehen. 272

Wie im systematischen Teil (Kap. 2 Rdn. 2 ff.) im Einzelnen behandelt, ist der Anwalt verpflichtet, die zugunsten seines Mandanten sprechenden tatsächlichen und rechtlichen Gesichtspunkte so umfassend wie möglich vorzutragen, wie es nach Lage des Einzelfalles und der konkreten Prozesssituation erforderlich ist, um nahe liegenden richterlichen Irrtümern vorzubeugen, erkannte oder erkennbare Fehler des Gerichts zu verhindern und – wenn möglich – hilfsweise in ihren nachteiligen Wirkungen zumindest abzumildern[635]. Diese Pflicht besteht auch und gerade für die mündliche Verhandlung, in welcher sich der Anwalt mit einer abweichenden Auffassung des Gerichts auseinandersetzen und sich bemühen muss, das **Gericht** von der Richtigkeit seiner Meinung **zu überzeugen**. Tut er das nicht und wird nicht fehlerverhütend tätig, wird er, wenn das Gericht unrichtig zum Nachteil seiner Partei entscheidet, einer eigenen Haftung unter Zurechnungsgesichtspunkten nur in Ausnahmefällen entgehen können (vgl. Kap. 4 Rdn. 118 ff.). Wie schon in Kap. 4 Rdn. 134 ausgeführt, kommt es auch[636] nicht darauf an, ob der Versuch des Anwalts, den konkreten Richter vor einem Irrtum zu bewahren oder davon wieder abzubringen, erfolgreich gewesen wäre, weil der hypothetische Ausgang des Vorprozesses (sog. Inzidentverfahren) nach gefestigter Rechtsprechung des BGH normativ zu beurteilen ist, also danach, wie der Prozess richtigerweise ausgegangen wäre, wenn der Anwalt pflichtgemäß gehandelt und das Gericht seinen Fehler nicht begangen hätte. 273

Die sog. **Corona-Krise** hat insbesondere für den Bereich des Zivilprozesses und dessen »Herzstück«[637] in den Tatsacheninstanzen, die mündliche Verhandlung (§ 128 Abs. 1 ZPO), gerade in den ersten Wochen der **Pandemie** Auswirkungen gezeitigt. Wenn auch mittlerweile Normalisierungstendenzen, wenngleich auch unter zusätzlichen Schutzmaßnahmen und Hygieneauflagen, zu verzeichnen sind, kann insbesondere, wenn beide Parteien anwaltlich vertreten sind, § 128 Abs. 2 ZPO ein Mittel zur Überwindung der einer mündlichen Verhandlung entgegenstehenden Hindernisse bzw. Mittel einer Verfahrensbeschleunigung sein. Freilich ist dafür regelmäßig vorauszusetzen, dass das Verfahren so weit gediehen ist, dass es keiner Beweisaufnahme, soweit sie Mündlichkeit erfordert, mehr bedarf. Auch ist zu beachten, dass die Zustimmung, für die kein Schriftformerfordernis besteht[638], die beide Parteien aber klar, eindeutig und vorbehaltlos erklärt haben müssen, beispielsweise auch außerhalb einer mündlichen Verhandlung etwa telefonisch[639], durch jede nachfolgende gerichtliche Entscheidung verbraucht ist, so dass etwa nach Ergehen eines Auflagen- oder 274

634 BGH NJW 1988, 3013, 3016 = WM 1988, 987, 993.

635 Dazu, ob der Anwalt sinnvollerweise dem gerichtlichen Hinweis gemäß § 139 ZPO zur Antragsstellung folgen sollte, vgl. *Rinsche*, AnwBl 1994, 216 ff.; vgl. auch BGH VersR 1956, 762; VersR 1959, 390; vgl. schließlich auch BGH NJW 1974, 1865, 1866 und Kap. 2 Rdn. 195.

636 Entgegen *Rinsche*, 6. Auflage, Rn. I 426.

637 So *Gehrlein*, JurBüro 2020, 171, 175.

638 BGH, Urt. v. 20.3.2007 – VI ZR 254/05 – juris, Rn. 7.

639 BAG, Urt. v. 23.6.1993 – 5 AZR 248/92 – juris, Rn. 27; *Gehrlein*, a.a.O., S. 176.

Beweisbeschlusses für eine Sachentscheidung im **schriftlichen Verfahren** erneut die Zustimmung erforderlich wird[640].

275 Auch bei einer Pandemie und dem Risiko einer Infektion beispielsweise durch den Sars-COV-19-Virus muss es dabei verbleiben, dass ohne Zustimmungserklärungen der Parteien ein schriftliches Verfahren nicht durchgeführt werden kann. Etwaige Beschlüsse, die auf ein vermutetes Einverständnis der Parteien abstellen wollen, oder ähnliche Verfahrensweisen sind verfahrensfehlerhaft. Der Anwalt, der nicht in das schriftliche Verfahren überwechseln will, sollte, da Schweigen keine Zustimmung ist, dann nicht den Fehler begehen, sich schriftsätzlich oder auf andere Weise dann doch an dem Verfahren zu beteiligen, ohne das Verfahren ausdrücklich als verfahrensfehlerhaft zu rügen. Nur so hält er der Partei die Möglichkeit offen, dass ihr in der nächsten Instanz nicht § 295 ZPO entgegengehalten wird, wenn sie erst da die Verfahrensfehlerhaftigkeit rügt[641].

276 Für den Prozessanwalt gilt im Übrigen allgemein, dass er nicht nur über das notwendige juristische Wissen verfügen muss, sondern dass er dieses Wissen auch kurz entschlossen für die gebotenen Maßnahmen taktisch richtig einzusetzen hat. Gerade in der mündlichen Verhandlung vor Gericht sind Flexibilität und Reaktionsfähigkeit des Anwalts gefordert. Das mögen folgende Beispiele verdeutlichen:

▶ Beispiel 1:

In der mündlichen Verhandlung in erster Instanz erhebt der Prozessgegner erstmals die Einrede der Verjährung gegenüber der Klageforderung.

Hier wird der Anwalt des Klägers gegenüber der jetzt erst erhobenen Verjährungseinrede Verspätung (§ 296 ZPO) rügen und gegebenenfalls, wenn Gegner oder Gericht die Voraussetzungen für eine Zurückweisung verneinen, dem argumentativ entgegentreten müssen. Er wird hilfsweise eine Schriftsatzfrist beantragen (§ 283 ZPO) und dazu vortragen müssen, dass er (auch) zur Frage eines eventuellen Tatbestandes eines Neubeginns der Verjährung (früher: Unterbrechung der Verjährung) oder zur Hemmung der Verjährung noch vortragen und Beweis antreten wolle und dazu den Sachverhalt noch aufklären müsse, wozu es (weiterer) Erörterung mit der Partei und im Bedarfsfall zusätzlicher Sachverhaltsermittlungen bedürfe.

▶ Beispiel 2:

277 Die Verjährungseinrede wird erst in einer Berufungsverhandlung erhoben, obwohl Verjährung bereits vor dem Schluss der mündlichen Verhandlung erster Instanz eingetreten ist.

Hier stellt sich die Frage nach der Zulässigkeit dieses neu geltend gemachten Verteidigungsmittels nach §§ 529 Abs. 1 Nr. 2, 531 Abs. 2 ZPO. Der Prozessbevollmächtigte des Beklagten wird sich richtigerweise dazu auf die nunmehr weitgehend in der ober- und höchstrichterlichen Rechtsprechung vertretene Auffassung stützen, der sich auch der Große Senat für Zivilsachen angeschlossen hat, dass die Verjährungseinrede zuzulassen ist, wenn der zugrunde liegende Sachverhalt unstreitig ist[642], und dies sogar dann, wenn dies dazu führt, dass vor einer Sachentscheidung eine Beweisaufnahme erforderlich wird[643]. Der Berufungsanwalt des Klägers kann dem unter Verweis u.a. auf die (noch?) abweichende Meinung des X. Zivilsenats des BGH[644] entgegenzutreten versuchen. Er wird

640 Vgl. *Gehrlein*, a.a.O.; *Rauscher*, COVuR 2020, 2, 5.

641 Vgl. BGH, Urt. v. 20.3.2007 – VI ZR 254/05 – juris, Rn. 9; *Gehrlein*, a.a.O.; *Rauscher*, a.a.O.

642 BGH (GSZ) NJW 2008, 3434; (IX. ZS) NJW 2009, 685, 687 = WM 2008, 2307 (Tz. 22); (XI. ZS) NJW 2008, 1312, 1314 (Tz. 21 ff. m.w.N.); (III. ZS) NJW-RR 2006, 630 (Tz. 6); vgl. auch (IV. ZS) NJW 2006, 298, 299 (Tz. 19 zu § 12 Abs. 3 VVG a.F.); OLG Karlsruhe OlG-Rep. 2005, 42 = MDR 2005, 412 f.; OLG Naumburg NJOZ 2005, 3651; OLG Hamm, Urt. v. 23.2.2006 – 28 U 217/04, Beck RS 2006, 03935; vgl. auch Palandt/*Ellenberger*, § 214, Rn. 2.

643 BGH (IX. ZS) NJW 2009, 685, 687 = WM 2008, 2307 (Tz. 22) unter Verweis auf BGHZ 161, 138, 144 = NJW 2005, 291 (zu unstreitigem neuen Tatsachenvortrag); offengelassen allerdings von BGH (GSZ), NJW 2008, 3434 (Tz. 10).

644 BGH (X. ZS) GRUR 2006, 401, 404 (Tz. 26, 27) = MDR 2006, 766, 767.

ferner, sofern die Einrede entgegen § 520 oder § 521 Abs. 2 ZPO nicht rechtzeitig vorgebracht worden ist, hilfsweise auf die Zurückweisung nach §§ 530, 296 Abs. 1 ZPO hinweisen und für eine Stellungnahme Schriftsatzfrist (§§ 525, 283 ZPO) beantragen müssen, um klären zu können, ob Tatbestände eines Neubeginns der Verjährung (früher: Unterbrechung) oder der Hemmung der Verjährung gegeben sind, die bisher mangels Erhebung der Einrede nicht aufklärungsbedürftig waren. Schließlich wird er äußerst vorsorglich Zulassung der Revision anregen (§ 543 Abs. 1 Nr. 1 und Abs. 2 ZPO).

▶ Beispiel 3:

Die Gegenseite präsentiert in der mündlichen Verhandlung im ersten Rechtszug überraschend einen neuen Sachvortrag beispielsweise durch Behauptung einer teilweisen Erfüllung der Klageforderung und stellt einen (bisher nicht benannten) Zeugen zum Beweis ihrer Behauptung zum Termin. 278

Hier wird der Anwalt Verspätung rügen und – nach Rücksprache mit der Partei – möglicherweise Gegenzeugen benennen müssen. Das würde voraussichtlich dazu führen, dass das Gericht wegen der somit eintretenden Verzögerung das neue Vorbringen der Gegenseite sowie auch den neuen Beweisantrag als verspätet zurückweist[645]. Kann nicht sofort reagiert werden, müsste – gegebenenfalls auch hilfsweise – Vertagung und Schriftsatzfrist beantragt werden[646] (vgl. dazu das 1. Beispiel).

▶ Beispiel 4[647]:

In der mündlichen Verhandlung vor dem Einzelrichter des Landgerichts konkretisiert der Beklagte erstmals eine für seine Verteidigung relevante Behauptung. In seinem darauf gestützten klageabweisenden Urteil führt der Einzelrichter aus, dass der Kläger anfänglich zwar die Behauptung bestritten, daran aber nicht mehr festgehalten habe, nachdem der Beklagte in der mündlichen Verhandlung Einzelheiten dazu genannt habe. 279

Das OLG Hamm hat dazu ausgeführt: Es war zwar aus verständiger Sicht erkennbar gewesen, dass der Kläger die Behauptung des damaligen Beklagten angesichts seines gesamten Vorbringens nicht zugestanden wissen wollte. Aber gleichwohl galt es aus Sicht des damaligen Klägervertreters, ein etwaiges Missverständnis des zur Entscheidung berufenen Einzelrichters zu vermeiden oder zumindest für die Berufungsinstanz den tatsächlichen Streitstand korrekt dokumentieren zu lassen, denn immerhin bargen spätere Anträge auf Protokoll- oder Tatbestandsberichtigung das (sich realisierte) Risiko in sich, von dem Einzelrichter abschlägig beschieden zu werden. Der Rechtsanwalt des Klägers hätte in der öffentlichen Sitzung des Einzelrichters darauf drängen müssen, dass hinsichtlich der von dem damaligen Beklagten erstmals näher konkretisierten Behauptung ein ausdrückliches Bestreiten des Klägers in die Sitzungsniederschrift aufgenommen wurde (§ 160 Abs. 4 S. 1 ZPO) bzw. bei ablehnender Reaktion des Einzelrichters auf einen entsprechenden Beschluss hinwirken müssen (§ 160 Abs. 4 S. 2 u. 3 ZPO)[648].

Kritisch anzumerken ist allerdings dazu, dass ein Anwalt angesichts seines (vorherigen) Bestreitens nicht ohne Weiteres mit einer solchen fehlerhaften Auslegung seines Prozessverhaltens rechnen musste. Denn nach gefestigter Rechtsprechung des BGH wird im Zweifel ein Bestreiten aufrechterhalten und nicht fallengelassen[649].

Ob in allen Fällen, in denen eine taktisch zweckmäßige Maßnahme geboten erscheint, dem Anwalt wegen der Unterlassung dieser Maßnahme eine Schadensersatzverpflichtung erwächst, erscheint nicht nur zweifelhaft. Es dürfte vielmehr zu verneinen sein. Verlangt wird vom Anwalt im Rahmen 280

645 Zum taktischen Vorgehen in der mündlichen Verhandlung vgl. *Rinsche*, Prozesstaktik, Rn. 151–171.
646 Vgl. BGH, Urt. v. 11.4.2013 – IX ZR 94/10 – juris, Rn. 6.
647 OLG Hamm, Urt. v. 12.7.2012 – 28 U 77/11 – juris.
648 OLG Hamm, a.a.O., juris, Rn. 78–81.
649 Vgl. BGH, Urt. v. 28.5.1998 – VII ZR 160/97 – juris, Rn. 8; Beschl. v. 25.2.2008 – II ZB 9/07 – juris, Rn. 10, 11 und LS 2.

seiner in den Grenzen des Mandats umfassenden Interessenwahrnehmung zugunsten seines Mandanten zwar eine sorgfältige und gewissenhafte Bearbeitung, nicht aber ein besonders »trickreiches« Agieren. Nach § 138 Abs. 1 ZPO darf eine Partei keine Erklärungen wider besseres Wissen abgeben, also nicht lügen, ist demnach zur subjektiven Wahrhaftigkeit verpflichtet. Ein Prozessbevollmächtigter darf sich die Darstellung seines Mandanten auch bei Zweifeln an der Richtigkeit zu Eigen machen, er darf aber nicht als unwahr erkannte Behauptungen vorbringen[650].

Gleichwohl hat der Prozessbevollmächtigte auch die von ihm gewählte »**Prozesstaktik**« zu verantworten. In einer Entscheidung des BGH vom 28.6.1990[651] heißt es, dass die Frage, welcher Weg am zweckmäßigsten zum Prozessziel führe, »*in den Kernbereich der Prozesstaktik [fällt], die in erster Linie der Prozessbevollmächtigte zu verantworten hat*«. Die Versäumung der in diesem Sinne verstandenen gebotenen prozesstaktischen Maßnahmen kann daher durchaus zum Regress führen[652].

▶ Beispiel 5:

281 Die gleiche neue Prozesssituation tritt für den Anwalt des Klägers erst in der Berufungsverhandlung ein.

Hier ist zu beachten, dass nach der Grundsatzentscheidung des IX. Zivilsenats des BGH vom 18.11.2004 neuer unstreitiger Tatsachenvortrag nicht nach § 531 Abs. 2 ZPO zurückgewiesen werden kann und das Berufungsgericht solches Vorbringen vielmehr gem. § 529 Abs. 1 ZPO selbst dann seiner Entscheidung zu Grunde zu legen hat, wenn dadurch eine Beweisaufnahme erforderlich wird[653]. Dem entsprechen auch die überwiegende instanzgerichtliche Rechtsprechung wie auch die herrschende Meinung in der Literatur[654].

Wenn daher konsequenterweise nach § 138 Abs. 2 ZPO zu der neuen Tatsachenbehauptung **Erklärungen in der Sache** abzugeben sind und nach § 138 Abs. 3 ZPO Tatsachen, die nicht ausdrücklich oder konkludent bestritten werden, als zugestanden gelten, mithin als unstreitig zu behandeln sind, wird daher, wenn eine sofortige Erklärung nicht möglich oder zumutbar ist, Schriftsatzfrist beantragt und gewährt werden müssen[655]. Ein Recht, durch Verweigerung jeder – selbst einer nachgereichten – Einlassung das Gericht zu zwingen, das neue Vorbringen ohne Weiteres als verspätet behandeln zu müssen, ist hier genauso wenig wie bei § 296 ZPO[656] anzuerkennen.

▶ Beispiel 6:

282 Vor der mündlichen Verhandlung bekommt der Anwalt Bedenken, ob der Prozess für seine Partei positiv entschieden werden kann, weil nämlich sein Sachvortrag nicht ausreichend substantiiert erscheint bzw. bestimmte Beweisanträge erforderlich gewesen wären.

Hier kann es zweckmäßig sein, dass der Anwalt innerhalb der mündlichen Verhandlung erklärt, dass er zunächst keine Anträge stellen wolle (vgl. § 137 Abs. 1 ZPO), sondern um eine Erörterung vorweg bitte. Stellt sich dann im Laufe der Erörterung heraus, dass möglicherweise mit einem negativen Urteil wegen des unzureichenden Vortrages oder des unterbliebenen Beweisantrages zu rechnen ist und dies auch nicht durch Verweis auf unterlassenen oder zu spät erfolgten, aber (frühzeitiger) gebotenen Hinweis des Gerichts (vgl. § 139 Abs. 1–4 ZPO) abgewendet werden kann, so

---

650 Zöller/*Greger*, § 138 ZPO, Rn. 6 m.w.N.; vgl. auch OLG Köln MDR 2005, 168.

651 BGH NJW-RR 1990, 1241, 1244 = VersR 1991, 422 ff.

652 Vgl. *Rinsche*, Prozesstaktik, Rn. 537.

653 BGHZ 161, 138, 141 ff. = NJW 2005, 291 = WM 2005, 99; dieser Entscheidung haben sich der II. Zivilsenat (NJW-RR 2005, 437 = WM 2005, 295, 296; NJW 2008, 69 = WM 2007, 1932, 1938 (Tz. 63), der III. Zivilsenat (BGHZ 166, 29, 31 = NJW-RR 2006, 630 (Tz. 6), der IV. Zivilsenat (FamRZ 2005, 1555, 1557 = Beck RS 2005, 08881); NJW 2006, 298, 299 (Tz. 19) und der VIII. Zivilsenat (NJW-RR 2006, 755 = WM 2006, 1115 (Tz. 5) angeschlossen.

654 Nachweise in BGH NJW 2008, 1312, 1314 (Tz. 24).

655 Vgl. zur analogen Handhabung bei § 296 ZPO Zöller/*Greger*, § 296 ZPO, Rn. 16 m.w.N.

656 Zöller/*Greger*, § 296 ZPO, Rn. 16 m.w.N. und § 283 ZPO, Rn. 3.

kann der Anwalt ein Versäumnisurteil gegen seine Partei ergehen lassen, indem er keine Anträge stellt, sog. **Flucht in die Säumnis.** Auf diese Weise kann er in der Einspruchsschrift »nachbessern« und eine Berücksichtigung des ergänzenden Vortrags oder der (weiteren) Beweisanträge erreichen, soweit in dem auf den Einspruch anzuberaumenden Termin (§ 341a ZPO) die verspätet vorgebrachten Angriffs- oder Verteidigungsmittel unter Beachtung der Pflicht des Gerichts zur zumutbar umfassenden Terminsvorbereitung berücksichtigt werden können[657]. Dabei sollte der Anwalt bei seiner Erklärung, noch keine Anträge stellen und die Sache erst erörtern zu wollen, ruhig auf seine Absicht hinweisen, dass er gegebenenfalls ein Versäumnisurteil gegen sich ergehen lassen müsse, wenn kein zufrieden stellender Vergleich zustande komme und auch keine Vertagung erfolge.

Da es gerade Sinn und Zweck der »Flucht in die Säumnis« ist, durch die Einlegung eines Einspruchs gegen das Versäumnisurteil den Weg für eine Fortsetzung des Verfahrens frei zu machen, ist der Anwalt hier regelmäßig verpflichtet, auch ohne ausdrückliche Weisung des Mandanten **Einspruch** gegen das Versäumnisurteil einzulegen. Hält er jedoch nach eingehender Prüfung der Erfolgsaussichten eine Fortsetzung des Verfahrens für aussichtslos, hat er rechtzeitig vor Fristablauf mit dem Mandanten Rücksprache zu halten und dessen Entscheidung einzuholen[658]. Fehlt es an weiteren Informationen und damit an der Möglichkeit ergänzenden Sachvortrages, z.B. weil der Mandant unerreichbar ist oder nicht reagiert, ist der Rechtsanwalt nicht verpflichtet, von sich aus Einspruch einzulegen, der nur unnötige Kosten produzieren würde, also keine sinnvolle Fortsetzung des Verfahrens darstellt[659].

▶ Beispiel 7:

In der mündlichen Verhandlung wird der Anwalt des Klägers erstmals mit einem Hinweis des Gerichts konfrontiert, dass der Vortrag seiner Partei unsubstantiiert ist, worauf auch die Gegenpartei noch nicht verwiesen hatte. 283

In dieser Situation hat der Anwalt, falls er nicht sofort und ohne Weiteres umfassend und gründlich genug durch Ergänzung des Vortrags darauf reagieren kann, auf § 139 Abs. 2 und 4 ZPO und auf die Unmöglichkeit sofortiger Erklärung zu dem gerichtlichen Hinweis hinzuweisen. Dies ist zu verbinden mit dem Antrag gemäß **§ 139 Abs. 5 ZPO** auf eine deshalb zu bestimmende Schriftsatzfrist und/oder mit dem Verlangen auf Vertagung nach § 227 Abs. 1 S. 1 ZPO[660]. Auf die Aufnahme dieses Antrags im Sitzungsprotokoll nach § 160 Abs. 2 oder Abs. 5 ZPO[661] ist einerseits zur Vermeidung von Unklarheiten und einem Übersehen des Antrags durch das Gericht und andererseits zur Belegbarkeit einer eventuell nötigen Verfahrensfehlerrüge Wert zu legen. Versäumt der Rechtsanwalt einen solchen Antrag oder zumindest die Erklärung, ihm sei ergänzender Sach- oder Rechtsvortrag unmittelbar im Termin nicht möglich, läuft er zum Nachteil seiner Partei Gefahr, dass ihm von Amts wegen keine Schriftsatzfrist eingeräumt, sondern vielmehr durchentschieden wird und das Berufungsgericht eine Verletzung von Hinweis- und Prozessleitungspflichten des Erstgerichts verneint, weil es der Ansicht ist, es habe sehr wohl ausreichend Gelegenheit bestanden, näher vorzutragen und deshalb der Kläger und sein Anwalt berechtigterweise auch nicht hätten erwarten dürfen, eine Schriftsatzfrist und auf diese Weise noch Gelegenheit zur Reaktion zu erhalten[662].

---

657 Vgl. näher BGH NJW 2002, 290, 291 = WM 2001, 2453 ff. m.w.N.; ferner *Vollkommer/Greger/Heinemann*, § 28, Rn. 137.

658 BGH NJW 2002, 290, 291.

659 OLG Hamm vom 25.5.2004 – 28 W 8/04.

660 Vgl. BGH, Beschl. v. 15.12.2011 – IX ZR 86/10 – juris, Rn. 3.

661 § 160 Abs. 3 Nr. 2 ZPO betrifft nur die Sachanträge, nicht die Prozessanträge, kann also nicht herangezogen werden.

662 So geschehen in OLG Hamm NJW 2003, 2543 f.; vgl. auch OLG Hamm OLG-Rep. 2004, 73: »*Nach wiederholten Hinweisen auf die Unsubstantiiertheit eines Vortrages ist das Gericht im Anwaltsprozess nicht verpflichtet, der Partei von sich aus eine Schriftsatzfrist zu gewähren oder auf einen entsprechenden Antrag hinzuwirken.*«

Hat das Gericht einen Verkündungstermin nach § 310 ZPO anberaumt, sollte der Anwalt auf jeden Fall zur Schadensverhütung den Versuch unternehmen, mit einem nachgereichten, wenn auch nicht nachgelassenen Schriftsatz einem neuen und entgegen § 139 Abs. 4 ZPO zu spät erteilten Hinweis prozessual und inhaltlich entgegenzutreten. Denn wenn eine Partei sich ersichtlich in der mündlichen Verhandlung nicht sofort und abschließend erklären kann, muss das Gericht, welches eigentlich die mündliche Verhandlung selbst ohne einen Antrag auf Schriftsatznachlass zu vertagen gehabt hätte, um Gelegenheit zur Stellungnahme zu geben, sich im Rahmen des § 156 Abs. 2 Nr. 1 ZPO jedenfalls mit dem nicht nachgelassenen Schriftsatz inhaltlich befassen und seine Entscheidungserheblichkeit prüfen[663].

▶ Beispiel 8[664]:

284 Das Gericht wertet, ohne einen Hinweis erteilt zu haben und ohne dass auch der Gegner das etwa moniert hätte, das Klägervorbringen als unsubstantiiert, ohne dass ein gewissenhafter und kundiger Prozessbeteiligter nach dem Prozessverlauf damit rechnen musste, und weist deshalb die Klage ab.

Hier darf sich der Anwalt nach dem Verlauf der mündlichen Verhandlung durch ein sog. Überraschungsurteil »überfahren« fühlen. Er kann mit der Berufung oder Revision gegen das Urteil einen Verfahrensfehler gemäß § 139 ZPO mit Aussicht auf Erfolg rügen und durch neues Vorbringen zulässigerweise eine Substantiierung nachholen (§ 531 Abs. 2 Nr. 2 ZPO). Sind Berufung oder Revision bzw. Nichtzulassungsbeschwerde nicht zulässig oder erfolglos und bleibt auch eine sog. Gehörsrüge nach § 321a ZPO erfolglos, so kommt als »ultima ratio« nur noch die Verfassungsbeschwerde wegen Verletzung des Anspruchs auf rechtliches Gehör (Art. 103 Abs. 1 GG) beim Bundesverfassungsgericht in Betracht[665].

▶ Beispiel 9[666]:

285 Der gerichtlich bestellte Sachverständige kommt in einem mündlich erstatteten Gutachten überraschend zu wesentlich abweichenden Feststellungen und Schlussfolgerungen gegenüber einem zum Prozessvortrag und zur entscheidenden Klagegrundlage gemachten und eigentlich überzeugenden Privatgutachten.

Hier, wie beispielsweise ebenfalls bei nur mündlich im Termin erstatteten Sachverständigengutachten zu schwierigen Fragen etwa im Rahmen eines Arzthaftungsprozesses[667], ist es für den Anwalt geboten, zur sichersten und gefahrlosesten Wahrnehmung der Interessen seiner Partei einen **Antrag auf Schriftsatzfrist** unter Hinweis auf die Wahrung rechtlichen Gehörs zu stellen, und zwar in beweisbarer Form, also zu Protokoll oder in vergleichbar dokumentierter Weise (Aufnahme in einen Berichterstattervermerk)[668]. Denn der Anspruch auf rechtliches Gehör gebietet es dem Gericht, im Anschluss an die Beweisaufnahme eine Frist zur schriftlichen Stellungnahme zum Beweisergebnis auf jeden Fall dann zu gewähren, wenn von einer Partei eine umfassende sofortige Stellungnahme nicht erwartet werden kann, weil sie Zeit braucht, um – in Kenntnis der Sitzungsniederschrift – angemessen vorzutragen. Dazu der BGH weiter wörtlich:

> »Dies ist etwa nach einer komplexen Beweisaufnahme, nach der umfassenden Erörterung eines Sachverständigengutachtens oder auch dann der Fall, wenn der Sachverständige in seinen mündlichen Ausführungen neue und ausführlichere Beurteilungen gegenüber dem bisherigen Gutachten abgegeben hat (BGH, Beschlüsse vom 28. Juli 2011 – VII ZR 184/09, NZBau 2011, 672 Rn. 6 mwN und vom 30. November 2010 – VI ZR 25/09, VersR 2011, 1158 Rn. 5). Nichts anderes gilt, wenn ein Sachverständiger, ohne dass

663 BGH, Beschl. v. 21.1.2020 – VI ZR 346/18 – juris, Rn. 9, 10.
664 Vgl. BVerfGE 84, 188 = NJW 1991, 2823.
665 Vgl. BVerfG NJW 1991, 2823; ferner BVerfG NJW-RR 1996, 253 bei Abstellen auf einen rechtlichen Gesichtspunkt, mit dem nicht gerechnet werden musste.
666 Sachverhalt aus OLG Hamm, Urt. v. 12.12.2002 – 28 U 51/02.
667 Vgl. BGH NJW 1984, 1823 = VersR 1984, 661; NJW 1988, 2302; Zöller/*Greger*, § 285 ZPO, Rn. 2.
668 Vgl. dazu näher Kap. 2 Rdn. 217.

er vorher ein den Parteien zur kritischen Würdigung zugängliches schriftliches Gutachten erstattet hat, in der mündlichen Verhandlung zu schwierigen Sachfragen ausführlich gehört wird (BGH, Beschluss vom 12. Mai 2009 – VI ZR 275/08, NJW 2009, 2604 Rn. 8; Huber in Musielak/Voit, ZPO, 15. Aufl., § 411 Rn. 3).«[669]

Prozessberatung und Prozessvertretung[670]

286 Ein Anwalt, der für seinen Mandanten die Führung eines Prozesses übernimmt, hat unter Beachtung der Weisungen des Mandanten (dazu vgl. Kap. 2 Rdn. 235 ff.) die **allgemeinen Sorgfaltspflichten** zu wahren[671]. Er muss insbesondere den Sachverhalt hinreichend aufklären (vgl. Kap. 2 Rdn. 71 ff.) und vortragen sowie die maßgeblichen Bestimmungen in Gesetzen, Verordnungen, Tarifverträgen u.ä., Klauseln in Versicherungsbedingungen etc. sowie die dazu ergangene Rechtsprechung und, soweit erforderlich, einschlägige Rechtsliteratur berücksichtigen (vgl. Kap. 2 Rdn. 107 ff.).

287 Vor dem Prozess ist es Aufgabe des Anwalts, insbesondere auch das **Prozessziel und** seine Vereinbarkeit mit dem festgestellten (ggf. ergänzend aufgeklärten) Sachverhalt, also die **Erreichbarkeit** des beabsichtigten Erfolges zu klären (vgl. Kap. 2 Rdn. 74 und 109). Wird im Verlauf des Mandats, u.U. erst im Verlauf des Prozesses für den Anwalt erkennbar, dass ein anderes als das bisher erstrebte und »abgesprochene« Ziel für den Mandanten vorteilhafter, wenn auch (möglicherweise) nicht risikolos sein kann, muss der Anwalt diese **Veränderung** im Einzelnen mit seinem Mandanten unter entsprechender Belehrung erörtern und darf grundsätzlich nur nach erfolgter Absprache weitere Schritte einleiten (vgl. Kap. 2 Rdn. 241)[672].

288 Vor Erhebung einer Klage im Zivilprozess hat der Anwalt spätestens seit Inkrafttreten des Mediationsgesetzes am 26.7.2012 und den damit verbundenen Änderungen der ZPO zu bedenken, zu prüfen und mit seinem Mandanten abzuklären, ob und bejahendenfalls welche **Möglichkeiten außergerichtlicher gütlicher Streitbeilegung** im konkreten Fall bestehen und beschritten werden sollen[673]. Dies ergibt sich schon aus der Neufassung des **§ 253 Abs. 3 Nr. 1 ZPO**[674], wonach die Klageschrift eine Äußerung dazu enthalten soll, ob der Versuch einer außergerichtlichen Konfliktbeilegung wie z.B. einer Mediation (dazu Stichwort »Mediation«, Rdn. 238 ff.) gemacht worden ist. Wenn diese Angabe auch nur in einer Sollvorschrift verlangt wird und nicht Wirksamkeitsvoraussetzung der Klageerhebung ist, so sollte sie jedoch strikt gemacht werden. Das Fehlen der Angabe kann nämlich mindestens zu unerwünschten, da verzögernden Nachfragen des Gerichts führen und u.U. sogar dazu, dass das Gericht sich weigert, die Klage zuzustellen, was unter Verjährungshemmungsgesichtspunkten (vgl. § 167 ZPO) den Mandanten schädigende Folgen haben könnte, für die der Anwalt einzustehen hätte. Angesichts des Umstandes, dass in der Literatur darüber gestritten wird, ob das Gericht so handeln darf[675], sollte der Anwalt den sichersten Weg gehen, indem er sofort mit der Klageschrift § 253 Abs. 3 Nr. 1 ZPO Genüge tut.

---

669 BGH, Urt. v. 14.6.2018 – III ZR 54/17 – juris, Rn. 26.

670 S. auch die Stichwörter: Aktiv- und Passivlegitimation; Arbeitsrecht; Fristenkalender, Fristenkontrolle; Fristen, materielle; Fristen, prozessuale; Kostenberatung und Kostenbeschränkung; mündliche Verhandlung; Prozesskostenhilfe; Streitverkündung; Unterschrift; Versäumnisurteil; Wiedereinsetzung in den vorigen Stand.

671 Insoweit bestehen auch nicht etwa im Hinblick auf eine hinter dem Mandanten stehende Rechtsschutzversicherung geringere Anforderungen, vgl. dazu im Einzelnen schon Kap. 2 Rdn. 38 m.w.N.

672 Vgl. BGH VersR 1980, 925, 926.

673 Vgl. auch *Vill,* in: G. Fischer/Vill/D. Fischer/Pape/Chab, § 2, Rn. 172; *Vollkommer/Greger/Heinemann,* § 12 Rn. 17 und § 28, Rn. 10a und b.

674 Vgl. Zöller/*Greger,* § 253 ZPO, Rn. 20a.

675 Vgl. einerseits (bejahend): Zöller/*Greger,* § 253 ZPO, Rn. 24; *Greger/Unberath/Steffek,* Mediationsgesetz, 2012, Teil 4, Rn. 35 ff.; *Greger/Weber,* MDR Sonderheft 2012, 3; *Seiler,* in: Thomas/Putzo, § 253 ZPO, Rn. 18; und andererseits (verneinend): MünchKommZPO/*Becker-Eberhard,* § 253, Rn. 187; *Fritz/Schroeder,* NJW 2014, 1910 (1913); vgl. auch *Foerste,* in: Musielak/Voit, § 253 ZPO, Rn. 36.

289 Bei Streitigkeiten über die in **§ 15a Abs. 1 EGZPO** aufgeführten Ansprüche und Streitigkeiten hat der Anwalt, bevor er zu einer Klage rät oder diese erhebt, das hier normierte Erfordernis der sog. **obligatorischen Streitschlichtung** nach Abs. 1 oder Abs. 3 zu beachten, soweit die Landesgesetzgeber eine entsprechende Bestimmung getroffen haben.

290 Bei der **Vorbereitung des Prozesses** hat der Anwalt gegebenenfalls noch sachgerechte Vorbereitungsmaßnahmen zu treffen, beispielsweise, indem der Prozessgegner in Verzug gesetzt wird oder indem nach § 281 BGB und § 323 BGB eine angemessene **Frist zur Leistung oder Nacherfüllung** gesetzt wird (vgl. Kap. 2 Rdn. 230)[676].

291 Soll eine Klage im Wege einer gewillkürten Prozessstandschaft erhoben werden, hat der Anwalt sehr genau zu beachten, dass nach ständiger Rechtsprechung des BGH eine **gewillkürte Prozessstandschaft** nur zulässig ist, wenn der Prozessführende vom Rechtsinhaber für diese Art der Prozessführung eine Ermächtigung erhalten hat und er ein eigenes schutzwürdiges Interesse an ihr hat[677]. Dazu wird im Einzelnen verwiesen auf Rdn. 10.

292 Zu beachten hat der Anwalt zudem, dass die Einleitung (und Führung) eines Rechtsstreits in gewillkürter Prozessstandschaft es erfordert, die **Prozessführungsermächtigung offenzulegen**, und dies es einschließt, den Rechtsinhaber (und Ermächtigungsgeber) identifizierbar auch namentlich zu benennen. Dies sollte rechtzeitig und auf jeden Fall vor Ablauf der Verjährungsfrist für den Klageanspruch erfolgen, um so auf dem sichersten Weg dafür zu sorgen, dass die Hemmung der Verjährung gemäß § 204 Abs. 1 Nr. 1 BGB unzweifelhaft eintritt. Es ist nämlich streitig, ob die verjährungshemmende Wirkung der Klageerhebung erst im Moment der vollständigen Offenlegung der gewillkürten Prozessstandschaft, also ex nunc, eintritt, oder aber eine Rückwirkung einer späteren Offenlegung der bei Klageerhebung schon erteilten Ermächtigung auf den Zeitpunkt der Klageerhebung anzuerkennen ist[678].

293 Im Rahmen seiner umfassenden Beratungspflicht hat der Anwalt grundsätzlich nicht nur den **sichersten** (und zweckmäßigsten) **Weg** zu empfehlen (vgl. oben Kap. 2 Rdn. 195 ff.)[679], sondern er hat insbesondere auch auf die gegebenen Risiken des Prozesses hinzuweisen (vgl. oben Kap. 2 Rdn. 161 und 176 ff.)[680].

294 Unter Umständen muss im Rahmen der Prozessberatung auch noch auf die entstehenden **Kosten** hingewiesen werden (dazu vgl. unter dem Stichwort »Kostenberatung, Kostenbeschränkung« Rdn. 184 ff.).

295 Die Pflicht zum Hinweis auf die Risiken eines Prozesses und zur Wahl des sichersten Weges erfordert aber nicht, dass der Anwalt seinem Mandanten schon in Zweifelsfällen zur »Kapitulation« rät. Er braucht daher bei einem riskant erscheinenden **Aktivprozess** nicht von vornherein von der Klageerhebung abzuraten (vgl. Kap. 2 Rdn. 177). Dazu kann er nur verpflichtet sein, wenn kaum Erfolgschancen für den Prozess bestehen, etwa wenn dazu ein Rechtsstandpunkt vertreten werden müsste, der kaum durchsetzbar erscheint[681] oder die Beweislage z.B. aufgrund einer Reihe nachteiliger Gutachten aus ähnlich oder parallel gelagerten Gerichtsverfahren äußerst schlecht ist[682],

676 Vgl. auch Kap. 2 Rdn. 213 ff. (Beispiele bei Vertretung eines Klägers) und Kap. 2 Rdn. 208 ff. (Beispiele bei Vertretung eines Beklagten).

677 BGH, Urt. v. 10.6.2016 – V ZR 125/15 – juris, Rn. 5 m.w.N.

678 Das Erfordernis einer Offenlegung vor Ablauf der Verjährungsfrist befürwortend: OLG Hamburg, Urt. v. 25.10.2018 – 6 U 243/16 – juris, Rn. 27; für eine Rückwirkung z.B. MünchKommZPO/*Lindacher*, Vor § 50 Rn. 73.

679 Zur Geltung des Grundsatzes des sichersten Weges auch für das anwaltliche Prozessverhalten selbst vgl. oben Rdn. 292 und unten Rdn. 298 f.

680 Vgl. auch *Vill*, in: G. Fischer/Vill/D. Fischer/Pape/Chab, § 2, Rn. 210 i.V.m. Rn. 179–207.

681 Vgl. BGH NJW 1985, 264; VersR 1974, 488, 489; OLG Hamm vom 16.4.1985 – 28 U 296/82.

682 Vgl. OLG Hamm vom 27.11.2003 – 28 U 55/03.

zusammenfassend ausgedrückt, wenn eine Klage **praktisch aussichtslos** ist[683]. Ist es jedoch so, dass erst während des Prozesses, beispielsweise in der Berufungsinstanz, durch eine BGH-Entscheidung eine schwierige Rechtslage so weit geklärt wird, dass der Rechtsanwalt mit einem Misserfolg ernsthaft rechnen muss, braucht er seinem Mandanten nicht zu raten, »sofort die Segel zu streichen«, also im Beispielsfall die Berufung zurückzunehmen[684]. Kosten waren bereits entstanden. Es war auch nicht jede Erfolgsaussicht strikt zu verneinen. Vergleichsverhandlungen waren eine zulässige Alternative[685]. Das war anders als im Fall des BGH-Urteils vom 16.2.2017[686].

Andererseits verlangt man vom Rechtsanwalt, dass er zumindest die allgemeinen juristischen Me- 296
thoden bei der Prüfung der Erfolgsaussichten eines Prozesses beachtet und den Mandanten auf das erhebliche **Risiko eines Rechtsstreits deutlich und unmissverständlich aufmerksam macht** (vgl. Kap. 2 Rdn. 176 ff.), ohne diesen Hinweis grundsätzlich wiederholen zu müssen (vgl. Kap. 2 Rdn. 238).

Wird ein Rechtsanwalt mit einem Prozessmandat beauftragt und soll ein anderer Rechtsanwalt als 297
Verkehrsanwalt (Korrespondenzanwalt) auch die Schriftsätze fertigen, die der Prozessanwalt unter seinem Briefkopf bei Gericht einreichen soll (sog. **Stempelmandat**), so ist die Haftung des Prozessanwalts, der grundsätzlich für das ordnungsgemäße Prozesshandeln zu sorgen und dafür einzustehen hat[687], auch für den Inhalt der bei Gericht einzureichenden Schriftsätze und damit auch der Klageschrift regelmäßig nicht beschränkt[688] (vgl. auch Kap. 1 Rdn. 199). Er hat mithin für die ihm aufgrund seines – durch den Verkehrsanwalt vermittelten (dazu näher Kap. 2 Rdn. 102) – Informationsstandes erkennbaren Fehler einzustehen, wie z.B. fehlerhafte Rechtsausführungen, mangelnde Schlüssigkeit oder fehlende Substantiierung[689], fehlende oder unkorrekte Beweisantritte, unzureichende Anträge etc. Bedenken muss er dem Verkehrsanwalt mitteilen, der in diesen Fällen jedoch (mindestens) ebenso verantwortlich zu machen ist[690]. Ausnahmsweise kann der sog. Stempelanwalt auch von diesen Pflichten befreit sein, wenn er nämlich den Prozessauftrag nebst Klageschrift mit dem Zusatz erhält, unbedingt noch am selben Tage die Klage einzureichen[691]. Eine solche Anweisung ist im Wege der Auslegung (§§ 133, 157 BGB), als eine (weitere) Beschränkung des Prozessauftrags dahin zu verstehen, dass eine sachliche Prüfung vor Einreichung der Klage nicht erfolgen solle, jedoch ausgenommen hinsichtlich solcher Versäumnisse des Verkehrsanwalts, die offen zu

683 BGHZ 97, 372, 376 = NJW 1986, 2043, 2044; so auch (unter Bezugnahme auf BGH NJW 1997, 2168, 2169): NJW 1998, 1488, 1491 = WM 1998, 779, 782 (für einen Steuerberater); NJW 2001, 3543, 3544 (Einklagen eines verjährten Anspruchs); BGH, Urt. v. 16.2.2017 – IX ZR 165/16 – juris, Rn. 19 unter Bezugnahme auf BGH, Urt. v. 29.9.2013 – IX ZR 51/13 – juris, Rn. 11; *Ganter*, S. 13; *Borgmann*, NJW 2002, 2145, 2148; ferner Kap. 2 Rdn. 177.

684 *Borgmann*, NJW 2002, 2145, 2148 unter Bezugnahme auf BGH, Nichtannahmebeschluss vom 19.10.2000 – IX ZR 327/98.

685 *Borgmann*, NJW 2002, 2145, 2148.

686 BGH, Urt. v. 16.2.2017 – IX ZR 165/16 – juris, Rn. 19.

687 BGH NJW 1988, 1079, 1082 = WM 1988, 382, 387; NJW 1988, 3013, 3014 = WM 1988, 987, 990; NJW-RR 1990, 1243; NJW 2002, 1417 = WM 2002, 650; vgl. auch *Rinkler/Pape*, in: G. Fischer/Vill/D. Fischer/Pape/Chab, § 1, Rn. 258; *Ganter*, S. 6; zum Verhältnis von Verkehrsanwalt und Prozessanwalt im Einzelnen Kap. 1 Rdn. 194 ff.

688 BGH NJW 2006, 3496, 3497 = WM 2006, 2059 (Tz. 11); NJW-RR 1990, 1241, 1243; NJW 1988, 3013 = WM 1988, 987, 990; NJW 1988, 1079, 1082 = WM 1988, 382, 387; OLG Frankfurt NJW-RR 2003, 709, 710; OLG Hamm vom 5.12.1995 – 28 U 75/95; OLG Hamm vom 27.5.2003 – 28 U 2/03; OLG Hamm, Urt. v. 29.9.2005 – 28 U 212/04; OLG Hamm, Urt. v. 21.2.2013 – 28 U 224/11 – juris, Rn. 104; *Rinkler/Pape*, in: G. Fischer/Vill/D. Fischer/Pape/Chab, § 1, Rn. 258; *Vollkommer/Greger/Heinemann*, § 18, Rn. 12; *Ganter*, S. 6.

689 Vgl. *Grams*, BRAK-Mitt. 2002, 170.

690 Vgl. BGH NJW 2002, 1417 = WM 2002, 650; *Grams*, BRAK-Mitt. 2002, 170.

691 Vgl. OLG Hamm vom 27.5.2003 – 28 U 2/03; vgl. auch allgemein zur Begrenzung von Umfang und Intensität anwaltlicher Belehrung in Fällen, in denen der Auftrag eine sofortige gerichtliche Initiative erfordert: *Vollkommer/Greger/Heinemann*, § 12, Rn. 24; *Borgmann/Jungk/Schwaiger*, Kap. IV, Rn. 98.

Tage treten und auch bei einer nur überschlägigen Prüfung der Sach- und Rechtslage an Hand des Klageentwurfs erkannt werden können und müssen. In solchen Fällen besteht eine Warnpflicht des Prozessanwalts[692], von der er hier regelmäßig nicht auch noch befreit werden soll[693].

298 Wird **Klage** erhoben, muss dies **rechtzeitig** erfolgen[694]. Damit dies geschehen kann, muss der Rechtsanwalt im Rahmen seines Mandats (siehe schon Rdn. 297) die für die Ansprüche seines Auftraggebers maßgeblichen **Verjährungsfristen** unverzüglich erfassen[695], überwachen (vgl. auch oben Rdn. 99 ff. (Stichwort Büroorganisation))[696] und durch geeignete Maßnahmen vor einem Ablaufen sichern, d.h. beispielsweise rechtzeitig Maßnahmen zu ihrer Hemmung durch Klageerhebung vornehmen (zum Ganzen siehe Rdn. 614 ff. (Stichwort Verjährungsfragen)[697]. Dies gilt in ähnlicher Weise für die Wahrung von **Ausschlussfristen** (vgl. schon Kap. 2 Rdn. 259)[698], die von Amts wegen zu beachten sind und mit deren Ablauf der Anspruch grundsätzlich erloschen ist. Geht es um die Wahrung von Verjährungsfristen, hat der Anwalt ferner zu beachten, dass er die Wohltat der Rückwirkungsvorschrift der ZPO (**§ 167 ZPO**), wonach die Wirkung des Neubeginns der Verjährung oder der Hemmung der Verjährung nach § 204 BGB bereits mit Antrags- oder Erklärungseingang eintritt, wenn die Zustellung demnächst erfolgt, nur erlangen kann, wenn das Verhalten des Klägers oder das diesem zuzurechnende Verhalten seines Bevollmächtigten nicht zu einer mindestens fahrlässig verursachten Verzögerung um mehr als 14 Tage über das Ende der Verjährungsfrist hinaus führt[699]. Dabei ist zu beachten, dass nach der neueren Rechtsprechung, auf die sich die verschiedenen Senate des BGH schließlich »geeinigt« haben, dem Kläger eine sozusagen vorgeschaltete Erledigungszeit zugebilligt wird, in der er den Kostenvorschuss bereitstellen und einzahlen kann. Die Länge dieses Zeitraums richtet sich nach den Umständen des Einzelfalls und kann durchaus auch nicht unerheblich länger als die mindestens anzusetzenden drei Werktage sein[700]. Erst im Anschluss an diesen Zeitraum, der für die Zustellung der Klage ohnehin als erforderlich anzusehen ist, kommt die 14-Tage-Frist zum Tragen, die der Kostenschuldner nicht überschreiten darf, soll die Zustellung noch als »demnächst« angesehen werden können[701]. Diese Anforderungen entspringen der allgemeinen Pflicht zur umfassenden Interessenwahrnehmung, flankiert von der Schadensverhütungspflicht (vgl. Kap. 2 Rdn. 192 und Kap. 2 Rdn. 259 jeweils m.w.N.)[702], im Einzelfall kombiniert auch mit der Pflicht, den sichersten Weg zu gehen (vgl. Kap. 2 Rdn. 196)[703].

---

692 OLG Hamm vom 27.5.2003 – 28 U 2/03; vgl. auch BGH NJW 1997, 2168, 2169 = WM 1997, 1392, 1394.

693 Zu dieser Überlegung als letztlich entscheidend für die Abgrenzung zwischen beschränktem Mandat und bloßer Weisung im Rahmen eines unbeschränkten (Prozess-)Mandats vgl. BGH NJW 1997, 2168, 2169.

694 Vgl. auch *Vill*, in: G. Fischer/Vill/D. Fischer/Pape/Chab, § 2, Rn. 210; vgl. zu dieser Schadensverhütungspflicht und je nach dem Einzelfall auch der Pflicht zur Wahl des sichersten Weges Kap. 2 Rdn. 259 m.w.N.

695 Vgl. BGH NJW 1994, 2822, 2823 = WM 1994, 2162, 2163; *Vill*, in: G. Fischer/Vill/D. Fischer/Pape/Chab, § 2, Rn. 160, 162; *Ganter*, S. 11.

696 Vgl. zu dieser ebenfalls zu den ureigenen Pflichten des Anwalts gehörenden Pflicht BGH NJW 1992, 820 = WM 1992, 739, 740; ferner *Vill*, a.a.O.; *Ganter*, S. 11.

697 Vgl. BGH, Urt. v. 9.6.2011 – IX ZR 75/10 – juris, Rn. 12; BGH NJW 2004, 1521; NJW 1993, 2797; *Vill*, in: G. Fischer/Vill/D. Fischer/Pape/Chab, § 2, Rn. 160, 162 ff., 176; *Ganter*, S. 11.

698 BGH, Urt. v. 24.9.2015 – IX ZR 206/14 – juris, Rn. 9. Vgl. auch *Vill*, in: G. Fischer/Vill/D. Fischer/Rinkler/Chab, § 2, Rn. 154, 171; *Ganter*, S. 11; *Vollkommer/Greger/Heinemann*, § 28, Rn. 8.

699 Vgl. etwa BGH NJW 2008, 1672, 1673 (Tz. 11); Palandt/*Ellenberger*, § 204 BGB, Rn. 7; kritisch zur Rechtsprechung zu § 167 ZPO: Zöller/*Greger*, § 167 ZPO, Rn. 11.

700 Illustrativ dazu BGH, Urt. v. 29.9.2017 – V ZR 103/16 – juris, Rn. 9 und 15.

701 Auch dazu illustrativ BGH, a.a.O., Rn. 15; vgl. auch unten Rdn. 631 unter dem Stichwort »Verjährungsfragen«.

702 Vgl. *Ganter*, S. 11.

703 Vgl. auch zu der wesentlich früher als der Eintritt der Verjährung einsetzenden Pflicht, bei risikoerhöhenden Maßnahmen, wie etwa Teilklage oder Musterprozess oder risikoerhöhenden Unterlassungen, Vorkehrungen gegen eine drohende Verjährung zu treffen Rdn. 634 f. und Kap. 2 Rdn. 234.

Die letztgenannte Pflicht kann auch in der Weise verletzt werden, dass bei kaufrechtlichen Sachmängelansprüchen die Klage nicht innerhalb der bei beweglichen Sachen grundsätzlich zweijährigen allgemeinen Verjährungsfrist für Mängelansprüche (§ 438 Abs. 1 Ziff. 3 i.V.m. Abs. 2 BGB), aber vor Ablauf der allgemeinen Verjährungsfrist, wie sie für die Arglisthaftung gilt (§ 195 BGB a.F.: 30 Jahre; § 438 Abs. 3 i.V.m. § 195 BGB: drei Jahre), erhoben wird[704]. **299**

Es muss auch die **richtige Klageart** gewählt werden, also beispielsweise bei Geltendmachung von erhöhtem Unterhalt Abänderungsklage und nicht etwa gewöhnliche Leistungsklage erhoben werden, wenn über Unterhaltsansprüche ein Urteil über zukünftig wiederkehrende Unterhaltsleistungen (§ 323 Abs. 1, 2 ZPO) oder z.B. ein entsprechender Prozessvergleich (§ 323 Abs. 4 ZPO) vorliegt[705]. **300**

Ferner müssen die richtigen Anträge umfassend, vollständig und unter Vermeidung von typischen Fehlern gestellt werden[706]. **301**

Auch der Wahl der **zweckmäßigsten Verfahrensart** muss der Rechtsanwalt seine Aufmerksamkeit widmen. **302**

So muss er nach Ansicht des BGH eine Klage im **Urkundsprozess** (§§ 592 ff. ZPO) in Erwägung ziehen, wenn die prozessualen Voraussetzungen erfüllbar sind und ein besonderes Interesse des Mandanten, mittels Vorbehaltsurteils beschleunigt einen vollstreckbaren Titel zu erhalten, ersichtlich wird, im konkreten Fall: rasche Durchsetzung eines Zahlungsanspruchs, um die Zwangsversteigerung eines Grundstücks abzuwenden[707]. Dies ist ein gewisser Ausnahmefall. Geht es um Ansprüche aus einem schriftlichen Vertrag, ist der Anwalt also nicht etwa regelmäßig gehalten, diese besondere Verfahrensart zu wählen, zumal eine Vollstreckung aus einem Titel im Urkundsprozess mit dem Risiko behaftet ist, bei Aufhebung des Urteils im Nachverfahren Schadensersatz leisten zu müssen (§§ 600 Abs. 2, 302 Abs. 4 S. 3 ZPO)[708]. **303**

Tücken können auch lauern, wenn im Berufungsverfahren (im Urkundsprozess) angesichts zum Beispiel eines in 1. Instanz im Nachverfahren eingeholten Sachverständigengutachtens über die Echtheit von Unterschriften unter einer maßgeblichen Urkunde die Abstandnahme vom Urkundsprozess gemäß § 596 ZPO i.V.m. §§ 263, 533 Nr. 1 und 2 ZPO erklärt werden soll. Sie ist in 2. Instanz nämlich nur mit Einwilligung des Beklagten oder bei vom Gericht bejahter Sachdienlichkeit möglich, anderenfalls die Sache im Urkundsprozess anhängig bleibt[709]. Zwar kann eine Sachdienlichkeit nach der Rechtsprechung des BGH letztlich nur verneint werden, wenn ein völlig neuer Streitstoff zur Beurteilung und Entscheidung gestellt wird, ohne dass dafür das Ergebnis der bisherigen Prozessführung verwertet werden kann[710]. Der Kläger kann aber nicht sicher davor sein, dass das Berufungsgericht rechtsirrig, aber möglicherweise rechtskräftig, die Sachdienlichkeit verneint, weil die Zulassung der Abstandnahme bedeute, dass neue Parteierklärungen und gegebenenfalls Beweiserhebungen in 2. Instanz erforderlich würden, die die Erledigung des Prozesses verzögerten, und dass der beklagten Partei eine Tatsacheninstanz genommen werde[711].

Dem Anwalt ist daher anzuraten, zugleich mit der Erklärung der Abstandnahme vom Urkundsprozess, wenn sie erst in 2. Instanz erfolgt, klar und unmissverständlich auf die gefestigten

---

704 Vgl. OLG Hamm, Urt. v. 9.10.2003 – 28 U 73/03, OLG-Rep. 2004, 33 = NJW-RR 2004, 213 (zum alten Schuldrecht).

705 Vgl. BGH NJW 1998, 2048, 2049 = WM 1998, 1542, 1543.

706 Dazu hilfreich gerade für jüngere Praktiker *Kaiser*, NJW 2017, 1223 mit zahlreichen Beispielen und Hinweisen.

707 BGH NJW 1994, 3295, 3297 = WM 1994, 2113, 2115, insoweit in BGHZ 126, 217 ff. nicht abgedruckt; zustimmend nun: *Musielak/Voit*, § 592 ZPO, Rn. 1.

708 *Vill*, in: G. Fischer/Vill/D. Fischer/Pape/Chab, § 2, Rn. 217; vgl. auch *Ganter*, S. 13.

709 Vgl. BGH, Urt. v. 2.4.2020 – IX ZR 135/19 – juris, Rn. 13, 21.

710 BGH, a.a.O. Rn. 14 m.w.N.

711 So z.B. das OLG Hamburg in seinem vom BGH, a.a.O. aufgehobenen Urteil.

Grundsätze der Rechtsprechung des BGH zur Beurteilung einer Sachdienlichkeit hinzuweisen, um zugunsten seines Mandanten auf dem sog. sichersten Wege der Versuchung für das Berufungsgericht, eine Verzögerung und Verkomplizierung der Berufungssache durch Verneinung einer Sachdienlichkeit mit »wohlfeilen« Argumenten zu vermeiden, entgegenzutreten.

304 Auch die Wahl eines **Mahnverfahrens** kann, wenn die Zulässigkeitsvoraussetzungen des § 688 ZPO erfüllt sind, im Einzelfall sinnvoll sein, um etwa bei nicht unbegründeter oder gar naheliegender Erwartung, Widerspruch oder Einspruch (gegen den Vollstreckungsbescheid) werde nicht eingelegt werden, schnell und kostengünstig einen Vollstreckungstitel zu erhalten. Geboten sein kann ein solches prozessuales Vorgehen ausnahmsweise dann, wenn eine Verjährung unmittelbar bevorsteht, dieser Gefahr nicht anders als durch Hemmung mittels Klage (§ 204 Abs. 1 Ziff. 1 BGB) oder Mahnbescheid (§ 204 Abs. 1 Ziff. 3 BGB) begegnet werden kann, aber noch nicht alle klagebegründenden Tatsachen und/oder Beweismittel ermittelt sind[712]. Für den Mahnbescheid reicht für § 690 Abs. 1 Ziff. 3 ZPO nämlich eine typisierte Bezeichnung des Rechtsverhältnisses i.V. mit Individualisierungsmerkmalen aus, aufgrund derer der Schuldner erkennen kann, welcher Anspruch gegen ihn geltend gemacht werden soll, und er beurteilen kann, ob er sich gegen den Anspruch zur Wehr setzen will oder nicht. Eine Substantiierung ist nicht erforderlich; es genügt die Individualisierung (vgl. schon Kap. 7 Rdn. 164)[713]. Der Anspruchsgegner muss erkennen können, »worum es geht«[714].

305 Schon der Grundsatz des sichersten Weges gebietet, eine Klage **vor dem zuständigen Gericht** einzulegen. Auch wenn in der ersten Instanz vielfältige Verweisungsmöglichkeiten zu helfen vermögen, so z.B. gemäß § 17a Abs. 2 i.V.m. § 17b Abs. GVG (bei falschem Rechtsweg) oder § 281 Abs. 1 ZPO (Klage beim sachlich oder örtlich unzuständigen Gericht), und die Anrufung eines unzuständigen Gerichts auch für die Inanspruchnahme der verjährungshemmenden Vorwirkung gemäß § 167 ZPO unschädlich ist, kann der den Kläger vertretende Anwalt sich nicht sicher sein, dass das unzuständige Gericht tatsächlich die Klage selbst bereits (zeitig genug) nach § 271 Abs. 1 ZPO zustellt oder nicht bis zur Klärung, ob ein Verweisungsantrag gestellt wird, untätig bleibt und die Zustellung dann erst durch das zuständige Gericht vorgenommen wird[715]. Außerdem können durch eine notwendig werdende Verweisung (etwa vom sachlich unzuständigem Amtsgericht (§§ 23 Abs. 1 Nr. 1, 71 GVG) an das nach § 71 GVG zuständige Landgericht) hervorgerufene Verzögerungen zu Vermögensschäden des Klägers führen, z.B. durch Mietausfälle für ein Ladenlokal[716].

306 Fragen der **internationalen Zuständigkeit** in Zivil- und Handelssachen gewinnen eine immer größere Bedeutung, insbesondere zu Art. 5 EuGVVO, der es unter bestimmten, noch nicht vollständig geklärten Voraussetzungen[717] ermöglicht, Personen, die ihren Wohnsitz im Hoheitsgebiet eines Mitgliedsstaates haben, in einem anderen Mitgliedsstaat zu verklagen.

So kann, wenn beispielsweise ein in Deutschland ansässiger Verbraucher mit einer schweizerischen Anwaltsgesellschaft einen Anwaltsvertrag abschließt, für Streitigkeiten daraus der Wahlgerichtsstand – Gericht am Sitz des Unternehmers oder am Wohnsitz des Verbrauchers – eröffnet und

---

712 *Jungk*, AnwBl 1998, 272 ff.; vgl. auch *Vill*, in: G. Fischer/Vill/D. Fischer/Pape/Chab, § 2, Rn. 170.

713 St. Rspr.; vgl. BGH NJW 1992, 1111; NJW 1993, 862, 863; NJW 1995, 2230, 2231; NJW 1996, 2152; NJW 2000, 1420; NJW 2001, 305; NJW-RR 2006, 275, 276 = WM 2006, 592 (Tz. 15); NJW 2008, 3498, 3499 = WM 2008, 1935 (Tz. 7 und 11); NJW 2009, 685, 686 = WM 2008, 2307 (Tz. 19); NJW 2009, 56, 57 = WM 2009, 420 (Tz. 17 ff.); BGH, Urt. v. 2.2.2017 – IX ZR 91/15 – juris, Rn. 16.

714 BGH, Urt. v. 31.10.2018 – IV ZR 313/17 – juris, Rn. 18 m.w.N.

715 Gefahren durch fehlende Postulationsfähigkeit bei dem zuständigen Gericht, an das verwiesen wird, die in BGHZ 90, 249, 250 zur Versäumung einer Klagefrist geführt haben, weil die Klageschrift nur von einem bei dem »neuen« Gericht nicht zugelassenen Anwalt unterschrieben war, stellen sich nach der Neufassung des § 78 Abs. 1 ZPO nicht mehr.

716 Vgl. dazu OLG Düsseldorf, OLG-Rep. 2005, 336.

717 Vgl. dazu zuletzt BGH NJW 2008, 3001 (zu Art. 5 Nr. 1 lit. B) m.w.N.

damit die internationale Zuständigkeit deutscher Gerichte gegeben sein (Art. 16 Abs. 1 LugÜ 2007 = Art. 18 Abs. 1 EuGVVO)[718].

Neben der Pflicht, den richtigen Beklagten zu verklagen (vgl. oben Rdn. 10), muss auf eine **richtige Parteibezeichnung** in der Klageschrift oder dem Antrag auf Erlass eines Mahnbescheids geachtet werden. Das kann beispielsweise infolge der Neuregelung des Firmenrechts für Einzelkaufleute nach dem Handelsrechtsreformgesetz vom 22.6.1998 für Einzelfirmen aktuelle Bedeutung haben[719]. Seit dem 1.4.2003 kann eine Einzelfirma nur noch mit dem Rechtsformzusatz »e. K.« als Parteibezeichnung im Mahn- und Klageverfahren geführt werden. Falls bei Klageeinreichung oder bei Beantragung des Mahnbescheids nur eine Firma nach altem Recht bekannt ist, muss durch geeignete Nachforschungen festgestellt werden, ob es sich um eine noch nicht umgestellte alte Firma eines Vollkaufmanns handelt oder um einen nicht eingetragenen Gewerbetreibenden, der als natürliche Person unbedingt mit ausgeschriebenen Vor- und Familiennamen als Partei im Zivilverfahren bezeichnet werden muss[720]. 307

Unvollständige und daher fehlerhafte **Vertreterbezeichnung** bei der zu verklagenden Partei kann zum Regress führen. 308

Beispiel 1[721]:

Ein Anwalt richtet eine Anfechtungsklage, mit der er sich gegen einen Beschluss einer genossenschaftlichen Generalversammlung wendet, gegen die Genossenschaft, vertreten durch den Vorstand, den er auch näher bezeichnet. Die Klage wird dem Vorstand zugestellt. Sie wird gleichwohl als unzulässig abgewiesen.

Hier hatte der Rechtsanwalt § 51 Abs. 3 S. 2 GenG übersehen, wonach eine solche Anfechtungsklage gegen die Genossenschaft, vertreten durch den Vorstand und durch den Aufsichtsrat, zu richten ist. Da die binnen eines Monats zu erhebende Klage (§ 51 Abs. 1 GenG) innerhalb dieser Frist nur dem Vorstand zugestellt worden war, lag keine rechtzeitige wirksame Klagezustellung vor. Ähnliche Regelungen finden sich im AktG, nämlich §§ 246 Abs. 2 S. 1 und S. 2, 248 Abs. 1 S. 1[722]. Nicht anwendbar ist hier etwa § 170 Abs. 3 ZPO, wonach bei mehreren gesetzlichen Vertretern die Zustellung an einen von ihnen genügt, weil sonst der Zweck der Doppelvertretung durch zwei mehrgliedrige Organe vereitelt würde[723].

Beispiel 2[724]:

Nach einer Verschmelzung einer AG mit einer eG wird ein früheres Vorstandsmitglied der 309
AG mit Schadensersatzansprüchen der Genossenschaft konfrontiert, gegen die er mit einer negativen Feststellungsklage vorgeht.

Auch hier wird die Genossenschaft vom Aufsichtsrat vertreten, ist mithin dieser als Vertretungsorgan aufzuführen und diesem die Klage zuzustellen, § 39 Abs. 1 GenG[725]. Dies war auch schon zu der alten Fassung (bis zum 17.8.2006 in Kraft) von der höchstrichterlichen Rechtsprechung anerkannt[726], und zwar auch bei einer Verschmelzung, und dies selbst dann, wenn das ausgeschiedene Vorstandsmitglied dem Vorstand der übernehmenden Gesellschaft nie angehört hat[727].

718 Vgl. BGH, Urt. v. 9.2.2017 – IX ZR 67/16 – juris, Rn. 10; vgl. auch schon Rdn. 30.

719 Vgl. dazu im Einzelnen *Gräve/Salten*, MDR 2003, 1097 ff.

720 So das Fazit, *Gräve/Salten*, MDR 2003, 1099.

721 OLG Düsseldorf NJW 1987, 2523.

722 Zu diesen und weiteren Besonderheiten bei der Bestimmung der gesetzlichen Vertreter juristischer Personen und parteifähiger Personenvereinigungen vgl. Musielak/*Weth*, § 51 ZPO, Rn. 6–10.

723 BGHZ 32, 114, 119 = NJW 1960, 1006; Zöller/*Schultzky*, § 170 ZPO, Rn. 5.

724 OLG Hamm vom 28.5.2009 – 28 U 127/08.

725 BGH WM 2005, 888 = ZIP 2005, 900; für eine AG vgl. § 112 AktG; vgl. auch oben Beispiel 4 in Rdn. 16.

726 BGH NJW 1995, 2559; NJW 1997, 318.

727 BGH NJW 1998, 1646.

310 Der Rechtsanwalt hat auch **sachgerechte Anträge** in seine **Klageschrift** und erforderlichenfalls in weitere Schriftsätze aufzunehmen (§ 253 Abs. 2 Ziff. 2 ZPO), auf die er dann in der mündlichen Verhandlung regelmäßig Bezug nehmen kann (§ 297 Abs. 1 S. 1 ZPO)[728]. Erforderlichenfalls muss er der Pflicht zur Stellung sachgerechter Anträge auch durch einen Antrag mündlich zu Protokoll oder durch Verlesen aus einer dem Protokoll als Anlage beizufügenden Schrift Rechnung tragen (§ 297 Abs. 1 S. 3 und S. 2 ZPO). Die Anträge müssen hinreichend deutlich und bestimmt sein[729], das begehrte Rechtsschutzziel vollständig erfassen, dürfen aber – zur Vermeidung unnötiger Kosten – nicht darüber hinausgehen[730]. Auch sind gebotene Hilfsanträge zu stellen[731]. Werden mit alternativer Begründung sowohl eigene Ansprüche als auch Ansprüche aus abgetretenem Recht geltend gemacht, muss deutlich gemacht werden, in welcher Reihenfolge die Ansprüche zur Überprüfung durch das Gericht gestellt werden sollen. Denn es darf nicht dem Gericht die Auswahl überlassen werden, auf welchen Klagegrund es die Verurteilung stützt. Nach § 253 Abs. 2 Nr. 2 ZPO ist vielmehr der Klagegrund bestimmt zu bezeichnen[732].

Ebenso kann sich für den Anwalt der **beklagten** Partei eine Pflicht zur Stellung von Anträgen zur sachgerechten umfassenden Interessenwahrnehmung ergeben.

▶ Beispiel 3[733]:

Ein Wohnungsmieter beauftragte nach fristloser Kündigung des Mietverhältnisses durch den Vermieter einen Anwalt für das Räumungsverfahren. Amtsgericht und Landgericht gaben der Räumungsklage statt. Eine Räumungsfrist wurde nicht bewilligt.

Das OLG Hamm hat hier eine Pflichtverletzung des Anwalts bejaht, weil dieser keinen Antrag nach § 721 ZPO gestellt und begründet hat. Zwar müsse das Gericht auch von Amts wegen die Bewilligung von Räumungsfrist prüfen. Der Anwalt habe aber nicht darauf vertrauen dürfen, dass auch ohne besonderen Antrag eine Räumungsfrist gewährt werde[734]. Ein solcher Antrag ist in § 721 ZPO ausdrücklich alternativ vorgesehen. Das OLG hat daher zu Recht im Unterlassen dieser Antragsstellung (und entsprechender Begründung) einen Verstoß gegen den Grundsatz des sichersten Weges gesehen[735].

▶ Beispiel 4[736]:

311 Der Anwalt klagt für seinen Mandanten, eine Hausbank einer in Insolvenz gegangenen GmbH, gegenüber dem Insolvenzverwalter als Partei kraft Amtes eine Forderung auf Auszahlung eines vom Insolvenzverwalter nicht an sie mehr ausgekehrten Restbetrages aus einer verwerteten Darlehenssicherheit, welchen der Insolvenzverwalter auf ein Festgeldkonto eingezahlt hatte, ein. Diese Klage ist erfolgreich. Hinsichtlich der Nebenforderungen (Kosten, Zinsen) wurde der Kläger allerdings nur auf eine quotale Befriedigung aus der Insolvenzmasse verwiesen. Dem Anwalt wurde vorgeworfen, dass er neben der Insolvenzmasse nicht im Wege der subjektiven Klagehäufung zusätzlich auch den Insolvenzverwalter persönlich auf Grund einer diesem anzulastenden Pflichtverletzung nach § 60 Abs. 1 InsO in Anspruch nahm.

Das OLG Hamm hat eine solche anwaltliche Pflichtverletzung bejaht. Aufgrund eines Schreibens des Insolvenzverwalters sei er in Kenntnis gesetzt worden, dass dieser nach Prüfung von Absonderungsrechten anderer Gläubiger die Anzeige der Masseunzulänglichkeit in Erwägung zog. Nach Eingang der Klageerwiderung des Insolvenzverwalters zur Aussonderungsklage hätte der Anwalt

728 BGH NJW 1998, 2048, 2050 = WM 1998, 1542, 1543.
729 BGH VersR 1956, 762, 763.
730 Vgl. OLG Hamm, Urt. v. 29.9.2005 – 28 U 212/04 und oben Rdn. 233.
731 OLG Bamberg NJW-RR 1989, 223, 224 (unechter Hilfsantrag nach § 9 Abs. 1 S. 1 KSchG).
732 BGH, Beschl. v. 3.12.2015 – IX ZR 11/14 – juris, Rn. 22 m.w.N.
733 OLG Hamm vom 25.10.1994 – 28 U 40/94, NJW-RR 1995, 526.
734 OLG Hamm vom 25.10.1994 – 28 U 40/94, NJW-RR 1995, 526.
735 Zustimmend auch *Vill*, in: G. Fischer/Vill/D. Fischer/Pape/Chab, § 2, Rn. 226.
736 OLG Hamm, Urt. v. 24.10.2013 – 28 U 19/12 – juris.

erkennen und den Mandanten darauf hinweisen müssen, dass die Gründe für die Auszahlungsverweigerung des Insolvenzverwalters nicht trugen und dieser pflichtwidrig handelte, so dass eine Klage nach **§ 60 Abs. 1 InsO** parallel zur Klage gegen die Masse erfolgsversprechend war[737].

Immer wieder wird ein **Gerichtskostenvorschuss** nicht rechtzeitig gezahlt, so dass auch eine »demnächstige« Zustellung (§ 167 ZPO)[738] verneint werden muss und deshalb die Klage wegen begründet erhobener Einrede der Verjährung oder wegen Ablaufs einer Ausschlussfrist abgewiesen wird. Stellt der Mandant (oder seine Rechtsschutzversicherung) den erforderlichen Gerichtskostenzuschuss nicht sofort zur Verfügung, so muss der Anwalt den Zusammenhang zwischen Zahlung des Vorschusses, der Zustellung der Klage und der damit angestrebten, erforderlichen Fristwahrung deutlich machen, m.a.W. ihm klar und unmissverständlich die Gefahr vor Augen führen, dass er bei nicht rechtzeitiger Zahlung seinen Anspruch endgültig nicht durchsetzen kann oder ihn verliert und dagegen auch mit Rechtsmitteln nichts unternehmen kann[739]. Eine Pflicht zur Einzahlung aus dem eigenen Vermögen besteht regelmäßig nicht[740]. 312

Auf die Anforderung des Gerichtskostenvorschusses darf der Anwalt grundsätzlich warten. Bleibt die Aufforderung aus, muss er allerdings nach angemessener Zeit beim Gericht nachfragen; bis zu 5 – 6 Wochen werden vom BGH gerade noch toleriert[741].

In **Passivprozessen** besteht ebenfalls keine anwaltliche Verpflichtung, bei unsicherer Rechtslage die »Kapitulation« zu empfehlen. Auch der vom Beklagten beauftragte Anwalt muss zwar auf die gegebenen Risiken des Prozesses hinweisen. Zur Anerkennung des gegnerischen Klageanspruchs (zwecks Vermeidung weiterer Kosten) braucht der Anwalt in Passivprozessen aber regelmäßig nur dann zu raten, wenn 313

a) nach sorgfältiger Prüfung der Sach- und Rechtslage das Bestehen des Anspruchs nicht zweifelhaft sein kann,
b) dem Mandanten weder ein Leistungsverweigerungsrecht noch Gegenansprüche zustehen,
c) keine Chancen für eine Ermäßigung der Forderung durch gerichtlichen Vergleich bestehen,
d) für den Mandanten auch durch Einlassung auf den Prozess und das damit erreichte Hinausschieben einer Zwangsvollstreckung keine Vorteile entstehen, welche die höheren Kosten und die Zinsbelastung ausgleichen[742].

Im Passivprozess kann es geboten sein, eine angebrachte **Selbstpfändung** der (angeblichen) Klageforderung nebst Einziehung geltend zu machen, um so einen Titel der Gegenseite zu verhindern bzw. zu beseitigen[743]. 314

Im Aktiv- wie im Passivprozess hat der Rechtsanwalt die zugunsten seiner Partei sprechenden Umstände sachgerecht so vorzutragen, dass der Standpunkt seines Mandanten zur Geltung gebracht wird[744]. So muss er ein bei verkehrsüblicher Sorgfalt erkennbares Fehlen einer Schlüssigkeit der 315

---

737 OLG Hamm, a.a.O., juris, Rn. 102 ff.

738 Dazu im Einzelnen vgl. Rdn. 298 und 627 ff. m.w.N.

739 Vgl. BGH NJW-RR 1995, 252 = WM 1995, 212, 213 f. (Ablauf einer Ausschlussfrist nach § 12 Abs. 3 VVG); OLG Hamm vom 25.5.1993 – 28 U 209/92, OLG-Rep. 1993, 303 f.; vgl. auch BGH NJW 1974, 2318, 2319; *Vill*, in: G. Fischer/Vill/D. Fischer/Pape/Chab, § 2, Rn. 166; *Ganter*, S. 13; *Borgmann/Jungk/Schwaiger*, Kap. XI, Rn. 31; *Vollkommer/Greger/Heinemann*, § 28, Rn. 53; auch hierzu vgl. ergänzend und m.w.N. die Rdn. 627 ff.

740 *Borgmann/Jungk/Schwaiger*, Kap. XI, Rn. 31.

741 Vgl. BGH, Beschl. v. 2.5.2017 – VI ZR 85/16 – juris, Rn. 18; v. 5.11.2014 – III ZR 559/13 – juris, Rn. 16.

742 BGH NJW 1985, 1152, 1154 = VersR 1985, 238 (unter II. 2. a); OLG Hamm, Urt. v. 14.9.2004 – 28 U 158/03, NJW-RR 2005, 134, 137; zu den Pflichten des Anwalts bei einem aussichtslos erscheinenden Prozess vgl. auch OLG Düsseldorf vom 13.7.1984 – 8 U 20/84; *Schlee*, AnwBl 1985, 144.

743 BGH, Urt. v. 10.3.2011 – IX ZR 82/10 – juris, Rn. 11, 12; vgl. im Einzelnen in Rdn. 694.

744 Vgl. BGH, Urt. v. 16.6.2005 – IX ZR 27/04 – juris, Rn. 17; vgl. auch BGH NJW 1996, 48, 51 = WM 1996, 35, 40 (unter III. 3.); NJW 1996, 2648, 2650 = WM 1996, 1824, 1827; NJW 2000, 3560, 3561 =

gegnerischen Klage grundsätzlich im Rechtsstreit geltend machen[745]. Die Darstellung seines Mandanten darf er sich auch bei Zweifeln an ihrer Richtigkeit zu Eigen machen. Als unwahr erkannte Behauptungen darf er aber nicht vorbringen[746]. Zu Vorbringen des Prozessgegners, welches einem Verwertungsverbot unterliegt, zum Beispiel weil Informationen auf strafbare oder persönlichkeitsverletzende Weise erlangt wurden, darf die Einlassung verweigert werden, ohne dass dies als ein Zugestehen der Behauptung gewertet werden darf[747]. Voraussetzung ist aber, dass das Verwertungsverbot geltend gemacht wird[748].

316 Der Tatsachenvortrag muss **schlüssig bzw. erheblich** und hinreichend substantiiert sein[749]. Er muss umfassend sein, d.h. beispielsweise bei der Prozessvertretung eines Klägers muss er grundsätzlich die Voraussetzungen für alle in Betracht kommenden Anspruchsgrundlagen und rechtlichen Gesichtspunkte enthalten[750]. Wird eine Klage zum Beispiel auf mehrere selbständige Vertragsverletzungen gestützt, ist zu den jeweiligen Anspruchsgrundlagen hinreichend substantiierter Tatsachenvortrag zu bringen[751].

317 Jeglicher Vortrag muss **rechtzeitig** erfolgen[752]. Demzufolge muss der Anwalt ungesäumt und mit Nachdruck alle Tatsachen erfragen, die zur **Vollständigkeit** und ausreichenden **Substantiierung** des Sachvortrages im Wechselspiel von Vortrag und Gegenvortrag[753] dargelegt werden müssen[754]. Darüberhinausgehend ist grundsätzlich keine Partei gehalten, dem Gegner für seinen Prozesssieg das Material zu verschaffen, über das er nicht schon von sich aus verfügt. Der BGH hat vielmehr der teilweise im Schrifttum vertretenen Ansicht, jede Partei habe generell sämtliche ihr bekannten, entscheidungserheblichen Tatsachen vorzutragen, eine klare Absage erteilt[755]. Man kann also wegen dieser Maßgeblichkeit des prozessrechtlichen Verhandlungsgrundsatzes nicht generell eine dem Anwalt vorgeworfene Pflichtverletzung durch einen unnötigen überschießenden Vortrag mit der schlichten Überlegung ablehnen, dass der Vortrag der **Wahrheit** entsprochen habe[756].

318 Nach § 296 Abs. 2 ZPO kann das Gericht Angriffs- oder Verteidigungsmittel unter bestimmten Voraussetzungen zurückweisen. Vor einer **Präklusion** durch eine im Ermessen stehende und als eine solche zu treffende Entscheidung muss das Gericht die Parteien anhören. Davon muss die Partei, der die Präklusion droht, Gebrauch machen. Wenn sie das unterlässt, kann sie, wenn sie mit ihrem Vorbringen präkludiert wird, nach dem Grundsatz der Subsidiarität im weiteren Verfahrensablauf keine Verletzung ihres Grundrechts auf rechtliches Gehör geltend machen[757].

WM 2000, 2437, 2438; *Ganter*, S. 13; zur Verantwortung des Prozessanwalts hinsichtlich des unterbreiteten Sachverhalts; vgl. auch BVerfG NJW 2002, 2937 f. und Kap. 2 Rdn. 103.

745 BGH NJW-RR 2007, 1553, 1554 = WM 2007, 1425 (Tz. 14).

746 BGH NJW 1952, 1148; Zöller/*Greger*, § 138 ZPO, Rn. 6; OLG Köln MDR 2005, 168; zum Inhalt der Pflicht zur sog. subjektiven Wahrhaftigkeit gemäß § 138 ZPO vgl. Zöller/*Greger*, § 138 ZPO, Rn. 2–4; vgl. auch Kap. 2 Rdn. 206 und 245.

747 BAG NZA 2011, 571, 574; *Schreiber* ZZP 122 [2009], 241 f.; Zöller/*Greger* § 138, Rn. 3a.; im Ergebnis ebenso Musielak/Voit/*Stadler* § 138, Rn. 3a m.w.N.: Vortragsverwertungsverbot.

748 Zöller/*Greger* § 138, Rn. 3a

749 BGH NJW 1993, 2676 f. = WM 1993, 1967 f.; vgl. auch NJW 1992, 1695 = WM 1992, 701, 702.

750 Vgl. BGH NJW 2002, 1413 = WM 2002, 1076 (auch zu den Grenzen der Sachverhaltsaufklärung); NJW 1996, 2648, 2649 f.; vgl. auch schon Kap. 2 Rdn. 81.

751 BGH, Urt. v. 10.12.2015 – IX ZR 272/14 – juris, Rn. 10; vgl. auch Rdn. 418 (Stichwort: Schriftsätze).

752 BGH, Urt. v. 13.6.2013 – IX ZR 155/11 – juris, Rn. 8; v. 28.6.1990 – IX ZR 209/89 – juris, Rn. 27 ff.; vgl. auch *Vill*, in: G. Fischer/Vill/D. Fischer/Pape/Chab, § 2, Rn. 232.

753 Vgl. BGH NJW-RR 2005, 1450, 1451; NJW 2005, 2710, 2711; NJW 2000, 1413, 1414 = WM 2000, 877 ff.; NJW 1999, 1404, 1405 = WM 1999, 690 ff.; Zöller/*Greger*, § 138 ZPO, Rn. 8 a; *Stadler*, in: Musielak/Voit, § 138 ZPO, Rn. 10.

754 Vgl. OLG Hamm vom 27.11.2003 – 28 U 85/03; vgl. auch Kap. 2 Rdn. 74 ff., insbesondere Rdn. 79 m.w.N.

755 BGH NJW 1990, 3151.

756 OLG Hamm vom 27.11.2003 – 28 U 85/03.

757 BGH, Beschl. v. 21.1.2020 – VI ZR 410/17 – juris, m.w.N.; *Nassall*, NJW 2020, 1939.

Will das Gericht Vorbringen als **verspätet** zurückweisen, kann es im Einzelfall geboten sein, rechtzeitig und deutlich auch auf das verfassungsgemäße Verbot einer Überbeschleunigung hinzuweisen, wonach ein verspätetes Vorbringen nicht ausgeschlossen werden darf, wenn offenkundig ist, dass dieselbe Verzögerung auch bei rechtzeitigem Vortrag eingetreten wäre[758]. Soll ein Vorbringen im ersten Termin zur mündlichen Verhandlung zurückgewiesen werden, ist dem unter Hinweis auf die Rechtsprechung des BGH, dass ein Vorbringen im ersten Termin niemals nach § 282 Abs. 1 ZPO verspätet sein kann[759], entgegenzutreten. 319

Wenn die vor Erlass einer Entscheidung vom Gericht gesetzte Frist zur Stellungnahme, beispielsweise zu einer vom Gericht nach § 522 Abs. 2 ZPO beabsichtigten Zurückweisung einer Berufung durch Beschluss, objektiv nicht ausreicht, um innerhalb der Frist eine sachlich fundierte Äußerung zum entscheidungserheblichen Sachverhalt und zur Rechtslage abzugeben, ist ungeachtet der in solchen Fällen immer wieder festzustellenden Verletzung des Anspruchs auf Gehör durch zu forsche Berufungsgerichte, die ihr Vorhaben dann gleichwohl durchziehen (wollen), Aufgabe des Anwalts, in möglichst umfassender Weise und deutlich auf die Unangemessenheit unter Verweis auf die konkreten Umstände des Einzelfalls und die verfassungsgerichtliche und höchstrichterliche Rechtsprechung zu den Anforderungen an die **Gewährleistung rechtlichen Gehörs** (Art. 103 Abs. 1 GG)[760] hinzuweisen. 320

Unterlässt es der Anwalt in der in Rdn. 315 beschriebenen Prozesssituation, sich durch eine entsprechende Stellungnahme gegen die drohende Präklusion zu wehren, muss er, wenn die Präklusion zu Unrecht erfolgt ist oder sein kann, den Ausschluss seines Vorbringens **in zweiter Instanz** zumindest soweit rügen, dass er die Voraussetzungen darlegt, unter denen nach § 529 Abs. 1 Nr. 1 Hs. 2 ZPO die Bindung des Berufungsgerichts an die vom Erstgericht getroffenen Feststellungen entfällt[761]. Konkret bedeutet das hier, dass der Sache nach grundsätzlich geltend gemacht werden muss, dass die Vorinstanz dem präkludierten Vorbringen hätte nachgehen müssen[762]. Nur so erhält er sich die Möglichkeit, die Verletzung rechtlichen Gehörs als grundrechtswidrigen Verfahrensfehler mit Aussicht auf Erfolg als einen **Revisionszulassungsgrund** vorzubringen[763]. 321

Ungeachtet dessen hat der Anwalt allerdings wegen des auch hier zu beachtenden Grundsatzes vom sog. sichersten Weg in all diesen Prozesssituationen alle sich ihm irgendwie bietenden Möglichkeiten zu nutzen, um den in der Sache zu erkennenden oder drohenden Rechtsirrtümern oder tatsächlichen Fehlverständnissen des Gerichts so fundiert wie möglich **auch rechtlich entgegenzutreten**[764]. 322

Kann im Einzelfall – z.B. zur Unfallursächlichkeit von vom Mandanten geschilderter psychischer Beeinträchtigungen – **keine hinreichende Information erlangt** und zum Gegenstand eines zeitnahen Vortrags gemacht werden, muss der Anwalt sachgerecht reagieren. Der BGH hat dazu folgende Anforderungen und Hinweise gegeben: 323

> »Der in diesem Fall bestehenden Gefahr des Prozessverlustes aufgrund einer notwendigen Substantiierung des Sachvortrages hätte der Beklagte mit einer zugleich formulierten Bitte um einen gerichtlichen Hinweis

758 Vgl. BVerfGE 75, 302, 316; BGH, Urt. v. 3.7.2012 – VI ZR 120/11 – juris, Rn. 9 ff.

759 BGH, Urt. v. 4.5.2005 – XII ZR 23/03 – juris, Rn. 11; Beschl. v. 17.7.2012 – VIII ZR 273/11 – juris, Rn. 6; MünchKommZPO/*Prütting*, § 282, Rn. 8.

760 Vgl. nur BGH, Beschl. v. 15.5.2018 – VI ZR 287/17 – juris, Rn. 8 unter Bezugnahme auf BVerfGE 49, 212, 215; 60, 175, 211; 64, 203, 206; BVerfG NVwZ 2003, 859 Rn. 28.

761 *Nassall*, NJW 2020, 1939, 1942; grundlegend dazu BGH, Urt. v. 12.3.2004 – V ZR 257/03 – juris, Rn. 16 f.

762 *Nassall*, a.a.O.; allgemein zur grundsätzlich notwendigen Darlegung zur Entscheidungserheblichkeit eines Gehörsverstoßes: BGH, Beschl. v. 12.2.2020 – XII ZB 445/19 – juris, Rn. 14 im Anschluss an BGH, Beschl. v. 28.7.2016 – III ZB 127/15 – juris, Rn. 11 m.w.N.

763 *Nassall*, a.a.O.

764 Vgl. BGH, Beschl. v. 28.1.2020 – VIII ZR 57/19 – juris, Rn. 14 – 17; vgl. im Zusammenhang mit Gehörsrügen, dem prozessrechtlichen Grundsatz der Subsidiarität und dem in § 295 ZPO zum Ausdruck gekommenen Rechtsgedanken schon Kap. 2 Rdn. 218 und 219.

begegnen können, ob das Gericht den Sachvortrag des Klägers für genügend erachte, um daraufhin ein gerichtliches Sachverständigengutachten einzuholen, oder eine vorherige Substantiierung für geboten halte. Einen solchen Hinweis hätte das Gericht gemäß § 139 Abs. 1 ZPO erteilen müssen. Sollte dem Kläger weiterer Vortrag mangels eigener Sachkenntnis anderenfalls nicht möglich gewesen sein, hätte er auch die **Einholung eines privaten Gutachtens** als zu seiner Rechtsverfolgung notwendig ansehen dürfen (vgl. BGH, Beschluss vom 17. Dezember 2002 – VI ZB 56/02, BGHZ 153, 235, 238 f.; vom 23. Mai 2006 – VI ZB 7/05, NJW 2006, 2415 Rn. 9 ff.). Die hierfür notwendige Zeit hätte dem Kläger nach Darlegung der Erforderlichkeit vom Prozessgericht gewährt werden müssen. Ein auf diese Weise ergänzter Vortrag hätte dann weder als unsubstantiiert noch als verspätet behandelt werden dürfen.«[765]

324 Über die Gesichtspunkte und Umstände, die für das **fernere Verhalten** der Partei in der Angelegenheit entscheidend sein können, ist eingehend und erschöpfend belehren. Dabei muss der Rechtsanwalt sein Verhalten so einrichten, dass er Schädigungen seines Auftraggebers vermeidet indem er den **»sichersten« Weg** geht, um das von seinem Mandanten erstrebte Ziel zu erreichen. Will er einen weniger sicheren Weg beschreiten, muss er zumindest seinen Auftraggeber zuvor über die insoweit bestehenden Gefahren belehren und ein weiteres Verhalten von dessen Entscheidung abhängig machen[766].

325 Auf **richterliche Hinweise** oder gar deren Wiederholung oder Intensivierung darf der Anwalt grundsätzlich schon deshalb nicht bauen, weil es originäre vertragliche Pflicht des Anwalts ist, für seine Partei vorzutragen[767]. Abgesehen davon hat der BGH in neuerer Zeit erneut entschieden, dass ein gerichtlicher Hinweis entbehrlich ist, wenn die Partei von der Gegenseite die gebotene Unterrichtung erhalten hat und er dieses Vorbringen richtig verstanden hat[768]. Auch zu einer Wiederholung von Hinweisen ist das Gericht grundsätzlich nicht verpflichtet. Zwar ergibt sich aus der Rechtsprechung des BGH, dass ein Gericht einen einmal erteilten Hinweis präzisieren und der Partei Gelegenheit zur Stellungnahme geben muss, wenn sich erweist, dass die Partei den ursprünglichen Hinweis falsch aufgenommen hat[769]. Solches ist aber nur dann geboten, wenn der ursprüngliche Hinweis eine missverständliche Deutung zulässt[770].

326 Beraten muss der Prozessanwalt seinen Mandanten auch über die **Darlegungs- und Beweislast**. Ferner muss er den Mandanten anhalten, rechtzeitig alle in Betracht kommenden **Beweismittel** anzugeben, damit entsprechende Beweisantritte im Schriftsatz erfolgen können (vgl. näher bereits Kap. 2 Rdn. 96 m.w.N.). Diese Pflicht darf aber nicht überspannt werden. Zwar trifft nach zutreffender Ansicht des BGH[771] den Prozessanwalt jedenfalls im Zivilprozess *»eine besondere Mitverantwortung für die Herbeischaffung der Beweismittel«*. Wie das OLG Köln[772] dem Grundsatz entsprechend indes zutreffend ausgeführt hat, braucht der Anwalt aber nicht nach weiteren Beweismitteln zu forschen, wenn ihm der Mandant schon zwei **Zeugen** zu einem bestimmten Sachvortrag benannt hat. Denn insoweit darf der Anwalt grundsätzlich auf die Vollständigkeit der gegebenen Informationen vertrauen.

327 Erhält der Anwalt trotz Aufforderung keine **Unterlagen** von dem Mandanten, so berechtigt ihn dies nicht dazu, ohne Rücksprache untätig zu bleiben. Er muss vielmehr gegenüber dem Mandanten darauf hinweisen, dass ihm für die Prüfung der Erfolgsaussichten einer Klage Unterlagen fehlen und der Eintritt der Verjährung droht[773].

---

765 BGH, Urt. v. 13.6.2013 – IX ZR 155/11 – juris, Rn. 10 (Hervorhebung durch Verfasser).

766 BGH, Urt. v. 10.3.2011 – IX ZR 82/10 – juris, Rn. 11 m.w.N.

767 Vgl. BGH, Urt. v. 28.6.1990 – IX ZR 209/89 – juris, Rn. 27.

768 BGH NJW-RR 2008, 581, 582 (Tz. 2); BGHZ 170, 67 = NJW 2007, 759 = WM 2007, 984, 986 (Tz. 19); NJW 1988, 696; NJW 1980, 223; in Abgrenzung dazu vgl. allerdings auch BGH Beck RS 2008, 26911 (Beschl. v. 27.11.2008 – VII ZR 202/07).

769 BGHZ 140, 365, 371 = NJW 1999, 1867, 1868; BGH NJW 1999, 1264; NJW 2002, 3317, 3320.

770 BGH NJW 2008, 2036, 2038 (Tz. 19–21).

771 BGH NJW 1988, 3013, 3016 = WM 1988, 987, 993 = LM § 249 (Bb) BGB Nr. 46.

772 OLG Köln NJW 1986, 725 ff.

773 OLG Brandenburg, Urt. v. 11.2.2014 – 10 U 1/12 – Rn. 50.

Eine Berufung auf das »**Zeugnis NN**« reicht als Beweisantritt gemäß § 373 ZPO grundsätzlich nicht aus. Ausnahmsweise ist ein Angebot auf Vernehmung eines mit »NN« benannten Zeugen zu berücksichtigen, wenn dieser – etwa durch Hinweis auf seine konkrete betriebliche Funktion – hinreichend individualisierbar ist. Die pauschale Benennung eines »instruierten Mitarbeiters« oder eines »zuständigen Mitarbeiters« reicht nicht aus[774]. 328

§ 411a ZPO ermöglicht es dem Zivilgericht, die schriftliche Begutachtung durch die Verwertung eines gerichtlich oder staatsanwaltschaftlich eingeholten Sachverständigengutachtens zu ersetzen. Wenn eine solche Verfahrensweise im Einzelfall durchaus problematisch sein kann[775], so ist aber zu beachten, dass das Verfahren nach § 411a ZPO die Einholung eines Sachverständigenbeweises mit der Anwendung der allgemeinen Regeln der §§ 404 ff. ZPO darstellt. Bestehen gegenüber dem Gutachten Bedenken und Einwendungen gemäß § 404 Abs. 4 ZPO hat der Anwalt daher zu beachten, dass die Parteien nach §§ 402, 397 ZPO einen Anspruch darauf haben, dem Sachverständigen die Fragen, die sie zur Erläuterung der Sache für erforderlich halten, zur mündlichen Beantwortung vorlegen zu können. Dieses Antragsrecht der Parteien besteht unabhängig von § 411 Abs. 3 ZPO und hängt nicht davon ab, ob das Gericht das schriftliche Gutachten für überzeugend hält und selbst keinen weiteren Erläuterungsbedarf sieht[776]. 329

Ein möglicherweise entscheidungserheblicher **Sachvortrag** darf **nicht zurückgehalten** werden, es sei denn, der Mandant ist über die damit verbundenen Risiken belehrt worden und hat einem solchen Prozessverhalten zugestimmt[777], was angesichts der neuen, strengen Präklusionsregeln der §§ 529 Abs. 1 Nr. 2, 531 Abs. 2 ZPO nur wenig denkbar erscheint. 330

Zudem wendet die Rechtsprechung des BGH seit einiger Zeit sehr extensiv den ursprünglich (nur) verfassungsprozessualen **Grundsatz der Subsidiarität** zu Lasten von Beschwerdeführern in dritter Instanz (Nichtzulassungsbeschwerde, § 544 Abs. 1 ZPO) an[778] weil eine prozessuale Obliegenheit besteht, durch sämtliche – auch rein faktische – Möglichkeiten zur (Gegen-)Äußerung, d. h. auch außerhalb einer vom Gericht ausdrücklich eingeräumten Gelegenheit zur Stellungnahme, zu versuchen, eine gerichtliche Selbstkorrektur innerhalb derselben Instanz zu erreichen[779]. 331

Dies gilt gleichermaßen für die Erhebung von **Einreden**, beispielsweise der Verjährung. Auch bei einem zugrundeliegenden unstreitigen Sachverhalt sollte man es nicht darauf ankommen lassen, dass deshalb eine Zurückweisung nach § 531 Abs. 2 ZPO erfolgt, auch wenn der IX. Zivilsenat des BGH sehr weitgehend, d.h. auch bei einer durch die Zulassung notwendig werdenden Beweisaufnahme keine Zurückweisung vornimmt[780]. Abgesehen davon sind nach § 97 Abs. 2 ZPO die Kosten des Berufungsverfahrens der obsiegenden Partei aufzuerlegen, wenn sie aufgrund der Einrede obsiegt, die sie in dem ersten Rechtszug hätte geltend machen können. 332

Der Anwalt hat den Mandanten auch dahingehend zu beraten, dass aus Sicherheitsgründen **alle** in Betracht kommenden **Einwendungen** gegen eine Klage z.B. schon gegen ihre Schlüssigkeit zu bringen sind[781]. Hält der Mandant z.B. den gegnerischen Schadensersatzanspruch schon dem Grunde 333

774 BGH, Beschl. v. 4.12.2014 – IX ZR 88/14 – juris, Rn. 6 m.w.N.

775 Vgl. *Heß/Burmann*, NJW-Spezial 2006, 495.

776 BGH, Beschl. v. 23.11.2011 – IV ZR 49/11 – juris, Rn. 9, 10; Zöller/*Greger*, § 411a ZPO, Rn. 4.

777 BGH NJW-RR 1990, 1241 ff. = WM 1990, 1917, 1919 f.; vgl. auch *Vill*, in: G. Fischer/Vill/D. Fischer/Pape/Chab, § 2, Rn. 230.

778 BGH, Beschl. v. 28.3.2019 – IX ZR 147/18 – juris, Rn. 3 ff., m.w.N.; dazu im Einzelnen *Rädler*, NJW 2020, 1726 ff. m.w.N. zur Rechtsprechung.

779 BGH, Beschl. v. 28.3.2019, a.a.O., m.w.N.; Urt. v. 14.6.2018 – III ZR 54/17 – juris, Rn. 37 m.w.N.; *Rädler*, a.a.O., S. 1728; vgl. schon und im Einzelnen oben Kap. 2 Rdn. 218 und 219.

780 BGH NJW 2009, 685, 687 = WM 2008, 2307 (Tz. 22); offengelassen allerdings von BGH (GSZ) NJW 2008, 3434 Rn. 10. Zur prozessualen Behandlung einer erst in 2. Instanz erhobenen Verjährungseinrede vgl. auch schon Rdn. 277 m.w.N.

781 Vgl. BGH, Urt. v. 24.5.2007 – IX ZR 142/05 – juris, Rn. 14 f. m.w.N.; vgl. auch *Vill*, in: G. Fischer/Vill/D. Fischer/Pape/Chab, § 2, Rn. 230.

nach nicht für gegeben, so muss er gleichwohl noch zur Höhe des eventuellen Schadens befragt werden, wobei der gegnerische Vortrag insoweit zu bestreiten ist[782].

334 Genauso wie ein Kläger grundsätzlich nicht verpflichtet ist, vor Klageerhebung sorgfältig in tatsächlicher oder rechtlicher Hinsicht die sachliche Berechtigung seines Begehrens zu prüfen oder gar seine Interessen gegen die des Beklagten abzuwägen[783], besteht für einen Beklagten grundsätzlich keine Verpflichtung, vor der Erhebung von Einwendungen und Einreden deren Berechtigung in tatsächlicher oder rechtlicher Hinsicht sorgfältig zu untersuchen oder sogar seine Interessen gegen die des Klägers abzuwägen[784]. Eine Ausnahme besteht jedoch auch hier »in eng begrenzten Ausnahmefällen« bei einer vorsätzlichen sittenwidrigen Schädigung gemäß **§ 826 BGB**[785]. Liegt also eine Kenntnis von einer fehlenden Berechtigung eines Klagebegehrens oder von der materiellen Unrichtigkeit von Einwendungen oder Einreden vor, so hat der Prozessanwalt (auch im eigenen Interesse) sorgfältig zu prüfen, ob besondere Umstände hinzutreten, die diese Prozessführung als sittenwidrig prägen, wie im Falle des Prozessbetruges oder des Erschleichens von gerichtlichen Handlungen im Bewusstsein und zumindest mit Billigung des schädigenden Erfolgs der Handlung[786].

335 Den in Bezug auf die erforderlichen Informationen **säumigen Mandanten** muss der Rechtsanwalt rechtzeitig und unmissverständlich auf die Folgen eines verspäteten Vorbringens **hinweisen**[787].

336 Zur Verpflichtung des Anwalts, trotz der Geltung des Grundsatzes »iura novit curia« auch auf die **rechtliche Beurteilung** durch das Gericht zu Gunsten des Mandanten Einfluss zu nehmen und nahe liegenden Fehlern des Gerichts vorzubeugen sowie erkannten oder erkennbaren Fehlern entgegenzutreten, wird auf die ausführlichen Ausführungen im systematischen Teil (Kap. 2 Rdn. 48 und 195) verwiesen[788]. Bei einem Prozessmandat kommt diese Anwaltspflicht auch dann zum Tragen, wenn das Gericht im Laufe der Instanz Rechtsansichten äußert. Diese hat der Rechtsanwalt im Interesse seines Mandanten zu überprüfen, selbst wenn sie durch Nachweise von Rechtsprechung und Schrifttum belegt sind[789]. Insbesondere muss der Anwalt zum Beispiel auf die höchstrichterliche Rechtsprechung hinweisen. Der Schutz des Mandanten gebietet es, dass der Rechtsanwalt dafür Sorge trägt, dass diese Argumente bei der gerichtlichen Entscheidung berücksichtigt werden können[790].

Zur Entschuldigung des Anwalts aufgrund gerichtlicher Fehler oder wegen unklarer Rechtslage und zu den dazu entschiedenen Fällen wird Bezug genommen auf Kap. 3 Rdn. 10.

337 Nicht nur bei der Prozessvorbereitung (dazu oben Rdn. 292), sondern auch bei der Vertretung im Prozess wird der **Grundsatz vom sichersten Weg** in mannigfaltiger Beziehung relevant und kann so in nicht unerheblicher Weise das Prozesshandeln bestimmen[791]. Dazu wird im Einzelnen auf den systematischen Teil Bezug genommen (Kap. 2 Rdn. 202, 203, 205; 208 ff.; 213 ff.).

---

782 Vgl. BGH NJW-RR 1990, 1241, 1242 = WM 1990, 1917.

783 Vgl. BVerfGE 74, 257, 259 ff.; BGHZ 36, 18, 21 f. = NJW 1961, 2254 = WM 1961, 1216; 74, 9, 15, 17 = NJW 1979, 1351 = WM 1979, 553; NJW 2003, 1934 = WM 2003, 967; NJW 2004, 446, 447 = WM 2004, 34, 35.

784 BGH NJW 2004, 446, 447 = WM 2004, 34, 35.

785 BGH NJW 2004, 446, 447.

786 Zu diesen Voraussetzungen nach § 826 BGB vgl. BGH NJW 2004, 446, 447 f. = WM 2004, 34, 35 ff.; vgl. auch Kap. 2 Rdn. 89 und Kap. 8 Rdn. 315 m.w.N.

787 BGH NJW 1982, 437; OLG Brandenburg, Urt. v. 11.2.2014 – 10 U 1/12 – juris, Rn. 50; vgl. ferner *Vill*, in: G. Fischer/Vill/D. Fischer/Pape/Chab, § 2, Rn. 231 zu gerichtlichen Auflagen.

788 Vgl. ergänzend auch *Ganter*, S. 13; *Vollkommer/Greger/Heinemann*, § 13, Rn. 14 ff., 25 ff.

789 BGH, Urt. v. 13.10.2016 – IX ZR 214/15 – juris, Rn. 23 unter Bezugnahme auf BGH, Urt. v. 18.12.2008 – IX ZR 179/07, WM 2009, 324 Rn. 13 f.; v. 11.4.2013 – IX ZR 94/10, WM 2013, 1426 Rn. 4.

790 BGH, a.a.O. unter Bezugnahme auf BGH, Urt. v. 24.3.1988 – IX ZR 114/87, NJW 1988, 3013, 3016; v. 18.12.2008, a.a.O.; vom 11.4.2013, a.a.O.

791 Zur Geltung des Grundsatzes des sichersten Weges auch für das anwaltliche Prozessverhalten vgl. ausdrücklich: BGH NJW 2000, 730 = WM 2000, 189, 191; NJW 2002, 1417 = WM 2002, 650.

Führt ein Anwalt einen sog. Individualprozess, der die Feststellungsziele und den Lebenssachverhalt einer späteren **Musterfeststellungsklage** betrifft, und meldet der Individualkläger seinen Anspruch oder sein Rechtsverhältnis zum Klageregister der Musterfeststellungsklage an, hat das Gericht des Individualklageverfahrens von Amts wegen das **Individualverfahren** auszusetzen, § 613 Abs. 2 ZPO. Denn das Musterfeststellungsverfahren soll vorrangig die anstehenden Rechtsfragen klären, § 613 Abs. 1 S. 1 ZPO. Diese Aussetzungsentscheidung hat zu erfolgen, solange das Individualverfahren noch nicht endgültig beendet ist, d.h. unter Umständen auch noch nach Schluss der mündlichen Verhandlung und ohne dass zur Entscheidung über die **Aussetzung** eine Wiedereröffnung der mündlichen Verhandlung erfolgen müsste[792]. Dementsprechend muss der Prozessanwalt zügig und auf dem sichersten Wege auf die Anmeldung zum Klageregister und die von Amts wegen auch ohne mündliche Verhandlung[793] und auch nach Schluss der mündlichen Verhandlung zu erfolgende Aussetzung, solange das Individualverfahren noch nicht beendet ist, hinweisen. 338

Kommt es in einem noch laufenden Rechtsstreit zu einer **Mandatsniederlegung**, hat der Anwalt, dessen Vollmacht gegenüber dem Gericht aufgrund des nach § 78 Abs. 1 ZPO bestehenden Anwaltszwanges gemäß § 87 Abs. 1 ZPO fortwirkt, zu beachten, dass ihn nachvertragliche Sorgfaltspflichten treffen, so insbesondere die Pflicht, den Mandanten über eine an den Anwalt erfolgte Zustellung unverzüglich zu unterrichten und ihn in dem erforderlichen Umfang über einen drohenden Ablauf von Fristen zu belehren (dazu und zu u.U. (fort-)bestehenden Warnpflichten vgl. Kap. 2 Rdn. 273 ff.)[794]. Bei **Übernahme** einer Prozessvertretung **in einem bereits laufenden Verfahren** darf sich ein Anwalt nicht auf die bloße Information seines neuen Mandanten zum Verfahrensstand verlassen, sondern ist gehalten, sich über die aktuelle Prozesssituation zuverlässige Information durch Anfrage an das Gericht oder die (unverzügliche) Akteneinsicht zu beschaffen[795]. 339

Zu den Pflichten aufgrund des Ablaufs oder des Ergebnisses einer **mündlichen Verhandlung** (z.B. Erlass eines Versäumnisurteils) wird auf die Stichworte »Mündliche Verhandlung« und »Versäumnisurteil« Bezug genommen (oben Rdn. 272 ff. und 639 ff.). 340

Nach **Abschluss der Instanz** ist eine Belehrung über das **zulässige Rechtsmittel** und seine formellen Voraussetzungen geschuldet[796]; dies ist noch dem abgeschlossenen Rechtszug zuzuordnen[797]. Dabei musste mit Wirkung vom 1.1.2002 Obacht gegeben werden, dass Berufung oder Beschwerde gegen Entscheidungen des Amtsgerichte nicht nur in den von dem Familiengericht entschiedenen Sachen, sondern auch in Streitigkeiten über Ansprüche, die von einer oder gegen eine Partei erhoben werden, die ihren allgemeinen Gerichtsstand im Zeitpunkt der Rechtshängigkeit in erster Instanz außerhalb des Geltungsbereichs des GVG hatte oder in denen das Amtsgericht ausländisches Recht angewendet und dies in den Entscheidungsgründen ausdrücklich festgestellt hatte[798], beim örtlich zuständigen Oberlandesgericht eingelegt werden mussten, § 119 Abs. 1 Nr. 1 lit. b und c GVG a.F. Durch das FGG-Reformgesetz vom 17.12.2008 (BGBl I, S. 2586) ist diese Regelung mit Wirkung vom 1.9.2009 wieder aufgehoben worden. 341

792 BGH, Urt. v. 12.3. 2020 – VII ZR 55/19 – juris, Rn. 18 ff.

793 BGH, a.a.O., Rn. 22.

794 BGH, Urt. v. 14.12.1979 – V ZR 146/78 – juris, Rn. 12; v. 2.3.1988 – IVa ZR 218/87 – juris, Rn. 18; Beschl. v. 6.10.2011 – IX ZR 21/09 – juris, Rn. 3 f. – jeweils zu §§ 233, 85 Abs. 2 ZPO; OLG Hamm vom 29.8.2002 – 28 W 180/01; vgl. auch *Rinkler/Pape*, in: G. Fischer/Vill/D. Fischer/Pape/Chab, § 1, Rn. 241; *Borgmann/Jungk/Schwaiger*, Kap. III, Rn. 116; *Vollkommer/Greger/Heinemann*, § 7, Rn. 4 und § 6, Rn. 14.

795 Vgl. (jeweils zur Ermittlung des Zustellungsdatums eines Urteils): BGH NJW 1994, 2293, 2294 = WM 1994, 1805, 1806; NJW-RR 1995, 825, 826; NJW-RR 1998, 786; vgl. auch *Vollkommer/Greger/Heinemann*, § 10, Rn. 29; vgl. auch Kap. 2 Rdn. 86.

796 BGH, Urt. v. 24.5.2007 – IX ZR 142/05 – juris, Rn. 12 unter Bezugnahme auf BGH NJW-RR 1989, 1109 = WM 1989, 1826, 1827.

797 BGH NJW 2003, 2022, 2023 = WM 2003, 1146 ff.

798 Vgl. dazu näher BGH NJW 2007, 1211 = WM 2007, 520; NJW-RR 2007, 1436.

342 Auf die Richtigkeit einer **gerichtlichen Rechtsbehelfsbelehrung** nach § 232 ZPO (in Kraft seit dem 1.1.2014) darf sich der Anwalt nicht generell verlassen. Sie befreit ihn nicht von seiner grundsätzlich eigenständigen Prüfung. Anderes ergibt sich nicht aus § 233 S. 2 ZPO, wonach ein Fehlen des Verschuldens vermutet wird, wenn eine Rechtsbehelfsbelehrung unterblieben oder fehlerhaft ist[799]. Der Wortlaut der Norm differenziert zwar nicht danach, ob die Partei anwaltlich vertreten wird oder nicht. Aus der Gesetzesbegründung ergibt sich allerdings, dass die Wirkungen der Vermutung auch davon abhängen sollen, ob die Partei, die einen Rechtsbehelf einlegen will, anwaltlich vertreten ist oder nicht[800]. Wegen der geringeren Schutzbedürftigkeit anwaltlich vertretener Parteien soll bei diesen Parteien der Erfolg des Wiedereinsetzungsantrags davon abhängen,

> »ob der Fehler in der gerichtlichen Darstellung der Rechtslage nachvollziehbar und daher auch verständlich den Irrtum des Rechtsanwalts verursacht hat.«[801].

Die Rechtsprechung des BGH setzt diese »Vorgabe« um, indem sie davon ausgeht, dass durch eine unzutreffende Rechtsbehelfsbelehrung ein Vertrauenstatbestand geschaffen wird,

> »der zur Wiedereinsetzung wegen schuldloser Fristversäumnis berechtigt, wenn die Belehrung einen unvermeidbaren oder zumindest entschuldbaren Rechtsirrtum aufseiten der Partei hervorruft und die Fristversäumnis darauf beruht.«

Ein Rechtsirrtum ist nach der vom BGH verwendeten »Formel« nur dann

> »entschuldbar, wenn die Rechtsmittelbelehrung nicht offenkundig fehlerhaft und der durch sie verursachte Irrtum nachvollziehbar ist. Offenkundig fehlerhaft ist eine Rechtsmittelbelehrung, wenn sie – ausgehend von dem bei einem Rechtsanwalt vorauszusetzenden Kenntnisstand – nicht einmal den Anschein der Richtigkeit zu erwecken vermochte.«

Ist dies der Fall, ist die Vermutung des fehlenden Verschuldens gem. § 233 S. 2 ZPO widerlegt[802].

343 Angesichts dieser durch die Rechtspraxis geschaffenen Rechtslage einer nicht immer prognostizierbaren Einzelfallrechtsprechung des BGH muss der Anwalt eine gerichtliche Rechtsbehelfsbelehrung in letzter Konsequenz stets hinterfragen und darf sie nicht blind übernehmen, weil jedenfalls offenkundig fehlerhafte Rechtsbehelfsbelehrungen bei Fristversäumnis eine Wiedereinsetzung ausschließen[803].

▶ Beispiel[804]:

In einer Notar-Hinterlegungssache, also in einem besonderen Verfahren der freiwilligen Gerichtsbarkeit mit einem besonderen Instanzenzug gemäß § 15 Abs. 2 S. 1 und S. 2 ZPO, aber mit einem dem FamFG nachgebildeten Rechtsmittelrecht[805], ließ das Landgericht im Tenor seiner Beschwerdeentscheidung die Rechtsbeschwerde zu, wohingegen nach der im Beschluss enthaltenen Rechtsbehelfsbelehrung die binnen eines Monats bei dem Landgericht einzulegende Beschwerde gegen den Beschluss statthaft sein sollte. Aufgrund dieser fehlerhaften Belehrung wurde eine Beschwerde bei dem Landgericht eingelegt und infolgedessen das richtige Rechtsmittel, nämlich die Rechtsbeschwerde gemäß § 70 Abs. 1 FamFG durch einem bei dem BGH zugelassenen Rechtsanwalt (§ 10 Abs. 4 S. 1 FamFG) beim BGH (§ 133 GVG) verpasst, woran alle Reparaturbemühungen einschließlich der Wiedereinsetzungsanträge nichts ändern konnten.

799 *Grandel*, in: Musielak/Voit, § 233, Rn. 44 m.w.N

800 Vgl. BGH, Beschl. v. 28.1.2016 – V ZB 131/15 – juris, Rn. 5 ff. und *Deckenbrock*, NJW 2018, 1636, 1638.

801 BT-Drs. 17/10490, 14 f. unter Bezugnahme auf BGH, Beschl. v. 11.6.1996 – VI ZB 10/96 – Beck RS 1996, 30396999.

802 BGH, Beschl. v. 18.10.2017 – LwZB 1/17 – juris, Rn. 7; vgl. ähnlich BGH, Beschl. v. 12.10.2016 – V ZB 178/15 – juris, Rn. 12; v. 9.3.2017 – V ZB 18/16 – juris, Rn. 11 ff.; v. 28.9.2017 – V ZB 109/16 – juris, Rn. 13; v. 24.1.2018 – XII ZB 534/17 – juris, Rn. 7; *Deckenbrock*, NJW 2018, 1636, 1638.

803 *Deckenbrock*, NJW 2018, 1636, 1639, 1640.

804 BGH, Beschl. v. 12.10.2016 – V ZB 178/15 – juris.

805 Vgl. *Heinemann*, NJW 2017, 1114.

Zwischen dem zugelassenen Rechtsmittel und dem Inhalt der erteilten Rechtsbehelfsbelehrung habe ein evidenter Widerspruch bestanden, der für einen Rechtanwalt ohne weiteres erkennbar gewesen sei; zumindest hätte dieser offenkundige Widerspruch Anlass zu einer Prüfung der Rechtslage sein müssen, die unschwer anhand des Gesetzestextes hätte vorgenommen werden können, so der BGH dazu[806]. Mit *Heinemann*[807] ist dieser Beurteilung zuzustimmen; die Anforderungen an die Pflichten eines Verfahrensanwalts werden hier nicht überspannt, denn seit der FGG-Reform 2009 muss man erwarten können, dass einem Rechtsanwalt, der in diesem Bereich tätig ist, bekannt ist, dass Rechtsbeschwerden in FamFG-Sachen nur noch beim BGH und allein (vorbehaltlich der in § 10 Abs. 4 S. 2 FamFG geregelten Ausnahmen) durch einem beim BGH zugelassenen Rechtsanwalt eingelegt werden können.

Unabhängig von der Frage, ob und ggfs. unter welchen besonderen Voraussetzungen Wiedereinsetzung nach fehlenden bzw. unvollständigen gesetzlich vorgeschriebenen Rechtsbehelfsbelehrungen (vgl. dazu auch § 39 FamFG) oder inhaltlich fehlerhaften Belehrungen bewilligt werden muss, wozu wegen weiterer Einzelheiten auf Rdn. 721 ff. verwiesen wird, ist an dieser Stelle deutlich auf die **eigenständige (Über-)Prüfungspflicht und Belehrungspflicht des Anwalts** hinzuweisen, um so auf dem sichersten Weg (vgl. dazu Kap. 2 Rdn. 195 ff.) die Interessen des Mandanten, soweit eine ihm nachteilige gerichtliche Entscheidung angegriffen werden soll, zu wahren. 344

Sicherlich wäre eine Regelung vorzuziehen, mit der eine unwiderlegliche Vermutung mit dem Inhalt angeordnet wäre, dass die fehlerhafte Rechtsbehelfsbelehrung ein Verschulden (auch) des Anwalts ausscheiden lässt[808]. Der geltenden Rechtslage nach §§ 232, 233 ZPO kann aber nicht indirekt entgegengehalten werden, sie widerspreche der »Rollenverteilung zwischen Anwalt und Gericht«, sie übertrage vielmehr dem Anwalt »die Verantwortung für richterliche Fehlleistungen«, wie *Deckenbrock* dies meint[809]. Die Rechtsprechung wendet hier vielmehr ganz folgerichtig Grundsätze an, die auch sonst allgemein für die Anforderungen an die Befolgung anwaltlicher Pflichten, die der Anwalt ja aufgrund seiner eigenen vertraglichen Pflichten gegenüber seinem Mandanten zu erfüllen hat, bestehen. Diese Rechtsprechung hat nichts mit einer Verlagerung oder Überbürdung fremder Pflichten zu tun, sondern knüpft an die eigenständigen und originären Vertragspflichten des Anwalts an, die allesamt letztlich darauf zielen, Schaden vom Mandanten abzuwenden und dies auch zu tun, wenn gerichtliche Fehler diesen hervorzurufen drohen (vgl. Kap. 2 Rdn. 48 ff. und Kap. 2 Rdn. 256 ff.). Von einer »zusätzlichen Haftungsfalle« zu sprechen, wie dies *Schwaiger* tut[810], ist folgerichtig nicht zutreffend. 345

Zur Vornahme dieser Belehrung kann es erforderlich sein und ist dann auch geschuldet, die Möglichkeit des Rechtsmittels aufgrund etwa erforderlicher bestimmter Beschwerdesumme oder Höhe der Beschwer zu prüfen[811]. Dies kann aktuell werden für die Wertgrenzabhängigkeit der Nichtzulassungsbeschwerde nach § 544 ZPO im reformierten Zivilprozess, § 26 Nr. 8 EGZPO[812]. Eine Rechtsmittelbelehrung ist selbst dann erforderlich, wenn der Anwalt das Begehren für aussichtslos hält. Der Mandant muss in die Lage versetzt werden, eigenverantwortlich über die Einlegung eines Rechtsmittels zu entscheiden und dieses in der richtigen Art und Form bei dem zuständigen Gericht rechtzeitig einlegen zu lassen[813]. 346

806 BGH, Beschl. v. 12.10.2016, a.a.O., Rn. 13.
807 *Heinemann*, NJW 2017, 1114, 1115.
808 Insoweit ist *Deckenbrock*, a.a.O., S. 1640 durchaus zuzustimmen.
809 A.a.O.
810 *Borgmann/Jungk/Schwaiger*, Kapitel XII, Rn. 40.
811 BGH NJW-RR 1989, 1109 = WM 1989, 1826, 1827 (betr. die Festsetzung des Wertes der Beschwer bei der früheren Streitwertrevision).
812 Geltung bis zum 30.6.2018.
813 Vgl. BGH NJW 1999, 2435 = WM 1999, 1342 (betr. Steuerberater und dessen Pflicht auf die Klagefrist nach § 47 FGO hinzuweisen).

347 Grundsätzlich gehört es aber ohne besonderen Auftrag nicht zu dem Prozessmandat der beendeten Instanz, die materiellen Gründe der ergangenen Entscheidung auf ihre Richtigkeit zu prüfen, erfolgsversprechende Angriffspunkte herauszuarbeiten und sie auf ihre Rechtsmitteltauglichkeit hin zu untersuchen[814]. Bei ohne Weiteres erkennbarer Divergenz zur höchstrichterlichen Rechtsprechung wird vom Anwalt aber ein entsprechender Hinweis erwartet[815], ebenso, wenn der Fehler eines Urteils auch darauf beruht, dass der Rechtsanwalt nicht sachgerecht gearbeitet, mithin das unrichtige Urteil mitverschuldet hat[816].

348 Auch dann, wenn gegenüber dem Auftraggeber der Eindruck einer umfassenden Prüfung der **Erfolgsaussichten des Rechtsmittels** erweckt wird, die in Wahrheit nicht stattgefunden hat, und eine Beurteilung der Erfolgsaussichten ausgesprochen wird, bedeutet dies eine anwaltliche Pflichtverletzung. Stellt der Anwalt dabei die Einlegung des Rechtsmittels als aussichtslos hin und wird die richtigerweise erfolgreiche Korrektur der nachteiligen Gerichtsentscheidung deshalb nicht wahrgenommen, haftet der Anwalt auf vollen Ersatz des Schadens, den der Mandant durch das Ausbleiben der günstigen Rechtsmittelgerichtsentscheidung erlitten hat[817]. Wird das Rechtsmittel als erfolgreich bezeichnet und legt der Mandant in dem vom Anwalt hervorgerufenen Vertrauen auf sorgfältige und umfassende Prüfung des Urteils das empfohlene Rechtsmittel ein, hat der Rechtsanwalt bei dem sodann (richtigerweise) eintretenden Misserfolg des Rechtsmittelverfahrens seinem Auftraggeber die zusätzlichen unnützen Prozesskosten als Schaden zu ersetzen. Der Instanzanwalt sollte sich daher mit Äußerungen zu Erfolgsaussichten von Rechtsmitteln am besten ganz zurückhalten. Mindestens empfiehlt es sich, im Begleitschreiben zum Urteil deutlich zu machen, dass die Rechtsmittelaussichten nicht umfassend geprüft worden sind[818] und – in der Regel als notwendige Konsequenz – dem Auftraggeber anheim zu stellen, einen (mit den notwendigen Erfahrungen ausgestatteten) Rechtsmittelanwalt aufzusuchen, damit dieser die kompetente Prüfung der Erfolgsaussichten vornimmt[819]. Zu den für diesen geltenden Anforderungen wird auf Kap. 2 Rdn. 176 ff. verwiesen. Es ist daher nicht richtig, dass der Rechtsanwalt den Mandanten stets darüber informieren muss, ob das beabsichtigte Rechtsmittel Erfolgsaussichten hat[820].

---

814 BGH NJW-RR 2007, 1553, 1554 = WM 2007, 1425 (Tz. 12); NJW 2003, 2022, 2023 = WM 2003, 1146 ff.; vgl. auch NJW 2003, 2986, 2987 = VersR 2003, 1575. Anders noch und in der Allgemeinheit, dass ein Anwalt auch ohne besonderen Auftrag zur Belehrung über die Aussichten eines Rechtsmittels verpflichtet sei, zu weitgehend, im konkreten Fall im Ergebnis aber zutreffend, da der Anwalt die unrichtige Gerichtsentscheidung pflichtwidrig verursacht hatte: BGH NJW 2002, 1048, 1049. Nun wieder offenlassend: BGH, Urt. v. 13.10.2016 – IX ZR 214/15 – juris, Rn. 25: *»In welchem Umfang ein Anwalt auch ohne Auftrag seinen Mandanten über die Aussichten eines Rechtsmittels belehren muss, kann dahinstehen.«*

815 Vgl. BGH, Urt. v. 13.10.2016 – IX ZR 214/15 – juris, Rn. 25; BGH NJW-RR 2007, 1553, 1554 = WM 2007, 1425 (Tz. 12); BGHZ 85, 252, 259 ff. = NJW 1983, 820; BGH NJW 2002, 1048, 1049 = WM 2002, 513, 515.

816 BGH, Urt. v. 13.10.2016 – IX ZR 214/15 – juris, Rn. 25 unter Bezugnahme auf BGH, Urt. v. 24.5.2007 – IX ZR 142/05 – juris, Rn. 12; vgl. auch schon BGH, Urt. v. 17.1.2002 – IX ZR 182/00 – juris, Rn. 12 und insoweit zustimmend BVerfG, Beschl. v. 12. 8. 2002 – 1 BvR 399/02 – juris, Rn. 15.

817 BGH NJW 2003, 2022, 2023 = WM 2003, 1146 ff. (Berufungsanwalt stellt bei Erweckung des Anscheins sorgfältiger Prüfung des Berufungsurteils eine Nichtzulassungsbeschwerde zu Unrecht als aussichtslos hin).

818 Damit will *Jungk*, BRAK-Mitt. 2003, 165 sich begnügen.

819 Vgl. BGH NJW 2003, 2022, 2024 = WM 2003, 1146 ff.

820 Vgl. dazu BGH, Urt. v. 24.5.2007 – IX ZR 142/05 – juris, Rn. 12 m.w.N.; v. 27.3.2003 – IX ZR 399/99 – juris, Rn. 19; *Vollkommer/Greger/Heinemann*, § 12, Rn. 26; widersprüchlich hingegen *Vill*, in: G. Fischer/Vill/D. Fischer/Pape/Chab, § 2, Rn. 257, der einerseits wie auch *Ganter*, S. 14 unter Bezugnahme auf BGH NJW-RR 1989, 1109 = WM 1989, 1826, 1827 (betr. aber lediglich die Überprüfung der Festsetzung des Wertes der Beschwer bei der früheren Streitwertrevision) eine Pflicht des Anwalts, über die Aussichten eines Rechtsmittels aufzuklären, auch ohne besonderen Auftrag des Mandanten annimmt, andererseits aber mit dem BGH, Urt. v. 24.5.2007 und 27.3.2003, ohne gesonderten Auftrag einen Berufungsanwalt nicht für verpflichtet hält, die Erfolgsaussicht einer Revision oder Nichtzulassungsbeschwerde zu prüfen.

Bis zur Entscheidung des Mandanten **über die Einlegung eines Rechtsmittels** gegen ein gegen Sicherheitsleistung vorläufig vollstreckbares Räumungsurteil muss der Anwalt dafür sorgen, dass **keine vollendeten Tatsachen geschaffen werden.** In diesem Rahmen ist er gehalten, einerseits der möglichen Zwangsvollstreckung mit geeigneten Rechtsbehelfen entgegenzutreten und andererseits dem Mandanten zu verdeutlichen, dass eine Zwangsvollstreckung bei erfolgreicher Berufung gemäß § 717 Abs. 2 ZPO den Gegner zum Schadensersatz verpflichtet. Der Rat zu freiwilliger Räumung, um weitere Kosten zu sparen, weil gegen die Räumung »letztlich nichts zu machen sei«, verstößt gegen die dem Anwalt obliegende Sorgfaltspflicht[821]. Macht hingegen der Kläger von dem vorläufig vollstreckbaren Urteil Gebrauch, und rät der Anwalt des Beklagten seinem Mandanten unter dem »Vollstreckungsdruck« zur freiwilligen Leistung, obwohl die Berufung erfolgversprechend erscheinen muss, so kann – je nach den Umständen des Einzelfalles – dieser Rat möglicherweise fehlerhaft sein. In diesem Fall hat der Beklagte indes einen Schadensersatzanspruch nach § 717 Abs. 2, Alt. 2 ZPO[822], dessen Abtretung der Anwalt im Regressfalle analog § 255 BGB grundsätzlich verlangen kann (vgl. dazu Kap. 4 Rdn. 179 ff.). 349

Bei **erfolgreichem Abschluss** der Instanz ist der Anwalt gut beraten, nicht einfach abzurechnen und die Unterlagen dem erstinstanzlichen Kollegen zurückzureichen. Er sollte vielmehr sorgfältig prüfen, ob nicht noch weitere Maßnahmen zur Verhinderung von Schäden des Mandanten erforderlich sind, etwa wegen der **Rückforderung einer Prozessbürgschaft**[823]. 350

Für den Prozessbevollmächtigten erster oder zweiter Instanz ist das Mandat mit einem Urteil sowie der dargestellten Unterrichtung und Belehrung des Mandanten regelmäßig beendet. Seinen **Hinweispflichten** genügt er im Allgemeinen durch Versendung eines **einfachen Briefs**[824]. Nur in besonderen Ausnahmefällen ist der Anwalt beim Schweigen des Mandanten zu einer Nachfrage verpflichtet, etwa dann, wenn er konkreten Anlass zur Sorge haben muss, dass seine Mitteilung verloren gegangen ist, oder wenn ihm bekannt ist, dass der Mandant unter allen Umständen ein Rechtsmittel einlegen will[825]. 351

Wird allerdings der Rechtsanwalt von der Partei mit der Erteilung eines Rechtsmittelauftrags (erneut) mandatiert, so ist er grundsätzlich zur Kontrolle, ob der Berufungs- oder Revisionsanwalt den Auftrag übernimmt, wie auch bis dahin zur Fristenüberwachung verpflichtet. Von einer solchen **Kontrolle des Rechtsmittelauftrages** ist er befreit, wenn im Einzelfall oder allgemein eine Absprache des Inhalts besteht, dass der Berufungsanwalt alle derartigen Aufträge ausführt[826]. 352

Darüber hinaus hat ein Rechtsanwalt, der einem anderen einen Rechtsmittelauftrag erteilt, dem beauftragten Rechtsanwalt eigenverantwortlich in einer jeden Zweifel ausschließenden Weise die für die fristgemäße Einlegung und Begründung des Rechtsmittels erforderlichen Daten zu übermitteln. Die Übermittlung der Daten hat regelmäßig schriftlich zu erfolgen. Erfolgt die Übermittlung ausnahmsweise fernmündlich, so besteht eine besondere Kontrollpflicht, um Missverständnisse zuverlässig auszuschließen[827]. 353

---

821 BGH NJW 2003, 2986 f. = WM 2004, 436 f. = VersR 2003, 1575; vgl. auch *Jungk*, BRAK-Mitt. 2003, 222 f.

822 Vgl. grundlegend BGHZ 131, 233 = NJW 1996, 397 = WM 1996, 796; vgl. auch Zöller/*Herget*, § 717 ZPO, Rn. 7; *Seiler*, in: *Thomas/Putzo*, § 717 ZPO, Rn. 9.

823 BGH NJW 1990, 2128, 2129 = WM 1990, 1161, 1162 und dazu Kap. 2 Rdn. 280; vgl. auch *Ganter*, S. 14.

824 BGH NJW 2006, 2779, 2780 (Tz. 2, 3); NJW 2002, 1115, 1116 = WM 2002, 816; NJW 2002, 290 = WM 2001, 2453.

825 BGH NJW 2006, 2779, 2780 (Tz. 2, 3); NJW 2002, 1115, 1117 = WM 2002, 816; NJW 2002, 290 = WM 2001, 2453; NJW 1997, 1311, 1312; VersR 1992, 898, 899; vgl. auch Kap. 2 Rdn. 353.

826 St. Rspr., vgl. BGH, Beschl. v. 5.6.2014 – IX ZR 239/13 – juris, Rn. 14 m.w.N.; BGH NJW 2002, 1115, 1117; BGHZ 105, 116, 119 f.; BGH NJW 2001, 1576; NJW 2001, 3195, 3196; vgl. auch *Vill*, in: G. Fischer/Vill/D. Fischer/Pape/Chab, § 2, Rn. 262.

827 BGH, Beschl. v. 9.5.2019 – IX ZB 6/18 – juris, Rn. 13.

354 Ist ein vollstreckbarer Titel erstritten worden, muss der Anwalt, dem nur ein Prozessmandat, aber kein Vollstreckungsmandat erteilt worden ist, keine vollstreckbare Titelausfertigung (§ 724 ZPO) beantragen[828]. Diese zusätzliche Tätigkeit, die auch gesondert vergütungspflichtig ist (§ 19 Nr. 13 RVG; VV 3309) und die im Übrigen nicht dem Anwaltszwang unterliegt (§ 78 Abs. 3 ZPO), ist grundsätzlich nicht vom Prozessmandat erfasst, sondern bedarf eines zusätzlichen Auftrags.

Prozesskostenfinanzierung

355 Mit Haftungsfragen im Zusammenhang mit der Inanspruchnahme einer Prozesskostenfinanzierung hat sich die Rechtsprechung, soweit ersichtlich, bislang wenig befassen müssen. In der Literatur finden sich hauptsächlich Stellungnahmen zur Entwicklung der Prozesskostenfinanzierung, ihre Geeignetheit für bestimmte Rechtsbereiche oder Streiterledigungsstrategien und die Behandlung der Situationen, in denen der Anwalt in namhafter oder beherrschender Höhe an der Finanzierungsgesellschaft beteiligt ist. Zu diesen Fragen wird, da regressrechtlich grundsätzlich nicht von Belang, auf die entsprechenden Literaturäußerungen[829] und – für die letztgenannte Problematik – auch auf die bislang dazu veröffentlichte Rechtsprechung verwiesen[830].

Mit der Frage eines Rechts zur außerordentlichen Kündigung des Vertrages seitens des Prozesskostenfinanzierers wegen Pflichtverstößen seines Vertragspartners (und Mandanten des beauftragten Anwalts) und Schadensersatz- oder Aufwendungsansprüchen des Prozesskostenfinanzierers hatte unlängst das OLG Frankfurt a.M. zu tun[831].

356 Zum Problemkreis von **Legal Tech** und der Vereinbarkeit von darauf aufbauenden Geschäftsmodellen mit dem **Rechtsdienstleistungsgesetz** (RDG), dessen Behandlung in der Rechtsprechung der Instanzgerichte und in der Literatur sowohl im Ergebnis als auch hinsichtlich einer Vielzahl rechtlicher Einzelfragen in hohem Maße umstritten ist[832], hat sich der VIII. Zivilsenat des BGH mit Urteil vom 27. 11. 2019 ausführlich, grundsätzlich und konkret bezogen auf ein Geschäftsmodell mit dem Betreiben eines sog. Mietpreisrechners durch einen nach § 10 Abs. 1 S. 1 Nr. 1 RDG registrierten Inkassodienstleister dahingehend entschieden, dass dieses Geschäftsmodell (noch) als (zulässige) Inkassodienstleistung gemäß § 2 Abs. 2 S. 1 RDG anzusehen und deshalb von der nach § 10 Abs. 1 S. 1 Nr. 1 RDG bestehenden Befugnis der Klägerin, als registrierte Person Rechtsdienstleistungen im Bereich der Inkassodienstleistungen zu erbringen, (noch) gedeckt ist[833]. Auch in einer Gesamtschau könne weder der Umstand, dass das Inkassounternehmen mit seinem »Mietpreisrechner« zur – zunächst unentgeltlichen – Berechnung der ortsüblichen Vergleichsmiete bereits vor dem Abschluss der Inkassovereinbarung und vor der Forderungsabtretung für den Mieter tätig geworden ist und sie sodann die gemäß § 556g Abs. 2 S. 1 BGB für den Anspruch auf Herausgabe zu viel gezahlter Miete (§ 556g Abs. 1 S. 3 BGB) erforderliche Rüge gegenüber der Beklagten erhoben und von letzterer Auskunft verlangt hat, noch der Umstand, dass mit dem Mieter ein Erfolgshonorar sowie – für den Fall einer Erfolglosigkeit seiner Bemühungen – die Freihaltung des Mieters von Kosten vereinbart wurde, eine Überschreitung der Inkassodienstleistungsbefugnis nach § 10 Abs. 1 S. 1 Nr. 1 RDG zu begründen[834].

---

828 OLG Jena, Beschl. v. 13.12.2018 – 4 W 392/18 – juris, Rn. 12.

829 *Rensen,* MDR 2010, 182 ff.; *Kuhn/Trappe,* ZEV 2013, 246 ff.; *Anderson/Probst,* AnwBl 2014, 310 ff.; *Hartung/Weberstaedt,* AnwBl 2015, 840 ff.; weitere Nachweise bei *Vill,* in: G. Fischer/Vill/D. Fischer/Pape/Chab, § 2, Rn. 206.

830 KG, MDR 2003, 599; OLG München NJW 2012, 2207; OLG München, Urt. v. 31.3.2015 – 15 U 2227/14 – juris, Rn. 31 ff.

831 OLG Frankfurt a.M., Urt. v. 2.7.2020 – 1 U 67/19 –, NJOZ 2020, 1394.

832 Vgl. die umfassenden Nachweise zum Meinungsstand in: BGH, Urt. v. 27.11.2019 – VIII ZR 285/18 – juris, Rn. 104.

833 BGH, a.a.O., Rn. 97.

834 BGH, a.a.O., Rn. 97, 100; zur genauen Ausgestaltung des Geschäftsmodells vgl. dort in Rn. 1–6 und zusammengefasst in LS 5.

Nicht geklärt ist bislang, ob und unter welchen Voraussetzungen der Anwalt verpflichtet sein kann, dem Mandanten einen **Hinweis auf die Möglichkeit einer Prozesskostenfinanzierung** durch ein privates Prozessfinanzierungsunternehmen zu geben. Nach (nicht weiter begründeter) Ansicht soll jedenfalls bei dem Fehlen oder Nichteingreifen einer Rechtsschutzversicherung oder bei fehlenden Voraussetzungen für die (staatliche) Prozesskostenhilfe »in geeigneten Fällen« eine solche Pflicht bestehen[835]. Demgegenüber wird von anderer Ansicht vertreten, der Anwalt sei dazu nicht verpflichtet, auch nicht bei begründetem Anlass[836]. Nach hier vertretener Auffassung kann letztlich, – nimmt man die gefestigte Rechtsprechung zu Anwaltspflichten und die diese im Einzelfall jeweils auslösenden Faktoren zu Hilfe und beachtet den Umstand, dass diese alternative Finanzierungsmöglichkeit etwa seit 1998 am Markt[837] und der Anwaltschaft durch vielfältige Publikationen z.B. im Deutschen Anwaltsblatt bekannt ist –, kein begründeter Zweifel daran bestehen, dass die Rechtsprechung durchaus in begründeten Einzelfallkonstellationen solche Anwaltspflichten annimmt. Was soll dafür stärker aussagekräftig sein, als ein »begründeter Anlass«, beispielsweise bei entsprechend hohem, für eine gewerbliche Prozesskostenfinanzierung ausreichendem (Mindest-) Streitwert nebst überwiegenden Erfolgsaussichten und der zwischen Partei und Anwalt thematisierten Problematik, den (weiteren) Prozess zu finanzieren, bzw. finanzieren zu können? Jedenfalls dann wird der Anwalt auf die Alternative einer gewerblichen Prozessfinanzierung und deren Voraussetzungen sowie rechtlichen (und wirtschaftlichen) Auswirkungen und Risiken hinzuweisen haben. 357

Kommt es zum Abschluss eines Prozesskostenfinanzierungsvertrages, wird aufgrund des **Dreiecksverhältnisses** zwischen Mandant, Anwalt und Prozesskostenfinanzierer die Situation komplex. Es ist daher für den Anwalt durchaus wichtig, hier sehr genau zu beachten, dass er einerseits weiterhin allein der Interessenvertreter seines Mandanten bleibt, also zum Prozesskostenfinanzierer nicht etwa eigene Rechtsbeziehungen hat, andererseits aber sein Auftraggeber dem Prozesskostenfinanzierer gegenüber vorvertragliche und vertragliche Pflichten zu erfüllen hat, was zu erweiterten Pflichten des Anwalts als sein Interessenvertreter führt[838]. 358

Vor Abschluss des Finanzierungsvertrages muss der Mandant über den Inhalt der Vertragsmodalitäten und deren Folgen für den Gewinn oder Verlust des Prozesses belehrt werden, insbesondere wegen des bei einem Prozesserfolg abzuführenden Teil des Erlöses aber auch wegen der im Laufe des Rechtstreits möglicherweise auftretenden Interessenkonflikte zwischen Prozesskostenfinanzierer und Mandant und deren Regelung in den Vertragsbedingungen. Sollte hier eine hinreichende Belehrung unterlassen worden sein, ist der Einwand des in Anspruch genommenen Anwalts, dass der Mandant ohne Abschluss des Prozesskostenfinanzierungsvertrages den Prozess überhaupt nicht hätte führen können und deshalb keinen eigenen Schaden erlitten habe, nahe liegend[839], aber nicht zwingend erfolgreich. Nicht ausgeschlossen ist, dass der Mandant gemäß § 287 ZPO im Einzelfall den Beweis führen kann, auf andere Weise und günstiger als mit Hilfe des Prozessfinanzierers den Prozess angestrengt zu haben. 359

Der **Prozessfinanzierer prüft** in der Regel vor Vertragsabschluss **sehr genau** die Erfolgsaussichten der beabsichtigten Klage, weil er ein **Geschäft mit eigenem Risiko** eingeht, die Kosten z.T. vorleisten muss und seinen Erfolgsanteil erhalten will, um kostendeckend und gewinnbringend zu arbeiten[840].

---

835 So *Vill*, in: G. Fischer/Vill/D. Fischer/Pape/Chab, § 2, Rn. 206; ihm folgend: *G. Fischer*, NZI 2014, 241 (244); vgl. auch OLG Köln, Beschl. v. 5.11.2018 – 5 U 33/18 – juris, Rn. 7 m.w.N. und Rn. 9, wonach zutreffend grundsätzlich keine weitergehende Verpflichtung besteht, für den Kläger einen günstigen Prozessfinanzierer zu suchen.

836 *Vollkommer/Greger/Heinemann*, § 28, Rn. 36 m.w.N. zum Meinungsstand; *Borgmann/Jungk/Schwaiger* Kap. IV, Rn. 104 ebenfalls m.w.N.

837 Vgl. OLG München, Urt. v. 31.3.2015 – 15 U 2227/14 – juris, Rn. 37 m.w.N.

838 Vgl. *Bräuer*, AnwBl 2001, 112, 114 und AnwBl 2006, 61, 62 f. (unter 6.).

839 *Bräuer*, AnwBl 2006, 61, 63 (unter c).

840 *Bräuer*, AnwBl 2006, 61, 63 f.

360 **Wird der Prozess** entgegen der Prognose **verloren**, kann sich der Anwalt nicht nur Regressforderungen des Mandanten aus eigenem Recht bezüglich der Hauptsache abzüglich des auf den Prozesskostenfinanzierer entfallenden Anteils, sondern auch Haftungsvorwürfen des Prozessfinanzierers wegen der nutzlos aufgewendeten Kosten und wegen des entgangenen Gewinns ausgesetzt sehen. Eine diesbezügliche unmittelbare eigene Haftung des Anwalts besteht mangels Vertragsbeziehung nicht. Beruht der Prozessverlust wie etwa bei erfolgreicher Verjährungseinrede darauf, dass der Prozesskostenfinanzierer die Verjährung bei gehörig sorgfältiger Prüfung vorher selbst hätte erkennen können und ihm für die Beurteilung erforderliche Informationen nicht vorenthalten worden waren, so entfällt auch eine mittelbare Haftung über eine Inanspruchnahme des Mandanten.

▶ Beispiel[841]:

361 Der beklagte Rechtsanwalt hatte in einem Regressmandat, welches er seinerseits erhalten hatte, die Frage der Regressverjährung fehlerhaft beurteilt, insbesondere die dabei anzuwendenden Grundsätze des sog. sichersten Weges nicht beachtet, und daher dem Geschäftsführer seiner Mandantin unrichtig mitgeteilt, die Verjährung der Regressansprüche gegen die dritten Rechtsanwälte trete frühestmöglich zu einem bestimmten Zeitpunkt ein, anstatt richtigerweise zu sagen, dass die Verjährung dann endgültig eintrete. Vor dem Verjährungseintritt wurde mit einem Prozesskostenfinanzierer verhandelt. Klageentwurf und alle sonstigen Unterlagen wurden vorgelegt mit dem Hinweis, die Verjährung sei zu beachten. Vertragsangebot und schließlich endgültige Zusage zur Klageerhebung erfolgten erst nach Verjährungseintritt. Der Prozess ging aufgrund der deshalb erfolgreich erhobenen Verjährungseinrede verloren. Der Prozesskostenfinanzierer nahm nun den Anwalt auf Ersatz der durch die Prozessfinanzierung entstandenen Kosten aus abgetretenem Recht der Mandantin und aus eigenem Recht in Anspruch.

Die Klage blieb erfolglos. Das OLG Hamm hat den erforderlichen Ursachenzusammenhang zwischen Pflichtverletzung und geltend gemachten Kostenschaden verneint und zur Begründung ausgeführt:

> »Im Gegensatz zu den Fällen, in denen der Kläger das Kostenrisiko einer von ihm erhobenen Klage selbst zu tragen hat, kann hier nicht ohne Weiteres – jedenfalls nicht auf Grund eines Anscheinsbeweises – davon ausgegangen werden, daß die Firma C im Falle ihrer Unterrichtung von einer Klageerhebung abgesehen hätte. Denn nachdem die Klägerin auf Grund einer eigenen rechtlichen und wirtschaftlichen (Risiko)Bewertung ihre uneingeschränkte Prozeßfinanzierungszusage erteilt hatte, konnte die Klageerhebung für die Firma C nur noch vorteilhaft sein. Ohne Erhebung der Verjährungseinrede durch den Prozessgegner oder bei Verkennung der Verjährungsproblematik durch das zur Entscheidung berufene Gericht bestand für die Firma C die – wenn auch objektiv unwahrscheinliche – Aussicht zu obsiegen oder im Wege des Abschlusses eines Vergleichs einen Teilerfolg zu erzielen. Im Falle des Unterliegens drohte ihr dagegen kein Nachteil. Etwas anderes gälte nur dann, wenn die Firma C auf Grund ihrer vertraglichen Beziehungen zu der Klägerin gehalten gewesen wäre, diese über die infolge Verjährungsablaufs veränderte Einschätzung der Rechtslage durch ihren Rechtsanwalt zu unterrichten ... In einem solchen Fall hätte es auch dem Beklagten zu 1) als anwaltlichen Berater der Firma C zur Abwendung eines Schadens von dieser oblegen, die Firma C entsprechend zu unterrichten ... Es fehlte [aber] schon an der Verpflichtung der Firma C, die Klägerin über den definitiven Eintritt der Verjährung in Kenntnis zu setzen.
>
> Aus den Bestimmungen des zwischen der Klägerin und der Firma C geschlossenen Finanzierungsvertrags ergibt sich keine Verpflichtung des Anspruchsinhabers, den Prozeßfinanzierer über die **rechtliche Bewertung** des ihm unterbreiteten Sachverhalts aufzuklären ... Bei der Beurteilung der Frage, ob ein Anspruch der Verjährung unterliegt oder nicht, handelt es sich ... um einen Wertungsprozeß, den die Klägerin, wie sie in den Bedingungen ihres Vertragsangebots betont, bei Prüfung der Erfolgsaussichten der in Aussicht genommenen Klage **in eigener Verantwortung** auf der Grundlage der ihr von der Firma C überreichten Unterlagen zu klären hatte. Daß die Klägerin von der Firma C über den Beklagten zu 1) vor Erteilung der Finanzierungszusage unzutreffend unterrichtet worden ist, kann diese ebenfalls nicht geltend machen ... Die Firma C ist bereits bei Anbahnung der Vertragsbeziehung zu der Klägerin ihren Pflichten – wie sie im Nachhinein vertraglich festgelegt worden sind – nachgekommen. Der von ihr beauftragte Beklagte zu

841 OLG Hamm vom 27.5.2003 – 28 U 2/03.

1) war auch nicht als Rechtsberater der Klägerin tätig ... Der Klägerin oblag es in ihrem eigenen wirtschaftlichen Interesse die Wirksamkeit und Werthaltigkeit der streitigen Ansprüche (vgl. Punkt 2.6 des Vertrages) ... **und** die **Erfolgsaussichten** der beabsichtigten Klage **abzuschätzen**. Wenn die Klägerin unter diesen Umständen nach zwischenzeitlichem Eintritt der Verjährung das von ihr erst in bereits verjährter Zeit der Firma C zugeleitete Angebot auf Abschluß eines Vertrages über die Finanzierung der Kosten der Rechtsverfolgung unterzeichnete und erst nach weiterem Zeitablauf auf eine zuvor vertraglich festgelegte Bedingung (Gerichtsstandsvereinbarung) verzichtete und die Zusage zur Klageerhebung nun unbedingt erteilte, dann kann dies aus der Sicht des Anspruchsinhabers nur so verstanden werden, daß die Klägerin die Verjährung des Klageanspruchs bei der von ihr »ausschließlich in ihrem eigenen Interesse« (vgl. Punkt 2.8 des Vertrages) vorgenommenen Prüfung berücksichtigt und auch das Risiko der Erhebung der Verjährungseinrede durch die Gegenpartei in ihr unternehmerisches Kalkül einbezogen hatte ...

Eine **Hinweispflicht** der Firma C gegenüber der Klägerin läßt sich **auch nicht aus** den Grundsätzen von Treu und Glauben (**§ 242 BGB**) herleiten. Da es die Klägerin vertraglich übernommen hatte, in ihrem eigenen wirtschaftlichen Interesse die Wirksamkeit und Werthaltigkeit der streitigen Ansprüche zu prüfen (siehe vorstehend), konnte sie redlicherweise eine Aufklärung durch die Firma C, respektive deren Verfahrensbevollmächtigten, über die Unterbreitung des Sachverhalts und dessen Bewertung in dem Klagentwurf hinaus nicht erwarten.

Der Klägerin stand es nach Erhalt des weiteren Schriftverkehrs [Erhebung der Verjährungseinrede] frei, die entsprechenden Folgerungen zu ziehen, den Finanzierungsvertrag gemäß Punkt 7.1 zu kündigen, und die Firma C auf diesem Wege zur Zurücknahme der Klage zu veranlassen ...

Der Klägerin steht gegenüber dem Beklagten zu 1) ein Anspruch auf Schadensersatz **auch** unter dem Gesichtspunkt des Vertrags mit **Schutzwirkung** für Dritte **nicht** zu ... Die Voraussetzungen für die Annahme eines Vertrages mit Schutzwirkung zu Gunsten eines Dritten, nämlich der Klägerin, sind vom Landgericht aber zu Recht verneint worden. In der Tat steht bereits der bei Anwaltsverträgen zu beachtende fehlende Gleichlauf der Interessen der Firma C einerseits und der Klägerin andererseits, an dem, wie den vorstehenden Ausführungen zu entnehmen ist, kein Zweifel bestehen kann, einer Einbeziehung der Klägerin in den Schutzbereich der Vertragsbeziehung des Beklagten zu 1) zu der Firma C entgegen. Dies schließt aus, daß die Klägerin als Dritte mit der von dem Beklagten zu 1) zu erbringenden Tätigkeit bestimmungsgemäß ebenso in Berührung kommen und sie Verletzungen von Schutzpflichten durch den Beklagten zu 1) ebenso treffen konnten wie die Firma C selbst (Nachweise). Anderenfalls könnte sich ein Rechtsanwalt in der vorliegenden Situation, gleich wie er sich entscheiden würde, nicht pflichtgemäß unter Wahrung der Interessen aller Beteiligten verhalten (Nachweise).«[842]

Hat der Anwalt – anders als im Fall des OLG Hamm (oben Rdn. 361) – erst nach Abschluss des Prozessfinanzierungsvertrages im Rahmen seines Prozessmandats Fehler gemacht, die zu einem vollständigen oder teilweisen Verlust des Prozesses (mit entsprechenden Kostennachteilen) führten, könnte sich die Frage nach einem Regressanspruch des Prozessfinanzierers **wegen Gewinnausfalls und Kostenschadens** anders stellen, da insoweit ein Interessengleichlauf bei Mandanten und Prozessfinanzierers regelmäßig gegeben sein dürfte und deshalb hier die Einordung des Anwaltsvertrages als Vertrag mit Schutzwirkung[843] in Frage kommt oder die Grundsätze über die sog. Drittschadensliquidation[844] in Betracht zu ziehen sind. 362

Prozesskostenhilfe

Ist der Rechtsanwalt der Partei zur vorläufig unentgeltlichen Wahrnehmung ihrer Rechte beigeordnet, muss er ihre Vertretung im gerichtlichen Verfahren übernehmen, **§ 48 Abs. 1 Nr. 1 BRAO**. Wie oben unter dem Stichwort »Beratungshilfe« schon ausgeführt, ist der Anwalt auch berufsrechtlich nach § 16 Abs. 1 BORA verpflichtet, bei begründetem Anlass von sich aus, also auch ungefragt, auf die Möglichkeit von Prozesskostenhilfe hinzuweisen. Dazu und zu der Behandlung von Verstößen gegen diese Pflicht wird auf die Rdn. 38 f. und 191 verwiesen. 363

842 OLG Hamm vom 27.5.2003 – 28 U 2/03 (Hervorhebungen des Verfassers); a.A., allerdings ohne Begründung, *Vollkommer/Greger/Heinemann*, § 12, Rn. 36.

843 *Vollkommer/Greger/Heinemann*, § 12, Rn. 36.

844 So LG Bielefeld, Urt. v. 14.1.2010 – 1 O 227/09 – juris, Rn. 31 ff.; *Dethloff*, NJW 2000, 2225, 2229 f.

364 In den Fällen des § 121 Abs. 1 bis 3 ZPO hat der Rechtsanwalt seine Bereitschaft zur Übernahme des Auftrags schon vor dem Erlass eines Beiordnungsbeschlusses erklärt. Meistens ist der – in jedem Falle neben der Beiordnung noch erforderliche – **Anwaltsvertrag** schon vorher abgeschlossen. Dies ist dann aber im Regelfall nicht in unbedingter Weise erfolgt. Welche Art von Bedingung im Einzelfall vorliegt und ob hinsichtlich des PKH-Verfahrens selbst ein gesonderter unbedingter Anwaltsvertrag anzunehmen ist, ist im Einzelnen streitig[845], wird für die Regresspraxis aber im Ergebnis keine Bedeutung haben[846]. Ein Anwaltsvertrag kann aber auch erst nach der PKH-Bewilligung zustande kommen, so wenn der armen Partei ein bei dem beauftragten Rechtsanwalt angestellter Anwalt beigeordnet wird und dieser im Einverständnis mit der Partei tätig wird. Für eigene Pflichtverletzungen haftet der angestellte Anwalt nur für solche nach der Beiordnung[847].

365 Wie bereits weiter oben im systematischen Teil in Kap. 2 Rdn. 320 im Einzelnen dargelegt, hat der Anwalt, sollte der Anwaltsvertrag noch nicht abgeschlossen worden sein, nicht wirksam zustande gekommen oder wieder entfallen sein, auch schon vor seiner Beiordnung, soweit nötig und möglich, Schaden von seiner Partei abzuwenden[848], der beispielsweise dadurch entstehen könnte, dass der Schutz der Partei nach § 122 Abs. 1 Nr. 3 ZPO vor anwaltlichen Vergütungsansprüchen bei fehlendem Gleichlauf von Beiordnung und Anwaltsvertrag leerlaufen könnte[849]. Bei schuldhafter Verletzung von **vorvertraglichen Pflichten**, insbesondere zur Fristenwahrung[850], ist er zum Schadensersatz verpflichtet[851], genauso wie bei wirksamem Abschluss und Bestand des Anwaltsvertrages dies bei schuldhafter Verletzung von vertraglichen Pflichten der Fall wäre.

366 Nicht nur in Rechtsmittelverfahren, dort aber besonders, weil es auf die Einhaltung von Fristen ankommt (vgl. unten im Einzelnen Rdn. 377), sondern auch bei erstinstanzlichen PKH-Anträgen ist zu beachten, dass in der **Erklärung zu den persönlichen und wirtschaftlichen Verhältnissen** unter Verwendung des amtlich vorgeschriebenen Formulars, § 117 Abs. 2 S. 1, Abs. 3 und Abs. 4 ZPO, und aus den erforderlichen Nachweisen dazu nachvollziehbar und glaubhaft gemacht sein muss, dass und warum die Partei die Kosten der Prozessführung nicht, nur zum Teil oder nur in Raten aufbringen kann (§§ 114 S. 1, 115 Abs. 1 und 2, 117 Abs. 2 – 4 ZPO).

367 Einem **Sozialhilfebescheid** kommt dabei normalerweise eine Indizwirkung für die Bedürftigkeit auch im Rahmen der Prozesskostenhilfe zu. Demgemäß sieht die Verordnung zur Verwendung eines Formulars für die Erklärung über die persönlichen und wirtschaftlichen Verhältnisse bei der Prozess- und Verfahrenskostenhilfe (PKHFV) in § 2 Abs. 2 PKHFV eine vereinfachte Erklärung für den Fall laufenden Sozialhilfebezugs vor, wenn der Erklärung der zum Zeitpunkt der Antragstellung aktuelle Bewilligungsbescheid des Sozialamtes beifügt wird. Auf dem Formularvordruck ist das ausdrücklich auch so vermerkt, so dass in solchen Fällen u.a. zum Vermögen keine Angaben gemacht werden müssen.

368 Angesichts der vorübergehenden Sonderregelung im sog. **Sozialschutz-Paket I** vom 27.3.2020[852], wonach wegen der sog. **Corona-Krise** vorübergehend nach § 141 Abs. 2 SGB XII bei Erst- und Neubewilligungen von Sozialhilfe grundsätzlich nicht überprüft wird, ob Vermögen vorhanden ist, stellt sich durchaus die Frage, welche Auswirkungen diese Aussetzung auf die Bewilligung von Prozesskostenhilfe bzw. u. U. noch gravierender auf die Darlegungs- und Nachweislast des Antragsstellers und

---

845 Vgl. beispielsweise *Vollkommer/Greger/Heinemann*, § 3, Rn. 22; Weyland/*Nöker*, § 48 BRAO, Rn. 2.

846 Vgl. auch BGH NJW-RR 2005, 494, 495.

847 BGH NJW-RR 2005, 494, 495.

848 Vgl. BGHZ 30, 226, 230 = NJW 1959, 1732, 1733; BGHZ 60, 255, 258 f. = NJW 1973, 757, 758; RGZ 115, 60, 62 f. = JW 1927, 989 gegen RGZ 94, 342, 347; *Borgmann/Jungk/Schwaiger*, Kap. III, Rn. 42; *Vollkommer/Greger/Heinemann*, § 3, Rn. 23; *Rinkler*, in: G. Fischer/Vill/D. Fischer/Pape/Chab, § 1, Rn. 197, 199; Weyland/*Nöker*, § 48 BRAO, Rn. 6.

849 Vgl. BGH, Urt. v. 15.7.2010 – IX ZR 227/09 – juris, Rn. 9.

850 *Borgmann/Jungk/Schwaiger*, Kap. III, Rn. 42.

851 Vgl. BGHZ 30, 226, 230 = NJW 1959, 1732, 1733; *Rinkler/Pape*, in: G. Fischer/Vill/D. Fischer/Pape/Chab, § 1, Rn. 199; *Borgmann/Jungk/Schwaiger*, Kap. III, Rn. 42; *Vollkommer/Greger/Heinemann*, § 3, Rn. 23; Weyland/*Nöker*, § 48 BRAO, Rn. 6.

852 BGBl 2020, I S. 575.

weiterwirkend auf die Frage einer Verjährungshemmung durch den Prozesskostenhilfeantrag hat, der dafür der Veranlassung einer Bekanntgabe durch das Gericht bedarf, § 204 Abs. 1 Nr. 14 BGB[853]. Weder § 2 Abs. 2 PKHFV noch das Prozesskostenhilfeformular sind bislang an die geänderte Rechtslage angepasst worden. Vertritt man daher aus guten Gründen den Standpunkt, dass die Voraussetzungen für eine Bedürftigkeit im Rahmen der Prozess- und Verfahrenskostenhilfe von der »Corona-Regelung« in § 141 Abs. 2 SGB XII unberührt bleibt, wird es grundsätzlich konsequent sein, dass der Antragssteller sich an die Formularvorgaben halten und sich mit der Beifügung des Sozialhilfebescheids begnügen darf, aber dann, wenn das Gericht von der Befugnis gemäß § 2 Abs. 2 letzter HS PKHFV Gebrauch macht, zu Abschnitt G des Vordruckformulars, Angaben zu seinen Vermögensverhältnissen unter Beifügung von Belegen zu machen hat[854], dies schon um den sichersten Weg zu gehen.

Wird Prozesskostenhilfe von Personen beantragt, die nach ihren Angaben **keine Sozialhilfe** bezie- 369
hen, muss dargelegt und glaubhaft gemacht werden, wie der Lebensunterhalt finanziert wird. Auch freiwillige Zuwendungen Dritter sind nach der umfassenden Definition des § 115 ZPO grundsätzlich dem Einkommen hinzuzurechnen, wenn sie regelmäßig und in nennenswertem Umfang gewährt werden. Bei freiwilligen Leistungen Dritter müssen eidesstattliche Versicherungen der Dritten über Umfang und Grund der Hilfeleistung vorgelegt werden. Außerdem muss dargelegt und glaubhaft gemacht werden, warum der Lebensbedarf nicht durch Aufnahme einer Erwerbstätigkeit gedeckt werden kann[855]. Diese Grundsätze gelten gleichermaßen, wenn im Prozesskostenhilfeverfahren geltend gemacht wird, für den Lebensunterhalt Zuwendungen von wechselnden Personen in unterschiedlicher Höhe zu erhalten[856]. Demgemäß kann beispielsweise Prozesskostenhilfe für eine Nichtzulassungsbeschwerde mangels Bedürftigkeit nicht bewilligt werden, wenn der Antragsteller, der nach eigenen Angaben weder über Einkommen noch Vermögen verfügt, nicht darlegt, wie er seinen Lebensunterhalt bestreitet und die Kosten der Vorinstanzen aufgebracht hat[857].

Zu beachten hat der eine Partei im Rahmen von Prozesskostenhilfe vertretende Anwalt auch weitere 370
besondere Regressgefahren. So ist nach **§ 204 Abs. 1 Nr. 14 BGB** der Prozesskostenhilfeantrag nun der Klageerhebung oder dem Antrag auf Mahnbescheid als Verjährungshemmungstatbestand gleichgestellt, aber mit der Einschränkung, dass eine verjährungshemmende Wirkung **nur dem erstmaligen Antrag** zukommt. Will der Anwalt, um einen Anspruch seines Mandanten vor einer drohenden Verjährung zu bewahren, den Weg des Prozesskostenhilfeantrags einschlagen, sollte er sich im Rahmen seiner Pflicht zur Klärung des Sachverhalts daher gezielt auch danach erkundigen, ob sein Mandant nicht möglicherweise selbst oder durch einen früheren Anwalt schon ein PKH-Verfahren in einer Weise eingeleitet hat, die die Verjährung infolge Bekanntgabe an die Gegenseite gehemmt hat[858]. Ferner ist zur Vermeidung eigenen Regresses zu beachten, dass **das Gericht** auf die Absicht, die Verjährung zu hemmen, hingewiesen und zu einer – vom Gericht nicht ablehnbaren – **Bekanntgabe** des Prozesskostenhilfegesuchs an die Gegenseite unabhängig von den Erfolgsaussichten **aufgefordert werden muss**[859].

§ 204 Abs. 1 Nr. 14 BGB ist indes nicht analog auf **§ 13 Abs. 1 S. 2 StrEG** anwendbar, der eine 371
Ausschlussfrist für die Erhebung der Klage auf Entschädigung normiert. Nach der Rechtsprechung des BGB wird den Interessen der unbemittelten Partei dadurch hinreichend Rechnung getragen, dass sie die Rückwirkung des **§ 167 ZPO** in Anspruch nehmen kann, wenn sie nach Stellung eines Prozesskostenhilfeantrags, der innerhalb der Frist des § 13 Abs. 1 S. 2 StrEG bei Gericht eingegangen sein muss, alles ihr Zumutbare für die alsbaldige Zustellung der Klage tut. Diese Pflicht erfasst auch den Zeitraum nach der Entscheidung über ihr Gesuch[860]. Für die »demnächstige« Bewirkung

853 Dazu *Meßling*, NJW 2020, 2005 f.
854 So *Meßling*, a.a.O., S. 2006.
855 BGH, Beschl. v. 16.11.2017 – IX ZA 21/17 – juris, Rn. 7 m.w.N.; v. 27.11.2018 – X ZA 1/17 – juris, Rn. 5; v. 25.04.2019 – III ZB 104/18 – juris, Rn. 6; v. 18.6.2020 – IX ZB 45/19 – juris, Rn. 9.
856 BGH, Beschl. v. 18.6.2020, a.a.O. unter Bezugnahme auf BGH, Beschl. v. 27.11.2018, a.a.O.
857 BGH, Beschl. v. 16.11.2017, a.a.O., LS.
858 Vgl. BGH NJW 2009, 1137, 1138 (Tz. 17 ff.); vgl. dazu im Einzelnen Kap. 7 Rdn. 148 f.
859 BGH NJW 2008, 1939, 1440 = WM 2008, 806 (Tz. 17).
860 BGH, Beschl. v. 29.3.2018 – III ZB 135/17 – juris, Rn. 17 unter Bezugnahme auf Beschlüsse v. 30.11.2006 – III ZB 22/06 – juris, Rn. 7, 12 f. und III ZB 23/06 – juris, Rn. 7, 10 f.; jeweils m.w.N.

der Zustellung der Klage gelten auch hier die allgemeinen Grundsätze der Rechtsprechung, wonach Verzögerungen von bis zu 14 Tagen regelmäßig »geringfügig« und deshalb hinzunehmen sind und bei der Berechnung der vorwerfbaren Verzögerung unter Einräumung einer angemessenen Erledigungsfrist darauf abzustellen ist, um wie viele Tage sich der für die Zustellung der Klage ohnehin erforderliche Zeitraum infolge der Nachlässigkeit des Klägers verzögert hat[861].

371a Zur Vermeidung von Nachteilen für seinen Mandanten und einer entsprechenden Schadensersatzpflicht muss der Rechtsanwalt nicht nur bereit sein, die Partei zu vertreten, sondern zugleich willens und in der Lage sein, die sich aus der Beiordnung ergebenden Pflichten zu übernehmen. Dazu muss der Rechtsanwalt dort, wo bereits die Verpflichtung besteht, vorbereitende Schriftsätze und deren Anlagen sowie schriftlich einzureichende Anträge und Erklärungen als elektronisches Dokument zu übermitteln, wie seit dem 1.1.2020 in Schleswig-Holstein, will er seine Beiordnung im Wege der Prozesskostenhilfe nicht gefährden, auch den Verpflichtungen im elektronischen Rechtsverkehr (§§ 172 Abs. 1 S. 1, 174 Abs. 3 und Abs. 4 ZPO) nachkommen, d.h. Schriftsätze auf elektronischem Wege einreichen und unter Abgabe einer elektronischen EB in Empfang nehmen. Deshalb wurde zu Recht die Beiordnung eines Anwalts durch das LAG Schleswig-Holstein abgelehnt, weil dieser Anwalt die Korrespondenz ausschließlich in Papierform führen wollte[861].

372 Soweit nach altem Verjährungsrecht das »Ob« und die Dauer einer Verjährungshemmung durch ein PKH-Verfahren zu beurteilen ist, ist maßgebend **§ 203 Abs. 2 i.V. mit Abs. 1 BGB a.F.** Zu den dazu angewendeten Grundsätzen der höchstrichterlichen Rechtsprechung wird Bezug genommen auf Kap. 7 Rdn. 147 f. Hatte ein Rechtsanwalt die danach zu erfüllenden Voraussetzungen für die Begründung und Erhaltung eines solchen Verjährungstatbestandes nicht hinreichend beachtet, begründet dies seine Haftpflicht, wenn dadurch eine Verjährungsfrist zum Schaden seines Mandanten abgelaufen war[862].

373 Zwar kann für das **Mahnverfahren**, beschränkt auf dieses Verfahren, bereits Prozesskostenhilfe beantragt und grundsätzlich bewilligt werden[863]. Allerdings sollte der Anwalt, der diesen Weg gehen will, bedenken, dass der Schuldner nach § 118 Abs. 1 S. 1 ZPO Gelegenheit zur Stellungnahme erhalten muss und dieser dabei ankündigen kann, auf jeden Fall unverzüglich Widerspruch einzulegen. Da damit bei vernünftiger Würdigung vom maßgeblichen Standpunkt einer selbstzahlenden Partei aus das mit dem Mahnverfahren verfolgte Ziel, schnell und kostengünstig einen Vollstreckungstitel in Gestalt eines Vollstreckungsbescheids zu erhalten, nicht (mehr) zu erreichen ist, muss der Prozesskostenhilfeantrag bereits an § 114 Abs. 2 ZPO scheitern, da die beabsichtigte Rechtsverfolgung **mutwillig** erscheint[864].

374 Vorsicht hat der Rechtsanwalt walten zu lassen, wenn er **zugleich** mit dem PKH-Gesuch eine **Klageschrift** einreicht. Ist die Klageschrift unterschrieben, auch nicht als Entwurf bezeichnet oder sonst hinreichend deutlich gemacht, dass eine Klage nur beabsichtigt, also noch nicht eingereicht sei, d.h. noch nicht erhoben werden soll[865], wird nämlich neben dem PKH-Verfahren zugleich der Rechtsstreit als solcher anhängig[866]. Dies kann im Normalfall wegen der grundsätzlich bestehenden Verpflichtung zur Kostenbeschränkung und zur Vermeidung unnützer Kosten (vgl. oben Rdn. 191) nicht im Interesse des Mandanten sein. Denn mit der Einreichung einer Klage wird nach § 61 GKG die Gebühr nach Nr. 1210 KV (3,0 Gebühren) fällig, die bei einer Verweigerung von PKH durch eine Rücknahme der Klage vor Schluss der mündlichen Verhandlung nur ermäßigt werden kann auf 1,0 Gebühr (KV zum GKG Nr. 1211). Ist also nicht ausnahmsweise die gleichzeitige Erhebung einer Klage zugleich mit

861 BGH, a.a.O., Rn. 16 m.w.N.; vgl. auch Rdn. 298 und 629.

861 LAG Schleswig-Holstein, Beschl. v. 24.6.2020 – 1 TA 51/20 – juris, Rn. 17.

862 Vgl. so beispielsweise in OLG Frankfurt NJW 2001, 3270, wobei zum maßgeblichen Ablaufenlassen der grds. nur zweiwöchigen Frist zur Einlegung der PKH-Beschwerde richtigerweise auf den Grundsatz des sog. sichersten Weges hätte abgestellt werden sollen.

863 Allg. Meinung, vgl. nur BGH, Beschl. v. 10.8.2017 – III ZA 42/16 – juris, Rn. 5.

864 BGH, Beschl. v. 31.8.2017 – III ZB 37/17 – juris, Rn. 9 f.

865 Vgl. Zöller/*Schultzky*, § 117 ZPO, Rn. 11 f.; *Vollkommer/Greger/Heinemann*, § 28, Rn. 89, jeweils m.w.N.

866 Vgl. BGHZ 4, 333; BGH FamRZ 1996, 1142 f.; OLG München MDR 1988, 972 = Rpfleger 1989, 70 = JurBüro 1988, 1713, 1714; OLG Koblenz FamRZ 1998, 312; OLG Zweibrücken NJW-RR 2001, 1653; Zöller/*Schultzky*, § 117, Rn. 12; *Vollkommer/Greger/Heinemann*, § 28, Rn. 89.

einem PKH-Gesuch geboten (vgl. dazu oben Rdn. 370), sollte klar und unmissverständlich deutlich gemacht werden, dass zunächst nur über das PKH-Gesuch entschieden und die Klage noch nicht erhoben werden soll. Damit wird zugleich der Gefahr vorgebeugt, dass das Gericht fälschlicherweise eine unzulässige, da bedingte Klage annimmt. Steht fest, dass die Klage in der beigefügten Klageschrift nur für den Fall der PKH-Bewilligung erhoben werden soll, so liegt darin keine unzulässige bedingte Klageerhebung[867], sondern nur das zulässige Begehren, dass die Klage erst nach PKH-Bewilligung eingereicht sein soll[868]. Die Klage ist hier auch dann nicht beim Gericht anhängig geworden, wenn der Schriftsatz formell und inhaltlich den Anforderungen einer Klageschrift entspricht[869].

Auch in **Rechtsmittelverfahren**, insbesondere im Berufungsverfahren hat der Anwalt einer unbe- 375
mittelten Partei zur Vermeidung eines Regresses einiges zu beachten. Er muss zunächst darauf achten, dass nach § 119 Abs. 1 S. 1 ZPO für jeden Rechtszug gesondert Prozesskostenhilfe beantragt und bewilligt werden muss. Dies ist Allgemeingut.

Zu beachten ist dabei, dass einem Antrag auf Bewilligung von Prozesskostenhilfe zur Einlegung eines Rechtsmittels grundsätzlich nur stattgegeben werden kann, wenn neben dem Antrag innerhalb der Rechtsmittelfrist auch die notwendigen **Angaben über die persönlichen und wirtschaftlichen Verhältnisse in der erforderlichen Form** gemacht werden[870] beziehungsweise auf eine in der Vorinstanz eingereichte vollständige[871] Erklärung Bezug genommen und unmissverständlich mitgeteilt wird, es habe sich seither nichts geändert[872].

Auch wird weitgehend bekannt sein, dass ein Rechtsmittel nach allgemeiner Meinung bedingungs- 376
feindlich ist und deshalb z.B. eine Berufung nicht von der Bewilligung der beantragten Prozesskostenhilfe abhängig gemacht werden darf[873]. Die Bedingungsfeindlichkeit gilt ebenfalls für die Berufungsbegründung[874]. Wird ein Rechtsmittel oder seine Begründung zulässigerweise mit einem Antrag auf Prozesskostenhilfe verbunden, muss der Rechtsmittelführer daher zwar alles vermeiden, was den Eindruck erweckt, er wolle eine (künftige) Prozesshandlung nur ankündigen und sie von der Gewährung von Prozesskostenhilfe abhängig machen. Sind aber die gesetzlichen Anforderungen an eine Berufungsschrift oder eine Berufungsbegründungsschrift erfüllt, kommt die Deutung, dass der Schriftsatz nicht als unbedingte Berufung oder Berufungsbegründung bestimmt war, nur in Betracht, wenn sich dies aus dem Schriftsatz selbst oder aus den Begleitumständen mit einer jeden vernünftigen Zweifel ausschließenden Deutlichkeit ergibt, was indes wegen der schwerwiegenden Folgen einer bedingten und damit unzulässigen Berufungseinlegung oder Berufungsbegründung eine dahingehende ausdrückliche, zweifelsfreie Erklärung in dieser Richtung erfordert[875].

Dabei kommt es allein auf den vom Berufungskläger erklärten, nach außen hervorgetretenen Willen im Zeitpunkt der Einreichung des Schriftsatzes an. Klarstellende Parteierklärungen nach Ablauf der Begründungsfrist bleiben grundsätzlich unberücksichtigt[876]. Spätere Prozessvorgänge können

---

867 Dazu vgl. nur Zöller/*Greger*, § 253, Rn. 2

868 Zöller/*Schultzky*, § 117, Rn. 12 unter Bezugnahme auf BGH NJW 1952, 545.

869 Zöller/*Schultzky*, § 117, Rn. 12 unter Bezugnahme auf BGH MDR 2003, 1314.

870 BGH, Beschl. v. 27.8.2019 – VI ZB 32/18 – juris, Rn. 13 mit zahlreichen weiteren Nachweisen; vgl. auch schon Rdn. 366.

871 Dazu OLG Dresden, Beschl. v. 26.7.2000 – 20 UF 357/00 – FamRZ 2001, 236.

872 BGH, a.a.O., m.w.N.

873 BGHZ 4, 54, 55 = NJW 1952, 102; BGH NJW 1988, 2046; NJW 1995, 2563, 2564; NJW 1999, 2823; FamRZ 2001, 415; BGH, VersämnisUrt. v. 25.10.2017 – VIII ZR 135/16 – juris, Rn. 14 m.w.N.; Beschl. v. 3.5.2018 – IX ZB 72/17 – juris, Rn. 4 m.w.N.; zu dieser allgemeinen Meinung vgl. *Fischer*, in: Musielak/Voit, § 117, Rn. 13; *Ball*, in: Musielak/Voit, § 519, Rn. 26; Zöller/*Heßler*, § 519, Rn. 1.

874 BGHZ 165, 318 = NJW 2006, 693, 694 (Tz. 13); vgl. auch BGH, VersäumnisUrt. v. 25.10.2017 – VIII ZR 135/16 – juris, Rn. 14 m.w.N.

875 BGH, VersäumnisUrt. v. 25.10.2017 – VIII ZR 135/16 – juris, Rn. 17 m.w.N.; BGH NJW-RR 2009, 433, 434 (Tz. 9, 12); BGHZ 165, 318 = NJW 2006, 693, 694 (Tz. 13); NJW 2008, 2855, 2856 (Tz. 3); gegen diese Rechtsprechung *Kornblum*, NJW 2006, 2888 ff.

876 BGH, Beschl. v. 3.5.2018 – IX ZB 72/17 – juris, Rn. 6 unter Bezugnahme auf BGH, Beschl. v. 30.5.2017 – VIII ZB 15/17 – juris, Rn. 14; Urt. v. 25.10.2017 – VII ZR 135/17 – juris, Rn. 16.

jedoch als Auslegungsmittel herangezogen werden[877], dies aber offenbar lediglich, soweit sie die Auslegung bestätigen. Denn der Umstand, dass der Prozessbevollmächtigte nach dem Hinweis des Berufungsgerichts nicht mitteilt, er habe unbedingt Berufung eingelegt, sondern stattdessen einen Wiedereinsetzungsantrag wegen Versäumung der Berufungsbegründungsfrist stellt, ist als unbeachtlich angesehen worden[878]. Auch wenn der Prozessbevollmächtigte von sich aus nach der Bewilligung von Prozesskostenhilfe einen Antrag auf Wiedereinsetzung in den vorigen Stand wegen Versäumung der Berufungsbegründungsfrist gestellt hat, obwohl nach Auslegung des Gerichts ein innerhalb der Berufungsbegründungsfrist formgerecht eingereichter und unterschriebener »Entwurf« einer Berufungsbegründung vorlag, hat dies nach der Rechtsprechung des BGH keine Bedeutung, weil allein die bis zum Ablauf der Begründungsfrist erkennbaren Umstände, maßgeblich sind[879].

377 Wird bei der Verbindung eines PKH-Gesuchs mit einem Schriftsatz, der allen Voraussetzungen für eine Berufungsschrift entspricht, nicht klar und unmissverständlich deutlich darauf hingewiesen, dass die Berufung noch nicht eingelegt sein soll, ist die damit bestehende Gefahr einer Auslegung dahingehend, die Berufung sei bereits eingelegt, wegen der damit verbundenen Kostenfolge (vgl. KV zum GKG Nr. 1220: 1,5 Gebühren, die durch eine rechtzeitige Rücknahme der Berufung unter den Voraussetzungen der Nr. 1221 auf eine 0,5 Gebühr ermäßigt werden kann) grundsätzlich zu vermeiden.

Andererseits ist zu beachten, dass bei alleiniger Verfolgung zunächst nur eines PKH-Antrags in nahezu allen Fällen zur Einleitung des Rechtsmittelverfahrens selbst die Gewährung der Wiedereinsetzung in den vorigen Stand nach § 233 ZPO notwendig sein wird. Deshalb muss der Anwalt sehr genau im Auge haben, dass eine Wiedereinsetzung u.a. erfordert, dass sein Mandant **sich für bedürftig halten durfte**, also vernünftigerweise nicht damit hat rechnen müssen, sein PKH-Antrag könne wegen fehlender Bedürftigkeit zurückgewiesen werden[880].

Eine Partei, die nicht in der Lage ist, die Prozesskosten zu tragen, muss ihr **vollständiges Gesuch** um Bewilligung von Prozesskostenhilfe für ein Rechtsmittelverfahren unter Verwendung der vorgeschriebenen **Vordrucke** und Beifügung aller erforderlichen **Unterlagen** innerhalb der Rechtsmittelfrist einreichen. Sie muss also die persönlichen und wirtschaftlichen Voraussetzungen für die Gewährung von Prozesskostenhilfe in ausreichender Weise ordnungsgemäß dartun. Nur wenn diese ausreichende und ordnungsgemäße Darlegung (§ 117 Abs. 2–4 ZPO) einschließlich der Beifügung der »entsprechenden Belege« (§ 117 Abs. 2 S. 1 ZPO) innerhalb der Rechtsmittelfrist erfolgte, ist die Versäumung dieser Frist nicht verschuldet[881].

Ist dies nicht geschehen, war die Partei nicht ohne ihr Verschulden verhindert, die Frist zur Einlegung des Rechtsmittels einzuhalten[882]. Ein etwaiges Verschulden seiner Anwälte wäre dem Kläger nach § 85 Abs. 2 ZPO zuzurechnen[883]. Eine Wiedereinsetzung in den vorigen Stand (§ 233 ZPO) kommt in solchen Fallgestaltungen mithin grundsätzlich nicht in Betracht[884].

---

877 BGH, a.a.O. unter Bezugnahme auf BGH, Urt. v. 22.9.2011 – IX ZR 209/10 – juris, Rn. 7 m.w.N.

878 BGH, Beschl. v. 30.5.2017 – VIII ZB 15/17 – juris, Rn. 26 m.w.N.

879 BGH, Beschl. v. 25.10.2017 – VIII ZR 135/16 – juris, Rn. 24.

880 St. Rspr., BGH, Beschl. v 25.4.2019 – III ZB 104/18 – juris, Rn. 6; v. 21.08.2018 – VIII ZB 22/18 – juris, Rn. 7; v. 24.5.2018 – III ZA 30/17 – juris, Rn. 7; v. 20.3.2018 – AnwZ (Brfg) 8/17 – juris, Rn. 8; v. 25.10.2017 – IV ZB 22/16 – juris, Rn. 14; v. 14.3.2017 – VI ZB 36/16 – juris, Rn. 6; vgl. BGH NJW-RR 1990, 450; NJW 1997, 1078; NJW-RR 2000, 879 und 1387; NJW 2001, 2720, 2721; NJW-RR 2008, 1238; vgl. auch (jeweils m.w.N.): Zöller/*Greger*, § 233 ZPO, Rn. 23, 29: »Prozesskostenhilfe«; *Fischer*, in: Musielak/Voit, § 117 ZPO, Rn. 11; *Ball*, in: Musielak/Voit, § 519, Rn. 26.

881 BGH, Beschl. v 25.4.2019 – III ZB 104/18 – juris, Rn. 6; v. 22.9.2016 – IX ZB 84/15 – juris, Rn. 10; BGH NJW 2001, 2720, 2721; NJW-RR 2000, 879; NJW 1997, 1078; NJW 1994, 2097, 2098.

882 BGH, Urt. v. 10.11.2016 – V ZA 12/16 – juris, Rn. 7 unter Bezugnahme auf BGH, Beschl. v. 18.4.2013 – V ZA 35/12 – juris, Rn. 4; v. 2.2.2012 – V ZA 3/12 – juris, Rn. 7; v. 7.10.2004 – V ZA 8/04 – juris, Rn. 6; vgl. auch (für ein Gesuch eines Insolvenzverwalters) BGH, Beschl. v. 18.5.2017 – IX ZA 9/17 – juris, Rn. 4.

883 BGH, a.a.O. unter Bezugnahme auf BGH, Beschl. v. 12.6.2001 – XI ZR 161/01, BGHZ 148, 66, 70.

884 Vgl. BGH, a.a.O.; vgl. auch BGH, Beschl. v. 14.1.2019 – IX ZA 5/18 – juris, Rn. 2; v. 18.7.2019 – I ZA 6/19 – juris, Rn. 2, jeweils m.w.N.

Eine gerichtliche Hinweispflicht auf Mängel des PKH-Gesuchs besteht erst dann, wenn im ordentlichen Geschäftsgang die Unvollständigkeit des PKH-Gesuchs festgestellt werden kann und rechtzeitige Abhilfe durch den Antragssteller noch möglich sein sollte[885]. In einem solchen Fall kann sich das Versäumnis des Antragsstellers (und möglicherweise auch seines Anwalts) nicht zu seinen Lasten auswirken[886].

Waren oder werden die genannten Voraussetzungen, wie sie in § 117 ZPO im Einzelnen genannt sind, rechtzeitig erfüllt, ist es für die Bewilligung von Wiedereinsetzung unschädlich, wenn die Prozesskostenhilfe im Einzelfall nicht mangels Bedürftigkeit, sondern wegen fehlender Erfolgsaussichten verweigert wurde[887]. Mit Rücksicht auf das verfassungsrechtliche Gebot der prozessualen Chancengleichheit von bemittelten und mittellosen Parteien hängt die Wiedereinsetzung grundsätzlich also nicht davon ab, ob der bedürftige Antragsteller mit einer Bejahung der Erfolgsaussicht seines beabsichtigten Rechtsmittels rechnen konnte[888].

Bestehen Zweifel an der Begründetheit eines PKH-Gesuchs aus Gründen der Bedürftigkeit und/ 378
oder ihrer vollständigen und den Anforderungen des § 117 Abs. 2–4 ZPO entsprechenden oder entsprechend noch rechtzeitig möglichen Darlegung und Belegung, sollte, falls eine hinreichende Erfolgsaussicht besteht und/oder der Mandant notfalls auch auf eigene Kosten das Berufungsverfahren durchführen will, der Anwalt erwägen, die Berufung klar und deutlich neben dem PKH-Gesuch »unbedingt« einzulegen. Nach dem Prinzip vom sichersten Weg, das vom Anwalt möglichst klare, juristisch eindeutige Erklärungen verlangt (vgl. Kap. 2 Rdn. 225), sollte der Anwalt sich nicht etwa darauf verlassen, dass in Zweifelsfällen eine Auslegung vorzuziehen sein soll, die zu einer zulässigen Einlegung der Berufung führt[889].

Einer Prozesspartei, die vor Ablauf einer Rechtsmittel- oder Rechtsmittelbegründungsfrist lediglich 379
Prozesskostenhilfe beantragt hat, ist wie bereits ausgeführt, Wiedereinsetzung in den vorigen Stand wegen schuldloser Fristversäumung nur dann zu bewilligen, wenn sie vernünftigerweise nicht mit einer Verweigerung der Prozesskostenhilfe mangels Bedürftigkeit rechnen musste. Mit der Verweigerung der Prozesskostenhilfe ist bereits dann zu rechnen, wenn das Rechtsmittelgericht auf Zweifel hinsichtlich der Bedürftigkeit der Prozesspartei hingewiesen hat und diese vernünftigerweise davon ausgehen muss, dass sie die Zweifel nicht ausräumen kann[890]. Also muss in solchen Fällen unter Beachtung von § 234 Abs. 2 ZPO unverzüglich dafür Sorge getragen werden, innerhalb der Fristen des § 234 Abs. 1 S. 1 und S. 2 ZPO Wiedereinsetzung zu beantragen und die entsprechenden Rechtsmittel und die Rechtsmittelbegründung einzureichen, soll nicht die Wiedereinsetzung scheitern. Dies gilt gleichermaßen, wenn das durch einen rechtzeitig und ordnungsgemäß gestellten Antrag auf Bewilligung von Prozesskostenhilfe begründete schutzwürdige Vertrauen mit Zugang des die beantragte Prozesskostenhilfe ablehnenden Beschlusses endet[891].

Ein Rechtsmittelführer, der vor Ablauf der Rechtsmittelfrist Prozesskosten- oder Verfahrenskosten- 380
hilfe beantragt hat, ist bis zur Entscheidung über diesen Antrag nur so lange als ohne sein Verschulden an der Fristwahrung gehindert anzusehen, wie er nach den gegebenen Umständen vernünftigerweise nicht mit der Ablehnung des Verfahrenskostenhilfegesuchs wegen fehlender Bedürftigkeit rechnen musste. War die Erwartung einer Prozesskosten- oder Verfahrenskostenhilfebewilligung im Gegensatz zur ersten Instanz hingegen nicht mehr gerechtfertigt, weil er oder sein Vertreter

---

885 BGH, a.a.O.

886 Dazu vgl. BGH, Beschl. v. 27.8.2019 – VI ZB 32/18 – juris, Rn. 13, 16.

887 BGH NJW 1993, 732, 732 = MDR 1993, 172; VersR 1999, 1123, 1124.

888 BGH, Beschl. v. 25.10.2017 – IV ZB 22/16 – juris, Rn. 15 m.w.N.

889 Vgl. zu diesem Auslegungsgrundsatz BGH NJW 2002, 1352 f. = MDR 2002, 775; BGH, Beschl. v. 8.12.2010 – XII ZB 140/10 – juris, Rn. 6; Zöller/*Heßler*, § 519, Rn. 1; anders, aber abzulehnen: OLG Frankfurt FamRZ 1999, 1150.

890 BGH, Beschl. v. 28.8.2018 – VI ZB 44/17 – juris, LS und Rn 5; Anschluss BGH, Beschl. v. 13.1.2010, XII ZB 108/09 – juris, Rn. 5; BGH, Beschl. v. 18.6.2020 – IX ZB 45/19 – juris, Rn. 7.

891 Dazu BGH, Beschl. v. 18.6.2020, a.a.O. m.w.N.

erkennen konnte, dass die subjektiven Voraussetzungen für die Verfahrenskostenhilfe nicht erfüllt waren, da sich wesentliche Veränderungen zu seinen wirtschaftlichen Gunsten ergeben haben, scheidet eine Wiedereinsetzung aus. Denn er musste in der Rechtsmittelinstanz mit der Ablehnung des Verfahrenskostenhilfegesuchs wegen fehlender Bedürftigkeit rechnen[892].

381 Vermeiden sollte der Anwalt, ohne Einschränkung Berufung einzulegen, erst hiernach Prozesskostenhilfe für das Berufungsverfahren zu beantragen und eine als Entwurf bezeichnete Berufungsbegründung schon während der Berufungsbegründungsfrist bei Gericht einzureichen. Denn dann würde seiner Partei im Rahmen des Wiedereinsetzungsverfahrens entgegengehalten werden können, dass ihre Mittellosigkeit für die Fristversäumung nicht kausal geworden ist[893].

An dieser »Klippe« kam der Anwalt im Fall des BGH, der durch Versäumnisurteil vom 25.10.2017 entschieden wurde, glücklicherweise vorbei. Das Landgericht hatte ihm für die Berufungsinstanz nämlich Prozesskostenhilfe bewilligt, dann allerdings im Berufungsurteil die Berufung als unzulässig verworfen. Dieses Urteil wurde vom BGH auf Rechtsbeschwerde hin aufgehoben[894], weil die zwar als Entwurf bezeichnete Berufungsbegründung vom postulationsfähigen Anwalt unterschrieben war, auch sonst allen formellen Anforderungen des § 522 Abs. 2 ZPO entsprach und in Anbetracht der bereits eingelegten (unbedingten) Berufung keine plausiblen Gründe dafür ersichtlich seien, die den Prozessbevollmächtigten hätten bewegen können, einen den Anforderungen an eine Berufungsbegründung genügenden Schriftsatz nicht als solche einzureichen. Zwar mögen für die Frage, ob neben einem Antrag auf Prozesskostenhilfe zugleich auch schon das Rechtsmittel eingelegt werden soll oder nicht, auch Kostengesichtspunkte eine Rolle spielen. Sei das Rechtsmittel aber – wie hier – bereits eingelegt, erübrigten sich derartige Überlegungen regelmäßig[895].

382 Wird für die Durchführung einer Berufung Prozesskostenhilfe unter ordnungsgemäßer Beifügung einer ausgefüllten Erklärung über die persönlichen und wirtschaftlichen Verhältnisse innerhalb der Berufungsfrist beantragt und auch noch Berufung eingelegt, kann es geschehen, dass ein Berufungsgericht glaubt, gleichzeitig über die Berufung und den rechtzeitig innerhalb der Berufungsfrist gestellten Prozesskostenhilfeantrag in dem Sinne entscheiden zu dürfen, dass die Berufung mangels rechtzeitiger Rechtsmittelbegründung als unzulässig verworfen und der Prozesskostenhilfeantrag zurückgewiesen wird. Das ist jedoch, wie der BGH auf die Rechtsbeschwerde hin entschieden hat, (grund-)rechtsfehlerhaft[896]. Dazu der BGH im Wortlaut[897]:

> »Die bedürftige Prozesspartei kann sich … darauf beschränken, innerhalb der Berufungsfrist lediglich einen Antrag auf Bewilligung von Prozesskostenhilfe unter Beifügung der nach § 117 Abs. 2 S. 1 ZPO erforderlichen Erklärung über ihre persönlichen und wirtschaftlichen Verhältnisse nebst den notwendigen Belegen beim Prozessgericht einzureichen. Eine sachliche Begründung eines Prozesskostenhilfegesuchs in Bezug auf das beabsichtigte Rechtsmittel ist von Gesetzes wegen nicht geboten, weil ein Zwang hierzu mit dem verfassungsrechtlichen Gebot der Chancengleichheit von bemittelten und mittellosen Parteien nicht zu vereinbaren wäre (BGH, Beschlüsse vom 8. Mai 2007 – VIII ZB 113/06, FamRZ 2007, 1319 Rn. 12; vom 2. Juni 2016 – I ZA 8/15, juris Rn. 20). Auch die Einlegung der Berufung kann die bedürftige Partei bis zur Entscheidung über den Prozesskostenhilfeantrag zurückstellen (Senatsbeschlüsse vom 5. Februar 2013 – VIII ZB 38/12, NJW-RR 2013, 509 Rn. 10; vom 13. Dezember 2016 – VIII ZB 15/16, aaO); zudem ist es auch unschädlich, wenn gleichzeitig mit dem Prozesskostenhilfegesuch eine unzulässige Berufung eingelegt

892 BGH, Beschl. v. 11.9.2019 – XII ZB 120/19 – juris, LS und Rn. 9 unter Bezugnahme auf BGH Beschl. v. 4.7.2018 – IV ZR 3/17 – juris, Rn. 10 m.w.N., v. 25.3.2015 – XII ZB 96/14 – juris, Rn. 5 m.w.N. und in Fortführung von BGH Beschl. v. 14.5.2013 – II ZB 22/11 – juris, Rn. 10, 11.

893 So in BGH NJW 2008, 2855, 2856 (Tz. 4–6); ablehnend z.B. *Engels*, AnwBl 2008, 720; *Gross*, AnwBl 2008, 639; zustimmend: *N. Schneider*, NJW 2008, 2856 f.

894 BGH, VersäumnisUrt. v. 25.10.2017 – VIII ZR 135/16 – juris.

895 BGH, a.a.O., Rn. 22 unter Bezugnahme auf BGH, Beschlüsse v. 30.5.2017 – VIII ZB 15/17, juris, Rn. 24 f. und vom 21.12.2012 – XII ZB 33/05, juris, Rn. 15.

896 BGH, Beschl. v. 21.8.2018 – VIII ZB 22/18 – juris, Rn. 6.

897 BGH, a.a.O., Rn. 8 f.

wird (BGH, Beschlüsse vom 4. November 2015 – XII ZB 289/15, aaO; vom 13. Dezember 2016 – VIII ZB 15/16, aaO; vom 14. März 2017 – VI ZB 36/16, NJW-RR 2017, 895 Rn. 6).

Liegen die vorgenannten Voraussetzungen vor, hat das Berufungsgericht vor einer Verwerfung der Berufung als unzulässig zunächst über den Prozesskostenhilfeantrag zu entscheiden (BGH, Beschlüsse vom 23. März 2011 – XII ZB 51/11, aaO Rn. 12; vom 5. Februar 2013 – VIII ZB 38/12, aaO; vom 14. März 2017 – VI ZB 36/16, aaO; sowie vom 3. Juli 2018 – VIII ZR 229/17, juris Rn. 73, zur Veröffentlichung in BGHZ bestimmt). Dies gilt unabhängig davon, ob das Prozesskostenhilfegesuch begründet ist oder nicht.«

Der BGH hat daher den landgerichtlichen Beschluss, soweit die Berufung als unzulässig verworfen worden war, aufgehoben, die Sache zur erneuten Entscheidung an das Landgericht zurückverwiesen und zugleich ausgesprochen, dass die Wiedereinsetzungsfrist für die versäumte Berufungsbegründung erst mit diesem Beschluss des BGH begann, also noch nicht abgelaufen war[898].

Nach der ZPO-Reform beginnt die zweimonatige **Berufungsbegründungsfrist** grundsätzlich bereits mit der Zustellung des Urteils, § 520 Abs. 2 S. 1 ZPO. Dies bereitet in PKH-Fällen Probleme, die es nach altem Recht, welches in § 519 Abs. 2 S. 2 ZPO a.F. für den Beginn der Begründungsfrist auf den Zeitpunkt der Einlegung der Berufung abstellte, nicht gab. Für geraume Zeit hat es hier Rechtsunsicherheiten gegeben[899], die durch das zum 1.9.2004 in Kraft getretene JuMoG letztlich nicht, jedenfalls nicht in eindeutiger Weise beseitigt worden sind (dazu im Einzelnen unten Rdn. 384 ff.). *Chab* schreibt dazu zutreffend, die Rechtsprechung zur Berechnung der Rechtsmittel- und Rechtsmittelbegründungsfristen im PKH-Verfahren entwickle sich scheinbar zur »never-ending-story« und zur Haftungsfalle für Anwälte[900]. Dies bedeutet für den mit solchen Fällen befassten Rechtsanwalt, dass er sich auf die jeweils ungünstigste Variante einzustellen hat, um so die Interessen seines Mandanten auf die jeweils sicherste Weise zu wahren (zu dieser Pflicht vgl. bereits Kap. 2 Rdn. 196 und Rdn. 259). 383

Im Einzelnen:

1. Prozesssituation:

Es wird ein **isolierter PKH-Antrag** gestellt. **Im Zeitpunkt der Bewilligungsentscheidung** über diesen ist, wie meistens, nicht nur die Berufungsfrist selbst, sondern auch die **Berufungsbegründungsfrist abgelaufen.** 384

Die Rechtslage bis zum 31.8.2004:

Innerhalb der mit der Bekanntgabe des PKH-Beschlusses an den Antragssteller oder seinen Prozessbevollmächtigten[901] in Gang gesetzten zweiwöchigen Wiedereinsetzungsfrist des § 234 Abs. 1 und 2 ZPO[902], wegen deren Einhaltung der Anwalt zu besonderer Sorgfalt verpflichtet ist[903], mussten 385

---

898 BGH, a.a.O., Rn. 13 f.

899 Dazu vgl. ausführlich (teilweise nun überholt) *Kramer*, MDR 2003, 434–438; ferner Zöller/*Heßler*, 25. Auflage, § 520 ZPO, Rn. 39.

900 *Chab*, BRAK-Mitt. 2008, 213.

901 BGH NJW 1978, 1920; dies bleibt im Zeitpunkt der Kenntnis von der PKH-Entscheidung auch nach der dadurch erfolgten Beiordnung eines anderen (am Berufungsgericht zugelassenen) Rechtsanwalts weiterhin der erstinstanzliche Prozessbevollmächtigte, der den PKH-Antrag gestellt hat, BGH FamRZ 2001, 1606 = BGHR ZPO § 114 (Berufung 1) und ZPO § 234 Abs. 2 (Fristbeginn 13).

902 Vgl. BGH VersR 1986, 580; *Kramer*, a.a.O., S. 436; was im Übrigen auch bei nur teilweiser Bewilligung von PKH gilt: BGH NJW 1993, 451; *Kramer*, MDR 2003, 434–438.

903 BGH NJW-RR 1999, 1585 = VersR 2000, 646; BGH FamRZ 2001, 1143, 1144; ist der im Rahmen der Prozesskostenhilfebewilligung nach § 121 Abs. 1 ZPO beigeordnete Anwalt allerdings von seiner Partei noch nicht zum Prozessbevollmächtigten bestellt, beginnt die Wiedereinsetzungsfrist des § 234 ZPO erst mit der Erteilung der Prozessvollmacht und kann erst ab dann eine auf sein Verschulden zurückgehende Versäumung der Frist des § 234 ZPO der Partei nach § 85 Abs. 2 ZPO zugerechnet werden: BGH FamRZ 2001, 1143, 1144; *Fischer*, in: Musielak/Voit, § 117, Rn. 12; vgl. auch *Borgmann/Jungk/Schwaiger*, Kap. XII, Rn. 88, m.w.N.

nach dem Wortlaut des Gesetzes neben dem Wiedereinsetzungsantrag, dessen Form und Inhalt sich nach § 236 Abs. 1 und Abs. 2 S. 1 ZPO richten, die versäumten Prozesshandlungen, also die Einlegung der Berufung gemäß § 519 ZPO und die Einreichung der Berufungsbegründung gemäß § 520 Abs. 1, 3–5 ZPO – ohne die Möglichkeit einer Verlängerung der Begründungsfrist – nachgeholt werden, § 236 Abs. 2 S. 2 ZPO.

Eine solche strikte Handhabung des § 236 Abs. 2 S. 2 ZPO war nach Ansicht des BGH[904] jedoch verfassungswidrig. Die Vorschrift sei auf diese Folge der Rechtsentwicklung durch das Zivilprozessreformgesetz nicht zugeschnitten und entspreche ersichtlich nicht der Absicht der Neuregelung. Das aus dem Rechtstaatsprinzip folgende Erfordernis eines wirkungsvollen Rechtsschutzes (vgl. Art. 19 Abs. 4 GG) gebiete zu Gunsten einer bedürftigen Partei oder einer solchen, die sich für bedürftig halten durfte (dazu im Einzelnen oben Rdn. 377), eine **verfassungskonforme Auslegung** des § 236 Abs. 2 S. 2 Hs. 1 ZPO. Wie diese bis zu der nun seit dem 1.9.2004 Gesetz gewordenen Neuregelung durch Einfügung eines § 234 Abs. 1 S. 2 ZPO (identisch mit dem dem BGH vorliegenden Gesetzesentwurf des JuMoG) genau auszusehen hat, hatte der BGH offen gelassen, da im konkreten Fall nach allen »Modellen« die Berufungsbegründungsfrist gewahrt war[905]. Während nach der Rechtsprechung anderer oberster Bundesgerichte (BVerwG, BSG, BAG, BGH in Strafsachen) dem im Prozesskostenhilfeverfahren erfolgreichen Rechtsmittelführer zur Begründung seines Rechtsmittels nach Zustellung der Entscheidung über die Wiedereinsetzung in die Einlegungsfrist zumindest die Frist verbleiben muss, um die die im Gesetz vorgesehene Begründungsfrist die Einlegungsfrist überschreitet, nämlich ein Monat, favorisierte der XII. Zivilsenat des BGH[906] – jedenfalls de lege ferenda – eine Frist von zwei Monaten, beginnend mit der Zustellung der Prozesskostenhilfeentscheidung. Für den Rechtsanwalt bedeutete das, dass er bei erfolgreich beantragter Prozesskostenhilfe für ein Berufungsverfahren aufgrund der höchstrichterlichen Rechtsprechung die nach den jeweiligen »Modellen« im Einzelfall für seine Partei ungünstigste konkrete Frist zu errechnen und mit seiner Berufungsbegründung zu wahren hatte (Grundsatz des sichersten Weges)[907]. Diese komplizierte Fristberechnung hatte der Anwalt auch persönlich vorzunehmen, konnte sie also nicht an sein Personal, sei es auch geschult und zuverlässig, delegieren[908].

386 **Die Rechtslage seit dem 1.9.2004:**

Nun gilt § 234 Abs. 1 S. 2 ZPO, wonach die Wiedereinsetzungsfrist einen Monat beträgt, *»wenn die Partei verhindert ist, die Frist zur Begründung u.a. der Berufung einzuhalten.«*

Diese Regelung mit ihrer wörtlichen Übernahme von Art. 1 Nr. 7 des Entwurfs des JuMoG wurde vom BGH zu Recht schon vor der Verabschiedung des Gesetzes als unzureichend angesehen, weil sie die verfassungsrechtlichen Bedenken nicht ausräumt.

> »Denn erst ab Bewilligung der Prozesskostenhilfe ist die unbemittelte Partei in der Lage, einen Anwalt mit ihrer Rechtsverfolgung zu beauftragen, und damit erstmals in der gleichen Situation, in der sich die bemittelte Partei nach Zustellung der anzufechtenden Entscheidung befindet. Ihr verbleibt für die Begründung ihres Rechtsmittels nach der vorgesehenen Regelung aber nur ein Monat, während der bemittelten Partei nicht nur zwei Monate zur Verfügung stehen, sondern auch die Möglichkeit, fristwahrend Verlängerung der Begründungsfrist zu beantragen.«[909]

Bei streng wortlautgetreuer Auslegung des neuen § 234 Abs. 1 S. 2 ZPO würde ein gegenüber den bisherigen zwei Modellen der Rechtsprechung (Monatsfrist ab Zustellung der Wiedereinsetzungsentscheidung oder Zwei-Monats-Frist ab Zustellung des Prozesskostenhilfebeschlusses) neues

---

904 BGH (XII. ZS) NJW 2003, 3275 ff.; BGH (3. ZS) NJW 2003, 3782 f. (Fortführung für die Rechtsbeschwerdebegründung); NJW 2004, 2902, 2903.

905 Ebenso konnte BGH (III. ZS) NJW 2003, 3782 f. dies dahinstellen.

906 BGH (III. ZS) NJW 2003, 3782 f.; nun aufgegeben in NJW-RR 2008, 1313, 1314 (Tz. 15).

907 So auch im Einzelnen *Schultz*, NJW 2004, 2329, 2333 f.

908 *Schultz*, NJW 2004, 2329, 2333 f.; vgl. dazu auch oben Rdn. 102 f.

909 BGH (XII. ZS) NJW 2003, 3275, 3277 (unter 4. a)).

drittes Modell zur Beseitigung der verfassungsrechtlichen Benachteiligung einer bedürftigen Partei Gesetz geworden sein, welches der BGH schon als nicht verfassungsgemäß eingestuft hatte. Dies bedeutet weiter, dass von vorneherein nur eine – aufgrund der Gesetzesbegründung und des Wortlauts mögliche – verfassungskonforme Auslegung helfen kann.

Diese geht richtigerweise dahin, dass § 234 Abs. 1 S. 2 i.V.m. Abs. 2 ZPO so zu verstehen ist, dass 387
bei auch versäumter Berufungsfrist die **Frist zur Nachholung der Berufungsbegründung erst mit** der Mitteilung der Entscheidung über die **Wiedereinsetzung** in den vorigen Stand gegen die Versäumung der Berufungsfrist läuft[910]. Ursache der Verhinderung für die Einreichung der Berufungsbegründung ist nicht die Mittellosigkeit der Partei, sondern die fehlende Entscheidung über die Wiedereinsetzung in den vorigen Stand gegen die Versäumung der Berufungsfrist[911]. Allerdings hat der XII. Zivilsenat des BGH gegen diese Rechtsprechung des XI. Zivilsenats Bedenken angemeldet, musste sich aber noch nicht abschließend entscheiden[912]. Die vom XII. Zivilsenat obiter vertretene Ansicht, es sei verfassungsrechtlich nicht geboten, § 234 Abs. 1 S. 2 ZPO erweiternd in dem bereits dargestellten Sinne auszulegen, wie dies andere Senate des BGH tun, und daher für den Fristbeginn schon auf die Bekanntgabe der Bewilligung der begehrten Prozesskostenhilfe abzustellen, überzeugt nicht. Immerhin hat der XII. Zivilsenat einem Antragssteller von Amts wegen Wiedereinsetzung gewährt, der die Frist vom späteren Zeitpunkt der Mitteilung des Wiedereinsetzungsbeschlusses an berechnet hatte, weil die Rechtsfrage umstritten sei[913]. In dieser Entscheidung hat der XII. Zivilsenat indes offengelassen, wie die Fristenfrage nach § 234 Abs. S. 2 ZPO zu entscheiden sei[914]. Allerdings darf der Anwalt nach dem Grundsatz des sichersten Weges (vgl. oben Rdn. 383), wenn möglich, es gar nicht erst dazu kommen lassen, dass die Fristenfrage in einem Wiedereinsetzungsfall einer bedürftigen Partei eine Rolle spielen könnte.

Für die Berufungseinlegung selbst verbleibt es indes dabei, dass bei Bewilligung von PKH für die zu beantragende Wiedereinsetzung in den vorigen Stand grundsätzlich eine Frist von zwei Wochen ab Bekanntgabe des Beschlusses über die Bewilligung der Prozesskostenhilfe gilt, so dass der Lauf der Zwei-Wochen-Frist des § 234 Abs. 1 S. 1 ZPO zu diesem Zeitpunkt beginnt[915]. Allerdings hat der Anwalt zu beachten, dass nach Ansicht des XII. Zivilsenats in einer weiteren Entscheidung[916] die 14-tägige Wiedereinsetzungsfrist der §§ 234 Abs. 1 S. 1, 236 Abs. 2 S. 2 ZPO ausnahmsweise aber auch schon früher beginnen kann, wenn die Partei, etwa nach einem gerichtlichen Hinweis, nicht mehr mit der Bewilligung der beantragten Prozesskostenhilfe rechnen konnte[917].

Bei der **Rechtsbeschwerde** wiederum läuft wegen der nach § 575 Abs. 1 und 2 ZPO für Einlegung und Begründung einheitlich geregelten Frist von einem Monat bei Bewilligung von Prozesskostenhilfe die Frist für die Begründung der Rechtsbeschwerde schon ab Bekanntgabe der Gewährung von PKH[918].

Unabhängig von der gesetzlichen Neuregelung gilt weiterhin: 388

Ist die Partei nicht bedürftig und durfte sich auch nicht für bedürftig halten, greifen die verfassungsrechtlichen Gründe zur Angleichung der Situation bemittelter und unbemittelter Rechtsmittelführer nicht ein. Durfte sich die Partei zumindest aber für bedürftig halten, scheitert mit dem Prozesskostenhilfegesuch indes wegen Verneinung der Erfolgsaussichten für das beabsichtigte Rechtsmittel,

---

910 BGH, Beschl. v. 19.6.2007 – XI ZB 40/06 –, BGHZ 173, 14, Rn. 13; v. 29.5.2008 – IX ZB 197/07 – juris, Rn. 6; v. 26.5.2008 – II ZB 19/07 – juris, Rn. 16; v. 17.5.2010 – II ZB 12/09 – juris, Rn. 13; v. 30.4.2014 – III ZB 86/13 – juris, Rn. 8.

911 BGH, Beschl. v. 19.6.2007 – XI ZB 40/06 –, BGHZ 173, 14, Rn. 23.

912 BGH, Beschl. v. 11.6.2008 – XII ZB 184/05 – juris, Rn. 13–23.

913 BGH, Beschl. v. 19.12.2012 – XII ZB 169/12 – juris, Rn. 13 ff.

914 A.a.O., juris, Rn. 15.

915 BGH, Beschl. v. 19.6.2007 – XI ZB 40/06 –, BGHZ 173, 14, Rn. 10.

916 BGH, Beschl. v. 19.11.2008 – XII ZB 102/08 – juris, Rn. 10 – 12.

917 Vgl. dazu auch Zöller/*Heßler*, § 520, Rn. 39.

918 BGH, Beschl. 29.5.2008 – IX ZB 197/07 – juris, Rn. 8 f.

ist das für die Bewilligung von Wiedereinsetzung unschädlich[919]. **Bei** einer solchen **Verweigerung der PKH** räumt die höchstrichterliche Rechtsprechung eine »Vorfrist«, regelmäßig drei bis vier Tage zur Überlegung ein, ob das Rechtsmittel auf eigene Kosten durchgeführt werden soll[920]. Da über die Länge dieser ohnehin nur sehr knapp bemessenen vorgeschalteten Frist Unsicherheit besteht[921], ist Vorsicht geboten und schnelles Handeln in Bezug auf eine Einlegung des Rechtsmittels angezeigt. Da maßgeblicher Grund für die schuldlose Verhinderung an der rechtzeitigen Berufungseinlegung die Bedürftigkeit der Partei bzw. ihre vernünftige Annahme, bedürftig zu sein, ist, ihr deshalb auch hier Wiedereinsetzung gegen die Versäumung der Rechtsmitteleinlegungsfrist zu bewilligen ist (vgl. schon oben Rdn. 377)[922], sollte konsequenterweise für die Berufungsbegründungsfrist aus verfassungsrechtlichen Gründen das Gleiche gelten wie im Fall der Bewilligung von PKH, dass Ursache der Verhinderung für die Einreichung der Berufungsbegründung nicht die Mittellosigkeit der Partei, sondern die fehlende Entscheidung über die Wiedereinsetzung in den vorigen Stand gegen die Versäumung der Berufungsfrist ist[923]. Soweit unter Hinweis auf einen Beschluss des III. Zivilsenats vom 29. Juni 2006[924] der Standpunkt vertreten wird, dass generell bei Versagung der PKH für den Lauf der Rechtsmittelbegründungsfrist auf § 520 Abs. 2 S. 1 ZPO abzustellen sei und der Wegfall des Hindernisses in der Bekanntgabe der negativen PKH-Entscheidung liege, ab der also die einmonatige Frist des § 234 Abs. 1 S. 2 ZPO für den Wiedereinsetzungsantrag und die Nachholung der Rechtsmittelbegründung laufe[925], überzeugt das nicht. Der III. Zivilsenat hat sich schließlich der Rechtsprechung des XI. Zivilsenats angeschlossen, nach der die Monatsfrist für die Berufungsbegründung nach § 234 Abs. 1 S. 2, § 236 Abs. 2 S. 2 ZPO für eine mittellose, um Prozesskostenhilfe nachsuchende Partei bei versäumter Berufungsfrist erst mit der Mitteilung der Wiedereinsetzung in den vorigen Stand gegen die Versäumung der Berufungsfrist beginnt, und hat sich die Begründung zu eigen gemacht hat, dass die mittellose Partei erst dann zur Berufungsbegründung gehalten ist, wenn sie weiß, dass ihr hinsichtlich der Versäumung der Berufungsfrist Wiedereinsetzung gewährt worden ist[926]. Auch der III. Zivilsenat billigt dabei eine dieser Monatsfrist vorgeschaltete »Vorfrist« von drei bis vier Tagen ab Zugang des die Prozesskostenhilfe versagenden Beschlusses zu, in der die Partei überlegen kann, ob sie das Rechtsmittel auf eigene Kosten durchführt[927]. Wie bereits vom XI. Zivilsenat im grundlegenden Beschluss vom 19.6.2007 ausgeführt[928] und vom III. Zivilsenat in seinem Beschluss vom 30.4.2014 selbst bestätigt[929], betrifft die erstgenannte Entscheidung des III. Zivilsenats auch lediglich die Fallgestaltung einer unbedingt eingelegten Berufung und eines sodann gestellten PKH-Antrages (zu dieser Prozesssituation unten Rdn. 392 ff.). Vorsichtshalber wird sich der Anwalt aber dennoch am frühestdenkbaren Fristbeginn orientieren müssen[930], dies erst recht, weil nun der BGH in einem Rechtsbeschwerdeverfahren (ohne weitere Problematisierung) nur ausgeführt hat, dass der Beklagte unter Berücksichtigung einer Überlegungsfrist von drei bis vier Tagen ab Erhalt des den PKH-Antrag zurückweisenden Beschlusses mit seinem Schriftsatz

---

919 Vgl. BGH NJW 1993, 732, 732 = MDR 1993, 172; VersR 1999, 1123, 1124; vgl. schon oben Rdn. 377.

920 So zuletzt BGH, Beschl. v. 25.04.2019 – III ZB 104/18 – juris, Rn. 6 m.w.N.

921 Die »Variationsbreite« reicht von »ein bis zwei Tagen« (BGH VersR 1966, 139), über »etwa drei Tage« (BGH NJW 2001, 2262 = MDR 2001, 1007; VersR 1999, 1123, 1124; bis zu »höchstens drei bis vier Tage« (BGH VersR 1997, 444); »drei bis vier Tage« (BGH, Beschl. v. 20.1.2009 – VIII ZB 76/08 – Beck RS 2009, 07355, Beschl. v. 22.9.2016 – IX ZB 84/15 – juris, Rn. 9); vgl. auch *Kramer*, MDR 2003, 436 und *Kramer*, Die Berufung in Zivilsachen, Rn. 582 m.w.N.

922 Vgl. auch die Nachweise in BGH NJW 2003, 3275, 3277 unter 4. b).

923 Vgl. 387, 733 und BGH, Beschl. v. 19.6.2007 – XI ZB 40/06 –, Rn. 13.

924 BGH, Beschl. v. 29.6.2006 – III ZA 7/06 – juris, Rn. 4.

925 Zöller/*Greger*, § 234, Rn. 9.

926 BGH, Beschl. v. 30.4.2014 – III ZB 86/13 – juris, Rn. 8.

927 BGH, Beschl. v. 3.7.2008 – III ZA 8/08 – juris, Rn. 14 unter Bezugnahme auf BGH, Beschl. v. 10.11.1998 – VI ZB 21/98 – juris, Rn. 6.

928 BGH, Beschl. v. 19.6.2007 – XI ZB 40/06 –, BGHZ 173, 14, Rn. 10.

929 BGH, Beschl. v. 30.4.2014 – III ZB 86/13 – juris, Rn. 9.

930 Vgl. *Grandel*, in: Musielak/Voit, § 236, Rn. 6 a; *Jungk*, NJW 2013, 667 (669).

die zweiwöchige Wiedereinsetzungsfrist wegen Versäumung der Berufungsfrist (§ 234 Abs. 1 S. 1 ZPO) sowie die einmonatige Wiedereinsetzungsfrist wegen Versäumung der Berufungsbegründungsfrist (§ 234 Abs. 1 S. 2 ZPO) gewahrt und gleichzeitig die versäumten Prozesshandlungen nachgeholt habe (§ 236 Abs. 2 S. 2 ZPO)[931].

Wenn gegen die eine Gewährung von PKH ablehnende Entscheidung des Berufungsgerichts lediglich mit einer Anhörungsrüge und/oder Gegenvorstellung vorgegangen wird, ist dies ein Anwaltsfehler. Anhörungsrüge (und Gegenvorstellung) haben nämlich auf die Wiedereinsetzungsfristen gemäß § 234 Abs. 1 ZPO keinen Einfluss[932]. Werden also Anhörungsrüge und Gegenvorstellung zurückgewiesen und beantragt der Anwalt erst dann Wiedereinsetzung in den vorigen Stand, wird er damit keinen Erfolg haben, wobei dann auch u.U. die Höchstfrist des § 234 Abs. 3 ZPO verstrichen sein kann[933]. Daher bleibt nur der Weg, nach PKH-Verweigerung neben Anhörungsrüge und/Gegenvorstellung (dazu noch unten Rdn. 397) innerhalb der Frist des § 234 Abs. 1 S. 1 ZPO zugleich auch Wiedereinsetzung zu beantragen.

Dass nach der Rechtsprechung des BGH der PKH-Antrag hinsichtlich der Erfolgsaussichten keiner sachlichen Begründung bedarf[934], betrifft die prozessrechtliche Seite. In der Rechtsprechung der Instanzgerichte wird insoweit abweichend z.T. der Standpunkt vertreten, dass das PKH-Gesuch einer anwaltlich vertretenen Partei für eine beabsichtigte Berufung zwar nicht einen den Erfordernissen des § 520 ZPO entsprechenden Entwurf einer Berufungsbegründung verlange, aber wenigstens stichwortartig darlegen müsse, warum und in welchen Punkten das anzufechtende Urteil unrichtig sein soll[935]. Geschieht dies nicht, soll daran auch eine Wiedereinsetzung scheitern[936]. Wenn diese Rechtsprechung mit dem BGH[937] auch abzulehnen ist, wird sie der Rechtsanwalt im Einzelfall über die ohnehin bestehenden Vertragspflichten zur Vermeidung einer für seine Partei nachteiligen unrichtigen Gerichtsentscheidung bei den entsprechenden Gerichten zu beachten haben, um eine Versagung von Prozesskostenhilfe wegen fehlender Begründung zu vermeiden.

2. Prozesssituation:

Die Zustellung der **Entscheidung** über den PKH-Antrag erfolgt schon **vor Ablauf der** (»ersten«[938]) 389
Berufungsbegründungsfrist.

Die Rechtslage bis zum 31.8.2004: 390

Hier stellten sich je nachdem, wie viel Zeit bis zum Ablauf der Berufungsbegründungsfrist noch bestand, wiederum nicht zweifelsfrei zu entscheidende Fragen für den Anwalt, wie er sich wegen der Berufungsbegründung verhalten sollte.

Standen bei Bekanntgabe des bewilligenden PKH-Beschlusses noch mehr als zwei Wochen und bei einem die PKH versagenden Beschluss ein Zeitraum von ein bis max. vier Tagen (dazu oben Rdn. 388 m.w.N.) zuzüglich zwei Wochen zur Verfügung, war für die Berufungsbegründungsfrist bei wortlautgetreuer Anwendung der Wiedereinsetzungsvorschriften ein Wiedereinsetzungsgrund nicht gegeben. Die Berufung war gemäß der Zwei-Wochen-Frist des § 234 Abs. 1 ZPO noch vor

931 BGH, Beschl. v. 20.1.2009 – VIII ZB 76/08 – juris, Rn. 5, 6).

932 BGH, Beschl. v. 24.6.2009 – IV ZB 2/09 – juris, Rn. 8, 13 f. m.w.N.; v. 19.3.2013 – VI ZB 68/12 – juris, Rn. 9 ff.

933 Vgl. BGH, Beschl. v. 19.3.2013 – VI ZB 68/12 – juris, Rn. 9 f.

934 Vgl. BGH NJW-RR 2001, 1146; NJW-RR 2001, 570; NJW 1993, 732 = MDR 1993, 172; vgl. auch OLG Dresden MDR 2000, 659; Zöller/*Greger*, § 233, Rn. 23, 29 »Prozesskostenhilfe«.

935 OLG Celle MDR 2003, 470; OLG Dresden MDR 2003, 1443; OLG Schleswig NJW-RR 1999, 432 f.; OLG Saarbrücken FamRZ 1993, 715.

936 OLG Schleswig NJW-RR 1999, 432 f.; OLG Saarbrücken FamRZ 1993, 715; *Fischer*, in: Musielak/Voit, § 117, Rn. 14, der diese obergerichtliche Rechtsprechung als »neuere Auffassung« bezeichnet, aber selbst einräumt, dass BGH und BAG dieser ausdrücklich entgegengetreten sind.

937 BGH NJW-RR 2001, 1146 f.

938 Zu diesem Begriff vgl. *Schultz*, NJW 2004, 2329, 2332 ff.

Ablauf der Berufungsbegründungsfrist einzulegen. Wegen der Begründungsfrist bestand bei rechtzeitig gestelltem Antrag die Möglichkeit ihrer Verlängerung gemäß § 520 Abs. 2 S. 2 und S. 3 ZPO[939].

Wurde das Hindernis für die Einlegung der Berufung erst so kurz vor Ablauf der Berufungsbegründungsfrist behoben, dass bei Ausschöpfung der Zwei-Wochen-Frist des § 234 Abs. 1 ZPO für die Einlegung der Berufung nunmehr die (»erste«) Berufungsbegründungsfrist abgelaufen war, stellte sich die Frage, ob der Anwalt die Berufung zugleich auch begründen musste oder ob er sich darauf berufen konnte, dass der Hinderungsgrund für die fristgemäße Einreichung der Berufungsbegründung erst mit der Einlegung der Berufung weggefallen war, so dass erst von diesem Zeitpunkt an die Zwei-Wochen-Frist des § 234 Abs. 1 ZPO in Lauf gesetzt wurde[940].

Geht man indes auch hier von den weiter oben bereits dargestellten zwei »Modellen« zur verfassungskonformen Handhabung des § 236 Abs. 2 S. 2 Hs. 1 ZPO zugunsten der bedürftigen Partei (oder derjenigen, die sich dafür halten durfte) aus (vgl. oben Rdn. 385), konnte der Anwalt zwischen der Monatsfrist ab Zustellung der Entscheidung über den Wiedereinsetzungsantrag in die Einlegungsfrist oder einer Zwei-Monats-Frist ab Zustellung der Prozesskostenhilfeentscheidung unter Beachtung des Grundsatzes des sichersten Weges »wählen«.

Bis zur eindeutigen Klärung dieser Fragen war der Anwalt gut beraten, wenn er kein Risiko einging und die Berufung zugleich mit ihrer Einlegung begründete. Sinnvoll könnte es auch gewesen sein, rechtzeitig vor Ablauf der Berufungsbegründungsfrist Berufung einzulegen und zugleich einen Antrag auf Verlängerung der Berufungsbegründungsfrist nach § 520 Abs. 2 S. 3 ZPO zu stellen und zu begründen, wobei in Zweifelsfällen eine Erkundigung bei dem Vorsitzenden des Berufungsgerichts darüber, ob die Verlängerung auch erfolgt, sinnvoll war.

391 **Die Rechtslage seit dem 1.9.2004:**

Nimmt man die Neuregelung streng wörtlich, würde sie hier nicht relevant, weil hinsichtlich der Berufungsbegründungsfrist noch keine Fristversäumung vorliegt und damit keine Wiedereinsetzungssituation gegeben ist[941]. Damit würden sich dieselben Fragen wie früher stellen (dazu Rdn. 390). Unter Hinweis darauf, dass durch die Neufassung des § 234 Abs. 1 S. 2 ZPO lediglich die Wiedereinsetzungsfrist, innerhalb deren die versäumte Prozesshandlung nachgeholt werden müsse (§ 236 Abs. 2 S. 2 ZPO), auf einen Monat verlängert worden sei, und diese Regelung auf Fälle zugeschnitten sei, in denen einem Rechtsmittelführer erst nach Ablauf der Rechtsmittelbegründungsfrist Prozesskostenhilfe für die Einlegung des Rechtsmittels gewährt werde, soll für einen von § 520 Abs. 2, S. 1 ZPO abweichenden Beginn des Laufs der Begründungsfrist kein Raum sein, mithin die Frist für die Beantragung der Wiedereinsetzung in den vorigen Stand sowie für die Nachholung der Berufungsbegründung schon nach Fortfall des Hindernisses infolge des die Prozesskostenhilfe versagenden Beschlusses entsprechend § 234 Abs. 1 S. 2 ZPO beginnen[942]. Da dies jedoch wieder zu einer verfassungswidrigen Verkürzung des Rechtsschutzes einer bedürftigen Partei (oder einer solchen, die sich für eine solche halten durfte) führen könnte[943], sollte auch hier nach Zustellung der Entscheidung über die Wiedereinsetzung in die Einlegungsfrist zumindest die Frist verbleiben, um die die im Gesetz vorgesehene Begründungsfrist die Einlegungsfrist überschreitet, nämlich ein Monat[944].

939 Vgl. *Kramer*, MDR 2003, 438.

940 *Kramer*, MDR 2003, 438 unter II., 2., c.

941 Vgl. *Knauer/Wolf*, NJW 2004, 2857, 2863; vgl. so auch BGH, Beschl. v. 29.6.2006 – III ZA 7/06 – juris, Rn. 4 a. E.

942 BGH, a.a.O.; ebenso BGH, Beschl. v. 3.7.2008 – III ZA 8/08 – juris, Rn. 14.

943 Vgl. *Grandel*, in: Musielak/Voit, § 236, Rn. 6 b, der deshalb auch zutreffend ausführt, die Rechtslage sei bei noch nicht abgelaufener Rechtsmittelbegründungsfrist weitgehend ungeklärt.

944 Vgl. so die von BGH, a.a.O. aufgegebene Entscheidung NJW 2003, 3275, 3277 (unter 4. b) in Darstellung der Rechtsprechung der anderen obersten Bundesgerichte); vgl. auch *Knauer/Wolf*, NJW 2004,

Auch hier kann daher jedem Anwalt nur geraten werden, seinem Handeln den ungünstigsten Fall eines Fristablaufs zugrunde zu legen.

3. Prozesssituation:

Neben dem **PKH-Antrag liegt eine unbedingt eingelegte Berufung vor.** 392

Während der Anwalt früher in einer solchen Fallgestaltung darauf zu achten hatte, dass er bei noch nicht erfolgter Entscheidung über den PKH-Antrag rechtzeitig die Verlängerung der Berufungsbegründungsfrist beantragte[945], wenn er es nicht vorzog, die Berufung schon vor Ablauf der nicht verlängerten Berufungsbegründungsfrist zu begründen[946], ist es nach der Ansicht des XII. und des VIII. Zivilsenats des BGH für die Zeit seit Inkrafttreten der ZPO-Reform zum 1.1.2002 und auch nach dem JuMoG seit dem 1.9.2004 dem mittellosen Rechtsmittelführer nicht zumutbar, überhaupt eine Fristverlängerung zu beantragen, d.h. auch nicht die erstmalige Verlängerung nach § 520 Abs. 2 und 3 ZPO[947]. 393

Soweit der VI. Zivilsenat nun[948] den Standpunkt vertritt, dass der Berufungskläger, will er die Berufung erst nach der Entscheidung über das Prozesskostenhilfegesuch begründen lassen, durch einen rechtzeitigen Antrag auf Verlängerung der Berufungsbegründungsfrist dafür zu sorgen habe, dass eine Wiedereinsetzung nicht notwendig werde, ist diese Ansicht in der Literatur als abwegig bezeichnet worden[949]. Der VI. Zivilsenat beachtet dabei die oben dargestellte entgegenstehende, wohlbegründete Rechtsprechung der anderen Senate nicht. Das Argument, ein PKH-Gesuch beeinflusse den Lauf der Begründungsfrist nicht, lässt § 234 Abs. 1 S. 2 ZPO außeracht. Deshalb ist diese Ansicht in der Tat abzulehnen. Weder dem Antragssteller noch dem Anwalt kann zudem zugemutet werden, vor Entscheidung über das PKH-Gesuch eine Berufungsbegründung mit Hilfe eines Gebührenvorschusses zu veranlassen und zu fertigen[950].

Erfolgt die Zustellung eines die PKH bewilligenden Beschlusses erst nach Ablauf der (verlängerten, siehe oben Rdn. 393) Berufungsbegründungsfrist, steht dem Berufungsführer für den Antrag auf Wiedereinsetzung in die Berufungsbegründungsfrist und für die Berufungsbegründung eine Frist von einem Monat zur Verfügung, §§ 234 Abs. 1 S. 2, 236 Abs. 2 S. 2 ZPO[951]. 394

Ist es aber so, dass der PKH-Beschluss noch vor Ablauf der (verlängerten) Berufungsbegründungsfrist zugestellt wird, ergibt sich die bereits zur 2. Prozesssituation dargestellte Konstellation. 395

Wird die Berufung sogleich mit dem PKH-Antrag eingelegt, bedeutet § 234 Abs. 1 S. 2 ZPO eine Benachteiligung für die mittellose Partei. Denn mangels Wiedereinsetzungsentscheidung beginnt die einmonatige Frist für den Wiedereinsetzungsantrag in Bezug auf die versäumte Berufungsbegründungsfrist mit der Mitteilung der PKH-Bewilligung[952]. Deshalb wird zu Recht darauf hingewiesen, dass der sicherste Weg für den Anwalt in jedem Fall darin besteht, zunächst nur PKH zu beantragen und das Rechtsmittel erst nach Bewilligung einzulegen[953].

2857, 2863, allerdings nur als eine Lösungsmöglichkeit neben der Alternative: Reduzierung des richterlichen Ermessens hinsichtlich der Begründungsfristverlängerung auf Null.

945 BGH NJW 1999, 3271; NJW-RR 1999, 212; VersR 1993, 1125; BGHZ 7, 280; OLG Köln, OLG-Rep. 2002, 186; *Fischer*, in: Musielak/Voit, § 117, Rn. 13.

946 Zur Pflicht zur Begründung der Berufung trotz PKH-Antrags vgl. BGHZ 7, 280, 287; BGH VersR 1986, 91; Zöller/*Greger*, 25. Auflage, § 233 ZPO, Rn. 23 »Prozesskostenhilfe«.

947 BGH, Beschl. v. 22.6.2005 – XII ZB 34/04 – juris, Rn. 22; v. 8.5.2007 – VIII ZB 113/06 – juris, Rn. 10.

948 BGH, Beschl. v. 19.3.2013 – VI ZB 68/12 – juris, Rn. 8.

949 *Borgmann/Jungk/Schwaiger*, § 55, Rn. 32.

950 Vgl. BGH, Beschl. v. 27.10.2011 – III ZB 31/11 – juris, Rn. 25 a. E.

951 BGH NJW-RR 2005, 1586, 1587 = VersR 2005, 1453 f.

952 *Kazele*, in: Prütting/Gehrlein, ZPO, § 234, Rn. 16.

953 *Kazele*, a.a.O.

Stehen dem Berufungskläger allerdings die Gerichtsakten nicht zur Verfügung, lässt der BGH für diesen »Sonderfall« eine Verlängerung der einmonatigen Wiedereinsetzungsfrist analog § 575 Abs. 2 S. 3, § 551 Abs. 2 S. 6 ZPO zu[954].

396 Nicht darauf ankommen lassen sollte es der Anwalt, dass nach der Rechtsprechung ein innerhalb der Berufungsbegründungsfrist beim Rechtsmittelgericht eingehender Schriftsatz mit PKH-Antrag, weil seine Begründung (auch) den Erfordernissen des § 520 Abs. 3 ZPO entspricht, als auch der Berufungsbegründung dienend ausgelegt werden muss, wie dies die Rechtsprechung verschiedentlich bereits getan hat[955]. Denn dann würde ein unnötig unsicherer Weg beschritten und, anstatt für klare Verhältnisse zu sorgen, auf eine Hilfestellung durch (gerichtliche) Auslegung gesetzt, was gegen anwaltliche Grundpflichten verstößt.

Nach der Rechtsprechung des BGH kann eine bedürftige Partei, für die ein Anwalt bereits Berufung eingelegt hat, ohne sie zu begründen, noch am letzten Tag der (letztmalig verlängerten) Begründungsfrist PKH beantragen, und zwar auch dann, wenn das Gesuch nach einem Mandatswechsel durch den neuen Prozessbevollmächtigten gestellt wird[956].

4. Unabhängig von den oben untersuchten Prozesssituationen

397 ist ein außerordentliches **Rechtsmittel zum BGH** nach der Neuregelung des Beschwerderechts durch das Zivilprozessreformgesetz auch dann nicht statthaft, wenn es sich gegen eine greifbar gesetzwidrige Entscheidung im **Prozesskostenhilfeverfahren** richtet, gegen die die Rechtsbeschwerde nicht zugelassen wird[957].

Der BGH kann gegen Beschlüsse eines Beschwerdegerichts, da in der enumerativen Zuweisungsnorm des § 567 Abs. 1 ZPO nicht aufgeführt[958], ausschließlich in den Fällen des § 574 Abs. 1 ZPO mit der **Rechtsbeschwerde** und nur durch einen bei dem BGH zugelassenen Rechtsanwalt (§ 78 Abs. 1 S. 4 ZPO)[959] angerufen werden[960]. Für eine solche Rechtsbeschwerde gegen die Entscheidung des Gerichts der sofortigen Beschwerde im Verfahren der Prozesskostenhilfe kann dem Antragssteller Prozesskostenhilfe bewilligt werden[961]. Der Grundsatz, dass für das Prozesskostenhilfeverfahren Prozesskostenhilfe nicht gewährt werden kann[962], steht nicht entgegen, weil der unbemittelte Antragssteller zur Durchsetzung seiner Rechte im Rechtsbeschwerderechtszug auf die Bewilligung von Prozesskostenhilfe und die Beiordnung eines beim BGH zugelassenen Rechtsanwalts angewiesen ist[963].

Durch Plenarbeschluss vom 30.4.2003 hat das BVerfG im Hinblick auf das Postulat der Rechtsmittelklarheit die zur Rüge eines Verstoßes gegen Art. 103 Abs. 1 GG zur Zeit verfügbaren außerordentlichen Rechtsbehelfe für verfassungsrechtlich nicht ausreichend erklärt[964]. Der Auflage, bis zum 31.12.2004 *»Lücken im Rechtschutz gegenüber Gehörsverletzungen zu schließen«*[965] ist der Gesetzgeber

954 BGH, Beschl. v. 5.7.2007 – V ZB 48/06 – juris, Rn. 12; v. 14. 11. 2012 – IX ZR 268/12 – juris, Rn. 1.

955 Vgl. BGH NJW-RR 2001, 789; NJW-RR 1999, 212 = WM 1998, 2486; vgl. (m.w.N.) auch: Zöller/*Heßler*, § 520, Rn. 39; *Fischer*, in: Musielak/Voit, § 117, 13 a.E.

956 BGH, Beschl. v. 8.1.2016 – I ZB 41/ 15 – juris, Rn. 9; FamRZ 2005, 105; vgl. auch *Grams*, BRAK-Mitt. 2005, 75; vgl. wegen der Wiedereinsetzung in solchen Fällen unten Rdn. 734.

957 BGH NJW 2003, 3137 = MDR 2003, 1432 in Ergänzung zu BGHZ 150, 133 = NJW 2002, 1577; *Ball*, in: Musielak/Voit, § 567, Rn. 15; *Thole*, in: Prütting/Gehrlein, § 321a, Rn. 18 m.w.N.

958 Entsprechend dem früheren § 567 Abs. 4 ZPO.

959 BGH NJW 2003, 1192; BGH NJW 2002, 2181 = MDR 2002, 962 (§ 571 Abs. 4 ZPO ist nicht anwendbar); vgl. auch NJW-RR 2002, 1721.

960 BGHZ 150, 133 = NJW 2002, 1577 = WM 2002, 775; vgl. auch BVerfG NJW 2003, 1924 = ZIP 2003, 1102.

961 BGH NJW 2003, 1192 = WM 2003, 1826, 1827.

962 BGHZ 91, 311 = NJW 1984, 2106.

963 BGH NJW 2003, 1192 = WM 2003, 1826, 1827.

964 BVerfG NJW 2003, 1924, 1928 = ZIP 2003, 1102, 1109.

965 BVerfG NJW 2003, 1924, 1928 = ZIP 2003, 1102, 1109.

durch das am 1.1.2005 in Kraft getretene Anhörungsrügengesetz[966] nachgekommen. Durch grundlegende Änderungen des § 321a ZPO ist für entscheidungserhebliche Verletzungen des Anspruchs auf rechtliches Gehör[967] nun die Möglichkeit einer umfassenden **Gehörsrüge** beim iudex a quo normiert, die gegen gerichtliche (End-)Entscheidungen jeder Art[968] und jeder Instanz erhoben werden kann, wenn ein Rechtsmittel oder ein anderer Rechtsbehelf gegen die Entscheidung nicht gegeben ist (§ 321a Abs. 1 ZPO). Die Gehörsrüge ist gemäß § 321a Abs. 2 ZPO innerhalb einer Notfrist von zwei Wochen nach Kenntnis von der Verletzung des rechtlichen Gehörs zu erheben, spätestens innerhalb eines Jahres seit der Bekanntgabe der angegriffenen Entscheidung[969].

Bereits vor dieser Gesetzesänderung hatte der BGH ausgesprochen, dass an die Stelle der früher anerkannten außerordentlichen Beschwerde wegen greifbarer Gesetzwidrigkeit die eigenständige gerichtliche Abhilfemöglichkeit durch den iudex a quo aufgrund einer **Gegenvorstellung** trat, durch die die Verletzung von Verfahrensgrundrechten durch Selbstkontrolle der Fachgerichtsbarkeit korrigiert werden konnte[970].

Eine Gegenvorstellung ist nach Inkrafttreten der Möglichkeit der Gehörsrüge nach § 321a ZPO nun neben dieser grundsätzlich zulässig, soweit andere Verfahrensgrundrechte verletzt wurden[971]. Sie ist allerdings, was der Anwalt zu beachten hat, nur befristet möglich[972], und zwar grundsätzlich unter entsprechender Heranziehung der in § 321a Abs. 2 S. 1 ZPO geregelten Notfrist von zwei Wochen[973]. Soweit sich die Gegenvorstellung – wie im vorliegenden Zusammenhang – gegen die Versagung der für ein fristgebundenes Rechtsmittel wie der Berufung beantragten PKH richten soll, ist die Wiedereinsetzungsfrist des § 234 ZPO einzuhalten[974]. Unzulässig ist eine Gegenvorstellung gegen Entscheidungen, zu deren Änderung das Gericht nicht befugt ist und eine solche auch von Amts wegen vornehmen könnte, so insbesondere nicht bei einer bestehenden Bindung nach § 318 ZPO oder analog § 318 ZPO[975].

Bei einem **Prozessvergleich** hat der PKH-Anwalt sehr genau darauf zu achten, dass sein Mandant **398**
nicht infolge einer vom Grad des Obsiegens und Unterliegens zu seinen Lasten abweichenden Kostenregelung einem Erstattungsanspruch ausgesetzt wird, der nicht von der Prozesskostenhilfe gedeckt ist (vgl. schon Rdn. 219). Das kann vermieden werden, indem gemäß **§ 31 Abs. 4 GKG n. F.**[976] der Vergleich einschließlich der Verteilung der Kosten von dem Gericht vorgeschlagen wird und das Gericht in seinem Vergleichsvorschlag ausdrücklich feststellt, dass die Kostenregelung der sonst zu erwartenden Kostenentscheidung entspricht. Wird hingegen eine Kostenregelung über den Vergleich ohne Mitwirkung des Gerichts geschlossen, verbleibt es bei § 31 Abs. 3 GKG, so dass die mittellose Partei nach wie vor als Übernahmeschuldnerin in Anspruch genommen werden kann[977].

---

966 BGBl I, S. 3220.

967 Eine Einbeziehung anderer grundrechtlich relevanter Verfahrensverstöße, etwa Verstöße gegen das Willkürverbot (Art. 3 Abs. 1 GG), das Rechtsstaatsprinzip oder den Grundsatz des gesetzlichen Richters (Art. 101 Abs. 1 S. 2 GG), hat der Gesetzgeber ausdrücklich abgelehnt, da nicht vom Gesetzgebungsauftrag des BVerfG umfasst, vgl. BT-Drs. 15/3705, S. 14.

968 *Treber*, NJW 2005, 97, 98 mit ausdrücklicher Erwähnung von PKH-Entscheidungen.

969 Zur Kritik an dieser Erweiterung der Einlegungsfrist schon im Gesetzgebungsverfahren vgl. *Treber*, NJW 2005, 97, 99 m.w.N.

970 BGHZ 150, 133 = NJW 2002, 1577 = WM 2002, 775; NJW 2003, 3137, 3138 = MDR 2003, 1432.

971 Vgl. BVerfG, Beschl. v. 25.11.2008 – 1 BvR 848/07 – juris, Rn. 31, 34; BGH, Beschl. v. 12.12.2012 – IV ZB 26/12 – juris, Rn. 6 m.w.N.; *Thole*, in: Prütting/Gehrlein, ZPO, § 321a, Rn. 18.

972 BGHZ 150, 133 = NJW 2002, 1577 = WM 2002, 775; so schon BGH NJW 2001, 2262, 2263 = WM 2001, 1274 f.; ähnlich BVerwG NJW 2001, 1294.

973 BGH, Beschl. v. 12.12.2012 – IV ZB 26/12 – juris, Rn. 6 m.w.N.; so schon BGHZ 150, 133 = NJW 2002, 1577 = WM 2002, 775.

974 BGH, Beschl. v. 26.4.2001 – IX ZB 25/01 – juris, Rn. 6; *Ball,* in: Musielak/Voit, § 567, Rn. 28; a. A. (keine Fristbindung): *Lohmann,* in: Prütting/Gehrlein, § 567, Rn. 6.

975 BGH, Beschl. v. 18.10.2018 – IX ZB 31/18 – juris, Rn. 12 ff. m.w.N.; *Lohmann*, in: Prütting/Gehrlein, § 567, Rn. 6.

976 Mit Geltung ab dem 1.8.2013.

977 BeckOK KostR/*Semmelbeck* GKG § 31 Rn. 38; *Meyer,* JurBüro 2013, 526.

Rechtsschutzversicherung

399 Hierzu wird verwiesen auf Rdn. 204 ff.

Schmerzensgeld

400 Auch dieses Thema[978] birgt Haftungsgefahren.

401 1. § 253 BGB modifiziert die §§ 249 bis 252 BGB für immaterielle Schäden. Nur Schäden, die nach dem 31.7.2002 entstanden sind, unterliegen dieser Norm[979].

Die wesentliche Neuerung des § 253 Abs. 2 BGB besteht darin, dass der Anspruch auf immateriellen Schadensersatz von der unerlaubten Handlung gelöst wurde. Werden der Körper, die Gesundheit, die Freiheit oder die sexuelle Selbstbestimmung verletzt, entsteht ein Anspruch auf Schmerzensgeld unabhängig davon, ob die Rechtsverletzung als Folge einer Gefährdungshaftung, einer Verschuldenshaftung oder einer Vertragsverletzung zu charakterisieren ist[980].

402 Das Schmerzensgeld soll einen angemessenen Ausgleich für nichtvermögensrechtliche Schäden bieten. Die Bedeutung der Genugtuungsfunktion ist reduziert worden[981]. Sie hat in der Rechtsprechung Bedeutung nur gehabt bei
- vorsätzlichen Straftaten,
- schwerstem Hirnschaden oder
- zögerlichem Regulierungsverhalten[982].

403 Um den Richter in den Stand zu versetzen, das Schmerzensgeld der Höhe nach sachgerecht zu bemessen, trifft den Anwalt in Prozessen dieser Art die **Aufgabe, die Schwere der Verletzungen und ihre Auswirkungen**, ebenso wie die Dauer des verletzungsbedingten Leidens **möglichst konkret darzulegen.** Maßgebend sind nicht nur die körperlichen, sondern auch seelische Schmerzen, Missempfindungen und Unlustgefühle. Bemessungskriterien für das Schmerzensgeld sind nach der Rechtsprechung
- die verletzungsbedingten Leiden in ihrer Diagnose
- die Schwere der Verletzung
- ertragene und bevorstehende Behandlungen
- Dauer und Intensität der Schmerzen über Tag und Nacht
- Auswirkungen auf die Berufs- und Arbeitsunfähigkeit
- Auswirkungen auf den persönlichen Lebensbereich
- das Ausmaß der Wahrnehmung der Beeinträchtigungen durch den Verletzten
- die Art der Verarbeitung der Verletzung durch Geschädigten oder Verletzten
- psychische Beeinträchtigungen (z.B. Ängste vor weiteren medizinisch notwendigen Eingriffen bzw. Depressionen aus Sorge um den Heilungsverlauf)
- Störungen zwischenmenschlicher Beziehungen
- verminderte Heiratsaussichten
- Beeinträchtigungen der Lebensfreude
- der Verlauf des Heilungsprozesses
- das Alter des Verletzten
- die Dauer des Leidens – Dauerschaden
- der Grad des Verschuldens des Schädigers[983].

---

978 Vgl. dazu auch Kap. 9 Rdn. 219 ff.

979 Erman/*Ebert*, BGB, § 253, Rn. 8 f.

980 Erman/*Ebert*, BGB, § 253, Rn. 12.

981 Vgl. *Jaeger/Luckey*, Schmerzensgeld, Rn. 1184 ff.

982 *Honsell*, VersR 1974, 205 ff. sowie *Jaeger/Luckey*, Schmerzensgeld, Rn. 1152 ff.

983 Vgl. zu den Kriterien für die Bemessung des Schmerzensgeldes *Jaeger/Luckey*, Schmerzensgeld, Rn. 1218 ff.

Auch die Empfindsamkeit des Verletzten ist in diesem Zusammenhang ebenso wie die Schwere der verletzungsbedingten Entstellung und ihre Sichtbarkeit von Bedeutung. Auch darauf wird häufig zu wenig geachtet[984].

Die Höhe des zumindest für angemessen gehaltenen Schmerzensgeldes **sollte** unter **Hinweis auf vergleichbare Fälle**[985] **angegeben werden** sowie auf deren Entscheidungsdatum und auf die **Tendenz** der Rechtsprechung **zu höherem Schmerzensgeld hingewiesen werden**[986]. 404

2. Der Klägervertreter hat die Wahl, gemäß § 12 ZPO den allgemeinen **Gerichtsstand** oder den besonderen Gerichtsstand der unerlaubten Handlung gemäß § 32 ZPO zu wählen. 405

3. Bei dem **Anspruch auf Schmerzensgeld** handelt es sich um einen **einheitlichen Anspruch**[987]. 406
Es ist deshalb grundsätzlich unzulässig, den Schmerzensgeldanspruch auf bestimmte Teilverletzungen[988] oder[989] auf bestimmte Zeiten zu beschränken. Es muss also der gesamte aus der Verletzung resultierende Schaden geltend gemacht werden. Da die Schmerzensgeldforderung auf Zahlung einer Geldsumme gerichtet ist, ist sie grundsätzlich teilbar; dem steht nicht entgegen, dass es sich um einen einheitlichen Anspruch handelt[990]. In die uneingeschränkte Schmerzensgeldklage müssen nicht nur die bisher erlittenen Verletzungen einbezogen und bei Dauerschäden bis an das Lebensende des Verletzten gewichtet werden. Abgegolten werden mit dem ausgeurteilten Schmerzensgeld bei der **uneingeschränkten Schmerzensgeldklage** vielmehr auch Verschlechterungen bzw. Komplikationen, die medizinisch naheliegend vorhersehbar sind. Für medizinisch naheliegende Verschlechterungen bzw. Komplikationen kann kein weiterer Prozess geführt werden mit der Begründung, diese hätten im Vorprozess keine Berücksichtigung gefunden[991]. Zwar kann das Gericht im Erstprozess bestimmte noch nicht sicher vorhersehbare Schäden ausdrücklich aus der Abgeltung herausnehmen. Andererseits kommt es nicht darauf an, ob der Mandant, der Anwalt oder das Gericht die durch den Sachverständigen erkennbaren medizinisch naheliegenden Verschlechterungen vorhergesehen haben oder nicht. Wenn Verschlechterungen objektiv medizinisch naheliegend sind, werden sie wegen der Einheitlichkeit des Schmerzensgeldes im Erstprozess abgegolten, sofern sie nicht ausdrücklich im Urteil ausgenommen wurden[992]. Diese Situation führt bei der Erhebung einer uneingeschränkten Schmerzensgeldklage zur Notwendigkeit, den Mandanten zu veranlassen, bei den ihn behandelnden Ärzten zu erfragen, mit welchen medizinisch naheliegenden Komplikationen noch zu rechnen ist[993]. Wird diese Frage nicht hinreichend geklärt, läuft der Mandant Gefahr, dass ihn nach Rechtskraft des Erstprozesses treffende **Verschlechterungen, die im Erstprozess nicht hinreichend berücksichtigt wurden**[994]**, gleichwohl als abgegolten anzusehen sind.** Diese Problematik wird durch einen komplementär gestellten Feststellungsantrag keinesfalls beseitigt; denn wegen der Einheitlichkeit des Schmerzensgeldanspruches erstreckt sich bei einer uneingeschränkten,

---

984 *Jaeger/Luckey*, Schmerzensgeld, Rn. 1325 ff.

985 Aktuell und umfassend: *Hacks/Wellner/Häcker*, Schmerzensgeld Beträge 2020, 38. Auflage 2020.

986 *Jaeger/Luckey*, Schmerzensgeld, Rn. 1910 a.E.

987 Vgl. BGH, Urt. v. 29.11.1994 – VI ZR 93/94 – juris, Rn. 16; *Jaeger/Luckey*, Schmerzensgeld, Rn. 137.

988 Also beispielsweise auf die Geltendmachung eines Hüftschadens bei einem gleichzeitig erlittenen Schulterschaden.

989 Vgl. OLG Frankfurt, Urt. v. 18.10.2018 – 22 U 97/16 – juris, Rn. 61; OLG Hamm, Urt. v. 11.2.2000 – 9 U 204/99 – juris, Rn. 17.

990 BGH, Urt. v. 20.1.2004 – VI ZR 70/03 – juris, Rn. 18.

991 Vgl. BGH, Urt. v. 7.2.1995 – VI ZR 201/94 – juris, Rn. 15; BGH, Urt. v. 14.2.2006 – VI ZR 322/04 – juris, Rn. 8.

992 Eine solche Herausnahme im Urteil des Erstprozesses kann erfolgen, indem in den Entscheidungsgründen z.B. ausdrücklich ausgeführt wird, es werde zwar die Angst vor einer Leberzirrhose mitabgegolten, aber nicht deren Eintritt mit ihren Folgen.

993 Zum Begriff der medizinisch naheliegenden Verschlechterung, vgl. *Terbille*, VersR 2005, 39 u. lit. 1b.

994 Mitunter werden solche medizinisch naheliegenden Verletzungsfolgen dann auch nur prozentual mit dem Grad von Wahrscheinlichkeit berücksichtigt, mit dem sie voraussichtlich eintreten werden, vgl. OLG Köln, Urt. v. 20.5.1992 – 2 U 191/91 – juris, Rn. 24.

normalen Schmerzensgeldklage der Feststellungsanspruch nur auf weitere immaterielle Schäden, die entweder als nicht naheliegend oder als gar nicht vorhersehbar zu bezeichnen sind[995].

407 4. **Als Alternative** steht für diese Fälle, in denen mit weiteren Verschlechterungen bzw. Komplikationen zu rechnen ist, **die offene Schmerzensgeldteilklage**[996] zur Verfügung. Auch bei dieser Klage – die ausdrücklich als solche zu bezeichnen ist – müssen bereits sämtliche entstandenen Schäden Berücksichtigung finden und bei Dauerschäden bis an das Lebensende gewichtet werden. **Allerdings werden die medizinisch naheliegenden weiteren Verschlechterungen** bzw. Komplikationen vom bezifferten Schmerzensgeldantrag **nicht erfasst und mithin auch nicht beziffert abgegolten. Diese Folgen sollten** bei der offenen Schmerzensgeldteilklage Teil des Feststellungsantrages sein, der sich auf diese weiteren immateriellen Schäden beziehen sollte, mit der Folge, dass später – wenn tatsächlich Verschlechterungen eintreten – ein weiteres Schmerzensgeld geltend gemacht werden kann.

408 a) Nicht der Anwalt, sondern der Geschädigte hat die Entscheidung zu treffen, welche Schmerzensgeldklage erhoben werden soll. Für den Fall, dass weitere Verschlechterungen nicht zu erwarten sind, stellt sich diese Frage nicht. In allen anderen Fallkonstellationen vermag aber der Geschädigte seine Entscheidung erst nach entsprechend konkreter **Aufklärung über die beiden prozessualen Alternativen** zu treffen. Geschädigte, die weitere Verschlechterungen nicht ernsthaft zu erwarten haben oder bei denen es nur um weitere leichtere Verschlechterungen geht, neigen dazu, den Auftrag zu erteilen, eine uneingeschränkte Schmerzensgeldklage erheben zu lassen, weil dann das Schmerzensgeld wegen der Einbeziehung auch der weiteren medizinisch naheliegenden Verschlechterungen voraussichtlich höher ausfallen wird. Andererseits ist verständlich, dass Geschädigte, die gravierende Verschlechterungen der bisher eingetretenen Schadensfolgen als medizinisch naheliegend befürchten müssen, nach entsprechender Aufklärung die Erhebung einer offenen Schmerzensgeldteilklage bevorzugen, bei der sie sich für die noch nicht eingetretenen, aber medizinisch naheliegenden Komplikationen nicht mit einem entsprechenden Wahrscheinlichkeitsabschlag zufrieden geben müssen. Stellt sich später eine gravierende Verschlechterung bzw. Komplikation ein, kann darüber ein weiterer Prozess geführt werden, sofern eine offene Schmerzensgeldteilklage erhoben wurde, selbst wenn diese Verschlechterung bzw. Komplikation als medizinisch naheliegend objektiv bereits im Vorprozess vorhersehbar war.

409 b) In dem vom BGH[997] entschiedenen Fall hatte der Klägervertreter ein **Schmerzensgeld für die bereits eingetretenen Komplikationen** gefordert und im Übrigen einen Feststellungsantrag nur für den Ersatz der materiellen Schäden gestellt. Das kann für Sachverhalte, bei denen mit weiteren Verschlechterungen zu rechnen ist, nicht als sachgerecht erachtet werden; denn die Verjährung des gesamten Schmerzensgeldanspruches beginnt – nach altem wie nach neuem Recht – bereits mit der Kenntnis vom Eintritt des ersten Teilschadens zu laufen[998]. Deshalb muss auch bei der Erhebung einer offenen Schmerzensgeldteilklage gleichzeitig auch ein Feststellungsanspruch in Bezug auf den Ersatz der immateriellen Zukunftsschäden geltend gemacht werden, damit die vorhersehbaren[999] weiteren Schäden nicht verjähren. Bei Dauerschäden sollte sich deshalb der Feststellungsantrag sowohl auf materielle als auch auf die weiteren immateriellen Schäden beziehen, wenn der Schmerzensgeldanspruch zugleich geltend gemacht wird.

410 5. Wenn ein Dauerschaden mit erheblichen Auswirkungen für den Geschädigten eingetreten ist, kommt auch eine **Schmerzensgeldrente**[1000] in Betracht. Diese **sollte ausdrücklich beantragt**

995 Vgl. BGH, Urt. v. 7.2.1995 – VI ZR 201/94 – juris, Rn. 19; BGH, Urt. v. 14.2.2006 – VI ZR 322/04 – juris, Rn. 16.

996 Vgl. BGH, Urt. v. 20.1.2004 – VI ZR 70/03 – zitiert nach juris, dazu *Terbille* VersR 2005, 37 ff.; vgl. auch *v. Gerlach,* VersR 2000, 525.

997 Urt. v. 20.1.2004 – VI ZR 70/03 – zitiert nach juris.

998 Vgl. BGH, Urt. v. 2.7.1992 – IX ZR 268/91 – juris, Rn. 21; *Terbille*, VersR 2005, 37 ff.

999 Nicht vorhersehbare Verschlechterungen werden von der Einheit des Schadens nicht erfasst, vgl. BGH, Urt. v. 14.2.2006 – VI ZR 322/04 – juris, Rn. 6 ff.; BGH, Urt. v. 3.6.1997 – VI ZR 71/96 – juris, Rn. 14.

1000 Vgl. dazu auch Kap. 9 Rdn. 222.

werden[1001]. Die Schmerzensgeldrente birgt den Vorteil, dass später auch eine Rentenanpassung über eine Abänderungsklage nach Maßgabe der Voraussetzung des § 323 ZPO erreicht werden kann[1002]. Eine solche Abänderung kommt dann in Betracht, wenn eine Abwägung aller Umstände des Einzelfalles ergibt, dass die bisher gezahlte Rente ihre Funktion eines billigen Schadensausgleiches aufgrund des gestiegenen Lebenshaltungskostenindex nicht mehr erfüllt[1003].

6. Der für angemessen gehaltene Schmerzensgeldbetrag muss nicht im Antrag der Leistungs- bzw. Feststellungsklage genannt werden. Ein Mindestbetrag ist aber in der Klagebegründung anzugeben; ein **unbezifferter Schmerzensgeldantrag**, bei dem die Höhe in das Ermessen des Gerichts gestellt wird, ist nur zulässig, wenn die tatsächlichen Grundlagen für die Bemessung des Schmerzensgeldes und eine ungefähre Größenordnung des geltend gemachten Anspruches genannt werden[1004]. Die Beantragung eines angemessenen Schmerzensgeldes mit einer Mindestbezifferung in den schriftsätzlichen Ausführungen hat **Kostenvorteile**; denn im Falle einer verhältnismäßig geringfügigen Unterschreitung der Vorstellungen des Klägers im Urteil greift häufig § 92 Abs. 2 Nr. 1 ZPO[1005]. Vor allem aber ist das **Gericht** bei einer unbezifferten Schmerzensgeldklage – anders als bei einem konkret beantragten Schmerzensgeldbetrag – **nicht gehindert, den** vom Kläger **als angemessen bezeichneten Betrag zu überschreiten**[1006]. Hat der Kläger jedoch ein angemessenes Schmerzensgeld unter Angabe einer Betragsvorstellung verlangt und das Gericht ihm ein Schmerzensgeld in eben dieser Höhe zuerkannt, so ist er durch dieses Urteil nicht beschwert und kann es nicht mit dem alleinigen Ziel eines höheren Schmerzensgeldes anfechten[1007]. 411

Schriftsätze

Schriftsätze stellen gewissermaßen die Visitenkarte des Anwalts dar, und zwar insbesondere im Zivilprozess. **Schriftsätze** sind für den Erfolg des Mandats **von entscheidender Bedeutung**. Im Schriftsatz kann der Anwalt seine gesamten juristischen, sprachlichen und taktischen Fähigkeiten zum Ausdruck bringen. 412

Es ist zu empfehlen, **Schriftsätze** nach der Struktur des juristischen Vortrags zu **gliedern**, und zwar in folgende Kategorien: A. I. 1. a) aa) (1) (a) (aa). Eine Gliederung dient dazu, dem Gericht den Vortrag besser zu vermitteln. Immer wenn es zeitlich möglich ist, sollte der Anwalt vor Anfertigung des Schriftsatzes die Sachinformationen des Mandanten in dessen Gegenwart als Aktenvermerk aufnehmen und dem Mandanten anschließend eine Kopie zur Kontrolle mit der Bitte um Überprüfung übersenden[1008].

Für den Anwaltsprozess bestimmt § 129 ZPO, dass die mündliche Verhandlung durch Schriftsätze vorbereitet wird. Von den **vorbereitenden Schriftsätzen** zu unterscheiden sind die **bestimmenden Schriftsätze.** Sie kündigen im Gegensatz zu § 129 Abs. 1 und 2 ZPO nicht nur späteren mündlichen Vortrag an, sondern enthalten bereits Parteierklärungen, die mit Einreichung bzw. Zustellung als **Prozesshandlung** wirksam werden. Hierunter fallen vor allem Klage sowie Klagerücknahme, 413

1001 Der BGH hat in seinem Urt. v. 21.7.1998 (– VI ZR 276/97 – juris, Rn. 9) die Frage offen gelassen, aber entschieden, dass ein Berufungsgericht jedenfalls keine Rente ausurteilen darf, wenn das Landgericht einen Kapitalbetrag ausgeurteilt hat und dagegen nur Klageabweisung bzw. die Zurückweisung der Berufung beantragt wird.

1002 Vgl. BGH, Urt. v. 15.5.2007 – VI ZR 150/06 – juris, Rn. 9. mit Anm. *Teichmann,* NJW 2007, 2476 f.

1003 Vgl. BGH, Urt. v. 15.5.2007 – VI ZR 150/06 – juris, Rn. 9.

1004 Vgl. BGH, Urt. v. 30.4.1996 – VI ZR 55/95 – juris, Rn. 33; BGH, Urt. v. 24.9.1991 – VI ZR 60/91 – juris, Rn. 10; *Gehrlein/Budewig,* Haftpflichtrecht nach der Reform, S. 452.

1005 Vgl. OLG Koblenz, Urt. v. 15.6.1989 – 5 U 331/88 – juris, Rn. 25.

1006 Vgl. BGH, Urt. v. 30.4.1996 – VI ZR 55/95 – juris, Rn. 35.

1007 Vgl. BGH, Urt. v. 30.3.2004 – VI ZR 25/03 – juris, Rn. 6; BGH, Urt. v. 30.4.1996 – VI ZR 55/95 – juris, Rn. 37; vgl. dazu auch Kap. 9 Rdn. 221.

1008 In diesem Sinne auch *Michel/von der Seipen,* Der Schriftsatz des Anwalts im Zivilprozess, S. 24.

Streitverkündung, Widerspruch, Einspruch, Einlegung, Begründung sowie Rücknahme von Rechtsmitteln aber auch Erledigungserklärung und Verzicht[1009].

414 1. Nach § 130 ZPO sollen die **vorbereitenden Schriftsätze** enthalten:
- die **Bezeichnung der Parteien** und ihrer gesetzlichen Vertreter nach Namen, Stand oder Gewerbe, Wohnort und Parteistellung; die Bezeichnung des Gerichts und des Streitgegenstandes; die Zahl der Anlagen;
- die für eine **Übermittlung elektronischer Dokumente erforderlichen Angaben**, sofern eine solche möglich ist;
- die **Anträge**, welche die Partei in der Gerichtssitzung zu stellen beabsichtigt;
- die **Angabe der zur Begründung der Anträge dienenden tatsächlichen Verhältnisse**;
- die **Erklärung über die tatsächlichen Behauptungen des Gegners**;
- die **Bezeichnung der Beweismittel**, deren sich die Partei zum Nachweis oder zur Widerlegung tatsächlicher Behauptungen bedienen will, sowie die Erklärung über die von dem Gegner bezeichneten Beweismittel;
- die **Unterschrift** der Person, die den Schriftsatz verantwortet, bei Übermittlung durch einen Telefaxdienst (Telekopie) die Wiedergabe der Unterschrift in der Kopie.

415 a) Zur ordnungsmäßigen Klageerhebung gehört grundsätzlich die Angabe der **ladungsfähigen Anschrift** des Klägers. Wird diese schlechthin oder ohne zureichenden Grund verweigert, ist die Klage unzulässig[1010]. Die Angabe der ladungsfähigen Anschrift des Berufungsklägers in der Berufungsschrift ist allerdings nicht Zulässigkeitsvoraussetzung der Berufung[1011].

416 b) Eine Partei genügt ihrer **Darlegungslast**, wenn sie Tatsachen vorträgt, die in Verbindung mit einem Rechtssatz geeignet sind, das geltend gemachte Recht als entstanden erscheinen zu lassen[1012]. Für einen schlüssigen und damit erheblichen Sachvortrag ist deshalb eine lückenlose Dokumentation der den geltend gemachten Anspruch rechtfertigenden Fakten nicht erforderlich. Darauf, für wie wahrscheinlich die Darstellung der Partei zu erachten ist, kommt es insoweit ebenfalls nicht an. Dies eröffnet die Möglichkeit, auch mit Hilfe von Indizien die Haupttatsachen darzulegen, die den betreffenden Rechtssatz ausfüllen[1013]. Der Pflicht zur Substantiierung ist nur dann nicht genügt, wenn das Gericht aufgrund der Darstellung nicht beurteilen kann, ob die gesetzlichen Voraussetzungen der an eine Behauptung geknüpften Rechtsfolgen erfüllt sind[1014].

417 Der Anwalt muss gemäß § 138 Abs. 1 ZPO sowohl auf der Kläger- als auch auf der Beklagtenseite für schlüssigen und in tatsächlicher Hinsicht hinreichend substantiierten Vortrag Sorge tragen. Einerseits muss die Klage ihren Gegenstand hinreichend erkennen lassen, also eine hinreichende Individualisierung vorgenommen werden. Des Weiteren müssen mit der Klage **alle zur Begründung** der beantragten Rechtsfolge **erforderlichen Tatsachen** zur Vermeidung des Einwandes der Unschlüssigkeit vorgetragen werden und zwar hinreichend substantiiert unter Einschluss der Einzelheiten, aus denen sich die für die Schlüssigkeit erforderlichen Tatsachen ergeben. **Auf der Beklagtenseite** muss der Anwalt den Klagevortrag **substantiiert bestreiten** und alle ernsthaft in Betracht kommenden rechtlichen Einwendungen bringen. Auch wenn der Kläger beweispflichtig ist, kann den Beklagten eine **sekundäre Darlegungslast** treffen, und zwar insbesondere dann, wenn

1009 *Stadler*, in: Musielak/Voit, ZPO, § 129, Rn. 6.

1010 BGH, Urt. v. 9.12.1987 – IVb ZR 4/87 – juris, Rn. 6 ff.; BGH, Urt. v. 4.3.2011 – V ZR 190/10 – juris, Rn. 11; BGH, Urt. v. 19.3.2013 – VI ZR 93/12 – juris, Rn. 12; vgl. auch BVerwG, Urt. v. 13.4.1999 – 1 C 24/97 – juris, Rn. 28 ff.; BFH, Beschl. v. 30.6.2015 – X B 28/15 – juris, Rn 11.

1011 BGH, Urt. v. 17.3.2004 – VIII ZR 107/02 – juris, Rn. 9 ff.; strenger für das finanzgerichtliche Verfahren: BFH, Beschl. v. 30.6.2015 – X B 28/15 – juris, Rn. 15.

1012 BGH, Urt. v. 7.3.2001 – X ZR 160/99 – juris, Rn. 10.

1013 BGH, Urt. v. 16.3.1998 – II ZR 323/96 – juris, Rn. 14; BGH, Urt. v. 29.9.1992 – X ZR 84/90 – juris, Rn. 8.

1014 BGH, Beschl. v. 9.2.2009 – II ZR 77/08 – juris, Rn. 4; BGH, Beschl. v. 21.5.2007 – II ZR 266/04 – juris, Rn. 8.

die beweispflichtige Partei außerhalb des Geschehensablaufes steht und keine nähere Kenntnis der maßgebenden Tatsachen besitzt, während der Prozessgegner sie hat und ihm intensivere Angaben zumutbar sind. Der Prozessverlauf kann bewirken, dass sich durch weiteren Sachvortrag des Prozessgegners die Notwendigkeit ergibt, weitere Tatsachen zu bestreiten, damit das Gericht nach wie vor insoweit von streitigem Sachverhalt ausgehen kann. Die **Intensität des Bestreitens** muss deshalb **von der Substanz des gegnerischen Vorbringens abhängig** gemacht werden.

Der Anwalt ist über den **Tatsachenvortrag** hinaus verpflichtet, den Versuch zu unternehmen, das 418 Gericht davon zu überzeugen, dass die für die von ihm vertretene Partei günstige Rechtsauffassung richtig ist. Daher muss er alles – einschließlich **Rechtsausführungen** – vorbringen, was die Entscheidung des Gerichts positiv beeinflussen kann. Kann die Klage auf verschiedene rechtliche Gesichtspunkte gestützt werden, ist der Sachvortrag deshalb auch so zu gestalten, dass alle in Betracht kommenden Gründe im Rahmen der zur Verfügung stehenden Möglichkeiten konkret dargelegt werden. Hat der Anwalt eine ihm übertragene Aufgabe nicht sachgerecht erledigt und auf diese Weise zusätzliche tatsächliche oder rechtliche Schwierigkeiten hervorgerufen, sind die dadurch ausgelösten Wirkungen ihm grundsätzlich zuzurechnen. Von daher haftet er auch für die Folgen eines gerichtlichen Fehlers, sofern dieser auf Problemen beruht, die er durch eine Pflichtverletzung erst geschaffen hat oder die er bei vertragsgemäßem Arbeiten hätte vermeiden können. Etwaige **Versäumnisse des Gerichts** schließen die Mitverantwortung des Rechtsanwalts für eigenes Versehen grundsätzlich nicht aus. Trotz der dem Gericht obliegenden Rechtsprüfung, ist der Rechtsanwalt demzufolge auch nicht der Verpflichtung enthoben, »das Rechtsdickicht zu lichten«. Er kann deswegen auch nicht unter Berufung auf den Grundsatz »iura novit curia« von der gebotenen umfassenden Darlegung des Rechtsstandpunkts seiner Partei freigestellt werden. Vielmehr missachtet er die Anforderungen an die anwaltliche Sorgfaltspflicht, wenn er den aus der Interessenlage der von ihm vertretenen Partei streitentscheidenden Gesichtspunkt (etwa der Verwirklichung eines vereinbarungswidrigen, unzureichenden Versicherungsschutzes) nicht mit der gebotenen Deutlichkeit zum Gegenstand des Rechtsstreits macht[1015]. Wird die Klage auf **zwei** eigenständige **Anspruchsgrundlagen** oder Vertragsverletzungen gestützt, ist der Rechtsanwalt des Beklagten gehalten, zu beiden vertraglichen Ansprüchen substantiiert vorzutragen[1016].

c) Die **Benennung des Zeugen** muss namentlich und mit ladungsfähiger Anschrift (also Woh- 419 nungsanschrift) erfolgen. Eine Angabe des Postfaches genügt nicht[1017].

Die **Benennung von Zeugen** mit »N.N.« kann unsubstantiiert und unerheblich sein. Wird etwa 420 bei einem behaupteten Kraftfahrzeugdiebstahl für das äußere Bild einer bedingungsgemäßen Entwendung ohne jeden Anhalt im unterbreiteten Sachverhalt ein Zeuge »N.N.« benannt, ist dieses Beweisangebot mangels hinreichender Individualisierbarkeit des Zeugen unbeachtlich[1018]. Anders liegen die Dinge, wenn der Zeuge nach den schriftsätzlichen Ausführungen konkret vorhanden und entsprechend identifizierbar ist. In einem derartigen Fall ist der Beweisantritt hinreichend substantiiert, auch wenn der Name des Zeugen nicht genannt wird. Bei unvollständiger Namens- oder Anschriftennennung hat das Gericht der Partei dann gemäß § 356 ZPO durch förmlichen Beschluss eine Frist zur Vervollständigung der fehlenden Angaben zu setzen.[1019]

d) Ein **bestimmender Schriftsatz muss** die **Unterschrift des für sie verantwortlich Zeichnenden** 421 **tragen**[1020]. Die Unterschrift[1021] ist zwingendes Wirksamkeitserfordernis. Sie soll die Identifizierung des Urhebers der schriftlichen Prozesshandlung ermöglichen und dessen unbedingten Willen zum

1015 Vgl. ausführlich Kap. 4 Rdn. 118 ff. sowie Kap. 5 Rdn. 48 f.
1016 BGH, Urt. v. 10.12.2015 – IX ZR 272/14 – juris, Rn. 8, 10.
1017 BVerwG, Urt. v. 13.4.1999 – 1 C 24/97 – juris, Rn. 29.
1018 So OLG Celle, Urt. v. 23.12.2004 – 8 U 78/04 – juris.
1019 BGH, Beschl. v. 30.11.2010 – VI ZR 25/09 – juris, Rn. 6.
1020 BGH, Urt. v. 31.3.2003 – II ZR 192/02 – juris, Rn. 6 f.; BGH, Beschl. v. 26.4.2012 – VII ZB 83/10 – juris, Rn. 7.
1021 Zu Telefax, Computerfax, E-Mail, beA und eEB vgl. Rdn. 47 ff.

Ausdruck bringen, den Schriftsatz zu verantworten und bei Gericht einzureichen. Für den Anwaltsprozess bedeutet dies, dass der bestimmende Schriftsatz vom Rechtsanwalt zwar nicht selbst verfasst, aber nach eigenverantwortlicher Prüfung genehmigt und unterschrieben sein muss. Eine nur »formelle Unterschrift«, die erkennen lässt, dass eine eigenverantwortliche Prüfung nicht vorgenommen wurde oder dass der Unterschreibende sich vom Inhalt der schriftlichen Erklärung distanziert, genügt daher nicht[1022]. Die mit einem **Klammerzusatz »für Rechtsanwalt XY«** versehene Unterschrift eines (anderen) Rechtsanwalts erfüllt die Voraussetzungen einer wirksamen Unterzeichnung. Denn der Zusatz macht deutlich, dass der unterzeichnende Rechtsanwalt als Unterbevollmächtigter in Wahrnehmung des Mandats und damit eigenverantwortlich handelt. Ein Rechtsanwalt, der »für« einen anderen Rechtsanwalt einen Schriftsatz einreicht, gibt damit eindeutig zu erkennen, dass er als Unterbevollmächtigter tätig wird[1023]. Dies wird auch nicht dadurch relativiert, wenn in Bezug auf den vertretenen Anwalt zusätzlich angegeben wird »**Nach Diktat verreist**«. Denn dies ist lediglich die Erklärung dafür, dass der vertretene Rechtsanwalt den Schriftsatz wegen seiner Abwesenheit nicht selbst unterzeichnen konnte. Eine Einschränkung oder Zurücknahme der mit der ausdrücklich »für Rechtsanwalt XY« geleisteten Unterschrift verbundenen Übernahme der Verantwortung für den Inhalt des Schriftsatzes liegt darin nicht. Die Annahme, der unterzeichnende Rechtsanwalt habe sich damit von dem Inhalt des Schriftsatzes distanzieren wollen, scheidet aus. Für einen Rechtsanwalt versteht es sich nämlich im Zweifel von selbst, dass er mit seiner Unterschrift die Verantwortung für den Inhalt eines bestimmenden Schriftsatzes übernimmt. Die Sachlage ist auch nicht derjenigen vergleichbar, dass ein Schriftsatz mit dem Zusatz »i.A.« unterzeichnet wird, der die Stellung des Unterschreibenden als die eines bloßen Erklärungsboten kennzeichnet, welcher nicht die Verantwortung für den Inhalt des Schriftsatzes übernimmt[1024].

422 Eine den gesetzlichen Anforderungen (§ 130 Nr. 6 ZPO) genügende **Unterschrift**[1025] verlangt einen die Identität des Unterzeichnenden ausreichend kennzeichnenden **Schriftzug**, der **individuelle, charakteristische Merkmale** aufweist, welche die Nachahmung erschweren, sich ohne lesbar sein zu müssen, als **Wiedergabe eines Namens** darstellt und die **Absicht** einer **vollen Unterschrift** erkennen lässt, selbst wenn er nur flüchtig niedergelegt und von einem starken Abschleifungsprozess gekennzeichnet ist. Unter diesen Voraussetzungen kann selbst ein vereinfachter und nicht lesbarer Namenszug als Unterschrift anzuerkennen sein. Von Bedeutung ist dabei, ob der Unterzeichner auch sonst in gleicher oder ähnlicher Weise unterschreibt. In Anbetracht der Variationsbreite, die selbst Unterschriften ein- und derselben Person aufweisen, ist jedenfalls bei gesicherter Urheberschaft ein **großzügiger Maßstab** anzulegen[1026].

423 Mit dem äußeren Merkmal der Unterschrift ist aus Gründen der Rechtssicherheit auch ohne einen darüber hinausgehenden Nachweis davon auszugehen, dass der Anwalt den Prozessstoff eigenverantwortlich durchgearbeitet hat und die Verantwortung für den Inhalt des Schriftsatzes tragen will. Für das Gericht besteht deshalb in aller Regel kein Anlass, den Inhalt eines anwaltlich unterschriebenen Schriftsatzes darauf zu überprüfen, in welchem Umfang und wie gründlich der Anwalt den Prozessstoff tatsächlich selbst durchgearbeitet hat. Dementsprechend ist eine **Blankounterschrift** grundsätzlich geeignet, die notwendige Form zu wahren. Es muss allerdings gewährleistet sein, dass der Rechtsanwalt den Inhalt des noch zu erstellenden Schriftsatzes so genau festgelegt hat, dass er dessen eigenverantwortliche Prüfung bereits vorab bestätigen konnte. So kann ein Schriftsatz zum Beispiel vom ortsabwesenden Rechtsanwalt telefonisch diktiert und anschließend – etwa anhand

---

1022 BGH, Urt. v. 31.3.2003 – II ZR 192/02 – juris, Rn. 6; BGH, Beschl. v. 14.3.2017 – VI ZB 34/16 – juris, Rn. 9.

1023 BGH, Urt. v. 31.3.2003 – II ZR 192/02 – juris, Rn. 7; BAG, Urt. v. 22.5.1990 – 3 AZR 55/90 – juris, Rn. 12 ff.

1024 BGH, Beschl. v. 5.11.1987 – V ZR 139/87 – juris, Rn. 3 und Beschl. v. 7.6.2016 – KVZ 53/15 – juris, Rn. 5 sowie Beschl. v. 14.3.2017 – XI ZB 16/16 – juris, Rn. 10.

1025 Zur elektronischen Unterschrift vgl. Rdn. 48 und 429 ff.

1026 BGH, Beschl. v. 3.3.2015 – VI ZB 71/14 – juris, Rn. 7 f. und Beschl. v. 9.7.2015 – V ZB 203/14 – juris, Rn. 7 und Beschl. v. 29.11.2016 – VI ZB 16/16 – juris, Rn. 7.

der Textdatei oder durch Übersendung per Telefax – überprüft worden sein.[1027] Nach diesen Maßstäben sind aber aus einem Blankoexemplar ausgeschnittene und auf eine Telefax-Vorlage geklebte Unterschriften des Prozessbevollmächtigten nicht geeignet, die an eine eigenhändige Unterschrift zu stellenden Anforderungen zu erfüllen. Denn durch eine solche Verfahrensweise ist nicht sichergestellt, dass der Rechtsanwalt durch seine Blankounterschrift die Verantwortung für den Inhalt des Schriftsatzes vorab übernimmt[1028].

Ein bestimmender Schriftsatz, dem die letzte Seite und die Unterschrift fehlen, kann den Formerfordernissen jedenfalls dann genügen, wenn er den wesentlichen inhaltlichen Anforderungen genügt (z.B. bei einer Berufungsschrift die nach § 519 ZPO erforderlichen Angaben vorhanden sind), und sich aus einer gleichzeitig eingereichten, **unterschriebenen beglaubigten Abschrift** ergibt, dass an der Absicht des Anwalts, den Schriftsatz anhängig machen zu wollen, keine Zweifel bestehen[1029]. 424

Die Gerichtssprache ist gemäß § 184 GVG deutsch. In fremder Sprache abgefasste Schriftsätze (aber auch in fremder Sprache beigefügte Anlagen) sind folglich grundsätzlich nicht verwertungsfähig. Allerdings können fremdsprachige Urkunden auch ohne deutsche Übersetzung im Verfahren berücksichtigt werden, wenn – was gerade bei englischsprachigen Urkunden häufig der Fall sein wird – das Gericht über ausreichende Kenntnisse in der Urkundssprache verfügt[1030]. 425

2. Weitere Anforderungen an Form, Inhalt und Fristen von Schriftsätzen bzw. Dokumenten[1031] ergeben sich aus §§ 130a, 130b (demnächst auch § 130d), § 131 und § 132 ZPO. 426

a) Durch einen **Telefaxdienst übermittelte Schriftsätze (Telekopien)** werden von der Zivilprozessordnung als schriftliche Dokumente eingeordnet. Das folgt einerseits aus der Vorschrift des § 130 Nr. 6 ZPO, der für Telekopien die Wiedergabe der Unterschrift in der Kopie vorschreibt und andererseits aus § 174 Abs. 2 bis 4 ZPO, wo zwischen der Zustellung eines Schriftstücks durch Telekopie einerseits und der Zustellung eines elektronischen Dokuments andererseits unterschieden wird. Das Telefax dient allein der Übermittlung eines vorhandenen Dokuments, welches beim Empfänger erneut in schriftlicher Form vorliegen soll. Deshalb tritt bei diesem Übermittlungsweg die elektronische Speicherung für sich genommen nicht an die Stelle der Schriftform, sondern ist nur ein Durchgangsstadium; das Gericht kann erst dann von einem gefaxten Schriftsatz Kenntnis nehmen, wenn er ausgedruckt vorliegt[1032]. 427

b) Demgegenüber besteht eine E-Mail sowie eine ihr beigefügte PDF-Datei allein aus der in einer elektronischen Datei enthaltenen Datenfolge und fällt daher in den Anwendungsbereich des § 130a ZPO[1033]. Mit dieser Vorschrift hat der Gesetzgeber die Voraussetzungen für die Einhaltung der Schriftform bei der Übersendung von elektronischen Dokumenten, die einem schriftlich zu unterzeichnenden Schriftstück gleichstehen, abschließend geregelt. Ein Rückgriff auf Rechtsprechungsgrundsätze, die entwickelt wurden, um bei Nutzung technischer Übermittlungsformen wie Telefax oder Computerfax die Einhaltung der Schriftform begründen zu können, kommt daher zur Heilung von Mängeln der elektronischen Übermittlung grundsätzlich nicht in Betracht[1034]. Das folgt auch aus den Regelungen in § 130a Abs. 5 und 6 ZPO. 428

Vorbereitende Schriftsätze und deren Anlagen, schriftlich einzureichende Anträge und Erklärungen der Parteien sowie schriftlich einzureichende Auskünfte, Aussagen, Gutachten, Übersetzungen und 429

1027 Vgl. BGH, Beschl. v. 12.9.2012 – XII ZB 642/11 – juris, Rn. 18; BGH, Beschl. v. 27.8.2015 – III ZB 60/14 – juris, Rn. 10.
1028 Vgl. BGH, Beschl. v. 27.8.2015 – III ZB 60/14 – juris, Rn. 11.
1029 Vgl. BGH, Beschl. v. 7.5.2009 – VII ZB 85/08 – juris, Rn. 12 f.
1030 BGH, Beschl. v. 11.3.2020 – XII ZB 578/19 – juris, Rn. 11.
1031 Der eng mit der Papierform verknüpfte Begriff Schriftstück wird zunehmend durch den umfassenden Begriff des Dokuments ersetzt; vgl. *Ory/Weth*, NJW-Beil. 2016, 96, 98.
1032 BGH, Beschl. v. 8.5.2019 – XII ZB 8/19 – juris, Rn. 15.
1033 BGH, Beschl. v. 8.5.2019 – XII ZB 8/19 – juris, Rn. 16.
1034 BGH, Beschl. v. 8.5.2019 – XII ZB 8/19 – juris, Rn. 16 f.

Erklärungen Dritter **können** gem. § 130a Abs. 1 ZPO nach Maßgabe der folgenden Absätze als **elektronische Dokumente bei Gericht eingereicht werden.** § 130a Abs. 2 S. 1 ZPO regelt, dass das elektronische Dokument **für die Bearbeitung durch das Gericht geeignet** sein muss, wobei die Bundesregierung durch Rechtsverordnung mit Zustimmung des Bundesrates die für die Übermittlung und Bearbeitung geeigneten technischen Rahmenbedingungen bestimmt.

§ 130a ZPO begründet **(noch) keine Pflicht**, Schriftsätze als elektronische Dokumente bei Gericht einzureichen. Dies soll sich jedoch mit Wirkung zum 1.1.2022 ändern[1035].

Allerdings können **Schriftsätze bei den Arbeitsgerichten in Schleswig-Holstein seit dem 1.1.2020 nur noch über den elektronischen Rechtsverkehr eingereicht werden.** Diese Nutzungspflicht ergibt sich aus § 46g ArbGG, eine Vorschrift, die Schleswig-Holstein als bisher einziges Bundesland per Landesverordnung vorzeitig eingeführt hat. Das Landesarbeitsgericht Schleswig-Holstein hat entsprechend eine per Telefax am Tage des Fristablaufs eingelegte Berufung als unzulässig verworfen. da die Pflicht zur elektronischen Einreichung nicht erfüllt war[1036]. Im Blick auf die hinsichtlich des Erfordernisses der elektronischen Einlegung zutreffend erteilte Rechtsmittelbelehrung wurde das Wiedereinsetzungsgesuch zurückgewiesen[1037].

430 Ein elektronisches Dokument muss nach § 130a Abs. 3 S. 1 ZPO mit einer qualifizierten elektronischen Signatur der verantwortenden Person versehen sein **oder** von der **verantwortenden Person signiert** *und* **auf einem sicheren Übermittlungsweg eingereicht** werden[1038]. Dies gilt nach **S. 2** allerdings **nicht für Anlagen**, die vorbereitenden Schriftsätzen beigefügt sind.

431 aa) Die gem. § 130a Abs. 3 S. 1 ZPO erforderliche **qualifizierte elektronische Signatur** ist in der IDAS-VO über elektronische Identifizierung und Vertrauensdienste für elektronische Transaktionen im Binnenmarkt[1039] als unmittelbar geltendes Unionsrecht legal definiert[1040]. Bei der **qualifizierten elektronischen Signatur** handelt es sich um eine fortgeschrittene elektronische Signatur, die von einer qualifizierten elektronischen Signaturerstellungseinheit erstellt wurde und auf einem qualifizierten Zertifikat für elektronische Signaturen beruht[1041]. Eine solche qualifizierte elektronische Signatur tritt an die Stelle der eigenhändigen Unterschrift nach § 130 Nr. 6 ZPO (Authentizitätsfunktion)[1042] und ist bei einem bestimmenden Schriftsatz zwingende Wirksamkeitsvoraussetzung[1043].

1035 Nach § 130d S. 1 ZPO sind vorbereitende Schriftsätze und deren Anlagen sowie schriftlich einzureichende Anträge und Erklärungen, die durch einen Rechtsanwalt, durch eine Behörde oder durch eine juristische Person des öffentlichen Rechts einschließlich der von ihr zur Erfüllung ihrer öffentlichen Aufgaben gebildeten Zusammenschlüsse eingereicht werden, ab Anfang 2022 – soweit möglich (§ 130d S. 2 und 3 ZPO) – als elektronisches Dokument zu übermitteln. Diesen Zeitpunkt können die Landesregierungen durch Rechtsverordnung vorverlegen (Art. 24 Abs. 2 des Gesetzes v. 10.10.2013). Anknüpfend hieran ist z. B. in der Arbeitsgerichtsbarkeit des Landes Schleswig-Holstein zum 1.1.2020 vorzeitig eine Pflicht zur Nutzung des elektronischen Rechtsverkehrs eingeführt worden.

1036 LAG Schleswig-Holstein, Beschl. v. 25.3.2020 – 6 Sa 102/20 – juris, Rn. 7 ff.

1037 LAG Schleswig-Holstein, Beschl. v. 25.3.2020 – 6 Sa 102/20 – juris, Rn. 37 ff.; das LAG hat die Revisionsbeschwerde gem. § 77 ArbGG wegen grundsätzlicher Bedeutung zugelassen.

1038 Zu Haftungsfallen beim beA vgl. *Jungk*, AnwBl 2020, 102 f. sowie *Günther*, NJW 2020, 1785 ff.

1039 Verordnung (EU) Nr. 910/2014 des Europäischen Parlaments und des Rates vom 23. Juli 2014 über elektronische Identifizierung und Vertrauensdienste für elektronische Transaktionen im Binnenmarkt und zur Aufhebung der Richtlinie 1999/93/EGVO (EU) Nr. 910/2014; § 2 SigG ist mit Wirkung ab 28.7.2017 außer Kraft getreten – dazu noch BGH, Beschl. v. 14.1.2010 – VII ZB 112/08 – juris, Rn. 12.

1040 BT-Drs. 18/12494, 49.

1041 Art. 3 Nr. 12 VO (EU) Nr. 910/2014.

1042 BAG, Beschl. v. 24.10.2019 – 8 AZN 589/19 – juris, Rn. 9; vgl. auch BGH, Beschl. v. 14.5.2013 – VI ZB 7/13 – juris, Rn. 9 und v. 14.5.2013 – VI ZB 7/13 – juris, Rn. 7.

1043 Vgl. BGH, Beschl. v. 14.1.2010 – VII ZB 112/08 – juris, Rn. 14 ff.

432 Damit die elektronische Signatur einer eigenhändigen Unterzeichnung gleichwertig ist, muss sie tatsächlich von demjenigen vorgenommen werden, dessen Unterschrift dem Formerfordernis genügen würde. Folglich ist die erforderliche »**Eigenhändigkeit**« nicht gewahrt, wenn die Signatur von einem Dritten unter Verwendung der Signaturkarte des Rechtsanwalts vorgenommen wird, ohne dass dieser den Inhalt des betreffenden Schriftsatzes geprüft und sich zu Eigen gemacht hat[1044].

Auf private elektronische Dokumente, die mit einer qualifizierten elektronischen Signatur versehen sind, finden ansonsten die Vorschriften über die Beweiskraft privater Urkunden entsprechende Anwendung (§ 371a Abs. 1 S. 1 ZPO). Der **Anschein der Echtheit** einer in elektronischer Form vorliegenden Erklärung, der sich auf Grund der Prüfung der qualifizierten elektronischen Signatur nach Art. 32 der IDAS ergibt, kann nur durch Tatsachen erschüttert werden, die ernstliche Zweifel daran begründen, dass die Erklärung von der verantwortenden Person abgegeben worden ist (§ 371a Abs. 1 S. 2 ZPO). Der danach bestehende Anscheinsbeweis wäre aber erschüttert, wenn festgestellt würde, dass der Rechtsanwalt die zur Signatur notwendige PIN-Eingabe seinen Mitarbeitern überlassen hätte und von diesen Schriftsätze mit seiner Signaturkarte elektronisch signiert würden, ohne dass der Rechtsanwalt den Inhalt der betreffenden Schriftsätze geprüft und sich eindeutig zu Eigen gemacht hätte[1045].

433 bb) Nachrichten und Dokumente in elektronischer Form sind nach § 130a Abs. 3 S. 1 2 ZPO auch dann rechtswirksam bei Gericht eingereicht, wenn sie von der **verantwortenden Person einfach signiert** und auf einem **sicheren Übertragungsweg i.S.v. § 130a Abs. 4 ZPO übermittelt** worden sind.

434 Die wirksame Einreichung eines Schriftsatzes über das besondere elektronische Anwaltspostfach setzt gemäß § 130a Abs. 3 S. 1 **2** ZPO eine **Übereinstimmung** der unter dem Dokument befindlichen einfachen **Signatur mit der als Absender ausgewiesenen Person** voraus, **wenn eine qualifizierte elektronische Signatur fehlt.**

Die **einfache Signatur** i.S.d. § 130a Abs. 3 S. 1 Alt. 2 ZPO meint die einfache Wiedergabe des Namens am Ende des Textes, beispielsweise bestehend aus einem maschinenschriftlichen Namenszug unter dem Schriftsatz oder einer eingescannten Unterschrift[1046]. Das Fehlen der Signatur kann ausnahmsweise unschädlich sein, wenn – ohne Beweisaufnahme – aufgrund anderer Umstände zweifelsfrei feststeht, dass der Prozessbevollmächtigte die Verantwortung für den Inhalt übernommen hat[1047].

Eine wirksame Einreichung bestimmender Schriftsätze aus dem besonderen elektronischen Anwaltspostfach ist **ohne qualifizierte elektronische Signatur nur möglich, wenn** der Aussteller das Dokument **eigenhändig aus seinem Postfach versendet.**

Ein **Vertreter** kann mittels einfacher Signatur **deshalb nur aus seinem eigenen beA** versenden[1048]. Wenn er **aus dem beA des Vertretenen** sendet, muss der Vertretene **zuvor mittels qeS signiert** haben (ebenso wie bei der Versendung durch Büropersonal). Dabei ist es dann aber unerheblich, wenn die Unterschrift am Ende des Schriftsatzes nicht diejenige des Inhabers des beA-Postfaches ist[1049].

1044 Vgl. BGH, Beschl. v. 21.12.2010 – VI ZB 28/10 – juris, Rn. 8.

1045 Insoweit bietet sich eine Parallele zur Verwendung einer Blankounterschrift an, die grundsätzlich geeignet ist, die Form zu wahren. Dabei muss allerdings gewährleistet sein, dass der Rechtsanwalt den Inhalt des erstellten Schriftsatzes im Detail geprüft hat; vgl. BGH, Beschl. v. 27.8.2015 – III ZB 60/14 – juris, Rn. 10 und v. 21.12.2010 – VI ZB 28/10 – juris, Rn. 9 sowie MünchKommBGB/*Einsele*, § 126a, Rn. 21.

1046 BAG, Beschl. v. 14.9.2020 – 5 AZB 23/20 – juris, Rn. 15.

1047 BAG, Beschl. v. 14.9.2020 – 5 AZB 23/20 – juris, Rn. 19; zu einer etwaigen Wiedereinsetzung vgl. a.a.O., juris, Rn. 26 ff. und Rdn. 713.

1048 OLG Braunschweig, Beschl. v. 8.4.2019 – 11 U 146/18 – juris, Rn. 34 ff.

1049 BAG, Beschl. v. 24.10.2019 – 8 AZN 589/19 – juris, Rn. 9 sowie *Jungk*, AnwBl 2020, 101.

Sichere Übermittlungswege sind nach Maßgabe von **§ 130a Abs. 4 Nrn. 1 bis 4 ZPO**
(1) der Postfach- und Versanddienst eines **De-Mail**-Kontos, wenn der Absender bei Versand der Nachricht sicher im Sinne des § 4 Abs. 1 S. 2 des De-Mail-Gesetzes angemeldet ist und er sich die sichere Anmeldung gemäß § 5 Abs. 5 des De-Mail-Gesetzes bestätigen lässt;
(2) der Übermittlungsweg zwischen dem **besonderen elektronischen Anwaltspostfach** nach § 31a BRAO oder einem entsprechenden, auf gesetzlicher Grundlage errichteten **elektronischen Postfach** und der **elektronischen Poststelle** des Gerichts,
(3) der Übermittlungsweg zwischen einem nach Durchführung eines Identifizierungsverfahrens eingerichteten Postfach einer Behörde oder einer juristischen Person des öffentlichen Rechts und der elektronischen Poststelle des Gerichts; das Nähere regelt die Verordnung nach Absatz 2 S. 2 oder
(4) sonstige bundeseinheitliche Übermittlungswege, die durch Rechtsverordnung der Bundesregierung mit Zustimmung des Bundesrates festgelegt werden, bei denen die Authentizität und Integrität der Daten sowie die Barrierefreiheit gewährleistet sind.

Die vorbenannten Übermittlungswege sind durch das Gesetz zur Förderung des elektronischen Rechtsverkehrs mit den Gerichten (sog. E-Justice-Gesetz) zur Vereinfachung des elektronischen Rechtsverkehrs[1050] eingeführt worden[1051]. Für den Rechtsanwalt kommen als sichere Übermittlungswege vorrangig **beA** und **De-Mail** sowie als anderer zugelassener elektronischer Übermittlungsweg nach § 4 Abs. 1 Nr. 2 ERVV das Elektronische Gerichts- und Verwaltungspostfach (**EGVP**) in Betracht.

435 Nach **§ 130a Abs. 5 ZPO** ist ein elektronisches Dokument bei Gericht **eingegangen, sobald** es auf der für den Empfang bestimmten Einrichtung des Gerichts **gespeichert** ist. Dies muss bis spätestens Mitternacht des Tages geschehen sein, an dem eine etwaig einzuhaltende Notfrist abläuft[1052]. Durch die **automatisierte Eingangsbestätigung** nach § 130a Abs. 5 S. 2 ZPO soll der Absender Gewissheit erlangen, ob die Übermittlung an das Gericht erfolgreich war oder ob weitere Bemühungen zur Übermittlung des elektronischen Dokuments erforderlich sind[1053].

Zur Fristwahrung genügt es, wenn das fristwahrende elektronische Dokument auf dem Server des Gerichts gespeichert worden ist (§ 130a Abs. 5 S. 1 ZPO)[1054]. Der Umstand, dass das elektronische Dokument weder von einem Client-Rechner abgeholt noch ausgedruckt wird, ist in diesem Zusammenhang unerheblich. Hierbei handelt es sich um gerichtsinterne Vorgänge, die für den Zeitpunkt des Eingangs des Dokuments nicht von Bedeutung sind[1055]. Aus dem gerichtsinternen Versäumnis, einen Schriftsatz beim Eingangsserver abzuholen, dürfen für die Prozessbeteiligten keine Nachteile erwachsen[1056]-

436 Ist ein elektronisches Dokument für das Gericht zur Bearbeitung nicht geeignet, ist dies dem Absender unter Hinweis auf die Unwirksamkeit des Eingangs und auf die geltenden technischen Rahmenbedingungen unverzüglich mitzuteilen (§ 130a Abs. 6 S. 1 ZPO). Das Dokument gilt als zum Zeitpunkt der früheren Einreichung eingegangen, sofern der Absender es unverzüglich in einer für das Gericht zur Bearbeitung geeigneten Form nachreicht und glaubhaft macht, dass es mit dem zuerst eingereichten Dokument inhaltlich übereinstimmt (§ 130a Abs. 6 S. 2 ZPO). Aufgrund der

1050 Vgl. in diesem Zusammenhang auch § 46c Abs. 4 ArbGG; § 65a Abs. SGG; § 55a Abs. 4 VwGO; § 52a Abs. 4 FGO und § 32a Abs. 4 StPO.

1051 Vgl. grundlegend, *Greve*, eJustice-Praxishandbuch, Ein Rechtskompendium zum beA, beBPo, De-Mail, EGVP und zur eAkte für Rechtsanwälte, Behörden und Gerichte, 4. Aufl., 2019.

1052 *Jungk*, AnwBl 2020, 102 f.

1053 Vgl. dazu auch Rdn. 109.

1054 BGH, Beschl. v. 14.5.2020 – X ZR 119/18 – Rn. 8 und 12,

1055 Vgl. BGH, Beschl. v. 14.5.2020 – X ZR 119/18 – juris, Rn. 12 und v. 28.5.2020 – I ZR 214/19 – juris, Rn. 7.

1056 BGH, Beschl. v. 25.8.2020 – VI ZB 79/19 – juris, Rn. 7.

sowohl technisch als auch rechtlich komplexen Signatur- und Übermittlungsanforderungen kann eine Wiedereinsetzung in den vorigen Stand in Betracht kommen[1057].

Die im EGVP-Verfahren eingesetzte qualifizierte **Container-Signatur** genügt seit dem 1. Januar 2018 nicht mehr den Anforderungen des § 130a ZPO[1058]. 437

Nach § 126a BGB kann die Schriftform durch die elektronische Form ersetzt werden, indem der Erklärung der Name hinzugefügt und das Dokument mit einer qualifiziert elektronischen Signatur versehen wird. Dahingegen wäre die Abgabe der Erklärung mit bloß einfacher Signatur nicht ausreichend[1059]. Durch das beA wird ansonsten nur die Form des § 130a ZPO gewahrt, nicht aber auch etwaige materiellrechtliche Schriftformerfordernisse (§§ 126, 126a BGB). Soweit das Gesetz für Erklärungen die Schriftform vorsieht, ist die Form des § 126a BGB (qeS) weiterhin erforderlich[1060]. Im Übrigen ist § 126 Abs. 3 Hs. 2 BGB zu beachten. Danach kann die schriftliche Form nicht durch die elektronische ersetzt werden, wenn sich aus dem Gesetz ein anderes ergibt, so beispielsweise aus § 623 Hs. 2 BGB (arbeitsrechtliche Kündigung) oder § 766 S. 2 BGB (Bürgschaft). 438

c) Die **Verweisung auf** umfängliche **Anlagen** erfüllt im Allgemeinen nicht die Aufgabe einer vollständigen und damit aus sich heraus verständlichen Darstellung derjenigen Tatsachen, auf welche die Partei ihre Rechtsverfolgung stützt. Es verstößt gegen den Beibringungsgrundsatz, wenn an Stelle eines geordneten Sachvortrags auf Schriftstücke verwiesen wird, aus denen das Gericht sich die erheblichen Tatsachen heraussuchen soll; soweit im Schriftsatz auf Urkunden Bezug genommen werden darf (§§ 131, 134 f. ZPO), sind damit Beweismittel gemeint (§§ 415 ff. ZPO) und kein Vortrag[1061]. Eine Berufungsbegründung muss durch einen Schriftsatz erfolgen. Die Vorlage eines Aktenordners mit Anlagen ändert hieran nichts. Anlagen können nach Maßgabe von § 131 ZPO nur der Erläuterung des schriftsätzlichen Vorbringens oder dem urkundlichen Beweis von Behauptungen dienen. Ersetzen können Anlagen schriftsätzliches Vorbringen nicht[1062]. 439

d) Ein vorbereitender **Schriftsatz**, der neue Tatsachen oder ein anderes neues Vorbringen enthält, ist nach § 132 Abs. 1 ZPO so **rechtzeitig einzureichen**, dass er mindestens eine **Woche** vor der mündlichen Verhandlung zugestellt werden kann. Der vorbereitende Schriftsatz, der eine Gegenerklärung auf neues Vorbringen enthält, ist nach § 132 Abs. 2 ZPO so rechtzeitig einzureichen, dass er mindestens **drei Tage** vor der mündlichen Verhandlung zugestellt werden kann. 440

Bei einem im Sinne des § 132 ZPO nicht rechtzeitig mitgeteilten erheblichen Vorbringen des Gegners muss der Anwalt einen **Antrag auf Schriftsatznachlass** stellen, sofern er sich im Termin zu diesem Vorbringen nicht substantiiert erklären kann. In der Praxis wird häufig übersehen, dass ein Schriftsatznachlass nur auf Antrag zu gewähren, und dass der Antrag auch in das Protokoll aufzunehmen ist, § 160 Abs. 3 Nr. 2 ZPO. Der nachgelassene Schriftsatz dient dann der Vorbereitung der vom Gericht zu treffenden Entscheidung, ob der Rechtsstreit durch die Berücksichtigung des verspäteten gegnerischen Vorbringens verzögert wird. 441

Angriffs- und Verteidigungsmittel, die **verspätet**, d.h. erst nach Ablauf einer hierfür gesetzten Frist (§ 273 Abs. 2 Nr. 1 ZPO und, soweit die Fristsetzung gegenüber einer Partei ergeht, § 275 Abs. 1 S. 1, Abs. 3, 4 ZPO; § 276 Abs. 1 S. 2, Abs. 3 ZPO und § 277 ZPO) vorgebracht werden, sind 442

1057 Vgl. BT-Drs. 15/4067, 31; zur Wiedereinsetzung ansonsten Rdn. 433 sowie 139 und 703 ff.

1058 BGH, Urt. v. 15.5.2019 – XII ZB 573/18 – juris, Rn. 19 im Anschluss an BSG, Beschl. v. 20.3.2019 – B 1 KR 7/18 B – juris, Rn. 6 sowie BVerwG, Beschl. v. 7.9.2018 – 2 WDB 3/18 – juris, Rn. 8 und BAG, Beschl. v. 5.8.2018 – 2 AZN 269/18 – juris, Rn. 6, alle in Abgrenzung zu BGH, Beschl. v. 14.5.2013 – VI ZB 7/13 – juris, Rn. 10.

1059 *Ehrmann/Streyl*, NZM 2019, 873 (875 f.).

1060 *Jungk*, AnwBl 2020, 102 f.

1061 LAG Köln, Urt. v. 26.7.2002 – 11 Sa 258/02 – juris, Rn. 6.

1062 BGH, Beschl. v. 27.9.2001 – V ZB 29/01 – juris, Rn. 6; BGH, Urt. v. 17.3.2016 – III ZR 200/15 – juris, Rn. 19 f.

nach Maßgabe von § 296 Abs. 1 ZPO **in erster Instanz** nur zuzulassen, wenn nach der freien Überzeugung des Gerichts ihre Zulassung die Erledigung des Rechtsstreits nicht verzögern würde oder wenn die Partei die Verspätung genügend entschuldigt. Angriffs- und Verteidigungsmittel, die entgegen § 282 Abs. 1 ZPO nicht rechtzeitig vorgebracht oder entgegen § 282 Abs. 2 ZPO nicht rechtzeitig mitgeteilt werden, können nach § 296 Abs. 2 ZPO zurückgewiesen werden, wenn ihre Zulassung nach der freien Überzeugung des Gerichts die Erledigung des Rechtsstreits verzögern würde und die Verspätung auf grober Nachlässigkeit beruht.

443 3. Nach § 531 Abs. 1 ZPO bleiben **im Berufungsverfahren** Angriffs- und Verteidigungsmittel, die im ersten Rechtszuge zu Recht zurückgewiesen worden sind, ausgeschlossen. Neue Angriffs- und Verteidigungsmittel sind nach § 531 Abs. 2 ZPO nur zuzulassen, wenn sie

- einen Gesichtspunkt betreffen, der vom Gericht des ersten Rechtszuges erkennbar übersehen oder für unerheblich gehalten worden ist,
- infolge eines Verfahrensmangels im ersten Rechtszug nicht geltend gemacht wurden oder
- im ersten Rechtszug nicht geltend gemacht worden sind, ohne dass dies auf einer Nachlässigkeit der Partei beruht.

444 Die **Berufungsbegründung**[1063] selbst muss nach § 520 Abs. 3 S. 2 Nr. 2 ZPO die Umstände bezeichnen, aus denen sich nach Ansicht des Berufungsklägers die **Rechtsverletzung** (vgl. § 547 ZPO) und deren **Erheblichkeit** für die angefochtene Entscheidung ergeben. Dazu gehört eine aus sich heraus verständliche Angabe, welche bestimmten Punkte des angefochtenen Urteils der Berufungskläger bekämpft und welche tatsächlichen oder rechtlichen Gründe er ihnen im Einzelnen entgegensetzt. Besondere **formale Anforderungen** bestehen **nicht**; für die **Zulässigkeit der Berufung** ist es insbesondere **ohne Bedeutung**, ob die Ausführungen in sich **schlüssig** oder rechtlich haltbar sind. Jedoch muss die Berufungsbegründung auf den **konkreten Streitfall** zugeschnitten sein. Es reicht deshalb nicht aus, die Auffassung des Erstgerichts mit formularmäßigen Sätzen oder allgemeinen Redewendungen zu rügen oder lediglich auf das Vorbringen erster Instanz zu verweisen. Ungenügend sind insbesondere Textbausteine und Schriftsätze aus anderen Verfahren. Allein die Rüge, das angefochtene Urteil stelle eine **Überraschungsentscheidung** dar, weil im Hinblick auf die kurz zuvor gewährte Prozesskostenhilfe davon habe ausgegangen werden können, das Vorbringen sei als erfolgversprechend (§ 114 ZPO) und damit als ausreichend anzusehen, greift regelmäßig nicht durch, wenn nicht gleichzeitig die damit erhobene Gehörsrüge näher ausgeführt wird. Dazu ist eine Auseinandersetzung mit den in der angegriffenen Entscheidung ausgeführten inhaltlichen Gesichtspunkten notwendig und darzulegen, welches Vorbringen gegebenenfalls noch ergänzend vorgetragen worden wäre, wenn ein entsprechender **richterlicher Hinweis** nach § 139 ZPO erteilt worden wäre[1064]. Hat das Erstgericht die Abweisung der Klage auf mehrere voneinander unabhängige, selbständig tragende rechtliche Erwägungen gestützt, muss die Berufungsbegründung in dieser Weise jede tragende Erwägung angreifen; andernfalls ist das Rechtsmittel unzulässig[1065].

445 Überträgt der Rechtsanwalt die Anfertigung einer Rechtsmittelschrift seinem angestellten Büropersonal, so gehört es zu seinen Aufgaben, das Arbeitsergebnis selbst sorgfältig zu überprüfen. Der Prozessbevollmächtigte einer Partei muss die Rechtsmittelschrift daher vor der Unterzeichnung auf Vollständigkeit kontrollieren. Vor allem in einem so gewichtigen Teil wie der **Bezeichnung** des **Rechtsmittelgerichts** darf die Erstellung des Schriftsatzes selbst gut geschultem und erfahrenem Personal eines Rechtsanwalts nicht eigenverantwortlich überlassen werden. Die Weisung, den Schriftsatz an das Berufungsgericht zu adressieren, reicht deshalb regelmäßig nicht aus[1066].

1063 Zum Berufungsmandat allgemein Rdn. 40 ff.
1064 BGH, Beschl. v. 22.5.2014 – IX ZB 46/12 – juris, Rn. 7, 10.
1065 BGH, Beschl. v. 11.2.2020 – VI ZB 54/19 – juris, Rn. 6.
1066 BGH, Beschl. v. 16.9.2015 – V ZB 54/15 – juris, Rn. 9 und Beschl. v. 12.5.2016 – IX ZB 75/15 – juris, Rn. 7.

Selbständiges Beweisverfahren

Der Sinn eines selbständigen Beweisverfahrens besteht einerseits darin, einen Rechtsstreit zu vermeiden und andererseits darin, ein späteres Hauptsacheverfahren zu vereinfachen[1067]. Verkannt werden darf nicht, dass das selbständige Beweisverfahren keine materiellrechtlichen Klärungen mit sich bringt. 446

1. Die **Durchführung** eines selbständigen Beweisverfahrens **gemäß § 485 Abs. 1 ZPO** ist regelmäßig **zu empfehlen**, wenn **zu besorgen** ist, **dass** ein **Beweismittel verloren geht oder** seine **Benutzung erschwert** werden **wird**, also z.B. bei hohem Alter einer Partei, deren Gesundheitszustand bewiesen werden muss oder bei einer gefährlichen Erkrankung eines Zeugen. Vorab sollte geklärt werden, ob der Gegner diesem Verfahren im Sinne des § 485 Abs. 1 ZPO zustimmt. 447

2. Sind die Voraussetzungen des § 485 Abs. 1 ZPO nicht erfüllt, kann ein selbständiges Beweisverfahren nur unter den eingeschränkten Voraussetzungen angeordnet werden, die in **§ 485 Abs. 2 ZPO** normiert sind. Dieses selbständige Beweisverfahren hat folgende Zulässigkeitsvoraussetzungen: 448
- Es darf ein Rechtsstreit noch nicht anhängig sein.
- Der Antragsteller muss ein rechtliches Interesse an der Beweiserhebung haben.
- Zulässige Beweisthemen sind nur die unter § 485 Abs. 2 S. 1 ZPO genannten Beweisfragen.

Ein rechtliches Interesse besteht, wenn die Feststellung der Vermeidung eines Rechtsstreits dienen kann, § 485 Abs. 2 S. 2 ZPO. Das rechtliche Interesse ist unabhängig von einer Gefahr im Sinne des **§ 485 Abs. 1 ZPO** zu prüfen. Es ist zu bejahen, wenn der Zustand einer Sache oder ihr Wert die Grundlagen eines beliebigen Anspruchs des Antragstellers oder eines Anspruchs gegen den Antragsteller bilden kann. 449

a) § 485 Abs. 2 S. 1 ZPO sieht in Bezug auf die Beweisthemen drei Alternativen vor, nämlich die Durchführung des Verfahrens zwecks Feststellung 450
- **des Zustandes** einer Person oder des Zustandes oder Wertes einer Sache,
- **der Ursache** eines Personenschadens, Sachschadens oder Sachmangels,
- **des Aufwandes** für die Beseitigung eines Personenschadens, Sachschadens oder Sachmangels.

b) Das Gesetz bestimmt in § 485 Abs. 2 ZPO nur beispielhaft, wann ein rechtliches Interesse gegeben ist. Das rechtliche Interesse wird vermutet, wenn die Durchführung des Beweisverfahrens der Vermeidung eines Rechtsstreits dienen kann. Einem rechtlichen Interesse steht insbesondere nicht entgegen, dass möglicherweise eine abschließende Klärung durch das einzuholende Sachverständigengutachten nicht möglich ist und weitere Aufklärungen erforderlich erscheinen[1068]. Die Anordnung eines selbständigen Beweisverfahrens gemäß § 485 Abs. 2 ZPO muss also **der Vermeidung eines Rechtsstreits zu dienen geeignet sein**. Diese Voraussetzung kann auch noch erfüllt sein, wenn der Antragsgegner bzw. sein Haftpflichtversicherer von vornherein erklären, auch im Falle eines für sie nachteiligen Ausganges des selbständigen Beweisverfahrens keinen Schadensersatz leisten zu wollen[1069]. § 485 Abs. 2 ZPO verlangt nämlich nicht die Sicherheit, sondern nur die Eignung, dass durch das selbständige Beweisverfahren ein Rechtsstreit vermieden wird[1070]. Das selbständige Beweisverfahren ist also selbst dann zulässig, wenn der Antragsgegner kategorisch jede Einigung ablehnt, da nicht auszuschließen ist, dass er sich nach Erstattung des Gutachtens eines Besseren besinnt[1071]. Die Eignung zu einer Vermeidung des Rechtsstreits wird bereits dadurch erfüllt, dass der Antragsteller voraussichtlich von der Erhebung einer Klage absehen wird, wenn das selbständige 451

1067 *Sturmberg*, Die Beweissicherung 2004, Ziff. 1, Rn. 2 u. 3.

1068 Vgl. BGH, Beschl. v. 24.9.2013 – VI ZB 12/13 – juris, Rn. 18.

1069 Vgl. BGH, Beschl. v. 24.9.2013 – VI ZB 12/13 – juris, Rn. 18 ff.; OLG Saarbrücken, Beschl. v. 13.5.1999 – 1 W 125/99 – juris, Rn. 6.

1070 Vgl. OLG Saarbrücken, Beschl. v. 13.5.1999 – 1 W 125/99 – juris, Rn. 6.

1071 OLG Bamberg, Beschl. v. 16.6.1994 – 4 W 44/94 – NJW-RR 1995, 893; Zöller/*Herget*, ZPO, § 485, Rn. 7a.

Beweisverfahren zu einem für ihn ungünstigen Ergebnis führt[1072]. Das rechtliche Interesse im Sinne des § 485 Abs. 2 ZPO als Zulässigkeitsvoraussetzung für die Durchführung eines selbständigen Beweisverfahrens ist deshalb weiter zu fassen als das für eine negative Feststellungsklage nach § 256 ZPO erforderliche rechtliche Interesse[1073]. Das rechtliche Interesse kann nur in Fällen verneint werden, in denen evident ist, dass der behauptete Anspruch keinesfalls bestehen kann[1074]. Weil im selbständigen Beweisverfahren etwaige Erfolgsaussichten des Hauptsacheprozesses im Übrigen nicht geprüft werden, ist streitig, ob es für das Rechtsschutzbedürfnis nicht einmal auf die Verjährung des Anspruchs ankommt[1075].

452 Ein rechtliches Interesse an der Durchführung eines selbständigen Beweisverfahrens nach § 485 Abs. 2 ZPO kann auch bei Arzthaftungsansprüchen nicht aus grundsätzlichen Erwägungen ohne Prüfung der Umstände des Einzelfalles verneint werden[1076]. Ein rechtliches Interesse an einer vorprozessualen Klärung der haftungsrechtlich maßgeblichen Gründe für einen Gesundheitsschaden durch einen Sachverständigen kann im selbständigen Beweisverfahren auch dann gegeben sein, wenn zwar einerseits die Feststellung der Vermeidung eines Rechtsstreits dienen, andererseits aber möglicherweise eine abschließende Klärung durch das einzuholende Sachverständigengutachten nicht erfolgen kann und weitere Aufklärungen erforderlich erscheinen[1077]. Eine gewichtige Beschränkung des Anwendungsbereichs des selbständigen Beweisverfahrens im **Arzthaftungsrecht** besteht jedoch darin, dass eine Beweisaufnahme nur über die in § 485 Abs. 2 S. 1 Nr. 1 bis 3 ZPO abschließend aufgeführten Beweisthemen zulässig ist[1078]. Für die Zulässigkeit des Beweisverfahrens in Arzthaftungssachen reicht es bereits aus, wenn es um die Frage geht, ob die ärztliche Behandlung bzw. Aufklärung vom geschuldeten medizinischen Standard abweicht und als mögliche Ursache der gesundheitlichen Beeinträchtigung in Betracht kommt[1079]. Hiernach sind auch Fragen nach dem Vorliegen grober Behandlungsfehler[1080] und ärztlicher Aufklärungsfehler[1081] zulässig.

453 3. Ein selbständiges Beweisverfahren nach § 485 Abs. 1 ZPO kann sich auf
- die Einnahme des Augenscheins
- die Vernehmung von Zeugen oder
- die Begutachtung durch einen Sachverständigen

beziehen. Ein Verfahren gemäß § 485 Abs. 2 ZPO kann sich hingegen nur auf die schriftliche Begutachtung durch einen Sachverständigen richten.[1082] Soweit eine Begutachtung bereits gerichtlich angeordnet worden ist, findet eine neue Begutachtung nur statt, wenn die Voraussetzungen des § 412 ZPO erfüllt sind (§ 485 Abs. 3 ZPO).

1072 Vgl. OLG Saarbrücken, Beschl. v. 13.5.1999 – 1 W 125/99 – juris, Rn. 6; OLG Düsseldorf, Beschl. v. 30.7.1998 – 8 W 16/98 – juris, Rn. 2 sowie OLG Düsseldorf, Beschl. v. 12.1.2000 – 8 W 53/99 – juris, Rn. 5.

1073 Vgl. OLG Köln, Beschl. v. 22.6.1995 – 22 W 20/95 – juris, Rn. 7; OLG Hamm, Beschl. v. 26.6.1996 – 13 W 21/96 – NJW-RR 1998, 68.

1074 Vgl. BGH, Beschl. v. 16.9.2004 – III ZB 33/04 – juris, Rn. 5.

1075 So OLG Düsseldorf, Beschl. v. 13.10.2000 – 21 W 43/00 – juris, Rn. 4 ff.; a.A. OLG Karlsruhe, Beschl. v. 23.12.1998 – 7 W 52/98 – juris, Rn. 13 sowie OLG Karlsruhe, Beschl. v. 27.4.2001 – 14 U 187/00 – juris, Rn. 13.

1076 BGH, Beschl. v. 21.1.2003 – VI ZB 51/02 – juris, Rn. 16; OLG Nürnberg, Beschl. v. 29.5.2008 – 5 W 506/08 – juris, Rn. 17 sowie *Gehrlein,* ZMGR 2004, 187 ff.

1077 Vgl. BGH, Beschl. v. 24.9.2013 – VI ZB 12/13 – juris, Rn. 18.

1078 Zöller/*Herget*, ZPO, § 485, Rn. 9; *Rehborn,* MDR 1998, 16 sowie *Graf/Johannes*, VersR 2019, 1054 ff.

1079 OLG Hamm, Beschl. v. 9.7.2019 – I-26 W 8/19 – juris, Rn. 2.

1080 BGH, Beschl. v. 21.1.2003 – VI ZB 51/02 – juris, Rn. 7 ff. und v. 24.9.2013 – VI ZB 12/13 – juris, Rn. 18 ff.

1081 BGH, Beschl. v. 19.5.2020 – VI ZB 51/19 – juris, Rn. 7 und 16.

1082 Vgl. OLG Düsseldorf, Beschl. v. 21.10.1996 – 5 W 48/96 – NJW-RR 1997, 1086; zu alledem auch BeckOK ZPO/*Kurz*, § 485 ZPO, Rn. 38 ff. sowie *Sturmberg*, Die Beweissicherung, Ziff. 8.2, Rn. 260.

4. Auch wenn man berücksichtigt, dass sich aus dem besonderen Charakter des selbständigen Beweisverfahrens und dem mit ihm verfolgten Zweck, einen Rechtsstreit zu vermeiden, möglicherweise niedrigere **Anforderungen an die Darlegungslast** ergeben und deshalb die Angabe der Beweistatsachen in groben Zügen ausreichen soll, ist jedenfalls ein **Minimum an Substantiierung in Bezug auf die Beweistatsachen** zu fordern, da nur so der Verfahrensgegenstand zweifelsfrei abgrenzbar ist und der Sachverständige eine Grundlage für die ihm übertragene Tätigkeit hat[1083]. Daher sind die Beweistatsachen im Sinne von § 487 Nr. 2 ZPO jedenfalls dann nicht ausreichend bezeichnet, wenn der Antragsteller in lediglich formelhafter und pauschaler Weise Tatsachenbehauptungen aufstellt, ohne diese zu dem zugrunde liegenden Sachverhalt in Beziehung zu setzen[1084]. 454

Übersehen wird mitunter die im Blick auf den Inhalt des Antrages nach § 487 Nr. 4 ZPO gegebene **Verpflichtung zur Glaubhaftmachung**.

Die Glaubhaftmachung muss sich auf die Tatsachen beziehen, welche
- die Zulässigkeit des selbständigen Beweisverfahrens sowie
- die Zuständigkeit des Gerichts

zu begründen geeignet sind.

Ist der Antragsteller ohne Verschulden außerstande, den Gegner zu benennen, muss sich die Glaubhaftmachung auch darauf beziehen. 455

Wird eine Glaubhaftmachung unterlassen, kann der Antrag nur dann zum Erfolg geführt werden, wenn die Tatsachen unstreitig bleiben[1085]. Wenn keine mündliche Verhandlung über den Antrag stattfindet, kann die Glaubhaftmachung nur durch eidesstattliche Versicherung oder durch Urkundsbeweis erfolgen. Die eidesstattliche Versicherung sollte eine eigene Sachdarstellung beinhalten[1086]. 456

Für ein selbständiges Beweisverfahren kommt auch eine **PKH-Bewilligung** in Betracht. Die hinreichende Erfolgsaussicht ist nur im Hinblick auf die Aussichten der Antragszulassung zu prüfen[1087]. 457

Gegenanträge sind zulässig, wenn der Antragsgegner ein Beweisthema aufgreift, das der Antragsteller nach Beschlussfassung aufgegeben hat[1088]. Streitig ist, inwieweit darüber hinausgehende Gegenanträge zuzulassen sind. Solche Gegenanträge müssen nach teilweise vertretener Auffassung jedenfalls bis zur Absendung der Gerichtsakten an den Sachverständigen bzw. zumindest bis zur Durchführung des Ortstermins vorliegen[1089]. 458

Eine **Streitverkündung** ist auch im selbständigen Beweisverfahren zulässig[1090]. 459

5. Ist die Hauptsache bereits anhängig, ist gemäß § 486 Abs. 1 ZPO das Prozessgericht zuständig. Die gerichtliche Zuständigkeit für die Durchführung eines isolierten selbständigen Beweisverfahrens folgt **grundsätzlich** der **Zuständigkeit der entsprechenden Hauptsache**, § 486 Abs. 2 S. 1 ZPO. Angaben zum Streitwert gemäß § 61 GKG sind deshalb erforderlich. In Fällen dringender Gefahr ist gemäß § 486 Abs. 3 ZPO das Amtsgericht zuständig, in dessen Bezirk sich die zu vernehmende oder zu begutachtende Person aufhält oder sich die in Augenschein zu nehmende oder zu begutachtende Sache befindet[1091]. 460

1083 Vgl. BGH, Beschl. v. 10.11.2015 – VI ZB 11/15 – juris, Rn. 9.
1084 BGH, Beschl. v. 10.11.2015 – VI ZB 11/15 – juris, Rn. 9.
1085 Vgl. OLG Oldenburg, Beschl. v. 3.2.1995 – 2 W 15/95 – juris, Rn. 3.
1086 *Sturmberg*, Die Beweissicherung, Ziff. 3.2.4.2, Rn. 85.
1087 Vgl. OLG Köln, Beschl. v. 28.11.1994 – 13 W 60/94 – juris, Rn. 4.
1088 Vgl. OLG Köln, Beschl. v. 20.7.1994 – 19 W 24/94 – juris, Rn. 4 f.
1089 Vgl. dazu Thüringer OLG, Beschl. v. 9.6.1997 – 7 W 311/97 – juris, Rn. 6 f.
1090 *Sturmberg*, Die Beweissicherung, Ziff. 8.4, Rn. 275 bis 297.
1091 Für die Abgrenzung der Zuständigkeit der Amts- und Landgerichte im Streitwertbereich um 5.000,00 EUR vgl. *Fischer*, MDR 2001, 608 ff.

461 6. Wählt der Antragsteller für das selbständige Beweisverfahren ein falsches Gericht, darf der Antragsgegner im Hauptsachestreit die Unzuständigkeit wegen des Grundsatzes der Unmittelbarkeit der Beweisaufnahme auch dann noch rügen, wenn er diesen Einwand im selbständigen Beweisverfahren nicht erhoben hat[1092].

462 Die **Benennung des Antragsgegners** ist gemäß § 494 Abs. 1 ZPO entbehrlich, sofern der Beweisführer glaubhaft macht, ohne Verschulden außerstande zu sein, den Gegner zu bezeichnen.

Das Recht zur Benennung des Sachverständigen ist durch die Neufassung des § 487 Nr. 3 ZPO **entfallen**. Nach herrschender Meinung bestimmt das Gericht im selbständigen Beweisverfahren die Person des Sachverständigen[1093], sofern sich die Verfahrensbeteiligten nicht auf einen bestimmten Sachverständigen gem. § 404 Abs. 4 ZPO einigen. Gleichwohl sollte vom Antragsteller ein bestimmter Sachverständiger vorgeschlagen werden.

463 7. Ein **Nachteil** des selbständigen Beweisverfahrens **besteht darin, dass das** einzuholende **Gutachten häufig auf ungesicherter tatsächlicher Grundlage erstattet wird**, so dass dem Gutachten im Hauptsacheprozess durch den Nachweis eines anderweitigen Sachverhalts die Grundlage entzogen werden kann.

Ein in einem selbständigen Beweisverfahren eingeholtes schriftliches Sachverständigengutachten stellt auch kein zulässiges Beweismittel im Urkundenprozess dar, soweit dadurch der Beweis durch Sachverständige ersetzt werden soll[1094].

464 8. Der Rechtsanwalt hat die Pflicht, bei drohender Verjährung, beispielsweise von Mängelgewährleistungsansprüchen in einem Bauprozess, ein selbständiges Beweisverfahren zwecks Verjährungsunterbrechung einzuleiten[1095]. Gemäß § 204 Abs. 1 Nr. 7 BGB wird der **Lauf der Verjährungsfrist** durch die Zustellung eines Antrags auf Durchführung eines selbständigen Beweisverfahrens gehemmt[1096]. Das Ende der Hemmung erfolgt gemäß § 204 Abs. 2 BGB sechs Monate nach der rechtskräftigen Entscheidung oder nach anderweitiger Erledigung des eingeleiteten Verfahrens. Für die Dauer der Unterbrechung der Verjährung durch ein selbständiges Beweisverfahren kommt es darauf an, wann dieses beendet ist. Dies ist der Fall, wenn die Beweissicherung sachlich erledigt ist. Sachliche Erledigung tritt nach einer mündlichen Anhörung des Sachverständigen grundsätzlich mit dem Verlesen des Sitzungsprotokolls über die Vernehmung des Sachverständigen oder dessen Vorlage zur Durchsicht ein. Die Übermittlung des Protokolls liegt außerhalb der Beweisaufnahme und gehört nicht mehr zum Beweisverfahren[1097]. Ein selbständiges Beweisverfahren ist ungeachtet des Inhalts und der Qualität des Gutachtens jedenfalls dann beendet, wenn der Gutachter sich zu den gestellten Beweisfragen geäußert hat, und innerhalb eines angemessenen Zeitraums nach der mündlichen Anhörung keine Anträge einer Partei zur Ergänzung des Gutachtens gestellt werden. Unbeachtlich ist daher, ob die Beantwortung der Beweisfragen umfassend und ergiebig war oder Beweisfragen ungeklärt blieben, solange keine Partei nach der Anhörung des Sachverständigen Anträge oder Ergänzungsfragen gestellt hat; die bloße Ankündigung solcher Anträge reicht nicht aus[1098].

1092 Vgl. KG, Beschl. v. 21.3.2016 – 2 AR 9/16 – juris, Rn. 9; OLG Celle, Beschl. v. 8.1.1999 – 1 W 23/98 – juris, Rn. 4.

1093 Vgl. OLG Frankfurt, Beschl. v. 11.5.1994 – 21 W 11/94 – juris, Rn. 2; OLG Celle, Beschl. v. 6.6.1994 – 22 W 46/94 – juris, Rn. 2; OLG Brandenburg, Beschl. v. 19.1.1995 – 4 W 24/94 – juris, Rn. 3; OLG Düsseldorf, Beschl. v. 3.6.1993 – 5 W 19/93 – juris, Rn. 3; OLG Frankfurt/M., Beschl. v. 17.6.1993 – 22 W 24/93 – juris, Rn. 4.

1094 Vgl. BGH, Urt. v. 18.9.2007 – XI ZR 211/06 – juris, Rn. 15.

1095 Vgl. OLG Celle, Beschl. v. 24.6.2011 – 3 W 55/11 – juris, LS 1.

1096 Die Verjährung wird allerdings nur durch eine zulässige Streitverkündung gehemmt, vgl. BGH, Urt. v. 12.11.2009 – IX ZR 152/08 – juris, Rn. 9; BGH, Urt. v. 6.12.2007 – IX ZR 143/06 – juris, Rn. 20.

1097 BGH, Beschl. v. 24.3.2009 – VII ZR 200/08 – juris, Rn. 4.

1098 Vgl. BGH, Beschl. v. 24.3.2009 – VII ZR 200/08 – juris, Rn. 6 f.

Nach herrschender Meinung soll allerdings nur ein vom Gläubiger beantragtes selbständiges Beweisverfahren die Verjährung hemmen[1099]. **465**

Zu beachten ist, dass jeder Mangel seinem eigenen verjährungsrechtlichen Schicksal unterliegt, auch dann, wenn diverse Mängel von einem Sachverständigen in einem Gutachten untersucht werden. Wenn also ein selbständiges Beweisverfahren durch die Einholung eines Ergänzungsgutachtens zu bestimmten Mangelpunkten fortgesetzt wird, führt dies nicht zu einer Hemmung auch hinsichtlich der übrigen Mängel, die nicht Gegenstand des Ergänzungsgutachtens sind[1100]. **466**

9. Gemäß § 494a Abs. 1 ZPO darf bei einem selbständigen Beweisverfahren, das ohne ein anhängiges Hauptsacheverfahren geführt wird, nach Beendigung der Beweiserhebung der Antragsgegner beantragen, dass dem Antragsteller eine Frist zur Klageerhebung angeordnet wird. Grundsätzlich erfolgt im selbständigen Beweisverfahren keine Kostenentscheidung, vielmehr erst im Hauptsacheverfahren. Kommt jedoch der Antragsteller einer ihm bestimmten **Frist zur Klageerhebung** nicht nach, hat gemäß § 494a Abs. 2 ZPO das Gericht auf Antrag durch Beschluss auszusprechen, dass der Antragsteller die dem Antragsgegner entstandenen Kosten zu tragen hat. Die Entscheidung unterliegt der sofortigen Beschwerde. Ein Beschluss gemäß § 494a Abs. 2 ZPO kann nicht ergehen, wenn mehrere Antragsteller wegen ihnen zustehender Mängelansprüche aus einem Bauvertrag ein selbständiges Beweisverfahren durchgeführt haben und der Antragsgegner daraufhin von einem der Antragsteller, der zugleich Rechtsnachfolger des anderen Antragstellers hinsichtlich der verfahrensgegenständlichen Ansprüche geworden ist, im Klagewege in Anspruch genommen wird[1101]. Eine Klage des Antragstellers hindert auch dann eine Kostenentscheidung nach § 494a ZPO, wenn zwischen dem selbständigen Beweisverfahren und der dann erhobenen Klage nur eine Teilidentität gegeben ist[1102]. **467**

10. Die **Gerichtskosten des Beweisverfahrens** sind nicht als außergerichtliche Kosten, sondern als Gerichtskosten des nachfolgenden Rechtsstreits zu werten[1103]. Der Antragsteller des selbständigen Beweisverfahrens hat die Verfahrenskosten auch zu tragen, wenn der Antrag als unzulässig abgewiesen wird[1104] sowie bei Antragsrücknahme. **468**

Erweist sich das selbständige Beweisverfahren im Hauptsacheprozess als unerheblich, sollte bei Gericht angeregt werden, gemäß § 96 ZPO zu verfahren[1105]. In Betracht kommen gegebenenfalls auch materiellrechtliche Kostenerstattungsansprüche aus §§ 280 bis 286 BGB, § 634 Nr. 4 BGB oder § 823 BGB[1106]. **469**

11. Für den **Streitwert** entscheidend ist der vom Sachverständigen festgestellte richtige Hauptsachewert[1107]. Bei mehreren Gegnern erfolgt die Zuordnung des Streitwerts entsprechend ihrer Beteiligung[1108]. **470**

12. Als **Alternative** zum selbständigen Beweisverfahren ist die **Einholung eines Privatgutachtens** in Betracht zu ziehen. Dieses klärt die maßgebende Frage regelmäßig schneller. Das Privatgutachten **471**

1099 *Lenkeit,* BauR 2002, 196, 216; *Mansel*, Verjährungsrecht, § 8, Rn. 57.

1100 Vgl. OLG Hamm, Urt. v. 16.12.2008 – 21 U 117/08 – juris, Rn. 10.

1101 BGH, Beschl. v. 23.8.2007 – VII ZB 79/06 – juris, Rn. 8.

1102 Vgl. BGH, Beschl. v. 21.10.2004 – V ZB 28/04 – juris, LS 1 sowie BGH, Beschl. v. 12.9.2013 – VII ZB 4/13 – juris, Rn. 11; *Sturmberg*, Die Beweissicherung, Ziff. 9.5, Rn. 384.

1103 Vgl. BGH, Beschl. v. 18.12.2002 – VIII ZB 97/02 – juris, Rn. 7 ff.; OLG Koblenz, Beschl. v. 27.1.2003 – 14 W 15/03 – juris, Rn. 11.

1104 Vgl. OLG Hamm, Beschl. v. 16.5.1997 – 7 W 2/97 – zitiert nach juris.

1105 Zur nur eingeschränkten Möglichkeit der (isolierten) Anfechtung einer Kostengrundentscheidung (§ 99 ZPO) vgl. BGH, Beschl. v. 3.9.2013 – VIII ZB 17/12 – juris, Rn. 5 ff.

1106 Vgl. *Sturmberg*, Die Beweissicherung, Ziff. 9.6, Rn. 393 bis 403.

1107 BeckOK ZPO/*Kratz,* § 485, Rn. 42 f.; vgl. auch. BGH, Beschl. v. 16.9.2004 – III ZB 33/04 – juris, Rn. 13 ff.

1108 Vgl. KG, Beschl. v. 14.8.2000 – 24 W 4524/00 – juris, Rn. 3.

kann jedoch nur als qualifizierter Parteivortrag gewertet werden. Die Rechtswirkungen des § 493 Abs. 1 ZPO, dass die selbständige Beweiserhebung einer Beweisaufnahme vor dem Prozessgericht gleichsteht, wenn sich eine Partei im Prozess auf Tatsachen beruft, über die selbständig Beweis erhoben worden ist, greifen deshalb bei einem Privatgutachten nicht. Es ist nur mit Zustimmung des Gegners als Sachverständigenbeweis zu verwerten[1109]. Das Gericht muss sich aber ebenso wie ein Gerichtssachverständiger mit Privatgutachten auseinandersetzen[1110]. Die Kosten für das Privatgutachten können im Hauptsacheprozess gemäß § 91 ZPO erstattungsfähig sein, wenn die Partei infolge fehlender Sachkenntnisse ohne Gutachten nicht zu einem sachgerechten Vortrag in der Lage ist[1111]. Auf der anderen Seite muss das Gutachten den Verlauf des Rechtsstreits zugunsten der das Privatgutachten vorlegenden Partei nicht beeinflusst haben[1112]. Eine andere Frage ist, ob für die Erstattungsfähigkeit der Kosten eines Privatgutachtens dessen Vorlage im Kostenfestsetzungsverfahren erforderlich ist[1113]. Gemäß den §§ 439 Abs. 2, 635 Abs. 2 BGB kann auch ein materiellrechtlicher Kostenerstattungsanspruch bestehen. Über die Unterschiede ist der Mandant aufzuklären[1114].

Sicherheitsleistung

472 Sofern die Parteien nichts anderes vereinbart haben und das Gericht nichts anderes bestimmt, ist eine Sicherheitsleistung nach **§ 108 Abs. 1 ZPO durch** eine **Bürgschaft zu bewirken.** Nach früherer Rechtslage konnte sie hingegen ohne einen entsprechenden Antrag nur durch Hinterlegung von Geld oder geeigneten Wertpapieren bewirkt werden. Ein Antrag, der Partei zu gestatten, die Sicherheitsleistung durch eine Bürgschaft zu bewirken, ist nun indes nicht mehr erforderlich.

473 1. Gemäß § 108 Abs. 1 S. 1 ZPO kann das Gericht in Fällen der Bestellung einer prozessualen Sicherheit nach freiem Ermessen bestimmen, in welcher Art und Höhe die Sicherheit zu leisten ist. Sofern aber das Gericht eine Bestimmung nicht trifft und die Parteien nichts anderes vereinbart haben, ist nun die Sicherheitsleistung gemäß § 108 Abs. 1 S. 2 ZPO durch die schriftliche, unwiderrufliche, unbedingte und unbefristete Bürgschaft eines im Inland zum Geschäftsbetrieb befugten Kreditinstituts oder durch Hinterlegung von Geld oder solchen Wertpapieren zu bewirken, die nach § 234 Abs. 1 und Abs. 3 BGB zur Sicherheitsleistung geeignet sind.

Eine gerichtliche Anordnung der Sicherheitsleistung kann in Bezug auf Grund und Höhe derselben – jenseits einer **Berichtigung** des Urteils gemäß § 319 ZPO – nur zusammen mit der Entscheidung in der Sache angefochten werden[1115]. Wenn das Gericht die Höhe versehentlich nicht bestimmt oder offenbar fehlerhaft errechnet hat, kann eine **Ergänzung** des Urteils gemäß §§ 321, 716, 717 ZPO erfolgen[1116].

474 2. Soll aus einem für **vorläufig vollstreckbar** erklärten **Urteil** die **Zwangsvollstreckung** betrieben werden, ist mit dem Mandanten die nach § 717 Abs. 2 ZPO drohende Schadensersatzpflicht für den Fall zu erörtern, dass das Urteil später aufgehoben oder abgeändert wird. Der Schadensersatzanspruch erstreckt sich dann auf den Schaden, der dem Beklagten durch die Vollstreckung des Urteils oder durch eine zur Abwendung der Vollstreckung erbrachte Leistung entstanden ist. »Begleitschäden«, die darauf beruhen, dass die Zwangsvollstreckung nicht in der gehörigen Weise durchgeführt worden ist, werden vom Schutzzweck des § 717 Abs. 2 ZPO für die Vollstreckung bloß vorläufig vollstreckbarer, später aufgehobener oder geänderter Titel allerdings nicht erfasst[1117].

1109 Vgl. BGH, Urt. v. 29.9.1993 – VIII ZR 62/92 – juris, Rn. 10.
1110 Vgl. BGH, Urt. v. 11.11.2014 – I-VI ZR 76/13 – juris, Rn. 15; BGH, Urt. v. 15.6.1993 – VI ZR 175/92 – juris, Rn. 13.
1111 Vgl. BGH, Beschl. v. 24.4.2012 – VIII ZB 27/11 – juris, Rn. 3.
1112 Vgl. BGH, Beschl. v. 26.2.2013 – VI ZB 59/12 – juris, Rn. 6 ff. sowie Beschl. v. 20.12.2011 – VI ZB 17/11 – juris, Rn. 12 f.
1113 Dazu BGH, Beschl. v. 26.2.2013 – VI ZB 59/12 – juris, Rn. 10.
1114 Zu diesen Unterschieden vgl. BGH, Beschl. v. 9.2.2012 – VII ZB 95/09 – juris, Rn. 8 ff.
1115 BGH, Beschl. v. 13.8.1998 – III ZR 81/98 – juris, Rn. 6.
1116 BGH, Beschl. v. 13.8.1998 – III ZR 81/98 – juris, Rn. 6.
1117 BGH, Urt. v. 5.2.2009 – IX ZR 36/08 – juris, Rn. 7.

Der Vollstreckungsgläubiger kann den **Schadensersatzanspruch gemäß § 717 Abs. 2 ZPO** sogar noch im anhängigen Rechtsstreit geltend machen.

3. Es gehört zu den Pflichten eines **Berufungsanwalts**, der für seinen Mandanten die einstweilige Einstellung der Zwangsvollstreckung gegen Sicherheitsleistung erwirkt und die Sicherheit dem Gegner übermittelt hat, sich um die **Rückgabe der Sicherheit** zu kümmern, nachdem der Mandant mit der Berufung vollständig oder im Wesentlichen obsiegt hat[1118]. **475**

Ist eine Sicherheit geleistet worden, die Veranlassung für die Sicherheitsleistung dann jedoch weggefallen, wird es gleichwohl nicht selten unterlassen, **vom Recht aus § 109 ZPO** zugunsten des Mandanten **Gebrauch** zu **machen, wenn** die **Sicherheitsleistung nicht zurückgegeben wird**. Danach kann bei dem Gericht, das die Bestellung der Sicherheit angeordnet oder zugelassen hat, eine Fristbestimmung beantragt werden, binnen der die Partei, zu deren Gunsten die Sicherheit geleistet wurde, die Einwilligung in die Rückgabe der Sicherheit zu erklären oder die Erhebung einer Klage wegen ihrer Ansprüche nachzuweisen hat. Nach Ablauf der Frist hat das Gericht gemäß § 109 Abs. 2 ZPO auf Antrag die Rückgabe der Sicherheit anzuordnen, wenn nicht bis dahin die Erhebung der Klage durch den Gegner nachgewiesen ist. Wenn die Sicherheit durch eine Bürgschaft erbracht wurde, ordnet das Gericht das Erlöschen der Bürgschaft an, sofern diese bis dahin nicht zurückgegeben wurde. Kein Wegfall der Veranlassung für eine Sicherheitsleistung gem. § 109 Abs. 1 ZPO besteht allerdings, wenn die Partei, zu deren Gunsten die Sicherheit geleistet ist, ihrerseits vor der Vollstreckung Sicherheit leistet[1119]. In Ansehung einer prozessualen Sicherheit nach § 108 Abs. 1 ZPO steht der Partei, zu deren Gunsten die Sicherheit geleistet ist, jedoch kein Recht auf Setzung einer Frist gemäß § 109 Abs. 1 ZPO zur Einwilligung in die Rückgabe oder zum Nachweis der Erhebung der Klage wegen ihrer Ansprüche zu. Ein darauf gerichteter Antrag ist nicht statthaft.[1120] **476**

Die nach den §§ 710 ff. ZPO möglichen **Schutzanträge** sollten **nicht formularmäßig** gestellt werden. Die Voraussetzungen müssen **vielmehr substantiiert** dargelegt **und** gemäß § 714 Abs. 2 ZPO **glaubhaft** gemacht werden. **477**

Hat ein Schuldner in der Berufungsinstanz keinen Vollstreckungsschutzantrag nach § 712 ZPO gestellt, kommt eine Einstellung der Zwangsvollstreckung nach § 719 ZPO durch das Revisionsgericht (sei es im Revisionsverfahren oder im Verfahren über die Nichtzulassungsbeschwerde) grundsätzlich nicht in Betracht[1121]. Anderes kann indes gelten, wenn das Berufungsgericht im Rahmen seines Ausspruchs zur vorläufigen Vollstreckbarkeit rechtsfehlerhaft § 713 ZPO angewandt und eine Abwendungsbefugnis nach § 711 ZPO nicht ausgesprochen hat[1122]. Eine Ausnahme kommt auch in Betracht, wenn es dem Schuldner im Berufungsverfahren aus besonderen Gründen nicht möglich oder nicht zumutbar war, einen Antrag nach § 712 ZPO zu stellen, oder wenn sich nachträglich neue Gründe ergeben haben[1123]. Ob ein in erster Instanz unterlassener Vollstreckungsschutzantrag gemäß § 712 ZPO in zweiter Instanz nachgeholt werden darf (über den dann durch Teilurteil nach § 718 Abs. 1 ZPO vorab zu entscheiden wäre), ist streitig[1124].

1118 BGH, Urt. v. 22.3.1990 – IX ZR 128/89 – juris, Rn. 14.

1119 Thüringer OLG, Beschl. v. 12.7.2007 – 7 W 336/07 – juris, Rn. 4.

1120 OLG Brandenburg, Beschl. v. 13.10.2015 – 7 W 115/15 – juris, Rn. 10 ff.

1121 Vgl. nur BGH, Beschl. v. 11.2.2020 – V ZR 201/19 – juris, Rn. 5 sowie v. 7.12.2018 – VIII ZR 146/18 – juris, Rn. 5.

1122 Vgl. einerseits BGH, Beschl. v. 29.11.2016 – VI ZR 25/16 – juris, Rn. 2 ff.; andererseits BGH, Beschl. v. 7.12.2018 – VIII ZR 146/18 – juris, Rn. 7.

1123 BGH, Beschl. v. 18.8.2008 – VIII ZR 215/08 – juris, Rn. 3 und v. 27.10.2010 – VIII ZR 155/10 – juris, Rn. 3; vgl. auch *Schuschke/Walker*, Vollstreckung und Vorläufiger Rechtsschutz, § 719 ZPO, Rn. 13.

1124 Vgl. OLG Frankfurt/Main, Beschl. v. 5.11.2008 – 4 U 208/08 – juris, Rn. 4; OLG Sachsen-Anhalt, Urt. v. 29.8.2013 – 9 U 58/13 (Hs) – juris, Rn. 7.

Streitverkündung

478 Der Anwalt, der einen Zivilprozess führt, muss erforderlichenfalls, d.h. bei Anhaltspunkten dafür, dass seinem Mandanten für den Fall des Unterliegens im Prozess Ansprüche gegen Dritte zustehen, eine Streitverkündung nach § 72 ZPO erwägen und für seinen Mandanten diese Möglichkeit der Streitverkündung zur Vorbereitung eines eventuellen Folgeprozesses gegen einen Dritten fallangemessen auch nutzen[1125]. Die Streitverkündung mindert die Risiken des Folgeprozesses in doppelter Hinsicht, nämlich

a) durch die sog. **Interventionswirkung** nach §§ 74, 68 ZPO, wonach der Dritte, dem im ersten Prozess der Streit verkündet worden ist, sich nicht später auf eine unrichtige Entscheidung dieses Prozesses berufen kann[1126]. Diese Bindungswirkung setzt eine rechtskräftige Entscheidung voraus, woran es z.B. bei Beendigung des Rechtsstreits durch Vergleich (außer bei vergleichsweiser Rechtsmittelrücknahme) fehlt[1127]. Darauf hat der Anwalt sehr genau zu achten.

b) ferner durch die **Hemmung der Verjährung** der eventuellen Ansprüche gegen den Dritten nach § 204 Abs. 1 Ziff. 6 BGB.[1128]

479 Die Streitverkündung kann in zahlreichen Fallgestaltungen zweckmäßig sein.

▶ Beispiel 1[1129]:

480 Es wird eine Schadensersatzklage wegen vorhandener **Mängel eines Bauwerkes** gegen den Bauunternehmer geführt. Dieser beruft sich darauf, dass die Mängel auf Planungsfehlern oder Koordinierungsmängeln des Architekten beruhen[1130]. Wird wegen dieses Einwandes die Klage gegen den Bauunternehmer ganz oder teilweise abgewiesen, so kann im Folgeprozess gegen den Architekten, dem der Streit verkündet worden ist, nicht die gegenteilige Annahme zu Lasten des klagenden Bauherrn zugrunde gelegt werden.

▶ Beispiel 2:

481 Ein Anwalt vertritt einen durch Verfügung von Todes wegen von der Erbfolge ausgeschlossenen Pflichtteilsberechtigten in seinem Prozess gegen den Erben auf **Ergänzung des Pflichtteils** wegen einer durch den Erblasser einem Dritten gemachten Schenkung (§ 2325 BGB). Ist nach der Sach- und Rechtslage eine Beschränkung der Haftung des Erben aus § 2325 BGB etwa durch § 1990 BGB (Dürftigkeitseinrede) nicht auszuschließen oder gar nahe liegend, ist wegen ihrer zweifachen Wirkung eine Streitverkündung an den gemäß § 2329 BGB subsidiär haftenden Beschenkten zu erwägen. Ein Unterlassen dieses probaten und einfachen Mittels kann zu einer Haftung des Anwalts führen[1131].

▶ Beispiel 3:

482 Der Anwalt steht bei seiner Prozessberatung für einen Aktivprozess vor der Schwierigkeit, aus tatsächlichen oder rechtlichen Gründen nicht hinreichend eindeutig bestimmen zu können, wer der »richtige« Beklagte ist. Ist danach auch nur mit der entfernten **Möglichkeit** zu rechnen, dass nicht der in Anspruch genommene Beklagte, sondern **ein Dritter** als **passivlegitimiert** angesehen werden könnte und wird mit einer Abweisung der Klage gegen einen der in Betracht kommenden Schuldner zugleich die Passivlegitimation des Dritten feststehen, so muss empfohlen

1125 Vgl. BGH, Urt. v. 29.4.1993 – IX ZR 101/92 – juris, Rn. 17; v. 16.9.2010 – IX ZR 203/08 – juris, Rn. 13 und 20; v. 8.12.2011 – IX ZR 204/09 – juris, Rn. 7.

1126 Zum Umfang der Streithilfewirkung vgl. BGH, Urt. v. 4.4.2019 – III ZR 338/17 – juris, Rn. 27; v. 8.12.2011 – IX ZR 204/09 – juris, Rn. 7 und 9; Beschl. v. 24.3.2011 – IX ZR 138/08 – juris, Rn. 2; v. 21.2.2002 – IX ZR 127/00 – juris, Rn. 16; v. 18.12.1961 – III ZR 181/60, BGHZ 36, 212, 215.

1127 *Thora*, NJW 2019, 3624 m.w.N.

1128 Vgl. dazu im Einzelnen oben Kap. 7 Rdn. 191 ff.

1129 Vgl. BGH, Urt. v. 8.12.2011 – IX ZR 204/09 – juris, Rn. 15.

1130 Vgl. schon oben Kap. 2 Rdn. 20 und Kap. 8 Rdn. 15.

1131 Vgl. OLG Hamm vom 23.10.2001 – 28 U 200/00; dazu näher Kap. 2 Rdn. 231 und Kap. 9 Rdn. 127.

werden, dem Dritten im vorliegenden Prozess (rechtzeitig vor Ablauf der Verjährungsfrist) den Streit zu verkünden[1132]. Zur Feststellung des »richtigen« Anspruchsgegners ist die Streitverkündung allerdings nicht geeignet, wenn der Kläger im Verhältnis zu jedem der in Betracht kommenden Anspruchsgegner beweispflichtig ist[1133].

▶ Beispiel 4[1134]:

G, ein Mitarbeiter der damaligen Treuhandanstalt erteilt dem Kläger mündlich einen Auftrag für eine »Management-Analyse«. Alle in Betracht kommenden Auftraggeber lehnen später die Begleichung der Honorarrechnung ab. Eine Klage gegen einen der vermeintlichen Auftraggeber unter Streitverkündung an G bleibt erfolglos, weil letzterer für die Treuhandanstalt gehandelt habe. Die anschließende Klage gegen G als Vertreter ohne Vertretungsmacht wird wegen Verjährung abgewiesen. 483

Der BGH hat den Regressanspruch gegen den früheren Anwalt des Klägers dem Grunde nach bejaht: Der Beklagte hätte nämlich richtigerweise eine Klage gegen G aus **§ 179 Abs. 1 BGB** empfehlen **und** raten müssen, den als **Auftraggeber** in Betracht kommenden natürlichen und juristischen Personen **den Streit** zu **verkünden**. Wäre man so vorgegangen, wäre G gemäß § 179 Abs. 1 BGB entweder zur Erfüllung oder zum Schadensersatz verurteilt worden, weil er den ihn als Vertreter Handelnden treffenden Beweis für eine Vertretungsmacht nicht hätte erbringen können, oder aber der wirkliche Auftraggeber wäre – für diesen bindend (§§ 74, 68 ZPO) – festgestellt worden, weil G seinen Beweis für seine entsprechende Vertretungsmacht geführt hätte[1135]. Dreh- und Angelpunkt der richtigen Vorgehensweise ist also in solchen Fällen »unklarer« Vertretung § 179 Abs. 1 BGB und die den Vertreter treffende Beweislast für seine Vertretungsmacht.

▶ Beispiel 5:

Ein Anwalt vertritt einen Grundstückskäufer in einem Prozess, in dem der Verkäufer Schadensersatz verlangt. Wegen einer dem Notar auf seine Anfrage unrichtig erteilten Auskunft des Grundbuchamts zur Nichterledigung von früheren Eintragungsanträgen kommt bei ungünstigem Ausgang des Prozesses deshalb ein Amtshaftungsanspruch ernsthaft in Betracht. Aus der Pflicht, Vorkehrungen gegen den Eintritt einer Verjährung zu treffen, sobald infolge des dem Anwalt erteilten Auftrags oder der von ihm gewählten Vorgehensweise die Gefahr besteht, dass der Anspruch gegen den Dritten aus dem Blick gerät, hat der Anwalt grundsätzlich verjährungshemmende Maßnahmen, wie beispielsweise die Streitverkündung, anzuraten[1136]. 484

▶ Beispiel 6:

Wenn ein Kläger bei der Geltendmachung von Forderungen aus einem notariellen Vertrag anwaltlich vertreten wird und der Beklagte sich auf die Formnichtigkeit dieses Vertrags beruft, wird sich die Streitverkündung gegen den Notar, der den Vertrag beurkundet hat, empfehlen[1137]. Der Ausgang des Prozesses ist für den späteren Prozess gegen den Notar präjudiziell. 485

▶ Beispiel 7:

Dass hingegen in einem wegen fahrlässiger Amtspflichtverletzung gegen einen Notar geführten Schadensersatzprozess eine Streitverkündung an einen Rechtsanwalt als einem anderweitig 486

1132 BGH, Urt. 16.9.2010 – IX ZR 203/08 – juris, Rn. 13; vgl. dazu schon oben Rdn. 11 und Rdn. 16 (Beispiel 5).

1133 BGH, Urt. v. 21.7.2005 – IX ZR 193/01 – juris, Rn. 8; v. 16.9.2010 – IX ZR 203/08 – juris, Rn. 13.

1134 BGH NJW-RR 2005, 1585 = WM 2005, 2108; vgl. schon Rdn. 16 (Beispiel 5).

1135 In diesem Fall hätte der Kläger auch die Kosten des erfolglosen Prozesses gegen G bei dem Auftraggeber liquidieren können, weil dieser durch das wahrheitswidrige Leugnen seiner Auftraggeberstellung schuldhaft vertragliche Nebenpflichten dem Kläger gegenüber verletzt hätte, BGH NJW-RR 2005, 1585 = WM 2005, 2108.

1136 BGH NJW 2002, 1117, 1119 = WM 2002, 505, 507; vgl. dazu näher Kap. 2 Rdn. 269.

1137 Zur Zulässigkeit vgl. BGH NJW 2008, 519, 520 = WM 2008, 266, 267 (Tz. 19).

Ersatzpflichtigen (§ 19 Abs. 1 S. 2 BNotO) nicht zulässig ist, ist nun auch vom BGH anerkannt[1138]. Der Rechtsanwalt haftet primär und der Notar hier nur subsidiär (dazu näher Kap. 7 Rdn. 192 m.w.N.).

▶ Beispiel 8:

487 Ist in einem Regressprozess gegen einen Anwalt zur Feststellung der haftungsausfüllenden Kausalität das hypothetische Ergebnis des Ausgangs- oder Vorprozesses zu ermitteln, hat auch dann, wenn dieser Inzidentprozess z.B. wegen Unterbrechung noch nicht abgeschlossen ist, das Regressgericht selbst und in eigener Verantwortung zu entscheiden, wie er richtigerweise zu entscheiden wäre[1139]. Dass hier die Gefahr divergierender Entscheidungen besteht, ändert daran nichts; ihr kann zum Beispiel durch eine Streitverkündung vorgebeugt werden (Kap. 4 Rdn. 202)[1140].

▶ Beispiel 9:

488 Muss der Anwalt bei der ordnungsgemäßen Bearbeitung eines Prozessmandats erkennen, dass **vor ihm tätige Anwälte** fehlerhaft gearbeitet haben und der Auftraggeber bei einer vollständigen oder auch nur teilweisen Prozessniederlage einen Schadensersatzanspruch gegen diese haben kann, wird grundsätzlich darauf und auf die Möglichkeit einer Streitverkündung hinzuweisen sein. Kommt der Anwalt hier seiner Warnpflicht nach, z.B. der Berufungsanwalt in Bezug auf die Arbeit des erstinstanzlichen Kollegen (vgl. dazu Kap. 7 Rdn. 192), wird sich häufig eine Mandatserweiterung ergeben, aufgrund der der Anwalt dann gehalten ist, die Streitverkündung rechtzeitig (Gebot der Unverzüglichkeit) vorzunehmen (vgl. schon Kap. 2 Rdn. 12 ff. und Kap. 2 Rdn. 270)[1141].

489 Auch wenn die Bindungswirkung einer Streitverkündung im Folgeprozess insofern eingeschränkt ist, als der Streitverkündungsempfänger mit Angriffs- oder Verteidigungsmitteln, die er wegen der fortgeschrittenen Lage des Rechtsstreits zum Zeitpunkt seines möglichen Beitritts nicht mehr geltend machen kann, im Folgeprozess nicht ausgeschlossen ist (§ 74 Abs. 3, § 68 Hs. 2 ZPO), ist davon die Zulässigkeit der Streitverkündung nicht berührt. Daher kann regelmäßig nicht nur erst im Berufungsverfahren, sondern auch im Verfahren der Nichtzulassungsbeschwerde wie im Revisionsverfahren zulässigerweise eine Streitverkündung vorgenommen werden und zumindest für eine Hemmung der Verjährung nach § 204 Abs. 1 Nr. 6 BGB sinnvoll oder gar geboten sein[1142].

▶ Beispiel 10[1143]:

Ein Werklohnprozess geht in zwei Instanzen für die Klägerin verloren. Es kommen Regressansprüche gegen die Prozessbevollmächtigten in den Tatsacheninstanzen in Betracht. Im Verfahren der Beschwerde gegen die Nichtzulassung der Revision verkünden die Revisionsanwälte namens der Klägerin den früheren Anwälten den Streit. Die Nichtzulassungsbeschwerde wird zurückgewiesen. Im folgenden Regressprozess wird die Einrede der Verjährung erhoben.

490 Die Streitverkündung (wie auch die Nebenintervention) ist **grundsätzlich in Rechtsstreitigkeiten jeder Art zulässig.** Die Vorschriften über die Nebenintervention sind **allerdings nicht anwendbar im Musterverfahren nach dem KapMuG**[1144]; das Musterverfahren nach dem KapMuG ist nicht interventionsfähig. Ein auf den Verfahrensabschnitt des Musterverfahrens bezogener Beitritt und eine auf den Verfahrensabschnitt des Musterverfahrens bezogene Streitverkündung sind nicht

---

1138 BGH NJW 2008, 519, 520 (Tz. 17).

1139 Zu dieser normativ bestimmten Kausalitätsprüfung vgl. allgemein Kap. 4 Rdn. 189 ff. und zum speziellen Fall Kap. 4 Rdn. 202.

1140 BGH NJW 2001, 673, 674 = WM 2000, 1814, 1816.

1141 BGH NJW 1993, 2045, 2046 = WM 1993, 1508, 1509; vgl. auch *Ganter*, S. 11 unter 2. a).

1142 BGH, Urt. v. 12.11.2009 – IX ZR 152/08 – juris, Rn. 18.

1143 BGH, a.a.O.

1144 Zu weiteren Ausnahmen in Bezug auf eine Interventionsfähigkeit vgl. *Weth*, in: *Musielak/Voit*, § 66 ZPO, Rn. 3.

statthaft[1145]. Auch eine analoge Anwendung der §§ 66 ff. ZPO findet nicht statt. Allerdings kann in dem dem Musterverfahren zugrundeliegenden Ausgangsverfahren gemäß § 72 Abs. 1 ZPO eine Streitverkündung vorgenommen werden und der Streitverkündungsempfänger dem Verfahren beitreten. Das gilt auch, während das Ausgangsverfahren im Hinblick auf das Musterverfahren gem. § 8 Abs. 1 S. 1 KapMuG ausgesetzt ist. Der Nebenintervenient des Ausgangsverfahrens kann dann im Kapitalanlegermusterverfahren die Rechte der unterstützten Partei wahrnehmen, soweit er sich zu dieser nicht in Widerspruch setzt[1146].

Die Aufzählung der in § 72 Abs. 1 ZPO angesprochenen Drittansprüche für den Fall des Unter- **491**
liegens im konkreten Rechtsstreit ist nicht abschließend; der streitgegenständliche Anspruch und die Drittansprüche müssen allerdings stets in einem Verhältnis von wechselseitiger Ausschließung stehen. An einem dafür ausreichendem Alternativverhältnis fehlt es aus der Sicht des Gläubigers und Klägers indes bei einer **Gesamtschuldnerschaft** des Antragsgegners und des Streitverkündeten; hier würde die Inanspruchnahme des Dritten kumulativ und für den Fall des Obsiegens erfolgen, so dass eine derartige Streitverkündung nicht zulässig ist[1147]. Wenn sich, wie z. B. im Bauprozess möglich, erst im Laufe eines Verfahrens herausstellt, dass kein Fall einer alternativen, sondern der kumulativen Haftung gegeben ist, kann es sich für den Anwalt als sinnvolle oder sogar gebotene Maßnahme herausstellen, den Streitverkündungsempfänger unverzüglich als Partei in das Verfahren einzubeziehen[1148].

Anders liegt es hingegen aus der Sicht des klageweise in Anspruch genommenen (Gesamt-)Schuld- **492**
ners. Für diesen ist eine Streitverkündung zur Absicherung von Ansprüchen auf **Gesamtschuldner-Innenausgleich** auch bei einfacher Streitgenossenschaft zulässig[1149] und nicht selten erforderlich. Denn die Rechtskraft eines Urteils mit dem beide Streitgenossen als Gesamtschuldner verurteilt werden, wirkt nach § 325 ZPO nur inter partes, also nicht auch im Verhältnis der Beklagten untereinander[1150]. Ohne eine solche vorangegangen Streitverkündung wäre ein Streitgenosse nicht gehindert, seine Gesamtschuldnerschaft zu bestreiten und sich im Folgeprozess darauf zu berufen, er hafte nicht[1151].

Voraussetzung für den Eintritt der Hemmungswirkung der Streitverkündung ist zunächst, dass **493**
sie vom Anspruchsberechtigten ausgeht[1152]. Die Interventionswirkung und die früher verjährungsunterbrechende, heute verjährungshemmende Wirkung setzen voraus, dass die Streitverkündung nach **§ 72 ZPO** zulässig war[1153]. Auch muss die Streitverkündung formgültig nach **§ 73 ZPO** erklärt und zugestellt worden sein[1154]. Der Anwalt, der eine Streitverkündung vornimmt, hat dazu

1145 BGH, Urt. v. 19.9.2017 – XI ZB 13/14 – juris, Rn. 15 m.w.N. zum Streitstand in der Literatur.

1146 BGH, a.a.O., Rn. 6–14.

1147 BGH, Urt. v. 7.5.2015 – VII ZR 104/14 – juris, Rn. 24 m.w.N.

1148 Praxistipp von *Wust*, NJW 2017, 2886; vgl. dazu auch schon Rdn. 15.

1149 BGH, Urt. v. 7.5.2015, a.a.O., Rn. 25 m.w.N.

1150 BGH, Urt. v. 20.11.2018 – VI ZR 394/17 – juris, Rn. 12.

1151 *Thora*, NJW 2019, 3624, 3625.

1152 BGH, Urt. v. 7.3.2019 – III ZR 117/18 – juris, Rn. 29 m.w.N.

1153 BGH, Urt. v. 7.5.2015 – VII ZR 104/14 – juris, Rn. 21, 29; v. 11.12.2009 – XII ZR 114/16 – juris, Rn. 18; NJW 2008, 519, 520 f. = WM 2008, 266, 267 (Tz. 20–26); OLG Hamm, Urt. v. 29.11.2012 – 28 U 188/11 – juris, Rn. 74; vgl. auch schon BGHZ 36, 212, 214 = NJW 1962, 387; 65, 127, 131; 134, 190, 194 = NJW 1997, 859; NJW 2002, 1414, 1416 = WM 2002, 1078 ff. = VersR 2002, 489 ff.; unzulässig ist die Streitverkündung bei kumulativer Haftung des Streitverkündeten, vgl. BGHZ 100, 259 = NJW 1987, 1894 m.w.N.; OLG Hamm NJW-RR 1986, 1506 = MDR 1986, 1031; OLG Hamm, Urt. v. 29.11.2012 – 28 U 188/11 – juris, Rn. 77; *Weth*, in: Musielak/Voit, § 72 ZPO, Rn. 3 ff.; PWW/*Deppenkemper*, § 204 BGB, Rn. 14.

1154 BGH, Urt. v. 7.5.2015 – VII ZR 104/14 – juris, Rn. 29; v. 8.12.2011 – IX ZR 204/09 – juris, Rn. 11, 14; NJW 2008, 519, 520 f. = WM 2008, 266, 267 (Tz. 28); OLG Hamm, Urt. v. 29.11.2012 – 28 U 188/11 – juris, Rn. 78 f.; PWW/*Deppenkemper*, § 204 BGB, Rn. 14; dazu und zu weiteren Voraussetzungen der Interventionswirkung vgl. Zöller/*Althammer*, § 74, Rn. 6; zur Verjährungshemmung vgl. Zöller/*Althammer*, § 74, Rn. 8.

zu beachten, dass er nach § 73 S. 1 ZPO neben der Lage des Rechtsstreits den Grund der Streitverkündung anzugeben hat, also das Rechtsverhältnis, aus dem sich der Rückgriffsanspruch gegen den Dritten (oder dessen Anspruch gegen den Streitverkündenden, vgl. § 72 Abs. 1 ZPO) ergeben soll. Dieses Rechtsverhältnis ist mit seinen tatsächlichen Grundlagen so genau anzugeben, dass der Streitverkündungsempfänger prüfen kann, ob es für ihn angebracht ist, dem Rechtsstreit beizutreten oder nicht[1155]. Daraus folgt, dass z.B. angegeben werden muss, dass aus abgetretenem Recht vorgegangen werden soll[1156]. Eine Konkretisierung des Anspruchs der Höhe nach ist nicht erforderlich[1157]. Zu bedenken hat der Rechtsanwalt schließlich noch, dass die verjährungshemmende Wirkung nicht eintritt, wenn und soweit auch vom Standpunkt seiner Partei aus der der Streitverkündung zugrunde liegende vermeintliche Anspruch durch den Ausgang des Rechtsstreits nicht beeinflusst werden kann[1158]. Da die Zustellung nach § 73 S. 2 i.V. mit § 166 Abs. 2 ZPO von Amts wegen zu erfolgen hat, darf der Anwalt, sofern keine gegenteiligen Umstände erkennbar sind oder z.B. wegen nur geringen Zeitvorlaufs die rechtzeitige Zustellung fraglich erscheinen muss, davon ausgehen, dass das Gericht das Notwendige veranlasst und z.B. bei einem Fehlschlagen der Zustellung zurückfragt.

494 Nach der **Rechtslage bis zur Schuldrechtsreform** entfiel gemäß § 215 Abs. 2 BGB a.F. die Unterbrechung der Verjährung, wenn nicht binnen sechs Monaten seit der Beendigung des Prozesses Klage gegen den Streitverkündeten erhoben wurde[1159]. Darüber hatte der Anwalt seinen Auftraggeber zumindest dann zu belehren, wenn das Ziel der Streitverkündung erklärtermaßen unter anderem gerade in der Unterbrechung der Verjährung lag[1160]. Häufig übersehen wurde auch, dass eine Rücknahme der Klage nach der Streitverkündung die Streitverkündungswirkung entfallen ließ[1161], so dass dies ebenfalls eine Quelle für Anwaltsregresse bildete.

495 **Nach neuem Recht** unterfällt hingegen die Klagerücknahme als ein Fall anderweitiger Erledigung der Neuregelung des **§ 204 Abs. 2 BGB.**[1162] für alle Hemmungsgründe, so dass mit ihr lediglich die sechsmonatige Ablaufhemmung der Verjährung in Lauf gesetzt wird[1163]. Das sollte der Anwalt genau im Auge behalten. Wird etwa sein Mandat zeitnah nach der Klagerücknahme beendet, kann er verpflichtet sein, den Mandanten spätestens dann darauf hinzuweisen, damit dieser einer solchen Gefahr begegnen kann (zu solchen Warnpflichten bei Beendigung des Mandats vgl. Kap. 2 Rdn. 275 m.w.N.).

496 Nicht immer ist die Empfehlung der Streitverkündung sachdienlich. Wenn etwa zu erwarten ist, dass der Dritte nach einer Streitverkündung dem Rechtsstreit auf Seiten der Gegenpartei beitreten wird, muss der Anwalt die Partei darauf hinweisen, dass diese im Falle des Unterliegens auch die **Kosten** des Streitverkündeten zu tragen hat (§ 101 ZPO)[1164]. Dieser Umstand wird die Partei möglicherweise veranlassen, auf die Streitverkündung zu verzichten, insbesondere dann, wenn eventuelle Ansprüche gegen den Dritten auch im Falle des Unterliegens zweifelhaft erscheinen.

1155 BGH, Urt. v. 8.12.2011 – IX ZR 204/09 – juris, Rn. 14.

1156 BGH NJW 2008, 519, 520 f.

1157 BGH NJW 2002, 1414, 1416 = WM 2002, 1078 ff. = VersR 2002, 489 ff.

1158 BGH, Urt. v. 18.12.1961 – III ZR 181/60, BGHZ 36, 212, 215; v. 21.2.2002 – IX ZR 127/00 – juris, Rn. 16; v. 11.2.2009 – XII ZR 114/06, BGHZ 179, 361 Rn. 38; v. 8.12.2011 – IX ZR 204/09 – juris, Rn. 9.

1159 Vgl. z.B. BGH NJW 2002, 1414, 1416 = WM 2002, 1078 ff. = VersR 2002, 489 ff.

1160 OLG Karlsruhe NJW 1987, 331, 332; vgl. auch *Sieg*, in: Zugehör/Fischer/Sieg/Schlee, 2. Auflage, Rn. 662.

1161 BGHZ 65, 134; vgl. zur näheren Begründung Kap. 7 Rdn. 195.

1162 Vgl. BeckOK BGB/*Henrich*, 54. Ed. 1.5.2020, BGB § 204 Rn. 56 (zur Klageerhebung) unter Hinweis auf BT-Drs. 14/6040, S. 118 und Rn. 69 (zur Streitverkündung): »Das Verfahren endet mit … anderweitiger Beendigung des Prozesses, in dem die Streitverkündung erfolgt ist.«; Bamberger/Roth/*Henrich*, § 204 BGB, Rn. 49; Palandt/*Ellenberger*, § 204, Rn. 33.

1163 BeckOK BGB/*Henrich*, 54. Ed. 1.5.2020, BGB § 204 Rn. 54.

1164 Vgl. dazu auch *Thora*, NJW 2019, 3624, 3625.

Die von Amts wegen zu berücksichtigende Interventionswirkung nach §§ 74 Abs. 3, 68 ZPO, welche sich nicht nur auf die im Tenor der Entscheidung ausgesprochenen Rechtsfolgen, sondern auch auf die Richtigkeit der Entscheidung und damit auf die Feststellung und rechtliche Beurteilung der Tatsachen einschließlich der präjudiziellen Rechtsverhältnisse, also die sog. »tragenden Feststellungen« erstreckt[1165], tritt zwar grundsätzlich nur zulasten des Streitverkündeten und nicht zulasten der unterstützten Hauptpartei ein. Zu beachten ist, dass die **Interventionswirkung** jedoch **nicht teilbar** ist; sie kann dem Streitverkündeten nicht lediglich hinsichtlich der für diesen ungünstigen Umstände unter Weglassung günstiger Teile, also im Sinne einer »Rosinentheorie« entgegengehalten werden[1166]. 497

In der Praxis wird nicht selten statt der Streitverkündung eine **Vereinbarung mit dem Dritten** getroffen, dass dieser Dritte, dem sonst der Streit zu verkünden wäre, das erwartete Urteil gegen sich gelten lassen und sich in einem eventuellen Folgeprozess nicht auf Verjährung berufen werde. Eine solche Vereinbarung mit den Wirkungen einer Streitverkündung[1167] wird z.B. vielfach geschlossen, wenn der Streit einem Anwalt oder Notar zu verkünden wäre[1168]. Auch Haftpflichtversicherungen sind meistens zu einer derartigen Vereinbarung bereit, die wegen der Kostenersparnis vorteilhafter als die Streitverkündung sein kann. Der Anwalt, der die Frage der Streitverkündung zu prüfen hat, wird daher gegebenenfalls auch die Möglichkeit einer derartigen Vereinbarung mit seiner Partei zu erörtern haben. 498

Welchen Rat **der vom Streitverkündeten befragte Anwalt** zu erteilen hat, ist ebenfalls nicht immer eindeutig zu entscheiden. Ob überhaupt zum Beitritt geraten werden soll, hängt von verschiedenen Umständen ab[1169]. Aus regressrechtlicher Sicht wird man nicht sagen können, dass in aller Regel im Hinblick auf laufende Informationen und Einflussmöglichkeiten ein Beitritt zu empfehlen sei[1170]. Zu berücksichtigen ist einerseits die eventuelle Kostenlast nach § 101 Abs. 1, 2. Hs. ZPO für den Fall des Beitritts und des Unterliegens der unterstützten Partei. Andererseits ist zu beachten, dass der Streithelfer nach §§ 74, 67 ZPO (falls es sich nicht um eine streitgenössische Streithilfe nach § 69 ZPO handelt) nur insoweit eigene Angriffs- und Verteidigungsmittel geltend machen kann, als er sich dadurch nicht in Widerspruch zu der unterstützten Hauptpartei setzt. Der Anwalt, der nicht zum Beitritt rät, macht sich also deswegen keineswegs immer regresspflichtig[1171]. 499

Treuhandtätigkeiten

Bei einem entgeltlichen Treuhandvertrag mit einem Anwalt als Treuhänder liegt ein Geschäftsbesorgungsvertrag im Sinne des § 675 BGB vor[1172]. 500

Nicht nur der Notar, sondern auch der Anwalt wird in vielfacher Weise treuhänderisch tätig[1173]. Zu solchen Treuhandverhältnissen, an denen ein Rechtsanwalt in verschiedener Weise beteiligt sein kann, wird auf die Darstellung im Einzelnen in Kap. 1 Rdn. 377 ff. verwiesen. 501

Der Rechtsanwalt kann sich wegen **Untreue nach § 266 StGB** strafbar machen, wenn er nicht peinlich genau darauf achtet, Fremdgelder, und zwar auch solche, welche ihm der Mandant zur Ausführung des Auftrages überlässt, unverzüglich einem Anderkonto zuzuführen. 502

1165 BGH, Urt. v. 4.4.2019 – III ZR 338/17 – juris, Rn. 27 m.w.N.

1166 BGH, a.a.O., Rn. 28, 29.

1167 Vgl. OLG Düsseldorf NJW-RR 1993, 1471; *Vill*, in: G. Fischer/Vill/D. Fischer/Pape/Chab, § 2, Rn. 173 und Rn. 222.

1168 Zur Variante einer »mittelbaren« Streitverkündung an sich selbst durch Verpflichtungserklärung des regresspflichtigen, das Mandat weiterführenden Anwalts, sich so behandeln zu lassen, als sei ihm der Streit verkündet, vgl. *Borgmann/Jungk/Schwaiger*, 5. Auflage, Kap. X, Rn. 70.

1169 Dazu auch *Thora*, NJW 2019, 3624, 3626.

1170 So aber der Praxistipp von *Wust*, NJW 2017, 2886, 2887.

1171 Vgl. OLG Hamm vom 19.6.1984 – 28 U 301/83.

1172 BGH, Urt. v. 10.2.2015 – VI ZR 569/13 – juris, Rn. 20.

1173 Zur Abgrenzung vgl. unten Rdn. 540 ff.

503 Insbesondere bei Geldern, die als **Kaution für eine Haftverschonung** dienen sollen, ist nämlich eine jederzeitige Verfügbarkeit von erheblicher Bedeutung. Denn Haftverschonungsbeschlüsse werden von den Haftgerichten, sobald sie sich von den Voraussetzungen des § 116 StGB überzeugt haben, regelmäßig unverzüglich gefasst und bekannt gegeben. Wenn auch die bloße Nichterfüllung eines Auftrags ebenso wie dessen verzögerte Erfüllung nicht als solche zwingend tatbestandsmäßig eine Untreue darstellen, ist dies jedenfalls dann anders zu beurteilen, wenn die jederzeitige Verfügbarkeit des Fremdgeldes im Mandanteninteresse wesentlich ist[1174].

504 Die für die Strafbarkeit nach § 266 Abs. 1 Var. 2 StGB in Bezug auf die **Verwendung von Fremdgeldern** relevanten Umstände und die hierzu einschlägige Rechtsprechung des BGH lassen sich prägnant aus dem nachfolgenden Zitat aus dem Beschluss des 2. Strafsenats des BGH vom 26.11.2019[1175] entnehmen:

> »Ein Rechtsanwalt, der sich im Rahmen eines bestehenden Anwaltsvertrags zur Weiterleitung bestimmte Fremdgelder auf sein Geschäftskonto einzahlen lässt und weder uneingeschränkt bereit noch jederzeit fähig ist, einen entsprechenden Betrag aus eigenen flüssigen Mitteln vollständig auszukehren, kann sich der Untreue in der Variante des Treubruchstatbestands (§ 266 Abs. 1 Var. 2 StGB) strafbar machen (vgl. BGH, Beschluss vom 29. Januar 2015 – 1 StR 587/14, NJW 2015, 1190, 1191; Senat, Beschluss vom 24. Juli 2014 – 2 StR 221/14, NStZ 2015, 277 jeweils mwN). … [Zwar] kann allein der Verstoß gegen die Pflicht zur Führung eines Anderkontos und zur Weiterleitung von Fremdgeldern auf dieses (vgl. § 4 Abs. 2 Satz 2 BORA) einen Nachteil [nicht] begründen. Maßgeblich ist vielmehr, ob das Vermögen des Mandanten durch die Pflichtverletzung gemindert wird (zum »Verschleifungsverbot« vgl. BVerfGE 126, 170, 206). Das ist etwa dann der Fall, wenn in der unterlassenen Weiterleitung die Absicht liegt, die eingenommenen Gelder endgültig für sich zu behalten, der Rechtsanwalt die Gelder zwar nicht auf Dauer für sich behalten will, aber ein dem Geldeingang entsprechender Betrag nicht jederzeit für den Berechtigten zur Verfügung gehalten wird (BGH, Beschluss vom 29. Januar 2015 – 1 StR 587/14, NJW 2015, 1190, 1191; Senat Beschluss vom 24. Juli 2014 – 2 StR 221/14, NStZ 2015, 277), oder die Gefahr eines Vermögensverlustes groß ist, weil die auf dem Geschäftskonto befindlichen Gelder dem (unabwendbaren und unausgleichbaren) Zugriff von Gläubigern offenstehen (vgl. BGH, Beschluss vom 2. April 2008 – 5 StR 354/07, BGHSt 52, 182, 188 f.). Tilgt der Rechtsanwalt durch Verwendung auf dem Geschäfts- oder dem Anderkonto eingegangenen Fremdgelds private Verbindlichkeiten oder erfüllt er vom Anderkonto aus geschäftliche Verbindlichkeiten, die keinen Zusammenhang mit den Zahlungseingängen aufweisen, ist mit der Kontokorrentbuchung der Bank des Rechtsanwalts oder dem Abfluss des Zahlungseingangs von dessen Konto – abgesehen vom Falle des Vorhandenseins ausreichender Mittel zum in Aussicht genommenen Ausgleich – bei dem Berechtigten bereits ein endgültiger Vermögensschaden eingetreten. Infolge des kompensationslosen Abflusses, der mit dem Verlust der Fremdgelder einhergeht, liegt ein endgültiger Vermögensnachteil vor (vgl. BGH, Beschluss vom 29. Januar 2015 – 1 StR 587/14, NJW 2015, 1190, 1191).«[1176]

505 Speziell zu der Frage, ob, inwieweit und unter welchen Voraussetzungen **Honoraransprüche** des Anwalts der Annahme eines für die Bejahung des Straftatbestandes eines Treubruchs nach § 266 Abs. 1 Var. 2 StGB erforderlichen Vermögensnachteils des Mandanten entgegenstehen, verhalten sich die folgenden Passagen:

> »Ein Vermögensnachteil tritt nach dem Prinzip der Gesamtsaldierung nicht ein, wenn die Tathandlung selbst zugleich einen den Verlust aufwiegenden Vermögenszuwachs begründet. Hat der Täter einen Geldanspruch gegen das von ihm verwaltete Vermögen, so fehlt es an einem Schaden, wenn er über das Vermögen in entsprechender Höhe zu eigenen Gunsten verfügt. Honoraransprüche eines Rechtsanwalts können im Zusammenhang mit der zweckwidrigen Verwendung von Mandantengeldern grundsätzlich einen Nachteil ausschließen, wenn die Verwendung der Mandantengelder nicht mit dem Vorsatz rechtswidriger Bereicherung erfolgt, sondern dem Zweck dient, bestehende Honoraransprüche zu befriedigen (vgl. Senat, Beschluss vom 24. Juli 2014 – 2 StR 221/14, NStZ 2015, 277 mwN).«[1177]

1174 BGH NStZ-RR 2004, 54 = StV 2004, 80 = wistra 2004, 61, m.w.N.
1175 BGH, Beschl. v. 26.11.2019 – 2 StR 588/18 – juris, mit Anmerkung von *Cordes*, NJW 2020, 1691 f.
1176 BGH, a.a.O., Rn. 13.
1177 BGH, a.a.O., Rn. 22.

»Unbeschadet der Frage, ob es hierzu in jedem Fall der Einforderung einer nach § 8 RVG fälligen Forderung durch ausdrückliche Berechnung nach § 10 RVG bedarf (vgl. Senat, Beschluss vom 24. Juli 2014 – 2 StR 221/14, NStZ 2015, 277, der bei der dort zugrundeliegenden Fallkonstellation hierzu keine Stellung zu nehmen brauchte) oder ob eine Honorarforderung auch ohne ausdrückliche Abrechnung einen werthaltigen und zur Kompensation geeigneten Anspruch beinhaltet (so BGH, Beschluss vom 5. Juli 2011 – 3 StR 444/10, StV 2011, 733 f. zur Kompensation von Honoraransprüchen nach VOB/B beim Fehlen einer prüffähigen Abrechnung; ebenso: Schmidt, NStZ 2013, 498, 501 f.), ist in Fällen der vorliegenden Art Voraussetzung einer nachteilsausgleichenden Kompensation, dass ein Vermögenszuwachs auf Seiten des Treugebers zu verzeichnen ist, weil er durch die Untreuehandlung von einer Verbindlichkeit befreit wird. Dafür ist es grundsätzlich erforderlich, dass der Honoraranspruch entstanden ist, der Höhe nach feststeht und beziffert werden kann (vgl. insoweit auch Schmidt, NStZ 2013, 498, 501 f.). Ansonsten fehlt es schon an einer möglicherweise in Betracht kommenden Aufrechnungslage (vgl. Senat, Beschluss vom 24. Juli 2014 – 2 StR 221/14, NStZ 2015, 277 mwN). Nicht ausreichend ist es hingegen, wenn sich der Rechtsanwalt nicht in unmittelbarem Zusammenhang mit der Nichtauskehrung der dem Mandanten zustehenden Gelder, sondern irgendwann zu einem späteren Zeitpunkt darauf beruft, ihm hätten dem Auszahlungsbetrag entsprechende Gelder als Honorar für erbrachte Leistungen zugestanden. In diesem Fall fehlt es an der erforderlichen Verknüpfung von Honorarforderung und Einbehalt des Fremdgelds.«[1178]

Allerdings ist nicht in jedem Fall die Überlassung von Fremdgeld als Angebot eines Treuhandvertrages zu deuten. So hat der BGH die Einzahlung einer von einem Beschuldigten aufzubringenden **Barkaution** durch die Mutter seiner Lebensgefährtin auf ein Anderkonto seines Verteidigers nicht als Angebot auf Abschluss eines Treuhandvertrages mit ihr als **Dritter** angesehen, weil das Geld sofort zur Hinterlegung als Kaution habe verwendet, nicht aber treuhänderisch habe verwaltet werden sollen. Der Rechtsanwalt, der auf einem Anderkonto Geld erhalte, welches von einem Dritten in Erfüllung einer mit dem Mandanten getroffenen Vereinbarung geleistet werde, handele in der Regel allein als Vertreter seines Auftraggebers[1179]. Dies gelte auch bei der von der Zahlung eines Abschlagsbetrags auf rückständige Steuern abhängig gemachten Außervollzugsetzung eines Haftbefehls[1180]. **506**

Diese Begründung ist aber bedenklich, soweit sie die Treuhand auf Verwaltung verengt, ohne diese zudem überhaupt zu definieren. Sie berücksichtigt auch nicht hinreichend das erklärte oder zumindest erkennbare Interesse des Dritten daran, dass sein Geld nur für einen bestimmten Zweck verwendet und daher sehr wohl zu treuen Händen überlassen werden soll. Allerdings richtet sich das Vertragsangebot regelmäßig nicht an den Anwalt als Vertragspartner des Dritten, sondern an dessen Mandanten, vertreten durch den Anwalt, verbunden mit der Darlehensgewährung an den Mandanten[1181]. M.a.W.: Der Beschuldigte wird als Darlehensnehmer zugleich durch den Verwendungszweck gebunden, das Geld nur für die von ihm persönlich zu leistende Kautionshinterlegung zu verwenden. Ihm gegenüber ist der Verteidiger grundsätzlich treuhänderisch verpflichtet, das Geld dafür auch unverzüglich zu verwenden. Das unterscheidet diesen Fall auf der einen Seite von den sonstigen Fällen bloßer Einziehung oder bloßen Erhalts von Fremdgeldern aufgrund einer Geldempfangsvollmacht (dazu unten Rdn. 520 m.w.N.) und auf der anderen Seite auch regelmäßig von den Fällen einer Überlassung von Geldern im Rahmen von Kapitalanlagemodellen (vgl. insoweit unten Rdn. 523). **507**

Eine zusätzliche vertragliche Verpflichtung des Anwalts gegenüber dem Dritten ist dann in Betracht zu ziehen, wenn sich aus den getroffenen Absprachen oder besonderen Umständen des Falls ausnahmsweise etwas anderes ergibt[1182], was der BGH auch im Rahmen von Verträgen zu Gunsten **508**

1178 BGH, a.a.O., Rn. 23.

1179 BGH, Urt. v. 22.7.2004 – IX ZR 132/03 – juris, Rn. 11; in allen Punkten zustimmend *Chab*, BRAK-Mitt. 2004, 261, 262; vgl. ebenso BGH, Beschl. v. 24.5.2012 – IX ZR 212/11 – juris, Rn. 3.

1180 BGH, Urt. v. 12.10.2006 – IX ZR 108/03 – juris, Rn. 9.

1181 Eine ausdrücklich mit dem Dritten getroffenen Darlehensvereinbarung, verbunden mit der Abtretung des Kautionsrückzahlungsanspruchs gegen die Hinterlegungsstelle hatte nun BGH, Urt. v. 17.3.2016 – IX ZR 303/14 – juris zu beurteilen, vgl. dazu weiter Kap. 9 Rdn. 262.

1182 BGH, Urt. v. 12.10.2006 – IX ZR 108/03 – juris, Rn. 10;) v. 22.7.2004 – IX ZR 132/03 – juris, Rn. 11; Beschl. v. 24.5.2012 – IX ZR 212/11 – juris, Rn. 3.

Dritter im Zusammenhang mit der Abwicklung von Einzahlungen durch Anwälte wiederholt im Blick auf die Interessenlage insbesondere bei einem zum Ausdruck gebrachten besonderen Schutzbedürfnis anerkannt hat[1183]. Es wird vom BGH auch noch eine dritte Variante ins Spiel gebracht, nämlich der Abschluss eines allgemeinen, nicht mit Rechtsberatung verbundenen konkludenten Auftrages des Dritten an den Anwalt, die für den Mandanten eingeworbenen (Kautions-)Gelder nicht anderweitig zu verwenden, etwa gar für offene Honorarforderungen[1184].

509 Einer solchen (Hilfs-)Konstruktion bedürfte es nicht, ordnet man in derartigen Fällen das Gesamtgeschehen so ein, wie es hier bereits in der 8. Auflage vertreten worden ist (oben Rdn. 507). Dann hätte der Dritte einen Anspruch gegen den Beschuldigten und könnte aus dessen grundsätzlich bestehenden Anspruch gegen den Anwalt per Abtretung oder Pfändung und Forderungsüberweisung vorgehen. Ob der Dritte in jedem Fall des Schutzes durch einen direkten Anspruch gegen den Anwalt bedarf, darf im Übrigen bezweifelt werden. Bemerkenswerterweise befasst sich der BGH nicht mit einem Anspruch aus c.i.c. (§ 311 Abs. 2 i.V.m. Abs. 3 BGB) gegen den Anwalt als Vertreter des Mandanten, der offenbar auch zu verneinen war, so dass die Annahme eines (zusätzlichen) Auftrags an den Verteidiger als Kunstgriff erscheint. Insgesamt kann die Abgrenzung danach, ob den Beklagten anwaltliche Beratungs- oder Sicherungspflichten trafen, um die Rückführung des bestimmungsgemäß verwendeten Geldes sicherzustellen, oder dieses Geld längerfristig zu verwalten (so in den anderen Entscheidungen) oder ob der Anwalt die Zweckbestimmung für das Geld beachten muss oder dieses von vorneherein anderweitig verwenden und als freies Vermögen seines Mandanten behandeln darf (etwa nach dessen anderweitigen Weisungen darüber verfügen oder mit seinen eigenen Ansprüchen gegen den Mandanten aufrechnen und sich so befriedigen darf[1185]), nicht recht überzeugen.

510 Die Verletzung der schon im systematischen Teil (Kap. 2 Rdn. 295) dargestellten Pflicht des Rechtsanwalts, Fremdgelder unverzüglich an den Empfangsberechtigten weiterzuleiten oder auf ein Anderkonto einzuzahlen (§ 43a Abs. 4 BRAO, § 4 Abs. 2 BORA), kann auch dazu führen, einen Arrestgrund gemäß § 917 Abs. 1 ZPO für einen **dinglichen Arrest** zu bejahen[1186]. Denn reagiert der Anwalt auf ein Herausgabeverlangen nicht oder nur unzureichend und ist die Verwahrung auf einem Anderkonto nicht gegeben oder zumindest unklar, muss der Mandant berechtigterweise über das bisherige vertragswidrige und nach dem oben in Rdn. 502 ff. Gesagten auch meistens strafbare Verhalten des Anwalts hinaus konkret eine Fortsetzung oder Wiederholung befürchten. Ein solches Anwaltsverhalten rechtfertigt den Schluss auf eine gänzliche Unzuverlässigkeit als Schuldner und darauf, dass er sein Vermögen dem Gläubiger entziehen werde[1187]. Der Anwalt kann dann auch nicht geltend machen, dass drohende Konkurrenz anderer Gläubiger keinen Arrestgrund bilde. Abgesehen davon, dass ohnehin dies nur allein betrachtet kein Arrestgrund sein soll[1188], kann der Mandant entgegenhalten, dass bei pflichtgemäßem Verhalten des Anwalts dieser das Geld unverzüglich ausgekehrt oder auf ein Anderkonto eingezahlt hätte, so dass der Mandant nach § 771 ZPO widerspruchsberechtigt wäre, wenn andere Gläubiger des Anwalts die Zwangsvollstreckung in das Treuhandkonto betrieben[1189].

511 Im neuen **Geldwäschegesetz (GwG)** vom 23.6.2017[1190] ist eine deutliche Erweiterung der Bußgeldtatbestände und eine Anhebung des Bußgeldrahmens zu verzeichnen. Auch das Verdachtsmelde- und Aufsichtswesen wurde neu strukturiert.

1183 BGH, Urt. v. 12.10.2006 – IX ZR 108/03 – juris, Rn. 10; Urt. v. 13.5.2004 – III ZR 368/03 – juris, Rn. 22; Urt. v. 10.3.1988 – III ZR 195/86 – juris, Rn. 14.

1184 BGH, Urt. v. 8.1.2009 – IX ZR 229/07 – juris, Rn. 15–17.

1185 BGH, a.a.O., Rn. 12, 13.

1186 So OLG Hamm, Beschl. v. 11.6.2004 – 28 W 56/04.

1187 Vgl. zu diesen Kriterien BGH VersR 1975, 763.

1188 Vgl. BGHZ 131, 105 = NJW 1996, 324; Zöller/*G. Vollkommer*, § 917 ZPO, Rn. 9 m.w.N. auch zur Gegenmeinung.

1189 Vgl. BGH NJW 1996, 1543 = WM 1996, 662 m.w.N.; NJW 1971, 559, 560.

1190 BGBl. I 2017, 1822.

Rechtsanwälte (Kammerrechtsbeistände, Patentanwälte sowie Notare) unterliegen dem Geldwäschegesetz gemäß § 2 Abs. 1 Nr. 10 GwG nur,

»soweit sie
a) für den Mandanten an der Planung oder Durchführung von folgenden Geschäften mitwirken:
   aa) Kauf und Verkauf von Immobilien oder Gewerbebetrieben,
   bb) Verwaltung von Geld, Wertpapieren oder sonstigen Vermögenswerten,
   cc) Eröffnung oder Verwaltung von Bank-, Spar- oder Wertpapierkonten,
   dd) Beschaffung der zur Gründung, zum Betrieb oder zur Verwaltung von Gesellschaften erforderlichen Mittel,
   ee) Gründung, Betrieb oder Verwaltung von Treuhandgesellschaften, Gesellschaften oder ähnlichen Strukturen,
b) im Namen und auf Rechnung des Mandanten Finanz- oder Immobilientransaktionen durchführen,
c) den Mandanten im Hinblick auf dessen Kapitalstruktur, dessen industrielle Strategie oder damit verbundene Fragen beraten,
d) Beratung oder Dienstleistungen im Zusammenhang mit Zusammenschlüssen oder Übernahmen erbringen oder
e) geschäftsmäßig Hilfeleistung in Steuersachen erbringen«.

Mithin ist gerade im Bereich aller irgendwie treuhänderischen Tätigkeiten des Anwalts das GwG genau zu beachten. Dazu wird ergänzend auf Kap. 2 Rdn. 311 verwiesen.

Bei Treuhandtätigkeiten lauern vielfältige **Haftpflichtgefahren**. Ein strukturiertes Problembewusstsein kann zur Vermeidung eines Regresses wie auch zu seiner Durchsetzung von Nutzen sein. Dies gilt umso mehr, als bei reinen Treuhandtätigkeiten, denen also nur ein sog. unechter Anwaltsvertrag zugrunde liegt[1191], anders als bei Treuhandverhältnissen im Rahmen eines echten Anwaltsvertrages (vgl. § 3 Abs. 1 BRAO) der Berufshaftpflichtversicherungsschutz nicht gegeben ist (vgl. Kap. 11 Rdn. 52)[1192], was u.U. die Existenz des Anwalts in Frage stellt. 512

Unabhängig von der Art des Treuhandverhältnisses richtet sich die vertragliche Haftung grundsätzlich nach **§ 280 Abs. 1 BGB**, setzt also wie schon bei der pVV schuldhafte Pflichtwidrigkeit voraus[1193]. Bezogen auf eine Nichterfüllung des Rückgabeanspruchs nach § 667 BGB kommt aber auch **§ 281 Abs. 1 S. 1 BGB** in Betracht mit dem grundsätzlichen Erfordernis der Fristsetzung zur Rückzahlung des überlassenen Betrages[1194]. Bei Abschluss eines **Garantievertrages** (§ 305 BGB) mit einem Drittbeteiligten kommt ein verschuldensunabhängiger Schadensersatzanspruch (§ 276 Abs. 1 S. 1 Hs. 2 und 3 BGB) wegen Nichteintritts des garantierten Erfolges in Betracht[1195]. 513

Derjenige, der eine anwaltliche Pflichtverletzung aus einem Treuhandvertrag behauptet, hat als Voraussetzung seines Schadensersatzanspruchs darzulegen und **zu beweisen**, dass ein Treuhandvertrag geschlossen wurde, dass das daraus folgende Mandat des Rechtsanwalts die angeblich verletzte Pflicht umfasst und der Rechtsanwalt gegen diese Pflicht verstoßen hat[1196]. Zur Darlegungs- und Beweislast bei der (haftungsausfüllenden) Kausalität wird auf Rdn. 530 verwiesen. 514

Häufig geht es in der Praxis bei Treuhandverhältnissen namentlich im Bereich der Vermögensanlagen darum, dass der Auftraggeber sein dem Treuhänder überlassenes Geld zurückhaben will, weil sich die mit dem Geschäft verbundenen Erwartungen nicht erfüllt haben. Als verschuldensunabhängige 515

1191 Dazu vgl. BGH, Urt. v. 30.7.2015 – I ZR 18/14 – juris, Rn. 25; v. 8.5.2006 – II ZR 123/05 – juris, Rn. 9.

1192 Vgl. auch *Chab*, in: G. Fischer/Vill/D. Fischer/Pape/Chab, § 18, Rn. 36.

1193 Vgl. *Vollkommer/Greger/Heinemann*, § 1, Rn. 2; zum alten Schuldrecht vgl. BGH NJW 2002, 2459 = BB 2002, 1446.

1194 Vgl. dazu BGH NJW 2002, 2459, 2460 (unter II. 2. a) zum alten Schuldrecht.

1195 Vgl. OLG Hamm vom 23.3.2000 – 28 U 190/99 (Garantievereinbarung mit dem Gegner dahin, dessen Forderung bei der Auskehr eines Vergleichsbetrages aus einem anderen Verfahren seines Mandanten gegen Dritte zu berücksichtigen, da nur dadurch dieser von weiteren Vollstreckungsmaßnahmen gegen den Mandanten abgehalten werden konnte); *Vollkommer/Greger/Heinemann*, § 1, Rn. 2, m.w.N.

1196 *D. Fischer*, in: G. Fischer/Vill/D. Fischer/Pape/Chab, § 12, Rn. 49.

Anspruchsgrundlage für einen solchen **Herausgabeanspruch** zu beachten und besonders hier von eminent großer praktischer Bedeutung ist **§ 667 1. Alt. BGB**, wonach der Beauftragte verpflichtet ist, dem Auftraggeber alles, was er zur Ausführung des Auftrags erhält, herauszugeben. Dazu gehören nicht nur solche Gegenstände, die von vornherein dafür vorgesehen sind, in Natur zurückgegeben zu werden, sondern auch diejenigen (insbesondere Geld-)Mittel, die dafür bestimmt sind, in Ausführung des Auftrags verbraucht zu werden. Sind diese Mittel beim Beauftragten noch vorhanden oder sind sie tatsächlich nicht zu dem vorgesehenen Zweck verwendet worden, muss er sie nach § 667 1. Alt. BGB zurückgeben. Dabei trägt **der Beauftragte die Beweislast** dafür, dass ein ihm zur Ausführung des Auftrags zugewendeter Geldbetrag bestimmungsgemäß verwendet worden ist[1197]. Dass die Vorschrift des § 667 1. Alt. BGB auch dann eingreift, wenn der Auftragnehmer das ihm überlassene und bei ihm nicht mehr vorhandene Geld nicht zu dem vorgesehenen Zweck verwendet hat, ist also geklärt[1198]. Auch bei **nichtiger Treuhandabrede** bestimmt deren Inhalt die Beurteilung der zweckentsprechenden Verwendung[1199]. Einer Darlegung eines Schadensersatzanspruchs aus § 280 Abs. 1 BGB n.F. (oder nach altem Schuldrecht einer pVV) bedarf es demnach hier nicht.

Anders könnte es hingegen bei Geldern sein, die in Ausführung der Geschäftsbesorgung erlangt worden sind (**§ 667 2. Alt.**), beispielsweise als Erträge angelegter Gelder oder durch sonstige Zahlungen Dritter, die dem Auftraggeber zustehen. Nach der Rechtsprechung eines Teils der BGH-Senate soll es sich dabei nämlich nicht um eine gewöhnliche Geldschuld des Beauftragten handeln. Dieser sei vielmehr verpflichtet, einen Austauschwert aus seinem Vermögen bereitzustellen, um seiner Herausgabepflicht nachzukommen. Die Regel des § 270 Abs. 1 BGB sei auf die Herausgabepflicht nicht anzuwenden[1200]. Sind erlangte Geldmittel aus dem Bar- und Buchvermögen ausgeschieden, verbliebe deshalb als Anspruchsgrundlage nur § 280 Abs. 1 BGB, wenn die Zahlungen auftragswidrig nicht an den Auftraggeber abgeführt worden sind[1201]. Demgegenüber wendet der II. Zivilsenat des BGH[1202] auf einen der Sache nach gegebenen Anspruch aus § 667 2. Alt. BGB die zur 1. Alt. bestehende Rechtsprechung an: Herausgabeanspruch auch dann, wenn die erlangten Geldmittel nicht zu dem vorgesehenen Zweck verwendet wurden, wobei auch hier der Beauftragte die bestimmungsgemäße Verwendung zu beweisen hat. Auch der III. Zivilsenat verweist zur Haftung des Beauftragten nach § 667 BGB bei zweckwidriger Verwendung des Geldes auf seine Rechtsprechung zu § 667 1. Alt. BGB und auf die o.g. Entscheidung des II. Zivilsenats[1203]. Dieser Gleichbehandlung von 1. und 2. Alt. ist zuzustimmen. Unter Berücksichtigung der betroffenen Interessen vermag eine unterschiedliche Behandlung schwerlich zu überzeugen (so schon Kap. 2 Rdn. 302).

516 In der **Insolvenz** des Treuhänders ist die Behandlung einer **Aussonderung** von Treugut gemäß § 47 InsO nicht abschließend geklärt. Anerkannt ist, dass ein Aussonderungsrecht nicht zwingend von einer Offenlegung der treuhänderischen Bindung abhängt, sondern aus der vereinbarten Treuhandbindung und deren Respektierung durch den Treuhänder folgt. Verwendet der Treuhänder also Mandantengelder vertragswidrig (auch) für eigene Zwecke, entfällt das Aussonderungsrecht

1197 BGH NJW-RR 1991, 575 f. m.w.N.; NJW 1997, 47, 48; BGH-Report 2002, 71; BGH-Report 2003, 331, 332.

1198 BGH, Beschl. v. 23.10.2003 – IX ZR 174/02 = Beck RS 2003, 09898 (zu OLG Hamm vom 9.7.2002 – 28 U 141/01); NZG 2003, 215 (unter II.); NJW-RR 2004, 121 = WM 2003, 2382; zuletzt BGH, Teilversäumnisurteil vom 29.7.2008 – XI ZR 297/06 = Beck RS 2008, 20656 (Tz. 17).

1199 BGH NJW 1997, 47, 48.

1200 BGHZ 28, 123, 128 = NJW 1958, 1681.

1201 BGH NJW 2006, 986, 987 = WM 2006, 371 (Tz. 10); vgl. auch BGH NJW 2003, 743, 744 f., der dies aber nicht abschließend entschieden hat; NJW 2002, 2316, 2317 (ebenso offengelassen); BGHZ 143, 373, 378 ff. = NJW 2000, 1496, 1497 f. = WM 2000, 834 ff. = JZ 2001, 257 f. (ebenfalls letztlich dahinstehen lassen); vgl. weiter Kap. 2 Rn. 302 m.w.N., auch zu § 285 BGB.

1202 BGH NZG 2003, 215.

1203 BGH NJW 2006, 986, 987 = WM 2006, 371 (Tz. 10).

regelmäßig auch hinsichtlich eines verbliebenen, im Zeitpunkt der Insolvenzeröffnung noch vorhandenen Bestandes[1204].

Auf **deliktische Ansprüche** gemäß § 823 Abs. 2 BGB i.V. mit §§ 246, 266, 263 StGB[1205] wird regelmäßig nicht zurückgegriffen werden müssen[1206]. 517

Wichtig ist schließlich der Anspruch auf **Rechnungslegung** (zu dieser Anwaltspflicht vgl. schon Kap. 2 Rdn. 286 f.). Dieser Anspruch aus **§ 666 BGB** ist zunächst (wie die Rechnungslegung gemäß § 259 BGB) auf die Erstellung und Vorlage einer geordneten Aufstellung der Einnahmen und Ausgaben gerichtet[1207]. Die Rechnungslegung geht inhaltlich über die Erteilung einer Auskunft hinaus und enthält neben der auch mit der Auskunft verbundenen Unterrichtung die weiter gehende genaue Information durch die Vorlage einer geordneten, übersichtlichen und in sich verständlichen Aufstellung der Einnahmen und Ausgaben und der geforderten Belege[1208]. Es ist zudem über den gesamten Ablauf und die Ergebnisse der Geschäftsführung zu informieren, so dass derjenige, dem Rechnung zu legen ist, einen Überblick über die besorgten Geschäfte und seine Rechtsstellung erhält. Aus dem Ziel des § 666 BGB, dem Geschäftsherrn Gewissheit zu verschaffen, folgt, dass die Rechenschaft vollständig, richtig, verständlich und nachprüfbar zu sein hat[1209]. Belege sind, soweit üblich und vorhanden, beizufügen[1210]. 518

Treuhandverhältnisse bedürfen zu ihrer Begründung übereinstimmender **Vertragserklärungen**. Für ihr Vorliegen wie auch für ihren Inhalt gelten die allgemeinen Regeln des BGB, so auch bei der Prüfung eines **konkludenten** Vertragsabschlusses, bei der unter Berücksichtigung aller den Beteiligten erkennbaren Umstände des Einzelfalles maßgeblich vor allem ist, ob (und inwieweit) sich ein Beteiligter in den Schutz eines Treuhandverhältnisses begeben will, beispielsweise zur Sicherung vor den mit einer Vorleistung verbundenen Risiken[1211]. 519

Gerade bei einem so in Rede stehenden Treuhandvertrag **mit Dritten**, insbesondere mit der Gegenpartei ist der (konkludente) Abschluss (allein oder auch mit diesem? Vertrag zu seinen Gunsten? Vertrag mit Schutzwirkung für ihn?) und bejahendenfalls der Inhalt der Treuhänderpflichten oft zweifelhaft[1212]. Dabei ist der Anwalt vor Überraschungen nicht sicher[1213]. Zur Vermeidung eines Regresses

1204 BGH, Urt. v. 10.2.2011 – IX ZR 49/10 – juris, Rn. 13–15 und 20.

1205 Vgl. *D. Fischer*, in: G. Fischer/Vill/D. Fischer/Pape/Chab, § 15, Rn. 92, 94; OLG Bremen WM 1998, 520, 522; zu § 266 StGB vgl. auch BGH NStZ-RR 2004, 54 = StV 2004, 80 = wistra 2004, 61 m.w.N.

1206 Vgl. *Vollkommer/Greger/Heinemann*, § 8, Rn. 13.

1207 BGH NJW 1982, 573; NJW 1985, 2699; OLG Hamm, Urt. v. 6.7.2000 – 28 U 107/99, NJW-RR 2001, 1504, 1505 (anwaltliche Treuhand für eine Baufinanzierung); OLG Hamm vom 20.7.2004 – 28 W 36/04 (Rechenschaftspflicht eines nach § 161 BRAO bestellten Vertreters); Palandt/*Sprau*, § 666 BGB, Rn. 4; vgl. auch MünchKomm/*Schäfer*, § 666 BGB, Rn. 32.

1208 OLG Hamm, Urt. v. 6.7.2000 – 28 U 107/99, NJW-RR 2001, 1504, 1505; vom 20.7.2004 – 28 W 36/04.

1209 Vgl. MünchKomm/*Schäfer*, § 666 BGB, Rn. 31 f.; OLG Hamm vom 20.7.2004 – 28 W 36/04.

1210 MünchKomm/*Schäfer*, § 666 BGB, Rn. 32; BGHZ 109, 260, 266 = NJW 1990, 510, 511 = WM 1990, 121, 124; OLG Hamm, Urt. v. 6.7.2000 – 28 U 107/99, NJW-RR 2001, 1504, 1505; OLG Hamm vom 20.7.2004 – 28 W 36/04.

1211 BGH NJW 2006, 3777 = WM 2006, 2185 (Tz. 17); vgl. auch unten Rdn. 532 m.w.N.

1212 Vgl. *Vollkommer/Greger/Heinemann*, § 5, Rn. 30; OLG Düsseldorf OLG-Rep. 2003, 18, 19 f.; BGH NJW-RR 2004, 1356, 1357; vgl. auch oben Rdn. 506 ff. m.w.N.; zur Abgrenzung dieser verschiedenen Einordnungsmöglichkeiten unter Anwendung der jeweiligen speziellen Voraussetzungen vgl. im Einzelnen OLG Hamm vom 1.12.2005 – 28 U 29/05 und *Zugehör*, NJW 2000, 1601, 1602 f.

1213 *Borgmann/Jungk/Schwaiger*, Kap. VI, Rn. 30 unter Verweis auf BGH NJW-RR 1988, 1299, 1300 = WM 1988, 986, 987 (Kreditgeber, der auf das Anwaltsanderkonto zahlte und Sicherheiten vor Auszahlung an den Mandanten haben wollte, wurde als eigentlicher Treugeber und damit Vertragspartner angesehen); vgl. auch BGH (III. ZS) NJW-RR 2004, 1356 ff. und kritisch dazu *Chab*, BRAK-Mitt. 2004, 261, 262; strenger: BGH (IX. ZS) NJW 2004, 3630, 3632 = WM 2004, 1825 ff.

ist eine genaue Umschreibung der Pflichten und Befugnisse des Treuhänders dringend anzuraten[1214]. Zur Haftung aus Treuhandverhältnissen (auch) gegenüber Dritten wird verwiesen auf Kap. 1 Rdn. 377 ff. (mit einer Aufstellung von Beispielen in Kap. 1 Rdn. 389) und Kap. 8 Rdn. 532[1215].

520 Geht es um das Verhältnis des Anwalts zu seinem Mandanten, ist zu beachten, dass nicht schon beispielsweise durch auftragsgemäße **Einziehung von Mandantenforderungen** ein Treuhandverhältnis an diesen Fremdgeldern begründet wird[1216]. Zur Pflicht, das aus der Geschäftsbesorgung Erlangte herauszugeben, muss vielmehr hinzukommen eine vom Mandanten gewünschte treuhänderische Tätigkeit wie etwa eine Verwaltung[1217], eine Kapitalanlage oder eine sonstige Verwendung im Mandanteninteresse[1218].

521 Einen typischen Treuhandvertrag gibt es nicht[1219]. Der Treuhandvertrag als solcher ist im Gesetz nicht geregelt[1220]. Auch für den Treuhandvertrag als Teil des anwaltlichen Geschäftsbesorgungsvertrages oder als (zusätzlicher) schlichter Geschäftsbesorgungsvertrag (sog. unechter Anwaltsvertrag) ist **kein typischer Inhalt** anerkannt. Die Rechtsbeziehungen richten sich grundsätzlich nach dem Recht des Auftrags (§§ 662 ff.), beispielsweise nach § 667 BGB[1221]. Ansonsten ist der Inhalt nach dem ausdrücklich Vereinbarten oder einer Auslegung nach den allgemeinen Grundsätzen (§§ 133, 157 BGB) zu bestimmen[1222]. Je nach der speziellen Eigenart der jeweiligen Treuhandaufgaben können die Pflichten und Befugnisse unterschiedlich weit gehen (dazu Rdn. 524 f.).

522 Nach gefestigter höchstrichterlicher Rechtsprechung darf ein Treuhänder z.B. gegen einen Anspruch aus § 667 1. Alt. BGB grundsätzlich keine **Aufrechnung** mit Gegenansprüchen vornehmen, die nicht in dem Treuhandverhältnis wurzeln und mit diesem weder rechtlich noch wirtschaftlich eng zusammenhängen[1223] (vgl. dazu näher Kap. 6 Rdn. 74 ff.). Ist der Auftragszweck indes durch Erreichung oder Fortfall erledigt, entfällt die Zweckbindung der Gelder, die der Treuhänder zur Ausführung des Auftrages erhalten hat. Der Herausgabeanspruch nach § 667 1. Alt. BGB ist damit fällig und von einer Abrechnung des Beauftragten nicht abhängig. Gegen ihn kann der Treuhänder deshalb nun grundsätzlich mit anderen, außerhalb des Treuhandsmandats entstandenen Vergütungsansprüchen aufrechnen[1224], wenn nicht anderweitige Umstände nach Treu und Glauben entgegenstehen[1225].

1214 OLG Hamm AnwBl 1987, 42, 43 f.; vgl. auch *Vollkommer/Greger/Heinemann*, § 5, Rn. 30 a.E.

1215 Vgl. auch *Vollkommer/Greger/Heinemann*, § 5, Rn. 30 a.E.; *D. Fischer*, in: G. Fischer/Vill/D. Fischer/Pape/Chab, § 12, Rn. 23–25; zur bereicherungsrechtlichen Behandlung bei Nichtzustandekommen des Treuhandvertrages vgl. OLG Düsseldorf OLG-Rep. 2005, 654.

1216 BGH NJW 1971, 559, 560 = WM 1971, 220, 221; BGHZ 71, 380, 383 = NJW 1978, 1807, 1808; BGHZ 113, 90, 93 f. = NJW 1991, 839, 841; NJW 2003, 140, 142 = WM 2003, 92; OLG Brandenburg, Urt. v. 8.7.2014 – 6 U 196/12 – juris, Rn. 113; *D. Fischer*, in: G. Fischer/Vill/D. Fischer/Pape/Chab, § 12, Rn. 22; *Vollkommer/Greger/Heinemann*, § 5, Rn. 30 a.E.; *Borgmann/Jungk/Schwaiger*, Kap. VI, Rn. 41.

1217 BGHZ 71, 380, 383 = NJW 1978, 1807, 1808; *D. Fischer*, ebd.

1218 OLG Brandenburg, Urt. v. 8.7.2014 – 6 U 196/12 – juris, Rn. 113.

1219 Vgl. Palandt/*Herrler*, § 903, Rn. 36 m.w.N.; *Borgmann/Jungk/Schwaiger*, Kap. VI, Rn. 31 m.w.N.; *Vollkommer/Greger/Heinemann*, § 5, Rn. 29, Fn. 101.

1220 Vgl. BGH, Urt. v. 10.2.2011 – IX ZR 49/10 – juris, Rn. 13.

1221 BGH NJW 2002, 2459, 2460 = BB 2002, 1446, 1447; zu § 667 BGB, § 43a Abs. 5 BRAO, § 4 Abs. 2 BORA, zur eingeschränkten Aufrechnungsmöglichkeit des Anwalts und zur Verjährung vgl. näher Kap. 2 Rdn. 295 ff.

1222 Vgl. BGH NJW 1966, 1116; OLG Hamm AnwBl 1987, 42, 43; *Vollkommer/Greger/Heinemann*, § 5, Rn. 29, Fn. 101.

1223 BGH, Beschl. v. 23.10.2003 – IX ZR 174/02 – juris, Rn. 3; BGH NJW 2003, 140, 142 = WM 2003, 92, 94 f.; WM 1960, 842, 843; WM 1972, 53, 54; *D. Fischer*, in: G. Fischer/Vill/D. Fischer/Pape/Chab, § 12, Rn. 61 i.V.m. *Vill*, a.a.O., § 2, Rn. 388 f., 541; vgl. auch Kap. 2 Rdn. 301 m.w.N.

1224 Vgl. BGH NJW 1995, 1425, 1426 (unter 1).

1225 BGH NJW 2005, 2927, 2929; zu den insolvenzrechtlichen Folgen solcher Aufrechnungen in der »kritischen Phase« (Unzulässigkeit nach § 96 Abs. 1 Nr. 3 bzw. nach § 96 Abs. 1 Nr. 1 InsO) vgl. BGH NJW 2007, 2640 = WM 2007, 1669.

Typische Fallgestaltungen, in denen Anwälte (teilweise auch Steuerberater) als Treuhänder eingeschaltet werden, sind beispielsweise folgende: 523
- Sicherung von Zug-um-Zug-Leistungen[1226],
- sonstige Abwicklung von Verträgen, auch Vergleichen oder Zwischenvergleichen[1227],
- Einschaltung in die Abwicklung von fremdfinanzierten Verträgen[1228].
- Hinterlegung von Geld oder Wertpapieren als private Sicherheit zur Herbeiführung oder Abwendung der Zwangsvollstreckung[1229],
- Erb- und Vermögensauseinandersetzungen[1230], Sanierungsvorhaben[1231], Ausführung eines Liquidationsvergleichs[1232],
- Auseinandersetzung von Personengesellschaften[1233],
- Durchführung und Betreuung (Mittelverwendungskontrolle und/oder Sicherheitenprüfung) von Kapitalanlagen, auch in der Form von Bauherrenmodellen[1234].

Meistens handelt es sich bei den einem Rechtsanwalt angetragenen Treuhandtätigkeiten der skizzierten Art um solche, die sich gewolltermaßen **im Rahmen eines echten Anwaltsvertrages** bewegen, so dass also grundsätzlich umfassende Anwaltspflichten zur Rechtsbetreuung nach § 3 Abs. 1 BRAO, orientiert an den zu wahrenden Mandanteninteressen, bestehen[1235]. 524

Auch ein im Rahmen eines **Kapitalanlagemodells** abgeschlossener Treuhandvertrag kann so vom Rechtsdienstleistungsgesetz (früher: Rechtsberatungsgesetz) erfasst werden, wenn der Treuhänder nach dem Vertrag nicht nur die wirtschaftlichen Belange des Anlegers wahrzunehmen, sondern dessen Rechte zu verwirklichen oder dessen Rechtsverhältnisse zu gestalten, insbesondere in dessen Namen die erforderlichen Verträge abzuschließen hat[1236]. Allerdings hat nicht jeder im Rahmen eines Kapitalanlagemodells geschlossene Treuhandvertrag zwingend rechtsberatende Tätigkeiten zum Gegenstand. Wenn der Treuhänder beispielsweise keine Verträge abzuschließen hat und auch das Stimmrecht in der Gesellschafterversammlung nur unter engen Voraussetzungen ausüben darf, liegt eine Rechtsbesorgung nicht vor[1237]. 525

1226 Vgl. *Borgmann/Jungk/Schwaiger*, Kap. VI, Rn. 34; *Vollkommer/Greger/Heinemann*, § 5, Rn. 29, Fn. 101.

1227 Vgl. BGHZ 109, 47, 51 ff. = WM 1989, 1779; OLG Hamm vom 9.7.2002 – 28 U 141/01; OLG Düsseldorf OLG-Rep. 2005, 734 (Abhängigkeit der Auszahlung eines Darlehens von der Sicherstellung der Eintragung einer Grundschuld); OLG Brandenburg, Urt. v. 8.7.2014 – 6 U 196/12 – juris, Rn. 113; OLG Schleswig, Urt. v. 31.3.2011 – 11 U 43/09 – juris; *Borgmann/Jungk/Schwaiger*, Kap. VI, Rn. 34 m.w.N.; *Vollkommer/Greger/Heinemann*, § 5, Rn. 29, Fn. 101.

1228 Vgl. BGH NJW 2002, 2459 = BB 2002, 1446; NJW-RR 1988, 1299 = WM 1988, 986, 987; NJW-RR 1992, 1178 = WM 1992, 1533, 1537; vgl. auch *Vollkommer/Greger/Heinemann*, § 5, Rn. 29, Fn. 101, *D. Fischer*, in: G. Fischer/Vill/D. Fischer/Pape/Chab, § 12, Rn. 21.

1229 Vgl. OLG Hamm AnwBl 1987, 42; *Vollkommer/Greger/Heinemann*, § 5, Rn. 29 und Rn. 33.

1230 Vgl. OLG Hamm AnwBl 1987, 42; *Vollkommer/Greger/Heinemann*, § 5, Rn. 29 und Rn. 33.

1231 Vgl. BGH WM 1969, 935; BGHZ 109, 47, 51 ff. = WM 1989, 1779; *D. Fischer*, in: G. Fischer/Vill/D. Fischer/Pape/Chab, § 12, Rn. 21.

1232 Vgl. BGHZ 118, 70, 74 ff. = NJW 1992, 1834 = WM 1992, 885; BGH NJW 1993, 1851, 1852 f.; BGHZ 126, 138, 141 = NJW 1994, 3102, 3103, 3105 = WM 1994, 1584; *D. Fischer*, in: G. Fischer/Vill/D. Fischer/Pape/Chab, § 12, Rn. 21 und 23.

1233 OLG Hamm vom 1.12.2005 – 28 U 29/05.

1234 Vgl. BGH NJW-RR 1986, 1158 = WM 1986, 904, 905; NJW-RR 1989, 1102; BGHZ 120, 157, 159 = NJW 1993, 199; BGH NJW 1995, 1025; NJW-RR 2004, 121 = WM 2003, 2382, 2383; NJW-RR 2004, 1356; OLG Hamm ZIP 1990, 1331; KG NJW-RR 1992, 795; OLG Karlsruhe WM 1997, 1476, 1477; OLG Hamburg WM 2001, 299, 302; *Vollkommer/Greger/Heinemann*, § 5, Rn. 29 und Rn. 34; *D. Fischer*, in: G. Fischer/Vill/D. Fischer/Pape/Chab, § 12, Rn. 23 m.w.N.; *Borgmann/Jungk/Schwaiger*, Kap. VI, Rn. 37.

1235 Vgl. *D. Fischer*, in: G. Fischer/Vill/D. Fischer/Pape/Chab, § 12, Rn. 44 f., 47.

1236 BGH, Urt. v. 30.7.2015 – I ZR 18/14 – juris, Rn. 25 m.w.N.

1237 BGH, a.a.O.

526 Neben oder anstatt eines (vor-)vertraglichen Schadensersatzanspruchs auf der Grundlage eines zwischen Anleger (Treugeber) und (Anwalts-)Treuhänder geschlossenen Geschäftsbesorgungsvertrages (dazu oben Rdn. 500) kann eine **deliktische Haftung** wegen vorsätzlich sittenwidriger Schädigung **nach § 826 BGB** in Betracht kommen, wenn ein Rechtsanwalt als ein Zeichnungsvertrauen schaffender anwaltlicher Treuhänder, mithin in einer herausgehobenen und für das Vertriebssystem unerlässlichen Funktion auftritt und sich so in ein objektiv unzulässiges Vertriebssystem hat einspannen lassen, vorausgesetzt er hat zugleich zumindest leichtfertig unterlassen, sich über die rechtlichen Rahmenbedingungen des Vertriebs zu informieren[1238].

527 Der Umfang der einem Treuhänder obliegenden Pflichten einschließlich seiner Kontroll- und Beratungspflichten hängt auch und maßgeblich davon ab, welche Vorstellungen den Treugeber nach den Umständen des Einzelfalles, vor allem nach der Vertragsgestaltung, erkennbar dazu veranlasst haben, dem Treuhänder die Treuhandschaft zu übertragen[1239]. Hat der Treuhänder Fremdgelder z.B. aus einem Inkassoauftrag zu verwahren, ist er verpflichtet, dies auf sichere Art und Weise zu tun, also unnötige Risiken zu vermeiden. So hat der BGH eine Sorgfaltswidrigkeit bejaht, wenn der Treuhänder Gelder bei einer Bank deponiert oder anlegt, die nur die gesetzliche Mindesteinlagesicherung bietet, und die Treuhandgelder den gesicherten Höchstbetrag weit übersteigen[1240].

528 Wird ein Rechtsanwalt als Treuhänder eingeschaltet, wird sich aus den Vereinbarungen in der Regel ergeben, dass die Treugeber ihn **auch und gerade deshalb als Treuhänder** eingeschaltet haben, weil er in seiner Eigenschaft als Rechtsanwalt über die für eine wirksame Kontrolle erforderlichen juristischen Kenntnisse verfügt. Aufgrund einer solchen erkennbaren Vorstellung des Treugebers ist der Anwaltstreuhänder in Zweifelsfällen dazu verpflichtet, die Rechtslage zu prüfen und den Treugeber vor möglicherweise schädlichen Maßnahmen, etwa einer Überweisung, über die jeweiligen Risiken aufzuklären[1241]. Eine Pflichtverletzung kommt demnach zum Beispiel in Betracht, wenn der (Anwalts-)Treuhänder von einer fehlenden Absicherung eines Einlagengeschäfts gewusst hat. Unter Umständen kann sogar die bloße Erkennbarkeit von aufklärungspflichtigen Tatsachen – wie etwa einer Genehmigungsbedürftigkeit des Anlagemodells oder dessen fehlender Absicherung – der positiven Kenntnis gleichstehen, nämlich wenn sich diese nach den Umständen des Einzelfalls aufdrängen mussten, aber die Augen davor verschlossen wurden[1242]. Demgemäß verstößt ein Rechtsanwalt gegen seine anwaltlichen Pflichten zum Rechtsbeistand, wenn er einen Mandanten, der erkennbar aufgrund der Treuhandvereinbarung die Sicherstellung der vereinbarten Absicherung eines Darlehens an einen Dritten erwartet, nicht darauf hinweist, dass aufgrund der Formulierung der Treuhandregelung jedoch keine Sicherung des Darlehensrückzahlungsanspruchs erreicht werden kann, er, der Anwalt, also nur als bloßer Zahlungsmittler fungieren werde[1243]. Der Vereinbarung einer Rechtsanwaltstreuhand ist sozusagen immanent, dass der Treugeber mit ihr jedenfalls ein gewisses Maß an Sicherheit erlangen will, welches über das einer Direktzahlung hinausgeht[1244]. Wird dies durch die Treuhandabrede gerade nicht erreicht, muss mindestens darauf klar und unmissverständlich hingewiesen und m. E. vom Abschluss abgeraten werden, wenn man nicht sogar von einem Anwalt verlangt, sich schon im Ansatz nicht in ein solches Anlagemodell »einspannen« zu lassen und allein dadurch den Eindruck einer Sicherheit infolge anwaltlicher Betreuung hervorzurufen.

Wenn allerdings das Interesse des Auftraggebers allein dahin geht, einen Vermögensgegenstand zu erhalten oder nur schlicht in einer bestimmt vorgegebenen Weise gewinnbringend anzulegen und es dazu keiner zivilrechtlichen oder steuerrechtlichen Beratung bedarf oder sie erkennbar nicht

1238 BGH, Urt. v. 10.2.2015 – VI ZR 569/13 – juris, Rn. 10, 11.

1239 BGH NJW-RR 1989, 1102 = WM 1989, 1286; BGHZ 102, 220, 224–226 m.w.N.; vgl. auch OLG Schleswig, Urt. v. 31.3.2011 – 11 U 43/09 – juris, Rn. 34 – 36; *Borgmann/Jungk/Schwaiger*, Kap. VI, Rn. 38.

1240 BGH NJW 2006, 986 = WM 2006, 371.

1241 BGH NJW-RR 1989, 1102, 1103 = WM 1989, 1286.

1242 BGH, Urt. v. 10.2.2015 – VI ZR 569/13 – juris, Rn. 21, 22 m.w.N.

1243 OLG Schleswig, a.a.O., Rn. 34.

1244 OLG Schleswig, a.a.O., Rn. 35.

erwartet oder (konkludent) nicht angeboten wird, der Anwalt also nicht die Aufgabe hat, rechtlichen Beistand zu leisten, liegt (ausnahmsweise) anwaltsfremde Tätigkeit vor[1245]. Bei Anlagetreuhand wird indes in der Regel auch eine Rechtsberatungs- oder Rechtsbetreuungspflicht zugunsten des Kapitalanlegers festzustellen sein[1246]. Ebenso kann ein Mandat zur Vermögensverwaltung im Einzelfall mit einer Rechtsbeistandspflicht verbunden und deshalb auf eine anwaltstypische Tätigkeit gerichtet sein[1247], so z.B. wenn im Rahmen eines Auftrages zur Verwaltung und Abwicklung eines ungeteilten Nachlasses die Erben außerdem in Bezug auf Pflichtteils- und Pflichtteilsergänzungsansprüche von Pflichtteilsberechtigten und Steuerforderungen beraten und vertreten werden sollen[1248]. Auch bei einem Treuhandauftrag (einer Vertragspartei des Mandanten) zum Zweck ordnungsgemäßer Verwendung von Fördergeldern wird in nicht unbedeutendem Umfang die Klärung rechtlicher Fragen erwartet, so dass ein anwaltlicher Treuhandauftrag vorliegt[1249].

Ein Treuhandvertrag mit einem Unternehmen, welches Anlagekapital sucht, wird vielfach als ein 529
Vertrag zugunsten der Kapitalanleger anzusehen sein, wonach der Treuhänder als Rechtsberater entweder die Aufgabe der **Mittelverwendungskontrolle**[1250] und/oder die Pflicht zur **Prüfung von Sicherheiten**[1251] hat. Auch hier geht es um eine Geschäftsbesorgung im Sinne des § 675 BGB[1252]. Regelmäßig ergibt der gegebenenfalls durch Auslegung zu ermittelnde Vertragsinhalt einen Vertrag zugunsten der Anleger als Dritten im Sinne von § 328 BGB oder zumindest einen Vertrag mit Schutzwirkung zugunsten der Anleger analog § 328 BGB. Eine Vermutung, dass es sich um einen Vertrag zugunsten Dritter handelt, besteht indes nicht[1253]. Ein drittschützender Charakter und seine Ausgestaltung entweder als die Verschaffung (primärer) Leistungsansprüche nach § 328 Abs. 1 BGB oder lediglich als die Einräumung (sekundärer) vertraglicher Schadensersatzansprüche (bloße Schutzwirkung) ist also einzelfallbezogen je nach Vertragsgestaltung zu ermitteln[1254]. Daraus – wie auch sonst, wenn der Anleger mit dem ihm als Treuhänder benannten Rechtsanwalt einen derartigen Treuhandvertrag schließen will, – kann sich eine Haftung des Treuhänders schon aus Verschulden bei Vertragsverhandlungen ergeben, wenn er den Anleger nicht darüber aufklärt, dass er nach den tatsächlichen Gegebenheiten gar nicht in der Lage ist, die in dem Treuhandvertrag übernommenen Pflichten wahrzunehmen[1255].

1245 Vgl. BGH NJW 1995, 1025, 1027 = WM 1995, 344, 347; OLG Düsseldorf NJWE-VHR 1997, 255; *Vollkommer/Greger/Heinemann*, § 2, Rn. 22; *D. Fischer*, in: G. Fischer/Vill/D. Fischer/Pape/Chab, § 12, Rn. 22.

1246 BGH NJW 1999, 3040, 3042 = WM 1999, 1846, 1848; NJW 1995, 1025, 1027 = WM 1995, 344, 347; BGH, Urt. v. 27.1.1994 – IX ZR 195/93 – juris, Rn. 11–13; BGHZ 120, 157, 159 f. = NJW 1993, 199; NJW-RR 1988, 1299; vgl. auch NJW 2002, 888, 890 (Steuerberater); *Vollkommer/Greger/Heinemann*, § 2, Rn. 22.

1247 *Ganter*, S. 30.

1248 BGH NJW 1999, 3040, 3042 = WM 1999, 1846, 1848; *Ganter*, S. 30.

1249 OLG Hamm vom 9.7.2002 – 28 U 141/01, und zwar zur Mittelverwendungskontrolle.

1250 Vgl. dazu allgemein: BGH, Urt. v. 19.11.2009 – III ZR 108/08 – juris, Rn. 12; NJW 2004, 1356 = WM 2004, 1287; NJW-RR 2003, 1342, 1343 = WM 2003, 1772; NJW 2002, 888 = WM 2001, 2262, 2266; vgl. zu Rechtsanwälten: NJW 1995, 1025, 1026 = WM 1995, 344, 345; NJW-RR 1989, 1102, 1103 = WM 1989, 1286 (auch zu den Aufgaben eines Mittelverwendungstreuhänders im Einzelnen); NJW-RR 1986, 1158 = WM 1986, 904, 905; OLG Hamburg WM 2001, 299, 302; OLG Hamm, Urt. v. 6.7.2000 – 28 U 107/99, NJW-RR 2001, 1504, 1505 (Bauherrenmodell); *D. Fischer*, in: G. Fischer/Vill/D. Fischer/Pape/Chab, § 12, Rn. 45 m.w.N.; *Zugehör*, DStR 2001, 1663, 1666.

1251 OLG Karlsruhe WM 1997, 1476, 1477.

1252 BGH, Urt. v. 8.2.2018 – III ZR 65/17 – juris, Rn. 16 (Mittelverwendungskontrollvertrag im Emissionsprospekt abgedruckt).

1253 BGH, a.a.O., Rn. 18 m.w.N.

1254 Dazu und zu den sich daraus in unterschiedlicher Herleitung und Ausgestaltung ergebenden Hilfsansprüchen vgl. BGH, a.a.O., Rn. 18 – 26.

1255 BGH, Urt. v. 9.11.2017 – IX ZR 610/16 – juris, Rn. 16; OLG Karlsruhe WM 1997, 1476, 1477.

▶ Beispiel 1[1256]:

Der Mittelverwendungskontrolleur hat daher das Anlagemodell darauf zu untersuchen, ob es möglich ist, dass ihm Anlagegelder vorenthalten und somit seiner Kontrolle entzogen werden. Diese Überprüfung muss er vornehmen, sobald das Anlagemodell »einsatzbereit« ist, wie der BGH formuliert[1257]. Ist vertragsgemäße Verwendung der Anlagegelder nicht gesichert, zum Beispiel weil nicht nur unter seiner Mitwirkung über das Konto verfügt werden kann, darf der Mittelverwendungskontrolleur nicht untätig bleiben; er muss nicht nur auf Abhilfe hinwirken, sondern hat auch die Anleger in geeigneter Weise zu unterrichten[1258].

▶ Beispiel 2[1259]:

Will der Mittelverwendungskontrolleur entgegen der vertraglichen Regelung, wonach ein »Treuhandkonto des Treuhänders« einzurichten ist, seine Kontrollpflichten in Bezug auf die ihm treuhänderisch anzuvertrauenden Anlagebeträge nicht über ein von ihm errichtetes Konto, sondern über ein Konto, dessen Inhaberin die Fondsgesellschaft ist, abwickeln, so bedeutet das schon eine vorvertragliche Pflichtverletzung, weil vertraglich die Einrichtung eines Treuhandkontos geschuldet war, über das nur er die Verfügungsbefugnis haben durfte[1260]. Wenn das Anlagemodell in dieser Weise umgesetzt wird, kann dem Anleger ein Anspruch auf Ersatz des Zeichnungsschadens gemäß § 280 Abs. 1 BGB zustehen[1261]. Denn bei einer solchen im Prospekt und den dort abgedruckten Verträgen an diversen Stellen angesprochene Mittelverwendungskontrolle und dem zu ihrer Gewährleistung zugesagten »Treuhandkonto des Treuhänders« geht es um Kernbedingungen für die Sicherheit und den Erfolg der Anlagebeteiligung, die so aber verfehlt werden[1262].

Bei der Verletzung dieser oder anderer – auch schon vorvertraglich bestehender – Aufklärungspflichten über dem Treuhänder bekannte oder bei gehöriger Sorgfalt für diesen erkennbare Gefahren kann der in seinem Vertrauen enttäuschte Treugeber verlangen, so gestellt zu werden, wie wenn der Treuhänder seinen Aufklärungspflichten nachgekommen wäre. Bei einem für seine Anlageentscheidung ursächlichen Aufklärungsmangel hat er nach der Rechtsprechung ein Wahlrecht[1263]. Er kann entweder verlangen, den Treuhandvertrag und die darauf beruhende Vermögensanlage rückgängig zu machen, also so gestellt zu werden, als wenn er sein Vermögen dem Treuhänder nicht zur Verfügung gestellt hätte[1264]. Oder aber er kann an den Verträgen festhalten und lediglich zusätzlich Schadensersatz verlangen, also Ersatz der ihm aufgrund der unrichtigen oder unvollständigen Aufklärung zu viel entstandenen Aufwendungen[1265].

530 Werden Treuhandpflichten zur Aufklärung oder Beratung im Rahmen eines Treuhandverhältnisses mit Rechtsbeistandspflicht (dazu vgl. oben Rdn. 524) verletzt, gelten für die **Feststellung der haftungsausfüllenden Kausalität**, also für die Frage, wie der Treugeber/Anleger sich bei pflichtgemäßem Handeln des Anwaltstreuhänders verhalten hätte, die für Rechtsberater günstigen allgemeinen

1256 BGH, Urt. v. 9.11.2017 – IX ZR 610/16 – juris.
1257 BGH, a.a.O. m.w.N.
1258 BGH, a.a.O., Rn. 18 und 17.
1259 BGH, Urt. v. 16.11.2017 – III ZR 407/16 – juris.
1260 BGH, a.a.O., Rn. 18.
1261 BGH, a.a.O., Rn. 16.
1262 BGH, a.a.O., Rn. 35.
1263 Vgl. BGH NJW-RR 1991, 599, 600 = WM 1991, 695 m.w.N.
1264 Vgl. BGH NJW 1995, 1025, 1026 f. = WM 1995, 344, 345 (Rechtsanwalt als im Emissionsprospekt genannter Treuhänder); *D. Fischer*, in: G. Fischer/Vill/D. Fischer/Pape/Chab, § 12, Rn. 54; vgl. auch BGH NJW 2000, 2503 (LS) = NJW-RR 2000, 998, 999 = WM 2000, 426 ff.; BGHZ 115, 213 = NJW 1992, 228, 230 (jeweils zur Anlagevermittlung).
1265 BGH NJW-RR 1991, 599, 600 = WM 1991, 695; *D. Fischer*, in: G. Fischer/Vill/D. Fischer/Pape/Chab, § 12, Rn. 55.

Grundsätze des IX. Zivilsenats des BGH wie bei sonstiger Anwaltshaftung[1266]. Danach kann ein Geschädigter sich bei typischem Geschehen auf die sog. Vermutung beratungsmäßigen Verhaltens als tatsächlicher Anscheinsvermutung berufen. Daran hat der IX. Zivilsenat des BGH für die Rechtsberaterhaftung ausdrücklich festgehalten und sich gegen die mit dem besonderen Schutzzweck der Aufklärungspflichten gegenüber Anlegern gerechtfertigte Rechtsprechung des XI. Zivilsenats des BGH[1267] abgegrenzt[1268], welche für den Bereich des allgemeinen Anlageberaterhaftungsrechts eine zu einer Beweislastumkehr führende widerlegbare tatsächliche Vermutung, dass der Schaden bei pflichtgemäßer Aufklärung nicht eingetreten wäre, annimmt, und dies sogar dann, wenn der pflichtgemäß aufgeklärte Anleger verschiedene Handlungsalternativen gehabt hätte.

Für die Befolgung von **Weisungen** des Treugebers gelten die bereits im systematischen Teil (Kap. 2 531
Rdn. 235 ff.) dargestellten Grundsätze. Zur Behandlung einander widersprechender Weisungen bei mehrseitiger Treuhand wird auf Rdn. 533 f. verwiesen.

Eine Treuhand kann auch mehrseitig, insbesondere doppelseitig sein. Das ist der Fall, wenn meh- 532
rere Treugeber in eine direkte Vertragsbeziehung, gerichtet auf Wahrnehmung ihrer Sicherungsinteressen durch treuhänderische Tätigkeit, mit dem Treuhänder getreten sind. Eine **Doppel- oder Mehrfachtreuhand** ist aus der Berufstätigkeit der Notare bekannt. So ist beispielsweise bei der Vereinbarung von Parteien eines Grundstückskaufvertrages, dass der Kaufpreis auf ein Anderkonto des Urkundsnotars zu zahlen und von dem Notar nach Eintritt bestimmter Bedingungen an den Verkäufer auszukehren ist, nicht nur der Käufer Treugeber, sondern auch der Verkäufer. Beide Vertragsparteien wollen durch die Verwahrung jeweils vor ungesicherten Vorleistungen geschützt sein. Die Einschaltung des Notars als Treuhänder geschieht also im Interesse von Käufer und Verkäufer[1269]. Ähnliche Situationen kommen im Bereich anwaltlicher Tätigkeit ebenfalls vor und führen auch dort zur Annahme einer mehrseitigen Treuhand mit der Pflicht zur strikten Objektivität[1270]. So darf ein Anwalt als Treuhänder beispielsweise durch Entgegennahme einer Sicherheit zur Abwendung der Zwangsvollstreckung nicht etwa die – grundsätzlich gegenläufigen – Interessen seines Mandanten gegenüber denen des Prozessgegners als Treugeber dem Treuhandzweck widersprechend bevorzugen oder umgekehrt einseitig den Treugeber begünstigen[1271]. Wegen des Verbots der Vertretung widerstreitender Interessen (§§ 43a Abs. 4, 59b Abs. 2 Nr. 1e BRAO) sind an den **konkludenten Abschluss** eines derartigen Treuhandvertrages neben der ausschließlichen Wahrnehmung der Interessen aus einem bestehenden Mandat allerdings besondere Anforderungen zu stellen[1272]. Selbst wenn sich die Interessen der an dem Treuhandverhältnis Beteiligten teilweise widersprechen, kann ein Anwalt sie gemeinsam vertreten, soweit und solange das Mandat auf die Wahrnehmung solcher Interessen begrenzt ist, die sie gemeinsam verfolgen[1273]. Ausgeschlossen ist die Bejahung eines nach außen zum Ausdruck gekommenen rechtsgeschäftlichen Verpflichtungswillens aber, wenn die verschiedenen Interessen derart kollidieren, dass die treuhänderische Aufgabe schlechterdings nicht

1266 Vgl. oben Kap. 4 Rdn. 20 ff.; *D. Fischer*, in: G. Fischer/Vill/D. Fischer/Pape/Chab, § 12, Rn. 52; anders noch für einen anwaltlichen Mittelverwendungstreuhänder BGH NJW-RR 1989, 1102, 1103.

1267 BGH, Urt. v. 8.5.2012 – XI ZR 262/10 – juris, Rn. 28 ff.; v. 26.2.2013 – XI ZR 318/10 – juris, Rn. 19 f.; vgl. auch schon BGH, Urt. v. 13.1.2000 – III ZR 62/99 – juris, Rn. 30; v. 12.2.2009 – III ZR 90/08 – juris, Rn. 27.

1268 BGH, Beschl. v. 15.5.2014 – IX ZR 267/12 – juris, Rn. 2–4.

1269 BGH DNotZ 1983, 549, 551 f.; *Sandkühler*, in: Arndt/Lerch/Sandkühler, § 23 BNotO, Rn. 18.

1270 OLG Hamm AnwBl 1987, 42, 43; *Vollkommer/Greger/Heinemann*, § 5, Rn. 28; vgl. auch *D. Fischer*, in: G. Fischer/Vill/D. Fischer/Pape/Chab, § 12, Rn. 48.

1271 Vgl. OLG Hamm AnwBl 1987, 42, 43.

1272 Vgl. OLG Hamm vom 1.12.2005 – 28 U 29/05; vom 23.3.2000 – 28 U 190/99; OLG Düsseldorf OLG-Rep. 2003, 18, 19 f.; OLG Hamburg OLG-Rep. 1998, 96; *D. Fischer*, in: G. Fischer/Vill/D. Fischer/Pape/Chab, § 12, Rn. 39; vgl. auch oben Rdn. 519.

1273 Vgl. BGH, Beschl. v. 4.2.2010 – IX ZR 190/07 – juris, Rn. 4; vgl. auch Urt. v. 15.1.1981 – III ZR 19/80 – juris, Rn. 22 ff.; v. 23.10.2003 – IX ZR 270/02 – juris, Rn. 34.

ordnungsgemäß erfüllt werden kann[1274]. Eine solche Situation dürfte im Fall des Anwaltsgerichts Hamburg vorgelegen haben, in dem der gerügte Rechtsanwalt für die Auszahlung von Treuhandgeldern allein an eine Bestätigung des Vertragsgegners seines Mandanten gebunden war ohne Rücksicht auf die Erklärung der eigenen Partei[1275], so dass deshalb im Ergebnis die Bejahung eines Verstoßes gegen das Verbot der Wahrnehmung widerstreitender Interessen, § 43a BRAO i.V.m. § 3 BORA hier zutreffend ist[1276]. Wenn eine solche von vorneherein nicht auflösbare Konfliktsituation indes nicht vorliegt, betrifft die Verpflichtung des Treuhänders zu strikter Objektivität[1277] nur die Ausgestaltung und Wahrnehmung des Treuhandverhältnisses, nicht aber die Wirksamkeit des Treuhandvertrages in Gestalt einer Doppeltreuhand[1278].

Zu beachten ist, dass dann, wenn im Einzelfall eine doppelseitige oder mehrseitige Treuhand nicht bejaht werden kann, eine Treuhand zugunsten von Dritten (§ 328 BGB) in Betracht zu ziehen ist oder ein Treuhandvertrag mit Schutzwirkung zugunsten Dritter[1279].

533 Im Falle einer sog. **gleichrangigen mehrseitigen Treuhand**, also einem Treuhandverhältnis, bei dem der Treuhänder nach der Treuhandabrede mit den Beteiligten das Treugut gleichrangig zu Gunsten der mehreren Beteiligten verwaltet, kann ein Anspruch auf Auszahlung verwahrter Mittel einseitig nicht mehr entzogen werden[1280]. Weisungen an den Treuhänder, die im Widerspruch zu der vertraglichen Vereinbarung stehen, sind nur zu beachten, wenn sie durch alle Beteiligten übereinstimmend erfolgen[1281].

534 Kommt es im Verlauf einer **sonstigen mehrseitigen Treuhand** zu **sich widersprechenden Weisungen** der Treugeber, wird die Situation für den Treuhänder schwierig. Ein eigenmächtiger »Koordinierungsversuch« wird in der Regel nicht erlaubt sein, da er letztlich eine (unzulässige) Benachteiligung einer Seite nicht vermeiden kann[1282]. Kommt es nicht zu einvernehmlichen Lösungen der Beteiligten, kann der Treuhänder möglicherweise eine Hinterlegung nach § 372 BGB vornehmen oder die Beteiligten ohne Hinterlegung auf einen Rechtsstreit zur Klärung des weiteren Vorgehens verweisen[1283]. Notfalls eine Kündigung des Geschäftsbesorgungsvertrages zu erklären, worauf *D. Fischer* wie zuvor *Zugehör* verweist[1284], ist indes – jedenfalls als isolierte Maßnahme, also ohne Hinterlegung – problematisch, weil dann ein Herausgabeanspruch hinsichtlich des erhaltenen Treugutes gemäß § 667 BGB fällig würde, dessen Erfüllung eine Verletzung der Interessen des anderen Beteiligten sein kann. In jedem Fall ist der Anwaltstreuhänder nach §§ 675, 666 1. Alt. BGB verpflichtet, unverzüglich seine Auftraggeber von den mit einer korrekten Ausführung des

1274 Vgl. ähnlich *D. Fischer*, in: G. Fischer/Vill/D. Fischer/Pape/Chab, § 12, Rn. 40; ein Notar würde in solchen Fällen den Auftrag ablehnen müssen, vgl. BGH NJW-RR 2003, 1434, 1435 = WM 2003, 116 ff.; NJW 1996, 3343, 3344 = WM 1996, 2074 ff.

1275 AnwG Hamburg Beck RS 2008, 24192.

1276 Einer generellen Aussage, dass ein Rechtsanwalt, der zur Abwicklung eines Kaufvertrages treuhänderische Pflichten sowohl gegenüber seinem Mandanten (Verkäufer) als auch gegenüber dem Käufer übernimmt, gegen § 43a Abs. 4 BRAO verstoße (so: *D. Fischer*, in: G. Fischer/Vill/D. Fischer/Pape/Chab, § 12, Rn. 22), kann daher nicht zugestimmt werden.

1277 Vgl. KG KG-Rep. 2003, 113, 117; OLG Düsseldorf OLG-Rep. 2001, 235, 237; so auch *Vollkommer/Greger/Heinemann*, § 5, Rn. 28.

1278 Vgl. OLG Hamm vom 28.10.2008 – 28 U 172/06.

1279 Vgl. BGH NJW-RR 2004, 1356 (unter II 1a aa); NJW-RR 2004, 121 (unter 1b); OLG Hamm vom 28.10.2008 – 28 U 172/06; vgl. auch schon oben Rdn. 519.

1280 BGH, Beschl. v. 9.6.2011 – IX ZR 38/10 – juris, Rn. 17; Urt. v. 25.10.2001 – IX ZR 427/98 – juris, Rn. 14 (Notarhaftung).

1281 BGH, a.a.O.

1282 Vgl. für eine Notartreuhand BGH NJW-RR 2003, 1434, 1436 = WM 2003, 116 ff.; NJW 2000, 1644 = WM 2000, 971; NJW 1996, 3343, 3344 = WM 1996, 2074 ff.; *D. Fischer*, in: G. Fischer/Vill/D. Fischer/Pape/Chab, § 12, Rn. 48.

1283 *D. Fischer*, a.a.O. m.w.N.

1284 *D. Fischer*, a.a.O.

Treuhandauftrages nicht zu vereinbarenden gegensätzlichen Weisungen zu unterrichten[1285]. Unterlässt er dies und werden dadurch die mit der Treuhand bezweckten Ziele ganz oder teilweise verfehlt, kann er sich schadensersatzpflichtig machen.

Übernimmt ein einer Anwaltssozietät angehörender Rechtsanwalt eine Treuhandtätigkeit, so können 535 Ansprüche bei Pflichtverletzungen regelmäßig nicht allein gegen ihn, sondern vielmehr gegen alle Mitglieder der **Sozietät oder Anscheinssozietät** erhoben werden. Auf der Grundlage des überkommenen individualistischen Verständnisses der BGB-Gesellschaft war dazu früher der Grundsatz anerkannt, dass (auch) ein Treuhandvertrag im Zweifel mit allen Mitgliedern der (Anscheins-)Sozietät zustande komme[1286]. Nach der gesellschaftsrechtlichen »Kehrtwende« durch das Grundsatzurteil des BGH vom 29.1.2001[1287] und dem Verständnis der Gesellschaft bürgerlichen Rechts als (beschränkt) rechtsfähig, kommt ein Treuhandvertrag im Zweifel mit der Anwaltssozietät zustande.

Da sich nach neuerer Rechtsprechung auch eine sog. interprofessionelle oder **gemischte Sozietät** von 536 Anwälten zur Erbringung anwaltlicher Beratungsleistungen verpflichten kann[1288] und insoweit die frühere Rechtsprechung[1289], die annahm, der Vertrag komme im Zweifel nur mit den Sozien zustande, die auf dem zu bearbeitenden Rechtsgebiet tätig werden durften, überholt ist, ist konsequenterweise für eine Treuhand ein Vertragsverhältnis mit der Sozietät auch anzunehmen, wenn sie neben Rechtsanwälten auch z.B. Steuerberater, Wirtschaftsprüfer etc. umfasst.

Genauso wie bei Verstößen gegen daraus rechtsgeschäftlich begründete Pflichten wird auch **deliktisches** 537 **Handeln** eines Sozietätsmitglieds analog § 31 BGB der Gesellschaft zugerechnet[1290]. Für Ansprüche daraus gegen die Sozietät haften sodann alle Mitglieder akzessorisch nach §§ 128 ff. HGB analog[1291]. Dies alles gilt gleichermaßen grundsätzlich bei der Scheinsozietät[1292].

Grundsätzlich kein Vertragsverhältnis mit der (Schein-)Sozietät ist aber bei einer Treuhand gegeben, die 538 außerhalb des eigentlichen anwaltlichen Aufgabenkreises liegt, z.B. bei einer reinen Verwahrungstätigkeit (vgl. schon Kap. 1 Rdn. 123)[1293], die einem Anwalt aufgrund besonderen persönlichen Vertrauens oder aufgrund besonderer persönlicher Beziehung unter Wahrung besonderer Geheimhaltung übertragen wird. In solchen Fällen kann die Annahme eines Einzelmandats nahe liegen[1294].

In der Regel erfordert die treuhänderische Überlassung von Geldern, Wertpapieren, Bürgschafts- 539 urkunden[1295] etc. neben der Ermächtigung zur Verwahrung und/oder Weitergabe – zumeist nur unter bestimmten Bedingungen – wesensgemäß zugleich eine zweckbestimmte Sicherung des

1285 Vgl. *D. Fischer*, a.a.O.; für eine derartige Pflicht »erst recht« des Notartreuhänders vgl. BGH NJW 1993, 2317 = WM 1993, 1518, 1520.

1286 BGH NJW-RR 1988, 1299 = WM 1988, 986; NJW 1999, 3040, 3042 (auch für Scheinsozietät); auch jetzt noch *Vollkommer/Greger/Heinemann*, § 5, Rn. 28.

1287 BGH NJW 2001, 1056 = WM 2001, 408.

1288 BGH, Urt. v. 9.12.2010 – IX ZR 44/10 – juris, Rn. 6–11; v. 10.5.2012 – IX ZR 125/10, BGHZ 193, 193, Rn. 15; *Mennemeyer*, oben Kap. 1 Rdn. 120.

1289 Vgl. z.B. BGH NJW 2000, 1333 ff. zur Treuhand im Rahmen eines echten Anwaltsvertrages.

1290 BGHZ 154, 88 = NJW 2003, 1445, 1446 = WM 2003, 830; BGHZ 172, 169 = NJW 2007, 2490 = WM 2007, 1530.

1291 BGH NJW 2003, 1445, 1446: §§ 128 f. HGB: nun aber (wie OLG Hamm NJW-RR 2002, 495 = BB 2002, 370, 371) zu § 130 HGB grundsätzlich auch BGH NJW 2003, 1803 (aber insoweit ausdrücklich offen gelassen); dazu, dass aus der Ablehnung einer analogen Anwendung von § 8 Abs. PartGG auf Sozietäten in der Rechtsform einer GbR durch BGH, Urt. v. 10.5.2012 – XI ZR 125/10 – juris, Rn. 74 nunmehr richtigerweise von einer Haftung des neuen Gesellschafters auch für berufshaftrechtliche Verbindlichkeiten auszugehen ist, vgl. (m.w.N.) im Einzelnen *Mennemeyer*, Kap. 1 Rdn. 147).

1292 BGH NJW 2007, 2490 = WM 2007, 1530 (Tz. 21 ff.); *Vollkommer/Greger/Heinemann*, § 4, Rn. 24; *K. Schmidt*, NJW 2005, 2801, 2809.

1293 Vgl. ebenso OLG Celle NJW 2006, 3431, 3432.

1294 BGH NJW-RR 1988, 1299.

1295 So in BGH NJW 2002, 2459 = BB 2002, 1446.

Treugebers oder der Treugeberin[1296]. Damit entspricht der **Schutzbereich**[1297] des anwaltlichen Treuhandvertrages dem des öffentlich-rechtlichen notariellen Treuhandauftrages[1298]. Deshalb hat ein in einer durch den Treuhandvertrag nicht gedeckten Weise über das Treugut verfügender Rechtsanwalt genauso wie ein Notar den Treugeber schadensersatzrechtlich so zu stellen, als hätte er pflichtgemäß nicht über das Treugut verfügt[1299].

540 Übernimmt ein Rechtsanwalt, der zugleich Notar ist, einen Treuhandauftrag, kann im Einzelfall die Zuordnung zweifelhaft sein. Zur **Abgrenzung** der anwaltlichen Treuhand **von der notariellen Verwahrung** gelten folgende Grundsätze:

> »Nach § 24 II 1 BNotO ist anzunehmen, dass ein zugleich als Rechtsanwalt zugelassener Notar dann als Notar tätig wird, wenn er Handlungen der in § 24 I BNotO bezeichneten Art vornimmt, die dazu bestimmt sind, Amtsgeschäfte der in den §§ 20 bis 23 BNotO bezeichneten Art vorzubereiten oder auszuführen. Liegen die Voraussetzungen dieser Bestimmung nicht vor, ist nach § 24 II 2 BNotO im Zweifel anzunehmen, dass der Anwaltsnotar als Rechtsanwalt tätig geworden ist. Derartige Zweifel bestehen nicht, wenn nach den objektiven Umständen, insbesondere der Art der Tätigkeit, eine Aufgabe zu erfüllen ist, die in den Bereich notarieller Amtstätigkeit fällt. Dies trifft zu, wenn nicht einseitige Interessenwahrnehmung in Rede steht, sondern eine neutrale, unparteiische Berücksichtigung der Belange sämtlicher Beteiligter.«[1300]

Bei der Abgrenzung sind aber nicht nur die **gesamten objektiven Umstände** zu berücksichtigen, sondern nach der neueren Rechtsprechung des BGH **auch die Vorstellungen** der an dem Geschäft beteiligten Personen[1301]. Die Sicht **der Beteiligten**, deren Berücksichtigung bei der dem § 24 Abs. 2 BNotO vorgehenden Auslegung der (konkludenten) Willenserklärungen der Vertragspartner des Treuhandverhältnisses den allgemeinen Grundsätzen der §§ 133, 157 BGB entspricht, wird nicht nur bei einer mit bloß einem Beteiligten in Rede stehenden Treuhand vielfach maßgebliche Bedeutung haben können[1302], sondern auch und gerade bei der mehrseitigen Treuhand, bei der eine Abgrenzung mit Hilfe der Formel »einseitige Interessenwahrnehmung oder unparteiische Betreuung« versagt[1303].

541 Der Eindruck einer notariellen Amtstätigkeit, also einer neutralen, unparteiischen Berücksichtigung der Belange sämtlicher Beteiligter wird erweckt insbesondere durch Bezeichnung der Tätigkeit oder einer zu erteilenden schriftlichen Bestätigung als einer »notariellen«, durch Hinweise auf die Mitwirkung eines (deutschen) »Notars« oder eines »Treuhänders, Rechtsanwalts und Notars«, eines »Rechtsanwalts und Notars« oder einer Verwahrung auf einem »Notaranderkonto«[1304]. Dass einer Bestätigung beispielsweise über die Hinterlegung ausreichender Sicherheiten das Notarsiegel

---

1296 Vgl. BGH NJW 2002, 2459, 2460 = BB 2002, 1446, 1447; vgl. auch BGH NJW-RR 2004, 1356, 1357 in Bezug auf die »Sicherheit« eines Anlegeinteressenten als Drittem gegenüber einem etwaigen Fehlverhalten (und einer etwaigen anschließenden Zahlungsunfähigkeit) des unmittelbaren Vertragspartners der Anleger, also der Vermittlerfirma selbst.

1297 Zur Schutzzwecklehre bei vertraglicher Anwaltshaftung vgl. Kap. 4 Rdn. 74.

1298 BGH NJW 2002, 2459, 2460 = BB 2002, 1446, 1447; vgl. auch *Vollkommer/Greger/Heinemann*, § 5, Rn. 31.

1299 BGH NJW 2002, 2459, 2460; vgl. auch schon NJW-RR 1989, 1102, 1103 = WM 1989, 1286 ff. (bei Verfügung trotz unklarer Sach- und Rechtslage); vgl. auch BGH NJW 2000, 734, 736 = WM 2000, 193 ff. m.w.N. (zum notariellen Verwahrungsgeschäft).

1300 BGH NJW-RR 2001, 1639, 1640 = WM 2001, 1204, 1205; vgl. auch schon BGHZ 134, 100, 104 = NJW 1997, 661 = WM 1997, 78; BGH NJW 1998, 1864, 1866 = WM 1998, 335, 337; NJW 2000, 734, 735 = WM 2000, 193 ff.; OLG Hamm OLG-Rep. 1997, 154 ff.; *Zugehör*, ZNotP 1997, 42 ff.

1301 BGHZ 134, 100, 104 = NJW 1997, 661 = WM 1997, 78; BGH NJW 1998, 1864, 1866 = WM 1998, 335, 337; *Zugehör*, ZNotP 1997, 42, 44.

1302 Dazu *Zugehör*, ZNotP 1997, 42 ff.

1303 *Ganter*, WM 2000, 641, 642; *ders.*, WM Sonderbeilage Nr. 6 zu Heft 43/2001, S. 5; vgl. auch *Zugehör*, ZNotP 1997, 42 ff., 45; *D. Fischer*, in: G. Fischer/Vill/D. Fischer/Pape/Chab, § 12, Rn. 43; *Sandkühler*, in: Arndt/Lerch/Sandkühler, § 23 BNotO, Rn. 5.

1304 Vgl. BGH NJW-RR 2001, 1639, 1640 = WM 2001, 1204, 1205; NJW 2000, 734, 735 = WM 2000, 193 ff.; BGHZ 134, 100, 104 = NJW 1997, 661 = WM 1997, 78.

nicht beigefügt wird, ändert an dem objektiven Erklärungsgehalt, als Notar tätig zu werden, dann nichts[1305]. Umgekehrt indiziert die Verwendung des Notarsiegels notarielle Verwahrung[1306] und es ist dann unerheblich, wenn der Anwaltsnotar als Anwalt handeln will und das Geschäft nicht nach den für die notarielle Verwahrung geltenden Vorschriften behandelt, indem er beispielsweise hinterlegte Gelder einem Rechtsanwaltsanderkonto statt einem Notaranderkonto zuführt[1307]. Dies gilt entsprechend auch in den anderen Fallgestaltungen, in denen nach den Umständen aus der Sicht der Beteiligten sich das Geschäft als notarielle Verwahrung darstellt[1308]. Zusammenfassend lässt sich aus der Rechtsprechung des BGH eine gewisse **Tendenz** erkennen, auch über die Vermutungstatbestände des § 24 Abs. 2 BNotO hinaus und im Rahmen der Anwendung der Auslegungsregel des § 24 Abs. 2 S. 2 BNotO, die »im Zweifel« eine Tätigkeit des Anwaltsnotars dem anwaltlichen Bereich zuweist, eine treuhänderische Tätigkeit eines Anwaltsnotars **der notariellen Amtstätigkeit zuzuweisen**, wenn nicht strikt auch in der Wortwahl jeglicher Bezug zum Notaramt vermieden wird. Dies ist nicht nur bei der Einschaltung von Anwaltsnotaren in Anlagegeschäften zu beobachten, sondern tendenziell auch bei von den Beteiligten erkennbar erwarteter unparteiischer Verwaltung im Rahmen einer mehrseitigen Treuhand[1309].

Allerdings ist notarielle Verwahrung verneint worden, wenn einem Anwaltsnotar Geld lediglich mit 542
dem Ziel in Verwahrung gegeben worden ist, damit es in eine andere Währung umgetauscht werde, da es hierbei nur um einseitige Interessenwahrnehmung geht[1310].

Wird ein Anwaltsnotar mit Verwahrungsgeschäften betraut, die mit einem Prozessmandat oder 543
einer außergerichtlichen anwaltlichen Beratung in Zusammenhang stehen, liegt (im Zweifel) ebenfalls eine Anwaltstätigkeit vor[1311].

Wichtig ist die Unterscheidung zwischen notarieller Verwahrung und anwaltlicher Treuhand wegen 544
der unterschiedlichen Art der Abwicklung und insbesondere wegen der verschiedenartigen Haftungsvoraussetzungen und -folgen, wegen der Kosten[1312] und, so lange § 51b BRAO als spezielle Verjährungsvorschrift anzuwenden ist, auch wegen der Verjährung.

Herausgabeansprüche nach § 667 BGB (vgl. zu diesen oben Rdn. 515) unterliegen seit jeher den 545
Regelvorschriften der **Verjährung**, verjährten also nicht nach § 51b BRAO (dazu im Einzelnen bereits Kap. 2 Rdn. 304 m.w.N.). Hingegen fielen unter die günstigere berufsrechtliche Verjährungsregelung des § 51b BRAO die Schadensersatzansprüche aus der (positiven) Vertragsverletzung eines Treuhandvertrages mit Rechtsbeistandspflichten[1313]. § 51b BRAO war für die Dauer seiner Anwendbarkeit ebenfalls einschlägig für Ansprüche aus der Verletzung vorvertraglicher Pflichten bei

1305 BGHZ 134, 100, 104 = NJW 1997, 661, 662 = WM 1997, 78 ff.; vgl. auch BGH, Urt. v. 21.11.1996 – IX ZR 183/95 – juris, Rn. 18–21.

1306 Vgl. BGH, Urt. v. 21.11.1996 – IX ZR 183/95 – juris, Rn. 18.

1307 *Sandkühler*, in: Arndt/Lerch/Sandkühler, § 23 BNotO, Rn. 5; vgl. auch BGHZ 134, 100, 104 = NJW 1997, 661, 662 = WM 1997, 78 ff.

1308 *Sandkühler*, in: Arndt/Lerch/Sandkühler, § 23 BNotO, Rn. 5; vgl. auch BGHZ 134, 100, 104 = NJW 1997, 661, 662 = WM 1997, 78 ff.

1309 Vgl. BGH NJW 2000, 734, 735 = WM 2000, 193 ff.; vgl. auch *D. Fischer*, in: G. Fischer/Vill/D. Fischer/Pape/Chab, § 12, Rn. 43, der ebenfalls davon ausgeht, ohne die Auslegungsregel des § 24 Abs. 2 S. 2 BNotO bemühen zu müssen, aufgrund sorgfältiger Gesamtwürdigung aller Umstände zu einer hinreichenden Feststellung gelangen zu können.

1310 BGH NJW 1998, 1864, 1866 = WM 1998, 335, 337.

1311 *Sandkühler*, in: Arndt/Lerch/Sandkühler, § 23 BNotO, Rn. 5; vgl. auch schon oben Rdn. 523 f., 532.

1312 Vgl. *Sandkühler*, in: Arndt/Lerch/Sandkühler, § 23 BNotO, Rn. 5.

1313 BGHZ 120, 157, 159 = NJW 1993, 199 (mit grundlegenden Ausführungen); BGH NJW 2002, 888, 890 = WM 2001, 2262 ff.; NJW 1990, 2464, 2465 (jeweils zu § 68 StBerG bei Steuerberatertreuhand); dabei ist die ersatzlose Streichung des § 51b BRAO zum 15.12.2004 wie auch das Übergangsrecht: Art. 229 § 12i.V.m. § 6 EGBGB zu beachten, vgl. dazu Kap. 7 Rdn. 2, 5 ff.

der Anbahnung von solchen Treuhandverhältnissen[1314]. Bei einem bloßen Treuhandvertrag (aufgrund sog. unechten Anwaltsvertrages) verbleibt es aber wiederum für alle Schadensersatzansprüche bei der Regelverjährung[1315]. Diese Unterscheidung ist für das geltende Recht für die Verjährung »eingeebnet«[1316].

Unterschrift

546 Achtet der Anwalt strikt darauf, dass alle wesentlichen Schriftstücke, vor allem die Schriftsätze, von ihm persönlich mit voller, eigenhändig geleisteter Unterschrift unterzeichnet werden, und beachtet er genau die erforderliche Postulationsfähigkeit und, soweit er als Vertreter handelt, Umfang und Grenzen der Vertretungsbefugnisse, braucht er sich eigentlich um die vielen und teilweise streitigen Einzelfragen zum Unterschriftserfordernis nicht zu kümmern. Gleichwohl kann der Teufel auch dann im Detail stecken.

547 Nach der Rechtsprechung und der h.M. für den Zivilprozess ist die **eigenhändige Unterschrift** für **alle sog. bestimmenden Schriftsätze** grundsätzlich zwingendes Wirksamkeitserfordernis[1317]. Die Anforderungen an das Vorliegen einer Unterschrift sind nach der neueren Rechtsprechung nicht mehr so streng wie früher. Betont wird in nun ständiger Rechtsprechung zu Recht, dass die Anlegung eines großzügigen Maßstabes geboten ist[1318]. Dies ist auch verfassungsrechtlich notwendig, um dem Anspruch auf Gewährung wirkungsvollen Rechtsschutzes (Art. 2 Abs. 1 GG i.V.m. dem Rechtsstaatsprinzip) zu genügen, der es verbietet, den Zugang zu den in den Verfahrensordnungen eingeräumten Instanzen in unzumutbarer, aus Sachgründen nicht mehr zu rechtfertigender Weise zu erschweren[1319].

548 Eine zusammenfassende **Definition** für einen (noch) als **Unterschrift** zu akzeptierenden Schriftzug **unter** einem Schriftsatz[1320] lautet wie folgt:

> »Nach ständiger Rechtsprechung setzt eine Unterschrift ein aus Buchstaben einer üblichen Schrift bestehendes Gebilde voraus, das nicht lesbar zu sein braucht. Erforderlich, aber auch genügend, ist das Vorliegen eines die Identität des Unterschreibenden ausreichend kennzeichnenden Schriftzuges, der individuelle und entsprechende charakteristische Merkmale aufweist, die die Nachahmung erschweren, sich als Wiedergabe eines Namens darstellt und die Absicht einer vollen Unterschriftsleistung erkennen läßt, selbst wenn er nur flüchtig niedergelegt ist und von einem starken Abschleifungsprozess gekennzeichnet ist. Unter diesen Voraussetzungen ist selbst ein vereinfachter und nicht lesbarer Namenszug als Unterschrift anzuerkennen, wobei insbesondere von Bedeutung ist, ob der Unterzeichner auch sonst in gleicher oder ähnlicher Weise unterschreibt (BGH, NJW 1994, 55 = LM H. 3/1994 § 130 ZPO Nr. 19; Senat, EzFamR ZPO § 212a Nr. 1 m.Nachw.). Bei der Prüfung, ob eine Unterschrift vorliegt, kann eine dem Schriftzug beigefügte

---

1314 BGHZ 120, 157, 159 = NJW 1993, 199; vgl. dazu auch in der 9. Auflage Kap. 7 Rdn. 1251 m.w.N.; vgl. ferner BGH NJW-RR 1991, 599 (zu § 68 StBerG bei Steuerberatertreuhand); BGHZ 115, 213, 226 = NJW 1992, 228, 232 (zur Abgrenzung von § 68 StGB).

1315 BGH NJW 1995, 1025, 1027 = WM 1995, 344, 347; *D. Fischer*, in: G. Fischer/Vill/D. Fischer/Rinkler/Chab, 4. Auflage, § 12, Rn. 60.

1316 BGH, Beschl. v. 20.5.2010 – IX ZR 101/07 – juris, Rn. 3.

1317 Vgl. BGH NJW-RR 2008, 1020 f. (Tz. 7); NJW 2006, 1521 f. = VersR 2006, 860 (Tz. 6); NJW 2005, 2086, 2087 = VersR 2006, 427; NJW 1997, 3380 m.w.N.; a.A. *J. Heinemann*, Neubestimmung der prozessualen Schriftform, S. 338 ff.; *Vollkommer*, Formenstrenge und prozessuale Billigkeit, S. 301 ff.; Zöller/*Greger*, § 130 ZPO, Rn. 22; OLG Saarbrücken NJW 1970, 434 mit zust. Anm. *Vollkommer* in NJW 1970, 1051.

1318 Vgl. nur BGH Beck RS 2009, 05196; Beck RS 2008, 23100 = WM 2008, 2158, 2159 (Tz. 11); NJW 2005, 3775, 3776; NJW-RR 1997, 760, 761; strenger noch: BGH NJW 1982, 1467.

1319 St. Rspr. des BVerfG, vgl. z.B. BVerfG NJW 1996, 713 m.w.N.

1320 Zu diesem Erfordernis vgl. BGH NJW 1991, 487 (für materiell-rechtliche Erklärungen); BFHE 96, 381 = JZ 1970 mit abl. Anm. *Vollkommer*; OLG Frankfurt RIW 2001, 543; *Vollkommer/Greger/Heinemann*, § 28, Rn. 118; Zöller/*Greger*, § 130 ZPO, Rn. 13; *Stadler*, in: Musielak/Voit, § 129 ZPO, Rn. 9.

Namenswiedergabe in Maschinenschrift zur Deutung vergleichend herangezogen werden (BGH, NJW 1992, 243 = LM H. 3/1992 § 130 ZPO Nr. 17).«[1321]

»Bei Anlegung eines großzügigen Maßstabs ist hier das Erfordernis einer Unterschrift noch erfüllt. ... Der Schriftzug auf der Berufungs- und der Berufungsbegründungsschrift lässt die Absicht erkennen, eine volle Unterschrift zu leisten und die Schriftstücke nicht lediglich mit einer Paraphe oder Abkürzung abzuzeichnen. Er ist zwar einfach strukturiert und einem starken Abschleifungsprozess unterlegen, aber dennoch so individuell ausgeführt, dass ihm insgesamt der Charakter einer Unterschrift nicht abgesprochen werden kann.«[1322]

Bei einem **Doppelnamen** genügt die Unterzeichnung mit einem Namen; der Vorname oder der weitere Teil des Doppelnamens muss nicht beigefügt werden, vorausgesetzt, die Unterschrift kann auch so der bestimmten Person zugeordnet werden[1323]. Diese Rechtsprechung kann aber nicht dahin ausgedehnt werden, dass auch schon die Unterzeichnung allein mit dem **Vornamen** genügt[1324].

Nicht einheitlich beantwortet wird in der Rechtsprechung die Frage, **ob** die Unterschrift **einzelne Buchstaben** erkennen lassen muss, weil es sonst am Merkmal einer Schrift überhaupt fehle[1325]. Hier reicht es richtigerweise, wenn sich in dem Schriftzug jedenfalls – wenn auch stark abgeschliffen – Buchstaben erkennen lassen und im Übrigen etwa wegen immer in gleicher oder jedenfalls ähnlicher Weise erfolgender Unterschriften des Betreffenden die Identität hinreichend gekennzeichnet ist, was noch dadurch gestützt werden kann, wenn unter der Unterschrift der Namenszug in Maschinenschrift wiedergegeben ist[1326].

Auch wenn Unterschriften einer Person voneinander abweichen, ist der BGH zu Recht Tendenzen der Instanzrechtsprechung, dies als »schädlich« anzusehen, entgegengetreten und hat einen großzügigen Maßstab angelegt, wenn die Autorenschaft gesichert ist[1327]. Die Unterschrift einer Person kann nämlich in der Tat erfahrungsgemäß eine (im Einzelfall sogar große) **Variationsbreite** aufweisen, je nachdem ob sie unter Zeitdruck oder sonstigen ungünstigen Verhältnissen oder aber in Ruhe und Sorgfalt geleistet worden ist[1328].

Zu warnen ist vor der Gefahr, dass eine Unterzeichnung sich lediglich als **Handzeichen oder Paraphe**, also als eine bewusste und gewollte Namensabkürzung etwa durch Verwendung allein des Anfangsbuchstabens, wie sie für den inneren Betrieb üblich ist,[1329] darstellt. Ein Schriftzug, der als bewusste und gewollte Namensabkürzung erscheint (Handzeichen, Paraphe), stellt nämlich keine formgültige Unterschrift dar[1330]. Ein Handzeichen oder eine Paraphe lassen nämlich – nach hier vertretener Ansicht allerdings nur grundsätzlich – nicht den erforderlichen Schluss darauf zu, dass der Unterzeichnende die Verantwortung für den Inhalt des Schriftsatzes[1331] und/oder für sein Hinausgehen an den Adressaten übernimmt. Ob ein Schriftzug eine Unterschrift oder lediglich eine 549

1321 BGH, Beschl. v. 8.1.1997 – XII ZB 199/96 – juris, Rn. 3; in diesem Sinne auch BGH, Beschl. v. 27.9.2005 – VIII ZB 105/04 – juris, Rn. 8; v. 22.1.2009 – V ZB 165/08 – juris, Rn. 3; v. 17.11.2009 – XI ZB 6/09 – juris, Rn. 12; v. 26.4.2012 – VII ZB 36/10 – juris, Rn. 8; v. 3.3.2015 – VI ZB 71/14 – juris, Rn. 7 f.; v. 9.7.2015 – V ZB 208/14 – juris, Rn. 7.

1322 BGH, Beschl. v. 27.9.2005 – VIII ZB 105/04 – juris, Rn. 9.

1323 BGH NJW 1996, 997.

1324 OLG Karlsruhe NJW-RR 2000, 948.

1325 Vgl. BGH NJW 1982, 1467; NJW 1985, 1227 und NJW-RR 1992, 1150 m.w.N. und BGH, Beschl. v. 8.1.1997 – XII ZB 199/96 – juris, Rn. 3 und 4.

1326 BGH, Beschl. v. 8.1.1997 – XII ZB 199/96 – juris, Rn. 3; v. 9.7.2015 – V ZB 208/14 – juris, Rn. 8–10 (sehr illustrativ).

1327 BGH NJW 1997, 3380, 3381 m.w.N.

1328 BGH NJW 2001, 2888, 2889; BGHR ZPO § 130 Nr. 6, Unterschrift 7; BGH, Beschl. v. 9.7.2015 – V ZB 208/14 – juris, Rn. 7 m.w.N.

1329 Vgl. BGH NJW 1985, 1227.

1330 BGH NJW 1997, 3380 m.w.N.; zweifelnd BFH NJW 1996, 1432.

1331 BAG NJW 1996, 3164 (bei nicht von dem Anwalt verfasster Revisionsbegründungsschrift); zu dem Erfordernis der Übernahme inhaltlicher Verantwortung vgl. näher unten Rdn. 559 f.

Abkürzung darstellt, beurteilt sich dabei nach dem äußeren Erscheinungsbild[1332]. Der Namenszug muss also, soll er als Unterschrift angesehen werden, die Absicht erkennen lassen, eine volle Unterschrift zu leisten[1333]. Dies wird vom BGH großzügig bejaht. So heißt es beispielsweise:

> »Die Linien können auch nicht als bloße Namensabkürzung (Handzeichen, Paraphe) gewertet werden. Abgesehen davon, dass bei einem nur aus wenigen Buchstaben bestehenden Namen eine Unterscheidung zwischen bloßer Paraphe und vollem Namenszug ohnehin nur schwer zu treffen ist, spricht vorliegend der Umstand, dass das zweite Element des Schriftzuges deutlich mehr Raum einnimmt als das unter der Namenswiedergabe befindliche Wort »Rechtsanwalt« eindeutig für den Willen, eine volle Unterschrift zu leisten. Eine einzelne leicht gekrümmte bzw. geschwungene Linie genügt zur Darstellung des dem Anfangsbuchstaben folgenden Rests des Namens (vgl. BGH, Beschluss vom 9. Februar 2010 – VIII ZB 67/09, juris Rn. 12).«[1334]

Die Entscheidung des LAG Berlin[1335], wegen der Kürze des Namenszuges, trotz darunter befindlicher Angabe von Vor- und Familiennamen nebst Berufsbezeichnung und gesicherter Autorenschaft, eine nicht als Unterschrift ausreichende Paraphe anzunehmen, ist angesichts des auch hier gebotenen großzügigen Maßstabes abzulehnen, zumal in Bezug auf einen später, allerdings nicht mehr rechtzeitig geleisteten Namenszug, den das LAG Berlin noch als Unterschrift hat genügen lassen. Der Gesichtspunkt zu tolerierender auch großer Variationsbreite von Unterschriften (vgl. Rdn. 548) hätte berücksichtigt werden sollen.

550 In solchen und ähnlichen Fällen, in denen das Gericht einen Schriftzug als Unterschrift nicht will gelten lassen, gebietet es der aus dem Rechtsstaatsprinzip herzuleitende Anspruch auf ein faires Verfahren, nachteilige Folgen erst nach **Vorwarnung** (d.h. für künftige Fälle) abzuleiten, wenn die – nun beanstandete – Art der Unterzeichnung von demselben Spruchkörper vorher in anderen Verfahren nie gerügt worden ist[1336].

551 Auch ein **Faksimile-Stempel** kann die Unterschrift nicht ersetzen, da es hier an der Eigenhändigkeit fehlt[1337].

552 Von maßgeblicher Bedeutung ist das Unterschrifterfordernis insbesondere für die **Klageschrift** und für alle **Rechtsmittelschriften** und **Rechtsmittelbegründungen** (vgl. §§ 253 Abs. 4, 519 Abs. 4, 520 Abs. 5, 549 Abs. 2, 551 Abs. 4, jeweils i.V. mit § 130 Nr. 6 ZPO). Die fehlende Unterschrift kann hier nicht dadurch ersetzt werden, dass der Rechtsanwalt den Schriftsatz persönlich beim Gericht abgibt[1338].

553 Mängel der Unterschrift oder gar ihr vollständiges Fehlen machen eine **Klage** unwirksam, verhindern insbesondere die verjährungsunterbrechende bzw. nach neuem Recht die verjährungshemmende Wirkung oder die Einhaltung von Ausschlussfristen wie § 12 Abs. 3 VVG, wenn nicht auf andere, jeden vernünftigen Zweifel ausschließende Weise festgestellt werden kann, dass der nicht unterschriebene Schriftsatz vom Anwalt verantwortet und mit seinem Wissen und Wollen als Klageschrift beim Gericht eingereicht worden ist[1339]. Nachholung der Unterschrift[1340], Genehmigung

1332 BGH NJW 1996, 3164, m.w.N.

1333 BGH NJW 1992, 243; NJW 1997, 3380; NJW-RR 1997, 760.

1334 BGH, Beschl. v. 9.7.2015 – V ZB 208/14 – juris, Rn. 11.

1335 LAG Berlin NJW 2002, 989.

1336 Vgl. BVerfGE 78, 123, 126 = NJW 1988, 2787; vgl. auch BGH NJW 1992, 243, 244 (im konkreten Fall offengelassen); OLG Karlsruhe NJW-RR 2000, 948, 949 (für den konkreten Fall einen solchen Verstoß verneinend); vgl. auch OLG Hamm NJW 1989, 3289.

1337 Vgl. BGH NJW 1991, 2492, 2493 = VersR 1992, 76 m.w.N.; NJW 1976, 966 f.; BAG NJW 2009, 3597, 3598; weiterhin als sehr fraglich im Hinblick auf das zulässige Computerfax (dazu GmS-OGB NJW 2000, 2340) bezeichnet von *Stadler*, in: Musielak/Voit, § 129 ZPO Rn. 9.

1338 Vgl. BGH VersR 1983, 271; *Rinsche*, 6. Auflage, Rn. I 470.

1339 Vgl. BGH, Urt. v. 3.3.2004 – IV ZR 458/02 – juris, Rn. 10 m.w.N.

1340 BGH NJW-RR 2004, 755; BGH LM § 295 Nr. 12; LM § 253 Nr. 16; BGHZ 90, 249, 253 = NJW 1984, 1559; BGHZ 22, 254, 257 = NJW 1957, 263; *Foerste*, in: Musielak/Voit, § 253 ZPO, Rn. 10; Zöller/*Greger*, § 253 ZPO, Rn. 22.

des postulationsfähigen Anwalts[1341] oder Heilung z.B. durch rügelose Verhandlung gemäß § 295 ZPO[1342] haben nur ex-nunc Wirkung[1343], können im Einzelfall also zu spät erfolgen.

Bei der **Rechtsmitteleinlegung oder Rechtsmittelbegründung** wird das Vorhandensein der Unter- 554
schrift eines nach § 78 ZPO postulationsfähigen Anwalts vom BGH zwar grundsätzlich weiterhin als unverzichtbares, also auch einer Heilung nicht zugängliches Wirksamkeitserfordernis angesehen[1344]. Mangel eines wesentlichen Punktes bewirkt Unzulässigkeit (§ 522 Abs. 1 ZPO)[1345]. Die Zulässigkeit von Rechtsbehelfen und Rechtsmitteln ist nach § 295 Abs. 2 ZPO unverzichtbar[1346]. Nachholung nach Fristablauf ist nutzlos[1347]. Von diesem Grundsatz wird jedoch, da für die Geltendmachung eines Rechtsschutzbegehrens deshalb keine überspannten Anforderungen gestellt werden dürfen[1348], eine Ausnahme gemacht, wenn sich aus anderen Anhaltspunkten eine der Unterschrift vergleichbare Gewähr für die Urheberschaft und den Willen ergibt, das Schreiben in den Rechtsverkehr zu bringen[1349]. Mit Rücksicht darauf ist beispielsweise in der Rechtsprechung anerkannt, dass der Mangel der Unterschrift in einem als Urschrift der Berufung gedachten Schriftsatz durch eine gleichzeitig eingereichte beglaubigte Abschrift dieses Schriftsatzes behoben werden kann, auf der der Beglaubigungsvermerk von dem Prozessbevollmächtigten handschriftlich vollzogen worden ist[1350].

In der verwaltungsgerichtlichen Rechtsprechung wird seit jeher die eigenhändige Unterschrift nicht als zwingende Wirksamkeitsvoraussetzung angesehen, sondern als ausreichend erachtet, wenn sich aus dem bestimmenden Schriftsatz allein oder in Verbindung mit den ihn begleitenden Umständen, ohne dass darüber Beweis erhoben werden müsste, eine der Unterschrift vergleichbare Gewähr für die Urheberschaft und den Willen ergibt, den Schriftsatz in den Rechtsverkehr zu bringen[1351], wobei aus Gründen der Rechtssicherheit dabei aber nur auf die dem Gericht bei Eingang des Schriftsatzes erkennbaren oder bis zum Ablauf der Frist bekannt gewordenen Umstände abgestellt werden darf[1352]. Auch die finanz- und sozialgerichtliche Rechtsprechung ist ähnlich großzügig[1353]. Für nicht ausreichend angesehen hat das BVerwG allerdings eine bereits rechtzeitig eingelegte Beschwerde und die Verwendung eines gedruckten Briefkopfes auf dem Begründungsschriftsatz[1354].

1341 BGHZ 111, 339, 343 ff. = NJW 1990, 3085; *Foerste,* in: Musielak/Voit, § 253 ZPO, Rn. 10. Angesichts der Änderung des § 78 Abs. 1 S. 1 ZPO dürfte diese Konstellation aber keine Bedeutung mehr haben.

1342 Dazu BGH NJW 1996, 1351 = WM 1996, 554; NJW-RR 1999, 1251, 1252; BGHZ 65, 46, 47 = NJW 1975, 1704; vgl. auch Zöller/*Greger,* § 253 ZPO, Rn. 22.

1343 BGH, Urt. v. 3.3.2004 – IV ZR 458/02 – juris, Rn. 9; *Vollkommer/Greger/Heinemann,* § 28, Rn. 119; Zöller/*Greger,* § 253 ZPO, Rn. 22; anders für die Klagefrist des § 4 KSchG aber BAGE 52, 263 = NJW 1986, 3224 (unter Aufgabe früherer Rechtsprechung).

1344 BGHZ 65, 46, 48 = NJW 1975, 1704, 1705; BGH, Urt. v. 30.1.2018 – II ZR 238/16 – juris, Rn. 9, 12; BAG, Urt. v. 24.10.2018 – 10 AZR 278/17 – juris, Rn. 16; *Ball,* in: Musielak/Voit, § 519 ZPO, Rn. 10 ff.; Zöller/*Heßler,* § 519 ZPO, Rn. 22 ff. und § 520 ZPO, Rn. 7, 8; vgl. auch BGHZ 101, 134, 140 f. = NJW 1987, 2588, 2589; *Vollkommer/Greger/Heinemann,* § 28, Rn. 119.

1345 Vgl. Zöller/*Heßler,* § 519 ZPO, Rn. 21.

1346 Vgl. *Huber,* in: Musielak/Voit, § 295 ZPO, Rn. 3.

1347 Vgl. BGH DB 1977, 1684; Zöller/*Heßler,* § 519 ZPO, Rn. 21.

1348 BGH NJW 2005, 2086, 2088 = VersR 2006, 427.

1349 BGH, Urt. v. 30.1.2018 – II ZR 238/16 – juris, Rn. 10; BGH NJW-RR 2008, 1020, 1021 (Tz. 8); NJW 2006, 1521 f. = VersR 2006, 860 (Tz. 6); BAG, Urt. v. 24.10.2018 – 10 AZR 278/17 – juris, Rn. 18.

1350 BGH NJW-RR 2008, 1020, 1021 (Tz. 8); BGHZ 24, 179 [180] = NJW 1957, 990.

1351 BVerwG NJW 2003, 1544; NJW 1995, 2121; NJW 1989, 1175; so auch OLG Saarbrücken NJW 1970, 1051 m. zust. Anm. *Vollkommer* in NJW 1970, 1051 und abl. Anm. von *Brandenburg* in NJW 1970, 1052.

1352 BVerwG NJW 2003, 1544.

1353 Vgl. BFHE 188, 182 = NJW 1999, 1422; BSG NJW 1997, 1254; *Vollkommer/Greger/Heinemann,* § 28, Rn. 119.

1354 BVerwG NJW 2003, 1544.

555 Auch die **Einspruchsschrift** gegen einen **Vollstreckungsbescheid** bedarf nach Ansicht des BGH zu seiner Wirksamkeit der eigenhändigen Unterschrift, sofern nicht eine der von der Rechtsprechung anerkannten Ersatzformen (z.B. Telegramm) für den Einspruch gewählt worden ist[1355]. Ob hier wirklich die Parallelbehandlung zum Einspruch gegen ein Versäumnisurteil und das öffentliche Interesse an Klarheit über die Rechtsbeständigkeit eines Vollstreckungstitels so stark zu gewichten ist, dass dahinter das unschädliche Fehlen einer Unterschrift unter einem schriftlichen Widerspruch gegen den Mahnbescheid und die nach § 694 Abs. 2 ZPO mögliche Behandlung eines solchen (verspäteten) Widerspruchs als Einspruch gegen den Vollstreckungsbescheid zurückzutreten hat, wird von einer starken Gegenmeinung in Abrede gestellt[1356]. Der Anwalt sollte aber seine Hoffnung nicht auf diese setzen, sondern schlicht den sichersten Weg gehen und seine volle Unterschrift unter den Einspruchsschriftsatz leisten[1357].

556 Eine Unterschrift ist ebenfalls erforderlich für den Widerruf eines sog. **Widerrufvergleichs**, wenn – wie regelmäßig in Prozessvergleichen geregelt – es einer Partei vorbehalten bleibt, den Vergleich bis zu einem bestimmten Zeitpunkt »mit Schriftsatz zum Gericht«[1358] oder »schriftlich« bzw. »durch schriftliche Anzeige« an das Gericht zu widerrufen.

557 Wird die Unterschrift unter sog. bestimmende Schriftsätze (zu diesen vgl. Rdn. 547, 552) von einem **bestellten Vertreter** geleistet, ist zunächst die Postulationsfähigkeit vor dem betreffenden Gericht zu beachten. Während der nach § 53 Abs. 3 oder 5 BRAO amtlich bestellte Vertreter nach § 53 Abs. 7 BRAO ohne Weiteres die Befugnisse des Rechtsanwalts hat, den er vertritt, also nur die Postulationsfähigkeit des Vertretenen vorhanden sein muss[1359], ist das bei dem gemäß § 52 Abs. 1 BRAO oder gemäß § 53 Abs. 2 S. 1 BRAO selbst bestellten Vertreter anders. Diese Bestellungen sind nur möglich, wenn die Vertretung von einem bei dem Gericht postulationsfähigen Rechtsanwalt übernommen wird[1360].

Wenn der selbst nicht bei dem Rechtsmittelgericht postulationsfähige Anwalt für einen dort postulationsfähigen Kollegen als Vertreter amtlich bestellt ist, muss, soll formgerecht etwa Berufung eingelegt oder begründet werden, der betreffende Schriftsatz auch als amtlich bestellter Vertreter, also nicht im eigenen Namen unterschrieben sein. Zweckmäßig und anzuraten ist daher die Verwendung eines entsprechenden ausdrücklichen Vertretungszusatzes, auch wenn dies gesetzlich nicht vorgeschrieben ist[1361]. Damit werden Miss- oder Fehlverständnisse vermieden und braucht nicht der Auslegungsgrundsatz herzuhalten, dass im Zweifel dasjenige gewollt ist, was nach den Maßstäben der Rechtsordnung vernünftig ist und der recht verstandenen Interessenlage entspricht, hier: keine unzulässige Prozesshandlung vorzunehmen[1362].

558 Durch den Zusatz »**i.A.**« wird aber – anders als bei Zusätzen wie »**i.V.**« oder »**für** Rechtsanwalt XY«[1363] oder selbst »für Rechtsanwalt XY, nach Diktat verreist«[1364] – die von der Rechtsprechung geforderte Verantwortung für den Inhalt der Rechtsmittel- oder Rechtsmittelbegründungsschrift nicht übernommen; einer solchermaßen nur distanziert erfolgten Unterschrift kommt grundsätzlich

---

1355 BGHZ 101, 134, 139 ff. = NJW 1987, 2588 = JR 1988, 419 mit abl. Anm. *Teske*; LG Hamburg NJW 1986, 1997; LG München II MDR 1987, 504; MünchKomm/*Schüler*, § 700 ZPO, Rn. 17; Stein-Jonas/*Schlosser*, § 700 ZPO, Rn. 4; *Hüßtege*, in: Thomas/Putzo, § 700 ZPO, Rn. 5.

1356 Zöller/*Seibel*, § 700 ZPO, Rn. 5; Musielak/*Voit*, § 700, Rn. 4; *Vollkommer/Greger/Heinemann*, § 28, Rn. 122; LG Karlsruhe VersR 1973, 852; LG Heidelberg NJW-RR 1987, 1213, 1214.

1357 So auch die Empfehlung von *Vollkommer/Greger/Heinemann*, § 28, Rn. 122 a.E.

1358 Dazu BAG NJW 1989, 3035.

1359 Vgl. BGH NJW-RR 1995, 950.

1360 BGH NJW 2001, 1575.

1361 Vgl. BGH NJW-RR 1995, 950 m.w.N.

1362 Vgl. BGH NJW-RR 1995, 950 m.w.N.; NJW 2001, 1575.

1363 BGH NJW 2003, 2028; BAG NJW 1990, 2706; *Ball*, in: Musielak/Voit, § 519 ZPO, Rn. 12.

1364 BGH NJW 2003, 2028; BGH, Beschl. v. 26.7.2012 – III ZB 70/11 – juris, Rn. 11.

keine prozessuale Wirkung zu[1365]. Anders ist es, wenn der mit dem Zusatz »i.A.« unterschreibende Anwalt als Sozietätsmitglied zu den Prozessbevollmächtigten des Berufungsklägers gehört und damit zumindest auch unmittelbar in Ausführung des ihm selbst erteilten Mandats, also nicht lediglich in Wahrnehmung des sozietätsinternen Innenverhältnisses gehandelt hat[1366].

Auch wenn keine Vertretung für einen anderen Rechtsanwalt zur Debatte steht, soll nach ständiger Rechtsprechung des BGH die Unterschrift als zwingendes Wirksamkeitserfordernis für einen sog. bestimmenden Schriftsatz[1367] nicht nur die Identifizierung des Urhebers der schriftlichen Prozesshandlung ermöglichen, 559

> »sondern auch dessen unbedingten Willen zum Ausdruck bringen, den Schriftsatz zu verantworten und bei Gericht einzureichen. Für den Anwaltsprozess bedeutet dies, dass die Berufungsbegründung von einem dazu bevollmächtigten und bei dem Prozessgericht zugelassenen Rechtsanwalt zwar nicht selbst verfasst, aber nach eigenverantwortlicher Prüfung genehmigt und unterschrieben sein muss. Eine nur ›formelle‹ Unterschrift, die erkennen lässt, dass eine eigenverantwortliche Prüfung nicht vorgenommen wurde oder dass der Unterschreibende sich vom Inhalt der schriftlichen Erklärung distanziert, genügt daher nicht.«[1368]

Da es sich *»für einen Rechtsanwalt … im Zweifel von selbst [versteht], dass er mit seiner Unterschrift die Verantwortung für den Inhalt eines bestimmenden Schriftsatzes übernimmt«*[1369], hat die Rechtsprechung nur in solchen Ausnahmefällen das Vorliegen einer **verantwortlichen Unterzeichnung** verneint, in denen sich aus dem Schriftsatz selbst zweifelsfrei ergab, dass die sachlichen Prüfungsanforderungen nicht erfüllt sein konnten[1370], entweder weil der Anwalt sich – etwa durch einen (unmissverständlichen) Zusatz – selbst von der Erklärung distanzierte, oder weil es nach dem Inhalt der Rechtsmittelbegründungsschrift schlechthin ausgeschlossen war, dass der Anwalt sie in der gebotenen Weise überprüft haben konnte[1371]. Daher übernimmt auch ein Rechtsanwalt, der eine von einem anderen Anwalt gefertigte Rechtsmittelbegründungsschrift nur flüchtig liest, sie aber ohne jeden Zusatz unterzeichnet, damit in der Regel die volle Verantwortung für ihren Inhalt[1372], unter Umständen auch dann, wenn ein ausdrücklicher Zusatz: »für« fehlt[1373].

Strengere Anforderungen an die Übernahme der Verantwortung für den Inhalt eines Schriftsatzes sind zum Teil in der Instanzrechtsprechung zum Strafrecht und Ordnungswidrigkeitengesetz gestellt worden[1374]. Das **BVerfG** hat dazu aber unter Hinweis auf den verfassungsrechtlichen Anspruch auf Gewährung wirkungsvollen Rechtsschutzes (Art. 2 Abs. 1 GG i.V.m. dem Rechtsstaatsprinzip)[1375] zu Recht ausgeführt, dass (auch hier) regelmäßig davon auszugehen ist, dass der unterschreibende Rechtsanwalt sich den Inhalt des Schriftsatzes zu eigen macht und dafür aufgrund eigener Prüfung die Verantwortung übernimmt, wenn er sich nicht von dem Inhalt distanziert oder sich sonst aus dem Inhalt der Schrift ergibt, dass er die Verantwortung nicht übernehmen kann oder will[1376].

1365 BGH NJW 1988, 210; BGH, Beschl. v. 26.4.2012 – VII ZB 83/10 – juris, Rn. 9; v. 26.4.2012 – VII ZB 36/10 – juris, Rn. 15; v. 20.6.2012 – IV ZB 18/11 – juris, Rn. 8; v. 25.9.2012 – VIII ZB 22/12 – juris, Rn. 11.

1366 BGH NJW 1993, 2056, 2057; BGH, Beschl. v. 20. 6. 2012 – IV ZB 18/11 – juris, Rn. 9; v. 25.9.2012 – VIII ZB 22/12 – juris, Rn. 12; *Ball*, in: Musielak/Voit, § 519 ZPO, Rn. 12.

1367 Vgl. BGH NJW 2001, 1581; vgl. auch schon RGZ 151, 82, 83.

1368 BGH NJW 2003, 2028; vgl. auch BGH NJW 2008, 1311; NJW-RR 2006, 342 f. (Tz. 5); BVerwG NJW 1996, 1554; Zöller/*Greger*, § 130, Rn. 16 zur »nur formellen« Unterschrift; vgl. auch schon BGH NJW 1989, 3022.

1369 BGH, Beschl. v. 14.3.2017 – IX ZB 16/16 – juris, Rn. 10 m.w.N.; BGH NJW 2003, 2028, 2029.

1370 Vgl. BGH NJW 2008, 1311, 1312 (Tz. 6); NJW-RR 2006, 342 f. (Tz. 5); NJW 1989, 394 = VersR 1989, 106 m.w.N.; s. auch BGH NJW 1988, 210 = VersR 1988, 497.

1371 BGH NJW 1989, 3022 f. = VersR 1989, 1165; vgl. auch NJW 1989, 394 = VersR 1989, 106.

1372 BGH NJW 1989, 3022 f., im Anschluss an BGHZ 97, 251 = NJW 1986, 1760 und BGH NJW 1989, 394.

1373 BGH, Beschl. v. 14.3.2017 – IX ZB 16/16 – juris, Rn. 10 f.

1374 Vgl. BayObLG NJW 1991, 2095; OLG Düsseldorf NJW 1990, 1002.

1375 Vgl. dazu schon Rdn. 547.

1376 BVerfG NJW 1996, 713.

560 Fehlt unter dem Original des sog. bestimmenden Schriftsatzes die Unterschrift, ist dies unschädlich, wenn gleichzeitig eine von dem (postulationsfähigen) Anwalt **beglaubigte Abschrift** beigefügt worden ist[1377] oder der nicht unterschriebene Schriftsatz mit einem unterschriebenen **An- oder Begleitschreiben** eingereicht worden ist[1378] oder innerhalb der maßgeblichen Frist ein anderer (unterschriebener) Schriftsatz eingeht, der auf den nichtunterschriebenen **Bezug nimmt**[1379]. Nicht ausreichend ist aber die Beifügung eines von dem Anwalt unterzeichneten Verrechnungsschecks zur Begleichung von Gerichtsgebühren[1380]. Auch die Einzahlung des Gerichtskostenvorschusses, selbst unter genauer Angabe der Rechtssache und des Aktenzeichens, hat der BGH nicht genügen lassen[1381].

561 Bei der Einlegung oder Begründung eines Rechtsmittels sind die ebenfalls zulässigen Formen des Telegramms und des Fernschreibens in der Praxis von der **Telekopie (Fax)** verdrängt worden. Bei der Verwendung dieses Übermittlungsweges genügt eine eigenhändige handschriftliche volle Unterschrift auf der Faxvorlage und die Wiedergabe der Unterschrift in der Kopie des Empfängers. Nicht ausreichend ist hier (anders als beim Computerfax[1382]) eine eingescannte Unterschrift[1383]. Dies entspricht den Anforderungen der Rechtsprechung von BGH und BAG bereits vor Neufassung des § 130 Nr. 6 ZPO[1384]. Der Nachreichung des Original-Schriftsatzes bedarf es nach Eingang per Fax nicht[1385], und zwar auch nicht etwa notwendigerweise, um das Vorhandensein einer Unterschrift eines postulationsfähigen Rechtsanwalts auf der Urschrift und dessen Wiedergabe auf der Telekopie festzustellen. Für entsprechende Feststellungen stehen auch andere Möglichkeiten des Freibeweises zur Verfügung[1386]. Es entspricht allerdings guter praktischer Handhabung und regressrechtlich gedacht dem Prinzip des sog. sichersten Weges, den Schriftsatz unverzüglich nach Übermittlung seines Inhalts per Fax im Original dem Gericht zugänglich zu machen.

562 Durch Beschluss des GmS-OGB vom 5.4.2000 ist entschieden, dass in Prozessen mit Vertretungszwang bestimmende Schriftsätze formwirksam durch elektronische Übertragung einer Textdatei auf ein Faxgerät des Gerichts übermittelt werden können (sog. **Computer-Fax**)[1387]. Die Person des Erklärenden sei in der Regel dadurch eindeutig bestimmt, dass seine Unterschrift eingescannt oder der Hinweis angebracht sei, dass der benannte Urheber wegen der gewählten Übertragungsform nicht unterzeichnen könne[1388]. Auch der Wille, einen solchen Schriftsatz dem Gericht zuzuleiten, könne in aller Regel nicht ernsthaft bezweifelt werden[1389]. Auf diese aus dem Leitsatz des Beschlusses nicht zu entnehmenden formwirksamen Möglichkeiten der Nutzung elektronischer Übertragungswege ohne Einscannen einer Unterschrift weist auch das BVerfG in seinem Beschluss vom 4.7.2002 zu

---

1377 Vgl. BGH LM § 519 ZPO Nr. 14; NJW 1980, 291 = VersR 1980, 186; NJW 1985, 1226 = VersR 1985, 285, 286; VersR 1993, 459; BGH, Beschl. v. 2.4.2008 – XII ZB 120/06 – juris, Rn. 9; v. 26.3.2012 – II ZB 23/11 – juris, Rn. 9; BAG NJW 1973, 1343; BAG NJW 1979, 183; Zöller/*Heßler*, § 519 ZPO, Rn. 27; *Ball*, in: Musielak/Voit, § 519 ZPO, Rn. 11; *Vollkommer/Greger/Heinemann*, § 28, Rn. 121.

1378 Vgl. BGH NJW 1974, 1582; BGHZ 97, 251 = NJW 1986, 1760; BGH, Versäumnisurt. v. 20.7.2010 – KZR 9/09 – juris, Rn. 12; Zöller/*Heßler*, § 519 ZPO, Rn. 27.

1379 BGH LM §§ 338, 339 ZPO Nr. 1; vgl. auch BGHZ 92, 251, 255 f. = NJW 1985, 328, 329.

1380 BGH NJW 1989, 3280, 3281.

1381 BGH NJW-RR 2004, 755.

1382 Zum Computerfax vgl. unten Rdn. 562.

1383 BGH NJW 2006, 3784; BVerfG NJW 2007, 3117.

1384 BGH NJW 1986, 1759; NJW 1990, 188 = WM 1989, 1820; NJW 1994, 2097 = WM 1994, 1349; NJW 1998, 762; NJW 1998, 3649, 3650; BAGE 47, 285, 291 = NJW 1986, 2784; BAGE 50, 348 = NJW 1986, 1778 (LS); NJW 1987, 341; BAG NJW 1996, 3164; BSG NJW 1986, 1778 (LS); vgl. auch *Ball*, in: Musielak/Voit, § 519 ZPO, Rn. 13.

1385 BGH, Beschl. v. 20.9.1993 – II ZB 10/93 – juris, Rn. 7; v. 27.1.2004 – VI ZB 30/03 – juris, Rn. 6; vgl. auch Vollkommer/Greger/*Heinemann*, § 28, Rn. 120.

1386 BGH NJOZ 2004, 1430; Zöller/*Heßler*, § 522 ZPO, Rn. 1 und § 519 ZPO, Rn. 20.

1387 GmS-OGB NJW 2000, 2340 = BGHZ 144, 160, 164 f.; BVerfG NJW 2007, 3117, 3118.

1388 Beim normalen Fax reicht das nicht, vgl. oben Rdn. 561.

1389 GmS-OGB NJW 2000, 2341 a.E.

Recht mit Nachdruck hin[1390], verbunden mit dem Hinweis, dass es nach allgemeinen Grundsätzen genügt, wenn aus dem Schriftstück in einer jeden Zweifel ausschließenden Weise ersichtlich ist, von wem die Erklärung herrührt und dass kein bloßer Entwurf vorliegt[1391]. Solche hinreichenden Umstände hat der BGH unter Hinweis darauf, dass bei einer Berufungsbegründung nur spätestens bis zum Ablauf der Berufungsbegründungsfrist dem Berufungsgericht bekannt gewordene Umstände berücksichtigungsfähig seien, weder in einer zuvor eingelegten Berufung und der Verwendung eines gedruckten Briefkopfs auf dem Begründungsschriftsatz noch in einem nach Fristablauf eingegangenen persönlich unterschriebenen Begründungsschriftsatz gesehen. Auch hat er an der Entbehrlichkeit der (eingescannten) Unterschrift überhaupt wegen der Neufassung des § 130 Nr. 6 ZPO Zweifel angemeldet[1392].

Die Übersendung eines Schriftsatzes mittels eines solchen Computerfaxes, welches beim Gericht ausgedruckt wird, wird von § 130a ZPO n.F. (dazu gleich in Rdn. 563 ff.) nicht erfasst[1393].

Als elektronisches Dokument können bestimmende Schriftsätze wirksam nur bei Gericht unter 563
den Voraussetzungen des § 130a ZPO eingereicht werden. **§ 130a ZPO n.F.**[1394] gestattet ohne besondere Zulassung die Einreichung elektronischer Dokumente unter den Voraussetzungen in den Absätzen 2 bis 4. Eine Pflicht, von diesem Übermittlungsweg Gebrauch zu machen, besteht für Rechtsanwälte, Behörden u juristische Personen des öffentlichen Rechts erst ab 1.1.2022 bzw. den durch Landesverordnungen bestimmten früheren Zeitpunkten (siehe § 130d ZPO)[1395].

Seit der vorangegangenen Neufassung der Vorschrift in Verbindung mit dem Erlass der Elektronischen-Rechtsverkehr-Verordnung (**ERVV**) mit Wirkung vom 1.1.2018 ist eine bis dahin möglich gewesene sog. qualifizierte Container-Signatur[1396] nicht mehr zulässig. Denn dem steht § 4 Abs. 2 ERVV entgegen[1397]. Dies gilt auch dann, wenn dem Gericht lediglich ein einziges Dokument übermittelt wird[1398].

Wird die elektronische Übermittlung nach § 130a ZPO gewählt, was bis Ende des Jahres 2021 grundsätzlich noch freiwillig ist – erst ab dem 1.1.2022, wenn nicht Landesregierungen den Zeitpunkt vorverlegen, sind Schriftsätze gemäß § 130d ZPO zwingend als elektronisches Dokument einzureichen –, muss das Dokument nach § 130a Abs. 3 ZPO entweder mit einer qualifizierten elektronischen (»Einzel-«)Signatur der verantwortenden Person oder von dieser signiert und auf einem der in § 130a Abs. 4 ZPO abschließend aufgeführten sicheren Übermittlungswege eingereicht werden, zu denen insbesondere nach Nr. 2 »der Übermittlungsweg zwischen dem besonderen elektronischen Anwaltspostfach nach § 31a der Bundesrechtsanwaltsordnung oder einem entsprechenden, auf gesetzlicher Grundlage errichteten elektronischen Postfach und der elektronischen Poststelle des Gerichts« gehört.

1390 BVerfG NJW 2002, 3534, 3535 (betr. Einspruch gegen einen Strafbefehl).

1391 BVerfG NJW 2002, 3534, 3535 (betr. Einspruch gegen einen Strafbefehl), mit Hinweis auf die Rechtsprechung des BGH, welche in Strafsachen für die Einhaltung der Schriftlichkeitsform die eigenhändige Unterzeichnung nicht als wesentliche Voraussetzung ansieht, vgl. BGHSt 2, 77, 78 = NJW 1959, 734; BGH NJW 1984, 1974; NStZ-RR 2000, 305; NStZ 2002, 558.

1392 BGH NJW 2005, 2086 = VersR 2006, 427.

1393 Zöller/*Greger*, § 130a ZPO, Rn. 3.

1394 Zuletzt mit Wirkung vom 1.1.2020 geändert durch Gesetz zur Regelung der Wertgrenze für die Nichtzulassungsbeschwerde in Zivilsachen, zum Ausbau der Spezialisierung bei den Gerichten sowie zur Änderung weiterer prozessrechtlicher Vorschriften v. 12.12.2019 (BGBl I S. 2633).

1395 Zöller/*Greger*, § 130a ZPO, Rn. 1.

1396 Dazu vgl. BGH, Beschl. v. 14.5.2013 – VI ZB 7/13 – juris, Rn. 10.

1397 BAG, Beschl. v. 15.8.2018 – 2 AZN 269/18 – juris, Rn. 6; BSG, Beschl. v. 20.3.2019 – B 1 KR 7/18 B – juris, Rn. 5 f. und NJW 2018, 2222, Rn. 4 ff.; BVerwG, Beschl. v. 7.9.2018 – 2 WDB 3/18 – juris, Rn. 6 ff.; BGH, Beschl. v. 15.5.2019 – XII ZB 573/18 – juris, Rn. 14 ff.; *Borgmann/Jungk/Schwaiger*, Kap. XI, Rn. 47 i.V. mit Kap. XII, Rn. 66; a. A. Brandenburgisches OLG, Beschl. v. 6.3.2018 – 13 WF 45/18 – juris, Rn. 18 ff.; offengelassen zu § 65a SGG von BSG, Beschl. v. 9. 5.2018 – B 12 KR 26/18 B – juris, Rn. 6.

1398 BAG, a.a.O.

564 Hierzu hat der Anwalt zu beachten, dass er schon seit dem 1.1.2018 die für die Nutzung des besonderen elektronischen Postfachs (**beA**), eingeführt durch und im Einzelnen geregelt in § 31a BRAO, erforderlichen technischen Einrichtungen vorhalten und hierüber erfolgte Zustellungen und zugegangene Mitteilungen zur Kenntnis nehmen muss[1399].

565 Wie auch aus § 130a Abs. 4 Nr. 1 ZPO zu schließen ist, reicht ein Schriftsatz als **bloße E-Mail** nicht aus, um die Schriftform (s. dazu § 130a Abs. 1 ZPO) zu wahren[1400].

566 Wird allerdings ein von dem Prozessbevollmächtigten unterschriebener Schriftsatz eingescannt und als **pdf-Datei** einer »einfachen« E-Mail an das Gericht als Anhang beigefügt und so an das Gericht übermittelt, soll dies nach der bisherigen Rechtsprechung von BGH und BAG dem Erfordernis der Schriftform und insbesondere dem Unterschrifterfordernis des § 130 Nr. 6 Alt. 2 ZPO genügen, sobald dem Gericht ein Ausdruck des angehängten Schriftsatzes samt Unterschrift vorliegt[1401]. Die Sozialgerichtsrechtsprechung einschließlich nun der des BSG[1402] wie auch Teile des Schrifttums stehen dieser Handhabung kritisch bis ablehnend gegenüber[1403]. Der Anwalt wird, solange es nicht zu einer Vereinheitlichung der Rechtsprechung (notfalls über einen Entscheid des Gemeinsamen Senats der oberen Gerichtshöfe des Bundes) kommt, seine Handhabung unter Beachtung des Grundsatzes des sichersten Weges an der Rechtsprechung der jeweiligen Gerichtszweige und, wo diese nicht einheitlich ist, an den auf jeden Fall unbezweifelbar korrekten Weg zu orientieren haben.

567 Der BGH hat es als anwaltliches Verschulden angesehen, wenn der Rechtsanwalt Schriftstücke in einer »übervollen« **Unterschriftsmappe** ohne Kontrolle des Inhalts unterschreibt und dabei einen Fehler begeht[1404]. Andererseits darf der Anwalt die **Kontrolle** bestimmender Schriftsätze auf die erforderliche Unterschrift seinem geschulten und **zuverlässigen Personal** zur selbstständigen Erledigung übertragen. Das soll grundsätzlich auch gelten, wenn er die Unterzeichnung des bestimmenden Schriftsatzes bis zum Eingang der Deckungszusage der Rechtsschutzversicherung zurückgestellt hat[1405]. Allerdings muss er durch eine allgemeine Anweisung Vorsorge dafür treffen, dass bei normalem Lauf der Dinge Fristversäumnisse wegen fehlender Unterschrift vermieden werden[1406]. Dagegen überspannt es die Sorgfaltsanforderungen, von einem Anwalt zu verlangen, neben der Ausgangskontrolle zusätzlich die Kennzeichnung der Originale und Abschriften sogleich nach dem Ausdruck zu veranlassen[1407].

1399 Vgl. auch *Borgmann/Jungk/Schwaiger,* Kap. XI, Fn. 200 zu Rn. 46 mit Hinweis wegen der besonderen Haftungsgefahren auf *Jungk*, AnwBl 2018, 674; zu den erheblichen Haftungsgefahren für den Anwalt vgl. ebenfalls *Günther*, NJW 2020, 1785 ff.

1400 Vgl. schon BGH, Beschl. v. 4.12.2008 – IX ZB 41/08 – juris, Rn. 6; ferner BGH, Beschl. v. 8.5.2019 – XII ZB 8/19 – juris, Rn. 17; vgl. auch *Borgmann/Jungk/Schwaiger,* Kap. XII, Rn. 67.

1401 BGH, Beschl. v. 15.7.2008 – X ZB 8/08 – juris, Rn. 8 ff.; v. 18.3.2015 – XII ZB 424/14 – juris, Rn. 8 und 12; v. 8.5.2019 – XII ZB 8/19 – juris, Rn. 12 f.; BAG, Beschl. v. 11.7.2013 – 2 AZB 6/13 – juris, Rn. 12; so auch zu § 70 Abs. 1 VwGO: VG Dresden, Urt. v. 16.9.2015 – 3 K 1566/12 – juris, Rn. 32.

1402 BSG, Urt. v. 12.10.2016 – B 4 AS 1/16 R – juris, Rn. 16 ff., ablehnend, da die Form- und Fristwahrung nicht von der Sachbehandlung bei Gericht abhängen dürfe; BSG, Beschl. v. 21.1.2010 – B 4 AS 1/20 BH – juris, Rn. 3, als Rechtsfrage als geklärt bezeichnet; ebenso BSG, Beschl. v. 29.2.2020 – B 1 KR 12/19 BH – juris, Rn. 5.

1403 Vgl. LSG Berlin-Brandenburg, Beschl. v. 12.11.2015 – L 25 AS 1511/15 – juris, Rn. 27–30 m.w.N. zum Meinungsstand; LSG Hessen, Beschl. v. 22.6.2016 – L 3 U 71/14 – juris, Rn. 11 m.w.N.; vgl. auch Zöller/*Greger*, § 130, Rn. 18d, der sich dem BSG anschließt; *Borgmann/Jungk/Schwaiger*, Kap. XII, Rn. 67, die die Auffassung des BSG für gut nachvollziehbar halten.

1404 BGH VersR 1982, 1168; vgl. auch *Rinsche*, 6. Auflage, Rn. I 473.

1405 BGH AnwBl 2009, 229, 230 = Beck RS 2008, 26987 (Tz. 7).

1406 BVerfG NJW 2004, 2583, 2584; BGH NJW 1996, 998, 999 = VersR 1996, 910, 911; NJW 2006, 1205 = VersR 2007, 375; AnwBl 2009, 229, 230 = Beck RS 2008, 26987 (Tz. 7).

1407 BVerfG NJW-RR 2002, 1004; vgl. auch schon BVerfG NJW 1996, 309; BGH NJW-RR 2003, 277 = WM 2003, 353; NJW 2002, 3636; NJW 1996, 998 = WM 1996, 538; NJW 1994, 3235; NJW 1989, 589, 590; NJW 1985, 1226; vgl. auch schon oben Rdn. 133.

Zu warnen ist davor, dass der Anwalt seinem Büro **Blankounterschriften** überlässt und seine Angestellten anweist, maßgebliche Schriftsätze, etwa eine Berufungsbegründung, zu fertigen und als letztes Blatt ein mit der Blankounterschrift des Anwalts versehenes Blatt Papier zu benutzen. Hier ist nur zu leicht ein Fehler der Bürokraft möglich, der regelmäßig nicht entschuldigt wird[1408]. 568

Abgesehen davon ist zu beachten, dass Funktion der beispielsweise in § 130 Nr. 6 ZPO, § 113 Abs. 1 S. 2 FamFG verlangten anwaltlichen Unterschrift ist zu bezeugen, dass der Inhalt vom Anwalt eigenverantwortlich durchgearbeitet wurde und er die Verantwortung für dessen Inhalt tragen will. Davon ist grundsätzlich auch ohne weiteren Nachweis auszugehen[1409]. Auch bei einer Blankounterschrift ist nicht von vornherein ausgeschlossen, dass der gesamte Inhalt des Schriftsatzes vom unterzeichnenden Rechtsanwalt so genau festgelegt wurde, dass er dessen eigenverantwortliche Prüfung bestätigen konnte, z.B. wegen eines telefonischen oder elektronisch vermittelten Diktats oder einer Textdatei. Allein die Blankounterschrift spricht nach der Rechtsprechung des BGH also nicht dafür, dass dem Rechtsanwalt der Inhalt des Schriftsatzes nicht bekannt gewesen sei. Dementsprechend ist auch eine Blankounterschrift grundsätzlich geeignet, die Form zu wahren[1410]. Da aber – wie bereits aufgezeigt – ein mittels Blankounterschrift des Rechtsanwalts weisungsgemäß erstellter bestimmender Schriftsatz die gesetzlichen Formerfordernisse nur erfüllt, wenn der Anwalt den Inhalt des Schriftsatzes so genau festgelegt hat, dass er dessen eigenverantwortliche Prüfung bestätigen kann, reicht es nicht aus, wenn ein Entwurf einer Berufungsbegründung nach stichwortartig fixierten Vorgaben des Anwalts durch einen Referendar inhaltlich überarbeitet wird, ohne dass der Anwalt die endgültige Fassung der Berufungsbegründung kennt[1411].

Da aber immer die Gefahr besteht, dass ein Instanzgericht, ohne Gelegenheit zu geben, zur ordnungsgemäßen Wahrung des Unterschrifterfordernisses Stellung zu nehmen, eine unzulässige Blankounterschrift annimmt[1412], sollte der Anwalt am besten Blankounterschriften vermeiden.

Verbraucherstreitbeilegungsverfahren nach dem VBSG

S. unter »Mediation« oben Rdn. 270. 569

Vergleich

Viele Streitigkeiten enden durch einen Vergleich, der entweder als **Prozessvergleich oder** als **außergerichtlicher Vergleich** zwischen den Parteien geschlossen wird. **Der beteiligte Anwalt trägt** in diesem Bereich eine **besondere Verantwortung**[1413]. 570

1. Wenn ein Prozess durch einen **außergerichtlichen Vergleich** abgeschlossen werden soll, ist es geboten, sofern der Anwalt die klagende Partei vertritt, diese zu belehren, dass die **Zwangsvollstreckung** nur aus Vergleichen erfolgen kann, die 571
- vor einem deutschen Gericht oder
- vor einer durch die Landesjustizverwaltung eingerichteten oder anerkannten Gütestelle abgeschlossen wurden oder
- im PKH-Bewilligungsverfahren gemäß § 118 Abs. 1 S. 3 ZPO oder im selbständigen Beweisverfahren gemäß § 492 Abs. 3 ZPO zu richterlichem Protokoll genommen wurden oder
- als Anwaltsvergleich unter den Voraussetzungen des § 796a ZPO geschlossen wurden.

1408 Vgl. BAG NJW 1983, 1447; *Rinsche*, 6. Auflage, Rn. I 474.
1409 BGH, Beschl. v. 12.9.2012 – XII ZB 642/11 – juris, Rn. 16.
1410 BGH, NJW 1966, 351; BGH, Beschl. v. 23.6.2005 – V ZB 45/04 – juris, Rn. 11; v. 21.12.2010 – VI ZB 28/10 – juris, Rn. 9; v. 12.9.2012 – XII ZB 642/11 – juris, Rn. 17–19.
1411 BGH, Beschl. v. 23.6.2005 – V ZB 45/04 – juris, Rn. 14 f.
1412 So geschehen im Fall BGH, Beschl. v. 12.9.2012 – XII ZB 642/11 – juris, Rn. 20.
1413 Vgl. allgemein zur Anwaltshaftung beim Abschluss von Vergleichen *Offermann-Burckart*, FPR 2012, 550 ff.; speziell zum Vergleich in Bausachen vgl. *Sohn*, BauR 2014, 1699.

572 Die **§§ 796a bis c ZPO** verfolgen den Zweck, den Parteien durch den sog. **Anwaltsvergleich** den Abschluss eines Vergleichs zu gestatten, ohne dass zuvor ein Prozess in die Wege geleitet werden muss. Ein solcher Vergleich wird auf Antrag einer Partei für vollstreckbar erklärt, sofern
- der Vergleich von Rechtsanwälten im Namen und mit Vollmacht der von ihnen vertretenen Parteien abgeschlossen wurde,
- sich der Schuldner darin der sofortigen Zwangsvollstreckung unterworfen hat und
- der Vergleich unter Angabe des Tages seines Zustandekommens bei einem Amtsgericht niedergelegt ist, bei dem eine der Parteien zur Zeit des Vergleichsabschlusses ihren allgemeinen Gerichtsstand hat.

573 2. Es gibt Rechtsbereiche, in denen **Vergleiche unzulässig** sind, nämlich
- über Abstammung bzw. das Bestehen einer Ehe[1414] oder
- gemäß § 1614 Abs. 1 BGB für Verwandtenunterhalt bzw. gemäß §§ 1360a Abs. 3, 1361 Abs. 4 S. 4 ZPO für den Bereich des Familien- und Trennungsunterhalts oder
- gemäß § 1615l Abs. 3 S. 1 BGB für Unterhaltsansprüche nicht verheirateter Eltern eines gemeinsamen Kindes oder gemäß §§ 5 S. 2, 12 S. 2 LPartG in Bezug auf den Unterhalt zusammen oder getrennt lebender Lebenspartner oder
- gemäß § 311b Abs. 2 BGB, sofern sich der eine Teil verpflichtet, sein künftiges Vermögen oder einen Bruchteil seines künftigen Vermögens zu übertragen oder mit einem Nießbrauch zu belasten oder
- gemäß § 311b Abs. 4 BGB, sofern der Vergleich über den Nachlass eines noch lebenden Dritten bzw. über den Pflichtteil oder ein Vermächtnis aus dem Nachlass eines noch lebenden Dritten geschlossen wird, sofern nicht die Voraussetzung des § 311b Abs. 5 BGB vorliegt.

574 3. **Vor dem Vergleichsabschluss** hat der Anwalt zu **prüfen, ob die Partei befugt ist, über den Vergleichsgegenstand zu verfügen**. Das kann z.B. bei einer stillen Sicherungszession problematisch sein. Das Gleiche gilt nach zwischenzeitlicher Pfändung der streitbefangenen Forderung.

575 Insbesondere ist in diesem Zusammenhang auch zu prüfen, ob bereits ein **Anspruchsübergang auf Sozialversicherungsträger, Sozialhilfeträger oder sonstige Dritte** erfolgt ist[1415]. § 116 SGB X regelt den gesetzlichen Forderungsübergang auf Sozialversicherungsträger und Träger der Sozialhilfe. Nach der Rechtsprechung des BGH genügt für den Übergang des Ersatzanspruches auf einen Sozialversicherungsträger bereits zum Unfallzeitpunkt, dass die Entstehung einer Leistungspflicht nicht völlig unwahrscheinlich, also geradezu ausgeschlossen erscheint[1416]. Auf den Sozialhilfeträger geht ein Anspruch dann über, wenn mit dem schadensbedingten Entstehen der Sozialhilfebedürftigkeit ernsthaft zu rechnen ist[1417]. Auch für den Forderungsübergang auf die Bundesagentur für Arbeit ist nach den §§ 33 Abs. 4 SGB II, 116 Abs. 1 SGB X erforderlich, dass eine Leistungspflicht der Bundesagentur nach den Umständen ernsthaft in Betracht zu ziehen ist[1418].

576 Werden Vergleiche für einen haftpflichtversicherten Mandanten geschlossen, ist das Vorgehen vor Vergleichsabschluss mit dem deckungspflichtigen Haftpflichtversicherer abzustimmen und die Gefahr auszuschließen, dass der Versicherer jegliche Leistungen ablehnt, weil der Vergleich ihm weder vorab mitgeteilt noch vom Versicherer genehmigt war[1419].

577 4. In Ratenzahlungsvergleiche sollten **Verfallklauseln für den Fall des Verzuges** aufgenommen werden.

578 Hat der Prozessgegner zur Abwendung der Zwangsvollstreckung aus dem erstinstanzlichen Urteil bereits eine **Bankbürgschaft** geleistet und besteht aufgrund seiner Vermögenslage die Gefahr,

---

1414 Hk-BGB/*Staudinger*, § 779, Rn. 3; vgl. ebenso BGH, Urt. v. 12.7.1995 – XII ZR 128/94 – juris.
1415 Vgl. generell zum Forderungsübergang Sozialleistungsträger *Waltermann*, NJW 1996, 1644.
1416 BGH, Urt. v. 12.4.2011 – VI ZR 158/10 – juris, Rn. 8.
1417 BGH, Urt. v. 16.10.2007 – VI ZR 227/06 – juris, Rn. 8.
1418 BGH, Urt. v. 5.5.2009 – VI ZR 208/08, juris, Rn. 6.
1419 BGH, Beschl. v. 28.2.2008 – IX ZR 49/07 – juris.

dass in Zukunft nicht mehr Erfolg versprechend vollstreckt werden kann, sollte beim Vergleichsabschluss im Berufungsverfahren darauf geachtet werden, dass die Vergleichsforderung durch die Bankbürgschaft abgesichert wird, weil sich ansonsten die Bank darauf berufen könnte, dass sich die Bürgschaft nur auf die Forderung aus dem erstinstanzlichen Urteil bezieht.

Im Hinblick auf bestehende berufsrechtliche Haftungsrisiken ist im Interesse der Rechtssicherheit 579
und -klarheit darauf zu achten, dass die vereinbarten Regelungen insbesondere auch in Prozessvergleichen vollständig und durchführbar sind[1420].

5. Der Anwalt hat darauf zu achten, dass ein **Vergleich** so formuliert wird, dass er auch **vollstreckbar** ist. Die Vergleichsdurchsetzung darf keine Schwierigkeiten bereiten. Der Vergleich muss also den Willen der Parteien wiedergeben und Auslegungsprobleme vermeiden. Die in einem Vergleich geregelten **Ansprüche sollten** auch **als vollstreckbare Forderungen formuliert werden**, um dem Mandanten doppelte Kosten zu ersparen[1421]. 580

Zu prüfen ist außerdem die Frage, welche Vollstreckungsmöglichkeiten bestehen und welche Kosten mit der Fortsetzung des Rechtsstreits verbunden wären.

6. Die Aufnahme eines **Widerrufsvorbehalts** empfiehlt sich, wenn der Rechtsanwalt die Entscheidung des Mandanten vor Abschluss des Vergleichs nicht einholen oder diesen nicht mehr hinreichend über die damit einhergehenden Vor- und Nachteile aufklären kann[1422] (vgl. zur Aufklärungspflicht unten Rdn. 584 ff.). Das Zuraten des Prozessbevollmächtigten zum Abschluss eines nicht widerruflichen Vergleichs ist jedenfalls dann pflichtwidrig, wenn der Prozessbevollmächtigte zu diesem Zeitpunkt überhaupt nicht in der Lage war, die rechtliche Situation vollständig zu überblicken, weil er eine anstehende einschlägige Entscheidung beim Bundesgerichtshof nicht kannte und deshalb eine zuverlässige rechtliche Prognose für den Ausgang des Rechtsstreits nicht treffen und mithin die bei einem Vergleich zu berücksichtigenden Risiken nicht einschätzen konnte[1423]. 581

Für die Beantwortung der Frage, wem gegenüber der in einem Prozessvergleich vorbehaltene Widerruf zu erklären ist, kommt es vorrangig auf eine in dem Vergleich getroffene Bestimmung an. Fehlt eine ausdrückliche Vereinbarung über den Widerrufsadressaten, gilt – jedenfalls für Prozessvergleiche, die seit dem 1. Januar 2002 geschlossen wurden –, dass der Widerruf eines Prozessvergleichs sowohl dem **Gericht** als auch der **anderen Vergleichspartei** gegenüber wirksam erklärt werden kann[1424].

7. **In einen Prozessvergleich sollte**, sofern nicht prozesstaktische Gründe dagegen sprechen, die **Entscheidung** des Gerichts **über die Kosten** des Rechtsstreits und des Vergleiches **aufgenommen werden**, weil auf diese Weise die mit einem Beschluss nach § 91a ZPO verbundenen Gerichtskosten vermieden werden[1425]. Bei rechtsschutzversicherten Mandanten ist die Kostenverteilung indes im Vorfeld mit dem Rechtsschutzversicherer abzuklären, um dem Einwand entgegenzutreten, dass die vereinbarte Kostenquote nicht dem tatsächlichen Anteil des Unterliegens bzw. Obsiegens entspricht[1426]. 582

8. Das Verfahren, in dem der Prozessvergleich geschlossen wurde, ist nur dann fortzusetzen, wenn die **Wirksamkeit des Prozessvergleichs** angegriffen und damit seine den Prozess beendigende Wirkung in Frage gestellt wird – wie etwa im Fall der Anfechtung des Prozessvergleichs. Dementsprechend ist eine neue Klage, die den Streitgegenstand des ursprünglichen Rechtsstreits umfasst, dann 583

1420 Vgl. etwa *Tiedemann*, jurisPR-ArbR 24/2019 Anm. 1.

1421 OLG Köln, Urt. v. 2.10.2008 – 12 U 94/07 – juris, Rn. 223; BGH, Urt. v. 17.1.2002 – IX ZR 182/00 – juris, Rn. 9.

1422 *Vill*, in: G. Fischer/Vill/D. Fischer/Pape/Chab, § 2, Rn. 298.

1423 OLG Frankfurt, Urt. v. 27.3.2012 – 3 U 151/11 – juris, Rn. 13.

1424 BGH, Urt. v. 30.9.2005 – V ZR 275/04 – juris, Rn. 3, 8 ff.

1425 Enthält der Beschluss eine Begründung, fällt eine 1,5-Gebühr und ohne Begründung in bestimmten Verfahren eine 0,75-Gebühr an, vgl. dazu eingehend Musielak/*Flockenhaus*, ZPO, § 91a, Rn. 62.

1426 Vgl. OLG Düsseldorf, Urt. v. 12.4.2011 – I 24 U 160/10 – juris, Rn. 43 ff. und 66 ff.

zulässig, wenn die Parteien die Beendigung des Ursprungsrechtsstreits durch den Vergleich nicht in Frage stellen[1427].

584 9. **Entscheidung des Mandanten**

Da der Mandant eigenverantwortlich zu entscheiden hat, wie er seine Interessen **in rechtlicher und wirtschaftlicher Hinsicht** zur Geltung bringt[1428], ist es auch seine Sache, darüber zu befinden, ob und mit welchem Inhalt er einen Rechtsstreit durch Vergleich beendet. Allerdings ist es nicht Aufgabe des Rechtsanwalts, dem Mandanten grundlegende Entschlüsse in dessen Angelegenheiten abzunehmen und ihn zu **betriebswirtschaftlichen Fragen** zu beraten[1429].

Will der Prozessbevollmächtigte einen Vergleich abschließen, hat er sich deshalb grundsätzlich der vorherigen Zustimmung der Partei zu versichern[1430]. Kann der Rechtsanwalt die Entscheidung des Mandanten vor Abschluss des Vergleichs nicht einholen, empfiehlt sich die Vereinbarung eines **Widerrufsvorbehalts** (vgl. oben Rdn. 581).

585 **Nimmt** der Mandant auf Anraten seines Rechtsanwalts eine günstige Vergleichsmöglichkeit **nicht wahr**, kommt es für einen Pflichtverstoß darauf an, ob im Zeitpunkt der Vergleichsverhandlung objektive Anhaltspunkte dafür vorhanden waren, die den Vergleich günstiger erscheinen ließen als dessen Ablehnung[1431].

586 10. **Aufklärung des Mandanten über die Vor- und Nachteile**

Vor der Entscheidung des Mandanten steht die Aufklärung über Chancen und Risiken des Prozesses sowie Inhalt und Tragweite des beabsichtigten Vergleichs: Im Rahmen der Verhandlungen zum Abschluss eines gerichtlichen Vergleichs ist der Rechtsanwalt verpflichtet, die Interessen des Mandanten umfassend und nach allen Richtungen wahrzunehmen und ihn vor vermeidbaren Nachteilen zu bewahren. Um dem Mandanten eine eigenständige Entscheidung über den Abschluss des Vergleichs zu ermöglichen, muss er ihm dessen **Vor- und Nachteile** darlegen. Dies gilt insbesondere dann, wenn der Rechtsanwalt Anhaltspunkte dafür hat, dass der Mandant sich **mehr davon verspricht**. Selbst wenn der Rechtsanwalt der Meinung ist, das von ihm ausgehandelte Ergebnis sei schon das Äußerste, was bei der Gegenseite zu erreichen sei, entbindet ihn das nicht von seiner Aufklärungspflicht[1432]. Auch ein ausdrücklicher **gerichtlicher Vergleichsvorschlag** vermag den Rechtsanwalt nicht von seiner Verantwortung bei der Beratung der Partei zu entbinden[1433].

587 Der Anwalt hat von einem Vergleich abzuraten, wenn er für die von ihm vertretene Partei eine **unangemessene Benachteiligung** darstellt und insbesondere begründete Aussicht besteht, im Falle einer streitigen Entscheidung ein **wesentlich günstigeres Ergebnis** zu erzielen. In diesem Fall greift die Vermutung ein, dass der Mandant dem Vorschlag des Anwalts, von einem Vergleichsschluss abzusehen, gefolgt wäre[1434].

588 Bei **Vergleichsabschlüssen ist stets zu gewichten, ob der Mandant seinen Anspruch bei Gericht durchsetzen könnte oder nicht**. Für die Beurteilung dieser Frage ist insbesondere zu bewerten, wie

1427 BGH, Urt. v. 21.11.2013 – VII ZR 48/12 – juris, Rn. 14.
1428 Vgl. BGH, Urt. v. 15.1.2009 – IX ZR 166/07 – juris, Rn. 10.
1429 BGH, Beschl. v. 19.7.2012 – IX ZR 178/11 – juris, Rn. 6: Vor dem Abschluss eines Vergleichs für einen Kapitalanleger im Streit um Ansprüche aus einem Fonds muss der Rechtsanwalt daher nicht die betriebswirtschaftliche Fragestellung prüfen, welche Rendite künftig aus der Fondsbeteiligung zu erwarten ist und ob die Rückabwicklung der Fondsbeteiligung anzustreben wäre. Es obliegt vielmehr dem Mandanten selbst zu beurteilen, ob er das Aufrechterhalten der Fondsbeteiligung zu günstigeren Konditionen als wirtschaftlich vorteilhaft erachtet.
1430 BGH, Urt. v. 8.11.2001 – IX ZR 64/01 – juris, Rn. 13.
1431 BGH, Urt. v. 14.7.2016 – IX ZR 291/14 – juris, Rn. 8.
1432 BGH, Urt. v. 8.11.2001 – IX ZR 64/01 – juris, Rn. 13.
1433 BGH, Urt. v. 11.3.2010 – IX ZR 104/08 – juris, Rn. 8 sowie v. 14.7.2016 – IX ZR 291/14 – juris, Rn. 8.
1434 BGH, Urt. v. 11.3.2010 – IX ZR 104/08 – juris, Rn. 8 sowie v. 14.7.2016 – IX ZR 291/14 – juris, Rn. 8.

die **Rechts- und/oder Beweislage** einzuschätzen ist. Der Anwalt muss also den Sachverhalt darauf prüfen, ob er geeignet ist, den vom Mandanten erstrebten Erfolg zu begründen[1435]. Mit Erklärungen, der Mandant habe nur geringe Prozesschancen bzw. er trage ein hohes Prozessrisiko, wird der Anwalt seinen Aufklärungspflichten ebenso wenig gerecht wie durch den bloßen Hinweis, der Ausgang des Rechtsstreits sei offen[1436]. Der Anwalt darf einen Vergleich dann nicht mehr empfehlen, wenn dieser den Interessen des Mandanten in keiner Weise gerecht wird und die begründete Aussicht besteht, im Falle einer Prozessentscheidung ein wesentlich günstigeres Ergebnis zu erzielen[1437]. Eine Pflichtverletzung kommt auch bei der Nichtaufnahme von Vergleichsverhandlungen in Betracht. Dies gilt insbesondere dann, wenn dem Mandanten zwar materiellrechtlich kein Anspruch gegen den Anspruchsgegner zusteht, der Anspruchsgegner aber dennoch ein Vergleichsangebot unterbreitet hätte und der Rechtsanwalt diese Möglichkeit zugunsten seines Mandanten nicht weiterverfolgt, weshalb der Vergleich nicht zustande kommt[1438] (vgl. auch unten Rdn. 612).

Die Abwägung hat neben den rechtlichen auch die finanziellen und persönlichen Interessen des Mandanten zu berücksichtigen[1439]. In **die wirtschaftlichen Aspekte des Ratschlages** in Bezug auf einen Vergleichsabschluss ist auch einzubeziehen, dass möglicherweise die Gegenseite bis zum voraussichtlichen Ende des Prozesses in Vermögensverfall geraten kann. Dieser Gesichtspunkt verdient z.B. hervorgehoben zu werden, wenn eine größere Geldforderung gegenüber einer Gesellschaft mit beschränkter Haftung geltend gemacht wird, deren Geschäftssituation als nicht günstig erscheint. In solcher Konstellation kann selbst bei positiver Beurteilung der Prozessaussichten der Grundsatz »schnelles Geld ist gutes Geld« den Vorzug verdienen[1440]. In den Ratschlag des Anwalts können jedoch **auch subjektive Aspekte** einbezogen werden, also z.B. eine lange und kostenträchtige Prozessdauer mit entsprechender nervlicher Belastung für den Mandanten. 589

Außerdem sollte der Anwalt vor dem Vergleichsabschluss den Mandanten auch über **die steuerlichen Folgen** des Vergleichs aufklären[1441]. Ist er dazu außerstande, so muss das gegenüber dem Mandanten klargestellt und diesem anheimgestellt werden, die steuerlichen Konsequenzen anderweitig überprüfen zu lassen[1442]. Nur so kann vermieden werden, dass der Mandant später behauptet, er würde den Vergleich auf keinen Fall geschlossen haben, wenn ihm die steuerlichen Konsequenzen bekannt gewesen wären. 590

Hat der Anwalt **vom Abschluss eines Vergleichs abgeraten**, geht hiermit die Verpflichtung einher, mit dem grundsätzlich vergleichsbereiten Mandanten die Vor- und Nachteile eines fundierten Vergleichsangebots der Gegenseite einerseits und die Chancen und Risiken einer streitigen Beendigung des Rechtsstreits andererseits abzuwägen und zu erörtern. Rät der Anwalt stattdessen ohne nähere Erläuterungen zur Ablehnung des Vergleichsangebots und ist sein Mandant im Blick auf den anschließenden Prozessausgang gegenüber dem ursprünglichen Vergleichsangebot schlechter gestellt, kann dies Regressansprüche nach sich ziehen[1443]. 591

Ist die **Risikolage** hinsichtlich des Prozessausgangs offen, darf der Anwalt es auch bei entsprechender Belehrung belassen. Besteht hingegen im konkreten Einzelfall keine Möglichkeit, in einem Rechtsstreit mit einer Rechtsverteidigung durchzudringen, muss der Partei mit klaren und unmissverständlichen Hinweisen auf einen zu erwartenden Prozessverlust der Abschluss des Vergleichs 592

1435 BGH, Urt. v. 18.11.1999 – IX ZR 420/97 – juris, Rn. 18.
1436 Vgl. BGH, Urt. v. 30.11.1999 – X ZR 129/96 – juris, Rn. 18.
1437 BGH, Urt. v. 14.7.2016 – IX ZR 291/14 – juris, Rn. 8.
1438 OLG Celle, Urt. v. 16.9.2009 – 3 U 102/09 – juris, Leitsatz.
1439 BGH, Beschl. v. 20.7.2006 – IX ZR 102/04 – juris, Rn. 5.
1440 Vgl. BGH, Urt. v. 14.1.1993 – IX ZR 76/92 – juris, Rn. 63.
1441 Vgl. zu den – oft unbekannten – steuerrechtlichen Risiken des zivilrechtlichen Vergleichs *Krüger*, NJW 2015, 203 ff.
1442 OLG Frankfurt, Urt. v. 13.9.2000 – 3 U 91/99 – juris, Rn. 21.
1443 Brandenburgisches OLG, Urt. v. 21.6.2007 – 12 U 147/06 – juris, Rn. 4.

angeraten werden, und zwar gegebenenfalls auch mit dem Hinweis, dass eine gerichtliche Entscheidung für den Mandanten einen wesentlich größeren Schaden verursachen wird[1444].

Die **gerichtliche Empfehlung** einen bestimmten Vergleich zu schließen, kann bei der Abwägung, ob der Vergleich geschlossen werden soll, aber durchaus einen wichtigen Faktor darstellen[1445]. Wenn der Mandant über das Risiko der beabsichtigten rechtlichen Gestaltung umfassend informiert ist und sich nach langwierigen Verhandlungen eigenverantwortlich zum Abschluss eines Vergleichs entschließt, hat der Anwalt den Mandanten nicht zu bevormunden, sondern seine Entscheidung zu respektieren[1446].

593 Es kommt auch vor, dass der Mandant nach einem erfolglosen Prozess Schadensersatz vom Anwalt mit der Begründung verlangt, ihm sei **nicht zur Annahme eines Vergleichsvorschlages** des Gerichts oder der Gegenseite **geraten** worden. Hier kann ein pflichtwidriges Handeln nur bejaht werden, wenn der Anwalt die Prozesschancen zu günstig dargestellt hat[1447].

Im Übrigen kann bei einem gerichtlichen Vergleichsvorschlag ein fehlender Ratschlag zur Annahme nur dann als für den Schaden kausal angesehen werden, wenn die Gegenseite diesen Vorschlag ebenfalls akzeptiert hätte. Das muss gegebenenfalls durch eine Beweisaufnahme geklärt werden.

594 Die **Intensität der Belehrungspflicht** ist von zwei Faktoren abhängig, nämlich einerseits vom Verständnis des Mandanten und andererseits vom materiellen Recht. Gebildete bzw. rechtlich informierte bzw. rechtlich versierte Mandanten müssen weniger intensiv aufgeklärt werden. Ihnen können eher Fragen über etwa verbliebene Unklarheiten überantwortet werden als anderen Mandanten. **Von aussichtslosen Verfahren muss der Anwalt abraten**, also z.B. bei verjährten Ansprüchen[1448]. Auch über **Zweifel in Bezug auf die Erfolgsaussicht** muss der Anwalt den Mandanten aufklären[1449]. Andererseits gebietet keinesfalls jede Unsicherheit dem Anwalt, von einem Prozess abzuraten[1450]. Der Anwalt muss aber **alle Bedenken, Unsicherheitsfaktoren und die** seinem Mandanten **durch den Vergleich entstehenden Folgen sachgerecht erörtern.** Der Mandant soll dadurch in die Lage versetzt werden, eigenverantwortlich entscheiden zu können, ob er sich auf den Vergleich einlassen möchte oder nicht[1451].

595 Zwar billigt die Rechtsprechung dem Anwalt bei der Abwägung der Vor- und Nachteile des beabsichtigten Vergleichs einen weiten **Ermessensspielraum** zu; innerhalb dieses Spielraums muss der Rechtsanwalt jedoch eine gewissenhafte Interessenabwägung vornehmen[1452]. Die Aufklärungspflicht und der Ermessensspielraum des Anwalts haben sich natürlich nach der Lage zu richten, die sich dem Anwalt zur Zeit des Vergleichsabschlusses, also ex ante, bietet. Andererseits muss der Anwalt **alle** ihm in diesem Zeitpunkt zugänglichen Faktoren **sorgfältig gegeneinander abwägen,** sie **gewichten und in einen Ratschlag gegenüber dem Mandanten umsetzen**[1453]; denn der Anwalt muss den Mandanten in die Lage versetzen, eigenverantwortlich darüber zu entscheiden, wie er seine Interessen in rechtlicher und wirtschaftlicher Hinsicht zur Geltung bringen will[1454].

1444 OLG Hamm, Urt. v. 21.1.2003 – 28 U 89/02 – n.v.

1445 OLG Frankfurt, Urt. v. 12.1.1988 – 14 U 178/86 – NJW 1988, 3269, 3270.

1446 OLG Koblenz, Urt. v. 12.5.2006 – 8 U 782/05 – juris, Rn. 41.

1447 Vgl. OLG Oldenburg, Urt. v. 12.4.1991 – 6 U 230/90 – juris. In diesem Urteil wird eine anwaltliche Pflichtverletzung nur bejaht, wenn der angebotene Vergleich eindeutig günstiger erschien als die Prozessaussichten; vgl. auch OLG Hamm, Urt. v. 25.10.1995 – 28 U 244/93 – juris.

1448 Vgl. BGH, Urt. v. 26.9.2013 – IX ZR 51/13 – juris, Rn. 11.

1449 Vgl. OLG Frankfurt, Urt. v. 25.1.1991 – 22 U 162/89 – juris.

1450 RG, Urt. v. 22.10.1915 – III 123/15 – RGZ 87, 183, 187.

1451 BGH, Urt. v. 8.11.2001 – IX ZR 64/01 – juris, Rn. 13.

1452 BGH, Urt. v. 14.1.1993 – IX ZR 76/92 – juris, Rn. 60; *Vill*, in: G. Fischer/Vill/D. Fischer/Pape/Chab, § 2, Rn. 291.

1453 Borgmann/*Jungk*/Schwaiger, Anwaltshaftung, Kap. IV, Rn. 113 ff.; Vollkommer/*Greger*/*Heinemann*, Anwaltshaftungsrecht, § 12, Rn. 40.

1454 BGH, Urt. v. 15.1.2009 – IX ZR 166/07 – juris, Rn. 10.

Wenn der Ausgang eines Rechtsstreits maßgeblich von einer nach einer Beweisaufnahme vorzunehmenden **Beweiswürdigung** abhängt, muss der Anwalt über die damit verbundenen Unwägbarkeiten hinreichend aufklären, so dass der Mandant auf dieser Basis in die Lage versetzt wird, eigenverantwortlich über den Vergleichsabschluss zu entscheiden. 596

In einem der Revision zugänglichen Rechtsstreit muss der Anwalt auch die **Revisionsaussichten in die Aufklärung über die Rechtslage einbeziehen**[1455]. Der Anwalt muss also den Mandanten in die Lage versetzen, sich eigenverantwortlich für oder gegen die Aufnahme bzw. Fortsetzung einer gerichtlichen Rechtsverfolgung oder Verteidigung zu entscheiden, wenn diese in Betracht kommt[1456]. 597

11. **Eine gesteigerte Verantwortung trägt der Rechtsanwalt bei einem Abfindungsvergleich** 598

Die Aufklärungspflicht des Rechtsanwalts bezüglich der Vor- und Nachteile des beabsichtigten Vergleichs gilt in besonderem Maße, wenn es sich um einen Abfindungsvergleich handelt[1457]. Insoweit ist der Mandant darüber zu belehren, dass dieser Vergleich einen endgültigen Abschluss der Sache sowie der Auseinandersetzung beinhaltet und bei Fehleinschätzung über die künftige Entwicklung keine Ansprüche mehr geltend gemacht werden können[1458].

Um diesen Sorgfaltspflichten nachzukommen, ist vor Abschluss eines solchen umfassenden Vergleichs zunächst sorgfältig zu überlegen, welche weiteren Forderungen noch in Betracht kommen[1459]. Die Berechnung von Dauerschäden erweist sich dabei durchweg als schwierig[1460]. Es muss bedacht werden, dass das Gesetz dem Geschädigten einen Anspruch auf Kapitalisierung gewährt, wenn ein wichtiger Grund vorliegt[1461]. Für Kapitalisierungen ist auf entsprechende Tabellen zurückzugreifen[1462]. Auch ist von aktuellen Sterbetafeln Gebrauch zu machen[1463]. Des Weiteren ist ein angemessener Abzinsungsfaktor zu berücksichtigen[1464].

a) Bei Abfindungsvergleichen ist zu prüfen, ob der Vergleich bei einem **Wegfall der Geschäftsgrundlage** gegebenenfalls noch einer Änderung zugeführt werden kann. Eine solche **Abänderung** nach den Grundsätzen des Wegfalls der Geschäftsgrundlage kommt dann **nicht** in Betracht, **wenn** in den Vergleich **aufgenommen** wird, **dass** mit der vereinbarten Regelung **sämtliche Ansprüche** der Parteien **erledigt sind, ungeachtet der Frage, ob diese bekannt und in die Erwägungen der Parteien einbezogen worden sind oder nicht.** 599

Bei Aufnahme der vorstehenden Klausel ist auch **der aus § 242 BGB hergeleitete Einwand unzulässiger Rechtsausübung** ausgeschlossen. Nach ständiger Rechtsprechung kann dieser Einwand dann erhoben und eine Nachforderung gestellt werden, wenn in Bezug auf die im Vergleich vereinbarten Leistungen erhebliche Äquivalenzstörungen eingetreten sind, die für eine Vergleichspartei nach den gesamten Umständen des Falles zu einer ungewöhnlichen Härte führen. Bei einem Abfindungsvergleich kann dies der Fall sein, wenn unvorhergesehen die Schadenshöhe betreffende Umstände eintreten, aufgrund derer ein derart krasses Missverhältnis zwischen Vergleichssumme und Schaden besteht, dass es mit Treu und Glauben schlechterdings nicht mehr zu vereinbaren wäre, an 600

1455 OLG Hamm, Urt. v. 16.12.2003 – 28 U 27/03 – n.v.

1456 OLG Hamm, Urt. v. 21.1.2003 – 28 U 89/02 – n.v.

1457 BGH, Urt. v. 11.3.2010 – IX ZR 104/08 – juris, Rn. 8; BGH, Beschl. v. 26.1.2012 – IX ZR 222/09 – juris, Rn. 2.

1458 OLG Koblenz, Urt. v. 6.4.2006 – 5 U 531/05 – juris, Rn. 37.

1459 OLG Hamm, Urt. v. 4.6.2009 – I-28 U 66/07 – juris, Rn. 56.

1460 Vgl. dazu *Küppersbusch*, Ersatzansprüche bei Personenschäden, Rn. 828 ff.

1461 Vgl. dazu OLG Stuttgart, Urt. v. 30.1.1997 – 14 U 45/95 – juris, Rn. 32 ff.

1462 *Quirmbach/Gräfenstein/Deller* geben regelmäßig aktuelle Kapitalisierungstabellen in Buchform heraus, vgl. *Jaeger*, VersR 2016, 1164.

1463 Vgl. etwa die 2019 veröffentlichte Sterbetafel 2016/2018 des Statistischen Bundesamtes, abrufbar unter https://www.destatis.de/DE/Themen/Gesellschaft-Umwelt/Bevoelkerung/Sterbefaelle-Lebenserwartung/Publikationen/Downloads-Sterbefaelle/periodensterbetafel-erlaeuterung-5126203187004.pdf?__blob=publicationFile.

1464 Vgl. dazu und zu etwaigen Dynamisierungszuschlägen, *Lang*, VersR 2005, 894, 899 ff.

dem Vergleich festzuhalten. Soweit derartige Veränderungen allerdings in den Risikobereich fallen, für den sich der Geschädigte als abgefunden erklärt hat, muss er grundsätzlich auch bei erheblichen Opfern, die sich später herausstellen, die Folgen tragen[1465]. Ein Überschreiten der Opfergrenze kann dann, wenn die vorbezeichnete generelle Abfindung im Vertrag vereinbart wird, regelmäßig nicht festgestellt werden[1466].

601 Vorformulierte Vergleichs- und Abfindungserklärungen, bei denen sich der Verzicht des Geschädigten auf weitergehende Ansprüche gegen »jeden Dritten« erstreckt, können den Geschädigten entgegen den Geboten von Treu und Glauben unangemessen benachteiligen und deshalb rechtsunwirksam sein[1467].

602 b) Haftungsrechtlich gefährlich ist es, **Spätschäden** aus dem Vergleich herauszunehmen, da diese Vereinbarung nicht automatisch den Beginn der Verjährung für diese Ansprüche ändert. Die Verjährungsfrist beginnt regelmäßig nach der Teilabfindungsvereinbarung erneut zu laufen, wenn im Zuge der Verhandlungen ein Anerkenntnis über die Spätschäden ausgesprochen worden ist, § 212 Abs. 1 Nr. 1 BGB.

603 c) Wenn jemand seine **Einstandspflicht für Zukunftsschäden** anerkennt, entfällt das Feststellungsinteresse für einen Feststellungsantrag des Geschädigten nur, sofern das Anerkenntnis die Funktion haben soll, ein rechtskräftiges Feststellungsurteil zu ersetzen. Erklärt sich der Schuldner insoweit jedoch nicht eindeutig, besteht für den Gläubiger im Hinblick auf die Verjährung weiterhin eine Unsicherheit, die es rechtfertigt, ein **Feststellungsinteresse** zu bejahen. Regelmäßig spricht bereits die Interessenlage dafür, dass der Schuldner seine Einstandspflicht nicht im Sinne eines schuldbegründenden, also konstitutiven Anerkenntnisses erklären will. Auch Regulierungszusagen von Haftpflichtversicherungen stellen sich regelmäßig, soweit es sich nicht ohnehin nur um eine Auskunft über eine Zahlungsbereitschaft handelt, lediglich als deklaratorisches Schuldanerkenntnis dar[1468]. Ein deklaratorisches Schuldanerkenntnis fällt zwar auch unter § 212 BGB und hat damit auch verjährungsunterbrechende Wirkung. Die Ansprüche verjähren danach aber in den ihnen eigenen Verjährungsfristen. Wegen dieser drohenden Verjährung ist also **auch bei** einem **Anerkenntnis grundsätzlich** das **Feststellungsinteresse** im Sinne des § 256 Abs. 1 ZPO zu **bejahen**.

604 Häufig ist aber bereits zweifelhaft, ob hinsichtlich der Zukunfts- oder Spätschäden überhaupt ein Anerkenntnis angenommen werden kann; denn nicht selten werden weitere Schäden nur unter Vorbehalt gestellt. Diese Erklärung bedeutet in jedem Fall, dass etwaige Ansprüche der vorbehaltenen Art nicht in den Abfindungsvergleich einbezogen werden. Es muss jedoch der Prüfung des Einzelfalles vorbehalten werden, ob darin auch ein Anerkenntnis hinsichtlich dieser vorbehaltenen Schäden bereits enthalten ist.

605 Um Fragestellungen und Gefahren dieser Art zu vermeiden, sollte mit dem Schuldner eine feststellungsgleiche Vereinbarung des Inhalts getroffen werden, dass der Schuldner erklärt, sich so behandeln zu lassen, wie wenn rechtskräftig festgestellt worden wäre, dass er verpflichtet ist, sämtliche materiellen und immateriellen Schäden zu ersetzen, die aus dem in Rede stehenden Ereignis resultieren[1469].

606 d) Ist der Schuldner bzw. der hinter diesem stehende Haftpflichtversicherer nicht bereit, eine solche Erklärung abzugeben, sollte zumindest eine **Verjährungsverzichtsvereinbarung** getroffen werden, um die vorbezeichneten Rechtsprobleme zu umgehen. Ein Verjährungsverzicht war gemäß § 225 BGB a.F. rechtsunwirksam, sofern er vor Eintritt der Verjährung vereinbart wurde. Der Verzicht hatte dann nur die Wirkung, dass der Verjährungseinrede der Arglisteinwand entgegengesetzt

1465 BGH, Urt. v. 19.6.1990 – VI ZR 255/89 – juris, Rn. 9.

1466 OLG Nürnberg, Urt. v. 1.7.1999 – 2 U 531/99 – juris, Rn. 48.

1467 BGH, Urt. v. 25.10.1984 – VII ZR 95/83 – juris, Rn. 12.

1468 OLG Düsseldorf, Urt. v. 2.10.1984 – 4 U 47/84 – VersR 1985, 728.

1469 Bei Verletzungen des Körpers und der Gesundheit sollte sich die Erklärung auf materielle und immaterielle Schäden beziehen.

werden konnte, weil der Schuldner mit der Berufung auf die Verjährung gegen Treu und Glauben gemäß § 242 BGB verstieß, solange er nicht erklärte, er halte sich nicht mehr an die »Verzichts«-erklärung gebunden[1470]. Brachte der Vertragspartner nach einer solchen Vereinbarung zum Ausdruck, er werde nunmehr bestimmten Ansprüchen die Verjährungseinrede entgegensetzen, stand dem Geschädigten in der Regel nur eine kurze Übergangsfrist von ca. vier Wochen zur Verfügung, um die Frage der gerichtlichen Geltendmachung zu entscheiden und die Klage einzureichen[1471]. **Gemäß § 202 Abs. 2 BGB** ist es **nun im Rahmen der durch § 202 BGB gezogenen Grenzen möglich**, Vereinbarungen über die Verlängerung der Verjährungsfrist zu treffen.

12. Die Frage, ob ein Anwalt im Zusammenhang mit Vergleichsüberlegungen pflichtwidrig gehandelt hat, ist stets aus einer objektiven **ex-ante-Sicht,** bezogen auf den damaligen Zeitpunkt der Vergleichsüberlegungen, zu beurteilen[1472]. 607

13. Die **Beweislast** für eine **Pflichtverletzung** des Anwalts in Zusammenhang mit einem Vergleichsabschluss liegt beim Mandanten[1473]. Daran ändert auch der Umstand nichts, dass dem Mandanten damit möglicherweise der schwierige Nachweis einer negativen Tatsache, nämlich des Fehlens einer geschuldeten Belehrung oder ordnungsgemäßen Beratung, auferlegt wird. Diesem Umstand trägt die Rechtsprechung durch eine **gestufte Darlegungslast** Rechnung: Der Anwalt muss im Prozess die wesentlichen Punkte des Beratungsgespräches in einer Weise darstellen, die erkennen lässt, ob er den ihm obliegenden Aufklärungs- und Hinweispflichten gerecht geworden ist. Insbesondere hat er die Zeit, die Umstände sowie Art und Inhalt der erteilten Belehrung und den Verlauf des Belehrungsgespräches ebenso wie auch die Reaktion des Mandanten auf die erteilten Ratschläge konkret darzulegen[1474]. Der Rechtsanwalt darf sich deshalb nicht darauf beschränken, pauschal die von seinem Mandanten behauptete Pflichtverletzung zu bestreiten oder zu behaupten, er habe die nach der Sach- und Rechtslage gebotenen Belehrungen erteilt. Erst nach der substantiierten Darlegung durch den Anwalt trifft den Mandanten die Pflicht, die konkrete Behauptung einer Erfüllung der Belehrungspflicht auszuräumen[1475]. Entspricht der Anwalt dieser Darlegungspflicht nicht, gilt entweder die Darstellung des Mandanten gemäß § 138 Abs. 3 ZPO als zugestanden oder es ergibt sich die Pflichtverletzung bereits aus dem eigenen Vortrag des Anwalts, den sich der Mandant grundsätzlich auch ohne ausdrückliche Erklärung stillschweigend zu eigen macht, wenn er nicht in ausdrücklichem Widerspruch zur eigenen Darstellung steht[1476]. 608

Kommen im Zusammenhang mit einem Vergleichsabschluss **mehrere Handlungsalternativen** des Mandanten in Betracht, ist für einen Anscheinsbeweis des Inhalts, dass der Mandant bei pflichtgemäßer Beratung des Anwalts dessen Hinweisen gefolgt wäre, sofern für ihn bei vernünftiger Betrachtungsweise aus damaliger Sicht nur **eine** Entscheidung nahe gelegen hätte[1477], kein Raum. Die Regeln des Anscheinsbeweises sind nämlich unanwendbar, wenn unter wirtschaftlichen Gesichtspunkten unterschiedliche Schritte in Betracht kommen und der Anwalt dem Mandanten lediglich die erforderliche Information für eine sachgerechte Entscheidung zu geben hat[1478]. Der Anwalt kann den Anscheinsbeweis zudem entkräften, indem er Tatsachen beweist, die für ein atypisches Verhalten des Mandanten sprechen[1479]. 609

1470 BGH, Urt. v. 3.6.1986 – VI ZR 210/85 – juris, Rn. 27.
1471 BGH, Urt. v. 4.11.1997 – VI ZR 375/96 – juris, Rn. 18 und 20.
1472 OLG Hamm, Urt. v. 18.2.1992 – 28 U 209/91 – juris, Rn. 7.
1473 OLG Koblenz, Urt. v. 24.9.2007 – 12 U 134/06 – juris, Rn. 14; BGH, Urt. v. 1.3.2007 – IX ZR 261/03 – juris, Rn. 12.
1474 BGH, Beschl. v. 9.10.2014 – IX ZR 144/13 – juris, Rn. 2; ebenso OLG Hamm, Urt. v. 4.3.2008 – 28 U 94/07 – juris, Rn. 28.
1475 Vgl. BGH, Urt. v. 10.12.1998 – IX ZR 358/97 – juris, Rn. 7 ff.
1476 BGH, Urt. v. 17.1.1995 – X ZR 88/93 – juris, Rn. 20.
1477 BGH, Urt. v. 30.9.1993 – IX ZR 73/93 – juris, Rn. 14; BGH, Urt. v. 29.4.2003 – IX ZR 54/02 – juris, Rn. 22.
1478 BGH, Urt. v. 15.7.2004 – IX ZR 256/03 – juris, Rn. 16.
1479 BGH, Beschl. v. 17.7.2008 – IX ZR 6/05 – juris, Rn. 12.

610 Grundsätzlich hat im Anwaltshaftungsprozess der Mandant ferner den **Ursachenzusammenhang** zwischen pflichtwidriger Beratung und eingetretenem Schaden als Anspruchsvoraussetzung darzutun und nachzuweisen; eine Umkehr der Darlegungs- und Beweislast findet insoweit nicht statt[1480].

611 Die Pflicht eines Rechtsanwalts, seinen Mandanten über den Inhalt eines möglichen Vergleichs aufzuklären, dient dem Schutz der ohne den Vergleich bestehenden Rechtsposition des Mandanten. Schließt der Mandant einen Vergleich, weil ihn sein Rechtsanwalt über dessen Inhalt unzureichend aufgeklärt hat, so kann sein Anspruch auf Schadensersatz nicht unter dem Gesichtspunkt des **Schutzzwecks der verletzten Pflicht** auf die Differenz zu der Vermögenslage beschränkt werden, die er – nicht aber die Gegenpartei – als Inhalt des Vergleichs akzeptiert hätte. Eine **Beschränkung des ersatzfähigen Schadens** auf den Umfang des Erfolgs, den der Mandant im Vergleichswege erzielen wollte, kann danach in Betracht kommen, wenn der Mandant, weil er das von seinem Anwalt zutreffend dargestellte Prozessrisiko scheut, einen Vergleich schließen möchte und hierbei aufgrund einer unzureichenden Belehrung über dessen Inhalt rechtliche oder tatsächliche Positionen aufgibt, über die der Prozessgegner noch verhandlungsbereit war[1481].

612 Hat der Mandant infolge eines dem Anwalt zuzurechnenden Fehlers ein **Vergleichsangebot der Gegenseite nicht angenommen**, so ist ihm dadurch in der Regel auch dann ein **Schaden** entstanden, wenn sein ursprüngliches Begehren rechtlich nicht begründet war, denn ein den Streit erledigender Vergleich wäre gleichwohl wirksam gewesen. Bereits aus einem bindenden Vergleichsangebot entsteht eine selbständige Vermögensposition, deren Verlust unabhängig von der Rechtsfrage, die sich ohne den Vergleich ergibt, einen ersatzfähigen Schaden darstellt[1482].

613 Schließt der Anwalt in Vertretung seines Mandanten einen ungünstigen Vergleich, so tritt der Schaden bereits mit dem wirksamen Zustandekommen des Vergleiches ein. Die Verjährungsfrist für einen Regressanspruch des Mandanten gegen den Anwalt beginnt also bereits mit dem wirksamen Zustandekommen des Vergleichs zu laufen[1483].

Verjährungsfragen

614 Viele Regressfälle in der Praxis entstehen dadurch, dass der Anwalt materiellrechtliche Fristen verstreichen lässt, insbesondere Verjährungsfristen nicht oder nicht rechtzeitig beachtet.

615 1. Die umfassende Vertragspflicht zur Interessenwahrnehmung und Schadensverhütung gebietet aber, die Prüfung *»zuvorderst darauf zu erstrecken ..., ob dem Mandanten etwa wegen bevorstehenden Ablaufs materieller Fristen ein Rechtsverlust droht«*[1484]. Im Rahmen seiner Aufklärungspflicht muss der Rechtsanwalt erforderlichenfalls durch genaue Befragung seines Mandanten und (ergänzende) präzise und umfassende Sichtung der Vertrags- und sonstigen Unterlagen **klären**, ob die Beachtung solcher Fristen vonnöten ist, deren Versäumung zu einem endgültigen Verlust oder – wie bei den Verjährungsfristen – bei Einredeerhebung zur Undurchsetzbarkeit eines Anspruchs führt[1485]. Diese **Fristen** muss er **erfassen und überwachen**[1486]. Das *»gehört zum ureigenen Aufgabenkreis des Rechtsanwalts«*[1487]. **Schon dabei** muss er den **sichersten Weg** gehen (vgl. schon Kap. 2 Rdn. 196 und 259 jeweils m.w.N. aus der Rspr.). Dies heißt, er hat bei ungeklärter Rechtslage von der für

1480 BGH, Urt. v. 24.9.2015 – IX ZR 206/14 – juris, Rn. 18; vgl. ebenso OLG Koblenz, Urt. v. 24.9.2007 – 12 U 134/06 – juris, Rn. 15; OLG Düsseldorf, Beschl. v. 16.1.2012 – I-24 U 119/11 – juris, Rn. 4.

1481 BGH, Urt. v. 15.1.2009 – IX ZR 166/07 – juris, Rn. 11.

1482 Brandenburgisches OLG, Urt. v. 31.7.2008 – 5 U 217/06 – juris, Rn. 42; vgl. auch OLG Celle, Urt. v. 16.9.2009 – 3 U 102/09 – juris, Leitsatz.

1483 BGH, Beschl. v. 22.2.2007 – IX ZR 4/04 – juris, Rn. 2; *Jungk,* AnwBl 2007, 534.

1484 OLG Hamm VersR 1981, 936.

1485 Vgl. *Vollkommer/Greger/Heinemann*, § 28, Rn. 36.

1486 Vgl. *Vill*, in: G. Fischer/Vill/D. Fischer/Pape/Chab, § 2, Rn. 160, 162.

1487 BGH NJW 1992, 820 = WM 1992, 739; vgl. auch OLG Schleswig OLG-Rep. 2004, 268 (für den Fall einer bei uneingeschränktem Auftrag zunächst nur erhobenen Teilklage in Bezug auf eine Fristkontrolle wegen des noch nicht eingeklagten Teils).

den Mandanten ungünstigsten Frist bzw. dem nachteiligsten Fristablauf auszugehen, hat sich also z.B. bei einzukalkulierender oder jedenfalls nicht auszuschließender kürzerer Verjährungsfrist oder eher einsetzendem Fristbeginn auf die für seinen Mandanten nachteiligere Auffassung einzustellen[1488]. Relativ sicher, wenngleich nicht durch eine darauf speziell gerichtete höchstrichterliche Entscheidung abgedeckt, ist die Annahme, dass zum Beispiel auf den verschuldensunabhängigen Schadensersatzanspruch des § 945 ZPO gem. §§ 195, 199 BGB die regelmäßige kenntnisabhängige Verjährungsfrist von 3 Jahren anstelle der früher von der Rechtsprechung praktizierten analogen Anwendung von § 852 Abs. 1 BGB a. F. Anwendung findet[1489]. Der in § 852 Abs. 1 BGB a. F. zum Ausdruck gekommene allgemeine Rechtsgedanke ist Grundlage der Regelverjährung gem. §§ 195, 199 BGB[1490].

2. Der Anwalt hat sodann *»dafür Sorge zu tragen, daß die Rechte des Mandanten gegen eine drohende* 616
Verjährung gesichert werden«[1491]. Dies ist **die Pflicht,** Ansprüche seines Mandanten **nicht verjähren zu lassen**, indem rechtzeitig Maßnahmen zur Hemmung – erforderlichenfalls unter Beachtung des Erfordernisses demnächstiger Zustellung zur Erzielung einer Rückwirkung nach § 167 ZPO (dazu im Einzelnen unten Rdn. 627; vgl. auch oben Kap. 7 Rdn. 154, Kap. 8 Rdn. 213, 298, 312) –, zur Verhinderung einer Ablaufhemmung[1492], zum Neubeginn der Verjährung, zur Verlängerung der Verjährungsfrist oder zum Verzicht auf die Verjährungseinrede[1493] ergriffen werden[1494], um so *»einem Rechtsverlust des Mandanten durch geeignete Maßnahmen entgegenzuwirken«*[1495].

Gerade auch hier ist der Grundsatz des **sichersten Weges** zu beachten, und zwar nicht nur bei 617
Unsicherheiten in Bezug auf die Länge der Verjährungsfrist[1496]. Nachteilige Unsicherheiten in der Beurteilung der Verjährung sind deshalb in der dem Einzelfall gerecht werdenden Weise tunlichst zu vermeiden. Bloß auf den Einwand einer unzulässigen, da rechtsmissbräuchlichen Verjährungseinrede zu setzen (dazu Kap. 7 Rdn. 213 ff.), dürfte regelmäßig ein Verstoß gegen diesen Grundsatz sein. Auch der – jedenfalls früher – nicht selten meist auf Verlangen erklärte Verzicht auf die Einrede der Verjährung, der nun nach § 202 BGB (mit der Einschränkung gemäß Abs. 2 bezüglich einer Höchstdauer von 30 Jahren) anders als nach § 225 S. 1 BGB a.F. wirksam auch schon vor Eintritt der Verjährung erfolgen kann[1497], dürfte nicht immer das Mittel der Wahl sein, um den Mandanten auf sicherste Weise vor dem Eintritt der Verjährung zu schützen. Denn nach Ansicht des BGH wird durch den Verjährungsverzicht zwar das Leistungsverweigerungsrecht des Beklagten für den vereinbarten Zeitraum ausgeschlossen, aber der Ablauf der Verjährung nicht beeinflusst, d.h. die Verjährungsvollendung nicht hinausgeschoben. Grundsätzlich kann deshalb das Leistungsverweigerungsrecht bei einem derart befristeten Verzicht nach Ablauf der Verzichtsfrist direkt wieder geltend

---

1488 Vgl. *Vollkommer/Greger/Heinemann*, § 13, Rn. 11; *Vill*, in: G. Fischer/Vill/D. Fischer/Pape/Chab, § 2, Rn. 122, 160, 162.

1489 OLG Düsseldorf, Urt. v. 19.1.2017 – 2 U 5/13, NJOZ 2019, 109 = Beck RS 2017, 101890, Rn. 32; *Fischer*, in: Prütting/Gehrlein, ZPO, § 945, Rn. 12.

1490 OLG Düsseldorf, a.a.O. unter Hinweis auf BGHZ 169, 308.

1491 BGH NJW 1992, 820 = WM 1992, 739; ebenso NJW 1993, 2797, 2798; vgl. auch OLG Düsseldorf VersR 1985, 347 und VersR 1986, 1939.

1492 Vgl. BGH, Urt. v. 24.5.2012 – IX ZR 168/11 – juris, Rn. 8 und Rn. 26 ff.

1493 Zu diesen verschiedenen Möglichkeiten im Einzelnen wird auf die umfangreichen Ausführungen (auch zum alten Verjährungsrecht) in Kap. 7 Rdn. 12 ff. verwiesen; zu weiteren Hemmungsgründen vgl. Palandt/*Ellenberger*, § 204 BGB, Rn. 53 f.; ferner § 115 Abs. 2 S. 3 VVG 2008 (früher: § 3 Nr. 3 PflVG a.F.).

1494 BGH, Urt. v. 24.5.2012 – IX ZR 168/11 – juris, Rn. 8; v. 9.6.2011 – IX ZR 75/10 – juris, Rn. 12; Beschl. v. 20.7.2006 – IX ZR 72/04 – juris, Rn. 2.

1495 BGH, Urt. v. 9.6.2011 – IX ZR 75/10 – juris, Rn. 12; NJW-RR 2000, 1658, 1660 = WM 2000, 1600 ff. (zu B. II. 3.); v. 18.3.1993 – IX ZR 120/92 – juris, Rn. 13; vgl. auch NJW 1988, 1079, 1081.

1496 BGH NJW-RR 2008, 1235, 1236 = WM 2008, 1560 (Tz. 17); NJW-RR 2006, 275, 277 = WM 2006, 592 (Tz. 21); NJW 1993, 2045 = WM 1993, 1508; vgl. auch Kap. 2 Rdn. 196 und 259.

1497 Vgl. *Zugehör*, Beraterhaftung, Rn. 325 i.V.m. Rn. 455; Palandt/*Ellenberger*, § 202 BGB, Rn. 4; BeckOK BGB/*Henrich*, 54. Ed. 1.5.2020, BGB § 202 Rn. 3; *Jauernig/Mansel*, § 202 BGB, Rn. 3.

gemacht und damit die Leistung verweigert werden[1498]. Vorzugswürdig im einzelnen Fall kann eine jetzt nach § 202 BGB zulässige Abrede sein, in der ausdrücklich eine Hemmung vereinbart wird, im Einzelfall sinnvollerweise kombiniert mit einer Ablaufhemmung[1499]. Eine solche Abrede sollte der sorgfältig arbeitende Anwalt in Einhaltung des Prinzips vom sog. sichersten Weg, wenn es ihm im Einzelfall möglich ist, auch dann anstreben, wenn über die Feststellung von Verhandlungen im Sinne des § 203 BGB oder deren Lauf Streit bestehen könnte. Diese Möglichkeit *»transparenter Verjährungsabreden«*, die den Bedürfnissen der Praxis entspricht[1500], ersetzt dann den früher üblichen Verzicht auf die Verjährungseinrede (vgl. auch schon Kap. 7 Rdn. 146). Allerdings besteht keine allgemeine haftungsrechtliche Pflicht des Rechtsanwalts, aus Gründen des sicheren Verjährungsschutzes neben der Führung von Verhandlungen gemäß § 203 BGB andere verjährungshemmende Maßnahmen zu ergreifen[1501]. Durch § 203 BGB soll gerade die Notwendigkeit entfallen, baldige Rechtsverfolgungsmaßnahmen nach § 204 BGB einzuleiten. Deshalb ist der Rechtsanwalt im Regelfall nur verpflichtet, innerhalb des Hemmungstatbestandes der Verhandlungsführung keine Unklarheiten aufkommen zu lassen[1502].

Unklarheiten sollten tunlichst auch vermieden werden im Rahmen von Regulierungsverhandlungen mit einem Pflichtversicherer, dem gegenüber infolge Anzeige des Versicherungsfalls durch den Geschädigten nach § 115 VVG eine Hemmung der Verjährung eingetreten ist, welche erst dann endet, wenn dem Geschädigten eine Entscheidung in Textform zugeht. Diese muss eindeutig und endgültig sein; Abrechnungsschreiben, in denen konkrete Leistungen abgerechnet und zum Teil gewährt, zum Teil abgelehnt werden, reichen dazu nicht aus[1503]. Eine positive Entscheidung des Versicherers beendet die Verjährungshemmung im Sinne des § 115 Abs. 2 S. 3 VVG nur dann, wenn der Anspruchsteller aufgrund dieser Entscheidung sicher sein kann, dass auch künftige Forderungen aus dem Schadensfall freiwillig bezahlt werden, sofern er die entsprechenden Schadensposten der Höhe nach ausreichend belegt. Demgemäß muss die Erklärung zu den Ansprüchen erschöpfend, umfassend und endgültig sein[1504]. Dies bedeutet also für den Anwalt des Geschädigten die Pflicht, unter Hinweis auf die höchstrichterliche Rechtsprechung darauf zu dringen, möglichst zweifelsfreie Klarheit über die Haltung des Haftpflichtversicherers zu bekommen und gut aufzupassen, dass nicht vermeidbare Unklarheiten die weitere Durchsetzung von Ansprüchen seiner Mandantschaft – klassischerweise bei Folge- und Spätschäden – behindern oder sogar verhindern. Auch der Anwalt des Schädigers bzw. von dessen Haftpflichtversicherer sollte bemüht sein, bei grundsätzlich positiver Regulierungshaltung für ein klares Verhalten seitens des Versicherers gegenüber der Gegenseite zu sorgen, anstatt Unsicherheiten zu belassen oder zu schüren, die möglicherweise nur zu Kostennachteilen führen.

618 Kommt es dazu, dass der Gegner die Verjährungseinrede erhebt, so entspricht es einer Interessenwahrnehmung auf sicherste Weise, **alle Gegeneinwendungen** in tatsächlicher und rechtlicher Hinsicht sehr genau zu prüfen[1505]. Danach kann es geboten sein, auch bei einer als solcher bereits für unbegründet gehaltenen Einrede alle in Betracht kommenden Tatbestände beispielsweise einer Hemmung der Verjährung (§ 203 BGB (Verhandlungen), § 204 BGB (Rechtsverfolgung) oder

1498 BGH, Urt. v. 16.3.2009 – II ZR 32/08 – juris, Rn. 22 m.w.N.; OLG Hamm, Urt. v. 29.11.2012 – 28 U 188/11 – juris, Rn 124; vgl. auch BGH, Urt. v. 7.5.2014 – XII ZB 141/13 – juris, Rn. 18; MünchKomm/*Grothe*, § 202 BGB, Rn. 14 und § 214 BGB, Rn. 5.

1499 Gegenstand einer Verjährungsvereinbarung können alle Regelungsfragen in §§ 194 ff. BGB n.F. sein, also insbesondere auch Hemmung und Ablaufhemmung, *Mansel*, NJW 2002, 89, 96; BeckOK BGB/*Henrich*, 54. Ed. 1.5.2020, BGB § 202 Rn. 3.

1500 *Mansel*, NJW 2002, 89, 96.

1501 BGH, Beschl. v. 1.7.2010 – IX ZR 40/07 – juris, Rn. 2.

1502 BGH, a.a.O., juris Rn. 3.

1503 *Voit*, NJW 2017, 2273 unter Bezugnahme auf BGH, Urt. v. 5.12.1995 – VI ZR 50/95 – juris, Rn. 19.

1504 BGH, Urt. v. 14.3.2017 – VI ZR 226/16 – juris, LS, Bestätigung von BGH, Urt. v. 5.12.1995 – VI ZR 50/95 – juris, Rn. 10.

1505 Vgl. schon *Rinsche*, AnwBl 1985, 618, 620.

nach den §§ 205–208 BGB), einer Ablaufhemmung (§ 210 oder § 211 BGB) oder einer der beiden Fälle (insbesondere der einer Anerkenntnishandlung etwa durch Teilzahlung) des an die Stelle der früheren Verjährungsunterbrechung getretenen Neubeginns der Verjährung (§ 212 Abs. 1 BGB) hilfsweise **entgegenzuhalten** (vgl. schon Kap. 2 Rdn. 213). Zu diesem Zweck muss der Anwalt seinen Mandanten eingehend und gezielt nach dem Sachverhalt befragen, um nach Möglichkeit die Verjährungseinrede (auch) auf diese Weise zu Fall bringen zu können[1506].

Häufig übersehen wird von anwaltlicher Seite, dass bei einer **Anspruchskonkurrenz** der Grundsatz der 619
selbstständigen Verjährung jedes der mehreren nebeneinander bestehenden Ansprüche[1507] im Einzelfall aufgehoben sein kann zu Gunsten des Vorrangs der kurzen Verjährung, wenn diese nach ihrem **Schutzzweck** auch die konkurrierenden Ansprüche erfasst[1508]. So gilt beispielsweise nach der höchstrichterlichen Rechtsprechung die Sechs-Monats-Frist der §§ 548, 591b, 606, 1057 BGB auch dann, wenn der Ersatzanspruch auf unerlaubte Handlung, Gefährdungshaftung oder Eigentumsverletzung gestützt wird[1509]. Auch die Sechs-Monats-Frist des § 11 UWG (früher § 21 UWG) erfasst konkurrierende Ansprüche aus einer durch Unterwerfung entstandenen vertraglichen Unterlassungspflicht[1510] oder aus einer in dem wettbewerbswidrigen Verhalten liegenden unerlaubten Handlung durch Eingriff in den eingerichteten und ausgeübten Gewerbetrieb[1511].

Eine regelrechte Haftungsfalle, die in der Praxis typischerweise übersehen wird, kann sich in Bezug auf 620
die Verjährung des **Ausgleichsanspruchs** aus § 426 Abs. 1 S. 1 BGB **zwischen Gesamtschuldnern** auftun[1512]. Nach der gefestigten Rechtsprechung des Bundesgerichtshofs entsteht der Ausgleichsanspruch aus § 426 Abs. 1 S. 1 BGB nämlich bereits in dem Moment, in dem die mehreren Ersatzpflichtigen dem Geschädigten ersatzpflichtig werden, d.h. mit der Entstehung der Gesamtschuld im Außenverhältnis, und zwar zunächst als Mitwirkungs- und Befreiungsanspruch, der sich nach Befriedigung des Gläubigers in einen Zahlungsanspruch umwandelt. Diese jeweiligen Ausprägungen stellen einen einheitlichen Anspruch dar und unterliegen damit auch einer einheitlichen Verjährung. Für den Beginn der Verjährung ist es nicht erforderlich, dass der Ausgleichsanspruch beziffert werden bzw. Gegenstand einer Leistungsklage sein kann; es genügt bereits die Möglichkeit, eine die Verjährung unterbrechende Feststellungsklage zu erheben. Nach dem gefestigten Grundsatz über die verjährungsrechtliche Schadenseinheit (dazu Kap. 7 Rdn. 71 ff.) steht es der einheitlichen Verjährung nicht entgegen, wenn dem Geschädigten im Zeitpunkt der Begründung des Gesamtschuldverhältnisses lediglich ein Teilschaden entstanden war und weitere Schäden, deren Ausgleich begehrt wird, erst in der Folgezeit eingetreten sind, sofern und soweit sie nur als möglich voraussehbar waren. Dies gilt verjährungsrechtlich auch für die Beurteilung eines Ausgleichsanspruchs eines Gesamtschuldners gegen den anderen in Hinblick auf Folgeschäden. Denn die Ausgleichungspflicht wurzelt nach Rechtsprechung und h. M. in dem inneren Schuldverhältnis, das zwischen den Gesamtschuldnern besteht, und bezieht sich von vornherein auf den gesamten, einer unerlaubten Handlung oder Vertragsverletzung entspringenden und im Zeitpunkt des Eintritts der ersten Vermögenseinbuße absehbaren Schaden. Durch das zusätzliche subjektive Erfordernis des § 199 Abs. 1 Nr. 2 BGB ist der Ausgleichsberechtigte hinreichend geschützt[1513].

Bereicherungsansprüche verjähren nach der Schuldrechtsmodernisierung zum 1.1.2002 in der 621
Regelfrist gemäß §§ 195, 199 BGB, soweit nichts anderes bestimmt ist (z.B. in §§ 852 S. 2, 977,

---

1506 *Rinsche*, AnwBl 1985, 618, 620.
1507 Vgl. dazu Palandt/*Ellenberger*, § 195 BGB, Rn. 17 und Rn. 10.
1508 Vgl. Palandt/*Ellenberger*, § 195 BGB, Rn. 18.
1509 Vgl. Palandt/*Ellenberger*, § 195 BGB, Rn. 17 und Rn. 10 und Palandt/*Weidenkaff*, § 548 BGB, Rn. 7 jeweils mit weiteren Einzelheiten und Rechtsprechungsnachweisen.
1510 BGHZ 130, 289.
1511 BGH NJW 1995, 2788; vgl. zu allem auch Palandt/*Ellenberger*, §§ 195 BGB, Rn. 17 und Rn. 10.
1512 *Schwedt*, NZG 2017, 756, Anmerkung zu BGH, Urt. v. 8.11.2016 – VI ZR 200/15 – juris, Rn. 10 ff.; *Borgmann*, NJW 2017, 3344, 3349.
1513 Zum Ganzen BGH, Urt. v. 8.11.2016 – VI ZR 200/15 – juris, Rn. 11, 12, 14, 18.

1302, 2287 Abs. 2 BGB)[1514]. Ausnahmsweise gilt für die Verjährung von Bereicherungsansprüchen wegen der Tilgung fremder Schulden grundsätzlich die für die getilgte Schuld geltende Verjährungsfrist[1515], jetzt also unter Umständen die Zehn-Jahres-Frist des § 196 BGB[1516]. Es ist aber streitig, ob die getilgte Schuld zu einer Fristverlängerung für den Bereicherungsanspruch führen kann[1517].

Auch auf einen nach Einführung des Schuldrechtsmodernisierungsgesetzes entstandenen, auf die Rückzahlung von rechtsgrundlos gezahlten Subventionen gerichteten **öffentlich-rechtlichen Erstattungsanspruch** ist nach dem Gesamtzusammenhang der für ihn geltenden Rechtsvorschriften und der Interessenlage als sachnächste Verjährungsvorschrift die dreijährige, kenntnisabhängige Verjährungsfrist analog §§ 195, 199 BGB analog anzuwenden[1518].

622 Durch das **Schuldrechtsmodernisierungsgesetz**[1519] sind mit Wirkung zum 1.1.2002 die allgemeinen Verjährungsvorschriften der §§ 194 ff. BGB sowie viele besonderen Verjährungsvorschriften im BGB geändert worden. Zum 15.12.2004 ist durch das **Verjährungsanpassungsgesetz**[1520] das Ziel weiterverfolgt worden, Sonderverjährungsvorschriften im Zivilrecht möglichst weitgehend zu vermeiden und das Verjährungsrecht insgesamt übersichtlicher und einfacher zu gestalten[1521]. So sind in 20 Gesetzen und Verordnungen zum Teil verjährungsrechtliche Sonderregelungen ersatzlos gestrichen worden[1522], und zwar ohne Verweis auf die nunmehr eingreifende Regelverjährung. Bei anderen Vorschriften hat der Gesetzgeber hingegen – aus Gründen der Klarstellung – ausdrücklich eine Verweisung auf die Normen über die regelmäßige Verjährung nach dem Bürgerlichen Gesetzbuch vorgenommen[1523]. Zum Teil sind aber nun auch neue spezielle Sonderverjährungsregelungen eingeführt worden, so beispielsweise für gesellschaftsrechtliche Einlageforderungen[1524] und für Ansprüche nach § 788 ZPO wegen Vollstreckungskosten[1525]. Mit Ausnahme der an letzter Stelle genannten Ansprüche, die auch früher schon der (damals regelmäßig geltenden) Verjährungsfrist von 30 Jahren unterlagen, besteht die Gefahr, dass dem schlicht die aktuellen Gesetze anwendenden Rechtsberater entgeht, dass für verschiedene Ansprüche in der Vergangenheit anderes Verjährungsrecht galt und dass dieses aufgrund des Überleitungsrechts in seinem Fall noch anzuwenden ist[1526]. Immer noch lassen sich Fallgestaltungen nicht ausschließen, in denen in Verjährungsfragen die **Stichtage** 1.1.2002 und 15.12.2004 im Auge zu behalten und die **Überleitungsvorschriften** in Art. 229 § 6 und § 12 EGBGB[1527] für alle am Stichtag bereits an-, aber noch nicht abgelaufenen Verjährungsfristen genau zu beachten sind. Für ab dem Stichtag zur Entstehung gelangte Ansprüche gilt hingegen ausschließlich neues Verjährungsrecht[1528]. Damit lässt sich als vorläufiges Resümee festhalten, dass zwar die Vielfalt verschiedenster Verjährungsregelungen reduziert worden ist,

---

1514 Vgl. BGH, Urt. v. 28.10.2014 – XI ZR 348/13 – juris, Rn. 35; v. 23.1.2014 – III ZR 436/12 – juris, Rn. 15; PWW/*Deppenkemper*, § 195 BGB, Rn. 2, m.w.N.; PWW/*Prütting*, § 812 BGB, Rn. 108

1515 Vgl. BGH, Urt. v. 18.7.2000 – X ZR 62/98 – juris, Rn. 29 (zum alten Verjährungsrecht); PWW/*Deppenkemper*, § 195, Rn. 2; Staudinger/*Peters/Jacoby* (2019), § 195 BGB, Rn. 17; a.A. MünchKomm/*Grothe*, § 195 BGB, Rn. 7.

1516 BGH, Urt. v. 25.1.2008 – V ZR 118/07 – juris, Rn. 19–21; Beschl. v. 29.10.2009 – V ZR 54/09 – juris, Rn. 7; vgl. auch BGH, Urt. v. 22.4.2010 – Xa ZR 73/07 – juris, Rn. 12, 18 ff.; PWW/*Deppenkemper*, § 196 BGB, Rn. 3; Palandt/*Ellenberger*, § 195 BGB, Rn. 5.

1517 Ablehnend Staudinger/*Peters/Jacoby* (2019), § 195 BGB, Rn. 17.

1518 OLG Düsseldorf, Urt. v. 19.1.2017 – 2 U 5/13, NJOZ 2019, 109 = Beck RS 2017, 101890, Rn. 37.

1519 BGBl I, S. 3138.

1520 BGBl I, S. 3214.

1521 Zum Inhalt und Umfang des Verjährungsanpassungsgesetzes vgl. *Bräuer*, AnwBl 2005, 65 ff.; *Mansel/Budzikiewicz*, NJW 2005, 321 ff.

1522 Z.B. §§ 51b BRAO, 45b PatO, 68 StBerG, 26 Abs. 3 S. 3 und 147 Abs. 2 InsO, 88 HGB.

1523 Namentlich in der InsO.

1524 Verjährung 10 Jahre ab Entstehung.

1525 § 197 Abs. 1 Nr. 6: 30 Jahre.

1526 Vgl. *Bräuer*, AnwBl 2005, 65.

1527 In dessen Abs. 1 die 20 Gesetze und Verordnungen aufgezählt sind, in denen Veränderungen durch das Verjährungsanpassungsgesetz vorgenommen worden sind.

1528 Vgl. *Mansel/Budzikiewicz*, NJW 2005, 321, 324 f. (zu Art. 229 § 12 Abs. 1 EGBGB).

die Regressgefahren aus nicht verhindertem Verjährungseintritt für den Anwalt im Ergebnis aber immer noch bestehen.

Zu den wichtigsten Verjährungsfristen wird auf die hilfreiche Aufstellung von *Vollkommer/Greger/Heinemann* verwiesen[1529].

Zu § 204 Abs. 1 Nr. 1 BGB (Hemmung durch Klageerhebung) ist wie schon zum früheren Recht 623
zu beachten, dass die Verteidigung gegen eine **negative Feststellungsklage** wie auch deren Erhebung die Verjährung nicht hemmt[1530]. Eine **Teilklage** hemmt – auch wenn sie eine verdeckte Teilklage ist – die Verjährung grundsätzlich nur in Höhe des eingeklagten Betrages[1531], bedarf also erforderlichenfalls der Ergänzung durch einen (positiven) Feststellungsantrag. Bei der **Streitverkündung** kann nur die eigene, nicht dagegen eine Streitverkündung durch die Gegenseite die Verjährung hemmen. Voraussetzung für die Hemmung nach § 204 Abs. 1 Nr. 6 BGB ist ferner, dass die Streitverkündung durch den Berechtigten erfolgt[1532] und den Zulässigkeitserfordernissen der §§ 72 und 73 ZPO genügt (dazu m.w.N. oben Rdn. 493). Nach der gegenüber dem früheren Recht neuen Regelung in § 204 Abs. 1 Nr. 9 BGB führt ein Antrag im **einstweiligen Rechtsschutz** auf Erlass eines Arrestes, einer einstweiligen Verfügung oder einer einstweiligen Anordnung unter den dort im Einzelnen aufgestellten Voraussetzungen (Zustellung des Antrags oder Einreichung, wenn die gerichtliche Entscheidung innerhalb eines Monats seit Wirksamwerden dem Schuldner zugestellt wird) zu einer Hemmung der Verjährung durch Rechtsverfolgung in Bezug auf den Anspruch, der gesichert oder auf der Grundlage einer Leistungsverfügung erfüllt werden soll (vgl. oben Rdn. 172). Ebenso nun ein Hemmungstatbestand ist die Veranlassung der Bekanntgabe des erstmaligen Antrags auf Gewährung von **Prozesskostenhilfe**, § 204 Abs. 1 Nr. 14 BGB (vgl. dazu schon Kap. 7 Rdn. 148 ff.). Da die verjährungshemmende Wirkung nur dem erstmaligen Antrag zukommt, sollte der Anwalt sich im Rahmen seiner Pflicht zur Klärung des Sachverhalts daher gezielt auch danach erkundigen, ob sein Mandant nicht möglicherweise selbst oder durch einen früheren Anwalt schon ein PKH-Verfahren eingeleitet hatte (dazu näher oben Rdn. 370). Er **muss** – zur Vermeidung eigenen Regresses – **das Gericht** auf die Absicht, die Verjährung zu hemmen, hinweisen und das Gericht zu einer – nicht ablehnbaren – **Bekanntgabe** des Prozesskostenhilfegesuchs an die Gegenseite unabhängig von den Erfolgsaussichten[1533] **auffordern**[1534].

Nicht vergessen darf der Anwalt die Beachtung der in § 204 Abs. 2 BGB für alle Hemmungstatbe- 624
stände des Abs. 1 geregelten **Ablaufhemmung für sechs Monate** nach der Beendigung des Verfahrens oder der letzten Verfahrenshandlung vor einem Nichtbetreiben des Verfahrens[1535], wobei eine Differenzierung wie in § 212 BGB a.F. zwischen Klagerücknahme und Prozessurteil einerseits sowie sonstigen Beendigungsgründen und Verfahrensstillstand andererseits sich erübrigt hat und daher fehlt[1536]. Zu beachten hat er in Fällen des § 115 Abs. 2 S. 3 VVG 2008 (= § 3 Nr. 3 PflVG a.F.), dass eine nun in Textform ergangene Entscheidung des Versicherers die Verjährungshemmung

1529 *Vollkommer/Greger/Heinemann,* § 28, Rn. 129.

1530 BGH, Urt. v. 15.8.2012 – XII ZR 86/11 – juris, Rn. 27; so schon früher: BGHZ 72, 23 ff. = NJW 1978, 1975; BGH NJW 1972, 159, 1043.

1531 BGH, Urt. v. 9.4.1997 – IV ZR 113/96 – juris, Rn. 12; v. 2.5.2002 – III ZR 135/01 – BGZ 151, 1, Rn. 6; Beschl. v. 8.3.2012 – IX ZA 33/11 – juris, Rn. 2 m.w.N.

1532 BGH BB 1993, 1687; vgl. auch Palandt/*Ellenberger,* § 204 BGB, Rn. 21.

1533 Zur zur Verjährungshemmung führenden notwendigen Veranlassung zur Bekanntgabe an den Schuldner vgl. Kap. 7 Rdn. 152.

1534 BGH NJW 2008, 1939, 1440 = WM 2008, 806 (Tz. 17).

1535 Vgl. dazu BGH, Beschl. v. 20.12.2012 – IX ZR 72/11 – juris, Rn. 2 m.w.N.; Urt. v. 24.5.2012 – IX ZR 168/11 – juris, Rn. 23 und 30. Zu den Einzelheiten der Anwendung des § 204 Abs. 2 S. 1 und S. 2 BGB n.F. auf die verschiedenen Hemmungstatbestände nach § 204 Abs. 1 BGB n.F. vgl. Palandt/*Ellenberger,* § 204 BGB, Rn. 34–51 und PWW/*Deppenkemper,* § 204 BGB, Rn. 2–22; vgl. z.T. auch schon Kap. 7 Rdn. 156 (Prozesskostenhilfeantrag), Kap. 7 Rdn. 164 (Klage- und Mahnbescheidsverfahren) und Kap. 7 Rdn. 160 (Beweisverfahren, auch gegen einen Rechtsanwalt).

1536 Vgl. Palandt/*Ellenberger,* § 204 BGB, Rn. 33.

beendet und u.U. in Ausnahmefällen, in denen eine solche Erklärung des Versicherers nur reine Förmelei wäre, auch ohne sie ein Ende der Verjährungshemmung eingetreten sein kann[1537].

625 Wenn zur Bezifferung eines Zahlungsantrages eine **Auskunft** des Gegners benötigt wird, etwa zur Bezifferung eines Pflichtteilsanspruchs, sollte dies im Wege der als **Stufenklage** (§ 254 ZPO) erhobenen Leistungsklage erfolgen. Auch wenn zunächst nur mit dem Auskunftsantrag verhandelt wird, wird die Verjährung nach § 204 Abs. 1 Nr. 1 BGB bis zur Höhe des anschließend bezifferten Betrages gehemmt[1538]. Eine bloße Auskunftsklage hingegen bewirkt für den Leistungsanspruch keine Hemmung, auch wenn in ihr die Erhebung der Leistungsklage angekündigt wird[1539]. Denn der Umfang der Hemmung durch Klage richtet sich nach dem Streitgegenstand[1540], nach § 213 BGB grundsätzlich nur erweitert auf Ansprüche, die aus demselben Grunde wahlweise neben dem Anspruch oder an seiner Stelle gegeben sind, was im Verhältnis Auskunftsklage und Zahlungsklage indes nicht der Fall ist[1541].

626 Zu beachten ist, dass die Hemmung der Verjährung durch Klageerhebung oder durch Zustellung eines Mahnbescheids im Mahnverfahren ein – unterhalb der Stufe der Substantiierung – **hinreichend individualisiertes** und den Streitgegenstand bestimmendes **Klagebegehren** des Berechtigten voraussetzt[1542]. Bei hinreichender Individualisierung des geltend gemachten Anspruchs wird dessen Verjährung zwar auch dann gehemmt, wenn der Mahnantrag an Mängeln leidet oder sogar unzulässig ist oder wenn für die darin erhobene Forderung – von der Sachbefugnis abgesehen – noch nicht sämtliche Anspruchsvoraussetzungen vorliegen[1543]. Dies schließt es jedoch nicht aus, dass sich bei Erschleichen eines Mahnbescheides durch bewusst falsche Angaben, die seinem Erlass entgegengestanden hätten, das Berufen auf eine derart verjährungshemmende Wirkung im Einzelfall als rechtsmissbräuchlich darstellen kann[1544]. Das Mahnverfahren findet gemäß § 688 Abs. 2 Nr. 2 ZPO nicht statt, wenn die Geltendmachung des Anspruchs von einer noch nicht erbrachten Gegenleistung abhängig ist. Dementsprechend muss der Mahnantrag gemäß § 690 Abs. 1 Nr. 4 ZPO die Erklärung enthalten, dass der Anspruch nicht von einer Gegenleistung abhängt oder dass die Gegenleistung erbracht ist. Dies gilt auch dann, wenn sich der Antragsgegner hinsichtlich der Gegenleistung im Annahmeverzug befindet[1545]. Vom Anwendungsbereich der Regelung in § 688 Abs. 2 Nr. 2, § 690 Abs. 1 Nr. 4 ZPO werden nicht nur die Fälle des Zurückbehaltungsrechts nach §§ 273, 320 BGB erfasst, sondern sämtliche Ansprüche, die Zug um Zug zu erfüllen sind, also auch der Anspruch auf den sogenannten »großen« Schadensersatz, bei dem Schadensersatz nur Zug um Zug gegen Herausgabe eines vom Geschädigten durch das schädigende Ereignis adäquat kausal erlangten Vorteils beansprucht werden darf[1546]. Hierzu bedarf es keines besonderen Antrags

1537 Vgl. *Heß/Burmann*, NJW-Spezial 2009, 233 m.w.N.

1538 BGH, Beschl. v. 22.03.2017 – XII ZB 56/16 – juris, Rn. 26; BGH, Urt. v. 24.5.2012 – IX ZR 168/11 – juris, Rn. 11; BGH NJW 1992, 2563.

1539 Vgl. BGH, Beschl. v. 22.03.2017 – XII ZB 56/16 – juris, Rn. 26 ff.; Palandt/*Ellenberger*, § 204 BGB, Rn. 13 m.w.N.

1540 BGH, Urt. v. 29.10.2015 – IX ZR 222/13 – juris, Rn. 9; Beschl. v. 3.3.2016 – IX ZB 33/14 – juris, Rn. 25, jeweils m.w.N. zur st. Rspr.; vgl. auch: PWW/*Deppenkemper*, § 204 BGB, Rn. 6, m.w.N.; Palandt/*Ellenberger*, § 204 BGB, Rn. 13.

1541 Zu der in der Rechtsprechung anerkannten Erstreckung der Verjährungshemmungswirkung von Klage und Prozesskostenhilfeantrag über den Streitgegenstand hinaus und den für diese Ausnahmen von § 213 BGB unabhängig heranzuziehenden Kriterien von Wesensgleichheit der betroffenen Ansprüche, ihrer Ausrichtung auf das gleiche Endziel und einem mindestens im Kern vorgetragenen gleichen Lebenssachverhalt wird auf Kap. 9 Rdn. 128 f. verwiesen.

1542 St. Rspr. seit BGHZ 22, 254, 255; zuletzt BGH NJW 2009, 685, 686 = WM 2008, 2307 (Tz. 19); NJW 2009, 56, 57 = WM 2009, 420 (Tz. 18); NJW 2008, 3498, 3499 = WM 2008, 1935 (Tz. 7 und 11); NJW 2001, 305, 307 = WM 2001, 2375 m.w.N.; vgl. schon Kap. 7 Rdn. 164 und Kap. 8 Rdn. 301 m.w.N.

1543 Vgl. z.B. BGH, Urt. v. 21.12.2011 – VIII ZR 157/11 – juris, Rn. 8 m.w.N.

1544 BGH, a.a.O., Rn. 9; Urt. v. 23.6.2015 – XI ZR 536/14 – juris, Rn. 17 ff.; v. 16.7.2015 – III ZR 238/14 – juris, Rn. 18 ff.; OLG Bamberg, Urt. v. 20.11.2018 – 6 U 19/18 – juris, Rn. 30.

1545 BGH, Urt. v. 16.7.2015 – III ZR 238/14 – juris, Rn. 20; v. 23.6.2015 – XI ZR 536/14 – juris, Rn. 20.

1546 BGH, Urt. v. 16.7.2015, a.a.O., Rn. 21.

oder einer Einrede des Schädigers; der Schadensersatzanspruch des Geschädigten ist vielmehr von vornherein nur mit dieser Einschränkung begründet[1547]. Darauf, ob der Schädiger die Herausgabe des Vorteils verlangt, kommt es nicht an[1548]. Die demnach § 688 Abs. 2 Nr. 2 ZPO widerstreitende Geltendmachung des »großen« Schadensersatzes, der nur Zug um Zug gegen Herausgabe eines erlangten Vorteils zu gewähren ist, stellt, wenn der Antragsteller entgegen § 690 Abs. 1 Nr. 4 ZPO bewusst falsche Angaben macht, einen Missbrauch des Mahnverfahrens dar, der es dem Antragsteller nach § 242 BGB grundsätzlich verwehrt, sich auf die Hemmung der Verjährung durch Zustellung des Mahnbescheids zu berufen[1549]. Ähnlich wie es für einen Rechtsanwalt pflichtwidrig ist, einen verjährten Anspruch einzuklagen, wenn mit der Erhebung der Verjährungseinrede zu rechnen ist (vgl. unten Rdn. 636), stellt es eine anwaltliche Pflichtverletzung dar, wenn wenige Tage vor Ablauf der Verjährungsfrist der Erlass eines Mahnbescheids unter der bewusst wahrheitswidrigen Angabe beantragt wird, die Gegenleistung, von der der Anspruch abhänge, sei bereits erbracht[1550].

Des Weiteren ist darauf zu achten, dass **nur bei** einer **Zustellung »demnächst«** die Hemmung mit 627
Klageeingang eintritt, § 167 ZPO (früher §§ 270 Abs. 3, 693 Abs. 2 ZPO). Hier wird von anwaltlicher Seite vielfach übersehen, dass eine Zustellung nicht mehr als »demnächst« angesehen wird, wenn sie schuldhaft verzögert worden ist, etwa wegen Versäumung des von der Rechtsprechung zugebilligten nur kurzen Zeitraums, um den sich der für die Zustellung ohnehin erforderliche Zeitraum lediglich verlängern darf (in der Regel zwei Wochen[1551]) zur Einzahlung des vom Gericht angeforderten Kostenvorschusses[1552]. Wenn daher eine Klageschrift oder ein Mahnbescheid, für den nach § 696 Abs. 3 ZPO die gleichen Grundsätze gelten[1553], erst kurz vor Ablauf der Verjährungsfrist bei Gericht eingereicht werden, sollte der Anwalt, um eine Verjährung (mit der Folge seiner Haftung) auszuschließen, die Voraussetzungen des § 167 ZPO bzw. des § 696 Abs. 3 ZPO gewährleisten[1554], also nicht etwa bei Verzögerung der Vorschusszahlung durch den Rechtsschutzversicherer untätig warten[1555]. Er muss vielmehr – wie bereits weiter oben ausgeführt[1556] – seinem Mandanten den Zusammenhang zwischen Zahlung des Vorschusses, der Zustellung der Klage bzw. beim Mahnbescheid des Antrags auf Durchführung des streitigen Verfahrens[1557] und der damit angestrebten, erforderlichen Fristwahrung deutlich machen, d.h. ihm klar und unmissverständlich die Gefahr vor Augen führen, dass er bei nicht rechtzeitiger Zahlung seinen Anspruch endgültig nicht durchsetzen kann und dagegen auch mit Rechtsmitteln nichts unternehmen kann[1558].

Welche Konsequenzen Nachlässigkeiten und das Unterlassen rechtzeitiger und wirksamer (Gegen-) 628
Maßnahmen in diesem Bereich haben können, lässt sich an einem aktuellen Fall des OLG Dresden recht gut illustrieren.

1547 BGH, a.a.O., Rn. 22; st. Rspr.
1548 BGH, Urt. v. 23.6.2015 – XI ZR 536/14 – juris, Rn. 23.
1549 BGH, Urt. v. 16.7.2015 – III ZR 238/14 – juris, Rn. 23; v. 23.6.2015 – XI ZR 536/14 – juris, Rn. 24; OLG Bamberg, Urt. v. 20.11.2018 – 6 U 19/18 – juris, Rn. 30.
1550 OLG Bamberg, a.a.O., Rn. 30 unter Bezugnahme auf BGH, Urt. v. 23.6.2015 – XI ZR 536/14 – juris, Rn. 19 ff. und BGH, Urt. v. 16.7.2015 – III ZR 238/14 – juris, Rn. 18/23.
1551 Im Einzelfall mit zu tolerierender geringfügiger Überschreitung: BGH, Urt. v. 3.2.2012 – V ZR 44/11 – juris, Rn. 7 und 11; Zöller/*Greger*, § 167 ZPO, Rn. 15 m.w.N.
1552 Vgl. BGH NJW 1986, 1347 f.; KG OLG-Rep. 2000, 233; Zöller/*Greger*, § 167 ZPO, Rn. 15 m.w.N.
1553 BGH NJW 2008, 1672, 1673 = WM 2008, 1565 (Tz. 11).
1554 Vgl. *Lang*, AnwBl 1984, 198 ff.
1555 BGH VersR 1968, 1062 f.; Zöller/*Greger*, § 167 ZPO, Rn. 15.
1556 Rdn. 312.
1557 BGH NJW 2008, 1672, 1673 = WM 2008, 1565 (Tz. 11)
1558 Vgl. BGH NJW-RR 1995, 252 = WM 1995, 212, 213 f. (Ablauf einer Ausschlussfrist nach § 12 Abs. 3 VVG); OLG Hamm vom 25.5.1993 – 28 U 209/92, OLG-Rep. 1993, 303 f.; *Vill*, in: G. Fischer/Vill/D. Fischer/Pape/Chab, § 2, Rn. 166; *Ganter*, S. 13; *Borgmann/Jungk/Schwaiger*, Kap. XI, Rn. 31.

Beispiel[1559]:

Der Kläger nahm die Beklagten wegen der Veröffentlichung unwahrer Tatsachen auf Schadensersatz in Höhe von insgesamt rund 478.000, – € in Anspruch. Eine Klage wurde am 21.12.2017 wenige Tage vor Ablauf der Verjährungsfrist am 31.12.2017 beim Landgericht eingereicht. Mit bei dem Klägervertreter am 3.1.2018 eingegangenem Schreiben forderte das Landgericht einen Gerichtskostenvorschuss in Höhe von rund 11.000, – € an. Dieses Schreiben leitete der Prozessbevollmächtigte an die Rechtsschutzversicherung des Klägers weiter, die am 16.1.2018 nur einen Gerichtskostenvorschuss in Höhe von knapp 1.400, – € einzahlte; auf diesen Umstand wies das Landgericht den Klägervertreter am 22.1.2018 hin. Über die Einzahlung des weiteren Vorschusses führte der Kläger mit der Rechtsschutzversicherung ein Stichentscheidverfahren. Am 31.1.2018 ging der noch ausstehende weitere Vorschuss beim Landgericht ein, das daraufhin am 2.2.2018 die Zustellung der Klageschrift verfügte, die am 9.2.2018 erfolgte.

Das Landgericht hat die Klage wegen Verjährung abgewiesen. Der Kläger habe die Zustellung vorwerfbar um mehr als 14 Tage verzögert.

Die Berufung blieb ohne Erfolg. Dazu hat das OLG in seinem Hinweisbeschluss und in seinem anschließenden Beschluss nach § 522 Abs. 2 ZPO ausgeführt:

»Für die typisierbare Fallgruppe des nach § 12 Abs. 1 GKG zu leistenden Gerichtskostenvorschusses hatte der V. Zivilsenat des Bundesgerichtshofs eine geringfügige und daher noch hinnehmbare Verzögerung bejaht, wenn dieser nach seiner Anforderung innerhalb eines Zeitraums eingezahlt wird, der sich »um zwei Wochen bewegt oder nur geringfügig darüber liegt« (Urteil vom 30. März 2012 – V ZR 148/11 Urteil vom 3. Februar 2012 – V ZR 44/11) oder bei darüberhinausgehenden Verzögerungen besondere Umstände vorliegen, die bei einer tatrichterlichen Würdigung der Gesamtumstände auch eine solche Verzögerung als noch hinnehmbar erscheinen lassen (BGH Urteil vom 30. März 2012 – V ZR 148/11, ZMR 2012, 643, 644). Demgegenüber stellt der VII. Zivilsenat nicht auf die Zeitspanne zwischen der Aufforderung zur Einzahlung der Gerichtskosten und deren Eingang bei der Gerichtskasse, sondern darauf ab, um wie viele Tage sich der für die Zustellung der Klage ohnehin erforderliche Zeitraum infolge der Nachlässigkeit des Klägers verzögert hat (BGH, Urteil vom 10. Februar 2011 – VII ZR 185/07 Urteil vom 20. April 2000 – VII ZR 116/99 Urteil vom 27. Mai 1999 – VII ZR 24/98). Dieser Rechtsauffassung hat sich der V. Zivilsenat des Bundesgerichtshofs aus Gründen der Vereinheitlichung der höchstrichterlichen Rechtsprechung und zur Herstellung eines einheitlichen – für sämtliche Fallgruppen geltenden – Maßstabes angeschlossen (Urteil vom 10. Juli 2015 – V ZR 154/14 –, Rn. 61 – 62, juris)[1560].

Ausgehend von diesen Maßstäben ist vorliegend nicht mehr von einer hinnehmbaren Verzögerung auszugehen. Die vom Landgericht mit bei dem Kläger am 3.1.2018 eingegangenen Schreiben angeforderten Gerichtskosten hat der Rechtsschutzversicherer des Klägers nämlich vollständig erst am 31.1.2018 gezahlt. Geht man im Streitfall davon aus, dass die Vorschussrechnung dem Klägervertreter am 3.1.2018 zugegangen ist und ihm mit Blick auf die beträchtliche Höhe des angeforderten Vorschusses eine Erledigungsfrist von mehreren Tagen zur Bereitstellung und Einzahlung des Betrags zuzubilligen war (BGH, Urteil vom 03. September 2015 – III ZR 66/14 –, Rn. 19, juris), ist die erst am 31.1.2018 erfolgte vollständige Einzahlung des Vorschusses als nicht mehr hinnehmbare Verzögerung anzusehen[1561].

Dass sich diese Einzahlung infolge des mit dem Rechtsschutzversicherer geführten Stichentscheidverfahrens gem. §§ 128 VVG, 3a, 18 ARB verzögert hat, ist nicht der Sphäre des Gerichts, sondern allein dem Kläger zuzurechnen. Es entspricht gefestigter Rechtsprechung, dass die an einen Kläger zu stellenden Anforderungen an die Förderung einer alsbaldigen Zustellung grundsätzlich nicht durch die Einschaltung eines Rechtsschutzversicherers berührt werden und hierdurch bedingte Verzögerungen zu seinen Lasten gehen (vgl. schon BGH, Urt. v. 04.07.1968 – III ZR 17/68 – VersR 1968, 1062; OLG Hamm, Beschluss vom 21. Juli 2004 – 20 U 121/04 –, Rn. 23, juris; OLG München, Urteil vom 11.01.2000 – 25 U 4113/99 – juris; OLG Frankfurt/M., Urteil vom 08.08.2001 – 7 U 74/00)[1562].

1559 OLG Dresden, Hinweisbeschluss v. 24.4.2019 – 4 U 496/19.

1560 OLG Dresden, Hinweisbeschluss, a.a.O., Rn. 11.

1561 A.a.O., Rn. 12.

1562 A.a.O., Rn. 14.

Entgegen der Auffassung des Klägers lässt sich dem Urteil des BGH vom 12.1.2016 nichts für ihn Günstiges entnehmen. Unter Verweis auf seine ständige Rechtsprechung hat der BGH vielmehr auch in dieser Entscheidung ausgeführt, dass eine Zustellung als »demnächst« im Sinne des § 167 ZPO nur dann vorliegt, wenn die Partei oder ihr Prozessbevollmächtigter unter Berücksichtigung der Gesamtsituation alles Zumutbare für die alsbaldige Zustellung getan hat, die Zustellung hingegen dann nicht mehr als »demnächst« erfolgt anzusehen ist, wenn die Partei, der die Fristwahrung obliegt, oder ihr Prozessbevollmächtigter durch nachlässiges – auch leicht fahrlässiges – Verhalten zu einer nicht lediglich geringfügigen Zustellungsverzögerung beigetragen hat (BGH, Urteil vom 12. Januar 2016 – II ZR 280/14 –, Rn. 10, juris). Hiervon ist auch der Senat in dem o.a. Hinweisbeschluss ausgegangen[1563].

Die Verzögerung bei der Einzahlung des Kostenvorschusses lag vielmehr allein in der Sphäre des Klägers; sie beruhte auf den Abstimmungsschwierigkeiten zwischen seinem Prozessbevollmächtigten und der Rechtsschutzversicherung sowie der Dauer des Stichentscheidungsverfahrens. Es kann dahinstehen, welche Aktivitäten der Klägervertreter im Einzelnen entwickelt hat, um diese Abstimmung zu beschleunigen. Wie der Senat bereits in dem o.a. Hinweisbeschluss ausgeführt hat (Nr. 3e), sind ihm diese Verzögerungen unabhängig davon, ob sie auf den Prozessbevollmächtigten oder den Rechtsschutzversicherer zurückzuführen oder vom Kläger als »völlig überraschend« (S 3 des SS vom 11.6.2019) empfunden worden sind, als nachlässiges Verhalten zuzurechnen. Da die Verjährungsfristen auch dem Schuldnerschutz und dem Rechtsfrieden dienen (Palandt-Ellenberger, BGB, 78. Aufl. vor § 194 Rn 7 m.w.N.) können Umstände, die allein im Binnenbereich des Gläubigers liegen und von diesem grundsätzlich beeinflusst werden können, die bestehenden Verjährungsfristen nicht verlängern, was auch bei der Auslegung von § 167 ZPO zu berücksichtigen ist. Dies gilt hier erst Recht mit Blick auf die als Anlage BB1 vorgelegte E-Mail des Klägers vom 5.1.2018, aus der sich ergibt, dass sein Prozessbevollmächtigter es verabsäumt hatte, der Rechtsschutzversicherung alle für ihre Entscheidung erforderlichen Unterlagen (Anlagen zur Klageschrift) zu übermitteln. Eine Verlängerung der auch bei Nachlässigkeit der Partei regelmäßig noch hinnehmbaren 14-Tagesfrist um den Zeitraum der Korrespondenz mit dem Rechtsschutzversicherer kommt nach alledem nicht in Betracht[1564].«

Legt man die aktuelle höchstrichterliche Rechtsprechung, vornehmlich wie im Urteil des BGH vom 29.9.2017 ausgesprochen[1565], zugrunde, zeigt sich allerdings, dass die Entscheidung des OLG Dresden durchaus grenzwertig ist. Danach wäre dem Kläger nach Eingang der Kostenvorschusseinzahlungsaufforderung ein mit drei (Werk-)Tagen (unter Ausklammerung des Eingangstages und von Wochenendtagen)[1566] zu veranschlagender Zeitraum für die Prüfung und Weiterleitung der Gerichtskostenvorschussrechnung durch den Prozessbevollmächtigten zuzubilligen gewesen[1567]. Dieser wäre vom 4.1.2018 (Donnerstag) bis zum 8.1.2018 (Dienstag) zu bemessen gewesen. Wie vom BGH anerkannt, kann sich die normalerweise für die gesamte Erledigung der Kostenanforderung zuzubilligende Frist von einer Woche nach den jeweiligen Umständen des Einzelfalls angemessen verlängern, etwa wenn – wie hier – der Kostenvorschuss eine beträchtliche Höhe hat[1568]. Danach beträgt sie hier für die Kl. jedenfalls – wie im BGH-Fall – (mindestens) eine Woche[1569], wäre also mit dem 15.1.2018 abgelaufen. 629

Erst für die Zeit danach kann von einer dem Kläger zuzurechnenden schädlichen Verzögerung gesprochen werden. Denn bei der Berechnung der Zeitdauer der Verzögerung ist auf die Zeitspanne abzustellen, um die sich der ohnehin erforderliche Zeitraum für die Zustellung der Klage als Folge der Nachlässigkeit des Klägers verzögert[1570]. Dies bedeutet, dass die noch hinnehmbare Verzögerung von 14 Tagen sich nicht nach der Zeitspanne zwischen der Aufforderung zur Einzahlung der Gerichtskosten und deren Eingang bei der Gerichtskasse beurteilt, sondern danach, um wie viele

1563 OLG Dresden, Beschl. v. 13.6.2019 – 4 U 496/19 – juris, Rn. 2.
1564 A.a.O., Rn. 4.
1565 BGH, Urt. v. 29.9.2017 – V ZR 103/16 – juris.
1566 BGH, Beschl. v. 29.3.2018 – III ZB 135/17 – juris, Rn. 19 m.w.N.
1567 BGH, a.a.O., Rn. 15.
1568 BGH, a.a.O., Rn. 9; vgl. auch BGH, Urt. v. 3.9.2015 – III ZR 66/14 – juris, Rn. 19 (mehrere Tage).
1569 Vgl. BGH, Urt. v. 29.9.2017, a.a.O., Rn. 15.
1570 BGH, Urt. v. 3.9.2015, Rn. 19 unter Bezugnahme auf BGH, Urt. v. 10.2.2011 – VII ZR 185/07 – juris, Rn. 8 m.w.N.; Beschl. v. 29.3.2018 – III ZB 135/17 – juris, Rn. 16.

Tage sich die Zustellung der Klage infolge nachlässigen Verhaltens des Klägers verzögert hat[1571]. »Spitz« gerechnet wäre hier dieser Zeitraum von 14 Tagen am Montag, den 29.1.2018, abgelaufen gewesen und daher die Annahme des OLG Dresden, es mit einer nicht mehr zu tolerierenden Verspätung der vollständigen Kosteneinzahlung, die erst am 31.1.2018 erfolgte, noch hinnehmbar. Aber vollständig rechtsicher ist das auch nicht.

630 Zwar darf der Anwalt grundsätzlich zunächst die **Anforderung des Gerichtskostenvorschusses** abwarten. Er muss aber, bleibt die Anforderung aus, nach angemessener Zeit beim Gericht nachfragen; eine Zeitspanne von bis zu 5 – 6 Wochen werden vom BGH gerade noch toleriert[1572].

631 Eine Verjährungshemmung kann durch einen **Güteantrag gemäß § 204 Abs. 1 Nr. 4 BGB** erreicht werden. Dafür muss der Antrag eine hinreichend individualisierte Angabe des verfolgten Anspruchs, ähnlich wie dies bei einem Mahnantrag erforderlich ist, enthalten und zudem die formalen Anforderungen erfüllen, die von den für die Tätigkeit der jeweiligen Gütestelle maßgeblichen Verfahrensvorschriften gefordert werden[1573]. Zwar muss der Güteantrag einen bestimmten Rechtsdurchsetzungswillen des Gläubigers unmissverständlich kundgeben und hierzu die Streitsache darstellen sowie das konkrete Begehren erkennen lassen und den verfolgten Anspruch hinreichend genau bezeichnen, allerdings sind insoweit, wie der III. Zivilsenat des BGH in seinem Urteil vom 18.6.2015 zu Recht ausführt, keine allzu strengen Anforderungen zu stellen[1574].

> »Denn das Güteverfahren zielt – anders als die Klageerhebung oder das Mahnverfahren – auf eine außergerichtliche gütliche Beilegung des Rechtsstreits ab und führt erst im Falle einer Einigung der Parteien zur Schaffung eines dieser Einigung entsprechenden vollstreckbaren Titels (§ 794 Abs. 1 Nr. 1 ZPO); auch besteht keine strikte Antragsbindung wie im Mahn- oder Klageverfahren (s. dazu OLG Frankfurt am Main, Urteil vom 9. Juli 2014 aaO Rn. 28; OLG Karlsruhe, WM 2015, 474, 475 f; Duchstein aaO S. 344). Andererseits ist zu berücksichtigen, dass der Güteantrag an die Gütestelle als neutralen Schlichter und Vermittler gerichtet wird und diese zur Wahrnehmung ihrer Funktion ausreichend über den Gegenstand des Verfahrens informiert werden muss (vgl. OLG Karlsruhe, WM 2015, 474, 476; Duchstein aaO S. 343)[1575].«

632 Regressrechtlich hoch interessant ist die sich für die Rechtsprechung nach dieser BGH-Entscheidung bereits ergebene Frage, ob es eine anwaltliche Pflichtverletzung darstellt, wenn Anwälte **vor der BGH-Entscheidung vom 18.6.2015** entweder bereits bei der Stellung von Güteanträgen oder vor nachfolgender Klageerhebung vor den ordentlichen Gerichten einen sich nach der BGH-Entscheidung ergebenden Mangel hinreichender Individualisierung nicht erkannt haben und von einer Verjährungshemmung ausgingen. Wenn das Thüringer Oberlandesgericht dazu ausführt, der Bundesgerichtshof habe erstmals mit Urteil vom 18.06.2015 Individualisierungsanforderungen an einen Güteantrag gestellt, die es so zuvor nicht gegeben habe, so dass deshalb die beklagten Anwälte aufgrund früherer Rechtsprechung hätten annehmen dürfen, dass ihr Güteantrag vom Dezember 2011 den Streitgegenstand ausreichend individualisiert habe[1576], so ist dies schon deshalb fragwürdig, weil in der Vergangenheit die Instanzrechtsprechung ein durchaus »buntes« Bild abgab, also nicht etwa eine klare entgegengesetzte Rechtsprechung vorlag, die nunmehr aufgegeben und durch neue Maßstäbe ersetzt wurde. Zudem war das Individualisierungsgebot schon hinreichend umrissen vorhanden bezüglich der Stellung von Mahnanträgen. Und schließlich hat sich der Anwalt auch und gerade bei Fehlen einer einschlägigen »Wegweisung« durch höchstrichterliche Rechtsprechung nach dem Grundsatz des sog sichersten Weges auszurichten. Das bedeutet nach hier vertretener Ansicht, dass er

1571 BGH, Urt. v. 3.9.2015, Rn. 19 unter Bezugnahme auf BGH, Urt. v. 10.7.2015 – V ZR 154/14 – juris, Rn. 5, m.w.N. unter ausdrücklicher Aufgabe abweichender früherer Rechtsprechung, wonach der 14-Tage-Zeitraum ab Eingang der Vorschussanforderung zu berechnen war, vgl. Urt. v. 30.3.2012 – V ZR 148/11, ZMR 2012, 643 f.

1572 Vgl. BGH, Beschl. v. 2.5.2017 – VI ZR 85/16 – juris, Rn. 18; v. 5.11.2014 – III ZR 559/13 – juris, Rn. 16; s. auch oben Rdn. 312.

1573 BGH, Urt. v. 18.6.2015 – III ZR 198/14 – juris, Rn. 20 ff. m.w.N.

1574 BGH, a.a.O., Rn. 24; ebenso BGH, Urt. v. 28.10.2015 – IV ZR 405/14 – juris, Rn. 13.

1575 BGH, Urt. v. 18.6.2015, a.a.O.; ähnlich Urt. v. 28.10.2015, a.a.O.

1576 Thüringer Oberlandesgericht, Urt. v. 5.7.2019 – 4 U 359/18 – juris, Rn. 72 ff.

die strengst möglichen Kriterien für die Individualisierung des Güteantrags zugrundezulegen, auf die entsprechenden Sachverhaltsinformationen durch den Mandanten zu achten und diese rechtzeitig in entsprechende Angaben in seinem Güteantrag umzumünzen hatte.

Verletzt ist die Verpflichtung, die Verjährung zu verhindern, **erst**, wenn die Verjährung entweder bereits eingetreten ist oder so nahe bevorsteht, dass sie aus zeitlichen Gründen nicht mehr verhindert werden kann[1577]. Zu beachten ist dabei, dass sich diese Rechtsprechung auf einen Anwalt bezieht, der das ihm übertragene Mandat im Ansatz ordnungsgemäß wahrgenommen und dabei lediglich der Frage der Verjährung nicht die notwendige Beachtung geschenkt hat[1578]. 633

3. Von der Pflicht zur Verhinderung des Eintritts der Verjährung ist die **wesentlich früher einsetzende Pflicht** zur Vornahme von **Vorkehrungen** gegen den Eintritt der Verjährung zu unterscheiden[1579]. 634

> »Die Verpflichtung des Rechtsanwalts, den Mandanten vor der Verjährung von Ansprüchen zu schützen, setzt nicht erst kurz vor Ablauf der Verjährungsfrist ein. Vielmehr sind Vorkehrungen dagegen, dass es nicht zur Verjährung kommt, erforderlich, sobald infolge des dem Anwalt erteilten Auftrags oder der von ihm gewählten Vorgehensweise die Gefahr besteht, dass die Verjährung des Anspruchs aus dem Blick gerät.«[1580]

> »[Diese Pflicht] entsteht in der Regel spätestens dann, wenn ein Rechtsanwalt **Dispositionen** trifft, die das Risiko der Verjährung erhöhen. Es entspricht deshalb anwaltlicher Sorgfalt, möglichst zugleich mit solchen Dispositionen dem im übrigen bestehenden Verjährungsrisiko vorzubeugen. Unterbleibt dies, so liegt darin eine Ursache für den späteren Eintritt der Verjährung.«[1581]

Solche gefahrerhöhenden Dispositionen sind **beispielsweise:**
- die Erhebung einer **Teilklage** für den nicht anhängig gemachten Teil der Forderung[1582],
- die Erhebung einer die Verjährung des Pflichtteilsanspruchs nach § 204 BGB nicht hemmenden Klage auf **schlichte Auskunfterteilung** nach § 2314 BGB **statt** zumindest einer **Stufenklage** nach § 254 ZPO auf Auskunft und Zahlung[1583],
- die Führung eines sog. **Musterprozesses** gegen einen oder einzelne Schuldner für die Rechte des Mandanten gegenüber den restlichen Schuldnern[1584],
- die **Ankündigung einer Klage** auf **Ehelichkeitsanfechtung** in einer Scheidungsklageschrift[1585],
- die Einholung eines zeitraubenden **Privatgutachtens statt** der Einleitung eines **selbstständigen Beweisverfahrens**[1586],
- die Erhebung und Durchführung von **Klagen gegen nicht passiv legitimierte Parteien** anstelle des richtigen Schuldners[1587],
- **fehlende Belehrung** des Mandanten **über** auf der Hand liegende **Ansprüche gegen Dritte** bei einem ungünstigen Ausgang eines vom Anwalt für seine Partei geführten Rechtsstreits[1588],
- **Unterlassungen**, die das Risiko der Verjährung erhöhen und deshalb Vorkehrungen schon gegen eine drohende Verjährung erfordern[1589],

1577 BGH NJW 1993, 1779, 1780 = WM 1993, 1376, 1377.
1578 BGH NJW-RR 2005, 1146 = WM 2005, 1812; vgl. auch NJW-RR 2005, 494, 496.
1579 BGH NJW 1993, 1779 = WM 1993, 1376; NJW 1997, 1302 = WM 1997, 321; NJW-RR 2005, 494; NJW 2009, 1806, 1807 = WM 2009, 282 = AnwBl 2009, 233 (Tz. 14); OLG Schleswig OLG-Rep. 2004, 268, 269; OLG Hamm vom 3.3.2005 – 28 U 97/04; OLG Hamm vom 10.3.2005 – 28 U 131/04; vgl. auch BGH NJW 2002, 1117, 1118 f. = WM 2002, 505, 507.
1580 BGH, Urt. v. 24.1.2019 – IX ZR 233/17 – juris, Rn. 26; v. 29.11.2001 – IX ZR 278/00 – juris, Rn. 21.
1581 BGH NJW 1993, 1779, 1780 = WM 1993, 1376 ff. (Hervorhebungen des Verfassers).
1582 OLG Schleswig OLG-Rep. 2004, 268, 269; vgl. BGH NJW 1993, 1779, 1780; RG Recht 1933, Nr. 728.
1583 BGH, Urt. v. 24.1.2019 – IX ZR 233/17 – juris, Rn. 12 m.w.N.
1584 BGH NJW 1993, 1779, 1780.
1585 BGH NJW-RR 2005, 494.
1586 OLG Hamm vom 3.3.2005 – 28 U 97/04.
1587 OLG Hamm vom 10.3.2005 – 28 U 131/04.
1588 BGH, Urt. v. 29.11.2001 – IX ZR 278/00 – juris, Rn. 21.
1589 BGH NJW 1997, 1302 = WM 1997, 321.

so etwa, wenn der Rechtsanwalt einen Auftrag, eine Forderung einzuziehen, nur gut ein halbes Jahr vor deren Verjährung annimmt, und fast die Hälfte der Zeit untätig bleibt[1590],

über gut zwei Jahre hinweg beständig versäumt, die im Interesse der Kl. gebotenen Maßnahmen zu treffen[1591],

bei der Vertretung eines in Anspruch genommenen Gesamtschuldners in Verkennung des Beginns der Verjährungsfrist eines Ausgleichsanspruchs gegen einen anderen Gesamtschuldner bereits mit dem Schluss des Kalenderjahres, in dem der Anspruch des Gläubigers im Außenverhältnis zu verjähren begann (dazu vgl. oben Rdn. 620), in Bezug auf rechtzeitig verjährungshemmende Maßnahmen untätig bleibt oder

bei der Beantragung der öffentlichen Zustellung einer Klage nach § 185 Nr. 1 ZPO nicht alle geeigneten und unter Ausschöpfung der zumutbar zur Verfügung stehenden Erkenntnismöglichkeiten Nachforschungen anstellt, um so eine wirksame Zustellung bewirken zu können und seine ergebnislosen Bemühungen im Einzelnen darlegt[1592].

635 Tritt in solchen und ähnlichen Fällen die Verjährung erst nach dem Ende des Mandats ein, entfallen dadurch nicht die **Schadensursächlichkeit** und die Zurechenbarkeit der früheren Pflichtverletzung in Gestalt gänzlich unterlassener oder unzureichender Vorsorge gegen eine drohende Verjährung[1593]. Lässt ein neu beauftragter Anwalt pflichtwidrig Verjährung eintreten, kann das allerdings ein **Mitverschulden** gemäß §§ 254, 278 BGB begründen[1594] (vgl. näher dazu Kap. 5 Rdn. 39 ff.).

636 4. Ist während eines Mandats die Verjährung eingetreten, darf der Anwalt nicht durch eine Weiterverfolgung des Anspruchs etwa durch Klageerhebung noch **Kostenschäden** zu Lasten seines Auftraggebers verursachen[1595]. Von der gerichtlichen Geltendmachung eines verjährten Anspruchs ist grundsätzlich abzuraten[1596], es sei denn die Klage ist nicht gänzlich aussichtslos (z.B. wegen eines im Raume stehenden Anerkenntnisses). Dann wäre eine kritische Risikobelehrung geschuldet, um dem Mandanten die abschließende Entscheidung über eine Klageerhebung zu ermöglichen[1597].

637 5. Vertritt der Anwalt einen Schuldner, sollte er in allen Zweifelsfällen **vorsorglich die Einrede der Verjährung erheben.** Übersieht er die eingetretene Verjährung der gegen seinen Mandanten erhobenen Ansprüche, haftet er diesem auf Schadensersatz[1598]. Die Erhebung der Verjährungseinrede sollte zur Vermeidung des Regresses **möglichst umfassend und rechtzeitig** erfolgen. Umfassend heißt: klar und unmissverständlich gerichtet gegen alle erhobenen Ansprüche, wenn diese beispielsweise erst sukzessive erhoben werden. Rechtzeitig bedeutet: **nicht zu spät, aber auch nicht zu früh.** Nach Handlungen, die bei möglicherweise noch nicht abgelaufener Frist beispielsweise zur Hemmung des Ablaufs der Verjährungsfrist geführt haben, wie etwa die Klagerhebung, sollte mit der Verjährungseinrede nicht zugewartet werden. Zwar ist nach höchstrichterlicher Rechtsprechung

---

1590 BGH NJW 1997, 1302 = WM 1997, 321.

1591 BGH NJW-RR 2005, 1146 = WM 2005, 1812.

1592 Vgl. dazu BGH, Urt. v. 8.12.2006 – III ZR 89/15 – juris, Rn. 16 m.w.N.

1593 BGH NJW-RR 2005, 1146, 1147 = WM 2005, 1812; NJW-RR 2005, 1435, 1436; NJW 2002, 1117, 1120 f. = WM 2002, 505 ff. (unter II. 3. b) cc); NJW 1997, 1302 = WM 1997, 321, 322; NJW 1993, 1779, 1780 = WM 1993, 1376 ff.

1594 BGH NJW 2002, 1117, 1121 = WM 2002, 505 ff. (unter II. 3. b) cc); OLG Hamm vom 10.3.2005 – 28 U 131/04 (Bejahung eines im Ergebnis die Haftung des beklagten Anwalts ausschließendes, weil weitaus überwiegendes Mitverschulden der neuen Anwälte aufgrund der besonderen Umstände. Es waren bei richtiger Beurteilung noch zwei Jahre Zeit und in dem vor Verjährungsablauf erhobenen Regressprozess war in noch deutlich unverjährter Zeit ausdrücklich diesbezüglich ein Einwand erhoben, aber von den neuen Anwälten nicht beachtet worden.).

1595 Vgl. im Einzelnen schon Kap. 7 Rdn. 79 f. und 176 f. zur verjährungsrechtlichen Behandlung des Regressanspruchs.

1596 OLG Celle BRAK-Mitt. 2006, 75.

1597 Vgl. schon *Jungk*, BRAK-Mitt. 2006, 75.

1598 Vgl. OLG Düsseldorf NJW-RR 1989, 927 = VersR 1989, 46.

die Verjährungseinrede auch in 2. Instanz zuzulassen, wenn das zugrunde liegende Vorbringen unstreitig ist[1599]. Dies gilt nach der Rechtsprechung des IX. Zivilsenats des BGH auch dann, wenn hierdurch – beispielsweise zur Frage einer Sekundärhaftung – weitere Feststellungen und/oder eine Beweisaufnahme erforderlich werden[1600]. Abgesehen davon hat der Anwalt § 97 Abs. 2 ZPO zu beachten, wonach die Kosten des Berufungsverfahrens der obsiegenden Partei ganz oder teilweise aufzuerlegen sind, wenn sie aufgrund eines neuen Vorbringens obsiegt, welches sie in der ersten Instanz hätte geltend machen können[1601]. Verfrüht könnte die Verjährungseinrede sein, wenn sie in einem Stadium erhoben wird, in dem der Fristablauf noch nicht sicher eingetreten ist, weil dann der Gläubiger hierdurch gerade »wachgerüttelt« werden könnte und so noch rechtzeitig Maßnahmen zur Verhinderung des Eintritts der Verjährung ergreift, die er anderenfalls »verschlafen« hätte.

6. Bisweilen übersehen wird der wenig bekannte § 217 BGB (früher § 223 BGB), wonach die Ver- 638
jährung eines Anspruchs, für den ein **Sicherungsrecht** besteht, den Gläubiger nicht hindert, aus dieser Sicherheit Befriedigung zu suchen[1602].

Versäumnisurteil

Der Anwalt darf selbstverständlich nicht schuldhaft den Erlass eines Versäumnisurteils zum Nachteil 639
seines Mandanten verursachen, etwa indem er überhaupt nicht oder nur mit erheblicher Verspätung zum Verhandlungstermin erscheint[1603]. Unter Anlegung des Sorgfaltsmaßstabes eines ordentlichen Rechtsanwalts, wie er auch für § 233 ZPO gilt, braucht der Anwalt beispielsweise aber nicht wegen eines unvorhersehbaren **Verkehrshindernisses** eine Reservezeit einzuplanen[1604]. Er muss allerdings, soweit möglich, versuchen, durch geeignete Maßnahmen den Erlass eines Versäumnisurteils zu verhindern, z.B. durch Mitteilungen über Handy an das Gericht[1605].

Anders ist es bei der sog. **Flucht in die Säumnis.** Dies kann im Einzelfall geboten sein, um eine Option 640
zur sachgerechten Wahrnehmung der Interessen des Mandanten zu behalten oder zu erhalten (dazu im Einzelnen Rdn. 282). Dann ist der Anwalt regelmäßig verpflichtet, selbst ohne ausdrückliche Weisung des Mandanten **Einspruch** gegen das Versäumnisurteil einzulegen (dazu im Einzelnen ebenfalls Rdn. 282).

Kann ein fristgerecht eingelegter Einspruch gegen ein Versäumnisurteil in der Einspruchs- 641
frist nicht begründet werden und wird der dann zu stellende Antrag auf Verlängerung der Einspruchsfrist zurückgewiesen und kann erst danach, u.U. erst im Einspruchstermin, eine **Einspruchsbegründung** vorgelegt werden, kann der Gefahr der Zurückweisung als verspätet, sei es nach § 340 Abs. 3 S. 3 i.V.m. § 296 Abs. 1 ZPO, sei es nach § 276 Abs. 1 S. 2 ZPO i.V.m. § 296 Abs. 1 ZPO in Ausnahmefallgestaltungen begegnet werden. Würde die Zurückweisung des Vorbringens als verspätet gegen das verfassungsgemäße Verbot einer ohne Weiteres erkennbaren Überbeschleunigung verstoßen, muss der Anwalt auf die darin liegende Rechtsmissbräuchlichkeit einer **Präklusion** unter Verweis auf die Rechtsprechung des BVerfG[1606] und des

---

1599 Vgl. nur BGH, Beschl. v. 23.6.2008 – GSZ 1/08., BGHZ 177, 212, Rn. 101.

1600 BGH, Urt. v. 18.11.2004 – IX ZR 229/03, BGHZ 161, 138, 144 f.; v. 16.10.2008 – IX ZR 135/07 – juris, Rn. 22; v. 10.5.2012 – IX ZR 125/10 – juris, Rn. 54; offengelassen allerdings von BGH, Beschl. v. 23.6.2008 – GSZ 1/08, BGHZ 177, 212, Rn. 10.

1601 Vgl. dazu Zöller/*Herget*, § 97, Rn. 13 m.w.N.

1602 Zu über den Wortlaut des § 217 BGB hinaus genauso beachtlichen Sicherungsrechten vgl. BGH NJW 2000, 1331 = WM 2000, 876.

1603 Vgl. BGH NJW 1993, 1323 = WM 1993, 1194, 1195; NJW 1999, 724 f. = VersR 2000, 121; *Ganter*, S. 13, 14; *Vollkommer/Heinemann*, § 28, Rn. 136; vgl. auch Kap. 3 Rdn. 17 ff.

1604 BGH NJW 1999, 724 f. = VersR 2000, 121; vgl. auch BGH, Urt. v. 24.9.2015 – IX ZR 207/14 – juris, Rn. 7; *Ganter*, S. 14.

1605 Vgl. BGH NJW 1999, 724 f.; BGH, Urt. v. 24.9.2015 – IX ZR 207/14 – juris, Rn. 6 f.; vgl. auch Kap. 3 Rdn. 22 m.w.N.

1606 BVerfGE 75, 302, 316.

BGH[1607] hinweisen. Gerade in Fällen, in denen – wie regelmäßig in Arzthaftungssachen – ohnehin ein Sachverständigengutachten eingeholt werden müsste, stellt sich deshalb die Frage, ob die dadurch eintretende Verzögerung – offenkundig – nicht auch bei rechtzeitigem Vorbringen eingetreten wäre und daher einer Zurückweisung des neuen Vorbringens das verfassungsmäßige **Verbot einer Überbeschleunigung** entgegensteht[1608].

642 Eine »Regressfalle« kann sich für den Anwalt eines Klägers auftun, wenn er eine Abweisung der Klage durch Versäumnisurteil hinnimmt, in der Meinung, er könne, da die Klage etwa nur zur Zeit unbegründet sei, nach späterem Eintreten des fehlenden Tatbestandmerkmals erneut und mit Erfolg Klage erheben. Die **Rechtskraft eines klageabweisenden Versäumnisurteils** macht nach Ansicht des BGH indes die erneute gerichtliche Geltendmachung des Klageanspruchs in jedem Fall unzulässig. Nach dieser Rechtsprechung kann sich der Kläger im Zweitprozess nicht darauf berufen, im Erstprozess habe seinem Anspruch lediglich ein inzwischen behobenes vorübergehendes Hindernis (zum Beispiel mangelnde Fälligkeit) entgegengestanden[1609]. Zur Begründung wird angeführt: Da bei Säumnis des Klägers nach § 330 ZPO (ggf. i.V.m. § 333 ZPO) allein deswegen die Klage (ohne Begründung zur Sache) abzuweisen sei, eine Schlüssigkeits- und Begründetheitsprüfung also nicht durchgeführt werde, erfolge die Klageabweisung schlechthin[1610]. Das gelte auch dann, wenn die rechtskräftige Klageabweisung auf einem Versäumnisurteil des Berufungsgerichts beruhe, mit dem die Berufung des Klägers gegen ein kontradiktorisches klageabweisendes Urteil der ersten Instanz (gestützt z.B. auf fehlende Fälligkeit) zurückgewiesen wurde[1611]. Auch wenn gegen diese Rechtsprechung erneut weitere Kritik geäußert wird[1612], hat sich der Anwalt in der Praxis auch hier an der höchstrichterlichen Rechtsprechung zu orientieren (zu diesem Sorgfaltsgebot vgl. Kap. 2 Rdn. 132 ff.) und so unter Zugrundelegung der sich danach ergebenden ungünstigen Folgen den für seinen Mandanten sichersten Weg (dazu Kap. 2 Rdn. 195 ff.) einzuschlagen, d.h. konkret erst gar nicht – etwa nach Hinweis auf die derzeitige Unbegründetheit der Klage – in die Säumnis zu flüchten, bei Säumnis aus anderen Gründen unbedingt auf rechtzeitigen Einspruch zu achten, ein streitiges Urteil ergehen zu lassen oder u.U. die Klage oder die Berufung zurückzunehmen.

Verteidigung

643 s. unter »Strafrechtliche Mandate« Kap. 9 Rdn. 261 ff.

Vertragsgestaltung

644 Bei der Gestaltung von Verträgen müssen einerseits **zwingende** Normen Beachtung finden; andererseits sollten **dispositive** Normen, deren Inhalt nicht vollständig klar ist, einer Vereinbarung zugeführt werden. Soweit der Mandant nicht eindeutig zu erkennen gibt, dass er des Rates nur in einer bestimmten Richtung bedarf, ist der Rechtsanwalt zur allgemeinen, umfassenden und möglichst erschöpfenden Belehrung des Auftraggebers verpflichtet. Unkundige muss er über die Folgen ihrer Erklärungen belehren und vor Irrtümern bewahren. In den Grenzen des Mandats hat er dem Mandanten diejenigen Schritte anzuraten, die zu dem erstrebten Ziele zu führen geeignet sind, und Nachteile für den Auftraggeber zu verhindern, soweit solche voraussehbar und vermeidbar sind. Dazu hat er dem Auftraggeber den **sichersten und gefahrlosesten Weg vorzuschlagen und ihn über mögliche Risiken aufzuklären**, damit der Mandant zu einer sachgerechten Entscheidung in der

1607 BGH, Urt. v. 9.6.2005 – VII ZR 43/04 – juris, Rn. 13; Beschl. v. 10.2.2011 – VII ZR 155/09 – juris, Rn. 7; Urt. v. 3.7.2012 – VI ZR 120/11 – juris, Rn. 9, 12; *Huber,* in: Musielak/Voit, § 292, Rn. 17

1608 BGH, Urt. v. 3.7.2012 – VI ZR 120/11 – juris, Rn. 12 m.w.N.

1609 BGHZ 153, 239 = NJW 2003, 1044 m.w.N. auch zur Gegenmeinung im Schrifttum; BGHZ 35, 338 = NJW 1961, 1969; vgl. auch schon RGZ 7, 395, 397 f.

1610 BGHZ 153, 239 = NJW 2003, 1044.

1611 BGHZ 153, 239 = NJW 2003, 1044.

1612 Vgl. *Hau,* NJW 2004, 1157; *Deubner,* JuS 2003, 892, 894 f.; *Just,* NJW 2003, 2289; zustimmend aber *Kniffka/Koeble,* Kompendium des Baurechts, 4. Auflage, 2014, 5. Teil, Rn. 245 (zum klageabweisenden Versäumnisurteil bei fehlender Prüffähigkeit).

Lage ist[1613]. Ein Rechtsanwalt, der bei einer Vertragsgestaltung mitwirkt, hat bei der Abfassung des Vertragstextes für eine richtige und vollständige Niederlegung des Willens seines Mandanten und für einen möglichst eindeutigen und nicht erst der Auslegung bedürftigen Wortlaut zu sorgen[1614].

1. **Vereinbarungen über die Anspruchsverjährung** sind grundsätzlich zulässig. Es müssen aber die Grenzen des § 202 BGB beachtet werden. Einerseits sind Erleichterungen der Verjährung bei der Haftung wegen Vorsatzes vor Eintritt der Verjährung nicht zulässig. Es sollte deshalb stets klargestellt werden, dass sich die Verjährungsvereinbarung nicht auf die Haftung wegen Vorsatzes bezieht, z.B. durch die Formulierung: 645

»Unberührt hiervon bleibt die Haftung wegen Vorsatzes. Insoweit gilt die gesetzliche Verjährungsfrist«[1615].

Im Übrigen bestimmt § 202 Abs. 2 BGB, dass die Verjährung nicht über eine **Verjährungsfrist von 30 Jahren** seit Beginn der gesetzlichen Verjährung hinaus erschwert werden darf. 646

Diese vorgegebene Obergrenze muss Beachtung finden wie z.B. durch die Formulierung:

»Die Parteien sind darüber einig, dass Ansprüche aus ... spätestens in 30 Jahren ab der gesetzlichen Verjährungsfrist verjähren, soweit nicht gesetzliche Hemmungs-, Ablaufhemmungs- oder Neubeginntatbestände eingreifen. Die sich aus § 199 Abs. 2 bis 4 BGB ergebenden Höchstfristen bleiben unberührt.«[1616].

Ansonsten müssen sich die Parteien in ihrer Vereinbarung nicht auf die Verlängerung oder Verkürzung der Verjährungsfrist beschränken. Vielmehr kann die Verjährung grundsätzlich auch durch Vereinbarungen über den Beginn der Frist sowie über die Voraussetzungen der Hemmung, der Ablaufhemmung und des Neubeginns **erleichtert oder erschwert** werden[1617].

2. Solange Verhandlungen zwischen dem Schuldner und dem Gläubiger über den Anspruch oder die den Anspruch begründenden Umstände geführt werden, ist die **Verjährung** gemäß § 203 BGB **gehemmt**, bis der eine oder andere Teil die Fortsetzung der Verhandlungen verweigert. **Unklar ist** auch nach dieser Norm nach wie vor, wann **das Ende der Verhandlungen eintritt** und zwar insbesondere beim sog. Einschlafen der Verhandlungen[1618]. Dann soll die Hemmung enden, wenn nach Treu und Glauben eine neue Äußerung zu erwarten gewesen wäre[1619]. Da aber feste Fristen insoweit nicht bestehen, bietet es sich in solchen Fällen an, Folgendes zu vereinbaren: 647

»Durch Verhandlungen wird die Verjährung des Anspruchs solange gehemmt, bis die Partei die Erfüllung des Anspruchs schriftlich ablehnt.«[1620].

Handelt es sich hingegen um Mängelansprüche, so endet die Hemmung, wenn der Unternehmer (Verkäufer) das Prüfungsergebnis mitteilt, den Mangel für beseitigt erklärt oder die Fortsetzung der Beseitigung verweigert[1621].

3. Im **Recht des selbständigen Beweisverfahrens** ist nicht klar, ob auch der Antrag des Schuldners auf Durchführung eines selbständigen Beweisverfahrens die Verjährung unterbricht[1622]. Es liegt deshalb im Interesse des Schuldners, folgende Vereinbarung zu treffen: 648

1613 BGH, Urt. v. 7.2.2008 – IX ZR 149/04 – juris, Rn. 12 (Beratungspflicht des Anwalts hinsichtlich Mietoptionsklausel) sowie allgemein BGH, Urt. v. 10.5.2012 – IX ZR 125/10 – juris, Rn. 25.

1614 BGH, Urt. v. 17.1.2002 – IX ZR 182/00 – juris, Rn. 9.

1615 In diesem Sinne auch Schulte-Nölke/Frenz/Flohr/*Bereska*, Formularbuch Vertragsrecht, Teil 1, Rn. 50.

1616 Vergleichbar auch Schulte-Nölke/Frenz/Flohr/*Bereska*, Formularbuch Vertragsrecht, Teil 1, Rn. 65.

1617 BeckOGK BGB/*Piekenbrock*, § 202, Rn. 10.

1618 BGH, Urt. v. 6.11.2008 – IX ZR 158/07 – juris, Rn. 10 ff.; BeckOGK BGB/*Piekenbrock*, § 203, Rn. 54.

1619 BGH, Urt. v. 6.3.1990 – VI ZR 44/89 – juris, Rn. 21 ff.

1620 Ähnlich Schulte-Nölke/Frenz/Flohr/*Bereska*, Formularbuch Vertragsrecht, Teil 1, Rn. 73.

1621 BGH, Urt. v. 30.10.2007 – X ZR 101/06 – juris, Rn. 21; Palandt/*Heinrichs*, BGB, § 203, Rn. 4.

1622 *Mansel*, Verjährungsrecht, § 8, Rn. 57; *Lenkeit*, BauR 2002, 196, 216; verneinend: OLG Saarbrücken, Urt. v. 17.8.2005 – 1 U 621/04 – juris, Rn. 47; *Kniffka*/Koeble, Kompendium des Baurechts, Teil 2, Rn. 139; Palandt/*Heinrichs*, BGB, § 204, Rn. 22, in diese Richtung tendierend auch BGH,

»Es wird vereinbart, dass die Einleitung eines selbständigen Beweisverfahrens die Verjährung hemmt, und zwar unabhängig davon, ob das Verfahren vom Gläubiger oder vom Schuldner eingeleitet wird.«[1623].

649 4. Die gesetzlichen **Regelungen über nachehelichen Unterhalt, Zugewinn und Versorgungsausgleich unterliegen grundsätzlich der vertraglichen Disposition der Ehegatten**; einen unverzichtbaren Mindestgehalt an Scheidungsfolgen zugunsten des berechtigten Ehegatten kennt das geltende Recht nicht. Die danach grundsätzlich bestehende vertragliche **Disponibilität der Scheidungsfolgen**[1624], darf indes nicht dazu führen, dass der Schutzzweck der gesetzlichen Regelungen durch vertragliche Vereinbarungen beliebig unterlaufen werden kann. Das wäre der Fall, wenn dadurch eine evident einseitige und durch die individuelle Gestaltung der ehelichen Lebensverhältnisse nicht gerechtfertigte Lastenverteilung entstünde, die hinzunehmen für den belasteten Ehegatten – bei angemessener Berücksichtigung der Belange des anderen Ehegatten und seines Vertrauens in die Geltung der getroffenen Abrede – bei verständiger Würdigung des Wesens der Ehe als unzumutbar erscheint. Deshalb sind ehevertragliche Vereinbarungen nach der ständigen Rechtsprechung des XII. Zivilsenats des Bundesgerichtshofs einer **zweistufigen Inhaltskontrolle** zu unterziehen[1625].

650 a) Im Bereich von **Scheidungsfolgenvereinbarungen** hat der Tatrichter im Rahmen der **Wirksamkeitskontrolle nach § 138 BGB** zu prüfen, ob die getroffenen Regelungen bereits bei Abschluss des Vertrages mit Rücksicht auf die von den Ehegatten einvernehmlich vorgesehene Rollenverteilung in der Ehe zu einer evident einseitigen Lastenverteilung führen, ohne dass dies durch Zuwendungen vor oder in der Ehe oder anlässlich der Vermögensauseinandersetzung anlässlich der Scheidung ausgeglichen wird (**objektive Imparität**). Maßstab der Prüfung ist nicht die Abweichung der Regelungen vom gesetzlichen Halbteilungsmaßstab, sondern der fehlende Ausgleich ehebedingter Nachteile[1626]. Danach ist die ehevertragliche Dispositionsbefugnis der Eheleute nur insoweit eingeschränkt, als der vertragliche Ausschluss von gesetzlichen Regelungen der Ehescheidungsfolgen dazu führt, dass zu erwartende oder bereits eingetretene ehebedingte Folgen nicht durch Ansprüche auf Unterhalt und/oder Zugewinnausgleich und/oder die vollständige oder teilweise Durchführung des Versorgungsausgleichs ausgeglichen werden. Nichtigkeit nach § 138 BGB ist jedoch erst dann gegeben, wenn zu der objektiven Imparität **noch die subjektive Imparität hinzutritt**. Diese ist zu bejahen, wenn dem Ehegatten, für den die Vereinbarung vorteilhaft ist, vorzuwerfen ist, dass er die Ungleichheit der Verhandlungspositionen der Ehegatten bei wirtschaftlicher Abhängigkeit bzw. Unterlegenheit des anderen Ehegatten oder dessen intellektuelle Unterlegenheit oder eine Zwangslage ausgenutzt hat, um die Vereinbarung durchzusetzen[1627]. Allein die wesentliche Abweichung von der gesetzlichen Regelung der Scheidungsfolgen begründet noch keine Vermutung für das Vorliegen einer subjektiven Imparität[1628], sie kann jedoch ein Indiz darstellen, welches ein besonders starkes Gewicht hat, wenn ein Ehegatte – insbesondere bei zu erwartenden ehebedingten Nachteilen – ohne nachvollziehbare Gründe weitgehend oder sogar vollständig auf gesetzliche Ausgleichsansprüche verzichtet. Deshalb ist es ratsam, die **Motive der Eheleute für das Abweichen von der gesetzlichen Regelung** in der Vereinbarung anzugeben, um Klarheit und Vorhersehbarkeit für eine spätere Inhaltskontrolle zu schaffen.

651 Die **Sittenwidrigkeit** von Scheidungsfolgenverträgen kommt in besonderem Maße in Betracht, bei einem »**Totalverzicht**« (vollständiger Ausschluss sämtlicher gesetzlicher Scheidungsfolgenregelungen)[1629]. Die Belange der Ehegatten bedürfen umso genauerer Prüfung, je unmittelbarer die

---

Urt. v. 9.2.2012 – VII ZR 135/11 – juris, Rn. 6; bejahend: Erman/*Schmidt-Räntsch*, BGB, § 204, Rn. 20 und *Joussen* in: Ingenstau/Korbion, VOB, Teil B, Anh. 3, Rn. 41 m.w.N.

1623 So auch Schulte-Nölke/Frenz/Flohr/*Bereska*, Formularbuch Vertragsrecht, Teil 1, Rn. 75.

1624 BVerfG, Urt. v. 6.2.2001 – 1 BvR 12/92 – juris, Rn 31 ff. und 48 ff. und stattg. Kammerbeschl. v. 29.3.2001 – 1 BvR 1766/92 – sowie BGH, Urt. v. 17.10.2007 – XII ZR 96/05 – juris, Rn. 20 ff.; v. 17.5.2006 – XII ZB 250/03 – juris, Rn. 9 ff. und v. 11.2.2004 – XII ZR 265/02 – juris, Rn. 15 ff.

1625 BGH, Beschl. v. 8.10.2014 – XII ZB 318/11 – juris, Rn. 22 ff.

1626 BGH, Beschl. v. 26.2.2014 – XII ZB 301/13 – juris, Rn. 28.

1627 BGH, Beschl. v. 26.2.2014 – XII ZB 303/13 – juris, Rn. 39.

1628 BGH, Beschl. v. 26.2.2014 – XII ZB 303/13 – juris, Rn. 39.

1629 BGH, Urt. v. 11.2.2004 – XII ZR 265/02 – juris, Rn. 39 ff.

vertragliche Abbedingung gesetzlicher Regelungen in den **Kernbereich** des Scheidungsfolgenrechts eingreift[1630]. Im Übrigen wird man eine **Rangabstufung** vornehmen können, die sich in erster Linie danach bemisst, welche Bedeutung die einzelnen Scheidungsfolgenregelungen für den Berechtigten in seiner jeweiligen Lage haben[1631]. So ist die Absicherung des laufenden Unterhalts für den Berechtigten in der Regel wichtiger als etwa der Zugewinn- oder der spätere Versorgungsausgleich[1632]. Deswegen ist bei einer Vereinbarung, durch die ausschließlich der Zugewinnausgleich ausgeschlossen wird, regelmäßig keine Sittenwidrigkeit anzunehmen, da der Zugewinnausgleich vom Kernbereich des Scheidungsfolgenrechts nicht umfasst wird[1633]. Eine andere Beurteilung kann dann in Betracht kommen, wenn ehebedingte Nachteile bei der Altersversorgung durch den Versorgungsausgleich nicht angemessen ausgeglichen werden, weil der ausgleichspflichtige Ehegatte seine Altersversorgung in erster Linie durch Vermögensbildung betrieben hat. Wird durch den Ehevertrag vereinbart, dass der Betreuungsunterhalt abweichend von den gesetzlichen Vorschriften geregelt wird, so wird damit zwar in den Kernbereich des Scheidungsfolgenrechts eingegriffen. Eine objektive Disparität ist hierdurch jedoch nur dann gegeben, wenn aufgrund der Kindesbetreuung und Haushaltsführung ehebedingte Nachteile eingetreten sind, die auch nicht durch sonstige Zuwendungen des anderen Ehegatten während der Ehe oder anlässlich der Scheidung ausgeglichen werden. Ein vollständiger oder weitgehender Ausschluss des Betreuungsunterhalts sollte auch deshalb vermieden werden, weil er am ehesten das Risiko der Sittenwidrigkeit mit sich bringt und zwar selbst dann, wenn der Ausschluss sich im Zeitpunkt der Inhaltskontrolle überhaupt nicht mehr auswirken kann, da die Betreuungsbedürftigkeit gemeinsamer Kinder nicht mehr besteht. Da die evident einseitige Lastenverteilung aus der Sicht der Eheleute bei Vertragsschluss zu beurteilen ist, reicht es aus, dass die Möglichkeit des Eintritts von wirtschaftlichen Nachteilen aufgrund der Kindesbetreuung besteht, ohne dass es darauf ankommt, ob eine solche Situation während der Ehe tatsächlich eingetreten ist.

b) **Soweit ein Vertrag nicht sittenwidrig** ist, muss geprüft werden, ob und inwieweit ein Ehegatte **652**
die ihm durch den Vertrag eingeräumte Rechtsmacht missbraucht, wenn er sich im Scheidungsfall gegenüber einer vom anderen Ehegatten begehrten gesetzlichen Scheidungsfolge darauf beruft, dass diese durch den Vertrag wirksam abbedungen worden sei. Haben sich die **Lebensverhältnisse** (Haushaltsführung/Kindererziehung u. Erwerbstätigkeit) entgegen den gemeinsamen Erwartungen bei Vertragsschluss bis zur Trennung und Scheidung entwickelt, so kommt in der zweiten Stufe der Inhaltskontrolle eine Anpassung der wirksamen vertraglichen Regelung nach den Grundsätzen der **Ausübungskontrolle nach §§ 242, 313 BGB** in Betracht. Anpassungsmaßstab ist hierbei ebenso wie bei der vorangegangenen Wirksamkeitskontrolle nicht der Halbteilungsgrundsatz, sondern der **Ausgleich ehebedingter Nachteile** (Einkommensnachteile aufgrund der zeitweisen Einschränkung oder sogar Aufgabe der vor der Ehe ausgeübten Erwerbstätigkeit, unterbliebene Vermögensbildung und Altersvorsorge). Der Ehegatte soll durch die Anpassung des Ehevertrags nicht besser gestellt werden, als er ohne die Ehe und die mit der ehelichen Rollenverteilung einhergehenden Dispositionen über Art und Umfang seiner Erwerbstätigkeit stünde[1634]. Die Ausübungskontrolle setzt voraus, dass zu den Vorstellungen der Eheleute über die eheliche Rollenverteilung und die beiderseitige Erwerbstätigkeit bei Vertragsschluss und den im späteren Verlauf eingetretenen Abweichungen hiervon substantiiert vorgetragen wird. Dabei ist die abweichende Entwicklung nur von Bedeutung, wenn sie auf einem übereinstimmenden Willen der Eheleute und nicht etwa auf einem gegen den Willen des anderen Ehegatten durchgesetzten Entschluss des Ehegatten, der sich auf Änderung der Geschäftsgrundlage beruft, beruht[1635].

1630 BGH, Urt. v. 11.2.2004 – XII ZR 265/02 – juris, Rn. 39 ff., 45 und 48 sowie v. 21.10.2007 – XII ZR 96/05 – juris, Rn. 17, 19 und 21 f.

1631 BGH, Urt. v. 17.10.2007 – XII ZR 96/05 – juris, Rn. 17 m.w.N.

1632 BGH, Urt. v. 25.5.2005 – XII ZR 296/01 – juris, Rn. 26.

1633 BGH, Urt. v. 17.10.2007 – XII ZR 96/05 – juris, Rn. 21.

1634 BGH, Beschl. v. 17.2.2013 – XII ZB 90/11 – juris, Rn. 22.

1635 BGH, Beschl. v. 8.10.2014 – XII ZB 318/11 – juris, Rn. 24.

Bei der Frage, ob die Berufung auf die ehevertragliche Regelung treuwidrig ist, ist zu berücksichtigen, ob die ehebedingten Nachteile des von dem Ausschluss oder der Beschränkung der gesetzlichen Regelung der Scheidungsfolgen betroffenen Ehegatten durch **ehebedingte Vorteile** (Zuwendungen des anderen Ehegatten in der Ehe oder sonstiger ehelicher Vermögenserwerb) ganz oder teilweise kompensiert werden[1636]. Eine Anpassung der vertraglichen Regelung der nachehelichen Altersvorsorge nach §§ 242, 313 BGB kann in besonderen Fällen der **Funktionsäquivalenz** von Versorgungs- und Zugewinnausgleich ein Hinübergreifen auf das vermögensbezogene Ausgleichssystem rechtfertigen[1637].

653 Ein Rechtsanwalt kann für vermeidbare steuerlich nachteilige Auswirkungen einer von ihm empfohlenen Vertragsgestaltung auch dann haften, wenn eine Beratung in steuerrechtlicher Hinsicht nicht ausdrücklich Inhalt des ihm erteilten Mandats gewesen ist. Berät ein Rechtsanwalt etwa im Zusammenhang mit einer **Scheidungsfolgenvereinbarung**, hat er zumindest auf die Notwendigkeit der Einschaltung eines Steuerberaters hinzuweisen, sofern sich bei sachgerechter Bearbeitung wegen der Übertragung von Grundeigentum eine steuerliche Belastung nach §§ 22 Nr. 2; 23 EStG aufdrängen kann und er zu einer steuerrechtlichen Beratung nicht bereit oder imstande ist[1638].

654 c) Die Rechtsprechung zur **Inhaltskontrolle** hat für den vertragsbegleitenden Anwalt die Konsequenz, dass die im Zeitpunkt des Vertragsabschlusses maßgebenden Umstände möglichst umfassend geklärt und in dem Vertrag bzw. in einem Vermerk festgehalten werden sollten. Das gilt erst recht für den Fall, dass sich Indizien für eine vertragliche Disparität ergeben. Zeigt sich dann bereits vor Vertragsabschluss, dass die Vereinbarung offenkundig zu einer derart einseitigen Lastenverteilung führen soll, dass sie gegen die guten Sitten verstößt, dürfen der Anwalt bzw. der Notar der Parteien solche Vertragsabschlüsse nicht unterstützen.

655 Aber auch für den Fall, dass sich eine Sittenwidrigkeit des Vertrages im Zeitpunkt des Vertragsabschlusses noch nicht ergibt, muss der Mandant darauf hingewiesen werden, dass sich die Umstände auch dergestalt ändern können, dass gleichwohl zu einem späteren Zeitpunkt, in dem die Vertragseinhaltung in Rede steht, einem solchen vertraglichen Verzicht auch der Einwand unzulässiger Rechtsausübung gemäß § 242 BGB entgegengehalten werden kann[1639]. Solche Hinweise sollten in die Verträge aufgenommen werden.

656 5. Ist ein **Teil eines Rechtsgeschäfts nichtig**, ist gemäß § 139 BGB das gesamte Rechtsgeschäft nichtig, sofern nicht anzunehmen ist, dass es auch ohne den nichtigen Teil vorgenommen sein würde. Wegen der aus dieser Norm resultierenden Unsicherheit werden häufig sog. **salvatorische Klauseln** in Verträge aufgenommen, durch die vereinbart wird, dass die Unwirksamkeit eines Teiles des Vertrages die Gültigkeit des übrigen Vertrages nicht berühren soll[1640]. Diese Klauseln beinhalten in Bezug auf § 139 BGB grundsätzlich, dass nunmehr abweichend von der Regel des § 139 BGB die Darlegungs- und Beweislast für die Voraussetzungen der Gesamtnichtigkeit bei der Partei liegt, die entgegen der **Erhaltungsklausel** den Vertrag insgesamt für unwirksam hält[1641]. Bei **Eheverträgen**, bei denen sich die Sittenwidrigkeit aus der Gesamtwürdigung der einseitigen Belastung einer darin getroffenen Regelung ergibt, erfasst die Nichtigkeitsfolge den gesamten Vertrag, ohne dass die salvatorische Klausel hieran etwas zu ändern vermag[1642].

1636 BGH, Beschl. v. 20.6.2018 – XII ZB 84/17 – juris, Rn. 31.

1637 BGH, Beschl. v. 8.10.2014 – XII ZB 318/11 – juris, Rn. 30 f.

1638 BGH, Urt. v. 9.1.2020 – IX ZR 61/19 – juris, Rn. 13.

1639 BGH, Urt. v. 11.2.2004 – XII ZR 265/02 – juris, Rn. 46 ff. sowie v. 6.10.2004 – XII ZB 110/99 – juris, Rn. 11.

1640 Vgl. nur BGH, Urt. v. 22.1.2016 – V ZR 27/14 – juris, Rn. 13 ff.; zur salvatorischen Klausel vgl. weiter Kap. 9 Rdn. 152.

1641 BGH, Urt. v. 25.7.2007 – XII ZR 143/05 – juris, Rn. 26 und v. 24.9.2002 – KZR 10/01 – juris, Rn. 14 f.

1642 BGH, Beschl. v. 17.1.2018 – XII ZB 20/17 – juris, Rn. 23.

Salvatorische Klauseln bestehen vielfach jedoch nicht nur aus sog. Erhaltungsklauseln, die eben auch bei der Unwirksamkeit der einen oder anderen Vertragsregelung den übrigen Vertragsteil erhalten soll. Vielmehr wird häufig darüber hinaus auch eine **Ersetzungsklausel** aufgenommen, die sich auf die nichtige Teilregelung bezieht. **Wenn** aber **von der Teilnichtigkeit wesentliche Vertragsbestandteile betroffen sind, kann nur eine umfassende** und **unmittelbar wirkende Ersetzungsklausel das Geschäft vor der Gesamtnichtigkeit bewahren**[1643]. Eine nur obligatorische Ersetzungsklausel, durch die die Parteien verpflichtet werden, eine Vereinbarung über den nichtigen Teil zu treffen, reicht nicht aus, um der Gesamtnichtigkeit vorzubeugen[1644]. Es ist deshalb sinnvoll, im Rahmen einer salvatorischen Klausel nicht nur eine Erhaltungsklausel, sondern auch eine unmittelbar wirkende Ersetzungsklausel zu vereinbaren. Diese darf also die Parteien nicht verpflichten, eine anderweitige Regelung in Bezug auf den rechtsunwirksamen Teil des Rechtsgeschäfts zu vereinbaren. Die Ersetzungsklausel muss vielmehr regeln, dass für den Fall der Teilnichtigkeit stattdessen unmittelbar und ohne weitere Vereinbarungsnotwendigkeit für diesen nichtigen Teil des Vertrages als vereinbart gilt, was einerseits dem im Vertrag zum Ausdruck gebrachten Willen der Parteien entspricht, aber andererseits noch rechtswirksam ist. Eine solche Ersetzungsklausel könnte deshalb wie folgt formuliert werden: 657

> »Sollten eine oder mehrere Klauseln dieses Vertrags ganz oder teilweise unwirksam oder undurchführbar sein, so soll dies die Gültigkeit des Vertrags im Übrigen nicht berühren. Die Parteien werden die unwirksame bzw. undurchführbare Klausel durch eine Bestimmung ersetzen, die dem Sinn und Zweck der unwirksamen Klausel zulässigerweise wirtschaftlich und rechtlich möglichst nahe kommt. Das Gleiche gilt für Lücken in diesem Vertrag.[1645]«

Salvatorische Klauseln können indes wegen **Verstoßes gegen das Verständlichkeitsgebot** unwirksam sein, wenn darin formuliert wird: »soweit gesetzlich zulässig«[1646]. 658

Im Rahmen eines auf Vertragsgestaltung gerichteten Mandatsauftrages ist der Anwalt verpflichtet, den Auftraggeber allgemein und umfassend zu belehren, seine Belange nach jeder Richtung wahrzunehmen und die Geschäfte so zu erledigen, dass Nachteile für ihn möglichst vermieden werden[1647]. Einem Rechtsanwalt muss es aber möglich sein, neben einem laufenden Mandat auch seinen anderen Verpflichtungen und Interessen nachzukommen. Unter diesem Aspekt kann es ihm nicht vorgeworfen werden, wenn er seinen Mandanten, auch bei der vertraglichen **Gestaltung von Großprojekten**, nicht jederzeit und uneingeschränkt, sondern nur in bestimmten zeitlichen Grenzen als Berater zur Verfügung steht (konkret: Kurzurlaub und Nichtwahrnehmung eines Beurkundungstermins)[1648]. 659

Der Auftrag, einzelne Vereinbarungen im Rahmen eines Projekts zu entwerfen, indiziert keine Generalbeauftragung des Anwalts. Aufgabe des Anwalts bei der Vertragsgestaltung ist es **nicht**, seinem **Mandanten die wirtschaftlichen Entscheidungen abzunehmen**, sondern auf die vorhandenen, auch wirtschaftlichen Risiken hinzuweisen und machbare rechtliche Konstruktionen zu wählen, die eine möglichst hohe Absicherung des Mandanten beinhalten[1649].

Der durch eine fehlerhafte Beratung im Rahmen einer Vertragsgestaltung Geschädigte hat zum **Beweis des Kausalzusammenhangs** zwischen Pflichtverletzung und behauptetem Schadenseintritt nachzuweisen, dass er sich bei einer korrekten Beratung für eine andere Vertragsgestaltung entschieden hätte. Dazu hat er einen konkreten Vertrag zu benennen, den sowohl er als auch der Vertragspartner abzuschließen bereit gewesen wäre[1650]. Kommt eine Bandbreite von Möglichkeiten 660

1643 BGH, Urt. v. 6.4.2005 – XII ZR 123/03 – juris, Rn. 38.
1644 BGH, Urt. v. 11.10.1995 – VIII ZR 25/94 – juris, Rn. 34.
1645 So *Stumpf*, in: Beck'sche Online-Formulare Vertrag, 1.1 Abtretung, 37. Edition 2016.
1646 Vgl. etwa BGH, Urt. v. 5.3.2013 – VIII ZR 137/12 – juris, Rn. 2 f. und v. 20.11.2012 – VIII ZR 137/12 – juris, Rn. 3.
1647 OLG Frankfurt, Urt. v. 26.4.2006 – 23 U 102/99 – juris, Rn. 41 ff.
1648 OLG Frankfurt, Urt. v. 26.4.2006 – 23 U 102/99 – juris, Rn. 42 f.
1649 OLG München BRAK-Mitt. 2003, 265 mit Anm. *Jungk*.
1650 OLG Celle, Urt. v. 20.4.2005 – 3 U 2/05 – juris, Rn. 29 zur Haftung eines Steuerberaters.

ernsthaft in Betracht, wie sich der Mandant verhalten hätte, wenn er vom Berater pflichtmäßig unterrichtet worden wäre, so muss der Mandant den Weg bezeichnen, für den er sich konkret entschieden hätte. Außerdem muss er die zur Durchführung des behaupteten Entschlusses notwendige **Bereitschaft Dritter** darlegen, den beabsichtigten Weg mitzugehen. Sind diese Behauptungen nicht unstreitig, müssen im Regelfall die Handlungsalternativen vor dem Hintergrund der jeweiligen Zielsetzungen miteinander verglichen werden[1651].

661 Manifestiert sich die Pflichtverletzung in einer **unklaren Vertragsgestaltung**, so entsteht der Schaden, sobald der Vertragsgegner aus dem Vertrag Rechte gegen seinen Vertragspartner herleitet[1652]. Ist der Vertragsgegner infolge einer fehlerhaften Vertragsgestaltung zur Irrtumsanfechtung befugt, verwirklicht sich der Schaden folglich erst dann, wenn jener von diesem Recht tatsächlich Gebrauch macht[1653]. Begeht der Mandant auf Anraten seines Anwalts eine Vertragsverletzung, erwächst ein Schaden nicht vor dem Zeitpunkt, zu dem der Vertragsgegner daraus Rechte herleitet[1654].

662 Ein durch eine Falschberatung entstandener Schaden kann durch **anderweit eingetretene Vorteile** kompensiert werden[1655].

Vollstreckung

662a Der Anwalt, der seinen Mandanten im Zwangsvollstreckungsverfahren vertritt, hat zur Vermeidung von Schadensersatzansprüchen besondere Sorgfalt walten zu lassen. Dabei hat er das am 1.1.2013 (für die Vollstreckungspraxis) in Kraft getretene Gesetz zur Reform der Sachaufklärung in der Zwangsvollstreckung vom 29.7.2009[1656] zu beachten, das namentlich für die Geldvollstreckung bedeutsame Änderungen gebracht hat[1657].

663 Vertritt er den **Vollstreckungsschuldner**, so muss er gegebenenfalls alle in Betracht kommenden gesetzlichen Vollstreckungsschutzmaßnahmen durch entsprechende Anträge und/oder Rechtsbehelfe zu erreichen versuchen. Dafür können Anträge auf Einstellung der Zwangsvollstreckung nach §§ 707, 719, 769 ZPO oder Vollstreckungsschutzanträge nach §§ 712, 721, 765a, 794a, 813a ZPO geboten sein. Ebenfalls zu achten hat der Anwalt auf die Einhaltung der Pfändungsschutzbestimmungen der §§ 850 ff. ZPO[1658].

So muss der Anwalt beispielsweise dafür sorgen, dass bis zu einer Entscheidung des Mandanten über die Einlegung eines Rechtsmittels gegen ein gegen Sicherheitsleistung **vorläufig vollstreckbares Räumungsurteil** keine vollendeten Tatsachen geschaffen werden. In diesem Rahmen ist er gehalten, einerseits der möglichen Zwangsvollstreckung mit geeigneten Rechtsbehelfen entgegenzutreten und andererseits dem Mandanten zu verdeutlichen, dass eine Zwangsvollstreckung bei erfolgreicher Berufung gemäß § 117 Abs. 2 ZPO zum Schadensersatz verpflichtet. Daher kann der bloße Rat zu freiwilliger Räumung, um weitere Kosten zu sparen, weil gegen die Räumung letztlich nichts zu machen sei, gegen die dem Anwalt obliegende Sorgfaltspflicht verstoßen[1659] (vgl. schon Rdn. 349).

1651 BGH, Urt. v. 27.3.2008 – IX ZR 95/05 – juris, Rn. 3 mit Hinweis auf BGH, Urt. v. 13.1.2005 – IX ZR 455/00 – juris, Rn. 15 und v. 21.7.2005 – IX ZR 49/02 – juris, Rn. 16.

1652 BGH, Urt. v. 19.5.2009 – IX ZR 43/08 – juris, Rn. 28 mit Hinweis auf BGH, Urt. v. 17.2.2000 – IX ZR 436/98 – juris, Rn. 25.

1653 BGH, Urt. v. 24.1.2002 – IX ZR 228/00 – juris, Rn. 47.

1654 BGH, Urt. v. 19.5.2009 – IX ZR 43/08 – juris, Rn. 28.

1655 Vgl. BGH, Urt. v. 16.3.2016 – XII ZR 148/14 – juris, Rn. 23 ff.

1656 BGBl I, S. 2258.

1657 Vgl. dazu *G. Vollkommer,* NJW 2012, 3681 ff.

1658 Vgl. *Vill,* in: G. Fischer/Vill/D. Fischer/Pape/Chab, § 2, Rn. 279; *Vollkommer/Greger/Heinemann,* § 28, Rn. 161.

1659 BGH, Urt. v. 10.7.2003 – IX ZR 5/00 – juris, Rn. 11.

Kann die Vollstreckung durch **Sicherheitsleistung** abgewendet werden, muss der Anwalt seinen Mandanten hierüber belehren[1660]. Wird aus einem nur für vorläufig vollstreckbar erklärten Urteil die Zwangsvollstreckung betrieben, so sollte nach Einlegung eines Rechtsmittels regelmäßig ein Antrag auf einstweilige Einstellung der Vollstreckung nach § 719 i.V.m. § 707 ZPO gestellt werden. Wird die Einstellung nur gegen Sicherheitsleistung durch Bankbürgschaft angeordnet, so muss dafür Sorge getragen werden, dass das Original der Bankbürgschaft oder deren beglaubigte Abschrift alsbald der Gegenseite zugestellt wird[1661], da andernfalls die Zwangsvollstreckung weiterbetrieben werden kann.

Der Mandant hat einen Anspruch darauf, dass er von seinem Anwalt über die Auswirkungen einer gegen ihn betriebenen Zwangsvollstreckung zutreffend informiert wird, so beispielsweise weil er mit Rückabwicklungsansprüchen nach und infolge Zwangsversteigerung einer Immobilie ungünstiger gestellt wird[1662]. 664

Wird vollstreckt, so ist zu prüfen, ob ein Rechtsmittel gegen die Vollstreckungshandlung erfolgversprechend ist. Dieses ist gegebenenfalls einzulegen, etwa wegen Nichteinhaltung der Unpfändbarkeitsbestimmungen[1663]. Nach eingeleiteter Zwangsvollstreckung ist ebenfalls zu prüfen, welche Schutzmöglichkeiten für den Mandanten gegeben sind, etwa die Geltendmachung von Schadensersatzansprüchen nach § 717 Abs. 2 ZPO, die Einlegung einer Vollstreckungserinnerung (§ 766 Abs. 1 ZPO) oder die Erhebung einer Vollstreckungsgegenklage nach § 767 ZPO bzw. einer Klauselgegenklage nach § 768 ZPO. 665

Dabei sollte der Anwalt genau prüfen, welche der Rechtschutzmöglichkeiten konkret einschlägig ist. 666

▶ Beispiel[1664]:

Die getrenntlebenden Eheleute schließen in einem Ehevertrag u.a. eine vollstreckungsbeschränkende Vereinbarung. Als die Ehefrau wegen einer Zugewinnausgleichsforderung die Zwangsvollstreckung betreibt und verschiedene Forderungen des Ehemannes gegenüber Dritten pfänden lässt, legt der Ehemann Vollstreckungserinnerung nach § 766 Abs. 1 ZPO ein, mit der er einen Verstoß der Gläubigerin gegen die vertragliche Vollstreckungsbeschränkung geltend macht und die Aufhebung des Pfändungsbeschlusses begehrt.

Diese Rechtsverfolgung blieb ohne Erfolg. Der BGH hat vielmehr zu den in der Literatur vertretenen verschiedenen Auffassungen entschieden, dass hier weder der unmittelbare Anwendungsbereich von § 766 Abs. 1 BGB eröffnet noch die Vorschrift insoweit entsprechend anwendbar ist. Vielmehr stelle die Vollstreckungsabwehrklage entsprechend § 767 Abs. 1 ZPO den geeigneten Rechtsbehelf dar[1665].

Ein Anwalt, dem nur ein Klagemandat, aber kein **Vollstreckungsmandat** erteilt worden ist, ist nicht verpflichtet, eine vollstreckbare Titelausfertigung (§ 724 ZPO) zu beantragen[1666]. Dies ist grundsätzlich nicht vom Prozessmandat erfasst[1667]. 667

Auch dann, wenn der Anwalt den **Vollstreckungsgläubiger** vertritt, kann ihm in vielfältiger Weise ein Regress seines Mandanten drohen: 668

1660 *Vill*, in: G. Fischer/Vill/D. Fischer/Pape/Chab, § 2, Rn. 280.
1661 Vgl. im Einzelnen *Foerste*, in: Musielak/Voit, § 108 ZPO, Rn. 10.
1662 BGH NJW-RR 2000, 1658, 1660 f.; WM 2000, 1600, 1604 (unter IV., 1.).
1663 Vgl. u.a. §§ 811, 850 ff. ZPO.
1664 BGH, Beschl. v. 18.5.2017 – VII ZB 38/16 – juris.
1665 BGH, a.a.O., Rn. 35 ff.
1666 OLG Jena, Beschl. v. 13.12.2018 – 4 W 392/18 – juris, Rn. 12.
1667 Vgl. oben Rdn. 353.

669 Auch wenn dies in den meisten Fällen kein Problem sein wird, ist dennoch darauf hinzuweisen, dass der Anwalt darauf zu achten hat, ob er es überhaupt mit einem **vollstreckungstauglichen Titel** zu tun hat.

▶ Beispiel[1668]:

Eine Anwältin stellte mit einem auf ihre Mandantschaft mit »Rechtsanwälte Dr. von X & Co.« lautenden Vollstreckungsbescheid einen Antrag auf Eintragung einer Zwangshypothek.

Damit scheiterte sie. In vollstreckungsrechtlicher Hinsicht muss nämlich der berechtigte Gläubiger namentlich und so genau bezeichnet sein, dass seine Identität – gegebenenfalls nach Auslegung anhand des Titels oder gegebenenfalls in der beigefügten Vollstreckungsklausel – zweifelsfrei feststeht (§ 750 Abs. 1 ZPO)[1669]. Die Auslegung der Parteibezeichnung richtet sich bei dieser rein formalen Prüfung nach den allgemeinen Regeln; außerhalb des Titels liegende Umstände darf das Vollstreckungsorgan grundsätzlich nicht berücksichtigen[1670]. Da nach dem Vollstreckungsbescheid (§§ 699, 794 Abs. 1 Nr. 4 ZPO) Titelgläubiger nicht der Einzelanwalt X, sondern ein Zusammenschluss aus mehreren Rechtsanwälten war, wie sich aus dem gewählten Plural (»Rechtsanwälte«) sowie dem Zusatz »Co« ergab, und da sich die Namen der übrigen im Vollstreckungsbescheid nur mit »Co.« bezeichneten Rechtsanwälte dem Vollstreckungsbescheid nicht entnehmen ließen, fehlte es an einem vollstreckungsfähigen Titel[1671]. Der Eintragungsantrag wurde daher zurückgewiesen und die dagegen gerichtete Beschwerde als unbegründet abgewiesen.

670 Das Recht der Zwangsvollstreckung wegen Geldforderungen hat – beginnend zum 1.1.2013[1672] – eine Reihe von Änderungen gebracht, die es zu beachten gilt, um Schäden durch erfolglos bleibende Vollstreckungsversuche zu vermeiden. Dies gilt insbesondere für die inhaltlich sachgerechte, einem schnellen und gezielten Zugriff auf Vermögenswerte des Vollstreckungsschuldners dienende, und **formrichtige** Stellung der **Anträge** im Vollstreckungsantrag (s. § 753 Abs. 3 ZPO, § 802a Abs. 2 ZPO, jeweils i.V.m. der Gerichtsvollzieherformular-VO (**GVFV**)) und für Anträge auf Erlass eines Pfändungs- und Überweisungsbeschlusses nach § 829 Abs. 4 ZPO i. V. mit der Zwangsvollstreckungsformular-VO (ZVFV) oder für den Antrag auf Erlass einer richterlichen Durchsuchungsanordnung § 758a Abs. 6 ZPO ebenfalls i.V.m. der Zwangsvollstreckungsformular-VO (**ZVFV**)). Anträge, die nicht unter korrekter Anwendung der verbindlich vorgeschriebenen gesetzlichen Formulare gestellt werden, werden als unzulässig zurückgewiesen. Eine dadurch eintretende Verzögerung der Zwangsvollstreckung birgt Regressgefahren, sollte daher tunlichst vermieden werden.

Nachdem zunächst nur für die Anträge nach § 829a Abs. 4 ZPO und § 758a Abs. 6 ZPO **seit dem 1.3.2013** der Formzwang bestand, ist dieser nun auch **seit dem 1.4.2016** für die Anträge im Vollstreckungsauftrag nach § 753 Abs. 3 und § 802a Abs. 2 ZPO **verbindlich** geworden. Der Gläubiger ist vom Formularzwang gemäß §§ 1, 5 GVFV nur befreit, soweit das Formular unzutreffend, fehlerhaft oder missverständlich ist[1673]. Für (sonstige) Hinweise, die die beabsichtigte Zwangsvollstreckung betreffen, ist das Modul P 8 des Formulars vorgesehen. Nicht titulierte Forderungen und Hinweise auf nicht titulierte Forderungen betreffen nicht die Zwangsvollstreckung und dürfen deshalb nicht in das Formular aufgenommen werden[1674].

Auch **bei der Nutzung** der vorgegebenen Antragsformulare sind **regressträchtige Fehler** möglich. Solche Fehler haben die Rechtsprechung bereits beschäftigt. Nach der Rechtsprechung des BGH

1668 OLG München, Beschl. v. 3.5.2017 – 34 Wx 153/17 – juris.
1669 A.a.O., Rn. 10.
1670 A.a.O., Rn. 11.
1671 A.a.O., Rn. 13–15.
1672 Gesetz zur Reform der Sachaufklärung in der Zwangsvollstreckung v. 29.7.2009, BGBl I, S. 2258.
1673 BGH, Beschl. v. 26.9.2018 – VII ZB 56/16 – juris, Rn. 11 unter Bezugnahme auf BGH, Beschl. v. 4.11.2015 – VII ZB 22/15 – juris, Rn. 12; v. 13.2.2014 – VII ZB 39/13 – juris, Rn. 36.
1674 BGH, Beschl. v. 26.9.2018, a.a.O., LS 2 und Rn. 11.

dürfen Freifelder nicht beliebig genutzt oder auf die Beifügung von Anlagen ausgewichen werden. Nur soweit für den beabsichtigten Antrag in dem Formular keine zweckmäßige Eintragungsmöglichkeit besteht, kann ein geeignetes Freifeld oder eine Anlage genutzt werden, § 3 Abs. 3 S. 1 ZVFV. Darüber hinaus ist der Gläubiger vom Formularzwang entbunden, soweit das Formular unzutreffend, fehlerhaft oder missverständlich ist. Insoweit darf er in dem Formular Streichungen, Berichtigungen oder Ergänzungen vornehmen oder das Formular insoweit nicht nutzen, sondern auf beigefügte Anlagen verweisen[1675].

Versäumt der Anwalt die Vollstreckung aus einem rechtskräftigen (Versäumnis-)Urteil, ist dies grundsätzlich eine Pflichtverletzung auch dann, wenn das Urteil im Widerspruch zur materiellen Rechtslage steht. Der Anwalt handelt jedoch nicht pflichtwidrig, sofern – vom Anwalt erkannt oder bei pflichtgemäßer Sorgfalt erkennbar – gegen die Vollstreckung der **Einwand des § 826 BGB** begründet, die Vollstreckung also eine vorsätzliche sittenwidrige Schädigung des Schuldners wäre[1676]. 671

Schadensersatzpflichtig kann der Rechtsanwalt auch dadurch werden, dass er die Zwangsvollstreckung **nicht zügig betreibt** und diese deswegen später ganz oder teilweise nicht mehr zum Erfolg führt oder nicht mehr führen kann[1677]. 672

Soweit der BGH allerdings neuerdings die Pflicht zur Zügigkeit der Betreibung einer Zwangsvollstreckung an zusätzliche Merkmale knüpfen will und darüber hinaus in bestimmten Fallgestaltungen eine besondere Beschleunigung erwartet, kann dem aus Sicht des Verfassers nicht unbesehen gefolgt werden. Im BGH-Urteil vom 19.9.2019 lauten die entsprechenden Leitsätze wie folgt: 673

> 1. Ein Rechtsanwalt, der mit der zwangsweisen Durchsetzung einer Forderung beauftragt worden ist und einen Titel gegen einen Schuldner des Mandanten erwirkt hat, hat zügig die Zwangsvollstreckung zu betreiben, soweit pfändbares Vermögen bekannt ist oder mit den Möglichkeiten, welche die Zivilprozessordnung bietet, ermittelt werden kann (Bestätigung von BGH, Urt. vom 7. September 2017 – IX ZR 71/16, WM 2017, 1938 Rn. 11).(Rn. 8)
>
> 2. Bestehen Anhaltspunkte dafür, dass eine Verzögerung der Zwangsvollstreckung zum Ausfall des Mandanten führen würde, muss der beauftragte Rechtsanwalt die Zwangsvollstreckung mit besonderer Beschleunigung betreiben. Er muss dann unter den verfügbaren Vollstreckungsmöglichkeiten diejenige auswählen, die am schnellsten zu einem Ergebnis führt.(Rn. 8)«[1678]

Sollte der Rechtsanwalt, der einen Vollstreckungsauftrag erhält, zu dem er weitere Kenntnisse oder Einblicke in die Vermögensverhältnisse des Schuldners und/oder entsprechenden Vollstreckungsmöglichkeiten (zunächst) nicht hat, etwa »bummeln« oder die Sache »locker angehen lassen« dürfen? Die Frage so zu stellen, heißt doch, sie zu verneinen. M.E. hat der Anwalt also in jedem Falle – grundsätzlich jedenfalls – zügig vorzugehen und dies darüber hinaus – auch dies im Gegensatz zur Ansicht offenbar des BGH – verstanden als ein Verhalten »ohne vermeidbare Verzögerung«, also nicht nur dann, wenn Anhaltspunkte für einen Ausfall des Mandanten etwa wegen bevorstehender Insolvenz des Schuldners bestehen, wie es der BGH sieht[1679]. Alles Weitere sind dann Fragen im Rahmen von Kausalität und Zurechnungszusammenhang, wozu auf Rdn. 683 verwiesen wird.

1675 BGH, Beschl. v. 13.2.2014 – VII ZB 39/13, BGHZ 200, 145, Rn. 36; v. 4.11.2015 – VII ZB 22/15 – juris, Rn. 12 m.w.N.; v. 11.5.2016 – VII ZB 54/15 – juris, Rn. 12.

1676 Vgl. BGH, Urt. v. 21.9.1995 – IX ZR 228/94 – juris, Rn. 13. Nach der gebotenen normativen Schadensbetrachtung (dazu vgl. oben im systematischen Teil Kap. 4 Rdn. 189) hat über diese Voraussetzungen der Regressrichter selbstständig zu befinden, ohne Bindung an eine etwa im Hauptprozess ergangene Entscheidung, BGH NJW 1996, 48, 49.

1677 Vgl. BGH, Urt. v. 19.9.2019 – IX ZR 22/17 – juris, Rn. 8 und 13; v. 7.9.2017 – IX ZR 71/16 – juris, Rn. 11; BGH NJW 1993, 734 = WM 1993, 382; OLG Köln NJW-RR 1986, 222, 223 = VersR 1986, 300; *Schlee*, AnwBl 1985, 143 ff.; *Vill*, in: G. Fischer/Vill/D. Fischer/Pape/Chab, § 2, Rn. 271; *Vollkommer/Greger/Heinemann*, § 28, Rn. 162; vgl. auch Kap. 4 Rdn. 177.

1678 BGH, Urt. v. 19.9.2019 – IX ZR 22/17 – juris.

1679 BGH, a.a.O., LS 2, Rn. 8 und Rn. 13.

674 Ist der Wohnsitz oder der gewöhnliche Aufenthaltsort des Schuldners nicht bekannt, darf der Gerichtsvollzieher auf Grund des Vollstreckungsauftrags und der Übergabe der vollstreckbaren Ausfertigung zur Ermittlung tätig werden, wie dies § 755 ZPO im Einzelnen regelt. Der den Vollstreckungsgläubiger vertretende Anwalt muss, wenn er dem Gerichtsvollzieher einen entsprechenden Auftrag erteilen will, beachten, dass die Aufenthaltsermittlung keine selbständige Maßnahme der Zwangsvollstreckung ist, sondern nur eine den Gerichtsvollzieher unterstützende Hilfsbefugnis bei den ihm zugewiesenen Vollstreckungsmaßnahmen ist. Voraussetzung für die **Aufenthaltsermittlung des Schuldners** nach § 755 ZPO ist daher ein zugrundeliegender Vollstreckungsauftrag, der den Anforderungen des § 802a Abs. 2 ZPO genügen muss. Isolierte Aufenthaltsermittlungsaufträge sind unzulässig[1680]. Solche Aufträge können also nur »kombiniert« werden mit zugleich auf mindestens eine der Tätigkeiten des § 802a Abs. 2 ZPO gerichteten Vollstreckungsaufträgen. Das nach § 1 Abs. 1 S. 1 GVFV für den Vollstreckungsauftrag an den Gerichtsvollzieher zur Vollstreckung von Geldforderungen zu verwendende Formular enthält im Modul L (L 1 bis L 9) dazu die Bestimmungen über die Ermittlung des Aufenthaltsorts des Schuldners gemäß § 755 ZPO[1681].

675 Bei Eintragung einer **Auskunftssperre** im Melderegister ist der Gerichtsvollzieher nicht befugt, die ihm von der Meldebehörde mitgeteilte Anschrift des Schuldners an den Gläubiger weiterzugeben, da nicht ausgeschlossen werden kann, dass die Weitergabe die schutzwürdigen Interessen des Schuldners beeinträchtigt. In einem solchen Fall obliegt es vielmehr dem Gläubiger, im Bedarfsfall eine Melderegisterauskunft bei der insoweit sachnäheren Meldebehörde einzuholen, welche dann nach Anhörung des Schuldners gemäß § 51 Abs. 1, Abs. 2 BMG zu entscheiden hat, ob eine Gefahr für Leben, Gesundheit, persönliche Freiheit oder ähnliche schutzwürdige Interessen ausgeschlossen und eine Melderegisterauskunft ausnahmsweise erteilt werden kann[1682].

676 Der teilweise vertretenen Ansicht, dem Anwalt obliege jedenfalls dann der Nachweis fehlender Schadenskausalität, wenn hinreichende Anhaltspunkte dafür bestehen, dass bei weisungsgemäßem Vorgehen die alsbaldige Vollstreckung erfolgreich verlaufen wäre[1683], kann nicht gefolgt werden. Vielmehr bleibt es auch hier richtigerweise bei dem Grundsatz der **Beweislast** des Mandanten für den Ursachenzusammenhang zwischen Pflichtverletzung und Schaden[1684]. Weder trägt der vom OLG Köln bemühte Gesichtspunkt einer Beweisvereitelung, noch der eines widersprüchlichen Verhaltens des Anwalts, noch das Argument, »nur« durch rechtzeitige Vollstreckung hätte der Kläger die Erfolgsaussichten eines zwangsweisen Vorgehens gegen den Schuldner beweisen können. Auch der BGH geht zu Recht als selbstverständlich von einer Beweislast des Regressklägers nach allgemeinen Grundsätzen aus[1685] und hat dies noch einmal bekräftigt[1686].

677 Die Möglichkeit zügiger Vollstreckung aus einem im **Urkundenprozess** erstrittenen **Vorbehaltsurteil** gemäß § 599 ZPO kann im Einzelfall wegen der Gefahr, bei Aufhebung des Urteils im Nachverfahren Schadensersatz leisten zu müssen (§§ 600 Abs. 2, 302 Abs. 4 S. 3 ZPO), nicht in Betracht kommen[1687].

1680 BGH, Beschl. v. 21.6.2017 – VII ZB 5/14 – juris, Rn. 6 f. m.w.N.; Beschl. v. 4.7.2019 – I ZB 71/18 – juris, Rn. 8.

1681 Vgl. BGH, Beschl. v. 4.7.2019, a.a.O., Rn. 7 f.

1682 BGH, Beschl. v. 10.10.2018 – VII ZB 12/15 – juris, Rn. 13.

1683 So OLG Köln, NJW-RR 1986, 222, 223; *Borgmann/Jungk/Schwaiger*, Kap. IX, Rn. 46; *Vollkommer/Greger/Heinemann*, § 28, Rn. 162.

1684 Zu diesem Grundsatz vgl. im systematischen Teil, Kap. 4 Rdn. 9 ff.; *G. Fischer*, in: G. Fischer/Vill/D. Fischer/Pape/Chab, § 5, Rn. 10 m.w.N.

1685 BGH NJW 1993, 734 = WM 1993, 382; ausdrücklich: Beschlüsse v. 14.7.2005 – IX ZR 66/03 – juris, Rn. 5 und v. 1.7.2010 – IX ZR 10/07 – juris, Rn. 5; vgl. auch OLG Celle NJW-RR 2006, 861 f.; OLG Hamm vom 6.10.2009 – 28 U 108/09; *G. Fischer*, in: G. Fischer/Vill/D. Fischer/Pape/Chab, § 5, Rn. 91.

1686 BGH, Urt. v. 19.9.2019 – IX ZR 22/17 – juris, Rn. 17.

1687 Die Aussage des BGH (NJW 1994, 3295, 3297 = WM 1994, 2113, 2115), dass deshalb die Vollstreckung »oft schon« deswegen nicht in Betracht komme, erscheint zu weitgehend.

Erfolgt die **Vollstreckung** aus einem Titel, der verschiedene Forderungen zum Gegenstand hat, die jeweils Zug um Zug gegen Herausgabe unterschiedlicher Gegenstände zu erfüllen sind, **lediglich wegen eines Teilbetrags**, muss der Pfändungs- und Überweisungsbeschluss erkennen lassen, wegen welcher dieser Forderungen vollstreckt werden soll. Ein Antrag auf Erlass eines Pfändungs- und Überweisungsbeschlusses, der diesen Anforderungen nicht genügt, ist zurückzuweisen[1688]. 678

Vor einer **Zwangsvollstreckung wegen einer Geldforderung** hat der Anwalt nach § 882f Abs. 1 Nr. 1 ZPO Einsicht in das bei dem für das jeweilige Bundesland bestimmten sog. zentralen Vollstreckungsgericht nach § 882b ZPO geführte **Schuldnerverzeichnis** zu nehmen, wobei auch eine zentrale und länderübergreifende elektronische Abfrage möglich ist (§ 882h Abs. 1 S. 2 ZPO). Auch in die nach § 802f Abs. 6 ZPO oder nach § 284 Abs. 7 S. 4 AO zu hinterlegenden und ebenfalls in elektronischer Form zentral verwalteten Vermögensverzeichnisse der einzelnen Schuldner (§ 802k Abs. S. 1 ZPO) ist pflichtgemäß Einsicht zu nehmen, was nach § 802k Abs. 1 S. 2 ZPO über das Internet möglich ist. Läuft die Zwangsvollstreckung durch den Gerichtsvollzieher bereits, kann (auch) dieser das Vermögensverzeichnis abrufen (§ 802k Abs. 2 ZPO). 679

Bei einem nur gegen Sicherheit vorläufig vollstreckbaren, auf eine Geldleistung gerichteten Urteil hat der Rechtsanwalt die Möglichkeit der **Sicherungsvollstreckung** (Pfändung von beweglichem Vermögen und Eintragung einer Sicherungshypothek ohne Sicherheitsleistung) **nach § 720a ZPO** zu bedenken und die Zwei-Wochen-Frist des § 750 Abs. 3 ZPO in den Fällen des § 750 Abs. 2 ZPO zu beachten[1689]. Bei der Beratung des Mandanten ist dabei auf das Risiko einer Haftung nach § 717 Abs. 2 ZPO hinzuweisen[1690]. Wenn der Rechtsanwalt weiß oder wissen muss, dass der Schuldner in angespannten finanziellen Verhältnissen lebt, muss er seinen Mandanten auch bei der erkennbaren Gefahr des Eingreifens von § 7 Abs. 3 GesO[1691] oder des § 88 InsO[1692] über das Risiko der mangelnden Insolvenzfestigkeit der Sicherungsvollstreckung belehren[1693]. 680

Bei der Zwangsvollstreckung wegen Geldforderungen in Forderungen und andere Vermögensrechte hat der Rechtsanwalt auch an die Möglichkeit der **Vorpfändung** nach § 845 ZPO zu denken, was insbesondere bei einer Vorpfändung des Geschäftskontos die Zahlungsbereitschaft des Schuldners fördern kann[1694]. Die Vorpfändung als vorläufige, private Zwangsvollstreckungsmaßnahme kann einen Schaden durch Zuspätkommen eines gerichtlichen Pfändungsbeschlusses verhindern[1695]. Auch bei einem (zu erwartenden) Wettlauf der Gläubiger ist sie ein pflichtgemäß zu erwägendes Mittel der Sicherung und Durchsetzung von Mandanteninteressen. Sie hat indes nur befristete Wirkung. Die Benachrichtigung an den Drittschuldner über das Bevorstehen der Pfändung hat gem. § 845 Abs. 2 ZPO die Wirkung eines Arrestes (§ 930 ZPO), d.h. der Arrestvollziehung mit Forderungspfändung, also die Wirkung der Beschlagnahme im Wege der Zwangsvollstreckung[1696], wenn die gerichtliche Pfändung der Forderung innerhalb eines Monats bewirkt wird[1697]. Andernfalls entfällt die Vorpfändung rückwirkend[1698]. Daraus resultieren für den Anwalt, der eine Vorpfändung 681

1688 BGH NJW 2008, 3147 (mit Anm. *Würdinger*) = WM 2008, 1748.

1689 BGH, Beschl. v. 5.7.2005 – VII ZB 14/05 – juris, Rn. 7 ff.; *Vill*, in: G. Fischer/Vill/D. Fischer/Pape/Chab, § 2, Rn. 271.

1690 *Vill*, a.a.O.

1691 Die Gesamtvollstreckungsordnung ist durch EGInsO seit dem 1.1.1999 (vgl. Art. 110 Abs. 1 EGInsO) aufgehoben.

1692 In Kraft getreten am 1.1.1999, Art. 110 Abs. 1 InsO.

1693 BGH NJW 2001, 673, 674 = WM 2000, 1814, 1815; vgl. auch *Ganter*, S. 14 (jeweils zu § 7 Abs. 3 GesO).

1694 *Vill*, in: G. Fischer/Vill/D. Fischer/Pape/Chab, § 2, Rn. 276; zu dieser Vorgehensweise vgl. auch OLG Hamm, Urt. v. 11.2.1999 – 28 U 153/98, NJW-RR 2000, 1008, 1009 = OLGRep. 1999, 364 (unter I., 1.).

1695 *Flockenhaus*, in: Musielak/Voit, § 845 ZPO, Rn. 1; Zöller/*Herget*, § 845 ZPO, Rn. 1.

1696 Auch für eine Sicherungspfändung nach § 720a ZPO: BGHZ 93, 71 = NJW 1985, 863; Zöller/*Herget*, § 845 ZPO, Rn. 5.

1697 Vgl. Zöller/*Herget*, § 845 ZPO, Rn. 5.

1698 *Flockenhaus*, in: Musielak/Voit, § 845 ZPO, Rn. 6.

vornimmt, Sorgfaltspflichten, nämlich die gerichtliche Pfändung unverzüglich zu beantragen und auf die besondere Eilbedürftigkeit und das Datum des Fristablaufs mit Hilfe bewährter Mittel guter anwaltlicher Übung deutlich und unübersehbar hinzuweisen, eine Fristkontrolle vorzunehmen und erforderlichenfalls Nachfrage bei Gericht zu halten[1699]. Bei der Stellung des Antrags, eine Vorpfändung nach § 845 ZPO durchzuführen, sind §§ 802a Abs. 2 S. 2 und S. 1 Nr. 5, 753 Abs. 3 ZPO i.V.m. der Gerichtsvollzieherformular-VO (**GVFV**) zu beachten und dass der Antrag **ab dem 1.4.2016** unter korrekter Anwendung des amtlichen Formulars (s. oben Rdn. 670) gestellt werden muss[1700].

Wird die Vorpfändung schon vor der »kritischen« Zeit, d.h. drei Monate vor Stellung des Insolvenzantrags, ausgebracht, folgt die Hauptpfändung innerhalb der Monatsfrist des § 845 Abs. 2 ZPO nach, fällt diese in den von § 131 InsO geschützten Zeitraum und ist somit anfechtbar, verliert allerdings die zuvor ausgebrachte Vorpfändung ihre Wirkung[1701], so dass auch deshalb besondere Eile geboten sein kann.

682 Bei der sonstigen Einzelzwangsvollstreckung wird das Prioritätsprinzip durch das System der **insolvenzrechtlichen Anfechtungsregeln** eingeschränkt (§ 131 InsO), so dass ein erst während des Drei-Monats-Zeitraums vor dem Eröffnungsantrag wirksam gewordenes Pfandrecht in der Insolvenz kein anfechtungsfestes Absonderungsrecht nach § 50 Abs. 1 InsO begründet, wenn der Schuldner zur Zeit der Rechtshandlung zahlungsunfähig war, § 131 Abs. 1 Nr. 2 InsO[1702]. Wenn also erhebliche Anhaltspunkte dafür vorliegen, dass eine Einzelvollstreckung letztlich keinen Vorteil (mehr) bringen kann, wird der Anwalt davon abzuraten, jedenfalls aber hierzu hinreichend zu belehren haben[1703].

Das mit einer Insolvenz des Schuldners verbundene **Risiko der Uneinbringlichkeit der Forderung** kann der Anwalt seinem Mandanten nicht generell abnehmen. Für Entwicklungen, die nicht vorhersehbar waren, haftet er nicht. Jedoch muss er – als Grundsatz formuliert – den Mandanten so weit belehren, dass dieser – wie auch in anderen Fällen (vgl. Kap. 2 Rdn. 161 und 41) – in Kenntnis der absehbaren Chancen und Risiken eine eigenverantwortliche Entscheidung über das weitere Vorgehen treffen kann[1704].

> »Gibt es Anhaltspunkte dafür, dass die Insolvenz des Schuldners des Mandanten bevorsteht, muss der Anwalt den Mandanten über das Risiko der fehlenden Insolvenzfestigkeit der im letzten Monat vor dem Antrag auf Eröffnung des Insolvenzverfahrens oder nach diesem Antrag durch Zwangsvollstreckung erlangten Sicherheit gem. § 88 InsO (Vill, aaO) ebenso hinweisen wie auf die Anfechtbarkeit erhaltener Sicherheiten und Zahlungen gemäß §§ 130, 131 InsO (Vill, aaO Rn. 265; vgl. auch BGH, Urteil vom 8. Januar 2004 – IX ZR 30/03, WM 2004, 481, 482). Die Anfechtbarkeit von Rechtshandlungen des Schuldners einerseits (§§ 130, 131, 133 InsO), und von Maßnahmen der Zwangsvollstreckung andererseits (§ 133 Abs. 1 InsO; vgl. dazu BGH, Urteil vom 10. Februar 2005 – IX ZR 211/02, BGHZ 162, 143, 147 ff; zur Abgrenzung von Rechtshandlungen und Maßnahmen der Zwangsvollstreckung vgl. BGH, Urteil vom 1. Juni 2017 – IX ZR 48/15, WM 2017, 1315 Rn. 14 ff; vom 1. Juni 2017 – IX ZR 114/16, WM 2017, 1348 Rn. 6 ff) hat der Anwalt zu kennen. Er muss seine Beratung hieran ausrichten. Der Senat hat bereits entschieden, dass ein drohendes oder sogar bereits beantragtes Insolvenzverfahren über das Vermögen des Schuldners Anlass sein kann, jegliche Kosten verursachende Maßnahmen zu unterlassen und den Mandanten darauf zu verweisen, dass er seine Forderung im Insolvenzverfahren zur Tabelle anmelden könne (BGH, Urteil vom 8. Januar 2004 – IX ZR 30/03, WM 2004, 481, 482 f; vgl. auch Fahrendorf in Fahrendorf/Mennemeyer/Terbille, Die Haftung des Rechtsanwalts, 8. Aufl. Rn. 2101)«[1705].

1699 OLG Hamm vom 2.9.1997 – 28 U 84/97, MDR 1998, 503 f. = OLG-Rep. 1998, 70 f.
1700 Vgl. *Voit*, in: Musielak/*Voit*, ZPO, § 802a, Rn. 3.
1701 BGH NJW 2006, 1870 = WM 2006, 921.
1702 BGH, Urt. v. 22.1.2004 – IX ZR 39/03, BGHZ 157, 350 = juris, Rn. 11.
1703 Vgl. dazu auch BGH WM 2004, 481, 482 zu § 30 Abs. 1 KO und einem bereits bei Beantragung eines Mahnbescheides gestellten Antrags auf Eröffnung des Konkursverfahrens.
1704 BGH, Urt. v. 7.9.2017 – IX ZR 71/16 – juris, Rn. 11.
1705 BGH, a.a.O.

Kann diesen Ausführungen zugestimmt werden, so ist indes die daran anschließende Einschränkung einer Haftung des Anwalts auf der Ebene der Pflichtwidrigkeit als bedenklich einzustufen. Diese Urteilspassage lautet: 683

»Eine unterlassene Zwangsvollstreckung ist nur dann pflichtwidrig, wenn pfändbares Vermögen vorhanden war und entweder bekannt war oder mit den Möglichkeiten, welche die Zivilprozessordnung bietet, ermittelt werden konnte. Anders als in den bereits entschiedenen Fällen des Forderungsverlustes durch Verjährung oder Ablauf einer Ausschlussfrist (vgl. BGH, Urteil vom 18. März 2004 – IX ZR 255/00, WM 2004, 2217, 2219; vom 1. März 2007 – IX ZR 261/03, BGHZ 171, 261 Rn. 35; Beschluss vom 8. November 2007 – IX ZR 221/06, nv, Rn. 2; vom 24. Oktober 2013 – IX ZR 164/11, NJW-RR 2014, 172 Rn. 8) geht es hier nicht um einen durch die Pflichtverletzung adäquat verursachten Schaden; die Erleichterung der Darlegungs- und Beweislast des § 287 ZPO gilt nicht.«[1706]

Wer hierfür – m.E. zu Recht – eine Begründung erwartet, wird enttäuscht. Sie fehlt, obgleich für diese Ansicht wegen ihrer Abgrenzung zur sonstigen Sichtweise, wonach es hier nicht um die Frage einer Beurteilung als pflichtwidrig, sondern um die Frage einer Kausalität geht, also um die Frage, ob bei (pflichtgerechtem) Verhalten ein Schaden durch ein Fehlschlagen der Vollstreckung und gänzlichem oder teilweisem Ausfall mit der titulierten Forderung vermieden worden wäre, eine saubere und nachvollziehbare Begründung doch dafür vonnöten gewesen wäre, warum hier § 287 ZPO »beschnitten« werden soll.

Der Verfasser teilt auch im Ergebnis die Sichtweise des BGH an dieser Stelle nicht. Daran ändert auch nichts die das Urteil vom 7.9.2017 bestätigende Entscheidung vom 19.9.2019, deren hier maßgeblicher Leitsatz 1 wie folgt lautet:

»Leitsatz

1. Ein Rechtsanwalt, der mit der zwangsweisen Durchsetzung einer Forderung beauftragt worden ist und einen Titel gegen einen Schuldner des Mandanten erwirkt hat, hat zügig die Zwangsvollstreckung zu betreiben, soweit pfändbares Vermögen bekannt ist oder mit den Möglichkeiten, welche die Zivilprozessordnung bietet, ermittelt werden kann (Bestätigung von BGH, Urt. vom 7. September 2017 – IX ZR 71/16, WM 2017, 1938 Rn. 11).«[1707]

Auch wenn man auf den ersten Blick vielleicht geneigt sein könnte, diesem Leitsatz zuzustimmen, ist indes kritisch anzumerken, dass mit dem Leitsatz 1 ein (weiteres?) Kriterium angesprochen wird, nämlich eine zeitbezogene Anforderung: »Zügigkeit«, von der in der ersten Entscheidung (dort zu Recht) nicht die Rede war. Abgesehen von diesem (Kritik-)Punkt bleibt aber der Einwand bestehen, warum etwa der mit der Vollstreckung beauftragte Rechtsanwalt sich nicht grundsätzlich in jedem Falle, d.h. auch oder gerade doch dann, wenn weder pfändbares Vermögen bekannt war, noch bislang ermittelt werden konnte, zügig um die Vollstreckung und die Ausschöpfung ihrer Möglichkeiten zu kümmern hat. Aus einer ex-post-Sicht eine Pflichtwidrigkeit trotz des Unterlassens solcher lege arte zu erwartenden und zu Recht zu verlangenden Maßnahmen und Tätigkeiten zu verneinen, ist m.E. nicht angängig, schafft zudem nur (unnötige) Abgrenzungsprobleme und widerspricht gängiger dogmatischer Systematik. Nach dieser geht es genauso wie beispielsweise bei Fristversäumungen grundsätzlich einzig und allein darum, ob bei Wahrung der Sorgfaltsanforderungen der erlittene Schaden ebenfalls eingetreten oder aber vermieden worden wäre.

Einzig in Fällen, in denen festgestellt werden kann, dass von vorneherein im Zeitpunkt oder in dem Zeitraum, der für die Auftragsausführung dem Anwalt zur Verfügung stand, für diesen jegliche Anknüpfungspunkte für ein Aktivwerdenmüssen nicht vorlagen, könnte man schon das Verdikt einer Pflichtverletzung und Pflichtwidrigkeit vermeiden. Sonst aber entscheidet sich die Haftungsfrage erst im Rahmen der Kausalität/Zurechnung[1708].

1706 BGH, a.a.O., Rn. 13.

1707 BGH, Urt. v. 19.9.2019 – IX ZR 22/17 – juris.

1708 Kritisch zur Bejahung der Schadenskausalität: *Grams*, Urteilsanmerkung, NJW 2020, 845.

684 Rechtshandlungen eines Schuldners, die seine Gläubiger benachteiligen, können **außerhalb des Insolvenzverfahrens** nach Maßgabe der Bestimmungen des Anfechtungsgesetzes (AnfG) angefochten werden, wobei Unterlassungen Rechtshandlungen gemäß § 1 Abs. 2 AnfG gleichgestellt sind. An die verschiedenen Möglichkeiten, über das AnfG eine Duldung einer Zwangsvollstreckung in das Vermögen des Anfechtungsgegners zu erreichen, beispielsweise bei Unzulänglichkeit des Vermögens des Schuldners (**§ 2 AnfG**)[1709], bei vorsätzlich die Gläubiger benachteiligenden Rechtshandlungen des Schuldners (**§ 3 AnfG**) oder bei unentgeltlicher (und sei es auch nur teilweise unentgeltlicher) Leistung des Schuldners an den Anfechtungsgegner (**§ 4 AnfG**)[1710] sollte tunlichst gedacht und diese unter Beachtung der höchstrichterlichen Rechtsprechung dazu gegebenenfalls zur Wahrung der Gläubigerinteressen eingesetzt werden.

685 Schließlich hat der Rechtsanwalt zu beachten, dass die Rechtsprechung von ihm erwartet, die Vollstreckung grundsätzlich **umfassend** zu betreiben. So hat das OLG Düsseldorf verlangt, dass der Anwalt, der einen umfassenden Vollstreckungsauftrag erhält, gehalten ist, *»das gesamte Vermögen des Schuldners durch Pfändungsmaßnahmen zu erfassen«*[1711]. Dem dient das Instrumentarium des reformierten Vollstreckungsrechts, insbesondere die neu geschaffene Vermögensauskunft (§ 802c ZPO) und die Möglichkeit, über den Gerichtsvollzieher Auskünfte Dritter über das Vermögen des Schuldners einholen zu lassen (§ 802 Abs. 1 ZPO). Dafür hat der Anwalt des Gläubigers durch entsprechende Anträge unter Verwendung der **seit dem 1.4.2016** verbindlich zu benutzenden und korrekt auszufüllenden Formulare zu sorgen (§ 802a Abs. 2 S. 2 ZPO i.V.m. § 753 Abs. 3 und i.V.m. der Gerichtsvollzieherformular-VO (**GVFV**)).

686 Will der Gläubiger eine Nachbesserung einer Vermögensauskunft verlangen, sollte der Anwalt die dafür von der Rechtsprechung aufgestellten Grundsätze beachten. Danach kann Nachbesserung nur verlangt werden, wenn der Schuldner ein äußerlich erkennbar unvollständiges, ungenaues oder widersprüchliches Verzeichnis vorgelegt hat. Diese »Mängel« müssen sich aus dem Vermögensverzeichnis selbst ergeben oder der Gläubiger muss glaubhaft machen, dass der Schuldner im Vermögensverzeichnis versehentlich unvollständige oder unzutreffende Angaben gemacht hat[1712]. Unzulässig ist ein Antrag auf eine Nachbesserung zur Beantwortung von Fragen über Vermögenspositionen, die vom Schuldner schon zusammengefasst verneint worden sind[1713]. Einem Verlangen auf Nachbesserung einer Vermögensauskunft gemäß § 802c ZPO fehlt das Rechtsschutzbedürfnis, wenn der Gläubiger Auskunft über Erstattungsforderungen für Betriebs- und Heizkosten verlangt, die der Sozialhilfeträger für einen Empfänger von Leistungen nach dem SGB II an dessen Vermieter geleistet hat. Ein solches Auskunftsbegehren ist mutwillig, weil diese Ansprüche nicht der Pfändung unterliegen[1714].

687 Diese Anforderungen gehen über das hinaus, was in einer Anwaltspraxis, die Vollstreckungen betreibt, früher üblich gewesen sein mag, nämlich regelmäßig zunächst (nur) einen Auftrag an den zuständigen Gerichtsvollzieher zur Fahrnisvollstreckung zu erteilen, bei Fruchtlosigkeit dieser Vollstreckungsmaßnahme sodann einen Antrag auf Leistung der eidesstattlichen Versicherung (§ 807 ZPO a.F.) zu stellen und dadurch erst weitere, der Vollstreckung unterliegende Vermögenswerte zu ermitteln zu versuchen, in welche dann vollstreckt wurde. Ob im Einzelfall die in § 807 ZPO n.F. normierte Möglichkeit, nach erfolglosem Pfändungsversuch die Vermögensauskunft zu verlangen – was abweichend von § 802f ZPO sofort möglich ist (§ 807 Abs. 1 S. 1 ZPO) –, zu

1709 Vgl. dazu BGH, Urt. v. 15.12.2016 – IX ZR 113/15 – juris, Rn. 6 – 9.

1710 Dazu vgl. BGH, a.a.O., Rn. 10 – 21.

1711 OLG Düsseldorf VersR 1991, 424 f. (Pflicht des Anwalts, bei Antrag auf Erlass eines Pfändungs- und Überweisungsbeschlusses in sämtliche Guthaben eines Schuldners bei einer Bank auch solche aus einem etwaigen Wertpapierdepot einzubeziehen). Der BGH hat die Revision mit Beschluss vom 28.6.1990 – IX ZR 281/89, nicht angenommen. Vgl. auch BGH NJW 1998, 2134, 2135; *Vill*, in: G. Fischer/Vill/D. Fischer/Pape/Chab, § 2, Rn. 273.

1712 BGH, Beschl. v. 15.12.2016 – I ZB 54/16 – juris, Rn. 9, 22 f.

1713 BGH, Beschl. v. 29.3.2017 – I ZB 62/16 – juris, Rn. 7 m.w.N.

1714 BGH, a.a.O., Rn. 8 m.w.N.

wählen ist, dürfte davon abhängen, ob der Gläubiger Aussichten sah, wenigstens teilweise mit einer Pfändung erfolgreich zu sein[1715]. Dabei ist auch zu beachten, dass eine Sofortabnahme der Vermögensauskunft nicht möglich ist, wenn es am Rechtsschutzinteresse des Gläubigers daran beispielsweise wegen Kenntnis anderer pfändbarer Gegenstände etwa aussichtsreicher Forderungen fehlt[1716].

Schon zum früheren Vollstreckungsrecht war die Rechtsprechung im Übrigen schon der Auffassung, 688
dass der Anwalt, der einen Vollstreckungsauftrag erhielt, alsbald **nach denkbaren Vollstreckungsobjekten zu fragen** bzw. auf andere Vollstreckungsmöglichkeiten als die Fahrnisvollstreckung aufmerksam zu machen hatte. Dazu hatte OLG Hamm hat in einer Entscheidung vom 17.3.1988 ausgeführt:

> »Es wäre daher Pflicht der Beklagten gewesen, den Kläger auch auf die Möglichkeit hinzuweisen, durch eine Anfrage beim Grundbuchamt sich Sicherheit über den im Eigentum des Schuldners stehenden Grundbesitz zu verschaffen und durch Grundbucheinsicht oder Einholung von Grundbuchauszügen sich über die Belastung der Grundstücke Gewissheit zu verschaffen.«[1717]

Die Revision gegen das vorstehende Urteil hat der Bundesgerichtshof nicht angenommen und mit Beschluss vom 21.9.1989 kurz angemerkt:

> »Ein Rechtsanwalt, dem ein umfassender Vollstreckungsauftrag erteilt wird, ist grundsätzlich gehalten, den Mandanten auch nach Grundbesitz des Schuldners zu fragen.«[1718]

Sind dem Gläubiger bzw. seinem Anwalt vor Einleitung des Vollstreckungsverfahrens bereits an- 689
dere Vollstreckungsmöglichkeiten bekannt geworden oder zügiger als über den Gerichtsvollzieher zu erwarten Kenntnisse darüber zu erhalten, hat der Anwalt auch in Bezug auf diese Vermögensteile grundsätzlich unverzüglich die geeigneten erfolgsversprechenden Vollstreckungsmaßnahmen **ggf. parallel** einzuleiten, z.B. durch Pfändung von Arbeitseinkommen, Kontenpfändung auch mit Pfändung der Kreditlinie (sog. Dispositionskredit)[1719] und/oder als Verdachtspfändung[1720], von Schuldnerforderungen gegen Dritte etc. Andernfalls verletzt er seine Grundpflicht, den Mandanten vor voraussehbaren und vermeidbaren Schäden zu bewahren (dazu Kap. 2 Rdn. 256 ff.).

Dem Vollstreckungszugriff unterliegt nach der Rechtsprechung des BGH **auch** ein **Regressan-** 690
spruch, den der **Vollstreckungsschuldner gegen seinen Rechtsanwalt** hat, weil aufgrund schuldhafter Pflichtverletzung dieses Anwalts der Schuldner als sein Mandant zur Zahlung eines Geldbetrages verurteilt worden ist (vgl. Kap. 4 Rdn. 167). Macht der Titelgläubiger als früherer Prozessgegner den solchermaßen gepfändeten und ihm zur Einziehung überwiesenen Anspruch klageweise geltend, kann er ohne Verstoß gegen Treu und Glauben vorbringen, dass er im Vorprozess zu Unrecht obsiegt habe, weil er nunmehr den Rechtsstreit aus der Sicht des Mandanten (seines früheren Prozessgegners) führen muss[1721]. Ausgeschlossen ist dies allerdings, wenn die Zwangsvollstreckung eine unerlaubte Handlung i.S.d. § 826 BGB darstellt, insbesondere der Vollstreckungstitel durch unredliche Prozessführung erlangt worden ist[1722] (zu § 826 BGB vgl. schon Kap. 4 Rdn. 165 und Kap. 8 Rdn. 671).

1715 Vgl. *Seiler*, in: Thomas/Putzo, ZPO, § 807, Rn. 1.

1716 *Flockenhaus*, in: Musielak/Voit, § 807 ZPO, Rn. 5 m.w.N.

1717 OLG Hamm, Urt. v. 17.3.1988 – 28 U 203/86 (unveröffentlicht).

1718 Az: IX ZR 154/88.

1719 BGH, Urt. v. 29.3.2001 – IX ZR 34/00 –, BGHZ 147, 193 = juris, Rn. 6 ff.

1720 Dazu und zu den Grenzen: BGH, Beschl. v. 19.3.2004 – IXa ZB 229/03 – juris, Rn. 5 ff.; *Vollkommer/Greger/Heinemann* § 28, Rn. 165.

1721 BGH VersR 1982, 975, 976 f.; NJW 1996, 48, 49 = WM 1996, 35, 37; NJW 2000, 730, 731 = WM 2000, 189, 192; vgl. auch *Borgmann/Jungk/Schwaiger*, Kap. V, Rn. 112, 128 (mit Bedenken bei einer dauerhaften Inanspruchnahme); *G. Fischer*, in: G. Fischer/Vill/D. Fischer/Pape/Chab, § 5, Rn. 106; *Ganter*, S. 28.

1722 BGH NJW 2000, 730, 731 = WM 2000, 189, 192; *Ganter*, S. 28.

691 Wird eine Schuldnerforderung gepfändet und dem Gläubiger zur Einziehung überwiesen, hat der Anwalt **dafür zu sorgen, dass** diese Forderung gegen den Drittschuldner **nicht verjährt**[1723].

692 Bei entsprechenden Anhaltspunkten einer Beschlagnahme des Schuldnervermögens nach StPO (beispielsweise aufgrund einer Drittschuldnermitteilung) muss der Anwalt bei einem Vollstreckungsmandat die §§ 111c und 111g StPO mit ihren vollstreckungsrechtlichen Auswirkungen beachten und wegen des Grundsatzes des sichersten Weges ggf. einen **Zulassungsbeschluss nach § 111g Abs. 2 StPO** unverzüglich erwirken[1724].

693 **Bei zunächst fruchtloser Vollstreckung** hat der Anwalt alles zu tun, um dem Mandanten doch noch zu einem Erfolg zu verhelfen. So wird zur Ermittlung des pfändbaren Schuldnervermögens regelmäßig schnellstmöglich ein Antrag auf Leistung der eidesstattlichen Versicherung (§ 807 ZPO) erforderlich sein[1725]. Stellt er stattdessen sogleich einen Antrag auf Eröffnung des Insolvenzverfahrens (§§ 12 ff. InsO), handelt er pflichtwidrig[1726].

694 Nach allgemeiner Meinung kann ein Vollstreckungsgläubiger grundsätzlich auch eine gegen sich selbst gerichtete Forderung pfänden (sog. **Selbstpfändung**). Die Einzelheiten sind streitig[1727]. Die Pfändung in eigene Schuld ist aber jedenfalls dann unbedenklich, wenn sie dazu dient, dem Gläubiger die Verrechnung in den Fällen zu ermöglichen, in denen die Aufrechnungsvoraussetzungen nicht vorliegen oder die Aufrechnung aus prozessualen Gründen unstatthaft ist, sofern nicht Aufrechnungsverbote (vgl. § 393 BGB) entgegenstehen[1728]. Es kann Situationen geben, in denen der Anwalt auch daran zu denken und diese Möglichkeit im Rahmen seiner umfassenden Schadensverhütungspflicht zu nutzen hat. Da der Mandant als Drittschuldner nicht an sich als Vollstreckungsgläubiger zahlen kann, reicht im Fall der Selbstpfändung für die Einziehung der gepfändeten Forderung in eigene Schuld aus, dass gegenüber dem Vollstreckungsschuldner erklärt wird, die Forderungen zu verrechnen[1729]. Läuft allerdings noch ein Passivprozess, in dem diese Forderung gegen den Mandanten geltend gemacht wird, muss der Anwalt zur Schadensverhütung auf dem sichersten Weg bereits im Prozess diese Selbstpfändung und Überweisung der Klageforderung geltend machen, um so von vorneherein durch die Beseitigung bzw. Verhinderung des Titels die (weitere) Vollstreckung der Gegenseite zu verhindern[1730].

695 Meldet sich ein Dritter als angeblicher Eigentümer eines gepfändeten Gegenstandes mit der Drohung der **Drittwiderspruchsklage** nach § 771 ZPO, so ist stets eine sorgfältige Prüfung erforderlich. Wenn etwa die Ehefrau des Schuldners einen privatschriftlichen Vertrag präsentiert, wonach sie alle denkbaren wertvollen Gegenstände schon vor Jahren von ihrem Mann übereignet bekommen habe, so ist mit der Möglichkeit zu rechnen, dass dieser Vertrag rückdatiert worden ist[1731]. Hier kann es pflichtgemäß erscheinen, die Echtheit des Vertrages bzw. des eingesetzten Datums mit Nichtwissen zu bestreiten. Gegenüber einer Drittwiderspruchsklage sind gegebenenfalls auch Einwendungen aus Gläubigeranfechtung bzw. aus einem bestehenden Vermieterpfandrecht zu prüfen[1732]. Zu

---

1723 BGH NJW 1996, 48, 51 = WM 1996, 35, 40; vgl. auch *Ganter*, S. 14; *Vill*, in: G. Fischer/Vill/D. Fischer/Pape/Chab, § 2, Rn. 275.

1724 OLG Hamm, Urt. v. 11.2.1999 – 28 U 153/98, NJW-RR 2000, 1008 = OLG-Rep. 1999, 364. Der Zulassungsbeschluss hat keine konstitutive Wirkung für das Entstehen und den Rang des Pfändungspfandrechts; er klärt nur förmlich, zu Gunsten welcher Gläubiger die Wirkungen der §§ 111g Abs. 1 und 3 StPO zu beachten sind, OLG Hamm, Urt. v. 11.2.1999 – 28 U 153/98, NJW-RR 2000, 1008; BGH NJW 2000, 2027 = WM 2000, 1054.

1725 Vgl. OLG Düsseldorf ZIP 1984, 1499 ff.; *Schlee*, AnwBl 1985, 143 f.

1726 OLG Düsseldorf, ZIP 1984, 1500 (noch zu §§ 102, 103 KO); *Vill*, in: G. Fischer/Vill/D. Fischer/Pape/Chab, § 2, Rn. 274.

1727 Vgl. BGH, Urt. v. 10.3.2011 – IX ZR 82/10 – juris, Rn. 13.

1728 BGH, a.a.O., juris, Rn. 14.

1729 BGH, a.a.O., juris, Rn. 15.

1730 BGH, a.a.O., juris, Rn. 11, 12.

1731 Vgl. *Rinsche*, Prozesstaktik, Rn. 481, 128 ff.

1732 Vgl. dazu im Einzelnen *Rinsche*, Prozesstaktik, Rn. 481 ff.

beachten ist allerdings auch, dass dann, wenn der mit der Zwangsvollstreckung beauftragte Rechtsanwalt die **Freigabe eines Pfandgegenstandes** verzögert, nachdem ein die Veräußerung hinderndes Recht i.S.d. § 771 ZPO glaubhaft gemacht worden ist, nach Ansicht des BGH der Gläubiger für den dem Dritten entstehenden Verzugsschaden gemäß § 278 BGB ohne Entlastungsmöglichkeit haftet[1733]. Der Anwalt ist also zur Vermeidung einer Haftung hierfür gegenüber seinem Mandanten gut beraten, in solchen Fällen die Pfandfreigabe unverzüglich zu veranlassen.

Nicht selten entsteht ein vermeidbarer Schaden auch deshalb, weil der Anwalt trotz der vom Schuldner eingegangenen Zahlung noch vollstreckt hat. Vor Erteilung (weiterer) Vollstreckungsaufträge sollte der Rechtsanwalt daher den **Eingang von Zahlungen** – gegebenenfalls auch durch Rückfrage beim Mandanten – sorgfältig prüfen[1734]. 696

Vertritt der Anwalt den Mandanten im Zusammenhang mit der **Zwangsversteigerung** eines Grundstücks, so ist besondere Umsicht erforderlich. Hier muss der Anwalt alles tun, um die Vermögensinteressen seines Mandanten zu wahren. Er muss auch von den hier gegebenen Möglichkeiten und Rechtsmitteln Gebrauch machen, z.B. grundsätzlich vor Ablauf der Sechsmonatsfrist des § 31 Abs. 1 S. 2 ZVG einen Antrag auf Fortsetzung des Versteigerungsverfahrens zu stellen und seinen Mandanten hierzu zutreffend zu belehren[1735]. Beispielsweise hat das OLG Hamm in einer Entscheidung vom 9. Mai 1985 einen Anwalt für schadensersatzpflichtig erklärt, der es unterlassen hatte, alle möglichen Schritte und Rechtsbehelfe einzuleiten, um einen größeren Bieterkreis für die Zwangsversteigerung zu schaffen, damit ein möglichst hoher Erlös für den Mandanten erzielt wurde[1736]. 697

Zahlungen aufgrund eines vorläufig vollstreckbaren Urteils sind in der Regel dahin zu verstehen, dass sie nur eine vorläufige Leistung darstellen sollen und unter der aufschiebenden Bedingung der rechtskräftigen Bestätigung der zugrundeliegenden Verbindlichkeit erfolgen. Nach gefestigter höchstrichterlicher Rechtsprechung, die in der instanzgerichtlichen Rechtsprechung und in der Literatur überwiegend Zustimmung gefunden hat, vermag eine solche Leistung des Schuldners zur Abwendung der Zwangsvollstreckung aus einem solchen Urteil den Verzug des Schuldners zu beenden, obwohl sie keine Erfüllung bewirkt[1737]. Das entspricht dem Interesse des Schuldners, nicht ohne Weiteres jedoch dem des Gläubigers. Denn mit der Annahme der Vorbehaltsleistung verliert der seinen Anspruch auf die Verzugszinsen, obwohl nicht sicher ist, dass er die Leistung letztlich behalten darf. Im Falle der Aufhebung des Urteils müsste er die Leistung zurückgewähren, ohne sich auf einen Wegfall der Bereicherung berufen zu können (§ 717 Abs. 3 S. 4 ZPO, § 818 Abs. 4 BGB)[1738]. Aus diesem Grund billigt der BGH dem Gläubiger einen Anspruch weiterhin auf Verzugszinsen bis zur vorbehaltlosen Erfüllung zu, auch wenn er zuvor eine ihm nur zur Abwendung der Zwangsvollstreckung angebotene Zahlung des Schuldners abgelehnt hatte[1739]. 698

Daraus folgt für die Praxis, dass der Vollstreckungsschuldner angesichts der teuren Zinsfolgen aus den §§ 288, 291 BGB vor der Frage steht, sollte der Gläubiger eine Vorbehaltsleistung ablehnen, ob er nicht ohne jeden Vorbehalt leistet. Für den Gläubiger wiederum muss bedacht werden, wie er sich letztlich günstiger steht und wie es mit der Sicherheit, Erfüllung zu erhalten, bestellt ist. Hier kann sich für ihn der Weg der Sicherungsvollstreckung anbieten, indem er z.B. eine Kreditlinie oder ein Konto lediglich pfänden lässt, ohne sich die gepfändeten Ansprüche zur Einziehung überweisen zu lassen: Der Schuldner bliebe auf diese Weise im Umfange der Pfändung blockiert und im Umfang der geschuldeten Leistung in Verzug[1740].

1733 BGHZ 58, 207, 211 ff. = NJW 1972, 1048.

1734 Vgl. *Schlee*, AnwBl 1985, 144.

1735 Vgl. BGH, Urt. v. 17.3.2016 – IX ZR 142/14 – juris, Rn. 8.

1736 Az: 28 U 212/84.

1737 Vgl. dazu m.w.N. BGH, Urt. v. 15.3.2012 – IX ZR 35/11 – juris, Rn. 7 und 11.

1738 BGH, a.a.O., juris, Rn. 9 und 12.

1739 BGH, a.a.O., juris, Rn. 7 ff.

1740 Vgl. *Nassall*, Anmerkung zu BGH, a.a.O., jurisPR-BGHZivilR 10/2012 Anm. 1.

699 Bei der Verpflichtung des Erben gegenüber dem nicht zum Erben berufenen Pflichtteilsberechtigten zur **Auskunftserteilung** über den Bestand des Nachlasses durch Vorlage eines Verzeichnisses der Nachlassgegenstände gemäß § 2314 Abs. 1 S. 1 BGB handelt es sich um eine unvertretbare Handlung, die nach § 888 Abs. 1 ZPO auf Antrag des Gläubigers von dem Prozessgericht des ersten Rechtszuges durch Anordnung von Zwangsmitteln, nämlich durch Zwangsgeld und für den Fall, dass dieses nicht beigetrieben werden kann, durch Zwangshaft oder durch Zwangshaft zu vollstrecken ist. Dies gilt gleichermaßen dann, wenn der Erbe zur Vorlage eines durch einen Notar aufgenommenen Verzeichnisses gemäß § 2314 Abs. 1 S. 3 BGB verurteilt worden ist. Auch dann geht es bei der Vorlage eines Verzeichnisses der Nachlassgegenstände nach § 260 BGB um eine nicht vertretbare Handlung, weil der Notar dieses Verzeichnis ohne die Mitwirkung des Schuldners nicht aufnehmen kann[1741]. Gemäß § 15 Abs. 1 BNotO darf ein Notar seine Urkundstätigkeit nicht ohne ausreichenden Grund verweigern. Da zudem bei einer Verweigerung die Möglichkeit der Beschwerde nach § 15 Abs. 2 BNotO besteht, kann der Vollstreckungsschuldner, der sich nach allgemeinen Grundsätzen mit der gebotenen Intensität um die notwendige Mitwirkung eines Dritten zu kümmern hat[1742], sich der Erfüllung seiner Pflicht und einer Anordnung der Zwangsmaßnahmen nach § 888 ZPO nicht so ohne weiteres unter Hinweis darauf, zahlreiche Notare hätten »abgewunken«, das Nachlassverzeichnis aufzunehmen, entziehen[1743].

Ein schutzwürdiges Interesse an einer wiederholten Zwangsmittelfestsetzung ist nur gegeben, wenn das zuvor angeordnete Zwangsgeld entweder gezahlt oder vollstreckt ist[1744].

700 Enthält eine gerichtliche Entscheidung, zum Beispiel in einer familienrechtlichen Unterhaltssache nach § 112 Nr. 2 FamFG, eine Verpflichtung zur **Auskunft und Belegvorlage**, erfolgt die Vollstreckung hier durch das Familiengericht als Vollstreckungsorgan, §§ 120 Abs. 1 FamFG, 888 ZPO. Dies gilt auch für die Belegvorlage, obgleich es dort nicht im eigentlichen Sinne um die Vornahme einer unvertretbaren Handlung des Schuldners geht. Da aber hier die titulierte Verpflichtung, Belege vorzulegen, dazu dient, die Richtigkeit einer Auskunft zu überprüfen, wird diese die Auskunft ergänzende Verpflichtung wie die Auskunftserteilung selbst vollstreckt, also nach § 888 ZPO[1745].

701 Nach alledem obliegt dem Anwalt des Vollstreckungsgläubigers eine große Sorgfaltspflicht. Der Anwalt, der sich mit der Vollstreckung für den Mandanten befasst, muss wissen, dass er hier zwar niedrige Gebühren (vgl. §§ 57 ff. BRAGO und nun VV 3309, 3310 des RVG), unter Umständen aber eine hohe Haftung zu erwarten hat. Er sollte Vollstreckungsaufträge nur dann annehmen, wenn er sein Büro dazu optimal eingerichtet hat und selbst alle schnellstens zu treffenden Maßnahmen kontrollieren kann.

702 Der Anwalt, der einen **Drittschuldner** vertritt, hat bei einer Abtretung der Forderung bereits vor der Pfändung zu beachten, dass auch bei Rückabtretung durch den neuen Gläubiger nach der Pfändung die Forderung nicht nachträglich dem Pfändungs- und Überweisungsbeschluss unterworfen wird und auch ein materiell-rechtlicher Schutz über die §§ 408 Abs. 1 und 2, 407, 409 Abs. 1 BGB nicht besteht, wenn dem Drittschuldner die maßgeblichen Vorgänge angezeigt worden sind[1746].

Wiedereinsetzung in den vorigen Stand

703 Der Anwalt haftet, wenn er eine von ihm zu überwachende prozessuale Frist verstreichen lässt.

1741 BGH, Beschl. v. 13.9.2018 – I ZB 109/17 – juris, Rn. 12 – 14; OLG Düsseldorf, Beschl. v. 31.10.2016 – 7 W 67/16 – juris, Rn. 18; OLG Koblenz Beschl. v. 10.8.2020 – 12 W 136/20 – juris, Rn. 6.

1742 BGH, Beschl. v. 18.12.2008 – I ZB 68/08 – juris, Rn. 21; vgl. auch OLG Koblenz, a.a.O., Rn. 7 f.

1743 Vgl. OLG Düsseldorf, a.a.O., Rn. 19.

1744 BGH, a.a.O., Rn. 17.

1745 OLG Frankfurt, Beschl. v. 26.9.2018 – 8 WF 94/18 – juris, Rn. 5; *Viefhues,* in: jurisPK-BGB, 9. Aufl. (Stand: 15.04.2020), § 1605 BGB, Rn. 298.

1746 BGH NJW 2002, 755, 757 = WM 2002, 279.

Vor einem Wiedereinsetzungsgesuch ist zunächst **vorrangig zu prüfen, ob tatsächlich ein Fristversäumnis**[1747] **vorliegt.** Die rechtzeitige Vornahme einer Prozesshandlung wird im Regelfall durch den Eingangsstempel des angegangenen Gerichts auf dem entsprechenden Schriftsatz nachgewiesen (§ 418 Abs. 1 ZPO). Der im Wege des Freibeweises zu führende Gegenbeweis ist aber zulässig (§ 418 Abs. 2 ZPO). Er erfordert mehr als bloße Glaubhaftmachung (§ 294 ZPO). Notwendig ist die volle Überzeugung des Gerichts von dem rechtzeitigen Eingang, wobei allerdings die Anforderungen wegen der Beweisnot des Berufungsführers hinsichtlich gerichtsinterner Vorgänge nicht überspannt werden dürfen[1748].

Geht es um eine Notfrist oder um die Frist zur Begründung der Berufung, der Beschwerde oder der Revision, so besteht nach § 233 ZPO unter bestimmten Umständen die Möglichkeit, das Fristversäumnis zu heilen, indem Wiedereinsetzung in den vorigen Stand gewährt wird. Selbst wenn ein Wiedereinsetzungsgrund vorliegt, können weitere Fehler bei der Durchführung des dann gebotenen Wiedereinsetzungsverfahrens nach Maßgabe der §§ 238 i.V.m. 234, 236 und 237 ZPO zu einer Haftung des Anwalts führen.

I. Wiedereinsetzungsgründe

Ist eine Partei **ohne ihr Verschulden** verhindert, eine Notfrist einzuhalten oder die Frist zur Begrün- 704
dung der Berufung, der Revision, der Nichtzulassungsbeschwerde, der Rechtsbeschwerde oder die Frist zur Beantragung der Wiedereinsetzung selbst gemäß § 234 Abs. 1 ZPO, so ist ihr auf Antrag Wiedereinsetzung in den vorigen Stand zu gewähren (§ 233 S. 1 ZPO).

Keine Wiedereinsetzung in den vorigen Stand kann mithin erlangt werden, **wenn entweder** die 705
Partei oder aber der Anwalt schuldhaft gehandelt haben. Das Anwaltsverschulden ist der Partei gemäß § 85 Abs. 2 ZPO anzurechnen. Dagegen kann ein Verschulden nur des Büropersonals des Anwalts der Partei nicht angelastet werden.

Für die Frage einer Wiedereinsetzung ist somit oftmals entscheidend, ob das Verschulden an der Versäumung der Frist den Anwalt (auch in Form eines **Organisationsverschuldens**[1749]) oder aber dessen **Büropersonal** trifft. Im ersteren Falle kann die Wiedereinsetzung nicht gewährt werden, während im letzteren Falle mit der Wiedereinsetzung die Folgen der Fristversäumung im Wesentlichen behoben werden können[1750].

Bevollmächtigter einer Partei im Sinne von § 85 Abs. 2 ZPO ist auch ein **Rechtsanwalt, der als** 706
Angestellter oder freier Mitarbeiter des Prozessbevollmächtigten von diesem mit der **selbständigen Bearbeitung** eines Rechtsstreits betraut worden ist und der nach den gesamten Umständen des Einzelfalles nicht als bloßer Hilfsarbeiter in untergeordneter Funktion tätig geworden ist[1751]. Eine Prozesspartei muss sich das Verschulden (auch) eines solchen Anwalts zurechnen lassen, der es unterlässt, seine **Postulationsfähigkeit** (als Vertreter) zu prüfen[1752].

Insgesamt ist es also außerordentlich wichtig, dass der Anwalt alles tut, um persönliche Fehler bei 707
der Fristüberwachung zu vermeiden. Die Rechtsprechung stellt insoweit strenge Anforderungen an den Anwalt, und zwar gerade in Bezug auf die **Organisation des Büros** und die **Überwachung des Personals.** An dieser Stelle kann wegen der Details dazu – neben den obigen Ausführungen zu

1747 Allgemein zum Fristenwesen oben Rdn. 99 und 139.

1748 BGH, Beschl. v. 28.1.2020 – VIII ZB 39/19 – juris, Rn. 13 f. und v. 15.9.2005 – III ZB 81/04 – juris, Rn. 8; nach § 371a Abs. 3 S. 1 ZPO finden auf öffentliche elektronische Dokumente die Vorschriften über die Beweiskraft öffentlicher Urkunden entsprechende Anwendung.

1749 Ausführlich zur Büroorganisation oben Rdn. 99 ff.

1750 Zur Abgrenzung von Anwaltsverschulden und Verschulden des Büropersonals bei Versäumung einer Frist vgl. oben unter den Stichworten »Büroorganisation«, Rdn. 99 ff.; »Fristen, prozessuale«, Rdn. 179 ff. sowie »Unterschrift«, Rdn. 546 ff.

1751 BGH, Beschl. v. 27.1.2004 – VI ZB 39/03 – juris, Rn. 6.

1752 BGH, Urt. v. 9.1.2003 – VII ZR 103/02 – juris, Rn. 11.

den Stichworten »Büroorganisation« und »Fristen, prozessuale«[1753] – nur auf die Literatur[1754] und umfangreiche Rechtsprechung[1755] verwiesen werden. Hinzuweisen ist hier jedoch darauf, dass bei der Anwendung und Auslegung der für die Wiedereinsetzung maßgeblichen prozessrechtlichen Vorschriften nach der Rechtsprechung des BVerfG die Anforderungen daran, was der Betroffene veranlasst haben muss, um Wiedereinsetzung zu erlangen, nicht überspannt werden dürfen[1756]. Deshalb darf der Anwalt einfache Verrichtungen, die keine juristische Ausbildung verlangen, seinem geschulten und zuverlässigen Personal zur selbständigen Erledigung übertragen[1757]. Dazu gehört auch die Überprüfung bestimmter Schriftsätze auf die erforderliche Unterschrift sowie das Absenden eines Fax, wobei allerdings durch allgemeine Anweisung Vorsorge dafür getroffen worden sein muss, dass bei normalem Verlauf der Dinge Fristversäumnisse vermieden werden[1758].

708 Die Zurechnung eines Anwaltsverschuldens setzt das Bestehen eines **wirksamen Mandats** im Innenverhältnis voraus. § 85 Abs. 2 ZPO erfasst deshalb ein nach der Kündigung des Mandatsverhältnisses liegendes schuldhaftes Verhalten eines Anwalts nicht mehr[1759]. Entsprechendes gilt für die Fallkonstellation einer vom Prozessbevollmächtigten eingelegten Berufung, die deshalb unwirksam ist, weil der Prozessbevollmächtigte nicht mehr als Rechtsanwalt zugelassen ist. Auch in einem derartigen Fall muss sich die Partei die schuldhafte Unkenntnis des Prozessbevollmächtigten vom Wegfall der Zulassung nicht zurechnen lassen[1760].

709 Verschulden des Anwalts ist der Partei ansonsten stets zuzurechnen. Das eigene Versäumnis eines Anwalts steht einer Wiedereinsetzung deshalb nur dann nicht entgegen, wenn den Anwalt hieran kein Verschulden trifft. **Verschuldensmaßstab** im Rahmen des § 233 ZPO ist nicht die äußerste oder größtmögliche Sorgfalt, sondern die von einem ordentlichen Rechtsanwalt zu fordernde übliche Sorgfalt[1761].

710 Im Fall der **unvorhergesehenen Erkrankung des Rechtsanwalts** ist zu differenzieren[1762]. Nach der höchstrichterlichen Rechtsprechung muss ein Rechtsanwalt allgemeine Vorkehrungen dafür treffen, dass das zur Wahrung von Fristen Erforderliche auch dann unternommen wird, wenn er unvorhergesehen ausfällt. Er muss **seinem Personal** die notwendigen allgemeinen **Anweisungen** für einen solchen Fall geben. Ist er als **Einzelanwalt** ohne eigenes Personal tätig, muss er ihm zumutbare Vorkehrungen für einen Verhinderungsfall treffen. Durch Maßnahmen im Einzelfall muss sich der Rechtsanwalt allerdings nur dann vorbereiten, wenn er **einen konkreten Ausfall vorhersehen** kann[1763]. Wird der Rechtsanwalt unvorhergesehen krank, muss er nur das, aber auch alles, was ihm dann noch **möglich und zumutbar** ist, zur Fristwahrung unternehmen[1764]. Dementsprechend ist die Versäumung der Berufungsbegründungsfrist etwa dann unverschuldet, wenn sie auf einer für den Rechtsanwalt unvorhergesehenen Erkrankung beruht und es diesem infolge seiner Erkrankung nicht möglich ist, einen Antrag auf Verlängerung der Frist zu stellen oder seinen Vertreter hierum zu bitten[1765].

1753 Vgl. oben Rdn. 99 ff. und 1837 ff.

1754 Vgl. nur die Kommentierung von Zöller/*Greger*, ZPO, § 233, Rn. 23 ff.

1755 Vgl. etwa die jährlichen Rechtsprechungsübersichten von *Bernau,* NJW 2011, 2022 ff.; NJW 2012, 2004 ff.; NJW 2013, 2001 ff.; NJW 2014, 2007 ff.; NJW 2015, 2004 ff. und NJW 2016, 1999 ff.

1756 BVerfG, Beschl. v. 26.4.2004 – 1 BvR 1819/00 – juris, Rn. 10 m.w.N.

1757 Zu den Anforderungen dafür vgl. oben Rdn. 134.

1758 Vgl. auch oben Rdn. 133 und 567 m.w.N.

1759 BGH, Beschl. v. 11.6.2008 – XII ZB 184/07 – juris, Leitsatz und Rn. 13.

1760 BGH, Beschl. v. 22.4.2008 – X ZB 18/07 – juris, Rn. 8 ff.

1761 BGH, Beschl. v. 12.11.2013 – VI ZB 4/13 – juris, Rn. 13.

1762 Vgl. zu dieser Problematik allgemein *Toussaint*, NJW 2014, 200 ff.

1763 BGH, Beschl. v. 25.6.2015 – V ZB 50/15 – juris, Rn. 6.

1764 BGH, Beschl. v. 26.9.2013 – V ZB 94/13 – juris, Rn. 7; v. 9.7.2015 – V ZB 156/14 – juris, Rn. 7; v. 7.8.2013 – XII ZB 533/10 – juris, Rn. 10 und v. 2.6.2016 – III ZB 2/16 – juris, Rn. 8.

1765 BGH, Beschl. v. 18.9.2008 – V ZB 32/08 – juris, Rn. 12.

Grundsätzlich dürfen eine Partei und ihr Anwalt darauf vertrauen, dass einem mit der Einwilligung des Gegners begründeten **Antrag auf Verlängerung der Berufungsbegründungsfrist** stattgegeben wird[1766]. Dies gilt zum einen, wenn die Verlängerung der Berufungsbegründungsfrist unter Hinweis auf das erteilte Einverständnis des Gegners erstmalig beantragt wird, ohne dass erhebliche Gründe im Sinne des § 520 Abs. 2 S. 3 ZPO dargetan sind[1767]. § 520 Abs. 2 S. 2 ZPO lässt es aber auch zu, dass der Berufungsführer mit Einwilligung des Gegners eine zweite, über einen Monat hinausgehende Verlängerung der erstmalig bereits wegen erheblicher Gründe verlängerten Berufungsbegründungsfrist erreichen kann. Das gilt jedenfalls dann, wenn der Kläger mit Einverständnis des Gegners eine zweite Verlängerung der Berufungsbegründungsfrist von lediglich sieben Tagen beantragt hatte[1768]. Der Bundesgerichtshof hat damit ein Vertrauen in eine zweite Verlängerung der Berufungsbegründungsfrist bei Einwilligung des Gegners auch ohne das Vorliegen außergewöhnlicher Umstände anerkannt[1769]. 711

Der Absender eines fristgebundenen Schriftsatzes darf auf die angegebenen **Leerungszeiten** des von ihm benutzten **Briefkastens** vertrauen, ohne dass ihm ein Verschulden zur Last fällt[1770]. Ebenso darf eine Partei grundsätzlich darauf vertrauen, dass im Bundesgebiet werktags aufgegebene Postsendungen **am folgenden Werktag ausgeliefert** werden[1771]. Geht eine Sendung verloren oder wird sie verspätet ausgeliefert, darf dies der Partei nicht als Verschulden angerechnet werden. Weitere Vorkehrungen müssen nicht ergriffen werden. Insbesondere ist eine Partei nicht gehalten, Schriftsätze vorab per Telefax zu übersenden[1772]. 712

Bei **fehlender Unterzeichnung** einer bei Gericht fristgerecht eingereichten Rechtsmittelbegründungsschrift ist Wiedereinsetzung in den vorigen Stand zu gewähren, wenn der Prozessbevollmächtigte sein Büropersonal allgemein angewiesen hatte, sämtliche ausgehenden Schriftsätze vor der Absendung auf das Vorhandensein der Unterschrift zu überprüfen[1773]. Da die Unterschriftenkontrolle – die der Rechtsanwalt zuverlässigen Bürokräften überlassen darf – gerade der Vermeidung eines erfahrungsgemäß nicht gänzlich ausschließbaren Anwaltsversehens bei der Unterschriftsleistung dient, ist bei einem Versagen dieser Kontrolle ein Rückgriff auf ein Anwaltsversehen im Zusammenhang mit der Unterzeichnung ausgeschlossen[1774]. 713

Ohne Verschulden verhindert, eine gesetzliche Frist einzuhalten, ist eine Partei auch dann, wenn ihr **Fristversäumnis nicht ursächlich** gewesen ist, weil die Frist bei pflichtgemäßem Verhalten des Gerichts hätte gewahrt werden können. In einem derartigen Fall wirkt sich das mögliche Verschulden der Partei oder ihres Prozessbevollmächtigten nicht mehr aus, so dass Wiedereinsetzung in den vorigen Stand zu gewähren ist[1775]. So ist eine Prozesspartei auf einen leicht erkennbaren Formmangel, wie eine **fehlende einfache Signatur** in einem bestimmenden Schriftsatz hinzuweisen und ihr Gelegenheit zu geben, den Fehler fristgerecht zu beheben[1776].

1766 BGH, Beschl. v. 9.7.2009 – VII ZB 111/08 – juris, Rn. 8 ff. und v. 1.7.2013 – VI ZB 18/12 – juris, Rn. 10.

1767 BGH, Beschl. v. 9.7.2009 – VII ZB 111/08 – juris, Rn. 9.

1768 BGH, Beschl. v. 9.7.2009 – VII ZB 111/08 – juris, Rn. 10.

1769 BGH, Beschl. v. 1.7.2013 – VI ZB 18/12 – juris, Rn. 10.

1770 BGH, Beschl. v. 20.5.2009 – IV ZB 2/08 – juris, Leitsatz und Rn. 9.

1771 BGH, Beschl. v. 17.12.2019 – VI ZB 19/19 – juris, Rn. 10. Das Vertrauen in die Einhaltung der normalen Postlaufzeiten kann allerdings erschüttert sein, so bei einem bekannten **Poststreik**; vgl. BGH, Beschl. v. 12.5.2016 – V ZB 135/15 – juris, Rn. 24 sowie v. 18.2.2016 – V ZB 126/15 – juris, Rn. 11.

1772 BGH, Beschl. v. 12.9.2013 – V ZB 187/12 – juris, Rn. 9.

1773 BGH, Beschl. v. 14.10.2008 – VI ZB 37/08 – juris, Rn. 7 und v. 15.7.2014 – VI ZB 15/14 – juris, Rn. 9.

1774 BGH, Beschl. v. 15.7.2014 – VI ZB 15/14 – juris, Rn. 9.

1775 BAG, Beschl. v. 14.9.2020 – 5 AZB 23/20 – juris, Rn. 26.

1776 BAG, Beschl. v. 14.9.2020 – 5 AZB 23/20 – juris, Rn. 27 ff.

714 Wiedereinsetzung in den vorigen Stand kann hingegen nicht gewährt werden, wenn sich die Partei darauf beruft, eine ihr günstige Entscheidung erst nach Ablauf der Rechtsmittelfrist aufgefunden zu haben[1777].

715 In gleicher Weise fehlt es auch nicht an einem Verschulden an der eingetreten Fristversäumung, wenn eine Partei in Kenntnis eines bereits ergangenen Urteils eine **Reise** antritt, ohne vor der Abreise Kontakt mit ihrem Prozessbevollmächtigten aufgenommen zu haben, um ihn jedenfalls über die bevorstehende Abwesenheit zu unterrichten und sicherzustellen, dass rechtzeitig vor Ablauf der Rechtsmittelfrist zumindest telefonisch eine Entscheidung über die – gegebenenfalls vorsorgliche – Einlegung des Rechtsmittels getroffen werden kann[1778].

716 Bei der Erteilung eines **Rechtsmittelauftrags** durch einen Rechtsanwalt der Vorinstanz beschränken sich die Sorgfaltspflichten nicht darauf, rechtzeitig ein Auftragsschreiben zu versenden. Der Absender muss sich vielmehr grundsätzlich innerhalb der Rechtsmittelfrist, gegebenenfalls durch Rückfrage, **rechtzeitig vergewissern**, ob der beauftragte Rechtsanwalt den Auftrag übernimmt; eine Ausnahme gilt nur dann, wenn zwischen dem Absender und dem Rechtsmittelanwalt im Einzelfall oder allgemein eine Absprache dahin besteht, dass dieser Rechtsmittelaufträge annehmen, prüfen und ausführen wird. Im Falle der **Ablehnung des Mandats** durch den zunächst in Aussicht genommenen Rechtsanwalt muss der Auftraggeber in der Lage sein, den Rechtsmittelauftrag noch rechtzeitig einem anderen Rechtsanwalt zu erteilen, um die Durchführung des Rechtsmittels zu gewährleisten[1779]. Beabsichtigt deshalb eine in zweiter Instanz unterlegene Partei, dem Revisionsanwalt selbst einen Rechtsmittelauftrag zu erteilen, muss sie sich vergewissern, dass ein lediglich per Fax abgesandtes Auftragsschreiben, auf welches keine Reaktion erfolgt, den Revisionsanwalt auch tatsächlich erreicht hat und er zur Durchführung des Auftrags bereit ist[1780].

717 Eine **mittellose Partei**, die innerhalb der Rechtsmittelfrist ein Prozesskostenhilfegesuch mit der ausgefüllten Erklärung über die persönlichen und wirtschaftlichen Verhältnisse eingereicht und die erforderlichen Belege beigefügt hat, ist grundsätzlich bis zur Entscheidung über ihr Gesuch **wegen Mittellosigkeit als unverschuldet gehindert** anzusehen, **das Rechtsmittel wirksam einzulegen**[1781]. Wiedereinsetzung in den vorigen Stand ist einer – derart »armen« – Partei nach ständiger Rechtsprechung des Bundesgerichtshofs aber nur dann zu gewähren, wenn sie **innerhalb der Rechtsmittelfrist ein vollständiges Prozesskostenhilfegesuch eingebracht hat** und vernünftigerweise nicht damit rechnen muss, dass ihr Antrag wegen fehlender Bedürftigkeit abgelehnt wird[1782]. Dem Antrag auf Prozesskostenhilfe etwa zur Durchführung eines Berufungsverfahrens sind deshalb noch **innerhalb der Berufungsfrist** neben der Erklärung über die persönlichen und wirtschaftlichen Verhältnisse auch entsprechende Belege beizufügen[1783]. Geht innerhalb der Berufungsfrist – bzw. entsprechend innerhalb der sonstigen in § 233 ZPO angeführten Fristen – kein Rechtsmittel und auch kein vollständiger Antrag auf Bewilligung von Prozesskostenhilfe ein, kommt nur noch ganz ausnahmsweise eine Wiedereinsetzung in Betracht und zwar allenfalls dann, falls der verspätete Eingang der Erklärung über die persönlichen und wirtschaftlichen Verhältnisse nicht auf einem dem Rechtsmittelführer zurechenbaren Verschulden beruht[1784]. Enthalten die Angaben in dem Vordruck über die persönlichen und wirtschaftlichen Verhältnisse einzelne Lücken, kann die Partei nur im Ausnahmefall darauf vertrauen, die wirtschaftlichen Voraussetzungen für die Bewilligung der Prozesskostenhilfe genügend dargetan zu haben[1785]. Wirkt der Anwalt an einem der

1777 BGH, Beschl. v. 2.4.2009 – IX ZA 6/09 – juris, Rn. 3.
1778 BGH, Beschl. v. 18.2.2009 – IV ZR 193/07 – juris, Rn. 3.
1779 BGH, Beschl. v. 5.6.2014 – IX ZR 239/13 – juris, Rn. 15.
1780 BGH, Beschl. v. 4.3.2008 – VI ZR 66/07 – juris, Leitsatz.
1781 BGH, Beschl. v. 26.5.2008 – II ZB 19/07 – juris, Rn. 9.
1782 BGH, Beschl. v. 2.4.2008 – XII ZB 131/06 – juris, Rn. 11 und v. 8.1.2016 – I ZB 41/15 – juris, Rn. 9.
1783 BGH, Beschl. v. 20.5.2015 – VII ZB 66/14 – juris, Rn. 6.
1784 BGH, Beschl. v. 2.4.2008 – XII ZB 131/06 – juris, Rn. 11 ff.
1785 BGH, Beschl. v. 13.2.2008 – XII ZB 151/07 – juris, Rn. 11.

Wiedereinsetzung dienenden isolierten PKH-Gesuch mit, hat er den Mandanten über die vorstehenden Anforderungen zu belehren.

Wiedereinsetzung in den vorigen Stand im Zusammenhang mit »vorgeschalteten« Prozesskostenhilfeanträgen kommt allerdings nur in Betracht, wenn die geltend gemachte Mittellosigkeit auch tatsächlich für die Fristversäumung kausal geworden ist[1786]. Rechtsmittelfristen werden nur schuldlos im Sinne von § 233 ZPO versäumt, wenn eine Partei sich wegen ihrer Mittellosigkeit außerstande sieht, einen Rechtsanwalt mit der Einlegung oder Begründung des Rechtsmittels zu beauftragen. Entscheidend für die **Ursächlichkeit** der Mittellosigkeit einer Partei für die Versäumung der Frist ist, ob der Rechtsanwalt bereit war, das Rechtsmittel auch ohne Bewilligung von Prozesskostenhilfe einzulegen und zu begründen[1787]. Holt die Partei die Verfahrenshandlung **nach Ablauf der dafür vorgesehenen Frist**, aber vor der Entscheidung über das Prozesskostenhilfegesuch nach, so ist, solange sich nichts Gegenteiliges ergibt, davon auszugehen, dass die Mittellosigkeit für die zunächst unterbliebene und sodann verspätet vorgenommene Verfahrenshandlung ursächlich geworden ist. Einer Darlegung der Gründe, weshalb das Rechtsmittel nicht schon vor Ablauf der Frist unabhängig von der Entscheidung über die Prozesskostenhilfe begründet werden konnte, bedarf es nicht. Anders verhält es sich, wenn die Begründung **noch innerhalb der Frist** erfolgt. Dann ist davon auszugehen, dass die Mittellosigkeit für eine gleichwohl eintretende Fristversäumung nicht kausal geworden ist[1788]. 718

Das in der Mittellosigkeit bestehende **Hindernis entfällt**, wenn sich die Vermögensverhältnisse der Partei in der Weise ändern, dass sie in die Lage versetzt wird, die Prozesskosten aus eigenen Mitteln aufzubringen, und dies erkennt oder bei Anwendung der erforderlichen Sorgfalt erkennen konnte[1789]. 719

Wiedereinsetzung in den vorigen Stand ist auch zu gewähren, wenn sich ein etwaiges Verschulden des Anwalts auf eine eingetretene Fristversäumung nicht ausgewirkt hat. So ist dem Berufungskläger Wiedereinsetzung in den vorigen Stand zu gewähren, wenn die von seinem Prozessbevollmächtigten **nicht unterzeichnete** Berufungsschrift zehn Tage vor Ablauf der Berufungsfrist beim Rechtsmittelgericht eingegangen ist und das Gericht den Prozessbevollmächtigten nicht rechtzeitig auf das Fehlen der Unterschrift hingewiesen hat[1790]. Denn die **gerichtliche Fürsorgepflicht** gebietet es, eine Partei auf einen derart leicht erkennbaren Formmangel hinzuweisen und ihr gegebenenfalls Gelegenheit zu geben, den Fehler fristgerecht zu beheben. Anders liegen die Dinge bei der Unterzeichnung »i.A.«, weil sie anders als eine gänzlich fehlende Unterschrift nicht sogleich auffallen muss und zudem weitere Gesichtspunkte – wie die Zugehörigkeit des Unterzeichners zur Sozietät – zu prüfen sind[1791]. 720

Nach der erst mit Wirkung zum 1.1.2014 eingeführten Regelung in § 233 S. 2 ZPO wird ein **Fehlen des Verschuldens vermutet**, wenn die gemäß § 232 ZPO vorgeschriebene **Rechtsbehelfsbelehrung unterblieben oder fehlerhaft** ist. 721

In der Tat verlangt § 232 S. 1 ZPO, dass jede anfechtbare gerichtliche Entscheidung eine **Belehrung** enthalten muss **über das statthafte Rechtsmittel**, den Einspruch, den Widerspruch oder die Erinnerung sowie über das Gericht, bei dem der Rechtsbehelf einzulegen ist, über den Sitz des Gerichts und über die einzuhaltende Form und Frist. Allerdings **gilt diese Belehrungspflicht generell nicht**

1786 BGH, Beschl. v. 6.5.2008 – VI ZB 16/07 – juris, Rn. 4.

1787 Vgl. BGH, Beschl. v. 19.9.2013 – IX ZB 67/12 – juris, Rn. 9: Reicht eine mittellose Partei innerhalb der Rechtsmittelfrist einen vollständigen Prozesskostenhilfeantrag ein und fügt diesem einen nicht unterzeichneten Entwurf einer Rechtsmittel- und einer Rechtsmittelbegründungsschrift ihres Prozessbevollmächtigten bei, kann ihre Mittellosigkeit gleichwohl kausal für die versäumte Rechtsmittel- und Rechtsmittelbegründungsfrist geworden sein.

1788 BGH, Beschl. v. 8.1.2016 – I ZB 41/15 – juris, Rn. 10.

1789 BGH, Beschl. v. 8.1.2016 – I ZB 41/15 – juris, Rn. 17.

1790 BGH, Beschl. v. 14.10.2008 – VI ZB 37/08 – juris, Rn. 10.

1791 BGH, Beschl. v. 20.6.2012 – IV ZB 18/11 – juris, Rn. 14.

in Verfahren, in denen eine Vertretung durch einen Rechtsanwalt gemäß § 78 ZPO vorgeschrieben ist (§ 232 S. 2 Hs. 1 ZPO). Denn in Verfahren mit obligatorischer anwaltlicher Vertretung ist der Rechtsanwalt gleichermaßen wie das Gericht in der Lage, eine auf den konkreten Einzelfall zugeschnittene Beratung und Belehrung über die statthaften Rechtsbehelfe zu erteilen; das Schutzbedürfnis der Parteien entfällt dadurch (BT-Drs. 17/10490, S. 12). Auch dieser Grundsatz kommt freilich nicht ausnahmslos zur Anwendung: So besteht auch in Verfahren mit Anwaltszwang die Verpflichtung zur Belehrung über die Möglichkeiten zum Einspruch gegen ein **Versäumnisurteil** und zum Widerspruch gegen Beschlüsse im einstweiligen Rechtsschutz (§ 232 S. 2 Hs. 2 ZPO). Dahinter steht die Überlegung, dass solche Entscheidungen auch gegenüber der nicht anwaltlich vertretenen Partei ergehen können[1792].

722 Bereits vor Einführung der Neuregelung hatte der Bundesgerichtshof im Zusammenhang mit der aus verfassungsrechtlichen Gründen gebotenen Rechtsmittelbelehrung in Wohnungseigentumssachen und in Zwangsversteigerungsverfahren entschieden, dass das Fehlen einer erforderlichen Rechtsmittelbelehrung weder der **Wirksamkeit der gerichtlichen Entscheidung** noch dem **Beginn des Laufs der Rechtsmittelfrist** entgegensteht, der Belehrungsmangel aber im Einzelfall eine **Wiedereinsetzung** in den vorigen Stand rechtfertigen kann[1793]. Diese Rechtsprechung hat der Gesetzgeber aufgegriffen, als er Regelungen über **obligatorische Rechtsmittelbelehrungen** in das Gesetz über das Verfahren in Familiensachen und in den Angelegenheiten der freiwilligen Gerichtsbarkeit (§ 39 FamFG) und in die Zivilprozessordnung (§ 232 ZPO) eingefügt und sich dabei bewusst für die sog. Wiedereinsetzungslösung entschieden hat[1794].

723 Dabei wird nunmehr ein **Fehlen des Verschuldens vermutet**, wenn eine Rechtsbehelfsbelehrung **unterblieben** oder **fehlerhaft** ist (§ 233 S. 2 ZPO). Auch in diesen Fällen kommt eine Wiedereinsetzung in den vorigen Stand jedoch nur in Frage, wenn das unverschuldete Hindernis **ursächlich** für die Fristversäumung war[1795]. An einer solchen Ursächlichkeit fehlt es in denjenigen Fällen, in denen der Beteiligte wegen vorhandener Kenntnis über seine Rechtsmittel keiner Unterstützung durch eine Rechtsmittelbelehrung bedarf, was bei einem **anwaltlich vertretenen** Beteiligten prinzipiell der Fall ist[1796].

Der Bundesgerichtshof hat diesen Grundsatz bislang indessen nur in den Fällen einer gesetzlich vorgeschriebenen, aber gänzlich **fehlenden** oder jedenfalls **unvollständigen** Rechtsbehelfsbelehrung ohne Einschränkung angewandt[1797]. Dagegen wurde für die Fälle einer **inhaltlich unrichtigen Rechtsbehelfsbelehrung** entschieden, dass grundsätzlich auch ein Rechtsanwalt auf die Richtigkeit der durch das Gericht erteilten Rechtsbehelfsbelehrung vertrauen darf – allerdings nur, wenn diese nicht offenkundig fehlerhaft und der durch sie verursachte Irrtum nachvollziehbar und verständlich ist[1798]. Ein Rechtsanwalt darf sich in aller Regel auch dann noch auf eine unrichtige Rechtsmittelbelehrung in Wohnungseigentumssachen und in Zivilsachen mit wohnungseigentumsrechtlichem Bezug verlassen, wenn der gegnerische Anwalt deren Richtigkeit in Zweifel zieht. Der durch den Fehler des Gerichts hervorgerufene Vertrauensschutz besteht regelmäßig so lange fort, bis das

1792 BGH, Beschl. v. 22.10.2020 – V ZB 45/20 – juris, Rn. 7.

1793 Vgl. etwa BGH, Beschl. v. 26.3.2009 – V ZB 174/08 – juris, Rn. 13.

1794 BGH, Beschl. v. 24.3.2016 – IX ZB 67/14 – juris, Rn. 12.

1795 BGH, Beschl. v. 24.3.2016 – IX ZB 67/14 – juris, Rn. 14.

1796 BGH, Beschl. v. 18.12.2013 – XII ZB 38/13 – juris, Rn. 19.

1797 Vgl. nur die Begründung in BGH, Beschl. v. 13.6.2012 – XII ZB.592/11 – juris, Rn. 8: »[Es] gehört zu den allgemeinen Pflichten des Rechtsanwaltes, Fehlleistungen des Gerichts zu erkennen und ihnen entgegenzuwirken (…). Auch wenn das Gericht des ersten Rechtszuges entgegen seiner gesetzlichen Verpflichtung überhaupt keine oder nur eine unvollständige Rechtsbehelfsbelehrung erteilt, wird es bei einem anwaltlich vertretenen Beteiligten deshalb in der Regel am ursächlichen Zusammenhang zwischen Belehrungsmangel und Fristversäumung fehlen, weil ein anwaltlich vertretener Beteiligter für die zutreffende Information über seine Rechtsmittelmöglichkeiten keiner Unterstützung durch eine Rechtsbehelfsbelehrung bedarf.«; dazu kritisch *Deckenbrock*, NJW 2018, 1636 (1637).

1798 BGH, Beschl. v. 18.12.2013 – XII ZB 38/13 – juris, Rn. 20 und v. 22.3.2016 – I ZB 44/15 – juris, Rn. 23.

aufgrund der Rechtsmittelbelehrung angerufene Gericht auf seine Unzuständigkeit hinweist; erst dann beginnt die Wiedereinsetzungsfrist nach § 234 Abs. 2 ZPO zu laufen[1799].

II. Wiedereinsetzungsverfahren

Eine Wiedereinsetzung in den vorigen Stand kommt nach §§ 17 bis 19 FamFG, § 56 FGO, § 67 SGG, § 44 StPO, § 60 VwGO sowie nach §§ 233 bis 238 ZPO in Betracht und hat – soweit das Wiedereinsetzungsgesuch erfolgreich ist – zur Folge, dass das eingetretene Fristversäumnis folgenlos bleibt. Im Nachfolgenden beschränken sich die Ausführungen auf Wiedereinsetzungen nach §§ 233 ff. ZPO. 724

1. Voraussetzungen

Ein Wiedereinsetzungsgesuch[1800] kann nur dann erfolgreich sein, wenn 725

- ein Antrag auf Wiedereinsetzung
- in der Form des § 236 Abs. 1 ZPO, d.h. schriftlich durch einen beim Einlegungsgericht (§ 937 ZPO) postulationsfähigen Anwalt
- in der Frist des § 234 ZPO
- nach § 236 Abs. 2 ZPO
  - mit der Angabe der die Wiedereinsetzung begründenden Tatsachen
  - mit der Angabe der Mittel der Glaubhaftmachung

gestellt **sowie**

- die versäumte Prozesshandlung

nachgeholt wird.

a) Wiedereinsetzungsantrag

Der Wiedereinsetzungsantrag ist in der Form des § 236 Abs. 1 ZPO, d.h. **schriftlich** zu stellen. Im Anwaltsprozess (§ 78 ZPO) muss der Antrag von einem Rechtsanwalt anhängig gemacht werden. Eine Wiedereinsetzung nach § 233 ZPO findet nur bei Versäumung einer **Notfrist** oder bei einer **Frist zur Begründung** der **Berufung**, der **Revision**, der **Nichtzulassungsbeschwerde**, der **Rechtsbeschwerde** aber auch der **Frist auf Wiedereinsetzung nach § 234 Abs. 1 ZPO** statt. 726

Mit dem Wiedereinsetzungsantrag ist die **versäumte Prozesshandlung** (etwa Berufungseinlegung oder auch Berufungsbegründung) **nachzuholen**[1801], wobei für jede versäumte – also verfristete – Prozesshandlung eigenständige Wiedereinsetzungsanträge unter **Nachholung der jeweils versäumten Prozesshandlungen** erforderlich sind. Konkret ist also etwa im Fall eines Wiedereinsetzungsgesuchs in eine versäumte **Berufungsfrist** die ergänzend laufende oder auch schon abgelaufene **Berufungsbegründungsfrist** im Auge zu behalten. Hat die Partei insoweit **keinen Wiedereinsetzungsantrag gestellt, aber** die **Prozesshandlung** innerhalb der Wiedereinsetzungsfrist von einem Monat gemäß § 234 Abs. 1 S. 2 ZPO **nachgeholt**, kann ihr gemäß § 236 Abs. 2 S. 2 ZPO **Wiedereinsetzung von Amts wegen** gewährt werden. **Zwingend** ist eine Wiedereinsetzung von Amts wegen, wenn die Voraussetzungen einer Wiedereinsetzung bei Nachholung der versäumten Handlung innerhalb der Frist des § 234 Abs. 1 ZPO offenkundig sind oder bei Ausübung der Hinweispflicht nach § 139 ZPO offenkundig werden[1802]. Konkret bedeutet dies für den Fall der Versäumung der Berufungsbegründungsfrist, dass Wiedereinsetzung von Amts wegen gewährt wird, wenn der 727

1799 BGH, Urt. v. 21.2.2020 – V ZR 17/19 – juris, Rn. 9 ff.; allgemein zur Haftung des Anwalts bei falschen Rechtsbehelfsbelehrungen, *Deckenbrock,* NJW 2018, 1636 (1638 ff.).

1800 Musteranträge nebst Versicherungserklärungen zur Glaubhaftmachung für Wiedereinsetzungsgesuche wegen der Versäumnis zivilprozessualer Fristen (Einspruchsfrist, Berufungsfrist und Berufungsbegründungsfrist) finden sich bei *Borgmann*/Jungk/Schwaiger, Anwaltshaftung, Anhang nach § 58, S. 588 ff.

1801 Vgl. exemplarisch BGH, Beschl. v. 15.10.2019 – VI ZR 22 und 23/19 – juris, Rn. 9 sowie ausführlich Rdn. 743 ff.

1802 BGH, Beschl. v. 11.4.2013 – IX ZB 100/11 – juris, Rn. 2.

Begründungsschriftsatz rechtzeitig bei Gericht eingeht und der Wille der Partei, den Rechtsstreit fortzuführen und die Voraussetzungen einer Wiedereinsetzung aktenkundig sind[1803].

aa) Frist

728 **§ 234 Abs. 1 ZPO** bestimmt zwei unterschiedliche Wiedereinsetzungsfristen. Nach § 234 Abs. 1 **S. 1** ZPO gilt allgemein eine **Frist von zwei Wochen.** Für die Begründung der Berufung, der Revision, der Nichtzulassungsbeschwerde oder der Rechtsbeschwerde ordnet § 234 Abs. 1 **S. 2** ZPO eine **Frist von einem Monat** an. Mit dieser Regelung hat der Gesetzgeber ausweislich der Gesetzesmaterialien zwar in erster Linie das Ziel verfolgt, dem Rechtsmittelführer nach der Gewährung von Prozesskostenhilfe zur Begründung des Rechtsmittels eine Frist von einem Monat zur Verfügung zu stellen[1804]. Dies rechtfertigt es aber nicht, § 234 Abs. 1 S. 2 ZPO entgegen dem eindeutigen Gesetzeswortlaut nur auf Fälle der nachträglichen Bewilligung von Prozesskostenhilfe anzuwenden[1805].

Die **Frist** für einen Wiedereinsetzungsantrag **beginnt** gemäß § 234 Abs. 2 ZPO grundsätzlich **mit dem Tag, mit dem das Hindernis behoben ist.** Das Hindernis ist behoben, sobald der Grund für die bisherige Verhinderung wegfällt oder dessen Fortbestand von der Partei oder dessen Vertreter verschuldet ist[1806].

Nach dem **Ablauf eines Jahres**, von dem Ende der versäumten Frist an gerechnet, **kann Wiedereinsetzung nicht mehr beantragt werden** (§ 234 Abs. 3 ZPO).

729 Fällt das Hindernis, welches einer rechtzeitigen Einlegung eines Rechtsmittels entgegenstand (etwa Kenntnis der Partei von der Zustellung der anzufechtenden Entscheidung), vor Ablauf der Begründungsfrist weg und läuft die Zweiwochenfrist des § 234 Abs. 1 S. 1 ZPO für einen Wiedereinsetzungsantrag wegen Versäumung der Einlegungsfrist erst nach Ablauf der Begründungsfrist ab, beginnt die Monatsfrist für einen Wiedereinsetzungsantrag wegen Versäumung der Begründungsfrist (§ 234 Abs. 1 S. 2 ZPO) nicht erst mit Ablauf der Zweiwochenfrist des § 234 Abs. 1 S. 1 ZPO, sondern bereits mit dem Tage des Wegfalls des Hindernisses zu laufen[1807]. Besonderheiten gelten allerdings für die Wiedereinsetzung und Nachholung der Rechtsmittelbegründung nach Bewilligung von **Prozesskostenhilfe**[1808]. Bei Versäumung der Berufungs- **und** Berufungsbegründungsfrist liegen **keine aussichtsreichen Wiedereinsetzungsanträge** vor, **wenn nur die Einlegung der Berufung, nicht aber deren Begründung nachgeholt** und lediglich um Verlängerung der Berufungsbegründungsfrist nachgesucht wird[1809].

730 Hat eine Partei innerhalb der Berufungsfrist lediglich **Prozesskostenhilfe beantragt, beginnt** die 14-tägige **Wiedereinsetzungsfrist** der §§ 234 Abs. 1 S. 1, 236 Abs. 2 S. 2 ZPO **spätestens mit Zugang der gerichtlichen Entscheidung über diesen Antrag**[1810]. Sie kann aber auch schon früher beginnen, wenn die Partei, etwa nach einem gerichtlichen Hinweis, nicht mehr mit der Bewilligung der beantragten Prozesskostenhilfe rechnen konnte[1811]. Ist dem Gesuch der amtliche Vordruck nebst den erforderlichen Belegen nicht beigefügt und kann die Partei deshalb nicht darauf vertrauen, Prozesskostenhilfe bewilligt zu bekommen, beginnt die Wiedereinsetzungsfrist bereits mit dem **Zugang eines richterlichen Hinweises** zu laufen[1812].

1803 BGH, Beschl. v. 22.1.2009 – IX ZB 3/08 – juris, Rn. 4.
1804 Vgl. BT-Drs. 15/1508, S. 17.
1805 BGH, Beschl. v. 15.1.2008 – XI ZB 11/07 – juris, Rn. 8.
1806 Hk-ZPO/*Saenger*, § 234, Rn. 4.
1807 Hessisches LAG, Urt. v. 15.5.2006 – 16 Sa 989/05 – juris, Leitsatz.
1808 Vgl. dazu unten Rdn. 733.
1809 OLG Frankfurt, Beschl. v. 27.5.2003 – 25 U 73/03 – juris, Rn. 2.
1810 BGH, Beschl. v. 19.7.2007 – IX ZB 86/07 – juris, Leitsatz 1 und Rn. 10.
1811 BGH, Beschl. v. 19.11.2008 – XII ZB 102/08 – juris, Rn. 11. Grundsätzlich kann einer solchen gerichtlichen Mitteilung auch ein deutlicher Hinweis der anwaltlich vertretenen Gegenseite gleichstehen – etwa dahingehend, dass ein fristgebundener Schriftsatz nicht rechtzeitig eingereicht sei; vgl. BGH, Urt. v. 24.9.2015 – IX ZR 206/14 – juris, Rn. 11.
1812 Vgl. BGH, Beschl. v. 14.5.2013 – II ZB 22/11 – juris, Rn. 12.

Wird Prozesskostenhilfe nicht innerhalb der zu wahrenden Frist **beantragt**, kommt eine **Wiedereinsetzung in die versäumte Wiedereinsetzungsfrist** in Betracht, sofern auch der verspätete Eingang des Prozesskostenhilfeantrags nebst Anlagen unverschuldet war und innerhalb der Frist des § 234 Abs. 1 S. 1 ZPO nachgeholt wird. Unterbleibt also wegen des wirtschaftlichen Unvermögens einer Partei die rechtzeitige Vornahme einer fristwahrenden Handlung – etwa der Einlegung eines Rechtsmittels –, ist die Frist unverschuldet versäumt, sofern die Partei bis zu deren Ablauf um Bewilligung der Prozesskostenhilfe nachsucht **oder** der verspätete Eingang des Prozesskostenhilfeantrags unverschuldet ist und nachgeholt wird[1813]. 731

Wird die beantragte **Prozesskostenhilfe** für ein beabsichtigtes Rechtsmittel nach dem Ablauf der Rechtsmittelfrist **verweigert**, bleibt der Partei nach der Bekanntgabe der Entscheidung noch eine Zeit von **höchstens drei bis vier Tagen für die Überlegung, ob** sie das **Rechtsmittel auf eigene Kosten** durchführen will. Danach beginnt die zweiwöchige Frist des § 234 Abs. 1 ZPO für das Wiedereinsetzungsgesuch und die damit zu verbindende Einlegung des Rechtsmittels. Das gilt auch dann, wenn das Gericht nicht die Mittellosigkeit der Partei, sondern die Erfolgsaussicht der beabsichtigten Rechtsverfolgung verneint hat[1814]. 732

Unklar ist, wann die **Frist zur Nachholung der Rechtsmittelbegründung** beginnt, wenn auch das Rechtsmittel selbst vor Stellung des PKH-Antrags noch nicht eingelegt war[1815]. Nach der Rechtsprechung des XI, des III. und des II. Zivilsenats des Bundesgerichtshofs beginnt die Monatsfrist für die Berufungsbegründung nach § 234 Abs. 1 S. 2, § 236 Abs. 2 S. 2 ZPO für eine mittellose, um Prozesskostenhilfe nachsuchende Partei bei versäumter Berufungsfrist erst mit der **Mitteilung der Wiedereinsetzung in den vorigen Stand gegen die Versäumung der Berufungsfrist**. Die mittellose Partei soll nämlich erst dann zur Berufungsbegründung gehalten sein, wenn sie weiß, dass ihr hinsichtlich der Versäumung der Berufungsfrist Wiedereinsetzung gewährt worden ist[1816]. Auch der IX. Zivilsenat hat sich dieser Auffassung im Grundsatz angeschlossen[1817], will aber im Fall der Versäumung der Einlegungs- und Begründungsfrist für eine **Rechtsbeschwerde** eine Ausnahme machen: Hier beginne die Frist (auch) zur Begründung der Rechtsbeschwerde deshalb (schon) ab der Bekanntgabe der Gewährung von Prozesskostenhilfe und nicht (erst) ab Bekanntgabe der Bewilligung von Wiedereinsetzung gegen die Versäumung der Einlegungsfrist, weil bei der Rechtsbeschwerde – im Unterschied zur Berufung und zur Revision (oder Nichtzulassungsbeschwerde) – nicht zwischen zeitlich voneinander abweichenden Einlegungs- und Begründungsfristen zu differenzieren, sondern das Rechtsmittel innerhalb eines Monats sowohl einzulegen (§ 575 Abs. 1 S. 1 ZPO) als auch zu begründen sei[1818]. Demgegenüber beginnt nach der – allerdings nur in einem obiter dictum formulierten – Auffassung des XII. Zivilsenats in diesen Fällen die Wiedereinsetzungsfrist gemäß § 234 Abs. 1 S. 2 ZPO bereits **mit Bekanntgabe des Prozesskostenhilfebeschlusses** zu laufen[1819]. Vorsichtshalber wird sich der Anwalt daher an dem zuletzt genannten früheren Fristbeginn orientieren müssen. Folgt der Rechtsmittelführer bei der Bestimmung der Frist zur Begründung der Berufung nach bewilligter Prozesskostenhilfe der zuerst genannten Auffassung (Fristbeginn zur Rechtsmittelbegründung mit Bekanntgabe des Wiedereinsetzungsbeschlusses), **fehlt es aber regelmäßig an einem Verschulden** des Prozessbevollmächtigten. Vielmehr hat das Rechtsmittelgericht dem Rechtsmittelführer in einem solchen Fall – bei Vorliegen der übrigen Voraussetzungen – von Amts wegen Wiedereinsetzung in die Wiedereinsetzungsfrist zur Begründung der Berufung zu gewähren[1820]. 733

1813 BGH, Beschl. v. 20.10.2020 – VIII ZA 15/20 – juris, Rn. 7.

1814 BGH, Beschl. v. 20.1.2009 – VIII ZA 21/08 – juris, Rn. 6 f. und v. 23.4.2013 – II ZB 21/11 – juris, Rn. 16.

1815 Vgl. hierzu auch die obigen Ausführungen beim Stichwort »Prozesskostenhilfe«, Rdn. 383 ff.

1816 BGH, Beschl. v. 30.4.2014 – III ZB 86/13 – juris, Rn. 8; v. 19.6.2007 – XI ZB 40/06 – juris, Rn. 9 und v. 17.5.2010 – II ZB 12/09 – juris, Rn. 13.

1817 BGH, Beschl. v. 14.11.2012 – IX ZR 268/12 – juris, Rn. 2.

1818 BGH, Beschl. v. 29.5.2008 – IX ZB 197/07 – juris, Rn. 8.

1819 BGH, Beschl. v. 11.6.2008 – XII ZB 184/05 – juris, Rn. 10 ff.

1820 BGH, Beschl. v. 19.12.2012 – XII ZB 169/12 – juris, Rn. 15.

734 Ansonsten kann eine mittellose Partei, für die ein Anwalt formularmäßig Berufung eingelegt hat, ohne sie zu begründen, noch **am letzten Tag** der (letztmalig verlängerten) Begründungsfrist PKH beantragen. Deshalb darf ihr nicht die Wiedereinsetzung in den vorigen Stand versagt werden. Das gilt auch dann, wenn der PKH-Antrag erst nach einem Mandatswechsel durch den neuen Prozessbevollmächtigten gestellt worden ist und dieser seine weitere Tätigkeit von der Gewährung von PKH abhängig gemacht hat[1821].

735 Bei der Beurteilung eines Antrags auf Wiedereinsetzung in den vorigen Stand wegen Versäumens der Berufungsfrist erfolgt keine Berücksichtigung neuen, erst nach Hinweis des Berufungsgerichts **nach Ablauf der Frist** des § 234 Abs. 1 ZPO vorgebrachten Tatsachenvortrags. Ein **Nachschieben von Wiedereinsetzungsgründen** ist also **nicht möglich**. Lediglich **erkennbar unklare oder ergänzungsbedürftige Angaben**, deren Aufklärung nach § 139 ZPO geboten gewesen wäre, dürfen nach Fristablauf erläutert oder vervollständigt werden. Nach Ablauf der Antragsfrist nachgeschobene Tatsachen, die nicht der Erläuterung oder Ergänzung fristgerecht geltend gemachter Wiedereinsetzungsvoraussetzungen dienen, müssen indessen unberücksichtigt bleiben[1822]. Jedoch ist die betroffene Partei unter dem Aspekt der Rechtskraft – **soweit die Wiedereinsetzungsfrist gewahrt ist**, die bei Geltendmachung mehrerer Hinderungsgründe erst mit der Beseitigung des letzten Hinderungsgrunds zu laufen beginnt – nicht gehindert, nachfolgend weitere Wiedereinsetzungsgründe geltend zu machen, über die noch nicht entschieden worden ist[1823].

736 Gegen die **Versäumung der Wiedereinsetzungsfrist** nach § 234 Abs. 1 ZPO findet ebenfalls die Wiedereinsetzung statt, wenn auch insoweit die Voraussetzungen des § 233 ZPO gegeben sind. Für den Vortrag der Gründe, die die Wiedereinsetzung gegen die Versäumung der Wiedereinsetzungsfrist betreffen, gilt eine **eigene Zweiwochenfrist**, die nach allgemeinen Regeln gemäß § 234 Abs. 2 ZPO mit dem Tage beginnt, an dem das Hindernis behoben ist[1824]. Gegen die Versäumung der **Jahresfrist** des § 234 Abs. 3 ZPO kommt allerdings keine Wiedereinsetzung in Frage[1825].

Hat das **Gericht** den Antrag auf Wiedereinsetzung in den vorigen Stand **verworfen**, weil er nicht innerhalb der Frist des § 234 Abs. 1 ZPO eingegangen ist, steht dies einem Antrag auf Wiedereinsetzung in die versäumte Wiedereinsetzungsfrist nicht entgegen, da bei Gewährung der Wiedereinsetzung in die versäumte Wiedereinsetzungsfrist dem Verwerfungsbeschluss die Grundlage entzogen würde[1826].

bb) Antragsinhalt

737 Die Partei muss im Rahmen ihres Antrags auf Wiedereinsetzung in die versäumte Frist gemäß § 236 Abs. 2 ZPO die die Wiedereinsetzung begründenden Tatsachen **vortragen und glaubhaft** machen. Hierzu gehört eine aus sich heraus **verständliche, geschlossene Schilderung** der tatsächlichen Abläufe, aus denen sich ergibt, auf welchen konkreten Umständen die Fristversäumnis beruht und auf welche Weise und **durch wessen Verschulden** es zur Versäumung der Frist gekommen ist[1827]. Alle Tatsachen, die für die Wiedereinsetzung von Bedeutung sein können, müssen grundsätzlich innerhalb der Antragsfrist vorgetragen werden[1828]. Kann ein derartiger Sachverhalt nicht dargelegt werden, geht dies auch dann zu Lasten des Antragstellers, wenn das Unvermögen durch Zeitablauf mitbedingt ist[1829].

738 Die **Prüfung** der angegebenen Wiedereinsetzungsgründe erfolgt **von Amts wegen**. Wiedereinsetzungsgründe unterliegen daher nicht der Parteidisposition und können nicht unstreitig gestellt werden[1830].

1821 BGH, Beschl. v. 8.1.2016 – I ZB 41/15 – juris, Rn. 9.
1822 BGH, Beschl. v. 6.4.2016 – VII ZB 7/15 – juris, Rn. 11.
1823 BGH, Beschl. v. 8.1.2016 – I ZB 41/15 – juris, Rn. 14.
1824 BGH, Beschl. v. 2.12.1998 – XII ZB 133/98 – juris, Rn. 7.
1825 Vgl. Zöller/*Greger*, ZPO, § 234, Rn. 4.
1826 BGH, Beschl. v. 28.11.2012 – XII ZB 235/09 – juris, Rn. 13.
1827 BGH, Beschl. v. 11.11.2015 – XII ZB 257/15 – juris, Rn. 10.
1828 BGH, Beschl. v. 14.7.2015 – II ZB 27/14 – juris, Rn. 13.
1829 BGH, Beschl. v. 3.7.2008 – IX ZB 169/07 – juris, Rn. 17.
1830 BGH, Beschl. v. 27.9.2016 – XI ZB 12/14 – juris, Rn. 11.

Die Frage, ob die die Wiedereinsetzung begründenden Tatsachen im Sinne von § 236 Abs. 2 S. 1 ZPO glaubhaft gemacht sind, bestimmt sich nach den zu § 294 ZPO entwickelten Grundsätzen. Danach genügt ein **geringerer Grad der richterlichen Überzeugungsbildung**; die Behauptung ist glaubhaft gemacht, sofern eine überwiegende Wahrscheinlichkeit dafür besteht, dass sie zutrifft. Die Feststellung der überwiegenden Wahrscheinlichkeit unterliegt dem Grundsatz der freien Würdigung des gesamten Vorbringens[1831].

Zur Glaubhaftmachung durch **Versicherung an Eides Statt** ist ein **eigener Sachvortrag erforderlich**; die Bezugnahme auf in einem anderen Schriftsatz vorgetragene Tatsachen genügt nicht[1832]. 739
Eine Behauptung ist schon dann im Sinne von § 236 Abs. 2 S. 1 i.V.m. § 294 ZPO glaubhaft gemacht, wenn eine **überwiegende Wahrscheinlichkeit** dafür besteht, dass sie zutrifft, also bei der erforderlichen umfassenden Würdigung der Umstände des jeweiligen Falles mehr für das Vorliegen der in Rede stehenden Behauptung spricht als dagegen[1833]. Grundsätzlich ist von der Richtigkeit einer anwaltlichen Versicherung auszugehen. Dies gilt allerdings dann nicht, wenn konkrete Anhaltspunkte es ausschließen, den geschilderten Sachverhalt mit überwiegender Wahrscheinlichkeit als zutreffend zu erachten[1834]. Will ein Gericht einer anwaltlichen Versicherung im Verfahren der Wiedereinsetzung **keinen Glauben schenken**, muss es den Antragsteller allerdings darauf **hinweisen** und ihm Gelegenheit geben, entsprechenden Zeugenbeweis anzutreten[1835]. Im Übrigen gilt, dass die Glaubhaftmachung gemäß § 294 Abs. 2 ZPO auf **präsente Beweismittel** beschränkt ist, wozu ein vom Gericht erst einzuholendes Sachverständigengutachten nicht rechnet[1836].

Ist hingegen offenkundig oder sonst wie hinreichend glaubhaft gemacht, dass ein Fristversäumnis auf dem Verstoß einer sonst zuverlässigen Kanzleiangestellten gegen eine allgemein erteilte Büroanweisung beruht (konkret: Herausgabe eines zur Fristwahrung bestimmten, aber nicht unterschriebenen Schriftsatzes trotz entsprechender Kontrollanordnung), bedarf es keiner weiteren Darlegung oder Glaubhaftmachung zum der Partei nicht zuzurechnenden Verschulden der Angestellten[1837].

Die **Anforderungen** daran, was eine Partei veranlasst haben muss, um Wiedereinsetzung in den vorigen Stand zu erlangen, **dürfen nicht überspannt werden**, um den Zugang zu Gericht nicht unnötig zu erschweren[1838]. Eine Partei ist deshalb auf ersichtlich unvollständige Angaben hinzuweisen[1839] (vgl. schon oben Rdn. 735). Die Verletzung dieser Hinweispflicht kann einen Verstoß gegen den Grundsatz der Gewährung rechtlichen Gehörs begründen[1840] bzw. den verfassungsrechtlich gewährten Anspruch auf wirkungsvollen Rechtsschutz verletzen[1841]. 740

Zu den **inhaltlichen Anforderungen** an die Darlegung eines **ohne Verschulden der Partei** einschließlich des der Partei nach § 85 Abs. 2 ZPO zuzurechnenden Anwaltsverschuldens eingetretenen Fristversäumnisses kann – insbesondere soweit es um ein **Büroorganisationsverschulden des Anwalts** geht – auf die obigen Ausführungen zur Büroorganisation[1842] verwiesen werden. 741

Wurde der Rechtsanwalt erstinstanzlich erfolgreich auf Schadensersatz aus anwaltlicher Pflichtverletzung in Anspruch genommen, ist er durch die gegenüber seiner **Berufshaftpflichtversicherung** bestehende 742

1831 BGH, Beschl. v. 26.4.2016 – VI ZB 4/16 und VI ZB 7/16 – juris, Rn. 10 sowie vom 19.6.2013 – V ZB 226/12 – juris, Rn. 12.
1832 BGH, Beschl. v. 12.11.2014 – XII ZB 289/14 – juris, Rn. 19 f.
1833 BGH, Beschl. v. 14.7.2015 – II ZB 27/14 – juris, Rn. 9 und v. 26.4.2016 – VI ZB 4/16 – juris, Rn. 10.
1834 BGH, Beschl. v. 18.12.2019 – XII ZB 379/19 – juris, Rn. 12 und v. 14.7.2015 – II ZB 27/14 – juris, Rn. 7.
1835 BGH, Beschl. v. 18.12.2019 – XII ZB 379/19 – juris, Rn. 13 und v. 17.11.2015 – VI ZB 38/13 – juris, Rn. 9.
1836 BGH, Beschl. v. 29.10.2015 – IX ZB 12/14 – juris, Rn. 9.
1837 BGH, Beschl. v. 15.2.2006 – XII ZB 215/05 – juris, Leitsatz.
1838 St. Rspr.; vgl. nur BGH, Beschl. v. 12.5.2016 – IX ZB 75/15 – juris, Rn. 5.
1839 BGH, Beschl. v. 27.11.2013 – III ZB 29/13 – juris, Rn. 10.
1840 BGH, Beschl. v. 3.4.2008 – I ZB 73/07 – juris, Rn. 9 und v. 13.3.2014 – IX ZB 47/13 – juris, Rn. 5.
1841 BGH, Beschl. v. 16.8.2016 – VI ZB 19/16 – juris, Rn. 4 ff.
1842 Rdn. 99 ff.

Obliegenheit, vor der Berufungseinlegung eine Deckungszusage für das Berufungsverfahren einzuholen, nicht an der Berufungseinlegung »rechtlich gehindert«. Wiedereinsetzung in die versäumte Berufungsfrist kann ihm nicht deshalb gewährt werden, wenn er vor Berufungseinlegung die Deckungszusage seines Haftpflichtversicherers abwartet und diese verspätet (nach Ablauf der Berufungsfrist) eintrifft[1843].

b) Nachholung der versäumten Prozesshandlung

743 Nach § 236 Abs. 2 S. 2 ZPO ist die **versäumte Prozesshandlung innerhalb der Antragsfrist des § 234 ZPO nachzuholen.** Für die Wiedereinsetzung in den vorigen Stand ist die versäumte Prozesshandlung in der für sie **vorgeschriebenen Form** nachzuholen. Hat es der Rechtsmittelführer versäumt, eine unterschriebene und damit wirksame Rechtsmittelbegründung einzureichen, hat er somit bis zum Ablauf der Wiedereinsetzungsfrist einen unterschriebenen Begründungsschriftsatz nachzureichen[1844].

744 Für den häufigen Fall, dass Rechtsmittel**einlegungsfristen versäumt** werden, gilt es unbedingt, **auch** eine neben der Einlegungsfrist laufende Rechtsmittel**begründungsfrist zu beachten**[1845]. Bei Versäumung der Berufungs- **und** Berufungsbegründungsfrist hängt der Erfolg der notwendigen Wiedereinsetzungsanträge nämlich davon ab, dass nicht **nur die Einlegung der Berufung, sondern auch deren Begründung nachgeholt** und nicht etwa nur um eine – nicht fristwahrende – Verlängerung der Berufungsbegründungsfrist nachgesucht wird[1846]. Unter der nachzuholenden Prozesshandlung i.S.v. § 236 Abs. 2 S. 2 ZPO ist bei Versäumung einer Rechtsmittelbegründungsfrist ausschließlich die Rechtsmittelbegründung selbst zu verstehen[1847]. Bei Versäumung der Wiedereinsetzungsfrist gilt dies entsprechend[1848].

Ein erneuter Antrag auf Prozesskostenhilfe oder eine Gegenvorstellung ersetzen nicht die versäumte Prozesshandlung[1849].

2. Weitere Verfahrensfragen

745 Das Verfahren über den Antrag auf Wiedereinsetzung ist nach § 238 Abs. 1 ZPO mit dem Verfahren über die nachgeholte Prozesshandlung zu verbinden. Dabei kann sich das Gericht nach § 238 Abs. 1 S. 2 ZPO zunächst auf den Wiedereinsetzungsantrag beschränken.

III. Haftungsfolgen

746 **Zur Abwendung eines Haftungsschadens kann der Anwalt** nach Ansicht des BGH gehalten sein, dem Mandanten, der das Verfahren nicht mehr weiter betreiben will, als **Streithelfer beizutreten** und den **Wiedereinsetzungsantrag** zu **stellen**[1850].

Zinsansprüche

747 Aus § 308 Abs. 1 S. 2 ZPO ergibt sich, dass auch bezüglich des Zinsanspruches ein **bestimmter Antrag** gestellt werden muss. Zinsansprüchen wird allerdings bedauerlicherweise häufig die gebotene Aufmerksamkeit nicht gewidmet. Für den Fall, dass der Mandant in der Hauptsache obsiegt, resultiert daraus ein Regressanspruch gegen den Anwalt, sofern die Voraussetzungen für einen weitergehenden Zinsanspruch vorlagen.

748 1. **Verzugszinsen** stehen dem Kläger in jedem Fall in Höhe von fünf Prozentpunkten über dem Basiszinssatz gemäß **§ 288 Abs. 1 BGB** ab Beginn des Verzuges zu. Die Verzugsvoraussetzungen sind seit dem Schuldrechtsmodernisierungsgesetz in § 286 BGB geregelt. Keinesfalls ist es sachgerecht,

1843 BGH, Beschl. v. 4.11.2004 – IX ZB 100/04 – juris, Rn. 3.
1844 BGH, Beschl. v. 15.10.2019 – VI ZB 22/19 und 23/19 – juris, Rn. 9.
1845 Vgl. oben Rdn. 727.
1846 OLG Frankfurt, Beschl. v. 27.5.2003 – 25 U 73/03 – juris, Rn. 2.
1847 BGH, Beschl. v. 20.9.2006 – IV ZB 16/06 – juris, Rn. 6.
1848 Vgl. oben Rdn. 736.
1849 BGH, Beschl. v. 21.4.2020 – II ZB 27/19 – juris, Rn. 6.
1850 BGH, Beschl. v. 11.5.2000 – I ZB 26/99 – juris, Rn. 7.

stattdessen einen Zinsanspruch in Höhe von »5 % über dem Basiszinssatz« geltend zu macht. Denn dies ist inhaltlich nicht mit dem tatsächlich bestehenden Zinsanspruch gleichzusetzen und allenfalls mit Wohlwollen in diese Richtung auszulegen[1851].

Durch das Gesetz zur Beschleunigung fälliger Zahlungen, welches am 1.5.2000 in Kraft getreten ist, ist der gesetzliche Verzugszins von vier Prozent auf **fünf Prozentpunkte über** dem **Basiszinssatz** angehoben worden. Die damalige Neuregelung galt und gilt nach der Übergangsregelung des Gesetzes (Art. 229 § 1 S. 3 EGBGB) für alle Geldschulden, die seit dem 1.5.2000 fällig geworden sind. Für die an diesem Tag bereits fälligen Forderungen bleibt es dagegen bei dem Zinssatz von 4 %.

Eine wechselnde Höhe der Kreditzinsen muss im Zinsantrag mit dem jeweiligen Prozentsatz und dem jeweiligen Zeitraum Niederschlag finden[1852]. Für vor dem 1.5.2000 fällig gewordene Forderungen betrug der Verzugszinssatz vier bzw. fünf Prozent und für die Zeit danach bis Ende 2001 gemäß § 288 Abs. 1 S. 1 BGB a.F. fünf Prozentpunkte über dem Basiszinssatz. Änderungen des Basiszinssatzes während des Verzugs wirken sich ohne weiteres auf die Höhe der Verzugszinsen aus; diese werden also nicht ein für allemal durch die Höhe der Verzugszinsen bei Verzugseintritt fixiert. Dem ist im Klageantrag ebenfalls zu entsprechen, indem Zinsen in Höhe von fünf (bzw. neun) Prozentpunkten über dem jeweiligen Basiszinssatz zu beantragen bzw. zuzusprechen sind. Bei **negativem Basiszinssatz** (seit 1.1.2013) ist die Berechnung streitig. Die herrschende Ansicht zählt dem Wortlaut der Vorschrift entsprechend die 5 Prozentpunkte dem negativen Wert hinzu und kommt so zu Werten unter 5 %[1853]. Nach anderer Ansicht sollen Verzugszinsen mindestens in derjenigen Höhe beansprucht werden können, wie sie bereits ab Fälligkeit der Forderung nach anderen gesetzlichen Vorschriften (z.B. §§ 352, 353 HGB) geschuldet sind. Seit Bestehen eines negativen Basiszinssatzes nach § 247 BGB könne nämlich nicht mehr davon ausgegangen werden, dass die Norm des § 288 Abs. 3 BGB insoweit leerlaufe und lediglich vertraglich vereinbarte höhere Zinssätze erfassen wolle[1854]. 749

Übersehen wird auch nicht selten, dass der Kläger bei Rechtsgeschäften, an denen ein **Verbraucher nicht beteiligt** ist, auf **Entgeltforderungen** gemäß **§ 288 Abs. 2 BGB** seit dem 29.7.2014 Zinsen in Höhe von neun Prozentpunkten über dem Basiszinssatz verlangen kann. Beachtet werden muss in diesem Zusammenhang, dass Schadensersatzforderungen keine Entgeltforderungen im Sinne des § 288 Abs. 2 BGB darstellen[1855], so dass für solche Ansprüche gem. § 288 Abs. 1 BGB nur Zinsen in Höhe von fünf Prozentpunkten über dem Basissatz geltend gemacht werden können. 750

Der Gläubiger einer Entgeltforderung hat bei Verzug des Schuldners, wenn dieser kein Verbraucher ist, außerdem nach § 288 Abs. 5 BGB[1856] einen **Anspruch auf Zahlung einer Pauschale** in Höhe von **40 Euro.** Dies gilt auch, wenn es sich bei der Entgeltforderung um eine Abschlagszahlung oder sonstige Ratenzahlung handelt. Die Pauschale ist allerdings nach § 288 S. 3 BGB auf einen geschuldeten Schadensersatz anzurechnen, soweit der Schaden in Kosten der Rechtsverfolgung begründet ist. 751

2. Fehlt der vorprozessuale Verzug, hat der Schuldner eine **Geldschuld** auf Antrag des Gläubigers **ab** dem Eintritt der **Rechtshängigkeit gemäß § 291 BGB zu verzinsen. Das gilt auch** – was gleichfalls häufig übersehen wird – **für** den unbeziffert geltend gemachten **Schmerzensgeldanspruch**[1857] **sowie für** den **Unterhaltsanspruch**[1858]. Der Höhe nach wird der Rechtshängigkeitszins auf Antrag regelmäßig in Höhe von fünf Prozentpunkten über dem Basiszins ausgeurteilt. Bei weiterer Substantiierung 752

1851 Vgl. etwa BGH, Beschl. v. 7.2.2013 – VII ZB 2/12 – juris, Rn. 12; OLG Celle, Urt. v. 16.11.2016 – 23 SchH 7/16 – juris, Rn. 34.

1852 Mes/*Tonner*, Beck'sches Prozessformularbuch, I. D. 1. Rn. 22.

1853 Jauernig/*Stadler*, BGB, § 288, Rn. 5.

1854 Vgl. OLG München, Urt. v. 20.11.2013 – 7 U 5025/11 – juris, Rn. 93; vgl. dazu auch *Coen*, NJW 2012, 3329; *Klose*, NJ 2014, 13.

1855 BGH, Urt. v. 6.11.2013 – KZR 58/11 – juris, Rn. 14; BGH, Urt. v. 21.4.2010 – XII ZR 10/08 – juris, Rn. 24; BFH, Urt. v. 19.3.2014 – X K 8/13 – juris, Rn. 43.

1856 In der Fassung seit dem 29.7.2014.

1857 BGH, Urt. v. 5.1.1965 – VI ZR 24/64 – juris, Rn. 43 f.

1858 BGH, Urt. v. 14.1.1987 – IVb ZR 3/86 – juris, Rn. 4.

kann jedoch auch ein weitergehender Zinsanspruch geltend gemacht werden. Für die Rechtshängigkeitszinsen beginnt der Anspruch einen Tag nach Eintritt der Rechtshängigkeit[1859]. Für den Zinsanspruch aus § 291 BGB gelten die in § 288 Abs. 1 und Abs. 2 BGB genannten Zinssätze.

753 3. Bei einem Anspruch auf Wertersatz oder Wertminderung wegen der Entziehung oder Beschädigung einer Sache kann gemäß **§ 849 BGB** der Zinsanspruch regelmäßig ab dem Schadensereignis geltend gemacht werden[1860].

754 4. Auch **Fälligkeitszinsen** werden in der Praxis nicht immer hinreichend berücksichtigt.

Gemäß § 641 Abs. 4 BGB hat der Besteller eine in Geld festgesetzte Vergütung von der Abnahme des Werkes an zu verzinsen, sofern keine Stundungsvereinbarung getroffen wurde. Außerdem sind Kaufleute untereinander gemäß § 353 HGB berechtigt, für ihre Forderungen aus beiderseitigen Handelsgeschäften ab dem Tage der Fälligkeit Zinsen zu fordern. Gemäß § 246 BGB beträgt der Fälligkeitszinssatz nach wie vor vier Prozent bzw. gemäß § 352 Abs. 1 HGB fünf Prozent. Wurde in einen Bauvertrag die VOB einbezogen, ergibt sich gemäß § 16 Abs. 5 Nr. 3 VOB/B für den Fall, dass der Auftraggeber bei Fälligkeit nicht zahlt und ihm der Auftragnehmer eine angemessene Nachfrist gesetzt hat, ab dem Ende der Nachfrist ein Anspruch auf Zinsen nach Maßgabe von § 288 Abs. 2 BGB, sofern kein höherer Verzugsschaden nachgewiesen wird. Der gleiche Zinsanspruch ergibt sich nach der Vorschrift sogar ohne Nachfristsetzung spätestens 30 Tage nach Zugang der Rechnung oder der Aufstellung bei Abschlagszahlungen, wenn der Auftragnehmer seine vertraglichen und gesetzlichen Verpflichtungen erfüllt und den fälligen Entgeltbetrag nicht rechtzeitig erhalten hat, es sei denn, der Auftraggeber ist für den Zahlungsverzug nicht verantwortlich. Die Frist verlängert sich auf höchstens 60 Tage, wenn sie aufgrund der besonderen Natur oder Merkmale der Vereinbarung sachlich gerechtfertigt ist und ausdrücklich vereinbart wurde.

755 Geleistete **Teilzahlungen** müssen im Antrag des Klägers Berücksichtigung finden[1861].

756 5. Gemäß § 288 Abs. 3 BGB kann der Gläubiger auch aus einem **anderen Rechtsgrund**, nämlich aus entsprechender vertraglicher Vereinbarung, höhere Zinsen verlangen. Außerdem stellt § 288 Abs. 4 BGB klar, dass die **Geltendmachung eines weiteren Schadens nicht ausgeschlossen** ist.

757 Der Schaden kann einerseits im **Verlust von Anlagezinsen** bestehen[1862]. Das wird häufig übersehen, wie folgendes – noch aus Hochzinszeiten stammendes – Beispiel verdeutlichen mag: Der Anwalt klagt für seine Mandantin einen Zugewinnausgleichsanspruch in Höhe von 500.000,00 EUR ein. Nach langjähriger Prozessdauer durch mehrere Instanzen wird der Prozess einschließlich der beantragten Zinsen in Höhe von vier Prozent gewonnen. Anschließend beklagt sich die Mandantin darüber, dass sie während der gesamten Jahre bei rechtzeitiger Zahlung die Summe zu einem Zinssatz von durchschnittlich sieben Prozent als Festgeld hätte anlegen können[1863]. Sie verlangt nun Ersatz des entsprechenden Schadens vom Anwalt, nachdem die weitergehenden Zinsansprüche gegenüber dem Gegner verjährt sind. Hier hat der Anwalt eine Pflichtverletzung begangen, die zu dem Schaden der Mandantschaft geführt hat.

758 Den Anwalt trifft in solchen Fällen die Pflicht, den Mandanten zu fragen, wie er den eingeklagten Betrag bei rechtzeitigem Erhalt verwendet hätte und welcher Schaden durch den Entzug der konkreten Verwendungsmöglichkeit entstanden ist[1864]. **Bei größeren Geldbeträgen spricht** nach der Rechtsprechung

1859 BGH, Urt. v. 24.1.1990 – VIII ZR 296/88 – juris, Rn. 25; Staudinger/*Feldmann*, BGB, § 291, Rn. 19.

1860 In den Dieselskandalfällen hat der BGH nun allerdings entschieden, dass Deliktszinsen nach § 849 BGB nicht verlangt werden können, wenn der Geschädigte für die Hingabe seines Geldes im Wege des Leistungsaustauschs eine in tatsächlicher Hinsicht voll nutzbare Gegenleistung erhält. In diesem Fall soll die tatsächliche Nutzbarkeit der Gegenleistung die Nutzungsmöglichkeit des Geldes kompensieren, vgl. BGH, Urt. v. 30.7.2020 – VI ZR 354/19 – juris, Rn. 17 ff.

1861 Z.B. durch die Formulierung: »Es wird beantragt, den Beklagten zu verurteilen, an den Kläger 10.000,00 EUR nebst fünf Prozent Zinsen seit dem 9.8.2016 abzüglich am 18.2.2015 gezahlter 3.000,00 EUR zu zahlen.«.

1862 BGH, Urt. v. 7.11.1985 – III ZR 128/84 – juris, Rn. 43.

1863 Was in den augenblicklichen Niedrigzinszeiten allerdings jedenfalls in Deutschland kaum realisierbar sein dürfte.

1864 BGH, Urt. v. 8.11.1973 – III ZR 161/71 – juris, Rn. 19.

die Lebenserfahrung für **eine gewinnbringende Anlage**[1865]. Wenn der Mandant bereits bestimmte Anlagen hat, empfiehlt es sich, den Nachweis des Gewinns aus dieser Anlage zu erbringen.

6. Der Zinsschaden kann des Weiteren darin bestehen, dass der Gläubiger **für** einen von ihm aufgenommenen **Kredit Zinsen** zu zahlen hat[1866]. Der Schaden kann auch in Überziehungszinsen bestehen[1867]. 759

a) Wegen der **Inanspruchnahme eines Bankkredits** kann der Zinsanspruch gemäß § 288 Abs. 4 BGB auch weitergehend sein. Es genügt die Darlegung einer Kreditaufnahme in Höhe der **Klageforderung**[1868]. **Im Falle des Bestreitens ist eine nähere Darlegung erforderlich**[1869]. 760

Der Verzug des Schuldners muss jedoch nicht für die Aufnahme des Kredits ursächlich sein[1870]. 761
Hat der Gläubiger den Kredit vor Eintritt des Verzuges aufgenommen, ist er darlegungs- und beweispflichtig
- für die Höhe seiner Verschuldung im Zeitraum des Verzuges,
- für im maßgeblichen Zeitraum gezahlte Zinssätze sowie
- seine Absicht, bei rechtzeitiger Zahlung des Schuldners den Kredit entsprechend abzutragen[1871].

Allein ein Hinweis auf einen seinerzeit aufgenommenen Kredit reicht nicht; denn nur dann, wenn 762
ein Kredit während des Zeitraumes des Verzuges in Anspruch genommen worden ist, kann sich überhaupt die Frage stellen, ob der rechtzeitige Eingang der Geldbeträge die Kosten eines solchen Kredites gemindert hätte[1872]. Ebenso wenig wird der Gläubiger seiner Darlegungs- und Beweislast für den Fall einer Kreditaufnahme nach Verzugseintritt gerecht, wenn er eine Bankbescheinigung vorlegt, aus der sich lediglich ergibt, dass derzeit ein Darlehen zu einem bestimmten Effektivzins in Anspruch genommen wird[1873].

Zugunsten eines Kaufmannes besteht die **Vermutung**, dass er eingehende **Zahlungen zur Tilgung** 763
von Krediten **verwendet**[1874]. Streitig ist, ob diese Vermutung auch zugunsten von Privatgläubigern gilt[1875]. Bei größeren Geldbeträgen wird bei Privatgläubigern die Vermutung ebenfalls greifen müssen[1876]. **Voraussetzung** für diese Vermutung muss jedoch auf jeden Fall sein, **dass sich die** vom Gläubiger **behauptete Abtragung** des Kredits bei rechtzeitiger Zahlung **mit dem Kreditvertrag in Übereinstimmung** bringen lässt. Bestreitet der Schuldner diese Möglichkeit, ist der Gläubiger insoweit darlegungs- und beweispflichtig[1877].

b) Die **Zinsbescheinigungen müssen**, was häufig missachtet wird, aussagekräftig sein. Sie müssen 764
die **Höhe des Darlehensbetrages über den Verzugszeitraum sowie die** für bestimmte Zeitabschnitte **bezahlten Zinssätze konkret ausweisen.** Häufig werden Zinsbescheinigungen nur aus dem Zeitraum bis zur Klageerhebung vorgelegt. Damit ist der Zinsschaden für die Prozessdauer jedoch nicht belegt. Vielmehr muss zeitnah vor dem Urteil eine weitere Bescheinigung vorgelegt werden.

1865 Vgl. zu den maßgebenden Grundsätzen BGH, Urt. v. 8.11.1973 – III ZR 161/71 – juris, Rn. 18 ff.; BGH, Urt. v. 6.5.1981 – IVa ZR 170/80 – juris, Rn. 35 f.

1866 BGH, Urt. v. 7.11.1985 – III ZR 128/84 – juris, Rn. 52; BGH, Urt. v. 12.12.1990 – VIII ZR 35/90 – juris, Rn. 10.

1867 OLG Karlsruhe, Urt. v. 16.8.1990 – 12 U 84/89 – juris, LS 4.

1868 BGH, Urt. v. 26.10.1983 – IVa ZR 21/82 – juris, Rn. 11.

1869 BGH, NJW-RR 1991, 1406; Palandt/*Grüneberg*, BGB, § 288, Rn. 14.

1870 BGH, Urt. v. 26.10.1983 – IVa ZR 21/82 – juris, Rn. 11; OLG Karlsruhe, Urt. v. 16.8.1990 – 12 U 84/89 – juris.

1871 BGH, Urt. v. 27.2.1991 – XII ZR 39/90 – juris, Rn. 19; OLG Saarbrücken, Urt. v. 24.10.2007 – 5 U 238/07 – juris, Rn. 61.

1872 BGH, Urt. v. 27.2.1991 – XII ZR 39/90 – juris, Rn. 19; Staudinger/*Feldmann*, BGB, § 288, Rn. 49.

1873 LG Koblenz, Urt. v. 7.9.1990 – 14 S 240/89 – juris.

1874 BGH, Urt. v. 12.12.1990 – VIII ZR 35/90 – juris, Rn. 16; Palandt/*Grüneberg*, BGB, § 288, Rn. 14.

1875 Jauernig/*Stadler*, BGB, § 288, Rn. 9; verneinend LG Koblenz, Urt. v. 7.9.1990 – 14 S 240/89 – juris.

1876 BGH, Urt. v. 6.5.1981 – IVa ZR 170/80 – juris, Rn. 36.

1877 BGH, Urt. v. 27.2.1991 – XII ZR 39/90 – juris, Rn. 19.

765 Eine Zinsbescheinigung sollte deshalb folgenden Wortlaut haben:

»Hiermit bescheinigen wir, die A-Bank, dass Herr B seit dem ...(Datum) bei uns durchlaufend bis heute Kredit in Höhe von mindestens ... EUR in Anspruch genommen hat. Wir haben dafür folgende Zinssätze berechnet:

Für die Zeit vom ... bis ... X %

Für die Zeit vom ... bis ... Y %.«

Einzutragen sind also in der Zinsbescheinigung das Datum des Verzugsbeginns ebenso wie die Höhe der eingeklagten Forderung sowie die fortlaufend berechneten Zinssätze[1878].

766 Bei **Überziehungskrediten** besteht die Schwierigkeit des Nachweises des Zinsschadens außerdem darin, dass dieser häufig zwischenzeitlich vollständig zurückgeführt werden muss mit der Folge, dass deshalb ein Zinsschaden nur für konkret zu bemessende Teilzeiträume nachgewiesen werden kann.

767 7. Eine **im Voraus** getroffene **Vereinbarung**, die den Anspruch des Gläubigers einer Entgeltforderung auf **Verzugszinsen ausschließt**, ist nach der mit Wirkung zum 29.7.2014 eingefügten Regelung in § 288 Abs. 6 BGB **unwirksam**. Gleiches gilt für eine Vereinbarung, die diesen Anspruch gegenüber der gesetzlichen Bestimmung beschränkt oder den Anspruch des Gläubigers einer Entgeltforderung auf die Pauschale von 40,00 EUR nach § 288 Abs. 5 BGB oder auf Ersatz des Schadens, der in Kosten der Rechtsverfolgung begründet ist, ausschließt oder beschränkt, wenn sie im Hinblick auf die Belange des Gläubigers grob unbillig ist. Eine diesbezügliche Vereinbarung ist im Zweifel als grob unbillig anzusehen. Diese Vorgaben sind jedoch **nicht anzuwenden, wenn sich der Anspruch gegen einen Verbraucher richtet**.

Zugang von Schriftstücken und Erklärungen in Textform

768 In Zivilprozessen ist häufig streitig, ob ein rechtserhebliches Schreiben seinen Adressaten erreicht hat. Nach Auskunft des Bundespostministeriums (für das Jahr 1980) soll bei ordnungsgemäß aufgegebenen Briefen zwar nur eine Verlustquote von 0,000633 % zu beklagen sein[1879]. Auch nach neueren Schätzungen sollen trotz absolut gesehen hoher Verlustquoten prozentual betrachtet nur ein verschwindend geringer Anteil von Postsendungen verloren gehen. Gleichwohl ist festzustellen, dass gerade bei Schreiben, die bestimmte Rechtsfolgen auslösen, wie etwa Kündigung, Rücktritt, Anfechtung, Mahnung oder Mängelrüge, der Zugang mit *»erstaunlicher Häufigkeit«* im Prozess bestritten wird[1880]. Wenn es etwa um den entscheidenden Vorbehalt gegen eine Schlusszahlung gemäß § 16 Nr. 3 Abs. 2 VOB/B geht oder auch um die für die Prozesskosten maßgebliche Abmahnung in Wettbewerbsprozessen, so ist es fast die Regel, dass der Zugang derartiger Schriftstücke bestritten wird.

769 Nach der höchstrichterlichen Rechtsprechung trägt der Erklärende für den Zugang seiner schriftlichen Erklärung die **Beweislast**[1881]. Auch bei empfangsbedürftigen Erklärungen, die zulässigerweise in gesetzlich vorgeschriebener Textform gemäß § 126b BGB abgegeben werden, ist der Zugang von demjenigen zu beweisen, der aus der Erklärung Rechte herleitet[1882].

770 Es genügt insoweit nicht, dass die ordnungsgemäße Adressierung, Frankierung und Aufgabe eines Briefes zur Post nachgewiesen wird. Weder für normale **Postsendungen** noch für einfache **Einschreiben** kann hier mit einer tatsächlichen Vermutung gearbeitet werden, dass das Schreiben seinen Empfänger auch erreicht haben werde[1883].

1878 *Doms,* NJW 1999, 2649, 2650.

1879 So *E. Schneider*, MDR 1984, 281; vgl. auch *Allgaier*, VersR 1992, 1070.

1880 Vgl. *E. Schneider,* MDR 1984, 281.

1881 Zu § 130 BGB vgl.: BGH, Urt. v. 19.2.2014 – IV ZR 163/13 – juris, Rn. 27; BGHZ 70, 232 (234) = NJW 1978, 886; BGH NJW 1964, 1176 = WM 1964, 452; zu § 377 HGB und zu § 121 BGB vgl. BGHZ 101, 49, 55 = NJW 1987, 2235, 2236.

1882 PWW/*Ahrens,* § 126b BGB, Rn. 12.

1883 BGH NJW 1996, 2033; NJW 1964, 1176; BAG NJW 1961, 2132; OLG Hamm VersR 1975, 246, 247; OLG Köln MDR 1987, 405; Palandt/*Ellenberger*, § 130 BGB, Rn. 21.

Ebenso kann nach der herrschenden Meinung und höchstrichterlichen Rechtsprechung bei Fernschreiben oder Telekopien (**Fax**) der Zugang grundsätzlich nicht allein durch Vorlage des Absendertextes mit Sendebericht und darin enthaltenem »OK«-Vermerk prima facie bewiesen werden[1884]. Der **»OK«-Vermerk** stellt nach inzwischen ständiger Rechtsprechung des BGH aber ein Indiz für den Zugang des Telefaxes dar[1885]. Ob die daran im Hinblick auf technische Weiterentwicklungen auf dem Gebiet der Telekommunikation von Oberlandesgerichten und in der Literatur geäußerte Kritik, dass der »OK«-Vermerk dem BGH zur Beweisführung nicht ausreiche[1886], berechtigt sei, hat der BGH ausdrücklich offengelassen[1887] und konnte dies, weil – wie wahrscheinlich in den meisten einschlägigen Fällen[1888] – durch die Ausschöpfung aller prozessual zu berücksichtigenden Erkenntnismöglichkeiten auch auf solche Weise dem Absender der Beweis des Zugangs des Faxes beim Empfänger möglich sei. Der Empfänger kann sich im Rahmen seiner sekundären Darlegungslast nämlich nicht auf ein bloßes Bestreiten des Zugangs beschränken. Er muss sich vielmehr näher dazu äußern, welches Gerät er an der fraglichen Gegenstelle betreibt, ob die Verbindung im Speicher enthalten ist, ob und in welcher Weise er ein Empfangsjournal führt und muss dieses gegebenenfalls vorlegen[1889]. Die Beweiskraft des im »OK«-Vermerk liegenden Indizes ist sodann unter Berücksichtigung dieses Vorbringens zu würdigen[1890]. In jedem Fall muss einem Beweisantrag auf Einholung eines Sachverständigengutachtens nachgegangen werden. Die Wahrscheinlichkeit, dass ein Fax trotz »OK«-Vermerks den Empfänger nicht erreicht, ist äußerst gering[1891], und es sind im Einzelfall gesicherte technische Feststellungen darüber möglich, welche Daten im Speicher des Empfangsgeräts angekommen sind[1892]. 771

Bei Verwendung einer **E-Mail** z. B. als eine dem Textformerfordernis nach § 126b BGB genügender Erklärungsform kann sich ebenfalls für den Anwalt die Frage des Nachweises des Zugangs in ähnlicher Weise wie beim Telefax stellen. Hierzu wird in der Literatur der Standpunkt vertreten, dass die vom Absender zu veranlassende Eingangsbestätigung und jedenfalls die davon zu unterscheidende Lesebestätigung nicht nur Indizien für den Zugang bilden, sondern sogar einen Anscheinsbeweis begründen können[1893]. Ob der BGH dem folgen wird, ist fraglich, jedenfalls solange nicht technisch zweifelsfrei Manipulations- oder Fehlerquellen bei der Erstellung von Eingangs- und Lesebestätigung ausgeschlossen werden können. Eine Behandlung der Zugangsproblematik analog zum Telefax, d. h. unter Anerkennung einer Indizwirkung mit der Verpflichtung des Empfängers zum qualifizierten Bestreiten und mit der Möglichkeit einer sachverständigen Abklärung, erscheint vorzugswürdig. 772

Der Nachweis der Absendung der E-Mail allein reicht jedenfalls für einen Beweis des ersten Anscheins eines Zugangs nicht aus[1894].

Wenngleich die Grundsätze der herrschenden Meinung und höchstrichterlichen Rechtsprechung nicht unumstritten sind[1895], hat der Anwalt, der ein rechtserhebliches Schreiben im Namen seines 773

1884 BGH NJW 1995, 665; BFH BB 1999, 303; BAG MDR 2003, 91; OLG Köln NJW-RR 1995, 1463; OLG Karlsruhe NJW 1973, 1611; Palandt/*Ellenberger*, § 130 BGB, Rn. 21; PWW/*Ahrens*, § 130 BGB, Rn. 31; a.A. OLG München NJW 1994, 527; *Gregor*, NJW 2005, 2885.

1885 BGH, Urt. v. 19.2.2014 – IV ZR 163/13 – juris, Rn. 27 m.w.N.; Beschl. v. 21.7.2011 – IX ZR 148/10 – juris, Rn. 3; vgl. so auch BAG, BAGE 102, 171 und BSG, Beschl. v. 20.10.2009 – B 5 R 84/09 B, juris, Rn. 12.

1886 Vgl. dazu die Nachweise in BGH, Urt. v. 19.2.2014 – IV ZR 163/13 – juris, Rn. 28.

1887 BGH, a.a.O., Rn. 29.

1888 Vgl. OLG Celle, Urt. v. 19.6.2008 – 8 U 80/07 – juris, Rn. 31–33.

1889 BGH, a.a.O., Rn. 30; so schon OLG Frankfurt, Urt. vom 5.3.2010 – 19 U 213/09 – juris, Rn. 17; OLG Koblenz, Beschl. v. 4.7.2013 – 3 W 298/13 – juris, Rn. 5; Urt. v. 1.2.2013 – 2 U 1249/11 – juris, Rn. 15

1890 BGH, a.a.O., Rn. 30.

1891 Im Fall OLG Karlsruhe, Urt. v. 30.9.2008 – 12 U 65/08 – juris, Rn. 12 wurde sie von einem Sachverständigen sogar mit 0 % bewertet.

1892 BGH, a.a.O., Rn. 35, 36; OLG Celle, Urt. v. 19.6.2008 – 8 U 80/07 – juris, Rn. 31–33.

1893 *Mankowski*, NJW 2005, 1901; zustimmend MünchKommBGB/*Einsele*, § 130, Rn. 46.

1894 OLG Köln, Urt. v. 5.12.2006 – 3 U 167/05 – juris, Rn. 5; AG Bremen, Urt. v. 15.4.2009 – 23 C 496/06 – juris, Rn. 34.

1895 Vgl. OLG Köln WRP 1984, 40; OLG Stuttgart WRP 1983, 644; *E. Schneider*, MDR 1984, 281; OLG München NJW 1994, 527.

Mandanten auf dem **Postweg** absendet, in jedem Falle Sorge für den Nachweis des Zugangs zu tragen[1896], und zwar schon deswegen, um hier den sichersten Weg zu wählen[1897]. Wenn der Anwalt etwa den Vorbehalt nach § 16 VOB/B für seine Partei geltend machen will und ein Schreiben mit dieser Erklärung übersendet oder den Widerruf eines gemeinschaftlichen Testaments erklärt (s. Kap. 9 Rdn. 139), so muss er geeignete Schritte ergreifen, um den gegebenenfalls erforderlich werdenden Beweis des Zugangs an den Adressaten zu sichern[1898].

Der BGH[1899] hat dazu Folgendes angemerkt:

> »Wer jeden Streit darüber, ob ein abgesandtes Schriftstück auch angekommen ist, mit Sicherheit ausschließen will, kann förmlich zustellen oder wenigstens ein Einschreiben mit Rückschein schicken.«

774 Ein **Einschreiben mit Rückschein** kann hiernach also den Beweis des Zugangs erbringen. Des Weiteren kann der Anwalt einen **Gerichtsvollzieher** beauftragen, ein Schriftstück förmlich zuzustellen (§ 132 Abs. 1 BGB, §§ 166 ff. ZPO). Er kann auch, wenn der Adressat am gleichen Ort wohnt, einen **Boten** schicken, der eine Empfangsquittung unterschreiben lässt. Gelegentlich wird der Weg gewählt, dass der Empfänger um **schriftliche Bestätigung des Empfangs** eines bestimmten Schriftstücks gebeten wird[1900]. Dabei muss der Anwalt allerdings strikt darauf achten, dass für den Fall, dass die Bestätigung nicht fristgerecht eingeht, noch hinreichend Zeit verbleibt, eine sichere Art des Nachweises für den Zugang durchzuführen.

Der Anwalt, der ein wichtiges Schriftstück, welches erhebliche Rechtsfolgen auslösen kann, nur mit einfacher Post oder einfachem Einschreiben versendet, ist gegenüber seiner Partei schadensersatzpflichtig, wenn ein Schaden dadurch eintritt, dass der (rechtzeitige) Zugang der (Willens-) Erklärung nicht nachgewiesen werden kann[1901].

Auch wenn der Anwalt es übernimmt, ein wichtiges Schriftstück dem Adressaten persönlich zu übergeben, kann dies, wenn der Zugang bestritten wird, regresspflichtig machen, wenn er sich nicht den Empfang quittieren lässt oder sonst wie den Empfang zweifelsfrei dokumentieren lässt. Denn solche Maßnahmen zu unterlassen, verstößt regelmäßig gegen die Verpflichtung des Anwalts, nach dem Grundsatz des sichersten Weges den Nachweis des Zugangs empfangsbedürftiger Willenserklärungen des Mandanten an Dritte sicherzustellen[1902]. Es schafft das Risiko, dass bei einer Beweisaufnahme Aussage gegen Aussage steht und das Gericht aus Gründen der Beweislast gegen den Mandanten entscheidet[1903].

775 Eine Beweissicherung durch den Rechtsanwalt ist auch geboten, wenn er **Erklärungen**, Bescheide, Verfügungen, Beschlüsse, Urteile etc., die Fristen auslösen, als Parteivertreter für den Mandanten **entgegennimmt**[1904].

Zwangsvollstreckung

776 s. unter »Vollstreckung« oben Rdn. 662a ff.

1896 BGH NJW 1995, 521, 522 f. = WM 1995, 719 ff. (für den Widerruf eines Prozessvergleichs); OLG Hamm vom 14.10.2003 – 28 U 47/03; *Vill*, in: G. Fischer/Vill/D. Fischer/Pape/Chab, § 2, Rn. 118; *Vollkommer/Greger/Heinemann*, § 28, Rn. 156.

1897 *Vill*, in: G. Fischer/Vill/D. Fischer/Pape/Chab, § 2, Rn. 118; *Vollkommer/Greger/Heinemann*, § 28, Rn. 156; zu diesem Grundsatz vgl. Kap. 2 Rdn. 227.

1898 Vgl. OLG Köln NJW 1977, 587.

1899 BGHZ 24, 308, 311; vgl. auch BGHZ 101, 49, 55 = NJW 1987, 2235, 2237.

1900 Dazu vgl. auch BGHZ 101, 49, 55 = NJW 1987, 2235, 2237.

1901 Vgl. auch *Vollkommer/Greger/Heinemann*, § 28, Rn. 156.

1902 Vgl. BGH NJW 2006, 2779 (Tz. 3)

1903 OLG Hamm vom 28.10.2008 – 28 U 80/08

1904 Vgl. BGH NJW 1992, 1695, 1696 = WM 1992, 701, 703.

Kapitel 9 Regressgefahren im Bereich verschiedener Fachanwaltschaften

Übersicht

Einleitung

1 In der Praxis gibt es eine Vielzahl typischer Haftpflichtfälle. Meistens hängen diese Fälle, in denen sich der Anwalt schadensersatzpflichtig gemacht hat, mit der Unterlassung der im konkreten Fall gebotenen materiell-rechtlichen, prozessualen oder auch rein taktischen Maßnahmen zusammen.

2 Vor allem der junge Anwalt ist manchmal überfordert. Aber auch für den erfahrenen und spezialisiert tätigen **Fachanwalt** drohen Regressgefahren. Insoweit wendet sich dieses Kapitel gezielt an Rechtsanwälte, für die **besondere Vertragspflichten** und daraus ableitbare **gesteigerte Sorgfaltspflichten** gelten, weil sie mit einem Fachanwaltstitel oder mit Tätigkeits- oder Interessenschwerpunkten werben[1]. Nach § 43c Abs. 1 BRAO sowie § 2 Abs. 1 FAO kann dem Rechtsanwalt, der besondere Kenntnisse und Erfahrungen in einem Rechtsgebiet erworben hat, die Befugnis verliehen werden, eine Fachanwaltsbezeichnung zu führen. Ein Großteil der nachfolgenden Stichworte befasst sich mit den **Haftungsrisiken**, die sich **im Bereich verschiedener Fachanwaltstätigkeiten** ergeben können.

Agrarrecht

3 Für das Fachgebiet **Agrarrecht** sind nach **§ 14m FAO** besondere Kenntnisse nachzuweisen in den Bereichen agrarspezifisches Zivilrecht, agrarspezifisches Verwaltungsrecht, agrarspezifisches Ordnungswidrigkeiten- und Strafrecht, agrarspezifisches EU-Recht einschließlich seiner Umsetzung in nationales Recht und agrarspezifisches Verfahrensrecht[2].

4 Einen Schwerpunkt des im Agrarrecht tätigen Anwalts bildet das **Landpachtrecht**. Sind in der Sphäre des Anwalts bei vorzeitiger Beendigung des Pachtvertrages fällig werdende **Ansprüche des Pächters verjährt**, hat er dem Mandanten Schadensersatz u.a. in Höhe des Werts der bei Beendigung nach

1 Vgl. LG Duisburg, Urt. v. 22.12.2015 – 6 O 121/14 – Beck RS 2016, 18701 sowie ausführlich Kap. 2 Rdn. 155 ff.

2 Das anwaltliche Mandat im Agrarrecht wird ausführlich behandelt von *Dombert,* in: Dombert/Witt, Münchener Anwaltshandbuch Agrarrecht.

den Regeln einer ordnungsgemäßen Bewirtschaftung **noch nicht getrennten Früchte (Halmtaxe)** zu leisten. Der Wert ist anhand einer Schätzung nach dem Bestand bei Beendigung des Pachtverhältnisses unter Berücksichtigung des Ernterisikos zu ermitteln. Auf den tatsächlich erzielten Ertrag nach Trennung der Früchte kommt es nicht an[3].

Arbeitsrecht

5 Das Arbeitsrecht ist eine Spezialmaterie, die man als Anwalt nicht »nebenher erledigen« kann. Wer also die Bearbeitung arbeitsrechtlicher Fälle übernimmt, muss sich, wenn er nicht erhebliche Haftungsrisiken eingehen will, mit den hier gegebenen Besonderheiten vertraut machen[4]. Gesteigerte Kenntnisse im Individualarbeitsrecht (z.B. Kündigungsschutz sowie der besondere Schutz von Schwangeren, Schwerbehinderten etc.), Kollektivarbeitsrecht (z.B. Tarifverträge, Betriebsverfassungsrecht etc.) sowie im Arbeitsgerichtsprozessrecht hat derjenige nachzuweisen, der die Bezeichnung »**Fachanwalt für Arbeitsrecht**« führen will. Dementsprechend kann der Mandant vom Fachanwalt für Arbeitsrecht auch einen besonderen Wissensstand und besondere praktische Erfahrung auf diesem Gebiet bei der Bearbeitung des Falles erwarten[5], was aber nun nicht bedeutet, dass der Allgemeinanwalt bei der Beurteilung pflichtgemäßen Anwaltsverhaltens etwa grundsätzlich an einem niedrigeren Sorgfaltsmaßstab gemessen würde[6].

6 Unumgänglich ist die **Kenntnis der** zahlreichen **maßgeblichen Gesetze**[7] des materiellen Individualarbeitsrechts und des Kollektivarbeitsrechts in ihrer für die Bearbeitung des betreffenden Falles maßgeblichen **aktuellen Ausgestaltung.**

7 Vom Anwalt, welcher arbeitsrechtliche Fälle bearbeitet, wird vor allem aber auch die **Kenntnis der aktuellen höchstrichterlichen Rechtsprechung** verlangt, so wie sie insbesondere in der **Entscheidungssammlung des BAG**[8], aber auch in den **einschlägigen Fachzeitschriften** veröffentlicht ist[9]. Ist ein (Teil-)Rechtsgebiet ersichtlich in einer Entwicklung begriffen und (weitere) höchstrichterliche Rechtsprechung zu erwarten, ist ein Anwalt, der eine Angelegenheit aus diesem Bereich zu bearbeiten hat, verpflichtet, auch Spezialzeitschriften in angemessener Zeit durchzusehen[10].

Im Rahmen der **Prozessführung** kann sich dabei die Verpflichtung ergeben, Arbeitsgerichte und auch Landesarbeitsgerichte unter Hinweis auf die von der höchstrichterlichen Rechtsprechung entwickelten Rechtsgrundsätze von seiner Rechtsauffassung zu überzeugen und in diesem Zusammenhang auf einschlägige Entscheidungen des Bundesarbeitsgerichts hinzuweisen[11]. Der **Rechtsprechung des Bundesverfassungsgerichts** kommt ebenfalls vielfach eine spezielle Bedeutung zu, so

---

3 OLG Celle, Beschl. v. 29.6.2010 – 3 W 54/10 – juris, Rn. 11 und 13.

4 Vgl. *Weinbeer*, Die größten Haftungsrisiken, § 2 C, S. 51 ff.; zur aktuellen Entwicklung im Arbeitsrecht siehe auch die regelmäßigen Übersichten von *Eckert,* DStR 2020, 508 ff.; DStR 2019, 2488 ff., 1695 ff., 1213 ff., 517 ff.; DStR 2018, 2482 ff., 1923 ff., 1076 ff., 360 ff.; DStR 2017, 2751 ff., 2057 ff., 1830 ff, 1214 ff., 331 ff.; DStR 2016, 2712 ff.; 2163 ff., 1269 ff., 417 ff.; DStR 2015, 2080 ff.; 1005 ff., 301 ff.; DStR 2014, 2243 ff., 1724 ff.; DStR 2013, 2774 ff., 921 ff., 200 ff. sowie DStR 2012, 2235 ff., 1612 ff., 911 ff. und 244 ff. sowie von *Zundel,* NJW 2020, 284 ff., 131 ff.; NJW 2019, 269 ff.; NJW 2018, 270 ff., 126 ff.; NJW 2017, 302 ff., 132 ff.; NJW 2016, 132 ff., 292 ff.; NJW 2015, 134 ff., 916 ff.; NJW 2014, 195 ff., 591 ff. und NJW 2013, 352 ff., 579 ff. und *Fuhlrott,* AE 2019, 16 ff.

5 Vgl. dazu im Einzelnen – auch zur hier vertretenen differenzierten Beurteilung des Pflichtenmaßstabes je nach Auftragsinhalt und -umfang – Kap. 2 Rdn. 155 ff. m.w.N.

6 Dazu schon Kap. 2 Rdn. 157 f.

7 Vgl. Kap. 2 Rdn. 112 ff.

8 Vgl. BGH, Urt. v. 29.3.1983 – VI ZR 172/81 – juris, Rn. 16 sowie Urt. v. 6.11.2008 – IX ZR 140/07 – juris, Rn. 9; zur Haftung des Steuerberaters; BeckOGK/*Teichmann*, BGB, § 675, Rn. 1109 bis 1179; siehe dazu auch den regelmäßigen BGH-Rspr.-Report von *Gehrlein,* DStR 2020, 305 ff.; DStR 2018, 487 ff.; DStR 2016, 339 ff., 434 ff.; DStR 2014, 226 ff., 281 ff.; DStR 2010, 350 ff., 401 ff.

9 Vgl. BGH, Urt. v. 21.9.2000 – IX ZR 127/99 – juris, Rn. 49; vgl. auch Kap. 2 Rdn. 132.

10 Vgl. BGH, Urt. v. 21.9.2000 – IX ZR 127/99 – juris, Rn. 49; Kap. 2 Rdn. 140.

11 BGH, Urt. v. 19.6.2008 – IX ZR 111/05 – juris, Rn. 2.

z.B. zur Frage eines Schutzes der Arbeitnehmer vor Kündigungen in einem Kleinbetrieb, für den das Kündigungsschutzgesetz nicht eingreift,[12] oder zur aktuellen Frage des Tragens eines Kopftuchs in Betrieben[13]. Schließlich sind die **Urteile des EuGH** zu beachten, z.B. auf Vorabentscheidungsersuchen eines Arbeitsgerichts[14].

Große Bedeutung für die richtige Bearbeitung arbeitsrechtlicher Mandate haben sehr häufig Bestimmungen einschlägiger **Tarifverträge bzw. Manteltarifverträge**[15]. Diese können mit normativer Wirkung unmittelbar und zwingend zwischen beiderseits Tarifgebundenen gelten (§§ 4, 3 TVG) oder aufgrund staatlicher Allgemeinverbindlichkeitserklärung nach § 5 TVG gemäß § 5 Abs. 4 TVG auch die bisher nicht gebundenen Arbeitgeber und Arbeitnehmer erfassen. Eine Geltung kann aber auch kraft arbeitsvertraglicher Inbezugnahme herbeigeführt werden. Insoweit wird dem Anwalt eine gesteigerte Informationsbeschaffungspflicht auferlegt[16]. Es **genügt** daher **nicht**, wenn der Rechtsanwalt, der den Arbeitnehmer vertritt, **allein diesen** nach der Geltung eines (Mantel-) Tarifvertrages **gezielt befragt**. Zur Sicherung der Rechte des Mandanten **ist vielmehr etwa beim Betriebsrat oder erforderlichenfalls sogar bei dem (früheren) Arbeitgeber** des Mandanten Rückfrage zu halten[17]. Das »Tückische« an (Mantel- oder Rahmen-)Tarifverträgen mit dort beispielsweise regelmäßig enthaltenen Ausschluss- und Verfallfristen ist nämlich, dass diese bei fehlender Tarifbindung von **Betriebsvereinbarungen** oder sogar nur durch **betriebliche Übung** in Bezug genommen sein können und auf diese Weise individualvertragliche Geltung erlangt haben[18]. Zudem können tarifvertragliche Bestimmungen fehlerhaft gedeutet werden, so etwa, wenn ein Anwalt nicht erkennt, dass eine gegenüber seinem Mandanten als angestelltem Opernsänger ausgesprochene »Nichtverlängerungsmitteilung« in dem einschlägigen Tarifvertrag keine Grundlage hatte, da der Mandant nicht befristet angestellt war[19]. 8

Sehr häufig entsteht ein Regress aus der Bearbeitung eines arbeitsrechtlichen Falles, weil der Anwalt **maßgebliche Fristen** nicht beachtet hat[20], z.B.: 9

– die schon angesprochenen meist sehr kurz bemessenen **Ausschlussfristen eines** geltenden **Tarifvertrages bzw. Manteltarifvertrages**, die gelegentlich einstufig ausgestaltet nur eine zumeist schriftliche Geltendmachung innerhalb bestimmter Frist, meistens jedoch in zweiter Stufe nach erfolgloser schriftlicher Geltendmachung innerhalb einer weiteren Frist zusätzlich die Klageerhebung verlangen, soll der Anspruch aus dem Arbeitsverhältnis nicht verfallen. Dabei kann ggfs. in der Erhebung einer Kündigungsschutzklage die fristwahrende schriftliche Geltendmachung von Annahmeverzugslohnansprüchen zu sehen sein, da das Ziel der Kündigungsschutzklage nicht auf den Erhalt des Arbeitsplatzes beschränkt ist, sondern zugleich auch auf 10

12 BVerfG, Beschl. v. 27.1.1998 – 1 BvL 15/87 – juris, Rn. 3 und dazu dann BAG, Urt. v. 15.3.2001 – 2 AZR 151/00 – juris, Rn. 12 ff.

13 BVerfG, Beschl. v. 30.7.2003 – 1 BvR 792/03 – juris, Rn. 12 ff. zu BAG, Urt. v. 10.10.2002 – 2 AZR 472/01 – juris, Rn. 31 ff. (Verkäuferin mit Kopftuch).

14 Vgl. EuGH, Urt. v. 27.1.2005 – C-188/03 – juris, Rn. 39 zur Kündigungserklärung des Arbeitgebers als maßgeblichen Zeitpunkt der Entlassung bei Massenkündigungen; anders noch: BAG, Urt. v. 18.9.2003 – 2 AZR 79/02 – juris, Rn. 48 ff.; EuGH, Urt. v. 22.11.2005 – C-144/04 – juris, Rn. 57 ff. zur Gemeinschaftsrechtswidrigkeit der sachgrundlosen Befristung des Arbeitsvertrages mit einem Arbeitnehmer ab 52 Jahren. Siehe auch die regelmäßigen Rechtsprechungsübersichten von *Franzen*, EuZA 2019, 143 ff.; EuZA 2018, 187 ff.; EuZA 2015, 445 ff.; EuZA 2014, 285 ff.; EuZA 2012, 295 ff., EuZA 2010, 306 ff. und EuZA 2008, 1 ff.

15 Dazu *Mengel*, in: Hümmerich/Reufels, Gestaltung von Arbeitsverträgen, § 1 Arbeitsverträge, Rn. 1168 ff.

16 Vgl. schon Kap. 2 Rdn. 87 und 150.

17 BGH, Urt. v. 29.3.1983 – VI ZR 172/81 – juris, Rn. 17; ablehnend *Hartstang*, Anwaltsrecht, S. 461; *Borgmann/Jungk/Schwaiger*, Anwaltshaftung, § 18, Rn. 31; zustimmend Vollkommer/*Greger/Heinemann*, § 10, Rn. 31.

18 Vgl. BGH, Urt. v. 29.3.1983 – VI ZR 172/81 – juris, Rn. 17; vgl. auch Schaub/*Linck*, ArbR-Hdb., § 111, Rn. 19.

19 BGH, Urt. v. 6.12.2001 – IX ZR 124/00 – juris, Rn. 8 ff.

20 Dazu vgl. schon *Jungk*, AnwBl 1997, 36 f.

die Sicherung von Ansprüchen gerichtet ist, die nach dem Verlust der Arbeitsstelle möglicherweise verloren gehen[21]. Die Kündigungsschutzklage ist jedoch nicht geeignet, die zweite Stufe einer Ausschlussfrist zu wahren, mit der etwa die gerichtliche Geltendmachung von Lohnansprüchen verlangt wird. Die gerichtliche Verfolgung von Vergütungsansprüchen setzt nämlich die Einreichung einer Klage mit einem entsprechenden Streitgegenstand voraus. Gegenstand einer Kündigungsschutzklage ist die Wirksamkeit der angegriffenen Kündigung, nicht aber das Bestehen von Ansprüchen, die vom Fortbestand des Arbeitsverhältnisses abhängen[22]. Der Anwalt ist zur Wahrung der finanziellen Belange seines Mandanten (insbesondere von Lohnansprüchen, aber auch von Urlaubsentgeld-, Urlaubsgeld- oder Urlaubsabgeltungsansprüchen)[23] verpflichtet, Ausschlussfristen abzuklären (nötigenfalls durch zusätzliche Ermittlungen) und seinem Mandanten die richtigen Schritte anzuraten und diese auch – soweit notwendig – einzuleiten[24]. Hierbei ist ein einmaliger Hinweis auf eine Verfallfrist (hier: tarifliche Ausschlussfrist für Schadensersatzansprüche) jedenfalls dann nicht ausreichend, wenn das Mandat hinsichtlich der geltend zu machenden Ansprüche in der Schwebe hängt, jedoch in einer anderen, im Zusammenhang stehenden Angelegenheit (hier: Kündigungsschutzverfahren) fortgeführt wird. Eine wiederholte Belehrungspflicht besteht zudem insbesondere dann, wenn die Ablehnung der Mandatsübernahme unmittelbar vor Ablauf der Frist erfolgt[25]. Der Anwalt sollte bei der Geltendmachung von Ansprüchen zur Wahrung einer tariflichen Ausschlussfrist eine schriftliche Originalvollmacht des Mandanten vorlegen. Auch soweit das BAG (mit durchaus zweifelhafter Argumentation) entschieden hat, dass § 174 BGB auf einseitige rechtsgeschäftsähnliche Handlungen, die keine Willenserklärungen sind, nicht analog anwendbar ist[26], sollte einer denkbaren Zurückweisung des Gegners aus § 174 BGB von vornherein vorgebeugt und unnützen und unter Umständen auch schädlichen Diskussionen hierüber schon im Ansatz begegnet werden, zumal durch die Vorlegung einer Originalvollmacht der sonst erforderliche Beweis (vgl. § 180 BGB[27]) und ein hierin steckendes Risiko auf die sicherste Art und Weise vermieden werden.

11 – **Einzelvertragliche Ausschlussfristen unterliegen der AGB-Kontrolle** nach §§ 305 ff. BGB. Dies gilt nach Art. 229 § 5 S. 2 EGBGB auch für sog. Altverträge, die vor dem 1.1.2002 abgeschlossen worden sind. Sowohl die Frist für die schriftliche außergerichtliche Geltendmachung als auch die Frist für die gerichtliche Geltendmachung von Ansprüchen im Sinne einer zweistufigen Ausschlussfrist muss mindestens drei Monate betragen[28]. Eine kollektivrechtliche Regelung in einer Betriebsvereinbarung, die von den Arbeitnehmern bereits während eines laufenden Kündigungsschutzprozesses die gerichtliche Geltendmachung von Annahmeverzugsansprüchen

21 BAG, Urt. v. 26.4.2006 – 5 AZR 403/05 – juris, Rn. 15 ff.; bereits kritisch dazu, dass bei einer zweistufigen Ausschlussfrist eine Bestandsklage die Frist zur schriftlichen Geltendmachung der Zahlungsansprüche nicht soll wahren können (BAG, Urt. v. 24.8.1999 – 9 AZR 804/98 – juris, Rn. 26 ff.): LAG Hamm, Urt. v. 7.11.2002 – 8 (13) Sa 837/02 – juris, Rn. 52 ff.

22 BAG, Urt. v. 26.4.2006 – 5 AZR 403/05 – juris, Rn. 15 ff.

23 Vgl. z.B. *Jungk*, AnwBl 1997, 36, 38, sowie BGH, Urt. v. 21.6.2018 – IX ZR 80/17 – juris. Rn. 8 ff. zu der (Neben-) Pflicht des mit der Durchsetzung einer Erwerbsunfähigkeitsrente mandatieren Anwalts, auf die Ausschlussfrist des § 33 Abs. 3 TVöD hinzuweisen; dazu *Markworth*, NJW 2018, 2479; *Weitze-Scholl*, DStR 2018, 2720 ff.

24 Vgl. zu den im Arbeitsgerichtsprozess drohenden Ausschlussfristen auch *Weisemann*, AnwBl 1990, 534 ff.

25 Vgl. OLG Köln, Urt. v. 11.11.2009 – I-13 U 190/08 – juris, Rn. 17 f. Siehe auch BGH, Beschl. v. 10.5.2012 – IX ZR 221/09 – juris, Rn. 5 und allg. zu anwaltlichen Warnpflichten *Chab*, AnwBl 2011, 392 ff.

26 BAG, Urt. v. 14.8.2002 – 5 AZR 341/01 – juris, Rn. 18.

27 Vgl. BAG, Urt. v. 14.8.2002 – 5 AZR 341/01 – juris, Rn. 19.

28 BAG, Urt. v. 28.9.2005 – 5 AZR 52/05 – juris, Rn. 19 ff. für die einstufige einzelvertragliche Ausschlussfrist sowie Urt. v. 25.5.2005 – 5 AZR 572/04 – juris, Rn. 13 ff. für die zweistufige einzelvertragliche Ausschlussfrist. Eine Klausel, die für den Beginn der Ausschlussfrist nicht die Fälligkeit der Ansprüche berücksichtigt, sondern allein auf die Beendigung des Arbeitsverhältnisses abstellt, benachteiligt den Arbeitnehmer unangemessen und ist deshalb gem. § 307 Abs. 1 S. 1 BGB unwirksam vgl. BAG, Urt. v. 25.5.2005 – 5 AZR 572/04 – juris, Rn. 13 ff.

verlangt, die vom Ausgang des Kündigungsschutzprozesses abhängen, belastet die Arbeitnehmer unverhältnismäßig und ist unwirksam[29]. Bei der Vertretung des Arbeitgebers ist indes zu beachten, dass dieser sich als Verwender von Ausschlussfristen in seinen formularmäßigen Arbeitsverträgen nicht auf die Unwirksamkeit der formularmäßig vereinbarten Ausschlussfrist berufen kann.

– Nach § 324 Abs. 3 S. 1 SGB III besteht für die Geltendmachung von **Insolvenzgeld** eine Zwei-Monats-Frist[30]. 12

– Für die Erhebung der **Kündigungsschutzklage** gilt die **Klagefrist nach § 4 S. 1 KSchG von drei Wochen** nach Zugang der Kündigung[31] **auch** in Ansehung einer **außerordentlichen Kündigung** (vgl. § 13 Abs. 1 S. 2 KSchG)[32] **oder** einer **Änderungskündigung**[33]. Der Ermittlung des genauen Zugangszeitpunktes der – nach § 623 BGB[34] in Schriftform vorzunehmenden – Kündigung ist große Sorgfalt zuzuwenden. Der Anwalt hat zur rechtzeitigen Erhebung der Kündigungsschutzklage die für die Fristberechnung maßgebenden Umstände durch Befragen seines Mandanten aufzuklären[35]. Bei der Berechnung der nach **§ 4 KSchG** einzuhaltenden Frist darf sich der Anwalt auf eine Angabe des Mandanten verlassen, die Kündigung habe in einem freigestempelten Umschlag im Briefkasten gelegen, und hieraus den Schluss ziehen, dass die Kündigung mit der Post geschickt worden ist[36]. Wenn allerdings ein Kündigungsschreiben mit einem Datum und mit der **Aufschrift »per Boten«** versehen ist, darf der Rechtsanwalt die Mitteilung des Mandanten, das Kündigungsschreiben sei am Folgetag, also am Tag nach dem Datum des Schreibens, zugestellt worden, nicht ohne weiteres seinem Vorgehen zugrunde legen. Denn es kommt in Betracht, dass das Schreiben bereits am Tag des Datums des Schreibens durch einen Boten zu einer Tageszeit in den Briefkasten des Mandanten eingeworfen wurde, als mit einer Entnahme noch am selben Tag gerechnet werden konnte[37]. Der Rechtsanwalt handelt pflichtwidrig, wenn er sich in einem solchen Fall nicht durch Nachfragen beim Mandanten selbst Klarheit verschafft, ob das Kündigungsschreiben nicht bereits am Tag seines Datums zugegangen sein konnte, sondern die Angaben des Mandanten der Berechnung der Frist für die Kündigungsschutzklage ungeprüft zugrunde legt. Ergänzend gilt: Bestehen Zweifel hinsichtlich des Zeitpunkts des Zugangs einer Kündigung, hat der Rechtsanwalt den für seinen Mandanten sichersten Weg zu wählen, um das Risiko einer verspäteten Klageerhebung auszuschließen. Er 13

29 BAG, Urt. v. 12.12.2006 – 1 AZR 96/06 – juris, Rn. 27.

30 Nach EuGH, Urt. v. 18.9.2003 – C-125/01 – juris, Rn. 46 ist eine Ausschlussfrist grundsätzlich mit der Richtlinie 80/987/EWG vereinbar. Die Frage, ob die deutsche Zwei-Monats-Frist zu kurz ist, ist nun vom deutschen Gericht zu entscheiden. Dabei hat der EuGH klargestellt, dass angesichts der beträchtlich längeren Frist, binnen der die Garantieeinrichtung ihre Ansprüche beim Insolvenzgericht geltend zu machen hat, die Zwei-Monats-Frist nicht zu rechtfertigen sei. Die sozialgerichtliche Rechtsprechung hält bislang indes an der zweimonatigen Ausschlussfrist fest, vgl. etwa BSG, Beschl. v. 17.10.2007 – B 11a AL 75/07 B – juris, Rn. 8.

31 Die Frist beginnt nach der Neufassung des § 4 S. 1 KSchG mit Zugang der Kündigung in schriftlicher Form. Die Frist gilt – nunmehr – auch für Kündigungen außerhalb des Anwendungsbereichs des KSchG, vgl. hierzu näher Kap. 9 Rdn. 17.

32 Dabei muss auch eine etwaige Versäumung der zweiwöchigen Ausschlussfrist des § 626 Abs. 2 BGB durch fristgerechte Feststellungsklage geltend gemacht werden, BAG, Urt. v. 6.7.1972 – 2 AZR 386/71 – juris, LS 1b.

33 Vgl. zur Änderungskündigung wegen häufiger Kurzerkrankungen: BGH, Urt. v. 27.1.2000 – IX ZR 45/98 – juris, Rn. 35 f.

34 In Kraft seit dem 1.5.2000.

35 OLG Düsseldorf, Urt. v. 21.2.2006 – I-24 U 22/05, 24 U 22/05 – juris, Rn. 14 ff.

36 OLG Karlsruhe, Urt. v. 2.2.2007 – 14 U 158/05 – juris, Rn. 5 ff., die hiergegen anhängig gemachte Nichtzulassungsbeschwerde blieb erfolglos, vgl. BGH Beschl. v. 21.2.2008 – IX ZR 32/07 – juris. Im Unterschied zum Senatsbeschluss vom 17.7.2002 – IX ZR 418/98 – juris, Rn. 4, bestand für den Anwalt kein Anlass, den Zeitpunkt des Zugangs der Kündigung zu hinterfragen.

37 BGH, Urt. v. 14.2.2019 – IX ZR 181/17 – juris, Rn. 12; siehe dazu *Hülbach*, ArbR 2019, 109 f.

muss deshalb die näheren Zugangsdetails sowie die sich daraus für die Fristberechnung ergebenden Folgen eigenständig prüfen[38]. Dabei muss beachtet werden, dass bei der Feststellung des Kündigungszugangs die Gefahr einer Vermengung von Tatsachen mit einer bereits vorgenommenen eigenen unzulässigen, unrichtigen Wertung der Partei besteht[39]. Selbständige Recherchen aufgrund des Datums des Kündigungsschreibens, wie etwa durch Überprüfung der Umstände der Postzustellung, braucht der Anwalt aber grundsätzlich nicht durchzuführen[40]. Wird dem Anwalt durch seine Partei zum Erhalt der mit einfachem Brief erklärten Kündigung definitiv ein bestimmtes Datum genannt, braucht er grundsätzlich nicht nachzuforschen, ob schon zu einem früheren Zeitpunkt eine Übergabe der Kündigungserklärung versucht worden war[41], dies auch dann nicht, wenn zwischen dem Datum des Kündigungsschreibens und dem ihm mitgeteilten Zugangsdatum einige Tage liegen und sich auf dem Schreiben ein Hinweis befindet: »Einschreiben gegen Rückschein«[42]. Fahrlässig pflichtwidrig handelt ein Anwalt jedoch, wenn er eine Kündigungsschutzklage nur gegen eine zweite Kündigung erhebt, obwohl er Anhaltspunkte dafür hat, dass dem Mandanten möglicherweise zuvor schon einmal gekündigt worden ist[43]. Der Anwalt darf nicht darauf vertrauen, dass nur eine – lediglich doppelt verlautbarte – Kündigungserklärung vorliegt[44].

14 – Ist die dreiwöchige Klagefrist bereits verstrichen, hat der Anwalt ggfs. einen (fristgerechten) Antrag auf **nachträgliche Zulassung** der **Klage** gemäß **§ 5 KSchG** zu stellen und schriftsätzlich darzulegen, warum die Kündigung erst nachträglich angegriffen werden kann. Hierbei hat er seinen Mandanten ggfs. auch auf die Möglichkeit eines sog. **Prozessarbeitsverhältnisses** hinzuweisen, also auf den Abschluss eines neuen Arbeitsvertrags, der bis zum rechtskräftigen Abschluss des vorgreiflichen Bestandstreites über das ordentliche Arbeitsverhältnis befristet ist[45]. Für eine wirksame Befristung bedürfte eine derartige Vereinbarung allerdings nach § 14 Abs. 4 TzBfG der Schriftform; andernfalls würde unabhängig vom Prozessausgang ein neues unbefristetes Arbeitsverhältnis entstehen[46].

15 – Davon zu unterscheiden ist das Angebot einer sog. **Prozessbeschäftigung.** Hierunter versteht man ein Angebot des Arbeitgebers zur Abwehr der Zwangsvollstreckung, wobei durch ein derartiges Angebot kein neues Arbeitsverhältnis begründet wird.[47]

16 – Der **Antrag auf Wiederaufnahme** des ruhenden Verfahrens und Terminsbestimmung kann nach § 54 Abs. 5 S. 3 und 4ArbGG nur innerhalb von **sechs Monaten** nach der Güteverhandlung gestellt werden, ansonsten gilt die Klage als zurückgenommen, mit der Folge, dass eine fristwahrend erhobene Kündigungsschutzklage ihre Wirkung verlieren würde.

16a – Eine **Klage auf Entschädigung nach § 15 AGG** gem. § 61b Abs. 1 ArbGG muss innerhalb von **drei Monaten**, nachdem der Anspruch schriftlich geltend gemacht worden ist, erhoben werden.

---

38 BGH, Beschl. v. 17.7.2002 – IX ZR 418/98 – juris, Rn. 4; OLG Düsseldorf, Urt. v. 4.5.2010 – I-24 U 84/09 – juris, Rn. 33.

39 Sog. Rechtstatsachen; zur Zustellung eines Urteils vgl. BGH, Urt. v. 21.4.1994 – IX ZR 150/93 – juris, Rn. 8; vgl. im Einzelnen weiter Kap. 2 Rdn. 92 mit einem weiteren instruktiven Beispiel aus dem arbeitsrechtlichen Bereich zu § 23 KSchG.

40 OLG Dresden, Urt. v. 3.7.2002 – 8 U 628/02 – juris, Rn. 9 ff.; Vollkommer/*Greger/Heinemann,* Anwaltshaftungsrecht, § 28, Rn. 72.

41 Zur Zugangsfiktion in diesen Fällen: BAG, Urt. v. 26.3.2015 – 2 AZR 483/14 – juris, Rn. 20 f.

42 OLG Hamm, Urt. v. 17.3.1992 – 28 U 150/91 –, rechtskräftig durch Nichtannahmebeschluss des BGH v. 21.1.1993 – IX ZR 105/92 –.

43 BGH, Urt. v. 11.2.1999 – IX ZR 14/98 – juris, Rn. 13 ff. (noch zur Rechtslage der Wirksamkeit auch von mündlichen Kündigungen); vgl. dazu auch die Kritik von *Borgmann,* AnwBl 1999, 283 f.; zu Recht zurückweisend *Ganter,* WM 2001, Sonderbeilage 6, 13.

44 BGH, Urt. v. 11.2.1999 – IX ZR 14/98 – juris, Rn. 13 ff.

45 Siehe dazu LG Düsseldorf, Urt. v. 5.9.2013 – 11 O 389/12 – juris, Rn. 42, 48, 53.

46 ArbG Münster, Urt. v. 29.7.2019 – 3 Ca 1571/18 – juris, Rn. 20.

47 ArbG Münster, Urt. v. 29.7.2019 – 3 Ca 1571/18 – juris, Rn. 21 f.

Hängt die Wirksamkeit der Kündigung von der **Zustimmung einer Behörde**, etwa nach dem MuSchG oder dem BErzGG ab, **beginnt** die **dreiwöchige Klagefrist** nach § 4 S. 4 KSchG **erst mit der Bekanntgabe der Entscheidung** der Behörde an den Arbeitnehmer zu laufen[48]. 17

Für die Rechtspraxis ist die zum 1.1.2004 in Kraft getretene **Änderung des § 4 i.V.m. § 23 Abs. 1 S. 2 bis 4 KSchG** von Bedeutung. Danach ist die **dreiwöchige Klagefrist** nicht mehr nur im Hinblick auf die Sozialwidrigkeit der Kündigung zu beachten. Sie gilt auch **für die Geltendmachung aller Unwirksamkeitsgründe**, beispielsweise aus § 102 Abs. 1 S. 3 BetrVG, § 613a Abs. 4 S. 1 BGB, § 17 MuSchG, § 18 BEEG, § 168 SGB IX, § 138 BGB, § 242 BGB[49]. Die Regelung findet auch auf Kündigungen außerhalb des Anwendungsbereichs des KSchG Anwendung und zwar unabhängig davon, ob die Wartezeit nach § 1 Abs. 1 KSchG erfüllt ist[50]. Wird die unberechtigte Kündigung eines Trainers einer Fußballprofimannschaft wirksam, weil der vom Trainer mandatierte Anwalt eine rechtzeitige Kündigungsschutzklage gegen den Fußballverein versäumt, haftet der Anwalt deshalb auf Schadensersatz[51]. 18

Die zunächst in der landesarbeitsgerichtlichen Rechtsprechung umstrittene Frage, ob sich der Arbeitnehmer **bei der Versäumung der gesetzlichen Klagefrist des § 4 KSchG** ein Verschulden seines Prozessbevollmächtigten nach § 85 Abs. 2 ZPO zurechnen lassen muss, ist nunmehr durch das BAG geklärt. Das **Verschulden des Rechtsanwalts** an der Versäumung der Klagefrist ist dem klagenden Arbeitnehmer nach § 85 Abs. 2 ZPO **zuzurechnen**, da die Anwendung des § 85 Abs. 2 ZPO nicht auf bestimmte Typen prozessualer Pflichten (z.B. Rechtsmittel-, Rechtsbehelfsfristen) beschränkt ist. Die Regelung erfasst auch Fristen, die erstmalig den Zugang zum Gericht eröffnen[52]. Dieserhalb gilt auch nichts anderes, wenn eine Fachgewerkschaft den Klageauftrag eines Mitglieds empfängt und die Prozessführung später an die DGB Rechtsschutz GmbH abgibt. Auch dann muss sich der Arbeitnehmer ein Verschulden seiner Prozessbevollmächtigten an der Versäumung der Klagefrist nach § 85 Abs. 2 ZPO zurechnen lassen.[53] 19

Versäumt ein Rechtsanwalt die rechtzeitige Stellung eines Antrages auf **nachträgliche Zulassung der Kündigungsschutzklage gemäß § 5 Abs. 3 KSchG**, ist die Beendigung des Arbeitsverhältnisses (§ 7 KSchG) nicht auf dieses Versäumnis zurückzuführen, wenn sein Mandant die verspätete Klageerhebung durch unzureichende Information seines Prozessbevollmächtigten verschuldet hat[54]. Ein derartiges Verschulden ist auch bei einem ausländischen Arbeitnehmer ohne Rechtskenntnisse zu bejahen, wenn er seinem Prozessbevollmächtigten verschweigt, dass das schließlich durch die Post übermittelte Kündigungsschreiben ihm schon zuvor persönlich hatte übergeben werden sollen und er die Entgegennahme abgelehnt hatte[55]. 20

Aufgrund des punktuellen Streitgegenstandsbegriffes des BAG und des Prinzips des sichersten Weges[56] ist die **Klagefrist des § 4 KSchG** für jede Kündigungserklärung zu wahren, wenn nicht der Weg über eine – rechtzeitig erhobene – **ergänzende allgemeine Feststellungsklage**[57] – unter Inkaufnahme der damit verbundenen Streitwert- und Kostenerhöhung im Einzelfall gegangen werden kann, was nicht immer (problemlos) möglich ist[58]. Dass mehrfach gekündigt wird, ist nicht selten, 21

48 BAG, Urt. v. 27.3.2003 – 2 AZR 272/02 – juris, Rn. 15 zu § 9 Abs. 3 MuschG a.F. jetzt § 17 Abs. 2 MuSchG n.F.
49 Weitere Beispiele bei *Willemsen/Annuß*, NJW 2004, 177, 184.
50 BAG, Urt. v. 28.6.2007 – 6 AZR 873/06 – juris, Rn. 11.
51 Siehe zur Berechnung des Ersatzanspruchs in diesem Fall: OLG Hamm, Urt. v. 23.10.2014 – 28 U 98/13 – juris, Rn. 77 ff.
52 BAG, Urt. v. 11.12.2008 – 2 AZR 472/08 – juris, Rn. 20 ff.
53 BAG, Urt. v. 28.5.2009 – 2 AZR 548/08 – juris, Rn. 11 f.; siehe auch OLG Karlsruhe, Urt. v. 3.11.2015 – 12 U 102/15 – juris, Rn. 3 f.
54 Vgl. OLG Düsseldorf, Beschl. v. 4.4.2011 – I-24 U 147/10 – juris, Rn. 13 ff.
55 BGH, Urt. v. 11.2.1999 – IX ZR 14/98 – juris, Rn. 13 ff.; vgl. auch OLG Düsseldorf, Beschl. v. 4.4.2011 – I-24 U 147/10 – juris, Rn. 14.
56 Vgl. dazu Kap. 2 Rdn. 219.
57 Vgl. dazu BAG, Urt. v. 12.5.2005 – 2 AZR 426/04 – juris, Rn. 24.
58 Vgl. nur: Schaub/*Linck*, ArbR-Hdb., § 138, Rn. 11 f. m.w.N.

insbesondere dann, wenn (zunächst) eine fristlose Kündigung erklärt worden ist und eine ordentliche Kündigung »nachgeschoben« wird[59] oder wenn die erste Kündigung etwa wegen eines unterlassenen Änderungsangebots verfrüht war[60].

22 Die **Frist** für den **Einspruch** gegen ein **Versäumnisurteil** beträgt gemäß § 59 S. 1 ArbGG anders als nach § 339 Abs. 1 ZPO nicht zwei Wochen, sondern nur **eine Woche**.

23 Die **Frist** für den **Widerspruch** gegen einen **Mahnbescheid** ist nach § 46a Abs. 3 ArbGG ebenfalls auf nur **eine Woche** verkürzt.

24 Die **Klageschrift** muss **mindestens eine Woche vor dem Verhandlungstermin zugestellt** sein, wobei eine Aufforderung an den Beklagten, sich auf die Klage schriftlich zu äußern, entbehrlich ist (§§ 47, 80 ArbGG; §§ 217, 274 ZPO).

25 Bei Nichtzulassung der Revision durch das Landesarbeitsgericht sind für die **Nichtzulassungsbeschwerde** die **Monatsfrist** des § 72a Abs. 2 ArbGG für die **Einlegung** und die **Zwei-Monats-Frist** für die **Begründung** nach § 72a Abs. 3 ArbGG jeweils ab Zustellung des vollständigen Urteils zu beachten[61], die **nicht verlängerbar** sind. Eine Nichtzulassungsbeschwerde ist zwar auch an sich statthaft, wenn das LAG die Berufung durch Urteil als unzulässig verwirft. Lässt das LAG allerdings in einem Beschluss, der die Berufung als unzulässig verwirft, die Revisionsbeschwerde nicht zu, ist hiergegen eine Nichtzulassungsbeschwerde gemäß § 77 S. 1 ArbGG nicht statthaft. Dieser Ausschluss verstößt nicht gegen verfassungsrechtliche Vorgaben. Der Justizgewährungsanspruch verlangt keine Eröffnung eines Rechtswegs über mehrere Instanzen hinweg. Bei einem Verstoß gegen das Willkürverbot kann deshalb nur Verfassungsbeschwerde erhoben werden. Verletzungen des rechtlichen Gehörs können im Übrigen nach § 78a ArbGG korrigiert werden[62].

26 Eine **fristlose Kündigung** aus wichtigem Grund kann nach **§ 626 Abs. 2 BGB** nur innerhalb von **zwei Wochen nach Kenntniserlangung** von den für die Kündigung maßgebenden Tatsachen erklärt werden[63]. Soll einem schwerbehinderten Arbeitnehmer gekündigt werden, genügt es, wenn der Arbeitgeber die Zustimmung innerhalb der Kündigungserklärungsfrist beantragt hat (§ 174 Abs. 2 S. 1 SGB IX) und die außerordentliche Kündigung nach Erteilung der Zustimmung unverzüglich erklärt (§ 174 Abs. 5 SGB IX)[64]. Wird die vom Arbeitgeber beantragte Zustimmung (erstmals) durch den Widerspruchsausschuss erteilt, so ist die Kündigung ebenfalls nach mündlicher Bekanntgabe möglich; das Abwarten bis zum schriftlich übersandten Bescheid bleibt unschädlich[65].

27 Ist **an Stelle einer Beendigungskündigung** eine Weiterbeschäftigung möglich, muss dem Arbeitnehmer nach dem ultima-ratio-Prinzip ein bestimmtes Änderungsangebot unterbreitet und dabei unmissverständlich klargestellt werden, dass bei Ablehnung des Änderungsangebotes eine Kündigung beabsichtigt ist und **zur Annahme des Änderungsangebots** eine **Frist von einer Woche** eingeräumt wird[66].

---

59 So z.B. in OLG Hamm, Urt. v. 17.3.1992 – 28 U 150/91 n.v., rechtskräftig durch Nichtannahmebeschluss des BGH v. 21.1.1993 – IX ZR 105/92 – n.v.

60 Vgl. BeckOK Arbeitsrecht/*Rolfs*, § 1 KSchG, Rn. 390 ff.

61 Zu einem wegen Versäumung der Frist des § 72a Abs. 3 ArbGG erhobenen Regressanspruch und den dazu erforderlichen Kausalitätserwägungen vgl. BGH, Urt. v. 9.12.1999 – IX ZR 129/99 – juris, Rn. 9 ff.; siehe insoweit auch noch BGH, Beschl. v. 14.10.2010 – IX ZR 4/10 – juris, Rn. 9 f.

62 BAG, Beschl. v. 6.1.2015 – 6 AZB 105/14 – juris, Rn. 4 ff.

63 Zu den Besonderheiten der Fristwahrung bei einer Verdachtskündigung vgl. BAG, Urt. v. 17.3.2005 – 2 AZR 245/04 – juris, Rn. 31 ff. und v. 5.12.2002 – 2 AZR 478/01 – juris, Rn. 36 f.; zum Erfordernis der Anhörung des Arbeitnehmers vor Ausspruch einer Verdachtskündigung *Mennemeyer/Dreymüller*, NZA 2005, 382 ff.

64 BAG, Urt. v. 19.4. 2012 - 2 AZR 118/11– juris, Rn. 14.

65 BAG, Urt. v. 21.4.2005 – 2 AZR 255/04 – juris, 18 ff.

66 Vgl. BAG Urt. v. 27.9.1984 – 2 AZR 62/83 – juris, Rn. 47; siehe aber auch BAG, Urt. v. 21.4.2005 – 2 AZR 132/04 – juris, Rn. 40, wonach eine Überlegungsfrist von einer Woche u.U. zu kurz sein dürfte; KR/*Griebeling/Rachor*, § 1 KSchG, Rn. 226 f.; ablehnend: Schaub/*Linck*, ArbR-Hdb., § 137, Rn. 3; vgl.

Im Fall einer **Änderungskündigung** kann der **Arbeitnehmer** das mit der Änderungskündigung verbundene Angebot der Fortsetzung des Arbeitsverhältnisses zu geänderten Arbeitsbedingungen unter dem Vorbehalt annehmen, dass die Änderung der Arbeitsbedingungen nicht sozial ungerechtfertigt ist (§ 1 Abs. 2 S. 1 bis 3, Abs. 3 S. 1 und 2 KSchG). Diesen **Vorbehalt muss der Arbeitnehmer** dem Arbeitgeber innerhalb der Kündigungsfrist, **spätestens** jedoch **innerhalb von drei Wochen nach Zugang der Kündigung erklären**. 28

Einem **schwerbehinderten Arbeitnehmer**, der im Zeitpunkt des Zugangs der Kündigung bereits einen Bescheid über seine Schwerbehinderteneigenschaft erhalten hat, steht der **Sonderkündigungsschutz nach §§ 85 ff. SGB IX 2001 bzw. §§ 168 ff. SGB IX** auch dann zu, wenn der Arbeitgeber von der Schwerbehinderteneigenschaft oder der Antragstellung nichts wusste[67]. Allerdings unterliegt das Recht des Arbeitnehmers, sich nachträglich auf eine Schwerbehinderung zu berufen und die Zustimmungsbedürftigkeit der Kündigung geltend zu machen, der Verwirkung (§ 242 BGB). Er muss sich also – will er den gesetzlichen Sonderkündigungsschutz nicht verwirken – auf den Sonderkündigungsschutz berufen, wobei es in der Regel reicht, wenn die **Unwirksamkeit der Kündigung innerhalb der Klagefrist des § 4 S. 1 KSchG gerichtlich geltend** gemacht wird[68]. 29

Unterliegt ein **Arbeitnehmer im Kündigungsschutzprozess, obwohl** die notwendige **Zustimmung des Integrationsamts noch nicht bestandskräftig verweiger**t war, so hat der Rechtsanwalt dem Mandanten zur fristgerechten Erhebung der **Restitutionsklage** zum Zweck erneuter Verhandlung der Kündigungsschutzklage zu raten, nachdem das VG den ablehnenden Bescheid des Integrationsamts rechtskräftig aufgehoben hatte[69]. 30

Des Weiteren kann sich eine Haftung aus der Nichtbeachtung anderer Bestimmungen ergeben, wobei nicht nur bei der Beendigung des Arbeitsverhältnisses, sondern auch bei der Begründung des Arbeitsverhältnisses arbeitsrechtliche Besonderheiten zu beachten sind. Dies gilt etwa für das **Schriftformerfordernis** nach § 14 Abs. 4 TzBfG **bei befristeten Arbeitsverträgen**[70]. 31

Eine Kündigung wegen einer Vertragspflichtverletzung (sog. **verhaltensbedingte Kündigung**) setzt regelmäßig eine **Abmahnung** voraus[71]. Wird eine Kündigung etwa auf eine zweimalige vorzeitige Beendigung der zu leistenden Nachtschicht gestützt, kann sie mangels vorhergehender Abmahnung nicht gemäß § 1 Abs. 2 KSchG sozial gerechtfertigt sein. Geht ein Anwalt gegen eine derartige Kündigung – wegen zu Unrecht verneinter Aussichten – nicht ordnungsgemäß vor, macht er sich schadensersatzpflichtig[72]. 32

Auf der anderen Seite **haftet** der **Rechtsanwalt** für eine im Kündigungsschutzprozess versäumte Prozesshandlung **nicht**, wenn er im Regressprozess – wie der Arbeitgeber – die Kündigungsgründe beweist[73]. Im Regressverfahren ist dann zwar selbständig darüber zu entscheiden, wie der Vorprozess richtig zu entscheiden gewesen wäre[74]. Bei der Beantwortung von Fragen, die – wie hier – der

zu einem daraus resultierenden Anwaltsregress: OLG Hamm, Urt. v. 21.1.2003 – 28 U 89/02 – unveröffentlicht; zum Vorrang der betriebsbedingten Änderungskündigung vgl. BAG, Urt. v. 23.6.2005 – 2 AZR 642/04 – juris, Rn. 14 ff.

67 *Klinkhammer*, Kündigungen gegenüber schwerbehinderten Arbeitnehmern bei Unkenntnis des Arbeitgebers von der Schwerbehinderteneigenschaft, ArbRAktuell 2017, 559 ff.

68 BAG, Urt. v. 23.2.2010 – 2 AZR 659/08 – juris, Rn. 16 sowie LAG Köln, Urt. v. 11.2.2011 – 10 Sa 1207/10 – juris, Rn. 34.

69 OLG Düsseldorf, Urt. v. 3.11.2009 – I-24 U 207/08 – juris, Rn. 31 ff.

70 Vgl. hierzu BAG, Urt. v. 16.4.2008 – 7 AZR 1048/06 – juris, Rn. 12 ff.; zu den Anforderungen an eine nachträgliche Befristung des Arbeitsverhältnisses vgl. BAG, Urt. v. 13.6.2007 – 7 AZR 700/06 – juris, Rn. 18.

71 BAG, Urt. v. 13.12.2007 – 2 AZR 818/06 – juris, Rn. 38.

72 OLG Düsseldorf, Beschl. v. 11.9.2008 – I-24 U 64/08 – juris, Rn. 7 ff.

73 OLG Düsseldorf, Urt. v. 19.6.2012 – I-24 U 215/11 – juris, Rn. 37 ff.; v. 17.1.2012 – 24 U 69/09 – juris, Rn. 61 ff.; v. 19.3.2002 – 24 U 64/01 – juris, Rn. 33 ff. sowie v. 19.3.2002 – 24 U 172/01 – juris, Rn. 6 ff.

74 BGH, Urt. v. 15.11.2007 – IX ZR 44/04 – juris, Rn. 9.

Kontrolle einer anderen (nämlich hier der Arbeits-) Gerichtsbarkeit als der Ziviljustiz unterstehen, hat sich das zuständige Regressgericht aber an der dort geltenden höchstrichterlichen Rechtsprechung (hier des BAG) auszurichten[75]. Der Anwalt haftet ebenfalls nicht, wenn im Regressprozess nicht feststellbar ist, dass der erfolglos kündigende Arbeitgeber bei pflichtgemäßer Beratung eine frühere Beendigung des Arbeitsverhältnisses mit dem Mitarbeiter hätte erreichen können und der von ihm geltend gemachte Schaden deswegen nicht eingetreten wäre. Denn dann ist ein durch eine anwaltliche Pflichtverletzung herbeigeführter Schaden gleichfalls nicht gegeben[76].

33 **Regressprobleme können auch bei Fragen der Passivlegitimation auftreten.** So hat der Rechtsanwalt in einem arbeitsgerichtlichen Verfahren den genauen Firmennamen einer Arbeitgeberin zu ermitteln, da dessen falsche Angabe zu Rechtsverlusten führen kann.

▶ Beispiel[77]:

Der Anwalt klagte im Auftrag des Arbeitnehmers Lohnrückstände gegen eine KG als Arbeitgeberin ein, ohne dabei widersprüchlichen Firmenbezeichnungen genauer nachzugehen und die richtige Firmenidentität zu klären. Ebenso verhielt es sich bei der Klageerweiterung im Umfang einer Kündigungsschutzklage gegen eine im weiteren Verlaufe des Rechtsstreits ausgesprochene arbeitgeberseitige Kündigung. Der Anwalt führte im Prozess schriftsätzlich aus, dass der Komplementär der KG für die Zahlungsansprüche auch persönlich hafte. Die Klage wurde jedoch nicht ausdrücklich auf den Komplementär erstreckt. Er fand sich lediglich im Passivrubrum als gesetzlicher Vertreter der verklagten KG wieder.

Der Anwalt ist verpflichtet, den genauen Firmennamen des Arbeitgebers zu ermitteln, da die falsche Angabe zu Rechtsverlusten führen kann. Insoweit darf sich der Anwalt, soweit Widersprüche festzustellen sind, nicht auf die Angaben seiner Partei verlassen[78]. Darüber hinaus ist der Mandant darüber aufzuklären, dass ein Komplementär, der zwar persönlich haftet, jedoch nicht Partei des Rechtsstreits ist, aus einem Vergleich mit der KG nicht persönlich in Anspruch genommen werden kann[79]. Stellt sich im Prozess heraus, dass die Klage gegen den falschen Beklagten erhoben worden ist oder Fehler bei der Parteibezeichnung unterlaufen sind, kann bei offenkundig unrichtiger Bezeichnung ggfs. eine **Berichtigung des Rubrums** in Betracht kommen, wenn sich aus den gesamten erkennbaren Umständen, etwa aus dem der Klageschrift beigefügten Kündigungsschreiben ergibt, wer als beklagte Partei gemeint ist[80]. Dies ist beispielsweise anzunehmen, wenn nach Eröffnung des Insolvenzverfahrens die Klage gegen die Schuldnerin anstatt – richtigerweise – gegen den Insolvenzverwalter gerichtet wird und sich aus der Klageschrift oder den beigefügten Unterlagen entnehmen lässt, dass das Insolvenzverfahren gegen die Schuldnerin eröffnet worden ist[81]. Ist eine Kündigungsschutzklage wegen einer vom Prozessbevollmächtigten zu verantwortenden **fehlerhaften Bezeichnung** der beiden **Arbeitgeber** (hier: statt der V. Versicherung AG und der V. Lebensversicherung AG wird die »V. Versicherungen AG« beklagt) als unzulässig abgewiesen worden, hat das im Haftpflichtprozess gegen den Anwalt keine Bindungswirkung[82].

34 Arbeitsrechtliche Besonderheiten bestehen auch im Zusammenhang mit **Kostenfragen**.

---

75 BGH, Beschl. v. 27.9.2012 – IX ZR 171/10 – juris, Rn. 2 und v. 5.3.2009 – IX ZR 90/06 – juris, Rn. 3.

76 OLG Düsseldorf, Urt. v. 15.4.2010 – I-24 U 98/09 – juris, Rn. 7 ff.

77 Vgl. OLG Hamm, Urt. v. 4.3.2008 – 28 U 94/07 – juris, Rn. 22 f.; vgl. zur gegen eine Partnerschaftsgesellschaft gerichteten Klage: BAG, Urt. v. 1.3.2007 – 2 AZR 525/05 – juris, Rn. 13 f.; BGH, Beschl. v. 15.5.2006 – II ZB 5/05 – juris, Rn. 6 ff.; dazu auch *Clasen,* NJW 2007, 2887 ff.; dazu vgl. auch Kap. 8 Rdn. 10 zum Stichwort »Aktiv-/Passivlegitimation«.

78 OLG Hamm, Urt. v. 4.3.2008 – 28 U 94/07 – juris, Rn. 24.

79 OLG Hamm, Urt. v. 4.3.2008 – 28 U 94/07 – juris, Rn. 30.

80 BAG, Urt. v. 20.2.2014 – 2 AZR 248/13 – juris, Rn. 13 ff. und v. 1.3.2007 – 2 AZR 525/05 – juris, Rn. 16; BGH, Beschl. v. 15.5.2006 – II ZB 5/05 – juris, Rn. 14.

81 BAG, Urt. v. 20.2.2014 – 2 AZR 248/13 – juris, Rn. 13 ff. sowie v. 21.9.2006 – 2 AZR 573/05 – juris, Rn. 25.

82 OLG Koblenz, Beschl. v. 10.11.2010 – 5 U 932/10 – juris, Rn. 8 f.

► **Beispiel:**

Der Arbeitnehmer beauftragt den Anwalt mit der Führung eines Arbeitsgerichtsprozesses, den der Anwalt als »unproblematisch« bezeichnet. Tatsächlich erwirkt der Rechtsanwalt auch ein obsiegendes Urteil gegen den Arbeitgeber. Als er dem Mandanten (Arbeitnehmer) seine Gebührenrechnung ausstellt, wendet dieser überrascht ein, dass doch der »Verlierer«, also der Prozessgegner, für die Kosten aufkommen müsse.

Nach § 12a Abs. 1 S. 1 ArbGG besteht keine Kostenerstattungspflicht der Gegenseite bezüglich der Anwaltskosten erster Instanz[83]. Der Rechtsanwalt hat hier seine in **§ 12a Abs. 1 S. 2 ArbGG** ausdrücklich normierte Pflicht verletzt, vor Abschluss der Vereinbarung über die (Prozess-)Vertretung seinen Mandanten auf diesen **Ausschluss der Kostenerstattung** aufmerksam zu machen. Kann festgestellt werden, dass der Mandant bei rechtzeitiger, richtiger Belehrung auf die anwaltliche Vertretung vor dem Arbeitsgericht verzichtet hätte[84], steht dem Gebührenanspruch des Anwalts ein entsprechender Schadensersatzanspruch des Mandanten aus Verschulden bei Vertragsschluss entgegen, mit dem aufgerechnet werden kann[85], oder sogar unmittelbar der Einwand der unzulässigen Rechtsausübung (§ 242 BGB)[86], der von vornherein dem Gebührenanspruch entgegensteht.

Außerdem muss der Anwalt bei der Vertretung der Partei auch noch weitere arbeitsrechtliche Be- 35
sonderheiten beachten, etwa die erforderliche **Anhörung** (vgl. § 102 BetrVG) **oder Zustimmung** (vgl. §§ 103 BetrVG, 15 KSchG) **des Betriebsrates** zur Kündigung des Arbeitgebers gegenüber dem Arbeitnehmer. In einem Kündigungsschutzprozess ist die Frage der Wirksamkeit einer Kündigung und dabei insbesondere die ordnungsgemäße Beteiligung des Betriebsrats ein Standardproblem, das mit dem Mandanten zu erörtern ist[87]. Vergleichbare Beteiligungserfordernisse bestehen nach den LPersVG für den Personalrat oder in Tendenzbetrieben für die Mitarbeitervertretung (vgl. §§ 30 ff. MAVO, §§ 42, 46 MVG).

Zu bedenken ist ferner, dass dem Erfolg einer Kündigungsschutzklage nicht entgegen steht, wenn 36
der Arbeitnehmer innerhalb der Drei-Wochenfrist des § 4 S. 1 KSchG nach Zugang einer Kündigung **formularmäßig ohne** jede arbeitgeberseitige **Kompensation** – etwa in Bezug auf den Beendigungszeitpunkt, die Beendigungsart, die Zahlung einer Entlassungsentschädigung oder den Verzicht auf eigene Ersatzansprüche – auf die Erhebung der **Klage verzichtet** hatte. Denn ein solcher formularmäßige Verzicht stellt eine unangemessene Benachteiligung im Sinne von § 307 Abs. 1 BGB dar und ist deswegen unwirksam. Wurde der Verzicht im unmittelbaren zeitlichen und sachlichen Zusammenhang mit einer Kündigung erklärt, kann darin ein dem Schriftformerfordernis des § 623 BGB unterliegender Auflösungsvertrag zu sehen sein, sofern Kündigung und Klageverzicht

83 Aufgrund des Fortfalls von § 118 Abs. 2 BRAGO und der Regelung der Vorbemerkung 3 Abs. 4 des VV zum RVG ist ein Streit über die Erstattungsfähigkeit vorprozessualer Anwaltskosten im Arbeitsrecht entstanden, vgl. dazu m.w.N.: *Ostermeier*, NJW 2008, 551 ff.

84 Und zwar – entgegen OLG Düsseldorf, Urt. v. 23.11.1999 – 24 U 213/98 – juris, Rn. 8 – nach dem Beweismaß des § 287 ZPO (nicht also nach § 286 ZPO), da es um die haftungsausfüllende Kausalität geht, vgl. Kap. 4 Rdn. 11 f. und z.B. OLG Düsseldorf, Beschl. v. 22.1.2015 – I-24 U 81/14 – juris, Rn. 26 und OLG Hamm, Urt. v. 30.6.2015 – 28 U 124/14 – juris, Rn. 126.

85 Vgl. ErfK/*Koch*, § 12a ArbGG, Rn. 5.

86 Vgl. BGH, Urt. v. 11.12.2003 – IX ZR 109/00 – juris, Rn. 25 ff., näher dargestellt unten in Kap. 8 Rdn. 190 und 198 zum Stichwort »Kostenberatung, Kostenbeschränkung«; bestätigt von BGH, Urt. v. 3.5.2005 – IX ZR 401/00 – juris, Rn. 11 ff. vgl. auch schon: BGH, Urt. v. 24.3.1988 – IX ZR 114/87 – juris, Rn. 42 ff.; OLG Düsseldorf, Beschl. v. 18.9.2000 – 24 W 53/00 – juris, Rn. 2 ff.; OLG Stuttgart, Urt. v. 6.8.2002 – 12 U 76/02 – juris, Rn. 4 ff. (bei ausnahmsweise geschuldeter, jedoch unterlassener Aufklärung über die Gebührenhöhe bei späterer dem Mandanten abverlangter Honorarvereinbarung); vgl. allgemein zur Unzulässigkeit der Geltendmachung einer Forderung, wenn das Geleistete z.B. als Schadensersatz zurückerstattet werden muss, Staudinger/*J. Schmidt*, BGB, § 242, Rn. 226; Palandt/*Heinrichs*, BGB, § 242, Rn. 52 und BGH, Urt. v. 3.12.1991 – VI ZR 378/90 – juris, Rn. 9 ff.; a.A. (Aufrechnung erforderlich): Vollkommer/*Greger/Heinemann*, Anwaltshaftungsrecht, § 12, Rn. 28 und 32 f.

87 Brandenburgisches OLG, Urt. v. 13.12.2007 – 12 U 88/07 – juris, Rn. 3.

gemeinsam nur ein anderes Mittel sind, um das Arbeitsverhältnis in Wirklichkeit im gegenseitigen Einvernehmen zu lösen[88]. Nach § 307 Abs. 1 und Abs. 2 Nr. 1 BGB unangemessen und damit unwirksam ist ebenfalls ein formularmäßiger Klageverzicht in einem Aufhebungsvertrag, welcher zur Vermeidung einer außerordentlichen Kündigung des Arbeitgebers geschlossen wird, wenn ein verständiger Arbeitgeber eine solche Kündigung nicht ernsthaft in Erwägung ziehen durfte und die Drohung mit der außerordentlichen Kündigung deshalb widerrechtlich ist[89].

37 Besteht die Möglichkeit, einen Kündigungsschutzprozess zu gewinnen, weil der **Kleinbetriebseinwand** (§ 23 KSchG) eingreifen könnte[90], so muss dieser Einwand – nach der erforderlichen Aufklärung und Erläuterung – in den Kündigungsschutzprozess eingeführt werden, um den Mandanten vor einem voraussehbaren und vermeidbaren Prozessverlust zu bewahren[91]. Dabei können sich die mehrfachen Änderungen des § 23 Abs. 1 KSchG als regressträchtig erweisen. Es ist also sehr genau zu ermitteln, welche Fassung gilt und ob eine Übergangsregelung zu beachten ist[92]. Werden einem Anwalt Fehler bei der Kündigung eines Arbeitnehmers angelastet, muss der Arbeitgeber ungeachtet der Darlegungs- und Beweislast im vorangegangenen Kündigungsschutzprozess das Vorliegen der Voraussetzungen des § 23 Abs. 1 S. 3 KSchG dartun und beweisen. Dem Rechtsanwalt fehlt nämlich insoweit eine verlässliche Erkenntnisquelle, die maßgeblichen Umstände liegen vielmehr in der Sphäre des Arbeitgebers[93].

38 Ist in einem Arbeitsvertrag entgegen § 622 Abs. 6 BGB für die **Kündigung durch den Arbeitnehmer eine längere Frist als für die Kündigung durch den Arbeitgeber** vereinbart worden, muss der Anwalt beachten, dass an die Stelle der gem. § 622 Abs. 6 BGB unwirksamen Regelung nicht die gesetzliche Kündigungsfrist tritt. Nach § 622 Abs. 6 BGB i.V.m. § 89 Abs. 2 HGB analog gilt – auch – für den Arbeitgeber die vereinbarte verlängerte Kündigungsfrist[94]. Wenn in einem Arbeitsvertrag durch Allgemeine Geschäftsbedingungen für die Beendigung des Arbeitsverhältnisses eine Kündigungsfrist von drei Monaten und daneben eine **Probezeit** von sechs Monaten vereinbart wurde, gilt während der Probezeit gemäß § 622 Abs. 3 BGB eine Kündigungsfrist von zwei Wochen. Denn die verkürzte Kündigungsfrist ergibt sich bereits aus der Probezeitabrede[95].

39 Gemäß der Anwaltspflicht zur Schadensverhütung ist ferner darauf zu achten, ob nicht **weitere Maßnahmen** zu ergreifen sind, um das von der Mandantschaft verfolgte Ziel im Ergebnis auch zu erreichen:

40 So ist unter Umständen der Rat erforderlich, eine **weitere Kündigung** (unverzüglich) auszusprechen und es ist geboten, auch diese in den Prozess einzuführen, wenn eine gegenüber einem Arbeitnehmer ausgesprochene Kündigung unwirksam ist[96] oder sein könnte. Werden nach Ausspruch der möglicherweise unwirksamen Kündigung Tatsachen bekannt, von denen der Arbeitgeber zum Zeitpunkt der ersten Kündigung keine Kenntnis hatte, ist neben dem Ausspruch der weiteren Kündigung ein Nachschieben des nunmehr bekannt gewordenen Sachverhalts zur Rechtfertigung der früheren Kündigung in Erwägung zu ziehen. Besteht ein Betriebsrat oder ein vergleichbares Personalvertretungsorgan, ist dieses vor dem Nachschieben der Kündigungsgründe anzuhören. Eine eigene Kündigung des Arbeitgebers kann anzuraten sein, wenn zum einen zweifelhaft ist, ob aus

---

88 BAG, Urt. v. 25.9.2014 – 2 AZR 788/13 – juris, Rn. 11 ff.

89 BAG, Urt. v. 12.3.2015 – 6 AZR 82/14 – juris, Rn. 27.

90 Zur generellen Mitberücksichtigung des gekündigten Arbeitnehmers bei der Berechnung des Schwellenwertes vgl. BAG, Urt. v. 22.1.2004 – 2 AZR 237/03 – juris, Rn. 12 ff.

91 BGH, Urt. v. 18.11.1999 – IX ZR 420/97 – juris, Rn. 15 ff.; vgl. schon Kap. 2 Rdn. 213.

92 Zum neuen § 23 Abs. 1 KSchG vgl. *Chab*, AnwBl 2009, 139 ff.; BAG, Urt. v. 21.9.2006 – 2 AZR 840/05 – juris, Rn. 15 ff.; siehe auch BAG, Urt. v. 27.11.2008 – 2 AZR 790/07 – juris, Rn. 13 ff.

93 OLG Koblenz, Urt. v. 12.6.2013 – 5 U 147/13 – juris, Rn. 20 ff.

94 Vgl. hierzu BAG, Urt. v. 2.6.2005 – 2 AZR 296/04 – juris, Rn. 12 ff.

95 Siehe OLG Düsseldorf, Beschl. v. 22.1.2015 – I-24 U 81/14 – juris, Rn. 30; Hessisches LAG, Urt. v. 14.5.2012 – 17 Sa 15/12 – juris, Rn. 33.

96 Vgl. OLG Hamm, Urt. v. 18.11.1997 – 28 U 15/97 – juris (LS) = NZA-RR 1998, 485 ff.; OLG Stuttgart, Urt. v. 24.3.1982 – 4 U 148/81 – juris, Rn. 13 ff.

dem Verhalten oder den Worten eines sich von der Arbeit entfernenden Arbeitnehmers nach Ablehnung eines kurzfristigen Tagesurlaubs eine Kündigung durch diesen zu entnehmen ist, und wenn zum anderen der Arbeitgeber den Arbeitnehmer auch nicht weiterbeschäftigen will[97].

Die besonders praxisrelevante **Schriftsatzkündigung** zur Beendigung eines Arbeitsverhältnisses gehört für Rechtsanwälte jedoch wegen § 623 Hs. 2 BGB (spätestens) ab dem 1.1.2022 der Vergangenheit an[98].

Ist das Vorliegen eines wichtigen Grundes für eine außerordentliche Kündigung nach § 626 BGB fraglich, ist der Rat zu erteilen, zugleich hilfsweise eine ordentliche Kündigung gemäß § 622 BGB zu erklären[99]. Versäumt es der Anwalt, den Arbeitgeber als seinem Mandanten über die erheblichen Risiken einer **fristlosen Kündigung** zu belehren und verhindert er dadurch, dass der Arbeitnehmer vollwertig weiterbeschäftigt wird, so hat er den dadurch entstandenen Schaden zu ersetzen[100]. Ist eine fristlose Kündigung aus wichtigem Grund bereits erklärt worden, deren Wirksamkeit sich vor Gericht möglicherweise nicht halten lässt, ist der Rat sinnvoll, **vorsorglich** so schnell wie möglich die **ordentliche Kündigung** zu erklären. Hierzu muss gegebenenfalls unter Mitteilung des beabsichtigten Beendigungszeitpunktes, der Sozialdaten und der nicht nur pauschal, schlagwortartig oder stichwortmäßig bezeichneten Kündigungsgründe, auf welche die ordentliche Kündigung gestützt werden soll (Grundsatz der subjektiven Determinierung[101]), die **erneute Stellungnahme des Betriebsrats** eingeholt werden (§ 102 BetrVG)[102]. Soweit beispielsweise eine ordentliche Kündigung aus betriebsbedingten Gründen erfolgen soll, muss seitens des Anwalts dafür Sorge getragen werden, dass im Einzelnen schon gegenüber dem Betriebsrat dargelegt wird, dass der konkrete Arbeitsplatz überflüssig geworden ist, und zwar dergestalt, dass der Betriebsrat ohne zusätzliche eigene Nachforschungen in der Lage ist, die Stichhaltigkeit zu prüfen und sich über seine Stellungnahme schlüssig zu werden[103]. Unter Beweis gestellt zu werden brauchen die Kündigungsgründe gegenüber dem Betriebsrat hingegen nicht[104]. 41

Wenn Streit über die Wirksamkeit einer Kündigung besteht, so hat der Anwalt, wenn nicht andere Interessen des Arbeitgebers entgegenstehen, darauf hinzuwirken, dass der Arbeitgeber den Arbeitnehmer unter Vorbehalt **weiterbeschäftigt**, da sonst bei Obsiegen des Arbeitnehmers im Arbeitsgerichtsprozess die vollen Bruttobezüge ohne Gegenleistung zu zahlen sind (Verzugslohn nach § 615 BGB)[105]. In diesem Falle kann auch der Rat zweckmäßig sein, dass der Arbeitgeber den gekündigten Arbeitnehmer anweist, vorsorglich den noch offenstehenden Urlaub zu nehmen[106]. Durch die Freistellungserklärung in einem Kündigungsschreiben wird Urlaub allerdings nur dann wirksam gewährt, wenn der Arbeitgeber dem Arbeitnehmer die Urlaubsvergütung vor Antritt des Urlaubs zahlt oder vorbehaltlos zusagt[107]. 42

---

97 Vgl. OLG Hamm, Urt. v. 24.2.2000 – 28 U 41/99 – nicht veröffentlicht.

98 Probleme des elektronischen Rechtsverkehrs und von digitalen Dokumenten im Arbeitsrecht behandeln *Poguntke/von Villiez,* NZA 2019, 1097 ff.

99 Vgl. OLG Hamm, Urt. v. 24.2.2000 – 28 U 41/99.

100 BGH, Beschl. v. 18.12.2002 – IX ZR 365/99 – juris, Rn. 2 ff.

101 Vgl. z.B. ErfK/*Hanau/Kania*, § 102 BetrVG, Rn. 6; *Preis,* in: Stahlhacke/Preis/Vossen, Kündigung und Kündigungsschutz im Arbeitsrecht, Rn. 336 ff.

102 Vgl. Schaub/*Linck,* ArbR-Hdb., § 123, Rn. 92; vgl. auch OLG Hamm, Urt. v. 18.11.1997 – 28 U 15/97 – juris (LS) = NZA-RR 1998, 485 ff. (dort entbehrlich, weil ein Betriebsrat nicht mehr bestand).

103 Vgl. allgemein ErfK/*Hanau/Kania*, § 102 BetrVG, Rn. 6; *Preis,* in: Stahlhacke/Preis/Vossen, Kündigung und Kündigungsschutz im Arbeitsrecht, Rn. 336 ff. m.w.N.

104 Vgl. BAG, Urt. v. 26.1.1995 – 2 AZR 386/94 – juris, Rn. 35; LAG Rheinland-Pfalz, Urt. v. 17.1.2013 – 10 Sa 381/12 – juris, Rn. 30; *Preis,* in: Stahlhacke/Preis/Vossen, Kündigung und Kündigungsschutz im Arbeitsrecht, Rn. 343 m.w.N.

105 Vgl. auch dazu OLG Hamm, Urt. v. 18.11.1997 – 28 U 15/97 – juris (LS) = NZA-RR 1998, 485 ff.; vgl. auch Vollkommer/*Greger/Heinemann*, Anwaltshaftungsrecht, § 28, Rn. 69.

106 Vgl. auch *Rinsche*, Prozesstaktik, Rn. 519; Vollkommer/*Greger/Heinemann*, Anwaltshaftungsrecht, § 28, Rn. 69.

107 BAG, Urt. v. 10.2.2015 – 9 AZR 455/13 – juris, Rn. 19 ff.

Umgekehrt darf die Annahme eines Weiterbeschäftigungsangebots des Arbeitgebers auf eine sog. Prozessbeschäftigung für den Arbeitnehmer nicht von einem Verzicht des Arbeitgebers auf die Wirkungen der Kündigung abhängig gemacht werden, weil damit eine fehlende Leistungsbereitschaft des Arbeitnehmers zum Ausdruck gebracht wird und dadurch der Annahmeverzug des Arbeitgebers entfällt[108].

Kontrovers diskutiert wird, ob der den gekündigten Arbeitnehmer vertretende Anwalt einen **Weiterbeschäftigungsantrag** schon vor der **Güteverhandlung** stellen soll oder ob dies sinnlos und deshalb als Verletzung anwaltlicher Sorgfaltspflichten anzusehen ist. Soweit der Antrag auf vorläufige Weiterbeschäftigung bereits mit der Kündigungsschutzklage erhoben wird, sollte dieser Antrag als *unechter Hilfsantrag* nur für den Fall des Obsiegens mit dem Bestandsschutzantrag gestellt werden[109].Will der Anwalt anders verfahren, muss er den Mandanten über die durch einen unbedingten Antrag ausgelösten Mehrkosten informieren[110].

43 Regressträchtig kann auch die Durchsetzung von Rückkehr- oder Wiedereinstellungsansprüchen sein. Dort sollte der Rechtsanwalt für seinen Mandanten ein konkretes Vertragsangebot abgeben und auf Annahme dieses Angebots gegen den Arbeitgeber klagen. Ansonsten können sich Probleme bei der Durchsetzung von Ansprüchen auf **Verzugslohn** ergeben[111].

44 Im Prozess führt eine unterbliebene Benennung einer Anspruchsgrundlage (hier: **Wiedereinstellungsanspruch** aus § 826 BGB im arbeitsgerichtlichen Verfahren nach Arbeitsvertragskündigung) nicht ohne weiteres zu einer anwaltlichen Pflichtverletzung, wenn aus anwaltlicher Sicht kein Anlass besteht, eine mögliche Anspruchsgrundlage zusätzlich aufzuführen, um die von der vertretenen Partei gewünschte Rechtsfolge zu begründen[112].

45 Besondere Vorsicht ist für den Anwalt geboten, wenn er einen **arbeitsrechtlichen Aufhebungsvergleich** schließt. Eine Haftung kann sich für ihn z.B. dadurch ergeben, dass er die Bestimmung des § 143a Abs. 3 SGB III a.F. (jetzt § 158 Abs. 1 S. 1 SGB III[113]) nicht beachtet[114]. Wegen dieser und der sozialversicherungsrechtlichen Fragen allgemein wie auch wegen der steuerrechtlichen Fragen[115] im Zusammenhang mit arbeitsrechtlichen Abfindungsvergleichen wird auf die Spezialliteratur[116] verwiesen, verbunden mit dem Hinweis, sehr genau die jeweils aktuelle Gesetzeslage zu beachten.

46 Aufhebungsverträge, sog. **Abwicklungsverträge**, d.h. innerhalb der Frist für die Erhebung der Kündigungsschutzklage geschlossene Verträge über die Hinnahme einer Kündigung des Arbeitgebers, aber auch arbeitsgerichtliche (**Abfindungs-**) **Vergleiche**[117] sind unter dem Gesichtspunkt der Sperrzeit nach § 144 SGB III a.F. (jetzt § 159 SGB III[118]) grundsätzlich problematisch und damit regressträchtig. Ein Arbeitnehmer kann sich auf einen – die Sperrzeit wegen Arbeitsaufgabe ausschließenden – wichtigen Grund für die Lösung des Beschäftigungsverhältnisses durch

---

108 Vgl. BAG, Urt. v. 13.7.2005 – 5 AZR 578/04 – juris, Rn. 33 ff.

109 Eine Berücksichtigung dieses Hilfsantrags bei der Streitwertfestsetzung kommt dann nämlich nicht in Betracht; vgl. BAG, Urt. v. 13.8.2014 – 2 AZR 871/12 – juris, Rn. 3.

110 Ansonsten droht ein Kostenregress: LG Arnsberg, Urt. v. 28.1.2014 – I-3 S 91/13 – juris, Rn. 19 ff.

111 Instruktiv BAG, Urt. v. 27.1.2016 – 5 AZR 9/15 – juris, Rn. 15 ff. und 23 ff.

112 OLG Hamm, Urt. v. 13.12.2016 – 28 U 202/15 – juris, Rn. 75 ff.

113 Vgl. BSG, Urt. v. 21.6.2018 – B 11 AL 13/17 R – juris, Rn. 13 ff. sowie *Holthausen*, Abfindungsvereinbarungen: Gestaltungsmöglichkeiten und Haftungsfallen, ZAP 2019, 317 ff.

114 § 117 AFG wurde zunächst ab 1.4.1997 geändert und mit Wirkung vom 1.1.1998 durch § 140 SGB III ersetzt und § 140 SGB III ab 1.4.1999 wiederum von § 143a SGB III abgelöst. Vgl. dazu Schaub/*Koch*, ArbR-Hdb., § 23, Rn. 67 ff.

115 Vgl. auch Rdn. 47.

116 Vgl. die Nachweise bei Schaub/*Linck*, ArbR-Hdb., § 122, Rn. 43 sowie Schaub/*Koch*, ArbR-Hdb., § 23, Rn. 67 ff.; vgl. auch ErfK/*Kiel*, § 10 KSchG, Rn. 8 und ErfK/*Rolfs* § 158 SGB III, Rn. 3 ff.

117 Vgl. dazu *Riemer*, Abfindungsvergleiche im Arbeitsrecht als Haftungsrisiko für Anwälte, ArbR 2019, 61 ff.; *ders.*, Abfindungsvergleiche im Arbeitsrecht nicht ohne Steuerberater abschließen, DB 2018, 2939.

118 Vgl. *Plagemann*, jurisPR-SozR 12/2019 Anm. 1 sowie *Düwell*, jurisPR-ArbR 15/2017 Anm. 1.

Aufhebungsvertrag mit Abfindungsregelung berufen, wenn ihm ansonsten eine rechtmäßige Arbeitgeberkündigung aus nicht verhaltensbedingten Gründen zum gleichen Zeitpunkt droht[119]. Für Streitfälle ab dem 1.1.2004 hat das BSG unter Heranziehung der Grundsätze des § 1a KSchG erwogen, auf eine ausnahmslose Prüfung der Rechtmäßigkeit der Arbeitgeberkündigung zu verzichten, wenn die Abfindungshöhe bei der betriebsbedingten Kündigung die in § 1a Abs. 2 KSchG vorgesehene nicht überschreitet[120]. Das BSG hat klargestellt, dass sich der Arbeitnehmer auch dann aus dem Beschäftigungsverhältnis durch die Vereinbarung über die Hinnahme einer Kündigung löst, wenn dies im Rahmen eines arbeitsgerichtlichen Vergleichs geschieht[121]. Das BSG beschränkt die Sperrzeitunschädlichkeit in neuer Rechtsprechung nicht auf die Fälle der ausgesprochenen oder drohenden objektiv rechtmäßigen betriebsbedingten Kündigungen. Der Frage nach der objektiven Rechtmäßigkeit der Kündigung soll nach der Rechtsprechung des BSG dann nicht weiter nachzugehen sein, sodass ein wichtiger Grund vorliegen kann, wenn die Beteiligten im Rahmen eines eingeleiteten gerichtlichen Verfahrens die Beendigung des Arbeitsverhältnisses einvernehmlich außer Streit stellen und keine Anhaltspunkte dafür vorliegen, dass mit dem abgeschlossenen Vergleich zu Lasten der Versichertengemeinschaft manipuliert werden soll[122]. Letzten Endes wird der Anwalt den von ihm vertretenen Arbeitnehmer immer auf ein zumindest verbleibendes Risiko der Verhängung einer Sperrzeit hinweisen müssen, das auch bei Abschluss eines gerichtlichen Vergleichs besteht.

Wirft der Mandant dem Anwalt im Zusammenhang mit einer zustandegekommenen Aufhebungsvereinbarung vor, er sei nicht auf Probleme wegen der Bewilligung von **Arbeitslosengeld** hingewiesen worden, rechtfertigt dies keinen Regressanspruch, wenn der Mandant das Risiko, im Fall einer Auflösung des bestehenden Arbeitsverhältnisses keinen gleichwertigen Arbeitsplatz zu finden, im Hinblick auf die in Aussicht gestellte Abstandszahlung von knapp 30.000,00 EUR bewusst eingegangen ist[123].

In einem Abfindungsvergleich mit **Ratenzahlungs- und Gesamtfälligkeitsregelung** ist neben der Anzahl der Raten und der Angabe des jeweiligen Ratenzahlungsbetrages anzugeben, ob die Ratenzahlungsvereinbarung zwingend oder fakultativ ist und ob es sich bei dem Ratenzahlungsbetrag um eine Brutto- oder Nettozahlung handelt[124].

In steuerrechtlicher Hinsicht (vgl. § 3 Nr. 9 EStG a.F.) gibt es in der Praxis häufig Zweifel, ob eine **Abfindung brutto oder netto** zu zahlen ist. Früher waren Abfindungen gem. § 3 Nr. 9 EStG a.F. bis zu bestimmten Höchstbeträgen (Freibeträgen) steuerfrei. Durch das Gesetz zum Einstieg in ein steuerliches Sofortprogramm vom 22.12.2005 wurde die Steuerfreiheit von Abfindungszahlungen jedoch zum 31.12.2005 abgeschafft[125]. Der Anwalt muss bei einem Abfindungsvergleich[126] grundsätzlich für einen dem Willen der Vergleichsparteien und ihrer endgültigen Einigung entsprechenden, juristisch möglichst klaren und eindeutigen Wortlaut sorgen[127], aus dem zu entnehmen ist, wer die aus der Abfindung erwachsenden Steuern zu tragen hat, um auch hier unliebsame Überraschungen (welche Regressforderungen des Mandanten bedingen können) zu vermeiden[128]. Soll der 47

---

119 BSG, Urt. v. 17.11.2005 – B 11a/11 AL 69/04 R – juris, Rn. 12 ff.; v. 12.7.2006 – B 11a AL 47/05 R – juris, Rn. 12 ff. sowie Urt. v. 2.5.2012 – B 11 AL 6/11 R – juris, Rn. 17 ff.

120 BSG, Urt. v. 17.11.2005 – B 11a/11 AL 69/04 R – juris, Rn. 16 f.

121 BSG, Urt. v. 17.10.2007 – B 11a AL 51/06 R – juris, Rn. 35 ff.

122 BSG, Urt. v. 17.10.2007 – B 11a AL 51/06 R – juris, Rn. 35 ff.

123 KG Berlin, Urt. v. 14.12.2006 – 1 U 55/06 – juris, Rn. 9.

124 LAG Köln, Beschl. v. 5.9.2018 – 2 Ta 165/18 – juris, Rn. 23 ff.; dazu *Tiedemann*, jurisPR-ArbR 24/2019 Anm. 1.

125 *Seidel, in:* Ascheid/Preis/Schmidt/Selder, Kündigungsrecht, 3. Teil, C. III., Rn. 59, 76.

126 Zu den allgemeinen Sorgfaltsanforderungen bei einem Vergleichsabschluss und hier insbesondere beim Abschluss eines Abfindungsvergleichs, vgl. Kap. 8 Rdn. 570 und 598 ff. sowie OLG Düsseldorf, Beschl. v. 13.7.2010 – I-24 U 228/09 – juris, Rn. 5 ff.

127 BGH, Urt. v. 4.6.1996 – IX ZR 51/95 – juris, Rn. 24; vgl. auch BGH, Urt. v. 17.1.2002 – IX ZR 182/00 – juris, Rn. 9 und dazu BVerfG, Beschl. v. 12.8.2002 – 1 BvR 399/02 – juris.

128 Vgl. auch schon *Schlee,* AnwBl 1984, 604 f.; *Rinsche*, Prozesstaktik, Rn. 523.

Arbeitgeber die Lohnsteuerschuld übernehmen bzw. das Risiko der Besteuerung tragen, handelt es sich um eine Nettoabfindung, wohingegen bei einer Bruttoabfindung das Besteuerungsrisiko beim Arbeitnehmer liegt[129]. Bei einer Klausel brutto = netto muss der Inhalt erst durch Auslegung nach §§ 133, 157 BGB ermittelt werden, die streitig ist[130]. Fehlt ein Zusatz, handelt es sich um eine Bruttoabfindung, auf die der Arbeitnehmer die Steuer schuldet[131].

48 Die Behauptung des Arbeitnehmers, der Kündigungsschutzprozess wäre zu seinen Gunsten entschieden worden, wenn der Prozessbevollmächtigte nicht zu dem tatsächlich abgeschlossenen Vergleich geraten hätte, ist im Regressprozess gegen den Anwalt unerheblich, wenn sich Inhalt und finanzielle Folgen eines Urteils über die Kündigungsschutzklage nicht feststellen lassen. Beweisbelastet ist der Arbeitnehmer[132].

49 In Kündigungsschutzsachen treffen den Anwalt im Einzelfall auch weitere Pflichten zur Interessenwahrnehmung.

▶ Beispiel[133]:

Der Anwalt vertritt den Arbeitnehmer nach einer Kündigung des Arbeitgebers im Kündigungsschutzprozess. Während des Prozesses informiert der Mandant den Anwalt, er habe kein Interesse mehr an der Fortführung des Arbeitsverhältnisses, die auch unzumutbar erscheine, zumal er eine andere Stelle zugesagt erhalten habe. Da der Anwalt hierauf nichts unternimmt, wird im Urteil nach dem Klageantrag erkannt und festgestellt, dass das Arbeitsverhältnis fortbesteht.

Im Beispielsfall ist der Anwalt wegen eines dem Arbeitnehmer **entgangenen Urteils** u.a. **auf Abfindung** zum Regress verurteilt worden, weil er zur Wahrnehmung der Interessen des Mandanten nach **§ 9 KSchG** den sinnvollen (unechten) Hilfsantrag auf Feststellung hätte stellen müssen, dass das Arbeitsverhältnis aufgelöst und der Arbeitgeber zur Zahlung einer angemessenen Abfindung (**§ 10 KSchG**) verurteilt werde, was auch Erfolg gehabt hätte. Allerdings ist davor zu warnen, nun etwa unbesehen die Kündigungsschutzklage mit diesem Auflösungs- und Abfindungsantrag zu ergänzen. Hierzu bedarf es vielmehr der umfassenden Prüfung der Erfolgsaussichten unter Beachtung der zusätzlichen Kostenrisiken[134].

50 Kommt es infolge eines Auflösungsverschuldens des Arbeitgebers zu einer vorzeitigen Beendigung eines Arbeitsverhältnisses durch fristlose Kündigung des Arbeitnehmers aus wichtigem Grund, ist zu beachten, dass nach der Rechtsprechung des BAG **Verdienstausfall** als Schadensersatz aus **§ 628 Abs. 2 BGB** zwar nur bis zum Ablauf der Frist einer ordentlichen fristgemäßen Kündigung des Arbeitsverhältnisses durch den Arbeitgeber[135] beansprucht werden kann (sog. Verfrühungsschaden). Um aber den Wertungen des KSchG Rechnung zu tragen, umfasst der Schadensersatzanspruch aus § 628 Abs. 2 BGB neben der entgangenen Vergütung **auch eine angemessene Abfindung** entspr. §§ 9, 10 KSchG[136]. Diese Rechtsprechung des Bundesarbeitsgerichts ist auf den

129 Vgl. z.B. ErfK/*Kiel*, § 10 KSchG, Rn. 3.

130 Vgl. *Vossen*, in: Stahlhacke/Preis/Vossen, Kündigung und Kündigungsschutz im Arbeitsrecht, Rn. 2160 m.w.N.

131 Vgl. LAG München, Urt. v. 26.8.2008 – 6 Sa 277/08 – juris, Rn. 24; zur gesamten Problematik vgl. *Vossen,* in: Stahlhacke/Preis/Vossen, Kündigung und Kündigungsschutz im Arbeitsrecht, Rn. 2158 ff., 2160 m.w.N.; ErfK/*Kiel*, § 10 KSchG, Rn. 3.

132 Vgl. OLG Koblenz, Beschl. v. 29.4.2014 – 5 U 316/14 – juris, Rn. 20.

133 OLG Bamberg, Urt. v. 18.7.1988 – 4 U 60/88 – juris (LS) = NJW-RR 1989, 223 ff.; zu den Problemen der Vertretung von Kündigungsschutzsachen vgl. auch Beck Rechtsanwaltshandbuch/*Michels,* S. 1293 ff.

134 Vgl. auch dazu OLG Bamberg, Urt. v. 18.7.1988 – 4 U 60/88 – juris (LS) = NJW-RR 1989, 223 ff.

135 Vgl. dazu, dass hier auf den Kündigungsgegner abzustellen ist, zutreffend auch OLG Karlsruhe, Urt. v. 17.9.2003 – 1 U 9/03 – juris, Rn. 20 ff. (zu § 89a Abs. 2 HGB).

136 BAG, Urt. v. 26.7.2001 – 8 AZR 739/00 – juris, Rn. 17 ff.; bestätigt und fortgeführt von BAG, Urt. v. 8.8.2002 – 8 AZR 574/01 – juris, Rn. 29 ff.; ebenso z.B. ErfK/*Müller-Glöge,* § 628 BGB, Rn. 22 ff.; *Rolfs,* in: Ascheid/Preis/Schmidt, Kündigungsrecht, § 628 BGB, Rn. 59 ff.; zum Regressanspruch gegen einen Rechtsanwalt, der diese Rechtsfolgen bei Abschluss eines Abfindungsvergleichs

Schadensersatzanspruch des Arbeitnehmers gegen seinen Rechtsvertreter, durch dessen Verschulden ein Kündigungsschutzprozess verloren geht, indes nicht übertragbar[137].

Umgekehrt kann sich ein Rechtsanwalt regresspflichtig machen, wenn er als Prozessbevollmächtigter eines Arbeitnehmers im Kündigungsschutzprozess **unsachliche**, gegen die Vorgesetzten gerichtete **Formulierungen** seines Mandanten in internen Informationsschreiben in seinen Schriftsätzen einfach ungeprüft übernimmt, anstatt sämtliche Polemik und alle »Spitzen« aus den Schriftsätzen herauszulassen und nur auf sachlicher Ebene zu argumentieren. Denn er muss in Rechnung stellen, dass der Arbeitgeber deshalb nunmehr endgültig von der Zerrüttung des Arbeitsverhältnisses ausgehen darf, einen Auflösungsantrag gem. §§ 9, 10 KSchG stellt und das erkennende Gericht diesem entgegen dem Interesse und zum Nachteil des Arbeitnehmers stattgibt[138]. 51

Den Anwalt treffen **im Vorfeld der Erhebung einer Kündigungsschutzklage gesonderte Beratungspflichten**, wenn es dem Arbeitnehmer nicht vornehmlich um die Erhaltung seines Arbeitsplatzes, sondern um die **Erhöhung einer Sozialplanabfindung** geht. Bei der Kündigung im Rahmen eines Sozialplans muss der Anwalt nicht zur Erhebung einer Kündigungsschutzklage mit dem Ziel einer »Verbesserung« der Sozialplanabfindung raten, wenn weder konkrete Anhaltspunkte für eine Angreifbarkeit der betriebsbedingten Kündigung noch für eine Vergleichsbereitschaft des Arbeitgebers bestehen. Er muss den Mandanten lediglich aufgrund einer umfassenden Belehrung über Aussichten und Chancen seines Begehrens in die Lage versetzen, eine eigenverantwortliche Entscheidung zu treffen[139]. 52

Im Falle einer »normalen« etwa **krankheitsbedingten Kündigung** hat der Rechtsanwalt den Mandanten nachhaltig über die Aussichten einer **Kündigungsschutzklage** aufzuklären[140]. Eine Kündigungsschutzklage ist nämlich **in aller Regel nicht aussichtslos.** Nach den Erfahrungen in Arbeitsgerichtsprozessen kommt es vielmehr nach Klageerhebung in mehr als 90 % der Fälle zum Abschluss eines Abfindungsvergleichs. Der Anwalt ist deshalb regelmäßig verpflichtet, die Erhebung einer Kündigungsschutzklage anzuraten. 53

Hat ein **Betriebsrat** einen Rechtsanwalt mit **Interessenausgleichs- und Sozialplanverhandlungen beauftragt**, kann ein **Arbeitnehmer** des Betriebes hieraus allerdings **keinen Schadensersatzanspruch** nach den Grundsätzen der positiven Vertragsverletzung (jetzt § 280 BGB) gegen den Rechtsanwalt herleiten[141]. Der Betriebsrat handelt bei der Beauftragung des Rechtsanwalts im eigenen kollektivrechtlichen Wirkungskreis und nicht als Vertreter der Arbeitnehmer. Die Arbeitnehmer werden in einem solchen Fall nicht Vertragspartner des Rechtsanwalts[142]. Der zwischen Betriebsrat und Rechtsanwalt geschlossene Anwaltsvertrag ist als Geschäftsbesorgungsvertrag nach § 675 BGB **auch kein Vertrag mit Schutzwirkung zugunsten der Arbeitnehmer**[143]. 54

---

vor dem Arbeitsgericht nicht hinreichend beachtet hat, vgl. OLG Hamm, Urt. v. 18.12.2003 – 28 U 26/03 – nicht veröffentlicht.

137 BGH, Urt. v. 24.5.2007 – III ZR 176/06 – juris, Rn. 18.

138 So in OLG Hamm – 28 U 19/01 – (erledigt durch Prozessvergleich) u.a. unter Hinweis auf BAG, Urt. v. 14.5.1987 – 2 AZR 294/86 – juris, Rn. 17 ff. wegen der Zurechnung des Verhaltens Dritter zu Lasten des Arbeitnehmers; zur Pflicht zur moderaten Prozessführung vgl. auch OLG Köln, Urt. v. 22.11.1994 – 22 U 138/94 – juris, Rn. 13 ff., wo allerdings bereits zweifelhaft war, ob nicht das Vertrauensverhältnis schon vorher zerrüttet war. Entgegen OLG Köln, Urt. v. 22.11.1994 – 22 U 138/94 – juris, Rn. 13 ff., kann es den Anwalt allerdings nicht entlasten, dass sein Mandant mit Stil und Diktion der Schriftsätze einverstanden war. Darauf kann nur abgestellt werden, wenn zuvor der Anwalt auf die möglichen nachteiligen Folgen eines solchen Vorgehens klar und deutlich hingewiesen hat.

139 OLG Hamm, Urt. v. 30.1.1996 – 28 U 165/95 – juris (LS) = NZA-RR 1996, 303 ff.

140 OLG Hamm, Urt. v. 30.5.1995 – 28 U 178/94 – juris, Rn. 6.

141 BAG, Urt. v. 24.8.2006 – 8 AZR 414/05 – juris, Rn 17.

142 BAG, Urt. v. 24.8.2006 – 8 AZR 414/05 – juris, Rn 18.

143 BAG, Urt. v. 24.8.2006 – 8 AZR 414/05 – juris, Rn 19.

Bank- und Kapitalmarktrecht

55 Im Bereich des Bank- und Kapitalmarktrechts können ebenfalls spezifische Gefahren einer anwaltlichen Haftung drohen; dies gilt für außergerichtliche und gerichtliche Tätigkeiten gleichermaßen[144].

56 1. Ein Rechtsanwalt, der Anlagebeträge für ein auswärtiges Unternehmen als **Treuhänder** annimmt und weiterleitet, ohne das Geschäftsmodell zu hinterfragen, kann unter Berücksichtigung eines Mitverschuldenanteils (§ 254 Abs. 1 BGB) des Anlegers in Höhe von 50 % bei Verlust des Einzahlungsbetrags zu einer entsprechenden Rückzahlung verpflichtet sein[145]. Ein für ein **unzulässiges Vertriebssystem** von Kapitalanlagen als Treuhänder tätiger Rechtsanwalt haftet Anlegern aus **§ 826 BGB** auf Schadensersatz, wenn er es leichtfertig unterlassen hat, sich der Zulässigkeit des Vertriebssystems zu vergewissern. Unter derselben Voraussetzung haftet der Rechtsanwalt gegenüber Anlegern aus der **Verletzung vertraglicher Aufklärungspflichten**[146].

Ein Sicherheitentreuhänder ist aus dem zwischen ihm und dem Emittenten zugunsten der Anleger geschlossenen Treuhandvertrag verpflichtet, diese über Umstände zu informieren, die den Vertragszweck, für ihn erkennbar, gefährden können, insbesondere, soweit es um die Voraussetzungen für die ordnungsgemäße Durchführung der treuhänderischen Tätigkeit geht. Die Aufklärungsverpflichtung wird durch die Reichweite der treuhänderischen Pflichten bestimmt und begrenzt. Eine (vor-)vertragliche Aufklärung der Anleger ist grundsätzlich nur geschuldet, sofern ein Bezug zu den Aufgaben als Sicherheitentreuhänder besteht. Risiken und Renditeaussichten der Kapitalanlage als solcher sind hiervon regelmäßig nicht erfasst[147].

57 2. Das OLG Düsseldorf hatte einen Fall zu entscheiden, in dem ein Anwalt mit einer gutachterlichen Stellungnahme beauftragt war, die auch die Frage des Anspruchs eines US-amerikanischen Pensionsfonds auf **Erstattung** der **Kapitalertragsteuer** umfasste. Es hat den Rechtsanwalt zu Schadensersatz in Höhe von 13,5 Mio. EUR verurteilt, da der Rechtsanwalt fehlerhaft nicht auf das Risiko hingewiesen hatte, dass bei bestimmten damals praktizierten und ihm auch bekannten Geschäftsgestaltungen aufgrund einer doppelten wirtschaftlichen Eigentümerstellung zwei Steuerbescheinigungen ausgestellt wurden, obwohl die Kapitalertragssteuer nur einmal abgeführt wurde, und der Erstattungsanspruch nach dem Doppelbesteuerungsabkommen sodann am fehlenden Nachweis der tatsächlichen (zweiten) Abführung der Kapitalertragssteuer scheitern konnte[148].

58 3. Der nur mit einer **Erstberatung** befasste Anwalt ist lediglich bei offensichtlichen Gefahren für die Belange des Mandanten zu einem Hinweis verpflichtet. In einem vom Oberlandesgericht Hamm entschiedenen Fall ging es um die Rechtsanwaltshaftung wegen eines **nicht fristgerechten Widerspruchs** gegen übersandte **Depotauszüge**. Nach Auffassung des 28. Zivilsenats muss sich der Rechtsanwalt bei der Erstberatung mit der nach den Depotbedingungen einzuhaltenden kurzen Widerspruchsfrist nur befassen, wenn sich für ihn aus den erteilten Informationen entsprechende Anhaltspunkte für solche Einwände ergeben. Entsprechende Hinweise hatte die Mandantin aber nicht erteilt. Diese Hinweise fanden sich erst in den überreichten Unterlagen, die der Anwalt nur

---

144 Vgl. zur gesamten Thematik auch *Assies/Lang,* in: Assies/Beule/Heise/Strube, Handbuch des Fachanwalts Bank- und Kapitalmarktrecht, 5. Auflage, Kap. 9, Rn. 1 ff.; zur aktuellen Entwicklung im Kapitalmarktrecht vgl. die regelmäßigen Übersichten von *Weber*, NJW 2020, 968 ff.; NJW 2019, 968 ff.; NJW 2018, 995 ff.; NJW 2017, 991 ff.; NJW 2016, 992 ff.; NJW 2015, 2307 ff., 212 ff.; NJW 2014, 2327 ff., 272 ff.; NJW 2013, 2324 ff., 275 ff.; NJW 2012, 274 ff., NJW 2011, 273 ff. und NJW 2010, 274 ff.; siehe zudem die Rechtsprechungsübersicht zum Bank- und Kapitalmarktrecht von *Stackmann*, NJW 2020, 196 ff.; NJW 2019, 2356 ff.; NJW 2018, 2366 ff.; NJW 2017, 2383 ff., 205 ff.; NJW 2016, 2387 ff., 213 ff.; NJW 2015, 2387 ff., 988 ff.; NJW 2014, 2403 ff., 272 ff.

145 OLG München, Urt. v. 8.10.2014 – 7 U 850/14 – juris, Leitsatz.

146 BGH, Urt. v. 10.2.2015 – VI ZR 569/13 – juris, Rn. 17 ff.

147 BGH, Urt. v. 17.9.2020 – III ZR 283/18 – juris, Rn. 40 f.

148 OLG Düsseldorf, Urt. v. 12.3.2018 – I-9 U 179/16 – juris, Rn. 55 ff., nachgehend BGH, Beschl. v. 6.5.2019 – IX ZR 86/18 – Nichtzulassungsbeschwerde zurückgewiesen; dazu *Zapf*, BB 2019, 1182 ff. und *Heilbock/Geißler*, GWR 2019, 211 ff.

flüchtig durchgeblättert hatte, wozu er noch nicht einmal verpflichtet war. Denn das Studium dieser Unterlagen hätte bereits in vollem Umfang mindestens eine 1,3 Geschäftsgebühr nach VV 2300 RVG ausgelöst. Die Mandantin hatte sich indessen Bedenkzeit für eine noch zu erteilende Weisung erbeten, die Angelegenheit nach Einholung der Deckungsschutzzusage zu betreiben. Dass schon bei dem tatsächlich erfolgten flüchtigen Durchblättern der Unterlagen die Depotbedingungen derart ins Auge sprangen, dass sie nicht übersehen werden konnten, war nicht festgestellt. Nur in einem solchen Fall einer für den Anwalt ohne jegliche weitere Sachverhaltsaufklärung und Rechtsprüfung offenkundigen Gefahr wäre er aber auch außerhalb des ihm übertragenen Mandates verpflichtet gewesen, die Mandantin zu warnen und auf die Notwendigkeit sofortigen Handelns hinzuweisen[149].

4. Ist im Zeitpunkt der Mandatserteilung bereits eine Weichenstellung hinsichtlich der Frage er- 59
folgt, **gegen wen** der Mandant in welcher Form vorgehen kann, so besteht grundsätzlich nicht die vertragliche Pflicht eines Rechtsanwalts, diese **Strategie** vorprozessual **wieder in Frage zu stellen.** Etwas anderes würde gelten, wenn es konkrete Anhaltspunkte gegeben hätte, die dem Rechtsanwalt, sei es aus rechtlicher, sei es aus tatsächlicher Sicht, Anlass hätten geben müssen, den von ihm vorgeschlagenen Weg zu überdenken[150].

5. Der Verbraucher ist vom Rechtsanwalt darauf hinzuweisen, dass ein enger zeitlicher Zusammen- 60
hang zwischen der mündlichen Verhandlung und der Vertragserklärung vom Gesetz nicht gefordert wird und auch längere Zeiträume zwischen der Verhandlung in den Wohnräumen des Kunden und der Abgabe der auf Abschluss des Darlehens gerichteten Willenserklärungen eine **Haustürsituation** gemäß § 1 Abs. 1 Nr. 1 HWiG[151] nicht ohne weiteres ausschließen. Im Übrigen genügt es für die Bestimmung zum Vertragsabschluss, dass die besonderen Umstände der mündlichen Verhandlungen in einer Privatwohnung für den Vertragsabschluss **mitursächlich** geworden sind, also etwa nur einen von mehreren Beweggründen darstellen, sofern ohne sie der Vertrag nicht oder nicht mit demselben Inhalt zu Stande gekommen wäre[152].

6. **Beweisrechtlich** ist zu bedenken, dass beim **Kreditkartenmissbrauch** zwar der Beweis des ersten 61
Anscheins dafür spricht, dass der Karteninhaber seine persönliche Geheimzahl entweder auf der Kreditkarte notiert oder sie gemeinsam mit dieser aufbewahrt hat. Dieser **Anscheinsbeweis** kann aber unter anderem dadurch erschüttert werden, dass der Kunde darlegt und beweist, dass dies nicht der Fall war, oder die Geheimnummer ohne sein Verschulden kurze Zeit vor der Entwendung der Karte ausgespäht worden ist. In diesem Fall kann Anlass bestehen, das Sicherheitssystem der Bank einer erneuten sachverständigen Prüfung zu unterwerfen, ob dieses ein ausreichendes Sicherheitsniveau für die Anwendung des Anscheinsbeweises bietet, anstatt Gutachten aus früheren Jahren heranzuziehen, deren Verwertung nur als Urkundenbeweis zulässig ist[153].

7. Einen Rechtsanwalt traf bis Januar 2008 ohne besondere Anhaltspunkte keine vertragliche 62
Pflicht, in einem Prozess seines Mandanten (Anlegers) gegen eine Volksbank wegen des Erwerbs eines **Filmfonds** den ihm vom Mandanten geschilderten Sachverhalt des Fondserwerbs in Richtung auf eine mögliche **Rückvergütung/Kick-back** der Volksbank im Zusammenhang mit der Fondszeichnung weiter aufzuklären[154].

In **Kapitalanlagefällen** greift zudem bereits bei feststehender Aufklärungspflichtverletzung eine **Beweislastumkehr** im Hinblick auf die Kausalität der Pflichtverletzung für den Erwerb der Fondsbeteiligung. Dabei kommt es nicht darauf an, ob ein Kapitalanleger bei gehöriger Aufklärung vernünftigerweise nur eine Handlungsalternative gehabt hätte, er sich also nicht in einem **Entscheidungskonflikt** befunden hätte. Das Abstellen auf das Fehlen eines Entscheidungskonflikts ist mit

149 OLG Hamm, Urt. v. 28.2.2008 – 28 U 138/07 – juris, Rn. 32.
150 OLG Hamm, Urt. v. 26.2.2015 – 28 U 27/14 – juris, Leitsatz 1.
151 Jetzt §§ 495 Abs. 1, 355 BGB.
152 OLG Düsseldorf, Beschl. v. 20.9.2013 – I-14 U 34/12 – juris, Rn. 16.
153 BGH, Beschl. v. 6.7.2010 – XI ZR 224/09 – juris, Rn. 10 ff.
154 OLG München, Urt. v. 23.12.2015 – 15 U 4569/14 Rae – juris, Rn. 19 ff.

dem Schutzzweck der Beweislastumkehr nicht zu vereinbaren[155]. Allerdings kann die Bank – bzw. ihr Prozessvertreter – zum Beweis der fehlenden Kausalität der Beratungspflichtverletzung die **Parteivernehmung des Anlegers** beantragen; insoweit handelt es sich nicht um einen (unzulässigen) Ausforschungsbeweis[156].

63 8. Der Rechtsanwalt, der ein **Musterverfahren** nach dem **KapMuG** betreibt, ist im Falle einer unzureichenden Prozessführung nur seinen unmittelbaren Auftraggebern gegenüber zum Schadensersatz verpflichtet. Gegenüber etwaigen Parallelklägern haftet er weder über das Institut des Vertrags zugunsten Dritter (§ 328 BGB) noch des Vertrags mit Schutzwirkung für Dritte. Auch Ansprüche aus gesetzlichen Schuldverhältnissen kommen grundsätzlich nicht in Betracht[157].

Es entbindet einen Rechtsanwalt allerdings grundsätzlich nicht von seiner Beratungspflicht gegenüber einem einzelnen Mandanten, falls dieser durch Vermittlung eines Dritten an den Anwalt herantritt, um sich an einer von diesem vorbereiteten »**Sammelklage**« zu beteiligen. Soweit der Mandant nicht eindeutig zu erkennen gibt, dass er des Rates gar nicht oder nur in einer bestimmten Richtung bedarf, ist der Anwalt auch in diesem Fall zur allgemeinen, umfassenden und möglichst erschöpfenden Belehrung des Auftraggebers verpflichtet[158].

64 9. Damit ein – regelmäßig vom Prozessbevollmächtigten eingereichter – **Güteantrag** in **Anlageberatungsfällen verjährungshemmende Wirkung** nach § 204 Abs. 1 Nr. 4 BGB entfalten kann, muss er die konkrete Kapitalanlage bezeichnen, die Zeichnungssumme sowie den (ungefähren) Beratungszeitraum angeben und den Hergang der Beratung mindestens im Groben umreißen. Ferner ist das angestrebte Verfahrensziel zumindest soweit zu umschreiben, dass dem Gegner und der Gütestelle ein Rückschluss auf **Art und Umfang der verfolgten Forderung** möglich ist; eine genaue Bezifferung der Forderung muss der Güteantrag seiner Funktion gemäß demgegenüber grundsätzlich nicht enthalten[159].

Ein Güteantrag ist nach diesen Grundsätzen jedenfalls dann **nicht ausreichend bestimmt**, wenn der Kapitalanleger den Namen des Beraters und den Zeitraum der Beratung und Zeichnung nicht erwähnt und das **angestrebte Verfahrensziel** – Art und Umfang der Forderung – **im Dunkeln bleibt**, weil im Güteantrag nur davon die Rede ist, dass die antragstellende Partei so zu stellen sei, als ob keine Beteiligung zustande gekommen wäre, wobei der geforderte Schadensersatz »sämtliche aufgebrachten Kapitalbeträge sowie entgangenen Gewinn und ggf. vorhandene sonstige Schäden (z.B. aus Darlehensfinanzierung oder Steuerrückzahlungen)« sowie Rechtsanwaltskosten und »künftig noch aus der Beteiligung entstehende Schäden« umfasse. Die **Größenordnung des geltend gemachten Anspruchs** ist dann für die Kapitalanlagegesellschaft als Antragsgegnerin und Schuldnerin und für die Gütestelle aus dem Güteantrag nicht zu erkennen und auch nicht wenigstens im Groben einzuschätzen gewesen[160].

In Ansehung der vorzitierten Rechtsprechung des Bundesgerichtshofs stand spätestens im Verlauf des Jahres 2016 fest, dass auf unzureichenden Güteanträgen beruhende Schadensersatzklagen verjährt waren. Dies hat zur Folge, dass der Rechtsanwalt hierauf nachdrücklich hätte hinweisen und ab diesem Zeitpunkt von Klage oder Rechtsmitteln hätte abraten müssen[161].

155 BGH, Urt. v. 8.5.2012 – XI ZR 262/10 – juris, Rn. 28 ff. unter Aufgabe von BGH, Urt. v. 16.11.1993 – XI ZR 214/92 – juris, Rn. 25.

156 BGH, Urt. v. 4.2.2014 – XI ZR 398/12 – juris, Rn. 12 ff.

157 So Vollkommer/*Greger/Heinemann*, Anwaltshaftungsrecht, § 28, Rn. 59.

158 OLG Düsseldorf, Urt. v. 14.2.2019 – I-3 U 15/18 – juris, Rn. 42.

159 BGH, Beschl. v. 28.1.2016 – III ZB 88/15 – juris, Rn. 16.

160 BGH, Beschl. v. 28.1.2016 – III ZB 88/15 – juris, Leitsatz 2.

161 Zu Schadensersatzansprüchen von Rechtsschutzversicherern bei Nichtabraten von entsprechend aussichtsloser Rechtsverfolgung vgl. einerseits OLG Köln, Urt. v. 23.5.2019 – I-24 U 122 bis 124/18 – juris, Rn. 22 ff. und andererseits Thüringer Oberlandesgericht, Urt. v. 5.7.2019 – 4 U 359/18 – juris, Rn. 70 ff. und v. 31.1.2020 – 9 U 845/18 – juris, Rn. 75 f., 100.

10. Geht ein Rechtsstreit wegen eines Anwaltsfehlers verloren, ist ein Schadensersatzanspruch gegen den Rechtsanwalt nicht gegeben, wenn das **Ergebnis des Vorprozesses dem materiellen Recht entspricht**[162]. Im konkreten Fall war der Finanzdienstleister zu Unrecht aus Vertrag zu überhöhtem Schadensersatz verurteilt worden. Da die zu Unrecht auf Vertragsrecht gestützte Verurteilung sich aber auch aus § 823 Abs. 2 BGB i.V.m. § 32 KWG a.F. aus unterlassener Aufklärung über die Risiken der Anlage gegenüber dem Anleger ergeben hätte, war der Anwaltsfehler für den Prozessverlust nicht kausal[163]. 65

11. Dagegen ist es nicht Aufgabe des Rechtsanwalts, dem Mandanten im Zusammenhang mit dem **Abschluss eines Vergleichs** grundlegende Entschlüsse in dessen Angelegenheiten abzunehmen. Die **betriebswirtschaftliche** Fragestellung, welche Rendite künftig aus der Fondsbeteiligung des Mandanten zu erwarten ist, muss der Rechtsanwalt also nicht prüfen. Vielmehr obliegt es dem Mandanten selbst zu beurteilen, ob er das Aufrechterhalten einer Fondsbeteiligung zu günstigeren Konditionen und als wirtschaftlich vorteilhaft erachtet[164]. 66

Bau- und Architektenrecht

Architekten- und Baurechtsfälle spielen in der anwaltlichen Praxis eine bedeutende Rolle. Nicht selten kommt es auf diesem Gebiet zu anwaltlichen Pflichtverletzungen, weil die Sachverhalte zumeist komplexer sind als in den übrigen Zivilprozessen. Die Verfahren dauern länger. Die oft anzutreffende Vielzahl von Baubeteiligten legt Streitverkündungen nahe. Der Rechtsanwalt sollte auch über baupraktische und bautechnische Grundkenntnisse verfügen. Bei der Bearbeitung baurechtlicher Angelegenheiten spielt schließlich auch die Bauvergabe eine große Rolle. 67

I. Privates Baurecht

Die vom Anwalt zu beherrschenden Rechtsquellen auf dem Gebiet des privaten Baurechts sind durch das **neue BGB-Bauvertragsrecht aus dem Jahr 2018**[165] noch erweitert worden. Es erfasst alle BGB-Bauverträge, die seit dem 1. Januar 2018 abgeschlossen worden sind. Der Begriff »Bauvertrag« ist in § 650a Abs. 1 BGB legaldefiniert. Die Vorschriften ergänzen bzw. modifizieren die allgemeinen Regeln des Werkvertragsrechts in den §§ 631 ff. BGB[166]. Grundlegende ober- oder höchstrichterliche Entscheidungen zum neuen Recht liegen noch nicht vor. Wir werden in der Darstellung den »alten« Rechtszustand berücksichtigen und das neue Recht an den einschlägigen Stellen einarbeiten. Gleiches gilt für Wirkungen des geänderten Rechtszustands auf die VOB/B (2016). 68

Besonders hervorzuheben ist der **Verbraucherbauvertrag**, nunmehr geregelt in den §§ 650i – 650n BGB. Dieser Vertragstyp, der die allgenmeinen bauvertraglichen Regelungen ergänzt, hat keinen Vorläufer. Er betrifft vor allem die Errichtung schlüsselfertiger Häuser, ist also von erheblicher praktischer Bedeutung.

Der Verbraucherbauherr hat Anspruch auf eine **Baubeschreibung**, die der Unternehmer schon während der Vertragsverhandlungen zur Verfügung zu stellen hat (§ 650j BGB). Sie informiert den Bauherren über Qualität und Preisrisiken des geplanten Objekts und enthält auch verbindliche Angaben zur Bauzeit[167].

Der Verbraucherbauherr hat außerdem nach § 650n BGB ein Recht auf Erstellung und Herausgabe der **Bauunterlagen**. Dies sind die Dokumente, die für öffentlich-rechtliche Nachweise benötigt werden.

162 BGH, Urt. v. 25.10.2012 – IX ZR 207/11 – juris, Rn. 28.
163 Vgl. *Müller-Christmann*, jurisPR-BKR 4/2014, Anm. 3.
164 BGH, Beschl. v. 19.7.2012 – IX ZR 179/11 – juris, Rn. 6.
165 Vgl. BGBl I, S. 969.
166 Hk-BGB/*Scheuch*, § 650a, Rn. 1.
167 Leupertz/Preussner/Sienz/*Langjahr*, BauvertragsR, § 650j, Rn. 2.

Die Höhe der an den Unternehmer zu leistenden **Abschlagszahlungen** wird gemäß § 650m BGB auf 90 % der vom Unternehmer geforderten Abschlagszahlungen begrenzt. Die restlichen 10 % kann der Bauherr bei Vorhandensein von Mängeln des Hauses zurückbehalten[168].

Die Neuregelung will zudem das Hinauszögern einer an sich fälligen **Abnahme** erschweren. Verweigert der Besteller die Abnahme, muss er mindestens einen Mangel benennen. Tut er dies nicht, gilt das Bauwerk als (fiktiv) abgenommen. § 640 Abs. 2 BGB ist mit diesem Inhalt neu gefasst worden[169].

69 1. Bei der VOB/B handelt es sich um ein vertragliches Regelwerk in Form von AGB. Gültig ist derzeit die Ausgabe 2016. Wenn der Bauvertrag inhaltlich auf die **VOB/B** verweist, muss der Anwalt prüfen, ob es für die Beurteilung des Streitfalls auf Sonderregelungen der VOB/B ankommt. Die Frage, ob eine bestimmte VOB/B-Norm wirksam in den Bauvertrag einbezogen wurde, kann eine ganze Reihe von Prüfungsschritten auslösen. Der Klärung bedarf insoweit zunächst, ob eine Partei der anderen das Vertragswerk der VOB/B als Verwender gestellt hat oder ob ein individuelles Aushandeln vorliegt (§ 305 Abs. 1 BGB)[170]. Im Falle einer **formularmäßigen Verwendung** stellt sich weiter die Frage nach der Wirksamkeit der Einbeziehung gemäß § 305 Abs. 2 BGB[171]. Gegenüber einer Partei, die weder im Baugewerbe tätig noch sonst im Baubereich bewandert ist, kann die VOB/B nicht allein dadurch zum Vertragsbestandteil gemacht werden, dass auf ihre Geltung hingewiesen wird[172]. Vielmehr muss der Verwender seinem zukünftigen Vertragspartner die Gelegenheit einräumen, den Text vollständig zur Kenntnis zu nehmen[173].

Der Verwender muss im Zeitpunkt des Vertragsschlusses die Absicht der Mehrfachverwendung haben. Besteht diese, fällt schon die erste Verwendung unter die §§ 305 ff. BGB. Aus dem Inhalt und der Gestaltung der in einem Bauvertrag verwendeten Bedingungen kann sich ein von dem Verwender zu widerlegender Anschein dafür ergeben, dass die Klauseln zur Mehrfachverwendung vorformuliert worden sind[174].

Aus dem AGB-Charakter der VOB/B folgt, dass deren Bestimmungen grundsätzlich der Inhaltskontrolle gemäß §§ 307 bis 309 BGB unterliegen. Dies gilt nur dann nicht, wenn die VOB/B als Ganzes vereinbart wurde und der Vertragspartner des Verwenders kein Verbraucher ist (§ 310 Abs. 1 S. 3 BGB).

In der Sache ist die zu den einzelnen VOB/B-Klauseln ergangene Rechtsprechung zu berücksichtigen.

▶ Beispiel:

Ein Bauunternehmer will gegen den Besteller eine restliche Werklohnforderung geltend machen. Er legt seinem Anwalt ein Schreiben des Bestellers vor, in dem dieser mitteilt, dass er auf die Schlussrechnung des Unternehmers noch einen bestimmten Teilbetrag als Schlusszahlung leisten werde. Weitere Zahlungen lehne er ab. Der Unternehmer möge etwaige Vorbehalte gegen die Schlusszahlung innerhalb einer Frist von 28 Werktagen erklären und werde darauf hingewiesen, dass die vorbehaltlose Annahme der Schlusszahlung zum Ausschluss der Restforderung führe.

Das Schreiben nimmt ersichtlich auf § 16 Abs. 3 Nr. 2 und 5 VOB/B Bezug. Die dort geregelte Schlusszahlungseinrede[175] kann dem Besteller nur zustehen, wenn nicht zugunsten des Unternehmers § 307 Abs. 1 S. 1 BGB eingreift. Wird die VOB/B einem Unternehmer gegenüber

168 Leupertz/Preussner/Sienz/*Wellensiek*, BauvertragsR, § 650m, Rn. 11a, 19.
169 Hk-BGB/*Scheuch*, § 640, Rn. 9.
170 BGH, Urt. v. 20.1.2016 – VIII ZR 26/15 – juris, Rn. 23 ff.
171 Vgl. dazu *Werner*/Pastor, Der Bauprozess, Rn. 1186 ff.
172 BGH, Urt. v. 6.5.2015 – VIII ZR 194/14 – juris, Rn. 15.
173 BGH, Urt. v. 9.10.2008 – VII ZR 80/07 – juris, Rn. 14.
174 BGH, Urt. v. 8.9.2016 – VII ZR 168/15 – juris, Rn. 30; Hk-BGB/*Scheuch*, a.a.O., § 305, Rn. 4.
175 Im Einzelnen *Werner*/Pastor, Der Bauprozess, Rn. 2731 ff.

formularmäßig verwendet und nicht als Ganzes vereinbart, sodass eine **Inhaltskontrolle** stattfindet, ist § 16 Abs. 3 Nr. 2 und 5 VOB/B nach der Rechtsprechung des Bundesgerichtshofs[176] unwirksam.

Bei einer Verwendung gegenüber einem Verbraucher unterliegen die **Einzelbestimmungen** der VOB/B auch dann einer Inhaltskontrolle nach §§ 307 ff. BGB, wenn die VOB/B insgesamt und ohne Änderungen in den Bauvertrag einbezogen wurde[177]. Im Falle einer Verwendung gegenüber einem Unternehmer ist gemäß § 310 Abs. 1 S. 1 und 3 BGB zu differenzieren: Wurde die VOB/B im Ganzen vereinbart, ist sie einer Inhaltskontrolle entzogen[178]. Hingegen bleiben die vereinbarten Vertragsbedingungen einer Überprüfung nach Maßgabe des § 310 Abs. 1 S. 1 BGB zugänglich, wenn Abweichungen von der VOB/B vorliegen[179]. Es ist anerkannt, dass diese isolierte Inhaltskontrolle auch bei nur geringfügigen Abweichungen sowie unabhängig davon stattfindet, ob die eventuell benachteiligende Klausel möglicherweise durch eine Begünstigung an anderer Stelle kompensiert wird[180]. 70

Ist danach zum Schutze des Bauunternehmers eine Inhaltskontrolle vorzunehmen, erweist sich die Regelung über den **Schlusszahlungsvorbehalt** in § 16 Abs. 3 Nr. 2 und 5 VOB/B als unwirksam[181]. Umgekehrt hält bei einer Verwendung durch den Bauunternehmer die Verjährungsregelung des § 13 Abs. 4 Nr. 1 VOB/B einer Inhaltskontrolle nicht stand, da sie die Verjährungsfrist für Mängelansprüche bei Bauwerken gegenüber dem bürgerlichen Recht zum Nachteil des Auftraggebers unangemessen abkürzt[182]. Insoweit sind viele Bauträgerverträge unwirksam[183]. An die Stelle der 4-jährigen Frist nach § 13 Abs. 4 Nr. 1 VOB/B tritt die 5-Jahres-Frist des § 634a Abs. 1 Nr. 2 BGB. 71

Auch im Übrigen enthält die VOB/B zahlreiche **Sonderbestimmungen**, die sich je nach Fallgestaltung zum Vorteil oder Nachteil der einen oder anderen Vertragspartei auswirken können. Praktisch bedeutsam ist insbesondere die vom Bürgerlichen Recht abweichende Regelung des Kündigungsrechts des Auftraggebers in § 8 VOB/B. In den Fällen des § 8 Abs. 3 VOB/B setzt die Kündigung eine vorherige fruchtlose Fristsetzung voraus. 72

2. Selbstverständlich unterliegen auch **sonstige Bauvertragsklauseln**, die ergänzend zur VOB/B oder ohne diese vereinbart wurden, einer AGB-Kontrolle. Unwirksam ist danach etwa eine gegenüber dem Auftragnehmer verwendete Formularbestimmung, durch die eine Preisanpassung zugunsten des Auftragnehmers sowohl nach § 2 Abs. 3 VOB/B als auch nach § 313 BGB ausgeschlossen werden soll[184]. 73

3. Ist die Herstellung des Werks den Umständen nach nur gegen eine **Vergütung** zu erwarten, muss der Auftraggeber eine streitige Unentgeltlichkeitsabrede nach § 631 Abs. 1 BGB beweisen[185]. Als üblich i.S.d. § 632 Abs. 2 BGB ist diejenige Vergütung anzusehen, die zur Zeit des Vertragsabschlusses am Ort der Werkleistungen regelmäßig vereinbart wurde[186]. Wenn keine Abrede über eine gesonderte Berechnung der Umsatzsteuer getroffen wurde, ist der vereinbarte Werklohn als Bruttopreis anzusehen; das gilt auch bei Bauverträgen zwischen vorsteuerabzugsberechtigten Unternehmern, sofern der Bauunternehmer keinen abweichenden regionalen Handelsbrauch darzulegen und nachzuweisen vermag[187]. Soweit Werklohn für nicht erbrachte Leistungen geschuldet wird, 74

176 Dazu Rdn. 70 f. sowie BGH, Urt. v. 24.3.2016 – VII ZR 201/15 – juris, Rn. 31 m.w.N.
177 BGH, Urt. v. 24.7.2008 – VII ZR 55/07 – juris, Rn. 24 ff.
178 BGH, Urt. v. 24.3.2016 – VII ZR 201/15 – juris, Rn. 18.
179 BGH, Urt. v. 24.3.2016 – VII ZR 201/15 – juris, Rn. 31.
180 BGH, Urt. v. 10.5.2007 – VII ZR 226/05 – juris, Rn. 20.
181 BGH, Urt. v. 24.3.2016 – VII ZR 201/15 – juris, Rn. 31.
182 BGH, Urt. v. 15.4.2004 – VII ZR 129/02 – juris, Rn. 13.
183 Vgl. Vollkommer/*Greger/Heinemann*, Anwaltshaftungsrecht, § 28, Rn. 143.
184 BGH, Urt. v. 20.7.2017 – VII ZR 259/16 – juris, Rn. 28 und v. 4.11.2015 – VII ZR 282/14 – juris, Rn. 25.
185 BGH, Urt. v. 7.3.2005 – II ZR 144/03 – juris, Rn. 16.
186 BGH, Urt. v. 9.12.2014 – VI ZR 138/14 – juris, Rn. 17.
187 *Werner*/Pastor, Der Bauprozess, Rn. 1631 f.

ist keine Umsatzsteuer zu entrichten[188], weil insoweit kein Austauschgeschäft vorliegt[189]. Für die Rechtzeitigkeit der Zahlung ist jedenfalls im Anwendungsbereich der ersten Zahlungsverzugsrichtlinie[190] nicht mehr auf die Leistungshandlung, sondern auf den Leistungserfolg abzustellen[191].

Der Vergütungsanspruch wird nach § 641 Abs. 1 S. 1 BGB mit der Abnahme fällig. Unter der Geltung des neuen Bauvertragsrechts ist, anders als beim BGB-Werkvertrag, zusätzlich erforderlich, dass der Unternehmer eine **prüffähige Schlussrechnung** erstellt hat (§ 650g Abs. 4 BGB)[192].

75 4. Baurechtsstreitigkeiten liegen häufig komplexe Sachverhalte zugrunde. Um seiner Verpflichtung, eine geeignete **Strategie** für die Rechtsverfolgung oder -verteidigung seines Mandanten zu entwickeln, gerecht zu werden, muss sich der Anwalt im Mandantengespräch vollständig über die maßgeblichen Tatsachen informieren. Er darf sich nicht mit dem begnügen, was sein Mandant ihm ungefragt mitteilt, sondern muss um zusätzliche Aufklärung bemüht sein, soweit den Umständen nach weitere Tatsachen rechtserheblich sein können, deren Bedeutung für den Mandanten nicht ohne Weiteres ersichtlich ist[193]. Allerdings schuldet der Anwalt dem Mandanten nicht die Ermittlung eines Sachverhaltes, für dessen Vorliegen er auf Grundlage der Angaben des Mandanten keinerlei Anhaltspunkte hat[194].

76 Nach der Rechtsprechung des Bundesgerichtshofs[195] ist der Anwalt verpflichtet, die Belange des Mandanten in jede Richtung wahrzunehmen und vermeidbare Nachteile abzuwenden. Er hat deshalb die dem Mandanten günstigen Tatsachen umfassend vorzutragen und die zur Verfügung stehenden Beweise anzubieten[196]. Stets muss er den Lauf der Verjährungsfristen und die Gefahr eines Verlusts von Beweismitteln im Blick behalten. Auf die unterlassene, rechtzeitige Einleitung eines selbständigen Beweisverfahrens nach §§ 485 ff. ZPO kann ggf. eine Schadensersatzklage gegen den Anwalt gestützt werden[197].

77 Vor der Erhebung einer Klage ist der Mandant einzelfallbezogen über die wirtschaftlichen und rechtlichen Risiken des Klageweges aufzuklären. Typisch für den Bauprozess ist das Bestehen erheblicher **Beweisunsicherheiten** in Verbindung mit einem hohen finanziellen Aufwand für die Beweisaufnahme. Die Tätigkeit von Sachverständigen ist die Regel. Der Mandant riskiert, auch bei einem teilweisen Obsiegen Verfahrenskosten tragen zu müssen, die den zugesprochenen Betrag aufzehren oder sogar übersteigen. Zudem kann sich der am Ende eines langwierigen und kostspieligen Rechtsstreits erwirkte Titel wegen der mittlerweile eingetretenen Zahlungsunfähigkeit des Vertragspartners als nutzlos erweisen[198]. Der Anwalt muss dem Mandanten deshalb ein realistisches Bild vom voraussichtlichen Ablauf eines Klageverfahrens vermitteln, auf dessen Unwägbarkeiten hinweisen und etwaige Handlungsalternativen – wie insbesondere die Anrufung einer auf Bausachen spezialisierten Schlichtungsstelle oder die Beauftragung eines Schiedsgutachters oder Adjudikators – aufzeigen[199]. Im Einzelfall kann sich aus Kostengründen auch die Heranziehung eines Privatgutachters anbieten, sofern der Versuch einer Einigung auf Grundlage des Privatgutachtens aussichtsreich erscheint und weder ein Verjährungseintritt noch eine Verschlechterung der Beweissituation droht[200].

188 BGH, Urt. v. 6.3.2014 – VII ZR 349/12 – juris, Rn. 21.
189 BGH, Urt. v. 22.11.2007 – VII ZR 83/05 – juris, Rn. 18.
190 RL 2000/35/EG v. 29.7.2000.
191 BGH, Urt. v. 25.11.2015 – VI ZR 169/14 – juris, Rn. 14.
192 Hk-BGB/*Scheuch*, § 641, Rn. 6.
193 BGH, Urt. v. 13.6.2013 – IX ZR 155/11 – juris, Rn. 8; Urt. v. 7.2.2002 – IX ZR 209/00 – juris, Rn. 11.
194 BGH, Urt. v. 7.2.2002 – IX ZR 209/00 – juris, Rn. 17.
195 BGH, Urt. v. 17.3.2016 – IX ZR 142/14 – juris, Rn. 9.
196 BGH, Urt. v. 20.3.2008 – IX ZR 236/06 – juris, Rn. 19; Urt. v. 16.6.2005 – IX ZR 27/04 – juris, Rn. 17.
197 Vgl. BGH, Beschl. v. 24.10.2013 – IX ZR 164/11 – juris, Rn. 1, 4.
198 Vollkommer/*Greger*/*Heinemann*, Anwaltshaftungsrecht, § 28, Rn. 12.
199 Vollkommer/*Greger*/*Heinemann*, Anwaltshaftungsrecht, a.a.O.
200 OLG Stuttgart, Urt. v. 21.11.2006 – 12 U 11/06 – juris, Rn. 47.

5. Wird eine **gütliche Einigung** angestrebt, muss beachtet werden, dass die verjährungshemmende Wirkung von Vergleichsverhandlungen nach § 203 BGB nicht erst mit dem ausdrücklichen Abbruch der Einigungsbemühungen endet, sondern schon dann, wenn die Verhandlungen einschlafen[201]. Letzteres ist nach der Rechtsprechung des Bundesgerichtshofs[202] der Fall, wenn der Berechtigte den Zeitpunkt versäumt, zu dem eine Antwort auf die letzte Anfrage des Ersatzpflichtigen spätestens zu erwarten gewesen wäre, oder wenn umgekehrt der Verpflichtete auf ein Vergleichsangebot des Berechtigten nicht reagiert. Wichtig zu wissen ist, dass nicht nur der Schuldner Verhandlungen einschlafen lassen kann, sondern auch der Gläubiger, wenn er nichts für die Durchsetzung seines Anspruchs tut[203]. 78

Vor der Entscheidung über seine Zustimmung zu einem **Vergleich** ist der Mandant über die Vor- und Nachteile einer entsprechenden Einigung aufzuklären. Die Chancen und Risiken einer streitigen Verfahrensdurchführung sind gegenüberzustellen[204].

Auch ein ausdrücklicher **gerichtlicher Vergleichsvorschlag** entbindet nicht von der anwaltlichen Beratungsverantwortung[205]. Sofern begründete Aussicht besteht, im Falle einer streitigen Entscheidung ein wesentlich besseres Ergebnis zu erzielen, muss der Anwalt von dem Abschluss des Vergleichs abraten. Dagegen darf er seinen Mandanten nicht von einem Vergleich abhalten, wenn der Abschluss günstiger erscheint als die Ablehnung. Generell ist die Beratung bei Vergleichsvorschlägen des Gerichts (oder auch des Gegners) für den Rechtsanwalt mit erheblichen Risiken verbunden. Es kommt durchaus vor, dass Mandanten der Vergleichsschluss im Nachhinein reut und sie sich dann beim Rechtsanwalt schadlos halten wollen. Der Rechtsanwalt sollte dem durch genaue Aufzeichnungen über den Beratungsverlauf zuvorkommen. 79

Im Regressprozess gegen den Anwalt ist die Frage, welchen Rat dieser bei einer zutreffenden Risikoeinschätzung hätte erteilen müssen, unter Zugrundelegung der objektiven Anhaltspunkte zu beurteilen, die im Zeitpunkt der Vergleichsverhandlungen ersichtlich waren[206]. Will der Mandant dem anwaltlichen Rat zuwiderhandeln, reicht es aus, wenn der Anwalt ihm die Risiken seiner Entscheidung deutlich vor Augen führt; darüber hinaus schuldet er dem Mandanten keine besonders eindringliche Belehrung[207].

In diesem Zusammenhang ist dem Anwalt wiederum eine sorgfältige Dokumentation seiner Gespräche mit dem Mandanten zu empfehlen[208]. Der Grundsatz, dass der Mandant im Regressprozess gegen den Anwalt die Darlegungs- und Beweislast für den behaupteten Beratungsfehler trägt, findet zwar auch dann Anwendung, wenn dem Anwalt vorgeworfen wird, im Zusammenhang mit der Entscheidung über einen Vergleichsschluss einen gebotenen Risikohinweis versäumt zu haben[209]. In einem solchen Fall, in dem der Mandant eine negative Tatsache zu beweisen hat, obliegt es dem Anwalt jedoch nach den Grundsätzen zur sekundären Darlegungslast, den Vortrag des Mandanten substantiiert zu bestreiten, indem er die Erteilung des Risikohinweises konkret dartut. Gelingt dem Anwalt diese Darlegung, ist es wiederum Sache des Mandanten, den Vortrag des Anwalts zu widerlegen[210]. 80

6. In Fällen mit mehreren Baubeteiligten (z.B. Bauherr, Unternehmer, Architekt, Ingenieur) ist auch die Möglichkeit einer **Streitverkündung** zu bedenken. Denn ob neben dem Beklagten möglicherweise noch ein weiterer Baubeteiligter für den Mangel verantwortlich ist, stellt sich häufig 81

---

201 BGH, Urt. v. 8.11.2016 – VI ZR 594/15 – juris, Rn. 16; Hk-BGB/*Dörner*, § 203, Rn. 3.
202 BGH, Urt. v. 30.4.2015 – IX ZR 1/13 – juris, Rn. 9.
203 Voit/Manteufel/*Kandel*, Handbuch des Bauverfahrensrechts, Kap. 2, Rn. 140.
204 *Sohn*, Der Vergleich in Bausachen, BauR 2014, 1699, 1709 f.
205 BGH, Urt. v. 14.7.2016 – IX ZR 291/14 – juris, Rn. 8.
206 BGH, Urt. v. 14.7.2016 – IX ZR 291/14 – a.a.O.
207 BGH, Urt. v. 14.7.2016 – IX ZR 291/14 – juris, Rn. 12.
208 *Sohn*, Der Vergleich in Bausachen, BauR 2014, 1699, 1710.
209 BGH, Urt. v. 14.7.2016 – IX ZR 291/14 – juris, Rn. 6.
210 BGH, Urt. v. 14.7.2016 – IX ZR 291/14 – juris, Rn. 6, 13, 15.

nicht schon bei der Vorbereitung der Klage, sondern erst im Laufe des Prozesses durch eine Beweisaufnahme heraus.

Das in seiner Bedeutung vielfach unterschätzte Recht der Streitverkündung kann für den Rechtsanwalt zu einer Haftungsfalle werden. Vor allem bei größeren Bauvorhaben muss der Rechtsanwalt eine Vielzahl von Leistungserbringern mit General- und Subunternehmerketten auseinanderhalten. Es bedarf sorgfältiger Prüfung, wem der Streit verkündet werden soll.

Zu beachten ist, dass eine Streitverkündung nur in den in § 72 ZPO beschriebenen Konstellationen statthaft und zulässig ist. Wer nur einen von mehreren Gesamtschuldnern verklagt, kann in diesem Prozess dem anderen Gesamtschuldner nicht in zulässiger Weise den Streit verkünden, da insoweit aus Sicht des Klägers der Fall einer kumulativen Haftung vorliegt, der von § 72 ZPO nicht erfasst wird[211]. Zulässig ist hingegen die Streitverkündung, die der verklagte Gesamtschuldner gegenüber dem weiteren Gesamtschuldner erklärt, wenn er letzterem gegenüber einen Gesamtschuldnerausgleichsanspruch, § 426 Abs. 2 BGB, erheben zu können glaubt[212].

Eine unzulässige Streitverkündung führt weder eine Bindungswirkung nach §§ 74 Abs. 3, 68 ZPO[213] herbei, noch hemmt sie die Verjährung nach § 204 Abs. 1 Nr. 6 BGB[214].

82 Der Umfang der **Streitverkündungswirkung** wird zudem durch den Inhalt der Streitverkündungsschrift begrenzt, die den Konkretisierungserfordernissen des § 73 ZPO genügen muss[215]. Auch im Falle einer statthaften und ordnungsgemäß erklärten Streitverkündung endet die Verjährungshemmung gemäß § 204 Abs. 2 BGB sechs Monate nach der rechtskräftigen Entscheidung oder anderweitigen Beendigung des eingeleiteten Verfahrens. Für den Folgeprozess ist zu beachten, dass die Streitverkündungswirkung nach §§ 74 Abs. 3, 68 ZPO nur zum Nachteil des Streitverkündungsempfängers, nicht aber zulasten des Streitverkünders eintritt. Es besteht daher keine Bindung an Feststellungen aus dem Vorprozess, die für den vormaligen Streitverkünder im Folgeprozess ungünstig wären[216]. Überschießende Feststellungen, die das Gericht des Vorprozesses getroffen hat, nehmen an der Streitverkündungswirkung nicht teil; die Bindung beschränkt sich vielmehr auf die tragenden Entscheidungsgrundlagen[217].

83 Zulässig ist eine **Streitverkündung** auch **im selbständigen Beweisverfahren**. In diesem Fall ist § 68 ZPO entsprechend in der Weise anzuwenden, dass dem Streitverkündeten das Ergebnis der Beweisaufnahme entgegengehalten werden kann[218]. §§ 66 ff. ZPO und die Kostenregelung des § 101 ZPO finden entsprechende Anwendung[219]. Der Grundsatz, dass über die Kosten eines selbständigen Beweisverfahrens in dem sich anschließenden Prozess über die Hauptsache zu entscheiden ist, gilt auch für die Auslagen, die einem Streithelfer im selbständigen Beweisverfahren entstehen. Um insoweit eine Kostenerstattung zu erwirken, muss der Streithelfer dem Hauptsacheverfahren nicht beitreten[220]. Wenn die Parteien den Rechtsstreit durch einen Vergleich beenden, an dem der Streithelfer nicht teilnimmt, richtet sich dessen Kostenerstattungsanspruch nach der im Vergleich geregelten Kostenverteilung zwischen den Parteien[221]. Ob und inwieweit ein mit Zustimmung des Streithelfers abgeschlossener Vergleich eine Erstattung von Kosten der Streithilfe vorsieht, ist im Wege der Auslegung zu klären[222].

---

211 BGH, Urt. v. 7.5.2015 – VII ZR 104/14 – juris, Rn. 24; Thomas/Putzo/*Hüßtege*, ZPO, § 72, Rn. 7.
212 BGH, Urt. v. 7.5.2015 – VII ZR 104/14 – juris, Rn. 25; Thomas/Putzo/*Hüßtege*, ZPO, § 72, Rn. 7.
213 BGH, Urt. v. 18.12.2014 – VII ZR 102/14 – juris, Rn. 12 f.
214 BGH, Urt. v. 7.5.2015 – VII ZR 104/14 – juris, Rn. 21.
215 BGH, Urt. v. 7.5.2015 – VII ZR 104/14 – juris, Rn. 29.
216 BGH, Urt. v. 27.1.2015 – VI ZR 467/13 – juris, Rn. 7 f.
217 BGH, Urt. v. 27.1.2015 – VI ZR 467/13 – juris, Rn. 6.
218 BGH, Urt. v. 18.12.2014 – VII ZR 102/14 – juris, Rn. 14; Thomas/Putzo/*Hüßtege*, ZPO, § 72, Rn. 3.
219 BGH, Urt. v. 18.12.2013 – V ZB 19/13 – juris, Rn. 8.
220 BGH, Urt. v. 18.12.2013 – V ZB 19/13 – a.a.O.
221 BGH, Beschl. v. 4.2.2016 – IX ZB 28/15 – juris, Rn. 9.
222 BGH, Beschl. v. 4.2.2016 – IX ZB 28/15 – a.a.O.

7. Prüft der Anwalt, wer für Mängel verantwortlich ist, muss er darauf achten, dass neben der Haftung des Unternehmers auch die des **Architekten** wegen Fehlern bei Planung, Koordination und Bauüberwachung in Frage kommt. 84

Sind für einen Mangel **mehrere Baubeteiligte verantwortlich,** ist im Grundsatz zwischen zwei Konstellationen zu unterscheiden: Trifft ein **Ausführungsfehler des Unternehmers** mit einem **Überwachungsfehler des Architekten** zusammen, haften beide dem Bauherrn gesamtschuldnerisch in voller Höhe[223]. Beruht ein Baumangel darauf, dass der **Architekt fehlerhaft geplant** und der **Unternehmer die fehlerhafte Planung ohne den insoweit gebotenen Bedenkenhinweis umgesetzt** hat, kann der Bauherr nur den Architekten in voller Höhe in Anspruch nehmen. Dagegen ist sein Anspruch gegen den Unternehmer gemäß §§ 278, 254 BGB um den anrechenbaren Mitverschuldensanteil des planenden Architekten zu kürzen, weil der Architekt seine Planungsleistungen dem Unternehmer gegenüber als Erfüllungsgehilfe des Bauherrn erbringt[224]. Bei der Bestimmung der Haftungsquote des Unternehmers sind die jeweiligen Verursachungsbeiträge, die der Architekt mit dem Planungsfehler und er selbst mit dem versäumten Bedenkenhinweis gesetzt haben, gegeneinander abzuwägen[225].

Eine Neuerung sieht insoweit das Bauvertragsrecht 2018 vor. Gemäß § 650t BGB kann der als Gesamtschuldner wegen eines Fehlers bei der Bauüberwachung in Anspruch genommene Architekt die Leistung verweigern, wenn der Bauherr dem für den Mangel verantwortlichen Bauunternehmer noch keine angemessene Frist zur Nacherfüllung gesetzt hat. Bei Planungsfehlern steht dem Architekten dieses Leistungsverweigerungsrecht dagegen nicht zu[226].

8. Verteidigt sich der Bauherr gegen eine Vergütungsklage des Unternehmers, indem er mängelbedingte Gegenansprüche zur **Aufrechnung** stellt, muss er die Reihenfolge der Aufrechnungen bestimmen[227]. Die Aufrechnung ist als Primäraufrechnung gegen die – als solche unstreitige – Werklohnforderung zulässig, kann aber auch hilfsweise zu Einwendungen erhoben werden, die der Bauherr in erster Linie gegen die Hauptforderung selbst erhebt, wie etwa die Einrede der mangelnden Werklohnfälligkeit[228]. 85

Nimmt der Unternehmer den Besteller nach der Abnahme auf Zahlung restlichen Werklohns in Anspruch, kann dieser – außer den Rechten aus § 634 BGB – unter Hinweis auf unerledigte Mängel auch das **Leistungsverweigerungsrecht** nach § 641 Abs. 3 BGB geltend machen, dessen Umfang in der Regel mit dem Doppelten der voraussichtlichen Mängelbeseitigungskosten zu bemessen ist. Beachtet werden muss, dass eine Berufung auf § 641 Abs. 3 BGB gemäß § 322 Abs. 2 BGB nicht zur Klageabweisung, sondern lediglich zur Verurteilung Zug-um-Zug führen kann[229]. 86

Der Besteller kann wegen eines Werkmangels ein Leistungsverweigerungsrecht ausüben, indem er z.B. einen Teil der Vergütung zurückbehält. Dem steht gemäß § 215 BGB eine Verjährung des Nacherfüllungsanspruchs nicht entgegen, wenn das Leistungsverweigerungsrecht bereits in unverjährter Zeit hätte geltend gemacht werden können, weil der Mangel schon vor Ablauf der Verjährung in Erscheinung getreten war[230]. Vor der Abnahme bezieht sich das Leistungsverweigerungsrecht in entsprechender Anwendung von §§ 632a Abs. 1, 641 Abs. 3 BGB auf eingeforderte Abschlagszahlungen des Unternehmers.

223 BGH, Urt. v. 11.10.2007 – VII ZR 65/06 – juris, Rn. 14 m.w.N.
224 BGH, Urt. v. 16.10.2014 – VII ZR 152/12 – juris, Rn. 24; Werner/Pastor/*Frechen*, Der Bauprozess, Rn. 2922.
225 BGH, Urt. v. 16.10.2014 – VII ZR 152/12 – juris, Rn. 29.
226 Hk-BGB/*Scheuch*, § 650t, Rn. 2.
227 BGH, Beschl. v. 24.6.2015 – VII ZR 272/13 – juris, Rn. 10 f.
228 Zu einer derartigen Konstellation BGH, Beschl. v. 24.8.2016 – VII ZR 41/14 – juris, Rn. 18.
229 BGH, Urt. v. 1.8.2013 – VII ZR 75/11 – juris, Rn. 17.
230 BGH, Urt. v. 5.11.2015 – VII ZR 144/14 – juris, Rn. 11 f.; Hk-BGB/*Scheuch*, § 641, Rn. 11.

87 Der Lauf der Verjährungsfristen wird nach §§ 203 ff. BGB grundsätzlich angehalten, sobald eine Hemmung der Verjährung eintritt. Die Einrede des nicht erfüllten Vertrages hemmt die Verjährung der in §§ 634, 634a BGB genannten Rechte des Bestellers bei Mängeln allerdings nicht. Insbesondere wenn der mangelbedingte Schaden oder Nachbesserungsaufwand die noch offene Vergütungsforderung zu übersteigen droht, müssen deshalb ggf. zusätzlich **verjährungshemmende Maßnahmen** ergriffen werden, etwa in Gestalt eines Antrags auf Einleitung eines selbständigen Beweisverfahrens oder einer Widerklage. Zwischenzeitlich hat der Bundesgerichtshof entschieden, dass die Verjährung der zugrunde liegenden Mängelansprüche nicht zum Erlöschen des mangelgestützten Zurückbehaltungsrechtes führt[231]. Zur Frage, ob im Anwendungsbereich des § 215 BGB auch der Druckzuschlag nach § 641 Abs. 3 BGB geltend gemacht werden kann, hat sich der Bundesgerichtshof in der angeführten Entscheidung nicht geäußert.

88 9. Das besonders praxisrelevante Recht der **Bauhandwerkersicherung** ist durch § 650f BGB neu gefasst worden. Dabei hat es keine gravierenden Änderungen zu § 648a BGB a.F. gegeben, sodass auf die bisher ergangene Rechtsprechung zurückgegriffen werden kann. Als Leitentscheidung ist weiter das Urteil des VII. Zivilsenats vom 6.3.2014 anzusehen[232].

Die Vorschrift des § 650f BGB regelt den Anspruch des Unternehmers auf eine **Bauhandwerkersicherung**. Sie dient dem Schutz und der Durchsetzbarkeit von Vergütungsansprüchen des Unternehmers in Falle einer Zahlungsunfähigkeit bzw. Insolvenz des Bestellers. Der Unternehmer hat Anspruch auf Stellung einer Sicherheit in Höhe der noch nicht gezahlten Vergütung, zuzüglich dazugehöriger Nebenforderungen in Höhe von 10 % des zu sichernden Vergütungsanspruchs (§ 650f Abs. 1 S. 1 BGB).

Gemäß § 650f Abs. 1 S. 3 BGB wird dieser Anspruch nicht dadurch ausgeschlossen, dass der Besteller Erfüllung verlangen kann oder das Werk abgenommen hat. Hat der Unternehmer dem Besteller erfolglos eine angemessene Frist zur Verschaffung der Sicherheit bestimmt, kann der Unternehmer seine Leistung gemäß § 650f Abs. 5 S. 1 BGB verweigern oder den Vertrag kündigen.

89 10. Zur Verpflichtung des Auftragnehmers, den Auftraggeber auf **Bedenken hinzuweisen**, die gegen die vorgesehene Art der Ausführung, gegen die Güte der vom Auftraggeber gelieferten Stoffe oder Bauteile oder gegen die Leistungen anderer Unternehmer bestehen, enthält § 4 Abs. 3 VOB/B eine ausdrückliche Regelung. Für den BGB-Werkvertrag ist in der Rechtsprechung des Bundesgerichtshofs[233] ebenfalls anerkannt, dass ein dem Unternehmer zurechenbarer Werkmangel auch dann vorliegt, wenn das Werk eine vereinbarte Funktion nur deshalb nicht erfüllt, weil vom Besteller gelieferte Stoffe oder Bauteile oder Vorleistungen anderer Unternehmer, von denen seine Funktionsfähigkeit des Werks abhängt, unzureichend sind. Der Unternehmer kann in diesen Fällen seiner Verantwortung für den Werkmangel entgehen, indem er seine insoweit bestehenden **Prüfungs- und Hinweispflichten** erfüllt, trägt hierfür aber die Darlegungs- und Beweislast.

90 Hat der Unternehmer danach für einen Werkmangel einzustehen, dem ein Planungsfehler zugrunde liegt, können zu seinen Gunsten **Sowieso-Kosten** zu berücksichtigen sein[234]. Insoweit ist durch Auslegung des Werkvertrags zu ermitteln, ob der Unternehmer für eine erforderliche Zusatzleistung eine Mehrvergütung hätte verlangen können, wenn er das Werk von vornherein mangelfrei errichtet hätte. Derartige Kosten, um die das Werk von vornherein teurer geworden wäre, hat der Besteller auch im Rahmen der Gewährleistung selbst zu tragen. Verlängert sich durch die Mängelbeseitigung die Lebensdauer der geschuldeten Werkleistung, ist auch an einen Abzug »neu für alt« zu denken.

---

231 BGH, Beschl. v. 5.11.2015 – VII ZR 144/14 – juris, Rn. 10.

232 BGH, Urt. v. 6.3.2014 – VII ZR 349/12 – juris; vgl. auch BGH, Urt. v. 22.1.2004 – VII ZR 183/02 – juris, Rn. 16.

233 BGH, Urt. v. 10.6.2010 – Xa ZR 3/07 – juris, Rn. 17.

234 BGH, Urt. v. 10.6.2010 – Xa ZR 3/07 – juris, Rn. 21; Hk-BGB/*Scheuch*, a.a.O., § 635, Rn. 3; Werner/Pastor/*Manteufel*, Der Bauprozess, Rn. 3000.

11. Nach Entrichtung des Werklohns sind besonders die auf Zahlung gerichteten Gewährleistungsrechte von Interesse. Der Anspruch auf **Schadensersatz** ist in §§ 634 Nr. 4, 636 BGB bzw. §§ 4 Abs. 7 S. 2, 8 Abs. 3 Nr. 2, 13 Abs. 7 VOB/B geregelt. **Mängelbeseitigungskosten** können beim VOB/B-Vertrag vor der Abnahme nur nach einer Kündigung gemäß § 8 Abs. 3 Nr. 2 VOB/B und nach der Abnahme nur nach einer Fristsetzung gemäß § 13 Abs. 5 Nr. 2 VOB/B geltend gemacht werden. Für den BGB-Vertrag gelten insoweit die §§ 634 Nr. 2, 637 Abs. 1 BGB. Wird etwa bei der Durchsetzung der Gewährleistungsansprüche zum einen verabsäumt, den Generalunternehmer unter Fristsetzung zur Nachbesserung aufzufordern und zum anderen die Klage erst nach Ablauf der Verjährungsfrist erhoben und die Geltendmachung von Nebenforderungen versäumt, liegt eine Pflichtverletzung aus dem Anwaltsvertrag vor[235]. 91

Unter den Voraussetzungen eines Ersatzvornahmerechtes nach § 637 Abs. 1 BGB bzw. § 13 Abs. 5 Nr. 2 VOB/B steht dem Besteller zudem ein **Vorschuss in Höhe der voraussichtlichen Mängelbeseitigungskosten** zu. Aus der vorläufigen Natur des Vorschusses folgt, dass über ihn nach erfolgter Mängelbeseitigung abzurechnen ist. Erweist sich der ursprüngliche Vorschuss als zu gering, bleibt eine Aufstockung möglich. Die verjährungshemmende Wirkung der Vorschussklage erstreckt sich – über den eingeklagten Betrag hinaus – auch auf Nachforderungen, sofern sie nur denselben Mangel betreffen[236]. In Bezug auf spätere Betragserhöhungen enthält das stattgebende Vorschussurteil zudem Elemente eines Feststellungsurteils. Es stellt mit Bindungswirkung für den Folgeprozess über die Nachforderung fest, dass der Unternehmer die Kosten der streitgegenständlichen Mängelbeseitigung dem Grunde nach zu tragen hat[237]. 92

Der Rechtsanwalt ist verpflichtet, die Entwicklung der Rechtsprechung zu verfolgen und Änderungen der Spruchpraxis zu berücksichtigen. Nach der inzwischen überholten Rechtsprechung war der Besteller, der ein mangelhaftes Werk behält und den Mangel nicht beseitigen lässt, berechtigt, als Schaden im Rahmen des kleinen Schadensersatzanspruchs nach § 634 Nr. 4 i.V.m. den §§ 280, 281 BGB die **fiktiven Mängelbeseitigungskosten** zu verlangen. Der Besteller konnte frei darüber entscheiden, wie er den Schadensersatz verwendet. 93

Diese Rechtsprechung hat der VII. Zivilsenat des Bundesgerichtshofs im Jahre 2018 endgültig aufgegeben, weil seiner Ansicht nach[238] eine Schadensbemessung nach den fiktiven Mängelbeseitigungskosten das Leistungsdefizit aufgrund des Mangels nicht zutreffend abbildet und diese Art der Schadensbemessung häufig eine Überkompensation und damit eine nicht gerechtfertigte Bereicherung des Bestellers sowohl in BGB- als auch in VOB/B-Verträgen zur Folge hatte. Deshalb kann der Besteller, der das Werk behält und den Mangel nicht beseitigen lässt, im Rahmen eines Schadensersatzanspruchs statt der Leistung (kleiner Schadensersatz) gegen den Unternehmer gemäß § 634 Nr. 4, §§ 280, 281 BGB seinen Schaden nicht mehr nach den fiktiven Mängelbeseitigungskosten bemessen[239].

Ist nun allerdings ein Rechtsanwalt im Prozess für den Eintritt der Verjährung eines werkvertraglichen Schadensersatzanspruches verantwortlich, in dem es – selbst bei Ausschöpfung des Instanzenzuges – gelungen wäre, noch **vor** der Rechtsprechungsänderung des Bundesgerichtshofs durch ein stattgebendes rechtskräftiges Urteil den Ersatz von fiktiven Mängelbeseitigungskosten zu erstreiten, kann sich daraus eine entsprechende Haftung des Anwalts auf Erstattung der Netto-Schadensbeseitigungskosten ergeben[240].

---

235 LG Frankenthal, Urt. v. 20.3.2019 – 4 O 376/16 – juris, Rn. 20 ff.

236 BGH, Urt. v. 25.9.2008 – VII ZR 204/07 – juris, Rn. 7.

237 BGH, Urt. v. 25.9.2008 – VII ZR 204/07 – juris, Rn. 8.

238 A.A. der V. Zivilsenat in einem Vorlagebeschluss nach § 132 Abs. 3 ZPO; vgl. Beschl. v. 13.3.2020 – V ZR 33/19 – juris, Rn. 10 ff.

239 BGH, Urt. v. 22.8.2018 – VII ZR 46/17 – juris, Rn. 31 ff.; hierzu sowie zu den verfahrensrechtlichen Voraussetzungen zur Umstellung der Klage in anhängigen Prozessen vgl. *Thode*, jurisPR-PrivBauR 6/2018 Anm. 1.

240 OLG Saarbrücken, Beschl. v. 18.9.2019 – 5 U 58/19 – juris, Rn. 9 f.

94 Der Rechtsanwalt muss dafür sorgen, dass das Vorbringen seines Mandanten im Prozess genügend substantiiert ist. Das Gericht berücksichtigt nur substantiierten Parteivortrag. Für die Substantiierung von Baumängeln genügt der Vortrag des Bauherren, dass ein konkreter Baumangel vorhanden ist, für den der Unternehmer oder der Architekt einzustehen hat. Benennt der Bauherr solche Symptome, werden stets alle Ursachen von der Mängelrüge erfasst. Das gilt auch, wenn die angegebenen Symptome des Mangels nur an einigen Stellen aufgetreten sind, während die Ursache und damit der Mangel des Werkes in Wahrheit das ganze Gebäude erfasst[241].

▶ Beispiele für ein ausreichendes Vorbringen[242]:

»Durch das Dach dringt Regenwasser in den Dachboden ein«.

»Die weiße Wanne ist im Bereich der Tiefgaragen I und II und der Aufzugsschächte 1 und 2 undicht«.

»Die Klimaanlagen funktionieren in 14 von 15 untersuchten Hotelzimmern nicht«.

Auch der Streitgegenstand einer Vorschussklage ist nach diesen Grundsätzen zu bestimmen. Es genügt eine hinreichend genaue Beschreibung der aufgetretenen Mangelerscheinungen, um diese hinsichtlich aller denkbaren Ursachen zum Gegenstand der Vorschussklage zu machen[243]. Die Klage umfasst den Vorschussanspruch in der Höhe, in der er zur Beseitigung des Mangels sachlich erforderlich ist[244]. Im Einzelnen kann der Umfang der Rechtskraft des Vorschussurteils schwierig sein. Das gilt nicht zuletzt in Fällen, in denen das Gericht des Vorprozesses der auf einen höheren Betrag gerichteten Vorschussklage nur teilweise stattgegeben hat[245]. Uneingeschränkte materielle Rechtskraft entfaltet das Urteil nur hinsichtlich des Anspruchsgrundes, nicht in Bezug auf die Anspruchshöhe[246].

Der Rechtsanwalt muss stets bedenken, dass auch der durch die Symptomrechtsprechung erleichterte Vortrag schlüssig sein muss. Es ist ausreichend, aber auch notwendig, dass der Besteller den Mangel als vertragswidrige Abweichung hinlänglich deutlich beschreibt[247]. Geschieht dies nicht, können für den Mandanten schwerwiegende Nachteile z.B. dadurch entstehen, dass eine unzureichend dargelegte Mängelrüge die Verjährung nicht hemmt.

95 12. Da allein die Leistungsklage zu einem vollstreckbaren Zahlungstitel führt, ist die Erhebung einer **isolierten Feststellungsklage** im Bauprozess in der Regel nicht als Mittel der Wahl anzusehen. Solange ein Zahlungsanspruch noch nicht beziffert und zum Gegenstand einer Leistungsklage gemacht werden kann, ist die Erhebung einer Feststellungsklage jedoch zulässig und zur Verjährungshemmung auch angezeigt.

▶ Beispiel:

Bei Bestehen eines Mangels ist das Rechtsschutzinteresse für eine Feststellungsklage gegeben, solange kein Gutachten über die Höhe der Beseitigungskosten vorliegt. Wird im Verlauf des Prozesses ein Gutachten erstattet, empfiehlt es sich, den Klageantrag gemäß § 264 ZPO auf Zahlung umzustellen, um so einen vollstreckbaren Titel zu erwirken.

96 Eine Feststellungsklage kann auch neben einer Leistungsklage erhoben werden, sofern der Zahlungsantrag den entstandenen oder noch entstehenden Schaden nicht in vollem Umfang umfasst[248].

---

241 BGH, Beschl. v. 24.8.2016 – VII ZR 41/14 – juris, Rn. 22; Urt. v. 6.12.2007 – VII ZR 125/06 – juris, Rn. 10.

242 Vgl. u.a. Werner/Pastor/*Manteufel/Pastor,* Der Bauprozess, Rn. 1940; Voit/*Manteufel,* Handbuch des Bauverfahrensrecht, Kap. 3, Rn. 130.

243 BGH, Urt. v. 30.10.2007 – X ZR 101/06 – juris, Rn. 10.

244 Kniffka/*Krause-Allenstein,* Bauvertragsrecht, § 637, Rn. 76.

245 Kniffka/*Koeble,* Kompendium des Baurechts, 6. Teil, Rn. 219.

246 Kniffka/*Krause-Allenstein,* Bauvertragsrecht, § 637, Rn. 80.

247 Voit/*Manteufel,* Handbuch des Bauverfahrensrechts, Kap. 3, Rn. 129.

248 BGH, Urt. v. 8.9.2016 – VII ZR 168/15 – juris, Rn. 45.

Eine solche komplementäre Feststellungsklage kann insbesondere dann anzuraten sein, wenn die **Schadensentwicklung** im Zeitpunkt der Klageerhebung **noch nicht abgeschlossen ist**[249].

▶ Beispiel:

Nach der fehlerhaften Verlegung eines Fußbodens hat zwar ein Privatgutachter die voraussichtlichen Mängelbeseitigungskosten geschätzt, jedoch muss wegen bestehender tatsächlicher Unsicherheiten die Möglichkeit in Betracht gezogen werden, dass höhere Kosten anfallen. Aus anwaltlicher Sicht sollte vorsorglich zusätzlich zur Zahlungsklage eine komplementäre Feststellungsklage erhoben werden[250].

Wird die **Feststellung einer Gewährleistungspflicht** für bestimmte Mängel erstrebt, muss der Fest- 97
stellungsantrag die Mängel so genau bezeichnen, dass keinerlei Ungewissheit über den Umfang der Rechtskraft des Feststellungsurteils entstehen kann[251].

Im Anwendungsbereich der § 637 BGB und § 13 Abs. 5 Nr. 2 VOB/B sind an das Vorbringen zur Anspruchshöhe differenzierte Anforderungen zu stellen: Der Vorschuss ist eine vorläufige Zahlung, über die am Ende abgerechnet werden muss. Deshalb genügt es für eine Vorschussklage, wenn der Auftraggeber die voraussichtlichen Mängelbeseitigungskosten schätzt und bei Bestreiten ein Sachverständigengutachten als Beweis anbietet[252]. Dagegen müssen die geltend gemachten Kosten einer Selbstvornahme abschließend und im Einzelnen genau dargetan und ggf. nachgewiesen werden[253].

13. Nach §§ 14 Abs. 1, 16 Abs. 3 Nr. 1 VOB/B wird die Werklohnforderung des Auftragnehmers 98
grundsätzlich erst nach **Erteilung einer prüfbaren Schlussrechnung** fällig. § 650g Abs. 4 Nr. 2 BGB übernimmt diesen Grundgedanken für den BGB-Bauvertrag.

Die Anforderungen an die Prüfbarkeit der Schlussrechnung sind kein Selbstzweck, sondern richten sich in Abhängigkeit von den jeweiligen Umständen des Einzelfalls nach den berechtigten Informations- und Kontrollinteressen des Auftraggebers[254].

Sofern die dem Auftraggeber erteilte **Abrechnung nicht prüfbar** ist, ist die hierauf gestützte Werk- 99
lohnklage mangels Fälligkeit des Anspruchs als derzeit unbegründet abzuweisen. Etwas anderes gilt u.a. dann, wenn der Auftraggeber innerhalb einer Frist von zwei Monaten keine Einwendungen gegen die Prüfbarkeit der Schlussrechnung erhoben hat. In einem solchen Fall tritt die Fälligkeit der Werklohnforderung nach Treu und Glauben unabhängig von der Prüfbarkeit ein. Das Gericht darf die Klage nicht als derzeit unbegründet abweisen, sondern muss in eine sachliche Prüfung der Forderung eintreten. Diese Prüfung umfasst auch diejenigen Einwendungen, die der Besteller nach Fristablauf gegen die Prüfbarkeit erhoben hat und die zugleich die Begründetheit der Werklohnforderung in Frage stellen[255].

14. Voraussetzung für den Anspruch des Bestellers auf Abschlagszahlung ist nach BGB- wie 100
VOB-Recht eine vertragsgemäß erbrachte (Teil-)Leistung. Hinsichtlich der Höhe der Abschlagszahlung kommt es nunmehr gemäß § 632a Abs. 1 BGB auch im BGB-Bauvertragsrecht nicht mehr auf den Wertzuwachs beim Besteller, sondern auf den Wert der erbrachten, nachgewiesenen

249 BGH, Urt. v. 15.1.2008 – VI ZR 534/07 – juris, Rn. 6 und v. 19.4.2016 – VI ZR 506/14 – juris, Rn. 6; Werner/Pastor/*Manteufel*, Der Bauprozess, Rn. 418.

250 *Kniffka/Koeble*, Kompendium des Baurechts, 15. Teil, Rn. 6.

251 BGH, Urt. v. 22.11.2007 – I ZR 12/05 – juris, Rn. 21.

252 Kniffka/*Krause-Allenstein*, Bauvertragsrecht, § 637, Rn. 67.

253 BGH, Urt. v. 22.2.2001 – VII ZR 115/99 – juris, Rn. 7; Kniffka/*Krause-Allenstein*, Bauvertragsrecht, § 637, Rn. 59.

254 BGH, Urt. v. 22.11.2001 – VII ZR 168/00 – juris, Rn. 8; Kniffka/*Pause/Vogel*, Bauvertragsrecht, § 650g, Rn. 45.

255 BGH, Urt. v. 27.1.2011 – VII ZR 41/10 – juris, Rn. 16; Kniffka/*Pause/Vogel*, Bauvertragsrecht, § 650g, Rn. 54; vgl. auch *Schmidt*, NJW 2015, 1159 ff.

vertragsgemäßen Leistung an. Erforderlich ist eine Aufstellung, die eine rasche und sichere Beurteilung der Leistungen des Unternehmers ermöglicht[256].

Stellt der Auftragnehmer, der mit seiner **Abschlagszahlungsklage** in erster Instanz erfolgreich gewesen ist, seine Vergütungsklage wegen der im Laufe des erstinstanzlichen Verfahrens eingetretenen **Schlussrechnungsreife** gemäß § 264 Nr. 3 ZPO auf eine höhere Schlusszahlungsklage um, liegt hinsichtlich der Erhöhung eine Klageerweiterung gemäß § 264 Nr. 2 ZPO vor. Diese Klageerweiterung muss mit der Anschlussberufung innerhalb der Frist des § 524 Abs. 2 S. 2 ZPO geltend gemacht werden[257].

101 15. Endet ein Baurechtsstreit für den Mandanten ungünstig, weil er vom Anwalt fehlerhaft geführt worden ist, muss im anschließenden **Regressprozess** gegen den Anwalt nur die haftungsbegründende Kausalität gemäß § 286 ZPO voll bewiesen werden. Dagegen gilt für die haftungsausfüllende Kausalität das verringerte Beweismaß des § 287 ZPO[258]. Nimmt also etwa ein Bauträger seinen Rechtsanwalt mit dem Vorwurf in Anspruch, er habe ein vorteilhaftes Privatgutachten zu spät vorgelegt, muss der Bauträger im Regressprozess nur den Pflichtenverstoß voll beweisen. Soweit es um den eigentlichen Eintritt des Schadens und um dessen Höhe geht, kann und muss sich der Tatrichter mit einer deutlich überwiegenden Wahrscheinlichkeit begnügen[259].

102 Wird ein Rechtsanwalt wegen der Vereitelung eines Anspruchs seines Mandanten in Regress genommen, setzt eine Verurteilung voraus, dass der vereitelte Anspruch durchsetzbar gewesen wäre[260]. Allerdings darf der Mandant nicht dadurch einen Nachteil erleiden, dass die Pflichtverletzung des Rechtsanwaltes Tatfragen in den Regressprozess verlagert, die sonst unter einer günstigeren Beweislastverteilung im hypothetischen Vorprozess gegen den Schuldner zu klären gewesen wären. Die **Beweislast** im Anwaltsregressprozess richtet sich daher insoweit nach den Regeln des Ausgangsrechtsverhältnisses zwischen dem Auftraggeber und seinem Schuldner[261].

II. Architektenrecht

103 Der Rechtsanwalt wird hauptsächlich in den Bereichen Architekten**vertrags**recht und Architekten**vergütungs**recht tätig. Dort liegen auch die häufigsten, haftungsbegründenden Fehlerquellen.

104 1. Der Bauherr ist mit dem Architekten durch einen Werkvertrag verbunden. Neben den §§ 631 ff. BGB gelten für Verträge, die ab dem 1. Januar 2018 geschlossen worden sind, ergänzend die §§ 650p ff. BGB. Für den Bauherren ist der Architekt sein wichtigster Ansprechpartner im Baugeschehen. Der Bundesgerichtshof sieht in ihm den **Sachwalter des Bauherren**, also den primären Ansprechpartner, wenn es bei Durchführung und Abwicklung des Bauvorhabens zu Problemen kommt[262].

105 2. Schwierigkeiten kann schon die **Abgrenzung** von bloßer Akquise zu einer schon vergütungspflichtigen Tätigkeit des Architekten bereiten. Ob diese Grenze überschritten ist, lässt sich nur durch Würdigung der Einzelumstände beurteilen[263].

106 3. Einen Schwerpunkt des Architektenvertragsrechts bilden die **Gewährleistungsansprüche** des Bauherren gegen den Architekten wegen Schlechterfüllung des Vertrages. Welche Vertragspflichten

256 Hk-BGB/*Scheuch*, § 632a, Rn. 4.

257 BGH, Urt. v. 7.5.2015 – VII ZR 145/12 – juris, Rn. 24, 34.

258 BGH, Beschl. v. 24.10.2013 – IX ZR 164/11 – juris, Rn. 7.

259 BGH, Urt. v. 20.3.2008 – IX ZR 236/06 – juris, Rn. 13.

260 BGH, Beschl. v. 24.10.2013 – IX ZR 164/11 – juris, Rn. 8.

261 Vgl. BGH, Urt. v. 6.5.2004 – IX ZR 211/00 – juris, Rn. 8 für einen Fall, in dem der Anwalt Ansprüche des Mandanten gegen den Architekten wegen mangelhafter Beaufsichtigung des Unternehmers hatte verjähren lassen; ebenso BGH, Urt. v. 13.10.2016 – IX ZR 214/15 – juris, Rn. 39.

262 BGH, Urt. v. 27.9.2001 – VII ZR 320/00 – juris, Rn. 21.

263 Vgl. die Übersicht bei Messerschmidt/Niemöller/*Preussner*, HOAI, Grundlagen, Rn. 11 ff. und Hk-WerkBauVertrR/*Henrici*, § 650p, Rn. 20 ff.

der Architekt verletzt haben könnte, hängt vom Umfang des Auftrags ab. Im Zweifel muss dies durch Auslegung ermittelt werden. Ein Rückgriff auf die Leistungsbilder und Leistungsphasen der HOAI ist – was vielfach übersehen wird – grundsätzlich unzulässig. Die HOAI enthält keine normativen Leitbilder für den Inhalt von Architekten- und Ingenieurverträgen[264].

4. Wichtig ist, dass Ansprüche, die aus Verstößen gegen das gegen das **Gebot zur Rücksichtnahme** aus § 241 Abs. 2 BGB abgeleitet werden, nicht nach Werkvertragsrecht (§ 634a BGB) verjähren. Sie unterliegen vielmehr der Regelverjährung des § 199 BGB[265]. **107**

5. Keinesfalls übersehen darf der Rechtsanwalt, dass der Architekt der sog. **Sekundärhaftung** ausgesetzt ist. Sie ist aus der besonderen Vertrauensstellung des Architekten herzuleiten. Die Sekundärhaftung besagt, dass der Architekt auch Mängel seines eigenen Werks so rechtzeitig zu offenbaren hat, dass der Bauherr seine Rechte noch vor Eintritt der Verjährung geltend machen kann[266]. **108**

Die Haftung wird begrenzt durch den Umfang der übernommenen Aufgabe. Der Architekt, der lediglich mit der Grundlagenermittlung bis zur Vorbereitung der Vergabe (Leistungsphasen 1–6 des § 15 Abs. 2 HOAI) beauftragt worden ist, hat keine zur Sekundärhaftung führende Position inne[267].

Demgegenüber hat der umfassend beauftragte Architekt nicht nur die Auftraggeberrechte gegenüber den Bauunternehmen wahrzunehmen. Er muss vielmehr auch solche Mängelursachen klären und offenbaren, die auf eigene Planungs- oder Aufsichtsfehler zurückgeführt werden könnten[268].

6. Wegen des Schadens des Bauherren ist die relativ neue Rechtsprechung des VII. Zivilsenats zum **Ersatz fiktiver Mängelbeseitigungskosten** zu beachten. Der VII. Zivilsenat hat unter Aufgabe seiner bis dahin vertretenen Auffassung entschieden, dass ein auf die fiktiven Mängelbeseitigungskosten gerichteter Zahlungsanspruch gegen den Architekten wegen von diesem zu vertretender Planungs- und Überwachungsfehler nicht in Betracht kommt[269]. **109**

7. Zum Pflichtprogramm des Rechtsanwalts gehört die **HOAI**. **110**

a) Die HOAI ist ausschließlich Preisrecht, nicht Vertragsrecht. Die Rechte und Pflichten der Parteien ergeben sich regelmäßig aus dem Architektenvertrag. **111**

b) Eine Besonderheit des deutschen Vergütungsrechts besteht darin, dass die Vertragspartner das Architektenhonorar nicht völlig frei aushandeln können. Mit einigen Ausnahmen sind sie nach § 7 Abs. 1 HOAI an Mindest- und Höchstsätze gebunden. **112**

Der Europäische Gerichtshof hat mit Urteil vom 4. Juli 2019 (C-377/17) in einem Vertragsverletzungsverfahren entschieden, dass die Bundesrepublik Deutschland gegen ihre Verpflichtungen aus der Richtlinie 2006/123/EG (Dienstleistungsrichtlinie) verstoßen hat, indem sie in der HOAI verbindliche Honorare für die Planungsleistungen von Architekten und Ingenieuren beibehalten hat. Aufgrund dessen hat sich eine divergierende Instanzrechtsprechung zu der Frage entwickelt, ob die vom Europäischen Gerichtshof getroffene Feststellung der Unionsrechtswidrigkeit in einem schon

---

264 BGH, Urt. v. 11.7.2019 – VII ZR 266/17 – juris, Rn. 22, v. 24.6.2004 – VII ZR 259/02 – juris, Rn. 27 und v. 22.10.1998 – VII ZR 91/97 – juris, Rn. 10; vgl. auch Messerschmidt/Niemöller/*Preussner*, HOAI, Grundlagen, Rn. 108 f.; Hk-WerkBauVertrR/*Henrici*, a.a.O., § 650p, Rn. 162 f.

265 Messerschmidt/Niemöller/*Preussner*, HOAI, Grundlagen, Rn. 182 f.

266 BGH, Urt. v. 28.7.2011 – VII ZR 4/10 – juris, Rn. 10.

267 BGH, Urt. v. 23.7.2009 – VII ZR 134/08 – juris, Rn. 15; Messerschmidt/Niemöller/*Preussner*, HOAI, Grundlagen, Rn. 184 f.

268 BGH, Urt. v. 4.10.1984 – VII ZR 342/83 – juris, Rn. 32; vgl. auch BGH, Urt. v. 26.10.2006 – VII ZR 133/04 – juris, Rn. 17.

269 BGH, Urt. v. 21.11.2019 – VII ZR 278/17 – juris, Rn. 13, unter Berufung auf sein Grundsatzurteil v. 22.2.2018 – VII ZR 46/17 – BGHZ 218, juris, Rn. 60 ff. **A.A.** allerdings der V. Zivilsenat in einem Vorlagebeschluss nach § 132 Abs. 3 ZPO; vgl. Beschl. v. 13.3.2020 – V ZR 33/19 – juris, Rn. 10 ff.

laufenden Zivilrechtsstreit zwischen einem Architekten bzw. Ingenieur und seinem Auftraggeber unmittelbar zu beachten ist[270].

Der VII. Zivilsenat des Bundesgerichtshofs hat über diese Problematik am 14. Mai 2020 verhandelt. Er hat das zugrunde liegende Verfahren ausgesetzt und dem Europäischen Gerichtshof die in der nationalen Rechtsprechung streitigen Fragen in einem **Vorabentscheidungsersuchen** nach Art. 267 AEUV vorgelegt[271]. Der Bundesgerichtshof neigt dazu, keine unmittelbare Wirkung von Art. 15 Abs. 1, Abs. 2 Buchstabe g) und Abs. 3 der Dienstleistungsrichtlinie in der Weise anzunehmen, dass die dieser Richtlinie entgegenstehenden nationalen Regelungen in § 7 HOAI in laufenden Gerichtsverfahren zwischen Privatpersonen nicht mehr angewendet werden können.

Die Entwicklung ist nicht abgeschlossen. Der Rechtsanwalt ist verpflichtet, die weitere Entwicklung zu verfolgen.

III. Bauvergabe

113 Das **Vergaberecht** ist ein schwer zugängliches Rechtsgebiet von erheblicher wirtschaftlicher Bedeutung. Die Unübersichtlichkeit beruht in erster Linie auf der nach Maßgabe bestimmter Schwellenwerte vorgenommenen Trennung von nationalen und europaweiten Ausschreibungen. Rechtswege und Anspruchsgrundlagen weichen voneinander ab. Die sich regelmäßig in hohen Streitwerten niederschlagende wirtschaftliche Bedeutung wird bereits daraus deutlich, dass etwa 15 % bis 19 % des deutschen Bruttoinlandsprodukts auf Vergaben öffentlicher Auftraggeber beruhen. Die für eine Haftung in Frage kommende Tätigkeit des Rechtsanwalts wird zumeist einsetzen, wenn es zu Störungen in dem von der öffentlichen Hand durchgeführten Vergabeverfahren gekommen ist. In der Krise muss der Rechtsanwalt seinen Mandanten rechtsfehlerfrei dazu beraten können, welche Rechtsschutzmöglichkeiten es gibt und welche Ansprüche auf Grundlage der Rechtsprechung des Bundesgerichtshofs in Betracht kommen.

114 Die **VOB/A** (**Ausgabe 2019**) enthält die zentralen Vorschriften für das Vergabeverfahren bis zum Abschluss des Bauvertrages durch den Zuschlag. Sie behandelt **nationale und EU-Vergabeverfahren** in getrennten Abschnitten (Abschnitte 1 und 2). Der erste Abschnitt enthält die Regeln für die Baumaßnahmen im Unterschwellenbereich, der Abschnitt »EU« diejenigen über die Vergabe von Bauleistungen mit einem Wert, der den Schwellenwert erreicht oder übersteigt.

115 Im Geltungsbereich des 4. Teils des GWB (Vergaben oberhalb der Schwellenwerte) haben die Unternehmen Anspruch darauf, dass der Auftraggeber die Bestimmungen über das Vergabeverfahren einhält (§ 97 Abs. 6 GWB; **Primärrechtsschutz**). An diese Pflicht des Auftraggebers knüpfen die Rücksichtnahmepflichten aus § 241 Abs. 2 BGB an[272]. Zum Schutze des Rechts aus § 97 Abs. 6 GWB steht nach § 155 GWB das sog. **Nachprüfungsverfahren** zur Verfügung. Zuständig sind Vergabekammern (§§ 156 ff. GWB), deren Entscheidungen das jeweils zuständige Oberlandesgericht überprüfen kann. Scheidet eine Korrektur der Vergabeentscheidung aus, kommt ein Anspruch des unterlegenen Bieters auf Zahlung von Schadensersatz in Betracht (**Sekundärrechtsschutz**).

Nach der neueren, gefestigten Rechtsprechung des Bundesgerichtshofs ist der **Schadensersatzanspruch** wegen Fehlverhaltens in Vergabeverfahren nicht mehr an in Anspruch genommenes und enttäuschtes Vertrauen in die Rechtmäßigkeit des vergabebezogenen Handelns geknüpft, sondern an die Verletzung der in § 241 Abs. 2 BGB konstituierten Pflicht zur Rücksichtnahme auf die Rechte, Rechtsgüter und Interessen des anderen Teils. Hat sich der Bieter ersichtlich verkalkuliert und kann er sich aufgrund laufender Bindefristen von seinem Angebot nicht lösen, kann die

270 Vgl. die Zusammenfassung Hk-WerkBauVertrR/*Henrici*, § 650p, Rn. 39.
271 BGH, Beschl. v. 14.5.2020 – VII ZR 174/19 – juris.
272 BGH, Urt. v. 9.6.2011 – X ZR 143/10 – juris, Rn. 15; *Werner*/Pastor/*Heinzerling*/*Pastor*, Der Bauprozess, Rn. 2387 f.; *von Wietersheim*, Vergaberecht, Rn. 533 ff. jeweils m.w.N.

Annahme des Angebots und das Bestehen auf Erfüllung durch den Auftraggeber treuwidrig sein[273]. Im Hinblick auf den Umfang eines etwa zu ersetzenden Schadens ist zu differenzieren. Grundsätzlich geht der Ersatz auf das sog. **negative Interesse**, vor allem also auf den Ersatz der durch Beteiligung an der Ausschreibung entstandenen Aufwendungen (§§ 280 Abs. 1; 311 Abs. 2; 241 Abs. 2 BGB)[274]. Ist die Rücksichtnahmepflicht aus § 241 Abs. 2 BGB verletzt, so steht nach der ständigen Rechtsprechung des Bundesgerichtshofs der auf das **positive Interesse** gerichtete Schadensersatzanspruch einem bei der Zuschlagserteilung übergangenen Bieter unter Kausalitätsgesichtspunkten zu, wenn ihm bei ordnungsgemäßem Verlauf des Vergabeverfahrens der Auftrag hätte erteilt werden müssen. Der Anspruch umfasst dann auch den durch die Nichterteilung des Auftrags entgangenen Gewinn[275].

Die Berufung auf rechtmäßiges Alternativverhalten, also der Einwand des Schädigers, der Schaden wäre auch bei rechtmäßigem Verhalten entstanden, kann nach der Rechtsprechung des Bundesgerichtshofs bei der Frage der Zurechnung eines Schadenserfolges beachtlich sein, wenn der Schädiger bei pflichtgemäßem Verhalten denselben Erfolg herbeigeführt hätte; dass er ihn lediglich hätte herbeiführen können, reicht regelmäßig nicht aus[276].

Die Problematik der sog. **verzögerten Vergabeverfahren** hat den Bundesgerichtshof wiederholt beschäftigt. 116 Gemeint sind Fälle, in denen sich der Zuschlag durch ein Vergabenachprüfungsverfahren verzögert, deshalb die ausgeschriebene Bauzeit überschritten wird und Mehrkosten entstehen, weil die Preise z.B. für Baumaterialien mittlerweile gestiegen sind. Voraussetzung für eine Anpassung der Vergütung an den neuen Preis ist eine durch die verzögerte Vergabe bedingte Änderung der vertraglichen Bauzeit. Es finden nur diejenigen Mehrkosten Berücksichtigung, die gerade auf die Verschiebung der Bauzeit zurückzuführen sind. Der Betrag ergibt sich aus der Differenz zwischen den Kosten, die bei dem Auftragnehmer für die Ausführung der Bauleistung tatsächlich angefallen sind und den Kosten, die er bei Erbringung der Bauleistung in dem nach der Ausschreibung vorgesehenen Zeitraum hätte aufwenden müssen[277]. Ändern sich die Kalkulationsgrundlagen des Bieters, ohne dass dies zu einer Änderung der Ausführungsfristen führt, kommt eine Preisanpassung nach den Grundsätzen der ergänzenden Vertragsauslegung dagegen nicht in Betracht. Ein solcher Vertrag enthält keine Regelungslücke. Der in der Ausschreibung vorgesehene Zeitpunkt des Zuschlags wird nicht Vertragsbestandteil[278].

Ein Schadensersatzanspruch des Bieters kann sich auch daraus ergeben, dass der öffentliche Auftraggeber eine Ausschreibung aufhebt, ohne dass ein Grund hierfür vorliegt. Erforderlich ist, dass der Bieter den Zuschlag ohne die unzulässige Aufhebung mit hinreichend hoher Wahrscheinlichkeit erhalten hätte[279].

---

273 BGH, Urt. v. 11.11.2014 – X ZR 32/14 – juris, Rn. 9 und v. 5.6.2012 – X ZR 161/11 – juris, Rn. 8; Kniffka/*Jansen*/*von Rintelen*, Bauvertragsrecht, § 631, Rn. 581.

274 BGH, Urt. v. 8.9.1998 – X ZR 48/97 – juris, Rn. 16; Ingenstau/Korbion/*Schranner*, VOB, vor § 2 VOB/A, Rn. 3 m.w.N.

275 BGH, Urt. v. 8.9.1998 – X ZR 48/97 – juris, Rn. 31; v. 25.11.1992 – VIII ZR 170/91 – juris, Rn. 12 und v. 5.6.2012 – X ZR 161/11 – juris, Rn. 13; *Werner*/Pastor/*Heinzerling*/*Pastor*, Der Bauprozess, Rn. 2387; *von Wietersheim*, Rn. 660 ff.

276 BGH, Urt. v. 25.11.1992 – VIII ZR 170/91 – juris, Rn. 14, 17; *Werner*/Pastor/*Heinzerling*/*Pastor*, Der Bauprozess, Rn. 2389 f. m.w.N.

277 BGH, Urt. v. 8.3.2012 – VII ZR 202/09 – juris, Rn. 13 bis 15 und v. 10.9.2009 – VII ZR 152/08 – juris, Rn. 33; Kniffka/*Jansen*/*von Rintelen*, Bauvertragsrecht, § 631, Rn. 47 ff.; *von Wietersheim*, Vergaberecht, Rn. 511 ff. jeweils m.w.N.

278 BGH, Urt. v. 10.9.2009 – VII ZR 82/08 – juris, Rn. 20.

279 BGH, Urt. v. 8.9.1998 – X ZR 48/97 – juris, Rn. 20, 23; *Werner*/Pastor/*Heinzerling*/*Pastor*, Der Bauprozess, Rn. 2388 m.w.N.

Erbrecht

117 Das Erbrecht ist eine Rechtsmaterie, deren Nichtbeherrschung nicht nur für den Notar, sondern auch für den Anwalt unangenehme Haftpflichtfälle begründen kann[280]. Nicht von ungefähr wird durch das ZPO-ÄndG im Zuge der gewünschten Spezialisierung bei den Landgerichten und Oberlandesgerichten zum 1. Januar 2021 der Katalog der obligatorischen Spezialspruchkörper um den Bereich der Erbstreitigkeiten erweitert.

Für eine jeweils zeitnahe Fortbildung und zur Vermeidung von Regressen sind beispielsweise die halbjährlichen Berichterstattungen von *Siebert* in der NJW[281] über die Entwicklung des Erbrechts unter Beobachtung auch der obergerichtlichen Rechtsprechung hilfreich.

I. Europäische Erbrechtsverordnung (EuErbVO)

118 Durch die fortschreitende Internationalisierung wird das Erbrecht immer komplexer, dies nicht nur bei der Gestaltungsberatung, sondern ebenso bei der Beratung und Vertretung vor und bei erbrechtlichen Auseinandersetzungen. So ist bei einem Erblasser, der ab dem 17.8.2015 verstorben ist, insbesondere die VO (EU) Nr. 650/2012 des Europäischen Parlaments und des Rates v. 4.7.2012 über die Zuständigkeit, das anzuwendende Recht, die Anerkennung und die Vollstreckung von Entscheidungen und die Annahme und Vollstreckung öffentlicher Urkunden in Erbsachen sowie zur Einführung eines Europäischen Nachlasszeugnisses, die **EuErbVO**, zu beachten. Diese Neuregelung knüpft – anders als das alte Recht (Art. 25 EGBGB a.F.) mit seiner Anknüpfung an die Staatsangehörigkeit – an den letzten gewöhnlichen Aufenthaltsort des Erblassers im Zeitpunkt seines Todes an.

Die deutschen Durchführungsvorschriften zur EuErbVO sind in das Internationale Erbrechtsverfahrensgesetz vom 29.6.2015 (**IntErbRVG**) eingestellt worden. Die nationale Übergangsregelung im deutschen Recht findet sich in Art. 229 § 36 EGBGB[282].

119 Die Rechtsprechung des EuGH ist also vom deutschen Rechtsanwalt in Mandaten mit erbrechtlichen Bezügen sehr genau zu beachten, will er Regressfälle vermeiden.

So hat der EuGH mit Urteil vom 1.3.2018 in der Sache Mahnkopf entschieden, dass Art. 1 Abs. 1 EuErbVO dahin auszulegen ist, dass eine nationale Bestimmung wie in dem im Ausgangsverfahren in Rede stehenden **§ 1371 Abs. 1 BGB**, wonach beim Tod eines Ehegatten ein pauschaler Zugewinnausgleich durch Erhöhung des Erbteils des überlebenden Ehegatten vorzunehmen ist, in grenzüberschreitenden Fällen in den Anwendungsbereich der Verordnung fällt[283], also entgegen der in Deutschland vertretenen herrschenden Meinung als erbrechtliche Vorschrift zu qualifizieren ist. Dies wirft die Frage auf, ob es bei Erbfällen vor dem 17.8.2015 (Inkrafttreten der EuErbVO), bei denen das Erbrechts- und das Güterrechtsstatut auseinanderfallen, bei der vom BGH[284] für § 1371 Abs. 1 BGB angenommenen rein güterrechtlichen Einordnung im Sinne der Art. 15, 25 EGBGB a.F. verbleibt. Das OLG München hat das nun bejaht[285].

Dass bei einem Erblasser, der vor dem 17.8.2015 verstorben ist, nicht die kollisionsrechtlichen Regelungen der EuErbVO, sondern **Art. 25 EGBGB a.F.** weiterhin anzuwenden ist, weil Art. 25

---

280 Beispiele derartiger heute allgemein anerkannter anwaltlicher (Dritt-)Haftung finden sich bei *Spirgarth,* in: Kroiß/Horn/Solomon, Nachfolgerecht, Teil I, Rn. 165 – 172 ff.; *Grunsky,* ErbR 2014, 203 ff.; vgl. des Weiteren z.B. BGH NJW 1995, 2551 = WM 1995, 1504 (Anwaltshaftung wegen fehlerhafter Überprüfung eines Testaments, die zum Verlust von Gesellschaftsanteilen des Erblassers führte); ablehnend z.B. *Schlitt/Seiler*, NJW 1996, 1697 ff.; zustimmend *Zugehör*, NJW 2000, 1601 ff.; zur Dritthaftung eines Rechtsanwalts vgl. auch Kap. 1 Rdn. 341 ff.

281 Zuletzt in NJW 2020, 1190 ff.

282 Vgl. *Wagner*, NJW 2017, 3755 f.

283 EuGH, Urt. v. 1.3.2018 – C-558/16 (Mahnkopf) – juris.

284 BGH, Beschl. v. 13.5.2015 – IV ZB 30/14 – juris.

285 OLG München, Beschl. v. 24.9.2019 – 31 Wx 326/18 – juris.

EGBGB in der Fassung vom 29. Juni 2015 keine Rückwirkung der Anwendung der Europäischen Erbrechtsverordnung auf Erbrechtsfälle vor dem 17. August 2015 bestimmt, hat das OLG Schleswig entschieden[286].

Aufgrund der Übergangsbestimmung in **Art. 83 Abs. 2 Alt. 1 EuErbVO**, die allgemein auf Kapitel III der EuErbVO verweist, ist demgemäß auch **Art. 25 Abs. 3 EuErbVO** anwendbar, der den Kreis der wählbaren Rechte erweitert und so den Vertragsparteien eines mehrseitigen Erbvertrages die einheitliche Wahl des Errichtungsstatuts nach dem Recht des Staates, dem auch nur eine der Vertragsparteien angehört, ermöglicht[287]. Damit ist, wie der BGH nun entschieden hat, auch eine auf diese Weise vor dem Stichtag 17.8.2015 getroffene Rechtswahl, nämlich das Recht des Staates zu wählen, dem die Erblasserin im Zeitpunkt der Rechtswahl oder im Zeitpunkt des Todes angehört (Art. 22 Abs. 1 Unterabs. 1 EuErbVO), wirksam[288]. Demgemäß stand den Vertragsparteien im Streitfall hinsichtlich des Errichtungsstatuts das deutsche Erbrecht als das Recht der Staatsangehörigkeit der Erblasserin (Art. 22 Abs. 1 Unterabs. 1 EuErbVO) zur Wahl, das den Abschluss eines Erbvertrages unter den Voraussetzungen der §§ 2274 ff. BGB grundsätzlich zulässt und diesem im Falle wirksamer Errichtung Bindungswirkung gegenüber einer späteren Verfügung von Todes wegen verleiht, soweit letztere – wie hier – das Recht des vertragsmäßig Bedachten beeinträchtigt (§ 2289 Abs. 1 Satz 1 und 2 BGB)[289].

II. Probleme des Pflichtteilsrechts

Es seien hier als erstes einige Beispiele aus dem **Bereich des Pflichtteilsrechts** gebracht, die sich in dieser oder ähnlicher Form manchmal in der Praxis ergeben: 120

▶ **Beispiel 1:**

Der Erblasser setzt durch Testament einen seiner beiden Söhne zum Alleinerben ein, dem anderen wendet er als Vermächtnis einen verhältnismäßig geringfügigen Geldbetrag zu, der erst fünf Jahre nach dem Erbfall auszuzahlen ist. Nach Ablauf der fünf Jahre sucht der benachteiligte Sohn (Vermächtnisnehmer) einen Anwalt auf und befragt diesen, ob er die vermachte Geldsumme nunmehr beanspruchen könne. Der Anwalt erklärt seinem Mandanten, dass dessen Pflichtteilsanspruch nach den dargestellten Vermögensverhältnissen weitaus höher sei als das Vermächtnis. Mit Einverständnis des Mandanten schreibt der Anwalt dem eingesetzten Erben (Bruder des Mandanten), das ausgesetzte Vermächtnis werde gemäß §§ 2180, 2307 BGB ausgeschlagen. Sodann verlangt der Anwalt für seinen Mandanten eine erheblich höhere Summe als Pflichtteil. Der (anwaltlich beratene) Erbe erwidert, die Ausschlagung des Vermächtnisses habe er zur Kenntnis genommen. Gegenüber dem geltend gemachten Pflichtteilsanspruch berufe er sich dagegen auf Verjährung.

Hier ist in der Tat seitens des Anwalts die Gefahr der Verjährungseinrede für den Pflichtteilsanspruch übersehen worden. Nach § 2332 Abs. 1 BGB a.F., also in der bis zum 31.12.2009 geltenden Fassung, verjährte der Pflichtanspruch in drei Jahren von dem Zeitpunkt an, in welchem der Pflichtberechtigte vom Eintritt des Erbfalls und der ihn beeinträchtigenden Verfügung Kenntnis erlangte[290]. Nach neuem Recht ab 1.1.2010 (Gesetz zur Reform des Erb- und Verjährungsrechts [ErbrechtsreformG, BGBl I 2009, S. 3142 vom 29.9.2009]), wonach die frühere Sondervorschrift des § 197 Abs. 1 Nr. 2 (30-jährige Verjährungsfrist für erbrechtliche Ansprüche) aufgehoben und

---

286 OLG Schleswig, Beschl. v. 25.4.2016 – 3 Wx 122/17 – juris, Rn. 26; zustimmend *Wagner*, NJW 2017, 3755, 3757; vgl. auch *Palandt/Thorn*, Art. 83 EuErbVO, Rn. 2.

287 *Siebert*, NJW 2020, 1190, 1192.

288 Zu Haftungsfragen aus anwaltlicher Sicht in Bezug auf die EuErbVO in der Testamentsgestaltung kann auf *Swane*, ErbR 2014, 575 ff. verwiesen werden.

289 BGH, Beschl. v. 10.7.2019 – IV ZB 22/18 – juris, Rn. 13.

290 Zur Kenntnis und zu der maßgeblichen beeinträchtigenden Verfügung, auf die sie sich beziehen muss, vgl. BGHZ 103, 333 = NJW 1988, 1667; BGH NJW 1995, 1157 = WM 1995, 593; NJW 2000, 288 = WM 2000, 577.

damit § 2332 Abs. 1 BGB a.F. als Ausnahme davon überflüssig und aufgehoben wurde[291], beginnt die Verjährung von drei Jahren (§ 195 BGB) erst am Schluss des Kalenderjahres, in dem der Pflichtteilanspruch entstanden ist (Erbfall; vgl. §§ 199 Abs. 1, 2317 Abs. 1 BGB) und Kenntnis oder grobe Fahrlässigkeit vorlag. Die Verjährungsfrist war hier also abgelaufen. Dagegen wäre der Vermächtnisanspruch noch nicht verjährt gewesen. Zwar gilt für ihn ab dem 1.1.2010 auch die Regelverjährungsfrist von drei Jahren[292], wenn auch anders als beim Pflichtteilsanspruch mit Ablauf des Jahres, in dem der Gläubiger von der Entstehung des Vermächtnisanspruchs (hier laut testamentarischer Anordnung erst 5 Jahre nach dem Erbfall, § 2177 BGB) Kenntnis erlangt oder ohne grobe Fahrlässigkeit hätte erlangen müssen. Aufgrund der Ausschlagung des Vermächtnisses ist aber dieser Anspruch untergegangen. **Die Ausschlagungserklärung** ist **unwiderruflich**[293]. Die Möglichkeit einer Anfechtung nach §§ 119, 124 BGB erscheint hier außerordentlich zweifelhaft. Ein Ausnahmefall nach §§ 2308 Abs. 2, 2306 BGB liegt ebenfalls nicht vor. Soweit in der Absicht ausgeschlagen wurde, den Pflichtteil geltend zu machen, dürfte ein einfacher Motivirrtum vorgelegen haben, der nicht zur Anfechtung berechtigt[294]. Demzufolge haftet der Anwalt hier auf Schadensersatz in Höhe des ausgeschlagenen Vermächtnisanspruchs.

121 **Ausschlagen durfte den Erbteil grundsätzlich ebenfalls nicht** der Pflichtteilsberechtigte, der mit einem Erbteil bedacht worden ist, der den Pflichtteil nicht übersteigt.

▶ Beispiel 2:

Der Erblasser setzte seinen einzigen Sohn und zwei Neffen als Erben zu je 1/3 ein. Da der Sohn der einzige gesetzliche Erbe gewesen wäre, fragte er seinen Anwalt, ob sein Pflichtteilsanspruch hier nicht höher sei. Das bestätigte ihm der Anwalt. Er schlug für den Mandanten die testamentarische Erbfolge aus und verlangte von den beiden verbleibenden Erben die Hälfte des Nachlasswertes als Pflichtteil.

Hier ist dem Mandanten ebenfalls durch anwaltliches Verschulden ein Schaden entstanden. Er hat nämlich nicht etwa einen Anspruch auf den vollen Pflichtteil erhalten, sondern, da der hinterlassene Erbteil geringer als die Hälfte des gesetzlichen Erbteils war, nur auf die Differenz zwischen zugewendetem Erbteil und dem Pflichtteil, § 2305 BGB[295]. Richtig wäre es hier gewesen, keine Ausschlagung zu erklären. Nach § 2303 BGB hat ein Abkömmling des Erblassers einen Pflichtteilsanspruch, wenn er durch Verfügung von Todes wegen von der Erbfolge ausgeschlossen ist. Eine **Ausschlagung** der Erbschaft ist als eine auf dem eigenen Willen des Erben beruhende Willenserklärung kein Ausschluss von der Erbfolge, hat also **grundsätzlich** den **Verlust des Pflichtteilsanspruchs** zur Folge. Ausnahmen gelten nur für den Ehegatten (§ 1371 Abs. 3 BGB) sowie im Falle des § 2306 BGB. Ist der zugewendete Erbteil beschränkt oder beschwert im Sinne des § 2306 BGB, kann der Erbe den vollen Pflichtteil verlangen, wenn er den Erbteil ausschlägt.

Geht der mit Beschwerungen als Erbe eingesetzte Pflichtteilsberechtigte irrig davon aus, er dürfe die Erbschaft nicht ausschlagen, um seinen Anspruch auf den Pflichtteil nicht zu verlieren, kann auch nach der Neufassung des § 2306 Abs. 1 BGB mit Wirkung zum 1. Januar 2010 (Art. 229 EGBGB § 23 Abs. 4) ein zur Anfechtung der **Annahme** einer Erbschaft berechtigender Irrtum vorliegen[296].

Der Anwalt hätte im Beispielsfall daher nicht zur Ausschlagung raten und diese nicht erklären dürfen, sondern nach § 2305 BGB von den Miterben als Pflichtteil den Wert des an der Hälfte fehlenden Teiles (**Zusatz-Rest-Pflichtteil**) verlangen sollen. Streitig ist, ob der Ausschlagende bei einem Irrtum über einen Verlust seines Pflichtteilsanspruchs seine Ausschlagungserklärung nach § 119

291 Palandt/*Weidlich*, § 2317 BGB, Rn. 11.
292 Vgl. Palandt/*Weidlich*, § 2174 BGB, Rn. 7.
293 Palandt/*Weidlich*, § 2180 BGB, Rn. 1 a.E.
294 Vgl. *Lang*, AnwBl 1983, 166, 167.
295 BGH NJW 1973, 995; DNotZ 1974, 597; Palandt/*Weidlich*, § 2305 BGB, Rn. 4; PWW/*Deppenkemper*, § 2305, Rn. 4; *Scherer*, NJW 2011, 3498, 3499.
296 BGH, Urt. v. 29.6.2016 – IV ZR 387/15 – juris, Rn. 22.

BGB anfechten kann[297]. Für ein Anfechtungsrecht könnte die »anfechtungsfreundliche« Rechtsprechung bei der Erbschaftsannahme[298] sprechen[299]. Nimmt man aber hier nur einen einfachen Motivirrtum an, hat aufgrund der Ausschlagung der pflichtteilsberechtigte Erbe den eingesetzten Erbteil verloren und behält nur den Anspruch auf den Zusatz-Rest-Pflichtteil[300]. Die vorstehende Problematik wird durch die Neufassung des § 2306 Abs. 1 BGB durch das ErbrechtsreformG (BGBl I 2009, S. 3142 vom 29.9.2009) entschärft. Das bisher nur im Falle von § 2306 Abs. 1 S. 2 BGB bestehende Wahlrecht zwischen Annahme der belasteten Zuwendung und ihrer Ausschlagung mit Pflichtteilsverlangen wird zur allgemeinen Regel.

▶ Praxistipp:

In Anbetracht der grundsätzlich nur sechswöchigen Ausschlagungsfrist nach § 1944 Abs. 1 BGB sollte der Anwalt schon bei der ersten Kontaktaufnahme durch den Mandanten sofort durch gezieltes Befragen festzustellen versuchen, ob und wenn ja, wie genau eine Eilbedürftigkeit besteht. Wenn eine Ausschlagung in Betracht zu ziehen sein könnte, sollte der Anwalt sehr genau darauf achten, ob er mit seinen Ressourcen in der Lage sein wird, für diese grundsätzlich wohlüberlegter (Abwägungs-)Gründe bedürfende Entscheidung des Mandanten seinen Rechtsbeistand leisten zu können, ohne in einen Regress zu geraten[301]. 122

Die konkreten Beurteilungsschwierigkeiten für einen Anwalt in Bezug auf Ausschlagungserklärungen und/oder deren Anfechtung – potenziert zusätzlich durch unterschiedliche Rechtsanwendung durch Obergerichte – kann gut an folgendem Beispielsfall aufgezeigt werden:

▶ Beispiel 3[302]:

Der Erblasser hatte keine letztwilligen Verfügungen getroffen. Er hinterließ seine Ehefrau und eine Tochter. Letztere erklärte mit notarieller Urkunde für sich und ihre Kinder, aus allen Berufungsgründen die Erbschaft auszuschlagen. Die Ehefrau des Erblassers beantragte umgehend einen Erbschein für sich als nunmehrige Alleinerbin. Das Nachlassgericht wies aber darauf hin, dass gemäß § 1931 BGB neben der Ehegattin auch die Erben der 2. Ordnung (Eltern und deren Abkömmlinge) und Großeltern berufen seien. Deren möglicher Wegfall müsse durch (Sterbe-) Urkunden belegt werden. Da noch ein Bruder des Erblassers lebte, erklärte die Tochter für sich und ihre Kinder die Anfechtung der Erbausschlagung mit der Begründung, durch das Schreiben des Amtsgerichts hätten sie Kenntnis davon erhalten, dass durch die von ihnen gewählte Lösung entgegen ihrer (Ziel-)Vorstellung keineswegs der gesamte Nachlass ihrer Mutter (und Großmutter) zufalle, sondern durch die Ausschlagung auch der Bruder ihres Vaters (und Großvaters) zu 1/4 erbberechtigt geworden sei. Damit könne ihr nach dem Tode ihrer Mutter nicht mehr der gesamte Nachlass ihres Vaters zufallen. 123

Das KG Berlin hat die Ausschlagung als wirksam angesehen. Ein – hier allein in Betracht kommender – **Inhaltsirrtum** könne nach der höchstrichterlichen Rechtsprechung zwar auch darin gesehen werden, dass der Erklärende über Rechtsfolgen seiner Willenserklärung irrt, weil das Rechtsgeschäft nicht nur die von ihm erstrebten Rechtswirkungen erzeugte, sondern solche, die sich davon unterschieden. Ein derartiger Rechtsirrtum berechtige aber nach ständiger höchstrichterlicher

297 Bejahend: OLG Hamm OLGZ 1982, 41; Palandt/*Weidlich*, § 2305 BGB, Rn. 5 und § 1954 BGB, Rn. 4 a.E.; PWW/*Deppenkemper*, § 2305, Rn. 4; BeckOK BGB/*Müller-Engels*, 54. Ed. 1.5.2020, BGB § 2305 Rn. 8; nun auch: MünchKomm/Lange, § 2305, Rn. 9 wegen BGH NJW 2016, 2954 zu § 2306 Abs. 1 BGB; verneinend: Erman/*Schlüter*, § 2305, Rn. 1; Soergel/*Dieckmann*, § 2305, Rn. 3.

298 OLG Hamm NJW 2005, 3808; BGH NJW 2006, 3353.

299 Vgl. *Klinger/Roth*, NJW-Spezial 2007, 439, 440; Palandt/*Weidlich*, § 1954 BGB, Rn. 4 a.E.

300 Vgl. BGH DNotZ 1974, 597, 599; Palandt/*Weidlich*, § 2305, Rn. 5.

301 Vgl. dazu das Fazit von *Horn*, NJW 2017, 1083, 1085.

302 Sachverhalt nach OLG Düsseldorf, Beschl. v. 12.3.2019 – 3 Wx 166/17 – juris, Rn. 3 – 10; KG Berlin, Beschl. v. 11.7.2019 – 19 W 50/19 – juris, Rn. 1 – 10.

Rechtsprechung nur dann zur Anfechtung, wenn das vorgenommene Rechtsgeschäft wesentlich andere als die beabsichtigten Wirkungen erzeuge. Dagegen sei der nicht erkannte Eintritt zusätzlicher oder mittelbarer Rechtswirkungen, die zu den gewollten und eingetretenen Rechtsfolgen hinzuträten, kein Irrtum über den Inhalt der Erklärung mehr, sondern ein unbeachtlicher Motivirrtum[303]. Hier habe der Irrtum offensichtlich allein darin gelegen, dass die Beschwerdeführerin die gesetzliche Erbfolge und dabei insbesondere die Rechtsfolge aus § 1931 BGB verkannt habe. Dies aber sei kein beachtlicher Rechtsfolgenirrtum, sondern ein unbeachtlicher (Motiv-)Irrtum über eine nur mittelbare abstrakte Rechtsfolge der Ausschlagungserklärung. Diese Auffassung entspreche der immer noch ganz herrschenden Meinung[304], wonach der Irrtum über die Person desjenigen, dem die Ausschlagung zugutekomme, nur einen unbeachtlichen Motivirrtum darstelle. Der Senat schließe sich dieser Auffassung jedenfalls für den vorliegenden Fall eines auf § 1931 BGB bezogenen Irrtums an[305].

Demgegenüber hat das OLG Düsseldorf bei einer »lenkenden« Ausschlagung eine Anfechtung wegen Inhaltsirrtums für wirksam erklärt, wenn das Verfehlen des Lenkungsziels (hier: Konzentration der Erbenstellung bei der Ehefrau des Erblassers, um über den Wegfall der ausschlagenden Personen als Erben die wirtschaftliche Lage eines Berliner Testaments herstellen, das zu errichten zu Lebzeiten der Eheleute unterblieben war) darauf beruhe, dass die Erbschaft bei einer anderen Person als beabsichtigt (hier: Bruder des Erblassers), eingetreten sei[306]. Denn damit seien (unbeabsichtigt) wesentlich andere als die beabsichtigten Wirkungen erzeugt worden[307].

Dabei stellt das OLG Düsseldorf (allein) auf § 1953 Abs. 2 BGB ab, der mit § 1953 Abs. 1 BGB in unlösbarem Zusammenhang stehe[308], wohingegen das KG Berlin darauf verweist, dass die Bestimmung, wer konkret dieser Erbe nach § 1953 Abs. 2 BGB dann sei, sich nicht aus den Regeln der Ausschlagung, sondern aus den allgemeinen Regeln zur gesetzlichen Erbfolge (insbesondere des § 1931 BGB) ergebe; unmittelbare Rechtsfolge sei mithin nur die Streichung des Ausschlagenden aus der gesetzlichen Erbfolge, nicht jedoch der Eintritt und die Ermittlung der gesetzlichen Erbfolge als solche. Die von der Ausschlagenden angenommene Alleinerbschaft ihrer Mutter sei also nur eine anfechtungsrechtlich unbeachtliche mittelbare, zu den gewollten Rechtsfolgen hinzutretende Rechtsfolge[309].

124 Auch nach Auffassung des OLG Düsseldorf berechtigt eine bewusst ungesicherte, also auf einer spekulativen Grundlage abgegebene Ausschlagungserklärung nicht zu einer auf **§ 119 Abs. 2 BGB** gestützten Anfechtung, gestützt auf eine später sich herausstellende Werthaltigkeit des Erbes. Hier liegt nur ein rechtlich irrelevanter Irrtum, nämlich ein bloßer Motivirrtum, vor[310].

125 Einen Spezialfall der Anfechtung durch einen pflichtteilsberechtigten Erben oder Vermächtnisnehmer regelt **§ 2308 BGB**. Wenn zum Beispiel ein pflichtteilsberechtigter Erbe in Unkenntnis des Wegfalls der Belastungen, wie sie in § 2306 BGB aufgeführt sind, seinen Erbteil ausgeschlagen hat, kann er weder seinen Erbteil noch seinen Pflichtteilsanspruch durchsetzen, hat aber gemäß § 2308 Abs. 1 BGB das Recht zur Anfechtung seiner Ausschlagung[311], für deren Form und Frist die §§ 1954, 1955 BGB gelten[312]. Wenn

303 KG, a.a.O., Rn. 20 unter Bezugnahme auf BGH, Urt. v. 29.6.2016 – IV ZR 387/15 – juris, Rn. 11; BGH, Beschl. v. 5.7.2006 – IV ZB 39/05, – juris, Rn. 19.

304 Nachweise dazu a.a.O., Rn. 26.

305 KG, a.a.O., Rn. 27.

306 OLG Düsseldorf, Beschl. v. 12.3.2019 – 3 Wx 166/17 – juris, Rn. 28.

307 OLG Düsseldorf, a.a.O., Rn. 25.

308 OLG Düsseldorf, a.a.O., Rn. 26; so mit umfassender ergänzender Argumentation auch *Keim*, ZEV 2020, 393, 400 f.

309 KG, a.a.O., Rn. 27.

310 OLG Düsseldorf, Beschl. v. 07.08.2019 – 3 Wx 170/18 – juris, Rn. 23.

311 *Horn*, NJW 2017, 1083, 1084.

312 Palandt/*Weidlich*, § 2308, Rn. 1.

eine Belastung nach der Ausschlagung mit Rückwirkung wegfällt, ist ebenfalls § 2308 BGB einschlägig[313].

Nicht nur dann, wenn ein Anwalt der Partei die Ausschlagung eines Erbteils empfiehlt, sondern 126
auch dann, wenn es um eine Ausschlagung eines Vermächtnisses geht, sind die Rechtsfolgen sehr genau umfassend zu prüfen[314].

▶ Beispiel 4:

Der Erblasser setzt seinen Sohn testamentarisch zum Alleinerben ein, während er seiner (mit ihm im gesetzlichen Güterstand lebenden) Ehefrau nur ein Wohnrecht als Vermächtnis einräumt. Nach dem Erbfall schlägt die Ehefrau auf Rat ihres Anwalts das Vermächtnis aus und klagt sodann auf Zahlung von 1/4 des Nachlasswertes als Pflichtteil. Nach über dreijähriger Prozessdauer weist das Gericht den Anwalt der Klägerin darauf hin, dass der Pflichtteil nach § 1371 Abs. 2 BGB hier nur in Höhe von 1/8 des Nachlasswertes gegeben sei (sog. kleiner Pflichtteil)[315]. Daraufhin stützt der Anwalt den Zahlungsantrag nunmehr zur Hälfte auf den Pflichtteilsanspruch von 1/8, im Übrigen aber auf einen Zugewinnausgleichsanspruch. Gegenüber dem letzteren Anspruch erhebt der Beklagte die Einrede der Verjährung.

Die Einrede der Verjährung greift durch. Die gerichtliche Geltendmachung des großen Pflichtteilsanspruchs hemmt nicht die Verjährung zugleich auch für den Zugewinnausgleichsanspruch[316]. Der Anwalt hätte also bei pflichtgemäßer Beratung die geeigneten Maßnahmen anraten und vornehmen müssen, die ein Verjähren des Zugewinnausgleichsanspruchs verhindert hätten.

Außerdem hätte das Vermächtnis nicht ausgeschlagen werden dürfen. Der Anwalt hätte dann nämlich den sog. großen Pflichtteil von 1/4 als Zusatzpflichtteil geltend machen können, allerdings unter Anrechnung des Wertes des Vermächtnisses[317], und der Mandant müsste sich nicht mit dem sog. kleinen Pflichtteil begnügen.

▶ Beispiel 5[318]:

Die Eltern des Klägers errichteten ein Berliner Testament, in dem sie den Kläger und seinen Bruder zu gleichen Teilen als Schlusserben einsetzten. Zudem bestimmten sie, dass der Bruder des Klägers das Elternhaus als Vorausvermächtnis erhalten solle, da der Kläger selbst bereits Geld für seinen Hausbau erhalten habe. Außerdem verfügten sie folgende Pflichtteilsklausel: »Verlangt nach dem Tod des Erstversterbenden von uns eines unserer Kinder … den Pflichtteil, so erhält es auch nach dem Tode des Letztversterbenden von uns nur den Pflichtteil«. Nach dem Tod des Vaters wurden keine Pflichtteilsansprüche geltend gemacht. Danach verstarb die Mutter. Der Kläger nahm die Erbschaft an. Da der Kläger sich durch das umfangreiche Vorausvermächtnis wirtschaftlich benachteiligt sah, nahm er anwaltlichen Rat in Anspruch. Die empfohlene Anfechtung der Erbschaftsannahme blieb ebenso erfolglos wie eine Klage gegen den Bruder auf Zahlung des Pflichtteils nach beiden Eltern. Der Kläger begehrte nun von seinem Anwalt Schadensersatz, weil dieser es pflichtwidrig unterlassen habe, auf die Möglichkeit der Geltendmachung des – zwischenzeitlich verjährten – Pflichtteilsanspruches nach dem Vater hinzuweisen; womit die Wirkung der Pflichtteilsklausel hätte herbeigeführt und somit auch der Pflichtteil nach der Mutter hätte verlangt werden können.

313 *Horn*, a.a.O.; BeckOK BGB/*Müller-Engels*, 53. Edition, Stand: 1.1.2020, § 2308, Rn. 4 m.w.N.; BGH, Urt. v. 26.9.1990 – IV ZR 131/89, BGHZ 112, 229, 238 f. = NJW 1991, 169, 171.
314 Vgl. OLG Koblenz VersR 1985, 600; *Lang*, AnwBl 1983, 166, 167; vgl. auch *Kerscher/Tanck*, ZAP Fach 12, S. 43 ff.
315 Dazu vgl. BGHZ 42, 182; vgl. auch Palandt/*Weidlich*, § 2305 BGB, Rn. 5 i.V.m. § 2303, Rn. 15 m.w.N.
316 Vgl. BGH NJW 1983, 388.
317 §§ 2307 Abs. 1 S. 2, 2305 BGB.
318 BGH NJW 2006, 3064 = WM 2006, 1820.

Der 4. Zivilsenat des BGH hat in diesem dadurch besonders liegenden Fall, dass der Kläger an der Schlusserbenstellung wirtschaftlich kein Interesse hatte, weil die Erbschaft auf Grund des Vorausvermächtnisses an den Bruder praktisch wertlos war, es für einen gewissenhaften und erfahrenen Anwalt als auf der Hand liegend angesehen, dass er bei der Suche nach dem wirtschaftlich erfolgreichsten Weg auf den Pflichtteilsanspruch nach dem Vater und die Möglichkeiten der Verwirkungsklausel hinweist und den Mandanten über die damit verbundenen Chancen und Risiken berät. Damit hat er hohe Anforderungen an die anwaltliche Beratungstätigkeit gestellt. Ob der Anwalt indes im Ergebnis Schadensersatz zu leisten hat, bestimmt sich nach einer vom Berufungsgericht, an das die Sache zurückverwiesen worden ist, vorzunehmenden Auslegung der Verwirkungsklausel unter Berücksichtigung ihres Sinns im Gesamtzusammenhang des Testaments, m.a.W. ob die Pflichtteilsklausel nach dem Tode der Mutter erloschen sei oder noch fortgelte. Im Ergebnis zu Recht merkt *Keim* kritisch an, dass man durch eine einschränkende Auslegung der Pflichtteilsstrafklausel zu dem Ergebnis gelangen müsse, dass sie deshalb nicht eingreift, weil sie im konkreten Fall zu einem ganz und gar von den Erblassern nicht gewollten Ergebnis führen würde und dass deshalb, weil sie nicht durch einen bewussten Verstoß entgegen ihrer eigentlichen Funktion zur Erlangung eines Vorteils ausgenutzt werden könne, ein Rat zu einem derartigen Verhalten von einem Rechtsanwalt nicht gefordert werden könne[319]. Da dürfte dem BGH in der Tat ein Fehler unterlaufen sein. Denn mag der Anwalt auch – unabhängig vom Ergebnis der Auslegung der fraglichen Klausel – zu einer entsprechenden Belehrung zur Rechtslage verpflichtet gewesen sein, so wäre schon ein Rat zur klageweisen Verfolgung eines Pflichtteilsanspruchs nach dem Vater mehr als problematisch gewesen. Erst recht aber durfte – entgegen dem BGH[320] – eine Anscheinsvermutung beratungsgerechten Verhaltens (Einfordern des Pflichtteils nach dem Vater) nicht angenommen werden. Gleichwohl sollte, da der BGH – soweit ersichtlich – seine Rechtsauffassung bisher nicht geändert hat, diese Entscheidung durch den beratenden Anwalt beachtet werden[321].

127 Bei der Erbausschlagung durch ein minderjähriges Kind stellt sich die Frage, ob und wann dies der **familiengerichtlichen Genehmigung** bedarf. Gemäß § 1643 Abs. 2 S. 1 BGB bedürfen die Eltern unter anderem für eine solche Ausschlagung grundsätzlich einer solchen Genehmigung. Hiervon trifft § 1643 Abs. 2 S. 2 BGB eine abweichende Regelung für den Fall, dass die Erbschaft dem Minderjährigen erst infolge der Ausschlagung eines sorgeberechtigten Elternteils angefallen ist. Dann bedarf es der familiengerichtlichen Genehmigung nicht. Etwas anderes – also die Genehmigungsbedürftigkeit – gilt wiederum nur dann, wenn der Elternteil neben dem Kind berufen war. Dazu ist streitig, ob trotz dieses eindeutigen Gesetzeswortlauts eine teleologische Reduktion dahin geboten ist, in bestimmten Fällen die Erbausschlagung für das minderjährige Kind für genehmigungspflichtig zu halten, obgleich ihm die Erbschaft erst aufgrund der Ausschlagung seines sorgeberechtigten Elternteils zugefallen ist. Dies soll namentlich der Fall sein, wenn ein Elternteil die testamentarische Erbschaft für sich und sein Kind ausschlägt, um den gesetzlichen Erbgang zu ermöglichen, bei welchem er selbst und weitere Verwandte, nicht jedoch sein Kind, als Erben zum Zuge kommen[322]. Des Weiteren soll im Fall der sog. selektiven Erbausschlagung eine Genehmigung erforderlich sein[323]. Demgegenüber gewinnt die gegenteilige Ansicht, dass es auch im Fall einer solchen lenkenden Ausschlagung einer werthaltigen Erbschaft dem Gesetzeswortlaut entsprechend einer familiengerichtlichen Genehmigung nicht bedarf[324], zu Recht immer mehr Zustimmung, weil es bereits an einer planwidrigen Regelungslücke fehlt[325].

---

319 *Keim*, NJW 2007, 974, 976 f.

320 BGH NJW 2006, 3064, 3065 = WM 2006, 1820 (Tz. 22).

321 *Spirgarth*, in: Kroiß/Horn/Solomon, Nachfolgerecht, Rn. 172.

322 So OLG Frankfurt NJW 1955, 466.

323 So beispielsweise OLG Hamm, Beschl. v. 13.12.2013 – 15 W 374/13, NJW-RR 2014, 779; KG Berlin, Beschl. v. 13.03.2012 – 1 W 747/11 – juris, Rn. 18.

324 Vgl. insbesondere OLG Hamm, Beschl. v. 28.6.2018 – 11 WF 112/18 – juris, Rn. 13 ff.; *Sagmeister*, MittBayNot 2019, 366, 368; MünchKommBGB/*Leipold*, § 1945, Rn. 40 m.w.N.; BeckOGK BGB/*Heinemann*, § 1945, Rn. 66; Palandt/*Weidlich*, § 1945, Rn. 6.

325 OLG Hamm, a.a.O., Rn. 27 ff.

Hinsichtlich der dreijährigen Verjährungsfrist hat der Rechtsanwalt zu beachten, dass seit dem 1.1.2010 nach dem ErbrechtsreformG die dreijährige Verjährungsfrist (nach den allgemeinen Regeln der §§ 195, 199 BGB) erst am Schluss des Kalenderjahres beginnt, in dem der Pflichtteilsanspruch nach §§ 2176 ff. entstanden ist und Kenntnis oder grob fahrlässige Unkenntnis vorlag (§ 199 Abs. 1 Ziff. 2 BGB). Eine Klage auf Auskunft gegen den Erben gemäß § 2314 BGB oder gemäß § 242 BGB (bei dem pflichtteilsberechtigten Erben) hemmt die Verjährung nicht, wenn sie nicht als erste Stufe einer Stufenklage verlangt wird[326]. Wenn die Erhebung einer Stufenklage oder Leistungsklage den Interessen des Mandanten (ausnahmsweise) widersprechen sollte, muss der Anwalt andere geeignete Maßnahmen zur Verjährungshemmung aufzeigen, etwa eine Vereinbarung mit dem Erben über die Verlängerung der Verjährung (§ 202 Abs. 2 BGB) oder die Einholung eines Verzichts auf die Einrede der Verjährung, und diese dann in geeigneter Weise rechtzeitig umsetzen[327].

Die Hemmung einer **Stufenklage** bereits mit Stellung des Auskunftsantrages geht allerdings nur bis zur Höhe des anschließend bezifferten Betrages[328], so dass bei Unsicherheiten über die endgültige Höhe des Pflichtteilsanspruchs nach Auskunftserteilung dies vom Anwalt sehr genau bedacht werden muss[329]. Ebenfalls hat der Anwalt – jedenfalls nach dem Prinzip des sichersten Weges – dafür Sorge zu tragen, dass sich die Stufenklage unzweifelhaft auch auf den Pflichtteilsergänzungsanspruch erstreckt und sich so bereits der Auskunftsantrag auf den sog. fiktiven Nachlassbestand, also die ausgleichspflichtigen Zuwendungen des Erblassers und seine Schenkungen[330] bezieht, weil ein nur eingeschränkter Auskunftstitel in der Zwangsvollstreckung nach § 888 ZPO nicht erweitert werden kann[331].

Die bloße Wesensgleichheit von Pflichtteilsanspruch und Pflichtteilsergänzungsanspruch, wie sie 128 von der Rechtsprechung angenommen wird, kann allein die Selbständigkeit dieser Ansprüche und ihre damit grundsätzlich gesonderte Verjährung nicht aufheben und nicht etwa die Hemmungswirkung einer Stufenklage bzw. eines entsprechenden Prozesskostenhilfeantrags ausnahmsweise über den Streitgegenstand hinaus ausdehnen[332]. Vielmehr muss für eine solche **Erstreckung der Hemmungswirkung** neben der materiell-rechtlichen Wesensgleichheit der Ansprüche festzustellen sein, dass die geltendgemachten Auskunftsansprüche dem gleichen Endziel dienen und dass der zur Begründung des später erhobenen Anspruchs vorgetragene Lebenssachverhalt mindestens in seinem Kern bereits Gegenstand der früheren Klage war[333].

Auch nach privatschriftlicher Auskunftserteilung gemäß § 2314 Abs. 1 S. 1 BGB ist der Pflicht- 129 teilsberechtigte, der nicht Erbe ist, berechtigt, die Vorlage eines notariellen Nachlassverzeichnisses gemäß § 2314 Abs. 1 S. 3 BGB zu verlangen, ohne dass hierfür besondere Voraussetzungen vorliegen müssen[334]. Zudem ist ihm auf Verlangen Auskunft über unentgeltliche Zuwendungen zu erteilen[335]. Die Umstellung eines Klageantrags auf privatschriftliche Auskunft auf die Vorlage eines notariellen Nachlassverzeichnisses ist eine Änderung des Streitgegenstandes. Dennoch kann die Verjährung des Anspruchs auf Auskunft durch Vorlage eines notariellen Nachlassverzeichnisses durch den ursprünglichen Antrag auf Vorlage eines privatschriftlichen Nachlassverzeichnisses rechtzeitig gehemmt worden sein, wenn derselbe bereits mit der Klage (oder dem Prozesskostenhilfegesuch)

326 BGH NJW 1975, 1409; NJW 1999, 1101; BGH, Urt. v. 24.1.2019 – IX ZR 233/17 – juris, Rn. 12 m.w.N.; OLG Zweibrücken NJW-RR 2001, 865; Palandt/*Ellenberger*, § 204 BGB, Rn. 2.

327 Vgl. BGH, Urt. v. 24.1.2019, a.a.O., Rn. 25.

328 BGH NJW 1992, 2563; Palandt/*Ellenberger*, a.a.O.

329 Vgl. auch *Wehrberger*, AnwBl 1998, 338, 339; dort auch zu »Rettungsmöglichkeiten« nach Ablauf der Verjährungsfrist.

330 Vgl. BGH NJW 1984, 487.

331 Vgl. OLG Celle NJW-RR 2005, 1374.

332 BGH, Urt. v. 31.10.2018 – IV ZR 313/17 – juris, Rn. 13.

333 BGH, a.a.O., Rn. 19.

334 BGH, a.a.O., Rn. 9 m.w.N.

335 BGH, a.a.O., m.w.N.

vorgetragene Lebenssachverhalt betroffen ist und demselben Ziel, hier: der Bezifferung des Pflichtteilsanspruchs, dient[336].

130 Geht es um die Verfolgung eines **Pflichtteilsanspruchs** muss der Rechtsanwalt vorsichtig sein, um nicht vorschnell und unkontrolliert **Erbschaftssteuer** zu Lasten seines Mandanten entstehen zu lassen[337]. Nach § 9 Abs. 1 Nr. 1b i.V. mit § 3 Abs. 1 Nr. 1 ErbStG ist der Erwerb aus steuerrechtlicher Sicht weiterhin mit der Geltendmachung eines Pflichtteilanspruchs vollendet, und zwar auch dann, wenn die Forderung unbeziffert erhoben wird, vorausgesetzt allein, dass ernstlich Erfüllung verlangt wird[338]. Der Pflichtteilsberechtigte kann sich nämlich darauf beschränken, vom Erben zunächst nur Auskunft gem. § 2314 BGB – gegebenenfalls in Kombination mit einer Stufenklage nach § 254 ZPO – zu verlangen, und sich die Geltendmachung des Pflichtteils vorbehalten. Die Erbschaftsteuer entsteht dann zunächst noch nicht. Der Berater muss also strikt darauf achten, dass zunächst nur der noch keine Steuerpflicht auslösende Auskunfts- und gegebenenfalls Bewertungsanspruch nach § 2314 Abs. 1 S. 1 und 2 BGB geltend gemacht wird, um nicht unnötig Risiken in Kauf zu nehmen und Gestaltungsmöglichkeiten zu verlieren[339]

131 Zu beachten hat der Rechtsanwalt schließlich, dass auch für den **Pflichtteilsergänzungsanspruch** nach **§ 2325 BGB gegen den Erben** wegen einer das Erblasservermögen verkürzenden Schenkung seit dem 1.1.2010 die allgemeinen Verjährungsregeln gelten (vgl. oben Rdn. 120, 127). § 2332 Abs. 1 BGB enthält nur noch eine Sonderregelung für die Verjährung des Ergänzungsanspruchs nach § 2329 BGB gegen den Beschenkten.

132 Da die Frage, ob und in welchem Umfang sog. **Eigengeschenke**, die der Pflichtteilsergänzungsberechtigte vom Erblasser erhalten hat, sowohl auf seinen Ergänzungs- als auch auf den ordentlichen Pflichtteilsanspruch anzurechnen sind, nach § 2327 Abs. 1 BGB davon abhängt, ob die Zuwendung vom Erblasser im Einverständnis mit dem Empfänger als anrechnungspflichtig nach § 2315 BGB erklärt wurde oder nicht, sollte insbesondere in notariellen Übergabeverträgen über Immobilien aber auch bei anderen Zuwendungen eine solche Bestimmung zur Klarstellung, wie die Zuwendung pflichtteilsrechtlich zu berücksichtigen ist, aufgenommen werden. Ein solcher Hinweis sollte in erbrechtlichen Beratungen eines Anwalts nicht fehlen, wozu auch darauf aufmerksam gemacht werden sollte, dass die Eigengeschenke wie auch die Anrechnungsbestimmung, wenn sie denn erfolgen soll, auch für den späteren Erben beweisbar vorgenommen werden sollten, um spätere Streitigkeiten von vorneherein auszuschließen[340].

133 Auch die für Erbfälle seit dem 1.1.2010 geltende Neufassung des § 2325 Abs. 3 BGB, nach der **Schenkungen** des Erblassers innerhalb von 10 Jahren vor dem Erbfall **an Dritte** nunmehr in einer Pro-Rata-Lösung mit jeweils einem Zehntel pro Jahr weniger vom Pflichtteilsergänzungsanspruch abgezogen werden, ist nach aktueller Rechtsprechung des BGH[341] weiterhin das zu beachten, was er in einem Grundsatzurteil zur alten Gesetzesfassung entschieden hatte[342], nämlich dass eine Leistung im Sinne von § 2325 Abs. 3 BGB erst dann vorliegt, wenn der Erblasser nicht nur seine Rechtsstellung als Eigentümer endgültig aufgegeben hat, sondern auch tatsächlich darauf verzichtet hat, den verschenkten Gegenstand – sei es aufgrund vorbehaltener dinglicher Rechte oder durch Vereinbarung schuldrechtlicher Ansprüche – im Wesentlichen weiterhin zu nutzen[343].

134 Im Rahmen seiner umfassenden Interessenwahrnehmungspflicht auch innerhalb eines auf die Geltendmachung des Pflichtteilsergänzungsanspruchs gegen den Erben beschränkten Mandats muss der Anwalt die subsidiäre Haftung des Beschenkten nach **§ 2329 BGB** im Auge haben und – für

336 BGH, a.a.O., Rn. 16 – 22.
337 Vgl. dazu auch *Spirgarth*, in: Kroiß/Horn/Solomon, Nachfolgerecht, Teil I, Rn. 170.
338 BFH NJW 2006, 3455, 3456.
339 NJW-Spezial 2006, 542.
340 Vgl. *Roth*, NJW-Spezial 2020, 103.
341 BGH, Urt. v. 29.6.2016 – IV ZR 474/15 – juris, Rn. 10 ff.
342 BGH, Urt. v. 27.4.1994 – IV ZR 132/93, BGHZ 125, 395, 398 f.
343 BGH, Urt. v. 29.6.2016 – IV ZR 474/15 – juris, Rn. 15.

den Fall eines beschränkten Mandats – zumindest vor der **Gefahr einer Verjährung** warnen[344]. Der Ergänzungsanspruch nach § 2329 BGB verjährt nämlich **nach § 2332 Abs. 1 BGB** in drei Jahren, und zwar schon beginnend mit dem Eintritt des Erbfalls und ohne, dass subjektive Voraussetzen erfüllt sein müssten[345]. Passt der Anwalt hier nicht rechtzeitig auf, kann es leicht geschehen, dass der Erbe nicht haftet, etwa weil seine Haftung nach § 1990 BGB (sog. Dürftigkeitseinrede) beschränkt ist[346], und dass bei nunmehriger Inanspruchnahme des Beschenkten diesem gegenüber Verjährung eingetreten ist. Deshalb muss, wenn eine Beschränkung der Haftung des Erben nicht sicher ausgeschlossen werden kann, der Anwalt dafür Sorge tragen[347], dass während der Klärung der Haftung des Erben der Anspruch gegen den Beschenkten nicht verjähren kann[348]. Dafür bietet sich **beispielsweise** an, eine (Stufen-)Klage gegen den Erben mit einer **Streitverkündung**[349] an den Beschenkten gemäß §§ 72, 73 ZPO zu verbinden (Verjährungshemmung nach § 204 Abs. 1 Nr. 6 BGB), wodurch zugleich verhindert werden kann, dass in einem Rechtsstreit gegen den Beschenkten dessen Haftung mit Erwägungen abgelehnt wird, denen die Gerichte in dem Rechtsstreit gegen den Erben nicht gefolgt waren (Interventionswirkung gemäß §§ 74, 68 ZPO)[350]. Eine solche Streitverkündung ist richtigerweise trotz Subsidiarität der Haftung des Streitverkündeten zulässig[351]. Auch eine **Feststellungsklage** bietet sich als eine wegen der Besonderheiten der Verjährungsregelung des § 2332 Abs. 1 BGB (früher § 2332 Abs. 2 BGB) anerkannte Möglichkeit einer Verjährungshemmung an[352].

Sog. **ehebezogene Zuwendungen**, die ihre Grundlage nicht in einer güterrechtlichen Vereinbarung **135**
haben, sind Schenkungen in diesem Sinne auch unabhängig von einer Einigung über ihre Unentgeltlichkeit grundsätzlich gleichgestellt[353]. Eine ergänzungspflichtige Schenkung kann danach auch in diesem Bereich angenommen werden, wenn der ohne wirtschaftlichen Gegenwert erfolgte Vermögensabfluss beim Erblasser zu einer materiell-rechtlichen, dauerhaften und nicht nur vorübergehenden oder formalen Vermögensmehrung des Empfängers geführt hat[354]. Auch hat der Rechtsanwalt ggfs. zu berücksichtigen, dass die **10-Jahres-Frist** des § 2325 Abs. 3 BGB, innerhalb der Pflichtteilergänzungsansprüche in abgestufter Weise bestehen, für Ehegattenschenkungen erst oder schon mit der Auflösung der Ehe zu laufen beginnt, **§ 2325 Abs. 3 S. 3 BGB**, und dass nach § 10 Abs. 6 S. 2 LPartG die Vorschriften des Bürgerlichen Gesetzbuchs über den Pflichtteil entsprechend anwendbar, der Lebenspartner danach (auch) zu § 2325 Abs. 3 S. 3 BGB wie ein Ehegatte

---

344 Vgl. dazu BGH NJW 2002, 1117, 1118 f. = WM 2002, 505, 507, m.w.N.; in der Regel wird aber ein unbeschränktes (Beratungs-)Mandat vorliegen, innerhalb dessen sich aufgrund entsprechenden Rates ein (zunächst) auf die (gerichtliche) Verfolgung gegen den Erben (beschränktes) Prozessmandat anschließt.

345 Vgl. Palandt/*Weidlich,* § 2332 BGB, Rn. 1.

346 Zu anderen Fällen vgl. z.B. Palandt/*Weidlich*, § 2329 BGB, Rn. 2.

347 Und zwar nicht erst kurz vor Ablauf der Verjährungsfrist, vgl. BGH NJW 2002, 1117, 1119 = WM 2002, 505, 507, m.w.N.

348 OLG Hamm vom 23.10.2001 – 28 U 200/00; OLG Hamm vom 30.8.2005 – 28 U 60/04.

349 Vgl. zur Streitverkündung – auch wegen der bei einem Beitritt anfallenden Kosten – Kap. 8 Rdn. 478 ff.

350 OLG Hamm vom 30.8.2005 – 28 U 60/04.

351 OLG Hamm vom 30.8.2005 – 28 U 60/04; BGHZ 8, 72, 80; OLG Hamm NJW-RR 1986, 1506; der Sache nach ebenso (für einen bei Erfolglosigkeit der Klage in Betracht kommenden Amtshaftungsanspruch): BGH NJW 2002, 1117, 1119 = WM 2002, 505, 507; Zöller/*Vollkommer*, § 72, Rn. 8, m.w.N.; offenlassend: BGH NJW 1989, 522.

352 Vgl. OLG Düsseldorf FamRZ 1996, 445, 446; Staudinger/*Olshausen*, Neubearbeitung 2015, § 2332, Rn. 30; MünchKomm/*Lange*, § 2332, Rn. 120.

353 BGH, Urt. v. 14.3.2018 – IV ZR 170/16 – juris, Rn. 14; BGH NJW 1992, 564; vgl. auch Palandt/*Weidlich*, § 2325 BGB, Rn. 10; PWW/*Deppenkemper*, § 2325, Rn. 13; zu weiteren aktuellen Einzelfragen zu Ehegattenzuwendungen im Pflichtteilsergänzungsrecht vgl. *Horn*, NJW 2020, 1124 ff.

354 BGH, Urt. v. 14.3.2018, a.a.O., Rn. 14 unter Bezugnahme auf BGH, Urt. v. 10.12.2003 – IV ZR 249/02 – juris, Rn 13.

zu behandeln ist[355]. Das BVerfG hat mit Nichtannahmebeschluss vom 26.11.2018 diese Ausnahmeregelung des § 2325 Abs. 3 S. 3 BGB bzgl. der 10-Jahres-Frist für einen Pflichtteilsergänzungsanspruch bei Schenkungen an Ehegatten für verfassungsgemäß erklärt[356]. Mit dieser Entscheidung hat das BVerfG seinen Kammerbeschluss vom 06.04.1990[357], wenn auch mit teilweise modifizierter Begründung, bestätigt. Für die Praxis wird mithin von der uneingeschränkten Anwendbarkeit des § 2325 Abs. 3 Satz 3 BGB gemäß seinem eindeutigen Wortlaut auszugehen sein[358].

136 Auch im Fall einer **postmortalen Vaterschaftsfeststellung** verjährt der einem pflichtteilsberechtigten Abkömmling gemäß § 2329 BGB gegen den Beschenkten zustehende Pflichtteilsergänzungsanspruch nach § 2332 Abs. 2 BGB a.F. (= § 2332 Abs. 1 BGB n.F.) nach der Rechtsprechung des BGH in drei Jahren von dem Eintritt des Erbfalls an[359]. Die so genannte Rechtsausübungssperre des § 1600d Abs. 4 BGB a.F. (= § 1600d Abs. 5 BGB n.F.) hindert, wie der BGH in Übereinstimmung mit der h. M. festgestellt und im Einzelnen begründet hat, den in § 2332 Abs. 2 BGB a.F. (= § 2332 Abs. 1 BGB n.F.) bestimmten Beginn der Verjährung bis zur Rechtskraft der postmortalen Vaterschaftsfeststellung nicht[360]. Auch dann, wenn die Vaterschaftsfeststellung – wie im Streitfall – erst nach Ablauf der in § 2332 Abs. 2 BGB a.F. (= § 2332 Abs. 1 BGB n.F.) bezeichneten Frist beantragt werden konnte, ist es nach Ansicht des BGH auch nicht aus verfassungsrechtlichen Gründen geboten, vom Wortlaut der Vorschrift abzuweichen[361].

137 Auch bei dem **zum Nacherben eingesetzten Pflichtteilsberechtigten**, der zwischen der Annahme der Nacherbschaft und einer Erbschaftsausschlagung zur Erlangung des vollen Pflichtteils wählen kann, ist nicht nur eine anwaltliche Belehrung darüber nötig, dass der Pflichtteil erst mit der Ausschlagung der Nacherbschaft verlangt werden kann[362]. Es droht eine weitere **Haftungsfalle**, die daraus resultiert, dass die Verjährung für den Pflichtteilsanspruch nicht dadurch gehemmt wird, dass der Anspruch erst nach der Ausschlagung der Erbschaft geltend gemacht werden kann, § 2332 Abs. 2 BGB n.F. Da die Ausschlagungsfrist nicht vor dem Eintritt des Nacherbfalls beginnt (§§ 2139, 1944 BGB), könnte der pflichtteilsberechtigte Nacherbe versucht sein, mit der Ausschlagung zu lange zuzuwarten, weil er nicht erkennt, dass die Verjährungsfrist von drei Jahren (§ 195) für den Pflichtteilsanspruch bereits früher, nämlich mit der Kenntnis des ersten Erbfalls und der ihn beeinträchtigenden Verfügung zu laufen begonnen hat[363].

138 Ebenfalls muss der Anwalt etwa im Rahmen einer Beratung einer Nachlassplanung beachten, dass eine Abfindung, die der Erblasser für den **Verzicht** eines Abkömmlings **auf das gesetzliche Erbrecht** leistet, einem weiteren Abkömmling ein Pflichtteilsergänzungsanspruch im Hinblick auf die Erhöhung seiner Pflichtteilsquote nach § 2310 S. 2 BGB zwar grundsätzlich nicht zusteht, aber dann zuzubilligen ist, wenn die Leistung des Erblassers an den Verzichtenden über eine angemessene Abfindung hinaus geht, abgestellt auf den Wert des Erbteils, auf den verzichtet wird[364]. Nicht zu entscheiden hatte der BGH die Behandlung des in der Praxis häufigen **Pflichtteilverzichts** (§ 2346 Abs. 2 BGB), bei dem § 2310 S. 2 BGB nicht greift, im Rahmen des § 2325 BGB[365].

Ein **Erbverzicht** kann im Einzelfall **sittenwidrig** und damit unwirksam sein. Dies kann sich aus der gebotenen Gesamtwürdigung mit der dem Verzicht zugrundeliegenden schuldrechtlichen

355 Vgl. *Braun,* in: Burandt/Rojahn, Erbrecht, 3. Auflage, 2019, § 10 LPartG, Rn. 23 m.w.N. auch zur Gegenmeinung.
356 BVerfG, Nichtannahmebeschluss v. 26.11.2018 – 1 BvR 1511/14 – juris, Rn. 4 ff.
357 BVerfG, Kammerbeschluss v. 6.4.1990 – 1 BvR 171/90 – juris.
358 *Birkenheier,* jurisPR-FamR 3/2019 Anm. 2.
359 BGH, Urt. v. 13.11.2019 – IV ZR 317/17 – juris.
360 BGH, a.a.O., Rn. 19 ff.
361 BGH, a.a.O., Rn. 31 ff.; a.A. *Piekenbrock,* NJW 2020, 371 ff.; *Muscheler,* ZEV 2020, 106 ff.
362 Vgl. BeckOGK/*Küpper,* § 2100 BGB, Rn. 396 unter Verweis auf OLG Karlsruhe, Justiz 1988, 21.
363 BeckOGK-*Küpper,* a.a.O., Rn. 397 m.w.N.
364 BGH NJW 2009, 1143, 1145 (Tz. 15, 16).
365 Dazu *Zimmer,* Anm. zu BGH NJW 2009, 1146 f.

Vereinbarung ergeben. Das ist insbesondere der Fall, wenn die getroffenen Vereinbarungen ein erhebliches Ungleichgewicht zulasten des Verzichtenden ausweisen[366].

III. Gemeinschaftliches Testament

Häufig werden in der Praxis falsche Rechtsauskünfte zum **gemeinschaftlichen wechselbezüglichen Testament** von Ehegatten gegeben. Hier ist zunächst zu erkennen, dass in einem gemeinschaftlichen Testament nicht nur wechselbezügliche Verfügungen enthalten sein müssen. Solche Verfügungen, die nicht wechselbezüglich im Sinne des § 2270 BGB sind, können jederzeit frei gemäß §§ 2253 ff. widerrufen werden. Dem Rechtsuchenden wird nicht selten die auch in Bezug auf die wechselbezüglichen Verfügungen eines gemeinschaftlichen Testaments unrichtige Auskunft erteilt, dass ein wechselbezügliches Testament überhaupt nicht geändert werden könne. Richtig ist demgegenüber, dass **zu Lebzeiten beider Ehegatten** wechselbezügliche Verfügungen beseitigt werden können, indem entweder das wechselbezügliche gemeinschaftliche Testament durch beide Ehegatten gemeinsam aufgehoben[367] oder einseitig durch einen der Ehegatten widerrufen wird, wobei allerdings der Widerruf durch notariell beurkundete Erklärung gegenüber dem anderen Ehegatten zu erfolgen hat (§ 2271 Abs. 1 S. 1 i.V.m. § 2296 Abs. 2 BGB), die in Urschrift bzw. Ausfertigung zuzustellen ist[368]. 139

Auch **nach dem Tode** eines der beiden Ehegatten kann der Überlebende seine Testierfähigkeit dadurch wiedererlangen, dass er nach § 2271 Abs. 2 S. 2, 2. Hs. BGB das ihm im gemeinschaftlichen Testament Zugewendete ausschlägt. Darüber hinaus kann **der überlebende Ehegatte** unter Umständen seine eigene Verfügung oder die des Vorverstorbenen nach §§ 2078 ff. BGB anfechten[369] und damit seine Testierfreiheit wiedererlangen[370]. 140

Auch, wenn Eheleute in einem gemeinschaftlichen wechselbezüglichen Testament sich wechselseitig als Erben und den gemeinsamen Sohn als Schlusserben eingesetzt haben, kann es Fallkonstellationen geben, in denen der längstlebende Ehegatte auf andere Art und Weise seine Testierfähigkeit wiedererlangt, nämlich im Fall des Eingreifens der Auslegungsregel des § 2069 BGB. Dies klingt zunächst paradox, regelt § 2069 BGB doch, dass bei Wegfall eines Abkömmlings nach der Errichtung des Testaments im Zweifel dessen Abkömmlinge insoweit treten, als sie bei der gesetzlichen Erbfolge an dessen Stelle treten würden. Wenn nun aber ein dementsprechender Testierwille der Eheleute nicht feststellbar ist, etwa weil die Enkelkinder des verstorbenen Sohnes als einzigem Kind der Eheleute damals noch nicht geboren waren, und sich demgemäß die Ersatzerbfolge allein aus § 2069 BGB herleiten lässt, lässt sich eine Bindungswirkung in Bezug auf die Ersatzerbeneinsetzung nicht feststellen. Zwar enthält § 2270 Abs. 2 BGB eine Zweifelsregel bezüglich der Wechselbezüglichkeit von Verfügungen in einem gemeinschaftlichen Testament von Ehegatten, die, weil sich aus dem Testament dazu nichts Weiteres ergibt, im vorliegenden Fall eingreift. Indes rührt die Ersatzerbenstellung der Enkel nach dem weggefallenen Sohn nur aus der Anwendung der Zweifelsregel des § 2069 BGB her, die auch bei Einsetzung eines Schlusserben in einem gemeinschaftlichen Testament gilt. Daraus folgt nach der Rechtsprechung: 141

---

366 OLG Hamm, Beschl. v. 8.11.2016 – 10 U 36/15 – juris; typische Störungen beim Erb- und Pflichtteilsverzichtsvertrag erörtert *M. Zimmer*, NJW 2017, 513 ff.

367 Vgl. Palandt/*Weidlich*, § 2271 BGB, Rn. 2.

368 Nach der weiterhin st. Rspr. (vgl. dazu m.w.N. jeweils Palandt/*Ellenberger*, § 130 BGB, Rn. 10 und Palandt/*Weidlich*, § 2271, Rn. 5, letzterer wegen der Änderung von § 170 Abs. 1 ZPO bei einer möglichen, aber nicht notwendigen Zustellung (§ 132 BGB) durch den Gerichtsvollzieher entsprechend §§ 192 f. ZPO daran zweifelnd), an der der Rechtsanwalt sich bei seiner Beratung ausrichten muss, ist grundsätzlich nicht ausreichend die Übermittlung einer beglaubigten Abschrift. Eine Annahmeverweigerung durch den Widerrufsempfänger ist nach § 179 ZPO (bzw. § 186 ZPO a.F.) zu beurteilen, OLG Zweibrücken ZEV 2005, 483.

369 Vgl. Palandt/*Weidlich*, § 2271, Rn. 27 ff.; MünchKomm/*Musielak*, § 2271, Rn. 36.

370 Vgl. näher Palandt/*Weidlich*, § 2271, Rn. 33.

> »Ergibt sich … die Ersatzerbfolge mangels Feststellbarkeit entsprechender Verfügungsinhalte allein aus § 2069 BGB, dann ist die Vermutung aus § 2270 Abs. 2 BGB im Sinne einer wechselbezüglich gewollten Verfügung auf Ersatzerbenbestimmung nur anwendbar, wenn sich Anhaltspunkte für eine auf Einsetzung des oder der Ersatzerben gerichteten Willen der Erblasser feststellen lassen.«[371]

Daraus folgte im vom OLG Hamm entschiedenen Fall, dass der überlebende Ehegatte wirksam neu testieren konnte.

142 Geht es um die Anfechtung solcher **wechselbezüglicher** Verfügungen durch **Dritte** (vgl. § 2080 BGB) hat der diese beratende oder vertretende Anwalt zu beachten, dass nach Auffassung des BGH ein solches Anfechtungsrecht in entsprechender Anwendung von § 2285 BGB beschränkt ist, soweit es um Verfügungen des **letzt**verstorbenen Ehegatten in einem gemeinschaftlichen Testament geht und dieser vor seinem Tod das Recht zur Selbstanfechtung durch Fristablauf (§ 2283 BGB) oder Bestätigung (§ 2284 BGB) verloren hatte[372]. Demgegenüber ist für eine analoge Anwendung von § 2285 BGB auf die Drittanfechtung einer wechselbezüglichen Verfügung des **erst**versterbenden Ehegatten kein Raum. Es besteht keine vergleichbaren Interessenlage, weil dem erstversterbenden Ehegatten selbst kein Anfechtungs-, sondern ein Widerrufsrecht zustand[373]. Auch wenn der erstversterbende Ehegatte seine Verfügung trotz Kenntnis der später zur Begründung der Anfechtung angeführten Gründe nicht widerrufen hatte, fehlt es mangels materieller Bindung des Erstversterbenden an seine Verfügung an einer Vergleichbarkeit mit dem in den §§ 2281, 2285 BGB geregelten Fall, so dass auch hier § 2285 BGB analog das Anfechtungsrecht des Dritten nicht einschränkt[374].

IV. Haftung für Nachlassverbindlichkeiten

143 Des Weiteren unterlaufen auch zur Frage der **Haftung für Nachlassverbindlichkeiten** nicht selten anwaltliche Fehler. So wird häufig übersehen, dass beim Kauf des Nachlasses oder auch nur eines Miterbenanteils eine Haftung des Käufers für sämtliche Nachlassverbindlichkeiten eintritt. Im Innenverhältnis besteht diese gemäß §§ 2378, 2376, 1922 Abs. 2 BGB zwar nur, soweit nicht der Verkäufer für ihr Nichtbestehen haftet. Den Nachlassgläubigern gegenüber haftet der Käufer aber nach § 2382 Abs. 1 BGB neben dem Verkäufer, und zwar auch, soweit er dazu nach §§ 2378, 2376 BGB nicht verpflichtet ist, und ohne die Möglichkeit, dem durch abweichende Vereinbarung mit dem Verkäufer zu entgehen, § 2382 Abs. 2 BGB.

V. Einrede der beschränkten Erbenhaftung

143a Ferner wird des Öfteren vom Prozessbevollmächtigten des Erben, der wegen einer Nachlassverbindlichkeit in Anspruch genommen wird, die gebotene **Einrede der beschränkten Erbenhaftung** vergessen[375]. Der Vorbehalt im Urteil gemäß § 780 ZPO oder im Prozessvergleich (§§ 795, 780 ZPO) ist aber Voraussetzung für eine Beschränkung der Erbenhaftung in der Zwangsvollstreckung. Im Gegensatz zu § 767 ZPO, der die auf den Anspruch bezogenen Einwendungen behandelt, unterscheidet § 780 ZPO nicht danach, ob die die Haftungsbeschränkung des Erben begründenden Umstände vor oder nach dem Schluss der mündlichen Verhandlung entstanden sind. Der Erbe kann sich in beiden Fällen mit Erfolg gegen die Vollstreckung nur unter der Voraussetzung wehren,

371 OLG Hamm, Beschl. v. 15.2.2019 – 10 W 16/18 – juris, Rn. 19 unter Bezugnahme auf BGH, Beschl. v. 16.01.2002 – IV ZB 20/01 – juris, Rn. 17; OLG München, Beschl. v. 28.9.2011 – 31 Wx 216/11 – juris, Rn. 23; BayObLG 2004, 244.

372 BGH, Urt. v. 25.5.2016 – IV ZR 205/15 – juris, Rn. 12.

373 BGH, a.a.O., Rn. 19.

374 BGH, a.a.O., Rn. 20.

375 Vgl. dazu BGH NJW 1992, 2694 = WM 1992, 2020, 2021; NJW 1991, 2839 = WM 1991, 1812, 1813 f.; *Vollkommer/Greger/Heinemann*, § 28, Rn. 27; *Ganter*, S. 13; *Joachim/Klinger*, NJW-Spezial 2005, 541.

dass er den Vorbehalt bereits im Erkenntnisverfahren erreicht hat. Folglich muss er sich die beschränkte Erbenhaftung vorsorglich selbst dann vorbehalten lassen, wenn er deren Voraussetzungen noch nicht darzulegen vermag, ja nicht einmal weiß, ob sie überhaupt eintreten werden[376]. Von daher ist der Rechtsanwalt verpflichtet, die Einrede der beschränkten Erbenhaftung auch dann zu erheben, wenn eine Überschuldung des Nachlasses nicht erkennbar ist.[377] Deshalb ist ein Rechtsanwalt, dessen Mandant als Erbe wegen einer Nachlassverbindlichkeit in Anspruch genommen wird, grundsätzlich verpflichtet, den Vorbehalt der beschränkten Erbenhaftung in den Titel aufnehmen zu lassen[378], und zwar auch dann, wenn eine Überschuldung des Nachlasses (noch) nicht erkennbar ist[379]. Dies sollte so früh wie möglich erfolgen. Das OLG Düsseldorf hat entschieden, dass der Vorbehalt der Erbenhaftung in der Berufungsinstanz nur unter den Voraussetzungen des § 531 Abs. 2 ZPO erhoben werden könne[380].

Die Einrede der beschränkten Erbenhaftung sollte selbst dann geltend gemacht werden, wenn der Nachlass genügend Aktiva aufzuweisen scheint, etwa in Pflichtteilsprozessen[381]. **144**

Die **Erbschaftsteuer**, die eine Erbfallschuld ist, wird gem. § 20 Abs. 1 ErbStG nur von dem jeweiligen Erben – als sog. Erbteilsverbindlichkeit – allein geschuldet. Diese alleinige und unbeschränkte Haftung des Erben hat der BFH[382] der erbrechtlich unbeschränkten Haftung gleichgestellt und ihm deshalb ebenfalls das Leistungsverweigerungsrecht aus § 2059 Abs. 1 S. 1 BGB versagt. Aus der Begründung wird nicht deutlich wird, ob der BFH nur den Rechtsgedanken des § 2059 Abs. 1 S. 2 BGB herangezogen und diesen damit analog angewandt oder aber die steuerliche Haftung als unbeschränkte Haftung i.S.d. § 2059 Abs. 1 S. 2 BGB und damit als Grundlage für eine unmittelbare Anwendung der Vorschrift angesehen hat[383]. Gegen diese Entscheidung ist eine Verfassungsbeschwerde beim BVerfG anhängig[384]. **145**

▶ **Beispiel 6:**

Der Erblasser hat seinen Sohn A als Alleinerben eingesetzt, während der zweite Sohn B enterbt worden ist. B klagt nunmehr auf Zahlung von 1/4 des Nachlasswertes als Pflichtteil. Die Aktiva des Nachlasses bestehen im Wesentlichen aus Grundstücken und Aktien im Wert von 4 Millionen DM. Dem stehen Erblasserschulden von 3 Millionen DM gegenüber, so dass der Nettowert des Nachlasses 1 Million DM beträgt. Demzufolge werden dem klagenden pflichtteilsberechtigten B 250 000,– DM als Pflichtteil zugesprochen. Bis zum Erlass des Urteils sind aber die Grundstückswerte sowie die Aktienkurse durchschnittlich um 30 % gefallen, so dass jetzt eine Überschuldung des Nachlasses vorliegt.

Der Wertverlust nach dem Erbfall beeinträchtigt die Höhe des Pflichtteilsanspruchs nicht, da hierfür auf den Zeitpunkt des Erbfalles abzustellen ist (§ 2311 BGB). Der auf Einrede des Beklagten im Urteil enthaltene Vorbehalt nach § 780 ZPO gibt dem Erben aber die Möglichkeit, die Haftung auf den Nachlass zu beschränken. Der Anwalt wird dem Erben hier gleichzeitig raten, die Beschränkung der Haftung auf den überschuldeten Nachlass zu sichern, z.B. durch Einleitung des

---

376 Eine Ausnahme davon gilt nur bei Eintritt des Erbfalls zu einem Zeitpunkt, in dem der Erbe diesen Vorbehalt im Urteil nicht mehr erwirken konnte, BGH NJW 1991, 2839, 2840; BGHZ 54, 204 (207) = NJW 1970, 1742.

377 OLG Koblenz, Urt. v. 7.11.2018 – 13 U 402/16 – juris, Rn. 90.

378 BGH NJW 1992, 2694 = WM 1992, 2020, 2021; NJW 1991, 2839; so auch *Vollkommer/Greger/Heinemann*, § 28, Rn. 27; *Wehrberger*, AnwBl 1998, 338, 340.

379 Vgl. OLG Koblenz, Urt. v. 7.11.2018 – 13 U 402/16 – juris, Rn. 90 f.

380 OLG Düsseldorf MDR 2004, 469.

381 So auch *Vollkommer/Greger/Heinemann*, a.a.O.

382 BFH, Urt. v. 04.06.2019 – VII R 16/18 – juris Rn. 28.

383 *Toussaint* in: jurisPK-BGB, 9. Aufl., § 2059 BGB (Stand: 03.04.2020), Rn. 17.

384 Az. 1 BvR 2409/19.

Nachlasskonkurs- oder Nachlassvergleichsverfahrens[385]. Bei einer Vollstreckung aus dem Urteil in das Privatvermögen des Erben kann dieser hiergegen nach §§ 784, 785, 767 ZPO klagen.

VI. Vermächtnis

146 Ist dem Mandanten ein **aufschiebend bedingtes**, nicht mit dem Erbfall fälliges **Vermächtnis** zugewendet worden, muss der Anwalt prüfen, ob Anlass besteht, den Anspruch zu sichern. Dafür kommt, ist eine Übertragung eines Miteigentumsanteils an einem Hausgrundstück auf den Begünstigten zugewendet worden, eine einstweilige Verfügung mit dem Ziel der Eintragung einer Vormerkung im Grundbuch in Betracht[386]. Außergerichtlich kann die Sicherung durch Vereinbarung mit dem Erben (beispielsweise durch Stellung einer Bankbürgschaft) herbeigeführt werden[387].

VII. Erbteilungsklagen

147 **Erbteilungsklagen** sind außerordentlich haftungsträchtig. Es muss bei sog. Teilungsreife ein prozessual bestimmter Klageantrag (§ 253 Abs. 2 Nr. 2 ZPO) gestellt werden, der materiellrechtlich das Angebot des teilungswilligen Miterben auf Abschluss eines Auseinandersetzungsvertrages darstellt, welches vom Gericht, das durch Urteil gemäß § 894 ZPO die Zustimmung des anderen Miterben ersetzen soll, nicht von sich aus abgeändert werden kann. Da das zur Konsequenz hat, dass bei mangelnder Teilungsreife die Erbteilungsklage abzuweisen ist, ist es ratsam, mit Hilfsanträgen zu in Betracht kommenden Varianten zu arbeiten und zusätzlich in jedem Fall um richterlichen Hinweis zu bitten, wenn das Gericht in bestimmten Punkten den Antrag für unbegründet (mit der grundsätzlichen Folge gänzlicher Klageabweisung) hält[388]. Gibt es nur Einzelstreitpunkte zwischen den Erben, kann sich eine darauf gerichtete Feststellungsklage anbieten[389].

148 Ein **Verfahren nach §§ 363 ff. FamFG** muss rein verfahrensrechtlich vor einer Auseinandersetzungsklage nicht versucht worden sein[390]. Ein solches Vermittlungsverfahren[391], für das seit dem 1.9.2013 anstelle des Nachlassgerichts nun ein örtlicher Notar zuständig ist, kann aber eine zumindest zunächst vorzuziehende Alternative sein, da es kostengünstiger ist und eine Auseinandersetzung auch bei einer Nichtmitwirkung eines Miterben ermöglichen kann (vgl. §§ 366 Abs. 3, 368 Abs. 2 FamFG)[392]. Auf diese Möglichkeit hat der Anwalt daher grundsätzlich hinzuweisen[393].

VIII. Verfahrensrecht

149 Aufgrund der seit dem 1.9.2009 in Kraft getretenen **Reform des Verfahrens** u.a. in Angelegenheiten der freiwilligen Gerichtsbarkeit muss der **in Nachlasssachen** tätige anwaltliche Berater auch ansonsten einige Änderungen beachten, so z.B. dass die Beschwerden gegen gerichtliche Entscheidungen generell befristet sind und dass die bisherige weitere Beschwerde zum OLG durch die Rechtsbeschwerde zum BGH ersetzt wurde[394].

150 Im Verfahrensrecht zu beachten sind auch die Restriktionen, die nach der Rechtsprechung des BGH in Bezug auf **Schiedsklauseln in letztwilligen Verfügungen** bestehen.

---

385 §§ 1975 ff. BGB, §§ 315 ff. InsO; vgl. auch *Vollkommer/Greger/Heinemann*, § 28, Rn. 28.

386 OLG Hamm, Urt. v. 5.10.1995 – 28 U 22/95 – juris (Orientierungssätze), GI aktuell 1996, 155–164 (red. Leitsatz und Gründe).

387 *Frieser*, in: Frieser/Sarres/Stückemann/Tschichoflos, Handbuch des Fachanwalts Erbrecht, 7. Auflage, Kap. 1, Rn. 817.

388 *Klinger/Maulbetsch*, NJW-Spezial 2007, 349.

389 Vgl. Palandt/*Weidlich*, § 2042 BGB, Rn. 22 m.w.N.; PWW/*Tschichoflos*, § 2042, Rn. 32.

390 Palandt/*Weidlich*, § 2042 BGB, Rn. 20.

391 Einzelheiten bei Palandt/*Weidlich*, § 2042 BGB, Rn. 19.

392 *Vollkommer/Greger/Heinemann*, § 28, Rn. 26.

393 *Vollkommer/Greger/Heinemann*, a.a.O.

394 Vgl. zum Nachlassverfahrensrecht ausführlich *Kroiß*, ZErb 2008, 300.

So kann ein Erblasser durch letztwillige Verfügung nicht wirksam anordnen, dass ein Streit über einen **Pflichtteilsanspruch** durch ein Schiedsgericht zu entscheiden ist[395]. Ein Erblasser, der dem Pflichtteilsberechtigten durch letztwillige Verfügung den Weg zu den staatlichen Gerichten versperrt und ihm ein Schiedsgericht aufzwingt, überschreitet die ihm durch das materielle Recht gezogenen Grenzen seiner Verfügungsfreiheit[396]. Die Testierfreiheit des Erblassers wird durch den Pflichtteilsanspruch, der einem Angehörigen, der nicht als Erbe am Nachlass teilhat, eine Mindestteilhabe an diesem sichert, beschränkt. In diesem Umfang ist dem Erblasser die Verfügungsfreiheit über sein Vermögen entzogen. Streitigkeiten, die ihre Grundlage in zwingendem Pflichtteilsrecht haben, können daher nicht kraft testamentarischer Schiedsanordnung der alleinigen Jurisdiktionsbefugnis eines Schiedsgerichts unterworfen werden und sind demnach nicht schiedsfähig im Sinne von § 1059 Abs. 2 Nr. 2 Buchst. a ZPO[397].

Die einseitige Anordnungsbefugnis des Erblassers hat weitere Grenzen. Streitigkeiten über **die Entlassung eines Testamentsvollstreckers** nach § 2227 BGB können in einer letztwilligen Verfügung gemäß § 1066 ZPO nicht einseitig durch den Erblasser unter Ausschluss der staatlichen Gerichtsbarkeit einem Schiedsgericht zugewiesen werden[398]. Ohne die Entlassungsmöglichkeit des § 2227 BGB wären die nicht abdingbaren Rechte des Erben gegen den Testamentsvollstrecker aus §§ 2215, 2216, 2218, 2219 BGB gar nicht oder nur noch in sehr eingeschränktem Umfang durchsetzbar. § 2227 BGB stellt insoweit mit der Möglichkeit der Entlassung des Testamentsvollstreckers die zwingende verfahrensrechtliche Ergänzung zu den ihn treffenden materiell-rechtlichen Verpflichtungen dar. Zwar wird die Regelung über die Entlassung des Testamentsvollstreckers gemäß § 2227 BGB in § 2220 BGB nicht genannt. Der Rechtsgedanke der Vorschrift findet hier aber nach dem BGH entsprechende Anwendung[399].

In Anwendung dieser Grundsätze ist eine in einem Testament angeordnete Schiedsklausel als unwirksam angesehen worden, soweit ein **Testamentsvollstrecker als Einzelschiedsrichter** auch über Streitigkeiten zwischen den Erben und dem Testamentsvollstrecker entscheiden soll[400].

Familienrecht

Viele Anwälte befassen sich auch mit der Bearbeitung von Familiensachen. Wer derartige Fälle übernimmt, muss dieses Sachgebiet beherrschen und den aus dem Mandat resultierenden Anforderungen gerecht werden. Regelmäßig ergeben sich in familienrechtlichen Mandaten bereits während des ersten Beratungsgesprächs eine Vielzahl von Themen zur rechtlichen Klärung und Beratung[401]. Der BGH erlegt den Anwälten strenge Sorgfaltspflichten für ihre Tätigkeit auf. Beispielhaft sei hier auf einige spezifische Haftungsgefahren[402] hingewiesen: 151

395 BGH, Beschl. v. 16.3.2017 – I ZB 50/16 – juris, Rn. 19.
396 BGH, a.a.O., Rn. 26.
397 BGH, a.a.O., Rn. 27 m.w.N.
398 BGH, Beschl. v. 17.5.2017 – IV ZR 25/16 – juris, Rn. 11 mit Darstellung des Streitstandes in Rn. 9 f.; Anschluss in Beschl. v. 8.11.2018 – I ZB 21/18 – juris, Rn. 21.
399 BGH, Beschl. v. 17.5.2017, a.a.O., Rn. 13.
400 BGH, Beschl. v. 8.11.2018 – I ZB 21/18 – juris, Rn. 22, 24.
401 *Schnitzler*, Münchener Anwaltshandbuch Familienrecht, § 3, Rn. 3 ff.
402 Speziell mit Fehlerquellen und Haftungsfallen im familienrechtlichen Mandat befassen sich *Bittler*, Haftungsfallen im Erbrecht; *Horndasch*, FuR 2007, 249 ff., 291 ff., 352 ff., vgl. auch *Wellenhofer*, FPR 2012, 529, 532 ff.; zu den Regressgefahren nach der Reform des Familienrechts im Jahr 2009, *Stein*, FamFR 2010, 313; zur Haftung eines Rechtsanwalts, der die Stellung eines Scheidungsantrags vor Inkrafttreten des VersAusglG zum 1.9.2009 versäumt hat: OLG Düsseldorf, Urt. v. 5.3.2013 – I-24 U 61/12 – juris, Rn. 51 ff.

I. Eheverträge und Scheidungsfolgenvereinbarungen

152 Eine anwaltliche Haftung aus der Bearbeitung von Familiensachen ergibt sich nicht selten aus Pflichtverletzungen des Anwalts im Zusammenhang mit der **Beratung über Scheidungsfolgen**[403], und zwar sowohl außergerichtlich[404] zur Vorbereitung einer Vereinbarung als auch im gerichtlichen Verfahren[405]. Daneben ist bei der **Beratung bei Eheverträgen**, die vor und während der Ehe geschlossen werden, das besondere Haftungsrisiko insbesondere der güterrechtlichen, aber auch der unterhaltsrechtlichen Regelungen zu beachten. In allen Fällen ist darauf zu achten, dass die eherechtliche **Vertragsgestaltung eingeschränkt** ist und nach inzwischen gefestigter höchstrichterlicher Rechtsprechung einer umfassenden gerichtlichen **Inhaltskontrolle** nach § 138 BGB und einer **Ausübungskontrolle** nach §§ 242, 313 BGB unterliegt[406]. Die Unwirksamkeit einer Teilregelung kann – selbst bei Einfügung einer **salvatorischen Klausel** – den gesamten Vertrag erfassen[407]. Da der Trennungsunterhalt wegen der durch § 1614 BGB beschränkten Regelungsmöglichkeit häufig keinen Bestand im Rahmen der Inhaltskontrolle hat[408], sollte aus Gründen der Vorsorge davon abgesehen werden, ihn im Ehevertrag zusammen mit den Scheidungsfolgen zu regeln. Im Rahmen der Ausübungskontrolle ist in Fällen sog. Funktionsäquivalenz von Versorgungs- und Zugewinnausgleich ein Hinübergreifen auf das andere Ausgleichssystem möglich[409]. Gerade bei der Inhaltskontrolle einer Vereinbarung kommt es häufig maßgeblich auf die **Vorstellungen der Beteiligten** von der getroffenen Regelung an. In der anwaltlichen Beratung sollte darauf hingewirkt werden, dass diese Vorstellungen zur Vermeidung von Unklarheiten in die Vereinbarung aufgenommen werden. Dem Mandanten gegenüber besteht die Verpflichtung, für eine vollständige und richtige Niederlegung seines Willens und für einen **möglichst eindeutigen und nicht erst der Auslegung bedürftigen Wortlaut** zu sorgen[410].

Verschuldet andererseits ein Rechtsanwalt den **unvollständigen Abschluss** einer Scheidungsfolgenvereinbarung, in der ein vorgesehener Ausschluss von Ansprüchen auf Versorgungs- und Zugewinnausgleich unterbleibt, so ist der in der Übertragung von Rentenanwartschaften liegende Schaden durch Zahlung desjenigen Betrags an den Versicherer auszugleichen, der erforderlich ist, um entsprechende Anwartschaften neu zu begründen[411].

Selbst wenn sich ein anwaltlicher Beratungsauftrag in einer Scheidungsfolgensache **nicht ausdrücklich** auf eine **Beratung in steuerrechtlicher Hinsicht** erstreckt, so entlastet dies den Anwalt nicht von **Hinweispflichten**. In diesem Zusammenhang hat der Anwalt beispielsweise auf die **Notwendigkeit der Einschaltung eines Steuerberaters hinzuweisen**, sofern sich bei sachgerechter Bearbeitung wegen der Übertragung von Grundeigentum eine steuerliche Belastung nach §§ 23 Nr. 1; 22 Nr. 2 EStG aufdrängt und der Anwalt zu einer steuerrechtlichen Beratung nicht bereit oder imstande ist[412]. Ein solcher Hinweis ist nur dann entbehrlich, wenn der Mandant von sich aus erklärt, keine Beratung in steuerlicher Hinsicht zu benötigen[413].

---

403 Zur Beratung beider Ehegatten vgl. unten Rdn. 192.

404 Zur Haftungsfalle des § 1585c BGB vgl. *Steiniger*, FamFR 2011, 529 ff.

405 Erhält ein Rechtsanwalt im Rahmen eines familienrechtlichen Mandats Kenntnis vom Abschluss eines Ehevertrags, ist höchste Vorsicht geboten, vgl. *Pfeil*, NZFam 2020, 660 ff.

406 Zu den Grenzen der Disponibilität von Scheidungsfolgenvereinbarungen vgl. nur BGH, Urt. v. 21.11.2012 – XII ZR 48/11 – juris, Rn. 15 ff. sowie Beschl. v. 8.10.2014 – XII ZB 318/11 – juris, Rn. 20 ff. und Kap. 8 Rdn. 649 ff.

407 BGH, Urt. v. 21.11.2012 – XII ZB 48/11 – juris, Rn. 31 f. sowie Beschl. v. 17.5.2006 – XII ZB 250/03 – juris, Rn. 13; vgl. weiter zur »Erhaltungsklausel« in Kap. 8 Rdn. 649.

408 BGH, Beschl. v. 30.9.2015 – XII ZB 1/15 – juris, Rn. 12 ff.

409 BGH, Beschl. v. 8.10.2014 – XII ZB 318/11 – juris, Rn. 30.

410 BGH, Urt. v. 17.1.2002 – IX ZR 182/00 – juris, Rn. 9.

411 BGH, Urt. v. 15.4.2010 – IX ZR 223/07 – juris, Rn. 7, 8 und 17.

412 BGH, Urt. v. 9.1.2020 – IX ZR 61/19 – juris, Rn. 13; vgl. auch *Perleberg-Kölbel*, FuR 2020, 142 f.

413 OLG Rostock, Urt. v. 26.2.2019 – 24 U 1/17 – juris, Rn. 18.

II. Güterrechtliche Verfahren und Regelungen

Der Anwalt verletzt seine Sorgfaltspflicht gegenüber dem Mandanten, wenn er diesen nicht über die Vor- und Nachteile der Geltendmachung des Zugewinnausgleichs entweder im Verbund oder im isolierten Verfahren aufklärt und ihm sodann die Entscheidung überlässt, welchen Weg er beschreiten möchte. Dies umfasst insbesondere die unterschiedlichen zinsrechtlichen Auswirkungen der beiden Alternativen[414]. 153

Bei der Regelung des Zugewinnausgleichs im Rahmen einer **Scheidungsfolgenvereinbarung** sind von dem beratenden Anwalt das Anfangs- und Endvermögen der Eheleute und die sich daraus ergebenden Ausgleichsansprüche zu ermitteln. Er darf sich auch dann nicht mit einer überschlägigen Berechnung als Grundlage einer Empfehlung für einen Scheidungsfolgenvertrag begnügen, wenn die ihm vom Mandanten zur Verfügung gestellten Unterlagen für eine verlässliche Ermittlung der Ausgleichsansprüche nicht ausreichen. Dabei berührt der Wunsch des Mandanten, »schnell geschieden zu werden«, die genannten anwaltlichen Beratungspflichten auch dann nicht, wenn der Mandant insoweit mit festen Vorstellungen an den Anwalt herantritt[415].

Macht der Anwalt den Zugewinnausgleichsanspruch im Wege des Teilantrags geltend, hat er durch geeignete Maßnahmen sicherzustellen, dass keine Verjährung wegen des nicht rechtshängigen Anspruchsteils eintritt[416]. Auch wird gelegentlich anstelle des **Stufenantrags** gemäß § 113 Abs. 1 FamFG i.V.m. § 254 ZPO nur die Klage auf Auskunft bezüglich des Endvermögens erhoben, welche die Verjährung für den Zahlungsanspruch nicht unterbricht[417]. Eine Stufenklage mit einem falschen Stichtag für den Auskunftsantrag hemmt die Verjährung[418]. Hat ein Rechtsanwalt den Anspruch auf Zugewinnausgleich pflichtwidrig verjähren lassen, so muss im Regressverfahren auf Leistung geklagt werden, weil der Schaden bezifferbar ist. Eine Feststellungsklage ist mangels Feststellungsinteresse unzulässig[419]. 154

Bei der Ermittlung des Zugewinns hat der Anwalt seiner **Informationspflicht** besonders sorgfältig nachzukommen, indem er den Mandanten nach allen Aktiva und Passiva in Bezug auf das Anfangs- und Endvermögen (§§ 1374 ff. BGB) beider Ehegatten befragt und sich dabei auch nach den Tatbeständen der §§ 1374 Abs. 2, 1375 Abs. 2 BGB erkundigt. § 1374 Abs. 2 BGB gilt nur für Schenkungen Dritter und nicht für die zugewinnausgleichsrechtliche Handhabung unbenannter Zuwendungen unter Ehegatten[420]. 155

Im Zusammenhang mit der Ermittlung des Zugewinns und der hieraus resultierenden Ausgleichsansprüche spielen oftmals auch sonstige **vermögensrechtliche Ansprüche** der Eheleute untereinander eine Rolle, die sich etwa auch aus Grundstücksübertragungsverträgen ergeben können. Dabei wird leicht verkannt, dass **Zuwendungen unter Ehegatten**, die sie einander während des gesetzlichen Güterstandes um der Ehe willen gewähren, bei Scheitern der Ehe ausschließlich güterrechtlich ausgeglichen werden. Nur in Ausnahmefällen kann ein Ausgleich nach den Regeln über den Wegfall der Geschäftsgrundlage geboten sein[421]. Macht der Anwalt im Wege des Leistungsantrags einen solchen Anspruch nach § 266 Abs. 1 Nr. 1 bis Nr. 3 FamFG geltend, gehört zur schlüssigen Antragsbegründung die Darlegung, dass das Ergebnis, zu dem der Zugewinnausgleich unter Einbeziehung der Zuwendung führt, schlechthin unangemessen und für den Kläger unzumutbar ist. Dies ist nicht schon dann der Fall, wenn der Zuwendende über den Zugewinnausgleich weniger als 156

414 OLG Rostock, Urt. v. 12.12.2019 – 25 U 1/16 – juris, Rn. 17 ff.

415 OLG Düsseldorf, Urt. v. 18.10.2005 – I-24 U 24/05 – juris, Rn. 16 ff., 22; zu den Anforderungen an die Sorgfaltspflichten des Rechtsanwalts bei der Führung eines Mandats zur güterrechtlichen Auseinandersetzung geschiedener Ehegatten vgl. auch OLG Zweibrücken, Urt. v. 2.5.2006 – 2 U 6/05 – juris, Rn. 72 ff.

416 BGH, Beschl. v. 20.7.2006 – IX ZR 72/04 – juris, Rn. 2.

417 Vgl. dazu die Ausführungen zur »Stufenklage« Rdn. 127 und Kap. 8 Rdn. 625.

418 BGH, Urt. v. 24.5.2012 – IX ZR 168/11 – juris, Rn. 11.

419 OLG Zweibrücken, Urt. v. 8.8.2014 – 2 U 5/14 – juris, Rn. 26 ff.

420 BGH, Urt. v. 20.5.1987 – IVb ZR 62/86 – juris, Rn. 14 ff.

421 Vgl. dazu auch Rdn. 161.

50 % der Zuwendung zurückerhält[422]. Der mit der Geltendmachung **güterrechtlicher Ausgleichsansprüche** beauftragte Anwalt muss das rechtliche Zusammenspiel zwischen den Regelungen des Zugewinnausgleichs bei Beendigung des gesetzlichen Güterstandes einerseits und der höchstrichterlichen Rechtsprechung zur Behandlung der sog. **ehebezogenen Zuwendungen** andererseits nachvollziehen. Dementsprechend hat er zu erfassen, ob und in welchem Umfang eine ehebezogene Zuwendung wertmäßig noch im Endvermögen des begünstigten Ehegatten vorhanden ist, und eine stichtagsgetreue Vermögensbilanz der Ehegatten zu erstellen. Dabei hat er als Vorfrage auch zu klären, ob eine anderweitige vermögensrechtliche Vereinbarung der Ehegatten (hier: notarieller Grundstücksübergabevertrag) einen güterrechtlichen Bezug im Sinne von § 1408 Abs. 1 BGB hat, und dabei Inhalt und Tragweite einer solchen Vereinbarung richtig zu interpretieren[423]. Rückforderungsansprüche aufgrund unbenannter Zuwendungen entstehen mit der **endgültigen Trennung** der Eheleute und nicht etwa erst mit Rechtshängigkeit des Scheidungsantrags oder Rechtskraft der Scheidung[424].

157 Die Rechtsprechung über unbenannte Zuwendungen unter Eheleuten wird auch auf **Zuwendungen unter Verlobten** entsprechend angewendet.[425] Soweit die Partner vor der Ehe ohne Verlobung **nichtehelich zusammengelebt** haben, kann bei einem Scheitern der später geschlossenen Ehe ein Ausgleich von gemeinschaftsbezogenen Zuwendungen aus der Zeit des nichtehelichen Zusammenlebens nach den Grundsätzen über den Vermögensausgleich zwischen Partnern einer nichtehelichen Lebensgemeinschaft erfolgen[426]. Voraussetzung ist dabei, dass die Zuwendung oder der mit der Zuwendung erworbene Vermögensgegenstand des anderen Lebenspartners noch in dessen Vermögen vorhanden ist. Die während der Lebensgemeinschaft gezogenen Nutzungen sind anteilig auch bei dem Nichteigentümer zu berücksichtigen und mindern somit den Ausgleichsanspruch.

158 Nicht selten bleiben in diesem Bereich Gegenstände oder Rechte unzutreffend bewertet. Grundsätzlich ist der **Verkehrswert maßgebend**. Einigen sich die Eheleute **vor Beendigung des Güterstandes** auf eine bestimmte Bewertungsmethode, so ist diese Einigung – ebenso wie die Einigung auf einen bestimmten Wert oder die Nichtberücksichtigung eines Vermögensgegenstandes oder eines Teils des Vermögens[427] – ohne die Form des § 1378 Abs. 3 S. 2 BGB nichtig[428]. Eine liquidationsrechtliche Bewertung ist nur dann gerechtfertigt, wenn die Liquidation zwangsläufige Folge des Zugewinnausgleichs ist. Der Rückkaufswert ist deshalb bei Kapitallebensversicherungen nur noch dann maßgeblicher Wertansatz, wenn es für den Versicherungsnehmer bei objektiver Betrachtung unzumutbar oder unmöglich ist, die Versicherung über den Endstichtag bzw. die Rechtskraft der Zugewinnausgleichsentscheidung hinaus fortzuführen und auch der finanziellen Not des Verpflichteten nicht durch eine Umwandlung in eine prämienfreie Versicherung hinreichend Rechnung getragen werden kann[429].

159 Im gerichtlichen Zugewinnausgleichsverfahren obliegt dem Anwalt die **Überprüfung des Verkehrswertgutachtens** darauf, ob dem Gutachten die richtigen wertbildenden Faktoren zugrunde liegen[430].

422 BGH, Urt. v. 10.7.1991 – XII ZR 114/89 – juris, Rn. 11 ff.
423 OLG Zweibrücken, Urt. v. 2.5.2006 – 2 U 6/05 – juris, Rn. 98 ff.
424 BGH, Urt. v. 28.2.2007 – XII ZR 156/04 – juris, Rn. 15.
425 BGH, Urt. v. 2.10.1991 – XII ZR 145/90 – juris, Rn. 9.
426 BGH, Urt. v. 9.7.2008 – XII ZR 179/05 – juris, Rn. 24 f., 40 ff.
427 OLG Düsseldorf, Urt. v. 9.9.2004 – 9 UF 119/03 – juris, Rn. 8; vgl. auch BGH, Urt. v. 31.10.2001 – XII ZR 292/99 – juris, Rn. 14, wonach die Berücksichtigungsfähigkeit einer Vermögensposition eine Rechtsfrage betrifft, die nicht der Geständniswirkung nach § 138 Abs. 3 ZPO unterliegt.
428 BGH, Urt. v. 7.9.2005 – XII ZR 209/02 – juris, Rn. 26.
429 BGH, Urt. v. 12.7.1995 – XII ZR 109/94 – juris, Rn. 10.
430 OLG Düsseldorf, Beschl. v. 20.3.2006 – I-24 U 161/05 – juris, Rn. 3 ff.

In Bezug auf **Steuerschulden** ist zu beachten, dass Einkommens- und Kirchensteuer erst mit Ablauf des Kalenderjahres entstehen, in dem das betroffene Einkommen bezogen wurde[431]. 160

Neben dem Zugewinnausgleichsrecht finden die **Grundsätze des Wegfalls der Geschäftsgrundlage** nur in besonderen Ausnahmefällen Anwendung[432]. Hatten die Parteien Gütertrennung vereinbart, kann einem Ehepartner eher ein solcher Ausgleichsanspruch zustehen[433]. 161

Bei **Einzelkonten** ist allein derjenige Ehegatte Kontoinhaber, der den Kontoeröffnungsvertrag mit der Bank geschlossen hat, während beim sog. **Oder-Konto** beide Eheleute Kontoinhaber und Gesamtgläubiger nach § 428 BGB sind. Auch die auf einem Sparbuch befindlichen Beträge gehören – grundsätzlich ungeachtet der Frage, woher sie stammen – dem Ehegatten, auf dessen Namen das Sparbuch angelegt wurde. Zu beachten ist aber, dass auch bei Einzelkonten, Sparbüchern, Sparplänen, Guthaben aus Lebensversicherungen u.Ä. eine – stillschweigend vereinbarte – **interne Bruchteilsgemeinschaft** in Betracht kommen kann. Das kann vor allem dann der Fall sein, wenn das entsprechende Guthaben vereinbarungsgemäß der Verwirklichung der ehelichen Lebensgemeinschaft zu dienen bestimmt war, unabhängig davon, wem die Forderung im Außenverhältnis zusteht und mit wessen Mitteln sie angespart wurde. In diesen Fällen kommt auch eine Auseinandersetzung außerhalb des Güterrechts in Betracht. Die entsprechende Auseinandersetzungsforderung kann auch in der stichtagsbezogenen Vermögensbilanz der Ehegatten sowohl im Anfangs- als auch im Endvermögen zu berücksichtigen sein[434]. 162

In einem Rechtsstreit um Zugewinnausgleich obliegt es dem Rechtsanwalt, entsprechend den Regeln der §§ 1373 ff. BGB eine stichtagsgetreue Vermögensbilanz der Ehegatten zu erstellen[435]. Bei der **Berechnung des Zugewinnausgleichsanspruches** ist zu berücksichtigen, dass Vermögensgegenstände aus der Ausgleichsberechnung nicht mit der Begründung ausgeklammert werden sollten, sie seien sowohl im Anfangs- als auch im Endvermögen eines Ehegatten vorhanden, weil sich dadurch Verfälschungen des Anspruches ergeben können. Ebenso wenig sachdienlich ist es, eine Vorabeinigung über einzelne Vermögensgegenstände herbeizuführen; denn auch dadurch kann sich unter Umständen der Zugewinnausgleichsanspruch verändern[436]. 163

Sind **Verbindlichkeiten** bei Anschaffung von Hausrat entstanden und haben die Ehegatten bei der außergerichtlichen Regelung des Hausrats keine Absprache getroffen, wer die Schuld übernimmt, sind die Verbindlichkeiten vom Endvermögen des Darlehensnehmers in Abzug zu bringen[437]. Ein Ehegatte, der gegenüber dem Darlehensgeber allein haftet und der auch im Innenverhältnis mit dem Ehegatten keine anderweitige Vereinbarung getroffen hat, setzt die verbleibenden Kreditschulden als Passiva vom Endvermögen ab. Haben hingegen beide Parteien im Außen- und im Innenverhältnis anteilig eine Kreditschuld übernommen, mindert der jeweilige Anteil das Endvermögen jedes Ehegatten. Auch wenn im Rahmen einer Umschuldung im Außenverhältnis nur ein Ehegatte verpflichtet wurde, der Kredit aber im Innenverhältnis beiden Ehegatten hälftig zur Last fallen soll, müssen bei der Zugewinnberechnung die restlichen Verbindlichkeiten beider Ehegatten je zur 164

431 BGH, Urt. v. 24.10.1990 – XII ZR 101/89 – juris, Rn. 49 f.; OLG Dresden, Urt. v. 25.6.2010 – 24 UF 800/09 – juris, Rn. 30.

432 BGH, Urt. v. 21.10.1992 – XII ZR 182790 – juris, Rn. 13 ff.; v. 10.7.1991 – XII ZR 114/89 – juris, Rn. 7 ff.; sowie v. 4.2.1998 – XII ZR 160/96 – juris, Rn. 15.

433 BGH, Urt. v. 13.7.1994 – XII ZR 1/93 – juris, Rn. 10 ff.

434 BGH, Urt. v. 19.4.2000 – XII ZR 62/98 – juris, Rn. 15 ff. sowie v. 11.9.2002 – XII ZR 9/01 – juris, Rn. 13 ff.; OLG Bremen, Beschl. v. 23.9.2008 – 4 W 6/08 – juris, Rn. 7 ff. mit Anmerkung *Floeth,* FamRZ 2009, 780 f.; OLG Celle, Urt. v. 28.3.2008 – 18 UF 120/07 – juris, Rn. 27 ff.; OLG Sachsen-Anhalt, Urt. v. 26.6.2006 – 10 U 23/06 – juris, Rn. 37 ff.; OLG Bremen, Beschl. v. 9.9.2005 – 4 W 24/05 – juris, Rn. 13 ff.

435 OLG Zweibrücken, Urt. v. 2.5.2006 – 2 U 6/05 – juris, Rn. 101.

436 OLG Düsseldorf, Urt. v. 9.9.2004 – 9 UF 119/03 – juris, Rn. 8; zur Wirksamkeit der Herausnahme eines Vermögensgegenstandes durch Ehevertrag vgl. BGH, Beschl. v. 17.7.2013 – XII ZB 143/12 – juris, Rn. 8 ff.

437 BGH, Urt. v. 23.4.1986 – IVb ZR 2/85 – juris, Rn. LS 2.

Hälfte als Passiva Berücksichtigung finden[438]. Haften beide Ehegatten zwar im Außenverhältnis gesamtschuldnerisch, soll aber im Innenverhältnis aufgrund entsprechender Vereinbarung nur einer allein haften, setzt nur der mit den Annuitäten belastete Ehegatte diese von seinem Endvermögen ab, sofern unzweifelhaft ist, dass dieser Kredit durch diesen Ehegatten auch vollständig getilgt werden wird. War auch im Innenverhältnis eine gemeinsame Schuldentragung vorgesehen, aber ein Ehegatte nicht in der Lage, seinen anteiligen schuldrechtlichen Verpflichtungen nachzukommen, kann der Ausgleichsberechtigte jedenfalls mit diesem Anspruch gegen den Zugewinnausgleichsanspruch des anderen Ehegatten aufrechnen, wenn die Ausgleichsforderung bereits tituliert wurde[439]. Wurde eine Darlehensschuld im Außenverhältnis als Gesamtschuld begründet, wurden die Annuitäten aber im Innenverhältnis nur von einem Ehegatten getragen, so wird dieser Übung durch eine Trennung der Ehegatten die Geschäftsgrundlage entzogen mit der Folge, dass bei der Bemessung des Endvermögens der Kredit wieder bei beiden Parteien als Passivposten Berücksichtigung finden muss[440].

165 Die Einleitung eines Arrestverfahrens zur Sicherung des Zugewinnausgleichsanspruches wegen drohender Vermögensverschiebung kann nicht auf pure Vermutungen gestützt werden, sondern erfordert konkrete Darlegung und Glaubhaftmachung von Arrestanspruch und Arrestgrund[441]. Werden trotz konkreten Hinweises darauf, dass der Ehegatte versucht, den Ausgleichsanspruch des Mandanten zu vereiteln[442], Maßnahmen zur Sicherung und Vollstreckbarkeit des Anspruchs unterlassen, verstößt dies gegen die anwaltliche Sorgfaltspflicht[443]. Solche Maßnahmen sind ganz besonders dann zu prüfen, wenn der Zugewinn nicht im Verbund geltend gemacht worden ist und mit Rechtskraft der Scheidung der Schutz des § 1365 BGB entfällt[444].

III. Unterhaltsrechtliche Verfahren[445] oder Regelungen

166 Ein Anwaltsvertrag mit dem Elternteil, bei welchem das Kind lebt, stellt sich insoweit als Vertrag mit Schutzwirkung zugunsten des Kindes dar, als der Anwalt auch Ansprüche auf **Kindesunterhalt** geltend macht. Eine Berechtigung der Eltern, bei Pflichtverletzungen, welche die Interessen des Kindes betreffen, einen Schadensersatz gegen den Anwalt im eigenen Namen mit dem Antrag einer Zahlung an sich selbst geltend zu machen, besteht nicht[446]. Auch dann, wenn gemäß § 1629 Abs. 3 BGB ein Elternteil, weil die Eltern getrennt leben oder eine Ehesache zwischen ihnen anhängig ist, den Unterhaltsanspruch des Kindes im eigenen Namen gegen den anderen Elternteil gerichtlich geltend machen kann, bleibt der Kindesunterhaltsanspruch doch ein Anspruch des Kindes. Wenn dieser Unterhalt nicht gezahlt wird, stellt dies auch einen Schaden des Kindes dar.

Erwirkt das Kind einen Unterhaltstitel und wird der Anwalt beauftragt aus diesem Titel zu vollstrecken, macht er sich schadensersatzpflichtig, wenn er der Vollstreckung der Unterhaltsforderung durch Pfändung von Arbeitseinkommen nicht ordnungsgemäß nachkommt, obwohl pfändbares Arbeitseinkommen vorliegt und der vollstreckbare Betrag im Pfändungsbeschluss hätte festgesetzt werden können[447].

438 Vgl. zu diesem Anwaltsregressfall BGH, Urt. v. 31.1.1991 – IX ZR 38/90 – juris, Rn. 7 ff.

439 OLG Frankfurt, Beschl. v. 26.11.1984 – 1 WF 155/84 – FamRZ 1985, 482.

440 BGH, Urt. v. 17.5.1983 – IX ZR 14/82 – juris, Rn. 16, 25.

441 OLG Düsseldorf, Urt. v. 25.1.2005 – I-24 U 43/04 – juris, Rn. 12 ff.

442 OLG Hamm, Beschl. v. 15.2.2006 – 8 WF 54/06 – juris, Rn. 13 ff.: bei Übertragung des gesamten Barvermögens innerhalb der Familie; einschränkender dagegen OLG München, Urt. v. 4.12.2013 – 16 UF 1322/13 – juris, Rn. 15 ff.

443 OLG Hamm, Urt. v. 17.5.2002 – 33 U 7/02 – juris, Rn. 23; zu den anwaltlichen Pflichten zur Sicherung und Durchsetzung von Zugewinnausgleichsansprüchen vgl. OLG Zweibrücken, Urt. v. 16.8.2013 – 2 U 1/13 – juris, Rn. 23 ff.

444 OLG Hamm, Urt. v. 27.11.1991 – 33 U 6/90 – FamRZ 1992, 430.

445 Zu den Pflichten des Anwalts im Unterhaltsverfahren insbesondere im Blick auf mögliche Verzugsschäden vgl. *Viefhues,* FPR 2013, 541 ff.

446 OLG Koblenz, Beschl. v. 1.3.2007 – 10 U 487/06 – juris, Rn. 4.

447 Vgl. OLG Koblenz, Beschl. v. 13.9.2017 – 13 W 371/17 – juris, Rn. 9 ff.

167 Bei einer Vertretung des Kindes nach Eintritt der Volljährigkeit ist ein möglicher Interessenkonflikt im Kindesunterhaltsverfahren zu beachten[448]. Die Nichtbeachtung des Anspruchs des erwerbsunfähigen Kindes auf Grundsicherung nach § 41 SGB XII ab dem Zeitpunkt der bevorstehenden Volljährigkeit verstößt bei der Beratung des unterhaltspflichtigen Elternteils im Abänderungsverfahren gegen die anwaltliche Sorgfaltspflicht[449].

168 In Bezug auf einen beruflich **selbständigen Unterhaltsschuldner** kann der Anwalt verpflichtet sein im Unterhaltsprozess besondere Substantiierungspflichten zu beachten. So genügt es keinesfalls, zum Nachweis mangelnder Leistungsfähigkeit eine Bilanz oder eine Gewinn- und Verlustrechnung vorzulegen; denn die steuerrechtlich relevanten Einkünfte, die z.B. durch Abschreibungen verringert werden, müssen mit den unterhaltsrechtlich relevanten nicht übereinstimmen[450].

169 Es stellt eine haftungsauslösende schuldhafte Falschinformation dar, wenn der Anwalt mitteilt, dass der **Betreuungsunterhalt** rückwirkend – ohne vorherige Inverzugsetzung – verlangt werden kann, da dies im Widerspruch zur Rechtsprechung des Bundesgerichtshofs steht.[451]

170 **Vorwerfbare Nichtausnutzung der Arbeitskraft** führt im Unterhaltsrecht dazu, dass der Verpflichtete so gestellt wird, als verfüge er über die tatsächlich erzielbaren Einkünfte[452]. Die **gesteigerte Erwerbsobliegenheit** des Unterhaltsschuldners zwingt jedoch bei geringer Leistungsfähigkeit nicht mehr ohne weiteres zur Aufnahme eines Nebenerwerbs, wenn der Unterhaltsschuldner vollschichtig erwerbstätig ist[453]. Der Anwalt, der den Unterhaltsschuldner vertritt, sollte hier sorgfältig zu der tatsächlichen Ausnutzung der Arbeitskraft vortragen, um die Zurechnung fiktiver Einkünfte aus Nebenerwerb zu vermeiden. Den Mandanten sollte er frühzeitig auf mögliche Zweifel daran, ob dessen bisherige Erwerbsbemühungen ausreichen, hinweisen und aufzeigen, was von ihm erwartet wird und wie die Bemühungen dokumentiert werden können.

171 Nach Prüfung der Erfolgsaussichten einer Berufung, die sich gegen einen Unterhaltstitel richtet, schuldet der Rechtsanwalt dem Mandanten eine umfassende Beratung über die Risiken des Rechtsmittelverfahrens, welche sich an den Besonderheiten des Unterhaltsverfahrens orientiert, bei welchem sich allein aufgrund des Zeitablaufs veränderte Umstände ergeben können[454].

172 Der **vorläufige Rechtsschutz** in Familiensachen ist im FamFG[455] neu geregelt. Für Unterhaltssachen gelten vor den allgemeinen Vorschriften §§ 49 bis 57 FamFG die spezielleren §§ 246 bis 248 FamFG. Die Einleitung eines Hauptsacheverfahrens ist für den Antrag auf Erlass einer einstweiligen Anordnung nicht mehr erforderlich. § 1615o BGB ist entfallen; an seine Stelle ist § 247 FamFG getreten. Für eine einstweilige Verfügung wegen Unterhaltszahlungen ist daher ab dem 1.9.2009 kein Raum mehr.

173 Nicht selten wird die Geltendmachung des **Vorsorgeunterhalts,** welcher ab Rechtshängigkeit des Scheidungsantrags, § 1361 Abs. 1 S. 2 BGB, verlangt werden kann, pflichtwidrig unterlassen[456]. Der Vorrang des Elementarunterhalts bedeutet nur, dass auf Seiten beider Ehegatten der Mindestbedarf gedeckt sein muss, ehe ein gesonderter Vorsorgeunterhalt in Betracht kommt. Gleichwohl

---

448 BGH, Urt. v. 23.4.2012 – AnwZ (Brfg) 35/11 – juris, Rn. 11 ff.

449 OLG Düsseldorf, Urt. v. 31.1.2012 – I-24 U 39/11 – juris, Rn. 3 ff.

450 Zu abzugsfähigen Ausgaben des Verpflichteten vgl. *Niepmann/Schwamb*, Die Rechtsprechung zur Höhe des Unterhalts, Rn. 978 ff.

451 LG Lübeck, Urt. v. 8.12.2016 – 14 S 60/16 – juris, 13.

452 BGH, Urt. v. 15.11.1995 – XII ZR 231/94 – juris, Rn. 16 ff.; OLG Hamm, Urt. v. 26.4.1996 – 12 UF 86/95 – FamRZ 1996, 1218.

453 BGH, Urt. v. 3.12.2008 – XII ZR 182/06 – juris, Rn. 22 ff.

454 Schleswig-Holsteinisches OLG, Urt. v. 11.4.2013 – 11 U 80/12 – juris, Rn. 25 ff.

455 Gesetz über das Verfahren in Familiensachen und in den Angelegenheiten der freiwilligen Gerichtsbarkeit (FamFG) vom 17.12.2008 (BGBl I, S. 2586).

456 Zum Verhältnis von Vorsorge- und Elementarunterhalt vgl. BGH, Urt. v. 25.11.1998 – XII ZR 33/97 – juris, Rn. 42 ff.

ist zu errechnen, was Vorsorge- und Elementarunterhalt zusammen ergeben. Danach ist zu prüfen, ob der Vorsorgeunterhalt zugunsten des Elementarunterhalts zu kürzen ist. Wurde der Vorsorgeunterhalt im Erstprozess nicht geltend gemacht oder eine Nachforderung nicht ausdrücklich vorbehalten[457], kann er nachgefordert werden, wenn ein Abänderungsantrag des Berechtigten aus anderen Gründen zulässig und erfolgreich ist[458], oder mit dem »vergessenen Vorsorgeunterhalt« der bestehende Titel gegenüber einem Abänderungsbegehren des Unterhaltspflichtigen verteidigt wird[459]. Der Mandant ist darauf hinzuweisen, dass er bei Nichtgeltendmachung von Altersvorsorgeunterhalt (z.B. zugunsten eines höheren Elementarunterhalts) bei der späteren Forderung von Altersunterhalt seinen Bedarf nicht darauf stützen kann, dass er aufgrund nach der Scheidung fortwirkender ehebedingter Nachteile nicht in der Lage war, mit seinen eigenen Einkünften eine ausreichende Altersvorsorge zu begründen[460].

174 Unbekannt ist mitunter auch, dass bestimmte Unterhaltsansprüche mit der **Wiederheirat** des Berechtigten nicht endgültig erlöschen, sondern unter den Voraussetzungen des § 1586a Abs. 1 BGB nach der Auflösung der neuen Ehe wieder aufleben. Gleiches gilt für die Tatsache, dass gemäß § 1586b Abs. 1 BGB die Unterhaltspflicht mit dem **Tod des Verpflichteten** auf den Erben als Nachlassverbindlichkeit übergeht und dass gleichzeitig etwaige Beschränkungen aus § 1581 BGB entfallen, auch wenn der Erbe gemäß § 1586b Abs. 1 S. 2 BGB nicht über den Betrag hinaus haftet, der dem Pflichtteil entspricht, der dem Berechtigten zustünde, wenn die Ehe nicht geschieden worden wäre, und zwar ungeachtet der Frage, in welchem Güterstand der Erblasser gelebt hat. Maßgebend ist der Wert des Nachlasses im Zeitpunkt des Erbfalles[461].

175 **Mangelnde Sorgfalt bei der Titulierung des Unterhalts im Vorverfahren** verhindert oftmals eine spätere Berücksichtigung von erheblichen Tatsachen im Abänderungsverfahren, da das spätere Vorbringen präkludiert sein kann. Der unzureichende Sachvortrag im Erstprozess kann – von bestimmten Ausnahmen abgesehen – auch nicht nachgebessert werden[462]. Die höchstrichterliche Rechtsprechung zur **Präklusion** nach § 238 Abs. 2 FamFG in Unterhaltssachen ist sehr differenziert und eröffnet bei der Anwendung auf den konkreten Sachverhalt zum Teil erhebliche Fehlerquellen. Um dem zu begegnen empfiehlt sich ein möglichst umfassender Sachvortrag. Dies gilt insbesondere auch für die Frage der Befristung, obwohl der BGH inzwischen einige Einschränkungen gegenüber der zunächst sehr strikten Auffassung vorgenommen hat. Auch wenn die verfahrensrechtliche Präklusion auf die Abänderung von vollstreckbaren Vergleichen nach § 239 FamFG keine Anwendung findet, wirkt sich dort mangelnde Sorgfalt ähnlich aus, da hieraus jedenfalls dann, wenn der Fehler im Risikobereich eines Beteiligten allein liegt, kein Wegfall oder keine Störung der Geschäftsgrundlage nach §§ 242, 313 BGB hergeleitet werden kann.

176 Empfiehlt das Prozessgericht, einen bestimmten Vergleich abzuschließen, muss der Anwalt seinen Mandanten sowohl zum Inhalt des Vergleichs sowie in Bezug auf die Frage der Abänderbarkeit aufklären und beraten. Stimmt eine vom Gericht geäußerte Rechtsauffassung nicht mit der Rechtsprechung des Bundesgerichtshofs überein, hat der Rechtsanwalt darauf hinzuweisen und von einem Vergleichsschluss abzuraten, wenn der gerichtliche Vergleichsvorschlag unvertretbar ist und eine negative Streitentscheidung mit einem Rechtsmittel anfechtbar wäre[463].

Der auf Seiten des Unterhaltspflichtigen tätige Rechtsanwalt ist zur Vermeidung von Haftungsrisiken gehalten, im Falle eines Vergleichsschlusses darauf hinzuwirken, dass die Frage der

457 BGH, Beschl. v. 19.11.2014 – XII ZB 478/13 – juris, Rn. 14 ff.
458 BGH, Urt. v. 15.10.1986 – IVb ZR 78/85 – juris, Rn. 30 ff., 37: weil durch die Berücksichtigung der an sich präkludierten Tatsache die Rechtskraft der früheren gerichtlichen Entscheidung nicht durchbrochen wird.
459 BGH, Urt. v. 3.4.1985 – IVb ZR 19/84 – juris, Rn. 8.
460 BGH, Beschl. v. 14.5.2014 – XII ZB 301/12 – juris, Rn. 49.
461 BT-Drs. 7/650, S. 152.
462 OLG Köln, Beschl. v. 23.9.2008 – 4 UF 23/08 – juris, Rn. 5.
463 OLG Hamburg, Urt. v. 5.3.2019 – 2 U 25/18 – juris, Rn. 27 ff.

Unterhaltsbegrenzung nicht nur stillschweigend, sondern ausdrücklich offengelassen wird[464]. Er kann sich nicht darauf verlassen, dass der im Vergleichswege unbegrenzt vereinbarte nacheheliche Unterhalt nach der Rechtsprechung im Zweifel in einem späteren Abänderungsverfahren einer Befristung und/oder Herabsetzung zugänglich ist[465].

Im Rahmen eines Auftrags zur Prüfung der möglichen Abänderbarkeit eines Unterhaltsvergleichs verletzt ein Anwalt seine Pflichten nicht, wenn er dem Mandanten die Beauftragung eines Detektivs empfiehlt, um das Vorliegen einer von dem Mandanten vermuteten nichtehelichen Lebensgemeinschaft der Unterhalt beziehenden Ehefrau und damit den Verwirkungsgrund des § 1579 Nr. 2 BGB beweisen zu können[466].

Besonderheiten gelten, soweit mit einem **Abänderungsantrag** einer **grundlegenden Änderung der** 177
höchstrichterlichen Rechtsprechung[467], die zu einer **Änderung der Rechtslage** führt und somit einer Änderung durch die Gesetzgebung gleichzusetzen ist, Rechnung getragen werden soll. Dabei ist zu unterscheiden, ob diese geänderte Rechtsprechung zum Zeitpunkt der letzten mündlichen Verhandlung des früheren Unterhaltsverfahrens bereits veröffentlicht war oder nicht. Sind die höchstrichterlichen Entscheidungen bereits in den gängigen Fachzeitschriften veröffentlicht, müssen sie in der anwaltlichen Beratung unbedingt beachtet werden. Es stellt eine haftungsbegründende Pflichtverletzung dar, wenn die **regelmäßige zeitnahe Unterrichtung in Fachzeitschriften** über solche Rechtssprechungsänderungen versäumt und notwendiger Vortrag im Unterhaltsverfahren unterblieben oder ein Vergleich auf der Grundlage der alten Rechtslage geschlossen worden ist. Grundlegende Änderungen der Rechtsprechung haben in der Vergangenheit vor allem die Auslegung des unbestimmten Rechtsbegriffs des Bedarfs nach den ehelichen Lebensverhältnissen nach § 1578 BGB[468] sowie die Beschränkung des Aufstockungsunterhaltsanspruchs nach § 1573 Abs. 5 BGB a.F. auch bei langer Ehedauer[469], die in § 1578b BGB in das Gesetz übernommen und auf sämtliche nachehelichen Unterhaltsansprüche erweitert worden ist, zum Gegenstand gehabt. Bei in der Vergangenheit liegenden Sachverhalten ist die neue Rechtslage jeweils erst ab Rechtskraft der Änderung der höchstrichterlichen Rechtsprechung zu berücksichtigen[470].

Wo die Grenze der grundlegenden zur sonstigen Änderung der höchstrichterlichen Rechtsprechung 178
zu ziehen ist, ist offen, da die von der vorstehend aufgezeigten Rechtsprechung des BGH bisher als Abänderungsgrund erörterten Sachverhalte sämtlich von grundlegender Natur waren, weil sie sich auf die Systematik der Ermittlung des Ehegattenunterhalts und damit umfassend auswirkten. Der Umstand, dass in § 238 Abs. 2 FamFG entgegen der bis zuvor geltenden Regelung in § 323 Abs. 2 ZPO a.F. ausdrücklich auch die Veränderung der rechtlichen Verhältnisse als Abänderungsgrund bezeichnet wird, spricht dafür, sämtliche Änderungen der höchstrichterlichen Rechtsprechung als Abänderungsgrund anzusehen. Problematisch kann dies jedoch dann sein, wenn – wie z.B. bei der unterhaltsrechtlichen Qualifizierung von **Kindergartenkosten** und sonstigen **Kinderbetreuungskosten**[471] – innerhalb kurzer Zeit mehrfach Änderungen der Rechtsprechung erfolgen, bis sich eine gefestigte Rechtsprechung etabliert.

---

464 BeckOGK BGB/*Schlecht*, § 1578b, Rn. 286 mit Hinweis auf *Bosch*, FF 2012, 396 (399).

465 BeckOGK BGB/*Schlecht*, § 1578b, Rn. 283.

466 OLG Jena, Urt. v. 26.7.2006 – 8 U 1171/05 – juris, Rn. 26, 29.

467 Zur Zulässigkeit der Abänderung in diesen Fällen vgl. BGH, Urt. v. 23.5.2012 – XII ZR 147/10 – juris, Rn. 16.

468 BGH, Urt. v. 13.6.2001 – XII ZR 343/99 – juris, Rn. 27 ff.: weitgehende Aufgabe der Anrechnungsmethode; Urt. v. 6.2.2008 – XII ZR 14/06 – juris, Rn. 47 ff.: »wandelbare Lebensverhältnisse« durch Berücksichtigung nachehelicher Unterhaltsverpflichtungen beim Bedarf; Urt. v. 30.7.2008 – XII ZR 177/06 – juris, Rn. 39 ff.: »Drittelmethode«; Urt. v. 7.12.2011 – XII ZR 151/09 – juris, Rn. 16: Rückkehr zur früheren stichtagsbezogenen Auslegung des § 1578 BGB nach Beanstandung der vorhergehenden Änderung der Rechtsprechung durch BVerfG, Beschl. v. 25.1.2011 – 1 BvR 918/10 – juris, Rn. 43 ff.

469 BGH, Urt. v. 12.4.2006 – XII ZR 240/03 – juris, Rn. 11 ff.

470 BGH, Urt. v. 28.3.2007 – XII ZR 163/04 – juris, Rn. 27.

471 BGH, Urt. v. 26.11.2008 – XII ZR 65/07 – juris, Rn. 25 ff. m.w.N.

179 Ein Rechtsanwalt hat sich nicht nur im Hinblick auf mögliche Gründe zur Abänderung eines bestehenden Titels **ständig über die Entwicklung der höchstrichterlichen Rechtsprechung zu informieren**, sondern auch zur Verhinderung eines falschen Titels aufgrund Nichtbeachtung der höchstrichterlichen Rechtsprechung durch das abschließend entscheidende Gericht oder eines Vergleichsabschlusses auf unzutreffender rechtlicher Grundlage. Dabei darf er auf den Fortbestand der höchstrichterlichen Rechtsprechung vertrauen. Allerdings hat er Hinweise eines obersten Gerichts auf die Möglichkeit einer künftigen Änderung seiner Rechtsprechung zu berücksichtigen. Ferner hat er nach Möglichkeit neue Entwicklungen in Rechtsprechung und Rechtswissenschaft im Rahmen des ihm Zumutbaren und deren mögliche Auswirkungen auf eine ältere Rechtsprechung im Bereich der jeweiligen Problemfelder zu bedenken[472]. Das Mandat des erstinstanzlichen Anwalts umfasst neben der Belehrung über die formellen Voraussetzungen eines Rechtsmittels gegen die ergangene, die Instanz abschließende Entscheidung auch die Prüfung und den Hinweis auf ohne Weiteres erkennbare **Abweichungen von der höchstrichterlichen Rechtsprechung**[473]. Im Streitfall ist konkret darzulegen, wie die Belehrung erfolgt ist und wie der Mandant darauf reagiert hat[474].

180 Die Verpflichtung eines Rechtsanwalts, einen Mandanten über die Möglichkeit einer **Unterhaltsbegrenzung nach Höhe und/oder Dauer** zu belehren, ist wegen der sich nicht selten verändernden Rechtslage im Unterhaltsrecht sorgfältig für den Zeitpunkt der Beratung zu bestimmen[475]. Die Darlegungs- und Beweislast für Tatsachen, die eine Herabsetzung oder zeitliche Begrenzung des Unterhalts zur Folge haben können, trifft nach allgemeinen Beweislastregeln grundsätzlich den Unterhaltsverpflichteten, der auch die näheren Umstände darlegen und notfalls beweisen muss, die für eine möglichst kurze Übergangsfrist bis zum Wegfall der Unterhaltsverpflichtung sprechen. Wirft der Mandant dem Anwalt in diesem Zusammenhang fehlerhafte Beratung bzw. unzureichenden Vortrag im Unterhaltsverfahren vor, führt dies nur dann zu einer Haftung des Anwalts, wenn ein pflichtwidrig unzureichender Vortrag im Ehescheidungsverfahren sich für den Mandanten finanziell nachteilig ausgewirkt hätte[476].

181 Unterbleibt möglicher Sachvortrag für eine Herabsetzung und/oder Befristung des nachehelichen Unterhalts nach § 1578b BGB, den das Gericht auch ohne ausdrückliche rechtliche Geltendmachung einer solchen Beschränkung des Unterhalts im Rahmen des Abweisungsantrags von Amts wegen zu berücksichtigen hat[477], hat der Anwalt den Schaden zu tragen, der sich daraus ergibt, dass es beim unbeschränkten Unterhaltsanspruch verbleibt und die spätere Nachholung dieses Versäumnisses wegen Präklusion ausgeschlossen ist. Eine Ausnahme von der Präklusionswirkung ist gegeben, wenn das Gericht einen Abänderungsantrag, der nicht auf § 1578b BGB gestützt war und keinen Sachvortrag hierzu enthielt, ohne Prüfung der Abänderungsgründe zurückgewiesen hat[478]. Ist ein Umstand, der in einem früheren Verfahren zu Unrecht nicht berücksichtigt worden ist, in einem späteren aus anderen Gründen eröffneten Abänderungsverfahren im Rahmen einer umfassenden Billigkeitsabwägung nach § 1578b BGB von Bedeutung, so besteht insoweit keine Präklusion[479]. Ist der nacheheliche Unterhalt durch einen Vergleich tituliert, so kann der versäumte

472 OLG Hamm, Urt. v. 14.2.2008 – 28 U 97/07 – juris, Rn. 28.

473 OLG Düsseldorf, Urt. v. 8.11.2011 – I-24 U 55/11 – juris, Rn. 29.

474 OLG Düsseldorf, Urt. v. 8.11.2011 – I-24 U 55/11 – juris, Rn. 35.

475 Schleswig-Holsteinisches OLG, Urt. v. 21.12.2006 – 11 U 64/06 – juris, LS 1.

476 Vgl. OLG Düsseldorf, Beschl. v. 18.11.2008 – I-24 U 19/08 – juris, Rn. 9 ff. zur Anwendung der §§ 1573 Abs. 5, 1578 Abs. 1 S. 2 BGB.

477 OLG Düsseldorf, Beschl. v. 12.1.2015 – I-24 W 80/14 – juris, Rn. 3; vgl. auch BGH, Urt. v. 24.3.2010 – XII ZR 175/08 – juris, Rn. 18 ff. zur Darlegungs- und Beweislast im Rahmen des § 1578b BGB.

478 BGH, Urt. v. 7.12.2011 – XII ZR 159/09 – juris, Rn. 23: Zurückweisung des Antrags als unschlüssig mangels Darlegung des eigenen Einkommens des Antragstellers.

479 BGH, Beschl. v. 15.7.2015 – XII ZB 369/14 – juris, Rn. 24 ff., 1694: Nichtberücksichtigung der Möglichkeit des Wechsels der geschiedenen Frau eines Beamten in einen günstigeren Basistarif der Privaten Krankenversicherung.

Begrenzungseinwand bzw. der hierzu erforderliche Vortrag noch im Abänderungsverfahren erfolgen[480].

Die anwaltliche Pflichtverletzung vor Erlass einer gerichtlichen Entscheidung ist für den Schaden des Mandanten (hier: erfolgloser Unterhaltsabänderungsantrag) auch dann nicht ursächlich, wenn diese Entscheidung auch ohne den anwaltlichen Fehler nicht vermieden worden wäre[481]. Schließt die Gläubigerin eines Anspruchs auf Betreuungsunterhalt aus § 1615l Abs. 2 S. 2 BGB aufgrund einer fehlerhaften Beratung durch ihren Rechtsanwalt über den Fortbestand des Anspruchs bei Eheschließung die Ehe mit einem neuen Partner, kann der Wegfall des Anspruchs auf Betreuungsunterhalt durch den Anspruch auf Familienunterhalt kompensiert werden, so dass ein ersatzfähiger Schaden nicht besteht[482]. Geht es dem Mandanten ersichtlich nicht um die erstmalige Titulierung des Unterhalts, so hat der Anwalt im Rahmen seiner Sachverhaltsaufklärungspflicht festzustellen, welche Vortitel vorliegen. Es besteht ein erhebliches Haftungsrisiko, wenn ein Abänderungsverfahren ohne genaue Kenntnis der Vortitel betrieben wird[483]. 182

Hat der Mandant auf Grund einer schuldhaften Falschberatung seines Rechtsanwalts einen für ihn unvertretbar nachteiligen Unterhaltsvergleich abgeschlossen, berechnet sich der Regressanspruch grundsätzlich nach dem hypothetischen Verfahrensverlauf im Falle des unterbliebenen Vergleichsschlusses, d.h. nach der Differenz zwischen der im Vergleich übernommenen Unterhaltsverpflichtung und der sich aus einer zutreffenden Unterhaltsberechnung (auf Grund des tatsächlich erzielten Einkommens) ergebenden Unterhaltspflicht[484].

Häufig nicht bekannt ist, dass als laufender Unterhalt[485] **titulierte zukünftige Ansprüche** innerhalb von drei Jahren ab jeweiliger Fälligkeit **verjähren**, § 197 Abs. 2 BGB. Dem kann nicht ohne weiteres mit einem Feststellungsantrag begegnet werden[486]. Die der Wahrung des Familienfriedens dienende Regelung der Verjährungshemmung in § 207 Abs. 1 S. 2 Nr. 2 BGB ist nicht anwendbar, wenn der Unterhaltsanspruch auf einen Dritten übergegangen ist[487]. Unterhaltsansprüche Minderjähriger gegenüber ihren Eltern unterliegen zwar nicht der **Verwirkung**, § 1611 Abs. 2 BGB, jedoch kann wegen **verspäteter Geltendmachung rückständigen Unterhalts** Verwirkung beim Unterhalt minderjähriger Kinder – ebenso wie bei sämtlichen anderen Unterhaltsansprüchen – unter dem Gesichtspunkt von Treu und Glauben eintreten[488]. 183

Bei einem Rückzahlungsanspruch wegen zu viel bzw. zu Unrecht gezahlten Unterhalts kommt eine Haftung des Rechtsanwalts des Unterhaltsberechtigten in Betracht, wenn er nicht auf den Einwand des Wegfalls der Bereicherung hinweist[489].

---

480 BGH, Urt. v. 26.5.2010 – XII ZR 143/08 – juris, Rn. 11 ff.: soweit der Vertragsinhalt nicht der Annahme des Vorbehalts der späteren Geltendmachung entgegensteht; vgl. auch OLG Zweibrücken, Urt. v. 11.1.2013 – 2 U 5/12 – juris, Rn. 22 ff.

481 OLG Düsseldorf, Urt. v. 19.6.2007 – I-24 U 125/06 – juris, Rn. 18 ff.

482 BGH, Urt. v. 16.3.2016 – XII ZR 148/14 – juris, LS sowie Rn. 23 ff. mit krit. Anm. *Graba,* NZFam 2016, 462 f.

483 BGH, Urt. v. 2.4.1998 – IX ZR 107/97 – juris, LS 1 sowie Rn. 22 ff.

484 OLG Köln, Urt. v. 21.7.2004 – 26 U 8/04 – juris, Rn. 22.

485 BGH, Beschl. v. 9.7.2014 – XII ZB 719/12 – juris Rn. 17.

486 Vgl. BGH, Urt. v. 7.5.2003 – IV ZR 121/02 – juris, Rn. 7; OLG Naumburg, Beschl. v. 9.7.2008 – 3 WF 139/08 – juris, Rn. 5 ff.

487 BGH, Urt. v. 23.8.2006 – XII ZR 26/04 – juris, Rn. 14; OLG Oldenburg, Beschl. v. 28.11.2012 – 13 UF 77/12 – juris, Rn. 22: zur Frage, ob diese Hemmung nach Rückübertragung des Anspruchs wieder möglich ist.

488 OLG Hamm, Beschl. v. 17.3.2014 – 6 UF 196/13 – juris, Rn. 23 ff.; zur Verwirkung von rückständigem Kindesunterhalt nach Eintritt der Volljährigkeit vgl. OLG Celle, Urt. v. 10.4.2008 – 17 UF 217/07 – juris, Rn. 9 ff.

489 OLG Düsseldorf, Beschl. v. 13.10.2011 – I-24 U 108/11 – juris, LS 1 sowie Rn. 11 ff.

IV. Sonstige familienrechtliche Verfahren

184 Besondere Sorgfalt erfordert die Mandatsführung in Familiensachen aber auch in Bezug auf das Ehescheidungsverfahren, familienrechtliche Fristen sowie in Kindschafts- und Abstammungssachen nach §§ 151, 169 FamFG.

185 Der Rechtsanwalt kann sich schadensersatzpflichtig machen, wenn er das Ehescheidungsverfahren so zögernd betreibt, dass dem scheidungswilligen Ehegatten, der alsbald eine neue Ehe eingehen will, daraus resultierende steuerliche Vorteile entgehen. Der Anwaltsdienstvertrag mit dem scheidungswilligen Ehegatten entfaltet keine Schutzwirkung für dessen künftigen Ehegatten[490].

Im **Regressverfahren** des **Scheinvaters** gegen den mutmaßlichen biologischen Vater scheitert eine Inzidentfeststellung der Vaterschaft des **biologischen Vaters** grundsätzlich an der Rechtsausübungssperre in § 1600d Abs. 5 BGB. Eine Ausnahme besteht dann, wenn der Scheinvater andernfalls rechtlos gestellt wäre, weil mit der Feststellung der Vaterschaft aufgrund der Weigerung der Mutter und des biologischen Vaters, ein Statusverfahren durchzuführen, in absehbarer Zeit nicht zu rechnen ist[491]. Der BGH hat in einer weiteren Entscheidung klargestellt, dass diese Ausnahme nur dann gilt, wenn zuvor die Scheinvaterschaft in einem Anfechtungsverfahren rechtskräftig festgestellt worden ist[492]. Der Anwalt, der mit der Geltendmachung der Regressansprüche beauftragt ist, wird daher sorgfältig zu prüfen haben, ob die Inzidentfeststellung im Regressverfahren geltend gemacht werden kann.

186 Im Zusammenhang mit dem Scheidungsverfahren kann die **Abstammung** der als ehelich geltenden Kinder eine Rolle spielen. Dabei muss der Anwalt die **Anfechtungsfristen** nach § 1600b BGB im Auge behalten und gegebenenfalls zur Erhebung der **Anfechtungsklage** raten[493]. Die Fristenberechnung und -kontrolle für Vaterschaftsanfechtungen mit Auslandsberührung erfordert dabei besondere Sorgfalt[494].

187 Bei dem von Amts wegen im Ehescheidungsverbund durchzuführenden **Versorgungsausgleich** ist der Anwalt gehalten, die **Auskünfte der Versorgungsträger** jedenfalls auf Lücken im Versicherungsverlauf zu überprüfen; zwar haftet der Rentenversicherungsträger für die Richtigkeit seiner Auskünfte gem. § 839 BGB, er kann sich jedoch unter Hinweis auf die genannte Prüfungspflicht gegebenenfalls exkulpieren, § 839 Abs. 1 S. 2 BGB[495]. Der Anwalt darf auf die ordnungsgemäße renten- oder versorgungstechnische Umsetzung der relevanten Tatsachen und die Verwertung der zur Verfügung gestellten Unterlagen vertrauen[496]. Die Prüfungspflicht beschränkt sich auf **offensichtliche Fehler** der Auskunft. Ob eine solche Offensichtlichkeit für den Anwalt bei einer Verwechslung der Währungseinheiten (EUR statt DM) bei der Ermittlung des Ehezeitanteils eines Anrechts vorliegt, wenn dieser Fehler weder von dem die Auskunft erteilenden Versorgungsträger noch dem Familiengericht bemerkt worden ist, erscheint zweifelhaft[497]. Zur Vermeidung anwaltlicher Haftung empfiehlt es sich des Weiteren, **die Auskunft des abgebenden Versorgungsträgers dem Zielversorgungsträger zuzuleiten,** damit dieser neben der Annahme des Betrages und den Konditionen für das neu zu begründende Recht auch die Steuerneutralität der geplanten Transaktion bestätigen kann[498]. Der Anwalt ist gegebenenfalls gehalten, Rechtsmittel gegen eine Entscheidung zum Versorgungsausgleich auch mit dem Ziel einzulegen, eine genehmigungsfähige Vereinbarung zum Versorgungsausgleich zu erreichen[499]. Der Zurechnungszusammenhang zwischen

490 OLG Düsseldorf, Beschl. v. 22.2.2007 – I-24 U 133/06 – juris, Rn. 2 f.

491 BGH, Urt. v. 9.11.2011 – XII ZR 136/09 – juris, Rn. 15 m.w.N.

492 BGH, Urt. v. 11.1.2012 – XII ZR 194/09 – juris, Rn. 29 ff.

493 BGH, Urt. v. 23.9.2004 – IX ZR 137/03 – juris, Rn. 15 ff.

494 Schleswig-Holsteinisches OLG, Urt. v. 2.11.2006 – 11 U 22/06 – juris, LS 1.

495 BGH, Urt. v. 9.10.1997 – III ZR 4/97 – juris, Rn. 26.

496 BGH, Urt. v. 9.10.1997 – III ZR 4/97 – juris, Rn. 26.

497 Pflichtverletzung bejaht: OLG Düsseldorf, Urt. v. 10.12.2019 – I 24 U 55/18 – nicht rk.: BGH – IX ZR 10/20 –.

498 BeckOK BGB/*Bergmann*, VersAusglG, § 14, Rn. 8.

499 OLG Hamm, Urt. v. 3.3.1993 – 33 U 125/92 – FamRZ 1994, 376 f.

der anwaltlichen Pflichtverletzung im ursprünglichen Versorgungsausgleichsverfahren und dem bei dem Mandanten entstandenen Schaden entfällt nicht bereits dadurch, dass der Anwalt in dem nachfolgenden Abänderungsverfahren die mögliche Korrektur der fehlerhaften Entscheidung nicht geltend macht und somit eine weitere Pflichtverletzung begeht[500].

Nach § 3 Abs. 3 VersAusglG findet bei einer Ehezeit bis zu drei Jahren der Versorgungsausgleich nur auf Antrag eines Ehegatten statt. Der im Verfahren tätige Rechtsanwalt sollte seinen Mandanten über die Möglichkeit der Antragstellung bei kurzer Ehe beraten und zur Vermeidung anwaltlicher Haftung einen Aktenvermerk über die Beratung in seine Handakte aufnehmen[501]. Rät der Rechtsanwalt nicht von einem vom Gericht vorgeschlagenen Verzicht auf den Versorgungsausgleich ab, wenn der Verzicht für die Entscheidung über den Scheidungsantrag unter keinen in Betracht zu ziehenden Umständen erforderlich ist, jedoch den Verlust von Ansprüchen aus dem schuldrechtlichen Versorgungsausgleich zur Folge hat, so verletzt er seine Beratungspflicht[502].

Eine zulässige **Saldierungsvereinbarung** zur Verrechnung gleichartiger Anrechte beider Ehegatten, die nach dem Gesetz einzeln auszugleichen sind, kann erhebliche Vorteile für beide Ehegatten bieten, aber auch renten- oder versorgungsrechtliche sowie steuerrechtliche Nachteile mit sich bringen[503], so dass sie nicht ohne zusätzliche rentenrechtliche und steuerrechtliche Beratung abgeschlossen werden sollte[504].

Für die Versäumung der absoluten Beschwerde- und Beschwerdebegründungsfrist, § 117 Abs. 1 **188**
S. 3 FamFG, haftet der Anwalt jedenfalls dann, wenn ihm bekannt war, dass ein Beschluss verkündet wurde. Ist der Beschluss auch nach Ablauf von sechs Monaten nach der Verkündung noch nicht zugestellt, kann die Beschwerde mit der Rüge der nicht rechtzeitigen Zustellung begründet werden[505]. **Nicht fristgebunden** ist dagegen die **Anschlussbeschwerde in Unterhaltssachen** gem. §§ 112 Nr. 1; 117 Abs. 2 S. 1 FamFG i.V.m. § 524 Abs. 2 S. 3 ZPO. Sie kann uneingeschränkt bis zum Schluss der letzten mündlichen Verhandlung in der Beschwerdeinstanz eingelegt werden[506].

Zur ordnungsgemäßen Beratung gehört auch die richtige **Auslegung eines Unterhaltsvergleichs.** **189**
Die Formulierung »... *soll bis zum [Datum] nicht abänderbar sein* ...« lässt den Zahlungstitel nicht entfallen; eine Herabsetzung oder ein Wegfall der Unterhaltsverpflichtung z.B. wegen fehlender Leistungsfähigkeit muss dann vielmehr mit der Abänderungsklage geltend gemacht werden[507].

Haftungsfragen werfen zunehmend auch Familiensachen mit **Auslandsbezug** auf. So kann die **190**
Rechtshängigkeit des Scheidungsverfahrens nicht durch rechtsmissbräuchliche Anhängigmachung beim unzuständigen Gericht bewirkt werden[508]. Der Anwalt hat auch den Grundsatz der Zivilehe zu beachten; er haftet dem Mandanten für Schäden, die diesem aus der Durchführung eines Scheidungsverfahrens trotz Vorliegens einer **Nichtehe** entstehen. Dass auch das Familiengericht das Vorliegen einer Nichtehe hätte erkennen müssen, exkulpiert den Anwalt nicht[509]. Eine Falschberatung über die Möglichkeiten nach HaagKindEntfÜbk im Falle der **Kindesentführung** führt jedenfalls dann nicht zur Haftung des Anwalts, wenn auch bei Anwendung des HaagKindEntfÜbk eine Rückführung des Kindes (hier: in die USA) nicht erfolgt wäre[510].

500 BGH, Urt. v. 6.6.2019 – IX ZR 104/18 – juris, Rn. 19 f.
501 BeckOK BGB/*Bergmann*, VersAusglG, § 3, Rn. 3.
502 OLG Bamberg, Urt. v. 11.7.2019 – 2 U 3/18 – juris, Rn. 49.
503 BGH, Beschl. v. 30.10.2019 – XII ZB 537/17 – juris, Rn. 15 ff.
504 *Siede*, FamRB 2020, 57; zur Hinweispflicht auf notwendige Beratung durch Dritte s. auch unter Rdn. 152.
505 Vgl. noch zum alten Recht Schleswig Holsteinisches OLG, Beschl. v. 22.4.2004 – 15 UF 38/04 – juris, Rn. 20 sowie BGH, Beschl. v. 15.10.2003 – XII ZB 103/02 – juris, Rn. 7 ff.
506 BGH, Urt. v. 28.1.2009 – XII ZR 119/07 – juris, Rn. 24 ff.
507 Schleswig Holsteinisches OLG, Urt. v. 5.2.2004 – 11 U 108/02 – juris, Rn. 16 ff.
508 KG Berlin, Urt. v. 12.12.2007 – 3 UF 88/07 – juris, Rn. 18 f.
509 BGH, Urt. v. 13.3.2003 – IX ZR 181/99 – juris, Rn. 32, 36.
510 LG Kaiserslautern, Urt. v. 3.6.1994 – 1 S 214/93 – NJW-RR 1995, 774 f.

191 Dass eine anwaltliche Beratung über Trennungsfolgen eine **Schutzwirkung** zugunsten Dritter entfalten kann[511], dürfte eher die Ausnahme sein. Jedenfalls entfaltet der Anwaltsdienstvertrag mit dem scheidungswilligen Ehegatten keine Schutzwirkung für dessen künftigen Ehegatten[512].

192 Problematisch, wenn auch im Einzelfall zulässig, kann jedoch die **gemeinsame Beratung trennungswilliger Ehegatten sein.** Die gemeinsame anwaltliche Beratung getrennt lebender Eheleute über Trennungsfolgen einschließlich der Abfassung einer Trennungsvereinbarung verstößt nicht per se gegen das Verbot widerstreitender Interessen gemäß § 43a Abs. 4 BRAO. Wenn sich allerdings widerstreitende Interessen der Eheleute konkret abzeichnen (etwa im Rahmen der außergerichtlichen Vermögensauseinandersetzung), verbietet sich die beiderseitige anwaltliche Beratung und Interessenvertretung. Setzt der Rechtsanwalt die beiderseitige Beratung der Eheleute trotzdem fort, so kann der auf die Regelung der Scheidungsfolgen gerichtete anwaltliche Geschäftsbesorgungsvertrag gemäß § 43a Abs. 4 BRAO i.V.m. § 134 BGB nichtig sein, mit der Folge, dass dem Rechtsanwalt insoweit kein Vergütungsanspruch zusteht[513]. In jedem Fall besteht die anwaltliche Verpflichtung auf die gebührenrechtliche Wirkung einer solchen Vertretung hinzuweisen. Deren Befolgung ist im Haftungsprozess vom Anwalt substantiiert darzulegen[514].

193 Unzulässig ist die Aufrechnung einer eigenen Honorarforderung mit überlassenen zweckgebundenen Fremdgeldern[515] (hier: Abfindungssumme aus Scheidungsfolgenvergleich).

Gewerblicher Rechtsschutz

193a Im Bereich des gewerblichen Rechtsschutzes drohen den dort tätigen Fach- und Rechtsanwälten besondere Haftungsgefahren[516].

194 1. **Unberechtigte Schutzrechtsverwarnungen**, insbesondere bei Patenten[517], können in das Recht am eingerichteten und ausgeübten Gewerbebetrieb des Rechteinhabers eingreifen. Den Rechtsanwalt trifft insoweit eine Garantenpflicht gegenüber dem von einer unberechtigten Schutzrechtsverwarnung betroffenen Dritten, den Schutzrechtsinhaber rechtlich zutreffend und umfassend über die Berechtigung der Schutzrechtsverwarnung zu beraten[518].

Anknüpfend an diesen Grundsatz bejaht die höchstrichterliche Rechtsprechung zwischenzeitlich eine Haftung des Rechtsanwalts des abmahnenden Unternehmens gegenüber dem Abgemahnten auch bei nur **fahrlässiger Fehlberatung** des Mandanten; das ist anzunehmen, wenn die Sach- und Rechtslage zum Zeitpunkt der Beratung Anlass gab, eine Verletzung des Schutzrechts zu verneinen oder jedenfalls für zweifelhaft zu halten[519].

Hat der Rechtsanwalt den Schutzrechtsinhaber allerdings bei **unklarer Rechtslage** auf alle wesentlichen Gesichtspunkte hingewiesen, die für oder gegen eine Verletzung des Schutzrechts sprechen, und entscheidet sich der Schutzrechtsinhaber trotz der aufgezeigten Bedenken dazu, die Verwarnung auszusprechen, kommt eine Haftung des Rechtsanwalts wegen unberechtigter Schutzrechtsverwarnung nach § 823 Abs. 1 BGB regelmäßig nicht in Betracht[520].

---

511 LG Wuppertal, Urt. v. 31.3.1998 – 16 S 259/97 – BRAK-Mitt. 1998, 220 mit Anmerkung *Jungk*, ebd.

512 OLG Düsseldorf, Beschl. v. 22.2.2007 – I-24 U 133/06 – juris, Rn. 2 f.

513 KG Berlin, Urt. v. 12.7.2007 – 16 U 62/06 – juris, LS.

514 BGH, Urt. v. 19.9.2013 – IX ZR 322/12 – juris, Rn. 10 ff.

515 OLG Düsseldorf, Beschl. v. 28.7.2005 – I-24 U 45/05 – juris, Rn. 3.

516 Siehe zur aktuellen Entwicklung im Lauterkeitsrecht die Übersichten von *Möller*, NJW 2020, 1635 ff.; NJW 2019, 3356 ff., 1645 ff.; NJW 2018, 3351 ff., 1579 ff.

517 Aspekte der Haftung des Patentanwalts für Fehler bei der Beratung in Patentsachen behandelt *Steinacker*, GRUR 2001, 1011 ff.; zum Patentanwalt vgl. ansonsten auch Rdn. 245 ff.

518 BGH, Urt. v. 1.12.2015 – X ZR 170/12 – juris, Rn. 20.

519 BGH, Urt. v. 1.12.2015 – X ZR 170/12 – juris, Rn. 21; kritisch hierzu *Ullmann*, jurisPR-WettbR 8/2016, Anm. 2 sowie *Borgmann*, NJW 2016, 3412, 3413; vgl. ansonsten Kap. 1 Rdn. 304.

520 BGH, Urt. v. 1.12.2015 – X ZR 170/12 – juris, Rn. 22.

2. **Äußerungen und Maßnahmen** eines Rechtsanwalts **im Namen eines Mandanten** dienen allerdings ansonsten regelmäßig zur Durchsetzung eben dieser Mandantenposition und sind **dem Anwalt nicht als eigene zuzurechnen**[521]. 195

Geht es um die Abgabe einer **strafbewehrten Unterlassungserklärung**, ist der Rechtsanwalt zu einer umfassenden und möglichst erschöpfenden Belehrung des Auftraggebers verpflichtet. Er hat im Interesse des Mandanten den sichersten und gefahrlosesten Weg vorzuschlagen und ihn über mögliche Risiken aufzuklären, damit der Mandant zu einer sachgerechten Entscheidung in der Lage ist. Dementsprechend ist die **Beratung zur Abgabe einer uneingeschränkten strafbewehrten Unterlassungserklärung** hinsichtlich der unterlassenen Angabe von Kraftstoffverbrauch und Kohlendioxidemissionen in Werbeschriften sowie in elektronischer Form verbreitetem Werbematerial und bei Werbung durch elektronische, magnetische oder optische Speichermedien, **fehlerhaft**, wenn der betreffende Verstoß lediglich in einem Printmedium begangen wurde[522]. 196

3. Im Rahmen einer wettbewerbsrechtlichen Beratung – Durchführung einer **Markenrecherche** – können auch Dritte in den **Schutzbereich** eines derartigen Vertrages einbezogen sein. Verlangt ein Mandant, der auf Grund einer Abmahnung Kenntnis von der Unvollständigkeit der Markenrecherche hat, die sein Rechtsanwalt für ihn durchgeführt hat, von diesem Anwalt Schadensersatz, muss er sich unter Umständen ein Verschulden des von ihm zur Abwehr der Abmahnung eingeschalteten **Zweitanwalts** anrechnen lassen[523]. 197

4. Haftungsträchtig kann sich auch die Erstellung von Gutachten zu Fragen des **Urheberrechts** erweisen. Bewertet ein Anwalt etwa die Zulässigkeit der Vervielfältigung und Verbreitung fremder Computerprogramme[524] als rechtmäßig, obwohl dem nicht so ist, hat er dem Mandanten alle Schäden zu ersetzen hat, die daraus resultieren, dass dieser das Geschäftsmodell durchgeführt hat[525]. 198

5. Der Rechtsanwalt ist nach Zustellung einer **einstweiligen Verfügung** gegen seinen Auftraggeber nicht zu dem Hinweis verpflichtet, dass durch die unaufgeforderte Abgabe einer **Abschlusserklärung** möglicherweise eine sonst eintretende Kostenbelastung vermieden werden kann, solange er dem Kostengesichtspunkt bei den Entscheidungen seines Auftraggebers – auch unter wirtschaftlichen Gesichtspunkten – nur untergeordnete Bedeutung beimessen darf[526]. 199

Anders liegen die Dinge, wenn das **einstweilige Verfügungsverfahren verloren** und das **Hauptsacheverfahren aussichtslos** ist. Hier ist der Rechtsanwalt verpflichtet, dem Mandanten die Abgabe einer Abschlusserklärung zu empfehlen, wenn die Gefahr besteht, dass die Gegenseite durch Versendung eines Abschlussschreibens einen erstattungsfähigen Anspruch gegen die Mandanten erlangt, dessen Höhe erheblich über den Kosten für ein selbstständig angefertigtes Abschlussschreiben liegt. Der dem Mandanten entstandene Schaden entspricht der Differenz zwischen den – infolge der Beteiligung von Rechts- und Patentanwälten auf der Gegenseite regelmäßig erhöhten – tatsächlich entstandenen Kosten und der ersparten Aufwendungen für ein Abschlussschreiben durch den Rechtsanwalt des Beklagten[527].

6. Wartet der Unterlassungsgläubiger, der eine einstweilige Verfügung erwirkt hat, die Entscheidung über den **Widerspruch** im Verfügungsverfahren ab, muss er zur Vermeidung von Kostennachteilen aus § 93 ZPO dem Schuldner vor Erhebung der Hauptsacheklage ein Abschlussschreiben zusenden[528]. 200

---

521 Harte-Bavendamm/Henning-Bodewig/*Keller*, § 2 UWG, Rn. 79.

522 LG Karlsruhe, Urt. v. 30.8.2017 – 18 O 24/17 – juris, Rn. 33; zur Haftung eines Patentanwalts und eines Rechtsanwalts für die fehlerhafte Beratung eines wegen Patentverletzung abgemahnten Mandanten: OLG Karlsruhe, Urt. v. 14.5.2008 – 6 U 95/07 – juris, Rn. 62 ff.

523 BGH, Urt. v. 14.10.2010 – I ZR 212/08 – juris, Rn. 19 f.

524 Verkauf bloßer Seriennummern als Lizenz für die Software »Adobe Acrobat«.

525 OLG Zweibrücken, Urt. v. 24.2.2011 – 4 U 74/10 – juris, Rn. 20 ff.

526 BGH, Urt. v. 8.12.2005 – IX ZR 188/04 – juris, Rn. 11.

527 LG Braunschweig, Urt. v. 2.12.2009 – 22 O 1079/09 – juris, Rn. 38 und 43.

528 Hanseatisches OLG Hamburg, Urt. v. 6.2.2014 – 3 U 119/13 – juris, Rn. 51.

201 7. Im gewerblichen Rechtsschutz werden die Ansprüche häufig bei einem einheitlichen Klageantrag auf mehrere prozessuale Streitgegenstände gestützt und verschiedene Ausführungsformen angegriffen. Hieraus resultierende Ansprüche waren in der Vergangenheit regelmäßig im Wege einer alternativen Klagehäufung gerichtlich geltend gemacht worden. Dieser seit Jahrzehnten geübten Praxis hat der BGH ein Ende gesetzt[529]. Diese Rechtsprechung zwingt nunmehr zur Wahl zwischen **kumulativer oder eventueller Klagehäufung** mit Hilfsanträgen, bei der ein Haupt- sowie ein oder mehrere Hilfsanträge gestellt werden, und auch unter dem Gesichtspunkt der Anwaltshaftung zu noch größerer Sorgfalt bei der Bestimmung von Anträgen und Streitgegenständen[530].

Handels- und Gesellschaftsrecht

202 Für das Fachgebiet Handels- und Gesellschaftsrecht hat der Fachanwalt nach § 14i FAO besondere Kenntnisse in den Bereichen des materiellen Handelsrechts sowie des Gesellschaftsrechts mit den Bezügen zum Arbeitsrecht, Kartellrecht, Handwerks- und Gewerberecht, Erb- und Familienrecht, Insolvenz- und Strafrecht, dem Recht der Aktiengesellschaften, dem Wertpapiererwerbs- und Übernahmerecht sowie den Besonderheiten der Verfahrens- und Prozessführung nachzuweisen[531].

203 Hat ein Rechtsanwalt in einem Prozess im Rahmen der **Auseinandersetzung einer OHG** nicht auf die richtigen Beteiligungsverhältnisse an der offenen Handelsgesellschaft hingewiesen, so kann dies nicht zu einer Haftung des Anwalts für einen Vermögensschaden des von ihm vertretenen Gesellschafters führen, wenn die Verbindlichkeiten der offenen Handelsgesellschaft deren Vermögen überstiegen[532].

204 Eine **verdeckte Sacheinlage** liegt vor, wenn die gesetzlichen Regeln für Sacheinlagen objektiv dadurch unterlaufen werden, dass zwar eine Bareinlage vereinbart wird, die **Aktiengesellschaft** aber bei wirtschaftlicher Betrachtung von dem Einleger auf Grund eines im Zusammenhang mit der Übernahme der Einlage abgeschlossenen Gegengeschäfts (oder einer sonstigen Absprache) einen Sachwert erhalten soll. Als aktienrechtliche Rechtsfolge verdeckter Sacheinlagen ordnen die §§ 27 Abs. 3, 183 Abs. 2 AktG mangels Erfüllungswirkung das **Fortbestehen der Bareinlageverpflichtung** des Gesellschafters an. Auf das **Risiko**, die **Einlage zweimal aufbringen zu müssen**, hat der Rechtsanwalt **hinzuweisen**[533].

Wird ein Gesellschafter nach Vermögensfall der Aktiengesellschaft im Zusammenhang mit einer verdeckten Sacheinlage vom Insolvenzverwalter verklagt, obliegt es dem Anwalt des Beklagten insbesondere auch, das Gericht darauf **hinzuweisen**, dass eine etwaig frühere **Einlagepflicht aufgrund** der **Veräußerung sämtlicher Aktien in Wegfall geraten** ist[534].

Empfiehlt der rechtliche Berater einem **Gesellschafter** zur Durchführung einer **Kapitalerhöhung** bei einer **GmbH** den verbotenen Weg einer **verdeckten Sacheinlage**, bemisst sich der **Schadensersatzanspruch** des Gesellschafters, falls die von ihm und der Gesellschaft im Zuge des verdeckten Geschäfts erbrachten Zahlungen bereicherungsrechtlich zu saldieren sind, nach der Höhe der von ihm noch zu erbringenden Bareinlage zuzüglich eines Wertverlusts an dem von ihm verdeckt eingebrachten Sachwert. Hat der Berater seinen Mandanten zur Vornahme einer verdeckten Sacheinlage

---

529 BGH, Hinweisbeschl. v. 24.3.2011 – I ZR 108/09 – juris, Rn. 8 ff.

530 *Klute*, NJW 2012, 3409, 3415.

531 Siehe zur Entwicklung des Handels- und Gesellschaftsrechts *Hirte*, NJW 2019, 1187 ff.; NJW 2018, 1221 ff.; NJW 2017, 1213 ff.; NJW 2016, 1216 ff.; NJW 2015, 1219 ff.; NJW 2014, 1219 ff., NJW 2013, 1204 ff., NJW 2012, 581 ff.; NJW 2011, 656 ff. und NJW 2010, 2177 ff.

532 BGH, Urt. v. 17.9.2019 – II ZR 364/16 – juris, Rn. 10.

533 OLG Köln, Urt. v. 14.5.2009 – 18 U 37/08 – juris, Rn. 78, nachgehend BGH, Beschl. v. 1.7. 010 – IX ZR 110/09 – juris, Rn. 1 ff.

534 OLG Hamm, Urt. v. 26.11.2009 – 28 U 27/08 – juris, Rn. 48 ff., nachgehend BGH, Beschl. v. 14.10.2010 – IX ZR 4/10 – juris, Rn. 7 ff.

veranlasst, beginnt die **Verjährungsfrist** wegen einer Fehlberatung erst zu laufen, wenn die Gesellschaft die fortbestehende Bareinlageverpflichtung geltend macht[535].

Die Verjährung von Schadensersatzansprüchen eines Anlegers wegen Aufklärungs- oder Beratungspflichtverletzungen im Zusammenhang mit dem Erwerb einer Beteiligung an einer Fondsgesellschaft gemäß § 199 Abs. 3 Satz 1 Nr. 1 BGB beginnt nicht bereits mit dem Zugang seines Beitrittsangebots bei der Fondsgesellschaft, sondern frühestens mit dem Zustandekommen des Beteiligungsvertrags[536]. 205

Ein Rechtsanwalt soll ohne schuldhaften Pflichtverstoß handeln, wenn er bei einer Zweimanngesellschaft die Auseinandersetzungsklage namens des verbleibenden Gesellschafters erhebt[537]. Diese Auffassung wir damit begründet, es sei streitig, ob bei der Zweimanngesellschaft die Klage des einen Gesellschafters gegen den anderen zuzulassen sei bzw. der einzelne Gesellschafter als Prozessstandschafter der zweigliedrigen Gesellschaft ebenso klagebefugt sei, wie die Gesellschaft selbst[538]. 206

Insolvenzrecht

Im Bereich des Insolvenzrechts[539] kann ein Rechts- oder Fachanwalt sowohl als rechtlicher aber auch als kaufmännischer Berater tätig werden. Wird er etwa im Vorfeld einer Insolvenz mit der Erstellung eines Insolvenzplans betraut, handelt es sich wegen der **kaufmännischen Komponente** nicht ohne weiteres um eine anwaltliche Tätigkeit[540]. 207

In den Fällen, in denen der Rechtsanwalt als vorläufiger oder endgültiger **Insolvenzverwalter** berufen wird oder – im Rahmen einer Eigenverwaltung – als **Sachwalter** oder als **Treuhänder** nach § 292 InsO agiert, richten sich die maßgeblichen Rechte und Pflichten allein nach den Vorschriften der InsO. Es handelt sich dann nicht um anwaltliche Tätigkeiten[541].

1. Vor, während und selbst nach Beendigung eines Insolvenzverfahrens sieht sich der Rechtsanwalt vielfältigen Haftungsrisiken ausgesetzt[542]. Auch kommt es zu einer **Zurechnung von anwaltlichen Pflichtverletzungen**, wenn der Rechtsanwalt für einen Insolvenzverwalter eingeschaltet wird. Dieser hat nämlich gegenüber den Insolvenzgläubigern das Verschulden des von ihm – etwa mit der Durchsetzung einer Masseforderung – beauftragten Rechtsanwalts in gleichem Umfang zu vertreten wie eigenes Verschulden[543]. 208

2. Gemäß § 9 InsO werden die öffentlichen Bekanntmachungen der Insolvenzgerichte zu den Insolvenzverfahren auf der länderübergreifenden Internetseite www.insolvenzbekanntmachungen.de veröffentlicht. Daraus lässt sich aber keine generelle anwaltliche Pflicht zur Prüfung der amtlichen Insolvenzbekanntmachungen und mithin zu einer entsprechenden **Internetrecherche** ableiten[544], 209

535 BGH, Urt. v. 19.5.2009 – IX ZR 43/08 – juris, Rn. 11 ff.; näher zur Haftung von Rechtsanwälten und Steuerberatern nach Empfehlung einer (gemischten) verdeckten Sacheinlage: *Merkner/Schmidt-Bendun*, NZG 2009, 1054 ff.

536 BGH, Urteil vom 21.5.2019 – II ZR 340/18 – juris, Rn. 11 ff.

537 OLG Brandenburg, Hinweisbeschl. v. 27.7.2020 – 13 U 11/18 – juris, Rn, 12 ff.

538 OLG Brandenburg, Hinweisbeschl. v. 27.7.2020 – 13 U 11/18 – juris, Rn, 14.

539 Die aktuelle Entwicklung im Insolvenzrecht wird referiert von *Commandeur/Römer*, NZG 2020, 133 ff.; NZG 2019, 532 ff.; NZG 2018, 894 ff.; NZG 2017, 776 ff.; 2015, 988 ff.; *Commandeur/Hübler*, NZG 2020, 514 ff.; NZG 2019, 1289 ff.; NZG 2018, 97 ff.; NZG 2016, 1140 ff., 340 ff.; NZG 2015, 589 ff., 185 ff.; *Commandeur/Utsch*, NZG 2019, 102 ff.; NZG 2017, 1138 ff.; NZG 2016, 1377 ff., 738 ff.; NZG 2015, 1393 ff., *Commandeur/Brocker*, NZG 2019, 895 ff.; NZG 2018, 1295 ff., 494 ff., NZG 2017, 333 ff.; siehe auch die regelmäßigen Berichte zur BGH-Rechtsprechung von *Ganter*, NZI 2020, 295 ff.; NZI 2019, 193 ff., NZI 2018, 289 ff.; NZI 2017, 177 ff. und NZI 2016, 193 ff.

540 Vgl. Borgmann/*Jungk*/Schwaiger, § 6, Rn. 4 und dort Fn. 12.

541 Vgl. Borgmann/*Jungk*/Schwaiger, § 6, Rn. 28 ff.; vgl. auch Kap. 1 Rdn. 284 f.

542 Zu den Haftungsrisiken des Sanierungsberaters vgl. *Keller*, Zivilrechtliche Risiken des Sanierungsberaters, Schriften zum Insolvenzrecht, Band 69; *Ehlers*, NZI 2008, 211 ff.; *Schmittmann*, ZInsO 2011, 545 ff.

543 BGH, Urt. v. 3.3.2016 – IX ZR 119/15 – juris, Leitsatz.

544 Vgl. *Rein*, NJW-Spezial 2013, 661.

auch nicht für im Insolvenzrecht spezialisierte Anwälte[545]. Der Bundesgerichtshof hat sich mit dieser Frage zwar noch nicht befasst; nach seiner bisherigen Rechtsprechung wird man eine vor Einreichung einer Klage bestehende Verpflichtung des Rechtsanwalts zu einer Internetrecherche über vorliegende Insolvenzbekanntmachungen hinsichtlich des Prozessgegners aber nur bei **konkreten Anhaltspunkten** für eine bestehende Insolvenz oder bei entsprechender Kenntnis annehmen können[546].

210 3. Gibt es Anhaltspunkte dafür, dass die Insolvenz des Schuldners des Mandanten bevorsteht, muss der Anwalt den Mandanten über das **Risiko der fehlenden Insolvenzfestigkeit** der im letzten Monat vor dem Antrag auf Eröffnung des Insolvenzverfahrens oder nach diesem Antrag durch Zwangsvollstreckung erlangten Sicherheit gem. § 88 InsO ebenso hinweisen wie auf die **Anfechtbarkeit** erhaltener Sicherheiten und Zahlungen gemäß §§ 130, 131 InsO[547]. Die Anfechtbarkeit von Rechtshandlungen des Schuldners einerseits (§§ 130, 131, 133 InsO), und von Maßnahmen der Zwangsvollstreckung andererseits (§ 133 Abs. 1 InsO) hat der Anwalt zu kennen. Er muss seine Beratung hieran ausrichten[548].

211 4. **Unterlässt** der mit der Stellung eines Insolvenzantrags beauftragte Rechtsanwalt die **Beantragung der Restschuldbefreiung**, macht er sich schadensersatzpflichtig[549]. Ob der Mandant im Rahmen seiner **Schadensminderungspflicht** gemäß 254 Abs. 2 S. 1 BGB nach Ablauf der Sperrfrist[550] einen erneuten Insolvenz- und Restschuldbefreiungsantrag stellen muss, ist streitig[551]. Mit der herrschenden Meinung dürfte eine solche Verpflichtung aber abzulehnen sein, weil sie für den Schuldner zu unzumutbaren Konsequenzen führt. Ein weiteres Insolvenzverfahren hätte nämlich zur Folge, dass er erst nach weiteren sechs Jahren in den Genuss der Restschuldbefreiung kommen würde[552].

212 5. Wie bereits oben ausgeführt[553] endet ein Anwaltsvertrag mit der **Erledigung des Auftrags**. Eine Beratung zu den Möglichkeiten, die das Insolvenzrecht für die Sanierung des Unternehmens der Schuldnerin bietet, ist mit dem Insolvenzantrag abgeschlossen[554].

213 6. Wegen **fehlerhafter Beratung** des Mandanten über dessen Pflichten **während der Insolvenzreife** kann der Rechtsanwalt vom Insolvenzverwalter nur in Anspruch genommen werden, wenn die geschuldete Beratung einen Schaden der Insolvenzgläubiger vermieden hätte. Die **Insolvenzgläubiger** des Mandanten stehen im Übrigen nicht im **Schutzbereich** eines Anwaltsdienstvertrages, der die Beratung des Mandanten wegen drohender Insolvenz bezweckt[555].

---

545 So aber AG Müllheim, Urt. v. 27.2.2013 – 8 C 121/12 – juris, Rn. 6: »Ein Rechtsanwalt ist jedenfalls dann, wenn er sich fachlich vielfach im Bereich des Insolvenzrechts und des Steuerrechts bewegt, verpflichtet, unter www.insolvenzbekanntmachungen.de zu prüfen, ob einer klageweisen Geltendmachung einer Forderung ein laufendes Insolvenzverfahren entgegensteht.«

546 Vgl. BGH, Urt. v. 8.1.2004 – IX ZR 30/03 – juris und v. 15.4.2010 – IX ZR 62/09 – juris, Rn. 14 ff.; ebenso – und explizit gegen AG Müllheim (s.o. Fn. 5) – LG Koblenz, Urt. v. 2.4.2014 – 15 O 317/13 – juris, Rn. 16. Vgl. ferner wie hier *Rein,* NJW-Spezial 2013, 661, 662 sowie *Vill,* in: G. Fischer/Vill/D. Fischer/Pape/Chab, § 2, Rn. 37, der allerdings einen – ohne großen Aufwand – möglichen Blick auf die Veröffentlichungen unter www.insolvenzbekanntmachungen.de regelmäßig für empfehlenswert hält.

547 BGH, Urt. v. 7.9.2017 – IX ZR 71/16 – juris, Rn. 11.

548 BGH, Urt. v. 7.9.2017 – IX ZR 71/16 – juris, Rn. 11.

549 LG Erfurt, Urt. v. 29.11.2012 – 3 O 1542/09 – juris, Rn. 12 ff.

550 Vgl. BGH, Beschl. v. 21.1.2010 – IX ZB 174/09 – juris, Rn. 7 f.

551 Bejahend LG Erfurt, Urt. v. 29.11.2012 – 3 O 1542/09 – juris, Rn. 15; verneinend OLG Düsseldorf, Urt. v. 2.8.2012 – I-24 U 110/11 – juris, Rn. 69.

552 Vgl. *May,* VIA 2013, 29 (30); *Schmücker,* jurisPR-InsR 21/2013, Anm. 6; ebenso OLG Düsseldorf, Urt. v. 2.8.2012 – I-24 U 110/11 – juris, Leitsatz 4.

553 Vgl. Kap. 1 Rdn. 222 ff.

554 BGH, Beschl. v. 7.7.2011 – IX ZR 161/09 – juris, Rn. 4.

555 OLG Düsseldorf, Beschl. v. 9.2.2010 – I-24 U 100/09 – juris, Rn. 9 und 16.

7. In der Wohlverhaltensphase eines **Verbraucherinsolvenzverfahrens** wird der Absonderungsberechtigte nur dann bei der Verteilung berücksichtigt, wenn er innerhalb von zwei Wochen nach der öffentlichen Bekanntmachung des Schlussverzeichnisses eine Erklärung gemäß § 190 Abs. 1 InsO abgegeben hat. Lässt der Anwalt als Vertreter des Absonderungsberechtigten diese **Ausschlussfrist** ungenutzt verstreichen, macht er sich schadensersatzpflichtig[556]. 214

Medizinrecht

Das Medizinrecht ist ein weiterer Rechtsbereich, der sowohl im prozessualen als auch im materiellen Recht Besonderheiten aufweist und daher potentielle Haftungsrisiken gerade auch für den **Fachanwalt für Medizinrecht** in sich birgt. Dies gilt insbesondere für das Arzthaftungsrecht, bei dem es sich sowohl für den Anwalt des Arztes als auch für den Patientenanwalt um eine anspruchsvolle Materie handelt. 215

1. Ein Rechtsanwalt, der von seinem Mandanten beauftragt wird, nachdem gegen diesen Haftpflichtansprüche geltend gemacht worden sind, muss grundsätzlich in sicherer Weise für eine Schadensanzeige an einen Haftpflichtversicherer sorgen. Er muss also entweder die Schadenanzeige selbst vornehmen oder zumindest den Mandanten über die Notwendigkeit der Information des Haftpflichtversicherers und die Folgen, die bei Unterlassen der Schadensanzeige eintreten können, also den drohenden Verlust des Versicherungsschutzes, klar und unmissverständlich belehren[557]. Erhebt der Patient bzw. dessen Anwalt gegen den Arzt Vorwürfe wegen angeblichen Fehlverhaltens, erfolgt zunächst die **außergerichtliche Korrespondenz** mit dem Haftpflichtversicherer des Arztes. Wenn keine Einigung erzielt werden kann, ist häufig ein **Verfahren vor den Gutachterkommissionen bzw. Schlichtungsstellen der Ärztekammern** Ausgangspunkt des weiteren Verfahrens. Der Bescheid der Gutachterkommission oder Schlichtungsstelle kann bei einem anschließenden Zivilverfahren im Wege des Urkundenbeweises verwertet werden[558]. Das bedeutet aber nicht, dass das Zivilgericht an den Bescheid gebunden wäre. Es handelt sich vielmehr nur um *ein* Beweismittel, das vor dem erkennenden Zivilgericht dem Grundsatz der freien Beweiswürdigung (§ 286 ZPO) unterliegt. Nahezu immer wird im Zivilprozess ein neuer gerichtlicher Gutachter beauftragt. 216

Aus anwaltlicher Sicht dürfen die Grenzen der Verfahren vor der Gutachterkommission und Schlichtungsstelle nicht verkannt werden. Zwar wird vom Gutachter oder der Kommission teilweise auch zur Frage der Patientenaufklärung Stellung genommen. Die Ausführungen zum Geschehen beim Aufklärungsgespräch erfolgen aber zwangsläufig auf einer unsicheren Entscheidungsgrundlage, weil entweder überhaupt keine mündliche Verhandlung stattgefunden hat oder die mündliche Verhandlung mangels der Möglichkeit zur Zeugenvernehmung und ohne Wahrheitspflicht der Parteien nicht einer Verhandlung vor dem Zivilgericht entspricht. Bei Unaufklärbarkeit des Behandlungsgeschehens muss nicht, wie im Zivilverfahren, unbedingt eine Beweislastentscheidung ergehen, sondern die Frage kann offen gelassen bzw. nur mit einer Empfehlung für eine Einigung beantwortet werden.

Als Alternative zur sofortigen Klageerhebung ist an die Durchführung eines **selbständigen Beweisverfahrens**[559] nach §§ 485 ff. ZPO zu denken, welches gleichermaßen Fragen nach dem Vorliegen grober Behandlungsfehler[560] als auch ärztlicher Aufklärungsfehler[561] beantworten kann. Einige Patientenanwälte bevorzugen dieses Verfahren gegenüber dem vor der Gutachterkommission/Schlichtungsstelle, weil sie den Gutachter dem Gericht selbst vorschlagen können und gegen die Objektivität des Verfahrens vor der Ärztekammer Bedenken haben. Aus prozesstaktischer Sicht dürfte das 217

556 BGH, Urt. v. 2.7.2009 – IX ZR 126/08 – juris, Rn. 12 ff.
557 Vgl. OLG Köln, Beschl. v. 16.11.2009 – 5 U 57/09 – juris, Rn. 3.
558 Vgl. BGH, Urt. v. 19.5.1987 – VI ZR 147/86 – juris, Rn. 9.
559 Dazu ausführlich Kap. 8 Rdn. 446 ff. und dort 452.
560 BGH, Beschl. v. 21.1.2003 – VI ZB 51/02 – juris, Rn. 7 ff. und v. 24.9.2013 – VI ZB 12/13 – juris, Rn. 18 ff.
561 BGH, Beschl. v. 19.5.2020 – VI ZB 51/19 – juris, Rn. 7 und 16.

selbständige Beweisverfahren aber in vielen Fällen unzweckmäßig sein, da nach § 485 Abs. 2 ZPO nur die schriftliche Begutachtung durch einen Sachverständigen beantragt werden kann. Eine Zeugenvernehmung unmittelbar und in Anwesenheit des Sachverständigen sieht die ZPO nicht vor.

218 2. In der Praxis schließt sich meist ein **Zivilverfahren** an.

219 a) Regelmäßig kommen in Arzthaftungsprozessen Ansprüche auf Ersatz sowohl des materiellen wie immateriellen Schadens in Betracht. Neben dem unbezifferten Antrag auf Zahlung eines »angemessenen Schmerzensgeldes« ist unter den Voraussetzungen des § 256 ZPO ein umfassender **Feststellungsantrag** zu stellen, um sämtliche weiteren materiellen Schäden und die weiteren zukünftigen immateriellen Schäden zu erfassen, soweit sie nicht bereits vom Schmerzensgeldantrag erfasst sind.

220 Der **Grundsatz der Einheitlichkeit des Schmerzensgeldes** gebietet es, die Höhe des dem Geschädigten zustehenden Schmerzensgeldes aufgrund einer ganzheitlichen Betrachtung der den Schadensfall prägenden Umstände unter Einbeziehung der absehbaren künftigen Entwicklung des Schadensbildes zu bemessen[562]. Mit dem in einer unbeschränkten Klage beantragten Schmerzensgeld werden nicht nur alle bereits eingetretenen, sondern auch alle erkennbaren und objektiv vorhersehbaren künftigen Verletzungsfolgen abgegolten[563]. Gleichwohl ist eine Teilklage zulässig, wenn der Patient nur einen Teilbetrag des Schmerzensgeldes geltend macht, weil nicht absehbar ist, ob und in welchem Umfang in der Zukunft weitere Gesundheitsschäden auftreten können[564]. Das Gericht ist nicht gehindert, den Schmerzensgeldbetrag auszuurteilen, der dem Geschädigten zum Zeitpunkt der Entscheidung mindestens zusteht und diesen später noch zu erhöhen. Grundlage eines weiteren Schmerzensgeldes können nur solche Verletzungsfolgen sein, die zum Zeitpunkt des ersten Urteils noch nicht eingetreten oder nicht erkennbar waren und daher bei der Bemessung des Schmerzensgeldes unberücksichtigt geblieben sind[565]. Letztlich bedarf es jedoch des Mittels der offenen Teilklage nicht, da bei einem ungewissen Eintritt zukünftiger Schäden ein Feststellungsinteresse jedenfalls zu bejahen ist und somit Ersatzansprüche für zukünftige immaterielle Schäden auch durch einen geeigneten Feststellungsantrag gesichert werden können[566].

221 Bei der Angabe eines **Mindestbetrages** bei einem unbezifferten Schmerzensgeldantrag ist Vorsicht geboten. Wenn der Kläger ein angemessenes Schmerzensgeld unter Angabe einer Betragsvorstellung verlangt und das Gericht ihm ein Schmerzensgeld in eben dieser Höhe zuerkannt hat, so ist er durch dieses Urteil nicht beschwert und kann ein solches Urteil nicht mit dem alleinigen Ziel eines höheren Schmerzensgeldes anfechten[567].

222 Eine **Schmerzensgeldrente** kommt nur bei schwersten Dauerschäden, unter denen der Verletzte immer wieder neu leidet, neben einem Kapitalbetrag in Betracht, so bei Verlust von Gliedmaßen oder andauernden Funktionsbeeinträchtigungen oder wegen des ungewissen Krankheitsverlaufs bei einer HIV-Infektion[568]. Bei der Zuerkennung einer Schmerzensgeldrente ist zu beachten, dass Kapital und Rente zusammen einen angemessenen Ausgleich sowohl für Art und Ausmaß der erlittenen Nachteile als auch in zeitlicher Hinsicht bieten wollen. Deshalb ist eine Kapitalisierungsberechnung in Form einer abschließenden Kontrollüberlegung vorzunehmen, und zwar unter Berücksichtigung der durchschnittlichen Lebenserwartung. Wird allerdings aufgrund der Verletzung mit einer kürzeren Lebensdauer gerechnet, ist die konkrete Lebenserwartung Grundlage der Berechnung[569].

562 Vgl. BGH, Urt. v. 20.3.2001 – VI ZR 325/99 – juris, Rn. 9.
563 Vgl. BGH, Urt. v. 20.1.2004 – VI ZR 70/03 – juris, Rn. 9; v. 20.3.2001 – VI ZR 325/99 – juris, Rn. 12 und v. 4.12.1975 – III ZR 41/74 – juris, Rn. 24.
564 Vgl. BGH, Urt. v. 20.1.2004 – VI ZR 70/03 – juris, Rn. 14 ff.
565 OLG Koblenz, Beschl. v. 28.5.2004 – 5 W 367/04 – juris, LS 1.
566 Vgl. BGH, Urt. v. 20.1.2004 – VI ZR 70/03 – juris, Rn. 15 f.
567 Vgl. BGH, Urt. v. 30.3.2004 – VI ZR 25/03 – juris, Rn. 6 und v. 30.4.1996 – VI ZR 55/95 – juris, Rn. 37.
568 Vgl. BGH, Urt. v. 4.6.1996 – VI ZR 227/94 – juris, Rn. 19 und v. 30.4.1991 – VI ZR 178/90 – juris, Rn. 66.
569 Vgl. BGH, Urt. v. 13.10.1992 – VI ZR 201/91 – juris, Rn. 33.

b) Zum ordnungsgemäßen Prozessantrag gehört die **Bezeichnung des richtigen Beklagten**, und zwar in zweierlei Hinsicht. Einmal stellt sich – dies ist eine Frage des materiellen Rechts – die Frage der Passivlegitimation. Der Patientenanwalt sollte immer sehr genau prüfen, wer bei Notfalleinrichtungen, wer bei Sondereinrichtungen, wer beim Rettungsdienst oder wer bei durchgangsärztlicher Behandlung der richtige Beklagte ist. Es stellt sich aber auch die Frage der ordnungsgemäßen Parteibezeichnung. Es ist Aufgabe des Patientenanwaltes, die vertretungsberechtigten Personen eines Krankenhausträgers ordnungsgemäß zu bezeichnen oder bei Klinikverbünden etc. die Trägerschaft abzuklären. Die behandelnden und aufklärenden Ärzte des Krankenhauses sind vor Klageerhebung vom Krankenhausträger zu erfragen und können unter ihrer Dienstanschrift verklagt werden. Es ist für den Patientenanwalt haftungsträchtig, die Haftungszuständigkeit nicht sorgfältig geprüft zu haben, zumal der Beklagte den Kläger auch nicht bei der Suche nach dem Haftungsverantwortlichen unterstützen muss. Allerdings hat die Rechtsprechung mehrfach entschieden, dass ein beklagtes Land, welches für einen Behandlungsfehler seiner Universitätsklinik in Anspruch genommen wird, obwohl die Universität als Körperschaft kraft Landesverfassung zuständig ist, den Einwand mangelnder Passivlegitimation nicht erheben kann, wenn es im Rechtsstreit nicht alsbald nach Klageerhebung die fehlende Passivlegitimation des Landes und die bestehende Passivlegitimation der Universität klarstellt[570]. 223

Die Haftungs- und Vertragsverhältnisse bei **durchgangsärztlichen** aber auch **notärztlichen Behandlungen** führen in der Praxis immer wieder zu Verunsicherung. Das verleitet den Patienten bzw. seinen Anwalt nicht selten, den Vorwurf von Behandlungsfehlern an Krankenhaus bzw. Arztpraxis als vermeintlichen Vertragsschuldner zu adressieren – und damit selber in eine Haftungsfalle zu tappen[571]. Bei der – gem. § 34 Abs. 1 SGB VII i.V.m. § 27 Abs. 1 des nach § 34 Abs. 3 SGB VII geschlossenen Vertrages Ärzte/Unfallversicherungsträger – zu treffenden Entscheidung, ob die allgemeine oder die besondere Heilbehandlung erforderlich ist, erfüllt der Durchgangsarzt eine der Berufsgenossenschaft obliegende Aufgabe, weshalb diese Entscheidung als Ausübung eines öffentlichen Amtes zu betrachten ist[572]. Demgegenüber ist die ärztliche Heilbehandlung regelmäßig nicht Ausübung eines öffentlichen Amtes im Sinne von Art. 34 GG[573]. Wegen des typischerweise gegebenen inneren Zusammenhangs der Diagnosestellung und der sie vorbereitenden Untersuchungen mit der Entscheidung über die richtige Heilbehandlung sind jene Maßnahmen ebenfalls der öffentlich-rechtlichen Aufgabe des Durchgangsarztes zuzuordnen mit der Folge, dass für etwaige Fehler in diesem Bereich allein die Unfallversicherungsträger haften[574]. Eine Erstversorgung durch den Durchgangsarzt ist ebenfalls der Ausübung eines öffentlichen Amtes zuzurechnen[575]. Bei der Bestimmung der Passivlegitimation ist regelmäßig auf den Durchgangsarztbericht abzustellen, in dem der Durchgangsarzt selbst die »Art der Erstversorgung (durch den D-Arzt)« dokumentiert[576]. Sollte sich im Vorfeld eines Prozesses nicht zweifelsfrei klären lassen, ob das dem Durchgangsarzt angelastete Versäumnis seiner hoheitlichen Tätigkeit oder aber der von ihm übernommenen Heilbehandlung zuzuordnen ist, empfiehlt sich, eine Streitverkündung gegenüber der Berufsgenossenschaft bzw. bei deren Inanspruchnahme gegenüber dem Durchgangsarzt auszubringen[577]. Dem

570 Vgl. BGH, Urt. v. 17.12.1985 – VI ZR 178/84 – juris, Rn. 33; Schleswig-Holsteinisches OLG, Urt. v. 13.1.1995 – 4 U 243/86 – juris, Rn. 16.

571 *Süß*, MedR 2020, 43.

572 BGH, Urt. v. 10.3.2020 – VI ZR 281/19 – juris, Rn. 13 m.w.N.

573 BGH, Urt. v. 10.3.2020 – VI ZR 281/19 – juris, Rn. 12 und Urt. v. 20.12.2016 – VI ZR 395/15 – juris, Rn. 10; vgl. *Mennemeyer/Hugemann*, in: Wenzel, Arzthaftungsprozess, Kap. 2, Rn. 396.

574 BGH, Urt. v. 29.11.2016 – VI ZR 208/15 – juris, Rn. 19 unter Aufgabe der Rechtsprechung zur »doppelten Zielrichtung« (vgl. dazu BGH, Urt. vom 9.12.2008 – VI ZR 277/07 – juris, Rn. 23 und v. 9.12.1974 – III ZR 131/72 – BGHZ 63, 265, 273 f.); BGH, Urt. v. 20.12.2016 – VI ZR 395/15 – juris, Rn. 11 und Urt. v. 10.3.2020 – VI ZR 281/19 – juris, Rn. 24.

575 BGH, Urt. v. 29.11.2016 – VI ZR 208/15 – juris, Rn. 24 unter Aufgabe v. BGH, Urt. v. 9.12.1974 – III ZR 131/72 – BGHZ 63, 265.

576 BGH, Urt. v. 29.11.2016 – VI ZR 208/15 – juris, Rn. 28.

577 *Mennemeyer/Hugemann*, in: Wenzel, Arzthaftungsprozess, Kap. 2, Rn. 402.

Risiko, durch die Inanspruchnahme des falschen Beklagten vermeidbare Prozesskosten zu verursachen, lässt sich dadurch allerdings nicht begegnen. Insoweit empfiehlt sich ein entsprechender Hinweis an den Mandanten, um Missverständnisse von vornherein auszuschalten und einen auf den Ersatz von Kostenschäden gerichteten Regress zu vermeiden[578].

224 c) Das **Prozessführungsrecht** auf der Arztseite steht bedingungsgemäß dem oder den Versicherer(n) der Beklagten zu, § 3 Ziff. II 3, 5 Ziff. 4 AHB. Das heißt, der Versicherer wählt den spätestens im Verfahren vor dem Landgericht mit der Prozessvertretung zu betrauenden Rechtsanwalt (§ 78 Abs. 1 ZPO) aus und instruiert diesen für die Prozessführung. Haben Arzt oder Krankenhaus zuvor – unter Verstoß gegen den Versicherungsvertrag – bereits selbständig einen Rechtsanwalt eingeschaltet, so wird dieser vom Versicherer entweder weiter beauftragt oder zur Mandatsniederlegung aufgefordert, eine Erstattung bereits angefallener Anwaltskosten findet regelmäßig nicht statt.

225 d) Die **Verjährung** beginnt im Arzthaftungsprozess zu laufen, wenn der Patient Kenntnis vom Vorliegen eines Behandlungsfehlers und des verantwortlichen Behandlers erlangt oder ohne grobe Fahrlässigkeit hätte erlangen müssen. Die Verjährungsfrist einer vertraglichen oder auch deliktischen Haftung wird nicht schon dann in Lauf gesetzt, wenn es der Geschädigte oder sein Wissensvertreter unterlässt, Krankenhausunterlagen auf ärztliche Behandlungsfehler hin zu überprüfen[579]. Grob fahrlässige Unkenntnis liegt aber dann vor, wenn sich dem Patienten die zur Haftung führenden Behandlungstatsachen geradezu aufdrängen müssen und bei einem derartigen Verdacht die Behandlungsunterlagen nicht eingesehen werden, obwohl diese Einsicht Klarheit erbracht hätte. Für den Beginn der Verjährungsfrist kommt es auf die Kenntnis der anspruchsbegründenden Tatsachen, nicht auf deren zutreffende rechtliche Würdigung an[580]. Zur Kenntnis der anspruchsbegründenden Tatsachen gehört das Wissen, dass sich in dem Misslingen der ärztlichen Tätigkeit das Behandlungs- und nicht das Krankheitsrisiko verwirklicht hat. Maßgeblich für die Kenntnis ist aber nicht, ob der Geschädigte aus den ihm bekannten Tatsachen zutreffende Schlüsse auf den in Betracht kommenden naturwissenschaftlich zu erkennenden Kausalverlauf zieht. Bei Schadensersatzansprüchen wegen Aufklärungsmängeln beginnt die Verjährung in der Regel nicht schon, sobald der nicht aufgeklärte Patient einen Schaden aufgrund der medizinischen Behandlung feststellt; hinzutreten muss vielmehr auch die Kenntnis, dass der Schaden nicht auf einem Behandlungsfehler beruht, sondern eine spezifische Komplikation der medizinischen Behandlung ist, über die der Patient hätte aufgeklärt werden müssen[581]. Vor dem Hintergrund, dass der Patient und sein Prozessbevollmächtigter nicht verpflichtet sind, sich im Hinblick auf einen Haftungsprozess medizinisches Fachwissen anzueignen, besteht keine Erkundigungspflicht der klagenden Partei, inwieweit eine Aufklärung zu erfolgen hatte[582].

226 e) Der Arzthaftungsprozess ist stark einem **Amtsermittlungsverfahren angenähert**[583]. Entgegen dem sonst im Zivilverfahren geltenden Beibringungsgrundsatz beschränkt sich das Gericht nicht darauf, den von den Parteien vorgetragenen Tatsachenstoff zu bewerten, sondern es bemüht sich zur Ausgleichung der strukturellen Unterlegenheit des Patienten gegenüber dem Arzt während der Behandlung von Amts wegen und damit zur Herstellung der »**Waffengleichheit**«[584] um eine umfassende Aufklärung des Behandlungsgeschehens. An die Pflicht des Klägers zu substantiiertem Vortrag werden nur maßvolle und verständige Anforderungen gestellt[585]. Der Patient und sein

---

578 Vgl. Kap. 8 Rdn. 184.

579 Vgl. BGH, Urt. v. 16.5.1989 – VI ZR 251/88 – juris, Rn. 17.

580 Vgl. BGH, Urt. v. 23.4.1991 – VI ZR 161/90 – juris, Rn. 10; LG Duisburg, Urt. v. 25.1.2006 – 3 O 167/05 – juris, Rn. 27.

581 Vgl. BGH, Urt. v. 10.10.2006 – VI ZR 74/05 – juris, Rn. 23.

582 Vgl. BGH, Urt. v. 10.10.2006 – VI ZR 74/05 – juris, Rn. 24.

583 Vgl. BGH, Beschl. v. 15.12.2015 – VI ZR 557/15 – juris, Rn. 6 und Urt. v. 19.5.1981 – VI ZR 220/79 – juris, Rn. 8; *Pelz*, DRiZ 1998, 479.

584 Vgl. BVerfG, Beschl. v. 25.7.1979 – 2 BvR 878/74 – juris, Rn. 87.

585 Vgl. BGH, Beschl. v. 16.8.2016 – VI ZR 634/15 – juris, Rn. 14; OLG Köln, Urt. v. 16.4.2002 – 9 U 129/01 – juris, Rn. 8; vgl. auch *Geiß/Greiner*, Arzthaftpflichtrecht, Kap. E, Rn. 2 f.

Prozessbevollmächtigter sind nicht verpflichtet, sich zur ordnungsgemäßen Prozessführung medizinisches Fachwissen anzueignen[586]. Soweit es um das Behandlungsgeschehen und dessen Ursächlichkeit für den Gesundheitsschaden geht, gibt es daher nur ganz ausnahmsweise unsubstantiierten oder unschlüssigen Vortrag des Klägers. Beruft sich aber der klagende Patient zur Begründung eines Antrags auf Sachverständigenbeweis mit verspätetem Vorbringen fachspezifischen Inhalts selbst darauf, dass der betreffende Punkt auch nach allgemein zugänglichen Informationsquellen geradezu »auf der Hand gelegen« hätte, kann er nicht spezifische Erleichterungen der Vortragslast zu medizinischen Fachfragen im Arzthaftungsprozess in Anspruch nehmen[587]. Andererseits dürfen Lücken im Klagevorbringen, soweit es den medizinischen Sachverhalt betrifft, dem Kläger nicht angelastet werden, und erst recht nicht als zugestanden gewertet werden[588]. Die Notwendigkeit der »Waffengleichheit« gilt aber auch zugunsten des Arztanwaltes. Der Arzt hat die Selbstbestimmungsaufklärung zu beweisen. Ist die Aufklärung in den Krankenunterlagen dokumentiert, kann es geboten sein, dem Antrag auf Parteivernehmung des Arztes stattzugeben[589]. In jedem Fall ist der Arzt zur dokumentierten Aufklärung zu hören. Im Übrigen ist selbst der verklagte Arzt nicht verpflichtet, sich zur ordnungsgemäßen Prozessführung spezielles medizinisches Fachwissen außerhalb seines Fachbereiches anzueignen[590].

3. Der **Beweislast** und den für die richterliche Überzeugungsbildung heranzuziehenden Beweis- 227
maßstäben kommt im Haftungsrechtsstreit häufig eine prozessentscheidende Rolle zu[591].

a) Grundsätzlich hat der Patient den Behandlungsfehler, seinen Schaden und den ursächlichen Zu- 228
sammenhang zwischen Behandlungsfehler und eingetretenem Schaden zu beweisen.

b) Die Behandlerseite trägt die Beweislast für die Durchführung der **Risikoaufklärung** als Vor- 229
aussetzung für eine rechtfertigende Einwilligung des Patienten (§ 630h Abs. 2 BGB). Fehler bei der sog. **Sicherungsaufklärung** (oder auch: therapeutische Aufklärung) sind dementgegen Behandlungsfehler und daher vom Patienten zu beweisen[592].

c) Im Arzthaftungsprozess gelten unter bestimmten Voraussetzungen gravierende **Abweichungen** 230
von der sonst im Zivilprozess **üblichen Beweislastverteilung**.

(1) Ein **grober Behandlungsfehler**, der geeignet ist, einen Schaden der tatsächlich eingetretenen Art 231
herbeizuführen, führt nach § 630h Abs. 5 Satz 1 BGB grundsätzlich zu einer Umkehr der objektiven Beweislast für den ursächlichen Zusammenhang zwischen dem Behandlungsfehler und dem Gesundheitsschaden[593]. Dafür reicht es aus, dass der grobe Behandlungsfehler geeignet ist, den eingetretenen Schaden zu verursachen; nahelegen oder wahrscheinlich machen muss der Fehler den Schaden hingegen nicht[594]. Eine Beweislastumkehr ist ausnahmsweise jedoch dann ausgeschlossen, wenn der Kausalzusammenhang gänzlich bzw. äußerst unwahrscheinlich ist[595]. Gleiches gilt, wenn sich nicht das Risiko verwirklicht hat, dessen Nichtbeachtung den Fehler als grob erscheinen lässt, oder wenn der Patient durch sein Verhalten eine selbständige Komponente für den Heilungserfolg

586 Vgl. BGH, Beschl. v. 16.8.2016 – VI ZR 634/15 – juris, Rn. 14 und Urt. v. 8.6.2004 – VI ZR 199/03 – juris, Rn. 28.
587 Vgl. OLG Koblenz, Urt. v. 6.12.2002 – 10 U 1790/01 – juris, LS 2.
588 Vgl. BGH, Urt. v. 2.12.1980 – VI ZR 175/78 – juris, Rn. 13; LG Karlsruhe, Urt. v. 6.5.2011 – 6 O 285/09 – juris, Rn. 17.
589 Vgl. BGH, Urt. v. 8.5.1990 – VI ZR 227/89 – juris, Rn. 23; OLG Oldenburg, Urt. v. 25.3.1997 – 5 U 186/96 – juris, Rn. 24.
590 Vgl. BGH, Beschl. v. 16.6.2015 – VI ZR 332/14 – juris, Rn. 12.
591 Vgl. *Pauge*, Arzthaftungsrecht, Rn. 590.
592 Vgl. BGH, Urt. v. 16.11.2004 – VI ZR 328/03 – juris, Rn. 7; OLG Köln Urt. v. 20.12.2000 – 5 U 234/98 – juris, Rn. 48.
593 BGH, Urt. v. 27.4.2004 – VI ZR 34/03 – juris, Rn. 16.
594 BGH, Urt. v. 27.4.2004 – VI ZR 34/03 – juris, Rn. 16.
595 Vgl. BGH, Urt. v. 27.4.2004 – VI ZR 34/03 – juris, Rn. 15; OLG Hamm, Urt. v. 6.11.2002 – 3 U 50/02 – juris, Rn. 29.

vereitelt hat und dadurch in gleicher Weise wie der grobe Behandlungsfehler des Arztes dazu beigetragen hat, dass der Verlauf des Behandlungsgeschehens nicht mehr aufgeklärt werden kann[596]. Ein grober Behandlungsfehler ist dem Arzt vorzuwerfen, wenn der Arzt eindeutig gegen bewährte ärztliche Behandlungsregeln oder gesicherte medizinische Erkenntnisse verstoßen und einen Fehler begangen hat, der aus **objektiver Sicht** nicht mehr verständlich ist, weil ein solcher Fehler schlechterdings nicht unterlaufen darf[597].

232 (2) Darüber hinaus können **Dokumentationsmängel** Konsequenzen für die Beweislastverteilung haben. Zwar bildet die unterlassene Dokumentation selbst keine eigenständige Anspruchsgrundlage und begründet ohne nähere Anhaltspunkte nicht automatisch einen Behandlungsfehler[598]. Die Dokumentationspflicht ist vielmehr eine Nebenpflicht des Arztes aus dem Behandlungsvertrag. Wie sich aus § 630h Abs. 3 BGB ergibt, kann das Fehlen einer medizinisch gebotenen Aufzeichnung aber indizieren, dass die nicht dokumentierte Maßnahme unterblieben ist[599]. Stellt das Unterbliebensein der nicht dokumentierten Maßnahme einen groben Behandlungsfehler dar, so kann das Dokumentationsversäumnis zur Beweislastumkehr führen und den Kausalitätsnachweis ersetzen.

233 (3) Wenn feststeht, dass die Schädigung aus einem Bereich stammt, dessen Gefahren ärztlicherseits voll ausgeschlossen werden können und müssen, die also für den Arzt/Krankenhausträger ein so genanntes »**voll beherrschbares Risiko**« darstellen, hat sich der Arzt bzw. Krankenhausträger zu entlasten (§ 630h Abs. 1 BGB)[600]. Dem liegt der Gedanke zu Grunde, dass der Arzt wegen der Unberechenbarkeit der menschlichen Natur zwar keinen Heilungserfolg schuldet, er aber Gefahren ausschließen kann, die aus der Organisation des Behandlungsbetriebes und aus dem technisch-apparativen Bereich entstehen.

234 (4) Eine weitere wichtige Beweiserleichterung kann nach § 630h Abs. 5 Satz 2 BGB bei **unterlassener Befunderhebung** eingreifen, also wenn der Arzt medizinisch zweifelsfrei gebotene Befunde nicht erhoben hat[601]. Die Beweislast kehrt sich ohne weiteres um, wenn dem Behandler ein grober Befunderhebungsfehler unterlaufen ist, sofern der haftungsbegründende Kausalzusammenhang mit dem eingetretenen Schaden nicht gänzlich bzw. äußerst unwahrscheinlich ist. Bei einem nur einfachen Befunderhebungsversäumnis wird die Beweislast hinsichtlich der haftungsbegründenden Kausalität zu Gunsten des Patienten umgekehrt, wenn sich bei Durchführung der versäumten Untersuchung mit hinreichender Wahrscheinlichkeit[602] ein so deutlicher und gravierender Befund ergeben hätte, dass sich die Verkennung dieses Befundes als fundamental oder die Nichtreaktion auf ihn als grob fehlerhaft darstellen würde und dieser Fehler generell geeignet wäre, den tatsächlich eingetretenen Gesundheitsschaden herbeizuführen[603]. Eine Umkehr der Beweislast ist nur ausge-

---

596 BGH, Urt. v. 16.11.2004 – VI ZR 328/03 – juris, Rn. 12.

597 Vgl. BGH, Urt. v. 28.5.2002 – VI ZR 42/01 – juris, Rn. 11 und v. 3.7.2001 – VI ZR 418/99 – juris, Rn. 7; OLG Brandenburg, Urt. v. 8.4.2003 – 1 U 26/00 – juris, Rn. 38.

598 Vgl. BGH Urt. v. 23.3.1993 – VI ZR 26/92 – juris, Rn. 13 und v. 24.1.1989 – VI ZR 170/88 – juris, Rn. 14.

599 Vgl. BGH, Urt. v. 11.11.2014 – VI ZR 76/13 – juris, Rn. 21 und v. 24.1.1989 – VI ZR 170/88 – juris, Rn. 7.

600 Vgl. BGH, Beschl. v. 16.8.2016 – VI ZR 634/15 – juris, Rn. 6 sowie Urt. v. 26.1.1999 – VI ZR 376/97 – juris, Rn. 11; OLG Hamm, Urt. v. 10.1.2001 – 3 U 59/00 – juris, Rn. 5; *Pauge*, Arzthaftungsrecht, Rn. 603.

601 Vgl. BGH, Urt. v. 13.1.1998 – VI ZR 242/96 – juris, Rn. 7.

602 D.h. mit einer Wahrscheinlichkeit von »mehr als 50%« (so OLG Koblenz, Beschl. v. 5.8.2016 – 5 U 723/16 – juris, Rn. 27; OLG Oldenburg, Urt. v. 18.5.2016 – 5 U 1/14 – juris, Rn. 54; OLG Köln, Urt. v. 11.2.2015 – I-5 U 181/12 – juris, Rn. 31; OLG Dresden, Urt. v. 21. 5.2010 – 4 U 1545/09 – juris, Rn. 13 und v. 6.6.2002 – 4 U 3112/01 – juris, Rn. 37 und OLG München, Urt. v. 10.8.2006 – 1 U 2438/06 – juris, Rn. 60) oder doch jedenfalls einer »an 50% heranreichenden« Wahrscheinlichkeit (so OLG Koblenz, Beschl. v. 29.1.2010 – 5 U 1204/09 – juris, Rn. 29).

603 Vgl. BGH, Urt. v. 26.1.2016 – VI ZR 146/14 – juris, Rn. 4 und v. 7.6.2011 – VI ZR 87/10 – juris, Rn. 7; OLG Stuttgart, Urt. v. 29.7.1997 – 14 U 20/96 – juris, Rn. 44 und v. 2.2.1999 – 14 U

schlossen, wenn jeglicher haftungsbegründende Ursachenzusammenhang äußerst unwahrscheinlich ist[604].

Die vorstehenden, den Arzthaftungsprozess betreffenden **Regeln über die Verteilung der Darlegungs- und Beweislast** sind grundsätzlich **auch in** einem etwaig nachfolgenden **Verfahren über eine Anwaltshaftung zu beachten**[605]. 235

Als haftungsrelevant kann sich in Arzthaftungssachen der Abschluss eines **Abfindungsvergleiches** erweisen[606]. Erwägt der Mandant den Abschluss eines Vergleichs, müssen ihm dessen Vor- und Nachteile dargelegt werden[607]. Von einem Vergleich ist abzuraten, wenn er für die vertretene Partei eine unangemessene Benachteiligung darstellt und insbesondere begründete Aussicht besteht, im Falle einer streitigen Entscheidung ein wesentlich günstigeres Ergebnis zu erzielen. Selbst wenn der Rechtsanwalt der Meinung ist, das von ihm ausgehandelte Ergebnis sei schon das Äußerste, was bei der Gegenseite zu erreichen sei, entbindet ihn das nicht von seiner Aufklärungspflicht. Allerdings ist einem Anwalt, der an Vergleichsverhandlungen mitwirkt, aufgrund der Schwierigkeiten und Ungewissheiten bei der Abwägung der Vor- und Nachteile eines Vergleichsabschlusses ein Ermessensspielraum zuzubilligen, weil er ansonsten ein für ihn nicht mehr tragbares Risiko einginge[608]. 236

Ist ein Vergleichstext für den Rechtsanwalt erkennbar so gefasst, dass künftige Ansprüche des Mandanten wegen einer gesundheitlichen Verschlechterung nur dann geltend gemacht werden können, wenn der Eintritt des Zukunftsschadens denkbar unwahrscheinlich war, so muss er seinem Mandanten, dem es gerade darauf ankommt, dass durch die Zahlung der Vergleichssumme künftige Ansprüche nicht ausgeschlossen werden, die absehbare Zukunftsschäden betreffen, vom Abschluss des Vergleichs abraten[609].

Wird in einem Arzthaftungsprozess eine überhöhte und insoweit der Höhe nach aussichtslose Klage erhoben und nach Klageabweisung die Berufung hiergegen geführt, kommen Regressansprüche in Betracht, so etwa ein **Kostenregress**, wenn nicht darüber aufgeklärt worden ist, dass die in der Klage formulierten Ansprüche[610] eindeutig übersetzt oder per se aussichtslos sind und deshalb ein Unterliegens- und Kostenrisiko besteht[611]. Gerade in Arzthaftungsfällen muss man sich jedoch des Umstandes bewusst sein, dass der Rechtsanwalt als – wie der Mandant selbst auch – medizinischer Laie regelmäßig die Erfolgsaussichten einer Klage nicht allein aufgrund des Sachvortrags seines Mandanten zuverlässig abschätzen kann[612]. Erfolg bzw. Misserfolg einer Arzthaftungsklage hängen häufig vom Ergebnis einzuholender Sachverständigengutachten ab. Aus der darin liegenden Unsicherheit quasi als sichersten Weg eine Verpflichtung zur Klageerhebung abzuleiten, ginge indes fehl[613]. Im Rahmen der geschuldeten Beratung ist vielmehr auf naheliegende Beweisprobleme und auf sonstige Prozessrisiken hinzuweisen. 237

4/98 – juris, Rn. 50; OLG Hamm, Urt. v. 31.10.2014 – 26 U 173/13 – juris, Rn. 38; OLG Braunschweig, Urt. v. 25.3.1999 – 1 U 61/98 – juris, Rn. 41; *Laufs*, NJW 2000, 1757.

604 BGH, Beschl. v. 2.7.2013 – VI ZR 110/13 – juris, Rn. 13.

605 Vgl. OLG Koblenz, Urt. v. 26.6.2006 – 12 U 1017/05 – juris, Rn. 16; OLG Zweibrücken, Urt. v. 10.10.2000 – 5 U 8/00 – juris, Rn. 34.

606 Zu den allgemeinen Sorgfaltsanforderungen bei einem Vergleichsabschluss und hier insbesondere bei einem Abfindungsvergleich, vgl. Kap. 8 Rdn. 570 und 598 ff.

607 OLG Frankfurt, Urt. v. 3.12.2019 – 8 U 129/18 – juris, Rn. 74.

608 OLG Frankfurt, Urt. v. 3.12.2019 – 8 U 129/18 – juris, Rn. 75 und 76.

609 Vgl. OLG Hamm, Urt. v. 17.3.2015 – 28 U 208/13 – juris, Rn. 114 ff.

610 Konkret auf Schmerzensgeld, eine Schmerzensgeldrente, Verdienstausfall und Haushaltsführungsschaden.

611 Zum Kostenregress eines Rechtsschutzversicherers vgl. OLG Hamm, Urt. v. 18.2.2016 – 28 U 73/15 – juris, Rn. 55 ff.

612 OLG Düsseldorf, Urt. v. 15.3.1984 – 8 U 95/83 – VersR 1985, 552.

613 So zutreffend *Vollkommer/Greger/Heinemann*, Anwaltshaftungsrecht, § 20, Rn. 95.

Miet- und Wohnungseigentumsrecht

238 Der **Fachanwalt für Miet- und Wohnungseigentumsrecht** zeichnet sich durch besondere Kenntnisse im Recht der Wohnraummietverhältnisse, der Gewerberaummietverhältnisse, im Pachtrecht, Wohnungseigentumsrecht sowie im Maklerrecht, im Nachbarrecht und in Grundzügen des Immobilienrechts aus[614].

239 Ein Rechtsanwalt, der im **Auftrag einer Mieterschutzvereinigung** deren **Mitglied fehlerhaft berät**, soll dem Mitglied grundsätzlich weder aus dem Gesichtspunkt eines Vertrages zugunsten Dritter noch nach den Grundsätzen des Vertrages mit Schutzwirkung zugunsten Dritter haften[615]. Dies wird allerdings nur dann gelten können, wenn dem Mitglied aus einer fehlerhaften Beratung Ansprüche gegen den Mieterverein zustehen. Sind derartige Ansprüche nach der Satzung des Vereins ausgeschlossen, können die Voraussetzungen eines Vertrags mit Schutzwirkung für Dritte vorliegen[616].

240 Der Rechtsanwalt des Vermieters verletzt seine anwaltlichen Pflichten, wenn er den Wohnungsmieter nur **unspezifiziert zur Vornahme von Renovierungsarbeiten auffordert**. Denn der Vermieter muss den Mieter auffordern, die fällige Leistung zu bewirken und dazu konkret angeben, in welchen Räumen welche Arbeiten an welcher Stelle vorzunehmen sind[617].

241 Jeder Rechtsanwalt muß wissen, daß man sich von einem Mietvertrag oder mietähnlichen Vertrag im Regelfall durch eine »Kündigung« löst, nicht hingegen durch einen »Rücktritt«. Ein **gesetzlicher Rücktritt von einem Dauerschuldverhältnis wie der Miete** ist nach Überlassung der Mietsache regelmäßig **ausgeschlossen**, weil er die Hauptleistungspflichten rückwirkend zerstört; der Rücktritt wird durch die – nur für die Zukunft wirkende – Kündigung ersetzt[618]. Aufgabe des Rechtsanwalts, der mit einer Rechtsgestaltung beauftragt ist, ist es, schon durch die Wortwahl seiner Erklärung entsprechende Klarheit zu schaffen[619].

242 Ein Anwalt, der von einem Mieter zu einer Beratung bezüglich einer **fristlosen Kündigung wegen Zahlungsverzuges mandatiert ist**[620], verletzt seine Pflichten aus dem Vertrag, wenn er nicht darauf hinweist, dass die Wirkungen der Kündigung wegen Zahlungsverzugs gem. § 554 Abs. 2 Nr. 2 BGB a.F. (jetzt § 569 BGB) entfallen, wenn die rückständige Miete innerhalb einer Frist von einem Monat (jetzt zwei Monate) nach Rechtshängigkeit vollständig gezahlt wird.

243 Die Frage, ob einem Mandanten dadurch ein ersatzfähiger Schaden entstanden ist, dass er infolge eines Beratungsfehlers seines Rechtsanwalts in einer **Beschlussanfechtungssache** (§ 46 WEG) eine ihm ungünstige Entscheidung getroffen hat, ist auf der Grundlage der damals geltenden Rechtsprechung zu beurteilen. Eine spätere Änderung dieser Rechtsprechung ist in der Regel rechtlich unerheblich[621].

---

614 Zum mietrechtlichen Prozessmandat ausführlich *Deppen/Heilmann*, Prozesse in Mietsachen, § 1. Zur aktuellen Entwicklung des Gewerberaummietrechts: *Reuter/Lindner-Figura*, NJW 2020, 1039; NJW 2019, 1041 ff.; NJW 2018, 1060 ff.; NJW 2017, 1071 ff.; NJW 2015, 1059 ff.; *Fritz*, NJW 2015, 1064 ff.; NJW 2014, 1067 ff.; sowie zur Entwicklung des Wohnungseigentumsrechts: *Bartholome*, NJW 2019, 2135 ff.; NJW 2018, 2095 ff.; 2017, 2082 ff.; NJW 2016, 2158 ff.; *Bartholome/Jennißen*, NJW 2014, 2160 ff.; NJW 2013, 2083 ff.; NJW 2012, 2164 ff.; zur Rechtsprechung des BGH zum Mietrecht: *Börstinghaus*, NZM 2019, 225 ff.; NZM 2018, 529 ff., 297 ff.; NZM 2017, 385 ff., NZM 2016, 417 ff.; NZM 2015, 281 ff. und NZM 2014, 217 ff.

615 LG Berlin, Urt. v. 9.3.2017 – 67 O 25/16 – juris, Rn. 16 ff.

616 OLG Düsseldorf, Beschl. v. 21. 4. 2009 – 24 U 50/08 – juris, Rn. 8 f.

617 OLG Hamm, Urt. v. 14.7.2009 – I-28 U 14/09 – juris, Rn. 26 und 29.

618 BGH, Urt. v. 4.6.1996 – IX ZR 51/95 – juris, Rn. 25.

619 BGH, Urt. v. 4.6.1996 – IX ZR 51/95 – juris, Rn. 24.

620 Brandenburgisches OLG, Urt. v. 8.10. 2008 – 3 U 15/08 – juris, Rn. 42.

621 OLG München, Urt. v. 4.12. 2013 – 15 U 4933/12 Rae – juris, Rn. 62.

Patentrecht

Die Erledigung von Patentsachen fällt in den Tätigkeitsbereich der Patentanwälte. 244

1. Ebenso wie der Rechtsanwalt ist der Patentanwalt in dem ihm durch die **Patentanwaltsordnung** (PAO) zugewiesenen Aufgabenbereich ein unabhängiges Organ der Rechtspflege[622]. Entsprechend den Bestimmungen der BRAO findet auf den Patentanwalt die PAO Anwendung. 245

2. Ein inländischer Patentanwalt ist nicht verpflichtet, einen im Einvernehmen mit dem Mandanten eingeschalteten **ausländischen Patentanwalt** bei der von diesem vorgenommenen Auslandsmeldung und Betreuung des ausländischen Patents über die formale Überwachung hinaus auch inhaltlich zu überwachen[623]. 246

In entsprechender Anwendung von § 664 BGB besteht auch **keine Haftung** nach § 278 BGB für Fehler des ausländischen Patentanwalts, der im Einvernehmen mit dem Mandanten beauftragt wurde[624].

3. Im Rahmen des einem Patentanwalt erteilten Auftrags treffen diesen die gleichen **Aufklärungs- und Beratungspflichten**, wie sie für den Allgemeinanwalt gelten[625]. Von daher verletzt der Patentanwalt seine Pflichten aus dem Anwaltsvertrag, wenn er seinen Mandanten gegenüber erklärt, dass Patentwerte mit Sicherheit für nichtig erklärt werden, wenn eine solche Prognose objektiv zumindest zweifelhaft ist; hat der Mandant wegen dieser Erklärung einen für ihn **ungünstigen Vergleich** abgeschlossen, kann ihm der Patentanwalt zum Schadensersatz verpflichtet sein, wenn das Patent bei hypothetischer Fortführung des Nichtigkeitsverfahrens der Nichtigkeitsklage standgehalten hätte[626]. 247

Der im **Patentnichtigkeitsverfahren** mit der Verteidigung des Patents beauftragte Patentanwalt ist verpflichtet, den Mandanten darüber aufzuklären, welche Chancen angesichts des entgegengehaltenen Standes der Technik bestehen, die Nichtigkeitsklage abzuwehren, und welche Risiken, aber auch welche Chancen die Verteidigung des Patents im Nichtigkeitsverfahren mit sich bringt. Umgekehrt bedeutet dies, dass ein Anwalt bei der Beratung über die Möglichkeit eines Rechtsbestandsangriffs umfassend über dessen Chancen und Risiken beraten muss[627].

4. Wird einem Patentanwalt im Zusammenhang mit dem Auftrag zur **Anmeldung eines Warenzeichens** »völlig freie Hand« gelassen, bedeutet dies nicht, dass er nicht nach dem Bestehen entgegenstehender älterer eingetragener Warenzeichen – durch Anfrage bei der Registerbehörde und bei Nachsuchdiensten – zu forschen hätte[628]. 248

5. Geht es um einen **Beratungsfehler** (hier: Falschberatung bei einer Patentrechtsverletzung durch den China-Import von Fahrradkörben), ist zu beachten, dass der Rechtsanwalt nicht für einen bestimmten Erfolg im Sinne einer **Garantie** einzustehen hat[629]. 249

6. Werden Patentanwälte wegen **Schlechterfüllung** des Patentanwaltsvertrags auf Schadensersatz in Anspruch genommen und steht dabei die **Widerruflichkeit eines erteilten Verfahrenspatents** in Streit, so handelt es sich bei der Frage, ob eine Erfindung so deutlich und vollständig offenbart ist, dass ein Fachmann sie ausführen kann, um eine Rechtsfrage. Die Prüfung dieser Rechtsfrage darf daher nicht einem gerichtlichen Sachverständigen überlassen werden[630]. 250

622 § 1 BRAO.

623 LG München, Urt. v. 14.7.2011 – 7 O 9779/10 – juris, Rn. 26.

624 LG München, Urt. v. 14.7.2011 – 7 O 9779/10 – juris, Rn. 31; vgl. auch zu dieser Problematik instruktiv *Rinkler/Pape*, in: G. Fischer/Vill/D. Fischer/Pape/Chab, Rn. 360 ff.

625 BGH, Urt. v. 30.11.1999 – X ZR 129/96 – juris, Rn. 12 ff. sowie LG Düsseldorf, Urt. v. 30.11.2017 – 4a O 3/16 – juris, Rn. 56.

626 BGH, Urt. v. 30.11.1999 – X ZR 129/96 – juris, Leitsätze 2 und 3.

627 LG Düsseldorf, Urt. v. 30.11.2017 – 4a O 3/16 – juris, Rn. 57.

628 BGH, Urt. v. 8.10.1969 – I ZR 149/67 – juris, Rn. 25 ff.

629 OLG Düsseldorf, Urt. v. 10.7.2014 – I-2 U 78/13 – juris, Rn. 73.

630 BGH, Urt. v. 2.2.2015 – I-X ZR 76/13 – juris, Rn. 34 ff.

251 7. Wird ein Patentanwalt damit beauftragt, die **Patentfähigkeit** einer ihm unterbreiteten Erfindung im Anschluss an eine von ihm veranlasste Recherche zu prüfen und rät er seinem Mandanten zu einer **objektiv aussichtslosen Patentanmeldung**, weil er den Stand der Technik nicht berücksichtigt hat, den er bei ordnungsmäßiger Anlage der Recherche hätte finden müssen, so ist er wegen Schlechterfüllung des Anwaltsvertrages zum Schadensersatz verpflichtet[631].

252 8. Ein Patentanwalt, der kurz vor Ablauf der dafür maßgeblichen Frist feststellt, dass die Telefax-Übermittlung einer Berufungsbegründung in einem Patentnichtigkeitsverfahren wegen nicht von ihm zu vertretender technischer Probleme voraussichtlich scheitern wird, ist nicht verpflichtet, nach einem Rechtsanwalt zu suchen, der den Versand für ihn über das besondere elektronische Anwaltspostfach (beA) vornehmen kann[632].

Steuerrecht

252a Nach § 3 Nr. 1 StBerG ist auch Rechtsanwälten die geschäftsmäßige Hilfeleistung in Steuersachen erlaubt[633].

253 Das einem Rechtsanwalt erteilte Mandat umfasst allerdings in der Regel nicht die Beratung und Belehrung im Steuerrecht. So beschränkt sich das einem Allgemeinanwalt in einer Zugewinnausgleichssache erteilte Mandat auf die zivilrechtliche Beratung der Klägerin bei Abschluss der Scheidungsfolgenvereinbarung. Eine steuerrechtliche Beratung, die einen zugleich als Fachanwalt für Steuerrecht tätigen Rechtsanwalt treffen kann, obliegt einem Allgemeinanwalt, dessen Auftrag auf Fragen des Zugewinnausgleichs beschränkt ist, nicht[634]. Allerdings kann dem Allgemeinanwalt als Pflichtverletzung vorgeworfen werden, die Klägerin nicht über die Notwendigkeit der Beteiligung eines Steuerberaters bei Abschluss der Scheidungsfolgenvereinbarung unterrichtet zu haben[635].

Ob ein Anwalt, der nicht zugleich Fachanwalt für Steuerrecht ist, die steuerlichen Auswirkungen einer Maßnahme bedenken und mit dem Mandanten erörtern muss, hängt im übrigen von der praktischen Bedeutung und dem »Bekanntheitsgrad« der jeweils betroffenen steuerrechtlichen Regelung ab[636].

254 Die Rechtsprechung des Bundesgerichtshofs zu den Pflichten eines mit einem umfassenden Dauermandat betrauten steuerlichen Beraters[637] sowie zu anlassbezogenen Aufklärungs- und Hinweispflichten des Steuerberaters[638] sind nicht ohne weiteres auf den Pflichtenkreis des als **Fachanwalt für Steuerrecht** mandatierten Anwalts zu übertragen. Der Pflichtenkreis des als Fachanwalt für Steuerrecht tätig werdenden Anwalts lässt sich vielmehr nur durch Auslegung des ihm konkret erteilten Mandats ermitteln.

255 Der um Rat ersuchte steuerliche Berater ist zu einer umfassenden und **möglichst erschöpfenden Belehrung** seines Auftraggebers verpflichtet. Er hat dem Mandanten diejenigen Schritte anzuraten, die zu dem erstrebten Ziel zu führen geeignet sind. Ferner hat er Nachteile für den Auftraggeber zu verhindern, soweit solche vorhersehbar und vermeidbar sind. Dazu hat er dem Auftraggeber den

631 OLG Düsseldorf, Urt. v. 1.7.1996 – 2 U 5/96 – juris, Leitsatz.

632 BGH, Beschl. v. 28.4.2020 – X ZR 60/19 – juris, Rn. 13; zu Haftungsfallen rund ums beA: *Günther*, NJW 2020, 1785.

633 Siehe zur aktuellen Entwicklung im Steuerrecht die regelmäßigen Übersichten von *Füssenich,* NJW 2020, 589 ff.; NJW 2019, 2509 ff.; *Plewka*, NJW 2018, 2526 ff., 595 ff.; NJW 2017, 2515 ff., 705 ff.; NJW 2016, 2548 ff., 611 ff.; NJW 2015, 2929 ff., 589 ff.; *Plewka/Pott,* NJW 2014, 2769 ff., 597 ff.; NJW 2013, 2561, 573 ff. sowie NJW 2012, 2558 ff., 661 ff.

634 BGH, Urt. v. 9.1.2020 – IX ZR 61/19 – juris, Rn. 12.

635 BGH, Urt. v. 9.1.2020 – IX ZR 61/19 – juris, Rn. 13 ff.

636 OLG Düsseldorf, Beschl. v. 23.3.2015 – 24 U 105/14 – juris, Rn. 8.

637 BGH, Urt. v. 4.3.1987 – IVa ZR 222/85 – juris, Rn. 14 ff.

638 BGH, BGH, Urt. v. 26.1.2017 – IX ZR 285/14 – juris, Rn. 44 ff. sowie Hanseatisches Oberlandesgericht Hamburg, Urt. v. 23.5.2017 – 9 U 51/14 – juris, Rn. 45 ff.

relativ sichersten und ungefährlichsten Weg zu dem angestrebten steuerlichen Ziel aufzuzeigen und die für den Erfolg notwendigen Schritte vorzuschlagen, damit der Mandant eine sachgerechte Entscheidung treffen kann[639].

Ein Rechtsanwalt verletzt schuldhaft die ihm aus dem Anwaltsvertrag obliegenden Pflichten, indem **256** er nicht auf das Risiko hinweist, dass eine **formwechselnde Umwandlung einer GmbH** in eine gleichnamige OHG nach Ablauf eines Jahres nach Gründung der GmbH unter Einbringung der beiden von den Gesellschaftern vorher jeweils als Alleingesellschafter gehaltenen Unternehmen im Wege der Sacheinlage zum Buchwert von der Finanzverwaltung als Veräußerung i.S.v. § 22 Abs. 2 UmwStG 2006 qualifiziert wird und damit zur steuerwirksamen Aufdeckung stiller Reserven führen könnte[640].

Trägt ein Anwalt mit einem **Einspruch gegen einen Einkommensteuerbescheid** neue Tatsachen **257** vor, die zu einer höheren Besteuerung des Klägers führen, macht er sich schadensersatzpflichtig, wenn das Finanzamt gegen den Mandanten eine verbösernde Entscheidung trifft[641].

Übermittelt der rechtliche Berater versehentlich ohne vorherige Abstimmung mit dem Mandanten **258** eine für diesen gefertigte **Selbstanzeige** der Finanzverwaltung, liegt in der anschließend gegen den Mandanten festgesetzten Steuerpflicht kein ersatzfähiger Schaden, wenn die festgesetzten Steuer- und Beitragsnachzahlungen im Einklang mit dem materiellen Recht stehen. Denn im Wege des Schadensersatzes soll der Anspruchsteller grundsätzlich nicht mehr erhalten als dasjenige, was er nach der materiellen Rechtslage hätte verlangen können[642].

Spätestens seit dem BFH-Urteil vom 13.2.2019[643] ist klar, dass alle Abmahnungen im »grünen **259** Bereich« eine umsatzsteuerbare Leistung darstellen, also sowohl im Wettbewerbsrecht als auch im Marken-, Design- und Patentrecht sowie im Urheberrecht. Gegebenenfalls kann der Abmahner die Umsatzsteuer – mindestens aus ergänzender Vertragsauslegung – nachfordern[644]. Jedoch ist bei wettbewerbsrechtlichen Abmahnungen die kurze Verjährungsfrist von sechs Monaten nach § 11 Abs. 1 UWG zu beachten. In diesem Kontext könnte eine Anwaltshaftung virulent werden, wenn die Umsetzung der BFH-Rechtsprechung unterbleibt[645].

Besonderen Haftungsrisiken sind mit der **Prozessführung in finanzgerichtlichen Verfahren** ver- **260** bunden. Lässt das Finanzgericht die Revision gegen seine Entscheidung nicht zu, kann die unterlegene Partei hiergegen innerhalb eines Monats nach Zustellung des vollständigen Urteils Beschwerde beim Bundesfinanzhof einlegen (§ 116 Abs. 1 FGO)[646].

Strafrecht

Fragen einer zivilrechtlichen Haftung aus **strafrechtlicher Anwaltstätigkeit** werden in der regress- **261** rechtlichen Literatur nun etwas weniger stiefmütterlich behandelt als früher[647]. Der BGH ist – soweit ersichtlich – erst dreimal mit einer anwaltlichen Pflichtverletzung bei einer Verteidigung befasst gewesen, einmal im Rahmen einer Amtshaftungsklage (§ 839 Abs. 1 S. 2 BGB)[648], sodann bei

639 BGH, Urt. v. 19.3.2009 – IX ZR 214/07 – juris, Rn. 8 und 9.

640 OLG Frankfurt, Urt. v. 11.7.2018 – 4 U 116/17 – juris, Rn. 17.

641 OLG Hamm, Urt. v. 15.11.2011 – 28 U 69/11 – juris, Rn. 5 ff.

642 BGH, Urt. v. 9.11.2017 – IX ZR 270/16 – juris, Rn. 22 ff.

643 BFH, Urt. v. 13.2.2019 – XI R 1/17 – juris, Rn. 28 f.

644 Mindestens aus ergänzender Vertragsauslegung, vgl. BGH, Urt. v. 17.5.2018 – VII ZR 157/17 – juris, Rn. 28.

645 *Voges*, GRUR-Prax 2020, 254.

646 Zur Nichtzulassungsbeschwerde zum BFH als Regressfalle: *Hülsmann*, NWB 44/2019, 3237 ff.

647 Vgl. *Vollkommer/Greger/Heinemann*, § 28, Rn. 108 ff.; *Vill*, in: G. Fischer/Vill/D. Fischer/Pape/Chab, § 2, Rn. 25, 56, 95; *G. Fischer*, ebd. § 5, Rn. 68, 144; *Borgmann/Jungk/Schwaiger*, Kap. IV, Rn. 34; Kap. III, Rn. 89.

648 BGH NJW 1964, 2402–2404 = AnwBl 1965, 118 m. Anm. *Ostler*; dazu schon Kap. 4 Rdn. 130.

der Frage, ob ein Strafverteidiger auf die Gefahr der Verjährung eines Regressanspruchs gegen einen Rechtsanwalt hinweisen muss, der den Mandanten zivilrechtlich beraten hat, was der BGH zutreffend verneint hat[649], und im Zusammenhang mit der Stellung einer vom Beschuldigten für seine Haftverschonung aufzubringenden **Barkaution**, auf die von einer Gläubigerin durch Pfändung des Rückzahlungsanspruchs Zugriff genommen wurde[650]. Hierzu hat der BGH unter Berufung auf strafrechtliche Literatur die Pflicht des Strafverteidigers bejaht, bei Gestellung einer Kaution über das **Risiko des Pfändungszugriffs** zu belehren und über die Möglichkeit von Sicherungsmaßnahmen etwa durch Abtretung des Rückzahlungsanspruchs zu beraten[651].

262 Stellt – wie häufig und auch bei einer vom Strafrichter dem Beschuldigten aufgegeben »Eigenhinterlegung« zulässig[652] – ein **Dritter** den Kautionsbetrag dem Beschuldigten **als Darlehen** zur Verfügung, kann es je nach Fallgestaltung eine Pflicht des Verteidigers sein, im Rahmen eines (konkludenten) Auskunftsvertrages mit dem Dritten, diesen auf die Gefahr der Pfändung des Rückzahlungsanspruchs durch Gläubiger des Beschuldigten hinzuweisen[653]. Erst recht ist – in Fortführung dieser Rechtsprechung – der Rechtsberater des für die Gestellung der Kaution durch den Beschuldigten darlehensgebenden Mandanten als verpflichtet angesehen worden, diesen darauf hinzuweisen, dass eine Sicherung des Darlehensrückzahlungsanspruchs durch Abtretung des Anspruchs auf Rückzahlung der Kaution geboten sein kann, wenn eine Pfändung dieses Anspruchs zu befürchten ist[654].

263 In der **anderweitigen Beraterhaftung** (Steuerberater; Bank) hat die höchstrichterliche Rechtsprechung seit jeher anerkannt, dass ein Anspruch des Auftraggebers auf Erstattung einer gegen ihn aufgrund eines Beratungsfehlers festgesetzten Geldbuße oder Geldstrafe in Betracht kommen kann[655]. Nach den gleichen Grundsätzen kann dies auch bei einem Strafverteidiger der Fall sein, wie im Folgenden noch näher dargelegt wird.

264 Eine Reihe von veröffentlichten Entscheidungen namentlich der Oberlandesgerichte zur Strafverteidigerhaftung[656], haben z.T. ein lebhaftes Echo vornehmlich in der Anwaltschaft[657], aber ebenso in der Wissenschaft[658] gefunden. Es handelt sich hier weiterhin um ein Terrain mit nicht zweifelsfrei und nicht leicht zu entscheidenden Problemfragen insbesondere bei Kausalität und Schaden. Ob und bejahendenfalls wieweit und nach welchen Maßstäben Zivilgerichte eine bei der hypothetischen Zugrundelegung pflichtgemäßen Anwaltsverhaltens richtigerweise dann ergangene strafrichterliche Entscheidung »nachzeichnen« dürfen und können, ist höchstrichterlich noch nicht abschließend geklärt.

265 Zu den **anwaltlichen Pflichten eines Strafverteidigers** allgemein, wie Prüfung der gesamten Sachlage, insbesondere aufgrund der Akten, Exploration des Mandanten, ggfs. zu veranlassende ergänzende Beweiserhebung, umfassende rechtliche Prüfung in materiellrechtlicher und

---

649 BGH, Beschl. v. 21.1.2005 – IX ZR 186/01, mitgeteilt und besprochen von *Grams*, BRAK-Mitt. 2005, 72.

650 BGH, Urt. v. 22.7.2004 – IX ZR 132/03 – juris.

651 BGH, a.a.O., juris, Rn. 14, 16.

652 BGH, Urt. v. 17.3.2016 – IX ZR 303/14 – juris, Rn. 19.

653 BGH, Urt. v. 22.7.2004 – IX ZR 132/03 – juris, Rn. 23–25.

654 BGH, Urt. v. 17.3.2016 – IX ZR 303/14 – juris, Rn. 23.

655 RG, Urt. v. 10.6.1942 – III 14/42, RGZ 169, 267, 269 f.; BGH, Urt. v. 31.1.1957 – II ZR 41/56, BGHZ 23, 222, 225; v. 14.11.1996 – IX ZR 215/95 – juris, Rn. 13; v. 15.4.2010 – IX ZR 189/09 – juris, Rn. 8–10.

656 OLG Nürnberg StV 1997, 481; OLG Düsseldorf NJW-RR 1999, 785 = OLG Rep. 1998, 455 = StV 2000, 430; OLG Stuttgart OLG Rep. 1999, 102; OLG Braunschweig OLG Rep. 2001, 192; KG NJW 2005, 1284; vgl. aus früheren Jahren: OLG Düsseldorf StV 1986, 211; OLG Düsseldorf BRAK-Mitt. 1988, 63; LG Berlin StV 1991, 310.

657 *Köllner*, ZAP, Fach 23, 303; *Krause*, NStZ 2000, 225 (mit hilfreichen ausführlichen, systematischen Darlegungen); *Bandisch*, AnwBl 2002, 44.

658 *Barton*, StV 1991, 322; *ders.*, StV 1998, 606; *ders.*, StraFo 2015, 315; *Zwiehoff*, StV 1999, 555.

verfahrensrechtlicher Hinsicht sowie Information und Beratung des Mandanten, wird auf die Spezialliteratur verwiesen[659].

Allgemein kann man zur Stellung des Strafverteidigers und zu seinen Pflichten sagen, was der BGH wie folgt formuliert hat:

> »Im Strafverfahren hat der Verteidiger die Stellung eines selbständigen Beistandes des Beschuldigten (Angeklagten) und eines unabhängigen Organs der Rechtspflege. In dieser Stellung besteht *seine* Aufgabe darin, dem Schutze des Beschuldigten zu dienen und in dem Strafverfahren alles geltend zu machen, was dem Beschuldigten nach sachlichem oder Verfahrensrecht günstig ist.«[660]

Dabei kann das in Kapitel 2 beschriebene allgemeine Pflichtenprogramm unter Beachtung der Besonderheiten eines Strafverteidigungsmandats auf ein solches Mandat übertragen werden[661].

Das Übergreifen der sog. **Corona-Pandemie** auf Deutschland hat auch im Bereich der Strafrechtspflege und damit auch für Anwälte als Strafverteidiger zu Fragestellungen geführt, wie sie in Zeiten der Beschränkungen z. B. bei der Durchführung von Hauptverhandlungen und ihren Fortsetzungen oder in Haftsachen die Interessen ihrer Mandanten sachgerecht und grundrechtskonform wahrzunehmen haben und so gleichzeitig ihr Regressrisiko minimieren können. Der Gesetzgeber hat zwar ungemein schnell mit dem **Gesetz zur Abmilderung der Folgen der COVID-19 Pandemie** im Zivil-, Insolvenz- und Strafverfahrensrecht vom 27.3.2020[662] reagiert und dieses im Wesentlichen rückwirkend (!) zum 1.3.2020 in Kraft gesetzt. 266

Er hat in Artikel 3 für den Bereich des **Strafverfahrensrechts** in der StPO allerdings nur einen zeitlich befristeten Hemmungstatbestand für die Unterbrechungsfrist strafrechtlicher Hauptverhandlungen eingefügt. Der Lauf der sich aus § 229 Abs. 1, 2 StPO ergebenden Unterbrechungsfristen von Hauptverhandlungen ist nunmehr durch die Neufassung von § 10 Abs. 1 EGStPO bis zu zwei Monate gehemmt, wenn und solange Verhandlungen zur Verhinderung der Verbreitung von Infektionen mit dem SARS-CoV-2-Virus nicht durchgeführt werden können[663]. Nach der Gesetzesbegründung wird eine Feststellung konkreter Infektionsgefahren nicht verlangt[664]. 267

Diese gesetzgeberische Wertung soll auf die Beurteilung von Haftfortdauerentscheidungen und der Wahrung des sog. Beschleunigungsgebots in Haftsachen übertragen werden können[665], was indessen nicht zweifelsfrei ist. Der Strafverteidiger sollte also weiterhin sehr genau und in sorgfältiger Nachprüfung, ob und inwieweit konkrete Infektionsgefahren einzelner Verfahrensbeteiligter bestehen und ob und wie diesen durch welche Schutzvorkehrungen begegnet werden können, zugunsten seines Mandanten tätig werden und die relevant erscheinenden Gesichtspunkte vorbringen[666]. Die Möglichkeiten organisatorischer und medizinisch-hygienischer Art, Infektionsgefahren bei der Durchführung von Hauptverhandlungen oder anderen Terminen auf ein zumutbares Maß zu reduzieren, sind mit jeder Woche in der Pandemie größer geworden und dürften mittlerweile so gut sein (Stand: Ende Dez. 2020), dass sich Verzögerungen im strafverfahrensrechtlichen Ablauf nur noch sehr bedingt auf die Pandemie zurückgeführt werden dürften. Dem tragen die 268

659 *Barton,* in: MAH Strafverteidigung, 2. Auflage, § 41, Rn. 13–51; *Eschelbach,* in: BeckOK StPO, Edition 36, § 257c StPO, Rn. 60–66; *Klemke/Elbs,* Einführung in die Praxis der Strafverteidigung, 4. Auflage, Kapitel 11; *Köllner,* in: Bockemühl, Handbuch des Fachanwalts Strafrecht, 7. Auflage, 1. Teil, Kap. I, Rn. 125 ff.; *Schlecht,* Die zivilrechtliche Haftung des Strafverteidigers, 2006, 40 ff.

660 BGH, Urt. v. 17.9.1964 – III ZR 215/63 – juris, Rn. 10.

661 Vgl. *Barton,* in: MAH Strafverteidigung, 2. Auflage, § 41, Rn. 15; *Krause,* NStZ 2000, 225, 226.

662 BGBl. 2020 I S. 569 ff.

663 Diese Neufassung ist auch für die Zeit ab 27.3.2021 bis 26.3.2022 verlängert worden, § 10 StPOEG.

664 Vgl. BT-Drs. 19/18110, 33 und dazu *Kaltenbach,* COVuR 2020, 230, 232.

665 *Kaltenbach,* a.a.O.

666 Zu den Ansatzpunkten zur Durchführung von Hauptverhandlungen trotz der Pandemie vgl. im Einzelnen *Kaltenbach,* a.a.O., S. 232 ff.

neueren gerichtlichen Entscheidungen mit Verweis auf die nach derzeitigen wissenschaftlichen Erkenntnissen Infektionsrisiken deutlich vermindernden Schutzmaßnahmen Rechnung und stellen so im Interesse der Funktionalität der Strafrechtspflege gesundheitliche Restrisiken auch des Angeklagten hintenan[667]. Nach der Rechtsprechung des BVerfG ist der Konflikt zwischen der Pflicht des Staates zur Gewährleistung einer funktionstüchtigen Strafrechtspflege und dem Interesse eines Beschuldigten an der Wahrung des Gesundheitsschutzes nach Maßgabe des Verhältnismäßigkeitsgrundsatzes durch Abwägung der einander widerstreitenden Interessen zu lösen, wobei den staatlichen Stellen ein erheblicher Einschätzungs-, Wertungs- und Gestaltungsspielraum zukommt[668]. Demgemäß kann die Verletzung einer Schutzpflicht gegenüber dem Beschuldigten, der zu einer Hauptverhandlung geladen wird, nur festgestellt werden, wenn Schutzvorkehrungen entweder überhaupt nicht vorgenommen sind oder wenn die getroffenen Regelungen und Maßnahmen offensichtlich ungeeignet oder völlig unzulänglich sind[669]. Entscheidungen aus den Monaten März und April 2020 zu Ausmaß und Grenzen tatrichterlichen Ermessens in Haftsachen[670] dürften daher nur noch wenig von Interesse sein, es sei denn es kommt zu neuen Infektionswellen größeren Ausmaßes, wie sie möglicherweise aufgrund neuerer Virus-Mutationen bevorstehen.

269 Die Prinzipien der **Öffentlichkeit** (§ 169 GVG) **und Mündlichkeit** (als Voraussetzung des Öffentlichkeitsprinzips[671]) gemäß dem bisherigen Recht gelten grundsätzlich fort[672].

270 Wenn ein geladener **Angeklagter** (§§ 216, 217 StPO) durch vollziehbare Anordnung nach §§ 28 Abs. 1 S. 2, 30 Abs. 1, 31 Infektionsschutzgesetz (IfSG) **unter Quarantän**e gestellt ist, dürfte sein Ausbleiben in der Hauptverhandlung in Parallele zum nicht zumutbaren Erscheinen wegen einer ernsthaften Erkrankung genügend entschuldigt bzw. sein Nichterscheinen zum Fortsetzungstermin nicht eigenmächtig sein[673]. In solchen Fällen sollte der Verteidiger deutlich darauf hinweisen, dass dem Angeklagten, wenn er der Quarantäneanordnung zuwiderhandeln würde, eine Freiheitsstrafe nach § 75 Abs. 1 Nr. 1 IfSG (selbst bei Fahrlässigkeit, § 75 Abs. 4 IfSG) droht und deshalb die Durchführung oder Fortsetzung der Hauptverhandlung zurückzustehen haben.

271 Ein ansonsten regressträchtiger Bereich entfällt bei strafrechtlichen Mandaten weitgehend. Da der **Verteidiger** gemäß § 137 StPO Beistand ist, also kein Vertreter des Beschuldigten, wird sein **Verschulden** anders als bei einem Prozessvertreter im Zivilprozessverfahren nach § 85 Abs. 2 ZPO hinsichtlich der Einhaltung von Fristen und der Vornahme anderer gebotener Prozesshandlungen dem Beschuldigten **regelmäßig nicht zugerechnet**[674]. Das ist anders, wenn es um ein Verschulden als Privat- oder Nebenklagevertreter oder des Antragsstellers im Klageerzwingungsverfahren geht[675].

---

667 Vgl. OLG Hamburg, Beschl. v. 8.5.2020 – 2 Ws 62/20 –, COVuR 2020, 326 mit Anm. *Kaltenbach.*

668 BVerfG (2. Kammer des Zweiten Senats), Beschl. v. 19.5.2020 – 2 BvR 483/20 – juris, Rn. 7 f.

669 BVerfG, a.a.O., Rn. 8.

670 Übersicht dazu bei *Kaltenbach*, a.a.O., S. 231 f.; vgl. auch SächsVerfGH, Beschl. v. 20.3.2020 – Vf. 39-IV-20 –, NJW 2020, 1285; OLG München, Beschl. v. 20.3.2020 – 2 Ws 364/20 H –, NJW 2020, 1381; OLG Braunschweig, Beschl. v. 25.3.2020 – 1 Ws 47/20 –, COVuR 2020, 113; OLG Hamm, Beschl. v. 16.4.2020 – 4 Ws 72/20 –, COVuR 2020, 113; OLG Naumburg, Beschl. v. 30.3.2020 – 1 Ws HE 4/20 –, COVuR 2020, 329.

671 *Fischer*, in: Karlsruher Kommentar zur Strafprozessordnung, Einl., Rn. 15.

672 Zu den in Erwägung zu ziehenden Möglichkeiten und Erfordernissen eines Ausschlusses oder einer Einschränkung der Öffentlichkeit vgl. bei *auf der Heiden*, NJW 2020, 1023, 1024 f.

673 *Auf der Heiden*, a.a.O., S. 1026.

674 BGHSt 25, 89, 92; vgl. auch BVerfGE 60, 253, (297, 299, 300); NJW 1991, 351; NJW 1994, 1856; OLG Hamm VRS 104, 361 (2003); KG NStZ 1994, 603 f.; *Vollkommer/Greger/Heinemann*, § 28, Rn. 108; *Borgmann/Jungk/Schwaiger*, Kap. XIII, Rn. 5; *Jungk*, AnwBl 1998, 152; *Krause*, NStZ 2000, 225; *Zwiehoff*, StV 1999, 555, 558; *Barton*, StrafFo 2015, 315, 319.

675 Vgl. OLG Düsseldorf NJW 1993, 341 und 1344 (Privatklageverfahren); OLG Düsseldorf wistra 1989, 79 = MDR 1989, 376 (Klageerzwingungsverfahren); *Borgmann/Jungk/Schwaiger*, Kap. XIII, Rn. 5; *Vollkommer/Greger/Heinemann*, § 28, Rn. 108; *Meyer-Goßner/Schmitt*, § 44 StPO, Rn. 19 m.w.N. und zu weiteren speziellen Fallgestaltungen.

Auch bei der Geltendmachung von Ansprüchen nach dem StrEG wird Anwaltsverschulden bei der Versäumung der Anmeldefristen der §§ 10, 12 StrEG der Partei zugerechnet[676].

Anwaltsfehler im Zusammenhang mit der **Strafverfolgungsverjährung** haben in verschiedenen Fallgestaltungen zur Bejahung eines Schadensersatzanspruchs gegen Anwälte geführt[677]. 272

▶ Beispiel 1[678]:

In einem Ordnungswidrigkeitsverfahren macht der Verteidiger die **eingetretene** Verfolgungsverjährung pflichtwidrig nicht schon im ersten Rechtszug, sondern erst im Beschwerdeverfahren geltend mit der Folge, dass seinem Mandanten die Fahrerlaubnis vorläufig für fast zwei Monate zu Unrecht entzogen blieb und Aufwendungen für einen Fahrer entstanden, die zu vermeiden gewesen wären.

▶ Beispiel 2[679]:

Nach Einspruch gegen einen Strafbefehl erfolgt noch vor der Hauptverhandlung eine Verständigung zwischen den Verfahrensbeteiligten dahingehend, das Verfahren gegen Zahlung einer Geldauflage einzustellen (§ 153a StPO). Ein entsprechender Beschluss erfolgt. Bei erst anschließend vorgenommener Akteneinsicht stellt sich heraus, dass Verfolgungsverjährung eingetreten war, was Gericht und Staatsanwaltschaft übersehen hatten. Die Haftpflichtversicherung erstattete dem Mandanten den Auflagenbetrag.

▶ Beispiel 3[680]:

Ein Angeklagter flüchtet ins Ausland. Es ergeht gegen ihn Haftbefehl. Nach einigen Jahren beauftragt er seinen Verteidiger, durch Akteneinsicht zu prüfen, wann die ihm zur Last gelegten Delikte verjährt seien und ihm den Ablauf der Verjährungsfrist mitzuteilen. Der Anwalt erteilt ihm eine diesbezügliche Auskunft, die der Angeklagte zum Anlass nimmt, **nach vermeintlichem Ablauf** der Verfolgungsverjährungsfrist nach Deutschland zurückzukehren, woraufhin er verhaftet wird. In der Verhandlung über die Verkündung des Haftbefehls kam es mit Zustimmung des Angeklagten zur Einstellung des Verfahrens gemäß § 153a StPO gegen Zahlung einer Geldbuße, die ihm nun der Anwalt wegen pflichtwidrig unrichtiger Auskunft zu ersetzen hatte.

Um eine »**Haftentschädigung**« **durch** ein **Schmerzensgeld** ging es in einem vom KG entschiedenen Fall[681]. 273

▶ Beispiel 4:

Der Strafverteidiger hatte es versäumt, – trotz entsprechender Absprache und entsprechenden Auftrags des angeklagten Mandanten – einen Antrag auf Verlegung des Termins zur Hauptverhandlung zu stellen und den Mandanten kurz vor dessen Reiseantritt zur Hochzeit in seinem Heimatland über das Risiko einer Verhaftung bei Versäumung des Termins aufzuklären, woraufhin der Mandant in Haft genommen wurde.

Das KG hat ein Schmerzensgeld zuerkannt[682].

Um **Schmerzensgeld** ging es auch in einem vom OLG Celle entschiedenen Fall[683]. 274

---

676 Zu einem daraus resultierenden Regressanspruch vgl. OLG Hamm, Urt. v. 23.3.2000 – 28 U 169/99, OLG Rep. 2001, 129; vgl. auch *Vollkommer/Greger/Heinemann*, § 28, Rn. 108.

677 Ein weiteres Beispiel (Übersehen eines (weiteren) Unterbrechungstatbestandes, der eine länger andauernde Beweisaufnahme zu dem von der Staatsanwaltschaft dargelegten Unterbrechungstatbestand überflüssig gemacht hätte) wird von *Bandisch*, AnwBl 2002, 45 im Einzelnen dargestellt.

678 BGH NJW 1964, 2402–2404 = AnwBl 1965, 118 m. Anm. *Ostler*.

679 Nach *Schlee*, AnwBl 1986, 31, 32; vgl. auch *Krause*, NStZ 2000, 225, 226 f.

680 OLG Braunschweig OLG-Rep. 2001, 192; vgl. dazu auch *Müller*, NStZ-RR 2003, 129, 133 (unter XIV.).

681 KG NJW 2005, 1284.

682 Zur Problematik eines solchen Schmerzensgeldes vgl. Kap. 4 Rdn. 92 und Kap. 9 Rdn. 290.

683 OLG Celle, Urt. v. 12.10.2011 – 3 U 264/08 – juris.

▶ Beispiel 5:

Ein Strafverteidiger hatte im Rahmen eines nicht formellen Verständigungsverfahren ein schriftliches **Schuldeingeständnis ohne Gestattung des Mandanten** abgegeben, wobei die Erklärung nicht nur ohne Wissen des Mandanten, sondern auch nicht der Wahrheit entsprochen haben soll. Der Mandant klagte deshalb Schmerzensgeld ein, was ihm jedoch vom OLG Celle verweigert wurde.

Die Prüfung des OLG Celle ist jedoch unzureichend erfolgt. Zwar konnte § 253 Abs. 2 BGB keine Grundlage für ein Schmerzensgeld sein, weil die Verletzung des allgemeinen Persönlichkeitsrechts nicht unter diese Norm fällt. Allerdings ging es hier nicht bloß um eine deliktisch zu untersuchende Verletzung des allgemeinen Persönlichkeitsrechts[684] und die – vom OLG verneinte Frage –, ob die besonderen Voraussetzungen, unter denen eine Geldentschädigung verlangt werden kann, nicht gegeben waren[685]. Zu § 823 BGB hätte ein Verstoß gegen ein strafrechtliches Schutzgesetz, nämlich § 203 StGB (Geheimnisverrat) und § 356 StGB (Parteiverrat) ins Auge gefasst werden sollen[686].

275 Genauso wie sich auch gegenüber einem **Pflichtverteidiger** ein Schadensersatzanspruch aus § 280 Abs. 1 BGB ergeben kann, weil unabhängig davon, dass der Pflichtverteidiger in einem öffentlich-rechtlichen Pflichtverhältnis zum Staat steht, aufgrund seiner Bestellung ein gesetzliches Schuldverhältnis zwischen ihm und dem Beschuldigten besteht und auch gesetzliche Schuldverhältnisse in den Anwendungsbereich des § 280 Abs. 1 BGB fallen (vgl. unten Rdn. 294)[687], kann auch ein Pflichtverteidiger verpflichtet sein, nach § 253 Abs. 2 BGB Schmerzensgeld zu leisten. Immaterielle Schäden sind nämlich unabhängig von der Rechtsnatur und den Voraussetzungen des Ersatzanspruchs in Geld auszugleichen. Es genügt, dass der in Anspruch Genommene wegen der Verletzung der in § 253 Abs. 2 aufgezählten Rechtsgüter dem Verletzten zum Schadensersatz verpflichtet ist[688].

276 Versäumnisse bei der Sachverhaltsaufklärung (Informationsbeschaffungspflicht des Anwalts) und bei der rechtlichen Belehrung und Beratung im Zusammenhang mit einem **Einspruch gegen einen Strafbefehl** haben die Zivilgerichte wie folgt beschäftigt:

▶ Beispiel 6[689]:

Der mit der Prüfung der Erfolgsaussichten eines Einspruchs gegen einen Strafbefehl beauftragte Anwalt versäumt es, bei dem Mandanten dessen Einkommensverhältnisse abzufragen (von Belang wegen des Tagessatzes) und weist auch nicht auf das erhebliche Risiko einer Erhöhung der Geldstrafe bei Durchführung einer Hauptverhandlung hin. Der Mandant wird – bei gleicher Tagessatzanzahl – zu einer höheren Geldstrafe verurteilt, weil nach Aufklärung der tatsächlichen Einkommensverhältnisse ein erhöhter Tagessatz festgelegt wurde.

Das OLG Düsseldorf hat hier zu Recht den Verteidiger zum Schadensersatz in Höhe des **Mehrbetrages der Geldstrafe** verurteilt. Sei nach Lage der Dinge nicht zu erwarten, dass eine Hauptverhandlung zum Freispruch oder zu einer Herabsetzung der durch Strafbefehl festgesetzten Strafe führen werde, so müsse der Anwalt seinem Auftraggeber schon aus Kostengründen zur Rücknahme des Einspruchs raten. Erst recht bestehe eine derartige Verpflichtung, wenn die ernsthafte Gefahr bestehe, dass das Gericht nach Durchführung der Hauptverhandlung die Strafe erhöhen werde (vgl. § 411 Abs. 4 StPO)[690]. Ein pflichtwidriges

684 Zutreffend *Eschelbach,* in: BeckOk StPO, Edition 36, § 257c StPO, Rn. 65.2.
685 Insoweit schon mit guten Gründen ablehnend *König,* NJW 2012, 1915, 1918 f.
686 *Eschelbach,* a.a.O.
687 OLG Brandenburg, Beschl. v. 8.12.2011 – 12 W 38/11 – juris, Rn. 9 m.w.N.
688 MünchKommBGB/*Oetker,* § 253, Rn. 17.
689 OLG Düsseldorf StV 1986, 211–213; vgl. auch BRAK-Mitt. 1986, 175 f.
690 OLG Düsseldorf StV 1986, 211–213; vgl. auch BRAK-Mitt. 1986, 175 f.

Verhalten wurde dabei u.a. in der unterlassenen Befragung zu den Einkommensverhältnissen gesehen[691].

▶ Beispiel 7[692]:

Der Beschuldigte, ein selbstständiger Steuerberater, wird im Strafbefehl mit einer Geldstrafe mit einem Tagessatz von 150 DM belegt. In der Hauptverhandlung nach seinem Einspruch wird er zu seinen wirtschaftlichen Verhältnissen befragt und macht dazu, ausführlich befragt, weitgehende Angaben. Die anschließend verhängte Geldstrafe beträgt nahezu das Vierfache des Betrages des Strafbefehls, weil trotz geringer Senkung der Anzahl der Tagessätze der Tagessatz selbst – zutreffend – mit 750 DM in Ansatz gebracht wurde. Ob der Verteidiger seinem Mandanten gesagt hat, er möge es bei der Frage nach seinen wirtschaftlichen Verhältnissen bei dem Hinweis belassen, er lebe in geordneten Verhältnissen, war streitig. Der Mandant machte im Regressprozess darüber hinaus geltend, der Anwalt habe ihn nicht darüber aufgeklärt, dass er zu seinen wirtschaftlichen Verhältnissen nichts anzugeben brauche. Deswegen habe er – nicht gehindert durch seinen Verteidiger – seine Angaben gemacht. 277

Das OLG Stuttgart hat Pflichtverletzungen in der Unterlassung einer Einsichtnahme der Strafakte zur Vorbereitung der Hauptverhandlung und der u.a. deshalb zu günstigen Darstellung der Erfolgsaussichten des Einspruchs gesehen[693], sowie ferner darin, dass die im Strafbefehl ausgeworfene Höhe des Tagessatzes sehr günstig gewesen sei, bei weitem nicht den persönlichen und wirtschaftlichen Verhältnissen des Mandanten entsprochen habe und bei einer Verurteilung selbst bei bloßer Schätzung durch den Strafrichter nach § 40 Abs. 3 StGB realistischerweise wohl mit einem Satz von 300 DM pro Tag zu rechnen gewesen sei. Gleichwohl ist die Regressklage erfolglos geblieben. Bei wertender Betrachtung sei dem Mandanten kein Schaden im Rechtssinne entstanden.

278 Dem Urteil kann in seinen Ausführungen zu Kausalität und Schaden jedoch nicht zugestimmt werden. Bei richtiger Behandlung der Kausalitätsfragen hätte sich die **Frage der Ersatzfähigkeit** des geltend gemachten Schadens nicht gestellt. Anders als im Fall des OLG Düsseldorf (6. Beispiel oben) wäre es nach den Feststellungen des OLG Stuttgart auch bei umfassender und richtiger Beratung und Belehrung zur Einlegung und Aufrechterhaltung des Einspruchs gekommen. Richtig belehrt hätte der Mandant zu seinen wirtschaftlichen Verhältnissen in der Hauptverhandlung keine näheren Angaben gemacht. Nach Ansicht des OLG hätte dann der Strafrichter, auf den wegen einer in Rede stehenden Ermessensausübung abzustellen sei, im Wege der Schätzung keinen höheren Tagessatz als 300 DM festgesetzt. Folgt man diesem Kausalitätsschritt – mit seiner allerdings gleich noch zu hinterfragenden und richtiger Weise abzulehnenden Begründung –, dann hätte der Mandant durch Ausübung eines ihm zustehenden Aussageverweigerungsrechts aufgrund der Ausübung ordnungsgemäßen strafrichterlichen Ermessens bei vertragsgemäßer Erfüllung der anwaltlichen Pflichten seines Verteidigers nur eine Geldstrafe mit einem Tagessatz von 300 DM tragen müssen. Für eine normative Verneinung seines Differenzschadens bestand, da sich alles im Rahmen der Rechtsordnung bewegt hätte, keine hinreichende Grundlage[694]. Soweit die Erstattungsfähigkeit einer Geldstrafe unter Heranziehung eines Urteils des LG Bonn[695] immer wieder in Zweifel gezogen wird[696], führt das in die Irre. Zu beachten ist nämlich, dass es bei der Verteidigerhaftung – anders als im Fall

691 Zu den Sachverhaltsaufklärungspflichten eines Strafverteidigers im Einzelnen wird auf die differenzierte Darstellung bei *Krause*, NStZ 2000, 225, 226 f. verwiesen.

692 OLG Stuttgart OLG-Rep. 1999, 102–104.

693 Wegen der für einen Strafverteidiger zentralen Grundpflicht, im Rahmen seiner Informationspflicht und der Pflicht zur umfassenden und möglichst erschöpfenden Beratung und Belehrung seines Mandanten die Akten einzusehen (§ 147 StPO), vgl. *Krause*, NStZ 2000, 225, 226 f. und Beispiel Nr. 2 oben Rdn. 272.

694 Zum normativen Schaden vgl. Kap. 4 Rdn. 159 ff.

695 LG Bonn NJW 1997, 1449.

696 Z.B. *Zwiehoff*, StV 1999, 555, 557; *Jungk*, AnwBl 1998, 152, 153; vgl. auch *Köllner*, ZAP Fach 23, 303, 307.

des LG Bonn – nicht um die Frage der Ersatzfähigkeit von aufgrund fehlerhafter Anwaltsberatung durch den Mandanten erst verwirkter Strafe geht, sondern um etwas ganz anderes, nämlich die Beurteilung einer infolge anwaltlichen Fehlverhaltens für den Mandanten – innerhalb des rechtlich gegebenen Rahmens – strengeren Strafe für ein vorgelagertes Verhalten als sie ohne den (späteren) Anwaltsfehler (richtigerweise) verhängt worden wäre.

Hätte das OLG Stuttgart die Frage nach dem hypothetischen Ausgang des Strafverfahrens bei Verweigerung weiterer Angaben zu den wirtschaftlichen Verhältnissen zutreffend so gestellt, dass es auf die nach Ansicht des Regressgerichts richtige Reaktion und Entscheidung des Strafrichters ankommt und diese Frage in konsequenter Fortführung seiner Ausführungen zur anwaltlichen Pflichtverletzung dahin beantwortet, dass richtigerweise der Tagessatz mit 300 DM festzusetzen gewesen wäre, hätte es also an dieser Stelle, d.h. schon bei der Untersuchung der haftungsausfüllenden Kausalität nach den Grundsätzen des BGH normativ geprüft[697], wäre dem Gericht klar geworden, dass das so gewonnene Ergebnis nicht wertend auf der reinen Schadensebene wieder »umgeworfen« werden kann.

279 Von dieser **normativen Beurteilung** des **hypothetischen Ausgangs des Strafverfahrens** als Vorprozess **durch das Regressgericht** abzuweichen, bestand kein hinreichender Grund. Zwar ist es in ständiger Rechtsprechung des BGH anerkannt, dass der Regressrichter nicht sein Ermessen an die Stelle der für eine hypothetische Ermessensentscheidung zuständigen Behörde setzen kann (vgl. Kap. 4 Rdn. 213 m.w.N.). Diese Einschränkung der Grundsätze der wertenden Beurteilung der Schadenskausalität kann aber nicht, wie es das OLG Stuttgart getan hat[698], unbesehen auf richterliche Ermessensentscheidungen im Vorprozess übertragen werden[699]. Das OLG Hamm hat dazu in einem Regressprozess wegen eines vom Anwalt unterlassenen Antrags auf Bewilligung einer Räumungsfrist nach § 721 ZPO zutreffend zum **Unterschied gerichtlicher und behördlicher Ermessensentscheidungen** allgemein gültig ausgeführt[700]:

> »Auch im vorliegenden Fall kommt es für die im Rahmen nach § 287 ZPO vorzunehmende hypothetische Betrachtungsweise im Ansatz nicht darauf an, welche Räumungsfrist das damals konkret mit der Sache befaßte Gericht mutmaßlich bewilligt hätte, sondern darauf, welche Räumungsfrist nach Auffassung des Senats den Eheleuten richtigerweise hätte bewilligt werden müssen (vgl. zur Beurteilung eines hypothetischen Prozessverlaufs BGH, NJW-RR 1990, 1241 (1244) = LM § 675 BGB Nr. 156).
>
> Zwar wird durch die Worte »... kann ... gewähren« in § 721 ZPO ausgedrückt, daß dem Gericht ein Ermessen zusteht, innerhalb dessen es die in dem konkreten Fall angemessene Räumungsfrist bestimmen kann. Gleichwohl handelt es sich um eine gerichtliche Entscheidung, bei der rechtliche Grundsätze, nämlich die Abwägung der beiderseitigen Interessen von Vermieter und Mieter zugrunde zu legen sind. Zudem ist eine solche Entscheidung im Instanzenzug ... voll überprüfbar, stellt sich also auch aus diesem Grund nicht anders dar als sonstige gerichtliche Entscheidungen, die im Rahmen der Kausalitätsbetrachtung in einem Regreßprozess gem. § 287I ZPO von dem Regreßgericht voll auf ihre Richtigkeit bei unterstelltem pflichtgemäßen Verhalten des Rechtsanwalts überprüft werden. Insofern besteht eine andere Situation als bei einer Ermessensentscheidung einer Behörde, zu der im Regreßprozess in tatsächlicher Hinsicht aufgeklärt werden muß, wie die Behörde aufgrund allgemeiner oder besonderer Übung in gleichen oder ähnlichen Fällen ihr Ermessen ausgeübt hätte (vgl. hierzu BGH, NJW 1959, 1125 (1126) = LM § 839 (D) BGB Nr. 8; VersR 1978, 1129 (1130)). Das einer Verwaltungsbehörde eingeräumte Ermessen ist nämlich dadurch gekennzeichnet, daß der Behörde hierdurch ein Spielraum zur eigenen und

697 Zu dieser normativ bestimmten Prüfung des Ausgangs eines hypothetischen Vorprozesses vgl. oben Kap.4 Rdn. 52 und 188.

698 Gleichermaßen m.E. fehlerhaft OLG Nürnberg StV 1997, 481, 483 mit zudem unrichtiger Verwertung von OLG Hamm vom 25.10.1994 – 28 U 40/94, NJW-RR 1995, 526 f.

699 Ablehnend auch *Krause*, NStZ 2000, 225, 231 (allerdings unter alleiniger Betonung der nach der neueren Rechtsprechung ganz oder wenigstens weitgehend in den Hintergrund getretenen Argumentation zu den Unwägbarkeiten und Unberechenbarkeiten menschlicher Entscheidungen); ebenso LG Berlin StV 1991, 310, 311; vgl. dazu auch Kap. 4 Rdn. 206.

700 OLG Hamm vom 25.10.1994 – 28 U 40/94, NJW-RR 1995, 526, 527.

eigenverantwortlichen Entscheidung zur Verfügung gestellt wird, innerhalb dessen eine an öffentlichen Interessen orientierte Zweckmäßigkeitsentscheidung möglich ist. Dies kann sogar dazu führen, daß mehrere unterschiedliche, sogar gegensätzliche Verhaltensweisen in gleicher Weise rechtmäßig sein können (vgl. Erichsen/Martens, Allgemeines VerwR, 9. Aufl. (1992), § 10 Rdnr. 14). Durch das Verwaltungsgericht ist die Sachentscheidung der Behörde, sofern sie sich innerhalb der rechtlichen Schranken des ihr eingeräumten Ermessens bewegt, nicht nachprüfbar, was Ausfluß der grundgesetzlich normierten Gewaltenteilung ist und zur Folge hat, daß auch im Regreßverfahren das behördliche Ermessen nicht durch das Gericht ersetzt werden kann.«

Nimmt man ergänzend hinzu, was der BGH[701] zur Ausnahme vom Grundsatz der selbstständigen Rechtsprüfung durch das Regressgericht bei Ermessensentscheidungen von Verwaltungsbehörden in Bezug auf eine mögliche allgemeine Verwaltungsübung (etwa aufgrund einer Verwaltungsanweisung) ausgeführt hat, dass nämlich nach dem Grundsatz der Selbstbindung der Verwaltung diese nicht willkürlich im Einzelfall anders entscheiden dürfe und deshalb die mutmaßliche Behördenentscheidung festzustellen sei, zeigt sich deutlich, dass auch bei der Beurteilung der haftungsausfüllenden Kausalität fehlerhaften Verteidigerhandelns eine Parallele zur Beurteilung von Ermessensentscheidungen von Verwaltungsbehörden nicht gezogen werden kann.

Um **Fehler in einer Revisionsbegründung** (unterlassene Rüge eines absoluten Revisionsgrundes 280
im Sinne des § 338 Nr. 5 StPO) ging es in einem Urteil des LG Berlin[702] über eine Deckungsklage gegen einen Rechtsschutzversicherer, der für einen Regressprozess gegen den Strafverteidiger eine Kostendeckungszusage nicht erteilen wollte. Das LG hat eine Verletzung der Pflicht bejaht, in einer den Formerfordernissen des § 344 Abs. 2 S. 2 StPO genügenden Weise den entsprechenden Verfahrensfehler zu rügen, so dass er der Prüfung durch das Revisionsgericht gemäß § 352 StPO unterfallen wäre[703]. Dass das Strafurteil bei fehlerfreier Revisionsbegründung aufgehoben und die Sache zur erneuten Verhandlung und Entscheidung an die Strafkammer zurückverwiesen worden wäre (§ 354 StPO), genügte dem LG Berlin zu Recht nicht, um eine Erfolgsaussicht für die Regressklage zu bejahen. Denn dazu hätte in der Tat gehört, dass gemäß **§ 287 ZPO** unter Würdigung aller Umstände nach freier Überzeugung (freilich auf gesicherter Grundlage) die **materiellrechtliche Unrichtigkeit der strafrichterlichen Verurteilung festzustellen** ist, wofür es im konkreten Fall an genügenden Anhaltspunkten fehlte. Eine Beweislastumkehr wurde vom Gericht »bereits« deshalb verneint, weil eine grobe Pflichtverletzung nicht vorlag[704].

Wird gegen strafgerichtliche Maßnahmen mit der **Verfassungsbeschwerde** vorgegangen, sind die 281
strengen Voraussetzungen, die das Bundesverfassungsgericht für die aus § 23 Abs. 1 S. 2 und § 92 BVerfGG folgenden Begründungs- und Substanziierungsanforderungen aufstellt, peinlich genau zu beachten, soll die Verfassungsbeschwerde nicht als unzulässig nicht zur Entscheidung angenommen werden. Es muss nicht nur die Grundrechtsverletzung durch Bezeichnung des angeblich verletzten Rechts und den die Verletzung enthaltenden Vorgang substantiiert und schlüssig dargelegt werden, sondern es muss weiterhin vorgetragen werden, inwieweit das geltend gemachte Grundrecht oder grundrechtsgleiche Recht durch die angegriffenen Maßnahmen verletzt sein soll. Richtet sich die Verfassungsbeschwerde gegen gerichtliche Entscheidungen, erfordert die substantiierte Darlegung einer Grundrechtsverletzung auch eine argumentative Auseinandersetzung mit den Gründen der angegriffenen Entscheidung. Liegt zu den aufgeworfenen Verfassungsfragen bereits Rechtsprechung des Bundesverfassungsgerichts vor, ist der behauptete

701 BGH NJW 1993, 2799, 2801 f. = WM 1993, 1679 f.

702 LG Berlin StV 1991, 310.

703 Zu den verfassungsrechtlichen Grenzen der Zulässigkeitsanforderungen nach § 344 Abs. 2, S. 2 StPO vgl. BVerfG NJW 2005, 1999; *Meyer-Mews*, NJW 2005, 2820.

704 Angesichts der klaren Haltung des BGH gegen eine Übertragung der Grundsätze des Arzthaftungsrechts zur Beweislastumkehr auf die Anwaltshaftung (vgl. grundlegend BGHZ 126, 217, 223 f. = NJW 1994, 3295, 3298 = WM 1994, 2113; vgl. auch Kap. 4 Rdn. 38) hätte sich eigentlich eine Prüfung, ob die Fahrlässigkeit eine grobe war, erübrigt.

Grundrechtsverstoß in Auseinandersetzung mit den dort entwickelten Maßstäben zu begründen[705] und ebenso mit der Rechtsprechung des EGMR, soweit diese für die Auslegung der als verletzt gerügten Grundrechte bedeutsam ist[706]. Zu der danach geforderten Auseinandersetzung mit Grundlagen und Inhalt der angegriffenen gerichtlichen Entscheidungen gehört auch, dass der angegriffene Hoheitsakt sowie die zu seinem Verständnis notwendigen Unterlagen innerhalb der Frist des § 93 Abs. 1 BVerfGG in Ablichtung vorgelegt oder zumindest ihrem Inhalt nach so dargestellt werden, dass eine verantwortbare verfassungsrechtliche Beurteilung möglich ist. Wenn die angegriffene Entscheidung auf die Gründe einer anderen Entscheidung verweist, wird verlangt, dass diese andere Entscheidung in Ablichtung vorgelegt oder aber ihrem Inhalt nach mitgeteilt wird[707].

282 Eine Beweislastumkehr wurde hingegen, anders als es das LG Berlin (dazu oben Rdn. 280) richtigerweise praktizierte, vom OLG Nürnberg[708] in einer viel beachteten Entscheidung bejaht, allerdings nicht gestützt auf eine Parallele zum Arzthaftungsrecht und unter Annahme einer groben Pflichtverletzung[709], sondern unter verfassungsrechtlicher Herleitung, abgestellt auf die *»Singularität eines Strafzumessungsaktes und die Unmöglichkeit, einen solchen nachträglich mit hinreichender Wahrscheinlichkeit zu reproduzieren«* sowie darauf, *»dass die Vertragsverletzung des Beklagten typischerweise mit dem beweisrechtlichen Risiko der Unaufklärbarkeit des Ursachenzusammenhangs verbunden«*[710] sei. Wie *Krause*[711] bereits zutreffend erkannt hat, sind **aber** die grundsätzlichen Erwägungen des OLG Nürnberg, auf die es im Ergebnis eine **Umkehr der Beweislast** zu Lasten des Verteidigers hinsichtlich des hypothetischen Ausgangs des Vorprozesses gestützt hat, **verfehlt**[712]. Es hat nämlich verkannt, dass die Ausnahme vom normativ bestimmten regressrechtlichen Grundsatz für die Beurteilung der haftungsausfüllenden Kausalität bei Ermessensentscheidungen nur für solche von Verwaltungsbehörden gilt[713], also nicht schlicht auf Gerichtsentscheidungen übertragen werden kann, wie oben (Rdn. 279) im Einzelnen dargelegt worden ist. Es kam also richtigerweise nicht darauf an, wie die Strafkammer damals entschieden hätte. Das »non-liquet« konnte nicht eintreten. Gefordert war vielmehr die Beurteilung durch das Regressgericht[714].

283 Eine solche Bewertung hat das OLG Düsseldorf[715] in einem in Bezug auf die anwaltliche Pflichtverletzung ähnlich strukturierten Fall mit dem Ergebnis vorgenommen, dass bei einer Gesamtwürdigung aller Umstände ein anderer Strafrahmen nicht geboten oder auch nur rechtlich möglich gewesen wäre. Wie im Fall des OLG Nürnberg ging es um **unmittelbare beamtenrechtliche Folgen** für den Angeklagten infolge der jeweiligen Höhe der verhängten Freiheitsstrafe[716], die der

705 BVerfG, Beschl. v. 18.9.2018 – 2 BvR 745/18 – juris, Rn. 23; Beschl. v. 1.4.2019 – 2 BvR 382/19 – juris, Rn. 13.

706 BVerfG, Beschl. v. 18.9.2018, a.a.O., Rn. 41; Beschl. v. 29.1.2020 – 2 BvR 2715/18 – juris, Rn. 9.

707 BVerfG, Beschl. v. 18.9.2018, a.a.O., Rn. 23, 24 und 27; vgl. auch BVerfG, Beschl. v. 1.4.2019 – 2 BvR 382/19 – juris, Rn. 13.

708 OLG Nürnberg StV 1997, 481 (in der Revisionsinstanz durch Vergleich erledigt, vgl. *Köllner*, ZAP, Fach 23, 303, 307; *Jungk*, AnwBl 1998, 152, 153).

709 Um deren Systematisierung und Standardisierung für Strafverteidigertätigkeiten hat sich *Barton*, StV 1991, 322, 323 ff. bemüht. In StV 1998, 606 f. plädiert *Barton* weiterhin für eine Beweislastumkehr wie bei Arzthaftungsprozessen.

710 OLG Nürnberg StV 1997, 481, 484 f.

711 *Krause*, NStZ 2000, 225, 231.

712 So auch *Grams*, BRAK-Mitt. 2006, 74.

713 Was auch der vom OLG Nürnberg herangezogenen Entscheidung des OLG Hamm NJW-RR 1995, 526 zu entnehmen ist, vgl. oben Rdn. 279.

714 So auch *Jungk*, AnwBl 1998, 152, 154.

715 OLG Düsseldorf NJW-RR 1999, 785.

716 Ausscheiden aus dem Dienst gemäß § 51 LBG; im Fall des OLG Nürnberg Erlöschen der Rechte als Ruhestandsbeamter gemäß § 59 Abs. 1 Nr. 2a BeamtVG.

Verteidiger nicht bedacht und es daher unterlassen hatte, diese auch für die Strafzumessung zu berücksichtigenden Folgen der Tat geltend zu machen.

Die letztgenannte Entscheidung widerlegt rein praktisch schon die These von *Zwiehoff*[717], dass trotz der erleichterten Bedingungen des § 287 ZPO der hypothetische Ausgang eines Strafverfahrens dem Beweis nicht zugänglich sei (und deshalb eine Beweislastumkehr ausscheide). Richtig ist zwar, dass der Strafprozess durch streng einzuhaltende Förmlichkeiten und eine recht strikte Geltung des Prinzips der Mündlichkeit und Unmittelbarkeit der Beweisaufnahme in der Hauptverhandlung gekennzeichnet ist und der Strafrichter alles berücksichtigen muss, was ihm der Gesamtinhalt der Hauptverhandlung an Eindrücken vermittelt[718]. Allerdings steht dies einer **zivilrechtlich bestimmten Ermittlung** des nach der maßgeblichen Beurteilung des Regressrichters (dazu schon Rdn. 279) erfolgten **hypothetischen Entscheidung im Strafverfahren** unter Zugrundelegung eines (gedachten) pflichtgemäßen Verteidigerverhaltens nicht generell oder gar zwingend entgegen[719]. Nach der Grundsatzentscheidung des BGH vom 13.6.1996[720] zur Geltung des § 287 ZPO im Anwaltshaftungsprozess auch für den Nachweis des hypothetischen Ausgangs eines Vorprozesses mit **Amtsermittlungsgrundsatz** ist davon auszugehen, dass auch im Regressprozess gegen einen Strafverteidiger andere Regeln gelten als im Strafprozess selbst[721]. Der Haftungsprozess verläuft hier – genauso wie bei der normativ bestimmten Ermittlung der richtigen hypothetischen Entscheidung im Ausgangsverfahren – 284

> »ebenfalls nicht strikt in den verfahrensrechtlichen Bahnen des Ausgangsrechtsstreits, sondern folgt den für den Streitgegenstand der Regressklage geltenden Regeln, unabhängig davon, ob dies für den Kläger günstig oder nachteilig ist.«

Allein der Gegenstand des Rechtsstreits bestimmt also die prozessualen Regeln. Das Herkunftsgebiet der inzident zu entscheidenden Rechtsfrage hat darauf keinen Einfluss[722].

Nach **§ 287 ZPO** sind sachgerechte Ergebnisse für die zivilrechtliche Haftung des Strafverteidigers zu erzielen[723]. Dies ist bereits oben Rdn. 278 f. zum Fall des OLG Stuttgart[724] aufgezeigt worden. Auch im Fall des OLG Nürnberg hätte man so – ohne Beweislastumkehr – zu einem klaren Ergebnis gelangen können[725]. Wie der BGH ausgeführt hat, stellt diese Vorschrift 285

> »den Richter insbesondere hinsichtlich des Umfangs der Beweiserhebungspflicht freier. Ob und inwieweit eine beantragte Beweisaufnahme oder von Amts wegen ein Sachverständigengutachten anzuordnen ist, bleibt danach dem pflichtgemäßen Ermessen des Richters überlassen (§ 287 Abs. 1 S. 2 ZPO). Im Unterschied zu den Anforderungen des § 286 Abs. 1 ZPO kann er von einer weiteren Beweisaufnahme absehen, wenn ihm bereits hinreichende Grundlagen für ein Wahrscheinlichkeitsurteil zur Verfügung stehen. Das hat für den Geschädigten eine Beweiserleichterung zur Folge, bedeutet aber auf der anderen Seite auch, daß der Richter die Tatsachen nicht weiter aufzuklären braucht, wenn der Nachweis bisher nicht einmal ansatzweise geführt und bereits hinreichend erkennbar ist, daß die noch zur Verfügung stehenden Beweise nicht ausreichen werden, die Behauptung des Klägers mit Wahrscheinlichkeit zu belegen. In diesem Rahmen ist dem Richter eine vorweggenommene Beweiswürdigung erlaubt (zutreffend MünchKommZPO/Prütting, § 287 Rdnr. 23)«[726].

717 *Zwiehoff*, StV 1999, 555, 560 f.; so auch EGMR NJW 2003, 1229, 1231 unter Ziff. 75.
718 Vgl. z.B. KK/*Schoreit*, § 261 StPO, Rn. 6–8, 19; *Meyer-Goßner/Schmitt*, § 261 StPO, Rn. 5, 6 – 6c.
719 Vgl. so auch *Eschelbach*, in: BeckOk StPO, Edition 36, § 257c StPO, Rn. 67.
720 BGHZ 133, 110 = NJW 1996, 2501 = WM 1996, 1830.
721 So schon zutreffend *Krause*, NStZ 2000, 225, 233; OLG Hamm, Beschl. v. 13.3.2001 – 28 W 112/00.
722 Zu allem BGHZ 133, 110, 114 = NJW 1996, 2501, 2502 = WM 1996, 1830 ff.
723 Für die Anwendung des § 287 ZPO (auch in dem Bereich der Strafzumessung) ebenfalls BGH NJW-RR 2007, 569, 573 (Tz. 50); vgl. auch *Eschelbach*, in: BeckOk StPO, Edition 36, § 257c StPO, Rn. 67.1.
724 OLG Stuttgart OLG-Rep. 1999, 102–104.
725 *Krause*, NStZ 2000, 225, 233.
726 BGHZ 133, 110, 114 = NJW 1996, 2501, 2502 = WM 1996, 1830 ff.

286 Das ist auch nicht etwa deshalb anders zu beurteilen, weil nicht nur beim Ob der Strafbarkeit, sondern auch bei dem Wie der Strafe und bei der Strafzumessung ein Akt richterlichen Ermessens in Frage steht, wie *Zwiehoff* weiter meint[727]. Dazu ist bereits oben (Rdn. 279 und 281) darauf hingewiesen worden, dass nach der Rechtsprechung des BGH auf die mutmaßliche Entscheidung des konkreten Entscheidungsträgers nur im Anwendungsbereich verwaltungsbehördlicher Entscheidungen abgestellt werden darf[728], nicht aber bei der Beurteilung richterlicher (Ermessens-) Entscheidungen. Die Verursachung eines Schadens durch einen Verteidiger ist also grundsätzlich dem Beweis zugänglich. **Ein haftungsfreier Raum existiert nicht**[729]. Dies kann dazu beitragen, die erforderlichen Qualitätsstandards für die Verteidigungstätigkeit zu gewährleisten[730]. Über einen Katalog »herausgehobener Pflichten«, bei deren Verletzung nach Ansicht von *Zwiehoff*[731] der Mandant ohne Kausalitätsnachweis eine billige Entschädigung in Geld soll verlangen können, sind nach geltendem Schadensersatzrecht die Schwierigkeiten in einzelnen Regressfällen nicht systemgerecht zu lösen. Eine »Sonderbehandlung« ist auch – wie gezeigt – nicht erforderlich.

287 Eine andere, nämlich auf der Ebene der Pflichtverletzungen anzusiedelnde Frage ist die, wieweit ein Strafverteidiger für **strategische Fehleinschätzungen** haftbar gemacht werden kann. Zwar hat ein Anwalt in gewissem Maße auch die Prozesstaktik zu verantworten (vgl. Kap. 8 Rdn. 213). Hier wird aber für den Bereich der Strafverteidigung vielfach ein **Beurteilungsspielraum** anzuerkennen sein[732], so dass nicht schlicht von einem ungünstigen oder als ungünstig empfundenen Ausgang des Strafprozesses aus auf einen Pflichtenverstoß des Anwalts rückgeschlossen werden kann[733]. Der Mandant muss, will er mit einem Schadensersatzverlangen Erfolg haben, daher nicht nur das verteidigungsstrategisch richtige Verteidigerverhalten dartun müssen, sondern auch, dass das tatsächlich gewählte Vorgehen pflichtwidrig war, also nicht mehr im Beurteilungsspielraum lag[734]. Ferner muss er dartun und beweisen (§ 287 ZPO), dass der Strafprozess dann für ihn (richtigerweise!) günstiger ausgegangen wäre[735]. Dies alles ist nicht einfach und wird zumeist scheitern. Denn verbindliche oder auch nur allgemein anerkannte Regeln für das richtige strategische Vorgehen bei einer Strafverteidigung lassen sich – jedenfalls generell – nicht festlegen, so dass auch der **Grundsatz des sichersten Weges** nur bedingte Wirkungen hat[736].

288 In einer Beschwerdeentscheidung in einem Prozesskostenhilfeverfahren für eine Regressklage hat das OLG Hamm[737] dem wegen schwerer Brandstiftung und wegen versuchten Betruges zu einer Freiheitsstrafe verurteilten Beschwerdeführer, dessen Brandversicherung ihre an ihn erbrachten Versicherungsleistungen zurück verlangte, entgegengehalten, dass der mit einem Mandat zur Strafverteidigung beauftragte Rechtsanwalt **grundsätzlich nicht** verpflichtet sei, sich um **etwaige zivilrechtliche Ansprüche des Mandanten** zu kümmern[738]. Nachteile aus einer strafrechtlichen Verurteilung wegen vorsätzlicher Brandstiftung für diese zivilrechtlichen Ansprüche, die allein darauf beruhten, dass nach den Allgemeinen Versicherungsbedingungen (§ 9 Nr. 1a VGB 88) mit dem rechtskräftigen Strafurteil eine den Versicherungsschutz ausschließende vorsätzliche Eigenbrandstiftung als

---

727 *Zwiehoff*, StV 1999, 555, 560 f.; unrichtig auch *Grams* und OLG München BRAK-Mitt. 2006, 74 f.; gegen *Zwiehoff* und für die Anwendung des § 287 ZPO auch BGH NJW-RR 2007, 569, 573 (Tz. 50).

728 Das verkennt OLG Brandenburg, Beschl. v. 8.12.2011 – 12 W 38/11 – juris, Rn. 12.

729 Vgl. auch *Jungk*, AnwBl 1998, 152, 154; *Eschelbach*, in: BeckOk StPO, Edition 36, § 257c StPO, Rn. 60; *Barton*, StrafFo 2015, 315, 319.

730 *Krause*, NStZ 2000, 225, 234; *Köllner*, ZAP, Fach 23, 303, 310.

731 *Zwiehoff*, StV 1999, 555, 561 f.; vgl. ähnlich auch EGMR, NJW 2003, 1229, 1231 unter Ziff. 78.

732 Vgl. so auch *Eschelbach*, in: BeckOk StPO, Edition 36, § 257c StPO, Rn. 65.

733 Vgl. so auch *Barton*, StrafFo 2015, 315, 320 f.

734 Vgl. zu allem schon *Krause*, NStZ 2000, 225, 232.

735 Vgl. OLG Düsseldorf, BRAK-Mitt. 1988, 63 f.

736 Vgl. im Einzelnen *Krause*, NStZ 2000, 225, 228.

737 OLG Hamm, Beschl. v. 13.3.2001 – 28 W 112/00; vgl. dazu auch Kap. 4 Rdn. 91.

738 Vgl. auch *Borgmann/Jungk/Schwaiger*, Kap. III, Rn. 89; nun auch BGH, Nichtannahmebeschluss vom 21.1.2005 – IX ZR 186/01, mitgeteilt von *Chab*, BRAK-Mitt. 2005, 72 f. (vgl. näher oben Rdn. 261).

bewiesen galt, wiesen zu dem Pflichtenkreis des Antragsgegners, den Beschwerdeführer ordnungsgemäß und fachgerecht im Strafverfahren zu verteidigen, nicht mehr den nach der **Schutzzwecklehre** geforderten inneren Zusammenhang auf. Diese Wertung steht nicht in Widerspruch zu Entscheidungen des OLG Nürnberg (oben Rdn. 282) und des OLG Düsseldorf (oben Rdn. 283), in denen die grundsätzliche Ersatzfähigkeit von unmittelbaren nachteiligen beamtenrechtlichen Folgen nicht in Frage gestellt worden ist. Denn bei jenen Folgen strafgerichtlicher Verurteilung für den Angeklagten ging es um auch für die Strafzumessung relevante Umstände, die der Verteidiger im Strafverfahren zugunsten seines Mandanten hätte geltend machen müssen, was hier aber nicht der Fall war. Die Schlussfolgerung, es hier wertungsmäßig mit einer nur zufälligen Verknüpfung zu tun zu haben, dürfte berechtigt sein, da die fraglichen Versicherungsbedingungen ausnahmsweise dazu führten, dass der Mandant – anders als bei sonstigen zivilrechtlichen Ansprüchen aus und im Zusammenhang mit dem Brandereignis, hinsichtlich derer nach § 14 Abs. 2 Nr. 1 EGZPO das Strafurteil keine Bindungswirkung oder Vorgreiflichkeit besitzt – einen unabänderlichen zivilrechtlichen Nachteil erlitt (vgl. auch Kap. 4 Rdn. 91).

Auch wenn dem Strafverteidiger vorgeworfen wird, durch das **Unterlassen von Beweisanträgen** 289
nicht Einfluss auf ein günstigeres Ergebnis des Strafprozesses genommen zu haben, und nicht bloß eine Beurteilung verteidigungsstrategischer Entscheidungen ansteht, wird der Regressrichter auf der Basis des § 287 ZPO unter Berücksichtigung aller Umstände zu beurteilen haben, ob solchen Anträgen richtigerweise gemäß § 244 Abs. 3 und 4 StPO hätte stattgegeben werden müssen und/ oder ob sie nicht weiter aufklärungsbedürftige Umstände betreffen[739]. Eine Besonderheit besteht bei Beweisanträgen, die sich auf die Vernehmung von Auslandszeugen in der Hauptverhandlung beziehen, die gemäß § 244 Abs. 5 S. 2 StPO nach Maßgabe der Amtsaufklärungspflicht erfolgt[740]. Je weniger gesichert ein Beweisergebnis erscheint, desto größer ist der Anlass für das Gericht, trotz der erlangten Überzeugung weitere erkennbare Beweismöglichkeiten zu benutzen. Dies gilt insbesondere dann, wenn ein Auslandszeuge Vorgänge bekunden soll, die für den Schuldvorwurf von zentraler Bedeutung sind[741]. Bei dieser Prüfung hat das Gericht namentlich die Bedeutung und den Beweiswert der Aussage des benannten Zeugen vor dem Hintergrund des bisherigen Beweisergebnisses zu würdigen; es ist bei dieser Prüfung auch vom Verbot der Beweisantizipation befreit[742]. Eine mit der Revision erfolgende Aufklärungsrüge muss diese tatrichterliche Befreiung von dem Verbot beweisantizipierender Beweiswürdigung, dem Kernelement des Beweisantragsrechts, berücksichtigen[743].

Hinsichtlich an einen Strafverteidiger herangetragener Schmerzensgeldforderungen aufgrund er- 290
littener Haft[744] dürfte nach **§ 253 Abs. 2 BGB n.F.** nun ein Zurechnungszusammenhang nach der Schutzzwecklehre und die Ersatzfähigkeit immateriellen Schadens infolge Freiheitsentziehung grundsätzlich zu bejahen sein[745]. Das verschärft das Haftungsrisiko eines Strafverteidigers dem Umfang nach nicht unerheblich[746] und sollte Anlass sein, eine Verteidigung sorgfältig und kompetent vorzunehmen und nicht auf die umfassend richtige Ausübung und Ausschöpfung des Untersuchungsgrundsatzes und der Ermessenspielräume des Strafrichters beim Ob und Wie einer

739 Vgl. dazu OLG Hamm, Beschl. v. 13.3.2001 – 28 W 112/00; vgl. auch OLG Düsseldorf, BRAK-Mitt. 1988, 63 f. (auch wegen Fehlern in einem Plädoyer).

740 BGH, Urt. v. 21.7.2016 – 2 StR 383/15 – NStZ 2017, 96 m.w.N.

741 BGH, a.a.O., S. 97.

742 BGH, a.a.O.

743 Vgl. dazu den Praxiskommentar von *Ventzke*, NStZ 2017, 98 und ausführlich zum Beweisantragsrecht der Verfahrensbeteiligten, zu den besonderen Begründungspflichten und zur dogmatischen Figur der Konnexität von Beweistatsache und Beweismittel *Rose*, NStZ 2014, 128.

744 So beispielsweise im Fall des OLG Hamm, Beschl. v. 13.3.2001 – 28 W 112/00; ferner KG NJW 2005, 1284 (Falldarstellung in Rdn. 273).

745 Vgl. nun auch BGH NJW 2009, 3025, 3026 f.

746 Zur Rechtslage nach § 847 BGB a.F. vgl. Kap. 4 Rdn. 92; vgl. auch zu § 847 BGB a.F. ein Schmerzensgeld zusprechend KG NJW 2005, 1284 f.

Verurteilung zu setzen. Würde der Verteidiger seine Tätigkeit danach richten, dass bereits das Gericht und die Staatsanwaltschaft alles zur Wahrheitsfindung Nötige zu veranlassen hätten, wäre er überflüssig. Die Geltung der Offizialmaxime im Strafverfahren rechtfertigt daher keine Einschränkungen der vertraglichen Pflichten des Anwalts gegenüber seinem Mandanten[747].

291 Eine wichtige Rolle kommt dem Strafverteidiger auch bei der **Aushandlung sog. »Deals«** im **Verständigungsverfahren** zwischen Gericht, Staatsanwaltschaft und Verteidigung zu[748], deren Grundsätze der Große Strafsenat des BGH mit Beschluss vom 3.3.2005 weiter konkretisiert hatte[749] und die durch das am 4.8.2009 in Kraft getretene Gesetz zur Regelung der Verständigung im Strafverfahren[750] Eingang gefunden haben in **§ 257c StPO**.

Solche strafprozessualen »Vergleiche« bergen bei Scheitern wie auch bei Zustandekommen und Vollzug Haftungsrisiken[751]. Man wird »cum grano salis« zunächst die von der Regressrechtsprechung für die Anwaltspflichten bei einem Vergleich allgemein aufgestellten Maßstäbe (dazu Kap. 8 Rdn. 570 ff.) hier entsprechend anwenden können[752].

Darüber hinaus hat der Verteidiger strikt die formellen Anforderungen für die Verständigung zwischen Gericht und den Verfahrensbeteiligten nach § 257c StPO und ebenso § 302 Abs. 1 S. 2 StPO zu beachten.

Die Regelung des § 257c Abs. 1 Satz 1 StPO gestattet eine Verständigung nur nach dieser Vorschrift. Danach kommt eine Verständigung in der Hauptverhandlung zustande, wenn das Gericht ankündigt, wie die Verständigung aussehen könnte (§ 257c Abs. 3 Satz 1 StPO), und wenn der Angeklagte sowie die Staatsanwaltschaft zustimmen (**§ 257c Abs. 3 Satz 4 StPO**). Eine solche Zustimmung bewirkt das formwirksame Zustandekommen der Verständigung. Sie ist als gestaltende Prozesserklärung unanfechtbar und unwiderruflich[753]. Die Zustimmung zum Verständigungsvorschlag muss deshalb – nicht zuletzt wegen der Bindungswirkung – ausdrücklich erfolgen. Eine nur konkludente Erklärung des Angeklagten reicht hierzu nicht aus[754]. Auch die Zustimmung der Staatsanwaltschaft muss eindeutig erklärt werden. Eine – nicht protokollierte – konkludente Erklärung der Staatsanwaltschaft reicht – vor allem mit Blick auf die Bindungswirkung einer solchen Erklärung – dafür nicht aus. Auch der Umstand, dass das Tatgericht in den Urteilsgründen von einer wirksamen Verfahrensverständigung ausgeht, belegt nicht, dass tatsächlich eine solche stattgefunden hat[755]. Auch hier hat der Strafverteidiger im Interesse des Angeklagten auf dem sog. sichersten Weg auf die Einhaltung dieser Wirksamkeitsvoraussetzungen zu achten und ggfs. darauf genauestens hinzuwirken.

Dazu gehört insbesondere die strikte Beachtung von **§ 257c Abs. 5 StPO**, wonach der Angeklagte vor der Verständigung über die Voraussetzungen und Folgen der nach § 257c Abs. 4 StPO möglichen Abweichung des Gerichts von dem in Aussicht gestellten Ergebnis zu belehren ist. Geschieht dies nicht und wird die Belehrung nach dem Zustandekommen der Verständigung lediglich nachgeholt, statt den Angeklagten qualifiziert – namentlich unter ausdrücklichem Hinweises auf den Fehler und auf die daraus folgende gänzliche Unverbindlichkeit der Zustimmung – zu belehren, bleibt der Angeklagte grundsätzlich in seinem Recht auf ein faires Verfahren und in seiner

---

747 *Köllner*, ZAP, Fach 23, 303, 308 f.

748 Vgl. *Jungk*, AnwBl 1998, 152.

749 BGH NJW 2005, 1440.

750 BGBl I, S. 2353.

751 Vgl. *Barton*, StV 1998, 606, 607; *Bandisch*, AnwBl 2002, 44, 45.

752 Vgl. *Barton,* in: MAH Strafverteidigung, 2. Auflage, § 41, Rn. 48; *Schlecht,* Die zivilrechtliche Haftung des Strafverteidigers, 2006, 117 ff.

753 BGH, Beschl. v. 23.07.2019 – 1 StR 169/19 – juris, Rn. 11 unter Bezugnahme auf BGH, Urt. v. 21.6.2012 – 4 StR 623/11, BGHSt 57, 273 Rn. 13 f.

754 BGH, a.a.O. unter Bezugnahme u.a. auf BGH, Beschl. v. 7.12.2016 – 5 StR 39/16, NStZ-RR 2017, 87; Urt. v. 14.5.2014 – 2 StR 465/13 – juris, Rn. 8.

755 BGH, Beschl. v. 7.12.2016 – 5 StR 39/16 – juris, Orientierungssatz.

Selbstbelastungsfreiheit verletzt. Das kann einer entsprechend begründeten Revision zum Erfolg verhelfen[756] und den Anwalt aus seiner sonst grundsätzlich bestehenden Haftung »befreien«.

Beteiligt sich der Verteidiger an **sog. informellen Deals**, die das BVerfG ausdrücklich als rechtswidrig und unwirksam eingeordnet hat[757], handelt er auch haftungsrechtlich pflichtwidrig[758]. 292

Auch im Rahmen von **§ 153a StPO** und bei der Entscheidung über eine Zustimmung des Beschuldigten zu einer solchen Einstellung des Verfahrens bieten diese Rechtsprechungsgrundsätze taugliche Beurteilungskriterien für eine pflichtgemäße Beratung und Vertretung durch den Strafverteidiger[759], weil einerseits von dem Erfordernis einer in tatsächlicher und rechtlicher Hinsicht umfassenden Interessenwahrnehmung keine Abstriche gemacht werden, andererseits durch die Einräumung eines sog. Beurteilungsspielraums den Besonderheiten anwaltlicher Vertretung und Beratung hinreichend Rechnung getragen wird. Er soll trotz nicht bestehender rechtlicher Bindungswirkung für einen parallelen oder nachfolgenden Zivilprozess Gefahren, die sich im Zivilprozess aus einer fehlerhaften Schlussfolgerung aus der Einstellung auf eine damit »festgestellte« strafbare Handlung ergeben könnten, in die Risikoabwägung einbeziehen und den Mandanten darüber belehren müssen[760]. Dem kann allerdings grundsätzlich nicht beigepflichtet werden. Das allgemeine Risiko möglichen fehlerhaften Verhaltens der zu einer Entscheidung berufenen Stelle reicht auch in anderen Zusammenhängen (vgl. Kap. 2 Rdn. 48 ff.) richtigerweise nicht aus, um dem Anwalt allgemein prophylaktische zusätzliche Hinweispflichten aufzubürden. 293

Nicht nur als Wahlverteidiger, sondern auch als **Pflichtverteidiger** ist der Anwalt zur vollständig ordnungsgemäßen Erfüllung seiner Anwaltspflichten »lege artis« verpflichtet[761]. Dass der Pflichtverteidiger seine Beistandsstellung durch Verfügung des Vorsitzenden gemäß § 141 Abs. 4 StPO konstitutiv erhält und er die Interessen des Beschuldigten nicht kraft Vertrages mit diesem vertritt, sondern aufgrund eines öffentlich-rechtlichen Pflichtverhältnisses zum Staat tätig wird, berührt weder den Pflichtenkreis nach Inhalt und Umfang, noch entfällt etwa eine Haftung bei schuldhafter, den Beschuldigten schädigender Pflichtverletzung (vgl. schon Rdn. 275). Nach zutreffender überwiegender Meinung steht der Pflichtverteidiger nämlich in einem gesetzlichen Schuldverhältnis zum Beschuldigten[762], was Grundlage für Schadensersatzansprüche gegen ihn gemäß § 280 Abs. 1 BGB n.F. sein kann[763]. Eine vertragsrechtliche Begründung des gesamten Rechts der Pflichtverteidigung und damit auch der Haftung des Pflichtverteidigers unabhängig von Sondervereinbarungen zwischen ihm und dem Beschuldigten[764] erscheint »überkonstruiert« und ist daher abzulehnen. Für das Regressrecht spielt dieser zivilrechtsdogmatische Streit keine Rolle[765]. 294

Stützt der Beschuldigte einen Regressanspruch darauf, dass die **Staatsanwaltschaft** bei pflichtgemäßem Verteidigerverhalten eine ihm günstigere Entscheidung getroffen hätte, beispielsweise das Verfahren nach **§ 153a StPO** eingestellt oder dies mit einer niedrigeren Auflage getan hätte, muss nach den oben dargestellten und vertretenen Grundsätzen der Regressrechtsprechung zur Behandlung von behördlichen Ermessensentscheidungen beweismäßig die mutmaßliche Entscheidung der 295

756 Wie in BGH, Beschl. v. 21.3.2017 – 5 StR 73/17 – NStZ-RR 2017, 151 geschehen.

757 BVerfG, Urt. v. 19.3.2013 – 2 BvR 2628/10, 2 BvR 2883/10, 2 BvR 2155/11 –, BVerfGE 133, 168–241, Rn. 75.

758 *Barton,* a.a.O.; *Eschelbach,* in: BeckOK StPO, Edition 36, § 257c StPO, Rn. 62.

759 Vgl. auch *Barton,* a.a.O., Rn. 48.

760 *Fromm/Schmidtke,* NZV 2007, 552, 554 f.; *Barton,* a.a.O.

761 Vgl. nur *Köllner,* ZAP, Fach 23, 303, 308; ferner OLG Düsseldorf NJW-RR 1999, 785, 786; *Krause,* NStZ 2000, 225.

762 OLG Düsseldorf NJW-RR 1999, 785, 786; *Borgmann/Jungk/Schwaiger,* Kap. III, Rn. 46; *Vollkommer/Greger/Heinemann,* § 3, Rn. 26.

763 *Vollkommer/Greger/Heinemann,* § 3, Rn. 26; zur pVV als Anspruchsgrundlage nach altem Schuldrecht vgl. OLG Düsseldorf NJW-RR 1999, 785, 786; vgl. auch *Krause,* NStZ 2000, 225.

764 So *Jahn,* StV 2000, 431 ff. m.w.N.; differenzierend: Löwe/Rosenberg/*Lüderssen,* § 141 StPO, Rn. 3–8.

765 Deshalb lässt *Krause,* NStZ 2000, 225 diese Frage auch offen.

Staatsanwaltschaft ermittelt werden[766]. Auch wenn die Staatsanwaltschaft bei ihrer Pflicht zur Strafverfolgung (§§ 152 Abs. 2, 160 Abs. 1 StPO) objektiv zu ermitteln hat (§ 160 Abs. 2 StPO), ist sie nicht Teil der Rechtsprechung, sondern Behörde, so dass all die oben (Kap. 4 Rdn. 213) bereits dargestellten Grundsätze eingreifen, wonach behördliche Ermessensentscheidungen auch in einem Regressverfahren nicht durch richterliche Entscheidung ersetzt werden können. Nach Auffassung der Rechtsprechung zählen die Anwendung der §§ 153, 153a StPO zu den Ermessensentscheidungen der Staatsanwaltschaft[767]. Ein echtes Wahlrecht zwischen Verfolgung oder Nichtverfolgung wird von der Literatur zwar abgelehnt, wenn auch § 467 Abs. 4 StPO von Ermessen spreche[768]. Vielmehr handele es sich um Rechtsanwendung, bei der unbestimmte Rechtsbegriffe der Ausfüllung bedürften. Da aber dabei jedenfalls ein Beurteilungsspielraum zugebilligt[769] und anerkannt wird, dass die staatsanwaltschaftliche Entscheidung nicht justitiabel ist[770], bestehen in der praktischen Rechtsanwendung keine Unterschiede. Dies gilt auch für die regressrechtliche Kausalitätsprüfung.

296 Bei einer Haftung eines Strafverteidigers kann er auch zum Ersatz von **Kosten des Strafverfahrens** verpflichtet sein. Das ist unproblematisch bei Kosten, die durch erfolglose Rechtsmittel oder Rechtsbehelfe, wie etwa Einsprüche gegen Strafbefehle, Berufungen oder Revisionen entstanden sind und die bei pflichtgemäßem Verteidigerverhalten vermieden worden wären. Klar ist auch der Fall, wenn infolge Anwaltsfehlers eine Verurteilung anstatt Freispruch erfolgt ist, da bei einem **Freispruch** gemäß § 467 StPO die Auslagen der Staatskasse und die notwendigen Auslagen des Angeschuldigten der Staatskasse zur Last fallen. Bei einem hypothetischen **Teilfreispruch** kann der im Übrigen Verurteilte in Anwendung des sich aus § 465 Abs. 2 StPO ergebenden Rechtsgedankens verlangen, kostenmäßig so gestellt zu werden, wie er gestanden hätte, wenn allein die zur Verurteilung führende Tat Gegenstand des Verfahrens gewesen wäre[771]. Für einen Regressanspruch heißt das, dass er Schadensersatz in Bezug auf alle Mehrkosten verlangen kann, die durch die Tatvorwürfe veranlasst worden sind, welche zum Freispruch geführt haben. Hätte hingegen pflichtgemäßes Verteidigerverhalten nicht zu einem Freispruch oder Teilfreispruch, sondern zu einer weniger schwerwiegenden Verurteilung geführt, wäre es grundsätzlich bei der Kostenpflicht des Verurteilten geblieben, § 465 StPO[772]. Dabei ist allerdings zu beachten, dass gemäß § 465 Abs. 2 S. 2, 3 StPO die Möglichkeit einer von § 465 Abs. 1 StPO abweichenden Billigkeitsentscheidung besteht mit der Möglichkeit einer Schätzung bei Auslagenmassen, welche sich nicht oder nur schwer trennen lassen, vor allem in den Fällen des **sog. fiktiven Teilfreispruchs**, d.h. bei der Nichtverurteilung wegen einzelner abtrennbarer Teile einer Tat oder wegen einzelner von mehreren gleichzeitigen Gesetzesverletzungen[773]. § 465 Abs. 2 S. 2, 3 StPO kommt aber nicht immer dann zur Anwendung, wenn unter anderem wegen der tateinheitlichen Verwirklichung mehrerer Strafgesetze Anklage erhoben wurde und die tateinheitliche Anklage einen Teilfreispruch nicht zulässt[774]. Bei erheblicher Diskrepanz zwischen dem mit der Anklage erhobenen Vorwurf und der verurteilten Tat ist indes eine Billigkeitsentscheidung angebracht[775].

766 So schon *Krause*, NStZ 2000, 225, 232.

767 BGHSt 27, 274, 275 = NJW 1978, 503, 504; BGHZ 72, 81 ff. (Richterdienstgericht) = NJW 1978, 2033 f.; vgl. auch OLG Hamburg MDR 1993, 898 f. und 948 f.

768 *Meyer-Goßner/Schmitt*, § 152 StPO, Rn. 7; Löwe/Rosenberg/*Rieß*, § 153 StPO, Rn. 35; KK/*Diemer*, § 152 StPO, Rn. 5; so auch obiter BVerfG, Beschl. v. 9.3.1994 – 2 BvL 43/92 u.a. – juris, Rn. 167.

769 KK/*Diemer*, § 152 StPO, Rn. 5; *Meyer-Goßner/Schmitt*, § 152 StPO, Rn. 7.

770 Löwe/Rosenberg/*Rieß*, § 153 StPO, Rn. 35; KK/*Diemer*, § 153a StPO, Rn. 36 f., 48, 66.

771 OLG Düsseldorf MDR 1992, 404 f. = Rpfleger 1991, 474 f.; LG Aachen JurBüro 1992, 258 f.

772 Vgl. *Krause*, NStZ 2000, 225, 230; BGH NStZ 1982, 80.

773 OLG Düsseldorf OLGSt StPO § 473 Nr. 5 = AnwBl 1990, 51 f.

774 Vgl. BGHR StPO § 465 Abs. 2 Billigkeit 4 = StV 1998, 610; BGH NStZ 1982, 80; vgl. auch BGHSt 25, 109, 116; *Meyer-Goßner/Schmitt*, § 465 StPO, Rn. 7.

775 BGHR StPO § 465 Abs. 2 Billigkeit 4 = StV 1998, 610; BGHR StPO § 465 Abs. 2 Billigkeit 1 = StV 1989, 401; vgl. auch BGHR StPO § 465 Abs. 2 Billigkeit 2.

Eine eigenständige Rolle im Themenkreis: Kosten des Strafverfahrens können dem Beschuldigten zur Last gefallene Verteidigergebühren sein, die er aufgrund einer unzureichenden Aufklärung durch seinen Verteidiger als Pflichtverteidiger diesem über die gesetzlichen Gebühren hinaus entrichtet hat[776]. 297

Transport- und Speditionsrecht

Transport- und speditionsrechtliche Mandate zeichnen sich ebenfalls dadurch aus, dass sowohl die Beratung als auch die Prozessführung in diesen Materien regelmäßig Spezialkenntnisse verlangt[777]. 298

1. Die anwaltliche Verpflichtung, im Rahmen seines Prozessvortrags »das Rechtsdickicht zu lichten«[778] erfährt in äußerst komplexen Rechtsmaterien wie – angesichts der vielfachen internationalen Bezüge – dem Transport- und Speditionsrecht eine besondere Ausprägung. Dies zeigt der nachfolgend skizzierte Fall: 299

Im Zusammenhang mit einem die Verschiffung mehrerer Maschinen von den USA nach Frankreich betreffenden Speditionsvertrag kam es bei der Überfahrt zur Beschädigung des Speditionsgutes. Der Spediteur wurde daraufhin wegen der Verletzung seiner speditionellen Pflichten auf Schadensersatz in Anspruch genommen, wobei zwischen den Parteien streitig war, ob eine **Allgefahrenversicherung** (»All Risk«) oder lediglich eine Strandungsfalldeckung (»C-Klausel«) vereinbart war. Nachdem der Schadensersatzprozess im Wesentlichen verloren ging, warf die unterlegene Partei ihrem Rechtsanwalt vor, er habe nicht hinreichend geltend gemacht, dass der Spediteur zum Abschluss einer Allgefahrenversicherung verpflichtet gewesen sei, welche den gesamten eingetretenen Schaden einbegriffen hätte. Der Rechtsanwalt hatte die Schadensersatzklage im Ausgangspunkt auf zwei selbständige Vertragsverletzungen – fehlerhafter Transport sowie unzureichende Versicherung der verschifften Güter – gestützt und musste sich im Regressprozess bescheinigen lassen, im Vorprozess hinsichtlich des versäumten Abschlusses einer Allgefahrenversicherung **nicht hinreichend substantiiert** vorgetragen zu haben[779].

In gleicher Weise verletzt ein mit der Prozessführung gegen eine Spediteurin beauftragter Anwalt seine Pflicht zum ausreichenden Prozessvortrag und missachtet die Anforderungen an die anwaltliche Sorgfaltspflicht, wenn er nach unstreitiger Eindeckung des Transport mit einer bloßen Strandungsfallversicherung unter Geltung der ICC C (a) die Verletzung der Pflicht der Spediteurin zur Eindeckung des beauftragten Transports mit einer **All-Risk-Versicherung** unter Geltung der ICC A (b) bzw. die Verletzung der Pflicht zum Hinweis auf unter Geltung der ICC C nicht gedeckte Schadensrisiken (c) nicht mit der gebotenen Deutlichkeit zum Gegenstand des Rechtsstreits macht[780].

2. Eine **Verjährungsfrist** von lediglich einem Jahr greift für Ansprüche gegen den Frachtführer, den Lagerhalter sowie für Ansprüche aus einer dem CMR-Übereinkommen unterliegenden Beförderung (§ 439 Abs. 1 HGB; Art. 32 CMR). Bei Vorsatz oder Leichtfertigkeit verlängert sich die Verjährung – auch beim Speditionsvertrag (§ 463 HGB) – auf drei Jahre. Anders als früher enthalten die aktuellen **ADSp** keine abweichenden Verjährungsbestimmungen mehr[781]. 300

776 BGH, Urt. v. 13.12.2018 – IX ZR 216/17 – juris, Rn. 13 ff.; vgl. auch oben Kapitel 8 Stichwort Kostenberatung, Kostenbeschränkung, Kap. 8 Rdn. 184 ff.

777 Siehe zur aktuellen Entwicklung im Transportrecht die regelmäßigen Übersichten von *Gran* in NJW 2020, 966, NJW 2019, 975, NJW 2018, 991, NJW 2017, 996, NJW 2016, 998; NJW 2015, 995; NJW 2014, 975; NJW 2013, 910 sowie NJW 2012, 34.

778 BGH, Urt. v. 10.12.2015 – IX ZR 272/14 – juris, Rn. 8.

779 BGH, Urt. v. 10.12.2015 – IX ZR 272/14 – juris, Rn. 11 f., mit kritischer Anmerkung von *Borgmann*, NJW 2016, 957.

780 OLG Frankfurt, Urt. v. 18.1.2018 – 3 U 85/13 – juris, Rn. 52; vgl. aber auch Rn. 57.

781 Vgl. Vollkommer/*Greger*/*Heinemann*, Anwaltshaftungsrecht, § 28, Rn. 129.

Entsprechend beträgt die Verjährungsfrist auch bei einem Umzugsvertrag für Ansprüche des Absenders gegenüber dem Frachtführer gemäß §§ 451, 439 HGB grundsätzlich ein Jahr, sofern keine Anhaltspunkte für ein qualifiziertes Verschulden i.S.d. § 535 HGB vorliegen[782].

Verkehrsrecht

301 Im Bereich des Verkehrsrechts geht es vorrangig um die Geltendmachung und die Abwehr von **Verkehrsunfallschäden**[783]. Daneben wird der Fachanwalt für Verkehrsrecht aber auch vor allem in verkehrsrechtlichen Straf- und Ordnungswidrigkeitenverfahren tätig[784].

1. Die Abwicklung von Haftpflichtschäden aus Straßenverkehrsunfällen birgt ein großes Potenzial von Haftungsrisiken in sich. Dies gilt gleichermaßen zum Grund wie auch zur Höhe der im Raum stehenden Schadensersatzansprüche[785]. Besonderheiten im Bereich der Prozessführung[786] und der dortigen Antragstellung – Formulierung der Feststellungsbegehren[787], Geltendmachung aller Schadenspositionen (z.B. Haushaltsführungs- und Unterhaltsschäden) – kommen hinzu[788]. Haftungsfallen können sich auch bei der Vertretung nicht geschäftsfähiger Personen im Schadenfall ergeben[789].

302 2. Das Zurückhalten von in Frage kommendem Anspruchsvorbringen ist stets regressträchtig. So gehört es zu den Pflichten des Rechtsanwalts, bei einer gerichtlichen Geltendmachung eines Verkehrsunfallschadens, dass er von seinem Mandanten angesprochene **unfallbedingte psychische Beeinträchtigungen** – rechtzeitig und hinreichend substantiiert – zum Prozessgegenstand macht. Weist er auf unfallbedingte »schwere psychische Auswirkungen« erst unmittelbar vor dem Termin zur mündlichen Verhandlung – und damit **verspätet** – hin, kann dies zur Haftung führen[790].

303 3. **Mittellose Mandanten**, die Ansprüche aus einem Verkehrsunfall geltend machen wollen, muss der Rechtsanwalt bei entsprechenden Anhaltspunkten auf die Möglichkeit der Beantragung von **Beratungshilfe** hinweisen[791].

304 4. Verkehrsunfallprozesse werden häufig verglichen. Im Falle eines **Vergleichsabschlusses**, insbesondere bei einem Abfindungsvergleich[792], muss der Anwalt seinen Mandanten umfassend über die Vor- und Nachteile des Vergleichs beraten[793].

305 5. Vorsicht ist geboten bei möglichen **Interessengegensätzen**. So vertritt ein Rechtsanwalt entgegen § 43a Abs. 4 BRAO widerstreitende Interessen, wenn er mehrere Geschädigte eines Verkehrsunfalls vertritt, von denen einer dem anderen zugleich als Schädiger neben dem in Anspruch genommenen Schädiger gesamtschuldnerisch haften kann[794].

---

782 BGH, Beschl. v. 25.2.2016 – I ZR 277/14 – juris, Rn. 8.

783 Zu den jeweils aktuellen Entwicklungen im Straßenverkehrsrecht vgl. *Heß/Burmann*, NJW 2019, 3036 ff., und 1119 ff.; NJW 2018, 3037 ff. und 1141 ff.; NJW 2017, 3127 ff. und 1152 ff.; NJW 2016, 3072 ff., 1138 ff. sowie NJW 2015, 3074 ff. und 1152 ff.

784 Dazu Heussen/Hamm/*Ratz*, Beck'sches Rechtsanwalts-Handbuch, § 29, 1. Teil, Rn. 1 ff.

785 Zur Haftungsfalle Verjährung im Personenschaden, *Luckey*, SVR 2015, 41 ff.

786 Zum Verfahren vor dem Güterichter im Haftungs- und Verkehrsrecht vgl. *Burmann/Heß*, NJW-Spezial 2013, 329 f.

787 Instruktiv BeckOGK/*Walter*, § 7 StVG, Rn. 216 ff.; zu möglichen Haftungsfallen beim Wechsel von fiktiver auf konkrete Abrechnung vgl. *Pletter*, NZV 2020, 151.

788 Zu den einzelnen Haftungsrisiken *Buschbell*, Münchener Anwaltshandbuch Straßenverkehrsrecht, § 38, Rn. 1 ff.

789 *Kreuter-Lange*, DAR 2019, 185 ff.

790 BGH, Urt. v. 13.6.2013 – IX ZR 155/11 – juris, Rn. 10 ff.

791 OLG Hamm, Urt. v. 30.4.2015 – 28 U 88/14 – juris, Rn. 58.

792 Vgl. Kap. 8 Rdn. 598 ff.

793 LG Wuppertal, Urt. v. 18.3.2015 – 3 O 465/10 – juris, Rn. 52.

794 LG Saarbrücken, Urt. v. 16.1.2015 – 13 S 124/14 – juris, Rn. 16; vgl. hierzu auch Kap. 1 Rdn. 74.

6. Ein Rechtsanwalt in einem Verkehrsunfallprozess verhält sich im Allgemeinen gegenüber seinem Auftraggeber pflichtgemäß, wenn er bei einer dem **Sachverständigenbeweis** zugänglichen Behauptung seiner Partei einen den gesetzlichen Anforderungen des § 403 ZPO genügenden Beweisantrag stellt. Eine **darüber hinausgehende Verpflichtung**, den Weg mitzuteilen, auf dem der Sachverständige zu dem behaupteten Ergebnis kommen oder aus welchem Fachgebiet der Sachverständige bestimmt werden soll, besteht für den Rechtsanwalt grundsätzlich nicht[795]. 306

7. Insbesondere gehört es bei **rechtsschutzversicherten Mandanten** zu den Pflichten eines Rechtsanwalts, auf das mit dem Abschluss eines **Vergleichs** verbundene Risiko hinzuweisen, Kosten von der Rechtsschutzversicherung nicht erstattet zu bekommen[796]. 307

8. Trägt der Mandant dem Rechtsanwalt einen **einheitlichen Lebenssachverhalt** vor, der unterschiedliche Ansprüche betrifft – etwa Haftpflicht- und Kaskoschaden nach Verkehrsunfall –, ist grundsätzlich von einem **umfassenden Auftrag** auszugehen. Insoweit trifft den Rechtsanwalt die Pflicht zur Überwachung der Klageerhebungsfrist wegen des Kaskoschadens[797]. 308

9. Hat ein Rechtsanwalt nach einem Verkehrsunfall, in welchen ein Pferd seines Mandanten verwickelt war, zur rechtzeitigen Erhebung einer Deckungsklage gegen die **Tierhalter- und die Privathaftpflichtversicherung** geraten, stellt dies keinen Anwaltsfehler dar, wenn die Klärung einer Verwirklichung des tierhalterspezifischen Risikos im Prozess angezeigt war und der Mandant über den Mehraufwand in Form von erhöhten Prozesskosten aufgeklärt wurde[798]. 309

Im Einzelfall kann ein Rechtsanwalt gehalten sein, dem Geschädigten eines Verkehrsunfalls, den bei einer Inanspruchnahme des Unfallgegners der anspruchsmindernde Vorwurf eines nicht unerheblichen Mitverschuldens treffen würde, nach Hinweis auf die möglichen Konsequenzen zu empfehlen, wegen seines materiellen Schadens zeitnah zunächst seine Vollkaskoversicherung außerprozessual in Anspruch zu nehmen – gegebenenfalls neben dem Unfallgegner[799]. 310

Versicherungsrecht

Das Versicherungsrecht kennt ebenfalls eine Reihe von Fragestellungen mit potentiell haftungsrechtlicher Relevanz für den Anwalt. Nachfolgend können diese allerdings nur in Ansätzen skizziert werden. 311

1. In **Klageverfahren gegen einen Versicherer** kann der Versicherungsnehmer unter mehreren **Gerichtsständen** wählen (§ 35 ZPO). In Frage kommen der allgemeine Gerichtsstand juristischer Personen (Hauptsitz; § 17 Abs. 1 ZPO), der besondere Gerichtsstand der Niederlassung, sofern die in § 21 Abs. 1 ZPO normierten Voraussetzungen vorliegen, sowie der besondere Gerichtsstand des Wohnsitzes des Versicherungsnehmers nach § 215 Abs. 1 VVG. Die Wahl des »richtigen« Gerichtsstandes kann sich im Versicherungsprozess auszahlen, weil bestimmte Gerichtsorte als mehr oder weniger versicherungsnehmer- oder versichererfreundlich gelten und es auch als Vorteil angesehen wird, wenn das angerufene Gericht über einen im Versicherungsrecht spezialisierten Spruchkörper verfügt[800]. 312

2. Die **Versicherungsbedingungen** sind bei Fällen aus dem Privatversicherungsrecht immer (ggf. auch direkt beim Versicherer) anzufordern. Bedingungen wechseln häufiger. Welche für den Fall einschlägig sind, ergibt sich nicht aus der Version, die in dem zur Verfügung stehenden Kommentar 313

---

795 OLG Saarbrücken, Urt. v. 14.8.2014 – 4 U 146/13 – juris, Rn. 27 ff.
796 OLG Düsseldorf, Urt. v. 12.4.2011 – I-24 U 160/10 – juris, Rn. 43.
797 OLG Celle, Urt. v. 24.3.2010 – 3 U 222/09 – juris, Rn. 22.
798 LG Münster, Urt. v. 21.8.2008 – 15 O 111/08 – juris, Rn. 53 ff.; vgl. zur versicherungsrechtlichen Problematik des Falles noch eingehend Rdn. 324.
799 OLG Hamm, Urt. v. 29.8.2017 – 28 U 3/16 – juris, Rn. 19 ff.
800 So *Krahe/Prütting*, in: Halm/Engelbrecht/Krahe, Handbuch des Fachanwalts Versicherungsrecht, 6. Auflage, Kap. 2, Rn. 1.

abgedruckt ist. Die **Musterbedingungen des GDV**, um die es dort regelmäßig geht, sind nicht bindend und werden häufig auch abgeändert. Wer beispielsweise in der Privathaftpflichtversicherung die falschen Bedingungen zur Forderungsausfalldeckung oder in der Unfallversicherung die falsche Progressionstabelle benutzt, schädigt entweder den Mandanten oder die Rechtsschutzversicherung.

314 3. Eine Verletzung der Pflichten aus dem Anwaltsvertrag kann ferner darin bestehen, dass ein Rechtsanwalt den – haftpflichtversicherten – Behandler, für den er Honorarklage gegen den Patienten erhoben hat, nicht über die **versicherungsvertragliche Prozessführungsbefugnis** von dessen Haftpflichtversicherung für eine Widerklage des Beklagten auf Schadensersatz **aufklärt**. Der Rechtsanwalt muss insoweit, um den sichersten Weg der Beratung zu gehen, den Mandanten zumindest über die Möglichkeit des Bestehens einer Anzeigepflicht aufklären und den Versicherungsvertrag gegebenenfalls im konkreten Fall prüfen[801].

315 4. Soweit nicht besondere Umstände gegeben sind, ist der mit einer Versicherungssache beauftragte Rechtsanwalt grundsätzlich gehalten, den Mandanten und Versicherungsnehmer auf die Möglichkeit der **Leistungsfreiheit der Versicherung** aufmerksam zu machen. Dies gilt jedenfalls dann, wenn die Versicherung sich auf entsprechende Umstände beruft[802]. Steht die Verletzung beruflicher Pflichten des Versicherungsnehmers in Rede, muss er für eine **Schadensanzeige an einen Berufshaftpflichtversicherer** sorgen. Dies kann etwa dadurch erfolgen, dass er sie selbst vornimmt. Jedenfalls aber muss er den Auftraggeber über die Notwendigkeit der Anzeige und die Folgen eines Unterlassens – nämlich den Verlust des Versicherungsschutzes – klar und unmissverständlich belehren[803].

316 5. Trägt der Mandant dem Rechtsanwalt einen **einheitlichen Lebenssachverhalt** vor, der **unterschiedliche Ansprüche** betrifft – etwa Haftpflicht- und Kaskoschaden nach Verkehrsunfall –, ist grundsätzlich von einem umfassenden Auftrag auszugehen. Der Prozessbevollmächtigte muss dann die Frist zur Klageerhebung gegenüber dem Versicherer nicht nur hinsichtlich des Haftpflicht- sondern auch mit Blick auf den **Kaskoschaden** überwachen. Von der Erteilung eines nur eingeschränkten Mandats kann nur ausnahmsweise ausgegangen werden, was der Anwalt darzulegen und zu beweisen hat[804].

317 6. Bereits im Haftpflichtprozess ist, soweit der Geschädigte auch dort vertreten wird, wegen der **Bindungswirkung des rechtskräftigen Haftpflichturteils**[805], darauf zu achten, dass der Schädiger gegenüber seinem Versicherer im Deckungsprozess nicht in einen **Ausschluss**, etwa wegen vorsätzlicher Herbeiführung des Versicherungsfalles oder wissentlicher Pflichtverletzung[806], gerät. Ein solches Verhalten würde dem eigenen Mandanten den womöglich einzigen solventen Schuldner entziehen. Persönliche Animositäten zwischen Schädiger und Geschädigtem müssen dabei zurückgestellt werden. Die Schadensersatzklage sollte deshalb wenn immer möglich nur auf solche Umstände gestützt werden, die im späteren Deckungsprozess keinen Ausschluss begründen.

318 7. Bei einer **direkten Inanspruchnahme des Versicherers** durch den Geschädigten sind außerhalb der Kfz-Versicherung die dafür erforderlichen Voraussetzungen stets sorgfältig zu prüfen. Das Trennungsprinzip in der Haftpflichtversicherung steht einer solchen unmittelbaren Inanspruchnahme des Versicherers auch ohne vorherige Feststellung des Haftpflichtanspruchs jedenfalls dann

---

801 LG Düsseldorf, Urt. v. 20.1.2015 – 6 O 541/13 – juris, Rn. 21 ff. Vgl. auch schon BGH, Urt. v. 30.10.1984 – IX ZR 6/84 – juris, Leitsatz 1: Der mit der Regulierung eines Haftpflichtschadens beauftragte Rechtsanwalt verletzt seine dem Mandanten gegenüber bestehende Sorgfaltspflicht, wenn er Deckungsansprüche seines Auftraggebers gegenüber dessen Haftpflichtversicherer durch Verstöße gegen die Obliegenheiten – wie etwa die Ermöglichung der Prozessführung durch den Versicherer – vereitelt.

802 OLG Celle, Beschl. v. 19.7.2010 – 3 U 96/10 – juris, Leitsatz 1.

803 OLG Köln, Beschl. v. 16.11.2009 – 5 U 57/09 – juris, Leitsatz.

804 OLG Celle, Urt. v. 24.3.2010 – 3 U 222/09 – juris, Leitsatz 1 und Rn. 21; vgl. auch Rdn. 301 zum Stichwort »Verkehrsrecht«.

805 Vgl. BGH, Urt. v. 24.1.2007 – IV ZR 208/03 – juris, Rn. 8.

806 Vgl. BGH, Urt. v. 20.6.2001 – IV ZR 101/00 – juris, Rn. 21.

nicht entgegen, wenn der **Deckungsanspruch** wirksam an den Geschädigten **abgetreten** ist[807]. Der in § 115 Abs. 1 S. 1 Nr. 2 VVG geregelte Direktanspruch des Geschädigten bezieht sich nur auf Pflichtversicherungen.

8. Meist übersehen wird als Anspruchsgrundlage § 83 VVG (**Rettungskostenersatz**). Hierauf kann 319 es aber über die bekannten Fälle des Ausweichens vor einem Tier mit einem PKW hinaus entscheidend ankommen, wenn der Versicherungsnehmer versucht hat, den versicherten Schaden abzuwenden[808]. Der ersatzfähige Schaden kann dann auch in der Sachversicherung selbst **Körperschäden** oder solche Schäden umfassen, die sonst gar nicht versichert wären[809]. Beschädigt bei einer zur Unfallvermeidung eingeleiteten Vollbremsung die **Ladung das Fahrzeug**, können auch die dadurch verursachten Schäden ersatzpflichtige Rettungskosten sein. Ein in der Vollkaskoversicherung vereinbarter **Selbstbehalt** ist dann nicht abzuziehen[810].

9. Pflichtwidrig ist auch die Nichtbeachtung der **unterschiedlichen Vorsatzbegriffe** im Strafrecht 320 einerseits sowie im Versicherungsrecht andererseits. Dies hat besondere Bedeutung, wenn die Versicherungsbedingungen – beispielsweise in der Unfallversicherung – einen Risikoausschluss für Unfälle vorsehen, die durch eine vorsätzliche Straftat verursacht sind. Was eine Straftat in diesem Sinne ist, richtet sich allein nach dem deutschen (Haupt- und Neben-)Strafrecht, so dass ein vermeidbarer Verbotsirrtum nach § 17 S. 2 StGB den Vorsatz in einem solchen Fall nicht ausschließt[811].

10. Der Mandant trägt die **Beweislast** für die Behauptung, sein Prozessbevollmächtigter habe ab- 321 redewidrig Klage eingereicht, ohne dass eine **Deckungszusage** durch die **Rechtsschutzversicherung** erteilt worden sei. Denn diese Frage betrifft – nach wohl herrschender Ansicht[812] – den Umfang des Anwaltsvertrages, den der Auftraggeber zu beweisen hat[813].

11. In der **privaten Unfallversicherung** genügt es darüber hinaus für einen **adäquaten Kausal-** 322 **zusammenhang** zwischen Unfallereignis und Gesundheitsbeeinträchtigung bereits, dass das Unfallereignis an der eingetretenen Funktionsbeeinträchtigung mitgewirkt hat, wenn diese Mitwirkung nicht gänzlich außerhalb aller Wahrscheinlichkeit liegt. Eine wesentliche oder richtungsgebende Mitwirkung ist – anders als im Sozialversicherungsrecht – nicht zu verlangen. Daher schließt das Vorhandensein von Vorschäden für sich genommen die Kausalität nicht aus[814]. Dies hat der Rechtsanwalt im Rahmen seiner **Verpflichtung zu schlüssigem Sachvortrag**[815] zu berücksichtigen.

12. Besonders regressträchtig sind die in der **Unfallversicherung** zu beachtenden besonderen **Fris-** 323 **ten** der Ziff. 2.1.1.1 AUB. Kommen Ansprüche aus einem Unfall in Betracht und legt der Mandant keine **ärztliche Feststellung unfallbedingter Invalidität** vor, muss die Einholung einer solchen Bescheinigung veranlasst bzw. dies jedenfalls versucht werden. Die fristgerechte schriftliche ärztliche Invaliditätsfeststellung ist eine formelle Anspruchsvoraussetzung, deren Nichtvorliegen nicht entschuldbar ist[816]. Jede vorgelegte Bescheinigung muss daraufhin überprüft werden, ob sie auch inhaltlich den Anforderungen der Rechtsprechung genügt, was oft insbesondere wegen der Merkmale »auf Dauer« und »unfallbedingt« problematisch ist. Auch die **fristgerechte Geltendmachung**[817]

807 BGH, Urt. v. 20.4.2016 – IV ZR 531/14 – juris, Rn. 17.
808 Vgl. BGH, Urt. v. 25.6.2003 – IV ZR 276/02 – juris, Rn. 7.
809 Vgl. *Voit,* in: *Prölss/Martin,* VVG, 30. Auflage, § 83, Rn. 11 ff.
810 OLG Hamm, Urt. v. 7.5.2004 – 20 U 48/04 – juris, Leitsätze.
811 OLG Saarbrücken, Urt. v. 25.6.2014 – 5 U 83/13 – juris, Rn. 39.
812 Vgl. *Rinkler/Pape,* in: G. Fischer/Vill/D. Fischer/Pape/Chab, § 1, Rn. 134.
813 Vgl. auch bereits Kap. 2 Rdn. 26.
814 BGH, Urt. v. 19.10.2016 – IV ZR 521/14 – juris, Leitsatz.
815 BGH, Urt. v. 10.12.2015 – IX ZR 272/14 – juris, Rn. 11.
816 BGH, Urt. v. 30.11.2005 – IV ZR 154/04 – juris, Rn. 7; *Hugemann,* in: Staudinger/Halm/Wendt, Versicherungsrecht, 2. Auflage, Ziff. 2 AUB 2010, Rn. 2.
817 Zur Wahrung der Frist für die Geltendmachung von Invaliditätsansprüchen ist es allerdings nicht erforderlich, innerhalb der Frist auch konkret diejenigen gesundheitlichen Beeinträchtigungen geltend zu machen, auf die sich der Invaliditätsanspruch stützen soll. Die Geltendmachung setzt lediglich die ordnungsgemäße Meldung des Unfalls voraus und muss die Behauptung enthalten, es sei durch den Unfall

der Invalidität darf nicht aus den Augen verloren werden. Hierbei handelt es sich um eine bloße Ausschlussfrist, deren Versäumung entschuldigt werden kann[818]. Zu den anwaltlichen Pflichten kann daher auch das Erfragen und Vortragen der Voraussetzungen eines Entschuldigungsgrundes gehören. Ein Unfallversicherer ist aber nach § 186 Satz 2 VVG gehindert, sich auf Fristversäumnis zu berufen, wenn er den Versicherungsnehmer[819] nach Anzeige des Versicherungsfalls nicht in Textform **auf die vertraglichen Anspruchs- und Fälligkeitsvoraussetzungen hingewiesen** hat, § 186 Satz 1 VVG. Die gesetzliche Hinweispflicht des Versicherers entbindet den Rechtsanwalt des Versicherungsnehmers nicht von seinen vertraglichen Pflichten diesem gegenüber[820]. Darüber hinaus kann es sich – **selbst bei Erfüllung der gesetzlichen Hinweispflicht – im Einzelfall** als **treuwidrig** erweisen, eine **Versicherungsleistung unter Verweis auf die nicht eingehaltenen Fristen abzulehnen.** Dies wird man etwa dann annehmen können, wenn der Versicherer dem Versicherungsnehmer gegenüber zurechenbar den Eindruck erweckt hat, er lege auf die Einhaltung der Frist keinen Wert und auf diese Weise den Versicherungsnehmer davon abgehalten hat, rechtzeitig die erforderlichen Feststellungen zu treffen[821]. Anerkannt ist in der Rechtsprechung ferner, dass es im Einzelfall gegen Treu und Glauben verstoßen kann, wenn der Versicherer entweder vor Ablauf der Frist zur ärztlichen Invaliditätsfeststellung ein Gutachten einholt, ohne den Versicherungsnehmer darauf hinzuweisen, dass er unabhängig davon selbst für eine fristgerechte ärztliche Feststellung Sorge zu tragen hat[822] oder nach Ablauf der Frist umfangreiche und (seelisch) belastende Untersuchungen des Versicherungsnehmer veranlasst, die dieser im Zweifel nicht auf sich genommen hätte, wenn er hätte gegenwärtigen müssen, dass der Versicherer sich nachträglich doch auf den Fristablauf beruft[823]. Auch dort, wo der Versicherte Invaliditätsansprüche rechtzeitig geltend macht, seine Angaben oder die von ihm vorgelegten ärztlichen Atteste den Eintritt eines Dauerschadens nahelegen, die erforderliche ärztliche Feststellung der Invalidität aber noch nicht den an sie zu stellenden Anforderungen genügt, kann der Versicherer nach Treu und Glauben gehindert sein, sich auf das Nichtvorliegen der Anspruchsvoraussetzung zu berufen[824]. Andererseits genügt für die Annahme einer Treuwidrigkeit grundsätzlich nicht, dass der Versicherer auch noch nach Fristablauf Gutachten eingeholt hat und in die sachliche Prüfung des geltend gemachten Leistungsanspruches eingetreten ist oder eine Kulanzprüfung zugesagt hat[825]. Das Fehlen einer fristgerechten ärztlichen Invaliditätsfeststellung bedeutet also nicht zwingend, dass der Rechtsanwalt seine Prüfung von Invaliditätsansprüchen unter Verweis auf fehlende Erfolgsaussichten einstellen kann.

Wird einem Anwalt vorgeworfen, den Mandanten nicht ordnungsgemäß auf eine (Ausschluss-)Frist zur Geltendmachung von Ansprüchen aus einer Unfallversicherung hingewiesen zu haben, scheidet ein Regressanspruch aus, wenn ein dadurch verursachter (Vermögens-)Schaden nicht festgestellt werden kann. Dies ist etwa dann der Fall, wenn der Mandant den Beweis eines Unfalls oder einer dadurch eingetretenen Invalidität nicht führen kann oder die Voraussetzungen eines der zahlreichen Leistungsausschlüsse in Ziff. 5 AUB erfüllt sind.

Invalidität dem Grunde nach eingetreten; vgl. OLG Celle, Urt. v. 9.9.2013 – 4 U 68/13 – juris, Leitsatz 1.

818 BGH, Urt. v. 19.11.1997 – IV ZR 348/96 – juris, Rn. 14; *Hugemann*, in: Staudinger/Halm/Wendt, Versicherungsrecht, 2. Auflage, Ziff. 2 AUB 2010, Rn. 9.

819 Eine Hinweispflicht gegenüber der versicherten Person besteht nicht (vgl. BGH, Urt. v. 22.5.2019 – IV ZR 73/18 – juris, Rn. 21 ff. mit Darstellung des diesbezüglichen Streitstandes).

820 *Hugemann*, in: Staudinger/Halm/Wendt, Versicherungsrecht, 2. Auflage, Ziff. 2 AUB 2010, Rn. 15.

821 BGH, Urt. v. 28.6.1978 – IV ZR 7/77 – juris, Rn. 23; OLG Saarbrücken, Urt. v. 3.11.2004 – 5 U 190/04-26 – juris, Rn. 31; *Jacob*, VersR 2007, 456; *Manthey*, NVersZ 2001, 55; *Kessal-Wulf*, r+s 2008, 313, 318.

822 BGH, Urt. v. 23.2.2005 – IV ZR 273/03 – juris, Rn. 23.

823 BGH, Urt. v. 28.6.1978 – IV ZR 7/77 – juris, Rn. 23 und Urt. v. 5.7.1995 – IV ZR 43/94 – juris, Rn. 11; OLG Saarbrücken, Urt. v. 3.11.2004 – 5 U 190/04- 26 – juris, Rn. 31.

824 BGH, Urt. v. 23.2.2005 – IV ZR 273/03 – juris, Rn. 23.

825 *Hugemann*, in: Staudinger/Halm/Wendt, Versicherungsrecht, 2. Auflage, Ziff. 2 AUB 2010, Rn. 16 m.w.N.

Wünscht der Mandant eine **gerichtliche Überprüfung der** durch den Versicherer vorgenommenen **Erstbemessung**, muss der Mandant darüber belehrt werden, dass das Fehlen eines Neubemessungsvorbehalts im Sinne von Ziff. 9.4 AUB nicht zu einer Bindung des Unfallversicherers an die Erstbemessung der Invalidität führt[826]. Sollte sich im Prozess herausstellen, dass der Invaliditätsgrad tatsächlich niedriger ist, als der Versicherer bei seiner Erstbemessung angenommen hat, ist dieser nicht gehindert, die Zuvielleistung – z.B. im Wege einer Widerklage – zurückzufordern. Höchstrichterlich weiterhin ungeklärt ist die kontrovers diskutierte Frage, ob der Unfallversicherer bei Nichtausübung des Neubemessungsrechts nach den Versicherungsbedingungen an einer Rückforderung der Invaliditätsleistung gehindert ist, wenn sich aufgrund eines allein vom Versicherungsnehmer initiierten **Neubemessungsverfahrens** ergibt, dass sich sein Gesundheitszustand im Vergleich zur Erstbemessung verbessert hat[827]. Auch über die daraus folgenden Unsicherheiten und Prozessrisiken muss der Rechtsanwalt seinen Mandanten im Vorfeld belehren.

13. Vorsicht ist geboten, wenn in Haftpflichtfällen **zwei Versicherer** für eine Einstandspflicht in 324
Betracht kommen und eine **gleichzeitige Klageerhebung** gegen beide Versicherer erwogen wird[828]. Allerdings ist der Rat zur gleichzeitigen Erhebung der Klage jedenfalls nicht fehlerhaft, wenn einer der beiden Versicherer einstandspflichtig ist und der Mandant über den Mehraufwand in Form von erhöhten Prozesskosten aufgeklärt worden ist[829]. Hat ein Rechtsanwalt dementsprechend nach einem Verkehrsunfall, in den ein Pferd seines Mandanten verwickelt war, zur gleichzeitigen Erhebung einer Deckungsklage gegen die Tierhalter- und die Privathaftpflichtversicherung geraten, ist dies nicht als Anwaltsfehler zu werten, wenn die Klärung einer Verwirklichung des tierhalterspezifischen Risikos im Prozess angezeigt war. Der Rechtsanwalt des Pferdeeigentümers darf sich auf den Sachverhalt stützen, der ihm zur Verfügung gestellt wird. Er ist nicht gehalten, in Betracht zu ziehen, dass seine Partei – etwa bei ihrer Anhörung in der mündlichen Verhandlung vor dem Berufungsgericht – **plötzlich und ohne Rücksprache ihren Vortrag abändert** und etwas anderes als zuvor erklärt. Der Rechtsanwalt darf vielmehr davon ausgehen, dass sich der Sachvortrag im Lauf des Prozesses nicht verändern wird[830].

14. Bei **Vergleichen** im Haftpflichtbereich ist stets § 86 Abs. 2 VVG zu beachten, der nicht nur – 325
wie nach früherem Recht (vgl. § 67 Abs. 1 S. 3 a.F.) – ein Aufgabeverbot[831] enthält, sondern die weitergehende Obliegenheit des Versicherungsnehmers, etwaige Regressansprüche seines Versicherers zu wahren und deren Durchsetzung zu unterstützen. Dabei schadet schon **vermutete grobe Fahrlässigkeit**.

15. **Hinweisbeschlüsse** von Obergerichten, die eine Rücknahme der Berufung nahelegen, sind ge- 326
rade in Versicherungsfällen auf ihre Richtigkeit zu überprüfen. Auch hier können sich gravierende Fehler eingeschlichen haben[832] – und die Rücknahme der Berufung ist endgültig. Allerdings wird

826 BGH, Urt. v. 11.9.2019 – IV ZR 20/18 – juris, Rn. 14.

827 Ausdrücklich offen lassend unter Darstellung des Meinungsstandes: BGH, Urt. v. 11.9.2019 – IV ZR 20/18 – juris, Rn. 18.

828 Vgl. hierzu den äußerst instruktiven Fall von BGH, Urt. v. 25.4.2007 – IV ZR 85/05 – juris.

829 Vgl. LG Münster, Urt. v. 21.8.2008 – 15 O 111/08 – juris, Rn. 54 f.

830 Vgl. LG Münster, Urt. v. 21.8.2008 – 15 O 111/08 – juris, Rn. 35 ff. Dass der Kläger im konkreten Fall trotz umfassenden Versicherungsschutzes letztlich ohne Deckungsschutz dastand, beruhte ausschließlich auf der außergewöhnlichen, durch den Kläger selbst herbeigeführten prozessualen Konstellation: Da nämlich die beiden beklagten Versicherer keine notwendigen Streitgenossen waren, konnte der vom Kläger in zweiter Instanz – ohne Rücksprache mit seiner Anwältin – gehaltene neue Vortrag zulässigerweise im Verhältnis zur Tierhalterhaftpflichtversicherung als zugestanden berücksichtigt werden, während er im Verhältnis zur Privathaftpflichtversicherung als präkludiert zurückgewiesen werden musste. Nur dadurch, dass nunmehr unerwartet in beiden Prozessrechtsverhältnissen unterschiedliche Sachverhalte zugrunde zu legen waren, kam es überhaupt zu der Deckungsschutzlücke. Diese Ursache war jedoch nicht auf das Verhalten der Prozessbevollmächtigten zurückzuführen. Denn diese hatte auf die Ausführungen des Klägers im mündlichen Termin vor dem Oberlandesgericht keinen Einfluss gehabt.

831 Vgl. OLG Hamm, Urt. v. 15.6.2016 – 20 U 164/15 – juris.

832 Beispiel: OLG Frankfurt, Hinweisbeschl. v. 2.6.2015 – 15 U 214/14 – juris.

ein erfolgreicher Regress fast immer daran scheitern, dass sich die Schadenskausalität deshalb nicht feststellen lässt, weil der Bundesgerichtshof auch **Nichtzulassungsbeschwerden** gegen materiell grob fehlerhafte Entscheidungen der Oberlandesgerichte regelmäßig nicht zur Entscheidung annimmt[833] und deshalb derartige Rechtsbehelfe selten Erfolg haben.

Ohnehin prüft der Bundesgerichtshof im Rahmen einer **Nichtzulassungsbeschwerde** nur die **Revisionszulassungsgründe**, die in der Beschwerdebegründung schlüssig und substantiiert dargelegt werden. An diesen Anforderungen muss sich das Regressvorbringen messen lassen. Danach sind in einem Regressprozess, in dem geltend gemacht wird, der Kläger hätte ohne das pflichtwidrige Handeln des Rechtsanwalts im Ausgangsprozess mit einer rechtzeitig eingelegten Nichtzulassungsbeschwerde Erfolg gehabt, die Revisionsgründe im Einzelnen substantiiert darzulegen[834].

Verwaltungsrecht

327 Das Verwaltungsrecht ist eine kaum vollständig überschaubare Materie, die sich aus zahlreichen Gesetzen des Bundes- und Landesrechts zusammensetzt und zudem in hohem Maße dem Einfluss des Europäischen Unionsrechts unterliegt. Hierin liegen besondere Gefahren, denen der Rechtsanwalt, der sich nur gelegentlich mit Mandaten aus dem Verwaltungsrecht befasst, in gleichem Maße ausgesetzt ist wie der Fachanwalt für Verwaltungsrecht. Dessen besondere Kenntnisse (vgl. § 8 FAO) mögen sich zwar auf das allgemeine Verwaltungsrecht und das Verfahrensrecht sowie ausgewählte praxishäufige Materien des besonderen Verwaltungsrechts erstrecken, decken aber wohl kaum die Fachgesetze einzelner Bundesländer und entlegenere Materien ab. Zudem ist im Verwaltungsrecht der **Gesetzgeber besonders aktiv** (etwa im Bau- und Umweltrecht), so dass sich das Rechtsgebiet ständig im Fluss befindet. So ist beispielsweise das Glücksspielrecht in den letzten Jahren als eigenes Rechtsgebiet entstanden und das Migrationsrecht hat derart an Bedeutung gewonnen, dass hierfür sogar eine Fachanwaltsbezeichnung eingeführt wurde (§ 14p FAO).

328 **Die** Befassung mit unbekannten oder nicht vertrauten Rechtsgebieten relativiert die Pflichten des Anwalts jedoch nicht. Nach der Rechtsprechung des BGH setzt die Rechtsprüfung und Rechtsberatung zwingend die **Kenntnis der einschlägigen Rechtsnormen** voraus, zu denen auch die auf der Grundlage von Bundesgesetzen erlassenen Rechtsverordnungen gehören. Notfalls muss sich der anwaltliche Berater die mandatsbezogenen Rechtskenntnisse, soweit sie nicht zu seinem präsenten Wissen gehören, ungesäumt verschaffen und sich auch in eine Spezialmaterie einarbeiten[835]. Dieser Rechtsprechung ist keinerlei Beschränkung auf nicht-verwaltungsrechtliche Materien zu entnehmen

329 **Ist** demnach der Anwalt verpflichtet, die einem Verwaltungsrechtsfall zugrunde liegenden geltenden Gesetze erschöpfend zu ermitteln, so sollte er immer auch den Blick auf weitere, möglicherweise anwendbare **Rechtsnormen** richten, **die sich womöglich nicht sogleich aufdrängen**. Es kann durchaus vorkommen, dass – etwa im Umwelt- und Wirtschaftsverwaltungsrecht – Gesetze Bedeutung erlangen, an die der Mandant – und womöglich auch der Anwalt – im Mandantengespräch nicht denkt, die sich aber entscheidend auf den Ausgang eines Verfahrens auswirken können:

▶ Beispiel:

Ein Gewerbebetrieb betraut den Anwalt mit der Durchsetzung einer Baugenehmigung. Der Betriebsablauf erfordert den Einbau eines Brunnens zur Grundwasserentnahme. Da die Baugenehmigung eine gebundene, die wasserrechtliche Gestattung, die für den Bau des Brunnens erforderlich ist, jedoch eine Ermessensentscheidung ist, kann das Vorhaben – trotz vorhandener Baugenehmigung – wirtschaftlich daran scheitern, dass sich die wasserrechtliche Gestattung nicht durchsetzen lässt.

---

833 Vgl. *Winter*, NJW 2016, 922 ff.

834 OLG Hamm, Urt. v. 18.4.2013 – 28 U 113/12 – juris, Rn. 63 f.

835 BGH, Urt. v. 22.9.2005 – IX ZR 23/04 – juris, Rn. 10 m.w.N.

Der Anwalt ist verpflichtet, den Mandanten über konkrete **wirtschaftliche Gefahren** aufzuklären[836]. Unterlässt er es im vorstehenden Beispiel, dem Mandanten die wasserrechtliche Problematik zu erklären, begeht er eine Pflichtverletzung. 330

Anders als in vielen Zivilrechtsfällen ist es im Verwaltungsrecht, gerade im Bau-, Umwelt- und Wirtschaftsverwaltungsrecht, sehr häufig geboten, zur **Klärung des Sachverhaltes** einen Vor-Ort-Termin durchzuführen. Auch wenn der Anwalt grundsätzlich den tatsächlichen Angaben des Mandanten vertrauen darf[837], sollte er sich ein eigenes Bild von der Sache machen, um insbesondere aus der Lage eines Objektes entsprechende rechtliche Schlussfolgerungen ziehen zu können. Fotos reichen hierfür nicht immer aus und es muss auch damit gerechnet werden, dass der Mandant bestimmte Informationen deshalb nicht liefert, weil er sie für unbedeutend hält.

▶ Beispiel:

Bei der Besichtigung eines Bauplatzes für ein geplantes Wohnhaus entdeckt der Rechtsanwalt in der Nähe einen emittierenden Gewerbebetrieb, von dem der Mandant nicht gesprochen hatte.

Im genannten Beispiel ist die Wohnbebauung wegen der Nähe zum Gewerbebetrieb möglicherweise bauplanungsrechtlich unzulässig; die Information ist deshalb von hoher rechtlicher Relevanz.

Benötigt der Anwalt Informationen über behördliche Vorgänge, so kann er Auskunftsansprüche auf § 1 IFG oder § 3 UIG stützen. In einem Verwaltungsverfahren haben Beteiligte das Recht auf Akteneinsicht (§ 29 Abs. 1 VwVfG). Die Akteneinsicht erfolgt gem. § 29 Abs. 3 VwVfG und den entsprechenden Verwaltungsverfahrensgesetzen der Länder bei der Behörde, die die Akten führt. Im Einzelfall kann die Behörde hiervon Ausnahmen gestatten. Ein Anspruch auf Übersendung der Akten an die eigene Kanzleiadresse besteht damit nicht[838]. Dem Anwalt stehen somit hinreichende **Informationsquellen** zur Verfügung. Gerade über die Akteneinsicht kann der Anwalt mit verbindlicher Sicherheit die sogenannten »Rechtstatsachen«, insbesondere den Zeitpunkt der Bekanntgabe von Verwaltungsakten, deren Bestandskraft sowie den Ablauf von Fristen klären und damit der vom BGH postulierten Pflicht nachkommen, wonach sich der Anwalt in solchen Fällen keineswegs ohne Weiteres mit der Auskunft des Mandanten zufrieden geben darf, sondern ggf. durch Rückfragen eine eigene Klärung herbeiführen muss[839]. 331

Findet auf der Basis des vollständig ermittelten Sachverhalts dann die rechtliche Beratung statt, so muss der Anwalt – über die einschlägigen Normen des nationalen Rechts hinaus – auch diejenigen des **Europäischen Unionsrechts** kennen. Aufgrund der Delegation der gesetzgebenden Gewalt auf die Europäische Union durch den deutschen Verfassungsgeber in Art. 23 Abs. 1 GG gehört das Unionsrecht zu den in Deutschland zwingend anzuwendenden Rechtsnormen; sie sind vor allem dann relevant, wenn der Sachverhalt einen **grenzüberschreitenden Bezug** oder eine **Diskriminierung** erkennen lässt oder wenn der Anwendungsbereich der **Grundrechtecharta** eröffnet ist.[840] 332

▶ Beispiel:[841]

Ein österreichischer Staatsbürger besucht das hoheitlich betriebene Schwimmbad einer bayerischen Gemeinde und muss einen höheren Eintrittspreis als die Einwohner der Gemeinde bezahlen.

Hier sind sowohl die (passive) Dienstleistungsfreiheit (Art. 56 AEUV) als auch das allgemeine Diskriminierungsverbot (Art. 18 AEUV) einschlägig. Greifen einschlägige Normen des Unionsrechts

836 BGH, Urt. v. 27.11.1997 – IX ZR 141/96 – juris, Rn. 21.
837 BGH, Urt. v. 21.4.1994 – IX ZR 150/93 – juris, Rn. 8.
838 Stelkens/Bonk/Sachs/*Kallerhoff/Mayen*, VwVfG, § 29, Rn. 82.
839 BGH, Beschl. v. 7.3.1995 – VI ZB 3/95 – juris, Rn. 13 m.w.N.
840 BVerfG, Beschl. v. 6.12.2019 – 1 BvR 276/17 – Recht auf Vergessen II – juris, Rn. 42 ff.
841 Nach BVerfG, Beschl. v. 19.7.2016 – 2 BvR 470/08 – juris, Rn. 21 ff.

ein, so bewirkt dessen Anwendungsvorrang[842], dass die **Norm des nationalen Rechts nicht etwa nichtig, sondern nur im konkreten Fall unanwendbar** ist. Auf andere Sachverhalte ohne grenzüberschreitenden Bezug, etwa in Fällen der sogenannten »reinen Inländerdiskriminierung«, kann die Norm weiterhin anwendbar sein. Somit handelt es sich um eine gänzlich andere Konstellation als bei der Verfassungswidrigkeit eines Gesetzes: Hierzu hatte der BGH entschieden, dass den Anwalt nur ausnahmsweise die Pflicht trifft, auf die mögliche **Verfassungswidrigkeit** eines bislang als verfassungsgemäß behandelten (Steuer-)Gesetzes hinzuweisen[843]. Diese Rechtsprechung kann keineswegs dahin verstanden werden, dass der Rechtsanwalt die Unanwendbarkeit einer Norm wegen vorrangigem Unionsrecht ebenfalls nur ausnahmsweise beachten müsste. Das Unionsrecht überlagert als zwischenstaatliches Recht letztlich sämtliche Vorschriften des nationalen Rechts und gehört damit zum materiellen Recht, dessen Kenntnis sich der Anwalt ungesäumt verschaffen muss[844].

333 Besondere Aufmerksamkeit ist in **Drittbetroffenenkonstellationen** geboten. Der klassische Fall ist hier die Baunachbarklage. Hier treffen die Pflichten zur Klärung des Sachverhaltes und zu einer lückenlosen rechtlichen Würdigung in besonderer Weise zusammen. Egal, ob der Anwalt den Bauherrn oder den Nachbarn vertritt, es werden hier zahlreiche Fragen relevant, die der Anwalt nur nach Hinzuziehung aller zugänglichen Informationsquellen – dazu gehört die Kenntnis der Örtlichkeit ebenso wie die der Akten – beantworten sollte: Soll der Bauherr trotz Nachbarwiderspruchs gem. § 212a BauGB mit dem Bau beginnen oder muss er mit dem Erfolg des Nachbarn im Verwaltungsprozess rechnen? Entspricht die Bauausführung der Baugenehmigung? Wann verfristen die Widersprüche der Drittbetroffenen? Ist mit nachträglichen Anordnungen zu rechnen? Empfiehlt es sich, gegen Nebenbestimmungen vorzugehen? Gibt es Möglichkeiten einer einvernehmlichen Klärung?

334 Ein **Verwaltungsverfahren** ist dadurch definiert, dass es auf den Erlass eines Verwaltungsaktes oder eines öffentlich-rechtlichen Vertrages gerichtet ist (§ 9 VwVfG). Prägend für das Verwaltungsverfahren sind zum einen der Amtsermittlungsgrundsatz, § 24 VwVfG, aber auch die Mitwirkungspflicht der Beteiligten, § 26 Abs. 2 VwVfG, die zudem spezialgesetzlich normiert ist[845]. Auch wenn die Behörde grundsätzlich den Sachverhalt von Amts wegen zu erforschen hat, lehnen Behörden nicht selten Anträge von Bürgerinnen und Bürgern mit dem Hinweis ab, der Antragsteller habe seiner **Mitwirkungspflicht** nicht genügt. Im Rahmen der Mitwirkungspflicht ist es nach allgemeinen verfahrensrechtlichen Grundsätzen zunächst Sache des Betroffenen (und damit seines Bevollmächtigten), nicht offenkundige oder nahe liegende Tatsachen, die in seiner Sphäre liegen, vorzutragen[846]. Das BVerwG hat in der genannten Entscheidung eine präzisere Abgrenzung zwischen Mitwirkungspflicht einerseits und Amtsermittlungsgrundsatz andererseits ausdrücklich abgelehnt. Somit ist das Risiko, dass eine Behörde das Vorliegen der fachgesetzlichen Voraussetzungen eines Anspruchs, etwa im Bau- und Wirtschaftsverwaltungsrecht, aber auch im Migrationsrecht, wo es auf die konkrete Beschreibung von sach- und personenbezogenen Kriterien ankommt, unter Hinweis auf die fehlende Mitwirkung verneint, durchaus erheblich und der Rechtsanwalt sollte auf diese Problematik vorbereitet sein. Betreibt der Mandant **mehrere Verwaltungsverfahren**, so erstrecken sich die Anwaltspflichten grundsätzlich nicht auf diejenigen Verfahren, in denen der Anwalt nicht mandatiert ist. Insbesondere darf sich eine Behörde nicht darauf verlassen, dass der Anwalt seinen Mandanten in diesem Bereich informiert.[847]

335 Im **Verwaltungsprozess** gilt ebenfalls der **Amtsermittlungsgrundsatz**, dem auch hier eine Mitwirkungspflicht der Beteiligten gegenübersteht (§ 86 Abs. 1 VwGO). Dabei reicht die Mitwirkungspflicht der Beteiligten dort am weitesten, wo es sich um Tatsachen aus der eigenen, nur dem

842 Vgl. Calliess/*Ruffert*, EUV/AEUV, Art. 1 AEUV, Rn. 21.
843 BGH, Urt. v. 23.9.2010 – IX ZR 26/09 – juris, Rn. 8.
844 BGH, Urt. v. 22.9.2005 – IX ZR 23/04 – juris, Rn. 10 m.w.N.
845 Übersicht bei Stelkens/Bonk/Sachs/*Kallerhoff/Fellenberg*, VwVfG, § 26, Rn. 63 f.
846 So wörtlich BVerwG, Beschl. v. 11.1.2001 – 4 B 37/00 – juris, Rn. 16.
847 BGH, Urt. v. 20.4.2017 – III ZR 470/16 – juris, Rn. 48.

jeweiligen Beteiligten bekannten Sphäre, insbesondere aus seinem persönlichen Lebenskreis, handelt; sie ist am geringsten, wenn es um Tatsachen geht, die nicht zum Erkenntnisbereich und damit nicht zur Sphäre dieses Beteiligten gehören[848].

Da aber im verwaltungsgerichtlichen Verfahren, wie im Zivilprozess, **auch** die **Dispositionsmaxime** Geltung beansprucht, knüpfen sich daran besondere anwaltliche Pflichten. Bezogen auf die Verwaltungsgerichtsordnung muss der Anwalt erkennen, ob der Rechtsweg zum Verwaltungsgericht gegeben ist und wer der richtige Klagegegner ist. Der BGH hat eine Pflichtverletzung angenommen, weil eine Anwältin die Vergütung eines Baustatikers zunächst beim Bauherrn anstatt beim passivlegitimierten Landkreis anforderte und schließlich – nachdem die weiterhin gegen den Bauherrn gerichtete Klage wegen der zugrunde liegenden öffentlich-rechtlichen Gebührenordnung an das Verwaltungsgericht verwiesen worden war – dem Landkreis den Streit verkünden wollte[849]. Eine Streitverkündung sieht die VwGO aber nicht vor.

In einer Drittbetroffenenkonstellation, wie sie hier entstanden war, aber vor allem im Bau-, 336
Subventions- und Beamtenrecht typisch ist, greift vielmehr in der Regel die **Beiladung** nach § 65 Abs. 2 VwGO ein, wodurch nach einem entsprechenden Beschluss des Verwaltungsgerichts (§ 65 Abs. 4 VwGO) der Beigeladene, ohne Kläger oder Beklagter zu sein, die volle Stellung eines Beteiligten einnimmt (§ 63 Nr. 3 VwGO). Damit erhält er rechtliches Gehör auch dann, wenn er keine Anträge stellt. Stellt er allerdings Anträge, trifft ihn im Falle des Unterliegens auch die Tragung der Verfahrenskosten (§ 154 Abs. 3 VwGO). Diese Vorschrift sollte der mit verwaltungsrechtlichen Mandaten befasste Anwalt auf jeden Fall kennen und seine Mandanten keinem unnötigen **Kostenrisiko** aussetzen. Ebenso sollte er wissen, dass, anders als in der Zivilgerichtsbarkeit, auch ohne die Beteiligten verhandelt werden kann (§ 102 Abs. 2 VwGO).

Wird der Rechtsanwalt im Zusammenhang mit dem **Abschluss öffentlich-rechtlicher Verträge** tä- 337
tig, so muss er sich im Rahmen der von ihm geforderten Kenntnis der einschlägigen Rechtsnormen darüber klar sein, dass öffentlich-rechtliche Verträge häufig an gesetzlichen Verboten scheitern können (§ 59 Abs. 2 VwVfG i.V.m. § 134 BGB). Wegen der verfassungsrechtlichen **Bindung der Verwaltung an Gesetz und Recht** (Art. 20 Abs. 3 GG) ist es den Behörden grundsätzlich verwehrt, Verträge zu schließen, mit denen sie sich außerhalb ihres gesetzlichen Zuständigkeitsbereichs bewegen oder gegen materielle Rechtsnormen verstoßen. Dies gilt auch für das europäische Unionsrecht[850]. Öffentliches Recht ist damit vertraglich grundsätzlich nicht abdingbar, solange nicht der Normgeber dies ausdrücklich ermöglicht.

Übersieht der Anwalt die vorgenannten Anforderungen und kommt es zur Pflichtverletzung, so ist 338
zur **Feststellung des Schadens** hypothetisch der Geschehensablauf zu ermitteln, wie er sich bei vertragsgerechtem Verhalten des Anwalts zugetragen hätte und wie die Vermögenslage des Mandanten dann wäre. Einen erstattungsfähigen Schaden hat der Mandant in der Regel dann erlitten, wenn er einen Prozess verloren hat, den er bei sachgemäßer anwaltlicher Vertretung gewonnen hätte[851].

Dies ist im Falle eines Rechtsstreits dann leicht zu ermitteln, wenn im Verwaltungsprozess ein **direkter Anspruch** des Klägers im Raum stand.

▶ Beispiel:

Der Rechtsanwalt macht im Wege der Verpflichtungsklage den Anspruch eines Einwohners auf Benutzung einer kommunalen Einrichtung oder auf Erteilung einer Baugenehmigung geltend, versäumt aber vorwerfbar die Einhaltung der Klagefrist.

848 BVerwG, Urt. v. 7.11.1986 – 8 C 27/85 – juris, Leitsatz.
849 BGH, Urt. v. 12.5.2011 – IX ZR 11/10 – juris, Rn. 8 ff.
850 So etwa für Verträge, die gegen die Notifizierungspflicht des Art. 108 Abs. 3 AEUV verstoßen; vgl. BGH, Beschl. v. 13.9.2012 – III ZB 3/12 – juris, Rn. 19.
851 BGH, Urt. v. 27.1.2000 – IX ZR 45/98 – juris, Rn. 31.

Bei vertragsgerechtem Verhalten des Rechtsanwalts hätte der Kläger, der die gesetzlichen Voraussetzungen nach Kommunalrecht erfüllt, die Einrichtung nutzen können. Im alternativen Beispiel hätte er die Baugenehmigung erhalten, wenn sein Vorhaben den von der Baurechtsbehörde zu prüfenden öffentlich-rechtlichen Vorschriften entspricht. Es kann somit **nach objektiven Kriterien**, nämlich durch die Subsumtion von Rechtsnormen, ermittelt werden, wie der Rechtsstreit ausgegangen wäre.

339 **Dies** ist im folgenden Fall jedoch schwieriger:

▶ Beispiel:

Der Rechtsanwalt beantragt bei der Ordnungsbehörde die Untersagung einer Versammlung vor dem Grundstück des Mandanten. Nachdem die Behörde nicht reagiert, versäumt er es schuldhaft, vorläufigen Rechtsschutz vor dem Verwaltungsgericht zu beantragen.

Hier kann der hypothetische Ausgang des Rechtsstreits nicht allein durch die Subsumtion von Rechtsnormen ermittelt werden, denn anders als die Erteilung einer Baugenehmigung oder die Zulassung zu einer öffentlichen Einrichtung ist das Versammlungsverbot eine **Ermessensentscheidung** (vgl. § 15 Abs. 1 VersG und die entsprechenden Landesversammlungsgesetze). Somit ist die Frage zu stellen, ob diese Ermessensentscheidung zugunsten des Mandanten ausgegangen wäre. Diese **Beurteilung obliegt** nach der Rechtsprechung des BGH dem **Regressgericht**, das aber nicht seine eigenen Erwägungen zugrunde legen darf, sondern die »mutmaßliche Behördenentscheidung« festzustellen hat[852]. Lässt die zu beurteilende Fallgestaltung bei pflichtgemäßer Ermessensausübung nur eine einzige Beurteilung zu (sogenannte Ermessensreduzierung auf Null), so ist diese im späteren Schadensersatzprozess zugrunde zu legen[853].

340 **Der** Verlust einer tatsächlichen oder rechtlichen Position, deren Erhalt der Geschädigte nach der Rechtsordnung nicht beanspruchen kann, stellt keinen ersatzfähigen Schaden dar. Deshalb ist auch der **Nachteil alsbaldiger Vollstreckung**, den eine unterlegene Partei dadurch erleidet, dass ein von ihr beabsichtigtes, **sachlich aussichtsloses Rechtsmittel** durch ein Versehen des Prozessbevollmächtigten **versäumt**, nicht ordnungsgemäß eingelegt oder verspätet begründet wird, **nicht** als **Schaden** im Rechtssinne anzusehen[854].

▶ Beispiel:

Für den beschleunigten Misserfolg einer unbegründeten sozial- (verwaltungs-) gerichtlichen Anfechtungsklage haftet der Rechtsanwalt mangels Schadens im Rechtssinne auch dann nicht, wenn die aufschiebende Wirkung der Klage seinem Auftraggeber noch die einstweilige Fortsetzung gewinnbringender Berufsausübung ermöglicht hätte[855].

341 **Ohnehin** darf einem Geschädigten **im Wege des Schadensersatzes** grundsätzlich **nichts zugesprochen werden, was der Rechtsordnung widerspricht**[856].

Auf der anderen Seite ist ein **Mandant, der sich an einer allseits für rechtmäßig gehaltenen ständigen Verwaltungspraxis orientiert**, genauso **schutzwürdig** wie derjenige, der sich auf eine feste, später jedoch aufgegebene Rechtsprechung stützen kann[857]. In diesem Fall hat der Regressrichter bei der Prüfung der Frage, ob ein Schaden entstanden ist, die Rechtslage unter Einschluss der einschlägigen höchstrichterlichen Rechtsprechung zugrunde zu legen, die zum Zeitpunkt der hypothetischen Entscheidung im Ausgangsverfahren bestand[858].

---

852 BGH, Urt. v. 13.3.2014 – IX ZR 23/10 – juris, Rn. 24.
853 BGH, Urt. v. 13.3.2014 – IX ZR 23/10 – juris, Rn. 25.
854 BGH, Versurt. v. 16.12.2004 – IX ZR 295/00 – juris, Rn. 13.
855 BGH, Versurt. v. 16.12.2004 – IX ZR 295/00 – juris, Rn. 14 ff.
856 BGH, Urt. v. 13.3.2014 – IX ZR 23/10 – juris, Rn. 32 sowie Urt. v. 28.9.1995 – IX ZR 158/94 – juris, Rn. 15.
857 Vgl. *Ganter*, NJW 1996, 1310, 1313.
858 Zu alledem instruktiv Vollkommer/*Greger*/Heinemann, Anwaltshaftungsrecht, § 20, Rn. 9 ff., 21.

Kapitel 10 Haftungsbeschränkungen

Übersicht

Einleitung

Haftungsbeschränkungen[1] oder synonym Haftungsbegrenzungen[2] für den Anwalt ergeben sich zwar nicht unmittelbar aus dem Gesetz, sind aber vertraglich in bestimmten Grenzen möglich (B. I. und II.). Daneben besteht auch die Möglichkeit, eine Haftungsbeschränkung durch Rechtsformwahl (z.B. Partnerschaft[3], GmbH[4], AG[5] oder sonstige Gesellschaftsformen[6]) zu erreichen. Von Haftungsausschlüssen oder Haftungsbeschränkungen zu unterscheiden sind Mandatsbeschränkungen[7]. 1

A. Gesetzliche Haftungsbeschränkungen

Dem Gesetz sind Haftungsbeschränkungen zu entnehmen, die allerdings für die Anwaltshaftung kaum fruchtbar gemacht werden können. 2

Eine berufsbezogene Haftungsbeschränkung, wie sie sich für den **Notar** in § 19 Abs. 1 S. 2 und 3 BNotO oder für den **Abschlussprüfer** in § 323 Abs. 2 HGB findet, existiert für den Rechtsanwalt nicht. Wegen der z.B. in §§ 3 Abs. 2; 8 Abs. 2 S. 2 BNotO bzw. § 43a Abs. 2 Nr. 1 WPO eingeräumten Möglichkeit der **gleichzeitigen Ausübung der Tätigkeit** als Notar (Anwaltsnotar) bzw. vereidigter Buchprüfer/Wirtschaftsprüfer **neben dem Beruf des Rechtsanwalts** können sich **Abgrenzungsschwierigkeiten** ergeben[8]. Nach der Rechtsprechung finden auf das Vertragsverhältnis einerseits diejenigen Berufsregeln Anwendung, die nach dem erkennbaren Willen der Parteien für die Tätigkeit des Beraters maßgebend sein sollen oder – falls ein Parteiwille nicht erkennbar ist – die 3

---

1 Teilweise wird auch der Oberbegriff »Haftungsschranken« verwendet (so Vollkommer/Greger/*Heinemann*, Anwaltshaftungsrecht, § 21, Rn. 1 ff.), der aber höchstrichterlich kaum und insbesondere nicht im Rahmen der Anwaltshaftung gebraucht wird (verwendet wohl nur von BGH, Urt. v. 12.12.1991 – I ZR 212/89 – juris, Rn. 7; v. 13.12.2004 – II ZR 206/02 – juris, Rn. 12 und v. 18.6.2014 – I ZR 242/12 – juris, Rn. 29.

2 Jedenfalls im Anwaltshaftungsrecht werden die beiden Begriffe in der Judikatur des Bundesgerichtshofs ohne inhaltliche Differenzierung synonym gebraucht; vgl. BGH, Urt. v. 4.12.1997 – IX ZR 41/97 – juris, Rn. 13. Statt von rechtsgeschäftlicher Haftungsbegrenzung (so aber Vollkommer/Greger/*Heinemann*, Anwaltshaftungsrecht, § 21, Rn. 1), sollte von vertraglicher Haftungsbeschränkung gesprochen werden, da durch den Begriff des Rechtsgeschäfts die Zweiseitigkeit der Rechtsbeziehung nicht zum Ausdruck kommt. Nichtvertragliche, insbesondere einseitige, Haftungsbeschränkungen gibt es nicht. Auch bei AGB, die ein Verwender stellt, handelt es sich per definitionem um »Vertragsbedingungen« (vgl. § 305 Abs. 1 S. 1 BGB). Zu einem gescheiterten Versuch »einseitig die Haftung auf das Gesellschaftsvermögen« einer GbR zu beschränken BGH, Urt. v. 27.9.1999 – II ZR 371/98 – juris, Rn. 17.

3 Dazu Kap. 1 Rdn. 152 ff. und 159 ff.

4 Dazu Kap. 1 Rdn. 167 ff.

5 Dazu Kap. 1 Rdn. 171 ff.

6 Dazu Kap. 1 Rdn. 174a ff. und 182 ff.

7 Dazu Kap. 1 Rdn. 73a ff.

8 Insoweit sei auf die Abgrenzung der anwaltlichen Berufsausübung von Mehrfachberuflern und auf § 8 Abs. 4 S. 1 PartGG verwiesen (vgl. auch Kap. 1 Rdn. 120 und 169); vgl. BeckOGK/*Teichmann*, BGB, § 675, Rn. 866 f. sowie *Schumacher*, NZG 2015, 379, 381.

den Schwerpunkt seiner vertraglichen Verpflichtung bilden[9]. Auf der anderen Seite genügt es für die Annahme einer rechtsanwaltlichen Tätigkeit, dass der durch den Rechtsanwalt erteilte Rat in rechtlichen Angelegenheiten zwar nicht den Schwerpunkt der anwaltlichen Tätigkeit darstellt, dieser aber neben anwaltsfremden Maßnahmen, die in Zusammenhang mit der rechtlichen Beistandspflicht stehen, in nicht ganz unwesentlichem Umfang den Auftrag bestimmt[10].

4 Der Anwalt hat rechtzeitig bei Beginn seiner Tätigkeit gegenüber den Beteiligten klarzustellen, ob er als Rechtsanwalt oder als Notar tätig wird.[11] Nimmt ein Notar, der zugleich Rechtsanwalt ist, **Handlungen im Sinne von § 24 Abs. 1 BNotO** vor, so ist anzunehmen, dass er **als Notar tätig** geworden ist, wenn die Handlung bestimmt ist, Amtsgeschäfte der in den §§ 20 bis 23 BNotO bezeichneten Art vorzubereiten oder auszuführen (§ 24 Abs. 2 S. 1 BNotO). **Im Übrigen** ist **im Zweifel** anzunehmen, dass er **als Rechtsanwalt tätig** wird (§ 24 Abs. 2 S. 2 BNotO)[12].

B. Vertragliche Haftungsbeschränkungen[13]

5 Grundlage der vertraglichen Haftungsbeschränkung ist § 52 BRAO. Diese Norm war ursprünglich in § 51a BRAO angesiedelt[14]. § 52 BRAO gewährt Anwälten drei Möglichkeiten, Haftungsbeschränkungen mit Mandanten zu vereinbaren. § 52 Abs. 1 S. 1 Nr. 1 BRAO erlaubt es, durch **schriftliche Vereinbarung im Einzelfall** die Haftung für **fahrlässiges Handeln bis zur Höhe der Mindestversicherungssumme** zu beschränken. Andererseits schafft § 52 Abs. 1 S. 1 Nr. 2 BRAO die Möglichkeit, durch **vorformulierte Vertragsbedingungen für Fälle einfacher Fahrlässigkeit die Haftung bis zum vierfachen Betrag der Mindestversicherungssumme** zu begrenzen, sofern insoweit Versicherungsschutz besteht. Nach § 52 Abs. 2 BRAO kann darüber hinaus bei Sozietäten **durch vorformulierte Vertragsbedingungen** eine **Beschränkung der Gesamtschuldnerhaftung auf namentlich benannte sachbearbeitende Mitglieder** der Sozietät vorgenommen werden. § 52 BRAO ist abschließend[15], **sonstige vertragliche Haftungsbeschränkungen sind unzulässig.**

Der Anwendungsbereich des § 52 BRAO ist auf vertragliche Ansprüche begrenzt. Für Berufsausübungsgemeinschaften gilt § 52 Abs. 1 S. 1 BRAO entsprechend[16]. Haftungsbeschränkungen können dabei auch in Anwaltsverträgen zugunsten Dritter und mit Schutzwirkung für Dritte aufgenommen werden[17]. Ansprüche aus anderen Rechtsgründen sind keiner vorherigen vertraglichen Haftungsbeschränkung zugänglich[18]. Ansonsten ist davon auszugehen, dass formularmäßig im

---

9 Vgl. BGH, Urt. v. 28.9.1995 – IX ZR 158/94 – juris, Rn. 26 sowie v. 21.4.2005 – IX ZR 130/02 – juris, Rn. 2.

10 Graf von Westphalen/*Kilian*, Vertragsrecht und AGB-Klauselwerke, Rechtsanwälte, Rn. 8 ff.

11 Ziff. I. 3. der Richtlinienempfehlungen der Bundesnotarkammer, DNotZ 1999, 258, 259 und 2006, 561. Umgesetzt in den Richtlinien der Notarkammern Baden-Württemberg, Berlin, Braunschweig, Bremen, Celle, Frankfurt, Kassel (als I. 1.3.), Oldenburg sowie der Rheinischen, Schleswig-Holsteinischen und Westfälischen Notarkammern.

12 Zur Abgrenzung im Einzelnen vgl. Schippel/Bracker/*Reithmann*, BNotO, § 24, Rn. 132 ff. sowie *Sandkühler*, in: Beck´sches Notar-Handbuch, L II, Rn. 29 ff.: vgl. auch BGH, Beschl. v. 23.11.2015 – NotSt(Brfg) 5/15 – juris, Rn. 8 und OLG Hamm, Urt. v. 25.10.2012 – 28 U 233/09 – juris, Rn. 48.

13 Zur historischen und empirischen Entwicklung anwaltlicher Haftungsbeschränkungsvereinbarungen *Kilian*, AnwBl 2014, 991, 994 ff.; *ders.*, AnwBl 2015, 224 ff.

14 Mit Wirkung v. 19.7.2013 ist § 51a BRAO a.F. durch § 52 BRAO ersetzt worden. § 51a BRAO a.F. ist auf Haftungsbeschränkungen anwendbar, die am oder nach dem 9.9.1994, also dem Tag des Inkrafttretens der BRAO-Novelle, vereinbart worden sind. Zur Rechtslage davor vgl. Feuerich/Weyland/*Träger*, BRAO, § 52, Rn. 4 und *Rinkler/Pape*, in: G. Fischer/Vill/D. Fischer/Pape/Chab, § 1, Rn. 479.

15 *Rinkler/Pape*, in: G. Fischer/Vill/D. Fischer/Pape/Chab, § 1, Rn. 479; vgl. auch Borgmann/*Weinbeer/Jungk*/Schwaiger, Anwaltshaftung, § 40, Rn. 46 f.

16 Vgl. § 52 Abs. 1 S. 2 BRAO; vgl. ansonsten auch § 8 Abs. 3 PartGG.

17 Streitig, vgl. Vollkommer/Greger/*Heinemann*, Anwaltshaftungsrecht, § 23, Rn. 2, und *Rinkler/Pape*, in: G. Fischer/Vill/D. Fischer/Pape/Chab, § 1, Rn. 485.

18 BeckOGK/*Teichmann*, BGB, § 675, Rn. 1086; *Rinkler/Pape*, in: G. Fischer/Vill/D. Fischer/Pape/Chab, § 1, Rn. 483.

Rahmen von § 52 Abs. 1 S. 2 BRAO getroffene Haftungsbeschränkungen nicht nur dem Prüfungsregime des § 52 BRAO, sondern auch den allgemeinen Vorschriften zur Klauselkontrolle (§§ 305 ff. BGB), unterfallen[19].

Besonderheiten gelten bei Haftungsbeschränkungen in Mandatsverhältnissen, an denen **Mehrfachberufler** oder **interprofessionelle** Berufsausübungsgemeinschaften beteiligt sind[20]. Ergibt hier die Auslegung des Mandatsvertrages, dass nicht nur anwaltliche sondern auch z. B. steuerberatende oder wirtschaftsprüfende Tätigkeit geschuldet sein soll, kann dies zur Anwendung des insoweit geltenden Haftungsregimes führen[21]. 6

I. Summenmäßige Haftungsbeschränkungen

Summenmäßige Begrenzungen der Haftung sind in § 52 Abs. 1 S. 1 Nr. 1 sowie Nr. 2 BRAO vorgesehen. 7

1. Haftungsbeschränkung durch individuell ausgehandelte Vertragsbedingungen

Nach § 52 Abs. 1 Nr. 1 BRAO kann der Anspruch des Mandanten aus dem zwischen ihm und dem Rechtsanwalt bestehenden Vertragsverhältnis auf Ersatz eines fahrlässig verursachten Schadens durch schriftliche Vereinbarung im Einzelfall bis zur Höhe der Mindestversicherungssumme beschränkt werden. Derartigen Individualvereinbarungen kommt in der Praxis eine eher untergeordnete Rolle zu[22]. 8

a) Streitig ist im Schrifttum, ob eine »**Vereinbarung im Einzelfall**« nur angenommen werden kann, wenn diese Vereinbarung im Sinne des § 305 Abs. 1 S. 3 BGB ausgehandelt wurde[23]. In diesem Zusammenhang ist hervorzuheben, dass der Begriff der »vorformulierten Vertragsbedingung« aus der EU-Richtlinie des Rates 93/13 vom 5.4.1993 über missbräuchliche Klauseln in Verbraucherverträgen und nicht aus dem damaligen Gesetz zur Regelung allgemeiner Geschäftsbedingungen stammt. Sprachlich wird diese Haftungsbeschränkung einerseits durch die Formulierung »Vereinbarung im Einzelfall« nur auf den Einzelfall bezogen. Andererseits kann eine Vereinbarung auch ohne ein Aushandeln getroffen werden. Gleichwohl fordert die Formulierung »Vereinbarung im Einzelfall«, dass diese Haftungsbeschränkung dem Mandanten **nicht einseitig unabdingbar vorgegeben** wird. Mit der »Vereinbarung im Einzelfall« ist eine **ausgehandelte Individualvereinbarung** gemeint. Individuelles Aushandeln ist mehr als Verhandeln. Von einem Aushandeln ist nur dann auszugehen, wenn der Rechtsanwalt die angestrebte Vereinbarung inhaltlich ernsthaft zur Disposition stellt und dem Mandanten **Gestaltungsfreiheit** zur Wahrung seiner eigenen Interessen – etwa alternativ durch Übernahme der mit einer Einzelfallversicherung verbundenen Kosten durch den Mandanten – und in diesem Rahmen die reale Möglichkeit eingeräumt wird, die inhaltliche Ausgestaltung der Vertragsbedingungen zu beeinflussen. Ein wichtiges Indiz für eine individuell ausgehandelte »Vereinbarung im Einzelfall« kann sich daraus ergeben, dass aus einem vorformulierten und sodann vereinbarten Vertragstext Änderungen ersichtlich sind; denn daraus kann abgeleitet werden, dass der Mandant den Inhalt beeinflusst hat. 9

---

19 Graf von Westphalen/*Kilian*, Vertragsrecht und AGB-Klauselwerke, Rechtsanwälte, Rn. 161 ff. sowie Rdn. 24 ff.

20 *Kilian/Esser*, DStR 2017, 564 ff.; *Hölscheid/König*, WPK Magazin 2016, 42 ff.

21 Vgl. bereits Rdn. 3.

22 *Dahns*, NJW-Spezial 2019, 510.

23 In diesem Sinne Graf von Westphalen/*Kilian,* Vertragsrecht und AGB-Klauselwerke, Rechtsanwälte, Rn. 166; Vollkommer/Greger/*Heinemann,* Anwaltshaftungsrecht, § 23, Rn. 5 f.; Henssler/Prütting/*Diller,* BRAO, § 52, Rn. 26 und *Rinkler/Pape*, in: G. Fischer/Vill/D. Fischer/Pape/Chab, § 1, Rn. 489 ff.; vgl. auch *Chab*, AnwBl 2006, 205 f.; a.A. BeckOK BRAO/*Römermann*, § 52, Rn. 9, *ders.*, in: Hartung/Römermann, 4. Auflage, § 51a BRAO, Rn. 11, 12 (in der Folgeauflage nicht mehr vertreten von *Grams*, in: Hartung, § 51a, Rn. 13).

10 Dass ein »wirkliches« Aushandeln stattgefunden hat, muss der Rechtsanwalt dartun. Dies verlangt nähere Darlegungen zur eigenen **Verhandlungsbereitschaft,** wobei sich anbietet, möglichst schon in die ausgehandelte Haftungsvereinbarung aufzunehmen, aus welchen konkreten Gründen es zu der getroffenen Absprache gekommen ist und welche Alternativen erörtert und verhandelt wurden[24]. Zu einer tatsächlichen Abänderung der vom Anwalt vorgeschlagenen Haftungsbeschränkungsabrede muss das Aushandeln nicht geführt haben[25].

11 Die Absicht des Anwalts eine für ein bestimmtes Mandat getroffene Haftungsbeschränkung auch in einer gleichzeitig geführten **Parallelsache** zu vereinbaren, steht einer (weiteren) »Vereinbarung im Einzelfall« nicht entgegen. Ob eine Erstreckung der Haftungsbeschränkung auch auf zukünftige Folgeaufträge möglich ist, wird unterschiedlich beurteilt[26]. Teilweise wird eine Erstreckung auf Folgeaufträge abgelehnt[27] oder jedenfalls verlangt, dass zusammengefasste Haftungsbeschränkungen die einzelnen Mandate erkennen lassen müssen[28]. Grundsätzlich können Haftungsbeschränkungen im Sinne von § 52 Abs. 1 S. 1 Nr. 1 BRAO auch gleichzeitig für **mehrere Mandate** getroffen werden, allerdings nur, wenn eindeutig klargestellt wird, dass die Haftungsbeschränkung für jedes einzelne Mandat gesondert zur Disposition gestellt und gesondert ausgehandelt worden ist[29].

12 Aus alledem sind folgende Schlussfolgerungen zu ziehen: Die schriftliche »Vereinbarung im Einzelfall« kann auch für mehrere Mandate oder Fälle getroffen werden. Wenn es sich allerdings um einen Text handelt, der mit einer **Mehrfachverwendungsabsicht** eingebracht wird, setzt eine »Vereinbarung im Einzelfall« voraus, dass die getroffene Haftungsbeschränkung zwischen Anwalt und Mandant im Einzelnen und damit **individuell ausgehandelt** wird.

13 Eine Haftungsbeschränkung durch »Vereinbarung im Einzelfall« muss sich nicht auf das gesamte Mandat beziehen. Im Rahmen eines Mandats sind summenmäßige Begrenzungen der Haftung auf bestimmte **abgrenzbare Leistungen** des Anwalts möglich[30]. Allerdings darf die geltende Mindestversicherungssumme auch insoweit nicht unterschritten werden, da § 52 Abs. 1 S. 1 Nr. 1 BRAO insoweit zwingend ist[31]. Wird ein Mandat für **mehrere Mandanten** geführt, können sich Probleme ergeben, wenn die summenmäßige Haftungsbegrenzung nur mit einem Teil der Mandanten ausgehandelt worden ist[32].

14 Eine individuell ausgehandelte »Vereinbarung im Einzelfall« verlangt **nicht begriffsnotwendig** eine **gesonderte Aufklärung** des Mandanten durch den Rechtsanwalt über das Risiko der Haftungsbeschränkung[33]. Eine ausgehandelte Haftungsbeschränkung ist also auch ohne eine derartige allgemeine Aufklärung im Rahmen der Grenzen des § 52 Abs. 1 S. 1 BRAO möglich. Hiervon zu trennen ist indes die Frage, ob sich aus der ausgehandelten Haftungsbeschränkung für den Mandanten **unerkannte Risiken** ergeben; über derartige Risiken wäre natürlich aufzuklären[34], so etwa über den Umstand, dass der Rechtsanwalt nicht ausreichend versichert ist und von daher ein ungedecktes Haftungsrisiko besteht[35]. Aufklärungspflichten lägen auch dann nahe, wenn eine ausgehandelte

---

24 Heussen/*Hamm*, Beck'sches Rechtsanwalts-Handbuch, § 51, Rn. 26.

25 Vollkommer/Greger/*Heinemann*, Anwaltshaftungsrecht, § 23, Rn. 6.

26 Vgl. Graf von Westphalen/*Kilian*, Vertragsrecht und AGB-Klauselwerke, Rechtsanwälte, Rn. 158.

27 So im Blick auf Dauermandate (allerdings noch zu § 51a BRAO a.F.) *Bräuer*, AnwBl 2007, 450, 451 und *Zimmermann*, NJW 2005, 177, 179.

28 Ebenfalls noch zu § 51a BRAO a.F. Feuerich/Weyland/*Böhnlein,* BRAO, § 51a, Rn. 7.

29 Ähnlich *Rinkler/Pape*, in: G. Fischer/Vill/D. Fischer/Pape/Chab, § 1, Rn. 483.

30 Vollkommer/Greger/*Heinemann*, Anwaltshaftungsrecht, § 23, Rn. 14a für z.B. die Beratung über ausländisches Recht oder für telefonische Auskünfte.

31 Vollkommer/Greger/*Heinemann*, Anwaltshaftungsrecht, § 23, Rn. 14.

32 Vollkommer/Greger/*Heinemann*, Anwaltshaftungsrecht, § 23, Rn. 14a bemüht in diesem Zusammenhang die Grundsätze der gestörten Gesamtschuld (zweifelhaft).

33 So auch Borgmann/*Jungk*/Schwaiger, Anwaltshaftung, § 41, Rn. 50; a.A. Feuerich/Weyland/*Träger*, BRAO, § 52, Rn. 7.

34 Ebenso *Rinkler/Pape*, in: G. Fischer/Vill/D. Fischer/Pape/Chab, § 1, Rn. 492.

35 BeckOGK/*Teichmann*, BGB, § 675, Rn. 1091.

Haftungsbeschränkung auch grob fahrlässige Pflichtverletzungen erfassen oder der Mandant rechtlich so unerfahren ist, dass er sich über die aus der Haftungsbeschränkung folgenden Risiken und das Ausmaß eines möglichen Rechtsverlusts nicht im Klaren ist[36].

15 Es kann nicht gefordert werden, dass der Anwalt diese Vereinbarung im Einzelfall mit dem Mandanten persönlich trifft[37]. Zwar wird der Anwalt den mit der Vereinbarung solcher Haftungsbeschränkungen in bestimmten Fällen verbundenen Aufklärungspflichten nicht gerecht, wenn der Abschluss dieser Vereinbarung auf das Büropersonal delegiert wird. Gleichwohl steht einer »Vereinbarung im Einzelfall« der Abschluss durch einen den Anwalt vertretenden Juristen auch in solchen Fallkonstellationen nicht im Wege[38].

16 *b)* Da die **Vereinbarung schriftlich** zu erfolgen hat, müssen die Voraussetzungen des § 126 BGB gewahrt bleiben. Es müssen also die rechtsgeschäftlichen Erklärungen beider Vertragsparteien in einer Urkunde vollständig schriftlich niedergelegt sein. Außerdem muss die Unterzeichnung beider Parteien gemäß § 126 Abs. 2 S. 1 BGB auf derselben Urkunde erfolgen. Werden aber über den Vertrag mehrere gleichlautende Urkunden aufgenommen, genügt es, wenn jede Partei die für die andere Partei bestimmte Urkunde unterzeichnet, § 126 Abs. 2 S. 2 BGB. **Die Schriftform kann** gemäß § 126 Abs. 3 BGB **durch** die **elektronische Form** im Sinne des § 126a BGB **ersetzt werden**. Die bloße Textform gem. § 126b BGB führt hingegen zur Formnichtigkeit[39]. Die »**Vereinbarung im Einzelfall« bedarf keiner gesonderten Fixierung**[40]. Sie kann vielmehr auch – anders als die Vereinbarung einer Haftungskonzentration gemäß § 52 Abs. 2 S. 3 BRAO – Bestandteil eines schriftlichen Anwaltsvertrags oder einer Gebührenvereinbarung sein.

17 *c)* Die »Vereinbarung im Einzelfall« darf sich auf die **Beschränkung der Ersatzpflicht für fahrlässig**, also auch für grob fahrlässige, **nicht** jedoch auf **vorsätzlich**[41] verursachte Schäden beziehen[42].

18 Die Beschränkung der Haftung ist **auf die Mindestversicherungssumme begrenzt** und damit gemäß § 51 Abs. 4 S. 1 BRAO auf zurzeit 250.000,00 EUR für jeden Versicherungsfall. Dabei setzt eine Vereinbarung der Haftungsbeschränkung im Einzelfall bis zur Höhe der Mindestversicherungssumme im Sinne § 52 Abs. 1 S. 1 Nr. 1 BRAO – anders als bei § 52 Abs. 1 S. 1 Nr. 2 BRAO – keinen Versicherungsschutz in entsprechender Höhe voraus[43].

Eine im Rahmen von § 52 Abs. 1 S. 1 BRAO unterhalb der Mindestversicherungssumme liegende Haftungsbeschränkung ist **unzulässig**, so insbesondere ein **vollständiger Haftungsausschluss**, z.B. für besonders haftungsträchtige Beratungen[44]. Allerdings kann es sein, dass sich die Mindestversicherungssumme während eines laufenden Mandats erhöht, ohne dass dies eine zunächst wirksam getroffene Haftungsbegrenzung unwirksam machen würde[45].

19 *d)* Genügt die Haftungsbeschränkung nicht den Vorgaben des § 52 Abs. 1 Nr. 1 BRAO ist sie nach Maßgabe von **§ 134 BGB** unwirksam. Bei Nichteinhaltung des Formerfordernisses des § 126 BGB greift **§ 125 BGB**. Die **Rechtsfolgen** einer **unwirksamen individualvertraglichen**

36 *Heussen/Hamm*, Beck'sches Rechtsanwalts-Handbuch, § 51, Rn. 26.

37 A.A. Vollkommer/Greger/*Heinemann*, Anwaltshaftungsrecht, § 23, Rn. 7; differenzierend Graf von Westphalen/*Kilian*, Vertragsrecht und AGB-Klauselwerke, Rechtsanwälte, Rn. 170.

38 So auch Henssler/Prütting/*Diller*, BRAO, § 52, Rn. 29.

39 Borgmann/*Weinbeer/Jungk*/Schwaiger, Anwaltshaftung, § 41, Rn. 52.

40 Mit Borgmann/*Weinbeer/Jungk*/Schwaiger, Anwaltshaftung, § 41, Rn. 55 empfiehlt sich indes aus Beweisgründen alle Gesprächsinhalte zur vereinbarten Haftungsbegrenzung schriftlich zu fixieren.

41 Dies gilt trotz § 278 S. 2 BGB auch für vorsätzliches Verhalten eines anwaltlichen Erfüllungsgehilfen; ebenso Vollkommer/Greger/*Heinemann,* Anwaltshaftungsrecht, § 23, Rn. 15; anders Borgmann/*Weinbeer/Jungk*/Schwaiger, Anwaltshaftung, § 41, Rn. 51.

42 Henssler/Prütting/*Diller*, BRAO, § 52, Rn. 31; Hartung/Römermann/*Römermann*, BRAO, 4. Auflage, § 51a, Rn. 8.

43 Henssler/Prütting/*Diller,* BRAO, § 51a, Rn. 37.

44 Borgmann/*Weinbeer/Jungk*/Schwaiger, Anwaltshaftung, § 40, Rn. 40.

45 Vollkommer/Greger/*Heinemann*, Anwaltshaftungsrecht, § 23, Rn. 13a (anders bei Dauermandaten).

Haftungsbeschränkung richten sich ansonsten nach **§ 139 BGB**[46], wobei im Zweifel davon auszugehen ist, dass der Anwaltsvertrag im Übrigen entgegen der Zweifelsregel des § 139 BGB regelmäßig wirksam bleibt[47].

20 *e)* Im Streitfall muss der Anwalt die rechtlichen Voraussetzungen einer Vereinbarung im Sinne des § 52 Abs. 1 Nr. 1 BRAO nachweisen.

2. Haftungsbeschränkung durch vorformulierte Vertragsbedingungen

21 Eine Haftungsbeschränkung kann gemäß § 52 Abs. 1 S. 1 Nr. 2 BRAO auch durch vorformulierte Vertragsbedingungen[48] vereinbart werden, jedoch nur,
- für Fälle einfacher Fahrlässigkeit,
- auf den vierfachen Betrag der Mindestversicherungssumme,

wenn insoweit Versicherungsschutz besteht.

22 Eine derartige – wirksam – **vorformulierte Haftungsbeschränkungsklausel** könnte lauten:

▶ Haftungsbeschränkung

Zwischen Mandant[49] und Rechtsanwalt wird die Haftung für Schadensersatzansprüche wegen einer schuldhaften Pflichtverletzung des Mandatsverhältnisses für Fälle leichter Fahrlässigkeit auf den vierfachen Betrag der Mindestversicherungssumme (1.000.000,00 EUR[50]) beschränkt. Die Haftung für Schäden aus der Verletzung des Lebens, des Körpers oder der Gesundheit bleibt hiervon unberührt.

Ort, Datum, Unterschrift

23 *a)* Vorformulierte Vertragsbedingungen sind Klauseln, die zeitlich bereits vor Vertragsabschluss formuliert wurden, und zwar ungeachtet der Frage, ob sie für einen oder für mehrere Verträge konzipiert wurden[51]. Insoweit ist nicht an § 305 Abs. 1 S. 1 BGB, sondern an die Definition in Art. 2 lit. a. 3 Abs. 1 und 3 RL 93/13/EWG[52] anzuknüpfen. Danach gilt eine Vertragsklausel immer dann als nicht im Einzelnen ausgehandelt, wenn sie im Voraus abgefasst wurde und der Verbraucher deshalb, insbesondere im Rahmen eines vorformulierten Standardvertrags, keinen Einfluss auf ihren Inhalt nehmen konnte.

24 Ob § 52 Abs. 1 S. 1 Nr. 2 BRAO darüber hinaus den von der Verbraucherschutzrichtlinie 93/13/EWG vorgeschriebenen **Mindestschutz erfüllt**[53], wird kontrovers diskutiert und ist im Ergebnis zu bejahen[54]. Gleichzeitig beurteilt sich die Wirksamkeit vorformulierter Haftungsbeschränkungsvereinbarungen **vorrangig** nach § 52 Abs. 1 S. 1 Nr. 2 BRAO.

---

46 *Rinkler/Pape*, in: G. Fischer/Vill/D. Fischer/Pape/Chab, § 1, Rn. 498.

47 Vollkommer/Greger/*Heinemann*, Anwaltshaftungsrecht, § 23, Rn. 18; *ders.* zum Sonderfall des § 138 BGB in § 23, Rn. 16.

48 Zur ausgehandelten Individualvereinbarung gem. § 52 Abs. 1 S. 1 Nr. 1 BRAO vgl. Rdn. 9 ff.

49 Name des Mandanten sowie des oder der Mandatsträger einsetzen.

50 Bei der Part mbB (§ 51a BRAO) oder der RA GmbH (§ 59j BRAO) derzeit 10.000.000,00 EUR.

51 Eine einmalige Verwendungsabsicht reicht also, vgl. Graf von Westphalen/*Kilian*, Vertragsrecht und AGB-Klauselwerke, Rechtsanwälte, Rn. 29 dort auch zur Abgrenzung zur Individualvereinbarung gem. § 52 Abs. 1 s. 1 Nr. 1 BRAO.

52 Graf von Westphalen/*Kilian*, Vertragsrecht und AGB-Klauselwerke, Rechtsanwälte, Rn. 167; anders *Rinkler/Pape*, in: G. Fischer/Vill/D. Fischer/Pape/Chab, § 1, Rn. 511, der auf § 305 Abs. 2 und 3 BGB abstellt; wiederum anders Vollkommer/Greger/*Heinemann*, Anwaltshaftungsrecht, § 23, Rn. 20, der gleichermaßen §§ 305 Abs. 1 S. 1, 310 Abs. 3 Nr. 2 BGB sowie Art. 2 lit. a, 3 Abs. 1, 3 der RL 93/13/EWG bemüht.

53 Dazu Graf von Westphalen/*Kilian*, Vertragsrecht und AGB-Klauselwerke, Rechtsanwälte, Rn. 172 ff.

54 So zutreffend Graf von Westphalen/*Kilian*, Vertragsrecht und AGB-Klauselwerke, Rechtsanwälte, Rn. 174; Vollkommer/Greger/*Heinemann*, Anwaltshaftungsrecht, § 23, Rn. 19 will allerdings im Einzelfall eine Korrektur über § 307 BGB erwägen.

Ob das allgemeine AGB-Recht unter den weiteren Voraussetzungen der §§ 305 Abs. 1, 305a, 308 bis 310 BGB Anwendung findet, ist streitig[55]. Dass es im Einzelfall zu höheren Schäden kommen kann, als durch die vierfache Mindestversicherungssumme abgedeckt sind, vermag eine ergänzende Inhaltskontrolle anhand der §§ 307 Abs. 1 und 2, 308, 309 BGB nicht zu rechtfertigen[56]. Außerhalb der vorrangigen Wertungen des § 52 Abs. 1 S. 1 Nr. 2 BRAO ist eine Inhaltskontrolle einer formularmäßigen Regelung anhand der §§ 305 ff. BGB allerdings nicht ausgeschlossen[57]. 25

So wäre ein formularmäßiger Ausschluss oder eine Begrenzung der Haftung für Schäden aus der Verletzung des Lebens, des Körpers oder der Gesundheit durchaus auch an § 309 Nr. 7 lit. a BGB zu messen. Danach ist eine Haftungsbegrenzung in Allgemeinen Geschäftsbedingungen für den Fall einer fahrlässigen Pflichtverletzung des Verwenders oder einer vorsätzlichen oder fahrlässigen Pflichtverletzung eines gesetzlichen Vertreters oder eines Erfüllungsgehilfen des Verwenders rechtsunwirksam, soweit daraus eine Verletzung des Lebens, des Körpers oder der Gesundheit resultieren sollte. Solche Verletzungen sind mit Sicherheit selten, jedoch nicht von vornherein auszuschließen, zumal im Zivilrecht eine schlichte Mitursächlichkeit ausreicht und gemäß § 253 Abs. 2 BGB der Ersatz von Schäden an diesen Rechtsgütern auch aufgrund von Vertragsverletzungen gefordert werden kann. Es bedarf in Bezug auf die in § 309 Nr. 7 lit. a BGB geregelten Ansprüche in diesen Fällen der Klarstellung, dass sich die Haftungsbeschränkung nicht auf diese Ansprüche bezieht[58]. 26

§ 309 Nr. 7 lit. b BGB ist nicht einschlägig, da sich die Haftungsbeschränkung gemäß § 52 Abs. 1 Nr. 2 BRAO nicht auf grob fahrlässige Pflichtverletzungen beziehen darf.

Die Vereinbarung eines Haftungsausschlusses durch vorformulierte Vertragsbedingungen in einer Vollmachtsurkunde wäre aber an § 305c Abs. 1 BGB zu messen und könnte gegen das dort normierte Überraschungsverbot verstoßen, wenn der Mandant mit einer Haftungsfreizeichnung im Rahmen einer Vollmacht nicht zu rechnen braucht[59].

Vorformulierte Vertragsbedingungen werden nur Vertragsbestandteil, wenn auf diese Bedingungen ausdrücklich hingewiesen und dem Mandanten die Möglichkeit verschafft wird, vom Inhalt dieser Bedingungen Kenntnis zu nehmen. Der Aushang der Mandatsbedingungen im Wartezimmer oder der Ausdruck in einer Praxisbroschüre reichen für sich nicht aus. Schon aus Beweisgründen empfiehlt sich, Mandate unter Beifügung etwaiger Mandatsbedingungen schriftlich zu bestätigen und den Mandanten dabei zur Rücksendung einer gegenzuzeichnenden Bestätigung aufzufordern. 27

b) Eine Haftungsbeschränkung durch vorformulierte Vertragsbedingungen darf sich nur auf **Pflichtverletzungen einfach fahrlässiger Art** beziehen. Maßstab ist insoweit § 276 Abs. 2 BGB. Durch vorformulierte Vertragsbedingungen dürfen **also keine Fälle von Pflichtverletzungen grober oder auch nur mittlerer fahrlässiger Art** erfasst werden. 28

Wo die Grenzen zwischen einfacher Fahrlässigkeit und mehr als einfacher Fahrlässigkeit verlaufen, lässt sich angesichts fehlender Vorgaben der Rechtsprechung nicht ohne weiteres bestimmen[60]. In Bezug auf den Grad der Fahrlässigkeit ist zwischen leichter, einfacher, mittlerer und grober Fahrlässigkeit zu differenzieren, wobei einfache Fahrlässigkeit die Grundform ist. Grobe Fahrlässigkeit als Fahrlässigkeit höchsten Grades wird regelmäßig definiert als Verletzung der erforderlichen Sorgfalt in besonders schwerem Maße. Graduell schwächer ist die mittlere Fahrlässigkeit. Einfache Fahrlässigkeit wird regelmäßig durch eine Negativabgrenzung zur groben Fahrlässigkeit bestimmt, etwa als

55 Verneinend Borgmann/*Weinbeer/Jungk*/Schwaiger, Anwaltshaftung, § 41, Rn. 59.
56 Ebenso *Rinkler/Pape*, in: G. Fischer/Vill/D. Fischer/Pape/Chab, § 1, Rn. 514.
57 Vgl. etwa Rdn. 26.
58 So oben Rdn. 22.
59 In diesem Sinne auch Vollkommer/Greger/*Heinemann*, Anwaltshaftungsrecht, § 23, Rn. 27 sowie Beck OGK-BGB/*Weiler*, § 309 Nr. 7, Rn. 45; anders *Rinkler/Pape*, in: G. Fischer/Vill/D. Fischer/Pape/Chab, § 1, Rn. 512.
60 *Kilian*, in: Graf von Westphalen/Thüsing, Klauselwerke, Rechtsanwälte, Rn. 179.

Fahrlässigkeit, welche die Voraussetzungen der groben Fahrlässigkeit nicht erfüllt[61]. Ausgangspunkt für die Beurteilung des Fahrlässigkeitsmaßstabs muss dabei die Abweichung von der üblichen, von einem Rechtsanwalt zu erwartenden Sorgfalt sein. Dies bedingt faktisch eine Reduzierung des Anwendungsbereichs der einfachen Fahrlässigkeit und damit ein erhebliches Risiko einer Unwirksamkeit von formularmäßigen Haftungsbegrenzungen nach Maßgabe von § 52 Abs. 1 Nr. 2 BRAO[62].

29 Wirtschaftsprüfer und Steuerberater dürfen ihre Haftung formularmäßig für jeden Fall der Fahrlässigkeit und damit auch für grobe Fahrlässigkeit beschränken[63]. Diese weitergehende Haftungsbeschränkung[64] kann ein Rechtsanwalt im Rahmen eines anwaltlichen Mandats aber auch dann nicht in Anspruch nehmen, wenn er das Mandat auch als Wirtschaftsprüfer oder im Rahmen einer interprofessionellen Sozietät führt[65].

30 *c)* In vorformulierten Bedingungen darf eine Haftungsbeschränkung **nicht auf** einen **Betrag** festgelegt werden, der **unter dem vierfachen Betrag der Mindestversicherungssumme** liegt, also in Anbetracht der in § 51 Abs. 4 S. 1 BRAO festgelegten Mindestversicherungssumme nicht auf einen Betrag von weniger als 1 Mio. EUR.

31 Ohne hinreichenden Grund besteht im Übrigen auch hier eine Divergenz zwischen der Möglichkeit von Steuerberatern und Wirtschaftsprüfern[66] einerseits und Rechtsanwälten andererseits, Haftungsbeschränkungen durch vorformulierte Vertragsbedingungen zu vereinbaren[67]. So stellt sich die Frage, ob sich die Mindesthaftsumme einer interprofessionellen Berufsausübungsgemeinschaft für jegliche ihrer Tätigkeiten nach der bezogen auf den einzelnen Berufsträger höchsten Mindestversicherungssumme richtet oder ob die Mindestversicherungssumme sich je nach konkreter Art der Tätigkeit ändert[68]. Die Beantwortung dieser Frage hängt davon ab, zwischen wem und mit welchem Inhalt ein Mandatsvertrag zustande gekommen ist.

32 *d)* Eine Haftungsbeschränkung durch vorformulierte Vertragsbedingungen bedarf nicht der Schriftlichkeit. Eine auf die **Zustimmung** zur Haftungsbeschränkung gerichtete Willenserklärung des Mandanten kann **auch durch schlüssiges Handeln** erfolgen.

33 **Sofern** die vorformulierten Bedingungen nach Maßgabe der obigen Ausführungen als **Allgemeine Geschäftsbedingungen** zu charakterisieren sind, richtet sich eine **Einbeziehung in einen Anwaltsvertrag nach § 305 Abs. 2 BGB.** Weil § 305 Abs. 2 BGB gegenüber Unternehmern gemäß § 310 Abs. 1 BGB nicht anwendbar ist, sind bei einem vom Anwalt mit einem Unternehmer im Sinne des § 14 BGB geschlossenen Vertrag für die Einbeziehung die von der Rechtsprechung entwickelten Grundsätze maßgebend[69]. Notwendig ist auch in diesem Bereich eine vertragliche Einbeziehung

---

61 *Schaub*, in: BeckOGK, § 276 BGB, Rn. 59.

62 *Kilian*, in: Graf von Westphalen/Thüsing, Klauselwerke, Rechtsanwälte, Rn. 179; *Weinbeer*, Die größten Haftungsrisiken des Anwalts, § 2, Rn. 186 weist zu Recht darauf hin, dass kaum taugliche Kriterien entwickelt worden sind, die im Sinne einer belastbaren Prognoseentscheidung eine Aussage zulassen, wann ein Fehlverhalten auf bloß einfacher, mittlerer oder grober Fahrlässigkeit beruht.

63 So in § 54a Abs. 1 WPO und § 67a Abs. 1 StBerG.

64 Zur Rechtfertigung verweist Vollkommer/Greger/*Heinemann*, Anwaltshaftungsrecht, § 23, Rn. 22 darauf, dass für Steuerberater und Wirtschaftsprüfer im Regelfall wegen der komplexen Rechtslage im Steuer und Bilanzrecht und der enormen Schadenssummen deutlich höhere Haftungsrisiken als für Rechtsanwälte bestehen (zweifelhaft).

65 Vgl. *Hölscheid/König*, WPK Magazin 2016, 42 ff.

66 Zur Haftungsbegrenzung in einer interprofessionellen Sozietät vgl. *Furmans*, NJW 2007, 1400, 1403.

67 Während §§ 54 Abs. 4 S. 1, 54a Abs. 1 Nr. 2 und 56 Abs. 1 WPO für Wirtschaftsprüfungsgesellschaften eine Beschränkung auf 4 Mio. EUR zulassen, gilt für Rechtsanwaltsgesellschaften (GmbH oder AG) und die PartG mbB eine Grenze von 10 Mio. EUR; der einzelne Anwalt kann demgegenüber seine Haftung formularmäßig (ebenso wie der Steuerberater) auf 1 Mio. EUR, der Wirtschaftsprüfer aber nur auf 4 Mio. EUR beschränken. Zu Haftungskonzentrationsvereinbarungen als Instrument des Risikomanagements bei interprofessionaler Tätigkeit vgl. *Kilian/Esser*, DStR 2017, 563 ff.

68 *Wollweber*, Formularbuch Recht und Steuern, F. 4.03, Rn. 2.

69 So auch Zugehör/*Sieg*, Handbuch der Anwaltshaftung, 2. Auflage, Rn. 441.

der die Haftung beschränkenden Vereinbarung in den Anwaltsvertrag. Es ist jedoch in diesem Bereich davon auszugehen, dass der Unternehmer mit der Geltung der Bedingungen einverstanden ist, wenn der Anwalt ausdrücklich auf seinen Einbeziehungswillen hingewiesen und der Unternehmer der Geltung nicht widersprochen hat[70].

Weil der Anwalt für die Vereinbarung der Haftungsbeschränkung beweispflichtig ist, muss gleichwohl eine schriftliche Annahme durch den Mandanten angeraten werden, z.B. durch die Unterzeichnung von Mandatsbedingungen, in denen die Haftungsbeschränkung durch vorformulierte Vertragsbedingungen einbezogen wurde. 34

e) Eine Haftungsbeschränkung durch vorformulierte Vertragsbedingungen setzt des Weiteren voraus, dass »insoweit« **Versicherungsschutz** besteht. Diese Voraussetzung fordert zunächst Versicherungsschutz mit einer Versicherungssumme von 1 Mio. EUR pro Versicherungsfall und nicht im Sinne einer Maximierung der pro Versicherungsfall zur Verfügung stehenden Versicherungssumme als Jahresleistung. Der Versicherungsschutz in dieser Höhe von mindestens 1 Mio. EUR muss für die Rechtswirksamkeit einer solchen Vereinbarung zum Zeitpunkt der Vereinbarung bestehen[71]. Das Gesetz gestattet in dieser Alternative, Ersatzansprüche zu beschränken, wenn insoweit Versicherungsschutz besteht. Es ist davon auszugehen, dass der Gesetzgeber eine andere Formulierung gewählt hätte, wenn dieser Versicherungsschutz in Höhe des vierfachen Betrages der Mindestversicherungssumme nicht schon im Zeitpunkt der vertraglichen Vereinbarung dieser Haftungsbeschränkung bestehen sollte. 35

Fraglich kann deshalb nur sein, ob der Versicherungsschutz auch im Zeitpunkt der nach der Vereinbarung begangenen Pflichtverletzung noch bestehen muss, damit eine so vereinbarte Haftungsbeschränkung eingreift.[72] Das Gesetz selbst lässt diese Forderung nicht erkennen[73]. Rechtsdogmatisch ließe sich ein solches Ergebnis nur erreichen, wenn man es als unzulässige Rechtsausübung im Sinne des § 242 BGB bezeichnen wollte, dass sich der Anwalt nach einer Pflichtverletzung auf die Haftungsbeschränkungsvereinbarung dieser Art beruft, obwohl ihm im Zeitpunkt der Pflichtverletzung kein Versicherungsschutz in der durch § 52 Abs. 1 Nr. 2 BRAO vorgegebenen Höhe zusteht. Eine Treu und Glauben widersprechende Rechtsausübung durch den Gläubiger soll verhindert werden[74]. Jede Norm trägt ihre durch die Rechtsidee, die Interessenlage und ihren Zweck bestimmte Geltungsschranke in sich. Nur in diesem Rahmen ist die Berufung auf sie zulässig. Überschreitet der Gläubiger diese Geltungsschranke, übt er seine Rechte in unzulässiger Weise aus[75]. Eine sittliche Pflicht einer Partei, ein Recht nicht auszuüben, wenn die andere Partei dadurch Schaden erleiden kann, besteht allgemein nicht. Nicht einmal jede unbillige Rechtsverfolgung ist unzulässig. Unzulässig ist die Rechtsausübung nur dann, wenn sie gegen das Gesetz, die guten Sitten oder Treu und Glauben verstößt[76]. Die Rechtausübung kann unzulässig sein bei widersprüchlichem 36

70 BGH, Urt. v. 15.1.2014 – VIII ZR 111/13 – juris, Rn. 17; BGH, Urt. v. 12.2.1992 – VIII ZR 84/91 – juris, Rn. 10; OLG Dresden, Urt. v. 13.2.1998 – 8 U 2863/97 – juris, Rn. 13.

71 A.A. Henssler/Prütting/*Diller*, BRAO, § 52, Rn. 58 ff.; *Kleine-Cosack*, BRAO, § 51a, Rn. 11; *Rinkler/Pape*, in: G. Fischer/Vill/D. Fischer/Pape/Chab, § 1, Rn. 509; Feuerich/Weyland/*Träger*, BRAO § 51a, Rn. 11; *Grams*, AnwBl 2001, 292, 293; BeckOK BRAO/*Römermann*, § 52 Rn. 28; *Zimmermann*, NJW 2005, 177, 178. Sämtliche vorgenannten Autoren stellen nicht auf den Zeitpunkt der Vereinbarung, sondern nur auf den Zeitpunkt der Pflichtverletzung ab. Für den Vereinbarungszeitpunkt: *Chab*, AnwBl 2006, 205, 206.

72 In diesem Sinne *Esser*, MDR 2015, 741, 744.

73 Zu dem Streit, ob insoweit auf den Zeitpunkt der Haftungsvereinbarung oder den Zeitpunkt des Pflichtenverstoßes bzw. den Eintritt des Versicherungsfalls abzustellen ist, vgl. auch *Furmans*, NJW 2007, 1400, 1402 f.

74 Erman/*Hohloch*, BGB, § 242, Rn. 101 ff.

75 Soergel/*Teichmann*, BGB, § 242, Rn. 274; *Siebert*, Verwirkung und Unzulässigkeit der Rechtsausübung, S. 89 ff.

76 RG, Urt. v. 22.1.1935 – II 198/34 – RGZ 146, 385, 396; BGH, Urt. v. 18.11.1955 – I ZR 176/53 – juris, Rn. 5 f.

oder unredlichem Verhalten, bei grob unbilligem, rücksichtslosem Eigennutz sowie beim Fehlen eines berechtigten Interesses[77]. Von widersprüchlichem oder unredlichem Verhalten kann hier keine Rede sein. Das Fehlen eines schutzwürdigen Interesses wird regelmäßig nur im Rahmen des »dolo agit-Einwandes« bejaht. Eine Rückgewährpflicht gibt es nicht. Fraglich ist, ob hier ein grob unbilliger, rücksichtsloser Eigennutz angenommen werden kann, wenn dem Anwalt im Zeitpunkt der Pflichtverletzung z.B. aufgrund weiterer fahrlässiger Pflichtverletzungen Versicherungsschutz in Höhe des vierfachen Betrages der Mindestversicherungssumme nicht mehr zur Verfügung steht. Wenn dem Anwalt der Versicherungsschutz wegen anderweitigem fahrlässigen Fehlverhaltens verloren gegangen ist, weil der Versicherungsschutz eben jährlich nur einer begrenzten Anzahl von Versicherungsfällen zur Verfügung steht, so rechtfertigt das den Einwand unzulässiger Rechtsausübung nicht, wenn sich der Anwalt gleichwohl gegenüber dem Mandanten auf die Vereinbarung beruft, zumal aus dieser Situation für den Mandanten kein Schaden entsteht, wenn der Anwalt den Schadensbetrag selbst zu leisten vermag. Der Einwand unzulässiger Rechtsausübung könnte jedoch dann erhoben werden, wenn der Anwalt ohne besonderen Grund den Versicherungsschutz nach Abschluss der Vereinbarung reduziert; denn diese vertragliche Beschränkungsalternative geht eben davon aus, dass der Versicherungsschutz, der bei Abschluss der Haftungsbeschränkungsvereinbarung in der Höhe des vierfachen Mindestbetrages besteht, grundsätzlich auch beibehalten wird.

37 Weil das Gesetz die Forderung nach Versicherungsschutz in dieser Höhe mit dem Wort »insoweit« verbindet, liegen die Voraussetzungen einer Haftungsbeschränkung durch vorformulierte Vertragsbedingungen auch dann nicht vor, wenn zwar die Versicherungssumme in Höhe des vierfachen Mindestbetrages pro Versicherungsfall besteht, aber vom Sachverhalt her einer der in den Vertragsbedingungen vereinbarten Ausschlüsse greift, deren Rechtsgrundlage in § 51 Abs. 3 Nr. 1 bis 5 BRAO normiert ist, also wenn der Versicherungsschutz fehlt, weil der Ersatzanspruch

- aus wissentlicher Pflichtverletzung,
- aus Tätigkeiten über in anderen Staaten eingerichtete oder unterhaltende Kanzleien oder Büros,
- aus Tätigkeiten im Zusammenhang mit der Beratung und Beschäftigung mit außereuropäischem Recht,
- aus Tätigkeiten des Rechtsanwalts vor außereuropäischen Gerichten,
- wegen Veruntreuung durch Personal, Angehörige oder Sozien des Rechtsanwalts resultiert.

38 Sofern der Versicherungsschutz wegen wissentlicher Pflichtverletzung gemäß § 51 Abs. 3 Nr. 1 BRAO fehlt, kommt wieder der Einwand unzulässiger Rechtsausübung in Betracht, wenn sich der Anwalt trotz wissentlicher Pflichtverletzung auf die haftungsbeschränkende Vereinbarung beruft, obwohl er den Versicherungsschutz dadurch verloren hat und sofern der Anwalt den Schaden nicht selbst auszugleichen vermag.

39 Beschränkt eine Sozietät oder Partnerschaftsgesellschaft ihre Haftung, reicht es aus, wenn die Sozietät oder Partnerschaft hinreichenden Versicherungsschutz besitzt[78].

40 Haftungsbeschränkungen durch vorformulierte Vertragsbedingungen, die den vorbezeichneten Anforderungen des **§ 52 Abs. 1 Nr. 2 BRAO nicht entsprechen, sind unwirksam**[79]. Eine geltungserhaltende Reduktion kommt nicht in Betracht[80]. Anstelle der unwirksamen Klausel gilt nach § 306 Abs. 2 BGB dispositives Gesetzesrecht. Nach § 276 Abs. 1 S. 1 BGB hat der Schuldner grundsätzlich Vorsatz und Fahrlässigkeit zu vertreten. Danach hat der Rechtsanwalt auch für leichte Fahrlässigkeit zu haften[81]. Im Übrigen gilt § 306 Abs. 1, Abs. 3 BGB. Sind Allgemeine Geschäftsbedingungen ganz oder teilweise nicht Vertragsbestandteil geworden oder unwirksam, so bleibt der Vertrag im Übrigen wirksam[82]. Der Vertrag ist unwirksam, wenn das Festhalten an ihm auch unter

77 Erman/*Hohloch*, BGB, § 242, Rn. 111.
78 Vollkommer/Greger/*Heinemann*, Anwaltshaftungsrecht, § 23, Rn. 21.
79 Ebenso *Rinkler/Pape*, in: G. Fischer/Vill/D. Fischer/Pape/Chab, § 1, Rn. 515.
80 Ebenda.
81 Ebenda.
82 § 306 Abs. 1 BGB.

Berücksichtigung der nach § 306 Abs. 2 vorgesehenen Änderung eine unzumutbare Härte für eine Vertragspartei darstellen würde[83].

Eine wirksame von einer Sozietät oder einer Partnerschaftsgesellschaft getroffene Haftungsbeschränkung wirkt zugunsten der akzessorisch haftenden Gesellschafter[84]. 41

II. Haftungsbeschränkung gemäß § 52 Abs. 2 BRAO auf einzelne Mitglieder der Sozietät

Eine derartige – wirksam – **vorformulierte Haftungskonzentrationsklausel** könnte lauten: 42

▶ **Zustimmungserklärung zur Haftungsbeschränkung**

Der Auftraggeber[85] erklärt die Zustimmung zu nachfolgender Haftungsbeschränkung:

Die persönliche Haftung auf Schadensersatz wird auf einzelne Mitglieder der Sozietät[86], die das Mandat im Rahmen ihrer eigenen beruflichen Befugnisse bearbeiten und nachstehend namentlich bezeichnet sind, beschränkt:[87]

Ort, Datum, Unterschrift

Die Haftungsbeschränkung auf einen oder mehrere das Mandat bearbeitende Sozien kann sowohl individuell ausgehandelt[88] als auch durch vorformulierte Vertragsbedingungen vereinbart werden. Weil sich der Begriff der vorformulierten Vertragsbedingungen auch auf für den Einzelfall formulierte Bedingungen erstreckt und nicht auf die Verwendbarkeit für eine Vielzahl von Fällen beschränkt, lässt sich in vorformulierte Vertragsbedingungen sowohl eine auf ein als auch auf mehrere bestimmte Mandate bezogene Bearbeiterklausel einfügen. Eine von der Bearbeitung eines konkreten Mandats unabhängige Beschränkung der Haftung auf einzelne Mitglieder einer Sozietät – etwa durch eine Rahmenvereinbarung[89] – scheint im Bereich von § 52 Abs. 2 S. 2 BRAO indes nicht möglich. 43

Von der vertraglich vereinbarten Beschränkung der Haftung auf einzelne Berufsträger sind Haftungsbegrenzungen zu unterscheiden, die sich – etwa bei einer Partnerschaft – aus dem Gesetz (§ 8 Abs. 1 und 2 PartGG[90]) ergeben. Darüber hinaus kann eine Handelndenhaftung bei der Anwalts-GmbH (§ 13 Abs. 2 GmbHG) sowie der Anwalts-AG (§ 1 Abs. 1 S. 2 AktG) sowie bei der PartGmbB (§ 8 Abs. 4 PartGG) gänzlich ausgeschlossen sein[91]. 44

Die Möglichkeit der Haftungskonzentration gemäß § 52 Abs. 2 BRAO bezieht sich auf in der Rechtsform der **Gesellschaft bürgerlichen Rechts** organisierte Anwaltssozietäten. 45

Streitig ist, ob sich die Variante des § 52 Abs. 2 S. 2 BRAO auch auf **Scheinsozietäten** erstreckt[92]. Teilweise wird argumentiert, § 52 Abs. 2 BRAO erfasse nur die Sozietät im Sinne von § 59a BRAO.[93] Da die Scheinsozietät auch sonst denselben Grundsätzen unterstellt wird, wie die echte

83 § 306 Abs. 3 BGB.

84 Vollkommer/Greger/*Heinemann*, Anwaltshaftungsrecht, § 23, Rn. 29.

85 Name des Mandanten einsetzen.

86 Name der Sozietät einsetzen.

87 Name der bearbeitenden Rechtsanwälte einsetzen.

88 Graf von Westphalen/*Kilian,* Vertragsrecht und AGB-Klauselwerke, Rechtsanwälte, Rn. 188.

89 Dazu Graf von Westphalen/*Kilian,* Vertragsrecht und AGB-Klauselwerke, Rechtsanwälte, Rn. 191.

90 Allerdings war nach § 8 Abs. 2 PartGG in der bis zum 1.8.1998 geltenden Fassung noch eine vertragliche Abrede zur Herbeiführung einer Haftungskonzentration notwendig.

91 Vgl. Kap. 1 Rdn. 160 und *Zimmermann*, NJW 2014, 1142, 1145 sowie NJW 2020, 973 f.

92 Bejahend Graf von Westphalen/*Kilian,* Vertragsrecht und AGB-Klauselwerke, Rechtsanwälte, Rn. 193; *Römermann,* BeckOK BRAO, § 52, Rn. 37; Feuerich/Weyland/*Träger*, BRAO, § 52, Rn. 19; verneinend *Rinkler/Pape,* in: G. Fischer/Vill/D. Fischer/Pape/Chab, § 1, Rn. 522; zweifelnd Borgmann/*Weinbeer/Jungk*/Schwaiger, Anwaltshaftung, § 41, Rn. 53 und unentschieden Vollkommer/Greger/*Heinemann*, Anwaltshaftungsrecht, § 23, Rn. 31.

93 Vollkommer/Greger/*Heinemann*, Anwaltshaftungsrecht, § 23, Rn. 31; *Blattner*, AnwBl 2013, 300, 308.

Sozietät, ist die Anwendung des § 52 Abs. 2 S. 2 BRAO auf die Scheinsozietät konsequent[94]. Eine Haftungskonzentration auf einzelne Sozien gilt danach auch zugunsten anderer haftender Scheinsozien[95]. In diesem Rahmen liegt es nahe, auch Partnern einer Bürogemeinschaft diese Beschränkungsalternative durch eine Analogie zu eröffnen, zumal dadurch der Mandant nicht schlechter gestellt wird als im Falle des Bestehens einer echten Sozietät.

46 Nach § 52 Abs. 2 BRAO kann die persönliche Haftung im Bereich der BGB-Gesellschaft zwar auf einzelne Mitglieder der Sozietät beschränkt werden; die **Haftung der Gesellschaft** selbst mit ihrem Vermögen kann hingegen nicht ausgeschlossen werden[96].

47 Eine Beschränkung ist nur auf **namentlich benannte Sozietätsmitglieder** möglich, die das Mandat **im Rahmen ihrer eigenen beruflichen Befugnisse bearbeiten.**

48 Der Bearbeitende darf also weder angestellter Anwalt noch freier Mitarbeiter sein[97]; denn der verantwortliche Mitarbeiter muss die internen Verabredungen der Sozien innerhalb der Sozietät sowohl gegenüber den Sozien als auch gegenüber den Mitarbeitern aus eigenem Recht durchsetzen können[98]. Im Einklang hiermit erlaubt § 52 Abs. 2 S. 2 BRAO lediglich eine Haftungsbeschränkung auf einzelne **Mitglieder einer Sozietät.**

49 Der Sozius muss das Mandat zudem im Rahmen seiner **eigenen beruflichen Befugnisse** bearbeiten. Daraus folgt eine Beschränkung der Haftungskonzentration auf Personen, die **anwaltlich tätig** sind[99].

Unter einer **Bearbeitung** ist jede nicht ganz unwesentliche Mitwirkung an der Erfüllung der aus dem Mandatsvertrag resultierenden Pflichten zu verstehen. Insoweit bietet sich eine Parallele zu § 8 Abs. 2 PartGG an. Mit der Bearbeitung eines Auftrags befasst ist dort derjenige, der den Mandatsauftrag selbst bearbeitet oder seine Bearbeitung überwacht hat oder dies nach der internen Zuständigkeitsverteilung hätte tun müssen[100].

50 Eine **später eintretende persönliche Verhinderung** des verantwortlichen Sozius vermag an der Rechtswirksamkeit der Haftungsreduzierungsvereinbarung im Sinne des § 52 Abs. 2 BRAO nichts zu ändern, solange die Verantwortung für die Bearbeitung sodann nicht anderweitig verteilt wird[101]. Geschieht dies, stellt sich allerdings die Frage, welche Konsequenzen sich ergeben, wenn neben dem Anwalt, auf den die Haftung konzentriert wurde, oder statt seiner ein anderer Rechtsanwalt das Mandat bearbeitet[102]. Eine Erstreckung der Haftung auf den hinzutretenden Sozius durch entsprechende Erweiterung der Haftungskonzentration auf diesen in der Haftungsvereinbarung gerade nicht namentlich benannten Anwalt scheidet aus. Ansonsten dürfte regelmäßig davon auszugehen sein, dass eine Haftungsbegrenzung auf einzelne Mitglieder einer Sozietät nur dann und solange gelten soll, wie das konkret benannte Mitglied das Mandat auch wirklich verantwortlich bearbeitet. Von daher liegt es nahe, eine Haftungskonzentration dahin auszulegen, dass diese unter der auflösenden Bedingung geschlossen wird, dass das Mandat tatsächlich von dem Sozius bearbeitet wird, der in der Haftungsvereinbarung aufgeführt ist[103].

---

94 Ebenda.

95 Ebenda.

96 Vollkommer/Greger/*Heinemann*, Anwaltshaftungsrecht, § 23, Rn. 37.

97 Vollkommer/Greger/*Heinemann*, Anwaltshaftungsrecht, § 23, Rn. 31 m.w.N.

98 Vollkommer/Greger/*Heinemann*, Anwaltshaftungsrecht, § 23, Rn. 31; a.A. Borgmann/*Weinbeer/Jungk*/Schwaiger, Anwaltshaftung, § 41, Rn. 66.

99 So sollte es nach der Gesetzesbegründung nicht möglich sein, die Haftung bei einer interprofessionellen Sozietät auf ein Mitglied zu beschränken, das nicht als Rechtsanwalt zugelassen ist; vgl. *Rinkler/Pape*, in: G. Fischer/Vill/D. Fischer/Pape/Chab, § 1, Rn. 530.

100 BGH, Urt. v. 19.11.2009 – IX ZR 12/09 – juris, Rn. 17.

101 Henssler/Prütting/*Diller*, BRAO, § 52, Rn. 79 am Ende.

102 Vgl. Vollkommer/Greger/*Heinemann*, Anwaltshaftungsrecht, § 23, Rn. 36; *Rinkler/Pape*, in: G. Fischer/Vill/D. Fischer/Pape/Chab, § 1, Rn. 535 ff.

103 So Vollkommer/Greger/*Heinemann*, Anwaltshaftungsrecht, § 23, Rn. 36; *Rinkler/Pape*, in: G. Fischer/Vill/D. Fischer/Pape/Chab, § 1, Rn. 535 ff.

Die **Konzentration der Haftung** grenzt die personenbezogene Möglichkeit der Haftungsbegrenzung von daher auf den oder die Bearbeiter und damit den Anwalt oder die Anwälte **ein**, die innerhalb der Sozietät die Verantwortung für die Bearbeitung tragen. Ändert sich diese Verantwortlichkeit dauerhaft nach Auftragserteilung, sei es durch Umverteilung der Aufgaben innerhalb der Kanzlei oder durch Ausscheiden von Sozien, so muss die Haftungsvereinbarung abgeändert und vom Auftraggeber erneut unterschrieben werden[104]. Unterbleibt dies, wird sie gänzlich unwirksam. 51

Die Haftungsbeschränkung verlangt weiter die **namentliche Bezeichnung** des Sozietätsmitglieds. Etwaige in die Bearbeitung des Mandats eingeschaltete Erfüllungsgehilfen müssen in der Haftungsbeschränkungsvereinbarung nicht aufgeführt werden; für eine solche Vorgabe gibt der Gesetzeswortlaut keinerlei Anhalt. 52

Die Beschränkung der gesamtschuldnerischen Haftung auf einzelne Mitglieder der Sozietät verlangt gemäß § 52 Abs. 2 S. 2 BRAO eine **schriftliche Zustimmungserklärung durch den Auftraggeber**. Damit ist die schriftliche Annahme des von der Sozietät abgegebenen Angebotes auf Haftungskonzentration gefordert. Die Schriftform kann auch hier gemäß § 126 Abs. 3 BGB durch elektronische Form im Sinne des § 126a BGB ersetzt werden. 53

Die Zustimmungserklärung zu einer solchen Beschränkung **darf** gemäß § 52 Abs. 2 S. 3 BRAO **keine anderen Erklärungen enthalten**. Zweifelhaft ist, ob die Zustimmungserklärung damit in einer gesonderten Urkunde niedergelegt werden muss[105]. Zu empfehlen ist auf jeden Fall aus Gründen der Rechtsklarheit, die Zustimmungserklärung in einer gesonderten Urkunde niederzulegen. 54

Entspricht eine vereinbarte Haftungskonzentration § 52 Abs. 2 S. 2 und S. 3 BRAO nicht, verstößt die Vereinbarung gegen das Gesetz und ist deshalb gemäß § 134 BGB als nichtig zu erachten. Der Mandatsvertrag selbst bleibt jedoch rechtswirksam[106]. 55

104 Graf von Westphalen/*Kilian*, Vertragsrecht und AGB-Klauselwerke, Rechtsanwälte, Rn. 196.

105 In diesem Sinne Zugehör/*Sieg*, Handbuch der Anwaltshaftung, 2. Auflage, Rn. 462 sowie Vollkommer/Greger/*Heinemann*, Anwaltshaftungsrecht, § 23, Rn. 34; anders Henssler/Prütting/*Diller*, BRAO, § 52, Rn. 83.

106 Zugehör/*Sieg*, Handbuch der Anwaltshaftung, 2. Auflage, Rn. 464; Vollkommer/Greger/*Heinemann*, Anwaltshaftungsrecht, § 23, Rn. 39.

Kapitel 11 Berufshaftpflichtversicherung für Anwälte und (Anwalts-)Notare

Übersicht

A. Einleitung

Gemäß § 51 Abs. 1 BRAO ist der **Rechtsanwalt** verpflichtet, eine Berufshaftpflichtversicherung zur Deckung der sich aus seiner Berufstätigkeit ergebenden Haftpflichtgefahren für Vermögensschaden abzuschließen und die Versicherung während der Dauer seiner Zulassung aufrecht zu erhalten. Ebenso ist der **Notar** gemäß § 19a Abs. 1 BNotO zum Abschluss einer Berufshaftpflichtversicherung verpflichtet. Diese Rechtslage besteht seit dem 9.9.1994[1]. Bis zu diesem Zeitpunkt gab es nur eine auf Standesrichtlinien beruhende Pflicht zum Abschluss einer Berufshaftpflichtversicherung[2]. 1

Die Haftpflichtversicherung dient primär dem Schutz des rechtssuchenden Publikums[3]. Sie ist notwendiges Korrelat für das Anwälten und Notaren bei ihrer Berufsausübung entgegengebrachte 2

1 BGBl I, S. 2278.

2 Feuerich/Weyland/*Träger*, BRAO, 9. Auflage, § 51, Rn. 1.

3 BGH, Beschl. v. 24.11.1997 – AnwZ (B) 38/97 – juris, Rn. 10 und Beschl. v. 23.9.2015 – IV ZR 484/14 – juris, Rn. 28; Borgmann/Jungk/Schwaiger/*Weinbeer/Jungk*, Anwaltshaftung, § 39, Rn. 2; Weyland/*Träger*, BRAO, § 51, Rn. 2. Die Haftpflichtversicherung ist ursprünglich allein als Sicherungsinstrument für den Versicherungsnehmer konzipiert worden. Erst später wurde der Schutz des Geschädigten stärker betont, vgl. dazu *Winter*, r+s 2001, 133 m.w.N.

Vertrauen. Die Haftpflichtversicherung bewirkt zugleich den Schutz der Rechtsanwälte und Notare vor ggf. sogar die wirtschaftliche Existenz gefährdenden Vermögensverlusten[4].

3 Seit Wegfall der Vorabgenehmigung von Versicherungsbedingungen durch das Bundesaufsichtsamt für das Versicherungswesen im Jahre 1994 gibt es – wie in allen anderen Versicherungssparten – auch im Bereich der anwaltlichen und notariellen Vermögensschadenhaftpflichtversicherung unterschiedliche Bedingungswerke[5]. **Für jeden Fall ist** deshalb vorab unbedingt **zu prüfen, welche Bedingungen dem jeweiligen Versicherungsvertrag zugrunde liegen**[6] **bzw. richtiger im Verstoßzeitpunkt**[7] **zugrunde lagen**. Die nachstehenden Ausführungen nehmen Bezug auf die »Allgemeinen Versicherungsbedingungen zur Haftpflichtversicherung für Vermögensschäden« (AVB-V), als auch auf die eigenständigen Bedingungswerke der »Allgemeinen Versicherungsbedingungen zur Vermögensschaden-Haftpflichtversicherung für Rechtsanwälte und Patentanwälte, Wirtschaftsprüfer und vereidigte Buchprüfer« (AVB-RSW). Diese werden jeweils durch besondere Bedingungen und Risikobeschreibungen (BBR) für die einzelnen Berufe ergänzt. Für Notare gelten abweichend die AVB-N[8].

B. Adressaten der Versicherungspflicht

4 Die Versicherungspflicht gemäß § 51 Abs. 1 S. 1 BRAO trifft jeden Rechtsanwalt, gleichgültig, ob er als Einzelanwalt oder in einer Sozietät tätig ist[9]. Die Rechtsanwalts GbR selbst ist durch Einführung eines neuen Deckungsbausteins seit dem 1.4.2011 regelmäßig als Gesamthandsgemeinschaft im Rahmen der AVB-RSW über die Versicherung ihrer Mitglieder gleichfalls versichert[10]. Die Versicherungspflicht gilt auch für die Gesellschafter einer **Partnerschaftsgesellschaft**[11]. **Die Partnerschaftsgesellschaft mit beschränkter Berufshaftung** trifft nach §§ 8 Abs. 4 PartGG, 51a Abs. 1 BRAO eine eigene Versicherungspflicht.[12] Die **Anwalt-GmbH**[13] ist gemäß § 59j BRAO verpflichtet, neben den für sie tätigen Anwälten eine gesonderte Haftpflichtversicherung abzuschließen. Auch der **ausländische Rechtsanwalt** ist gemäß § 7 Abs. 1 EuRAG[14] verpflichtet, der zuständigen Rechtsanwaltskammer das Bestehen einer hinsichtlich der Bedingungen und des Deckungsumfangs einer Versicherung gemäß § 51 BRAO gleichwertigen Berufshaftpflichtversicherung nachzuweisen, sofern er im Inland tätig wird[15]. Über § 209 Abs. 1 S. 3 BRAO ist § 51 BRAO

4 Das Privatvermögen von Anwälten bleibt heute nicht selten deutlich hinter den üblichen Versicherungsdeckungen zurück, vgl. dazu BT-Drs. 12/4993, S. 32.

5 Bemühungen der BRAK in Abstimmung mit dem GDV Musterbedingungen für den Bereich der Vermögensschadenhaftpflichtversicherung der Rechtsanwälte abzustimmen, sind bisher leider gescheitert.

6 Soweit nicht gesondert kenntlich gemacht, orientieren sich die nachfolgenden Darstellungen an den in Staudinger/Halm/Wendt/*Klein*, Versicherungsrecht, abgedruckten Bedingungen der Allianz AG (HV 60/06, Stand: 2011). Eine synoptische Darstellung gängiger, älterer Bedingungswerke für die anwaltliche Berufshaftpflichtversicherung mit Stand 2005 und 2008 findet sich bei *Diller*, AVB-RSW, 1. Auflage, im Anhang III und IV.

7 Zum Verstoßprinzip siehe Rdn. 34.

8 Insoweit gibt es auch für Notare keine Musterbedingungen.

9 Zu den Vor- und Nachteilen der einzelnen Rechtsformen für Anwaltszusammenschlüsse vgl. *Sieg*, ZAP Heft 10/2001, S. 535 ff.

10 *Bick/Esskandari*, NJW 2011, 3191; vgl. Rdn. 74.

11 Gemäß § 8 Abs. 1 S. 1 PartGG haften den Gläubigern für Verbindlichkeiten in der Partnerschaft neben dem Vermögen der Partnerschaft die Partner als Gesamtschuldner. Deshalb ist es konsequent, den Partnern eine Versicherungspflicht aufzuerlegen.

12 Zur Versicherung der interprofessionellen PartG mbB vgl. *Gladys*, DStR 2016, 628 ff.

13 Gesellschaften mit beschränkter Haftung, deren Unternehmensgegenstand die Beratung und Vertretung in Rechtsangelegenheiten ist, können gemäß § 59c Abs. 1 BRAO als Rechtsanwaltsgesellschaften zugelassen werden.

14 Gesetz über die Tätigkeit europäischer Rechtsanwälte in Deutschland v. 9.3.2000, BGBl I, S. 182, 1349.

15 Vgl. Henssler/Prütting/*Diller*, BRAO, § 51 Rn. 22; ebenso Weyland/*Träger*, BRAO, § 51, Rn. 6. Die Berufsregeln der Rechtsanwälte der Europäischen Union (Stand: Mai 2006), die als Anhang in die Berufsordnung der Rechtsanwälte einbezogen worden sind, sehen in Ziff. 3.9. Folgendes vor:

auch auf **Rechtsbeistände** anzuwenden, die Mitglied einer Kammer sind. Die Verpflichtung zum Unterhalten einer Berufshaftpflichtversicherung trifft den Anwalt auch dann, wenn er von seiner Kanzleipflicht befreit ist und rechtsanwaltlicher Tätigkeit nicht nachgeht[16]. Das gleiche gilt für einen **Wahlbeamten**, der den Beruf des Rechtsanwaltes zeitweise nicht ausübt, solange er die Anwaltszulassung aufrecht erhält[17]. Ebenso ist auch **der angestellte Rechtsanwalt** zum Abschluss einer solchen Versicherung verpflichtet, selbst wenn er auch über seinen Arbeitgeber versichert ist[18]. Auch ein Rechtsanwalt, der seinen Beruf als Rechtsanwalt aufgeben und nur noch die Berufsbezeichnung »**Notar a.D.**« führen möchte, hat eine Berufshaftpflichtversicherung zu unterhalten[19].

C. Zeitpunkt des Vertragsabschlusses

Die Zulassung zur Rechtsanwaltschaft wird rechtswirksam, wenn die Zulassungsurkunde ausgehändigt wurde (§ 12 Abs. 1 BRAO). **Die Aushändigung der Zulassungsurkunde ist u.a. abhängig davon**, dass gemäß § 12 Abs. 2 BRAO nachgewiesen wird, **dass eine Berufshaftpflichtversicherung besteht** und zwar zumindest in der Form einer vorläufigen Deckungszusage. Das Gleiche gilt gemäß § 6a BNotO auch für Notare[20]. 5

Nach § 14 Abs. 2 Nr. 9 BRAO ist die Zulassung zur Rechtsanwaltschaft zu widerrufen, wenn der Rechtsanwalt entgegen § 51 BRAO keine Berufshaftpflichtversicherung unterhält, wobei der **Widerruf unabhängig von** einem eventuellen **Verschulden** des Rechtsanwalts ist[21]. § 14 Abs. 2 Nr. 9 BRAO deutet darauf hin, dass der Gesetzgeber im Unterlassen des Abschlusses einer Berufshaftpflichtversicherung nicht typischerweise einen Verstoß von solcher Schwere sieht, dass nahe liegt, es gehe von dem Rechtsanwalt eine andauernde Gefahr für die Rechtspflege als innerer Grund für die Sperrfrist des § 7 Nr. 3 BRAO aus[22]. Die anwaltliche Berufspflicht, während der Dauer der Zulassung eine Haftpflichtversicherung zu unterhalten, wird auch dann verletzt, wenn ein Versicherungsschutz nur zeitweilig nicht besteht. Da durch einen **Widerruf der Zulassung** nur zukünftig drohenden Vermögensschäden begegnet werden kann, kommt jedoch auch dann, wenn für einen bestimmten in der Vergangenheit liegenden Zeitraum ein Versicherungsschutz nicht bestand, ein Widerruf nicht mehr in Betracht, wenn der Rechtsanwalt nachweist, dass jedenfalls für die Zukunft wieder voller Versicherungsschutz besteht[23]. 6

Andererseits hat die Tatsache, dass ein Rechtsanwalt nach dem Widerruf der Zulassung zur Rechtsanwaltschaft wieder eine Berufshaftpflichtversicherung unterhält, auf den Widerruf der Zulassung keinen Einfluss; denn gemäß § 51 BRAO ist der Rechtsanwalt verpflichtet, die Berufshaftpflichtversicherung während der gesamten Dauer seiner Zulassung aufrecht zu erhalten[24]. 7

Die vorläufige Deckungszusage erfolgt aufgrund eines selbstständigen Vertrages, der in der Regel dem noch abzuschließenden Hauptvertrag vorausgeht. Die vorläufige Deckungszusage und der später abzuschließende Vertrag sind – wie § 49 Abs. 1 S. 1 VVG klarstellt – zwei selbstständige, 8

3.9.1. Der Rechtsanwalt muss gegen Berufshaftpflicht ständig in einer Weise versichert sein, die nach Art und Umfang den durch rechtsanwaltliche Tätigkeit entstehenden Risiken angemessen ist.

3.9.2. Ist dies nicht möglich, hat der Rechtsanwalt den Mandanten über die Situation sowie über die Folgen zu informieren.

16 AGH Stuttgart, Beschl. v. 6.10.2008 – AGH 35/07 – juris, Rn. 28.

17 BGH, Beschl. v. 22.2.2006 – AnwZ (B) 69/04 – juris, Rn. 3.

18 Weyland/*Träger*, BRAO, § 51 Rn. 4; Henssler/Prütting/*Diller*, BRAO, § 51 Rn. 20.

19 BGH, Beschl. v. 18.11.1996 – AnwZ (B) 25/96 – juris, Rn. 7.

20 Rechtsanwälte, die bereits am 9.9.1994 zugelassen waren, hatten innerhalb eines Jahres nach Inkrafttreten des Berufsrechtsänderungsgesetzes den Versicherungsschutz gemäß Art. 21 Nr. 12 des Berufsrechtsänderungsgesetzes nachzuweisen, BGBl I 1994, S. 2278, 2294.

21 BGH Beschl. v. 9.5.2018 – AnwZ (Brfg) 43/17 – juris, Rn. 4.

22 BGH, Beschl. v. 29.1.1996 – AnwZ (B) 47/95 – juris, Rn. 6, zum Zeitpunkt der Entscheidung hatte die heutige Nr. 9 des § 14 Abs. 2 BRAO noch die Nr. 10.

23 BGH, Beschl. v. 18.6.2001 – AnwZ (B) 49/00 – juris, Rn. 8.

24 BGH, Beschl. v. 18.6.2001 – AnwZ (B) 49/00 – juris, Rn. 7; Hess. AGH, BRAK-Mitt. 2000, 310 f.

voneinander getrennte Rechtsverhältnisse (**Trennungstheorie**)[25]. Daraus folgt, dass eine separate Anfechtung der Deckungszusage ebenso möglich ist wie ein Rücktritt nach den §§ 19 ff. VVG[26]. Die vorläufige Deckungszusage bindet den Versicherer auch dann, wenn es später nicht zum Abschluss eines Hauptvertrages kommt[27]. Nichtig ist die vorläufige Deckungszusage, wenn der Versicherungsvertreter und der Versicherungsnehmer diese in Kenntnis eines bereits eingetretenen Schadens zurückdatieren[28].

D. Abschluss des Versicherungsvertrages

I. Angebot und Annahme

9 **Grundsätzlich gelten für den Abschluss des Versicherungsvertrages die** diesbezüglichen **Regeln des BGB**, also die §§ 104 ff. und die §§ 145 ff. BGB. Dem potenziellen Versicherungsnehmer müssen gem. § 7 Abs. 1 S. 1 VVG die wesentlichen **Vertragsunterlagen**[29] **rechtzeitig vor Antragstellung zur Verfügung gestellt** werden. Den gesetzlichen Regelfall bildet damit das **Antragsmodell**, bei dem der rechtzeitig und vollständig informierte Versicherungsnehmer den Antrag stellt[30]. Die Annahme dieses Antrags durch den Versicherer erfolgt durch die Übersendung/Aushändigung der Police oder eine sonstige Annahmeerklärung, mit deren Zugang der Vertragsschluss vollendet ist[31]. Möglich ist auch, dass die Vertragsinformationen seitens des Versicherers dem potenziellen Versicherungsnehmer aufgrund einer unverbindlichen Anfrage (invitatio ad offerendum) zusammen mit einem Angebot des Versicherers übermittelt werden, welches der Versicherungsnehmer gesondert – ausdrücklich oder konkludent durch Zahlung der ersten Prämie – annimmt (**Invitatiomodell**)[32]. Das früher gängige **Policenmodell**, wonach der Abschluss des Versicherungsvertrages durch Vervollständigung und Unterzeichnung eines vom Versicherer erstellten Antragsformulars durch den Versicherungsnehmer angeboten und durch Zusendung des Versicherungsscheines (Police), der AVB und der Verbraucherinformationen vom Versicherer angenommen wurde (§ 5a VVG a.F.), wurde durch die VVG-Reform faktisch **außer Kraft** gesetzt[33].

---

25 Zur Trennungstheorie vgl. BGH, Urt. v. 26.4.2006 – IV ZR 248/04 – juris, Rn. 19; v. 21.2.2001 – IV ZR 259/99 – juris, Rn. 9; v. 14.7.1999 – IV ZR 112/98 – juris, Rn. 8; v. 3.4.1996 – IV ZR 152/95 – juris, Rn. 23; v. 25.1.1995 – IV ZR 328/93 – juris, Rn. 10; Beckmann/Matusche-Beckmann/*Lehmann*, Versicherungsrechts-Handbuch, § 7, Rn. 4; Prölss/Martin/*Klimke*, VVG, Vorbemerkung zu § 49–52, Rn. 4. Demgegenüber vertraten vor der VVG-Reform u.a. *Bruck/Möller*, VVG, Band I, 8. Auflage, § 1 Anm. 94 und *Henzler*, Theorie und Praxis der vorläufigen Deckungszusage, S. 64 ff., die Einheitstheorie, die von einem auf ein einheitliches Vertragsverhältnis gerichteten Willen der Parteien ausging.

26 Rüffer/Halbach/Schimikowski/*Karczewski*, VVG, § 49, Rn. 14. Vgl. zur Täuschungsanfechtung BGH, Urt. v. 9.5.1955 – II ZR 290/53 – VersR 1955, 339, 340 sowie OLG Hamm, Urt. v. 1.7.1983 – 20 U 427/82 – VersR 1984, 173 und zum Rücktritt OLG Hamm Urt. v. 26.10.1950 – 7 U 48/50 – VersR 1951, 38 f.

27 BGH, Urt. v. 21.2.2001 – IV ZR 259/99 – juris, Rn. 9; v. 14.7.1999 – IV ZR 112/98 – juris, Rn. 8; v. 3.4.1996 – IV ZR 152/95 – juris, Rn. 23; v. 25.1.1995 – IV ZR 328/93 – juris, Rn. 10; v. 13.2.1958 – II ZR 317/56 – VersR 1958, 173 f. sowie Urt. v. 25.6.1956 – II ZR 101/55 – juris, Rn. 9.

28 BGH, Urt. v. 13.11.1985 – IVa ZR 24/84 – juris, Rn. 8.

29 Neben den Vertragsbestimmungen einschließlich der AVB ist dies insbesondere die Verbraucherinformation, deren notwendigen Inhalt die auf der Grundlage von § 7 Abs. 2 VVG erlassene VVG-InfoV bestimmt (bis zu deren Inkrafttreten bestimmte sich der Inhalt nach Anlage D Abschnitt I zu § 10a VAG).

30 Rüffer/Halbach/Schimikowski/*Schimikowski*, VVG, § 7 Rn. 2; Beckmann/Matusche-Beckmann/*Johannsen*, Versicherungsrechts-Handbuch, § 8, Rn. 22.

31 Beckmann/Matusche-Beckmann/*Johannsen*, Versicherungsrechts-Handbuch, § 8, Rn. 10.

32 Rüffer/Halbach/Schimikowski/*Schimikowski*, VVG, § 7, Rn. 2 u. 35 f.; Beckmann/Matusche-Beckmann/*Johannsen*, Versicherungsrechts-Handbuch, § 8, Rn. 39.

33 Vgl. Begr. RegE, BT-Drs. 16/3945, S. 60; Burmann/Heß/Stahl/*Burmann/Heß*, Versicherungsrecht im Straßenverkehr, Rn. 15; *Langheid*, NJW 2007, 3665, 3666; Rüffer/Halbach/Schimikowski/*Schimikowski*, VVG, § 7, Rn. 1. Eingehend zum Policenmodell: Beckmann/Matusche-Beckmann/*Johannsen*, Versicherungsrechts-Handbuch, § 8, Rn. 12 ff.; *Gaul*, VersR 2007, 21.

Der Versicherungsvertrag kommt mit dem **Inhalt** zustande, der den übereinstimmenden Willenserklärungen entspricht. Der Versicherungsvertrag wird inhaltlich **weitgehend durch die Versicherungsbedingungen** für die Vermögensschaden-Haftpflichtversicherung **bestimmt.** 10

II. Einbeziehung der Versicherungsbedingungen

Die wirksame Einbeziehung von Allgemeinen Versicherungsbedingungen richtet sich grundsätzlich nach den allgemeinen Regeln des AGB-Rechts, § 305 Abs. 2 BGB[34]. Sie **erfordert,** 11
- dass bei Vertragsschluss der Versicherer einen **ausdrücklichen Hinweis auf die** konkret zu vereinbarenden **Bedingungen** erteilt (§ 305 Abs. 2 Nr. 1 BGB),
- die **zumutbare Möglichkeit der Kenntnisnahme** (§ 305 Abs. 2 Nr. 2 BGB) und
- das – ausdrückliche oder konkludente – **Einverständnis des Versicherungsnehmers** (§ 305 Abs. 2 BGB a.E.).

Der Hinweis auf die Versicherungsbedingungen darf für den Versicherungsnehmer selbst bei flüchtiger Betrachtung unter Zugrundelegung eines durchschnittlichen Aufmerksamkeitsmaßstabes nicht zu übersehen sein[35]. An dem Bestimmtheitserfordernis fehlt es etwa dann, wenn der Versicherer eine CD-ROM mit verschiedenen Versicherungsbedingungen überreicht, ohne die vertragsrelevanten Bedingungen hinreichend präzise zu bezeichnen[36]. Wird der Versicherungsvertrag über das **Internet** geschlossen, ist ein an diesen Vertriebsweg angepasster Hinweis auf die Vertragsbedingungen erforderlich, etwa durch eine individuelle E-Mail oder – bei entsprechend deutlicher Kenntlichmachung des Links – durch eine Information auf der Website des Anbieters[37]. 12

Die Anforderungen an die zumutbare Möglichkeit der Kenntnisnahme richten sich insbesondere nach der Art des Vertragsschlusses. Bei Vertragsschluss **unter Abwesenden** kann den Anforderungen des § 305 Abs. 2 Nr. 2 BGB häufig nur durch eine vorherige Übersendung der Bedingungen genügt werden; das bloße Angebot einer Übersendung der Versicherungsbedingungen genügt nicht, da die Möglichkeit der Kenntnisnahme vor Vertragsschluss bestehen muss[38]. Andererseits kann der Versicherungsnehmer nach dem oben dargelegten Antragsmodell[39] bereits sein Angebot unter Bezugnahme auf die ihm im Rahmen von Vertragsverhandlungen übergebenen Versicherungsbedingungen abgeben. Ein **telefonischer Vertragsschluss** ist nur dann unproblematisch, wenn dem Kunden bei dem Telefonat die Versicherungsbedingungen in gedruckter Form vorliegen. Ansonsten geht die h.M. von einem – zulässigen – individualvertraglich vereinbarten Verzicht auf die Einhaltung der Voraussetzungen des § 305 Abs. 2 Nr. 2 BGB aus, wenn der Kunde trotz Hinweises des Klauselverwenders auf seine AGB am Vertragsschluss festhält[40]. Nach der Spezialvorschrift des § 7 Abs. 1 S. 3 VVG, die die Richtigkeit dieser Auffassung stützt, muss die Information unverzüglich nach Vertragsschluss nachgeholt werden. Bei Vertragsschluss über **Internet** genügt neben der Übersendung der Bedingungen per E-Mail auch die Möglichkeit, die Versicherungsbedingungen über einen gut sichtbaren Link auf der Website herunterzuladen und auf einen eigenen Datenträger zu speichern bzw. auszudrucken[41]. 13

34 *Grote/Schneider,* BB 2007, 2689, 2691; Beckmann/Matusche-Beckmann/*Beckmann,* Versicherungsrechts-Handbuch, § 10, Rn. 55; *Schimikowski,* r+s 2007, 309.

35 BGH, Urt. v. 18.6.1986 – VIII ZR 137/85 – juris, Rn. 30 f.

36 *Schimikowski,* r+s 2007, 309, 310.

37 Beckmann/Matusche-Beckmann/*Dörner,* Versicherungsrechts-Handbuch, § 9, Rn. 51.

38 Palandt/*Grüneberg,* BGB, § 305, Rn. 35.

39 Siehe Rdn. 9.

40 Vgl. Nachweise bei Beckmann/Matusche-Beckmann/*Beckmann,* Versicherungsrechts-Handbuch, § 10, Rn. 68.

41 BGH, Urt. v. 14.6.2006 – I ZR 75/03 – juris, Rn. 16.

14 Das notwendige Einverständnis des Versicherungsnehmers ist – da es auch konkludent erklärt werden kann – in der Regel zu bejahen, wenn es nach vorheriger Erfüllung von § 305 Abs. 2 Nr. 1 und 2 BGB zum Vertragsschluss kommt[42].

15 Entgegen § 5a Abs. 1 VVG a.F. enthält § 8 VVG keine Bestimmung, wonach der Versicherungsvertrag mit Ablauf der Widerspruchsfrist auf der Grundlage der Versicherungsbedingungen auch ohne deren Übermittlung als geschlossen gilt. Durch die Abschaffung des Policenmodells ist mithin die Möglichkeit einer von § 305 Abs. 2 BGB abweichenden (nachträglichen) Einbeziehung von Bedingungen mit der VVG-Reform entfallen[43]. Die Ausnahmebestimmung in § 7 Abs. 1 S. 3 VVG schafft insoweit keine gegenüber § 305 Abs. 2 BGB erleichterten Voraussetzungen für eine Einbeziehung von Allgemeinen Versicherungsbedingungen[44].

16 Anders ist dies bei Verträgen über die **vorläufige Deckung**. Hier ergibt sich aus der Gesetzesbegründung[45] ausdrücklich, dass die Vorschrift des § 49 Abs. 2 S. 1 VVG sämtliche Voraussetzungen des § 305 Abs. 2 BGB verdrängt. Um den Bedürfnissen der Praxis nach Gewährung eines raschen vorläufigen Versicherungsschutzes Rechnung zu tragen, kann gemäß § 49 Abs. 1 VVG vereinbart werden, dass dem Versicherungsnehmer die Bedingungen und sonstigen Informationen nach § 7 VVG nur auf Anforderung und spätestens mit dem Versicherungsschein vom Versicherer zu übermitteln sind. In diesen Fällen bestimmt § 49 Abs. 2 S. 1 VVG, dass die von dem Versicherer zu diesem Zeitpunkt üblicherweise für den vorläufigen Versicherungsschutz verwendeten Bedingungen und bei Fehlen solcher Bedingungen die für den Hauptvertrag verwendeten Bedingungen Vertragsbestandteil werden.

III. Spätere Einbeziehung geänderter Bedingungen

17 Auch hinsichtlich der **Einbeziehung zwischenzeitlich geänderter Versicherungsbedingungen** ist nach dem Antrags- oder Invitatiomodell[46] zu verfahren. Sollen geänderte Bedingungen in den Vertrag einbezogen werden, so muss der Versicherer diese dem Versicherungsnehmer gemäß § 7 Abs. 1 VVG rechtzeitig vor Abgabe von dessen Vertragserklärung in Textform mitteilen. Die unter Geltung des alten VVG unter bestimmten Voraussetzungen mögliche Einbeziehung geänderter Versicherungsbedingungen durch deren bloße Übersendung mit der Versicherungspolice anlässlich eines Antrags des Versicherungsnehmers auf Änderung oder Erweiterung des Versicherungsvertrages kommt unter Geltung des neuen VVG nicht mehr in Betracht[47].

IV. Bedingungsanpassungsklauseln

18 Ein im Vertrag vereinbarter **Vorbehalt zur Änderung der vereinbarten Versicherungsbedingungen** genügt den Anforderungen gemäß § 308 Nr. 4 BGB nur, wenn die Vereinbarung der Änderungen oder Abweichung unter Berücksichtigung der Interessen des Verwenders **für den anderen Vertragsteil zumutbar** ist. Diesen Anforderungen werden viele ältere Klauseln nicht voll umfänglich gerecht. Diese Klauseln berechtigen häufig die Versicherer,

- bei Änderungen von Gesetzen, auf denen die Bestimmungen des Versicherungsvertrages beruhen,

---

42 Beckmann/Matusche-Beckmann/*Beckmann*, Versicherungsrechts-Handbuch, § 10, Rn. 75; Palandt/*Grüneberg*, BGB, § 305, Rn. 41.

43 Siehe Rdn. 9. Wie hier: Beckmann/Matusche-Beckmann/*Beckmann*, Versicherungsrechts-Handbuch, § 10, Rn. 90; *Schimikowski*, r+s 2007, 309, 311; a.A. Marlow/Spuhl/*Spuhl*, Das neue VVG kompakt, Rn. 45, die Entsprechendes aus § 49 Abs. 2 VVG ableiten wollen.

44 Siehe dazu die eingehenden Erläuterungen bei Beckmann/Matusche-Beckmann/*Beckmann*, Versicherungsrechts-Handbuch, § 10, Rn. 90.

45 Begr. RegE, BT-Drs. 16/3945, S. 74.

46 Dazu oben Rdn. 9.

47 Zur Rechtslage nach altem Recht siehe *Terbille*, Rn. 1891 der 7. Auflage.

- bei unmittelbar den Versicherungsvertrag betreffenden Änderungen
  - der höchstrichterlichen Rechtsprechung,
  - der Verwaltungspraxis,
  - des Bundesaufsichtsamtes für das Versicherungswesen oder
  - der Kartellbehörden,
- im Falle der Unwirksamkeit von Bedingungen sowie
- zur Abwendung einer kartell- oder aufsichtsbehördlichen Beanstandung,

einzelne Bedingungen mit Wirkung für bestehende Verträge zu ergänzen oder zu ersetzen.

19 Nach dem Wortlaut solcher Bedingungsanpassungsklauseln könnten Versicherer jede Gesetzesänderung zur Veranlassung für eine Bedingungsanpassung nehmen. Eine **Anpassung** lässt sich jedoch nach der Rechtsprechung des BGH gemäß § 307 Abs. 2 BGB unter Berücksichtigung der Interessen beider Vertragsparteien **nur** rechtfertigen, **wenn entweder eine Vertragslücke vorliegt oder durch unvorhersehbare Änderungen, die der Versicherer nicht veranlasst und auf die er auch keinen Einfluss hat, das bei Vertragsschluss vorhandene Äquivalenzverhältnis in nicht unbedeutendem Maße gestört wird**[48]. Diese Beschränkung des Anpassungsrechts entspricht allgemeiner zivilrechtlicher Dogmatik; denn einerseits werden auch im übrigen Zivilrecht Äquivalenzstörungen nur dann über die Grundsätze des Wegfalls der Geschäftsgrundlage einer Regelung zugeführt, wenn sie ein grobes Missverhältnis verursachen. Andererseits wird auch bei verschuldeten und vorhersehbaren Änderungen eine Anpassung der Geschäftsgrundlage zu Recht generell abgelehnt[49].

20 **Außerdem muss die Klausel nach der Rechtsprechung des BGH selbst die Notwendigkeit der Bedingungsanpassung differenziert und eingeschränkt wiedergeben**[50]. Von einer Notwendigkeit der Bedingungsanpassung kann immer nur dann die Rede sein, wenn das Gesetz selbst keine Regelung bereit hält, die die entstandene Lücke im Bedingungswerk füllt oder ein später entstandenes Ungleichgewicht ausgleicht; denn in diesen Fällen greift § 306 Abs. 2 BGB ein, wenn eine Anpassung erforderlich wurde, weil eine Regelung in den allgemeinen Versicherungsbedingungen nicht Vertragsbestandteil geworden oder für unwirksam erklärt worden ist. Nur soweit gesetzliche Vorschriften die Anpassung nicht leisten, ist Raum für eine Bedingungsanpassungsklausel.

21 Des Weiteren hat der BGH[51] die Anpassungsbefugnis des Versicherers »zur **Abwendung einer kartell- oder aufsichtsbehördlichen Beanstandung**« als unangemessene Benachteiligung des Versicherungsnehmers angesehen. Bei Rechtswirksamkeit einer solchen Regelung wäre der Versicherer schon im Vorfeld behördlicher Maßnahmen zur Änderung der vereinbarten Bedingung berechtigt, also zu einem Zeitpunkt, zu dem die Behörde einen Verwaltungsakt noch gar nicht erlassen hat. Es sei, so führt der BGH ergänzend aus, dem die Verantwortung für die Zulässigkeit seiner Allgemeinen Versicherungsbedingungen tragenden Versicherer aber zumutbar, zumindest zunächst die konkrete Entschließung der Behörde abzuwarten, um dann deren Begründung vor einer nachträglichen Anpassung der Bedingung auch berücksichtigen zu können[52].

22 Auch hat der BGH wegen des inzwischen geänderten Urlaubsverhaltens in unserer Gesellschaft ein dem Versicherungsnehmer lediglich für die Dauer eines Monats eingeräumtes **Widerspruchsrecht** als **zu kurz** angesehen[53].

48 BGH, Urt. v. 17.3.1999 – IV ZR 218/97 – juris, Rn. 18 sowie dazu *Terbille,* MDR 1999, 935.
49 BGH, Urt. v. 10.3.1972 – V ZR 87/70 – juris, Rn. 32; BGH, Urt. v. 3.5.1995 – XII ZR 89/94 – juris, Rn. 12; Erman/*Böttcher*, BGB, § 313, Rn. 24.
50 BGH, Urt. v. 17.3.1999 – IV ZR 218/97 – juris Rn. 23.
51 BGH, Urt. v. 17.3.1999 – IV ZR 218/97 – juris, Rn. 26.
52 BGH, Urt. v. 17.3.1999 – IV ZR 218/97 – juris, Rn. 26.
53 BGH, Urt. v. 17.3.1999 – IV ZR 218/97 – juris, Rn. 29.

E. Beginn und Ende der Versicherung

23 Regelmäßig werden Beginn und Ende der Versicherung durch den Vertrag konkret festgelegt. Enthält dieser keine Regelung für die Uhrzeit, zu der der Vertrag beginnen und enden soll, so gilt **§ 10 VVG**. Danach beginnt die Versicherung sofern die Dauer der Versicherung nach Tagen, Wochen, Monaten oder nach einem mehrere Monate umfassenden Zeitraum bestimmt wird, mit dem Beginn des Tages (0:00 Uhr[54]), an dem der Vertrag geschlossen wird und sie endet mit Ablauf des letzten Tages (24:00 Uhr[55]) der Vertragszeit (**Mitternachtsregel**). Die frühere **Mittagsregel** (§ 7 VVG a.F.) kann zwar individualvertraglich beibehalten werden, dies bietet sich jedoch eher für Versicherungsverträge an, in denen es häufiger zu nächtlichen Versicherungsfällen kommt, die schwerlich der Zeit vor und nach Mitternacht zuzuordnen sind[56].

I. Die drei Begriffsebenen

24 Gemäß § 2 I AVB-RSW umfasst die Vorwärtsversicherung die Folgen aller vom Beginn des Versicherungsschutzes an bis zum Ablauf des Vertrages vorkommenden Verstöße. Für den Beginn und das Ende einer Versicherung gilt es, drei Begriffsebenen zu unterscheiden: Der **formelle Beginn und das Ende** repräsentieren den **Zeitrahmen der vertraglichen Bindung**. Materiell-rechtlich kann jedoch der Versicherer für einen weitergehenden Zeitraum zur Leistung verpflichtet sein. Die **materielle Vertragsdauer** kennzeichnet also den **Haftungszeitraum des Versicherers**. Demgegenüber bezeichnet die **technische Versicherungsdauer** den Zeitraum, für den der Versicherungsnehmer die **Prämie schuldet**.

25 **Regelmäßig** erfolgt die **Risikoübernahme** des Versicherers nach § 37 Abs. 2 VVG bzw. § 3 II Nr. 1 AVB-RSW erst für die Zeit nach Zahlung der ersten Prämie durch den Versicherungsnehmer, sofern keine vorläufige Deckung gewährt wurde.

II. Rückwärtsversicherung

26 Es kann eine Versicherung auch in der Weise genommen werden, dass sie zu einem vor der Schließung des Vertrages liegenden Zeitpunkt beginnt. Gemäß § 2 II Nr. 1 AVB-RSW bietet die Rückwärtsversicherung Deckung gegen in der Vergangenheit vorkommende Verstöße, die dem Versicherungsnehmer oder versicherten Personen bis zum Abschluss der Rückwärtsversicherung nicht bekannt geworden sind. Als bekannt gilt ein Verstoß gemäß § 2 II Nr. 2 AVB-RSW, wenn ein Vorkommnis vom Versicherungsnehmer oder von mitversicherten Personen – wenn auch nur möglicherweise oder bedingt – bereits als fehlsam, also pflichtwidrig bezeichnet worden ist, auch wenn Schadensersatzansprüche weder erhoben noch angedroht oder befürchtet worden sind. Bei Antragstellung ist die zu versichernde Zeit mit dem Anfangs- und Endpunkt zu bezeichnen, § 2 II Nr. 1 S. 2 AVB-RSW. Weiß der Versicherungsnehmer bei Schließung des Vertrages, dass der Versicherungsfall bereits eingetreten ist, so ist der Versicherer von der Verpflichtung zur Leistung frei, § 2 Abs. 2 S. 2 VVG. Wird der Versicherungsvertrag von einem Vertreter geschlossen, so ist in den Fällen des Absatzes 2 sowohl die Kenntnis des Vertreters als auch die Kenntnis des Vertretenen zu berücksichtigen, § 2 Abs. 3 VVG. Die Kenntnis des Versicherungsnehmers schadet im Vertretungsfall auch dann, wenn der Versicherungsnehmer nicht weiß, wann der Vertreter, der vom Eintritt des Versicherungsfalles nichts weiß, den Vertrag schließt[57]. Bei der Fremdversicherung kann es im Rahmen des § 47 Abs. 1 VVG auch auf die Kenntnis des Versicherten vom Versicherungsfall ankommen.

27 Den Abschluss einer Rückwärtsversicherung sollte auch derjenige prüfen, der in eine Sozietät eintritt[58].

---

54 Rüffer/Halbach/Schimikowski/*Muschner*, VVG, § 10, Rn. 5; *Wandt/Ganster*, VersR 2007, 1034, 1037.

55 Rüffer/Halbach/Schimikowski/*Muschner*, VVG, § 10, Rn. 8.

56 Vgl. Begr. RegE, BT-Drs. 16/3945, S. 63.

57 BGH, Urt. v. 19.2.1992 – IV ZR 106/91 – juris, Rn. 16.

58 Insoweit wird auf die Ausführungen in Rdn. 73 und 97 verwiesen.

III. Beginn des Versicherungsschutzes

Gemäß § 3 II Nr. 1 AVB-RSW beginnt der Versicherungsschutz, also die materielle Vertragsdauer – **vorbehaltlich einer anderen Vereinbarung – mit der Einlösung des Versicherungsscheines** durch Zahlung der Erstprämie sowie der im Antrag angegebenen Kosten und etwaigen öffentlichen Abgaben. **Erstprämie** in diesem Sinne ist das Entgelt des Versicherungsnehmers für die zeitlich erste Versicherungsperiode[59]. Bei Änderungen oder Erneuerungen bestehender Versicherungsverträge ist eine Gesamtwertung unter Würdigung aller vorliegenden Umstände für die Frage maßgebend, ob hier ein neuer Vertrag geschlossen oder der bisherige unter Wahrung der Vertragsintensität abgeändert werden sollte[60]. 28

Nach § 37 Abs. 2 VVG ist der Versicherer grundsätzlich von seiner Verpflichtung zur Leistung frei, wenn die Prämie zur Zeit des Eintritts des Versicherungsfalles noch nicht gezahlt ist. Anders als nach der früheren Regelung in § 38 Abs. 2 VVG a.F. tritt die Rechtsfolge der Leistungsfreiheit jedoch dann nicht ein, wenn der insoweit darlegungs- und beweispflichtige Versicherungsnehmer die Nichtzahlung nicht zu vertreten hat. Finanzielle Schwierigkeiten allein entlasten den Versicherungsnehmer freilich nicht, mögen sie auch unverschuldet sein[61]. Außerdem muss der Versicherer den Versicherungsnehmer durch gesonderte Mitteilung in Textform oder durch einen auffälligen Hinweis im Versicherungsschein auf diese Rechtsfolge der Nichtzahlung der Prämie aufmerksam gemacht haben, § 37 Abs. 2 S. 2 VVG[62]. Da § 37 VVG nicht zu Lasten des Versicherungsnehmers abdingbar ist (§ 42 VVG), geht die gesetzliche Neuregelung den noch der alten Gesetzeslage entsprechenden Regelungen in § 3 Abs. 1 Nr. 3 älterer Bedingungswerke vor. Gemäß § 37 Abs. 1 VVG ist der Versicherer außerdem berechtigt, vom Vertrag zurückzutreten, wenn die Erstprämie nicht rechtzeitig gezahlt wird und solange diese Zahlung nicht bewirkt wurde[63]. Auch das Rücktrittsrecht setzt nunmehr[64] voraus, dass der Versicherungsnehmer die Nichtzahlung zu vertreten hat. Darlegungs- und Beweislast liegen auch insoweit beim Versicherungsnehmer[65]. Die aktuellen Bedingungen regeln die Folgen einer verspäteten Zahlung der Erstprämie in Übereinstimmung mit der Gesetzeslage in § 8 II Nr. 2 und 3 AVB-RSW. 29

Die Rechtswirkungen des § 37 Abs. 2 VVG treten trotz nicht erfolgter Zahlung nicht ein, wenn eine auch nur **geringfügig überhöhte Prämie** gefordert wird[66]. Entsprechendes gilt dann, wenn mit der Zahlung der Erstprämie auch Folgeprämien angefordert, diese nicht gesondert beziffert werden und der Versicherer nicht darüber belehrt, dass der Fortbestand des Versicherungsschutzes nur von der Zahlung der Erstprämie abhängig ist[67]. Nach **Treu und Glauben** ist der Versicherer gehindert, sich auf die Leistungsfreiheit wegen Prämienverzuges zu berufen, wenn dem Versicherungsnehmer eine **Gegenforderung** zusteht, mit der der Versicherer bei Fälligwerden der Erstprämie verrechnen oder aufrechnen könnte und ihm dies wenigstens bekannt sein könnte[68]. Auch die Geringfügigkeit der Rückstände kann – wenn auch in engen Grenzen – die Ausübung der Rechte aus § 37 VVG im Einzelfall unverhältnismäßig machen, sofern der Versicherungsnehmer nicht bewusst und gewollt 30

59 BGH, Urt. v. 25.6.1956 – II ZR 101/55 – juris, LS. 2, Rn. 12.

60 BGH, Urt. v. 19.10.1988 – IVa ZR 111/87 – juris, Rn. 4; BK/*Riedler*, VVG, § 38, Rn. 9–20.

61 Prölss/Martin/*Reiff*, VVG, § 37, Rn. 16.

62 Nach altem Recht bestand eine solche Belehrungspflicht nur in den Fällen, in denen der Versicherungsschutz vor Einzahlung der Erstprämie beginnen sollte; vgl. Nachweise bei Prölss/Martin/*Knappmann*, VVG, 27. Auflage, § 38, Rn. 29.

63 Die frühere Rücktrittsfiktion in § 38 Abs. 2 S. 2 VVG a.F. für den Fall, dass der Versicherer den Anspruch auf die Prämie nicht innerhalb von drei Monaten vom Fälligkeitstage an gerechnet gerichtlich geltend macht, ist mit der VVG-Reform entfallen, da der Rücktritt nicht immer im Interesse des Versicherungsnehmers liegt, Begr. RegE, BT-Drs. 16/3945, S. 71.

64 Nach früherem Recht bestand das Rücktrittsrecht verschuldensunabhängig, BGH, Urt. v. 20.1.1971 – IV ZR 42/69 – juris, Rn. 8.

65 Begr. RegE, BT-Drs. 16/3945, S. 71.

66 BGH, Urt. v. 7.10.1992 – IV ZR 247/91 – juris, Rn. 11; Prölss/Martin/*Reiff*, VVG, § 37, Rn. 17.

67 OLG Hamm, Urt. v. 10.2.1988 – 20 U 154/87 – juris, Ls. 1.

68 BGH, Urt. v. 12.6.1985 – IVa ZR 108/83 – juris, Rn. 10.

nicht vollständig zahlt[69]. Für den Zugang der **Zahlungsaufforderung**[70] und für den Zeitpunkt des Zugangs[71] ist der Versicherer beweispflichtig.

31 Wird im Vertrag der Versicherungsbeginn nicht datumsmäßig bestimmt, gilt die **einfache Einlösungsklausel** des § 3 II Nr. 1 AVB-RSW. Wird hingegen der Vertragsbeginn in der Versicherungspolice datumsmäßig genannt, so gilt die **erweiterte Einlösungsklausel** des § 3 II Nr. 2 AVB-RSW. Diese Bedingung regelt: Wird die erste Prämie erst nach dem als Beginn der Versicherung festgesetzten Zeitpunkt angefordert, alsdann aber **ohne Verzug** bezahlt, beginnt der Versicherungsschutz mit dem vereinbarten Zeitpunkt. »Ohne Verzug« bedeutet »ohne schuldhaftes Zögern«, also »unverzüglich« i.S.v. § 33 Abs. 1 VVG, § 121 Abs. 1 BGB; eine Verweisung auf die Voraussetzungen des § 286 BGB erfolgt nicht[72].

32 Bei **Vereinbarung eines Lastschriftverfahrens** wird § 37 Abs. 2 VVG insoweit abbedungen, als dadurch die Prämienschuld zur Holschuld wird[73]. Scheitert die Abbuchung allerdings infolge mangelnder Kontodeckung bzw. eines unzureichenden Kreditrahmens, findet § 37 Abs. 2 VVG jedenfalls dann Anwendung, wenn dem Versicherungsnehmer Zeitpunkt und Höhe der bevorstehenden Abbuchung bekannt waren; sind ihm hingegen Zeitpunkt und/oder Höhe des Prämieneinzuges nicht im Vorhinein zuverlässig bekannt, ist der Versicherer verpflichtet, die bevorstehende Abbuchung rechtzeitig anzukündigen[74].

IV. Ende der Versicherung

33 **Der Vertrag wird für die im Versicherungsschein festgesetzte Zeit abgeschlossen.** Eine durch den Vertrag getroffene Vereinbarung, nach welcher der Versicherungsvertrag als **stillschweigend verlängert** gilt, wenn er nicht vor Ablauf der Vertragszeit gekündigt wird, ist insoweit nichtig, als sich die Verlängerung jeweils auf mehr als ein Jahr erstrecken soll, § 11 Abs. 1 VVG.

34 Im Übrigen endet der Versicherungsschutz für zukünftige Pflichtverletzungen regelmäßig mit dem **Wegfall der Zulassung** wegen des damit verbundenen Wegfalls des versicherten Interesses, vgl. § 9 IV AVB-RSW bzw. AVB-N. Das versicherte Interesse fällt noch nicht weg, wenn dem Anwalt seine berufliche Tätigkeit nur vorübergehend untersagt wird[75]. Das Gleiche gilt für die vorläufige Amtsenthebung eines Notars[76]. Das Ende des Versicherungsvertrages ist mit dem Haftungszeitraum des Versicherers nicht deckungsgleich. Maßgebend für die Haftung des Versicherers ist gemäß § 5 I AVB-RSW wann der Versicherungsfall eintritt. **Versicherungsfall** i.S.d. Bedingungswerke **ist der Verstoß, der Haftpflichtansprüche gegen den Versicherungsnehmer zur Folge haben kann (Verstoßprinzip). Ist der Verstoß während der Laufzeit des Versicherungsvertrages erfolgt, ist der Versicherer eintrittspflichtig ungeachtet der Frage, wann die Folgen des Verstoßes nach der Beendigung des Vertrages eintreten.** Das ist der große Vorteil der Versicherung nach dem Verstoßprinzip. Würde stattdessen das Claims-made-Prinzip gelten, müsste der Anwalt noch in dem Zeitpunkt versichert sein, in dem der Anspruch geltend gemacht wird, da das Claims-made-Prinzip mit einer üblichen Nachhaftungsbegrenzung nicht den gesetzlichen Anforderungen des § 51 BRAO genügen würde[77]. Eine Umstellung der Vermögensschadenhaftpflichtversicherung auf dieses Prinzip würde deshalb für die Anwaltschaft den gravierenden Nachteil mit sich bringen, dass man auch nach

69 Staudinger/Halm/Wendt/*Thessinga*, Versicherungsrecht, § 37, Rn. 23 m.w.N. und Beispielen aus der Rechtsprechung.
70 BGH, Urt. v. 13.12.1995 – IV ZR 30/95 – juris, Rn. 11.
71 OLG Hamm, Urt. v. 22.11.1995 – 20 U 186/95 – juris, Rn. 10.
72 BGH, Urt. v. 24.1.1963 – II ZR 89/61 – NJW 1963, 1054, 1055 sowie Staudinger/Halm/Wendt/*Klein*, Versicherungsrecht, § 3 AVB-RSW, Rn. 5.
73 BGH, Urt. v. 30.1.1985 – IVa ZR 91/83 – juris, Rn. 9.
74 BGH, Urt. v. 30.1.1985 – IVa ZR 91/83 – juris, Rn. 11.
75 So zu Recht auch *Chab*, in: G. Fischer/Vill/D. Fischer/Pape/Chab, § 18, Rn. 103.
76 OLG Hamm, Urt. v. 29.11.1985 – 20 U 124/85 – VersR 1987, 802.
77 Nach diesem in der angelsächsischen Haftpflichtversicherung geltenden Prinzip tritt der Versicherungsfall erst ein, wenn ein Dritter Ansprüche gegen den Versicherungsnehmer oder eine mitversicherte Person

Einstellung der Berufstätigkeit im dritten Lebensabschnitt noch weiter versichert sein müsste, weil häufig eben Ansprüche gegen den Anwalt erst Jahre nach der Pflichtverletzung gestellt werden[78]. Gegebenenfalls müsste die Anwaltschaft dann sogar ihre Erben bei Geltung des Claims-made-Prinzips noch veranlassen, eine Vermögensschadenhaftpflichtversicherung abzuschließen. Demgegenüber übernimmt der Versicherer für eine Versicherung nach dem Verstoßprinzip für während der Laufzeit des Versicherungsvertrages begangene Verstöße regelmäßig eine zeitlich unbegrenzte Deckung.

V. Nachhaftung

Grundsätzlich ist die Nachhaftung für den Anwalt im Bereich der Vermögensschadenhaftpflichtversicherung nicht problematisch, weil Grundlage der Haftung das Verstoßprinzip[79] ist. Der Anwalt und der Notar müssen deshalb nur im Zeitpunkt des Verstoßes versichert sein und nicht auch noch im Zeitpunkt des Schadenseintritts. 35

Im Einzelfall kann sich aber die sogenannte Nachhaftung versicherungsrechtlich als problematisch erweisen. Mit dem Verlust oder der Rückgabe der Anwaltszulassung sind die Mandatsverträge nicht automatisch beendet, so dass in dieser Phase noch haftungsträchtige Pflichten verletzt werden können[80]. Auch den aus einer Sozietät Ausscheidenden trifft ggf. die Nachhaftung. **Maßgebend ist** hier, **wann gegenüber dem Mandanten das Ausscheiden haftungsrechtlich wirksam wird.** Der Mandatsvertrag mit dem Ausscheidenden muss gegenüber dem Mandanten beendet werden. Dazu reicht der Wegfall der Namensnennung auf Briefkopf und Praxisschild aus, mit der Folge, dass der aus der Praxis Ausscheidende für Fehler seiner Sozien nicht haftet, die diese danach begehen. Die für den BGB-Gesellschafter nach § 736 Abs. 2 BGB geltende Nachhaftung des ausgeschiedenen Gesellschafters ist in diesem Zusammenhang grundsätzlich unschädlich, solange der Verstoß während des bestehenden Haftpflichtversicherungsvertrages erfolgte[81]. Haftungsträchtig und nicht versichert ist jedoch der Fall, dass der Ausscheidende noch weiter auf dem Briefbogen geführt wird, sofern der Versicherungsvertrag mit dem Ausscheiden beendet wird. Das Gleiche gilt für den Fall, dass beispielsweise der Praxissenior seine Tätigkeit in der Kanzlei einstellt, aber als Namensgeber nach wie vor auf Praxisschild und Briefbogen als Anwalt dieser Kanzlei geführt wird. Der durch das Nachhaftungsbegrenzungsgesetz[82] in § 736 BGB eingefügte Abs. 2 verweist auf die für Personenhandelsgesellschaften geltenden Regelungen über die Nachhaftungsbegrenzung und hebt dieses Risiko nicht auf, sondern grenzt dieses über die sinngemäß anzuwendende Regelung des § 160 HGB zeitlich auf einen Zeitraum von fünf Jahren nach dem Ausscheiden ein. 36

Im Übrigen treffen den Anwalt im Einzelfall auch nach Beendigung des Vertragsverhältnisses mit dem Mandanten aus Treu und Glauben (§ 242 BGB) noch Pflichten, deren Verletzung einen Schadensersatzanspruch begründen kann[83]. Einige nachvertragliche Pflichten sind sogar gesetzlich normiert, nämlich die Schweigepflicht[84], das Verbot des Parteiverrates[85], die Verpflichtung zur Aufbewahrung der Handakten[86] sowie die Verpflichtung zur Rechenschaftslegung[87] und die 37

---

geltend macht, es muss also die Anspruchserhebung in die Laufzeit des Versicherungsvertrages fallen; vgl. Beckmann/Matusche-Beckmann/*v. Rintelen*, Versicherungsrechts-Handbuch, § 26, Rn. 298.

78 Borgmann/Jungk/Schwaiger/*Weinbeer/Jungk*, Anwaltshaftung, § 39, Rn. 11.

79 Siehe Rdn. 34.

80 So zu Recht *Brieske*, AnwBl 1995, 225, 228.

81 Die Nachhaftung umfasst auch Ansprüche aus Dauerschuldverhältnissen; dem ausgeschiedenen Gesellschafter droht deshalb auch eine Inanspruchnahme für nach seinem Ausscheiden auflaufende Zahlungsrückstände, vgl. BGH, Urt. v. 27.9.1999 – II ZR 356/98 – juris, Rn. 20.

82 BGBl 1994, I S. 560.

83 *Vill*, in: G. Fischer/Vill/D. Fischer/Pape/Chab, § 2, Rn. 9; BGH, Urt. v. 1.2.1990 – IX ZR 82/89 – juris, Rn. 26; vgl. dazu auch die Ausführungen in Kap. 1 Rdn. 236.

84 §§ 203 Abs. 1 Nr. 3, 204 StGB.

85 § 356 StGB.

86 § 50 Abs. 2 BRAO.

87 §§ 675, 666 BGB.

Verpflichtung zur Herausgabe erlangter Gegenstände[88]. Wird dann der Versicherungsvertrag zusammen mit dem Mandatsverhältnis beendet, kann sich im Einzelfall deshalb gleichwohl noch ein Deckungsproblem ergeben.

F. Umfang des Versicherungsschutzes

I. Doppelfunktion der Haftpflichtversicherung

38 **Gemäß § 3 III Nr. 1 AVB-RSW umfasst der Versicherungsschutz die Abwehr unbegründeter Schadensersatzansprüche sowie die Freistellung des Versicherungsnehmers von berechtigten Schadensersatzverpflichtungen. Der gegen einen Haftpflichtversicherer gerichtete Anspruch auf Deckung entsteht mit der Erhebung von Ansprüchen durch Dritte**[89]. Der Deckungsanspruch entsteht auch bereits mit der Streitverkündung, nicht aber mit einer Regressdrohung »aus anwaltlicher Vorsorge« oder mit der Aufforderung zu einem Verjährungsverzicht[90]. Die **Abwehrpflicht des Versicherers** wird bereits dann begründet, wenn auch nur die entfernte Möglichkeit besteht, dass der Versicherungsnehmer aus dem unter das versicherte Risiko fallenden Tatbestand verurteilt werden wird. Das Gleiche gilt, wenn der Versicherungsnehmer im Haftpflichtprozess aus einem Rechtsgrund verurteilt wird, der außerhalb des versicherten Risikos liegt, solange nur der Tatbestand des Urteils erkennen lässt, dass der Urteilsspruch auf Rechtsgründe hätte gestützt werden können, die innerhalb des versicherten Risikos liegen. Der Anspruch auf Sicherheitsleistung ist Teil des versicherungsrechtlichen Abwehranspruches[91].

39 Aufgrund der sich aus § 3 III Nr. 1.3 AVB-RSW ergebenden Schadensbearbeitungsvollmacht gilt der Versicherer als bevollmächtigt, sämtliche zur Beilegung oder Abwehr des Anspruchs ihm zweckmäßig erscheinende Erklärungen im Namen des Versicherungsnehmers abzugeben. Dem Anwalt bzw. Notar stand jedoch gemäß § 3 II Nr. 9 älterer Bedingungswerke gegen ein Anerkenntnis des Versicherers ein Widerspruchsrecht zu, das einem Entzug der Vollmacht gleichkommt. Verliert danach der Anwalt bzw. Notar jedoch den sich anschließenden Regressprozess, hat er die Anwalts- und Gerichtskosten zu tragen. Eine ähnliche Regelung wird durch § 3 III Nr. 7 der aktuellen AVB-RSW getroffen. Dort wird geregelt, dass der Versicherer für den von einer Weigerung bzw. der Verfügungsstellung an entstehenden Mehraufwand an Hauptsache, Zinsen und Kosten nicht aufzukommen hat, falls eine vom Versicherer verlangte Erledigung eines Haftpflichtanspruches durch Anerkenntnis, Befriedigung oder Vergleich am Verhalten des Versicherungsnehmers scheitert oder falls der Versicherer seinen vertragsmäßigen Anteil zur Befriedigung des Geschädigten zur Verfügung stellt. Die Regelung betrifft die Fälle, in denen der Versicherungsnehmer gegen eine geplante

---

88 §§ 675, 667 BGB.

89 KG, Urt. v. 2.3.1999 – 6 U 9481/97 – juris, Rn. 38.

90 BGH, Urt. v. 3.10.1979 – IV ZR 45/78 – juris, Rn. 21 f.

91 Dazu heißt es beispielsweise in einem Urteil des OLG Koblenz v. 6.4.1979 – 10 U 607/78 – VersR 1979, 830: »Der Anspruch auf Sicherheitsleistung ist ein Teil des versicherungsrechtlichen Abwehranspruches des Klägers. Die Begründung dieses Teilanspruches kann deshalb zweifelhaft sein, weil das für vorläufig vollstreckbar erklärte Urteil mit einer Garantieerklärung des Klägers begründet wurde, die – wäre sie abgegeben – außerhalb des versicherten Risikos liegen würde. Wäre das hier im Deckungsprozeß zu entscheidende Gericht an die Beurteilung gebunden, so müßte die versicherungsrechtliche Deckung dieses nicht versicherten Risikos abgelehnt werden. Die zu dem Urteil im Haftpflichtprozeß führende Klageforderung war jedoch erkennbar noch auf andere Anspruchsgrundlagen gestützt, die nicht außerhalb des versicherten Risikos lagen und die das LG nicht geprüft hat, weil es von seiner Auffassung aus der Klageforderung am einfachsten aus der konstruierten Garantieerklärung zusprechen konnte. In derartigen Fällen bleibt das im Deckungsprozess erkennende Gericht sogar bei rechtskräftiger Entscheidung im Haftpflichtprozeß verpflichtet zu prüfen, ob die Klageforderung nicht auch aus einer unter das versicherte Risiko fallenden Anspruchsnorm begründet ist (BGH VersR 62, 557…).« Die Verpflichtung des beklagten Versicherers zur Freistellung des Anwaltes ist also in solchen Fällen nicht nur dann zu bejahen, wenn tatsächlich keine Garantieerklärung abgegeben worden ist, sondern auch dann und insoweit, wie eine solche Erklärung zwar vorliegt, die Haftung des Anwaltes aber auch auf Tatbestände innerhalb des versicherten Risikos gestützt werden kann.

Schadensregulierung opponiert und der Versicherer davon absieht, sein Weisungsrecht durchzusetzen oder der Versicherungsnehmer unter Missachtung der Weisungen des Versicherers die von diesem angestrebte Regulierung untergräbt[92]. Das Anerkenntnisrecht wird in den Fällen von vornherein zu verneinen sein, in denen der geltend gemachte Anspruch des Geschädigten die Deckungssumme übersteigt, weil der die Deckungssumme übersteigende Betrag vom Anwalt bzw. Notar zu tragen ist und dieser ein Interesse daran hat, dass sein Haftpflichtversicherer nicht hinsichtlich des ersten Teils der Forderung ein Anerkenntnis ausspricht oder einen Vergleich schließt, so dass es jedenfalls einer Nebenpflicht des Versicherers aus dem Versicherungsvertrag entspricht, sich in solchen Situationen von vornherein mit dem Anwalt bzw. dem Versicherungsnehmer abzustimmen.

Ein Haftpflichtbefreiungsanspruch des Anwaltes, also ein Anspruch auf Freistellung besteht erst, 40
wenn im Haftpflichtprozess rechtskräftig festgestellt worden ist, dass der Anwalt ersatzpflichtig ist und soweit diese Ersatzpflicht innerhalb des versicherten Risikos liegt[93].

Folge der Abwehrfunktion der Haftpflichtversicherung ist der **Rechtsschutzanspruch** des Anwal- 41
tes und des Notars. Dieser Rechtsschutzanspruch entspricht der gesetzlichen Regelung in § 101 VVG. Der Versicherer hat im Zivilverfahren den Ersatz sämtlicher Kosten sowohl des Anwaltes bzw. seines Prozessvertreters als auch des klagenden Dritten zu übernehmen. Erweist sich die Klage als unbegründet, hat der Haftpflichtversicherer aus dem Deckungsverhältnis einen Anspruch auf Abtretung der Kostenerstattungsansprüche gegen den Kläger. Vorleistungspflichtig ist allerdings insoweit der Versicherer, der das Risiko eventueller Uneinbringlichkeit der Erstattungsansprüche trägt[94]. Wird hingegen der Klage im Haftpflichtprozess gegen den Anwalt stattgegeben, verbleibt es bei der Kostentragungspflicht des Haftpflichtversicherers und zwar sogar über die vereinbarte Deckungssumme hinaus, sofern der ausgeurteilte Betrag die Deckungssumme nicht überschreitet[95].

Nicht zu erstatten hat der Versicherer die Kosten für einen zweiten Anwalt, die dadurch entstehen, 42
dass der Anwalt bzw. der Notar selbst einen eigenen Prozessbevollmächtigten beauftragt hat und gleichzeitig der Versicherer einen anderweitigen Prozessauftrag erteilt hat. In diesem Fall muss entweder der vom Versicherungsnehmer beauftragte Prozessbevollmächtigte das Mandat niederlegen oder es muss der Anwalt bzw. der Notar selbst für die Kosten aufkommen, die durch die nicht abgesprochene Beauftragung entstanden sind. Das gilt nur dann nicht, wenn der Versicherer von seinem Prozessführungsrecht wegen des Verdachts kollusiven Zusammenwirkens zwischen dem Kläger und dem Anwalt/Notar keinen Gebrauch macht[96]. Deshalb sehen § 3 II Nr. 6 älterer und § 3 III Nr. 5.1 der aktuellen Bedingungswerke vor, dass die Kosten eines gegen den Versicherungsnehmer anhängig gewordenen, einen gedeckten Haftpflichtanspruch betreffenden Haftpflichtprozesses sowie einer wegen eines solchen Anspruches mit Zustimmung des Versicherers vom Versicherungsnehmer betriebenen negativen Feststellungsklage oder Nebenintervention grundsätzlich voll zu Lasten des Versicherers gehen.

Der Grundsatz der Kostentragungspflicht gilt jedoch nicht uneingeschränkt. **Übersteigt** nämlich 43
der Haftpflichtanspruch die Versicherungssumme, so trägt der Versicherer die Gebühren und Pauschsätze nur nach der Wertklasse, die der Versicherungssumme entspricht. »Wertklasse« meint die Abrechnungstabellen nach dem Gegenstandswert im RVG, GKG usw.[97]. Für die nicht durch Pauschsätze abzugeltenden Auslagen tritt eine verhältnismäßige Verteilung zwischen Versicherer und Versicherungsnehmer ein, § 3 II Nr. 6a älterer bzw. § 3 Nr. 5.2 Satz 3 der aktuellen Bedingungswerke. Unter Geltung früherer Bedingungen kam es für die Kostentragungspflicht nur darauf

92 *Diller*, AVB-RSW, § 3, Rn. 134.
93 OLG Düsseldorf, Urt. v. 6.2.1996 – 4 U 272/94 – NJW-RR 1996, 1245 f.; OLG Frankfurt, Urt. v. 18.12.2002 – 7 U 54/02 – VersR 2003, 588.
94 So auch Langheid/Rixecker/*Langheid*, VVG, § 101, Rn. 3.
95 Prölss/Martin/*Lücke*, VVG, § 101, Rn. 23; Langheid/Rixecker/*Langheid*, VVG, § 101 Rn. 3 und 11.
96 Langheid/Rixecker/*Langheid*, VVG, § 101, Rn. 7; so zur Kfz-Haftpflichtversicherung auch BGH, Urt. v. 15.9.2010 – IV ZR 107/09 – juris, Rn. 13 ff.
97 *Riechert*, Berufshaftpflicht, § 3, Rn. 107.

an, ob die **berechtigte** Haftpflichtforderung unterhalb der Versicherungssumme blieb; nicht maßgeblich war danach also der Wert unbegründet geltend gemachter Ansprüche. Rechtsschutz war mithin unabhängig von der Höhe der unberechtigt geltend gemachten Anspruchsteile zu leisten, solange die Versicherungssumme nicht ausgeschöpft wurde[98]. Nach § 3 III Nr. 5.2 Satz 2 der aktuellen Bedingungswerke gilt die **Deckelung** jedoch ausdrücklich **auch für die Abwehr unberechtigter Schadenersatzansprüche**. Die anteilige Kostentragungspflicht des Anwalts tritt nach dem Wortlaut mithin bereits dann ein, wenn die geltend gemachte Haftpflichtforderung die Versicherungssumme übersteigt[99]. Es spricht jedoch einiges dafür, dass die Klausel mit dieser Reichweite überraschend i.S.v. § 305c Abs. 1 BGB ist[100] bzw. den Versicherungsnehmer i.S.v. § 307 Abs. 1 i.V.m. Abs. 2 Nr. 1 BGB unangemessen benachteiligt, weil sie mit wesentlichen Grundgedanken des § 101 Abs. 1 VVG nicht zu vereinbaren ist. Zwar ist § 101 VVG dispositiv (vgl. § 112 VVG), das schließt jedoch dessen Leitbildcharakter nicht aus[101]. Dem Versicherer steht in der Haftpflichtversicherung ein Wahlrecht zu, nach dem er den erhobenen Haftpflichtanspruch anerkennen und befriedigen oder aber den Haftpflichtprozess für den Versicherten führen kann[102]. Geschieht Letzteres, liegt das im Interesse des Versicherers; der Versicherte kann von sich aus keinen Einfluss auf diese Entscheidung nehmen. Vor diesem Hintergrund trägt § 101 Absatz 2 Satz 1 VVG einer dem Haftpflichtversicherungsvertrag immanenten Pflichten- und Risikoverteilung Rechnung: Solange der Versicherer umfassend abwehren muss und insoweit er eine Schadenbearbeitungsvollmacht hat, muss er auch für die verursachten Kosten einstehen[103]. Die Rechtsschutzverpflichtung des Versicherers gehört zum traditionellen Leitbild der Haftpflichtversicherung, die nicht ohne weiteres durch AGB abgeändert werden kann[104]. Schon der Verstoß gegen dieses Leitbild indiziert daher eine unangemessene Benachteiligung, § 307 Abs. 2 Nr. 1 BGB. Abweichende AGB-Vereinbarungen, wie die hier in Rede stehende Klausel, können zu einer Aushöhlung des Hauptleistungsversprechens der Rechtsschutzgewährung und einer damit einhergehenden Gefährdung des Vertragszwecks führen, § 307 Abs. 2 Nr. 2 BGB[105]. Gerade weil die Rechtsschutzverpflichtung so grundlegend ist, ist die anteilige Verlagerung der Kostentragungspflicht auf den Versicherungsnehmer so ungewöhnlich, dass mit ihr nicht gerechnet werden muss, denn der Abwehrschutz und die Bearbeitungsvollmacht gelten nicht nur im Rahmen der Versicherungssumme; auch die Obliegenheiten des Versicherungsnehmers sind nicht beschränkt[106], weshalb ein Verstoß gegen § 305c Abs. 1 BGB nahe liegt.

44 Zu einer Quotierung kommt es jedoch generell nicht, wenn die Haftpflichtforderung nur wegen der gleichzeitig anfallenden **Zinsen** die Deckungssumme überschreitet. Das ergibt sich aus der in § 101 Abs. 2 S. 2 VVG getroffenen Regelung für Zinsen, die der Anwalt infolge einer vom Versicherer veranlassten Verzögerung der Befriedigung des Dritten diesem zu entrichten hat. § 101 VVG ist zwar gemäß § 112 VVG nicht unabdingbar. Die Bedingungen treffen jedoch dazu keine konkrete anderweitige Regelung.

---

98 OLG Düsseldorf, Urt. v. 28.11.1989 – 4 U 46/89 – VersR 1991, 94.

99 *Riechert*, Berufshaftpflicht, § 3, Rn. 108; *Chab*, in: G. Fischer/Vill/D. Fischer/Pape/Chab, § 18, Rn. 52.

100 Bejahend: *Gräfe/Brügge*, Vermögensschaden-Haftpflichtversicherung, Rn. D, 346; Verneinend: *Riechert*, Berufshaftpflicht, § 3, Rn. 108; differenzierend: Langheid/Rixecker/*Langheid*, VVG, § 101, Rn. 14.

101 *Terno*, r+s 2013, 577, 579.

102 Vgl. Rdn. 39.

103 *Terno*, r+s 2013, 577, 579; *Gräfe/Brügge*, Vermögensschaden-Haftpflichtversicherung, Rn. D, 345.

104 Prölss/Martin/*Lücke*, VVG, § 101, Rn. 33.

105 Vgl. OLG Frankfurt a.M., Urt. v. 9.6.2011 – 7 U 127/09 – VersR 2012, 432 Rn. 65 zur Unwirksamkeit einer Klausel in der D&O Versicherung, nach der in der Versicherungssumme u.a. Anwalts-, Sachverständigen-, Zeugen- und Gerichtskosten enthalten waren; im Ergebnis zustimmend – unter Nachholung der insoweit durch das OLG Frankfurt a.M. versäumten Interessenabwägung – *Terno*, r+s 2013, 577, 579 f.

106 *Gräfe/Brügge*, Vermögensschaden-Haftpflichtversicherung, Rn. D, 346, die zu Recht anführen, dass der Versicherungsnehmer, der von einem Mandanten mutwillig mit einem Anspruch über 10 Mio. EUR überzogen wird, überrascht sein wird, wenn seine Pflichtversicherung die Abwehr organisiert, letztlich keine Entschädigung zahlt, aber sich bei der Kostenerstattung auf die Versicherungssumme beruft.

45 Der Haftpflichtversicherer ist auch verpflichtet, im Prozess eine erforderlich werdende **Sicherheitsleistung** zu erbringen und zwar aufgrund seiner umfassenden Freistellungsverpflichtung[107] und ggf. dafür Sorge zu tragen, dass das Gericht die Leistung der Sicherheit durch Bürgschaft zulässt[108]. Eine schuldhafte Verletzung der Pflicht des Versicherers zur Erbringung der Sicherheitsleistung verpflichtet ihn zum Schadensersatz[109].

46 Den Versicherer treffen dann keine Kosten, wenn der Haftpflichtanspruch den Betrag des Mindest- oder eines vereinbarten festen Selbstbehaltes nicht übersteigt, § 3 III 5.3 AVB-RSW. Fraglich ist, ob daraus abzuleiten ist, dass in Bezug auf Ansprüche unterhalb des Selbstbehaltes keine Abwehrverpflichtung des Versicherers besteht[110].

47 Außerdem ist der **Versicherer nicht zur Gebührenerstattung verpflichtet, wenn** ein Versicherungsnehmer **sich selbst vertritt** bzw. sofern er sich durch einen Sozius oder Mitarbeiter vertreten lässt.

II. Gegenstand des Versicherungsschutzes

48 Gemäß § 1 I Nr. 1 AVB-RSW gewährt der Versicherer dem Versicherungsnehmer Versicherungsschutz, also Deckung, für den Fall, dass er wegen eines bei der Ausübung beruflicher Tätigkeiten – von ihm selbst oder einer Person für die er einzutreten hat (§§ 278, 831 BGB) – begangenen Verstoßes von einem anderen aufgrund gesetzlicher Haftungsbestimmungen privatrechtlichen Inhaltes für einen **Vermögensschaden** verantwortlich gemacht wird.

1. Ausübung beruflicher Tätigkeit

49 Versichert ist deshalb für Rechtsanwälte und Anwaltsnotare grundsätzlich jedes Handeln oder pflichtwidriges Unterlassen, das in Ausübung beruflicher Tätigkeit erfolgt. Der Begriff »berufliche Tätigkeit« ist weit auszulegen[111]. Gemäß § 3 Abs. 1 BRAO ist der Rechtsanwalt der »berufene unabhängige Berater und Vertreter in allen Rechtsangelegenheiten«. Da Versicherungsbedingungen so auszulegen sind, wie sie ein durchschnittlicher Versicherungsnehmer bei verständiger Würdigung, aufmerksamer Durchsicht und unter Berücksichtigung des erkennbaren Sinnzusammenhanges verstehen muss[112], ist als **Ausübung beruflicher Tätigkeit jede Tätigkeit** anzusehen, **die** einen **Zusammenhang mit rechtsberatender Tätigkeit aufweist**. Umstritten und höchstrichterlich ungeklärt ist, ob die anwaltliche Tätigkeit den Schwerpunkt des Auftrags bilden muss[113], oder ob es allein darauf ankommt, dass der konkrete Verstoß der rechtsberatenden Tätigkeit zuzuordnen ist, selbst wenn sie im Einzelfall einer wirtschaftlichen Tätigkeit untergeordnet ist. Richtigerweise dürfte auf den konkreten Verstoß abzustellen sein; denn auch wenn der Schwerpunkt des Mandats außerhalb anwaltlicher Tätigkeit liegt kann der konkrete Verstoß in einem Bereich liegen, in dem anwaltliche Tätigkeit gefragt war, für die der Versicherer Deckungsschutz versprochen hat[114].

---

107 Späte/Schimikowski/*Diller*, AHB, § 3 AVB-V, Rn. 71.

108 Späte/Schimikowski/*Diller*, AHB, § 3 AVB-V, Rn. 75.

109 Prölss/Martin/*Lücke*, VVG, § 101, Rn. 32; Späte/Schimikowski/*Diller*, AHB, § 3 AVB-V, Rn. 72.

110 Verneinend: *Diller*, AVB-RSW, § 3, Rn. 20; Staudinger/Halm/Wendt/*Klein*, Versicherungsrecht, § 3 AVB-RSW, Rn. 21; a.A. *Chab*, in: G. Fischer/Vill/D. Fischer/Pape/Chab, § 18, Rn. 52; *Riechert*, Berufshaftpflicht, § 3, Rn. 112; vgl. Rdn. 179.

111 BGH, Beschl. v. 23.9.2015 – IV ZR 484/14 – juris, Rn. 20.

112 BGH, Urt. v. 26.2. 2020 – IV ZR 235/19 – juris, Rn. 9; BGH, Urt. v. 25.6.2008 – IV ZR 233/06 – juris, Rn. 12.

113 So OLG München, Urt. v. 25.1.2019 – 25 U 623/18 – juris, Rn. 53 ff.

114 Wie hier *Chab*, in: G. Fischer/Vill/D. Fischer/Pape/Chab, § 18, Rn. 40; *Jungk*, AnwBl 2004, 117 ff. Auch das OLG Frankfurt a.M. stellt bei der Einordnung der Tätigkeit des Rechtsanwalts auf den ihm im Haftpflichtprozess vorgeworfenen Pflichtenverstoß ab (OLG Frankfurt a.M., Urt. v. 3.12.2014 – 7 U 48/13 – juris, Rn. 46); der BGH hat diese Frage im sich anschließenden Revisionsverfahren offen gelassen (Beschl. v. 23.9.2015 und 4.1.2016 – IV ZR 484/14 – VersR 2016, 388).

Allein die Eröffnung eines Anderkontos durch einen Rechtsanwalt und die Auszahlung des durch Überweisung eingegangenen Guthabens an den Auftraggeber ist allerdings keine versicherte »anwaltliche Berufstätigkeit«[115]. **Ausweislich der Risikobeschreibung für Rechtsanwälte** einschließlich des Rechtsanwaltsrisikos von Anwaltsnotaren (Teil B BBR-RA)[116] sind **mitversichert die Tätigkeiten** als **Insolvenzverwalter, Gesamtvollstreckungsverwalter, Gläubigerausschussmitglied, Sachwalter, Treuhänder, gerichtlich bestellter Liquidator, Testamentsvollstrecker, Nachlasspfleger, Nachlassverwalter, Vormund, Betreuer, Pfleger und Beistand, Schiedsrichter, Schlichter, Mediator, Abwickler einer Praxis gemäß § 55 BRAO, Zustellungsbevollmächtigter gem. § 30 BRAO, als Notarvertreter für die Dauer von 60 Tagen** innerhalb eines Versicherungsjahres, **sowie als Mitglied eines Aufsichtsrates, Beirates, Stiftungsrates oder ähnlicher Gremien**, soweit die dem Verstoß zugrunde liegende Tätigkeit einer anwaltlichen Berufsausübung entspricht. Mitversichert ist im Rahmen des Vertrages ausweislich der Risikobeschreibung **außerdem auch die gesetzliche Haftpflicht von Vertretern des Versicherungsnehmers aus der Vertretertätigkeit**, solange der Versicherungsnehmer an der Ausübung seines Berufes gehindert ist. Die Mitversicherung besteht nur nicht, wenn und soweit der Vertreter durch eine eigene Versicherung gedeckt ist. Mitversichert ist außerdem im Rahmen des Vertrages die gesetzliche **Haftpflicht der Erben des Versicherungsnehmers** aus Verstößen, die **bis zur Bestellung eines Praxisabwicklers** oder bis zur Praxisveräußerung, längstens jedoch bis zu acht Wochen nach dem Ableben des Versicherungsnehmers vorgekommen sind. In den Risikobeschreibungen mancher Versicherer ist die Tätigkeit als Zwangsverwalter, Sequester und Sachwalter ebenso wie als Gläubigerbeiratsmitglied mitversichert[117].

50 Schwierig ist die Frage zu beurteilen, inwieweit der **Insolvenzverwalter** – und nach einigen Bedingungswerken auch der Zwangsverwalter – mit diesen Tätigkeiten versichert ist[118]. Gemäß § 148 Abs. 1 InsO haben Insolvenzverwalter das gesamte zur Insolvenzmasse gehörende Vermögen sofort in Besitz zu nehmen und zu verwalten. Auch den Zwangsverwalter trifft nach § 152 Abs. 1 ZVG die Pflicht, alle Handlungen vorzunehmen, die erforderlich sind, um das Grundstück in seinem wirtschaftlichen Bestand zu erhalten und ordnungsgemäß zu benutzen. Nicht selten entstehen an Gebäuden, die der Zwangsverwaltung unterliegen oder die zur Insolvenzmasse gehören, dadurch z.B. Frostschäden, dass das Wasser nicht aus den Heizungsanlagen abgelassen wird, obwohl die Anlage nicht läuft. In der Haftpflichtversicherung als Vermögensschadenversicherung sind nur sehr begrenzt auch Ansprüche wegen Sachschäden versichert. Nach § 15 I Nr. 2 AVB-RSW sind Ansprüche aus der Verwaltung von Grundstücken vom Versicherungsschutz ausgeschlossen, so dass dem in diesen Funktionen tätigen Anwalt gegen den Vorwurf, seine Überwachungspflichten verletzt zu haben, eine versicherungsrechtliche Absicherung fehlt. Das wiegt umso schwerer, weil der Zwangs- und Insolvenzverwalter nicht nur für ein eigenes Überwachungsverschulden, sondern deliktisch auch für das von Hilfskräften einstehen muss und zwar über § 831 BGB[119]. In beiden Tätigkeiten trifft den Anwalt auch das Risiko von Personenschäden, z.B. bei Verletzungen der Verkehrssicherungspflicht[120]. **Personenschäden sind nicht in den Versicherungsschutz einbezogen.** Gemäß § 157 InsO beschließt die Gläubigerversammlung, ob das Unternehmen durch den Verwalter vorläufig fortgeführt werden soll. Bei Fortführung treffen den Verwalter auch kaufmännische Risiken. Der BGH hat entschieden, dass der Ausschluss für Haftpflichtansprüche aus Tätigkeiten des Anwalts als Leiter eines privaten Unternehmens hier nicht eingreift[121].

---

115 OLG Stuttgart, Urt. v. 23.9.2010 – 7 U 75/10 – juris, Rn. 39.

116 Staudinger/Halm/Wendt/*Klein*, Fachanwalts-Kommentar Versicherungsrecht, 1. Auflage, BBR-RA.

117 So etwa die Bedingungen des HDI-Gerling VH 558:07.

118 Vgl. dazu *Terbille*, MDR 1999, 1426, 1428.

119 Vgl. Steiner/*Hagemann*, Zwangsversteigerung und Zwangsverwaltung, § 154 ZVG, Rn. 17; Nerlich/Römermann/*Rein*, InsO, § 60, Rn. 92.

120 Diese können z.B. dadurch eintreten, dass eine Person sich verletzt, weil wintertags nicht gegen Glätte gestreut oder ein baufälliges Gebäude nicht ausreichend abgesichert wurde.

121 BGH, Urt. v. 30.1.1980 – IV ZR 86/78 – VersR 1980, 353.

Aus der Deckung **ausgeschlossen** sind jedoch nach Teil A Nr. 4.2 der besonderen Bedingungen und Risikobeschreibung für Rechtsanwälte (BBR-RA), die gleichfalls für den Bereich jenseits der Pflichtversicherung gelten – ergänzend zu den Ausschlüssen des § 4 AVB-RSW –, auch **Haftpflichtansprüche wegen Schäden aus einer kaufmännischen Kalkulations-, Spekulations- oder Organisationstätigkeit**. Resultiert also der Anspruch gegen den Anwalt bei einer Fortführung des Unternehmens aus einem Fehlverhalten in Bezug auf eine der in den Bedingungen genannten Tätigkeiten, fehlt auch insoweit die versicherungsrechtliche Deckung. 51

Auch den Anwälten, die z.B. eine Schuldenregulierung[122] für den Mandanten vornehmen oder als Treuhänder[123] oder Mittelverwendungskontrolleur für geschlossene Investmentfonds[124] tätig sind, die Vermögensverwaltung[125] oder Anlagenvermittlungen durchführen[126] oder die kaufmännische Buchführung für Mandanten oder eine Maklertätigkeit, eine Hausverwaltertätigkeit oder eine Aufsichtsratstätigkeit übernehmen[127], ist deshalb **dringend zu raten**, solche **Nebentätigkeiten ausdrücklich in den beantragten Versicherungsschutz einzubeziehen**, zumal in Satz 7 der Risikobeschreibung (Teil B BBR-RA) darauf hingewiesen wird, dass diese die mitversicherten Tätigkeiten abschließend nennen. Eine treuhänderische, anlageberatende und vermögensverwaltende Tätigkeit fällt jedoch in den Deckungsbereich, wenn sie in einem engen inneren Zusammenhang mit einer rechtsberatenden Tätigkeit von nicht ganz untergeordneter Bedeutung erbracht wird[128]. Auch wenn man es für die in Satz 2 der Risikobeschreibung der BBR-RA genannten Tätigkeiten nicht als entscheidend ansehen darf, ob der schadensstiftende Verstoß der Rechtsberatung oder der mit ihr verbundenen wirtschaftlichen Tätigkeit zuzuordnen ist, weil diese Unterscheidung in der Risikobeschreibung nicht vorgenommen wird[129], muss gleichwohl berücksichtigt werden, dass sich gemäß Teil A Nr. 4.2 BBR-RA der Versicherungsschutz – wie oben aufgezeigt wurde – nicht auf Haftpflichtansprüche wegen Schäden aus einer kaufmännischen Kalkulations-, Spekulations- oder Organisationstätigkeit erstreckt. **Dem Versicherer muss** deshalb **vor Vertragsabschluss die berufliche Tätigkeit möglichst umfassend dargestellt werden**. Der Versicherungsvertreter ist verpflichtet, dem Antragsteller erhebliche Deckungslücken aufzuzeigen[130]. 52

Eine Tätigkeit als »**Strohmann**« ist dann als Ausübung beruflicher Tätigkeit zu charakterisieren, wenn dem Anwalt zugleich der Auftrag erteilt war, die mit dieser Funktion erforderliche rechtliche Konstruktion vorzugeben[131]. 53

Gemäß der Risikobeschreibung der AVB-N ist versichert die gesetzliche Haftpflicht des Versicherungsnehmers aus der **Tätigkeit als Notar**. Mitversichert sind im Rahmen des Vertrages Ansprüche wegen Amtspflichtverletzung bei Notartätigkeit gemäß § 23 BNotO[132]. Versicherungsschutz besteht insoweit auch bei Ansprüchen wegen Fehlverfügungen. Mitversichert ist auch die gesetzliche Haftpflicht des Notars aus einem vorsätzlichen Verstoß eines amtlich bestellten Vertreters, 54

122 Diese setzt einen wesentlichen Teil rechtsberatender Tätigkeit voraus; a.A. OLG Celle, Urt. v. 28.11.1984 – 8 W 632/84 – ZfS 1985, 19.

123 Zum Meinungsstand vgl. *Riedel*, NJW 1984, 1021 und *Diller*, AVB-RSW, § 1, Rn. 36 m.w.N. Ablehnend OLG München, Urt. v. 30.1.1987 – 21 U 3798/86 – VersR 1989, 1293 mit NA-Beschluss des BGH v. 25.11.1987 – IVa ZR 89/87 – sowie OLG München, Urt. v. 25.1.2019 – 25 U 623/18 – und nachfolgend BGH, Beschl. v. 18.3.2020 – IV ZR 43/19 –. Die treuhänderische Verwaltung von Anlagebeteiligungen repräsentiert anwaltliche Tätigkeit, sofern sie auch die Rechtsberatung der Anleger in Bezug auf die Beteiligung und Verwaltung umfasst, BGH, Urt. v. 9.11.1992 – II ZR 141/91 – juris, Rn. 7.

124 Vgl. dazu BGH, Beschl. v. 23.9. 2015 – IV ZR 484/14 – juris, Rn. 16 ff.

125 Vgl. dazu BGH, Urt. v. 22.12.1966 – VII ZR 195/64 – juris, Rn. 27.

126 BGH, Urt. v. 27.1.1994 – IX ZR 195/93 – juris, Rn. 11.

127 Vgl. dazu *Brieske*, AnwBl 1995, 227.

128 BGH, Urt. v. 2.7.1998 – IX ZR 63/97 – juris, Rn. 15.

129 A.A. offensichtlich *Chab*, in: G. Fischer/Vill/D. Fischer/Pape/Chab, § 18, Rn. 38.

130 OLG Hamm, Urt. v. 23.8.2000 – 20 U 22/00 – juris, Rn. 41.

131 So zu Recht *Chab*, in: G. Fischer/Vill/D. Fischer/Pape/Chab, § 18, Rn. 37.

132 Vgl. *Zimmermann*, DNotZ 1983, 13.

soweit nicht Deckungsschutz über eine Vertrauensschaden-Versicherung besteht. Voraussetzung ist jedoch, dass dem Notar selbst höchstens Fahrlässigkeit zur Last fällt. Mitversichert ist im Rahmen des Vertrages außerdem generell die gesetzliche Haftpflicht seiner amtlich bestellten Vertreter aus der Vertretertätigkeit, solange der Vertreter nicht durch einen eigenen Vertrag Versicherungsschutz genießt. Mitversichert ist im Rahmen des Notarhaftpflichtvertrages die Tätigkeit als

- Testamentsvollstrecker
- Nachlasspfleger
- Nachlassverwalter
- Vormund
- Betreuer
- Pfleger und Beistand
- Insolvenzverwalter, Sachwalter, gerichtlich bestellter Liquidator, Zwangsverwalter, Gläubigerausschussmitglied, Treuhänder gem. InsO
- Schiedsrichter, Schlichter sowie anerkannte Gütestelle im Sinne von § 794 Nr. 1 ZPO
- Autor, Gutachter und Referent auf rechtswissenschaftlichem Gebiet.

55 In den aktuellen Bedingungen ist die Risikobeschreibung für die Tätigkeit von Anwälten und Anwaltsnotaren inhaltlich gleichgestellt worden.

56 Mitversichert ist im Rahmen des Haftpflichtvertrages nach der Risikobeschreibung auch die gesetzliche Haftpflicht von Notariatsangestellten, soweit sie im Notariatsbereich als bevollmächtigte Vertreter der Beteiligten auftreten.

57 Soweit der Notar aus einem anderen Versicherungsvertrag Deckungsschutz für diese Risiken in Anspruch nehmen kann, z.B. aus der Anwaltshaftpflichtversicherung, geht diese anderweitige Deckung mit der Maßgabe vor, dass Leistungen aus der anderweitigen Deckung angerechnet werden.

2. Vermögensschäden

58 Versichert sind Vermögensschäden, also gemäß § 1 I Nr. 2 AVB-RSW solche Schäden, die weder Personenschäden[133] noch Sachschäden[134] sind, noch sich aus solchen – von dem Versicherungsnehmer oder einer anderen Person, für die er einzutreten hat – verursachten Schäden herleiten. **Versichert sind** also **die reinen Vermögensschäden** und nicht »unechte« Vermögensschäden, also solche, die durch Personen- oder Sachschäden adäquat kausal verursacht wurden. Das unterscheidet die Berufshaftpflichtversicherung von der allgemeinen Haftpflichtversicherung, bei der eben reine Vermögensschäden gar nicht versichert sind, wie sich aus § 1 AHB ergibt. Als reine Vermögensschäden sind z.B. auch Schadensersatzansprüche wegen eines Eingriffs in den eingerichteten und ausgeübten Gewerbebetrieb zu charakterisieren[135]. Das Gleiche gilt für immaterielle Schadensersatzansprüche wegen Verletzung des allgemeinen Persönlichkeitsrechts[136].

59 **Ausgenommen sind** gemäß § 1 I Nr. 1 Satz 2 AVB-RSW Ansprüche auf **Rückforderung von Gebühren oder Honoraren**. In der Literatur wird die Ausschussklausel – soweit ihr nicht ohnehin nur deklaratorische Bedeutung beigemessen wird – auf Fallgestaltungen erstreckt, in denen sich Mandant und Anwalt über die Berechtigung des Honorarverlangens des Anwalts streiten[137]. Konkret geht es um Gebührenstreitigkeiten und Fälle, in denen z.B. ein zu hoher Gegenstandswert, falsche Gebührentatbestände oder eine zu hohe Stundenzahl zugrunde gelegt wurden oder gar der Anwaltsvertrag nicht wirksam ist; hier stehen letztlich unversicherte Rückforderungen nach bereicherungsrechtlichen Grundsätzen im Raum[138].

133 Personenschäden = Tötung, Verletzung des Körpers oder Schädigung der Gesundheit von Menschen.

134 Sachschäden = Beschädigung, Verderben, Vernichtung oder Abhandenkommen von Sachen.

135 BGH, Urt. v. 9.1.1991 – IV ZR 264/89 – juris, Rn. 32.

136 BK/*Baumann*, VVG, § 149, Rn. 40. Vgl. im Übrigen zur Abgrenzung von Sachschäden und reinen Vermögensschäden die Kommentierung bei Späte/Schimikowski/*v. Rintelen*, AHB, § 1, Rn. 128 ff.

137 *Diller*, AVB-RSW, § 1, Rn. 87 ff.; *Chab*, AnwBl 2012, 922, 923.

138 *Riechert*, Berufshaftpflicht, § 1, Rn. 132.

Im Einzelfall kann eine Gebührenrückforderung jedoch auch Teil eines kausalen Vermögensschadens sein. Zu denken ist etwa an den Fall, dass der Anwalt versäumt, im Prozess die Verjährungseinrede zu erheben und der Mandant deshalb den Prozess verliert, den er bei ordnungsgemäßer Beratung gewonnen hätte. Ohne den Verstoß hätte der Prozessgegner die Gebühren beider Anwälte und die Gerichtskosten begleichen müssen, die jetzt der fehlerhaft vertretene Mandant zu zahlen hat[139]. Ähnlich ist die Sachlage, wo es der Prozessvertreter des der obsiegenden Partei beigetretenen Streithelfers versäumt, für eine Kostenentscheidung nach § 101 ZPO Sorge zu tragen, indem er bei deren Fehlen fristgerecht einen Antrag auf Urteils- bzw. Beschlussergänzung nach § 321 Abs. 1 ZPO (analog) stellt[140]. Auch hier verliert der Mandant infolge eines versicherten anwaltlichen Versäumnisses seinen Kostenerstattungsanspruch gegen den Prozessgegner.

Nicht von der Deckung umfasst sind gemäß § 1 I Nr. 1 Satz 2 AVB-RSW ferner Erfüllungsansprü- 60
che und Erfüllungssurrogate nach § 285 BGB. Ansprüche auf reine Vertragserfüllung sind nicht versicherbar, da es sich um keine Schadensersatzansprüche handelt, sondern um unternehmerische Tätigkeiten[141].

3. Personen- und Sachschäden

Durch anwaltliche Tätigkeit können in Einzelfällen auch Personen- und Sachschäden entstehen. 61
Wegen der Beschränkung der Deckung auf Vermögensschäden besteht hier die Gefahr von Deckungslücken.

a) Personenschäden

Hier müssen die Rechtsfolgen aus § 253 Abs. 2 BGB gewichtet werden. Danach kommt auch in 62
Fällen, in denen keine unerlaubte Handlung vorliegt, also auf der Basis vertraglicher Haftung, eine Verpflichtung zur Zahlung eines Schmerzensgeldes in Betracht.

§ 253 Abs. 2 BGB lautet: »Ist wegen einer Verletzung des Körpers, der Gesundheit, der Freiheit 63
oder der sexuellen Selbstbestimmung Schadensersatz zu leisten, kann auch wegen eines Schadens, der nicht Vermögensschaden ist, eine billige Entschädigung in Geld gefordert werden«. § 253 Abs. 2 BGB bietet deshalb insoweit auch nach vertraglichen Pflichtverletzungen unter bestimmten Voraussetzungen einen Anspruch auf Ersatz immaterieller Schäden und zwar in der Form eines Anspruchs auf eine sogenannte billige Entschädigung in Geld[142].

Die Begriffe der Körper- und Gesundheitsverletzung sowie der Freiheit wurden aus § 823 Abs. 1 64
BGB entnommen. Eine Gesundheitsverletzung kann auch durch eine **psychische Störung** eintreten, und zwar ohne dass diese Folge einer organischen Verletzung sein muss[143].

► **Beispiel 1:**

In einem Unterhaltsprozess behauptet eine Ehefrau gegen den Einwand ihres Mannes, es sei der Unterhaltsanspruch wegen Ausbrechens aus intakter Ehe verwirkt, sie sei im Zeitpunkt der Begründung des anderweitigen Verhältnisses psychisch gestört gewesen. Sodann wird im Prozess ein Gutachten über diese Frage eingeholt. Die psychische Störung wird verneint. Danach unterlässt es der Anwalt, im Prozess hinreichend zur Frage vorzutragen, dass die Ehe im Zeitpunkt der Begründung des anderweitigen Verhältnisses nicht mehr intakt gewesen ist, so dass das Gericht dem Verwirkungseinwand stattgibt und den Unterhaltsanspruch gemäß § 1579 Nr. 7 BGB als verwirkt erachtet. Nach diesem Prozess lässt sich die Mandantin psychiatrisch behandeln.

139 *Riechert*, Berufshaftpflicht, § 1, Rn. 132; *Chab*, AnwBl 2012, 922, 923.
140 BGH, Beschl. v. 16.1.2020 – I ZR 80/18 – juris, Rn. 5; BGH, Beschl. v. 1.3.2016 – VIII ZR 287/15 – juris, Rn. 5.
141 *Riechert*, Berufshaftpflicht, § 1, Rn. 135.
142 Vgl. auch Kap. 1 Rdn. 334 ff.
143 BGH, Urt. v. 9.4.1991 – VI ZR 106/90 – juris, Rn. 9.

Eine Depression wird festgestellt. Ausweislich eines ärztlichen Attestes soll die Depression auch daraus resultieren, dass die Mandantin verzweifelt darüber ist, nun keinen Unterhalt mehr zu bekommen, also finanziell allein für ihr Leben verantwortlich sei.

▶ Beispiel 2:

In einem Strafprozess vergisst der als Verteidiger tätige Anwalt, den Einwand verminderter Schuldfähigkeit zu erheben, obwohl dieser begründet ist. Das hat zur Folge, dass der Mandant zu einer Freiheitsstrafe ohne Bewährung verurteilt wird. Im Verlauf des Gefängnisaufenthalts wird der Mandant depressiv.

65 Das OLG Frankfurt/Main[144] hat in einem durch den BGH[145] bestätigten Urteil einen Anspruch auf eine immaterielle Entschädigung wegen eines – unterstellten – psychischen Schadens der Mandantin infolge eines anwaltlichen Beratungsfehlers mit der Begründung verneint, es fehle an dem für eine kausale Zurechnung erforderlichen Schutzzweckzusammenhang. Der Leitsatz der Berufungsentscheidung lautet:

> »Verursacht ein schuldhafter anwaltlicher Beratungsfehler (hier: der unrichtige Hinweis, dass eine private Haftpflichtversicherung Brandschäden an der Mietsache von 600 000 Euro dann nicht deckt, wenn der VN als Mieter den Brand grob fahrlässig verursacht hat) Gesundheitsschäden des Mandanten, kann der Mandant gleichwohl Schmerzensgeldansprüche nicht gem. §§ 280, 253 BGB auf Verletzung des Anwaltsvertrags stützen. Denn der Anwaltsvertrag war darauf gerichtet, Schadensersatzansprüche Dritter abzuwehren. Ein solcher auf die Wahrung der Vermögensinteressen des Mandanten gerichteter Vertrag begründet keine Obhutspflichten des Rechtsanwalts für die psychische Verfassung des Mandanten. Rücksichtnahme auf die psychische Befindlichkeit des Mandanten ist Ausdruck von sozialer Kompetenz und Verständnisfähigkeit des Rechtsanwalts, nicht jedoch seine Rechtspflicht.«

Im Hinblick auf die Bestätigung dieser Entscheidung durch den BGH darf davon ausgegangen werden, dass die schuldhafte Verletzung des anwaltlichen Beratungsvertrages i.S.v. § 280 BGB in aller Regel **keine immateriellen Entschädigungsansprüche** auslöst, **solange der Beratungsvertrag ausschließlich auf den Schutz der Vermögensinteressen des Mandanten gerichtet ist und nicht den Schutz der Rechtsgüter des § 253 Abs. 2 BGB zum Gegenstand hat**[146]. Der Schutzzweck der Beratung ergibt sich aus dem für den Anwalt erkennbaren Ziel, das der Mandant mit der Beauftragung verfolgt, und ist objektiv aus Inhalt und Zweck der vom Anwalt geschuldeten Tätigkeit zu bestimmen. Im Beispielsfall 1 war der Anwaltsvertrag ausschließlich auf die Durchsetzung des Unterhaltsanspruchs gerichtet. Eine immaterielle Entschädigung scheidet daher aus. Anders dürfte hingegen der Beispielsfall 2 zu lösen sein; denn der Auftrag, den Mandanten vor einer Freiheitsstrafe zu bewahren, ist zumindest auch auf den Schutz der immateriellen Interessen des Mandanten gerichtet. Dementsprechend hat das KG Berlin einem Mandanten eine immaterielle Entschädigung für eine 76tägige Untersuchungshaft zuerkannt, die dieser wegen der schuldhaften Versäumung eines Terminsverlegungsantrags seiner Verteidigerin zu erleiden hatte[147]. Dass die unberechtigte (Untersuchungs-)Haft eine immaterielle Geldentschädigung wegen der darin liegenden Persönlichkeitsrechtsverletzung nach sich ziehen kann, hat der BGH bereits – wenn auch anlässlich eines Amtshaftungsprozesses – entschieden[148].

66 Psychische Störungen können, auch ohne dass sie Folge einer organischen Verletzung sind, grundsätzlich als Gesundheitsverletzung einzuordnen sein. Bei psychischen Beeinträchtigungen sind jedoch die Grenzen **des Schutzbereiches des Rechtsgutes Gesundheit** zu prüfen. Eine Gesundheitsverletzung ist nicht anzunehmen, wenn bei dem Betroffenen nur Kummer, Trauer oder sonstige negative Gemütsstimmungen ohne eigenen Krankheitswert hervorgerufen worden sind[149].

---

144 OLG Frankfurt, Urt. v. 30.4.2008 – 4 U 176/07 – juris, Rn. 19 m. Anm. *Chab,* BRAK-Mitt. 2008, 159.
145 BGH, Urt. v. 9.7.2009 – IX ZR 88/08 – juris, Rn. 7.
146 BGH, Urt. v. 9.7.2009 – IX ZR 88/08 – juris, Rn. 12.
147 KG, Urt. v. 17.1.2005 – 12 U 302/03 – juris, Rn. 6.
148 BGH, Urt. v. 23.10. 2003 – III ZR 9/03 – juris, Rn. 43.
149 So BGH, Urt. v. 11.5.1971 – VI ZR 78/70 – juris, Rn. 8 zu den »normalen« Folgen bei einem Verlust naher Angehöriger (siehe dazu jetzt aber § 844 Abs. 3 BGB).

Anderenfalls gelangte man zu einer Schmerzensgeldverpflichtung gegenüber Dritten wegen einer Verletzung des Lebens. Dieses Rechtsgut ist jedoch in § 253 Abs. 2 BGB nicht benannt und sein Schutz wegen § 253 Abs. 1 BGB auch nicht im Wege der Analogie zu begründen[150]. Andererseits hat nach der Rechtsprechung des BGH der Schädiger grundsätzlich auch für Folgeschäden aufgrund psychischer Anfälligkeit des Verletzten oder dessen neurotischer Fehlverarbeitung einzustehen[151].

Für **Bagatellanlässe** wird eine Haftungszurechnung verneint. Danach kann bei geringfügigen Verletzungen des Körpers oder der Gesundheit ohne wesentliche Beeinträchtigung der Lebensführung und ohne Dauerfolgen eine Entschädigung versagt werden, wenn es sich nur um vorübergehende, im Alltagsleben typische und häufig auch aus anderen Gründen als einen besonderen Schadensfall entstehende Beeinträchtigungen des Körpers oder des seelischen Wohlbefindens handelt. Damit sind also Beeinträchtigungen gemeint, die sowohl von der Intensität als auch der Art der Primärverletzung her nur ganz geringfügig sind und üblicherweise den Verletzten nicht nachhaltig beeindrucken, weil er schon aufgrund des Zusammenlebens mit anderen Menschen daran gewöhnt ist, vergleichbaren Störungen seiner Befindlichkeit ausgesetzt zu sein[152]. Aber selbst bei Bagatellanlässen soll eine Neurose zugerechnet werden können, wenn das schädigende Ereignis gerade eine spezielle Schadensanlage des Geschädigten getroffen hat und nicht nur dessen allgemeine Anfälligkeit für neurotische Fehlentwicklungen. Das folgt aus der grundsätzlichen Gleichstellung der psychischen und der physischen Schäden, bei denen der Schädiger ebenfalls eine besondere Schadensanlage des Geschädigten hinnehmen muss[153].

Eine Haftungszurechnung unterbleibt auch bei einer reinen **Renten- oder Begehrensneurose**, bei 67 der der Geschädigte den Schadensfall im neurotischen Streben nach Versorgung und Sicherheit lediglich zum Anlass nimmt, um den Schwierigkeiten und Belastungen des Erwerbslebens auszuweichen[154]. Diese Fälle sind selten. In diesen Bereich gehören auch die Fälle einer Prozessneurose[155]. Auch hier hat eine Zurechnung zu unterbleiben[156].

Ersatzberechtigt sind der Vertragspartner oder seine nahen Angehörigen[157] und der durch Verträge 68 mit Schutzwirkung zugunsten Dritter geschützte Personenkreis.

Bei reinen psychischen Schäden Dritter empfiehlt es sich, die für **Schockschäden**[158] entwickelten 69 Grundsätze im Bereich des § 253 Abs. 2 BGB anzuwenden. Danach müssen psychische Schäden eingetreten sein, die in Bezug auf Art und Schwere über das hinausgehen, was bei einem schlimmen Ereignis regelmäßig oder häufig auftritt. Es muss also im psychischen Bereich ein Zustand mit Krankheitswert eingetreten sein, also z.B. eine Depression vorliegen. Außerdem muss der Eintritt der Folgeerkrankung verständlich und nachvollziehbar sein.

b) Sachschäden

In Einzelfällen können durch anwaltliche Tätigkeiten auch Sachschäden entstehen. Der Begriff 70 des Sachschadens wird in § 1 I Nr. 2 AVB-RSW als »Beschädigung, Verderben, Vernichtung oder Abhandenkommen von Sachen« definiert. Als Sachen gelten insbesondere auch Geld und geldwerte Zeichen. Sachschäden können auch dadurch entstehen, dass z.B. ein Scheck oder ein Wechsel

150 Erman/*Wilhelmi*, BGB, § 823, Rn. 19.
151 BGH, Urt. v. 16.11.1999 – VI ZR 257/98 – juris, Rn. 9.
152 BGH, Urt. v. 11.11.1997 – VI ZR 376/96 – juris, Rn. 13.
153 BGH, Urt. v. 11.11.1997 – VI ZR 376/96 – juris, Rn. 15.
154 BGH, Urt. v. 10.7.2012 – VI ZR 127/11– juris, Rn. 10 m.w.N.
155 Vgl. RG, Urt. v. 14.11.1910 – Rep. VI 517/10 – RGZ 75, 19, 22.
156 Erman/*Ebert*, BGB, vor § 249, Rn. 50.
157 Dazu zählen auch Verlobte, vgl. LG Frankfurt, Urt. v. 28.3.1969 – 2/12 O 50/67 – NJW 1969, 2286, 2287 und auch der Partner einer nicht ehelichen Lebensgemeinschaft bei verfestigter Beziehung, OLG Köln, Beschl. v. 16.9.2010 – I-5 W 30/10, 5 W 30/10 – juris, Rn. 3.
158 BGH, Urt. v. 27.1.2015 – VI ZR 548/12 – juris, Rn. 7.

versehentlich geschreddert wird, dass Beweisurkunden verloren gehen oder Datenträger mit digitalen Beweismitteln (Fotos, Videos, etc.) zerstört werden oder etwa die Originalflasche in einer lebensmittelrechtlichen Auseinandersetzung abhandenkommt. Zwar bieten die Bedingungswerke in § 15 I AVB-RSW auch Deckung für bestimmte Sachschäden[159], jedoch sind Sachschäden durch Abhandenkommen von Geld, geldwerten Zeichen, Wertsachen, Inhaberpapieren und in blanko indossierten Orderpapieren gem. § 15 II AVB-RSW[160] von der Deckung ausgenommen.

c) Schließung der Deckungslücke

71 Die aufgezeigten **Deckungslücken für Personen- und Sachschäden lassen sich allenfalls durch den Abschluss einer Bürohaftpflichtversicherung**[161] **schließen.** Diese regelmäßig gegen geringen Aufschlag angebotene Versicherung deckt Personen- und Sachschäden ab, die Dritte gegen den Versicherungsnehmer, seine Sozien oder Mitarbeiter im Zusammenhang mit der beruflichen Tätigkeit geltend machen. Auch wenn die Bürohaftpflichtversicherung nicht für die vorstehend aufgezeigten Fallkonstellationen konzipiert ist, wird vertreten, dass die Bedingungen nach dem Wortlaut auch Schäden der vorstehenden Art abdecken[162].

4. Haftpflichtbestimmungen privatrechtlichen Inhalts

72 **Gedeckt sind nur Ansprüche aufgrund gesetzlicher Haftpflichtbestimmungen privatrechtlichen Inhaltes (§ 1 I Nr. 1 AVB-RSW)**, die unabhängig vom Willen der Beteiligten die Rechtsfolge des Schadensersatzes an die Verwirklichung des Verstoßes knüpfen[163]. Dazu gehören zunächst die deliktischen und quasi deliktischen Ansprüche[164] sowie Ansprüche aus positiver Vertragsverletzung[165] und aus Verschulden bei Vertragsschluss. Schadensersatzansprüche aus öffentlich rechtlichen Vorschriften sind also nicht gedeckt, also beispielsweise die Kosten einer Ersatzvornahme[166] sowie Kosten für Maßnahmen im öffentlichen Interesse, die aufgrund öffentlicher Vorschriften zu ersetzen sind[167]. Konkurriert ein privatrechtlicher Anspruch mit einem öffentlich-rechtlichen, besteht Versicherungsschutz, wenn der privatrechtliche Anspruch gedeckt ist; es kann keinen Unterschied machen, ob (unversicherte) vertragliche und (versicherte) gesetzliche Haftpflichtbestimmungen privatrechtlichen Inhalts miteinander konkurrieren oder (unversicherte) öffentlich-rechtliche und (versicherte) privatrechtliche Ansprüche, die jeweils gesetzliche Haftpflichtbestimmungen darstellen[168].

5. Versicherungsschutz der Berufsträgergesellschaft sowie des ein- und austretenden Gesellschafters

73 Die Anwaltssozietät ist eine Gesellschaft bürgerlichen Rechts, sofern die Rechtsanwälte nicht ausdrücklich eine andere Rechtsform gewählt haben[169]. Anwaltssozietäten, die als Gesellschaften bürgerlichen Rechts geführt werden, sind rechtsfähig, wenn sie als Außengesellschaften geführt werden[170]. Die Haftung der Anwaltsgesellschaft bürgerlichen Rechts selbst beschränkt sich auf das Gesellschaftsvermögen. Die Sozien haften für die Gesellschaftsschulden analog den §§ 128 ff.

159 Zum Umfang der Deckung siehe Rdn. 119 ff.
160 In den aktuellen Bedingungen der Allianz HV 60/07 findet sich eine entsprechende Einschränkung in § 15 I AVB-RSW (vgl. deren Abdruck bei *Chab,* in: G. Fischer/Vill/D. Fischer/Pape/Chab, S. 823 ff.).
161 Zur Bürohaftpflichtversicherung noch eingehend Rdn. 125 ff.
162 *Chab,* AnwBl 2005, 497, 498 re. Sp.
163 Staudinger/Halm/Wendt/*Klein*, Versicherungsrecht, § 1 AVB-RSW, Rn. 7.
164 Staudinger/Halm/Wendt/*Klein*, Versicherungsrecht, § 1 AVB-RSW, Rn. 7.
165 BGH, Urt. v. 21.9.1983 – IVa ZR 154/81 – juris, Rn. 13.
166 OLG Düsseldorf, Urt. v. 13.10.1965 – 3 U 50/65 – NJW 1966, 738 f.
167 Prölss/Martin/*Lücke*, VVG, Ziff. 1 AHB, Rn. 16.
168 So zur Kraftfahrtversicherung BGH, Urt. v. 20.12.2006 – IV ZR 325/05 – juris, Rn. 25 und Urt. v. 28.9.2011 – IV ZR 294/10 – juris, Rn. 20.
169 BGH, Urt. v. 10.5.2012 – IX ZR 125/10 – juris, Rn. 14; vgl. Kap. 1 Rdn. 140 ff.
170 Vgl. Kap. 1 Rdn. 218 ff.

HGB[171]. § 128 HGB ist Ausdruck des Grundsatzes, dass die Gesellschafter einer unternehmerisch tätigen Gesellschaft unbeschränkt haften, sofern sie sich nicht besonderer, mit gesetzlichen Vorkehrungen für den Gläubigerschutz ausgestatteter Rechtsformen für die Haftungsbeschränkungen bedienen[172]. Die Haftung ist eine gesetzliche, gleichgültig, ob die Gesellschaftsschuld auf einem Rechtsgeschäft oder auf Gesetz beruht. Sie wird nicht durch Vereinbarung mit dem einzelnen Gläubiger begründet; sie kann aber durch Abreden mit dem einzelnen Gläubiger analog § 128 S. 2 HGB ausgeschlossen werden.

Die **GbR kann** entweder **selbst Versicherungsnehmerin** (§ 1 III Nr. 1 AVB-RSW) **oder** durch die Einführung eines neuen Deckungsbausteins in Teil 1.2 A. Nr. 1 AVB-RSW im April 2011 im Vertrag des Gesellschafters **mitversichert sein**[173]. Im ersten Fall bezieht sich der Versicherungsschutz für die Gesellschaft auf die den Organen, Geschäftsführern, Gesellschaftern, Partnern und Angestellten oder sonstigen Personen, deren sie sich zur Erfüllung ihrer Berufstätigkeit bedient, zur Last fallenden Verstöße und erfasst damit auch etwaige Verfehlungen des nicht juristisch ausgebildeten Büropersonals[174]. Einer eigenen Versicherung des Gesellschafters bedarf es dann nicht; denn die durch § 51 BRAO gesetzlich vorgeschriebene Pflichtversicherung kann auch in der Form bereitgestellt werden, dass sich die Gesellschaft versichert, in der der Rechtsanwalt tätig ist, sofern der Versicherungsschutz auch die Tätigkeit des Anwalts selbst abdeckt[175]. Im zweiten Fall sind durch den entsprechenden Deckungsbaustein für Berufsträger, die sich zur gemeinschaftlichen Berufsausübung im Rahmen ihrer beruflichen Befugnisse in einer GbR verbunden haben, auch Haftungsgefahren gesellschaftsrechtlicher Natur abgedeckt, da nun auch Haftungsschutz für die Gesamthandsgemeinschaft über die Versicherung ihrer Mitglieder besteht, ohne dass diese selbst Versicherungsnehmerin ist[176]. 74

Für die **Rechtsanwalts-GmbH** ist gem. § 59j BRAO der Abschluss einer eigenen Berufshaftpflichtversicherung mit einer Mindestversicherungssumme von 2.500.000,00 EUR für jeden Versicherungsfall verpflichtend, was sich ohne Weiteres dadurch erklärt, dass die Gesellschafter im Grundsatz nicht selbst haften[177]. Die Zulassung der **Anwalt AG** macht der BGH unter Verweis auf diese Regelung ebenfalls vom Nachweis einer hinreichenden Berufshaftpflichtversicherung abhängig[178]. Auch für die **Partnerschaftsgesellschaft mbB** ist der Abschluss einer Berufshaftpflichtversicherung mit einer Mindestversicherungssumme von 2.500.000,00 EUR für jeden Versicherungsfall obligatorisch, § 51a BRAO i.V.m. § 8 Abs. 4 PartGG. Die Leistungen des Versicherers für alle innerhalb eines Versicherungsjahres verursachten Schäden können sowohl bei der GmbH als auch bei der Partnerschaft auf den Betrag der Mindestversicherungssumme, vervielfacht mit der Zahl der Gesellschafter bzw. Partner, begrenzt werden, §§ 51a Abs. 2 S. 2, 59j Abs. 2 S. 2 BRAO. Fraglich ist, ob hierbei in der Partnerschaftsgesellschaft mbB Scheinpartner zu berücksichtigen sind[179]. Den einzelnen Gesellschaftern bietet der in Teil 1.2 A. Nr. 1 AVB-RSW aufgenommene Deckungsbaustein für die Haftung dieser Berufsträgergesellschaften Deckungsschutz. 75

Tritt ein neuer Gesellschafter in eine bestehende GbR ein, ergibt sich seine persönliche Haftung grundsätzlich aus einer analogen Anwendung des § 130 HGB. Wie an anderer Stelle[180] bereits erläutert, **haftet der eintretende Gesellschafter** infolgedessen **auch für vor seinem Eintritt begangene berufliche Verstöße der Altpartner**. Eine Haftungsbegrenzung durch entsprechende Anwendung 76

---

171 Siehe dazu die Ausführungen unter Kap. 1 Rdn. 147.

172 Ausführlich zu den möglichen Rechtsformen der anwaltlichen Zusammenarbeit Kap. 1 Rdn. 135 ff.

173 Vgl. *Bick/Esskandari*, NJW 2011, 3191 ff.; *Gladys/Riechert*, DStR 2011, 936 ff.; Staudinger/Halm/Wendt/*Klein*, Versicherungsrecht, Teil 1.2 AVB-RSW.

174 *Diller*, AVB-RSW, § 1, Rn. 128.

175 *Diller*, AVB-RSW, § 1, Rn. 129.

176 *Bick/Esskandari*, NJW 2011, 3191, 3194; *Gladys/Riechert*, DStR 2011, 936, 937.

177 Vgl. dazu sowie zu den Ausnahmen Kap. 1 Rdn. 169.

178 BGH, Beschl. v. 10.1.2005 – AnwZ (B) 27 u. 28/03 – juris, Rn. 53.

179 Vgl. dazu *Chab,* in: G. Fischer/Vill/D. Fischer/Pape/Chab, § 18, Rn. 30 m.w.N.

180 Kap. 1 Rdn. 146.

von § 8 Abs. 2 PartGG hat der BGH ausdrücklich abgelehnt[181]. Die Auswirkungen dieser Rechtsfrage sind erheblich. Der in eine Sozietät Eintretende wird u.U. existenzvernichtenden Ansprüchen ausgesetzt. Den daraus folgenden Risiken haben die Versicherer mit der Einführung des Deckungsbausteins in Teil 1.2 AVB-RSW Rechnung getragen, welcher in Ziff. 2.1 die Deckung auf die akzessorische Haftung des eintretenden Gesellschafters für die vor seinem Eintritt begangenen Verstöße seiner neuen Sozien erstreckt.

77 Die **Haftung des ausscheidenden Sozius ist** höchstrichterlich **ungeklärt**[182]. Abgedeckt sind darüber hinaus auch Verstöße, die nach dem Ausscheiden des Versicherungsnehmers aus der GbR begangen wurden, Teil 1.2 A. Nr. 2.2 AVB-RSW (Austrittsversicherung).

78 Zu verneinen ist hingegen die Haftung des Neugesellschafters für bereits bestehende berufliche Haftungsverbindlichkeiten bei **»Eintritt« in eine bisherige Einzelpraxis**. Hier hat der BGH bereits entschieden, dass sich eine Eintrittshaftung für berufliche Haftungsfälle entsprechend § 128 HGB nicht aus einer analogen Anwendung von § 28 HGB herleiten lässt[183]. Zur Begründung hat der BGH ausgeführt:

> »Das Rechtsverhältnis zwischen einem Rechtsanwalt und seinem Mandanten ist (...) in erster Linie durch die persönliche und eigenverantwortliche anwaltliche Dienstleistung geprägt (...). Das einem Einzelanwalt erteilte Mandat ist in besonderem Maße dadurch gekennzeichnet, dass die zu erbringende Dienstleistung an die Person des beauftragten Anwalts geknüpft ist. Der Mandant, der gerade keine Sozietät von mehreren Anwälten beauftragt, darf bei Auftragserteilung davon ausgehen, dass der beauftragte Anwalt die ihm auf Grund besonderen Vertrauens (vgl. § 627 Abs. 1 S. 1 BGB) übertragene Dienstleistung persönlich erbringt (vgl. § 664 Abs. 1 S. 1 BGB). In der maßgeblichen Sicht des Rechtsverkehrs wird jedenfalls der Einzelanwalt als Person und nicht als Unternehmen zum unabhängigen Berater und Vertreter des Mandanten in Rechtsangelegenheiten berufen. (...) Soll aber das Vertragsverhältnis nach dem Willen der Vertragsparteien persönlicher Art sein, wovon bei der Beauftragung eines Einzelanwalts auszugehen ist, dann greift der Gedanke einer auf die Kontinuität eines Unternehmens gestützten Haftungserstreckung nicht (...). Da die persönliche Leistungserbringung die berufliche Tätigkeit des Einzelanwalts insgesamt charakterisiert, sind nicht etwa nur einzelne Rechtsverhältnisse oder Verbindlichkeiten von einem Übergang der Haftung auszunehmen, sondern es ist eine entsprechende Anwendung des § 28 Abs. 1 Satz 1 HGB auf den Eintritt in das »Geschäft« eines Einzelanwalts grundsätzlich zu verneinen«[184].

Darüber hinaus hat der BGH die analoge Anwendung von § 28 Abs. 1 S. 1 HGB auch deshalb abgelehnt, weil den in einer neugegründeten GbR tätigen Freiberuflern nicht wie den Gesellschaftern einer OHG (§ 28 Abs. 2 HGB) die Möglichkeit offensteht, einer abweichenden Vereinbarung durch Eintragung in das Handelsregister Dritten gegenüber Geltung zu verleihen, so dass Nichtkaufleute schlechter gestellt wären als Kaufleute[185]. Schließlich hat der IX. Senat in Zweifel gezogen (mangels Entscheidungserheblichkeit jedoch offen gelassen), ob die analoge Anwendung des § 130 Abs. 1 HGB die entsprechende Anwendung des § 28 Abs. 1 S. 1 HGB zur Folge haben müsse, da § 130 Abs. 1 HGB die Haftung des in eine bestehende Gesellschaft Eintretenden betrifft, während bei § 28 Abs. 1 S. 1 HGB erst mit dem Eintritt in das Geschäft des früheren Einzelunternehmers eine Gesellschaft entsteht[186].

79 **Der in eine Partnerschaftsgesellschaft ohne Haftungsbeschränkung eintretende Partner haftet** für die vor seinem Eintritt begründeten Verbindlichkeiten gemäß § 8 Abs. 1 S. 2 PartGG i.V.m. § 130 HGB, **wenn er sich nach seinem Eintritt mit einer bereits laufenden Sache befasst** und zwar selbst dann, wenn er die vor seinem Eintritt begangenen Fehler seiner zuvor mit dem Auftrag befassten Partner nicht mehr korrigieren kann[187]. Die Berufshaftpflichtversicherung der Partnerschaft deckt

---

181 BGH, Urt. v. 10.5.2012 – IX ZR 125/10 – juris, Rn. 74.
182 Vgl. zum Streitstand *Gladys/Riechert*, DStR 2011, 880, 884 m.w.N.
183 BGH, Urt. v. 22.1.2004 – IX ZR 65/01 – juris, Rn. 10 ff.
184 BGH, Urt. v. 22.1.2004 – IX ZR 65/01 – juris, Rn. 15.
185 BGH, Urt. v. 22.1.2004 – IX ZR 65/01 – juris, Rn. 16.
186 BGH, Urt. v. 22.1.2004 – IX ZR 65/01 – juris, Rn. 18.
187 Vgl. dazu die Ausführungen unter Kap. 1 Rdn. 158.

nur die Inanspruchnahme der Gesellschaft, nicht aber die persönliche Inanspruchnahme einzelner Berufsträger[188]. Insoweit bedarf es eigenen Versicherungsschutzes des eintretenden Rechtsanwaltes, innerhalb dessen Teil 1.2 A. Nr. 2.1 AVB-RSW Deckung für die daraus resultierenden Haftungsrisiken bietet. Der **ausscheidende Partner haftet** für bestehende Verbindlichkeiten der Partnerschaft **weiter**, soweit die Altverbindlichkeit vor Ablauf von 5 Jahren nach dem Ausscheiden fällig ist und daraus Ansprüche festgestellt sind, § 10 Abs. 2 PartGG i.V.m. § 160 Abs. 1 HGB[189]. Durch Teil 1.2 A. Nr. 2.2 AVB-RSW sind sogar Verstöße, die erst nach dem Ausscheiden des Versicherungsnehmers aus der Partnerschaft begangen wurden, gedeckt (Austrittsversicherung).

Bei Eintritt in eine Rechtsanwalts-GmbH oder AG besteht in Anbetracht der Haftungsbeschränkung auf das Gesellschaftsvermögen (§ 13 Abs. 2 GmbHG, § 1 AktG)[190] **kein Haftungsrisiko für frühere Verstöße anderer Berufsträger** und folglich auch kein versicherungsrechtliches Deckungsproblem. 80

Das zum April 2011 erweiterte Deckungskonzept schließt zudem die zuvor bestehenden Deckungslücken bei **interprofessionellen Zusammenschlüssen**. Bis dahin bot die Berufshaftpflichtversicherung des jeweiligen Berufsträgers nur Deckung für die eigene Berufstätigkeit, nicht aber für Pflichtverletzungen berufsfremder Sozien. So musste beispielsweise ein Rechtsanwalt für den Schaden haften, den ein assoziierter Wirtschaftsprüfer in Ausübung eines ihm berufsrechtlich vorbehaltenen Mandats durch schuldhafte Pflichtverletzung verursacht hatte, ohne hierfür Versicherungsschutz in Anspruch nehmen zu können[191]. Über Teil 1.2 A. Nr. 2.3 AVB-RSW ist nun auch die akzessorische Haftung nach § 128 HGB für Verstöße berufsfremder Sozien oder Partner mitversichert. 81

Problematisch ist der Versicherungsschutz für interprofessionelle Zusammenschlüsse in Form von **Bietergemeinschaften** oder in einer **Arbeitsgemeinschaft** (ARGE). Bei öffentlichen Ausschreibungen wir oftmals eine Beteiligung im Angebotsverfahren durch sog. Bietergemeinschaften verlangt, die bei Auftragserteilung als ARGE den Auftrag gemeinschaftlich abwickeln und nach außen regelmäßig als BGB-Gesellschaft auftreten. Möglich ist ein solcher Zusammenschluss lediglich dann, wenn es sich bei den Beteiligten um Angehörige sog. sozietätsfähiger Berufsgruppen nach § 59a BRAO handelt, also etwa weitere Rechtsanwälte, Steuerberater oder Wirtschaftsprüfer. Risiken können hier aber etwa aus unterschiedlichen Versicherungssummen oder Deckungsinhalten folgen. Noch problematischer ist die Beschaffung adäquaten Versicherungsschutzes hingegen, wenn Rechtsanwälte mit sich mit nicht sozietätsfähigen Berufsgruppen zu einer Bietergemeinschaft oder ARGE zusammentun, wie es insbesondere bei Bauprojekten häufiger der Fall ist, wo beispielsweise rechtliche und technische Dienstleistungen an eine ARGE, bestehend aus Rechtsanwälten und Architekten oder Bauunternehmen vergeben werden. An der Unzulässigkeit solcher Zusammenschlüsse ändert auch die jüngere Rechtsprechung des Bundesverfassungsgerichts zur Zulässigkeit einer aus Ärzten, Apothekern und Rechtsanwälten bestehenden Partnerschaftsgesellschaft[192] nichts; denn das Bundesverfassungsgericht hat hier vor allem mit der vergleichbar gelagerten Verschwiegenheitspflicht von Ärzten, Apothekern und Rechtsanwälten argumentiert. Dieser Fall ist mit einer ARGE aus Rechtsanwälten, Architekten oder Bauunternehmen nicht vergleichbar, weil es hier an einem solchen Pflichtengleichklang fehlt. Damit bestehen erhebliche Deckungsrisiken des Rechtsanwaltes für den Bereich der gesamtschuldnerischen Haftung für nichtanwaltliche Pflichtenverstöße und die anwaltliche Tätigkeit in der ARGE als solche. Es kann daher jedem Rechtsanwalt, der sich in einem solchen Bereich anwaltlich betätigt oder betätigen will nur dringendst empfohlen werden, die Frage des Bestehens und der Reichweite seines diesbezüglichen Versicherungsschutzes mit seinem Vermögensschadenhaftpflichtversicherer abzustimmen. 82

188 *Chab,* in: G. Fischer/Vill/D. Fischer/Pape/Chab, § 18, Rn. 31.
189 *Gladys/Riechert,* DStR 2011, 880, 882.
190 Vgl. dazu auch Kap. 1 Rdn. 169 und 173.
191 *Bick/Esskandari,* NJW 2011, 3191, 3193.
192 BVerfG, Beschl. v. 12.1.2016 – 1 BvL 6/13 – juris, Rn. 43 ff.

III. Risikoausschlüsse der Bedingungswerke

83 Der Anwalt erhält durch seine Berufshaftpflichtversicherung keinen lückenlosen Deckungsschutz. Das gilt zunächst für einzelne Nebentätigkeiten des Anwaltes, wie oben aufgezeigt wurde[193].

84 Des Weiteren sind in § 4 der Bedingungswerke i.V.m. den Besonderen Bedingungen und Risikobeschreibungen für Rechtsanwälte und Patentanwälte (BBR-RA), ggf. einschließlich Anwaltsnotaren erhebliche Ausschlüsse normiert. Ein Ausschlussgrund im Sinne des § 4 der Bedingungswerke, der in der Person eines Sozius vorliegt, geht zu Lasten aller Sozien, § 1 II Nr. 3 AVB-RSW.

1. Tätigkeiten über in anderen Staaten eingerichtete oder unterhaltene Kanzleien oder Büros

85 Ein Ausschluss gilt gem. § 4 Nr. 1 AVB-RSW i.V.m. Nr. 2.1a BBR-RA für Haftpflichtansprüche aus Tätigkeiten über in anderen Staaten eingerichtete oder unterhaltene Kanzleien oder Büros als vereinbart. Supranationale Sozietäten müssen deshalb die hier in Rede stehenden sogenannten **Auslandsschäden** gesondert in die Deckung einbeziehen.

86 Fehler bei der Beratung durch den Anwalt zum deutschen Recht, aus denen Haftpflichtansprüche resultieren, bleiben gedeckt, auch wenn der Pflichtverstoß im Ausland begangen worden ist[194], solange die Tätigkeit des Anwaltes nicht über eine in einem anderen Staat eingerichtete oder unterhaltene Kanzlei oder ein solches Büro erfolgt. Der deutsche Anwalt, der z.B. in Innsbruck eine Kanzlei unterhält, hat deshalb selbst dann keinen Versicherungsschutz, wenn er in diesem Büro über deutsches Recht berät, sofern diese Tätigkeit nicht über das Innsbrucker Büro versichert ist. Umgekehrt genießt Deckungsschutz, wer zwar in einem anderen Staat eine Kanzlei eingerichtet hat, aber ausländische Mandanten nicht von dort, sondern in seinem Büro in Frankfurt oder in einer Hotelsuite berät.

87 Haftpflichtansprüche gegen den Anwalt aus beruflicher Befassung mit europäischem Recht sind gedeckt, selbst wenn die Tätigkeit im Ausland erfolgt, solange sie eben nicht über in anderen Staaten eingerichtete oder unterhaltene Kanzleien oder Büros erfolgt[195].

2. Tätigkeiten im Zusammenhang mit der Beratung und Beschäftigung mit außereuropäischem Recht

88 Ausgeschlossen sind durch § 4 Nr. 1 der Bedingungswerke i.V.m. Nr. 2.1b BBR-RA auch Haftpflichtansprüche aus Tätigkeiten im Zusammenhang mit der Beratung und Beschäftigung mit außereuropäischem Recht, wobei Europa hier geografisch zu sehen ist und nicht politisch; auf die EU-Zugehörigkeit kommt es mithin nicht an[196]. Daraus folgt im Umkehrschluss, dass der Versicherungsschutz die berufliche Befassung mit europäischem Recht einschließt, soweit sie nicht über ausländische Kanzleien oder Büros erfolgt[197]. Soweit daher einige Bedingungswerke etwa Haftpflichtansprüche aus der Beratung bzw. Beschäftigung des Anwaltes mit dem Recht der Türkei[198] in die Deckung einbeziehen, kommt dem lediglich deklaratorische Bedeutung zu, da die Türkei geografisch auch zu Europa gehört[199].

Der Haftpflichtanspruch muss sich nicht unmittelbar auf eine fehlerhafte Beratung über außereuropäisches Recht beziehen. Es muss nur ein irgendwie gearteter Zusammenhang zwischen dem

193 Vgl. dazu die Ausführungen unter Rdn. 50 ff.
194 So auch *Chab,* in: G. Fischer/Vill/D. Fischer/Pape/Chab, § 18, Rn. 57.
195 Vgl. Rdn. 88.
196 *Riechert*, Berufshaftpflicht, § 4, Rn. 15; *Chab,* in: G. Fischer/Vill/D. Fischer/Pape/Chab, § 18, Rn. 58.
197 Borgmann/Jungk/Schwaiger/*Weinbeer/Jungk*, Anwaltshaftung, § 39, Rn. 19.
198 So etwa die Bedingungen des HDI-Gerling VH 558:07.
199 *Chab,* in: G. Fischer/Vill/D. Fischer/Pape/Chab, § 18, Rn. 58.

Haftpflichtanspruch und der Beratung und Beschäftigung des Anwaltes mit außereuropäischem Recht bestehen.

Da Ausschlüsse nach ständiger Rechtsprechung eng auszulegen sind[200], greift der Ausschluss nicht, wenn der Anwalt die Erheblichkeit außereuropäischen Rechts gar nicht erkennt und sich – fehlerhaft – nur mit europäischem Recht beschäftigt und darüber berät. Die Nichtbeachtung außereuropäischen Rechts kann also mit dem Fall, in dem sich der Anwalt damit beschäftigt und darüber berät, nicht gleichgesetzt werden. 89

3. Tätigkeiten des Rechtsanwaltes vor außereuropäischen Gerichten

Ausgeschlossen von der Deckung sind gemäß § 4 Nr. 1 AVB-RSW i.V.m. Nr. 2.1c BBR-RA des Weiteren Haftpflichtansprüche aus Tätigkeiten des Rechtsanwaltes vor außereuropäischen Gerichten, wobei es auch hier auf die geografische Zuordnung des Gerichtsortes zu Europa ankommt. Ausgeschlossen sind damit Haftpflichtansprüche aus jedweder Tätigkeit des Anwaltes vor außereuropäischen Gerichten, ohne dass es auf die Frage ankommt, welches Rechtssystem für die forensische Tätigkeit des Anwaltes maßgebend war[201]. 90

Die Vertretung eines deutschen Mandanten im Rahmen der Durchsetzung von Ansprüchen aus einem nach deutschem Recht mit einem ausländischen Vertragspartner geschlossenen Vertrages in den Vereinigten Staaten wäre danach nicht versichert[202], während eine entsprechende Klage vor einem britischen Gericht auch nach Vollzug des »Brexit« unter Versicherungsschutz fiele, weil der EU-Austritt die geografische Zuordnung zu Europa nicht berührt. 91

4. Ausschluss bzw. beschränkte Deckung bei Inanspruchnahme des Anwalts vor außereuropäischen Gerichten

Gemäß Nr. 4.1 BBR-RA bezieht sich der Versicherungsschutz in dem die Pflichtversicherung übersteigenden Bereich nicht auf Haftpflichtansprüche aus der Inanspruchnahme des Anwaltes vor außereuropäischen Gerichten; Leistungspflicht besteht nur in Höhe der Mindestversicherungssumme. 92

In Bezug auf die Ausschlüsse trifft § 51 Abs. 3 BRAO abschließende Regelungen[203]; die Inanspruchnahme vor ausländischen Gerichten ist in der enumerativen Aufzählung nicht enthalten. Die vollständige Versagung des Deckungsschutzes – gleichgültig auf der Basis welchen Rechts die Beratung erfolgte – im Falle einer Inanspruchnahme des Anwaltes vor außereuropäischen Gerichten ist daher nicht zulässig. 93

5. Haftpflichtansprüche aufgrund Vertrages oder besonderer Zusage

Ebenso wenig bezieht sich der Versicherungsschutz auf Haftpflichtansprüche, soweit sie aufgrund Vertrages oder besonderer Zusage über den Umfang der gesetzlichen Haftpflicht hinausgehen, § 4 Nr. 2 AVB-RSW. Die Klausel dient dazu, das Risiko für den Haftpflichtversicherer kalkulierbar zu halten. Der Versicherer soll für Haftpflichtansprüche des Rechtsanwaltes nicht einstehen müssen, soweit diese aufgrund Vertrages oder besonderer Zusage geschaffen wurden. Besteht ein 94

---

200 BGH, Urt. v. 17.3.1999 – IV ZR 137/98 – juris, Rn. 14 ff.; BGH, Urt. v. 23.11.1994 – IV ZR 48/94 – juris, Rn. 11 ff.

201 *Chab,* in: G. Fischer/Vill/D. Fischer/Pape/Chab, § 18, Rn. 58; Borgmann/Jungk/Schwaiger/*Weinbeer/Jungk*, Anwaltshaftung, § 39, Rn. 19.

202 Vgl. *Chab,* in: G. Fischer/Vill/D. Fischer/Pape/Chab, § 18, Rn. 58, der darauf verweist, dass sogar eine Tätigkeit vor einem Gericht im europäischen Teil Istanbuls mit Versicherungsschutz möglich wäre, während diese jenseits des Bosporus im asiatischen Teil der Stadt nicht versichert wäre.

203 *Brieske,* AnwBl 1995, 225, 229; Hartung/Römermann/*Römermann*, BORA, § 51 BRAO, Rn. 10; Henssler/Prütting/*Diller*, BRAO, § 51, Rn. 145; *Martin van Bühren*, Die Berufshaftpflichtversicherung der Rechtsanwälte, Diss. Bonn 2003, S. 130.

Haftpflichtanspruch gegen den Anwalt aufgrund gesetzlicher Norm und wird er nur in Bezug auf seine Höhe durch Vertrag oder eine besondere Zusage erweitert, muss der Versicherer für diesen Anspruch folglich nur in seinem gesetzlichen Umfang einstehen. Erklärt der Anwalt, auf die Einrede der Verjährung verzichten zu wollen, so beinhaltet diese Erklärung keine Aussage über die sachliche Berechtigung der geltend gemachten Ersatzforderung. Ein solcher Verjährungsverzicht kann gemäß § 202 Abs. 2 BGB in den Grenzen dieser Norm rechtswirksam vereinbart werden.

6. Veruntreuung durch Personal, Sozien oder Angehörige

95 Nicht versichert sind nach § 4 Nr. 3 der aktuellen Bedingungen i.V.m. Nr. 2.2 BBR-RA Schäden durch Veruntreuung durch Personal, Sozien und Angehörige. Diese Risikoabgrenzung ist durch § 51 Abs. 3 Nr. 5 BRAO ausdrücklich gestattet. Durch die Klausel wird der Gefahr kollusiven Zusammenwirkens begegnet.

96 Sozius ist gesellschaftsrechtlich nicht der Anwalt, mit dem der Anwalt nur eine Bürogemeinschaft unterhält. Wird der Versicherer über die Frage, ob eine Bürogemeinschaft oder eine Sozietät besteht, vom Anwalt falsch informiert, kann er den Versicherungsvertrag ggf. nach § 123 BGB anfechten. Als Sozien gelten aber gemäß § 12 I Nr. 1 älterer bzw. § 1 II Nr. 1 der aktuellen Bedingungswerke auch Berufsangehörige, die ihren Beruf nach außen hin gemeinschaftlich ausüben, ohne Rücksicht darauf, ob sie durch Gesellschaftsvertrag oder einen anderen Vertrag verbunden sind. Auch der angestellte Anwalt, der nach außen, also auf Briefkopf und Praxisschild, wie ein Sozius ausgewiesen wird, gilt deshalb gemäß § 12 I Nr. 1 bzw. § 1 II Nr. 1 AVB-RSW als Sozius[204]. Die in der Instanzrechtsprechung gegenüber diesen Regelungen geäußerten AGB-rechtlichen Bedenken[205], hat der BGH nicht geteilt. Die Regelungen sind nach Ansicht des IV. Zivilsenats für Scheinsozien weder überraschend noch benachteiligen sie diese unangemessen, §§ 305c Abs. 1, 307 Abs. 2 Nr. 1 und 2 BGB[206]. Für die Annahme einer (Schein-) Sozietät ist jedoch eine gemeinschaftliche Berufsausübung nach außen erforderlich und nicht nur die Ankündigung oder Behauptung einer solchen Verbindung gegenüber dem Versicherer; auf dessen unrichtigen Eindruck es nicht ankommt[207].

97 Angestellten Anwälten kann nur nachdrücklich geraten werden, bei Aufnahme ihres Namens auf den Briefkopf einer Sozietät oder deren Praxisschild in aller Deutlichkeit darauf hinzuweisen, dass sie ihre Tätigkeit als Angestellte der Sozietät und nicht als deren Partner erbringen. Ansonsten lassen sich Deckungsrisiken im Fall einer Scheinsozietät nur vermeiden, wenn im einschlägigen Versicherungsvertrag des Scheinsozius etwa im Rahmen einer Rückwärtsversicherung[208] geregelt ist:

> »Bei neu eintretenden Partnern oder Sozien/Scheinsozien bietet die Rückwärtsversicherung Versicherungsschutz für aus Veruntreuung durch Altsozien/-Partnern vor dem Eintritt resultierende Vermögensschäden, die dem neu eintretenden Partner, Sozius oder Scheinsozius bis zum Eintritt nicht bekannt geworden sind. Eine Zurechnung über die Sozienklausel findet insoweit nicht statt.«

98 Die Sozienklausel gilt auch bei interprofessionellen Sozietäten, d.h. die eigenen berufsrechtlichen Befugnisse stehen einer Haftung für das, was dem Berufsträger selbst nicht zu tun erlaubt ist, nicht länger im Weg[209]. Wird demnach ein Anwaltsvertrag mit einer Sozietät geschlossen, der neben Rechtsanwälten auch Steuerberater angehören, so haften für einen Regressanspruch wegen Verletzung anwaltlicher Beratungspflichten auch diejenigen Sozien persönlich, die selbst nicht Rechtsanwälte sind[210].

---

204 BGH, Urt. v. 8.7.1999 – IX ZR 338/97 – juris, Rn. 11; Urt. v. 16.12.1999 – IX ZR 117/99 – juris, Rn. 9.
205 OLG München, Urt. v. 8.8.2008 – 25 U 5188/07 – juris, Rn. 31; vgl. dazu Rn. 2311 der Vorauflage.
206 BGH, Urt. v. 21.7.2011 – IV ZR 43/10 – juris, Rn. 15; vgl. auch *Diller*, AVB-RSW, § 1, Rn. 124.
207 BGH, Urt. v. 18.5.2011 – IV ZR 168/09 – juris, Rn. 22.
208 Vgl. dazu die Ausführungen unter Rdn. 26 f.
209 *Gladys*, DStR 2013, 723, 725.
210 BGH, Urt. v. 10.5.2012 – IX ZR 125/10 – juris, LS 2.

Maßgebend für die Frage, ob der Veruntreuende Sozius, Angehöriger oder zum Personal gehörig ist, ist der Zeitpunkt der Veruntreuung[211]. 99

Als Angehöriger gilt 100
- der Ehegatte des Versicherungsnehmers, der Lebenspartner im Sinne des Lebenspartnerschaftsgesetzes oder einer vergleichbaren Partnerschaft nach dem Recht anderer Staaten sowie
- wer mit dem Versicherungsnehmer in gerader Linie verwandt oder verschwägert oder im zweiten Grade der Seitenlinie verwandt ist.

Gemäß § 1590 Abs. 2 BGB dauert Schwägerschaft auch dann fort, wenn die Ehe aufgelöst wird, durch die sie begründet wurde. 101

7. Tätigkeit des Versicherungsnehmers als Leiter, Vorstands-, Aufsichtsrats- oder Beiratsmitglied von Firmen, Unternehmungen, Vereinen und Verbänden

Dieser in § 4 Nr. 4 AVB-RSW geregelte Ausschluss bezweckt, solche Haftungsansprüche vom Versicherungsschutz auszunehmen, die aus berufsfremder Tätigkeit resultieren, nämlich aus der als Vorstands-, Aufsichtsrats- oder Beiratsmitglied von Firmen, Unternehmungen, Vereinen und Verbänden. Es soll sichergestellt sein, dass insbesondere Haftpflichtansprüche ausgeschlossen sind, die der Versicherungsnehmer in den vorbezeichneten Funktionen durch Fehler in unternehmerischen Entscheidungen auslöst. Die in diesem Ausschluss genannten Begriffe sind nicht analogiefähig[212]. Andere als die in dieser Klausel genannten Tätigkeiten werden deshalb vom Ausschluss nicht erfasst, soweit sie zur beruflichen Tätigkeit eines Anwalts i.S.v. § 1 I Nr. 1 AVB-RSW gehören. Aufsichtsrat kann nur ein für die jeweilige Gesellschaftsform zwingend oder rechtlich fakultativ vorgesehenes Gesellschaftsorgan sein, nicht hingegen der »Aufsichtsrat« einer Personalgesellschaft[213]. Nach Teil B. S. 2 letzter Spiegelstrich BBR-RA sind Schadensersatzansprüche aus Pflichtverletzungen auch dann mitversichert, wenn sie sich gegen den Versicherungsnehmer als Mitglied eines Aufsichtsorgans richten und der Verstoß im rechtsberatenden Bereich angesiedelt ist. Da die Haftung des Aufsichtsrats auch anderen Bereichen entspringen kann, empfiehlt sich der Abschluss einer D&O-Versicherung vor Annahme des Aufsichtsratsmandats[214]. 102

Außerdem greift der Ausschluss auch dann nicht, wenn der Haftpflichtanspruch aus einer anwaltlichen Tätigkeit resultiert, die der Versicherungsnehmer gleichzeitig neben einer unter den Ausschluss fallenden Tätigkeit ausgeführt hat. 103

▶ Beispiel 3:

Ist der Anwalt Vorstandsvorsitzender eines Vereins, hat er aber gleichzeitig als Anwalt für diesen Verein im Rahmen eines ihm erteilten Mandats einen Pachtvertrag entworfen und sind ihm dabei Fehler unterlaufen, ist der Deckungsschutz für einen daraus resultierenden Haftpflichtanspruch nicht ausgeschlossen; der Versicherungsnehmer ist hier nicht wirtschaftlich, sondern anwaltlich tätig geworden[215].

Dieser Ausschluss betrifft nicht die Haftung des als Insolvenzverwalter tätigen Rechtsanwalts aus der Fortführung des insolvent gewordenen Unternehmens, die dem Ziel dient, eine möglichst günstige Verwertung der Insolvenzmasse zu erreichen[216].

---

211 Prölss/Martin/*Lücke*, VVG, 29. Auflage, § 4 AVB Verm, Rn. 22; *Chab*, in: G. Fischer/Vill/D. Fischer/Pape/Chab, § 18, Rn. 62.

212 So auch *Chab*, in: G. Fischer/Vill/D. Fischer/Pape/Chab, § 18, Rn. 64.

213 BGH, Urt. v. 8.11.1989 – IVa ZR 163/88 – juris, Rn. 32.

214 *Chab*, in: G. Fischer/Vill/D. Fischer/Pape/Chab, § 18, Rn. 65.

215 Ebenso *Chab*, in: G. Fischer/Vill/D. Fischer/Pape/Chab, § 18, Rn. 65 unter Hinweis auf OGH, Urt. v. 23.10.1996 – 7 Ob 2163/96 – VersR 1998, 84 mit der Begründung, es sei das Risiko für den Versicherer nicht deshalb höher, weil der Rechtsanwalt gleichzeitig auch Vorstandsmitglied sei.

216 So für den als Konkursverwalter tätigen Rechtsanwalt BGH, Urt. v. 30.1.1980 – IV ZR 86/78 – VersR 1980, 353.

104 Ist der Versicherungsnehmer als Berufsträgergesellschaft anerkannt[217], gilt der Ausschluss entsprechend für die Berufsträgergesellschaft und die dort tätigen mitversicherten Personen gemäß § 7 I Nr. 1 AVB-RSW. Nicht erfasst werden von dem Ausschluss insoweit freilich Tätigkeiten, die der Versicherungsnehmer in seiner Leitungsfunktion innerhalb der eigenen Berufsträgergesellschaft ausübt. Hier besteht Deckung für die Inanspruchnahme wegen Fehlern bei seiner anwaltlichen Tätigkeit auch dann, wenn die Ansprüche beispielsweise auf § 43 GmbHG oder § 93 AktG gestützt werden[218].

IV. Haftpflichtansprüche wegen Schadensverursachung durch wissentliches Abweichen von Gesetz, Vorschrift, Anweisung oder Bedingung des Auftraggebers oder durch sonstige wissentliche Pflichtverletzung

105 Gemäß § 4 Nr. 5 AVB-RSW sind auch Haftpflichtansprüche wegen Schadensverursachung durch wissentliches Abweichen von Gesetz, Vorschrift, Anweisung oder Bedingung des Auftraggebers oder durch sonstige wissentliche Pflichtverletzung ausgeschlossen[219]. **Dabei behält der Versicherungsnehmer, wenn dieser Ausschlussgrund nicht in seiner Person und auch nicht in der Person eines Sozius vorliegt** – unbeschadet der Bestimmungen des § 7 III Nr. 2 AVB-RSW – **den Anspruch auf Versicherungsschutz.** § 1 III Nr. 1 und 2 der aktuellen Versicherungsbedingungen[220] bleiben davon unberührt.

1. § 103 VVG

106 **Durch die Haftpflichtversicherung wird jeder fahrlässige und damit auch der grob fahrlässig begangene Verstoß gedeckt. Die Grenze zur Leistungsfreiheit wird in der Haftpflichtversicherung gemäß § 103 VVG erst für Schäden überschritten, die der Versicherungsnehmer vorsätzlich herbeiführt, wobei sich der Vorsatz auch auf den Schaden beziehen muss**[221]. Verlangt wird natürlicher Vorsatz, also Wissen und Wollen oder zumindest die billigende Inkaufnahme von Tat und Schadensfolgen. Nicht erforderlich ist, dass der Täter die Folgen der Verletzungshandlung in allen Einzelheiten voraussieht. Der Schädiger muss aber die tatsächlich eingetretenen Folgen zumindest im Wesentlichen als möglich erkannt und ihren Eintritt billigend in Kauf genommen haben[222]. Auch das Bewusstsein der Rechtswidrigkeit ist erforderlich[223]. Die Beweislast für den Vorsatz im Sinne des § 103 VVG trägt der Versicherer[224]. Der Anscheinsbeweis kann für vorsätzliches Handeln nicht nutzbar gemacht werden, weil es insoweit kein durch Lebenserfahrung gesichertes typisches

---

217 Vgl. dazu die Ausführungen in Rdn. 73 ff.

218 *Diller*, AVB-RSW, § 4, Rn. 25 und § 1, Rn. 64; a.A. *Chab*, in: G. Fischer/Vill/D. Fischer/Pape/Chab, § 18, Rn. 66.

219 Der Ausschluss entspricht § 19a Abs. 2 Nr. 1 BNotO.

220 Diese Klausel lautet regelmäßig: »Nimmt eine anerkannte Berufsträgergesellschaft für sich selbst Versicherung, bezieht sich der Versicherungsschutz für diese Gesellschaft auf die den Organen, Geschäftsführern, Gesellschaftern von Personengesellschaften, Partnern und Angestellten oder sonstigen Personen, deren sie sich zur Erfüllung ihrer Berufstätigkeit bedient, zur Last fallenden Verstöße. In der Person des Verstoßenden gegebene Umstände, die den Versicherungsschutz beeinflussen, werden dem Versicherungsnehmer zugerechnet; das gilt nicht, wenn Angestellte (Nichtorgane, Geschäftsführer, Gesellschafter von Personengesellschaften, Partner) des Versicherungsnehmers oder sonstige Personen, deren er sich zur Erfüllung seiner Berufstätigkeit bedient, in Erfüllung dieser Tätigkeit vom Gesetz, Vorschrift, Anweisung oder Bedingung des Auftraggebers wissentlich abgewichen sind oder sonst ihre Pflichten wissentlich verletzt haben.«

221 Prölss/Martin/*Lücke*, VVG, § 103, Rn. 5 m.w.N.

222 BGH, Urt. v. 20.11.1979 – VI ZR 238/78 – juris, Rn. 12; Urt. v. 17.6.1998 – IV ZR 163/97 – juris, Rn. 8; OLG Düsseldorf, Urt. v. 25.5.1999 – 4 U 84/98 – juris, Rn. 30; Urt. v. 12.12.2000 – 4 U 46/00 – juris, Rn. 21; Langheid/Rixecker/*Langheid*, VVG, § 103, Rn. 8; Prölss/Martin/*Lücke*, VVG, § 103, Rn. 5.

223 BGH, Urt. v. 28.4.1958 – II ZR 163/57 – VersR 1958, 361; Rüffer/Halbach/Schimikowski/*Schimikowski*, VVG, § 103, Rn. 9.

224 Langheid/Rixecker/*Langheid*, VVG, § 103 Rn. 20.

Verhalten gibt[225]. Es kann aber im Einzelfall aus einem erkennbar objektiv gefährlichen Geschehensablauf auf einen Schädigungsvorsatz geschlossen werden. Für den Ausschluss der Leistungspflicht des Versicherers nach § 103 VVG ist nicht erforderlich, dass der Berater beabsichtigt haben muss, dem Mandanten Schaden zuzufügen. **Bedingter Vorsatz** im Sinne einer billigenden Inkaufnahme eines schädigenden Erfolges **genügt**; **bewusste Fahrlässigkeit**, bei der der Handelnde zwar die Möglichkeit des Schadens zwar voraussieht, jedoch darauf vertraut, dass dieser nicht eintreten wird, **reicht hingegen nicht aus**[226].

2. Wissentliche Pflichtverletzung

Auch wenn im Einzelfall die Voraussetzungen des § 103 VVG vom Versicherer nicht bewiesen werden können, kann aufgrund des § 4 Nr. 5 AVB-RSW **Leistungsfreiheit des Versicherers** anzunehmen sein; denn **bei einer wissentlichen Pflichtverletzung braucht sich der Vorsatz nicht auf den eintretenden Erfolg, also auf den Schaden beziehen**[227]. Im Fall einer wissentlichen Pflichtverletzung muss der eingetretene Schaden **nur adäquat kausal** aus dieser hervorgehen[228]. 107

Eine wissentliche Pflichtverletzung fordert aber – anders als der Vorsatz in § 103 VVG – **dolus directus**[229]**. Die verletzte Pflicht muss der Anwalt oder der Notar also positiv kennen**, damit dieser Ausschluss greift[230]. An einer wissentlichen Pflichtverletzung fehlt es folglich, wenn der Anwalt die Pflicht nicht positiv kennt oder sich über ihren Inhalt irrt. 108

Der Versicherer hat die Voraussetzungen dieser Klausel zu beweisen. Er muss deshalb den objektiven Pflichtenverstoß sowie das Bewusstsein des Anwaltes bzw. Notars, mit seinem Verhalten gegen Vorschriften oder ungeschriebene Berufsregeln zu verstoßen, ebenso darlegen und beweisen wie die Kausalität zwischen der Pflichtverletzung und dem eingetretenen Schaden[231]. Unerheblich ist, ob der Anwalt bzw. der Notar davon überzeugt ist, es werde durch sein wissentlich pflichtwidriges Handeln ein Schaden entstehen oder ob er annimmt, zum Wohle des Mandanten zu handeln[232]. Der **Versicherer muss** deshalb einerseits **die Pflicht aufzeigen und außerdem beweisen, dass der Versicherungsnehmer auch gewusst hat, wie er sich verhalten musste**. Irrt ein Anwalt bzw. ein Notar über das Bestehen einer Rechtspflicht oder deren Inhalt, handelt er nicht bewusst pflichtwidrig[233]. Die **Behauptung des Rechtsirrtums muss der Versicherer widerlegen**[234]. In der Regel wird man aber davon ausgehen müssen, dass Anwälte und Notare die allgemeinen, ihren Beruf betreffenden Vorschriften kennen[235]. Andererseits kann der Versicherer sich auf einen Anscheinsbeweis nicht berufen[236]. Es ist ihm jedoch gestattet, zum Vorsatznachweis indizierende Umstände heranzuziehen. Deshalb darf sich der Versicherer für die Kenntnis des Anwalts bzw. Notars von den allgemeinen, seinen Beruf betreffenden Vorschriften auf die Lebenserfahrung mit der Folge berufen, dass der Anwalt bzw. Notar danach darlegen muss, aus besonderen Gründen diese Pflicht nicht gekannt zu haben. Gelingt diese Darlegung, ist streitig, ob dann den Anwalt die Beweislast 109

225 Rüffer/Halbach/Schimikowski/*Schimikowski*, VVG, § 103, Rn. 5.

226 OLG Hamm, Urt. v. 24.2.1988 – 20 U 255/87 – juris, Rn. 45; Langheid/Rixecker/*Langheid*, VVG, § 103 Rn. 6.

227 *Diller*, AVB-RSW, § 4, Rn. 43.

228 BGH, Urt. v. 28.9.2005 – IV ZR 255/04 – juris, Rn. 24; OLG Hamm, Urt. v. 22.9.1995 – 20 U 38/95 – juris, Rn. 22; *Späth,* VersR 2000, 825.

229 *Diller*, AVB-RSW, § 4, Rn. 42; OLG Karlsruhe, Urt. v. 24.9.2009 – 12 U 47/09 – juris, Rn. 26.

230 BGH, Urt. v. 28.9.2005 – IV ZR 255/04 – juris, Rn. 26; OLG München, Urt. v. 10.2.2016 – 3 U 4388/13 – juris, Rn. 10

231 BGH, Urt. v. 26.9.1990 – IV ZR 147/89 – juris, Rn. 26; OLG Hamm, Beschl. v. 30.5.1995 – 20 W 2/95 – juris, Rn. 9; *Diller*, AVB-RSW, § 4, Rn. 61.

232 OLG Hamm, Urt. v. 5.5.1999 – 20 U 133/98 – OLGR 2000, 9, 10; *Diller*, AVB-RSW, § 4, Rn. 43.

233 *Chab,* in: G. Fischer/Vill/D. Fischer/Pape/Chab, § 18, Rn. 72.

234 BGH, Urt. v. 5.3.1986 – IVa ZR 179/84 – juris, Rn. 21, 25.

235 OLG Köln, Urt. v. 28.1.1997 – 9 U 62/96 – juris, Rn. 37.

236 OLG Saarbrücken, Urt. v. 8.5.1991 – 5 U 69/90 – VersR 1992, 994.

für die dargelegten Umstände trifft[237]. Unterlässt der Versicherungsnehmer nach Darlegung der Lebenserfahrung durch den Versicherer diese Darlegung des besonderen Ausnahmegrundes, muss von einer wissentlichen Pflichtverletzung ausgegangen werden. Natürlich genügt es nicht, dass der Anwalt oder der Notar durch Nachdenken erkennen konnte, dass seine Tätigkeit für unredliche Zwecke in Anspruch genommen wird[238].

110 Dieser Ausschluss stellt keine unangemessene Benachteiligung des Versicherungsnehmers dar[239]. Vom Anwalt und vom Notar kann erwartet werden, dass sie sich nicht bewusst über Recht und Gesetz hinwegsetzen und gleichzeitig das damit verbundene Risiko erkennen[240].

Merke:

1. Hat ein Anwalt eine **Frist** schlicht **vergessen oder nicht erkannt**, greift die Ausschlussklausel nicht[241].
2. Auch ein **unordentlich geführtes Büro** führt allein nicht zur wissentlichen Pflichtverletzung. Vielmehr kommt es auf das Bewusstsein des Anwaltes an[242]. Die Ausschlussklausel kann nicht bereits dann angewandt werden, wenn der Anwalt bzw. der Notar seiner allgemeinen Verpflichtung zur Errichtung und Regelung des gefahrlosen Praxisablaufes nicht entspricht. Bei anderer Auslegung der Klausel würde der Versicherungsschutz entwertet, weil alle Sachverhalte vom Versicherungsschutz ausgeschlossen wären, in denen der Schaden nicht durch Anordnung oder Durchführung geeigneter Vorsichtsmaßnahmen verhindert wurde[243].
3. Muss der Anwalt **mehr Mandate** bearbeiten, **als er** zusammen mit seinen Mitarbeitern **fristgerecht erledigen kann**, stellt sich die diesbezügliche Erkenntnis eines Pflichtenverstoßes regelmäßig erst mit zeitlicher Verzögerung ein, weil sich die Überbelastung erst sukzessive ergibt. Also ergibt sich eine wissentliche Pflichtverletzung nicht allein aus einer **Arbeitsüberlastung**[244]. Hinzutreten muss vielmehr, dass der Anwalt wegen dieser Arbeitsüberlastung im Bewusstsein und in Kenntnis des Ablaufes von Fristen von der Bearbeitung abgesehen hat[245]. Bei Arbeitsüberlastung ist deshalb von einer wissentlichen Pflichtverletzung nur bei wissentlichem Liegenlassen trotz bekannten Fristablaufes und dann auszugehen, wenn der Anwalt die Akten aus Zeitgründen nicht einmal mehr sichten kann[246].
   Besonderheiten gelten für den **Steuerberater**. Für dessen Arbeitsbereich laufen für die Erstellung von Steuererklärungen – anders als im Bereich sonstiger anwaltlicher Arbeit – einheitliche Fristen für die Abgabe von Steuererklärungen. Verschiebt der Steuerberater wegen Arbeitsüberlastung immer wieder die Erstellung von Steuererklärungen, muss von vorsätzlichem Handeln i.S.d. dolus directus ausgegangen werden[247].

---

237 So OLG Koblenz, Urt. v. 15.6.1979 – 10 U 711/78 – VersR 1980, 643. Der BGH hat die gegen das Urteil eingelegte Revision nicht angenommen, vgl. die Anmerkung von *Evers* in VersR 1980, 643 f.; ähnlich auch OLG Köln, Urt. v. 28.1.1997 – 9 U 62/96 – juris, Rn. 31. A.A. *Terbille*, Rn. 1975 der 7. Auflage. Siehe dazu auch *Diller*, AVB-RSW, § 4, Rn. 65.

238 OLG Hamm, Beschl. v. 30.5.1995 – 20 W 2/95 – juris, Rn. 9.

239 BGH, Urt. v. 26.9.1990 – IV ZR 147/89 – juris, Rn. 35 zum gleichlautenden Ausschluss in den AVB-WB.

240 BGH, Urt. v. 26.9.1990 – IV ZR 147/89 – juris, Rn. 35.

241 Vgl. OLG Koblenz, Urt. v. 15.6.1979 – 10 U 711/78 – VersR 1980, 643; OLG Düsseldorf, Urt. v. 30.10.1979 – 4 U 82/79 – VersR 1981, 621 und Urt. v. 12.2.1980 – 4 U 101/79 – VersR 1981, 769 sowie OLG Hamm, Urt. v. 24.2.1988 – 20 U 255/87 – juris, Rn. 37.

242 OLG Hamm, Urt. v. 29.11.1985 – 20 U 124/85 – VersR 1987, 802, 804 sowie van Bühren/*Hartmann*/*Hartmann*, Handbuch Versicherungsrecht, § 10, Rn. 170.

243 BGH, Urt. v. 30.9.1970 – IV ZR 649/68 – VersR 1970, 1121 f.

244 OLG Köln, Urt. v. 29.8.2000 – 9 U 4/00 – juris, Rn. 37 f.

245 OLG Köln, Urt. v. 29.8.2000 – 9 U 4/00 – juris, Rn. 39; *Diller*, AVB-RSW, § 4, Rn. 57.

246 OLG Köln, Urt. v. 29.8.2000 – 9 U 4/00 – juris, Rn. 39.

247 OLG Düsseldorf, Urt. v. 30.10.1979 – 4 U 82/79 – VersR 1981, 621; OLG Düsseldorf, Urt. v. 12.2.1980 – 4 U 101/79 – VersR 1981, 769; OLG Düsseldorf, Urt. v. 27.9.1988 – 4 U 245/87 – VersR 1990, 411 f.

4. Bei der **Verjährung von Ansprüchen** kann eine wissentliche Pflichtverletzung dann angenommen werden, wenn der Anwalt wegen Arbeitsüberlastung im Bewusstsein und in Kenntnis des Ablaufes der Verjährungsfrist von der Bearbeitung abgesehen hat[248]. Da aber die Verjährung häufig rechtlich nicht auf der Hand liegt, sondern schwierig zu ermitteln ist, kann das vorbezeichnete Bewusstsein nicht unterstellt werden[249].
5. Lässt ein Anwalt eine **Akte längere Zeit unbearbeitet**, weil er die Rechtslage als schwierig erachtet, verstößt er nicht automatisch, sondern erst dann wissentlich gegen seine Berufspflichten, wenn er die Sache unbearbeitet lässt, obwohl er sich des drohenden Fristablaufes bewusst ist[250]; denn kein Anwalt verpflichtet sich durch den mit dem Mandanten geschlossenen Geschäftsbesorgungsvertrag zu sofortigem Handeln. Hat der Anwalt beispielsweise einen Sachverhalt juristisch für sich durchstrukturiert und lässt er dann die Angelegenheit noch eine Zeit lang liegen, weil er glaubt, vor Klageerhebung einen bestimmten juristischen oder tatsächlichen Komplex noch weiter aufarbeiten zu müssen, kann von einer wissentlichen Pflichtverletzung keine Rede sein, wenn er dabei die Verjährung falsch eingeschätzt hat. Andererseits dürfte es eine wissentliche Pflichtverletzung darstellen, wenn der Anwalt die Verjährung gar nicht prüft, weil die meisten Ansprüche der Verjährung unterliegen[251].
6. Weiß der Anwaltsnotar, dass die Voraussetzungen für die **Auszahlung vom Anderkonto** an eine Partei **dem Treuhandvertrag widerspricht**, handelt er bewusst pflichtwidrig[252]. Das Gleiche gilt für den Anwaltsnotar, der einen auf sein Anderkonto überwiesenen Betrag für einen Vorfinanzierungskredit an einen Grundstücksverkäufer auszahlt, bevor der Kredit entsprechend dem Treuhandauftrag durch eine Grundschuld abgesichert war. Nur wenn er vor der Auszahlung der Darlehensvaluta die Akten überprüft und einen fehlerhaft für eine andere Grundschuld angebrachten Erledigungsvermerk als Nachweis für die Eintragung einer absichernden Grundschuld genommen hat, trifft das nicht zu[253]. Für einen bewussten Pflichtenverstoß muss dargelegt werden, der Versicherte habe gewusst, wie er sich hätte verhalten müssen[254]. Ein Anwaltsnotar handelt auch bewusst pflichtwidrig, wenn er in Kenntnis von Treuhandauflagen einer Bank Gelder vom Notaranderkonto bereits auszahlt, obwohl er weiß, dass die Erfüllung der Treuhandauflagen weder bewirkt noch sichergestellt ist[255]. Weiß der Anwaltsnotar, dass er über Auszahlungen aus dem Anderkonto verfügt, ist ihm wie üblich bekannt, dass solche Auszahlungen von der Erfüllung vom Gläubiger gesetzter Bedingungen abhängig zu sein pflegen und weiß er außerdem, dass er die Voraussetzung für die Auszahlung weder selbst geprüft noch durch eine Notariatsangestellte hat überprüfen lassen, so begründet bereits dieses Handeln einen wissentlichen Pflichtverstoß[256]; denn derjenige, der bewusst verbindliche Handlungs- oder Unterlassungsanweisungen nicht beachtet, mit denen ihm ein bestimmtes Verhalten vorgeschrieben ist, muss sich den Risikoausschluss der wissentlichen

---

248 OLG Köln, Urt. v. 29.8.2000 – 9 U 4/00 – juris, Rn. 39 f.
249 *Diller*, AVB-RSW, § 4, Rn. 68.
250 A.A. LG Düsseldorf, Urt. v. 8.12.1978 – 11 O 350/78 – VersR 1980, 81.
251 Zu Ausnahmen vgl. § 194 Abs. 2 BGB.
252 OLG Düsseldorf, Urt. v. 27.9.1988 – 4 U 245/87 – VersR 1990, 411, 412.
253 OLG Frankfurt, Urt. v. 12.5.1999 – 3 U 80/98 – juris, Rn. 29.
254 OLG Hamm, Urt. v. 5.5.1999 – 20 U 133/98 – juris, Rn. 5 ff.: Ein Kreditinstitut überwies dem Notar zu treuen Händen die dem Grundstückskäufer bewilligte Darlehensvaluta. In dem Begleitschreiben heißt es sinngemäß: »Über die Valuta dürfen Sie nur verfügen, sobald sichergestellt ist, dass der zu unseren Gunsten bestellten Grundschuld keine Rechte aus Abt. II und III im Rang vorgehen.« Sechs Tage nach Eingang des Geldes zahlte der Notar den Betrag an den Grundpfandrechtsgläubiger der Verkäuferin. Da der Betrag aber nicht zur vollständigen Ablösung der Grundschuld ausreichte, blieb zu deren Gunsten eine erstrangige Grundschuld bestehen. Das Kreditinstitut verlangte nun vom Notar Rückzahlung der Darlehensvaluta unter Hinweis auf die Treuhandauflage; vgl. zu diesem Problemkreis auch BGH, Urt. v. 17.12.1986 – IVa ZR 166/85 – juris, Rn. 15; OLG Hamm, Urt. v. 22.9.1995 – 20 U 38/95 – juris, Rn. 23.
255 OLG Hamm, Urt. v. 5.5.1999 – 20 U 133/98 – juris, Rn. 26.
256 OLG Hamm, Urt. v. 22.9.1995 – 20 U 38/95 – juris, Rn. 27.

Pflichtverletzung entgegenhalten lassen[257]. Das gilt dann nicht, wenn der Notar im Bewusstsein der Treuhandauflagen – wenngleich oberflächlich – nachschaut, ob die erforderlichen Voraussetzungen gegeben sind. Mit einem nur flüchtigen Blick begibt sich der Notar in den Bereich bewusst fahrlässigen Handelns. Meint er also aufgrund seiner unzulänglichen Prüfung, die Auszahlungsvoraussetzungen seien gegeben, wird die Grenze zur wissentlichen Pflichtverletzung nicht überschritten[258].

7. Derjenige Anwalt, der seinem Mandanten empfiehlt, eine **Klage** zu erheben und dem der Mandant erklärt, er erteile sein Einverständnis nur, wenn ihm dadurch keine zusätzlichen Kosten entstünden, begeht einen bewussten Pflichtenverstoß, wenn er die Klage erhebt, **ohne** zuvor die **Deckungszusage des Rechtsschutzversicherers** eingeholt zu haben[259].

Die wissentliche Pflichtverletzung ist also anhand folgender Fragen zu prüfen:
- Welches konkrete Verhalten war dem Anwalt bzw. Notar vorgeschrieben?
- Wusste der Anwalt bzw. Notar, wie er sich verhalten musste[260]?
- Wurde der Pflichtenverstoß für den Schaden ursächlich[261]?

111 Der Ausschlussgrund bezieht sich auch auf **wissentliches Abweichen von spezifischen Anweisungen oder Bedingungen des Auftraggebers**[262]. Veranlasst ein Anwalt als Insolvenzverwalter ein Kreditinstitut, eine Bürgschaft zu übernehmen, damit die Gemeinschuldnerin ein halbfertiges Bauvorhaben fertig stellen kann, vereinbart er sodann mit dem Kreditinstitut, dass sämtliche Zahlungen des Bauherrn an die Gemeinschuldnerin auf ein Sonderkonto des Kreditinstitutes weiterzuleiten sind und befriedigt der Insolvenzverwalter stattdessen mit diesen eingehenden Beträgen andere Gläubiger der Gemeinschuldnerin, dann ist der Versicherer leistungsfrei, wenn das Kreditinstitut den Anwalt auf Schadensersatz in Anspruch nimmt[263].

112 Der Ausschlussgrund der wissentlichen Pflichtverletzung wird in den Bedingungen regelmäßig dadurch eingegrenzt, dass er nur eingreift, wenn er **in der Person des Versicherungsnehmers** selbst **oder** in der Person **des Sozius** verwirklicht wird[264].

113 Gemäß § 4 Nr. 5 AVB-RSW behält der Anwalt den Versicherungsschutz, wenn der Ausschlussgrund nur in der Person eines Angestellten vorliegt. Die AVB-N enthalten regelmäßig keine vergleichbare Beschränkung. Ist der Deckungsausschluss gegeben, wirkt er bei Anwälten auf die gesamte Sozietät und ihre Mitglieder. Für Notare gilt dies gemäß § 15 III der gängigen AVB-N indes nur im Bereich jenseits der Pflichtversicherung.

V. Ausschlüsse der Bedingungswerke für Notare

114 Gemäß § 4 AVB-N[265] bezieht sich der Versicherungsschutz nicht auf Haftpflichtansprüche
- aus der Tätigkeit im Zusammenhang mit der Beratung über das Recht der Vereinigten Staaten von Amerika (einschließlich des Rechtes der Einzelstaaten) und Kanadas, es sei denn, dass die Amtspflichtverletzung darin besteht, dass die Möglichkeit der Anwendbarkeit dieses Rechtes nicht erkannt wurde;

257 BGH, Urt. v, 17.12.1986 – IVa ZR 166/85 – juris, Rn. 15 sowie OLG Saarbrücken, Urt. v. 8.5.1991 – 5 U 69/90 – VersR 1992, 994.
258 OLG Frankfurt, Urt. v. 12.5.1999 – 3 U 80/98 – juris, Rn. 29; BGH, Urt. v. 5.3.1986 – IVa ZR 179/84 – juris, Rn. 23.
259 OLG Karlsruhe, Urt. v. 1.12.1977 – 12 U 249/76 – juris, Rn. 23.
260 BGH, Urt. v. 28.9.2005 – IV ZR 255/04 – juris, Rn. 26; Urt. v. 26.9.1990 – IV ZR 147/89 – juris, Rn. 20; Urt. v. 5.3.1986 – IVa ZR 179/84 – juris, Rn. 25.
261 BGH, Urt. v. 26.9.1990 – IV ZR 147/89 – juris, Rn. 36.
262 *Diller*, AVB-RSW, § 4, Rn. 51.
263 LG Duisburg, Urt. v. 24.9.1980 – 3 O 275/80 – unveröffentlicht.
264 Vgl. dazu auch OLG Hamm, Urt. v. 29.11.1985 – 20 U 124/85 – VersR 1987, 802, 804.
265 Diese Fassung wird inhaltsgleich von mehreren Versicherern verwendet.

- wegen Schäden durch Veruntreuung durch Personal des Versicherungsnehmers, es sei denn, dass er wegen fahrlässiger Verletzung seiner Amtspflicht zur Überwachung des Personals in Anspruch genommen wird;
- wegen Schadenverursachung durch wissentliche Pflichtverletzung.

In Bezug auf die Auslegung dieser Ausschlüsse wird zunächst auf die obigen[266] Ausführungen Bezug genommen.

Häufig ist streitig, ob eine wissentliche Pflichtverletzung vorliegt oder nicht. Für diesen Fall regelt **§ 19a Abs. 2 S. 2 BNotO**, dass der Haftpflichtversicherer des Notars, der wegen dieses Ausschlussgrundes die Regulierung ablehnt, gleichwohl bis zu der Höhe zu decken hat, die für den Versicherer gilt, der Schäden aus vorsätzlicher Handlung deckt[267]. Für diese Versicherungsverträge gilt gemäß § 67 Abs. 3 Nr. 3 BNotO eine Mindestversicherungssumme von **250.000,00 EUR,** so dass der Haftpflichtversicherer des Notars, der eine wissentliche Pflichtverletzung behauptet, den Schaden jedenfalls in dieser Höhe zu decken hat. Deshalb wird in § 13 AVB-N klargestellt, dass der Versicherer dem Versicherungsnehmer bzw. Versicherten in jedem Fall den vom Gesetzgeber in § 19a BNotO vorgeschriebenen Versicherungsschutz gewährt. Steht eine wissentliche Pflichtverletzung des Notars im Raum, so kommt der Vorleistungsanspruch gegen den Berufshaftpflichtversicherer gemäß § 19a Abs. 2 S. 2 BNotO bereits dann in Betracht, wenn Letzterer unter Berufung hierauf die Regulierung ablehnt, gegen das Bestehen des Deckungsanspruchs aus dem Haftpflichtversicherungsvertrag aber keine weiteren Einwendungen erhebt; ein Streit zwischen Anspruchsteller und Berufshaftpflichtversicherer über diesen Punkt ist nicht erforderlich[268]. Dem vorleistenden Berufshaftpflichtversicherer stehen zum Ausgleich der Forderungsübergang (§ 19a Abs. 2 S. 3 BNotO) und ein Anspruch auf Aufwendungsersatz (§ 19a Abs. 2 S. 4 BNotO) gegen den Vertrauensschadenversicherer zu, so dass der Streit über die Wissentlichkeit der Pflichtverletzung im Regressprozess zwischen diesen beiden Versicherern geklärt werden kann[269]. Soweit dabei im Gesetz vom Übergang des Anspruchs gegen einen sonstigen »Ersatzberechtigten« die Rede ist, handelt es sich um ein offensichtliches Redaktionsversehen des Gesetzgebers; gemeint ist »Ersatzverpflichteten«[270]. 115

VI. Rechtscharakter der Ausschlüsse

Objektive Risikoausschlüsse, auch Risikobeschränkungen oder Risikoabgrenzungen genannt, begrenzen das durch den Versicherungsvertrag vom Haftpflichtversicherer übernommene Risiko. Da hier nicht Teile des in § 1 I AVB-RSW genannten Gegenstandes der Versicherung in Rede stehen, sondern Ausschlüsse von dem dort umschriebenen Risikobereich, handelt es sich um **sekundäre Risikoabgrenzungen**. Während der Versicherungsnehmer zu beweisen hat, dass sich der Versicherungsfall dem in der Risikobeschreibung primär abgegrenzten Risiko entsprechend verwirklichte[271], muss der Versicherer beweisen, dass der Tatbestand der sekundären Risikoabgrenzung unterfällt[272]. 116

Materiell-rechtlich können Risikoabgrenzungen als verhüllte Obliegenheiten oder als objektiver Risikoausschluss zu charakterisieren sein. Risikoausschlüsse sind von verhüllten Obliegenheiten rechtsdogmatisch streng **zu unterscheiden**. Während Risikoausschlüsse das vom Versicherer übernommene Risiko objektiv begrenzen, knüpfen verhüllte Obliegenheiten an ein Verhalten des Versicherungsnehmers an. **Ist die jeweilige Risikoabgrenzung als verhüllte Obliegenheit zu charakterisieren, tritt Leistungsfreiheit des Versicherers nur unter den zusätzlichen Voraussetzungen ein,** 117

266 Rdn. 83 ff.
267 Vgl. Rdn. 316 ff.
268 BGH, Urt. v. 11.6.2014 – IV ZR 414/12 – juris, Rn. 10.
269 BGH, Urt. v. 11.6.2014 – IV ZR 414/12 – juris, Rn. 12.
270 BGH, Urt. v. 11.6.2014 – IV ZR 414/12 – juris, Rn. 12.
271 BGH, Urt. v. 29.6.1994 – IV ZR 129/93 – juris, Rn. 15.
272 BGH, Urt. v. 21.2.1957 – II ZR 175/55 – juris, Rn. 6; *Diller*, AVB-RSW, § 4, Rn. 15; Prölss/Martin/*Armbrüster*, VVG, Einleitung, Rn. 356.

die bei Obliegenheitsverletzungen zur Leistungsfreiheit des Versicherers führen[273]. Maßgebend für die vorbezeichnete Unterscheidung ist der materielle Inhalt der Versicherungsklausel und nicht deren äußere Erscheinungsform[274]. Entscheidend ist deshalb, ob die Versicherungsklausel eine individualisierende Beschreibung eines bestimmten Wagnisses enthält, das der Versicherer von vornherein nicht übernehmen möchte oder ob die Klausel in erster Linie ein bestimmtes vorbeugendes Verhalten des Versicherungsnehmers verlangt, von dem es abhängt, ob er einen zunächst zugesagten Versicherungsschutz behält oder wieder verliert. Eine verhüllte Obliegenheit ist anzunehmen, wenn die Klausel ein solches Verhalten des Versicherungsnehmers in den Vordergrund stellt, also dieses Verhalten nicht hinter objektiven Voraussetzungen zurücktritt. **Werden demgegenüber durch bestimmte Klauseln Teilrisiken objektiv vom Versicherungsschutz ausgenommen, liegt eine sekundäre Risikoabgrenzung vor**[275].

118 Nach dieser Maßgabe erweisen sich **sämtliche vorgenannte Ausschlüsse als objektive Risikoabgrenzungen**[276]. **Folglich ist der Haftpflichtversicherer bei den sogenannten Auslandsschäden nach Maßgabe des § 4 Nr. 1 AVB-RSW ohne Weiteres nicht eintrittspflichtig**, also leistungsfrei. Die Leistungsfreiheit tritt also nicht erst – wie für verhüllte vertragliche Obliegenheiten unabdingbar – unter den weiteren Voraussetzungen des § 28 VVG ein.

Risikoabgrenzungen sind nach gefestigter Rechtsprechung **grundsätzlich eng** und nicht über ihren Wortlaut hinaus **auszulegen**[277].

VII. Sachschäden

119 Obwohl die Haftpflichtversicherung in erster Linie als Vermögensschadenhaftpflichtversicherung zu charakterisieren ist, sind im begrenzten Umfang auch Ansprüche wegen Sachschäden versichert, nämlich solche[278]

- an Akten und anderen für die Sachbehandlung in Betracht kommenden Schriftstücken sowie
- an sonstigen beweglichen Sachen, die das Objekt der versicherten Betätigung des Versicherungsnehmers bilden, sofern es sich nicht um Sachschäden aus Anlass der Ausübung technischer Berufstätigkeit oder der Verwaltung von Grundstücken handelt.

120 Die Deckung für Sachschäden gilt aber nicht für solche Sachschäden, die durch ein Abhandenkommen von Geld, geldwerten Zeichen, Wertsachen, Inhaberpapieren und in blanko indossierten Orderpapieren entstehen. Andererseits ist das Abhandenkommen von Wechseln sowie von zu Protest gegangenen Schecks versichert, da es nach dem Wortlaut der Klauseln nicht unter diesen sekundären Risikoausschluss für die oben genannten, gedeckten Sachschäden fällt.

121 Hier ist zu beachten, dass gemäß § 148 Abs. 1 InsO der Insolvenzverwalter das gesamte zur Insolvenzmasse gehörende Vermögen sofort in Besitz und Verwaltung zu nehmen hat. Ebenso trifft den Zwangsverwalter gemäß § 152 Abs. 1 ZVG die Pflicht, alle Handlungen vorzunehmen, die erforderlich sind, um das Grundstück in seinem wirtschaftlichen Bestand zu erhalten und ordnungsgemäß zu nutzen. Nicht selten entstehen dann an den dazu gehörenden Vermögensgegenständen Sachschäden, z.B. als Frostschäden dadurch, dass das Wasser nicht aus den Heizungsleitungen abgelassen wird, obwohl die Anlage nicht läuft oder es tritt z.B. wegen einer Verletzung der Verkehrssicherungspflicht in Bezug auf Gebäude oder Grundstücke, für die der Insolvenz- oder

273 Vgl. Prölss/Martin/*Armbrüster*, VVG, § 28, Rn. 11 ff.; BK/*Schwintowski*, VVG, § 6, Rn. 22 ff. sowie *Terbille*, r+s 2001, 1 ff.

274 BGH, Urt. v. 14.12.1994 – IV ZR 3/94 – juris, Rn. 20.

275 BGH, Urt. v. 3.7.1985 – IVa ZR 4/84 – juris, Rn. 11.

276 Ebenso *Diller*, AVB-RSW, § 4, Rn. 8.

277 *Diller*, AVB-RSW, § 4, Rn. 9; Langheid/Rixecker/*Rixecker*, VVG, § 1, Rn. 55; BK/*Schwintowski*, VVG, § 6, Rn. 28 sowie BGH, Urt. v. 23.11.1994 – IV ZR 48/94 – juris, Rn. 13.

278 Vgl. § 15 I AVB-RSW.

Zwangsverwalter aus den vorbezeichneten Gründen verantwortlich ist, ein Sachschaden ein[279]. Weil aber der Insolvenz- und der Zwangsverwalter jedenfalls für eigenes Überwachungsverschulden ebenso wie für ein Fehlverhalten von Hilfskräften deliktisch nach § 831 BGB haften[280], erweist sich hier die Deckung selbst dann als unzureichend[281], wenn der Versicherungsvertrag die entsprechenden Tätigkeiten im Grundsatz mitversichert[282].

In § 1 II der Bedingungswerke für Notare sind bestimmte Ansprüche wegen Sachschäden in bedingungsgemäßem Umfang mitversichert, nämlich Sachschäden 122
- an Akten, vom Notar errichteten und verwahrten Urkunden, Wechseln, Schecks und andere für die Sachbehandlung in Betracht kommenden Schriftstücken,
- an sonstigen beweglichen Sachen, die das Objekt der versicherten Betätigung des Versicherungsnehmers bilden, sofern es sich nicht um Sachschäden aus Anlass der Ausübung technischer Berufstätigkeit und der Verwaltung von Grundstücken handelt.

VIII. Deckung für Auszahlungsfehler bei Anderkonten

Gemäß Teil A Nr. 4.3 BBR-RA wird Versicherungsschutz auch für den Fall gewährt, dass der Versicherungsnehmer vom Berechtigten wegen einer fahrlässigen Verfügung über Beträge in Anspruch genommen wird, die im unmittelbaren Zusammenhang mit einer Rechtsanwaltstätigkeit auf ein Anderkonto eingezahlt wurden. Das Gleiche gilt für den Fall, dass der Versicherungsnehmer wegen fahrlässiger Verfügungen über fremde Gelder in Anspruch genommen wird, die zur alsbaldigen Anlage auf ein Anderkonto in Verwahrung genommen und ordnungsgemäß verbucht wurden. 123

IX. Zusatzvereinbarungen

Durch entsprechende Zusatzvereinbarungen können weitere Risiken mitversichert werden. 124

1. Bürohaftpflichtversicherung

Teilweise enthält § 16 AVB-RSW den deklaratorischen Hinweis, dass der der separate Abschluss einer Bürohaftpflichtversicherung möglich ist. Dies kann entweder durch einen gesonderten Vertrag erfolgen oder aber durch eine entsprechende Ausweitung der Versicherungspolice kraft gesonderter Vereinbarung[283]. Die von den Versicherern zusätzlich angebotene Bürohaftpflichtversicherung bietet vor allem Schutz gegen Verletzungen der Verkehrssicherungspflichten[284], die den Anwalt wegen der mit der Kanzleieröffnung bzw. -unterhaltung geschaffenen Gefahrenlage treffen. Wird die Büro-Haftpflicht mitversichert, ist – abweichend von § 1 AVB-RSW – die gesetzliche Haftpflicht des Versicherungsnehmers, seiner Sozien und seiner Mitarbeiter in der Kanzlei aus der Ausübung beruflicher Tätigkeit für den Fall versichert, dass sie wegen eines Personenschadens (Tod, Verletzung oder Gesundheitsbeschädigung) oder Sachschadens (Beschädigung oder Vernichtung, Abhandenkommen) von einem Dritten in Anspruch genommen werden. **Versicherungsfall ist hier** – abweichend von § 5 AVB-RSW – **das Schadensereignis** und nicht der Verstoß, der Haftpflichtansprüche gegen den Versicherungsnehmer zur Folge haben könnte. 125

279 Der Sachschaden kann z.B. entstehen, weil ein baufälliges Gebäude nicht ausreichend abgesichert wurde und parkende Fahrzeuge durch herabstürzende Gebäudeteile beschädigt werden.

280 Vgl. dazu Steiner/*Hagemann*, Zwangsversteigerung und Zwangsverwaltung, § 154 ZVG, Rn. 17; Nerlich/Römermann/*Rein*, InsO, § 60, Rn. 92.

281 So bereits *Terbille*, MDR 1999, 1426, 1428; vgl. dazu schon oben Rdn. 50.

282 Die Tätigkeit als Insolvenzverwalter ist gemäß Teil B BBR-RA regelmäßig versichert, diejenige als Zwangsverwalter jedoch nur in bestimmten Bedingungswerken, wie z.B. denen des HDI-Gerling VH 559:07.

283 *Diller*, AVB-RSW, § 16, Rn. 1; die Besonderen Bedingungen zur Bürohaftpflichtversicherung (BB-Bürohaftpflicht) sind abgedruckt bei *Diller*, AVB-RSW, Anhang, Teil 5.

284 Zum Schutz vor Personen- und Sachschäden durch schuldhafte Vertragsverletzung siehe Rdn. 71.

126 Mitversichert ist gemäß Ziff. II. BB-Bürohaftpflicht[285] die gesetzliche Haftpflicht als Eigentümer, Mieter, Pächter, Nutznießer von Grundstücken, Gebäuden oder Räumlichkeiten, sofern sie ausschließlich zum Zwecke des versicherten Berufs benutzt werden. Ein typisches Risiko, das für den Abschluss einer Büro-Haftpflichtversicherung spricht, ist z.B., dass ein Mitarbeiter in von der Praxis angemieteten Räumlichkeiten vergisst, die Kaffeemaschine bei Dienstschluss auszustellen und dadurch ein Brand entsteht, der zur weitgehenden Zerstörung des gesamten Hauses führt. Dieses Risiko besteht nach der Rechtsprechung dann, wenn die Feuerversicherungsprämien auf den Mieter umgelegt worden sind, nur bei grob fahrlässigem oder vorsätzlichem Handeln[286].

127 Im Rahmen dieser Zusatzversicherung beträgt die Versicherungssumme je Schadensereignis für Personenschäden gemäß Ziff. IV. Nr. 1 BB-Bürohaftpflicht 2 Mio. EUR und für Sachschäden 1 Mio. EUR. Gleichzeitig gelten regelmäßig mehrere zeitlich zusammenhängende Schäden aus derselben Ursache als ein Schadensereignis, Ziff. IV. Nr. 5 BB-Bürohaftpflicht. Die Gesamtleistung für alle Schadensereignisse eines Versicherungsjahres in dieser Zusatzversicherung ist auf das Zweifache der Versicherungssumme begrenzt, Ziff. V. BB-Bürohaftpflicht. In diesen Fällen beträgt der von dem Versicherungsnehmer allein zu deckende Schaden als Festselbstbehalt 50,00 EUR, Ziff. VI. BB-Bürohaftpflicht. Andererseits bezieht sich der Versicherungsschutz auch in dieser Büro-Haftpflichtversicherung nicht auf Haftpflichtansprüche wegen Schäden, die versicherte Personen durch den Gebrauch eines Kraftfahrzeuges verursachen, auf Schäden versicherter Personen sowie von Angehörigen versicherter Personen, Ziff. VII. BB-Bürohaftpflicht.

128 Die **Vermögensschadenhaftpflichtversicherung** und die **Büro-Haftpflichtversicherung stellen versicherungsrechtlich unterschiedliche Verträge dar**. Darauf wird regelmäßig in den Anträgen auch ausdrücklich hingewiesen.

2. Schäden, die aus Anlass der Verwaltung von Grundstücken entstehen

129 Schäden, die aus Anlass der Verwaltung von Grundstücken entstehen, sind auch über die Bürohaftpflichtversicherung nicht automatisch versichert. Insoweit kann jedoch gesondert Versicherungsschutz beantragt werden, Ziff. VII Nr. 3 BB-Bürohaftpflicht.

130 Mit versichert ist die gesetzliche Haftpflicht als Eigentümer, Mieter, Pächter, Nutznießer von Grundstücken, Gebäuden oder Räumlichkeiten, sofern sie ausschließlich für Zwecke des versicherten Berufs benutzt werden[287].

3. Streichung des Gebühreneinwurfs

131 Der früher in den meisten Bedingungen in § 3 II enthaltene »Gebühreneinwurf«, wonach der Haftpflichtanspruch im Wege eines erweiterten Selbstbehalts vorab um die Höhe der eigenen Gebühren bzw. des Honoraranspruchs des Versicherungsnehmers gekürzt wurde[288], ist nur noch vereinzelt zu finden[289]. Hier konnte eine Streichung des Gebühreneinwurfs gesondert versichert werden, mit der Folge, dass für alle danach angemeldeten Schadenfälle die Anrechnung der Gebühren des Anwalts auf den Haftpflichtanspruch entfiel. Andererseits fällt ein Anspruch auf Rückforderung von Gebühren nicht unter den Versicherungsschutz, § 1 I Nr. 1 AVB-RSW[290].

285 Abgedruckt bei *Diller*, AVB-RSW, Anhang, Teil 5.

286 Vgl. BGH, Urt. v. 13.12.1995 – VIII ZR 41/95 – juris, Rn. 11 f. sowie BGH, Beschl. v. 12.12.2001 – XII ZR 153/99 – juris, Rn. 2.

287 Siehe Rdn. 126.

288 Vgl. dazu Gräfe/Bügge, Vermögensschaden-Haftpflichtversicherung, Rn. D 398 ff.

289 Vgl. *Diller*, AVB-RSW, § 1, Rn. 68–70; Gebühreneinwürfe werden jedoch nach wie vor individualvertraglich vereinbart.

290 *Chab*, in: G. Fischer/Vill/D. Fischer/Pape/Chab, § 18, Rn. 44; *Riechert*, Berufshaftpflicht, § 1, Rn. 133 weist allerdings richtig darauf hin, dass etwa dann, wenn der Anwalt eine Forderung gegen seinen Mandanten bei ordnungsgemäßer Mandatsbearbeitung vor Gericht hätte abwehren können, die Gebühren durchaus einen Schaden darstellen, denn bei ordnungsgemäßer Beratung hätte der Mandant den Prozess

4. Rabatte

Regelmäßig gewähren Haftpflichtversicherer einen Prämienrabatt bei dem Abschluss von Fünfjahresverträgen und zwar ohne Ansehung der Versicherungssumme. 132

Ebenso können Schadensfreiheits- und Sozietätsrabatte mit den Haftpflichtversicherern vereinbart werden. 133

5. Nutzung von Internet-Technologie

Über die Bürohaftpflichtversicherung wird heute auch eine Nutzung von Internet-Technologien für Rechtsanwälte versichert, Ziff. III BB-Bürohaftpflicht. 134

Gedeckt wird die gesetzliche Haftpflicht wegen Schäden im Zusammenhang mit der Ausübung der versicherten beruflichen Tätigkeit aus dem Austausch, der Übermittlung und der Bereitstellung elektronischer Daten, z.B. im Internet, per E-Mail oder mittels Datenträger, soweit es sich um Schäden handelt aus 135

- der Löschung, Unterdrückung, Unbrauchbarmachung oder Veränderung von Daten (Datenveränderung) bei Dritten durch Computer-Viren- und/oder andere Schadprogramme;
- der Datenveränderung aus sonstigen Gründen sowie der Nichterfassung fehlerhafter Speicherung von Daten bei Dritten und zwar wegen sich daraus ergebender Personen- und Sachschäden, nicht jedoch weiterer Datenveränderung sowie der Kosten zur Wiederherstellung der veränderten Daten bzw. Erfassung/korrekten Speicherung nicht oder fehlerhaft erfasster Daten;
- der Störung des Zuganges Dritter zum elektronischen Datenaustausch;
- der Verletzung von Persönlichkeitsrechten; insoweit besteht auch Versicherungsschutz für immaterielle Ansprüche, nicht jedoch von Urheberrechten;
- der Verletzung von Namensrechten; insoweit besteht auch Versicherungsschutz für immaterielle Ansprüche (wobei die Versicherungssumme jedoch nur 250.000,00 EUR beträgt, Ziff. IV Nr. 3 BB-Betriebshaftpflicht).

Im Rahmen des versicherten Risikos obliegt es dem Versicherungsnehmer, dass seine auszutauschenden, zu übermittelnden, bereit gestellten Daten durch Sicherheitsmaßnahmen und/oder -techniken (z.B. Virenscanner, Firewall) gesichert oder geprüft werden bzw. worden sind, die dem Stand der Technik entsprechen, Ziff. III. Nr. 2 BB-Betriebshaftpflicht. Diese Maßnahmen können bedingungsgemäß auch durch Dritte erfolgen. Verletzt der Versicherungsnehmer diese Obliegenheit vorsätzlich oder grob fahrlässig, ist der Versicherer leistungsfrei bzw. die Leistung in einem der Schwere des Verschuldens des Versicherungsnehmers entsprechenden Verhältnis zu kürzen, sofern es nicht an der Kausalität fehlt, Ziff. VIII BB-Bürohaftpflicht i.V.m. § 6 AVB-RSW. 136

Z.T. sind auch in den neueren Bedingungswerken »Haftpflichtansprüche wegen Sach- und Vermögensschaden im Zusammenhang mit der Ausübung der versicherten beruflichen Tätigkeit, die aus dem Verlust der Veränderung oder der Nichtverfügbarkeit von Daten bei Dritten entstehen« bereits mitversichert[291]. In diesen Fällen kann es zu einer überschneidenden Deckung kommen, wenn zugleich eine Bürohaftpflichtversicherung besteht[292]. Die Verletzung von Persönlichkeits- oder Namensrechten ist indes nur über die Büro-Haftpflichtversicherung gedeckt. 137

Der Schutz, den die Büro-Haftpflichtversicherung bzw. eine entsprechende Deckungserweiterung in den AVB-RSW für Cyber-Risiken bietet, ist jedoch lückenhaft. Denn gedeckt sind danach lediglich Drittschäden, wobei die Leistungspflicht des Versicherers eine Pflichtverletzung voraussetzt, die bei 138

---

gewonnen und der Prozessgegner hätte die Gebühren beider Anwälte und die Gerichtskosten begleichen müssen.

291 Vgl. § 15 II der AVB-RSW HV 60/07 der Allianz Versicherung (abgedruckt bei *Chab*, in: G. Fischer/Vill/D. Fischer/Pape/Chab, S. 823 ff.). Allgemein zur Reichweite sog. Datenträgerklauseln *Günther*, VersR 2018, 205.

292 *Chab*, in: G. Fischer/Vill/D. Fischer/Pape/Chab, § 18, Rn. 83.

Cyber-Attacken häufig nicht gegeben ist, weil sich ein lückenloser Schutz gegen Hacker-, Phishing- und Viren-Angriffe in der Praxis kaum bewerkstelligen lässt. Diesbezügliche Deckunglücken kann der Berufsträger über den Abschluss einer sog. **Cyber-Versicherung** schließen. Solche Versicherungen werden zwischenzeitlich als Leistungserweiterung in der Berufshaftpflicht-Versicherung oder als separate Versicherung mit unterschiedlichem Deckungsumfang angeboten[293]. Bei den typischen Cyber-Risiken geht es nicht nur um die Schädigung von Dritten, sondern insbesondere um die Schädigung der Kanzlei selbst, für die eine Cyber-Versicherung Eigenschaden-Deckung anbieten kann. Gedeckt sein kann etwa eine Verletzung von Geheimhaltungspflichten oder Datenschutzgesetzen. Im Bereich der Eigenschaden-Versicherung können zudem insbesondere die Kosten für die Wiederherstellung und »Entseuchung« von IT-Systemen der Kanzlei, Kosten für IT-Forensiker zur kriminalistischen Beweissicherung und Maßnahmen zu Datensicherheit und Benachrichtigungskosten betroffener Mandanten gedeckt sein, aber auch Kosten für Krisenmanagement und PR, Umsatzausfälle der Kanzlei bis hin zu Lösegeldzahlungen im Falle von Erpressungen[294].

139 Auch die aus Verstößen externer oder interner **Datenschutzbeauftragter** folgenden Schäden können und sollten gesondert eingedeckt werden. Ein Rechtsanwalt übt als **externer Datenschutzbeauftragter** weder den Beruf eines Rechtsanwalts aus, noch ist diese Tätigkeit diesem Beruf ähnlich[295]. Aus der Berufshaftpflichtversicherung besteht hierfür folglich keine Deckung, weil es an einer Ausübung beruflicher Tätigkeit fehlt[296]. Bei Schäden infolge von Versäumnissen **interner Datenschutzbeauftragter** handelt sich nicht um einen Drittschaden wie beim externen Datenschutzbeauftragten, sondern die Kanzlei hat einen Eigenschaden, für den Versicherungsschutz etwa über eine D&O-Versicherung oder eine ODL (Outside-Directorship Liability) geboten werden kann[297].

G. Versicherung für fremde Rechnung

140 Die Fremdversicherung ist nach Maßgabe der §§ 43 bis 48 VVG die Versicherung des Interesses eines Dritten im eigenen Namen auf dessen Rechnung. Es ist jeweils zu prüfen, ob dem Versicherungsvertrag ausdrücklich oder konkludent entnommen werden kann, dass die Parteien eine Versicherung für fremde Rechnung abschließen wollten. Ergibt sich aus dem Vertrag, dass ein fremdes Interesse versichert sein soll, so muss geprüft werden, ob der Versicherungsnehmer selbst Vertragspartner werden wollte oder ob er als Vertreter des Interessenträgers auftreten wollte mit der Wirkung, dass der Interessenträger selbst Vertragspartei wurde und folglich keine Versicherung für fremde Rechnung vorliegt. Ist dem Vertrag selbst nicht direkt zu entnehmen, was gewollt ist, findet § 43 Abs. 3 VVG Anwendung, wonach im Zweifel eine Eigenversicherung anzunehmen ist. Etwas anderes gilt nur dann, wenn die Versicherung ausdrücklich oder nach dem Gesamteindruck der Umstände für einen anderen geschlossen wurde. Sodann ist im Zweifel anzunehmen, dass bei einer Versicherung, die im Interesse eines anderen genommen wird, der Vertragsschließende nicht als Vertreter des anderen, sondern im eigenen Namen handelt, § 43 Abs. 2 VVG.

141 Die Versicherung fremden Interesses ist im Bereich der Haftpflichtversicherung bereits generell und auch im Bereich der Anwalts- bzw. Notarhaftpflichtversicherung nicht selten. **Fremdversicherungen** sind z.B. insoweit anzunehmen, wie durch die Bedingungswerke auch die Tätigkeit des Vertreters des Anwaltes bzw. des Notars mitversichert wurde. Ebenso ist die Vertrauensschadenversicherung der Notare Versicherung für fremde Rechnung; denn Versicherungsnehmer ist die Notarkammer und versicherte Person ist der durch den Notar Geschädigte[298]. Schließt die Sozietät

293 Vgl. dazu eingehend *Riechert*, AnwBl 2018, 356 f.

294 *Lenhard/Kazemi*, Cyberkriminalität und Cyberschutz für Rechtsanwälte und Mandanten, S. 13.

295 *Riechert*, AnwBl 2018, 356, 357; FG München, Urt. v. 25.7.2017 – 5 K 1403/16 – juris, Rn. 22 sowie zum Betriebswirt: BFH, Urt. v. 26.6.2003 – IV R 41/01 – juris, Leitsatz.

296 Dazu Rdn. 49 ff.

297 *Riechert*, AnwBl 2018, 356, 357.

298 Vgl. zur Vertrauensschadenversicherung die Ausführungen unter Rdn. 316 ff.

mit dem Versicherer die Versicherungsverträge ab, wird auch das Interesse der einzelnen Sozien versichert, so dass diese Versicherung als Versicherung für fremde Rechnung zu charakterisieren ist[299]. Das Gleiche gilt insbesondere für die **Partnerschaftsgesellschaft**, da die Gesellschaft die Verträge auch für die Partner abschließt, die den Gläubigern gemäß § 8 PartGG neben dem Vermögen der Partnerschaft für deren Verbindlichkeiten haften.

142 Versicherung für fremde Rechnung ist auch die **Mitarbeiterversicherung** im Rahmen der zusätzlichen Bürohaftpflichtversicherung sowie die Versicherung der gesetzlichen Haftpflicht von Notariatsangestellten.

143 Steht fest, dass eine Versicherung für fremde Rechnung vorliegt, sind also Vertragsschluss im eigenen Namen und die Versicherung eines fremden Interesses zu bejahen, muss hinsichtlich der Rechte und Pflichten der einzelnen Beteiligten streng zwischen dem Außen- und dem Innenverhältnis der Versicherung unterschieden werden.

144 Der Versicherungsnehmer ist – wie beim echten Vertrag zugunsten Dritter gemäß §§ 328 ff. BGB – Vertragspartner des Versicherers. Das hat grundsätzlich zur Konsequenz, dass er der alleinige Prämienschuldner ist. Die Bedingungswerke enthalten jedoch in § 7 I Nr. 1 regelmäßig die Klausel:

> »Soweit sich die Versicherung auf Haftpflichtansprüche, die gegen andere Personen als den Versicherungsnehmer selbst gerichtet sind (versicherte Personen), erstreckt, finden alle in dem Versicherungsvertrag bezüglich des Versicherungsnehmers getroffenen Bestimmungen auch auf diese Personen sinngemäße Anwendung. Der Versicherungsnehmer bleibt neben der versicherten Person für die Erfüllung der Obliegenheiten verantwortlich.«

145 Anders als grundsätzlich bei der Versicherung für fremde Rechnung stehen deshalb hier auch der versicherten Person und **nicht ausschließlich** dem **Versicherungsnehmer Gestaltungsrechte** zu, wie etwa das Recht zur Kündigung oder zur Anfechtung. Auch kann der Versicherer seine Gestaltungsrechte gegenüber der versicherten Person und nicht nur gegenüber dem Versicherungsnehmer ausüben. Ebenso kann wegen der vorbezeichneten Regelung nicht nur der Versicherungsnehmer, sondern auch die versicherte Person dem Inhalt des Versicherungsscheines beispielsweise gemäß § 5 VVG widersprechen. Aufgrund der Regelung in § 7 I Nr. 1 der Bedingungswerke bleibt der **Versicherungsnehmer neben dem Versicherten für die Erfüllung der Obliegenheiten verantwortlich**. Er kann also z.B. nicht einwenden, die Schadensanzeige habe nicht er, sondern die versicherte Person unterlassen.

146 Gemäß § 44 Abs. 1 VVG stehen dem Versicherten die Ansprüche auf Leistung des Versicherers zu. Während jedoch beim Vertrag zugunsten Dritter gemäß den §§ 328 ff. BGB der Dritte mit seinen Ansprüchen nach Belieben verfahren kann, kann nach den Regelungen des VVG der Versicherte seine Rechte gegenüber dem Versicherer praktisch nur geltend machen, wenn er sich mit dem Versicherungsnehmer einig ist. Der Versicherte hat nämlich, von wenigen Ausnahmen abgesehen, grundsätzlich keine Verfügungsbefugnis, es sei denn, er ist im Besitz des Versicherungsscheines. Dann gilt § 44 Abs. 2 VVG mit der Folge, dass der Versicherte ohne Zustimmung des Versicherungsnehmers über seine Rechte verfügen und diese Rechte auch gerichtlich geltend machen kann. Das Gesetz gewährt aber den Anspruch auf Aushändigung des Versicherungsscheines grundsätzlich nur dem Versicherungsnehmer[300]. Daher ist grundsätzlich auch nur der Versicherungsnehmer befugt, über die Ansprüche zu verfügen und sie gerichtlich geltend zu machen[301]. Diese gesetzliche

299 *Diller*, AVB-RSW, Einleitung, Rn. 54.
300 Vgl. § 44 Abs. 1 S. 2 VVG.
301 Vgl. § 44 Abs. 2 VVG. Der Versicherer ist gemäß § 45 Abs. 3 VVG zur Zahlung an den Versicherungsnehmer allerdings nur verpflichtet, wenn der Versicherte seine Zustimmung erteilt hat. Der Nachweis der Zustimmung, wie er gemäß § 76 Abs. 3 VVG a.F. noch erforderlich war, ist mit der VVG-Reform entfallen und folglich nicht mehr Fälligkeitsvoraussetzung, vgl. Rüffer/Halbach/Schimikowski/*Muschner*, VVG, § 45, Rn. 8. Die Bestimmung wird häufig vertraglich dahin abgeändert, dass der Versicherungsnehmer die Entschädigung annehmen und die Forderung abtreten kann, ohne im Besitz des Versicherungsscheines

Konzeption wird durch die Bedingungswerke grundlegend geändert; denn § 7 I Nr. 2 der Bedingungswerke sieht vor:

»Versicherte Personen können ihre Versicherungsansprüche selbständig geltend machen.«

H. Abtretungsverbot

147 § 7 II AVB-RSW begründet ein Abtretungs- und Verpfändungsverbot für die Zeit vor endgültiger Feststellung der Versicherungsansprüche. Die Klausel lautet in den aktuellen Bedingungswerken:

»Der Freistellungsanspruch darf vor seiner endgültigen Feststellung ohne ausdrückliche Zustimmung des Versicherers weder abgetreten noch verpfändet werden. Eine Abtretung an den geschädigten Dritten ist zulässig.«

148 Aufgabe des Abtretungsverbotes[302] ist es, zu verhindern, dass der Versicherer den Schaden mit ihm unbekannten Personen abwickeln muss. Auch wird bezweckt, den Versicherungsnehmer als Zeugen auszuschließen. Ebenso sollen Deckungsfragen nicht außerhalb des Versicherungsverhältnisses erörtert werden müssen[303]. Gegenstand des Abtretungsverbotes ist der Deckungsanspruch in den beiden unterschiedlichen Ausgestaltungen als Befreiungs- und Rechtsschutzanspruch. Streitig ist, ob der Befreiungsanspruch vor seiner Umwandlung in einen Zahlungsanspruch überhaupt abgetreten werden kann[304].

149 Eine endgültige Feststellung des Deckungsanspruches tritt ein, wenn die Ansprüche des Anwaltes bzw. des Notars im Deckungsprozess durch rechtskräftiges Urteil, Anerkenntnis oder Vergleich feststehen, also unanfechtbar festgestellt wurden[305]. Die zeitliche Grenze für das Abtretungsverbot bezieht sich also nicht auf die Feststellung der Haftpflichtansprüche gegen den Anwalt oder den Notar, sondern auf die Feststellung seiner Ansprüche gegen den Haftpflichtversicherer[306].

150 Ein Anspruch des Anwalts bzw. Notars auf Zustimmung des Versicherers zur Abtretung besteht nicht. Nur ausnahmsweise wird die Verneinung der Zustimmung der Abtretung durch den Haftpflichtversicherer nicht von einem beachtlichen, im Zweckbereich der Bestimmung liegenden Interesse gedeckt sein[307]. Als rechtsmissbräuchlich ist das Abtretungsverbot charakterisiert, wenn der Versicherungsnehmer den Anspruch gegen den Versicherer nicht weiter verfolgen will[308] und wenn der Versicherer bereits mit dem Anspruchsteller verhandelt und ihm ein Vergleichsangebot unterbreitet hat[309].

---

zu sein. Durch die Abtretung erlangt dann der Versicherte die volle Rechtsstellung gegenüber dem Versicherer, vgl. Prölss/Martin/*Klimke*, VVG, § 45, Rn. 34.

302 Die Rechtsprechung hält Abtretungsverbote, bei denen die Abtretbarkeit von der Zustimmung des Versicherers abhängig gemacht wird, auch in Form von AGB-Klauseln für rechtswirksam, vgl. BGH, Urt. v. 3.12.1987 – VII ZR 374/86 – juris, Rn. 20 sowie BGH, Urt. v. 26.3.1997 – IV ZR 137/96 – juris, Rn. 25; OLG Hamm, Urt. v. 24.8.1990 – 20 U 44/90 – VersR 1991, 579 f.

303 Vgl. zu dieser Zielsetzung *Winter*, r+s 2001, 133, 137.

304 Dagegen: *Sieg*, Ausstrahlungen der Haftpflichtversicherung, S. 199; dafür: Bruck/Möller/*Koch*, VVG, § 108, Rn. 37 ff.; ebenso vertritt BK/*Baumann*, VVG, § 156 Rn. 39 die Ansicht, es könne der Befreiungsanspruch jedenfalls ohne die Abwehrkomponente ohne Weiteres abgetreten werden; denn er wandele sich durch die bloße Abtretung in einen Zahlungsanspruch um. Noch weitergehend bejaht *Ebel* in JR 1981, 485, 489 die Abtretbarkeit und zwar sogar auch vor der Umwandlung des Befreiungsanspruches in einen Zahlungsanspruch.

305 BGH, Urt. v. 26.3.1997 – IV ZR 137/96 – juris, Rn. 28.

306 Siehe BK/*Baumann*, VVG, § 156, Rn. 40 sowie *Winter*, r+s 2001, 133, 136.

307 *Winter* sprach sich in r+s 2001, 133, 140 mit erheblichen Argumenten dafür aus, den Anwendungsbereich des § 399 2. Hs. BGB auf solche Fälle zu reduzieren, in denen der Schuldner ein berechtigtes Interesse an dem Abtretungsverbot geltend machen kann.

308 BGH, Urt. v. 4.5.1983 – IVa ZR 106/81 – juris, Rn. 19.

309 Prölss/Martin/*Lücke*, VVG, Ziff. 28 AHB, Rn. 4 f.

Nach § 108 Abs. 2 VVG kann jedoch die Abtretung an den geschädigten Dritten nicht ausgeschlossen werden. Die Bedingungen tragen dieser Rechtslage durch eine entsprechende Ausnahme Rechnung. Der Versicherungsnehmer kann also seinen Freistellungsanspruch bereits während des Haftpflichtprozesses oder sogar schon in dessen Vorfeld an den Geschädigten abtreten. Da sich der Freistellungsanspruch in der Hand des Geschädigten in einen Zahlungsanspruch umwandelt[310], hat dies zur Konsequenz, dass der Geschädigte den Versicherer unmittelbar auf Zahlung in Anspruch nehmen kann, so dass dann im Prozess unter Durchbrechung des Trennungsprinzips[311] sowohl um Haftungs- als auch um Deckungsfragen gestritten werden muss, was eine Vielzahl von ungeklärten Problemen aufwirft[312]. **Verliert der Geschädigte den Prozess gegen den Versicherer**, z.B. weil ein Ausschlusstatbestand vorliegt, **kann er anschließend einen Haftpflichtprozess gegen den Versicherungsnehmer anstrengen, für den beim Versicherungsnehmer keine Deckung mehr besteht**, weil mit der Entscheidung über den Freistellungsanspruch im Direktprozess gleichzeitig auch über den Anspruch auf Abwehrdeckung zu Lasten des Versicherungsnehmers bindend entschieden ist[313]. **Daher kann dem Anwalt zur Vermeidung von Deckungslücken von einer Abtretung des Freistellungsanspruchs an den Mandanten bis zu dessen endgültiger Feststellung nur abgeraten werden.** 151

I. Meldepflichten des Versicherers

Durch die Bedingungswerke wird der Versicherer regelmäßig verpflichtet, der Landesjustizverwaltung bzw. der Rechtsanwaltskammer den Beginn und die Beendigung oder Kündigung des Versicherungsvertrages sowie jede Änderung des Versicherungsvertrages, die den vorgeschriebenen Versicherungsschutz beeinträchtigt, unverzüglich mitzuteilen. Durch diese Klauseln wurden die gesetzlichen Verpflichtungen aus § 51 Abs. 6 BRAO sowie aus § 19a Abs. 3 Satz 3 BNotO umgesetzt, den Versicherer im Versicherungsvertrag zu entsprechender Mitteilung zu verpflichten. Die nach § 117 Abs. 2 VVG zuständigen Stellen sind die Rechtsanwaltskammern bzw. die Landesjustizverwaltungen[314] und für Rechtsanwälte beim Bundesgerichtshof das Bundeministerium für Justiz und Verbraucherschutz[315]. Der Versicherer muss den zuständigen Stellen insbesondere jede Kündigung des Versicherungsvertrages, aber auch alle sonstigen Veränderungen im Versicherungsvertragsverhältnis anzeigen, die den Mindestversicherungsschutz beeinträchtigen. Mit entsprechender Formulierung wurde in § 51 Abs. 6 BRAO deutlich gemacht, dass der Versicherer die für die Anwaltsaufsicht zuständigen Stellen nicht erst erstmalig von der Kündigung, sondern bereits im Vorfeld von den Versicherungsschutz beeinträchtigenden Maßnahmen informieren soll. Damit sind auch alle rechtserheblichen Anzeigepflichtverletzungen, Nichtzahlung von Prämien und Obliegenheitsverletzungen der zuständigen Stelle mitzuteilen. Eine nachträgliche Änderungsvereinbarung ist unzulässig, wenn durch sie der gesetzlich vorgeschriebene Mindestumfang des Versicherungsschutzes unterschritten wird. Andererseits ist nicht jede nachträgliche Vereinbarung eines Schadensfreiheits-, Sozietäts- oder Mitarbeiternachlasses der zuständigen Stelle anzuzeigen[316]. 152

J. Versicherungssumme

Die **Mindestversicherungssumme für Rechtsanwälte beträgt** gemäß § 51 Abs. 4 BRAO **250.000,00 EUR**. Demgegenüber beträgt die **Mindestversicherungssumme** gemäß § 19a Abs. 3 BNotO **für Notare 500.000,00 EUR**. Jeder Anwalt muss anhand seiner Klientel, die seine Berufstätigkeit prägt, prüfen, in welcher Höhe er sich freiwillig über die Mindestversicherungssumme hinaus versichern sollte. **Besondere Tätigkeiten** etwa als Insolvenzverwalter, als Nachlassverwalter oder Testamentsvollstrecker, als Mitglied eines Gläubigerausschusses oder als Betreuer **bedingen** im 153

310 BGH, Urt. v. 13.2.1980 – IV ZR 39/78 – juris, Rn. 10.
311 Zum Trennungsprinzip noch unten Rdn. 284 ff.
312 Langheid/Rixecker/*Langheid*, VVG, § 108 Rn. 23 ff.
313 *Diller*, AVB-RSW, § 7, Rn. 26; *Grote/Schneider*, BB 2007, 2689, 2698.
314 Vgl. § 51 Abs. 7 BRAO bzw. § 19a Abs. 5 BNotO.
315 § 163 S. 2 BRAO.
316 A.A. Weyland/*Träger*, BRAO, § 51, Rn. 31 a.E.

Allgemeinen **ein höheres Haftpflichtrisiko**, als normale anwaltliche Tätigkeiten es mit sich bringen[317]. Da die Vermögensschadenhaftpflichtversicherung auch dazu dient, dem Anwalt die aus einem Regress resultierende finanzielle Sorge zu nehmen, sollte die **Versicherungssumme nicht zu knapp bemessen** werden. Das Haftungsrisiko kann nicht mit dem Inhalt des Mandates und erst recht nicht mit seinem Streitwert gleichgesetzt werden, da sich dieser bei wiederkehrenden Leistungen auf den dreieinhalbfachen Jahreswert beschränkt, § 9 ZPO. **Insbesondere dann, wenn die anwaltliche oder notarielle Pflichtverletzung zu einem entgangenen Gewinn, zu einer Schädigung der Kreditwürdigkeit oder sogar zu einer Insolvenz führt, liegt der daraus resultierende Schaden nicht selten deutlich über dem Gegenstandswert des jeweiligen Mandates**[318].

154 Dieser Gedanke gilt erst recht, wenn man sich vergegenwärtigt, dass Schäden aus anwaltlicher oder notarieller Tätigkeit nicht selten erst Jahrzehnte nach dem Pflichtenverstoß auftreten und die bei Vertragsabschluss gewählte Versicherungssumme aufgrund inflationärer Entwicklung zu den dann auftretenden Schäden nicht selten in einem Missverhältnis steht. Für solche **Spätschäden** ist auch zu berücksichtigen, dass gemäß § 5 I der Bedingungswerke das Verstoßprinzip mit der Folge gilt, dass selbst bei nachträglicher Erhöhung der Versicherungssumme stets zu fragen ist, wann der Verstoß begangen wurde und wie hoch die Versicherungssumme im Zeitpunkt des Pflichtenverstoßes gewesen ist[319].

155 **Es empfiehlt sich** deshalb, **die Versicherungssumme regelmäßig auf ihre Angemessenheit hin zu überprüfen.**

156 Die Leistungshöchstgrenze gilt nicht für den Rechtsschutzanspruch. Kosten des Haftpflichtprozesses hat der Versicherer deshalb ggf. auch über die Versicherungsleistung hinaus zu tragen.

▶ Beispiel 4:

157 Beläuft sich der begründete Schadensersatzanspruch gegen den Anwalt auf 2,5 Mio. EUR, so erhält er nur 1 Mio. EUR ersetzt, wenn er nur eine Versicherungssumme von 1 Mio. EUR mit seinem Haftpflichtversicherer vereinbart hat.

▶ Beispiel 5:

158 Hat der Anwalt/der Notar eine Versicherungssumme von 1 Mio. EUR vereinbart und belaufen sich die begründeten Haftpflichtansprüche auf 950.000,00 EUR, hat der Haftpflichtversicherer die gesamten Kosten des Haftpflichtprozesses zu tragen, auch soweit sie die Versicherungssumme überschreiten.

159 Mandate, die die vereinbarte Versicherungssumme von vornherein betragsmäßig übersteigen, sollten zur Veranlassung genommen werden, eine **einzelfallbezogene Zusatzversicherung** abzuschließen. Der Mandant kann in gesonderter Vereinbarung verpflichtet werden, die mit dieser gesonderten Versicherung verbundenen Prämien zu tragen. Das gilt jedenfalls dann, wenn das Haftungsrisiko aus dem Mandat die vertraglich vereinbarte Versicherungssumme übersteigt. Versicherungsnehmer und versicherte Person sollte bei dieser zusätzlichen Versicherung die Sozietät sein. Müssen Anwalt oder Notar damit rechnen, bereits mit den sonstigen Mandaten die Jahreshöchstleistung der Versicherung ggf. ausschöpfen zu müssen, sollte mit der Einzelfallversicherung nicht nur der Betrag gesondert versichert werden, der über der grundsätzlich vereinbarten Versicherungssumme liegt, sondern das gesamte aus diesem Mandat resultierende Risiko. Ist der Mandant nicht bereit, die aus einer Zusatzversicherung resultierenden und für die Dauer des Mandats jährlich zu zahlenden Prämien zu übernehmen, sollte der Anwalt jedenfalls eine seine **Haftung begrenzende Vereinbarung** treffen[320].

---

317 So auch van Bühren/*Hartmann*/*Hartmann*, Handbuch Versicherungsrecht, § 10, Rn. 198.
318 Vgl. BGH, Urt. v. 13.11.1973 – VI ZR 53/72 – juris, Rn. 1 ff.
319 Vgl. dazu die Ausführungen unter Rdn. 34.
320 Vgl. dazu die Ausführungen Kap. 10 Rdn. 1 ff.

I. Jahreshöchstleistung

Im Bereich der anwaltlichen Pflichtversicherung – also bis zur Höhe von 250.000,00 EUR – **beläuft sich die Jahreshöchstleistung des Versicherers auf das Vierfache der Versicherungssumme,** wie sich aus § 51 Abs. 4 BRAO und § 3 III Nr. 3 AVB-RSW i.V.m. Teil A Nr. 1 BBR-RA ergibt. **Im darüber hinausgehenden Bereich beläuft sich die Jahreshöchstleistung auf das Doppelte der Versicherungssumme**, was sich ebenfalls aus Teil A Nr. 1 BBR-RA ergibt. 160

Die Berufshaftpflichtversicherung ist eine Schadenversicherung. Der Versicherer ist daher – soweit nichts anderes vereinbart ist – nur zum Ersatz des Schadens verpflichtet, auch wenn die vereinbarte Versicherungssumme höher ist als der eingetretene Schaden. Andererseits stellt gemäß § 3 III Nr. 2.1 AVB-RSW die Versicherungssumme den Höchstbetrag der Leistung dar, die dem Versicherer im einzelnen Schadenfall obliegt. 161

Für Notare sind die Regelungen über die Jahreshöchstleistung nicht mehr einheitlich. Zum Teil sehen die Bedingungswerke in **§ 3 II Nr. 3 AVB-N vor, dass die Höchstleistung** des Versicherers für alle Versicherungsfälle eines Versicherungsjahres vorbehaltlich abweichender Vereinbarung insgesamt **das Zweifache der vereinbarten Versicherungssumme** beträgt, jedoch mindestens das Zweifache der Mindestversicherungssumme, also 1 Mio. EUR. Die Begründung der Deckung auf den doppelten Betrag der Mindestversicherungssumme pro Jahr entspricht § 19a Abs. 3 S. 2 BNotO. § 3 II Nr. 3 der Bedingungswerke für Notare lautet häufig: 162

»Die Höchstleistung des Versicherers für alle Versicherungsfälle eines Versicherungsjahres (Jahreshöchstleistung) beträgt vorbehaltlich abweichender Vereinbarung das Zweifache der vereinbarten Versicherungssumme; die Jahreshöchstleistung beträgt jedoch mindestens das Zweifache der Mindestversicherungssumme.«

Zum Teil sehen die Bedingungswerke jedoch auch gar keine Beschränkung in der Form einer Jahreshöchstleistung vor, so dass jeder Versicherungsfall bis zur Höhe der Versicherungssumme reguliert wird, ungeachtet der Frage, wie viele Schäden sich in einem Jahr ereignen. 163

Die von den Notarkammern gemäß § 67 Abs. 3 Nr. 3 BNotO unterhaltenen **Gruppenanschlussversicherungsverträge** gehen den privaten Versicherungsverträgen in dem Bereich vor, der sich an den durch § 19a BNotO vorgeschriebenen Mindestversicherungsschutz anschließt. Deshalb ist im Bereich der Notarhaftung mit dem 500.000,00 EUR übersteigenden Schaden zunächst die Gruppenanschlussversicherung der Notarkammer und sodann erst für den diese übersteigenden Teil des Schadens wieder der Haftpflichtversicherer in Anspruch zu nehmen. Die Gruppenanschlussversicherung greift also in den Fällen ein, in denen der Vermögensschaden die Mindestversicherungssumme von 500.000,00 EUR übersteigt. Die über die Mindestversicherungssumme hinaus individuell vereinbarte weitergehende Schadensdeckung bei privaten Versicherern ist deshalb vom Notar dann erst wieder für den Schadensteil in Anspruch zu nehmen, der 1 Mio. EUR übersteigt[321]. 164

Deshalb lautet § 3 II Nr. 4 der Bedingungswerke für Notare regelmäßig: 165

»Soweit aus der Gruppenanschlussversicherung für den Notar, gemäß § 67 Abs. 2 Nr. 3 der Bundesnotarordnung (BnotO) Versicherungsschutz zu gewähren ist, geht der Gruppenanschlussversicherungsvertrag vor. Dabei wird davon ausgegangen, dass die Gruppenanschlussversicherung an den gemäß § 19a BNotO vorgeschriebenen Mindestversicherungsschutz anschließt.«

II. Serienschadenklausel

Der Versicherer hat gemäß § 3 III Nr. 2.1 AVB-RSW gegenüber mehreren entschädigungspflichtigen Personen, die Versicherungsschutz beanspruchen können, die Versicherungssumme nur einmal zu leisten bezüglich 166

– eines aus mehreren Verstößen stammenden einheitlichen Schadens,

321 Vgl. *Terbille*, MDR 1999, 1426, 1427.

– sämtlicher Pflichtverletzungen bei der Erledigung eines einheitlichen Auftrages, mögen diese aus dem Verschulden des Versicherungsnehmers oder einer von ihm herangezogenen Hilfsperson beruhen.

167 Die Grenzen eines einheitlichen Auftrages werden durch das Mandat gezogen. In diesen Fällen empfiehlt es sich, auf den für die Gebührenberechnung maßgebenden Auftragsgegenstand abzustellen[322].

168 Auch die Bedingungswerke für Notare enthalten in § 3 II Nr. 2 eine vergleichbare Leistungsbestimmung. Es wird dort ausgeführt, dass bezüglich sämtlicher Folgen eines Verstoßes nur eine einmalige Leistung der Versicherungssumme in Frage kommt und dass dabei sämtliche Pflichtverletzungen bei der Erledigung eines einheitlichen Amtsgeschäftes als ein Versicherungsfall gelten, mögen diese auf dem Verhalten des Notars, seines amtlich bestellten Vertreters oder einer von ihm herangezogenen Hilfsperson beruhen.

169 Für Notare heißt es insoweit in § 3 II Nr. 2 dieser Bedingungswerke:

> »Die Versicherungssumme stellt den Höchstbetrag der dem Versicherer – abgesehen vom Kostenpunkte (s. Ziff. 8) – in jedem einzelnen Schadensfall obliegenden Leistung dar und zwar mit der Maßgabe, dass nur eine einmalige Leistung der Versicherungssumme in Frage kommt bezüglich sämtlicher Folgen eines Verstoßes. Dabei gelten sämtliche Pflichtverletzungen bei der Erledigung eines einheitlichen Amtsgeschäftes, mögen diese auf dem Verhalten des Notars, seines amtlich bestellten Vertreters oder einer von ihnen herangezogenen Hilfsperson beruhen, als ein Versicherungsfall (einheitlicher Verstoß).«

170 Damit verzichten die Bedingungswerke auf die Voraussetzung eines einheitlichen Schadens aus den mehrfachen Pflichtverletzungen und begrenzen die Verpflichtung des Versicherers zur Leistung für sämtliche Folgen eines Verstoßes auf eine einmalige Leistung der Versicherungssumme, gleichgültig, ob es sich um daraus hervorgegangene Teilschäden oder um völlig getrennte Schäden handelt. Maßgebend ist indessen nach § 3 II Nr. 2 AVB-N das einheitliche Amtsgeschäft des Notars, durch das sämtliche in Ausübung dieses Amtsgeschäftes begangene Pflichtverletzungen als einheitlicher Verstoß und damit als ein Versicherungsfall behandelt werden. Gesetzlich ist der Begriff des einheitlichen Amtsgeschäftes nicht geregelt. Gemeint sein kann nur eine Mehrzahl von Amtspflichten, die der Notar im Zuge eines Mandats zur gleichen Zeit übernimmt. Übernimmt also beispielsweise der Notar die aus der Beurkundung eines notariellen Vertrages resultierenden Hinweis-, Warn- und Schutzpflichten und verpflichtet er sich außerdem auch zum Urkundsvollzug, so handelt es sich um ein einheitliches Amtsgeschäft, so dass Pflichtverletzungen bei dem einen wie bei dem anderen Amtsgeschäft dieses Mandats als einheitlicher Verstoß gewertet werden. Ebenso muss es wegen der Einheitlichkeit des Amtsgeschäftes als ein Verstoß gewertet werden, wenn etwa ein Büroangestellter des Notars bei der Vorbereitung eines Grundstücksgeschäftes den Grundbuchinhalt unrichtig feststellt, der Notar bei der Beurkundung dieses Vertrages die Beteiligten unzutreffend belehrt und sodann der Notarvertreter es später versäumt, die Grundbuchanträge rechtzeitig zu stellen[323]. Ebenso ist ein einheitlicher Verstoß anzunehmen, wenn dem Notar bei der Beurkundung eines Vertrages sowohl Form- als auch Belehrungsfehler unterlaufen[324].

171 Mehrere Handlungen, die der Notar im Rahmen nicht einheitlicher Amtsgeschäfte vornimmt, bilden hingegen selbst dann keinen einheitlichen Verstoß, wenn sie auf gleicher oder gleichartiger Fehlerquelle beruhen. Das gilt auch dann, wenn die betreffenden Angelegenheiten rechtlich oder wirtschaftlich miteinander zusammenhängen[325]. Um ein einheitliches Amtsgeschäft handelt es sich

322 Henssler/Prütting/*Diller*, BRAO, § 51, Rn. 137; *Chab*, in: G. Fischer/Vill/D. Fischer/Pape/Chab, § 18, Rn. 92.

323 Beispiel nach Arndt/Lerch/*Sandkühler*, BNotO, § 19a, Rn. 45.

324 Beispiel nach Haug/*Zimmermann*, Die Amtshaftung des Notars, Rn. 784a.

325 BGH, Urt. v. 15.5.1991 – IV ZR 85/90 – juris, Rn. 20 sowie Arndt/Lerch/*Sandkühler*, BNotO, § 19a, Rn. 46.

ferner dann nicht mehr, wenn sich der Gegenstand des Geschäftes und/oder der Kreis der am Geschäft Beteiligten ändert[326].

III. Kosten und Zinsen

Nur hinsichtlich von Kosten und Zinsen kann sich der Versicherer nicht ohne Weiteres auf die Begrenzung seiner Leistungspflicht durch die Vereinbarung einer nicht hinreichenden Versicherungssumme berufen. Gemäß § 3 III Nr. 5.1 der aktuellen Bedingungswerke gehen die Kosten eines gegen den Versicherungsnehmer anhängig gewordenen und einen gedeckten Haftpflichtanspruch betreffenden Haftpflichtprozesses sowie einer wegen eines solchen Anspruches mit Zustimmung des Versicherers vom Versicherungsnehmer betriebenen negativen Feststellungsklage oder Nebenintervention mit folgender Maßgabe zu Lasten des Versicherers: **Übersteigt der Haftpflichtanspruch die Versicherungssumme, trägt der Versicherer die Gebühren und Pauschsätze nur nach der der Versicherungssumme entsprechenden Wertklasse.** Bei den nicht durch Pauschsätze abzugeltenden Auslagen tritt eine verhältnismäßige Verteilung auf Versicherer und Versicherungsnehmer ein. Andererseits treffen den Versicherer keine Kosten, wenn der Haftpflichtanspruch den Betrag des Mindestselbstbehaltes nicht übersteigt. **Sofern ein Versicherungsnehmer sich selbst vertritt oder durch einen Sozius oder Mitarbeiter vertreten lässt, werden eigene Gebühren vom Versicherer nicht erstattet.** Scheitert eine vom Versicherer verlangte Erledigung eines Haftpflichtanspruches durch Anerkenntnis, Befriedigung oder Vergleich am Widerstand des Versicherungsnehmers oder stellt der Versicherer seinen vertragsgemäßen Anteil zur Befriedigung des Geschädigten zur Verfügung, braucht er für den von der Weigerung bzw. der zur Verfügungsstellung an entstehendem Mehraufwand in Bezug auf die Hauptsache, Zinsen und Kosten gegenüber dem Versicherungsnehmer nicht aufzukommen. Eine dem Verhältnis zwischen Versicherungssumme und den begründeten Ansprüchen des Geschädigten entsprechende Aufteilung der Kosten findet gemäß § 101 Abs. 2 S. 1 VVG bei einem auf Veranlassung des Versicherers geführten Rechtsstreit nicht statt. In diesem Fall sind vielmehr die Kosten der Verteidigung auch insoweit zu ersetzen, wie sie zusammen mit der übrigen Entschädigung die Versicherungssumme übersteigen. 172

Auch **Zinsen** hat der Versicherer selbst bei Überschreitung der Versicherungssumme vollständig zu zahlen, wenn der Anwalt bzw. Notar diese dem Geschädigten infolge einer vom Versicherer veranlassten Verzögerung der Befriedigung zu entrichten hat, § 101 Abs. 2 S. 2 VVG. 173

IV. Selbstbeteiligung

In Bezug auf die Selbstbeteiligung, Selbstbehalt genannt, sind die Bedingungswerke nicht einheitlich. Zum Teil werden die Regelungen des § 51 Abs. 5 BRAO und des § 19a Abs. 4 BNotO in § 3 III Nr. 4.1 AVB-RSW – bei entsprechendem Prämiennachlass – voll ausgeschöpft. Danach ist die Vereinbarung eines Selbstbehaltes bis zu 1 % der Mindestversicherungssumme zulässig, also derzeit bis zu 2.500,00 EUR pro Schadensfall für Anwälte und bis zu 5.000,00 EUR für Notare[327]. Abweichend hiervon kann auch ein gestaffelter Selbstbehalt vorgesehen werden, z.B. wie folgt: 174

> »Von der Summe, die vom Versicherungsnehmer aufgrund richterlichen Urteils oder eines vom Versicherer genehmigten Anerkenntnisses oder Vergleiches zu bezahlen ist (Haftpflichtsumme), ersetzt der Versicherer von den ersten 5.000,00 EUR 80 % und vom Mehrbetrag bis 20.000,00 EUR 90 %.[328]«

Mitunter enthalten die Bedingungswerke dann den nur klarstellenden Zusatz, dass von dem 20.000,00 EUR übersteigenden Mehrbetrag 100 % ersetzt werden. 175

326 So auch *Zimmermann*, DNotZ 1983, 10, 15.

327 Die Bedingungen der Allianz sehen einen Festselbstbehalt von 1.500,00 EUR vor, vgl. Staudinger/Halm/Wendt/*Klein*, Versicherungsrecht, § 3 III Nr. 4.1 AVB-RSW.

328 Vgl. zu den möglichen Regelungen Weyland/*Träger*, BRAO, § 51, Rn. 27.

176 In dem über die Pflichtversicherung hinausgehenden Bereich ist es den Vertragsparteien unbenommen, einen höheren Selbstbehalt zu vereinbaren, sofern sichergestellt ist, dass bis zu einem Betrag in Höhe von 250.000,00 EUR der Selbstbehalt des Anwaltes nie höher als 2.500,00 EUR ist[329].

177 Der als Selbstbeteiligung vereinbarte Betrag wird von der Haftpflichtforderung und nicht von der Deckungssumme abgezogen[330].

178 Wichtig ist, dass der Selbstbehalt durch besondere Vereinbarung in den durch § 51 Abs. 5 BRAO vorgegebenen Grenzen auch anderweitig – also geringer – festgesetzt werden kann.

179 Streitig ist, ob der Versicherer durch die Selbstbehaltsregelung auch der Aufgabe enthoben ist, unberechtigte Ansprüche abzuwehren, sofern diese der Höhe nach den Selbstbehalt nicht übersteigen[331]. Da sich der Wortlaut der Bedingungen nur auf die Ersatzpflicht des Versicherers erstreckt, also die Befriedigung begründeter Ansprüche betrifft und die zweite in § 3 III Nr. 1 der aktuellen Bedingungswerke genannte Funktion der Haftpflichtversicherung, nämlich die Abwehr unbegründeter Schadensersatzansprüche nicht angesprochen wird, bleiben nach zutreffender Ansicht die Versicherer auch bei solchen Schäden zur Abwehr unbegründeter Schadensersatzansprüche verpflichtet, die der Höhe nach unter den Selbstbehalt fallen[332].

180 Der Versicherer ersetzt gemäß § 3 III Nr. 4.3 der aktuellen Bedingungswerke den gesamten Haftpflichtbetrag bis zur Höhe der Versicherungssumme, wenn **Haftpflichtansprüche gegen Erben** des Anwaltes erhoben werden. Dasselbe gilt für Haftpflichtansprüche, die gegen den Versicherungsnehmer geltend gemacht werden, nachdem er die versicherte Tätigkeit alters- oder krankheitshalber oder aus anderen, nicht unehrenhaften Gründen beendet hat bzw. die Anerkennung oder Zulassung der Berufsträgergesellschaft erloschen ist. Die **Selbstbeteiligung entfällt** also, **sobald der Anwalt** infolge Alters, Arbeitsunfähigkeit oder aus sonstigen unverschuldeten Gründen **aus seinem Beruf ausscheidet**[333].

181 Nach § 114 Abs. 2 S. 2 VVG kann der Selbstbehalt in den Fällen eines Direktanspruchs dem Geschädigten nicht entgegengehalten werden, d.h. der Versicherer ist insoweit auf einen Regress gegen den Versicherungsnehmer angewiesen und trägt mithin dessen Solvenzrisiko. Gleiches gilt gegenüber einer mitversicherten Person.

V. Exzedenten-Versicherung

182 Stellt der von der Berufsträgergesellschaft verschiedene Versicherungsnehmer fest, dass sich seine Mandatsstruktur geändert hat und die bisher vereinbarte Versicherungssumme nicht mehr ausreicht, stehen ihm zwei Möglichkeiten zur Verfügung, das daraus resultierende Risiko zu beheben. Es kann für jeden Sozius in der Praxis oder die Berufsträgergesellschaft eine höhere Versicherungssumme gewählt werden. Es kann aber auch eine Exzedenten-Versicherung abgeschlossen werden. Diese bietet eine **Anschlussdeckung für den Fall, dass die** ansonsten **vereinbarte Berufshaftpflichtversicherung** ggf. **bereits ausgeschöpft ist**. Mit der Exzedenten-Versicherung wird dann der **Versicherungsschutz für die Sozietät** aufgestockt. Über eine generelle Aufstockung der Versicherungssumme für die einzelnen Sozien sollte nachgedacht werden, wenn sich die Mandatsstruktur für alle Sozien im Sinne größer gewordener Risiken verändert hat. Erscheint hingegen die bisher vereinbarte Versicherungssumme nur für einige Sozien aus diesem Grund nicht mehr angemessen, sollte der Abschluss einer Exzedenten-Versicherung erwogen werden.

---

329 So zu recht auch Weyland/*Träger*, BRAO, § 51, Rn. 27.

330 So auch Henssler/Prütting/*Diller*, BRAO, § 51, Rn. 218.

331 Vgl. Späte/Schimikowski/*Diller*, AHB, § 3 AVB-V, Rn. 51.

332 So auch *Diller*, AVB-RSW, § 3, Rn. 20; Staudinger/Halm/Wendt/*Klein*, Versicherungsrecht, § 3 AVB-RSW, Rn. 21; a.A. *Chab*, in: G. Fischer/Vill/D. Fischer/Pape/Chab, § 18, Rn. 52.

333 Van Bühren/*Hartmann*, Handbuch Versicherungsrecht, § 10, Rn. 178.

Beispiel 6:

Drei unterschiedlich ausgelastete Sozien schließen zunächst die Mindestdeckungsversicherungssumme von 250.000,00 EUR ab mit einer vierfach maximierten Jahresleistung. Darüber hinaus schließt die Sozietät eine weitere Haftpflichtversicherung über 750.000,00 EUR ab, zweifach maximiert für jeden Sozius als Jahreshöchstleistung. Damit steht jedem Sozius im Mindestversicherungsbereich eine jährlich vierfache Absicherung in Höhe von 250.000,00 EUR und in dem darüber hinausgehenden Bereich (ab 250.000,00 EUR bis 1 Mio. EUR) eine Jahreshöchstleistung von 2 × 750.000,00 EUR zur Regressbefriedigung pro Jahr zur Verfügung. Außerdem kann dann eine Exzedenten-Versicherung vereinbart werden, z.B. von weiteren 1,5 Mio. EUR und zwar eben nicht für jeden Sozius, sondern für die Sozietät, jährlich zweifach maximiert. 183

Die Exzedenten-Versicherung wird für die Sozietät vereinbart und offeriert dann zusätzlichen Deckungsschutz für Haftpflichtrisiken, die sich in der Person eines Sozius realisieren. 184

Diese Versicherung verhindert regelmäßig den ansonsten bei unterschiedlich hohen Versicherungssummen aus der Ermittlung der Durchschnittsversicherungsleistung[334] resultierenden Nachteil. 185

Von einer Einzelfallversicherung unterscheidet sich die Exzedenten-Versicherung dadurch, dass sie Deckungsschutz nicht für ein spezifisches Mandat gewährt, sondern – je nach Vereinbarung einfach oder mehrfach jährlich – Deckungsschutz für Haftpflichtrisiken bietet, die sich in der Sozietät realisieren. 186

Die Notwendigkeit, weitergehenden Deckungsschutz in der Haftpflichtversicherung zu suchen, ist natürlich auch davon abhängig, ob der Anwalt mit seinen Mandanten **vertragliche Haftungsbeschränkungen** vereinbart hat. Diese sind gemäß § 52 BRAO in drei Varianten zulässig. Einerseits kann gemäß § 52 Abs. 1 Nr. 1 BRAO für Anwälte die Haftung für fahrlässig verursachte Schäden durch schriftliche Vereinbarung im Einzelfall bis zur Höhe der Mindestversicherungssumme von 250.000,00 EUR vereinbart werden. Außerdem kann durch vorformulierte Vertragsbedingungen für Fälle einfacher Fahrlässigkeit die Haftung auf den vierfachen Betrag der Mindestversicherungssumme, also derzeit 1 Mio. EUR, vereinbart werden, wenn insoweit Versicherungsschutz besteht, § 52 Abs. 1 Nr. 2 BRAO. Es kann aber auch gemäß § 52 Abs. 2 S. 2 BRAO bei Sozietäten die gesamtschuldnerische Haftung auf einzelne Sozien beschränkt werden, die das Mandat bearbeiten und dann namentlich bezeichnet sein müssen. Sonstige oder weitergehende Haftungseinschränkungen sind rechtsunwirksam[335]. 187

VI. Mindestversicherungssumme für Partnerschafts- und Rechtsanwaltsgesellschaften

Gemäß §§ 51a Abs. 2 und 59j Abs. 2 BRAO beträgt die Mindestversicherungssumme für die Partnerschaftsgesellschaft und die Rechtsanwaltsgesellschaft 2,5 Mio. EUR für jeden Versicherungsfall. Die Leistungen des Versicherers für alle innerhalb eines Versicherungsjahres verursachten Schäden können auf den Betrag der Mindestversicherungssumme, vervielfacht mit der Zahl der Partner bzw. Gesellschafter und der Geschäftsführer, die nicht Gesellschafter sind, begrenzt werden. Die Jahreshöchstleistung für alle in einem Versicherungsjahr verursachten Schäden muss sich jedoch auf den vierfachen Betrag der Mindestversicherungssumme belaufen. Gemäß § 59j Abs. 4 BRAO haften bei der Rechtsanwaltsgesellschaft neben der Gesellschaft auch die Gesellschafter und Geschäftsführer persönlich in Höhe des fehlenden Versicherungsschutzes, wenn die Berufshaftpflichtversicherung nicht oder nicht im vorbezeichneten Umfang unterhalten wird. Gemäß §§ 51a Abs. 4 und 59j Abs. 3 BRAO ist das Bundesjustizministerium ermächtigt, durch Rechtsverordnung mit Zustimmung des Bundesrates nach Anhörung der Bundesrechtsanwaltskammer die Mindestversicherungssumme anders festzusetzen, wenn dies erforderlich ist, um einen hinreichenden Schutz der Geschädigten bei einer Änderung der wirtschaftlichen Verhältnisse sicherzustellen. 188

---

334 Vgl. dazu die Ausführungen unter Rdn. 189.

335 Vgl. zu diesem Problemkreis die Ausführungen in Kap. 10 Rdn. 1 ff.

K. Durchschnittsversicherungsleistung bei unterschiedlichen Versicherungssummen von Sozien

I. Ermittlung der Durchschnittsversicherungsleistung

189 Bei Sozietäten, die nicht selbst Versicherungsnehmer sind, ist es wichtig, darauf zu achten, dass alle Sozien eine gleich hohe Versicherung abgeschlossen haben[336]. **Gemäß § 12 I der AVB-RSW gilt der Versicherungsfall auch nur eines Sozius als Versicherungsfall aller Sozien, wobei gemäß § 1 II Nr. 1 AVB-RSW auch »Scheinsozien« als Sozien gelten.** Der Versicherer tritt gem. § 12 II AVB-RSW für diese zusammen mit einer einheitlichen Durchschnittsleistung ein. Diese Durchschnittsleistung wird wie folgt gebildet:

- Es wird zunächst ermittelt, welche Leistungen jeder Sozius aufgrund seines Versicherungsvertrages zu erhalten hätte, wenn er nicht Sozius wäre, und zwar unter Berücksichtigung des vereinbarten Selbstbehaltes,
- danach werden die so für jeden einzelnen Sozius ermittelten Beträge addiert,
- sodann wird der sich durch die Addition ergebende Gesamtbetrag durch die Anzahl aller Sozien geteilt[337].

▶ Beispiel 7:

190 Gegen eine Sozietät mit vier Rechtsanwälten wird ein begründeter Schadensersatzanspruch in Höhe von 450.000,00 EUR geltend gemacht. Sozius 1 ist mit 1 Mio. EUR versichert, Sozius 2 mit 500.000,00 EUR, die Sozien 3 und 4 jeweils mit 250.000,00 EUR. Alle Sozien haben einen Selbstbehalt i.H.v. 2.500,00 EUR vereinbart. Die fiktive Leistung, also diejenige, die der einzelne Sozius vom Versicherer zu beanspruchen hätte, wenn er allein tätig wäre, beträgt – da der Selbstbehalt von der Haftpflichtsumme, nicht von der Deckungssumme abgezogen wird[338] – aufgrund der abgeschlossenen Versicherungsverträge für den Sozius 1 und für den Sozius 2 jeweils 447.500,00 EUR sowie für den Sozius 3 und für den Sozius 4 jeweils 250.000,00 EUR weil sich der Abzug der Selbstbehalte nicht auswirkt. Die Gesamtsumme der fiktiven Leistung beträgt 1.395.000,00 EUR. Die Durchschnittsleistung, also die Summe der fiktiven Leistung, geteilt durch vier (Anzahl der Sozien), beträgt 348.750,00 EUR. Wegen der zu geringen Versicherungen der Sozien 3 und 4 ergibt sich deshalb eine Deckungslücke in Höhe von 101.250,00 EUR[339].

191 In die Ermittlung der Durchschnittsversicherungsleistung werden auch solche Sozien einbezogen, die bei anderen Versicherungsgesellschaften versichert sind. Teilweise finden sich in den einschlägigen Versicherungsbedingungen aber auch Regelungen, die auf eine Durchschnittsbildung bei der Deckungssumme ausdrücklich verzichten.

192 **Sozius** im versicherungsrechtlichen Sinne **ist jeder auf dem Praxisschild oder auf dem Briefkopf genannte Anwalt**[340] ungeachtet der Frage, ob er auch im Innenverhältnis Mitgesellschafter der Gesellschaft bürgerlichen Rechts, der Partnerschaftsgesellschaft oder der Anwalts-GmbH ist[341], § 1 II Nr. 1 AVB-RSW. Ein Hinweis auf eine Kooperation in einer Fußzeile eines Briefbogens wird nicht als Sozietät gewertet.

---

336 Borgmann/Jungk/Schwaiger/*Weinbeer/Jungk*, Anwaltshaftung, § 39, Rn. 14.

337 Borgmann/Jungk/Schwaiger/*Weinbeer/Jungk*, Anwaltshaftung, § 39, Rn. 14.

338 Vgl. Rdn. 177.

339 Insoweit ist in der Vorauflage nicht richtig gerechnet, wie *Chab*, in: G. Fischer/Vill/D. Fischer/Pape/Chab, § 18, Rn. 9, Fn. 10 zutreffend anmerkt.

340 BGH, Urt. v. 24.1.1991 – IX ZR 121/90 – juris, Rn. 11; Urt. v. 8.7.1999 – IX ZR 338/97 – juris, Rn. 11.

341 Auf die Ausführungen zur Sozienklausel unter Rdn. 97 wird Bezug genommen.

II. Mitarbeiter

Mitarbeiter sind zunächst alle Kanzleiangestellten. Zuschlagspflichtige Mitarbeiter sind haftpflichtversicherungsrechtlich diejenigen juristisch vorgebildeten Mitarbeiter, die nach der obigen Definition keine Sozien sind. Die Prämienpflicht gilt nicht für die Ausbildung von Referendaren in der Anwaltsstation[342]. Die prämienpflichtigen Mitarbeiter müssen von Gesetzes wegen, um ihre Zulassung zu erhalten, eine eigene Mindestversicherung unterhalten, § 51 BRAO. Soweit der Angestellte bzw. freie Mitarbeiter neben seiner Haupttätigkeit in der Kanzlei unter eigenem Namen und Briefkopf allenfalls in eingeschränktem Umfang tätig ist, erhält er regelmäßig auf seine eigene Police einen Nebentätigkeitsrabatt. Diese eigene Police deckt jedoch keine Ansprüche der Sozietät oder des jeweiligen Dienstherren gegen den juristischen Angestellten oder freien Mitarbeiter, sondern nur Ansprüche eigener Mandanten dieses juristischen Angestellten oder freien Mitarbeiters aus einer von ihm erbrachten Anwaltstätigkeit ab. 193

Darüber hinaus muss die Mitarbeit dem Versicherer angezeigt werden. Der Versicherungsnehmer ist verpflichtet, nach Erhalt einer Aufforderung des Versicherers, die auch durch einen der Prämienrechnung beigefügten Hinweis erfolgen kann, Mitteilung darüber zu machen, ob und welche Änderungen in dem versicherten Risiko gegenüber den zum Zweck der Prämienbemessung gemachten Angaben eingetreten sind. Die Anzeige ist innerhalb eines Monats nach Erhalt der Aufforderung zu machen. Bis dahin bietet die Vorsorgeversicherung auch für die Tätigkeiten der Mitarbeiter Versicherungsschutz. Auf Verlangen des Versicherers sind die Angaben durch die Geschäftsbücher oder sonstige Belege nachzuweisen. Aufgrund der Änderungsanzeige oder sonstiger Feststellungen wird die Prämie dann entsprechend dem Zeitpunkt der Veränderung des Risikos richtiggestellt. § 13 der aktuellen Bedingungswerke bestimmt: 194

> »Die Beschäftigung eines zuschlagspflichtigen Mitarbeiters, der nicht Sozius ist, gilt als Erweiterung des versicherten Risikos nach § 11b II Ziffer 2. Wird trotz Aufforderung die Beschäftigung eines Mitarbeiters nicht angezeigt, so verringert sich dem Versicherungsnehmer gegenüber die Leistung (§ 12) des Versicherers, wie wenn der Mitarbeiter Sozius im Sinne von § 1 II wäre.«

Für solche Verstöße, die entweder vor Ablauf der Frist des § 11b II Nr. 2 der aktuellen Bedingungswerke oder nach Bezahlung des Mitarbeiterzuschlages erfolgt sind, deckt die Haftpflichtversicherung in den Grenzen des geschlossenen Versicherungsvertrages auch Haftpflichtansprüche, die unmittelbar gegen die Mitarbeiter erhoben werden. 195

(Nicht vergeben) 196

III. Syndikusanwalt

Ein Syndikus, der neben seiner Tätigkeit als Unternehmensjurist zur Anwaltschaft zugelassen werden möchte, benötigt nach der Neuregelung des Rechts der Syndikusanwälte[343] seit dem 1. Januar 2016 keine Berufshaftpflichtversicherung mehr. Mit dem Verzicht auf eine Versicherungspflicht soll dem Umstand Rechnung getragen werden, dass Syndikusanwälte in der Regel nur ihren Arbeitgeber beraten und vertreten; die Haftung eines Syndikusanwaltes bemisst sich daher nach den allgemeinen Regeln des Zivil- und Arbeitsrechts[344]. 197

342 Da der Referendar nicht Vertragspartner des Mandanten wird, kommt nur eine deliktische Haftung in Betracht. Der Anwalt haftet jedoch für die Tätigkeit des Referendars über § 278 BGB. Für Referendare, die als freie Mitarbeiter tätig sind, greift unter Umständen eine Haftung wegen positiver Vertragsverletzung des Dienstvertrages. Ist der Referendar hingegen als Angestellter tätig, richten sich etwaige Regressansprüche des Anwaltes der Sozietät gegen den Referendar nach den allgemeinen Grundsätzen der Rechtsprechung des BAG über die Arbeitnehmerhaftung (vgl. BAG, Beschl. v. 12.6.1992 – GS 1/89 – juris, Rn. 16 sowie *Schnorbus,* MDR 1994, 961 m.w.N.).

343 BGBl I 2015, S. 2517.

344 *Offermann-Burckart,* AnwBl 2016, 125.

IV. Vertreter

198 Lässt sich der Anwalt, weil er selbst an der Ausübung seines Berufes gehindert ist, vertreten, deckt die Haftpflichtversicherung auch Haftpflichtansprüche gegen den Vertreter, sofern die Pflichtverletzung des Vertreters nicht durch dessen eigene Versicherung gedeckt ist. Hat der Vertreter selbst eine Haftpflichtversicherung abgeschlossen, greift seine eigene Versicherung auch für Vertretertätigkeit ein.

V. Sozietät mit Wirtschaftsprüfern, Steuerberatern und Anwaltsnotaren

199 Die Mindesthaftpflichtversicherungssumme für Wirtschaftsprüfer beträgt 1 Mio. EUR. Um aus der Ermittlung der Durchschnittsleistung resultierende Deckungslücken zu verhindern[345], müssen alle Sozietätspartner in der gemeinsamen Kanzlei mit der gleichen Versicherungssumme abgesichert sein, da nur auf diese Weise Deckungslücken verhindert werden können.

200 Gemäß § 67 StBerG und §§ 51 ff. DVO StBerG beträgt die Mindestversicherungssumme der Berufshaftpflicht für Steuerberater zurzeit 250.000,00 EUR, jährlich vierfach maximiert, so dass sich insoweit keine Anpassungsprobleme ergeben.

201 Notare sind hingegen gemäß § 19a BNotO verpflichtet, eine Berufshaftpflichtversicherung mit einer Mindestdeckung von 500.000,00 EUR zu unterhalten, die zweifach pro Jahr zur Verfügung gestellt werden muss[346].

L. Versicherungsfall

202 Die Bedingungswerke stellen bereits in § 1 I Nr. 1 AVB-RSW bei der Bestimmung des Gegenstandes der Versicherung darauf ab, dass der Anwalt für einen bei Ausübung beruflicher Tätigkeit begangenen Verstoß verantwortlich gemacht wird. Konkretisierend definiert § 5 I der Bedingungswerke den **Versicherungsfall** als den **Verstoß, der Haftpflichtansprüche gegen den Versicherungsnehmer zur Folge haben könnte**. Damit wird – anders als in der allgemeinen Haftpflichtversicherung – nicht auf Folgen eines schädigenden Ereignisses, sondern auf den Verstoß des Versicherungsnehmers und damit auf das für den Eintritt des Schadens kausale Ereignis abgestellt.

203 Diese Festlegung repräsentiert für die Berufshaftpflichtversicherung den richtigen Ansatz. Vergegenwärtigt man sich, dass einerseits zwischen dem anwaltlichen Pflichtenverstoß oder einer notariellen Amtspflichtverletzung und einem daraus resultierenden Schaden unter Umständen ein Zeitraum von Jahrzehnten liegt und dass andererseits ein Interesse der Berufsträger daran besteht, die Berufshaftpflichtversicherung nach Beendigung der Berufstätigkeit nicht weiterführen zu müssen, ergibt sich deutlich, dass es nicht interessengerecht wäre, den Versicherungsfall an den Schadenseintritt zu knüpfen. Stellte das Schadensereignis den Versicherungsfall dar, müsste häufig festgestellt werden, dass der Anwalt oder der Notar dann im Zeitpunkt des Schadenseintritts nicht mehr versichert oder sogar bereits verstorben sind und dass deshalb kein Versicherungsschutz besteht[347].

204 In ähnlicher Weise würde der Versicherungsschutz erheblich reduziert, wenn über die Bedingungen vereinbart würde, dass der Zeitpunkt der Geltendmachung des Anspruches gegen den Anwalt maßgebend wäre. Dieses im angelsächsischen Rechtskreis übliche **Claims-made-Prinzip**[348] bringt es mit sich, dass der Anwalt und der Notar nicht geschützt sind, wenn Haftpflichtansprüche erst nach Beendigung des Vertrages erhoben werden. Unter der Geltung dieses Prinzips müsste deshalb eine Weiterversicherung auch nach Eintritt in den Ruhestand erfolgen, um eine Deckung der

345 Vgl. Rdn. 189 ff.

346 Vgl. dazu *Terbille,* MDR 1999, 1426 ff.

347 Vgl. oben Rdn. 34.

348 Vgl. oben Rdn. 34. Zu den Vor- und Nachteilen der Anspruchserhebungstheorie vgl. Späte/Schimikowski/*v. Rintelen,* AHB, § 1, Rn. 96 ff.

Spätschäden zu erreichen. Demgegenüber überantworten die derzeitigen Bedingungswerke mit der in § 5 getroffenen Regelung das Problem von Spätschäden, die in einem Zeitraum auftreten, in dem der Versicherungsvertrag nicht mehr läuft, dem Versicherer. **Diese Nachhaftung wird ohne eine zeitliche Nachhaftungsbegrenzung gewährt, selbstverständlich jedoch nur im Rahmen der vereinbarten Deckungssummen**[349]. Andererseits fehlt infolge der Umsetzung des Verstoßprinzips den Haftpflichtversicherungen von Anwälten und Notaren der Vorhaftungseffekt. Es gibt also keinen Versicherungsschutz für Folgen solcher Verstöße, die vor dem Beginn der materiellen Vertragsdauer begangen wurden. Dieser Nachteil des Verstoßprinzips kann durch den Abschluss einer Rückwärtsversicherung vermieden werden[350]. Gleichwohl muss das **Verstoßprinzip** im Verhältnis zur Anknüpfung an das Schadensereignis als **die für Anwälte und Notare vorteilhafteste Lösung** angesehen werden[351].

Wechselt der Anwalt im Verlauf seiner beruflichen Tätigkeit die Versicherungsgesellschaft, ist aus 205 den vorgenannten Gründen wegen einer Inanspruchnahme aus einem Pflichtenverstoß, der noch in der Laufzeit des Vertrages erfolgte, der mit dem **Vorversicherer** abgeschlossen worden war, dieser und nicht der Nachfolgeversicherer eintrittspflichtig. Für den Fall eines Streites zwischen Vor- und Nachversicherer über den Zeitpunkt des dem Anspruchsverlangen gegen den Anwalt zugrundeliegenden Verstoßzeitpunktes, ist ein Anwalt gezwungen, gegen beide Versicherer (zumindest unter Veranlassung einer Streitverkündung) vorzugehen. Ein derartiges Vorgehen kann vermieden werden, wenn im Versicherungsvertrag mit dem Nachversicherer vereinbart wird:

> »Wechselt ein Versicherungsnehmer den Versicherer und streiten die Versicherer über den Verstoßzeitpunkt, so hat derjenige Versicherer Versicherungsschutz zu gewähren, in dessen Vertragslaufzeit die Geltendmachung des konkreten Schadensfalles fällt. Der Versicherungsnehmer tritt diesem Versicherer etwaige Deckungsansprüche gegen den Vorversicherer ab.«

Mehrere Pflichtverstöße, die für einen bestimmten Schaden adäquat kausal sind, begründen einen 206 Anspruch gegen den Haftpflichtversicherer dann, wenn jedenfalls ein Pflichtverstoß in den Haftungszeitraum dieses Versicherers fällt. Hat jedoch der Anwalt, der zunächst durch einen Pflichtverstoß einen Haftungsgrund gesetzt hat, es später nur unterlassen, den Schadenseintritt zu verhindern, so stellt dieses bloße Unterlassen des Verhinderns des Schadenseintritts kein neues, selbstständiges Kausalereignis dar[352]. Das Unterlassen begründet nur dann einen neuen, selbstständigen Verstoß, wenn in diesem Zeitpunkt eine besondere Pflicht zum Handeln bestand. Eine solche Pflicht wird man im Sinne einer vertraglichen Nebenpflicht zur Schadensverhütung für den Anwalt und Notar jedoch regelmäßig bejahen müssen. In diesem Zusammenhang bestimmen die Bedingungswerke in § 2 III:

> »Wird ein Schaden durch fahrlässige Unterlassung verursacht, gilt im Zweifel der Verstoß als an dem Tag begangen, an welchem die versäumte Handlung spätestens hätte vorgenommen werden müssen, um den Eintritt des Schadens abzuwenden.«

M. Obliegenheiten und Rechtsfolgen ihrer Verletzung

Den Anwalt treffen im Bereich seiner Berufshaftpflichtversicherung gesetzliche Obliegenheiten, 207 z.B. vorvertragliche Anzeigepflichten, ebenso wie vertragliche.

---

349 Dabei zeigt sich in der Praxis gerade bei Spätschäden nicht selten, dass die Deckungssumme eben für solche Schäden nicht ausreicht, weil sie in einem anderen Zeitraum entstehen, der durch andere wirtschaftliche Bedingungen geprägt werden kann, z.B. durch einen Anstieg von Immobilienwerten.

350 Vgl. dazu die Ausführungen oben unter Rdn. 26.

351 Vgl. zur Verstoßtheorie sowie zur Ereignistheorie, die aus den Bedingungswerken entwickelt wurde, wie z.B. die Bedingungswerke für die Allgemeine Haftpflichtversicherung, die auf den Zeitpunkt des Schadensereignisses abstellen, Späte/Schimikowski/*v. Rintelen*, AHB, § 1, Rn. 38 ff.

352 BGH, Urt. v. 22.6.1967 – II ZR 217/64 – juris, Rn. 18.

I. Vorvertragliche Anzeigepflichten

208 Der Versicherer übernimmt den Versicherungsschutz im Vertrauen darauf, dass der Versicherungsnehmer alle für die Übernahme des Versicherungsschutzes bedeutsamen Umstände anzeigt und die im Versicherungsantrag gestellten Fragen schriftlich wahrheitsgemäß und vollständig beantwortet hat. **Gemäß § 19 Abs. 1 S. 1 VVG hat der Versicherungsnehmer bis zur Abgabe seiner Vertragserklärung alle ihm bekannten Gefahrumstände anzuzeigen, die für die Übernahme der Gefahr durch den Versicherer erheblich sind und nach denen der Versicherer in Textform gefragt hat.** Der Wortlaut dieser mit der VVG-Reform sprachlich und inhaltlich neu gefassten gesetzlichen Obliegenheit[353] wird in § 11a I Nr. 1 der aktuellen Bedingungswerke wiederholt. **Erheblich sind die Gefahrumstände, die geeignet sind, auf den Entschluss des Versicherers Einfluss auszuüben, den Vertrag überhaupt oder zum vereinbarten Inhalt abzuschließen.** Regelmäßig wird der Anwalt bzw. der Notar Angaben über den bisher bestehenden Versicherungsschutz machen müssen und vor allem zu der Frage, ob bereits Anträge zu den in Rede stehenden Versicherungsarten abgelehnt oder bestehende Versicherungen gekündigt worden sind. Auch wird nach den Schäden gefragt, die sich in den letzten drei Jahren ereignet haben. Nicht selten wird auch nach dem Datum der Erstzulassung und danach gefragt, seit wann die eigene Praxis ausgeübt wird. Sodann wird nach der Anzahl der Mitarbeiter und ggf. nach der Rechtsform der Sozietät gefragt. Regelmäßig müssen auch Angaben über Niederlassungen, Zweigstellen und Büros im Ausland oder über nebenberufliche Tätigkeiten gemacht werden.

209 Eine Gefahrerheblichkeit kommt nur in Betracht, wenn der Versicherer nach einem bestimmten Umstand fragt. Eine **spontane Anzeigepflicht besteht** für den Versicherungsnehmer seit der Neuregelung **nicht mehr.** Sofern der Versicherungsnehmer die Erheblichkeit eines nicht angezeigten Umstandes bestreitet, hat der Versicherer darzulegen und zu beweisen, ob bzw. unter welchen Bedingungen er das Risiko gezeichnet hätte[354]. Von einer Anzeigeobliegenheit kann nur insoweit die Rede sein, wie der Versicherungsnehmer den gefahrerheblichen Umstand kennt[355].

210 § 19 Abs. 1 S. 1 VVG erhebt den Umstand, dass die Frage in **Textform** gestellt wurde – neben der Gefahrerheblichkeit – zur Voraussetzung für eine Verletzung der vorvertraglichen Anzeigepflicht; **ausschließlich mündlich gestellte Fragen entsprechen nicht den Anforderungen des Gesetzes,** denn es fehlt an der dauerhaften Verkörperung der Schriftzeichen[356]. Andererseits setzt die Anzeigepflichtverletzung die **Kenntnis der Antragsfragen** voraus[357]. Bei **Antragsaufnahme durch einen Versicherungsvertreter** ist daher auch entscheidend, was und wie dieser den Antragsteller gefragt hat. Der Antrag beweist nicht, was gefragt wurde, so dass der Versicherer die Behauptungen des Versicherungsnehmers widerlegen muss, er sei anders als im Antrag formuliert gefragt worden, er habe mehr angegeben, als aufgenommen wurde bzw. was er gesagt habe, sei anders aufgenommen worden[358]. Außerdem muss der Versicherer beweisen, dass dem Versicherungsnehmer der Fragenkatalog hinreichend zur Kenntnis gebracht wurde. Hat hingegen der Antragsteller den Antrag selbst ausgefüllt und unterschrieben und beruft er sich nur auf eine Falschberatung durch den Vertreter, so muss er diese beweisen[359].

---

353 § 16 Abs. 1 VVG a.F. stellte auf die Schließung des Vertrages ab, was bei der unter Geltung des alten Rechts üblichen Anwendung des Policenmodells gemäß § 5a VVG a.F. eine Nachmeldepflicht des Versicherungsnehmers für den Zeitraum zwischen Antragstellung und Übersendung der Police nach sich ziehen konnte, vgl. Prölss/Martin/*Prölss*, VVG, 27. Auflage, § 16, Rn. 15. Darüber hinaus enthielt die frühere Regelung auch keine Beschränkung auf in Textform nachgefragte Gefahrumstände.

354 Rüffer/Halbach/Schimikowski/*Schimikowski*, VVG, § 19, Rn. 25; *Höra*, r+s 2008, 89, 91.

355 BGH, Urt. v. 20.4.1994 – IV ZR 70/93 – juris, Rn. 13; Urt. v. 27.6.1984 – IVa ZR 1/83 – juris, Rn. 13; OLG Hamm, Urt. v. 26.11.1993 – 20 U 214/93 – juris, Rn. 20.

356 Rüffer/Halbach/Schimikowski/*Schimikowski*, VVG, § 19, Rn. 10.

357 Rüffer/Halbach/Schimikowski/*Schimikowski*, VVG, § 19, Rn. 12.

358 BGH, Urt. v. 11.11.1987 – IVa ZR 240/86 – juris, Rn. 28 f.

359 BGH, Urt. v. 18.12.1991 – IV ZR 299/90 – juris, Rn. 22.

Ein **Rücktrittsrecht** wegen der Verletzung vorvertraglicher Anzeigepflichten besteht **nur bei vorsätzlicher oder grob fahrlässiger Anzeigepflichtverletzung**, § 19 Abs. 2 und 3 VVG. 211

Einfach **fahrlässige Pflichtverletzungen** führen hingegen zu einem **Kündigungsrecht** des Versicherers, § 19 Abs. 3 VVG[360]. Sowohl das Rücktrittsrecht wegen grob fahrlässiger Anzeigepflichtverletzung als auch die Kündigung sind jedoch ausgeschlossen, wenn der Versicherer auch in Kenntnis der nicht angezeigten Umstände kontrahiert hätte und eine Vertragsanpassung möglich ist, § 19 Abs. 4 VVG. Der Versicherungsnehmer muss ggf. beweisen, dass der nicht angezeigte Umstand nach den Allgemeinen Versicherungsbedingungen und den allgemeinen Geschäftsgrundsätzen des Versicherers nicht zur Versagung des Versicherungsschutzes geführt hätte[361]. 212

Alle Lösungsrechte des Versicherers setzen gem. § 19 Abs. 5 VVG **voraus, dass der Versicherungsnehmer über die Folgen der Anzeigepflichtverletzung durch gesonderte Mitteilung in Schriftform belehrt wurde und dass der Versicherer den nicht oder unrichtig angezeigten Gefahrumstand nicht kannte.** 213

Entscheidend für das Verständnis einer Frage ist die Sicht eines verständigen, durchschnittlichen Versicherungsnehmers[362]. 214

Zweifelhaft ist, ob auch fehlende Angaben des Versicherungsnehmers im Antrag ein Rücktrittsrecht begründen. Der Versicherer hat im Rahmen einer ordnungsgemäßen Risikoprüfung beim Antragsteller nachzufragen, da er bei Vertragsabschluss zur sachgerechten Risikoprüfung verpflichtet ist[363]. Diese gebotene Risikoprüfung darf der Versicherer nicht auf einen beliebigen späteren Zeitpunkt verschieben. Führen ihm bestimmte Antworten oder offen gelassene Fragen vor Augen, dass der Antragsteller damit seiner Anzeigeobliegenheit noch nicht genügt und kann er die gebotene Risikoprüfung für den Vertragsabschluss ohne eine ergänzende Rückfrage nicht verantwortlich vornehmen, muss er aufgrund einer ihn treffenden **Nachfrageobliegenheit** die Rückfrage vor Vertragsabschluss halten, um sich das Kündigungs-, Rücktritts- oder Anfechtungsrecht zu erhalten[364]. 215

Der Versicherer muss sein Rücktritts- oder Kündigungsrecht aus § 19 Abs. 2 bis 4 VVG **innerhalb einer eines Monats ab Kenntnis von der Anzeigepflichtverletzung schriftlich geltend machen** und hierbei die Umstände angeben, auf die er seine Erklärung stützt, § 21 Abs. 1 VVG. **Die Rechte des Versicherers erlöschen** regelmäßig **nach Ablauf von fünf Jahren nach Vertragsschluss** und selbst **in Fällen der Arglist in zehn Jahren**[365], § 21 Abs. 3 VVG. Fraglich ist, wann die Frist zu laufen beginnt. In dem Zeitpunkt, in dem der Versicherer von der Anzeigepflichtverletzung Kenntnis erlangt, wird er in der Regel die subjektive Seite nicht sicher beurteilen können, da ihm Angaben über die Gründe des Versicherungsnehmers für die falschen oder unterbliebenen Angaben meist fehlen. Teilweise wird daher vertreten, dass **Fristbeginn** erst dann gegeben ist, wenn der Versicherer von der objektiven Anzeigepflichtverletzung weiß und er alle den Verschuldensgrad bestimmenden Umstände kennt[366]. Nach anderer 216

360 Der Versicherer wird daher sinnvollerweise eine etwaige Rücktrittserklärung mit einer hilfsweisen Kündigung koppeln.

361 Rüffer/Halbach/Schimikowski/*Schimikowski*, VVG, § 19, Rn. 64.

362 St. Rspr. des BGH; vgl. nur BGH, Urt. v. 18.2.2009 – IV ZR 11/07 – juris, Rn. 12.

363 BGH, Urt. v. 25.3.1992 – IV ZR 55/91 – juris, Rn. 30; Rüffer/Halbach/Schimikowski/*Schimikowski*, VVG, § 19, Rn. 29.

364 BGH, Urt. v. 11.5.2011 – IV ZR 148/09 – juris, Rn. 14; Urt. v. 2.11.1994 – IV ZR 201/93 – juris, Rn. 16; OLG Koblenz, Urt. v. 29.11.1996 – 10 U 568/96 – r+s 1998, 50 f.

365 Es widerspricht zwar grundsätzlich den Interessen des Kollektivs, unredliche Versicherungsnehmer aufzunehmen, jedoch lösen BVerfG (Urt. v. 26.7.2005 – 1 BvR 782/94, 1 BvR 957/96 – juris, Rn. 165 f.) und BGH (Urt. v. 12.10.2005 – IV ZR 162/03 – juris, Rn. 21) solche Konflikte durch eine Interessenabwägung zwischen Versicherungsnehmer und Kollektiv; die Länge der gesetzlichen Fristen soll einer solchen Abwägung entsprechen.

366 So *Lange*, r+s 2008, 56, 58 f.; *Langheid*, NJW 2007, 3665, 3668; Marlow/Spuhl/*Marlow*, Das neue VVG kompakt, Rn. 208; wohl auch *Nugel*, MDR 2009, 186, 190.

Ansicht[367] knüpft das Gesetz den Lauf der Frist allein an die Kenntnis von der Anzeigepflichtverletzung, also an den objektiven Tatbestand. Dieses auf den ersten Blick stichhaltig erscheinende dogmatische Argument übersieht, dass nach dem Wortlaut des § 21 Abs. 1 VVG die Frist erst zu laufen beginnt, wenn der Versicherer von der Verletzung der Anzeigepflicht Kenntnis erlangt, »die das von ihm geltend gemachte Recht begründet«. Welches Recht die Anzeigepflichtverletzung zugunsten des Versicherers begründet, hängt jedoch vom Verschuldensgrad ab. Nur wenn der Versicherer alle zur Beurteilung des Verschuldensgrades notwendigen Umstände kennt, ist für ihn erkennbar, welches Recht ihm wegen der Anzeigepflichtverletzung konkret zusteht[368]. Der Versicherer kann nicht gezwungen werden, quasi »auf Verdacht« den Rücktritt zu erklären und sich damit möglichen Schadensersatzansprüchen des Versicherungsnehmers für den Fall auszusetzen, dass sich der Rücktritt im Nachhinein als unbegründet erweisen sollte[369]. Den aus diesem Streit folgenden Unwägbarkeiten kann der Versicherer dadurch Rechnung tragen, dass er seine innerhalb eines Monats ab Kenntnis der Anzeigepflichtverletzung abgegebene Rücktrittserklärung mit einer hilfsweisen Kündigung und einer ebenfalls hilfsweisen Vertragsanpassung koppelt[370]. Unabhängig davon, welcher Ansicht man folgt, beginnt die Frist in jedem Fall **erst mit der sicheren und zuverlässigen Kenntnis des Versicherers**[371], sei es nun allein die Kenntnis der objektiven Pflichtverletzung oder die zusätzliche Kenntnis der subjektiven Komponenten. Der Versicherer ist nicht verpflichtet, sich auf Verdacht zu erklären[372]. Erforderlich ist die Kenntnis des Angestellten des Versicherers, zu dessen Aufgaben es gehört, Verletzungen der vorvertraglichen Anzeigepflicht festzustellen[373].

217 Gemäß § 21 Abs. 1 S. 3 Hs. 2 VVG ist der Versicherer berechtigt, innerhalb der Monatsfrist nach S. 1 weitere Umstände zur Begründung seiner Erklärung anzugeben. Dieses **Nachschieberecht** war bereits nach altem Recht höchstrichterlich anerkannt[374]. Nach Fristablauf ist der Versicherer nicht mehr befugt, neue Gründe zur Stützung einer rechtzeitigen Rücktritts- oder Kündigungserklärung nachzuschieben. Streitig ist, ob der Versicherer innerhalb eines Monats vom Zeitpunkt der Kenntniserlangung von neuen Umständen diese nachschieben kann[375], oder ob für die Fristberechnung der Zeitpunkt der bereits erfolgten Rechtsausübung maßgeblich ist[376]. § 21 Abs. 1 S. 1 VVG setzt keine Frist für die Angabe von Umständen, sondern für die Ausübung eines Rechts; daher bezieht sich das Wort »diese« in § 21 Abs. 1 S. 3 2. Hs. VVG nicht auf die »Umstände«, sondern auf die »Erklärung«[377]. Dies bestätigt auch die Gesetzesbegründung, aus der sich keine Anhaltspunkte dafür ergeben, dass der Gesetzgeber von den höchstrichterlichen Grundsätzen zur alten Rechtslage abweichen wollte[378]. Richtigerweise hat der Versicherer mit den neuen Gründen auch eine neue Gestaltungserklärung zu verbinden, wenn er sie nicht fristgerecht nachschieben kann, da ansonsten die Gefahr bestünde, dass der Versicherer, der zunächst lediglich nicht tragfähige Gründe vorgebracht

---

367 So Rüffer/Halbach/Schimikowski/*Schimikowski*, VVG, § 21, Rn. 5; BK/*Voit*, § 20, Rn. 6; Halm/Engelbrecht/Krahe/*Wandt*, Handbuch des Fachanwalts Versicherungsrecht, Kap. 1, Rn. 823.

368 *Lange*, r+s 2008, 56, 58.

369 Beckmann/Matusche-Beckmann/*Knappmann*, Versicherungsrechts-Handbuch, § 14, Rn. 109.

370 *Neuhaus*, r+s 2008, 45, 51 f.; *Reusch*, VersR 2007, 1313; *Rixecker*, ZfS 2007, 369, 371; Rüffer/Halbach/Schimikowski/*Schimikowski*, VVG, § 21, Rn. 4.

371 BGH, Urt. v. 20.9.2000 – IV ZR 203/99 – juris, Rn. 17; Urt. v. 30.9.1998 – IV ZR 248/97 – juris, Rn. 12; Prölss/Martin/*Armbrüster*, VVG, § 21, Rn. 19.

372 Beckmann/Matusche-Beckmann/*Knappmann*, Versicherungsrechts-Handbuch, § 14, Rn. 108 f.

373 BGH, Urt. v. 17.4.1996 – IV ZR 202/95 – juris, Rn. 11 f.; OLG Stuttgart, Urt. v. 28.9.2006 – 7 U 111/06 – juris, Rn. 16; OLG Düsseldorf, Urt. v. 16.11.2004 – I-4 U 57/04, 4 U 57/04 – juris, Rn. 4; Beckmann/Matusche-Beckmann/*Knappmann*, Versicherungsrechts-Handbuch, § 14, Rn. 111.

374 BGH, Urt. v. 30.9.1998 – IV ZR 248/97 – juris, Rn. 19 ff.

375 So Langheid/Rixecker/*Langheid*, VVG, § 21, Rn. 12; Staudinger/Halm/Wendt/*Pilse/Gramse*, Versicherungsrecht, § 21 VVG, Rn. 14; MünchKommVVG/*Muschner*, § 21, Rn. 40 ff.; Rüffer/Halbach/Schimikowski/*Schimikowski*, VVG, § 21, Rn. 12; Marlow/Spuhl/*Marlow*, Das neue VVG kompakt, Rn. 217.

376 So Prölss/Martin/*Armbrüster*, VVG, § 21, Rn. 17; *Kloth*, Private Unfallversicherung, Rn. D 40; *Lange*, r+s 2008, 56, 60; *Reusch*, VersR 2007, 1313, 1315.

377 *Lange*, r+s 2008, 56, 60.

378 *Reusch*, VersR 2007, 1313, 1315.

hat, sich durch das Nachschieben eines hinreichenden Grundes gegenüber einer erneuten Ausübung des Rechts einen ungerechtfertigten Vorteil in Bezug auf die Kündigung oder Vertragsanpassung verschaffen könnte[379]. Anders, als die Gegenansicht meint, stellt die Forderung der erneuten Ausübung des Gestaltungsrechtes daher keine bloße »Förmelei« dar. Die höchstrichterliche Klärung dieser Frage steht aber noch aus.

Für die **Anfechtung** gemäß den §§ 119 und 123 BGB gelten gemäß § 121 Abs. 2 und gemäß § 124 Abs. 3 BGB **Höchstfristen von 10 Jahren seit Abgabe der Willenserklärung.** 218

Bei fristgerechtem **Rücktritt** des Versicherers **nach Eintritt des Versicherungsfalls** bleibt dessen Verpflichtung zur Leistung gleichwohl bestehen, wenn sich die Anzeigepflichtverletzung auf einen Umstand bezieht, der weder für den Eintritt oder die Feststellung des Versicherungsfalles noch für die Feststellung oder den Umfang der Leistungspflicht des Versicherers ursächlich ist, § 21 Abs. 2 S. 1 VVG. Bei arglistiger Anzeigepflichtverletzung ist der Versicherer aber auch bei fehlender Kausalität leistungsfrei, § 21 Abs. 2 S. 2 VVG. 219

II. Vertragliche Obliegenheiten

Nach Vertragsabschluss treffen den Anwalt und den Notar erhebliche Informationspflichten, die als vertragliche Obliegenheiten ausgestaltet wurden. 220

1. Vor Eintritt des Versicherungsfalles

Gemäß § 11b II Nr. 1 der anwaltlichen Bedingungswerke ist der Anwalt verpflichtet, dem Versicherer auf Befragen unverzüglich alle nach Vertragsschluss eintretenden, die übernommene Gefahr erhöhenden Umstände mitzuteilen. Die gleiche Pflicht trifft die Notare nach ihren Bedingungswerken. Diese Mitteilungspflicht gilt sowohl für die vom Anwalt bzw. Notar als auch von Dritten mit Duldung des Versicherungsnehmers verursachte **Gefahrerhöhungen** i.S.d. § 23 VVG. Die Gefahrerhöhung setzt einen gewissen Dauerzustand voraus, der eine Änderung der objektiven Gefahrenlage nach Stellung des Versicherungsantrages zu Lasten des Versicherers mit sich bringen muss. Beweispflichtig für die Gefahrerhöhung und den Zeitpunkt des Versicherungsfalles ist der Versicherer[380]. Andererseits ist für ein mangelndes Verschulden des Versicherungsnehmers, für die rechtzeitige Erstattung der Anzeige, für die Kenntnis des Versicherers und für den Tatbestand des § 26 Abs. 3 VVG der Versicherungsnehmer beweispflichtig[381]. Besteht die Möglichkeit einer Mitursächlichkeit, hat der Versicherungsnehmer den Kausalitätsgegenbeweis nicht geführt[382]. 221

Gemäß den Bedingungswerken trifft den Versicherungsnehmer darüber hinaus die Obliegenheit, **Änderungen der Anschrift oder seines Namens** unverzüglich mitzuteilen. Ansonsten gelten an die letzte, dem Versicherer bekannte Anschrift gesandte Mitteilungen als rechtsverbindlich, § 11b III AVB-RSW. 222

2. Nach Eintritt des Versicherungsfalles

Nach Eintritt des Versicherungsfalles treffen den Anwalt sowie den Notar als Versicherungsnehmer und auch als versicherte Person **bedeutsame vertragliche Informationspflichten**: 223

Der Versicherungsnehmer ist verpflichtet, unter Beachtung der Weisungen des Versicherers nach Möglichkeit für die **Abwendung und Minderung des Schadens** zu sorgen und alles zu tun, was zur **Klarstellung des Schadensfalles** dient, sofern ihm dabei nichts Unbilliges zugemutet wird. Er hat 224

---

379 Prölss/Martin/*Armbrüster*, VVG, § 21, Rn. 17.

380 OLG Hamm, Urt. v. 17.12.1980 – 20 U 175/80 – VersR 1981, 922; Rüffer/Halbach/Schimikowski/*Karczewski*, VVG, § 23, Rn. 50.

381 OGH, Urt. v. 26.1.1978 – 7 Ob 1/78 – VersR 1980, 496; Rüffer/Halbach/Schimikowski/*Karczewski*, VVG, § 26, Rn. 19.

382 Rüffer/Halbach/Schimikowski/*Karczewski*, VVG, § 26, Rn. 21.

den Versicherer bei der Abwehr des Schadens sowie bei der Schadensermittlung und -regulierung zu unterstützen, ihm ausführliche und wahrheitsgemäße Schadensberichte zu erstatten, alle Tatumstände, welche auf den Schadenfall Bezug haben, mitzuteilen und alle nach Ansicht des Versicherers für die Beurteilung des Schadensfalles erheblichen Schriftstücke an den Versicherer zu übersenden.

a) Anzeige des Versicherungsfalles in Textform

225 Gemäß § 5 II Nr. 1.1 AVB-RSW ist dem Versicherer der Versicherungsfall »unverzüglich, spätestens innerhalb einer Woche«, in Textform anzuzeigen, also jeder Pflichtenverstoß des Anwalts oder Notars, der Haftpflichtansprüche gegen den Versicherungsnehmer zur Folge könnte. Hiergegen wird zu Recht eingewandt[383], dass die Klausel im Blick auf das an § 121 BGB anknüpfende Erfordernis der Unverzüglichkeit – also der Anzeige »ohne schuldhaftes Zögern« – zum Nachteil des Versicherungsnehmers von der nicht dispositiven Regelung in § 104 Abs. 1 VVG abweicht, wonach der Versicherungsnehmer eine Woche Zeit hat, den Versicherungsfall zu melden. Die Klausel dürfte daher gemäß § 307 Abs. 1, Abs. 2 Nr. 1 BGB unwirksam sein, so dass dem Versicherungsnehmer immer eine Woche Zeit bleibt, um den Versicherungsfall anzuzeigen. Zur Erfüllung dieser Obliegenheit genügt eine formularmäßige Beschreibung im Sinne einer Schadensanzeige, die es dem Versicherer ermöglicht, Ermittlungen zum Schaden aufzunehmen[384].

226 Diese Anzeigeobliegenheit setzt voraus, dass der Anwalt bzw. Notar positive Kenntnis davon hat, eine Pflichtverletzung begangen zu haben, die einen Schaden herbeigeführt hat oder herbeizuführen droht und aus der deshalb Haftpflichtansprüche geltend gemacht werden könnten[385]. Nicht erforderlich ist also, dass die Pflichtverletzung bereits zu einem Schaden geführt hat[386].

227 Im Hinblick auf die an die Verletzung der Anzeigeobliegenheit geknüpfte Rechtsfolge, nämlich die mögliche Leistungsfreiheit des Versicherers[387], muss vor Überlegungen des Inhaltes, angesichts eventuell drohender Prämienerhöhungen Schadensfälle erst zum Zeitpunkt des Schadenseintritts oder der Erhebung des Anspruches zu melden, dringend gewarnt werden.

228 **Sind Sozien bei verschiedenen Versicherern versichert, müssen** im Versicherungsfall **sämtliche Versicherer benachrichtigt werden**, sofern mit den Versicherern nicht ausdrücklich eine anderweitige Vereinbarung getroffen wurde.

229 Insbesondere bei möglichen Fristversäumnissen legen die Haftpflichtversicherer besonderen Wert darauf, unverzüglich informiert zu werden; denn nur im Falle unverzüglicher Benachrichtigung kann häufig der Versicherer seine bedeutende Erfahrung in die Schadensbearbeitung einfließen lassen. Das gilt insbesondere für die Schadensfälle, in denen die Wiedereinsetzung den vorigen Stand beantragt werden muss.

230 Soweit es für die Abwehr von Ansprüchen aus dem Mandat oder für die Verteidigung des Anwalts in eigener Sache erforderlich ist, entfällt gemäß § 2 Abs. 3 BORA die Verschwiegenheitspflicht des Anwalts gegenüber seinem Mandanten. Das gilt nicht nur für Informationen gegenüber dem Gericht im Falle eines Haftpflichtprozesses oder gegenüber dem anwaltlichen Vertreter des in Anspruch genommenen Anwaltes, sondern auch gegenüber dem Haftpflichtversicherer bzw. dessen Vertreter, nicht aber gegenüber einem Versicherungsmakler, da dessen Einschaltung für die Prüfung des Haftpflichtanspruches nicht erforderlich ist.

383 Staudinger/Halm/Wendt/*Klein*, Versicherungsrecht, § 5 AVB-RSW, Rn. 6.
384 Prölss/Martin/*Lücke*, VVG, § 104, Rn. 8.
385 Prölss/Martin/*Lücke*, VVG, § 104, Rn. 4.
386 Staudinger/Halm/Wendt/*Klein*, Versicherungsrecht, § 5 AVB-RSW, Rn. 5.
387 Eingehend dazu Rdn. 251 ff.

b) Anzeige der Geltendmachung des Anspruches

Darüber hinaus ist der Anwalt gemäß § 5 II Nr. 1.3 AVB-RSW bzw. der Notar gemäß § 5 II Nr. 3 AVB-N verpflichtet, der Versicherung die Erhebung des Anspruches durch den Geschädigten innerhalb einer Woche in Textform anzuzeigen. Schriftlichkeit wird auch hier nicht mehr gefordert. 231

Gleichzeitig erweist es sich regelmäßig als sachgerecht, dem Anspruchsteller mitzuteilen, dass die Angelegenheit vorsorglich der Haftpflichtversicherung – ohne dass damit ein Anerkenntnis verbunden sei – gemeldet wurde.

Für die Anzeigepflicht ist es unbeachtlich, ob der erhobene Anspruch begründet oder unbegründet ist. Des Weiteren setzt auch die Anspruchserhebung keine besondere Form voraus. Vielmehr beinhaltet jede auch nur konkludente Erklärung eine Geltendmachung, aus der sich ergibt, dass eine Ersatzleistung gefordert werden könnte[388]. Von einer Geltendmachung kann allerdings noch keine Rede sein, wenn der Versicherungsnehmer oder die versicherte Person von nicht in Vollmacht des Geschädigten handelnden Personen darauf hingewiesen werden, es sei mit der Erhebung von Ansprüchen zu rechnen. 232

c) Anerkenntnisverbote

§ 5 III Nr. 2 der älteren Bedingungswerke normierte ausdrücklich, dass der Anwalt nicht berechtigt ist, ohne vorherige Zustimmung des Versicherers einen Haftpflichtanspruch ganz oder zum Teil anzuerkennen, zu vergleichen oder zu befriedigen. Demgegenüber regelt § 3 III Nr. 1.2 der aktuellen Bedingungen, dass eine Bindungswirkung gegenüber dem Versicherer nur dann eintritt, wenn der Haftpflichtanspruch auch ohne das Anerkenntnis oder den Vergleich bestanden hätte. Dies trägt der zum 1.1.2008 neu in das VVG eingeführten Regelung in § 105 VVG Rechnung, die **Anerkenntnisverbote** für **unzulässig** erklärt. Gemäß § 112 VVG kann hiervon nicht zum Nachteil des Versicherungsnehmers abgewichen werden, so dass die in älteren Bedingungswerken enthaltenen Anerkenntnisverbote unwirksam sind. 233

Allerdings wird durch ein Anerkenntnis des Versicherungsnehmers das Vorliegen eines Schadensfalls nicht bindend geregelt, sondern in den Deckungsprozess zwischen Versicherungsnehmer und Versicherer verlagert[389]. Dadurch steht dem Anwalt der Anspruchsteller als Zeuge zur Verfügung, während er als Partei im Haftpflichtprozess gegen den Anwalt diese Rolle nicht hätte einnehmen können[390]. 234

d) Gerichtliche Geltendmachung, PKH-Antrag, Streitverkündung, Einleitung eines Ermittlungsverfahrens bzw. Erlass von Strafbefehlen oder Mahnbescheiden

Während nach § 5 II Nr. 1.2 AVB-RSW 2008[391] nur die Einleitung eines Ermittlungsverfahrens und der Erlass von Strafbefehlen oder Mahnbescheiden anzuzeigen war, statuiert § 5 II Nr. 1.2 der aktuellen Bedingungswerke wesentlich weiter gehende Obliegenheiten. Unverzüglich anzuzeigen sind danach nämlich auch die gerichtliche Geltendmachung von Ansprüchen, die Beantragung von Prozesskostenhilfe aber auch die Streitverkündung, die Einleitung eines Schlichtungsverfahrens vor der Schlichtungsstelle der Rechtsanwaltschaft, ein Arrest oder eine einstweilige Verfügung und ein selbständiges Beweisverfahren, und zwar auch dann, wenn der Versicherungsnehmer den Versicherungsfall selbst bereits angezeigt hat. Die weitergehenden Obliegenheiten sind allerdings nicht neu; in den AVB-RSW 2008 fanden sie sich in II Nr. 1.4. 235

Hier wird eine Anzeigepflicht nicht nur für den Fall statuiert, dass gegen den Anwalt oder Notar ein Ermittlungsverfahren eingeleitet bzw. ein Strafbefehl oder ein Mahnbescheid erlassen wird. Die 236

388 Späte/Schimikowski/*Diller*, AHB, § 5 AVB-V, Rn. 33.
389 *Diller*, AVB-RSW, § 3, Rn. 48.
390 *Chab*, AnwBl 2008, 63.
391 Vgl. den Abdruck bei *Diller*, AVB-RSW, 1. Auflage, § 5.

vereinbarte Anzeigepflicht bezieht sich vielmehr auf jedes Ermittlungsverfahren bzw. den Erlass jedes Strafbefehls oder Mahnbescheides, der mit dem Versicherungsfall im Zusammenhang steht. Das ergibt sich aus dem räumlichen und sprachlichen Zusammenhang mit der Regelung in § 5 II Nr. 1.1 AVB-RSW zur Anzeige des Versicherungsfalles. Außerdem bestätigt auch § 5 II Nr. 1.3 AVB-RSW diese Auslegung, da dort von der Erhebung des Anspruches gegenüber dem Versicherungsnehmer die Rede ist, die eine gesonderte Anzeigepflicht auslöst.

237 Der Begriff des Ermittlungsverfahrens umfasst auf jeden Fall das staatsanwaltschaftliche Ermittlungsverfahren. Zweifelhaft ist, ob auch Ermittlungsverfahren vor staatlich anerkannten Disziplinargerichten, also z.B. vor dem Anwaltsgerichtshof, von denen der Anwalt bzw. der Notar Kenntnis erlangt, anzeigepflichtig sind. In Anbetracht des veritablen Interesses des Versicherers, später nicht mit der Präjudizwirkung solcher Verfahren konfrontiert zu werden, muss eine Anzeigepflicht auch für solche Ermittlungsverfahren bejaht werden[392].

238 *(Nicht vergeben)*

239 Der Anwalt bzw. Notar hat außerdem gegen Mahnbescheide oder Verfügungen von Verwaltungsbehörden auf Schadensersatz fristgemäß Widerspruch zu erheben und die erforderlichen Rechtsbehelfe zu ergreifen, ohne Weisungen des Versicherers abzuwarten, § 5 II Nr. 1.2 der aktuellen Bedingungswerke.

240 *(Nicht vergeben)*

241 Unter Berücksichtigung des Interesses des Versicherers, dem erhobenen Anspruch möglichst bald entgegentreten zu können, um eine Präjudizwirkung zu vermeiden, wird man auch beim Arrest und bei der einstweiligen Verfügung bereits die Antragstellung und nicht erst deren Erlass als die Anzeigepflicht auslösend verstehen müssen, sobald der Versicherungsnehmer davon Kenntnis erlangt hat.

e) Wahrung der Anzeigepflichten

242 Gemäß § 5 II Nr. 1.4 der Bedingungswerke werden die Fristen durch die Absendung der Anzeige gewahrt. Für den Zugang der Anzeige übernimmt der Anwalt bzw. der Notar keine Garantie. Geht die Anzeige auf dem Postwege verloren, ist der Versicherer für die Nichtabsendung der Anzeige beweispflichtig, da er die objektive Obliegenheitsverletzung beweisen muss.

243 Üblicherweise verlangen die Bedingungen in § 11 die Beachtung der Textform[393]. Daher steht die objektive Obliegenheitsverletzung fest, wenn der Anwalt bzw. der Notar den Versicherungsfall nur mündlich anzeigt. Bietet der Versicherer eine Service-Hotline zur telefonischen Schadensanzeige an[394], ist die Behauptung des Versicherungsnehmers, er habe einen Versicherungsvertreter mündlich benachrichtigt, jedoch keineswegs unbeachtlich; denn durch die Benachrichtigung des Versicherungsvertreters hat der Versicherer jedenfalls anderweitig über den Eintritt des Versicherungsfalles Kenntnis erlangt, so dass die Obliegenheitsverletzung formal unschädlich ist und eine Leistungsfreiheit gemäß § 30 Abs. 2 VVG nicht zu begründen vermag. Ohnehin erscheint fraglich, ob die Klausel eine Anzeige gegenüber dem Versicherungsvertreter überhaupt wirksam beschränken kann, worauf an anderer Stelle eingegangen wird[395].

244 *(Nicht vergeben)*

245 Gemäß § 11 AVB-RSW sind die Anzeigen regelmäßig an die im Versicherungsschein bzw. dessen Nachträgen als zuständig bezeichnete Geschäftsstelle zu richten.

392 A.A. Späte/Schimikowski/*Diller*, AHB, § 5 AVB-V, Rn. 29.

393 So die Formulierung »sind in Textform abzugeben«; zu abweichenden Regelungen unten Rdn. 246.

394 Vgl. dazu *Rüther*, NVersZ 2001, 241, 244.

395 Dazu unten Rdn. 265.

246 Teilweise werden in den Bedingungen sowohl im Blick auf die Einhaltung der Textform als auch in Bezug auf den Adressaten der Anzeige weniger deutliche Vorgaben gemacht. So lautet etwa § 11 der AVB-RSW 2011 der Allianz wie folgt[396]:

»Alle für den Versicherer bestimmten Anzeigen und Erklärungen sollen auch dann in Text- oder Schriftform erfolgen, wenn eine solche Form weder im Gesetz noch im Versicherungsvertrag vorgesehen ist, und an die Allianz Versicherungs-AG, 10900 Berlin gerichtet werden.«

Diese Formulierung macht durch den Gebrauch des Wortes »sollen« deutlich, dass hier nur ein Wunsch oder eine Zielsetzung artikuliert wird, dessen bzw. deren Nichteinhaltung nicht als Obliegenheitsverletzung angesehen werden kann.

f) Schadensabwendungs- und -minderungsobliegenheit

247 Darüber hinaus wird der **Versicherungsnehmer** gemäß § 5 II Nr. 2.1 und 2.2 AVB-RSW **verpflichtet**, unter Beachtung der Weisungen des Versicherers **nach Möglichkeit für die Abwendung und Minderung des Schadens zu sorgen und alles zu tun, was zur Klarstellung des Schadensfalles dient**, sofern ihm dabei nichts Unbilliges zugemutet wird. **Er hat den Versicherer bei der Abwehr des Schadens sowie bei der Schadensermittlung und -regulierung zu unterstützen, ihm ausführliche und wahrheitsgemäße Schadensberichte zu erstatten, alle Tatumstände, welche auf den Schadensfall Bezug haben, mitzuteilen und alle nach Ansicht des Versicherers für die Beurteilung des Schadensfalles erheblichen Schriftstücke einzusenden.** Dem Versicherungsnehmer wird damit die Obliegenheit auferlegt, die in der konkreten Situation möglichen und zumutbaren Schadensabwendungs- und Schadensverhinderungsmaßnahmen unverzüglich und mit der im Verkehr erforderlichen Sorgfalt zu ergreifen und sich so zu verhalten, als wenn er nicht versichert wäre[397]. Auf diese Weise soll der Versicherer in die Lage versetzt werden, sachgemäße Entscheidungen über die Behandlung des Versicherungsfalles zu treffen. Diese Aufklärungsobliegenheit fordert selbstverständlich auch die Mitteilung für den Anwalt bzw. den Notar ungünstiger Tatsachen.

248 Das Korrelat zu dieser Auskunftsobliegenheit stellt die **Verschwiegenheitspflicht des Versicherers** dar. Der Versicherer darf strafrechtlich relevante Angaben den Strafverfolgungsbehörden nicht mitteilen und diesen auch erhaltene Unterlagen nicht zur Verfügung stellen[398]. Die Verschwiegenheitspflicht schließt allerdings eine Beschlagnahme von Schadensakten des Versicherers im Strafverfahren unter den Voraussetzungen des § 94 StPO nicht aus. Auch steht dem Versicherer im Strafverfahren – anders als im Zivilverfahren – kein Zeugnisverweigerungsrecht zu[399].

249 Ergänzt wird die Aufklärungsobliegenheit durch die Unterstützungsobliegenheit, die die Verpflichtung des Anwalts bzw. Notars begründet, Fragen des Haftpflichtversicherers wahrheitsgemäß zu beantworten. **Während sich der Versicherungsnehmer bei der Erfüllung einer Anzeigeobliegenheit auf die Wiedergabe seines präsenten Wissens beschränken kann, impliziert die Auskunftsobliegenheit auch die Verpflichtung, sich ggf. anderweitig zu erkundigen**[400].

250 Diese Auskünfte können auch gegenüber einem Versicherungsvertreter erteilt werden, da der Vertreter gemäß § 69 Abs. 1 Nr. 2 VVG bevollmächtigt ist, auch sonstige das Versicherungsverhältnis betreffende Erklärungen entgegenzunehmen[401].

---

396 Vgl. Staudinger/Halm/Wendt/*Klein*, Versicherungsrecht, 5 AVB-RSW.

397 BGH, Urt. v. 7.12.1967 – II ZR 24/65 – juris, Rn. 11.

398 Späte/Schimikowski/*Diller*, AHB, § 5 AVB-V, Rn. 54.

399 *Mohr*, VersR 1953, 7 ff.

400 BGH, Urt. v. 21.4.1993 – IV ZR 34/92 – juris, Rn. 20.

401 Rüffer/Halbach/Schimikowski/*Münkel*, VVG, § 69, Rn. 34. So zum alten Recht auch *Rüther*, NVersZ 2001, 245 sowie OLG Hamm, Beschl. v. 22.12.2000 – 20 W 16/00 – juris, Rn. 10.

3. Obliegenheitsverletzungen und Voraussetzungen der Leistungsfreiheit des Versicherers

251 § 6 der Bedingungswerke erläutert die Voraussetzungen der Leistungsfreiheit nach Maßgabe des § 28 VVG. **Bedingungen in Altverträgen, denen § 6 VVG a.F. zugrunde lag, sind seit dem 1.1.2009 unwirksam, soweit eine Anpassung nicht erfolgt ist, da die Neuregelung gemäß § 32 VVG zwingendes Recht darstellt.** Ist daher eine Bedingungsanpassung nicht erfolgt, bleiben Obliegenheitsverletzungen wegen des Verbots der geltungserhaltenden Reduktion folgenlos[402]. Die form- und fristgerechte Anpassung alter Bedingungen sollte bei Altverträgen im Streitfall daher vorrangig geprüft werden. Die Neuregelung der Rechtsfolgen der Verletzung vertraglicher Obliegenheiten mit der Aufgabe des Alles-oder-Nichts-Prinzips und Einführung einer Quotenregelung war eines der Kernstücke der VVG-Reform[403].

a) Grundzüge der Quotenregelung

252 Zu einer vollständigen oder teilweisen Leistungsfreiheit des Versicherers kann eine Obliegenheitsverletzung nur dann führen, wenn dies einerseits im Versicherungsvertrag klar und unmissverständlich vereinbart wurde und wenn sie andererseits **schuldhaft** erfolgte. **Vollständige Leistungsfreiheit des Versicherers erfordert** nach § 28 Abs. 2 S. 1 VVG **grundsätzlich**, dass der Versicherungsnehmer die Obliegenheit mit **Vorsatz** verletzt hat. Entgegen der früheren Regelung wird bei objektiver Tatbestandsverwirklichung der Vorsatz jedoch nicht mehr vermutet, sondern der **Vorsatz ist vom Versicherer zu beweisen**[404].

253 **Bei lediglich einfach fahrlässigen Obliegenheitsverletzungen bleibt der Versicherer hingegen zur Leistung in vollem Umfang verpflichtet**[405].

254 **Erfolgt die Obliegenheitsverletzung grob fahrlässig, so besteht ein Leistungskürzungsrecht des Versicherers** in einem der Schwere des Verschuldens des Versicherungsnehmers entsprechenden Umfang, wobei die Beweislast für das Nichtvorliegen einer groben Fahrlässigkeit beim Versicherungsnehmer liegt, § 28 Abs. 2 S. 2 Hs. 2 VVG. **Grobe Fahrlässigkeit wird** also **gesetzlich vermutet.**

255 Zur Leistungsfreiheit können ferner grundsätzlich nur noch solche Verstöße führen, die kausal für den Eintritt oder die Feststellung des Versicherungsfalls oder den Umfang der Leistung des Versicherers sind, § 28 Abs. 3 S. 1 VVG. Diese Einschränkung gilt für alle Fälle der Obliegenheitsverletzung. **Nur Arglist führt** ausnahmsweise, **auch wenn sie nicht kausal geworden ist, zur Leistungsfreiheit**, § 28 Abs. 3 S. 2 VVG. **Die gesetzlich notwendige Kausalität wird vermutet**. Führt der Versicherungsnehmer den Kausalitätsgegenbeweis, bleibt dem Versicherer mithin nur noch der Einwand der Arglist.

256 Die **Kündigung** des Versicherungsvertrages kommt nur noch bei grob fährlässiger oder vorsätzlicher Verletzung von vor Eintritt des Versicherungsfalls zu erfüllenden Obliegenheiten in Betracht, § 28 Abs. 1 VVG. Die Kündigung führt nicht zur Leistungsfreiheit und ist auch **nicht mehr Voraussetzung für die Berufung auf die Leistungsfreiheit**[406]. Die Beweislast für das Fehlen von Vorsatz oder grober Fahrlässigkeit liegt im Falle der Kündigung beim Versicherungsnehmer. Dies kann in der Praxis dazu führen, dass das Gericht bei einem non liquet in der Verschuldensfrage hinsichtlich der Kündigung von Vorsatz und hinsichtlich der Leistungsfreiheit nur von grob fahrlässiger Verletzung der Obliegenheit auszugehen hat.

---

402 BGH, Urt. v. 12.10.2011 – IV ZR 199/10 – juris, Rn. 34; Rüffer/Halbach/Schimikowski/*Muschner*, VVG, Art. 1 EGVVG, Rn. 27 ff.

403 *Felsch*, r+s 2007, 485, 490.

404 Rüffer/Halbach/Schimikowski/*Felsch*, VVG, § 28, Rn. 159; *Heß/Burmann*, NZV 2009, 7, 8.

405 Begr. RegE, BT-Drs. 16/3945, S. 49.

406 Anders noch § 6 Abs. 1 S. 2 VVG a.F.

b) Rechtswidrigkeitszusammenhang

Des Weiteren muss der **Rechtswidrigkeitszusammenhang** bejaht werden können, es muss also die eingetretene Schadensfolge zu denjenigen zählen, denen die Obliegenheit vorbeugen soll[407]. 257

c) Relevanzrechtsprechung gegenstandslos

Für den Bereich der vorsätzlichen und folgenlosen Obliegenheitsverletzungen hatte der BGH zur Vermeidung unzumutbarer Härten durch Richterrecht als zusätzliche Voraussetzung für die Leistungsfreiheit des Versicherers ein gesteigertes Maß an Verschulden des Versicherungsnehmers sowie die generelle Eignung seines Verstoßes zur Beeinträchtigung der Interessen des Versicherers aufgestellt (so genannte **Relevanzrechtsprechung**)[408]. Diese Rechtsprechung ist durch die Neuregelung des § 28 VVG **gegenstandslos geworden**[409]. 258

d) Belehrungspflicht

Darüber hinaus muss, sofern eine **Auskunfts- oder Aufklärungsobliegenheit** verletzt wurde und diese folgenlos geblieben ist, der Anwalt für den Eintritt der vollständigen oder teilweisen Leistungsfreiheit durch gesonderte Mitteilung in Textform auf diese Rechtsfolge hingewiesen worden sein, § 28 Abs. 4 VVG. Damit hat der Gesetzgeber das bereits nach altem Recht von der Rechtsprechung geforderte Belehrungserfordernis in das Gesetz übernommen[410]. 259

Bei **Arglist** bedarf es nach dem ausdrücklichen Willen des Gesetzgebers, der im Gesetzeswortlaut leider keinen Niederschlag gefunden hat, keiner Belehrung[411]. Dies entspricht der Rechtsprechung zur alten Rechtslage[412]. 260

e) Quotenbildung

Eine **Quotenbildung** erfolgt demnach, wenn kumulativ 261

- der Versicherer eine objektive Obliegenheitsverletzung bewiesen hat, nicht jedoch den Vorsatz oder gar Arglist des Versicherungsnehmers,
- der Versicherungsnehmer die gegen ihn sprechende Vermutung der groben Fahrlässigkeit bzgl. der Obliegenheitsverletzung und die Kausalitätsvermutung nicht entkräftet hat,
- der Versicherer seinen Belehrungspflichten ordnungsgemäß nachgekommen ist und
- ein Rechtswidrigkeitszusammenhang besteht.

Wie die Quote im Einzelfall zu bilden ist, ist noch nicht abschließend geklärt, da hiermit in Zusammenhang stehende grundsätzliche Fragen bisher kaum an den BGH herangetragen worden sind. In der Regierungsbegründung[413] heißt es hierzu lediglich:

> »Für das Ausmaß der Leistungsfreiheit des Versicherers ist entscheidend, ob die grobe Fahrlässigkeit im konkreten Fall nahe beim bedingten Vorsatz oder aber im Grenzbereich zur einfachen Fahrlässigkeit liegt«.

Danach gilt, dass ein dem Vorsatz nahe kommendes Maß an grober Fahrlässigkeit zu einer hohen Kürzung und ein Verschulden, das noch im Grenzbereich zur leichten Fahrlässigkeit liegt, allenfalls eine geringfügige Leistungskürzung nach sich zieht[414]. In der Literatur werden zur Quotenbildung differenzierte Lösungsansätze angeboten, die an dieser Stelle nicht in aller Tiefe erörtert

407 BGH, Urt. v. 14.10.1971 – VII ZR 313/69 – juris, Rn. 32; Rüffer/Halbach/Schimikowski/*Felsch*, VVG, § 28, Rn. 46 ff. Diese Voraussetzung wird aus der Lehre vom Schutzbereich der Norm abgeleitet.
408 Vgl. zur Relevanzrechtsprechung etwa Prölss/Martin/*Prölss*, VVG, 27. Auflage, § 6, Rn. 101.
409 Rüffer/Halbach/Schimikowski/*Felsch*, VVG, § 28, Rn. 56.
410 Begr. RegE. BT-Drs. 16/3945, S. 69.
411 Begr. RegE, BT-Drs. 16/3945, S. 69; BGH, Urt. v. 12.3.2014 – IV ZR 306/13 – juris, Rn. 17.
412 OLG Hamm, Urt. v. 9.10.1991 – 20 U 85/91 – juris, Rn. 14.
413 Begr. RegE, BT-Drs. 16/3945, S. 69.
414 *Heß/Burmann*, NZV 2009, 7, 8.

werden können. Das Schrifttum geht zum Teil[415] nach dem so genannten Mittelwert-Modell davon aus, dass die gesetzlich vermutete grobe Fahrlässigkeit eine solche »mittlerer Art und Güte« ist und folglich eine Kürzung im Bereich von 50 % rechtfertigt; für Umstände die eine geringere Kürzung ergeben sollen, ist danach der Versicherungsnehmer und für solche, die einen höheren Abzug rechtfertigen sollen, der Versicherer beweispflichtig. Damit lassen sich zumindest für den Bereich der Obliegenheitsverletzungen in der Praxis sachgerechte Ergebnisse erzielen[416]. Kritiker des Mittelwert-Modells halten diesem jedoch insbesondere entgegen, dass die Vermutung mittlerer grober Fahrlässigkeit der in der amtlichen Begründung zum Regierungsentwurf gegebenen Erläuterung widerspreche, wonach der Versicherer die Beweislast auch für das Maß der groben Fahrlässigkeit trage[417]. Trotz der Praktikabilität des Mittelwert-Modells spricht daher vieles dafür, dass nicht von einem »festen« oder auch nur »regelmäßigem« Einstiegswert auszugehen, sondern die **Kürzungsquote individuell unter Würdigung aller relevanten Umstände für den jeweiligen Einzelfall** zu ermitteln ist; denn der Wegfall des Alles-oder-nichts-Prinzips sollte gerade eine größere Einzelfallgerechtigkeit ermöglichen. Entsprechend verfährt bisher auch der überwiegende Teil der Rechtsprechung[418]. In die Quotenbildung können sowohl objektive (drohende und vorhersehbare Schadenshöhe, zeitliche Dauer des Pflichtverstoßes, Erkennbarkeit der Pflichtwidrigkeit, etc.) als auch subjektive (Vorsatznähe, Motivation, Augenblicksversagen, etc.) Umstände einfließen[419].

262 Eine Scheingenauigkeit durch Bildung **allzu feiner Quotelungsstufen** sollte vermieden werden. Die bisherige Gerichtspraxis bildet »greifbare« Quoten in 10 %-, 20 %- oder 25 %-Stufen[420]. **In Ausnahmefällen** kann das Gewicht der groben Fahrlässigkeit auch als so schwer bewertet werden, dass eine **Kürzung der Leistung des Versicherers auf Null** gerechtfertigt ist[421].

f) Wissenszurechnung und Empfangsvollmacht des Versicherungsvertreters

263 Hat der Versicherer im Rahmen der Vertragsanbahnung oder während der Laufzeit des Vertrages einen Versicherungsvertreter eingeschaltet, ergeben sich Obliegenheitsverletzungen nicht ohne Weiteres aus schriftlichen oder im Antrag bzw. der Schadensanzeige nicht enthaltenen Angaben des Versicherungsnehmers. Alles was der Versicherungsvertreter während der Laufzeit des Vertrages dienstlich erfährt, muss sich der Versicherer zurechnen lassen. Die frühere »**Auge-und-Ohr-Rechtsprechung**«[422] hat der Gesetzgeber mit § 70 VVG im Zuge der VVG-Reform in das Gesetz übernommen[423]. Die ältere Rechtsprechung bleibt daher anwendbar. § 70 VVG gilt für alle Fälle,

---

415 Rüffer/Halbach/Schimikowski/*Felsch*, VVG, § 28, Rn. 178 ff.; *Felsch*, r+s 2007, 485 f.; *Knappmann*, ZAP, Fach 10, 361 ff.; *Langheid*, NJW 2007, 3665, 3669 f.; *Meixner/Steinbeck*, Allgemeines Versicherungsvertragsrecht, § 6, Rn. 140; *Unberath*, NZV 2008, 537, 541 f.; *Weidner/Schuster*, r+s 2007, 363, 364. Kritisch dazu: Bruck/Möller/*Heiß*, VVG, § 28, Rn. 192; *Heß/Burmann*, NZV 2009, 7 ff.; Beckmann/Matusche-Beckmann/*Marlow*, Versicherungsrechts-Handbuch, § 13, Rn. 98 ff.; *Pohlmann*, VersR 2008, 437 ff.; *Stahl*, NZV 2009, 265 ff.

416 Ob dies auch für den Bereich der grob fahrlässigen Herbeiführung des Versicherungsfalls gemäß § 81 VVG gilt, wird teilweise mit der Begründung bezweifelt, dass den objektiven Sorgfaltsverstößen unterschiedliches Gewicht zukommen kann, weil es beispielsweise einen Unterschied mache, ob das versicherte Fahrzeug verunfalle, weil der Fahrer einem Fuchs ausweiche oder weil er stark alkoholisiert von der Fahrbahn abkomme, *Heß/Burmann*, NZV 2009, 7, 8 und *Stahl*, NZV 2009, 265, 269.

417 Vgl. nur Prölss/Martin/*Armbrüster*, VVG, § 28, Rn. 238 und Staudinger/Halm/Wendt/*Nugel*, Versicherungsrecht, § 28, Rn. 85 jeweils m.w.N.

418 Vgl. Nachweise bei Rüffer/Halbach/Schimikowski/*Felsch*, VVG, § 28, Rn. 181.

419 Staudinger/Halm/Wendt/*Nugel*, Versicherungsrecht, § 28, Rn. 118 ff.

420 Vgl. MünchKommVVG/*Wandt*, § 28, Rn. 240 und Staudinger/Halm/Wendt/*Nugel*, Versicherungsrecht, § 28, Rn. 87 m.w.N.; grundlegend dazu auch *Felsch*, r+s 2007, 485, 492; *Heß/Burmann*, NZV 2009, 7, 8; *Stahl*, NZV 2009, 265, 269; *Rixecker*, ZfS 2007, 15, 16.

421 BGH, Urt. v. 11.1.2012 – IV ZR 251/10 – juris, Rn. 13 und Urt. v. 22.6.2011 – IV ZR 225/10 – juris, Rn. 23.

422 Vgl. nur BGH, Urt. v. 3.7.2002 – IV ZR 145/01 – juris, Rn. 30 f.; Urt. v. 11.11.1987 – IVa ZR 240/86 – juris, Rn. 35.

423 Begr. RegE, BT-Drs. 16/3945, S. 77.

in denen das VVG nachteilige Rechtsfolgen an die Kenntnis des Versicherers von vertragsrelevanten Umständen knüpft[424]. Die Regelung bewirkt eine Beweislastumkehr zu Lasten der Versicherer, so dass dann nicht allein maßgebend ist, was z.B. der Versicherungsnehmer in der Schadensanzeige erklärt hat; denn die dortigen Angaben beweisen weder, was der Versicherungsnehmer gefragt wurde, noch was er gesagt hat. Der Versicherer muss deshalb in diesen Fällen Behauptungen seines Versicherungsnehmers widerlegen, er sei anders als schriftlich niedergelegt gefragt worden, er habe mehr angegeben als aufgenommen wurde[425] bzw. was er gesagt habe, sei anders aufgenommen worden[426].

Davon zu trennen ist die Frage der **Empfangsvollmacht** des Versicherungsvertreters gemäß § 69 Abs. 1 VVG. Bei der Empfangsvertretung wird die bloße Tatsache des Empfangs einer Erklärung zugerechnet[427]. Während die formularmäßige Beschränkung der Empfangsvollmacht durch Allgemeine Versicherungsbedingungen gemäß § 72 VVG gegenüber dem Versicherungsnehmer und Dritten unwirksam ist[428], bestehen gegen eine individuelle Beschränkung der Vertretungsmacht des Versicherungsvertreters keine Bedenken, da in diesem Fall sichergestellt ist, dass der Versicherungsnehmer von der Beschränkung Kenntnis erhält[429]. 264

Die Wirksamkeit der in § 11 der meisten[430] Bedingungswerke enthaltenen Bestimmung, dass alle für den Versicherer bestimmten Anzeigen und Erklärungen in Text- oder Schriftform abzugeben und an die im Versicherungsschein oder in dessen Nachträgen als zuständig bezeichnete Geschäftsstelle zu richten sind, ist zumindest zweifelhaft; denn darin könnte eine wegen § 72 VVG unwirksame Beschränkung der Empfangsvollmacht des Versicherungsvertreters liegen. Nach der Gesetzesbegründung soll als Beschränkung der Empfangsvollmacht auch eine Klausel gelten, die für Erklärungen gegenüber dem Versicherungsvertreter Schrift- oder Textform verlangt[431]. Nicht ausgeschlossen sind danach andererseits Klauseln, wonach bestimmte Willenserklärungen oder Anzeigen des Versicherungsnehmers gegenüber dem Versicherer, z.B. die Änderung eines Bezugsrechts oder die Anzeige einer Abtretung, der Schriftform bedürfen. Was gilt, wenn Erklärungen, die für den Versicherer bestimmt sind, gegenüber dem Versicherungsvertreter abgegeben werden, bleibt danach jedoch offen. Der schon zum alten Recht bestehende Streit, ob Schriftformklauseln einen die Empfangsvollmacht beschränkenden Inhalt haben[432], wird hierdurch möglicherweise neu belebt. 265

g) Eingeschränkte Zurechnung von Obliegenheitsverletzungen Dritter

Außerdem können Obliegenheitsverletzungen, die ein Dritter und nicht der Anwalt oder Notar als Versicherungsnehmer begangen hat, nach gefestigter Rechtsprechung nicht über § 278 BGB zugerechnet werden. Eine **Zurechnung** erfolgt vielmehr **nur** dann, **wenn der Dritte Repräsentant**[433], **Wissenserklärungsvertreter**[434] **oder Wissensvertreter**[435] **ist**[436]. 266

424 Solche so genannten Wissensnormen finden sich z.B. in §§ 19 Abs. 5 S. 2, 26 Abs. 2 S. 1, 30 Abs. 2 und 97 Abs. 2 VVG.

425 OLG Oldenburg, Urt. v. 16.4.1997 – 2 U 35/97 – VersR 1997, 1082.

426 BGH, Urt. v. 11.11.1987 – IVa ZR 240/86 – juris, Rn. 29.

427 Rüffer/Halbach/Schimikowski/*Münkel*, VVG, § 69, Rn. 17.

428 § 47 VVG a.F. machte die Wirksamkeit einer Vollmachtsbeschränkung von der Kenntnis oder grob fahrlässigen Unkenntnis des Versicherungsnehmers hiervon abhängig. Vgl. hierzu *Terbille* in Rn. 2126 ff. der 7. Auflage.

429 Rüffer/Halbach/Schimikowski/*Münkel*, VVG, § 72, Rn. 9.

430 Zu den Ausnahmen vgl. Rdn. 246.

431 Begr. RegE, BT-Drs. 16/3945, S. 78.

432 Vgl. die umfassende Darstellung m.w.N. bei Rüffer/Halbach/Schimikowski/*Münkel*, VVG, § 72, Rn. 12 ff., der davon ausgeht, dass Schriftformklauseln nicht verhindern können, dass auch mündliche Anzeigen gegenüber dem Versicherungsvertreter Wirksamkeit entfalten.

433 BGH, Urt. v. 21.4.1993 – IV ZR 34/92 – juris, Rn. 23.

434 BGH, Urt. v. 2.6.1993 – IV ZR 72/92 – juris, Rn. 11.

435 Siehe dazu Langheid/Rixecker/*Rixecker*, VVG, § 28, Rn. 55 f.

436 Vgl. Höra/*Steinbeck*/*Terno*, Anwaltshandbuch Versicherungsrecht, § 2, Rn. 344.

h) Fälle des § 242 BGB und Verzicht

267 Nach der Rechtsprechung kann sich die Berufung auf die Leistungsfreiheit unter ganz besonderen Umständen als **unzulässige Rechtsausübung** darstellen und gegen § 242 BGB verstoßen, wenn der Verlust des Versicherungsschutzes für den Versicherungsnehmer eine **übermäßige Härte** darstellt, wobei es entscheidend auf das Maß des Verschuldens und auf die Folgen, welche dem Versicherungsnehmer bei Wegfall des Versicherungsschutzes drohen, ankommen soll[437]. Namentlich kommt dies bei existenzbedrohenden Folgen in Betracht[438]. Der Anwendungsbereich derartiger Ausnahmefälle dürfte durch den Wegfall des Alles-oder-Nichts-Prinzips erheblich eingeschränkt sein. Der vollständige Verlust des Versicherungsanspruchs droht dem Versicherungsnehmer grundsätzlich nur noch bei Vorsatz, wohingegen das Verschuldensausmaß bereits bei der Quotenbildung[439] angemessen zu berücksichtigen ist und im Rahmen der Prüfung einer unzulässigen Rechtsausübung künftig keine Rolle mehr spielen kann, weil dies zu einer doppelten Berücksichtigung führen würde. Es sind jedoch Fälle vorstellbar, in denen der vollständige Verlust des Versicherungsanspruchs unangemessen erschiene, weil etwa die vorsätzliche Täuschung lediglich einen geringen Teil des Schadens betrifft[440]. Andererseits haben die wirtschaftlichen Verhältnisse des Versicherungsnehmers bei der Quotenbildung außer Betracht zu bleiben, da diese mit dem Verschuldensgrad in aller Regel[441] nichts zu tun haben. Daher mag auch nach neuem Recht eine besondere wirtschaftliche Härte im Einzelfall über den Grundsatz von Treu und Glauben ausgeglichen werden können[442].

268 Ebenso hat die Rechtsprechung auch den Zeitraum begrenzt, in dem Obliegenheitsverletzungen des Versicherungsnehmers zu einer Beschränkung der Leistungspflicht führen können. **Maßgebliche zeitliche Grenze ist** insoweit einerseits **die Ablehnung** der **Leistungspflicht** durch den Versicherer[443]. Das bedeutet, dass ein Verhalten des Versicherungsnehmers nach Leistungsablehnung des Versicherers nicht mehr als Obliegenheitsverletzung gewertet werden darf, solange der Versicherer nicht deutlich macht, erneut in eine Prüfung seiner Leistungspflicht eintreten zu wollen. Andererseits kann auch eine zu **späte Geltendmachung** einer klar auf der Hand liegenden Obliegenheitsverletzung als rechtsmissbräuchlich zu bezeichnen sein[444].

269 Auch kann sich der Versicherer auf die Leistungsfreiheit nicht berufen, wenn er entweder seine **Leistungspflicht** bereits **anerkannt** hat[445] **oder auf** die Geltendmachung der **Leistungsfreiheit verzichtet**[446] hat. Grundsätzlich ist ein Verzicht auch konkludent möglich. Gerade dann, wenn ein **stillschweigender Verzicht** angenommen werden soll, erfordert dies allerdings ein Verhalten, aus dem unzweideutig der Wille entnommen werden kann, die günstige Rechtsposition aufzugeben[447]. Es müssen dann zum Schweigen ganz besondere Umstände hinzutreten, denen der Erklärungsgegner einen solchen Aufgabewillen entnehmen kann. Regelmäßig wird die Annahme eines stillschweigenden Verzichts schon dann ausscheiden, wenn kein nachvollziehbares Motiv dafür zu erkennen ist[448].

---

437 BGH, Urt. v. 2.10.1985 – IVa ZR 18/84 – juris, Rn. 24.

438 BGH, Urt. v. 29.5.1985 – IVa ZR 259/83 – juris, Rn. 12.

439 Dazu oben Rdn. 261.

440 BGH, Urt. v. 12.5.1993 – IV ZR 120/92 – juris, Rn. 15.

441 Anderes mag gelten, wenn eine wirtschaftlich bedrängte Situation den Versicherungsnehmer zu dem vertragswidrigen Verhalten veranlasst hat.

442 Rüffer/Halbach/Schimikowski/*Felsch*, VVG, § 28, Rn. 203.

443 BGH, Urt. v. 7.6.1989 – IVa ZR 101/88 – juris, Rn. 15; BGH, Urt. v. 11.12.1991 – IV ZR 238/90 – juris, Rn. 11.

444 OLG Köln, Urt. v. 12.4.1994 – 9 U 17/94 – juris, Rn. 3.

445 OLG Hamm, Urt. v. 25.6.1980 – 20 U 76/78 – VersR 81, 178, 180.

446 Beckmann/Matusche-Beckmann/*Marlow*, Versicherungsrechts-Handbuch, § 13, Rn. 167.

447 BGH, Urt. v. 19.10.2005 – IV ZR 89/05 – juris, Rn. 22; Urt. v. 16.11.1993 – XI ZR 70/93 – juris, Rn. 13.

448 BGH, Urt. v. 19.10.2005 – IV ZR 89/05 – juris, Rn 22; Urt. v. 10.5.2001 – VII ZR 356/00 – juris, Rn. 13.

N. Schutz des Geschädigten durch § 117 VVG im kranken Versicherungsverhältnis

Obligatorische Haftpflichtversicherungen bezwecken primär den Schutz geschädigter Dritter. 270 **Krankt ein Versicherungsverhältnis** z.B. infolge von Obliegenheitsverletzungen, **kann sich der Versicherer nur jenseits des Bereiches der gesetzlichen Haftpflichtversicherungen auch gegenüber dem geschädigten Dritten auf seine Leistungsfreiheit berufen. Im Bereich gesetzlicher Haftpflichtversicherungen erhöht § 117 VVG**[449] **den Schutz des Geschädigten** in mehrfacher Hinsicht beträchtlich.

I. Anwendungsbereich der Norm

§ 117 VVG gilt i.V.m. §§ 113 VVG, 51 BRAO, 19a BNotO auch für die gesetzliche Haftpflicht- 271 versicherung von Rechtsanwälten und Notaren, jedoch nur im Rahmen der amtlich festgesetzten Mindestversicherungssummen und für den Bereich der vom Versicherer vertraglich übernommenen Gefahr, § 117 Abs. 3 VVG.

II. Leistungspflicht gegenüber dem Geschädigten trotz Leistungsfreiheit

Gemäß § 117 Abs. 1 VVG bleibt die Verpflichtung des Versicherers zur Leistung aus dem Versiche- 272 rungsvertrag in Ansehung des Dritten auch dann bestehen, wenn der Versicherer gegenüber dem Anwalt ganz oder teilweise leistungsfrei geworden ist. Gegenüber dem geschädigten Dritten wird also der Haftpflichtanspruch trotz der Leistungsfreiheit des Versicherers fingiert[450]. Analog ist § 117 VVG auch nach Verjährung des Versicherungsanspruches anwendbar[451]. Auf eine vorsätzliche Herbeiführung des Versicherungsfalles ist hingegen § 117 Abs. 1 VVG ebenso wenig wie auf Risikoausschlüsse anwendbar[452]. Rechtsfolge des § 117 Abs. 1 VVG ist einerseits, dass der Versicherer gegenüber dem Anwalt bzw. Notar leistungsfrei bleibt. Andererseits bleibt der Versicherer, soweit die Tatbestandsvoraussetzungen dieser Norm erfüllt sind, in Ansehung des geschädigten Dritten zur Leistung verpflichtet. Gleichwohl erhält der geschädigte Dritte dadurch keinen Direktanspruch gegen den Versicherer; ein solcher besteht nur unter den erweiterten Voraussetzungen des § 115 VVG[453]. Der Dritte muss sich daher in der Regel den durch die Fiktion des § 117 Abs. 1 VVG geschaffenen Versicherungsanspruch pfänden und überweisen lassen[454], nachdem er einen vollstreckbaren Titel gegen den Anwalt oder Notar im Haftpflichtprozess erstritten hat. Durch die Leistung des Versicherers an den Dritten wird der Anwalt bzw. der Notar nicht von seiner Haftpflichtschuld befreit. Mit der Befriedigung des Dritten durch den Versicherer geht vielmehr der gegen den Versicherungsnehmer gerichtete Haftpflichtanspruch auf den Versicherer über[455].

III. Nachhaftung des Versicherers

Gemäß § 117 Abs. 2 VVG trifft den Versicherer im Falle der Dritthaftung trotz Leistungsfreiheit 273 eine zeitlich begrenzte Nachhaftung, wenn ein bestimmter Umstand das Nichtbestehen oder die Beendigung des Versicherungsverhältnisses zur Folge hat. Hier stehen primär die **Fälle der Vertragsunwirksamkeit wegen Geschäftsunfähigkeit,** der **Anfechtung** oder des **Rücktritts**, der **Kündigung** bzw. des **Zeitablaufs** bei zeitlich befristetem Vertrag und des **Widerrufes** gemäß § 8 Abs. 1 VVG in Rede. **Rechtsfolge** des den Dritten schützenden § 117 Abs. 2 VVG **ist die so genannte**

449 Die Vorschrift ersetzt § 158c VVG a.F. und überführt zugleich inhaltlich die Regelungen des § 3 Nr. 4 und 5 PflVG in das VVG.

450 Vgl. BGH, Urt. v. 27.5.1957 – II ZR 132/56 – juris, Rn. 23; Urt. v. 17.10.1957 – II ZR 39/56 – juris, Rn. 6.

451 BGH, Urt. v. 20.1.1971 – IV ZR 1134/68 – juris, Rn. 12 ff. zu § 158c VVG a.F.

452 BGH, Urt. v. 15.12.1970 – VI ZR 97/69 – juris, Rn. 18 f.; OLG Hamm Urt. v. 24.2.1988 – 20 U 255/87 – juris, Rn. 46; OLG München, Urt. v. 19.1.1990 – 10 U 5353/89 – VersR 1990, 484.

453 Siehe dazu Rdn. 281.

454 BGH, Urt. v. 8.10.1952 – II ZR 309/51 – juris, Rn. 4 f.

455 BGH, Urt. v. 8.10.1952 – II ZR 309/51 – juris, Rn 5.

Nachhaftung. Der Versicherer haftet gegenüber dem Dritten **bis zum Ablauf eines Monats, nachdem er der hierfür zuständigen Stelle den maßgebenden Umstand angezeigt hat.** Die Länder haben als zuständige Stellen die Landesjustizverwaltungen (Notare) und die Rechtsanwaltskammern (Rechtsanwälte) bestimmt[456]. Solange die Anzeige nicht erfolgt ist, kann sich also der Versicherer gegenüber dem geschädigten Dritten nicht auf eine Beendigung bzw. auf das Nichtbestehen eines Versicherungsvertrages berufen. Maßgebend ist der Zugang der Anzeige bei der zuständigen Stelle, § 117 Abs. 2 S. 4 VVG. Den Versicherer trifft die Beweislast für den Zugang der Anzeige bei der zuständigen Stelle, weil er aus der Anzeigeerstattung Rechte für sich herleiten möchte[457].

274 Wird über das Vermögen des Versicherers das **Insolvenzverfahren** eröffnet, endet gemäß § 117 Abs. 6 VVG das Versicherungsverhältnis abweichend von § 16 VVG erst mit Ablauf eines Monats, nachdem der Insolvenzverwalter diesen Umstand der hierfür zuständigen Stelle angezeigt hat. Bis zu diesem Zeitpunkt bleibt es gegenüber der Insolvenzmasse wirksam, was eine Verlängerung der Nachhaftungszeit gegenüber § 16 VVG im Falle einer Insolvenz des Versicherers zur Folge hat.

IV. Eingrenzung der Haftung aus § 117 Abs. 1 und 2 VVG gemäß Abs. 3

275 **Der Versicherer haftet** in den Fällen des § 117 Abs. 1 und 2 VVG nicht unbeschränkt.

276 Er haftet vielmehr zunächst **nur im Rahmen der amtlich festgesetzten Mindestversicherungssumme**, also zurzeit in Höhe von 250.000,00 EUR bei Rechtsanwälten bzw. bei Notaren in Höhe von 500.000,00 EUR, § 117 Abs. 3 S. 1 VVG. Erbringt der Versicherer darüber hinausgehende Leistungen, steht ihm gegen den Anwalt oder Notar kein Rückgriffsrecht zu. Er muss sich vielmehr insoweit an den Dritten halten.

277 Die erweiterte Eintrittspflicht des Versicherers nach Maßgabe des § 117 Abs. 1 und 2 VVG besteht nur im Rahmen des Versicherungsvertrages. **Sämtliche Leistungsausschlüsse und -beschränkungen** des Vertrages **sind** deshalb **zu berücksichtigen**[458].

278 Die erweiterte Haftung gegenüber dem Dritten besteht auch nur, wenn und soweit der geschädigte Dritte keine Möglichkeit hat, anderweitig Ersatz seines Schadens zu erreichen. § 117 Abs. 3 S. 2 VVG beinhaltet keine allgemeine Subsidiaritätsklausel. Der Versicherer haftet vielmehr nur dann nicht, wenn und soweit der Dritte in der Lage ist, Ersatz seines Schadens von einem anderen Schadensversicherer oder von einem Sozialversicherungsträger zu erlangen[459]. Die Darlegungs- und Beweislast für die anderweitige Ersatzmöglichkeit trägt der gemäß § 117 Abs. 1 VVG in Anspruch genommene Versicherer[460].

V. Verhältnis von Subsidiarität und Amtshaftung gemäß § 117 Abs. 4 VVG

279 § 117 Abs. 4 VVG regelt die Fälle, in denen die Verweisungsprivilegien der §§ 839 Abs. 1 BGB und 117 Abs. 3 S. 2 VVG zusammentreffen. Ist der dem Anwalt gegenüber leistungsfrei gewordene Haftpflichtversicherer gemäß § 117 Abs. 1 oder 2 VVG gegenüber dem geschädigten Dritten eintrittspflichtig und ist außerdem eine fahrlässige Amtspflichtverletzung gegeben, wird die Amtshaftung durch die Eintrittspflicht des Versicherers nicht ausgeschlossen. Die Regelung in § 117 Abs. 4 S. 1 VVG betrifft nur das Innenverhältnis zwischen dem öffentlichen Dienstherrn und dem Pflichtversicherer, der dem Dritten gegenüber eintrittspflichtig ist, mit der Folge, dass die öffentliche Hand sich gegenüber dem Geschädigten nach wie vor auf das Verweisungsprivileg des § 839 Abs. 1 S. 2 BGB berufen kann[461]. Diese Ansicht war zwar

456 Vgl. Weyland/*Träger*, BRAO, § 51, Rn. 33.
457 Staudinger/Halm/Wendt/*Dallwig*, Versicherungsrecht, § 117 VVG, Rn. 21.
458 Rüffer/Halbach/Schimikowski/*Schimikowski*, VVG, § 117, Rn. 3.
459 Vgl. dazu eingehend Staudinger/Halm/Wendt/*Dallwig*, Versicherungsrecht, § 117 VVG, Rn. 7 ff.
460 BGH, Urt. v. 28.10.1982 – III ZR 206/80 – juris, Rn 7; Staudinger/Halm/Wendt/*Dallwig*, Versicherungsrecht, § 117 VVG, Rn. 21.
461 BGH, Urt. v. 28.10.1982 – III ZR 206/80 – juris, Rn. 12.

nicht unumstritten[462], aus der Gesetzesbegründung ergibt sich jedoch, dass der Gesetzgeber die höchstrichterliche Rechtsprechung bestätigen wollte[463].

VI. Verjährung des für den Dritten fingierten Anspruches

Der Geschädigte erwirbt keinen eigenen Anspruch, sondern macht den fingierten Anspruch des Anwalts gegen seine Haftpflichtversicherung geltend, so dass es sich um einen Anspruch aus dem Versicherungsvertrag handelt, der gemäß § 195 BGB drei Jahre nach dem Schluss des Jahres verjährt, in welchem die Leistung verlangt werden kann. Für die Verjährung gilt § 115 Abs. 2 VVG[464], nach dessen S. 3 im Falle der Anmeldung des Anspruchs des Geschädigten bei dem Versicherer die Verjährung bis zu dem Zeitpunkt gehemmt ist, zu dem die Entscheidung des Versicherers dem Anspruchsteller in Textform zugeht[465]. 280

O. Prozessuale Besonderheiten des Haftpflicht- und des Deckungsprozesses

Im Interesse des Opferschutzes hat der Gesetzgeber mit der VVG-Reform für den Bereich der Pflichtversicherung einen **Direktanspruch** gegen den Pflicht-Haftpflichtversicherer in das Gesetz aufgenommen, § 115 VVG. Der Anspruch erfasst auch die Berufshaftpflichtversicherungen, soweit diese für die freien Berufe vorgeschrieben sind[466]. Allerdings ist der Direktanspruch im Zuge des Gesetzgebungsverfahrens auf wenige Ausnahmefälle beschränkt und damit zumindest für Ansprüche außerhalb der KH-Versicherung weitgehend entwertet worden[467]. Der Direktanspruch des Mandanten gegen den Versicherer des Anwaltes oder Notars setzt gemäß § 115 Abs. 1 S. 1 Nr. 2 und 3 VVG voraus, dass entweder 281

- das Insolvenzverfahren über das Vermögen des Versicherungsnehmers eröffnet ist (§ 115 Abs. 1 S. 1 Nr. 2 Alt. 1) oder
- die Eröffnung des Insolvenzverfahrens mangels Masse abgelehnt wurde (§ 115 Abs. 1 S. 1 Nr. 2 Alt. 2) oder
- ein vorläufiger Insolvenzverwalter bestellt ist (§ 115 Abs. 1 S. 1 Nr. 2 Alt. 3) oder
- der Aufenthalt des Versicherungsnehmers unbekannt ist (§ 115 Abs. 1 S. 1 Nr. 3).

Liegt eine dieser Voraussetzungen vor, ist der Versicherer im Außenverhältnis nur dann nicht eintrittspflichtig, wenn der Versicherungsnehmer den Schaden vorsätzlich herbeigeführt hat, § 103 VVG[468]. Ist der Versicherer im Innenverhältnis nicht oder nicht in vollem Umfang leistungspflichtig, haftet er im Außenverhältnis im Rahmen der in § 117 Abs. 1 bis 4 VVG getroffenen Bestimmungen, § 115 Abs. 1 S. 2 Alt. 2 VVG[469]. Der Direktanspruch unterliegt der gleichen **Verjährung**, wie der Schadensersatzanspruch gegen den Anwalt, § 115 Abs. 2 VVG.

I. Die Prozessmuntschaft des Versicherers im Haftpflichtprozess

Der Anwalt weiß sich im Regelfall durch seinen Haftpflichtversicherungsvertrag gegen eine Regressklage eines Mandanten geschützt. Der Haftpflichtversicherer ist gemäß § 3 III Nr. 1.3 der aktuellen Bedingungswerke der Abwehrfunktion dieser Versicherungssparte entsprechend bevollmächtigt, im 282

462 Vgl. zum Streitstand Prölss/Martin/*Knappmann*, VVG, 29. Auflage, § 117, Rn. 35 m.w.N.

463 Begr. RegE, BT-Drs. 16/3945, S. 89; die darin angekündigte Klarstellung sucht man jedoch im Gesetz vergebens.

464 Prölss/Martin/*Klimke*, VVG, § 117, Rn. 56.

465 Langheid/Rixecker/*Langheid*, VVG, § 117, Rn. 55.

466 Begr. RegE, BT-Drs. 16/3945, S. 88 f.

467 Rüffer/Halbach/Schimikowski/*Schimikowski*, VVG, § 115, Rn. 8. Zu den ursprünglichen Plänen eines unbeschränkten Direktanspruchs siehe *Terbille*, Rn. 2157 ff. der 7. Auflage. Diese scheiterten am Widerstand der Versicherungswirtschaft, die infolge der erleichterten Anspruchsdurchsetzung erhebliche Mehrkosten befürchtete, *Niederleithinger*, Das neue VVG – Erläuterungen, Texte, Synopse, A Rn. 224.

468 St. Rspr. zu § 3 PfVG a.F., vgl. nur OLG Hamm, Urt. v. 15.6.2005 – 13 U 63/05 – juris, Rn. 11.

469 Siehe dazu Rdn. 270 ff.

Namen des Anwaltes bzw. des Notars alle ihm zur Beilegung oder Abwehr des Anspruches zweckmäßig erscheinenden Erklärungen abzugeben und einen Prozessbevollmächtigten zu beauftragen, den er auch bezahlt[470]. Mit dieser im Außenverhältnis zum geschädigten Dritten begründeten Vollmacht des Versicherers korrespondiert im Innenverhältnis zum Anwalt bzw. Notar eine entsprechende Geschäftsführungsbefugnis des Inhaltes, dass der Versicherer weisungsunabhängig alle mit der Schadenregulierung zusammenhängenden Maßnahmen treffen und hierüber Rechtsgeschäfte sowie insbesondere einen Vergleich abschließen oder den Haftpflichtanspruch anerkennen darf[471]. Andererseits haftet der Versicherer bei schuldhafter Verletzung der Interessen des Anwalts bzw. Notars im Innenverhältnis aus positiver Vertragsverletzung[472]. Diese Vollmacht ist für die Dauer des Bestehens des Haftpflichtverhältnisses grundsätzlich unwiderruflich[473]. Dementsprechend hat der Anwalt bzw. der Notar die Prozessführung dann auch dem Versicherer auf dessen Wunsch hin zu überlassen. Den vom Versicherer bestellten Prozessbevollmächtigten hat der Anwalt zu bevollmächtigten. Ebenso hat er die von ihm oder dem Versicherer für erforderlich erachtete Aufklärung zuteilwerden zu lassen, § 5 II Nr. 2.1 der Bedingungswerke. Dieses so ausgestaltete Recht des Haftpflichtversicherers zur Prozessführung wird **Prozessmuntschaft** genannt[474]. Dabei hat der Versicherer im Haftpflichtprozess die Interessen des Anwaltes so wie ein von diesem beauftragter Prozessbevollmächtigter zu wahren. Bei einer Kollision der Interessen des Versicherers mit denen des Anwaltes muss der Versicherer seine Interessen zurückstellen[475]. Die Prozessmuntschaft und die Bindungswirkung erübrigen es, dem Haftpflichtversicherer im Haftpflichtprozess den Streit zu verkünden[476], § 5 II Nr. 2.4 AVB-RSW. Deshalb ist dort auch ausgeführt, dass der Versicherer die Kosten einer solchen Streitverkündung nicht zu ersetzen hat[477].

283 Da der Anwalt Partei des Regressprozesses ist, kommt es für Fragen des Tatsachenverlaufes allein auf seine Erklärungen und nicht auf etwaigen Vortrag des vom Haftpflichtversicherer beauftragten Prozessbevollmächtigten an; denn den Vertrag schließt der Anwalt mit allen Rechten und Pflichten mit seinem Prozessbevollmächtigten[478]. Der Haftpflichtversicherer ist lediglich Kostenträger. Im Gegenzug steht dem Versicherer gemäß § 5 II Nr. 2.1 AVB-RSW bei der Auswahl des Prozessbevollmächtigten im Rahmen des Zumutbaren ein Weisungsrecht zu, bei dessen Missachtung der Versicherungsnehmer auf den Kosten des von ihm ohne Abstimmung mit dem Versicherer hinzugezogenen Prozessbevollmächtigten hängen zu bleiben droht[479].

---

470 Streitig ist, ob die Regulierungsvollmacht auch eine Prozessvollmacht des Versicherers umfasst, bejahend: OLG Hamm, Urt. v. 10.11.1981 – 3 W 60/81 – VersR 1982, 1068; verneinend: BGH, Urt. v. 4.12.1967 – II ZR 151/65 – juris, Rn. 7; offen lassend: OLG Stuttgart, Beschl. v. 25.1.2005 – 10 W 2/05 – juris, Rn. 12 m.w.N.

471 BGH, Urt. v. 27.5.1957 – II ZR 132/56 – juris, Rn. 17.

472 BGH, Urt. v. 20.11.1980 – IVa ZR 25/80 – juris, Rn. 18 f.

473 Zu Ausnahmen vgl. Späte/Schimikowski/*Diller*, AHB, § 5 AHB, Rn. 36 f.

474 Vgl. dazu *Krämer*, r+s 2001, 177, 178 f.

475 BGH, Urt. v. 30.9.1992 – IV ZR 314/91 – VersR 1992, 1504 f.

476 Vgl. dazu *Krämer*, r+s 2001, 177.

477 Im Verhältnis zur Hauptpartei wird der Streitverkündete mit der Behauptung nicht gehört, dass der Rechtsstreit unrichtig entschieden worden sei, es sei denn, der Einwand stützt sich darauf, dass die Hauptpartei den Rechtsstreit unrichtig geführt hat und er durch die Lage des Rechtsstreits zur Zeit der Streitverkündung oder durch Erklärungen und Handlungen der Hauptpartei gehindert war, Angriffs- oder Verteidigungsmittel geltend zu machen, §§ 74, 68 ZPO. Der Streitverkündete darf sich mit Erklärungen der Hauptpartei nicht in Widerspruch setzen, § 67 ZPO. Wird eine Tatsache von der Hauptpartei zugestanden, widerspricht abweichender Vortrag des Streitverkündeten. Tatsachenvortrag steht nur so lange zu Disposition des Streitverkündeten, wie noch kein Vortrag der Hauptpartei vorliegt.

478 BGH, Urt. v. 30.9.1992 – IV ZR 314/91 – VersR 1992, 1504.

479 Zwar macht sich grundsätzlich auch der Prozessbevollmächtigte schadensersatzpflichtig, der unmittelbar vom Haftpflichtigen ein Mandat annimmt und diesen nicht darüber belehrt, dass der Versicherer das Recht hat, einen Prozessanwalt zu beauftragen. Diese Rechtsprechung kann jedoch für den haftpflichtigen Anwalt nicht gelten, da dieser selbst vom Prozessführungsrecht des Versicherers Kenntnis haben muss, so dass der Prozessbevollmächtigte annehmen kann, dass seine Beauftragung mit dem Haftpflichtversicherer abgesprochen worden ist, wenn er unmittelbar vom haftpflichtigen Anwalt beauftragt worden ist.

II. Trennungsprinzip und Bindungswirkung

Lehnt der Haftpflichtversicherer eine Regulierung des Schadens ab, so muss der Geschädigte einen **Haftpflichtprozess** gegen den Anwalt bzw. Notar führen. Wird im Haftpflichtprozess eine Schadensersatzpflicht des Anwalts bzw. Notars festgestellt und verneint der Haftpflichtversicherer trotzdem seine Leistungspflicht, muss der Anwalt bzw. der Notar die Eintrittspflicht des Haftpflichtversicherers ggf. in einem gegen diesen geführten **Deckungsprozess** klären lassen. **Es ist also aufgrund des Trennungsprinzips die Haftpflicht des Anwalts im Haftungsprozess**[480] **und die Eintrittspflicht des Versicherers** mit beiden Funktionen der Haftpflichtversicherung, also in Bezug auf die Verpflichtung zur Abwehr unbegründeter Ansprüche sowie zur Freistellung des Anwalts von berechtigten Ansprüchen **im Deckungsprozess zu klären**[481]. Das Trennungsprinzip wird dadurch durchbrochen, dass **das Haftpflichturteil Bindungswirkung für den Deckungsprozess entfaltet**. Es ist also **für den Anwalt ebenso wie für den Versicherer im Deckungsprozess verbindlich** und kann deshalb im Deckungsprozess grundsätzlich nicht mehr in Frage gestellt werden[482]. Die Bindungswirkung folgt aus dem materiellen Leistungsversprechen und aus der Regulierungs- und Prozessführungsvollmacht des Haftpflichtversicherers[483]. **Die Bindungswirkung der Feststellungen im Urteil des Haftpflichtprozesses für den Deckungsprozess erweist sich damit als notwendige Ergänzung des Trennungsprinzips. Die Grenzen des Trennungsprinzips und der Bindungswirkung sind jedoch streitig.** 284

1. Umfang der Bindungswirkung

Die Bindungswirkung des Haftpflichturteils[484] wird durch die Urteilsformel in Verbindung mit den Urteilsgründen festgelegt. Die Bindungswirkung kann weder durch Versicherungsbedingungen noch durch Individualvereinbarungen ausgeschlossen werden. Beim **Anerkenntnisurteil** wird die Bindungswirkung durch Auslegung des Klägervorbringens und durch die Anerkenntniserklärung des Beklagten ermittelt[485]. Die Bindungswirkung gilt auch für **Versäumnisurteile**, die beispielsweise dann entstehen, wenn der Haftpflichtversicherer trotz rechtzeitiger Kenntnis von der Erhebung der Haftpflichtklage in den Haftpflichtprozess nicht eintritt[486]. In diesen Fällen sind die Behauptungen der Klageschrift bei Säumnis des Beklagten gemäß § 331 Abs. 1 ZPO als zugestanden zu erachten, so dass die in der Klageschrift vorgetragenen Tatsachen dann Bindungswirkung für den Deckungsprozess entfalten[487]. Die Bindungswirkung tritt unabhängig davon ein, ob im Haftungsprozess **Beweiserleichterungen** zugunsten des Geschädigten bestanden und zur Verurteilung des Anwaltes geführt haben[488]. 285

Insbesondere kann der Haftungsprozess auch Bindungswirkung für die Frage haben, ob der Anwalt eine wissentliche Pflichtverletzung begangen oder den Schaden vorsätzlich herbeigeführt hat. Natürlich geht die Bindungswirkung nur soweit, wie sich die Begriffe im Haftpflicht- und im Deckungsprozess inhaltlich entsprechen und deckungsrelevante Tatsachen im Haftpflichtprozess entscheidungserheblich sind, also **Voraussetzungsidentität** besteht[489]. Bindend ist deshalb z.B. eine Feststellung im Haftpflichtprozess, dass der Kläger mit Wissen und Wollen, also vorsätzlich 286

480 So bereits RGZ, Urt. v. 27.4.1926 – VI 3/26 – RGZ 113, 286, 290 und nachfolgend BGH, Urt. v. 18.3.1992 – IV ZR 51/91 – juris, Rn. 13 ff.

481 Vgl. dazu Höra/*Kummer*, Anwaltshandbuch Versicherungsrecht, § 12, Rn. 339.

482 BGH, Urt. v. 30.9.1992 – IV ZR 314/91 – VersR 1992, 1504; Langheid/Rixecker/*Langheid*, VVG, § 100, Rn. 33.

483 Rüffer/Halbach/Schimikowski/*Schimikowski*, VVG, Vor §§ 100–124, Rn. 12.

484 Eingehend zur Bindungswirkung im Haftpflichtversicherungsvertrag *Tehrani*, VersR 2018, 1166.

485 Baumbach/Lauterbach/Hartmann/Anders/Gehle/*Weber*, ZPO, § 322, Rn. 11 m.w.N.

486 BGH, Urt. v. 11.10.1956 – II ZR 137/55 – NJW 1956, 1796.

487 *Voit*, VersR 1988, 901, 902.

488 BGH, Urt. v. 30.10.1970 – IV ZR 1185/68 – VersR 1970, 1097 sowie OLG Hamm, Urt. v. 25.6.1980 – 20 U 76/78 – VersR 1981, 178, 179.

489 Borgmann/Jungk/Schwaiger/*Weinbeer/Jungk*, Anwaltshaftung, § 39, Rn. 17.

gehandelt hat. Hingegen ist im Deckungsprozess zu entscheiden, ob sich der Vorsatz – wie im Bereich des § 103 VVG erforderlich – auch auf die Schadensfolgen bezieht[490]. An einer Bindungswirkung fehlt es, wenn im Haftpflichturteil **keine ausreichenden Feststellungen** zu Tatsachen getroffen worden sind, die für den Versicherungsschutz bedeutsam sind[491]. Andererseits sind im Haftpflichtprozess **offen gebliebene Fragen** in Bezug auf Ausschlüsse oder Risikobegrenzungen dann im Deckungsprozess zu entscheiden[492]. Umgekehrt nehmen auch überschießende Feststellungen, also solche, die für die Begründung des Tenors nicht tragend oder sonst nicht erforderlich sind, an der Bindungswirkung nicht teil[493]. Ebenso kann im Deckungsprozess geprüft werden, ob die Voraussetzungen einer unter den Versicherungsschutz fallenden Anspruchsgrundlage gegeben sind, wenn im Haftpflichtprozess der Klage aufgrund einer nicht vom Versicherungsschutz erfassten Anspruchsgrundlage stattgegeben wurde[494]. Hat das Haftpflichtgericht angenommen, der Kläger habe den Anspruch anerkannt, muss das Anerkenntnis, wenn der Anwalt es bestreitet, im Deckungsprozess vom Versicherer bewiesen werden[495].

287 Fraglich ist die **Bindungswirkung des Haftpflichtprozesses**, wenn der Versicherer vom Anwalt bzw. Notar über den Lauf dieses Haftpflichtprozesses gar **nicht in Kenntnis gesetzt worden ist**. Hier wird eingewandt, es dürfe keine Bindungswirkung geben, weil der Versicherer keine Möglichkeit gehabt habe, auf die Entscheidung des Gerichts im Haftpflichtprozess Einfluss zu nehmen[496]. Ursache für die Nichtbeteiligung des Haftpflichtversicherers ist in diesen Fällen eine Verletzung der Obliegenheit des Versicherungsnehmers, dem Haftpflichtversicherer gemäß § 5 II Nr. 1.2 AVB-RSW unverzüglich über die gerichtliche Geltendmachung des Anspruches Anzeige zu erstatten[497]. Soweit der Versicherungsnehmer seine Anzeigeobliegenheit vorsätzlich verletzt hat, kommt es auf diese Frage nicht an; denn die vorsätzliche Obliegenheitsverletzung führt zur Leistungsfreiheit des Versicherers[498], so dass die Bindungswirkung ohnehin nicht mehr interessiert[499].

288 Die Bindungswirkung aus dem Haftpflichtprozess ist auch für die Fälle anzunehmen, in denen der Haftpflichtversicherer zwar über das Haftpflichtverfahren unterrichtet worden ist, er aber eine **Deckungsablehnung** ausgesprochen hat. Erweist sich die Deckungsablehnung als unberechtigt, verdient der Versicherer keinen Schutz, weil er sich vertragswidrig verhalten hat[500]. Deutlich schwieriger ist die Frage zu beurteilen, ob der Versicherer im Deckungsprozess auch dann an die Feststellungen des Haftpflichtprozesses gebunden ist, wenn er bereits vor dem Haftpflichtprozess eine berechtigte Deckungsablehnung ausgesprochen hatte. Der BGH bejaht auch in diesen Fällen eine Bindungswirkung aus dem Haftpflichtprozess mit der Begründung, der Versicherer müsse seine Interessen hier zurückstellen[501].

---

490 OLG Saarbrücken, Urt. v. 27.5.2009 – 5 U 461/08 – juris, Rn. 59; OLG Köln, Urt. v. 11.6.1992 – 5 U 25/92 – juris, Rn. 10.

491 So zu Recht auch *Voit,* VersR 1988, 901 f. sowie Prölss/Martin/*Lücke,* VVG, § 100, Rn. 60.

492 BGH, Urt. v. 21.2.1963 – II ZR 71/61 – VersR 1963, 421; OLG Hamm, Urt. v. 2.10.1985 – 20 U 78/85 – VersR 1987, 88 sowie OLG Nürnberg, Urt. v. 27.4.1989 – 8 U 4187/88 – juris, Rn. 9.

493 BGH, Urt. v. 8.12.2010 – IV ZR 211/07 – juris, Rn. 13 ff.; Prölls/Martin/*Lücke,* VVG, § 100, Rn. 60.

494 BGH, Urt. v. 26.4.1962 – II ZR 40/60 – VersR 1962, 557 sowie OLG Koblenz, Urt. v. 6.4.1979 – 10 U 607/78 – VersR 1979, 830.

495 BGH, Urt. v. 12.2.1969 – IV ZR 539/68 – juris, Rn. 53.

496 Die Bindungswirkung eines Versäumnisurteils verneinend daher OLG Frankfurt, Urt. v. 22.10.2009 – 3 U 103/08 – juris, Rn. 36 und OLG Düsseldorf, Urt. v. 26.3.1999 – 4 U 40/98 – juris, Rn. 25. Der BGH hat hingegen die Bindungswirkung eines Versäumnisurteils für den Fall bejaht, dass der Versicherer vor dessen Rechtskraft von der Entscheidung erfahren, jedoch unterlassen hat, den Rechtsstreit aufgrund seiner Vollmacht weiterzuführen, BGH, Urt. v. 19.3.2003 – IV ZR 233/01 – juris, Rn. 12.

497 Vgl. dazu die Ausführungen unter Rdn. 235.

498 Vgl. dazu die Ausführungen unter Rdn. 252.

499 So bereits *Voit,* VersR 1988, 901, 902 sowie *Krämer,* r+s 2001, 177, 180.

500 Ebenso *Krämer,* r+s 2001, 177, 181.

501 BGH, Urt. v. 30.9.1992 – IV ZR 314/91 – VersR 1992, 1504, 1505.

2. Versicherungsrechtliche Einwendungen

Von der Bindungswirkung ausgenommen sind die sogenannten **versicherungsrechtlichen Einwendungen**[502]. Selbst im Falle der Nebenintervention nach Streitverkündung dürfte der Vortrag des Haftpflichtversicherers im Haftpflichtprozess nicht in Widerspruch zum Vortrag der Hauptpartei stehen[503]. Gerade weil der Versicherer damit also im Haftpflichtprozess häufig keine Möglichkeit hat vorzutragen, die Angaben des Anwaltes seien unvollständig oder falsch oder er habe kollusiv mit dem Geschädigten zusammengewirkt, muss der Versicherer im Deckungsprozess das Recht haben, diesen Einwand zu erheben[504]. Von der Bindungswirkung des Haftpflichtprozesses ausgenommen ist deshalb die Frage, ob die Deckungspflicht des Haftpflichtversicherers aus dem Versicherungsvertrag aus versicherungsrechtlichen Gründen ausnahmsweise ausgeschlossen ist[505]. Beweispflichtig für diese Einwendung ist allerdings der Versicherer so wie er im Streitfall auch den Nachweis von Obliegenheitsverletzungen erbringen oder sonstige anspruchsvernichtende Einwendungen beweisen muss. Soweit im Haftpflichtprozess zur Begründung des Haftpflichtanspruches Tatsachen festgestellt wurden, aus denen sich eine Obliegenheitsverletzung ergeben kann, sind diese Tatsachen für den Deckungsprozess bindend. Gleichwohl erfolgt die versicherungsrechtliche Würdigung dieser Tatsachen sowie die Subsumtion von Rechtsbegriffen ohne Bindung an die Feststellungen des Haftpflichtprozesses im Deckungsprozess völlig selbstständig. 289

III. Der vorweggenommene Deckungsprozess

Regelmäßig fehlt dem Versicherungsnehmer für einen vorweggenommenen Deckungsprozess das Feststellungsinteresse. Ausnahmsweise kann der Anwalt bzw. Notar ein berechtigtes Interesse an einer vorweggenommenen Feststellung der Deckungspflicht des Versicherers haben, wenn z.B. die Verjährung des versicherungsrechtlichen Anspruches droht. Wo wegen Untätigkeit des Versicherungsnehmers die Gefahr besteht, dass dem Haftpflichtgläubiger der Deckungsanspruch als Befriedigungsobjekt verloren geht, kann auch der Geschädigte ein rechtliches Interesse an der Feststellung haben, dass der Versicherer dem Schädiger Deckungsschutz zu gewähren hat[506]. Das Trennungsprinzip bringt es auch für den vorweggenommenen Deckungsprozess mit sich, dass über die Haftpflichtfragen ausschließlich im Haftpflichtprozess zu entscheiden ist[507]. Das für die Deckungsklage zuständige Gericht hat den Versicherer deshalb selbst dann zur Gewährung des Deckungsschutzes zu verurteilen, wenn nach Ansicht des Gerichts unbegründete Ansprüche gegen den Versicherungsnehmer geltend gemacht werden. Diese Erkenntnis entspricht der Funktion der Haftpflichtversicherung, nicht nur berechtigte Ansprüche zu befriedigen und den Versicherungsnehmer von solchen Ansprüchen freizustellen, sondern auch unberechtigte Ansprüche abzuwehren. Kann der Versicherer beweisen, dass der Anwalt und der Geschädigte kollusiv zusammenwirken, steht ihm der Einwand der vorsätzlich sittenwidrigen Schädigung aus § 826 BGB zur Seite. 290

Ist der vorweggenommene Deckungsprozess eher entscheidungsreif als der Haftpflichtprozess, gibt es keine Bindungswirkung. Da das Gericht im Deckungsprozess jedoch auch über den Haftpflichtfall selbst nicht definitiv entscheiden muss, gibt es insoweit keine Schwierigkeiten. Eine Aussetzung des Deckungsprozesses bis zur Entscheidung des Haftpflichtprozesses widerspricht der 291

---

502 Dieser Begriff geht bereits auf die Rechtsprechung des Reichsgerichts zurück. Das Reichsgericht hat in dem Urt. v. 22.7.1941 – VII 141/40 – RGZ 167, 243, 246 ausgeführt, der Versicherer könne nur noch »versicherungsrechtliche Einwendungen« erheben.

503 Vgl. §§ 72, 74, 67 ZPO.

504 Wie hier *Lemcke,* VersR 1995, 989, 992; a.A. OLG Nürnberg, Urt. v. 30.6.1988 – 8 U 2824/87 – juris, Rn. 12. Im Schrifttum wird insoweit zum Teil die analoge Anwendung des § 69 ZPO befürwortet, vgl. *Bayer,* NVersZ, 1998, 9, 13. Gegen diese Analogie haben sich jedoch zu Recht *Gottwald/Adolphsen,* NZV 1995, 129 ff. ausgesprochen. Das ist in der Kraftfahrhaftpflichtversicherung anders, vgl. dazu Langheid/Rixecker/*Langheid,* VVG, § 100, Rn. 45.

505 Vgl. OLG Köln, Urt. v. 2.2.1970 – 5 U 57/67 – VersR 1970, 998, 999.

506 BGH, Urt. v. 15.11.2000 – IV ZR 223/99 – juris, Rn. 10 m.w.N.

507 So auch *Krämer,* r+s 2001, 177, 182.

Rechtsschutz- und Vorschussverpflichtung des Versicherers[508]. Auch fehlt es an der Vorgreiflichkeit. Ebenso wenig darf der Deckungsprozess nach § 148 ZPO mit der Begründung ausgesetzt werden, es stehe noch nicht fest, ob der Haftpflichtanspruch begründet sei. Das gilt erst recht, wenn sich der Anwalt bzw. Notar darauf beschränkt, eine Klage auf Feststellung der Deckungspflicht zu erheben[509].

IV. Prozessuale Besonderheiten des Deckungsprozesses

292 Versagt der Versicherer im Ausnahmefall dem Anwalt bzw. dem Notar die Deckung und vermag sich der Anwalt bzw. der Notar damit nicht zufrieden zu geben, muss die Entscheidung über die Leistungspflicht des Haftpflichtversicherers im Deckungsprozess herbeigeführt werden. In diesem Fall muss **Klage auf Feststellung** erhoben werden, dass der Versicherer wegen der genau zu bezeichnenden Haftpflichtforderung Deckungsschutz zu gewähren hat[510]. Das Feststellungsinteresse i.S.d. § 256 ZPO entsteht mit der Erhebung des Schadensersatzanspruches[511]. Eine Klage des Anwaltes bzw. des Notars gegen den Haftpflichtversicherer auf Befreiung von der in Rede stehenden Haftpflichtverbindlichkeit ist von der Sache her identisch mit einer Klage auf Gewährung von Deckungsschutz, weil der Deckungsschutz in der Haftpflichtversicherung sowohl die Abwehr unbegründeter Ansprüche als auch die Freistellung des Versicherungsnehmers von begründeten Ansprüchen beinhaltet. Die **Klage auf Freistellung** von der bestimmten Haftpflichtverbindlichkeit kommt jedoch erst in Betracht, wenn das Bestehen des Haftpflichtanspruches bereits rechtskräftig festgestellt worden ist[512]. Begehrt der Anwalt bzw. der Notar die Freistellung bereits vor der gerichtlichen Feststellung des Haftpflichtanspruches, trifft das Gericht die Verpflichtung aus § 139 ZPO, auf eine Antragsumstellung hinzuwirken[513]. Dem geschädigten Dritten steht ein **Zahlungsanspruch** gegen den Versicherer erst von dem Zeitpunkt an zu, da der Anspruch gegen den Versicherungsnehmer tituliert wurde und der Befreiungsanspruch des Versicherungsnehmers gegen den Haftpflichtversicherer durch den Dritten gepfändet und ihm überwiesen worden ist[514]. Durch Pfändung und Überweisung wandelt sich deshalb der Befreiungsanspruch in der Hand des Dritten in einen Zahlungsanspruch um[515]. Ohne Pfändung und Überweisung besteht ein direkter Zahlungsanspruch unter den oben dargestellten Voraussetzungen des § 115 VVG[516]. Das Gleiche gilt dann, wenn der Anwalt bzw. Notar seinen Versicherungsanspruch rechtswirksam an den Dritten abgetreten hat[517]. Ist über das Vermögen des Versicherungsnehmers das Insolvenzverfahren eröffnet, so besteht außerdem gemäß § 110 VVG ein Recht auf abgesonderte Befriedigung aus dem Freistellungsanspruch des Versicherungsnehmers.

293 Die Feststellungsklage bleibt auch dann zulässig, wenn sich der Befreiungsanspruch während des Deckungsprozesses in einen Zahlungsanspruch umwandelt[518]. Ein Zahlungsanspruch kann von dem Versicherungsnehmer gegen den Versicherer erst dann geltend gemacht werden, wenn er den Geschädigten zulässigerweise befriedigt und sich deshalb der Anspruch auf Befreiung in einen Zahlungsanspruch umgewandelt hat[519]. Behält sich der Versicherer nach Zahlung an den Dritten den

508 *Feist,* VersR 1978, 27 sowie mit überzeugender Begründung *Reiff,* VersR 1990, 114, 118 f.
509 OLG Frankfurt, Urt. v. 11.10.1957 – 3 U 67/57 – VersR 1958, 369.
510 BGH, Urt. v. 21.9.1983 – IVa ZR 165/81 – Rn. 17; OLG Düsseldorf, Urt. v. 6.2.1996 – 4 U 272/94 – NJW-RR 1996, 1245.
511 BGH, Urt. v. 10.6.1963 – II ZR 28/61 – VersR 1963, 770.
512 BGH, Urt. v. 4.12.1980 – IVa ZR 32/80 – juris, Rn. 33.
513 BGH, Urt. v. 4.12.1980 – IVa ZR 32/80 – juris, Rn. 11 ff.; OLG Hamm, Beschl. v. 30.5.1995 – 20 W 2/95 – juris, Rn. 16.
514 OLG Hamm, Urt. v. 29.11.1985 – 20 U 124/85 – VersR 1987, 802.
515 OLG München, Urt. v. 2.10.1990 – 18 U 2407/90 – VersR 1991, 456.
516 Siehe Rdn. 281.
517 Zu den hierdurch entstehenden Problemen siehe Rdn. 151.
518 OLG Hamm, Urt. v. 7.6.1972 – 20 U 21/72 – VersR 1975, 173.
519 *Chab,* in: G. Fischer/Vill/D. Fischer/Pape/Chab, § 18, Rn. 145.

Regress gegen den Anwalt bzw. Notar vor, kann nur auf Feststellung geklagt werden, dass ein Rückgriffsanspruch nicht besteht.

Der **Streitwert** des Deckungsprozesses richtet sich nach den §§ 3 und 9 ZPO[520] bzw. nach dem Betrag, von dem der Anwalt bzw. der Notar befreit werden möchte. Dabei ist bei Feststellungsklagen ein Wertabzug von 20 % angemessen[521]. Bei Geltendmachung des Befreiungsanspruches sind die im Haftpflichtprozess festgesetzten Kosten dem Streitwert hinzuzurechnen[522]. 294

V. Rangfolge mehrerer Ansprüche bei Erschöpfung der Deckungssumme

Die **Rangfolge mehrerer Ansprüche** regelt § 118 Abs. 1 VVG. Übersteigen die Ansprüche auf Entschädigung, die aufgrund desselben Ereignisses zu leisten sind, die Versicherungssumme, so wird die Versicherungssumme nach folgender Rangfolge, bei gleichem Rang nach dem Verhältnis ihrer Beträge, an die Ersatzberechtigten ausgezahlt: 295

1. für Ansprüche wegen Personenschäden, soweit die Geschädigten nicht in der Lage sind, Ersatz ihrer Schäden vom Schädiger, von einem anderen Versicherer als dessen Haftpflichtversicherer, einem Sozialversicherungsträger oder einem sonstigen Dritten zu erlangen;
2. für Ansprüche wegen sonstiger Schäden natürlicher und juristischer Personen des Privatrechts, soweit die Geschädigten nicht in der Lage sind, vom Schädiger, einem anderen Versicherer als dessen Haftpflichtversicherer oder einem Dritten Ersatz ihrer Schäden zu erlangen;
3. für Ansprüche, die nach Privatrecht auf Versicherer oder sonstige Dritte wegen Personen- oder sonstiger Schäden übergegangen sind;
4. für Ansprüche die auf Sozialversicherungsträger übergegangen sind;
5. für alle sonstigen Ansprüche.

Ist die Versicherungssumme unter Berücksichtigung nachrangiger Ansprüche erschöpft, kann sich ein vorrangig zu befriedigender Anspruchsberechtigter, der bei der Verteilung nicht berücksichtigt worden ist, nachträglich gemäß § 118 Abs. 2 VVG auf die Vorschrift des Abs. 1 nicht berufen, wenn der Versicherer mit der Geltendmachung dieses Anspruchs nicht gerechnet hat und auch nicht rechnen musste. 296

VI. Obliegenheiten des Dritten

Gemäß § 119 VVG hat der Dritte das Schadensereignis, aus dem er einen Anspruch gegen den Versicherungsnehmer oder nach § 115 VVG gegen den Versicherer herleiten will, dem Versicherer innerhalb von zwei Wochen, nachdem er von dem Schadensereignis Kenntnis erlangt hat, in Textform anzuzeigen. Dabei wird die Frist durch die Absendung der Anzeige gewahrt, § 119 Abs. 1 Hs. 2 VVG. Der Versicherer kann vom Dritten Auskunft verlangen, soweit sie zur Feststellung des Schadensereignisses und der Höhe des Schadens erforderlich ist; Belege kann der Versicherer insoweit verlangen, als deren Beschaffung dem Dritten billigerweise zugemutet werden kann, § 119 Abs. 3 VVG. 297

Verletzt der Dritte die vorbezeichnete Obliegenheit, beschränkt sich gemäß § 120 VVG die Haftung des Versicherers auf den Betrag, den er bei gehöriger Erfüllung der Obliegenheit zu leisten gehabt hätte, sofern der Dritte vorher ausdrücklich und in Textform auf die Folgen der Verletzung hingewiesen worden ist. 298

VII. Aufrechnung

Gemäß § 121 VVG hat der Versicherer kein Recht, mit einer fälligen Prämienforderung oder einer anderen ihm aus dem Vertrag zustehenden fälligen Forderung gegenüber dem Dritten aufzurechnen. 299

520 BGH, Beschl. v. 18.12.1951 – II ZR 116/50 – NJW 1952, 546.
521 BGH, Beschl. v. 12.7.1974 – IV ZR 106/71 – juris, Rn. 3.
522 Späte/Schimikowski/*Harsdorf-Gebhardt*, AHB, § 5, Rn. 65.

VIII. Rückgriff bei mehreren Versicherten

300 Soweit die Pflichtversicherung auch mitversicherten Personen Versicherungsschutz gewährt, handelt es sich insoweit um eine Versicherung für fremde Rechnung. § 123 VVG regelt den Fall, dass der Versicherer im Innenverhältnis gegenüber dem Versicherungsnehmer leistungsfrei ist. In diesen Fällen kann der Versicherer sich gegenüber dem Mitversicherten nur dann auf seine Leistungsfreiheit berufen, wenn die der Leistungsfreiheit zugrundeliegenden Umstände in der Person dieses Versicherten vorliegen oder wenn diese Umstände dem Mitversicherten bekannt oder infolge grober Fahrlässigkeit nicht bekannt waren, § 123 Abs. 1 VVG. Zweck der Regelung ist der Schutz der versicherten Personen, wenn der Versicherer im Innenverhältnis zum Versicherungsnehmer (ganz oder teilweise) leistungsfrei ist[523]. Soweit der Versicherer nach § 123 Abs. 1 VVG leistet, kann er beim Versicherungsnehmer Rückgriff nehmen, § 123 Abs. 3 VVG.

P. Fälligkeit der Leistungspflicht des Versicherers

301 Die unterschiedlichen Ansprüche des Anwaltes bzw. des Notars gegen den Haftpflichtversicherer werden zu unterschiedlichen Zeitpunkten fällig.

302 Die **Abwehrpflicht** entsteht gemäß § 106 VVG im Zeitpunkt der Geltendmachung eines unter das versicherte Risiko fallenden Anspruches. Der **Befreiungsanspruch** entsteht erst, wenn im Haftpflichtprozess rechtskräftig festgestellt wurde, dass der Anwalt bzw. Notar aus Gründen, die unter das versicherte Risiko fallen, schadensersatzpflichtig ist.

I. Rechtsschutzanspruch

303 Der Rechtsschutzanspruch **entsteht mit der Erhebung von Ansprüchen** durch den Dritten[524]. Erhoben ist der Anspruch bereits durch jede ernstliche Erklärung des Dritten gegenüber dem Anwalt oder dem Notar des Inhaltes, dass der Dritte Ansprüche zu haben glaubt und diese verfolgen wird[525]. Dabei reicht es aus, dass der Dritte seinen Anspruch jedenfalls auch mit einem in den Schutzbereich des Versicherungsvertrages fallenden Rechtsverhältnis begründet. Er muss sein Begehren nicht ausschließlich auf einen solchen Anspruch stützen[526]. Abzustellen ist dabei grundsätzlich auf den Sachverhalt, den der Dritte behauptet[527]. Die Behauptungen des Geschädigten sind nur in Bezug auf solche Tatsachen nicht maßgebend, die den zeitlichen, räumlichen und sachlichen Umfang des versicherten Risikos und vereinbarter Ausschlüsse betreffen[528]. Hinsichtlich dieser Fakten ist die Darstellung des Anwaltes bzw. des Notars maßgebend und eben nicht die des geschädigten Dritten. Weil der Anspruch des Anwaltes bzw. des Notars auf Gewährung von Rechtsschutz gegenüber den Ansprüchen der Mandanten ungeachtet der Frage besteht, ob die Ansprüche berechtigt oder unberechtigt sind, kann der Haftpflichtversicherer gegenüber dem gegen ihn geltend gemachten Rechtsschutzanspruch nicht mit Erfolg einwenden, der Haftpflichtanspruch des Dritten sei unbegründet[529].

II. Befreiungsanspruch

304 Gemäß § 106 VVG, von dem zum Nachteil des Versicherungsnehmers gemäß § 112 VVG nicht abgewichen werden kann, hat der Versicherer den Versicherungsnehmer binnen zwei Wochen von dem Zeitpunkt, zu dem der Anspruch des Dritten durch rechtskräftiges Urteil, durch Anerkenntnis oder

---

523 Rüffer/Halbach/Schimikowski/*Schimikowski*, VVG, § 123, Rn. 1.

524 BGH, Beschl. v. 5.10.1961 – II ZR 10/59 – juris, Rn. 6; Urt. v. 18.1.1965 – II ZR 135/62 – juris, Rn. 12.

525 BGH, Urt. v. 3.10.1979 – IV ZR 45/78 – juris, Rn. 20; OLG Düsseldorf, Urt. v. 28.10.1980 – 4 U 41/80 – VersR 1981, 1072.

526 BGH, Urt. v. 22.6.1967 – II ZR 217/64 – juris, Rn. 14.

527 Vgl. OLG Hamm, Urt. v. 3.7.1981 – 20 U 70/81 – VersR 1982, 642.

528 BGH, Urt. v. 22.6.1967 – II ZR 217/64 – juris, Rn. 24.

529 So zu Recht Prölss/Martin/*Lücke*, VVG, Vor § 100, Rn. 4.

Vergleich festgestellt worden ist, vom Anspruch des Dritten **freizustellen.** Ist der Dritte mit bindender Wirkung für den Versicherer vom Versicherungsnehmer befriedigt worden, hat der Versicherer innerhalb gleicher Frist nach der Befriedigung des Dritten an den Versicherungsnehmer zu zahlen. Sind gemäß § 101 VVG Kosten zu ersetzen, ist die Entschädigung binnen zwei Wochen von der Mitteilung der Berechnung an zu leisten. Von dieser gesetzlichen Regelung weichen die älteren Bedingungswerke in § 5 IV zugunsten der Versicherungsnehmer ab; denn dort ist bestimmt, dass dann, wenn die Ersatzleistung des Versicherers feststeht, die fälligen Beträge spätestens innerhalb einer Woche und die Renten an den Fälligkeitsterminen zu zahlen sind. Die aktuellen Bedingungswerke sehen in Übereinstimmung mit der gesetzlichen Regel in § 5 III Nr. 1 eine Leistung binnen zwei Wochen vor.

In einen Zahlungsanspruch wandelt sich der Befreiungsanspruch, sofern er dem Versicherungs- 305
nehmer zusteht, wenn er den Dritten mit bindender Wirkung für den Versicherer befriedigt hat, § 106 S. 2 VVG[530]. Das gleiche gilt, wenn sich der Geschädigte den Befreiungsanspruch pfänden und überweisen lässt[531] und wenn der Anwalt bzw. Notar seinen Anspruch rechtswirksam an den Dritten abtritt[532].

(Nicht vergeben) 306

Q. Verjährung, Hemmung und Frist zur gerichtlichen Geltendmachung

I. Verjährung gemäß § 195 BGB

Das reformierte VVG verzichtet weitgehend auf eigene Verjährungsvorschriften. Es gelten nun 307
auch für Ansprüche aus dem Versicherungsvertrag die allgemeinen Verjährungsvorschriften der §§ 195 ff. BGB und somit die Regelverjährung von **drei Jahren**. Die Verjährungsfrist beginnt in der Haftpflichtversicherung gemäß § 199 BGB **mit dem Schluss des Jahres**, in dem der Anspruch entstanden ist und der Versicherungsnehmer von den den Anspruch begründenden Umständen und der Person des Schuldners Kenntnis hat oder ohne grobe Fahrlässigkeit hätte erlangen müssen. Entstanden i.S.v. § 199 Abs. 1 Nr. 1 BGB ist der der Anspruch erst mit **Fälligkeit**[533]. Neben diesem objektiven Element knüpft § 199 Abs. 1 Nr. 2 BGB an dem subjektiven Element der **Kenntnis oder grob fahrlässigen Unkenntnis** des Versicherungsnehmers an. Da die Fälligkeit des Rechtsschutzanspruchs die Erhebung von Ansprüchen durch den Dritten gegenüber dem Anwalt oder Notar voraussetzt, liegt es in der Natur der Sache, dass der Versicherungsnehmer in diesem Moment auch Kenntnis von den anspruchsbegründenden Tatsachen hat. Erst recht gilt dies natürlich für den Befreiungsanspruch, dessen Fälligkeit eine bindende Feststellung des Anspruchs des Dritten erfordert. In der Praxis wird daher dem subjektiven Element im Bereich der Anwaltshaftung eher selten Bedeutung zukommen.

Eine besondere Verjährungsfrist beginnt zu laufen, wenn sich der unverjährte Deckungsanspruch in 308
einen Zahlungsanspruch umwandelt[534].

Für Rückforderungsansprüche der Versicherer gilt ebenfalls die Regelverjährung gemäß den §§ 195, 309
199 Abs. 1 BGB. Hat der Ersatzpflichtige durch eine unerlaubte Handlung, also z.B. durch eine betrügerische Handlung, etwas erlangt, bleibt er gemäß § 852 BGB auch nach Eintritt der Verjährung des Anspruches nach den Vorschriften der ungerechtfertigten Bereicherung zur Herausgabe verpflichtet.[535]

530 BGH, Urt. v. 15.12.1976 – IV ZR 26/76 – juris, Rn. 26; sowie OLG Köln, Urt. v. 19.12.1995 – 9 U 108/95 – r+s 1996, 222.

531 BGH, Urt. v. 23.9.1965 – II ZR 144/63 – juris, Rn 4; BGH, Urt. v. 12.12.1963 – II ZR 38/61 – VersR 1964, 156.

532 Der Klage des Dritten nach rechtswirksamer Abtretung steht das Trennungsprinzip nicht entgegen, vgl. BGH, Urt. v. 13.2.1980 – IV ZR 39/78 – juris, Rn. 10.

533 Zur Fälligkeit siehe Rdn. 303 ff.

534 Beckmann/Matusche-Beckmann/*Reichel*, Versicherungsrechts-Handbuch, § 21, Rn. 99.

535 Zur Verjährung des für den Dritten gemäß § 117 VVG fingierten Anspruches siehe die Ausführungen unter Rdn. 280.

II. Neubeginn der Verjährung

310 Ein Neubeginn der Verjährung tritt gemäß § 212 Abs. 1 BGB nur ein, wenn entweder der Schuldner dem Gläubiger gegenüber den Anspruch durch Abschlagszahlung, Zinszahlung, Sicherheitsleistung oder in anderer Weise anerkennt oder eine gerichtliche oder behördliche Vollstreckungshandlung vorgenommen oder beantragt wird. Dabei gilt gemäß § 212 Abs. 2 BGB der erneute Beginn der Verjährung infolge einer Vollstreckungshandlung als nicht eingetreten, wenn die Vollstreckungshandlung auf Antrag des Gläubigers oder wegen Mangels der gesetzlichen Voraussetzungen aufgehoben wird. Außerdem gilt gemäß § 212 Abs. 3 BGB der erneute Beginn der Verjährung durch den Antrag auf Vornahme einer Vollstreckungshandlung als nicht eingetreten, wenn dem Antrag entweder nicht stattgegeben wird oder dieser Antrag zurückgenommen oder die erwirkte Vollstreckungshandlung nach Absatz 2 aufgehoben wird. § 204 BGB stellt klar, dass auch die gerichtliche Geltendmachung die Verjährungsfristen nicht unterbricht, sondern nur noch hemmt. Das Ende der Hemmungen erfolgt gemäß § 204 Abs. 2 BGB für den Tatbestand der gerichtlichen Geltendmachung einheitlich sechs Monate nach der rechtskräftigen Entscheidung oder anderweitigen Erledigung des eingeleiteten Verfahrens.

III. Hemmung der Verjährung

311 Gemäß § 15 VVG ist die Verjährung von dem Zeitpunkt an gehemmt, in dem der Anspruch des Anwalts beim Versicherer angemeldet worden ist. **Die Hemmung dauert bis zum Zugang der Entscheidung des Versicherers über seine Leistungspflicht in Textform** beim Versicherungsnehmer. Angemeldet wird der Anspruch in der Regel konkludent durch die Schadensanzeige des Anwaltes[536]. Von einer Anmeldung dieses Anspruches durch die Schadensanzeige kann jedoch nur die Rede sein, wenn dort ausreichende Angaben zum Versicherungsfall gemacht werden[537].

312 Die Hemmung setzt sich bis zur eindeutigen, abschließenden Stellungnahme des Versicherers über seine Leistungspflicht fort, durch die dem Anwalt zweifelsfreie Klarheit über die Haltung des Haftpflichtversicherers gegenüber seinen Ansprüchen als Grundlage für deren sachgerechte Durchsetzung verschafft wird[538]. Sie endet allerdings auch, wenn der Anwalt den zunächst angemeldeten Anspruch auf Rechtsschutz und Abwehr bzw. Freistellung nicht weiter verfolgt[539]. Stellt der Versicherer dem Anwalt bzw. Notar Fragen, die dieser nicht beantwortet, endet die Hemmung nicht in dem Zeitpunkt, zu dem die Antwort zu erwarten gewesen wäre, weil es dem Versicherer möglich ist, die Verjährung in Gang zu setzen, indem er die Leistung ablehnt[540]. Allein durch das Einschlafenlassen von Verhandlungen wird die Hemmung der Verjährung nicht beendet[541]. Ohne einen die Textform wahrenden Bescheid des Haftpflichtversicherers entfällt die Hemmungswirkung der Anspruchsanmeldung ausnahmsweise nur dann gemäß § 242 BGB, wenn die Erteilung eines schriftlichen Bescheides als bloße Förmelei zu charakterisieren wäre. Die Hemmung endet nicht, wenn der Haftpflichtversicherer nur mündlich entscheidet und der Anwalt die Entscheidung schriftlich bestätigt hat[542]. Andererseits beenden nicht nur ablehnende, sondern auch positive Entscheidungen die Hemmung[543]. Die Hemmung endet nicht, wenn der Anspruch nur durch einen Versicherungsvertreter zurückgewiesen wird, solange dieser dazu nicht ausdrücklich vom Haftpflichtversicherer bevollmächtigt wurde[544].

---

536 BGH, Urt. v. 25.1.1978 – IV ZR 122/76 – juris, Rn. 15.
537 Vgl. OLG Düsseldorf, Urt. v. 13.3.1990 – 4 U 146/89 – r+s 1992, 322.
538 BGH, Urt. v. 14.3.2017 – VI ZR 226/16 – juris, Rn. 10.
539 Vgl. dazu OLG Hamm, Urt. v. 19.12.1990 – 20 U 190/90 – juris, Rn. 7.
540 Prölss/Martin/*Armbrüster*, VVG, § 15, Rn. 19; a.A. OLG Hamm, Urt. v. 3.11.1976 – 20 U 51/76 – juris, Rn. 42; Rüffer/Halbach/Schimikowski/*Muschner*, VVG, § 15, Rn. 20.
541 So ausdrücklich BGH, Urt. v. 15.11.1977 – VI ZR 250/76 – juris, Rn. 8, für den vergleichbaren Bereich des § 3 Nr. 3 S. 3 PflVG.
542 BGH, Urt. v. 18.2.1997 – VI ZR 356/95 – juris, Rn. 7 f.
543 BGH, Urt. v. 30.4.1991 – VI ZR 229/90 – juris, Rn. 15.
544 OLG Hamm, Urt. v. 15.12.1999 – 20 U 131/99 – juris, Rn. 34.

Die Hemmung bewirkt für den Zeitraum, in dem sie besteht, eine Verlängerung der Verjährungsfrist. In die Berechnung der Verjährungsfrist sind die Tage, an denen die Hemmung entsteht und an denen sie wegfällt, nicht einzurechnen. 313

Nehmen die Parteien nach einer Leistungsablehnung durch den Versicherer erneut Verhandlungen auf, hemmen diese die Verjährungsfrist nur, wenn der Versicherer erkennen lässt, dass er die ablehnende Entscheidung nicht aufrecht erhalten will[545]. 314

IV. Keine Verkürzung der Frist zur gerichtlichen Geltendmachung

Die nach § 12 Abs. 3 VVG a.F. bestehende **Möglichkeit des Versicherers, die Frist zur Geltendmachung des Anspruchs auf sechs Monate zu verkürzen**, indem er den Anwalt bzw. Notar darauf verweist, den Anspruch auf die vertragsgemäße Leistung innerhalb von sechs Monaten gerichtlich geltend machen zu können, ist mit der VVG-Reform **ersatzlos entfallen**. 315

R. Vertrauensschadenversicherung und Notarversicherungsfonds für Notare

Gemäß § 67 Abs. 3 Nr. 3 BNotO obliegt es der Notarkammer, Versicherungsverträge zur Ergänzung der Haftpflichtversicherung nach § 19a BNotO abzuschließen, um auch Gefahren aus solchen Pflichtverletzungen zu versichern, die nicht durch Versicherungsverträge nach § 19a BNotO gedeckt sind, weil entweder die durch sie verursachten Vermögensschäden die Deckungssumme übersteigen oder weil sie als vorsätzliche Handlungen durch die allgemeinen Versicherungsbedingungen vom Versicherungsschutz ausgenommen sind. Durch die Vertrauensschadenversicherung wird damit der Berufsstand der Notare ebenso wie das ihnen anvertraute Amt im Ansehen der Öffentlichkeit geschützt[546]. **Die Vertrauensschadenversicherung schließt für Notare insbesondere die Deckungslücke, die für wissentliche oder vorsätzliche Pflichtverletzungen besteht.** Die Vertrauensschadenversicherung wahrt die in § 67 Abs. 3 Nr. 3 BNotO gemachten Vorgaben. Es stehen für jeden Versicherungsfall mindestens 250.000,00 EUR für Schäden aus wissentlichen Pflichtverletzungen und mindestens 500.000,00 EUR für Schäden aus sonstigen Pflichtverletzungen zur Verfügung, verbunden mit einer Jahreshöchstleistung, die auf den vierfachen Betrag der in § 67 Abs. 3 Nr. 3 BNotO genannten Versicherungssumme begrenzt ist. Versicherungsnehmerin ist die Notarkammer. Aufgrund ihres Treuhandverhältnisses zum versicherten Geschädigten[547] ist die Notarkammer verpflichtet, den Entschädigungsbetrag vom Versicherer einzuziehen und an den Geschädigten auszukehren[548]. 316

Die Feststellungen im Haftpflichtprozess zwischen dem Geschädigten und dem Notar bewirken auch eine Bindung für den Deckungsprozess zwischen Notarkammer und Versicherer. Die Rechtsprechung unterstellt also die Handhabung der Vertrauensschadenversicherung den Grundsätzen des Haftpflichtversicherungsrechts[549]. 317

In der Vertrauensschadenversicherung der Notarkammern wird der Versicherer von seiner Leistungspflicht auch nicht anteilig frei, wenn der versicherte Geschädigte grob fahrlässig handelt, da eine solche Leistungsfreiheit dem Zweck der Vertrauensschadenversicherung widersprechen würde[550]. 318

---

545 Vgl. OLG Köln, Urt. v. 10.6.2008 – 9 U 144/07 – juris, Rn. 50.

546 Vgl. BGH, Beschl. v. 25.10.1982 – NotZ 8/82 – juris, Rn. 21.

547 Vgl. dazu BGH, Urt. v. 12.12.1990 – IV ZR 213/89 – juris, Rn. 16.

548 Ein Direktanspruch steht dem Geschädigten gegen den Versicherer nur ausnahmsweise zu. Vgl. dazu BGH, Beschl. v. 29.7.1991 – NotZ 25/90 – juris, Rn. 19.

549 BGH, Urt. v. 27.5.1998 – IV ZR 166/97 – juris, Rn. 10 sowie Urt. v. 30.9.1998 – IV ZR 323/97 – juris, Rn. 12; a.A. *Fetzer*, VersR 1999, 793 ff. sowie mit beachtlicher Begründung *Hagen*, DNotZ 2000, 809, 829.

550 BGH, Urt. v. 30.9.1998 – IV ZR 323/97 – juris, Rn. 12.

319 Über die Gruppenanschlussversicherungen und die Vertrauensschadenversicherungen hinaus unterhalten die Notarkammern einen aus Kammerbeiträgen gebildeten Notarversicherungsfonds (bis 22.6.2009: Vertrauensschadenfonds[551]) als öffentlich-rechtliches Zweckvermögen, das – soweit es nicht zur Schadensdeckung benötigt wird – ertragsbringend angelegt wird. **Aus dem Fondsvermögen unterhalten die** in dem Fonds zusammengeschlossenen **Notarkammern eine Exzedentenversicherung**, die Versicherungsleistungen **für den Fall** bereit stellt, **dass die Versicherungssummen aus den Vertrauensschadenversicherungsverträgen der einzelnen Notarkammern aufgebraucht sind**. Seit dem 1.4.1995 sind durch diese Exzedentenversicherung über die Vertrauensschadenversicherung der einzelnen Notarkammern hinaus weitere Schäden versichert. Die Bereitstellung von Regulierungsmitteln durch den Notarversicherungsfonds erfolgt dann, wenn ein auf andere Weise nicht gedeckter Vertrauensschaden vorliegt. Ein Rechtsanspruch wird nicht gewährt. Die Effizienz dieses Notarversicherungsfonds wird dadurch begrenzt, dass Ansprüche an den Fonds in der Regel nur mit einer **Ausschlussfrist von vier Jahren** an den Fonds gerichtet werden können[552]. Außerdem sind mittelbare Schäden wie z.B. entgangener Gewinn und Zinsverlust nicht zu ersetzen[553].

S. Rückgriff des Versicherers

320 Der Anspruch des Anwaltes bzw. des Notars auf Ersatz des Schadens gegen einen Dritten geht gemäß § 86 Abs. 1 S. 1 VVG auf den Haftpflichtversicherer über, soweit dieser den Schaden ersetzt. Die Norm gilt für die gesamte Schadenversicherung und damit auch für die Haftpflichtversicherung[554]. Der Anspruchsübergang erfolgt auch bei der Bezahlung von Prozess- oder Gutachterkosten durch den Versicherer[555].

321 Der Übergang der Forderung des Anwaltes oder des Notars auf den Versicherer ist gemäß § 86 Abs. 3 VVG ausgeschlossen, wenn sich der Ersatzanspruch gegen eine mit dem Anwalt oder Notar zum Zeitpunkt des Schadenseintritts in häuslicher Gemeinschaft lebende Person richtet, es sei denn, diese Person hat den Schaden vorsätzlich verursacht.

322 Ansprüche des Anwaltes bzw. des Notars gegen mitversicherte Personen sind gemäß § 7 I Nr. 3 der aktuellen Bedingungswerke von vornherein von der Haftpflichtversicherung ausgeschlossen, so dass insoweit eine Leistungspflicht des Versicherers und damit auch ein Regress ausscheidet.

323 Hat der Versicherer den Anwalt oder den Notar von Haftpflichtansprüchen freigestellt, die aus Pflichtverletzungen versicherter Angestellter und juristischer Mitarbeiter resultieren, so kann er nur im Falle einer wissentlichen Pflichtverletzung des Angestellten bzw. juristischen Mitarbeiters Rückgriff nehmen. Das ist ausdrücklich in § 7 III Nr. 2 der Bedingungswerke geregelt.

---

551 Vgl. Ganter/Hertel/Wöstmann/*Hertel*, Handbuch der Notarhaftung, Rn. 257.

552 Vgl. dazu Ziff. 4 der allgemeinen Grundsätze für die Leistungen aus dem Vertrauensschadenfonds, abgedr. bei *Weingärtner*, Notarrecht, 8. Auflage, Ordnungsnr. 640–11.

553 Vgl. dazu *Wolff*, VersR 1993, 272, 274.

554 Allgemeine Ansicht, vgl. BK/*Baumann*, VVG, § 67, Rn. 23; Rüffer/Halbach/Schimikowski/*Muschner*, VVG, § 86, Rn. 2.

555 BGH, Urt. v. 3.7.1962 – VI ZR 88/61 u. 160/61 – VersR 1962, 725.

Stichwortverzeichnis

Die **halbfett** gedruckten Ziffern verweisen auf die Kapitel im Handbuch; die normal gedruckten auf die entsprechenden Randnummern.

Wolters Kluwer
Der Effizienz-Booster für erfolgreiche Anwälte
Anwaltspraxis Premium
Die völlig neue Verbindung aus digitalen Assistenten und umfassenden Fachinhalten.
· Über 100 Top-Titel aus 14 Rechtsgebieten inkl. 10 Zeitschriften und den BGHZ- und BGHSt-Entscheidungssammlungen
· Mindestens 12 Online-Seminare pro Jahr – gemäß § 15 FAO
· Digitale Assistenten: Formular-Assistent zur einfachen Dokumentenerstellung, Schmerzensgeld-Assistent und Anwaltsgebühren Online
Jetzt 30 Tage kostenlos testen.
wolterskluwer-online.de/anwaltspraxis-premium
wolterskluwer-online.de
ALLES, WAS EXPERTEN BEWEGT.